番号	部首	備考	ページ
107	皮		697
108	皿		697
109	目	(罒)	700
110	矛		710
111	矢		710
112	石		713
113	示	(礻)	722
114	禸		729
115	禾		730
116	穴		739
117	立		743
◉	[illegible]		[illegible]
◉	[illegible]		[illegible]
◉	[illegible]		[illegible]
◉	[illegible]		[illegible]
◉	[illegible]		[illegible]
◉	罒	[illegible]	[illegible]
◉	衤	[illegible]	[illegible]
—	六画	—	
118	竹		[illegible]
119	米		760
120	糸		767
121	缶		796
122	网	(罒・冂・⺳)	796
123	羊	(⺶)	799
124	羽	(羽)	804
125	老	(耂)	806
126	而		809
127	耒	(耒)	809
128	耳		810
129	聿		814
[illegible]	肉	(月)	814
[illegible]	臣	↓七画	1001
[illegible]	自		830
[illegible]	至		833
[illegible]	[illegible]	(臼)	834
[illegible]	[illegible]		835
[illegible]	[illegible]	(舛)	836
[illegible]	[illegible]		836
[illegible]	[illegible]		839
139	色		840
140	艸	(艹)	841
141	虍		871
142	虫		873
143	血		882
144	行		883
145	衣	(衤)	886
146	襾	(覀・西)	895
(97)	瓜		897
—	七画	—	
147	見		898
148	角		902
149	言		904
150	谷		928
151	豆		928
152	豕		929
153	豸		931
154	貝		931
155	赤		941
156	走		942
157	足	(⻊)	945
158	身		950
159	車		951
160	辛		959
161	辰		960
162	辵	(⻌・⻍)	961
163	邑	(阝(右))	987
164	酉		992
165	釆		997
166	里		998
(131)	臣		1001
◉	臼	↓臼	834
◉	舛	↓舛	836
◉	麦	↓麥	1107
—	八画	—	
167	金		1002
168	長		1020
169	門		1022
170	阜	(阝(左))	1029
171	隶		1042
172	隹		1042
173	雨		1047
174	青	(靑)	1054
175	非		1056
◉	飠	↓食	1073
◉	斉	↓齊	1114
—	九画	—	
176	面		1057
177	革		1058
178	韋	(韋)	1060
179	韭		1061
180	音		1061
181	頁		1063
182	風		1070
183	飛		1073
184	食	(飠・𩙿)	1073
185	首		1078
186	香		1079
—	十画	—	
187	馬		1079
188	骨		1086
189	高		1087
190	髟		1089
191	鬥		1090
192	鬯		1091
193	鬲		1091
194	鬼		1091
◉	韋	↓韋	1060
◉	竜	↓龍	1116
—	十一画	—	
195	魚		1093
196	鳥		1099
197	鹵		1105
198	鹿		1106
199	麥	(麦)	1107
200	麻	(麻)	1108
◉	黄	↓黃	1109
◉	黒	↓黑	1110
◉	亀	↓龜	1117
—	十二画	—	
201	黃	(黄)	1109
202	黍		1110
203	黑	(黒)	1110
204	黹		1111
◉	歯	↓齒	1114
—	十三画	—	
205	黽		1112
206	鼎		1112
207	鼓		1112
208	鼠		1113
—	十四画	—	
209	鼻	(鼻)	1113
210	齊	(斉)	1114
—	十五画	—	
211	齒	(歯)	1114
—	十六画	—	
212	龍	(竜)	1116
213	龜	(亀)	1117
—	十七画	—	
214	龠		1117

例解新漢和辞典

第五版

[編著]
山田俊雄（編修代表）
戸川芳郎・影山輝國

三省堂

■編者

山田俊雄（やまだとしお）　成城大学名誉教授

戸川芳郎（とがわよしお）　東京大学名誉教授

影山輝國（かげやまてるくに）　実践女子大学名誉教授

◉伊藤文生（いとうふみお）　私塾講師

■編集協力者

西　譲二（にし　じょうじ）

■編集協力者

［初版］
岩生陽一
木原葉子
上野英二
坂梨隆三

■執筆協力者

［初版］
秋吉英理子　坂田恵海
池上孝治　島田弥生
宇野文夫　染谷裕子
大橋由美　田中三雄
柿市里子　鶴島俊一郎
片山朝雄　中里理子
川嶋　優　中田浩一
木村由美子　西野由希子
倉林康子　長谷川潤治
黒河内多鶴子　堀江直子
古藤友子　松下則之
小林保民　村越貴代美
小松聡子　山田貞雄

［第二版］
安部聡一郎

■校正協力者

安部いずみ　高坂佳太
岩谷由美　中野のぞみ
小野春枝　山口英則
坂田星子　渡邉さゆり
菅間文乃

組版…………三省堂データ編集室
イラスト…脇田悦朗　石塚広子
地図製作…ジェイ・マップ
装丁………志岐デザイン事務所　古屋真樹

第五版の序

近年、紙の辞書は電子辞書、辞書アプリ、ネット検索という強敵と死闘を繰り広げている。紙の辞書、とくに漢和辞典は、重い、かさばる、引きにくいという不便さを持ちながらも、懸命に自己の存在価値を主張している。値段が比較的安いこと、目当ての字や語に行き着くまでにさまざまな情報が目に入って知見を広められること、手に持って開いて見れば辞書の全体像が把握できること、さらに紙の手触りからくるそこはかとない安堵感などを武器に、検索は容易だが無機質な電子辞書、辞書アプリ、ネット検索と戦っている。ことにネット検索は無料であり、さまざまな関連分野にもすぐに飛んで行けるから、いまは多くの人々が辞書を買わずにこれを利用している。しかしネット検索には二つの大きな欠点がある。一つは、ネット上では誰でも自由に匿名で情報を公開できるため、検索で提示される情報の信頼性が必ずしも明らかでないこと。もう一つは、検索のやり方が不得手な人は、思うような情報を得られないことである。これに対し、紙の辞書をはじめとする電子辞書、辞書アプリは編者が責任を持って世に問うたものであるから、情報の信頼性は格段に高く、決まった手順で検索すれば誰でも同じ結果に到達できるという利点がある。今後、どれが生き残るのか、予断を許さない状況が続いているのである。

本書は初版以来二十二年、累計発行部数が一〇〇万部を超えた。これは多くの方々が紙の辞書の良さを評価し、本書の特色である、現代普通の文章にあらわれる漢字語を懇切丁寧に解説する、という編集方針を支持していただいたことを意味していよう。

このたびは、最新「常用漢字表」・最新「人名用漢字」に対応して漢字字体の整理、音訓表示の修訂を施したほか、従来の「使い分け」解説を「異字同訓」の漢字の使い分け例」に整理統合した。加えて付録には「漢文とは」「熟語の構造」「助字について／助字一覧表」「漢詩について」「旧国名（州名）地図」を新規増補した。また「四字熟語索引」を新設し、読者の便を図った。

今後さらに多くの方々がこの辞書を愛用されることを希望してやまない。

二〇二〇年一〇月

編　者

編者から一言

この『例解新漢和辞典』は、中学生とそれ以上の人々のために作ったものである。この辞典は、中国古典や日本古代の漢字専用の文章を学ぶには不十分であるけれども、現代普通の文章にあらわれる漢字語（いわゆる「カタカナ語」に対峙して、いつも漢字の連結という形であらわれる語や句）を知るには、十分であることを目標とした。

また、この辞典の内容を遥かに上まわる漢字語が、過去の文献の中に存在することは、読者が自分の知見を博くして行くにしたがって徐々に明らかになるであろうが、目下のところ、この辞典のようなものから出発するのが順路であると考える次第である。

漢字の単字についても熟字についても、従来の漢和辞典でいろいろの工夫が検索の便のためになされたが、日本語の中の漢字の扱いのむつかしさを、いやになるほど、学び初めから人々に知らせることになっていた。部首分類・画数順を基本とする上に、総画数の検字・音訓検索を備えることはもちろんのこと、緊要の事項を目立たせるための色刷りなども採用しているが、問題は、ただそのような形式の改善の点にのみ在るのではなかった。

字の成り立ちについては、日本語の中の漢字という点を重視して、『説文解字』に説く所を、段玉裁の注の範囲でなるべく原典通りに紹介することにとどめた。現代人の好むように多く語り、興味深くするための脚色を施すことを避けたのである。また、漢字の成り立ちを説いて、その訓としての日本語の本義を、言語史上の証拠なしに敢てするとか、その他の漢字談義を、ここではすべて捨てることとした。むしろ日本語の中に占めている漢字の役を示すのを主にしようと考え直してみたのである。

したがって、漢字を単字として説くとき、成り立ちよりも意味用法が重要となるが、その場合の単字の意味は、熟字の中のその字の負担する所をその字をふくむ多くの熟字によって観察し、帰納した所を示すことになり勝ちである。その点で、単字の意味の認定は、中国においても、本来の意味か、借用か、もしくは転用か、あるいは補助的なものか、中心をなすものか、なかなか見極めがたい。日本においての和訓にしたがう用法の場合は、なお自由で際限がないのである。よって、単字の解説の欄で、本来の意味・用法とは認めがたいものは、「日本語での用法」として、別欄を設けて収めるという工夫を施した。

熟字においても、音読するものの中に、全く和習と見えるものが少くない。このような擬似の漢語は、従来の大きな漢和辞典では中国に出典なしとして扱う習慣だが、それらは漢和辞典の中にこれまで意識的に十分取りこまれなかったし、一方国語辞典の方に求めがたいことも少(すく)なかった。最近の漢和辞典は、進んで漢語辞典の名を冠(かぶ)らせて内容を改めつつあるところであるが、本辞典もその点では、一層ひろく集録するにつとめた。

また、熟字訓といわれ、読み方の側からその特性を規定された、一部の漢字語についても、それを多く示すことが必要という見解に立って、あるいは本項目として、あるいは難訓の欄にそれらを示した。

つまり従来、国語辞典と漢和辞典との間(あわい)に取り残された、もろもろの事象を、綜合的に取り扱うという手法を採用したのである。

常用の漢字の範囲を規制する、上からの改革めいた制限を守ることを是とする世の中ではあるが、知的によりひろく、より深い日本文化の言語的世界に出入りしようとすると、到底、満足しえない筈(はず)である。現に自分の父祖の遺(のこ)した文書や書画の文字を、眺めるだけで、もはや読むことのできない人が知識人の中にも多くなって来ている世の中である。

漢字の将来について楽天的に考えてよいかどうか、当面、日本語を使い漢字を主体にした表記の制度・文化を維持する限り、この種の辞典が有用かと思う。ことに若い世代の人々に、漢字が、我々のため役に立っている文字制度であることを、実践して知ってもらいたい。

なお、この場を借りて、当初から編集企画に参加して貴重な意見・助言を寄せられ、且つ協同作業に従事せられた協力者に感謝し、また編集の実務の上で絶えず有力な支援を与えてくれた多くの方々にも深い感謝の心を捧げる。

一九九八年三月

編者

この辞典の構成ときまり

親字・熟語の収録範囲

中学生・高校生の国語や漢文の学習に、また、一般社会人の日常生活での漢字使用に役立つことをめざし、親字約七〇〇〇字と、およそ三万六〇〇〇語の熟語を収録した。

親字には、教育漢字一〇二六字を含む常用漢字二一三六字、人名用漢字八六三字、そのほかに必要な漢字を選び、さらにそれらの異体字（旧字体・別体字・本字・古字・俗字）などを合わせて約七〇〇〇字を収録した。なお、JIS第一・第二水準漢字の六三五五字についてはすべて収録し、一般の日本語表記に用いられる漢字の字種としては十分であることを目標とした。

熟語には、高等学校初級の国語や漢文の教科書と、中学校の国語教科書にあらわれる漢語、漢字で書きあらわされる和語、熟字訓、成句、故事成語などを取り上げ、親字の意味と熟語の意味とを関連づけながら、平明で、正確な解説文をつけることを心がけた。

部首について

1 部首と配列

①原則として『康熙字典』二一四部の部首分類に従い、部首の画数順に配列した。部首には部首番号をつけ、部首解説の初めにおいた。また、各ページの上部に部首番号の数字を示した。

②従来の部首では引きにくい新字体の漢字は、新しい部首を作ることはせず、従来の二一四の部首のいずれかに属させた。

2 部首解説には、部首の形と名称を示し、部首のはたらきやその部に属する漢字の特徴を説明した。

3 部首解説のあとに、その部首に所属する漢字を部首内画数（=部首を除いた画数）の順に並べ、常用漢字は赤い色で示した。

4 部首をまちがえやすい漢字は、**この部首に所属しない漢字**としてかかげ、所属する部首と、その漢字が掲載されているページを⇩の下に示した。

親字について

1 見出し

見出しとしてかかげたひとつひとつの漢字を、親字という（二字以上の熟字をなす文字列に対して、ただ一つの文字を単字という）。親字見出しの基本的な構成は次のとおり。

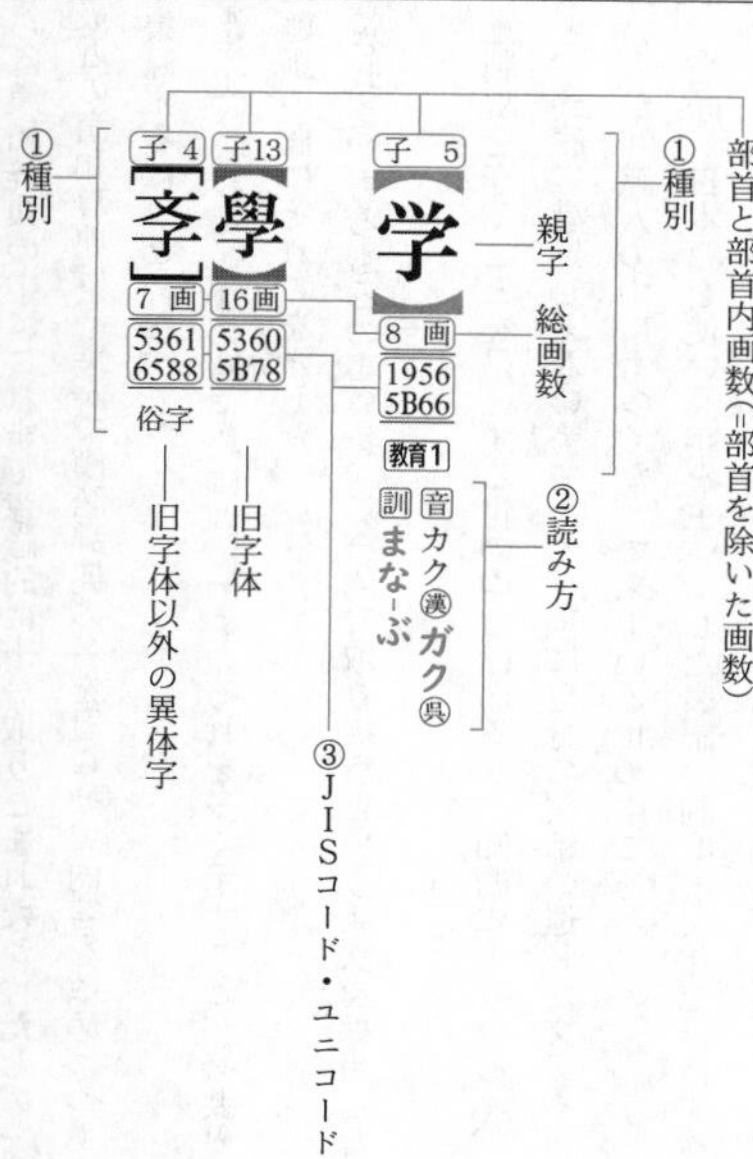

①種別

【　】[常用]…常用漢字をあらわす。

【　】[教育1]～[教育6]…常用漢字のうち小学校で習う教育漢字をあらわす。1から6までの数字は、配当学年を示している。

【　】[人名]…人名用漢字をあらわす。

【　】…常用漢字以外の漢字をあらわす。

【　】…旧字体をあらわす。

［　］…旧字体以外の異体字（＝見出し字と同音・同義で、字体の異なる漢字）をあらわす。

㋐異体字の種類

およそ次のような基準によって分類した。

旧字体…常用漢字・人名用漢字として新字体が採用された親字の旧来の字体。いわゆる正字・『康熙字典（コウキジテン）』体。

〈例〉廣（広）　圖（図）

別体字…親字とは点画の構造（組み立て）が異なる字体のうち、旧字体・本字・古字・俗字を除いたもの。

〈例〉烟（煙）　泪（涙）

本　字…『説文解字（セツモンカイジ）』の小篆（ショウテン）にもとづく字体。

〈例〉邨（村）　咊（和）

古　字…『説文解字』の古文・籀文（チュウブン）にもとづく字体。

〈例〉銕（鉄）　埜（野）

俗　字…字形がくずれたり簡略化されたりして形の変わった字体。

〈例〉髙（高）　觧（解）

なお、常用漢字に許容字体がかかげられた五字、謎［謎］・遡［遡］・遜［遜］・餌［餌］・餅［餅］については、［　］内の許容字体を挙げたうえで[許容]の記号を示した。

㋑旧字体では複数の字であったものが、新字体では同一の字となってしまったものは、親字の横に[A][B]…で区別して旧字体をならべて示した。

㋒異体字はすべて空見出し（から）としてかかげ、解説のあるページを示した。ただし、「示（しめすへん）」「辶（しんにょう）」「食（しょくへん）」の三つの部首の旧字体については、空見出しを割愛した。

㋓国字（＝日本で作った漢字）には[国字]の記号を示した。

②読み方

㋐親字の読み方は[音][訓]の下に、音はかたかな、訓はひらがなで示した。また、常用漢字表にある音訓は赤の太字で、常用漢字表外の音訓は黒の細字で示し、訓の送りがなは - の下に示した。

㋑音の種類を次のような順で示した。

[慣]…慣用音　[漢]…漢音　[呉]…呉音　[唐]…唐音

㋒音によって意味が分かれる場合は、[一][二][三]…で区別し、意味と対応させた。

㋓常用漢字表の「付表」にある語は、[付表]としてここに示した。

③JISコード・ユニコード

㋐JISコードは上段に、ユニコードは下段に示した。

㋑親字の字形とJISコード・ユニコードの字形とで、一部にちがいの見られるものはコードに＊を付した。

㋒その字形をあらわすコードがない場合は―で示した。

2　配列

同じ部首に属する漢字は、部首内画数（＝部首を除いた画数）の少ない順に配列した。同じ部首内画数の漢字は、おもな読み方の五十音順に配列した。また、空見出しは、同じ部首内画数の漢字の最後にまとめて、おもな読み方の五十音順に配列した。

3 字体

字体は、見やすさを考慮して太めの明朝体を用い、筆順は筆写を考慮して教科書体を用いて、両者を見比べることができるようにした。たとえば、「切」の二画めは明朝体では跳(は)ねた形であるのに対して、教科書体では止めた形であり、「外」の五画めも明朝体と教科書体とでは明らかに違っている。明朝体（とくに旧字体）は読むための活字としてデザインされたものであり、筆写するときは教科書体を参照するほうがよい。なお、俗字の多くは筆写された文字にもとづいており、実際に用いられてきた字体である。

4 筆順

常用漢字には、標準的な筆順を教科書体の文字で最高八段階に分けて示した。常用漢字表に許容字体がかかげられた五字、謎［謎］・遡［遡］・遜［遜］・餌［餌］・餅［餅］については、［ ］内の許容字体の形で筆順を示した。

5 なりたち

なりたち…おもに常用漢字について、その漢字の起こりや組み立てを、『説文解字』（段玉裁(ダンギョクサイ)の注）にもとづいて解説し、小篆(ショウテン)（まれに、古文・籀文(チュウブン)）を示したうえで、象形・指事・会意・形声の四つに分類した。（巻末付録「漢字の基礎知識」（1120ページ）参照）（旧字体が複数あるものは、それぞれの旧字体をA［ ］・B［ ］…で示して、解説した）

6 意味

①字義は❶❷❸…で分けて示した。音によって意味が分かれる場合は、一二三…として、読みを示した。❶❷❸…をさらに分ける場合は、㋐㋑㋒…を使用した。（旧字体が複数あるものは、それぞれの旧字体をA［ ］・B［ ］…で示して、解説した）

②原義を最初に示し、派生して生まれた意味はあとにおくようにした。

③漢文の訓読に役立つ、助字としての用法の解説は、意味区分の最後に（助字）としておいて、具体的な漢文用例、および、その書き下し文と現代日本語訳をかかげた。

④意味分類と用法を明確にするために、語例をかかげ、熟語見出しにない語例には簡略な説明をつけた。

⑤同は同じ意味をもつ漢字、対は対になる意味をもつ漢字を示す。

7 日本語での用法

日本語での用法には、日本だけで使われる漢字の意味・用法の一端(イッタン)を示した。読み方を《 》の中に太字で示し、「 」の中に用例をまとめた。読みによって意味・用法が異なる場合には一二三…で区別した。また、中国で用いられている意味・用法でも、それが日本で生まれたものであることが明らかな場合は、ここに示した。

8 参考には、解説・用法の助けとなることがらを説明した。

9 使い分けには、巻末付録「「異字同訓」の漢字の使い分け例」（平成二十六年、文化審議会報告）（1157ページ）への参照指示をかかげて、読みが同じで意味の異なる漢字の現代表記としての使い分けがわかるようにした。

10 府名 県名には、常用漢字表に例示された都道府県名を示した。

11 難読には、読み方の難しい語をまとめて示した。

12 人名には、人の名前として用いられる読み方の例を挙げた。親字の音訓と同じ読みは省略した。

13 表記には、「同音の漢字による書きかえ」（昭和三十一年、国語審議会報告）で一字の書きかえとしてあるものを示した。

熟語について

1 見出し

見出し熟語には、漢語および漢字で書きあらわされる和語・外来語・熟字訓・成句・故事成語などを収録した。

①親字を一字めにもつ熟語をかかげ、その下に読みを示した。読みの五十音順に配列し、原則として音はかたかな、訓はひらがなとし、音読みを優先して示した。また、語の構成を示すため、漢字に対応した読みを二行割りにした。（常用漢字表の「付表」に示される語は、ひらがなで、均等な二行割りにした）

【千尋】センジン・ちひろ　【名代】㊀ミョウダイ…。㊁なダイ…。　【小豆】あずき

②同音の場合は、二字めの漢字の総画数順に並べた。

③四字熟語や故事成語など、ある熟語に他の語がついて別の意味をあらわす語は、熟語の左側にまとめて示した。

【光陰】コウイン

【光陰イン矢やの▽如ごとし】

④読みが二つ以上ある場合は、一で区切って並べ、多くは、上においた読みの五十音順に並べた。

⑤音読みの見出しに対して、送りがなをともなうものは、解説文中にあらためて見出しを立てて示した。

【生物】㊀セイブツ…。㊁【生き物】いきもの…。㊂なまもの…。

⑥見出し熟語の漢字が、常用漢字表にない読みの場合は▽をつけた。ただし、常用漢字表の「付表」の語と、旧国名などは無印とした。

【▽妹背】いもせ

⑦見出し熟語の二字め以下の漢字が、常用漢字表にない字の場合は▼をつけた。

【任▼侠】ニンキョウ

2　意味の記述

①見出し熟語の属する部門や分野を〔 〕に囲んで次のように示した。

〔医〕医学　〔化〕化学　〔経〕経済　〔言〕言語　〔数〕数学
〔生〕生物　〔哲〕哲学　〔仏〕仏教　〔物〕物理　〔法〕法律

②読みや語源、用法などの補足説明は〔 〕で囲んで示した。

【互角】ゴカク（名・形動ダ）〔もとは「牛角ゴカク」と書き、ウシの二本のつのの長さ・太さが同じことから〕…。

③意味の分類は、❶❷❸…を用い、それぞれさらに細かく分ける場合は㋐㋑㋒…を用いた。読み方によって意味が変わる場合、また、品詞が変わる場合は、㊀㊁㊂…で分けて、下に読みおよび品詞を示した。

【同行】㊀ドウギョウ（名）…。㊁ドウコウ（名・する）…。

④見出し熟語の読みのあとに、（ ）で次のように品詞を示した。ただし、名詞のみに用いる語には（名）の表示を省略した。

（感）感動詞　（名）名詞　（名・する）名詞・サ変動詞
（形動ダ）形容動詞　（形動タルト）形容動詞　（副）副詞

⑤表記には、見出し熟語と同じ読み方で別の書き方がある場合に、その書き方を示した。また、「同音の漢字による書きかえ」（昭和三十一年、国語審議会報告）で熟語で示されている書きかえについては、現代表記を(現)、古い表記を(旧)として示した。

【光輝】コウキ…。表記「光▼暉・光▼燿」とも書く。

【凶悪】キョウアク…。表記(旧)▼兇悪

⑥(類)は見出し語と類似の意味をもつ語、(対)は見出し語と反対の意味あるいは意味のうえで対になって使われる語であることを示す。

⑦語の意味を記述したあとに、(例)としてその語の使われる場面を具体的な用例で示した。用例文中の―は、見出し熟語に相当する語であることを示す。

⑧▽はその上の語義区分すべてに共通であることを示す。

3　後熟語（あとジュクゴ）

熟語項目のあとに、親字が下につく熟語を◖印をつけてかかげた。

コラムについて

コラムとして、以下の二つを用意した。

1 漢字に親しむ

漢字に親しむ … ふだんなにげなく使っていることばの由来や意味などさまざまな問題を採り上げて、漢字に親しめるようにした。

2 故事のはなし

… 教科書に採り上げられたり、たとえばなしの例としてしばしば引かれるような故事成語は、その典拠(テンキョ)を示し、イラストを添え、読み物として楽しめるようにした。

索引について

索引(サクイン)は、以下の十一種を収録した。


［部首索引］(前見返し)…部首から引くときに。

［音訓索引］(巻頭11ページ)…読み方から引くときに。

［総画索引］(巻頭115ページ)…総画数から引くときに。

［四字熟語索引］(巻頭148ページ)

［「漢字に親しむ」索引］(巻頭154ページ)

［「故事のはなし」索引］(巻頭154ページ)

［この部首に所属する字の索引］(各部首見出し)…その部首に所属する漢字を引く。

［「この部首に所属しない字」索引］(各部首見出し)…部首をまちがえやすい漢字を引く。

［部首番号］(本文解説の上の余白に掲示)…部首番号から引くときに。

［部首スケール］(本文解説の下の余白に掲示)…部首から引くときに。

［助字一覧表］(巻末付録1126ページ)…助字を引くときに。

［部首スケール］の使い方

部首から漢字を引く場合に用います。本文解説ページの下の余白に、前見返しの［部首索引］に示された順で、右から左に部首を配列して示しました。

そのページに掲載されている部首を大きく示し、右(偶数)ページにはそれより前の部首を、左(奇数)ページにはそれより後の部首を配列しました。

①辞書の外側に見えている「つめ」に示された画数を手掛かりにして、調べたい漢字の部首の画数のページを開きます。

②［部首スケール］で、調べたい漢字の部首が右ページに示されていれば前方のページ、左ページに示されていれば後方のページ、というように、探している部首が示されている方向にページを進めます。

③探している部首まで進んだら、部首内画数(=部首を除いた画数)から調べたい漢字を探します。

心 4画 彳彡彑弓弋廾廴广幺干巾己工巛山 部首

部首 歹止欠木月曰日无方斤斗文攴支手戸戈 心

記号一覧

▽ 常用漢字表にない音訓
▼ 常用漢字表にない漢字
〈 〉 出典書名・作品名・作者名
⇩ 本項目(解説のあるページ)への参照
↓ 関連する項目への参照
⇣ 「なりたち」で、音が、上から下へ変化したことをあらわす

音訓索引

・この辞典に収めた親字の音と訓（日本語での用法の読みも含む）を五十音順に配列し、本文のページを示しました。
・同じ読みの場合は音・訓の順、同音あるいは同訓の場合は総画数順とし、漢字の上に総画数を示しました。
・かたかなは音、ひらがなは訓であることを示します。
・赤で示した漢字は常用漢字（そのうち、○のついた漢字は教育漢字、◆のついた漢字はそれ以外の常用漢字）、△のついた漢字は人名用漢字です。

あ

― け ―

さ

― て ―

な

ぬ

は

ひ

へ

ほ

み

む

め

ーやー

ら

総画索引

・この辞典に収めた親字を総画数順（同画数の場合は部首順）に配列し、本文のページを示しました。
・親字の上の字はその字の部首、赤で示した漢字は常用漢字（そのうち、○のついた漢字は教育漢字、◆のついた漢字はそれ以外の常用漢字）、△のついた漢字は人名用漢字です。
・くさかんむり（艹）は、「艹」の形に統一して三画と数え、しんにょう（辶・辶）は、それぞれ三画・四画と数えました。
・「瓜」は字形に合わせて六画、「臣」は七画に数えました。

弓	弓	弋	廾	幺	巾	己	山	屮		尸	尢	小	子					大	士		
弖	引○	弌	廿△	幻◆	帀	巴△	乢	屯◆	尺○	尹	尤△	少○	孔◆	夭	夫○	天○	太○	央◆	壬△	友○	反○
363	362	1	359	348	156	335	325	324	318	318	318	315	282	264	263	261	260	259	243	177	176

止	欠	木	月	曰	日		无	方	斤	斗	文		支	攴		手		戸	戈	心	
止○	欠○	木○	月○	曰	日○	旡	无	方○	斤◆	斗◆	文○	攵	支	攴○	扎	手○	戶	戸○	戈	心○	弔◆
556	552	506	501	497	480	479	479	475	472	471	469	458	458	457	425	423	420	420	416	382	363

玉	犬	牛	牙	片	爿	爻	父	爪	火	水	气	氏	毛	比	毋	殳	歹
王○	犬○	牛○	牙◆	片○	爿	爻	父○	爪◆	火○	水○	气	氏○	毛○	比○	毋	殳	歹
661	652	648	647	646	646	645	645	644	627	573	571	570	569	568	566	564	561

五画

	一
丘◆	且◆
22	22

											人		丿		丶		丨				
令○	付○	代○	他○	仟	仙◆	仭	仞	仗	仔△	仕○	以○	乍	乎△	丼◆	主○	巨◆	丱	丙◆	丕	丗	世○
57	56	55	55	54	54	54	54	54	54	53	53	33	33	31	30	28	28	24	24	23	23

匕			勹		力		刀			凵		几	冫	冖					冂	儿	
北○	包	包○	匆	功○	加○	刋	刊○	凸◆	出○	凹◆	凧△	処◆	冬	写○	囘	冉	冄	册	冊○	兄○	仝
154	153	153	153	145	144	130	130	126	124	124	123	123	245	118	218	116	116	116	116	99	189

													口	厶		卩	卜			十	匚
台○	召◆	叱◆	只△	史○	司○	号○	叩	古○	句○	叶△	叺	叱	可○	去○	卯△	卮	占◆	半	半○	卉	匜
185	185	185	184	184	184	183	183	182	182	181	181	181	181	173	167	167	167	161	161	161	156

	尸	小		宀	子	女			大		夕	夂		土		口					
尼◆	尻◆	尓	它	宂	孕	奴◆	夲	失○	央○	外○	夘	冬○	圦	圧○	囚◆	四○	叫	右○	叭	叨	叮
319	319	646	288	118	283	270	508	264	264	248	167	245	226	225	218	216	187	186	186	186	186

日	斤		手		戈	心		弓	弋	廾		广	幺		干		巾			工	山
旧○	斥◆	払◆	打○	戊△	戉	必○	弗	弘△	弍	弁○	庁○	広○	幼○	平	平○	布○	市○	左○	巧◆	巨	屶
481	472	426	425	416	416	384	363	363	39	359	351	350	348	344	344	337	337	333	333	28	326

生	甘	瓦	玉	玄	犬	牙					水		氏	毋	止					木	
生○	甘◆	瓦◆	玉○	玄◆	犯○	牙	氾◆	汀△	汁◆	氷○	永○	民○	氐	母○	正○	未○	末○	本○	朮	札○	旦◆
671	670	669	660	659	652	647	577	577	576	576	575	570	570	566	556	511	510	508	508	508	482

	辵	艸	立	穴	禾		示	石	矢	矛	目	皿	皮	白	癶	疋				田	用
込◆	辷	艾	立○	穴○	禾△	礼○	示○	石○	矢○	矛◆	目○	皿○	皮○	白○	癶	疋△	由○	申○	甲◆	田○	用○
961	961	841	743	739	730	722	722	713	711	710	700	698	697	692	689	682	676	676	675	675	674

辺◦ 961

六画

〔一〕丞△ 24　両◦ 24　〔亅〕争◦ 38　〔二〕亙△ 43　亘△ 43　〔亠〕亦△ 45　亥△ 45　亥 45　交◦ 45　〔人〕伊△ 57　仮◦ 57　会◦ 58　价 59　企◆ 59　伎◆ 59　休◦ 59　件◦ 60　伍△ 60　仰◆ 60

伉 61　全◦ 61　仲◦ 62　伝◦ 62　任◦ 63　伐◆ 64　伏◆ 64　伜 83　〔儿〕兇 100　光◦ 100　充◆ 100　先◦ 101　兆◦ 102　〔入〕全 61　〔八〕共◦ 111　〔冂〕再◦ 117　〔冫〕冱 120　冴 120　冰 576　決 579　冲 580　〔几〕凧 123

凪△ 123　〔刀〕刑◆ 130　刔 130　刖 130　刎 130　列◦ 131　〔力〕劣◆ 145　〔勹〕匈 153　〔匸〕匡△ 156　匠◆ 156　〔十〕𠮷 23　芇 161　卍 162　〔卩〕印◦ 168　危◦ 168　〔口〕吁 186　各◦ 186　吉◆ 187　吉 187　吃 187　吸◦ 187　叫◆ 187

向◦ 187　后◦ 188　合◦ 188　吊 189　吐◆ 189　吋 189　同◦ 189　名◦ 191　吏◆ 193　〔囗〕因◦ 218　回◦ 218　団◦ 219　〔土〕圷 226　圭△ 226　在◦ 226　地◦ 227　圳 228　〔士〕壮◆ 243　〔夕〕夙 250　多◦ 250　夛 250　〔大〕夷△ 265

夸 265　〔女〕奸 270　好◦ 270　妁 271　如◆ 271　妃◆ 272　妄◆ 272　妄 272　〔子〕字◦ 283　存◦ 283　〔宀〕安◦ 288　宇◦ 289　守◦ 289　宅◦ 290　〔寸〕寺◦ 308　〔小〕尖△ 316　当◦ 316　〔尸〕尽◆ 319　〔山〕屹 326　〔巛〕州◦ 332　巡◆ 332　〔巾〕帆◆ 338

〔干〕幵 346　年◦ 346　并 348　〔广〕庄△ 351　〔弋〕式◦ 361　弐◆ 361　〔弓〕弛△ 364　〔心〕忖 386　忙◆ 386　忙 386　〔戈〕戍 416　戎 416　戌 416　成◦ 417　〔手〕扱◆ 426　扞 426　扣 426　扛 426　扠 426　扨 426　托△ 427　〔支〕收△ 175

攷 458　〔日〕旭△ 482　早◦ 483　旨◆ 483　旬◆ 483　〔曰〕曳△ 497　曲◦ 498　〔月〕有◦ 502　〔木〕朳 512　机◦ 512　朽◆ 512　朿 512　朱◆ 512　朶 513　朷 513　朴◆ 513　朸 513　〔欠〕次◦ 553　次 553　〔止〕此△ 558　〔歹〕歼 512　死◦ 561

〔毋〕毎◦ 567　〔气〕気◦ 571　〔水〕汚◆ 577　汗◆ 577　江◆ 577　汕 578　汝△ 578　汐△ 578　池◦ 578　汢 578　汎◆ 578　汲 579　〔火〕灰◦ 628　灰 628　灯◦ 628　〔牛〕牝 648　牟△ 648　〔犬〕犲 931　〔白〕百◦ 694　〔竹〕竹◦ 747　〔米〕米◦ 760　〔糸〕糸◦ 767

〔缶〕缶◆ 796　〔网〕网 797　〔羊〕羊◦ 799　〔羽〕羽◦ 804　羽 804　〔老〕老◦ 807　考◦ 808　〔而〕而△ 809　〔耒〕耒 809　〔耳〕耳◦ 810　〔聿〕聿 814　〔肉〕肉◦ 814　肌◆ 815　肋△ 815　肎 817　〔自〕自◦ 830　〔至〕至◦ 833　〔臼〕臼◆ 834　〔舌〕舌◦ 835　舌 835　〔舛〕舛 836　〔舟〕舟◆ 836

〔艮〕艮 839　〔色〕色◦ 840　〔艸〕艸 841　芋◆ 841　芝◆ 842　芍 842　芒 842　〔虍〕虍 871　〔虫〕虫◦ 873　〔血〕血◦ 882　〔行〕行◦ 884　〔衣〕衣◦ 886　〔襾〕襾 896　西◦ 896　〔瓜〕瓜△ 898　〔走〕走 942　〔辵〕込 961　辻△ 961　迅◆ 962　〔阜〕阡 1029

七画

丨	丿	乙	亅	二	亠	人															
串◆	乕	乱○	事	亜◆	亨△	佛△	位○	佚	何○	伽△	估	佝	佐○	作○	伺◆	似○	住○	伸◆	佗	但◆	佇
29	871	35	38	43	46	52	64	64	65	65	65	65	65	66	66	66	67	67	67	67	67

										儿							八	冂	冫		
体○	低○	佃△	佞	伯◆	伴◆	佯	佑△	余○	伶△	克◆	児○	兌	兎△	売○	免	皃	兵○	冏	冴△	冶◆	冷○
67	68	69	69	69	70	70	70	70	72	102	102	103	103	103	104	931	111	117	120	120	120

	刀						力								匸		卩			厂
況	删	初○	判○	判	別○	利○	刧	劬	劫△	助○	劭	努○	励◆	労○	劲	医○	匣	却◆	即◆	卵○	底
584	131	131	132	132	133	134	145	145	145	145	146	146	146	147	147	156	157	168	169	169	715

口																					
吸	吽	呀	含◆	吟◆	听	君○	呉◆	吳	吾△	吭	吼	告○	告	吹◆	吮	呈◆	呈	吶	吞△	呑	吠
187	193	193	193	193	194	194	194	194	195	195	195	195	195	195	196	196	196	196	196	196	196

							囗						土								
否○	呎	吻△	吩	呆	吝	呂◆	囧	囬	囲○	囮	困○	図○	坎	均◆	圻	坑◆	坐△	址	坏	坂○	坊◆
196	197	197	197	197	197	197	117	218	220	220	220	220	228	228	228	228	228	229	229	229	229

士			大	女											子					宀	
壯△	壱◆	声○	夾	妓	妥◆	妥	妊◆	妣	妨◆	妙◆	妖◆	姉	妍	妝	孝○	孜△	孚	孛	孝	完○	宏△
243	244	244	265	272	272	272	272	272	272	273	273	274	276	763	284	284	284	284	284	290	291

		寸		尢	尸				山					巛	工	己	巾		广		
宍	宋△	寿◆	対○	尨	局○	尿◆	屁	尾◆	妛	岐○	岌	岑	岔	巡	巫△	巵	希○	帋	序○	床◆	庇△
291	291	308	308	318	319	320	320	320	326	326	326	326	326	332	334	167	338	770	351	351	352

廴		廾		弓	彡	彳			心												
廷◆	延	弄◆	弃	弟○	形○	役○	彷	彴	応○	忌◆	志○	忍◆	忍	忘○	忘	快○	忻	忤	忸	忱	忰
357	358	360	538	364	369	371	372	375	385	385	385	386	386	386	386	387	387	387	387	387	400

	戈			戸	手																
忼	成	我○	戒◆	戻◆	扱	扼	抂	找	技○	抉	抗◆	抒	抄◆	折○	抓	択○	抖	投○	把◆	抜◆	批○
410	417	417	418	421	426	427	427	427	427	427	427	428	428	428	429	429	429	429	430	430	430

						支			日		曰		木								
扶◆	扮	抃	抔	抑◆	抛	改◆	攻○	攸	旱	旰	曳	更◆	杆	杞	杏△	杠	材○	杓	杓	条○	杖△
431	431	431	431	431	436	458	459	459	483	484	497	498	513	513	513	513	513	514	514	514	514

									水	母	止										
沚	沙◆	沍	決○	汲△	沂	汽○	汪	汞	求○	毎△	歩△	李△	来○	杙	杢	枋	杜△	村○	杣	束○	杉◆
580	580	580	579	579	579	578	578	578	576	567	559	516	515	515	515	515	515	515	515	514	514

			火																		
灶	灼△	災○	炙△	沪	沃◆	沐	沒	没◆	汳	汴	汨	汾	泛	沛	沌△	沉	沈◆	沖○	沢◆	汰◆	沁
743	629	629	629	625	582	582	582	582	581	581	581	581	581	581	581	581	581	580	580	580	580

示	矢			白	疒				田		用	瓦	玉						犬		牛
社○	矣	皂	皁	皀	疔	甸	甼	町○	男○	甬	甫△	瓩	玖△	犹	狄	狆	狃	狂◆	状○	牢	牡△
722	711	695	695	695	683	677	676	676	676	675	675	669	662	657	653	653	653	652	652	648	648

					艸	艮							肉	网		糸	立	穴			禾
芫	芸○	芹△	芥△	花○	苅	良○	肘◆	肚	肖	肖◆	肓	肛	肝◆	罕	糺	系○	竍	究○	禿	秀◆	私○
844	843	843	843	842	127	839	816	816	816	816	816	816	815	797	768	767	745	739	731	731	730

辛	車	身	足	走	赤	貝	豸	豕	豆	谷	言	角	見								
辛◆	車○	身○	足○	走○	赤○	貝○	豸	豕	豆○	谷○	言○	角○	見○	芦△	芽	芳◆	芬	芙△	芭△	芯◆	芟
959	951	950	945	942	941	932	931	929	928	928	904	902	898	870	846	844	844	844	844	844	844

			阜	臣	里	釆	酉						邑							辵	辰
阮	阨	阯	阬	臣○	里○	采	酉△	邪	邦◆	那	那◆	邑△	邮	返○	迎◆	近○	迚△	迅	迄△	迂△	辰△
1030	1030	229	228	1001	998	997	992	988	987	987	987	987	515	963	963	962	962	962	962	962	960

						人		亠			二	亅		乙	丿	一		麥		
供○	佶	侃△	佳◆	価○	依◆	佞	京○	享◆	些△	亟	亞△	事○	乳	乳○	乖	並○	━ 八画 ━	麦○	防○	阪○
73	73	73	72	72	72	69	46	46	44	44	43	38	36	36	33	25		1107	1030	1030

		儿																			
免	兎	兒△	來△	侭	侠	例○	侖	佯	侑△	併◆	侮◆	佰	佩	佻	侘	侏	舎○	侍◆	侈	使○	佼
103	103	102	515	97	77	76	76	76	76	75	75	75	75	75	75	75	74	74	74	74	73

	力											刀	凵	几	冫			八	入		
刧	劾◆	到◆	刱	制○	刺◆	刹◆	刷○	刻○	刳	券	券○	刮	函△	凭	冽	典○	具○	其△	兩	免◆	尭△
147	147	136	136	136	135	135	135	135	135	135	135	135	126	123	121	112	112	112	24	103	103

									口			又	厶	卩	卜				十		
周	周○	咒	呪◆	咋	呷	呼○	呟	咎	呵	叔◆	受○	取○	参○	卷△	卦	卑△	卓◆	卒○	協○	効○	劵
198	198	198	198	198	198	197	197	197	197	178	178	177	173	336	167	165	163	163	162	147	147

							土			口											
坡	坪	坪◆	坦△	坮	垂○	坤	坩	圀	国○	固○	咏	咊	和○	命○	味○	咆	咐	咄	呶	咀	呻
230	230	230	230	230	229	229	229	223	221	221	908	200	200	199	199	199	199	199	199	199	199

	子												女					大	夕		
季○	学○	妹○	姆	妬◆	妲	姐	姓◆	妾	始○	姉○	妻○	姑	委○	奔◆	奉◆	奈○	奇◆	奄△	夜○	垉	坿
285	284	275	275	275	275	275	274	274	274	274	274	273	273	267	266	266	265	265	252	230	230

			山				尸			小									宀		
岸○	岩○	岳◆	岡○	屆	届○	屈◆	居○	単	尙	尚◆	宝○	宕△	定○	宙○	宗○	実○	宜◆	官○	宛◆	孟△	孥
327	326	326	326	321	321	321	320	1113	317	317	296	296	294	294	294	292	292	291	291	286	286

				广		干					巾										
庖	府○	店○	底○	庚△	并	幸○	帛	帑	帖△	帙	帚	岼	岬◆	岷	岾	岶	岻	岱△	岨	岫	峅
353	353	352	352	352	348	347	338	338	338	338	338	327	327	327	327	327	327	327	327	327	327

							心								彳			弓		廴	
怯	怪◆	怡	忿	念○	忝	忠○	忽△	彿	彼◆	彽	徂	征◆	径○	徃	往○	弥◆	弩	弦◆	廸	延○	庖
390	389	388	388	388	388	387	387	373	373	373	373	373	372	372	372	364	364	364	964	358	353

	手					戸		戈													
承○	拂△	房	房◆	所	所○	戻	或△	戔	怜△	快	怦	怫	怖◆	怕	怛	性○	怵	怩	怺	怐	怙
428	426	422	422	421	421	421	418	418	392	392	392	392	392	392	392	391	391	391	390	390	390

拌	拝○	拈	抵◆	抽◆	担○	拆	拓◆	拙◆	抻	招○	拘◆	拋◆	拒	拒◆	拑	拡○	拐	拐◆	拗△	押◆	拔△
435	434	434	434	434	433	433	433	433	433	433	432	432	432	432	432	432	432	432	432	431	430

								日	方	斤	支										
昃	昌△	昇◆	昏△	昆◆	昊△	昂△	旺◆	易○	於△	斧△	放○	抬	拉◆	抹◆	抛	抱	抱◆	拇	拊	拍◆	披◆
485	485	485	484	484	484	484	484	484	476	472	459	456	436	436	436	435	435	435	435	435	435

														木				月			
杯◆	杷△	東○	杼	析◆	枢◆	枩	松○	杵△	枝○	杲	杭△	果○	枉	杰	朋	朋△	服	服○	明○	旻	昔○
519	519	518	518	518	517	517	517	517	517	517	517	516	516	93	503	503	503	503	485	485	485

毋	殳		歹		止		欠														
毒○	殴◆	殀	歿	歩○	武○	欣△	欧◆	枦	枅	枠◆	林○	杳	枡	枕◆	枚○	枋	枌	杪	枇△	板○	柿
567	564	562	562	559	558	553	553	551	526	520	520	520	520	519	519	519	519	519	519	519	519

九画

勇 148　勉△ 149　【勹】匍 153　【十】単○ 164　南○ 164　卑◆ 165　【卩】卻 168　即△ 169　卸◆ 170　【厂】厚○ 170　厖 171　厘◆ 171　【又】叙◆ 178　叛 179　【口】哀◆ 201　哇 202　咽◆ 202　咼 202　咳 202　咯 202　咢 202　咸 202

咥 202　呱 202　咬 202　哄 202　哈 203　哉△ 203　咲◆ 203　咲 203　哘 203　呰 203　咨 203　咫 203　哂 203　咤 203　品○ 203　咾 204　【囗】圀 221　囿 223　【土】垳 230　垓 230　垣◆ 230　垠 230

型○ 230　垢 231　垰 231　城○ 231　垤 231　垪 231　【夂】変○ 245　【大】奔 267　奕 267　奐 267　契◆ 267　契 267　奎△ 267　奏○ 268　【女】姙 272　娃△ 275　威◆ 275　姨 275　姻◆ 275　姶 276　姦 276　姜 276

姸 276　姮 276　姿○ 276　姿 276　姪△ 276　姥△ 276　姚 276　姬 277　娄 279　【子】孩 286　孤◆ 286　【宀】客○ 296　室○ 297　宣○ 297　宥△ 297　【寸】専○ 310　封◆ 310　【尸】屋○ 321　屍 322　屎 322　屏 323　【山】峡◆ 327

峇 327　峙 327　峠◆ 328　【己】巻○ 336　巷△ 336　【巾】帥◆ 338　帝○ 339　帝 339　【幺】幽◆ 349　【广】庠 353　度○ 353　【廴】廻△ 358　建○ 358　廼 967　【弓】弧◆ 364　弭 365　弯 368　【彑】彖 368　【彡】彦△ 370　彥 370　【彳】徊 373　後○ 373

很 375　徇 375　待○ 375　律○ 375　【心】恊 162　怨◆ 388　怹 389　急○ 389　急 389　思○ 390　怎 391　怱 391　怠◆ 391　怒◆ 392　悔◆ 393　恢△ 393　恢 393　恪 393　恰△ 393　恂 394　恒◆ 394　恆△ 394

恍 394　恨◆ 394　恃 395　恤 395　恟 395　恬 395　恫 395　【戸】扁 422　【手】拜△ 434　按△ 436　挧 436　挂 436　挌 436　括◆ 437　拮 437　挟◆ 437　拱 437　拷◆ 438　拶◆ 438　指○ 438　持○ 439　拾○ 439

拯 439　拭◆ 439　拵 439　拏 439　挑◆ 439　【支】故○ 460　政○ 461　【斤】斫 472　【方】施◆ 476　【日】昻 484　映○ 487　昨○ 487　昵 487　春○ 487　昭○ 488　是◆ 488　星○ 488　昼○ 489　昶 489　昂△ 489　昧◆ 489　昜 489

昿 497　【日】曷 499　【月】朏 504　【木】栄○ 520　架◆ 521　枷 521　枴 521　柯 521　柿◆ 521　柑△ 521　柬 521　枳 521　柩 521　枸 521　枯◆ 521　柮 522　査○ 522　柤 522　柵◆ 522　柞 522　柘△ 522　柊△ 522

柊 522　柔◆ 522　染○ 523　柝 523　柱○ 523　柢 523　栃○ 523　栂 523　柏△ 523　枹 523　柎 524　柄◆ 524　某◆ 524　柾△ 524　柚△ 524　柳◆ 524　柆 524　柒 618　柁 838　【止】歪 560　【歹】殂 562　殆△ 562

																水		比	殳		
洒	津◆	浄◆	洳	洵△	洲△	洙	洽	洸△	洪◆	洫	洶	活○	海○	洩	洟	泉○	毗	毘△	段○	殃	殄
592	592	592	592	591	591	591	591	591	591	591	591	590	589	589	589	584	568	568	564	562	562

	犬		牛	爻	爪								火								
狭◆	狠	牴	牲◆	爼	爰	炮	炳	点○	炭○	炸	炬	炯	為◆	洌	洛△	洋○	派	派○	洞◆	洗○	浅○
653	653	650	650	79	645	631	631	630	630	630	630	630	630	594	594	594	593	593	593	593	592

		田	甘				瓦									玉					
畍	界○	畏◆	甚◆	瓱	瓲	瓰	瓮	玲△	珀△	玻	珎	珍◆	珉	珊△	珈△	珂△	狢	独○	狩◆	狡	狐
678	678	678	671	670	670	669	669	663	663	663	663	662	662	662	662	662	931	654	654	654	654

					目			皿			白		癶			疒					
省○	相○	盾◆	県○	盼	看○	盆◆	盈	盃△	皇○	皆◆	皈	発○	癸	疣	疥	疫◆	畊	畆	畉	畑○	畋
705	704	704	703	703	703	698	698	519	696	696	339	689	689	684	684	683	809	678	678	678	678

	内								示					石	矢	矛					
禺	禹	祢△	祐△	祖○	神○	祝○	祉△	祇△	祈△	砒	砌	砕◆	砂○	研○	矧	矜	冒◆	眄	眇	眉◆	眈
730	730	729	726	726	724	724	724	723	723	715	715	715	714	714	712	710	705	705	705	705	705

		糸			米				竹			立				穴					禾
級○	紀○	紆	籾△	粂	粁	笈	竿△	笂	竽	竓	竕	竒	穿△	窃◆	穽	突△	秒○	秕	秌	秋○	科○
768	768	767	760	760	760	748	748	748	747	745	745	265	741	741	741	740	732	732	732	732	731

										肉	耳	而	老	羊	网	缶					
背○	胄	胝	胆◆	胎◆	胙	胥	胛	胡△	胤△	胃○	耶△	耐◆	者△	美○	罘	缸	約	約○	紂	紅○	糾◆
819	819	819	819	818	818	818	818	818	818	818	810	809	808	800	797	796	769	769	769	768	768

										艸	臼	至	自		臣						
荀	茱	茲	荇	荒	荒◆	荊	茖	茴	茵	茨○	臾	致	臭◆	卧	臥△	脈	胞	胞◆	胖	胚	肺○
850	850	849	849	849	849	849	849	849	849	849	835	834	833	1001	1001	822	820	820	820	820	820

衣	行	血		虫		虍															
衷◆	衍	衂	虻	虹◆	虐	虐◆	莽	荔	茗	茫	茯	荅	茶○	荘◆	草○	荃	荐	茜△	荏	茸△	茹
887	885	883	874	874	872	872	856	852	852	852	852	852	851	851	850	850	850	850	850	850	850

					辵		車		走			貝			言	襾					
迭	迪	迢	述	迥	迦△	軍○	軌◆	赳	赴◆	負○	貞◆	貟	訃◆	訂◆	計○	要○	袂	衲	衽	衵	衿△
964	964	964	964	964	964	952	951	943	943	932	932	204	905	905	905	896	888	888	888	888	888

革	面					阜	門	里		酉			邑								
革○	面○	降	陋	陌	陏	限○	門	重○	酊	酋	郎◆	郊◆	郁△	迷○	迯	逃◆	追○	退○	送○	逆○	迫
1058	1057	1033	1032	1032	1032	1032	1022	998	992	992	989	988	988	968	968	968	967	966	966	965	964

							人	亠	丿		香	首		食	飛	風	頁	音	韭	韋
倔	俱	倶△	倨	俺◆	倚	倭△	倂	亳	乗△	十画	香○	首○	食	食○	飛○	風○	頁△	音○	韭	韋
82	82	82	82	82	82	82	75	47	33		1079	1078	1073	1073	1073	1070	1063	1061	1061	1060

俵○	俾	倍○	俳○	倒◆	倜	値○	倬	倉○	倩	倡	俶	修○	借○	倅	倥	倖△	候○	個○	倦△	倹◆	倪◆
86	86	86	86	85	85	85	85	85	85	85	85	84	83	83	83	83	83	83	82	82	82

						冫				冖	冂			八	儿						
凉△	凌△	凍◆	凋	凄◆	准◆	凅	冦	冥◆	冢	冤	冓	兼	兼	兼◆	党○	倫◆	倆	們	俸◆	倣◆	俯
605	121	121	121	121	121	121	301	119	119	119	118	113	113	113	104	87	87	87	87	87	87

					口	又	厂	卩	匚	匸	匸		力								刀
唔	唏	哦	哥	唄◆	員○	叟	原○	卿	匪	匿	匿◆	勉○	勍	剖◆	剥	剝◆	剔	剤◆	剛◆	剣◆	剞
204	204	204	204	204	204	179	171	170	157	157	157	149	148	140	140	140	140	140	139	139	139

					土		囗														
埔	埖	埆	埃	城	垂	圃△	圄	唖	哢	哩△	哺◆	唐	唐◆	哲◆	啄△	唇◆	哨△	唆◆	哭	哮	哽
231	231	231	231	231	229	223	223	206	206	206	206	205	205	205	205	205	204	204	204	204	204

	宀	子												女			大	夂			
家○	宴◆	孫○	娘◆	娩△	娉	姫◆	娚	娜	娠◆	娑	娛	娯◆	娥	娟	套△	奘	奚	夏○	埓	埒	埋◆
298	298	287	277	277	277	277	277	277	277	277	277	277	277	276	268	268	268	247	232	232	231

				山					尸			寸									
峻△	峺	峩	峨△	峡△	展○	屑	屑△	屐	屓	将○	射○	尅	容○	宸	宵	宵◆	宰◆	宮○	宦	害	害○
328	328	328	328	327	322	322	322	322	322	311	311	136	300	300	300	300	300	299	299	299	299

	心				彳		弓	廾			广				巾	工					
恩○	恚	徒○	徐◆	従○	徑	弱	弱○	弉	庭○	座○	庫○	帯○	席○	師○	帰○	差○	峪	峯△	峰◆	島○	峭
392	392	376	376	376	372	365	365	268	354	354	353	340	340	340	339	334	328	328	328	328	328

悌△	悚	悄	悛	悃	悟◆	悍	悁	悦	悦◆	恷	恋◆	恙	恥◆	息○	恁	恕△	恣◆	恵◆	恭◆	恐◆	悔△
398	398	398	398	398	398	398	398	398	398	396	396	396	395	395	395	395	395	394	394	393	393

【儿】凰△ 123 【刀】剱 139 剰◆ 140 剪 140 剳 140 副○ 140 【力】勘◆ 149 勖 149 勗 149 動○ 149 務○ 150 勒 150 【勹】匐 153 匏 153 【匕】匙 155 【匚】區 155 【厂】厠 172 【厶】參 174 【口】啄 205 啞 206 唯◆ 206 唻 206

啀 206 喝◆ 206 啓◆ 207 啓 207 啌 207 售 207 商○ 207 唱○ 207 啜 208 啐 208 唾◆ 208 啅 208 啖 208 啗 208 唸 208 問○ 208 唹 208 唳 208 【囗】國△ 221 圉 223 圈△ 224 【土】堊 232

域○ 232 基○ 232 埣 233 埼○ 233 執◆ 233 埴△ 233 堆◆ 233 堂○ 233 培◆ 234 埠 234 堋 234 堀◆ 234 堵 236 埜△ 999 【士】壷 244 【夕】梦 253 【女】婀 278 婬 278 婉 278 婚◆ 278 娵 278 娶 278

娼 278 婆◆ 278 婢 278 婦○ 278 婦 278 婪 278 婁 279 婁 279 【子】孰 287 【宀】寃 119 寅△ 301 寄○ 301 寇 301 宿○ 301 寂◆ 302 密○ 302 【寸】專△ 310 將△ 311 尉◆ 311 【尸】屏 322 屠 323 【山】崗 326

華 328 崖◆ 328 崕 328 崟 329 崛 329 崑 329 崔 329 崎○ 329 崇◆ 329 崢 329 崩◆ 329 崩 329 崚△ 330 崙 330 崘 330 【巛】巢△ 531 【巾】帶△ 340 帷 341 常○ 341 帳○ 342 【广】庵△ 355 康○ 355

庶◆ 355 庸◆ 355 【弓】強○ 365 張○ 367 弸 367 【彐】粛◆ 368 彗△ 368 【彡】彩◆ 370 彩 370 彫◆ 370 彫 370 彪△ 370 彬△ 370 【彳】從△ 376 徙 377 得○ 377 徘 377 徠△ 377 【心】悪○ 396 患◆ 398 悉△ 398 悠◆ 399

惟△ 399 悸 399 惧◆ 399 惓 400 惚△ 400 惨◆ 400 悴 400 情○ 400 情 400 悽 401 惜◆ 401 惆 401 悵 401 惕 401 悼◆ 401 惇△ 402 悱 402 惘 402 【戈】戛 418 戚◆ 418 戝 932 【戶】扈 422

【手】挽 441 掖 441 掩 441 掛◆ 442 掎 442 掬△ 442 掀 442 掘◆ 442 掲◆ 442 捲△ 442 控◆ 442 採○ 443 採 443 捨○ 443 捨 443 授○ 443 捷△ 444 推○ 444 捶 445 据◆ 445 接○ 445 措◆ 446

掃◆ 446 掃 446 掫 446 探○ 446 掉 446 掟 446 掏 446 捺△ 446 捻◆ 447 排◆ 447 掄 447 描◆ 447 捧△ 447 捫 447 掠△ 448 捩 448 掻 451 掴 452 【支】敕 148 敍△ 179 敘 179 敏△ 462

救○ 462 教○ 462 敎 462 敖 463 敗○ 463 【斗】斛 471 斜◆ 471 【斤】斬◆ 472 断○ 472 【方】旌 478 旋◆ 478 族○ 478 【无】旣 479 【日】晝△ 489 晟 491 晦△ 491 晞 491 晤 491 晨△ 491 晢 491 晩△ 492 晧 697

													艸						舟	臼	
菘	菜	菜○	菎	菫△	菌◆	菊◆	萓	菅△	菓◆	萎◆	華	菴	蒂	舶◆	舳	舵△	船○	舷◆	舸	舂	脯
855	855	855	855	855	855	854	854	854	854	854	853	355	338	838	838	838	837	837	837	835	824

虍																					
處	葛	菻	菱△	萊△	菹	莽	萠△	萌△	菩△	萍	菲	菠	萄△	菟	萇	著○	菁	萋	萃	菖△	菽
123	857	857	857	857	857	856	856	856	856	856	856	856	856	856	856	855	855	855	855	855	855

							衣		行											虫	
袿	裃	袰	袤	袋◆	裒	袈△	袵	術○	街	蚫	蛎	蛉	蚰	蛋	蛆	蛇◆	蛄	蛍◆	蚯	蚶	虚◆
889	889	889	889	889	888	888	888	885	885	1094	882	876	876	876	875	875	875	875	874	874	872

		貝	豸	豕	谷									言			見				
貫◆	貨○	貮	豼	豚◆	谺	訳○	訪○	訥	設○	訟◆	訝	訣△	許○	訛	覓	視○	規○	裄	袱	袷	袴△
933	933	361	931	930	928	908	908	907	907	907	907	907	907	907	900	899	899	890	890	890	889

						辵				車	身			足	赤						
逝	逍	逡	這△	逧	逑	逕	軎	軟◆	転○	軛	躯	趺	趾	跂	赦◆	貭	貶	貧○	販◆	貪◆	責○
969	969	969	969	968	968	372	958	954	953	953	951	945	945	945	942	938	934	934	934	933	933

				邑																	
郵○	部○	都○	郷○	郭◆	逎	逮◆	進○	週○	逸◆	連	逢△	逋	逗△	透	途	逖	逞△	通	逐	速	造
991	990	990	989	989	977	975	975	974	974	972	972	972	972	972	972	972	971	970	970	969	969

						阜			門							金	里	釆			酉
陶◆	陳◆	陬	陲	険○	陰◆	陥△	閇	閉○	閊	鈞	釣◆	釧△	釶	釵	釦	釼	野○	釈◆	酘	酖	酔◆
1036	1036	1036	1036	1035	1034	1033	1023	1023	1023	1005	1005	1005	1005	1005	1005	139	999	997	994	994	994

	麻		麦	鹿	鹵	鳥	魚	高	首	食		頁			雨		隹				
麻	麻◆	麸	麥	鹿○	鹵	鳥○	魚○	高	馗	飢	項○	頃◆	雫△	雪	雪○	寉	雀△	陵◆	隆◆	陸○	陪◆
1108	1108	1107	1107	1106	1105	1099	1093	1087	1079	1074	1063	1063	1048	1048	1048	1104	1042	1037	1037	1036	1036

				刀	几	氵									人		龜	齊	黑	黃
創○	割	割○	剴	剩△	凱△	準	傑	僅	傍◆	傅	備○	傘◆	傚	傀	偉◆	**十二画**	亀◆	斎◆	黒○	黄○
142	141	141	141	140	123	614	93	92	92	91	91	91	91	91	91		1117	1114	1110	1109

									口				厂	卩		十					力
喫◆	喟	喜○	喊	喚◆	喀	喙	営○	喝	單△	厦	厩	厨△	厥	卿△	博	博○	募◆	勝	勝○	勤○	勞
209	209	209	209	209	209	209	208	206	164	356	173	172	172	170	166	166	151	150	150	150	147

梈 544　［欠］款◆ 554　欹 554　欺◆ 554　欽△ 554　［歹］殘 562　殖◆ 563　殕 564　［殳］殼 565　［毛］毳 569　毯 569　［水］渴△ 600　渚△ 602　渥△ 605　渭 605　湮 605　湮 606　淵△ 606　湲 606　温○ 606　渦◆ 607　渙 607

渠 607　減○ 607　湖○ 608　港○ 608　港 608　湟 608　渾△ 608　渣 608　滋○ 608　滋 608　湿◆ 608　湘△ 609　湫 609　渫 609　湶 609　湊△ 609　測○ 609　湛△ 609　湍 609　渟 609　渡◆ 609　湯○ 610

湃 610　渺 610　湎 610　渤 610　満○ 610　渝 611　湧◆ 612　湧 612　游 612　溂 612　湾◆ 612　浇 622　［火］焰△ 632　焜 632　煮◆ 632　焼○ 632　焦◆ 633　然○ 633　無○ 633　焚△ 637　焙 637　煉 639

［爪］爲△ 630　［片］牌 647　牋 755　［牛］犀△ 651　犇 651　犂 651　［犬］猪△ 656　猋 656　猴 657　猩 657　猫 657　猶◆ 657　猶 657　猥 658　猨 658　［玉］琢△ 665　瑛△ 666　琴◆ 666　琥△ 666　琶△ 666　琵△ 666　琲 666

琺 667　琳△ 667　［瓜］瓠 898　［生］甥△ 674　甦 674　［田］畫 677　畱 679　畳◆ 681　番○ 681　畬 682　畭 682　畴 682　［疋］疎◆ 682　疏△ 682　［疒］痙 686　痣 686　痩◆ 686　痛○ 686　痘◆ 686　痞 686　痢◆ 686　［癶］發 689

登○ 691　［白］皖 697　皓△ 697　皓 697　［皮］皴 697　［皿］盛 698　盜△ 699　［目］睇 708　［矢］短○ 712　［石］硴 717　硯△ 717　硬◆ 717　硝◆ 717　硝 717　硲 718　硫◆ 718　［示］禄△ 728　［禾］稈 734　稀△ 734　税○ 735　稅 735　稍 735

程○ 735　程 735　［穴］窗 741　窘 742　窖 742　［立］竢 745　竣△ 745　竦 745　童○ 745　［竹］筈△ 750　筐 750　筋○ 750　筓 750　策○ 750　筍 750　筌 750　筅 751　筑△ 751　答○ 751　等○ 751　筒◆ 751　筏 751

筆○ 752　箏 755　［米］粫 762　粤 763　粢 763　粥△ 763　粧◆ 763　粭 763　粟△ 763　粡 763　粨 763　［糸］絲 767　絏 776　絫 777　絵○ 777　給○ 778　結○ 778　絢△ 779　絞◆ 779　絳 779　絖 780　絎 780

紫◆ 780　絨 780　絮 780　絶○ 780　絕 780　統○ 781　絣 781　絡◆ 782　［羊］着○ 801　［羽］翕 805　翔△ 805　翔 805　［老］耋 809　［耳］聒 811　［肉］腋 824　腔△ 825　脹△ 825　腆 825　脾 825　腓 825　腑 825　胼 825

腕◆ 825　［舌］舒 836　［舛］舜 836　［艸］萬△ 16　著△ 855　菟 856　葭 857　萪 857　萼 857　葛◆ 857　蒄 857　葵△ 857　葦 857　萱△ 858　菰 858　葫 858　葹 858　萩△ 858　葺△ 858　葬◆ 858　葱 858　葮 858

									女		大	夕	士								
媽	嫐	嫂	嫋	嫉◆	媾	嫌	嫌◆	嫁◆	媼	奨◆	奥△	夢○	壺	墓○	塘	塗◆	填	塡◆	塞◆	塑◆	塒
280	280	280	280	280	279	279	279	279	279	269	268	253	245	238	238	238	238	238	238	237	237

	彳	彑	弓	弋				广	干			巾					山	小			宀
徭	微◆	彙◆	彁	弑	廉	廉◆	廈	廊△	幹○	幎	幕○	幌△	嵶	嵩△	嵳	嵯△	嵬	尠	寞	寝◆	寛◆
381	380	368	368	362	356	356	356	356	348	343	343	343	330	330	330	330	330	317	306	305	305

																					心
慄◆	愴	愼△	慎◆	慊	愧	愾	慨◆	慍	愈	愍	想○	惷	愁◆	慈	慈◆	愆	愚◆	感○	意○	愛○	愽
409	409	409	409	409	409	409	408	408	408	408	407	407	407	407	407	406	406	405	404	403	166

斤	斗	支																	手		戈
新○	斟	数○	搕	摸	搬◆	搏	搨	搗	損○	搔	摂◆	搢	搶	搦	搾◆	搓	搆	携◆	搖△	戦○	戡
473	471	466	452	452	452	452	451	451	451	451	451	451	450	450	450	450	450	450	450	419	418

										木	曰									日	方
楯△	楫	楸	楜	業○	棄◆	楽○	楷◆	楹	椶	楳	會	暘	暖	暖○	暄	暉△	暇◆	暈	暗○	暑△	旒
539	539	539	539	538	538	537	537	537	536	529	58	495	494	494	494	494	494	494	493	492	478

楞	楼◆	楝	楊△	楢△	楡	椰△	楻	楙	楓△	楾	楠△	椽	楴	椿△	楪	楮	椴	楕△	楚△	楔	椹
541	540	540	540	540	540	540	540	540	540	540	540	540	540	539	539	539	539	539	539	539	539

															水		殳		止		欠
溽	準○	溲	滓	溷	溘	滉△	溝	溝◆	源○	漢○	滑◆	溢	溢△	溫△	溪	殿◆	毀◆	歲	歳◆	歃	歇
614	614	614	614	614	614	613	613	613	613	612	612	612	612	606	600	566	565	560	560	555	554

						火															
煌△	煢	煦	煥	煙	煙◆	煮△	溯	溜△	溶◆	滅◆	溟	滂	溥	漠◆	溏	滔	溺	溺◆	滝◆	滞◆	滄
638	638	638	638	637	637	632	983	616	616	615	615	615	615	615	615	615	615	615	614	614	614

				玉						犬		片	父								
瑟	瑚△	琿	瑕	瑗	獏	獅△	猾	猿◆	猷	献◆	牒△	牌	爺	煕	煉△	煬	煩◆	煤△	煖	煎◆	照○
667	667	667	667	667	931	658	658	658	658	657	647	647	645	639	639	639	639	638	638	638	638

									疒					田	甘	瓦					
痲	痹	痺	痴◆	痰	瘁	痼	瘀	痿	痾	畺	畷	畸	畫	當	甞	瓶	瑶△	瑜	瑁	瑙	瑞△
687	687	687	687	687	687	687	687	687	687	682	682	682	677	316	213	670	667	667	667	667	667

十四画

十六画

（革）鞠△ 1060　鞜 1060　（韋）韓 1061　（頁）顆 1067　頻◆ 1067　（風）颶 1072　（食）餅 1076　館 1077　餡 1077　餞 1077　餤 1077　（首）馘 1079　（馬）騂 1083　駸 1083　駿△ 1083　騁 1083　（魚）鮟 1095　鮠 1095　鮨 1095　鮭 1095　鮫 1095　鮇 1095

鮮◆ 1095　鮪 1095　（鳥）鴻△ 1101　鵁 1101　鴿 1101　鴴 1101　鵆 1101　鵄 1101　鵈 1102　鴾 1102　（鹿）麋 1106　（黍）黏 762　（黒）點 630　黛 1111　黜 1111　黝 1111　（黹）黻 1112　（黽）黿 1112　（鼻）鼾 1114　（齊）齋 1114　（齒）齔 1115　齡◆ 1115

鍠 1015　鍬△ 1015　鍾 1015　鍼 1015　鍛◆ 1015　鍖 1015　鍍 1015　鍮 1015　鍋◆ 1015　（門）闊 1028　闃 1028　闍 1028　闇◆ 1028　闌 1028　（阜）隱 1040　隰 1041　隯 1041　隲 1084　（隶）隸 1042　（隹）雖 1046　（雨）霞△ 1053　霜◆ 1053

（龠）龠 1117

十八画

（人）儲△ 98　（又）叢△ 179　（口）嚙 215　嚔 215　囊 216　嚠 625　（土）壘△ 236　壙 242　（彑）彝 369　（心）懲◆ 415　懣 415　懴 416　（戈）戳 420　（手）擴 432　擾 456　擶 456　擲 456　擺 457　擽 457

攢 457　（支）斃 468　（斤）斷 472　（方）旛 479　（日）曙 497　曜○ 497　曜 497　（木）檯 547　櫃 550　檮 550　櫂△ 550　檸 550　檳 550　（止）歸 339　（歹）殯 564　（水）瀉 624　瀋 624　濺 625　瀆 625　瀑 625　瀁 625　濫◆ 625

瀏 625　濾 625　（火）燻 643　燼 643　燹 643　燿△ 643　燿 643　（爪）爵 645　（犬）獵 657　（玉）璧◆ 669　瓊 669　（瓦）甕 670　甓 670　（疒）癜 689　癖◆ 689　癒◆ 689　癒 689　（目）瞹 709　瞿 709　瞼 709　瞽 709　瞬◆ 709

瞻 710　矇 710　（石）礇 721　礒 721　礎◆ 721　礌 721　（示）禮△ 722　（禾）穢 738　穫◆ 738　穣△ 738　穡 738　（穴）竅 743　竄 743　（竹）簡○ 757　簡 757　簣 758　簧 758　簪 758　簞△ 758　簟 758　（米）糧◆ 766　（糸）繦 792

繧 794　繝 794　繭◆ 794　繖 794　繞 794　織○ 794　繕◆ 794　繙 794　繚 794　（网）羃 119　羂 798　（羽）翹 806　翻◆ 806　翻 806　（耳）聶 813　職○ 813　（肉）臍 829　臑 829　（舟）艟 838　（艸）藝△ 844　藏△ 865　藥△ 867

藕 869　藪 869　藤◆ 869　藤 869　藩◆ 869　藍◆ 869　藜 869　（虫）蟲 873　蟯 881　蟬△ 881　蟠 881　（衣）襖△ 894　襟◆ 895　襠 895　（襾）覆◆ 897　覆 897　（見）観○ 901　覲 902　（角）觴 904　（言）謹△ 923　謳 925　謦 925

謫 925　謾 925　謬 925　（豆）豐 929　（貝）贄 940　贅 940　贈◆ 940　（足）蹟△ 946　蹙 948　蹠 948　蹤 948　蹕 948　蹣 949　（身）軀 951　（車）轉△ 953　轉 958　轆 958　（辵）邇 987　邃 987　邈 987　（酉）醫 156　醬△ 996

十九画

攝△ 451　〔日〕曩 497　〔木〕櫻△ 525　權 545　欄△ 551　櫸 552　檽 552　〔欠〕歡 555　〔歹〕殲 564　〔水〕灘 627　〔火〕爛 644　〔玉〕瓔 669　〔疒〕癨 689　癪 689　癩 689　癧 689　〔禾〕龝 732　〔穴〕竈 743　〔竹〕籒 758　籔 759　籐 759　籃 759

籛 760　〔糸〕續 782　纖 793　纍 793　纈 795　纐 795　纊 795　纏△ 795　纉 796　繿 895　〔缶〕罍 796　〔舟〕艦◆ 839　艪 839　〔虫〕蠢 882　蠡 882　蠟△ 882　〔衣〕襯 895　〔言〕譴 927　〔貝〕贐 941　贔 941　〔足〕躋 949　躊 949

躍◆ 949　躍 949　〔車〕轟△ 958　轜 959　〔辛〕辯 359　〔酉〕醺 997　〔金〕鐵 1007　鐶 1018　鐸 1018　鐺 1018　鑁 1018　〔門〕闥 1029　闢 1029　〔雨〕霸 897　霹 1053　露◆ 1053　〔頁〕顧◆ 1070　顧 1070　〔風〕飆 1073　飈 1073　〔飛〕飜△ 806　〔食〕饐 1078

饋 1078　饑 1078　饒△ 1078　饌 1078　〔馬〕驅 1081　驂 1084　驃 1085　騾 1085　〔骨〕髏 1087　〔髟〕鬘 1090　〔鬼〕魑 1093　魔◆ 1093　魔 1093　〔魚〕鰯△ 1097　鰮 1097　鰥 1097　鰭 1098　鰤 1098　鰰 1098　鰡 1098　〔鳥〕鶏△ 1102　鶯 1104

鷂 1104　鷁 1104　鶻 1104　鶸 1104　鶺 1104　鶴◆ 1104　鷆 1104　鷏 1104　鷄 1104　〔鹿〕麝 1107　〔黑〕黯 1111　〔齊〕齎 1114　〔齒〕齪 1115　齬 1115

二十二画

〔人〕儼 98　儻 98　〔口〕囃 216　嚢 216　〔山〕巓 331　巒 331

〔弓〕彎 368　〔心〕懿 416　〔手〕攢 457　攤 457　〔水〕灑 626　灘△ 627　〔田〕疊△ 681　疂 681　〔疒〕癬 689　〔示〕禳 729　〔禾〕穰△ 738　〔立〕競 746　〔竹〕籘 759　籟 759　籠◆ 759　〔米〕糴 766　〔糸〕纏 795　〔缶〕罏 242　〔网〕羇 799　〔耳〕聽△ 812　聾 813　〔肉〕臟△ 829

〔舟〕艫 839　〔艸〕蘿 871　〔虫〕蠧 882　〔衣〕襲◆ 895　襷 895　襴 895　〔見〕覽△ 901　覿 902　〔言〕讀 916　讃△ 927　〔貝〕贖 941　贓 941　〔足〕躓 950　躑 950　躔 950　〔車〕轡 959　轢 959　〔金〕鑄△ 1012　鑓 1018　〔雨〕霽 1054　霾 1054　〔革〕韃 1060

〔音〕響△ 1062　〔頁〕顫 1070　〔食〕饗△ 1078　饕 1078　〔馬〕驚◆ 1085　驕 1085　驍△ 1085　驛 1085　驎 1085　〔髟〕鬚 1090　〔鬲〕鬻 763　〔魚〕鰊 1098　鰉 1098　鰐 1098　鰺 1098　鰻 1098　鰾 1098　鰲 1112　〔鳥〕鷗△ 1104　鷲 1104　鷓 1105　〔齒〕齬 1115

齪 1115　〔龍〕龕 1116

二十三画

〔山〕巖△ 331　〔心〕戀 396　〔手〕攣 457　攪 457　攫 457　〔日〕曬 489　〔木〕欒 552　〔疒〕癰 689　〔穴〕竊 741　〔竹〕籖 157　籤 760　籥 760　〔糸〕纖△ 793　纓 796　纔 796　〔缶〕罐 796　〔虫〕蠱 882　〔襾〕覊 799

〔言〕變 245　讌 928　讐 928　讎 928　〔足〕躙 950　〔車〕轣 959　轤 959　〔辵〕邏 987　〔金〕鑛 1007　鑑◆ 1019　鑒 1019　鑠 1019　鑢 1019　鑯 1019　鑚 1019　〔面〕靨 1058　〔革〕韈 1061　〔韋〕韤 1061　〔頁〕顯△ 1068　〔馬〕驛 1081　驗△ 1083　〔骨〕體 67

四字熟語索引

・この辞書に見出しとしてかかげたおもな四字熟語を、読みの五十音順に配列し、本文のページを示しました。

「漢字に親しむ」索引

「故事のはなし」索引

一 いち部

1/1画

横線一本で、数のはじめ、「ひとつ」の意をあらわす。「一」をもとにしてできている漢字と、「一」の字形を目じるしにして引く漢字とを集めた。

0 一 1 七 丁 2 下 三 上 丈 万 与 3 丐 丑 不 4 且 丘 世 丕 丙 丗 5 丞 両 7 並

この部首に所属しない漢字

二⇩二 39　十⇩十 157　兀⇩儿 98　才⇩扌 425
五⇩二 41　互⇩二 43　戸⇩戸 420　可⇩口 181
旦⇩日 482　正⇩止 556　瓦⇩瓦 669　亘⇩二 43
再⇩冂 117　吏⇩口 193　死⇩歹 561　百⇩白 694
而⇩而 809　西⇩西 896　亜⇩二 43　更⇩曰 498
求⇩氺 576　甫⇩用 675　豆⇩豆 928　酉⇩酉 992
兩⇩入 106　東⇩木 518　雨⇩雨 1047　昼⇩日 489
歪⇩止 560　面⇩面 1057　頁⇩頁 1063　爾⇩爻 646

一 0

【一】 1画 1676 4E00 教育1

音 イツ漢 イチ呉
訓 ひと・ひと-つ・はじめ
付表 一日(ついたち)・一人(ひとり)

筆順 一

弌 1

【弌】 4画 4801 5F0C 古字

なりたち ［指事］横線一本で、天地・万物のはじめをあらわす。

意味 ❶数の名。ひとつ。例一葉。一計。万一。一を聞いて十を知る。❷ひとたび。例一読。一回。❸ひとつの。最初。はじめの。例一月。一次試験。一姫二太郎。❹最高。最上の。例一流。随一。❺ひとつにする。同じくする。例一様。均一。統一。❻すべて。全部。すっかり。例一任。一転。一変。❼もっぱら。ひたすら。例一途。一念。専一。❽あるひとつ(の)。ほか(の)。例一説。一方。❾すこし。わずか。例一助。一考。❿あるいは…。…したり、…したり。例一喜一憂。一長一短。

参考 商売や契約の文書では、数字を書きかえられないよう、同音の「壱」や「壹」を使うことがある。

難読 一寸(ちょっと)・一口(いもあらい)・一切衆生(さしもぐさ)

人名 おさむ・か・かず・かた・かつ・くに・さね・すすむ・たか・ただ・ち・のぶ・はじむ・はじめ・ひ・ひじ・ひで・ひとし・まこと・まさし・まさる・もと・もろ

【一握】(イチアク) ①ひとにぎり。少しの量。例一の砂。②にぎりこぶしの中。掌中。

【一位】(イチイ) ①第一番の地位や順位。一等。首位。トップ。ナンバーワン。例一で当選する。②数学で、一のくらい。「一位数」は、一から九までのひとけたの数。③イチイ科の常緑高木。表記 ③は「▼櫟」とも書く。

【一意】(イチイ) (副) 一つのことに心を集中すること。ひたすら。もっぱら。例一勉強にはげむ。

【一意専心】(イチイセンシン) (副) ひたすらそのことだけに心を集中すること。例一目標の達成に努める。

【一衣帯水】(イチイタイスイ) 〔「衣帯」は、着物の帯(おび)の意〕一本の帯のように、細くて長い川や海峡。また、そういう水にへだてられてはいるが、近い距離にあること。例えば、海ひとつへだてる日本と韓国、日本と中国、またイギリスとフランス北西部などの近さについていう。

【一因】(イチイン) いくつかある原因のうちの一つ。例不規則な生活も病気の一です。

【一員】(イチイン) 団体や社会を構成している、おおぜいのうちのひとり。例家族の一になる。委員会の一に加える。

【一円】(イチエン) ある地域や場所の、全体。全域。類一帯。例関東一に強い地震があった。

【一応】(イチオウ) (副) ①じゅうぶんではないが。ひととおり。例一最後まで目を通した。②とりあえず。念のため。例ご存じとは思いますが一お知らせします。参考 本来「一往」と書いたが、日本で同音の「応」をあてるようになった。

【一概】(イチガイ) (副) 〔「一概に」の形で〕例外や小さなちがいを無視して、おおまかに。おしなべて。例一に悪いとは言えない。一に論じると誤りをおかす。

【一月】(イチガツ) 一〔「イチゲツ」とも〕一年の最初の月。類正月・睦月(むつき)。二(ひとつき) 〔「イチゲツ」とも〕一か月。

【一丸】(イチガン) (外からの力に対抗する)ひとかたまり。ひとまとまり。例全員一となって強敵に当たった。

【一義】(イチギ) ①ある意味。ある解釈。②いちばんたいせつな意味。根本の意義。第一義。例スポーツの第一は、からだをきたえることです。

【一義的】(イチギテキ) (形動ダ) ①ことばや記号が一つの意味にだけ解釈できるようす。例一でない表現は混乱をまねく。②最も重要であるようす。本質的。対二義的。例一でないことにこだわる。

【一議】(イチギ) 一度の会議。一回の議論。例一に及ばず(=なんら論ずるまでもなく)決定した。

【一行】一(イチギョウ) 縦書きまたは横書きの文章の一つの行(ギョウ)。例一二十字、十行の原稿用紙。二(イッコウ) 連れだって行く人々。同行者全員。例研修旅行の一。

【一隅】(イチグウ) ①片すみ。例大都会の一。②四すみのうちの一つ。例一を挙げて三隅を反(かえ)させる(=ものの道理の一端を示して、他のすべてをさとらせる)。

【一軍】(イチグン) ①あるまとまりをもった一つの軍勢。②全軍。例一の将。③スポーツのチームの編成で、公式試合につねに出場する選手のチーム。対二軍。

【一芸】(イチゲイ) ある一つの技術や芸能。例一に秀(ひい)でる(=なにか一つの技能や芸術にすぐれている)。

【一撃】(イチゲキ) (名・する) ひとうち。一回の打撃。例一のもとに敵をたおした。

【一元】(イチゲン) ①ものごとや考え方のもとが一つであること。対二元・多元。例一論。②ある一つの元号。例一世一(=君主一代に一つの元号を用いること)。③〔数〕代数・方程式で未知数が一つであること。対二元・多元。

【一元論】(イチゲンロン) 〔哲〕ものごとは、ただ一つの原因や原理で説明されるという考え方。〔それを具体的になんと考えるかは、立場によって異なり、唯心論・唯物論などがある〕対二元論・多元論。例一の弱点。

【一言】(イチゲン・イチゴン) ①ひとこと、ものを言うこと。例一あって然(しか)るべきだ(=ひとこと弁解や説明などがあるのが当然だ)。一もない(=ひとことの弁解もできない)。一のもとにはねつける。②短いことば。一字。一語。一句。例一一句聞きもらさない。

【一言居士】(イチゲンコジ) 何ごとにも自分の意見をひとこと述べ

ないと気がすまない性格の人。〔少しからかった言い方〕例―がまた始まった。

【一言以て之を蔽う】イチゲンもってこれをおおう ひとことで全体を要約する。〈論語〉→【思い邪無し】（390ページ）

【一言半句】イチゲンハンク ちょっとしたことばの一つ一つ。類片言隻句。例―聞きもらすまいと耳をかたむけた。

【一見識】イチケンシキ・イッケンシキ 一つの考え方。例―のある人物。―を備える。

【一期】一 イチゴ 一生。生まれてから死ぬまで。例―の思い出。―の不覚（＝一生涯での大失敗）。二 イッキ ①いくつかに区切られている期間のなかの最初。第一期。②ある決められた期間ひとつ。例会長を―つとめる。

【一期一会】イチゴイチエ 〔「一会」は、一回の出会い〕茶道で、そのときの茶会の客は一生にただ一度の出会いと心得て、主人も客も、誠意をつくすべきものだという考え。

【一毫】イチゴウ 〔「毫」は、細い毛の意〕ごくわずか。ほんの少し。例―の疑いをさしはさむ余地もない。

【一座】イチザ ①その場にいっしょにいる人のみんな。満座。例―を笑わせる。②芝居などを興行する一団。また、その人々。例―の花形役者。

【一次】イチジ ①なん回か続けておこなわれるものの一回目。例―試験。②〔数〕二乗またはそれ以上の項をふくまないこと。例えば、$ax+b$ は x の一次式。例―方程式。

【一時】イチジ ①しばらくの間。短時間。例―預かり。出発を―見合わせる。②その時。当座。例―しのぎ。―はだめかと思った。③一回に。一度に。まとめて。例―金。―払い。④同時。いっせい。いちどき。例―にみんな消えた。⑤午前零時または午後零時より一時間後の時刻。

【一事が万事】イチジがバンジ 一つの例を見れば他のすべてがおしはかられるということ。例―この調子で、先が思いやられる。

【一字千金】イチジセンキン 一字だけで千金もの価値があること。みごとな文章や格言・筆跡のたとえ。例―に値する。

【一日】一 イチジツ・イチニチ ①朝起きてから夜ねるまでの活動しているあいだ。例充実した―。よい―。②午前零時から二十四時間。例―の長がある。③ある時刻を起点とする二十四時間。例くたびれて丸―ねむりこけた。④ある日。例春の―を野山で過ごす。二 イチジツ・イッピ・ついたち その月の最初の日。例毎月―に例会を開く。

【一日千秋】イチジツセンシュウ・イチニチセンシュウ 〔「秋」は、年の意〕一日が千年もの長さに感じられるほど、待ちどおしい。一日三秋。例―の思いで待つ。

【一日千里】イチジツセンリ・イチニチセンリ 一日に千里を走るという、名馬の能力。すぐれた才能をもった人のたとえ。例―の才ある人。

【一日の長】イチジツのチョウ 年齢や経験、技能などが少しだけうわまわっていること。〔孔子が弟子に、私が少しばかり早く生まれたからといって、えんりょすることはないのだよ、と言ったことばから〕〈論語〉

【一汁一菜】イチジュウイッサイ （主食のほかに）一杯の汁と一品のおかずという質素な食事。

【一巡】イチジュン （名・する）ひととおりまわること。例季節の―。管内を―する。

【一助】イチジョ 何かの足し。いくらかのたすけ。例学資の―ともなれば幸いです。

【一場】イチジョウ ①その場。その席。例―の訓示をあたえた。②その場かぎり。その時だけ。例―の春夢（＝春の短い夜の、はかない夢）。

【一人】一 イチジン 〔天下にただひとりのお方という意味から〕天子。二 イチニン・ひとり 人数が一であること。例―残らず退散した。三 ひとり ①自分だけ。単独。例―立ち。②結婚していない成人。独身。例―身。―者。かれはまだ―だ。表記 三は「独り」とも書く。

【一人前】イチニンまえ 一（名）おとなひとり分であること。ひとりあて。例寿司―。―の日当。二（名・形動ダ）①おとなとしての生活能力や知識をそなえていること。例口だけは―、やることは半人前。②技能などが人並みになること。例修業を積んでりっぱな―の職人になった。

【一陣】イチジン ①雨や風が、ひとしきり降ったりふいたりすること。例―の雨。―の風。②最前線の陣地。第一陣。

【一途】一 イチズ （名・形動ダ）〔ひとすじの道の意〕一つの方向・一つのことだけを追い求めるようす。例勉強―の生活。―な気持ち。―に思いつめる。二 イット （名）方向や方針や方法が一つであること。例戦況は悪化の―をたどった。

【一族】イチゾク 血のつながりのある人々。縁戚の人々。例―郎党。

【一存】イチゾン 自分ひとりだけの考え。例わたくしの―では決められない。

【一朶】イチダ 花のひとえだ。例―の桜。

【一代】イチダイ ①人ひとりの一生。生まれてから死ぬまで。例―記。―限りの名跡。②ひとりが、主君・主人・長などの地位にいる期間。例―で大資産家になる。③〔「一代の…」という形で〕ある時代を代表するような。例―の名工。―の碩学（＝大学者）。

【一大事】イチダイジ 並々ではない、きわめて重大なできごと。例天下の―。

【一諾千金】イチダクセンキン いったん引き受けたことには、千金の価値がある。約束は重んじなければならないことのたとえ。

【一団】イチダン ひとかたまり。ひとむれ。例修学旅行の―。

【一段】イチダン 一（名）①階段や段階・等級のひときざみ。例―ずつのぼる。②縦と横に直線で区切られた図表の、横の同じ位。例動詞の―活用は五十音図の同じ―に活用する。③文章や物語、事件のひと区切り。例この―の大意をまとめる。二（副）ひときわ。いっそう。例―（と）進歩した。

【一段落】イチダンラク （名・する）長く続く文章のなかの、部分的なひとまとまり。また、仕事などに一つの区切りをつけることのたとえ。ひとだんらく。例大きな仕事に―をつけた。勉強が―したらおやつにしよう。

【一度】イチド ①一回。一遍。例―やってみたかった。②〔「一度に」の形で〕いっぺんに。同時に。例―に流れ出した。

【一同】イチドウ その立場にいる人のすべて。例職員生徒―、ご起立をお願いします。

【一堂】イチドウ 一つの建物。例会員が―に会する。

【一道】イチドウ ①一本の道路。例―をたどる。②ある一つの専門分野。例―の達人。③一本のすじに見える光やけむりなどの、ひと筋。例―の光明を見いだす。

【一読】イチドク （名・する）ひとわたり読むこと。例ご―ください。―しただけでは、まったくわからない。

【一頓挫】イチトンザ （名・する）事業や計画が進行中に一つの困難にぶつかり、行きづまること。例―を来す。

【一入】一 イチニュウ （名・する）①一度なかへはいること。また、いれること。②〔「イチジュウ」とも〕布などを、染料のなかに一度つけること。ひとしお。二 ひとしお （副）いちだんと。いっそう。ひときわ。例寒さも―身にしみる。

【一如】イチニョ ①〔仏〕真理は、現象としてはさまざまに見えても、根本は変わらず、唯一絶対のものであるということ。②さまざまなものが一つにとけあい、分かちがたい状態であること。例物心―。渾然―として―である。

【一任】イチニン （名・する）（仕事や判断などを）すべてまかせること。

例決定は議長に―する。

【一人称】イチニンショウ 話し手や書き手が自分や自分たちをさすのに用いることば。「わたくし」「わたくしたち」「ぼく」「ぼくら」「われ」「われわれ」など。自称。対二人称・三人称。

【一念】イチネン つよく一つのことを思いこむ心。ひたすらな思い。一心。例トラを射るという―が岩に矢を通した。

【一念発起】イチネンホッキ（名・する）〔仏の道に入ろうと決心する意から〕新たになにかをはじめようと一大決心をすること。

【一年草】イチネンソウ 一年のうちに芽が出て花がさき、かれる植物。対二年草・多年草。

【一番】イチバン 一（名）①順番や序列の第一。最初。または最上。例―星。―茶。明朝―に着手する。②能・狂言・囲碁・将棋・相撲などの、一曲・ひと勝負。例だいじな―。結びの―。③二つでひと組みとなっているもの。ひとつがい。組み合わせ。例おもしろい―。④たいせつな局面。例ここ―。二（副）もっとも。この上なく。例―好きだ。

【一番▼槍】イチバンやり 最初に敵陣にせめ入り、やりをつきさすこと。攻撃の最前列のたとえ。例―をうけたまわる。

【一姫二太郎】イチひめニタロウ 一番目の子供が女の子で、二番目が男の子であること。子を育てるときの親の理想とされる。〔女の子ひとりと男の子ふたりともいう〕

【一分】一 イチブ ごくわずかなことのたとえ。例―のすきもない。二 イチブン 一身のめんぼく。例武士の―が立たない。

【一部】イチブ ①書物のひとそろい。一冊で完結するもの、また、数冊にわたるものもある。例上下二冊で―。②本や新聞を数えるときの単位。例―三百円。③全体のなかのある部分。一部分。対全部。例―に不良品がまじる。

【一部始終】イチブシジュウ 「一部①」の書物の始めから終わりまで。また、事の始めから終わりまで。例事件の―を物語った。

【一物】一 イチブツ 一つの、ちょっとしたもの。例―を用意する。二 イチモツ ①たくらみ。例腹に―ある。②あれ。あのもの。言いにくいものを遠まわしにいうことば。

【一文】一 イチブン 一つのちょっとした文章。例―をものした。二 イチモン ①銅貨一枚ぶん。ごくわずかなお金。例―無し。②文字一つ。例―不知の愚鈍(=一つの文字も読めないほどのおろか者)。

【一別】イチベツ（名・する）ある時の、人との別れ。例―以来、はや十年になる。

【一▼瞥】イチベツ（名・する）ちらりと見ること。例―もくれない。

【一望】一 イチボウ（名・する）一度、見わたすこと。また、一度で見わたすことのできる景色。例―千里。―のもとに市街地をおさめる。二 イチモウ（名）ただ一つののぞみ。例もはや私の生涯にこの―あるのみ。

【一枚】イチマイ ①（平たいものの）一つ。ひとひら。②（役をになう者としての）ひとり。例かれを―加える。③一段階。一ランク。例役者が―上だ(=その役として能力がすぐれている)。

【一抹】イチマツ ①はけや筆でひとなすりすること。例―の白雲。②かすかなこと。例―の不安がある。

【一味】一 イチミ（名・する）心を一つにして協力しあうこと。また、そのなかま。例盗賊の―。謀反の―に加わる。二 イチミ（名）①ちょっとしたおもむきがあること。例―の涼風。②薬種一つ。例七味の中の―(=唐辛子だけをさす)。三 ひとあじ（名）味わいや印象のちょっとした感じ。例―ちがう。―も二味もちがう。

【一脈】イチミャク ひとすじのつながり。例―相通じるところがある(=わずかな関係や共通点が認められる)。

【一名】イチメイ ①ひとり。一人。②別名。またの名。別の言い方。例利根川、―坂東太郎。

【一命】イチメイ たった一つのかけがえのないいのち。例―にかかわるおおけが。―をとりとめる。

【一面】イチメン ①あたり全体。例―の銀世界。②ものごとの、ある方向から見えるようす。対多面。例それも―の真理ではある。③政治・経済などの重要な記事がのる、新聞の第一ページ。例―のトップをかざる。

【一面的】イチメンテキ（形動）ものの見方や考え方がかたよっているようす。対多面的。例―な観察。

【一面識】イチメンシキ 一度会って、顔を見知っているというほどの、ごくうすいかかわり合い。例―もない人。

【一毛作】イチモウサク 〔「毛」は、植物・作物が生え育つ意〕同じ田や畑に、一年に一回作物をつくること。単作。

【一網打尽】イチモウダジン 〔一網でその場所の魚をとりつくす意から〕悪者の一味をそっくりとらえること。例―にする。

【一目】一 イチモク（名・する）一度ちょっとだけ見ること。例―瞭然。―してそれとわかる。二 イチモク（名）①網の目などの一つ。例―の網は以って鳥を得べからず(=網の目一つでは鳥をつかまえることはできない)。②碁盤上の線が直角に交差する点。また、その一つに置く碁石。例―置く(=相手の強さ、優位をみとめて敬意をはらう)。三 ひとめ（名）①一度ちょっとだけ見たり会ったりすること。例―ぼれ。―会いたい。②ある場所で一度見わたすこと。例―千本のサクラ。

【一目散】イチモクサン わきめもふらず後ろも見ないで、走ること。例―ににげた。

【一目瞭然】イチモクリョウゼン（名・形動）ひとめ見ただけではっきりとわかること。例結果は―。

【一門】イチモン ①血統を同じくする人たち。一族。例平家―。②宗教・学問・武道・芸能などで、流派を同じくする人たち。例―の弟子たち。

【一問一答】イチモンイットウ（名・する）一つ質問が出されるごとに答えること。また、それをくりかえすこと。例―形式。

【一躍】イチヤク（名・副）〔ひととび・一回の跳躍の意から〕急に。いっきょに名声などを得ること。例―名士になった。

【一葉】イチヨウ ①一枚の木の葉。②紙などのように、平らで、うすいもの一枚。③小ぶね一そう。ひとはぶね。例―の軽舟。

【一葉落ちて天下の秋を知る】イチヨウおちてテンカのあきをしる 〔アオギリは他の木にさきがけて落葉する。その落ち葉一枚を見てはやくも秋のおとずれを知ることから〕わずかな前兆によって、全体の変化をいちはやく察知する。〈淮南子〉

【一様】イチヨウ（名・形動）どれも同じであること。対多様。例みんな―に流行を追っている。尋常―(=なみひととおり)の努力ではだめだ。

【一陽来復】イチヨウライフク（名・する）〔易で、陰がきわまり、陽が復活することから〕①冬が去り、春がくること。②しばらく不運が続いたあと、幸運がやってくること。例景気に―のきざしがある。

【一翼】イチヨク ①鳥の左右のつばさの、どちらか片方。②大きな仕事や組織の一部分。一つの役割。例―を担う。

【一覧】イチラン 一（名・する）全体にざっと目を通すこと。例校舎内を―する。―に供する。二（名）見やすく整理して全体を簡単に見わたすことができるようにしたもの。例―表。

【一理】イチリ いちおうの道理、または理由。例この反対の意見にも―がある。

【一利一害】イチリイチガイ ある点では利であるが、他のある点では害があること。類一得一失。

【一律】イチリツ（名・形動）①すべてを同じあつかいにすること。例―には論じられない。②変化がなく、同じ調子で続くこと。例千編―。

【一里塚】①江戸時代、江戸の日本橋を起点に、諸国へ通じる街道の一里ごとにつけた道しるべ。土を盛り、エノキなどを植えた。里程標。例門松は冥途の旅の―。②大きな仕事を成しとげるとちゅうの一段階。

【一流】①(品質・地位・人などの評価で)最上のもの。対二流・三流。例―の人物。②ほかに例のない独特のやり方。例かれ―のやり方。③一つの流れ、流派。例華道の―。

【一両日】(「両」は、二の意)この一日か二日。例―中には結論が出る。

【一▼縷】①ひとすじの糸。細く長く続くもの。一糸。例身に―もまとわないまっぱだか。②たよりにならないほどの、かすかなつながり。例―の望みを託す。

【一連】①つながりのある、ことがら・ものごとなどのひと続き。例―の事件が解決した。②漢詩で、一対の句。表記②は旧一▼聯

【一▼蓮▼托生】①〔仏〕死んだあと、極楽の同じ蓮華の上に生まれかわる、という希望、もしくは想像。②いっしょに行動し、最後まで運命をともにすること。例事の成否にかかわらず―を覚悟する。

【一路】㊀(副)寄り道したりせず、まっすぐに。例―目的地へと急ぐ。㊁(名)ひとすじにたどる道。類一途。例真実―。向上の―。

【一を聞いて十を知る】一部を聞いて、全部を理解する。聡明であることのたとえ。(論語)

【一家】①一つの家族を形づくる人間の集まり。一つの世帯。例―のあるじ。―を構える。②親分・子分の関係のうえに成り立つ集団。例次郎長―。③学術・技芸などで、独立した専門家・芸術家として世に認められる地位・名声。例学問で―を成す。

【一家言】その人独特の見解や主張。例かれは教育には―を持っている。

【一荷】てんびん棒で、一回に運ぶ荷物の量。また、一度に一つをつること。ひとにない。

【一過】(名・する)さっと通りすぎること。例台風―のあとの秋空。

【一過性】一時的で、すぐに治まり、再発の可能性もほとんどないこと。例―の下痢。―の非行。

【一介】(「介」は「个」に通じて、ひとつの、の意。また、「芥」に通じて、小さな・とるにたりない意)①ひとりの。例―の青年。②(卑下もしくは軽蔑の気持ちで)とるにたりない、ただの。例―の地方議員。

【一回】①一度。また、いっぺんだけの。例―勝負。②継続・反復するものの一度目。例学部の―生。連載―目の原稿。

【一塊】ひとかたまり。例―の土くれ。

【一角】㊀①図形の部分の名で、一つのかく。例三角形の―。②平面や立体や空間の一つのすみ。かたすみ。一部分。例町の―。氷山の―。③一本のつの。例―獣。㊁ひときわすぐれていること。また、いちにんまえ。例―の人物。―の実業家。表記㊁は「一▽廉」とも書く。

【一画】①楷書で漢字を書くときの一回の筆の動き。ひとふでで書かれる線や点。例一点―をていねいに書く。②ひとくぎり。ひと区画。例分譲地の―。表記②は旧一▼劃

【一郭】塀などで囲み、ひと続きに区切った地域。表記旧一▼廓

【一獲千金】(千金をひとつかみにする意)一度に大もうけをすること。ぬれ手で粟。例―を夢見る。表記「一▼攫千金」とも書く。

【一括】(名・する)①ひもや縄で、ものを一つにくくりまとめること。また、ひとまとまり。例書類―を預かる。②ひとまとめにあつかうこと。例議案を―して取りあつかう。

【一喝】(名・する)大声で一度しかること。例悪童どもを―する。老師の―に縮みあがる。

【一巻】①横に長い書画やフィルムなど、帯のようなもののひとまき。例―の終わり(=ひとつの物語の終末。ものごとの終わり)。②書物の、第一の巻。

【一貫】(名・する)始めから終わりまで、きまった一つの考えや方法でつらぬくこと。例終始―。首尾―。かれの態度は―して変わらない。

【一環】(くさりの輪の一つの意から)大きなまとまりのなかの一部分。例震災復興事業の―として公園を造る。

【一気】㊀(名)ひといき。例―飲み。―の間。㊁(副)(「一気に」の形で)とちゅうで休まず。いっぺんに。ひといきに。例―に飲み干す。―に敵陣にせめ入る。

【一気▼呵成】ひといきで詩や文章を作りあげること。ものごとを急いで仕上げること。例夏休みの宿題を―にやる。

【一▼揆】(考え方・やり方・程度・種類などが同じであること)①おおぜいが心を一つにしてまとまること。一致団結。②昔、農民や一向宗の信徒などが支配者の圧政に対し、武装して抵抗したこと。例一向―。百姓―。

【一喜一憂】(名・する)なりゆきの変化に応じて、よろこんだり心配したりすること。例病状に―する。―しながら応援する。

【一▼掬】(名・する)(「掬」は、両手を合わせて水などをすくいとる意)ひとすくい。ひとくみ。(両手にあふれるほど「多い」という意味にも、手でくむほど「少ない」の意味にも使う)例―の涙。清らかなわき水を―してのどをうるおす。

【一騎当千】一騎で、千人の敵を相手にできるほど武勇にすぐれていること。例―のつわもの。

【一挙】㊀(名)①一回の動作・行動。例―一動。②一つのくわだての決行。例吉良邸襲撃の―。㊁(副)(「一挙に」の形で)いっぺんに。ひといきに。例―にかたづける。

【一挙一動】一つ一つの動作。例―に注目する。

【一挙両得】一つのことをして二つの利益をあげること。類一石二鳥。例―をねらう。

【一興】それなりの、おもしろみ。例それもまた―か。

【一挙手一投足】①(一度手をあげ、一度足を動かす意)わずかの労力。例他人のために―もしない人間。②動作の一つ一つ。一挙一動。例―を注視する。

【一系】昔から続く、同じ血筋。一つの血統。例万世―の天子。

【一計】一つのはかりごと。ある計画・計略。例―を案じる。―をめぐらす。

【一決】(名・する)議論・相談などが一つにまとまること。また、思い切りよく決めること。例衆議―する。今夜の襲撃に―した。

【一件】①例のこと。あのもの。例例の―はどうなったか。②ことがらや、事件の一つ。例―落着。

【一見】㊀(名・する)①一度見ること。例百聞は―にしかず。―する価値がある。②ちらっと見ること。例―して健康そのもの。㊁(名)初対面。例―の客。

【一軒家】(アパートのような集合住宅でなく)他とはなれて、独立した家の建物。ひとつ家。例野なかの―。表記

「一軒屋」とも書く。

【一己】イッコ 自分ひとり。一個人。例わたくし―の問題ではない。自分―の考えだが…。

【一顧】イッコ (名・する) ①ちょっとふりかえって見ること。②一度は考えてみること。例―の価値がある。―だにしない。

【一向】イッコウ 一(名)「一向宗」の略。浄土真宗の別の言い方。例―一揆。二(副)〔「一向に」の形でも用いる〕①ひたすら。ひたむき。例―に念仏する。②すべて。まったく。例―平気だ。③〔下に打ち消しのことばをともなって〕まるで。少しも。まったく。例注意されても―に改まらない。―に存じませんでした。

【一考】イッコウ (名・する) ちょっとかんがえてみること。例―を要する。ぜひ―してもらいたい。

【一刻】イッコク 一(名) ①わずかな時間。例刻―その時が近づく。―を争う。―も早く知らせたい。②昔の時間で、一時の四分の一。三十分。二(名・形動ダ) がんこで片意地なこと。例―者。―な職人気質。

【一刻千金】イッコクセンキン 〔ひとときに千金ものねうちがある意〕ある季節・あるもよおしの、時間の貴重な楽しさを、金額にたとえたもの。〔「春宵一刻直千金」(蘇軾・春夜)による〕

【一献】イッコン ①主人が客に一回酒をすすめること。②小さな酒宴をもよおし、客としてもてなすこと。例―傾ける。

【一切】イッサイ 一(名) 持っているものすべて。かかわりのあるものすべて。全部。例―を部下にまかせる。二(副)〔下に打ち消しのことばをともなって〕まったく。全然。例今後は―めんどうを見ない。

【一切合切】イッサイガッサイ 〔「一切二」を強調したことば〕何もかも全部。ありとあらゆるもの。例火事のため―失った。表記「一切合財」とも書く。

【一切衆生】イッサイシュジョウ 〔仏〕この世に生きているすべての命あるもの。生きとし生けるもの。参考この語を「さしもぐさ(=ヨモギの別名)」と読むことがある。

【一策】イッサク 一つのはかりごと。ある考え・計画。例窮余の(=苦しまぎれの)―。わたくしに―がある。

【一札】イッサツ のちの証拠のために書きつけた文書。例―入れる。―を取る。

【一散】イッサン (副)〔「一散に」の形で〕わき目もふらず急ぐようす。一目散。例―に走ってにげた。表記「逸散」とも書く。

【一糸】イッシ 布を組織している一本の糸。織物のごく小さな部分。例―まとわず(=布というものをまったく身につけず、すっぱだかである)。―乱れず(=少しの乱れもない)。

【一式】イッシキ 道具などの、必要なものひとそろい。ひと組み。例家具―。工作具―。

【一子相伝】イッシソウデン 学問や芸能などの奥義をわが子のひとりだけに伝えていくこと。例―の秘術。

【一視同仁】イッシドウジン 人は、生物の代表であるから、聖人はすべての人やけものを、分けへだてすることなくいつくしむということ。(韓愈・原人)

【一▼瀉千里】イッシャセンリ 〔川の水は、いったん流れ出すとたちまち千里も走る意〕①一気にものごとが進行してしまうこと。例―に結論が出てしまう。②文書や弁舌の勢いがよいこと。類立て板に水。例―の演説。

【一種】イッシュ 一(名) ①たくさんある同類の中の一つ。例高山植物の―。②いくつかに分類した中でいちばんはじめにあげてあるもの。例第―運転免許。第―郵便物。③同類ではないが、見方によっては、そのなかまに入れてよいもの。例かれは―の天才だ。二(副) どことなくふつうとちがうようす。例―異様な感じ。―独特の話し方。

【一周】イッシュウ (名・する) ひとまわりして、もとへもどること。ひとめぐりすること。例世界―。場内を―する。

【一周忌】イッシュウキ 〔仏〕人が死んで一年目の命日。また、そのときにおこなう法要。例―の法事。

【一蹴】イッシュウ (名・する) 相手の要求や抗議・挑戦などを簡単にしりぞけること。例抗議を―して予定どおり着手する。群小の敵をすべて―する。

【一宿一飯】イッシュクイッパン 旅のとちゅう、ひと晩とめてもらい、食べさせてもらうこと。例―の恩義は生涯忘れない。

【一瞬】イッシュン 一回まばたきするほどのごく短い時間。一瞬間。例あっとさけぶまもない、―のできごとだった。

【一所】イッショ 一つの場所。例―不住(=同じ場所に定住しないこと)の僧。

【一所懸命】イッショケンメイ (名・形動ダ) ①日本の中世、武士が主君からあたえられた土地を生計のもととしてたいせつにしたこと。例―の地。②「一生懸命」に同じ。

【一緒】イッショ ①ともに同じ行動をとること。例―に遊ぼう。帰りも―だ。②同じであること。例君のネクタイと―のものを買った。③別々のものを一つにすること。また、その状態。例みんな―に包んでください。なにもかも―くたにする。―になる(=共同生活をする。結婚する)。

【一生】イッショウ ①生まれてから死ぬまで。類生涯・終生・一生涯。生物の発生から死滅まで。例花の―。―を教育にささげる。―の宝。②〔「一生の…」の形で〕「一生にただ一度だけ」の意味で使う。例―のお願い。―の不覚だ。

【一生懸命】イッショウケンメイ (名・形動ダ) 〔「一所懸命」の変化〕いのちがけでなにかをすること。最善をつくして努力すること。例たしかに―だが、成果が上がらない。

【一笑】イッショウ (名・する) ちょっと笑うこと。例破顔―(=急ににっこりと笑う)。―に付す(=笑うだけで相手にしない)。

【一生涯】イッショウガイ 生きている限り。類終生・一生。例―をついやした仕事。

【一将功成りて万骨枯る】イッショウコウなりてバンコツかる 代表者・幹部には成功の栄誉があたえられるが、それをささえた多くの下づみの人々は、むなしく忘れられる。〔ひとりの将軍の功名のかげには、死体を戦場にさらした多くの兵士の犠牲があるということをなげいた、晩唐の詩人の詩句〕(曹松・己亥歳)

【一唱三嘆】イッショウサンタン (名・する) 〔昔、中国の先祖の祭りで、一人が歌い三人がこれに合わせたことから転じて〕すぐれた詩や文を読んで、なんどもそのよさをほめること。類一読三嘆。表記旧一唱三▼歎

【一触即発】イッショクソクハツ ちょっとしたきっかけがあると、大事が発生しそうな緊迫した情勢。例ある国では政情不安で、―の情勢だという。

【一矢を報いる】イッシをむくいる 〔一本の矢であっても、敵に反撃する意〕非難や攻撃に対して、わずかでも仕返しをする。例窮境にありながら―。

【一心】イッシン 一(名・形動ダ) 一つのものごとに集中した心。他に心を動かさず、ひたむきであること。例―不乱。合格したい―で、勉強する。二(名) (ふたり以上の人が)心を一つにすること。例―同体。

【一心同体】イッシンドウタイ 別の人間でありながら身も心も一つになるほど、強くむすびついていること。例あの夫婦は―だ。

【一心不乱】イッシンフラン (名・形動ダ) 心を一つのことに集中させ、そのことだけを考えるようす。例―に読みふける。

【一新】イッシン (名・する) ①ものごとのすべてを新しくすること。例人心を―する。②〔「ご一新」の形で〕明治維新をい

う。御維新ゴイシン。

【一審】イッシン 〔法〕第一次の裁判。原則として簡易裁判所や地方裁判所でなされる。第一審。〔上級裁判所における二審・三審に対していう〕例―では有罪だった。

【一進一退】イッシンイッタイ（名・する）前進したり後退したりすること。また、病気などの状況が、よくなったり悪くなったりすること。例病状は―だ。

【一身上】イッシンジョウ 自分の境遇に関すること。個人的な事情。例―のつごうにより辞任した。

【一睡】イッスイ（名・する）ひとねむり。少しのあいだねむること。例昨夜は―もできなかった。

【一炊の夢】イッスイのゆめ ⇩【黄粱一炊の夢】コウリョウイッスイのゆめ（1109ページ）

【一寸】㊀イッスン（名）わずかな数や時間や程度をいう。例―のがれ（＝その場限りの責任のがれ）。―先きは闇。―法師。㊁ちょっと（副）①わずか。例―重さが足りない。②手軽に。時間をかけずに。すぐ。例―見当がつかない。表記 ㊁は「▽鳥渡」とも書く。

【一寸の光陰】イッスンのコウイン 〔「光陰」は、時間の意〕きわめて短い時間。

【一寸の虫にも五分の魂】イッスンのむしにもゴブのたましい 小さく弱いものにもそれなりの意地があるから、あなどってはいけない。

【一世】㊀イッセ ①〔仏〕前世・現世・来世の三世のうちの一つ。とくに現世を指す。例親子は―、夫婦は二世（＝親子の縁は現世だけで、夫婦の縁は来世まで続く）。②一生。例―一代。㊁イッセイ ①ある一つの時代。例―を風靡する。②ひとりの天皇の在位期間。例―一元。③同名の人、とくに皇帝や法王などで、その名の最初の人。例ナポレオン―。④海外移住者などで第一の世代の人。例ハワイ移民―。

【一世一代】イッセイチダイ 〔「一世」も「一代」も一生の意。二語を重ねて、強調したもの〕①一生に一度。例―の大演説をぶった。②役者が引退にさいして演じる、生涯一度の晴れ舞台。例―の舞台をつとめる。

【一斉】イッセイ ㊀（名）同時にそろって何かをすること。例―取り締まり。―射撃。㊁（副）〔「一斉に」の形で〕一度に。そろって。例―に飛び出す。

【一夕】イッセキ ①ひと晩。一夜。例一朝―。②ある日の夜。ある夜。例―、懇親会をもよおした。

【一石】イッセキ 一つのいし。例―を投ずる（＝問題を投げかける）。

【一石二鳥】イッセキニチョウ 一つの石を投げて同時に二羽の鳥をしとめること。一つの行為で二つの利益を得ること。類一挙両得。例―の妙案。

【一席】イッセキ ①一回の、宴会・演芸・演説など。例―設ける。お笑いを―。―ぶつ（＝あいさつや演説をする、の意をふざけて、もしくは大げさにいう）。②作品コンクールなどでの第一位。例―を得る。

【一隻眼】イッセキガン ①片方の目。②ものごとを見ぬく独特の能力。ひとかどの見識。例書画には―の持ち主だ。

【一節】㊀イッセツ ①詩・文章・音楽などの、ひと区切り。例―ずつ口ずさんで覚える。②日程を決めて連続しておこなうもよおしものや、スポーツの試合の、日程全体をいくつかに分けた、ひとまとまり。㊁ひとふし ①竹や草木の、ふしの一つ。②音楽・舞踊などの、ひと区切り。一曲。

【一説】イッセツ ある一つの説。また、通説とはちがうが、成り立つ別の考え。例―によれば。それも―だろう。

【一▼閃】イッセン（名・する）ぴかっと光ること。ひらめくこと。例白刃―。紫電―して（＝いなびかりがぱっと光って）にわかに大雨となる。

【一線】イッセン ①一本の（まっすぐな）線。例―に並ぶ。②区切るための線。例―を画する（＝はっきり区別する）。―を越える。③「第一線」の略。その方面での重要な役割や立場。例社会の―で活躍する。―をしりぞく。

【一双】イッソウ 二つでひと組みのもの。一対。例―の涙。六曲―の屏風。雉―を贈る。

【一掃】イッソウ（名・する）残らずなくすこと。すっかりとりのぞくこと。例在庫の―。沈滞した気分を―する。

【一層】イッソウ ㊀（名）雲や、建物の床の重なりの、ひと重ね。例―を上るごとに視界がひらける。㊁（副）①さらに。もっと。例無いと―ほしくなる。②〔「イッソ」と発音することが多い〕かえって。思い切って。例―のこと。―家を出てしまおうか。

【一体】イッタイ ㊀（名）①一つのからだ。例三位―。②部分と部分、部分と全体が密接に結びついて一つにまとまっていること。例渾然―。表裏―。③神仏（の像）、一つ。例金銅仏―をまつる。④一つの様式・スタイル。㊁（副）①だいたい。もともと。例―きみは人がよすぎる。②（疑問や、相手を問いつめる気持ちで）ほんとうに。例―どうしたんだ。③〔「一体に」の形で〕全般に。総じて。例今年の夏は―に暑い。

【一帯】イッタイ あたり一面。また、ひと続きの地域全体。例付近―が類焼した。北日本―は晴れるでしょう。類一円。

【一旦】イッタン（副）①ひとたび。もしも。類一朝。例―有事の際。咳が―出始めると止まらない。②（いきさつがあったあと）一度。例―決めたことは守ろう。③ひとまず。ちょっと。例―中断する。

【一端】㊀イッタン（名）①一方のはし。片はし。例綱の―を木にしばりつける。②全体のなかの小さな部分。例これは事件の―に過ぎない。㊁いっぱし（名・副）一人前（に）。人並み（に）。例―の口を利く。―役に立つ。

【一致】イッチ（名・する）①二つ、もしくはいくつかのものごとが、ぴったり重なること。例言行―。証言が―する。②複数の人が意見や行動の上で同じになること。例―団結。満場―。

【一知半解】イッチハンカイ（名・形動ダ）なまかじりで、じゅうぶんに理解していないこと。例―の者の誤った考え。

【一朝】イッチョウ ㊀（名）①ある朝。ひと朝。例―目覚めると変身していた。②わずかの時間。いっとき。例―にして崩壊した。㊁（副）あるとき急に。ひとたび。類一旦。例―事ある時の用意。

【一朝一夕】イッチョウイッセキ（名・副）わずかの日時。例―には達成できない。―の仕事ではない。

【一長一短】イッチョウイッタン 長所もあるが短所もあること。例どちらも―あって、いずれとも決めかねる。

【一張羅】イッチョウラ ①とっておきの晴れ着。例これが私の―だ。②代わりがなくて、それ一着だけの着物。例夏冬―で過ごす。

【一直線】イッチョクセン ①一本の直線。②まっすぐ。例わき見もせず―に進む。―で、ゆとりが足りない。

【一対】イッツイ 二つでひと組みとなること。ひと組みを構成している、二つのもの。ペア。例鶴亀で―になっている置物。好―の夫妻。

【一手】㊀イッて ①囲碁や将棋で、石や駒を一回だけ動かすこと。例次の―。②自分だけですること。例―販売。―に引き受ける。㊁ひとて 同一の手段。唯一の方法。例押しの―。ただこの―あるのみ。

【一定】イッテイ（名・する）①基準が決まっていて、変わらないこと。例―の分量。―の距離を置く。②ある程度。例―の成果を収める。

【一丁字】イッテイジ 〔「一丁」は、「一个（＝一個）」の書き誤りによる〕一つの文字。一字。例—を識らず（＝一つの字も知らない）。

【一▼擲】イッテキ（名・する）すべてを一挙にほうり出すこと。または、采を一度投げること。例乾坤—。

【一▼擲▽乾▼坤を賭す】イッテキケンコンをとす さいころのひと投げに天地をかける。転じて、すべてを運に任せてあぶないことをする。→【乾坤一擲】ケンコンイッテキ（37ページ）

【一徹】イッテツ（名・形動ダ）一つのことを思いこんでおしとおすこと。例老いの—。—な人がら。

【一天】イッテン ①全天。空一面。例—にわかにかき曇る。②天下すべて。全世界。一天下。例—の君（＝天子）。

【一天万乗】イッテンバンジョウ 天下を統治する地位。または、その人。つまり、天子。〔「万乗」は、一万台の兵車を出すことのできる力。つまり絶大な権力を意味する〕

【一転】イッテン（名・する）①ひとまわりすること。一回転。②がらりと変わること。一変。例心機—。

【一等】イットウ 一（名）①等級・序列などの第一。一番。最上級。例—賞。—地。—船室。②一段階。一つの等級。例休職にすべきところ—を減じて譴責とする。二（副）もっとも。いちばん。例—困るのは子供の病気だ。

【一統】イットウ 一（名・する）世の中を一つの秩序で治めること。例天下を—する。二（名）一つにまとまっている全員。例貴家ご—様のご多幸をいのります。

【一刀両断】イットウリョウダン（名・する）①ひと太刀で真っ二つに切ること。②てばやく、あざやかに、判断し処置すること。例—に裁決する。

【一派】イッパ ①同類のなかにいながら、主張・意見のちがいをもって集まる人々。例—を立てる。日本舞踊の—。②なかま。一味。例一党—。あの—のしわざだ。

【一杯】イッパイ 一（名）①（液体・固体を）盛り入れる容器一つを満たす分量。例—の酒。ざる—二百円のトマト。②酒を少し飲むこと。例—機嫌。—やろう。③ふね一そう。また、カニ・イカなどの一ぴき。二（副）①あふれるほど、たくさん。例目に—なみだをためている。胸が—になる。②限定をちょうど満たすまで。例制限時間—。精—やってみる。

【一敗地に▽塗れる】イッパイチにまみれる ただ一度の敗北で、二度と立ち上がることができないほどになる。例敵首都の攻撃戦で—。

【一髪】イッパツ ひと筋のかみの毛の太さ、すきま。例間—。危機—（＝ひどく危険がせまっている状態）。

【一髪千▼鈞を引く】イッパツセンキンをひく 一本のかみの毛でひじょうに重いものを引く。いつ切れるかわからず、きわめて危険であることのたとえ。

【一般】イッパン ①全体にひろく共通していること。類普遍。対特殊。例—教養。—性に欠ける。②ふつう。例—席。③同じであること。同列。同等。例あれもこれも—であろう。不心得なことは、どろぼうと—である。

【一斑を見て全▼豹を▼卜す】イッパンをみてゼンピョウをボクす 〔ヒョウの皮の斑点の一つを見て毛皮全体を批評することから〕ものごとの一部を見て全体をおしはかることをいう。「一斑を見て全豹を知る」「一斑もて全豹を評す」ともいう。

【一匹】イッぴき ①織物の長さ四丈。日本では和服の布地二反。例引き出物には羽二重—。②ウマ一頭、または、その他の動物や魚・虫など一つ。例—の小犬。③「ひとりの人間」をやや強調したり、ぞんざいに表現したりすることば。例男—。表記▽「一▼疋」とも書く。

【一匹▼狼】イッぴきおおかみ 集団に属さず、自分の力にたより、単独で行動する人のたとえ。

【一筆】イッピツ 一ちょっと書くこと。また、簡単な文章や手紙。例—啓上（＝男子が手紙の初めに書くことば）。—書きそえる。二ひとふで とちゅうで墨つぎをせず、一気に書くこと。例—画。—書き。

【一品】イッピン ①一つの品。ひとしな。例みんなが—ずつ持ち寄る。②世に二つとないすぐれた品。例天下—。

【一▼顰一笑】イッピンイッショウ ちょっと顔をしかめたり、ちょっと笑ったりすること。顔の表情のわずかな変化。例社長や重役の—をうかがう。

【一夫】イップ ①ひとりのおっと。例—一婦。②ひとりの男。とくに、つわもの。例—関に当たれば万夫も開くなし（＝きわめて要害堅固なこと）。

【一封】イップウ 封をしたもの一つ。例金一封（＝祝儀や賞与など、金額を明らかにしない包み金）。

【一風】イップウ（副）ちょっと。なんとなくどこか。例—変わった人物。

【一服】イップク（名・する）①薬・茶・タバコなどを一回のむこと。また、その一回分の量。例—の清涼剤。お茶—めしあがれ。—盛る（＝毒殺をはかる）。②ひと休みすること。例つかれたから—しよう。

【一幅】イップク 書画などのかけじく一つ。例—の絵のような景色。

【一片】イッペン ①平たくうすいもの一つ。ひとひら。一枚。例—の花びら。②大きなものからちぎり取られた、ひときれ。ひとかけら。例—の雲。—の氷心（＝ひとかけらの氷のようにすみきった心境）。③少量。わずか。例—の良心すらない。

【一変】イッペン（名・する）がらりと変わること。すっかり変えること。例状況が—する。

【一遍】イッペン ①一度。一回。例週に—は行く。—こっきりでやめた。②（始めから終わりまで）ひととおり。例とおり—（＝形式はひととおり整っているが、内実がともなっていないこと）。

【一辺倒】イッペントウ 一方にだけかたよること。一つのことに熱中すること。例親日—。なんでも反対—では困る。

漢字に親しむ ❶
一変は一度変わること?

「校庭を一周する」「前方に一転する」の「一周」「一転」は、一回の意味ですので、二周・三周…、二転・三転…ということができます。では、「状況が一変した」「彼に一任する」などの「一変」「一任」はどういう意味でしょうか。一度変わること、一度任せることでしょうか。ちょっとちがうようです。これらは、すっかり変わる、すべて任せるということで、二変・三変…、二任・三任…という言い方はできません。このように「一」には、「すっかり」「すべて」「まったく」の意味があり、「一挙」「一新」「一掃」などはその例です。

むかし…
一変
今…

【一方】① 一つの方向や方面。例天の―を見つめる。② 二つのうちの一つのほう。片方。例テニスかサッカーか、―を選ぶ。③ ひたすら。もっぱら。例かれはまじめ―の人間だ。

【一本】① 木・竹・針・棒・糸・ダイコンなど、細長いもの一つ。例鉛筆―。マッチ―。② 剣道や柔道で、勝負を決める基準の一つとして、一つのわざが決まること。また、口論などで相手を一回やりこめること。例―勝負。―取られる。③ 一冊の書物。また、ある書物一冊。例書きためたものを―にまとめる。―を献呈する。④ 独立。ひとりだち。例―になる。⑤ ひとすじ。例趣味は観劇―でほかには無い。

【一本気】（名・形動ダ）ひとすじに思いこみ、妥協しない性質。また、そのようす。例若者は―だ。

【一本立ち】（名・する）独立すること。他からの助けを借りないで、ひとりでやっていくこと。例ようやく―して自分の店を持った。

【一本調子】〔「イッポンチョウシ」とも〕（名・形動ダ）歌い方・話し方・文章などが、抑揚や変化にとぼしいこと。類単調・平板・千編一律。例―の話し方。

【一本▼槍】（名・形動ダ）① 槍のひとつきで勝負を決めること。② ただ一つの方法で行動をおし進めていくこと。類一点張り。例仕事―で無趣味な人。

【一際】（副）多くの中で、特別に目立って。いちだんと。例―目につく美しさ。

【一筋】① 細長く続く一つのもの。例―の流れ。② ただそのことだけに力をつくすようす。例学問―の人。

【一粒種】たいせつなひとりっ子。

●画一・均一・随一・専一・第一・択一・単一・逐一・統一・唯一・万一

一 1 【七】 2画 2823 4E03 教育1 音シツ漢 シチ呉 訓なな・なな-つ・なの 付表七夕

筆順 一 七

なりたち 【会意】「一（＝陽の気）」と「かすかな陰の気が内側から出てくる形」とから成る。ななつ。

意味 ❶ 数の名。ななつ。なな。例七五三。七福神。七草。❷ ななたび。また、なん回も。例七生。七転八倒。❸ ななつめ。例七夜。七月。

日本語での用法《ななつ》昔の時刻の名。「七つ下がり（＝午後の四時すぎ）・七つ時（＝午前または午後の四時ごろ）・お江戸日本橋七つ立ち（＝早朝四時ごろの出発）」

参考 商売や契約の文書では、数字を書きかえられないよう、同音の「漆」や「柒」を使うことがある。

難読 七五三縄・七種粥

人名 かず・な

【七回忌】（仏）死後七年目（＝満六年）の命日。死者の霊を供養する法要をおこなう。例―の法要。

【七月】一年の七番目の月。文月。

【七賢】（中国で、七人の賢人）① 周代の七賢。伯夷・叔斉・虞仲・夷逸・朱張・柳下恵・少連。② 西晋の七賢。→【竹林の七賢】（747ペ）

【七五三】① 祝いなどに用いられるめでたい数。〔一・三・五・七・九の奇数を陽の数としてめでたいと考え、その中の三つをとったもの〕② 七五三の祝い。男子は三歳と五歳、女子は三歳と七歳の年の十一月十五日に氏神などに参り、成長を祝う。

【七五調】日本の詩や和歌、また文で、七音のことばと五音のことばとをくりかえす形式。『古今和歌集』以後発達した流れるような調子で、語り物にも用いられる。対五七調。例昔ながらの―の新体詩。

【七言古詩】一句が七字から成り、句数に制限がなく韻律なども自由な漢詩の形式。七古。→【古詩】（182ペ）

【七言絶句】唐代に完成した漢詩の形式。一句七字、全体が四句から成る。七絶。→【絶句】（780ペ）

【七言律詩】唐代に完成した漢詩の形式。一句七字、全体が八句から成る。七律。→【律詩】（376ペ）

【七七日】（仏）人の死後四十九日めの日。死者の霊を供養する法要をおこなう。四十九日。なななぬか。〔この日まで死者はこの世と来世との間をさまようといわれる〕

【七尺去って師の影を踏まず】弟子が師の供をするときは、師をうやまって、七尺（＝おとなの背たけ）のあいだをおいて、その影をも踏まないように、といういましめ。「七尺下がって…」ともいう。三尺去って師の影を踏まず。

【七生】（仏）この世に七回生まれ変わること。転じて、永遠の意。例―報国（＝七たび生まれ変わっても永遠に国のためにつくすこと）。―までうらむ。

【七色】㊀ 七つの色。いっぱんに、むらさき・あい・青・緑・黄・だいだい・赤。例虹の―。㊁ ① 七種類。いろいろな種類。② 「七色唐辛子」の略。トウガラシ・ゴマ・サンショウ・ケシ・ナタネ・アサの実・陳皮（＝ミカンの皮）をくだいてまぜた香辛料。七味唐辛子。

【七夕】五節句の一つ。年に一度、七月七日の夜に、牽牛星（＝ひこぼし）と織女星（＝おりひめ）が天の川で会うという伝説にもとづく祭り。竹に歌や願いごとを書いた短冊をつけて女子の手仕事がじょうずになるのを願ってかざる。乞巧奠。日本では、たなばた祭り。星祭り。

【七転八倒】（名・する）〔「シチテンハットウ」「シッテンバットウ」とも。なん回もころんだりたおれたりする意〕苦痛のためにあちらこちらにころげ回ること。例―の苦しみ。表記 旧七▼顚八倒

【七堂▼伽藍】（仏）寺の主要な七つの建物。宗派によって異なるが、いっぱんに、金堂・塔・講堂・鐘楼・経蔵・食堂（または中門）・僧坊を指す。例奈良七重―八重桜。（芭蕉）

【七難】① （仏）この世であう七つの災難。経典によって異なるが、風水害・火災・疫病・他国の侵入や内乱・日食・月食・日照りなど。② 多くの欠点。例色の白いは―かくす。

【七福神】七人の福の神。大黒天・恵比須・毘沙門天・弁財天・福禄寿・寿老人・布袋。例―めぐり。―もうで。

【七変化】① 舞踊の一形式。ひとりの役者が姿を変えながら七種のおどりをおどるもの。② アジサイの別名。

【七宝】㊀ 仏教でいう七種の宝物。金・銀・瑠璃（＝青色の宝石）・玻璃（＝水晶）・硨磲（＝シャコガイ）・珊瑚・瑪瑙（＝紅・緑・白などのしま模様をもつ宝石）。玻璃の代わりに琥珀（＝樹脂の化石）とすることもある。㊁ 「七宝焼き」の略。銀や銅の面にほうろうをぬって美しい模様を焼き付けたもの。

【七歩の才】すぐれた作詩の才能。〔三国時代、魏の文帝（＝曹丕）が、弟の曹植に、七歩あるく間に詩を作らなければ殺すと命じたところ、弟は、すぐにみごとな詩を作ったという故事による〕

【七面鳥】北アメリカ原産のキジ科の大形の鳥。頭から

首にかけて羽毛がなく、はだの色が白・赤・青などに変化することからこの名がある。ターキー。

【七夜】(シチヤ) 子供が生まれて七日目の夜。命名して祝う習慣がある。お七夜。例お―の祝い。

【七雄】(シチユウ) 中国の戦国時代に勢力をきそった七つの強国。秦・楚・燕・斉・趙・魏・韓。

【七曜】(シチヨウ) ①(宇宙を支配すると考えられた)日(=太陽)・月と、木星・火星・土星・金星・水星の、七つの天体。②一週七日のそれぞれの日に「①」を配した呼び名。順序は、日・月・火・水・木・金・土。すなわち、日曜から土曜まで。例―表。―暦。

【七転び八起き】(ななころびやおき) なんど失敗しても、くじけずに立ち上がって挑戦していくこと。例―の人生。

一1 【丁】 2画 3590 4E01 教育3 音テイ(漢) チョウ(呉) 訓ひのと

筆順 一 丁

なりたち [象形] 夏に万物がさかんになるようす。借りて、十干の第四に用いる。

意味 ❶十干の四番目。ひのと。方位では南、五行では火にあてる。例甲乙丙丁。❷いっぱんに、ものごとの四番目。❸成人した男子。働きざかりの若者。例壮丁。❹職人、あるいは下働きの男。下男。しもべ。例園丁。馬丁。❺出あう。あたる。あう。例丁憂。

日本語での用法 《チョウ》①「町」の略字。地上の平面で長さをはかる単位。六十間。約一〇九メートル。「五、六丁行ゆくと堀に出る」②同じ町内の区分。「一丁目・銀座八丁」③偶数。「丁か半か」④書物の、紙一枚(=表と裏の二ページ)を数えることば。「乱丁のある本」⑤銃・弓・とうふなどを数える単位。「豆腐一丁・二丁拳銃」⑥ものが激しくぶつかりあう音。また、打ち合う音。「丁丁発止と打ち合う」

難読 丁・丁稚・丁翁

人名 あたる・あつ・つよし・ひのと

【丁合い】(チョウあい) (名・する) 製本の前に、印刷された紙をページ順にそろえること。例―をとる(=ページが、ととのっているかどうかしらべる)。

【丁子】(チョウジ) ①フトモモ科の熱帯産の常緑高木。つぼみを干したものはクローブといい、香料になる。油・染料の原料。②「丁子油」の略。植物の丁子のつぼみ・くき・葉からとった油。薬用ともされる。

【丁数】(チョウスウ) ①二で割り切れる整数。偶数。②(和とじの)書物の紙数。二つ折りにした紙を、折り目を同じ側にして重ねてそろえ、反対側の一辺でとじる場合の、表裏二ページ分を一丁と数える。

【丁丁】(チョウチョウ) (副) ものを続けて打つ音のひびき。また、そのようす。例―と打ち合う。―発止(=たがいに刀などではげしく打ち合うようす。また、はげしく議論を戦わせることのたとえ)。表記「▽打▽打」とも書く。

【丁度】(チョウド) (副) ①大きさ・数・時刻などが、ぴったり合っていること。例―いい洋服。―三時だ。②おりよく。つごうよく。例―いいところへ来た。③まるで。さながら。例―三日月のような形をしている。

【丁半】(チョウハン) ①丁(=偶数)と半(=奇数)。②二つのさいころをふり、出た目の合計が偶数か奇数かをあてて勝負を決めるばくち。例―ばくち。―に身をもちくずす。

【▽丁▼髷】(ちょんまげ) 明治時代以前の男の髪型の一つ。相撲の力士がゆっている髪のかたち。

【丁定規】(テイジョウギ) 製図用の丁字形をした定規。平行線を引くのに用いる。T定規。丁字定規。

【丁字路】(テイジロ) 丁字形に交わっている道路。T字路。

【丁重】(テイチョウ) (名・形動ダ) 礼儀正しくていねいなようす。例―にことわる。表記 (旧)▼鄭重

【丁寧】(テイネイ) (名・形動ダ) ①(言動が)礼儀正しく心がこもっているようす。例―なもてなし。―にあいさつする。②落ち度のないよう注意が行きとどいているようす。例―に包装する。寸法を―に測る。表記 ▽(旧)▼叮▼嚀

【丁年】(テイネン) 一人前の男として認められる年齢。満二十歳。類成年。例―に達する。

【丁夜】(テイヤ) 昔の時刻の呼び名で、五夜の一つ。およそ午前二時、およびその前後の二時間。四更。丑の刻。[一夜を甲・乙・丙・丁・戊の五つに分けたときの四番目]

【丁憂】(テイユウ) [「憂いに丁る」と訓読する] 父や母の死にあうこと。丁艱。

【▽丁稚】(デッチ) 商人や職人の家に住みこみで働く少年。小僧。例―奉公。

一2 【下】 3画 1828 4E0B 教育1 音カ(漢) ゲ(呉) 訓した・しも・もと・さ-げる・さ-がる・くだ-る・くだ-す・くだ-さる・お-ろす・お-りる 付表下手

筆順 一 丅 下

なりたち [指事] ものが「一(=基準)」のしたにある。「二(=上)」を反転した形。低いところ。した。

意味 ❶位置が低い。した。しも。例下部。下方。下段。❷価値や程度が低い。おとっている。例下級。下愚。下品。❸地位や年齢が低い人。例下士。下人。目下。❹あるもののした。影響のおよぶ範囲。そのあたり。もと。例下風。治下。配下。監督下。❺そとから見えない部分。例意識下。水面下。靴下。❻順序があと。例下記。下巻。❼高いところから低いほうへ移動する。さげる。さがる。くだる。おろす。おりる。例下降。下山。落下。❽乗り物からおりる。例下車。下船。❾命令や品物をあたえる。くだす。くだる。例下賜。下付。宣下。❿地方や民間へ行く。くだる。くだり。例下向。下野。南下。

日本語での用法 □一《した》あらかじめおこなっておくこと。「下見・下絵・下調べ・下ごしらえ」□二《しも》客席から見て左のほう。「舞台の下手」□三《おりる・おろす》①切り離す。「枝を下ろす」②引き出す。「貯金を下ろす」③新しくする。「新しいタオルを下ろす・下ろし立ての服」④上から下へ動く。「錠が下りる」

使い分け おりる・おろす【降・下・卸】⇩1165ページ

使い分け さげる【下・提】⇩1169ページ

使い分け もと【下・元・本・基】⇩1180ページ

難読 下枝・下野

【下位】(カイ) 地位・順位・順序などのおとる、または、あとであること。対上位。例―分類。―にあまんじる。

【下院】(カイン) アメリカやイギリスなど上下二院制の議会で、公選によって選ばれた議員から成る議院。日本では衆議院がこれにあたる。対上院。

【下学上達】カガクジョウタツ 身近なところから学びはじめて、やがて深い学問にいたること。〔論語〕

【下記】カキ 書類や文章で、そこよりあとに書きしるされたことがら。(対)上記。例—の通り。—参照。

【下級】カキュウ 等級・学年・段階・進度などが低いこと。(対)上級。例—生。—審。—裁判所。

【下弦】カゲン 〔「弦」は、半月の直線部分を弓のつるに見立てたもの〕満月から新月にいたる中間の、陰暦二十二、三日ごろの月。左半分が光りかがやく半月。(対)上弦。例—の月。

【下限】カゲン ①数量や値段の下のほうの限界。例—を定める。—価格を割る。②過去の時代や年代の最も現在に近い時期。例建仁二年を作品成立の—と推定する。▽(対)上限。

【下降】カコウ (名・する) 段階や程度が低くなること。(対)上昇。例—気流。—線をたどる。ゆっくり—しはじめる。

【下士】カシ ①身分の低い武士。(対)上士。②「下士官」の略。例—集会所。

【下士官】カシカン 軍隊で、准士官の下、兵の上の階級の武官。下士。〔日本の旧陸軍では曹長・軍曹・伍長、旧海軍では上等・一等・二等兵曹。自衛隊では一曹・二曹・三曹〕

【下肢】カシ 〔「肢」は、手足の意〕人間の足。また、四つ足動物の後ろ足。(類)脚部。(対)上肢。

【下賜】カシ (名・する) (ものを)くださること。たまわること。〔天皇がくださる場合に使う〕例—された品。

【下人】カジン・ゲニン ①身分の低い者。②めしつかい。下僕。しもべ。

【下層】カソウ ①重なったものの下のほう。例—雲。②社会的地位が低く、生活が豊かでない階層。例—階級。—社会。▽(対)上層・上流。

【下等】カトウ 一(名・形動) 品質が悪く、おとっていること。また、そのようす。低級。劣等。(対)上等。例—な品。二(名) 等級・段階、また、進化の程度などが低いこと。(対)高等。例—植物(=藻類・菌類など)。

【下半身】カハンシン・しもハンシン からだの腰から下の部分。(対)上半身。

【下▼婢】カヒ めしつかいの女の人。下女。

【下付】カフ (名・する) 政府・役所が文書・金品をいっぱんの人に下げわたすこと。表記「下附」とも書く。

〔一部〕2画 下

【下部】カブ 下のほうの部分。(対)上部。例—構造。—組織。

【下風】一 カフウ ①かざしも。②人より低い地位。例—に立つ。二 したかぜ ものの下をふく風。例荻の—。

【下方】カホウ したのほう。下部。(対)上方。

【下命】カメイ (名・する) 下の者に何かを命じること。また、その命令。例ご—を受ける。

【下問】カモン (名・する) 目下の者にたずねること。例ご—にあずかる。

【下流】カリュウ 川の流れの、河口に近いほう。〔「上流」「中流」に対して、社会的地位の低い階層を指すこともあるが、現代では、ふつう「下層」を使う〕(対)上流。

【下僚】カリョウ 役所などで、その人の下で働く職員。(類)下役。

【下界】ゲカイ ①仏教で、(天上の仏の世界から見た)人間の世界。この世。②高いところから見た地上。例—を見下ろす。

【下巻】ゲカン 上・下二巻、また、上・中・下三巻などに分かれた書物の、最後のまき。

【下戸】ゲコ 生まれつきあまり酒の飲めないこと。また、その人。(対)上戸。

【下向】ゲコウ (名・する) ①都から地方へ行くこと。例—のみぎり。②神仏におまいりして帰ること。

【下校】ゲコウ (名・する) 児童や生徒が学校から家に帰ること。(対)登校。例—時間。

【下獄】ゲゴク (名・する) 牢獄に入れられること。(類)入獄。(対)出獄。実刑判決を受けて刑務所にはいること。

【下▼剋上】ゲコクジョウ 地位の低い者が、上の者をたおして勢力をふるうこと。室町時代から戦国時代にかけて武家社会で多くみられた。表記「下克上」とも書く。

【下座】一 ゲザ・しもザ 年齢や地位の下の人がすわる席。(類)末座・末席。(対)上座・かみザ。例—に下がる。二 ゲザ ①芝居で、舞台の向かって左(=下手)にある囃子方(=演技や歌の伴奏をする役)のいる場所。また、その囃子方。②土下座。

【下剤】ゲザイ 腸にある便を体外に出す薬。通じ薬。下し薬。例—をかける。

【下山】ゲザン 〔「ゲサン」とも〕(名・する) ①山をおりること。(対)登山。②寺での修行を終えて家へ帰ること。

【下▽知】ゲジ・ゲチ (名・する) 下の者に、さしずすること。命令。

【下車】ゲシャ (名・する) 自動車・列車・馬車などの乗り物からおりること。降車。(対)乗車。例途中—。

【下宿】ゲシュク (名・する) (学生や単身赴任者などが)部屋代や食費などをはらって、他人の家の一室で一定期間生活すること。また、その部屋。例—屋。—人。

【下手人】ゲシュニン 人を殺した犯人。げしにん。

【下旬】ゲジュン 〔「旬」は、十日の意〕ひと月の二十一日から終わりまでのあいだ。(対)上旬。例三月—。

【下女】ゲジョ 炊事や掃除などの雑用をするために人の家にやとわれた女性。下婢。女中。(対)下男。

【下乗】ゲジョウ ウマや車などの乗り物からおりること。〔神社や寺の境内に車馬の乗り入れを禁じることや、身分の高い人に敬意をあらわすためにおりることをいう〕

【下城】ゲジョウ (名・する) 城を出て家に帰ること。(対)登城。

【下▽種】ゲス ①身分の低い人。②品性がいやしく、心がひねくれている人。例—根性。—の勘繰り。表記▽「下▽衆・下▽司」とも書く。

【下水】ゲスイ 家庭や工場で使われたあと捨てられるよごれた水。また、それを流す排水路。(対)上水。例—道。

【下世話】ゲセワ 世間でよく言われる、俗なことばや話。例—に言う。

【下船】ゲセン (名・する) 船からおりること。(対)上船・乗船。

【下▼賤】ゲセン (名・形動) 身分が低く貧しいこと。また、そのような人。(対)高貴。例—の者。

【下足】ゲソク (客の)ぬいだはきもの。また、その番をする人。例—札。—番。—を取る(=ぬいだはきものを保管する)。

【下▽駄】ゲタ ①厚手の板をくりぬくか、または板をはめこんで歯とし、はなおをつけたはきもの。例—箱。—をはかせる。—を預ける。②印刷の校正刷りで、必要な活字がないときに、かりにその字数分、活字を逆さに入れておくもの。〔げたの歯の跡のような形「〓」になることから〕

【下段】ゲダン ①下のほうの段。②刀ややりの先を下にさげて構えること。例—の構え。▽(対)上段。

【下男】ゲナン 庭そうじや力仕事などの雑用をするためにやとわれた男性。下僕。(対)下女。

【下馬】ゲバ 一(名) 質の悪いウマ。二(名・する) ウマからおりること。とくに、社寺や城門の前などで、敬意をあらわしてウマからおりること。また、その場所。(類)下乗。例—札。—先(=ウマからおりるべき場所)。

【下馬評】〔下馬（＝ウマをおりた場所）で、供の者たちが主人の帰りを待つあいだ、あれこれ世間話をしていたことから〕世間のうわさ。評判。また、人々のあいだで取りざたされる、いいかげんな推測。例―が高い。

【下品】㊀（名・形動ナ）言動や好みにつつしみがなく、不快な感じをあたえるようす。対上品。例―な話。㊁（名）（仏）極楽を上・中・下の三段階に分けた最下位。〔それぞれをさらに上生・中生・下生に分ける〕対上品。

【下僕】めしつかいの男。下男。しもべ。

【下野】㊀（名・する）〔「野に下る」の意。「野」は民間の意で、「朝」に対することば〕①（地位の高い）官職をしりぞいて民間人となること。例―して悠悠自適する。②与党が政権をはなれて野党となること。例いったん―したうえで選挙で争うが常道だ。㊁（名）旧国名の一つ。今の栃木県にあたる。野州。

【下落】（名・する）ものの値段や値打ちが下がること。対騰貴。例物価が―する。

【下痢】（名・する）胃腸のぐあいが悪く、大便が液状になって出ること。腹くだし。腹くだり。くだり腹。例―便。―止め。

【下略】〔「カリャク」とも〕（名・する）文章や文句などの、あとの部分をはぶくこと。対上略。

【下劣】（形動ナ）行動や考え方に品がなく、心の貧しさを感じさせるようす。例品性―。

【下郎】人にめしつかわれる、身分の低い男。〔人をさげすんだ言い方としても使う〕例―、さがりおろう。

【下絵】①下がきの絵。例―をもとに構図をくふうする。②下地の絵。ししゅうや彫刻のめやすとなる輪郭をかいたもの。③詩文を書く紙に装飾としてうすくかかれた絵。例―を多少変えてかく。

【下心】①おもてに出さずひそかに考えている、よくないことがら。たくらみ。例―がある。②漢字の部首の一つ。「恭」の「⺗」など。

【下地】①ものごとの基礎となる準備や教養。素養。例画家になる―がある。②（表面にはあらわれていない）本来の性質。素地。例―が出る。③土台となる加工。例壁―。―塗り。

【下積み】①ほかのものの下に積むこと。また、そのもの。例―の荷物。②人に使われるばかりで、本来もっている能力を発揮する機会にめぐまれていないこと。また、その人。例―の苦労が長くつづく。

【下手】㊀（名）①相手に対してへりくだった態度をとること。例―に出る。②相撲で、四つに組んだとき、相手のうでの下に手を差し入れること。また、その手。対上手。例―投げ。③囲碁や将棋で、段・級の下の人。また、弱いほうの人。㊁（名）①川しも。②舞台の、客席から見て左のほう。対上手。㊂（名・形動ナ）①技術がおとっていること。対上手。例―の横好き。②やりかたがまずいこと。例―に手を出すな。

【下火】①火事で火の勢いがおとろえること。②ものごとのさかりが過ぎて勢いがおとろえること。例流感も―になった。

【下見】㊀（名・する）①前もって実際に見て、調べておくこと。類下検分。例遠足の―に出かけた。②あらかじめ読んでおくこと。類下読み。㊁（名）木造家屋の外側に横長の板をはってかべとしたもの。例―板。―張り。

【下役】職場で、ある地位の人より低い地位の人。対上役。

【下総】旧国名の一つ。今の千葉県北部と茨城県南部にあたる。北総。

【下肥】人の大小便を肥料としたもの。

●以下・階下・眼下・机下・却下・降下・傘下・足下・直下・沈下・低下・天下・投下・配下・門下・零下・廊下

一 2

【三】

3画 2716 4E09 教育1

音 サン 漢 呉
訓 み・み-つ・みっ-つ
付表 三味線

筆順 一 二 三

なりたち 【指事】横線一本に同様な二本をならべそえて、天・地・人を示す。すべてがそなわった数。みっつ。

意味 ❶数の名。みつ。みっつ。み。例三国。三世。三権分立。❷みたび。例三顧。三遷。❸みっつめ。例三月。三更。❹たびたび。しばしば。例三省。三嘆。再三。

日本語での用法《サン》旧国名「三河（＝今の愛知県中部・東部）」の略。「三州」

参考 商売や契約の文書では、数字を書きかえられないよう、同音の「参」を使うことがある。

難読 三十日・三五月・三枝・三毬杖

人名 かず・さ・さぶ・そ・そう・ぞう・ただ・はる・みつる

【三悪道】〔「サンナクドウ」「サンマクドウ」とも〕（仏）悪事をはたらいたために、死後行くといわれる、地獄道・餓鬼道・畜生道の三つの世界。三悪趣。

【三王】中国古代の三人の王。夏の禹・殷の湯・周の文または武のこと。

【三界】（仏）①人間をはじめすべての生き物が生死をくりかえす、欲界・色界・無色界の三つの世界。例―流転。―に家なし（＝どこにも安住する所がない）。②過去・現在・未来の三つの世界。三世。③「三千大千世界」の略。全世界。例―をかけめぐって探す。

【三角】①角が三つある形。三角形。例―巾。②対立または関係しあう三者。例―関係。

【三角形】三本の直線で囲まれた平面図形。

【三月】一年の三番目の月。弥生。例―節句（＝三月三日の桃の節句）。―尽（＝陰暦三月の終わり。春の終わる日）。

【三韓】①古代、朝鮮半島南部を支配した三つの部族。馬韓・辰韓・弁韓。②「①」の地に、のちに国を建てた三国。百済・高句麗・新羅。

【三寒四温】冬から春先にかけて、三日ほど寒さが続き、次の四日ほどは暖かい日が続く天候。

【三脚】画板・カメラ・望遠鏡・観測鏡などをのせて安定させる、三本足の台。足の高さを調節できる。

【三教】①三つの教え。中国では、儒教（＝孔子の教え）・仏教（＝釈迦の教え）・道教（＝老子の教え）。日本では、神道・儒教・仏教。例―一致。②三つの宗教。仏教・神道・キリスト教。

【三曲】琴・三味線・尺八（または胡弓）の三つの楽器。また、その合奏。例―合奏。

【三軍】①陸軍・海軍・空軍をまとめた呼び名。②軍全体。③古代中国の兵制で上軍・中軍・下軍それぞれ一万二千五百人で、計三万七千五百人の軍隊。また、大軍。例―骨をさらす（＝敗れて多数の兵士が死ぬ）。

【三傑】三人のすぐれた人。例維新の―（＝西郷隆盛・大久保利通・木戸孝允）。漢の高祖の―（＝張良・蕭何・韓信）。蜀の―（＝諸葛孔明

・関羽・張飛)。

【三権】(法)国の統治権の三つ。立法権・行政権・司法権。例—の長。

【三権分立】(法)国の権力を立法権(=国会)と行政権(=内閣)と司法権(=裁判所)の三つに分け、それぞれに独立し、監視しあうことによって権力の乱用を防ぐ制度。

【三弦】①三味線。〔もと、三味線のもとになった中国の弦楽器をいう〕②雅楽の三つの弦楽器。琵琶・和琴・箏。表記▽旧三▼絃

【三原色】まぜあわせかたによって、すべての色をあらわすことのできる三つの基本的な色。光では赤・緑・青。絵の具では赤・黄・青。

【三公】①中国で、臣下として最高の三つの位。周で、太師(=天子の教育係)・太傅(=天子の補佐)・太保(=天子の徳育係)。前漢で、丞相(=人民を教化する長官)・太尉(=軍事の長官)・御史大夫(=土地と民事の長官)。②日本で、太政大臣・左大臣・右大臣。または、左大臣・右大臣・内大臣。

【三光】①日と月と星。日月星。②〔鳴き声を「ツキヒホシ(月日星)」と聞いたことから〕カササギヒタキ科の鳥、三光鳥のこと。また、アトリ科の鳥、イカルのこと。

【三后】太皇太后(=先々代の天皇の皇后)・皇太后(=先代の天皇の皇后)・皇后。三宮。

【三更】「五更①」の三番目。午前零時、およびその前後の二時間。子の刻。丙夜。

【三皇】中国古代の伝説上のすぐれた天子。天皇・地皇・人皇。または、燧人・伏羲・神農など、いろいろ説がある。

【三国】①三つの国。②後漢末におこった三つの国。魏・呉・蜀。例—志。③天竺(=インド)・唐(=中国)・日本。また、全世界の意。例—伝来。—一の花嫁。④「三韓②」に同じ。

【三国志】晋の陳寿の書いた歴史書。後漢滅亡の後、魏の曹操・呉の孫権・蜀の劉備の三者が争い、晋に統一されるまでを記したもの。「魏志」「呉志」「蜀志」の三部から成り、全六十五巻。二十四史の一つ。

【三国時代】後漢の滅亡(二二〇年)から晋による再統一(二八〇年)までのあいだに、魏・呉・蜀の三つの国が天下を三分して争った時代。

【三顧の礼】目上の人が礼をつくして熱心に、すぐれた人物を招くこと。草盧三顧。〔三国時代、蜀の劉備は、諸葛孔明の家を三度おとずれ、軍師として自分につかえてほしいと頼んだ故事から〕例—をとる。—をつくす。

【三献】酒席の儀式の一つ。酒と肴の膳を出し酒を三杯飲ませて膳を下げることを一献とし、それを三回くりかえすこと。三三九度のもととなった。式三献。

【三才】(宇宙の主な要素としての)天と地と人。宇宙間の万物。〔易経〕類三極・三材・三儀。例—図絵。

【三彩】唐代から作られた陶器。赤・黄・緑・白・藍などのうわぐすりのうち、三色のとりあわせで焼かれているものが多い。例唐—。奈良—。

【三三五五】(副)あちらに三人こちらに五人と、人がまばらにいるようす。ちらほら。例—連れ立って帰る。

【三思】(名・する)①なん度もよく考えること。②君子が考えておくべき三つのことがら。幼いときに学ばないと成長して無能になる。高年になって人に教えなければ死後慕われることがない。裕福なときにほどこしをしないと自分が貧乏になったときに助けてもらえない。〔荀子〕

【三次元】たて・横・高さの三つの広がりをもつ空間。立体。対二次元・四次元。例人間の住む—の世界。

【三枝の礼】礼儀をわきまえる心のたとえ。〔ハトは、親鳥の留まっている枝から三本下の枝に留まる、といわれることから〕例鳥に反哺の孝あり(=親の恩にむくいることのたとえ)、鳩に—あり。

【三舎】〔「舎」は、古代中国の軍隊の一日の行軍距離をあらわす〕古代中国の軍隊の三日分の行軍距離。約六〇キロメートル。

【三舎を避ける】①相手に敬意を表する。三舎を譲る。〔楚の国に亡命した晋の公子が、楚王に感謝して、今後、かりに両国が兵を交えることがあった場合でも、三舎分だけ晋の兵を引こうと約束した故事による〕〈春秋左氏伝〉②遠くおよばないと認めて引き下がる。例どんな豪傑でも—。

【三尺】①一尺の三倍。約九〇センチメートル。例—店(=間口が三尺ほどの小さい店。また、小さい家)。②「三尺帯」の略。帯の一つ。へこおび。③長さ三尺の剣。また、長剣の意。

【三尺去って師の影を踏まず】⇩【七尺去って師の影を踏まず】(8ページ)

【三秋】①(陰暦の)秋の三か月。初秋(=七月)・仲秋(=八月)・晩秋(=九月)。②秋が三度めぐってくること。三年。例一日—の思い(=待ちどおしいことのたとえ)。

【三十にして立つ】三十歳になって学問や見識が身につき、ひとり立ちができた。而立。〔孔子が、自分は三十歳でみずからの立場を確立したと述べたことから〕〈論語〉

【三十六計】兵法にある三十六の計略。いろいろなはかりごと。例—逃げるにしかず(=あれこれ策を立てるよりも、逃げて身の安全をはかるのがいちばんである)。

【三春】①(陰暦の)春の三か月。初春(=一月)・仲春(=二月)・晩春(=三月)。②春が三度めぐってくること。三年。

【三旬】①月の上旬と中旬と下旬。②三十日。

【三乗】(名・する)〔数〕同じ数(式)を三個かけあわすこと。また、その積。立方。例—根。

【三親等】〔法〕親族関係の遠近をあらわす単位の一つ。曽祖父母や曽孫、おじ・おば・おい・めいとの関係。三等親。

【三▽途の川】〔仏〕死者が冥土に行くとちゅうにわたる川。橋・浅瀬・急流の深みの三つの道が罪に応じて用意されているという。三瀬川。

【三世】一〔仏〕①過去・現在・未来。②前世・現世・来世。例—の縁。二 父・子・孫の三代。三 孫の代の者。三代目。例ナポレオン—。

【三省】(名・する)一日に三回反省すること。また、なんども自分をかえりみること。〔「曽子曰わく、吾れ日に吾が身を三省す」による〕〈論語〉

【三聖】①世界の三人の聖人。釈迦・孔子・キリスト。②古代中国の三人の聖人。伏羲・文王・孔子。あるいは、尭・舜・禹などを指す。③その道ですぐれた三人。例和歌の—(=柿本人麻呂・山部赤人・衣通姫)。

【三▼蹟】平安時代中期の三人の書道の達人。小野道

風・藤原佐理・藤原行成。また、その筆跡。類三筆。表記「三跡」とも書く。

【三千世界】サンゼンセカイ ①〔仏〕「三千大千世界」の略。一人の仏の教化する世界。須弥山を中心とする広大な地域を一世界とし、それを千倍した小千世界、それをまた千倍した中千世界、さらにそれを千倍して大千世界となる。小中大の千世界を合わせて「三千大千世界」となる。②広い世界。

【三遷の教え】サンセンのおしえ ⇩【孟母三遷】モウボサンセン（286ページ）

【三族】サンゾク 三つの親族。父の一族・母の一族・妻の一族。また、父・子・孫、父母・兄弟・妻子など諸説ある。例累を一におよぼす。

漢字に親しむ❷ 三五夜の月

陶潜という詩人には、自分の子供のできが悪いのをなげく、次のような詩があります。「長男の舒はもう年が二八になったのに、まったくどうしようもないなまけ者だ」。この「二八」ですが、これを「二十八」と考えると、もういい大人ですから、話が通じませんね。実はこの「二八」は「ニハチ」と読み、かけ算をしなければならないのであって、十六歳のことなのです。白居易という人の詩にも「三五夜中新月の色」という句がありますが、これも同じで「三五夜」は十五夜のことです。日本でも一杯十六文のそばを「二八蕎麦」といいます。そういえば現代でも「四六時中（古くは「二六時中」）」といいますが、これもかけ算で二十四時間（古くは十二刻）すなわち一日中の意味ですね。ただし、「四六のがま」は、前足の指が四本、後ろ足の指が六本に見えるヒキガエルのことです。

16歳
28歳
二八？
にはち
にじゅうはち

【三尊】サンゾン ㊀サンソン とうとぶべき三つのもの。主君・父・師。㊁サンゾン〔仏〕①仏・法・僧。三宝。②三体ひと組みの仏像。中尊（=中心の仏）と、左右の脇侍。三尊仏。

【三体】サンタイ ①三つの形体。例―詩（=唐代の、七言絶句・七言律詩・五言律詩を集めた詩集）。②三つの書体。真（=楷）・行・草。例―千字文。③物質の三つの状態。固体・液体・気体。表記③は「三態」とも書く。

【三代】サンダイ ①親・子・孫の三つの世代。例―集。親子―。②中国古代の三王朝。夏・殷・周。③第三代。三代目。例徳川―将軍家光。

【三嘆】サンタン （名・する）深く感心し、なんどもほめること。例一読―。表記旧三▼歎

【三段論法】サンダンロンポウ 大前提と小前提から結論を導く、論理の形式。たとえば、すべての生き物は死ぬ（=大前提）。人は生き物である（=小前提）。ゆえに、人は死ぬ（=結論）のような論法をいう。

【三等】サントウ 三番目の等級。第三位。例―席。―車。―勲。

【三徳】サントク ①三つの徳目。知・仁・勇。正直・剛克・柔克。天徳・地徳・人徳など諸説ある。②〔仏〕法身・般若・解脱の三つ。③一つで三とおりの使い道のあるもの。例―ナイフ。

【三都の賦】サントのフ 〔「賦」は、韻文形式の文体の一つ〕晋の左思が十年をついやして作った、三国時代の三つの都の風物をよんだ賦。「蜀都の賦」「呉都の賦」「魏都の賦」の三編で、大いに流行し、人々が争って写したために、洛陽の紙が値上がりしたという。

【三人行えば必ず我が師あり】サンニンおこなえばかならずわがシあり 三人で何かをおこなえば、必ず学ぶべき手本がある。〈論語〉

【三人称】サンニンショウ 話し手が、自分と聞き手以外の人やものを指していうことば。「これ」「あれ」「あいつ」「彼」「彼女」など。他称。対一人称・二人称。

【三年】サンネン 一年の三倍。例―忌。石の上にも―（=石の上でも三年もすわれば暖まるということから、しんぼう強く続ければ成果が得られるということ）。

【三拝九拝】サンパイキュウハイ 〔「拝」は、つつしんで礼をする意〕㊀（名・する）①三度の拝礼と九度の拝礼。②なんどもおじぎして誠意をあらわすこと。例―してたのみこむ。㊁（名）手紙の終わりに書くことばの一つ。深い敬意をあらわす。

【三杯酢】サンバイず 酢・しょうゆ・みりんを、それぞれ同じ分量で合わせた調味料。

【三羽▼烏】サンばがらす ある部門や弟子たちの中で、すぐれている三人。例演劇界の若手―。

【三白眼】サンパクガン 黒目が上方に寄っていて、左・右・下の三方に白目が見えるまなこ。人相学的にはよくないとされる。

【三▽番▼叟】サンバソウ ①能楽の「翁」で、「千歳」「翁」に続く三番目の舞い。狂言方がつとめる老人の舞。②歌舞伎の舞踊劇。「舌出し三番叟」「操り三番叟」などがある。

【三半規管】サンハンキカン 脊椎動物の内耳にある、三つの半円状の管が直角に組み合わさった器官。平衡感覚をつかさどる。

【三筆】サンピツ 三人の書道の達人。とくに、平安時代初期の嵯峨天皇・空海・橘逸勢。類三蹟。

【三百代言】サンビャクダイゲン 〔「三百」は銭に三百文で、わずかな金額、「代言」は代言人（=弁護士）の意〕①明治のはじめごろ、資格をもたない、もぐりの弁護士、また、金もうけばかりを考える弁護士をののしっていったことば。三百。例身なりだけはりっぱな―。②つじつまの合わないことを言いくるめる人。

【三拍子】サンビョウシ ①ワルツのように、強・弱・弱の三拍を一単位とする拍子。②大鼓・小鼓・太鼓の三つの楽器で拍子を取ること。③三つの重要な条件。例色・形・つやの―がそろった名石。

【三▽一】サンピン 〔「ピン」は、ポルトガル語の pinta（=一）ともいう〕①二つのさいころの目に三と一が出ること。②「三一侍」の略。一年の給与が三両一人扶持の侍。身分の低い侍を軽蔑して呼んだことば。類三一奴。

【三部】サンブ 三つの部分。三つの部分から成るひと組み。例―形式。―合唱。―作。

【三伏】サンプク 夏の最も暑い時期。〔夏至の後の第三の庚の日（=初伏）、第四の庚の日（=中伏）、立秋の後の最初の庚の日（=末伏）をあわせていう〕

【三幅対】サンプクツイ 〔「幅」は、かけじくを数える単位〕①三つでひと組みのかけもの。②三つでひとそろいのもの。

【三方】サンボウ 神仏・貴人に供えるものをのせる白木の台。台の三方に穴がある。例―にのせて床の間にかざる。

【三宝】サンボウ 仏教でいう三つのたいせつなもの。仏宝・法宝・僧宝。

宝を合わせていう。仏法僧(ブッポウソウ)。〔「仏」はさとりを得た人。「法」は仏の教え。「僧」は仏につかえる人〕

【三盆】サンボン 白砂糖をさらに精製して純白の結晶(ケッショウ)にした、上等の砂糖。三盆白(じろ)。例唐(トウ)―・和(ワ)―。

【三枚】サンマイ 魚を料理するとき、頭を切り、骨にそって両側の身をさいて肉二枚と骨一枚に分ける切り方。例―におろす。

【三昧】サンマイ〔仏〕〔梵語(ボンゴ) samādhi の音訳〕①精神を集中し無我(ムガ)の境にはいった状態。例―境。②ひとつのことに熱中すること。例読書―(ザンマイ)。③気の向くままにすること。例ぜいたく―(ザンマイ)。わがまま―(ザンマイ)。

【三枚目】サンマイめ〔芝居(しばい)の番付の三枚目に名前がのったことから〕①滑稽(コッケイ)な役。また、その演者。例―がぴったりという、ひょうきんな役者。②滑稽な役回りをする人。例いつも―を演じる男。▽対二枚目。

【三位一体】サンミイッタイ ①キリスト教で、父なる神と、子なるイエス=キリストと、聖霊(セイレイ)との三者は、本来一つの神のあらわれであるという教え。②三つのものが心を一つにすること。

【三民主義】サンミンシュギ 清(シン)の末期に孫文(ソンブン)がとなえた中国革命の基本的考え方。民族主義(=民族の独立)、民権主義(=国民の政治的平等)、民生主義(=国民の経済的平等)の三つからなる。

【三面】サンメン ①三つの平面。例―鏡(キョウ)。②三つの顔。例―六臂(ロッピ)。③新聞の社会面。〔新聞が四ページだったころ第三面に社会記事がのったことから〕例―記事。

【三面鏡】サンメンキョウ 正面と左右にかがみを取り付けた鏡台。

【三面六▼臂】サンメンロッピ〔「臂」は、うでの意で、ひじではない〕①三つの顔と六つのうでがあること。②ひとりで数人分の働きをすることのたとえ。類八面六臂。例―の大活躍(ダイカツヤク)。

【三毛作】サンモウサク 同じ農地に一年間に三種の作物を順次つくること。類多毛作。

【三文】サンモン 一文銭三枚。わずかのお金。きわめて価値の低いもの。例―判。―文士。二束(ニソク)―。

【三役】サンヤク ①政党・組合などで、重要な三つの役職。例党―。(労働)組合の―。②相撲(すもう)で、大関・関脇(せきわけ)・小結。

【三余】サンヨ 読書するのに最適な三つの時。冬(=年の余り)、夜(=日の余り)、雨(=時の余り)。読書三余。

【三楽】サンラク〔「サンゴウ」とも〕君子の三つの楽しみ。肉親が元気でいること、心にやましいことがないこと、英才を教育すること。〈孟子(モウシ)〉

【三里】サンリ 灸(キュウ)をすえるつぼの一つ。ひざがしらの下、外側の少しくぼんだところ。ここに灸をすえると万病に効くという。

【三流】サンリュウ ①(品質・地位・人などの評価で)おとっているもの。対一流・二流。例―会社。②三つの流れ、流派。例―合同の茶会。

【三河】みかわ 旧国名の一つ。今の愛知県の中部と東部にあたる。三州(サンシュウ)。

【三日坊主】みっかボウズ 何をやってもすぐにあきて、長続きしないこと。また、そういう人。例何をしても―で続かない。

●再三(サイサン)・七五三(シチゴサン)・無二無三(ムニムサン)

一 2

【上】

3画 3069 4E0A 教育1

音ショウ漢 ジョウ呉
訓うえ・うわ・かみ・あ-げる・あ-がる・のぼ-る・のぼ-せる・のぼ-す・あ-がり・たてまつ-る・のぼ-り・ほとり
付表上手(じょうず)

筆順 丨 ト 上

なりたち［指事］ものが「一(=基準)」のうえにある。たかいところ。うえ。

意味 ❶位置が高い。うえ。かみ。例上段(ジョウダン)。上部(ジョウブ)。上方(ジョウホウ)。❷価値や程度が高い。すぐれている。例上級(ジョウキュウ)。上品(ジョウヒン)。❸地位や年齢(ネンレイ)が高い人。例上意(ジョウイ)。長上(チョウジョウ)。下剋上(ゲコクジョウ)。❹君主のこと。例上(ショウ)(=天子)。今上(キンジョウ)(=現在の天子)。❺表面。…のうえ(で)。例水上(スイジョウ)。地上(チジョウ)。理論上(リロンジョウ)。❻そのちかく。ほとり。例海上(カイジョウ)。湖上(コジョウ)。川上(センジョウ)。❼順序がさきの。例上巻(ジョウカン)。上記(ジョウキ)。❽低いところから高いほうへ移動する。あげる。あがる。のぼる。例上昇(ジョウショウ)。向上(コウジョウ)。浮上(フジョウ)。❾さしあげる。たてまつる。例上申(ジョウシン)。献上(ケンジョウ)。❿中央へ行く。のぼる。のぼり。例上京(ジョウキョウ)。上洛(ジョウラク)。北上(ホクジョウ)。⓫舞台(ブタイ)にかける。例上映(ジョウエイ)。上演(ジョウエン)。⓬漢字音の四声(シセイ)(=四つの音調)の一つ。例上声(ジョウショウ・ジョウセイ)。

日本語での用法 一《ジョウ》旧国名「上野(こうずけ)(=今の群馬県)」の略。「上州(ジョウシュウ)」二《かみ》客席から見て右のほう。「舞台(ブタイ)の上手(かみて)」三《あがる・あげる》①声や音を出す。「歓声(カンセイ)が上(あ)がる・賛成(サンセイ)の声(こえ)を上(あ)げる」②終わる。「雨(あめ)が上(あ)がる・仕事(しごと)を上(あ)げる」

使い分け あがる・あげる【上・揚・挙】⇩1160ページ
使い分け のぼる【上・登・昇】⇩1176ページ

人名 うら・すすむ・たか・たかし・ひさ・ほず
難読 上月(こうづき)(=姓(セイ))

【上げ潮】あげしお 満ちてくる潮。みちしお。対引き潮。

【上着】うわぎ 上半身に着る洋服。また、重ねて着るときに、いちばん上に着るもの。対下着(したぎ)。表記「上▽衣」とも書く。

【上役】うわヤク 職場で、ある地位の人より高い地位の人。上司。対下役。例―に取り入る。

【上総】かずさ 旧国名の一つ。今の千葉県中部。南総。総州。

【上野】こうずけ 旧国名の一つ。今の群馬県全体にあたる。上州。

【上位】ジョウイ 地位・順位・順序などが高いこと。すぐれていること。対下位。例―概念(ガイネン)。

【上意】ジョウイ ①支配者や政府の、考えや命令。②江戸(えど)時代、主君である将軍や大名の命令。例―討(う)ち。―を達する上使に立つ。

【上意下達】ジョウイカタツ 上意を下の者に徹底(テッテイ)させること。

【上院】ジョウイン 二院制の議会で下院に対する議院。アメリカでは州代表で構成され、イギリスでは貴族院が、日本では参議院がこれにあたる。対下院。

【上映】ジョウエイ(名・する) 映画をスクリーンにうつして観客に見せること。例はじめて―する。

【上演】ジョウエン(名・する) 演劇や歌劇、舞踊(ブヨウ)などを演じて観客に見せること。例―台本。

【上巻】ジョウカン 上下二巻、または、上・中・下三巻に分けた書物のうち、はじめの一巻。〔古く、書物は巻物(まきもの)であったから〕

【上気】ジョウキ(名・する) 暑さや興奮(コウフン)のために顔がほてること。のぼせること。例―した顔。

【上記】ジョウキ 書類や文章で、そこより前に書いてあることがら。上述。対下記。例―のとおり。―のごとく。

【上機嫌】ジョウキゲン(名・形動ダ) たいへん機嫌のよいこと。また、そのようす。対不機嫌。例―で語る。

【上客】ジョウキャク ①上座(かみざ)にすわる客。正客(ショウキャク)。例―として招かれる。②商店などで、たくさん品物を買ってくれるたいせつな客。お得意さま。顧客(コキャク)。例―としてあつかう。

【上級】ジョウキュウ 等級・程度・段階などが高いこと。対初級・下級。例―生。

【上京】ジョウキョウ(名・する) 地方から都会に出ること。古くは京都に行くことを、現代では東京に行くことをいう。例―して勉学したい。

【上空】①空の高いところ。例—の寒気団。②ある地点の上方の空。例東京—。

【上下】[一](名)①位置や身分の、うえとした。例—の別なく。②うえとした、また二部でひと組みになっているもの。例背広の—。—二巻の本。③鉄道の、のぼりとくだり。例—線不通。[二](名・する)あがったりさがったりすること。例株価が—する。[三](名)江戸時代の武士の礼装。肩がぴんと張った肩衣と、はかま。表記[三]は「▼裃」とも書く。

【上掲】(名・する)上にかかげること。また、前に述べたこと。前掲。例—の写真。説明は—する図による。

【上弦】〔「弦」は、半月の直線部分を弓のつるに見立てたもの〕新月から満月にいたる中間の、陰暦七、八日ごろの月。右半分が光りかがやく半月。対下弦。

【上限】①数量や値段の上のほうの限界。例年齢の—。②歴史や時代の古いほうの限界。例—までさかのぼる。▽対下限。

【上戸】[一]上等の家。律令制で、一戸に成年男子六、七人をもつ家。[二]①大酒を飲めること。また、その人。さけのみ。対下戸。②酒によったときに出るくせ。例泣き—。笑い—。

【上古】①おおむかし。古代。太古。②日本史の時代区分の一つ。大和・奈良時代。

【上皇】①位をゆずって退位したあとの天皇をうやまっていうことば。類太上天皇・院。②天皇の退位等に関する皇室典範特例法により退位した天皇の称号。二〇一九(平成三十一)年、平成の天皇がこの称号を受けた。

【上告】(名・する)①上の者に申し立てること。類上申。②〔法〕裁判で、第二審の判決に対する不服を、より上級の裁判所(=高等裁判所・最高裁判所)に申し立て、最終的な判断を求めること。例不服なので—審で争う。

【上座】年齢や地位が上の人のつく席。上席。対下座。

【上▼巳】〔はじめの巳の日の意〕五節句の一つ。三月三日の桃の節句。ひな祭り。古代中国で陰暦三月の最初の巳の日(=後に三月三日)におはらいをする行事が、日本に伝わったもの。

【上司】①仕事上の地位が自分より上の人。上役。②上級の役所や官僚。

【上使】江戸幕府から諸大名へ、上意(=将軍の意向)を伝えるために、つかわされた者。

【上肢】〔「肢」は、手足の意〕人間の手。また、四つ足動物の前足。対下肢。

【上▼梓】(名・する)〔版木に梓の木を用いたことから〕書物を印刷・出版すること。類上木。例歌集を—する。

【上質】(名・形動ダ)品質がすぐれていること。例—紙。

【上述】(名・する)文章などで、前にすでにのべたこと。類上記・前述。対後述。例—のとおり。

【上首尾】ものごとが思いどおりにうまく運ぶこと。対不首尾。例今回の興行は—に終わった。

【上旬】〔「旬」は、十日の意〕ひと月の一日から十日までのあいだ。類初旬。

【上書】(名・する)君主や上官へ、意見を述べた文書を差し出すこと。また、その書面。類上表。

【上声】漢字音の四声(=平声・上声・去声・入声)の一つ。初め低く終わりを高く、しり上がりに発音する。日本では高く平らな調子をいう。

【上昇】(名・する)段階や程度が高くなること。対下降。例—志向。物価の—。景気が—する。

【上上】(名・形動ダ)最もすぐれていてよいこと。類上乗・最上。対下下。例天気は—だ。

【上乗】[一](名)〔仏〕最もすぐれた教え。類大乗。[二](名・形動ダ)たいへんよいこと。類上上・最上。

【上場】(名・する)〔経〕証券取引所や商品取引所で、株式や社債、商品が売買されること。例—会社。

【上申】(名・する)上役や上官に、事情説明をしたり意見をもうしたてたりすること。

【上手】[一](名・形動ダ)①技術がすぐれていること。対下手。例—な絵。②やりかたがうまいこと。例聞き—。③おせじ。例お—を言う。[二](名)①川かみ。かざかみ。かみて。対下手。②相撲で、相手の差し手の上からまわしをつかむこと。対下手。例—投げ。[三](名・形動ダ)①囲碁や将棋の段位が高い人。②力量が他よりもすぐれていること。例—に出る。敵は一枚—だ。[四](名)①上のほう。川かみ。かざかみ。②舞台の、客席から見て右のほう。対下手。

【上水】おもに飲料用として管や水路を通して導かれる水。また、それを導く設備。対下水。例—道。

【上製】ふつうより上等につくられたもの。例—本。

【上席】①上位の者がつく席。類上座。対末席。例—につく。②階級や等級、席次が上であること。

【上船】(名・する)船に乗ること。類乗船。対下船。

【上訴】(名・する)①〔法〕裁判の判決に不服のあるとき、一定の期間内に上級の裁判所へうったえること。控訴・上告・抗告の三種がある。②上級機関や上位の人へうったえること。

【上奏】(名・する)大臣などが天子へ、事実や意見を申し上げること。類奏上。例現在の国際情勢を—する。

【上層】①重なったものの上のほう。例—雲。—気流。②社会的な地位が高く、経済的に豊かな階層。例会社の—部。

【上体】からだの腰から上の部分。類上半身。例—を前にたおす。

【上代】日本の文学史・言語史の時代区分の一つ。仮名文字が生まれる以前の、大和・奈良時代をいう。参考日本史では、「古代」を用いる。

【上達】(名・する)①練習をつんで、学芸や技術が進むこと。うまくなること。例努力して—する。②上の者に下の者の事情や意向が伝わること。対下達。例下意—。

【上段】①上のほうの段。対下段。例寝台列車の—。②ゆかを一段高くつくったところ。例—の間。③刀などを頭上に高くふりかざして構えること。対下段。例—の構え。大—に構える。④囲碁や将棋・武道などで、段位の高いこと。

【上知】知的能力の高い、すぐれた人。表記⑪上▼智

【上知と下愚とは移らず】〔人間は、生まれつき、それほどのちがいはないけれど〕いたって賢い人と、いたっておろかな人とは、変わらない。〈論語〉

【上帝】天上で万物を支配する神。〔中国ではキリスト教の「神」の意にも用いた〕類天帝・造物主。

【上程】(名・する)会議に議案をかけること。例予算案の—。議案を—する。

【上出来】(名・形動ダ)できた結果や状態がよいこと。例対策は—だった。

【上天】[一](名)①そら。天。②上帝。天帝。造物

主。㈢（名・する）天にのぼること。類昇天。例安らかな―をいのる。

【上天気】（ジョウテンキ）よく晴れたいい天気。類好天・快晴。

【上等】（ジョウトウ）㈠（名・形動）品質や程度がすぐれていること。また、そのようす。例―な素材。㈡（名）等級や段階が高いこと。例―兵。

【上棟式】（ジョウトウシキ）家を建てるとき、柱などを組んで建物の骨組みができた段階でおこなう神式の儀式。むねあげ。類建前。

【上得意】（ジョウトクイ）いつも、値段の高いものやたくさんの品物を買ってくれるだいじな客。類上客。

【上人】（ショウニン）〔仏〕①修行を積んで知恵と徳をそなえたすぐれた僧。例お―さま。②僧の名につけてうやまっていう呼び名。例明恵―。

【上納】（ジョウノウ）（名・する）①政府に金品をおさめること。例―金。②年貢。年貢米。

【上▼膊】（ジョウハク）ひじから肩までの部分。上腕。二の腕。例そでを―までまくり上げる。

【上半身】（ジョウハンシン）からだの腰から上の部分。対下半身。例―をきたえる。

【上皮】（ジョウヒ）動物のからだの表面をおおうかわ。うわかわ。

【上表】（ジョウヒョウ）（名・する）君主へ意見書を差し上げること。また、その文書。類上書。

【上品】㈠（ジョウヒン）（名・形動）やぼったさがなく、好ましい感じをあたえるようす。対下品。例―な服装。㈡（ジョウボン）（名）〔仏〕極楽を上品・中品・下品の三段階に分けた最上位。〔それぞれをさらに上生・中生・下生に分ける〕対下品。

【上布】（ジョウフ）上等の麻織物。例越後―。薩摩―。

【上部】（ジョウブ）上のほうの部分。組織の中で権限のあるもの。対下部。例―構造。―団体。

【上聞】（ジョウブン）（名・する）①君主の耳に届くこと。例―に達する。②君主に申し上げること。例―に入れる。

【上分別】（ジョウフンベツ）すぐれた考え。最良の判断。

【上方】㈠（ジョウホウ）上のほう。上部。対下方。㈡（かみがた）〔江戸末期まで京都に皇居があったことから〕京都・大阪周辺。例―落語。―歌舞伎。

【上▼洛】（ジョウラク）（名・する）①洛陽（＝都）へ行くこと。②〔京都を洛陽になぞらえて「洛」と称し〕地方から京都へ行くこと。類上京・入洛。対下洛。例戦国大名はそれぞれ―の機をうかがっていた。

【上覧】（ジョウラン）（名・する）身分の高い人がご覧になること。類天覧。例―相撲。―をたまわる。

【上陸】（ジョウリク）（名・する）船や海から陸へあがること。海外からはいる人や文物・資本などや、台風についてもいう。例台風は今夜九州に―するもようです。

【上略】（ジョウリャク）（名・する）文章を引用するときに前の部分をはぶくこと。対下略。例―して引用した文章。

【上流】（ジョウリュウ）①川の流れの水源に近いほう。類川上。対下流。例利根川の―。②社会的地位が高く経済的に豊かな階層。類上層。対下層。例―階級。―社会。

【上▼﨟】（ジョウロウ）〔「﨟」は、年功による地位〕①長い年月、修行を積んだ位の高い僧。②地位・身分の高い人。③身分の高い婦人。女官や御殿女中で上位の者。表記▽「上▼臘」とも書く。

●炎上・屋上・海上・階上・逆上・計上・啓上・下剋上・献上・口上・極上・参上・史上・紙上・席上・奏上・卓上・地上・頂上・天上・同上・途上・返上・無上・路上

一部 2画 ● 丈 万

一 2 【丈】 3画 3070 4E08 常用 音チョウ漢 ジョウ呉 訓たけ

筆順 一 ナ 丈

なりたち 〔象形〕「又（＝手）」に「十」を持つ形。十尺。

意味 ❶長さの単位。十尺。→「度量衡表」（1141ページ）例丈六。方丈。白髪三千丈。❷長さ。たけ。例丈尺。❸一人前の男子。例丈夫。❹長老および目上の人を、うやまっていうことば。例丈人。岳丈（＝妻の父）。

日本語での用法 ㈠《ジョウ》役者の芸名にそえて敬意をあらわすことば。「菊五郎丈」㈡《たけ》身長。「背丈・居丈高」

難読 丈夫

人名 たけし・たすく・つかさ・とも・ひろ・ます

【丈尺】（ジョウシャク）①たけ。長さ。寸法。②長さ一丈のものさし。

【丈夫】㈠（ジョウフ）（名）〔周の制度で成年男子の身長を一丈としたことから〕一人前の成人男子。勇ましくりっぱな男性。ますらお。例大―。㈡（ジョウブ）（名・形動）①健康で病気にならないようす。例―なからだ。②しっかりしていてこわれにくいようす。例―な器物。

【丈余】（ジョウヨ）一丈にあまりある高さや長さ。例―の積雪。

【丈六】（ジョウロク）①立った高さが一丈六尺の仏像。〔釈迦の身長がふつうの人の身長の二倍にあたる一丈六尺あったとする信仰から丈六を仏像の標準とする〕②〔仏像が多く足を組んですわっていることから〕あぐらをかくこと。

一 2 【万】 3画 4392 4E07 教育2 音バン漢 マン呉 訓よろず

筆順 一 フ 万

艹 9 【萬】 12画 7263 842C 人名

なりたち 〔象形〕毒虫のサソリの形。借りて、千の十倍。

参考 「万」は、「卍（＝もと、一万をあらわす印、という）」の変形とされ、「萬」の俗字として古くから用いられる。

意味 ❶数の名。千の十倍。例一万。千万。百万。❷数がひじょうに多いこと。あまたの。すべての。よろず。例万感。万事。万物。❸必ず。どうしても。例万止むを得ず。

日本語での用法 《ま》「ま」の音にあてた万葉がな。「万利・也万」

難読 万里小路

人名 かず・かつ・すすむ・たか・たかし・つむ・つもる・みつる

【▽万▽年▽青】（おもと）ユリ科の常緑多年草。葉は厚くつやがあり赤い実ができる。

【万巻】（バンカン／マンガン）多くの書物。例―の書をひもとく。

【万感】（バンカン）一度に心に起こるさまざまな気持ち。例―胸にせまる。

【万機】（バンキ）政治上さまざまのだいじなことがら。例―公論に決すべし（＝天下の政治は世論に従って決定すべきだ。明治天皇の「五箇条の御誓文」の一部）。

【万金】（バンキン／マンキン）多くの金銭。類千金。例―を費やす。

【万古】（バンコ）①大昔。大昔から今まで。永久。永遠。万世。

例―不易(=いつまでも変わらない)。②「万古焼」の略。江戸中期に、伊勢で作り始められた陶器。

【万国】バンコク 世界じゅうのあらゆる国々。例―旗。―博覧会。

【万骨】バンコツ 多くの人々のほね。大きな犠牲。例一将功成りて―枯る(=将軍ひとりの戦功のかげには多くの無名の兵士の戦死がある)。

【万歳】一バンザイ(名)〔古くは、「バンゼイ」「マンザイ」とも〕長い年月。例千秋―。二バンザイ(名・する)①お祝いや喜びの気持ちをあらわすとき、おおぜいでいっしょにとなえることば。例―三唱。②〔両手をあげることから〕降参すること。お手上げ。例そんな質問には―するよりしかたがない。三マンザイ(名)新年に家々をおとずれて祝いのことばを述べたりおどりをする二人組の芸人。例三河―。

【万策】バンサク 考えられるかぎりのあらゆる方法や手段。例―を講じる。―つきる。

【万死】バンシ ①助かるみこみがないこと。類九死。例―に一生を得る。②なん回も死ぬこと。例罪、―に値する。

【万死一生】バンシイッショウ 助かりそうもない危険からのがれて生きのびること。万死(のうち)に一生を得る。類九死一生。例―の危難をのがれる。

【万事】バンジ すべてのこと。あらゆること。例一事が―(=一つの事例で他のすべてのことが予想できること)。―休す(=もうどうすることもできない)。

【万謝】バンシャ(名・する)①ひじょうに感謝すること。②深くわびること。例―あるのみ。―に値する。

【万象】バンショウ 多くの事物のさまざまなかたち。例森羅―(=天地・宇宙のすべてのもの)。

【万障】バンショウ いろいろなさしさわり。例―を繰りあわせて出席する。

【万丈】バンジョウ〔一丈の一万倍の意から〕①ひじょうに高いこと。例―の山。②はげしいこと。意気さかんなこと。例波乱―。―の気炎。

【万乗】バンジョウ ①〔「乗」は、兵車を数えることば〕兵車一万台。②〔古代中国で、天子は戦争のとき、一万台の兵車を出したことから〕天子のこと。また、天子の位。対千乗。例―の君。

【万世】バンセイ 永久。永遠。とわ。万古。例―不朽。

【万世一系】バンセイイッケイ 一つの血統が永久に続くこと。

【万世不易】バンセイフエキ いつまでも変わらないこと。類万古不易。例―の真理。

【万全】バンゼン(名・形動ダ)少しの手落ちもなく完全なこと。例―を期す。―の警備態勢。

【万▼朶】バンダ〔「朶」は、垂れた花の枝の意〕たくさんの花がさいた枝。例―の桜。

【万端】バンタン ある事にかかわるあらゆることがら。例準備―整う。

【万難】バンナン 多くの障害や困難。例―を排す。

【万人】バンニン〔「バンジン」とも〕すべての人。多くの人。例―向き。

【万能】一バンノウ〔古くは「マンノウ」とも〕①なんでもよくできること。例―選手。スポーツ―。②すべてに効き目があること。例―薬。二マンノウ「万能鍬」の略。牛馬に引かせて田畑の土を細かくする農具。

【万般】バンパン ある事に関するいろいろな方面のこと。例社会の―にわたる知識。

【万夫】バンプ 多くの男子。また、多くの武士。例―不当(=多くの男でもかなわないほど強いこと)。

【万福】バンプク 多くの幸せ。類多幸。例―を祈る。

【万物】バンブツ 多くのもの。あらゆるもの。例―の霊長(=人間のこと)。―は流転する。

【万別】バンベツ さまざまなちがいがあること。例千差―。

【万邦】バンポウ あらゆる国々。万国。例―の共存共栄。

【万民】バンミン すべての国民。例―法。

【万目】バンモク/マンモク 多くの人の目。類衆目。例―の見るところ、おのずから可否は明らかだ。

【万有】バンユウ 宇宙にあるすべてのもの。類万物。例―引力(=二つの物体間のたがいに引き合う力)。

【万雷】バンライ たくさんのかみなり。また、そのように鳴りひびく大きな音。例―の拍手。

【万▼籟】バンライ〔「籟」は、音やひびきの意〕風にふかれて起こるいろいろな物音やひびき。類衆籟。例―死して静寂に帰する。

【万里】バンリ〔一万里の意から〕ひじょうに遠くて長い距離。例―の望み(=遠い将来への希望)。―の長城。

【万緑】バンリョク 一面、見わたす限りの緑色。

【万緑▼叢中紅一点】バンリョクソウチュウコウイッテン ①多くのものの中で一つだけがすぐれて目立つこと。〔『記纂淵海』に、王安石が石榴(=ざくろ)を見て作った、という記述があることによる〕②多くの男性の中にたった一人の女性がまじっていること。紅一点。〔日本での俗用〕

【万一】マンイチ〔「マンイツ」とも。一万分の一の意〕一(名)めったにないが、まれに起こりうること。もしものこと。万が一。例―に備える。二(副)もしも。ひょっとして。万が一。例―試験に失敗したら…。

【万華鏡】マンゲキョウ 長方形のガラス板三枚を三角柱状に組み入れた円筒に色紙やガラス片を閉じこめ、回しながら中にできる模様の変化をのぞいて楽しむおもちゃ。

【万言】マンゲン〔「バンゲン」とも〕多くのことば。例この感動は―を費やしても言いあらわせない。

【万▼劫】マンゴウ〔「劫」は、きわめて長い時間の意〕ひじょうに長い年月。永久。例―末代。

【万灯】マンドウ/マントウ ①数多くのともしび。②柄のついた行灯(=木のわくに紙をはって中に火をともす明かり)。例―会(=多くの灯明をともしておこなう供養)。

【万病】マンビョウ あらゆる病気。例風邪は―のもと。

【万葉】マンヨウ ①たくさんの木の葉。②多くの時代。万世。よろずよ。ばんよう。③『万葉集』の略。奈良時代以前の歌を集めた日本最古の歌集。例―調。

【万葉仮名】マンヨウがな〔『万葉集』に多く用いられたことから〕ひらがな・かたかながができる以前、日本語を書きあらわすために、漢字の意味は無視して、漢字の音や訓を使って日本語の音節をあらわした漢字の文字列。特に、一字で一音節をあらわしたもの。たとえば、「春」を「波流」、「山」を「也末」、「大和」を「八間跡」と書いた。真仮名。

【万力】マンリキ ①工作器具で、材料をはさんでねじで締め、加工しやすいように固定するもの。バイス。②船具で、綱のはしに鉤のついたもの。③「轆轤」の別名。

一 2 【与】

3画 4531 4E0E 常用

音 ヨ 漢 呉 訓 あた-える・くみ-する・あず-かる

筆順 一 与 与

臼 6 【與】

13画 7148 8207 人名

なりたち 〔会意〕「両手でもちあげる形」と「与(=あたえる)」とから成る。なかまになる。

意味 ❶仲間になる。くみする。ともにする。例与国。与党ヨ。❷あたえる。例与件(ヨケン)。給与(キュウヨ)。❸加わる。かかわる。例関与(カンヨ)。参与(サンヨ)。❹〔助字〕「と」「…と…と」と読み、並列(ヘイレツ)をあらわす。例楯与レ矛(たてとほこと)

人名 あたう・あたえ・あと・あとう・くみ・すえ・たすく・ため・とも・ひとし・もと・もろ・よし・より

【与国】(ヨコク) たがいに助け合う約束をした国。同盟国。例ヨーロッパ連合の―となる。

【与太】(よた) 〔あて字〕「与太郎(よたロウ)」「与太者(よたもの)」の略。①役に立たないこと。知恵(チエ)がない、また、不良。例うちの―はどこで何をしているやら。②いいかげんなこと。でたらめ。例―を飛ばす。

【与奪】(ヨダツ) (名・する) あたえることとうばうこと。例生殺―の権をにぎる。

【与党】(ヨトウ) ①政党政治で、政権を担当している政党。また、政府を支持し助ける政党。対野党。例連立―。②なかま。同志。

【与力】(ヨリキ) 一(名・する) 力を貸し、助けること。例秀吉(ひでよし)軍に―する。二(名) 江戸(えど)時代、奉行(ブギョウ)の下で部下の同心を指揮して現在の警察のような仕事をした役人。

●関与(カンヨ)・給与(キュウヨ)・寄与(キヨ)・参与(サンヨ)・授与(ジュヨ)・賞与(ショウヨ)・贈与(ゾウヨ)・貸与(タイヨ)・天与(テンヨ)・投与(トウヨ)

一3 【丐】 4画 4802 4E10

音 カイ漢呉 訓 こ-う

意味 ❶ものをねだる。こう。例丐取(カイシュ)(=ねだって取る)。❷ものごいをする人。例乞丐(キッカイ・コツガイ)(=ものもらい)。❸あたえる。例貸丐(タイカイ)。

一3 【丑】 4画 1715 4E11 人名

音 チュウ漢 訓 うし

なりたち ［象形］人が手の指を曲げて、ものをつかむ形。借りて、十二支の第二に用いる。

意味 十二支の二番目。方位では北北東、時刻では午前二時、およびその前後の二時間。月では陰暦(インレキ)の二月。動物ではウシにあてる。うし。例丑寅(うしとら)。丑三つ時(うしみつどき)。

人名 うし

【丑▼寅】(うしとら) 〔「丑」「寅」はともに十二支の一つ〕丑と寅の中間の方角で、北東のこと。鬼門(キモン)にあたる。表記 易(エキ)で「艮(コン)」を配するところから「▼艮」とも書く。

【丑の時参り】(うしのときまいり) にくい人をのろい殺すために、丑の刻(=午前二時ごろ)に、寺や神社にお参りすること。多く、相手をかたどったわら人形を神木にくぎで打ちつけると、相手は七日目の満願の日に死ぬと信じられていた。丑の刻参り。

【丑の日】(うしのひ) 十二支の丑にあたる日。とくに、立秋前の十八日間にある丑の日を土用の丑の日といい、この日に、暑さに負けない体力をつけるため、ウナギのかば焼きを食べる習慣がある。

【丑三つ】(うしみつ) 昔の時刻で、丑の刻を四つに分けたうちの三番目。午前二時から二時半ごろ。真夜中。例草木もねむる―時。表記「丑▽満」とも書く。

一3 【不】 4画 4152 4E0D 教育4

音 一 ブ慣 フ漢 二 フウ漢 フ呉

筆順 一 ア 不 不

なりたち ［象形］「一(=天)」と、鳥が飛び立ってその羽や尾(お)が見える形。鳥がおりてこない。派生して「そうではない」の意。

意味 〔助字〕一(ブ・フ)「ず」と読み、…でない・…しない、の意。否定をあらわす。例人不レ知而不レ慍(ひとしらずしていからず)(=他人が理解してくれなくても、いからない)。〈論語(ロンゴ)〉不幸(フコウ)。不正(フセイ)。「ただしからず」と訓読する」。二(フウ・フ)「(や)いなや」と読み、…なのかどうか、の意。例尚在不(なおありやいなや)(=まだあるか、どうか)。

難読 不知火(しらぬい)

【不安】(フアン) (名・形動ダ) ①心配なこと。気がかりで落ちつかないこと。例―におそわれる。―でねられない。②世の中が落ちつかず、これからどうなるかよくわからないこと。例政情―。

【不案内】(フアンナイ・ブアンナイ) (名・形動ダ) ものごとの内容やようす、その土地の地理などについて、よく知らないこと。例初めての土地なのでまったく―だ。貿易問題については―だ。

【不意】(フイ) (名・形動ダ) 思いがけないこと。とつぜんであること。例―にあらわれる。―をつかれる。―の来客。

【不一】(フイツ) ①手紙の終わりに書くことば。〔じゅうぶんに内容や気持ちを述べつくしていない意〕類不具・不二(フジ)・不悉(フシツ)・不尽(フジン)。②同じでないこと。表記 ▽「不▽乙」とも書く。

【不入り】(フいり) 映画・演劇・コンサート・展示会などの興行やもよおしもので、客の数が少ないこと。対大入(おおい)り。

【不運】(フウン) (名・形動ダ) 運が悪いこと。幸せにめぐまれないこと。対幸運。例―な人生を送る。身の―をなげく。

【不易】(フエキ) (名・形動ダ) 変わらないこと。類不変。例―流行。万古(バンコ)―。

【不得手】(フえて) (名・形動ダ) 得意でないこと。苦手(にがて)。類不得意。対得手(えて)。例―な科目。スポーツは―だ。

【不縁】(フエン) ①夫婦(フウフ)や養子などの縁がきれること。類離縁(リエン)。例つりあわぬは―のもと。②縁組みがまとまらないこと。例あの縁談は結局―になった。

【不穏】(フオン) (名・形動ダ) おだやかでないこと。事件や争いなどが起こるおそれがあること。例―な状況(ジョウキョウ)がつづく。

【不穏当】(フオントウ) (名・形動ダ) 不適切なこと。さしさわりがあること。例―な発言。

【不可】(フカ) ①よくないこと。また、できないこと。例―抗力(コウリョク)。入室―。可もなく―もない。②試験の成績を評価することばで、不合格。例優・良・可・―。―が多くて進級できない。

【不可解】(フカカイ) (名・形動ダ) 理解できないこと。何がなんだかわからないこと。例―な行動。―なできごと。

【不可欠】(フカケツ) (名・形動ダ) 欠くことができないこと。どうしても必要なこと。例必要―。かれはわがチームにとって―だ。

【不可抗力】(フカコウリョク) 人の力ではどうすることもできない力。例―による事故。

【不可思議】(フカシギ) (名・形動ダ) 人間の知識ではとても理解できないこと。不思議なこと。例―な事件。

【不可侵】(フカシン) 侵害を許さないこと。例―条約。

【不可能】(フカノウ) (名・形動ダ) できないこと。例計画の実現は―になった。

【不可避】(フカヒ) (名・形動ダ) さけることができないこと。例これで議会の解散は―になった。―の運命。

【不可分】(フカブン) (名・形動ダ) わけることができないこと。切りはなしては考えられないほど強く結びついていること。例外交問題と経済問題とは―な関係にある。

【不快】(フカイ) (名・形動ダ) ①おもしろくないこと。不愉快(フユカイ)なこと。例心ない発言のため―になる。②体調がよくないこと。気分がすぐれないこと。例朝からなんとなく―を感じていた。

【不快指数】(フカイシスウ) 人が不快に感じるむし暑さの程度を、温度と湿度(シツド)から割り出した数値。例―が増す。

【不覚】フカク（名・形動ナ）①心がまえがしっかりできていないこと。油断して思わぬ失敗をすること。例―を取る。―にも一回戦で敗退した。②はっきり意識しないこと。思わずすること。例くやしさから―の涙をこぼした。③意識がないこと。例前後―によっぱらう。

【不格好】ブカッコウ（名・形動ナ）かっこうが悪いこと。見た感じが悪いこと。例その服はあまりにも大きすぎて―だ。表記「不▼恰好」とも書く。

【不換紙幣】フカンシヘイ それ自体が価値をもっている金貨や銀貨と、交換することのできない紙幣。対兌換紙幣。

【不完全燃焼】フカンゼンネンショウ（名・する）ものがもえるとき、酸素が足りなくて完全にもえきれないこと。一酸化炭素やすすなどが発生する。

【不軌】フキ ①法や規則を守らないこと。例豪快で―な態度。②反逆すること。例―をくわだてる。

【不帰】フキ 二度と帰らないこと。例―の客となる(=死ぬ)。

【不▼羈】フキ〔「羈」は、つなぐ意〕①束縛を受けず自由にふるまうこと。例奔放―。―独立の行動。②才能が人よりもはるかにすぐれていて、おさえつけられないこと。類非凡。例―の才。

【不義】フギ ①人としての正しい道にはずれること。例天に代わりて―をうつ。②男女間の道にはずれた関係。類密通。例―をはたらく。

【不機嫌】フキゲン（名・形動ナ）機嫌が悪いこと。また、そのようす。対上機嫌。例―に口少なになる。

【不起訴】フキソ〔法〕検察官が起訴をしないこと。〔証拠が不十分な場合や起訴猶予の場合など〕例―処分。

【不吉】フキツ（名・形動ナ）何かよくないことが起こりそうなきざしがあること。えんぎが悪いこと。例―な夢を見る。

【不気味】ブキミ（名・形動ナ）得体が知れず気味が悪い感じ。例―な古い城。―な笑いをうかべる。表記「無気味」とも書く。

【不朽】フキュウ（名・形動ナ）いつまでも価値を失わないこと。のちの世に長く残ること。例―の名作。

【不況】フキョウ（名・形動ナ）〔「況」は、ありさまの意〕景気が悪いこと。類不景気。対好況。例長引く―で失業者が増える。

【不興】フキョウ（名・形動ナ）①目上の人の機嫌をそこねること。例上役の―を買う。②おもしろくなくなること。興がさめること。例むしろ―げに説明を聞き捨てた。

【不器用】ブキヨウ（名・形動ナ）①手先を使う仕事がへたなこと。ぶきっちょ。対器用。例―なので裁縫は苦手だ。②ものごとの取りあつかい方や人とのつきあい方がへたなこと。要領が悪いこと。例―な生き方しかできない。表記▽「無器用」とも書く。

【不行状】フギョウジョウ よくない、おこないやふるまい。不行跡。例―をとがめられる。

【不行跡】フギョウセキ 公金を使いこんだり、さわぎを起こしたり、人に非難されるようなおこないが多いこと。不行状。例―をはたらく。―のむくい。

【不協和音】フキョウワオン ①同時に出された二つ以上の音が調和せず、美しくひびかないこと。また、その音。例耳ざわりな―。②転じて、なかまうちで、考え方や気持ちにくいちがいが生じるような場合にいう。例部内に―が生じる。

【不義理】フギリ（名・形動ナ）①目上や恩のある人にそむくこと。また、なかまからのさそいをことわること。例世話になりながら―をかさねる。②借金を返さないこと。例兄に三万円の―がある。―をしたまま年を越こした。

【不器量】ブキリョウ（名・形動ナ）①才能が乏しいこと。②顔だちが美しくないこと。表記「無器量」とも書く。

【不謹慎】フキンシン（名・形動ナ）つつしみ深くふるまうべき場面で、言動がその場にふさわしくないこと。例―な発言をたしなめられる。

【不具】フグ ①身体の一部に障害があること。②手紙の終わりに書くことば。〔じゅうぶんに内容や気持ちを述べつくしていない意〕類不一・不二・不悉・不尽。

【不遇】フグウ（名・形動ナ）能力や才能がありながら、世間からじゅうぶんな評価をうけないこと。例―をかこつ。世に出るまでに長い―の時代があった。

【不▼倶戴天】フグタイテン〔「倶ともに天を戴いただかず」と訓読する〕主君や父の敵とは、同じ天の下に生きていられない。深くうらみにくむこと。〔礼記〕例―の敵。

【不屈】フクツ（名・形動ダ）どんな困難や障害にもくじけないこと。例不撓―。―の精神。

【不敬】フケイ（名・形動ナ）皇室や社寺に対して失礼な言動をとること。例昔の日本には―罪があった。

【不景気】フケイキ（名・形動ナ）①景気が悪いこと。類不況。対好景気。例―で売り上げがのびない。②繁盛しないこと。はやらないこと。例―な店。③活気がないこと。表情などがさえないこと。例―な顔をしている。

【不経済】フケイザイ（名・形動ナ）時間・労力・金銭・物品などを、むだに使うこと。例―な電力使用を改善する。

【不潔】フケツ（名・形動ナ）①よごれていて、きたないこと。例―な身なり。②けがらわしいこと。例―な想像をする。▽対清潔。

【不結果】フケッカ（名・形動ナ）結果がよくないこと。また、思わしくない結果。類不首尾。例―に終わる。

【不見識】フケンシキ（名・形動ナ）ものごとに対するしっかりした見方や考え方がないこと。例―な発言。―を暴露する。

【不言実行】フゲンジッコウ あれこれ言わずに、やるべきことをきちんとやること。例―の人。

【不▼辜】フコ〔「辜」は、つみの意〕つみのないこと。また、その者。無辜。例―の人人をしいたげる。

【不孝】フコウ（名・形動ナ）親をたいせつにしなかったり、親の気持ちに逆らったりすること。対孝行。例親―。―者。

【不幸】フコウ 一（名・形動ナ）幸福でないこと。ふしあわせ。対幸福。例―中の幸い。―な一生をおくる。二（名）親戚や知り合いの死。例―があったので会社を休む。

【不公平】フコウヘイ（名・形動ナ）公平でないこと。一部の者を有利にあつかうこと。例点のつけ方が―だ。税の―感。

【不心得】フこころえ（名・形動ナ）心がけが悪いこと。例―な者が多い。―をしてはいけない。

【不才】フサイ ①才能がないこと。例みずからの―をなげく。②自分に才能がないと、へりくだっていうことば。類非才。例この―に大役をおおせつけくださいまして光栄に存じます。

【不在】フザイ その場にいないこと。留守であること。例ただいま―です。―証明(=アリバイ)。人間―の政治。

【不細工】ブサイク／ブザイク（名・形動ナ）①できあがりぐあいが悪いこと。例―な箱。②顔かたちがよくないこと。例―な顔。表記▽「無細工」とも書く。

【不作】フサク ①農作物のできが悪いこと。対豊作。例―続き。日照りのために米が―だ。②(人や作品などで)優秀なものが見られないこと。例今年の絵画界は―だ。

【不作法】ブサホウ（名・形動ナ）礼儀作法にはずれていること。行儀が悪いこと。表記「無作法」とも書く。

【不様】ブざま（名・形動ナ）みっともない。かっこうのわるいようす。表記「無様」とも書く。

【不▽二】ジフ ①二つとないこと。ただ一つであること。②二つのように見えて、実は一つであること。③手紙の終わりに書くことば。〔用件ばかりでくわしくは述べない意〕類不一・不具・不悉・不尽。④「富士山」のこと。

【不時】ジフ 思いがけないとき。予期しないとき。例―の来客。

【不時着】フジチャク（名・する）飛行機が、故障や悪天候などで、予定外のところに着陸すること。不時着陸。〔水面の場合は「不時着水」という〕

【不思議】フシギ（名・形動ダ）なぜそうなのかわからないこと。ふつうでは考えられない、あやしいこと。例世界の七―。

【不自然】フシゼン（名・形動ダ）ものごとのありさまや、なりゆきがわざとらしくて、むりがあること。例―を感じる。―な姿勢。―なせりふが多すぎる。

【不死鳥】フシチョウ エジプト神話の霊鳥。五百年ごとに火にはいって焼け死ぬが、その灰の中からまたよみがえるという鳥。フェニックス。例―のごとくよみがえる。

【不▼悉】フシツ 手紙の終わりに書くことば。〔じゅうぶんに内容や気持ちを述べつくしていない意〕類不一・不具・不尽。

【不日】フジツ（副）なん日も日をへないで。なん日もたたないうち。近いうち。近日中。例―参上いたします。

【不実】フジツ（名・形動ダ）①誠実でないこと。例―な男。かれの―をせめる。②真実とちがうこと。例―の記事。

【不▼躾】ぶしつけ（名・形動ダ）しつけ・作法がよくないこと。失礼なこと。例―なお願い。

【不始末】フシマツ（名・形動ダ）①取りあつかいや、あとの処理がきちんとしていないこと。例火の―から火事になる。②あとあと、人にめいわくをかけるような、だらしのないこと。例―をしでかす。

【不死身】フジみ（名・形動ダ）①どんなひどい目にあっても死なないこと。また、そのようなからだ。例―の人間などいるはずがない。②どんな苦しみにもたえて、くじけないこと。また、そのような人。例苦境に立っても―の事業家。

【不自由】フジユウ（名・する・形動ダ）思うようにならないこと。不便なこと。例電気のない―な暮らし。食べるものにも―する。

【不首尾】フシュビ（名・形動ダ）結果がよくないこと。思わしくない結果。類不結果。対上首尾。例―に終わる。―をかくす。

【不純】フジュン（名・形動ダ）①純粋でないこと。まじっていること。例―物。②純真でないこと。また、ことばやおこないに、何か下心が感じられること。例動機が―だ。かれのことばに何か―なものを感じた。▽対純粋・純真。

一部 3画 不

【不順】フジュン（名・形動ダ）①順調でないこと。例生理―。②気候が季節どおりではないこと。例―な毎日が続く。

【不肖】フショウ〔「肖」は、似る意〕一（名・形動ダ）①親や師に似ないで、できが悪いという意味で、みずからへりくだっていうことば。例―の子。―の弟子。②おろかなこと。類不才。例―ながら全力をつくします。二（名）自分をへりくだっていうことば。例―わたくしは、このたび支店長を拝命しました。

【不承】フショウ（名・する）「不承知」の略。承知しないこと。例―とあらばいたしかたない。

【不承不承】フショウブショウ（副）いやいやながら。しぶしぶ。例必死になってたのむので―承知した。

【不祥】フショウ（名・形動ダ）①えんぎのよくないこと。めでたくないこと。類不吉。例―なきざし。②好ましくないこと。よくないこと。例―事。

【不祥事】フショウジ 立場上、職務上、してはいけないこと。好ましくないこと。例―をしでかす。―の再発をふせぐ。

【不詳】フショウ（名・形動ダ）くわしくわからないこと。はっきりしないこと。類不明・未詳。例年齢―。身元―。

【不浄】フジョウ 一（名・形動ダ）清浄でないこと。けがれていること。対清浄。例―の身。―の金。二（名）（女性のことば。「ご不浄」の形で）便所。はばかり。トイレ。

【不精】ブショウ（名・する・形動ダ）めんどうくさがって、なまけること。例―ひげ。筆―。―をしないで身ぎれいにする。表記「無精」とも書く。

【不消化】フショウカ（名・形動ダ）①消化が悪いこと。例胃が弱って―になる。②理解が不十分なこと。例知識のつめこみは、ただ―をもたらすだけだ。

【不条理】フジョウリ（名・形動ダ）道理に合わないこと。筋道が通らないこと。例社会の―を明らかにする。

【不如帰】ほととぎす ホトトギス科の渡り鳥。ホトトギス。鳴き声が「不如帰去」と聞こえるところからという。参考鳥の「ホトトギス」にあてる漢字には、「杜鵑」「時鳥」「子規」「蜀魂」「蜀魄」などがある。植物の「ホトトギス」には、「杜鵑草」「時鳥草」「油点草」などの漢字をあてる。

【不所存】フショゾン（名・形動ダ）考えがまちがっていること。思慮が足りないこと。類不心得。例―者。

【不信】フシン（名・形動ダ）①信用しないこと。信じないこと。例―感。人間―におちいる。②信義に反すること。例―を責める。

【不振】フシン（名・形動ダ）勢い・働き・成績などがふるわないこと。例成績―。食欲―。経営―の打開をはかる。

【不審】フシン（名・形動ダ）①不明な点があること。はっきりしないこと。例ご―な点はおたずねください。②疑わしいこと。あやしいこと。例―をいだく。―な者。

【不尽】フジン ①つきないこと。つくさないこと。例審理―。理―。②手紙の終わりに書くことば。〔じゅうぶんに内容や気持ちを述べつくしていない意〕類不一・不具・不悉。

【不信心】フシンジン〔「ブシンジン」とも〕（名・形動ダ）神や仏を信じないこと。信仰心がないこと。例―でお参りなどしたことがない。

【不信任】フシンニン 信任しないこと。例内閣―案。

【不寝番】フシンバン ひと晩じゅう、ねないで、または交代で、ねずの番をつとめること。また、その人。例―を命じられる。

【不随】フズイ からだが思うように動かないこと。例半身―。

【不粋】ブスイ（名・形動ダ）人情の機微や風流なおもむきなどについてのこまやかな心の動きがわからないこと。類野暮。例―な人。―な建築。表記「無粋」とも書く。

【不正】フセイ（名・形動ダ）正しくないこと。例―行為。―が発覚する。

【不世出】フセイシュツ（名・形動ダ）めったに世にあらわれることがないほどにすぐれていること。例―のピアニスト。

【不摂生】フセッセイ（名・形動ダ）食べすぎ・飲みすぎ・ねぶそくをするなど、健康に気をつけないこと。不健康な生活をすること。不養生。例―な生活。日ごろの―がたたる。

【不全】フゼン（名・形動ダ）動きがじゅうぶんでないこと。不完全。不良。例発育―。心―。呼吸―。

【不善】フゼン よくないこと。例小人閑居して―を為す（＝徳のない人は、ひとりでいると、よくないことをする）。〈大学〉

【不戦勝】フセンショウ 競技で、すでに決定していた相手が棄権したため、戦わないで勝ちとなること。

【不相応】フソウオウ（名・形動ダ）ふさわしくないこと。つりあわないこと。例分―な暮らし。

【不足】フソク 一（名・する・形動ダ）たりないこと。類不十分。例準備―。―の金額。生活費が―する。二（名）ものたりないこと。不満。例相手にとって―はない。

【不測】フソク 前もって知ることができないこと。予測できないこと。例—の事態におどろきあわてる。

【不即不離】フソクフリ （名・形動ナ）くっつきすぎもせず、はなれすぎもしない距離にあること。例—の関係を保つ。

【不遜】フソン （名・形動ナ）自分をすぐれた者として、まわりを見くだした態度をとること。類高慢。対謙遜。例傲岸—。—な口のきき方をたしなめられる。

【不退転】フタイテン 強い意志をもち、けっしてあとに引かないこと。例改革には—の決意でのぞむ。

【不▽為】フため （名・形動ナ）ためにならないこと。例—になる。—を計る。

【不断】フダン ①絶えず続けること。例—の努力。②決断力がないこと。例優柔—。③いつも。日ごろ。つねに。例—着。—世話になっている人。表記③は「普段」とも書く。

【不治】フチ〔「フジ」とも〕回復の見こみがないこと。例—の病におかされる。

【不着】フチャク 到着しないこと。例—郵便物。

【不忠】フチュウ （名・形動ナ）主君に忠義をつくさないこと。対忠義。例—の臣。

【不調】フチョウ （名・形動ナ）①調子がよくないこと。順調でないこと。対好調。例からだは最近—だ。②まとまらないこと。ととのわないこと。例交渉は—に終わる。

【不調法】ブチョウホウ （名・形動ナ）①てぎわが悪いこと。へたなこと。例—者ですが、よろしくお願いいたします。②不注意などによるあやまち。失敗。例—をしでかす。③酒・タバコ・芸ごとなどをたしなまないこと。例酒はとんと—でございます。表記▽「無調法」とも書く。

【不調和】フチョウワ （名・形動ナ）つりあいがとれていないこと。

【不通】フツウ ①鉄道や道路などの交通が通じないこと。②手紙などのやりとりがないこと。例音信—。③意味が通じないこと。例君の作文には文意—の箇所がある。

【不都合】フツゴウ （名・形動ナ）①都合が悪いこと。ぐあいが悪いこと。対好都合。例何か—がありましたらご連絡ください。②よくないこと。ふとどきなこと。例—をしでかす。

【不▽束】ふつつか （名・形動ナ）気がまわらず、行きとどかないこと。例—者ですが。—ながら精いっぱいつとめましょう。

【不定】フテイ （名・形動ナ）さだまらないこと。決まっていないこと。例住所—。—形。

【不定冠詞】フテイカンシ 英語やフランス語など、ヨーロッパの言語で、冠詞の一つ。普通名詞などのうち、数を一つ、二つということのできるものについて用いる。

【不定称】フテイショウ 指示代名詞の一つ。話し手と聞き手の両方にとって不確かな人・物・場所・方向などを指し示すことば。「どれ」「どこ」「どちら」「だれ」など、多くは「ど」で始まるのが特徴。対遠称・近称・中称。

【不貞】フテイ （名・形動ナ）貞操を守らないこと。対貞節。例—をはたらく。

【不▼逞】フテイ （名・形動ナ）心に不平不満をもつこと。ふとどきなこと。例—のやから。—の徒。

【不敵】フテキ （名・形動ナ）大胆でおそれないこと。にくらしいほど、ものおじしないこと。例大胆—。—な笑い。

【不手際】ふてぎわ （名・形動ナ）てぎわが悪いこと。へたなこと。また、やりそこなうこと。類手おち。例—をわびる。

【不当】フトウ （名・形動ナ）正当でないこと。適当でないこと。対正当。例—な発言。逮捕は—だ。

【不倒】フトウ たおれないこと。例最長—距離。—翁（＝起き上がりこぼし）。

【不等】フトウ （名・形動ナ）ひとしくないこと。例—号。—式。

【不同】フドウ （名・形動ナ）同じでないこと。また、そろわないで、ばらばらなこと。例大小—。順序—。

【不動】フドウ ①動かないこと。例—の姿勢を保つ。—の地位。—の信念。②〔仏〕「不動明王」の略。五大明王の一つ。右手に剣、左手に縄をもち、炎を背に負って、いかりの顔をあらわす。例高野山の赤—。青蓮院の青—。園城寺の黄—。

【不動産】フドウサン 土地・建物・立ち木など、簡単に動かせない財産。対動産。例—屋。—を処分する。

【不統一】フトウイツ （名・形動ナ）統一がとれていないこと。ばらばらであること。例動きがばらばらで—だ。

【不道徳】フドウトク （名・形動ナ）道徳に反すること。類悪徳・不徳。例—な行為。

【不▼撓不屈】フトウフクツ （名・形動ナ）〔「撓」は、曲げる・たわめる意〕どんな困難にあっても、くじけないこと。例—の精神をたっとぶ。

【不透明】フトウメイ （名・形動ナ）①透明でないこと。②ものごとがはっきりしないこと。例かれの説明には—な部分が多すぎる。▽対透明。

【不徳】フトク （名・形動ナ）①徳の足りないこと。例わたくしの—のいたすところです。②道徳に反すること。類背徳。例—漢。

【一部】3画 不

【不得要領】フトクヨウリョウ （名・形動ナ）要領をえないこと。例—な受け答えに終始する。

【不届き】ふとどき （名・形動ナ）①注意や心くばりが不足すること。不行き届き。例—があるかもしれません。②道徳やおきてにそむくこと。例—千万。—な行為。

【不如意】フニョイ （名・形動ナ）思うようにならないこと。とくに、お金の面で思うようにならず、苦しいこと。例手もと—。

【不妊】フニン 妊娠しないこと。例—手術。—症。

【不人情】フニンジョウ （名・形動ナ）人としての思いやりや温かみがないこと。例—な男。—な仕打ちをうける。

【不燃】フネン もえないこと。対可燃。例—物。—ごみ。

【不能】フノウ （名・形動ナ）①できないこと。類不可能。対可能。例再起—。回復—。使用—。②男としての性的な能力がないこと。インポテンツ。③才能や能力がないこと。類無能。例自分の—を別にして、他人の批評をする。

【不敗】フハイ 負けたことがないこと。例—をほこる。

【不買】フバイ 買わないこと。例—運動。

【不発】フハツ ①弾丸が発射されないこと。また、砲弾・爆弾などが破裂しないこと。例—弾。②ある計画などが実行されないこと。例—に終わる。

【不抜】フバツ （名・形動ナ）強くてしっかりしていること。ゆるがないこと。例堅忍—の精神。

【不備】フビ 一（名・形動ナ）じゅうぶんにととのっていないこと。対完備。例計画には—がある。二（名）手紙の終わりに書くことば。〔じゅうぶんに内容や気持ちを述べつくしていない意〕類不一・不二・不具・不悉。

【不評】フヒョウ （名・形動ナ）評判がよくないこと。不評判。対好評。例—を買う。

【不▼憫】フビン （名・形動ナ）かわいそうなこと。あわれなこと。気の毒。例残された子が—だ。表記「不▼愍・不便」とも書く。

【不服】フフク （名・形動ナ）①不満なこと。納得できないこと。例何が—なのだ。—を申し立てる。②従わないこと。不服従。

【不文法】フブンホウ 〔法〕文章に書きあらわしてない法律。慣習法や判例法など。不文律。対成文法。例昔から—になっていること。

【不文律】フブンリツ ①「不文法」に同じ。②そのグループ内では、とくに言わなくてもみんなが心得ている決まり。例個人的なことは話題にしないのが―だった。

【不平】フヘイ（名・形動ダ）気に入らなくて不満なこと。例―不満。ぶつぶつ―をならべる。

【不変】フヘン（名・形動ナ）かわることがないこと。対可変。例―の真理。質量―の法則。

【不偏】フヘン（名・形動ナ）かたよらないこと。例外交問題では―の立場を守る。

【不偏不党】フヘンフトウ（名・形動ダ）中立の立場をとり、どの考え方にも、どのグループにも味方しないこと。

【不便】フベン（名・形動ナ）便利でないこと。対便利。例駅から遠くて―なところにある。

【不法】フホウ（名・形動ダ）法にはずれること。例―出国。―な行為。―に滞在する。

【不本意】フホンイ（名・形動ナ）自分のほんとうの気持ちではないこと。例―ながら承知する。

【不満】フマン（名・形動ダ）満足できないこと。ものたりなく思ったり、納得できなかったりすること。例―な結果に終わる。―が爆発する。―をもらす。

【不眠】フミン ねむらないこと。また、ねむれないこと。例―症。

【不眠不休】フミンフキュウ ねむらず、休まず努力すること。―のうちに朝をむかえる。

【不明】フメイ（名・形動ダ）①あきらかでないこと。はっきりしないこと。類不詳。例行方―。原因―。―な点をただす。②じゅうぶんな才能や能力がないこと。〔多く、けんそんしていう〕例おのれの―を恥じる。―のいたすところ。

【不名誉】フメイヨ（名・形動ダ）名誉を傷つけること。また、世間的にはずかしいこと。類不面目。例―を取りかえす。―な事件にまきこまれる。

【不滅】フメツ（名・形動ダ）いつまでもなくならないこと。永久に消えないこと。例―の大記録。文学史上、―の作品。

【不面目】フメンボク｜フメンモク（名・形動ダ）世間的にはずかしいこと。面目をつぶすこと。類不名誉。例まったく―なことです。

【不毛】フモウ（名・形動ダ）①土地がやせていて作物が育たないこと。対肥沃。②成果がないこと。例―な議論。

【不問】フモン 問題にしないこと。問いただしたりしないこと。例―に付す(=失敗やあやまちを問題としてとりあげないこと)。

【不夜城】フヤジョウ ①漢代、夜間にも太陽が出て照らしたという伝説上の城。②夜でも真昼のように明るく、にぎやかな場所。例都会のさかり場はまさに―だ。

【一部】4画 ● 且 丘

【不愉快】フユカイ（名・形動ナ）愉快でないこと。いやな感じ。類不快。例―になる。何かと自慢したがる―な男。

【不予】フヨ〔「予」は、もと「豫」で、よろこぶ意〕①よろこばないこと。類不快。②天子の病気。類不例。例―を報ずる。

【不用】フヨウ（名・形動ダ）①使わないこと。対入用。例―の品物。②役に立たないこと。無用。例―品。―な建物をとりこわす。

【不要】フヨウ（名・形動ダ）必要でないこと。いらないこと。対必要。例―不急。―になった本。

【不用意】フヨウイ（名・形動ダ）じゅうぶんな用意がないこと。慎重さに欠けること。かるはずみ。類不注意。例―な発言。

【不養生】フヨウジョウ（名・形動ナ）健康に気をくばらないこと。不摂生。例医者の―。

【不用心】フヨウジン（名・形動ダ）警戒がじゅうぶんではないこと。例あけっ放しでは―だ。表記「無用心」とも書く。

【不▼埒】フラチ（名・形動ダ）ふるまいが人をないがしろにしていて、けしからぬこと。例―者。―なおこない。

【不利】フリ（名・形動ナ）①利益がないこと。損をすること。例だまされて、―な契約をしてしまった。▽対有利。②戦争や試合で、勝つ見こみのないこと。例形勢―。

【不利益】フリエキ（名・形動ナ）利益にならないこと。類損。例―をこうむる。

【不履行】フリコウ 約束や契約などを実行しないこと。例契約―。

【不立文字】フリュウモンジ〔仏〕禅宗での考え方で、さとりは文字やことばで伝えられるものではないということ。例以心伝心、―をたっとぶ。

【不慮】フリョ 思いがけないこと。〔よくないことについていう〕例―の死をまねく。―の事故。

【不良】フリョウ（名・形動ダ）①よくないこと。例成績―。発育―。品質―。②悪いおこないをすること。また、その人。例―少年。―少女。素行―。

【不漁】フリョウ 漁のえものが少ないこと。対大漁。例今年はサケが―だ。

【不猟】フリョウ 狩猟のえものが少ないこと。対大猟。

【不料▽簡】フリョウケン（名・形動ナ）考え方がよくないこと。例―をおこす。表記「不了▽簡」とも書く。

【不倫】フリン（名・形動ダ）人として守るべき道にはずれていること。とくに、男女のゆるされない、恋愛関係。

【不例】フレイ〔ふつうではない意〕身分の高い人の病気。類不予。例ご―。

【不労所得】フロウショトク 労働をしないで得る収入。利息や家賃など。対勤労所得。

【不老不死】フロウフシ いつまでも年をとらないで、死なないこと。例―の薬をさがし求める。

【不和】フワ（名・形動ダ）仲が悪いこと。例―になる。両親の―になやむ。南北両国の―。

【不惑】フワク 四十歳のこと。〔「四十而不レ惑」による〕（論語）

【不渡り】フわたり 手形や小切手を持っている者が、期日になってもしはらいが受けられないこと。また、その手形や小切手。例―を出して倒産する。

一 4 【且】 5画 1978 4E14 常用 音シャ漢呉 訓か-つ

筆順 丨 冂 月 月 且

なりたち 且 [象形] まないたの形。借りて「そのうえに、さらに」の意。

意味〔助字〕❶「かつ」と読み、二つのことを重ねる意をあらわす。そのうえに。さらに。例富且貴(=富み、そのうえ身分が高い)。❷「まさに…(せ)んとす」と読む再読文字。いまにも…しそうになる、の意。行為や事態がおころうとすることを示す。例餓且レ死(=餓えていまにも死にそうになる)。

人名 あき・あきら・すすむ

一 4 【丘】 5画 2154 4E18 常用 音キュウ漢ク呉 訓おか

筆順 ノ 亻 仁 斤 丘

なりたち 丘 [会意]「北(=人の住むところから見て北のほう)」と「一(=地)」とから成る。自然に土の高くなっているところ。一説に、四方が高く中央が低くなった、おかの形。

意味 ❶低い山。小高い地形。おか。例丘陵。砂丘。❷小高く土を盛った墓。つか。例丘墳。丘墓。❸孔子の名。例孔丘。❹梵語の音訳。例比丘。比丘尼。

人名 たか・たかし

【丘首】キュウシュ〔キツネが死ぬときには自分がすんでいる丘のほうに頭を向けるということから〕ふるさとを思うこと。首丘。

【丘墳】キュウフン ①おか。②墓。

【丘墓】キュウボ はか。つか。

【丘陵】キュウリョウ ①小さな山。おか。②なだらかな小山が続いているところ。例—地帯。

●砂丘・段丘・比丘

一 4

【世】

5画 3204 4E16 教育3 音セイ漢 セ呉 訓よ

筆順 一 十 卄 廿 世

一 4 【丗】 5画 5034 4E17 俗字

十 4 【卋】 6画 534B 俗字

なりたち 世 [会意]「十」を三つ合わせたもの。三十年。

参考 俗字「丗」は、数字の三十として用いられることがある。

意味 ❶三十年間。❷父のあとをついでから、その地位を子供にゆずるまでの間。例治世。万世。❸人の一生。一代。例世代。終世。❹時代。時勢。とき。例世紀。時世。中世。❺よのなか。社会。例世間。世相。出世。❻代々つづく。よよ。例世家。世襲。

使い分け よ【世・代】⇩1181ページ

人名 つぎ・つぐ・とき・ひろ・ひろし

【世運】セイウン・セウン 世の中のなりゆき。気運。例しずかに—を見定める。

【世家】セイカ ①古代中国で、代々、君主から俸禄をあたえられていた家がら。諸侯の類。②中国の歴史書『史記』で、諸侯などの家の歴史を述べた部分。

【世紀】セイキ ①西暦で、百年間をひと区切りにする年代の数え方。たとえば二十世紀は一九〇一年から二〇〇〇年まで。②(ある主題にとって特別と考えられる)時代。年代。例宇宙進出の—。技術革命の—。③(「世紀の」の形で)一世紀に一度しかあらわれないほどの。たいへんな。最大の。例—の大事業。—の祭典。

【世祖】セイソ 中国で、太祖・太宗などに次いで功績のあった皇帝におくられた尊号。元のフビライ、清の順治帝など。

【世路】セイロ・セロ 世わたりの道。世の中を生きて行く方法。例—の辛酸をなめて人間らしく成長する。

【世界】セカイ ①地球上にあるすべての国。すべての地域。例—の平和。②すべての天体をふくみ、無限の広がりをもった空間。宇宙。例銀河系をふくむ広い—。③世の中。人間社会。生活の場。例かれとは住む—がちがう。④ある限られた範囲。分野。例医学の—。⑤〔仏〕〔「世」は、過去・現在・未来の三世、「界」は、東西南北上下の意〕時間的・空間的に、この世のいっさい・すべて。例三千大千—(=全宇宙・全世界のこと)。

【世界観】セカイカン 世界や人生、ものごとの価値などについての見方や考え方。例—のちがい。

【世間】セケン ①人々がかかわりあって生きている場。世の中。例—知らず。わたる—に鬼はない。自分で—をせまくする。②世の中の人々。例—がだまってはいない。③〔仏〕すべての生き物が寄り集まって生活するところ。類娑婆。

【世間体】セケンテイ 世間の人に対する体裁や見え。例—を気にする。—をつくろわない人。

【世間話】セケンばなし 世間のできごとなどについての、気楽な話。よもやま話。

【世故】セコ 世の中の習慣。生きていくための知恵。例—にたけた人。

【世才】セサイ 世の中のいろいろな事情に通じている才能。世わたりの才能。類世知。例—にたける。

【世事】セジ 世間いっぱんのことがら。類俗事。例—にうとい学者。

【世辞】セジ 相手を喜ばせるために言う、本心からではないことば。おべっか。ついしょうぐち。例お—がうまい。

【世襲】セシュウ (名・する) 職業・地位・財産・名前などを子孫が代々受けつぐこと。例—制。王位を—する。

【世上】セジョウ 世の中。世間。例—に取りざたされる。

【世情】セジョウ 世の中の事情。世間の習慣。例—にうとい。—に通じている。

【世人】セジン 世の中の人。世間の人。例—の批判をあびる。

【世▼塵】セジン 世の中のわずらわしいことがら。例—にまみれる。—を避ける。

【世世】セセ〔「セゼ」とも〕多くの世。その時代。よよ。類代代。例—代代。生生—。

【世相】セソウ 世の中のありさま。その時代のようす。例文学作品は—を反映している。

【世俗】セゾク ①世の中。世間。また、世間でおこなわれているやり方や考え方。例—的。—にこびる。②僧侶以外の人。俗人。

【世尊】セソン〔世の中で最も尊重される者の意〕仏、すなわち釈迦をうやまっていうことば。

【世帯】セタイ 同じ家に住み、生計をともにしている者の集まり。〔「所帯」と混同して用いるが、「所帯」は、もと、資産・領地の意〕例火事で百—が焼け出された。

【世帯主】セタイぬし 世帯の中心となる人。

【世態】セタイ 世の中のありさま。世間のようす。例—人情を文章でつづる。

【世代】セダイ ①生まれた年や育った時期で、人々を分けたひと区切り。また、その人々。ジェネレーション。例テレビを見て育った—。②親・子・孫と続く、それぞれの代。例三—が住む住宅。

【世代交代】セダイコウタイ ①それまで中心だった人たちがしりぞき、若い人たちがとってかわること。例歌舞伎の世界も—がすすむ。②〔生〕有性生殖をおこなう世代と無性生殖をおこなう世代とが、交互にあらわれること。コケ・シダや、クラゲの類。世代交番。

【世知】セチ 世わたりの知恵や才能。例—にたける。—がらい世の中(=暮らしにくい世の中)。表記 旧世▼智

【世道】セドウ 世の中の人が守るべき道義。例—人心。

【世評】セヒョウ 世の中の評判。うわさ。例—が高い。—を気にする。

【世論】セロン・よロン 世間の多くの人々の意見。例—調査。—の動向をさぐる。—にまどわされる。参考 もともと「よロン」は「輿論」と書いたが、現代表記で「輿」を「世」に書きかえて「世論」とした。「世論」はもともと「セロン」または「セイロン」と読まれており、現在は、「セロン」「よロン」両方の読み方がある。

【世話】セワ 一(名・する) 人や生き物のめんどうをみること。また、気を配って、手助けすること。例—になる。—を焼く。就職を—する。ウサギの—をする。二(名) ①世間でのもの言

い。〔俗な言い方〕例下ー。②日常の。ふだんの。例ー物。

【世話物】浄瑠璃や歌舞伎で、江戸時代の町人社会の事件・人情・風俗を取りあつかった演目。対時代物。例あの役者はーを得意とする。

【世話役】ある団体や集まりなどで、中心となってものごとを進める役。また、その人。幹事。類世話人。例忘年会のー。

●隔世・近世・警世・現世・後世・辞世・処世・絶世・前世・早世・治世・中世・当世・渡世・遁世・来世・乱世

【丕】

一4　5画　4803 4E15　音ヒ漢呉　訓おおーきい

意味 さかん。りっぱ。おおきい。多く、天子に関することがらに用いる。例丕業。

【丕業】大きな事業。りっぱな仕事。類洪業。

【丙】

一4　5画　4226 4E19　常用　音ヘイ漢　訓ひのえ

筆順 一 丆 冂 丙 丙

なりたち [会意]「一(=陽の気)」が「冂」に「入(=はいる)」意。陽が欠け陰のきざしが見える。借りて、十干の第三に用いる。

意味 ❶十干の三番目。ひのえ。方位では南、五行では火にあてる。例甲乙丙丁。丙午。❷ものの順序・種類で、三番目。例丙種。

人名 あき・あきら・あきらか・ひのえ

【丙午】①〔「丙」は、ひのえ。十干の三番目、「午」は、うま。十二支の七番目〕干支の一つ。乙巳の次、丁未の前。②丙午にあたる年、または丙午の年に生まれた人。〔中国では災厄のある年とされ、また、日本では、この年生まれの女性は、気性がつよく夫に害をあたえるという俗信がある〕

【丙種】丙の種類。乙に次いで三番目のもの。例徴兵検査にー合格となる。

【丙夜】時刻の呼び名で、五夜の一つ。およそ午前零時、およびその前後の二時間。三更。子の刻。〔日没から日の出までを、甲・乙・丙・丁・戊の五つに分けたときの三番目〕

【丗】

一4　5画　⇩世(23ページ)

【丞】

一5　6画　3071 4E1E　人名　音ショウ漢ジョウ呉　訓たすーける・すけ

なりたち [会意]両手で人を高くもちあげるようす。上位の者をつつしんでたすける。

意味 天子や長官を補佐する。また、その役。例丞相。

日本語での用法《ジョウ》律令制の四等官で八省の第三位。「民部丞・大蔵丞」

人名 すけ・すすむ・たすく・つぐ

【丞相】〔「相」も、助ける、補佐する意〕①昔の中国で、天子を助けて政務を執った最高の官。宰相。相国。②大臣の、中国風の呼び名。〔古く、「ショウジョウ」と発音。たとえば、「菅丞相(=右大臣菅原道真)」など〕

【両】

一5　6画　4630 4E21　教育3　音リョウ漢呉　訓ふたーつ・もろ

筆順 一 丅 冂 币 両 両

【兩】

入6　8画　4932 5169

なりたち [会意]「一」と「㒳(=ちょうど二つに分ける)」とから成る。古代のおもり二つの重さ。借りて「ふたつ」の意。

意味 ❶二つでひと組みになるものの双方。ふたつ。ふたつとも。もろ。例両院。両眼。一両日。❷重さの単位。一斤の十六分の一。→「度量衡表」(1414ページ) ❸車を数えることば。同輛。例五両連結。

日本語での用法《リョウ》近世の貨幣の単位。金貨で一分の四倍、一朱の十六倍。ただし、常に変動した。「千両箱」

人名 ふた・もろ

【両院】二院制の国会を構成する両方の議院。日本では、戦前の貴族院と衆議院、現在の参議院と衆議院とをいう。アメリカ合衆国やイギリスなどでは、上院と下院とをいう。例ー協議会。ーの決議を経る。

【両替】(名・する)①ある通貨を、別の種類の通貨に等価で取りかえること。例円をドルやポンドにーする。②大きな単位の貨幣を利用しやすいように、同じ額の小さな単位の貨幣に取りかえること。例千円札を百円玉にーする。③株券や債券などの有価証券を現金と取りかえること。

【両側】ものの、上と下、左と右、おもてとうらなど、対立また並立する二つのがわ。例道のー。

【両眼】左右二つの目。双眼。対隻眼。

【両極】①北極と南極。また、その地域。②電気や磁気のプラス(=陽極)とマイナス(=陰極)。例電池のー。③正反対でへだたりのある二つのもの。とくに、かけはなれた二つのもの。両極端。例ーに分かれる。

【両軍】①二つの軍隊。二隊に分かれた兵。②敵と味方の軍隊。③スポーツで、たがいに試合をする二つのチーム。

【両虎相うつ】二ひきのトラが戦うことから、ふたりの英雄がたがいに力をつくして戦うことのたとえ。

【両三】ふたつ、みっつ。二、三。例ー日。ー度。

【両次】〔「次」は、回数をあらわす〕二回。二度。類両度。

【両者】①ふたりのもの。また、両方の人。例ーの意見が一致する。②二つのことがら。例ー相反して共存できない。

【両親】父と母。父母。ふたおや。

【両性】①〔「性」は、おすとめす、または男と女を分ける肉体上の仕組みや心理上の特質〕おすとめす。男と女。また、それら二つの仕組み・性質。②ちがいのある二つの性質。

【両性生殖】おすとめすと、また、男と女とがあって新しい個体をつくること。類有性生殖。対単性生殖・単為生殖。

【両成敗】〔「成敗」は、もともと善悪・理非・当不当をさばくこと。ひいて、処罰する意〕争っている両方に罰をあたえること。例けんかー。

【両生類】〔陸にも水中にもすむ意〕脊椎動物の一種。たまごからかえったあとしばらくは水中で魚のようにえらで呼吸をし、成長すると陸にあがって肺で呼吸をする。魚やヘビのようなうろこはなく、肌はぬるぬるしている。カエル・イモリ・サンショウウオなど。表記「両▼棲類」とも書く。

【両全】二つともに完全であること。例文武にーを得た士。忠孝の道に―の人。

【両端】リョウタン ①もののはしとはし。両はし。例ひもの―を持つ。②大小・厚薄など、正反対のもの。また、ちがいのはなはだしいもの。③ものごとの始めと終わり。本末。④どちらにしてよいか決めかねている心。迷っている心。例―を持す（＝どちらの味方をしたほうがよいか、ようすを見て態度を決めていないようす）。

【両断】リョウダン（名・する）二つに切ること。まっぷたつにすること。例一刀―。

【両手】リョウて ①左右の二本の手。もろて。例―にあせをにぎる。―に花。②〔左右の指の数から〕十の数のこと。

【両天▼秤】リョウテンビン 〔「天秤」は、重さを量るはかり〕①天秤ばかり。②どちらになってもよいようにふたまたをかけること。例ふたりの女性を―にかけるようなことをするな。

【両度】リョウド 二回。二度。類両次。

【両刀】リョウトウ ①二本のかたな。②武士がこしに差した、大小の二本のかたな。③「両刀遣い」の略。

【両刀遣い】リョウトウづかい ①両手にそれぞれ一本のかたなを持って戦うわざ。また、それのたくみな人。類二刀流。②技芸などで、別々の二つのことをたくみにおこなうこと。また、その人。例創作と演出との―。③甘い菓子と酒とを、ともに好むこと。また、その人。表記▽「両刀使い」とも書く。

【両頭蛇】リョウトウダ あたまが二つのヘビ。このヘビを見た者は死ぬといわれる。〔楚の孫叔敖が子供のときに二つの頭のあるヘビを見た。他の人が見てはたいへんと思い、殺してうめた。心配そうなようすを母にたずねられ、わけを話すと、他人のためによいことをしたのだから、きっとよいむくいがあるとなぐさめられた。はたして後に、楚の国の宰相になったという〕〈新書〉

【両得】リョウトク（名・する）①一度に二つの利益をえること。例一挙―。②両方ともに利益をえること。例―で双方が満足した。▽対両損。

【両人】リョウニン ふたりの者。例噂になっている―。

【両刃】リョウば・もろは 両面または両側に刃のついている刃物。対片刃。

【両▼鬢】リョウビン 〔「鬢」は、顔の左右の、耳のそばのかみの毛のこと〕左右両方のびんの毛。

【両方】リョウホウ ①二つの方向。二方面。例東と南の―から城をせめる。②二つのもの、二つのことをまとめていうことば。ふたつ。ふたり。双方。両者。例―の意見を聞く。

【両面】リョウメン ①平たいものにある二つの面。表と裏。例窓ガラスの―をみがく。②二つの方向。二つのやりかた。また、二つのことがら。例研究と指導の―にすぐれている。

【両雄】リョウユウ ふたりの、すぐれた人物。ふたりの英雄。例―並び立たず。

【両用】リョウヨウ（名・する）二つのことに用いることのできること。使い道が二つあること。類兼用。例水陸―の乗り物。

【両様】リョウヨウ ふたとおり。例―の考え方がある。

【両翼】リョウヨク ①鳥の左右二つのつばさ。例―を広げると二メートルはあるワシ。②航空機などで、機体の左右両側についている主翼。③軍隊を並べるときの右手の方向と左手の方向。また、そこに配置される軍勢。④野球場で、本塁から見て左翼と右翼。例この球場は―が九五メートルある。

【両立】リョウリツ（名・する）二つのことがらが、どちらも成り立つこと。また、共存すること。例勉強とスポーツを―させる。

【両両】リョウリョウ（副）①二つずつ。②二つとも。あれもこれも。例―相まって（＝どちらも、ともに助け合って）。

【両輪】リョウリン 左右両方の車輪。二つのことが、バランスよくひと組みになって役立つことをいう。例車の―のように。

【両論】リョウロン ①二つの考え方。両方の意見。例賛否―。②二つの異なった考え方。

一 7

【並】 8画 4234 4E26 教育6

音 ヘイ漢
訓 なみ・なら-べる・なら-ぶ・なら-びに・なべ-て

筆順 丶 丷 䒑 丫 并 并 並 並

立 5

【竝】 10画 6777 7ADD

なりたち 【会意】「立（＝たつひと）」が二つから成る。ならぶ。

意味 ❶二つ以上のものがならび立つ。ならぶ。ならべる。例並存。並置。並列。❷ともに。一様に。ならびに。例並受二其福一（ならびにそのフクをうく）（＝ともに福をさずかる）。〈詩経〉

日本語での用法 《なみ》等級を分けるときの、ふつうのほう。「世間並み・上でなく並でよい・並みの力がある」

人名 み・みつ

【並木】なみき 道路にそって、一定の間隔でならべて植えてある木。類街路樹。例―道。イチョウ―。

【並製】なみセイ 特別ではなく、ふつうの作り方がしてあること。また、そのように作った品物。

【並行】ヘイコウ（名・する）①二つ以上のものがならんでいくこと。例線路に―してつくった道。②二つのことがらが同時におこなわれること。例解体作業と組み立て作業を―する。

【並称】ヘイショウ（名・する）すぐれたものとして、ならべていうこと。また、人などを合わせて呼ぶこと。例李白と杜甫は、李杜と―される。表記「併称」とも書く。

【並存】ヘイソン・ヘイゾン（名・する）二つ、または二つ以上のものが同時に存在すること。例新旧両制度が―する。

【並置】ヘイチ（名・する）二つ、または二つ以上のものを同時に設置すること。例大学に研究所を―する。

【並立】ヘイリツ（名・する）二つ以上のものや人がならび立つこと。例同じ党から候補が―する。

【並列】ヘイレツ（名・する）①いくつかのものがならびつらなること。また、人などをならべること。②いくつかの電池やコンデンサー・抵抗器などの、同じ極どうしをつなげること。パラレル。対直列。例―接続。

2 1画 丨 ぼう たてぼう 部

縦線を引いて、上から下につらぬく意をあらわす。「丨」の字の音は、コン。「丨」をもとにしてできている漢字と、「丨」の字形を目じるしにして引く漢字とを集めた。

2 个 3 中 4 丱 巨 6 串

この部首に所属しない漢字

巾⇩巾336 弔⇩弓363 出⇩凵124 半⇩十161
旧⇩日481 甲⇩田675 申⇩田676 由⇩田676

丨 2

【个】 3画 4804 4E2A

音 カ漢 コ唐

意味 ❶人やものを数えることば。同個・箇。例一个の臣。❷ひとり。例一个条。

参考「一ケ所」「一ケ」などの「ケ」は、「个」の字の変形とも、「箇」の字の一部をとって省略したものともいう。

［一部］7画 並 ［丨部］2画 个

丨3 【中】 4画 3570 4E2D 教育1

音 ジュウ 慣 チュウ 漢呉
訓 なか・うち・あ-たる・あ-てる

筆順 丨 冂 口 中

なりたち 中 [会意]「口(=とりかこむ)」と「丨(=引いた一線)」とから成る。引かれた一線が貫通(カンツウ)する。うち。

意味 ❶内部。うちがわ。例胸中(キョウチュウ)。市中(シチュウ)。❷まんなか。なか。例中央(チュウオウ)。中核(チュウカク)。❸二つのものにはさまれたところ。あいだ。例中間(チュウカン)。中略(チュウリャク)。上中下(ジョウチュウゲ)。❹ひと続きのもののなかほど。なかば。例中継(チュウケイ)。中途(チュウト)。途中(トチュウ)。❺なかまうち。例社中(シャチュウ)。連中(レンジュウ/レンチュウ)。❻ものごとの終わらないうち。さいちゅう。例寒中(カンチュウ)。暑中(ショチュウ)。授業中(ジュギョウチュウ)。❼かたよらない。ちょうどよい。例中正(チュウセイ)。中庸(チュウヨウ)。❽あたる。また、あてる。例的中(テキチュウ)。命中(メイチュウ)。中毒(チュウドク)。卒中(ソッチュウ)。❾「中国(チュウゴク)」の略。例中印(チュウイン)(=中国とインド)。訪中(ホウチュウ)。

使い分け なか【中・仲】⇩1175ページ

難読 就中(なかんずく)・人中(はなみぞ)

人名 あたる・あつ・うち・かなめ・ただ・ただし・とおる・なかば・のり・ひとし・みつる

【中位】チュウイ 地位や順位がなかほどであること。ちゅうくらい。例順位は―にとどまる。

【中尉】チュウイ ①秦(シン)・漢時代の官名。都の警備にあたる。②軍隊の階級で、尉官の二番目。大尉と少尉のあいだ。

【中陰】チュウイン〔仏〕人が死んでから四十九日のあいだ。次の生(ショウ)に生まれ変わるまでさまよっていること。また、その期間。中有(チュウウ)。類七七日(シチシチニチ)・四十九日(シジュウクニチ)。

【中有】チュウウ〔仏〕四有(シウ)の一つ。中陰(チュウイン)。例―の旅(=生まれ変わるまで迷っていること。冥土(メイド)の旅)。

【中央】チュウオウ ①まんなか。また、そのあたり。例公園の―に噴水(フンスイ)がある。②ある範囲(ハンイ)の土地や人民の、政治・経済・文化の中心になる地域。国の場合、多くはその首都。対地方。例―の政治。③組織(ソシキ)のうえで、ものごとの中心となる立場や位置。例―卸売市場(おろしうりシジョウ)。―銀行。

【中央集権】チュウオウシュウケン 政治上の力をすべて中央の機関に集めて、全国をまとめること。対地方分権。例―国家。

【中音】チュウオン 高くも低くもない音や声。また、強くも弱くもない音。音楽ではテノール、またはアルトをさす。

【中夏】チュウカ ①中国。中華。②⇩【仲夏】チュウカ(62ページ)

【中華】チュウカ ①世界の中心にあり、最もすぐれているということで、自分の国について漢民族が用いたことば。中国。中州。②「中華料理」の略。例お昼ごはんは―にしよう。

【中華人民共和国】チュウカジンミンキョウワコク 第二次世界大戦後の中国で、毛沢東(モウタクトウ)の率いる中国共産党が中国国民党政権(蔣介石(ショウカイセキ)が率いていた)をたおして一九四九年に成立した社会主義国家。首都は北京(ペキン)。

【中華民国】チュウカミンコク 一九一二年に辛亥(シンガイ)革命により中国に成立した共和国。政権争いが続いたが、蔣介石(ショウカイセキ)の率いる中国国民党が南京(ナンキン)に国民党政権を樹立して政治的統一をみた。その後の内戦を経て一九四九年に中国共産党の中華人民共和国が成立し、国民党政府は台湾(タイワン)へ移って現在にいたる。

【中外】チュウガイ 内と外。国や家庭などについていう。内外。

【中核】チュウカク ものごとの中心。最も重要な部分。例研究グループの―となる人。

【中形】チュウがた 大きさが中くらいのもの。例今年のサンマは―のものが多い。

【中型】チュウがた 同じ様式・形式のものの大きさで、中くらいのもの。例―乗用車。―タンカー。

【中学校】チュウガッコウ ①日本の義務教育で、小学校の六年間に続く修業年限三年の学校。中学。②日本の旧教育制度で、小学校の六年間に続く修業年限五年の男子の高等普通(フツウ)教育をした学校。〔女子は、高等女学校。高女〕

【中間】㊀チュウカン ①ものごとと、ものごとの、あいだ。例―搾取(サクシュ)。②位置や時間について、二つのちょうどまんなか。また、なかほど。例―テスト。東京と大阪(おおさか)の―。③ものごとの、とちゅう。なかほど。例―発表。―報告。㊁チュウゲン 昔、武家で下働きをした者。例―部屋(べや)。表記㊁は「仲間」とも書く。

【中間色】チュウカンショク ①原色と原色との中間に位置している色。②原色に白やグレーを混ぜた、落ちついていてやわらかい感じの色。

【中気】チュウキ 脳卒中。中風(チュウフウ)。

【中期】チュウキ ①ある期間を三つに分けたときの二番目。まんなかにあたるころ。例江戸(えど)時代の―。②将来について期間を定めるとき、近い将来を指していうことば。例―計画。

【中級】チュウキュウ (おもに、ある技術について)中くらいの段階。初歩の次に進む課程。例―の英会話。

【中共】チュウキョウ「中国共産党」の略。

【中近東】チュウキントウ 近東(=Near East の訳語。トルコ・シリアなど)と中東(=Middle East の訳語。イラン・パキスタンなど)とをまとめていった地域。〔ヨーロッパから東方の諸国を指していったことば〕

【中空】㊀なかぞら 目で見て確認(カクニン)できる程度の範囲(ハンイ)の空。㊁チュウクウ 内部に、広い空間があること。また、その部分。からっぽ。がらんどう。

【中宮】チュウグウ ①平安時代、皇后よりあとから入内(ジュダイ)した、皇后と同じ資格の女性。②皇后・皇太后(コウタイゴウ)・太皇太后(タイコウタイゴウ)をまとめていうことば。

【中軍】チュウグン 戦陣(センジン)の中央に位置する大将の軍。

【中啓】チュウケイ たたんでも少し開いているように作ってある、儀式(ギシキ)用の扇(おうぎ)。

【中継】チュウケイ(名・する) ①ものやことがらをつないで、先にわたすこと。なかつぎ。例駅伝競走の―点。②「中継放送」の略。ある局の放送を別の放送局を通して伝えること。また、スタジオ以外の場所から放送すること。例現場からの―。ナイターを―する。

【中堅】チュウケン ①戦いのとき、総大将が率いる精鋭(セイエイ)部隊。類中軍。②職場や会社・業界などの組織で中心となって働く部分。例―サラリーマン。―の企業(キギョウ)。③剣道(ケンドウ)・柔道(ジュウドウ)など武道の団体戦で、先鋒(センポウ)と副将・大将のあいだで出場する選手。④野球で、右翼(ウヨク)と左翼の中間。また、そこを守る選手。センター。

【中元】チュウゲン ①三元(サンゲン)(=道教(ドウキョウ)で神をまつる日)の一つ。上元(=正月十五日)・下元(カゲン)(=十月十五日)に対して七月十五日のこと。仏教の盂蘭盆会(ウラボンエ)と重なる。②七月上旬(ジョウジュン)から十五日までに、おくりものをすること。また、その品物。お中元。例―大売り出し。

【中原】チュウゲン ①広い平野で中央部にあたる地域。②昔の中国で、中心部にあたる、黄河(コウガ)の流域。古来、覇権(ハケン)を争う場になっていた。

【中原(チュウゲン)に鹿(しか)を▽逐(お)う】〔「鹿」は、帝位(テイイ)のたとえ〕天下の支配者になる目的で争う。鹿(しか)を逐(お)う。逐鹿(チクロク)。

【中古】㊀チュウコ 上古と近古のあいだの時代。日本史ではふつう、平安時代についていう。例―文学。㊁チュウぶる ほかの人がすでに使った品物。例―品。―車。

【中古品】チュウコヒン ほかの人がすでに使って、手放した品物。中古。対新品シンピン。

【中耕】チュウコウ（名・する）農作物の生長をうながすために、畑のうねとうねとのあいだを浅くたがやすこと。中打ち。

【中興】チュウコウ（名・する）一度おとろえたものの、繁栄を盛り返すこと。例建武の―。

【中国】チュウゴク ①「中華人民共和国」の略。②国の中で中央にあたる地域。③本州の「中国地方」のこと。鳥取・島根・岡山・広島・山口の各県。例―山地。―自動車道。

【中腰】チュウごし 腰を半分上げた状態の姿勢。例―になる。

【中佐】チュウサ 軍隊の階級で、佐官の二番目。大佐と少佐のあいだ。〔日本では明治以後の、陸海軍の制度にあった〕

【中座】チュウザ（名・する）会合や宴会などのとちゅうで、その場をはなれること。例急用でやむをえず―する。

【中止】チュウシ（名・する）計画や試合などを進行とちゅうで、とりやめにすること。また、とりやめになること。例急病で旅行を―する。博覧会が―になる。

【中耳】チュウジ 耳の内部を三つに分けたとき、鼓膜の内側で内耳に接しているところ。例―炎。

【中食】チュウジキ｜チュウショク ①昼に食べる食事。ひるめし。②茶席で昼に出す食事。③〔仏〕午前中に食事をすること。類斎食サイジキ。表記▽「昼食」とも書く。

【中軸】チュウジク ①ものの中央部分にある軸。②組織で、中心となって働く人。例研究グループの―。

【中州】一チュウシュウ ①「中国①」の主要な領土にあたる地域全体。中華。②黄河流域で、現在の河南省のあたり。中原。③日本の中央部、大和地方を指した。二なかす 川の中で、土や砂がたまって島のように水面上にあらわれたところ。州。表記二は「中▼洲」とも書く。

【中秋】チュウシュウ ①⇩【仲秋】チュウシュウ（62ジペー）②陰暦の八月十五日。秋のまんなか。例―の名月。

【中春】チュウシュン ①⇩【仲春】チュウシュン（62ジペー）②陰暦の二月十五日。

【中旬】チュウジュン 〔「旬」は、十日の意〕ひと月の、中の十日。十一日から二十日までのあいだ。対上旬・下旬。例十一月―のある日。

【中称】チュウショウ 文法で、指示代名詞の一つ。話し手よりも聞き手に近い物・場所・方向を指し示すことば。「それ」「そこ」「その」「そちら」など。対近称・遠称・不定称。

【中傷】チュウショウ（名・する）人の名誉を傷つけようとして、悪口を言うこと。また、その悪口。例いわれのない―。

【中将】チュウジョウ ①昔、左右の近衛府（=宮中の警護などをおこなった役所）の次官。例左―。右―。②能楽に用いられる面の一つ。悲しみの表情をうかべた貴公子をあらわす。③軍隊の階級で、大将と少将のあいだ。〔日本では明治以後の陸海軍の制度にあった〕例海軍―。陸軍―。

【中書省】チュウショショウ ①三国時代、魏のころから置かれた国の役所。宮廷の文書や詔勅などをあつかった。②日本で、中務省の中国風の呼び名。

【中心】チュウシン ①まんなか。中央。例駅は町の―にある。②最も重要なこと。また、そういうところ。例話の―が定まらない。③指示を出したり取りまとめたりする最も重要な役目をするところ。また、その人。例田中さんを―に計画を進める。④〔数〕図形や立体のまんなかにあたるところ。また、ものを回転させるときの軸の部分。例円の―。この点を―に九〇度回転させる。

【中身】一チュウシン ①（人の寿命を百歳とみて）五十歳のころ。②身体のなかほど。胴体。二なかみ ①中に入れてあるもの。み。例箱の―はなんですか。②〔外見に対して〕内容。実質。み。例―のない研究発表。表記二は「中味」とも書く。

【中水】チュウスイ 水をその用途やよごれぐあいによって分けたときの一つ。上水と下水のあいだ。例―道（=汚水処理をした後の水を、そのまま使える範囲で利用する施設や設備。また、その水）。

【中枢】チュウスウ 〔「枢」は、扉を回転し、開閉するときの軸となるところ〕ものごとの中心となるたいせつなところ。重要なことをつかさどる部分。例―神経。言語―。政界の―。

【中正】チュウセイ（名・形動ダ）ものごとがかたよらずに正しいこと。類公正。例―な意見。

【中世】チュウセイ 時代区分の一つ。古代と近世とのあいだの時代。中国史では、唐の滅亡後から明の末まで。日本史では、鎌倉・室町時代。西洋史では、五世紀のゲルマン民族の大移動から十六世紀の宗教改革のころまで。例―の都市国家。『徒然草』は―の作品。

【中性】チュウセイ ①〔化〕酸性でもアルカリ性でもない性質。例―洗剤。―紙。②男らしくもなく、女らしくもない性質。また、そのような人。③インドヨーロッパ語などの文法上の用語で、名詞・代名詞・形容詞などについて、男性・女性・中性の区別の一つ。④陰の電気も陽の電気も帯びていないこと。

【中性子】チュウセイシ 〔物〕素粒子の一つ。陽子とともに原子核をつくっているもので、電気的に中性の状態にある。ニュートロン。例―爆弾。

【中生代】チュウセイダイ 地球の歴史で、地質時代の区分の一つ。古生代と新生代とのあいだの時代。三畳紀・ジュラ紀・白亜紀の三つに分ける。今から約二億五千万年前から約六千六百万年前までのあいだ。例―の地層。

【中絶】チュウゼツ（名・する）①進行中のものごとをとちゅうでとりやめること。また、とちゅうで止まること。例研究を―する。交友関係の―。②「人工妊娠中絶」の略。

【中退】チュウタイ（名・する）「中途退学」の略。学校を卒業せずにやめること。例大学を―して家業をつぐ。

【中隊】チュウタイ 軍隊の編制単位の一つ。大隊の下、小隊の上のもの。ふつう、三個もしくは四個の小隊から成る。

【中段】チュウダン ①階段・枠や、たなどを高さによって区分けした、なかほど。例はしごの―。本棚の―。②剣道で、刀の先を目の高さにする構え方。正眼。例―に構えてにらみあう。

【中断】チュウダン（名・する）①まんなかから切ること。また、半分に切ること。②進行中のものごとをとちゅうで、一時とりやめること。例ドラマを―して臨時ニュースを放送する。

【中庭】一チュウテイ ①にわのなかほどのところ。②朝廷のにわ。二なかにわ 敷地内で、建物に囲まれたにわ。

【中天】チュウテン 天のまんなか。なかぞら。中空。空中。例―の月。

【中途】チュウト ①道のりの半ば。途中。例雨がひどいので―で引き返した。②一つの定まった課程のなか。例―退学。―半端。計画を―で変更する。

【中冬】チュウトウ ⇩【仲冬】チュウトウ（62ジペー）

【中東】チュウトウ ①〔Middle East の訳語〕近東（=トルコ・シリアなど）よりもっと東方の地域。イランやパキスタンなどがふくまれる。〔ヨーロッパから東方の諸国を指していったことば。中国や日本は極東（=Far East の訳語）という〕例日本は石油を―に依存している。②中国と日本を一つにまとめていうやや古い言い方。

【中唐】チュウトウ ①唐代の詩の流れを四期（=初唐・盛唐・中唐・晩唐）に分けた第三期。七六六年から八二六年のあいだ。代表的詩人に韓愈・柳宗元・白居易らがいる。②廟の門から廟に通じる中庭の道。

【中道】チュウドウ ①中正で、かたよらないこと。例—政治。保守—。②何かをしているとちゅう。目的を達しないうち。例—にしてたおれる。

【中毒】チュウドク（名・する）〔毒に中る意〕①物質の毒性を体内に取り入れたために起こる障害。死にいたることもある。例食—。一酸化炭素—。②アルコールや薬物などを用いる習慣ができて、それがなくては生きていけなくなった状態。依存症。例アルコール—。

【中納言】チュウナゴン 令外官（=律令制では定められていない官職）の一つ。大納言と同じく、天皇のそばにあって、政治をおこなった。ただし、大納言とちがい、大臣の職務は代行できない。

【中二階】チュウニカイ ①一階と二階との中間に作られた階。②〔楽屋の中二階に部屋をもらったところから〕歌舞伎の女形のこと。

【中肉中背】チュウニクチュウぜい 肉づきも背の高さも中くらいであること。例—の男。

【中日】一チュウニチ ①春と秋の彼岸の七日間のまんなかの日。春分の日と秋分の日。お中日。例明日は彼岸の—だ。②中国と日本とをならべていうときの、中国側の表現。〔日本では「日中」という〕例—友好。二なかび ある期間のまんなかにあたる日。とくに、芝居や相撲などの興行のちょうどまんなかの日。例—まで毎日満員札止め。

【中人】チュウニン 入場料や、乗り物の運賃などの料金区分で、大人と小人のあいだ。ふつう、小・中学生を指す。

【中年】チュウネン 青年と老年のあいだの年ごろ。四十歳前後から五十歳代を指す。また、その人。例—太り。

【中波】チュウハ 慣用的な電波区分の一つ。波長が一〇〇—一〇〇〇メートル。周波数は三〇〇—三〇〇〇キロヘルツの電波。おもに国内放送に用いられる。

【中盤】チュウバン ①囲碁・将棋で、勝負がなかほどまで進んで、本格的な戦いにはいるころ。②ものごとで、なかほどまで進んだ時期。例選挙戦も—だ。

【中部】チュウブ ①中央の部分。例市の—。②「中部地方」の略。本州の中央にあたる地方。静岡・愛知・岐阜・長野・山梨・新潟・富山・石川・福井の九県がある。

【中風】チュウフウ 〔「チュウブウ」「チュウブ」とも〕脳梗塞・脳軟化・脳出血などによって起こるからだのまひ。中気。〔突然の症状を卒中風、略して卒中という〕

【中腹】一チュウフク（名）山の頂上とふもとまでの中間。また、そのあたり。例山の—でキャンプをする。二【中っ腹】チュウっぱら（名・形動ダ）①腹の立つことがあって、怒りをおさえていらいらしているようす。例—な受け答え。②短気で威勢のよいこと。

【中編】チュウヘン ①三つの部分からできている作品の、中間の一編。②長編と短編のあいだの長さの作品。例—小説。表記▽⑮中▼篇

【中門】チュウモン ①古代中国の宮廷の正面にあった五重の門のまんなかの門。②日本の寝殿造りで、表の門と建物とのあいだの門。③寺院で、楼門と拝殿とのあいだの門。

【中夜】チュウヤ ①よなか。夜半。類中宵。②一夜を三つに分けたまんなか。午後九時ころから午前三時ころまでのあいだ。夜半。③冬至の呼び方の一つ。

【中庸】チュウヨウ 一（名・形動ダ）かたよらないで中正であること。例—をえた考え。二（名）四書の一つ。孔子の孫の子思の作といわれる。もともとは『礼記』の中の一編。

【中葉】チュウヨウ ある時代のなかごろ。中期。例十八世紀の—。

【中立】チュウリツ（名・する）①かたよらないこと。例—してかたよらない。②意見が対立したり戦争をしたりしている、そのどちらがわにも加わらないこと。例—国。—地帯。—を守る。

【中略】チュウリャク（名・する）文章を引用するとき、とちゅうを省略すること。

【中流】チュウリュウ ①川の水源から河口までの全体をみたときのなかほどのところ。例利根川の—。②川の流れのまんなかあたり。例舟を—までこぎ出す。③その国に住む人々を、おもに経済的な面からみたときの、中くらいの位置。例—階級。

【中老】チュウロウ ①五十歳前後の年齢の人。②江戸時代の大名家で、家老に次ぐ地位の家臣。③武家でめしつかわれた、老女に次ぐ地位の奥女中。

【中▼臈】チュウロウ 〔「臈」は、年功による地位〕上臈と下臈とのあいだ。僧・女官・奥女中などについていう。

【中和】チュウワ（名・する）①中正でかたよらず、性格や気持ちがおだやかなこと。②〔化〕酸性とアルカリ性とがまじりあって、どちらの性質も示さないこと。③ちがう性質のものがまざりあって、それぞれの本来の性質があらわれなくなること。

【中▽山道】なかセンドウ 江戸時代の五街道の一つ。江戸と京都とを結ぶ街道の一つで、江戸日本橋から上野（=群馬）・信濃（=長野）・美濃（=岐阜）・尾張（=愛知）を経て、近江（=滋賀）の草津で東海道と合流して京都へいたる道。表記「中仙道」とも書く。

●懐中・寒中・眼中・忌中・宮中・胸中・空中・在中・集中・水中・地中・的中・道中・途中・日中・熱中・夢中・命中・喪中・連中

〔丨部〕4画 丱 巨

丨4

【丱】5画

4805 4E31 音一カン漢呉 二コウ漢呉 訓あげまき

意味 一 ❶（たまごから生まれたばかりのように）幼い。例丱歳（=幼年）。丱童（=幼い子供）。❷（古代の）幼い子供の髪型。つのがみ。あげまき。総角。例丱角。童男丱女。二（たまごが腹中にあるように）地中にある鉱石。あらがね。同礦。

日本語での用法《びんずら・みずら》古代の男性の髪型。平安時代には少年の髪型。つのがみ。

【丱角】カンカク ①昔の、子供の髪のゆい方。頭の両側に二本の角のようにたばねて結ぶもの。総角。角髪。②幼い子供。幼童。

丨4

【巨】5画

2180 5DE8 常用 音コ慣 キョ漢 ゴ呉 訓おお-きい

筆順 一 丨 ㄏ 戸 巨

工2

【巨】5画

なりたち［象形］手に、さしがねを持つ形。借りて「おおきい」の意。

意味 ❶きわめておおきい。例巨漢。巨人。巨大。❷数量がきわめて多い。例巨額。巨万。巨利。❸たいへんすぐれている。例巨匠。巨頭。

難読 巨勢（=地名・姓）・巨指

人名 お・おお・なお・まさ・み

【巨億】キョオク 数量がひじょうに多いこと。〔「巨万」よりも多い意味で使う〕

【巨額】キョガク けたはずれに多い金額。例―の脱税。

【巨漢】キョカン 〔「漢」は、おとこの意〕なみはずれてからだの大きな男性。例相撲界随一の―力士。

【巨岩】キョガン きわめて大きないわ。

【巨▼軀】キョク とくべつ大きなからだ。巨体。

【巨鯨】キョゲイ ひじょうに大きなクジラ。

【巨材】キョザイ ①きわめて大きな材木。例―を用いた建築物。②きわめてすぐれた人物。偉大な人物。

【巨財】キョザイ (お金や土地などすべてをふくめて)きわめて多くの財産・財宝。類巨富。

【巨刹】キョサツ 大きな寺院。大伽藍。大刹。例臨済の―。

【巨視的】キョシテキ (形動ダ)〔英語 macroscopic の訳語〕①人間の目で見分けられる大きさであるようす。②細部を気にせず、全体をとらえようとする見方や考え方。大局的。▽対微視的。

【巨匠】キョショウ 学問・芸術・技術などの分野で、ひじょうにすぐれた人。第一人者。大家。例ルネサンスの絵画の―ラファエロ。

【巨商】キョショウ 経済的に大きな力をもっている商人。大商人。豪商。大賈。

【巨人】キョジン ①からだがとくに大きい人。②伝説や物語などに登場する、なみはずれて大きな人。ジャイアント。③とくにすぐれた業績を残した偉大な人。例明治の―福沢諭吉。

【巨星】キョセイ ①恒星のうち、大きさも光の強さもひじょうに大きい星。②きわめてすぐれた人物。偉大な人物。例―墜つ(=偉大な人物が亡くなる)。

【巨体】キョタイ ひじょうに大きなからだ。巨軀。

【巨大】キョダイ (名・形動ダ)きわめて大きいこと。例―なクジラ。

【巨頭】キョトウ ①大きなあたま。②国家や政界・財界などの大きな組織の長。大御所。例―会談。

【巨費】キョヒ きわめて多額の費用。例―を投じた計画。

【巨富】キョフ きわめて多くの富。巨万の富。例―を築く。

【巨編】キョヘン 小説や映画などで、大規模な作品。また、とくにすぐれた作品。例―を編む。表記旧巨▼篇

【巨砲】キョホウ とりわけ大きな大砲。

【巨万】キョマン 数量がひじょうに多いこと。金銭についていうことが多い。類巨億。例―の富。

【巨利】キョリ 大きな利益。ばくだいなもうけ。大利。例―をむさぼる(=ひたすら多くの利益を求める)。

【▽巨細】キョサイ (名・形動ダ)①大と小。大きいことと小さいこと。細大。大小。例―となく事情を知らせる。②こまかくてくわしいこと。詳細。委細。また、一部始終。すべて。例―に説明する。

丨6 **【串】** 7画 2290 4E32 常用 音一セン漢呉 二カン漢呉 訓くし

筆順 丨 口 口 吕 吕 串

なりたち［象形］ものを串にした形。

意味 一セン 穴をあけて通す。つらぬく。同穿。 二カン なれ親しむ。なれる。同慣。

日本語での用法《くし》ものにさし通す細い棒。「串柿・串刺し・竹串」

【串団子】くしダンゴ 数個をつらねて串にさした、だんご。

3 1画 **丶 てん部**

一個の点で、「てん、しるし」の意をあらわす。「丶」の字形を目じるしにして引く漢字を集めた。

0 丶 2 丸 之 3 丹 4 主 丼

この部首に所属しない漢字

以⇩人 53 斥⇩斤 472 朮⇩木 508 永⇩水 575
氷⇩水 576 甫⇩用 675 良⇩艮 839 為⇩灬 630

丶0 **【丶】** 1画 4806 4E36 音チュ漢呉

意味 ❶文章の切れ目につけるしるし。てん。読点。❷ともしび。

丶2 **【丸】** 3画 2061 4E38 教育2 音カン漢 ガン呉 訓まる・まる-い・まる-める・たま

筆順 丿 九 丸

なりたち［指事］「仄(=かたむく)」を、左右反対向きにした形。かたむけると、ころがるもの。「まるい」の意。

意味 ❶円形や球形のもの。まる。まるい。例丸薬。六神丸(=丸薬の名)。❷銃砲のたま。例弾丸。砲丸。

日本語での用法 一《まる》①全部。すっかり。そっくり。「丸五年・丸出し・丸儲け・丸で違う」②完全。正解。無欠。「丸をつける・丸本」③何も加えない、もとのまま。「丸腰・丸寝」④男子や、船・刀などの名にそえることば。「牛若丸・氷川丸・鬼丸」⑤城の内部。また、その一区画。「丸の内・本丸・二の丸・北の丸」 二《まるめる》①かみの毛をそる。「頭を丸めて謝罪する」②切りのいい数字にする。「端数を丸める」

使い分け まるい【丸・円】⇩1180ページ

人名 たま・まるし・まろ・まろむ

【丸薬】ガンヤク 材料を練って、またはいくつかの材料を練り合わせて、小さく丸めたくすり。

【丸木】まるき 切り出したままの木。また、皮をはいだままのまるい材木。丸太。例―橋。

【丸腰】まるごし ①武士が腰に刀をさしていないこと。②武器を身につけていないこと。無防備のたとえ。例―でたたかう。―の相手を撃つなどということはできない。

【丸裸】まるはだか (名・形動ダ)①からだに何も着ていないこと。まっぱだか。すっぱだか。②財産や身を守るものが、まったくないこと。例焼け出されて―になった。

【丸坊主】まるボウズ ①かみの毛を全体に短くした頭。また、そった頭。②山に樹木のまったくないようす。また、木の葉の全部散ったようすのたとえ。

【丸本】まるホン ①内容や章・巻などが完全な形でそろっている書物。完本。②義太夫の一曲の全詞章を一冊にしたテキストブック。院本。

【丸▼髷】まるまげ 日本髪の髪型の一つ。明治・大正の時代、未婚の女性の島田まげに対して、人妻や亭主持ちの女性が結った。

●一丸・弾丸・砲丸

2 【之】 3画 3923 4E4B 人名 音シ漢呉 訓の・ゆ-く・これ・こ-の

なりたち [象形]草が地面からのび出て、枝やくきがしだいに大きくしげる形。出る。派生して「ゆく」の意。

意味 ❶ゆく。いたる。例子之武城(=先生が武城にゆかれた)。❷〔助字〕㋐「これ」「この」と読み、人や物を指し示す。例必辱レ之(=きっとかれを侮辱してやる)。㋑語調をととのえる。「これ」と読むが、とくに指すものはない。例知レ之為レ知レ之(=知っていることを、知っていることとする)。〈論語〉㋒「の」と読み、主語や所有を示す。例夫子之道(=先生の教え)。

難読 之遶

人名 いずる・いたる・くに・すすむ・たか・つな・のぶ・ひさ・ひで・ゆき・よし・より

【之を仰げば弥高し】見上げれば見上げるほど高い。〔顔淵が、師である孔子の徳が限りなく高いことをたたえて言ったことば〕〈論語〉

3 【丹】 4画 3516 4E39 常用 音タン漢呉 訓に・あか

筆順 丿 刀 月 丹

なりたち [象形]井戸と、そこからとれる赤い石の形。

意味 ❶硫黄と水銀が化合したあかい色の鉱物。例丹砂。❷丹砂を原料にしたくすり。また、ねりあげたくすり。例丹薬。仙丹(=仙人のくすり)。❸あかい色。朱。例丹英。丹頂。❹まごころ。例丹心。丹誠。

日本語での用法《タン》旧国名「丹波(=今の京都府中部と兵庫県中東部)」「丹後(=今の京都府北部)」の略。「丹州」

難読 丹羽(=姓)・丹生(=地名・姓)・伊丹(=地名・姓)

人名 あか・あかし・あきら・まこと

【丹後】旧国名の一つ。今の京都府北部。丹州。

【丹砂】〔「タンサ」とも〕水銀と硫黄の化合物。赤色の鉱物で水銀の原料、顔料や漢方薬(=鎮痛・解毒用)に使われる。辰砂。朱砂。

【丹朱】赤い色。赤い色の絵の具。

【丹心】いつわりのない心。真心。類赤心。例―をつくす。

【丹青】①赤い色と青い色。〔もと、その原料となる丹砂と青雘〕②絵の具。彩色。③絵画。例―の心得がある。

【丹誠】いつわりのない心。まごころ。例―をつくす。

【丹精】(名・する・形動ナ)心をこめて、ていねいにつくったり世話したりすること。例―して育てたキクの鉢。

【丹前】綿を入れたそでの広い着物。室内の防寒用、また、くつろぐときなどに着る。どてら。

【丹頂】「タンチョウヅル」のこと。からだは白色で、ほおやのどは灰色をおびた黒色、つばさのはしは黒く、頭のてっぺんは皮膚が露出して赤い。日本では特別天然記念物。

【丹田】へその下三寸(=指のはば三本分)のあたり。道教で生命のエネルギーを集めるところとされ、東洋医学・武道などでも意識を集中させる所とされる。例臍下―。

【丹毒】〔医〕溶血性連鎖球菌が傷口からはいって起こる急性化膿性炎症。高熱を発し皮膚や粘膜に痛みやかゆみをともなう赤いはれものができる。顔にできやすい。

【丹念】(形動ナ)細かいところにまで心をくばり、ていねいにするようす。例―な調査。

【丹波】旧国名の一つ。今の京都府中部と、兵庫県中東部にあたる。丹州。

【丹薬】仙人のつくる、不老不死など、不思議な効き目があるくすり。仙薬。

4 【主】 5画 2871 4E3B 教育3 音シュ漢 ス呉 訓ぬし・おも・あるじ

筆順 丶 亠 亍 主

なりたち [象形]燭台で燃えている、ろうそくの火の形。借りて「あるじ」の意。

意味 ❶一家・一団のかしら・支配者。あるじ。例主人。亭主。盟主。一国一城の主。❷中心的なはたらきをする。例主査。主宰。施主。❸中心となる。重要な。おもな。おもに。例主題。主賓。主要。❹所有者。もちぬし。ぬし。例株主。地主。領主。

難読 主水

人名 かず・きみ・つか・つかさ・まもる・もり

【主位】①全体の中で最も重要な地位。例―に立つ。②中心となる地位。対客位。例―概念。

【主意】①中心となる意味や考え。ねらい。主眼。例論文の―をつかむ。②感情や理知よりも、意志を重んじること。対主情・主知。例―主義。

【主因】おもな原因。対副因・従因。例死亡の―の認定。

【主演】(名・する)映画・演劇・テレビドラマなどで主役を演じること。また、演じる人。対助演。

【主家】主人・主君の家。

【主我】①〔哲〕感じたり考えたり行動する主体としての自己。類自我。②自分の利益だけを考えて動くこと。類利己。例―主義。

【主客】①主人と客。例―ともにくつろぐ。②おもなものとそうでないもの。主体と客体。③主語と客語(=目的語)。例―の関係を理解して読む。

【主客転倒】(名・する)ものごとの順序や軽重が、逆にあつかわれること。例―した議論。表記旧主客顛倒

【主格】文の中で主語にあたる部分。「AがBだ」の、Aにあたることば。〔「格」は、文を構成している他のことばとの関係を示すことば〕例―の明確な文。

【主幹】中心となって仕事を進める人。例編集―。

【主観】①その人だけの個人的な考えや感じ方。②〔哲〕ものごとを感じたり考えたりするはたらき。また、その主体。▽対客観。

【主観的】(形動ダ)自分だけの考え方・感じ方をもとに、ものごとを判断する状態。ひとりよがり。対客観的。

【主眼】ものごとの、最も重要な点。ねらい。眼目。かなめ。例―点。体力増強に―を置く。

【主義】①行動のもとになる一定の方針や考え方。例事なかれ―。自分の―をつらぬく。②〔英語 principle の訳語〕特定の原理や理念にもとづく思想・学説。また、制度・体制。例自然―。社会―。

【主君】自分が仕えている主人。類君主。

【主計】会計を担当する役職。例財務省―官。

【主権】シュケン〔法〕①国家の意思や政治のあり方を最終的に決定することのできる権利。日本の旧憲法では主権は天皇にあり、現在の憲法では主権は国民にある。例―者。―在民。②領土および国民を支配する権利。統治権。例他国の―を侵すようなことがあってはならない。

【主権在民】シュケンザイミン 主権が国民にあるということ。

【主語】シュゴ 文法で、文の成分の一つ。述語のあらわす動作をおこなうもの、述語のあらわす状態の主体をさす。「鳥が鳴く」「花がさく」の、「鳥が」「花が」の部分。対述語。

【主査】シュサ 中心となって調査や審査をすること。また、それをする人や役職。対副査。例学位請求論文の―。

【主宰】シュサイ（名・する）人々の中心となって指導したり、全体をとりまとめること。また、その人。例俳句の会を―する。

【主催】シュサイ（名・する）中心となって会やもよおしものを運営すること。また、その人や組織や団体。例講演会の―者。

【主旨】シュシ 文章や語が伝えようとする肝心なところ。例論文の―。

【主事】シュジ ①官庁・学校・研究施設などで一定の仕事や事務を管理・運営する職。例研究所の―。②〔仏〕禅宗の僧職の名。

【主治医】シュジイ ①患者の治療にあたる複数の医者の中で中心となる医者。②かかりつけの、家庭の顧問になる医者。

【主軸】シュジク ①中心となる軸。②原動機から動力を直接受けてほかに伝える軸。③ものごとを中心になって進める人。

【主従】シュジュウ 主人と家臣・従者。主人と使用人。例―は三世（＝主従のあいだがらは過去・現在・未来にわたり続くほど縁が深い）。

【主将】シュショウ ①全軍の総大将。首将。②競技で、そのチームを率いる人。キャプテン。対副将。

【主唱】シュショウ（名・する）人々の中心になって影響力のある意見を述べること。例和平を―する。

【主上】シュジョウ 天子をうやまっていうことば。お上。

【主情】シュジョウ 意志や理性よりも、感情を重んじること。対主意・主知。例―主義。

【主食】シュショク 日常の食事の中心となる食品。米・パン・めん類など。対副食。

【主審】シュシン 競技の複数の審判員の中で筆頭となる人。フットボールなどのレフェリーや野球の球審。対副審。

【主人】シュジン ①一家の責任をとる立場にある人。〔妻が他人に自分の夫を指す場合にも用いる〕類あるじ・亭主。②自分の仕えている人。例―の帰りを待つ忠犬ハチ公。③客をむかえるがわの人。ホスト。対客人。

【主人公】シュジンコウ〔もと、「主人」をうやまっていう言い方〕小説・脚本・事件などの話の中でいちばん重要な人物。ヒーロー。〔女性の場合は、女主人公また、ヒロインという〕

【主席】シュセキ 国や団体を代表する最高指導者。例国家―。

【主体】シュタイ ①組織や団体の中心となる部分。例学生を―とした実行委員会。②自分の意志や考えをしっかりもって、他のものにはたらきかけること。対客体。例―的。―性。

【主体性】シュタイセイ 自分自身の意志や考えにもとづき、自主的に行動すること。また、そのような態度。例―に欠ける。

【主体的】シュタイテキ（形動ダ）自分の意志によって積極的にはたらきかけるようす。類能動的・自主的。例―に参加する。

【主題】シュダイ ①小説・演劇・映画などで、作者が最も強く表現しようとする思想内容。テーマ。②研究・論文などの主要な題目。対副題。③音楽で、曲全体の中心的な旋律。テーマ。例―と変奏。

【主題歌】シュダイカ 映画・テレビドラマなどの作品の主題や内容をもとに作られた歌。テーマソング。

【主知】シュチ 感情や意志よりも知性・理性・合理性を重んじること。対主意・主情。例―主義。

【主張】シュチョウ（名・する）①自分の考えを通そうとして強く述べたてること。例権利を―する。②日ごろもちつづけている考え。持論。例青年の―に耳をかたむける。

【主潮】シュチョウ ある時代・社会の中で、代表的な思想や文化の傾向。例現代演劇の―。

【主調】シュチョウ 楽曲の中心となる調子。基調。〔いっぱんに曲の始まりと終わりがこの調子〕

【主導】シュドウ（名・する）中心となって他を指導したりものごとを進行させたりすること。例政府が―する経済政策。

【主導権】シュドウケン 集団をみちびいたり、中心となってものごとを進める力。例クラスで―をにぎる。

【主任】シュニン ある範囲の仕事を責任と一定の権限をもって中心になって進める人。例教務―。現場―。

【主犯】シュハン 二人以上でおかした犯罪の中心人物。正犯。例誘拐事件の―。

【主筆】シュヒツ 新聞社や雑誌社で、社説や重要な論説を書く第一位の記者。

【主賓】シュヒン ①客の中で最上のもてなしを受ける人。類正客・正賓。例―席。②主人と客。主客。

【主婦】シュフ その一家のなかで、炊事・洗濯・育児などの家庭の仕事を中心となって行っている女性。

【主部】シュブ ①いちばん重要な部分。②文法で、文の構成部分の一つ。主語とそれにかかる修飾語をあわせたもの。たとえば、「赤い花がさく」の「赤い花が」の部分。対述部。

【主文】シュブン ①文章の中で最も重要な一文。②〔法〕裁判の判決書の中で判決の結論が書かれている部分。

【主峰】シュホウ その山地・山脈の中でいちばん高い山。

【主謀】シュボウ 悪事や陰謀などを中心になって計画し、実行すること。また、その人。例―者。表記「首謀」とも書く。

【主脈】シュミャク おもな山脈・鉱脈・葉脈。対支脈。

【主命】シュメイ 主人や主君の命令。

【主役】シュヤク ①演劇・映画などの主人公を演じる役の人。②最も重要な役目。また、その役の人。対脇役・端役。

【主要】シュヨウ（名・形動ダ）最もたいせつなこと。例―科目。

【主翼】シュヨク 飛行機が空中でうき上がるための、胴体から両わきに張り出した、いちばん大きなつばさ。対尾翼。

【主流】シュリュウ ①川の中心となる流れ。類本流。対支流。②思想や学問などで、ある時期に最も有力な流派や傾向。対傍流。③組織・団体で最も勢力のあるグループ。

【主力】シュリョク ①全体の中で最も大きな部分をしめる勢力。例―部隊。二年生を―としたチーム。②もっている力の大部分。例―を注ぐ。

●君主・自主・城主・施主・藩主・坊主・民主・名主・盟主・喪主・領主

丶 4

【丼】

5画 4807 4E3C 常用 音■セイ漢 ■タン漢 トン呉 訓どんぶり・どん

筆順 一 二 ナ 井 丼

なりたち ■⇩【井】セイ（43ページ）

意味 ■〔「井」の本字〕いど。い。■ものを井戸に投げこんだときの音。どんぶり。どぶん。

日本語での用法《どんぶり・どん》①深くて口の広い陶器。「どん」は「どんぶり」の略。「丼鉢・鰻丼・うな丼・天丼」②腹掛けの物入れ。「丼勘定」

【丼勘定】どんぶりカンジョウ 〔職人が腹掛(はらがけ)のどんぶりに金を入れて無造作に出し入れしたことから〕収入と支出を正確におさえず、大ざっぱにお金の出し入れをすること。例―の商売。

4 1画 丿の部

右上から左下にななめに曲がるようすをあらわす。「丿」の字形を目じるしにして引く漢字を集めた。

0 丿 乀 1 乂 乃 2 久 及 3 乏 4 乎 午 6 乕 7 乖 8 乗 9 乘

この部首に所属しない漢字

九⇩乙 34　千⇩十 159　午⇩十 160　升⇩十 160
壬⇩士 243　天⇩大 261　尹⇩尸 318　屯⇩中 324
斤⇩斤 472　毛⇩毛 569　氏⇩氏 570　爪⇩爪 644
丘⇩一 22　失⇩大 264　生⇩生 671　白⇩白 692
矢⇩矢 711　先⇩儿 101　年⇩干 346　朱⇩木 512
自⇩自 830　舟⇩舟 836　血⇩血 882　兎⇩儿 103
我⇩戈 417　系⇩糸 767　身⇩身 950　垂⇩土 229
秉⇩禾 731　卑⇩十 165　禹⇩内 730　胤⇩月 818
重⇩里 998　奥⇩大 268

丿 0
【丿】 1画 4808 4E3F 音ヘツ漢

意味 漢字の左はらい。

【丿乀】ヘツポツ（形動タル）船などが左右にゆれるようす。

丿 0
【乀】 1画 2-0108 4E40 音フツ漢 ホツ呉

意味 漢字の右はらい。

丿 1
【乂】 2画 4809 4E42 音ガイ漢 訓おさ-める・か-る

意味 ❶草をかりとる。かる。同刈(ガイ)。❷悪い部分をかりとり、ととのえる。おさめる。❸おさまって、おちつく。例乂安。❹おちつきがあり、すぐれた人。例英乂(エイガイ)（＝おちついてすぐれた人）。

【乂安】ガイアン 〔「カイアン」とも〕世の中がよく治まっていて、やすらかであるようす。表記「▼艾安」とも書く。

丿 1
【乃】 2画 3921 4E43 人名 音ダイ漢 ナイ呉 訓の・なんじ・すなわ-ち

なりたち 〔象形〕ことばがすらすらと出ない形。〔ことばを転じる場合に用いる〕

意味 ❶君。おまえ。なんじ。例乃父(ダイフ)。❷〔助字〕「すなわち」と読み、接続のはたらきをする。㋐そこで。そういうわけで。例沛公乃入(ハイコウすなわちいる)（＝そこで沛公は中にはいった）。㋑やっと。そこではじめて。例三往乃得ㇾ見(みたびゆきてすなわちみるをえたり)（＝三度出かけて、やっと会うことができた）。

日本語での用法《の》「の」の音にあてた万葉がな。「乃利(のり)（＝法）・多乃牟(たのむ)（＝ねがう）」

難読 無乃(むしろ)・爾乃(しかのみならず)・木乃伊(ミイラ)

人名 いまし・おさむ・ない・ゆき

【乃翁】ダイオウ ①子と話すときに父が自分を指して使うことば。なんじの翁(おう)（＝おまえのおやじ）の意。類乃父(ダイフ)・乃公(ダイコウ)。②老人が目下の者に対して自分を指して使うことば。わし。

【乃公】ダイコウ 目下の者に対して、あるいは、自分をえらい者としていうことば。なんじの君の意。〔漢の高祖が自分をこう呼んだことが始まり〕類而公(ジコウ)。表記「▼迺公」とも書く。

【乃父】ダイフ ①子に対して父が自分を指して使うことば。なんじの父の意。②いっぱんに、父。

【乃至】ナイシ ①数量の上限と下限をあげて範囲(ハンイ)を示す言い方。…から…まで。例三名―五名が応援(オウエン)に来る。②または。あるいは。もしくは。例保護者―保証人の承諾(ショウダク)が必要だ。

丿 2
【久】 3画 2155 4E45 教育5 音キュウ漢 ク呉 訓ひさ-しい

筆順 ノ ク 久

なりたち 〔象形〕人の両方のすねを、後ろからひきとめる形。後ろからひきとめる。派生して、「ひさしい」の意。

意味 長い時間が経過している。ひさしい。例久闊(キュウカツ)。久遠(クオン)。恒久(コウキュウ)。

日本語での用法《く》「く」の音にあてた万葉がな。「久野(くの)・久留島(くるしま)・久志本(くしもと)」

人名 つね・とし・なが・ひさ・ひさし・ゆき

【久▼闊】キュウカツ 〔「闊」は、へだたる意〕長いあいだ会わないこと。また、長いあいだ便りをしないこと。ぶさた。例―を叙(ジョ)する（＝久しぶりに会って、また、手紙であいさつをする）。

【久疾】キュウシツ 〔「疾」は、やまいの意〕長いあいだの病気。ながわずらい。例―をわずらう。

【久離】キュウリ 江戸(えど)時代、町人や農民の家で、身持ちの悪い子やきょうだいなどの不行跡(フギョウセキ)および借金の連帯責任などをさけるため、親族の縁(エン)を切ること。類勘当(カンドウ)。例―を切る（＝親子の縁を切る）。

【久遠】クオン 過去も未来もふくめて、時間が果てしなく続くこと。〔仏教用語であり、雅語(ガゴ)としても用いる〕類永遠・永久・無窮(ムキュウ)・無限。例―の光。

●永久(エイキュウ)・恒久(コウキュウ)・持久(ジキュウ)・耐久(タイキュウ)・悠久(ユウキュウ)

丿 2
【及】 3画 2158 53CA 常用 音キュウ漢 訓およ-ぶ・およ-び・およ-ぼす

筆順 ノ 乃 及

又 2
【及】 4画

なりたち 〔会意〕「又(＝手でつかまえる)」と「人(＝ひと)」とから成る。人を後ろから手でつかまえる。およぶ。

意味 ❶追いつく。およぶ。例及第(キュウダイ)。追及(ツイキュウ)。❷行きわたらせる。およぼす。例波及(ハキュウ)。普及(フキュウ)。❸ならびに。および。

日本語での用法《およぶ》「…におよばず」「…におよばない」の形で、「(…の)必要がない」「(…するに)いたらない」の意。「とかく言(い)うに及(およ)ばず・出頭(シュットウ)に及(およ)ばない」

難読 及位(のぞき)（＝地名）・比及(ころおい)

人名 いたる・しき・たか・ちか

【及第】キュウダイ（名・する）試験に合格すること。また、まずまずの水準に達していること。対落第。例―点。運よく―した。

【及落】キュウラク 及第と落第。合格と不合格。例―を分ける。
●過不及・追及・波及・普及

ノ3
【乏】
4画 4319 4E4F 常用 音ホウ漢 ボウ呉 訓とぼ-しい

筆順 ノ ｨ 乏 乏

なりたち 〔指事〕「正」を、左右反対向きにした形。正常でない。とぼしい。

意味 ❶不足している。とぼしい。例窮乏。欠乏。貧乏。❷つかれる。例疲乏。
●窮乏・欠乏・耐乏・貧乏

ノ4
【乎】
5画 2435 4E4E 人名 音オ慣 コ漢 訓か・や

意味 〔助字〕❶状態をあらわすことばにつけて、そのようなようすであることを示す。例確乎。断乎。❷「か」「や」と読み、…であろうか、の意。疑問をあらわす。例学レ詩乎(=詩を学んだか)。〈論語〉❸「や」と読み、…であろうか、そうではない、の意。反語をあらわす。例聖人之法乎(=聖人のつくった法であろうか、そうではない)。❹「かな」と読み、詠嘆をあらわす。例惜乎(=残念だなあ)。❺「や」または「よ」と読み、呼びかけに用いる。例参乎(=曽参よ)。

難読 弖爾乎波

【乎古止点】をことテン 〔「乎」は、訓読では「を」にあたる〕平安時代に、漢文を訓読するとき、のちには送りがなで示した助詞・助動詞・活用語尾などを、漢字の周囲や字そのものの上に「・」「‥」「-」「レ」「フ」などのしるしをつけ、その形や位置によって、その漢字にそえて読む読み方を示す符号。「博士家」の流儀では、漢字の右肩のしるしが「を」「こと」をあらわすのでこの名がある。表記「ヲコト点・▼乎己止点」とも書く。

ノ4
【乍】
5画 3867 4E4D 音サ漢呉 訓たちま-ち・なが-ら

意味 ❶急に。さっと。ふと。たちまち。例人乍見(=ある人がふと見る)。❷〔「乍…乍…」と重ねて用いて〕あることが起こると、また別のことが起こるようす。…したり…したり。例乍寒乍暑(=さむくなったり、あつくなったり)。

日本語での用法 一《ながら》…ではあるが。「然乍(=そうだがしかし)」二《つつ・ながら》…する一方で。二つのことが並んでおこなわれるようす。「見乍つ偲ぶ・食べ乍ら眠る」

ノ6
【乕】
7画 ⇨【虎】コ(871ページ)

ノ7
【乖】
8画 4810 4E56 音カイ漢 訓そむ-く・もと-る

意味 ❶道理にはずれる。もとる。そむく。例乖乱。❷わかれる。はなれる。例乖離。

【乖違】カイイ (名・する)そむくこと。はなれること。
【乖乱】カイラン (名・する)そむくこと。不当なおこないをすること。類乖異。例旧来の秩序に―する。表記「乖濫」とも書く。
【乖離】カイリ (名・する)ものとものとのつながりがなくなること。はなればなれ。例思考と行動とが―している。

ノ8
【乗】
9画 3072 4E57 教育3 音ショウ漢 ジョウ呉 訓の-る・の-せる

筆順 一 二 三 乒 乒 乖 垂 乗

ノ9
【乘】
10画 4811 4E58 人名

なりたち 〔象形〕人が、木の上にのっている形。参考 もと、「入」と「桀」とから成る会意文字であるという。

意味 ❶ウマ・車・船などにのる。例乗客。乗船。同乗。❷いきおいにのって相手につけこむ。例勝ちに乗じて攻める。❸かける。かけあわせる。また、かけ算。例乗法。加減乗除。❹兵車と兵の数をあらわすことば。周代には、兵車一乗に、兵三人がのり、歩兵七十二人、輜重二十五人がついた。例万乗の国。❺四頭のウマをつけた車一台をいう。❻四つでひとそろいのもの。例乗矢(=四本ひとそろいの矢)。❼仏教で、さとりに到達させる乗り物にたとえて、教えの種別を示すことば。例小乗。大乗。❽記録。例日乗。

日本語での用法 一《のり・のる》調子にのってはずむ。音楽の調子に合う。「乗りのいい人・リズムに乗っておどる」二《のる・のせる》①応じる。「相談に乗る」②勢いづく。「図に乗る・興が乗る」

使い分け のせる・のる【乗・載】⇨1176ページ

人名 あき・かつ・しげ・のぼる・のり

【乗員】ジョウイン 飛行機・船・自動車などの乗り物に乗って仕事をする人。類乗務員。対乗客。例―乗客あわせて五百人を乗せた旅客機。
【乗艦】ジョウカン 一(名・する)軍艦に乗ること。対下艦。二(名)乗るべき軍艦。また、乗っている軍艦。
【乗機】ジョウキ 乗るべき飛行機。また、乗っている飛行機。
【乗客】ジョウキャク 飛行機・船・鉄道・自動車などの乗り物に、客として乗る人。対乗員。例―の安全を優先する。
【乗降】ジョウコウ (名・する)鉄道やバス・エレベーターなど乗り物の、のりおり。例―客。―口。
【乗号】ジョウゴウ 〔数〕かけ算であることを示す記号。×
【乗車】ジョウシャ (名・する)鉄道・自動車その他の車に乗ること。対下車・降車。例―券。―して発車を待つ。
【乗除】ジョウジョ (名・する)〔数〕かけ算と割り算。また、数をかけることと割ること。例加減―。
【乗数】ジョウスウ 〔数〕かけ算で、かけるほうの数。かけられるほうの数を被乗数という。
【乗船】ジョウセン 一(名・する)船に乗ること。対下船。例横浜で―した。二(名)乗るべき船。また、乗っている船。例―が決まらない。
【乗馬】ジョウバ 一(名・する)ウマに乗ること。例―クラブ。―を趣味としている。二(名)①ある人が乗ることに決めているウマ。また、乗っているウマ。例試合に使用する―。②四頭立ての車を引く、四頭のウマ。
【乗法】ジョウホウ 〔数〕かけ算のこと。対除法。
【乗務員】ジョウムイン 電車・バス・航空機・船などの乗り物に乗って運転したり操縦したり、乗客の世話をしたりする人。類乗員。例―が交代する。―の指示に従う。
【乗▼輿】ジョウヨ ①天子の乗り物。②天子のこと。〔直接に指すことをさけて用いることば〕
【乗用】ジョウヨウ (名・する)人が乗るために使うこと。例―車。
●下乗・自乗・上乗・相乗・添乗・同乗・分乗

ノ9
【乘】
10画 ⇨【乗】ジョウ(33ページ)

5 1画 乙 おつ おつにょう（乚 つりばり）部

草木が曲がりくねって芽生えるようすをあらわす。「乙」が旁（=漢字の右がわの部分）になるときは「乚（つりばり）」となる。「乙」をもとにしてできている漢字と、「乙（乚）」の字形を目じるしにして引く漢字とを集めた。

0 乙 1 九 2 乞 也 6 乱 7 乳 乳 10 乾 12 亂

この部首に所属しない漢字
丸⇩丶29 孔⇩子282 胤⇩月818 亀⇩亀1117

乙 0
【乙】 1画 1821 4E59 常用
音 イツ漢 オツ呉
訓 おと・きのと
付表 乙女（おとめ）・早乙女（さおとめ）

筆順 乙

なりたち 〔象形〕春に草木の芽が曲がりくねってのび出る形。借りて、十干の第二に用いる。

意味 ❶十干の二番目。きのと。方位では東、五行では木にあてる。❷甲に次ぐところから、二番目。第二位。例 乙第。乙種。甲乙丙丁。

日本語での用法 □一《オツ》いつもとちがって妙に。また、気がきいている。「乙に澄ました顔・乙な味」 □二《おと》おさない。美しい。若い。年下の。二番目の。「乙女・乙姫」

難読 乙鳥（つばくら）・乙甲（めりかり）・乙張（めりはり）

人名 いち・いつ・お・くに・くま・たか・つぎ・つぐ・と・とどむ

【乙第】ダイ/テイ ①〔二番目のやしきの意〕別邸。しもやしき。②二番目の及第。類 乙科。

【乙鳥】イッチョウ ツバメ。

【乙夜】イツヤ/オツヤ 昔の時刻の呼び名で、五夜の一つ。およそ午後十時、およびその前後二時間。二更。亥の刻。〔一夜を甲・乙・丙・丁・戊の五つに分けたときの二番目〕

【乙夜の覧】イツヤのラン/オツヤのラン 天子の読書をいう。〔政務にいそがしく、書物を見るのは、乙夜（=夜の十時過ぎ）になるということから〕

【乙種】オッシュ ものごとを甲・乙・丙・丁などに分類したとき、甲に次いで二番目のもの。

【乙姫】おとひめ ①年下の姫。妹の姫。②浦島太郎の話に出てくる、竜宮城の主である、美しい女性。表記 ①は「弟姫」とも書く。

【乙女】おとめ ①年の若いむすめ。少女。例 うら若い—。②未婚の女性。処女。表記「少女」とも書く。

【乙女座】おとめザ しし座とてんびん座のあいだにある星座。中心になる星はスピカ。例 プラネタリウムで—の位置を確かめた。

乙 1
【九】 2画 2269 4E5D 教育1
音 キュウ漢 ク呉
訓 ここの・ここの-つ

筆順 ノ九

なりたち 〔象形〕曲がりくねり、つきる形。きわまる。ひとけたの数のきわまり。ここのつ。

意味 ❶数の名。ここのつ。例 九州。九輪。❷ここのたび。例 九拝。❸ここのつめ。例 九月。❹数量・程度が大きい。たくさん。あまた。例 九牛の一毛。九死に一生を得る。❺あつまる。あつめる。同 糾。鳩。❻易で陽の爻をあらわす。対 六。

日本語での用法 《ここのつ》昔の時刻の名。「九つ時（=午前または午後の十二時ごろ）」

参考 商売や契約の文書では、数字を書きかえられないよう、同音の「玖」を使うことがある。

難読 九重（ここのえ）・九孔螺（あわび）・九十九折（つづらおり）・九十九（つくも）

人名 あつむ・かず・ここ・ただし・ちか・ちかし・ひさ・ひさし

【九夏】キュウカ 夏の三か月、九十日間のこと。

【九牛の一毛】キュウギュウのイチモウ 〔九頭（=多数）のウシの、その中の一本の毛の意〕多くのものの中のごく少ないもの。また、とるにたらないことがら。九牛毛。

【九竅】キュウキョウ 〔「竅」は、あなの意〕人のからだにある九つのあな。両目・両耳・鼻の二つのあなと口、および大小便の出るあな。

【九死に一生を得る】キュウシにイッショウをえる 死をのがれられない場面で、奇跡的に助かる。

【九州】キュウシュウ ①古代中国で、中国全土を九つの州に分けたときの呼び方。転じて、中国全土を指す。②日本列島をかたちづくっている四つの大きな島の一つ。福岡・佐賀・長崎・熊本・大分・宮崎・鹿児島の七県からなる。〔もと、筑前・筑後・豊前・豊後・肥前・肥後・日向・大隅・薩摩の九国〕

【九秋】キュウシュウ 秋の三か月、九十日間のこと。

【九春】キュウシュン 春の三か月、九十日間のこと。

【九仞の功を一簣に虧く】キュウジンのコウをイッキにかく 〔「簣」は、もっこ。「虧く」は、そこなう意〕土を運んで高い山をつくろうとしても、最後にもっこ一ぱい分の土を運ぶことをおこたれば、山はできあがらない。積み重ねてきた努力も、ちょっとした気のゆるみで、だいなしになるということのたとえ。功を一簣に虧く。〈書経〉

【九星】キュウセイ ①陰陽家で、人の生まれ年にあてはめて運勢をうらなうのに用いる九つの星。一白・二黒・三碧・四緑・五黄・六白・七赤・八白・九紫の九つ。②「九曜」に同じ。

【九折】キュウセツ 道や川などが、くねくねと折れ曲がり、長くつらなっていること。九十九折り。例 —の坂道。

【九族】キュウゾク 自分を中心として、先祖と子孫それぞれ四代の親族を指す。高祖・曽祖・祖父・父・自分・子・孫・曽孫・玄孫。また、父方の親族四代・母方の親族三代・妻方の親族二代をあわせたものという。〔他の説もある〕例 わざわいが—に及ぶ。

【九重】キュウチョウ/ここのえ ①雲や衣などがいくえにもかさなること。②門を九つかさねてつくられたところから、天子の宮殿。また、天子の住むところ。宮廷。宮中。

【九天】キュウテン ①古代中国で、天（=空全体）を方角によって九つに分けたもの。②空の最も高いところ。③宮中。

【九天直下】キュウテンチョッカ 天の高いところからまっすぐに落ちること。

【九冬】キュウトウ 冬の三か月、九十日間のこと。

【九拝】キュウハイ ①なんどもおじぎをして深い敬意をあらわすこと。例 三拝—。②手紙の終わりに書き、敬意をあらわすことば。

【九月】クガツ 一年の九番目の月。長月。例 古来—九日を菊の節句とする。

【九九】クク 一から九までの数をたがいにかけあわせたもの。また、かけ算のこと。例 —を覚える。—がわかっていない。

【九寸五分】クスンゴブ 〔長さが九寸五分（=約二九センチメート

ル）であることから）短刀のこと。類匕首(ヒシュ)。例ふところにしたーの白鞘(しらさや)。

【九年母】クネンボ〔あて字〕ミカン科の常緑低木。ミカンに似て、初夏に白い花をつけ、秋に実を結ぶ。香気(コウキ)があり、あまずっぱく、食用。

【九分九厘】クブクリン（名・副）ほとんど確実であること。九十九パーセント。ほとんど。例合格はーまちがいない。ーまで成功した。

【九曜】クヨウ「九曜星(クヨウセイ)」の略。陰陽道(オンヨウドウ)で、七曜（＝日・月・木・火・土・金・水の七曜星）に二星（計都(ケイト)・羅睺(ラゴ)）を加えたもの。人の生年にあてはめて、吉凶(キッキョウ)などを判断する。

【九輪】クリン〔仏〕寺の塔(トウ)の屋根の上にかざりとしてつける九つの金属製の輪(わ)。屋根の上の台と水煙(スイエン)とのあいだの部分にあたる。類相輪(ソウリン)。

乙2 **【乞】** 3画 2480 4E5E 常用 音キツ漢 コツ呉 訓こ-う・こ-い

筆順 ノ ㇒ 乞

なりたち〔象形〕気が流れ出る形。

意味 ❶ものごいをする。人に、ものをねだる。こう。例乞丐(コツガイ)。乞食(コツジキ)。❷ねがい求める。どうか…してほしいとたのむ。例乞命(キツメイ)。乞巧奠(キッコウデン)。暇乞(いとまご)い。

使い分け こう【請・乞】⇩1168ページ

【▽乞▼丐】キッカイ・コツガイ〔「丐」も、こう・求める意〕食べ物などを人からもらうこと。また、その人。ものごい。例ーの身。

【▽乞巧▼奠】キッコウデン〔「キコウデン」とも。「乞巧」は、手先が器用になることを願う意。「奠」は、まつりの意〕機織(はたお)り・手習い・裁縫(サイホウ)などの上達を願う祭り。七夕祭りの古い呼び名。ほしまつり。

【▽乞食】一 キッショク（名・する）食べ物を請(こ)い求めること。二 コツジキ（名・する）〔仏〕僧(ソウ)が人家の門前で、ものをもらい受けながら修行(シュギョウ)すること。類托鉢(タクハツ)。三 コジキ（名）働かずに、他人から食べ物をもらって生活する人。ものごい。

【▽乞命】キツメイ いのちを助けてくれと相手にたのみこむこと。

乚2 **【也】** 3画 4473 4E5F 人名 音ヤ漢呉 訓なり

なりたち〔象形〕女性の性器の形。借りて、助字に用いる。参考 水さし、あるいはヘビなどの形とする説もある。

意味〔助字〕❶「なり」と読み、…である、の意。断定をあらわす。例仁人心也(ジンはひとのこころなり)（＝仁は人の心である）。〈孟子(モウシ)〉❷「や」と読み、…は、…ということは、の意。例回也不レ愚(カイやおろかならず)（＝顔回(ガンカイ)は賢者(ケンジャ)だ）。〈論語(ロンゴ)〉❸「や」「か」と読み、疑問・反語・詠嘆(エイタン)をあらわす。例何謂也(なんのいいぞや)。

人名 あり・これ・なり・なる・また

乚6 **【乱】** 7画 4580 4E71 教育6 音ラン漢呉 ロン唐 訓みだ-れる・みだ-す・みだれ

筆順 ノ 二 千 千 舌 舌 乱

乚12 **【亂】** 13画 4812 4E82

なりたち〔会意〕「乚（＝みだれをおさめる）」と「𤔔（＝おさまらない）」とから成る。おさまらない。みだれる。

意味 ❶秩序(チツジョ)やまとまりがない。いりまじる。みだれる。例乱雑(ランザツ)。混乱(コンラン)。❷争い。騒動(ソウドウ)。世のみだれ。例戦乱(センラン)。反乱(ハンラン)。治(チ)にいて乱(ラン)を忘(わす)れず。❸やたらと。むやみに。同濫(ラン)。例乱発(ランパツ)。乱用(ランヨウ)。❹おさめる。とりまとめる。例乱臣(ランシン)。

難読 胡乱(ウロン)

人名 おさむ

【乱雲】ランウン ①天空にみだれ飛ぶくも。②あまぐも。乱層雲。

【乱獲】ランカク（名・する）けもの・鳥・魚などを、なんの計画も配慮もなく手当たりしだいとらえること。例北アメリカ大陸のリョコウバトはーによって絶滅(ゼツメツ)した。表記「濫獲」とも書く。

【乱菊】ランギク 長い花弁がみだれてさいているキクの花の模様。

【乱行】ランギョウ・ランコウ ①正常の生活を守らないで、気ままに遊びごとやかけごとなどにふけること。例あまりのーで破産した。②とりみだしてあばれること。例酒を飲みすぎてーにおよんだ（＝あばれた）。表記▽「濫行」とも書く。

【乱気流】ランキリュウ 大気中の空気の流れが不規則になったもの。例ーにはいると機体がゆれる。

【乱▼杙】ランぐい ①敵を防ぐために、地面や水べなどにふぞろいに打ちこんだくい。②「乱杙歯(ランぐいば)」の略。表記▽「乱▼杭」とも書く。

【乱▼杙歯】ランぐいば ふぞろいで、並びの悪い歯。表記「乱▼杭歯」とも書く。

【乱軍】ラングン 敵と味方が入りみだれて戦うこと。類乱戦。

【乱撃】ランゲキ（名・する）入りみだれて打ちあうこと。

【乱高下】ランコウゲ（名・する）激しく上がったり下がったりすること。例今日一日株価がーした。

【乱雑】ランザツ（名・形動ダ）かたづいていないこと。散らかっているようす。例本がーに積んである。

【乱視】ランシ 角膜(カクマク)や水晶体(スイショウタイ)のゆがみのために、ものがゆがんだり、重なって見えたりすること。また、そのような目。

【乱射】ランシャ（名・する）ねらいを定めずむやみに矢を放ったり銃(ジュウ)をうったりすること。例ピストルー事件。

【乱酒】ランシュ ①宴会(エンカイ)などの酒の席で、入りみだれて飲みさわぐこと。どんちゃんさわぎ。②度を過ごして大酒を飲むこと。

【乱心】ランシン（名・する）心がみだれること。類発狂(ハッキョウ)。

【乱臣】ランシン ①国を混乱させるような家来。悪臣。②〔「乱」は、治める意〕国をきちんと治める、よい家来。賢臣(ケンシン)。〈書経(ショキョウ)〉

【乱臣賊子】ランシンゾクシ〔「賊子」は、親を害する子の意〕君主や親に対して、道にはずれたことをする家来や子。例ーの汚名(オメイ)を残す。

【乱酔】ランスイ（名・する）正気(ショウキ)を失うほど酒を飲むこと。類泥酔(デイスイ)。表記「▼爛酔」とも書く。

【乱世】ランセイ・ランセ 争いや戦いが続いて、治まらない世の中。対治世(チセイ)。例ーの英雄(エイユウ)。ーを治めて国を統一する。

【乱政】ランセイ ①みだれた政治。②〔古い用法で、「乱」を「治」の意味に用いて〕正しい政治をすること。

【乱戦】ランセン ①敵と味方が入りみだれてたたかうこと。類乱軍。②（スポーツや勝負ごとで）決着の予測のつかないたたかい。類混戦。

【乱造】ランゾウ（名・する）品質のよしあしを考えずにただ多くつくること。例粗製(ソセイ)ー。表記「濫造」とも書く。

【乱層雲】ランソウウン 暗い灰色で空一面に広がるくも。雨や雪を降らせる。雨雲(あまぐも)。乱雲。

【乱打】ランダ（名・する）①なんども続けて激しく打つこと。類めった打ち。例半鐘(ハンショウ)をーする。②（テニス・バレーボールなどの球技で）練習のための打ち合い。

【乱丁】ランチョウ 本をつくるときにページの順序をまちがえてとじること。また、そのページ。例—本。—があるので取りかえた。
【乱調】ランチョウ ①リズムがくるっていること。乱調子。例—が正常にもどる。②決まりどおりにつくられていない詩歌。
【乱闘】ラントウ (名・する) なん人かの人が入りみだれて、激しくたたかうこと。例よた者どうしの—事件。
【乱読】ランドク (名・する) 順序も目的もなく、手当たりしだいに本を読むこと。例SF小説を—する。表記「濫読」とも書く。
【乱入】ランニュウ (名・する) 建物などにむりに、また、ことわりなく、はいりこむこと。例とつぜんおおぜいの暴漢が—した。
【乱伐】ランバツ (名・する) あとのことを考えもせずに手当たりしだいに樹木を切ること。例自然林の—が進む。表記「濫伐」とも書く。
【乱発】ランパツ (名・する) 債券や貨幣などを無計画に発行すること。例手形を—して倒産した。表記「濫発」とも書く。
【乱髪】ランパツ みだれたかみの毛。
【乱反射】ランハンシャ (名・する) ものの表面がなめらかでないとき、そこに当たった光がいろいろの方向にはねかえること。
【乱費】ランピ (名・する) お金などを無計画に使うこと。類むだづかい。例—をいましめる。表記「濫費」とも書く。
【乱筆】ランピツ ていねいでなかったり、うまくない筆跡。〔自分の手紙の文字をけんそんしていうことば〕例—乱文。
【乱舞】ランブ (名・する) 入りみだれて、まいおどること。おどりくるうこと。〔古くは「ラップ」とも〕例喜びのあまり狂喜—する。
【乱文】ランブン まとまりがなかったり、順序が整っていなかったりしている文章。〔おもに、自分の手紙の文章をけんそんしていうことば〕例—多謝。
【乱暴】ランボウ (名・する・形動ダ) ①ものをこわしたり、人にけがをさせたりして、あばれること。例—者。②ことばづかいやふるまいがあらあらしくて、おだやかでないようす。例—な口のきき方。③粗雑で、論理が通らないこと。例—な考え方。
【乱麻】ランマ 〔もつれたアサ糸の意から〕ものごとが複雑に入りみだれていたり、世の中が混乱していること。例快刀—を断つ(=よく切れる刀でもつれたアサ糸のかたまりを切ることから、混乱状態を一気にすっきりさせること)。
【乱脈】ランミャク (名・形動ダ) 決まりを守らずにいいかげんになっていること。また、そのようす。例経営の—を正す。
【乱用】ランヨウ (名・する) 必要以上に、むやみに使うこと。例職権—。薬物を—する。表記「濫用」とも書く。
【乱立】ランリツ (名・する) ①ある地域に同じ種類のものが必要以上に、また競争で多くできること。例—する私立大学。②多くのものがむやみに立つこと。例立候補者が—する。表記▽「濫立」とも書く。
【乱倫】ランリン 人として、してはならないことをすること。また、そのおこない。
●一心不乱・狂乱・混乱・錯乱・散乱・戦乱・大乱・内乱・波乱・反乱・腐乱

乙(乚)部 7—10画 ● 乳 乳 乾

乚7 【乳】 8画 3893 4E73 教育6 音ジュ漢 ニュウ呉 訓ちち・ち 付表乳母うば

筆順 ノ ノ ㇒ 乊 乎 孚 孚 乳

乚7 【乳】 8画 なりたち [会意]「孚(=卵をかえす)」と「乚(=ツバメ、子さずけの使者)」とから成る。人や鳥が子を生み育てる。

意味 ❶子を生む。また、やしない育てる。例乳育。乳母。❷ちち。また、ちちに似た白い液体。例乳液。乳牛。母乳。❸ちぶさ。また、ちぶさの形をしたもの。例乳頭。乳房。鍾乳石。❹生まれてまもない。おさない。例乳歯。乳児。

【乳母】うば 母親に代わって乳児にちちをあたえて育てる人。
【乳兄弟】ちきょうだい 血のつながりはないが、同じ人のちちで育ったあいだがら。
【乳首】ちくび ちぶさの先の、ちちの出るところ。また、それに似せてゴムなどで作った、赤ちゃん用のおしゃぶり。
【乳育】ニュウイク 子をそだてやしなうこと。
【乳液】ニュウエキ ちちのような、白色でどろりとした液体。
【乳化】ニュウカ (名・する) ちちのようなどろりとした液体になること。また、そうすること。
【乳▼癌】ニュウガン 〔医〕ちぶさの中の乳汁を分泌する腺に生じる悪性腫瘍。
【乳牛】ニュウギュウ・ちちうし ちちをしぼるために飼うウシ。対肉牛・役牛
【乳剤】ニュウザイ 油や樹脂など水にとけにくい物質を乳化して製造した液剤。例石油—。
【乳酸】ニュウサン 糖類や牛乳が発酵してできる、ねばりけのある酸味の強い物質。工業用・飲料用として使う。例—菌。
【乳歯】ニュウシ 生後六か月ごろから生えはじめ、二、三歳で上下二十本がそろう歯。六歳ごろから永久歯とぬけかわる。
【乳児】ニュウジ 生後一年くらいまでの子供。ちのみご。
【乳質】ニュウシツ ①ちちの品質。②ちちのような性質。
【乳臭】ニュウシュウ ①ちちのにおい。例—児(=ちちくさい子供。青二才)。②経験不足で未熟なこと。
【乳汁】ニュウジュウ 乳腺から分泌される白くて栄養のある液体。ちち。
【乳状】ニュウジョウ ちちのように、白くどろりとしている状態。
【乳腺】ニュウセン ちぶさの中にあって、出産すると乳汁を分泌する腺。
【乳糖】ニュウトウ 哺乳動物のちちにふくまれる糖分。
【乳頭】ニュウトウ ちぶさの先端の部分。乳児が吸いつくところ。乳首。
【乳白色】ニュウハクショク ちちのように不透明で白い色。
【乳鉢】ニュウバチ 〔「ニュウハチ」とも〕乳棒を使って薬などを、すりつぶしたり混ぜ合わせたりするための、うつわ。ガラスや陶磁器などでできている。
【乳房】ニュウボウ・ちぶさ 哺乳動物の雌の胸(または腹部)にあるふくらみ。哺乳期には、中央の乳首から乳汁を分泌する。
【乳棒】ニュウボウ 乳鉢に入れた薬などをくだいたりすりつぶしたりする、先の太い棒。ガラスや陶磁器などでできている。
【乳幼児】ニュウヨウジ 乳児と幼児。小学校に入学前の子供。
【乳酪】ニュウラク ウシやヒツジのちちからつくった食品。クリーム・バター・チーズなど。とくに、バター。
●牛乳・授乳・粉乳・母乳・離乳・練乳

乚7 【乳】 8画 ⇨【乳】ニュウ(36ジペー)

乙10 【乾】 11画 2005 4E7E 常用 音■カン漢呉 ■ケン漢 訓かわ-く・かわ-かす・ひ-る・ほ-す・いぬい

筆順 一 十 古 古 直 卓 乾 乾

なりたち [形声]「乙(=上に出る)」と、音「倝(=日が出はじめて光りかがやく)」とから成る。上に出る。派生して「かわく」の意。

意味 ㊀ 水分がなくなる。かわく。かわかす。ほす。同干。例乾季。乾燥。乾物。㊁ ❶易の卦。八卦の一つ。天をかたどり、天・日・男・父など、陽性・剛健をあらわす。対坤。例乾坤。乾徳。❷方位の名。北西にあたる。いぬい。対坤。例乾位。

使い分け かわく【乾・渇】⇩1167ページ

人名 いぬ・かみ・すすむ・たか・たけし・つとむ・つよし

【乾季】カンキ 一年じゅうでとくに雨の少ない季節・時期。(熱帯や亜熱帯で、雨季に対していう) 表記「乾期」とも書く。

【乾魚】カンギョ 保存がきくように干したさかな。干物。干しうお。

【乾湿】カンシツ 空気などのかわきと、しめり。乾燥と湿気。例―球湿度計。

【乾性】カンセイ かわいている性質。また、かわきやすい性質。対湿性。例―油。―肋膜炎。

【乾草】カンソウ かりとって、かわかした草。貯蔵して家畜の飼料とする。ほしくさ。

【乾燥】カンソウ (名・する)①かわいていること。また、かわかすこと。例―剤。―機。②おもしろみがないこと。例無味―。

【乾田】カンデン 水はけがよく、水を入れないと畑にもなる水田。対湿田。

【乾電池】カンデンチ 電解液が流れ出ないようにした、とりあつかいや携帯に便利な電池。

【乾杯】カンパイ (名・する)お祝いごとや健康を祝しながら、みんなでいっせいに杯をさしあげてその酒を飲みほすこと。例―の音頭をとる。

【乾物】カンブツ 乾燥させた食品。干しうお・豆・こんぶ・かんぴょう・干しいたけなど。ひもの。例―屋。

【乾布摩擦】カンプマサツ かわいた手ぬぐいやタオルで皮膚をなん回もこする健康法。

【乾酪】カンラク チーズ。

【乾留】カンリュウ (名・する)空気を入れずに固体を強く熱し、固体有機物を分解する方法。石炭から石炭ガスやコールタールをとり出すなど。表記 旧乾▼溜

【▽乾▼坤】ケンコン ①天と地。例―日夜浮かぶ(=天地万物が昼も夜も(この広大無辺の洞庭湖の)水面に浮かんでいる)。(杜甫・登岳陽楼) ②陽と陰。③日と月。④男と女。⑤いぬい(=北西)と、ひつじさる(=南西)。→【八卦】(107ページ)

【▽乾▼坤一▼擲】ケンコンイッテキ 天地をかけ、のるかそるか運にまかせてやってみること。例―の大勝負。→【一▼擲乾坤を賭す】(7ページ)

【▽乾徳】ケントク ①万物を支配する天の徳。天の力。②天子の徳。▽対坤徳。

乚12 【亂】13画 ⇩【乱】(35ページ)

6 1画 亅 はねぼう部

かぎの形をあらわす。「亅」の字形を目じるしにして引く漢字を集めた。

0 亅 1 了 3 予 5 争 6 事 7 事

この部首に所属しない漢字

丁⇩一 9 于⇩二 41 乎⇩丿 33 豫⇩豕 930

亅0 【亅】 1画 4813 4E85 音ケツ漢

意味 つり針のような形の鉤。かぎ。はり。

亅1 【了】 2画 4627 4E86 常用 音リョウ漢呉 訓お-わる

筆順 フ 了

なりたち [象形]うでのない子供の形。足がもつれる。派生して「おわる」の意。

意味 ❶一つのことがすっかりおわる。けりがつく。おわる。おえる。例完了。終了。満了。❷よくわかる。さとる。例了解。了承。…を了とする。

人名 あき・あきら・おさむ・さと・さとし・さとる・すみ・のり

【了解】リョウカイ (名・する)理由や意味などがよくわかって、みとめること。理解して承知すること。例おたがいの―事項。―しました。表記 旧▼諒解

【了見】リョウケン ㊀(名)ものごとについての、その人の考え方や行動のしかた。例―がせまい。悪い―を起こすな。いったい、どういう―なのだ。㊁(名・する)がまんして相手を許してやること。かんべんしてやること。例―がならぬ。表記 ▽「料▽簡・了▽簡」とも書く。

【了察】リョウサツ (名・する)相手の事情を思いやること。例よろしくご―ください。表記 旧▼諒察

【了承】リョウショウ (名・する)内容や事情をよく理解して納得すること。例相手の―を得る。その件は―した。表記 旧▼諒承

【了知】リョウチ (名・する)ことがらの内容や事情を理解していること。例前から―していたこと。

【了得】リョウトク (名・する)よくさとり納得していること。

【了了】リョウリョウ (形動タル)①ものごとがはっきりとわかるようす。かしこいようす。②あいまいなところがなく、明らかなようす。例―として疑いがない。

●完了・議了・校了・悟了・修了・終了・責了・投了・読了・満了・未了・魅了

亅3 【予】 4画 4529 4E88 教育3 音AB ヨ漢呉 訓あた-える・われ・あらかじ-め

筆順 フ マ ヱ 予

A 亅3 【予】 4画 4529 4E88

B 豕9 【豫】 16画 4814 8C6B

なりたち A[予] [象形]手でものをおしやり、相手にあたえる形。B[豫] [形声]「象(=ゾウ)」と、音「予」とから成る。ゾウの大きなもの。借りて「あらかじめ」の意。

意味 A[予] ❶あたえる。同与。例予奪。賜予。天予。❷一人称の代名詞。われ。自分。よ。同余。例予輩。予一人。

B[豫] ❶前もって(そなえる)。あらかじめ。同預。例予感。予言。予備。❷ためらう。ぐずぐずする。例猶予。❸よろこびたのしむ。例悦予。不予。

日本語での用法 ㊀《よ》「よ」の音にあてた万葉がな。「伊予

「国(いよのくに)」 二《ヨ》旧国名「伊予(いよ)」の略。「予州(ヨシュウ)・予讃線(ヨサンセン)」

人名 かね・たのし・まさ・やす・やすし

【予価】ヨカ 発売前の、予定の価格。

【予科】ヨカ ①本科に進む前の課程。②一部の旧制大学が学部入学の前段階としてもうけていた旧制高等学校に相当する課程。▽対本科。

【予覚】ヨカク（名・する）なんとなく事前にわかること。予感。例危険を―していた。

【予感】ヨカン（名・する）前もってなんとなく感じること。予覚。例不吉(フキツ)な―がする。―が当たる。

【予期】ヨキ（名・する）つぎに起こることを予想し、心の準備をすること。例―に反して失敗した。だれも―しないような事態が起きた。

【予見】ヨケン（名・する）将来のこと、未来のことを見通すこと。予知。例百年前に今日の日本を―していた。

【予言】ヨゲン（名・する）①未来を見通して言い当てること。また、そのことば。例―どおりになった。②宗教で、人の口をかりて告げられる神のことばを、人々に伝えること。また、そのことば。表記②は「預言」とも書く。

【予後】ヨゴ ①病状の経過や、この先どうなるかの医学上の見通し。例症状(ショウジョウ)から見て―不良である。②治療(チリョウ)したあとの病状の経過。例―を観察する。

【予行】ヨコウ（名・する）儀式(ギシキ)や行事を前もって本番どおりに練習すること。リハーサル。例運動会の―演習。

【予告】ヨコク（名・する）何かがおこなわれることを、前もって知らせること。例新番組の―。試験期日を―する。

【予算】ヨサン ①前もって見積もった費用。例―を組む。―を立てる。―をオーバーする。②〔法〕国家や地方公共団体などが、法律に従って立てる、つぎの年度の歳入(サイニュウ)・歳出に関する計画。例補正(ホセイ)―。

【予習】ヨシュウ（名・する）これから教わることを、前もって勉強しておくこと。下調べ。対復習。

【予審】ヨシン〔法〕旧(キュウ)刑事訴訟(ケイジソショウ)法で、公判の前に裁判官が非公開でおこなった審理。現行法では認めていない。

【予選】ヨセン（名・する）前もって、出場者や参加作品をふるい分けること。また、そのための試合や審査(シンサ)。対本選。例―通過。―落ち。

【予▼餞会】ヨセンカイ 「「餞」は、はなむけの意」卒業や旅立ちの前に、あらかじめおこなう送別会。

【予想】ヨソウ（名・する）これからどうなるか、見当をつけること。また、その内容。類予測・予見。例―が的中する。十年後を―する。

【予測】ヨソク（名・する）ある事実をもとに、将来の見通しをつけること。また、その内容。類予想・予見。例結末は―が立たない。来年の景気を―する。

【予断】ヨダン（名・する）結果を、前もって判断すること。例事態は―を許さない。偏見(ヘンケン)と―を自戒(ジカイ)する。

【予知】ヨチ（名・する）前もって知ること。類予測・予見。例―能力。地震(ジシン)―連絡会(レンラクカイ)。

【予兆】ヨチョウ 何かが起こる前ぶれ。きざし。類前兆。例事件の起こる―ではないか。

【予定】ヨテイ（名・する）あらかじめ決めておくこと。また、その日程・行事・行動など。スケジュール。例行事―表。―が立たない。

【予備】ヨビ ①前もって用意しておくこと。例―知識。―校。②足りない場合にそなえて多めに用意しておくこと。また、そのもの。例―費。―の人員。

【予報】ヨホウ（名・する）あらかじめ知らせること。また、その知らせ。例天気―。―が当たる。―が外れる。

【予防】ヨボウ（名・する）病気や災害などの発生を、あらかじめふせぐこと。例―注射。

【予防接種】ヨボウセッシュ（名・する）感染症(カンセンショウ)を予防するため、毒性を弱めた病原体などを体内に入れて、免疫(メンエキ)をつくること。

【予防線】ヨボウセン あとになって批難されたりしないよう、あらかじめ用意しておく方策。例―を張る。

【予約】ヨヤク（名・する）前もって（売り買いなどの）約束をすること。また、その約束。例―席。結婚(ケッコン)式場を―した。

【予鈴】ヨレイ 授業や芝居(しばい)・業務などの開始を知らせる本鈴(ホンレイ)の少し前に鳴らす、ベルやチャイム。対本鈴。

亅5 【争】6画 3372 4E89 教育4 音ソウ漢 訓あらそ-う

筆順 ノ ク ク 刍 刍 争

爫4 【爭】8画 6407 722D 人名

なりたち 〔会意〕「⺥(=両手)」と「亅(=引く)」とから成る。自分のほうに引きよせようと、あらそう。

意味 ❶勝とうとしてたがいにせりあう。また、きそう。あらそう。あらそい。例争議(ソウギ)。争奪(ソウダツ)。競争(キョウソウ)。❷（おもに目上の人の）あやまりをはっきり指摘(シテキ)し、直すように言う。いさめる。例争臣(ソウシン)。

日本語での用法《いかで》なんとかして。「争(いか)で勝(か)たむ」

【争議】ソウギ ①たがいに意見を主張し、議論すること。例家庭―。②使用者と労働者とのあらそい。例―権。―行為(コウイ)。労働―。

【争臣】ソウシン 君主に対し、自分の思っていることをはっきりと述べる臣下。

【争奪】ソウダツ（名・する）自分のものにしようと、力でうばい合うこと。例―戦がくり広げられる。

【争点】ソウテン 論争や紛争(フンソウ)の中心となっていることがら。例―をはっきりさせよう。

【争闘】ソウトウ あらそい。闘争。

【争覇】ソウハ（名・する）①支配者になろうとしてあらそうこと。②スポーツで、優勝をあらそうこと。

【争友】ソウユウ 心から忠告してくれる友人。

【争乱】ソウラン あらそいが起こって、世の中がみだれること。

【争論】ソウロン 言いあらそい。いさかい。例―では解決しない。

●競争(キョウソウ)・係争(ケイソウ)・抗争(コウソウ)・戦争(センソウ)・闘争(トウソウ)・紛争(フンソウ)・論争(ロンソウ)

亅6 【亊】7画 ⇩【事】ジ（38ページ）

亅7 【事】8画 2786 4E8B 教育3 音シ漢 ジ呉 ズ唐 訓こと・つか-える

筆順 一 丆 冂 戸 亘 亘 亘 事

亅6 【亊】7画 4815 4E8A 俗字

なりたち 〔形声〕「史」と、音「之(シ)」の省略体とから成る。つとめる。

意味 ❶目上の人に奉仕(ホウシ)する。つかえる。例事大(ジダイ)。兄事(ケイジ)。師事(シジ)。❷人が専念しておこなうこと。しごと。例事業(ジギョウ)。事務(ジム)。理事(リジ)。❸できごと。ものごと。ことがら。例事こと。例事実(ジツ)。事物(ブツ)。時事(ジ)。

【事柄】(ことがら) 人名 おさむ・つとむ・わざ　ものごと。また、ものごとのありさまや内容。事項(ジコウ)。例たいせつな―。

【事業】(ジギョウ) ①日常的な仕事よりも、社会的・計画的・組織的で、規模(キボ)の大きな仕事。例慈善(ジゼン)―。維新(イシン)政府の―。②会社経営のような、利益を上げることを目的とした経済活動。類実業。例―家。―を起こす。新規―に成功する。

【事件】(ジケン) ①犯罪・争い・災害など、人々がそれの一部始終に強い関心を持つようなできごと。例大―。汚職(オショク)―。―記者。②裁判所(サイバンショ)があつかうようなことがら。例訴訟(ソショウ)―。―を起こす。―にしないで丸くおさめる。

【事故】(ジコ) ①思いがけなく発生する悪いできごと。例交通―。―死。―に遭(あ)う。―を起こす。②さしつかえ。支障(シショウ)。例―あるときはやむをえない。

【事後】(ジゴ) なにかがおこなわれた、あと。対事前。例―処理をきちんとする。

【事後承諾】(ジゴショウダク) ことがおこなわれたあとで承諾すること。例―を求められた。

【事項】(ジコウ) ことがら。例注意―。

【事実】(ジジツ) 一(名)実際に起きたできごとや、現実に存在することがら。ほんとうのこと。例―は小説より奇(キ)なり。二(副)ほんとうに。実際に。例―山の木木も枯(か)れている。

【事実無根】(ジジツムコン) 根拠(コンキョ)がないこと。事実にもとづいていないこと。

【事象】(ジショウ) ①事実や現象。できごと。例自然界の―を観察する。現代社会の―を批判する。②〔数〕試行の結果として起こることがら。例その―が起こる確率は六分の一だ。

【事情】(ジジョウ) ものごとの過去のいきさつや現在のようす。また、よりくわしい原因・理由など。例―を説明する。土地の―に明るい。内部の―に通じている。

【事跡】(ジセキ) ものごとのおこなわれたことを示す、あと・しるし。例聖書の中のキリストの―。表記 旧事▼蹟。「事▼迹」とも書く。

【事績】(ジセキ) 〔「績」は、つむいだ糸の意。転じて、仕事の成果の意〕ある人のなしとげた仕事と、その功績。例故人の―を後世(コウセイ)に伝える。

【事前】(ジゼン) なにかがおこなわれる、まえ。対事後。例―協議。―準備。

【事態】(ジタイ) ことのなりゆき。事件のうつりかわり。類形勢・状況(ジョウキョウ)。例非常―。容易ならぬ―に立ち至る。

【事大】(ジダイ) 〔大(ダイ)に事(つか)えるの意〕弱く小さい者が、強く大きい者に従うこと。自主性がなく、強大な者に身を寄せること。例―主義。

【事大主義】(ジダイシュギ) 自己保存のために、権力や勢力の強い者に従おうという考えや態度。

【事典】(ジテン) ことがらを一定の基準で集めて配列し、説明した書物。〔「字典」「辞典」と区別して、俗(ゾク)に「ことてん」という〕例百科―。国宝―。→【辞典】(ジテン)(960ページ)・【字典】(ジテン)(283ページ)

【事物】(ジブツ) ことがらや物のようす。例個個(ココ)の―をよく観察する。〔「事物」は、「物」のほうに重点がある。「物事(ものごと)」は、逆に「事」のほうに重点がある〕

【事変】(ジヘン) ①天災や突発的(トッパツテキ)な騒動(ソウドウ)など、異常で社会的影響(エイキョウ)の大きいできごと。変事(ヘンジ)。例満州―。②宣戦布告をしないで始まった国家間の武力紛争(フンソウ)。

【事務】(ジム) 書類の取りあつかいや計算など、主として机の上でする仕事。例―室。―用品。―を執(と)る。

【事務的】(ジムテキ) (形動ダ)①事務に関するようす。例―に応対する。②感情をまじえずに型どおりに処理するようす。例―にかたづけられる。

【事由】(ジユウ) あることがらが起こった事情と理由。例病気を―に欠席する。

【事理】(ジリ) ①ものごとは、こうあるべきであるというすじみち。わけ。例―を明らかにする。②〔仏〕個々の現象としての「事」と、その背後にある真理としての「理」。例―もとより二つならず(＝ものごとの現象と真理は、元来別々のものではない)。〈徒然草(つれづれぐさ)〉

【事例】(ジレイ) ①それぞれの具体的な実例。例似たような―はたくさんある。②過去にあったという事実。例具体的な―を示してもらいたい。

●悪事(アク)・火事(カ)・家事(カ)・幹事(カン)・記事(キ)・議事(ギ)・吉事(キチ)・凶事(キョウ)・行事(ギョウ)・軍事(グン)・兄事(ケイ)・刑事(ケイ)・検事(ケン)・工事(コウ)・故事(コ)・雑事(ザッ)・惨事(サン)・師事(シ)・時事(ジ)・従事(ジュウ)・小事(ショウ)・食事(ショク)・炊事(スイ)・遂事(スイ)・大事(ダイ)・知事(チ)・珍事(チン)・判事(ハン)・万事(バン)・無事(ブ)・返事(ヘン)・法事(ホウ)・有事(ユウ)・用事(ヨウ)・理事(リ)・領事(リョウ)

7 2画　二　に部

横線二本で、「ふたつ」「平行」「両端(リョウタン)」の意をあらわす。「二」をもとにしてできている漢字と、「二」の字形を目じるしにして引く漢字とを集めた。

0 二　1 于　2 云 五 互 井　4 亙 亘　5 亜　6 亟 些 亞

この部首に所属しない漢字

三⇒一 11　干⇒干 344　元⇒儿 99　夫⇒大 263　井⇒丶 31　平⇒干 344　未⇒木 511　示⇒示 722　弐⇒弋 361

二 0 【二】 2画 3883 4E8C 教育1

音 ジ漢 ニ呉
訓 ふた・ふた-つ・ふ
付表 十重二十重(とえはたえ)・二十歳(はたち)・二十日(はつか)・二人(ふたり)・二日(ふつか)

筆順 一 二

なりたち 二　[指事]長さが等しい線をならべ重ねて、ふたつの意をあらわす。

弋2 【弐】 5画 4817 5F0D 古字

意味 ❶数の名。ふた。ふたつ。例二元(ニゲン)。二者択一(ニシャタクイツ)。無二(ムニ)。❷ふたたび。例二期作(ニキサク)。二言(ニゴン)。二度(ニド)。❸ふたつめ。つぎの。例二月(ニガツ)。二次(ニジ)。二世(ニセイ)。❹ふたつにする。別にする。別の。例二心(ニシン)。二分(ニブン)。

参考 商売や契約(ケイヤク)の文書では、数字を書きかえられないよう、同音の「弐」や「貳」を使うことがある。

人名 かず・さ・すすむ・つぎ・つぐ・ぶ

【二院】(ニイン) 国会を構成する二つの議院。日本の衆議院と参議院、アメリカの上院と下院など。

【二王】(ニオウ) ①ふたりの君主。例地に―なし。②⇒【仁王】(ニオウ)(52ページ)

【二階】(ニカイ) 建物の、地上から二番目の階。例―家(や)。―建て。地下━。

【二月】ニガツ・ニゲツ 一年の二番目の月。如月。

【二期作】ニキサク 同じ田畑で年に二回、同じ作物をつくること。〔おもに稲作についていう〕→【二毛作】ニモウサク

【二義的】ニギテキ（形動ナ）〔第一義(=根本的で最もたいせつなこと)の次ということから〕それほど重要ではないようす。第二義的。対一義的。例━な問題はあとまわしだ。

【二極】ニキョク ①南極と北極。また、陽極と陰極。②中心勢力が二つあること。例一極集中か━分化か。

【二軍】ニグン スポーツの社会で、予備の選手集団。ファーム。対一軍。

【二元】ニゲン ①対立する二つの根本原理。例物心の━要素。②二つの別々の場所。例━放送。③〔数〕代数方程式で未知数が二つあること。例連立━一次方程式。▽対一元・多元。

【二元論】ニゲンロン〔哲〕対立する二つの根本原理によってすべてを説明しようという方法。たとえば、陰と陽、善と悪、精神と物質など。対一元論・多元論。

【二更】ニコウ「五更①」の二番目。午後十時、およびその前後の二時間。亥の刻。乙夜。例夕刻より━におよぶ。

【二言】[一]ニゴン 二度いうこと。とくに、前とちがうことをいうこと。例武士に━なし。[二]ふたこと 何か言いはじめると、ついでに必ず言うことば。例母は━目には勉強しろと言う。

【二三】ニサン 二つか三つ。少々。少しばかり。例気づいたことを━指摘する。

【二次】ニジ ①二回目。例━募集。②根本的あるいは主要なものの、つぎ。例━的問題。━災害。③〔数〕代数方程式などの次数が二であること。例━式。

【二次元】ニジゲン たてとよこだけの広がりの平面。対一次元・三次元・四次元。

【二十世紀】ニジッセイキ ①西暦一九〇一年から二〇〇〇年までの百年間。②ナシの一品種。

【二者択一】ニシャタクイツ 二つのものごとの、どちらか一方をえらぶこと。例━をせまられる。

【二▼竪】ニジュ〔「竪」は、子供の意〕重い病気をたとえていうことば。→【病膏肓に入る】(685ページ)

【二重】[一]ニジュウ（同じようなものが、また、まれに正反対のものが）かさなること。かさねること。ダブること。例━窓。━人格。[二]ふたえ かさなり。重複。例━まぶた。

[二部] 0画 二

【二重唱】ニジュウショウ ふたりが別々の声部を受け持って、いっしょに歌うこと。デュエット。

【二重人格】ニジュウジンカク ひとりの人間の中に二つの人格が存在していて、まったく別人のような言動をすること。類多重人格。例ジキル博士とハイド氏は━者の典型だ。

【二重奏】ニジュウソウ 二つの楽器で合奏すること。デュエット。同じ楽器の場合と、ちがう楽器の場合とがある。例ピアノ━。

【二十四気】ニジュウシキ「二十四節気」に同じ。

【二十四孝】ニジュウシコウ 昔の中国で、代表的な親孝行の二十四人をいうことば。舜、漢の文帝、曽参など。〔日本には、江戸時代に作られた「本朝二十四孝」がある〕

【二十四節気】ニジュウシセッキ 旧暦で、一年を季節にしたがって、十五日ずつ二十四の期間に分けてあたえた名。二十四気。春から順に、立春・雨水・啓蟄・春分・清明・穀雨・立夏・小満・芒種・夏至・小暑・大暑・立秋・処暑・白露・秋分・寒露・霜降・立冬・小雪・大雪・冬至・小寒・大寒。

【二十八宿】ニジュウハッシュク〔「ニジュウハッシュウ」とも〕古代中国で、天体の位置を示す基準とするために定めた二十八の星宿(=星座)。角・斗・昴など。→【星宿】セイシュク(489ページ)

【二乗】ニジョウ（名・する）〔数〕ある数・式に、それと同じ数・式をかけ合わせること。自乗。平方。

【二心】ニシン・ふたごころ 主人や味方を裏切り、信頼にそむく心。不忠。例━を抱く。

【二伸】ニシン〔「伸」は、申す・述べる意〕手紙で、あとから書き足すときに用いることば。追って書き。追伸。P.S.(=postscript)

【二親等】ニシントウ 血のつながりの遠近を示すことば。自分を中心にしたときの祖父母・孫、きょうだいとの関係を指す。→【親等】シントウ(907ページ)

【二進法】ニシンホウ〔数〕数を1と0との二つだけであらわす方法。コンピューターに応用されている。十進法の2は10、3は11、4は100、5は101となる。

【二世】[一]ニセイ ①欧米で、同名の皇帝や教皇などで二代目の人。例ドイツのウィルヘルム━。②その国に移住した初代(=一世)の子で、その国の市民権をもつ人。また、いっぱんに、二代目。例ブラジル日系━移民━。③その人の子供。ジュニア。例━が誕生した。[二]ニセ 現世と来世。この世とあの世。例━の契り(=夫婦の、あの世までも続く、という固い約束)。

【二千石】ニセンセキ〔「石」は、米穀などの容積の単位で、漢代に郡の太守の年俸が二千石であったことから〕地方長官のこと。

【二千里外故人の心】ニセンリガイコジンのこころ（月をながめながら）はるか遠くにいる親友の身の上を思う心。〔「故人」は、ここでは、旧友の意〕〈白居易・八月十五日夜禁中独直対月憶元九〉

【二足】ニソク はきもの二対。

【二足の▽草▼鞋】ニソクのわらじ 同じ人が同時に二つの職業につくこと。例━を履く〔江戸時代には、ばくち打ちが捕方として十手をあずかるような場合をいった〕。

【二束三文】ニソクサンモン 数は多くても値うちがないこと。〔二束で三文とも、わらじが二足でも三文にしかならないの意ともいう〕例━で家財道具を売りはらう。

【二段構え】ニダンがまえ 一度目がだめな場合に備えて、二番目の方法も用意しておくこと。例安全装置を━にしておく。

【二▼兎】ニト 二ひきのウサギ。

【二▼兎を追う者は一▼兎をも得ず】ニトをおうものはイットをもえず 同時に二つのことをしようとする者は、両方ともに失敗する。類虻蜂取らず。

【二等親】ニトウシン「二親等」に同じ。

【二刀流】ニトウリュウ ①両手に一本ずつの刀を持って戦う剣術の流派。宮本武蔵の創始で、「二天一流」ともいう。〔ふつう、右手に長い刀、左手に短い刀。逆に持つのを逆二刀という〕②酒も、あまいものも好きな人。両刀づかい。

【二人称】ニニンショウ 自分と話している相手を指すことば。「あなた」「きみ」「おまえ」「なんじ」など。対称。対一人称・三人称。

【二年生草本】ニネンセイソウホン「二年草」に同じ。

【二年草】ニネンソウ 芽を出して花がさき、実ができてかれるまで年度にして二年にまたがる植物。ムギやダイコンなど。二年生草本。越年草。対一年草・多年草。

【二の足を踏む】にのあしをふむ〔「二の足」は、つぎに出す足〕ためらう。躊躇する。

【二番煎じ】ニバンせんじ ①一度煎じた薬草や茶を、もう一度煎じること。また、そのように味もかおりもうすい飲みもの。②以前のくりかえしで新鮮みのないもの。例ヒット作の━。

【二百十日】ニヒャクとおか 立春から数えて二百十日目。九月一日ごろ。〔日本で、台風の来る時期の、厄日の一つとした〕類二百二十日。

【二百二十日】ニヒャクはつか 立春から数えて二百二十日目。九月十一日ごろ。「二百十日」と同じで台風の来る時期。

【二拍子】ニビョウシ 強弱の二拍が一単位となっている拍子。

【二部】ニブ ①二つの部分。例―合唱。―授業。②第二の部。もよおし物などの、全体を区分して、その第二を指す。③大学の、夜間部。例―の卒業生。

【二分】ニブン (名・する)二つにわけること。例天下を―する戦い。

【二枚貝】ニマイがい ハマグリやシジミなどのように二枚の貝がらをもっている貝。

【二枚舌】ニマイじた 舌が二枚あるかのように、平気でうそをついたり、つじつまの合わないことを言ったりすること。例―を使う。

【二枚目】ニマイめ ①美男子。やさおとこ。〔昔、芝居の看板で二枚目に名前が書かれたことから〕対三枚目。②相撲の番付で、前頭・十両などの二番目の地位。

【二毛】ニモウ 〔白と黒のまざったかみの毛。ごま塩あたま、の意から〕老人のこと。対黄口(=子供)。例―の嘆き。

【二毛作】ニモウサク 同じ田畑で年に二回、ちがう作物をつくること。イネのあとにムギをつくるなど。〔一毛作は、年に一回、主要な作物(おもにイネ)をつくること〕→【二期作】ニキサク

【二流】ニリュウ ①(品質・地位・人などの評価で)最上よりややおとっているもの。対一流・三流。例―作家。―映画。②二つの流れ。二つの流派。

【二六時中】ニロクジチュウ (副)〔昔、一日を昼六時、夜六時に分けていたところから〕一昼夜。一日じゅう。不断に。類四六時中。例―何かを気にかけて落ちつかない。

【二葉】ふたば ①芽生えたばかりの二枚の小さな葉。②幼児のころ。また、ものごとの初め。例梅檀は―より芳し。悪の芽は―のうちに摘め。表記▽「双葉」とも書く。

【二股▼膏薬】ふたまたゴウヤク 〔内股にはった膏薬が右足についたり左足についたりするように〕あちらについたりこちらについたり、態度がはっきりしない人をたとえていう。内股膏薬。

二 1 【于】 3画 4818 4E8E

音 一ウ漢呉 二ク漢呉 訓 ここ-に・ゆ-く

参考 「干」は別の字。

意味 一ウ ❶ゆく。いく。例君子于役(=あなたは(命じられて)国境の守備にゆく)。〈詩経〉❷〔助字〕「…に」「…を」「…より」と読み、場所・時間・対象・比較をあらわす。例志二于学一(=学問に志を立てた)。〈論語〉 二ク なげくことば。ああ。例于嗟。

【于▼嗟】ああ (感)感動して発する声。

二 2 【云】 4画 1730 4E91 人名

音 ウン漢呉 訓 い-う

意味 …という。他人のことばや書物から引いていう場合に用いられることば。いう。例云云ウンヌン。

人名 これ・とも・ひと

【云云】ウンヌン 一(名)引用する文が長かったり、確かでなかったりして、あとを省略する場合に用いる。しかじか。これこれ。二(名・する)あれこれ口出しすること。とやかくいうこと。例他人が―することではない。

二 2 【五】 4画 2462 4E94 教育1

音 ゴ漢呉 訓 いつ・いつ-つ・い 付表 五月さつき・五月雨さみだれ

筆順 一 丆 五 五

なりたち 〔指事〕陰と陽の二気が天と地との間でまじわる形。五行(木・火・土・金・水)の気のめぐりのこと。派生して「いつつ」の意。

意味 ❶数の名。いつ。いつつ。例五感。五山。❷いつたび。例五回。❸いつつめ。例五月。五更。

日本語での用法 《いつつ》昔の時刻の名。辰の刻(=今の午前八時ごろ)、および戌の刻(=今の午後八時ごろ)。「やがて五つというころ」

参考 商売や契約の文書では、数字を書きかえられないよう、同音の「伍」を使うことがある。

難読 五十い・五十嵐いがらし・五十鈴いすず・五百城いおき・五架うこぎ

人名 あつみ・あつむ・いず・かず・ゆき

【五音】ゴイン ゴオン 東洋音楽の五つの音階。低いほうから、宮・商・角・徴・羽の五つ。五声。

【五戒】ゴカイ 〔仏〕在家の仏教信者が守るべき五つのいましめ。殺生戒(=生き物を殺さない)・偸盗戒(=ぬすみをしない)・邪淫戒(=夫婦間以外に性交をしない)・妄語戒(=うそをつかない)・飲酒戒(=酒を飲まない)の五つ。

【五岳】ゴガク 中国で、天下の鎮めとして信仰された東・西・南・北と中央の、五つの霊山。泰山(=東岳)・華山(=西岳)・霍山(のちに衡山=南岳)・恒山(=北岳)・嵩山(=中岳)。

【五月】ゴガツ さつき 一年の五番目の月。皐月。

【五官】ゴカン 目・耳・鼻・舌・皮膚の、五つの感覚器官。

【五感】ゴカン 五官によって得られる五つの感覚。視覚・聴覚・嗅覚・味覚・触覚。例―をとぎすます。

【五経】ゴキョウ 〔「ゴケイ」とも〕漢代、儒教で最もたいせつとされた五つの経典。『易』『書』『詩』『礼』『春秋』。→【四書】シショ(217ページ)

【五行】ゴギョウ ①古くからの中国の考え方で、万物の根源となる五つの元素。木・火・土・金・水。②儒教でいう、仁・義・礼・智・信。五常。③〔仏〕菩薩の修行する五種の行。たとえば、『大乗起信論』では、布施・持戒・忍辱・精進・止観。

【五刑】ゴケイ ①古代中国でおこなわれた五種の刑罰。墨(=いれずみ)・劓(=鼻をそぐこと)・刖(=足きり)・宮(=男子は去勢、女子は幽閉)・大辟(=首きり)。②隋以後おこなわれ、また、それにならって日本の律令制で定められた五種の刑罰。笞(=むちで打つこと)・杖(=棒たたき)・徒(=懲役)・流(=島流し)・死(=死刑)。

【五更】ゴコウ ①日没から夜明けまでを五等分して呼んだ名。初更・二更・三更・四更・五更。一更の長さは季節によって長短の差がある。五夜に対応する。②「①」の五番目。午前四時、およびその前後の二時間。寅の刻。戊夜。

【五穀】ゴコク 主食となる、五種類の主要な穀物。また、いっぱんに、穀物をまとめていうことば。日本ではふつう、コメ・ムギ・アワ・キビ・マメを指す。例―豊穣。

【五言】ゴゴン 漢詩で、漢字五字から成る一句。

【五言古詩】ゴゴンコシ 一句が五字から成り、句数に制限がなく、韻律なども自由な漢詩の形式。五古。→【古詩】コシ(182ページ)

【五言絶句】ゴゴンゼック 唐代に完成した漢詩の形式。一句が五字、全体が四句から成る。五絶。→【絶句】ゼック(780ページ)

【五言律詩】ゴゴンリッシ 唐代に完成した漢詩の形式。一句が

五字、全体が八句から成る。五律。→【律詩】(376ペ)

【五山】ゴザン 〔「ゴサン」とも〕禅宗で格の高い五つの寺。京都では、天竜寺・相国寺・建仁寺・東福寺・万寿寺。鎌倉では、建長寺・円覚寺・寿福寺・浄智寺・浄妙寺。

【五指】ゴシ 手の五本のゆび。例―にはいる(=第五位までにかぞえられる)ほどの強さ。―に余る(=五つ以上もある)。

【五色】ゴシキ ①中国で、青・黄・赤・白・黒の五つのいろ。②さまざまな美しいいろ。例―の短冊。―のテープが飛ぶ。

【五七調】ゴシチチョウ 日本の和歌・詩・文などで、五音のことばと七音のことばをくりかえす形式。対七五調。

【五十歩百歩】ゴジッポヒャッポ 結果・結論において、たいしたちがいはないこと。

故事のはなし 戦場で陣太鼓が鳴っていざ戦いが始まろうとするとき、よろいをぬぎすて武器を引きずってにげ出す者がいた。ある者は百歩にげて止まり、ある者は五十歩にげて止まった。このとき、五十歩にげた者が百歩にげた者を、おくびょうだと言って笑ったという。しかしそれは、たとえ五十歩でも、にげたという点では同じなのだから、百歩の者を笑ったりすることはできないのである。〈孟子〉

【五車】ゴシャ ①五台の車。②蔵書の多いこと、また、博識のたとえ。戦国時代、宋の恵施は、多方面にわたる蔵書が、五台の車に積むほどであったという故事による。五車の書。

【五十音】ゴジュウオン ①かな文字で書きあらわす、国語の五十音。②「五十音図」のこと。あ行からわ行までの十行とあ段からお段までの五段の、合計五十の音の表。〔今の実際の発音の種類は四十四だが、習慣で五十音といっている。また、「バ」や「パ」のような濁音や半濁音、「ン」「ッ」「ャ」などであらわされる音はふくまない〕

【五十にして天命を知る】孔子が、五十歳になって天が自分にあたえた使命をさとったこと。五十歳を「知命」ということの起こり。〈論語〉

〔二部〕2画 五

【五常】ゴジョウ 儒教で、人がつねにおこなうべき五つの道徳。①仁・義・礼・智・信。五行。②父の義・母の慈・兄の友・弟の恭・子の孝。

【五丈原】ゴジョウゲン 陝西省眉県の南西の地。三国時代、蜀の諸葛孔明が、魏の司馬仲達とここに対戦し勝利を得たが、病のため死んだ。→【死せる孔明生ける仲達を走らす】(561ペ)

【五衰】ゴスイ 〔仏〕天人の臨終のときにあらわれるという五つのおとろえの相。〔涅槃経に説く〕衣服のけがれ、頭上の花のしぼみ、身の光の消失、わきの下のあせ、天人でありながら楽しまないというもの。天人の五衰。

【五星】ゴセイ 五つの星。木星・火星・土星・金星・水星。

【五節句】ゴセック 一年におこなわれた主要な五つの節句。人日(=七草、一月七日)・上巳(=ひなまつり、三月三日)・端午(=五月五日)・七夕(=七月七日)・重陽(=九月九日)。

【五線】ゴセン もとは洋楽で、今はひろく音符を書きこむのに使う、平行に引いた五本の横線。

【五臓六腑】ゴゾウロップ 内臓のすべて。腹の中全体を指す。五臓は、肺臓・心臓・腎臓・肝臓・脾臓。六腑は、大腸・小腸・胃・胆・膀胱・三焦(=呼吸・消化・排泄をつかさどる器官)。例―にしみわたる酒。

【五体】ゴタイ ①人体の五つの部分。頭と両手・両足。または、頭・首・胸・手・足。②五つの書体。篆・隷・楷・行・草。

【五大】ゴダイ 宇宙を構成する五つの要素。地・水・火・風・空。類五輪。

【五帝】ゴテイ 中国古代の伝説上の五人の皇帝。『帝王世紀』では、少昊・顓頊・帝嚳・尭・舜。『史記』では、黄帝・顓頊・帝嚳・尭・舜。

【五徳】ゴトク ①儒教で、温・良・恭・倹・譲の五つの徳。②火鉢や炉の灰の上にすえて、釜・鉄瓶などをのせる台。鉄製または陶製で、まるい輪に三本(もとは四本)の脚をつけたもの。

【五斗米】ゴトベイ 五斗(=いまの五升、約一〇リットル)の米。つまりわずかな給料のこと。例―のために腰を折る(=わずかな給料のために人の機嫌をとりながら仕える)。

【五覇】ゴハ 中国、春秋時代の五人の覇者。いろいろ説があるが、ふつうは、斉の桓公・晋の文公・秦の穆公・宋の襄公・楚の荘王。

【五百羅漢】ゴヒャクラカン 〔「羅漢」は、仏教で、さとりをひらいた最高位の修行僧〕釈迦の死後、教えをまとめるために集まった五百人の弟子。五百阿羅漢。

【五分】ゴブ ①一寸(=約三センチメートル)の半分。例一寸の虫にも―の魂。②一割の半分。五パーセント。③互角。五分五分。例―にわたりあう。―に戦っている。

【五風十雨】ゴフウジュウウ 〔五日に一度風がふき、十日に一度雨が降るということから〕気候が順調で、作物が実り、天下太平ということ。

【五味】ゴミ 五種のあじ。鹹(=塩からい)・酸(=すっぱい)・辛(=からい)・苦(=にがい)・甘(=あまい)。

【五夜】ゴヤ 日没から夜明けまでを五等分して呼んだ名。甲夜・乙夜・丙夜・丁夜・戊夜の五つ。五更に対応する。

【五里霧中】ゴリムチュウ 五里四方にたちこめた霧の中ということで、ものごとの手がかりがなく、どの方向に進めばよいのかわからない状態をいう。

故事のはなし 後漢の張楷という人は、すぐれた学者で古典の著作も多かったが、また、不思議な力をもっていて、五里四方(中国の一里は約四二八メートル)にわたって霧をおこすことができたという。〈後漢書〉

【五柳先生】ゴリュウセンセイ 東晋の詩人、陶潜が自ら使った呼び名。〔庭に五本のヤナギが植えられていたことから〕→【陶潜】(1036ペ)

【五倫】ゴリン 孟子の教えで、人が守るべき五つの道。父子の親・君臣の義・夫婦の別・長幼の序・朋友の信。

【五輪】ゴリン ①密教で、万物を形づくる、地・水・火・風・空の「五大」を、欠けるところのない輪にたとえたもの。②オリンピックのマーク。また、オリンピックのこと。世界の五大陸を五つの輪で表現したもの。例―代表に選ばれる。

【五輪塔】密教で、「五大」をあらわす五つの形から成る塔。墓として使われる。下から地(=四角)・水(=円)・火(=三角)・風(=半円)・空(=宝珠)の順に積み上げる。

【五月雨】六月(=陰暦五月)ごろに降り続く雨。梅雨。

●三三五五

二 2 【互】 4画 2463 4E92 常用 音コ漢 ゴ呉 訓たが-い

筆順 一 匚 互 互

なりたち 互 [象形]なわをたがいちがいに巻きとる道具の形。派生して「たがい」の意。

意味 かわるがわる。たがい(に)。例互換。交互。

難読 互折・互先

【互角】(名・形動ナ)〔もとは「牛角」と書き、ウシの二本のつのの長さ・太さが同じことから〕力にまさりおとりのないこと。類五分五分。例―のたたかい。―にわたりあう。

【互換】(名・する)同じ価値やはたらきのものと取りかえること。また、取りかえて利用することができること。例―機。

【互換性】ある機器の部品を他の機器の部品と取りかえても支障なく使えること。例―がある。

【互恵】たがいに特別の利益や恩恵をあたえあうこと。例―条約。

【互助】(名・する)たがいにたすけあうこと。例―会。

【互譲】(名・する)相手の立場を考えて、たがいにゆずりあうこと。例―の精神。

【互生】(名・する)植物で、葉が、茎や枝の節ごとにたがいちがいにつくこと。キクやバラなど。対対生・輪生。

【互選】(名・する)たがいの中からえらんで決めること。また、その選挙。例委員長は委員の中から―される。

二 2 【井】 4画 1670 4E95 教育4 音セイ漢 ショウ呉 訓い

筆順 一 二 ナ 井

なりたち 井 [象形]いどのわくの形。中央の「・」は、つるべをあらわす。

意味 ❶地面を深くほって地下水などをくみ上げるための穴。いど。い。例井蛙。油井。❷いげたのようにきちんとくぎられた形。例井然。天井。❸人が集まって集落ができているところ。まち。〔いどの周囲に人が集まって住んだことから〕例郷井。市井。❹二十八宿の一つ。ちちりぼし。例井宿。

人名 きよし・ふかし

【井桁】①井戸のまわりに「井」の字形に組んだ木のわく。②「井」の字の形や模様。例丸に―の紋所。

【井戸】地面に穴をほって、水をくみあげるようにしたもの。例―水。―をほる。

【井の中の▼蛙大海を知らず】せまい考えの人には、世の中を広く見わたす見識を語ってもわからない意。井底の蛙。

故事のはなし 黄河の河伯という神がはじめて海へ行って、そのはてしない広さにおどろき、「今まで黄河がいちばん大きいと思っていたのに、こんなに広いものがあるとは知らなかった」と北海の神の若に述べた。それを聞いて若が言った。「井戸の中のカエルには海の話をしてもわからない。それは、カエルがせまいところにいるからだ。夏の虫には、冬の氷のことを話してもわからない。それは、虫が季節というものは夏だけだと思いこんでいるからだ。今、あなたは大きな海を見て、みずからの視野のせまいことに気がついた。だから、あなたには大きな真理について語ることができるようになった」。(荘子)

【井▼蛙】井戸の中のカエル。視野がせまく、先の見通しのきかないことのたとえ。井底の蛙。例―の見。→【井の中の蛙大海を知らず】

【井井】(形動タル)秩序正しく、整っているようす。類井然。例―として乱れず。

[二部] 2―5画 ●互 井 亙 亘 亜

【井然】(形動タル)秩序正しく、整っているようす。例―と並ぶ。表記「整然」とも書く。

【井底の▼蛙】「井の中の蛙大海を知らず」に同じ。

【井田】中国、周代の土地制度。一定の土地を「井」の字の形に区切って九つに分け、周囲の八つを八戸にあたえ、中央の一つをみなで耕し、その収穫を国に納める決まり、と伝えられる。例―法。

二 4 【亙】 6画 4742 4E99 人名 音コウ漢呉 訓わた-る

なりたち 亙 [会意]「舟(=ふね)」と「二(=水流の間)」とから成る。きわめる。わたる。

意味 一方の端から他方の端までつらなる。わたる。例亙古(=昔から今にいたるまで)。半世紀に亙る治世。南北五千キロに亙る航程。

参考「亘」は、「亙」とは別の字だが、「亘」を「亙」のかわりに用いることがある。

人名 とおる・のぶ・ひろし・わたり

二 4 【亘】 6画 4743 4E98 人名 音[一]セン漢 [二]コウ漢呉 訓わた-る

なりたち 亘 [会意]「二(=上下)」と「日(=まわる)」とから成る。ぐるぐるまわる。

意味 [一]ぐるりとめぐる。めぐらす。[二]端から端へつらなる。わたる。例半世紀に亘る治政。

参考 [二]は、「亙」と混同された用法。

難読 亘理(=地名・姓)

人名 たかし・たけ・とおる・のぶ・ひろし・もと・わたり

二 5 【亜】 7画 1601 4E9C 常用 音ア漢呉 訓つ-ぐ

筆順 一 丅 亓 帀 帀 亜 亜

二 6 【亞】 8画 4819 4E9E 人名

なりたち 亞 [象形]背中が曲がった人の形。一説に、「つぐ」「つぎの」の意。

意味 ❶主となるものにつぐ。準じる。二番目の。例亜聖。亜流。亜熱帯。❷無機酸の種類を示すことば。酸素原子が通常より一つ少ないこと。例亜硫酸。❸「亜細亜」の略。例欧亜。東亜。

日本語での用法《ア》外来語の「ア」の音訳。「亜刺比亜・亜爾加里・亜歴山」

人名 つぎ・つぐ

【亜寒帯】寒帯と温帯のあいだの地帯。対亜熱帯。

【亜▽細亜】〔Asia の音訳〕六大州の一つ。ユーラシア大陸のウラル山脈・カスピ海より太平洋にわたる東の部分と、そのまわりの多くの島々とからなる地域。例—の一員としての日本。

【亜聖】聖人につぐ、りっぱな人。特に、孔子につぐ人として孟子をいう。

【亜熱帯】熱帯と温帯のあいだの地帯。対亜寒帯。

【亜▼弗利加】〔Africa の音訳〕地中海をへだてて、ヨーロッパの南にある大陸。表記「▼阿▼弗利加」とも書く。

【亜▽父】父のつぎに尊敬する人。〔楚の項羽が臣下の范増をうやまって呼んだことから〕〈史記〉

【亜麻】アマ科の一年草。茎の繊維でリンネルなどの布をつくったり、種からアマニ油をとったりする。

【亜▽米利加】〔America の音訳〕①「アメリカ合衆国」の略。北アメリカ大陸の中央部とアラスカ・ハワイから成る連邦共和国。首都はワシントン。米国。②北アメリカ大陸と南アメリカ大陸。

【亜▼刺比亜】〔Arabia の音訳〕アジアの西南部にある世界最大の半島。

【亜流】独創性がなく、一流の人をまねているだけの人。エピゴーネン。例かれの—はたくさんいる。

【亜硫酸】〔化〕二酸化硫黄を水にとかしたもの。

【亜鈴】短い棒の両はしに丸くて重い球のついた体操用具。上半身、とくにうでをきたえるのに用いる。ダンベル。例鉄—。表記 本来は、英語 dumbbell の意味にあてて「▼啞鈴」と書く。

二 6 【亟】 8画 4820 4E9F 音 一 キョク漢呉 二 キ漢呉 訓 しばしば・すみ-やか

意味 一 ❶たゆまずに急いで。すみやか。例亟疾(=すみやか。火急)。❷緊急の。さしせまった。例亟務。二 なん回もくりかえして。しばしば。

【亟務】急いでするべき重要な用事。緊急のつとめ。

二 6 【些】 8画 2619 4E9B 人名 音 サ慣 シャ漢 訓 いささ-か・すこ-し

意味 ほんのわずか。いささか。すこし。例些細。些少。

【些些】(形動タルト) わずかばかり。ほんのわずか。例—たることを大げさに言いなす。

【些細】(形動ダ) とりたてて問題とするにあたらないようす。例—なことからけんかが始まる。表記「▼瑣細」とも書く。

【些事】つまらないこと。とるにたりないこと。例—にこだわる。表記「▼瑣事」とも書く。

【些少】(名・形動ダ) わずかなこと。すくないこと。例—ですがどうぞお受け取りください。

【些末】(名・形動ダ) 重要でないこと。表記「▼瑣末」とも書く。

二 6 【亞】 8画 ⇩【亜】(43ページ)

8 2画

亠 部
なべぶた
けいさんかんむり
けさんかんむり
てんいち

字形にとくに意味はないが、文字の整理上立てた部首。その形から「なべぶた」「けいさん・けさん(卦算(=文鎮))かんむり」「てんいち(、一)」という。「亠」の字形を目じるしにして引く漢字を集めた。

0 亠 1 亡 亡 2 亢 4 亦 亥 交 亥 5 亨 6 享 京 7 亭 亮 京 8 亳 11 亶

この部首に所属しない漢字

六⇩八 110　文⇩文 469　卞⇩卜 167　方⇩方 475
市⇩巾 337　玄⇩玄 659　立⇩立 743　充⇩儿 100
妄⇩女 272　衣⇩衣 886　弃⇩廾 360　忘⇩心 386
肓⇩月 816　卒⇩十 163　夜⇩夕 252　盲⇩目 703
育⇩月 816　斉⇩斉 1114　哀⇩口 201　変⇩夂 245
奕⇩大 267　帝⇩巾 339　彦⇩彡 370　衷⇩衣 887
恋⇩心 396　旁⇩方 477　畜⇩田 678　衰⇩衣 888
高⇩高 1087　商⇩口 207　毫⇩毛 569　烹⇩灬 632
牽⇩牛 651　率⇩玄 660　産⇩生 673　蛮⇩虫 876
棄⇩木 538　禀⇩示 728　稟⇩禾 736　裹⇩衣 892
膏⇩月 827　豪⇩豕 930　齊⇩齊 1114　褒⇩衣 894
裏⇩衣 894　褻⇩衣 894　甕⇩瓦 670

亠 0 【亠】 2画 4821 4EA0 音 トウ漢

意味 漢字の部首の一つ。文字としての意味はとくにない。

亠 1 【亡】 3画 4320 4EA1 教育6 音 一 ボウ漢 モウ呉 二 ブ漢 ム呉 訓 な-い・な-くす・な-くなる・ほろ-びる・ほろ-ぼす

筆順 丶 亠 亡

亠 1 【亡】 3画

なりたち [会意]「亠(=はいる)」と「乚(=かくれるところ)」とから成る。にげる。

意味 一 ❶にげる。姿をかくす。例亡命。逃亡。❷あったものがなくなる。なくす。例亡失。❸死ぬ。なくなる。例亡父。亡霊。死亡。❹すっかりなくなる。ほろびる。ほろぼす。例亡国。存亡。滅亡。二 ない。同無。対存。例亡聊。

使い分け ない【無・亡】⇩1175ページ

【亡▽骸】死んだ人のからだ。しかばね。遺体。

【▽亡▼聊】(名・形動ダ)〔「聊」は、楽しむ意〕心配事があって楽しくないこと。→【無聊】(634ページ)

【亡君】死んだ主君。類先君。例—の墓前に供える。

【亡国】①ほろびた国。また、国がほろびること。例—の危機。—の民。②国をほろぼすこと。例—の徒。

【亡国の音】ほろびた国の音楽。また、国をほろぼすような音楽。みだらな音楽。類鄭声。

【亡妻】死んだつま。対亡夫。例—をしのぶ。

【亡児】ボウジ 死んだ子供。例—の写真。

【亡失】ボウシツ (名・する) ①わすれること。例約束を—する。②わすれてなくしてしまうこと。例書類を—する。

【亡者】ボウジャ 一 死んだ人。死者。二 モウジャ ①〔仏〕死後、成仏ジョウブツできずに、迷っているたましい。②金銭などに異常にこだわり、とりつかれている人。例我利我利ガリガリ—(=欲のかたまりになっている人)。金かねの—。

【亡臣】ボウシン 国外ににげ出して、他国にいる家来。亡命の臣。

【亡年の友】ボウネンのとも 年齢ネンレイのちがいを気にせずに、信頼シンライして親しくつきあう友。類忘年ボウネンの交わり。表記「忘年の友」とも書く。

漢字に親しむ ③ 亜鉛アエンの亜とは？

「亜熱帯」「亜硫酸アリュウサン」などはふつうに使うことばですが、ではこの「亜」とはどのような意味なのでしょうか。改めて考えてみるとちょっととつまってしまうかもしれませんが、実はこの「亜」は「次ぐ」という意味なのです。「亜聖」は、聖人に次ぐすぐれた人、「亜熱帯」は、熱帯に次ぐ暑い地方、「亜硫酸」は、硫酸より酸素が一つ少ない物質というわけです。

独創性ドクソウセイがなく、一流の人のまねをする人のことを「亜流」、鉛なまりに性質が似ている金属のことを「亜鉛」というのも同じことです。

「亜」にはまた「欧亜オウア」「東亜」などの熟語もありますが、これは「アジア」の音にあてた「亜細亜」の略語ですから、「次ぐ」の意味とはまったく関係ありません。

熱帯

亜熱帯

【亡夫】ボウフ 死んだおっと。対亡妻。例—の墓にまいる。

【亡父】ボウフ 死んだ父。対亡母。例—の一周忌キ。

【亡母】ボウボ 死んだ母。対亡父。例—の形身。

【亡命】ボウメイ (名・する) 政治的理由などから、他国をたより、自分の国からのがれること。例大使館に—を求める。

【亡友】ボウユウ 死んだ友達。例—との思い出を語る。

【亡羊】ボウヨウ にげて見失ってしまったヒツジ。

【亡羊の嘆】ボウヨウのタン 学問のやり方がいくつもあって、進め方がわからないこと。また、あれこれと迷って、とほうにくれること。多岐亡羊タキボウヨウ。岐路亡羊。〔にげたヒツジを追いかけたが、別れ道が多くて見失い、とほうにくれたという話による〕〈列子レッシ〉

【亡霊】ボウレイ ①死んだ人のたましい。②幽霊ユウレイ。例亡なき王の—。

●興亡コウボウ・死亡シボウ・衰亡スイボウ・存亡ソンボウ・逃亡トウボウ・滅亡メツボウ・流亡リュウボウ

亠1 【亡】3画 ⇨【亡】ボウ(44ページ)

亠2 【亢】4画 4822 4EA2 音コウ漢 訓たかぶ-る

意味 ❶たかくあがる。例亢竜コウリョウ。❷たかぶる。例亢進コウシン。亢奮コウフン。❸二十八宿の一つ。あみぼし。例亢宿コウシュク。

【亢進】コウシン (名・する) たかぶること。激しくなること。例心悸シンキ—。表記「▼昂進」とも書く。

【亢奮】コウフン (名・する) ①しげきを受けて精神やからだのはたらきがさかんになること。例—剤ザイ。②しげきを受けて気持ちが激しくたかぶること。例—した観衆。表記▽現興奮

【亢▽竜コウリョウ悔くい有あり】地位や富とみをきわめた者は、よくよくつつしまないと、身をほろぼすことになる。〔天上にのぼりつめた竜リュウは、落ちる以外に行き場を失い後悔コウカイするという話による〕〈易経エキキョウ〉

亠4 【亦】6画 4382 4EA6 人名 音エキ漢 ヤク呉 訓また

なりたち [指事] 人の両わきの下にしるしをつけた形。わき。派生して「…もまた」の意。

意味 〔助字〕❶「…(も)また」と読み、おなじことがもう一度起こることをあらわす。例是亦走也これもまたはしるなり(=ただ百歩でなかっただけで)おなじくにげたことにちがいはない)。〈孟子モウシ〉❷「不二亦…一乎」の形で」なんと・いかにも…ではないか、の意をあらわす。例不二亦説一乎またよろこばしからずや(=なんと楽しいことではないか)。〈論語ロンゴ〉

難読 将亦はた

亠4 【亥】6画 1671 4EA5 人名 音カイ漢 ガイ呉 訓い

亠4 【亥】6画

なりたち [会意]「亠(=陰インの気が上にある)」と、男女ふたりが子をあやす形とから成る。陰が極まり陽が芽生える。借りて十二支の第十二に用いる。

意味 十二支の十二番目。方位では北北西、時刻では午後十時、およびその前後の二時間。月では陰暦インレキの十月。動物ではブタ(=日本ではイノシシ)にあてる。い。

人名 いさ・かね・より

【亥▼豕の▼譌】ガイシのカ 〔「譌」は、あやまりの意。「亥」と「豕」の字形が似ていることから〕似た形の漢字をまちがえること。類魯魚ロギョの誤り・焉烏エンウの誤り・烏焉馬ウエンバ。

亠4 【交】6画 2482 4EA4 教育2 音コウ漢 キョウ呉 訓まじ-わる・まじ-える・まじ-る・ま-ざる・ま-ぜる・か-う・か-わす・こもごも

筆順 丶 亠 ナ 六 ゔ 交

なりたち [象形] 人が脛すねを交差させている形。まじわる。

意味 ❶まじわる。まじえる。㋐十文字に組みあう。例交差コウサ。㋑つきあう。行き来しあう。また、つきあい。例交際コウサイ。旧交キュウコウ。絶交ゼッコウ。❷いりくむ。いりまじる。例交錯コウサク。交尾コウビ。混交コンコウ。❸やりとりする。とりかえる。かう。かわす。例交易コウエキ。交換コウカン。交代コウタイ。❹かわりめ。例殷周インシュウの交コウ。明治メイジ大正タイショウの交コウ。❺かわるがわる。こもごも。例交互コウゴ。

使い分け まざる・まじる・まぜる【交・混】⇩1180ページ

難読 交趾コーチ・コウシ(=ベトナムの地方の名)・交野かたの

人名 あう・かた・とも・みち・ゆき・よし・よしみ

【交易】コウエキ (名・する) 物品を交換コウカンして、商売をすること。

〔古くは「キョウヤク」とも〕例他国の商人と—する。

【交会】コウカイ（名・する）まじりあうこと。であうこと。また、であうところ。例いつかまた—せん。

【交換】コウカン（名・する）たがいに取りかえること。入れかえること。例—条件。物物ブツ—。

【交感】コウカン（名・する）たがいに感じ合うこと。例—神経。

【交歓】コウカン（名・する）たがいに楽しむこと。うちとけて楽しく過ごすこと。例—会。海外からの留学生と—する。表記 旧交▼驩

【交▼誼】コウギ 親しいつきあい。心の通い合った交際。例—を結ぶ。

【交響楽】コウキョウガク ①「交響曲」のこと。②交響曲・交響詩などの管弦楽カンゲンガクの曲をまとめていうことば。例—団。

【交響曲】コウキョウキョク オーケストラのための管弦ゲン楽曲。交響楽。シンフォニー。例ベートーベンの—第九番をきく。

【交互】コウゴ かわるがわる。かわりばんこ。例—にボールを打つ。—にさいころをふる。

【交▼媾】コウコウ（名・する）陰インと陽がまじわること。男女・雌雄シユウのまじわり。交合ゴウ。

【交合】コウゴウ（名・する）男女・雌雄シユウのまじわり。交媾コウ。

【交▼叉】コウサ「交差コウサ」に同じ。

【交差】コウサ（名・する）二つ以上の線、または線状のものが、直角に、またはななめにまじわること。例—点。鉄道の路線がいくつも—する大きな駅。表記 旧交▼叉

【交差点】コウサテン 道が直角に、またはななめにまじわっているところ。類四つ角かど・十字路。例—で信号待ちをする。表記「交▼叉点」とも書く。

【交際】コウサイ（名・する）つきあうこと。つきあい。例—費。男女—。

【交錯】コウサク（名・する）いくつかのものが入りまじること。入り乱れること。例喜びと悲しみの—する思い出の場所。

【交雑】コウザツ（名・する）①入りまじること。②〔生〕動植物で、遺伝子の型のちがうもののあいだで受精がおこなわれること。また、受精させること。〔その結果生まれたものを雑種という〕類交配。例—育種。—によって新しい品種を作る。

【交渉】コウショウ（名・する）①あることがらについて、相手と話し合うこと。かけあうこと。例団体—。—にあたる。②かかわりあい。関係。

【交情】コウジョウ 親しいつきあい。例こまやかな—。

［亠部］4—6画 亥 亨 享 京

【交織】コウショク 毛と綿、毛と絹などのように、ちがう種類の糸をまぜておること。また、その織物おりもの。まぜおり。

【交信】コウシン（名・する）無線などで通信をかわすこと。例南極基地と—する。

【交接】コウセツ（名・する）①つきあい。類交際。②男女のまじわり。類性交・交合。

【交戦】コウセン（名・する）たたかいをまじえること。例両国が—状態にはいる。

【交代】コウタイ（名・する）ほかのものとかわること。入れかわること。例選手—。運転を—する。表記「交替」とも書く。

【交直】コウチョク 電気の、交流と直流。例—どちらでも使えるモーター。

【交通】コウツウ 一（名・する）人や乗り物などが行きかうこと。乗り物などを利用して行き来すること。例—量を調べる。二（名）①自動車・鉄道・飛行機・船など、人や荷物を運ぶ手段。例—網モウ。—の便ベンがよい。②人と人、国と国とのつきあい。類交流。例彼との—は、とだえたままだ。両国の—を拡大する。

【交点】コウテン ①〔数〕二つの線がまじわる点。また、線と面がまじわる点。②惑星ワクセイや彗星スイセイなどの軌道キドウが黄道コウドウとまじわる点。

【交配】コウハイ（名・する）〔生〕動植物で、受精がおこなわれること。類交雑。例すぐれたおすとめすを—させる。

【交尾】コウビ（名・する）動物のおすとめすが生殖セイショクのためにまじわること。例—期。トンボの—。

【交付】コウフ（名・する）（役所などがいっぱんの人や団体に）書類やお金をさげわたすこと。例—金。証明書を—する。

【交友】コウユウ 友達としてつきあうこと。また、つきあっている友達。例—関係。

【交遊】コウユウ（名・する）親しくつきあうこと。類交際。例学校以外での—もはば広い。表記「交▼游」とも書く。

【交流】コウリュウ 一（名・する）まったくちがう系統のものが入りまじること。例—を深める。国際—をはかる。東西の文化が—する町。二（名）一定時間ごとに方向を交互ゴウに変える電流。対直流。

●外交ガイ・国交コッ・社交シャ・修交シュウ・手交シュ・親交シン・絶交ゼッ・団交ダン・断交ダン

亠4 【亥】6画 ⇩【亥】イガ（45ジペー）

亠5 【亨】7画 2192 4EA8 人名 音 一キョウ漢 二コウ漢 三ホウ漢 訓 とお-る・たてまつ-る

なりたち「享キョウ」に同じ。

意味 一キョウ 神や客をもてなす。たてまつる。同享キョウ。二コウ（神をもてなして誠意が）通じる。とおる。例亨通コウツウ（=すらすらいく）。三ホウ（もてなすためのごちそうを）煮にる。同烹ホウ。

人名 あき・あきら・うけ・さとる・すすむ・たかし・とし・なお・なが・まこと・みち・ゆき

亠6 【享】8画 2193 4EAB 常用 音キョウ漢 訓 たてまつ-る・すす-める・う-ける

筆順 丶 亠 亡 古 亨 亨 享 享

なりたち［会意］本字は「亯」で、「日」と「高（=たかくささげる）」の省略体とから成る。たてまつる。

意味 ❶ごちそうをしてもてなす。供え物をして神をまつる。たてまつる。すすめる。❷（天や他人から）あたえられ自分のものとする。うける。例享受キョウジュ。享年キョウネン。享楽キョウラク。

人名 あきら・すすむ・たか・たかし・つら・ゆき

【享受】キョウジュ（名・する）うけいれて、自分のものとして楽しむこと。エンジョイすること。例新しい生活を—する。

【享年】キョウネン 天からうけた年数。生きていた年数のことで、死後にいう。類行年ギョウネン。

【享有】キョウユウ（名・する）（権利・能力などを）生まれながらにもっていること。例人として—する権利。

【享楽】キョウラク（名・する）快楽を求め、じゅうぶんに味わうこと。例人生を—する。

亠6 【京】8画 2194 4EAC 教育2 音ケイ漢 キョウ呉 キン唐 訓 みやこ

筆順 丶 亠 亡 古 古 亨 京 京

亠7 【亰】9画 4823 4EB0 俗字

なりたち［象形］人がつくりあげた、とくに高い丘おかの形。

意味 ❶王宮や政府のあるところ。天子のいるところ。または

大都会。例京師。上京。平安京。❷「北京」の略。例京劇。❸大きい。高い。❹数の単位。一京は、一兆の一万倍。〔古くは一兆の十倍をいった〕

日本語での用法《キョウ・ケイ》①「京都」の略。また、「都会的で洗練されている」の意をそえる。「京人形・京風・京童・京の着倒れ」②「東京」の略。「京浜・京葉」

人名 あつ・あつし・おさむ・たかし・ひろし

【京女】京都の女性。〔昔から女性の代表とされ、東男に対していう〕例東男に—。

【京劇】清の時代の北京にはじまった中国の代表的な古典劇。歌やおどりを組み合わせてにぎやかに演じられる。

【京菜】「水菜」の別名。アブラナ科の一、二年草。ひと株に細い葉が数百つき、つけものやしるの実などに用いられる。〔古くから京都を中心に栽培されたのでこの名がある〕

【京▼洛】みやこ。また、日本では京都を指す。

【京童】物見高くて口やかましい京都の若者たち。〔古語の「京童部」がもとのことばで、「京」は平安京のこと〕

【京畿】〔皇居周辺の地の意〕京都周辺の国々。畿内。

【京師】〔「師」は「衆」と同じで、人が多いところの意〕みやこ。京都。類帝都。

●帰京・上京

亠7 **【亭】** 9画 3666 4EAD 常用 音テイ漢 チョウ呉 チン唐 訓あずまや・とど-まる

筆順 亠 亠 亩 亩 亭 亭 亭 亭 亭

なりたち [形声]「高(=たかい建物)」の省略体と、音「丁」とから成る。人が安心して休めるところ。

意味 ❶やどや。宿場。例駅亭。郵亭。料亭。❷物見の台。たかどの。例亭候。❸庭園などにあって、人が休むことのできる簡単な建物。あずまや。ちん。例山亭。蘭亭。❹あるところにとどまる。また、あるところに至る。あたる。例亭午。❺高くそびえ立つようす。例亭亭。

日本語での用法《テイ》旅館・料亭・寄席などの屋号や、文人・芸能人のペンネーム・芸名につけることば。「末広亭・三遊亭・春風亭・二葉亭四迷」

難読 亭(あばらや・たびや)・草亭(あばらや・わらや)

人名 あきら・たかし・とおる・ひとし・ゆき

【亭午】〔「亭」は至る、「午」は真南の意〕まひる。正午。

【亭主】①一家の主人。あるじ。とくに宿屋や茶店の主人。例この家の—。②茶道で、茶会をもよおし、接待する主人。③おっと。対女房。

【亭主関白】家庭内で、夫が最も権威をもち、いばっていること。

【亭長】中国で、宿駅の長。〔秦・漢の時代には、警察の仕事もした〕

【亭亭】(形動タル)樹木が高くまっすぐにそびえたっているようす。例—たる老樹。

●席亭・料亭

亠7 **【亮】** 9画 4628 4EAE 人名 音リョウ漢呉 訓あき-らか・すけ

なりたち [会意]「儿(=ひと)」と「高(=たかい)」の省略体とから成る。人が高いところにいて、見とおしがあかるい。

意味 光や色がさえる。明るくはっきりしている。あきらか。まこと。例亮察。

日本語での用法《すけ》律令制の四等官で、諸職・東宮坊の第二位。次官。「右京亮・修理亮」

人名 あき・あきら・きよし・たすく・とおる・ふさ・まこと・よし

【亮然】(形動タル)(声などが)あきらかなようす。はっきりしているようす。例—と澄んだ音。

亠7 【京】9画 ⇨【京】(46ページ)

亠8 **【亳】** 10画 4824 4EB3 音ハク漢

意味 ❶殷の都の名。例亳社。❷漢代、長安の近くにあった宿駅の名。

【亳社】殷の土地の神。

亠11 **【亶】** 13画 4825 4EB6 音タン漢呉 訓あつ-い・まこと

意味 ❶穀物が多い。ゆたか。❷手厚くする。あつい。❸まことに。まこと。

【亶▽父】古代中国の、周の文王の祖父にあたる太王の名。古公亶父。表記「亶▼甫」とも書く。

9 2画 人ひと(亻にんべん・𠆢ひとがしら ひとやね)部

人が立っている姿を横から見た形で、「ひと」の意をあらわす。「人」が偏(=漢字の左がわの部分)になるときは「亻(にんべん)」、上につくときは「𠆢(ひとがしら・ひとやね)」となる。「人」をもとにしてできている漢字と、「𠆢」の字形を目じるしにして引く漢字とを集めた。

0 人 2 介 仇 今 什 仍 仄 仁 仆 仏
仂 从 3 以 仕 仔 仗 仞 仙 仟 他 代
付 令 仭 仝 4 伊 仮 会 价 企 伎 休
件 伍 仰 伉 全 仲 伝 任 伐 伏 伜 5
位 佚 何 伽 估 佝 佐 作 伺 似 住 伸
佗 但 佇 体 低 佃 佞 伯 伴 佑 余 伶
伴 佛 6 依 価 佳 侃 侮 併 係 使 侈
侍 舎 侏 侘 佻 佩 佰 佶 供 佼 佯 侖
例 侠 侭 侫 來 7 俤 俄 俠 侑 俔 侯
俟 俥 俊 信 侵 俎 促 俗 便 俘 俛 保
俣 俑 俚 俐 侶 侵 侮 8 倭 倚 俺 倨
俱 倔 倪 倹 倦 個 候 俸 倥 倅 借 修
俶 倡 倩 倉 倬 値 倜 倒 俳 倍 俾 俵
俯 倣 俸 們 倆 倫 倶 倂 9 偃 偕 修
偽 偶 偈 健 做 偲 偖 偬 側 停 偵 偸
偏 偉 假 偏 10 偉 傀 傚 傘 備 傅 傍
僅 傑 11 傴 僅 傾 傑 傲 債 催 傷 僉

僧働傭僂僊傳⑫僖僑僥僭像
僮僕僚僞僬僣儈⑬億儀僵儂
僻舗儚價儉⑭儒儘儕儔⑮償
優儡儖儲⑯儲⑲儺儷⑳儼儻

この部首に所属しない漢字

个⇩丨25　化⇩匕154　欠⇩欠552　合⇩口188
含⇩口193　坐⇩土228　巫⇩工334　命⇩口199
念⇩心388　金⇩金1002　臾⇩臼835　臥⇩臣1001
食⇩食1073　條⇩木532　脩⇩月823　貪⇩貝934
舒⇩舌836　會⇩曰501　禽⇩内730　絛⇩糸782
斡⇩斗471　舗⇩舌836　翰⇩羽805　舘⇩舌836

人 0

【人】

2画　3145　4EBA　教育1

音 ジン漢　ニン呉
訓 ひと
付表 大人・玄人・素人・仲人・一人・二人・若人

筆順 ノ人

なりたち [象形] うでと足のある、ひとの形。

意味 ❶霊長目ヒト科の哺乳類。もっとも脳が発達した動物。ひと。例人類・人跡・人非人。❷自分以外のひと。例不レ患二人之不一レ己知一(＝他人が自分を理解してくれないことを気にかけない)。〈論語〉❸能力などのすぐれたひと。例人材・人士。その人とあり。❹ひとりひとり。ひとごとに。❺人を数えるのに用いることば。例十八人。一人として志願するものなし。

日本語での用法《て・と・たり》和語の数詞について人を数えたり、労働力としての人、しかるべき人などの意をあらわす。「稼人・玄人・一人・二人・幾人」

人名 さね・たみ・と・ひこ・ひと

【人為】ジンイ 自然のままではなく、人の力が加わること。人間のしわざ。類人工・人造。対自然・天然。例—のおよばぬところ。

【人為的】ジンイテキ（形動ダ）自然のままではなく、人の力が加わっているようす。人工的。例研究のため—になだれを起こす。

【人員】ジンイン 会社や団体などの集団に属する人。また、その人数。例会社の—を整理する。募集—は二十名です。

【人煙】ジンエン 人家のかまどから立つけむり。炊事のけむり。例—まれなる山里。表記「人▼烟」とも書く。

【人屋】ジンオク 人の住んでいる家。人家。例山中に—を見る。

【人家】ジンカ 人が住んでいる家。例谷川に沿って二、三軒の—が見える。

【人界】㊀ジンカイ 人間の住む世界。例—に舞いおりた天女 ㊁ニンガイ〔仏〕十界の一つ。人間の住む世界。人間界。

【人格】ジンカク ①人がら。品性。人品。例好ましい—。②〔法〕法律上、権利や義務をもつと認められる資格。例個人の—をふみにじるおこない。③人としての心のはたらきのまとまった全体。例二重—。多重—。

【人格者】ジンカクシャ すぐれた知性・品性・情操をそなえ、信頼することのできる人。

【人間】㊀ジンカン 人の住む世界。世の中。㊁ニンゲン ①ひと。人類。例—のいとなみと自然環境との調和をはかる。②人がら。人物。例—ができている。—をつくる。③〔仏〕「人間道」の略。六道の一つ。人としての世界。人界。人間界。㊂まひと 人の見ていないとき。また、人の見ていない場所。例—をねらって、ぬすみにはいる。

【人間到▽処青山有】ジンカンいたるところセイザンあり〔「ジンカン」は、「ニンゲン」とも。「青山」は、墓地の意〕広い世の中には、どこにでも骨をうずめるところはある。生まれ育った土地をはなれて、大いに活躍すべきことをいうもの。

【人間性】ニンゲンセイ 人間らしさ。人間としての性質。例—を欠く人物。

【人間的】ニンゲンテキ（形動ダ）人間らしさを感じさせるようす。また、人間に関するようす。例—な生活。—なあつかいを受ける。

【人間万事塞翁が馬】ニンゲンバンジサイオウがうま〔「ニンゲン」と読みならわしているが、本来「ジンカン」〕⇩【塞翁が馬】サイオウがうま（238ページ）

【人間味】ニンゲンミ 人間らしい気持ちやあたたかみ。例—にあふれた人。

【人境】ジンキョウ 人間の住んでいるところ。世間。例—から遠ざかって隠居する。

【人君】ジンクン 国を治め、人々をまとめる者。君主。きみ。例—としての理想。

【人傑】ジンケツ すぐれた知識・才能と、強い実行力をもつ人。例明治維新の—。

【人権】ジンケン〔法〕人が生まれながらにもっている生存・自由・平等などの権利。例—侵害。—を守る。

【人権▼蹂▼躙】ジンケンジュウリン〔「蹂」「躙」は、ともに、ふみにじる意〕人権をおかすこと。

【人件費】ジンケンヒ 働く人にしはらう、給料・手当・交通費などの費用。

【人後】ジンゴ 他人のあと。他人よりも、下。例遊びにかけては—に落ちない(＝他人よりおとっていない)。

【人語】ジンゴ ①人間のことば。例—を解するイヌ。②人の話し声。例ふと目覚めると—を耳にした。

【人口】ジンコウ ①一定の地域に住んでいる人の総数。人の数。例—密度。—の減少になやむ山村。②人のうわさ。人の口。例—にのぼる。

【人口に▼膾▼炙する】ジンコウにカイシャする〔「膾」は、細かく切った生の肉で、なます。「炙」は、あぶった肉。ともに、人々が好むおいしい食べ物〕広く人々の口にのぼってもてはやされる。

【人工】ジンコウ 人の手を加えること。人の力でつくりだすこと。類人為・人造。対自然・天然。例—衛星。—呼吸。

【人工衛星】ジンコウエイセイ 気象観測や放送・通信などのために、ロケットで打ち上げ、地球のまわりを回るようにした物体。

【人工的】ジンコウテキ（形動ダ）人が手を加えておこなうようす。自然のままでないようす。類人為的。例—に雪を降らす。

【人骨】ジンコツ 人間のほね。例遺跡から—が発見される。

【人災】ジンサイ 自然の災害ではなく、人の不注意や怠慢が原因でおこる災害。対天災。例今回の土砂くずれはあきらかに—だ。

【人材】ジンザイ 才能がある人。役に立つ人。例—登用。すぐれた—をつのる。

【人士】ジンシ 地位や教養のある人。例風流—。

【人事】㊀ジンジ ①自然現象などに対して、人間に関することがら。〔俳句の分類などで用いる〕②人としてなしうることがら。例—を尽くして天命を待つ。③会社や役所などの組織の中で、人の身分・地位・能力などに関することがら。例

—異動。—の会議。㈡自分に関係のないこと。例—だと思って少しも聞いていない。表記㈡は「▽他▽人事」とも書く。

【人事不省】(ジンジフセイ) 意識を失うこと。昏睡状態におちいること。例病院に運ばれたときは—の状態だった。

【人事を尽くして天命を待つ】力の限りをつくしたうえで、その結果は天にまかせる。

【人日】(ジンジツ) 五節句の一つ。陰暦正月七日のこと。七草がゆを食べる風習がある。ななくさ。

【人爵】(ジンシャク) 位などの、人が定めた栄誉。対天爵。例位階も勲等もすべて—であることに変わりはない。

【人種】(ジンシュ) ①体格や皮膚の色などの身体的特徴によって分けた、人類の種類。例黄色—。—をこえて助け合う。②社会的地位・職業・気質・趣味・考え方などで、人を分けたもの。例苦労を知らない—。あいつとは—がちがう。

【人寿】(ジンジュ) 人間の寿命。

【人心】(ジンシン) ①人の心。②世間の人々の心。庶民の心。例—をまどわす。

【人心の同じからざるその面の▽如し】人の心は顔がそれぞれちがうように、みなそれぞれに異なっている。〈春秋左氏伝〉

【人臣】(ジンシン) けらい。臣下。例位—をきわめる。

【人身攻撃】(ジンシンコウゲキ) 人の身の上や日常生活のことなど、個人的な面をとりあげて、非難すること。例—に終始する。

【人世】(ジンセイ) 人の世。世間。世の中。例—を夢とみて気ままに暮らす。

【人生】(ジンセイ) ①人がこの世で生きていくこと。例—の目的。—を豊かにする。②人がこの世に生きている期間。人の一生。類生涯。例—わずか五十年。—をふりかえる。

【人生意気に感ず】人は、金や名誉のためではなく、自分を理解してくれる人の気持ちに感動し、それにこたえようとして行動するものだ。〈魏徴・述懐〉

【人生観】(ジンセイカン) 人間の生き方や人生の目的・価値についての見方・考え方。例君とは—がちがう。この本を読むと—が変わる。

【人生七十古来▼稀なり】人の一生は短いもので、昔から七十歳まで生きる人は少ない。〔このことから、「七十歳」のことを「古稀」という〕〈杜甫・曲江〉

【人生は朝露の▽如し】人生は、あさつゆが日の光ですぐに消えてしまうように、はかないものである。〈漢書〉

【人生は夢の▽如し】人の一生は夢のようにはかないものである。類浮生は夢の若し。

【人性】(ジンセイ) 人が生まれながらにもっている性質。例—はすべて同じであろう。

【人跡】(ジンセキ) 人の足あと。人が通ったあと。例—まれな山おく。

【人跡未踏】(ジンセキミトウ) だれもまだ足をふみ入れていないこと。類前人未到。例—のジャングル。

【人選】(ジンセン)（名・する）目的に合った人をえらぶこと。例新委員の—について話し合う。

【人造】(ジンゾウ) 人間がつくり出すこと。また、つくったもの。類人工・人為。対自然・天然。例—人間。

【人体】㈠(ジンタイ) 人のからだ。例—実験。—模型。—に有害な物質。㈡(ニンテイ) ①生まれ。人品。例—いやしからぬ老紳士。②身なり。例見すぼらしい—。

【人代名詞】(ジンダイメイシ) 「人称代名詞」に同じ。

【人知】(ジンチ) 人間の知恵。例—のおよばぬ大宇宙。表記旧人▼智

【人畜】(ジンチク) ①人間と家畜。例—に無害。農薬の—への影響を調べる。②思いやりやさしさなどのない人をののしっていうことば。ひとでなし。にんちく。類人畜生。

【人定】(ジンテイ) ①人為的にさだめること。②〔法〕その人であることを確認すること。例—尋問。

【人的】(ジンテキ) ひとに関することがら。対物的。例—配慮が足りない。

【人頭】(ジントウ／ニントウ) ①人のあたま。②人の数。人数。例—税。

【人頭税】(ジントウゼイ／ニントウゼイ) 収入のちがいや、おとな・子供に関係なく、国民ひとりひとりに同じ額をかける税。

【人道】(ジンドウ) 人として守りおこなうべき道。類人倫。例—的。—にはずれる。

【人徳】(ジントク／ニントク) その人にそなわっている徳。人としての良さ。

【人馬】(ジンバ) 人とウマ。例—一体となって進む。

【人品】(ジンピン) ①人がら。品性。②(外見上の)その人のようす。例—いやしからぬ老人。

【人物】(ジンブツ) ①ひと。人間。例歴史上の—。あやしい—を見かける。②人格・能力などがすぐれている人。例かれはなかなかの—だ。

【人文】(ジンブン／ジンモン) 人類の文化。

【人文科学】(ジンブンカガク) 広く人類の文化に関する学問をまとめていう。言語・政治・経済・制度・法律・歴史・文学・芸術などについての各科学。対自然科学・社会科学。

【人望】(ジンボウ) 人々から寄せられる信頼や尊敬。例—を失う。会社内でも—のある人。

【人脈】(ジンミャク) 政治・経済・学問などの世界で、一つの同じ結びつきでつながっている人間関係。例—を利用する。政界や財界に—をもつ。

【人民】(ジンミン) 社会をつくっている人々。とくに、国家をつくっている、その社会の支配組織に対して、いっぱんの人々を指す。例—の—による—のための政治。〔リンカーンのことば〕

【人名】(ジンメイ) 人の名前。例—事典。—用の漢字。

【人命】(ジンメイ) 人のいのち。例—救助。—にかかわる事件。

【人面】(ジンメン／ニンメン) 人の顔。また、人の顔に似ているもの。例—疽(=人の顔の形に見える、悪性のできもの)。

【人面獣心】(ジンメンジュウシン) 顔は人間だが、心はけものと同じであること。恩や恥、情けを知らぬ人をののしっていうことば。

【人▼籟】(ジンライ) 〔「籟」は、笛また自然界の、音やひびきの意〕人がふき鳴らす笛の音。また、人の出すさまざまな音。

【人力】㈠(ジンリキ) ①(動力としての)人間の力。例—で動かす機械。②「人力車」の略。人を乗せて、人が引いて走る二輪車。りきしゃ。腕車。㈡(ジンリョク) 〔自然の力に対する〕人間の力。人間の能力。じんりき。

【人倫】(ジンリン) ①人としての道。類人道。例—をわきまえる。②人間。人類。例天文・地理・—の分類。

【人類】(ジンルイ) 人間をほかの動物と区別していうことば。例—の幸福のため。—滅亡の危機。

【人類愛】(ジンルイアイ) 人種や国などのちがいをこえて広く人類を愛すること。例—の精神。

【人類学】(ジンルイガク) 人類の起源や形質・文化・社会などを総合的・実証的に明らかにする学問。アントロポロジー。例文化—。

【人気】㈠(ニンキ) 世間に、好ましいものとして受け入れられること。例—者。—商売。—が出る。㈡(ジンキ／ニンキ) その土地の人々に特有の気風・性質。例このあたりは—がよくない。㈢(ひとケ) 人がいると感じられること。人のけはい。例閉鎖されてまったく—のなくなった工場。

【人魚】(ニンギョ) ①上半身は人間で下半身は魚という想像上の

動物。日本では、多くその形をした女性をさす。マーメイド。〔男性はマーマン〕例—姫。②〔昔、航海者が遠くから見て、その形が「①」に似ていたということから〕ジュゴンの別名。

【人形】□一 ①人や動物のかたちに似せて作ったおもちゃ。例ひな—。着せかえ—。②自分の考えをもたず、他人の言いなりになっている人。ロボット。例イプセンの『—の家』。あいつはただの—にすぎない。□二 おはらいなどに用いる、紙などで作った人のかたちをしたもの。かたしろ。ひとかた。

【人形劇】人形を糸や手・ゆびなどであやつって演じる劇。あやつり人形。文楽・ギニョール・マリオネットなど。

【人称】文法で、人を指すことばのうち、話し手・相手・第三者を区別した言い方。パーソン。例第一—。

【人称代名詞】文法で、人を指し示すことば。「わたくし」「ぼく」「きみ」「あなた」「かれ」「だれ」など。人代名詞。

【人情】人が生まれつきもっている人間らしい気持ち。また、とくに、思いやりの気持ち。例義理—。今になって見捨てることは—としてしのびない。

【人数】〔「ニンズ」とも〕人のかず。例出席者の—をかぞえる。—にものをいわせる。

【人相】①人の顔つき。顔のようす。例—のよくない男。②顔つきからわかるその人の運勢。例—見。

【人足】おもに力仕事をする労働者。〔古い言い方〕

【人非人】人の道にはずれたおこないを平気でやる人。類人でなし・人畜・人畜生。

【人夫】力仕事にたずさわる労働者。〔古い言い方〕

【人別】各人ひとりひとりに割り当てたり調べたりすること。例—帳(=江戸時代の戸籍)。—の割り当て。

【人▽衆おければ天に勝つ】多くの人が強くまとまり、勢いがさかんなときは、天もこれをどうすることもできない。〈史記〉

【人影】人のすがた。例荒れ果てて—もない家。

【人柄】その人のもつ、人としての性質。品格。人品。例—のよさで気に入られる。

【人里】いなかの村などの、人が集まり住んでいるところ。例—はなれた場所。

【人質】①約束を守るという保証として、相手側に預ける、自分の側の人。例わが子を—にさし出す。②犯人が要求をとおすために、とらえておく人。

【人(亻・𠆢)部】2画 ● 介 仇

【人▽魂】死者のたましいと考えられた、青白くかがやいて空中を飛ぶ火の玉。例墓石のあいだを飛ぶ—を見た。

【人と▽為り】〔漢文の、「為レ人」を訓読したもの。ふつう、「人となり」と書く〕生まれつきの人がら。また、性質。例その—に接して深く感銘を受ける。

【人の美を成す】人の美点・長所をのばしてやる。その人のやっていることを助けて成しとげさせること。例君子は—。人の悪を成さず。〈論語〉

【人柱】①昔、橋や城などの難工事を完成させるために、神へのいけにえとして人を水の底や地の中にうめたこと。また、そうされた人。②ある目的のために犠牲になる人。

【人身御▽供】人の生身をいけにえとして神にささげること。転じて、多くの人のためといって犠牲を出すこと。また、欲や出世のために弱者を犠牲にすること。例社会不安を起こさないための—にする。

【人山】おおぜいの人が集まっているのを、山にたとえたことば。ひとだかり。

●悪人・恩人・各人・奇人・求人・巨人・軍人・芸人・下手人・古人・故人・個人・罪人・防人・殺人・詩人・死人・支配人・囚人・衆人・住人・主人・上人・証人・職人・新人・先人・仙人・善人・達人・他人・知人・超人・町人・当人・犯人・番人・美人・病人・婦人・文人・別人・変人・邦人・法人・凡人・本人・無人・名人・門人・友人・隣人・老人

𠆢2 【介】 4画 1880 4ECB 常用 音カイ漢呉 訓すけ・たす-ける

筆順 ノ 𠆢 介 介

なりたち [会意]「人(=ひと)」と「八(=わける)」とから成る。人があいだにわけ入る。

意味 ❶あいだにはいる。はさまる。例介在。介入。仲介。人を介する。意に介さない。❷あいだにはいって、たすける。例介護。介錯。介抱。❸(人があいだにはいる)よろい。例介冑。❹(よろいのような)こうら。かいがら。例魚介類。❺(よろいのように)かたい。例狷介。❻一つの。とるにたりない。〔「个」と通用されたもの〕例一介の学生。

日本語での用法《すけ》律令制の四等官で、国司の第二位。次官。「出羽介・常陸介」

人名 あきら・かたし・たすく・ゆき・よし

【介意】(名・する)気にすること。気にかけること。例ともすれば弱者に—しない政治。

【介殻】貝殻。

【介護】(名・する)食事・入浴・着がえなど、身のまわりのことを自分でできない病人・老人・身体障害者に、手を貸して日常的にその世話をすること。

【介在】(名・する)あいだに何かがあること。例両国間に—する長年の不信感。

【介士】よろいかぶとをつけた武士。

【介▽錯】(名・する)①つきそって世話をすること。②切腹する人のかたわらに立ち、その首を切ること。例—人。

【介助】(名・する)病人や老人・身体障害者などに、必要に応じて手を貸して、食事・入浴・着がえ・歩行などの手助けをすること。例お年寄りの散歩の—をする。

【介添え】(名・する)人につきそって世話をすること。また、その人。例花嫁の—役。

【介虫】かたいからをもつ動物。カメや貝などの類。

【介▼冑】よろいかぶと。

【介入】(名・する)割りこんではいること。しいてかかわること。例軍事—。武力で—する。

【介抱】(名・する)病人やけが人などの世話をすること。例病身の父を—する。

●一介・魚介・紹介・媒介・厄介

亻2 【仇】 4画 2156 4EC7 音キュウ漢 訓あだ・かたき

意味 ❶いっしょになるなかま。あいて。つれあい。例好仇。❷うらみのある敵。あだ。かたき。例仇敵。❸うらみ。あだ。例仇怨。❹かたきとする。うらむ。

日本語での用法《あだ》相手・敵の意の「あた」と、むだ・徒労の意の「あだ」とが混同されて、すべて「あだ」というようになり、「仇」にも、いたずら・かいなし・かりそめの意を認めて用いる。「仇情・仇花」

【仇▽浪】いたずらに立ちさわぐ波。また、人の心の変わりやすいことを、たとえていう。表記「▽徒浪」とも書く。

【仇怨】うらみ。怨恨。

【仇敵】深いうらみやにくしみをいだいている相手。例長年の―をたおす。

【今】

ヘ 2 4画 2603 4ECA 教育2

音キン漢コン呉 訓いま 付表今日・今朝・今年

筆順 ノ 人 𠆢 今

なりたち [会意]「亼(=あわせる)」と「フ(=およぶ)」とから成る。目の前の、このとき。

意味 ❶現在。このとき。いま。例今後。今昔。現今。❷いまの。この。例今回。今度。

日本語での用法《いま》新しい、の意。「今参り・今入り」

難読 今度・今般

【今様】①いまの。いまどきの。また、いまどきの型。例―の流行の服。②現代風。当世風。例―水戸黄門。③「今様歌」の略。

【今様歌】〔「今様」は、現代風・当世風の意〕平安時代にでき、流行した歌。七五調の四句から成る。いまよう。

【今上】現在、位についている天子。例―陛下。

【今体】①いまの時代の体裁や様式。②⇩【近体】(963ページ)

【今文】①現代の文字。②中国の文字で、漢の時代の隷書。▽対古文。

▽【今宵】きょうの、よる。今夜。今晩。

【今回】このたび。今度。例―は許してやろう。

【今期】ただいまの期間。この期間。現在の期間。対先期・次期・来期。例―は営業成績が上がった。

【今暁】きょうの夜明け方。けさ。今朝。

【今月】この月。いまの月。類本月。例―から給料が上がる。

【今後】これから先。いまからのち。類以後。例―の予定。―の生活態度について注意する。

【今時】いま。このごろ。類当世。例―の若い者にはなにかとおどろかされる。

【今昔】いまとむかし。現在と過去。

【今昔の感】むかしといまとをくらべて、そのちがいの大きさにおどろく気持ち。例十年ひとむかしとはいうが、やはり―にたえない。

【今秋】ことしの秋。この秋。例―、ヨーロッパへ旅行する予定でいる。

【今週】この週。いまの週。例―はなにかといそがしい。

【今春】ことしの春。この春。例―、小学校に入学する。

【今生】〔仏〕いまの世。この世。この世に生きているあいだ。対後生・他生。例―の見おさめ。―の別れ。

【今夕】きょうの夕方。この夕方。類今晩。

【今朝】きょうのあさ。このあさ。例―の冷えこみはこの冬いちばんだ。

【今度】①このたび。今回。例―来た新人だ。②この次。次回。〔近い将来を指していう〕例―どこかへ行きましょう。―はまちがえるなよ。

【今日】一①いま。現代。現在。この時代。例―の発展をだれが想像しただろうか。わたくしの―あるのは先生のおかげです。②本日。きょう。〔「きょう」より改まった言い方〕例―、みなさまのご出席をいただき…。二①話し手にとっていまをふくんでいる一日。本日。例―はとくに意義のある一日になった。②日付や曜日が同じ日。例あれはちょうど十年前の―のことだった。

【今年】この年。いまの年。本年。例―は雪が多い。

【今晩】きょうの晩。今夜。今宵。例―は中秋の名月だ。

【今般】今度。今回。このたび。〔古めかしい言い方〕対先般。例―の事態をうけて。

【今夜】きょうの夜。この夜。今晩。例―は月がきれいだ。

●現今・古今・昨今・当今

【什】

イ 2 4画 2926 4EC0

音シュウ漢ジュウ呉 訓あつ-まる・とお

意味 ❶十人をひとまとまりとした、古代の兵制。また、十戸をひとまとまりとした、古代の行政単位。❷『詩経』の雅・頌の十編ずつのひとまとまり。また、ひとまとまりの詩文。❸数の名。とお。また、十倍。同十。❹十等分。❺たくさんの。いろいろな。日常の。例什器。

難読 什麼

【什器】ふだん使う、さまざまな家具や道具類。類什物。

【什物】一日常使用する道具。類什器。二たいせつにしまっているたからもの。類什宝。

【什宝】たいせつにしまっているたからもの。類什物。

【什▼麼】〔副〕〔疑問をあらわすことばで、禅宗の問答などで用いる〕なに。いかなる。どんな。例―生(=いかに。どうだ。ふつう「作麼生」と書く)。

【仍】

イ 2 4画 4827 4ECD

音ジョウ漢 訓しき-りに・しばしば・すなわ-ち・なお・また・よ-りて・よ-る

意味 ❶そのままに従う。よる。例仍貫。仍旧。❷〔助字〕㋐「よりて」と読み、そうして、の意。上文を受けて続ける。例仍再出(=そうしてまた出かけた)。㋑「また」と読み、そしてまた、の意。㋒「なお」と読み、やはり、の意。㋓「すなわち」と読み、すみやかに、の意。例仍破(=すみやかに破った)。㋔「しばしば」「しきりに」と読み、なん度も、の意。例仍見上(=たびたび天子にまみえる)。

【仍貫】古くからの習慣に従うこと。今まで通りにすること。仍旧。〔「仍二旧貫一」による〕〈論語〉

【仍旧】古い昔のまま、変わらないこと。例山月幾回して一円となり。〈新撰朗詠集〉

【仍仍】①失意のうちにあって茫然としているようす。②多いようす。③しきりに。

【仍世】なん代もつづいていること。代々。世々。累代。

【仍孫】子孫をかぞえるときの呼び名。自分を一代目としたときの八代目。〔子・孫・曽孫・玄孫・来孫・昆孫・仍孫・雲孫の順〕

【仄】

人 2 4画 4828 4EC4

音ソク慣ショク漢 訓ほの-か

意味 ❶かたむく。かたよる。例仄日。傾仄。❷身分がひくい。❸かすかに。ほのかに。例仄聞。❹漢字音の四つの声調のうち、音の平らな平声を除いた、上声・去声・入声をまとめていう。

【仄字】漢字で、仄韻の字。対平字。例仄声。平仄。

【仄日】かたむいた太陽。夕日。斜陽。

【仄声】漢字音の四声(=平声・上声・去声・入声)のうち、平声以外の三つをまとめていう。対平声。→【平仄】①(345ページ)

【仄聞】(名・する)人づてにかすかに聞くこと。風の便り。例―したことから想像すると…。表記「側聞」とも書く。

イ 2
【仁】
4画 3146 4EC1 教育6 音ニ 慣ジン 漢 ニン 呉 訓ひと・さね

筆順 ノ イ 仁

なりたち [会意]「イ(=ひと)」と「二(=ならぶ)」とから成る。近づき親しむ。

意味 ❶人としてたがいに思いやる心(がある)。例 仁愛。仁者。仁政。❷ひと。同 人。例 御仁。朴念仁。❸果実のたねの中心部。さね。例 亜麻仁。杏仁。桃仁。

難読 薏苡仁

人名 あつし・きみ・きん・しのぶ・たかし・ただし・と・とよ・のり・ひさし・ひとし・ひろし・まこと・まさ・まさし・まさる・み・めぐみ・めぐむ・やすし・よし

【仁愛】相手を思いやり、いたわるやさしい気持ち。いつくしみ。例 ―の友情深き人。

【仁義】①仁と義。仁愛と義理。人が守り、おこなうべき道徳。②やくざ仲間での初対面のあいさつ。また、おきて、しきたり。例 ―をきる。―にはずれる。

【仁君】仁徳のある君主。

【仁兄】友人を尊敬していうことば。貴兄。大兄。〔手紙などで用いる〕

【仁恵】人を思いやる気持ち。めぐみ。いつくしみ。

【仁者】仁徳のある人。また、情け深い人。類 仁人。

【仁者は山を楽しむ】仁者は天命に心をゆだねて、心が動かずに落ちついているので、どっしりと動かない山を愛する。〔「知者は水を楽しみ」の句の後に続く〕〈論語〉

【仁術】仁徳をおこなう方法。思いやりといたわりにもとづいたおこない。例 医は―。

【仁心】人を思いやり愛する心。情け深い心。

【仁人】仁徳のある人。類 仁者。

【仁政】人々のためを考えた、情け深い政治。仁徳にもとづく政治。例 ―をしく。

【仁道】仁をおこなう道。人の守りおこなうべき道。

【仁徳】他を思いやり、いたわる徳。仁愛の徳。

【仁風】①情け深い徳で人々を教え導くこと。〔仁徳は風のように遠くまでおよぶのでいう〕②扇の別名。

「人(イ・𠆢)部」2画 ● 仁 仆 仏

【仁王】仏法を守る神として寺の門の両わきに安置する一対の金剛力士の神像。例 ―立ち。表記「二王」とも書く。

●一視同仁・御仁

イ 2
【仆】
4画 4829 4EC6 音フ 漢 呉 訓たお-れる・ふ-す

意味 うつぶせにぱったりとたおれる。ふす。例 仆偃(=前にたおれる)。

イ 2
【仏】
4画 4209 4ECF 教育5 音フツ 漢 ブツ 呉 訓ほとけ

筆順 ノ イ 仏 仏

イ 5
【佛】
7画 4839 4F5B 人名

なりたち [形声]「イ(=ひと)」と、音「弗」とから成る。似ていて見分けがつかない。

意味 ❶よく似ている。例 仿仏。❷真理をさとった人。とくに、仏教の開祖、釈迦をいう。ほとけ。〔仏陀は梵語 Buddha の音訳〕例 仏教。仏像。大仏。❸フランスの貨幣単位。フラン。

日本語での用法 日《フツ》「仏蘭西」の略。「仏語・英仏・日仏」 二《ほとけ》俗に、死者をいう。「仏になる」

難読 仏掌薯

人名 さとし・さとる

【仏縁】仏とのあいだの縁。また、仏の引き合わせ。

【仏恩】仏の恩。仏のめぐみ。

【仏果】仏道を修行することによって得られる、成仏という最高の結果。さとり。

【仏家】①僧の家。寺院。寺。②僧。③仏教の信者。

【仏画】仏教に関することがらをえがいた絵画。

【仏閣】てら。寺の建物。例 神社―。

【仏眼】仏の目。さとりをひらいた者がもつ、すべてを見通す目。

【仏教】〔仏陀の教えの意〕紀元前五世紀のはじめ、古代インドで釈迦を開祖としておこった宗教。例 ―哲学・―美術。

【仏経】仏教の経典。お経。

【仏具】仏事に用いる道具。仏壇に置く花びんや香炉など。法具。

【▽仏語】日「仏蘭西語」の略。フランス本国のほか、カナダのケベック州、スイス西部・ベルギー南部などで使われている言語。二 ①仏のことば。仏の教えたことば。②仏教で用いることば。仏教用語。

【▽仏国】日 フランス。ヨーロッパ西部にある共和国。首都はパリ。フランス共和国。二 仏のいる国。それぞれの仏のいる浄土。

【仏座】仏像を安置する台。蓮台。

【仏刹】仏教の寺院。てら。仏寺。

【仏師】仏像をつくる人。

【仏寺】仏教の寺院。てら。仏刹。

【仏事】仏教の行事や儀式。法会や法事など。

【仏式】仏教のやりかた。仏教での方式。例 葬儀は―でとりおこなう。

【仏者】仏門にはいった人。僧。出家。

【仏舎利】釈迦の遺骨。舎利。

【仏書】仏教に関する本。仏典。

【仏生会】仏の誕生をいわう儀式。灌仏会。

【仏心】①仏のもつ慈悲深い心。②人に本来そなわっている仏の心のような慈悲深い心。

【仏跡】①釈迦に縁のある遺跡。また、仏教に関係のある古い遺跡。②釈迦の足あと。表記 ▽「仏▼迹・仏▼蹟」とも書く。

【仏説】仏の説いた教え。仏教の教義。例 ―阿弥陀経。

【仏前】仏のまえ。また、仏壇のまえ。

【仏祖】①仏教をひらいた人、釈迦。②仏と、仏の教えを受けついで各宗をひらいた人。

【仏像】いのりをささげるためにつくられた、仏の姿をかたどった彫刻や絵。例 ―を安置する。

【仏桑▽花】アオイ科の常緑低木。ハイビスカス。夏から秋にかけて、五枚の花びらの赤い花をひらく。

【仏足石】釈迦が残したという足の裏の形をきざんだ石。奈良の薬師寺に伝わるものが、最も古い。

【仏足石歌】仏足石をたたえる内容の、五・七・五・七・七・七調の二十一首の和歌。七五三(天平勝宝五)年に、奈良の薬師寺の仏足石のわきに建てられた石碑にきざまれている和歌。

【仏▼陀】〔梵語 Buddha(=さとった人の意)の音訳〕釈迦をたっとんでいう言い方。ほとけ。→【釈迦】②(997ページ)

【仏壇】①寺などで、仏像を安置するために設けた壇。②家庭の一室に、位牌や仏像などを安置するために小さな堂に似せてつくったもの。類厨子。例―に花を供える。

【仏頂面】不満や不機嫌が見てとれる顔。ふくれっつら。例にこりともしない―。

【仏敵】仏教に敵対するもの。仏教に害をなすもの。類外道。

【仏典】①仏教の経典。内典。②仏教に関する書物。類仏書。

【仏塔】寺院の塔。

【仏堂】仏像を安置した堂。類仏殿。

【仏道】仏の説いた道。仏の教え。類仏法。例―を修行する。

【仏罰】仏からうける罰。

【▽仏文】〔「仏」は「仏蘭西」の略〕①フランス語の文章。例―和訳。②「仏蘭西文学(科)」の略。例大学では―を専攻している。

【仏法】仏の教え。仏の述べた道。類仏道。例―にすがる。

【仏法僧】①仏と、仏の教えを説く経典と、仏の教えを説く僧。三宝。②ブッポウソウ科のわたり鳥。日本で夏をすごし、冬は南方にわたる。ハトほどの大きさで、くちばしと足が赤く、からだは青緑色。③コノハズクの別名。フクロウ科の鳥で、「ブッポーソー」と鳴く。三宝鳥。

【仏▼菩▼薩】仏と菩薩。

【仏間】仏壇を置いてある部屋。

【仏滅】①釈迦の死を指す。類入滅。②「仏滅日」の略。陰陽道でいう、六曜の一つ。何ごとをするにもよくないとされる日。

【仏門】仏の説いた道。仏教。例―に入る(=出家する)。

【▽仏▼蘭▽西】〔France の音訳〕ヨーロッパ西部にある共和国。首都はパリ。仏国。

●神仏・大仏・念仏・秘仏

イ2 【仂】4画 4830 4EC2 音 一リョク漢 二ロク漢 訓 つと-める

意味 一はげむ。つとめる。同力。二数のあまり。はんぱ。

参考 日本では「働」の略字として用いられることがある。

人2 【从】4画 ⇩【従】(376ページ)

人3 【以】5画 1642 4EE5 教育4 音 イ漢呉 訓 もっ-て

筆順

なりたち 〔指事〕「已(=やめる)」を上下反対向きにした形。やめないで、おこなう。もちいる。

参考 「以」は、さらに右側に「人」を加えてできた形。

意味 ❶使う。もちいる。❷ひきつれる。ひきいる。❸そこを基点として。より。から。例以外。以上。❹〔助字〕「もって」「もってす」と読み、…によって・…で、の意。手段・方法を示す。例以レ刀断(=刀でたち切る)。

難読 以謂・以呂波・所以

人名 これ・さね・しげ・とも・のり・もち・もつ・ゆき・より

【以遠】その場所をふくみ、そこより遠いところ。そこから先のほう。〔地名の下につけて使うことが多い〕例京都―。

【以往】①ある時期よりのち。以後。以降。②〔すでに過ぎ去ったという意味の「已往」と混同して〕以前。むかし。

【以下】①数や量を示すことばについて、それよりも少ないことをあらわす。その数や量をふくむ。類未満。対以上。例三万円―の罰金。②あるものを代表として、それと同類のものをひっくるめていう。…はじめ。例社長―五名。③これよりあと。例―省略。―同文。表記▽「▼已下」とも書く。

【以外】あることについて、それを除いたほかのもの。そのほか。例かれ―は賛成した。

【以後】①その時をふくみ、それよりあと。対以前。例五時―は在宅します。②今からあと。今後。例―気をつけなさい。表記▽「▼已後」とも書く。

【以降】ある時をふくみ、その時からあとずっと。〔「以後」よりも文語的〕例明治―。五時―入室を禁ず。表記「▼已降」とも書く。

【以上】①数や量をあらわすことばについて、それよりも多いことをあらわす。その数や量をふくむ。②それまで述べてきたことすべて。例―のとおり報告いたします。③文章や話の最後につけて「おしまい」の意をあらわす。④〔「…した以上は」の形で〕「…したからには当然」の意をあらわす。表記▽「▼已上」とも書く。

【以心伝心】①禅宗で、師の心から弟子の心へ直接教えをつたえること。②無言のうちに心が通じ合うこと。

【以西】そこをふくみ、それよりにし。対以東。例静岡―では大雨になる。

【以前】①その時をふくみ、それよりもまえ。対以後。例八時―に電話をしてくれ。②今よりもまえ。むかし。例―はこのあたりは野原だった。―、まだ父が元気だったころ。表記▽「▼已前」とも書く。

【以東】そこをふくみ、それよりひがし。対以西。例岡山―。

【以内】①空間をあらわすことばについて、それをふくみ、それよりもうちがわ。例仕事場から一〇キロ―で家をさがす。②数量をあらわすことばについて、それをふくんで、それよりも少ないこと。例一時間―にもどる。旅費は一万円―におさえる。

【以南】そこをふくみ、それよりみなみ。対以北。例九州―。

【以北】そこをふくみ、それよりきた。対以南。例仙台―。

【以来】(名・副)ある時から今までずっと。例卒業―会っていない。表記「▼已来」とも書く。

【▽以▽為らく】〔…と思う意〕思うことには。思ったことには。表記「▽以▼謂らく」とも書く。

イ3 【仕】5画 2737 4ED5 教育3 音 シ漢ジ呉 訓 つか-える・す-る

筆順

なりたち 〔形声〕「イ(=ひと)」と、音「士(=官職につく)」とから成る。学んで官職につく。

意味 ❶役所につとめる。つかえる。例仕官。出仕。

❷(目上の人のそばについて)はたらく人。例仕丁。給仕。

日本語での用法 ㊀《し(シ)・す・する》動作・行為・作用・はたらきをあらわす動詞「す」「する」と、その活用形にあてる。参考 常用漢字表では「シ」を字音とするのでそのあつかいとするが、字音の「シ」と、動詞「す」「する」の未然形・連用形の「し」とは同音なので区別しにくい。近世以来の用法として、動詞「す」「する」の各活用形に「仕」を用いている。「仕合・仕方・仕事・仕様・仕る」㊁《つかまつる》「する」の意のへりくだった言い方。「失礼仕る」

人名 つかう・つかえ・つこう・まなぶ

【仕方】しかた ものごとをおこなう方法。やり方。例運転の―。

【仕官】シカン (名・する)①武士が主君につかえること。②官職につくこと。役人になること。

【仕儀】シギ ことのなりゆき。結果。事情。例いかなる―とあいなりましたか。やむを得ぬ―で。

【仕▽種】しぐさ ①何かをするときの、からだの動かし方。例かわいい―。②俳優の演技の動作。所作。例ぎこちない―。

【仕事】しごと ①ある目的のために頭やからだを使うこと。働くこと。例いやな―。―をたのむ。②職業。例親の―をつぐ。③〔物〕物体に力がはたらいて移動したとき、力と距離の積であらわされる量をいう。表記 ▽「▽為事」とも書く。

【仕度】シタク (名・する)用意すること。準備すること。表記「支度」が本来の書き方。

【仕丁】シチョウ・ジチョウ 昔、雑役に従事した者。雑役夫。

【仕手】して ①おこなう人。する人。例仕事の―をさがす。②〔ふつう「シテ」とかな書きにする〕能・狂言で、主役。主人公。③〔経〕大量に株の売買をおこなって相場を動かす人。例―株。表記 ①は「▽為手」とも書く。

【仕舞】しまい ①能楽で、装束をつけず、また、囃子もない略式の舞。例―のけいこにかよう。②終わりのほう。終わり。最後。例―まで読みなさい。表記 ②は「▽終い」とも書く。

【仕様】シヨウ ①しかた。やり方。例返事の―がない。②機械などの方式や性能。例―書。

【仕訳】しわけ (名・する)〔経〕簿記で、項目を分けて、貸し借りを記入すること。表記「仕分け」とも書く。

【仕業】しわざ したこと。おこない。所業。例だれの―だ。

●沖仲仕・給仕・勤労奉仕・出仕・致仕・奉仕

[人(亻・𠆢)部] 3画 仔仗仞仙仟

【仔】亻3 5画 2738 4ED4 人名 音シ漢 訓こ

意味 ❶(家畜などの)小さなこども。こ。例仔犬。仔馬。❷小さい。くわしい。こまかい。例仔細。

【仔細】シサイ (名・形動ダ)①くわしい事情。わけ。例事の―を語る。②くわしいこと。こまかいこと。例―に説明する。③ふつごうなこと。こまったこと。さしつかえ。例とくに―はない。表記 ▽「子細」とも書く。

【仗】亻3 5画 4831 4ED7 音チョウ漢 ジョウ呉 訓よ-る・つえ

意味 ❶(手に持って使う)武器・兵器。例儀仗。兵仗。❷つえにする。よる。同杖。例仗剣(=武装する)。仗策(=馬のむちをたずさえる)。

【仞】亻3 5画 4832 4EDE 音ジン漢 訓ひろ

【仭】亻3 5画 4833 4EED 俗字

意味 ❶高さ・深さの単位。両うでを上下に広げた指先から指先までの長さ。七尺。周代では八尺。例千仞。❷深さを測る。はかる。

日本語での用法《ジン・ひろ》長さの単位。一仞は六尺。約一・八メートル。同尋。

【仙】亻3 5画 3271 4ED9 常用 音セン漢呉 訓やまびと

筆順 ノ 亻 仆 仙 仙

【僊】亻11 13画 *4902 *50CA 本字

なりたち [会意]「亻(=ひと)」と「䙴(=高くあがる)」とから成る。長生きをして天高く上っていく。参考「仙」は、「亻(=ひと)」と「山(=やま)」とから成る「山に入って修行する人」の意。

意味 ❶俗世間をはなれて山の中で修行し、不老不死の術や神通力を身につけた、といわれる人。例仙人。神仙。❷世間ばなれした、非凡な人。例歌仙。詩仙。酒仙。❸アメリカ合衆国の貨幣単位セント(cent)の音訳。

人名 うつる・たか・たかし・のり・ひさ・ひと

【仙界】センカイ 仙人の住む世界。また、俗世間をはなれたところ。例―に遊ぶ。

【仙客】センカク ①仙人。②ツルの別名。

【仙境】センキョウ 仙人の住むところ。俗界からはなれた清らかなところ。仙界。例山深く川の瀬の清い―。表記「仙郷」とも書く。

【仙骨】センコツ 仙人のような骨相。世間いっぱんの人とはちがったようす。非凡な風貌。例―をそなえた老人。

【仙術】センジュツ 仙人がおこなうという不思議な術。

【仙籍】センセキ ①仙人の名簿。②殿上に出仕する人の姓名をしるした名札。

【仙台平】センダイひら 男子用の上等の絹のはかま地。仙台地方で産する。

【仙丹】センタン 飲むと不老不死の仙人になるという薬。仙薬。

【仙▽洞】セントウ ①仙人の住んでいるところ。②退位した天皇の御所。院の御所。仙洞御所。③退位した天皇。太上天皇。上皇。

【仙女】センニョ 〔「センジョ」とも〕女の仙人。

【仙人】センニン ①山のおくに住み、かすみを食べて生き、神通力をもつという不老不死の人。類仙客。例久米の―。②欲がなく、世間ばなれしている人。

【仙人掌】センニンショウ サボテンの漢名。常緑の多年草で、砂漠などに分布し、多くとげをもつ。観賞用として栽培される。

【仙薬】センヤク ①飲むと不老不死の仙人になるというくすり。仙丹。例―を求める。②すばらしい効き目のくすり。類妙薬・霊薬。

【仙遊】センユウ ①俗世間を忘れさせる自然をたずねて、その美しさを楽しみ味わうこと。②天子のおでかけ。みゆき。行幸。③人が死ぬこと。類仙逝。

【仟】亻3 5画 4834 4EDF 音セン漢

意味 ❶千人をひきいる長。かしら。おさ。例仟佰。❷数の名。「千」の大字。商売や契約の文書で数字を書きかえられないように使う。❸南北に通じるあぜ道。同阡(セン)。例仟佰(センパク)。

【仟▼佰】(センパク) ①古代中国の兵制で、千人の兵の指揮者と百人の兵の指揮者をいう。②あぜ道のこと。耕地と耕地とのあいだの道。南北に通る道を仟、東西に通る道を佰(ハク)という。一説に南北を佰、東西を仟という。阡陌(センパク)。表記▽「仟伯」とも書く。

【他】 亻3　5画　3430　4ED6　教育3　音タ漢呉　訓ほか

筆順 ノ イ 仃 仲 他

なりたち [象形] 本字は「它」で、ヘビの形。借りて「ほか」の意。

意味 ほか(の)。それとは別の。自分以外の。例他国(タコク)。他人(タニン)。自他(ジタ)。

使い分け ほか【外・他】⇩1179ページ

難読 他眼(ひとめ)・他人事(ひとごと)・他心(あだしごころ)

人名 ひと・よそ

【他意】(タイ) 別の考え。今言っているほかに心で思っていること。類二心(ふたごころ)・異心。例―はありません。

【他界】(タカイ) 一(名) この世ではない世界。別世界。例―に移ろうとする。二(名・する) 人が死ぬこと。あの世へ行くこと。例昨年―しました。

【他郷】(タキョウ) 自分の国や生まれ育ったのではないよその土地や国。類他国・異郷。例―に暮らす。

【他行】(タギョウ・タコウ) (名・する) 出かけること。外出すること。他出。

【他見】(タケン) その人以外の人が見ること。また、他人に見せること。例―をはばかる。

【他校】(タコウ) よその学校。例―の生徒。

【他国】(タコク) よその国。また、生まれ故郷ではないよその土地。類異国・他郷。対自国。例―に住む。

【他言】(タゴン) [「タゲン」とも] (名・する) 他人に話すこと。他にもらすこと。類口外(コウガイ)。例―無用。このことは―しない決心だ。

【他殺】(タサツ) だれかに殺されること。対自殺。例―死体。

【他山の石】(タザンのいし) [よその山の質の悪い石でも、砥石(といし)として使えば自分の宝玉(ホウギョク)をみがくのに役立つ、という『詩経(シキョウ)』のことばから] 他人のよくない言行も自分の反省の材料になるということ。例もって―となす。

【他日】(タジツ) 将来のいつか。別の日。例―を期す。―またお目にかかりましょう。

【他社】(タシャ) よその会社。対自社。例―の製品。

【他者】(タシャ) 自分以外のもの。ほかの人。対自己。例―の意見をきく。

【他出】(タシュツ) (名・する) よそへ出かけること。外出。

【他所】(タショ) ほかの場所。よそ。例―をさがす。

【他生】(タショウ) [仏] 今、生きているこの世(=今生(コンジョウ))に対し、生まれる前の世(=前世(ゼンセ))と、死んだあとの世(=来世(ライセ))。対今生(コンジョウ)。例―の縁(エン)。→【多生の縁】(タショウのエン)(251ページ)

【他称】(タショウ) 文法で、第三人称。「これ」「それ」「あれ」「彼(かれ)」「彼女(かのジョ)」など。対自称・対称。

【他薦】(タセン) (名・する) 本人以外の人が推薦(スイセン)すること。対自薦。例自薦でも―でもどちらでもよい。

【他動詞】(タドウシ) 文法で、動詞のうち、目的語を必要とする動詞。「本を読む」「窓を開ける」などにおける「読む」「開ける」など。対自動詞。

【他人】(タニン) ①自分以外の人。ほかの人。例―まかせ。―のことも考えろ。②血縁(ケツエン)関係のない人。例赤の―。③そのことにかかわりのない人。第三者。例―は口出しするな。

【他人行儀】(タニンギョウギ) (名・形動だ) (親しい仲なのに)他人どうしのように改まってふるまうこと。例―なあいさつはやめよう。

【他年】(タネン) ほかの年。また、将来のいつか、ある年。類後年(コウネン)。例再会を―に期す。

【他念】(タネン) ほかのことを考える気持ち。余念。例―なく仕事にはげむ。

【他物】(タブツ) ほかのもの。他人のもの。例―でまにあわせる。

【他聞】(タブン) その人以外の人が聞くこと。他人に聞かれること。例―をはばかる。

【他方】(タホウ) 一(名) ①別の方向。別の方面。例―から見ると別のようにも言える。②二つのうちの、もう一方。例―の言い分も聞く。二(副) 一方。別の一面として。例おだやかな人だが、―きびしい面がある。

【他面】(タメン) 一(名) 別の面。また、別の見方。類他方。例―を見ると必ずしもよくない。二(副) 別の面では。例おとなしいようだが、―激しいところもある。

【他用】(タヨウ) 一(名) ほかの用事。例―で外出する。二(名・する) ほかのことに用いること。例―に供(キョウ)する。

【他力】(タリキ) ①他人の力。②[仏]「他力本願」の略。すべての人を救おうとする阿弥陀仏(アミダブツ)の力によって救われること。[転じて、自分で努力することなく他人をあてにすることをもいう] ▽対自力。

【他律】(タリツ) 自分の意志でするのではなく、他人の命令や規則などに従って行動すること。対自律。例―によらず自主的に行動する。

【他流】(タリュウ) よその流派・流儀(リュウギ)。例―試合(あい)(=武芸などで、自分のうでをみがくために、ほかの流派の人と試合をすること)。

●自他(ジタ)・排他(ハイタ)・利他(リタ)

【代】 亻3　5画　3469　4EE3　教育3　音タイ漢　ダイ呉　訓か-わる・か-える・よ・しろ・か-わり

筆順 ノ イ 仁 代 代

なりたち [形声]「亻(=ひと)」と、音「弋(ヨク→タイ)」とから成る。かわる。

意味 ❶人やものが入れかわる。かわる。かえる。例代理(ダイリ)。交代(コウタイ)。新陳代謝(シンチンタイシャ)。❷あるものを手に入れるかわりのもの。しろ。例代価(ダイカ)。代金(ダイキン)。身(み)の代金(しろキン)。❸かわっていく時世。よ。例現代(ゲンダイ)。古代(コダイ)。時代(ジダイ)。❹人が、ある地位にいるあいだ。例一代(イチダイ)。先代(センダイ)。祖父(ソフ)の代(ダイ)。

使い分け かえる・かわる【変・換・替・代】⇩1166ページ

使い分け よ【世・代】⇩1181ページ

人名 とし・のり・より

【代案】(ダイアン) それにとってかわるようなほかの案。例―を示す。

【代価】(ダイカ) ①品物の値段。②ある事をなしとげるために、どうしてもさけられない犠牲(ギセイ)や損害のたとえ。例このトンネルの開通には大きな―がしはらわれた。

【代官】(ダイカン) [代理の役人の意] 江戸(えど)時代、幕府が管理する土地を治めた人。年貢(ネング)の取り立てなどをおこなった。郡代(グンダイ)の次の位。例―所(ショ)。悪―。

【代議】(ダイギ) (名・する) ①ほかの人にかわって協議すること。②公選された議員が、その組織を代表して必要なことがらについて協議すること。例―員。―制度。

【代議士】(ダイギシ) 国民から選ばれ、国民の意志を代表して国の政治について協議する人。いっぱんには衆議院議員を指す。類国会議員。例―に出る。

【代休】ダイキュウ 休日に出勤したとき、そのかわりに休む日。例―をとる。

【代金】ダイキン 品物を買った人が、売り手にしはらうお金。例本の―。旅行の―。―をしはらう。

【代稽古】ダイゲイコ 武道や芸能で、師匠のかわりに弟子にけいこをつけてやること。また、その人。

【代言】ダイゲン 一(名・する) 法廷などで、本人にかわって述べること。二(名)「代言人」の略。「弁護士」の古い言い方。

【代行】ダイコウ (名・する) ある職務を、その本来の担当者にかわっておこなうこと。また、その人。例―業者。外務大臣―。

【代講】ダイコウ (名・する) 本来する人にかわって講義をすること。また、その人。

【代▼赭】ダイシャ ①赤土色の顔料。〔中国、山西省代州からとれる代赭石の粉末からつくる〕②「代赭色」の略。茶色がかっただいだい色。赤土色。

【代謝】タイシャ・ダイシャ (名・する) 〔「謝」は、いれかわる意〕生体内で、外界から取り入れた物質をエネルギーに変え、不要なものを排出すること。類物質交代。例―異常。新陳―。

【代書】ダイショ 一(名・する) その人にかわって書くこと。代筆。二(名)「代書人」の略。役所に出す書類を、その人にかわって書く職業の人。司法書士・行政書士の旧称。

【代署】ダイショ (名・する) その人にかわって署名すること。また、そのサイン。代理署名。対自署。

【代償】ダイショウ ①相手にあたえた損害をつぐなうために差し出すお金や品物、労力など。類賠償・補償。例―を提供して和解する。②ある事をなしとげるためにはらう犠牲や損害。類代価。例目的達成のために高価な―をはらう。

【代診】ダイシン (名・する) 担当の医師にかわって診察すること。また、その医師。〔古い言い方では、代脈〕

【代数】ダイスウ ①世代のかず。②〔数〕「代数学」の略。方程式のように未知数を文字であらわすことによって、かずの性質や計算の法則などを研究する学問。

【代走】ダイソウ (名・する) 野球で、塁に出た走者のかわりに走ること。また、その人。ピンチランナー。

【代打】ダイダ (名・する) 野球で、それまで出ていた選手にかわって打つこと。また、その人。ピンチヒッター。例―を出す。

【代替】ダイタイ (名・する) ほかのものをそのかわりにすること。例―品。―バス。

【代代】ダイダイ なん代も続いていること。よよ。類歴代。例先祖―わが家に伝わる刀。

【代地】ダイチ その土地のかわりの土地。代替地。

【代読】ダイドク (名・する) 本人にかわって読みあげること。例市長の祝辞を―する。

【代人】ダイニン 本人のかわりの人。例―を立てる。

【代納】ダイノウ (名・する) ①ある人のかわりにお金や品物をおさめること。②お金のかわりに品物などでおさめること。

【代筆】ダイヒツ (名・する) その人にかわって、手紙や書類を書くこと。また、書いたもの。代書。対自筆。例礼状を―する。

【代表】ダイヒョウ (名・する) ①団体の性質や多くの人々の意見を外部にあらわすもの。また、その人。例会社の―者。②最もすぐれているとして選ばれた人やもの。例日本の―選手。③その一つをとり上げただけで、全体の特徴をあらわすことのできるようなもの。例スキーに―される冬のスポーツ。

【代品】ダイヒン かわりの品物。代用品。

【代物】一 ダイブツ かわりのもの。代用品。二 しろもの ものや人物を、いやしめおとしめた言い方。例とんだ―をつかまされた。

【代返】ダイヘン (名・する) 授業で出席をとるとき、出席をよそおって、欠席者のかわりに返事をすること。例―をたのむ。

【代弁】ダイベン (名・する) 本人にかわって意見を述べること。例委員長が不在なので、わたくしが―します。表記 旧代▼辯

【代名詞】ダイメイシ ①品詞の一つ。自立語で活用はしない。人・もの・場所などを、その名前を言わないで指し示すことば。主語になることができる。「わたし」「きみ」「かれ」「これ」「それ」「あれ」「どれ」、「ここ」「そこ」「あそこ」「どこ」など。名詞とともに体言と呼ばれる。②同類のものを代表して指し示すことば。例石川五右衛門は盗人の―だ。

【代役】ダイヤク (名・する) 芝居などで、別の役者がかわってその役をつとめること。また、その役者。例―をつとめる。

【代用】ダイヨウ (名・する) 本来使うもののかわりに、まにあわせに使うこと。例厚い紙を下じきに―する。

【代理】ダイリ (名・する) その人にかわって、処理すること。また、その人。例課長―。父の―で出席する。

●足代あしダイ・一代イチダイ・永代エイタイ・近代キンダイ・現代ゲンダイ・交代コウタイ・古代コダイ・時代ジダイ・初代ショダイ・身代シンダイ/みのしろ・世代セダイ・先代センダイ・総代ソウダイ・地代チダイ・当代トウダイ・年代ネンダイ・万代バンダイ/マンダイ・百代ヒャクダイ/ハクタイ・譜代フダイ・末代マツダイ・御代みよ・名代ミョウダイ/なダイ・歴代レキダイ

【付】

イ 3　5画　4153 4ED8　教育4　音フ 漢呉　訓つ-ける・つ-く

筆順 ノ イ 仁 付 付

なりたち [会意]「イ(=ひと)」と「寸(=手)」とから成る。ものを持って人とむきあう。あたえる。

意味 ❶手わたす。あたえる。例付与フヨ。❷(おしつけて)まかせる。たのむ。例付託フタク。❸つけくわえる。つける。つく。同附フ。例付録フロク。添付テンプ。

使い分け つく・つける【付・着・就】⇨1172ページ

人名 とも

【付加】フカ (名・する) 今あるものに、さらにつけくわえること。例―価値。注意をもう一点―する。表記「附加」とも書く。

【付会】フカイ (名・する) 自分のつごうのいいようにこじつけること。例牽強―の説。表記「附会」とも書く。

【付記】フキ (名・する) 本文につけたして書くこと。また、その記事。例注意書きを―する。表記「附記」とも書く。

【付近】フキン ある場所の近く。そのあたり。近所。例現場―を調査する。表記「附近」とも書く。

【付言】フゲン (名・する) あとからつけくわえていうこと。また、そのことば。例さらに―すれば……。表記「附言」とも書く。

【付載】フサイ (名・する) 本文のつけたしとしてのせること。例巻末に年表を―する。表記「附載」とも書く。

【付図】フズ 付属する地図や図面・図表。例―参照。表記「附図」とも書く。

【付随】フズイ (名・する) つきしたがうこと。あることにともなってほかのことが起こること。例この計画にはさまざまな問題が―して生じるだろう。表記「附随」とも書く。

【付設】フセツ (名・する) おもなものにつきしたがって設置すること。例本部建物に計算機センターを―する。表記「附設」とも書く。

【付説】フセツ (名・する) あとにつけくわえて説明すること。また、その説明。例地名の由来を―する。表記「附説」とも書く。

【付箋】フセン 本や書類などに疑問や目じるしのためにはりつける小さな紙切れ。例―をはる。表記「附箋」とも書く。

【付則】フソク 本則を補うためにつけられた規則。例―には特別の場合がしるされている。表記「附則」とも書く。

【付属】フゾク 一(名・する) 機能・機構上、おもなものにつきした

がっていること。例―部品。大学に―する病院。㊁(名)「付属学校」の略。例―に通っている。表記 固有名詞では「附属」と書くことが多い。

【付属学校】(フゾクガッコウ) 教育研究や実習のために、大学に付属して設ける高等学校・中学校・小学校など。表記 固有名詞では「附属学校」と書くことが多い。

【付属語】(フゾクゴ) 日本語の文法で、それだけでは文節をつくれず、いつもほかの自立語について使われる単語。活用しないものを助詞、活用するものを助動詞という。㊟自立語。表記「附属語」とも書く。

【付帯】(フタイ) (名・する) おもなものごとにともなってあること。例―条件。―決議。表記「附帯」とも書く。

【付託】(フタク) (名・する) ほかにたのみ、任せること。とくに、議会で審議(シンギ)などを委員会などの機関に任せること。

【付置】(フチ) (名・する) もとの機関につけくわえて設置すること。あわせて設置すること。例大学院に―する文献(ブンケン)センター。表記「附置」とも書く。

【付着】(フチャク) (名・する) くっついてはなれないこと。例床(ゆか)に―したよごれ。表記「附着」とも書く。

【付注】(フチュウ) (名・する) 注をつけること。また、その注。例―参照。表記「附▼註」とも書く。

【付表】(フヒョウ) 本体にあわせてつけられている表。㊟本表。

【付与】(フヨ) (名・する) (名誉(メイヨ)・権限・称号(ショウゴウ)などを)さずけあたえること。例当事者に権利を―する。表記「附与」とも書く。

【付録】(フロク) 本体となるものにつけ加えてあるもの。例別冊―。―として地図や年表がついている。表記「附録」とも書く。

【付和】(フワ) (名・する) 自分の意見をもたず、他人の意見や行動につきしたがうこと。例大家(タイカ)の意向に―する者。

【付和雷同】(フワライドウ) (名・する) しっかりした考えも無しに他人の言動にむやみに同調すること。㊖阿付迎合(アフゲイゴウ)。表記「附和雷同」とも書く。

●還付(カンプ)・寄付(キフ)・給付(キュウフ)・交付(コウフ)・送付(ソウフ)・添付(テンプ)・納付(ノウフ)・配付(ハイフ)・番付(バンづけ)

ヘ3 【令】 5画 4665 4EE4 教育4 音 レイ漢 リョウ呉 訓 しーむ

筆順 ノ 人 𠆢 今 令

たなり [会意]「亼(=あつめる)」と「卩(=わりふ)」とから成る。召集(ショウシュウ)の合図を発する。

意味 ❶上からの言いつけ、指示。例令状(レイジョウ)・号令(ゴウレイ)・命令(メイレイ)。❷おきて。きまり。のり。例禁令(キンレイ)・政令(セイレイ)・法令(ホウレイ)。❸長官。おさ。例県令(ケンレイ)。❹りっぱな。よい。例令色(レイショク)・令名(レイメイ)。❺他人の親族をうやまっていうことば。例令室(レイシツ)・令嬢(レイジョウ)。❻〔助字〕「(…をして)…(せ)しむ」と読み、…に…させる、の意。使役(シエキ)をあらわす。例令㆓民知㆒(たみをしてしらしむ)(=人民にわからせる)。

人名 おさ・さとし・さとる・つかさ・つぐる・なり・のり・はる・よし

【▽令旨】(リョウジ・レイシ) 皇太子・三后(=太皇太后・皇太后・皇后)・皇族の命令をしるした文書。

【令兄】(レイケイ) 他人の兄をうやまっていうことば。㊟令弟(レイテイ)。

【令▼閨】(レイケイ) 他人の妻をうやまっていうことば。㊖令室・令夫人。

【令姉】(レイシ) 他人の姉をうやまっていうことば。㊟令妹(レイマイ)。

【令嗣】(レイシ) 他人のあとつぎの人をうやまっていうことば。

【令室】(レイシツ) 他人の妻をうやまっていうことば。㊖令夫人・令閨(レイケイ)・内室。

【令状】(レイジョウ) ①命令を書き付けた書状。例召集(ショウシュウ)―。②〔法〕裁判所が出す命令の書状。逮捕(タイホ)状・捜索(ソウサク)状・差押(さしおさ)え状など。例―なしの逮捕。

【令嬢】(レイジョウ) ①他人のむすめをうやまっていうことば。お嬢さん。②良家のむすめ。例深窓の―。▽㊟令息。

【令色】(レイショク) うわべだけよくして、人にこびる顔つき。例巧言(コウゲン)―。

【令息】(レイソク) 他人のむすこをうやまっていうことば。㊟令嬢(レイジョウ)。

【令孫】(レイソン) 他人のまごをうやまっていうことば。

【令弟】(レイテイ) 他人の弟をうやまっていうことば。㊟令兄(レイケイ)。

【令堂】(レイドウ) 他人の母をうやまっていうことば。ご母堂。

【令夫人】(レイフジン) 他人の妻をうやまっていうことば。㊖令室・令閨(レイケイ)。

【令妹】(レイマイ) 他人の妹をうやまっていうことば。㊟令姉(レイシ)。

【令名】(レイメイ) よい評判。㊖名声。例―が高い。―を馳(は)せる。―の聞こえた学者。

【令和】(レイワ) 平成の次の元号。二〇一九(令和元)年五月一日以降。今上天皇の時代。

●号令(ゴウレイ)・司令(シレイ)・指令(シレイ)・辞令(ジレイ)・政令(セイレイ)・伝令(デンレイ)・発令(ハツレイ)・法令(ホウレイ)・命令(メイレイ)・律令(リツリョウ・リツレイ)

亻3 【仭】 5画 ⇒【仞】(ジン)(54ジペー)

ヘ3 【仝】 5画 ⇒【同】(ドウ)(189ジペー)

亻4 【伊】 6画 1643 4F0A 人名 音 イ漢呉 訓 かーれ・こーれ

たなり [会意]「亻(=ひと)」と「尹(=おさめる)」とから成る。王に代わって天下を治める人。

意味 ❶殷(イン)代の賢人(ケンジン)「伊尹(イイン)」のこと。❷これ。この。かれ。かの。例伊人(このひと・かのひと)。

日本語での用法 ㊀《い》「い」の音をあらわす万葉がな。「伊呂波(いろは)」㊁《イ》①「伊太利(イタリア)」の略。「伊国(イコク)大使(タイシ)・日伊(ニチイ)」②旧国名「伊賀(いが)(=今の三重(みえ)県西部)」の略。「伊州(イシュウ)」

人名 いさ・おさむ・ただ・ただし・よし・より

【伊賀】(いが) 旧国名の一つ。今の三重(みえ)県西部。伊州(イシュウ)。

【伊豆】(いず) 旧国名の一つ。今の静岡(しずおか)県伊豆半島と伊豆諸島。豆州(ズシュウ)。

【伊勢】(いせ) 旧国名の一つ。今の三重(みえ)県北・中部。勢州(セイシュウ)。

【伊予】(いよ) 旧国名の一つ。今の愛媛(えひめ)県全域にあたる。予州。

【伊呂波】(いろは) ①「いろは歌(うた)」の略。四十七字の異なったかなを使ってつくった、七五調の歌。②〔いろは歌のはじめの三文字であることから〕四十七字の、かなのこと。江戸(えど)時代には「京」が、現代では「ん」が加わっている。例―順。③初歩。ABC。表記▽「以呂波」とも書く。

【伊▽達】(だて) (名・形動(ダ)) 〔「だて(伊達)」は、もと「いだて」で、その頭の「い」が脱落(ダツラク)した〕①はでな身なりやようすで人目をひこうとすること。また、男気(おとこぎ)をたてること。例―男。②みえをはること。例―の薄着(うすぎ)。

亻4 【仮】 6画 1830 4EEE 教育5 音 カ漢 ケ呉 訓 かり・かーる 付表 仮名(かな)

筆順 ノ 亻 仁 仮 仮 仮

亻9 【假】 11画 4881 5047

たなり [形声]「亻(=ひと)」と、音「叚(カ)(=かりる)」とから成る。真でない。

意味 ❶ほんものでない。みせかけだけの。かり(の)。㊟真(シン)。例仮死(カシ)。仮病(ケビョウ)。❷助けをえる。借りる。例虎(とら)の威(イ)

を仮る狐。❸まにあわせとして。かりに。例仮設。❹ゆるめる。おおらかにとりあつかう。例仮借。

【仮寓】カグウ（名・する）一時的に住むこと。また、その住まい。例おじの家に―する。

【仮言】カゲン 仮定して言うこと。類仮説。

【仮構】カコウ（名・する）①かりにかまえること。例―の舞台。②現実にはないことを、かりにあるとして組み立てること。類虚構。例―の世界。

【仮根】カコン コケやモなどにある、根のように見えて実際は根ではないもの。他に付着したり、養分を吸収したりする。

【仮作】カサク（名・する）①一時的にかりにつくること。また、そのもの。②真実ではないことを、ほんとうらしくつくりあげること。類仮構・虚構。例―の話。

【仮死】カシ 意識がなく、一時的に呼吸が止まり、外見はまるで死んでいるようになること。例―状態。

【仮字】カジ「仮名㊁」に同じ。

【仮▽借】㊀カシャ（名）①漢字の六書の一つ。あることばをあらわすのに、意味とは関係なく、発音の同じ漢字を仮りて用いて示すこと。たとえば、「豆」は、もともと食物などを盛ったうつわ、「たかつき」の意であったが、同音の「マメ」の意の漢字として使った。②漢字の音を借りてことばを書きあらわす方法。たとえば、「山」を「也末」、「桜」を「佐久良」と書くなど。㊁カシャク（名・する）許すこと。見のがしてやること。例―なく責めたてる。

【仮称】カショウ（名・する）正式の名が決まるまで、かりの名前でよぶこと。また、そのかりの名。

【仮睡】カスイ（名・する）うたたねすること。類仮眠。

【仮性】カセイ その病気とよく似ている症状や性質。対真性。例―近視。―小児コレラ。

【仮設】カセツ（名・する）①一時的にまにあわせのためにつくること。例―住宅。②実際にはないものを、かりにあるとすること。例―の登場人物。③数学や論理学で、結論をみちびくための、かりの前提条件。類仮定。

【仮説】カセツ ある現象を統一的に説明するために、あらかじめたてておく、かりの説。類仮定。例―をたてる。

【仮装】カソウ（名・する）①歴史や物語の中の有名人や英雄、また動物などの顔かたちや姿をまねて、衣装や面をつけたり、小道具を持ったりして身をかざること。例―行列。―舞踏会。②別のものに見せかけること。例病院船に―して敵をあざむく。③臨時に改造・装備して、別の用途に役立てること。例―巡洋艦。

【仮想】カソウ（名・する）かりにそうだと思うこと。そのように想定すること。例―敵国。

【仮託】カタク（名・する）他のものにかこつけること。ことよせること。例小説の主人公に―して自分の思いを述べる。

【仮定】カテイ（名・する）①かりにそうだと定めること。例君がかれだったと―しよう。②ある結論をみちびくための前提条件。〔「仮設③」よりも新しい言い方〕

【仮定形】カテイケイ 口語文法で、活用語（＝動詞・形容詞・形容動詞・助動詞）の活用形の一つ。「読めば」「広ければ」「静かならば」のように助詞「ば」に続く形。かりに、そうだとしたらの意味をあらわす。文語では已然形という。

【仮分数】カブンスウ 分母より分子のほうが大きい分数。対真分数・帯分数。

【仮眠】カミン（名・する）深夜勤務、長時間の仕事などのとちゅうで、休養のために一時的にねむること。類仮睡・仮寝。例―室。―をとる。

【仮名】㊀カメイ 本名をかくして、別の名をつけること。また、別の名をなのること。また、その名。けみょう。対実名。例新聞記事には―で出た。㊁かな〔「かりな」から「かんな」を経て「かな」になった〕①日本で日本語の音節を示すのに用いる文字。「ひらがな」「かたかな」の二種あって、漢字と併用する。漢字の字形の草体化・流動化したのが「ひらがな」、漢字を略記して洗練したのが「かたかな」。〔どちらも「万葉がな」を母胎とする〕対漢字・真名。例―づかい。―と漢字とローマ字。②⇩【万葉仮名】(17ジペー) 表記 ㊁は「仮▽字」とも書く。

【仮面】カメン 顔にかぶる面。人間や動物その他の顔に似せてつくる。転じて、本性や本心をおおいかくすものについてもいう。例―をかぶる。―をはぐ。

【仮寝】かりね（名・する）①「仮眠」に同じ。②旅寝。野宿。

【仮枕】かりまくら 少しだけねむること。また、旅先でねること。類仮寝。

【仮免】かりメン「仮免許」の略。

【仮免許】かりメンキョ 正式の免許を得るまでのあいだ、かりにあたえられる免許。自動車の運転免許についていうことが多い。

【仮病】ケビョウ 実際は病気ではないのに、病気のふりをすること。例―をつかう。

【▽仮▽令】たとい・たとえ（副）〔「たとい」が、古くからの語形〕「とも」「ども」などといっしょに使って逆接条件をあらわす。例―太陽が西から昇るとも…。表記「▽縦・▽縦▽令・▽設・▽設▽令」などとも書く。

𠆢 4 【会】 6画 1881 4F1A 教育2 音カイ漢 エ呉 訓あ-う・たまたま

筆順 ノ 人 亼 会 会 会

日 9 【會】 13画 4882 6703

なりたち 會［会意］「亼（＝あわせる）」と「曾（＝増す）」の省略体とから成る。あわせる。あう。

意味 ❶人と人とがいっしょになる。あつまって顔をあわせる。あう。例会見・再会・集会。❷人のあつまり。例会員・同好会・入会。❸人が多くあつまる場所。また、人があつまってする行事。例会式・都会。❹思いあたる。心にかなう。さとる。例会得・会心・理会。❺かぞえる。例会計。❻めぐりあった、ちょうどその時。例機会。

使い分け あう【会・合・遭】⇩1159ジペー

難読 度会

人名 あい・あつむ・かず・さだ・さとる・はる・もち

【会式】エシキ〔仏〕①法会の儀式。②日蓮宗で、日蓮の命日（＝十月十三日）におこなう法会。お会式。

【会釈】エシャク（名・する）①軽く頭を下げてあいさつすること。例ちょっと―して前を通る。②相手のことを思いやること。類斟酌。例遠慮―もなく。

【会者定離】エシャジョウリ〔仏〕会った者は必ずいつかは別れるということ。この世の無常をいうことば。例生者必滅―は世の習い。

【会得】エトク（名・する）技術や知識などを、じゅうぶんに理解し、自分のものとすること。例技術を―する。

【会意】カイイ 漢字の六書の一つ。二つ以上の漢字の意味を組み合わせて新しい漢字をつくること。たとえば、「日＋月→明」「木＋木→林」など。

【会員】カイイン 会を構成している人。例―を募集する。

【会館】カイカン 会議・儀式・宿泊・食事・集会などに使う

建物。例市民―。学生―。

【会規】カイキ 会の規則。例―に従って総会を開く。

【会期】カイキ 会がおこなわれる期間・時期。例―を延長する。

【会議】カイギ (名・する) 集まって、ある問題について話し合うこと。例―が始まる。―に出席する。

【会計】カイケイ ①役所・会社などで、お金の計算・管理をあつかう仕事。また、その係。例市役所の―課。②宿泊(シュクハク)や飲食などの、代金のしはらい。類勘定(カンジョウ)。例―をすませる。

【会稽の恥】カイケイのはじ ［春秋時代に、越王(エツオウ)の勾践(コウセン)が会稽山で呉王(ゴオウ)の夫差(フサ)と戦って敗れ、受けた恥をのちにすすいだ故事から］人から受けたはずかしめ・屈辱(クツジョク)。〈史記(シキ)〉例―をすすぐ。→【臥薪嘗胆】ガシンショウタン(1001ジ)

【会見】カイケン (名・する) (公式の場で)人に会うこと。例記者―。―の日程を決める。

【会合】カイゴウ (名・する) 集まり。集会。例―を開く。

【会試】カイシ 昔の中国で、役人の採用試験の一つ。郷試(キョウシ)に受かった人が受ける第二次試験。さらに第三次の試験として殿試(デンシ)がある。

【会社】カイシャ 利益を得ることを前提として、ある事業を進めるためにつくられた団体。例株式―。

【会所】カイショ 人やものなどの、出あうところ。また、集会所。集まって何かをする場所。例碁(ゴ)―。

【会場】カイジョウ 会やもよおしものが開かれる場所。例―の準備。

【会食】カイショク (名・する) (行事や会などのあと)人々が集まってうちとけたふんいきで食事をすること。

【会心】カイシン 自分の気持ちにかなって心から満足すること。例―の笑(え)み。―の作。―の当たり。

【会席】カイセキ ①会合・宴会(エンカイ)などの席。②茶道や俳諧(ハイカイ)などの席。③「会席料理」の略。簡略な宴会用の料理。例―膳(ゼン)。

【会葬】カイソウ (名・する) 葬式に列席すること。例―者。

【会談】カイダン (名・する) 責任のある立場にいる人々が公式に面会して話し合うこと。例首脳―。企業(キギョウ)のトップが―する。

【会長】カイチョウ ①会を代表し、責任を負う立場にある人。②会社などで、社長の上に位置する人。［社長をしりぞいた人の名誉称号(メイヨショウゴウ)として用いることもある］

【会頭】カイトウ 会または大きな組織を代表する人。例商工会議所―。学会―。

【会同】カイドウ (名・する) 集まって会議をすること。例裁判官―。

【会堂】カイドウ ①集会のための建物。②「教会堂」の略。キリスト教の教会。

【会費】カイヒ 会を運営するための費用。例―を集める。

【会報】カイホウ 会の活動や会員の消息などを知らせるために発行する文書や雑誌。

【会友】カイユウ ①会員である仲間。②会員ではないが、会に深いかかわりをもつ人。

【会話】カイワ (名・する) 考えていることを相手に伝えるために、たがいにことばをかわすこと。例―文。英―。―を楽しむ。

●宴会(エンカイ)・園遊会(エンユウカイ)・開会(カイカイ)・学会(ガッカイ)・機会(キカイ)・議会(ギカイ)・協会(キョウカイ)・教会(キョウカイ)・県会(ケンカイ)・国会(コッカイ)・再会(サイカイ)・参会(サンカイ)・散会(サンカイ)・司会(シカイ)・自治会(ジチカイ)・社会(シャカイ)・集会(シュウカイ)・照会(ショウカイ)・盛会(セイカイ)・総会(ソウカイ)・大会(タイカイ)・朝会(チョウカイ)・展覧会(テンランカイ)・都会(トカイ)・入会(ニュウカイ)・閉会(ヘイカイ)・忘年会(ボウネンカイ)・面会(メンカイ)・流会(リュウカイ)・例会(レイカイ)

イ 4 【价】 6画 4835 4EF7 音カイ漢 訓よ-い

意味 ❶りっぱな。よい。例价人(カイジン)。❷よろいを着けた人。同介(カイ)。❸使いの者。例使价(シカイ)(=使い走りする者)。

人 4 【企】 6画 2075 4F01 常用 音キ漢呉 訓くわだ-てる・くわだ-て・たくら-む

筆順 ノ 人 个 个 企 企

なりたち ［会意］「人(=ひと)」と「止(=かかと)」とから成る。かかとをあげる。

意味 ❶かかとをあげて、つま先で立つ。つま立つ。また、つま立ちして待ち望む。例企望(キボウ)。❷つま立ちして待ち望むように強く願い、また、遠くまで見通すほどに考えぬいて計画する。くわだてる。例企画(キカク)。企図(キト)。

人名 たくみ・とも・のぞむ・もと

【企画】キカク (名・する) 新しく仕事を始めるために計画を立てること。くわだて。例新事業の―を立てる。表記 旧企▼劃

【企及】キキュウ (名・する) 同じ程度のことをくわだてて追いつくこと。肩(かた)を並べること。例凡人(ボンジン)の―すべからざる技(わざ)。

【企業】キギョウ 利益をあげることを目的としておこなう事業。会社や工場など。例大―。中小―。

【企図】キト (名・する) くわだてること。類計画。

【企望】キボウ (名・する) ［つま立ちして待ちのぞむ意］心からのぞむこと。強く願うこと。例各人の協力を―する。

イ 4 【伎】 6画 2076 4F0E 常用 音キ漢 ギ呉 訓わざ

筆順 ノ イ 亻 什 伎 伎

なりたち ［形声］「亻(=ひと)」と、音「支(シ)→キ」とから成る。くみする。派生して「わざおぎ」の意。

意味 ❶すぐれたうでまえ。わざ。同技(ギ)。例伎倆(ギリョウ)。❷歌やおどりを職業とする人。芸者。わざおぎ。同妓(ギ)。例伎女(ギジョ)。

【伎楽】ギガク 仮面をつけ音楽に合わせておどる古代の劇。中国から百済(ヒャクサイ)(くだら)をへて日本に伝えられた。例―面。

【▽伎女】ギジョ ①昔、歌やおどりを演じた女性。②あそびめ。

【▽伎▼癢】ギヨウ 自分のうでまえを示したくてむずむずすること。うでが鳴る。例―をおぼえる。表記「技▼癢」とも書く。

【▽伎▼倆】ギリョウ ⇩【技量】ギリョウ(427ジ)

イ 4 【休】 6画 2157 4F11 教育1 音キュウ漢 ク呉 訓やす-む・やす-まる・やす-める・やす-み・や-む

筆順 ノ イ 亻 什 休 休

なりたち ［会意］「亻(=ひと)」が「木(=き)」によりかかる。いこい、やすむ。

意味 ❶からだや心のつかれがなおるようにする。やすむ。やすまる。やすめる。例休憩(キュウケイ)。休息(キュウソク)。定休(テイキュウ)。❷一時的にやめる。例休止(キュウシ)。休戦(キュウセン)。❸さいわい。めでたい。よろこび。例休戚(キュウセキ)。❹りっぱな。よい。例休徳(キュウトク)。

人名 のぶ・やす・よし

【休暇】キュウカ 学校や会社などで、日曜・祝日以外のやすみ。例夏季―。有給―。―をとる。

【休学】キュウガク (名・する) 学生・生徒が、外国留学や病気、家庭のつごうなどのため、一定期間、その学校をやすむこと。

【休刊】キュウカン (名・する) 定期的に発行している新聞や雑誌などの刊行をやすむこと。

【休館】キュウカン (名・する) 美術館・図書館・博物館などが業務

をやすむこと。例ー日(び)。月曜日はーだ。

【休業】キュウギョウ (名・する) 商店などが、仕事をやすむこと。例本日ー。臨時ー。

【休憩】キュウケイ (名・する) 続けていた仕事・運動などをしばらくやすむこと。ひとやすみ。例ー室。ー時間。五分間ーしよう。

【休校】キュウコウ (名・する) 学校の授業がやすみになること。例感染症の拡大を予防するためにーになる。

【休耕】キュウコウ (名・する) 田畑の耕作をしばらくやめること。例ー田(デン)。

【休講】キュウコウ (名・する) 教師が病気や出張などで、講義をやすむこと。例ーの掲示(ケイジ)を出す。

【休止】キュウシ (名・する) 仕事・運動・活動などを一時的にやめること。例ー符(フ)。運転ー。ーのち再開する。

【休止符】キュウシフ 楽譜(ガクフ)で、音のないところとその長さを示している記号。休符。

【休日】キュウジツ 業務をおこなわないと定めてある日。ふつう、祝日・日曜をふくむ。例ー出勤。

【休場】キュウジョウ (名・する) ①競技場の営業や、もよおしものなどをやすむこと。②力士・選手などがやすんで出場しないこと。類欠場。対出場。例大関(ぜき)がーする。

【休職】キュウショク (名・する) 勤め人が、その資格を失わないで、会社や役所などをある期間やすむこと。対復職。例自己都合(ごう)によりー。

【休心】キュウシン (名・する) 心をやすめること。気をつかわないこと。〔手紙などで、「こちらはもうだいじょうぶだからご安心ください」という意味で使う〕類放念。例どうぞごーください。
表記「休神」とも書く。

【休診】キュウシン (名・する) 医者や病院が診察や診療(シンリョウ)をやすむこと。例本日ー。

【休戚】キュウセキ 〔「休」は、喜び、「戚」は、うれい・いたみ〕喜びと悲しみ。よいこととわるいこと。例ーを分かつ。

【休戦】キュウセン (名・する) 敵と味方が話し合って、一時的にたたかいをやめること。例ー協定。クリスマスー。

【休息】キュウソク (名・する) 仕事や運動などをやめて、からだをやすめること。例たまにはーも必要だ。

【休題】キュウダイ それまでの話を少しのあいだやすむこと。例閑話(カンワ)ー(=むだ話はこれくらいでやめて)本筋(ホンすじ)にもどれば…。

【休廷】キュウテイ (名・する) 法廷での裁判の審理(シンリ)を一時やすむこと。例ーを宣(セン)する。

【休眠】キュウミン (名・する) ①動物や植物が、生活に不適当な期間、活動をやめたままじっとしていること。冬眠・夏眠など。例ーからさめて活動を始める。②活動・運用・利用などが、ほとんど止まっている状態。例ーしている会社。

【休養】キュウヨウ (名・する) 元気を回復するために、仕事をやすんでからだのつかれをとること。類静養・保養。例ーをとる。

●運休(ウンキュウ)・週休(シュウキュウ)・代休(ダイキュウ)・定休(テイキュウ)・不眠不休(フミンフキュウ)・無休(ムキュウ)・遊休(ユウキュウ)・連休(レンキュウ)

亻4

【件】

6画 2379 4EF6 教育5 音ケン漢 訓くだり・くだん

筆順 ノ 亻 亻' 仁 件

なりたち「半(=分ける)」がくずれた形。「牛(=ウシ)」とから成り、大きなウシを「切り分けた一つ一つのもの」の意。 参考 一説に、「亻(=分ける)」と「牛(=ウシ)」とから成り、大きなウシを「切り分けた一つ一つのもの」の意。

意味 一つ一つに分けられることがら。また、ことがらを数えることば。例案件(アンケン)。一件(イッケン)。

日本語での用法《くだり・くだん》文章や話の一部分。また、もうすでに述べたことがら。「くだん」は「くだり」の変化したもの。「物語(ものがたり)の有名(ユウメイ)な件(くだり)・人物(ジンブツ)を暗唱(アンショウ)する・件(くだん)の・よって件(くだん)のごとし」

人名 かず・なか・わか

【▽件(くだん)の▽如(ごと)し】以上述べたとおりである。文書などの最後に用いることば。例よってー。

【件件】ケンケン あのことこのこと。どの件もみな。

【件数】ケンスウ ことがらや事件のかず。例犯罪ー。申しこみー。

【件名】ケンメイ ことがらを分類するのに用いる、一つ一つの項目(コウモク)となることば。例ー目録。ー索引(サクイン)。

●案件(アンケン)・一件(イッケン)・雑件(ザッケン)・条件(ジョウケン)・物件(ブッケン)・本件(ホンケン)・用件(ヨウケン)・要件(ヨウケン)

亻4

【伍】

6画 2464 4F0D 人名 音ゴ漢呉

なりたち [会意]「亻(=ひと)」と「五(ゴ)(=いつつ)」とから成る。五人がなかまになる。

意味 ❶五人をひとまとまりとした、古代の兵制。また、五戸をひとまとまりとした、古代の行政単位。例伍長(ゴチョウ)(=軍隊で、五人組のかしら)。❷ひとまとまりの軍隊・なかま。例隊伍(タイゴ)。落伍(ラクゴ)。❸なかまにはいる。同列に並ぶ。例伍(ゴ)する。❹「五」の大字(ダイジ)。商売や契約(ケイヤク)の文書で、数字を書きかえられないように使う。例金(キン)伍億円(ゴオクエン)。

人名 あつむ・いつ・くみ・ひとし

【伍長】ゴチョウ 日本の旧陸軍の下士官のうちで、最下位のもの。軍曹(グンソウ)の下、兵長の上。

亻4

【仰】

6画 2236 4EF0 常用 音コウ慣 ギョウ漢 ゴウ呉 訓あお-ぐ・おお-せ

筆順 ノ 亻 亻' 仰 仰 仰

なりたち [会意]「亻(=ひと)」と「卬(ゴウ→ギョウ)(=望む)」とから成る。あおぎ見る。

意味 ❶顔を上にむける。あおぐ。対俯(フ)。例仰視(ギョウシ)。仰天(ギョウテン)。俯仰(フギョウ)。❷自分より上のものと見なして、それにならう。あがめる。あおぐ。例仰慕(ギョウボ)。信仰(シンコウ)。❸上をむいて一気にのむ。あおぐ。例仰毒(ギョウドク)(=毒薬をあおって飲む)。

日本語での用法《おおせ》ご命令。おことば。「仰(おお)せにしたがう・仰(おお)せのとおり」

人名 たか・たかし・もち

【仰(あお)いで天(テン)に▼愧(は)じず】やましいところがまったくない。心やおこないが正しいこと。例ー、俯(フ)して地(チ)に怍(は)じず。〈孟子(モウシ)〉→【俯仰(フギョウ)天地(テンチ)に愧(は)じず】(87ページ)

【仰▼臥】ギョウガ (名・する) あおむけにねること。対伏臥(フクガ)・横臥(オウガ)。

【仰角】ギョウカク 見上げたとき、目の高さの水平面と、目と物を結ぶ線とが作る角度。対俯角(フカク)。

【仰山】ギョウサン 一(副)たくさん。大量に。とても多く。〔西日本で多く使われることば〕例雨がー降る。二(形動ナ)大げさ。例ーなことを言う。

【仰視】ギョウシ (名・する) あおぎ見ること。対俯視(フシ)。

【仰天】ギョウテン (名・する) 〔もと、天をあおいでため息をついたり、大笑いする意〕ひどくおどろくこと。あきれること。例びっくりーする。

【仰慕】ギョウボ (名・する) (偉大な人物を)うやまい、したうこと。例ーの念。

【仰望】ギョウボウ (名・する) あおぎ見ること。見上げること。また、うやまうこと。例ーすべき偉業(イギョウ)。

●渇仰(カツゴウ・カツコウ)・信仰(シンコウ)

亻4
【伉】
6画 4836 4F09 音コウ漢 訓たぐい

意味 ならぶもの。配偶者。たぐい。例伉儷。

【伉▼儷】コウレイ つれあい。また、夫婦。例―を喪う。

𠆢4
【全】
6画 3320 5168 教育3 音セン漢ゼン呉 訓まった-く・すべ-て・まっと-うする

筆順 ノ 入 亼 仒 仐 全

𠆢4
【全】
6画

なりたち [会意]「入(=みがきあげる)」と「王(=玉)」とから成る。欠けたところのないたま。

意味 ❶きずや、欠けたところがなく、そろっている。まったい。例全知全能。完全。万全。❷ことごとく。みな。すべて。例全員。全体。全滅。❸完全に成しとげる。まっとうする。例保全。天寿を全うする。

人名 あきら・たけ・たもつ・とおる・まさ・まさし・また・またし・まる・みつ・みな・やす・やすし

【全域】ゼンイキ すべての地域。例九州―で台風の被害が出る。

【全員】ゼンイン すべての人々。あるところに所属しているすべての人。例―が賛成する。

【全音】ゼンオン 音楽で、一オクターブを構成する、五つの広い音程と二つのせまい音程のうち、広い音程。対半音。

【全科】ゼンカ 全部の学科・科目。例―平均によくできる。

【全会】ゼンカイ 会議に出席しているすべての人。例―一致の賛成。

【全快】ゼンカイ (名・する) 病気や傷などが完全によくなること。類全治・全癒。例―祝い。

【全開】ゼンカイ (名・する) いっぱいにあけること。また、能力いっぱいに動かすこと。対半開。例窓を―する。エンジンを―にする。

【全壊】ゼンカイ (名・する) 家などが完全にこわれてしまうこと。例地震で百二十戸が―した。表記「全潰」とも書く。

【全学】ゼンガク 学校・学園・大学の全体。学内の学生・教職員すべて。例―あげて記念事業に取り組む。

【全額】ゼンガク すべての金額。ある金額の全部。例―を一度ではらう。

【全巻】ゼンカン ①複数の巻でまとまっている書物や映画のすべて。例―をそろいで購入する。②一巻の本のすべて。

【全館】ゼンカン ①いくつかある館のすべて。例博覧会会場は―すべて満員。②その建物全体。例―冷房。―が停電。

【全局】ゼンキョク ①一つの局の全体。例―が停電した。②囲碁・将棋などで、すべての対局。例―を観戦する。

【全軍】ゼングン ①いくつかの部隊から成る軍隊のすべて。例―を各地から呼びよせる。②その部隊の全員。例―無事帰還。

【全形】ゼンケイ 全体のかたち。完全なかたち。例霧が晴れて山の―があらわれる。

【全景】ゼンケイ 全体のけしき。ながめ。例山の頂上から町の―をながめる。

【全権】ゼンケン ①すべての権限。例―を委任する。②すべての権力。例―を掌握する。

【全戸】ゼンコ ①うちじゅう。その家全部。例―くまなくさがす。②ある地域のすべての家。例―焼失。―の協力を願う。

【全校】ゼンコウ ①その学校の全体。例―いっせいテスト。②すべての学校。例県下の―を代表して出場する。

【全国】ゼンコク 国の全体。くにじゅう。類全土。例―いたるところ。―に知られる。

【全山】ゼンザン ①山全体。類満山。例秋になって―紅葉する。②すべての山。例四国の―に登る。③(規模の大きな寺の)寺全体。例―の僧。

【全紙】ゼンシ ①なん種類かある新聞のすべて。例―がトップに取り上げる。②新聞の紙面全体。例―にくまなく目を通す。③工場で、A判・B判などの規格に合わせて大きく切った紙。全判。

【全日】ゼンジツ ①一日じゅう。まる一日。例―営業する。②すべての日。

【全日制】ゼンニチセイ｜ゼンジッセイ 平日の昼間に授業をおこなう、学校教育の制度。対定時制。

【全集】ゼンシュウ ある人、またはある分野の著作をあつめた書物。例シェークスピア―。日本文学―。

【全書】ゼンショ その分野に関係する、ことがらや資料を広く集めた書物。例六法―。古典―。

【全勝】ゼンショウ (名・する) すべての試合や勝負にかつこと。対全敗。例―で優勝する。

【全焼】ゼンショウ (名・する) 火事で、建物などが、全部やけてしまうこと。対半焼。例家が―する。

【全身】ゼンシン からだ全体。頭から足の先まで。対半身。例―ずぶぬれ。

【全身全霊】ゼンシンゼンレイ その人のもっている体力と精神力のすべて。例―を打ちこんだ仕事。

【全人】ゼンジン 天地自然の道と合一し、人と自分とを区別しない人。(荘子) 類聖人・神人。

【全人教育】ゼンジンキョウイク 知識だけにかたよらないで、情操教育・体育をも重視する教育。

【全数】ゼンスウ すべての数量。〔「全数調査」という場合は、国勢調査のように全体をもれなく調査の対象とすること〕

【全盛】ゼンセイ 勢いが最もさかんな状態にあること。例―期。―時代。

【全線】ゼンセン ①列車・電車・バスなどの路線のすべて。例―開通。大雨で―不通。②すべての戦線。

【全然】ゼンゼン (副) ①〔下に打ち消しのことばをともなって〕まったく。まるで。例―打てなくなる。―だめだ。②〔俗な言い方で、打ち消しのことばをともなわず〕まったく。ぴったり。例―失敗だった。―一致した。

【全速力】ゼンソクリョク 出せる限りのはやさ。フルスピード。例車が―で走る。

【全体】ゼンタイ 一(名) 全部。すべて。例町―にとっていいことだ。からだ―を使う。二(副) ①もともと。元来。例―君のほうが悪いんだ。②〔下に、相手をたしなめたり、疑問の意味をあらわすことばをともなって〕いったい。いったいぜんたい。例―どういうわけなんだろう。

【全治】ゼンチ 〔「ゼンジ」とも〕(名・する) 病気やけがや故障がすっかりなおること。類全快。例―するのに二週間はかかる。

【全知全能】ゼンチゼンノウ なんでも知っていて、また、なんでもできる能力。完全無欠。例―の神。表記 旧全▼智全能

【全長】ゼンチョウ あるものの全体の長さ。例―三〇メートルのクジラ。

【全通】ゼンツウ (名・する) 列車・電車・バスなどの路線の全体が開通すること。全線開通。

【全的】ゼンテキ (形動) 全面的。全般的。例現実の世界を―に肯定するわけではない。

【全店】ゼンテン ①ある地域のすべての店。例町内の―歳末大売り出し。②その店全体。例―改装のため休業。

【全土】ゼンド その国土・地域全体。例日本―。九州―の地図。

【全納】ゼンノウ (名・する) 税金・授業料などを一回で全部おさめること。対分納。
【全能】ゼンノウ なんでもできること。例全知ー。ーの神。
【全敗】ゼンパイ (名・する) すべての試合や勝負に負けること。対全勝。
【全廃】ゼンパイ (名・する) すべてやめること。完全に廃止すること。例核兵器をーする。
【全判】ゼンバン 「全紙③」に同じ。
【全般】ゼンパン あることがらの全体。総体。例ーにわたって目を通す。
【全▼豹】ゼンピョウ 〔ヒョウのからだ全体の模様の意〕ものごとの全体のようす。→【一斑を見て全豹を卜す】(7ページ)
【全部】ゼンブ 一(名) ひとそろいの書物、ひとつづきのものの、すべてそろったもの。例ー二十八冊の著作集。二(名・副) すべて。みな。例外なく。対一部。例宿題をーすませる。
【全幅】ゼンプク 〔はばいっぱいの意〕あらんかぎり。最大限。例ーの信頼をよせる。ーの共感をもって鑑賞する。
【全編】ゼンペン 詩や小説、映画などの作品全体。例ーなみだをさそう作品。表記 旧全▼篇
【全文】ゼンブン ある文章の全体。例ーを朗読する。
【全貌】ゼンボウ ものごとの全体のようす・ありさま。類全容。例事件のーを明らかにする。
【全滅】ゼンメツ (名・する) ①すべてほろびること。完全に滅亡すること。例戦いに敗れーした。②すべて悪い結果となること。例今度のテストはーだ。台風で作物がーした。
【全面】ゼンメン ①あらゆる方面。すべての部門。例ー的。ー講和。②新聞・雑誌などの一ページ全体。例ー広告を出す。
【全盲】ゼンモウ 両眼ともにまったく見えないこと。
【全訳】ゼンヤク (名・する) 省略をしないで、外国語の原文を全部翻訳すること。また、その訳文。類完訳。対抄訳。例ホメロスの詩のー。ー同一訳者による。
【全容】ゼンヨウ 全体の姿・ようす。類全貌。例事件のー。古墳のーが明らかになる。
【全裸】ゼンラ 何も身につけていないこと。まるはだか。すっぱだか。あかはだか。対半裸。
【全力】ゼンリョク 出しうるかぎりの力。もっているすべての力。例ーをつくす。ーを出しきる。
【全霊】ゼンレイ 精神力のすべて。たましいのすべて。例全身ー。
●安全・完全・健全・万全・不全・保全

［人(亻・𠆢)部］4画 ●仲 伝

亻4 **【仲】** 6画 3571 4EF2 教育4 音チュウ漢 訓なか 付表仲人なこうど

筆順 ノ イ 仆 仲

なりたち [会意]「亻(=ひと)」と「中チュウ(=なか)」とから成る。なか。

意味 ❶きょうだいのうちの二番目。三人きょうだいの真ん中。なか。例仲兄。伯仲叔季。❷三つ並んだうちの二番目。四季それぞれの三か月の、二番目。例仲夏。仲春。❸人と人とのあいだに立つ。なかだち。例仲介。仲裁。

日本語での用法《なか》人と人とのあいだがら。友人としての関係。「仲がいい・犬猿の仲」

使い分け なか【中・仲】⇩1175ページ

人名 しずか

【仲夏】チュウカ 暦のうえで、夏の三か月の真ん中の月。陰暦の五月(=今の六月ごろ)。また、そのころ。中夏。
【仲介】チュウカイ (名・する) ①二つのもののあいだに立って、両者がたがいに交渉できるようにとりもつこと。なかだち。例結婚のー。②紛争の当事者でない第三者が、あいだに立って、調停・解決に努力すること。例国連がーする停戦協議。
【仲兄】チュウケイ 男きょうだいのうちの二番目にあたる兄。
【仲間】一チュウゲン 昔、武家屋敷で下働きをした者。例ー部屋。二なかま ①仕事や遊びなどをいっしょにする人どうし。例仕事ー。遊びー。②動物・植物で、同じたぐいとして、一つにまとめられるもの。例ピーマンやトマトはナスのーです。表記 一は「中間」とも書く。
【仲裁】チュウサイ (名・する) 争っている人と人、国と国などのあいだに立って、なかなおりをさせること。例けんかのー。労使の紛争をーする。
【仲▽尼】チュウジ 孔子の字(=成人してからのとおり名)。
【仲秋】チュウシュウ 暦のうえで、秋の三か月の真ん中の月。陰暦の八月(=今の九月ごろ)。また、そのころ。中秋。
【仲春】チュウシュン 暦のうえで、春の三か月の真ん中の月。陰暦の二月(=今の三月ごろ)。また、そのころ。中春。
【仲冬】チュウトウ 暦のうえで、冬の三か月の真ん中の月。陰暦の十一月(=今の十二月ごろ)。また、そのころ。中冬。
【仲人】一チュウニン ①仲介をする人。②仲裁をする人。二なこうど 結婚のなかだちをする人。類媒酌人・月下氷人。
【仲居】なかい 料理屋などで、客の応対をしたり料理を運んだりする女の人。
【仲買】なかがい 品物や不動産などの売り手と買い手のあいだに立って世話をし、手数料などの利益を得る職業。また、その職業の人。
●伯仲

亻4 **【伝】** 6画 3733 4F1D 教育4 音テン漢 デン呉 訓つた-わる・つた-える・つた-う・つて 付表手伝う・伝馬船

筆順 ノ イ 仁 仁 伝 伝

亻11 **【傳】** 13画 4903 50B3 人名

なりたち [形声]「亻(=ひと)」と、音「專セン→テン」とから成る。つぎつぎにつたえる。

意味 ❶つぎからつぎへとわたしていく。つたえる。つたわる。例伝送。伝達。伝来。❷つたえて広める。遠くつたわる。例伝染。宣伝。❸つたえられた話。言いつたえ。例伝説。口伝。❹人の言行や一生を書きつたえるもの。例伝記。自伝。❺古典の注釈。例経伝。古事記伝。❻宿場から宿場へと人やものを送りとどける。また、そのための施設やウマ。例伝馬。駅伝。

日本語での用法 一《デン》受けついできて知っている方法。やりかた。「いつもの伝で」二《つて》目標に達するまでに、たよるもの。「伝をたよる・伝がない」

人名 ただ・つぐ・つた・つたえ・つとう・つとむ・のぶ・のり・ひろし

【伝家の宝刀】デンカのホウトウ ①たからものとして代々その家につたわっている刀。②いざというとき以外は用いることのない、とっておきの手段のたとえ。例ーをぬく(=最後の手段を用いる)。
【伝奇】デンキ ふつうには考えられない不思議なこと。めずらしいこと。また、それを書きしるした物語。例唐代ー小説。
【伝記】デンキ 人の一生をくわしく書いた記録や物語。類一代記。例エジソンのーを読む。
【伝言】デンゴン (名・する) その人に、つたえてほしいことがら。また、つ

たえてくれるよう、人にたのむこと。ことづけ。ことづて。メッセージ。例—板。

【伝賛】デンサン 伝記を書いた人が、その伝記のあとに付け加える、批評のことば。

【伝受】デンジュ (名・する)(学問・武術・技芸などを)教えつたえてもらって受けつぐこと。例師匠からの—による秘法。

【伝授】デンジュ (名・する)(学問・武術・技芸などを)つたえさずけて、絶えないようにすること。例剣術の奥義を—する。

【伝習】デンシュウ (名・する) 学問・技術などをおそわること。

【伝書】デンショ ①手紙を届けること。例—バト。②(流派に)受けつがれてきた書物。例世阿弥の能—。

【伝承】デンショウ (名・する) 古くからつたわってきたものごとを受けつぐこと。また、そのしきたりや言いつたえ。例民間—。古代のすがたを—した祭り。

【伝▼誦】デンショウ (名・する) 古くからつたえられてきた物語や詩歌などを、語りつたえること。例—文学。

【伝世】デンセイ つぎつぎと世につたえること。例—品(=長い時代をたいせつにされてきた品)。

【伝説】デンセツ ①昔からの言いつたえ。例神社につたわる—を調べる。浦島太郎の—。②うわさ。風評。

【伝染】デンセン (名・する) ①病気がうつって、広がること。例—病。②考え方ややり方などが、つぎつぎにうつり広がること。例悪い習慣が—する。

【伝染病】デンセンビョウ ウイルスや細菌などの病原体が、人から人へとうつって起こる病気。例—の予防注射。→【感染症】カンセンショウ(405ページ)

【伝線】デンセン (名・する) 毛織物やストッキングなどのほつれが、一か所から線のように広がること。また、そのほつれ。

【▽伝奏】テンソウ・デンソウ (名・する) 取り次いで貴人にものを申し上げること。〔たとえば、江戸時代に武家から天皇・朝廷に申し上げることを取り次ぐこと。また、その役〕

【伝送】デンソウ (名・する) 次から次へとつたえおくること。例荷物の—。通信を—する。

【伝達】デンタツ (名・する) ①意思・計画・命令や指示などをつたえること。また、その内容。例本社の意向を各支店に—する。②たがいに意思を通じあわせること。コミュニケーション。

【伝逓】デンテイ (名・する) つぎつぎにつたえること。宿場から次の宿場へものを送りわたすこと。逓伝。

【伝灯】デントウ 〔仏〕「灯」は、世を照らすところから、仏の教えのたとえ〕仏の教えを受けつたえること。

【伝統】デントウ ①長い歴史を通して受けつぎ、続いている文化・学問・芸術・制度・思想などの人間の活動。また、その精神。例—工芸。—を守りつたえる。②絶えることなく長く続いていること。例—のある学校。

【伝道】デンドウ (名・する) 宗教・政治思想にかかわる教えを広めること。例プロテスタントの—に従う。

【伝導】デンドウ (名・する)〔物〕電気や熱がものを通してつたわること。例超—。熱—の実験をする。

【伝▼播】デンパ (名・する) ①ものごとが、つたわり広まること。また、ものごとをつたえ広めること。例西域の文化が東方に—した。②〔物〕波動が広がっていくこと。参考「デンパン」と読むのは誤り。

【伝票】デンピョウ 銀行・会社・商店などで、お金や商品などの出し入れをしるして、取り引きの内容を記録しておく小さい紙。例入金—。—を切る(=とじてある書きつけの紙面に、必要な事項・数字を書き入れ、切り取って発行する)。

【伝聞】デンブン (名・する) 直接に見たり聞いたりしたことでなく、人を通して聞くこと。類ききつたえ・またぎき・風聞。例—したことなので確かではない。

【伝法】デンポウ 〔「デンボウ」とも〕□一(名)〔仏〕仏の教えをつたえること。□二(形動ダ)①言動が粗暴なこと。例—な口のきき方。②言動にあらわれている、いかにも男らしい気性。例—肌の下町むすめ。

【▽伝馬】てんま ①おおやけの用のために、宿場と宿場のあいだの取り次ぎに用いられたウマ。②「伝馬船」の略。

【伝馬船】てんません 本船に積んであり、岸に荷物をあげるのに用いる小型のふね。てんま。てんまぶね。

【伝来】デンライ (名・する) ①外国からつたえられること。例中国から—した道教。②その家で代々つたえてくること。例父祖—の家屋敷。

【伝令】デンレイ 軍隊などで、命令や通報をつたえること。また、その役をする人。例本隊からの—が到着する。—が監督のことばをピッチャーにつたえる。

●駅伝エキデン・直伝ジキデン・自叙伝ジジョデン・自伝ジデン・宣伝センデン・相伝ソウデン・秘伝ヒデン・免許皆伝メンキョカイデン・列伝レツデン

【任】

イ4　6画　3904 4EFB　教育5　音 ジン漢 ニン呉　訓 まか-せる・まか-す

筆順 ノ イ 仁 仟 任

なりたち 〔形声〕「イ(=ひと)」と、音「壬ジン」とから成る。かかえこんで、もちこたえる。

意味 ❶かかえこんで、自分の仕事とする。例兼任ケンニン。担任タンニン。❷信用して、まかせる。まかす。役目につける。対免メン。例任命ニンメイ。任用ニンヨウ。❸まかせて自由にさせる。勝手にさせる。例任意ニンイ。放任ホウニン。❹まかされた務め。役目。例任重而道遠(ニンおもくしてみちとおし)〈論語ロンゴ〉

難読 任他さもあらばあれ・藤原公任ふじわらのきんとう・時任ときとう(=姓)

人名 あたる・あつし・たえ・たか・たかし・ただ・たね・たもつ・とう・ひで・まかし・まこと・まさし

【任意】ニンイ (名・形動ダ) ①相手から指示されるのでなく、自分自身の考えで決めること。例—に加入する保険。②数学・論理学で、どれでもかまわず、無作為に選ぶこと。例—抽出。直線AB上の—の一点。

【任官】ニンカン (名・する) 官吏に任命されること。また、任命すること。例—して検事になる。

【任期】ニンキ 法律・規定などに決められている、その職にある期間。例—満了。—が切れる。衆議院議員の—は四年。

【任▼侠】ニンキョウ 弱い者を助け、乱暴者をこらしめることを好み、男らしさをほこること。類男だて・男気・義侠。例—を重んじた江戸っ子。表記「▽仁▼侠」とも書く。

【任国】ニンゴク 〔「ニンコク」とも〕①大使・公使・領事などの外交官が任務として、おもむく先の国。②昔、国司として勤めることを命じられて行った国。例—に下る。

【任他】ニンタ 〔他の人にまかせる意〕①たとえ…しても。たとい。②〔「さもあらばあれ」と訓読して〕しかたなしに、なりゆきにまかせること。どうであろうと。ままよ。

【任那】ニンナ・みまな 〔「イムナ」とも〕昔、朝鮮半島南部にあったという国の名。新羅・百済との間で日本との関係を深めたが、六世紀に新羅にほろぼされた。加羅。

【任務】ニンム しなくてはならない仕事。例—を果たす。

【任命】ニンメイ (名・する) 仕事を命じること。また、役人としての仕事を命じること。対罷免。例—権。

【任免】ニンメン (名・する) 任命と免職。仕事を命じることと、やめさせること。例公務員の—権。

【任用】ニンヨウ (名・する) 役人として採用し、仕事をさせること。例民間人を積極的に—する。

●一任・委任・解任・兼任・後任・再任・自任・辞任・就任・主任・常任・信任・新任・責任・専任・前任・大任・退任・担任・着任・適任・転任・赴任・放任・留任・歴任

亻4

【伐】

6画 4018 4F10 常用 音 ハツ㊥ バツ㊦ 訓 う-つ・き-る・ほこ-る

筆順 ノ 亻 仁 代 伐 伐

なりたち [会意]「亻(=ひと)」が「戈(=ほこ)」を持つ。うつ。きりころす。

意味 ❶(ほこで)人をきりころす。敵をうちやぶる。うつ。例 殺伐。征伐。❷ばっさりと木をきりたおす。きる。例 伐採。乱伐。❸棒などでたたく。例 伐鼓(=たいこを打ち鳴らす)。❹自慢して、ひけらかす。ほこる。

人名 いさお・のり

【伐▼柯】(「柯」は、斧の柄の意。「柯を伐る」と訓読する)手に持っている斧を見本として、その斧の柄に適する木を切ること。見本・基準となるものが手近にあることのたとえ。例 —人(=なこうど。媒酌人)。〈詩経〉

【伐採】(名・する)(山林などの)木を切りたおすこと。例 森林—。

【伐木】(名・する)木を切ること。伐採。例 秩序のない—で原生林がほろびた。

●間伐・殺伐・征伐・討伐・乱伐・濫伐

亻4

【伏】

6画 4190 4F0F 常用 音 フク㊥ ブク㊦ 訓 ふ-せる・ふ-す

筆順 ノ 亻 仁 什 伏 伏

なりたち [会意]「亻(=ひと)」と「犬(=イヌ)」とから成る。イヌが、人のそばにひれふす。

意味 ❶うつぶせになる。ふせる。ふす。例 俯伏。平伏。❷ひれふして、したがう。服従する。同 服。例 屈伏。降伏。❸ふせて、かくす。かくれる。例 伏兵。潜伏。❹陰暦六月の節の名。初伏・中伏・末伏の三伏で、暑さのはげしい時期。例 九夏三伏の候。

人名 ふし・やすし・より

【伏謁】(名・する)平伏してお目にかかること。

【伏▼臥】(名・する)うつぶせにねること。対 仰臥。

【伏在】(名・する)表面にあらわれないで、かくれていること。例 —する問題点をさぐる。

【伏▼屍】①たおれている死体。②死体に取りすがること。表記 ▽「伏▼尸」とも書く。

【伏線】小説・戯曲などで、あとで述べることについて、あらかじめほのめかしておくこと。例 —をしく。—を張る。重要な—を読み落とす。

【伏奏】(名・する)平伏して、貴人に申し上げること。

【伏兵】①敵を不意打ちにするため、かくれて待つ兵。例 —を配備する。②思いもかけない相手やことがら。例 思わぬ—に敗れた。

【伏魔殿】①悪魔がかくれ住んでいる屋敷。②悪事のたくらみのおこなわれる所。悪人のかくれが。例 政界の—。

【伏流】(名・する)地上を流れる水が、ある部分、地下をくぐって流れること。また、その地下の流れ。例 富士のすその—。

【伏▽竜】(「フクリュウ」とも)まだ天にのぼらず、池や沼にかくれている竜。まだ世間に知られずにいる、すぐれた人物のたとえ。類 臥竜・潜竜。例 —鳳雛。

【伏▽竜▼鳳▼雛】(「鳳雛」は、鳳凰のひな)才能・人格を世に認められずにいる、すぐれた人物のたとえ。類 臥竜鳳雛。

【伏▼櫪】(「櫪」は、かいばおけ。また、うまやの意)ウマがうまやの中で、休んでいること。人がその能力を発揮しないでいることにたとえる。

【伏▼羲】(「フクギ」とも)中国古代の伝説上の帝王。人々に漁労や牧畜を教え、文字を作り、八卦を始めたといわれる。戯皇・庖犠ともいう。

●屈伏・雌伏・折伏・潜伏・調伏・平伏

亻4

【仵】

6画 ⇩【倅】(83ページ)

亻5

【位】

7画 1644 4F4D 教育4 音 イ㊥㊦ 訓 くらい

筆順 ノ 亻 亻 仁 位 位 位

なりたち [会意]「亻(=ひと)」と「立(=たつ)」とから成る。家臣が序列にしたがって立つところ。くらい。

意味 ❶その人が立つべきところ。くらい。例 位階。即位。地位。❷人やものの、おかれているところ。例 位置。方位。❸ある一定の評価によって、おかれるところ。例 一位。下位。首位。❹あるべきところにおかれ(てい)る。くらいする。例 天地位焉(=天地があるべきようにある)。〈中庸〉❺(敬意をこめて)人を数えることば。例 各位。❻数のけた。例 位取り。千の位。

日本語での用法 《くらい・ぐらい》程度・範囲を示すことば。「一日位待ってください・これ位の痛みはがまんしろ」

難読 三位一体・従三位

人名 くら・たか・たかし・ただ・ただし・つら・なり・のぞむ・のり・ひこ・ひなた・ひら

【位階】①国のおこなう栄典制度の一つ。国のためにつくした功績をたたえてあたえる位。死亡した人を対象とする。②中国の唐の制度をまねた、律令制に基づく日本の身分制度の一つ。官人の地位・序列をあらわすしるし。例 —勲等。

【位官】位階と官職。

【位勲】位階と勲等。

【位相】①〔物〕周期運動で、その時々にどのような位置や状態にあるかということ。②〔言〕性別・年齢・職業などによって、ことばづかいにちがいがあること。例 ことばの—を研究する。

【位置】(名・する)ものやことがらのある場所。また、人のいる場所。例 整列する—。学校は駅の東に—している。

【位▼牌】死んだ人の名前や戒名などを書いた木の札。死者をあらわすしるしとする。例 父の—に手を合わせる。

【位望】地位と人望。例 —がそなわる。

【位人臣を極める】臣下として最も高い地位につくこと。例 下賤より身をおこして—。

●一位・王位・下位・各位・学位・皇位・首位・順位・上位・水位・即位・体位・退位・単位・地位・品位・方位・優位

亻5

【佚】

7画 4837 4F5A 音 イツ㊥ 訓 のが-れる

意味 ❶世間からのがれて、かくれている人。例佚民イツミン。❷かくれて見あたらなくなる。うしなう。同逸イツ。例佚書イッショ。散佚サンイツ。❸(一定のわくからのがれて)気ままにする。同逸イツ。例佚楽イツラク。安佚アンイツ。放佚ホウイツ。

【佚書】イッショ 書名や内容の一部が他の書物に引用されているだけで、一冊の本としては残っていないもの。表記「逸書」とも書く。

【佚民】イツミン ①世間とのつながりを捨てて暮らす人。世捨て人。例太平の―。②気ままに、自由に暮らす人。例官を辞して―となる。表記▽「逸民」とも書く。

【佚遊】イツユウ (名・する)気ままにあそぶこと。例―して家を忘れる。表記「佚▼游・逸遊」とも書く。

【佚楽】イツラク (名・する)気ままにあそび、たのしむこと。例ただ―の毎日を送る。表記「逸楽」とも書く。

【佚を▽以って労を待つ】イツをもってロウをまつ 〔中国の兵法家、孫子ソンシの説いた戦争の必勝法〕味方はじゅうぶんに休養をとって力をたくわえ、つかれはてた敵を待ちうけて、せめること。

イ5 【何】 7画 1831 4F55 教育2 音カ漢ガ呉 訓なに・なん・いず-れ

筆順 ノ イ 仁 仃 何 何 何

なりたち [形声]「イ(=ひと)」と、音「可カ」とから成る。かつぐ。

意味 ❶になう。かつぐ。同荷カ。❷〔助字〕㋐「なに」「なんぞ」「いずれ」などと読み、なに・なぜ・どれ、などの意。疑問をあらわす。例何謂二君子一(=何を君子というのか)。㋑「なんぞ」などと読み、どうして…か、の意。反語・詠嘆エイタンをあらわす。例臣何死シンなんぞシせん(=私はどうして死んだりしようか)。

難読 何首烏カシュウ・何程なにほど・何様いかさま・何処いずく・いずこ

人名 いず・いつ

【▽何▽如】いかん ㊀(名)どのような状態であるか。どういうことか。例理由の―にかかわらず外出は許可できない。㊁(副)どのように。どう。例―ともしがたい(=どうしようもない)。

【▽何▽奈】いかん どんな。どんなか。どうしよう。

【▽何▽若】いかん (副)いかに。どのように。類何如いかん。

【▽何▽処】いずこ 〔「いずく」とも〕どれ。どちら。いずれのところ。例―ともなく立ち去った。

【何事】なにごと ①どんなこと。どのようなこと。例―が起きたか。②問題とすべきこと。とりたててこれといったこと。例修学旅行は―もなく、無事終わった。③すべてのこと。あらゆること。例若いうちは―も勉強だ。④人をとがめる気持ちをあらわすことば。どういうつもり。例仕事をサボるとは―だ。

【何某】なにがし ㊀その人の名がわからないときや、省略して言うとき、また、理由があってはっきり言えないときに使うことば。だれだれ。だれそれ。なになに。ぼう。例山田―の書いた文章。㊁はっきり示せない数量をいうことば。いくら。いくらか。例―かの金はしはらわねばならないだろう。

【何物】なにもの どういうもの。どんなもの。例―にもかえられない宝。

【何者】なにもの どんな人。いかなる人。だれ。例君は―かね。―かがしのびこんだ。

【何時】㊀なんジ 時刻をたずねるときに用いることば。例いま―ですか。㊁なんどき どのようなとき。例いつ―災難にあうかわからない。㊂いつ はっきり決められない時をあらわすことば。例―取りに来ますか。

【何▽等】なんら (副)〔「なにら」の変化。下に打ち消しのことばをともなって〕少しも。なにも。例―思いあたることがない。

●如何いかん・若何いかん・幾何いくばく

イ5 【伽】 7画 1832 4F3D 人名 音キャ慣カ漢ガ呉 訓とぎ

なりたち [形声]「イ(=ひと)」と、音「加カ」とから成る。

意味 ❶梵語ボンゴの「カ」「ガ」「キャ」の音訳。例伽藍ガラン。伽羅キャラ。閼伽アカ。❷ナス科の一年草。ナス。同茄カ。

日本語での用法《とぎ》ともに、居る・相手をつとめる、の意。「お伽とぎばなし・御伽婢子おとぎぼうこ・夜伽よとぎ」

【伽▼耶】カヤ ⇩【加羅】カラ(145ページ)

【伽藍】ガラン 〔仏〕〔梵語ボンゴの音訳〕僧侶ソウリョが集まって修行シュギョウをする所。寺院。精舎ショウジャ。例七堂―(=寺の主要な七つの建物)。

【伽羅】キャラ 〔梵語ボンゴからという〕①インド・中国などに産する香木コウボク。水にしずむので、沈香ジンコウ・沈水香ジンスイコウという。②キャラの木からつくられた香料。③〔仏〕禅宗ゼンシュウの僧ソウが用いる袈裟ケサの一種。

イ5 【估】 7画 4838 4F30 音コ漢呉 訓あきな-う・う-る

意味 ❶商人。あきんど。例估客コカク(=行商人)。商估ショウコ。書估ショコ(=書籍商。書賈ショコ)。❷ねぶみをする。みつもる。例估価コカ。❸おしはかる。

日本語での用法《コ・うる・うり》「沽コ」と同じように売るの意味で用いる。「估券コケン・估却コキャク(=売却)」

【估価】コカ ①ねだんをつけること。みつもり。②ねだん。売値うりね。

【估券】コケン 〔もと、土地の売買のときの証文ショウモンの意〕人の値打ち、体面、品位。面目メンボク。例―にかかわる。表記「▼沽券」とも書く。

イ5 【佝】 7画 4840 4F5D 音コウ漢ク呉

意味 背骨がまがって前かがみになる。例佝僂クル。

【佝▼僂】クル くる病のため、背中が丸くつき出したように曲がった人。傴僂ウル。表記「▼痀▼瘻」とも書く。

【佝▼僂病】クルビョウ 〔医〕背中や手足の骨が曲がる病気。幼児期のビタミンD不足による。表記「▼痀▼瘻病」とも書く。

イ5 【佐】 7画 2620 4F50 教育4 音サ漢呉 訓すけ・たす-ける

筆順 ノ イ 仁 仕 佐 佐 佐

なりたち [会意]「イ(=ひと)」と「左サ(=手でたすける)」とから成る。たすける(人)。

意味 ❶力をかす。たすける。例佐幕サバク。補佐ホサ。❷たすける人。たすけ。例王佐オウサ。僚佐リョウサ。

日本語での用法 ㊀《すけ》律令制リツリョウセイの四等官シトウカンで、衛門府・兵衛府などの第二位。次官すけ。「衛門佐エモンのすけ・兵衛佐ヒョウエのすけ」㊁《サ》「佐渡さど(=今の佐渡島さどがしま)」の略。「佐州サシュウ」

人名 たすく・よし

【佐官】サカン 軍隊の階級で、将官の下、尉官イカンの上。大佐・中佐・少佐をいう。

【佐渡】さど 新潟にいがた県に属し、日本海にある佐渡島さどがしまのこと。旧国名の一つ。古くから金を産出した。佐州サシュウ。

【佐幕】サバク ①将軍の陣営ジンエイにいて将軍をたすけること。②江戸えど時代の末期、尊王攘夷ソンノウジョウイ派に対抗タイコウして、徳川幕府を支持したたすける運動とその一派。対勤王キンノウ。例会津あいづや仙台センダイは―にくみした。

【佐命】サメイ (名・する) 天子をたすけること。天子をたすけて政治をおこなうこと。

【佐理】サリ（名・する）〔「理」は、おさめる意〕政治をたすけて国をおさめること。

◯●大佐・中佐・補佐

亻5 【作】 7画 2678 4F5C 教育2 音 サク・サ㊥㊐ ソ㊧ 訓 つく-る・な-す

筆順 ノ イ 亻 作 作 作 作

なりたち ［形声］「亻（＝ひと）」と、音「乍（サ→サク）」とから成る。起つ（＝はじまる、おこる）。

意味 ❶ふるいおこす。おこる。例振作。❷おこなう。なす。おこない。はたらき。例作為。作用。動作。❸こしらえる。つくる。例作成。作文。創作。❹つくられてできたもの。例近作。傑作。❺農作物のできばえ。例作柄。平年作。❻いつわる。例作り笑い。

日本語での用法《サク》旧国名「美作（＝今の岡山県北東部）」の略。「作州」

使い分け つくる【作・造・創】⇩1173ページ

難読 矢作

人名 あり・おき・たつ・とも・なお・なり・のり・はじめ・ふか

【作業】サギョウ（名・する）一定の手順にしたがい、からだを動かして仕事をすること。また、その仕事。例―衣。農―。

【作為】サクイ（名・する）結果を予測して手を加えること。わざわざ手直しをすること。こしらえごと。つくりごと。例―のあとがうかがえる。

【作意】サクイ ①たくらみ。例特別の―はない。②芸術作品で、作者が表現しようとする考えや意図。例一連の作品から―をくみとる。

【作男】サクおとこ やとわれて農作業をする男。〔古い言い方〕例多くの―をかかえた豪農。

【作柄】サクがら 農作物のできぐあい。例今年の―は平年並みだ。

【作劇】サクゲキ（名・する）戯曲をつくること。例近松門左衛門の―法。

【作詞】サクシ（名・する）歌のことばをつくること。対作曲。

【作者】サクシャ 詩歌や小説、絵画や彫刻などの作品をつくった人。例絵の―。―のねらいを読みとる。

【作条】サクジョウ 種をまくために畑の表面に、一定の距離をおいて平行にほってつける、浅いみぞのすじ。

【作新】サクシン（名・する）人民の心をふるい立たせて、新しくすること。〈書経〉

【作成】サクセイ（名・する）書類・計画などを、つくりととのえること。例報告書を―する。復興の案を―する。

【作製】サクセイ（名・する）ものをつくること。類製作。例彫刻の―にとりかかる。

【作戦】サクセン ①試合やたたかいで、相手に勝つために考えておくたたかい方。例売りこみ―。―を練る。②軍隊が、戦略的規模で、ある期間、計画どおりにおこなう行動。例上陸―を展開する。〔実戦・演習いずれにも用いる〕表記 ▽「策戦」とも書く。

【作品】サクヒン ①つくり出すもの。また、つくり出されたもの。②おもに絵画・彫刻・音楽・文学などで、芸術としての、創作の成果。例晩年の―。コンクールに―を出品する。

【作風】サクフウ 作品にあらわれる作者の特徴・制作態度・芸術に対する考え方。例病気の体験によって―が変わった。

【作物】一 サクブツ（絵画・彫刻・文学などの）作品。例りっぱな―をお目にかけたい。二 サクモツ 田や畑や温室内に植えて、育てるもの。米・野菜・くだもの・園芸草花など。類農作物。ノウサクブツ。例―の生育。―の出来。

【作文】サクブン（名・する）ある主題について、文章をつくること。また、その文章。例―教育。宣伝文句の―。

【作法】一 サクホウ 詩・短歌・俳句・文章のつくり方。例俳句の―を学ぶ。二 サホウ 社会生活をおくる上で、昔から伝えられてきた、ことばや動作についての一定のきまり。お茶の―を身につける。類エチケット。例礼儀―。―にかなったやり方。

【作例】サクレイ ①詩や文の模範となる例。②辞書のことばの解説のあとに、理解を助けるために編者がつくって示す用例。

【作家】サッカ ①（絵画・彫刻・文章などの）作品をつくることを仕事としている人。例写真―。②とくに、文芸作品をつくることを仕事としている人。類文筆家。例俳句―の随筆。

【作曲】サッキョク（名・する）音楽の曲をつくること。また、詩や歌詞に曲をつけること。対作詞。

【作用】サヨウ 一（名・する）力がはたらいて他に影響をおよぼすこと。また、そのはたらき。例薬の副―。二（名）生物が生きていくために示すはたらき。例呼吸―。消化―。

【作用点】サヨウテン〔物〕てこで物を動かすとき、力がはたらく点。→【力点】リキテン（144ページ）・【支点】シテン（458ページ）

【作略】サリャク ①相手をだましたり、やっつけたりするための計画。はかりごと。類計略・策略。例敵の―にひっかかる。②ものごとがうまく進むようにすること。うまくとりはからうこと。例私の―の通りうまくいった。表記 ▽「差略」とも書く。

◯●遺作・合作・凶作・原作・工作・小作・試作・所作・新作・制作・操作・大作・著作・動作・不作・米作・豊作・名作・輪作・連作

亻5 【伺】 7画 2739 4F3A 常用 音 シ㊥㊐ 訓 うかが-う・うかが-い

筆順 ノ イ 亻 伺 伺 伺 伺

なりたち ［形声］「亻（＝ひと）」と、音「司シ」とから成る。ようすをみる。

意味 ❶人の動きをさぐる。うかがう。例伺察。奉伺。❷そばにいて、せわをする。例伺候。

日本語での用法《うかがい・うかがう》たずねる・きく・命令を受けに出る、の意を、へりくだっていう。「お伺いをたてる・ご機嫌を伺う・お宅に伺う・進退を伺う」

人名 み

【伺候】シコウ（名・する）①身分の高い人に付き従って、仕えること。例殿の御前に―する。②身分の高い人・目上の人のところへ参上すること。例帰国の報告に―する。表記 ▽「祗候」とも書く。

【伺察】シサツ（名・する）ようすをうかがうこと。さぐること。また、それをする人。例敵情を―する。

◯●奉伺

亻5 【似】 7画 2787 4F3C 教育5 音 シ㊥ ジ㊐ 訓 に-る・に-せる

筆順 ノ イ 亻 亻 似 似 似

なりたち ［形声］「亻（＝ひと）」と、音「以イ→ジ」とから成る。にている。

意味 形や性質が、同じように見える。にている。にる。例疑似。近似。類似。

難読 真似

▽似▽非(えせ) 似てはいるが、ほんものではないこと。にせ。まやかし。〔おもに、悪い意味で用いる〕例—学者。—を見やぶる。表記「▽似▼而▽非」とも書く。

【似顔絵】にがおえ ①その人の顔に似せてかいた絵。②浮世絵で、歌舞伎役者や美人をえがいたもの。

【似て非なる者】見た目はほんものと似ているが、実際はまったくちがうもの。にせもの。

●酷似・相似・空似

【住】 亻5

7画 2927 4F4F 教育3 音チュウ漢 ジュウ呉 訓す-む・す-まう・す-まい

筆順 ノ イ 亻 仁 什 住 住

なりたち [形声]「亻(=ひと)」と、音「主シュ→チュウ」とから成る。人がとどまる。

意味 ❶あるところから動かないでいる。とどまる。例一所不住。❷とどまり、そこで生活する。すむ。すまう。例住宅。❸停止する。やむ。

難読 住江すみのえ・住吉すみよし・住家すみか

人名 おき・すみ・もち・よし

【住居】ジュウキョ 人が毎日の生活を送るためにすむこと。また、その場所。家。すまい。例—を定める。古代人の—の跡。

【住持】ジュウジ その寺のあるじである僧。住職。例当山の—。

【住職】ジュウショク 寺にすみ、その寺のあるじとしてつとめる僧。住持。例—に読経をたのむ。

【住宅】ジュウタク 人がふだん生活するために寝起きをする建物。家。すまい。例集合—。分譲—。

【住人】ジュウニン その家に、また、その土地にすむ人。類居住者。例長屋の—。武蔵国の—。大都会の—。

【住民】ジュウミン 都道府県や市町村に、または、一定地域に暮らす人。例—登録。—票。—の意思。東京の—。

●安住・移住・衣食住・永住・居住・現住・在住・先住・定住

【伸】 亻5

7画 3113 4F38 常用 音シン漢呉 訓の-びる・の-ばす・の-べる

筆順 ノ イ 亻 们 们 们 伸

なりたち [形声]「亻(=ひと)」と、音「申シ」とから成る。のびる。

意味 ❶まっすぐになる。ながくなる。のびる。また、ながくする。のばす。例伸縮・伸長・屈伸。❷述べる。言う。同申。例追伸・二伸。

日本語での用法《のばす・のびる・のべる》差し出す。「救いの手を差し伸べる」

使い分け のばす・のびる・のべる【伸・延】⇩1176ページ

人名 おさむ・すすむ・のぶ・のぶる・のぼる・ひろし

【伸縮】シンシュク (名・する) のびることと、ちぢむこと。また、のびたり、ちぢんだりすること。のびちぢみ。例—自在。—性のある素材。

【伸長】シンチョウ (名・する) 力やものの長さなどがのびること。また、のばすこと。例体力が—する。表記 旧伸▼暢

【伸張】シンチョウ (名・する) 勢力などの範囲が広がること。また、広げること。例貿易圏を—する。

【伸展】シンテン (名・する) 勢力などが広がること。また、広げること。例輸出産業の—。

●屈伸・欠伸あくび・追伸

【佗】 亻5

7画 4841 4F57 音タ漢呉 訓ほか・わ-びる

意味 べつの。よその。ほか。かれ。同他。例佗境タキョウ。

日本語での用法《わび・わびる》①世俗をはなれる。風流にしたしむ。「嵯峨野の佗び住まい・佗や寂を解する」②相手に、ことば・態度で、あやまる。「罪を佗びる」③こまる。気をつかい、くるしむ。「住み佗びる・待ち佗びる」

参考「わびる」に「佗」をあてるのは「侘」と混同した誤用によるもの。

【佗び住まい】わびずまい ①世間と交渉をもたずに、つつましく静かに暮らすこと。また、その家。例古都の一隅の—。②貧しくて、生活にこまっている暮らし。また、その家。例路地裏の—。

【但】 亻5

7画 3502 4F46 常用 音タン漢 訓ただ-し

筆順 ノ イ 亻 们 们 但 但

なりたち [形声]「亻(=ひと)」と、音「旦タン」とから成る。肩ぬぎする。

意味 ❶衣服の腰から上をぬぐ。同袒タ。❷〔助字〕「ただ…(のみ)」と読み、ただ…だけ、の意。限定・強調をあらわす。例但聞人語響ただジンゴのひびきをきくのみ(=人の声がひびいているだけだ)。〈王維・鹿柴〉

日本語での用法 ㊀《タン》旧国名「但馬(=今の兵庫県北部)」の略。「但州・播但」㊁《ただし》しかし。だが。除外や例外を付け足すときの接続詞。「但し書き」

人名 ただ

【但馬】たじま 旧国名の一つ。今の兵庫県北部にあたり、昔の山陰道に属する。但州。例—牛(=代表的な和牛。神戸牛)。

【佇】 亻5

7画 4842 4F47 音チョ漢 訓たたず-む

【竚】 立5 10画 6776 7ADA 別体字

意味 ある場所に長いあいだ立っている。じっとたちどまる。たたずむ。例佇立。延佇。

【佇立】チョリツ (名・する) しばらく動かずに立っていること。たたずむこと。例その場に—する。

【体】 亻5

7画 3446 4F53 教育2 音テイ漢 タイ呉 訓からだ

筆順 ノ イ 亻 什 休 休 体

【體】 骨13 23画 8183 9AD4

【躰】 身5 12画 7728 8EB0 別体字

【軆】 身13 20画 7729 8EC6 別体字

なりたち [形声]「骨(=ほね)」と、音「豊レイ→テイ」とから成る。ひとのからだのすべて。

参考「体」は、もとは「ホン」と読み、別の字であったが、「體タイ」の俗字として用いられるようになった。

意味 ❶人(や動物)を一つのものとして見たすべて。全身。からだ。例体温・体重・肉体。❷外から見えるすがた。かたち。例体格・体裁・形体。❸型。形式。

例書体。本体。❹（外から見えない）はたらきのおおもと。例実体。本体。❺自分のものとする。身をもってする。よくわきまえる。例体験。体得。意を体する。

日本語での用法《タイ》仏像や遺体などを数えることば。「数体」

人名 なり・み・みる・もと

【体位】①体格・能力・健康など、肉体の状態をまとめていうことば。例—の向上をはかる。②運動あるいは静止しているときのからだの位置や姿勢。例—を変える。

【体育】①成長を助け、健康なからだをつくるためにおこなう、学校での教育。また、その教科の名。対知育・徳育。②教育の一領域としての、武道やスポーツ全体をいうことば。例—会。

【体液】①動物のからだの中にある、血液・リンパ液などの液体。②〔直接に言うのをさけて〕唾液・精液などのこと。

【体温】動物のからだの温度。例—計。—をはかる。

【体温計】体温をはかる器具。

【体外】からだのそと。対体内。例—に排出する。

【体格】身長・肩はば・骨の太さ・足の長さ・肉づきなどのからだの状態。からだつき。例—がいい。貧弱な—。

【体▼軀】〔「軀」も、からだの意〕からだ。例大きな—をゆすって歩く。

【体刑】①からだに苦痛をあたえる刑罰。昔のむち打ちの刑など。例—を加える。②犯罪者の自由をうばう刑罰。懲役・禁固・拘留の三つがある。

【体形】もののかたち。すがた。また、からだ全体のすがた。フォーム。例着地のときの—。—を美しく見せる水着。

【体系】調和のある、まとまった組み立て。矛盾のないようにまとめられたものごとの全体。システム。例—的。—づける。学問の—。参考「古典文学大系」「漢文大系」のように、ある特定の方面の著作・論文などを集めたものには「大系」を使う。

【体型】やせ型・肥満型などの体格の種類。タイプ。例やせた—。年をとって—が変わる。

【体験】（名・する）実際に見たり聞いたりやってみたりしていろいろなことを感じとること。例—して学習する。

【体言】日本語の文法で、自立語のうち活用がなくて、文の主語になることができる語。名詞と代名詞とをまとめていうことば。対用言。

【体現】（名・する）考えや思想などを形をもったものとして、あらわすこと。例みずからの希望を—する。

【体▼腔】〔「タイクウ」とも〕動物の胸や腹などの内部の、内臓がおさまっているところ。〔胸のほうは胸腔、腹のほうは腹腔という〕

【体質】①生まれながらの、からだの性質。例アレルギー—。特異—。②組織・団体・会社などに特有の性質。例輸出依存の—。

【体臭】からだのにおい。例—を消す。作家の—まで感じられる作品。

【体重】からだの重さ。例—測定。

【体制】①国家・社会・組織・団体などをまとめて動かしている仕組み。例資本主義—。社会主義—。国家の—をゆるがす大事件。②その国を現在支配している勢力や制度を、それを否定・反対する側からいうことば。例旧—。新—。—側にくみする。③〔生〕生き物のからだの、部分をなす器官の一つ一つがそれぞれのはたらきをして、全体としてまとまっている、その仕組み。例脊椎動物の—。

【体勢】からだの構え。姿勢。例捕球の—を身につける。—を立て直す。

【体積】空間の中に、その立体がしめる大きさ。立方メートル・立方センチメートルなどの単位であらわす。かさ。類容積。

【体操】①一定の規則や計画に従ってからだを動かす運動。例準備—。ラジオ—。②学校の授業としてのスポーツの古い言い方。体育。③「体操競技」の略。鉄棒・平行棒・鞍馬・跳馬・平均台・つり輪・ゆか運動などの種目をまとめていう。例—の種目別選手権。

【体側】からだの右がわと左がわ。例両手をきちんと—につけて立つ。

【体長】動物のからだの長さ。〔尾を入れたときは全長という〕例—五メートルのニシキヘビ。

【体調】からだのぐあい。例—がすぐれない。—を整える。

【体得】（名・する）知識や技術を身をもって習いおぼえること。例柔道の投げわざを—した。

【体内】からだの中。対体外。例—にみちる元気。

【体罰】からだに痛みをあたえてこらしめること。例—禁止。—を加える。

【体表】からだの表面。

【体面】①世間から見られる、外見による評判。類面目・体裁・世間体。例なんとか—だけはたもった。②名誉。例—を傷つけられた。

【体力】からだの運動能力・耐久力。また、病気やけがに抵抗する力。例—測定。—のおとろえがはげしい。—の限界を感じる。

【体裁】①よそから見たときの姿。かっこう。外見。例—が悪い(=はずかしい思いをする)。—をとりつくろう。②一定の形式。例—を整える。③〔ふつう、「お体裁」の形で〕人に気に入られるような、かざったことばや態度。例平然とお—を言う。

●遺体・一体・液体・解体・合体・気体・巨体・具体・抗体・国体・固体・個体・死体・字体・自体・実体・車体・重体・主体・正体・書体・上体・身体・人体・図体・世間体・船体・全体・総体・大体・団体・天体・胴体・肉体・風体・物体・文体・母体・本体・容体・裸体・立体

イ 5

【低】

7画 3667 4F4E 教育4

音テイ漢　訓ひく-い・ひく-める・ひく-まる

筆順 ノ イ 亻 仁 任 低 低

なりたち［会意］「亻(=ひと)」と「氐(=ねもと)」とから成る。ひくい。

意味 ❶ある基準よりも下である。ひくい。対高。例低級。高低。最低。❷ある基準よりも下にする。さげる。ひくめる。また、さがる。ひくまる。例低下。低頭。

人名 ひら

【低圧】気圧・水圧・電圧などが弱いこと。または、ひくいこと。対高圧。例大気中の—部に暖かい空気が流れこむ。

【低位】地位・段階・等級・場所などがひくいこと。対高位。例一生涯—にあまんじた。

【低音】①ひくい音や声。②音楽で、男声の最もひくい声域。バス。例—のコーラスが続く。▽対高音。

【低温】ひくい温度。対高温。例—殺菌の牛乳。

【低下】（名・する）①ものごとの度合いがひくくなること。例気温が—する。輸出量の—。②ものごとの程度が悪くなること。対向上。例学力の—。体力が—する。③おとろえること。力がなくなること。例肝臓のはたらきが―する。

【低回】テイカイ（名・する）考えごとをしながら、立ちどまったりあちこち歩きまわったりすること。例夕ぐれの公園を―するかれを見つけた。表記 旧▼彽▼徊

【低回趣味】テイカイシュミ 人の生き方や芸術などについて、直接かかわりのない立場から余裕をもってながめようとする態度。〔小説家、夏目漱石がとなえた文学上の態度〕表記「▼彽▼徊趣味」とも書く。

【低額】テイガク 少ない金額。対高額。例―の融資。

【低気圧】テイキアツ ①大気の中で、まわりよりも気圧のひくいところ。〔まわりの気圧の高いところから空気が流れこんで上昇気流が起こり、風がふき、雨が降るなど、天気が悪い〕対高気圧。例温帯―（＝ふつうの低気圧）。熱帯―（＝台風になるまえの低気圧）。②機嫌の悪いことを、天気にたとえていうことば。ごきげんななめ。例社長はいま―だよ。

【低級】テイキュウ（名・形動ナ）等級や品質・性能・程度などが、おとっていること。対高級。例―な話題。―な遊び。

【低空】テイクウ 空の、地面や水面に近いところ。対高空。例―を飛ぶ旅客機の騒音。学校の成績はいつも―飛行（＝落第しそうで、やっと合格すること）さ。

【低血圧】テイケツアツ 血圧が標準よりもひくいこと。対高血圧。

【低減】テイゲン（名・する）費用や値段などの数値をへらすこと。また、へること。例必要経費を―し、節約につとめる。

【低次元】テイジゲン（名・形動ナ）①次元（＝ものの大きさ・広がりなどをとらえるための基準）がひくいこと。②考え・おこない・話題などの、根本にある考え方の程度がひくいこと。レベルがひくいこと。例―の争い。

【低姿勢】テイシセイ ①からだの位置・姿勢をひくくすること。②自分の気持ちをおさえて、相手に対し強い態度をとらないこと。対高姿勢。例―でお願いする。

【低周波】テイシュウハ 周波数（＝電波や音波などの振動数）のひくい波。対高周波。例―を用いた健康器具。

【低所】テイショ ひくいところ。対高所。例―からものを見る。

【低速】テイソク 速度がおそいこと。対高速。

【低俗】テイゾク（名・形動ナ）程度がひくく、品が悪いこと。下品。対高尚。例―な内容の雑誌。

【低地】テイチ まわりにくらべてひくい土地。対高地。例川沿いの―にひらけた工業都市。

【低調】テイチョウ（名・形動ナ）①調子が出ないこと。例期待に反して結果は―なものだった。②緊迫感がなく、しまりのないこと。例試合は―なまま終わった。

【低頭】テイトウ（名・する）あたまをひくく下げること。例平身―。神前に―する。

【低能】テイノウ（名・形動ナ）知能の発達がおくれていること。また、その人。

【低木】テイボク たけのひくい木。ツツジやアジサイなど。〔ふつう高さが人の身長以下のもの。もと、灌木といった〕対高木。

【低迷】テイメイ（名・する）①調子が出ないこと。素質があるのに成績が悪いこと。例業績はここ数年―している。②株式市場などで、値が悪かったり取り引きが思わしくないこと。例株価の―。③雲などがひくくたれこめていること。例暗雲が―する。

【低利】テイリ 利率（＝利息のつく割合）がひくいこと。対高利。例―での貸し付け。

【低率】テイリツ（名・形動ナ）割合がひくいこと。率が悪いこと。対高率。

【低劣】テイレツ（名・形動ナ）質が悪く、そのうえ品がよくないこと。例―な笑い。

亻5 **【佃】** 7画 3649 4F43 人名 音テン漢 デン呉 訓つくだ

意味 ❶他人の田畑をたがやす（人）。小作人。例佃戸（＝小作人）。❷田畑をたがやす。同畋。例佃作。❸狩りをする。同畋。例佃漁。

日本語での用法《つくだ》開墾された田畑。作り田。「佃島・佃煮」

【佃煮】つくだに 小魚や貝、海藻などを、しょうゆ・みりん・砂糖などを用いて濃い味に煮た食品。〔現在の、東京都中央区に位置する佃（＝佃島）の名産として知られた〕

【佃漁】デンギョ 鳥やけものの猟と、魚をとらえる漁。表記「田漁」とも書く。

亻5 **【佞】** 7画 5304 4F5E 音ネイ漢 訓おもね-る・へつら-う

亻6 **【侫】** 8画 5305 4FAB 俗字

意味 ❶口がうまい。ことばたくみに相手にとりいる。口先だけで心がねじけている。例佞臣。佞人。便佞。❷才能がある。かしこい。例不佞（＝自分をへりくだっていう言い方）。

【佞悪】ネイアク（名・形動ナ）心がひねくれていて、わるがしこいこと。また、そういう人。例性―なる人。

【佞▼猾】ネイカツ（名・形動ナ）口先でうまく人をだまし、悪がしこいこと。また、そういう人。

【佞言】ネイゲン 相手にとりいるために、うまく語ることば。こびへつらうことば。類佞弁。例―は忠に似たり。

【佞才】ネイサイ 話じょうずで、人にとりいることにたくみな能力。

【佞臣】ネイシン 話がたくみで主人にとりいることのうまい家来。

【佞人】ネイジン 話じょうずで、人にとりいることのうまい人。類佞者。例―を近づけない。

【佞弁】ネイベン ①相手にうまくとりいること。②相手にうまくとりいるためのことば。おべっか。類佞言。例―をもって聞こえた者。表記▽旧佞▼辯

亻5 **【伯】** 7画 3976 4F2F 常用 音ハク漢 付表伯父・伯母

筆順 ノ 亻 亻' 伯 伯 伯

なりたち [形声]「亻（＝ひと）」と、音「白ハク」とから成る。かしらとなる人。

意味 ❶最上位に立つ人。かしら。おやかた。おさ。❷きょうだいのなかの、いちばんの年長者。例伯兄。伯仲。❸父の兄。対叔。例伯父。❹年長の男性。例老伯。❺一芸に長じた人。例画伯。❻五階級の爵位（＝公・侯・伯・子・男）の第三位。例伯爵。

日本語での用法《ハク》①「伯刺西爾ブラジル」の略。「日伯ニチハク協会」②旧国名「伯耆（＝今の鳥取県西部）」の略。「伯州ハクシュウ」③律令制の四等官で、神祇官の第一位。長官。「神祇伯ジンギハク」

難読 伯林ベルリン・伯労もず（＝鳥の名）

人名 お・おさ・く・たか・たけ・とも・のり・はか・ほ・みち

【伯▼夷叔斉】ハクイシュクセイ 伯夷と叔斉という二人のきょうだいの名。節義を守る、清廉の士としてたたえられる。周王朝の創設のころ、二人が仕えていた周の武王が、天子ではあるが主をほろぼすことの不義をいさめたが、入れられず、周が天下を平定したあと、武王から俸禄を受けるのをはじとし、首陽

山サンにこもり、ついに餓死した。〈史記〉

【伯牙】ハクガ 春秋時代の琴の名手。伯牙は、自分のうでまえをよく理解していた鍾子期という友が死んだあとは、二度と琴にさわらなかったという。「伯牙絶絃」の故事は、自分のよき理解者の死をなげく意味で使われる。

【伯魚】ハクギョ 孔子の子、孔鯉の字。

【伯兄】ハクケイ きょうだいの中でいちばん年上のあに。長兄。伯氏。

【伯爵】ハクシャク 貴族の階級の一つ。五等爵(=公・侯・伯・子・男)の第三位。また、その位をもつ人。

【伯叔】ハクシュク (「叔」は、おとうとの意) ①兄と弟。②伯父(=父の兄)と叔父(=父の弟)。

【伯仲】ハクチュウ 一(名) あにと、おとうと。二(名・する) どちらもすぐれていて優劣をつけられないこと。例—の間。両者の力は—している。

【伯仲叔季】ハクチュウシュクキ きょうだいの順序をあらわすことば。〔長男を「伯」、次男を「仲」、そのつぎを「叔」、末男を「季」という〕

【伯父】一おじ 両親の兄。対伯母。二ハクフ ①中国では、父親の兄をいう。対伯母。②中国では、君主が同姓の諸侯をうやまっていうことば。

【伯母】一おば 両親の姉。対伯父。二ハクボ 中国では、父親の兄の妻をいう。対伯父。

【伯楽】一ハクラク ①星の名。天馬をつかさどるという。②春秋時代の人。姓は孫、名は陽。良馬の見分け方にすぐれていたので、「①」にちなんで呼ばれた。→【千里の馬】(160ページ) ③人物を見分けることにすぐれている人。二バクロウ ウマの売り買いを仕事にする人。表記 二は「馬▼喰・博労」とも書く。

【▽伯林】ベルリン 〔Berlin の音訳〕ドイツ連邦共和国の首都。表記「▼柏林・▽伯▽霊」とも書く。

【伯耆】ほうき 旧国名の一つ。今の鳥取県西部にあたる。伯州。

イ5【伴】7画 4028 4F34 常用 音ハン漢 バン呉 訓ともな-う・とも

筆順 ノ イ 亻' 伫 伴 伴

イ5【伴】7画

なりたち [形声]「イ(=ひと)」と、音「半ハン」とから成る。ともなう人。

意味 ❶いっしょにいて助け合える人。とも。例伴侶ハンリョ。❷いっしょについて行く。ともなう。例伴奏バンソウ。同伴ドウハン。

人名 すけ

【▽伴▽天連】バテレン 〔ポルトガル語 padre (=父・神父)の音訳〕①(室町時代末期以後、布教のために来日した)カトリック教の宣教師。パードレ。パーデレ。②キリスト教のこと。また、キリスト教の信者。

【伴食】バンショク 一(名・する) 人のおともをしていっしょに食事をすること。類相伴ショウバン・陪食バイショク。二(名) 能力がないのに、職にあって高官としての給料をもらうこと。例—大臣(=役に立たない高官を悪くいうことば)。

【伴走】バンソウ (名・する) 長距離競走の走者の近くを車などに乗って走ること。例マラソンの—車。

【伴奏】バンソウ (名・する) 歌や楽器の主たる演奏にそえられる、他の楽器などによる演奏。例ピアノで—する。

【伴僧】バンソウ 法事や葬儀のとき、導師につきそう僧。

【伴侶】ハンリョ ①結婚している相手。夫から見た妻、妻から見た夫。つれあい。例良い—を得て、生活が落ちついた。②行動をともにする人。また、身近に持つもの。つれ。例旅の—に好適の案内記。

●相伴ショウバン・随伴ズイハン・同伴ドウハン

イ5【佑】7画 4504 4F51 人名 音ユウ漢 訓たす-ける

なりたち [会意]「イ(=ひと)」と「右ウ(=たすける)」とから成る。人をたすける。

意味 かばって、たすける。たすけ。同祐ウ。例佑助ユウジョ。神佑シンユウ。天佑テンユウ。

日本語での用法 《ジョウ》律令制リツリョウの四等官シトウカンで、司の第三位。判官。「内膳司ナイゼンシの佑ジョウ・造酒司みきのつかさの佑ジョウ」

人名 さち・すけ・たすく・たすけ

【佑助】ユウジョ たすけること。たすけ。例神仏の—をたのむ。表記「▼祐助」とも書く。

ヘ5【余】7画 4530 4F59 教育5 音AB ヨ漢呉 訓あま-る・あま-す・あま-り・われ

筆順 ノ 𠆢 亼 亽 仐 余 余

A ヘ5【余】7画 4530 4F59　B 食7【餘】16画 8117 9918

なりたち A[余] [形声]「八(=口から出る語気、ことば)」と、音「舎シャ→ヨ」の省略体とから成る。ことばがのび広がる。派生して「われ」の意。B[餘] [形声]「食(=たべもの)」と、音「余ヨ」とから成る。ゆたかにみちたりる。

意味 A[余] 自分を指す代名詞。われ。同予ヨ。例余輩ヨハイ。B[餘] ❶みちたりて、あまる。あまり。例余剰ヨジョウ。余分ヨブン。残余ザンヨ。❷それ以外。ほか(の)。例余罪ヨザイ。余人ヨジン。

難読 余波なごり・余風なごし

人名 われ

【余威】ヨイ ①ありあまった勢い。類余勢。例—をふるう。②その人の死後も残る威光。例—の大きさを感じる。

【余韻】ヨイン ①鐘かねをついたあとなどに残るひびき。例—嫋嫋ジョウジョウ。②事が終わったあとまで残る、好ましい感じやあじわい。例—にひたる。③詩や文章のことばを通して伝わるおもむき。類余情。例—縹渺ヒョウビョウ。

【余映】ヨエイ 消え残るかがやき。類余光・残光。例王朝文化の—。

【余栄】ヨエイ ①死後に受ける名誉メイヨ。②その人の死後にまで残る名誉。③先祖の名誉。

【余▼殃】ヨオウ 先祖の悪事のむくいとして、その子孫に残るわざわい。対余慶ヨケイ。例積悪の家には必ず—あり。

【余暇】ヨカ 仕事や勉強から解放されて、自分で楽しむ時間。ひま。レジャー。例—利用。—にギターを習う。

【余角】ヨカク 〔数〕二つの角の和が直角であるとき、一方の角を他方の角に対していう。

【余割】ヨカツ 〔数〕三角関数の一つ。コセカント。

【余寒】ヨカン 立春を過ぎても感じられる寒さ。例—なお厳しい時節。

【余技】ヨギ (専門・職業以外の)趣味シュとしてもつ技芸。例本業は医者だが—として俳句をたしなむ。

【余儀】ヨギ ほかの方法。それに取って代わる方法。〔ふつう「余儀ない」「余儀なく」の形で使われる〕例責任上—なく身を引く。悪天候で運動会は中止を—なくされた。

【余興】ヨキョウ 宴会(エンカイ)や集会で、出席者を楽しませるためにおこなう、演芸やかくし芸。[類]座興・アトラクション。[例]宴会の—に一曲歌う。

【余薫】ヨクン ①あとまで残るかおり。残り香(が)。余香(ヨコウ)。②先人の恩恵(オンケイ)。先人の残した恩徳。[類]余徳・余光。[例]—に浴する。

【余計】ヨケイ [一](形動ダ)①一定の分量より多くあるようす。[例]少しでも—に仕事を進める。②必要以上にあるようす。不必要だ。無用だ。[例]—者。—なことを言うな。[二](副)①他とくらべて程度・分量が多いようす。[例]人より—に働く。②ある理由が加わって、さらにいっそうその程度がますようす。[例]いろいろ言われたら—に気が散ってしまう。

漢字に親しむ ④ 伯父(おじ)と叔父(おじ)と小父(おじ)

お父さんやお母さんの兄弟のことを「おじさん」と呼びますが、これにあてる漢字には「伯父」と「叔父」の二とおりがあります。どうちがうのでしょうか。これは「伯(ハク)仲(チュウ)叔(シュク)季(キ)」という、昔の中国で兄弟の順序をあらわしたことばにもとづいているのです。「伯」が長男、「仲」が次男、「叔」がその次、「季」は末の子を指します。ですから自分の父の兄にあたるおじさんは「伯父」、弟にあたるおじさんは「叔父」と書くのが正しいのです。日本では、母の兄弟も伯父・叔父と書き、おばさんもこれにならって「伯母」「叔母」のように書きわけます。また、血縁(ケツエン)をあらわさない、ふつうの呼び名としてのおじさん、おばさんは、「小父」「小母」のように書きあらわしています。

【余慶】ヨケイ ①先祖の善行のおかげで、その子孫にむくいとして来るよい結果。[対]余殃(ヨオウ)。[例]積善の家には必ず—あり。②他人の善行のおかげ。[例]先賢(センケン)の—に浴す。

【余弦】ヨゲン 〔数〕三角関数の一つ。コサイン。[例]—定理。

【余光】ヨコウ ①残った光。日没(ニチボツ)のあとに空に残る光。[類]余映・残光。②先人の仕事のおかげ。[類]余徳。[例]先代の—にあずかる。

【余香】ヨコウ あとまで残るかおり。残り香(が)。[類]余薫(ヨクン)。[例]—を拝する。—をたのしむ。

【余罪】ヨザイ いま問われている罪(つみ)以外におかしている別の罪。[例]—が発覚する。—を追及(ツイキュウ)する。

【余事】ヨジ ①ほかのこと。別のこと。[類]他事。[例]—はさておき。②余力や余暇(ヨカ)ですること。[例]—を楽しむだけのゆとり。

【余日】ヨジツ ①(期限までに)まだ残っている日数。[例]年内—なく。②ひまな日。③その日以外の、別の日。[類]他日。[例]あとは—を期する。

【余剰】ヨジョウ のこり。あまり。剰余。[例]—米(マイ)。

【余情】ヨジョウ ①あとあとまで心に残るあじわい。②詩や文章の、ことばから受けるしみじみとした思い。

【余震】ヨシン 地震のとき、大きなゆれのあとに続いて起こる小さなゆれ。ゆりかえし。また、ひゆ的に、大事件の影響(エイキョウ)をいう。[例]日になん度となく—におびえる。パリでの人民蜂起(ホウキ)の—は、しばらく各地でやまなかった。

【余人】ヨジン/ヨニン ほかの人。別の人。[例]—を交えず二人だけで話す。—は知らず、私は賛同する。—をもって代えがたい。

【余▼塵】ヨジン 前人の残した影響(エイキョウ)。余風。[類]後塵(コウジン)。[例]—を拝する。

【余▼燼】ヨジン ①(火事などで)消え残った火。燃えさし。[例]大火の—なお消えやらぬ。②事件などのあとに、なお残る、その影響(エイキョウ)。[例]反乱の—は地方でくすぶり続けた。

【余生】ヨセイ 残りの人生。老後に残された生活。[類]余命。[例]静かな—を送る。—を楽しむ。

【余勢】ヨセイ 何かをしたあと、まだ残っているいきおい。はずみ。[例]成功の—をかって、事業を拡張する。

【余接】ヨセツ 〔数〕三角関数の一つ。コタンジェント。[表記]「余切」とも書く。

【余▼喘】ヨゼン ①やっとなんとか続いている息。虫の息。②死に近づいたいのち。[類]余命。[例]—を保つ。

【余▽所】よそ ①ほかの場所。[例]—へ出て行く。②見も知らぬ遠いところ。[例]—の国。③他人。他人の家。[例]—の子。④関係がないこと。無関係だとすること。[例]親の心配を—にむちゃをする。[表記]▽「▽他▽所」とも書く。

【余沢】ヨタク 〔「沢」は、うるおい、めぐみの意〕①先人の残した恩恵(オンケイ)。[類]余徳。[例]先帝(センテイ)の—に浴す。②他人にまでおよぶ恩恵。[例]故人の業績の—がまだある。

【余談】ヨダン (本題ではない)別の話。ほかの話。[例]これは—ですが…。

【余地】ヨチ ①あまっている土地。空き地。[例]増築する—はない。②あまっている部分。あき。すきま。[例]立錐(リッスイ)の—もない。③(何かができる)余裕(ヨユウ)。ゆとり。可能性。[例]疑いをいれる—もない。検討の—がある。

【余得】ヨトク 余分のもうけ。利益。(その地位にあることで手にはいる)正規の収入以外の利益。[類]余禄(ヨロク)・役得。

【余徳】ヨトク 先人の残した恩恵(オンケイ)。[類]余沢(ヨタク)。[例]いまだに—が残っている。

【余熱】ヨネツ ①火を消したあともまだ残っているあたたかみ。ほとぼり。[例]冷却水(レイキャクスイ)の—を温水プールに利用する。②残暑。[例]—のいまだ厳しいころ。

【余念】ヨネン (よけいな)ほかの考え。[類]雑念・他意。[例]読書に—がない。—もなく絵をかいている。—を交えてはいけない。

【余波】ヨハ ①風がおさまったあとも立っている波。なごり。[例]台風の—。②ものごとが済んだあとにも残っている、その影響(エイキョウ)。あおり。[例]地震(ジシン)の—で列車ダイヤが乱れている。

【余輩】ヨハイ 話し手が自分をふくめた複数の人々を指すことば。わがはい。われ。また、自分たち。われわれ。[類]予輩。[例]—はそのように考えない。

【余白】ヨハク (文字や図などのある紙面のうち)何も書いていない白い部分。空白。[例]ページの—をカットでうめる。

【余病】ヨビョウ ある病気にともなって起こるほかの病気。[例]—を併発(ヘイハツ)する。

【余憤】ヨフン おさまらないまま残っているいかり、いきどおり。[例]いまだ—おさまらず。

【余分】ヨブン (名・形動ダ)①一定の分量をこえて多い分。[例]—にしはらう。②必要以上で、なくてもいいもの。余計。[例]—のチケット。支出の—を切り捨てる。

【余程】よほど (副)①ふつうの程度をこえているようす。かなり。相

「人(亻・𠆢)部」5画 余

当。例—うれしかったようだ。②もう少しでそうなりそうなようす。いっそのこと。例—やめようかと思った。—のことがなければ行かない。

【余命】ヨメイ（これから先の）残り少ないいのち。死ぬまでに生きる年数。類余喘。例—いくばくもない。

【余裕】ヨユウ ①ありあまっていること。また、そのあまりの部分。ゆとり。例家計に—がある。②ゆったり落ちついていること。

【余裕▼綽▼綽】ヨユウシャクシャク（形動タル）心にじゅうぶんなゆとりがあって、ゆったり落ちついているようす。例まだまだ—たるものだ。

【余力】ヨリョク（使ってもなお）あまっている力。類余裕・ゆとり・余勢。例—を残してゴールする。

【余類】ヨルイ メンバーが欠けたあとまで残ったなかま。類残党。例頭目がとらえられても、なお—の跳梁は続いた。

【余烈】ヨレツ 死後にもほめたたえられる忠義のおこない。類余威。例—をたたえる行事。

【余▼禄】ヨロク 正規の収入以外の利益。類余得。例地位に相応して—がある。

【余話】ヨワ あるできごとについての、まだ人には知られていない話。こぼればなし。エピソード。例明治維新史の—。

●窮余・残余・剰余・有余

亻5【伶】7画 4666 4F36 人名 音レイ漢 リョウ呉

なりたち [形声]「亻（＝ひと）」と、音「令」とから成る。わざおぎ。

意味 ❶音楽やおどりで神や人の心をなごませる人。わざおぎ。例伶官。伶人。❷かしこい。同怜。例伶俐。

人名 さとし

【伶官】レイカン 音楽の演奏や作曲を仕事とする役人。

【伶人】レイジン（雅楽の）演奏者。楽人。

【伶▼俐】レイリ（名・形動ダ）利口なこと。かしこいこと。また、そのようす。類聡明。対愚鈍・暗愚。例—な子供。表記「▼怜▼悧」とも書く。

亻5【伴】7画 ⇩【伴】ハン（70ページ）

亻5【佛】7画 ⇩【仏】ブツ（52ページ）

亻6【依】8画 1645 4F9D 常用 音イ漢 エ呉 訓よ-る

筆順 ノ イ 亻 仁 佗 依 依

なりたち [形声]「亻（＝ひと）」と、音「衣」とから成る。よる。もたれる。

意味 ❶たのみにする。よりかかる。もたれかかる。同倚。例依存。依頼。帰依。❷そのことにもとづく。よりどころにする。よる。例依願。依拠。❸もとのまま。例依然。

難読 依網・依田（＝地名・姓）・玉依姫

人名 のり・より

【依▼倚】イイ（名・する）よりかかること。たよること。例権勢の強いものに—する。

【依願】イガン（命令や強制ではなく）本人のねがいによる（ものとして取りあつかう）こと。例—退職。—免官。

【依拠】イキョ（名・する）（書物や原則などを）もとにすること。また、そのもとになるもの。例新法に—した制度。

【依嘱】イショク（名・する）たのむこと。たよること。例立案を—する。

【依然】イゼン（形動タル）少しも変わらず、もとのままであるようす。例旧態—としたやり方をしている。

【依存】イソン・イゾン（名・する）（他の人やものごとに）たよって存在すること。例親に—する。大国に—した外交。—心。—症。

【依託】イタク（名・する）①あるものごとを他人にたのんでやってもらうこと。②ものにもたせかけること。例—射撃（＝銃を台にのせたり、胸壁にもたせかけてうつこと）。

【依頼】イライ（名・する）たのむこと。たのみ。例—心。—状。執筆を—する。

【依▼怙】エコ ①たよること。②片方だけに力を貸すこと。例—の沙汰。

【依▼怙地】イコジ・エコジ（名・形動ダ）片意地を張ること。例—な男。—になって反対する。表記「意固地」とも書く。

【依▼怙▼贔▼屓】エコヒイキ（名・する）自分の好きなものだけをとくにかわいがること。

亻6【価】8画 1833 4FA1 教育5 音カ漢 ケ呉 訓あたい

筆順 ノ イ 亻 亻 価 価 価 価

亻13【價】15画 4911 50F9 人名

なりたち [会意]「亻（＝ひと）」と「賈コ→カ（＝あきなう）」とから成る。もののあたい。ねだん。

意味 ❶もののねだん。あたい。例価格。定価。物価。❷（世間でみとめられる）人・ものごとのねうち。例価値。声価。評価。

難読 酒価

使い分け あたい【値・価】⇩1160ページ

【価格】カカク ねだん。ものを売り買いするときの金額。例卸売—。—を据え置く。

【価値】カチ ①何かをするとき、それがどれだけたいせつであるかの程度。ものごとの意義や有用性。ねうち。例—判断。存在—。②土地や金品のもつ効用の程度。例交換—。

【価値観】カチカン そのもののもつ価値や意義についての、ひとりひとりの考え方。例—がちがう。

●安価・栄養価・原価・高価・真価・代価・単価・地価・定価・特価・評価・物価

亻6【佳】8画 1834 4F73 常用 音カ・カイ漢 ケ・ケイ呉 訓よ-い

筆順 ノ イ 亻 仁 仕 佳 佳 佳

なりたち [形声]「亻（＝ひと）」と、音「圭ケイ→カ」とから成る。よい。うつくしい。

意味 ❶すっきりと形よくととのっている。うつくしい。よい。例佳人。佳麗。❷すぐれている。例佳句。佳作。❸おいしい。例佳肴。❹めでたい。同嘉。例佳日。佳節。

人名 よし・よしみ・よろし

【佳会】カカイ 気持ちのよい会合。例久しぶりの—であった。

【佳客】カカク・カキャク 身分や教養のあるりっぱな客。また、好ましい客。類嘉客・佳賓。例—をむかえて歓談する。

【佳期】カキ ①よい時節。めでたい日。類佳節。②美人と会う日の意から、成婚の日。類吉日。

【佳境】カキョウ ものごとが進行して気持ちのよい状態になったところ。おもしろくなったところ。類クライマックス。例いよいよ話も—にはいった。

【佳句】カク ①歌や詩などの、よい語句。②すぐれた俳句。秀句

【佳景】ケイ よいながめ。気持ちのよいけしき。

【佳言】ゲン (教訓に富む)味わいぶかいことば。また、えんぎのよいことば。

【佳▼肴】コウ 「「肴」は、ごちそうの意」おいしい料理。例美酒—。表記「▼嘉▼肴」とも書く。

【佳作】サク ①できのよい作品。②(作品に等級をつけて評価する場合)入選に次いでよい作品。例選外—。

【佳日】ジツ よい日。日がらのよい日。めでたい日。類吉日。例ご結婚の—。表記「▼嘉日」とも書く。

【佳▼辰】シン 「「辰」は、日の意」よい日。めでたい日。類佳日・佳節・吉日。表記「▼嘉▼辰」とも書く。

【佳人】ジン 美しい女性。美人。

【佳人薄命】カジンハクメイ 「「薄命」は、不幸、とくに短命であること」美人は不幸で若くして死ぬことが多いということ。美人薄命。

【佳節】セツ 祝日。めでたい日。類佳日・佳辰。例重陽の—(=九月九日)。表記「▼嘉節」とも書く。

【佳品】ヒン 品質のよい品物。りっぱな品物。かなりすぐれた作品。

【佳編】ヘン (文学作品などで)よい作品。よい文章。表記旧佳▼篇

【佳名】メイ よい名。よい評判。類令名。例世に—をうたわれる。表記「▼嘉名」とも書く。

【佳容】ヨウ よい顔だち。美しい姿かたち。例愛すべき—の人。

【佳例】レイ めでたい先例。類吉例。例—に従って今年もとりおこなう。表記「▼嘉例」とも書く。

【佳麗】レイ (名・形動ダ) 美しいこと。きれいなこと。また、美しい人。例—をきそう。後宮の—三千人。

【佳話】ワ よいはなし。気持ちのよい内容のはなし。例世にめずらしい—。

●絶佳

亻6 【侃】 8画 2006 4F83 人名 音カン漢 訓つよ-い

なりたち [会意]「㐰(=信)」と「川(=たゆまず流れる川)」とから成る。剛直。意志が強くてまっすぐ。

意味 ❶正しくひたむきで信念をまげないようす。つよい。例侃侃諤諤。❷のびのびとしてたのしむようす。やわらぐ。例侃爾。

人名 あきら・すなお・たかし・ただ・ただし・つよし・なお・やす

【侃侃】カンカン (形動タル) 意志が強く、正しいと信じることを曲げないようす。類剛直。例—たる正論を吐く。

【侃侃▼諤▼諤】カンカンガクガク 正しいと信じることをえんりょなく言うこと。侃諤。例—の議論。参考 このことばを「ケンケンガクガク」と読むのは誤り。「喧喧囂囂(=多くの人がかってにしゃべってやかましいようす)」との混同か。

【侃▼爾】カンジ (形動タル) ゆったりとしたようす。

亻6 【佶】 8画 4843 4F76 音キツ漢

意味 ❶ただしい。❷「佶屈」は、ごつごつとしたようす。難解な文章の形容。例佶屈聱牙。

【佶屈▼聱牙】キックツゴウガ (名・形動ダ) 「「聱牙」は、語句や文章がわかりにくい意」文章がかたくるしくて読みにくいこと。例漢文読み下しのような—な文章。表記「詰屈▼聱牙」とも書く。

亻6 【供】 8画 2201 4F9B 教育6 音キョウ漢 ク・グ呉 訓そな-える・とも・そな-え・ども

筆順 ノ 亻 亻 仁 什 什 供 供

なりたち [形声]「亻(=ひと)」と、音「共」とから成る。設ける。そなえる。

意味 ❶神仏や貴人に、ものをささげる。そなえる。例供花・節供。人身御供。❷貴人につかえて用をつとめる。例供奉。❸求めに応じてさし出す。利用してもらうよう、さし出す。例供給・提供。閲覧に供する。❹わけを述べる。取り調べに対して事情を述べる。例供述・自供。

使い分け そなえる【備・供】⇩1171ページ

難読 御影供

【供応】キョウオウ (名・する) ごちそうをして人をもてなすこと。類接待。例—にあずかる。—を強いる。表記旧▼饗応

【供花】キョウカ・クゲ 死者や仏に、花をそなえること。

【供給】キョウキュウ (名・する) ①求められているものをあたえること。類供与。例ガスを—する。資金を—する。②販売のために商品を市場に出すこと。また、その量。例—量。—不足。▽対需要。

【供具】キョウグ 仏の供養や宴会の席で、飲食物をそなえるのに用いる器具。

【供出】キョウシュツ (名・する) (統制経済の制度で)①国などおおやけの求めに応じて、金品を差し出すこと。②民間の物資を定められた価格によって政府に売りわたすこと。例—米。金の—。

【供述】キョウジュツ (名・する) 裁判官・検察官・司法警察官などの尋問に対して、被告人・被疑者・証人などが意見や事実を述べること。例—書。目撃者の—。

【供託】キョウタク (名・する) 〔法〕公的な保証を得るために金銭や物品などを法律で定められた機関(=供託所)にあずけること。例—金。

【供米】キョウマイ 一 生産した米を供出すること。また、その米。供出米。二クマイ 神仏にそなえる米。

【供与】キョウヨ (名・する) (物品・資金・権利などを)提供し、あたえること。例開発資金を—する。便宜を—する。

【供養】キョウヨウ (名・する) 一キョウヨウ ①父母や祖父母をやしなうこと。②祖先の廟に食物をそなえること。二クヨウ 〔仏〕仏や死者の霊を、そなえものをしたり経を読んだりして、なぐさめること。例亡父の一周忌の—。

【供覧】キョウラン (名・する) 多くの人々が見物できるようにすること。

【供御】クゴ ①天皇や皇后などの飲食物。また、将軍家についてもいう。②〔女房詞で〕ごはん。米のめし。

【▽供奉】グブ (名・する) ①天子や貴人のそば近くに仕えること。例玉座近く—の侍従。②唐代の官名。一芸一能にひいでていて朝廷に仕えたもの。例翰林—(=詩文や学問についての天子の顧問)。③天子の外出のおともをすること。また、その人。例行幸に—する。

【供物】クモツ 神仏や死者の霊などに、供養のためにそなえるもの。おそなえ。例お—。

●子供・自供・提供・人身御供

亻6 【佼】 8画 2483 4F7C 音コウ漢

意味 ❶顔だちがうつくしい。なまめかしい。例佼人(=美人)。❷わるがしこい。同狡。

亻6
【使】
8画 2740 4F7F 教育3 音シ漢呉 訓つか-う・つか-い

筆順 ノ イ 仁 仁 佢 伊 使

なりたち ［形声］「亻（＝ひと）」と、音「吏リ→シ」とから成る。言いつける。派生して「つかう」の意。

意味 ❶はたらかせる。もちいる。つかう。例使役シエキ。使用シヨウ。行使コウシ。❷任務をおびて出かける人。つかい。例使者シシャ。大使タイシ。❸〔助字〕「（…をして）…（せ）しむ」と読み、…に…させる、の意。使役をあらわす。例使二子路問一（シロをしてとわしむ）（＝子路にたずねさせる）。〈論語ロンゴ〉

使い分け つかう【使・遣】⇩1172ページ

【使役】シエキ 一（名・する）人を使って働かせること。人にある行為コウイをさせること。例捕虜ホリョを―する。二（名）〔言〕人にある行為をさせることをあらわす語法。日本語では、助動詞「せる」「させる」「しめる」（文語は「す」「さす」「しむ」）を用いた言い方。

【使君】シクン 天子の命令で地方や国外につかわされる勅使チョクシを、うやまっていうことば。

【使者】シシャ 命令や伝言を伝えたり、用を足すためにつかわす人。使い。例―を立てる。―をつかわす。

【使節】シセツ 〔「節」は、使者が身につけて身分を証明する、しるし〕国家や政府を代表して、使いとして外国へ派遣ハケンされる人。例親善―。外交―を接遇セツグウする。

【使▼嗾】シソウ（名・する）そそのかすこと。けしかけること。表記「指▼嗾」とも書く。

【使丁】シテイ 〔現在は用いない〕（役所などで）雑役ザツエキを仕事とする人。小使い。例役所の―。

【使徒】シト ①キリスト教会の初期に、キリストの教えを伝える役割を果たした人々。例十二―（＝キリストにえらばれ、各地につかわされた十二人の弟子デシ）。②社会事業など尊い仕事にみずからをささげる人。例平和の―。

【使途】シト 物品や金銭の使いみち。例―不明金。―を明白にする。

【使命】シメイ ①使者にあたえられる任務。例重大な―を帯びる。②その人の果たすべき重大な任務。とくに、生涯ショウガイをかけて実現すべき、人としてのつとめ。類天職。例―感に燃える。研究を―として生きる。

【使用】シヨウ（名・する）人・金品・施設シセツなどを使うこと。用いること。例―者（＝使用する人）。―人（＝使われる人）。

【使令】シレイ（名・する）さしずして人を使うこと。また、その命令。例―によって行動する。

●急使キュウシ・駆使クシ・検非違使ケビイシ・軍使グンシ・公使コウシ・行使コウシ・酷使コクシ・大使タイシ・勅使チョクシ・天使テンシ・特使トクシ・密使ミッシ・労使ロウシ

亻6
【侈】
8画 4844 4F88 音シ漢 訓おご-る

意味 ❶おごりたかぶる。えらそうにする。例侈傲シゴウ。❷ぜいたくをする。度をすごす。例奢侈シャシ。❸ほしいまま。勝手ほうだい。例放辟邪侈ホウヘキジャシ。

【侈傲】シゴウ 〔「傲」も、おごりたかぶる意〕おごりたかぶって人をあなどること。また、おごり。傲侈。

【侈▼奢】シシャ おごってぜいたくをすること。奢侈。

亻6
【侍】
8画 2788 4F8D 常用 音シ漢ジ呉 訓さむらい・はべ-る・さぶら-う

筆順 ノ イ 仁 什 仕 侍 侍 侍

なりたち ［形声］「亻（＝ひと）」と、音「寺シ」とから成る。つつしんでうけたまわる。

意味 身分の高い人のそば近くに仕える（人）。はべる。さぶらう。例侍医ジイ。侍従ジジュウ。近侍キンジ。

日本語での用法 一《さむらい・さぶらい》①武士。「若侍わかざむらい・青侍あおざむらい」②武士が出勤して詰つめている所。「遠侍とおざむらい|とおさぶらい・内侍うちさぶらい」二《すけ》宮中の女官ニョカンの官位。律令制リツリョウセイの四等官シトウカンで、内侍司ナイシのつかさの第二位。次官すけ。「典侍ナイシのすけ」

難読 侍宿とのい

【侍医】ジイ 身分の高い人についてはたらく医者。

【侍御】ジギョ（名・する）主君のそば近くに仕えること。また、その人。例―する家臣。

【侍講】ジコウ 天子や貴族に仕え、学問を講じる人。また、その役職。例将軍の―。明治天皇の―。

【侍座】ジザ（名・する）貴人の近くにひかえてすわること。例―する女官ニョカン。表記 旧侍▼坐

【侍史】ジシ ①貴人に専属する書記。類右筆ユウヒツ。②〔直接にではなく、書記の侍史を通じて手紙を差し上げる意〕うやまうべき年長者や、師や友に差し出す手紙のあて名にそえることば。類侍曹ジソウ。

【侍者】ジシャ ①貴人のそば近くに仕え、身の回りの世話をする人。②住職や高僧コウソウに仕えて雑用をする僧。

【侍▼豎】ジジュ 〔「豎」は、子供の意〕貴人のそば近くに仕える子供。侍童。類小姓コショウ。

【侍従】ジジュウ 天子や皇族のそば近くに仕えること。また、その人。例―職（＝宮内庁クナイチョウの中の部局の一つ）。―長。

【侍女】ジジョ 貴人のそば近くに仕える女性。類腰元こしもと。

【侍臣】ジシン 国王や貴族のそばに仕える臣下。

【侍中】ジチュウ 古代中国で、天子に申し上げることがらをつかさどった官。唐トウ代には宰相サイショウの職となった。

【侍読】ジドク|ジトウ 国王や貴族に仕え、書を講じること。また、その人。侍講。

【侍立】ジリツ（名・する）貴人につき従って、そのそばにひかえて立つこと。例総理大臣が―して、天皇が親任する。

【侍郎】ジロウ 秦シン・漢カン代、宮殿キュウデンの門戸の守備をつかさどった官。唐トウ代には、侍中に次ぐ宰相サイショウの職となった。

●近侍キンジ・典侍テンジ・内侍ナイシ

𠆢6
【舎】
8画 2843 820E 教育5 音一シャ漢呉 二セキ漢 訓やど・お-く 付表 田舎いなか

筆順 ノ 入 𠆢 亼 仐 伞 舎 舎

舌2
【舍】
8画 7150 820D

なりたち ［会意］「亼（＝集まる）」と「十（＝屋根）」と「口（＝囲い）」とから成る。客が集まり、とどまる建物。やど。

意味 一シャ ❶泊とまる。やどる。人を泊めるところ。やどや。例舎営シャエイ。旅舎リョシャ。❷いえ。建物。家屋。例舎屋シャオク。殿舎デンシャ。校舎コウシャ。❸自分の家。みうち。例舎弟シャテイ。❹軍隊が行軍して泊まること。例舎次シャジ。❺軍隊が一日に行軍する距離キョリ。周代には三十里。例三舎サンシャを避さく（＝軍隊が三日分の距離をしりぞく）。❻とどまる。休息する。いこう。例逝者如レ斯夫、不レ舎二昼夜一（ゆくものはかくのごときか、チュウヤをおかず）（＝過ぎ去っていくものは、みなこのとおりだ。昼も夜もとどまることがない）。〈論語ロンゴ〉❼すてる。同捨シャ。二セキ 供え物を置く。同釈

キセ。

難読 舎人とねり・舎密セイミ〔オランダ語 chemie（＝化学）の音訳〕

人名 いえ・や・やどる

【舎営】シャエイ（名・する）軍隊などが民家の家屋内で、休養したり、宿泊シュクハクしたりすること。対露営ロエイ・野営。

【舎監】シャカン 生徒や学生などの寄宿舎に住みこんで、生活上の指導や監督カントクに当たる人。例女子学生寮リョウの―。

【舎兄】シャケイ〔「シャキョウ」とも〕実のあに。自分のあに。家兄。対舎弟シャテイ。

【舎人】一シャジン めしつかい。けらい。二とねり ①昔、天皇や皇族のそばに仕え雑役ザツエキに従事した役人。②貴人の車馬の世話を仕事としたしもべ。牛車ギッシャの牛飼いや乗馬の口取りなど。

【舎弟】シャテイ ①実のおとうと。自分のおとうと。家弟。対舎兄シャケイ。例ご―様。②（やくざなどの）おとうとぶん。

【舎利】シャリ〔仏を火葬カソウした骨コツの意の、梵語ボンゴの音訳〕①〔仏〕釈迦シャカや聖者の遺骨。仏舎利。例―殿デン。―塔トウ。②白い米つぶ。ご飯つぶ。例銀―の飯めし。

▽【舎采】セキサイ 古代中国で、はじめて学校にはいるとき、昔の聖人（＝周公シュウコウや孔子コウシ）に野菜をささげること。のち、学校でおこなわれた、野菜だけをささげる、略式の孔子祭。類釈采セキサイ・釈菜セキサイ・釈奠セキテン。

●官舎カンシャ・宿舎シュクシャ・庁舎チョウシャ

イ6 【侏】 8画 4845 4F8F 音シュ漢

意味「侏儒シュジュ」は、背の低い人。

【侏儒】シュジュ ①人なみよりも背の低い人。こびと。一寸法師イッスンボウシ。②見識のない人をののしっていうことば。表記▽「朱儒」とも書く。

イ6 【侘】 8画 4846 4F98 音タ漢呉 訓わ-びる・わび-しい

意味「侘傺タテイ」は、失望して茫然ボウゼンとするようす。

日本語での用法 一《わび・わびる》①（にぎやかな都を）住みにくく思う。「（都みやこを）住すみ侘わびる」②質素をむねとする茶の湯。「侘わび茶チャ」 二《わびしい》豊かでなく、さむざむとした。「侘わびしい家庭カテイ」

イ6 【佻】 8画 4847 4F7B 音チョウ漢 訓かる-い

意味 ❶軽薄ケイハクな。かるがるしい。例軽佻ケイチョウ。❷一人で。単独。例佻佻チョウチョウ（＝落ちつきがなく、うわついている）。

【佻巧】チョウコウ 軽薄ケイハクで、ことばがじょうずであること。

【佻佻】チョウチョウ 一人で旅を行くようす。一説に、往来するようす。また一説に、りっぱなようす。

イ6 【佩】 8画 4848 4F69 音ハイ漢呉 訓お-びる・は-く

意味 ❶貴人が帯につけるかざり玉。おびだま。同珮ハイ。例佩玉ハイギョク。❷身につける。腰こしにさげる。おびる。はく。例佩剣ハイケン。佩刀ハイトウ。❸しっかりと心にとどめる。例感佩カンパイ（＝心に感じて忘れない）。

【佩玉】ハイギョク 古代中国で、貴人が帯にかけて腰こしに垂たらした、かざり玉。玉佩。

【佩剣】ハイケン（指揮刀などの）剣を腰こしにさげること。また、その剣。佩刀。〔かつて軍人の士官や将官、また制服の警察官の象徴ショウチョウとされた〕例―を鳴らして立ちはだかる巡査ジュンサ。

【佩帯】ハイタイ（名・する）腰こしにさげること。身（おもに胴ドウまわり）につけること。例（刀の）大小を―する。

【佩刀】ハイトウ（名・する）刀を腰こしにつけること。また、その刀。帯刀。佩剣ケン。〔「御佩刀みはかし（はかせ）」は、貴人の帯刀をいう〕

【佩用】ハイヨウ（名・する）身につけて用いること。例勲章クンショウを―する。

イ6 【佰】 8画 4849 4F70 音一ハク漢ヒャク呉 二バク漢ハク呉 訓もも

意味 一ハク・ヒャク ❶百人をひとまとまりとした、古代の兵制。例什佰ジュウハク。❷「百」の大字ダイジ。商売や契約ケイヤクの文書で、数字を書きかえられないように使う。 二バク・ハク 東西に通るあぜみち。同陌バク。例佰仟ハクセン（＝東西・南北に通じる、あぜみち）。仟佰センパク。

イ6 【侮】 8画 4178 4FAE 常用 音ブ漢 訓あなど-る・あなど-り

筆順 ノ イ 亻 仁 伍 侮

［人（イ・𠆢）部］6画 侏 侘 佻 佩 佰 侮 併

イ7 【侮】 9画 1-1424 FA30 人名

なりたち ［形声］「イ（＝ひと）」と、音「毎バイ→ブ」とから成る。かろんじる。

意味 ばかにする。あなどる。例侮辱ブジョク。軽侮ケイブ。

【侮辱】ブジョク（名・する）人をばかにし、恥はじをかかせること。あなどりはずかしめること。例―を受ける。人を―する言辞。

【侮蔑】ブベツ（名・する）人を軽視し、ばかにすること。あなどりさげすむこと。例―のまなざしを向ける。

●外侮ガイブ・軽侮ケイブ

イ6 【併】 8画 4227 4F75 常用 音ヘイ漢 訓あわ-せる・なら-ぶ・しか-し

筆順 ノ イ 亻 亻 仟 併 併

イ8 【倂】 10画 1-1428 5002

なりたち ［形声］「イ（＝ひと）」と、音「幷ヘイ（＝あわせる）」とから成る。並ぶ。

意味 ❶一つにまとめる。あわせる。例併合ヘイゴウ。併呑ヘイドン。合併ガッペイ。❷すぐ近くに置く。二つのものが同時におこる。ならぶ。ならべる。同並ヘイ。例併記ヘイキ。併称ヘイショウ。併設ヘイセツ。

日本語での用法 一《しかし》けれども。逆接をあらわす。「併しかしそれは事実ジジツと異ことなる」 二《しかしながら》そのまま。そっくり。すべて。「併しかしながら天照大神あまてらすおおみかみの御おはからい」

使い分け あわせる【合・併】⇩1162ページ

【併願】ヘイガン（名・する）①同時にいくつかの進学先や就職先に志願すること。例相変わらず―の多い傾向ケイコウ。②同時にいくつかのねがいをもつこと。また、そのねがい。

【併記】ヘイキ（名・する）いっしょにあわせて書くこと。並べて書くこと。例両論―。本人と保証人との、両名―の願書。

【併行】ヘイコウ（名・する）いくつかの事象が同時に進行すること。類並行。例和平交渉コウショウに―する戦争の準備。

【併合】ヘイゴウ（名・する）いくつかのものをあわせて一つにすること。また、一つになること。例ナチスドイツのオーストリア―。

【併殺】ヘイサツ（名・する）野球で、連続したプレーで二つのアウトをとること。ダブルプレー。ゲッツー。

【併称】ヘイショウ（名・する）①一つの呼び方と別な呼び方を同時

にすること。並べて呼ぶこと。例内大臣と征夷大将軍とを━する。②いっしょにほめること。例いずれあやめかきつばた、と━される。

【併設】(名・する)いっしょに設備をもうけること。例大学に短期大学を━する。

【併存】(名・する)同時にいくつかのものが存在すること。類共存。例与党は保守派と改革派が━していた。

【併置】(名・する)いくつかのものをいっしょに置くこと。例工場内に研修所を━する。表記「並置」とも書く。

【併読】(名・する)一つの本を読むあいまに別の本を並行して読むこと。また、同時にいくつかの新聞をとって読むこと。例中央紙のほかに地方紙も━する。

【併▼呑】(名・する)①一つに呑みこむこと。例大洪水が小さな河川を━しておし寄せた。②他国を自国の支配下に置くこと。例隣接の国国を━する。

【併発】(名・する)①別の病気がいっしょに起こること。例━する不祥事。②いくつかのことが同時に起こること。例余病を━する。

【併有】(名・する)いくつかのものをいっしょに持つこと。例大胆さと慎重さを━する。

【併用】(名・する)いっしょに使うこと。例かなと漢字を━する。当面のあいだ旧制度も━する。

【併録】(名・する)おもなものに、あわせて収録すること。例参考資料を━する。

亻6 **【侑】** 8画 4850 4F91 人名 音ユウ漢 訓すす-める・たす-ける

なりたち [形声]「亻(=ひと)」と、音「有」とから成る。そばについて、たすける。

意味 ❶たすける。同佑。例侑歓(=いっそうよろこばせる)。❷食事などをすすめる。また、食事をすすめる。例侑食(=食事を相伴する)。

人名 あつむ・すすむ・たすく

亻6 **【佯】** 8画 4851 4F6F 音ヨウ漢 訓いつわ-る・いつわ-り

意味 うわべだけそれらしく見せかける。ふりをする。いつわる。例佯狂。佯言。佯降(=降参したふりをする)。

難読 佯狂(そらとぼけ)

【佯狂】わざと気がくるったように、ふるまうこと。また、その人。例━苦肉の計。表記「陽狂」とも書く。

【佯言】事実をねじまげていうこと。いつわりのことば。佯語。

𠆢6 **【侖】** 8画 4853 4F96 音一リン漢 二ロン漢

意味 一きちんとそろえる。同倫。二まるい。また、「昆侖」は山の名。

亻6 **【例】** 8画 4667 4F8B 教育4 音レイ漢 訓たと-える・たと-えば・ためし

筆順 ノ イ 仃 仍 伢 例 例

なりたち [形声]「亻(=ひと)」と、音「列→レイ」とから成る。ならべる。

意味 ❶似ているものを引き合いに出して、くらべてみせる。たとえる。例例解。例示。例証。❷説明のために引き合いに出されることがら。たとえ。例例文。実例。用例。❸いつものとおりの。ならわし。ためし。例慣例。定例。❹さだめ。決まり。例条例。凡例。

人名 ただ・つね

【例会】時期や日程をいつも、だいたい同じように決めて開く会。例毎月の━。

【例解】(名・する)①具体的な例をあげて、ことばや文字の意味・用法などを説明すること。②(試験問題などの)解答の例。例━を示す。

【例外】決まりにあてはまらないこと。ふつうの例から、はずれること。例━として認める。━のない規則はない。

【例月】いつもの月。毎月。

【例言】一(名)書物の初めに、その本のねらいや方針、構成や表記の約束などを述べたことば。凡例。例━に取りあつかい方を示す。二(名・する)例として述べること。

【例祭】(神社で)毎年決まった時期におこなわれるまつり。

【例示】(名・する)例としてしめすこと。例用紙の記入方法が━されている。

【例式】通常のやり方。決まった儀式。

【例証】(名・する)例をあげて証明すること。また、その例。例的確な━をあげて人を納得させる。

【例題】(教科書や参考書で)定理や公式を習得させるために出す具体的な問題。例━によって解法を練習する。

【例年】いつもの年。毎年。例━のとおり。━になく寒い。

【例文】①具体的に見本となるような文章。例案内状の━。②書物のまえがき。緒言。

【例話】あることの説明のために実例として示す話。たとえばなし。例朝礼の訓示に用いる━。

●異例・慣例・実例・条例・先例・通例・特例・凡例・比例・用例・類例

亻6 【侠】8画 ⇩【俠】(76ページ)

亻6 【侭】8画 ⇩【儘】(97ページ)

亻6 【侫】8画 ⇩【佞】(69ページ)

人6 【來】8画 ⇩【来】(515ページ)

亻7 **【俤】** 9画 4863 4FE4 国字 訓おもかげ

意味 あるものにとどめられた昔の姿や雰囲気。おもかげ。例昔の俤。母親の俤。

亻7 **【俄】** 9画 1868 4FC4 人名 音ガ漢 訓にわ-か

意味 ❶急に。たちまち。にわかに。例俄然。俄か雨。❷しばらく。まもなく。例俄頃。❸「ロシア」の中国語訳である「俄羅斯」の略。例中俄辞典。

日本語での用法《にわか》即興の。まにあわせの。「俄狂言・俄か仕込み」

【俄▽羅▼斯】[ロシア語 Rossiya の中国語訳] 江戸時代のロシアの呼び名。略して「俄」「俄国」ともいう。

【俄▽頃】しばらく。暫時。また、ごく短いあいだ。瞬時。俄刻。

【俄然】(副)急に。にわかに。とつぜん。例首位争いでレースが━白熱してきた。

【俄か雨】急に激しく降ってきてすぐにやむ雨。

【俄狂言】江戸時代中期、京都・大坂の祭りのときに始まった、即興的に演じられるこっけいな劇。茶番狂言。仁輪加。

亻7 **【俠】** 9画 1-1426 4FE0 人名 音キョウ漢 キャン唐 訓おとこだて

亻6 **【侠】** 8画 2202 4FA0 俗字

意味 強きをくじき、弱きを助け、一度約束したことは必ず果たす。おとこだて。おとこぎ。例侠気キョウ。義侠ギキョウ。任侠ニンキョウ。

日本語での用法 《キャン》若い女性が活発で、おてんばなようす。「お侠キャンな娘むすめ」

【侠客】キョウカク 弱い者の味方を売り物に、世をわたる者。おとこだて。侠者。

【侠気】キョウキ 弱い者を助けて、強い者に立ち向かう気持ち。おとこぎ。侠骨。例—に富む。

【侠骨】キョウコツ 侠気。例—のある男。

亻7 **【係】** 9画 2324 4FC2 教育3 音ケイ漢 訓かか-る・かかり・かか-わる

筆順 亻 仁 伾 伾 係 係 係

なりたち [形声]「亻(=ひと)」と、音「系ケイ」とから成る。しばってつなぐ。

意味 ❶つなぐ。むすびつける。同繫ケイ。例係留ケイリュウ。係累ケイルイ。❷かかわる。かかわり。例関係カンケイ。連係レンケイ。

日本語での用法 《かかり》役所や会社の、課の中の一部署。「係長かかりチョウ・戸籍係コセキがかり」

使い分け かかる・かける【掛・懸・架・係・賭】⇩1166

人名 たえ

【係員】かかりイン 組織のなかでその仕事を担当している職員。例—の誘導ユウドウに従う。表記「掛員」とも書く。

【係官】かかりカン 官庁で、その仕事を担当している公務員。例—立ち会いのもとで現地調査がおこなわれた。

【係り結び】かかりむすび 〔言〕文語文で、文中の係助詞ケイジョシに応じて、文末が特定の活用形で結ばれること。「ぞ」「なむ」「や」「か」の「係り」には連体形の「結び」、「こそ」の「係り」には已然形イゼンケイの「結び」が、それぞれ応じる。例—の法則。

【係助詞】ケイジョシ 〔言〕日本語の助詞の一つ。その文の話題を示したり、疑問や強意をあらわしたりする。とくに文語では、文末の活用語に特定の活用形が用いられることがある(=係り結び)。口語の「は」「も」「しか」など、文語の「は」「も」「ぞ」「なむ」「や」「か」「こそ」など。かかりのじょし。

【係数】ケイスウ ①代数で、その項コウにふくまれている数字の部分。$3xy$ の 3 のこと。②物理や化学で、比例の率をあらわす数字。例摩擦マサツ—。

【係船】ケイセン (名・する) ①船をつなぎとめること。また、その船。②船の使用を一時的にやめること。また、その船。表記▽旧▼繫船

【係争】ケイソウ (名・する) あらそいが続いていること。とくに訴訟ソショウが起こされ、当事者間であらそわれていること。例現在—中の問題。表記旧▼繫争

【係属】ケイゾク (名・する) ①つながること。関係ができること。②〔法〕事件の訴訟ソショウが続いていること。例—中の事件。表記▽旧▼繫属

【係留】ケイリュウ (名・する) 船などをつなぎとめること。表記旧▼繫留

【係累】ケイルイ ①つなぎとめること。しばること。②心身を束縛ソクバクするもの。③(妻子・両親・養うべき幼いきょうだいなど) 身の束縛となる家族や縁者エンジャ。例—のない身軽さ。表記▽「▼繫累」とも書く。

●関係カンケイ

亻7 **【俔】** 9画 4855 4FD4 音ケン漢 訓うかが-う・たと-える

意味 ❶のぞき見する。うかがう。❷たとえる。

亻7 **【侯】** 9画 2484 4FAF 常用 音コウ漢

筆順 亻 亻 亻 伫 伫 侯 侯

なりたち [会意]「亻(=ひと)」と「厂(=まと)」と「矢(=や)」とから成る。宴席エンセキや儀式ギシキで矢を射るときの、まと。

意味 ❶弓矢のまと。例射侯シャコウ。❷封建ホウケン時代の領主や大名。例王侯オウコウ。諸侯ショコウ。❸五階級の爵位シャクイ(=公・侯・伯・子・男)の第二位。例侯爵コウシャク。

人名 きみ・よし

【侯爵】コウシャク 貴族の階級の一つ。五等爵(=公・侯コウ・伯ハク・子・男)の第二位。また、その位をもつ人。

【侯伯】コウハク ①侯爵コウシャクと伯爵ハクシャク。②諸侯。諸大名。

●王侯オウコウ・諸侯ショコウ・藩侯ハンコウ・列侯レッコウ

亻7 **【俟】** 9画 4856 4FDF 音シ漢 訓ま-つ

意味 待つ。待ちうける。例百年俟河清ヒャクネンカセイをまつ(=いつまで待っても、むだなことのたとえ)。〈春秋左氏伝シュンジュウサシデン〉

亻7 **【俥】** 9画 4864 4FE5 音シャ 訓くるま

意味 中国将棋ショウギの駒の一つ。

日本語での用法 《くるま・シャ》人力車ジンリキシャ。「俥夫シャフ」

亻7 **【俊】** 9画 2951 4FCA 常用 音シュン漢 訓すぐ-れる

筆順 亻 亻 伫 伫 伫 俊 俊

亻12 **【儁】** 14画 4914 5101 別体字

なりたち [形声]「亻(=ひと)」と、音「夋シュン」とから成る。千人にひとりというほど、すぐれた人。

意味 才知がぬきんでてすぐれている(人)。また、ずばぬけて速いようす。例俊才シュンサイ。俊足シュンソク。俊敏シュンビン。

人名 さとし・すぐる・たか・たかし・とし・ひで・まさる・よし

【俊逸】シュンイツ 才知がすぐれていて、りっぱなこと。また、その人。例—のできばえ。

【俊英】シュンエイ 才知がすぐれていること。また、その人。類俊秀 例—を輩出ハイシュツしている学校。

【俊▼穎】シュンエイ 「「穎」は、ムギなどの穂ほの先」才知がすぐれ、ひいでていること。また、その人。例生まれつき—の人。

【俊傑】シュンケツ 才知や能力がすぐれた人物。類俊豪シュンゴウ。例明治維新イシンの—。

【俊豪】シュンゴウ 才知や力量がすぐれた大人物。類俊傑シュンケツ。例—の集まる道場。

【俊才】シュンサイ すぐれた才知。また、その持ち主。類英才・秀才シュウサイ。例—を選えりすぐる。表記旧▼駿才

【俊材】シュンザイ すぐれた人材。俊才。例—を募つのる。

【俊秀】シュンシュウ 才知にすぐれ優秀なこと。また、その人。類俊英。例門下の—。

【俊足】シュンソク ①足のはやいこと。また、そのような人やウマ。②弟子シデのなかですぐれた人。類高足。例孔子コウシ門下の—。

表記 ①は「▼駿足」とも書く。

【俊敏】(名・形動) 頭がよくて、的確な判断がすばやくできること。例—な動作。

【俊▼邁】(名・形動) 才知がひじょうにすぐれていること。類英邁。例生まれつき—の人。

【俊雄】すぐれて強い人。

亻7 【信】

9画 3114 4FE1 教育4 音シン 漢呉 訓まこと

筆順 ノ イ 仁 仨 信 信 信

なりたち [会意]「亻(=ひと)」と「言(=いう)」とから成る。人が言うことば。うそがない。

意味 ❶うそやいつわりがない。真実。約束にそむかない。まこと。例信義。忠信。背信。❷たしかなこととして、うたがわない。しんじる。例信用。信頼。自信。❸神仏をあがめ、たのみとし、その教えに従う。例信仰。信者。迷信。❹たより。手紙。あいず。例信号。音信。通信。❺のばす。のびる。同伸。

日本語での用法 一《シン》旧国名「信濃(=今の長野県)」の略。「信州・信越線」 二《し》「し」「しな」「しの」「しが」の音にあてた万葉がな。「信濃・信太・信楽・男信」

難読 信夫摺

人名 あき・あきら・こと・さだ・さね・しげ・しの・ただ・ちか・とき・とし・のぶ・のぶる・みち

【信濃】旧国名の一つ。今の長野県全体にあたる。信州。

【信愛】(名・する) 信じ愛すること。例—する先輩。

【信管】爆弾や弾丸などを、爆発させるためにつけてある装置。例不発弾の—を取り除く。

【信義】約束を誠実に果たし、人のなすべきことをきちんとおこなうこと。例—に厚い。—を守る。

【信教】宗教を信じること。例—の自由を尊重する。

【信仰】(名・する) 神や仏などを、神聖なもの、絶対的なものとして信じあがめて、その教えに従うこと。類信心。例—心。—を深める。—に目ざめる。

【信号】一定の符号を約束として用い、目や耳、また手指などの感覚によって意思を伝えるしくみ。あいず。サイン。シグナル。例交通—。

【信士】(仏教で「清信士」の略) ①出家していない仏教信者の男性。優婆塞。②男性の戒名の下につける称号の一つ。▽対信女。

【信実】(名・形動) 誠実で我欲のないこと。また、そのようす。まごころ。類正直。例—な人。

【信者】①ある宗教を信仰する人。類信徒。例新興宗教の—になる。②神仏を信仰するように、何かを信じる人。例健康食品の—。

【信書】個人の手紙。類書簡・書状・私信。例—の秘密をおかしてはならない。

【信条】①信仰の箇条。信ずべき一つ一つのことがら。類教義。例何か—をもつことをすすめる。②正しいと信じて、それに従って生活している、ことがら。モットー。例思想—の自由。

【信賞必罰】ほめるべきことをきちんとほめ、罰すべきことをきちんと罰すること。賞罰のけじめを厳正におこなうこと。例—をもって紀律を正す。

【信心】(名・する)(神仏を)神聖なものとして信じて疑わないこと。例鰯の頭も—から(=イワシの頭のような些細なものでさえ、信じこむ人にとっては、神仏同様の存在となる)。

【信託】(名・する) ①信用してまかせること。例—統治。②〔法〕一定の目的に従って財産の管理や処分をまかせること。例—銀行。

【信天翁】アホウドリ科の大形で白色の海鳥。特別天然記念物。〔漢名の「信天翁」は、えさの魚が来なくても場所を変えず、そこにじっとしていることから、「天翁(=神)を信じる」ということでついた名〕

【信徒】ある宗教を信仰している人。類信者。例—の集会。—になる。

【信女】(仏教で「清信女」の略) ①出家していない仏教信者の女性。優婆夷。②女性の戒名の下につける称号の一つ。▽対信士。

【信任】(名・する) 信じて、ものごとの処理をまかせること。例—投票。

【信任状】外交使節が正当な代表であることを認めた文書。団体がその代表を大会などに送る場合にもいう。

【信認】(名・する) 信頼し承認すること。例前任者の方針を—する。

【信念】①信仰する心。信仰心。例—をもつ。②かたく信じこんでいる心。例—をつらぬく。

【信▼憑】(名・する) ものごとが確実だと信頼すること。例—性が高い。

【信服】(名・する) 信じて、服従すること。信伏。例指導教授に—する。

【信望】信用と人望。人に信頼され尊敬されること。例—が厚い。クラスの人たちの—を集める。

【信奉】(名・する)(ある教えや考え方を)信じて、たいせつにすること。例民主主義を—する。

【信用】(名・する) ①確かだと信じて受け入れること。信頼してまかせること。例部下を—する。②社会的に認められ、よい評判を得ること。例—が厚い。③〔経〕しはらい能力のあることを前提としておこなわれる取引。例—貸し。

【信頼】(名・する) 信じてまかせること。例—度が高い。—を裏切る。—にこたえる。

●音信・確信・過信・交信・私信・自信・受信・所信・送信・通信・電信・発信・不信・返信・迷信

亻7 【侵】

9画 3115 4FB5 常用 音シン 漢呉 訓おか-す

筆順 ノ イ 亻 伊 伊 侵 侵

なりたち [会意]「亻(=ひと)」と「𠬶(=手にほうきを持ってはく)」とから成る。しだいに進む。

意味 相手のなわばりにはいりこみ、害をあたえる。おかす。例侵害。侵攻。侵入。

使い分け おかす【犯・侵・冒】⇩1164ページ

【侵害】(名・する) 人の所有物や権利を不当にそこない、害をあたえること。例権利の—。プライバシーの—。

【侵攻】(名・する) 他国へせめ入ること。類侵略・侵犯。例周辺の国を—する。表記 古くは「侵▼寇」と書いた。

【侵食】(名・する) しだいにおかし、そこなうこと。むしばむこと。類蚕食。例他国の領土を—する。表記 旧侵▼蝕

【侵▼晨】〔「晨」は、早朝の意。「晨を侵す」と訓読する〕朝早く。あさまだき。類侵早。

【侵入】シンニュウ （名・する）はいるべきでないところに不法にはいりこむこと。例不法—。敵の—を許す。
【侵犯】シンパン （名・する）他国の権利や領土などを、不当におかしそこなうこと。類侵攻・侵略。例領空—。国境を—する。
【侵略】シンリャク （名・する）他国にせめ入って、領土や物品をうばいとること。類侵攻・侵犯。例—戦争。異民族の—を受ける。表記 旧侵▼掠
◯不可侵

人7【俎】 9画 4857 4FCE 音ショ漢ソ呉 訓まないた
ㄨ5【爼】 9画 6412 723C 俗字

意味 ❶古代中国で、神にまつるときに、いけにえをのせた台。例俎豆。❷魚や肉などを調理する台。まないた。
【俎上の肉】ソジョウのニク まないたの上の肉。相手に運命をゆだねなければならないほど、無力な存在。類俎上の魚。まないたの上の鯉。
【俎豆】ソトウ 〔「豆」は、長い足のついたうつわの意〕「俎」も「豆」も、神を祭るときの供え物をのせる、うつわ。広く、祭器いっぱんをいう。例—をつらね、礼をつくす。

亻7【促】 9画 3405 4FC3 常用 音ショク漢ソク呉 訓うなが-す

筆順 ノ 亻 … 促

なりたち 〔形声〕「亻(=ひと)」と、音「足」とから成る。せまる。せきたてる。
意味 ❶早くするように急がせる。せきたてる。うながす。例促進。催促。督促。❷間をつめる。ちぢまる。せまる。例促音。
難読 促織きりぎりす(=今のコオロギ)・延促のびちぢみ
人名 ゆき
【促音】ソクオン 〔言〕つまるような感じで発音される音。「っ」「ッ」で書かれる。「いっぱい」「ミット」など。
【促音便】ソクオンビン 〔言〕音便の一つ。「去りて」が「去って」、「やはり」が「やっぱり」のように、ある音が、つまる音に変わったり、二つの音のあいだにつまる音がはいったりするもの。→【音便】オンビン（1062ページ）
【促織】ソクショク コオロギの別名。〔「織」は、機織り。鳴き声が、冬にそなえて機織りを急げと、せきたてるように聞こえるということから〕
【促進】ソクシン （名・する）ものごとが順調に進行するように、はたらきかけること。例計画を—する。
【促成】ソクセイ （名・する）自然の状態よりも生長を早めるように、はたらきかけること。例—栽培。温室で—する園芸種。
◯催促・督促

亻7【俗】 9画 3415 4FD7 常用 音ショク漢ゾク呉

筆順 ノ 亻 … 俗

なりたち 〔形声〕「亻(=ひと)」と、音「谷コク→ショク」とから成る。ならわし。
意味 ❶生活上のならわし。特有のしきたり。風習。例習俗。風俗。民俗。❷世間なみの。ありふれた。例俗説。俗解。通俗。❸つまらない。下品な。低級の。対雅。例俗悪。低俗。卑俗。❹出家していない。いっぱんの人。対僧。例俗世。俗名。僧俗。
人名 よ
【俗悪】ゾクアク （名・形動ナ）低級で、ひどくみにくいこと。類低俗。例—番組。—な趣味。—な色彩。
【俗受け】ゾクうけ （名・する）いっぱん大衆に人気があり、評判がよいこと。例—をねらった広告。
【俗縁】ゾクエン 世俗との縁。
【俗学】ゾクガク 世間でおこなわれている通俗な学問。
【俗眼】ゾクガン 世間いっぱんの人の見方。つまらぬ俗人の見解。
【俗気】ゾクケ 〔「ゾッキ」「ゾッケ」とも〕金銭や地位にこだわる俗っぽい気風や根性。類俗臭。例—がぬけない。—のある筆づかい。
【俗言】ゾクゲン ①ふだんの会話などに使われることば。俗語。俚言。対雅言。②世間のうわさ。ゴシップ。例—にまどわされる。
【俗▼諺】ゾクゲン 世間いっぱんに通用していることわざ。俚諺。例「三つ子の魂百まで」という—。
【俗語】ゾクゴ ①〔詩や文章に用いる雅語に対して〕日常会話に用いることば。俗言。たとえば、吝嗇を「けち」というなど。類口語。②品位がなく、改まった場では使いにくいくだけたことば。卑語。スラング。たとえば、子供を「餓鬼」というなど。
【俗才】ゾクサイ 世間のこまごましたことがらを、うまく処理する才能。また、世わたりの才能。類世才。例—にたけた人。
【俗字】ゾクジ 正体ではないが、世間に通用し、認められている漢字の字体。たとえば、「京」に対する「亰」、「回」に対する「囬」、「恥」に対する「耻」、「卒」に対する「卆」など。
【俗耳】ゾクジ 世間いっぱんの人の理解力。例—に入りやすい(=いっぱんの人に理解されやすい)。
【俗事】ゾクジ 人とのつきあいなど、本来の仕事とは別の、社会生活上の用事。例—にかまける(=気をとられる)。
【俗儒】ゾクジュ 見識のせまい学者。例—の俗見。
【俗臭】ゾクシュウ 品がなくいやしい気風。俗っぽさ。俗気。例—を帯びる。—芬芬たる人物。
【俗習】ゾクシュウ 世間いっぱんにおこなわれている習慣。世俗のならわし。例—に従う。
【俗書】ゾクショ ①低級な、つまらない書物。②気品のない筆跡。類俗筆。
【俗称】ゾクショウ ①正式ではないが世間に通用している呼び名。類通称・俗名。例役人は公務員の—。②僧侶が出家する前、俗人であったときの名前。俗名。
【俗信】ゾクシン 世間で信じられおこなわれてきた、うらないやまじないなど。例—はなくならない。
【俗人】ゾクジン ①金銭や名誉にとらわれやすい、ふつうの人。②精神的なものに対する関心がうすく、芸術や風流を理解しない人。類俗物。③僧侶でない、世間いっぱんの人。
【俗▼塵】ゾクジン 世間のこまごまとしたわずらわしいことがらを、塵にたとえたことば。例—にまみれるのをきらう。
【俗世】ゾクセ/ゾクセイ 人間が生きていく、この世の中。俗世間。俗界。例—をはなれ修行する。
【俗世間】ゾクセケン 日常いっぱんの生活がいとなまれる、この世。うき世。俗世。俗界。例—の雑事。
【俗説】ゾクセツ 世間で言い伝えられている説。根拠にとぼしい説。例源義経がチンギス=ハンと同一人物であるという—。
【俗体】ゾクタイ ①僧侶の姿ではない、ふつうの人の姿。対法体。②漢字の、俗字の字体。
【俗▽諦】ゾクタイ 〔仏〕世間いっぱんの人々が考える真理。対真諦。

【俗念】利益や名誉などに心ひかれる考え。世俗的な欲望や関心。類俗心・俗情。例—を断つ。

【俗輩】良識や品位のない者たち。

【俗評】世間いっぱんの人たちがくだす評価。類世評。

【俗物】①世間的な地位や階級につよい関心をもち、自分より上の階級の人たちの生活態度をまねしたがる人。スノッブ。②金銭や、地位や名誉などにしか関心をもたない人。類俗人。

【俗文】低俗な内容の文章。

【俗名】㊀①僧侶の出家する前の名前。俗称。対法名。②戒名や法名に対して、死者の生前の名前。㊁①動植物などで、世間いっぱんに通用している名前。類俗称・異名。対学名・和名。②世間のとるにたりない評判。つまらない名声。

【俗務】社会生活上さけられないわずらわしいことがら。類雑務・俗用。例—に忙殺される。

【俗用】世間のこまごまとした用事。俗事。類雑用。例—に追われる。

【俗謡】民衆のあいだで歌われてきた歌謡。とくに、小唄・端唄、民謡をいう。

【俗吏】つまらない仕事をしている無能な小役人。〔官吏をいやしめていう〕対能吏。

【俗流】（学問的な態度、真実を追求する態度より、むしろ）世の中にふつうに通用しているやり方。例—にならう。

【俗論】見識の低い、とるにたりない意見。俗人の議論。例—に終始する。

【俗化】（名・する）もとのよさが失われて、俗っぽいものになること。例秘境といわれた土地が、どんどん—する。

【俗界】わずらわしく、くだらないことの多いこの世の中。俗世間。

【俗解】専門的でない、いっぱんの人にわかりやすい解釈。学問的ではない、通俗的な解釈。例語源—。

【俗間】いっぱんの世の中。世間。巷間。類民間。例—にもてはやされる歌。

【俗曲】三味線などに合わせてうたう大衆的な歌。端唄や都々逸など。
●雅俗・還俗・公序良俗・習俗・聖俗・世俗・僧俗・脱俗・通俗・低俗・道俗・反俗・卑俗・風俗・凡俗・民俗

［人（亻・𠆢）部］7画 ● 便 俘 俛

亻7 【便】 9画 4256 4FBF 教育4 音ヘン漢 ビン・ベン呉 訓たよ-り・すなわ-ち

筆順 亻 仁 仃 佰 佰 便 便

なりたち ［会意］「亻（=ひと）」と「更（=あらためる）」とから成る。ふつごうを改める。

意味 ❶つごうがいい。手軽ですぐ役に立つ。例便宜。簡便。交通の便。❷排泄物。例便所。便通。大便。❸くつろぐ。やすらか。ふだんの。例便衣。❹口が達者である。例便佞（=口さきはうまいが誠意がない）。❺〔助字〕「すなわち」と読み、すぐに・たやすく、の意。時間的連続をあらわす。例便成二一韻一（=すぐに一首の詩ができた）。

日本語での用法 ㊀《ビン》①行ったり来たりの方法や手段。「郵便・航空便・船便」②手紙。「便箋」㊁《たより》手紙。情報。「便りがない・花便り」

難読 便

人名 やす

【便乗】（名・する）①ほかのものを運ぶついでに、また、ほかの人が乗る乗り物に、ついでに乗せてもらうこと。例同じ方向へ行くので、—させてもらう。②機会をとらえ、自分につごうよく事を運ぶこと。例—値上げ。時局に—して名を売る。

【便船】ちょうどつごうよく乗ることのできる船。

【便箋】手紙を書くための用紙。

【便覧】ある分野で知りたいことがらの全体が、ひとめでわかるようにまとめられた、簡単な本。ハンドブック。例学生—。

【便衣】①たけを短くして、そでを小さくした衣服。②ふだん着。私服。例—隊。—に着がえる。

【便意】大小便をしたいという気持ち。例—をもよおす。

【便益】役立ち、得になること。便利。例—をはかる。

【便器】大小便を受ける、うつわ。おまる。おかわ。〔便所に据え付けるものと、持ち運びができるもの（=おまる・しびん）の両方を指す〕

【便宜】〔「ビンギ」とも〕何かをするうえで好都合なこと。得になること。また、特別なあつかいや取りはからい。例—をはかる。

【便宜的】（形動ダ）とりあえずその場のつごうのよいように解決するようす。例—な処理。

【便座】洋式便器で、腰をおろす長円形の輪の部分。

【便所】大小便をするための場所。類手洗い・トイレ・はばかり・かわや。例公衆—。移動式—。

【便通】大便が出ること。（お）通じ。例—がある。

【便殿】〔「ビンデン」とも〕天子が休息するための建物。

【便秘】（名・する）腸に大便がたまっているのに、出ないこと。糞づまり。例慢性の—症。

【便便】（形動タル）①太って腹が出ているようす。例—たる太鼓腹。②だらだらとむだに時間を過ごすようす。例—と日を暮らす。

【便法】一時しのぎの、まにあわせの手段。例—を講じる。

【便利】（名・形動ダ）何かをするのに、役に立つこと。つごうがいいこと。例—な道具。

【便利屋】配達・家事・植木・塗装などの、日常に起こる、ちょっとした用をこなす職業の人。
●穏便・簡便・軽便・検便・増便・排便・船便・不便・別便・方便・郵便

亻7 【俘】 9画 4858 4FD8 音フ漢 訓とりこ

意味 敵につかまった人。とりこ。例俘囚。俘虜。

【俘囚】捕虜。とりこ。

【俘虜】戦争などで敵国にとらえられた人。例—を監視する。

亻7 【俛】 9画 4859 4FDB 音㊀フ漢 ㊁ベン漢 訓つと-める・ふ-せる・ふ-す

意味 ㊀フ 身をかがめたり、顔を下の方へ向けたりする。うつぶせになる。うつむく。ふす。同俯。例俛仰。俛伏（=ふせる）。㊁ベン 努力する。つとめ、はげむ。例俛焉。

【俛仰】①下を向くことと、上を向くこと。うつむくことと、あおむくこと。また、立ちいふるまい。例—周旋威儀（=立ちいふるまいに関する礼）。〈墨子〉②上がったり下がったりする。昇降。③応対する。対処する。表記 ▽「▼俯仰」とも書く。

【俛仰の間】うつむいたり、あおむいたりするほどの、ごくわずかのあいだ。表記「▼俯仰の間」とも書く。

【俛首】フシュ 首をたれる。うなだれる。頭を下げる。おとなしく従ったり、罪に服したり、はずかしがったり、深く考えたりしていることを示す動作。

【俛▼焉】ベンエン 努力するようす。まじめにはげむようす。

イ7

【保】

9画 4261 4FDD 教育5 音ホウ漢・ホ・ホウ呉 訓たも-つ・やす-んじる

筆順 イ 亻 仁 仔 伻 保 保

なりたち [形声]「イ(=ひと)」と、音「呆ホ」とから成る。やしなう。

意味 ❶世話をする。やしなう。まもる。やすんじる。例保育。保護。保養。❷ある状態を変えずに続ける。たもつ。例保守。保留。確保。❸責任をもってひきうける。うけあう。例保険。保証。担保。❹やとわれ人。例酒保。

日本語での用法《ほ》「ほ」の音にあてる万葉がな。「伊香保(=地名)・宇津保物語・佐保姫」

人名 お・すけ・まもる・もち・もり・やす・やすし・より

【保安】ホアン 職場・地域・社会の安全と秩序をたもつこと。犯罪や非行の防止と、災害予防とがある。例—官。—林。

【保育】ホイク (名・する) ①乳飲み子や小さい子供の世話をし、育てること。例—器。②動物の親が、乳をあたえて子を育てること。表記 ②は「哺育」とも書く。

【保育所】ホイクジョ 一日のうちの決められた時間、乳幼児を預かり、世話をするところ。保育園。〔児童福祉法による施設の一つ〕

【保温】ホオン (名・する) 温度を一定にたもつこと。多く、あたたかいまま冷めないようにすること。例—装置。

【保革】ホカク ①革の表面をなめらかに、きずつかないようにすること。例—油。②保守派と革進派。例—伯仲。

【保管】ホカン (名・する) 人のものを預かり、責任をもってしまっておくこと。例—料。

【保菌者】ホキンシャ 発病はしていないが、病原菌をからだの中にもっている人。ほかの人に感染することがある。キャリア。

【保健】ホケン 健康をたもつこと。健康がたもたれるようにすること。例—室。—体育(=保健学科と体育実技からなる学習科目)。

【保険】ホケン ふだんからお金(=掛け金)を積み立てておき、事故や病気、火災や死亡などのとき、損害に応じて補償金がしはらわれる制度。例—をかける。

【保護】ホゴ 〔「ホウゴ」とも〕(名・する) 子供や弱者、また自然や文化財などが、危険な目にあったり、被害を受けたりしないように守ること。例自然—。迷子を—する。

【保護関税】ホゴカンゼイ 国内の産業を保護するために、自国の商品と競争する輸入品に対してかける税金。

【保護者】ホゴシャ 親、または親に代わって子供に対して責任をもつ人。例—会。

【保護色】ホゴショク 他の動物におそわれないよう、動物の体色が周囲の色によく似ているもの。また、周囲に合わせて体色が変化するもの。たとえば、カメレオンは状況によって体色が変わり、ライチョウは季節に合わせて羽の色が変わる。

【保護貿易】ホゴボウエキ 国内の産業を保護するために、国家が輸入を制限したり輸入品に対して税金をかけたりして、貿易を統制すること。

【保持】ホジ (名・する) その状態を守りつづけること。例機密—。一位を—する。

【保釈】ホシャク (名・する) 裁判の判決が出る前に、保釈金を納めさせて、勾留中の刑事被告人を釈放すること。

【保守】ホシュ 一(名) ものごとを急に改めたりすることを望まず、古くからのやり方を守ろうとすること。対革新。例—派。二(名・する)(機械などが)正常に動くよう、たえず注意して見ること。例—点検。—管理。

【保守的】ホシュテキ (形動ダ) これまでの慣習や伝統を守り続けていこうとするようす。対進歩的。

【保証】ホショウ (名・する) まちがいなく確かであると、うけあうこと。まちがいが生じたら責任をとると、約束すること。例—人。身元を—する。一年間の—つき。

【保障】ホショウ (名・する) 危険や被害にあわないよう保護すること。例安全—条約。生活—。

【保身】ホシン 自分の社会的な地位や名声が上がることだけを考え、そのために行動すること。例—の術に長けている。

【保全】ホゼン (名・する) 保護して、安全や権利を守ること。

【保存】ホゾン (名・する) (食品の鮮度や史跡などを)その状態をたもつようにとっておくこと。例永久—。冷凍—。

【保母】ホボ 資格をもって、保育所や養護施設で保育の仕事をする女性保育士の旧称。

【保有】ホユウ (名・する) 自分のものとして持ち続けていること。

【保養】ホヨウ (名・する) ①心身をくつろがせ休養をとって、健康を回復すること。例—所。—地。病後の—に温泉に行く。②美しいものや高価なものを見たりして、心を楽しませること。例目の—をする。

【保留】ホリュウ (名・する) ものごとの決定や発表など、なすべきことを先にのばすこと。ペンディング。留保。例議決を—する。

●確保・担保・留保

イ7

【俣】

9画 4383 4FE3 人名 国字 訓また

意味 川や道の分かれ目。また。例川俣温泉(=栃木県北部にある)。俣野の五郎(=『平家物語』や『曽我物語』にみえる武士の名)。

イ7

【俑】

9画 4860 4FD1 音ヨウ漢

意味 死者をほうむるとき、殉死者のかわりにうめる人形。ひとがた。例陶俑。兵馬俑。

【俑を作る】〔死者とともにうめる木製の人形を作る、の意で、殉死の風習のもととなったことから〕悪いことの糸口をつくることのたとえ。〈孟子〉

イ7

【俚】

9画 4861 4FDA 音リ漢呉

意味 民間の。いなかくさい。俗っぽい。ひなびた。いやしい。対雅。例俚言。俚謡。

【俚言】リゲン ①方言の中で、その地方独特のことば。なまり。さとことば。例—をまじえて語る昔話。②卑俗なことば。俗語。対雅言。例—集覧。表記 ①は「里言」とも書く。

【俚▼諺】リゲン 民間に伝わる通俗的なことわざ。

【俚耳】リジ 俗人の耳。里耳。例大声は—に入らず(=高尚な音楽は俗人には理解されない)。〈荘子〉

【俚謡】リヨウ 民間に古くから伝わる歌。俗謡。類民謡。例この土地の—。表記 現里謡

イ7

【俐】

9画 4862 4FD0 人名 音リ漢

意味 頭のはたらきがすぐれている。かしこい。さとい。するどい。

同 悧。例 伶悧。

亻7 【侶】 9画 4623 4FB6 常用 音 リョ漢 ロ呉 訓 とも

筆順 亻 亻 亻口 伬 侣 侶 侶

なりたち [形声]「亻(=ひと)」と、音「呂」とから成る。連れのもの。

意味 つれあい。道づれ。とも。また、ともにする。例 学侶。僧侶。伴侶。

亻7 【侵】 9画 ⇨【侵】(78ページ)

亻7 【侮】 9画 ⇨【侮】(75ページ)

亻8 【倭】 10画 4733 502D 人名 音 一 イ漢呉 二 ワ漢呉 訓 やまと・しず

なりたち [形声]「亻(=ひと)」と、音「委」とから成る。したがうようす。従順なようす。

意味 一 「倭遅」は、うねうねと曲がって遠いようす。 二 昔、中国で日本および日本人を指していったことば。やまと。「和」に通じて用いる。例 倭寇。倭国。倭人。

難読 倭文織・倭文機・倭文の苧環

人名 かず・くに・やす・やま

【倭▼遅】(形動タル) 曲がりくねって遠く長く連なるようす。

【倭漢】 ⇩【和漢】(200ページ)

【倭訓】 ⇩【和訓】(200ページ)

【倭語】 ⇩【和語】(200ページ)

【倭▼寇】 鎌倉・室町時代に中国大陸や朝鮮半島沿岸で私的な貿易をおこない、のちに海賊化した日本人の集団を、中国や朝鮮側から呼んだ言い方。表記「和▼寇」とも書く。

【倭国】 ①日本の国。日本。②昔の中国で、日本を指していったことば。表記 ▽「和国」とも書く。

【倭字】 ⇩【和字】(201ページ)

【倭人】 昔、中国人やアイヌ民族が日本人を指していったことば。表記「和人」とも書く。

亻8 【倚】 10画 4865 501A 音 イ漢 訓 よ-る・たの-む

意味 ❶よりかかる。もたれる。たよる。よる。例 倚子(=椅子)。倚門。❷かたよる。例 偏倚。

【倚門の望】 〔「倚門」は、門に倚りかかること〕家の門に寄りかかりながら、母がわが子の帰りを今か今かと待っていること。わが子を思う母の愛のたとえ。(戦国策)

亻8 【俺】 10画 1822 4FFA 常用 音 エン漢 訓 おれ

筆順 亻 仁 伫 佧 俺 俺 俺

なりたち [形声]「亻(=ひと)」と、音「奄」とから成る。大きい。

意味 われ。おれ。一人称の代名詞。

亻8 【倨】 10画 4866 5028 音 キョ漢 訓 おご-る

意味 自分をほこり、人を見くだしたようなふるまいをする。おごりたかぶる。例 倨気。倨傲。

【倨気】 おごりたかぶった気持ち。例 ―のない態度。

【倨傲】 (名・形動ダ)〔「傲」は、人を見くだして、おごりたかぶる意〕他人を見くだして、えらぶった態度をとること。

【倨視】 (名・する) おごりたかぶった目で人を見ること。

【倨色】 おごりたかぶった顔つき。例 ―をあらわす。

亻8 【倶】 10画 1-1401 4FF1 人名 音 ク漢 ク・グ呉 訓 とも-に

亻8 【俱】 10画 2270 5036 俗字

意味 ❶いっしょにそろって。つれだって。ともに。例 倶存。不倶戴天。❷梵語の音訳。例 倶梨迦羅。

【倶存】 (名・する) そろって生存していること。

【倶発】 (名・する) 同時に起こること。

【倶▽楽部】 〔英語 club の音訳〕共通の趣味や目的をもち、一定の決まりを守る人々の集まり。また、その集会場所、もしくは、その目的の雑誌やパンフレットの名称に用いることば。例 記者―。少年―。

【倶▽梨▼迦羅】 〔仏〕〔梵語の音訳〕不動明王の化身。黒色の竜が剣にからみついた形をしている。表記「倶利▼伽羅」とも書く。

【倶▽梨▼迦羅紋紋】 倶梨迦羅の絵を彫ったいれずみ。また、そのいれずみをした人。表記「倶利▼伽羅紋紋」とも書く。

亻8 【倔】 10画 4867 5014 音 クツ漢 訓 こわ-い・つよ-い

意味 意地っ張りで、がんこ。強情な。例 倔強。

【倔強】 (名・形動ダ) 強情で人のいうことにしたがわないこと。表記「屈強・屈▼彊・倔▼彊」とも書く。

亻8 【倪】 10画 4868 502A 音 ゲイ漢 訓 きわ・はし

意味 ❶おさなご。かよわい。❷きわ。はし。例 端倪。❸横目で見る。流し目。同 睨。

亻8 【倹】 10画 2380 5039 常用 音 ケン漢 訓 つづま-やか

筆順 亻 仒 佮 佮 佮 俭 倹

亻13 【儉】 15画 4913 5109 人名

なりたち [形声]「亻(=ひと)」と、音「僉→ケ」とから成る。たばねてひきしめる。

意味 ❶きりつめて、むだづかいをしない。節約する。つましい。例 倹約。節倹。❷ひかえめにする。へりくだる。つづまやか。同 謙。例 恭倹。

【倹素】 (名・形動ダ) むだをはぶいて質素なこと。じみでつつましいこと。

【倹約】 (名・する) むだな出費をはぶいて、お金を節約すること。例 ―して旅行費用をためる。

●恭倹・勤倹・節倹

亻8 【倦】 10画 2381 5026 人名 音 ケン漢 訓 う-む

意味 あきていやになる。つかれる。うむ。例 倦厭(=あきて、いやになること)。倦怠。

【倦色】 ものにあきた顔つき。また、つかれた顔つき。

【倦怠】 (名・する) ①あきあきして、その動作や状態を続けるのがいやになること。また、なまけること。例 (夫婦の)―期。②からだがだるく気分が落ちこんで、つかれること。疲労

(ヒロウ)。例―感。

亻8 【個】
10画 2436 500B 教育5 音 カ漢 コ呉 コ唐

筆順 亻 亻 们 們 們 侗 個 個

なりたち［形声］「亻(=ひと)」と、音「固コ→カ」とから成る。

意味 ❶固形物やうつわを数えるのに用いることば。同箇コ。例個数コスウ。リンゴ三個サンコ。❷全体に対して、独立した一つ一つのもの。例個人コジン。個性コセイ。個々コを生いかす。

【個個】ココ 一つ一つ。それぞれ。おのおの。めいめい。例―別別。

【個室】コシツ 共同でなく、ひとりで使う部屋。

【個人】コジン ①組織や集団を形づくる、部分や要素としての、ひとりひとりの人。個。例国家と―。―の社会的責任。②私人シジン。対公人。例―として神社に参拝する。―としての感想。③組織や集団に対して存在する、ひとりの人。例―経営の商店。④属している組織や集団によって制約されない、または、それらに対して責任を生じることのない、自分だけ(の)。例―の問題で、家族や会社には何も関係がない。

【個性】コセイ その人だけがもっていて、他の人と区別ができるような、特徴トクチョウのある性格。パーソナリティー。例―が強い。

【個体】コタイ ①［哲］それぞれに独立して存在し、他と区別できるもの。②［生］独立して生存する生物。例―の発生。

【個展】コテン ［個人展覧会の意］ある人の作品だけを展示する展覧会。例―を開く。

【個物】コブツ ［哲］これ、あれ、と区別できるもの。感覚で認識ニンシキできる一つ一つ。個体。対普遍フヘン。

【個別】コベツ 一つ一つ。ひとりひとり。例―指導。

●好個コウコ・別個ベッコ

亻8 【候】
10画 2485 5019 教育4 音 コウ漢 訓 そうろう・さぶらう

筆順 亻 亻 亻 亻 伊 伊 候 候

なりたち［形声］「亻(=ひと)」と、音「矦コウ」とから成る。ようすをうかがう。

意味 ❶うかがい見る。ようすをさぐる。例斥候セッコウ。❷待つ。待ち受ける。例候補コウホ。❸貴人のそば近くつかえる。はべる。例伺候シコウ。❹とき。時節。季節。例気候キコウ。時候ジコウ。秋冷シュウレイの候コウ。❺きざし。しるし。ようす。例症候ショウコウ。兆候チョウコウ。

日本語での用法《そうろう・そろ》「あり」「なり」のていねい語として、候文ソウロウブンに用いる。「…でございます」の意。「賀ガし奉たてまつり候そうろう・今日きょうは暖あたたかく候そろ」

人名 とき・まもる・よし

【候騎】コウキ 敵情を見張り、うかがう騎馬の兵。

【候者】コウシャ ものみ。斥候セッコウ。

【候鳥】コウチョウ はなれた地域を季節によって往復し、すむところをかえる鳥。ツバメ・カモ・ガン・チドリなど。わたり鳥。対留鳥リュウチョウ。

【候補】コウホ ある地位や役職につくための素質や能力、また条件などがそろっていて、それに選ばれるのを待つこと。また、それに選ばれる範囲内ハンイナイにあること。例大統領―。立―リッ―。

【候文】ソウロウブン 文語のていねい語である「候そうろう」を文末に用いた文体。とくに手紙文で使う。「心中お察し申し上げ候」「恐縮キョウシュクに存じ奉たてまつり候」のように用いる。

●居候いそうろう・気候キコウ・伺候シコウ・時候ジコウ・天候テンコウ

亻8 【倖】
10画 2486 5016 人名 音 コウ漢 訓 さいわ-い

なりたち［会意］「亻(=ひと)」と「幸コウ(=さいわい)」とから成る。思いもよらないしあわせ。

意味 ❶思いがけない幸運。さいわい。同幸コウ。例僥倖ギョウコウ。射倖心シャコウシン。❷へつらう(人)。(主君や天子の)お気に入り。例佞倖ネイコウ。

表記 現代表記では、「幸コウ」に書きかえることがある。熟語は「幸」(347ページ)を参照。

難読 僥倖こぼれざいわい

亻8 【倥】
10画 4869 5025 音 コウ漢

意味 ❶「倥侗コウトウ」は、おろかなようす。❷「倥偬コウソウ」は、苦しむようす。また、あわただしいようす。

日本語での用法《ぬかり・ぬかる》手落ちや失敗を生じる。「倥ぬからぬように手配ハイする」

難読 倥侗たわけ・倥偬いそがしい

【倥偬】コウソウ ①処理すべきことが多いこと。いそがしいこと。②苦しいこと。

【倥侗】コウトウ おろかなようす。無知なようす。たわけ。

亻8 【倅】
10画 4870 5005 音 一サイ漢 二ソツ漢 訓 せがれ

意味 一そえ。たすけ。ひかえ。副。二にわか。急に。

日本語での用法《せがれ》自分の息子むすこをへりくだっていうことば。「小倅こせがれ・倅せがれも十五ジュウゴになりました」

亻4 【伜】
6画 4871 4F1C 俗字

亻8 【借】
10画 2858 501F 教育4 音 セキ漢 シャク呉 シャ漢呉 訓 か-りる・か-り

筆順 亻 仁 什 卅 借 借 借 借

なりたち［形声］「亻(=ひと)」と、音「昔セキ」とから成る。かりる。

意味 ❶他のものを一時つかわせてもらう。かりる。かり。対貸タイ。例借用シャクヨウ。借金シャッキン。拝借ハイシャク。❷べつのものを流用する。かり。例仮借カシャの文字モジ。❸相手をゆるす。見のがす。例仮借カシャクない責め。❹かりに。こころみに。ちょっと。例借問シャモン。

【借財】シャクザイ 事業や財産などの多額の借金。負債フサイ。例―がかさむ。

【借銭】シャクセン かりたお金。借金。

【借地】シャクチ (名・する) 土地をかりること。かりている土地。かり地。例―権。

【借間】シャクま (名・する) 部屋をかりること。かりている部屋。間借まがり。例離はなれを―する。

【借家】シャクヤ・シャッカ (名・する) 家賃を家主にはらって、家をかりること。また、その家。例―人ニン。

【借用】シャクヨウ (名・する) お金やものを、一時的に人からかりて使うこと。例―証書。無断で―する。

【借款】シャッカン ［「款」は、金銭、経費の意］政府間などでの、資金の貸し借り。例対日―。政府―。

【借金】シャッキン (名・する) お金をかりること。また、かりたお金。例―取り(=借金を取り立てる役の者)。

【借景】シャッケイ 遠くに見える山や木などの自然の景色けしきを、自分の庭の一部として取り入れること。例東山の峰を―とした庭園。

【▽借問】シャモン（名・する）①たずねること。問うこと。②こころみに問うこと。「それでは」と、ちょっと問うこと。

●仮借・寸借・前借・租借・貸借・賃借

亻8 **【修】** 10画 2904 4FEE 教育5 音シュウ漢 シュ呉 訓おさ-める・おさ-まる

筆順 亻 亻 亻 攸 攸 攸 修 修

なりたち 「形声」「彡（=かざる）」と、音「攸ユウ→シュウ」とから成る。かざる。

意味 ❶手を入れて形をととのえる。㋐より美しくする。かざる。例修辞。修飾。㋑正しくなおす。おさめる。例修正。修繕。修理。㋒書物にまとめる。例監修。編修。❷学んで身につける。心を正しくする。おさめる。例修学。修養。修行。❸きちんとおこなう。例修好。❹梵語の音訳。例阿修羅。修多羅。

人名 あつむ・おさ・おさむ・おさめ・さね・すけ・なお・なが・ながき・ながし・なり・のぶ・ひさ・まなぶ・みち・もと・もろ・よし・よしみ

使い分け おさまる・おさめる【収・納・治・修】⇩1165ページ

【修学】シュウガク（名・する）学問をおさめること。知識を身につけること。例―旅行。

【修業】シュウギョウ・シュギョウ（名・する）学業や技芸などを習い、身につけること。例中学校の―年限は三年だ。

【修好】シュウコウ 国と国とが親しくつきあうこと。例―条約。表記「修交」とも書く。

【修己治人】シュウコチジン（「己を修めて人を治む」と訓読する）儒教の根本的な精神を示すことばで、自分自身がまず修養を積み人格をみがいたうえで、人々を導き世を正しくすること。〈朱熹・大学章句〉

【修斎】シュウサイ ①物忌みをして祭りをいとなむこと。②〔仏〕僧を招いて食事をふるまうこと。

【修士】シュウシ 大学院に二年以上在学して、定められた単位をとり、論文の審査と最終試験に合格した者にあたえられる学位。マスター。例―課程。

【修辞】シュウジ ことばの使い方をくふうし、たくみに美しく表現すること。また、その技術。レトリック。例―法。―学。

【修飾】シュウショク（名・する）①めだつように、また、りっぱに美しく見えるようにかざること。例―の多い話。②文法で、他の語句や文節について、その意味や内容をくわしく説明すること。

【修飾語】シュウショクゴ 文法で、あとにくる語句の意味や内容をさらにくわしく説明する語句。たとえば、「冷たい雨がしとしとと降る」という文の、「冷たい」は「雨」にかかって、どのような雨かを説明する連体修飾語、「しとしと」は、「降る」にかかって、その降り方がどのようであるかを説明する連用修飾語。修飾される語を「被修飾語」という。

【修身】シュウシン ①（「身を修める」と訓読する）心がけやおこないを正しくすること。例―斉家治国平天下。②もと、小学校や中学校での教科の一つ。現在の「道徳」にあたる。

【修正】シュウセイ（名・する）まちがいや不十分なところを直して、正しくすること。例データの―。字句を―する。

【修整】シュウセイ（名・する）①ととのえ、直すこと。例文字や用語を―する。②写真の画面を鮮明にしたり、美麗にしたり、手を加えること。例―の多い印画。

【修繕】シュウゼン（名・する）建物や家具などの、いたんだところを直すこと。類修理。例屋根を―する。

【修造】シュウゾウ（名・する）建物などの、いたんだところを直すこと。類修理・修築。例寺の―計画。

【修築】シュウチク（名・する）建物や橋などの、いたんだところを直すこと。例宮殿を―する。

【修訂】シュウテイ（名・する）書籍などで、内容の不十分なところを直して、よりよくすること。例辞書の―版。

【修道】シュウドウ（名・する）人としておこなうべき学問や芸術、また道徳などを身につけ、おさめること。

【修道院】シュウドウイン キリスト教のおもにカトリックで、清貧・貞潔・服従のちかいを立てた修道士、または修道女が、教会の規律のもとに、それぞれに共同生活をするところ。

【修得】シュウトク（名・する）学問や技術を学び、自分のものとすること。例決められた科目を―する。

【修徳】㊀シュウトク（名・する）すぐれた人格を身につけること。㊁シュトク（名）〔仏〕〔生まれつきもっている徳（=人格）を性徳というのに対して〕努力して身につけた徳のこと。

【修復】シュウフク（名・する）①こわれたところを元どおりに直すこと。例仏像や絵画を―する。②ぎくしゃくしてしまった関係を、もとの良好な状態にもどすこと。例関係の―をはかる。

【修養】シュウヨウ（名・する）学問をおさめるとともに、人間性にみがきをかけること。また、人格を高めようとすること。例精神の―につとめる。

【修理】シュウリ（名・する）〔古くは「スリ」とも〕こわれたところをつくろい直すこと。類修繕。例パンクを―する。

【修了】シュウリョウ（名・する）学業や技芸などの、一定の課程をおさめおえること。例―証書。中学校の課程を―する。

【修練】シュウレン 武道や技芸などにはげんで技術を高め、心やからだをきたえること。類鍛錬・修養。例厳しい―を積み重ねる。表記「修錬」とも書く。

【修行】シュギョウ（名・する）①〔仏〕㋐仏道にはげむこと。例山寺で―する。㋑托鉢して歩くこと。②学問を身につけ、また、技芸をみがくために、努力しはげむこと。例武者―。

【修験者】シュゲンジャ・スゲンザ〔仏〕修験道を身につけるために修行している人。験者。山伏。

【修験道】シュゲンドウ〔仏〕密教の一派。山中での難行を通して仏道を修行し、さとりを開くことを目的とする。

【修多羅】シュタラ・スタラ〔梵語の音訳〕〔仏〕①経文。経典。②袈裟につけるかざりの組みひも。

【修法】シュホウ・ズホウ・スホウ〔仏〕密教でおこなう加持祈禱。本尊の前で護摩をたき、供物をそなえて、願いがかなうようにいのる。

【修羅】シュラ〔仏〕①「阿修羅」の略。争いを好み、仏法をほろぼそうとする、インド神話の悪神。釈迦に教化されたとして、仏教では守護神とされる。②戦い。闘争。修羅場。③大木や大石を運ぶのに用いられた車。また、そり。修羅車。

【修羅場】㊀シュラジョウ（阿修羅が帝釈天と戦った場所の意から）激しい戦いがおこなわれる場所。例―と化す。㊁シュラば（演劇・映画・講談などで）激しい戦いがくりひろげられる場面。例―を演じる。

【修羅道】シュラドウ ①〔仏〕「阿修羅道」の略。生前のおこないによって死後に生まれ変わって住む六つの世界（=六道）の一つ。阿修羅が住み、つねに争いの絶えない世界。修羅界。②激しい戦いのおこなわれている場所。

●学修・改修・監修・研修・新修・専修・必修・補修・履修

イ8 【俶】 10画 4872 4FF6 音 一シュク漢 二テキ漢 訓 はじ-め・よ-い

意味 一 ❶きちんと整っていて、よい。同淑。❷はじめる。はじめ。❸建造する。たてる。❹ととのえる。例俶装 二 すぐれている。また、束縛されず、こだわらない。例俶儻。

【俶装】シュクソウ（名・する）旅装をととのえること。

【俶▼儻】テキトウ［「儻」は、すぐれるの意］すぐれた頭のはたらきによって、他にぬきんでていること。表記「▼倜▼儻」とも書く。

イ8 【倡】 10画 4873 5021 音 ショウ漢呉 訓 とな-える・わざおぎ

意味 ❶歌やおどりを職業とする人。わざおぎ。同娼。例倡伎。❷うたう。❸先立って言いはじめる。となえる。同唱。例倡言。

イ8 【倩】 10画 4874 5029 音 一セン漢 二セイ漢 訓 うるわ-しい・むこ・やと-う

意味 一 ❶男子をほめていうことば。古代、中国人の字に用いられた。例長倩(=蕭望之の字)。曼倩(=東方朔の字)。❷愛らしく笑うようす。例倩笑。倩倩。巧笑倩兮(=にっこり笑うと愛らしい)。二 ❶婿。例妹倩(=妹の婿)。❷人にたのんでしてもらう。やとう。例倩筆(=代筆をたのむ)。

日本語での用法 《つらつら》よくよく。つくづく。「倩思うに」

【倩▼粧】センショウ 美しいよそおい。表記「倩▼妝」とも書く。

【倩倩】センセン 笑顔のかわいらしいようす。

【倩▼盼】センペン かわいらしい口もとと、美しい目もと。美人を形容することば。表記「倩▼眄」とも書く。

人8 【倉】 10画 3350 5009 教育4 音 ソウ漢呉 訓 くら

筆順 ノ 𠆢 亽 今 今 今 倉 倉 倉 倉

なりたち [会意]「食(=穀物)」の省略体と「口(=くらの形)」とから成る。穀物ぐら。

意味 ❶穀物をしまっておくところ。また、さまざまな品物をおさめておく建物。くら。例倉庫。穀倉。米倉。❷「倉卒」「倉皇」は、にわか、あわてる、の意。

【倉▼頡】ソウケツ ⇩【蒼頡】ソウケツ（862ページ）

【倉庫】ソウコ［「倉」は穀物のくら、「庫」は器物を入れておくくら、の意］物品を保管しておく建物。くら。例資材―。

【倉皇】ソウコウ（形動タル）あわてるようす。あわただしいようす。類倉卒。例―として立ち去る。表記旧▼蒼▼惶

【倉卒】ソウソツ（名・形動ナ）①ものごとが急に起こること。例―に来客あり。②落ちつきがないこと。類倉皇。例―の間に決す。表記▽「草卒・▼蒼卒・▼怱卒・▼匆卒」とも書く。

【倉▼廩】ソウリン 穀物を貯蔵しておく、くら。

【倉▼廩実ちて礼節を知る】人は、経済的に豊かになってはじめて、礼儀や道徳を重んじることができる。（管子）

●穀倉・酒倉・船倉・弾倉

イ8 【倬】 10画 4875 502C 音 タク漢 訓 おお-きい・あき-らか

意味 ❶目立って大きい。例倬彼雲漢(=大きくはるかな天の川)。❷目立ってすぐれる。例倬詭(=とびぬけてすぐれる)。

イ8 【値】 10画 3545 5024 教育6 音 チ漢 訓 ね・あたい・あ-う

筆順 ノ 亻 仁 什 什 佰 佰 値 値 値

なりたち [形声]「亻(=ひと)」と、音「直チョク→チ」とから成る。つりあう。

意味 ❶もののねうち。そのものに見合った金額。あたい。ね。例値段。価値。❷(数学で)計算や測定の結果、得られる数。あたい。例数値。近似値。偏差値。❸ある事態に出あう。当たる。あう。例値遇。

使い分け あたい【値・価】⇩1160ページ

【値遇】チグウ ①出会うこと。②⇩【知遇】チグウ（711ページ）

【値打ち】ねうち［もとは、値段をつける、という意］そのものがもつ、よいところ、役に立つ程度など。人についてもいう。価値。例―が出る。なんの―もない。人の―をはかる。

【値段】ねダン 商品についている金額。あたい。価格。例―をつける。

【値幅】ねはば ①同じものの、最高価格と最低価格との差。②〔経〕相場で、値が上がったり下がったりするときの、高値と安値との差。例―が小さい。

【値引き】ねびき（名・する）商品の値段を安くすること。例閉店まぎわに―して売る。

【値踏み】ねぶみ（名・する）ものの値段を見積もること。また、人の能力やものの価値を、おしはかること。例古本を―する。

●卸値・価値・近似値・数値・絶対値

イ8 【倜】 10画 2-0159 501C 音 テキ漢

意味「倜儻」は、とびぬけてすぐれていること。

イ8 【倒】 10画 3761 5012 常用 音 トウ漢呉 訓 たお-れる・たお-す

筆順 ノ 亻 仁 仟 侄 侄 侄 倒 倒

なりたち [形声]「亻(=ひと)」と、音「到トウ」とから成る。たおれる。

意味 ❶たおれる。たおす。つぶれる。つぶす。例倒壊。倒幕。打倒。将棋倒し。❷上下や順序が、さかさまになる。ひっくりかえす。例倒置。倒立。❸程度のはなはだしい状態をあらわすことば。例圧倒。傾倒。一辺倒。

【倒影】トウエイ（水面などに）物のかげが、さかさまに映ること。また、そのかげ。

【倒壊】トウカイ（名・する）（建造物が）たおれて、こわれること。例地震で家屋が―する。表記「倒潰」とも書く。

【倒閣】トウカク（名・する）内閣を総辞職に追いこむこと。例野党側は―をめざしている。

【倒句】トウク 意味を強めるために語の順序を逆にすること。また、そのことば。たとえば、「走れ、大地を！」など。類倒置。

【倒懸】トウケン からだをさかさにつるすこと。ひじょうな苦痛をいう。例―の苦しみ。

【倒語】トウゴ あることばの、文字や発音を、さかさまにして作ったことば。たとえば、「たね(=種)」を「ねた」、「ふだ(=札。入場券・乗車券など)」を「だふ」とするなど。

【倒錯】トウサク（名・する）〔ものごとの順序がさかさまになる意から〕社会的・道徳的に正しいとされる言動と正反対になること。

また、正常なものと、まったく逆になること。例かれの趣味は―している。

【倒産】トウサン（名・する）経営が行きづまって、会社などの事業が成り立たなくなること。つぶれること。

【倒置】トウチ（名・する）上下の位置や前後の順序などを、逆にすること。

【倒置法】トウチホウ 語句の順序を入れかえて、特定の語句を強く印象づけたり、文全体の意味を強めたりする修辞法。たとえば「見よ、今明けゆく東の空を」など。例英語の―を学ぶ。

【倒幕】トウバク 幕府をたおして政権をうばうこと。とくに江戸幕府についていうことが多い。例―運動がさかんになる。

【倒伏】トウフク イネなど、立っていたものが、たおれること。例台風による―の被害が大きい。

【倒木】トウボク 強風のためにたおれた木。また、たおれている木。例台風で―の被害が相次ぐ。

【倒立】トウリツ（名・する）さかだちをすること。例―運動。組み体操で―する。―して歩いた距離をきそう。

●圧倒・一辺倒・傾倒・卒倒・打倒・転倒・面倒

亻8 【俳】10画 3948 4FF3 教育6 音ハイ漢呉 訓わざおぎ

筆順 亻 亻 付 付 付 俳 俳 俳

なりたち ［形声］「亻（=ひと）」と、音「非ヒ→ハイ」とから成る。ざれごとをいう人。芸人。

意味 ❶芸人。役者。わざおぎ。例俳優。❷たわむれ。あそび。おどけ。滑稽。例俳諧。

日本語での用法《ハイ》「俳句」「俳諧」の略。「俳人・俳壇・俳名・俳論・雑俳」

【俳画】ハイガ 俳句のようなおもむきをえがいた日本画。墨絵や、うすく色をつけた絵で、俳句を書き入れることもある。例―のような風景。

【俳諧】ハイカイ［もとは、おどけ、こっけい、の意］①「俳諧の連歌」の略。②俳句。また、俳句に関連する文学（=俳文・俳論など）をいう。例松尾芭蕉は―の完成者だ。表記▽「▼誹諧」とも書く。

【俳諧の連歌】ハイカイのレンガ 連歌の様式の一つ。こっけいさや軽妙さを特色とする、俳諧味のある連歌。

「人（亻・𠆢）部」8画 俳倍俾俵

【俳句】ハイク ふつう、五・七・五の三句十七音で完結する、日本独特の短い詩。季節をあらわすことば（=季語）を読みこむという一定の決まりを守る。例―をひねる。―をたしなむ。

【俳号】ハイゴウ 俳句の作者が、本名とは別に用いる雅号。例芭蕉は松尾宗房の―だ。

【俳書】ハイショ 俳諧や俳句に関する本。例江戸時代の―を集める。

【俳人】ハイジン 俳諧や俳句をつくることを専門にしている人。例正岡子規は―としても有名だ。

【俳聖】ハイセイ［「聖」は、道をきわめた人の意］とくにすぐれた俳人として、古来定評のある人。例―松尾芭蕉。

【俳壇】ハイダン 俳句をつくる人たちによって構成される社会。また、その仲間。例―にデビューする。

【俳風】ハイフウ 俳句の作風。作品にあらわれた作者の個性や流派の特徴。例芭蕉の―は、蕉風と呼ばれる。

【俳文】ハイブン 俳諧風のあじわいをもつ文章。松尾芭蕉の『幻住庵記』、横井也有の『鶉衣』、小林一茶の『おらが春』など。

【俳味】ハイミ 俳諧特有のおもむき。おもしろみだけでなく、軽妙・洒脱・新奇など、さまざまなふんいきをいう。例―のある文章。

【俳優】ハイユウ［もとは、こっけいな身ぶりやおどりなどで人を楽しませる芸人の意］演劇・映画・テレビなどで、演技することを職業にする人。役者。例舞台―。

【俳論】ハイロン 俳諧や俳句についての理論や評論。向井去来の『去来抄』など。

【俳話】ハイワ 俳諧や俳句についての話。俳談。

亻8 【倍】10画 3960 500D 教育3 音ハイ漢 バイ・ベ呉 訓ま-す・そむ-く

筆順 亻 亻 亻 仁 位 位 倍 倍 倍

なりたち ［形声］「亻（=ひと）」と、音「咅ホウ→ハイ」とから成る。人にそむく。

意味 ❶二つにはなれる。そむく。同背。例倍心（=そむくこころ）。❷同じ数量を二回、またはそれ以上くわえる。ます。例倍増。人一倍の努力。

日本語での用法《へ・べ》「へ」「べ」の音にあてた万葉がな。「安倍・女倍之」

人名 かず・のぶ・ます・やす

【倍加】バイカ（名・する）数量などが二倍、または大はばに増えること。類倍増。例ノルマが―した。原作を読んで、おもしろみが―した。

【倍額】バイガク 二倍の金額。例―をしはらう。

【倍旧】バイキュウ 以前よりもずっと多くなること。例―のお引き立てをお願いいたします。

【倍数】バイスウ［数］ある整数の整数倍にあたる数。対約数。例十は五の―だ。

【倍増】バイゾウ（名・する）数量が二倍に増えること。程度などが大きくなること。倍増し。倍加。例所得―。

【倍率】バイリツ ①定員に対する希望者数の比率。競争率。例―が高い。②［理］顕微鏡や望遠鏡などで見られる像の大きさと、実際の大きさとの比。また、拡大や縮小された図や像の、もとの図や実物との大きさの比。

【倍量】バイリョウ ある数量の二倍の量。例成人は子供の―を服用する。

亻8 【俾】10画 4876 4FFE 音㊀ヒ漢 ㊁ヘイ漢 訓しもべ・し-む・にら-む

意味 ㊀ヒ ❶おぎなう。増す。同裨。例俾益。❷めしつかい。しもべ。同婢。❸（助字）「（…をして）…（せ）しむ」と読み、…に…させる、の意。使役をあらわす。例無俾民憂（=民に心配させないように）。〈詩経〉

㊁ヘイ 横目で見る。にらむ。同睥。例俾倪。

【俾益】ヒエキ（名・する）役立って利益をあたえること。例社会に―する。表記「▼裨益」とも書く。

【俾▼倪】ヘイゲイ（名・する）①横目でにらむこと。②あたりをにらみつけて勢いを示すこと。例天下を―する。③城壁の上にある低い垣根。表記▽「▼睥▼睨」とも書く。

亻8 【俵】10画 4122 4FF5 教育6 音ヒョウ漢 訓たわら

筆順 亻 仁 什 佳 佳 俵 俵 俵 俵

なりたち ［形声］「亻（=ひと）」と、音「表ヒョウ」とから成る。分けあたえる。

意味 分かちあたえる。わける。

日本語での用法 ㊀《たわら》米や炭などを詰める、わらなどをあんで作ったふくろ。「桟俵・徳俵」㊁《ヒョウ》たわらに詰めたもの。また、それを数える単位。「米百俵・土俵」

難読 俵子(=ナマコ)

亻8 【俯】 10画 4877 4FEF 音フ漢 訓ふ-す・うつむ-く

意味 顔やからだの正面を下のほうへ向ける。うつむく。ふす。対仰。例俯瞰・俯仰・俯伏(=ひれふす)。

【俯角】見下ろしたとき、目の高さの水平面と、目と物を結ぶ線とが作る角度。対仰角。

【俯▼瞰】(名・する)高いところから、下のほうを広く見わたすこと。類鳥瞰。例山頂から、ふもとの町を―する。

【俯▼瞰図】高い視点から、地上の広い範囲を見下ろしたときに見える景色を、そのままの形で写しとった図。類鳥瞰図。

【俯仰】(うつむいたり、あおぎ見たりする意)立ち居ふるまいや動作。転じて、自分の行動全体。

【俯仰天地に▼愧じず】自分の行動にうしろめたい点がない。公明正大なことをいう。〔『孟子』の「仰いで天に愧じず、俯して地に怍じず」から〕

亻8 【倣】 10画 4279 5023 常用 音ホウ漢 訓なら-う

筆順 亻 亻 仿 仿 仿 倣 倣

なりたち [形声]「亻(=ひと)」と、音「放ホウ」とから成る。まねる。

意味 あるものを手本にして同じようにする。まねる。ならう。例模倣。

使い分け ならう【習・倣】⇩1176ページ

人名 より

亻8 【俸】 10画 4280 4FF8 常用 音ホウ漢 訓ふち

筆順 亻 仁 仨 佧 佚 倭 俸

なりたち [形声]「亻(=ひと)」と、音「奉ホウ」とから成る。役人に支給される給料。

意味 役人が給料としてあたえられるお金や品物。禄。扶持。例俸給・俸禄・年俸。

【俸給】会社員や公務員などに定期的にしはらわれるお金。給料。サラリー。例―生活者(=俸給で生計を立てている人。サラリーマン)。

【俸▼禄】主君が家臣にあたえた給与。また、いっぱんに給料。類扶持。例―を食む。

●加俸・減俸・増俸・本俸

亻8 【們】 10画 4878 5011 音モン呉

意味 (俗語で)人を示す名詞・代名詞のあとについて、複数をあらわすことば。…ら。…ども。例他們(=かれら)。

亻8 【倆】 10画 4879 5006 音リョウ漢

意味 ❶「伎倆ギリョウ」は、うでまえ、わざ。❷ふたり。ふたつ。例倆人(=ふたりの人)。

亻8 【倫】 10画 4649 502B 常用 音リン漢呉

筆順 亻 仒 伶 伶 倫 倫 倫 倫

なりたち [形声]「亻(=ひと)」と、音「侖リン」とから成る。同類。なかま。また、人の道。

意味 ❶同類のなかま。たぐい。例絶倫・比倫。❷人のふみおこなうべき道。人と人とのあるべきあいだがら。道理。例倫理・人倫・不倫。

人名 おさむ・つぐ・つね・とし・とも・のぶ・のり・ひと・ひとし・みち・みつ・もと

【倫理】①人のふみおこなうべき道。道徳をささえる原理(=根本的な理論)。モラル。例―観。政治―。②「倫理学」の略。参考「倫理」は原理についていい、「道徳」は実践についていう。

【倫理学】〔英語 ethics の訳語〕哲学の一部門。人としての生き方、その原理などを研究する学問。たとえば、善悪や正邪の基準、社会での人間のあり方など。

【倫理的】(形動ダ)人としてのあり方にかかわるようす。例―に許されない行為。

【▽倫▼敦】〔London の音訳〕イギリスの首都ロンドン。

●人倫・破倫・比倫

亻8 【倶】 10画 ⇩【俱】ク(82ページ)

亻8 【併】 10画 ⇩【併】ヘイ(75ページ)

亻9 【偃】 11画 4880 5043 音エン漢呉 訓ふ-せる

意味 ❶あおむけにたおれる。たおす。ふせる。例偃臥・偃草。❷やめる。例偃武。

【偃▼臥】(名・する)あおむけにねる。類偃息。

【偃月】まだ、半月にならない細い月。弦月。弓張り月。例―刀(=中国古代の刀。全体が弓張り月の形で、長い柄がついている)。

【偃息】(名・する)①ねころんで休むこと。②やめること。

【偃武】〔「武を偃す」と訓読する〕武器をしまうこと。戦争をやめること。例元和―(=元和一年《一六一五》大坂城が落ちて以後、戦乱がなくなり平和になったこと)。

亻9 【偕】 11画 4883 5055 音カイ漢呉 訓とも-に

意味 いっしょに。ともに。例偕楽・偕老同穴。

【偕楽】多くの人といっしょに、たのしむ。ともにたのしむ。例―園(=茨城県水戸市にある公園。観梅の名所)。

【偕老同穴】①夫婦が仲よく、ともに長生きして、死後も、おなじ墓にはいること。②深海のどろの中にいる海綿動物。体内に雌雄一対のドウケツエビがすんでいることがあり、このエビは生涯、外へ出ることがない。

亻9 【偐】 11画 4884 5050 音ガン漢 訓にせ

意味 にせもの。にせ。同贋。例『偐紫田舎源氏』〔柳亭種彦作の『源氏物語』の翻案小説〕

亻9 【偽】 11画 2122 507D 常用 音ギ漢呉 訓いつわ-る・にせ・いつわ-り

筆順 亻 亻 仂 伪 伪 偽 偽 偽

亻12 【僞】 14画 4906 50DE 人名

なりたち [形声]「亻(=ひと)」と、音「爲イ→ギ」とから成る。いつわる。

意味 ❶真実でないことを、ほんとうのように見せかける。いつわる。いつわり。にせ。例偽善。真偽。真っ赤な偽り。❷人間のわざ。人為。例人之性悪、其善者偽也（＝人の本性は悪であって、その善行は作為によるものである）。〈荀子〉

【偽悪】ギアク［「偽善」に対してつくられたことば］悪人のように見せかけること。対偽善。例一家。一趣味。

【偽作】ギサク（名・する）にせものをつくること。また、そのにせもの。とくに、書画や骨董などについていう。類贋作。対真作。

【偽書】ギショ ①作者や時代をいつわって、似せて作った書物。②本人が書いたように見せかけて、別人が書いた手紙。例蕪村の一。

【偽称】ギショウ（名・する）氏名や職業また地位などを、いつわって言うこと。また、そのいつわりの名。例医者と一して治療をおこなった。

【偽証】ギショウ（名・する）〔法〕裁判で、証人がいつわりの証言をすること。また、いつわりの証言。例一の罪に問われる。

【偽善】ギゼン 善人のように見せかけること。また、うわべだけの善行。対偽悪。例一者。

【偽装】ギソウ（名・する）①相手の目をあざむくために、色や形をまわりのものに似せて、まぎらわしくすること。カムフラージュ。例一工作。②他人をごまかすための、よそおいや手段。カムフラージュ。例戦車を一する。表記▽「擬装」とも書く。

【偽造】ギゾウ（名・する）通貨・印・証券・文書などの、にせものをつくること。また、そのにせもの。類変造・模造。例一コイン。一公文書。

【偽足】ギソク アメーバなどの原生動物や白血球が、食物摂取や運動のために、伸縮させる突起。表記「擬足」とも書く。類仮足・虚足。

【偽筆】ギヒツ 他人の文字や絵に似せて書いたもの。対真筆。

【偽物】ギブツ・にせもの ほんものでないこと。類贋物。

【偽名】ギメイ にせの氏名。対実名。例一を使う。

●虚偽・真偽

亻9 【偶】 11画 2286 5076 常用 音グウ慣 ゴウ漢 グ呉 訓たぐい・たまたま

筆順 亻 仆 们 伹 偶 偶 偶 偶

なりたち [形声]「亻(=ひと)」と、音「禺グ→グウ」とから成る。桐で作った、ひとがた。

意味 ❶人の形をしたもの。でく。ひとがた。例偶像。土偶。木偶。❷対になる。向かい合う。ならぶ。なかま。たぐい。例偶語。対偶。配偶。❸二で割り切れる。対奇。例偶数。❹思いがけず。ふと。たまたま。例偶然。偶発。

難読 偶人・偶奇・木偶

人名 とも・ます

【偶因】グウイン 根本の原因ではなく、たまたまそうなった原因や事情。

【偶詠】グウエイ（名・する）ふと心に思いうかんだままを、詩や歌によむこと。また、その作品。類偶作。

【偶感】グウカン ふと心にうかんだ思い。例一を書き留める。

【偶語】グウゴ（名・する）向かい合って話をする。話し合う。

【偶作】グウサク ふとした機会にできた詩や歌。類偶成・偶詠。

【偶人】グウジン 土や木で作った人形。ひとがた。でく。

【偶数】グウスウ〔数〕二で割り切れる整数。丁の数。対奇数。例一月。

【偶成】グウセイ ふとした機会にできる詩や歌。類偶詠・偶作。例一の詩。

【偶然】グウゼン 一（名・形動ダ）思いがけないこと。対必然。例一の一致。二（副）思いがけず。たまたま。例一出会った。

【偶像】グウゾウ ①神仏にかたどって作り、信仰の対象とする像。例一崇拝。②崇拝やあこがれの対象。また、対象となる人。アイドル。例一視する。

【偶発】グウハツ（名・する）ものごとが思いがけずに起こること。例一事故。

【偶有】グウユウ（名・する）ある性質を本質的にもっているのではなく、たまたまそなえていること。

【偶力】グウリョク〔物〕方向が反対で、平行にはたらく、大きさの等しい二つの力。この力がはたらくと物体は回転する。

●対偶・土偶・配偶・木偶

亻9 【偈】 11画 4885 5048 音一ケツ漢 二ケイ漢 ゲ呉

意味 一 ❶はやく走るようす。例偈偈。❷いさましいようす。二〔梵語の音訳〕仏の教えや徳をたたえる詩。また、さとりの境地をあらわした詩。例偈頌。頌偈。詩偈。四句の偈。

【偈▼頌】ゲジュ 仏教で、仏の徳をたたえる韻文。また一定の曲調でとなえる文句。伽陀。頌偈。

亻9 【健】 11画 2382 5065 教育4 音ケン漢 コン呉 訓すこ-やか・たけ-し

筆順 亻 仁 仨 佳 侓 律 健 健

なりたち [形声]「亻(=ひと)」と、音「建ケ」とから成る。つよい。

意味 ❶しっかりして力強い。たけし。例健脚。健闘。剛健。❷からだがじょうぶで元気である。すこやか。例健康。健児。健全。壮健。❸さかんに。程度がはなはだしく。例健啖。健忘症。

難読 健気・健男

人名 かつ・きよし・たけ・たける・たつ・たて・たる・つよ・つよし・まさる・やす・やすし

【健脚】ケンキャク（名・形動ダ）足が強く、長時間歩いてもつかれないこと。例一家。一をほこる。

【健康】ケンコウ 一（名）からだがいいか悪いかの状態。コンディション。例一診断。一を害する。一をそこなう。二（形動ダ）からだや心がすこやかで、悪いところがないようす。元気。例一な子供。一に暮らす。

【健在】ケンザイ（名・形動ダ）①いつも元気で、健康に暮らしていること。例両親は一です。②おとろえることなく、じゅうぶんに役立っていること。例フロンティア精神は一です。

【健児】一ケンジ 体力や気力にあふれた若者。例高校一。二コンデイ 日本の古代の兵制で、諸国に配置された武芸にひいでた兵士。平安時代中期以後、消滅した。

【健勝】ケンショウ（名・形動ダ）健康がすぐれ、からだが達者なこと。〔手紙やあいさつ状で相手の安否をたずねるのに用いる〕例ご一のことと存じます。

【健常】ケンジョウ 心身に障害がないこと。〔障害のある状態に対していうことば〕例一者。

【健全】ケンゼン（名・形動ダ）①からだがじょうぶで健康なこと。②ものの考え方やものごとの状態が、かたよらず、危なげなく、常識的なこと。例―経営。―な娯楽。

【健▼啖】(名・形動)〔「啖」は、食う意〕食欲がさかんで、なんでもたくさん食べること。類大食。例―家。

【健闘】(名・する)力強く立ち向かって、あきらめずに精いっぱい努力し、よくたたかうこと。例予想以上に―した。

【健筆】①小説・戯曲・詩・歌などの創作や評論を数多く、さかんに書くこと。例―をふるう。②文字がじょうずなこと。類達筆。例―家。

【健忘症】①ものわすれしやすい人。わすれっぽい人。②〔医〕ある一定の期間の記憶を、思い出せない障害。

●穏健・頑健・壮健・保健

亻9

【做】

11画 4886 505A 音サ漢呉 訓なーす

意味 する。おこなう。なす。例言い做す。見做す。

参考 もとは「作」の俗字。中国では、「作」と「做」とは併用されているが、日本では、「做」は「…做す」という場合以外には、あまり使われない。

亻9

【偲】

11画 2837 5072 人名 音一サイ漢呉 二シ漢 訓しのーぶ

なりたち [形声]「亻(=ひと)」と、音「思」とから成る。才能がある。

意味 一才能がある。例其人美且偲(=その人は美男で才能もある)。〈詩経〉 二「偲偲」は、相手を思い、はげます。

日本語での用法《しのぶ》思いおこして、なつかしむ。したう。「友を偲ぶ・昔を偲ぶ・故人を偲ぶ」

【偲ぶ草】思いしたう心をおこさせる、たねとなるもの。表記「忍ぶ草」とも書く。

亻9

【偖】

11画 4887 5056 音シャ漢 訓さて

意味 さく。ひらく。

日本語での用法《さて》発語のことば。さあ。ところで。「扨」と書くことが多い。「偖、仕事にとりかかろうか」

亻9

【傯】

11画 4888 506C 音ソウ漢

意味 ❶「倥傯」は、苦しむようす。また、あわただしいようす。❷「傯恫」は、おろかなようす。❸せわしい。にわか。同怱。例傯傯。

難読 倥傯

亻9

【側】

11画 3406 5074 教育4 音ソク慣 ショク漢 訓がわ・かわ・かたわーら・そば

筆順 亻 仴 伹 但 俱 倶 側 側

なりたち [形声]「亻(=ひと)」と、音「則ソク→ショク」とから成る。かたわら。

意味 ❶すぐ近くのあたり。わき。そば。かたわら。例側近。君側。❷ものの横の面。かわ。例側面。舷側。❸片方によせる。かたむける。そばだてる。そばめる。例側耳。側目。❹いたむ。同惻。例側側。

日本語での用法《がわ》①対になる一方の面。一方の立場。「右側・東側」②中身を包んでいるもの。「金側・時計の側」

参考 「常用漢字表」では、「かわ」とも読む。

【側▼臥】(名・する)①片方のわきを下にして横向きにねること。②かたわらでいっしょにねること。そいね。

【側耳】(名・する)きき耳を立てて聞くこと。

【側室】身分や地位の高い人のめかけ。そばめ。対正室。例将軍の―。

【側線】①列車の運転に利用する、本線以外の線路。荷の積みかえや待避用の引きこみなどに使う。②両生類や魚類の、からだのわきに並ぶ感覚器官。水圧・水流・振動などを感じとる。

【側側】(形動タル)(悲しみを)身にしみて感じるようす。惻惻。例―として胸をうつ。

【側転】(名・する)「側方倒立回転」の略。体操で、足を少し開き、両うでをなめ上方にのばした姿勢のまま、片手を順に地面につけ、それを支点として足が空中に弧をえがくように横向きに回転すること。

【側聞】(名・する)うわさで、それとなく聞くこと。例―するに、彼は多趣味の人だそうだ。表記「▼仄聞」とも書く。

【側壁】側面のかべや仕切り。

【側方】左右の方向。例―倒立回転。

【側面】①上下や前後の面ではなく、横の面。数学では立体の底面以外の面を指す。例―からの援助。②わき。横のほう。例―に表示する。③さまざまな性質やようすなどの中の一面。例よき父親としての―を知る。

【側目】一(名・する)正面から見ず、ふし目や横目で見ること。二(名)わきのほうから、第三者として見ること。はため。

【側近】地位の高い人や権力者のそば近くに仕え働く人。例大統領の―によれば。

【側溝】道路などの排水のため、わきにつくったみぞ。

【▽側▼杖】〔けんかのそばにいて、思いもかけず、つえで打たれることから〕無関係の、思わぬ災難や被害。とばっちり。まきぞえ。例―をくう。表記「▽傍▼杖」とも書く。

●縁側・外側・体側・反側・両側

亻9

【停】

11画 3668 505C 教育5 音チョウ慣 テイ漢 訓とどーまる・とどーめる・とーまる

筆順 亻 仁 侘 佇 佇 倍 停 停

なりたち [形声]「亻(=ひと)」と、音「亭テイ」とから成る。止まる。

意味 ❶一か所にとまる。じっとしている。とどまる。例停滞。停泊。停留所。❷やめる。中止する。とめる。とどめる。例停止。停戦。調停。

人名 とどむ

【停学】学生や生徒に対する罰として、一定の期間、登校を禁止すること。例一週間の―処分。

【停止】(名・する)①(動いているものが)とまること。また、とめること。例一時―。②(ものごとの進行を)とちゅうでやめさせること。例営業―。

【停車】(名・する)①車などが一時的にとまること。また、とめること。例一時―して待つ。②列車やバスなどが、駅や停留所にとまること。例急行の―駅。

【停車場】駅。

【停職】(名・する)公務員などへの処罰の一つ。一定期間、職務につくことをさしとめ、その間は給料をしはらわないこと。例―処分になる。

【停船】(名・する)航行中の船がとまること。また、船をとめること。例―命令。

【停戦】(名・する)戦争中に、たがいに合意のうえで、一時的に戦いをやめること。㊊休戦。例—協定。

【停滞】テイタイ (名・する) ものごとが一か所にとどまって、うまく進まないこと。例景気が—する。

【停電】テイデン (名・する) 電気の供給が、一時的にとまること。例台風の影響で、市内はいっせいに—した。

【停泊】テイハク (名・する) 船が、港など同じ場所にとどまること。例客船が—している。表記 ㊐▼碇泊

【停留】テイリュウ (名・する) 一つの場所にとどまること。

【停留所】テイリュウジョ バスや路面電車などが、客を乗せたり降ろしたりするために、停車する一定の場所。

●調停チョウテイ

亻9 **【偵】** 11画 3669 5075 常用 音テイ㊊ 訓うかが-う

筆順 亻 亻 仆 佔 偵 偵 偵

たちなり [形声]「亻(=ひと)」と、音「貞テイ」とから成る。問う。

意味 こっそりようすをさぐる(人)。うかがう。例偵察テイサツ。探偵タンテイ。内偵ナイテイ。

難読 遊偵しのびのもの

【偵察】テイサツ (名・する) (敵や対戦相手などの)状態やようすなどをひそかに調べること。例敵の基地を—する。—衛星。—機。

【偵人】テイジン 敵のまわし者。スパイ。㊊偵探テイタン・間者カンジャ・間諜カンチョウ・斥候セッコウ。

【偵吏】テイリ ひそかに人の動静や、犯罪について調査する役人。刑事ケイジ。

●探偵タンテイ・内偵ナイテイ・密偵ミッテイ

亻9 **【偸】** 11画 4889 5078 音トウ㊊ チュウ㊇ 訓ぬす-む

意味 ❶他人のものを気づかれないようにぬきとる。こっそり不正をはたらく。ぬすむ。例偸盗チュウトウ。偸閑トウカン。❷一時的に。かりそめに。いいかげんに。例偸安トウアン。❸人情がうすい。薄情ハクジョウ。

【偸盗】チュウトウ・トウトウ 他人のものをぬすむこと。また、ぬすびと。どろぼう。

【偸安】トウアン 〔「安きを偸む」と訓読する〕あとのことを考えずに、現在の安楽にひたり、一時的な気休めを求めること。例—の夢をむさぼる。—の日日を暮らす。

【偸閑】トウカン 〔「閑を偸む」と訓読する〕いそがしいときに、時間を見つけて楽しむこと。表記「偸間」とも書く。

【偸生】トウセイ (名・する) 生命に執着して、むだに生きながらえること。例ただ—の時を過ごす。

亻9 **【偏】** 11画 4248 504F 常用 音ヘン㊊㊇ 訓かたよ-る・かたよ-り・ひとえ-に

筆順 亻 仁 伃 伊 偏 偏 偏

亻9 **【偏】** 11画

たちなり [形声]「亻(=ひと)」と、音「扁ヘン」とから成る。かたよる。

意味 ❶一方にずれる。公正でない。かたよる。例偏見ヘンケン。不偏不党フヘンフトウ(=どの主義や党派にも加わらない)。❷中央から遠くはなれたところ。㊐辺ヘン。例偏土ヘンド。❸漢字を構成する、左側の部分。へん。㊉旁ボウ。例偏旁冠脚ヘンボウカンキャク。❹ひたすら。いちずに。ひとえに。

人名 とも・ゆき

【偏愛】ヘンアイ (名・する) 特定の人や、ものだけに愛情をそそぐこと。えこひいき。例長男を—する。

【偏奇】ヘンキ 〔「奇」は、変わっている意〕(ふつうとはちがって)ふうがわりであること。例—を愛する。

【偏▼諱】ヘンキ 高貴な人の名前のうちの一文字。また、その文字の使用をさけること。〔もと中国で、皇帝など高貴な人の本名が漢字二字から成るとき、いっぱんでは、そのうち一文字の使用をさけたことから〕

【偏狭】ヘンキョウ (名・形動ダ) 〔土地がせまい意〕考え方がかたよっていて、自分とは異なる考えや価値観を許そうとしないこと。㊊狭量。例—で排他的ハイタテキな性格。

【偏屈】ヘンクツ (名・形動ダ) 自分の考えにこだわって、他からは気むずかしく見えること。また、そのようす。例—な老人。

【偏見】ヘンケン あやまった先入観などによる、かたよったものの見方や考え方。例根強い—がある。独断と—。

【偏向】ヘンコウ (名・する) 公正であるはずのものが、かたよった傾向を示すこと。例政治的に—している報道。

【偏差】ヘンサ 〔数〕統計などで、数値が、標準からどれくらいはなれているかを示す数値。

【偏差値】ヘンサチ ①偏差の度合いを示す数値。②テストの得点が全体の中でどの水準にあるかを、平均点からのへだたりによって示す値。五〇を平均として、二〇から七〇の範囲になるのがふつう。

【偏在】ヘンザイ (名・する) (ものごとが)ある部分だけに集中して存在すること。例集落が—する。

【偏▼衫】ヘンサン・ヘンザン 〔「衫」は、ころもの意〕僧ソウが着るころもの一種。左肩から右わきの下方へななめに着る。

【偏執】ヘンシツ・ヘンシュウ ①一つのものごとに、異常にこだわること。例宝石についての—。②自分の考えに固執して、他の意見を受けつけないこと。

【偏執狂】ヘンシツキョウ・ヘンシュウキョウ 一つのものごとに、異常なほどのこだわりを示すこと。また、そのような人。モノマニア。

【偏執病】ヘンシュウビョウ 系統だった妄想モウソウを持続する精神病。妄想による思考や行動以外には、異常がない。パラノイア。

【偏食】ヘンショク (名・する) 食べ物の好ききらいがはげしいこと。また、好きなものだけを食べて、栄養がかたよること。例—をなおす。

【偏頭痛】ヘンズツウ 頭の片側だけにおこる発作的ホッサテキな痛み。例—になやむ。表記「片頭痛」とも書く。

【偏西風】ヘンセイフウ 緯度イド三〇度から六〇度の範囲ハンイの上空を、西から東へふく強い風。

【偏▼袒】ヘンタン・ヘンダン ①片肌かたはだをぬぐこと。上半身のどちらか片側だけ着物をぬぐこと。例—右肩ケン の湯上がり姿。②〔仏〕法衣ホウエの右肩みぎかたをぬぐこと。相手をうやまうときや、作業をするときなどにする。例—して合掌ガッショウする。

【偏重】ヘンチョウ (名・する) 一つのことだけを、おもく見ること。例学歴を—してはいけない。

【偏▼頗】ヘンパ (名・形動ダ) 〔「頗」も、かたよっている意〕あつかいが不公平なこと。例両親の愛が—で、長兄チョウケイびいき。

【偏▼旁冠脚】ヘンボウカンキャク 漢字の「へん(偏)」「つくり(旁)」「かんむり(冠)」「あし(脚)」をまとめていうことば。㊊部首。表記「▼扁▼旁冠脚」とも書く。

●糸偏いとへん・牛偏うしへん・言偏ゴンベン・土偏つちへん・不偏フヘン

亻9 **【偉】** 11画 ⇩【偉】ィ(91ページ)

亻9 **【偏】** 11画 ⇩【偏】ヘン(90ページ)

亻9 **【假】** 11画 ⇩【仮】カ(57ページ)

イ10

【偉】

12画 1646 5049 常用 音イ漢 訓えら-い

筆順 亻 亻 亻 亻 亻 偉 偉 偉 偉

イ9 【偉】11画

なりたち [形声]「亻(=ひと)」と、音「韋イ」とから成る。ふつうでなく、すぐれている。

意味 なみはずれて、すぐれている。りっぱな。大きな。えらい。例偉業イギョウ。偉大イダイ。

人名 いさむ・えら・おおい・すぐる・たけ・まさる・より

【偉観】イカン 圧倒アットウされるほどすばらしい景色。例—を呈テイする。

【偉挙】イキョ ひじょうにすぐれた、おこない。例—をたたえる。

【偉業】イギョウ ひじょうにすぐれた業績。例歴史的な—をなしとげる。

【偉勲】イクン 大きなてがら。類偉功・偉烈イレツ。例—をたてる。

【偉功】イコウ 大きなてがら。りっぱな功績。類偉勲イクン。例—を顕彰ケンショウする。

【偉効】イコウ 目立ったききめ。すぐれた効果。例—を奏する。

【偉才】イサイ たいへんすぐれた才能をもつ人。類偉材。例かれは天下の—だ。

【偉材】イザイ たいへんすぐれた人物。類偉才。例在野の—。

【偉丈夫】イジョウフ 「「イジョウブ」とも」①体格が大きな男。②人格がすぐれた、りっぱな男子。例たくましい—。

【偉大】イダイ (形動ナ) たいへんすぐれているようす。例—な貢献コウケン。

【偉徳】イトク ひじょうにすぐれた、おこない。また、りっぱな人格。例—をしのぶ。—をたたえる。

【偉容】イヨウ 「「容」は、姿かたちの意」堂々としてりっぱな姿。例富士山の—。表記「威容」とも書く。

【偉力】イリョク ひじょうに大きな力。すぐれた力量リキリョウ。

【偉烈】イレツ 「「烈」は、てがらの意」大きなてがら。類偉勲イクン・偉功。例維新イシンの元勲ゲンクンたちの—。

イ10

【傀】

12画 4890 5080 音カイ漢

●魁偉カイイ

意味 ❶目立って大きいようす。同魁カイ。例傀然カイゼン(=りっぱなようす。また、おおいにさとること)。❷奇怪キカイなようす。あやしい。❸「傀儡カイライ」は、あやつり人形。くぐつ。

難読 傀儡くぐつ

【傀▼儡】カイライ ①あやつり人形。くぐつ。②(人形のように)他人の思うままに動かされる人。例—政権。実力者の—になってはたらく。

【傀▼儡師】カイライシ ①あやつり人形を使って芸を演じる人。人形つかい。②自分は表面に立たず、背後から他人を思いのままに動かして目的を達しようとする人。類黒幕・策士。

イ10

【倣】

12画 4891 509A 音コウ漢 訓なら-う

意味 他人をまねる。ならう。まなぶ。同効コウ。例倣慕コウボ。

【倣慕】コウボ あるものにあこがれて、それをそっくりまねようとすること。

へ10

【傘】

12画 2717 5098 常用 音サン漢呉 訓かさ

筆順 𠆢 人 仌 仒 仒 傘

なりたち [象形] かさを広げた形。

意味 からかさ・雨あまがさ・日ひがさなど、かさの類をいう。例傘下サンカ。落下傘ラッカサン。

【傘下】サンカ 「ひろげた傘かさの下の意から」有力な人物や、大きな組織の支配下。類翼下ヨッカ。例大会社の—にはいる。

【傘寿】サンジュ 「「八十」が「傘」の略字「仐」と似ていることから」八十歳サイ。また、八十歳の祝い。例—の祝い。

●雨傘あまがさ・唐傘からかさ・番傘バンがさ

イ10

【備】

12画 4087 5099 教育5 音ヒ漢ビ呉 訓そな-える・そな-わる・そな-え・つぶさ-に

筆順 亻 仁 仳 併 併 備 備 備

なりたち [形声]「亻(=ひと)」と、音「𤰈ヒ(=そなえる)」とから成る。用心してそなえる。

意味 ❶前もって用意する。そなえる。例備品ビヒン。準備ジュンビ。備えあれば患うれいなし。❷じゅうぶんにととのっている。そろっている。そなわる。例完備カンビ。不備フビ。❸何から何まで。ことごとく。つぶさに。

日本語での用法 □《び》「び」の音にあてた万葉がな。「甘南備河かんなびがわ・可奈之備かなしび」□《ビ》「吉備きび(=今の岡山おかやま県と広島県東部の古い呼び方)」の略。「備州ビシュウ・備前ビゼン・備中ビッチュウ・備後ビンゴ」

使い分け そなえる【備・供】⇩1171ページ

人名 くる・そなう・たる・とも・なが・なり・のぶ・まさ・みつ・よ・よし・より

【備えあれば▽患いなし】そなえあればうれいなし ふだんから、いざというときのためにじゅうぶんな準備をしていれば、心配はない。〈書経ショキョウ〉

【備わるを一人に求むるなかれ】そなわるをイチニンにもとむるなかれ ひとりの人間に完全無欠であることを要求してはならない。君主の心得を説いたことば。〈論語ロンゴ〉

【備考】ビコウ 本文の理解を深め、参考のために書きそえておくことがら。例—欄ラン。

【備荒】ビコウ 農作物のできがよくないときや、災害が起こったときのために、あらかじめたくわえておくこと。類救荒・備蓄ビチク。

【備前】ビゼン 旧国名の一つ。今の岡山おかやま県の南東部。

【備蓄】ビチク (名・する) 万一のときにそなえて、ふだんからたくわえておくこと。類備荒ビコウ。例石油を—する。

【備中】ビッチュウ 旧国名の一つ。今の岡山おかやま県の西部。

【備品】ビヒン 建物や施設シセツにそなえつけてある物品。机や本だななど。例学校の—を購入コウニュウする。

【備忘】ビボウ うっかり忘れてしまったときのために、あらかじめ書きつけておくこと。例—のための覚え書き。

【備忘録】ビボウロク たいせつなことがらを書きつけておくための記録。メモランダム。メモ。

【備後】ビンゴ 旧国名の一つ。今の広島県の東部。

●完備カンビ・軍備グンビ・警備ケイビ・兼備ケンビ・守備シュビ・準備ジュンビ・常備ジョウビ・整備セイビ・設備セツビ・装備ソウビ・配備ハイビ・不備フビ・防備ボウビ

イ10

【傅】

12画 4892 5085 音フ漢 訓もり・つ-く・かしず-く

意味 ❶そばにつきそう(役の人)。養育係。もり。かしずく。例傅育フイク。師傅シフ(=周の時代、天子の相談役や太子の養育係)。❷くっつく。くっつける。つく。同附フ。例傅会フカイ。

難読 傅子めのと(=主人の子の養育係をする者の子ども)・抱

傅

【傅育】フイク（名・する）おもり役として、かしずき育てること。類扶育。例—官。

【傅会】フカイ（名・する）①くっつけること。②こじつけること。付会。

亻10 **【傍】** 12画 4321 508D 常用 音ホウ漢 ボウ呉 訓かたわ-ら・はた・わき

筆順 亻 仁 伫 仿 倅 倅 傍 傍

なりたち 【形声】「亻(=ひと)」と、音「旁(=そば)」とから成る。そばに寄る。

意味 ❶ものごとの中心からはずれて、わきにあること。そば。かたわら。はた。例傍観。傍若無人。路傍。傍杖を食う(=とばっちりを受ける)。❷漢字を構成する右側の部分。つくり。同旁。

難読 畝傍(=地名)

人名 かた

【傍観】ボウカン（名・する）（事件などに）かかわることをさけて、そばでなりゆきを見ていること。例—者。騒ぎを—する。

【傍訓】ボウクン 漢字のそばにつける読みがな。ふりがな。ルビ。例文選—。表記「▼旁訓」とも書く。

【傍系】ボウケイ ①主になる系統から分かれ出た系統。例—の会社に再就職する。②親子関係でつながる直系に対して、そこから分かれる系統。きょうだい・おじ・おいなど。対直系。例—親族。▽類傍流。

【傍若無人】ボウジャクブジン（名・形動ダ）（「傍らに人無きが若し」と訓読する）周囲の人の気持ちやめいわくを考えずに、自分のしたいようにふるまうこと。〈史記〉例—の行動。表記「▼旁若無人」とも書く。

【傍証】ボウショウ 事実や主張を裏付けるために、間接的に役立つ証拠。例—を集める。

【傍線】ボウセン 縦書きの文章で、注意をうながすために、文字や語句の右または左のわきに引く線。類下線。例—部。

【傍題】ボウダイ 本や文章などに、主になる題とは別に、付け加える題。副題。サブタイトル。

【傍注】ボウチュウ 本文の理解を助けるために、本文の横に書き加える注釈。表記旧▼旁▼註

【傍聴】ボウチョウ（名・する）会議や裁判、公聴会や演説会などを、当事者でない人が、議場・法廷・会場などのなかで聞くこと。発言は許されない。例—席。公判を—する。

【傍点】ボウテン 読者に注意をうながすために、文字のわきにつける点。例—をふる。—を付す。

【傍輩】ボウハイ（「ホウバイ」とも）①同じ主人や先生に仕え、ほぼ同じ地位にある仲間。同輩。②友人。仲間。表記▽「朋輩」とも書く。

【傍白】ボウハク 演劇で、舞台上の他の登場人物には聞こえないものとして、観客だけに聞かせる形で言うせりふ。ひそかな自分の心中をあらわすときなどに用いる。わきぜりふ。類独白。

【傍流】ボウリュウ ①本流のとちゅうから分かれた流れ。類支流。②ものごとの主流からはずれていること。類傍系。例—にあまんじる。—の者を軽んじる。

●近傍・路傍

亻10 【僅】12画 ⇩【僅】キン(92ページ)

亻10 【傑】12画 ⇩【傑】ケツ(93ページ)

亻11 **【傴】** 13画 4893 50B4 音ウ漢呉 訓かが-む

意味 背骨の曲がる病気。また、背を曲げて身をかがめる。例傴僂。

【傴僂】ウロウ ①背骨が曲がって前かがみになっている人。佝僂。②前かがみになること。

亻11 **【僅】** 13画 2247 50C5 常用 音キン漢 訓わず-か・わず-かに

筆順 亻 仁 伻 伻 俥 僅 僅

亻10 【僅】12画 俗字

なりたち 【形声】「亻(=ひと)」と、音「堇」とから成る。かろうじてできる。

意味 ほんの少し。わずか。わずかに。例僅差。僅少。

【僅僅】キンキン 一（副）わずかに。ほんの少し。二（形動タル）（数量が）ほんの少しであるようす。

【僅差】キンサ ほとんどないといっていいくらいのわずかの差。例—で一着になる。

【僅少】キンショウ（名・形動ダ）ごくわずか。ほんの少し。また、その状態。例—の物を分け合う。

亻11 **【傾】** 13画 2325 50BE 常用 音ケイ漢 キョウ呉 訓かたむ-く・かたむ-ける・かたむ-き

筆順 亻 仁 化 伒 伒 傾 傾 傾

なりたち 【会意】「亻(=ひと)」と「頃(=かたむく)」とから成る。かたむく。

意味 ❶ななめになる。一方にかたよる。かたむく。例傾向。傾斜。右傾。❷くつがえす。あやうくする。かたむける。例傾国。傾城。❸一つのことに集中する。身を入れる。かたむける。例傾注。傾聴。傾倒。

人名 かたぶ

【傾河】ケイガ ①川の水を飲みつくすこと。②（明け方に、ななめにかたむいて見える）天の川。また、夜明け。

【傾向】ケイコウ ①ものごとが、ある特定の方向にかたむいていること。また、その方向の特色。例地球は温暖化の—にある。②考え方が、特定の思想にもとづいていること。とくに昭和初期の社会主義思想についていう。例—文学。

【傾国】ケイコク ①君主がその魅力におぼれて、国をほろぼしてしまうほどの美女。〔前漢の武帝の李夫人の美しさをうたった詩「一顧すれば人の城を傾け、再顧すれば人の国を傾く(=一度見ただけで城を捨ててもいいという気になり、もう一度見たときには国などいらないという気持ちになる)」による〕〈漢書〉例—の美女。②遊女のこと。▽「傾城」ともいう。

【傾斜】ケイシャ（名・する）①（水平なものが）ななめにかたむいていること。また、その度合いや角度。例—した土地。②あるものにばかり心がひかれること。例平和への—を深める。

【傾尽】ケイジン（名・する）〔すっかりかたむけてしまう意から〕持てるもののすべてを出しきること。例あらゆる努力を—して目標を達成する。

【傾▽城】ケイセイ「傾国」に同じ。

【傾注】ケイチュウ（名・する）〔容器の中の液体をそそぐ意から〕一つのことに、全力で打ちこむこと。また、気持ちを集中させること。例全精力を—する。

【傾聴】ケイチョウ（名・する）耳をかたむけて聞くこと。心を集中して聞くこと。例かれの説は—に値する。

【傾度】ケイド ものがかたむいている度合い。かたむいているものと、水平面とが成す角度。例—の測定。

【傾倒】トウ (名・する) ものごとに一心に打ちこむこと。また、ある人や思想・主義・考え方などに深く心を寄せ、夢中になること。例フランス文学に―する。
●右傾・左傾

イ 11
【傑】
13画 2370 5091 常用 音ケツ漢 訓すぐ-れる

筆順 亻 亻ク 亻夕 亻夕二 亻夕牛 亻夕件 傑

イ10 【傑】12画
木4 【杰】8画 5931 6770 俗字

なりたち [形声]「亻(=ひと)」と、音「桀ケツ」とから成る。一万人に一人というほどすぐれた人。例豪傑。

意味 ❶人々の中できわだってぬきんでている、大人物。例豪傑。❷すぐれる。ひいでる。例傑作。傑出。

人名 きよし・すぐる・たかし・たけし・つよし・まさる

【傑作】サク 一(名) きわめてすぐれた作品。類名作。対愚作・駄作。二(形動ナ) (当人はまじめにしているのに)こっけいでおかしくみえるようす。皮肉をこめて用いることがある。例―な事をしでかした。

【傑士】シ ひじょうにすぐれた人物。傑人。傑物。

【傑出】シュツ (名・する) 多くのものや人の中で、なみはずれてすぐれていること。類抜群。例―した才能。

【傑人】ジン とびぬけてすぐれた人物。傑士。傑物。

【傑物】ブツ きわだってすぐれている人物。傑士。傑人。

●怪傑・豪傑・俊傑・女傑

イ 11
【傲】
13画 4894 50B2 常用 音ゴウ漢呉 訓おご-る・あなど-る

筆順 亻 仁 佳 侍 傍 傲 傲

なりたち [形声]「亻(=ひと)」と、音「敖ゴウ」とから成る。おごる。

意味 ❶自分をえらいものとして、わがままな態度をとる。おごる。ほこる。例傲然。傲慢。❷気ままに遊ぶ。例傲遊。

【傲岸】ガン (名・形動ナ)〔「岸」は、切り立っている意〕えらそうな態度で他人を見くだすこと。へりくだることのないようす。類傲慢。例―不遜な性格。

【傲▼倨】キョ (名・形動ナ) 他人を見くだして、いばった態度をとること。倨傲。例―なる男。

【傲骨】コツ ほこり高く、人に屈しないこと。〔唐の詩人李白が人に屈しないのは、腰に傲骨があるからだという〕

【傲然】ゼン (形動タル) おごりたかぶって人を見くだすようす。

【傲慢】マン (名・形動ナ) 自分だけがすぐれていると思いこんで、他人を見くだしあなどること。また、そのようなようす。類尊大・傲岸。対謙虚。例―無礼な態度。

【傲遊】ユウ (名・する) 気ままにあそぶこと。例自ら心ゆくまで―する。

イ 11
【債】
13画 2636 50B5 常用 音サイ漢呉 訓か-り

筆順 亻 仁 仹 倩 債 債 債

なりたち [会意]「亻(=ひと)」と「責サク→サイ(=せめる)」とから成る。返済をせまられる金銭。

意味 ❶金を借りていること。返すべきつとめ。負い目。かり。例債券。債務。負債。❷貸した金を取り立てる。例債鬼。債権。

日本語での用法《サイ》「債券」の略。「公債・公社債・国債」

【債鬼】キ 借金取り。きびしく取り立てに来る人を、鬼にたとえたことば。

【債券】ケン 〔経〕国や地方公共団体、会社や銀行などが、いっぱんの人から資金を集めるときに発行する有価証券。国債や公債・社債など。例国庫―。

【債権】ケン 〔法〕財産権の一つ。貸した金銭や財産などを返してもらう権利。対債務。例―を譲渡する。

【債務】ム 〔法〕借りた金銭や財産などを、返さなければならない義務。対債権。例―不履行。

●公債・国債・社債・負債

イ 11
【催】
13画 2637 50AC 常用 音サイ漢 訓もよお-す・うなが-す・もよお-し

筆順 亻 亻' 仙 伴 侔 催

なりたち [形声]「亻(=ひと)」と、音「崔サイ」とから成る。相手にせまって、せきたてる。

意味 ❶はやくするようにせきたてる。対応をせまる。うながす。例催告。催促。❷ある気分や状態をひきおこす。きざす。もよおす。例催眠。催涙。

日本語での用法《サイ・もよおし・もよおす》行事や会合(をくわだてておこなう)。「開催・主催・文化祭の催し・演説会を催す」

人名 とき

【催告】コク (名・する) 〔法〕相手側に一定の行為(=金銭の返済や、法律上の権利の行使など)をするよう、請求すること。例債務の履行を―する。

【催促】ソク (名・する) 早く実行するよう相手をうながすこと。せきたてること。例矢の―をされる。

【催馬▽楽】バラ 平安時代の歌謡の一つ。古代の民謡や、流行の歌謡の歌詞を、唐から伝来した雅楽の伴奏で歌曲としたもの。

【催眠】ミン ①ねむけをもよおさせること。例―薬。②薬や暗示などで、半分目覚めたような、半分ねむったような心理状態にさせること。例―療法。

【催眠術】ジュツ 特別なことばや動作などで、人を催眠状態にする術。病気や悪癖の治療に用いる。例―師。

【催涙】ルイ (ガスや薬品などで)目からなみだを出させて、行動をにぶくさせること。例―ガス。―弾。

●開催・共催・主催

イ 11
【傷】
13画 2993 50B7 教育6 音ショウ漢呉 訓きず・いた-む・いた-める

筆順 亻 仵 佐 倬 偒 傷 傷

なりたち [形声]「亻(=ひと)」と、音「𥏻ショウ」の省略体とから成る。きず。

意味 ❶けが。いたみ。きず。例負傷。重傷。傷跡。❷けがをさせる。きずつける。いためる。例傷害。殺傷。❸悲しい思いをする。心をいためる。いたむ。例傷心。感傷。愁傷。

使い分け いたむ・いためる【痛・傷・悼】⇩1162ページ

難読 浅傷(あさで)・深傷(ふかで)・火傷(やけど)・傷手(いたで)・刃傷(ニンジョウ)

【傷跡】あと ①きずがなおったあとに、皮膚に残るあと。②災害や戦争による被害ガイ、また、心に受けたきずなどのなごり。

【傷▼痍】ショウイ〔「痍」も、きずの意〕けが。きず。きずを受けること。例—軍人。

【傷害】ショウガイ（名・する）人にけがをさせること。きずつけること。また、けがをすること。例—事件。—罪。—保険。

【傷寒】ショウカン チフスなど、高熱を出す熱病を広く指す古語。

【傷痕】ショウコン きずのついたあと。きずあと。例心に—を残す。

【傷▼嗟】ショウサ いたみなげくこと。類傷嘆ショウタン。例罪なき被害者ヒガイシャを—する。

【傷心】ショウシン（名・する）苦しみや悲しみのために、心をいためること。また、その気持ち。例—をいやす。—をなぐさめる。

【傷嘆】ショウタン（名・する）いたみ悲しむこと。類傷嗟ショウサ。例母の死を—する。表記旧傷▼歎

【傷病】ショウビョウ 負傷と病気。けが人と病人。例—兵。

【傷兵】ショウヘイ きずついた兵士。負傷兵。例—をみまう。

●外傷ガイショウ・火傷カショウ（やけど）・感傷カンショウ・軽傷ケイショウ・殺傷サッショウ・死傷シショウ・愁傷シュウショウ・重傷ジュウショウ・食傷ショクショウ・刃傷ジンショウ（ニンジョウ）・損傷ソンショウ・打撲傷ダボクショウ・致命傷チメイショウ・中傷チュウショウ・負傷フショウ・無傷むきず

𠆢11

【僉】 13画 4901 50C9 音セン漢 訓みな

意味 みんなで。ともに。みな。例僉議センギ。僉望センボウ（＝多くの人の期待）。

【僉議】センギ（名・する）多くの人があつまって相談すること。全体の会議。衆議シュウギ。例—の沙汰サタ。

亻11

【僧】 13画 3346 50E7 常用 音ソウ漢呉 ス唐

亻12

【僧】 14画 1-1441 FA31 人名

筆順 亻 … 僧 僧

なりたち 形声「亻（＝ひと）」と、音「曾ソウ」とから成る。仏道に帰依した人。

意味 出家して仏道にはいった人。法師。沙門シャモン。比丘ビク。〔「僧」は、梵語ボンゴの音訳「僧伽ソウギャ」の略。仏道修行シュギョウする人の集団を指し、ひいてはそのメンバーひとりをも指すようになった〕対俗ゾク。例僧院ソウイン。僧侶ソウリョ。高僧コウソウ。

難読 売僧マイス

【僧▼庵】ソウアン 僧が住む、そまつな家。

【僧衣】ソウイ（ソウエ）僧が着る衣服。ころも。法衣。

【僧位】ソウイ 僧としてのくらい。法印・法眼ホウゲン・法橋ホッキョウなどがあり、もとは朝廷チョウテイからあたえられた。

【僧院】ソウイン ①僧が、修行シュギョウしながら住む場所。寺院。②キリスト教（おもにカトリック）で、修道院。例パルムの—。

【僧官】ソウカン（仏）朝廷チョウテイから僧にあたえられた官職。僧正ソウジョウ・僧都ソウズなど。

【僧形】ソウギョウ 頭をそった僧の姿。例出家して—となる。

【僧綱】ソウゴウ（仏）僧を統率トウソツするために朝廷チョウテイから任命された僧官。僧正ソウジョウ・僧都ソウズ・律師など。類僧位。

【僧正】ソウジョウ（仏）僧綱ソウゴウの最上位。また、その位にある人。のちに各宗派の僧の階級の一つをいう。例大—。権ゴン—。

【僧都】ソウズ（仏）僧正ソウジョウに次ぐ位。また、その位にある人。のちに各宗派の僧の階級の一つとなる。

【僧俗】ソウゾク 出家した僧と、出家していない俗人。転じて、すべての人。例貴賤キセン—を問わず集まる。

【僧徒】ソウト〔「徒」は、なかまの意〕僧たち。例一山イッサンの—が参集する大法会ダイホウエ。

【僧堂】ソウドウ（仏）禅宗ゼンシュウの寺で、僧が座禅ザゼンを組んだり、修行シュギョウをしたりする建物。

【僧尼】ソウニ（仏）僧とあま。出家した男女をまとめていう。

【僧兵】ソウヘイ 仏法保護の名のもとに、武器を持ち、戦闘セントウに参加した僧。また、その集団。平安時代末の、興福寺コウフクジや延暦寺エンリャクジなどのものが有名。

【僧坊】ソウボウ 寺の中で、僧が日常生活を送る建物や部屋。表記「僧房」とも書く。

【僧侶】ソウリョ〔「侶」は、なかま。もとは、僧の集団の意〕①僧たち。坊ボウさんたち。②職業としての仏教徒で、寺院や教会に役をもつ者。

●高僧コウソウ・小僧こゾウ・尼僧ニソウ・売僧マイス・名僧メイソウ

亻11

【働】 13画 3815 50CD 教育4 国字 音ドウ 訓はたら-く・はたら-き

筆順 亻 … 働

なりたち 会意「亻（＝ひと）」と「動ドウ（＝うごく）」とから成る。人が動いてはたらく。

意味 仕事をする。うごく。特定の作用や機能（を果たす）。はたらく。はたらき。例稼働カドウ。実働ジツドウ。労働ロウドウ。

人名 つとむ

●稼働カドウ・実働ジツドウ・労働ロウドウ

亻11

【傭】 13画 4535 50AD 人名 音ヨウ漢呉 訓やと-う・やと-い

意味 賃金をはらって人を働かせる。やとう。例傭役ヨウエキ。傭兵ヨウヘイ。雇傭コヨウ。

【傭役】ヨウエキ（名・する）（人を）やとって働かせること。また、（人に）やとわれて使われること。例—に出て生活を立てる。

【傭耕】ヨウコウ（名・する）（人に）やとわれて、他人の土地を耕作すること。例陳渉チンショウ少わかき時とき、嘗かつて人ひとの与ために—す（＝陳渉は若いころ、小作人として働いていた）。〈史記シキ〉

【傭兵】ヨウヘイ 金銭でやとわれて、戦いに参加する兵士。雇兵コヘイ。例—部隊。

亻11

【僂】 13画 4904 50C2 音ル漢ロウ漢 訓かが-む

意味 ❶背骨が曲がって前かがみになる病気。→【佝僂】クル（65ジペー）例僂背ロウハイ（＝病気で背骨が曲がっている）。❷まげる。前かがみになる。折る。かがむ。例僂指ロウシ（＝指し示す。また、指折り数える）。

亻11

【僊】 13画 ⇩【仙】セン（54ジペー）

亻11

【傳】 13画 ⇩【伝】デン（62ジペー）

亻12

【僖】 14画 4905 50D6 音キ漢呉 訓たの-しむ

意味 よろこぶ。たのしむ。同嬉キ。

亻12

【僑】 14画 2203 50D1 音キョウ漢

意味 旅先でかりずまいをする（人）。他郷に身を寄せる（人）。例僑居キョウキョ。華僑カキョウ。

【僑居】キョウキョ（名・する）一時的に住むこと。また、そのかりずまい。仮寓カグウ。寓居グウキョ。

亻12

【僥】 14画 4907 50E5 音ギョウ慣 キョウ漢

【意味】得がたいものをもとめる。ねがう。例僥倖ギョウコウ。

【僥▼倖】ギョウコウ 思いもよらぬ幸運。例旧友に再会するという―にめぐまれた。

イ12 【僭】 14画 4908 50ED 音セン漢 訓おご-る

イ12 【僣】 14画 4909 50E3 俗字

意味 身分をこえて下の者が上の者をまねる。上の者の領分をおかす。おごる。例僭越センエツ。僭主センシュ。僭称センショウ。僭上センジョウの沙汰サタ。

【僭越】センエツ （名・形動ナ）自分の身分や立場、能力などをこえて、差し出た行動をとること。例―ながら、私から提案がございます。

【僭恣】センシ 自分の身分や立場をわきまえずに、わがままにふるまうこと。例―のふるまい。

【僭主】センシュ ①武力で君主の位をうばい、勝手に君主を名乗る者。②古代ギリシャで、貴族と平民の勢力争いに乗じて、非合法的に権力をにぎった独裁者。タイラント。例―政治。

【僭称】センショウ （名・する）身分をこえた称号をかってに名乗ること。また、その称号。例王を―する。

【僭上】センジョウ （名・形動ナ）自分の身分をわきまえず、差し出たふるまいをすること。また、そのようす。例―の沙汰サタ。

イ12 【像】 14画 3392 50CF 教育5 音ショウ漢ゾウ呉 訓かたち・かた-どる

筆順 亻 亻 仵 伒 侮 傍 像 像 像

なりたち [形声]「亻(=ひと)」と、音「象ショウ」とから成る。人の姿に似せる。かたどる。

意味 ❶似せて作る。かたどる。例想像ソウゾウ。❷似すがた。ありさま。かたち。例偶像グウゾウ。銅像ドウゾウ。仏像ブツゾウ。

難読 宗像むなかた(=地名・姓セイ)

人名 かた・すえ・のり・み

【像法】ゾウボウ （仏）正法ショウボウ・像法・末法マッポウの「三時サンジ」のうち、二番目の時期。正法の次の千年間。仏教が衰退スイタイにむかい、修行シュギョウをしても、さとりを得る者はいなくなるという。

●映像エイゾウ・画像ガゾウ・現像ゲンゾウ・座像ザゾウ・自画像ジガゾウ・肖像ショウゾウ・塑像ソゾウ・彫像チョウゾウ・木像モクゾウ・立像リツゾウ

イ12 【僮】 14画 4910 50EE 音トウ漢ドウ呉 訓わらべ・しもべ

意味 ❶未成年の子供。わらべ。同童ドウ。例僮子ドウシ。❷(子供のような)おろかもの。おろかで無知なようす。例僮然ドウゼン。僮蒙ドウモウ。❸めしつかい。しもべ。同童ドウ。例僮僕ドウボク。家僮カドウ。

【僮然】ドウゼン （形動タル）おろかなようす。無知。

【僮僕】ドウボク ⇩【童僕】ドウボク（745ジ）

【僮▼蒙】ドウモウ ⇩【童蒙】ドウモウ（745ジ）

イ12 【僕】 14画 4345 50D5 常用 音ホク漢ボク呉 訓しもべ・やつがれ

筆順 亻 亻" 亻" 僅 僕 僕 僕

なりたち [会意]「亻(=ひと)」と「菐ホク(=こまごまとはたらく)」とから成る。貴人に仕える者。

意味 ❶男のめしつかい。従者。しもべ。例僕僮ボクドウ。下僕ゲボク。神かみの僕しもべ。❷男子が、自分をへりくだっていうことば。やつがれ。ぼく。

【僕御】ボクギョ 御者ギョシャ。馬車のウマをあやつる従者。

【僕妾】ボクショウ 下男ゲナンと下女。めしつかい。僕婢ボクヒ。

【僕▼僮】ボクドウ しもべ。めしつかい。

【僕▼婢】ボクヒ 下男ゲナンと下女。僕妾ボクショウ。

●下僕ゲボク・公僕コウボク・従僕ジュウボク

イ12 【僚】 14画 4629 50DA 常用 音リョウ漢呉 訓とも

筆順 亻 仁 仸 伕 俠 傛 僚 僚

なりたち [形声]「亻(=ひと)」と、音「尞リョウ」とから成る。好ましい。借りて「なかま」の意。

意味 ❶同じ仕事をしているなかま。ともがら。とも。例僚友リョウユウ。同僚ドウリョウ。❷役人。つかさ。例官僚カンリョウ。幕僚バクリョウ。

人名 あきら

【僚官】リョウカン ①役人。②同じ職場で働いている仲間の役人。

【僚艦】リョウカン ともに参戦している味方の軍艦。例―と合流する。

【僚機】リョウキ ともに参戦している味方の飛行機。例霧きりで―を見失った。

【僚船】リョウセン ともに航行している仲間の船。例―と通信する。

【僚友】リョウユウ 同じ職場の仲間や友人。同僚。例かれとは入社以来の―です。

●閣僚カクリョウ・官僚カンリョウ・属僚ゾクリョウ・同僚ドウリョウ・幕僚バクリョウ

イ12 【僞】 14画 ⇩【偽】ギ（87ジ）

イ12 【僣】 14画 ⇩【僭】セン（95ジ）

イ12 【儁】 14画 ⇩【俊】シュン（77ジ）

イ12 【僧】 14画 ⇩【僧】ソウ（94ジ）

イ13 【億】 15画 1815 5104 教育4 音オク漢呉 訓おしはか-る

筆順 亻 广 伫 倍 偣 億 億

なりたち [形声]「亻(=ひと)」と、音「意オク」とから成る。心が安らか。借りて「十万」の意。

意味 ❶数の単位。万の一万倍。きわめて多い数。古くは万の十倍を億といった。例億兆オクチョウ。億万長者オクマンチョウジャ。巨億キョオク。十万億土ジュウマンオクド(=仏教で、この世から極楽浄土ゴクラクジョウドにいたるまでの間に無数にあるという仏の世界のこと)。❷心の中であれこれ考える。おしはかる。同憶オク・臆オク。

人名 かず・はかる・やす・やすし

【億万】オクマン 数量がひじょうに多いこと。例―長者。

【億▼劫】 一 オッコウ （名）（仏）ひじょうに長い時間。 二 オックウ （形動ナ）やる気が出ないようす。例あとかたづけは―だ。

イ13 【儀】 15画 2123 5100 常用 音ギ漢呉 訓のり

筆順 亻 亻 佯 佯 儀 儀 儀

なりたち [形声]「亻(=ひと)」と、音「義ギ」とから成る。法律や制度などの、決まり。

意味 ❶正しい作法(にかなった動作や行事)。手本。のり。例儀式ギシキ。律儀リチギ。❷器械。模型。例地球儀チキュウギ。

日本語での用法《ギ》名詞や代名詞の下につけて「…に関すること」の意味をあらわす。「公儀コウギ・内儀ナイギ・余儀ヨギ・私儀わたくしギ」

人名 ただ・ただし・はかる・よし・よろし

【儀式】ギシキ ①決まり。規則。②（宗教行事や伝統行事、成人式や結婚式など）一定の決まりに従っておこなわれる行事。例―ばった態度。―に列席する。

【儀▼仗】ギジョウ〔「仗」は、武器の意〕儀式に用いる形式的なかざりの武器。例―兵を閲兵する。

【儀装】ギソウ（名・する）儀式のために、かざりつけをすること。儀式の設備をととのえること。

【儀典】ギテン 儀式における決まりやしきたり。典礼。類亀鑑。例―に精通している。

【儀表】ギヒョウ〔「表」は、手本の意〕模範。手本。例哲学者の―、ソクラテス。

【儀容】ギヨウ 礼儀にかなってよく整った姿や態度、ふるまい。容儀。例―を整える。

【儀礼】ギレイ ①社会的習慣や伝統として、重んじられる礼儀作法。例―を尊重する。②一定の決まりに従っておこなわれる行事。例通過―（＝社会生活の上で、年齢の節目に経験すべき儀礼）。

【儀礼的】ギレイテキ（形動ダ）真心からではなく、ただ形式的に礼儀に従っているようす。例―なあいさつをかわす。

●威儀・行儀・婚儀・祝儀・葬儀・大儀・地球儀・難儀・律儀・流儀・礼儀

亻13 【僵】15画 4912 50F5 音キョウ漢 訓たお-れる

意味 人が体をこわばらせる。たおれて死ぬ。たおれる。

亻13 【儂】15画 4915 5102 音ドウ漢 ノウ呉 訓わし・われ

意味 われ。おれ。わし。〔中国六朝時代の呉の方言にもとづく〕例儂家（＝わし。われ。わが家）。

亻13 【僻】15画 4240 50FB 音ヘキ漢 訓ひが-む

意味 ❶中心から遠くはなれている。かたよる。例僻遠。僻地。❷心がひねくれる。まちがっている。よこしま。例僻事（＝道理に合わないこと）。僻見。邪僻。

【僻耳】ひがみみ 聞きちがい。聞きあやまり。

【僻目】ひがめ ①視線の方向がずれている目。②見まちがい。③かたよったものの見方や考え方。例このように考えるのは、わたしの―だろうか。

【僻者】ひがもの 心がねじけた人。

【僻遠】ヘキエン（名・形動ダ）都などから遠くへだたっていること。また、そのような土地。類僻地・辺鄙。例―の地。

【僻見】ヘキケン 公正でなく、かたよったものの見方や考え方。類偏見。例―に満ちた中傷。

【僻在】ヘキザイ（名・する）①かたよって存在すること。偏在。②政治や文化の中心地から、遠くはなれた場所にあること。へんぴなところにいること。いなかずまい。

【僻▼陬】ヘキスウ〔「陬」は、かたすみの意〕都会からはなれた、へんぴな土地。類僻地。例―の地。

【僻説】ヘキセツ 誤った説。道理にはずれた意見。

【僻村】ヘキソン ①へんぴなところにある村。寒村。②自分の住む村を、へりくだっていうことば。

【僻地】ヘキチ 政治や文化の中心地からはなれた、へんぴな土地。辺地。例―医療。過疎化の進む―。

【僻論】ヘキロン まちがった考え。かたよっていて、公正を欠く意見。

𠆢13 【舗】15画 4262 8217 常用 音ホ漢 訓し-く 付表老舗しにせ

筆順 𠆢 今 全 舎 舎 舗 舗 舗 舗

舌9 【舖】15画 7152 8216

金7 【鋪】15画 4263 92EA 本字

なりたち 【形声】「金（＝かなぐ）」と、音「甫ホ」とから成る。門に引き手をつける金具。

意味 ❶門にはりつける金具。❷ぴたりとはりつける。並べる。しく。例舗装。舗道。❸商品を並べて売るところ。みせ。例店舗。本舗。老舗。

人名 しげ・すけ・のぶ・はる

【舗装】ホソウ（名・する）（歩行や車の通行をしやすくするために、また、乾燥や風雨から守るために）道路の表面に、アスファルトやコンクリート、また、れんがなどをしくこと。例―工事。表記 旧▼鋪装

【舗道】ホドウ 舗装した道。表記「▼鋪道」とも書く。

●店舗・本舗・老舗

亻13 【僡】15画 4919 511A 音ボウ漢 訓はかな-い

意味 くらい。くらくてぼんやりする。

日本語での用法《はかない》あてにならない。かいがない。長続きしない。「僡く消えた虹」

亻13 【價】15画 ⇩【価】カ（72ページ）

亻13 【儉】15画 ⇩【倹】ケン（82ページ）

亻14 【儒】16画 2884 5112 常用 音ジュ漢

筆順 亻 仁 伻 俨 儒 儒 儒

なりたち 【形声】「亻（＝ひと）」と、音「需シュ→ジュ」とから成る。やわらげる。派生して、人を安らかにさせることができる人。

意味 ❶学者。人を教え導く人。先生。例通儒（＝博識の学者）。碩儒。大儒。❷孔子を祖とした学問と、その学派や学者。例儒学。儒教。儒者。

難読 儒ものしり

人名 はか・ひと・みち・やす・よし

【儒家】ジュカ 儒学を専門とする学者。また、その学派。例孔子は―の祖だ。―と道家。

【儒学】ジュガク 儒教。また、儒教の精神について研究する学問。例―者。

【儒官】ジュカン 儒学を教える官吏。儒学をおさめて政治上の諮問にあずかる官。例昌平黌の―となる。

【儒教】ジュキョウ 孔子に始まる、政治や道徳についての教え。「仁」を根本理念とし、日常の人間関係、道徳や政治のあり方、教育について説く。長く中国思想の中心となり、日本や朝鮮などにも大きな影響をあたえた。

【儒者】ジュシャ ①儒教を研究し、それを教える人。②江戸時代、幕府の役職の一つ。文学や教育をつかさどり、将軍に儒学を講義した。林家（＝林氏）が世襲した。

【儒道】ジュドウ ①儒学のみち。②儒家と道家。また、儒教と道教。例―二家を折衷する。

【儒仏】ジュブツ 儒教と仏教。例―二道。

【儒林】ジュリン〔「林」は、人やものが多く集まるところの意〕儒学者の仲間。儒学者の社会。

●犬儒・坑儒・侏儒・大儒

【儘】 亻14 16画 4854 5118 音ジン慣 シン漢 訓まま・ことごと-く

意味 ❶ことごとく。みな。同尽。❷…するにまかせて。…のままに。

【侭】 亻6 8画 4389 4FAD 俗字

日本語での用法《まま》なりゆきにまかせる。あるがまま。思いどおりであること。「有りの儘・思いの儘・我が儘」

【儘教】 〔「さもあらばあれ」「ままよ」と訓読する〕どうにでもなれ。どうなってもかまわない。〔悪い事態を、不本意ながら受け入れる気持ちをあらわす〕類遮莫。

【儕】 亻14 16画 4917 5115 音セイ慣 サイ漢 訓たぐい・ともがら・ばら・わなみ

意味 ❶同類の人。なかま。ともがら。例儕徒。儕輩。❷いっしょに。ともに。例儕居。❸道連れ。

日本語での用法 一《ばら》熟字訓では、多数を示す接尾語「ばら」に当たる。「奴儕・党儕」 二《わなみ》「吾儕・和儕(=わし・わがはい)」と熟して用いる。

【儕等】 なかま。「儕輩」に同じ。

【儕輩】 なかま。同僚。同輩。

【儔】 亻14 16画 4918 5114 音チュウ漢呉 訓とも・ともがら・なら-ぶ

意味 同じようななかま。ともがら。例儔匹。儔侶。

【儔匹】 〔「匹」も、なかま・たぐいの意〕仲間。ともがら。たぐい。儔侶。儔類。

【儔侶】 〔「侶」も、なかま・ともの意〕「儔匹」に同じ。

【償】 亻15 17画 2994 511F 常用 音ショウ漢 訓つぐな-う・つぐな-い

筆順 亻 亻' 亻'' 偿 償 償 償 償

なりたち 〔形声〕「亻(=ひと)」と、音「賞」とから成る。借りを返す。

意味 ❶受けた恩や労力に対して、むくいる。例代償。報償。❷相手にあたえた損失や、罪に対するうめあわせをする。つぐなう。つぐない。例賠償。弁償。罪を償う。

【償還】 (名・する) 借金や債務を返済すること。償却。例負債を―する。

【償却】 (名・する) ①かかった費用などを、うめあわせること。借金などを返済すること。償還。例債務を―する。②「減価償却」の略。

【償金】 ①他人にあたえた損害をうめあわせるために、しはらうお金。②戦争で、負けた国や他国に損害をあたえた国が、勝った国や損害を受けた国に対してしはらうお金。賠償金。

●代償・賠償・報償・補償・無償・有償

【優】 亻15 17画 4505 512A 教育6 音ユウ漢 ウ呉 訓やさ-しい・すぐ-れる・まさ-る

筆順 亻 佰 值 值 僡 僡 優

なりたち 〔形声〕「亻(=ひと)」と、音「憂」とから成る。たっぷりとある。

意味 ❶ゆったりして余裕がある。例優閑(=ゆったりとしていて、ひまがある)。❷上品で美しい。やさしい。例優雅。優美。❸手厚い。親切にとくに目をかける。例優遇。優待。❹他よりも内容や程度が上である。まさる。すぐれる。例優越。優秀。優劣。❺役者。芸人。例女優。俳優。

使い分け やさしい【優・易】 ⇩1181ページ

難読 俳優

人名 あつし・かつ・ひろ・ひろし・まさ・まさし・ゆたか

【▽優曇華】 〔「優曇」は、梵語の音訳「優曇波羅」の略〕①〔仏〕三千年に一度花がさくという植物。ひじょうにまれなことにたとえる。例盲亀の浮木、―の花(=めったにないことのたとえ。また、思いがけぬ幸運にめぐりあうこと)。②クサカゲロウのたまご。

【▽優婆▼夷】 〔仏〕〔梵語の音訳〕出家していない、女性の仏教信者。対優婆塞。

【▽優婆塞】 〔仏〕〔梵語の音訳〕出家していない、男性の仏教信者。対優婆夷。

【優形】 ①姿や形がすんなりとして優美なこと。例色が白く―のいい男。②気だてやふるまいが上品で、やさしいこと。

【優▼渥】 (名・形動ダ) 天子や君主の、人民を思いやる心が厚いこと。めぐみぶかいこと。例―なことばをかけてやるという態度。

【優位】 (名・形動ダ) 他よりすぐれた状態。高い地位。有利な立場。類優勢・上位。対劣位。例―に立つ。―を誇る。

【優越】 (名・する) 他よりすぐれていること。対劣等。

【優越感】 自分が他の人とくらべてすぐれていると思う気持ち。シュペリオリティーコンプレックス。対劣等感。例―にひたる。―をいだく。

【優▼婉】 (名・形動ダ) やさしく上品であでやかなこと。例―な花の季節。表記「優艶」とも書く。

【優雅】 (名・形動ダ) ことばや動作などがゆったりしていて上品なこと。対粗野。例―な生活。―な舞い。

【優遇】 (名・する) 特別に手厚いあつかいをすること。類厚遇・優待。対冷遇。例―措置を講じる。経験者を―する。

【優秀】 (名・形動ダ) (目立つほど)すぐれていること。とくにぬきんでていること。類優良。例成績―者。日本の製品は―だ。

【優柔不断】 (名・形動ダ) ぐずぐずと迷って決断をなかなかくだせないこと。例―な態度に業をにやす。

【優勝】 (名・する) ①最もすぐれていること。第一位になること。例―杯。②すぐれたものが勝つこと。例―劣敗。

【優勝劣敗】 すぐれた者が勝ち、おとった者が負けること。生存競争で強いものや環境に適応したものが栄え、そうでないものがほろびること。類適者生存。例―は世の習いだという。

【優▼諚】 天子のありがたいおことば。例―をおしいただく。

【優性】 ①遺伝で、親の形質が子にあらわれる形。顕性。例―遺伝。②すぐれた性質。▽対劣性。

【優勢】 (名・形動ダ) いきおいがまさっていること。対劣勢。例―を保つ。―に立つ。

【優生学】 子孫をすぐれたものにする目的から、人間の遺伝する性質のうち、悪質なものをなくし、良質なものを残すことを研究する学問。

【優先】 (名・する) 他をあとまわしにして、さきに対処すること。例―席。歩行者―。

【優先権】ユウセンケン ①他の人よりもさきにすることのできる権利。例—をもつ。②〔法〕他の債権者サイケンシャよりさきに、金銭や物件の処分、取り立てができる権利。例—を認める。

【優待】ユウタイ（名・する）特別に有利なもてなしをすること。類優遇ユウグウ。例—券。

【優等】ユウトウ（名・形動ダ）成績や能力がほかの人にぬきんでてよいこと。対劣等レットウ。例—賞。—生。

【優美】ユウビ（名・形動ダ）上品でうつくしいこと。例—な物腰ものごし。—な仮名かなの書ショ。

【優良】ユウリョウ（名・形動ダ）品質や程度がすぐれていること。類優秀ユウシュウ。対劣悪レツアク。例—品。健康—児。

【優劣】ユウレツ すぐれていることと、おとっていること。どちらがすぐれ、どちらがおとっているか。類甲乙コウオツ。例—をつけがたい。—を争う。—がない。

●女優ジョユウ・声優セイユウ・男優ダンユウ・名優メイユウ

亻15 【儡】 17画 4920 5121 音ライ漢

意味 ❶土でつくった人形。あやつり人形。でく。例傀儡カイライ。❷おちぶれる。つかれる。

難読 傀儡くぐつ

亻15 【儖】 17画 4916 5116 音ラン漢

意味「儖儳ランザン」は、みにくいようす。また、いりみだれるようす。

亻15 【儲】 17画 ⇨【儲】チョ（98ページ）

亻16 【儲】 18画 4457 5132 人名 音チョ漢 訓もう-け・もう-ける

亻15 【儲】 17画 俗字

意味 ❶たくわえる。また、ためておいて不足したときにそなえる。同貯チョ。例儲積チョセキ（=蓄積チクセキ）。❷主君になると予定されている人。太子。もうけのきみ。例儲位チョイ。儲君チョクン。

日本語での用法 一《もうけ・もうける》利益を上げる。「金儲かねもうけ」 二《もうける》子ができる。子をもつ。「一男一女イチナンイチジョを儲もうける」

【儲位】チョイ 東宮トウグウ（=皇太子）のくらい。

【儲君】チョクン 皇太子。または皇位をつぐことになっている皇子や皇女。もうけのきみ。

亻19 【儺】 21画 4921 513A 音ダ漢 ナ呉 訓おにやらい

意味 疫病神ヤクビョウがみを追いはらう行事。おにやらい。陰暦インレキおおみそか（=今の節分）の行事。例追儺ツイナ（=節分の夜の豆まきの行事）。

難読 追儺なやらい・おにやらい

亻19 【儷】 21画 4922 5137 音レイ漢 訓なら-ぶ

意味 ❶二つが対ツイになっている。ならぶ。例駢儷体ベンレイタイ。❷夫婦フウフ。つれあい。例伉儷コウレイ（=つれあい）。

亻20 【儼】 22画 4923 513C 音ゲン漢呉 訓おごそ-か

意味 おもおもしくて、いかめしい。おごそか。例儼然ゲンゼン。

【儼然】ゲンゼン（形動タル）近づくことがはばかられるほど、おもおもしくいかめしいようす。例—たる態度。表記 現厳然

亻20 【儻】 22画 4924 513B 音トウ漢呉 訓すぐ-れる・たぐい・たまたま・もし

意味 ❶「倜儻テキトウ」は、とびぬけて、すぐれていること。❷うっとりする。例儻乎トウコ（=うっとりとしたようす）。❸たまたま。例儻来トウライ（=たまたま来る）。❹〔助字〕「もし」と読み、ひょっとして、そうなったら、の意。仮定をあらわす。例儻有二他意一もしタイあらば（=ひょっとすると二心をいだくかもしれず、そうなると）。〈三国志サンゴクシ〉

10 2画 儿 ひとあし にんにょう 部

人がひざまずいた形で、「ひと」の意をあらわす。「儿」をもとにしてできている漢字と、「儿」の字形を目じるしにして引く漢字とを集めた。

0 儿 1 兀 2 允 元 3 兄 4 兇 光 充 先 兆 5 克 児 兌 兎 売 皃 兔 6 尭 免 兒 兗 兔 8 党 9 兜 12 兢

この部首に所属しない漢字

禿⇩禾 731 見⇩見 898 虎⇩虍 871 亮⇩亠 47 鬼⇩鬼 1092 竟⇩立 745 堯⇩土 237

儿0 【儿】 2画 4925 513F 音一ジン漢 二ジ漢 訓かたむ-く・ひと

意味 一ジン ひと。「人ジン」の古字。 二ジ「児ジ」の俗字ゾクジとして用いられる。

儿1 【兀】 3画 4926 5140 音コツ慣 ゴツ漢

意味 ❶（山が）高くつきでているようす。また、山に草木のないようす。例兀然ゴツゼン。兀立ゴツリツ。❷動かないようす。例兀兀コツコツ。❸足首をたち切る刑罰ケイバツ。例兀者ゴツシャ。

【兀兀】コツコツ ゴツゴツ（副・形動タル）わきめもふらず一心にうちこむようす。例—と努力する。

【兀然】ゴツゼン コツゼン（形動タル）①山などが高くつきでているようす。②動かないようす。

【兀立】コツリツ ゴツリツ（名・する）山などがつきでて、高くそびえていること。例山脈中に—する秀峰シュウホウ。

儿2 【允】 4画 1684 5141 人名 音イン漢 訓まこと・まこと-に・ゆる-す

なりたち［会意］「ム（=もちいる）」と「儿（=ひと）」とから成る。信用できる人。

意味 ❶まじめに。ほんとうに。正しく道理にかなう。まこと。まことに。例允当イントウ。允文允武インブンインブ。❷ゆるす。みとめる。例允可インカ。允許インキョ。

日本語での用法《ジョウ》律令制リツリョウセイの四等官シトウカンで、寮リョウの第三位。判官ジョウ。「玄蕃允ゲンバのジョウ・内蔵允くらのジョウ」

人名 あえ・おか・こと・さね・じょう・すけ・たか・たかし・ただ・ただし・ちか・のぶ・まこと・まさ・みつ・みつる・よし

【允可】インカ（名・する）許すこと。許可。類允許。

【允許】インキョ（名・する）認めゆるすこと。聞き届けること。許可。類認可ニンカ・允可。例師の—を受ける。

【允文允武】インブンインブ〔「允まことに文ブン、允に武ブ」と訓読する〕天

子が、学問もあり武勇にもすぐれ、文武の徳を備えていることを、たたえていうことば。〈詩経〉

儿 2

【元】

4画　2421 5143　教育2　音 ゲン 漢　ガン 呉　訓 もと

筆順 一 二 テ 元

なりたち [形声]「一(=いち。はじめ)」と、音「兀ゴツ→ゲン」とから成る。始め。

意味 ❶ものごとを成り立たせているもの。もと。また、もとになるもの。例元金。元素。根元。❷ものごとのはじめ。例元祖。元旦。元年。❸かしら。㋐いちばん上の地位にある人。例元首。元帥。㋑あたま。こうべ。例元服。❹年号。例元号。紀元。❺よい。大きい。例元勲。元老。❻モンゴル族のフビライが宋をほろぼして建てた王朝。漢民族の明にほろぼされた。(一二七一―一三六八)例元曲。元寇。

日本語での用法《もと》①近くの場所。「手元に置く・お膝元」②もとで。「元がかかる」

使い分け もと【下・元・本・基】⇨1180ページ

人名 あき・あさ・おさむ・ちか・つかさ・なが・はじむ・はじめ・はる・まこと・まさ・ゆき・よし

【元金】ガンキン・もときん ①利息がつくもとになるお金。元本。対利息・利子。例―据え置き。②商売や投資をするときの初めのお金。もとで。資本金。資金。

【元日】ガンジツ 一年の最初の日。一月一日。

【元旦】ガンタン 一月一日の朝。元朝。〔誤って、元日のことを指すことがある〕例一年の計は―にあり。

【元朝】㊀ガンチョウ 一月一日の朝。元旦。㊁ゲンチョウ 元の朝廷。また、元の王朝。例『―秘史』〔元の太祖(=チンギス・ハン)・太宗(=オゴタイ)とその時代の記録〕

【元年】ガンネン ある年号の、最初の年。例令和―。

【元本】ガンポン ①もとでとなるお金。元金。②あとになって利益を生み出す、そのもとになる財産や権利。

【元来】ガンライ (副)もとからその状態であったようす。もともと。そもそも。類本来。例―の正直者。

【元気】ゲンキ〔万物の根本になる気の意〕㊀(名)活動のもとになる気力。活気。活力。例―を出す。―いっぱい。㊁(形動ナ)健康で活発なようす。例―な子供。

【元凶】ゲンキョウ 悪事をはたらく中心人物。また、悪事のおおもと。例公害の―。表記 旧元▼兇

【元曲】ゲンキョク 元代におこった戯曲。北曲。

【元勲】ゲンクン 国につくした大きなてがら。大きな功績。また、その功績のある人。例維新の―。

【元▼寇】ゲンコウ 鎌倉時代、中国の元軍が日本に来襲したこと。一二七四(文永十一)年と一二八一(弘安四)年の二度にわたり来襲したが、どちらも失敗に終わった。文永・弘安の役。蒙古襲来。

【元号】ゲンゴウ「昭和」「平成」「令和」など、ある限られた期間を呼ぶためにつけられた年号。

【元始】ゲンシ ①はじめ。もともと。本来。②年のはじめ。

【元首】ゲンシュ ①国家機関の長で国を代表する主権者。例―制。②外国に対して国を代表する人。君主国では君主、共和国では大統領など。

【元▼辰】ゲンシン ①元日。②よい日。吉日。

【元帥】ゲンスイ ①全軍を統率する総大将。②もと、天皇の軍事上の相談にあずかる陸海軍大将の称号。

【元祖】㊀ゲンソ 先祖。祖先。例人間の―アダムとイブ。㊁ガンソ あるものごとを始めた最初の人。創始者。また、あるものごとの始まり。例長崎カステラの―。『竹取物語』は、日本の物語文学の―である。

【元素】ゲンソ ①化学的にはこれ以上分解できない物質。金・銀・酸素・水素・窒素など。化学元素。例―記号。②万物をつくりあげるおおもと。たとえば、ギリシャ哲学では土・空気・火・水、仏教では五大(=地・水・火・風・空)。

【元服】ゲンプク・ゲンブク (名・する)〔頭につける冠の意〕もと、公家や武家の男子の成人式。髪型を変え、冠をかぶり、服装も大人のものにあらため、大人の名をつけるなどした。十二歳前後におこなわれることが多かった。また、町人の社会でも前髪をそるなどして、一つの通過儀礼とした。

【元物】ゲンブツ〔法〕利益を生み出すもとになるもの。利息に対する元金にあたる。乳牛・果樹・貸家など。

【元老】ゲンロウ ①すぐれた功績があり、現役をしりぞいても、なお強い力をもつ政治家。②明治中期から昭和初期にかけて、重要な国家の政務に、天皇を補佐した政治家。③長いあいだ一つの部署にいて功労のある人。

【元▼禄】ゲンロク ①江戸時代中期、東山天皇の代の年号(一六八八―一七〇四)。文化や経済が栄えた。また、繁栄する時代のたとえ。例―文学。昭和―。②「元禄袖」の略。和服の袖形の一つ。袖たけは短く、たもとの丸みが大きい。女性のふだん着や女児の着物に使われる。

【元締め】もとじめ ①会計のしめくくり役。また、仕事全体のまとめ役。②ばくち打ちの親分など。

【元帳】もとチョウ 簿記でいちばんもとになる帳簿。勘定の科目ごとに口座を分けて書き入れる。類原簿。

【元手】もとで 商売や事業をする、もとになる資金。また、能力。資本。元金。例―のいらない商売。からだが―だ。

【元結】もとゆい 和風の髪を結うときに使う細い糸やひも。今は多く、水引のこよりを用いる。もとい。もっとい。例―紙。

●網元・家元・還元・次元・単元・中元・版元・復元・身元

儿 3

【兄】

5画　2327 5144　教育2　音 ケイ 漢　キョウ 呉　訓 あに　付表 兄さん

筆順 丨 口 口 尸 兄

なりたち [会意]「儿(=ひと)」と「口(=くち。ことばが尽きない)」とから成る。尽きることなく、そだつ。派生して「あに」の意。

意味 ❶先に生まれた男子。あに。また、二者をくらべてみると、ややすぐれている者のたとえ。対弟。例兄弟。義兄。❷同輩や友人をうやまっていうことば。例貴兄。大兄。

難読 従兄弟・妹兄

人名 え・えだ・き・これ・さき・しげ・ただ・よし

【兄貴】あにキ ①兄。親しみをこめて、また、うやまっていうことば。②年齢や位の低い者が、年上あるいは上位の男性を、兄としたって呼ぶことば。

【兄嫁】あによめ 兄の妻。義姉。表記「▼嫂」とも書く。

【兄弟】キョウダイ・ケイテイ ①あにとおとうと。②同じ親から生まれた子供たち。姉や妹もふくめる。例―げんか。③おもに男性が親しい仲間を呼ぶことば。きょうだい。例おい、―。

【兄弟▼牆に▼鬩げども外その▽務りを▼禦ぐ】兄弟は、家の中では争っていても、一家が外部からあなどられるようなときには力を合わせて立ち向かう。〈詩経〉

【兄事】ケイジ (名・する)兄として事える。相手を実の兄のように

敬愛し、つきあうこと。例先輩に―する。

【兄たり難く弟たり難し】両者ともにすぐれていて、優劣がつけにくいことのたとえ。〈世説新語〉

●賢兄・次兄・実兄・父兄

儿 4

【兇】

6画 2204 5147 音キョウ漢 訓おそ-れる・わる-い

意味 ❶びくびくとこわがる。おそれる。例兇懼(=ふかくおそれること)。❷わるもの。わるい。また、人を傷つける。同凶

表記 現代表記では、「凶」に書きかえることがある。熟語は「凶」(124ページ)を参照。

【兇器】人を殺したり傷つけたりするのに使われる道具。また、そのおそれのある物。表記 現凶器

儿 4

【光】

6画 2487 5149 教育2 音コウ漢呉 訓ひか-る・ひかり

筆順 丨 ⺌ 业 业 业 光

なりたち ［会意］「火(=ひ)」が「儿(=ひと)」の上にある。明るく照らす。

意味 ❶かがやく。てらす。ひかる。ひかり。例光線・光明・発光。❷かがやかしさ。ほまれ。例光栄・栄光。❸ありさま。けしき。例光景・観光・風光。❹時間。とき。例光陰・消光。

人名 あき・あきら・あり・かぬ・かね・さかえ・つや・てる・ひこ・ひろ・ひろし・みつ・みつる

【光陰】〔「陰」は、移りゆく日影から、時間の意〕過ぎ去って、もとにはもどらない時間。月日。年月。時間。例一寸の―軽んずべからず。

【光陰矢の▽如し】月日のたつのは矢が飛んでいくように早い。〈李益・游子吟〉類光陰流水の如し。

【光栄】(名・形動ナ) 名誉であること。自分が高く評価されて、ほこらしく思うこと。例身に余る―。―に浴する。―の至り。

【光炎】光とほのお。燃えあがる火。また、勢いがさかんなこと。例―万丈(=詩文などが、いきおいがあって、りっぱなこと)。表記 旧光▼焔

【光華】①美しくひかる、その光。類光彩・光輝。②栄えること。

【光化学】光によって起こる化学変化。また、それにかかわる研究の一分野。例―スモッグ。

【光学】光の現象を研究する学問。例―プリズム。

【光学器械】光の性質を利用した器械。望遠鏡・顕微鏡・カメラ・映写機など。

【光輝】ひかり。かがやき。また、かがやくような名誉のたとえ。例―ある伝統。表記「光▼暉・光▼煇」とも書く。

【光景】目の前に見える景色や具体的な場面のようす。例奇妙な―が脳裏にうかんだ。

【光源】光を出すもと。

【光合成】〔生〕緑色植物で、葉緑素が浴びた光をエネルギーにして、二酸化炭素と水とから炭水化物をつくること。このとき、酸素が発生する。

【光彩】美しいかがやき。例―を放つ。

【光彩陸離】(形動タル) 光が入り乱れて美しくきらめくようす。例金波銀波の、―たる光景。

【光線】ひかり。光のすじ。例太陽―。レーザー―。

【光速】光が進むはやさ。真空中では一秒間に約三〇万キロメートル。光速度。

【光沢】ものの表面のかがやき。つや。例絹のような―。

【光度】①光っている物体の、光の強さの程度。単位は、カンデラ。記号cd ②星の明るさ。ふつう、等級であらわす。

【光頭】はげあたま。〔「禿頭」のもじり。新しいことば〕

【光熱】家庭や仕事場で人が活動するのに使う、照明や燃料。例―費(=電気・ガス・石油などの費用)。

【光年】光の一年間に進む距離をもとにした単位。一光年は約九兆四六〇〇億キロメートル。星と星の間の距離を示すときに使う。

【光波】〔物〕光の波動。

【光背】仏像の後ろにあって、仏が発する光明をあらわすかざり。類後光・御光。例舟形―。

【光被】光が行きわたるように、君主の徳が人々に行きわたること。例―隈なし。

【光風】雨がやんで日が出たあとにふく、おだやかな風。また、日が当たって光る草木にふく風。

【光風▼霽月】〔雨が上がったあとの、おだやかな風と明るい月の意〕心が清らかで、こだわりがなくさっぱりしていること。〈宋史〉例―の心境。

【光▼芒】〔「芒」は、穀物のほさきの意〕しだいに細くなる光のすじ。例ハレー彗星の―。

【光明】㊀コウミョウ ①あかるい光。類光輝。②苦しんだりなやんだりしているとき、くらやみに光がさしこむようにあらわれた、問題解決の手がかり。また、希望。例前途に―を見いだす。③〔仏〕仏の心身から出る徳の光。知恵や慈悲をあらわす。例―遍照。㊁コウメイ ひかりかがやくこと。

【光輪】宗教画で、聖霊や聖人の頭にえがく光のわ。

【光臨】(名・する) 相手が自分のところに来ることを、光がさしこむようだと、うやまっていうことば。例ご―を仰ぐ。

●威光・栄光・感光・観光・眼光・蛍光・月光・後光・採光・日光・発光・陽光

儿 4

【充】

6画 2928 5145 常用 音シュウ漢ジュウ呉 訓あ-てる・み-ちる・み-たす

筆順 丶 亠 𠫓 去 产 充

なりたち ［形声］「儿(=ひと)」と、音「育イク→シュウ」の省略体とから成る。大きくなる。みちる。

意味 ❶いっぱいになる。ふさがる。みちる。例充実・充満。❷欠けているところをうめる。あてる。みたす。例充当・補充。

使い分け あてる【当・充・宛】⇩1161ページ

人名 あつ・たかし・まこと・みち・みつ・みつる

【充▼溢】(名・する) 満ちあふれること。例気力―。

【充員】(名・する) 不足している人員をおぎなうこと。例急いで―を図る。

【充血】(名・する) 動脈内の血液の流れが、一か所に、異常に集まること。例睡眠不足で目が―する。

【充実】(名・する) 内容が豊かで、いっぱいに満ちていること。例―感。―度。気力が―している。

【充足】(名・する) じゅうぶんに満ちたりること。また、満たすこと。例―感。最低の条件を―する。

【充塞】(名・する) ①いっぱいになって、ふさがること。②さえぎってじゃますること。例見物人が道路を―する。

【充▼填】(名・する) あいているところに入れて、満たすこと。例ボンベにガスを―する。

【充電】(名・する) ①蓄電池に電気エネルギーをいっぱいにたくわえること。蓄電。対放電。②実力をたくわえ

たり、次の活動にそなえて休養したりすること。例—期間。

【充当】ジュウトウ (名・する) 金銭や人員などの不足を、うめあわせること。類充足・補塡。例欠員を新人で—する。

【充分】ジュウブン (形動ナ・副) 満ちたりているようす。表記「十分」とも書く。

【充満】ジュウマン (名・する) 気体やにおい、また、ふんいきなどが、いっぱいになっている状態。例ガスが—して危険だ。

●拡充・補充

儿4 【先】 6画 3272 5148 教育1

音セン漢呉 訓さき・さき-んじる・ま-ず

筆順 ノ ⺊ 屮 生 牛 先

なりたち [会意]「儿(=ひと)」と「生(=出ていく)」とから成る。前進する。

意味 ❶場所で、前のほう。いちばん前。さき。例先端。先頭。率先。❷時間で、早いほう。他のものの前を行く。さきだつ。さきんじる。例先覚。優先。❸今より前。以前。過去。例先日。先例。❹亡くなった(人)。例先君。先考。先人。❺いちばんはじめに。まず。例先決。先勝。

日本語での用法《さき》①これからあと。将来。「老い先・先が思いやられる」②かかわりや交渉をもつ相手。「先様・送り先」

人名 すすむ・たかし・はじめ・はやし・ひこ・もと・ゆき

【先んずれば▽即ち人を制す】人より先に事をおこなえば、自分に有利に進めることができる。〔「後るれば即ち人の制する所となる(=後手にまわると、人に支配されてしまう)」と続く〕(史記)

【先鋭】センエイ (名・形動ナ) ①さきがするどくとがっていること。②考えや行動が過激なこと。例—分子。—的な思想。表記▽旧▼尖鋭

【先王】センオウ ①前の王。先代の王。②古代の聖王。尭・舜・禹・湯・文・武など、儒家の理想とする天子。例—の道。

【先覚】センカク ①人にさきんじてものごとの価値を評価したり、さき行きを見通したりえで、それにそった行動をとること。また、その人。類先駆。例時代の—者。②学問上の先輩。類先師・先学。

【先学】センガク ある分野で自分よりもさきに研究をはじめ、すぐれた成果をあげている人。類先覚。対後学。例西洋医学の—。

【先期】センキ 一つ前の期。前期。対今期・来期。

【先議】センギ (名・する) さきに審議すること。とくに、二院制の議会で、一方の議院が他方よりさきに法案を審議すること。例—権。

【先客】センキャク 自分よりさきに相手のところに来ている客。例—があったので待った。

【先駆】センク (名・する) ①いくさで、馬に乗って、本隊を先導すること。また、その人。さきがけ。類前駆。②人よりもさきにその価値を認め、実行すること。また、その人。類先覚。例—的作品。

【先口】センくち 順番や申しこみの早いほう。対後口。

【先君】センクン ①先代の君主。例—の遺命。②死んだ父。亡父。類先考。例—の墓に参る。③祖先。

【先決】センケツ (名・する) ほかのことよりさきにきめること。例—問題。

【先月】センゲツ 今月の前の月。類前月。対来月。

【先見】センケン (名・する) このさきに起こることを予測すること。事が起こる前にそれを見ぬくこと。例—の明がある。

【先遣】センケン (名・する) 本隊を派遣するにあたり、まず少人数の部隊をさきに送ること。例—隊が到着した。

【先賢】センケン 昔の賢人。類先哲・前賢。

【先後】センゴ (名・する) あとさき。時間やできごとの起きた順番。前後。例事件の—関係に関する証言。

【先考】センコウ 死んだ父。亡父。類先君。対先妣。例—の墓参り。

【先行】センコウ (名・する) ①さきにいくこと。さきに進むこと。例人気が—して実力がともなわない。②さき立っておこなわれること。例出版の前に、シンポジウムを—させる。

【先攻】センコウ (名・する) 試合などで、さきに攻撃すること。また、その側。さきぜめ。対後攻。

【先刻】センコク 一(名) さっき。少し前。例—からお待ちです。二(副) 前から。とっくに。例それは—承知のことだ。

【先妻】センサイ 現在の妻に対して、前の妻。対後妻。

【先史】センシ 文字などで書かれた記録のない、古い時代。有史以前。例—時代。

【先師】センシ ①なくなった先生。②昔の聖人。類先賢。

【先日】センジツ このあいだ。この前。類過日。例—はありがとう。

【先週】センシュウ 今週のすぐ前の週。例—の日曜日。

【先住】センジュウ 一(名・する) さきにその土地に住んでいたこと。例—民。二(名) 先代の住職。

【先勝】センショウ 一(名・する) なん回かおこなう試合で、まず初めにかつこと。二(名)「先勝日」の略。陰陽道でいう、六曜の一つ。午前は吉で午後は凶。急用や訴訟などによいとされる。せんかち。さきがち。

【先▼蹤】センショウ 昔の人のおこないで、のちの人にとっての手本や参考や基準となるもの。類先例・前例。例古来—が多い。

【先進】センシン 他よりも進んでいること。対後進。

【先進国】センシンコク 工業や技術などが進んでいる国。対発展途上国。

【先人】センジン 〔今はいない人の意〕①昔の人。昔のえらい人。対後人。例—の教え。②先祖。亡父。例—の遺言。

【先陣】センジン ①戦いで、本陣の前にあって最初に敵と戦う部隊。類先鋒。対後陣。例—をうけたまわる。②敵陣への一番乗り。さきがけ。例—争い。

【先生】センセイ ①自分よりさきに生まれた人。対後生。②学問や技芸を人に教え伝える人。師匠や教師のこと。③学識があり技芸にすぐれた人を、うやまっていうことば。教師・学者・医者・芸術家・作家・弁護士・議員などに使う。④からかいの気持ちをこめて人を呼ぶことば。

【先制】センセイ (名・する) 相手よりさきに行動を起こし、有利な立場に立つこと。機先を制すること。例—攻撃。

【先聖】センセイ 昔の聖人。とくに、孔子をいう。

【先先】センセン 〔「先先…」の形で〕前の前。例—月。—代。

【先祖】センゾ ①その家系の第一代の人。類始祖・初代。例源氏の—は嵯峨天皇。②その家系のなかで、今の代より前の代。対子孫。例—代代の墓を守る。

【先祖返り】センゾがえり (生) 生物が進化していくあいだに失った生物学上の形態や性質が、子孫にとつぜんあらわれる現象。また、祖父母などの形質が、子にはあらわれず、孫にあらわれる現象。類隔世遺伝。例—をする。

【先代】センダイ ①今より前の時代。前代。②今の人より一代前に、その地位にあった人。対当主・当代。例—の社長。

【先達】センダツ・センダチ ①学問や技芸などを深く学び、後進を導く人。類先覚。②案内人。道案内。例—について山道を登る。

【先端】センタン ①長いものの、いちばん前の部分。例突堤の—。②とがったものの、さきの部分。例針の—。③世相や流行の先頭。例時代の最—を行く。表記▽旧▼尖端

【先着】センチャク（名・する）ほかの人よりさきに、そこにつくこと。また、その人。例—順。

【先手】センて ①試合や勝負で、相手よりもさきに攻撃をしかけて、勢いを失わせること。例—必勝。—を打つ。②囲碁や将棋で、第一手を打ったり指したりするほう。また、その人。先番。▽対後手。

【先帝】センテイ 先代の天子。さきのみかど。

【先哲】センテツ 昔のすぐれた思想家。類先賢。

【先天】センテン 学問や経験によるのではなく、生まれながらに身についている資質。生まれつき。天性。対後天。

【先天的】センテンテキ（形動ダ）生まれながらの。もって生まれた。生得的。アープリオリ。対後天的。例—な才能。

【先途】センド ①行き着くさき。最後。例計画の—を予想する。②勝敗や運命の決まる重要なとき。せとぎわ。例ここを—と攻めまくる。

【先頭】セントウ いちばんさき。はじめ。トップ。対後尾。例—集団。—を切る。

【先導】センドウ（名・する）さきに立って案内をすること。みちびくこと。例白バイの—に従う。

【先入】センニュウ（名・する）その場所にさきにはいること。例—車。

【先入観】センニュウカン あるものごとについて、自分で見たり聞いたり判断したりする前に、自分なりにいだいてしまっているイメージや考え。正しい観察や判断のさまたげとなる。類先入主・偏見。例—にとらわれる。

【先任】センニン さきにその任務や役職についていること。また、その人。前任。対後任・新任。

【先年】センネン 過ぎ去った年。むかし。今年を基準にして、いく年か前のある年。対後年。例—話題になった壺。

【先輩】センパイ ①同じ学校やクラブ、勤め先などに、自分よりさきにはいった人。例—を見習う。②ある分野で、自分よりも経験を積んでいる人。例人生の—。▽対後輩。

【先発】センパツ（名・する）①他よりさきに出発したり、手がけたりすること。対後発。例—隊。②選手の交代の認められるスポーツで、試合開始のときから出場すること。また、その選手。例—投手。

【先番】センバン ①順番にものごとをおこなう場合に、さきになること。②囲碁や将棋で、先手。

〔儿部〕4—5画 兆 克 児

【先般】センパン（名・副）このあいだ。さきごろ。せんだって。類先日・過日。対今般。例—お知らせしました件。

【先非】センピ 過去のあやまち。前非。例—を悔いる。

【先妣】センピ 死んだ母。亡母。対先考。

【先便】センビン 前回のたより。

【先負】センブ 「先負日センプニチ」の略。陰陽道でいう、六曜の一つ。午前は凶で午後は吉。急用や訴訟などはさけたほうがよいとされる。せんまけ。さきまけ。

【先鞭】センベン（「鞭」は、ウマにむち打つ意）（さきがけの手がらを立てるように）他よりさきに手がけること。例—をつける。

【先方】センポウ 相手側。相手の人。また、向こう。対当方。例—の意向。—に着きしだい連絡します。

【先鋒】センポウ 戦闘や運動などで、先頭に立って積極的に進む人。類先陣。例急—。

【先務】センム 最初にしなければならない、つとめ。急務。

【先夜】センヤ 先日の夜。このあいだの夜。

【先約】センヤク それよりさきに決めた約束。また、前からの約束。前約。例—があるので出席できません。

【先憂後楽】センユウコウラク（「先二天下之憂一而憂、後二天下之楽一而楽（テンカのうれいにさきだちてうれえ、テンカのたのしみにおくれてたのしむ）」〔范仲淹・岳陽楼記〕による）政治家はだれよりもさきに国家のことを心配し、民衆が安楽に暮らせるようになってからみずから楽しむ、ということ。〔東京と岡山にある庭園「後楽園」の命名の由来となった〕

【先例】センレイ 前におこなわれた例。以前からのしきたり、ならわし。また、手本となる例。類前例。例—がない。—にならう。

【▽先ず▼隗より始めよ】まずカイよりはじめよ ⇩【隗より始めよ】カイよりはじめよ（1039ページ）

儿 4
【兆】
6画 3591 5146 教育4 音チョウ漢 訓きざ-す・きざ-し

筆順 丿 ｿ 㐅 兆 兆 兆

なりたち ［会意］「八（=わける）」を重ねた形。分かれる。亀卜（=カメうらない）の割れ目。

意味 ❶何かが起こる前ぶれ。きざし。しるし。例兆候チョウコウ。吉兆キッチョウ。前兆ゼンチョウ。❷うらない。例兆占チョウセン。❸はか。墓地。例兆域チョウイキ。❹数の単位。一兆は一億の一万倍。また、きわめて多い数。〔古くは一億の十倍をいった〕例兆民チョウミン。億兆オクチョウ。

人名 かず・はじめ・よし

【兆域】チョウイキ 墓地。

【兆候】チョウコウ 何か事が起こりそうだと予感させる、うごき。前ぶれ。きざし。しるし。例風邪の—があらわれる。表記「徴候」とも書く。

【兆占】チョウセン うらない。

【兆民】チョウミン 多くの人民。類万民。

儿 5
【克】
7画 2578 514B 常用 音コク漢呉 訓か-つ・よ-く

筆順 一 十 十 古 古 声 克

なりたち ［象形］上部は屋根、下部は木を刻む形。屋内でかたい木を刻む。かつ。できる。たえる。

意味 ❶欲望や困難にうちかつ。かつ。同剋。例克服コクフク。克己コッキ。❷じゅうぶんに。よく。例克明コクメイ。

人名 いそし・かつ・かつみ・すぐる・たえ・なり・まさる・よし

【克服】コクフク（名・する）困難な問題や状況を努力して解決し、乗りきること。例難病を—する。

【克復】コクフク（名・する）①平和なもとの状態にもどること。また、もどすこと。例やすらぎを—する。②「克己復礼」の略。

【克明】コクメイ（形動ダ）細かく、くわしいようす。類丹念。例—に記録されている。

【克己】コッキ（名・する）〔「己に克つ」と訓読する〕意志の力で、欲望やなまけ心に勝つこと。例—心。

【克己復礼】コッキフクレイ みずからにうち勝って、礼儀や規律に従うのが仁の徳である、ということ。〔「己に克ちて礼に復るを仁と為す」から〕〈論語〉

儿 5
【児】
7画 2789 5150 教育4 音ジ漢ニ呉 訓こ 付表稚児

筆順 丨 ‖ 旧 旧 旧 旧 児

儿 6
【兒】
8画 4927 5152 人名

なりたち 兒 [会意]「儿(=ひと)」と「臼(=赤んぼうの頭の骨の形)」とから成る。乳飲み子。

意味 ❶幼い子供。こ。例 児童。乳児。幼児。❷親にとっての子供。例 児孫。愛児。❸若者。男子。例 球児。風雲児。

県名 鹿児島

難読 天児・可児(=地名・姓)・健児

人名 のり・る

【児戯】子供の遊びやいたずら。また、子供じみたおこない。とるにたりないおこない。例 ―に等しい。

【児孫】子や、まご。子孫。例 ―のために美田を買わず(=子孫に財産を残さない)。〈西郷隆盛・偶成〉

【児童】①こども。幼児。また、とくに、小学校の生徒。類 学童。例 ―文学。→【生徒】(672ページ)・【学生】(285ページ) ②児童福祉法では、満十八歳未満の者。例 未就学―。

●愛児・育児・遺児・園児・孤児・小児・女児・男児・幼児

儿5 【兌】 7画 4928 514C 音 タイ漢 ダ呉

意味 ❶とおる。ぬけでる。❷とりかえる。ひきかえる。例 兌換。発兌。❸易の卦。八卦の一つ。自然では沢を、方位では西をあらわす。

【兌換】(名・する)①ひきかえること。とりかえること。②紙幣を正貨(=金貨や銀貨)とひきかえること。〔日本では、この制度は一九四二(昭和十七)年に廃止された〕

【兌換紙幣】正貨(=金貨や銀貨)とひきかえることを約束して発行する紙幣。兌換券。対 不換紙幣。

儿5 【兎】 7画 3738 514E 人名 音 ト漢呉 訓 うさぎ

儿6 【兔】 8画 本字 儿6 【兔】 8画 4929 5154 別体字

意味 ❶ウサギ目の哺乳動物。ウサギ。例 脱兎。二兎を追う者は一兎をも得ず。❷月のたとえ。〔月の中にウサギがすむという伝説から〕例 兎影(=月。また、月の光)。兎烏。

【兎▼烏】月日。歳月。光陰。また、太陽と月。烏兎。〔月にはウサギ、太陽には三本足のカラスがいるという伝説による〕

【兎角】□一 (名)ウサギに角が生えるような、ありえないことのたとえ。例 ―亀毛(=カメにも毛が生えることはない)。□二 (副)〔あて字〕①なにやかや。かれこれ。いろいろ。例 ―するうちに。②ややもすると。ともすれば。どうかすると。例 人は―感情に流されやすい。

【兎走▼烏飛】〔「兎」は月、「烏」は日(=太陽)の意〕月日が早く過ぎていくことのたとえ。烏飛兎走。

儿5 【売】 7画 3968 58F2 教育2 音 バイ漢 マイ呉唐 訓 う-る・う-れる

筆順 一 十 士 士 声 声 売

貝8 【賣】 15画 7646 8CE3 人名

なりたち 賣 [形声]「士(=出す)」と、音「買バ(=かう)」とから成る。品物を出して人に買わせる。

意味 ❶代金とひきかえに品物をわたす。あきなう。ひさぐ。うる。例 売店。売買。商売。❷自分の利益のために他をうらぎる。例 売国。売僧。❸宣伝する。例 売名。

【売り上げ】商品を売って得た金額の合計。売上金。

【売り主】品物や土地などを売る側の人。対 買い主。

【売れっ子】歌手や俳優、作家などで、人気があって、あちこちから仕事をたのまれる人。例 ―の作家。

【売価】ものを売るときの値段。うりね。対 買価。

【売官】平安時代、国の財源としてお金を出した人に、官位をさずけたこと。

【売却】(名・する)売りはらうこと。例 土地を―する。

【売国】国の秘密を敵国にもらすなど、自分の利益のために、自国に不利なおこないをすること。例 ―奴。

【売国奴】売国のおこないをする者を、ののしっていうことば。

【売春】(名・する)お金のために、不特定の相手にからだを売ること。類 売笑・淫売。

【売店】駅や劇場や公園など、人がおおぜい集まる場所で、タバコ・菓子・雑誌・日用品などを売る、小さい店。

【売人】品物の売り手。また、ひそかに麻薬を売りさばく役割の者。

【売買】(名・する)①売ることと買うこと。売り買い。あきない。例 株の―。②〔法〕一方が商品を相手にわたし、相手が代金をしはらうこと。例 ―契約。

【売文】自分の書いた文章を売って、収入を得ること。原稿料や印税で生活すること。〔みずから卑下したり、人の行為をさげすんだりしていうことが多い〕例 ―の徒。

【売名】見えや利益のために、自分の名を世間に広めようとすること。例 ―行為。

【売約】(名・する)商品を売る約束をすること。また、その約束。例 ―済みの札をはる。

【売薬】①くすりを売ること。例 ―業。②医師の処方によらない、薬局でいっぱんに売っているくすり。例 医者に行くひまがないので―で間に合わせる。

【▽売▽僧】〔「マイ」も「ス」も唐音〕仏につかえる気持ちを失い、欲をもとめる僧。仏法を売りものにする堕落した僧。また、僧をののしっていうことば。

●競売・商売・専売・即売・直売・転売・特売・発売・販売・密売

儿5 【皃】 7画 ⇩【貌】(931ページ)

儿5 【免】 7画 ⇩【免】(103ページ)

儿6 【尭】 8画 2238 5C2D 人名 音 ギョウ漢呉 訓 たか-い

土9 【堯】 12画 8401 582F 人名

なりたち 堯 [会意]「垚(=つみ上げた土)」が「兀(=上が平らで高い)」の上にある。ひじょうに高い。

意味 ❶たかい。例 尭尭。❷中国の伝説上の聖天子のひとり。例 尭舜。帝尭。

人名 あき・あきら・たか・たかし・のり

【尭風▼舜雨】古代中国の聖王とされる尭と舜の徳が、広く天下に行きわたったことを、風雨のめぐみにたとえたことば。転じて、太平の世をいう。尭雨舜風。

儿6 【免】 8画 4440 514D 常用 音 ベン漢 メン呉 訓 まぬか-れる・まぬが-れる・ゆる-す

筆順 ノ ク ク 各 各 缶 免 免

儿 5
【免】 7画 1-1448 FA32

なりたち ［会意］「免(=ウサギ)」がすばやく走って、「丶(=足)」が見えない。ウサギがはやくにげて、人につかまらない。まぬがれる。

意味 ❶このましくないこと、あぶないことをしなくてすむ。のがれる。まぬがれる。例免疫。免責。❷罪・罰・義務から自由にしてやる。ゆるす。例免罪。免除。放免。❸やめさせる。職をとく。対任。例免職。罷免。

日本語での用法《メン》「免許」の略。「仮免」

参考「常用漢字表」では、「まぬがれる」とも読む。

【免疫】①〔医〕ある病気にかかったり、予防接種をしたりすると、その病気に抵抗する抗体が体内にできて、その後、病気にかかりにくくなること。例—がある。—が切れる。②なん度も経験して慣れてしまうこと。例批判に対する—はできている。

【免官】（名・する）官職をやめさせること。例依願—。

【免許】（名・する）①政府や官公庁が許可をあたえること。例運転—証。②師匠が弟子に、最もたいせつな教えをさずけること。また、それを記した文書。ゆるし。例—皆伝。

【免許皆伝】弟子が師匠から、技能に関するたいせつな教えを、すべてつたえられること。例—を許される。

【免許証】免許を持っている証明として官公庁が発行する文書。とくに、自動車の運転免許証。

【免許状】免許をあたえたことを証明する書類。例教員—。

【免罪】つみを許すこと。

【免罪符】①中世のローマカトリック教会が発行した証書。これを持つ者は、つみの一部が許された。②それを示せば、責任のがれや言いわけができるような行動やことがら。例—を買う。

【免除】（名・する）義務や役割を、果たさなくてもよいと許すこと。例授業料を—する。

【免状】①免許を証明する書類。免許状。例調理師の—を持つ。②卒業や修了を証明する書類。卒業証書。修了証書。例総代で—をもらう。

【免職】（名・する）職をやめさせること。類解職・解雇。例—処分。懲戒—。

【免税】（名・する）税金を納めなくてもよいとすること。税金をかけないこと。類免租。例—品。—店。

【免責】（名・する）①責任を問われることを、まぬがれること。②債務者(=借金を返すべき人)が、法律上の義務を、一部分または全部まぬがれること。

【免租】（名・する）租税を一部分あるいは全部、納めなくてもよいとすること。

【免訴】（名・する）〔法〕刑事訴訟で、被告人の有罪や無罪の判断を下さずに、訴訟を打ち切ること。その件に関する法律が裁判中に廃止になったり、大赦があったりしたときなどにおこなわれる。

●仮免・減免・御免・赦免・任免・罷免・放免

儿 6
【兒】8画 ⇩【児】(102ページ)

儿 6
【兔】8画 ⇩【兎】(103ページ)

儿 6
【免】8画 ⇩【兎】(103ページ)

儿 8
【党】 10画 3762 515A 教育6 音トウ漢呉

黒 8
【黨】 20画 8362 9EE8

筆順 丶 丷 当 尚 尚 尚 学 党

なりたち ［形声］「黒(=くろ)」と、音「尚ショウ→トウ」とから成る。黒ずんで、あざやかでない。派生して「村里」の意。

意味 ❶同じ村里に集まって住む人々。むら。ふるさと。〔周代の行政区画で、五百家を一党といった〕例郷党。❷同志の集まり。ともがら。なかま。例党派。徒党。❸助けあって悪事をかくす。例君子不レ党(=君子は仲間だからといって、ひいきすることはない)。〈論語〉❹政治的な団体。例党員。党首。政党。

人名 あきら・とも・まさ

【党員】政党に加わっている人。

【党紀】党の風紀・規律。

【党規】党の規則。党則。

【党議】政党内の会議。また、そこで決定したことがら。例—を経る。

【党首】政党の最高責任者。政党の代表者。例—会談。

【党人】①ある党派や政党に属する人。党員。②役人や学者などから党員になった人ではなく、はじめからその政党に属して活動している政治家。

【党是】その政党が、よいと判断して決めた方針。例—にのっとる。

【党勢】政党の勢力。また、党派の勢力。

【党籍】その政党の党員として、名前が登録されていること。例—を離脱する。

【党争】党派どうしのあらそい。例—にあけくれる。

【党則】党の規則。党規。

【党派】①同じ考え方をもち、行動をともにする人々の集まり。党。セクト。類分派。〔政治上のグループについていうことが多い〕例—を作る。②党がさらに細かく分かれてできた集まり。セクト。類分派。例党の中に—を作る。

【党費】①党を運営するための費用。②党員が党を運営するために党に納めるお金。

【党利】党派の利益。例—党略。—にかたよる。

【党略】党利のための謀略。例党利—。

【党歴】①党の歴史。②党員としての経歴。

●悪党・甘党・一党・王党・解党・辛党・郷党・挙党・結党・公党・残党・小党・新党・政党・全党・脱党・徒党・入党・復党・不偏不党・分党・野党・与党・立党・離党・郎党

儿 9
【兜】 11画 1985 515C 人名 音トウ漢ト呉 訓かぶと

意味 ❶頭や首を守るためにかぶる武具。かぶと。例鉄兜。❷布などで作ったかぶりもの。ずきん。例兜巾(=山伏がかぶる小さなずきん)。

儿 12
【兢】 14画 4930 5162 音キョウ漢呉 訓おそ-れる・つつし-む

意味 (緊張して)つつしむ。また、おそろしさで、ふるえる。おそれる。例戦戦兢兢。

【兢兢】（形動タル）おそろしくて、びくびくしているようす。例見えない敵に—としている。

11 2画 入 いる（入 いりがしら いりやね）部

上から下にはいっていく意をあらわす。「入」が上につくときは「入（いりがしら・いりやね）」となる。「入」をもとにしてできている漢字を集めた。

0 入 2 内 4 全 6 兩 7 兪

この部首に所属しない漢字

鳰⇩鳥 1100

入 0 **【入】** 2画 3894 5165 教育1 音ジュ 慣ジュウ 漢ニュウ 呉 訓い-る・い-れる・はい-る

筆順 ノ入

なりたち [象形] 上から下へ、外から中へすすんでいく形。はいる。

意味 ❶外から内にはいる。ある範囲の中にうつる。はいる。対出。例入院・入門・侵入。❷おさめる。いれる。例納入。❸達する。いたる。例入神。❹漢字の四声の一つ。入声。例入声音。

日本語での用法《しお》染め物を染料にひたす回数を、かぞえることば。また、「いちだんと・いっそう」の意に使う。「一入・寒さが一入身にしみる」

使い分け いる【入・要】⇩1162ページ

人名 いり・しお・すすむ・なり

【入相】いりあい ①夕ぐれ。例―の空。②「入相の鐘」の略。夕ぐれに寺でつく鐘。

【入れ込み】いれこみ 飲食店などで、おおぜいの人をわけへだてなく一か所に入れること。また、その場所。例―ですわる。

【入れ墨】いれずみ（名・する）皮膚に針で絵や文字などを彫り、そこに墨や染料をしみこませて色をつけること。また、その絵や文字など。ほりもの。黥。表記「▽刺▽青・▽文▽身」とも書く。

【入れ知恵】いれヂエ（名・する）その人自身では思いつかない考えや策略を教えこむこと。また、他人から教えこまれた知恵や策略。例だれかの―にちがいない。表記 旧入れ▼智▼慧

【入れ歯】いれば ぬけた歯の代わりに入れた人造の歯。義歯。

【▽入魂】一ジッコン（「ジュコン」「ジュッコン」とも）（名・形動ナ）親しいこと。昵懇。類懇意。例―の間がら。二ニュウコン（名・する）あることに精神を注ぎこむこと。打ちこむこと。例―の一球。

【▽入水】一ジュスイ（名・する）水にとびこんで自殺すること。じゅすい。身投げ。類投身。二ニュウスイ ①はいってくる水。対出水。例―口。②（水泳などで）水にはいること。

【▽入内】ジュダイ（名・する）皇后や中宮となる女性が正式に内裏にはいること。

【▽入木】一ジュボク（「ニュウボク」とも）書跡や墨跡をいう。〔晋の王羲之が板に書いた字は、墨が三分（＝約一センチメートル）も木にしみこんだという故事による〕例―道（＝書道のこと）。二【入れ木】いれき 木版画や彫刻などで、手直しをするところに木をうめこむこと。

【▽入▼洛】ジュラク（「ニュウラク」とも）（名・する）〔「洛」は、昔の中国の都「洛陽」の意〕①都にはいること。②京都にはいること。類入京。

【▽入声】ニッショウ ニッセイ 漢字音の四声（＝平声・上声・去声・入声）の一つ。語尾がつまるように短く発音する。入声の字は、昔からの漢字音のかな書き（＝歴史的かなづかい）では、フ・ツ・ク・チ・キで終わる。たとえば、狭・吉・陸・一・域など。

【▽入唐】ニットウ（「ニュウトウ」とも）（名・する）日本から唐に行くこと。とくに、使者や留学生や僧などが行くことについていう。例―僧。

【入院】ニュウイン（名・する）病気やけがを治療するために、ある期間病院にはいること。対退院。

【入営】ニュウエイ（名・する）兵士として働くために、兵営にはいること。類入隊。対除隊。

【入園】ニュウエン（名・する）①動物園や遊園地などにはいること。対退園。例―料。②幼稚園や保育園の園児になること。対卒園。

【入荷】一ニュウカ（名・する）商品が市場や商店に届くこと。荷物がはいってくること。いりに。対出荷。例話題の品が―する。二【入り荷】いりに（名）倉庫に積まれている荷物。

【入会】一ニュウカイ（名・する）会にはいり、会員になること。対退会・脱会。例―金。二いりあい（名）〔法〕一定地域の住民が、習慣として一定の山林や漁場などを共同で利用し、利益を上げること。また、その権利。入合。例―権。

【入閣】ニュウカク（名・する）大臣になり内閣の一員となること。例財務大臣として―する。

【入学】ニュウガク（名・する）学校にはいって、児童や生徒や学生となること。対卒業。例―式。―試験。

【入館】ニュウカン（名・する）図書館や博物館などにはいること。対退館。例―料。―時間。

【入居】ニュウキョ（名・する）住むために住宅にはいること。また、住んでいること。例―者を募集する。

【入金】ニュウキン（名・する）①お金を受け取ること。また、その金銭。対出金。例通帳に―があった。②お金をはらいこむこと。また、その金銭。例銀行に―する。

【入庫】ニュウコ（名・する）倉庫や車庫などに品物や車がはいること。また、品物や車などをいれること。対出庫。例―伝票。

【入貢】ニュウコウ（名・する）外国から使節が、みつぎものを持ってくること。類来貢。

【入港】ニュウコウ（名・する）船がみなとにはいること。対出港。例―税。

【入構】ニュウコウ（名・する）①かべや柵で囲まれた建物や敷地の中にはいること。例―禁止。②列車がホームにはいること。類入線。例―する時刻。

【入稿】ニュウコウ（名・する）出版社が著者からの原稿を入手すること。また、組むための原稿が組版所にわたること。

【入国】ニュウコク（名・する）他の国にはいること。対出国。例密―。―するための手続き。

【入獄】ニュウゴク（名・する）（罪人として）牢屋や刑務所にはいること。類入所・入牢・下獄。対出獄。

【入札】ニュウサツ（名・する）ものを買いたい人や工事などを引き受けたい人がなん人もいるときに、いちばんよい条件の人と契約するという約束で、その人たちに見積もりの金額を書いて出してもらうこと。いれふだ。

【入山】ニュウザン（名・する）①山にはいること。類登山。例北アルプスに―する。②僧が修行のために寺にはいること。

【入試】ニュウシ 「入学試験」の略。入学させる者をえらぶためにおこなわれる試験。例―案内。

【入質】ニュウシチ（名・する）①しちいれすること。例指輪を―する。②人質をいれること。例わが子を―させる。

【入室】ニュウシツ（名・する）①部屋にはいること。対退室。例―禁止。②研究室などの一員になること。

【入寂】ニュウジャク (名・する) 高僧の死を、うやまっていうことば。(類)入滅・入定。

【入手】ニュウシュ (名・する) 手にいれること。自分のものにすること。例最新情報を—した。

【入所】ニュウショ (名・する) ①研究所や療養所などに、それぞれの目的のためにはいること。(対)退所。②刑に服するために、刑務所や拘置所にはいること。(対)出所。

【入賞】ニュウショウ (名・する) 競技会や展覧会などで、よい成績で賞をもらうこと。例二位に—する。

【入定】ニュウジョウ (名・する) ①〔仏〕〔禅定に入る、の意〕精神を集中し、真理を考えること。②高僧などの死を、うやまっていうことば。(類)入寂・入滅。

【入城】ニュウジョウ (名・する) ①城の中にはいること。例城主が—する。②せめ落とした敵の城にはいること。

【入場】ニュウジョウ (名・する) 競技場や会場などに、はいること。(対)退場。例—券。—無料。

【入植】ニュウショク (名・する) 植民地や開拓地にはいって、その土地を開墾して暮らすこと。例南米に—した。

【入信】ニュウシン (名・する) 信仰の道にはいること。また、信者となり、その教団に属すること。例洗礼を受けて—する。

【入神】ニュウシン 技術などが神わざと思われるほど、すぐれていること。例—の演技。

【入籍】ニュウセキ (名・する) 結婚や養子縁組みなどで、別の戸籍にはいること。また、いれること。

【入船】ニュウセン (名・する) 船が港にはいること。また、その船。いりふね。(類)入港。例大型タンカーが—する。

【入線】ニュウセン (名・する) 列車が始発駅の発車ホームにはいること。(類)入構。例まもなく十六番線に—。

【入選】ニュウセン (名・する) 応募した作品が、審査に合格すること。(対)落選。例第一位—の作品。

【入隊】ニュウタイ (名・する) 軍隊などにはいって、その一員になること。(類)入営。(対)除隊。

【入団】ニュウダン (名・する) 劇団や球団などにはいって、その一員になること。(対)退団。例チームに—する。

【入朝】ニュウチョウ (名・する) 外国の使節などが朝廷に参内すること。(類)来朝。

【入超】ニュウチョウ 「輸入超過」の略。総輸入額が総輸出額をこえること。(対)出超。

【入廷】ニュウテイ (名・する) 裁判官や被告人、弁護士などの関係者が法廷にはいること。(対)退廷。

【入電】ニュウデン (名・する) 国外から電信によりニュースがはいること。また、そのニュース。例—したばかりの情報。

【入党】ニュウトウ (名・する) 政党にはいり、その一員になること。(対)離党。

【入湯】ニュウトウ (名・する) ふろにはいること。とくに、温泉にはいること。例—税。—料。

【入道】ニュウドウ [一](名・する)〔仏道にはいる意〕出家すること。また、その人。〔とくに、昔、天皇や公家などが出家したときの呼び名〕例—相国(=平清盛)。[二](名) ①坊主頭の人。②坊主頭の化け物。例大—。

【入念】ニュウネン (名・形動ダ) 細かいところまで注意深くおこなうこと。念入り。丹念。例—に仕上げる。

【入梅】ニュウバイ つゆの季節。また、その季節にはいること。つゆいり。例今年の—は、いつもの年よりも早めだ。

【入費】ニュウヒ あることをおこなうのに必要なお金。費用。ついえ。かかり。いりめ。例—をおさえる。

【入部】ニュウブ (名・する) 学校や会社などで、体育会や文化部やクラブの一員になること。例野球部に—する。

【入幕】ニュウマク (名・する) 相撲の番付で、十両の力士が昇進して、幕内にはいること。例—を果たす。

【入滅】ニュウメツ (名・する) ①釈迦の死。②高僧の死を、うやまっていうことば。(類)入寂・入定。

【入門】ニュウモン [一](名・する) ①門から中にはいること。②先生について学ぶこと。でしいり。例町道場に—する。[二](名) 学びはじめの人のために、わかりやすく書かれている本。手引き。例—書。社会学—。

【入用】ニュウヨウ [一](名・形動ダ) あるものごとに必要なこと。また、必要なもの。いりよう。(対)不用。例旅行に—なものをそろえる。[二](名) あるものごとをおこなうのに必要なお金。(類)費用・出費。例なるべく—を倹約する。

【入浴】ニュウヨク (名・する) ふろにはいること。湯あみ。(類)入湯。例—料。食事の前に—する。

【入来】ニュウライ (名・する) はいってくること。例来賓のかたがたのご—です。

【入力】ニュウリョク (名・する) ①機械や装置を動かすために必要なエネルギーを、他からあたえること。また、そのエネルギーの量。②コンピューターなどに、情報をいれること。インプット。(対)出力。例—者。—ミス。

【入路】ニュウロ 高速道路などへはいるための道路。進入路。

【入▼牢】ニュウロウ (「ジュロウ」とも) (名・する) 牢にはいること。

●加入・記入・購入・収入・出入・進入・潜入・転入・投入・導入・突入・没入・輸入・乱入

入2 【内】4画 ⇩【内】(114ページ)

入4 【全】6画 ⇩【全】(61ページ)

入6 【兩】8画 ⇩【両】(24ページ)

入7 【兪】9画 4933 516A

音ユ漢呉 訓いよいよ・うつぼぶね・しか-り・やわら-ぐ

意味 ❶木をくりぬいて造った舟。うつぼぶね。❷承諾をあらわすことば。しかり。❸やすらかで、こころよい。やわらぐ。(同)愉。例兪兪。❹しだいに。いよいよ。(同)愈。❺病気がしだいによくなる。いえる。(同)癒。

【兪兪】ユユ (形動タル) 心がやすらかなようす。ゆったりとしたようす。〈荘子〉

12 2画 八 はち はちがしら 部

たがいにそむき合っている二本の線で、「わかれる」の意をあらわす。「八」をもとにしてできている漢字と、「八」の字形を目じるしにして引く漢字とを集めた。

0 八 2 兮 公 六 4 共 5 兵 6 其 具 典 8 兼 兼 兼 14 冀

この部首に所属しない漢字

分⇩刀128 父⇩父645 兌⇩儿103 呉⇩口194
巻⇩㔾170 酋⇩酉992 真⇩目706 眞⇩目707
曽⇩曰500 奠⇩大269 巽⇩己336 曾⇩曰501
與⇩臼835 興⇩臼835 輿⇩車958

八0 【八】2画 4012 516B 教育1

音ハッ漢 ハチ呉 訓や・や-つ・やっ-つ・よう

付表 八百長・八百屋

筆順 ノ 八

なりたち [象形] 分かれて、たがいにそむく形。半分さらに半分と分けられる数。

意味 ❶数の名。やっつ。例八景(ハッケイ)。八面六臂(ハチメンロッピ)。❷やたび。例法華八講(ホッケハッコウ)。❸やっつ目。例八月(ハチガツ)。❹八方。例八紘一宇(ハッコウイチウ)。八達(ハッタツ)。❺数の多いこと。例八百万(やおよろず)。

日本語での用法 《やつ》昔の時刻の呼び名。午前と午後の二時ごろ。「お八(や)つ・八(や)つの刻(コク)」

参考 商売や契約(ケイヤク)の文書では、数字を書きかえられないよう、同音の「捌」を使うことがある。

難読 八十一(くく)

人名 かず・わかつ

漢字に親しむ❺ 入木道(ジュボクドウ)

晋(シン)の時代のことです。のちに「書聖」といわれる書の名人、王羲之(オウギシ)が地の神を祭ることばを板に書きました。その板をけずってみると、一センチ近くも板に墨(すみ)がしみこんでいたそうです。墨が木に入ったから「入木(ジュボク)」というわけで、「入木道」とは書道のことをいいます。ふつうの人が書いた字は、きっと一回けずったら消えてしまったでしょうが、王羲之が書いた文字は木の奥深くまで墨がしみとおっていました。それほどに王羲之は筆力が強かった、ということです。

【八▼佾】(ハチイツ) 〔「佾」は、舞(ま)いの列の意〕古代中国の舞楽(ブガク)。八人ずつ八列に並び、六十四人でおこなう。

【八音】(ハチオン・ハッチン) 〔「ハッチン」とも〕中国の伝統楽器の八種の分類。金(キン)(=鐘(かね))・石(セキ)(=磬(ケイ)。石でできた打楽器)・糸(シ)(=琴(キン)など弦(ゲン)を用いた楽器)・竹(チク)(=笛の類)・匏(ホウ)(=笙(ショウ)の類)・土(ド)(=土でできた楽器)・革(カク)(=太鼓(タイコ)の類)・木(モク)(=木でできた楽器)。転じて、楽器や音楽のこと。

【八月】(ハチガツ) 一年の八番目の月。葉月(はづき)。

【八寒地獄】(ハチカンジゴク・ハッカンジゴク) 〔仏〕厳しい寒さに苦しめられる八種の地獄。㊟八大地獄。

【八虐】(ハチギャク) 律令(リツリョウ)で定められている八種の重い罪。表記「八逆」とも書く。

【八十八夜】(ハチジュウハチヤ) 立春から八十八日目の日。太陽暦の五月一、二日ごろ。種まきや茶つみに最適の時期。

【八大地獄】(ハチダイジゴク) 〔仏〕厳しい熱さに苦しめられる八種の地獄。八熱地獄(ハチネツジゴク)。㊟八寒地獄。

【八道】(ハチドウ) 畿内(キナイ)五国を除いた、八つの地域。奈良(なら)時代の七道である、東海道(トウカイドウ)・東山道(トウサンドウ)・北陸道(ホクロクドウ)・山陰道(サンインドウ)・山陽道(サンヨウドウ)・南海道(ナンカイドウ)・西海道(サイカイドウ)に、明治以後の北海道(ホッカイドウ)を加えた八つ。

【八分】(ハチブ) 一①〔「ハチブン」とも〕全体の十分の八。八割。例—音符(オンプ)。腹—に医者いらず。②「村八分(むらハチブ)」の略。村のきまりを破った者や家を、のけ者としてあつかうこと。二(ハップン) 漢字の書体の一つ。隷書(レイショ)の一種で、八の字が分かれているような書体からつけられたという。

【八分目】(ハチブめ・ハチブンめ) ①全体の八割ていど。②ひかえめにすること。例腹—。

【八面▼玲▼瓏】(ハチメンレイロウ) 〔「玲瓏」は、あざやかで美しいようす、の意〕①どの面から見ても、あざやかで美しいこと。②心の中にわだかまりのまったくないこと。例—の人格。

【八面六▼臂】(ハチメンロッピ) 〔顔が八つで、うでが六つある仏像の意から〕ひとりで多方面にわたって、めざましく活躍(カツヤク)すること。例—の大活躍。

【八▼卦】(ハッケ) 易(エキ)で、算木(サンぎ)の組み合わせでできる、八種のかたち。これで吉凶(キッキョウ)をうらなう。乾(ケン)・兌(ダ)・離(リ)・震(シン)・巽(ソン)・坎(カン)・艮(ゴン)・坤(コン)。例—見(ハッケみ)(=易者)。

【八角】(ハッカク) ①八つの角。また、「八角形」の略。②中華料理(チュウカリョウリ)の香辛料(コウシンリョウ)の一つ。実が八角の放射状をしている。大茴香(ダイウイキョウ)。スターアニス。

【八苦】(ハック) 〔仏〕人間にとってのあらゆる苦しみ。生(ショウ)・老(ロウ)・病(ビョウ)・死(シ)の四苦に、愛別離苦(アイベツリク)(=愛する人と別れる苦しみ)・怨憎会苦(オンゾウエク)(=うらみのある人と顔をあわせる苦しみ)・求不得苦(グフトクク)(=求めても得られない苦しみ)・五陰盛苦(ゴオンジョウク)(=欲がさかんであるために受ける心身の苦しみ)を加えたもの。

【八景】(ハッケイ) 一地方のなかで景色のよい八か所。〔中国の「瀟湘八景(ショウショウハッケイ)」にはじまる〕例近江(おうみ)—。

【八▼紘】(ハッコウ) 〔「紘」は、果ての意〕全世界。天下。例—一宇(イチウ)(=全世界を一つの家のようにすること)。

【八▼朔】(ハッサク) ①陰暦(インレキ)八月朔日(ついたち)。その年初めての収穫(シュウカク)を祝う。②ミカンの一種。ナツミカンより小さめであまみがある。

【八達】(ハッタツ) (名・する) 道が、八方へつながっていること。交通の便がひじょうによいこと。例四通(シツウ)—。

【八珍】(ハッチン) 八種類の珍味(チンミ)。

【八白】(ハッパク) 運勢や吉凶(キッキョウ)をうらなうときに用いる九星の一つ。方位は北東で、土星をあてる。

【八百八町】(ハッピャクやチョウ) 江戸(えど)の町全体の呼び名。〔町の数が多いことから〕

【八方】(ハッポウ) ①四方と四すみ。②あらゆる方向。あらゆる方面。例—ふさがり。

【八方美人】(ハッポウビジン) だれからも、よく思われるように、愛想(アイソ)よく、要領よくふるまう人。無節操で、ぬけめがないという意味で使われる。

【八方破れ】(ハッポウやぶれ) すきだらけの状態。また、言動が、理にかなったところがなく、かってで気ままなこと。例—の構え。

【八宝菜】(ハッポウサイ) ブタ肉・エビ・野菜類を八種以上用いて調味した中華(チュウカ)料理。

【八重】(やえ) ①八つにかさなっていること。また、いくつにもかさなっていること。例—の潮路(しおじ)(=遠い海路)。②「八重咲(やえざ)き」の略。花びらがいくつもかさなってさくこと。例—桜(ざくら)。

【八重歯】(やえば) ほかの歯とかさなるように生えた歯。例笑うと—がのぞく。

【八百長】(やおちょう) 試合や勝負事などで、しんけんに競(きそ)っているように見せながら、勝ち負けを前もって打ち合わせたとおりにすること。いんちき。例—試合。

【八百屋】(やおや) 野菜やくだものなどを売る店。また、その仕事をする人。㊟青果商・青物屋。

【八▽百▽万】(やおよろず) 数がひじょうに多いこと。類千万(ちよろず)。例—の神神。

【八千代】(やちよ) ひじょうに長い年月。例千代に—に。

【八つ当たり】(やつあたり)（名・する）いかりや不満などを、かかわりのない人たちにぶつけること。例—に家族をしかりつける。

【八つ裂き】(やつざき) ずたずたにさくこと。例—にしたいほどだ。

◐間八(カンパチ)・尺八(シャクハチ)

八 2 **【兮】** 4画 4934 516E 音ケイ漢

意味 〔助字〕韻文(インブン)のなかに用いられて、語調をととのえたり詠嘆(エイタン)の意をあらわしたりする。漢文訓読では読まない。例力抜レ山兮気蓋レ世(ちからはやまをぬき、きはよをおおう)（＝力は山を引きぬくほどの勢い、意気は天下をおおいつくすほどさかんだ）。〈史記(シキ)〉

八 2 **【公】** 4画 2488 516C 教育2 音コウ漢 ク呉 訓おおやけ・きみ

筆順 ノ 八 公 公

なりたち [会意]「八（＝そむく）」と「ム（＝自分のものとする）」とから成る。自分かってにせず、平均して分ける。

意味 ❶おおやけ。㋐国・朝廷(チョウテイ)・政府・地方公共団体など。対私(シ)。例公営(コウエイ)。公職(コウショク)。公務員(コウムイン)。㋑社会全体に広くかかわる。対私(シ)。例公害(コウガイ)。公共(コウキョウ)。公衆(コウシュウ)。㋒かたよらず、ただしい。例公正(コウセイ)。公平(コウヘイ)。㋓広く全体に共通している。例公理(コウリ)。公約数(コウヤクスウ)。㋔外に向かって明らかなようす。おもてむき。例公言(コウゲン)。公然(コウゼン)。公表(コウヒョウ)。❷諸侯(ショコウ)。きみ。例公卿(コウケイ)。公子(コウシ)。❸五等爵（＝公・侯(コウ)・伯(ハク)・子(シ)・男(ダン)）の最上位。例公爵(コウシャク)。❹親族の年長者や他人をうやまっていうことば。例貴公(キコウ)。

日本語での用法 □一《コウ》①おおやけ。天皇および天皇家。「公武合体(コウブガッタイ)」②人や動物の名前の下につけて、親しみや軽蔑(ケイベツ)の気持ちをあらわす。「熊公(くまコウ)・八公(ハチコウ)」□二《ク》①将軍家。「犬公方(いぬクボウ)・公方家(クボウケ)」②貴族。武家に対していう。「公家(クゲ)」

難読 公孫樹(いちょう)・公魚(わかさぎ)

人名 あきら・いさお・きん・さと・たか・ただ・ただし・とおる・とも・なお・ひと・ひろ・まさ・ゆき

【公安】(コウアン) 社会の秩序(チツジョ)と安全が保たれること。例—委員会。

【公案】(コウアン) ①中国で、役所が作る調書。②〔仏〕禅宗(ゼンシュウ)で、座禅修行(シュギョウ)する者にあたえられる問題。

【公営】(コウエイ) 国や地方公共団体などが経営すること。対私営・民営。例—住宅。

【公益】(コウエキ) 社会全体の利益。対私益。例—事業。

【公演】(コウエン)（名・する）公衆の前で演劇や音楽などを演じること。例定期—。

【公家】□一(コウカ) 君主の家。また、王室。おおやけ。□二(クゲ) ①天皇。朝廷(チョウテイ)。おおやけ。②朝廷に仕える者。対武家。

【公会】(コウカイ) ①いっぱんの人々に公開しておこなう会議。②おおやけの会合や会議。例—堂。

【公海】(コウカイ) どの国にも属さず、各国が自由に使用できる海。対領海。例—条約。—自由の原則。

【公開】(コウカイ)（名・する）いっぱんの人が見たり聞いたりして、利用できるようにすること。例—質問状。—討論会。

【公害】(コウガイ) 自動車の排気(ハイキ)ガスや騒音(ソウオン)、工場から出る有毒廃棄物(ハイキブツ)や排煙(ハイエン)などが、川や海や大気をよごし、人々の健康などに害をあたえること。また、その害。例—病。

【公刊】(コウカン)（名・する）広くいっぱんの人々に向けて、新聞や雑誌や書籍(ショセキ)などを出版すること。

【公館】(コウカン) 役所の建物。とくに大使館や公使館や領事館をいう。例在外—。

【公器】(コウキ) いっぱんの人々のための機関。公共の役に立つべきもの。例新聞は社会の—。

【公儀】(コウギ) ①おおやけ。表向き。②政府。朝廷(チョウテイ)。例ご—に対し、おそれ多い。③幕府。将軍家。例—隠密(オンミツ)。—のとがめ。

【公休】(コウキュウ) ①休日や祝日と、そのほかに雇(やと)う側が公式に認めた休みの日。②同業者がとりきめて、いっせいに休むこと。また、その日。類定休。例—日。

【公許】(コウキョ)（名・する）官公庁から許可を得ること。類官許。例—を受けて開業する。

【公共】(コウキョウ) 社会いっぱん（の人々）。また、社会全体にかかわること。例—事業。—の福祉(フクシ)。

【公共心】(コウキョウシン) 社会全体の役に立つ、よいことをしようとする気持ち。


【公共団体】(コウキョウダンタイ) 国から特別に、その地域の政治を任されている団体。地方公共団体など。

【公共放送】(コウキョウホウソウ) おもに受信料によって経営される、公共のために行われる放送。対民間放送。

【公金】(コウキン) 政府や公共団体が所有するお金。おおやけのお金。例—横領。

【公▼卿】□一(コウケイ) 昔、中国で、最高位の官職。公とそれに次ぐ卿。三公と九卿(キュウケイ)。□二(クギョウ/クゲ) 日本で、太政(ダイジョウ)大臣・摂政(セッショウ)・関白や、大納言(ダイナゴン)・中納言・参議・三位(サンミ)以上の貴族をあわせていった。上達部(かんだちめ)。月卿(ゲッケイ)。

【公言】(コウゲン)（名・する）自分の気持ちや考えを、世間に対してはっきりということ。類明言。例—してはばからない。

【公庫】(コウコ) 公共の目的で資金の貸し出しをするために、政府がつくった金融(キンユウ)機関。例日本政策金融—。

【公告】(コウコク)（名・する）国や地方公共団体が公報などで、広くいっぱんの人に知らせること。例—手続き。

【公国】(コウコク) ヨーロッパで「公（＝英語 duke）」の称号(ショウゴウ)をもつ者が、君主として治める国。リヒテンシュタイン公国、モナコ公国、ルクセンブルク大公国、の三国がある。

【公債】(コウサイ) 国や地方公共団体が、必要な経費をおぎなうために発行する債券。〔債券とひきかえにお金を集めるもので、国債と地方債とがある〕対社債。

【公算】(コウサン) ①「確率(カクリツ)」の古い言い方。②あることがらが起こる可能性の度合い。確かさ。みこみ。確率。類蓋然性(ガイゼンセイ)。例実現の—が大きい。

【公子】(コウシ) ①諸侯(ショコウ)や貴族の子。例貴—。②天子や諸侯の庶子(ショシ)。③諸侯のむすめ。

【公私】(コウシ) おおやけとわたくし。社会や自分が属している団体にかかわることと、個人的なこと。官と民。例—のけじめをつける。—混同する。

【公使】(コウシ)「特命全権公使」「弁理公使」「代理公使」などの略。国を代表して外国に派遣(ハケン)される官吏(カンリ)。大使に次ぐ地位の外交官。例—館。

【公示】(コウジ)（名・する）おおやけの機関が、広くいっぱんの人にしめすこと。例総選挙の—。

【公事】□一(コウジ) ①おおやけの仕事。公務。②公共のことがら。対私事(シジ)。□二(クジ) ①朝廷(チョウテイ)の仕事や儀式(ギシキ)。②租(ソ)・庸(ヨウ)・調(チョウ)などの税のこと。③うったえ。訴訟(ソショウ)。

【公式】(コウシキ) ①役所や団体などが、ものごとをおこなうときの表立った正式なやり方。例―発表。②〔数〕計算の決まりを記号であらわした式。例―を当てはめて解く。

【公式的】(形動ナ)形式や決まりにこだわって、ゆうずうがきかないようす。例―な答弁。

【公社】①もと、国が資金を全額出してつくった企業体。日本専売公社・日本電信電話公社・日本国有鉄道などがあった。②地方公共団体や財団法人などから資金を受け、公共的事業をおこなう企業体。

【公舎】公務員が、在任中に住む場所としてあたえられる、家屋や宿舎。類官舎。

【公爵】貴族の階級の一つ。五等爵(=公・侯・伯・子・男)の最上位。また、その位をもつ人。

【公衆】国や社会を構成している人々。社会のいっぱんの人々。類大衆。例―道徳。―電話。―衛生。

【公述】(名・する)公聴会など公式の場で意見をのべること。例反対意見を―する。

【公序】社会が安全かつ健全であるために、みんなが守るべき決まり。公共の秩序。

【公序良俗】公共の秩序と善良な風俗。例―に反する行為(=多くふしだらな行為などをさし、はなはだしい場合は、法によって罰せられることがある)。

【公称】(名・する)(数量や名称などについて)実際は別として、表向きの発表。例発行部数は―十万部だ。

【公証】①公的な証拠。②公務員が職権によって事実を明らかにすること。また、その証明。

【公証人】公正証書を作成したり、個人が作った書類を認証したりする公務員。例―役場。

【公傷】公務の仕事中に受けたきず。対私傷。

【公職】おおやけの職務。とくに、公務員や議員としての仕事。例―につく。

【公人】公務員や議員など公職についている人。また、その立場。対個人・私人。例―の立場で発言する。

【公正】(名・形動ナ)かたよりやあいまいさがなく、社会から正しいと認められること。例―を期する。

【公正証書】民事上の法律行為や権利などについての証書。公証人が作成する。

【公選】(名・する)①国民、または住民の投票によって選挙すること。類民選。対官選。例知事を―する。②公開の場で、一定の資格をもつ人々によって、おこなわれる選挙。例党の総裁を―する。

【公然】(形動タルト)世間に知れわたっているようす。また、ものごとをかくさず、明らかにするようす。例―と言い放つ。

【公訴】(名・する)〔法〕検察官が、刑事事件の起訴状を裁判所に出して、裁判をするように求めること。

【公孫樹】イチョウ科の落葉高木。雌雄異株。葉はおうぎ形で切れこみがあり、秋に黄葉する。雌株にできる実がギンナン。〔老木になってから実ができるので、孫の代に実る木の意で公孫樹という〕表記「いちょう」は、「▽銀▼杏・▼鴨▽脚▽樹」とも書く。

【公団】政府や地方公共団体の出資と、民間からの資金の借り入れとによってつくられた特殊法人。国家的な規模の公共事業をおこなう。例―住宅。

【公聴会】国や行政機関が、重要なことがらを決めるために、関係者、中立の立場の人、学識経験者などから意見をきく、公開の会。例税制改革に関する―。

【公定】(名・する)政府や公共団体などが、公式のものとして決めること。例―価格。

【公邸】高級公務員の在任中の住居として、国や公共団体が提供する邸宅。類官邸。対私邸。例県知事―。

【公的】(形動ダ)おおやけのことに関するようす。対私的。例―年金。―な立場。

【公転】(名・する)天体が他の天体のまわりを、規則的に回ること。対自転。例地球は太陽のまわりを―する。

【公党】主義や政策を公表し、社会からも党として認められている政党。

【公道】①国や地方公共団体がつくって、管理している道路。だれでも通行できる。対私道。②社会に認められている正しい道理。例―をふむ。

【公徳】社会生活上、守るべき心がけ。公衆道徳。

【公徳心】社会生活をおくるなかで、道徳をたいせつにしようとする心。例―に欠けるおこない。

【公認】(名・する)①官庁や公共団体、政党などが、正式に事実や価値や資格などをみとめること。例―記録。②周囲の人々が理解し、みとめていること。例両親―の仲。

【公倍数】二つ以上の整数に共通する倍数。例、3と4の公倍数は、12・24・36…など。対公約数。例最小―。

【公判】公開の法廷でおこなわれる刑事裁判。例―調書。

【公費】国や公共団体から出る費用。対私費。例―による出張。

【公表】(名・する)発表して、いっぱんの人々に知らせること。類公開。例―をはばかる。事件の真相を―する。

【公賓】政府が、正式に客としてもてなす、外国の王族や大臣など。〔国家元首などの「国賓」に次ぐ待遇〕

【公布】(名・する)①いっぱんの人に告げ知らせること。②法律・政令・条約・予算などを、官報などで発表して、いっぱんの人に知らせること。例日本国憲法の―。

【公武】公家と武家。朝廷と幕府。例―合体。

【公憤】社会の悪に対して、自分に直接に関係はなくても、正義のために感じるいかり。類義憤。対私憤。例道義上の―を述べる。

【公文】一 国や地方公共団体が正式に出す文書。公文書。例―で通達する。二 昔、諸国の国司から朝廷にさし出された文書。

【公文書】国や公共団体、または公務員が、職権により一定の形式で作った文書。対私文書。例―偽造。

【公分母】二つ以上の分数で、それらに共通な分母。

【公平】(名・形動ナ)一方にかたよることなく平等であること。えこひいきしないこと。例―な見方。

【公平無私】(名・形動ナ)公平で、自分の気持ちや感情をさしはさまないこと。例―な態度。

【公募】(名・する)広くいっぱんから募集すること。例ボランティアを―する。

【公報】①官庁から出される、国民向けの公式の通知。例選挙―。②政府が発行する官報にならい、地方公共団体が発行する広報のための文書。

【公僕】〔公衆に奉仕する人の意〕公務員のこと。例―の意識などまるでもっていない役人。

【公民】①政治に参加する権利と義務とをもっている国民。例―館。―権。②高等学校の教科の一つ。また、中学校社会科の一分野。

【公民館】市町村で、住民の交流や文化の向上のためにつくられた建物。類公会堂。

【公務】国や地方公共団体の仕事。類公用。例―執行妨害。

【公務員】国や地方公共団体に勤めている人。国家公務員と地方公務員とがある。

【公明正大】(名・形動ナダ) やましいところがなく、公平で堂々としていること。法律や道徳を守り、はじるところがないこと。例―な生き方。

【公約】(名・する) ①公衆や公共に対して、約束すること。②選挙の立候補者が、当選したら必ず実行すると約束すること。また、その約束。例減税を―にかかげて選挙に勝った。―を果たす。

【公約数】①二つ以上の整数に共通な約数。例、16と12の公約数は、1・2・4。対公倍数。例最大―。②いろいろな意見や主張の共通部分。例多数意見の―で妥協をはかる。

【公有】(名・する) 国や公共団体が所有すること。類国有・官有。対私有。例―地。―林。

【公用】①国や公共団体の仕事や用事。例―車。―で出かける。②私的な用事ではなく、勤務先の用事。例―で海外へ行く。▽類公務。対私用。

【公用語】国あるいは国際機関が、公式の場で使用する言語。例一国の―は一言語とは限らない。

【公吏】地方公務員の古い呼び方。

【公理】①いっぱんに広く通用する道理。だれもがそう思う考え方のすじみち。②〔数〕証明を必要としない、明らかな真理。たとえば、二点間の最短距離は直線である、など。

【公立】地方公共団体が設立して、維持し運営すること。また、そのもの。学校・病院・図書館など。類国立・都立・市立。対私立。例―高校。

【公論】①世間いっぱんが支持する意見。類世論。例万事―に従うべし。②公平で正しい議論。

●王公・郭公・貴公・愚公・君公・主人公・主公・諸公・狙公・大公・太公・乃公・奉公・老公

八 2

【六】

4画 4727 516D 教育1 音リク漢 ロク呉 訓む・む-つ・むっ-つ・むい

筆順 丶 亠 亣 六

なりたち 【会意】「亠(=はいる)」と「八(=はち)」とから成る。「易エキ」で、八に変化すると考えられた数。

意味 ❶数の名。むっつ。むつ。例六書リクショ。六法ロッポウ。❷むたび。例六倍ロクバイ。❸むっつ目。例六月ロクガツ。❹易エキで陰インの爻コウをあらわす。対九。

日本語での用法《むつ》昔の時刻の呼び名。午前と午後の六時ごろ。「明け六つ・暮れ六つ」

参考 商売や契約の文書では、数字を書きかえられないよう、同音の「陸」を使うことがある。

人名 かず

【六義】①『詩経』にある、詩の六つの分類。内容上の風・雅・頌と、表現上の賦・比・興をいう。②「六書①」に同じ。

【六経】六種の経書。『易経』『詩経』『書経』『春秋』『礼記』『楽記』。〔『楽記』の代わりに『周礼』を加えることもある〕

【六芸】六つの技芸。周代に、士以上の人が修めた。礼(=道徳)・楽(=音楽)・射(=弓術)・御(=馬術)・書(=書道)・数(=算術)。

【六書】①漢字の成立と用法を説明する六種の分類。象形・指事・会意・形声(=以上、構成法)・転注・仮借(=以上、運用法)。六義。②「六体」に同じ。

【六朝】三国時代から南北朝時代に、建業(=のち建康と改名。今の南京)を都としておこった、呉・東晋・宋・斉・梁・陳の六つの王朝をいう。

【六▼韜三略】(『六韜』も『三略』も、中国の兵法の著名な古典)兵法などの極意。また、虎の巻。

【六花】雪のこと。むつのはな。〔雪の結晶を六枚の花弁に見立てたもの〕

【六月】一年の六番目の月。水無月。

【六三制】一九四七(昭和二十二)年に施行された、小学校六年と中学校三年を義務教育とする、現行の教育制度(のとおり名)。

【六尺】㊀ロクシャク ①一尺の六倍。約一・八メートル。鯨尺で六尺は約二・二メートル。②「六尺褌」の略。鯨尺で六尺のさらしもめんを使ったふんどし。③身分の高い人のかごをかついだ人。また、下男。㊁リクセキ 昔の中国で、十五歳くらいの子供。例―の孤(=父をなくして幼少で即位した君主)。

【六尺棒】長さ六尺(=約一・八メートル)のカシの木の棒。罪人を取りおさえたりするのに使う。

【六親】〔「リクシン」とも〕自分に最も身近な六種の親族。父・母・兄・弟・妻・子、または、父・子・兄・弟・夫・婦。例―眷属(=血族と姻族のすべて)。

【六体】〔「リクタイ」とも〕漢字の六種の書体。大篆・小篆・八分・隷書・行書・草書。または、古文・奇字・篆書・隷書・繆篆・虫書。六書。

【六畜】〔「リクチク」「リッキク」「リッキュウ」とも〕六種の家畜。ウマ・ウシ・ヒツジ・ブタ・イヌ・ニワトリ。

【六道】〔仏〕人間をはじめすべての生物が、生きていたときのおこないによって生死をくり返すという、六つの世界。地獄・餓鬼・畜生・修羅・人間・天上。例―輪廻。

【六波羅蜜】〔仏〕菩薩が仏になるために、修めなければならない六つの行。布施(=他人にほどこすこと)・持戒(=自分をいましめること)・忍辱(=苦しみをたえしのぶこと)・精進(=戒律を守り信仰にはげむこと)・禅定(=真理を観察し、心身を安定した状態におくこと)・智慧(=ものごとを正しく認識すること)。

【六分儀】洋上の船などで、天体の高度を測って、緯度や経度を知るのに用いる器械。〔円周の六分の一のおうぎ形をした目盛り盤がついているところから〕

【六曜】その日がいい日か悪い日かをうらなうとき、基準となる六つの日。先勝・友引・先負・仏滅・大安・赤口。六輝。

【六角】①六つの角。②「六角形」の略。六本の直線で囲まれた平面図形。

【六根】〔仏〕感覚や意識を生じさせる六つの器官。眼・耳・鼻・舌・身・意。

【六根清浄】六根から起こる欲望をたちきって、きよらかになること。霊山に参る信者などが、登りながらこのことばをとなえる。

【六▼腑】〔「リクフ」とも〕漢方でいう、六種の内臓。大腸・小腸・胆・胃・三焦・膀胱。例五臓―。

【六方】①東西南北(=四方)と天地(=上下)の六方向。②六つの平面で囲まれた立体。六面体。例―体。③歌舞伎で、役者が花道から退場するときに、手を大きくふり、足を高くつきだし、おどるように進む動作。例―を踏む。

【六法】近代の六つの、おもな法律。憲法・民法・商法・刑法・民事訴訟法・刑事訴訟法。例―全書。

●甚六・双六

八 4

【共】

6画 2206 5171 教育4 音キョウ漢 ク呉 訓とも・とも-に

筆順 一 十 廾 廾 共 共

なりたち [会意]「廿(=二つの十が合わさる)」と「廾(=両手でささげ持つ)」とから成る。二十人でささげ持つ。ともにする。

意味 ❶いっしょに(する)。とも。ともに。例共感。共通。共同。❷「共産主義」「共産党」の略。例中共。反共。参考 英語の communism の日本語訳「共産主義」が、中国でも用いられた。

日本語での用法《とも・ども》複数や多数をあらわすことば。へりくだった気持ちをふくむ。「私共・身共」

人名 たか

【共栄】(名・する) 性質や立場が異なったり対立したりするものが、ともにさかえること。例共存―。

【共益】共通の、また、共同の利益。

【共益費】共通の利益のために、それぞれが負担する費用。たとえば、共同住宅の居住者が、外灯やエレベーターなど共用部分の維持や管理のために支出する費用。

【共演】(名・する) 映画や演劇や音楽などで、(とくに人気のある)俳優や歌手などの二人以上が、いっしょに出演すること。例二大スターの―する舞台。

【共学】(名・する) 男女が同じ学校や教室で、いっしょに学ぶこと。対別学。例男女―。

【共感】(名・する) 他人の考えや行動に対して、自分もまったくそのとおりだと感じること。類共鳴。例―を呼ぶ。

【共済】(「済」は、救う意) たがいに力を合わせ助け合うこと。例―制度。

【共済組合】同じ種類の職業についている人々で構成され、組合員の病気や死亡などのときに、経済面で助け合う組織。例公務員―。

【共催】(名・する)「共同主催」の略。二種以上の団体や個人が、共同で一つのもよおしをおこなうこと。

【共産】土地や財産などを共有すること。例―社会。

【共産主義】私有財産を否定し、土地や工場などを共有して、平等な社会を実現しようとする考え。コミュニズム。対資本主義・社会主義。

【共生】(名・する) ①いっしょに生活していくこと。例すべての生物は、みな地球上で―している。②ちがった種類の生物が、たがいに利益を受け合うなどして、共同生活をすること。例ヤドカリとイソギンチャクの―。

【共存】(名・する) 性質や立場の異なるものどうしが、たがいに同じ場所で、ともに生存したり存在したりすること。例平和―。

【共存共栄】(名・する) 性質や立場のちがうものが、たがいに敵対しあうことなく、ともに生存し、ともにさかえること。例―をはかる。

【共著】二人以上の人が共同で本を書くこと。

【共通】(名・する・形動) 二つ以上のものごとのどれにも当てはまること。例万人に―のなやみ。

【共通語】①ある国のなかで、地域や階層に関係なく通用することば。対方言。参考「標準語」のような人為的・規範的なものとは考えない。②異なった言語を使う民族や国家のあいだで通用する言語。国際語。例国際的―としての英語。

【共闘】(名・する)「共同闘争」の略。二つ以上の組織や団体が、共通の目的のために、共同して闘争すること。例―を組む。

【共同】(名・する) ①複数の人が一つの目的のために力を合わせること。例―経営。②多くの人が使用したり、かかわったりすること。例―浴場。参考 個人や団体が、共通の利益を守るために力を合わせるときは、「協同」を使う。

【共同社会】おたがいに血のつながりのある家族や一族、また、その土地に住んでいることによって生じるつながりなどで構成される社会。ゲマインシャフト。〔ドイツの社会学者テニエスがとなえた〕対利益社会。

【共同戦線】考え方の異なる団体が、共通の目的に対して協力し合うこと。例―を張る。

【共同謀議】複数の者が共同して犯罪を計画し、そのうちのある者が実行すること。

【共犯】複数の者が共同して犯罪をおこなうこと。例―者。

【共編】(名・する) 書物などを、二人以上で編集すること。例親子―の家族新聞。

【共謀】(名・する) 共同で悪事をたくらむこと。例二人で―して人をだました。

【共鳴】(名・する) ①〔物〕発音体が、外部から音波の刺激を受けて振動を起こし、音を出す現象。ともなり。共振。例音叉が―する。②他人の言動から影響を受けて、それに調子を合わせること。類共感。

【共有】(名・する) 複数の人や団体が、一つのものを共同で所有すること。対専有。例―財産。

【共用】(名・する) 共同で使用すること。対専用。例弟と辞書を―する。

【共立】(名・する) ①並び立つこと。②共同で設立すること。例三村―の小学校。

【共和】仲よく力を合わせて事をおこなうこと。

【共和国】共和制をとる国家。

【共和制】(君主が政治をおこなうのではなく)国民に主権があり、国民に選ばれた代表者が合議で政治をおこなう制度。共和政体。

【共白髪】夫婦がそろって白髪になるまで、長生きすること。

【共に天を▽戴かず】父のかたきは必ず殺さなければならない。いっしょには生きていられない。〈礼記〉類不倶戴天。

八 5

【兵】

7画 4228 5175 教育4 音ヘイ漢 ヒョウ呉 訓つわもの

筆順 ノ 亻 亻 斤 丘 乒 兵

なりたち [会意]「廾(=両手)」で「斤(=おの)」を持つ。武器。また、それを使う人。

意味 ❶はもの。武器。例兵刃。短兵(=刀や剣)。兵仗(=やりや弓矢)。❷つわもの。軍人。例兵士。徴兵。歩兵。❸いくさ。軍事。戦争。例兵法。兵家。

難読 兵衛・兵児帯

人名 たけ・たけし・つよし・まもる・むね

【兵部】 一ヒョウ「兵部省」の略。律令制で、八省の一つ。武官の人事など、軍事行政を担当した。二ヘイ 近代以前の中国で、兵事や軍政を担当した部局。

【兵法】ヒョウホウ/ヘイホウ ①用兵や戦闘の方法。例―を学ぶ。②武術。剣術。例生―は大けがのもと(=いいかげんな知識や技術は大失敗をまねく)。

【兵糧】ヒョウロウ 軍隊の食糧。また、いっぱんに、補給すべき消費財すべてを指す。例—が足りないと勝つことができない。表記「兵▼粮」とも書く。
【兵糧攻め】ヒョウロウぜめ 食糧を補給させないで、敵の戦う力を弱める戦法。
【兵員】ヘイイン 兵士(の数)。例—増強。
【兵営】ヘイエイ 兵隊が居住するところ。兵舎のある区域。類軍営・陣営。
【兵役】ヘイエキ 国民が軍隊に編入され、軍務につくこと。例—義務。—に服する。
【兵▼戈】ヘイカ ①武器。例—を交える。②戦争。例—の巷と化す。
【兵火】ヘイカ 戦争(による火災)。例—がすべてを灰にした。
【兵家】ヘイカ ①戦争に従事する人。軍人。②春秋戦国時代の諸子百家の一つ。孫武や呉起らの学派。兵の用い方や戦術などを説く。
【兵器】ヘイキ 戦争で用いる機器。例—庫。核—。
【兵士】ヘイシ 兵隊。兵卒。
【兵舎】ヘイシャ 兵士が日常ねおきする建物。
【兵術】ヘイジュツ 用兵術。戦術。類兵法。
【兵書】ヘイショ 軍略や戦術などを記した書物。中国の古典では『孫子』『呉子』『六韜』『三略』などがある。
【兵刃】ヘイジン 武器。やいば。
【兵曹】ヘイソウ 旧海軍の下士官。上等・一等・二等に分ける。
【兵卒】ヘイソツ 兵隊。兵士。例一—(=ひゆ的には、命令のままに働く者)。
【兵隊】ヘイタイ ①兵士や兵卒。②組織された兵の集団。軍隊。例—にとられる。③言いつけどおりに、仕事をする人間。下っぱ。例—が集まらない。
【兵▼站】ヘイタン (「站」は、ある業務をおこなうために作られた機構の意)前線部隊の後方で、軍需品の確保や補給などの任務にあたる機関。例—部。
【兵団】ヘイダン いくつかの師団や旅団を合わせた部隊。
【兵馬】ヘイバ ①武器と軍馬。また、兵士と軍馬。②軍備。戦争。例—の権。
【兵は神速を貴ぶ】ヘイはシンソクをたっとぶ 用兵で最もたいせつなのは、迅速さである。〈三国志〉
【兵備】ヘイビ 戦争へのそなえ。軍備。
【兵乱】ヘイラン 戦争で世の中が混乱すること。戦乱。
【兵略】ヘイリャク いくさの作戦。類軍略・戦略。
【兵力】ヘイリョク 兵員や兵器の数量や規模など、総合的な力。類戦闘力。例—削減。—を増強する。
【▽兵▽児】へこ 鹿児島地方で、十五歳以上二十五歳以下の男子のこと。例—帯(=子供や男性用の、やわらかい帯)。
◯●衛兵・騎兵・挙兵・憲兵・工兵・小兵・将兵・神兵・新兵・水兵・雑兵・僧兵・徴兵・撤兵・派兵・番兵・伏兵・砲兵・歩兵・募兵・民兵・練兵・老兵

[八部] 6画 其具典

【其】
八 6　8画　3422 5176　人名　音キ漢ゴ呉　訓そ-れ・そ-の

意味 (助字)❶「その」と読み、人やものごとを指し示す。例無レ出ニ其右一(そのみぎにいずるなし)(=その上位に出るものはない)。❷「それ」と読み、意味を強めたり、語調をととのえたりする。例従レ我者其由与(われにしたがうものはそれユウか)(=わたしについてくるのは、まあ由(=子路)かな)。〈論語〉

人名 とき・もと

【其の子を知らざれば其の友を▽視よ】どんな子かよくわからないときは、その友人を見ればよい。〈荀子〉

【具】
八 6　8画　2281 5177　教育3　音ク漢グ呉　訓そな-える・そな-え・そな-わる・つぶさ-に

筆順 丨 冂 冃 月 目 且 具 具

なりたち [会意]「𠬞(=両手)」と「貝(=たから)」の省略体とから成る。そなえ置く。

意味 ❶欠けることなくそろう。ととのう。そなわる。そなえる。例具備グビ。不具フグ。❷こまかに。くわしく。つぶさに。例具申グシン。具答レ之(つぶさにこれにこたう)(=こまかくこたえた)。❸人の生活上、製作上に用いるもの。うつわ。例家具カグ。道具ドウグ。文具ブング。❹器物などを数えることば。例よろい一具。

人名 とも

【具眼】グガン ものごとのよしあしを見分ける見識をそなえていること。例—の士。
【具現】グゲン (名・する) 実際の形としてあらわすこと。例慈悲心を—したものが、この仏像だ。
【具象】グショウ ㊀(名)見たりふれたりできるように、現実に、ある形をもっているもの。具体。㊁(名・する)実際的、感覚的にあらわすこと。具体。▽対抽象。
【具象化】グショウカ (名・する) 考えや感じとして頭の中にあるものなどを、現実的でわかりやすい形にしてあらわすこと。対抽象化。
【具象的】グショウテキ (形動ナ)「具体的」に同じ。
【具申】グシン (名・する) 組織の上層部に対して意見や希望などをくわしく申し述べること。例意見を—する。
【具足】グソク ㊀(名・する) 過不足なくじゅうぶんにそなわっていること。例円満—。条件を—する。㊁(名)①家にそなえつけておく品物。家具。調度。②武具。とくに、よろい・かぶと。例—武者。
【具体】グタイ 人間の感覚でとらえられる、形や内容をそなえていること。具象。対抽象。
【具体的】グタイテキ (形動ナ) 形や性質がくわしく示されていて、はっきりと感じられるようす。具象的。対抽象的。例計画がだんだん—になってきた。
【具陳】グチン (名・する) くわしく述べること。細大もらさず報告すること。類具申。例許可を得て私見を—する。
【具備】グビ (名・する) (必要なものが)完全にそなわっていること。また、(必要なものを)じゅうぶんにそなえていること。例必要書類を—して申請する。類具足。
【具有】グユウ (名・する) (才能・資格・性質などを)身にそなえていること。例両性—の神。
◯●家具・器具・敬具・工具・寝具・建具・道具・農具・馬具・表具・武具・仏具・文具・夜具・用具

【典】
八 6　8画　3721 5178　教育4　音テン漢呉　訓のり

筆順 丨 冂 巾 巾 曲 曲 典 典

なりたち [会意]「冊(=書物)」が「丌(=台)」の上にある。台の上にのせた、だいじな書物。

意味 ❶書物。ふみ。例典籍テンセキ。教典キョウテン。古典コテン。❷手本となることがら。規則。のり。きまり。例典型テンケイ。典範テンパン。❸儀式。儀礼。しきたり。例華燭カショクの典。式典シキテン。❹つかさどる。例典膳テンゼン。❺質に入れる。例典当テントウ(=

抵当）。❻決まりに従って、ととのっている。みやびやか。例典雅。

日本語での用法《サカン》律令制の四等官で、大宰府の最下位。主典。

人名 おき・すけ・ただし・つかさ・つね・ふみ・みち・もり・よし・より

【典雅】（形動ナ）ととのっていて、上品なようす。例―な文体。

【典拠】（文章などの）確かな根拠。よりどころ。出典。例―を示す。

【典儀】①式典。典礼。②儀式の係の役人。

【典型】同類のものの中で、その特徴を最もよくあらわしているもの。例かれは学者の―だ。

【典獄】監獄の長。刑務所長の古い言い方。

【典侍】①律令制で、内侍司の次官。ないしのすけ。②明治以後の宮中の最高位の女官。

【典籍】（尊重すべき）書物。古典。例―をひもとく。

【典膳】宮中で食事をつかさどる官。

【典範】模範となる規則や法律。例皇室―。

【典薬寮】律令制で、宮中の医療や医薬をつかさどった役所。くすりのつかさ。

【典礼】定められている儀式や作法。例―に通じた人。

【典例】行事などの典拠となる先例。しきたり。類典故。例―を重んじる。

【典麗】（名・形動ナ）ととのっていて、うるわしいこと。例―な文章。彼女は―な王女を演じた。

●経典・原典・祭典・字典・辞典・祝典・聖典・特典

八 8 **【兼】** 10画 2383 517C 常用 音ケン漢呉 訓か-ねる

筆順 丷 㐅 当 当 兰 兼 兼 兼

八 8 **【兼】** 10画

八 8 **【兼】** 10画 別体字

たなちり 【会意】「ヨ（＝手）」で二本の「禾」を持つ。あわせ持つ。

意味 二つ以上のものをあわせ持つ。かねる。例兼業農家・兼務・才色兼備。

日本語での用法 一《ケン》あらかじめ。前もっての。「兼日・兼題」 二《かねる》①することができそうもない。「応じ兼ねる・きょうは参上し兼ねます」②「兼ねない」の形で〕かもしれない状態である。「破談になり兼ねない」③推測しきれない。おそれはばかる。「相手の気を兼ねて遠慮する」

人名 かず・かぬ・かね・とも

【兼業】（名・する）本業のほかに他の仕事もやっていること。対専業。例―農家。

【兼行】（名・する）①昼も夜も休まずに行くこと。また、仕事を急いでいること。例昼夜―のトンネル工事。②二つ以上のことを同時にすること。

【兼職】（名・する）本職以外に他の職ももつこと。兼務。

【兼帯】（名・する）①同時に二つ以上の役職をかねること。兼任。例教授で事務局長を―する。②一つで二つ以上の用をかねること。類兼用。例朝食―の昼ごはん。

【兼題】歌会や句会などで、前もって出された題で作る歌や句。また、その題。対席題・即題。

【兼任】（名・する）二つ以上の職務をかけもちすること。兼務。対専任。例監督と選手の―。

【兼備】（名・する）いくつもの長所を身にそなえていること。例才色―の女性。心技体を―した横綱。

【兼務】（名・する）同時に二つ以上の職務をもつこと。また、その職務。兼職。兼任。対本務。

【兼用】（名・する）一つで二つ以上のはたらきをすること。対専用。例晴雨―の傘。男女―のシャツ。

八 8 **【兼】** 10画 ⇩【兼】ケン（113ページ）

八 8 **【兼】** 10画 ⇩【兼】ケン（113ページ）

八 14 **【冀】** 16画 4935 5180 音キ漢呉 訓こいねが-う

意味 ❶そうなってほしいと思う。のぞむ。ねがう。こいねがう。例冀求・冀望。❷古代中国の九州の一つ。今の河北・山西の二省と河南省の一部の地域。冀州。❸河北省の別の呼び方。

【冀求】（名・する）望むこと。ねがいもとめること。希求。

【冀望】（名・する）そうなってほしいと、のぞむこと。希望。

13 2画 冂 けいがまえ まきがまえ どうがまえ えんがまえ 部

三方をとり囲んだ線によって、はるかかなたにある国境の意をあらわす。牧場の柵に形が似ている構え（＝漢字の周りを囲んでいる部分）であることから「まきがまえ」、「同」や「円」の字にある構であることから「どうがまえ」「えんがまえ」ともいう。「冂」の字形を目じるしにして引く漢字を集めた。

0 冂 2 円 内 冄 3 冊 冉 回 册 冉 4 再 5 冏 7 冑 冒 8 冓 9 冕

この部首に所属しない漢字

巾⇩巾336 丹⇩丶30 用⇩用674 同⇩口189 肉⇩肉814 周⇩口198 岡⇩山326

冂 0 **【冂】** 2画 4936 5182 音ケイ漢

意味 国土の最果て。国境地帯。さかい。

冂 2 **【円】** 4画 1763 5186 教育1 音エン漢呉 訓まる-い・つぶ-ら・まど-か・まる-・まろ-やか

筆順 丨 冂 冂 円

冂 10 **【圓】** 13画 5204 5713 人名

たなちり 【形声】「囗（＝めぐらす）」と、音「員」とから成る。まわりに欠けたところがない。まったくまるい。

意味 ❶まるい形。まるい。まる。つぶら。例円周・円柱。半円。❷かどがなく、なめらかな。また、おだやかなようす。まどか。まろやか。例円熟・円満・大団円。

日本語での用法《エン》日本の貨幣の単位。「円高」

使い分け まるい【丸・円】⇩1180ページ

難読 高円山・円居

人名 かず・のぶ・まど・まる・まろ・みち・みつ

【円価】〔経〕外国の貨幣に対する日本円の価値。

【円貨】エンカ 〔経〕「円」という単位の通貨。[類]邦貨。
【円滑】エンカツ（名・形動ダ）ものごとがとどこおりなく、なめらかに進行すること。[例]会議を―に進める。
【円形】エンケイ まるいかたち。円や、円のようなかたち。
【円形劇場】エンケイゲキジョウ 古代ローマの円形の建物。中央でおこなわれる競技や演技などを、周囲が階段式の観客席から見物する。コロシアム。
【円弧】エンコ 円周の一部分。弧。
【円光】エンコウ ①円形のひかり。太陽や月のひかり。②仏や菩薩の身体から発する円形の光明。[類]後光・光背。
【円座】エンザ 一（名）わらなどをうずまき形や円形に編んだ敷物。わろうだ。二（名・する）多くの人が、まるく向かい合ってすわること。[類]車座。[表記]▽[旧]円▼坐
【円周】エンシュウ 〔数〕円を形づくる曲線。
【円周率】エンシュウリツ 〔数〕円周の長さの、直径に対する比。約三・一四一六。記号はπ。
【円熟】エンジュク（名・する）人格や技能などがじゅうぶんにみがかれて、豊かな味わいが感じられるようになること。[類]熟達・熟練。[例]―の境地。―味を増す。
【円陣】エンジン いくさなどで、円形の陣がまえ。また、スポーツの試合などで、選手が輪になって並ぶこと。[例]―を組む。
【円▼錐】エンスイ 〔数〕底面が円で、先のとがった立体。
【円卓】エンタク 円形のテーブル。[例]―会議（＝席次や上下の差別のない円卓を囲んでおこなう会議）。
【円柱】エンチュウ ①切り口がまるいはしら。②〔数〕円を、上方に平行移動したときにできる立体。[類]円筒。
【円頂】エンチョウ かみの毛をそった、まるい頭。僧侶のこと。[例]―黒衣（＝まるい頭と墨染めの衣。僧の姿）。
【円転】エンテン（名・する）①ころころところがること。②かど立たず、なめらかに移り動くこと。
【円転滑脱】エンテンカツダツ（名・形動ナ）周囲と摩擦や衝突することをせず、なめらかに応対したり、とどこおりなく処理したりすること。円滑。[例]―に事を進める。
【円筒】エントウ 竹づつのように、まるくて細長く、中空になっているもの。
【円盤】エンバン ①円形で皿状のもの。[例]空飛ぶ―。②陸上競技の「円盤投げ」に用いる、円形皿状の用具。
【円舞】エンブ ①おおぜいが輪になっておどるダンス。②男女がひと組みになって、円をえがきながらおどる社交ダンス。ワルツやポルカ。[例]―曲（＝ワルツ）。
【円満】エンマン（名・形動ダ）じゅうぶんにみちたりて、おだやかなこと。[例]―な家庭。―に解決する。
【円融】エンユウ 〔仏〕すべての存在が、それぞれの個性を発揮しながらたがいに調和し、完全にとけあっていること。
●大円ダイエン・大団円ダイダンエン・半円ハンエン

[冂部] 2画 内

【内】
冂2 4画 3866 5185 [教育2]
[音]一ダイ(漢)ナイ(呉) 二ドウ(漢)ノウ(呉)
[訓]うち
[筆順] 丨 冂 内 内

入2 【内】4画 5167

[なりたち][会意]「冂（＝外の覆い）」と「入（＝はいる）」とから成る。外からはいった中。

[意味] 一 ❶ものの内面。うちがわ。なか。うち。㋐ある範囲のなか。[例]内装ナイソウ。内部ナイブ。境内ケイダイ。㋑家のなか。家庭のおく。妻。[例]内室ナイシツ。内助ナイジョ。㋒心のなか。[例]内省ナイセイ。内面ナイメン。㋓朝廷。宮中。[例]内裏ダイリ。内侍ナイシ。参内サンダイ。㋔（表に出さずに）うちうちで。ひそかに。[例]内定ナイテイ。内密ナイミツ。❷仏教関係の。〔仏教界でいう〕[例]内典ナイテン。
二 ❶おさめる。[同]納ノウ。❷うけいれる。[同]納ノウ。

[人名]うつ・ただ・ちか・のぶ・はる・まさ・みつ

【内祝い】うちいわい 出産や病気回復、入学や卒業など、めでたいことがおきたときに、身内や親しい人たちだけでする祝い。また、そのときにおくる品物。
【内側】うちがわ うちのほう。うちに面しているがわ。[対]外側。
【内金】うちキン 代金や報酬などの一部として、前もってはらうお金。[例]―をわたす。
【内弟子】うちデシ 師匠の家に住みこんで、家事などを手伝いながら、学問や技芸などを学ぶ弟子。[例]―を取る。
【内▽法】うちのり 容器やくだなどの、内側で測った寸法。また、建物の柱の内側と内側で測った長さなど。[対]外法。
【内弁慶】うちベンケイ（名・形動ナ）他人の前では弱いが、家の中ではいばっていること。また、その人。[類]陰弁慶。
【内堀】うちぼり 城にめぐらした二重の堀の内側のもの。[対]外堀。
【内幕】うちマク 〔「ナイマク」とも〕外からは見えない内部の事情。[例]政界の―をあばく。
【内訳】うちわけ 全体の内容を、種類や項目ごとに分けたもの。[例]収入の―。
【内裏】ダイリ ①天子の住まいである御殿の古い言い方。皇居。御所。[例]里―（＝内裏の外に臨時に設ける御所）。②「内裏雛」の略。天皇と皇后の姿に似せた男女一対のひな人形。[例]お―さま。
【内意】ナイイ まだ公表はしていない、うちうちの考え。[例]―をうかがう。
【内因】ナイイン そのものごとの内部にある原因。[対]外因。
【内謁】ナイエツ（名・する）非公式に目上の人に会うこと。また、実力者に取り入ってたのみこむこと。
【内閲】ナイエツ（名・する）〔内々の閲覧または検閲の意〕書物の内容などを公開する前に、関係者だけが調べ見ること。
【内▼苑】ナイエン 宮廷や寺社などの、広い中庭。[対]外苑。
【内縁】ナイエン 婚姻届を出してない夫婦関係。[例]―の妻。
【内応】ナイオウ（名・する）ひそかに敵と心を通わせること。裏切り。内通。[例]徳川方に―した大名。
【内科】ナイカ 内臓の病気を診断し、外科のように手術によらずに治す医学の部門。[対]外科。
【内海】ナイカイ 外海とつながってはいるが、まわりをほとんど陸地で囲まれている海。瀬戸内海など。[対]外海。
【内界】ナイカイ 心のなかの世界。意識のなか。精神界。[対]外界。
【内外】ナイガイ ①うちとそと。内部と外部。[例]校舎―の清掃。②国内と国外。[例]―の記者団。③その前後。…ぐらい。[例]千円―で買える。
【内角】ナイカク ①〔数〕多角形のとなりあった二辺がその内側につくる角。②野球で、ホームベースの打者に近いほう。インコーナー。インサイド。▽[対]外角。
【内郭】ナイカク 城などの、内側の囲い。内曲輪。[対]外郭。[表記][旧]内▼廓
【内閣】ナイカク 国家最高の行政機関。内閣総理大臣およびその他の国務大臣によって組織される。[例]―総辞職。
【内患】ナイカン 〔「患」は、心配の意〕外部からの攻撃や圧迫ではなく、組織や国家の内部にある心配ごと。[類]内憂。[対]外患・外憂。
【内観】ナイカン（名・する）精神を集中して自分の内面を観察すること。自己観察。[類]内省。
【内規】ナイキ その団体や組織の内部にだけ通用する決まり。[例]―を定める。
【内儀】ナイギ 他人の妻をうやまっていうことば。江戸時代では、

とくに町人の妻についていう。例お—。

【内議】ナイギ ①内々の相談。②うちうちの話。内証。内密。

【内局】ナイキョク 中央官庁で、大臣や次官から直接に監督(カントク)される局。対外局。

【内勤】ナイキン (名・する) 役所や会社の建物のなかで仕事をすること。また、その人。対外勤。例—のアルバイト。

【内▽宮】ナイクウ 伊勢神宮(いせジングウ)のうちの、皇大神宮(コウタイジングウ)。天照大神(あまてらすおおみかみ)をまつる。「外宮(ゲクウ)」は、豊受(とようけ)大神宮。

【内径】ナイケイ 円筒(エントウ)やくだなどの内側の直径。例水道管の—をはかる。

【内見】ナイケン (名・する) いっぱんに公開せずに、関係者だけが見ること。類内覧。例デパートの夏物の—会。

【内向】ナイコウ (名・する) 心や気持ちが外に向かわず、自分の内部にとじこもりがちであること。対外向。例—的な性格。

【内攻】ナイコウ (名・する) 病気の症状(ショウジョウ)がからだの表面に出ないで、内部で悪化すること。例はしかが—する。

【内▼訌】ナイコウ (名・する) 〔「訌」は、もめる意〕うちわもめ。類内紛(ナイフン)・内乱。対外患(ガイカン)。

【内項】ナイコウ 〔数〕比例式の内側の二つの項 $a:b=c:d$ における b と c。対外項。例—の積。

【内剛外柔】ナイゴウガイジュウ ⇨【外柔内剛】ガイジュウナイゴウ(249ページ)

【内国】ナイコク その国のうち。自国内。国内。対外国。例—郵便物。

【内妻】ナイサイ 法律上の届け出をしていない妻。内縁(ナイエン)の妻。対正妻。

【内済】ナイサイ (名・する) 表ざたにしないで、内々で解決すること。例お金をはらって—にする。

【内在】ナイザイ (名・する) ものごとの内部に、本質として存在すること。例—する矛盾(ムジュン)。

【内史】ナイシ ①昔の中国の官名。周代は国の法律をあつかう役で、秦(シン)や漢代には都である長安を治めた。②日本で、「内記(ナイキ)(=律令制(リツリョウセイ)で、中務省(なかつかさショウ)に属した官職)」の中国風の呼び名。

【内示】ナイジ (名・する) 正式に発表する前に、内々で示すこと。例人事異動の—が出される。

【内耳】ナイジ 耳のいちばんおくの部分。音を感じとる器官や、からだのバランスをとる三半規管などがある。例—炎(エン)。

【内侍】一ナイジ 中国の宮中で、天子のそば近くに仕えたこと。また、その人。二ナイシ ①律令制(リツリョウセイ)で、内侍司(ないしのつかさ)に仕えた女官。②斎宮寮(サイグウリョウ)の女官。

【内室】ナイシツ ①おくの部屋。②他人の妻、とくに貴人の妻をうやまっていうことば。類令室・令夫人・令閨(レイケイ)・奥方(おくがた)。

【内実】ナイジツ ①外部からは見えない、内部の実情。類内情。例会社の—を調べる。②〔副詞的に〕その実。実際は。類内心。例それには—閉口(ヘイコウ)している。

【内需】ナイジュ 国内における、商品を買おうとする要求。また、その量。対外需。例—を拡大して経済を立てなおす。

【内柔外剛】ナイジュウガイゴウ 気弱でありながら、態度や話しぶりは強気なこと。外剛内柔。対外柔内剛。例—の人物。

【内出血】ナイシュッケツ (名・する) からだのなかでおきる出血。対外出血。例—をおこして、はれあがる。

【内緒】ナイショ 〔「内証(ナイショウ)」の変化。「緒」は、あて字〕一(名・形動ダ) 表に出さず、秘密にすること。内密。類内内(ナイナイ)。例—話(ばなし)。二(名) 家のおくのほう。また、その家の暮らし向き。例—はかなり苦しいそうだ。表記 ▽「内▽証」とも書く。

【内助】ナイジョ 内部から手だすけをすること。とくに、家庭にいる妻が、夫の社会的な活動をたすけること。例—の功。

【内証】一ナイショウ 〔仏〕自分の心のうちで仏教の真理をさとること。さとり。二ナイショウ 「内緒(ナイショ)」に同じ。

【内障】ナイショウ ①〔仏〕心のうちにあって、さとりのさまたげとなるもの。類煩悩(ボンノウ)。②眼球内におこる病気を、まとめていうことば。そこひ。例白(ハク)—。

【内情】ナイジョウ 内部の事情。類内実・内幕(うちマク)。例会社の—にくわしい。

【内職】ナイショク (名・する) ①本業のほかにする仕事。副業。サイドビジネス。アルバイト。対本職。②主婦が自宅で、家事のあいまに賃仕事をすること。また、その仕事。例紙袋(かみぶくろ)をつくる—をする。③俗(ゾク)に、授業中や会議中などに、ひそかにほかの作業をすること。例—が先生に見つかった。

【内心】ナイシン ①心のうち。心中(シンチュウ)。例—を打ち明ける。②〔数〕多角形の各辺の内側に接する円の中心。対外心。

【内申】ナイシン (名・する) ①内々に報告すること。②進学にあたって、調査書に生徒の学業成績などを校長が記載(キサイ)し、志望校に報告すること。また、その書類。例—書。

【内診】ナイシン (名・する) ①医師が婦人の生殖器(セイショクキ)の内部を診察すること。②医師が自宅で診察すること。宅診。

【内親】ナイシン ①父方の親類。類内戚(ナイセキ)。②妻の親類。類姻戚(インセキ)。

【内陣】ナイジン 神社や寺院で、神体や本尊が安置されているところ。本殿(ホンデン)や本堂のおくの部分。対外陣(ゲジン)。

【内親王】ナイシンノウ 天皇のむすめや、孫にあたる女子。類皇女。対親王。

【内政】ナイセイ 国内の政治。対外交。例—干渉(カンショウ)。

【内省】ナイセイ (名・する) 自分の心のはたらきやおこないを、ふりかえって考えること。類内観・自省・反省。例自分の心理を—してみる。

【内戚】ナイセキ/ナイシャク ①天子に仕えている女性の近親者。②父または夫の親類。類内親。対外戚。

【内接】ナイセツ (名・する) ①ひじょうに接近すること。例両者がたがいに—する。②〔数〕ある図形が、他の図形の内側で接すること。対外接。例—円。表記 ②は「内切」とも書く。

【内戦】ナイセン 一つの国のなかで、国民がいくつかの勢力に分かれてする戦争。類内乱。例町は—で破壊(ハカイ)された。

【内線】ナイセン ①内側の線。②屋内の電線。③官庁や会社などで、内部だけに通じる電話線。例—番号。▽対外線。

【内奏】ナイソウ (名・する) 非公式に天子に申し上げること。例お上(かみ)に—する。

【内装】ナイソウ (名・する) 建物や乗り物の内部の設備や装飾(ソウショク)。インテリア。対外装。例—工事。

【内蔵】ナイゾウ (名・する) 内部にもっていたり、そなえつけてあったりすること。例タイマー—。多くの危険を—している。

【内臓】ナイゾウ 動物の胸や腹のなかにある諸器官。呼吸器・消化器・泌尿器(ヒニョウキ)など。例—の病気で入院する。

【内則】ナイソク ①ある団体や組織の内部にだけ通用する決まり。類内規。②家庭内の決まり。類家憲。

【内孫】ナイソン/うちまご あと取り息子(むすこ)に生まれた子。〔息子の親からいうことば〕対外孫。

【内題】ナイダイ 書物の扉(とびら)や本文の最初に書かれている題名。対外題(ゲダイ)。

【内大臣】ナイダイジン ①昔、左大臣や右大臣とともに政務にかかわった官職。うちのおとど。うちのおおいどの。内府。②明治以後、宮中に置かれた官職。つねに天皇を補佐(ホサ)して、国政にあたった。一九四五(昭和二十)年、廃止(ハイシ)。内府。

【内諾】ナイダク (名・する) いずれ正式に承諾(ショウダク)することを、内々に明らかにすること。例すでに—を得ている。

【内談】ナイダン (名・する) 関係者だけで内密に話し合うこと。類

〔冂部〕2画 内

密談。例—を重ねる。

【内地】ナイチ ①一国の領土内。例—留学。②〔かつて日本が植民地とした地域に対して〕本州その他の、日本固有の領土。(対)外地。③北海道や沖縄から、本州を指していうことば。本土。

【内通】ナイツウ（名・する）味方を裏切り、ひそかに敵などと通じること。(類)内応・密通。例—していた相手。

【内定】ナイテイ（名・する）正式に発表はできないが、内部では決まっていること。また、決めてあること。例就職が—した。

【内偵】ナイテイ（名・する）こっそりと調査すること。内密にさぐること。例横領の疑いで関係者を—する。

【内的】ナイテキ（形動ダ）①内部に関するようす。内部的。例—な原因が明らかになる。②精神や心のはたらきに関するようす。内面的。例—生活。▽(対)外的。

【内敵】ナイテキ 国内や組織、また、仲間のなかにかくれている敵。(対)外敵。例まず—を討つ。

【内典】ナイテン|ナイデン〔仏〕〔儒教などの経典に対して〕仏教の経典。(対)外典。

【内内】ナイナイ|うちうち 一（名）表立てないで、身内の者だけで何かをすること。(類)内密・内輪。例お祝いは—ですませる。二（副）ひそかに。ないしょで。例—決めておく。

【内発】ナイハツ（名・する）外部からのはたらきかけではなくて、内部から自然に生じること。例—的な行動を期待する。

【内皮】ナイヒ 内側にあるかわ。(対)外皮。

【内部】ナイブ ①ものの内側。内面。例建物の—にはいる。②組織や集団のなか。また、それを構成している人々。内輪。例—の意見をまとめる。▽(対)外部。

【内服】ナイフク（名・する）薬を飲むこと。(類)内用。(対)外用。例—薬。

【内紛】ナイフン 集団や組織の内部の、ごたごた。うちわもめ。(類)内訌ナイコウ。例—にまきこまれる。

【内分】ナイブン 一（名）外部に知られないようにすること。(類)内密・内内。例このことは、どうかご—に。二（名・する）〔数〕ある線分をその線分上の一点で二つにわけること。(対)外分。

【内聞】ナイブン 一（名・する）非公式に、高貴な人の耳にはいること。例—に達する。二（名）外部に知られないようにすること。内分。(類)内密・内内。例このことは—に願います。

【内分泌】ナイブンピツ|ナイブンピ 体内でつくられたホルモンが、直接血液中に送り出されること。(対)外分泌。例—腺セン。

冂部 2—3画 冄冊冉冋册

【内壁】ナイヘキ ①建物などの内側のかべ。内部の囲い。(対)外壁。例城の—。②内側の面。例胃の—。

【内包】ナイホウ 一（名・する）内部にふくんでいること。例危険性を—する。二（名）〔哲〕概念の内容。たとえば「ヒト」という概念において、その意味内容としての「哺乳動物」「火を使う」「ことばを話す」などのこと。(対)外延。

【内密】ナイミツ（名・形動ダ）外部には知らせず、秘密にすること。ないしょ。例今の話は—にしてほしい。

【内務】ナイム ①国内の政務。(類)内政。例—省。②会社などで、屋内でおこなう仕事。(類)内勤。▽(対)外務。

【内面】一 ナイメン ①ものの内側の面。内部。②他人からは見えない、心のうち。内心。例—描写。▽(対)外面ガイメン・表面。二 うちづら 家族や親しい仲間にだけ見せる、顔つきや態度。(対)外面そとづら。例—はわがままだけど、友達にはやさしい子。

【内野】ナイヤ 野球で、一塁・二塁・三塁・本塁の四つの塁を結んだ線の内側の区域。インフィールド。また、そこを守る選手。(対)外野。例—席。

【内約】ナイヤク（名・する）内々の約束。例取り引きの—を得る。

【内憂】ナイユウ ①心のうちのうれい。内部に起こる心配ごと。(類)内患ナイカン。②国内に起こるわざわいや心配ごと。国内のさわぎ。(類)内患。(対)外患・外憂。③母の喪も。(類)内艱ナイカン。

【内憂外患】ナイユウガイカン〔内外の憂患ユウカンの意〕国内や組織内に起きた心配ごとと、外国や外部とのかかわりから起きた心配ごと。例—こもごも至る。

【内用】ナイヨウ 一（名）内々の用事。個人的な用事。二（名・する）薬を飲むこと。(類)内服。(対)外用。例—薬。

【内容】ナイヨウ ①中に入れてあるもの。中身。例—物。②うわべや形に対する、実質。また、その意味や価値。(対)形式・外形。例—のある講演。

【内乱】ナイラン 国内がみだれて、国の内部で戦争が起こること。(類)内戦。例—がうちつづく。

【内覧】ナイラン（名・する）いっぱんに公開せず、関係者だけが見ること。(類)内見。例中元商品の—会。

【内陸】ナイリク 海岸から遠くはなれた陸地。例—性気候。

【内輪】一 ナイリン 二重にある円形の、内側のもの。(対)外輪。例—山（＝噴火口フンカコウをとりまく内側の山）。二 うちわ ①家族や仲間など、ごく親しい人々のあいだ。うちうち。例結婚式ケッコンシキは—ですませた。②ないしょ。ないない。内密。例—の相談。③ひかえめ。また、少なめ。例—に見積もる。

●案内アンナイ・以内イナイ・屋内オクナイ・家内カナイ・境内ケイダイ・構内コウナイ・国内コクナイ・室内シツナイ・車内シャナイ・体内タイナイ・年内ネンナイ・幕内まくうち

冂2 [冄] 4画 ⇩【冉】ゼン（116ページ）

冂3 【冊】5画 2693 518A 教育6 音サツ 慣サク 漢 訓ふみ

筆順 丨 冂 冂 冊 冊

冂3 [册] 5画 4938 518C 別体字

なりたち [象形] 竹簡チッカン（＝字を書いたふだ）をひもで編んだ形。諸侯ショコウが天子から受けとる命令書。

意味 ❶天子の命令書。例冊書サクショ（＝天子からの命令書）。冊立サクリツ。❷字や絵をかきつけてとじたもの。例冊子サッシ。短冊タンザク。別冊ベッサツ。❸書物やノートなどを数えることば。例一冊イッサツ。

難読 冊子ソウシ|とじぶみ

人名 ぶん

【冊文】サクブン 天子が臣下に命令をくだすときの文書。

【冊封】サクホウ 天子のみことのりによって諸侯ショコウに取り立てたり、爵位シャクイをさずけたりすること。例—使シ。

【冊立】サクリツ（名・する）天子のみことのりによって、皇太子や皇后を定めること。例皇后に—する。

【冊子】サッシ ①本。書物。②書いたり印刷した紙を帳面の形にとじたもの。例小ショウ—。

●合冊ガッサツ・短冊タンザク・分冊ブンサツ・別冊ベッサツ

冂3 【冉】5画 4939 5189 音ゼン 漢 訓おか-す・すす-む・ゆ-く

冂3 [冉] 5画 別体字

冂2 [冄] 4画 5184 本字

意味 ❶やわらかく、しなやかなようす。例冉弱ゼンジャク。❷ゆるゆると進むようす。

【冉冉】ゼンゼン（形動タル）①ゆっくりと進むようす。②年月の過ぎていくようす。③やわらかく、しなやかなようす。

冂3 [冋] 5画 ⇩【回】カイ（218ページ）

冂3 [册] 5画 ⇩【冊】サツ（116ページ）

冂3【冉】5画 ⇩【冉】(116ページ)

冂4 **【再】** 6画 2638 518D 教育5 音サ 慣サイ 漢 訓ふたた-び

筆順 一 厂 冂 币 再 再

なりたち ［会意］「一(=いち)」と「冉(=のせ加える)」とから成る。一つのものに同じものを加えて二つとする。

意味 もう一度。かさねて(する)。くりかえし(する)。ふたたび(する)。例再会・再起・再三。

難読 再従兄弟(はとこ・またいとこ)・再入(ふたしお)

【再演】(名・する) 同じ劇などを、時を経てふたたび上演すること。対初演。例人気のあったミュージカルが―される。

【再縁】(名・する) 二度目の結婚をすること。類再婚。

【再会】(名・する) 長いあいだ会わなかった人どうしが、ふたたび会うこと。例―を期する。

【再開】(名・する) 中断していたことを、ふたたび始めること。例試合が―される。

【再刊】(名・する) ①休刊や廃刊になっていた継続刊行物を、ふたたび刊行すること。②同じ内容の書物を、ふたたび刊行すること。類復刊・再版。

【再起】(名・する) 病気や事故、また、失敗などののち努力して立ち直り、ふたたび活動し始めること。例―不能。

【再挙】(名・する) 一度失敗した事業を、ふたたびおこすこと。類再起。例―をはかる。

【再見】(名・する) ①同じものをもう一度見ること。また、見直すこと。例古都―。②〔現代中国語で、別れのときのあいさつことば。ツァイチェン〕さようなら(また会いましょう)。

【再建】(名・する) 一 サイケン これわれた建物や、だめになった組織などを、たて直すこと。例会社の―策。二 サイコン 〔「コン」は、呉音〕神社や仏閣をたて直すこと。例本堂を―する。

【再現】(名・する) ふたたびあらわれること。また、ふたたびあらわすこと。例当時の状況を映像で―する。

【再検討】(名・する) もう一度くわしく調べたり、考えたりすること。類再検・再考。例―を要する。

【再考】(名・する) もう一度考えること。考え直すこと。類再検討。例―の余地はない。

【再校】二度目の校正。また、その校正刷り。二校。

【再興】(名・する) おとろえたり、ほろびたりした国や家や文化などを、もう一度さかんにすること。例祭りを―する。

【再婚】(名・する) 配偶者と死別または離婚した人が、あらためて結婚すること。類再縁。

【再再】(副) たびたび。再三。例―にわたる警告。

【再三】(副) 二度も三度も。再再。例―再四。

【再従兄弟】親どうしがいとこである、男子どうしの関係。はとこ。またいとこ。ふたいとこ。いやいとこ。表記 年齢の上下、性別により、「再従兄・再従姉妹・再従弟・再従姉・再従妹」などと書く。

【再出発】(名・する) 方針や気分を新たにして、もう一度始めること。出直すこと。例新たな気分で―する。

【再審】(名・する) ①審査をやり直すこと。再審査。②〔法〕裁判所で判決の出た事件について、裁判をやり直すこと。例―を求める。

【再生】(名・する) ①ふたたびこの世に生まれ出ること。②息をふきかえすこと。類蘇生。③心を入れかえて、生活を改めること。類更生。④生物が、失われたからだの一部を、もとのようにつくり出すこと。例トカゲの切れたしっぽが―する。⑤心理学で、過去の経験や学習内容が、意識にあらわれ出ること。⑥録音や録画したものの音声や映像を再現すること。例ビデオを―する。⑦廃物を加工して、新たに役立たせること。リサイクル。例―紙。

【再生産】(名・する) 商品を売って得た利益をもとにして、ふたたび商品をつくり出すこと。

【再選】(名・する) 同じ人をふたたびえらび出すこと。また、同じ人がふたたびえらばれること。例苦戦して―を果たす。

【再訂】(名・する) 一度直した書物の内容や字句を、ふたたび訂正すること。例―版。

【再度】ふたたび。もう一度。例―調査させる。

【再読】(名・する) ①もう一度読むこと。読み直すこと。②漢文の訓読で、一字を二度読むこと。例―文字。

【再読文字】漢文の訓読で、一字を二度読む文字。「猶(なお…のごとし)」「未(いまだ…ず)」など。

【再任】(名・する) 選ばれたり命じられたりして、ふたたび前と同じ役につくこと。例委員長に―される。

【再認識】(名・する) 知っているものごとや人について、その価値や意義をみとめ直すこと。例便利さを―する。

【再燃】(名・する) ①消えたはずの火が、ふたたびもえだすこと。②解決したはずのことが、ふたたび問題となること。例対立が―する。

【再拝】(名・する) ①続けて二度おがむこと。例―二拍手。②手紙の終わりに書くあいさつのことば。

【再発】(名・する) 病気や事故などが、ふたたび起こること。例ガンが―する。列車事故の―を防止する。

【再発見】(名・する) それまで見過ごされていた価値や美しさなどを、改めて認めなおすこと。例日本美の―。

【再犯】(名・する) ①ふたたび罪をおかすこと。②〔法〕懲役刑が終わった日から五年以内に、ふたたび懲役刑に当たる罪をおかし、有期懲役に処せられること。

【再版】(名・する) 同じ書物をもう一度出版すること。また、その本。類重版・再刊。

【再販】「再販売価格維持契約」の略。生産者が指定した卸値や小売価格を、販売業者が守るという契約。例―価格。―商品。

【再訪】(名・する) 以前におとずれたことのあるところを、ふたたびおとずれること。例―する機会を得た。

【再来】(名・する) ①ふたたびくること。例ブームが―する。②生まれ変わり。再生。例釈迦の―か。③病院などで、初診ではない外来患者。対初診。

【再臨】(名・する) キリスト教で、世界の終わりの日にキリストがふたたびこの世にあらわれるということ。

【再来年】来年の次の年。

冂5 **【冏】** 7画 4940 518F 音ケイ 漢 訓あき-らか

冂4 【囧】7画 ― 56E7 本字

意味 明るいようす。あきらか。例冏冏・冏然。

【冏冏】(形動タル) ひかりかがやくようす。例―とした月の光。―たる月光。

冂7 **【冑】** 9画 4941 5191 音チュウ 漢 訓かぶと・よろい

意味 頭や首を守るためにかぶる武具。かぶと。例甲冑。

日本語での用法《よろい》からだをおおう武具。「甲冑(よろい)」

参考 本来、「冑」は「かぶと」であり、「よろい」の意に用いるの

―は、誤解に基づく慣用。

参考「胄チュウ」(819ペ)は、世つぎの意の別字。

【冑甲】チュウコウ かぶと(=冑)と、よろい(=甲)。甲冑カッチュウ。

冂7 【冐】9画 ⇩【冒】ボウ(705ペ)

冂8 【冓】10画 *4942 *5193 音コウ漢

意味 材木を交互コウゴに積み重ねる。かまえる。同構コウ。

冂9 【冕】11画 4943 5195 音ベン漢 訓かんむり

意味 天子から大夫タイフまでが用いる、礼装の冠かんむり。例冕服ベンプク。冠冕カンベン。

【冕服】ベンプク 身分の高い人が礼装として用いた冠かんむりと衣服。

14 2画 冖 わかんむり部

上からおおいかぶせる形をあらわす。片仮名の「ワ」に形が似ている冠かんむり(=漢字の上がわの部分)であることから「わかんむり」という。「冖」をもとにしてできている漢字と、「冖」の字形を目じるしにして引く漢字とを集めた。

0冖 2冗 3写 7冠 8冤 冢 冥 冦 9冨 12寫 13冪

この部首に所属しない漢字 軍⇩車 952

冖0 【冖】2画 4944 5196 音ベキ漢 訓おお-う

意味 おおう。同冪ベキ。

冖2 【冗】4画 3073 5197 常用 音ジョウ漢 訓むだ

筆順 丶 冖 冘 冗

宀2 【宂】5画 5B82 本字

なりたち [会意]「宀(=家)」と「儿(=ひと)」とから成る。人が家の中にいて耕作しない。時間があまる。

意味 ❶余分な。不必要な。むだ。例冗談ジョウダン。冗費ジョウヒ。❷くどい。だらだらとして、まとまりがない。いりみだれる。例冗長ジョウチョウ。冗漫ジョウマン。

【冗員】ジョウイン あまっていて、むだな人員。例―を整理する。表記「剰員」とも書く。

【冗舌】ジョウゼツ (名・形動ダ) 口数が多いこと。おしゃべり。例―をつつしめ。表記「▼饒舌」とも書く。

【冗談】ジョウダン ①むだばなし。おしゃべり。例―はさておいて本題にはいる。②たわむれのことば。ふざけばなし。例―を真まに受ける。③ふざけたおこない。いたずら。例―にもほどがある。

【冗長】ジョウチョウ (名・形動ダ) 文章や会話などにむだが多くて、長たらしいこと。類冗漫ジョウマン。対簡潔。例―なあいさつ。

【冗費】ジョウヒ むだな費用。むだな出費。例―節減。

【冗文】ジョウブン むだな文句。むだが多くて、しまりのない文章。例―を切りつめる。

【冗漫】ジョウマン (名・形動ダ) 文章や会話にむだが多く、しまりがないこと。類冗長ジョウチョウ。対簡潔。例―な報告書。

冖3 【写】5画 2844 5199 教育3 音シャ漢呉 訓うつ-す・うつ-る・うつ-し

筆順 丶 冖 冖 写 写

宀12 【寫】15画 5377 5BEB

冖12 【冩】14画 4948 51A9 別体字

なりたち [篆] [形声]「宀(=安置するところ)」と、音「舄サク→シャ」とから成る。別のところへ移す。

意味 ❶別のいれものにうつし入れる。そそぐ。同瀉シャ。例写瓶シャビョウ(=師から弟子デシに法をのこりなく伝えることのたとえ)。❷もとの姿や形をそのとおりにえがきだす。うつす。㋐文字や書物を書きうつす。例写経シャキョウ。書写ショシャ。㋑姿や形や像をうつす。絵や文でえがく。例写実シャジツ。写生シャセイ。描写ビョウシャ。

日本語での用法《うつる》透すける。「裏うらのページが写うつって―読みにくい」

使い分け うつす・うつる【写・映】⇩1163ペ

難読 鉤写かごうつし

【写経】シャキョウ (名・する) 経文キョウモンを書きうつすこと。また、書きうつした経。

【写字】シャジ (名・する) 文字を書きうつすこと。例―生セイ。

【写実】シャジツ (名・する) ものごとをありのままに、文章や絵画に表現すること。例―的。徹底テッテイした―主義。

【写植】シャショク 「写真植字シャシンショクジ」の略。活字の組み版を用いず、写真をとる方法で文字を印画紙にうつして、印刷用の版を作ること。

【写真】シャシン ①ものごとの真の姿や形を、うつしえがくこと。また、そのうつしとった像。②写真機で像をうつしとること。また、そのうつしとった像。例カラー―。―をとる。

【写真機】シャシンキ レンズを用いて、物体の像をフィルムなどにうつしとる機械。カメラ。

【写生】シャセイ (名・する) ものや景色を、ありのままにうつしえがくこと。絵画や詩歌シイカなどについていう。例―文。―画。

【写譜】シャフ (名・する) 楽譜を書きうつすこと。

【写本】シャホン 書きうつした本。また、本を書きうつすこと。対版本・刊本。

○●映写エイシャ・試写シシャ・実写ジッシャ・筆写ヒッシャ・模写モシャ

冖7 【冠】9画 2007 51A0 常用 音カン漢呉 訓かんむり

筆順 丶 冖 冖 冖 冖 冠 冠 冠 冠

なりたち [篆] [会意]「冖(=おおう)」と「元ゲン(=あたま)」と「寸(=身分による、きまり)」とから成る。髪かみをたばねるかんむり。

意味 ❶頭にかぶるものをまとめていうことば。かんむり。例衣冠イカン。王冠オウカン。❷成人。元服。昔、中国で、男子は二十歳サイになるとかんむりをつける、成人の儀式ギシキをおこなったことによる。例冠婚葬祭カンコンソウサイ。初冠ういこうぶり(=男子が成年になってする元服の儀式)。弱冠ジャッカン。❸上にかぶせる。かぶる。例冠詞カンシ。冠水カンスイ。❹いちばん上に立つ。最もすぐれている。例冠絶カンゼツ。天下テンカに冠カンたり(=いちばんすぐれている)。

日本語での用法《かんむり》「艹・⺮」など、上にかぶさる形の、漢字の部首。「草冠くさかんむり・竹冠たけかんむり」

難読 冠付(かむりづけ・かさづけ)・鶏冠(とさか)

人名 たか・たかし・まさる

【▽冠木門】(かぶきモン) 二本の門柱の上部に、一本の木を横にわたしただけで、屋根のない門。

【冠位】(カンイ) かんむりの色や材料などであらわした、位階。

【冠婚葬祭】(カンコンソウサイ) 元服(=昔の成人式)・結婚・葬式・祖先の祭りの、四つの重要な礼式。

【冠詞】(カンシ) 英語・フランス語・ドイツ語などで、名詞の前に置いて、数や性や格など文法的なはたらきをあらわすことば。たとえば、英語の the, a, an など。

【冠者】(カンジャ・カジャ・カザ) ①元服して、かんむりをつけた男子。成人に達した男。②年の若いめしつかい。例太郎―(タロウカジャ)。

【冠省】(カンショウ) 〔あたまの部分を省略する、の意〕手紙で、書きだしの時候のあいさつなどをはぶく場合に、使うことば。

【冠水】(カンスイ) (名・する) 大雨や大水で、田野や道路などが水をかぶること。

【冠絶】(カンゼツ) (名・する) くらべるものがなく、最もすぐれていること。例世界に―する業績。

【冠帯】(カンタイ) ①かんむりとおび。②かんむりをつけ、おびを結んだ礼装。③礼儀(レイギ)にあつい風俗(フウゾク)。例―の国(=礼儀正しい国)。④役人。また、その家がら。

【冠履倒易】(カンリトウエキ) (名・形動ナ) かんむりと履(くつ)の置き場所が、いれかわっていること。上下の位置が逆になっていることのたとえ。冠履顚倒(テントウ)。

●衣冠(イカン)・栄冠(エイカン)・王冠(オウカン)・鶏冠(ケイカン)・弱冠(ジャッカン)

冖8 **【冤】** 10画 4945 51A4 音 エン漢 オン呉

宀8 **【寃】** 11画 5367 5BC3 俗字

意味 ❶無実の罪。ぬれぎぬ。例冤罪(エンザイ)。冤死(エンシ)。❷うらみ。かたき。例冤家(エンカ)。

【冤▼枉】(エンオウ) 〔「枉」も、無実の罪の意〕無実の罪。冤罪。

【冤獄】(エンゴク) 無実の罪で獄に入れられること。また、その人。

【冤罪】(エンザイ) 無実のつみ。ぬれぎぬ。例―をうったえ続ける。

【冤声】(エンセイ) 無実の罪におちいった者の、うらみのこえ。

冖8 **【冢】** 10画 4947 51A2 音 チョウ漢 チュウ呉 訓 つか

意味 ❶大きな墓。つか。同塚(チョウ)。例冢墓(チョウボ)。❷大きい。地位が高い。例冢君(チョウクン)。冢宰(チョウサイ)。

【冢▼塋】(チョウエイ) 〔「塋」は、墓の意〕墓。墓場。つか。冢墓(チョウボ)。表記「▽塚▼塋」とも書く。

【冢君】(チョウクン) 君主(クンシュ)。きみ。大君(タイクン・おおきみ)。〔友好国の諸侯(ショコウ)を尊敬していうことば〕表記「▽塚君」とも書く。

【冢宰】(チョウサイ) ①古代中国の周の官名。天子をたすけて政治をおこなう役。②家来の中で最も位の高い者。

【冢▼祀】(チョウシ) 〔「祀」は、まつりの意〕先祖のまつり。

【冢墓】(チョウボ) 墓。つか。冢塋(チョウエイ)。表記「▽塚墓」とも書く。

冖8 **【冥】** 10画 4429 51A5 常用 音 メイ慣 ベイ漢 ミョウ呉 訓 くら-い

筆順 ′ 冖 冖 冃 冃 冝 冥 冥

なりたち [形声]「日(=ひ)」と「六(=ろく)」と、音「冖(ベキ→メイ)」とから成る。十六日めで月が欠けはじめて、ほのぐらい。

意味 ❶光がなくてくらい。おくぶかい。くらやみ。例冥冥(メイメイ)。晦冥(カイメイ)。幽冥(ユウメイ)。❷ものごとをよく知らない。おろか。くらい。例頑冥(ガンメイ)。愚冥(グメイ)。❸死後の世界。死後のことがら。例冥界(メイカイ)。冥土(メイド)。冥福(メイフク)。❹人間にはわからない、神仏のはたらき。例冥加(ミョウガ)。冥利(ミョウリ)。

【冥加】(ミョウガ) 一(名)〔仏〕知らず知らずのうちに受ける神や仏の助け。加護。おかげ。類冥助(ミョウジョ)・冥利。例―金(キン)(=冥加のお礼に、寺社におさめるお金)。二(名・形動ナ) 不思議にしあわせであること。運がよいこと。類好運。

【冥利】(ミョウリ) ①〔仏〕知らず知らずのうちに受ける、神仏の助け。また、善行のむくいとして受ける、利益やしあわせ。類冥加・冥益(ミョウヤク)。例ありがたい―を受ける。②その立場でしか味わえない、おもしろみやしあわせ。例役者―につきる。

【冥王星】(メイオウセイ) 太陽系の準惑星(ジュンワクセイ)の一つ。太陽系の最も外側を回る惑星とされていた。プルートー。

【冥界】(メイカイ) 〔仏〕死後の世界。あの世。冥土。

【冥想】(メイソウ) (名・する) 目を閉じて、気持ちを静かにたもち、深く考えること。例―にふける。表記「▼瞑想」とも書く。

【冥土】(メイド) 〔仏〕死者のたましいが行くというところ。あの世。よみじ。類冥界・冥府。例―へ行く。―にも知る人(=どこにでも知り合いはいることのたとえ)。表記「冥途」とも書く。

【冥途】(メイド) 「冥土」に同じ。

【冥府】(メイフ) ①死んでから行くというところ。あの世。類冥土。②地獄(ジゴク)にあり、閻魔大王(エンマダイオウ)がいるという役所。

【冥福】(メイフク) 死後の幸福。あの世でのしあわせ。例―をいのる。

【冥冥】(メイメイ) (形動タル) ①暗いようす。例―たる暗夜。②ものごとがよくわからないようす。例―のうちに。

冖8 **【冦】** 10画 ⇩【寇】(コウ)(301ページ)

冖9 **【冨】** 11画 ⇩【富】(フ)(304ページ)

冖12 **【冩】** 14画 ⇩【写】(シャ)(118ページ)

冖13 **【冪】** 15画 4949 51AA 音 ベキ漢 訓 おお-う

冖13 **【羃】** 18画 7018 7F83 別体字

意味 ❶おおう。かぶせる。おおいかぶせる布。例冪冪(ベキベキ)。❷同じ数や数式をなん回もかけあわせたもの。累乗(ルイジョウ)。例降冪(コウベキ)。

【冪冪】(ベキベキ) (形動タル) 雲などが低くたれこめるようす。暗いようす。

【冪歴】(ベキレキ) おおうように広がるようす。

[冖部] 8―13画 ● 冤 冢 冥 冦 冨 冩 冪

15 2画 冫 にすい部

氷の表面に、ひびわれたようにあらわれるすじ目の形をあらわす。「氵(三水 さんずい)」に対して「冫(二水 にすい)」という。「冫」をもとにしてできている漢字を集めた。

0 冫 3 冬 4 冱 決 冴 冲 冰 5 冴 冶 冷 况 6 冽 8 凅 准 凄 凋 凍 凌 凉 10 準 13 凛 凜 14 凝

この部首に所属しない漢字

冬⇩夂 245 次⇩欠 553 馮⇩馬 1080

冫0 **【冫】** 2画 4950 51AB 音 ヒョウ漢呉 訓 こおり

[冫部] 0画 ● 冫

意味 こおる。こおり。同氷。

冫3【冬】5画 ⇩【冬】(245ページ)

冫4【冱】6画 4952 51B1 音コ漢ゴ呉 訓さ-える・こお-る

意味 こおりつくほど寒い。冷たい。こおる。同沍。例冱寒(=ひじょうに寒い)。

冫4【決】6画 ⇩【決】(579ページ)　冫4【冴】6画 ⇩【冴】(120ページ)

冫4【沖】6画 ⇩【沖】(580ページ)　冫4【冰】6画 ⇩【氷】(576ページ)

冫5【冴】7画 2667 51B4 人名 音コ漢ゴ呉 訓さ-え・さ-える・こお-る

冫4【冴】6画

なりたち【形声】「冫(=こおり)」と、音「牙コ」とから成る。こおる。〔「牙」は「互」が変化した形〕

意味 こおりつくほど寒い。冷たい。こおる。

日本語での用法《さえる》①頭や目のはたらきがはっきりしている。鮮明である。「目が冴えて眠れない・頭が冴える」②冷えきる。すみわたる。「霜も冴える真夜中・月の冴えた夜空」

人名 さえ

冫5【冶】7画 4474 51B6 常用 音ヤ漢呉 訓い-る 付表 鍛冶

筆順 、冫冫冶冶冶冶

なりたち【会意】「冫(=こおり)」と「台(=やわらぎ変化する)」とから成る。とろける。

意味 ❶金属をとかして精製し、加工する。鋳物を作る。鋳る。例冶金。鍛冶。❷なまめかしい。美しい。例冶郎。艶冶。

【冶金】①鉱石から金属を取り出すこと。ふきわけ。②金属を精製し、加工すること。

【冶郎】やさ男。うわき男。遊冶郎。

●陶冶

冫5【冷】7画 4668 51B7 教育4 音レイ漢リョウ呉 訓つめ-たい・ひ-える・ひ-や・ひ-やす・ひ-やかす・さ-める・さ-ます・ひ-やか

筆順 、冫冫冷冷冷冷

なりたち【形声】「冫(=こおり)」と、音「令レイ」とから成る。こごえる。

意味 ❶温度が低い。つめたい。ひやす。ひえる。例冷害。冷却。秋冷。❷心のあたたかみがない。感情を動かさない。ひややか。例冷酷。冷笑。冷静。

日本語での用法《ひや》つめたい水や酒。「お冷ひや・冷ひやで一杯」

使い分け さます・さめる【覚・冷】⇩1169ページ

人名 きよ・きよし・すずし

【冷暗】つめたく、くらいこと。例―所に保存する。

【冷罨法】〔「罨」は、上からかぶせる意〕冷水や薬をひたした布などで、患部をひやす治療法。

【冷雨】つめたい雨。例春先の―。

【冷夏】例年にくらべて気温の低い夏。

【冷菓】ひやしたり、こおらせたりして作った菓子。また、つめたくして食べる菓子。ゼリーやアイスクリームなど。

【冷害】日照不足や異常低温のためにおこる、農作物の被害。例―で収穫がへる。

【冷汗】おそれたり、はじたりしたときに出るあせ。ひやあせ。例―三斗の思い。

【冷眼】人をさげすんで見る、ひややかな目つき。

【冷気】ひんやりとした、つめたい空気。

【冷却】(名・する)①ひやして、つめたくすること。例―装置。②つめたい関係になること。例両国の関係が―する。③高ぶった気持ちを、しずめること。例―期間を置く。

【冷遇】(名・する)人を、つめたい態度で、そまつにあつかうこと。対厚遇・優遇。例新しい職場で―される。

【冷血】一(名)体温が低いこと。対温血。二(名・形動)人間的なあたたかみが感じられず、薄情なこと。例―漢(=心のつめたい男)。

【冷血動物】①「変温動物」のもとの呼び名。外界の温度変化によって、体温がいちじるしく変わる動物。対温血動物。②冷酷な人、心のつめたい人のたとえ。

【冷厳】(名・形動)①落ちついていて、おごそかなようす。例―な態度。②ごまかしたりすることのできない、きびしいようす。例―な事実。

【冷酷】(名・形動)人間味がなく、むごいこと。

【冷酒】①燗をしていない日本酒。ひやざけ。ひや。②ひやして飲むようにつくった日本酒。冷用酒。

【冷笑】(名・する)ひややかに、あざけり、わらうこと。類嘲笑。例―をうかべる。

【冷水】一レイスイ つめたい水。対温水。例―摩擦。二【冷や水】ひやみず つめたい水。例年寄りの―(=老人が冷水をあびることから、高齢の人にふさわしくないふるまいをしようとするのを、ひやかしていうことば)。

【冷水塊】周囲の海水よりも、水温の低い海水のかたまり。また、その水域。冷水域。

【冷製】一度調理したものをさまし、つめたくして食べる西洋料理。例―のスープ。

【冷静】(名・形動)感情に動かされず、落ちついていること。例―沈着。―に行動する。

【冷泉】一レイセン ①つめたいわき水。②(セ氏二五度未満の)つめたい鉱泉。対温泉。→【鉱泉】(1007ページ) 二レイゼイ ①平安京の東西に通じる小路の一つ。②藤原氏の一門。代々、歌道を伝えた。

【冷戦】国と国とのあいだで、直接に戦争はしないものの、経済や外交など、多方面で激しく対立し、抗争すること。つめたい戦争。〔第二次世界大戦後の、アメリカとソ連との関係を中心にいう〕例―時代。

【冷然】(形動タル)①つめたいようす。例―たる谷川の水。②思いやりがないようす。また、感情に動かされず、落ちついているようす。例―と決定を下す。

【冷蔵】(名・する)飲食物などの品質を保つために、低温でたくわえておくこと。例食品を―する。

【冷淡】(名・形動)①情愛が感じられないこと。例―にあしらわれる。②ものごとに対する関心や熱意が感じられないこと。例芸術に―な人。

【冷徹】(名・形動)感情に動かされず、ものごとの根本を正確に見とおすこと。例―な目。

【冷凍】(名・する)(鮮度を保つために)食品などを人工的にこおらせること。対解凍。例―して保存する。

【冷肉】レイニク　むし焼きにしたあと、ひやした肉。コールドミート。
【冷評】レイヒョウ　（名・する）同情や思いやりをいっさいまじえず、ひややかな態度で批評すること。例―をあびる。
【冷風】レイフウ　はだにつめたく感じる風。例―を送りこむ。
【冷房】レイボウ　（名・する）室内の温度を外の気温より低くして、すずしくすること。また、その装置。対暖房。例弱―。
【冷麺】レイメン　ひやして食べる麺。

冫5【况】7画　⇩【況】キョウ（584ページ）

冫6【冽】8画　4956　51BD　音レツ漢　訓きよ-い
意味 身が切られるようにつめたい。寒さがきびしい。例清冽。凛冽。

冫8【凅】10画　4957　51C5　音コ漢　訓こご-る・こ-る
意味 寒くて固まる。こおる。例凅凍。凅陰（＝いてる。こおりつく）。

冫8【准】10画　2958　51C6　常用　音ジュン慣　シュン漢呉　訓なぞら-える
筆順
なりたち 「準」の一部を省略した形。
意味 ❶正式なものに次ぐ。なぞらえる。例准将。准三后。❷ゆるす。みとめる。例批准。
参考 官庁用語などに限って用いられる。
人名 つぐ・のり・ひとし
【准教授】ジュンキョウジュ　大学などで、教授に次いで置かれる職階。以前の助教授を廃して導入。
【准士官】ジュンシカン　准尉・兵曹長。尉官の下位で下士官の上位。
【准将】ジュンショウ　（アメリカなどの軍隊の階級で）少将の下、大佐の上の位。代将。
●批准

冫8【凄】10画　3208　51C4　常用　音セイ漢　訓すさま-じい・すご-い・すご-む
筆順
冫8【淒】11画　6239　6DD2　本字
なりたち
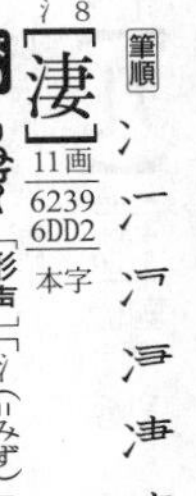
【形声】「氵（＝みず）」と、音「妻（セイ）」とから成る。雨雲が起こるさま。また、寒々しいさま。
意味 さむい。ひえびえとして、ものさびしい。例凄凄（＝寒く冷えているようす）。凄然。
日本語での用法《セイ》すさまじい。すごい。ていどが激しい。「凄惨・凄絶」
【凄艶】セイエン　（名・形動ダ）すごみを感じるほど、なまめかしく美しいこと。例―な美女。
【凄惨】セイサン　（名・形動ダ）目もあてられないほど、いたましいこと。きわめてむごいこと。類悲惨。例―な事故の現場。
【凄絶】セイゼツ　（名・形動ダ）きわめてすさまじいこと。ものすごいこと。例―な戦い。
【凄然】セイゼン　（形動タル）①わびしく、いたましいようす。②はだざむいようす。ひややか。
【凄涼】セイリョウ　（形動タル）ぞっとするほど、ものさびしいようす。
【凄▼寥】セイリョウ　（形動タル）すさまじく、ものさびしいようす。

冫8【凋】10画　*3592　*51CB　音チョウ漢　訓しぼ-む
意味 花などがしおれる。しぼむ。また、おとろえる。おちぶれる。例凋喪。凋落。枯凋。
【凋喪】チョウソウ　（名・する）しぼみ、おとろえること。
【凋落】チョウラク　（名・する）①草木の花や葉が、しぼんで落ちること。例―の季節。②おちぶれること。例―した旧勢力。

冫8【凍】10画　3764　51CD　常用　音トウ漢　訓こお-る・こご-える・し-みる
筆順
なりたち 【形声】「冫（＝こおり）」と、音「東（トウ）」とから成る。かたくこおる。
意味 ❶いてつく。こおる。例凍結。解凍。❷寒さのために感覚がなくなる。こごえる。例凍死。凍傷。
【凍雨】トウウ　①ひさめ。みぞれ。②にわか雨。
【凍結】トウケツ　（名・する）①こおりつくこと。類氷結。例路面が―する。②現状を変えないようにすること。例資産を―する。
【凍死】トウシ　（名・する）寒さのために死ぬこと。こごえじに。
【凍傷】トウショウ　きびしい寒さのために皮膚に起こる、やけどに似た傷害。例―にかかる。
【凍▼瘡】トウソウ　軽い凍傷。しもやけ・ひび・あかぎれなど。
【凍▼餒】トウダイ　〔「餒」は、飢える意〕こごえ、飢えること。
【凍土】トウド　こおった土。ツンドラ。

冫8【凌】10画　4631　51CC　人名　音リョウ漢　訓しの-ぐ
なりたち 【会意】本字は「夌」で、「夂（＝すすむ）」と「圥（＝高く大きい）」とから成る。越える。
意味 ❶相手をこえて上に出る。こえる。しのぐ。例凌雲。凌駕。❷力ずくでおかす。あなどりはずかしめる。例凌辱。
難読 凌霄花（のうぜんかずら）
【凌雲】リョウウン　①雲をしのいで高くそびえること。また、雲よりも高く飛ぶこと。例―の志。②俗世間を超越すること。例―の気。表記「陵雲」とも書く。
【凌▼駕】リョウガ　（名・する）競争相手よりも上に出ること。他をしのぐこと。例他チームをはるかに―する力量。表記「陵駕」とも書く。
【凌▼霄】リョウショウ　①空高くそびえること。②志の高いこと。
【凌辱】リョウジョク　（名・する）①人をあなどって、はずかしめること。例芸術家と称し、平凡な人人を―するやから。②婦女をおかすこと。表記▽「陵辱」とも書く。

冫8【凉】10画　⇩【涼】リョウ（605ページ）
冫10【凖】12画　⇩【準】ジュン（614ページ）

冫13【凜】15画　8405　51DC　人名　音リン漢
冫13【凛】15画　4959　51DB　人名　俗字
なりたち 【形声】本字は「凜」で、「冫（＝こおり）」と、音「廩（リン）」とから成る。さむい。
意味 身が引きしまるように、厳しく寒い。例凜乎。凜冽。
日本語での用法《リ》姿や態度が、きりりとして力強くたのもしい。「凜凜リリしい姿すがた」

【凜▼乎】リンコ (形動タル) ①勢いがあり、きりっとしているようす。例—たる気迫キハク。②寒さの厳しいようす。例—として早春らしい朝。

【凜然】リンゼン (形動タル) ①寒さが厳しいようす。例寒波、—として、身にしみる。②りりしく、勇ましいようす。例—たる態度。

【凜慄】リンリツ (形動タル) ①寒くて、ふるえるようす。②おそれおののくようす。

【凜凜】リンリン (形動タル) ①勇ましいようす。りりしいようす。例勇気—。②寒さが身にしみるようす。

【凜▼冽】リンレツ (形動タル) 寒気の厳しいようす。例玄冬ゲントウ—の候(=冬の寒さ厳しい季節)。表記「凜烈」とも書く。

冫13 【凛】15画 ⇩【凜】リン(121ページ)

冫14 【凝】16画 2237 51DD 常用 音ギョウ漢呉 訓こ-る・こ-らす

筆順 冫 冫' 冫匕 冫𠂉 冫矣 凝 凝 凝

なりたち [形声]「冫(=こおり)」と、音「疑ギ→ギョウ」とから成る。こおって、かたまる。

意味 ❶かたまる。こごる。こる。例凝結ギョウケツ。凝固ギョウコ。凝集ギョウシュウ。❷考えや視線などを集中させる。こらす。例凝思ギョウシ。凝視ギョウシ。❸じっとして動かない。例凝然ギョウゼン。

日本語での用法《こり・こる》集中する。集中して固まる。熱中する。「肩かたが凝こる・凝こりをほぐす・趣味シュミに凝こる」

人名 こおる・こり

【凝血】ギョウケツ (名・する) 体外に出た血液が固まること。また、その固まった血液。例傷口に—がある。

【凝結】ギョウケツ (名・する) 〔化〕液体の中の小さな粒子リュウシが集まり、大きな粒子となって沈殿チンデンすること。また、空気中の水蒸気が水滴スイテキになること。類凝固・凝縮。例ガラス窓に—する露つゆ。

【凝固】ギョウコ (名・する) ①こりかたまること。②〔物〕液体や気体が固体になること。類凝結・凝縮。対融解ユウカイ。例冷やすとすぐに—する。

【凝思】ギョウシ (名・する) じっと考えこむこと。

【凝脂】ギョウシ ①こり固まった脂肪シボウ。②白くてつややかな美しいはだ。例温泉水滑なめらかにして(=温泉の湯はなめらかで)—を洗う。〈白居易ハクキョイ・長恨歌チョウゴンカ〉

【凝視】ギョウシ (名・する) 一つのものをじっと見つめること。類熟視。例一点を—する。

【凝集】ギョウシュウ (名・する) 散らばっているものが、固まるように集まること。例一か所に—して、やがて拡大していく。

【凝縮】ギョウシュク (名・する) ①ばらばらのものが、一つにまとまり固まること。例さまざまな体験を—した詩。②〔物〕気体の一部が液体になること。類凝結・凝固。

【凝然】ギョウゼン (形動タル) じっとして動かないようす。例—と立ちつくす。

【凝▼滞】ギョウタイ (名・する) ①つかえてしまって、先へ進まないこと。類渋滞ジュウタイ。例ものにこだわって—する性格。②少しも進歩しないで、もとのままにいること。例精神生活が—して不健康を招く。

【凝望】ギョウボウ (名・する) 目をこらして、遠くの一点を見つめること。例遠くの山の頂上を—する。

【凝立】ギョウリツ (名・する) 動かないで、じっと立っていること。例バルコニーに—する人影ひとかげ。

【凝り性】こりショウ (名・形動ダ) ものごとに熱中する性質。また、何ごとも徹底的テッテイテキにやらないと気がすまない性質。例—なのは親ゆずりです。

16 2画 几 つくえ きにょう (⺇ かぜかんむり かぜがまえ) 部

ひじかけの形をあらわす。「几」をもとにしてできている漢字と、「几」および「⺇(=風の省略体)」の字形を目じるしにして引く漢字とを集めた。

0 几 1 凡 3 処 凧 4 凩 凪 6 凭 7 鳬 9 凰 10 凱

この部首に所属しない漢字

冗⇩冖118 夙⇩夕250 咒⇩口201 鳧⇩鳥1100 鳳⇩鳥1100 風⇩風1070

几0 【几】2画 4960 51E0 音キ漢呉 訓つくえ

意味 ❶ひじかけ。脇息キョウソク。例几杖キジョウ。❷つくえ。同机。例几案キアン。明窓浄几メイソウジョウキ。

【几案】キアン (「案」も、つくえの意) 書類などをのせる台。つくえ。表記「机案」とも書く。

【几帳】キチョウ 昔、室内を仕切るのに使った、ついたてのような道具。台に立てた柱の上に、横木をわたして布の幕をたらした。

【几帳面】キチョウメン (形動ダ) 細かいところまで気をくばり、きちんとするようす。また、規則正しいようす。〔几帳の柱のけずり方が、細かくていねいであったことから〕類厳格。例—な人。

几1 【凡】3画 4362 51E1 常用 音ハン漢 ボン呉 訓すべ-て・およ-そ

筆順 ノ 几 凡

なりたち [会意]「⺇(=ならぶ)」と「乚(=及およぶ。たばねる)」とから成る。とりまとめていうときに使うことば。およそ。

意味 ❶あらゆる。すべて(の)。いろいろ(の)。例凡例ハンレイ。凡百ボンピャク。❷いっぱんに。およそ。総じて。例大凡おおよそ。凡およそ今の人ひとは。❸ありふれた。ふつうの。つまらぬ。例凡才ボンサイ。凡人ボンジン。非凡ヒボン。

人名 ちか・つね・なみ・ひろ・ひろし

【凡例】ハンレイ (「ボンレイ」とも) 本のはじめに、その本の方針や使い方などを、まとめて説明したもの。

【凡愚】ボング (名・形動ダ) 平凡でなんの取りえもなく、すぐれていないこと。また、その人。例われわれ—にできることではない。

【凡骨】ボンコツ 人並みの素質や力量。また、その人。例—でも成しとげられる仕事。

【凡才】ボンサイ ありふれていて、とくにすぐれたところのない才能。また、その人。類鈍才ドンサイ。対天才。

【凡作】ボンサク すぐれた点の見られない作品。つまらない作品。類駄作ダサク。対傑作ケッサク・秀作シュウサク。例—ばかりの展覧会。

【凡策】ボンサク ありふれた策略。平凡な計画。

【凡手】ボンシュ 平凡な、うでまえ。また、その人。対名手。

【凡人】ボンジン (「ハンジン」とも) とくにすぐれたところのない、ふつうの人。平凡な人。凡俗ボンゾク。例—にはできないわざ。

【凡俗】ボンゾク □(名・形動ダ) とくにすぐれた点がなく、世間並みであること。例—な暮らしぶり。□(名) 凡人。俗人。例—のたわごと。知恵チエの浅はかな—にすぎない。

【凡退】ボンタイ（名・する）野球で、打者が出塁シュツルイできなかったり、走者を進めることができなかったりして、しりぞくこと。例三者―。
【凡百】ボンピャク［「ボンビャク」とも］①いろいろのもの。もろもろ。諸種。例―の知識。②あらゆる人々。例―の知るところとなる。
【凡夫】ボンプ［「ボンブ」とも］①平凡な、ふつうの人。②〔仏〕煩悩ボンノウにとらわれ、仏の教えを理解できない人。例―の浅ましさ。
【凡凡】ボンボン（形動タル）きわめて平凡なようす。例平平―。
【凡庸】ボンヨウ（名・形動ダ）ありふれていて、目立つところがないこと。類平凡。例―な人間。
【凡慮】ボンリョ 凡人の考え。平凡な考え。例とても―のおよぶところではない。
●非凡ヒボン・平凡ヘイボン

几3 【処】 5画 2972 51E6 教育6 音ショ漢ソ呉 訓お-る・ところ
筆順 ノ ク 夂 夂 処
虍5 【處】 11画 4961 8655
なりたち ［会意］「夂(=あとからついて来る)」と「几(=こしかけ)」とから成る。落ちつくところを得て、とまる。おる。
意味 ❶ある場所に身をおく。一定のところにとどまっている。おる。例処世ショセイ。❷官職につかずに家にいる。例処士ショシ。出処進退シュッショシンタイ。❸結婚ケッコンせずに家にいる。へやずみ。例処子ショシ。処女ショジョ。❹しかるべきところにおく。とりはからう。とりさばく。おく。例処遇ショグウ。処置ショチ。身みを処ショする。❺とどめる。やむ。例処暑ショショ。❻場所。ところ。例処処ショショ。随処ズイショ。
難読 処女おとめ・何処いずこ
人名 おき・さだむ・すみ・ふさ・やす
【処遇】ショグウ（名・する）人の能力や人格などを評価して、待遇タイグウを決めること。例身分―。
【処刑】ショケイ（名・する）刑罰ケイバツを加えること。とくに、死刑を実行すること。例判決のとおりに―する。
【処決】ショケツ（名・する）①はっきりと処置をすること。例―を望む。②覚悟カクゴを決めること。例―を要する大事。
【処士】ショシ 官職につかないで、民間にいる人。例―の身分。
【処子】ショシ ①まだ結婚ケッコンしない女性。処女。②処士。
【処処】ショショ あちらこちら。ここかしこ。ところどころ。表記「所所」とも書く。例―方方ホウボウをたずねる。
【処暑】ショショ［暑さがやむ意］二十四節気の一つ。太陽暦タイヨウレキで八月二十三日ごろ。
【処女】ショジョ ①［まだ嫁よめに行かないで、家にいるむすめの意］未婚ミコンの女性。きむすめ。対童貞ドウテイ。②まだだれも手をつけたり、足をふみ入れたりしていないこと。例―地。③はじめての。最初の。例―作。―航海。
【処世】ショセイ 世間の人とうまくつきあって、世の中を生きていくこと。生活していくこと。世わたり。例―術。
【処世訓】ショセイクン 信念や経験などをもとにした、処世に役立つ教え。例先輩センパイから受けた―。
【処断】ショダン（名・する）ものごとをよく判断して、きちんと決めること。例法律に照らして―する。
【処置】ショチ（名・する）①ものごとをとりさばき、きちんとかたをつけること。類処理・措置ソチ。例―なし(=ひどすぎて手がつけられない)。②病気や傷の手当てをすること。例応急―。
【処罰】ショバツ（名・する）罰すること。類処分。例違反者イハンシャを―する。
【処分】ショブン（名・する）①不用品を手放して整理すること。例古い家具を―する。②規則などに違反イハンした者を罰バッすること。類処罰ショバツ。例停学―。
【処方】ショホウ（名・する）医師が患者カンジャの病状にあわせて、薬の種類や分量などを指示すること。また、その指示したもの。
【処方箋】ショホウセン［「箋」は、紙きれの意］医師が処方を書いた書類。処方書。例薬局へ―を持って行く。
【処理】ショリ（名・する）①仕事や事件などを的確にあつかって、かたづけること。例外交問題を―する。②ものをつくりだすとき、熱や圧力や薬品などで加工すること。例熱―。
●善処ゼンショ・対処タイショ

几3 【凧】 5画 3492 51E7 人名 国字 訓たこ
意味 たこ。細い竹の骨に紙をはり、糸をつけて空に飛ばすもの。方言で、「はた」「いか」「いかのぼり」。

几4 【凩】 6画 4962 51E9 国字 訓こがらし
意味 秋の終わりから冬の初めにかけてふく寒い風。こがらし。

几4 【凪】 6画 3868 51EA 人名 国字 訓なぎ・な-ぐ
なりたち ［会意］「風(=かぜ)」の省略体と「止(=やむ)」とから成る。風がやむ。
意味 風がやんで波がしずかになる。なぐ。なぎ。例朝凪あさなぎ。夕凪ゆうなぎ。

几6 【凭】 8画 4963 51ED 音ヒョウ漢 訓よ-る・もた-れる
意味 （ひじかけなどに）よりかかる。よる。もたれる。例凭几ヒョウキ(=つくえによりかかる)。凭欄ヒョウラン(=手すりにもたれる)。

几7 【鳬】 9画 ⇩【鳬】フ（1100ページ）

几9 【凰】 11画 4964 51F0 人名 音コウ漢オウ呉 訓おおとり
意味 昔の中国で、めでたいときにあらわれるとされた、想像上の鳥。おおとり。凰は、めす、鳳ホウは、おす。例鳳凰ホウオウ。

几10 【凱】 12画 1914 51F1 人名 音ガイ慣カイ漢 訓かちどき
なりたち ［形声］本字は「愷」で、「忄(=こころ)」と、音「豈キ→カイ」とから成る。やすらぎ、たのしむ。
意味 ❶やわらぐ。たのしむ。例凱風ガイフウ。❷戦いに勝ったときに上げる喜びの声。また、そこで奏する音楽。かちどき。例凱歌ガイカ。凱陣ガイジン。凱旋ガイセン。
人名 たのし・とき・やす・やすし・よし
【凱歌】ガイカ 戦いの勝利を祝ってうたう歌。例―をあげる。
【凱旋】ガイセン（名・する）戦いに勝って帰ること。例敵を破って―する。
【凱旋門】ガイセンモン 凱旋する軍隊を歓迎カンゲイし、勝利を記念するためにつくった門。
【凱風】ガイフウ 初夏にふく、そよ風。南風ナンプウ。例―南よりきたる。

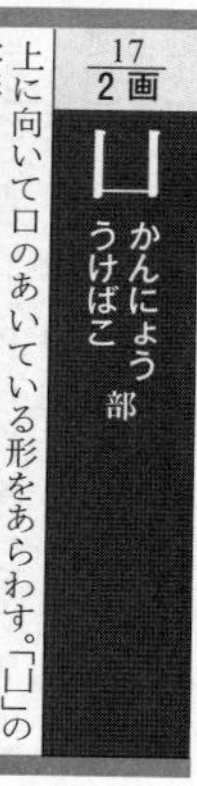

17 2画 **凵** かんにょう うけばこ 部

上に向いて口のあいている形をあらわす。「凵」の字形を目じるしにして引く漢字を集めた。

0 凵 2 凶 3 凹 出 凸 6 函 7 凾

この部首に所属しない漢字

画⇩田677 幽⇩幺349 歯⇩歯1114

凵 0 **【凵】** 2画 4965 51F5 音 一ケン漢 二カン漢

意味 一 口をひらくこと。また、そのようす。二 土地がくぼんだ形。あな。同坎。

凵 2 **【凶】** 4画 2207 51F6 常用 音キョウ漢 グウ呉 訓わる-い・わざわい

筆順 ノ メ 凶 凶

なりたち ［指事］地面がくぼんでいて、人が落ちる危険性がある。わるい。不吉である。

意味 ❶縁起が悪い。不吉。わざわい。対吉。例凶事。吉凶。❷残忍な。乱暴な。人を傷つける。同兇。例凶悪。凶器。凶暴。❸作物のできが悪い。不作。例凶作。凶年。

【凶悪】（名・形動）きわめて悪いこと。残忍なこと。類極悪。例―な犯罪。表記 旧▼兇悪

【凶音】悪い知らせ。死亡通知。例―に接する。

【凶漢】〔「漢」は、おとこの意〕人に危害を加える者。わるもの。悪漢。例―の手にたおれる。表記 旧▼兇漢

【凶器】人を殺したり、傷つけたりするのに使われる道具。例―のナイフが発見される。表記 旧▼兇器

【凶行】人を殺したり傷つけたりするような、残忍なおこない。例うらみから―におよぶ。表記 旧▼兇行

【凶作】農作物のできが、ひじょうに悪いこと。類不作。対豊作。例―で米不足となる。

【凶事】悪いできごと。また、縁起が悪いこと。とくに、人の死。対吉事・慶事。例―の前兆。

【凶日】縁起の悪い日。不吉な日。対吉日。

【凶手】凶行をはたらく者。例―にかかって落命する。表記 旧▼兇手

【凶状】凶悪な罪をおかした事実や経歴。例―持ち（＝殺人や傷害などの前科者。また、逃亡中の凶悪犯）。表記 旧▼兇状

【凶刃】殺人に使われる刃物。例―にかかる。表記 旧▼兇刃

【凶相】うらないで出る、悪いしるし。また、悪い人相。対吉相。例―が、ありありとあらわれている。

【凶弾】悪者がねらってうった弾丸。例―にたおれる。表記 旧▼兇弾

【凶兆】悪いことの起こる前ぶれ。悪いきざし。対吉兆。例―があらわれる。

【凶徒】①凶行をはたらく悪者。②暴動に加わった者。類暴徒。例―を鎮圧する。表記 ▽旧▼兇徒

【凶年】①農作物が不作の年。類荒年。対豊年。例二年続きの―。②悪いできごとのあった年。

【凶変】不吉なできごと。例大統領暗殺という―。表記 旧▼兇変

【凶報】①悪い知らせ。不吉な知らせ。対吉報・朗報。②死亡の知らせ。例―が届いた。

【凶暴】（名・形動）あらあらしく残忍で、きわめて悪いこと。例―な犯人を追いつめる。表記 旧▼兇暴

【凶猛】（名・形動）あらあらしく、たけだけしいこと。例―なふるまいに手をやく。表記 旧▼兇猛

【▽凶会日】陰陽道で、すべてに凶である日。

●吉凶・元凶・大凶

凵 3 **【凹】** 5画 1790 51F9 常用 音オウ漢 訓くぼ-む・くぼ-み・へこ-む・ぼこ 付表凸凹

筆順 ⺄ ⺄ ⺄ 凹 凹

なりたち ［象形］ものの中央がくぼんだ形。くぼむ。

意味 中央がくぼんでいる形。へこみ。くぼみ。また、へこむ。くぼむ。対凸。例凹凸。凹版。凹面鏡。

【凹版】印刷する文字や絵などの部分が、他の部分よりへこんでいる印刷版。対凸版。

【凹面鏡】反射面がなだらかにくぼんでいる反射鏡。対凸面鏡。

凵 3 **【出】** 5画 2948 51FA 教育1 音シュツ漢呉 スイ漢呉 訓で-る・だ-す

筆順 ｜ 屮 屮 出 出

なりたち ［象形］草木がさかんにしげって上へのびる形。すすみでる。

意味 ❶内から外へ行く。でていく。でる。対入。例出国。出発。外出。❷あらわれる。うまれる。だす。例出現。出納。提出。❸仕事のために、ある場所に行く。参加する。臨む。例出演。出勤。出席。❹他よりぬきんでる。すぐれている。例出色。傑出。

人名 いず・いずる・すすむ・で

【出雲】旧国名の一つ。今の島根県東部。雲州。

【出▼捐】（名・する）〔「捐」は、手ばなす意〕他人のためにお金や品物を出すこと。類寄付。例―して助け合う。

【出演】（名・する）舞台や映画・テレビなどに出て、演技をすること。また、単にテレビ番組などに出ること。

【出火】（名・する）火事が発生すること。また、火事を出すこと。対鎮火。例―したのは深夜だった。

【出荷】（名・する）商品を市場などへ送り出すこと。対入荷。例東京の市場に―する。

【出芽】（名・する）植物の芽が、分かれて出ること。例―を早める。

【出棺】（名・する）葬式で、死者のひつぎを、その式場から火葬場へ送り出すこと。例合掌して―を見送る。

【出願】（名・する）①ねがい出ること。例受験の―をする。②免許や許可などを官庁の窓口を通じて、国や地方公共団体に求めること。例発明品の特許を―する。

【出京】（名・する）①地方から都会へ出かけること。類上京。例親戚をたよって―する。②都会を出て地方へ行くこと。類離京。例明日、帰省のため―の予定だ。

【出郷】（名・する）郷里をはなれること。例就職のために―する。

【出金】（名・する）会社の経理などで、必要に応じてお金を出すこと。支出すること。対入金。例―伝票。

【出勤】（名・する）つとめに出ること。類出社。対欠勤・

退勤。例—簿。九時に—する。

【出家】㊀(名・する)俗世間をすてて仏道にはいること。僧となること。例—して山寺にこもる。㊁(名)僧。お坊さん。㊟在家。例—とその弟子。

【出撃】(名・する)敵を攻撃するために、味方の陣地から出ること。例爆撃機が—する。

【出欠】出席と欠席。例—を取る。

【出血】(名・する)①血管が破れて、血が体内や体外へ出ること。例傷口から—する。②損失や損害を考えないで、おこなうこと。例—サービス。

【出現】(名・する)姿をあらわすこと。あらわれ出ること。例空飛ぶ円盤が—する。

【出庫】(名・する)①倉庫から品物を出すこと。くらだし。例—伝票。②電車や自動車が車庫から出ること。また、出すこと。例消防車の—。▽㊟入庫。

【出向】(名・する)①出かけること。②命令により、籍はそのままで、他の会社や官庁などに出向いて、勤務すること。例子会社に—する。

漢字に親しむ ❻ 海外へ出張る

いま「海外へ出張る」などと言ったら笑われるか、けげんな顔をされるかのどちらかでしょうね。「出張する」と言わなければなりません。しかしこの「出張」は、大和ことばの「でばる」に漢字をあてて、日本でつくり出された漢語で、本家は「出張る」のほうなのです。同じようにしてできた熟語はほかにも「墓参り→墓参」「心配り→心配」「返り事→返事」などがあります。

でばる
出張
しゅっちょう

【出校】(名・する)①教職員が勤務のために学校へ出ること。例—日。②校正刷りが印刷所から出ること。

【出航】(名・する)航海や航空に出発すること。船や飛行機が出発すること。例—の予定時刻。

【出港】(名・する)船が港を出ること。㊟入港。例漁船は早朝に—する。

【出講】(名・する)出向いて講義をすること。また、講義をするために出かけること。例—日。午後から—する。

【出国】(名・する)ある国を出て別の国へ行くこと。㊟入国。例手続きをすませて—する。

【出獄】(名・する)囚人が釈放されて、監獄や刑務所から出ること。㊎出所。㊟下獄・入獄。例刑期を終えて—する。

【出座】(名・する)(身分の高い人が)姿をあらわして、所定の席につくこと。

【出札】(名・する)(駅や劇場などで)切符を売ること。また、売りはじめること。例—口。

【出産】(名・する)子供をうむこと。㊎分娩。

【出山】(名・する)①山にこもっていた者が、村や町に出ること。②隠者が世に出て、官に仕えること。③僧が、修行していた寺または山を出ること。

【出仕】(名・する)勤めに出ること。とくに、役人になること。㊎仕官。例役所に—する。

【出資】(名・する)資金を出すこと。例共同で—する。

【出自】〔…から出る意〕出てきたところ。また、生まれ出た家がら。うまれ。例李白の—に関する研究。

【出社】(名・する)仕事をするために、会社へ行くこと。㊟退社。例日曜日でも—する。

【出処】㊀(名・する)世に出て官職につくこと。また、官をしりぞいて家に引っこむこと。役人をつとめるか、やめるかの、どちらかということ。例—進退を決断する。㊁(名)ものごとのはじまったところ。でどころ。出所。例—がわからない。

【出処進退】現在の地位にとどまることと、やめることと。身のふりかた。例—を明らかにする。

【出所】㊀(名)①情報や品物などの出どころ。例—不明のニュース。②生まれたところ。㊁(名・する)「出獄」に同じ。㊟入所。

【出生】(名・する)生まれてくること。例第一子が—した。

【出場】(名・する)集会や競技のおこなわれる場所に出ること。㊟欠場・休場。例初—校。

【出色】(名・形動)他にくらべてひときわ目立つこと。とくにすぐれていること。例—のできばえ。

【出身】ある地域などから、または、ある学校や職業などから出ていること。例石川県—。僧侶—の議員。

【出陣】(名・する)戦場に出ること。また、戦いをするために出かけること。例さっそうと—する。

【出▼塵】(名・する)①浮き世からのがれること。②俗世間を超越すること。出家すること。

【出水】(名・する)①大水が出ること。洪水になること。でみず。例堤防が切れて—する。②水を外へ出すこと。㊟入水。例—口。—管。

【出世】(名・する)高い地位につき、財産をたくわえ、世間に認められること。例立身—。

【出世頭】一族のなか、もしくは仲間のうちで、いちばん高い地位や身分になった者。例卒業生中の—。

【出征】(名・する)軍役のために、戦地へ行くこと。例—兵士。

【出席】(名・する)授業や、会議・会合などに出ること。㊟欠席。例同窓会に—する。

【出世間】〔仏〕①ふつうの世の中の生活をはなれて、仏門にはいること。僧となること。②世俗的な生き方を超越すること。また、さとりの境地にはいること。例—的な生活。

【出走】(名・する)競走競技や競馬などに出場し、走る、または、走らせること。例二十頭の馬が—する。

【出▽来】㊀(名・する)〔「シュツライ」が変化した音〕①事件が起こること。例惨事が—した。②品物や製品ができあがること。例重版—。㊁(名)①できること。例—高。②できぐあい。例農作物の—が悪い。

【出来心】ふと起こった、よくない考え。例ほんの—からぬすんでしまった。

【出題】(名・する)①(能力検査や学力検定などのために)問題を出すこと。㊎設問。例—傾向。②短歌や俳句などで、題(=よみこむ素材や季語など)を示して作らせること。また、その題。

【出立】シュッたつ（名・する）旅に出ること。旅立ち。例―の日。

【出炭】シュッタン（名・する）①鉱山から石炭をほり出すこと。例―量。②木炭を作り出すこと。

【出張】シュッチョウ（名・する）仕事のために、臨時に他のところに出かけること。例―先から帰る。

【出張所】シュッチョウジョ 会社や官公庁などの出先機関。

【出超】シュッチョウ「輸出超過」の略。総輸出額が、総輸入額より多いこと。対入超。

【出陳】（名・する）㊀シュッチン 展覧会などに出品し、陳列すること。㊁シュッジン 戦場に出かけること。出陣。

【出廷】シュッテイ（名・する）裁判の当事者（＝被告・原告・裁判官・証人・廷吏など）が法廷に出ること。対退廷。

【出典】シュッテン 故事や成句、および引用した語句などの、出どころとなった書物など。例―をはっきりと示す。

【出店】㊀シュッテン（名・する）新しくみせを出すこと。例駅前に―する。㊁でみせ（名）①本店から分かれて出したみせ。支店。②道ばたで一時的に開くみせ。露店。

【出土】シュツド（名・する）遺物などが土の中から出てくること。例工事中に大量の土器が―した。

【出頭】シュットウ（名・する）（役所などに呼び出されて）出向いて行くこと。例警察署に―する。

【出動】シュツドウ（名・する）軍隊・警察隊・消防隊・救助隊などが、事件の起こっている現地へ向かうこと。また、現場で仕事をすること。例レスキュー隊が―する。

【出入】（名・する）㊀シュツニュウ 出ることと、はいること。また、出すことと、いれること。ではいり。だしいれ。でいり。例金銭の―を記録する。㊁【出入り】でいり ①出ることと、はいること。②商人などが得意先として、よくおとずれること。例―の業者。③もめごと。けんか。例やくざの―。

【出馬】シュツバ（名・する）①ウマに乗って戦場などにおもむくこと。②（指揮すべき立場にある人が）みずからその場にのぞむこと。例社長にご―を願う。③選挙に立候補すること。例知事選に―する。

【出発】シュッパツ（名・する）①（他の土地をめざして、また、目的地へ向かって）出かけること。対到着。例―は午前八時だ。②なにかを始めること。例さあ、高校生活の―だ。

【出帆】シュッパン（名・する）帆をあげて、船が航海に出ること。船が港を出ること。でふね。船出。出航。例早朝の―。

【出版】シュッパン（名・する）著述や、絵画・写真などを印刷して、世の中に出すこと。類刊行。例―物。

【出費】シュッピ（名・する）何かをするために、かかったお金。また、それをしはらうこと。かかり。ものいり。例―がかさむ。

【出品】シュッピン（名・する）博覧会・展覧会・展示会・品評会などの会場に、作品や製品を出すこと。例新製品を―する。

【出兵】シュッペイ（名・する）軍隊を出動させること。類派兵。対撤兵。例紛争地域に―する。

【出没】シュツボツ（名・する）姿をあらわしたり、姿をかくしたりすること。みえかくれ。例人家の近くにクマが―する。

【出奔】シュッポン（名・する）家を捨てて、行方をくらますこと。類逃亡・逐電。例郷里を―して音信不通になる。

【出藍】シュツラン 藍からとる青色は、原料の藍よりもっと青い。弟子が師よりもすぐれることのたとえ。出藍のほまれ。〈荀子〉→【青は藍より出でて藍より青し】（1055ページ）

【出猟】シュツリョウ（名・する）野生の鳥やけものをとりに、出かけること。狩りに出ること。

【出漁】シュツリョウ（「シュツギョ」とも）（名・する）〔「リョウ」と読むのは、「猟」の意味と音を借りたもの〕海や湖や川に、魚や貝などをとりに出かけること。例遠洋に―する。

【出力】シュツリョク ㊀（名）原動機や発電機などから出すことのできる、エネルギーの量。〔ワットや馬力などであらわす〕例最大―五百馬力。㊁（名・する）コンピューターが処理した情報を、外部に取り出すこと。アウトプット。対入力。

【出塁】シュツルイ（名・する）野球で、打者が安打または四球や死球などで、塁に出ること。例―率。

【出廬】シュツロ（名・する）草廬（＝くさのいおり）を出る。世間をさけてかくれていた人が、ふたたび世の中に出て活動すること。〔三国時代、諸葛孔明が、劉備の三顧の礼に感じて、廬を出て仕えたという故事による〕

【出師】スイシ〔「師」は、軍隊の意〕軍隊を戦場に出動させること。出兵。

【出師の表】スイシのヒョウ 三国時代、蜀の宰相の諸葛孔明が出陣にあたって、先帝劉備の子の劉禅に差し出した上表文（＝意見書）。忠誠の情にあふれた名文とされる。

【出納】スイトウ（名・する）〔古くは「シュツノウ」とも〕お金の出し入れ。例金銭―簿。

【出稼ぎ】でかせぎ（名・する）一時、本業をはなれてよその土地や国に出かけて働くこと。また、その人。例―労働者。

【出方】でかた ものごとをおこなうときの、対応のしかたや態度。例相手の―をみる。

【出城】でじろ 本城の外に築いた城。対本城。

【出初め】でぞめ はじめて出ること。また、新年にはじめて出ること。例―式（＝新年に、消防にかかわる人が消火演習や、はしご乗りなどを見せる、もよおし）。

【出鼻】ではな・でばな ものごとの、しはじめ。例―をくじく。

【出番】でバン ①仕事をする順番。活動する場面。また、当番。②演劇などで、舞台に出る順番。出で。例―が近づく。

【出前】でまえ（名・する）注文を受けた飲食物を、注文者のところに届けること。また、その料理やそれを運ぶ人。仕出し。店屋物。例―持ち。

【出羽】でわ〔「いでは」の転〕旧国名の一つ。今の山形県と秋田県の大部分にあたる。明治以後、羽前・羽後の二国に分かれた。羽州。

●演出・救出・支出・進出・選出・続出・退出・脱出・摘出・排出・噴出・放出・流出・露出

凵部 3—6画 凸 函

凵3 【凸】5画 3844 51F8 常用 音トツ漢 訓でこ 付表凸凹でこぼこ

筆順 凸

なりたち［象形］ものの中央がつき出た形。つき出る。

意味 中央が高くつき出た形。つき出る。例凸版トッパン。凸面鏡トツメンキョウ。凹凸オウトツ。

日本語での用法《でこ》頭が大きい。ひたいがつき出している。「凸坊でこボウ・凸助でこすけ・凸ちゃん」

難読 凸なかだか

人名 たかし

【凸版】トッパン 印刷する文字や絵などの部分が、他の部分より高くなっている印刷版。活版や木版など。対凹版。

【凸面鏡】トツメンキョウ 中央がまるくもり上がっているかがみ。自動車のバックミラーなどに使われる。対凹面鏡。

凵6 【函】8画 4001 51FD 人名 音カン漢 訓い-れる・はこ

凵7 【凾】9画 4966 51FE 俗字

意味 ❶つつみこむ。入れる。例函封(=はこに入れて封をする)。❷よろい。例函人。❸手紙を入れるはこ。ふばこ。例函書。投函。

難読 函館(=北海道の地名)

【函谷関】河南省にある関所。新旧二つあって、旧関は秦代に設けられ、霊宝県の南西にある。新関は漢の武帝のときに移されたもので、新安県の北東にある。

【函書】①(使者が持参する)はこに入れた書状。②手紙。書簡。

【函丈】①師のそばにすわるとき、敬意をあらわして一丈(=約三メートル)ほどあいだをあけること。②師または目上の人へ出す手紙の、あて名の左下にそえることば。

【函人】よろいを製作する職人。具足師。函工。

【函数】⇨【関数】(1027ページ)

【函▼嶺】(「函嶺」の音読み)箱根山。神奈川県南西部にある。

凵7 [凾] 9画 ⇨【函】(126ページ)

18 2画 刀 かたな(刂 りっとう)部

かたなの形をあらわす。「刀」が旁(=漢字の右がわの部分)になるときは「刂(立刀 りっとう)」となる。「刀」をもとにしてできている漢字を集めた。

0 刀 1 刃 刃 刄 2 刈 切 分 3 刊 刋 4 刑 刔 刖 刎 列 5 刪 初 判 別 利 刧 判 6 刮 券 刳 刻 刷 刹 刺 制 剏 到 券 7 剄 剋 削 前 則 剃 刺 削 前 剙 8 剞 剣 剛 剤 剔 剝 剖 剥 9 剰 剪 剳 副 剱 10 剴 割 創 割 剩 11 剿 剽 12 劃 劄 13 劇 劈 劉 劍 14 劒 劔 劑

この部首に所属しない漢字
召⇨口 185 兎⇨儿 103 兔⇨儿 104 辨⇨辛 960

刀0 【刀】2画 3765 5200 教育2 音トウ漢呉 訓かたな 付表竹刀・太刀

筆順 フ 刀

金2 【釖】10画 7859 91D6 別体字

たなり [象形]かたなの形。

意味 ❶片側に刃のついたはもの。武器。かたな。例短刀。名刀。❷かたなの形をした古銭の名。例刀泉。刀布(=古代中国の青銅銭)。

難読 剃刀・鉄刀木

人名 あき・はかし・わき

【刀折れ矢尽く】武器も使いはたして、これ以上はまったく手だてがなく、戦うことができない。

【刀鍛冶】刀剣をきたえてつくる人。刀工。刀匠。

【刀▼圭】①薬を盛るさじ。②医術。また、医者。刀圭家。

【刀剣】かたなと、つるぎ。かたなの類。

【刀工】刀剣をつくる人。刀匠。かたなかじ。

【刀痕】刀によるきず。また、そのきずあと。類刀創。

【刀匠】「刀工」に同じ。

【刀泉】(「泉」は、銭の意)①刀の形をした中国古代の貨幣。刀銭。②通貨。

【刀▼俎】①包丁とまないた。料理の道具。②危険な場所や立場のたとえ。

【刀創】刀で切られたり刺されたりしてできたきず。かたなきず。また、そのきずあと。類刀痕。例背に―のある男。

【刀筆】①中国で紙が発明される前、竹や木のふだに文字を書いたふでと、誤りをけずり取るのに用いた小がたな。転じて、ふで。②文書の記録。また、記録係。例―の吏。

【刀兵】(「刀」も「兵」も、武器の意)①武器。兵器。②戦争。軍事。

【▽刀自】(「とうじ」とも)古語で、中年以上の婦人をうやまっていうことば。例母―。

●快刀・小刀・青竜刀・帯刀・木刀・両刀

刀1 【刃】3画 3147 5203 常用 音ジン漢 ニン呉 訓は・やいば

筆順 フ 刀 刃

刀1 【刃】3画 ―

刀1 【刄】3画 4967 5204 俗字

たなり [象形]刀にあるやいばの形。

意味 ❶刀などの、は。やいば。例刀刃。刃物。❷はもので切る。切り殺す。例刃傷。自刃。

難読 寝刃(=切れの悪くなった刃)・両刃

【刃傷】(名・する)刃物で人をきずつけること。例―沙汰(=刃物で人をきずつける事件)。

【刃物】包丁・ナイフや、はさみなど、ものを切ったりけずったりする、刃をつけた道具。

【刃物三昧】(「三昧」は、夢中になる意)何かというと、刃物をふりまわしてあばれること。例ちょっとしたことから―の大げんか。

【刃渡り】①刃物の、刃の長さ。例―二〇センチの出刃包丁。②刀の刃の上を素足で歩いて渡る、仏道の修行や曲芸。例修験の―。

【▽刃を迎えて解く】(竹が刃物の動きにつれて容易に割れるように)ものごとが簡単に解決していくこと。また、勢いがあることのたとえ。「破竹の勢い」とも。〈晋書〉

●凶刃・刀刃・白刃

刀1 [刃] 3画 ⇨【刃】(127ページ)

刀1 [刄] 3画 ⇨【刃】(127ページ)

刂2 【刈】4画 2002 5208 常用 音ガイ漢 訓か-る・か-り

筆順 ノ メ 刈 刈

艹4 【苅】7画 2003 82C5 別体字

たなり [会意]「刂(=かたな)」と「乂(=草をかる)」とから成る。刀で草をかる。

意味 草をかりとる。きりとる。とりのぞく。かる。例 刈除(=草などをかる)。稲刈。草刈。
難読 刈萱(=イネ科の植物)

刀 2 **【切】** 4画 3258 5207 教育2
音 セツ漢 サイ呉
訓 き-る・き-れる・き-り・きれ

筆順 一 七 切 切

なりたち [形声]「刀(=かたな)」と、音「七(シツ→セツ)」とから成る。たちきる。

意味 ❶刃物でたちきる。きりさく。きる。例 切除。切断。切磋琢磨。❷さしせまった。例 切実。切迫。❸ひたすら。熱心に。ねんごろに。例 切望。懇切。痛切。❹ぴったり合うようす。例 適切。❺すべて。例 一切。❻ある漢字の字音を、別の二字の字音の組み合わせによって示す方法。かえし。→【反切】(176ページ)

日本語での用法《きり・きる》限定する。期限をもうける。「切米(=期限をきって支給する扶持米)・〆切・日を切って履行をせまる」

使い分け きる【切・斬】⇩1168ページ

【切符】きっぷ 乗車の料金や入場料などを、はらったしるしとなる、ふだ。チケット。

【切開】セッカイ (名・する) 医師が治療のために、患者のからだをメスなどできりひらくこと。例 —手術。

【切願】セツガン (名・する) 熱心に願うこと。例 留学を—する。

【切削】セッサク (名・する) 金属などの材料を、切ったりけずったりして、加工すること。例 —工具。

【切▼磋▼琢磨】セッサタクマ (名・する) (玉や石をみがきあげるように)自分自身で、あるいは友人と競争しながら、人格や学問の完成をめざして努力すること。〈詩経〉例 たがいに—した友人。表記「切▼瑳▼琢磨」とも書く。

【切歯】セッシ (名・する) ①歯を強くかみ合わせ、きしらせて音を立てること。はぎしり。はがみ。②ひどく残念がること。例 —したが後の祭りだった。

【切歯▼扼腕】セッシヤクワン (名・する) (はぎしりし、うでを強くにぎって)ひじょうにくやしがること。〈史記〉例 —して残念がる。

【切実】セツジツ (形動ナ) ①身にしみて感じているようす。類 痛切。例 無力さを—に感じる。②すぐ解決しなければならないほど、さしせまっているようす。例 —なうったえに応じる。③実情にぴったりと合っているようす。類 適切。例 —に表現する。

【切除】セツジョ (名・する) 切って取りのぞくこと。とくに治療で、患部を切り取ること。例 病根を—する。

【切切】セツセツ (形動タル) ①思いが強く胸にこみあげてくるようす。例 —たる望郷の念。②ひしひしと(相手の)心にせまってくるようす。例 苦しい胸のうちを—とうったえる。

【切断】セツダン (名・する) たち切ること。切りはなすこと。例 雪で電線が—される。表記「▼截断」とも書く。

【切羽】せっぱ 日本刀のつばの両面の、柄とさやに当たる部分につける、うすい板金。例 —詰まる(=ぎりぎりまで追いつめられる)。

【切迫】セッパク (名・する) ①期限が近づいてきて、ゆとりがないこと。例 試験の日が—する。②なんとかしないと重大な事態になるほど、追いつめられること。例 危機が—している。

【切腹】セップク 一 (名・する) 自分で自分のはらを切りさいて死ぬこと。二 (名) 江戸時代、武士に科せられた刑罰の一つ。例 —物(=大失敗のたとえ)。

【切望】セツボウ (名・する) 強くのぞむこと。熱望。切願。例 みなさんの努力を—する。

【切問近思】セツモンキンシ 的確な質問をして、身近な問題について考えることにより、仁徳が生まれるということ。〈論語〉

【切要】セツヨウ (名・形動ダ) きわめて重要なこと。例 —な助言。

【切論】セツロン (名・する) 熱心に論じること。

●哀切・一切・親切・大切・痛切

刀 2 **【分】** 4画 4212 5206 教育2
音 ブ慣 フン漢 ブン呉
訓 わ-ける・わ-かれる・わ-かる・わ-かつ

筆順 ノ 八 分 分

なりたち [会意]「八(=わける)」と「刀(=かたな)」とから成る。刀でものをきりわける。

意味 ❶わける。わかれる。わかつ。㋐はなす。はなれる。ばらばらにする。例 分割。分散。分裂。㋑わけあう。わけあたえる。例 分配。分与。㋒他と区別する。例 分析。分類。区分。㋓えだわかれ。支流。例 分家。分派。❷見わける。わきまえる。例 分別。検分。❸わけあたえられたもの。もちまえ。㋐能力や性質。例 性分。天分。㋑守るべきさだめ。身のほど。例 分際。分不相応。身分。㋒わけまえ。例 私の分。❹二十四節気をあらわす暦上の点。例 秋分。春分。節分。❺十分の一。例 五分五分。❻単位。㋐長さでは一寸の十分の一。例 寸分たがわぬ。㋑面積では一畝の十分の一。㋒重さでは一両の百分の一。㋓角度では一度の六十分の一。→「度量衡表」(1141ページ) ㋔時間では一時間の六十分の一。例 分針。

日本語での用法《ブ》①有利・不利の度合い。「分が悪い」②単位。㋐長さでは、一寸の十分の一。㋑重さでは、一匁の十分の一。㋒割合では、一割の十分の一。㋓貨幣では一文の十分の一。

使い分け わかれる【分・別】⇩1182ページ

県名 大分
難読 分葱・口分田(=地名)
人名 くまり・ちか・わか

【分陰】フンイン 〔「陰」は、時間の意〕わずかの時間。類 寸陰。例 —をおしむ。

【分化】ブンカ (名・する) 一つのものが進歩発達して、いくつにも枝わかれすること。例 機能が—する。

【分科】ブンカ 学問に有用な組織をつくるため、専門や科目をわけること。また、そのわけられた専門や科目。例 —会(=各専門分野にわかれておこなう会合)。

【分会】ブンカイ 団体や組合の内部で、地域や職種にわかれて別に設けられた会。例 —大会。

【分界】ブンカイ (名・する) 境目をつけて区切ること。また、その境目。例 川によって—するとなり村。

【分解】ブンカイ (名・する) ①一つにまとまっているものを、各部分や要素にわけること。また、わかれること。例 機械を—する。②〔化〕化合物が、二つ以上の物質にわかれること。例 水を酸素と水素に—する。

【分割】ブンカツ (名・する) 一つにまとまっているものを、いくつかにわけること。例 —払い。

【分轄】ブンカツ (名・する) 〔「轄」は、とりしまる意〕いくつかにわけて、管理や支配をすること。例 列強による—統治。

【分岐】ブンキ (名・する) (道などが)枝わかれすること。例 —点。

【分業】ブンギョウ (名・する) ①手わけして仕事をすること。作業の量や、生産工程をいくつかにわけ、それぞれをちがう人が担当すること。例 医薬—。②社会のなかで職業や身分がわかれていること。例 極端な—の生む弊害。

【分教場】ブンキョウジョウ 「分校」の古い呼び名。〔教室を「教場」といったことから〕

【分家】ブンケ (名・する) 一つの戸籍にあった家族の一部が、わかれて別の戸籍の家をつくること。また、その家。(対)本家。例祖父の代に—した。

【分県】ブンケン 日本全国を都道府県別にわけたもの。例—地図。

【分遣】ブンケン (名・する) 本隊の一部分を派遣すること。例—隊。

【分権】ブンケン 権力や権限をいくつかにわけること。(対)集権。例地方—。

【分限】ブンゲン ①職業や地位、資格などによって決まる身分。身のほど。分際。例—をわきまえる。②〔「ブゲン」とも〕金持ち。物持ち。例—者。

【分光】ブンコウ (名・する)〔物〕光を波長の順にわけること。また、わかれること。例—器(=プリズムなどを用いて、光を波長の順にわける装置)。

【分校】ブンコウ 本校からわかれて、別の場所(多くは島や山間地など)につくられた学校。(対)本校。例山の—。

【分骨】ブンコツ (名・する) 火葬した死者のほねをわけて、別々のところに納めること。また、そのほね。例故郷に—する。

【分際】ブンザイ 身分や地位。身のほど。例学生の—でぜいたくだ。

【分冊】ブンサツ (名・する) 一つの書物をなん冊かにわけること。また、そのわけられたそれぞれのもの。例第一—。

【分散】ブンサン (名・する) わかれて散らばること。わけて散らすこと。(類)四散。例郊外に—する工場。

【分子】ブンシ ①〔化〕物質が、その化学的性質を失わないままの最小単位。②〔数〕分数で、横線の上にある数。(対)分母。③集団のなかの各個人。団体の構成員。例不平—。

【分枝】ブンシ (名・する) えだわかれすること。

【分室】ブンシツ ①小さくわかれた部屋。②本部からはなれて設けられた事務所。

【分社】ブンシャ 本社の神霊をわけて、別のところにまつった神社。(対)本社。

【分宿】ブンシュク (名・する) 一つの団体が、なん所かにわかれて、とまること。例旅の一行は二軒の旅館に—した。

【分署】ブンショ 本署からわかれて設けられた、警察署や消防署など。(対)本署。例—に応援を出す。

【分掌】ブンショウ (名・する) 仕事などをわけて受け持つこと。(類)分担。例校務—。

【分乗】ブンジョウ (名・する) 一団の人が、わかれて乗り物に乗ること。例タクシー三台に—する。

【分譲】ブンジョウ (名・する)(土地やマンションなどで)一戸分ずつにわけて売ること。例—住宅。

【分針】フンシン 時計で、分を示すはり。長針。(対)秒針・時針。

【分身】ブンシン ①一つのからだやものから、わかれること。また、そのわかれ出たもの。例この主人公は作者の—である。②神や仏がいろいろの姿をとって、あらわれること。また、その姿。

【分水界】ブンスイカイ 降った雨が、左右にわかれて流れる境界線。山の尾根など。分水線。

【分水▼嶺】ブンスイレイ 降った雨が、左右にわかれて流れる境となっている山脈。分水山脈。例—にさかのぼる。

【分数】ブンスウ〔数〕横線の上と下に数を書き、上の数を、下の数で割ることを示したもの。(対)小数・整数。

【分析】ブンセキ (名・する) ①ものごとを要素や成分などにわけて、その成り立ちや性質を明らかにすること。(対)総合。例国際情勢の—。②〔化〕ものの成分を、化学的によりわけて取り出し、その成り立ちや組み立てを明らかにすること。例使用された薬物を—する。

【分節】ブンセツ (名・する) ひと続きのものを、小さく区切ること。また、その区切られたもの。例思想を—して表現する。

【分相応】ブンソウオウ (名・形動) 身分や能力にふさわしいこと。例—の暮らしぶり。

【分速】フンソク 一分間に進む距離であらわす速さ。(対)秒速・時速。例—一〇〇メートル。

【分隊】ブンタイ ①本隊からわかれている隊。(類)分遣隊。(対)本隊。②部隊の編制での単位。例—長。

【分担】ブンタン (名・する) 仕事などをわけて、受け持つこと。(類)分掌。例掃除を—しておこなう。

【分断】ブンダン (名・する) 一つのものを、いくつかにたち切ること。また、まとまりを欠くようにすること。例敵の勢力を—する。

【分店】ブンテン 本店からわかれた店。(類)支店。(対)本店。

【分銅】フンドウ てんびんなどのはかりで、ものの重さを量るときに標準とする、金属のおもり。

【分度器】ブンドキ 角度をはかる器具。半円形または円形の平面で、そこにつけた目盛りで角度をはかるもの。

【分捕り】ぶんどり ①戦場で敵の武器・食料・装備などをうばうこと。②他人のものを、むりに自分のものにすること。例予算の—合戦。

【分納】ブンノウ (名・する) 税金や授業料などを、なん回かにわけておさめること。(対)全納。例税金を—する。

【分派】ブンパ (名・する) わかれ出て、新しい集団をつくること。また、その集団。〔芸術・学問・技芸・政治などでいう〕

【分売】ブンバイ (名・する) 複数または多数でひと組みになるものを、わけて売ること。例セット販売なので—はしません。

【分配】ブンパイ (名・する) ①品物などをわけて、おのおのにくばること。(類)配分。②生産に参加した人々に、それぞれの役割に応じてわけまえをくばること。例—の公平。

【分泌】ブンピツ・ブンピ (名・する) 腺細胞がその生物のからだに必要な物質をつくって、体外や血液中などに出すこと。例—液。

【分秒】フンビョウ 一分や一秒のような、きわめて短い時間。一分一秒。例—を争う大事(=ひじょうに急ぐ大事なこと)。

【分布】ブンプ (名・する) 地理的に、また、時間的に、ある範囲にわかれて、ちらばって存在すること。例人口の—。

【分不相応】ブンフソウオウ (名・形動) 身分や能力につりあっていないこと。例—な望み。

【分別】(名・する) ㊀フンベツ こんなときはこうするものだと正しい判断をすること。道理をわきまえること。例思慮—。㊁ブンベツ 種類によってわけること。例ごみの—収集。

【分▼娩】ブンベン (名・する)〔「娩」は、産みおとす意〕胎児を母体の外に出すこと。子を産むこと。(類)出産。例—室。

【分母】ブンボ〔数〕分数で、横線の下にある数。(対)分子。

【分封】ブンポウ (名・する) ①天子や支配者が、領土の一部分を臣下にわけあたえること。また、その領土。②ミツバチの女王が新しい女王をそだてたあと、働きバチの一部をつれて新しい巣をつくること。

【分明】ブンメイ・フンミョウ (名・形動) まぎれもなく、あきらかであること。(類)明白。例理由を—にする。

【分野】ブンヤ 活動の範囲。受け持つ領域。(類)部門。例自然科学の—に進みたい。

【分有】ブンユウ (名・する) 一つのものを、なん人かでわけて所有すること。例山林をきょうだいで—する。

【分与】ブンヨ (名・する) わけてあたえること。例財産—。

【分離】ブンリ (名・する) ①わけて、はなすこと。また、わかれ、はなれること。例中央—帯。②物質をわけて取り出すこと。例不純物を—する。

【分立】ブンリツ (名・する) わかれて独立すること。また、わけて独立させること。例三権―。

【分流】□一（名・する）本流からわかれて流れること。また、その川。支流。例―を一時せきとめる。□二（名）芸道などで、もとの流派からわかれること。類分派。

【分留】（名・する）（化）いくつかの成分がまじっている液体を蒸留して、沸点の低い順にわけること。石油からいろいろな物質を取り出すときなどに利用する。表記「分▼溜」とも書く。

【分量】体積や容積、また、仕事や割合などの、大きい小さい、または多い少ないの度合い。量。例目―。

【分厘】きわめてわずか。一分一厘。例―の値打ちもない。

【分類】（名・する）多くのものを、性質や形などによって、それぞれの種類にわけること。類類別。例大小で―する。

【分列】（名・する）隊列にわかれて並ぶこと。また、わけて並べること。例―行進。

【分裂】（名・する）一つのものがいくつかにわかれて、ばらばらになること。対統一・融合。例細胞―。国家が―する。

●塩分・過分・気分・自分・時分・処分・水分・随分・寸分・存分・多分・等分・糖分・配分・半分・部分・身分・夜分・養分・余分

刂3 【刊】 5画 2009 520A 教育5 音カン漢 訓けず-る・きざ-む

筆順 一 二 干 刊 刊

なりたち [形声]「刂(=かたな)」と、音「干カ」とから成る。けずる。

意味 ❶(誤りを)けずりとる。けずる。例刊正(=文字の誤りをけずって正しくする)。❷(版木に)ほる。きる。きざむ。書物を出版する。例刊行。刊刻。創刊。

人名 える

【刊記】昔の版本で、刊行の年月日・刊行者・刊行地などをしるした部分。今の書物の奥付などにあたる。

【刊行】（名・する）本を印刷して世に出すこと。類出版・上梓。例百科事典を―する。

【刊本】刊行された本。対写本。例江戸期の―。

●季刊・既刊・近刊・週刊・旬刊・新刊・増刊・廃刊・発刊・復刊・未刊

刂3 【刋】 5画 4968 520B 音セン漢 訓き-る・けず-る

意味 刀で切る。きる。

参考「刋」と「刊」とは別の字だが、「刋」を「刊」の意味で使うことがある。

刂4 【刑】 6画 2326 5211 常用 音ケイ漢 ギョウ呉 訓のり・しおき

筆順 一 二 チ 开 开 刑

なりたち [会意]「刂(=かたな)」と「井セ→ケ(=法)」とから成る。法にしたがって罪を罰する。

意味 ❶罰を加える。罰として殺す。しおき。例刑罰。死刑。処刑。❷守るべき法やおきて。のり。例典刑。❸治める。ただす。

難読 刑部

【▽刑部】□一ギョウブ「刑部省」の略。昔、太政官に置かれた、刑罰や裁判をつかさどった役所。明治の初めにも置かれ、のち司法省となる。□二ケイ 隋代に置かれた、刑罰や裁判をつかさどった役所。

【刑期】刑に服する期間。例―を終えて出所する。

【刑具】刑罰として、からだに苦痛や傷をあたえるのに用いる道具。むちや棒、手かせや足かせなど。

【刑獄】①さばき。しおき。刑罰。例―をつかさどる。②牢屋。監獄。

【刑死】（名・する）刑に処せられて死ぬこと。

【刑事】①刑法が適用される犯罪関係のことがら。対民事。例―事件。②犯罪捜査や犯人逮捕を任務とする警察官。例私服―。

【刑場】死刑をおこなう場所。例―の露と消える(=死刑に処せられて死ぬ)。

【刑徒】刑罰を受けて働かされている者。

【刑罰】罪をおかした者に対して、国家が加える制裁。例―を科する。

【刑法】犯罪とそれに対する刑罰を定めた法律。

【刑務所】懲役や禁固など、自由をうばう刑をおこなうために使用する施設。

【刑名】⇩【形名】(369ページ)

【刑余】刑罰を受けた前歴があること。また、その人。前科者。例―の身。―者の救済。

●求刑・減刑・死刑・実刑・処刑・罰金刑・流刑

刂4 【刔】 6画 4969 5214 音ケツ漢 訓けず-る・やぶ-る

意味 えぐりとる。きる。同抉。

刂4 【刖】 6画 2-0323 5216 音ゲツ漢 訓あしき-る

意味 刑罰として足を切る。あしきる。例刖者。

【刖者】罪をおかした罰として足を切られた人。刖人。

刂4 【刎】 6画 4970 520E 音フン慣 ブン漢 訓は-ねる・くびは-ねる

意味 刀で首を切る。はねる。例刎頸。刎死。自刎(=みずから首を切る)。

日本語での用法《はねる》勢いよく上部にあげる。また、別にしておく。「刎ね橋・筆を止めてから刎ねる・だめなものを横に刎ねておく」

【刎▼頸の交わり】その人のためなら首を切られてもいいほどの、友達との強い結びつき。〈史記〉例―を結ぶ。

故事のはなし 昔、趙の国に廉頗という将軍と藺相如という外交官がいた。藺相如は低い身分の出身だったが、外交交渉で大きなてがらを立て、廉頗より位が上になった。プライドの高い廉頗はこれが気に入らず、藺相如をばかにしてやろうと機会をねらっていたが、藺相如はいつも廉頗と顔を合わせな

いようにしていた。藺相如の部下は、そのことを歯がゆく思い、なぜ廉頗をおそれるのかとたずねると、藺相如は答えた。「わたしは廉頗将軍をおそれて、さけているわけではない。今、自分たち二人がともにいることによって趙の国が成り立っているのだ。二人が争ったら二人はともにほろびるであろう。国家の安泰のために個人的な争いはさけたいのだ」。この話を聞いた廉頗は自分のせまい心をはじ、肌ぬぎになって、いばらの杖をせおい藺相如のところに出向いて謝罪し、ついに刎頸の交わりを結んだのだった。〈史記〉

【刎死】フンシ（名・する）自分で首をはねて死ぬこと。類自刎。

刂4 【列】 6画 4683 5217 教育3 音レツ漢 訓つら-ねる・つら-なる

筆順 一 ア 万 歹 歹 列

なりたち［形声］「刂（=かたな）」と、音「歹レツ」とから成る。分解する。派生して「行列」の意。

意味 ❶順にならんだもの。れつ。例行列・後列・隊列。❷ならべる。つらねる。つらなる。❸順序。次第。また、位。等級。例列挙・列次・序列。❹ならび立つ多くの。たくさんの。例列強・列国。

人名 しげ・つら・とく・のぶ

【列火】レッカ 漢字の部首の一つ。「点」や「照」の下の「灬」。連火。

【列記】レッキ（名・する）並べて書きしるすこと。類並記・連記。例条件を―する。

【列挙】レッキョ（名・する）一つ一つ数えたて、並べあげること。例反対理由を―する。

【列強】レッキョウ 多くの強大な国。例―の圧力に屈する。

【列侯】レッコウ 多くの大名。諸侯。

【列国】レッコク 多くの国。諸国。例―の首脳が集まる。

【列座】レツザ（名・する）関係者として、並んですわること。類列席。例―する名士。表記 旧列▼坐

【列士】レッシ ①多くのりっぱな人。烈士。対列女。②気性がはげしく、信念をもって行動する人。烈士。

【列次】レツジ 順序。ならび。

【列車】レッシャ 線路上を走り、旅客や貨物を輸送するために編成された車両。例夜行―。

【列女】レツジョ 心が強く、節操のかたい女性。烈女。対列士。例『―伝』〔漢代の書物。烈女の伝記集〕

【列序】レツジョ 順序。序列。

【列聖】レッセイ ①歴代のすぐれた天子。また、代々の王や天皇。②カトリックで、死者を聖人に加えること。

【列席】レッセキ（名・する）式や会議などに、関係者として出席すること。類列座。例各界の著名人が多数―した。

【列仙】レッセン 多くの仙人。例『―伝』〔漢代の書物。仙人の伝記集〕

【列伝】レツデン ①人々の伝記を書き並べたもの。②『史記』をはじめとする紀伝体の歴史書で、帝王や諸侯以外の人臣の伝記。

【列島】レットウ 並んでいて、ひとまとまりになっている島。例日本―。

【列藩】レッパン 多くの藩。類諸藩。例奥羽越―同盟。

●系列・参列・順列・数列・陳列・同列・羅列

刂5 【刪】 7画 4972 522A 音サン漢 訓けず-る

意味 刃物でけずりとる。余分な字句をとりのぞく。例刪改（=文章の字句をあらためる）。改刪。

【刪正】サンセイ（名・する）文章やことばづかいの誤りを正すこと。訂正すること。類刪改・刪革。

刀5 【初】 7画 2973 521D 教育4 音ソ漢 ショ呉 訓はじ-め・はじ-めて・はつ・うい・そ-める・うぶ

筆順 、 ラ ネ ネ 衤 初 初

なりたち［会意］「刀（=かたな）」と「衤（=ころも）」とから成る。布を裁断して衣をつくりはじめる。はじめ。

意味 ❶ものごとのはじまり。起こり。はじめ。例初夏・初志・最初。❷はじまりのころ。…したばかり。例初期・当初。❸第一の。はじめての。はつ。例初陣・初月（=新月。三日月）・初物。

使い分け はじまる・はじめ・はじめて・はじめる【初・始】⇩1177ページ

難読 初午・初心・初心娘

人名 もと

【初陣】ウイジン はじめて戦いに出ること。また、はじめて競技会や試合に出ること。例―をかざる。

【初一念】ショイチネン 最初に心に深く思ったこと。類初志。例―をつらぬく。

【初演】ショエン（名・する）ある演劇や音楽などを、はじめて上演したり演奏したりすること。対再演。例本邦―。

【初夏】ショカ 夏のはじめ。五、六月ごろ。はつなつ。〔陰暦では夏のはじめの月、四月をいう〕対晩夏。

【初会】ショカイ ①はじめて面会すること。類初対面。②遊女がはじめての客の相手をすること。また、その客。③はじめての会合。初会合。

【初回】ショカイ 最初の回。第一回。

【初学】ショガク まなびはじめること。また、その人。例―者。

【初巻】ショカン（なん巻にもわたる書物の）最初の巻。第一巻。

【初寒】ショカン ①はじめて、はださむく感じるようになるころ。九月から十月ごろ。②冬のはじめ。

【初感染】ショカンセン はじめて病原菌に感染すること。初感。〔とくに、結核についていう〕

【初期】ショキ 始まって間もない時期。ある期間のはじめのころ。対末期。例江戸―の文学。

【初級】ショキュウ 最初の等級。いちばん低い等級。また、最初の段階。類初等。対上級。例―コース。

【初句】ショク ①短歌や俳句のはじめの句。第一句。②漢詩のはじめの句。

【初見】ショケン（名・する）①はじめて見ること。例―の文献。②はじめて会うこと。類初会。③練習や研究なしで、楽譜をはじめて見て、演奏すること。

【初更】ショコウ「五更①」の第一。午後八時、およびその前後の二時間。戌の刻。甲夜。

【初校】ショコウ 印刷物をつくるときの、最初の校正。一校。また、その校正刷り。

【初号】ショゴウ ①新聞や雑誌の第一号。類創刊号。例―からそろえてある。②「初号活字」の略。号数であらわす日本の和文活字のなかで、最も大きなもの。四二ポイント（=一四・七六ミリメートル）に相当する。

【初婚】ショコン はじめての結婚。

【初産】ショサン・ウイザン・はつザン はじめての出産。例―児。

【初志】ショシ 何かをしようと思った、最初の気持ち。最初の志

望。類初一念・初心。例―貫徹。

【初日】一ショジツ あさひ。日の出。類旭日。二ショニチ ①ものごとを始める最初の日。対末日。②大相撲や演劇などの興行で、最初の日。対千秋楽。例―を出す(=負け続けていた力士がはじめて勝つ)。三はつひ 元日の朝の太陽。例―を拝む。

【初秋】ショシュウ 秋のはじめ。八、九月ごろ。はつあき。〔陰暦では秋のはじめの月、七月をいう〕対晩秋。

【初出】ショシュツ (名・する) はじめてあらわれること。類新出。例この単元で―の漢字。

【初春】一ショシュン 春のはじめ。三月ごろ。はつはる。〔陰暦では春のはじめの月、一月をいう〕類早春。対晩春。二はつはる 年のはじめ。類新春・新年。例―を祝う。

【初旬】ショジュン 〔「旬」は、十日間の意〕月のはじめの十日間。類上旬。対下旬。

【初心】一ショシン (名) ①最初に思い立った考え。類初志。例―忘るべからず。②ものごとを習いはじめたばかりであること。類初学。例―者。二うぶ (名・形動ダ) 世間ずれしていないこと。純粋であること。例―な乙女。

【初診】ショシン はじめての診察。例―料。

【初審】ショシン 裁判で、第一回の審判。第一審。例―の判決。

【初生】ショセイ うまれてまもないこと。また、はじめてうまれること。例―児。

【初速】ショソク 物体が動きはじめたときの速度。初速度。例銃弾の―。

【初代】ショダイ 家がらや地位など、受けつがれていくものの、最初の人。第一代。例―社長。

【初対面】ショタイメン はじめて顔を合わせること。類初会・初見。例―のあいさつ。

【初太刀】ショだち 最初に切りつける太刀。例―をかわす。

【初段】ショダン 武道や、囲碁・将棋などで、最初の段位。例―を取る。

【初潮】ショチョウ はじめての月経。初経。

【初っ切り】ショっきり 余興としておこなう、こっけいな動作を取りこんだ相撲。

【初手】ショて ①囲碁や将棋で、最初の手。②手はじめ。最初。例―からつまずく。

【初冬】ショトウ 冬のはじめ。十一、十二月ごろ。はつふゆ。〔陰暦では冬のはじめの月、十月をいう〕対晩冬。

【初唐】ショトウ 唐代の詩の流れを四期(初唐・盛唐・中唐・晩唐)に分けた第一期。七一二年ごろまで。代表的詩人は、陳子昂。

【初等】ショトウ 最初の等級。初歩の段階。類初級。対高等。例―教育(=小学校の教育)。

【初頭】ショトウ ある期間のはじめのころ。はじめ。例今世紀の―。

【初七日】ショなのか・ショなぬか 人の死後、七日目にあたる日。また、その日に営む仏事。ひとなのか。

【初乳】ショニュウ 出産後の数日間に出る、たんぱく質・免疫物質などをふくむ特別な母乳。

【初任】ショニン はじめて任務につくこと。例―給。

【初年】ショネン ①最初のとし。第一年。例―兵。②(ある時代などの)はじめのころ。対末年。例明治の―。

【初念】ショネン はじめにいだいた思い。類初一念・初志。

【初犯】ショハン はじめて罪をおかすこと。また、その犯罪。

【初版】ショハン 刊行された書物の最初の版。第一版。対再版・重版。例―本を収集する。

【初歩】ショホ 学問や技能をまなぶ最初の段階。類初級。例―的なミス。

【初夜】ショヤ ①夜のはじめのころ。類初更。②最初の夜。とくに、結婚した最初の夜。

【初訳】ショヤク (名・する) はじめて翻訳すること。また、その翻訳。例日本で―の推理小説。

【初許し】ショゆるし・はつゆるし 華道・茶道・舞踊・音曲などの芸ごとで、最初にさずけられる免許。

【初涼】ショリョウ 秋のはじめのすずしさ。類新涼。

【初老】ショロウ 老人になりはじめる年ごろ。〔昔は四十歳をいったが、現代では、さらに高齢の人をいう〕例―の紳士。

【初▼鰹】はつがつお その年にはじめてとれたカツオ。初夏の味覚として珍重される。例目には青葉山ほととぎす―(山口素堂)。表記「初▽松▽魚」とも書く。

【初恋】はつこい はじめての恋。例―の、あわい思い出。

【初節句】はつゼック 生まれてはじめてむかえる節句。女子は三月三日、男子は五月五日。

【初荷】はつに ①正月二日に、その年の商いはじめを祝って、景気よくかざりたてて、商品を送り出すこと。また、その荷物。②季節商品の、その年はじめての出荷。また、その荷物。

【初音】はつね その年はじめて聞く、ウグイスやホトトギスの鳴き声。例例年よりはやくウグイスの―をきく。

【初場所】はつバショ 正月に、東京の両国国技館で開かれる大相撲の興行。一月場所。

【初舞台】はつブタイ ①俳優や演奏家などが、はじめて舞台に出演すること。デビュー。また、その舞台。例六歳で―をふむ。②おおぜいの前で、はじめてものごとをおこなうこと。デビュー。

【初穂】はつほ ①その年はじめて実ったイネの穂や、その年はじめて収穫した穀物や野菜やくだものなど。例お―を神棚に供える。②神仏に供える収穫物や生産物、また、金銭など。供え物。はつお。例―料。

【初耳】はつみみ はじめて聞くこと。また、はじめて聞く話。例それは―だ。

【初詣】はつもうで (名・する) 新年になってはじめて神社や寺にお参りすること。はつまいり。例―の人でにぎわう。

【初物】はつもの ①くだものや野菜、また、食用の魚貝など、その季節になってはじめて生産されるもの。例―食い。②季節のなりもので、はじめて食べるもの。

【初雪】はつゆき ①冬になってはじめて降る雪。②年が明けてはじめて降る雪。

●原初・太初・当初

刂5 **【判】** 7画 4029 5224 教育5 音バン 慣ハン 漢呉 訓わ-ける

筆順 、 ソ 丷 兰 半 判 判

刂5 **【判】** 7画

なりたち [形声]「刂(=かたな)」と、音「半ハン(=二分する)」とから成る。分ける。

意味 ❶ものごとのよしあしなどを見分ける。区別する。わける。例判決。判別。裁判。❷けじめがはっきりする。わかる。例判然。判明。

日本語での用法《ハン》①紙・書物のサイズ。「A5判・B5判」②はんこ。「書類に判をおす」

人名 さだ・さだむ・ちか・ゆき

【判官】一ハンガン ①唐代に置かれた官名。節度使・観察使などの属官。②裁判官。法官。③律令制で、四等官の第三位。かみ(=長官)・すけ(=次官)の下で、さかん(=主典)の上。じょう。また、とくに検非違使の尉をいう。二ホウガン〔検非違使の尉(=判官)であったことから〕源義経のこと。

【▽判官▼贔▼屓】ホウガンビイキ 源義経を不運の英雄として同情し、好意を寄せること。転じて、弱い者を応援したり、負けた者に同情を寄せたりすること。

【判型】ハンケイ （A判・B判など用紙の大きさによって決まる）書物の大きさの規格。はんがた。

【判決】ハンケツ （名・する）裁判所が裁判について、判断を決定すること。また、その決定。例―を言いわたす。

【判子】ハンこ 印鑑。印形。判。

【判士】ハンシ 柔道や剣道などの試合で、審判をする人。

【判事】ハンジ 裁判官の官名。裁判所で裁判をおこない、判決をくだす人。

【判者】ハンジャ 〔「ハンザ」とも〕判定をくだす人。とくに、歌合わせや絵合わせで、優劣を決める人。

【判然】ハンゼン 一（名・する）はっきりとよくわかること。例真相はやがて―するだろう。二（形動タル）はっきりしているようす。例彼女の考えが―としない。

【判断】ハンダン （名・する）①ものごとについて、よく考えて決めること。例―を下す。―がつく。―を誤らないようにする。公平に―する。―力。②うらないで決めること。例姓名―。

【判定】ハンテイ （名・する）（勝ち負け・優劣・序列などについて）判断し決定すること。例―が下りる。―を下す。成績を―する。写真―。―勝ち。

【判読】ハンドク （名・する）読み取りにくい文字や文章を、前後関係や字形などを手がかりに判断して、読み取ること。例よごれていて―できない。

【判任官】ハンニンカン 昔の官吏の等級で、最下級のもの。

【判別】ハンベツ （名・する）種類や性質のちがいなどから、他と区別すること。類識別・鑑別。例不良品を―する。

【判明】ハンメイ （名・する）はっきりわかること。あきらかになること。例真実が―する。

【判例】ハンレイ 〔法〕過去の裁判で、裁判所がくだした判決の実例。例―にてらす。

●大判・公判・小判・審判・談判・批判・評判

刂5 【別】 7画 4244 5225 教育4

音 ヘツ漢・ベチ・ベツ呉
訓 わか-れる・わか-ち・わか-れ・わ-ける

筆順 丨 冂 口 另 另 別 別

なりたち [会意]「另（＝肉をけずりとった骨）」と「刂（＝かたな）」とから成る。分解する。

意味 ❶ちがいに従ってわける。わかつ。わける。また、わけたもの。例区別。識別。性別。❷はなればなれになる。はなれる。わかれる。わかれ。例別離。送別。❸ほかの。例別人。別荘。❹とりわけ。とくに。例別格。別段。

使い分け わかれる【分・別】⇩1182ページ

人名 のぶ・わき・わく・わけ

【別▼誂え】ベツあつらえ （名・する）特別に注文して作ること。また、その品物。類特製。例―の料理。

【別院】ベツイン （浄土真宗で）本山の出張所である寺院。例東本願寺―。

【別宴】ベツエン わかれをおしんで開く宴会。送別の宴。例―を張る。

【別火】ベッカ けがれをきらって、炊事の火を別にすること。

【別科】ベッカ 高等学校や専門学校などで、本科のほかに設けられた科。対本科。

【別格】ベッカク 特別なあつかい。また、そうされる人や地位。例―にあつかう。

【別学】ベツガク 男女が別々の学校や教室で学習すること。対共学。例―による指導。

【別巻】ベッカン 全集などで、本体のほかに付録としてつけ加える本。対本巻。

【別館】ベッカン 旅館や図書館やデパートなどで、本館とは別につくられた建物。対本館。例連絡通路で―へ行く。

【別記】ベッキ （名・する）本文とは別に書きそえること。また、その文章。例くわしくは―を見よ。

【別居】ベッキョ （名・する）夫婦や親子などが別々に住むこと。対同居。例―して一年になる。

【別業】ベツギョウ ①別荘。しもやしき。例箱根に―をもっている。②本業とちがう職業。また、今までとちがう職業。例人に知られない―をもつ。

【別口】ベツくち 別の種類。別の経路や方面。例―の話。

【別家】ベッケ （名・する）本家からわかれて、新しく一家を立てること。また、その家。類分家。対本家。例三代前に―した。

【別掲】ベッケイ （名・する）別にかかげて示すこと。例―を参照のこと。

【別言】ベツゲン （名・する）同じ内容を別のことばでいうこと。類換言。例―すると。

【別件逮捕】ベッケンタイホ ある犯罪の容疑者と思われる人を、別の犯罪の容疑で逮捕すること。

【別個】ベッコ （名・形動ダ）他とはちがうものごとであること。例―にあつかう。表記「別▽箇」とも書く。

【別項】ベッコウ 別に示す項目。他の条項。例―でとりあげる。

【別号】ベツゴウ ほかの呼び名。〔「松尾芭蕉」の場合の、桃青や風羅坊など〕

【別懇】ベッコン （名・形動ダ）特別に親しいこと。類昵懇。例かれとは―のあいだがらだ。

【別冊】ベッサツ 雑誌や全集などにつく、本体とは別の本。また、定期の本誌以外に臨時に発行する雑誌など。例―付録。

【別使】ベッシ 別の使者。また、特別の使者。類特使。

【別紙】ベッシ （本紙にそえられている）ほかの紙面や文書。例くわしくは―の解説を参照。

【別事】ベツジ ①別のことがら。類別条。②特別に変わったこと。例―なく暮らしている。

【別室】ベッシツ ほかの部屋。また、特別の部屋。例―で待つ。

【別種】ベッシュ 別の種類。例今までとは―のものだ。

【別書】ベッショ 別に書くこと。また、書いたもの。例―に掲載する。

【別▼墅】ベッショ 別荘。例―に月見に行く。

【別称】ベッショウ 別の呼び名。別名。

【別条】ベツジョウ とくに変わったことがら。例命に―ない。表記「別状」とも書く。

【別人】ベツジン ほかの人。他人。例似ているが―だ。

【別刷り】ベツずり ①書籍や雑誌の一部分を、本文や本体とは別に印刷したもの。抜き刷り。②書籍の口絵などを、本文とはちがう用紙に印刷すること。また、そのもの。

【別世界】ベッセカイ ①自分が住んでいるところとは、まったくちがった世界。例―の人。②俗世間とはかけはなれた、理想的な世界。別天地。例まるで―に行ったよう。

【別席】ベッセキ ①席を別にすること。②ほかの席。別室。例―に案内する。③特別の席。例―を設けて、もてなす。

【別荘】ベッソウ ふだん生活している家とは別に、避暑や避寒などのために建てた家。別墅。例夏は山の―で過ごす。

【別送】ベッソウ （名・する）別にして送ること。

【別宅】ベッタク 本宅とは別に作ってある家。別邸ベッテイ。[対]本宅。
【別段】ベツダン 一（名）通常のものごとと変わっていること。例―のとりあつかい。二（副）〔多く、打ち消しのことばをともなって〕とりわけ。格別。例―変わったようすもない。
【別珍】ベッチン〔英語 velveteen の音訳といわれる〕絹の本ビロードに対して、綿メンのビロード。
【別邸】ベッテイ 本邸とは別に作ってある家。別宅。[対]本邸。
【別天地】ベッテンチ 俗世間ゾクセケンからかけはなれた世界。理想郷。
【別途】ベット 別の行き方。別の方法。例料金は―に集める。
【別当】ベットウ〔本官のある人が、別の役所の長官も担当したことによる職名〕①検非違使庁ケビイシチョウ・蔵人所くろうどどころ・政所まんどころ・侍所さむらいどころなどの長官。②東大寺や仁和寺ニンナジなどの大寺に置かれた、寺務を統括トウカツする職。③ウマの世話をする人の、古い言い方。馬丁バテイ。
【別動隊】ベツドウタイ 作戦上の理由で、本隊とは別に行動する部隊。[表記]「別働隊」とも書く。
【別納】ベツノウ（名・する）料金などを別の方法でおさめること。例料金―郵便。
【別派】ベッパ 別の流派や党派。
【別表】ベッピョウ 別にそえた表。例地図は―に示す。
【別便】ベツビン 別に出す郵便や宅配便など。例―で送る。
【別▼嬪】ベッピン 顔立ちの美しい女性。美人。別品ベッピン。
【別封】ベップウ 一（名・する）別々に封フウをすること。二（名）別にそえた封書。例―の書面。
【別別】ベツベツ（名・形動ダ）①わかれわかれ。はなればなれ。ちりぢり。例人ごみの中で―になる。②おのおの。それぞれ。例大きさによって―にかたづける。
【別報】ベッポウ 別の知らせ。別の報道。例―がはいる。
【別棟】ベツむね 同じ敷地しきちや構内で、母屋おもやとは別に建てた家。
【別名】ベツメイ（「ベツミョウ」とも）本名や学名とは別の名。[類]異名・別称ベッショウ。
【別物】ベツもの ①別のもの。関係のないもの。例それとこれとは―だ。②例外として特別にあつかうもの。例あれだけは―だ。
【別問題】ベツモンダイ（いま取り組んでいるものとは関係のない）別の問題やことがら。例それとこれとは―だ。
【別離】ベツリ わかれて、はなればなれになること。[類]離別。例―の悲しみ。
【別涙】ベツルイ わかれをおしんで流すなみだ。例―があふれる。
【別枠】ベツわく 正規のわく組みとは別のわく組み。別の範囲ハンイ。

例特別の出費なので―で考える。
●格別カクベツ・決別ケツベツ・告別コクベツ・個別コベツ・差別サベツ・死別シベツ・惜別セキベツ・選別センベツ・特別トクベツ・判別ハンベツ・離別リベツ

リ 5

利

7画 4588 5229 [教育4] [音]リ[漢][呉] [訓]き-く・と-し [付表]砂利じゃり

[筆順] ノ 二 千 千 禾 和 利

[なりたち] 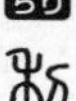 [会意]「刂（=かたな）」と「和（=ととのう）」の省略体とから成る。刀がよく切れる。

[意味] ❶刃物はものがするどい。よく切れる。とし。例利器リキ。鋭利エイリ。❷頭のはたらきがよい。かしこい。例利口リコウ。利発リハツ。❸役に立つ。また、つごうがよい。すんなりとはこぶ。例利害リガイ。便利ベンリ。有利ユウリ。❹つごうよくする。ためになるようにする。例利己リコ。利他リタ。❺うまく使う。例利用リヨウ。❻もうけ。例利益リエキ。利息リソク。営利エイリ。❼ききめがある。例利尿リニョウ。良薬苦於口而利於病リョウヤクはくちににがけれどもやまいにりあり（=よい薬は、にがいけれども、病気には、よくきく）。〈孔子家語コウシケゴ〉

[日本語での用法]《きき・きく》①よい結果が得られるようなはたらきをする。「目利めきき・利きき足あし・気キが利きく」②可能である。「小回こまわりが利きく・無理ムリが利きく」

[使い分け] きく【利・効】⇩1168ページ

[難読] 利根とね（=地名・姓セイ）・足利あしかが（=地名・姓）

[人名] かが・かず・さと・さとし・たくみ・と・とおる・まさ・みち・みのる・よし・より・よろし

【利き腕】ききうで 細かい作業や力仕事が、よくできるほうのうで。利き手。例―を痛めて不便でならない。
【利運】リウン 運がよいこと。よいめぐりあわせ。しあわせ。幸運。例―のめぐり来るきざし。
【利益】一リエキ ①もうけ。利得。[対]損失。例―の多い商売。②ためになること。役立つこと。例公共の―。二リヤク〔仏〕神や仏が人々にあたえる幸福や恩恵オンケイ。例ご―がある。
【利益社会】リエキシャカイ 会社や組合などのように、利益を得ることを目的に構成された社会。ゲゼルシャフト。〔ドイツの社会学者テニエスがとなえた〕[対]共同社会。
【利害】リガイ 利益と損害。例―がからんで話がまとまらない。
【利器】リキ ①よく切れる刃物はもの。するどい武器。[対]鈍器ドンキ。②便利な器具や器械。例文明の―。③すぐれた才能。役に立つ人物。例かれこそ、この困難をのりきれる―だ。

【利休色】リキュウいろ 緑色をおびた灰色はいいろ。〔安土桃山あづちももやま時代の茶人、千利休センのリキュウが好んだ色による〕
【利休▼鼠】リキュウねずみ 緑色をおびたねずみ色。利休色にねずみ色がかかったもの。例―の雨がふる。〈北原白秋きたはらハクシュウ〉
【利食い】リぐい（名・する）株などの売買によって、差額をかせぐこと。例―売り。[表記]「利▼喰い」とも書く。
【利剣】リケン ①よく切れる刀やつるぎ。利刀。②〔仏〕煩悩ボンノウや邪悪ジャアクなものを破りくだく、仏の知恵チエや法力ホウリキのたとえ。例降魔ゴウマの―。
【利権】リケン 大きなもうけに結びつく権利。とくに、業者が政治家や公務員と結託ケッタクして得たものをいう。例―をあさる。
【利己】リコ 自分だけの利益や幸福を考えること。[対]利他。例―心。
【利口】リコウ（名・形動ダ）①かしこく、聡明ソウメイであること。[類]利発。例―そうな顔つき。②子供などが、ものわかりがよくて、おとなしいこと。例お―にしていなさい。③ぬけめがなく要領のいいこと。例―な受け答えをする。[表記]▽[旧]▼悧巧。また「利巧」とも書く。
【利▼鞘】リざや 売り買いによって生じる差額としての利益。例土地を転売して―をかせぐ。
【利子】リシ「利息」に同じ。[対]元金。例高い―をはらう。
【利潤】リジュン 企業キギョウの総収益から、かかった経費を差し引いた残り。もうけ。純利益。例―の追求。
【利殖】リショク（名・する）資金をうまく運用して財産を増やすこと。例―につとめる。
【利水】リスイ ①水の流れをよくすること。例―工事。②水を利用すること。[類]水利。例―組合。
【利息】リソク 金銭を貸したり預けたりしたときに、相手が一定の割合でしはらうお金。利子。[対]元金。例―を付けて返す。
【利他】リタ 自分を犠牲ギセイにしてまでも、他人の利益や幸福をはかること。[対]利己。例―主義。
【利敵】リテキ 敵に利益をあたえるようなことをすること。例―行為コウイ。
【利点】リテン 有利な点。得な点。[類]長所。例―が多い。
【利尿】リニョウ 小便の出をよくすること。例―剤ザイ。
【利発】リハツ（名・形動ダ）〔「利口発明」の意〕かしこいこと。りこうなこと。[対]愚鈍グドン。例―な子。
【利幅】リはば 利益の大きさや割合。例―が大きい。
【利便】リベン つごうがよいこと。[類]便宜ベンギ。例―をはかる。

【利回り】利息や配当金の、元金に対する割合。例―を考えて投資する。
【利用】(名・する) ①ものごとのはたらきや、よいところを生かして使うこと。例火力を―した発電。②使い方をくふうして役立たせること。例廃物―。③自分の利益のために用いること。例地位を―して人をだます。
【利率】利息の元金に対する割合。例―が高い。
●営利・金利・権利・高利・実利・勝利・水利・年利・薄利・不利・暴利

刀5【刧】7画 ⇩【劫】(145ページ)

刂5【判】7画 ⇩【判】(132ページ)

刂6【刮】8画 4973 522E 音カツ漢 訓けずる

意味 ❶けずりとる。えぐる。けずる。例刮削(=けずりとる)。❷こする。例刮目。
【刮摩】(名・する) 器物などをみがいて、つやを出す。表記「刮磨」とも書く。
【刮目】(名・する) 目をこすってよく見ること。注意してよく見ること。例―に値する。

刀6【券】8画 2384 5238 教育6 音ケン漢呉 訓ちぎる・ふみ・わりふ

筆順 、 丷 䒑 兰 半 关 券 券

なりたち [形声]「刀(=かたな)」と、音「𢍏ケン」とから成る。刀できざみを入れて二分し、約束の証拠としたもの。わりふ。

意味 ❶昔、木のふだに約束ごとのしるしをつけて二つに割り、おのおのが一片を保存して後日の証拠としたもの。てがた。わりふ。例符券。❷切手・印紙・紙幣・証文などの類。例金券。沽券。債券。
【券書】契約のときの書き付け。証書。
●証券・乗車券・旅券

刂6【刳】8画 4974 5233 音コ漢 訓えぐる

意味 くりぬく。えぐる。例刳腹(=はらをさく)。刳り舟。襟刳り(=首まわりにそってくった、えりの線)。

刂6【刻】8画 2579 523B 教育6 音コク漢呉 訓きざむ・きざみ

筆順 、 亠 亡 方 亥 亥 亥 刻

なりたち [形声]「刂(=かたな)」と、音「亥カイ→コク」とから成る。刀で木にきざむ。

意味 ❶素材の表面に刀を入れて形をつくる。また、模様や文字をほる。きざむ。例刻印。彫刻。篆刻。❷きびしい。むごい。例刻薄。苛刻。深刻。❸とき。水時計のきざみ目。中国の一刻は、昔は昼と夜のそれぞれの十二時間の百分の一。現在は十五分。例刻漏(=水時計)。時刻。

日本語での用法 《コク》一日の十二分の一。二時間。「子の刻・刻限・刻刻」

人名 とき

【刻印】㊀(名・する) 印判をほること。また、しるしをきざみつけること。例悪者の―をおされる。㊁(名) はんこ。印。
【刻限】①とくに定めた時刻。指定した時間。例約束の―。②時間。時刻。例遅い―。
【刻舟】⇩【舟に刻して剣を求む】(837ページ)
【刻薄】(名・形動) 残酷で薄情なこと。例―なしうち。表記「酷薄」とも書く。
【刻下】現時点。ただいま。類目下。例―の急務。
【刻苦】(名・する) 心身を苦しめて努力すること。例―勉励。
●一刻・先刻・即刻・定刻・夕刻

刂6【刷】8画 2694 5237 教育4 音サツ漢 訓す-る・は-く・はけ

筆順 ㇇ コ 尸 尸 吊 吊 刷 刷

なりたち [形声]「刂(=かたな)」と、音「㕞セツ→サツ(=ぬぐう)」の省略体とから成る。ぬぐい、けずる。

意味 ❶はらってきれいにする。はく。ぬぐう。例刷新。❷版木に紙を当ててこする。する。こする。例印刷。増刷。

使い分け する【刷・擦】⇩1170ページ

難読 羽を刷う(=乱れた羽をととのえる)

人名 きよ・きよむ

【刷新】(名・する) 悪いところを取りのぞいて、まったく新しくすること。例政界の―をはかる。
【▽刷毛】動物の毛をそろえ束ねて柄をつけて、塗料をぬったり、ほこりをはらったりするのに用いる道具。ブラシ。表記「▽刷▽子」とも書く。
●印刷・縮刷

刂6【刹】8画 4975 5239 常用 音サツ漢 セツ呉

筆順 ノ メ 㐅 爻 杀 杀 刹 刹

なりたち [形声]「刂(=かたな)」と、音「殺サツ」の省略体とから成る。柱。

意味 ❶梵語の音訳。はたばしら・仏塔・寺などの意味をあらわす。例古刹。名刹。❷梵語の音訳。例刹那。羅刹。

人名 くに

【刹那】〔梵語の音訳〕〔仏〕きわめて短い時間。一瞬間。対劫。例あっと思ったその―。
【刹那主義】過去や未来を考えず、現在だけの充実を求めて生きようとする考え方。例世紀末の―。

刂6【刺】8画 2741 523A 常用 音シ漢 セキ漢 訓さ-す・さ-さる・とげ

筆順 一 𠂆 丆 市 朿 朿 朿 刺

なりたち [会意]「刂(=かたな)」と「朿シ(=とげ)」とから成る。刀でつきさす。

意味 ❶するどい刃物や針でさす。つきさす。例刺客。刺激。刺繡。❷相手を針でさすように言う。そしる。せめる。例風刺。❸さぐる。うかがう。例刺候。❹なふだ。例名刺。❺とげ。例芒刺。有刺鉄線。

日本語での用法 《さす》野球でアウトにする。「本塁で刺される」

使い分け さす【差・指・刺・挿】⇩1169ページ

難読 刺青・刺草

【刺客】(シカク・シキャク・セッカク) 殺し屋。暗殺者。例—を向ける。

【刺激】(シゲキ) (名・する) 外部からはたらきかけて、肉体的な痛みや精神的な興奮などの、強い反応を起こさせること。また、そうさせるものや力。例—を求める。

【刺殺】(シサツ) (名・する) ①さしころすこと。②野球で、打者や走者を直接にアウトにすること。対補殺。表記旧刺▼戟

【刺史】(シシ) ①昔の中国の地方官。漢代では、地方監察官、唐代では、州の長官。例柳州—。②昔の日本で、国守を中国風に呼んだ名。

【刺▼繡】(シシュウ) (名・する) 布地や衣服にさまざまの色糸で、文字や絵をぬいあらわすこと。また、その作品。ぬいとり。

【刺青】(シセイ・いれずみ) 皮膚に針などで傷つけながら、墨や朱を入れて模様をえがきだすこと。ほりもの。

【刺絡】(シラク) 静脈から悪い血をとる、漢方の治療法。類瀉血。例—の効果。

【刺を通ず】(シをツウず) 名刺を出して面会を求める。

●風刺・名刺

刂6

【制】

8画 3209 5236 教育5 音セイ漢呉 訓おさ-える

筆順 ノ 𠂉 ⺧ 𠂔 𠂕 制

なりたち 【会意】「刂(=かたな)」と「𠂕(=木になった果実を切り取る)」とから成る。たち切る。

意味 ❶形を切りととのえる。つくる。例制作。❷従わせる。支配下におく。例制御。制限。統制。❸とりきめる。また、きまり。おきて。例制定。制服。体制。❹天子の命令。みことのり。みことのりをくだす。例制勅(=みことのり)。

人名 いさむ・おさむ・さだ・さだむ・すけ・ただ・ただし・のり

【制圧】(セイアツ) (名・する) 相手の勢いや自由を、力でおさえつけること。例武力で町を—する。

【制海権】(セイカイケン) ある範囲の海上での、航海や軍事上の活動などを支配する力。例—をにぎる。

【制▼癌】(セイガン) がん細胞の活動や増殖をおさえること。

【制球】(セイキュウ) 野球で、投手が自分の思うとおりのコースにボールを投げ分けること。コントロール。例—を乱す。

【制御】(セイギョ) (名・する) ①相手をおさえつけて、自分の思いどおりにあやつること。コントロール。例欲望を—する。②機械などがうまくはたらくように調節すること。コントロール。例自動—装置。

【制空権】(セイクウケン) ある範囲の上空での、航空や軍事上の活動などを支配する力。例—を失う。表記▽旧制▼馭・制▼禦

【制限】(セイゲン) (名・する) 限界や範囲を定めて、そこからはみ出さないようにすること。また、その限界や範囲。類規制。

【制裁】(セイサイ) (名・する) 道徳や習慣、また、規則などにそむいた者をこらしめ、罰をあたえること。また、その罰。例経済—。

【制作】(セイサク) (名・する) 絵画・彫刻・楽曲・映画・放送番組などを作ること。例正月用のドラマを—する。→【製作】(セイサク)(892ページ)

【制止】(セイシ) (名・する) 他人の言動をおさえたり、やめさせたりすること。例—をふりきる。

【制定】(セイテイ) (名・する) 法律や規則などをつくりさだめること。

【制定法】(セイテイホウ) 立法機関が、決められた手順に従って制定した法律。類成文法。

【制度】(セイド) ①法として定められた決まり。例税の—を見直す。②社会生活や団体活動の秩序を保つための、仕組みや決まり。例封建—。

【制覇】(セイハ) (名・する) ①相手をおさえつけて、権力をにぎること。類征服。例世界—の野望。②競技などで優勝すること。例全国大会を—する。

【制服】(セイフク) 学校や会社などで、着用するように定められた服。ユニホーム。対私服。例—の女学生。

【制帽】(セイボウ) 学校や会社などで、かぶるように定められた帽子。

【制約】(セイヤク) (名・する) 条件をつけて自由を制限すること。また、その条件や規定。類制限。例行動が—される。

【制欲】(セイヨク) (名・する) 欲望や欲情をおさえること。類禁欲。表記旧制▼慾

【制令】(セイレイ) 制度と法令。おきて。おふれ。例—を定める。

●圧制・管制・規制・強制・禁制・自制・節制・先制・専制・抑制

刀6

【刱】

8画 — 5231 音ソウ漢 訓はじ-める

刀7

[剏]

9画 4976 524F 別体字

意味 はじめる。同創。例刱業(=事業を始める。創業)。刱造(=はじめる)。

刂6

【到】

8画 3794 5230 常用 音トウ漢呉 訓いた-る

筆順 一 ㄗ 云 㚔 至 到 到

なりたち 【形声】「至(=いたる)」と、音「刂(トウ)」とから成る。行きつく。

意味 ❶目的地に行きつく。いたる。例到着。殺到。❷極限まで届く。行きわたる。例到底。周到。

人名 とおる・ゆき・よし

【到達】(トウタツ) (名・する) 目的とする地点・状態・結論・数量などに行きつくこと。届くこと。例—点。技術が世界の水準に—する。

【到着】(トウチャク) (名・する) 出かけた人や送った品物などが目的地に着くこと。届くこと。対出発。例かれの—がおくれた。終点に—する。

【到底】(トウテイ) (副) ①〔下に打ち消しのことばをともなって〕とても。どうやってみても。例—助からない。②つまり。結局のところ。〔やや古い言い方〕例—死んだと思っていた。

【到頭】(トウトウ) (副) 最終的に。ついに。結局。例—実現した。

【到来】(トウライ) (名・する) ①区切りとなるような機会が、めぐってくること。例好機が—する。②よそからのおくりものが届くこと。例—物ですが、おひとつどうぞ。

●殺到・周到・未到

刀6

【券】

8画 ⇩【券】(ケン)(135ページ)

刂7

【剄】

9画 4977 5244 音ケイ漢 訓くび-きる・くび-る

意味 刀で首を切る。首をはねる。くびきる。例剄殺(=首をはねて殺す)。

刂7

【剋】

9画 4978 524B 音コク漢呉 訓か-つ

寸7

[尅]

10画 5381 5C05 俗字

意味 ❶打ち勝つ。かつ。同克。例剋己(=自分の欲望に負けない)。下剋上。❷きざみつける(ようにきびしい)。むごい。同刻。

リ7 **【削】** 9画 2679 524A 常用 音 シャク㊥ サク㊤ 訓 けず-る・そ-ぐ

筆順 丨 丷 ⺌ 肖 肖 肖 削 削

リ7 **【削】** 9画

なりたち ［形声］「リ(=かたな)」と、音「肖(ショウ→シャク)」とから成る。刀で木をけずる。

意味 ❶けずりとる。そぎおとす。けずる。例 削減。削除。添削。❷書刀。木や竹のふだに書いた文字をけずりおとす小刀。

難読 削尼(あまそぎ)・弓削(ゆげ)(=地名・姓)

【削岩機】サクガンキ 土木工事や鉱山などで用いる、岩石に穴をあける機械。表記「▼鑿岩機」とも書く。

【削減】サクゲン (名・する)(予算や人員などを)けずって少なくすること。例人員—。予算を大幅に—する。

【削除】サクジョ (名・する)いったん書かれたもののなかから、一部分を取りのぞくこと。例議事録から—する。

●掘削・添削

リ7 **【前】** 9画 3316 524D 教育2 音 セン㊥ ゼン㊤ 訓 まえ・さき-に

筆順 丶 丷 亠 广 前 前 前 前

リ7 **【前】** 9画

なりたち ［会意］本字は「歬」で、「止(=あし)」が「舟(=ふね)」の上にある。歩かないで進む。

意味 ❶すすむ。例 前進。❷進んでいくほう。さき。まえ。㋐空間上の「まえ」。顔の向いているほう。例前方。前面。目前。㊥後。㋑時間上の「まえ」。過去。むかし。例前日。前歴。以前。

日本語での用法 ㊀《ゼン・ゼ》人、とくに女性をうやまっていうことば。「御前・尼前」㊁《まえ》わりあての量。「一人前」

難読 車前草(おおばこ)

人名 くま・さき・すすむ・ちか

【▽前山】さきやま 鉱山の坑内で、主になってほる経験ゆたかな人。対後山。

【前衛】ゼンエイ ①軍隊で、前方を守る部隊。対後衛。②テニスやバレーボールなどで、前のほうの相手に近いところで、攻撃や守備にあたる人。フォワード。対後衛。③階級闘争で、労働者階級の先頭に立って指導するもの。例党の—として働く。④芸術運動で、従来のやりかたにとらわれない、新しい表現を試みること。アバンギャルド。例—書道。

【前科】ゼンカ 犯罪をおかして、刑罰を受けたことがあること。例—者。—三犯。—がある。

【前回】ゼンカイ この前の回。例—の調査結果。

【前額】ゼンガク ひたい。おでこ。例—に小さな傷がある。

【前記】ゼンキ 文章で、前に書いてあること。類前述・上述。対後記。例—のとおり。

【前期】ゼンキ ①期間を二つまたは三つに分けたとき、初めの期間。対後期。例—の試験。②一つ前の期。先期。対今期・次期・来期。例—の実績。

【前駆】ゼンク (名・する)行列の前方で、ウマや車などに乗って列を導くこと。また、その人。さきのり。さきがけ。類先駆。例—の白バイが見えてきた。

【前掲】ゼンケイ 文章で、そこよりも前にかかげて示してあること。前出。例—の表を参照。

【前言】ゼンゲン ①以前に言った、ことばやことがら。例—をひるがえす。②昔の人の言ったことば。例—往行(=昔の人のことばやおこない)。

【前後】ゼンゴ ㊀(名)まえとうしろ。あとさき。例—左右。休日の—。㊁(名・する)①どちらがあとか先かわからず、ほとんど同時におこなわれること。例相—して到着する。②順序が逆になること。例話が—する。㊂〔「…前後」の形で〕だいたいそれぐらい。内外。例千円—。

【前後不覚】ゼンゴフカク あとさきもまったくわからなくなるほどに、正体がなくなること。例よっぱらって—になる。

【前行】ゼンコウ ①先に行くこと。類先行。②以前のおこない。例—を悔いる。

【前項】ゼンコウ ①前にあげた項目。例—の規定。②〔数〕二つ並んだ項のうち前の項。

【前号】ゼンゴウ 定期的に出版される新聞や雑誌などの、一つ前の号。対次号。例—で予告した記事。

【前古未曽有】ゼンコミゾウ (名・形動ナ)昔から一度もなかったということ。古今未曽有。例—の大事件。

【前座】ゼンザ ①落語で、芸の未熟な人が正式の番組の前に演じる、高座。また、その人。例—をつとめる。②おもな出演者や競技者が登場する前に、出場すること。例—試合。

【▽前栽】センザイ ①木や草を植えてある庭。また、庭に植えてある草や木。②「前栽物」の略。青物。野菜。

【前菜】ゼンサイ 西洋料理で、おもな料理の前に出る、かるい食べ物。オードブル。

【前肢】ゼンシ (四本足の)動物の、前の二本の足。まえあし。対後肢。

【前日】ゼンジツ すぐ前の日。例試験の—にかぜをひいた。

【前車】ゼンシャ 前を行く車。対後車。

【前車の覆るは後車の戒め】前車がひっくりかえったのは、あとから進む人の戒めとなることのたとえ。前を行く人の失敗は、後車への警告となる。〈漢書〉

【前車の▼轍を踏む】前を行く車のわだちをふむ。前の人と同じ失敗をくりかえすことのたとえ。前轍を踏む。〈漢書〉例—という愚をおかす。

【前者】ゼンシャ 二つ述べたもののうち、最初のほう。対後者。

【前借】ゼンシャク (名・する)まえがり。例給料の—。

【前出】ゼンシュツ ひとつながりの文章などで、前のほうにすでに出ていること。前掲。対後出。例—の表。

【前述】ゼンジュツ あることがらについて、すでにのべてあること。前掲。対後述。例—のとおり。

【前書】ゼンショ ①以前に出した手紙。②以前しるした文章。前に書かれた書物。

【前生】ゼンショウ〔仏〕この世に生まれる前の世。前世。例釈迦—の物語。

【前条】ゼンジョウ 前の条項。前項。

【前▼哨戦】ゼンショウセン ①軍隊が休止しているあいだ、警戒のために前方に配置された部隊が、敵側と起こす小さな戦い。こぜりあい。②本格的な活動にはいる前の、手始めの活動。小手調べ。例選挙の—。

【前身】ゼンシン ①〔仏〕この世に生まれる前の姿。前世のからだ。②以前の身分。また、組織や団体などの、以前の状態。対後身。例この商科大学の—は珠算学校だ。

【前進】ゼンシン (名・する)すすむ。前へすすむこと。対後退・後進。例—あるのみ。

【前人】ゼンジン これまでの人々。類先人。対後人。例

【前人未到】ゼンジンミトウ 今までだれもやったことがないこと。

―の大記録。

【前世】㊀ゼンセ（仏）三世の一つ。この世に生まれる前の世。㊀対後世・来世・現世。例―からの運命。㊁ゼンセイ むかし。例―の遺物。

【前聖】ゼンセイ 昔の聖人。先聖。例―の遺業をしのぶ。

【前説】㊀ゼンセツ 前に述べた説。例―をひるがえす。㊁まえセツ 本題の前にする説明。

【前線】ゼンセン ①戦場で、いちばん前の、敵と直接向かい合っているところ。第一線。例―の兵士。②大気中で、暖・冷両方の空気のかたまりが、たがいに接しているところ。例寒冷―。

【前奏】ゼンソウ 歌や楽器などの演奏で、主要な部分が始まる前の、伴奏の部分。転じて、なにかが始まる前ぶれ。例―曲（＝プレリュード）。独立運動の―。

【前代未聞】ゼンダイミモン 今までに聞いたこともないような、めずらしい、変わったこと。類未曽有。例―のできごと。

【前段】ゼンダン ①はじめの段階。②文章などで、すぐ前の段落。また、前半の段落。例―の要旨をまとめる。▽対後段。

【前兆】ゼンチョウ 事件が起こる前にあらわれる、しるし。きざし。前ぶれ。例大地震の―と思われる。

【前提】ゼンテイ あることがらが成り立つために必要な条件。例結婚を―として交際する。

【前▼轍】ゼンテツ ①前に通った車の車輪のあと。②前の人がおかしたあやまち。

【前▼轍を踏む】「前車の轍を踏む」に同じ。

【前途】ゼント ①これから先の道のり。目的地までの距離。例―はほど遠い。②ゆくすえ。将来。例―洋洋。―多難。

【前途▼遼遠】ゼントリョウエン（形動ダ）目的地がはるかに遠いようす。また、目的達成までに、まだ時間がかかるようす。例完成までは―だ。

【前任】ゼンニン すぐ前に、その任についていたこと。また、その人。類先任。対後任。例―者。

【前年】ゼンネン その年のすぐ前の年。対翌年。例―の大火。

【前納】ゼンノウ（名・する）料金などを前もっておさめること。さきばらい。対後納。例会費を―する。

【前半】ゼンハン・ゼンパン ある期間や距離を二つに分けたうちの、初めのほう。前の半分。対後半。例―が終わる。

【前非】ゼンピ 以前におかしたあやまち。例―を悔いる。

【前便】ゼンビン このすぐ前に出した、たより。例―で知らせた。

［刀（刂）部］7画 則 剃 刺

【前部】ゼンブ 前のほうの部分。対後部。例―とのあいだに生まれた子。

【前夫】ゼンプ 前のおっと。先夫。

【前婦】ゼンプ 前のつま。先婦。

【前文】ゼンブン ①ある記述で、主要な内容の前に置かれた文。前書き。例憲法の―。②前に書いた文。例―から引用する。③手紙で、書きだしのあいさつのことば。

【前編】ゼンペン 書物や作品などで、二つか三つに分けたものの、前の部分。対後編。表記㊐前▼篇

【前方】ゼンポウ 前のほう。対後方。例―に山が見えてきた。

【前面】ゼンメン 前のほう。表のほう。類正面。例環境政策を―におし出す。

【前門】ゼンモン 前の門。表門。対後門。

【前門に虎を▽拒ぎ後門に▼狼を進む】前の門でトラを防いでいると、後ろの門からオオカミがせまってくる。一つの災難が去ったかと思うと、また新たな災難がやってくる、ということのたとえ。前門の虎、後門の狼。

【前夜】ゼンヤ ①その前の夜。昨夜。例決勝戦の―はねむれなかった。②あることが起こる直前。例革命―。

【前略】ゼンリャク ①文章の前の部分を省略すること。対後略。②手紙で、時候のあいさつなどの前文を省略することば。〔「草草」に対応して用いられることが多い〕

【前輪】ゼンリン 自動車や自転車などの前の車輪。対後輪。

【前例】ゼンレイ ①以前にあったことがら。例―に従う。②（論文の中などで）前にあげた例。例―を参照されたい。

【前歴】ゼンレキ 今までの経歴。例―をいつわって再就職した。

【前列】ゼンレツ 前のほうの列。対後列。例最―。

【前売り】まえうり（名・する）入場券や乗車券などを、使用日よりも前に売ること。例―券。

【前置き】まえおき（名・する）本論や本題にはいる前に述べること。また、そのことばや文章。例―を述べる。

【前髪】まえがみ ①ひたいに短く垂らしたかみの毛。例―を切りそろえる。②昔、元服前の少年や婦人が、ひたい近くのかみの毛を束ねたもの。例まだ―の少女。③元服前の少年。

【前金】まえキン 前もってはらいこむ代金。例―制。

【前景気】まえゲイキ 前もっての人気。例―は上上だ。

【前口上】まえコウジョウ 本題や本筋にはいる前に述べることば。まえおき。例―が長すぎる。

【前付け】まえづけ 本の前のほうにつける、序文・目次・凡例など。対後付け。

【前触れ】まえぶれ（名・する）①あらかじめ知らせること。類予告。例―もなくやって来た。②何かが起こりそうなきざし。類前兆。例地震の―。

●以前・一人前・一丁前・腕前・駅前・男前・眼前・気前・空前・現前・午前・事前・自前・従前・食前・寸前・生前・戦前・直前・仏前・墓前・門前・霊前

刂7

【則】

9画 3407 5247 教育5 音ソク 漢呉 訓すなわ-ち・のっと-る・のり

筆順 丨 冂 月 目 貝 貝 則 則

なりたち［会意］「刂（＝きりわける道具）」と「貝（＝たから）」とから成る。たからの価値を定めて区別する。派生して「決まり」の意。

意味 ❶決まり。規準。道理。のり。例規則。原則。校則。❷手本として従う。のっとる。例則天。❸〔助字〕「すなわち」と読み、…すると…のときには、の意。例過則改（＝誤りをおかしたときには改める）。

人名 ただ・つね・とき・みち・みつ

【則天去私】ソクテンキョシ 〔「天に則って私を去る」と訓読する〕大きな天の道に従い、小さな私心を捨てること。夏目漱石が晩年に理想とした境地。

●鉄則・罰則・反則・変則・法則

刂7

【剃】

9画 3670 5243 音テイ 漢 訓そ-る

意味 かみの毛やひげをそる。例剃刀。剃髪。

難読 剃刀

【剃度】テイド 「剃髪得度」の略。剃髪し戒を受けて、僧や尼となること。類得度。

【剃刀】テイトウ 頭髪やひげをそるのに使う刃物。

【剃髪】テイハツ（名・する）かみの毛をそること。とくに、仏門にはいってかみの毛をそること。例―して仏門に帰依する。

刂7

【刺】

9画 4979 524C 音ラツ 漢 訓もと-る

意味 ❶そむく。さからう。もとる。❷「潑剌」は、魚のとびはねるようす。元気のよいようす。❸外国語の「ラ」の音訳

字。例刺麻ラ。亜刺比亜アラビア。

刂7 【削】9画 ⇨【削】サク(137ページ)

刂7 【前】9画 ⇨【前】ゼン(137ページ)

刀7 【剏】9画 ⇨【刱】ソウ(136ページ)

刂8 **【剞】** 10画 4980 525E 音キ漢 訓きざ-む・けず-る

意味 彫刻チョウコク用の小刀。また、彫刻する。けずる。例剞劂キケツ。剞劂氏キケツシ。

【剞▼劂】キケツ (「劂」も、彫刻チョウコク用の小刀の意) ①彫刻などに用いる小刀や、のみ。②彫刻。③印刷に用いる板をほること。また、転じて、出版すること。例―氏キケツシ(=版木をほる人。出版人)。―に付す(=出版する)。

刂8 **【剣】** 10画 2385 5263 常用 音ケン漢呉 訓つるぎ

筆順 ノ 𠆢 亼 合 合 争 争 㑒 剣

刂13 【劍】15画 4988 528D 人名

刀14 【劒】16画 4990 5292 本字

刀14 【劔】16画 4989 5294 別体字

刀9 【剱】11画 4991 5271 別体字

金3 【釼】11画 7863 91FC 別体字

なりたち [形声]「刂(=やいば)」と、音「僉セン→ケン」とから成る。人が身につける武器。

意味 反そりがなく、先がとがり両側に刃はのついたかたな。つるぎ。例剣術ケンジュツ。真剣シンケン。刀剣トウケン。

日本語での用法《ケン》①かたなによる武術。「剣ケンを使う・剣ケンをよくする」②かたいするどい針。「剣山ケンザン・蜂はちの剣ケン」

難読 擁剣がざみ(=ワタリガニの一種)

人名 あきら・つとむ・はや

【剣影】ケンエイ 刀剣のひかり。つるぎのひかり。類剣光。

【剣客】ケンカク・ケンキャク ①剣術の達人。剣術つかい。類剣士。②剣術を学ぶ者。類剣士。例一―として修業シュギョウする。

【剣が峰】ケンがみね ①相撲すもうで、土俵のたわらの盛り上がった部分。例―で必死にこらえる。②噴火口フンカコウの周辺。③そこをこせば危あやういという境目。例―に立たされた。

【剣▼俠】ケンキョウ 剣術にすぐれた、俠気のある人。

【剣▼戟】ケンゲキ ①つるぎとほこ。例―をとって戦う。②刀などの武器を使った戦い。きりあい。例―のひびき。

【剣劇】ケンゲキ 刀で切り合う場面を見せどころにした、芝居しばいや映画。ちゃんばら。〔「剣戟ケンゲキ」のもじりか〕

【剣光】ケンコウ 刀剣のひかり。類剣影ケンエイ。

【剣豪】ケンゴウ 剣術の達人。剣づかいの名人。例―武蔵むさし。

【剣先】ケンさき ①剣のさき。きっさき。例―を合わせる。②先が、剣のようにとがったもの。例―イカ。

【剣山】ケンザン 生け花で花器の中に入れ、花のくきや枝をつきさす、太い針を立て並べた道具。

【剣士】ケンシ 剣術を得意とする人。剣づかいのじょうずな人。類剣客ケンカク。例少年―。

【剣璽】ケンジ ①所持者が天子の地位にあることを証明するものとしての、刀剣と刻印。②日本で古来、天皇の地位のしるしとした三種の神器のうち、草薙くさなぎの剣つるぎと八尺瓊やさかにの勾玉まがたまとをいう。

【剣術】ケンジュツ 刀剣を武器として戦う術。類剣法。

【剣突】ケンつく あらあらしく、しかりつけること。また、そのことば。例―を食わせる。

【剣道】ケンドウ 木刀ボクトウや竹刀しないなどを持ち、防具をつけ、相手を打つなどして勝負をあらそう武道。例―指南。

【剣難】ケンナン 刃物はもので傷つけられたり、殺されたりする災難。例―の相が見える。

【剣▼呑】ケンノン (形動ダ) あぶないようす。なりゆきが不安なようす。〔俗ゾクにいう「ヤバイ」〕例注意しないと―ですよ。表記「険▽難・険▼呑」とも書く。

【剣舞】ケンブ 漢詩の朗詠ロウエイに合わせて、剣を持ち、それを使う形で舞う舞まい。例余興に―がある。

【剣法】ケンポウ 剣の使い方。類剣術。例―の達人。

【剣幕】ケンマク ひどくおこったようす。例すごい―でやって来た。表記「見幕・権幕」とも書くが、いずれもあて字という。

○●懐剣カイケン・短剣タンケン・長剣チョウケン・木剣ボッケン

刂8 **【剛】** 10画 2568 525B 常用 音コウ漢 ゴウ呉 訓つよ-い・こわ-い

筆順 丨 冂 冂 冈 冈 岡 岡 剛

なりたち [形声]「刂(=かたな)」と、音「岡コウ」とから成る。力を入れてたちきる。

意味 ❶力強い。例剛健ゴウケン。❷意志が強い。気性キショウが激しい。例剛毅ゴウキ。剛直ゴウチョク。❸かたい。曲がらない。例剛柔ゴウジュウ。剛毛ゴウモウ。

人名 かた・かたし・こわし・たか・たかし・たけ・たけし・ちから・つよし・まさ・よし

【剛頑】ゴウガン 性格が強く、かたくなこと。

【剛気】ゴウキ (名・形動ダ) 気持ちがしっかりしていて、たやすくくじけないこと。例―ある老人。表記「豪気」とも書く。

【剛▼毅】ゴウキ (名・形動ダ) 意志が強く、気持ちがしっかりしていること。例―な将軍の眼光。表記「豪▼毅」とも書く。

【剛▼毅木▼訥】ゴウキボクトツ (名・形動ダ) 気持ちがしっかりしていて、かざりけがないこと。例―仁ジンに近し。〈論語ロンゴ〉

【剛強】ゴウキョウ (名・形動ダ) (身体や意志が)強く、他に負けないこと。表記「剛▼彊」とも書く。

【剛健】ゴウケン (名・形動ダ) (身体や心のもち方が)強く、たくましいこと。例質実シツジツ―。

【剛者】ゴウシャ 心に守るところがあり、節を変えない者。

【剛柔】ゴウジュウ かたいことと、やわらかいこと。また、強さとやさしさ。例―両面をそなえた人。

【剛性】ゴウセイ 物体が、ほかから力を加えられたとき、もとの形を保とうとする性質。弾性ダンセイの一種。

【剛体】ゴウタイ ほかから力を加えられたとき、変形することがほとんどないと考えてよい物体。

【剛胆】ゴウタン (名・形動ダ) ものごとをおそれたり、事故にうろたえたりしない、強い性質。例―無比。―な若者。表記「豪胆」とも書く。

【剛腸】ゴウチョウ ものをおそれず、負けない強い気持ち。類剛胆ゴウタン。例―の人。

【剛直】ゴウチョク (名・形動ダ) 意志が強く、信念をまげないこと。例―をもって聞こえる。

【剛▼愎】ゴウフク (名・形動ダ) 気が強く、独立自尊の心が強いこと。例―で頭脳明晰メイセキな社長。

【剛腹】ゴウフク (名・形動ダ) はらがすわっていて、ものに動じないこと。ふとっぱら。類剛胆ゴウタン。例―な人物。参考「剛愎ゴウフク」を誤解して生じたことばか。

【剛毛】ゴウモウ かたくて、ごわごわとした毛。例―が生えている。

【剛勇】ゴウユウ (名・形動ダ) 強くて、いさましいこと。例―無双ソム。表記「豪勇」とも書く。
【剛力】ゴウリキ 一(名・形動ナ) 力が強いこと。強い力。例かれの—にはかなわない。二(名) 登山者のために荷物をかつぎ、案内をする人。表記▽「強力」とも書く。
【剛戻】ゴウレイ 〔「戻」は、そむく意〕強情ゴウジョウで、ひねくれていること。
●外柔内剛ガイジュウナイゴウ・金剛コンゴウ

刂8 【剤】10画 2662 5264 常用 音セイ漢 ザイ呉
筆順 亠 ナ 文 产 斉 斉 剤

刂14 【劑】16画 4993 5291
なりたち [形声]「刂(=かたな)」と、音「齊セイ(=そろえる)」とから成る。切りそろえる。
意味 ❶薬を調合する。ととのえる。例調剤チョウザイ。❷調合した薬。例錠剤ジョウザイ。薬剤ヤクザイ。
●下剤ゲザイ・洗剤センザイ・粉剤フンザイ・溶剤ヨウザイ

刂8 【剔】10画 4981 5254 音テキ漢 訓えぐ-る
意味 悪い部分をえぐりとる。とりのぞく。えぐる。例剔出テキシュツ。剔抉テッケツ。
【剔出】テキシュツ (名・する) (医療イリョウ手術などで)えぐって取りだすこと。例社会の悪を—する。表記「摘出」とも書く。
【剔除】テキジョ (名・する) えぐって取りのぞくこと。例ガンにおかされた部分を—する。表記「摘除」とも書く。
【剔▼抉】テッケツ (名・する) えぐり出すこと。あばき出すこと。例不正を—する。

刂8 【剥】10画 1-1594 525D 常用 音ハク漢呉 訓は-がす・は-ぐ・は-がれる・は-げる・む-く
筆順 ㇐ ㇐ ㇐ 彐 录 录 剥

刂8 【剝】10画 3977 5265 俗字
なりたち [会意]「刂(=かたな)」と「录(=きざむ)」とから成る。裂く。

[刀(刂)部] 8—9画 ●剤 剔 剝 剖 剥 剰 剪 剳 副

意味 ❶皮をはぎとる。はぐ。はがす。むく。例剝製ハクセイ。剝むき栗ぐり。剝むき身み。❷はげ落ちる。はがれる。例剝落ハクラク。剝離ハクリ。メッキが剝はげる。❸うばいとる。はぎとる。例剝奪ハクダツ。
【剝製】ハクセイ 動物の標本の一つで、外側の皮・羽・毛などを完全に残して、綿などをつめて、生きた姿に似せたもの。
【剝脱】ハクダツ (名・する) はがれておちること。例ペンキが—する。
【剝奪】ハクダツ (名・する) はぎ取ること。取り上げること。
【剝落】ハクラク (名・する) はがれておちること。例壁かべが—する。
【剝離】ハクリ (名・する) はがれて、はなれてしまうこと。はいで、はなすこと。例網膜モウマク—。

刂8 【剖】10画 4322 5256 常用 音ボウ慣 ホウ漢 訓わ-ける
筆順 亠 ㇀ ㇀ 立 咅 咅 音 剖
なりたち [形声]「刂(=かたな)」と、音「咅ト→ホウ」とから成る。分ける。
意味 ❶二つに割る。切りさく。分ける。例解剖カイボウ。❷見わける。判断する。例剖断ボウダン。
【剖析】ボウセキ (名・する) 細かく分けること。分析すること。
【▽剖断】ボウダン (名・する) 善悪の区別をして裁くこと。

刂8 【剥】10画 ⇩【剝】ハク(140ページ)

刂9 【剰】11画 3074 5270 常用 音ショウ漢 ジョウ呉 訓あま-る・あま-り・あまつさ-え
筆順 二 三 乒 乒 乗 乗 剰

刂10 【剩】12画 4984 5269 人名
なりたち [形声]「刂(=かたな)」と、音「乘ショウ」とから成る。余り。
意味 ❶余分。あまる。あます。あまり。例剰員ジョウイン。剰余ジョウヨ。余剰ヨジョウ。❷その上に。そればかりか。おまけに。あまつさえ。〔好ましくないことが重なるようす〕
人名 のり・ます
【剰員】ジョウイン 余っている人員。表記「冗員」とも書く。
【剰語】ジョウゴ むだなことば。表記「冗語」とも書く。
【剰余】ジョウヨ ①あまり。のこり。例—金。②〔数〕ある数や式を割ったとき、割り切れずに残った部分。
●過剰カジョウ・余剰ヨジョウ

刂9 【剪】11画 4982 526A 音セン漢 訓き-る
意味 はさみなどで、きる。きりそろえる。例剪裁センサイ。剪紙センシ(=切り紙細工)。剪刀セントウ。
参考 本来、「前」は「止+舟+刀」からなり、刀できりそろえる、という意味。それが「まえ」の意味に用いられるようになったので、さらに「刀」を加えて「剪」の字が作られた。
【剪裁】センサイ ①布などをたちきること。例—の工たくみがある。②文章に手を入れること。表記▽「▼翦裁」とも書く。
【剪定】センテイ (名・する) ①討伐トウバツして平定すること。②果樹や庭木などの枝を、その木の生育や樹形などをよくするために、切ること。類剪枝センシ。例ツツジを—する。表記▽「▼翦定」とも書く。
【剪刀】セントウ はさみ。表記「▼翦刀」とも書く。
【剪滅】センメツ (名・する) うちほろぼすこと。類殲滅センメツ。例敵を—する。表記「▼翦滅」とも書く。

刂9 【剳】11画 4985 5273 音一トウ漢 二サツ慣 訓かま
意味 一トウ 草を刈かる道具。かま。二サツ ❶上奏文。もうしぶみ。同札サツ・劄サツ。例剳子サッシ(=天子や君主にたてまつる意見書。上奏文。上表文)。❷かきしるす。かきつけ。同札サツ・劄サツ。例剳記サッキ。
日本語での用法《あたり》囲碁ゴの用語で、あと一手で相手の石が取れる状態。「剳あたりを打うつ・剳あたりになる」

刂9 【副】11画 4191 526F 教育4 音一フク漢呉 二フク慣 フウ漢 訓そ-う・そ-え
筆順 一 ㇐ 戸 戸 戸 吊 畐 畐 副
なりたち [形声]「刂(=かたな)」と、音「畐フ」とから成る。わける。また、二分した一方。
意味 一フク 二つに分ける。二フク ❶主となるもののつぎ。そえ。㋐補佐役ホサヤク。対正セイ。例副使フクシ。副官フッカン。㋑うつし。ひかえ。対正セイ。例副本フクホン。㋒二次的な。そえもの。対本ホン・主シュ。例副業フクギョウ。副食フクショク。❷主となるものにともなって起こる。対主。例副因。副作用。

日本語での用法《すけ》律令制の四等官で、神祇官の第二位。次官。「神祇の大副」

人名 すえ・すけ・たすく・つぎ・つぐ
【副因】主ではなく、次に考えられる原因。

【副官】長官や司令官を助ける役目の人。

【副業】本業のほかにする仕事。対本業。例―として農業をいとなむ。

【副啓】書き終えた手紙のあとに、さらに書き加えるとき、書き出しにしるすことば。類追伸・二伸。

【副査】審査の中心となる人とは別に、助ける意味で審査する人。対主査。例審査には主査のほかに二名の―も出席する。

【副作用】薬が本来の効果とはちがう作用をすること。有害な場合にいうことが多い。例ほとんど―のない薬。

【副産物】①目的のもののほかに得られる産物。②目的以外に得られる成果や結果。例研究の―。

【副使】正使につきそう使者。対正使。例入唐―。

【副詞】品詞の一つ。自立語で活用はしない。主語や述語にならないでおもに用言(=動詞・形容詞・形容動詞)を修飾する。「ゆっくり」「ぱらぱら」「たぶん」など。

【副次的】(形動ナ)中心となるものにともなって出てくるようす。最重要ではないようす。類二次的・二義的。例―な原因。―に取りあつかう。

【副車】別に用意してある車。予備の車。そえぐるま。

【副尺】長さや角度を測るとき、より細かに目盛りを読むために、主尺に付けられた補助の目盛り。バーニヤ。

【副手】①主になって仕事をする人を助ける人。②大学の研究室などで、授業や研究上の雑務をする職員。

【副収入】副業などによって得る収入。正規の仕事以外からの収入。例趣味を生かして―を得る。

【副書】原本の写し。類副本。

【副署】(名・する)①主たる役をつとめる人の署名の次に、署名を加えること。②〔法〕国家の公文書で、元首の署名の次に、国務大臣が署名をすること。

【副将】主将を補佐する人。対主将。

【副章】正式の勲章にそえて、さずけられる勲章。

【副賞】正式の賞にそえておくられる賞金や賞品。

【副食】主食にそえて食べるもの。おかず。副食物。対主食。例―費。

【副審】主審を助けて、審判に参加する人。対主審。

【副腎】左右の腎臓の上にある、小さな内分泌器官。

【副葬】(名・する)死者を埋葬するとき、遺愛の品物などを、いっしょにうめる、または、火葬すること。例―品。

【副総理】総理大臣に事故があるとき、または欠けたときに、その任務を代わってつとめるよう、あらかじめ決められている国務大臣。〔法律上の名称ではない〕

【副題】書名や論文、また講演などの題にそえた題目。サブタイトル。対主題。

【副長】①長となる人を助けて仕事をする人。②軍の艦艇の、艦長を補佐する役の人。

【副読本】正式の教科書のほかに、補助として使う本。サイドリーダー。例英語の―。

【副都心】大都市の、本来の中心地からはなれてつくられる、第二、第三の中心地。例臨海―。

【副文】条約や契約書などの、主たる条文にそえられた文章。

【副木】骨折やねんざをしたとき、その部分にあてがってささえとするもの。

【副本】①正式の書類の予備として、まったく同じ内容をしるした文書。②原本の写し。ひかえ。コピー。類複本。
●正副

刀9 【剱】11画 ⇨【剣】(139ページ)

刂10 【剴】12画 4983 5274 音 ガイ・カイ漢 訓 き-る・す-る

意味 (よくといだ刃物が、砥石にぴたりとつくように)ぴったりとあてはまる。例剴切。
【剴切】(名・形動ダ)よくあてはまること。適切であること。例理にかなった―な御意見。

刂10 【割】12画 1968 5272 教育6 音 カツ漢 訓 わ-る・わり・わ-れる・さ-く・わり-に

筆順 宀 宀 中 宝 宝 害 害 割

刂10 【割】12画 2F822

たちなり [形声]「刂(=かたな)」と、音「害カツ」とから成る。切りさく。

意味 ❶(刀で)切りさく。わかつ。わる。例割腹。割烹。❷(いくつかに)分ける。わかつ。わる。例割愛。割譲。

日本語での用法 一《わり》①全体のうちのある部分のうけもち。わりあて。「部屋割り・あたま割り」②損をしたり得になったりする比率。「割りのいい仕事・割りをくう」二《わり・わる》①液体などを加える。うすめる。「水割り・割り下・お湯で割る」②除する。「割り算」③十分の一。「五割六分」

使い分け さく【裂・割】⇨1169ページ

【割愛】(名・する)おしいものを手ばなすこと。また、おしいけれども、省略すること。例ページ数がないので―する。

【割拠】(名・する)めいめいが、それぞれの地域にたてこもって、勢力を張ること。例群雄―して、争いに明け暮れる。

【割譲】(名・する)土地などの一部を、他にゆずりあたえること。例領土を―される。

【割賦】なん回かに分けて、代金をはらうこと。分割ばらい。例―販売。

【割腹】(名・する)腹を切ること。腹を切って死ぬこと。類切腹。例―自殺。

【割烹】〔「割」は切る、「烹」は煮る、の意〕食べ物の調理。ふつう、和風の料理にいう。また、和風の料理屋。例―着。―旅館。

【割礼】(ユダヤ教などで)男子の陰茎の包皮を切る風習。また、その儀式。

【割合】一(名)二つの数量をくらべるとき、一方が他方のなん倍にあたる関係にあるかということ。類比率・歩合。例三日に一回の―で当番があたる。二(副)思ったよりも。わりあいに。比較的。意外に。例今日は―あたたかい。―よくできている。

【割り当て】①全体をいくつかに分け、それぞれに人やものをあてること。例部屋の―をする。②わりあてられた分量。割り前。例―が少ない。

【割り印】二枚の書類がひとつながりであるという証明のために、紙片にまたがって一つの印をおすこと。また、おした印。割り判。例契約書に―をおす。

【割り勘】「割り前勘定」の略。費用の全体を各人均等に分けて、はらうこと。また、各人がそれぞれに要した分を、はらうこと。例―にする。

【割り算】ある数またはある式を、ある数または式で割ってその商を求める計算。除法。対掛け算。

【割り下】「割り下地」の略。だしじるに、しょうゆ・みりん・砂糖などを加えたもの。なべ料理や、すき焼きなどの味つけに用いる。

【割高】(名・形動ナ) 数量や品質の点からみて、値がやや高いこと。対割安。例雨不足で野菜が―だ。

【割り注】本文中の語句の下に、二行に分けて小さな文字で書き入れる注。例―を引用する。表記 旧割り▼註

【割り付け】(名・する) 印刷物で、紙面をつくるのに文字の様式・配置・行どりや、写真・図面の大小・位置・配色などを、どこにどのように置いてまとめるかを決めること。レイアウト。例新聞の家庭欄の―。

【割引】(名・する) 一定の値段から割合を決めて値引きすること。また、その金額。対割り増し。例学生―。

【割り符】木の札などに文字を書き、それを二つに切りはなしたもの。のちにその二つを合わせたとき、ぴったりと合うのを証拠とする。

【割普請】一つの普請をいくつかに区分けして、それぞれ分担して仕事をすること。例―の道路工事。

【割り前】負担や、取り分としてのお金や品物のわりあて。例―をもらう。―を出して仲間になる。

【割り増し】(名・する) 一定の値段に、割合を決めて加えること。また、その金額。プレミアム。対割引。例タクシーの深夜―料金。

【割り戻し】(名・する) 受け取った金額から一部を、しはらった人にはらいもどすこと。また、その金額。リベート。例―を受け取る。

【割安】(名・形動ナ) 数量や品質の点からみて、値がやや安いこと。対割高。例生産過剰で―になる。

●学割・分割・役割

刂10 **【創】** 12画 3347 5275 教育6 音ソウ漢 訓つく-る・きず・はじ-める

筆順 ノ 𠆢 今 今 刍 刍 倉 倉 創

なりたち 〔形声〕「刂(=かたな)」と、音「倉ソウ」とから成る。きずつける。

刀(刂)部 10—12画 創 割 剩 剿 剽 劃

意味 ❶(刃物で)きずつける。切りきず。例創傷。絆創膏。満身創痍。❷新しくはじめる。興す。例創刊。創業。創造。独創。

使い分け つくる【作・造・創】⇩1173ジ

人名 はじむ・はじめ

【創案】(名・する) 初めて考え出すこと。また、その思いつき。例日本で―された方式。

【創▼痍】刀などで受けた切りきず。例満身―。

【創意】初めての考え。新しい思いつき。例―に満ちる。―工夫。

【創刊】(名・する) 新聞や雑誌などを新たに刊行すること。対廃刊。例―号。

【創業】(名・する) 新しく事業を始めること。対廃業。例明治十年―の会社。

【創見】これまでにない新しい考えや意見。例―に満ちた論文集。

【創建】(名・する) 初めて建てること。例奈良時代に―された寺院。

【創作】(名・する) ①それまでになかったものを、初めてつくり出すこと。②芸術作品、とくに小説などをつくりだすこと。例―落語。③つくりごと。つくりばなし。例―にすぎない。

【創始】(名・する) ものごとを新しくはじめること。また、ものごとのおこり。はじめ。例新方式を―する。

【創唱】(名・する) ①初めてとなえること。例社長の―で毎日朝礼をする。②初めてうたうこと。

【創傷】刃物などで、からだに受けたきず。例手足に数か所の―を受ける。

【創世】神が初めて、この世界をつくること。世界のできはじめ。例―記。日本の―神話。

【創成】(名・する) 初めて、できあがること。例会社の―期(=起こりはじめの時期)。

【創製】(名・する) 初めて、つくり出すこと。例寛永二十年―の菓子を今に伝える。

【創設】(名・する) 新しく設置すること。例―八十年。

【創造】(名・する) ①初めてつくり出すこと。自分の考えで、これまでになかったものをつくり出すこと。対模倣。例―力。―性。②神が宇宙をつくること。例天地―。

【創立】(名・する) 新しくつくること。新しく設立すること。例―記念日。新会社を―する。

●草創・独創

刂10 **【割】** 12画 ⇩【割】(141ジ)

刂10 **【剩】** 12画 ⇩【剰】(140ジ)

刂11 **【剿】** 13画 4986 527F 音ソウ慣 ショウ漢

意味 たちきる。ほろぼす。例剿殺(=みな殺し)。剿滅。

参考「勦(=うばいとる)」と通用する。

刂11 **【剽】** 13画 4987 527D 音ヒョウ漢 訓さ-す・おびやか-す

意味 ❶刺す。つきさす。❷おどしてうばう。おびやかす。例剽盗。❸かすめとる。無断でぬすむ。例剽窃。❹すばやい。みがる。例剽悍。剽軽。

【剽▼悍】(名・形動ナ) 行動がすばやくて、あらあらしいこと。例―な猟犬。

【剽▽軽】(名・形動ナ)〔「キン」は、唐音〕①すばやいこと。例―な身のこなし。②おどけたところがあって、おもしろいこと。例―者。―なことを言う。

【剽窃】(名・する) 他人の文章や学説をぬすんで、自分独自の作品のように発表すること。盗作。例この論文は某氏の著書からの―だ。

【剽盗】追いはぎ。例―におそわれる。

【剽略】(名・する) おどして他人のものをうばうこと。かすめとること。例賊の―するところとなる。表記「剽▼掠」とも書く。

刂12 **【劃】** 14画 1936 5283 音カク漢 訓わか-つ

意味 はっきり分ける。くぎる。かぎる。同画。例劃然。劃期的。区劃。一線を劃する。

表記 現代表記では、「画」に書きかえることがある。熟語は「画」(677ジ)を参照。

【劃一】(名・形動ナ) すべてが同じようにそろっていること。表記 現画一

【劃然】(形動タル) 区別やちがいなどが、はっきりしているようす。例―たる区別がない。表記 現画然

【劄】 刂12 14画 2-0329 5284 音 一トウ漢 二サツ漢 訓 さ-す・しる-す・たけばり

【箚】 竹8 14画 6820 7B9A 別体字

意味 一 針でさす。 二 文書。かきつけ。同 札・剳。例 劄記・劄子。

【劄記】書物を読みながら、問題点や自分の考えなどをしるしたもの。また、特定の書物についての議論や考証などをまとめた著作。札記。表記「▼箚記」とも書く。

【劇】 刂13 15画 2364 5287 教育6 音 ゲキ慣 ケキ漢 ギャク呉 訓 はげ-しい

筆順 丨 卜 广 卢 虍 虏 豦 豦 劇

なりたち [形声]「刂(=かたな)」と、音「豦(キョ→ケキ)」とから成る。とりわけはなはだしい。

意味 ❶ていどがひどい。はげしい。例 劇務・劇薬。❷しばい。げき。例 劇場・劇的・悲劇。

【劇化】(名・する) ①小説や事件などを映画や演劇などに仕立てること。例 宮沢賢治の『風の又三郎』を―する。②はげしくなること。例 民族運動が―する。表記 ②は「激化」とも書く。

【劇画】①紙芝居。②場面が順次移っていく、多数のこま絵によって表現された、長編の物語。

【劇界】演劇を職業とする人々の世界。演劇に関係する人々の社会。演劇界。劇壇。

【劇作】演劇の脚本をつくること。また、その作品。例 ―家。

【劇詩】戯曲の形式で書かれた詩。

【劇暑】はげしい暑さ。酷暑。例 ―の候。表記「激暑」とも書く。

【劇症】病気の症状が急速に進むこと。例 ―肝炎。

【劇場】映画や演劇・舞踊などを演じ、観客に見せる場所や建造物。例 野外―。

【劇職】ひじょうにいそがしい職務。また、そのような地位。対 閑職。例 ―につく。表記「激職」とも書く。

【劇甚】(形動) ひじょうにはげしいようす。はなはだしいようす。例 ―な被害。表記「激甚」とも書く。

【劇団】演劇の研究や上演を目的とする人々の団体。

【劇壇】演劇に関係する人々の社会。演劇界。

【劇痛】はげしいいたみ。例 背中に―が走る。表記「激痛」とも書く。

【劇的】(形動) まるで劇かと思われるような、感動のあるようす。ドラマチック。例 ―な結末をむかえる。

【劇毒】ひじょうに強い毒。猛毒。

【劇評】①上演された演劇についての批評。②演劇いっぱんについての評論。例 ―家。

【劇変】(名・する) 急激にかわること。例 病状が―する。環境の―。表記「激変」とも書く。

【劇務】ひじょうにいそがしいつとめや仕事。劇職。例 ―のためにたおれる。表記「激務」とも書く。

【劇薬】使用量や使用法を誤ると生命にかかわる、ひじょうに毒性の強い薬品。例 ―につき、取りあつかい注意。

【劇烈】(名・形動) ひじょうにはげしいようす。例 ―な戦い。表記「激烈」とも書く。

【劇論】(名・する) はげしく議論をし合うこと。また、そのような議論。例 ―をたたかわす。表記「激論」とも書く。

●演劇・歌劇・活劇・観劇・喜劇・新劇・寸劇・悲劇

【劈】 刀13 15画 4992 5288 音 ヘキ漢 訓 さ-く・つんざ-く

意味 刃物で二つに切りさく。さく。例 劈開。

【劈開】(名・する) ①きりひらくこと。さきひらくこと。②ひびがはいって割れること。③方解石や雲母などの結晶が、一定の面にそって割れたり、はがれたりすること。

【劈頭】ものごとのはじめ。まっさき。例 議事は―から混乱した。

【劉】 刂13 15画 4613 5289 人名 音 リュウ漢 ル呉 訓 ころ-す

意味 ❶ころす。例 虔劉(=ころす)。❷姓の一つ。とくに漢の王室の姓。例 劉邦。

人名 のぶ・みずち

【劉備】三国時代、蜀の皇帝。字は玄徳。関羽・張飛とともに黄巾の乱をしずめ、諸葛孔明の助けで、魏の曹操を赤壁で破り蜀を平定。呉・魏とともに天下を争ったが、白帝城で病死した。(一六一―二二三)

【劉邦】前漢の初代皇帝。字は季。項羽とともに秦をほろぼし、のち、項羽を破って天下を統一、長安(=今の西安市)に都した。漢の高祖。(前二四七―前一九五)

【劍】 刂13 15画 ⇩【剣】ケン(139ページ)

【劒】 刀14 16画 ⇩【剣】ケン(139ページ)

【劔】 刀14 16画 ⇩【剣】ケン(139ページ)

【劑】 刂14 16画 ⇩【剤】ザイ(140ページ)

19 2画 力 ちから部

筋肉のすじをあらわす。「力」をもとにしてできている漢字を集めた。

0 力 3 加 功 4 劣 5 劬 劫 助 劭 努 励 労 劲 6 劾 劼 券 効 7 勁 勅 勃 勇 勉 勇 8 勍 勉 9 勘 勖 動 務 勒 勗 10 勤 勝 募 勝 勞 11 勧 勦 勢 勣 勠 勤 13 勲 14 勳 勵 17 勸

この部首に所属しない漢字
幼⇩幺348 男⇩田676 協⇩十162 舅⇩臼835

【力】 力0 2画 4647 529B 教育1 音 リョク漢 リキ呉 訓 ちから・つと-める

筆順 フ 力

なりたち [象形] 筋肉のすじの形。筋肉のはたらき。

意味 ❶筋肉のちから。例 力役・腕力。❷ちからをこめる。精を出す。つとめる。例 力説・努力。❸社会的なちから。いきおい。例 権力・勢力・財力。❹作用。はたらき。うでまえ。例 力量・効力。

難読 角力・等等力

人名 いさお・いさむ・つとむ・つよし・まさる・ます

【力は山を抜き気は世を▽蓋う】力は山を引きぬくほどに強く、意気は世をおおいつくすほどにさかんである。気力のすぐれているようす。秦の末期、楚の項羽が垓下で、劉邦の漢軍に包囲されたときに、みずからの天運のつきたのをさとって作った詩の一節。抜山蓋世。〈史記〉

【力泳】リキエイ（名・する）力いっぱい、およぐこと。

【力役】リキエキ 肉体の力を使う仕事。ちから仕事。例心をいためる仕事よりも、―のほうが楽だ。

【力演】リキエン（名・する）力のこもった演技をすること。類熱演。例わき役の―が舞台を盛り上げた。

【力学】リキガク ①物理学の一分野。物体の運動や、物体にはたらく力と運動の関係について研究する学問。例流体―。②いろいろな考えや思いが、個人や集団にはたらく力をたとえていう。ちから関係。ダイナミックス。例政治―。選挙の―。

【力感】リキカン 力強い感じ。力のこもっている感じ。例―のある作品。―にあふれた走り方。

【力作】リキサク 力のこもった作品。類労作。例―を書く。

【力士】リキシ ①すもうとり。②〔仏〕「金剛力士」の略。いかりの相をした仏教守護の神。

【力車】リキシャ ①荷車。②人力車。

【力説】リキセツ（名・する）熱心に、強く説明すること。例選挙制度の改革の必要性を―する。

【力戦】リキセン（名・する）力のこもったたたかい。また、力いっぱい、たたかうこと。類力闘。例―奮闘。

【力走】リキソウ（名・する）力いっぱい、走ること。例ランナーは急な上り坂を―した。

【力点】リキテン ①〔物〕てこでものを動かすとき、力のかかる点。↓【支点】シテン（458ページ）・【作用点】サヨウテン（66ページ）②力を入れる点。とくに注意する、たいせつなところ。例安全性に―をおいて製作する。

【力投】リキトウ（名・する）がんばって、力いっぱい、投げること。例投手はいぜんとして―を続けている。

【力闘】リキトウ（名・する）力いっぱい、たたかうこと。類力戦。例選手の―をたたえる。

【力量】リキリョウ ものごとを成しとげることのできる能力の大きさ。実力の度合い。腕前。例―が問われる仕事。

【力行】リッコウ（名・する）努力しておこなうこと。はげんで事をおこなうこと。例苦学―の士。

［力部］3画 加

●握力・圧力・引力・協力・自力・精力・迫力・馬力・労力・腕力

力 3

【加】

5画 1835 52A0 教育4

音カ漢呉 訓くわ-える・くわ-わる

筆順 フ カ か 加 加

なりたち［会意］「力（＝ちから）」と「口（＝くち）」とから成る。ことばで相手をしのぐ。派生して「くわえる」の意。

意味 ❶ふやす。たす。くわえる。例加減。加筆。増加。❷仲間入りする。くわわる。例加入。加盟。奉加。加帳。

日本語での用法《カ》①「加賀（＝今の石川県南部）」の略。「加州」②外来語の「カ」の音にあてる字。「加奈陀・加比丹・加留多」③「カリフォルニア（州）」「カナダ（共和国）」の略。「加州米・日加貿易」

難読 五加木・加之（＝そのうえさらに）

人名 のぼる・まさ・ます・また

【加圧】カアツ（名・する）（物体・空気などに）力をくわえること。例旅客機の内部は、地上と同じ気圧に―されている。

【加賀】かが 旧国名の一つ。今の石川県の南部。加州。

【加害者】カガイシャ 他人にけがをさせたり、損をさせたりした人。対被害者。

【加冠】カカン（名・する）男子が元服して、初めてかんむりをつけること。また、その儀式。

【加▼笄】カケイ 女子の十五歳。結婚にふさわしい年齢。〔「笄」は、かみかざりの意。昔の中国で、女子が十五歳になると婚約し、かみに笄をさしたことからいう〕

【加減】カゲン 一（名）①くわえることと、へらすこと。②〔数〕足し算と引き算。例―乗除。二（名・する）①ちょうどよい状態や程度に調節すること。例塩を―する。②からだのぐあい。体調。例その後、お―はいかがですか。三（「…加減」の形で）①「…の程度」「…のころあい」の意味をあらわす。例湯―。手―。②「少し…であること」の意味をあらわす。例うつむき―。

【加護】カゴ（名・する）神や仏が人々を危難からまもり助けること。類守護。例神のご―がありますように。

【加工】カコウ（名・する）原料や材料に手をくわえること。また、手をくわえて形や種類のちがうものを作ること。例―食品。

【加算】カサン 一（名・する）もととなる数量に、いくらかの数量をつけくわえること。例基本料金に五百円が―される。二（名）〔数〕足し算。寄せ算。加法。対減算。

【加▼餐】カサン（名・する）〔「餐」は、食べ物の意〕食べ物に気をつけて、からだをいたわること。手紙で、相手の健康を願って「ますますのご加餐をいのります。」のように用いる。

【加持】カジ（名・する）〔仏〕密教で、病気をなおしたり災難からのがれることを願って、僧が仏にいのること。加持祈禱。

【加重】カジュウ（名・する）重さや仕事や責任などをさらにふやすこと。例負担を―する。

【加除】カジョ（名・する）くわえることと取りのぞくこと。例条文に―がある。

【加勢】カセイ（名・する）力を貸して助けること。また、その人や力。類応援・助勢。例―をたのむ。

【加増】カゾウ（名・する）領地や禄高などをふやすこと。例百石―して功にむくいた。

【加速】カソク（名・する）スピードを上げること。対減速。例アクセルをふんで―する。

【加速度】カソクド ①〔物〕ある時間内に速度が変化する割合。②進む速さが、時間をおってどんどん上がること。また、ものごとの、ある状態がどんどん進むこと。例―がつく。

【加担】カタン（名・する）陰謀やたくらみにくわわること。例悪事に―する。表記「荷担」とも書く。

【加点】カテン（名・する）①ゲームなどで、さらに点数をくわえること。②漢文などの漢字だけで書かれている文章に、読み方を示すしや送りがなを書きこむこと。例―された経文。

【加入】カニュウ（名・する）①団体や組織の一員として、役割をになうこと。類加盟・入会。対脱退。例自然保護団体に―して活動する。②保険や年金などの契約を結ぶこと。例国民年金に―する。

【加熱】カネツ（名・する）ものに熱をくわえてあつくすること。例電子レンジで三分間―する。

【加筆】カヒツ（名・する）文章や絵画などで、あとからつけくわえて手直しをすること。例後世の人による―部分がある。

【加法】カホウ 足し算。加算。対減法。

【加俸】カホウ（名・する）決まった給料以外に、さらに手当をつけくわえること。また、その手当。例年功―。

【加味】カミ（名・する）①あじをつけくわえること。②別のやり方や考え方などをつけくわえること。例先生のご意見を—してみんなで話し合う。

【加盟】(名・する) 団体や連盟の一員としてくわわること。対脱退。例—店。国連に—する。

【加薬】① 薬味。② 関西地方で、ごはんやうどんなどに入れる、肉や野菜。具。

【加羅】 四～六世紀に、朝鮮半島南部にあった国。日本では任那。伽羅。迦羅。伽耶。

【加療】(名・する) 病気やけがの治療をすること。例二週間の入院—を要する。

●参加・増加・追加・添加・倍加・付加

力 3
【功】
5画 2489 529F 教育4 音コウ漢 ク呉 訓いさお

筆順 一 T エ 功 功

なりたち [形声]「力(=ちから)」と、音「工コ」とから成る。国を安定させるはたらき。

意味 ❶しごと。仕事の成果。てがら。いさお。例功績。功名。成功。❷ききめ。はたらき。同効。例功徳。功能。

人名 あつ・いさ・いさおし・かた・かつ・こと・つとむ・つとめ・つよし・なり・なる・のり

【功過】功績と過失。てがらとあやまち。類功罪。例—を論じて正しく批評する。

【功業】①てがら。類功績・業績。②りっぱな仕事。

【功勲】〔「勲」も、てがらの意〕大きなてがら。類功績・功労・勲功。

【功罪】(ある行為についての)てがらとあやまち。よい点とわるい点。類功過。例—相半ばする。

【功臣】国や主君のためにてがらを立てた、すぐれた家来。例建国の—。

【功績】仕事での成績。また、てがら。業績。勲功。類功業・功労。例農業改革でのかれの—が世間に認められる。

【功徳】□コウトク りっぱなてがらとすばらしい人がら。□クドク〔仏〕①神仏のめぐみ。ご利益。例—があらわれる。②よい結果をもたらす、正しくよいおこない。例—を積む。③他人に対する慈悲。例—をほどこす。

【功成り名遂ぐ】大きな仕事をやりとげ、あわせて名声を上げる。〈老子〉

【功能】〔「クノウ」とも〕はたらき。作用のききめ。類効能。例—を述べる。

【功名】〔「コウメイ」とも〕てがらを立て、よい評判を得ること。例ぬけがけの—(=他をだしぬいて得た名声)。

【功名心】てがらを立てて有名になりたいという思い。例—にはやる。

【功利】もうけがあるかないかを考えて、ものごとにあたること。例—主義。—にはしる。

【功労】世のためになる大きなはたらき。例—者。

【功を一▼簣に▼虧く】⇩【九仞の功を一簣に虧く】(34ページ)

●勲功・奏功・年功

力 4
【劣】
6画 4684 52A3 常用 音レツ漢 訓おと-る

筆順 丨 小 小 少 劣 劣

なりたち [会意]「力(=ちから)」と「少(=すくない)」とから成る。力が少なくて弱い。

意味 ❶力が弱い。おとる。対優。例劣勢。劣等。優劣。低劣。卑劣。❷品性がいやしい。質が悪い。対優。例劣悪。

【劣悪】(名・形動) 品質や程度がひどく悪いこと。対優良。例—な労働条件。

【劣位】まわりにくらべてよくない地位や立場。対優位。

【劣化】(名・する) 年数がたったり、なん回も使用したりして、品質がしだいに悪くなること。例故障の原因は古いプラスチックの—による。

【劣弱】(名・形動) 体力や能力などが、おとっていること。例—な体格。

【劣情】いやしい、下品な気持ち。〔性的な欲望を、いやしいものとしていうことば〕例—をもよおす。

【劣性】①〔生〕遺伝で、親の形質が子(=第一代)にあらわれないで、後代にあらわれるもの。「潜性」ともいう。例—遺伝。②他にくらべて好ましくない性質。▽対優性。

【劣勢】(名・形動) いきおいがおとっていること。不利な立場。対優勢。例—をばんかいする。

【劣等】(名・形動) 品質や能力などが、ふつうよりおとっていること。対優等。例—生。—品。

【劣等感】自分がほかの人とくらべて、おとっていると思う気持ち。インフェリオリティー・コンプレックス。コンプレックス。対優越感。例—をもつ。

【劣敗】(競争したとき)力がおとっていて、すぐれたものに負けること。例優勝—。

●愚劣・下劣・拙劣・低劣・卑劣・優劣

力 5
【劬】
7画 5002 52AC 音ク漢呉 訓いたわ-る・つか-れる・つと-める

意味 ❶苦労する。つかれる。つとめる。例劬労。❷労をねぎらう。いたわる。

【劬労】(名・する) 苦しみにたえてはたらくこと。また、はたらいてつかれ病むこと。

力 5
【劫】
7画 2569 52AB 人名 音ゴウ慣 キョウ漢 コウ呉 訓おびや-かす

刀 5 【刧】7画 4971 5227 俗字

意味 ❶力でおどす。おびやかす。例劫奪。❷〔梵語の音訳〕きわめて長い時間。例永劫。劫を経る(=長いあいだの経験がある)。❸囲碁で、相手の石を一つずつ交互に取り合うことができる形。例劫争。

【劫奪】(名・する) おどして、うばい取ること。

【劫火】〔「コウカ」とも〕〔仏〕世界がほろびるとき、この世を焼きつくすという大火事。

【劫初】〔「コウショ」とも〕〔仏〕この世がはじまったとき。世界のはじまり。

力 5
【助】
7画 2985 52A9 教育3 音ショ漢 ジョ呉 訓たす-ける・たす-かる・すけ・たす-け

筆順 丨 П 月 目 且 助 助

なりたち [形声]「力(=ちから)」と、音「且ショ」とから成る。たすける。

意味 ❶力をかす。すくう。たすかる。たすける。たすけ。例助長。救助。助太刀。❷殷の時代におこなわれたとされる税法。同莇。例助法。

日本語での用法《すけ》①律令制の四等官で、

寮の第二位。次官。「諸陵の助」②軽蔑やからかい、親愛の気持ちをこめて、性質や状態を示す語につけて人名らしく呼ぶことば。「飲み助・凸助・おっとそいつは承知の助」

人名 たすく・ひろ・ます

【助演】ジョエン（名・する）（映画や演劇、テレビドラマなどで）主役をたすけて演じること。また、その俳優。脇役。バイプレーヤー。㊀主演。例アカデミー―男優賞。

【助教】ジョキョウ ①大学などで、准教授または専任講師の下の職。かつての助手から分離して導入。②旧制の代用教員などの称。

【助教授】ジョキョウジュ 大学・短期大学・高等専門学校・研究機関などで、教授の下、専任講師や助手の上にあたった地位。また、その教員。現在では廃止され准教授となった。

【助言】ジョゲン・ジョゴン（名・する）たすけになるようなことをわきから言ってやること。また、そのことば。口ぞえ。アドバイス。例先輩の―を求める。

【助産師】ジョサンシ 出産の手だすけや母子の健康指導をする人。〔以前は助産婦と呼ばれていたが改称された〕

【助詞】ジョシ 品詞の一つ。他の語につけて用いられる付属語の一つで、活用しない。語と語のつながりを示すなど、いろいろな意味を加えて、文を組み立てるうえで重要な役割をする。たとえば、「これは私の本です。」の「は」「の」が助詞。〔「です」は助動詞〕

【助字】ジョジ 漢文で、名詞・動詞などの実質的な意味のあることばの前や後につき、文章の意味を規定したり、おぎなったりすることば。「当」「於」「焉」「矣」など。助辞・虚字・虚辞ともいう。

【助辞】ジョジ ①日本語の文法で、助詞・助動詞をまとめていう古い呼び方。②漢文で、「助字」のこと。

【助手】ジョシュ ①中心となって仕事をする人のそばで、手だすけをする人。アシスタント。例カメラマンの―として働く。②大学・研究所などで、教員や研究員の仕事を手だすけする役。また、その人。

【助数詞】ジョスウシ ものをかぞえたり、ものの量をあらわしたりするとき、数字の下につけることば。ものによって用いることばにちがいがある。「…個」「…匹」「…本」「…枚」「…冊」など。

【助成】ジョセイ（名・する）研究や大きな仕事の完成を金銭面でたすけること。例―金。文部科学省の―による研究。

【助走】ジョソウ（名・する）はばとび・高とび・やり投げや跳馬などで、勢いをつけるために、ふみ切りの地点まで走ること。

【助炭】ジョタン 炉や火ばちの炭火を長もちさせる道具。和紙をはった枠を炉や火ばちにかぶせて、火気をのがさないようにする。

【助長】ジョチョウ（名・する）①手だすけをして、かえって害をあたえること。例過保護がわがままを―した。②よい方向にのびていくように、手だすけをすること。例自立を―する方策。

故事のはなし 昔、宋の国に、畑の苗の生長がおそいのを気にして、助けてやろうと苗を引っぱった人がいた。へとへとになって帰り、家の者に言った。「今日はつかれた。苗を引っぱって、助けてやったんだ。」これを聞いた息子が畑に走っていくと、苗はかれてしまっていた。〈孟子〉

【助動詞】ジョドウシ 品詞の一つ。他の語につけて用いられる付属語の一つで、活用する。いろいろな意味を加えて、文を組み立てるうえで重要な役割をする。たとえば、「深く知りたい。」の「たい」、「学校に行かない。」の「ない」が助動詞。〔「に」は助詞〕

【助法】ジョホウ 古代の税法の一つ。殷代、一人の農夫は七十畝の田をたがやし、七畝ぶんの収穫を税としたといわれる。

【助命】ジョメイ（名・する）死刑になる人の命をたすけること。例死刑囚の―を嘆願する。

【助役】ジョヤク ①市町村および特別区（＝東京都の二十三区など）で、市長・町長・村長・区長を補佐し、代理の役を果たした役職。また、その人。〔今は、副市長などという〕②駅長を補佐し、代理を務める役職。また、その人。

【助力】ジョリョク（名・する）力をかし、たすけること。力ぞえ。手だすけ。㊀加勢。例―を求める。

●一助イチジョ・援助エンジョ・救助キュウジョ・互助ゴジョ・賛助サンジョ・自助ジジョ・内助ナイジョ・補助ホジョ

［力部］5画 劭 努 励

力 5【劭】 7画 5003 52AD

音ショウ漢 訓うるわ-しい・つと-める

意味 ❶力を出して、はたらく。つとめる。❷はたらくよう、はげます。例劭農ショウノウ（＝農業を勧めする）。❸りっぱで、うつくしい。うるわしい。例劭美ショウビ（＝うつくしい）。

力 5【努】 7画 3756 52AA 教育4

音ド漢 訓つと-める・つと-めて

筆順 く 女 女 奴 奴 努 努

なりたち［形声］「力（＝ちから）」と、音「奴ド」とから成る。力を出して、つとめる。

意味 力をつくす。はげむ。つとめる。例努力ドリョク。

日本語での用法《ゆめ》けっして（…ない）。まったく（…ない）。「そんなことは努ゆめ知らず・努ゆめ疑う（こと）なかれ・努努ゆめゆめ考えてはならない」

使い分け つとまる・つとめる【勤・務・努】⇩1173ページ

人名 つとむ

【努力】ドリョク（名・する）やらなければならないことを、いっしょうけんめいにおこなうこと。例―が実る。

力 5【励】 7画 4669 52B1 常用

音レイ漢 訓はげ-む・はげ-ます

筆順 一 厂 厂 厉 厉 励 励

力14【勵】 16画 5015 52F5

なりたち［形声］「力（＝ちから）」と、音「厲レイ」とから成る。力をこめて、とりくむ。

意味 ❶熱心におこなう。つとめる。はげむ。例励行レイコウ。精励セイレイ。勉励ベンレイ。❷すすめる。勇気づける。はげます。例激励ゲキレイ。奨励ショウレイ。督励トクレイ。

人名 すすむ・つとむ

【励行】レイコウ（名・する）決められたことを、きちんと守っておこなうこと。例あいさつを―する。

【励声】レイセイ 声をはり上げること。表記「▼厲声」とも書く。

【励精】レイセイ（名・する）努力すること。精を出すこと。精励。例多年にわたる―の功をたたえる。表記「▼厲精」とも書く。

●激励・奨励・精励・督励・奮励・勉励

力5 【労】7画 4711 52B4 教育4 音ロウ漢呉 訓ねぎらう・いたわる

筆順

力10 【勞】12画 5009 52DE

なりたち [会意]「力(=ちから)」と「𤇾(=家屋を焼く)」の省略体とから成る。燃えさかる火を消し止めるためにはたらく。ほねおる。

意味 ❶しごとをする。ほねをおる。はたらく。ほねおり。例労役・労働・勤労・徒労。❷つかれる。つかれ。例過労・心労・疲労。❸ほねおりに対して感謝の気持ちをあらわす。いたわる。ねぎらう。例慰労。

日本語での用法《ロウ》「労働者」「労働組合」の略。「労使・労組・地区労」

人名 いさお・つとむ・もり

【労役】強制的な肉体労働。例―に服する。

【労▼咳】「肺結核」の古い呼び名。例―をわずらう。表記「▼癆▼痎」とも書く。

【労苦】ほねおること。つとめること。苦労。例どんな―をもいとわない(=いやがらない)。

【労作】㊀(名)苦労しながら、いっしょうけんめいにつくった作品。類力作。例これが先生の―です。㊁(名・する)苦しさにたえ、いっしょうけんめいに働くこと。

【労使】労働者側と使用者側。例―関係。

【労資】労働(者)と資本(家)。例―協調。

【労心】気がねして、心がつかれること。また、つかれた心。例―のあまり病気になる。表記「労神」とも書く。

【労組】「労働組合」の略。労働者が労働条件をよくするためにつくった団体。

【労賃】労働に対してしはらわれる賃金。例低い―。

【労働】(名・する)はたらくこと。賃金や報酬を得るために、頭脳や肉体をはたらかせること。例―者。―力。

【労働争議】労働者側と使用者側とのあいだで、給料や労働時間などの条件で、意見が合わずにあらそうこと。

【労農】労働者と農民。

【労務】①賃金を得るためにする労働。②会社の、労働に関係する事務。例―管理。

【労力】①働くときに使う力。例―をいとわない。②ものをつくり出すのに必要な労働力。人手。例―不足。

●慰労・漁労・勤労・苦労・功労・徒労

力5 【劲】7画 ⇩【勁】(147ペー)

力6 【劾】8画 1915 52BE 常用 音カイ漢ガイ呉

筆順

なりたち [形声]「力(=ちから)」と、音「亥」とから成る。罪人をとりしらべる。

意味 悪事をつきつめて調べる。罪をあばいてうったえる。例劾奏・弾劾。

【劾奏】(名・する)役人の不正やあやまちを、天子に申し上げること。

【劾弾】(名・する)〔「弾」は、相手の非をせめる意〕罪を調べて、はっきりさせること。弾劾。

力6 【劼】8画 5004 52BC 音カツ漢 訓かたい

意味 かたくつつしむ。かたい。例劼毖(=かたくつつしむようす)。

力6 【劵】8画 5005 52B5 音ケン漢 訓うむ・つかれる

意味 あきていやになる。つかれる。うむ。同倦。

参考「劵」は「倦」の本字で、「券」は別の字。日本で、「券」と混同して、「券」の訓「ちぎる・ふみ」をあてて読むことがある。

力6 【効】8画 2490 52B9 教育5 音コウ漢 訓きく・きき・きめ・ならう

筆順

攵6 【效】10画 5835 6548

なりたち [形声]「攵(=うつ)」と、音「交」とから成る。ならう。

意味 ❶まねをする。ならう。例顰みに効う。❷力をつくす。❸あるはたらきかけによってあらわれた、よい結果。しるし。ききめ。また、ききめがある。きく。例効果・即効。効を奏する。❹人から認められる、りっぱなはたらき。てがら。いさお。同功。例効労(=てがら)。報効。

使い分け きく【利・効】⇩1168ページ

人名 いたる・かず・かた・すすむ・つとむ・のり

【効果】①ねらいどおりのよい結果。ききめ。しるし。例思った以上の―をあげる。②テレビドラマや映画・演劇などで、その場面にふさわしいふんいきを出すために用いる、音楽や照明など。

【効験】しるし。ききめ。類効果。例―あらたか(=ききめのすばらしい)薬。

【効能】あるものが作用してあらわれる、ききめ。例―書き。薬の―。

【効用】薬など、使用した結果あらわれる、ききめ。はたらき。例どんな―があるか、研究してみる。

【効率】①使った力や時間に対する、仕事や勉強などのはかどりぐあい。類能率。例―のよい勉強をする。②機械による仕事で、機械を動かすエネルギーと仕事のはかどりぐあいとの比率。例古い機械なので―が悪い。

【効力】効果をもたらす力。ききめ。例古い薬なので、もう―はなくなっている。

●時効・失効・実効・奏効・特効・発効・無効・有効

力7 【勁】9画 5006 52C1 人名 音ケイ漢 訓つよい

力5 【劲】7画 2084D 俗字

なりたち [形声]「力(=ちから)」と、音「巠」とから成る。つよい。

意味 力がみなぎって、つよい。しんがじょうぶである。まっすぐでかたい。例勁草・雄勁。古勁(=古風な趣があって力強い)。

人名 たけし・つよし

【勁草】風にも負けない、しっかりした草。節操や志操のかたい人のたとえ。例厳霜―を被おう。

【勁直】(名・形動)強く正しいこと。類剛直。例

[力部] 5—7画 ●労劲劾劼劵効勁

―な言動。

【勅】

力7　9画　3628 52C5　常用　音チョク漢呉　訓いまし-める・みことのり

筆順 一 ｢ 戸 百 申 束 束 剌 勅

文7【敕】11画　5837 6555

なりたち [会意]「攵(=うつ)」と「束(=たばねる)」とから成る。いましめる。

意味 ❶いましめる。とがめる。たしなめる。例 戒勅(カイチョク)。譴勅(ケンチョク)。❷天子の命令。みことのり。例 勅語(チョクゴ)。勅命(チョクメイ)。詔勅(ショウチョク)。

難読 勅使河原(てしがわら)(=姓(せい))

人名 おさむ・すすむ・ただ・て・とき・まこと・みこと

【勅願】チョクガン 天子みずからの祈願(キガン)。例 ―寺。

【勅語】チョクゴ 天子のことば。みことのり。類 詔書(ショウショ)。

【勅裁】チョクサイ 天子によるさばき。親裁。例 ―をあおぐ。

【勅旨】チョクシ 天子の意思。例 ―にそわない。

【勅使】チョクシ 天子の命令を直接伝えるための使者。

【勅書】チョクショ 天子の命令を書きつけた文書。類 勅状。

【勅宣】チョクセン 天子のことば。みことのり。類 勅命。

【勅▼撰】チョクセン (名・する) 勅命によって書物をつくること。また、その書物。対 私撰。例 ―集。

【勅選】チョクセン 天皇がみずからえらぶこと。例 ―議員(=旧憲法のもとで、天皇によってえらばれた貴族院議員)。

【勅題】チョクダイ 天皇が出す、詩や和歌の題。とくに新年の歌会始(うたかいはじめ)で天皇から示される題。今は「御題(おダイ)」という。

【勅答】チョクトウ (名・する) ①天子が自身で直接こたえること。②天子に対して臣下がこたえること。

【勅封】チョクフウ (名・する) 蔵(くら)などを天子の命令で封をし、印をおすこと。また、その印。例 ―蔵(ゾウ)である正倉院(ショウソウイン)。

【勅命】チョクメイ 天子の命令。みことのり。類 勅宣。例 ―を奉(ホウ)じる。

【勅諭】チョクユ 天子がみずからさとすことば。

【勅勘】チョッカン 天皇のおとがめを受け、しりぞけられること。例 ―をこうむる。

【勅許】チョッキョ 天子による許可。例 ―をたまわる。

●詔勅(ショウチョク)

[力部] 7―8画 ● 勅 勃 勇 勉 勇 勍

【勃】

力7　9画　4354 52C3　常用　音ホツ漢ボツ呉　訓にわ-かに・お-こる

筆順 一 十 土 去 孛 孛 孛 勃 勃

なりたち [形声]「力(=ちから)」と、音「孛(ホツ)」とから成る。力で押しのける。

意味 勢いよくおこるようす。急におこるようす。例 勃興(ボッコウ)。勃発(ボッパツ)。勃勃(ボツボツ)たる雄志(ユウシ)。

【勃起】ボッキ (名・する) ①急に力強く立つこと。②陰茎(インケイ)がかたくなること。

【勃興】ボッコウ (名・する) 国やグループなどが、急に勢いがさかんになって、栄えること。例 新しい政治勢力の―。

【勃然】ボツゼン (形動タル) ①ある考えや気持ちなどが、急にわきおこるようす。例 なまけ心が―として頭をもたげた。②顔色を変え、むっとするようす。

【勃発】ボッパツ (名・する) 事件や戦争などが、急におこること。〔「突発(トッパツ)」よりも大きなできごとについて用いる〕例 各地で紛争(フンソウ)が―した。

●鬱勃(ウツボツ)

【勇】

力7　9画　4506 52C7　教育4　音ヨウ漢ユウ呉　訓いさ-む・いさ-ましい

筆順 フ マ 丙 丙 币 甬 甬 勇 勇

力7【勇】9画

なりたち [形声]「力(=ちから)」と、音「甬(ヨウ)」とから成る。気力が体中にみちあふれる。

意味 おそれず、ひるまず、事にあたるようす。いさむ。いさましい。例 勇敢(ユウカン)。勇気(ユウキ)。勇(ユウ)を鼓(コ)しておこなう。

人名 いさ・いさお・いさみ・お・たけ・たけし・とし・はや

【勇み足】いさみあし ①相撲(すもう)で、勢いあまって自分から土俵の外へ足を出して、負けになること。②調子にのりすぎて失敗すること。しくじり。例 あいつの―で計画はぶちこわしだ。

【勇み肌】いさみはだ 弱きを助け強きをくじくような、威勢(イセイ)のいい、いさましい性質。また、そのような人。例 ―の若い衆(シ)。

【勇往▼邁進】ユウオウマイシン (名・する) ものごとをおそれずに、まっすぐ目標をめざしてすすむこと。例 ―あるのみ。

【勇敢】ユウカン (名・形動ダ) 〔古くは「ヨウカン」とも〕勇気があって、ためらわずにものごとをすすめること。また、そのようす。例 ―な戦いぶり。表記「勇▼悍」とも書く。

【勇気】ユウキ 危険や困難をおそれずに立ち向かう、いさましく強い心。例 ―を出してがんばれ。

【勇健】ユウケン (名・形動ダ) ①いさましい気持ちと健康なからだ。②心身ともに健康であること。手紙に用いることが多い。類 壮健(ソウケン)。例 ますますご―のこととおよろこび申し上げます。

【勇士】ユウシ 〔古くは「ヨウシ」とも〕いさましい兵士。つわもの。勇者。例 歴戦の―。

【勇姿】ユウシ いさましいすがた。例 晴れやかな―。

【勇者】ユウシャ 〔古くは「ヨウシャ」とも〕勇気のある行動をする人。勇士。例 ―は懼(おそ)れず(=難局にあっても、勇者はこわがることがない)。

【勇将(ユウショウ)の下(もと)に弱卒(ジャクソツ)無(な)し】率いる人物がいさましいと、従う兵士もよわい者はいない。よい指導者には自然と人材が集まることのたとえ。強将の下に弱兵無し。

【勇戦】ユウセン (名・する) いさましくたたかうこと。例 ―奮闘(フントウ)。

【勇壮】ユウソウ (名・形動ダ) いさましく意気さかんなこと。例 ―な行進曲。

【勇退】ユウタイ (名・する) 高い地位や官職にある人が、みずからすすんでやめること。例 ―を求める。社長の職を―する。

【勇名】ユウメイ 勇士としての評判。例 ―をはせる。

【勇猛】ユウモウ (名・形動ダ) 〔古くは「ユミョウ」とも〕いさましく、強いこと。例 ―な若武者。

【勇猛果敢】ユウモウカカン (名・形動ダ) 勇猛なことにくわえて、大胆(ダイタン)な決断力もそなわっていること。例 ―につき進む。

【勇躍】ユウヤク (名・する) はりきって心をおどらせること。例 ―してゴールにかけこむ。

【勇(ユウ)を鼓(コ)す】〔「鼓す」は、ふるいたたせる意〕勇気をふるいたたせる。例 勇を鼓して立ち向かう。

●義勇(ギユウ)・剛勇(ゴウユウ)・豪勇(ゴウユウ)・知勇(チユウ)・沈勇(チンユウ)・蛮勇(バンユウ)・武勇(ブユウ)・猛勇(モウユウ)

力7【勉】9画 ⇩【勉】ベン(149ページ)

力7【勇】9画 ⇩【勇】ユウ(148ページ)

【勍】

力8　10画　5007 52CD　音ケイ漢　訓つよ-い・こわ-い

意味 手ごわい。つよい。こわい。例 勍敵(ケイテキ)(=強敵)。

力 8

【勉】

10画 4257 52C9 教育3 音ベン漢 メン呉 訓つと-める

筆順 ク ク 名 名 名 免 免 勉

力 7

【勉】

9画 1-1467 FA33 人名

なりたち [形声]「力(=ちから)」と、音「免ベン」とから成る。しいて、つとめる。

意味 力をつくす。むりをおしてがんばる。はげむ。はげます。つとめる。例勉学。勉強。勤勉。

日本語での用法《ベン》「勉強」の略。「がり勉・蠟勉(=寄宿舎で、生徒が消灯後蠟燭をつけて、勉強に熱中すること)」

人名 かつ・すすむ・つとむ・つよし・まさる・ます・やす

【勉学】(名・する) 学問につとめはげむこと。勉強。例―にいそしむ。

【勉強】(名・する) (むりにでもつとめはげむ、また、はげます意) ①学問・知識・技術などを学び、身につけること。例外国語の―。②将来役立つような体験。例よい―になる。③(むりだけれども)売値をさらに安くすること。例この値段でじゅうぶん―してますよ。

【勉励】(名・する) いっしょうけんめいに努力すること。はげむこと。例刻苦―。表記「勉▼厲・勉▼礪」とも書く。

●勤勉・猛勉

力 9

【勘】

11画 2010 52D8 常用 音カン漢呉 訓かんが-える

筆順 一 卄 甘 甘 其 甚 甚 勘 勘

なりたち [形声]「力(=ちから)」と、音「甚シン→カン」とから成る。くらべあわせて正す。

意味 ❶くらべあわせる。しらべる。かんがえる。例勘案。勘定。校勘。❷罪をしらべて問いただす。例勘当。勘問。

日本語での用法《カン》直感。ひらめき。第六感。「勘をはたらかせる・勘がいい」

人名 さだ・さだむ・のり

【▽勘解由使】カゲユシ 古代、諸役人の交替のとき、事務引きつぎの文書(=解由状)を審査した官職。

【勘案】(名・する) あれこれといろいろなことを、考えあわせること。例諸般の事情を―する。

【勘気】 親や主君などのいかりにふれて、とがめを受けること。例―をこうむる。―が解ける。

【勘考】(名・する) あれこれとよくかんがえること。

【勘校】(名・する) 文書・書籍を照らしあわせて、誤りを正すこと。校勘。例文字を―する。

【勘合】(名・する) 照らしあわせて、ほんものとにせものを区別すること。類照合。

【勘合符】 室町時代、明の政府が日本の貿易船にあたえた、交易許可の証明としての割り符。

【勘定】(名・する) ①ものの数をかぞえること。例出席者数を―する。―が合う。②飲食物や商品などの代金をはらうこと。また、その代金。例―をすませる。お―。―書き。③あらかじめ考慮しておくこと。例危険なことも―に入れてある。

【勘違い】(名・する) 思いちがいをすること。考えちがい。例とんだ―だった。

【勘亭流】 歌舞伎の看板などに用いられる字の書き方。〔江戸時代末、中村座の岡崎勘亭の名による〕

【勘当】(名・する) ㊀ 罪人を取り調べて罰すること。㊁ 主人・親・師匠などが、おこないのよくない家来・子・弟子などを、縁を切って追い出すこと。類義絶。

【勘所】 ①ものごとの、いちばんたいせつなところ。要点。急所。つぼ。例―をおさえる。②三味線などで、弦を指でおさえる位置。つぼ。

【勘弁】(名・する) ①よく考えること。②他人のあやまちや無作法を許すこと。かんにん。例どうか―してください。表記▽「甲所・肝所」とも書く。

【勘問】(名・する) 問いただすこと。例罪人を―する。表記旧勘▼辨

●校勘・勅勘

力 9

【勖】

11画 1-1470 52D6 音キョク漢 訓つと-める

力 9

【勗】

11画 5008 52D7 俗字

意味 まめまめしくはげむ。つとめる。例勖厲(=精を出してつとめる)。

力 9

【動】

11画 3816 52D5 教育3 音トウ漢 ドウ呉 訓うご-く・うご-かす・やや-もすれば

筆順 二 千 弁 旨 重 重 動 動

なりたち [形声]「力(=ちから)」と、音「重チョウ→トウ」とから成る。力をはたらかせる。

意味 ❶(ゆれ)うごく。うごかす。うごき。対静。例移動。運動。動じる。❷どうかするといつも…しがち。ともすると。ややもすれば。例動弥二旬日(=ともするといつも十日間にもなってしまう)。

人名 いつ

【動員】(名・する) ①ある目的のために、多くの人を集めて組織すること。例デモに―された人人。②軍隊を戦時の状態に編制するため、兵員を召集すること。対復員。例―令。③戦時、国内の人や物などをすべて国の管理下におくこと。例国家総―。

【動画】 ①動くようすを順を追ってえがいた絵を、一枚ずつ撮影して、それを連続して映すことによって絵が動いて見えるようにしたもの。アニメーション。アニメ。例―作家。②パソコンなどであつかう、動いている画像。対静止画。

【動感】 絵や彫刻などにあらわされた、動きのある感じ。躍動感。ムーブメント。ムーブマン。

【動▼悸】 どきどきしていること。自覚されるほど心臓の鼓動が激しいこと。例―や息切れでなやむ。

【動機】 その行動を起こす気にさせた、直接の理由や原因。きっかけ。例犯行の―を調べる。

【動機付け】 ①ある行動をはじめたり、目標に向かわせたりする気持ちの、もと。また、そのはたらき。モチベーション。②授業で、やる気をおこさせる方法。例学習の―。

【動議】 会議中に、出席者が予定にない議題を出すこと。また、その議題。例修正―。

【動向】 ものごとの動き。傾向。ようす。例消費の―。

【動作】 何かするときのからだの動き。また、からだの動かし方。例きびきびした―。

【動産】 〔法〕現金・株券・商品など、持ち運べる財産。対不動産。例―の一部を処分する。

【動詞】 品詞の一つ。自立語で活用する。事物の存在・動作・状態をあらわすことば。現代語では、言い切りの形が五十

音図のウ段の音で終わり、活用の型は五種類ある。形容詞・形容動詞とともに用言(ヨウゲン)とよばれる。たとえば、「ゆっくり歩く。」の「歩く」が動詞。

【動静】(ドウセイ) 人や組織、ものごとなどの動き。ありさま。ようす。例敵の―をさぐる。―のわからなくなった友人。

【動体】(ドウタイ) ①動いている物体。例―視力(=動いているものを見る視力)。②気体や液体。流動体。

【動態】(ドウタイ) 活動し、変化していること。対静態。例人口の―を調査する。

【動的】(ドウテキ) (形動ダ) いきいきとした動きをしているようす。また、動きが感じられるようす。ダイナミック。類活動的・躍動的(ヤクドウテキ)。対静的(セイテキ)。例対象を―にとらえた俳句。

【動転】(ドウテン) (名・する) おどろきのあまり、わけがわからなくなること。あわて、うろたえること。例気が―してにげるのがやっとだった。表記「動▼顚」とも書く。

【動物】(ドウブツ) ①〔生〕生物を二つに分けたときの一つ。感覚器官をもち、自分で動くことができ、他の動植物を食べて生活する。人間・けもの・鳥・魚・虫など。対植物。②「①」の中で、人間以外のもの。例―園。

【動物質】(ドウブツシツ) 動物のからだをつくっている物質。たんぱく質や脂肪(シボウ)など。とくに、食物のなかで、けもの・鳥・魚の肉など。対植物質。

【動物的】(ドウブツテキ) (形動ダ) けもののように、本能に従って動かされやすいようす。例勘(カン)のよさは―だ。

【動脈】(ドウミャク) ①〔生〕心臓からからだの各部へ血液を送る血管。対静脈(ジョウミャク)。②都市と都市、また、国と国を結ぶ主要な交通路。例新幹線は日本の大―だ。

【動脈▼瘤】(ドウミャクリュウ) 〔医〕血液の流れが悪くなって、せき止められた血が動脈のある部分で、まるくふくれたもの。

【動揺】(ドウヨウ) (名・する) ①ゆれ動くこと。②心配や不安によって、気持ちがゆれること。例―をかくしきれない表情。③社会や国などが不安定になること。例―する国際情勢。

【動輪】(ドウリン) エンジンやモーターから直接に力を受けて回転し、自動車や電車などを動かす車輪。駆動輪(クドウリン)。

●活動(カツドウ)・感動(カンドウ)・言動(ゲンドウ)・行動(コウドウ)・衝動(ショウドウ)・騒動(ソウドウ)・反動(ハンドウ)・不動(フドウ)・変動(ヘンドウ)・躍動(ヤクドウ)

力9 【務】 11画 4419 52D9 教育5

音 ブ漢 ム呉　訓 つと-める・つと-まる

筆順 マ 予 矛 矛 矜 務 務

なりたち [形声]「力(=ちから)」と、音「敄(ブ)」とから成る。すみやかに事に当たる。

意味 ❶仕事にはげむ。力をつくす。つとめる。例勤務(キンム)。❷あたえられた仕事。やくめ。つとめ。例義務(ギム)。任務(ニンム)。❸あなどる。あなどり。同侮(ブ)。

使い分け つとまる・つとめる【勤・務・努】⇩1173ページ

人名 かね・ちか・つとむ・つよ・なか・みち

●業務(ギョウム)・激務(ゲキム)・残務(ザンム)・執務(シツム)・実務(ジツム)・責務(セキム)

力9 【勒】 11画 8053 52D2

音 ロク漢呉　訓 おもがい・くつわ

意味 ❶ウマの頭にかける革(かわ)ひも。おもがい。とくに、くつわのついているものを指す。〔くつわのないものは「羈(キ)」という〕例羈勒(キロク)。❷おさえる。強制的におさえつける。例抑勒(ヨクロク)。❸まとめ治める。例勒兵(ロクヘイ)(=軍隊をまとめる)。❹きざむ。彫(ほ)る。例勒石(ロクセキ)(=石にきざむ)。❺梵語(ボンゴ)の音訳。例弥勒(ミロク)。

力9 【勗】 11画 ⇩【勖】(キョク)(149ページ)

力10 【勤】 12画 2248 52E4 教育6

音 キン漢 ゴン呉　訓 つと-める・つと-まる・いそし-む

筆順 一 艹 廿 苎 堇 勤 勤

力11 【勤】 13画 1-1472 FA34 人名

なりたち [形声]「力(=ちから)」と、音「堇(キン)」とから成る。ほねおり、つとめる。

意味 ❶力を出しつくしてはたらく。いそしむ。つとめる。例勤勉(キンベン)。勤務(キンム)。勤労(キンロウ)。❷しごと。つとめ。例欠勤(ケッキン)。出勤(シュッキン)。通勤(ツウキン)。

使い分け つとまる・つとめる【勤・務・努】⇩1173ページ

人名 いさお・いそ・すすむ・つとむ・とし・のり・ゆき

【勤苦】(キンク) (名・する) たいへんに苦労すること。ひじょうにほねおること。

【勤倹】(キンケン) 〔勤勉倹約の意〕まじめに仕事をし、生活をつつましくすること。例この一年間―につとめた。

【勤続】(キンゾク) (名・する) 同じつとめ先に、つづけてつとめること。例―三十年。

【勤怠】(キンタイ) ①つとめることと、なまけること。②出勤と欠勤。出席と欠席。例年間の―を点検する。

【勤王】(キンノウ) ①天子のために力をつくすこと。②江戸(えど)時代末期、徳川幕府(バクフ)をたおして、天皇中心の政治をおこそうとしたこと。尊王(ソンノウ)。対佐幕(サバク)。例―の志士。表記②は「勤皇」とも書く。

【勤皇】(キンノウ) 「勤王(キンノウ)②」に同じ。

【勤勉】(キンベン) (名・形動ダ) まじめで、いっしょうけんめいにはげむこと。対怠惰(タイダ)。例―な社員。

【勤務】(キンム) (名・する) つとめ先で、決められた仕事をすること。例―意欲。

【勤労】(キンロウ) (名・する) ①自分のつとめとして、仕事にはげむこと。②からだを使って働くこと。とくに肉体労働を指す。例―奉仕(ホウシ)をする。

【勤労所得】(キンロウショトク) 勤労によって得た、個人の収入や利益。対不労所得。

【勤行】(ゴンギョウ) (名・する) 僧(ソウ)が、毎日決まって仏前で経(キョウ)を読むこと。例朝の―。

●皆勤(カイキン)・出勤(シュッキン)・常勤(ジョウキン)・転勤(テンキン)・夜勤(ヤキン)

力10 【勝】 12画 3001 52DD 教育3

音 ショウ漢呉　訓 か-つ・まさ-る・すぐ-れる

筆順 丿 月 月 胖 胖 勝 勝

力10 【勝】 12画

なりたち [形声]「力(=ちから)」と、音「朕(チン→ショウ)」とから成る。がんばって、たえる。

意味 ❶持ちこたえる。できる。たえる。例渾欲レ不レ勝レ簪(すべてシンにたえざらんとほっす)(=もはやかんざしをさすこともできなくなりそうだ)。〈杜甫(トホ)・春望(シュンボウ)〉❷相手をまかす。かつ。かち。例勝敗(ショウハイ)。決勝(ケッショウ)。全勝(ゼンショウ)。❸他の上に出る。まさる。〔景色などが〕すぐれる。例勝景(ショウケイ)。絶勝(ゼッショウ)。名勝(メイショウ)。

人名 すぐる・ちか・つよし・とう・のり・まさ・ます・よし

【勝因】(ショウイン) 勝った原因。対敗因。例監督(カントク)に―を聞く。

【勝運】(ショウウン) 勝負に勝つ運勢。かち運。例―にめぐまれる。

【勝気】(ショウキ) 一(名) すぐれた気質。二【勝ち気】(かちキ) (名・形動ダ) 負けずぎらいな性質。きかん気。負けん気。

【勝機】ショウキ 勝てる機会。戦争や試合で、勝利に結びつくチャンス。例―をつかむ。―をのがす。
【勝景】ショウケイ すばらしい景色。絶景。類景勝。
【勝算】ショウサン 勝つ見こみ。勝ちめ。例―のない勝負はしない。
【勝事】ショウジ 〔「ショウシ」とも〕すぐれてよいこと。人の注意を引くような、ふつうでないこと。また、法会ホウエや祈禱キトウ。〔日本語では、古く悪いことについても用いられた〕
【勝者】ショウシャ 戦いや試合に勝った人。勝利者。また、勝った側。対敗者。例三回戦の―が準決勝に進む。
【勝勢】ショウセイ 勝ちそうな形勢。対敗勢。
【勝絶】ショウゼツ 景色がすぐれていること。また、その土地。
【勝訴】ショウソ (名・する) 裁判に勝つこと。対敗訴。
【勝地】ショウチ 景色のよい土地。例東北地方の―松島まつしま。
【勝敗】ショウハイ 勝つことと負けること。勝ち負け。勝負。例―にこだわるな。―は時の運。
【勝負】ショウブ 一(名) 勝つことと負けること。勝敗。例―を決する。二(名・する) 勝ち負けをはっきりさせること。また、その争い。例真剣シンケン―。君とでは―にならない。
【勝報】ショウホウ 戦いや試合に勝ったという知らせ。例待望の―が届く。表記「▼捷報」とも書く。
【勝利】ショウリ (名・する) 戦いや試合に勝つこと。勝ち。対敗北。例―を手にする。
【勝率】ショウリツ 試合や勝負で、戦った回数に対する勝った回数の割合。例―が高い。
●完勝カンショウ・決勝ケッショウ・殊勝シュショウ・全勝ゼンショウ・大勝タイショウ・必勝ヒッショウ・名勝メイショウ・優勝ユウショウ

力10 【募】 12画 4271 52DF 常用 音ボ漢 訓つの-る

筆順 一 艹 苎 苜 莫 莫 募 募

なりたち [形声]「力(=ちから)」と、音「莫ボ」とから成る。広く求める。

意味 広く呼びかけて求め、集める。つのる。もとめる。例募金ボキン。募集ボシュウ。応募オウボ。

日本語での用法《つのる》ますますひどく、激しくなる。「募つのる思おもい・言いい募つのる・寒さむさが募つのる」

【募金】ボキン (名・する) 広く呼びかけて、寄付金を集めること。例共同―。―運動に加わる。
【募集】ボシュウ (名・する) 広く呼びかけて、集めること。つのること。対応募。例社員―。アルバイトを―する。
【募兵】ボヘイ (名・する) 広く呼びかけて、兵士を集めること。
●応募オウボ・公募コウボ

力10 【勝】 12画 ⇒【勝】ショウ(150ページ)

力10 【労】 12画 ⇒【労】ロウ(147ページ)

力11 【勧】 13画 2011 52E7 常用 音ケン漢カン呉 訓すす-める

力17 【勸】 19画 5016 52F8

筆順 ㇐ 午 午 矢 矢 奞 奞 勧 勧

なりたち [形声]「力(=ちから)」と、音「雚ケン」とから成る。すすめ、はげます。

意味 自分がよいと思うことを、相手が実行するように説得する。すすめる。はげます。例勧告カンコク。勧善懲悪カンゼンチョウアク。勧誘カンユウ。

使い分け すすめる【進・勧・薦】⇒1170ページ

人名 すすむ・つとむ・ゆき

【勧学】カンガク (名・する) 学問を重要なものと考え、学問するようすすめること。例―院(=昔、大寺院が設けた教育機関)。
【勧業】カンギョウ 産業発展のために、積極的な取り組みをするようにすすめること。例―政策。
【勧化】カンゲ (名・する) 〔仏〕①仏教の教えを信じて従うようにすすめること。②寺の建立コンリュウや仏像の修理のために、信者から寄付をつのること。勧進カンジン。
【勧降】カンコウ 戦争で、相手に降伏コウフクをすすめること。例―使。
【勧告】カンコク (名・する) ある行動をとるように強くすすめること。例辞職を―する。
【勧奨】カンショウ (名・する) そうするようにすすめること。例転職を―する。
【勧▽請】カンジョウ (名・する) ①神や仏のおいでを願うこと。②新しく寺や神社をつくるとき、他の寺社から仏や神を分けて、まねきまつること。例鎌倉かまくらの鶴岡八幡宮つるがおかハチマングウは、京都の石清水八幡宮いわしみずハチマングウを―したもの。
【勧進】(名・する) 一カンシン ①さそいすすめること。②臣下が君主に帝位テイイにつくことをすすめること。二カンジン ①〔仏〕仏教の道にはいるよう、さそうこと。勧化カンゲ。②〔仏〕堂塔ドウトウなどの建立コンリュウのための寄付をつのること。勧化カンゲ。③僧ソウの姿でものをもらい歩くこと。また、その人。例―相撲ずもう(=寄付を集めるためにおこなわれる相撲)。
【勧進帳】カンジンチョウ ①寺の建立コンリュウなどのための寄付について、趣旨シュシを説明した巻き物などの文書。②歌舞伎かぶき十八番の一つ。
【勧進元】カンジンもと ①勧進相撲ずもうや、勧進芝居しばいなどの興行コウギョウを、実行する人。②ものごとをおこなうとき、その世話をする人。
【勧善懲悪】カンゼンチョウアク よいおこないをすすめ、悪いおこないをこらしめること。勧懲。
【勧懲】カンチョウ 「勧善懲悪カンゼンチョウアク」の略。例―小説。
【勧農】カンノウ 農業を積極的におこなうように、すすめること。
【勧誘】カンユウ (名・する) いろいろな説明をして、すすめさそうこと。例悪質な―商法。

力11 【勦】 13画 5011 52E6 音一ショウ漢 二ソウ漢

意味 一ショ ❶つかれる。つかれさせる。例勦民ショウミン(=人民をつかれさせる)。❷たちきる。ほろぼす。同剿ショウ。例勦殺ショウサツ。勦絶ショウゼツ(=残りなくほろぼす)。二ソ ❶他人のものをうばいとる。かすめる。例勦窃ソウセツ。❷すばやい。

【勦窃】ソウセツ (名・する) 〔「窃」も、ぬすむ意〕人の文章などをぬすみ、自分のものにすること。類剽窃ヒョウセツ・盗作トウサク。

力11 【勢】 13画 3210 52E2 教育5 音セイ漢セ呉 訓いきお-い

筆順 土 夫 坴 坴 埶 埶 勢 勢

なりたち [形声]「力(=ちから)」と、音「埶ゲイ→イセ」とから成る。さかんな力。

意味 ❶さかんな力。活気。いきおい。例勢力セイリョク。威勢イセイ。権勢ケンセイ。❷なりゆき。ありさま。ようす。例運勢ウンセイ。国勢コクセイ。情勢ジョウセイ。❸むれ。人数。とくに、兵力。例加勢カセイ。軍勢グンゼイ。多勢タゼイ。❹動物の睾丸コウガン。男性の生殖器セイショクキ。例去勢キョセイ。

日本語での用法《セイ》「伊勢いせ(=今の三重みえ県中北部)」の略。「勢州セイシュウ」

難読 勢子せこ

人名 ちから・つよし・とき・なり

【勢いに乗ずる】そのときの勢いのよさをうまく利用する。勢いに乗る。

【勢い破竹の▽如し】勢いの強く激しいようすは、まるで竹を割るときのようだ。破竹の勢い。〔竹は端を少し割ると、あとはいっきに下まで裂けることから〕

【勢威】セイイ 人をおそれさせる強い権力と力。類威勢。例―をふるう。

【勢家】セイカ 人々を従わせる勢いや力をもつ家。また、そのような家がら。例権門―。

【勢望】セイボウ 勢力と信望。人々を従わせる強い力と、人々から尊敬され信頼される人がら。例―がある。

【勢利】セイリ ①なんでも思いのままにできる権力と多くの利益。②戦争で、土地の位置や地形が有利なこと。例―を得る。

【勢力】セイリョク ①勢いと力。人々を従わせる強い力。例―をのばす。―をふるう。②まわりに影響をあたえる力をもつグループ。例新しい政治―。

●威勢・気勢・形勢・攻勢・姿勢・時勢・体勢・態勢・多勢・優勢・余勢

力11 【勣】13画 5010 52E3 音セキ漢 訓いさお

意味 仕事をつみかさねた結果。てがら。いさお。同績。

力11 【勠】13画 5013 52E0 音リク漢 訓あわ-せる

意味 力をあわせる。例勠力リク。

【勠力】リクリョク（名・する）力を合わせる。戮力。

力11 【勤】13画 ⇩【勤】(150ページ)

力13 【勲】15画 2314 52F2 常用 音クン漢呉 訓いさお

筆順 ニ 合 台 重 重 動 動 勲

力14 【勳】16画 5014 52F3 人名

なりたち [形声]「力（＝ちから）」と、音「熏ク」とから成る。王の統治を助けるはたらき。

【力部】11―17画 ● 勣 勠 勤 勲 勳 勵 勸

意味 君主や国家のためになる、りっぱなはたらき。てがら。いさお。例勲功。偉勲。

日本語での用法《クン》勲章。「勲一等」

人名 いさ・いそ・こと・つとむ・ひろ

【勲位】クンイ ①勲章の等級と、くらいの等級。②国家のために大きなはたらきをした者にあたえられる、くらいの等級。

【勲功】クンコウ 国家や主君のためにつくした大きなはたらき。いさお。例―や名誉に執着する人。

【勲爵】クンシャク ①勲等と爵位。②勲功のある者にあたえられる爵位。

【勲章】クンショウ ①国家や公共のためにつくしたはたらきを認められて、国からその人におくられる記章。例ガーター―。文化―。②その人の苦労や手がらのたとえ。例手のひらのまめは大工の―だ。

【勲臣】クンシン 君主のために手がらをたてた家来。類功臣。

【勲等】クントウ 日本の勲章制度の等級。大勲位と勲一等から勲八等まであった。現在は勲章ごとにそれぞれ等級名が設けられている。

●殊勲・叙勲・武勲

力14 【勳】16画 ⇩【勲】(152ページ)

力14 【勵】16画 ⇩【励】(146ページ)

力17 【勸】19画 ⇩【勧】(151ページ)

20 2画 勹 つつみがまえ部

人がからだを曲げてかかえこむ形をあらわす。「勹」をもとにしてできている漢字と、「勹」の字形を目じるしにして引く漢字とを集めた。

0 勹 1 勺 勺 2 勾 匂 勿 匁 3 匆 包 包 4 匈 7 匍 9 匐 匏

この部首に所属しない漢字

句⇩口182 旬⇩日483 甸⇩田677

勹0 【勹】2画 5017 52F9 音ホウ漢呉 訓つつ-む

【勹部】0―2画 ● 勹 勺 勺 勾

意味 つつむ。同包。

勹1 【勺】3画 2859 52FA 人名 音シャク漢

勹1 【勺】3画 2F828

なりたち [象形] 柄つきのひしゃくの形。なかに、くみとったものがはいっている。

意味 ❶ひしゃく。同杓。❷酒や水などをすくう。すくう。❸容量の単位。一合の十分の一。→「度量衡表」(1141ページ)

日本語での用法《シャク》①土地の面積の単位。一坪の百分の一。②山岳の登山道程の単位。ふもとの起点から頂上までを十合としたとき、一合の十分の一。

勹1 【勺】3画 ⇩【勺】(152ページ)

勹2 【勾】4画 2491 52FE 常用 音コウ漢 ク呉

筆順 ノ 勹 勾 勾

なりたち「句」の俗字。

意味 ❶L字形にまがったかぎ。まがる。同鉤。例勾欄。❷かぎで引っかける。とらえる。同拘。例勾引。❸「勾践」は、春秋時代の越王の名。句践。

難読 勾玉（＝古代の装身具）

日本語での用法《コウ》かたむき。傾斜。「勾配」

人名 まがり

【勾引】コウイン（名・する）①むりやり連れて行くこと。②〔法〕裁判所が尋問のために、被告人や証人などを、強制的に連れて行く処分。表記▽「拘引」とも書く。

【勾当】コウトウ ①自分の職務として担当して処理すること。②「勾当内侍」の略。天皇への取り次ぎをつかさどった女官。③摂政・関白家の侍所や、真言宗・天台宗などの寺に置かれた事務官。④盲人の官名。検校と座頭の間の官。

【勾配】コウバイ（水平面に対する）かたむき。傾斜。かたむきの程度。例急―の坂道にさしかかる。この階段は―がきつい。

【勾欄】コウラン 宮殿の廊下などにある手すり。欄干。表記「高欄」とも書く。

【勾留】(コウリュウ)（名・する）〔法〕裁判所が、被疑者(ヒギシャ)や被告人を取り調べるために一定の場所にとどめておくこと。

勹2 **【匂】** 4画 3887 5302 常用 国字 訓 にお-う・にお-い

筆順 ノ 勹 匂 匂

なりたち［会意］「匀(イン)」が変形した字。

意味 ❶つやがあって美しい。例 匂(にお)うような美(うつく)しさ。❷鼻で感じるしげき。かおりやくさみ。例 食(た)べ物(もの)の匂(にお)い。❸日本刀の刃(は)の表面の模様。❹特色をなす性質。そのものらしさ。例 パリの匂(にお)いのする街並(まちな)み。

使い分け におい・におう【匂・臭】⇩1176ページ

人名 かおる・にお

勹2 **【勿】** 4画 4462 52FF 人名 音 ブツ漢 モチ・モツ呉 訓 なか-れ・な-い

意味 （助字）❶「…(こと)なかれ」と読み、…するな、の意。禁止をあらわす。例 勿レ失(うしなうことなかれ)（＝にがすな）。❷「…(こと)なし」と読み、否定の意をあらわす。例 勿レ喪(うしなうことなし)（＝失うことがない）。

難読 勿来(なこそ)の関(せき)・勿忘草(わすれなぐさ)

【勿論】(モチロン)（副）ことさら問題にするまでもなく。むろん。

勹2 **【匁】** 4画 4472 5301 人名 国字 訓 もんめ

なりたち［会意］「文(モ)」の俗字「夊」と「メ」とを合わせた字。重さの単位。もんめ。

意味 ❶重さの単位。一貫(カン)の千分の一。→「度量衡表(ドリョウコウヒョウ)」（1141ページ）❷江戸(えど)時代の貨幣(カヘイ)の単位。一両の六十分の一。

勹3 **【匆】** 5画 5018 5306 音 ソウ漢 訓 いそが-しい　ソウ。ソツ。

意味 あわただしい。いそがしい。同 怱(ソウ)。例 匆匆(ソウソウ)。匆卒

【匆匆】(ソウソウ)（名・形動(ナリ)）①いそがしいこと。あわただしいこと。また、そのようす。②ていねいでないこと。また、そのようす。表記 ▽「▼怱▼怱・草草」とも書く。

【匆卒】(ソウソツ)（名・形動(ナリ)）①「匆匆(ソウソウ)①」に同じ。②とつぜんなこと。急なこと。また、そのようす。表記 ▽「倉卒・草卒・▼怱卒」とも書く。

勹3 **【包】** 5画 4281 5305 教育4 音 ホウ漢 訓 つつ-む・つつ-み

筆順 ノ 勹 勺 匀 包

勹3 **【包】** 5画

なりたち［象形］人がみごもっている形。はらむ。派生して「つつむ」の意。

意味 ❶外から全体をくるむ。つつむ。例 包含(ホウガン)。包容(ホウヨウ)。梱包(コンポウ)。❷なかに粉末・液体のようなものを入れてつつみこんだもの。つつみ。例 空包(クウホウ)。実包(ジッポウ)。薬包(ヤクホウ)。

人名 かた・かつ・かな・かぬ・かね・しげ

【包囲】(ホウイ)（名・する）にげないように、まわりを取りかこむこと。例 敵を―する。―網(モウ)。

【包括】(ホウカツ)（名・する）全体を一つにまとめること。例 全体を―する。―案。

【包含】(ホウガン)（名・する）なかにふくみ持っていること。例 矛盾(ムジュン)を―する。

【包茎】(ホウケイ) 成人の陰茎(インケイ)の先が皮におおわれている状態。

【包摂】(ホウセツ)（名・する）①あることがらを、より大きな範囲(ハンイ)のなかにつつみ入れること。②論理学で、ある概念(ガイネン)を広い概念のなかに取りこむこと。たとえば、「正方形」は「四角形」に、「哺乳(ニュウ)類」は「脊椎(セキツイ)動物」に包摂されるなど。

【包装】(ホウソウ)（名・する）品物の外側を、紙や箱などでおおうこと。例 ―紙。簡易―。

【包蔵】(ホウゾウ)（名・する）なかにつつみ持っていること。つつみかくすこと。類 内蔵。例 危険を―する。

【包帯】(ホウタイ) 傷やはれものの患部(カンブ)を保護するために巻く、細長いガーゼなどの布。表記 旧▼繃帯

【包丁】(ホウチョウ)〔庖厨(ホウチュウ)で働く職人の意〕料理に使う刃物(はもの)。また、料理人や料理のうでまえ。例 ―を入れる。板前(いたまえ)の―を信頼(シンライ)する。表記 旧▼庖丁

【包皮】(ホウヒ) 表面をつつみおおっているかわ。例 種子の―。

【包容】(ホウヨウ)（名・する）①つつみいれること。例 周囲を―した借景の庭。②心が広く、人をうけいれること。例 ―力。

●小包(こづつみ)・内包(ナイホウ)

勹3 **【包】** 5画 ⇩【包】(ホウ)（153ページ）

勹4 **【匈】** 6画 5019 5308 音 キョウ漢 訓 むね

意味 ❶むね。こころ。同 胸(キョウ)。❷中国北方の民族の名。匈奴(キョウド)。

【匈奴】(キョウド) 紀元前三世紀ごろから紀元後一世紀末に、モンゴル高原に住み、中国をおびやかした遊牧騎馬(キバ)民族。

勹7 **【匍】** 9画 5021 530D 音 ホ漢 訓 は-う

意味 手さぐりで進む。例 匍匐(ホフク)。

【匍▼匐】(ホフク)（名・する）①手をつき、腹を地面につけること。ひれふすこと。②腹ばいになって進むこと。例 ―前進。

勹9 **【匐】** 11画 5022 5310 音 フク漢 訓 はらば-う・ふ-す

意味 地にふせる。腹ばいになる。はう。例 匍匐(ホフク)。

勹9 **【匏】** 11画 5023 530F 音 ホウ漢 訓 ひさご・ふくべ

意味 ❶ヒョウタン。ひさご。ふくべ。酒などの容器。例 匏樽(ホウソン)・匏尊(ホウソン)（＝酒だる）。❷楽器。笙(ショウ)の類。八音(ハチイン)の一つ。

21 2画 匕 ひ さじ部

さじの形をあらわす。「匕」をもとにしてできている漢字と、「匕」の字形を目じるしにして引く漢字とを集めた。

0 匕 匕 2 化 化 3 北 9 匙

この部首に所属しない漢字

比⇩比568 尼⇩尸319 旨⇩日483 此⇩止558
老⇩老807 壱⇩士244 皀⇩白695 眞⇩目707
頃⇩頁1063 疑⇩疋683

【匕】 ヒ0 2画 5024 5315 音ヒ漢 訓さじ

意味 ❶さじ。スプーン。例匕箸ヒチョ。匕加減さじカゲン。❷つばのない短刀。あいくち。例匕首ヒシュ。

参考「匕カ」は別の字。

難読 匕首あいくち

【匕首】ヒシュ・あいくち つばのない短刀。

【匕▽箸】ヒチョ さじとはし。食事の道具。

【匕】 ヒ0 2画 2090E 音カ漢 訓か-わる

意味 かわる。同化カ。

参考「匕ヒ」は別の字。

【化】 ヒ2 4画 1829 5316 教育3 音カ漢ケ呉 訓ば-ける・ば-かす・か-える・か-わる

筆順 ノ イ 仆 化

【化】 ヒ2 4画

なりたち ［会意］「匕カ(=かわる)」と「イ(=ひと)」とから成る。人を教育して、正しいあり方に、かわるようにする。

意味 ❶人を教えみちびいて変える。例感化カンカ。教化キョウカ。徳化トッカ。❷それまでとはちがった状態になる。かわる。例化学カガク。変化ヘンカ。形式化ケイシキカする。❸姿を変える。ばける。例化粧ケショウ。化身ケシン。変化ヘンゲ。❹自然が万物バンブツを生み出すはたらき。例化育カイク。造化ゾウカ。

日本語での用法 《ばかす》心をまよわせる。たぶらかす。「キツネに化ばかされる」

人名 のり

【化育】カイク （名・する）天地自然が、万物バンブツを養いそだてること。

【化外】カガイ・ケガイ 天子の教化のおよばないところ。国の支配のおよばないところ。例―の地。

【化学】カガク 自然科学の一部門で、物質の成分・構造・性質や、他の物質とのあいだに起こる反応や変化などを研究する学問。［「科学」と区別して、「ばけがく」ということがある］例―療法リョウホウ。

【化学反応】カガクハンノウ 二つ以上の物質が作用しあって、別の物質をつくったり、一つの物質が分解して別の物質になったりすること。例薬品が―を起こして爆発バクハツする。

【化学兵器】カガクヘイキ 毒ガス・枯葉剤かれはザイなど、化学を応用した兵器。

【化学変化】カガクヘンカ 化学反応によって、ある物質が異なる物質に変わること。対物理変化。例―を起こす。

【化合】カゴウ （名・する）二つの物質が化学的に結合して、もとの物質とはちがう物質を生じること。例水素と酸素の―物。

【化生】 一カセイ ①形を変えて生まれ出ること。②さなぎがチョウになるように、生物が生長するにつれて形を変えること。二ケショウ ①〔仏〕四生シショウの一つ。天人テンニンなどの生まれ方のように、何もないところから、ひとりでとつぜん生まれること。②神や仏が姿を変えてあらわれたもの。化身ケシン。③ばけもの。例―の者。

【化成】カセイ （名・する）①形を変えて、他のものになること。②化学的につくること。例―肥料。

【化石】カセキ 一（名）①大昔の動植物やその存在を示すものが、岩石中に残ったもの。例魚の―。②古いしきたりや習慣で、今なお残っているもの。また、時代おくれ。例―人間。二（名・する）石になること。石のように動かなくなること。例―したようにこわばった顔。

【化繊】カセン 「化学繊維カガクセンイ」の略。天然の繊維を化学的に処理したり、石油などの原料から化学的につくり出したりした繊維。例―のシャツ。―がまじっている布。

【化▼膿】カノウ （名・する）炎症エンショウを起こして、うみをもつこと。例―菌キン。傷口が―する。

【化粧】ケショウ （名・する）①顔に、おしろいや口紅などをぬって美しくすること。例―品。②外見を美しくすること。例雪―ゲショウ。―まわし。

【化身】ケシン ①神や仏が人間の姿で、この世にあらわれること。また、そのもの。化生ケショウ。例八幡大菩薩ハチマンダイボサツの―。②あるものの生まれ変わり。例美の―。

●悪化アッカ・感化カンカ・強化キョウカ・激化ゲキカ・硬化コウカ・権化ゴンゲ・消化ショウカ・浄化ジョウカ・進化シンカ・退化タイカ・同化ドウカ・軟化ナンカ・美化ビカ・風化フウカ・文化ブンカ・変化ヘンカ／ヘンゲ

【化】 ヒ2 4画 ⇨【化】カ（154ページ）

【北】 ヒ3 5画 4344 5317 教育2 音ホク漢呉 訓きた・に-げる

筆順 ー ㇐ ㇀ 北 北

なりたち ［象形］二人の「人(=ひと)」がたがいに背を向けた形。そむきはなれる。

意味 ❶そむく。❷敵にうしろを見せる。にげる。例敗北ハイボク。❸方角をあらわす。きた。例北上ホクジョウ。北方ホッポウ。極北キョクホク。

人名 た

【北緯】ホクイ 赤道上を〇度、北極点を九〇度として測った北半球の緯度。対南緯。例北回帰線きたカイキセンは、一二三度二七分を通る。

【北欧】ホクオウ ヨーロッパの北部。ノルウェー・スウェーデン・フィンランド・デンマーク・アイスランドなどの国々をいう。北きたヨーロッパ。対南欧。例―の神話を伝えるエッダ(=古典説話集)。

【北画】ホクガ 「北宗画ホクシュウガ」の略。唐トウ代に始まる水墨画スイボクガの一派。強い線で枯淡コタンの味わいをえがく。日本に伝わり、雪舟セッシュウ派、狩野かのう派などが生まれた。対南画。

【北岳】ホクガク 中国五岳の一つで、恒山コウザンの別名。山西サンセイ省渾源コンゲン県にあり、高さ二〇一七メートル。

【北▼魏】ホクギ 中国、南北朝時代、鮮卑センピ族が建てた国。都は洛陽ラクヨウ。仏教が栄えた。（三八六―五三四）

【北限】ホクゲン 生物が分布する、北の限界。対南限。例稲作いなサクの―地帯。

【北周】ホクシュウ 中国、南北朝時代、北魏ホクギの分裂ブンレツ後にできた国。都は長安。隋ズイにほろぼされた。（五五七―五八一）

【北上】ホクジョウ （名・する）北へ向かって進むこと。対南下。例サクラ前線が―する。

【北▼辰】ホクシン ［「辰」は、星の意］北極星のこと。例―祭サイ。

【北西】ホクセイ 北と西の中間にあたる方角。西北。［昔の言い方で、乾いぬい］

【北窓の三友】ホクソウのサンユウ 琴こと・詩・酒のこと。〈白居易ハクキョイ・北窓三友の詩〉

【北端】ホクタン 北のはし。対南端。例下北しもきた半島―の村。

【北朝】ホクチョウ ①中国、南北朝時代、華北カホクにおこった鮮卑センピ族による北魏ホクギ・西魏・東魏・北周・北斉ホクセイの五王朝のこと。（三八六―五八一）②日本で、足利あしかが氏が京都に

擁立した朝廷。後醍醐天皇の建てた吉野の朝廷の南朝に対する。(一三三六—一三九二)→【南朝】(165ページ)

【北▼狄】古代中国で、北方の異民族を見くだして呼んだ名。例東夷・西戎・南蛮・—。

【北斗】〔「斗」は、ひしゃくの意〕「北斗七星」の略。北の空に出る、ひしゃく形に並んだ大熊座の七つの星。北斗星。

【北東】北と東の中間にあたる方角。東北。〔昔の言い方で、艮〕

【北堂】①古代中国で、士大夫の家の主婦の居場所。転じて、主婦のこと。②母。また、他人の母をうやまっていうことば。母堂。

【北部】ある地域のなかの北の部分。また、ある地域の北となり合う部分。対南部。例関東—の山ぞい。

【北風】北の方角からふく風。朔風。対南風。

漢字に親しむ ⑦ 「敗北」の北とは？

「北」という字のもともとの形は、ふたりの人が背中合わせになった形「𠈌」です。つまり「北」のもともとの意味は「背を向ける」「そむく」ということです。「敗」の意味は「やぶれる」「負ける」ですから、「敗北」とは「負けて敵に背を向ける。にげる」というわけです。また、東西南北の「北」は、太陽に向かったときに背中のがわということからできた意味なのです。ついでに「背」という字は「肉(=からだ)」と「北(=後ろがわ)」とを組み合わせて作られた文字です。

【北米】〔「米」は「亜米利加」の略〕北アメリカ。カナダ・アメリカ合衆国・メキシコをいう。

【北辺】北のあたり。北のはて。例—の守備軍。

【北冥】北のはての大海。北溟。

【北面】㊀(名・する)①北に向くこと。②家臣または弟子として仕えること。〔君主や師が南を向いてすわるのに対面することから〕㊁(名)「北面の武士」の略。院政時代、院の御所を守った武士。また、その詰所。

【北洋】(日本の)北方の海。例—海域。—漁業。

【北陸】中部日本の北部の地域。福井・石川・富山・新潟の四県を指す。北陸地方。〔古代日本の「北陸道」に由来する〕例—路。

【北▼嶺】①(高野山を南山というのに対して)比叡山のこと。②比叡山延暦寺の別名。例南都(=奈良の興福寺)—。

【北海】北方の海。対南海。

【北極】①地球の北の極。地軸の北のはし。②磁石の北を指している磁極。N極。▽対南極。

【北極星】小熊座にある二等星。北極の空からほとんど移動しないので、北の方角を知る目じるしになる。

【北京】㊀北にある都。㊁(奈良を南京というのに対して)京都のこと。北都。㊂中華人民共和国の首都。

【北▼闕】〔「闕」は宮門の意〕①宮殿の北門。②宮中。

【北国】①北のほうにある国。北の寒い地方。対南国。②「北陸道」の国々。→【北陸】

【北方】北の方角。対南方。

【北方の強】勇猛で、死をもおそれぬ強さ。厳しい気候風土に住む、気性の激しい北方人の強さをいう。〔おだやかな強さをそなえた「南方の強」に対する〕

●極北・東北・南北・敗北

匕9 【匙】11画 2692 5319 音シ漢 訓さじ

意味 ①液体や粉末、また、食べ物をすくいとる小さな器具。スプーン。さじ。例茶匙。大匙。②かぎ。

日本語での用法 ㊀《さじ》薬の調合・投薬の意。「匙加減・匙を投げる」㊁《ヒ》ショベル(shovel)の訳としての軍隊用語。字音を読み誤ったもの。「円匙」

22・23 2画 匚 はこがまえ・匸 かくしがまえ 部

「匚」は物を入れる容器をあらわし、「匸」はおおいかくす意をあらわす。もと「匚」と「匸」とは別の部首だったが、常用漢字では字形の区別をしない。「匚」をもとにしてできている漢字と、「匸」をもとにしてできている漢字とをあわせて集めた。

0 匚 匸 2 区 匹 匹 3 匝 4 匡 匠 5 医 匣 8 匿 匪 匿 9 區 11 匯 12 匱 13 匳

この部首に所属しない漢字

巨⇩工28 臣⇩臣1001 欧⇩欠553 殴⇩殳564

匚0 【匚】2画 5025 531A 音ホウ漢

意味 四角形のいれもの。はこ。

匸0 【匸】2画 5030 5338 音ケイ漢 訓かく-す

意味 おおいかくす。かくす。

匚2 【区】4画 2272 533A 教育3 音ク漢呉 訓まち

筆順 一 フ ヌ 区

匚9 【區】11画

なりたち [会意]「匸(=かくす)」と「品(=多くのもの)」とから成る。いろいろなものをそれぞれに分けて、かくす。

意味 ①わける。さかいをつける。また、さかいをつけたところ。例区画。区別。地区。②小さい。とるにたりない。例区区。

日本語での用法 《ク》①政令指定都市または東京都の、行政上の区画。行政区または特別区。「東京都渋谷区

―・京都市左京区」②法令執行上の区分。「学区・選挙区・通学区」

【区域】イキ 区切られた場所。エリア。例立ち入り禁止―。

【区画】カク (名・する)(土地などを)しきって分けること。また、その分けられた部分。例―整理。表記 旧区▼劃

【区間】カン (鉄道や道路など)長く続くものを区切った部分。例駅伝競走の最終―。

【区区】クク (形動タル) ①ものごとがそれぞればらばらで、まとまりのないようす。まちまち。例―として統一性がない。②小さくてとるにたりないようす。例―たる小事にすぎない。

【区分】ブン (名・する) 全体を区切って、小さくわけること。区わけ。例行政―。時代―。

【区別】ベツ (名・する) 種類や、特徴・性質などによって分けること。また、そのちがい。例―をつける。

【区割り】わり (名・する)(土地などを)いくつかに区切ること。例見物席を―しておく。

匚2 【匹】 4画 4104 5339 常用 音ヒキ慣 ヒツ漢 訓ひき

筆順 一 ア 兀 匹

匚2 【匹】 4画

なりたち [会意]「匚(=かくす)」と「八(=八回数えた合計が四丈)」とから成る。布地の長さの単位。四丈(=約九・二メートル)。

意味 ❶布地の長さの単位。周代では、二反(=四丈)。❷ウマを数えることば。例三匹。❸つれそう。なかまになる。ならぶ。また、なかま。例匹偶。匹敵。❹ひとり。転じて、いやしい。身分の低い。例匹夫。匹婦。❺ひとつ。例匹馬隻輪(=一頭のウマ、一両の車)。

日本語での用法《ひき》①金銭の単位。古くは十文、のちには二十五文。同疋。②一匹は反物二反。同疋。③けもの・虫・魚などを数えることば。「三匹の小犬」

難読 匹如(=何も持たず、ひとりぼっち)

人名 とも

【匹偶】グウ □(名・する) ぴったり合うこと。適合。□(名) ①つれあい。夫婦。②なかま。あいて。表記 ▽「匹▼耦」とも書く。

【匹▼儔】チュウ □(名) ①つれあい。夫婦。②なかま。同類。例この際―を求めてもなかなか得られない。□(名・する) 対等な相手とみなすこと。匹敵。

【匹敵】テキ (名・する) 力量がつりあうこと。対等なこと。相応。比肩。例かれの腕前に―する職人はいない。

【匹馬】バ 一匹のウマ。

【匹夫】プ ①ひとりの男。②特別な身分でない、ふつうの男。③ものごとの道理をわきまえない、教養のない男。

【匹夫の敵】ひとりだけを相手にするとるに足りない武勇。一人の敵。対万人の敵。

【匹夫の勇】礼節をわきまえず、すぐに腕力にたよる、つまらない勇気。例―にすぎない行為。

【匹夫匹婦】ひとりの男とひとりの女。いっぱんの庶民の夫婦のこと。〔なん人もの妻をめとることができる、身分の高い者とひきくらべることから〕

【匹夫も志を奪うべからず】特別な身分や教養のない人でも、しっかりした志をもっていれば、だれにも動かすことはできない。〈論語〉

【匹婦】プ ①ひとりの女。②特別な身分でない、ふつうの女。

●一匹・馬匹

匚2 【匹】 4画 ⇨【匹】(156ページ)

匚3 【匝】 5画 3357 531D 音ソウ漢呉 訓あまね-し・めぐ-る

巾1 【帀】 4画 2-0880 5E00 本字

意味 ❶(行って帰ってくるように)ぐるりと一周する。めぐる。例周匝。❷(ぐるりと取り巻くように)行きわたる。あまねく満ちる。例匝洽(=ひろく行きわたる)。

匚4 【匡】 6画 2209 5321 人名 音キョウ漢呉 訓ただ-す・すく-う

なりたち [形声]「匚(=いれもの)」と、音「王オウ→キョウ」とから成る。飯を入れるうつわ。派生して「ただす」の意。

意味 ❶悪いところを直す。ただす。例匡正。❷すくう。たすける。

人名 たすく・ただ・ただし・まさ・まさし・まさる

【匡正】セイ (名・する) ただしくすること。ただしく直すこと。

【匡▼輔】ホ (名・する)〔「輔」は、助ける意〕欠点を直して、足りないところをおぎなうこと。匡弼。

匚4 【匠】 6画 3002 5320 常用 音ショウ漢 ジョウ呉 訓たくみ

筆順 一 丆 ア 戸 斤 匠

なりたち [会意]「匚(=いれもの)」と「斤(=おの)」とから成る。木工の職人。たくみ。

意味 ❶木工の職人。大工。❷手仕事をする職人。また、技芸や技術のすぐれた人。例巨匠。師匠。鵜匠。❸技巧。くふう。例意匠。

難読 内匠・木匠・筆匠・傘匠・石匠

人名 なる

【匠気】キ よい評判をとろうとする気持ち。(芸術家などが)才能を見せびらかそうとする気持ち。例露骨な―。

●意匠・巨匠・工匠・宗匠・鷹匠

匚5 【医】 7画 1669 533B 教育3 音イ漢呉 訓いや-す・くすし

筆順 一 丆 𠂉 三 矢 矢 医

酉11 【醫】 18画 7848 91AB

なりたち [会意]「殹(=病気で苦しむすがた)」と「酉(=くすりになる酒)」とから成る。酒で、やまいを治す人。

意味 ❶病気を治す。いやす。例医術。医薬。医療。❷病気を治す人。くすし。例外科医。獣医。名医。

人名 おさむ

【医院】イン 病気の治療をするところ。病院より小規模のものをいう。

【医科】カ ①医学に関する、いろいろの学科。②「医学部」「医科大学」の略。例―志望。

【医家】カ 医術を職業としている家がら。また、その人。医者。医師。例市井に代代開業している―。

【医学】ガク 人体のつくりやはたらき、病気の治療や予防などを研究する学問。例予防—。基礎—。放射線—。
【医業】ギョウ 病気を治す仕事。医師という職業。例—をいとなむ。
【医局】キョク 診療や治療を担当する部局。また、病院内の、医師がつめている部屋。
【医原病】イゲンビョウ 薬の副作用、病院内での感染、また、医師の治療などが原因となって起こる病気。
【医師】シ ①病人の診察や病気の治療を仕事とする人。医者。例—国家試験。②古代中国の官名。医者の長にあたる。
【医者】シャ 「医師①」に同じ。
【医術】ジュツ 病気を治す技術や方法。例最先端の—を修める。
【医書】ショ 医術や医学の本。医学書。
【医道】ドウ ①医術や医学に従う者の倫理。医者がふみおこなうべき、みち。例—をおこたる。②医学。医術。
【医伯】ハク 医者をうやまっていうことば。国手。
【医方】ホウ 病気を治す方法。医術。
【医薬】ヤク ①医療とくすりの調合。例—分離。②医師と薬剤師。例—分業。③治療や診断に用いるくすり。例—品。
【医療】リョウ 医学で病気を治療すること。例—費。救急—。
●軍医・校医・主治医・女医・船医

匚5【匣】7画 5026 5323 音コウ漢 訓はこ
意味 ふたつきの小さなはこ。こばこ。例鏡匣。
難読 玉匣(たまくしげ)・乱匣(みだればこ)・弗匣(ドルばこ)

匚8【匿】10画 3831 533F 常用 音トク慣 ジョク漢 訓かく-れる・かく-す

匚8【匿】10画
筆順 一 丆 丌 开 芉 若 若 匿
なりたち [形声]「匚(=かくす)」と、音「若ジャク→ジョク」とから成る。かくれる。
意味 公にしない。外にあらわさない。かくす。かくれる。例匿名。隠匿。秘匿。
難読 車匿(シャノク)(=釈迦の馬車をあつかった御者の名)・匿路(くけみち)(=人に知られないぬけ道)
【匿名】トクメイ 本名をかくすこと。また、本名をかくして別の名前を使うこと。例—希望。—の投書。
●隠匿・秘匿

匚8【匪】10画 4059 532A 音ヒ漢呉 訓あら-ず
意味 ❶正しくない。悪い。例匪賊。土匪。❷〔助字〕「あらず」と読み、否定の意をあらわす。例我心匪レ石(わがこころいしにあらず)(=わたしの心は石ではない)。〈詩経〉
【匪▼躬】ヒキュウ (王のために)わが身をかえりみない。
【匪石の心】ヒセキのこころ (石のようにはころころ転がらない心の意)しっかりして動かない心。
【匪賊】ヒゾク 徒党を組んで暴動を起こしたり、強盗などをする悪者。匪党。匪徒。

匚8【匿】10画 ⇩【匿】トク(157ペ)
匚9【區】11画 ⇩【区】ク(155ペ)

匚11【滙】13画 5027 532F 音ワイ慣 カイ漢 訓うつわもの・あつ-まる
意味 ❶容器の一種。うつわもの。❷川の流れが(うつわに収まるように)あつまる。例滙合。❸あつめて、ひとまとめにする。例滙報(=資料をあつめて分類した報告)。

匚12【匱】14画 5028 5331 音キ漢呉 訓とぼ-しい・はこ・ひつ
意味 ❶大きなはこ。はこ。ひつ。同櫃。例匱櫝。❷はこの中に何もない。とぼしい。例匱窮。匱乏。
【匱窮】キキュウ 必要なものが足りなくて、生活が苦しいこと。貧窮。
【匱困】キコン (名・する) ものがとぼしくて苦しむこと。貧困。
【匱▼櫝】キトク (「櫝」も、はこの意)はこ。ひつ。
【匱乏】キボウ (名・する) とぼしいこと。不足すること。欠乏。貧乏。例上に積財あらば、すなわち民臣必ず下に—す(=君主が財をたくわえると、民や臣下はその下で必ず貧乏になる)。〈韓非子〉

匚13【匳】15画 5029 5333 音レン漢呉 訓くしげ・け・はこ
竹17【籢】23画 7C62 本字
大11【奩】14画 5294 5969 別体字
意味 ❶化粧道具を入れるはこ。かがみのいえ。かがみばこ。くしげ。例匳具。鏡匳(=化粧ばこ)。❷小物を入れるはこ。こばこ。け。例碁匳(=碁石を入れる容器)。薬匳(=くすりばこ)。

24 2画 十 じゅう部

横線と縦線とを交差させて、数の「とお」の意をあらわす。「十」をもとにしてできている漢字と、「十」の字形を目じるしにして引く漢字とを集めた。

0 十 1 千 2 午 升 卅 卆 3 卉 半 半 4 卍 卋 卌 6 協 卒 卓 卑 7 単 南 卑 10 博 博

この部首に所属しない漢字

干⇩干344 廿⇩廾359 支⇩支457 斗⇩斗471
古⇩口182 平⇩干344 朮⇩木508 早⇩日483
克⇩儿102 尭⇩儿103 直⇩目701 阜⇩阜1029
真⇩目706 索⇩糸770 隼⇩隹1042 乾⇩乙36
率⇩玄660 幹⇩干348 準⇩氵614 翠⇩羽805

十0【十】2画 2929 5341 教育1 音ジッ・ジュッ慣 ジュウ呉 シュウ漢 訓とお・と・そ
付表 十重二十重(とえはたえ)・二十(はたち)・二十歳(はたち)・二十日(はつか)
筆順 一 十
なりたち [指事]「一(=東西)」と「丨(=南北)」とで、四方すべてそろう。数のそなわった。
意味 ❶数の名。とお。例十干。十指。❷とたび。❸

じゅうぶんめ。例十月。❹足りないところがない。完全。例十全。十善。十分。❺多い。例十指のさすところ。
参考「常用漢字表」では、「ジュッ」とも読む。「十回ジッカイ」「ジュッカイ」。商売や契約の文書では、数字を書きかえられないよう、同音の「拾」を使うことがある。
難読 三十路・三十日・十寸鏡・十六島（＝地名）・十露盤・十合・十河・十九・十六夜・十八番・三十一文字
人名 かず・そう・とみ・ひさし・みつ・みつる

【十戒】ジッカイ ①〔仏〕仏道修行で、守らなければならない十のいましめ。②キリスト教で、神がモーゼにあたえた十のいましめ。〔『旧約聖書』にある話〕 表記 ②は 旧十▼誡

【十干】ジッカン 十種類の、一定の順序をもったひとまとまりのことば。甲・乙・丙・丁・戊・己・庚・辛・壬・癸の十種。ものの分類や、順序・等級をあらわすのに使う。五行の木・火・土・金・水と組み合わせてそれぞれに兄（＝陽）・弟（＝陰）をあて、甲（＝木の兄）・乙（＝木の弟）・丙（＝火の兄）・丁（＝火の弟）・戊（＝土の兄）・己（＝土の弟）・庚（＝金の兄）・辛（＝金の弟）・壬（＝水の兄）・癸（＝水の弟）と読む。十二支と組み合わせて、昔から年月日などをあらわすのに用いられてきた。→【十二支】（158ページ）・【干支】（344ページ）・付録「十干十二支」（1138ページ）

【十死】ジッシ 生きのびる見こみがほとんどないこと。例一一生（「九死一生」を強めた言い方）。

【十指】ジッシ ①両手のゆび。十本のゆび。例一に余る（＝数えると十以上になる）。②おおぜいの人のゆび。例一のさすところ（＝だれもが正しいと認めるところ）。③一番から十番まで。ベストテン。トップテン。例世界の一に数えられる選手。そのうでまえは国内で一にはいるといわれる。

【十進法】ジッシンホウ 十・百・千・万のように、十倍ごとに位を一つ上げていく数え方。

【十中八九】ジッチュウハック 十のうち八か九の割合であること。ほとんど。おおかた。例一この案は通るだろう。

【十哲】ジッテツ 〔「哲」は、かしこい人の意〕十人のすぐれた弟子。例孔門の一（＝孔子のすぐれた十人の弟子）。蕉門の一（＝芭蕉のすぐれた十人の弟子）。

【十方】ジッポウ ①四方（＝東・西・南・北）と四維（＝北東・南東・北西・南西）と上下とをあわせた十の方向。②あらゆる方角・場所。天下。世界。宇宙。例一浄土。一世界。

【十部】0画 十

【十法界】ジッポウカイ 〔仏〕迷いからさとりにいたる十の段階。地獄・餓鬼・畜生・修羅・人間・天上の六界と、声聞・縁覚・菩薩・仏の四界。十界。

【十一月】ジュウイチガツ 一年の十一番目の月。霜月。

【十一面観世音】ジュウイチメンカンゼオン 頭部に十一の顔をもつ観音。十一の顔のそれぞれが人々の苦しみを救うという。十一面観音。例一菩薩。

【十雨】ジュウウ 十日に一度雨が降ること。ほどよい雨。例五風一（＝天候が順調なこと。また、世の中が太平なこと）。

【十▼駕】ジュウガ 〔「駕」は、馬車を走らせる意〕のろまなウマも十日走れば、一日に千里を走る名馬に追いつくように、才能のない人でも、努力すれば成功するということ。例駑馬一。

【十月】ジュウガツ 一年の十番目の月。神無月。

【十五夜】ジュウゴヤ ①陰暦八月十五日の夜。また、その夜の満月。中秋の名月といい、月見をする。②陰暦で、毎月十五日の夜。

【十三経】ジュウサンギョウ 中国の聖人・賢人たちが書いた十三種の経典。周易（＝易経）・尚書（＝書経）・毛詩（＝詩経）・周礼・儀礼・礼記・春秋左氏伝・春秋公羊伝・春秋穀梁伝・論語・孝経・爾雅・孟子。これらの注釈書を「十三経注疏」という。

【十三夜】ジュウサンヤ ①陰暦九月十三日の夜。また、その夜の月。後の月。②陰暦で、毎月十三日の夜。

【十字】ジュウジ 「十」の字。また、「十」の字の形。十文字。例南一星。木材を一に組む。一を切る。

【十字架】ジュウジカ ①罪人をはりつけにする柱。木を「十」の字の形に組んだもの。例一にかける。②キリスト教のシンボル。キリストが「十字架①」にかけられたことから、救済と復活の象徴とする十字のしるし。クロス。クルス。例いつも一を身につけている。③苦難や重い負担。また、それらを身に受けること。例一を背負って生きる。

【十字路】ジュウジロ 道が「十」の字の形にまじわっているところ。よつかど。よつつじ。

【十姉▽妹】ジュウシマツ スズメ目の小鳥。スズメより少し小さく、白色に黒や茶のまだらがある。よく人になれ、飼い鳥とされる。

【十全】ジュウゼン （名・形動ダ）手落ちがなく用意ができていること。万全。例一な体制をとる。

【十代】ジュウダイ ①十歳から十九歳までの少年少女。とくに十三歳以上をいうことが多い。ティーンエージャー。②初代から数えて十番目の代。例徳川一将軍家治。

【十二月】ジュウニガツ 一年の十二番目の月。極月。師走。

【十二宮】ジュウニキュウ 春分点を起点として黄道を十二等分し、各部分を「宮」と名づけて、全天を十二宮（＝十二星座）としたもの。太陽・月・惑星の位置を示すために使われたもので、西洋の占星術はこれをもとにしている。黄道十二宮。

【十二支】ジュウニシ 子・丑・寅・卯・辰・巳・午・未・申・酉・戌・亥の十二種をいう。それぞれに動物の名をあて、子（＝鼠）・丑（＝牛）・寅（＝虎）・卯（＝兎）・辰（＝竜）・巳（＝蛇）・午（＝馬）・未（＝羊）・申（＝猿）・酉（＝鶏）・戌（＝犬）・亥（＝猪）と読む。昔から、十干と組み合わせて年月日などを、また、「うしとら」「たつみ」など、十二支どうしの組み合わせで時刻や方位などをあらわすのに用いられてきた。→【十干】（158ページ）・【干支】（344ページ）・付録「十干十二支」（1138ページ）

【十二▽単】ジュウニひとえ 平安時代に宮仕えをした女官の正装。衣をなん枚も重ねて着て、えりやそで口が重なって見えるところからいう。〔正しくは女房装束という〕

【十二分】ジュウニブン （名・形動ダ）〔「十分」を強めた言い方〕じゅうぶんすぎるほど、たっぷりとしていること。また、そのようす。例もう一にいただきました。

【十二律】ジュウニリツ 中国や日本の伝統音楽で使われる十二の音の調子。日本では、雅楽や箏曲などで用いられている。十二調子。

【十人十色】ジュウニンといろ 好みや考え方が人によって異なるものだということ。例食べ物の好みは一だ。

【十人並み】ジュウニンなみ （名・形動ダ）顔だちや才能などがふつうであること。また、そのようす。例一の器量。

【十年一日】ジュウネンイチジツ 長い年月のあいだ、同じ状態であること。例一のごとく、なんの進歩もない。

【十年一剣を磨く】ジュウネンイッケンをみがく 十年間ひとふりの剣をみがき続けて武芸を練る。いざというときにそなえることをいう。〈賈島・剣客〉

【十年一昔】ジュウネンひとむかし 十年たてば昔のことになる、ということ。十年をひと区切りにして移り変わりをとらえる言い方。

【十能】ジュウノウ 炭火を入れて運んだりする、小型のスコップ状の道具。火とり。火かき。

【十八公】 松の別名。〔「松」あるいは「枩」の字を分解すると十・八・公になるところからいう〕

【十八番】 ①「歌舞伎十八番」の略。市川(団十郎)家で代々つとめてきた十八種の出し物。「勧進帳」「助六」など。②自分の得意な芸。おはこ。

【十八史略】 歴史書。元の曾先之の著。『史記』から『宋史』までの十八書の要点をまとめてある。

【十八般】 十八種の武芸。また、武芸全般をいう。

【十分】 一(名・形動) ①不足や欠点がないこと。満ち足りていること。例費用を―にたくわえる。②相撲で、万全の体勢になること。例右四つ―になる。二(副) 不足のないようす。余すところなく。例もう―いただきました。三(名・する) 全体を十に分けること。例―の一の量。表記 一二は「充分」とも書く。

【十万億土】 〔仏〕この世から極楽浄土に行くまでにあるという、多くの仏の国。転じて、遠いところ。極楽浄土。極楽。あの世。例病人は昨夜こときれて―へ旅立った。

【十目】 「十目の▽視る所 十手の指さす所」〔「十目」「十手」は、多くの人の注意の意〕みんながそろってそうだと認めるところ。また、多くの人々の批判。判断や批判は多人数でおこなうべきである、ということのたとえ。〈大学〉

【十文字】 二つの直線が交差した「十」の字の形。十字。例ひもで―にしばる。

【十両】 相撲で、幕内と幕下の間にあたる地位。〔十両以上を関取という〕

【十六夜】 ①陰暦で、毎月十六日の夜。②「十六夜の月」の略。陰暦の十六日の夜に出る月。〔月の出がおそくて、ためらってのぼる(=いざよう)ことから〕

【十六国】 中国で、三〇四年ごろから約百三十年間にわたって興亡をくりかえした、北方民族などの諸国家をいう。例五胡―時代。

【▽十露盤】 ①おもに中国や日本で使われている計算用具。例―をはじく。②(損得・利益の)計算。例―が合わない。―ずく(=何ごとも損得を考え、行動する)。③算数のこと。算術。例読み書き―。表記 ▽「▽算盤」とも書く。

【十重二十重】 いくえにもとり巻いているようす。例―にとり囲む。

【十日の菊】 〔陰暦九月九日(=重陽の節句。また、菊の節句)の翌日の菊の意〕機会をのがして役に立たなくなったものごとのたとえ。例六日の菖蒲―。

十 1

【千】

3画 3273 5343 教育1 音セン 漢 呉 訓ち

筆順 ノ 二 千

なりたち 〔形声〕「十(=とお)」と、音「人ジン→セ」とから成る。百を十倍した数。

意味 ❶数の名。百の十倍。例千字文。千手観音。❷ひじょうに多い数。あまた。例千金。一日千秋。一騎当千。

参考 商売や契約の文書では、数字を書きかえられないように、同音の「仟」や「阡」を使うことがある。

日本語での用法 《ち》「ち」の音をあらわす万葉がな。「高千穂」

難読 千人石・千種・八千種・千歳・千屈菜

人名 かず・ゆき

【千客万来】 客がどんどんやってきてにぎわうこと。例―の盛況。

【千金】 ①多額なお金。大金。例一攫―。②ひじょうに大きな価値。例一刻―。③大金持ち。富豪。例―の子(=金持ちの家の子供)。

【千金の子は市に死せず】 金持ちの子は金の力で刑罰をまぬかれるから、町なかで処刑されることはない。また、金持ちの子は軽率なおこないをしない。〈史記〉

【千▼鈞】 〔「鈞」は、重さの単位〕きわめて重いこと。また、重いもの。類万鈞。例―の重みがある発言。

【千軍万馬】 ①多くの兵士と軍馬。大軍。例―の軍勢。②多くの戦闘を経験してきたため、戦いのかけひきがうまいこと。転じて、社会に出ていろいろな経験を積み、場なれしていること。類百戦錬磨。例―のつわもの。

【千言】 ひじょうに多くのことば。千万言。例―万句

【千古】 ①おおむかし。また、遠い昔から現在まで。類太古。例―のなぞ。②ひじょうに長い年月。永遠。永久。とこしえ。例―不滅の英雄。

【千古不易】 大昔から今まで、ずっと変わらないこと。永遠に変わらないこと。例―の真理。

【千石船】 米を千石も積むことのできた大型の和船。

【千歳】 一 千年。長い年月。千載。例―ののちまで語りつぐ。二 千年。長い年月。千歳。例―飴。―の松。

【千載】 千年。長い年月。千歳。例名を―に残す。

【千載一遇】 千年に一度めぐりあうこと。ごくまれなこと。例―の好機。

【千差万別】 さまざまな、ちがいがあること。例人人の反応は―だ。

【千思万考】 (名・する) いろいろと考えをめぐらすこと。また、その考え。例―熟慮を重ねる。

【千紫万紅】 さまざまな花の色。また、色とりどりの花がさいていること。千紅万紫。例―の花ざかり。

【千姿万態】 さまざまなすがたやかたち。例球場に向かう―の人人。

【千字文】 梁の周興嗣の四言詩二百五十句。「天地玄黄」で始まる千字の漢字には一字の重複もない。早くから日本に伝わり、明治時代まで漢字の教科書として広く使われた。

【千社札】 千社参りのとき、参詣の記念に社寺の建物にはる、長方形の紙の名札。

【千社参り】 一千の社寺に次々にお参りして、祈願すること。千社詣で。

【千種】 多くの種類。いろいろ。さまざま。例―万様。

【千秋】 千年。長い年月。例一日―の思いで待つ。

【千秋節】 天子の誕生日。唐代におこなわれた。

【千秋万歳】 千年万年。長寿を祝うことば。例―の宝算(=天子の年齢)をとなえる。

【千秋楽】 ①雅楽の曲名。②芝居や相撲などの興行の、最後の日。らく。〔雅楽で、最後の演奏曲が「千秋楽」だったことから〕対初日。

【千手観音】 ①千の手と千の目をもち、深い慈悲心で人々を救う仏。千手千眼観自在菩薩。②シラミの別名。かんのんさま。

【千乗】 〔「乗」は、兵車を数えることば〕兵車千台。対万乗。例―の家(=兵車千台を持っている家。諸侯のこと)。

【千畳】 ①山などがいくえにも重なっていること。②たたみ千枚。それほど広いこと。例―敷。

【千尋】センひろ 〔「尋」は、長さの単位〕きわめて高い、また、深いこと。例―の谷。表記「千▼仞」とも書く。
【千辛万苦】センシンバンク (名・する) さまざまな苦労をすること。多くの難儀や苦しみ。例―の末、やっと望みを果たす。
【千▼朶】センダ 多くの花。例―万朶とさき乱れる。
【千代】センダイ|ちよ 長い月日。千年。永遠。例―に八千代に。
表記「ちよ」は、「千世」と書くこともある。
【千成り】センなり 実が群がってなること。また、なっているもの。例―瓢箪。表記「千▽生り」とも書く。
【千日】センニチ 一千日。多くの日数。例―講。―参り。
【千日手】センニチて 将棋で、両者がたがいに同じ手順をくりかえして、勝負の決まらない状態。
【千人力】センニンリキ 千人分の、強いちから。また、千人力を得たように心強いこと。例君がいてくれれば―だ。
【千年】センネン 一千年。長い年月。千歳。千載。千秋。例鶴は―亀は万年。
【千羽鶴】センばづる ①たくさんの折り鶴を糸でつないだもの。病気見舞いなどに使う。②多くのツルの姿をえがいた模様。
【千波万波】センパバンパ 多くのなみ。次から次へと寄せてくるなみ。例―の広がる海。
【千振】センぶり リンドウ科の二年草。乾燥させて健胃薬とする。〔千度煎じて振り出しても、まだにがいことから〕
【千分比】センブンヒ 「千分率」に同じ。
【千分率】センブンリツ 全体を千に分けて、そのうちの一つを一単位としてあらわす割合。千分比。パーミル。記号‰
【千編】センペン 一千の詩や文章。多くの詩文。表記㊐千▼篇
【千編一律】センペンイチリツ (名・形動ダ) 詩や文章の語調や趣向が、どれも似たような調子で、代わりばえしないこと。また、多くのものごとがみな同じ調子で、おもしろみのないこと。表記㊐千▼篇一律
【千変万化】センペンバンカ (名・する) 次々と、さまざまに変化すること。例―する世相。
【千万】センマン 一(名) 一万の千倍。また、ひじょうに数の多いこと。ちよろず。例―の富。二バン(副) ①いろいろ。はなはだ。まったく。例―かたじけない。②〔「…千万」の形で〕その程度が、この上もない、はなはだしい、の意をあらわす。例無礼―。迷惑―。
【千万言】センマンゲン ひじょうにたくさんのことば。千言万語。例―をついやしても語りつくせない。

［十部］2画●午升

【千万無量】センマンムリョウ 数えきれないほど多いこと。はかりしれないこと。例―の感慨。
【千三つ】センみつ ①〔ほんとうのことは千のうち三つしかない、の意〕うそつき。ほらふき。②〔商談が千のうち三つしか成立しない、の意〕不動産の取り引きや、金銭の貸し借りのあっせんを職業とする人。例―屋。
【千里】センリ 一里の千倍。ひじょうに遠い距離。例一望―。―の道も遠しとせず。
【千里眼】センリガン 千里も先の地のできごとを見通す力。目に見えないことでも、洞察できる力。また、その力をもつ人。
【千里同風】センリドウフウ 〔遠方まで同じ風がふく、の意〕①太平の世。世の中がよく治まっていること。②ひじょうに広い地域にもかかわらず、風俗が同じであること。
【千里の馬】センリのうま ①一日に千里も走ることのできる、すぐれたウマ。千里の駒。名馬。駿馬。②すぐれた人物のたとえ。例―は常に有れども伯楽は常には有らず(=名馬は常にいても、その能力を見つけ出す人はいつもいるとはかぎらない)。〈韓愈・雑説〉
【千里の行も足下より始まる】センリのコウもソッカよりはじまる 長い旅も足もとの一歩から始まる。どんなことでも初めが肝心で、遠大な事業も手近なところから始まる、ということのたとえ。〈老子〉
【千里の駒】センリのこま 「千里の馬」に同じ。
【千両箱】センリョウばこ 江戸時代、金貨幣を収納して保管した木製の容器。ふつう、小判千枚(=千両)を入れた。
【千両役者】センリョウヤクシャ ①〔千両の給金を取る役者の意〕気品があり、すぐれた演技で観客を引きつける役者。②すぐれた力量をもった人。
【千慮の一失】センリョのイッシツ どんなにかしこい人でも、千の考えのなかには一つくらいのまちがいはあるということ。思わぬ失敗をすることのたとえ。〈史記〉
【千六本】センロッポン 〔「繊蘿蔔センラフク|センロフ(=細切りのダイコン)」の変化〕ダイコンなどを、千切りにする(=細くきざむ)こと。また、そのもの。表記「繊六本」とも書く。
【千木】ちぎ 神社や宮殿の屋根で、むねの両はしに×の形に交差させた、ななめにつきだしている二本の木材。
【千草】ちぐさ ①いろいろな草。例庭の―。②「千草色」の略。もえぎ色。例―もめんの大ぶろしき。
【千鳥】ちどり ①群れをなす小鳥。例百―。②チドリ科の鳥をまとめていうことば。多くは海岸や水べで生活し、夜すんだ声で鳴く。左右の足がジグザグになるような歩き方をする。例―足(=酔っぱらいがふらふら歩く歩き方)。
●一騎当千・海千山千

十2 【午】 4画 2465 5348 教育2 音ゴ 漢呉 訓うま

筆順 ノ 𠂉 ⺧ 午

なりたち ［象形］陰の気が、陽の気にさからって、地からつき出る形。さからう。派生して、十二支の第七に用いる。

意味 十二支の七番目。方位では南、時刻では昼の十二時およびその前後の二時間。月では陰暦の五月。動物ではウマにあてる。うま。例午後。子午線。端午。

人名 うし・ま

【午後】ゴゴ ①正午から夜十二時までのあいだ。②正午から日没までのあいだ。昼過ぎ。例公園で―のひとときをすごす。▽対午前。
【午▼餐】ゴサン 昼食。ひるめし。例―会。
【午睡】ゴスイ (名・する) ひるねをすること。また、ひるね。例―をとる。
【午前】ゴゼン ①夜の十二時から昼の十二時までのあいだ。②夜明けから昼の十二時までのあいだ。例―中にひと仕事する。▽対午後。
【午夜】ゴヤ 午前零時。夜の十二時。例―の月。
●正午・端午・丙午

十2 【升】 4画 3003 5347 常用 音ショウ 漢呉 訓ます

筆順 ノ イ チ 升

なりたち ［象形］とってのある「斗」の形。十合。

意味 ❶容量の単位。一升は一合の十倍。例一升。→「度量衡表」(1141ページ) ❷液体や穀物をはかる方形や円形の容器。ます。例升酒。一升升。❸上方へ向かって移動する。のぼる。同昇。例升降。升堂。

人名 すすむ・たか・のぼる・のり・みのる・ゆき

【升堂】ショウドウ 堂にのぼる。学芸のレベルが高くなる。

十2 【丗】 4画 5033 5345 音ソウ漢 訓さんじゅう

十4 【卋】 6画 20983 本字

意味 三十。さんじゅう。例丗日(サンジュウニチ)・丗一文字(みそひともじ)

十2 【卆】 4画 ⇨【卒】ツ(163ページ)

十3 【卉】 5画 5035 5349 音キ漢呉 訓くさ

意味 くさ。草をまとめていうことば。例花卉(カキ)。

十3 【半】 5画 4030 534A 教育2 音ハン漢呉 訓なか-ば・なから

筆順 丶 丷 亠 兰 半

十3 【半】 5画

なりたち [会意]「八(=分ける)」と「牛(=うし)」とから成る。大きな牛をまんなかで分ける。

意味 ❶二つにひとしく分ける。例折半(セッパン)。❷なかば。なから。㋐二つに等分したものの一方。例半分(ハンブン)。前半(ゼンハン)。小半(こなから)(=半分の半分。四分の一。一升(イッショウ)の四分の一。二合五勺(ニゴウゴシャク))。㋑まんなか。ものごとのとちゅう。中ほど。例半途(ハント)。夜半(ヤハン)。❸はしきれ。わずかのもの。はした。例半銭(ハンセン)。半端(ハンパ)。❹不十分なさま。例半熟(ハンジュク)。半可通(ハンカツウ)。

日本語での用法《ハン》さいころの目で、二で割り切れない数。奇数(キスウ)。「丁(チョウ)か半(ハン)か」

難読 半被(ハッピ)・半桶(ハンぎり)・半平(ハンペン)・半靴(ホウカ)

人名 なか・なからい

【半永久】ハンエイキュウ ほぼ永久に近いこと。例―的に使える。

【半円】ハンエン 円を二等分した形。例―形のドーム。

【半音】ハンオン 音楽で、全音の二分の一の音程。ハ調の場合、ミとファ、シとドの間の音程。対全音。例―上げる。

【半価】ハンカ 定価の半分の値段。半値(ハンね)。類半額。

【半開】ハンカイ (名・する) 半分くらいひらいていること。半びらき。対全開。例戸を―にしておいてください。

【半解】ハンカイ うわべを知っているだけで、じゅうぶんには理解していないこと。なまかじり。例一知(イッチ)―。

【半額】ハンガク 全額の半分。定価や料金の、半分の値段。半値(ハンね)。例―セール。子供―。

【半可通】ハンカツウ (名・形動ダ) [もと、通人(ツウジン)(=遊び方の上手な、粋(いき)な人)ぶった人の意] よくは知らないのに、知っているかのようにふるまうこと。また、その人。知ったかぶり。なまかじり。例―をふりまわす。またあの―めが出しゃばった。

【半▼跏▼趺▼坐】ハンカフザ 片足をもう一方の足のももにのせる、すわり方。→【結跏趺坐】ケッカフザ(778ページ)

【半眼】ハンガン 目を半分ほど開けた状態。例目を―に開く。

【半官半民】ハンカンハンミン 政府と民間が資本を出し合い、共同で事業をおこなうこと。例―の組織。

【半期】ハンキ ①一定の期間の半分。例役員を―で交代する。②半年。例上半(かみ)―。―ごとの決算。

【半旗】ハンキ 人の死を悲しむ気持ちをあらわすため、旗ざおの先から三分の一くらい下げて、旗をかかげること。類弔旗(チョウキ)。例国王の死を悼(いた)んで―をかかげる。

【半弓】ハンキュウ 大弓(ダイキュウ)の半分くらいの長さのゆみ。すわったままで射ることができる。対大弓。

【半休】ハンキュウ (名・する) 一日の勤務時間のうち半分を休むこと。また、半日の休み。例土曜―。

【半球】ハンキュウ ①球をその中心を通る平面で二等分したもののうちの一方。②地球を東西または南北に二等分したもののうちの一方。例東―。北―。

【半漁】ハンギョ 生活のために、他の職業とかけもちで漁業を営んでいること。例半農―。

【半玉】ハンギョク まだ一人前になっていない、玉代(ギョクダイ)(=料金)も半人分の若い芸者。おしゃく。

【半句】ハンク [一句の半分の意] わずかなことば。例一言(イチゴン)―聞きもらさない。

【半径】ハンケイ 円や球の中心から円周や球面上の一点を結んだ線分。直径の半分。例行動―は広い。

【半夏生】ハンゲショウ ①夏至(ゲシ)から十一日目。七月二日ごろ。つゆ明けの時期。②ドクダミ科の多年草。水べに生え臭気(シュウキ)がある。夏、白色の小花を穂(ほ)の形につける。片白草(かたしろぐさ)。

【半月】ハンゲツ ①半円形の月。弓張り月。②半円の形。例爪(つめ)の―(=小爪(こづめ))。③一か月の半分。はんつき。

【半券】ハンケン 入場券や、領収証・預かり証の半分を切り取ったもの。料金を受け取ったり、品物を預かったりした証拠(ショウコ)としてわたす。

【半舷】ハンゲン 軍艦(グンカン)などの乗組員を、左舷と右舷に分けていうときの、その一方。例―上陸。

【半減】ハンゲン (名・する) 半分にへること。また、半分にへらすこと。例興味が―する。

【半裁】ハンサイ (名・する) 紙や布などを半分に切ること。また、切ったもの。半截(ハンセツ)。

【半歳】ハンサイ 一年の半分。半年。

【半死】ハンシ 死にかかっていること。例―半生(ハンショウ)の状態。

【半紙】ハンシ 縦二四から二六センチメートル、横三二から三五センチメートルの大きさの和紙。習字などに使う。

【半寿】ハンジュ 数え年で八十一歳(サイ)の祝い。[「半」の旧字「半」を分解すると「八十一」となることから]

【半周】ハンシュウ 一(名) 一周の半分。二(名・する) 周囲の半分を回ること。例グラウンドを―する。

【半熟】ハンジュク ①たまごを固くならない程度にゆでること。また、そのたまご。②なかば熟してはいるが、じゅうぶんではないこと。

【半焼】ハンショウ (名・する) 火事で、建物などが半分くらい焼けること。対全焼。例―した家屋。

【半鐘】ハンショウ 火の見やぐらに取りつけられ、火災の発生などを知らせるために打ち鳴らす、小ぶりのつりがね。

【半畳】ハンジョウ ①一畳の半分。例起きて―寝(ね)て一畳。②昔、芝居(しばい)小屋で見物人がしいた、小さいたたみやござ。③非難やからかい。やじ。例―を入れる(=からかいや非難の声を発する。役者の演技などに不満があるとき、見物人が「半畳②」を舞台(ブタイ)へ投げたことから)。

【半身】一 ハンシン 全身の半分。対全身。例上―。二 はんみ ①相撲(すもう)や剣道(ケンドウ)などで、相手に対してからだをななめに構える姿勢。例―に構える。②魚を二枚におろしたときの一方。

【半信半疑】ハンシンハンギ (名・形動ダ) 半分信じて、半分うたがうこと。例―でそのうわさを聞いた。

【半睡】ハンスイ なかばねむっていること。意識がはっきりしない、夢うつつの状態。例半醒(ハンセイ)―。

【半数】ハンスウ 全体のかずの半分。例賛成派が―をしめる。

【半世】ハンセイ 生涯(ショウガイ)の半分。半生。

【半生】㊀ハンセイ 一生の半分。半世。例—を平和運動にささげる。㊁ハンショウ 死にかかること。例半死—。

【半切】ハンセツ ①半分に切ること。②唐紙や画仙紙などを縦に半分に切ったもの。また、それにかかれた書画。半折。例—物。表記▽「半▼截」とも書く。

【半銭】ハンセン ①一銭の半分。五厘。例—で売る。②わずかなお金。例一紙—(=一枚の紙と半銭。わずかなもの)。

【半双】ハンソウ 一双の半分。一対となっているものの片一方。例—の屏風。

【半田】ハンだ 金属の接合に用いられる、すずと鉛の合金。例—づけ。表記「▽盤▼陀」とも書く。

【半濁音】ハンダクオン 日本語でいう、パ・ピ・プ・ペ・ポの音。対清音・濁音。例—符。

【半濁点】ハンダクテン 日本語で、半濁音であることを示す符号。かなの右かたにつける「゜」のこと。半濁音符。

【半通夜】ハンツヤ 時間を限っておこなう通夜。〔通夜とは本来、夜どおし、ひと晩じゅうおこなうことをいった〕

【半天】ハンテン ①天の半分。青空の半分。②天と地のあいだ。なかぞら。類中天・中空・半空。③「半纏」に同じ。

【半▼纏】ハンテン ①羽織に似た上っぱり。胸ひもを付けず、えりの折り返しや襠がない。例ねんねこ—。②「印半纏」の略。えりや背中に、屋号・家紋などを染めぬいたはんてん。はっぴ。表記▽「半天・▼袢▼纏」とも書く。

【半途】ハント ①行く道のとちゅう。例吹雪のため—で引き返した。②おこなっていることのとちゅう。例学業—にして病にたおれる。表記▽「半塗」とも書く。

【半島】ハントウ 海につきでている陸地で、岬より大きいもの。例紀伊—。スカンディナビア—。

【半導体】ハンドウタイ 電気伝導率が良導体と絶縁体の中間にある物質。ゲルマニウムやシリコンなど。トランジスターやダイオードなどに使われる。

【半時】ハンとき ①昔の時制で、一時(=約二時間)の半分。今の約一時間。例—ばかりの後。②少しのあいだ。しばらく。

【半日】ハンニチ 〔「ハンジツ」とも〕一日の半分。また、午前中か午後のどちらか。例—仕事。

【半端】ハンぱ (名・形動ダ) ①数や量がそろわず不完全なこと。はした。例—な時間。②どっちつかずで徹底しないこと。例中途—。③端数。はした。例—を切り捨てる。④一人前でないこと。例—な仕事。

【半白】ハンパク しらがまじりのかみの毛。ごましお頭。例—の老人。

【半幅】ハンはば 並幅(=和服用の布地の標準の幅。約三六センチメートル)の半分の幅。例—帯。表記「半▽巾」とも書く。

【半風子】ハンプウシ シラミのこと。〔漢字の「虱」が、「風」の字の半分であることから〕

【半分】ハンブン ①一つのものを同じ量の二つに分けたうちの一つ。二分の一。なかば。例—ずつ分ける。②〔「…半分」の形で〕なかばその気で、という意味をあらわす。例おもしろ—。ふざけ—。いたずら—。

【半璧】ハンペキ ①半円形の璧玉。②半月。弓張り月。

【半母音】ハンボイン 〔言〕子音に近い性質をもちながら、音の出し方は母音に近い音。ヤ行・ワ行の[j][w]など。

【半面】ハンメン ①顔の半分。例—像。②ものを二面に分けたうちの片一方。例テニスコートの—。③ものごとにいくつかの面があるうちの一つ。類一面。例—の真理。

【半面の識】ハンメンのシキ わずかのあいだ会っただけの人の顔を、いつまでもよく覚えていること。また、ちょっと会っただけの知り合い。半面識。〈後漢書〉

【半夜】ハンヤ ①まよなか。夜半。また、子の刻から丑の刻(=午前零時から午前二時ごろ)までのあいだ。例—に目覚める。②一夜の半分。例やっと—のねむりを得た。

【半裸】ハンラ からだの半分くらいが、はだかであること。対全裸。

【半輪】ハンリン 輪の半分。半円形。例—の月(=半月)。

○●過半・後半・前半・大半

十3 【半】5画 ⇩【半】(161ページ)

十4 【卍】6画 5036 534D 音バン漢 マン呉 訓まんじ

意味 インドの神の胸にえがかれた吉祥円満のしるし。中国で、仏典を漢字に訳したとき、「万」の字にあてたもの。〔「万」と同じ字として用いられることもある〕例卍字。

日本語での用法《まんじ》①紋所の名。「右卍(=卐)・逆卍(=卐。ハーケンクロイツ。鉤十字。ナチスのマーク)・丸に卍・卍菱」②入り乱れるようす。「卍巴になる」

十4 【卋】6画 ⇩【世】(23ページ)

十4 【卌】6画 ⇩【卅】(161ページ)

十6 【協】8画 2208 5354 教育4 音キョウ漢呉 訓かなう

筆順 一 十 … 協

忄6 【恊】9画 5580 604A 別体字

なりたち 【会意】「劦(=力を合わせる)」と「十(=多い)」とから成る。多くの力を合わせる。

意味 ❶力を合わせる。ともにする。例協同・協力。❷調和させる。おれあう。例協調・妥協。❸一致する。あてはまる。かなう。例横綱に協う実力。

人名 かなえ・かのう・やす・やすし

【協会】キョウカイ (公共の)ある目的のために、会員が協力してつくり、運営する団体。例日本放送—。

【協議】キョウギ (名・する) 人々が集まり、相談すること。例—事項。じっくり—して決める。

【協賛】キョウサン (名・する) 〔「賛」は、たすける意〕もよおしものや事業などをおこなう目的や理由に賛成して、協力や援助をすること。類賛助。例—金。新聞社—の美術展。

【協心】キョウシン (名・する) 心を合わせること。

【協奏曲】キョウソウキョク 独奏楽器とオーケストラが合奏する楽曲。コンチェルト。例ピアノ—。

【協調】キョウチョウ (名・する) 考え方や性格の異なる者どうしが、力を合わせて折り合いをつけること。類協力。例労資—。

【協定】キョウテイ (名・する) ①協議して決めること。また、その約束。例紳士—。—を結ぶ。②〔法〕特定の対象について、国家間の略式のとりきめ。〔英語 agreement の訳語〕類協約。例通商—。

【協同】キョウドウ (名・する) みんなで力を合わせて仕事をすること。例—組合。

【協約】キョウヤク (名・する) たがいの利害にかかわることがらについて、団体と個人、また、団体どうし、国どうしで相談して約束すること。また、その約束。類協定。例労働—。

【協力】キョウリョク (名・する) ある目的のために、いっしょに力を合わせておこなうこと。例一致—。—をおしまない。

【協和】キョウワ (名・する) 心を合わせて、たがいに仲よくすること。例—音。諸民族の—。

○●妥協・農協

十 6

【卒】

8画 3420 5352 教育4

音 一ソツ漢 ソチ呉 二ソツ慣 シュツ漢

訓 にわ-か・お-わる・お-える

筆順 、 亠 𠆢 𠫓 夾 夾 卒

十 2

【卆】 4画 5032 5346 俗字

なりたち [会意]「衣(=ころも)」と「一(=しるしをつける)」とから成る。しるしのある衣を着たしもべ。

意味 一ソツ ❶しもべ。召し使い。例卒徒。❷身分のひくい兵士。例従卒。兵卒。❸にわかに。急に。とつぜん。例卒然。倉卒。二ソツ シュツ ❶終わる。終える。やむ。しめくくる。例卒業。❷死ぬ。また、身分の高い人の死をいう。例卒去。生卒年。❸ついに。最後には。

日本語での用法《ソツ》九十歳のこと。俗字の「卆」を分けて「九十」とみなしていう。「卒寿」

難読 大卒

人名 たか

【▽卒去】(名・する)〔「シュッキョ」が本来の読み方だが、ふつう「ソッキョ」という〕①もと、四位・五位の人が死ぬこと。②高貴な人が死ぬこと。また、「死去」の改まった言い方。例大臣の―をいたむ。

【卒園】(名・する)幼稚園や保育園を卒業すること。対入園。

【卒業】(名・する)①学校などの決められた学業を修了すること。対入学。例―式。②あることをひととおり経験しおえること。例テレビゲームは―した。

【卒▼爾】(形動ダ)とつぜんなようす。例―ながらおたずねします。表記「率▼爾」とも書く。

【卒寿】九十歳。また、その祝い。〔「卒」の俗字「卆」を「九十」とみなすことから〕

【卒然】(副)急であるようす。だしぬけに。例―と姿を消す。表記「率然」とも書く。

【卒中】脳の血管障害などで、とつぜん意識を失ってたおれ、手足などがまひする病気。脳卒中。

【卒倒】(名・する)急に気を失ってたおれること。例貧血を起こして―した。

【▽卒▽塔婆】〔仏〕〔梵語の音訳〕墓に立てる、塔をかたどった細長い板。梵字・経文・戒名などを書く。例―を立てる。表記「▽卒都婆・▽卒▼堵婆」などとも書く。

●新卒・倉卒・兵卒

漢字に親しむ ❽

「半寿」とは何歳?

日本には年齢をいろいろな表現があります。「喜」の草書体が「㐂」となることから七十七歳を喜寿、「米」の字を分解すると「八十八」となることから八十八歳を米寿、「卆(=「卒」の俗字)」を上下に分けると「九十」となることから九十歳を卒寿というのはまだわかりやすいほうですが、「百」を分解すると「一」と「白」になることから考えついて、九十九歳を白寿というのなどは、クイズの領域といってもいいでしょう。では、八十一歳を半寿、百十一歳を皇寿というのはどうしてでしょうか、考えてみてください。ヒント、「半」の旧字体は「半」、「王」は分解すると「十二」。

半寿

81歳

十 6

【卓】

8画 3478 5353 常用

音 タク漢呉

訓 すぐ-れる・つくえ

筆順 ⺊ ⺊ 𠮦 卢 占 卓 卓

なりたち [会意]「卜(=くらべる)」と「早(=陽がのぼるあさ)」とから成る。高くぬきんでる。

意味 ❶ぬきんでる。ひときわすぐれる。例卓越。卓抜。卓見。❷つくえ。台。例卓球。円卓。食卓。

難読 卓袱台

人名 すぐる・たか・たかし・つな・とお・まこと・まさる・もち

【▽卓▼袱料理】〔「卓袱」は中国音の転〕江戸時代に日本化した中華料理。魚肉を主とし大鉢などに盛ったもので、長崎の郷土料理として広まった。「シッポク」は中国風のテーブルクロス。

【卓逸】(名・する)人よりすぐれていること。例―した人物。

【卓越】(名・する)他のものとはくらべものにならないほど、すぐれていること。類卓絶・卓出・卓抜。例―した技術。―した能力。

【卓才】人よりはるかにすぐれた才能。また、その才能のある人。類高才。例かれは―の持ち主だ。

【卓子】つくえ。テーブル。卓。

【卓識】すぐれた意見や考え。また、すぐれた見識。類卓見。

【卓出】(名・する)同類のなかで、ずばぬけてすぐれていること。傑出。類卓越・卓絶・卓抜。例―した手腕。例―を披露した。

【卓上】机や食卓などの上。机上。例―日記。

【卓説】りっぱな意見。すぐれた説。類卓論・高説。例名論―。―をうかがう。

【卓絶】(名・する)ひじょうにすぐれていること。類卓出・卓越・卓抜。例―の才。

【卓然】(形動タル)ずばぬけてすぐれているようす。例―たる風姿。―として他を圧する。

【卓抜】(名・する・形動ダ)群をぬいてすぐれていること。類卓越・卓絶・卓出。例―なアイディア。

【卓立】(名・する)①きわだって目立つこと。類卓出。例―した研究。②文中のある語句を強調するために、強く発音すること。プロミネンス。また、とくにすぐれていること。

【卓論】すぐれた論理や議論。類卓説・高説。

【卓球】台の中央に張ったネットごしに、セルロイドのたまをラケットで打ち合う室内競技。ピンポン。テーブルテニス。

【卓見】すぐれた意見や見識。類達見・卓識。例―の多い論説。

【卓行】すぐれたおこない。例―を賞する。

【卓効】薬などのすぐれたききめ。例感冒に―のある薬。

●円卓・教卓・食卓・電卓

十6【卑】8画 ⇩【卑】ヒ（165ページ）

十7【単】9画 3517 5358 教育4 音 一タン漢呉 二セン漢ゼン呉 訓ひとえ

筆順 丶 丷 ⺍ 𫩏 尚 当 当 単

口9【單】12画 5137 55AE 人名

なりたち 單 【会意】「吅ケン→タン（＝おどろきさけぶ）」と「甲」とから成る。大げさに言う。派生して「ひとつ」の意。

意味 一タン ❶ただ一つ。ひとり。ひとつ。例単一タンイツ。単身タンシン。単独タンドク。❷基本となる一つのまとまり。基準。例単位タンイ。単元タンゲン。単語タンゴ。❸一様で変化がない。まじりけがない。例単純タンジュン。単調タンチョウ。簡単カンタン。❹ひとえの着物。裏をつけない衣ころも。ひとえ。例単衣タンイ。❺書きつけ。カード。例伝単デンタン。 二セン「単于ゼンウ」は、匈奴キョウドの王の称号。

難読 単于ウゼン・単皮たび

人名 ただ

【単衣】一タンイ ひとえの衣服。 二ひとえ（「ひとえもの」の略）裏地をつけない着物。ふつう、夏用。例ーでは肌寒はださむい季節になった。表記 二は「▽単」とも書く。

【単位】タンイ ①長さ・重さ・時間などをはかるときに基準とするもの。また、数値。メートル・グラム・秒など。例百のー。億ーのお金が動く。②ある組織を構成している、基本的なひとまとまり。例クラスーで行動する。③高等学校や大学などで学習量をはかる基準の量。例ー制高等学校。

【単一】一タンイチ（名）「単一型乾電池カンデンチ」の略。円筒形エントウケイの乾電池では最大のもの。類単二・単三・単四。 二タンイツ（名・形動ナ）①それだけであること。②一種類だけで、ほかのものがまじっていないこと。例ー民族国家。

【単音】タンオン〔言〕音声をとらえるときの最小の単位。a・o・p・tなど、それ以上細かく分けることのできない音。

【単価】タンカ 商品の一個、または、ある単位あたりの価格。例ーを低くおさえて発売する。

【単眼】タンガン 昆虫コンチュウ類やクモ類などにみられる、明暗を見分ける程度の、単純な仕組みの目。対複眼。

【単記】タンキ（名・する）（選挙などで）一枚の投票用紙に一名だけを書くこと。対連記。例ー無記名投票。

【単騎】タンキ ただひとりウマに乗って行くこと。また、その人。一騎。例ーで駆かけて行く。

【単元】タンゲン ある目標のもとに一つにまとめられた、教材類や学習活動。例ー学習。詩のー。

【単語】タンゴ 文法で、文を組み立てている一つ一つのことば。ある決まった意味やはたらきをもち、それ以上に分けることのできない、ことばとしての最小の単位。語。たとえば、「月が出る。」という文は、「月」「が」「出る」の三つの単語でできている。

【単行】タンコウ（名・する）①ひとりで行くこと。②ひとりでおこなうこと。③一回だけおこなうこと。

【単行本】タンコウボン 叢書ソウショや全集などではなく、それだけで刊行される本。

【単細胞】タンサイボウ ①一つの細胞。例ー生物。②考えや行動などの単純なことをたとえていう。

【単式】タンシキ 単純な形式。簡単な方式。対複式。

【単車】タンシャ オートバイやスクーターなど、エンジン付きの二輪車。

【単純】タンジュン（名・形動ダ）①一つあるいは一種類だけで、まじりけがないこと。例ー林（＝ほとんど一種類の樹木しかない森林）。②仕組み・考え方・働き方などがこみいっていないこと。類簡単。対複雑。例ーな作業。原理はーだ。③複雑なことがらを理解できないこと。例ーな頭をしている。

【単身】タンシン ひとりであること。また、仲間や家族がいない（または連れていない）こと。例ー赴任フニン。ー敵地に乗りこむ。

【単数】タンスウ ①数が一つであること。②英語などの文法で、ひとつまたは一つをあらわす語形。例ー形。▽対複数。

【単調】タンチョウ（名・形動ダ）調子が単純で変化にとぼしいこと。一本調子。例ーな仕事。ーなひびき。

【単刀直入】タントウチョクニュウ（名・形動ナ）（かたなをひとふり持ってまっすぐ敵陣テキジンに切りこむ意）前置きなどなしで、いきなり本題にはいること。類率直ソッチョク。例ーに質問する。

【単独】タンドク ①ただひとり。自分ひとり。例ー行動。②それ一つだけであること。例ーにあらわれる現象。

【単発】タンパツ ①（銃ジュウなどで）一発ずつ発射すること。対連発。②一回かぎりで続きがないこと。例ードラマ。③航空機の発動機が一つであること。対双発ソウハツ・多発。

【単文】タンブン 文法で、主語と述語の関係がひと組みだけある文。たとえば、「花がさく。」の文など。対複文・重文。

【単弁】タンベン 花弁がひとえであること。また、ひとえの花弁。対重弁。例ー花。表記 旧単▼瓣

【単葉】タンヨウ ①葉が一枚ずつはなれているもの。最もふつうの葉の形。②飛行機の主翼シュヨクが一枚であること。また、その飛行機。例ー機。▽対複葉。

【単利】タンリ 元金だけに対して利息をつけ、中間で計算した利息にさらに利息をつけることはしないやり方。対複利。

●簡単カンタン・十二単ジュウニひとえ

十7【南】9画 3878 5357 教育2 音ダン漢ナ・ナン呉 訓みなみ

筆順 一 十 𠂇 冂 冇 冇 尚 南 南

なりたち 【形声】「𣎳（＝草木がさかんにしげるようす）」と、音「羊ジン→ダ」とから成る。草木が枝葉を思いのままにしげらす方角。

意味 方角をあらわす。みなみ。例南極ナンキョク。南蛮ナンバン。南北ナンボク。

難読 南殿デンナのさくら

人名 あき・あけ・なみ・みな

【▽南▼瓜】カボチャ ウリ科のつる性の野菜。カンボジアから伝わったのでこの名がある。とうなす。なんきん。ぼうぶら。

【南無】ナム〔仏〕〔梵語ボンゴの音訳〕仏にいのるときにとなえることば。仏の教えを信じ、それに従い、すがるということ。〔漢語では「帰命キミョウ」〕例ー三宝サンボウ。

【南無▼阿▼弥▼陀仏】ナムアミダブツ〔仏〕〔阿弥陀仏の教えを信じ、それにすがる意〕浄土宗ジョウドシュウや浄土真宗ジョウドシンシュウでとなえることば。六字の名号ミョウゴウ。なむあみだ。

【南無妙法▼蓮華経】ナムミョウホウレンゲキョウ〔仏〕〔妙法蓮華経（＝法華経ホケキョウ）を信じ、うやまう意〕日蓮宗ニチレンシュウでとなえることば。お題目ダイモク。

【南緯】ナンイ 赤道を〇度、南極点を九〇度として測った南半球の緯度。対北緯。

【南欧】ナンオウ ヨーロッパの南部。イタリア・スペイン・ポルトガル・フランス南部・ギリシャなどの国々。南みなみヨーロッパ。対北欧。

【南下】ナンカ（名・する）南へ向かって進むこと。対北上。例寒気団がーしてきた。

【南画】ナンガ「南宗画ナンシュウガ」の略。唐トウの王維オウイに始まる文人画の一派。水墨スイボクや淡彩タンサイでおもに山水をえがく。日本では池大雅いけのタイガや与謝蕪村ブソンらが有名。対北画。

【南海】①南方の海。例―の孤島。②「南海道」の略。

【南海道】昔の七道の一つ。紀伊・淡路・阿波・讃岐・伊予・土佐の六か国がふくまれる。

【南華真経】『荘子』の別名。

【南▼柯の夢】①〔「南柯」は、南にさし出た太い枝〕唐の淳于棼が酒によって庭の槐の南柯の下にねたとき、槐安国の南柯郡王となって二十年の栄華をきわめた夢をみたが、それがアリの国であったと知り、世の中をはかないものと考えたという故事。槐安の夢。槐南の夢。②はかない夢。また、人生のたとえ。

【南極】①地球の南の極。地軸の南のはし。②磁石の、南を指しているほうの磁極。S極。③南極大陸。例―基地。▽対北極。

【南▽京】□一①中国江蘇省の省都。〔古くは、建業・建康・金陵などといった〕②中国から渡来したものをいうことば。例―繻子。―米。③めずらしいものや小さくて愛らしいものをいうことば。例―ネズミ。④カボチャの別名。□二〔京都を北京というのに対して〕奈良のこと。南都。

【南▽京錠】戸や金庫などに取りつけた金具の穴やくさりの輪に、棒などをさしこんで使う金属製の錠。

【南▽京豆】落花生。ピーナッツ。唐人豆。〔中国を経て日本にはいったことから〕

【南国】南のほうにある国。南の暖かい国や地方。対北国。例―育ち。

【南山】①南の方角にある山。②陝西省西安の南にある終南山の別名。例―の寿（＝長寿を祝うことば）。③〔京都の比叡山を北嶺というのに対して〕和歌山県にある高野山のこと。

【南山不落】終南山ががんじょうでくずれないように、城のとりでがしっかりしていて守りが固いことのたとえ。

【南史】中国の正史の一つ。南朝四代（＝宋・斉・梁・陳）の歴史を記した書。唐の李延寿の著。

【南至】〔太陽が最も南にいたる意〕冬至。

【南西】南と西との中間にあたる方位。西南。〔昔の言い方で、坤〕

【南船北馬】広く各地を旅すること。各地をいそがしくかけまわること。〔中国は、南は川が多いので船で、北は山や平原が多いのでウマで旅をしたということから〕類東奔西走
【南▼宋】宋の高宗が臨安（＝今の杭州）に都を移してから、元にほろぼされるまでの王朝。（一一二七―一二七九）

【南端】南のはし。対北端。例日本列島の最―。

【南朝】①中国で、南北朝時代に建康（＝南京）を都とした漢民族の四王朝。宋・斉・梁・陳を指す。（四二〇―五八九）②日本で、後醍醐天皇が吉野に移ってから後亀山天皇までの、四代の朝廷。足利尊氏の建てた北朝に対する。吉野朝。（一三三六―一三九二）→【北朝】（154ページ）

【南天】①南の空。②メギ科の常緑低木。冬に赤い実がなる。南天燭。

【南都】①南方のみやこ。後漢の南陽、南宋の臨安（＝今の杭州）、明代の南京。②〔京都を北都というのに対して〕奈良のこと。南京。③〔京都の比叡山延暦寺を北嶺というのに対して〕奈良の興福寺のこと。例―の大衆（＝僧兵）。

【南東】南と東との中間にあたる方位。東南。〔昔の言い方で、巽〕

【南蛮】①南方の野蛮人。昔、中国で南方の異民族を指していった。例東夷・西戎・―・北狄。②室町時代から江戸時代にかけて、貿易の相手だった東南アジアの諸国をいう。また、そこに植民地をもち日本に来たポルトガル人やスペイン人と、日本にもたらされた西欧の文化・技術・宗教をもいう。例―船。③トウガラシ。④〔関西で〕トウモロコシ。⑤「南蛮煮」の略。ネギと肉を煮た料理。例鴨―。

【南蛮▼鴃舌】〔「鴃舌」は、モズのさえずりの意〕外国語を、モズのさえずりのようにうるさいだけで、意味のわからないことばとして、けいべつして言ったことば。

【南部】①ある地域のなかの南の部分。また、ある地域の南にとなり合う部分。対北部。例『風と共に去りぬ』の舞台は―だ。②もと南部氏の領地だった青森・秋田・岩手県にかけての地域。とくに盛岡地方。例―鉄瓶。

【南風】①南の方角からふくかぜ。夏のかぜ。はえ。対北風。②南方の音楽。③南朝（＝吉野朝）。例―の薫（＝天下が治まり平和なこと）。

【南風競わず】①南方の国の勢力がふるわないこと。南方の楚の音楽に活気がなく、北方の晋の音楽と競争できないことを、国の勢力にたとえて表現したことば。〔春秋左氏伝〕②南朝（＝吉野朝）のおとろえをいう。

【南米】〔「米」は「亜米利加」の略〕南アメリカ。ブラジル・アルゼンチン・チリ・ペルーなど。

【南方】①南の方角。南の方角にあたる地。対北方。②東南アジアの地域。例祖父は―を転戦した。

【南北】①南と北。例―戦争（＝一八六一年から六五年の、アメリカの北部と南部の抗争）。②北半球の欧米諸国と南半球のアジア・アフリカ諸国。例―問題。

【南北朝時代】①中国で、東晋がほろびた後、漢民族が南に、北方民族が北にそれぞれ国を建てて対立した時代。（四二〇―五八九）②日本で、後醍醐天皇が吉野に開いた南朝と、足利尊氏が京都に建てた北朝とが対立した時代。（一三三六―一三九二）

【南▼溟】南方の暗く果てしない大海。〔荘子〕表記「南冥」とも書く。

【南面】（名・する）①南に向くこと。また、南側の面。南向き。例富士の―。②天子や君主の位につくこと。〔天子が南向きにすわり、北向きにすわる臣下と対面することから〕例―して天下に聴く。

【南洋】太平洋の赤道付近の海。また、そこに散在する島々をまとめていうことば。対北洋。例―漁業。
●以南・指南・西南・東南

十7
【卑】
9画 4060 5351 常用
音 ヒ漢呉
訓 いや-しい・いや-しむ・いや-しめる・ひく-い
筆順 ノ 亻 白 甶 由 申 卑

十6
【卑】
8画 1-1478 FA35 人名
なりたち [会意]「十（＝右手よりおとる左手）」と「甲（＝人の頭）」とから成る。身分のおとる人。いやしい。
意味 ❶身分が低い。いやしい。例卑賤。尊卑。❷品がなく、さもしい。いやらしい。例卑劣。野卑。❸いやしい者として見くだす。いやしめる。例卑屈。卑下。❹自分についてのことを、へりくだっていう。例卑見。❺土地

などが低い。

【卑官】ヒカン ①身分の低い官職。②役人が、自分のことをけんそんしていうことば。

【卑▼怯】ヒキョウ（名・形動ダ）勇気や道義心がなく、やり方や心がまえがずるいこと。例—な方法。

【卑近】ヒキン（名・形動ダ）身近なこと。手近でわかりやすいこと。例—な例を引く。

【卑金属】ヒキンゾク 空気中で酸化しやすい金属。鉄・亜鉛アエンなど。対貴金属。

【卑屈】ヒクツ（名・形動ダ）必要以上に人に気がねをし、自分を小さく弱くみて、いじけていること。例—な態度。

【卑下】ヒゲ（名・する）①自分を人よりもおとっているとして、ひどくえんりょした態度をとること。例—しないで堂堂と述べなさい。②他人を見くだすこと。

【卑見】ヒケン 自分の意見をけんそんしていうことば。わたくしのつまらない考え、の意。例—を述べさせていただきます。表記「▼鄙見」とも書く。

【卑語】ヒゴ 人をののしるときなどに用いる、下品なことば。品ヒンの悪いことば。例わざと—を使う悪いくせ。表記「▼鄙語」とも書く。

【卑高】ヒコウ 低いところと高いところ。たとえば、天と地、山と沢さわ、など。また、地位の高い者と低い者。

【卑小】ヒショウ（名・形動ダ）とるにたりないこと。とくに問題にならないつまらないこと。例—なことにこだわる。

【卑称】ヒショウ 人の動作や状態、また、相手そのものをいやしめていうことば。「行く」「去る」に対して「うせる」、「…している」に対して「…やがる」、「おまえ」「あなた」「きみ」に対して「てめえ」「うぬ」「きさま」など。対尊称ソンショウ。

【卑▼賤】ヒセン（名・形動ダ）身分や地位が低いこと。例—から身を起こす。表記「▼鄙▼賤」とも書く。

【卑俗】ヒゾク（名・形動ダ）下品でいやしいこと。例—な歌。表記「▼鄙俗」とも書く。

【卑属】ヒゾク〔法〕親族の系統上、自分の子・孫・おい・めい、など目下の血族。対尊属。

【卑劣】ヒレツ（名・形動ダ）性質ややり方が、ひきょうでおとっていること。例—な男。

【卑▼猥】ヒワイ（名・形動ダ）いやしくてみだらなこと。例—な歌。—な笑い。
●男尊女卑ダンソンジョヒ・野卑ヤヒ

〔十部〕10画 ●博 博 〔卜部〕

十10【博】12画 3978 535A 教育4 音ハク漢 ハク・バク呉 訓ひろ-い 付表博士はかせ

筆順 十 扩 恒 捕 捕 埴 博 博

十10【博】12画 ― ―

忄10【愽】13画 5641 613D 別体字

なりたち［会意］「十(=そなわる)」と「尃フ→ハク(=しきのべる)」とから成る。大いに通じる。

意味 ❶ひろく行きわたる。ひろい。例博学ハクガク。博識ハクシキ。博覧ハクラン。該博ガイハク。❷得る。うける。例好評コウヒョウを博ハクする。❸かけごと。ばくち。例博奕バクエキ。博徒バクト。賭博トバク。

難読 博多はかた(=地名・姓セイ)

人名 とおる・はか・ひろ・ひろし・ひろむ

【博士】ハクシ/はかせ 専門の学術について、水準以上の研究をした者にあたえられる学位。

【博愛】ハクアイ すべての人を差別しないで、広く平等に愛すること。例—主義。

【博引▼旁証】ハクインボウショウ（名・する）論文などで、例を広い範囲ハンイから引用し、証拠ショウコを多くあげて自説の正当性を説明すること。

【博▼奕】バクエキ/バクチ「博打バクチ」に同じ。

【博雅】ハクガ 広く学問に通じ、ものごとを知っていること。例—の士。

【博学】ハクガク（名・形動ダ）ものごとを、広くくわしく知っていること。例—多才。

【博言学】ハクゲンガク「言語学」の古い言い方。〔英語 philology の訳語〕

【博才】バクサイ ばくちの才能。かけごとに勝つ才能。例—がある。

【博識】ハクシキ（名・形動ダ）広い範囲ハンイにわたってものごとをよく知っていること。類多識タシキ。対寡聞カブン・浅学センガク。例—な研究家。

【博捜】ハクソウ（名・する）求める用例を見つけるために、多くの記録や文書を調べること。例文献ブンケンを—する。

【博大】ハクダイ（名・形動ダ）知識や学問などが広くゆたかであること。例—な知識。

【博▼打】バクち ①金品をかけて、花札やトランプなどの勝負をすること。賭博トバク。博奕バクエキ。例—打ち。②失敗したら取りかえしのつかないことに、思いきって挑戦チョウセンすること。例大おお—に出る。

【博徒】バクト ばくち打ち。

【博物】ハクブツ ①さまざまなことがらについて広い知識をもち、くわしく知っていること。例—誌。②「博物学」の略。

【博物学】ハクブツガク 動植物・地質・鉱物についての学問。

【博物館】ハクブツカン ①考古学資料や歴史的遺物、美術品などを広く集めて並べ、いっぱんに公開するところ。〔英語 museum の訳語〕例科学—。②過去のことを知るために、古くなった記念物や関係資料などの材料を集めて見せるところ。例—行きの品物。

【博聞強記】ハクブンキョウキ 広くものごとを聞いて知っており、それをよく記憶キオクしていること。例—の人。

【博文約礼】ハクブンヤクレイ 広くものごとの理を学び、さらに礼という基準にてらして、統合すること。〔孔子コウシの学問観を示したもの〕〈論語ロンゴ〉

【博覧】ハクラン（名・する）①広く書物を読み、多くのことを知っていること。また、見聞を広くすること。②いっぱんの人々に公開して見聞させること。例万国バンコク—会。

【博覧強記】ハクランキョウキ 広く書物を読み、それをよく記憶キオクしていること。例おどろくべき—。

【博労】バクロウ〔「伯楽ハクラク」の変化したことば〕①ウシやウマの売買をする人。②ウシやウマのよしあしを見分ける人。表記「馬▼喰」とも書く。

十10【博】12画 ⇩【博】ハク(166ページ)

25 2画 卜 ぼく部

カメの甲羅コウラを焼いてうらないをするとき、表面にできるひびわれの形をあらわす。「卜」をもとにしてできている字と、「卜」の字形を目じるしにして引く漢字とを集めた。

0 卜 2 卞 3 占 6 卦

この部首に所属しない漢字

上⇩一 14 止⇩止 556 外⇩夕 248 卓⇩十 163

虎⇩虍 871　貞⇩貝 932　赴⇩走 943

ト0 **【卜】** 2画 4346 535C 人名 音ホク(漢)ボク(呉) 訓うらな-う・うらな-い

意味 カメの甲羅(コウラ)やけものの骨(ほね)などを焼いて、そのひびわれで運勢を予想する。うらなう。うらない。例卜占(ボクセン)。亀卜(キボク)。

難読 卜部(うらべ)（=姓(せい)）

【卜辞】ボクジ 殷(イン)の遺跡(イセキ)から出土した亀甲獣骨(キッコウジュウコツ)にきざみつけられた、うらないの文字。

【卜者】ボクシャ うらないをする人。占師(うらないし)。易者(エキシャ)。

【卜人】ボクジン うらないをする人。易者(エキシャ)。卜者(ボクシャ)。

【卜筮】ボクゼイ 〔「筮」は、筮竹(ゼイチク)を使ったうらない〕うらない。例—で身を立てる。

【卜占】ボクセン うらない。占卜。例—の術。

【卜相】ボクソウ 人相や家相、また善悪や良否をうらなうこと。

【卜居】ボッキョ（名・する）うらなって土地を選び、そこに住むのを決めること。

ト2 **【卞】** 4画 5038 535E 音ヘン(漢)ベン(呉)

意味 ❶かんむり。同弁(ベン)。❷せっかちなようす。❸きまり。のり。❹姓(セイ)の一つ。例卞和(ベンカ)。

【卞和】ベンカ 春秋時代の楚(ソ)の人。すばらしい宝玉(ホウギョク)の発見者。→【和氏の璧】カシのヘキ(200ページ)・【完璧】カンペキ(290ページ)

ト3 **【占】** 5画 3274 5360 常用 音セン(漢)(呉) 訓し-める・うらな-う・うらな-い

筆順 丨 ト ト 占 占

なりたち [会意]「卜(=うらなう)」と「口(=くち)」とから成る。カメの甲羅(コウラ)のひびわれの形を見て問う。

意味 ❶吉凶(キッキョウ)をうらなう。うらない。例占星術(センセイジュツ)。占卜(センボク)。❷自分のものとする。しめる。例占拠(センキョ)。占有(センユウ)。独占(ドクセン)。

人名 うら・しめ

難読 辻占(つじうら)

【占形】うらかた うらないの結果、あらわれ出たかたち。カメの甲羅(コウラ)やシカの骨などを焼いて、あらわれたさけ目など。

【占拠】センキョ（名・する）ある場所をひとりじめにすること。例不法に建物を—する。

【占者】センジャ うらないをする人。

【占術】センジュツ うらないの方法。うらない。

【占星】センセイ 天体の位置や運行などを見て、自然・社会・人事をうらない、吉凶(キッキョウ)を判断すること。

【占星術】センセイジュツ 星などの天体の動きによってうらなう術。

【占筮】センゼイ（名・する）筮竹(ゼイチク)によってうらなうこと。

【占兆】センチョウ うらないにあらわれたかたち。例—を読み取る。

【占卜】センボク うらなうこと。うらない。卜占。例—による。

【占夢】センム 夢の示すことが、吉(キチ)か凶(キョウ)か、また、どんな意味があるかを判断すること。ゆめうら。ゆめはんだん。

【占有】センユウ（名・する）自分のものとして所有すること。例—率(リツ)。相手を—したい欲望。

【占用】センヨウ（名・する）道路などの公(おおやけ)のものを、ある者が特別の目的のために使用すること。例歩道を不法に—する。

【占領】センリョウ（名・する）①ある地域を兵力で完全に支配すること。②ある場所をひとりじめすること。例部屋を—する。

ト6 **【卦】** 8画 2321 5366 音カ(漢)ケ(呉)

意味 易(エキ)のうらないで、陰(イン)(--)と陽(ヨウ)(—)を六つ組み合わせてできる六十四とおりの形。うらかた。例八卦(ハッカ)。どんな卦(ケ)が出るか。

難読 本卦還(ホンケがえ)り

26 2画 卩 わりふ ふしづくり（㔾 まげわりふ）部

割り符(ふ)（=一つのものを二つに割って、それぞれを分け持ち、後日に証拠(ショウコ)のしるしとして、合わせてみたもの）の形をあらわす。「節(ふし)」の旁(つくり)（=漢字の右がわの部分）になるので「ふしづくり」ともいう。「卩」が脚(あし)（=漢字の下がわの部分）になるときは「㔾(=まげわりふ)」となる。「卩」をもとにしてできている漢字と、「卩」の字形を目じるしにして引く漢字とを集めた。

この部首に所属しない漢字

脚⇩月 823　御⇩彳 377

卩0 **【卩】** 2画 5039 5369 音セツ(漢) 訓ふし・わりふ

意味 符節(フセツ)。わりふ。ふし。

㔾3 **【卮】** 5画 5040 536E 音シ(漢) 訓さかずき

巳4 **【巵】** 7画 5466 5DF5 俗字

意味 酒を飲むための容器。さかずき。例卮酒(シシュ)。玉卮(ギョクシ)。

【卮言】シゲン とりとめもないことば。例林羅山(はやしラザン)の『—抄(シゲンショウ)』。

【卮酒】シシュ さかずきについだ酒。

卩3 **【卯】** 5画 1712 536F 人名 音ボウ(漢) 訓う

夕2 **【夘】** 5画 5041 5918 俗字

なりたち [象形] 開いた門の形。あらゆるものが地から出て、しげる。派生して、十二支の第四番に用いる。

意味 十二支の四番目。方位では東、時刻では午前六時、およびその前後の二時間。月では陰暦(インレキ)の二月。動物ではウサギにあてる。う。例卯酒(ボウシュ)。卯年(うどし)。

日本語での用法 《う》「ウツギの花(=卯(う)の花)」の略。「卯月(うづき)・卯木(うつぎ)」

人名 あきら・しげ・しげる

【卯の花】うのはな ①ウツギの花。②とうふのしぼりかす。きらず。おから。

【卯月】うづき ボウゲツ ①日本で、もと、陰暦(インレキ)四月のこと。太陽暦でもいう。②中国で、陰暦二月の別名。

【卯酒】ボウシュ 〔卯(う)の刻に飲む酒(さけ)の意〕朝酒(あさざけ)。

卩 4

【印】

6画 1685 5370 教育4 音イン漢呉 訓しるし

筆順 ノ 亻 ㇆ 乊 印 印

なりたち [会意]「E(=て)」と「卩(=しるし)」とから成る。政治をおこなう者が持つ、しるし。

意味 ❶はん。はんこ。例印鑑。押印。調印。❷しるしをつける。しるし。目じるし。また、その記号。例烙印。❸文字や図をほった版をおしつけて刷る。例印画。印刷。❹仏教で、さとりや願いの内容を指の形で示すもの。例結印。印を結ぶ。❺外国語の「イン」の音にあてた字。例印度。印加帝国。

人名 あき・おき・おし・かね・しる

【印影】インエイ 紙などにおした、はんのあと。

【印可】インカ (名・する) ①〔仏〕師が、弟子の修行がじゅうぶんに達成されたと認めて、証明すること。例―を得る。②芸道や武道などで、師が弟子に免許をあたえること。許し。免許。例―を受ける。

【印画】インガ 写真のネガ(=陰画)を感光紙に焼きつけて、ふつうに見えるような写真にしあげたもの。例―紙。

【印花布】インカフ 更紗。とくに、インド更紗。

【印鑑】インカン ①はん。はんこ。②自分の、はんであることを証明するために、地方公共団体に届け出た特定の印。例―証明。―登録。

【印刻】インコク (名・する) きざみつけること。また、印をほること。刻印。

【印材】インザイ 印章をつくる材料。

【印刷】インサツ (名・する) 文字や、絵・写真などを版におこして、紙や布などに刷ること。例―機。

【印紙】インシ 税や手数料をおさめたしるしとして、文書や証書にはる証紙。例収入―。

【印字】インジ (名・する) タイプライターやプリンターなどで、文字や符号をしるすこと。例―機。

【印璽】インジ ①天子の印。②日本国の印と天皇の印。

【印綬】インジュ 官職や身分をあらわす印と、それをさげるひも。例―を帯びる(=官職につく)。―を解く(=官職をやめる)。

【印書】インショ (名・する) ①タイプライターやプリンターなどで印刷すること。②書物を印刷し、出版すること。

【印章】インショウ はんこ。印判。印鑑。

【印象】インショウ 見たり聞いたりしたときに心に強く残る感じ。例第一―。初めての日本訪問の―。

【印税】インゼイ 文章・音楽・絵画・映像などの著作物の発行者が、その商品の発行部数や定価に応じて、著作権をもつ者にしはらうお金。

【印伝】インデン 「印伝革(=インドから伝来した革)」の略。うるしで模様を染めた、ヒツジやシカなどのなめし革。例―の合切袋。

【印度】インド 〔India の音訳〕南アジアのインド半島にある国。首都はニューデリー。〔古くは、日本や中国などから天竺と呼ばれた〕例―更紗。

【印肉】インニク 印をおすときに用いる、朱またはインクなどをしみこませたもの。肉。類朱肉。

【印判】インバン はんこ。印。印章。印形。

【印版】インバン 印刷に使う版木。また、それで刷ること。表記「印板」とも書く。

【印譜】インプ 名士の用いたいろいろな印影を集めた本。

【印本】インポン 印刷した本。版本。

【印綿】インメン 「インド綿」のこと。インド産の綿糸や綿花。表記「印▼棉」とも書く。

【印籠】インロウ (武家が正装したとき)腰にさげる小さな容器。薬などを入れ、また、かざりともした。

●影印・押印・金印・刻印・朱印・調印・封印・認印

㔾 4

【危】

6画 2077 5371 教育6 音キ慣 ギ漢呉 訓あぶ-ない・あや-うい・あや-ぶむ

筆順 ノ ク 𠂊 产 危 危

なりたち [会意]「产(=人ががけの上にいる)」と「㔾(=おそれつつしむ)」とから成る。高いところにいて、おそれる。

意味 ❶よくない結果になりはしないかと心配する。あやぶむ。例危惧。❷安定せず、くずれそうなようす。あぶない。あやうい。対安。例危機。危急。危険。❸そこなう。あやうくする。例危害。❹高くけわしい。例危峰。❺正しい。正しくする。例危言。危行。❻二十八宿の一つ。うしやめぼし。うみやめぼし。例危宿。

難読 大歩危小歩危(=地名)

【危うきこと累卵の▽如し】積み重ねたたまごのように、不安定で、くずれやすいこと。〈史記〉例国運の―。

【危害】キガイ 肉体や生命を傷つけること。例―を加える。

【危機】キキ あぶないとき。あぶない場面。ピンチ。例生命の―。

【危機一髪】キキイッパツ 〔「一髪」は、かみの毛一本ほどのわずかなすきまの意〕重大な危険が目の前にせまっていること。例―のところを助かる。

【危急】キキュウ 危険がさしせまっていること。

【危急存亡の▽秋】キキュウソンボウのとき 生きのびられるか、ほろびるかが決まる、重大なとき。〈諸葛亮・出師表〉例―が到来する。

【危局】キキョク 危険な局面。あぶない状態。例―に直面する。

【危惧】キグ (名・する) よくないことがあるのではないかと、心配すること。例―の念をいだく。

【危険】キケン (名・形動ナ) あぶないこと。対安全。例―信号。

【危言】キゲン 正しいことば。上品で程度の高いことば。例―をはく(=正しいことばを言う)。

【危行】キコウ 正しいおこない。また、おこないを正しくすること。例危言―。

【危座】キザ (名・する) きちんと正しくすわること。類正座・端座。表記旧危▼坐

【危石】キセキ 高くきりたった石。また、いまにもたおれそうな石。

【危浅】キセン (いのちなどの)はかなくもろいこと。例人命―。

【危▼殆】キタイ とてもあぶないこと。類危険。例―に瀕する。

【危地】キチ あぶない場所や状態。窮地。例―を脱する。

【危篤】キトク 病気がおもくて、いのちがあぶないこと。類重態。例―状態におちいる。

【危難】キナン あぶないめにあうこと。類災難。例―を救う。

【危峰】キホウ 高くそびえる山のいただき。

【危亡】キボウ 危険と滅亡。あやうくなったり、ほろびたりすること。

卩 5

【却】

7画 2149 5374 常用 音キャク漢 訓しりぞ-く・しりぞ-ける・かえ-って

筆順 一 十 土 去 去 却

卩 7

【卻】 9画 5042 537B 本字

なりたち 〔形声〕「卩(=つつしむ)」と、音「谷(コク→キャク)」とから成る。さしひかえる。しりぞく。

意味 ❶あとずさりする。しりぞく。例退却。❷おしかえす。しりぞける。例却下。返却。❸…しおわる。…してしまう。例売却。忘却。❹予期に反して。反対に。ところで。例却説。

難読 却却(なかなか)

【却説】さて。ところで。はなし(は)変わって。〔話題を変えるときのことば〕

【却立】(名・する)あとずさりして立つこと。

【却下】(名・する)(裁判所や役所などが)申し立てを取り上げないで、さしもどすこと。類棄却。例再審査請求を—する。

【却行】(名・する)あとずさりすること。類却走。

●焼却・退却・売却・返却・忘却

卩5 【即】 7画 3408 5373 常用 音ショク漢 ソク呉 訓つ-く・つ-ける・すなわ-ち

筆順 ㇆ ヨ ヨ 艮 艮 即 即

卩7 【卽】 9画 1-1481 537D 人名

なりたち 〔会意〕「卩(セツ→ショク)(=つつしむ)」と「皀(=おいしい食物)」とから成る。飲食をつつしむ。派生して「つく」の意。

意味 ❶ある地位・場所に身を置く。つく。つける。例即位。❷〔助字〕「すなわち」と読む。㋐すぐさま。ただちに。即答。例兵即入レ門(=兵はすぐさま門にはいった)。〔「すなわちこたう」と訓読する〕。即断。㋑…すると。…のときには。とりもなおさず。同則。例先即制レ人(=人より先にものごとをすると相手をおさえられる)。〈史記〉

人名 あつ・ただ・ちかし・つぐ・より

【即位】(名・する)君主・天子の、くらいにつくこと。対退位。例—の礼。

【即詠】(名・する)題を出され、その場ですぐに詩や歌をよむこと。また、その詩や歌。類即吟。

【即応】(名・する)まわりのようすにふさわしく対応すること。変化に応じて適切に行動すること。例時代に—する。

【即吟】(名・する)その場ですぐに短歌や俳句をつくること。また、その短歌や俳句。類即詠。例—の名手。

【即座】①その場。また、その場ですぐおこなうこと。類即刻・即時・即席。②〔「即座に」の形で〕すぐに。例—に答える。

【即死】(名・する)その場ですぐに死んでしまうこと。

【即事】目の前のこと。その場のできごと。また、目前の風景。例—を詠じる。

【即時】すぐそのとき。すぐさま。類即刻。例—通話。

【即日】すぐその日(に)。類当日。例—開票。

【即身成仏】(名・する)〔仏〕〔「成仏」は、目ざめた者になる意〕凡夫でも、生きたままさとりを得ることができるということ。

【即身仏】人々を救うため座禅を組み、瞑想したままの姿で絶命した僧。また、そのミイラ化した身体。

【即製】(名・する)その場ですぐに作ること。例—販売。

【即席】①準備なしに、すぐおこなうこと。例—のスピーチ。②手間をかけず、すぐできあがること。例—料理。

【即題】①題をあたえられて、すぐその場で詩・和歌・俳句・文章などをつくること。類席題。対兼題。②予告なしにその場で出題して解答させる、その問題。

【即断】(名・する)その場ですぐに決めること。類即決。例—即決。—をさける。

【即答】(名・する)その場ですぐにこたえること。例—をさける。

【即売】(名・する)〔博覧会・展示会・品評会などの会場で見せた品物を〕その場で売ること。例展示—会。

【即物的】(形動)①実際のものに即して考えたり、おこなったりするようす。例—に取りあつかう。②目に見える利害ばかりを考えるようす。例あの人は—だ。

【即妙】(名・形動)とっさの機知や機転。例当意—。

【即滅】(名・する)すぐにほろびること。また、すぐに消えてなくなること。例七難—。

【即目】目にふれること。また、目にふれるもの。類嘱目。

【即急】(名・形動)ひじょうに急なようす。例—の要請に応じる。表記「速急」とも書く。

【即興】①その場で起こる興味。類座興。②興味がわいて、その場で、詩や曲をつくったり、書画を書いたりすること。例—曲。—詩。

【即金】買い物をして、その場でお金をしはらうこと。また、その現金。例—で買い取る。

【即決】(名・する)その場ですぐにきめること。類即断。例—裁判。即断—。

【即効】すぐにききめがあらわれること。例—薬。

【即刻】(副)すぐに。すぐさま。類即時・即座。例—退去せよ。

【即今】ただいま。いま。類目下・目今。

卩5 【卵】 7画 4581 5375 教育6 音ラン漢呉 訓たまご

筆順 ノ ㇄ ⺊ 卯 卯 卵 卵

なりたち 〔象形〕たまごが生まれ出る前に腹の中にある形。

意味 動物のたまご。例卵子。卵生。鶏卵。

日本語での用法《たまご》①ニワトリのたまご。「卵焼き・温泉卵・卵色」②修業中の人。「医者の卵・女優の卵」

【卵円形】ニワトリのたまごのような形。たまごがた。

【卵黄】たまごの黄身。対卵白。

【卵殻】たまごのから。

【卵割】〔生〕受精卵が発生した初期の段階に、くりかえして起こる細胞分裂。

【卵管】卵巣から出た卵子を子宮へ送るくだ。輸卵管。

【卵細胞】「卵子」に同じ。

【卵子】めすの生殖細胞。卵巣でつくられ、精子と結合して新たな個体をつくる。卵。卵細胞。対精子。

【卵生】動物が、たまごの形で、母体の外にうまれ出ること。対胎生。

【卵巣】動物のめすが、卵子をつくりホルモンを出す、生殖器官。

【卵胎生】〔生〕卵生の動物のうち、母体のなかでたまごの状態で育ち、栄養を母体から受けずに、孵化成長してうまれてくること。マムシ・ウミタナゴ・グッピーなど。

【卵塔】台座の上にたまご形の石をのせた墓石。例—場(=墓地)。表記「▼蘭塔」とも書く。

【卵▼嚢】ランノウ （軟体ナンタイ動物の）たまごがはいっているふくろ。

【卵白】ランパク たまごの白身しろみ。㊟卵黄。

【卵胞】ランポウ 卵巣ランソウ内で、たまごをつつんでいるふくろ。

【卵膜】ランマク 動物の卵細胞ランサイボウをつつんでいる膜。

【卵翼】ランヨク 親鳥がつばさでたまごをおおってかえすように、子供をいつくしみ育てること。例ーの恩オン（＝育ててくれた恩義）。

●産卵サンラン・排卵ハイラン・無精卵ムセイラン・累卵ルイラン

卩6 【巻】8画 ⇩【巻】カン(336ページ)

卩7 【卸】9画 1823 5378 常用 音シャ漢 訓おろ-す・おろし

筆順 ノ 𠂉 午 午 𠂉 𠂉 𠂉 卸 卸

なりたち ［形声］「卩（＝つつしむ）」と「止（＝とめる）」と、音「午ゴ→シャ」とから成る。馬車を止めてウマを解き放す。

意味 重い荷物をおろして楽になる。のがれる。とりのぞく。おろす。例卸肩シャケン（＝かたの荷をおろす。辞職する）。卸責シャセキ（＝責任をのがれる）。

日本語での用法《おろし・おろす》小売店に品物を売る。「卸おろし・卸売おろしうり・卸商おろししょう・店卸たなおろし・棚卸たなおろし・安値やすねで卸おろす」

使い分け おりる・おろす【降・下・卸】⇩1165ページ

【卸売り】おろしうり 問屋とんやが生産者や仲買人なかがいにんなどから商品をたくさん買い入れて、小売商人に売りわたすこと。

【卸問屋】おろしどんや 卸売りをする店。

【卸値】おろしね 問屋とんやが小売商人に売るときの値段。

卩7 【卻】9画 ⇩【却】キャク(168ページ)　卩7 【即】9画 ⇩【即】ソク(169ページ)

卩8 【卿】10画 ⇩【卿】ケイ(170ページ)

卩10 【卿】12画 2210 537F 人名 音ケイ漢 キョウ呉 訓きみ

卩8 【卿】10画 ［卿］の俗字

意味 ❶位の高い大臣。長官。貴族。例九卿キュウケイ。公卿クギョウ。❷二人称ニニンショウの代名詞。㋐天子が臣下を呼ぶ。㋑臣下どうしで相手を呼ぶ。㋒夫婦フウフが相手を呼ぶ。❸姓セイにつけてうやまっていうことば。例荀卿ジュンケイ。

日本語での用法《かみ》律令制リツリョウセイの四等官シトウカンで、省の第一位。長官かみ。

人名 あき・あきら・のり

【卿相】ケイショウ 天子をたすけて政治をおこなう高位の人々。日本の平安時代以後は、大臣・大納言ダイナゴン・中納言・参議など。類公卿クギョウ。例ー雲客ウンカク。

【卿大夫】ケイタイフ 卿と大夫。政治をとりおこなう高位の人。

●公卿クギョウ・クゲ・枢機卿スウキキョウ・スウキケイ

27 2画 厂 がんだれ いしだれ 部

切り立ったがけの形をあらわす。「雁ガン」の字にある垂れ（＝漢字の上から左に垂れている部分）であることから「がんだれ」、「石」の字にある垂であることから「いしだれ」ともいう。「厂カン」をもとにしてできている漢字と、「厂」の字形を目じるしにして引く漢字とを集めた。

0 厂 2 厄 5 厎 7 厚 厖 厘 8 原 9 厠 10 厥 厨 厦 厩 12 厭 厩 厲 厮 厰

この部首に所属しない漢字

反⇩又176　圧⇩土225　戊⇩戈416　成⇩戈417
灰⇩火628　辰⇩辰960　威⇩女275　唇⇩口205
辱⇩辰960　雁⇩隹1042　蜃⇩虫877　暦⇩日495
歴⇩止560　贋⇩貝941　靨⇩面1058　魘⇩鬼1093

厂0 【厂】2画 5044 5382 音カン漢 訓いわや

参考 「庵アン・廠ショウ」の俗字ゾクジとして用いられる。

意味 がけ。

日本語での用法《ガン》「雁・鴈・厓・鳫」の略字としても用いた。

厂2 【厄】4画 4481 5384 常用 音アク漢 ヤク呉 訓わざわい

筆順 一 厂 厄 厄

なりたち ［形声］「㔾（＝ふし）」と、音「厂カン→ガ」とから成る。木のふし。派生して「わざわい」の意。

意味 苦しみ。災難。わざわい。例厄難ヤクナン。災厄サイヤク。

日本語での用法《ヤク》①厄年やくどしのこと。「前厄まえヤク・後厄あとヤク・男おとこの大厄タイヤク」②「厄介ヤッカイ」の形で）めんどう。また、めんどうを見る。「厄介者ヤッカイもの・厄介ヤッカイになる」

難読 科厄きのふし・ふし

【厄年】やくどし ①陰陽道オンヨウドウで、災難にあうのでつつしまなければならないとされる年齢ネンレイ。数え年で、男性は二十五歳サイ・四十二歳・六十一歳、女性は十九歳・三十三歳などとされる。②災厄の多く起こる年。例去年は台風のーだった。

【厄難】ヤクナン わざわい。災難。例思いがけないーにあう。

【厄日】ヤクび ①陰陽道ドウで、災難にあうのでつつしまなければならないとされる日。②災難の起こる、悪い日。③江戸えど時代から、農業にとって、天候の悪いために災難の起こる日。二百十日ニヒャクとおかや二百二十日はつかなどを指していった。例ーも無事に過ぎました。

【厄介】ヤッカイ 〔「厄会ヤクカイ」の変化という〕一（名）他人に世話やめいわくをかけること。例ーをかける。二（名・形動ダ）手間がかかってめんどうなこと。複雑なこと。例ー者もの。ーな話になる。

【厄会】ヤッカイ 災難にあう運命。

●災厄サイヤク・大厄タイヤク

厂5 【厎】7画 ⇩【砥】シ(715ページ)

厂7 【厚】9画 2492 539A 教育5 音コウ漢呉 訓あつ-い

筆順 一 厂 厂 戶 戸 戸 厚 厚 厚

なりたち ［会意］「厂（＝がけ）」と「㫗コウ（＝あつみがある）」とから成る。山のもりあがりが大きい。

意味 ❶あつみがある。あつい。程度がはなはだしい。大きい。濃こい。深い。例厚薄コウハク。濃厚ノウコウ。❷心のこもった。思いやりのある。手あつい。例厚意。厚遇。厚志。❸ゆたかにする。あつくする。例厚生。

難読 厚朴(ほおのき・ほおがしわ)

人名 あつ・あつし・ひろ・ひろし

【厚意】コウイ 思いやりのあつい気持ち。親切心。好意。類厚情。例人の―を無にするような態度。

【厚恩】コウオン あつい恩。大きな恩恵。例―にむくいる。

【厚顔】コウガン (名・形動ダ) あつかましく、ずうずうしいこと。つらの皮のあついこと。類鉄面皮。例―でけちな人。

【厚顔無恥】コウガンムチ (名・形動ダ) あつかましくて、はじを知らないこと。例―なふるまい。

【厚▼誼】コウギ 心のこもったつきあい。類厚情。例日ごろのご―に感謝いたします。

【厚遇】コウグウ (名・する) 手あつくもてなすこと。対冷遇。例―を受ける。

【厚志】コウシ 親切な気持ち。例―にあずかる。

【厚賞】コウショウ 手あついほうび。また、手あつくほめること。

【厚情】コウジョウ 親切な気持ち。類厚意。例ご―を謝す。

【厚生】コウセイ 人々の生活を、健康で豊かなものにすること。例―労働省。―年金。

【厚沢】コウタク 深い恩。厚恩。例―に浴する。

【厚徳】コウトク ①広くて大きな人徳。②手あつく、めぐみをほどこすこと。

【厚薄】コウハク あついことと、うすいこと。例人情の―にとまどう。

【厚労相】コウロウショウ 厚生労働大臣のこと。

●温厚・重厚・濃厚

厂7 【厖】 9画 *5045 5396 音ボウ漢

意味 ❶ひじょうにおおきい。同尨。例厖大。❷いりまじる。同尨。

難読 厖犬(むくいぬ)

【厖大】ボウダイ (名・形動ダ) ひじょうにおおきいようす。例―な計画。表記 現膨大

厂7 【厘】 9画 4650 5398 常用 音リン慣 リ漢

筆順 一 厂 厂 厅 后 盾 厙 厘 厘

なりたち 「釐リ」を省略してできた字。

意味 ❶単位。㋐長さの単位。一尺の千分の一。一分ブの十分の一。㋑重さの単位。一両リョウの千分の一。▽→「度量衡表ドリョウコウヒョウ」(1141ページ) ㋒面積の単位。一畝ホの百分の一。㋓割合の単位。一分ブの十分の一。例二分ブ五厘リン。同釐リ。❷わずか。ほんの少し。例厘毛リンモウの狂くるいもない。同釐リ。

日本語での用法《リン》①尺貫法シャッカンホウの重さの単位。一匁もんめの百分の一。②貨幣カヘイの単位。銭の十分の一。「一銭セン五厘リン」

●九分九厘クブクリン

厂8 【原】 10画 2422 539F 教育2 音ゲン漢呉 訓はら・もと・たず-ねる

付表 海原うなばら・河原かわら・川原かわら

筆順 一 厂 厂 厂 厂 盾 盾 原 原 原

なりたち [会意]「泉(=いずみ)」が「厂(=がけ)」の下からわき出る。みなもと。

意味 ❶ものごとのおこり。みなもと。もと。また、もとにさかのぼって、たずねる。同源ゲン。例原因ゲンイン。原始ゲンシ。起原キゲン。原流ゲンリュウ。❷広く平らな地。はら。例原野ゲンヤ。高原コウゲン。平原ヘイゲン。

人名 おか・はじめ

【原案】ゲンアン 議論・検討をするための、もとの案。類素案・草案。例―を修正する。―どおり可決する。

【原意】ゲンイ もとの意味。本来の意味。類原義。例―を尊重して翻訳ホンヤクする。

【原因】ゲンイン (名・する) ものごとをひき起こしてある結果をもたらす、もとになったもの。対結果。例―を究明する。住居に―する病気。

【原液】ゲンエキ 何かを加えたり、うすめたりするまえの、もとの液体。例果汁カジュウの―。

【原音】ゲンオン ①その語の外来語としての発音ではなくて、原語での発音。例―に従ってかな書きを決める。②録音や再生をしたり、加工したりするまえの、もとの音オ。例―をそのまま再生する。

【原価】ゲンカ ①製品の製造にかかった費用。コスト。例―計算。②仕入れの値段。もとね。例―を割る。

【原画】ゲンガ 〔複製画などに対して〕もとの絵。例表紙の―を展示テンジする。

【原器】ゲンキ 長さや質量の単位の基準を具体的にあらわすものとして作られた器物。例キログラム―。

【原義】ゲンギ もともとの意味。本来の意味。類原意・本義。対転義。例―を離はなれた使い方。

【原級】ゲンキュウ ①もとの等級。例―に留め置く。②学校で、進級できない人がとどまる、もとの学年。③〔言〕ヨーロッパの言語の形容詞・副詞の、比較級ヒカクキュウ・最上級に対する基本の形。たとえば、英語の better, best に対する good など。

【原拠】ゲンキョ もとになったよりどころ。類根拠。例―を示す。

【原曲】ゲンキョク もとの楽曲。オリジナル。例クラシックの―をジャズにアレンジする。

【原形】ゲンケイ 変化する前の、もとのかたち。例―をとどめない。

【原形質】ゲンケイシツ 〔生〕細胞サイボウの中の、生命活動のもとになる物質。

【原型】ゲンケイ ①発展し、改良して変わってきたものの、もとのかた。例ハープシコードがピアノの―である。②鋳造物チュウゾウブツ製造の、もとになるかた。

【原語】ゲンゴ ①翻訳ホンヤクされる前の、もとの言語。例―で読む。②外来語や翻訳語に対して、それにあたる、もとのことば。

【原稿】ゲンコウ ①講演などや印刷の、もとになる文章。類草稿。②印刷物のもとになる、文章・図画・写真など。例―用紙。

【原告】ゲンコク 〔法〕裁判所にうったえ出て、法律上の争いの判断を求める人。対被告ヒコク。例―勝訴ショウソ。

【原罪】ゲンザイ キリスト教で、人間が生まれながらに負っているつみ。〔アダムとイブが神の命令にそむいて、禁じられた木の実を食べたという『旧約聖書』創世記による〕

【原作】ゲンサク ①翻訳ホンヤク・脚色キャクショク・改作などの、もとになった作品。②複写や複製のよりどころとした、もとのもの。

【原産】ゲンサン 動植物や鉱物などが、いちばんはじめはその土地で生育し、あるいは産出したこと。例―地。

【原子】ゲンシ ①古代ギリシャの哲学テツガクで、物質を構成している最小の粒子リュウシ。②〔物〕元素がその特有の性質を保ちうる、最小単位の粒子。〔原子核ゲンシカク・電子などから成り、結合して分子を構成する〕例―爆弾バクダン。

【原子核】ゲンシカク 原子の中心部分。陽子と中性子からできている。

【原子爆弾】ゲンシバクダン ウランやプルトニウムなどが核分裂カクブンレツや核融合カクユウゴウをするときに放出されるエネルギーを利用した、

破壊力の大きい爆弾。核爆弾。原爆。

【原子量】〔物〕各元素の原子の質量。質量数一二の炭素原子を基準にあらわしたもの。水素の原子量は1。

【原子力】原子核の分裂や融合で発生する大きなエネルギー。例―発電。

【原始】①ものごとのはじまり。起こり。類元始。例―の仏教にさかのぼる。②人類が存在しはじめた時代。また、そのころの、未開で自然に近い状態。例―社会。

【原始時代】人類全体が原始の生活をしていた時代。〔学術用語ではなく、ばくぜんと有史以前を指す〕

【原始人】原始時代の人類。

【原始林】人の手の加えられたことがない、自然のままの森林。類原生林・処女林。

【原紙】①切断したり加工したりする前のかみ。②謄写版の原版とする、ろうを引いたかみ。例―を切る。

【原詩】翻訳したり、改作したりする前のもとの詩。例―の味わいを伝える訳詞。

【原資】事業をしたり投資をしたりするときの、もとになる資金。もとで。

【原史時代】考古学で、時代区分の一つ。先史時代と歴史時代の中間で、断片的な文献史料が残存している時代。

【原酒】①醸造したままの、アルコールや水などを加えて精製していない日本酒。②精製前のウイスキーの原液。

【原種】飼育や栽培をして改良した動植物のもとになった、野生の品種。野生種。例―をもとに品種改良する。

【原住】（名・する）もとからその土地にすんでいること。例―民。―民族。

【原初】ものごとのいちばんはじめ。例始祖鳥は鳥類の―の形態を備えている。

【原書】①翻訳される前の、原語で書かれた本。例シェークスピアを―で読む。②欧米の書物。洋書。

【原状】変化する前の、もとの状態。例―回復。

【原色】①まぜあわせていろいろな色をつくり出す、もとになる色。〔色の三原色は赤・黄・青、光の三原色は赤・緑・青〕②「①」や、それに近い、強い色彩。③実物・原画のままの色彩。例―に忠実に印刷する。

【原色版】原画や原物の色彩をそのまま再現する印刷。また、その印刷物。カラー版。原色刷り。

〔厂部〕9―10画 ● 厠 厥 厨

【原人】一五〇万年から三〇万年前にあらわれた化石人類。猿人に次ぎ、旧人の前段階。石器を使い、火を用いていた。例北京―。

【原図】複写したり、修正や省略をしたりする前の図。

【原寸】実物どおりの寸法。例―大の模型。

【原生】発生したときの状態のまま、変化しないこと。例―林。

【原石】①金属製品の原料となる鉱石。②宝石に加工する前の石。例ルビーの―。

【原籍】①戸籍を移す前の、戸籍の所在地。②（現住所に対して）戸籍の所在地。類本籍。

【原則】大部分の場合に当てはまる、基本的な規則。例―論。戦争は人命尊重の大―を否定する。

【原隊】軍隊で、はじめに所属していた部隊。例―復帰。

【原題】改題や翻訳される前の、もとの題。

【原著】翻訳や改作される前の、もとの著作。類原作。例―を参照しながら読む。

【原典】翻訳・改作・引用・筆写などのもとになった書物。例―どおりか確かめる。

【原点】①距離や長さを測るときの基準点。基点。②ものごとの根本にある問題点。出発点。例―にもどる。③〔数〕座標軸の交わる、基準の点。

【原動】うごきを生み出すもと。運動や活動を起こす根源。例―機。―力。

【原爆】「原子爆弾」の略。

【原発】「原子力発電(所)」の略。原子力を利用した発電(所)。

【原板】写真で、焼き付けや引きのばしのもとになる、乾板やフィルムなど。

【原盤】①レコードの製作でもととなる盤。②複製や改作がされる前のもとのレコード。コンパクトディスクなどにもいう。

【原版】①印刷用の鉛版のもとになる、活字の組み版。②複製や翻刻などのもとになる初版本。

【原票】事務処理上、いちばんもとになる資料や伝票。

【原品】（手を加える前の）もとのしなもの。

【原物】①模造品や、絵画・写真などでない、もとの品物。オリジナル。②原料となる品物。③見本、または、製品の標準となる品物。

【原文】引用・改作・書きかえ・翻訳などをする前の、もとの文章。例―のまま引用する。

【原簿】①写したり、ぬき書きしたりする前の、もとの帳簿。②会計処理上、最も基本となる帳簿。類元帳。

【原本】①ものごとのおおもと。類根源。②複製や書写などをする前の、もとの文書。対抄本・謄本。

【原名】改めたり、訳したりする前の、もとのなまえ。

【原野】人の手が加わっていない、自然のままの野原。類荒野。例広大な―を切り開く。

【原油】まだ精製していない採取したままの石油。対精油。

【原理】ものごとを成り立たせる根本的な理論や法則。例多数決の―。アルキメデスの―。

【原流】⇩【源流】(613ページ)

【原料】製造や加工をして製品を作る、もとになる材料。例うどんもパンも、小麦を―とする。

【原論】ある学問の基本的な問題について論じられた、根本の理論。例経済学―。
●高原・湿原・雪原・草原・平原

厂9 【厠】11画 5046 53A0 音シ漢 訓かわや

广9 【廁】12画 5490 5EC1 本字

意味 ❶便所。かわや。❷まじる。まぜる。例雑廁(=いりまじる)。

厂10 【厥】12画 5048 53A5 音一ケツ漢 二ケツ慣 クツ漢 訓そ-の・そ-れ

意味 一 ❶石をほりおこす。❷額を地面につけておじぎをする。ぬかずく。例厥角。❸〔助字〕㋐「その」と読み、人やものごとを指し示す。例厥後(=そののち)。㋑「それ」と読み、句調をととのえる。二「突厥」は、六―八世紀ごろ、モンゴル・中央アジアを支配したトルコ人の遊牧民がつくった国。「突厥文字」を使用した。
【厥角】〔「角」は獣のつの、また、人の額の意〕額を地につけておじぎをすること。ぬかずくこと。〈孟子〉

厂10 【厨】12画 3163 53A8 人名 音チュウ漢 ズ呉 訓くりや

广12【廚】15画 5504 5EDA 本字

意味 ❶調理場。台所。くりや。例厨房チュウボウ。庖厨ホウチュウ。❷ものをしまっておく箱。ひつ。戸だな。例厨子ズシ。書厨ショチュウ（＝本箱）。

難読 御厨みくりや（＝地名）・厨女みずし・御厨子みずし

【厨子】ズシ ①仏像や経キョウをおさめる、堂の形をした左右に戸のひらく箱。②左右にひらくとびらのある置き戸だな。

【厨房】チュウボウ 料理をするところ。台所。炊事場スイジば。調理場。

广10【厦】12画 ⇩【廈】カ（356ジペー）

广10【厩】12画 ⇩【廐】キュウ（173ジペー）

广12【厭】14画 1762 53AD 音❶ヨウ漢呉 ❷エン漢呉 訓あ-きる・いと-う・いや

意味 ❶ヨウ おさえる。おす。まじないをして鎮しずめる。例厭術ヨウジュツ（＝まじない。呪術ジュツ）。❷エン ❶満足する。みちたりる。例厭足エンソク。❷いやになる。あきる。いとう。例厭世エンセイ。厭離穢土エンリエド。禁厭キンエン。

【厭悪】エンオ（名・する）きらいにくむこと。類嫌悪ケンオ。例都会の雑踏ザットウには―感をもつ。

【厭人】エンジン 他人とつきあうのをきらうこと。人間ぎらい。例―癖へキ。

【厭世】エンセイ 世の中をきらい、生きていくのをいやだと思うこと。例―家カ（＝ペシミスト）。―思想。

【厭戦】エンセン 戦争をするのをいやだと思うこと。戦う気力を失うこと。例―気分。

【厭足】エンソク 十分に足りること。満足すること。

【厭離▼穢土】エンリエド〔誤って「オンリエド」とも読む〕〔仏〕けがれたこの世（＝穢土エド）をきらって、はなれようとすること。「欣求浄土ゴングジョウド（＝極楽浄土へ行くことを願う）」と続く。

广12【厩】14画 1725 53A9 人名 音キュウ漢 訓うまや

广12【𢋁】15画 222C1 本字

广10【厩】12画 ―― ―― 俗字

广11【廐】14画 5493 5ED0 別体字

广11【廏】14画 5494 5ECF 別体字

意味 ウマを飼っておく小屋。うまや。例厩舎キュウシャ。

【厩舎】キュウシャ ①ウマを飼う小屋。うまや。馬小屋。②競走用のウマを育てたり調教したりする施設シセツ。

广12【厲】14画 1-1484 53B2 音❶レイ漢 ❷ライ漢 訓と-ぐ・はげ-しい

意味 ❶レイ ❶刃物はものをといだり、みがいたりするための石。きめのあらいといし。同礪レイ。例厲石レイセキ。❷とぐ。みがく。また、はげむ。はげます。同励レイ。例厲行レイコウ。厲声レイセイ。❸はげしい。きびしい。例子温而厲シはオンにしてはげし（＝先生はおだやかでいて、しかもきびしい）。〈論語ロンゴ〉 ❷ライ ハンセン病。同癘ライ・癩ライ。例漆レ身為レ厲みにうるししてライとなる（＝からだにウルシをぬってハンセン病をよそおう）。〈史記シキ〉

【厲行】レイコウ（名・する）①みずからのおこないをみがく。②決められたことを、厳しく守りおこなうこと。励行レイコウ。

【厲声】レイセイ 声をはりあげること。励声レイセイ。

【厲石】レイセキ きめのあらいといし。

【厲民】レイミン 民たみを苦しめること。

广12【厮】14画 ⇩【廝】シ（357ジペー）

广12【厰】14画 ⇩【廠】ショ（357ジペー）

「厂部」10―12画 厦 厩 厭 厩 厲 厮 厰

28 2画 ム む部

ものをかこって私有する意をあらわす。片仮名の「ム」に形が似ていることから「む」という。「ム」の字形を目じるしにして引く漢字を集めた。

0 ム 3 去 6 参 9 參

この部首に所属しない漢字

云⇩二 41　允⇩儿 98　公⇩八 108　台⇩口 185
弁⇩廾 359　弘⇩弓 363　牟⇩牛 648　矣⇩矢 711
怠⇩心 391　畆⇩田 678　畚⇩田 679　能⇩月 822

ム0【ム】2画 5051 53B6 音❶シ漢 ❷ボウ漢 訓ござ-る

意味 ❶シ わたくし。同私シ。❷ボウ 人の名前や日時・場所などが不明なとき、また、明らかであっても、わざとぼかしていうときに用いることば。それがし。なにがし。同某ボウ。例ム地ボウチ。ム年ム月ボウネンボウゲツ。

日本語での用法 《ござる》「御座る」の意。近世の芝居しばいの出方でかたの用いた符丁フチョウで、△印で御座を簡略に示したところから「ム」の形を二画で書いたのがもとという。「それで良ようムござる・何なんでムござりますか」

ム3【去】5画 2178 53BB 教育3 音キョ漢 コ呉 訓さ-る

筆順 一 十 土 去 去

なりたち 【形声】「土（＝ひと）」と、音「ム キョ」とから成る。人がたがいにはなれていく。時間がすぎる。

意味 ❶その場からはなれていく。例去就キョシュウ。去年キョネン。退去タイキョ。❷とりのぞく。すてる。例去勢キョセイ。除去ジョキョ。撤去テッキョ。❸漢字の四声シセイ（＝四つの音調）の一つ。去声キョショウ。例去声音キョショウオン。

人名 なる

難読 去年こぞ・去頃さいつころ・去去年おととし・去来いざ

【去月】キョゲツ 今月のすぐまえの月。類先月。

【去就】キョシュウ ある立場や党派、主義や見解などについて、それをはなれるか、それにつくか、さるかとどまるか、ということ。類出処・進退。例―に迷う。―が注目される。

【去声】キョショウ 漢字音の四声セイ（＝平声ヒョウショウ・上声ジョウショウ・去声キョショウ・入声ニッショウ）の一つ。初めを強く終わりを弱く発音する。

【去勢】キョセイ（名・する）①睾丸コウガンを取り除いて、おすの生殖セイショク能力をなくすこと。例―手術。②抵抗テイコウの気力を失わせること。

【去▼痰】キョタン のどや気管から、たんを取り除くこと。例―剤ザイ。

【去年】キョネン 今年のすぐまえの年。類昨年。

【去来】キョライ（名・する）行ったり来たりすること。消えたりあらわれたりすること。例胸中に―する思い。

【去留】キョリュウ ①立ちさるか、とどまるか。②事が成功することと失敗すること。成るか成らぬか。

【去さる者ものは日ひに▽以もって疎うとし】死んだ人や、はなれた人は、日ごとに忘れられていく。〈古詩十九首コシジュウキュウシュ〉

●過去カコ・死去シキョ・消去ショウキョ・退去タイキョ

ム6【参】8画 2718 53C2 教育4 音❶シン漢 ❷サン漢呉 訓まい-る

「ム部」0―6画 ム 去 参

[筆順] ム ム 厶 矣 矣 矣 参 参

ム 9
【參】
11画 5052 53C3

[なりたち]  [会意]「厽(＝すんだ光)」と「㐱(＝三つの星)」とから成る。星座の一つ。

[意味] [一](シン) ❶二十八宿の一つ。からすきぼし。[例]参宿。❷ニンジン。[例]人参。❸「参差」は、長さが、ふぞろいなこと。[二](サン) ❶まじわる。かかわりあう。いりまじる。[例]参加。参画。参照。❷ひきくらべる。てらし合わせる。[例]参考。❸高貴の人にお目にかかる。また、社寺におまいりする。[例]参詣。参候。❹「三」の大字。商売や契約の文書で、数字を書きかえられないように使う。

[日本語での用法]《まいる》「行く」「来る」をへりくだっていうことば。「すぐに参ります・お車が参っております」

[難読] 参差(かたたがい・ちがい)

[人名] いたる・かず・ちか・なか・はかる・ほし・み・みち・みつ

【参加】(サンカ) (名・する) (団体や行事などの)なかまに加わること。[例]—者。競技に—する。

【参稼】(サンカ) 団体や組織などの一員となり、技術や能力を提供して働くこと。[例]プロ野球選手の—報酬。

【参賀】(サンガ) (名・する) 皇居に行ってお祝いの気持ちをあらわすこと。[例]新年の一般—。

【参会】(サンカイ) (名・する) 会合に加わること。[例]—者。

【参画】(サンカク) (名・する) 計画を立てることに加わること。[例]政策の立案に—する。[表記] [旧]参▼劃

【参看】(サンカン) (名・する) くらべ合わせて、見ること。[類]参照。[例]付録の年表を—する。

【参観】(サンカン) (名・する) 実地にようすを見せてもらうこと。[類]見学。[例]授業の—日。

【参議】(サンギ) 国の政治を審議する官職。①明治維新後、太政官に置かれた重職の一つ。[例]—西郷隆盛。②奈良時代以降、太政官に置かれた官職。大納言・中納言の次位。

【参議院】(サンギイン) 日本の国会の二院制度で、衆議院とともに国会を構成する議院。衆議院の審議に対して補正する役割をもつ。解散はない。参院。[対]衆議院。

【参勤交代】(サンキンコウタイ) 江戸時代、幕府が大名を一年おきに領地をはなれて江戸に居住させた制度。[表記]「参▼観交替」とも書く。

【参宮】(サングウ) (名・する) 神宮(とくに、伊勢神宮)におまいりすること。

【参詣】(サンケイ) (名・する) 神社や寺院におまいりに行くこと。[類]参拝。[例]—人。

【参考】(サンコウ) (名・する) 他の意見や別の資料などをくらべ合わせること。また、その意見や資料。[例]—文献。

【参候】(サンコウ) (名・する) 目上の人のもとに出むくこと。[類]参上。

【参酌】(サンシャク) (名・する) 他のものとくらべ合わせて、参考にすること。[類]斟酌。

【参集】(サンシュウ) (名・する) 行事などで、人が寄り集まること。[例]葬儀に—する。

【参照】(サンショウ) (名・する) (さらにくわしく知るために)他の資料や意見をくらべ合わせて見ること。[例]—項目。

【参上】(サンジョウ) (名・する) 目上の人のところにうかがうこと。〔「行く」のへりくだった言い方〕[例]さっそく—いたします。

【参戦】(サンセン) (名・する) 戦争に参加すること。

【参禅】(サンゼン) (名・する) ①禅の修行をすること。②多くの人がいっしょに、座禅を組むこと。[例]—会。

【参内】(サンダイ) (名・する) 〔「内」は、内裏の意〕皇居に出むくこと。[例]宮中に—する。

【参着】(サンチャク) (名・する) 主君や目上の人のところ、または集会の場所に行き着くこと。[例]定刻に—する。

【参堂】(サンドウ) (名・する) ①社寺の堂におまいりすること。②よその家を訪問すること。[例]—のおりにご引見ください。

【参道】(サンドウ) 社寺におまいりする人のためにつくった道。[例]表—の玉砂利。

【参入】(サンニュウ) (名・する) ①皇居にはいること。[類]参内。②企業が市場に新たに参加すること。[例]外国資本の日本への—。

【参拝】(サンパイ) (名・する) 神社や寺院におまいりすること。[類]参詣。[例]明治神宮に—する。

【参謀】(サンボウ) 高級指揮官の側近として作戦計画を立て、兵力をどう動かすかを考え、補佐する将校。また、いっぱんに立案や意思決定の中心となる者のたとえ。[例]—長。作戦—。

【参与】(サンヨ) (名・する) 〔「与」は、関係する意〕学識や経験などを生かして、事業や組織などの運営に加わって、協力すること。また、その職名。[例]国政に—する。

【参列】(サンレツ) (名・する) 儀式などの、やや晴れがましい席に出ること。[例]祝典に—する。

【参籠】(サンロウ) (名・する) 神仏に願をかけて、一定の期間、神社や寺院にとまりこむこと。おこもり。

【▽参▽差】(シンシ) (形動タトル) 長短や高低などの差があって、ふぞろいなようす。また、いりまじるようす。

●降参・古参・持参・推参・墓参

ム 9
【參】 11画 ⇩【参】(サン) (173ページ)

29 2画 又 また部

右手の形をあらわす。「又」をもとにしてできている漢字と、「又」の字形を目じるしにして引く漢字とを集めた。

[0] 又 [1] 叉 [2] 収 双 反 友 及 [6] 取 受 叔 [7] 叙 叛 [8] 叟 [14] 叡 [16] 叢

この部首に所属しない漢字

及⇩丿 32　支⇩支 457　皮⇩皮 697　蚤⇩虫 874　隻⇩隹 1042　曼⇩曰 500　雙⇩隹 1047

又 0
【又】
2画 4384 53C8 [常用] [音]ユウ[漢] [訓]また

[筆順] フ 又

[なりたち]  [象形] 三本の指で代表させた手の形。右手。派生して「さらに」「また」の意。

[意味] その上。さらに。加えて。また。[例]十又五(＝十五)。

[日本語での用法]《また》再び、これから後の、二重の、などの意。「且つ又・又の日・又家来・又者(＝家来の家来)」

[人名] おさむ・すけ・たすく・やす

又 1
【叉】
3画 2621 53C9 [人名] [音]サ[漢]サ・シャ[呉] [訓]また

[意味] ❶くむ。ふたまた状・枝状にまじわる。[例]叉手。交叉点。三叉路。❷先がふたまた状の器物。[例]音叉

オン。刺叉さすまた。❸梵語ボンの音訳。例夜叉ヤシャ。

【叉手】サシュ・シャシュ（名・する）①手をこまぬくこと。うで組みをすること。類拱手キョウシュ。②〔仏〕両手の指を組み合わせること。例合掌ガッショウ。

【叉手網】さであみ 二本の竹を交差させて三角形のわくをつくり、網を張ったもの。魚などをすくい取るのに用いる。

又2 【収】 4画 2893 53CE 教育6 音シュウ漢 シュ呉 訓おさ-める・おさ-まる

筆順 丨 丩 収

攵2 【收】 6画 5832 6536 人名

なりたち [形声]「攵（=うつ）」と、音「丩キュウ→シュウ」とから成る。とらえる。

意味 ❶おさめる。おさめさせる。㋐一つにとりまとめる。例収拾シュウシュウ。収集シュウシュウ。㋑（作物を）取り入れる。手に入れる。例収益シュウエキ。収穫シュウカク。収入シュウニュウ。㋒（国や役所が）権力をもって取り上げる。例収税シュウゼイ。押収オウシュウ。没収ボッシュウ。㋓入れものの中にあつめる。例収納シュウノウ。収容シュウヨウ。❷一つにまとまる。ちぢむ。おさまる。例収縮シュウシュク。収束シュウソク。収斂シュウレン。

使い分け おさまる・おさめる【収・納・治・修】⇩1165ページ

人名 あつむ・おさむ・かず・さね・すすむ・なお・なか・のぶ・もと

【収益】シュウエキ 利益をあげること。また、その利益。もうけ。例—金。—をあげる。

【収獲】シュウカク（名・する）漁ギョや狩かりによって、えものをとること。また、そのえもの。例—物。魚の—。

【収穫】シュウカク（名・する）①農作物を取り入れること。また、その農作物。例麦を—する。②何かをして得た、よい結果。例海外視察の—。

【収監】シュウカン（名・する）刑ケイの確定した人を監獄カンゴク（=刑務所）に入れること。〔現在は、収容という〕

【収差】シュウサ〔物〕レンズなどを通った光が正確に一点に集まらないで、像がぼやけたり、ゆがんだり、色が部分的に変わったりすること。例色いろ—。

【収載】シュウサイ（名・する）文章などを書物にのせること。例五万字を—する字典。

【収支】シュウシ 収入と支出。はいってくるお金と出ていくお金。例—決算。—が合う。

【収受】シュウジュ（名・する）料金や品物を、受け取っておさめること。例運賃を—する。

【収拾】シュウシュウ（名・する）混乱した状態をうまくおさめて、正常な状態にすること。例政局の—に乗り出す。—がつかない。

【収集】シュウシュウ（名・する）①研究や趣味シュミなどのために、ものを集めること。また、集めたもの。例切手の—。②（ごみなどを）集めること。例ごみの—車。表記①は旧▼蒐集

【収縮】シュウシュク（名・する）ちぢむこと。ちぢまること。対膨張ボウチョウ。例血管が—する。

【収税】シュウゼイ（名・する）税金を取り立てること。徴税チョウゼイ。例—業務。

【収蔵】シュウゾウ（名・する）①ものをしまっておくこと。とくに、値打ちのあるものを集めて、しまっておくこと。例古書を—する。②農作物を取り入れてたくわえておくこと。

【収束】シュウソク（名・する）①集めてたばにすること。②しめくくりをつけること。まとまりがつくこと。類決着。例事態を—する。③〔数〕数列が限りなく、ある数に近づいていくこと。④〔物〕光が一点に向かって集まること。

【収得】シュウトク（名・する）受け取って自分のものとすること。例—税。

【収入】シュウニュウ 自分のものとして、はいってくるお金。対支出。例臨時—。

【収納】シュウノウ（名・する）①使っていないものを、棚たなやおし入れなどにしまっておくこと。例—スペース。②お金や品物を受け取っておさめること。

【収用】シュウヨウ（名・する）公共事業のために、個人や団体の土地や物を、強制的に買い取ること。例土地—法。

【収容】シュウヨウ（名・する）人を一定の場所や施設シセツに入れること。例—人員。

【収▼攬】シュウラン（名・する）〔「攬」は、とりまとめる意〕集めて自分の手ににぎること。集めて自分のほうへ引き寄せること。例人心を—する。

【収量】シュウリョウ 収穫シュウカクの量。例一〇アール当たりの—。

【収▼斂】シュウレン（名・する）①ちぢまること。また、ひきしまること。例血管が—する。②光線の束たばが一点に集まること。③税を取り立てること。例過酷カコクな—。

【収録】シュウロク（名・する）①本などに載のせること。例論文を—する。②（放送や記録のために）録音したりビデオにとったりすること。例野鳥の声を—する。

【収賄】シュウワイ（名・する）わいろを受け取ること。対贈賄ゾウワイ。

○押収オウシュウ・回収カイシュウ・月収ゲッシュウ・増収ゾウシュウ・徴収チョウシュウ・領収リョウシュウ

又2 【双】 4画 3348 53CC 常用 音ソウ漢呉 訓ふた・ふた-つ・なら-ぶ

筆順 フ ヌ ヌ 双

隹10 【雙】 18画 5054 96D9

なりたち [会意]「雔（=二羽の鳥）」を「又（=手）」にもつ。鳥が二羽ひと組み。

意味 ❶二つでひと組みのものの両方。例双肩ソウケン。双頭ソウトウ。双眼鏡ソウガンキョウ。❷二者が同じような力をもつ。匹敵ヒッテキする。ならぶ。例双璧ソウヘキ。無双ムソウ。❸二つでひと組みになっているものを数える語。例屏風ビョウブ一双イッソウ（=二つひと組み）。

日本語での用法《ソウ》「草」や「冊」の「ソウ」の音にあてる字。「双紙ソウシ」

難読 双児ふたご・双親ふたおや・双手もろて・双岡ならびがおか

人名 ふ・もろ

【▽双六】スゴロク〔「スゴ」は、「双」の古い音の転じたもの〕①紙面に「振ふり出し」から「上がり」まで多くの区画をつくって絵をかき、数人でさいころを振って駒こまを進め、早く上がりに到着トウチャクしたものを勝ちとする遊び。②二人が向かい合ってさいころを振り、盤バンの上の駒を進めて早く敵陣テキジンにはいることをきそう、昔の遊び。

【双▼蛾】ソウガ〔「蛾」は、美人のまゆげの意〕美人の（両方の）まゆげ。また、美人。

【双眼鏡】ソウガンキョウ 両眼にあてて見る望遠鏡。二つの小さな望遠鏡をならべてつくった光学器械。

【双魚】ソウギョ ①二ひきのさかな。②手紙。〔遠来の客が置いていった二ひきの鯉こいの腹の中から手紙が出てきたという故事から〕（文選モンゼン）類双鯉ソウリ。

【双肩】ソウケン（責任や任務を負う）左右両方のかた。例日本の将来は青少年の—にかかっている。

【双▼鉤】ソウコウ ①親指のほかに人指し指と中指の二本をかけて、筆の軸ジクをささえて字を書く運筆法。対単鉤。②文字を写しとるとき、文字の輪郭リンカクだけを細い線で書く方法。類

籠字・籠写し。

【双紙】ソウシ ①昔の、かな書きの物語・日記・随筆など。②江戸時代の、絵入りの読み物。表記▽「草紙・草子」とも書く。

【双手】ソウシュ 両方の手。もろて。対隻手。

【双書】ソウショ 同じ分野など、関係のあることがらをとりあげて、決まった体裁で続けて刊行される書物。シリーズ。叢書。例哲学―。

【双声】ソウセイ 漢字二字の熟語で、上下二つの漢字の語頭の子音をそろえたもの。たとえば、「髣髴」「陸離」「凄愴」など。→【畳韻】(681ページ)

【双生児】ソウセイジ ふたご。例一卵性―。

【双頭】ソウトウ ①一つのからだに頭が二つ並んでついていること。例―の鷲。―の蛇。②同時に二人の支配者が並び立つこと。例―政治。

【双発】ソウハツ 発動機を二つ備えているもの。対単発。例―機。

【双幅】ソウフク 二つでひと組みになっている掛け軸。類対幅。

【双璧】ソウヘキ 〔一対の玉の意〕同じ分野で優劣のない、二人のすぐれた人物。例学界の―。

【双方】ソウホウ 両方。例―とも非を認める。

【双▼眸】ソウボウ 両方のひとみ。類両眼。

【双葉】ソウよう・ふたば 芽を出したばかりの二枚の葉。例栴檀は―より芳し。

【双竜】ソウリュウ・ソウリョウ 二ひきの竜。二人のすぐれた人物のたとえ。

又 2

【反】

4画 4031 53CD 教育3

音 タン 慣 ハン 漢 ホン 呉

訓 そ-る・そ-らす・かえ-す・かえ-る・かえ-って・そむ-く

筆順 一 厂 反

なりたち [形声]「又(=手)」と、音「厂カン→ハン」とから成る。くつがえす。

意味 ❶ひっくりかえす。うらがえす。例反手。反転。反覆。❷はねかえす。はねかえる。例反映。反響。反射。❸くりかえす。例反芻。反復。❹ふりかえる。かえりみる。例反省。❺そむく。さからう。同叛。例反逆。反抗。謀反。❻さかさまに。あべこべに。例反殺(=かえり討ち)。反問。❼ある漢字の字音を、別の漢字二字の字音の組み合わせによって示す方法。かえし。→【反切】

［又部］2画 反

日本語での用法《タン》①「段」の草体の略。面積の単位。一町歩の十分の一。三百坪。約一〇アール。「反当たりの収量・反歩・五反百姓」②布地や反物の長さの単位。一反は一人分の着物に相当する長さ。絹布では、鯨尺で長さが二丈八尺(=約一〇・六メートル)、幅を九寸五分(=約三六センチメートル)としていた。「反物」

難読 反古・反吐

人名 そり

【反物】タンもの ①一反分の織物。おとなの和服一着分の布地。②和服用の織物をまとめていうことば。呉服。

【反意】ハンイ そむこうとする気持ち。例―をいだく。表記 旧▼叛意

【反意語】ハンイゴ あることばの意味と反対の意味をもつことば。反対語。類対義語。対同義語。

【反映】ハンエイ (名・する) ①反射して、色や光などがはえること。例夕日が湖面に―している。②ある考えや態度が、はっきりした形となって、別のもののうえにあらわれること。例民意を―した選挙。ふだんの努力が成績に―する。

【反影】ハンエイ (名・する) 夕日が反射してうつること。また、そのかげ。類反照。

【反歌】ハンカ 和歌で、長歌のあとにそえた短歌。長歌の大意をまとめ、または、おぎなうもの。かえしうた。

【反間】ハンカン ①敵の中にはいりこんで敵情をさぐること。また、その者。間諜。間者。スパイ。例―を放つ。②敵のスパイを利用して、敵の中に裏切りを起こさせること。また、その者。逆スパイ。例―苦肉(=敵をだますために自らを苦しめること)。

【反感】ハンカン 相手に対する反発や反抗の感情。例―を買う。―をもつ。

【反旗】ハンキ 反逆の決心や意向を示す手段を、旗になぞらえていったことば。例―をひるがえす。表記 旧▼叛旗

【反逆】ハンギャク (名・する) 権威・慣習・常識などにそむくこと。謀反。例―児。表記 旧▼叛逆

【反響】ハンキョウ (名・する) ①音が他のものに当たってはねかえって聞こえること。また、そのひびき。②反応。例―を呼ぶ。

【反軍】ハングン ①軍国主義や軍部などに反対すること。例―思想。②反乱を起こした軍隊。反乱軍。表記 ②は 旧▼叛軍

【反撃】ハンゲキ (名・する) 敵の攻撃を受けて、逆に攻撃しかえすこと。例―に転じる。

【反語】ハンゴ ①内容を疑う形式で表現しながら、じつは強く断定する表現法。たとえば、「そんなことがありうるであろうか。(いや、絶対にありえない)」など。②反意語。反対語。

【反抗】ハンコウ (名・する) 人の言うことにそむき、はむかうこと。対服従。例―期。

【反攻】ハンコウ (名・する) 守っていた側が、逆に相手をせめたてること。類反撃。例―に転じる。

【反骨】ハンコツ 権威や権力などに従わず、自分の考えをつらぬく気持ち。例―の精神。表記 旧▼叛骨

【反魂香】ハンゴンコウ たくと、死者の魂を呼びもどすという香。〔漢の武帝が李夫人の死後にこの香をたいて、その姿を見たという故事による〕表記「▽返魂香」とも書く。

【反作用】ハンサヨウ 〔物〕ある物体に力を加えたとき、同時に、そのところで同じ大きさで逆の方向にはたらく力。反動。

【反射】ハンシャ (名・する) はねかえること。例光が―する。

【反社会】ハンシャカイ 社会の法律・道徳・習慣などに反抗すること。例―的行動。―集団。

【反掌】ハンショウ 〔「たなごころを反す」と訓読する〕ものごとをおこなうのが、きわめてたやすいことのたとえ。

【反証】ハンショウ (名・する) 反対の証拠を示すこと。例―を挙げる。

【反照】ハンショウ (名・する) ①光が照りかえすこと。とくに、夕映えのこと。②影響が他のもののうえにあらわれること。

【反▼芻】ハンスウ (名・する) ①〔「芻」は、まぐさの意〕ウシ・ヤギ・シカなどの草食動物が、一度飲みこんだ食物を再び口にもどし、かみ直すこと。例―動物。②なん度も考えたり、味わったりすること。例師の教えを―する。幸福感を―する。

【反省】ハンセイ (名・する) 自分のしたことや言ったこと、また、考えたり感じたりしたことが、正しいか誤っているか、また適当かどうかなどを、もう一度考えてみること。例―をおこたる。

【反切】ハンセツ 一つの漢字の字音を示すために、別の漢字二字を上下にならべ、上の字で頭の音を、下の字で韻を示す方法。たとえば、「天」は「他前の切(または反)」とあるとき、「他(ta)」のtと、「前(zen)」のenとを組み合わせてtenを示す、など。

【反戦】ハンセン 戦争に反対すること。例―運動。―論。

【反訴】ハンソ（名・する）〔法〕民事訴訟の進行中に、被告が原告を相手どって起こす訴訟。

【反則】ハンソク（名・する）競技などで、ルールに違反すること。規則違反。ルール違反。例—をおかす。

【反側】ハンソク（名・する）ねがえりをうつこと。例輾転—してねむれない。

【反俗】ハンゾク 俗世間の習慣に従わないこと。例—の気風。

【反対】ハンタイ ㊀（名）位置・方向・順序・意味などが、たがいに対立したり、逆の関係になっていること。例—語。左右を—にする。㊁（名・する）ある意見や立場などにさからうこと。対賛成。例値上げ—。提案に—する。

【反体制】ハンタイセイ 社会のしくみや政治体制に、反対する立場をとること。例—運動。

【反転】ハンテン（名・する）①ひっくりかえること。ひっくりかえすこと。例事故で車が—する。②反対の方向に向きをかえること。例機首を—して北上した。③写真で、ネガ（=陰画）のフィルムをポジ（=陽画）にすること。

【反徒】ハント 謀反を起こす人々。表記㊐▼叛徒

【反騰】ハントウ（名・する）下がっていた相場が、急に値上がりすること。対反落。例株価が—する。

【反動】ハンドウ ①ある動きに対して起こる、逆の動き。例—をつけて起き上がる。②〔物〕「反作用」に同じ。例急ブレーキの—でたおれる。③社会改革の進んでいく傾向のなかで、現状よりさらに前の状態に引きもどそうとする傾向。例—勢力。

【反日】ハンニチ 他の民族や国が、日本国・日本人・日本のものに対して反感をもつこと。対親日。例—感情。—運動。

【反応】ハンノウ（名・する）①外部からのはたらきかけによって起こる動き。例連鎖—。レーダーに—がある。②二つ以上の物質がいっしょになったときに起こる化学変化。例酸性—。③生物が刺激に対して起こす動き。例拒絶—。

【反▼駁】ハンバク（名・する）〔「ハンパク」とも〕相手から受けた批判に対して、逆に言いかえすこと。類反論。

【反発】ハンパツ（名・する）①はねかえすこと。また、はねかえること。②相手の意見などを受けつけないこと。類反抗。例親の干渉に—する。表記▽㊐反▼撥

【反比例】ハンピレイ（名・する）二つの数量で、一方の量が二倍、三倍になると、もう一方が二分の一、三分の一になるという関係にあること。逆比例。対比例・正比例。

【反復】ハンプク（名・する）同じことをなん度もくりかえすこと。反覆。例—練習。—して覚える。

【反覆】ハンプク（名・する）①うらがえること。また、うらがえすこと。②同じことをなん度もくりかえすこと。反復。

【反哺】ハンポ〔「哺」は、口中の食物の意〕子が成長して親の恩にむくいること。親に孝行すること。反哺の孝。→【烏に反哺の孝あり】（631ペ）

【反面】ハンメン ①反対側の面。②別の見方をした場合。例苦労した—、成果が上がらない。

【反目】ハンモク（名・する）たがいに仲が悪く、にらみ合うこと。類対立。例両者の—が続く。

【反問】ハンモン（名・する）相手の質問や非難に対して、逆に問いかえすこと。例—されても答えがない。

【反訳】ハンヤク（名・する）①記号で書いてある速記の文章を、ふつうの文章に直すこと。②翻訳すること。また、翻訳したものを、もとの外国語に直すこと。

【反落】ハンラク（名・する）上がっていた相場が、急に値下がりすること。対反騰。

【反乱】ハンラン（名・する）政府に武力を使って反抗すること。類暴動・内乱。例—軍。—をくわだてる。表記㊐▼叛乱

【反流】ハンリュウ ㊀（名・する）水などが逆に流れること。㊁（名）ある海域で、おもな海流と反対方向に流れる海流。

【反論】ハンロン（名・する）相手の主張・意見に反対して議論すること。また、その議論。類反駁。例—が多い。

【▽反故】ホゴ〔「ホグ」とも。「反」は裏返す、「故」は故紙で、一度使った紙を裏返して再利用したことから〕①使い古しの紙。②不用、または、無効のもの。例約束を—にする（=約束をとりやめる）。表記▽「▽反古」とも書く。

●違反・減反・謀反・離反

又 2

【友】

4画 4507 53CB 教育2 音ユウ漢 訓とも 付表 友達

筆順 一 ナ 方 友

なりたち［会意］二つの「又（=手）」から成る。手と手をたずさえて志を同じくするもの。

意味 ❶ともだち。なかま。仲よし。例友情。友人。級友。親友。❷仲よくする。親しむ。ともとする。例友愛。友好。

人名 すけ・たすく

【友垣】ともがき 友達。〔交わりを結ぶことを垣根を結ぶことにたとえた、古風で詩的なことば〕

【友達】ともだち いっしょに勉強をしたり遊んだり、行動をともにして、仲よくつきあっている人。友人。友。例幼—。

【友引】ともびき「友引日」の略。陰陽道でいう、六曜の一つ。吉と凶が引き分けて勝負がない、よくも悪くもないとされる日。〔俗に、「友を引く」として、葬式をおこなうのをひかえる〕

【友愛】ユウアイ 友達をたいせつにする心。友人に対する愛情。友情。

【友▼誼】ユウギ 友人としての親しいつきあい。類友情。例—団体。—に厚い。

【友軍】ユウグン 味方の軍隊。対敵軍。例—機。

【友好】ユウコウ 仲のよいつきあい。例—条約。

【友情】ユウジョウ 友人をだいじに思う心。友愛。例—に厚い。

【友人】ユウジン 同じ学校に通ったり、同じことを仲よくいっしょにしたりする人。友達。友。

【友禅】ユウゼン「友禅染」の略。絹の布に花鳥や山水などをあざやかな色でそめた染め物。江戸時代、宮崎友禅斎の考案による。例加賀—。

【友党】ユウトウ ある党と行動をともにする政党。友好関係にある政党。

【友邦】ユウホウ 友好関係にある国。例—の危機を救う。

●学友・交友・師友・心友・親友・戦友・盟友

又 2

【及】

4画 ⇩【及】キュウ（32ペ）

又 6

【取】

8画 2872 53D6 教育3 音シュ漢呉 訓と-る

筆順 一 丅 F F E 耳 耴 取

なりたち［会意］「又（=手）」と「耳（=みみ）」とから成る。手で耳をつかまえる。

意味 ❶手に持つ。自分のものにする。うけとる。とる。例取得。看取。摂取。❷とりあげる。うばいとる。例搾取。奪取。❸えらびとる。対捨。例取材。取捨。

日本語での用法《とる》①書き記す。「メモを取る」②つ

［又部］2—6画 友 及 取

2画

なげる。「連絡を取る」③除く。「痛みを取る」

使い分け とる【取・採・執・捕・撮】⇩1174ページ

難読 取次筋斗

人名 とり

【取材】シュザイ（名・する）関係者から話を聞いたり、現地に行ったりして、記事や作品の素材となる情報を集めること。例ー活動。事件についてーする。

【取捨】シュシャ（名・する）必要なものを取り、不要なものを捨てること。例ー選択。

【取得】シュトク（名・する）財産や資格などを、自分のものにすること。例不動産ー税。運転免許をーする。

【取引】とりひき（名・する）①商人どうし、または商人と客のあいだで品物を売り買いすること。例ー所。ー先。②両者の得になるようなことを、たがいにやりとりすること。取り引き。例闇ー。

●採取・搾取・進取・関取・奪取・聴取・頭取

又6 【受】

8画 2885 53D7 教育3 音シュウ漢 ジュ呉 訓う-ける・う-かる・う-け

筆順 受

なりたち ［形声］「𠬪（=上下の手）」と、音「舟シュ→ウ」の省略体とから成る。うけわたしする。

意味 ❶うけとる。さずかる。もらう。うける。例受授ジュジュ。受賞ジュショウ。伝受デンジュ。❷うけいれる。ひきうける。こうむる。例受諾ジュダク。受難ジュナン。甘受カンジュ。

日本語での用法 《一》《うけ・うける》評判（がいい）。人気（がある）。「上司の受けがいい・女性に受ける商品」《二》《うかる》合格する。「試験に受かる」

使い分け うける【受・請】⇩1162ページ

人名 おさ・しげ・つぐ

【受け身】うけみ ①自分のほうから進んでするのではなく、他からのはたらきかけを受けること。また、その立場や状態。受動。例ーの姿勢。②「受動態」に同じ。③柔道などで、けがをしないように、かけられた技を受ける方法。

【受益】ジュエキ（名・する）利益を受けること。例ー者負担。

【受戒】ジュカイ（名・する）〔仏〕僧や信者となり、規律（=戒）に従うことをちかうこと。また、その儀式。

【受給】ジュキュウ（名・する）配給・給与・年金などを受けること。例ー資格。年金ー者。

【受刑】ジュケイ（名・する）裁判で確定した刑を受けていること。刑務所に入れられていること。例ー者。

【受験】ジュケン（名・する）（入学や資格を取るための）試験を受けること。例ー勉強。

【受講】ジュコウ（名・する）講義や講習を受けること。例ー料。夏期講習をーする。

【受授】ジュジュ（名・する）受け取ることとわたすこと。受けわたし。やりとり。例金銭のー。

【受章】ジュショウ（名・する）勲章や褒章、記念の記章などを受けること。対授章。例文化勲章ー者。

【受賞】ジュショウ（名・する）賞を受けること。対授賞。例皆勤賞をーする。

【受信】ジュシン（名・する）電信・電話・放送など、他から発した通信を受けること。対送信。例海外放送をーする。

【受診】ジュシン（名・する）医師の診察を受けること。例早期にーする。

【受精】ジュセイ（名・する）卵子と精子が合体すること。例ー卵。人工ー。

【受像】ジュゾウ（名・する）テレビ電波を受けて、テレビが映像を映し出すこと。類受信。例ー機。ーの状態が悪い。

【受贈】ジュゾウ（名・する）おくりものを受けること。例卒業生からのー図書。

【受胎】ジュタイ（名・する）子をやどすこと。みごもること。妊娠。例ー告知。

【受託】ジュタク（名・する）他からたのまれて引き受けること。例ー販売。

【受諾】ジュダク（名・する）相手の要求やたのみを受け入れること。類承諾・承知。対拒絶。例要請をーする。

【受注】ジュチュウ（名・する）品物の注文を受けること。対発注。表記 旧受▼註

【受電】ジュデン（名・する）電信や電報を受け取ること。例命令をーする。

【受動】ジュドウ 他からのはたらきかけを受けること。受け身。対能動。

【受動態】ジュドウタイ 文法で、主語がある動作の対象となり、その作用を受ける関係にある動詞の様相。「喜ばれる」「ほめられる」のように、「れる」「られる」をそえてあらわす。受け身。対能動態。

【受動的】ジュドウテキ（形動）他からのはたらきかけを受けて、何かをするようす。類消極的。対能動的。

【受難】ジュナン ①苦難を受けること。迫害などの苦しみを受けること。例社会主義者のーの時代。②（キリスト教で）キリストが十字架にかけられたこと。例マタイー曲。

【受納】ジュノウ（名・する）金銭や品物を受け取ること。例どうぞごーください。

【受粉】ジュフン（名・する）おしべの花粉がめしべにつくこと。虫・鳥・風などがなかだちをする。例自家ー。

【受容】ジュヨウ（名・する）受け入れて自分のものとすること。例ー力。外来の文物をーする。

【受理】ジュリ（名・する）書類などを受け取ること。受け付けて処理すること。例辞表がーされる。

【受領】ジュリョウ（名・する）〔「領」も、受ける意〕金銭や品物を受け取ること。例ー証。

【受話器】ジュワキ 電話機の、相手の話を聞くための装置。対送話器。例ーをはずす。

●甘受・授受・伝受

又6 【叔】

8画 2939 53D4 常用 音シュク漢呉 付表 叔父・叔母

筆順 叔

なりたち ［形声］「又（=手）」と、音「尗シュク」とから成る。拾う。借りて「若い・おじ」の意。

意味 ❶きょうだいの、上から三番目。年下のきょうだい。例伯仲叔季ハクチュウシュクキ。❷父の弟。例叔父。

人名 お・すえ・ひろ・よし

【叔季】シュクキ ①すえの弟。末弟。②すえの世。末世。

【叔斉】シュクセイ 殷末・周初期の賢人。孤竹国の王子で伯夷の弟。→【伯夷叔斉】（69ページ）

【叔父】《一》おじ 父母の弟。父母の妹の夫をもいう。《二》シュクフ 中国で、父の弟。

【叔母】《一》おば 父母の妹。父母の弟の妻をもいう。《二》シュクボ 中国で、父の妹。

又7 【叙】

9画 2986 53D9 常用 音ショ漢 ジョ呉 訓の-べる

筆順 ノ 𠆢 亼 今 全 余 余 叙 叙

支7 【敍】 11画 5838 654D 人名

攵7 【敘】 11画 5839 6558 別体字

なりたち [形声]「支(=うつ)」と、音「余ヨ→ジョ」とから成る。順序をつける。

意味 ❶(ことばや位などを)順序よくならべる。のべる。例 叙位ジョイ。叙述ジョジュツ。❷本のはしがき。同 序ジョ。

人名 のぶ

【叙位】ジョイ 国のためにつくした人に、くらいをさずけること。日本の現在の制度では、故人に対してのみおこなわれる。類 叙任。例 ―叙勲ジョクン。

【叙勲】ジョクン 国や社会のためにつくした人に、国が勲等をさずけ、勲章をあたえること。例 ―を受ける。―の栄に浴する。

【叙景】ジョケイ (名・する) 景色のありさまを、詩や文章に書きあらわすこと。例 ―歌。

【叙事】ジョジ 事実を感情をまじえないで、ありのままに表現すること。対 叙情。

【叙事詩】ジョジシ 民族の建国や歴史、英雄エイユウの活躍カツヤクなどの歴史的事件をうたった詩。古代ギリシャの「イリアス」「オデュッセイア」、アイヌの「ユーカラ」など。対 叙情詩。

【叙述】ジョジュツ (名・する) ものごとを順序だてて文章にすること。また、その文章。例 体験を詳細ショウサイに―する。

【叙情】ジョジョウ 喜びや悲しみなどの感情を述べあらわすこと。対 叙事。例 ―的。表記 旧 ▼抒情

【叙情詩】ジョジョウシ 叙情を中心にして表現した詩。対 叙事詩。表記 旧 ▼抒情詩

【叙説】ジョセツ (名・する) 文章で説明すること。叙述。例 デカルトの著『方法―』。

【叙任】ジョニン (名・する) 位をさずけ、官職につけること。

●直叙チョクジョ・倒叙トウジョ

又7 【叛】 9画 4032 53DB 音 ホン慣 ハン漢 バン呉 訓 そむ-く

意味 ❶(味方であった者が)さからう。そむく。同 反ハン。例 叛逆ハンギャク。謀叛ムホン。❷はなれる。わかれる。例 離叛リハン。

表記 現代表記では、「反ハン」に書きかえることがある。熟語は「反」(176ページ)を参照。

【叛意】ハンイ そむこうとする気持ち。表記 現 反意

【叛逆】ハンギャク (名・する) 権威ケンイ・慣習・常識などにそむくこと。謀反ムホン。表記 現 反逆

【叛徒】ハント 謀反人ムホンニン。表記 現 反徒

【叛乱】ハンラン (名・する) 政府に武力を使って反抗ハンコウすること。表記 現 反乱

又8 【叟】 10画 5055 53DF 音 ソウ漢 訓 おきな

意味 ❶としより。老人。おきな。例 野叟ヤソウ。老叟ロウソウ。❷老人をうやまっていうことば。長老。

又14 【叡】 16画 1735 53E1 人名 音 エイ漢呉 訓 あき-らか

目9 【睿】 14画 6647 777F 古字

なりたち [会意]「奴(=うがつ)」と「目(=め)」と「谷(=深い)」の省略体とから成る。深くうがつほどに見通す。

意味 ❶ものごとを深く見通す。かしこい。あきらか。例 叡才エイサイ。叡敏エイビン(=かしこい)。❷天子に関することがらをうやまっていうことば。例 叡覧エイラン。叡慮エイリョ。

日本語での用法 《エイ》「叡山エイザン」▽京都市北東部にある山、比叡山ヒエイザン。

人名 あきら・さとし・ただ・とおる・とし・まさ・よし

【叡感】エイカン 天子が感心すること。御感ギョカン。例 ―にあずかる。

【叡才】エイサイ ①すぐれた才能。②すぐれた才能をもつ人。秀才シュウサイ。俊才シュンサイ。表記 ▽「英才」とも書く。

【叡断】エイダン 天子の決断。例 ―がくだる。

【叡▼智】エイチ 深遠な道理に通じている、深くすぐれた知恵チエ。例 ―を集める。表記 現 英知。また、「叡知」とも書く。

【叡明】エイメイ (名・形動ナ) 天子が、深くものごとの道理に通じ、すぐれていること。例 天資―。表記「英明」とも書く。

【叡覧】エイラン 天子が見ること。天覧。例 ―に供する。

【叡慮】エイリョ 天子の考え。聖慮。例 ―をなやます。

又16 【叢】 18画 3349 53E2 人名 音 ソウ漢呉 訓 くさむら・むら-がる

意味 ❶むらがって生えた草。くさむら。例 叢生ソウセイ。❷多くのものが一か所に集まる。むらがる。例 叢書ソウショ。論叢ロンソウ。

【叢雲】ソウウン むらがり集まった雲。むらくも。

【叢書】ソウショ 同じ分野に属する書物を集め、判型や装丁ソウテイをそろえて刊行する、一連の書籍ショセキ。シリーズ。双書ソウショ。

【叢生】ソウセイ (名・する) 草木がむらがって生えること。

【叢林】ソウリン ①草木がおいしげっている林。②[仏]僧ソウの集まって住むところ。寺院。〔禅寺ゼンでらについていうことが多い〕

30 3画 口 くち くちへん 部

くちの形をあらわす。「口」をもとにしてできている漢字と、「口」の字形を目じるしにして引く漢字とを集めた。

器嘘嘱嘶噌噂嘲嘸噴嚚噛噂 13 噫噤嚆嘴嘯噬噪噸噺器噴 14 嚇嚀嚊嚔 15 嚙嚔嚢嚠 16 嚥 嚮 17 嚶嚴 18 囂囈嚼囁囃囀 19 囎嚢 21 囓囑

この部首に所属しない漢字

中⇩丨26 兄⇩儿99 加⇩力144 占⇩卜167
石⇩石713 回⇩囗218 舌⇩舌835 虫⇩虫873
串⇩丨29 局⇩尸319 谷⇩谷928 足⇩足945
邑⇩邑987 舎⇩𠆢74 尚⇩⺌317 知⇩矢711
倉⇩𠆢85 號⇩虍873 鳴⇩鳥1100 轡⇩車959

口 0

【口】

3画 2493 53E3 教育1 音コウ漢 ク呉 訓くち

筆順 丨 冂 口

なりたち ［象形］くちの形。人がものを言ったり食べたりする器官。

意味 ❶動物の飲食や発声の器官。くち。例口蓋。口腔。経口。❷自分のくちで言う。くちに出して言う。くちで言うことば。例口伝。口外。口吻。❸出入りぐち。ものを出し入れするところ。例火口。銃口。出口。❹人・家などの数。また、それらを数えることば。例口分田。人口。❺刀や刃物などを数えることば。例一口。

日本語での用法《くち》①外部にひらいたところ。また、外に接する面。「傷口・木口・袖口」②一定の量を一つと数える単位。「一口千円の寄付・三口で三万円」

難読 赤口日・一口（＝地名）

人名 あき・ひろ

【口受】ジュ／コウジュ（名・する）弟子が師から直接、口伝えで教えを受けること。

【口授】クジュ／コウジュ（名・する）師が弟子に直接、口伝えに教えをさずけること。例秘伝を―する。

【口舌】㊀クゼツ 男女のあいだの口げんか。痴話げんか。㊁コウゼツ 口先だけのもの言い方。例―の徒（＝口だけたっしゃな人を、悪くいうことば）。

【口当たり】①飲食物を口に入れたときの、口の中の感じ。例―のいい酒。②人への接し方の感じ。例―はやわらかい。

【口入れ】（名・する）仕事を紹介すること。また、その人。周旋。〔古い言い方〕例―屋。

【口移し】（名・する）①口にくわえたものや、口にふくんだものを、自分の口から相手の口に入れてやること。②「口伝」に同じ。

【口裏】ことばのうらにかくされた真意。（その人の）ことばや話しぶりから推測できる真意。例おまえのその―だと信用できない。―を合わせる（＝話の内容がくいちがわないよう、あらかじめ打ち合わせておく）。

【口絵】本の最初の部分にのせる絵や写真。例―写真。

【口書き】①江戸時代、訴訟の申し立てを筆記した書類。②筆を口にくわえて書や絵を書くこと。③本のまえがき。序文。

【口金】①ハンドバッグや財布などの、あけるところにある金具。②瓶の口にかぶせてある、金属製のふた。類王冠。③電球の差しこみ部分などにつける金具。

【口癖】いつも言っていて、何かというとまた言うこと。例いそがしい、いそがしいと言うのが―。

【口車】口先だけのたくみな言いまわし。例まんまと―に乗せられた。

【口▼喧▼嘩】（名・する）手は出さない、ことばのうえでのけんか。言い争い。類口論。例―が絶えない。

【口巧者】（名・形動ナ）口先のうまいこと。たくみな話術で、相手を納得させたり、うれしがらせたりすること。また、そのような人。口上手。

【口答え】（名・する）目上の人の言ったことをすなおに聞かず、さからってことばを返すこと。例親に―する。

【口三味線】①（チン、テン、トンなどと）口で三味線の音色をまねること。②口先だけで調子のよいことを言って人をだますこと。例―に乗せられる。

【口添え】（名・する）（交渉や依頼がうまくいくように）助けとなることを言ってやること。例先生のお―で就職できた。

【口出し】（名・する）他人の話のとちゅうに、横から割りこんで意見を言うこと。さしでぐち。例いらぬ―をするな。

【口達者】（名・形動ナ）①口先のじょうずなこと。また、そのような人。口巧者。②よくしゃべること。また、よくしゃべる人。

【口茶】（名・する）お茶をなん回かいれたあと、新しい茶の葉を、きゅうすに足してお茶をいれること。

【口八丁】〔「八丁」は、八つの道具を使いこなすほど、うまいということ〕しゃべることがたくみなこと。例―手八丁。

【口は▽禍の門】なにげなく話したことがもとになって、のちに災難を招くことがあるから、話すことにはじゅうぶん注意すべきである、ということ。口は禍のもと。

【口火】①火縄銃の火薬や、爆薬の点火に使う火。②ガス器具で、バーナーにすぐ火がつくように、いつも燃やしておく小さな火。③ものごとの始まるきっかけ。例話の―を切る。

【口笛】くちびるを小さくまるめ、息を強くふいて出す、ふえのような音。例―をふく。

【口紅】くちびるにぬる紅。ルージュ。

【口約束】（名・する）（文書によるものではなくて）ことばのうえだけの約束。口約。例―だけでは不安だ。

【口調】①口で言ってみたときの調子。例―のいい詩。②声の調子やことばの選び方の特色。話しぶり。口ぶり。例演説―。改まった―。

【口伝】（名・する）①口でつたえること。くちづたえ。②秘伝などを、師から弟子へ直接話して、教えさずけること。くちづたえ。また、それを書いたもの。

【口分田】律令制で、六歳以上のすべての人民に、国から分けあたえられた田。

【口演】（名・する）（演説や講義、または、講談や浪曲などを）おおぜいの前で語ること。

【口外】（名・する）（秘密にしておくべきことを）ほかの人に話すこと。例―無用。秘密を―する。

【口蓋】口の内部の上側の部分。うわあご。例軟―。

【口蓋垂】うわあごのおく、のどの中央に細長くたれ下がっているもの。懸壅垂。のどちんこ。

【口角】口のわき。口の端。また、口のまわり。例―泡を飛ばす（＝勢いこんで、夢中になって議論する）。

【口気】①口からはく息。②ものの言い方。口ぶり。例非難の—を示す。

【口径】コウケイ（蛇口・銃砲・望遠鏡など）筒形のものの口の直径。例ガス管の—。

【口語】コウゴ ①話すときに使うことば。話しことば。口頭語。音声言語。②現代の話しことばにもとづいた、読み書きのことば。例—体。▽対文語。

【口▼腔】コウコウ 口からのどまでのあいだの部分。うわあご・舌・歯などがあり、食物をかみくだき、発音をたすける。〔医学界では「コウクウ」という〕例—外科。

【口座】コウザ ①帳簿で、個人または項目ごとに記入し、計算するところ。②「銀行口座」などの略。例—を開く。

【口実】コウジツ しくじりや、うそ・誤りなど、つごうの悪いことを正当化するために、むりにつくりだした理由。言いのがれのためのりくつ。言いわけ。例欠席の—をつくる。—をもうける。

【口耳の学】コウジのガク 耳から聞いたことを理解もせずにそのまま口に出すような、安直な学問。〈荀子〉

【口臭】コウシュウ 口から出るいやなにおい。例—予防。

【口述】コウジュツ（名・する）書くのではなく、口で述べること。例—試験。—筆記。

【口承】コウショウ（名・する）口伝えで受けつぐこと。例—文芸。

【口▼誦】コウショウ（名・する）詩などを声に出して読むこと。

【口上】コウジョウ ①口で言う、一定の形式に従ったあいさつ。例—を述べる。②かたい調子の、ものの言い方。例切り—。③芝居で、舞台の上から述べる襲名披露のあいさつや出しものの説明。例前—。

【口唇】コウシン くちびる。

【口数】コウスウ 一 人数。人口。二 くちかず ①ことばかず。話す分量。例—が多い。②やしなっている人の数。例—を減らす。③寄付金など、ひと口単位でかぞえるものの数。

【口銭】コウセン 売買の仲介をして、受け取る手数料。コミッション。例八分の—を取る。

【口答】コウトウ（名・する）その場で口で答えること。対筆答。

【口頭】コウトウ（書くのではなくて）口で言うこと。例—試問。

【口碑】コウヒ 言い伝え。

【口腹】コウフク ①〔口と腹ということから〕飲み食い。飲食。例—の欲。②口に出すことばと、腹の中で思っていること。ことばと思想。

【口▼吻】コウフン 〔「吻」は、くちびるの意〕①口先。②その人の本心が、ことばのはしばしにあらわれている話し方。くちぶり。

例原案に反対の—をもらす。

【口訳】コウヤク（名・する）古文や漢文を口語体に訳すこと。口語訳。例『古事記』の—。

【口論】コウロン（名・する）言い争うこと。口げんか。例—の末、もみ合いになる。

【口話】コウワ 耳の不自由な人が、相手のくちびるの形をよんだりして話をすること。

●糸口・陰口・火口・河口・小口・閉口・間口・窓口・無口・無駄口・利口

口 2

【可】

5画 1836 53EF 教育5 音カ漢呉 訓べ-し・よ-い

筆順 一 亅 叮 叮 可

なりたち 〔会意〕「口(=くち)」と「丁カ(=気がのびる)」とから成る。よしと言って認める。

意味 ❶認める。ゆるす。よろしい。例可否。許可。認可。❷まあよい。どうにかよい。例優良可。❸〔助字〕㋐「べし」と読み、…してよい、…するのがよい、の意。許可・適当をあらわす。例秦可レ伐(=秦は討伐するのがよい)。㋑「べし」と読み、…できる、の意。可能をあらわす。例情不レ可レ抑(=気持ちをおさえきれない)。不可抗力〔「抗うべからざる力」と訓読する〕。可変。

難読 可惜・可けない・可笑しい・可愛い・可愛かり・可成・可児(=地名・姓)

人名 あり・とき・よく・よし・より

【可逆】カギャク 逆もどりすることが可能なこと。対不可逆。例—的。—反応。

【可及的】カキュウテキ（副）できるだけ。なるべく。例—すみやかに。

【可決】カケツ（名・する）会議で、議案をよいものと認めて決定すること。対否決。例予算案を—する。

【可視】カシ 目で見えること。例—光線。

【可塑性】カソセイ 〔「塑」は、土をこねて何かの形を造る意〕粘土やプラスチックなどのように、力を加えると形が変わり、そのままもとにもどらない性質。塑性。

【可動】カドウ （船が通るときに橋が上方にひらくなど）動くしかけになっていること。動かせること。例—橋。—式。

【可燃】カネン（よく）もえること。対不燃。例—性。—ごみ。

【可燃物】カネンブツ 火にもえるもの。対不燃物。

【可能】カノウ（名・形動ナ）①そうすることができること。対不能。例—性。日帰りも—になる。②文法で、「…することができる」意を示す表現。助動詞「れる」「られる」や可能動詞(=「行ける」「取れる」など)を用いる。

【可否】カヒ ①いいか悪いか。ものごとのよしあし。例—を論じる。②賛成と反対。賛否。例改正案の—を問う。

【可変】カヘン 変える、または変わることのできること。対不変。

【可も無く不可も無し】カもなくフカもなし ①ことばや行動に、行きすぎも不足もなく、ちょうどよい。②とくによくもないが、とくに悪くもない。まあまあのところである。

【可▼憐】カレン（形動ナ）〔あわれむべき(=いたわりたくなる)ようす、の意〕かわいらしく、いじらしいようす。例—な少女。

【可▽哀相】かわいそう〔あて字〕（形動ナ）気のどくで、同情心をさそわれるようす。ふびん。例—な身の上。

●裁可・生半可・不可

口 2

【叱】

5画 2824 53F1 音カ漢

意味 口を開くさま。

参考 「叱(=しかる)」とは別の字だが、実際には「叱」として用いられている。

口 2

【叺】

5画 5061 53FA 国字 訓かます

意味 穀物・肥料・塩または石炭・砂など、つぶ状のものを入れる、わらむしろで作ったふくろ。かます。

口 2

【叶】

5画 1980 53F6 人名 音キョウ漢 訓かな-い・かな-う

なりたち 〔会意〕「口(=くち)」と「十(=すべてあわせる)」とから成る。みんなの力を合わせる。

参考 「協」の古字。

意味 調和する。多くのものを一つにする。力をあわせる。

日本語での用法 《かなう》①希望が実現する。思いどおりになる。「念願が叶う・叶わぬ時の神頼み」②対等にあらそう。はりあう。「飛び道具には叶わない」③「…(て)はかなわない」の形で、たえられない。「疲れて叶わない」

難読 門叶(=姓)

人名 かのう・とも・やす

【句】
口2　5画　2271　53E5　教育5　音 一 コウ 漢　ク 呉　二 ク 漢呉

筆順 ノ 勹 勺 句 句

なりたち ［形声］「口(=くち)」と、音「勹(キュウ→コウ)」とから成る。曲がる。

意味 一 ❶まがる。同勾。例句欄(=廊下などにそって曲がってつけた手すり)。❷「句践」は、春秋時代の越王の名。勾践。二 ことばや文章などのひとくぎり。例句読点。字句。文句。

日本語での用法 《ク》「連句」「俳句」などの略。「句会・句作」

【句会】人々が集まって、俳句を作ったり、批評し合ったりする会。例月並の―。

【句作】(名・する)俳句を作ること。例―に熱中する。

【句集】俳句や連句を集めた本。例芭蕉の―。

【句題】①俳句の題。②有名な漢詩または和歌の一句をとって、詩歌の題としたもの。

【句点】文の終わりにつける記号。まる。「。」対読点。

【句読】①文章を読む場合の、文の切れ目(=句)と、とちゅうの息の切れ目(=読)。また、句点と読点。例漢文に―をほどこす。②文章の読み方。とくに漢文の素読(=意味を解釈せず、文字だけを声に出して読むこと)。

【句碑】俳句をきざみつけた石碑。

【句法】詩文や俳句の、作り方。

●一言半句・語句・節句・絶句・対句・俳句・名句

【古】
口2　5画　2437　53E4　教育2　音 コ 漢呉　訓 ふる-い・ふる-す・いにしえ

筆順 一 十 十 古 古

なりたち ［会意］「十(=すべてあわせる)」と「口(=くち)」とから成る。これまで語りつがれてきたこと。

意味 ❶長い年月がたっている。昔の。ふるい。同故。例古書。最古。❷むかし。いにしえ。例懐古。尚古。❸現代のふつうのものでない。時代を経て味のある。例古雅。高古。

日本語での用法 《ふるす》ふるくする。「着古す・使い古す」

人名 たか・ひさ・ひさし・ふる

【古逸】(まとまっていた書物などが)古い時代に、ばらばらになって無くなってしまったこと。例―文献の収集。表記「古▼佚」とも書く。

【古往】むかし。往古。例―今来(=昔から今まで)。

【古歌】古い歌。古人の作った歌。例「咲く花の匂うが如く」と―に歌われた奈良の都。

【古雅】(形動ダ)古風で優雅なようす。ふるびておもむきのあるようす。例―なことば。

【古格】古い格式。古来の由緒正しいやり方。例―を保つ儀式。

【古学派】江戸時代の儒学の一派。宋代の経書の解釈は孔子や孟子の真意を伝えていないとして、漢や唐の古い時代の解釈を究明すべきであると主張した。山鹿素行・伊藤仁斎・荻生徂徠らがとなえた。

【古希】七十歳のこと。〔杜甫の詩「曲江」の一節「人生七十古来稀なり(=七十歳まで生きる人は少ないのだ)」による〕例―の祝い。表記 旧古▼稀

【古義】①古い解釈。また、もともとの意義。例―にもとづく考証。②古い時代の正しい道理。例―を明らかにする。

【古曲】①古い曲。とくに箏曲の古い時代の曲。②三味線の音楽で、河東節・一中節・宮薗節・荻江節をまとめていうことば。

【古記録】史料となる古い時代の記録。日記の類。例―に先例をもとめる。

【古今】一 古代と今代。今古。例『―和歌集』二 昔と今。昔から今まで。例―東西の別なく。

【古今東西】昔から今まで。東も西も。いつの時代でもどこの場所でも。例―に例を見ない。

【古今独歩】昔から今までに、他にくらべるものがないほどすぐれていること。古今無双。

【古今未曽有】〔「未曽有」は、「未だ曽て有らず」と訓読する〕昔から今までに、あったためしがないこと。例―の大水害。

【古今無双】〔「双」は、並ぶ意〕昔から今までに、他に匹敵する者がないこと。例―の英雄。

【古句】昔の人の作った俳句や詩句。

【古訓】①漢字や漢文の古いよみ方。例『日本書紀』の―。②古人の教え。

【古言】①昔のことば。古語。②古人の名言。

【古▼諺】昔からのことわざ。例―にいわく。

【古語】昔、使われていたことばで、現在は、いっぱんに使われていないことば。とくに、江戸時代までのことばについていう。古典語。例―辞典。

【古豪】(スポーツや競技などで)経験のゆたかな、実力のある人やチーム。ふるつわもの。ベテラン。対新鋭。例初出場で―をたおす。

【古刹】〔「刹」は、寺の意〕古い寺。とくに、由緒のある古い寺。

【古参】ずっと以前からその仕事をしていること。また、その人。対新参。例―兵。職員の中の最―。

【古▼址】①昔の建物や都市などがあったあと。例平城京大極殿の―。②昔の建物のあとに残る礎石(=土台石)。表記 ▽「古▼趾」とも書く。

【古紙】一度使って不用になった紙。読後の新聞紙や雑誌、使用済みの段ボールなど。例―回収。表記「故紙」とも書く。

【古詩】①昔の詩。古代に作られた詩。②漢詩の形式の一つ。唐代に完成した律詩や絶句などに対して、句数や韻律などに制限のない、古いタイプの詩をいう。古体詩。古体。対近体・今体・近体詩・今体詩。

【古字】昔使われたが、今はふつう使われない字体の文字。

【古寺】古い寺。例―名刹。

【古式】古来の礼式。昔からきまっているやり方。例―にのっとる。―ゆかしくとりおこなわれる。

【古酒】①冬期に醸造した日本酒が、夏の土用をこえて秋にはいったもの。対新酒。②味をよくするために、長年貯蔵しておいた酒。

【古書】①昔の本や文書。古本。例―店。―展。②一度利用者の手にわたったことのある本。古本。

【古称】古い名称。昔の呼び名。例「停車場」は「駅」の―。

【古城】コジョウ 古いしろ。例小諸なる―のほとり。〈島崎藤村〉

【古色】コショク 年代を経たものに自然についたおもむき。古びた感じ。例―蒼然ソウゼン。―を帯びる。

【古人】コジン 昔の人。例―の名言。―曰いわく、…。

【古生代】コセイダイ 地球の歴史で、地質時代の区分の一つ。今から約五億四千万年前から約二億五千万年前までの期間。先カンブリア時代に続く時代で、魚類・両生類・シダ類などが栄えた。

【古生物】コセイブツ 地質時代(=約五億七千万年前―約一万年前)に生息していて、現在は絶滅した生物。恐竜やマンモスなど約十三万種が、化石として報告されているが、化石として残らなかったものも多い。例―学。

【古昔】コセキ むかし。往古。

【古跡】コセキ 歴史に残るできごとや、建物があったあと。旧跡。例名所―。表記 旧古▼蹟

【古拙】コセツ (名・形動ダ) 美術品などで、技巧はつたないが、古風で素朴なおもむきがあること。アルカイック。例―な美しさの仏像。

【古銭】コセン 昔の貨幣。例―の収集家。

【古戦場】コセンジョウ 昔、戦いのあった場所。例川中島の―。

【古体】コタイ ①昔のすがた。古いようす。古風。例かな文字の―。②「古詩②」に同じ。対近体・今体。

【古代】コダイ ①古い時代。大昔。例―人。②歴史の時代区分の一つ。原始時代の後、中世の前の時代。日本では大和・飛鳥・奈良時代を指す。〔平安時代を加える場合もある〕例―史。―社会。

【古注】コチュウ ①江戸時代以前の注釈。②中国で、漢代・唐代の経典の注釈をいう。▽対新注。表記 ▽旧古▼註

【古典】コテン ①昔の書籍。②昔に作られ、長い年月にわたって多くの人に尊重されてきた、文学作品や音楽作品など。クラシック。例―文学。―芸能。

【古典主義】コテンシュギ 古代のギリシャやローマの芸術を模範とし、その精神に近づこうとした、十七、八世紀のヨーロッパにおける芸術上の主張。クラシシズム。

【古典的】コテンテキ (形動ダ) ①古典としての価値をもっているようす。例映画史に残る―な名作。②(作品の制作において)伝統的な形式を重んじるようす。例―な手法。

【古都】コト ①古くからの都。長い歴史のある都。例―ウィーン。②昔、都だった所。例―としての奈良。▽対新都。

【古刀】コトウ ①古い刀。②慶長年間(=江戸時代の初期)以前に作られた日本刀。▽対新刀。

【古道】コドウ ①昔の道。旧道。対新道。②昔の聖人や賢人の実践した道(=道徳)。

【古筆】コヒツ 古人の筆跡。とくに平安・鎌倉期の、和様の書道のすぐれた筆跡。例―家(=古筆鑑定専門家)。

【古風】コフウ (名・形動ダ) ①昔の様式であること。例―を保つ。②やり方などが、現代的でないこと。古めかしいこと。おくゆかしい、または時代おくれの意にも用いる。例―な考え。▽類昔風むかしフウ。

【古武士】コブシ 武士道をわきまえた、昔の侍さむらい。例―の風格。

【古物】コブツ ①古い時代から伝わっている品物。古道具や古美術品。骨董コットウ。②使い古しの品。一度でも使われた品。対新品。例―商。表記 ▽「故物」とも書く。

【古墳】コフン ①土を盛ってつくった昔の墓。②三世紀から七世紀ごろまでにつくられた、小山のように土を盛ってある墓。例―時代。

【古文】コブン ①昔の文章。江戸時代以前の文語体の文章。対現代文。②秦シンの篆字テンジより前の、漢字の字体。③秦・漢以前に書かれた文章。また、その文体。▽対今文キンブン。

【古文真宝】コブンシンポウ 先秦センシンから宋ソウまでの名詩と名文を集めた書物。黄堅コウケンの編。

【古法】コホウ ①昔おこなわれた方法。昔からのしきたり。②昔のおきてやきまり。昔の法律。

【古木】コボク 長い年月を経ている立ち木。老木。例松の―。

【古墨】コボク つくられてから長い年月を経て、よい色を出すようになった墨すみ。書家に珍重チンチョウされる。

【古本】一コホン ①古代の書籍。②現行のよりも古い系統の、原作に近い本。例『古今集コキンシュウ』の―。二ふるホン 一度利用者の手にわたったことのある本。古書。対新本。例―屋。

【古米】コマイ 収穫後一年以上たった米。対新米。

【古名】コメイ 昔の呼び名。例「かわず」はカジカガエルの―である。

【古文書】コモンジョ 昔の文書。とくに江戸時代以前の、手紙や証書の類。例旧家の―を調査する。

【古謡】コヨウ ①古代の歌謡。②古くから伝わっている、節ふしをつけてうたう歌。例日本―。

【古来】コライ (名・副) 古くからずっと。昔から。例和歌は日本―の文化。―朝焼けは雨の前兆といわれている。

【古流】コリュウ ①昔から伝わる流儀リュウギ。②生け花の一派。江戸中期、今井宗普ソウフが創始した。③茶道の一派。千利休センのリキュウの法をそのまま伝える。

【古陵】コリョウ 古いみささぎ。昔の天子の墓。

【古老】コロウ ①老人。年とった人。②昔のことをよく知っている老人。例土地の―にたずねる。表記 ②は「故老」とも書く。

【古顔】ふるがお 職場や団体などに、ずっと前からいる人。古株ふるかぶ。古参コサン。対新顔シンがお。

【古株】ふるかぶ ①古くなった木や草の、かぶ。②職場や団体などに、ずっと前からいる人。ベテラン。古顔ふるがお。古参コサン。

【古巣】ふるす ①古くから住んでいるところ。もとの巣。例ツバメが今年も―にもどってきた。②以前に、住んだり勤めたりしたところ。例勝手知ったる―にもどる。

●近古コキン・尚古ショウコ・上古ジョウコ・千古センコ・太古タイコ・中古チュウコ・復古フッコ

口 2 【叩】 5画 3501 53E9

音コウ漢 訓たた-き・たた-く・はた-く

意味 ❶たたく。㋐こつこつとたたく。例叩門コウモン(=門をたたく)。㋑問いただす。❷頭を地につけるようにしてひれふす。ぬかずく。例叩頭コウトウ。❸ひきとめる。ひかえる。同扣コウ・控コウ。

難読 叩頭虫ぬかずきむし・叩子ボタン・かなもの

【叩頭】コウトウ (名・する)〔頭で地をたたく意〕ひたいを地面につけて、おじぎをすること。ていねいな礼や謝罪のときにする。

口 2 【号】 5画 2570 53F7

教育3 音コウ漢ゴウ呉 訓さけ-ぶ・よびな

筆順 丶 ロ ロ 旦 号

走7 【號】 13画 7343 865F

たなちり [号] [会意]「口(=くち)」と「丂(=語気がさえぎられる)」とから成る。語気がさえ

ぎられ、口を大きくあけて声を出す。

［號］［会意］「号(=さけぶ)」と「虎(=とら)」とから成る。トラのようにさけぶ。

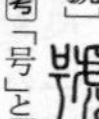

参考「号」と「號」とは別の字だが、古くから通じて用いられている。

意味 ❶大声でさけぶ。例号泣。怒号。❷あいず。しるし。例号砲。暗号。信号。❸呼び名。なまえ。例雅号。国号。年号。❹数字などにそえて、順序や等級などをあらわすことば。例一号。二月号。毎号。❺車や船、馬や犬などの名につけることば。例ひかり号。弁慶号。クイーンメリー号。

難読 口号(くちずさみ)・言号(いいなずけ)

人名 すさむ・な・なづく

【号音】合図のために鳴らすおと。

【号外】新聞社などが、特別なできごとを報道するために、臨時に発行する刷りもの。例—が出るさわぎ。

【号泣】(名・する) 大声をあげて泣くこと。類慟哭。

【号▼哭】(名・する) 大声をあげて泣きさけぶこと。

【号数】絵画や活字の大きさや、雑誌発行の順番などをあらわす数。例—活字。

【号俸】公務員の給与体系で、等級をさらに小分けした順位。例六級職三—。

【号砲】①合図のためにうつ大砲や鉄砲。②競技で、スタートの合図のために鳴らすピストル。

【号令】(名・する) ①多くの人に同じ動作をさせるために、大声で発する指図のことば。例—をかける。②支配者の命令。例天下に—する。

●記号・元号・称号・等号・番号・符号・略号

口2 **【司】** 5画 2742 53F8 教育4 音シ漢 ス唐 訓つかさ・つかさど-る

筆順 ㇆ ㇆ 司 司 司

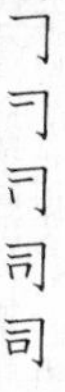

なりたち 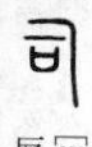 ［指事］「后(=内で統治する君主)」を左右反対向きにした形。外で事をつかさどる臣下。

意味 ❶全体をとりしきる。つかさどる。例司会。司書。❷職務をおこなう人やところ。役人。役所。つかさ。例宮司。国司。

難読 庫司(くす)・東司(とうす)

人名 おさむ・つとむ・まさ・まもる・もと・もり

【司会】(名・する) 会の進行を受け持つこと。また、その役をする人。例披露宴の—をする。テレビ番組の—者。

【司教】カトリック教会の聖職の一つ。大司教の次、司祭の上の位。教区の最高位。

【司祭】カトリック教会の聖職の一つ。司教の次位。儀式などをとりおこなう。

【司書】図書館などで、本の整理や保管、また、貸し出しなどをあつかう人。例—の資格を取る。

【司直】法にもとづいて正・不正をさばく官。裁判官や検察官。例—の手にゆだねる。

【司馬遷】前漢の歴史家。字は子長。父、司馬談の仕事を受けついで歴史を編纂中に、匈奴に降伏した友人の李陵を弁護したため、武帝のいかりにふれ宮刑に処せられたが、こころざしをつらぬき、『史記』を完成させた。(前一四五?—前八六?)

【司法】国家が法律にもとづいて民事と刑事の裁判をすること。対立法・行政。例—権。—官。

【司令】(名・する) 軍隊や艦隊などで、指揮をすること。また、その人。例—官。

【司令塔】①軍艦や航空基地で、艦長や司令官が指揮をとる塔。②競技などで、作戦を考え、指示をする人のたとえ。例チームの—。

●御曹司・行司・上司・寿司

口2 **【史】** 5画 2743 53F2 教育5 音シ漢呉 訓ふびと・ふみ

筆順 丨 口 口 中 史

なりたち 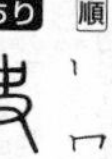 ［会意］手で「中(=かたよらず正しいこと)」を持つ。天子の言動をしるす役人。

意味 ❶記録係の役人。ふびと。例史官。侍史。❷文書。記録。ふみ。例史書。修史。歴史。

日本語での用法《サカン》律令制の四等官で、太政官・神祇官などの第四位。主典。

人名 ちか・ちかし・ひと・ふひと・ふみお・ふみと・み

【史家】歴史を研究している人。歴史学者。歴史家。

【史学】歴史を研究する学問。歴史学。例—科。

【史観】歴史の見方。歴史上の事実を考えるときの立場。歴史観。例日本文化—。唯物—。

【史記】中国の歴史書。百三十巻。前漢の司馬遷の作。神話・伝説時代の帝王から、漢の武帝までの歴史をしるした書。帝王の伝記である「本紀」、諸侯などの伝記である「世家」、それらと関連の深い重要人物の伝記である「列伝」など、個人の伝記を中心に構成されており、この形式を紀伝体と呼んで、以後の正史は、これにならって記述された。

【史劇】歴史上の事件や人物をあつかった演劇。歴史劇。

【史実】歴史のうえで実際にあったことがら。歴史上の事実。例—にもとづく小説。

【史書】歴史を書いた書物。歴史書。

【史上】歴史上。歴史にあらわれているところ。

【史跡】歴史上の有名な事件や建造物のあったあと。類遺跡。例—を保存する。—をめぐる。表記 旧史▼蹟

【史籍】歴史について書いた本。史書。

【史談】歴史に関する話。史話。

【史的】(形動だ) 歴史に関係があるようす。歴史的。

【史伝】①歴史や伝記。②歴史につたえられたことがら。③歴史上の事実にもとづいて書いた伝記。

【史料】歴史を研究するうえで参考になる材料。文書・遺物・遺跡・図像・口頭伝承など。

【史論】歴史上のできごとについての意見や評論。

【史話】歴史に関する話。史談。

●国史・女史・正史・戦史・通史・有史

口2 **【只】** 5画 3494 53EA 人名 音シ漢 訓ただ

なりたち ［象形］ことばが終わって語気が引いていく形。句末や語末にそえる助字。借りて「ただ・ただし」の意。

意味 (助字)「ただ…(のみ)」と読み、ただ…だけ、の意。限定・強調をあらわす。例只独看(ただひとりみる)(=ただ一人で見る)。

日本語での用法《ただ》無料。金銭をはらわないこと。「只より高いものはない・只乗り」

人名 これ

【只管】(副) そのことだけに打ちこんでいるようす。いちず

に。例―打坐(=余念なく、いちずに座禅にはげむこと)。

【只今】①いま。現在。例―の気温は零度です。②いますぐ。例―持参します。③いましがた。例―出かけました。④帰宅したときのあいさつのことば。

口 2
【叱】
5画 1-4752 20B9F 常用 音シツ漢 訓しか-る

筆順 丨 ㅁ 口 口一 叱

なりたち [形声]「口(=くち)」と、音「七シ」とから成る。しかりつける。

意味 相手のよくない点を注意する。大声でどなりつける。しかる。例叱正セイ。叱責セキ。叱咤タ。

参考「叱カ(=口をあけるようす)」は別の字。

【叱正】セイ(名・する)しかって正す。詩文などを人に見てもらうときに、けんそんしていうことば。例御ゴ―を乞こう。

【叱声】セイ しかりつけることば。しかりつける声。例―を放つ。

【叱責】セキ(名・する)上司ジョウシが下の人のあやまちなどをしかること。例―を受ける。

【叱▼咤】タ(名・する)大声でしかること。また、そうしてはげますこと。例―激励する。

口 2
【召】
5画 3004 53EC 常用 音ショウ慣チョウ漢 訓め-す

筆順 フ 刀 刀ㅡ 召 召

なりたち [形声]「口(=くち)」と、音「刀ト→チョウ」とから成る。声を出して呼ぶ。

意味 上の者が下の者を呼び寄せる。めす。また、目上の人のまねき。おめし。例召喚カン。召集シュウ。応召オウ。

日本語での用法《めし・めす》「食う・飲む・乗る・着る」などを、うやまっていうことば。「召めし上あがり物もの・お召めし列車レッシャ・やはりお召めし物もの」

人名 めし・よし

【召喚】カン(名・する)裁判所が日時や場所を指定して人を呼び出すこと。例―状。証人として―する。

【召還】カン(名・する)大使や公使、また、領事などを、命令によって本国に呼びもどすこと。対派遣ハケン。

【召集】シュウ(名・する)①呼び出して集めること。例非常―。②国会をひらく手続きとして、詔書ショウショによって議員に集合を命じること。③徴兵チョウヘイ制度で、国民に兵として軍隊に集合を命じること。例―令状。

【召致】チ(名・する)呼び寄せること。

口 2
【台】
5画 3470 53F0 教育2 音 A タイ漢 ダイ呉 B 一 イ漢 二 ダイ慣 タイ漢 訓うてな

A 至 8
【臺】
14画 7142 81FA

B 口 2
【台】
5画 3470 53F0

筆順 ㇜ ム ム一 台 台

なりたち A[臺][形声]「至(=止まるところ)」と「高(=たかい)」の省略体と、音「士シ→タイ」とから成る。四角形で高い、物見ものの建物。B[台][形声]「口(=くち)」と、音「ムイ」とから成る。よろこぶ。

参考「台」と「臺」とは別の字。「台覧」「三台星」「天台宗」などは、もともと「台」であって、「臺」の代用ではない。

意味 A[臺]タイ ダイ ❶高いところから、周囲を見わたせるように作った建物。御殿ゴテン。たかどの。うてな。例台閣カク。展望台テンボウダイ。灯台トウダイ。❷人が乗ったり、ものをのせたりする、平たい面をもつ道具。だい。例台座ザ。寝台シンダイ。❸高く平らな土地。例台地チ。高台たかダイ。❹役所。例御史台ギョシダイ。鎮台チンダイ。❺相手に対する敬意をあらわすことば。例貴台キダイ。尊台ソンダイ。

B[台]一イ ❶よろこぶ。同怡イ。❷われ。わが。二タイ ダイ ❶星の名。三台星サンダイセイ(=北極星の近くにある、三つの星)のこと。❷相手をうやまっていうことば。例台覧ラン。台臨リン。❸仏教の一派、天台宗のこと。例台教タイキョウ(=天台宗の教え)。

日本語での用法《ダイ》①ものごとの基礎キソになるもの。「台帳ダイチョウ・台本ダイホン・土台ドダイ」②乗り物などを数えることば。「車くるま一台イチダイ」③金額や時間、年齢ネンレイなどの、数量の範囲ハンイをあらわすことば。「一万円台イチマンエンダイ・二十歳台ニジッサイダイ・六時台ロクジダイ」

人名 たか・もと

【▽台▽詞】せりふ ①俳優が劇中の人物として舞台ブタイなどで話すことば。例―まわし。②ものの言い方。言いぐさ。例捨て―。

【台下】ダイカ[「御殿ゴテン」の下の意]手紙で、あて名の左下に書きそえて、相手をうやまっていうことば。

表記▽「▽科▽白」とも書く。

【台形】ダイケイ 向かい合った二辺がひと組みだけ平行な四辺形。〔もと「梯形テイケイ」といった〕

【台座】ダイザ ①ものをのせておく台。②仏像をのせる台。ハスの花をかたどったものが多い。

【台紙】ダイシ ものをはりつけるための紙。

【台車】ダイシャ ①車両で、車体をささえている、車輪・ばね・枠わくなどの部分。②荷物を運ぶための、車の付いた台。

【台所】一ダイショ 天子のいるところ。宮中。二ダイどころ ①家の中で食事をつくるところ。②経済上のやりくり。例去年より―が苦しい。

【台地】ダイチ 周囲の土地より高く、表面が平らな土地。例武蔵野むさしの―。

【台帳】ダイチョウ ①出入りを記録しておく帳簿チョウボ。例仕入れ―。②いちばんもとになる帳簿。類原簿。例土地―。

【台頭】タイトウ(名・する)①新しい勢力があらわれてくること。例武士の―。②文章を書くとき、帝王テイオウなどに関する語を、改行してふつうの行より上に高く出して書くこと。表記▽「▼擡頭」とも書く。

【台盤】ダイバン 食物を盛った皿をのせる台。

【台盤所】ダイバンどころ ①台盤を置いておくところ。宮中では女房ニョウボウの詰所つめショ。臣下の家では台所。②貴人の夫人。奥方おくがた。みだいどころ。

【台風】タイフウ 南方の太平洋上で発生する熱帯低気圧のうちで、最大風速が毎秒一七メートル以上のもの。日本には八、九月に来ることが多い。例―の目の中にはいる。表記旧▼颱風

【台本】ダイホン[「演劇の土台となる本」の意]演劇や映画、また、放送などで、せりふや動作、舞台ブタイ装置などについてしるした本。脚本キャクホン。シナリオ。例―どおりに言う。

【台覧】タイラン(名・する)身分の高い人が見ることを、うやまっていうことば。例―の栄に浴する。

【台臨】タイリン(名・する)身分の高い人が出席することを、うやまっていうことば。例―を仰あおぐ。

○●縁台エンダイ・鏡台キョウダイ・寝台シンダイ・土台ドダイ・荷台にダイ・舞台ブタイ・砲台ホウダイ・屋台やタイ

口 2
【叮】
5画 5058 53EE 音テイ漢

意味「叮嚀」は、心をこめてたのむ。ねんごろに言う。

【叮▼嚀】⇩【丁寧】(9ページ)

口 2
【叨】
5画 5059 53E8 音トウ漢 訓みだ-り・むさぼ-る

意味 ❶よくばって、ほしがる。むさぼる。同饕。例叨貪。叨冒。❷分不相応に。みだりに受ける。例叨名(=虚名を受ける)。❸不相応な恩恵を受ける。かたじけなくする。けんそんのことば。例叨恩。❹みだりにしゃべる。例叨叨。

【叨恩】もったいないほどの恩恵を受けること。〔訓読では「恩をみだりにす」と読む〕

【叨窃】(名・する)〔「窃」は、ぬすむ意〕分不相応のものを所有すること。また、不当に高い地位につくこと。

【叨叨】(名・形動タル)余分なことまでしゃべること。話がくどいこと。

【叨▼貪】貪欲であること。むさぼること。

【叨冒】〔「冒」も、むさぼるの意〕欲が深いこと。貪欲。

口 2
【叭】
5画 5060 53ED 音ハツ漢 ハ唐

意味 口から発せられる声や音をあらわす。また、「ハ」や「パ」の音にあてる。例叭喇唬(=石火矢。大砲の一種)。喇叭。

口 2
【右】
5画 1706 53F3 教育1 音ユウ漢 ウ呉 訓みぎ

筆順 ノナ右右右

なりたち 〔会意〕「口(=くち)」と「又(=みぎ手)」とから成る。手だけでは不十分なので、口でたすける。

意味 ❶たすける。同佑・祐。例右筆。❷みぎ。みぎて。みぎがわ。対左。例右往左往。右折。座右。❸西。南面したときの右が西にあたることから。例右京。❹上の位にある。たっとぶ。対左。例右文。❺保守的な。〔フランス革命のとき、保守派が議会の右側の席にすわったことから〕対左。例右派。右翼。極右。

難読 左右・右手

人名 あき・あきら・これ・すけ・すすむ・たか・たすく

【右往左往】(名・する)どうしたらよいかわからず、うろうろする。うろたえる。

【右岸】川の下流に向かって右側の岸。対左岸。

【右傾】(名・する)①右へかたむくこと。②思想が極端な保守的・民族主義的・国粋的傾向を示すこと。▽対左傾。

【右舷】船首に向かって右側のふなべり。対左舷。

【右顧左▼眄】(名・する)〔「顧」はふりむいて見る、「眄」は流し目で見る意〕まわりの人の意見や、おもわくばかりを気にして、決断できないこと。左顧右眄。例いまたいせつなことは、—することなく、主体的に取り組むことだ。

【右折】(名・する)道を右へ曲がること。対左折。

【右足】右の足。

【右側】ものの右のがわ。対左側。

【右党】①保守派の政党。②酒が飲めず、あまいものが好きな人。▽対左党。

【右派】右翼の党派。対左派。→【右翼】②

【右翼】①鳥や飛行機の右のつばさ。対左翼。②政治思想のうえで、保守的・民族主義的・国粋的な考え方をする人たち。また、その団体。対左翼。③野球で、本塁から見て右側の外野。また、そこを守る選手。ライト。対左翼。④順序や地位をきそい合う仲間の中で、有力なもの。例大臣候補の最—。

【右手】①右の手。②右のほう。右のがわ。▽対左手。

【右筆】①昔、貴人のそばにいて文書の作成などを受け持った人。②武家の職名の一つ。文書や記録を受け持った人。表記▽「▼祐筆」とも書く。

【右文】学問や芸術をたっとぶこと。

【右文左武】〔「文」と「武」を右と左に配して、ともに重んじる意をあらわす〕文武両道をかねそなえること。左文右武。

●極右・左右・座右

口 2
【叫】
5画 ⇩【叫】(187ページ)

口 3
【吁】
6画 5062 5401 音ウ・ク漢 訓ああ

意味 なげき・おどろき・憂い・疑いなどをあらわす声。ああ。例吁嗟。

【吁▼嗟】ああ。なげき・おどろき・憂い・疑いなどの気持ちをあらわすときに発することば。

口 3
【各】
6画 1938 5404 教育4 音カク漢呉 訓おのおの

筆順 ノクタ冬各各

なりたち 〔会意〕「口(=ことば)」と「夂(=反する)」とから成る。発言がそれぞれ異なる。

意味 ひとつひとつ。それぞれ。めいめい。おのおの。例各自。各種。

難読 各務(=地名・姓)・各務原(=地名)

人名 まさ

【各位】みなさまがた。おおぜいの人に対して、そのひとりひとりをうやまっていうことば。例出席者—。

【各員】おのおのの人。めいめい。ひとりひとり。〔演説などの、あらたまった言い方〕例—の努力によって成功した。

【各界】職業の種類によって分けたそれぞれ。政界・財界・学界・芸能界などのそれぞれ。例—の名士。

【各自】なんにんかいる人の、ひとりひとり。めいめい。類各人。例文化祭では—の役目をしっかりやりなさい。

【各種各様】いくつかある種類が、それぞれちがったようすであること。例—の反応がある。

【各所】①それぞれの場所。②あちらこちら。例市内—。表記▽「各処」とも書く。

【各人】めいめいの人。おのおの。各自。例—各様。

【各人各様】人によって違うこと。人それぞれ。

【各地】①それぞれの土地。例—の名産。②あちらこちら。例全国—で開催する。

【各派】それぞれの流派や党派。例党内—の意見。

【各部】それぞれの部分。例人体—の名称。

【各様】それぞれにちがったようすであること。例各人—。

【各論】一つ一つの項目についての議論や説。対総論。例—になると意見が分かれる。

口3 【吉】 6画 2140 5409 常用 音キツ漢キチ呉 訓よ-い

筆順 一 十 士 吉 吉 吉

口3 [吉] 6画 20BB7 俗字

なりたち [会意]「士(=りっぱな人)」と「口(=ことば)」とから成る。りっぱな人のことば。

意味 ❶めでたい。よい。例吉日。吉報。不吉。❷吉林省の別の呼び方。

日本語での用法《き》「き」の音にあてる万葉がな。「吉備」

国・吉良

人名 さち・とみ・はじめ・よ・よし

【吉事】キチジ・キツジ めでたいこと。縁起がよいこと。慶事。対凶事。

【吉日】キチニチ・キツジツ めでたい日。ものごとをするのに縁起のよい日。吉辰。対悪日・凶日。例大安―。

【吉▼瑞】キチズイ・キツズイ めでたいしるし。類吉祥。

【吉例】キチレイ・キツレイ めでたい例。よい前例。めでたいしきたり。例―に従って…。

【吉凶】キッキョウ めでたいことと、縁起の悪いこと。さいわいと、わざわい。例―を占う。

【吉慶】キッケイ めでたいこと。よろこぶべきこと。

【吉祥】キッショウ 〔「キチジョウ」とも〕めでたいしるし。よい前兆。類吉瑞。例―があらわれる。

【吉祥天】キッショウテン 〔「キチジョウテン」とも〕福徳をさずけるという天女。もとインド神話の神が仏教にとり入れられたもの。吉祥天女。

【吉▽左右】キッソウ 〔「左右」は、便りの意〕①いい知らせ。吉報。例―を待つ。②よいか悪いか、いずれかの知らせ。

【吉相】キッソウ ①うらないで出る、めでたいことの起こるしるし。例―が生じる。②よい運勢のあらわれた人相。▽対凶相。

【吉兆】キッチョウ めでたいことの起こる前ぶれ。対凶兆。例―があらわれる。表記「吉徴」とも書く。

【吉報】キッポウ めでたい知らせ。喜ばしい知らせ。対凶報。例合格の―を待つ。

【吉備】きび 今の岡山県と広島県東部の古い呼び方。

【▽吉利支丹】キリシタン 〔ポルトガル語の音訳。のち「切支丹」とも書いた〕日本の戦国時代にフランシスコ=ザビエルらにより伝えられたカトリック教。また、その信者。

●大吉・不吉

口3 【吃】 6画 2141 5403 音キツ漢 訓ども-る

意味 ❶ことばを自由に出すことができず、つかえたり、くりかえしたりする。どもる。例吃音。❷たべる。のむ。すう。転じて、うけいれる。同喫。例吃驚。吃水。

難読 吃逆・吃驚

【吃音】キツオン ことばが口からすらすら出ないで、発音がつかえたり、同じ音をくりかえしたりすること。どもり。

【吃驚】キッキョウ (名・する) びっくりすること。おどろくこと。例とつぜんの出現に―する。表記「喫驚」とも書く。

【吃緊】キッキン (名・形動ナ) ひじょうにたいせつで、解決が急がれていること。例―の問題。表記「喫緊」とも書く。

【吃語】キツゴ ことばがどもる状態。また、そのことば。どもり。

【吃水】キッスイ 水上にある船体が、水面下にしずんでいる部分の深さ。例―線。表記現喫水

口3 【吸】 6画 2159 5438 教育6 音キュウ漢呉 訓す-う

筆順 丨 ロ ロ 叨 吸 吸

口4 【吸】 7画

なりたち [形声]「口(=くち)」と、音「及キュウ」とから成る。息を内にすいこむ。

意味 息や液体をすいこむ。内にとりいれる。また、すいよせる。ひきつける。すう。対呼。例吸引。吸収。呼吸。

日本語での用法《すい》日本料理の汁の一つ。「吸い口(=うすくそいで、汁にうかべる、ユズ・フキノトウ・ミョウガなど)・吸い物(=汁の多い、すいこんで飲むもの)」

【吸引】キュウイン (名・する) ①(空気や水流などとともに)すいこむこと。例ほこりを―する。②人をひきつけること。例客を―する趣向。

【吸音】キュウオン (名・する) おとをすいとること。例―材(=グラスウール・フェルトなど)。

【吸気】キュウキ 鼻や口からすいこむ息。対呼気。

【吸血鬼】キュウケツキ ①西洋で、死体に宿り、夜なかに墓からぬけだして人の生き血をすうという悪霊。バンパイア。〔イギリスの怪奇小説に出てくるドラキュラが有名〕②人をひどく苦しめる、むごい人間のたとえ。例―のような高利貸し。

【吸湿】キュウシツ (名・する) 水分やしめりけを、すいとること。例―性のある素材。

【吸収】キュウシュウ (名・する) すいこむようにして、外部のものを自分の内部に取り入れること。例知識を―する。―合併。

【吸着】キュウチャク (名・する) ①すいつくこと。②〔化〕気体や液体のなかの物質を、これと接する物体の表面がすいつけること。例―剤(=木炭やシリカゲルなど)。

【吸入】キュウニュウ (名・する) ①すいいれること。とくに治療のために、ガス状の薬物をすわせること。例酸素―。②呼吸のように自然に、何かを取り入れること。例エンジンの―弁。

【吸盤】キュウバン (タコやイカの足、ヒルの口などにあって)ものにすいつくはたらきをする器官。また、これにならって作った、ゴムやプラスチックの器具。

口3 【叫】 6画 2211 53EB 常用 音キョウ漢呉 訓さけ-ぶ

筆順 丨 ロ ロ 叩 叫 叫

口2 【叫】 5画

なりたち [形声]「口(=くち)」と、音「丩キュウ→キョウ」とから成る。大声で呼ぶ。

意味 大声をあげる。よぶ。さけぶ。例叫喚。叫号。絶叫。

難読 雄叫び

【叫喚】キョウカン (名・する) 大声でわめくこと。例阿鼻―。

【叫喚地獄】キョウカンジゴク 〔仏〕八大地獄の一つ。ここにおちた亡者は、熱湯で煮られ猛火で焼かれ、絶え間なく泣きさけぶという。

口3 【向】 6画 2494 5411 教育3 音キョウ漢コウ呉 訓む-く・む-ける・む-かう・む-こう

筆順 ノ 丿 门 向 向 向

なりたち 向 [会意]「冂(=いえ)」と「口(=まどわく)」とから成る。北向きの出窓。派生して「むく」の意。

意味 ❶あるほうに面する。むく。あるほうに進む。むかう。例向上。志向。❷かたむき。むき。例傾向。風向。❸以前に。さきに。むかし。例向来(=これまで。また、いま)。

日本語での用法《むき・むく》にあう。適する。「小学生向き・素人向きのゴルフ場」

難読 向坂・向上の板・向道

人名 ひさ

【▽向後】キョウコウ・キョウゴ・コウゴ(名・副)これからのち。今後。

【▽向来】キョウライ・コウライ(名・副)①これまで。前から。②いま。

【向学】コウガク 学問に心をむけること。学問にはげもうと思うこと。例—心。—の念。

【向寒】コウカン さむい季節にむかうこと。対向暑。例—のみぎり。

【向日▼葵】コウジツキ・ひまわり キク科の一年草。茎がまっすぐにのび、夏、茎の頂上に大きな黄色の花がさく。

【向暑】コウショ あつい季節にむかうこと。対向寒。例—の折。

【向上】コウジョウ(名・する)前よりもよくなること。対低下。例—心をもつ。成績が—する。

【向性】コウセイ 外向性と内向性をまとめていうことば。例—検査(=性格が外向性か、内向性かを調べること)。

【向背】コウハイ「「キョウハイ」とも」①従うことそむくこと。類去就。例—を明らかにする。②なりゆき。類動静。例天下の—を決する。

●意向・一向・趣向・転向・動向・風向

口3 【后】 6画 2501 540E 教育6

音 コウ漢 ゴ呉　訓 のち・きさき

筆順 ノ 厂 𠂆 斤 后 后

なりたち 后 [会意]「𠂆(=人の形)」と「口(=くち)」とから成る。創業した先君の体制をつぐ君主。

意味 ❶君主のあとをつぐ者。君主。諸侯。❷天子の妻。きさき。例皇后。皇太后。❸時間的にあとのほう。のち。同後。例午后。

人名 きさ・きみ・み

【后宮】コウキュウ 皇后のいるところ。また、宮中の女官のいるところ。後宮。

【后妃】コウヒ きさき。皇后。

口3 【合】 6画 2571 5408 教育2

音 ガッ・カッ慣 コウ漢 ゴウ呉　訓 あ-う・あ-わす・あ-わせる

筆順 ノ 人 亼 亽 合 合

なりたち 合 [会意]「亼(=三つあわせる)」と「口(=くち)」とから成る。口をあわせる。

意味 ❶あつまる。あつめる。例烏合。会合。集合。❷一つになる。一致する。同じになる。例合意。合一。暗合。❸あてはまる。かなう。例合格。適合。符合。❹矛を交える。たたかう。例切りむすぶこと数合。❺ふたつきのいれもの。同盒。❻容量の単位。一升の十分の一。→「度量衡表」(1141ページ)

日本語での用法《ゴウ》登山路の高さの単位。山頂までの道のりの十分の一。「山の五合目」

使い分け あう【会・合・遭】⇩1159ページ

使い分け あわせる【合・併】⇩1162ページ

難読 合歓木・合食禁(=食物のくいあわせ)・合羽

人名 あい・はる・よし・り

【合印】あいじるし ①書類を他と照合したしるしにおす印。②書類が二枚以上続くとき、次の紙への移り目ごとに紙のはしにおし、続いていることを証明するための印。合判。

【合縁】あいエン たがいに縁があって、よく気が合うこと。例—奇縁。表記「相縁」とも書く。→【愛縁】(403ページ)

【合い鍵】あいかぎ 錠についている鍵と同じに作った別の鍵。複製した鍵。スペアキー。

【合気道】あいキドウ 日本の武術の一つ。当て身技と関節技を中心とする、柔術の一派から出た護身術。

【合い言葉】あいことば ①味方であることを知らせあうための、合図のことば。例山、川、の—。②なかまの結束を固め、主義や主張を確認するための標語。モットー。

【合図】あいズ(名・する)約束して決めた方法で、相手に知らせること。また、その決めた方法。例—を送る。

【合服】あいフク 春と秋に着る洋服。合着。合い。表記「▽間服」とも書く。

【合間】あいま 動作などがとぎれ、ふたたび始まるまでの短い時間。例仕事の—に電話する。

【合切】ガッサイ なにもかも。残らず。例—袋(=身のまわりの、こまごましたものを、入れておくふくろ)。一切—。

【合作】ガッサク(名・する)共同して一つのものをつくること。また、その作品。例日中—の映画。

【合冊】ガッサツ(名・する)二冊以上の本や雑誌を、とじあわせて一冊に製本すること。また、そのようにしたもの。合本。

【合算】ガッサン(名・する)それぞれに計算したいくつかの数を、いっしょに足しあわせて計算すること。類加算・合計。

【合衆国】ガッシュウコク ①二つ以上の州または国が、連合してできた国家。連邦。②「アメリカ合衆国」の略。北アメリカ大陸の中央部に位置する、連邦国家。米国。

【合宿】ガッシュク(名・する)大きな効果をあげるため、多くの人が、一定期間、同じ宿舎にとまりこんで、集中して訓練や勉強などをすること。また、その宿舎。例強化—。

【合唱】ガッショウ(名・する)①ふたり以上の人が、声をあわせて歌うこと。類斉唱。②それぞれちがう高さの声のいくつかのグループが、ちがう旋律を同時に歌って、全体として一つの曲を歌うこと。コーラス。例混声—。▽対独唱。

【合掌】ガッショウ(名・する)(仏教で)両方の手のひらを顔や胸の前であわせておがむこと。

【合従連衡】ガッショウレンコウ「「従」は縦、「衡」は横の意」たての同盟と横の同盟ということから、外交手段を用いて、いろいろ交渉することをいう。表記「合▽縦連衡」とも書く。

故事のはなし 中国の戦国時代、縦横家(=外交家)の蘇秦は、西方の強国秦に対抗するため、地図上でほぼ南北に並ぶ斉・楚・燕・韓・魏・趙の六か国をたがいに同盟させる政策をとった。これを合従という。のち、蘇秦と同門で、秦につかえていた張儀は、これに対して他の六か国を秦にそれぞ

れ個別に服従させることによって自国の安全をはかる政策をとった。これを連衡(レンコウ)という。〔戦国策(センゴクサク)〕

【合戦】カッセン（名・する）敵と味方がたたかうこと。例関が原の―。雪―（ゆきガッセン）。

【合奏】ガッソウ（名・する）二種類以上の楽器で、いっしょに同じ曲を演奏すること。対独奏。

【合葬】ガッソウ（名・する）いっしょにほうむること。また、死者を、前に死んだ人の墓にほうむること。

【合体】ガッタイ（名・する）二つ以上のものが一つになること。また、一つにすること。類合併・合同・結合。

【合致】ガッチ（名・する）ぴったりあうこと。類一致。例目的に―する。趣旨に―した意見。

【合羽】カッパ〔ポルトガル語の音訳〕雨のとき、上からはおるように着る、マント状のコート。〔英語でいうケープ〕

【合評】ガッピョウ（名・する）なんにんかが集まって、文学作品や演劇などを批評しあうこと。例―会。

【合併】ガッペイ（名・する）あわせて一つにすること。あわさって一つになること。類合体・併合。例―症。町村―。

【合本】ガッポン（名・する）二冊以上の本や雑誌をとじあわせて、一冊に製本すること。また、そのようにしたもの。合冊(ガッサツ)。

【▽合点】ガテン・ガッテン（名・する）①承知すること。例―(ガッテン)だ。②納得すること。理解して認めること。例ひとり―(ガテン)。

【合意】ゴウイ（名・する）おたがいの意見や考えが一致すること。類同意。例―に達する。

【合一】ゴウイツ（名・する）一体となっていること。また、一つにすること。例知行―（＝認識と行為とは、表裏一体のものであり、二つを分けることはできないという説）。

【合格】ゴウカク（名・する）①試験に受かること。類及第。対落第。例―者。大学の入学試験に―する。②一定の条件や規格にかなうこと。例審査に―する。

【合歓】ゴウカン（名・する）①よろこびを共にすること。②男女が共寝すること。③「合歓木」の略。マメ科の落葉高木。夜は葉を閉じる。ネムノキ。

【合議】ゴウギ（名・する）みんなで集まって相談すること。類協議。例―制。

【合金】ゴウキン 二種以上の金属、または金属と非金属とを、とかしあわせてつくった金属。真鍮(シンチュウ)・ジュラルミンなど。

【合計】ゴウケイ（名・する）二つ以上の数を全部加えあわせて計算すること。また、その加えあわせた数。類総計。

【合憲】ゴウケン 憲法の趣旨にあっていること。対違憲。

【合▼祀】ゴウシ（名・する）二柱(ふたはしら)以上の神や霊を、一つの神社にあわせてまつること。合祭。例靖国(やすくに)神社に―する。

【合資】ゴウシ（名・する）資本を出しあうこと。例―会社。

【合成】ゴウセイ（名・する）①二つ以上のものをあわせて、一つのものにすること。例―写真。②化合物をつくること。例―樹脂。―洗剤。

【合繊】ゴウセン「合成繊維」の略。石炭・石油・カーバイドなどを原料にして、合成してつくった繊維。

【合同】ゴウドウ 一（名・する）二つ以上のものが一つになること。また、一つにすること。例―発表。二（名・形動ダ）〔数〕二つ以上の図形の形や大きさが、まったく同じであること。

【合板】ゴウハン・ゴウバン うすくけずった木の板を、木目(もくめ)が交差するようになんまいも接着剤で張りあわせたもの。ベニヤ板。

【合否】ゴウヒ 合格するかしないか。合格と不合格。例―の判定。

【合弁】ゴウベン 共同で事業をするために資本提携すること。例―企業。日米―の会社。表記旧合▼辦

【合法】ゴウホウ（名・形動ダ）法律や規則に違反していないこと。類適法。対違法・非合法。例―的。

【合理】ゴウリ 道理にかなっていること。対不合理・非合理。例―的。

【合力】ゴウリキ・ゴウリョク（名・する）①力を貸して助けること。例―を求める。②金銭や品物をあたえて助けること。

【合流】ゴウリュウ（名・する）①二つ以上の川の流れが、あわさって一つの流れになること。②いくつかの団体が集まって同じ行動をすること。③ふたり以上の人が落ちあって、いっしょに行動すること。例パリで―してアメリカに向かう。

●暗合・会合・気合・競合・組合・迎合・混合・集合・照合・総合・調合・都合・投合・統合・場合・配合・複合・併合・融合

口 3 **【吊】** 6画 3663 540A 音チョウ漢呉 訓つ-り・つ-る

意味 つり下げる。ぶら下がる。つるす。つる。例吊り革。宙吊り。

参考 もとは「弔」の俗字。日本では、「吊」は「つるす」、「弔」は「とむらう」の意に使い分けている。

口 3 **【吐】** 6画 3739 5410 常用 音ト漢呉 訓は-く

筆順 丨 ㇆ 口 口一 叶 吐

なりたち［形声］「口（＝くち）」と、音「土ト」とから成る。口からはき出す。

意味 ❶口からものをはき出す。もどす。はく。例吐血(トケツ)。嘔吐(オウト)。❷ことばを口に出す。のべる。うちあける。例吐露(トロ)。音吐(オント)（＝朗詠の声）。

難読 吐月峰(はいふき)・吐嗟(あわや)・反吐(ヘド)

【吐血】トケツ（名・する）胃・食道などの出血を、口からはくこと。〔肺などの呼吸器系統の出血によるものは「喀血」という〕

【吐月峰】トゲッポウ はいふき。タバコ盆の、吸いがらを入れる竹の筒。

【吐▼瀉】トシャ（名・する）食べたものをはいたり、くだしたりすること。例激しい―と発熱。

【吐乳】トニュウ（名・する）乳児が、飲んだちちをはくこと。

【吐哺握髪】トホアクハツ 為政者が賢人を求めようと、絶えず心がけること。握髪吐哺。吐哺捉髪。捉髪。〔周公旦は客が来ると、食事中でも口に入れた食物をはき出し、洗髪中でも髪をにぎって、直ちに出むかえたという故事による〕〈韓詩外伝〉

【吐露】トロ（名・する）心の中をかくさずに、すべて話すこと。例真情を―する。

口 3 **【吋】** 6画 1705 540B 音一トウ漢 二スン 訓インチ

意味 一トウ 人を口でしかる。二スン ヤードポンド法の長さの単位。インチ。一インチは、一フィートの十二分の一。約二・五四センチメートル。

口 3 **【同】** 6画 3817 540C 教育2 音トウ漢ドウ呉 訓おな-じ・おな-じく

筆順 丨 冂 冂 同 同 同

𠆢 3 **【仝】** 5画 0124 4EDD 別体字

なりたち 同 [会意]「冂(=重ねておおう)」と「口(=くち)」とから成る。いっしょになる。

意味 ❶他のものと、おなじくする。ともにする。そろえる。例同行(ドウコウ)。同席(ドウセキ)。共同(キョウドウ)。❷他とちがいがない。おなじ。対異(イ)。例同一(ドウイツ)。同類(ドウルイ)。大同小異(ダイドウショウイ)。

人名 あつ・あつむ・とも・ひとし

【同位】ドウイ 身分や地位などが、おなじであること。また、その人。

【同意】ドウイ 一(名) おなじ意味。類同義。例―語。二(名・する) 賛成すること。例父の―を得る。なかなか―してもらえない。

【同意語】ドウイゴ「同義語(ドウギゴ)」に同じ。

【同一】ドウイツ (名・形動ダ) まったくおなじであること。また、まったく等しいこと。例―人物。男女を―にあつかう。

【同一視】ドウイツシ (名・する) おなじと見なすこと。おなじに取りあつかうこと。例遅刻者(チコクシャ)を棄権者(キケンシャ)と―する。

【同音】ドウオン ①おなじ発音。例―異義語(=発音がおなじで意味のちがうことば)。②おなじ高さの音。おなじ声。③ほとんど同時に言うこと。また、声をそろえて言うこと。例異口(イク)―(=人々が同時におなじことばを言うこと)。

【同音語】ドウオンゴ おなじ発音で、意味がちがうことば。たとえば、「成果」「正課」「生花」など。類同音異義語。

【同化】ドウカ (名・する) ①異なった習慣や考え方が、時がたつにつれて、まわりのものとおなじようになること。例日本の社会に―した外国人もいる。②学んだものを完全に自分の知識とすること。③生物が体外から取り入れた物質を、自分のからだの成分とすること。対異化。例炭酸―作用。

【同格】ドウカク ①資格・地位・格式がおなじであること。類同等・同列。例副社長と―の相談役を置く。②一つの文中に並んで置かれた二つ以上の語句が、たがいに説明しあう関係にあること。たとえば、「われわれ日本人は」というときの「われわれ」と「日本人」。

【同学】ドウガク 学校や先生、または専門が、たがいにおなじであること。また、その人。例―の後輩(コウハイ)。―のよしみで手伝う。

【同額】ドウガク おなじ金額。例―を要求する。

【同感】ドウカン (名・する) おなじ感想をもつこと。おなじ意見であること。類共感。例それは私も―だ。

【同期】ドウキ ①おなじ時期。例売り上げは昨年の―をうわまわる。②入学や卒業、また、入社などの年度が、たがいにおなじであること。また、その人。例―生。

[口部] 3画 ●同

【同義】ドウギ おなじ意味。同意。例―語。

【同義語】ドウギゴ 語のかたちも発音もちがうが、意味がほとんどおなじことば。同意語。シノニム。たとえば、「あす」と「あした」、「本」と「書物」など。対対義語・反意語。

【同気相求む】ドウキあいもとむ 気質がおなじ者は、自然に集まる。類類は友を呼ぶ。〈易経(エキキョウ)〉

【同級】ドウキュウ ①おなじ学級。例―生。②おなじ等級。

【同居】ドウキョ (名・する) ①夫婦(フウフ)や親子が、いっしょに住むこと。対別居。例祖父母と―している。②家族以外の人といっしょに住むこと。例―人(ニン)。伯母(おば)の家に―する。

【同郷】ドウキョウ 郷里がおなじであること。例―のよしみ。

【同行】一ドウギョウ (名) ①信仰(シンコウ)や修行(シュギョウ)をおなじくするなかま。②神社や寺院に連れだって参詣(サンケイ)する人々。③文章または五十音図の、おなじ行。二ドウコウ (名・する) いっしょにいくこと。類同道・同伴(ドウハン)。例―者。

【同行二人】ドウギョウニニン 四国巡礼(ジュンレイ)の遍路(ヘンロ)が、笠(かさ)に書くことば。常に弘法大師(コウボウダイシ)とともにあるということ。

【同業】ドウギョウ おなじ職業や職種。また、それにたずさわる人。例―者。

【同▼衾】ドウキン (名・する)〔「衾」は、夜具の意〕いっしょにねること。

【同君】ドウクン (前に述べた)その人。例―を推薦(スイセン)する。

【同訓】ドウクン ちがう漢字がおなじ訓をもつこと。たとえば、「表」「現」「著」が、どれも「あらわす」という訓であるなど。

【同家】ドウケ ①(前に述べた)その家。②おなじ家すじ。類同族。

【同系】ドウケイ おなじ系統や系列。例―の色でまとめる。

【同型】ドウケイ かた・様式・タイプがおなじであること。

【同慶】ドウケイ 相手の喜びや繁栄(ハンエイ)を、よろこんでいうことば。相手とおなじように自分もよろこばしいの意。例ご―の至り。

【同穴】ドウケツ 夫婦(フウフ)が死後、おなじ墓あなにほうむられること。夫婦の仲がよいこと。例偕老(カイロウ)―。

【同月】ドウゲツ ①(前に述べた)その月。例―のことであった…。②おなじ月。例前年の―と比較(ヒカク)して…。

【同県】ドウケン ①(前に述べた)その県。例―では…。②おなじ県。例―人。

【同権】ドウケン おなじ権利をもっていること。例男女―。

【同好】ドウコウ 趣味(シュミ)や興味がおなじであること。例手芸―会。

【同校】ドウコウ ①(前に述べた)その学校。例―では二学期から…。②おなじ学校。例―の卒業生に協力を求める。

【同工異曲】ドウコウイキョク 見た目ではちがっているようだが、実はほとんどおなじであること。似たりよったりであること。異曲同工。類大同小異。

【同国】ドウコク ①(前に述べた)その国。例―の政府は、その後…。②おなじ国。例―人。③ふるさとがおなじであること。類同郷(ドウキョウ)。例―の出身という縁(エン)で会った。

【同根】ドウコン ①根本はおなじであること。例愛憎(アイゾウ)の感情は―である。②おなじ根(ね)から生じていること。

【同▼梱】ドウコン (名・する) 本体といっしょに梱包(コンポウ)すること。例―の説明書をお読みください。

【同罪】ドウザイ おなじつみ、または責任。例―と見なす。

【同士】ドウシ ①おなじなかま。類同類。例―討(う)ち。②〔「…同士」の形で〕おなじ種類の人やものをあらわす。例男―。

【同氏】ドウシ (前に述べた)その人。例―の説明によれば…。

【同志】ドウシ 主義や行動をおなじくすること。また、その人。〔名前の前やあとにつけて、呼びかけのことばとすることもある〕例―を集める。―諸君!

【同字】ドウジ おなじ文字。とくに、おなじ漢字。

【同時】ドウジ ①おなじ時間。例―通訳。②おなじ時代。

【同室】ドウシツ 一(名) おなじ部屋。また、(前に述べた)その部屋。二(名・する) おなじ部屋で過ごすこと。例旅館では先生方と―した。

【同質】ドウシツ 成分や性質がおなじであること。対異質。例―の素材を用いる。

【同日】ドウジツ ①おなじ日。例―の論ではない(=まったくちがっている)。②(前に述べた)その日。例―は雨だった。

【同車】ドウシャ (名・する) おなじ車にいっしょに乗ること。類同乗。例名古屋(なごや)まで―した。

【同舟】ドウシュウ (名・する) おなじふねに乗ること。例呉越(ゴエツ)―。

【同臭】ドウシュウ ①おなじにおい。おなじくさみ。②おなじ趣味(シュミ)や傾向(ケイコウ)をもつなかま。同臭味(ミ)。類同類。

【同宿】ドウシュク (名・する) おなじ旅館などに、とまりあわせること。また、その人。例偶然(グウゼン)―した者。

【同所】ドウショ ①おなじところ。例同日―で三件の事故があった。②(前に述べた)その場所や事務所。

【同上】ドウジョウ 前に述べたこととおなじであること。類同前。

【同乗】ドウジョウ (名・する) おなじ乗り物にいっしょに乗ること。例―者。

【同情】ドウジョウ (名・する) 他人の不幸やつらさを自分のことのように感じて、心からかわいそうだと思うこと。例―を寄せる。

【同床異夢】ドウショウイム (寝床はおなじでも、見る夢は別々である意) なかまであっても、考え方や感じ方がちがうこと。表記「同▼牀異夢」とも書く。

【同心】ドウシン 一(名・する) 気持ちや意見がおなじであること。また、心を合わせること。二(名) 江戸時代、与力の下で警察の仕事を担当した下級の役人。

【同人】 一ドウジン 同一の人物。二ドウニン (前に述べた)その人。例―の供述によれば…。三ドウジン・ドウニン 考え方や趣味などに共通点のある人。また、その集団の幹部。例―雑誌。

【同仁】ドウジン 平等に愛すること。例一視―(=差別することなく、すべての人をおなじように愛すること)。

【同▼塵】ドウジン (「塵」は、俗事・俗世間の意) 俗世間と調子を合わせること。例和光―。

【同心円】ドウシンエン 中心がおなじで、半径がちがう円。

【同数】ドウスウ かずがおなじであること。おなじかず。例賛成と反対が―で、結論が出ない。

【同姓】ドウセイ みょうじがおなじであること。おなじ姓。例―同名。

【同性】ドウセイ ①男と男、女と女のように、性がおなじであること。②性質がおなじであること。例―相親しむ。▽対異性。

【同性愛】ドウセイアイ 同性の者を性的な相手とすること。また、その関係。

【同▼棲】ドウセイ (名・する) ①一つの家や部屋にいっしょに住むこと。類同居。②正式に結婚をしていない恋人が、いっしょに暮らすこと。

【同勢】ドウゼイ いっしょに行動している人々。

【同席】ドウセキ 一(名) ①おなじ座席。②おなじ席次。おなじ順位。二(名・する) 会議の場などに居合わせること。例きのうの会議でかれと―した。

【同船】ドウセン 一(名) ①おなじふね。②(前に述べた)そのふね。二(名・する) おなじふねに乗ること。

【同然】ドウゼン (名・形動ナ) おなじであること。類同様。例もはや勝負はついたも―だ。

【同窓】ドウソウ おなじ学校を卒業していること。また、その人たち。例―会。―生。

【同族】ドウゾク ①おなじ血筋であること。おなじ一族。②おなじ部族。おなじ種族。

【同属】ドウゾク おなじ種属。おなじなかま。

【同体】ドウタイ ①おなじからだ。例一心―。②相撲で、組んだ力士が、いっしょにたおれること。例―で取り直しになる。

【同断】ドウダン (名・形動ナ) 前とおなじ判断をすること。例以下―。類同然。

【同着】ドウチャク 競走で、同時にゴールにつくこと。例―で、優勝を分けあった。

【同調】ドウチョウ 一(名) おなじ調子。二(名・する) ①他人の考えや行動に賛成して、おなじことをすること。例―者。反対意見に―する。②ラジオ・テレビなどで、外部からの電波をえらんで、合わせること。チューニング。

【同定】ドウテイ (名・する) ある事物が、何と一致し、対応するかを見きわめること。〔英語 identify の訳語〕類比定。

【同点】ドウテン おなじ点数。おなじ得点。例―引き分け。

【同等】ドウトウ (名・形動ナ) 等級や程度などがおなじであること。類同格・同列。例―にあつかう。―の権利を認める。

【同道】ドウドウ (名・する) いっしょに行くこと。類同行。例とちゅうまで―いたします。

【同年】ドウネン ①おなじ年。例―同月のできごと。②おなじ年齢。おないどし。例―のいとこ。③(前に述べた)その年。

【同輩】ドウハイ 年齢や、経歴、地位などがおなじなかま。例会社の―と旅行をする。

【同伴】ドウハン (名・する) いっしょに連れ立って行くこと。また、連れて行くこと。類同行・同道。例保護者―の入学式。

【同病】ドウビョウ ある人とおなじ病気。また、おなじ病気にかかっている人。例―の者どうしではげましあう。

【同病相▼憐れむ】ドウビョウあいあわれむ おなじ苦痛になやんでいる者は、たがいに同情しあう。

【同封】ドウフウ (名・する) 封筒のなかに手紙以外のものを、いっしょに入れること。例写真―。返信用の切手を―する。

【同風】ドウフウ おなじ風習。おなじようす。例千里―(=天下が統一されて平和になること)。

【同腹】ドウフク ①おなじ母から生まれたこと。また、その子。類同胞。対異腹。例―の兄妹。②おなじ考えをもつこと。また、その人。類同志。

【同文】ドウブン ①おなじ文章。例以下―。②おなじ文字、またはおなじ種類の文字。例―同種。

【同胞】ドウホウ・ドウボウ ①おなじ母から生まれた兄弟姉妹。はらから。類同腹。②国家や民族をおなじくする人々。例世界中で活躍する―に呼びかける。

【同房】ドウボウ ①おなじ部屋。②刑務所などでの、おなじ居室。

【同▼朋】ドウホウ・ドウボウ ①友達。友人。朋友。②室町・江戸時代の武家の職名。将軍や大名のそば近く仕えて、芸能・茶事・雑事をつとめた僧形の者。

【同盟】ドウメイ (名・する) 国家や組織また個人などが、共通の目的のために、おなじ行動をとる約束をすること。また、その約束。例軍事―。―を結ぶ。

【同盟罷業】ドウメイヒギョウ 労働者が労働条件の改善などをもとめて、団結して仕事を休むこと。ストライキ。〔やや古いことば〕

【同門】ドウモン おなじ先生について学ぶこと。また、学んだなかま。類一門。例―の友人。

【同夜】ドウヤ ①おなじ日のよる。例前年の―。②(前に述べた)そのよる。例―もうひとり訪ねて来た人がいた。

【同様】ドウヨウ (名・形動ナ) ようすがきわめてよく似ていて、ほとんど差がないこと。類同然。例―の事件が起こる。

【同率】ドウリツ 割合がおなじであること。例―の負担をする。

【同僚】ドウリョウ おなじ職場につとめていて、地位や役割もほぼおなじなかま。

【同類】ドウルイ ①おなじ種類。例―項。―をまとめる。②種類をおなじくするなかま。例みんな―と見られている。

【同列】ドウレツ ①並んでいる列がおなじであること。②地位などがおなじであること。類同格・同等。例―には論じられない。

【同和】ドウワ ①たがいに親しみ合い、仲よくすること。②〔同胞一和・同胞融和の意〕あらゆる差別をのりこえて、真に親しみ合うこと。

●一同・異同・協同・合同・混同

口 3

【名】

6画 4430 540D 教育1 音メイ漢 ミョウ呉 訓な 付表仮名・名残

筆順 ノ ク タ タ 名 名

なりたち [会意]「口(=くち)」と「夕(=くらい)」とから成る。くらくて見えないので、みずから口で名のる。

意味 ❶なづける。よぶ。例名状。❷なまえ。よびな。な。例名称。名字。姓名。❸なだかい。ほまれ。評判。

すぐれた。例名君。名作。名馬。❹人数をかぞえることば。例数名。
人名 あき・あきら・いさお・かた・なづく・もり

【名うて】うでまえや名前がよく知られていること。名人。また、悪名高い意にも用いられる。例—の大工。

【名親】親以外で、生まれた子の名をつける人。名付け親。

【名折れ】名誉に傷がつくこと。不名誉。例学校の—になる行為。

【名残】①あとまでその影響として残っているもの。余波。例—をとどめる。台風の—。②別れていくものや、過ぎ去るものをおしむ気持ち。例—がつきない。—をおしむ。

【名指し】（名・する）名前をあげて指定すること。例—で非難する。

【名題】①「名題看板」の略。歌舞伎の看板。上演する題名やおもな役者名が書いてある。②「名題役者」の略。一座の中心となる役者。

【名無し】名前がついていないこと。また、そのもの。例—の権兵衛。

【名無し指】薬指の別名。「紅差し指」とも。無名指。

【名札】名前を書いた札。例胸に—をつける。

【名前】①他のものと区別して示すために、人・もの・場所などにつけられている呼び方。②姓名。氏名。③姓に対して、個々の人につけられている呼び方。

【名号】㊀（仏）ほとけ。とくに阿弥陀仏の名。例六字の—（=南無阿弥陀仏）。㊁名と号。また、呼び名。称号。

【名字】姓名の、姓にあたる部分。その人の属する家をあらわす。姓。〔もともとは、同じ氏族から分かれた家々の名をいった〕表記「▽苗字」とも書く。

【名字帯刀】名字を名乗り、刀を身におびる権利。江戸時代の、武士の特権。特別の恩典として農民・商人に許されることもあった。表記「苗字帯刀」とも書く。

【名代】㊀代理をつとめること。また、その人。例父の—で出席する。㊁名高いこと。有名。例—のまんじゅう。

【名利】名誉と利益。有名になることと、利益を得ること。例—に目がくらむ。

【名案】すぐれた思いつき。よい考え。類妙案。例—がうかぶ。

［口部］3画●名

【名園】りっぱな庭園。有名な庭園。

【名演】すぐれた演技。すぐれた演奏。例—の舞台。

【名花】①美しい花。②美しい女性。例文壇の—の一輪。

【名家】①由緒があり、世間によく知られ、すぐれた人を多く世に送り出してきた家がら。名門。例—の出。②学問や芸道などで、世に知られている人。

【名歌】すぐれた和歌や詩。また、歌曲。

【名画】すぐれた絵や映画。

【名鑑】①同じ分野の人名を集めた本。例美術家—。②同じ種類のものを集めた本。例日本刀—。

【名器】すぐれていて名高い器具や楽器。

【名義】契約書や通帳などに書く名前。例—人。—変更。兄の—で申しこむ。

【名曲】すぐれた曲。有名な曲。例—鑑賞。

【名吟】①すぐれた詩歌や俳句。②すぐれた吟詠。

【名句】①すぐれた俳句。②ものごとの本質を言い当て、人を感心させる文句。名文句。類名言。例—を吐く。

【名君】すぐれた君主。類明君。例—のほまれが高い。

【名月】①陰暦八月十五夜の月。例中秋の—。芋—。②明るくかがやく、丸い月。→【明月】(486ページ)

【名犬】りこうですぐれたイヌ。

【名剣】すぐれた剣。有名な剣。

【名言】ものごとの本質を、的確に言いあらわしたことば。類名句。

【名工】すぐれた工芸品を作る職人。類名匠。

【名香】すぐれた香。有名な香。例—蘭奢待（=聖武天皇のころ、中国から伝わって東大寺におさめられた香の名。「東大寺」の三字が、ふくまれている）。

【名作】すぐれた作品や著作。例—選。—童話。

【名刹】有名な寺院。例古寺—。

【名産】その土地の有名な産物。類特産・名物。

【名山】形が美しいこと、雄大なこと、歴史があることなどで名高い山。例中国の—、廬山。

【名士】その社会で尊敬され、評判の高い人。例土地の—。

【名刺】〔「刺」は、なふだの意〕氏名・職業・住所などを書いた小さな紙。初対面のときや訪問先などで相手にわたして、自己紹介をするために使う。例—を交換する。


【名詞】品詞の一つ。事物の名や地名・人名をあらわすことば。自立語で活用はしない。主語になることができる。代名詞とともに体言と呼ばれる。例固有—。普通—。

【名実】名目と実質。評判と実際。見かけと内容。例—ともに備わる。—がともなわない。

【名手】①すぐれたうでまえの人。名人。対凡手。例弓の—。②碁や将棋で、すぐれた一手。例—を打つ。

【名主】㊀賢明な君主。名君。㊁江戸時代、村や町の有力者で、年貢の徴収や行政事務を任された人。庄屋。

【名酒】有名な酒。味のすぐれた酒。銘酒。

【名所】㊀美しい景色や、歴史上のできごとのあった場所として、有名な土地。名勝。例—旧跡。㊁器物や道具などの、各部分の名称。例甲冑の—。

【名所旧跡】景色がよかったり、歴史的なことがらがあったりして有名なところ。例—をたずねる。表記 旧 名所旧▼蹟
【名匠】①すぐれた工芸家。有名な芸術家。類名工。②すぐれた学者。有名な学者。

【名将】武略にすぐれた武将。

【名称】呼び名。名前。例会の—を決める。

【名勝】景色が美しいので有名な土地。名所。景勝。

【名状】（名・する）状態をことばで言いあらわすこと。例—しがたい光景。

【名人】①うでまえがすぐれた人。また、ひゆ的にも用いる。例槍の—。忘れ物の—。②碁や将棋で、最高の位の一つ。例—戦。

【名数】①きまった数字を上につけて、同類のものをまとめていう呼び方。たとえば、日本三景・四天王・七福神など。②単位名や助数詞をそえた数。たとえば、一メートル・二冊・三本など。

【名声】世間の高い評価。よい評判。例—を博する。

【名跡】㊀①有名な古跡。例鎌倉の—をたずねる。②すぐれた筆跡。例—を鑑賞する。㊁代々伝えられてきた家名。例—を継ぐ。表記 ㊀は 旧 名▼蹟
【名僧】知識と徳がともにすぐれ、尊敬されている僧。

【名族】名高い家がら。類名門。例相模の—。

【名著】高い評価を受けている著書。

【名刀】すぐれた刀。名高い刀。例正宗の—。

【名答】メイトウ 質問の趣旨シュに合った、気のきいた答え。ぴたりと言い当てた答え。例愚問グモンに対して―を返す。

【名馬】メイバ 足の速いすぐれたウマ。

【名盤】メイバン すぐれた、また、有名な演奏を入れたレコード盤。

【名筆】メイヒツ すぐれた書や絵。また、それを書いた人。例日本三大―。

【名品】メイヒン すぐれた、また、有名な作品や品物。類逸品イッピン。

【名物】メイブツ ①その土地でできる有名な産物。類名産・特産。例信州―のそば。②その地域や社会で評判の、ものや人。例―男。③由緒ユイショのある茶道具。例―裂ぎれ。

【名分】メイブン ①身分によって守らなければならない、道徳上の決まり。例大義―。―をわきまえる。②表向きの理由。類名目。例―が立たない。

【名文】メイブン すぐれた文章。例―家カ。

【名聞】メイブン 〔「ミョウモン」とも〕世間の評判。例―にこだわる。

【名簿】メイボ その組織に所属している人の、氏名や住所などを並べて書いた帳簿。例会員―。出席者の―。

【名宝】メイホウ りっぱな宝物。有名な宝物。例―展。

【名望】メイボウ その社会で評判がよく、尊敬されていること。名声と人望があること。例―家。―を集める。

【名木】メイボク ①由緒ユイショがあり、木の形がりっぱなことなどで有名な木。②すぐれた香木コウボク。とくに、伽羅キャラ。

【名目】メイモク ①ものごとの名前。類名称メイショウ。②実質のともなわない、表向きの名前や理由。対実質。例―だけの社長。

【名門】メイモン 〔「門」は、家がらの意〕由緒ユイショがあって世間によく知られ、すぐれた人物を多く世に送り出してきた家がら。〔世間の評価が高い学校についていうこともある〕類名家。例―の出。歌舞伎かぶき界の―。

【名優】メイユウ 演技のすぐれた俳優。

【名誉】メイヨ (名・形動ダ)①すぐれた業績をあげて世に認められ、尊敬されるような評価。栄誉。栄光。例学校の―。―に思う。②尊敬のしるしとしておくられる地位や役職を示すことば。例―教授。―市民。

【名誉毀損】メイヨキソン 人の評判を落とすようなことを、広く世間に知れわたるように書いたり話したりして、その名誉を傷つけること。例―罪。表記「名誉棄損」とも書く。

【名流】メイリュウ 〔「流」は、なかま・たぐいの意〕名声のある家がらの人々。例―夫人。

●悪名アクメイ・汚名オメイ・戒名カイミョウ・学名ガクメイ・仮名カメイ・記名キメイ・偽名ギメイ・芸名ゲイメイ・実名ジツメイ・氏名シメイ・指名シメイ・書名ショメイ・署名ショメイ・除名ジョメイ・人名ジンメイ・題名ダイメイ・地名チメイ・匿名トクメイ・無名ムメイ・有名ユウメイ・連名レンメイ

口3 【吏】 6画 4589 540F 常用 音リ漢呉

筆順 一 ㇐ 亓 亓 吏 吏

なりたち [会意]「一(=すべて)」と「史シ→リ(=記録する人)」とから成る。すべてのできごとを記録し、人々を直接治める役人。

意味 (下級の)役人。上級の役人を官というのに対し、下級の役人を吏という。例吏員リイン。官吏カンリ。能吏ノウリ。

人名 おさ・おさむ・さと・さとし・さとる

【吏員】リイン 公共団体の職員。例役場の―。

口3 【吉】6画 ⇩【吉】キツ(187ページ)

口4 【吽】 7画 5063 543D 音一ウン慣 二コウ漢 訓ほ-える

意味 一 梵語ボンゴの音訳。口をとじて出す声をあらわす。例阿吽アウン。二 ウシの鳴く声。ほえる。同吼コウ。

口4 【呀】 7画 5064 5440 音一ガ慣 カ漢 二ガ漢 訓くちあ-く・ほが-らか

意味 一 ❶口を大きくあける。くちあく。ほがらか。例呀呀カカ。呀口カコウ。❷大きくがらんとして、あけっぱなしなようす。例呀然カゼン。二 ❶おどろきのあまり発する声。感嘆カンタンの声。ああ。❷笑い声・泣き声などをあらわす擬声ギセイ語。

【呀呀】ガガ (形動タル)①口を大きく開くようす。②猛獣モウジュウがおそいかかろうとして、大きく開けている口のようす。③笑い声のようす。

【呀然】ガゼン (形動タル)何もなく、空間がひろくがらんとしているようす。〔谷たにの地形などについていう〕

口4 【含】 7画 2062 542B 常用 音カン漢 ガン呉 訓ふく-む・ふく-める・ふく-み

筆順 ノ 入 𠆢 今 今 含 含

なりたち [形声]「口(=くち)」と、音「今キン→カン」とから成る。口にふくむ。

意味 ❶口の中にものを入れたままにする。ふくむ。例含味ガンミ。❷中につつみもつ。ふくむ。例含蓄ガンチク。内含ナイガン。包含ホウガン。

日本語での用法《ふくめる》言いきかせて納得ナットクさせる。「言いい含ふくめる」

難読 含嗽うがい・含羞草おじぎソウ・含羞はにかみ

人名 もち

【含意】ガンイ (名・する)ことばや文章が、表面にはあらわれない意味をふくんでいること。また、その意味。例―を味わう。

【含羞】ガンシュウ はにかみ。はじらい。例―の笑えみをもらす。

【含水炭素】ガンスイタンソ 「炭水化物タンスイカブツ」の古い言い方。

【含▼嗽】ガンソウ (名・する)口をすすぐこと。うがいをすること。例―剤ザイ。

【含蓄】ガンチク 一(名・する)中にふくみもっていること。二(名)ことばや文章の表面にはあらわれないが、味わいのある、おくふかい意味。また、その内容。例―のあることば。

【含味】ガンミ (名・する)①口にふくんで、よくあじわうこと。②ものごとの意味や内容をよく考え、あじわうこと。例文章を熟読―する。表記②は「玩味・▼翫味」とも書く。

【含有】ガンユウ (名・する)成分として中にふくんでいること。例金の―量。

口4 【吟】 7画 2267 541F 常用 音ギン漢呉 訓うた-う

筆順 丨 ㇆ 口 口 吖 吟 吟

なりたち [形声]「口(=くち)」と、音「今キン→ギン」とから成る。うめく。

意味 ❶うめく。うなる。例呻吟シンギン。❷低く長く声をひいてうたう。詩歌シイカを口ずさむ。また、詩歌をつくる。例吟詠ギンエイ。苦吟クギン。詩吟シギン。❸漢詩の形式の一つ。例梁父吟リョウホギン。

人名 あきら・うた・おと・こえ

【吟詠】ギンエイ (名・する)①漢詩や和歌を、節ふしをつけて歌うこと。類吟唱ギンショウ。②詩歌シイカを作ること。また、その詩歌。

【吟行】(名・する) ①詩歌を口ずさみながら歩くこと。②俳句を作るため、野外に出かけること。例―の句会。

【吟唱】(名・する) 漢詩や和歌などを、節をつけて声高らかに読むこと。類吟詠。表記旧吟▼誦
【吟醸】(名・する) 吟味して醸造すること。日本酒を、よりすぐった材料を用いて、とくに念入りに醸造すること。

【吟声】漢詩や和歌に節をつけて歌う声。

【吟味】(名・する) 〔詩歌を吟じて、その趣をじゅうぶんに味わう意〕①内容や品質などをくわしく調べ、確かめること。例材料を―する。ことばを―して話す。②容疑者の罪のあるなしを取り調べること。〔古い言い方〕例―の役人。

【吟遊詩人】昔、ヨーロッパで各地をめぐり、求めに応じて自作の詩を読みあげた人。
●詩吟・放吟・朗吟

口4 **【听】** 7画 5065 542C 音一ギン漢 二テイ漢チョウ呉 訓き-く・よろこ-ぶ・わら-う

意味 一口をあけて、わらうようす。よろこぶ。わらう。例听然。二注意してきく。きく。同聴。

日本語での用法《ポンド》イギリスのヤードポンド法の、重さの単位「ポンド」にあてる字。「封土・英听」とも。

口4 **【君】** 7画 2315 541B 教育3 音クン漢呉 訓きみ

筆順 フ ヲ ヨ 尹 尹 君 君

なりたち [会意]「尹(=治める)」と「口(=くち)」とから成る。号令を発して、世を治める尊い人。

意味 ❶国を治める人。天子。諸侯。きみ。例君臨。主君。名君。❷目上の人や年長者を、うやまっていうことば。例夫君。父君。孟嘗君。❸妻や身分の高い女性をいうことば。例細君。小君。王昭君。❹同輩または目下の人に対していうことば。例貴君。諸君。

人名 きん・すえ・なお・よし

【君君たり臣臣たり】君主は君主らしく、臣下は臣下らしく、それぞれの道をつくさなくてはいけない。自分にふさわしい生活をすること。また、君主がその道をつくさなければ、臣下も道をつくさなくてよい、の意にも用いる。〈論語〉
【君王】一国の君主。
【君恩】主君から受ける恩。
【君国】①君主と国家。②君主が統治する国。
【君子】りっぱな人格の人。例聖人―。
【君子国】①古代中国で、東方の海中にあると信じられていた、礼儀正しい国。②古く、「日本」がみずからをほめていったことば。例東海の―。
【君子に三楽有り】君子には三つの楽しみがある。父母やきょうだいが健在なこと、自分のおこないが天にも人にもはじるところがないこと、天下の英才を教育すること、の三つである。〈孟子〉
【君子は器ならず】器物は一つのことにしか役に立たないが、りっぱな人はどこにいても通用する広い知識や才能をもっている。君子は単なる専門家であってはならない。〈論語〉
【君子は▼豹変す】〔「豹変」は、ヒョウの毛が秋にぬけかわって、まだら模様が美しく変わる意〕①徳のある人はあやまちをさとったときは、あざやかに改めて善にうつる。②自分に不利になると、態度や主張を急に変える。変わり身の早いことのたとえ。

故事のはなし 中国の古典に『易経』という書物がある。これは「陰」と「陽」という二つの元素のようなものを想定し、この二つのかねあいで宇宙のすべてのものを説明しようとする哲学で、全体に暗示的でなぞのような短いことばで書かれている。「君子は豹変す」は、この『易経』の中のことばで、「すぐれた人間は、あやまちをただちに改めて、よい方向に向かう」という意味であるが、現在の日本では「②」の意味に誤用されることが多い。もとの意味が大きく変わった一句である。

【君子は▼庖▼厨を遠ざく】鳥やけものは料理のために殺されるとき、悲しそうな声をあげるが、徳のある人は、いつくしみの心が深いので、その声を聞くことにたえられない。君子は、鳥獣を料理する台所には近づかない。〈孟子〉

【君主】(世襲によって)国を統治する最高位の人。

【君主国】君主を元首とする国。

【君臣】君主と臣下。また、その関係。

【君臣義有り】君主と臣下にはそれぞれが守るべき道がある。例父子親有り、―。〈孟子〉

【君側】君主のそば。例―の奸を除く(=君主のそばにいる、心の正しくない家臣を排除する)。

【君▼寵】君主の寵愛。君主に特別にかわいがられること。例―を受ける。

【君民】君主と人民。

【君命】主君の命令。例―黙しがたく(=無視することができないで)。

【君臨】(名・する)〔「臨」は、治める意〕①君主として国を治めること。②ある分野で圧倒的な勢力をもっていること。例スポーツ界に―する。
●貴君・諸君・父君・暴君

口4 **【呉】** 7画 2466 5449 常用 音ゴ漢呉 訓くれ・く-れる

筆順 丶 ロ ロ 吕 呉 呉 呉

口4 **【吳】** 7画 5433

なりたち [会意]「夨(=まげる)」と「口(=くち)」とから成る。事実をまげて大げさに言う。借りて、国名などに用いる。

意味 ❶長江下流域にあった国。㋐春秋時代、呉王夫差のときに最も栄えたが、越と戦い、越王句践にほろぼされた。(?―前四七三) 例呉越同舟。㋑三国時代、孫権が建てた国。建業(=今の南京)に都し、のち、晋にほろぼされた。(二二二―二八〇) 例呉下の阿蒙。❷昔の呉の地方。今の江蘇省一帯の地。例呉音。呉歌。❸姓の一つ。例呉起(=戦国時代の兵法家、呉子)。

日本語での用法 一《くれ》古代、中国を指していったこと

ば。また、中国伝来のものにつけていうことば。「呉竹・呉織・呉藍(=紅)」 二《くれる》あたえる。「呉れてやる」 三《くれぐれ》念を入れる意をあらわすことば。かえすがえす。よくよく。「呉呉もよろしく」

【呉越】ゴエツ ①春秋時代の呉と越の二国。②仲の悪いあいだがら。かたきどうし。〔呉と越が長く争ったことからいう〕

【呉越同舟】ゴエツドウシュウ 〔春秋時代に長く争った呉と越の人が同じ舟に乗り合わせる意〕仲の悪い者どうしが、たまたまいっしょになること。また、行動をともにすること。

人名 くに・ひろ

故事のはなし 春秋時代、長江下流域にある、呉と越とはたがいに領土を侵略しあい、長く敵対してきた。そんな呉の人と越の人でも、同じ舟に乗り合わせて大風がふいてきたら、敵どうしであることなどにこだわらず、右手と左手の関係のように協力しあうだろうということ。〔孫子〕

【呉音】ゴオン 日本の漢字音の一つ。漢音より前に伝わった、長江下流の地方の音。人(ニン)・西(サイ)・京(キョウ)など。日常語にも多く使われるが、とくに仏教関係のことばで、いっぱん化したものは、呉音で読まれるのがふつうである。→【漢音】(613ページ)・【唐音】(205ページ)

【呉下の▼阿▼蒙】ゴカのアモウ 〔「呉」は国名、「下」はそのあたり、「阿」は名前につけて親しみをあらわす接頭語。「呉にいたころの蒙さん」の意〕いつまでたっても進歩のない者をいう。〔三国時代、呉の呂蒙は、孫権に勧められて学問にはげんだ。のち、魯粛が呂蒙に会ったとき、その学識の進歩に感服し、「呉下の阿蒙にあらず」と言った故事による〕〔三国志〕

【呉牛月に▼喘ぐ】ゴギュウつきにあえぐ 呉は南方の暑い土地なので、ウシが月を見ても、太陽とまちがえてあえぐ。取りこし苦労をすること。〔世説新語〕

【呉須】ゴス ①磁器の染め付けに用いる青藍色の顔料。〔もと、中国産の本呉須という粘土を用いた〕②「呉須焼」の略。「①」を使って模様をえがいた中国産の磁器。

【呉服】ゴフク 和服用の織物。反物。〔もと、呉の地方からわたって来た職人が織ったことから〕例—商。—店。

口 4 【吾】 7画 2467 543E 人名 音ゴ㊥㊤ 訓われ・わ-が

なりたち [形声]「口(=ことば)」と、音「五」とから成る。自分。

意味 ❶話し手自身を指すことば。自分。自分の。われ。わが。例吾人。吾が輩。❷親しい友人を呼ぶときに、上につけることば。例吾兄(=きみ)。吾子(=きみ)。

難読 吾子(=自分の子)・吾妻・吾妹・吾殿・吾儕(=われわれ。おまえ)

人名 あ・みち

【吾人】ゴジン われわれ。われら。〔やや古いことば〕例—は等しく反省せざるを得ない。

【吾が輩】わがハイ わたし。男性がややえらそうな態度で自分を指していったことば。〔現在はあまり使われない〕例『—は猫である』〔夏目漱石の小説〕

口 4 【吭】 7画 5066 542D 音コウ㊥ 訓のど・のどぶえ・ふえ

意味 のど。転じて、急所・要害のたとえ。例吭咽。

口 4 【吼】 7画 5067 543C 音コウ㊥ ク㊤ 訓ほ-える

意味 猛獣がほえる。大声でさけぶ。例獅子吼。

口 4 【告】 7画 2580 544A 教育5 音コク㊞ コウ㊥㊤ 訓つ-げる

筆順 ノ ㇀ 屮 生 牛 告 告

口 4 【告】 7画 — 543F

なりたち [形声]「口(=ことば)」と、音「牛(ギュウ→コウ)」とから成る。ことばで知らせる。

意味 ❶ことばで人に話して知らせる。つげる。例告白。報告。❷広く知らせる。例告示。通告。❸(裁判に)うったえる。上に申し出る。例告発。原告。申告。❹言いきかせる。おしえさとす。例告諭。警告。忠告。

難読 告天子

人名 しめす・つぐ・のり

【▽告文】一コウモン 神に申し上げる文。つげぶみ。二コクブン 上司または役所に申し立てる文書。

【告示】コクジ (名・する) 官公庁が、決まったことをいっぱんの人々に知らせること。また、その手続きや文書。例内閣—。

【告訴】コクソ (名・する) 〔法〕犯罪の被害者またはその代理人が、犯人をつかまえて罰してくれるように、警察などにうったえること。→【告発】

【告知】コクチ (名・する) つげしらせること。例—板。

【告白】コクハク (名・する) 心の中に秘めていたことを人につげること。例愛の—。罪を—する。

【告発】コクハツ (名・する) ①社会正義のうえから、見のがすことのできない不正をあばいて、世間に公表すること。例内部—。②〔法〕犯罪を知った人が、犯人を罰するようにと、警察官や検察官にうったえること。例脱税を—する。→【告訴】

【告別】コクベツ (名・する) (死者に)別れをつげること。いとまごい。例—の辞。

【告別式】コクベツシキ 亡くなった人の縁者や知人が、死者の霊に別れをつげる儀式。

【告諭】コクユ (名・する) (人民や部下に)注意すべきことがらや心がまえなどを、言いきかせること。

【告解】コッカイ カトリック教会で、洗礼を受けた信者がおかした罪を告白したとき、ゆるしをあたえること。

○●勧告・広告・宣告・被告・密告

口 4 【吹】 7画 3165 5439 常用 音スイ㊥㊤ 訓ふ-く 付表 息吹・吹雪

筆順 丨 口 口 ロ丿 ロ⺈ 吹 吹

なりたち [会意]「口(=くち)」と「欠(=あくび)」とから成る。息を出す。

意味 ❶口をすぼめて息を強くはき出す。例吹毛。❷楽器をふきならす。例吹奏。❸風がふく。

「口部」4画 ●吾 吭 吼 告 吹

3画

日本語での用法《ふく》①ふいごなどで、風をおくって金属を加工する。「金を吹く（=冶金をする）」②内部から出てくる。「粉を吹く・柳が芽を吹く」

使い分け ふく【吹・噴】⇩1179ページ

難読 吹上（=噴水）

人名 かぜ・ふき

【吹管】L字形の金属製の管。先端を炎の中に入れて空気をふきつけ、金属の分析などをおこなう。

【吹奏】（名・する）管楽器をふいて演奏すること。例—楽団。

【吹毛】（名・する）あらさがし。〔毛をふきわけて、かくれた疵をさがすことから〕

▽【吹聴】（名・する）①言い広めること。例当店のことを—ください。②無責任に多くの人に言いふらすこと。

【吹き替え】①（映画・演劇で）観客にわからないように、ある部分だけ代役を使うこと。また、その代役。②外国映画のせりふを日本語に直してふきこむこと。③貨幣や金属器具をとかして鋳なおすこと。

【吹き▼曝し】さえぎるものがなくて、強い風がふきつけるままになっていること。また、そのような場所。ふきっさらし。

【吹き▼溜まり】①風でふき寄せられて、雪や木の葉がたまったところ。例—の雪。②ほかに行き場のない人々が、集まるところ。例社会の—。

【吹き流し】軍陣で用いた旗の一種。数本の細長い布を（半）円形の輪に取り付け、竿の先などに付けて風になびかせるもの。現在は鯉幟の上に付ける。〔もと、半円形の輪に付けたものを「吹き流し」、円形の輪に付けたものを「吹き抜き」と区別して用いた〕

【吹き抜き】①風がふきぬけること。②建物の一部に、上の階の床を張らず、上下でひと続きの空間をつくっている様式。ふきぬけ。③「吹き流し」に同じ。

【吹き矢】竹づつなどに紙の羽根をつけた矢を入れて、強く息をふいて飛ばすもの。また、その矢。

【吹き寄せ】①風が木の葉をふき寄せたようすに似せて数種類の煮物や揚げ物、また干菓子を、いろどりよく盛り合わせたもの。例—料理。②笛などをふいて一か所に集めること。例小鳥の—。

【吹雪】はげしい風で横なぐりに降る雪。また、細かいものがはげしくふき散るようすのたとえ。例花—。

【吮】 口4 7画 5068 542E

音セン漢シュン漢 訓す-う・すす-る

意味 口をつけて、すいとる。すする。すう。例吮血。吮癰。吻吮（=口で簫などの楽器を鳴らす。口で吸う）。

【吮▼疽の仁】大将が部下をいたわることのたとえ。〔「疽」は、ひどいはれものの意〕〔中国の戦国時代、衛の将軍の呉起が部下の兵士のはれもののうみを吸い取ったという故事による〕〈史記〉

【吮▼癰▼舐▼痔】〔他人のはれもののうみを吸い、痔をなめるという意〕はなはだしく卑屈な行為をしてまでも、権勢ある者にこびることのたとえ。

【呈】 口4 7画 3672 5448 常用

音テイ漢 訓しめ-す

筆順 丶 口 口 旦 早 早 呈

なりたち ［形声］「口（=くち）」と、音「壬」とから成る。たいらか。派生して「差し出して示す」意。

意味 ❶あらわす。しめす。例呈示。露呈。活況を呈する。❷差し出す。すすめる。例献呈。進呈。

人名 しめ・すむ

【呈示】（名・する）書類などを差し出して見せること。類提示。例学生証を—する。

【呈出】（名・する）①（相手に見えるように）差し出すこと。類提出。②ある状態をあらわし出すこと。

【呈上】（名・する）人にものを差し上げること。類進呈。

●謹呈・献呈・贈呈

【吶】 口4 7画 5069 5436

音トツ慣ドツ漢 訓ども-る

意味 ❶口ごもって、すらすらとことばが出ないようす。どもる。同訥。例吶吶。❷ときの声をあげる。大声でさけぶ。例吶喊。

難読 咱吶（=管楽器の一つ）

【吶▼喊】（名・する）〔「喊」も、さけぶ意〕ときの声をあげ、銃剣をふるって敵陣にせめこむこと。

【吶吶】（形動タル）口ごもりながら話すようす。例—とした話しぶり。表記「▼訥▼訥」とも書く。

【吞】 口4 7画 1-4794 541E 人名

音トン漢ドン呉 訓の-む

【呑】 口4 7画 3861 5451 俗字

意味 ❶のどを通してからだの中へ入れる。のみこむ。のむ。例吞吐。吞舟の魚。❷外に出さないようにおさえて、がまんする。例吞声（=しのび泣く）。❸のみこんで、自分のものにする。例併吞。

難読 酒吞童子・吞気・剣吞

【吞牛の気】〔トラやヒョウは幼いうちからウシを食おうとする気概をもつように〕子供のときから気持ちの大きいことのたとえ。食牛の気。牛を食らうの気。〈尸子〉

【吞舟の魚】〔舟をひとのみにするような大きな魚の意〕大物。大人物。または大悪人のたとえ。

【吞吐】（名・する）のみこんだり、はきだしたりすること。例群衆を—する大都会の駅。

【吠】 口4 7画 4342 5420

音ハイ漢バイ・ベイ呉 訓ほ-え・ほ-える

意味 ❶イヌが大きな声を出す。ほえる。例鶏鳴狗吠。❷梵語の音訳。例吠陀（=インド最古の、バラモン教の聖典）。

難読 犬吠埼

【否】 口4 7画 4061 5426 教育6

音一ヒ慣フ漢 二ヒ漢 訓いな・いな-む

筆順 一 ア 不 不 不 否 否

なりたち ［会意］「口（=くち）」と「不（=否定する）」とから成る。そうではないと打ち消す。

意味 一ヒ ❶認めない、うけいれない。同意しないことや、打ち消しをあらわすことば。例否決。否定。拒否。❷（…か）そうでないか。上のことばと反対のことを示すことば。例安否。採否。諾否。 二ヒ よくない。わるい。例否運（=不運）。

難読 運否・実否・否然・否諾

【▽否応】いやおう ことわるのと承知するのと。例―なく決められた。―なしに進める。

【否決】ヒケツ（名・する）提出された議案を認めない決定をすること。対可決。例修正案を―する。

【否定】ヒテイ（名・する）そうでないと打ち消すこと。対肯定コウテイ。例うわさを―する。

【否認】ヒニン（名・する）事実でないとして、認めないこと。対是認ゼニン。例容疑を―する。

●可否カヒ・賛否サンピ・良否リョウヒ

口4 【呎】 7画 5072 544E 訓フィート

意味 ヤードポンド法の長さの単位。フィート。一フィートは三分の一ヤード。一二インチ。約三〇・四八センチメートル。

参考 国字とする説もある。

口4 【吻】 7画 4213 543B 人名 音フン慣ブン漢 訓くちさき

意味 ❶くちびる。くちさき。例吻合フンゴウ。接吻セップン。❷くちぶり。ことばの調子。語気。例口吻コウフン。

【吻合】フンゴウ（名・する）〔上下のくちびるがあう意〕①二つのものごとが、ぴったりとあうこと。例話と事実が―する。②〔医〕手術して体内の二つの部分を、つなぎあわせること。

口4 【吩】 7画 5070 5429 音フン漢 訓は-く

参考 「噴フン」の俗字ゾクジとされる。

意味 「吩咐フンプ」は、なにかをするように命令する。いいつける。

難読 吩咐いいつける・いいつけ

口4 【呆】 7画 4282 5446 音ボウ慣ホウ漢 訓おろ-か・あき-れる

意味 おろか。ぼんやり。例阿呆アホウ。痴呆チホウ。

日本語での用法《あきれる》予想もしないことに出会って、おどろく。「まったく呆あきれた話はなし」

難読 呆気あっけ

【呆然】ボウゼン（形動タル）予想もしないことに出会って、あっけにとられるさま。例―と立ちつくす。表記「▼惘然」とも書く。

口4 【吝】 7画 5071 541D 音リン漢呉 訓お-しむ・やぶさ-か

意味 ものおしみする。けち。やぶさか。同悋リン。例吝嗇リンショク。

日本語での用法《やぶさか》「…にやぶさかで(は)ない」の形で、…することをためらうものではない、…する努力をおしまない、の意。「協力キョウリョクするに吝やぶさかでない」

【吝▼嗇】リンショク（名・形動ダ）〔「嗇」も、おしむ意〕ひどくけちなこと。例―家カ（=けちな人）。―漢カン（=けちんぼう）。

口4 【呂】 7画 4704 5442 常用 音リョ漢ロ呉

筆順 丨 口 口 口 吕 呂 呂

なりたち 呂 〔象形〕つながった背骨の形。

意味 ❶せぼね。同膂リョ。例脊呂セキリョ。❷中国古代の音階。今の一オクターブを十二分したものを十二律といい、そのうち六つの陰律インリツを「六呂リクリョ」、六つの陽律を「六律リクリツ」という。対律リツ。例呂律リョリツ。律呂リツリョ。❸姓セイの一つ。例呂后リョコウ（=漢の高祖の皇后）。呂不韋リョフイ（=戦国時代、秦シンの宰相サイショウ）。

日本語での用法《ろ》「ろ」の音にあてる万葉がな。「之呂多倍しろたへ（=白妙しろたえの）・麻呂まろ・以呂波いろは」

人名 おと・なが・ふえ

【呂▼宋】ルソン〔Luzon の音訳〕フィリピン諸島の最大の島。ルソン島。

【呂律】㊀リョリツ 古代音楽の、呂と律。音楽の調子。律呂。㊁ロレツ ものを話す調子。ことばの調子。例―が回らない。

口4 【吸】 7画 ⇨【吸】キュウ（187ページ）

口4 【呉】 7画 ⇨【呉】ゴ（194ページ）

口4 【告】 7画 ⇨【告】コク（195ページ）

口4 【呈】 7画 ⇨【呈】テイ（196ページ）

口4 【呑】 7画 ⇨【呑】ドン（196ページ）

口5 【呵】 8画 5074 5475 音カ漢呉 訓しか-る・わら-う

意味 ❶大声でとがめる。せめる。しかる。同訶カ。例呵責カシャク。❷大声でわらう。また、その声。例呵呵大笑カカタイショウ。❸はあっと息をふきかけて温める。例呵筆カヒツ。

日本語での用法《さいなむ》苦しめる。責めなやます。「罪人ザイニンを呵さいなむ・良心リョウシンが呵さいなまれる」

【呵呵】カカ（副）大声で笑うようす。また、その声。例―大笑。

難読 呵呵からからと笑わらう

【呵▽責】カシャク（名・する）きびしくしかりせめること。せめさいなむこと。例良心の―。

【呵筆】カヒツ（名・する）〔こおったふでに息をふきかけて温める意〕寒い季節に詩文を書くこと。

口5 【咎】 8画 5075 548E 音キュウ漢 訓とが・とが-める

意味 ❶わざわい。罰バツ。非難。とが。とがめる。例天咎テンキュウ。❷あやまち。過失。例罪咎ザイキュウ（=つみと、あやまち）。良心リョウシンの咎とがめ。

日本語での用法《とがめる》傷やはれものにさわったりして、苦しみや痛みが強まる。「傷きずが咎とがめる・あせもが咎とがめる」

口5 【呟】 8画 5076 545F 音ゲン慣ケン漢呉 訓つぶや-く

意味 大きな声のようす。

日本語での用法《つぶやく》小声で、ひとりごとを言う。「ひとりごとを呟つぶやく」

口5 【呼】 8画 2438 547C 教育6 音コ漢呉 訓よ-ぶ

筆順 丨 口 口 口' 口' 口' 吖 呼

なりたち 呼 〔形声〕「口（=くち）」と、音「乎コ」とから成る。息を外へ出す。

意味 ❶息をはく。はく息。例呼気コキ。呼吸コキュウ。❷大声でさけぶ。よびかける。よぶ。例呼応コオウ。歓呼カンコ。連呼レンコ。❸ため息の声。ああ。例嗚呼ああ。

日本語での用法《よび・よぶ》①名付ける。称ショウする。「名なを五郎ゴロウと呼よぶ・人ひとと呼よんで仏ほとけの辰たつ」②引きよせる。さそう。まねく。「呼よび水みず・人気ニンキを呼よぶ」

人名 おと・こえ

【呼応】(名・する) ①呼べばこたえること。②呼びかけにこたえる形で、行動をともにすること。例東西―して兵をあげる。③文中のある語句と対応して、決まったことばが用いられること。たとえば、「決して…ない」「まるで…ようだ」など。

【呼気】肺から体外へはきだす息。対吸気。例ゆっくり―を出す。

【呼吸】一(名・する) ①息をはいたりすったりすること。例―があらくなる。②生物が酸素をからだの中に取り入れて、二酸化炭素を出すこと。例皮膚―。二(名) ある行動をとるときの微妙な調子や加減、間合い。例ふたりの―がぴったり合う。

【呼号】(名・する) ①大声でさけぶこと。②大げさに言うこと。例軍勢三十万と―する。

【呼称】(名・する) 名付けること。また、その呼び名。例牛若丸と―する。

【呼名】一 氏名を呼ぶこと。例―点呼。二【呼び名】①ふだん呼ぶのに使っている名前。類通称。②そのものを呼ぶ名前。類名称。

【呼び声】①呼ぶ声。大きな声で呼び立てる声。②物売りが客を呼ぶ声。例金魚売りの―。③評判。例次期会長との―が高い。

【呼び塩】塩からい食品を、うすい塩水につけて塩をぬくこと。

【呼び捨て】人の名前を、「様」「殿」「さん」「君」「ちゃん」などをつけずに、または役職名をつけずに呼ぶこと。よびつけ。

【呼び出し】①さそって、そこへ来るように言うこと。例―をかける。②相撲で、取り組む力士の名を呼び上げる役の人。土俵の整備をしたり、太鼓を打ったりもする。

【呼び水】①ポンプの水が出ないとき、水をさそい出すために、水を注ぎ入れること。また、その水。②何かをおこすきっかけとなるもの。例集会の禁止が―となって暴動が発生した。

【呼び物】もよおしものなどで、人気を集めているもの。人寄せに役立つもよおし。例学園祭の―の仮装行列。

●指呼・点呼

口 5 【呷】 8画 5078 5477 音コウ漢 訓あお-る

意味 ❶すすって飲む。例呷啜(=すする)。❷「呷呷」は、カモやアヒルなどの鳴き声。

日本語での用法《あおる》休まず勢いよく飲む。「たて続けにビールを二本呷る・一気に毒を呷って死ぬ」

口 5 【咋】 8画 2680 548B 音サク漢 訓く-う・くら-う

意味 ❶大きな声。例咋咋(=わあわあと大声で言うようす)。❷むしゃむしゃと食う。しゃぶる。

難読 羽咋(=地名)

口 5 【呪】 8画 2886 546A 常用 音ズ慣 シュウ漢 ジュ・シュ呉 訓のろ-う・のろ-い・まじな-い

筆順 丨 ㇕ 口 口𠃍 吅 吅 叩 呪

口 5 【呪】 8画 5080 5492 別体字

なりたち [会意]「口(=くち)」と「兄(=祈る人)」とから成る。いのる。

意味 ❶うらんでいる人物にわざわいがあるように、神仏にいのる。のろう。例呪詛。呪縛。❷神仏の力をかりて、不思議なわざをおこなう。まじなう。また、そのことば。まじない。例呪禁。呪術。呪文。

【呪▽禁】ゴン・ジュゴン まじないで病気を治したり、悪霊をはらったりすること。例―師。

【呪術】神仏や精霊などの威力によって、さまざまの現象を起こす方法。まじない。例―師。

【呪▼詛】(「シュソ」とも)(名・する) 神仏などにいのって、うらみに思う人にわざわいが起こるようにすること。のろい。表記 時に「呪▼咀」とも書いた。

【呪縛】(名・する) ①まじないで、相手を動けなくすること。②心理的な圧迫によって、心の自由をうばうこと。

【呪法】呪文をとなえておこなう、まじないの術。呪術。

【呪文】まじないをしたり、のろいをかけるための、特別のことば。例―をとなえる。

口 5 【周】 8画 2894 5468 教育4 音ス慣 シュウ漢 シュ呉 訓まわ-り・あまね-し・めぐ-る・めぐ-らす

筆順 丿 冂 冂 円 用 周 周 周

口 5 【周】 8画 2F83F

なりたち [会意]「用(=もちいる)」と「口(=くち)」とから成る。ことばづかいが行き届いている。

意味 ❶すみずみまで行きわたる。あまねし。例周知。周到。❷ひとめぐりする。まわる。例周航。周遊。❸もののまわり。例周囲。円周。❹㋐武王が殷の紂王をほろぼして建てた王朝。鎬京に都する。紀元前七七〇年、平王のときに洛邑に都を移し、以後を東周という。秦にほろぼされた。(前一一〇〇?―前二五六) ㋑南北朝時代の北朝の一つ。北周。(五五七―五八一)

人名 いたる・かぬ・かね・ちか・ちかし・なり・のり・ひろし・まこと

使い分け まわり【回・周】⇩1180ページ

【周囲】①もののまわり。例―八キロの池。②まわりを取り巻いている人や環境。例―の目を気にする。

【周縁】もののまわり。ふち。例―部。

【周忌】[仏] 人の死後、命日が毎年めぐってくること。また、その回数をあらわすことば。類回忌。例一―。

【周期】①ひとまわりする時間。②同じ現象がくりかえし起こる場合、その一回に必要な時間。

【周航】(名・する) 船で各地を航海してまわること。また、そのようにして、出発地へもどること。例琵琶湖―の歌。

【周章】(名・する) あわてふためくこと。例―狼狽。

【周旋】(名・する) ①あいだに立って、交渉をまとめること。類斡旋。例不動産―業。②中に立って世話をすること。例両国の平和を―する。

【周知】(名・する) 広く知れわたっていること。

【周到】(形動) すみずみまで行きとどいて、手ぬかりのないようす。例用意―。―に準備する。

【周年】①満一年。まる一年。②一年じゅう。③(「…周年」の形で)…回目にあたる年。例創立十―記念日。

【周波】電波・音波・交流電流などで、周期的にくりかえされる同じ波形の振動。例―数。

【周辺】まわり。付近。例都市の―地域。―の住民。

【周密】(名・形動) すみずみまで注意が行きとどいていること。周到で、綿密なこと。例―な計画を立てる。

【周遊】(名・する) 各地を旅行してまわること。

【周防】旧国名の一つ。山口県の東部・南部にあたる。防

州。●一周・外周・半周

口 5
【呻】 8画 5081 547B

音シン㊈ 訓うめ-く・うな-る

意味 痛みや苦しみのあまり声をあげる。うめく。うなる。また、声を長くのばしてうたう。例呻吟。

【呻吟】(名・する) ①激しい苦しみのため、うめくこと。例病床に―する。②うめくほど苦心すること。例詩作に―する。

口 5
【咀】 8画 5082 5480

音ショ㊈ソ㊉ 訓か-む

意味 かみくだいて味わう。かむ。例咀嚼。

【咀▼嚼】(名・する) 「「嚼」も、かみくだく意」①食べ物をよくかむこと。②(ことばの)意味をよく味わって理解すること。例文章を―する。

口 5
【呶】 8画 5083 5476

音ド㊎ドウ㊈ 訓かまびす-しい・さけ-ぶ

意味 声が大きくて、やかましい。がやがやさわぐ。かまびすしい。さけぶ。例載号載呶(=どなり合い、さわぎ合う)。〈詩経〉

【呶呶】(名・形動タル) くどくどと言うこと。また、やかましくしゃべること。

口 5
【咄】 8画 5084 5484

音トツ㊈ 訓はなし・しか-る

意味 舌打ちする(音)。また、しかったり、おどろいたりして発する声。しかる。例咄嗟・咄咄(=おどろきの声)。

日本語での用法《はなし・はなす》 かたる。とくに、こっけいな話や人情ばなしをかたる。「咄家・小咄・高座にのぼって咄す」

【咄▼嗟】とつぜんのできごとに対して、反射的に対応することをいう。一瞬。例―に身をかわした。―の機転。

【咄家】落語家。

口 5
【咐】 8画 5085 5490

音㊀ホ㊈ブ㊉ ㊁フ㊈㊉

意味 ㊀息をふきかける。㊁「吩咐」は、いいつけ。また、いいつける。

口 5
【咆】 8画 5086 5486

音ホウ㊈ 訓ほ-える

意味 動物が、あたりにひびく声を出す。ほえる。例咆哮。

【咆▼哮】(名・する) 猛獣がほえること。

口 5
【味】 8画 4403 5473 教育3

音ビ㊈ミ㊉ 訓あじ・あじ-わう 付表 三味線

筆順 丨 ㄇ 口 口一 口二 口十 吽 味

なりたち [形声]「口(=くち)」と、音「未ビ」とから成る。もろもろのあじ。

意味 ❶飲食物を口に入れたときの舌の感覚。あじ。また、あじわう。例味覚。醍醐味。珍味。❷あるもの全体から感じられるようす。ふんいき。また、ものごとの内容。例意味。気味。風味。❸ものごとを深く感じとる。あじわう。例味到。吟味。賞味。

日本語での用法《ミ》 ものごとの、状態。また、気分やあじわい。「中味をしらべる・正味のねだん・新味を出す」

参考 常用漢字表では「ミ」を字音とし、「み」の訓をみとめないので、そのあつかいとするが、日本語の一音節語「み」は、「身」の意味でもあり、また、状態・傾向・気分などの意の接尾語でもあるので、「味」をあてることがあってまぎらわしい。

人名 うまし・ちか

【味覚】あじの感覚。食べ物などが舌をしげきして生じる、あまい・からい・にがい・すっぱいなどの感じ。例―をそそる。

【味方】(名・する) ①戦いで自分が所属するほう。②(戦うものの一方に)力を貸して助けること。加勢。例正義の―。▽㊥敵。表記▽「身方」とも書く。

【味到】(名・する) じゅうぶんにあじわって、知りつくすこと。類味得。例毎日歩きまわって、東京の下町を―した。

【味得】(名・する) じゅうぶんにあじわって、ものごとの本質を理解し、自分のものとすること。類味到。例イギリス風のジョークの神髄を―する。

【味読】(名・する) 文章の内容を、よくあじわいながら読むこと。例先師(=なくなった師)の遺著を―する。

【味▼蕾】舌に分布している、あじを識別する感覚器官。

【味▼醂】焼酎に、もち米やこうじを加えて醸造した、少しとろみのあるあまい酒。料理に使う。例―干し。

●加味・興味・酸味・趣味・正味・新味・地味・妙味・無味・薬味

口 5
【命】 8画 4431 547D 教育3

音メイ㊈ミョウ㊉ 訓いのち・みこと

筆順 ノ 人 亼 今 合 合 命 命

なりたち [会意]「口(=くち)」と「令レイ→メイ(=指図する)」とから成る。言いつけて、させる。

意味 ❶(上から)指図する。言いつける。おおせ。例命令。君命。任命。❷天の定め。めぐりあわせ。例命運。運命。天命。❸いのち。例寿命。生命。❹名付ける。例命名。

日本語での用法《みこと》 古代、神々や貴人の名につけた呼び名。「天児屋根命」

人名 あきら・かた・とし・な・なが・のぶ・のり・まこと・みち・もり・よし・より

【命乞い】(名・する) ①長生きできるよう、神仏に祈願すること。②殺されるはずのいのちを、助けてほしいとたのむこと。例人質の―をする。

【命綱】高所、または水上や水中など、危険な場所で作業をするとき、用心のためにからだにつけておく綱。

【命取り】①いのちを失うもとになるもの。例長年の深酒が、かれの―になった。②(社会的な)地位や信用などを失う原因。例スキャンダルが―で失脚した。

【命は風前の▽灯の▽如し】[人のいのちは、一瞬のうちに風にふき消されるともしびのようだ、ということから] いのちがあやうい、危険がせまっていることをいう。風前の灯。〈楽府詩集〉

【命拾い】(名・する) もう少しで死ぬところを、幸いにも助かること。危ないところで助かること。例救急治療のおかげで―した。

【命冥加】(名・形動ダ) (神仏が守ってくれて)不思議にいのちが助かること。危機からのがれること。例―な奴。

【命運】そのことの存亡にかかわるめぐりあわせ。運命。例―をかける。―がつきる。

【命数】メイスウ ①いのちの長さ。寿命。類天命。例―がつきる。②運命。自然のなりゆき。例―ほぼ定まる。

【命題】メイダイ ①題をつけること。また、題。②はたすべき課題。③〔英語 proposition の訳語〕論理学で、あることがらについての判断を、ことばあるいは記号で表現したもの。真か偽かを決定できる。「人間は死すべきものである」など。

【命旦夕に在り】メイタンセキにあり 今夕か明朝かというほど、死がさしせまっていること。命旦夕に迫る。

【命中】メイチュウ（名・する）（弾丸や矢などが）目標となる的に当たること。（予想やねらいが）的中すること。例―率。

【命日】メイニチ その人が死んだ日にあたる、毎月のその日。類忌日。例祥月―（＝その人が死んだ月日と同じ月日）。

【命は天に在り】メイはテンにあり 運命は天の定めるものであり、人の力ではどうにもならない。〔漢の高祖が重傷を負ったとき、それを天命として受け入れ、医者の治療をしりぞけて言ったことば〕〈史記〉

【命脈】メイミャク いのちが続いていること。生命。例―を保つ。―が尽きる。

【命名】メイメイ（名・する）名前をつけること。例祖父の名の一字をとって―する。

【命令】メイレイ（名・する）目上の者がする指図。例―口調。―をくだす。

【命令形】メイレイケイ 文法で、活用語（＝動詞・形容詞・形容動詞・助動詞）の活用形の一つ。命令や願望をあらわす。「進め」「止まれ」「(幸い)あれ」など。

【命を知る】メイをしる ①天からあたえられた使命や、定められた運命をさとる。②五十歳のこと。→【知命】チメイ（712ページ）

●一命・革命・懸命・使命・宿命・助命・人命・絶命・短命・長命・薄命・亡命・本命・余命

口5 【和】 8画 4734 548C 教育3

音 カ漢 ワ呉 オ唐
訓 やわ-らぐ・やわ-らげる・なご-む・なご-やか・あ-える
付表 日和ひより・大和やまと

筆順 ノ ニ 千 禾 禾 和 和 和

口5 【咊】 8画 1-0376 548A 本字

［口部］ 5画 ●和

たちなり 形声「口（＝くち）」と、音「禾カ」とから成る。相手に応える。

意味 ❶声や調子をあわせる。例和音。唱和。調和。❷仲よくする。やわらぐ。やわらげる。なごむ。例和解。親和。平和。❸おだやか。なごやか。例和気。温和。柔和。❹二つ以上の数をあわせたもの。例総和。❺まぜあわせる。あえる。例和合。混和。

日本語での用法 一《ワ》①日本。中国で日本を「倭」といったのにもとづく。「和学・和漢・和算」②旧国名「大和（＝今の奈良県）」の略。「和州」二《なぐ・なぎ》風波がおさまり、海面がおだやかになった状態。「朝和・海が和ぐ・風が和ぐ」三《にき・にぎ》やわらかな、おだやかな、こまかい、などの意をあらわす。「和栲・和魂・和幣」四《やまと》中国から伝来したものに対して、日本固有のものであることをあらわす。「和琴・和語・和歌」五《わ》「わ」の音にあてる万葉がな。「和可米・和礼」

難読 和布め・和布わかめ・和波なぎ・和え物あえもの

人名 あい・あえ・かず・かた・かのう・すず・たか・とし・とも・な・のどか・ひとし・まさ・ます・やす・やすし・やわ・やわら・よし・より

【和泉】いずみ 旧国名の一つ。今の大阪府の南部。泉州。

【和尚】一オショウ・カショウ・ワジョウ（仏）師である僧。高僧。〔禅宗や浄土宗でオショウ、天台宗や華厳宗でカショウ、法相宗や真言宗や律宗でワジョウという〕二オショウ 僧や住職を呼ぶことば。例お寺の―さん。表記 二は「和上」とも書く。

【▽和氏の璧】カシのヘキ 〔「璧」は輪の形をした平らな玉〕春秋時代、楚の卞和が発見した宝玉。彼はこの原石を二人の楚王に献じたが、いずれも認められず、各王から片足一本ずつを切られる刑を受けた。しかし次の文王はこれを研磨させ、はじめて真価を得たという。転じて、正当な評価を受けないことのたとえ。→【完璧】カンペキ（290ページ）・【連城の璧】レンジョウのヘキ（973ページ）

【和英】ワエイ ①日本と英国。日本語と英語。日英。②「和英辞典」の略。日本語からそれにあたる英語を引く辞典。

【和音】ワオン 音楽で、高さのちがう二つ以上の音が、同時に鳴ったときに生じる音。コード。

【和歌】ワカ ①〔漢詩に対して〕日本古来の定型詩。長歌・短歌・旋頭歌などをまとめた呼び名。やまとうた。②とくに、五・七・五・七・七の三十一文字の歌。短歌。

【和解】一ワカイ（名・する）①仲直りすること。例宿敵どうしが―する。②〔法〕訴訟で争っていた当事者が、話し合いで争いをやめること。また、その結果成立した契約。例裁判所が―を勧告する。二ワゲ 外国のことばや文を日本語に訳すこと。また、そのわかりやすい解釈。

【和学】ワガク 江戸時代以来、日本古来の言語・文学・芸術・歴史・有職故実などを研究した学問。類国学。対漢学・洋学。例―講談所（＝塙保己一の学塾）。

【和楽】一ワガク（名）日本古来の音楽。神楽・能楽など。邦楽。二ワラク（名・する）なごやかにたのしむこと。例一家―。

【和菓子】ワガシ 米の粉やあんなどをおもな原料とする日本風の菓子。ようかん・もち菓子・まんじゅうなど。対洋菓子。

【和▼姦】ワカン 合意のうえで交接すること。対強姦。

【和漢】ワカン ①日本と中国。例―洋。②和文と漢文。表記 ▽「▼倭漢」とも書く。

【和漢混交文】ワカンコンコウブン 和文の文体と漢文訓読の文体とがまじった文体。鎌倉時代の軍記物語などに用いられた。表記 旧和漢混▼淆文

【和気】ワキ なごやかな気分。例―藹藹。

【和気▼藹▼藹】ワキアイアイ（形動タル）人々の間に、なごやかな気分があふれているようす。例話し合いは―と進んだ。表記「和気▼靄▼靄」とも書く。

【和議】ワギ 仲直りの相談。例敵方に―を申し出る。

【和牛】ワギュウ 日本の在来種のウシ。現在はおもに食肉用。

【和訓】ワクン 漢字や漢語に日本語をあてて読むこと。また、その読み方。訓。類国訓。表記「▼倭訓」とも書く。

【和敬】ワケイ 心をおだやかにして、うやまいの気持ちをもつこと。例―清寂。

【和犬】ワケン 日本特産のイヌ。秋田犬・紀州犬・四国犬など。日本犬。対洋犬。

【和子】わこ 高貴な人の子供（とくに男の子）を、親しみうやまっていう呼び方。例―さま。

【和語】ワゴ 中国から漢語が伝わってくる前から、日本で使われていたことば。やまとことば。対漢語・外来語。表記「▼倭語」とも書く。

【和▼寇】ワコウ ⇩【倭寇】ワコウ（82ページ）

【和合】ワゴウ（名・する）①親しくなごやかにすること。例―をま

かる。②二人、とくに夫婦が仲よくすること。例夫婦―。③まぜあわせること。

【和光同塵】①知徳のすぐれた人が、そのかがやきをかくして、俗世間にまじわること。〈老子〉②〔仏〕仏や菩薩が人々を救うために、姿を変えてこの世にあらわれること。類本地垂迹。

【和国】⇩【倭国】(82ページ)

【和事】歌舞伎で、恋愛や情事を演じる演目や場面。また、その演技。例―師(=和事のうまい役者)。

【和▽琴】日本の古代の六弦の琴。やまとごと。

【和魂漢才】日本古来の精神を保ちながら、中国伝来の学問を身につけること。菅原道真のことば。

【和魂洋才】日本古来の精神とともに西洋の学問の教養もあわせもつこと。〔明治時代以後、時勢に合わせて「和魂漢才」をもじって用いられた〕

【和裁】和服を仕立てること。また、その技術。対洋裁。

【和算】古く中国から伝わり、江戸時代に発達した日本独自の数学。

【和▼讃】〔仏〕仏の教えをたたえる歌謡。和語を用い、七五調で歌われる。対漢讃・梵讃。

【和三盆】もと中国から伝わり、日本でもつくられた、上質の白砂糖(=三盆)。上等の和菓子に用いる。徳島県の特産。和三盆糖。〔中国の「唐三盆」と区別していう〕

【和紙】コウゾ・ミツマタ・ガンピなどの樹皮の繊維を原料とした手すきの紙。日本紙。対洋紙。

【和字】①日本でつくられた文字。平仮名と片仮名。②日本で漢字にならってつくられた文字。「峠」「辻」など。和製漢字。国字。表記▽「▼倭字」とも書く。

【和式】日本特有の様式。日本風。対洋式。

【和室】たたみをしいた、日本風の部屋。対洋室。

【和して同ぜず】人とは協調しておだやかにつきあうが、むやみになかまに加わったりはしない。〈論語〉例君子は―、小人は同じて和せず。

【和臭】漢詩や漢文の文体・用語・表現などに、中国人の習慣とちがって、日本人が作ったという感じがあらわれていること。〔「和習」から変じたものか〕

【和習】①日本固有の風習やしきたり。②日本人が漢語を用いたり漢詩文を作るときにあらわれる、独特のくせ。また、日本人特有の表現。類和臭。例―のある漢詩。

【和順】㊀(名・形動ダ)おだやかでむりがないこと。はげしさやきびしさがないこと。例―な色調でおちつく。㊁(名・する)争いをやめておだやかに従うこと。

【和書】①日本語で書かれた本。国書。②和綴じの本。和本。和装本。

【和上】〔仏〕(律宗で)師である僧。例鑑真大―。→【和尚】

【和食】日本風の食事。日本料理。対洋食。例―弁当。

【和親】(名・する)したしくつきあうこと。国と国が友好関係にはいること。例―条約。

【和人】⇩【倭人】(82ページ)

【和声】音楽で、一定の法則に従って和音を連ねたもの。メロディーやリズムとともに、音楽の基本要素。ハーモニー。例―法(=和音をもとにした作曲法)。

【和製】日本でつくったもの。日本製。例―英語。

【和船】日本の昔からの形の木造船。例―のこぎ方。

【和戦】和睦することと戦うこと。平和と戦争。例―両様の構え。

【和装】①日本風の服装。和服を着ていること。例―小物の店。②和紙を用いた日本の書物の伝統的な装丁。和綴じ。例―本。▽対洋装。

【和俗】日本の伝統的な風俗や習慣。

【和▼簞▼笥】和服をたたんでしまっておくための、日本の伝統的な家具。キリ材を使ったものが多い。

【和同】仲よくし、一つになること。

【和独】〔「独」は、「独逸」の略〕①日本とドイツ。また、日本語とドイツ語。②「和独辞典」の略。日本語からドイツ語を引く辞典。

【和読】(名・する)漢文を日本語として意味がわかるよう、語順をかえ、日本の漢字音や訓読みを交えながら、助詞や助動詞などを補って読むこと。よみくだし。訓読。

【和▼綴じ】日本の伝統的な書物のとじ方。

【和風】①日本の昔からの様式。日本風。和式。対洋風。例―建築。―ドレッシング。②おだやかなかぜ。春風。

【和服】日本の昔からの衣服。着物。対洋服。

【和▽仏】〔「仏」は、「仏蘭西」の略〕①日本とフランス。また、日本語とフランス語。②「和仏辞典」の略。日本語からフランス語を引く辞典。

【和文】日本語の文章。邦文。例―英訳。

【和平】戦争を終わらせて平和にすること。例―交渉。―を講じる。

【和睦】(名・する)〔「睦」は、むつぶ意〕争いをやめて仲よくすること。仲直りすること。例敵国と―する。

【和本】和紙を使った和綴じの本。和装本。

【和名】㊀日本で昔からいわれている事物の呼び名。㊁動物や植物の、日本語で示す呼び名。慣用によるものが多く、カタカナ書きにする。学術的には「学名(=ラテン語でつけた各国共通の呼び名)」を用いる。たとえば、佐渡にいた「トキ」は、学名「ニッポニア-ニッポン」、和名「トキ」。対漢名。

【和訳】(名・する)外国語を日本語に翻訳すること。また、訳した日本語。例英文―。

【和洋】①日本と西洋。例―の学問。②日本風と西洋風。例―折衷。

【和洋折衷】(建築様式や生活様式で)日本風と西洋風をほどよくとりあわせること。例―の応接室。

【和様】日本独特の様式。和風。日本風。日本式。対唐様。例―の書。

【和露】〔「露」は、「露西亜」の略〕①日本とロシア。また、日本語とロシア語。②「和露辞典」の略。日本語からロシア語を引く辞典。

【和を▽以て貴しと▽為す】ものごとは調和がたいせつである。また、人々がたがいになごやかに仲よくすることがたいせつである。〔聖徳太子が制定した「十七条憲法」の第一条のことば〕〈礼記〉

●温和・漢和・緩和・共和・協和・講和・混和・唱和・親和・総和・中和・調和・柔和・不和・平和・飽和

口5【咏】8画 ⇩【詠】(908ページ)

口5【咒】8画 ⇩【呪】(198ページ)

口5【周】8画 ⇩【周】(198ページ)

口5【咊】8画 ⇩【和】(200ページ)

口6【哀】9画 1605 54C0 常用 音アイ漢呉 訓あわ-れ・あわ-れむ・かな-しい

筆順 亠 亡 亣 古 声 声 哀 哀 哀

なりたち [形声]「口(=くち)」と、音「衣イ→アイ」とから成る。あわれむ。

意味 ❶かわいそうだと思う。情けをかける。あわれむ。例 哀愍(アイビン)。哀憐(アイレン)。❷人の同情をさそうようす。あわれ。例 哀願(アイガン)。哀訴(アイソ)。❸心をいためる。かなしむ。かなしい。例 哀愁(アイシュウ)。悲哀(ヒアイ)。

日本語での用法《あわれ》感動や願望、また、しみじみとした情趣(ジョウシュ)をあらわす。「物(もの)の哀(あわ)れ」

【哀歌】(アイカ) 悲しみの気持ちをうたった歌。悲歌。エレジー。

【哀感】(アイカン) あわれをさそうような感じ。例 ―がただよう。

【哀歓】(アイカン) 悲しみとよろこび。例 人生の―をともにする。

【哀願】(アイガン) (名・する) 相手の同情心にうったえるように、心からねがいのぞむこと。泣きつくこと。例 身をかがめて―する。

【哀号】(アイゴウ) (名・する) (人の死を悲しんで)声をあげて泣きさけぶこと。例 かれの死をおしむ―はしばらくやまなかった。

【哀▼哭】(アイコク) (名・する) 悲しんで声をあげて泣くこと。

【哀史】(アイシ) ①悲しくあわれな歴史。例 吉野朝(よしのチョウ)―。②悲しくあわれなできごとの記録。例『女工―』

【哀詩】(アイシ) 悲しい気持ちを詠(よ)んだ詩。エレジー。哀歌。

【哀愁】(アイシュウ) もの悲しい感じ。ペーソス。例 ―がただよう。

【哀傷】(アイショウ) (名・する) 悲しみ、心をいためること。とくに、人の死を悲しむこと。例 ―歌。

【哀情】(アイジョウ) 悲しみの気持ち。例 ―をもよおす。

【哀惜】(アイセキ) (名・する) 人の死などをおしみ、悲しむこと。例 ―の念にたえない。

【哀切】(アイセツ) (名・形動(ナ)) この上なくあわれで、胸にせまるような感じ。例 ―をそそる音色(ねいろ)。

【哀訴】(アイソ) (名・する) あわれっぽく、なげきうったえること。

【哀調】(アイチョウ) 詩や曲などにあらわれている、ものがなしい調子。

【哀悼】(アイトウ) (名・する) 人の死に対する深いかなしみ。

【哀▼愍】(アイビン|アイミン) あわれに思って情けをかけること。

【哀楽】(アイラク) 悲しいことと楽しいこと。例 喜怒(キド)―。

【哀▼憐】(アイレン) 同情し、あわれむこと。例 ―の情をもよおす。

【哀話】(アイワ) 悲しくあわれなはなし。例 平家滅亡(メツボウ)の―。

●悲哀(ヒアイ)

口 6

【哇】 9画 5087 54C7 音 アイ漢 ワ漢

意味 ❶みだら。みだらな音楽。❷口からものをはき出す。はく。

日本語での用法《ワ・ワイ》外国地名などの「ワ」「ワイ」にあてる字。「布哇(ハワイ)・爪哇(ジャワ)」

[口部] 6画● 哇咽咼咳咯咢咸咥呱咬哄

口 6

【咽】 9画 1686 54BD 常用 音 ■イン慣 エン漢呉 ■エツ漢 訓 のど・の-む・むせ-ぶ・むせ-る

筆順 丨 口 口 叩 叩 叩 咽 咽 咽

なりたち [形声]「口(=くち)」と、音「因(イン)」とから成る。のど。

意味 ■(イン|エン) ❶のど。例 咽喉(インコウ)。咽頭(イントウ)。❷のみくだす。のむ。同 嚥(エン)。例 咽下(エンカ)(=のみくだす)。■(エツ) ❶息がつまる。むせぶ。例 嗚咽(オエツ)。❷悲しみに胸がふさがって声がつまる。むせぶ。

【咽喉】(インコウ) 〔咽頭(=のどの上部)と喉頭(=のどのおく)〕①のど。のど全体。例 耳鼻(ジビ)―科。②重要な場所や通路。要所。例 ―の地。敵の―を扼(ヤク)する。

【咽頭】(イントウ) のどの上の部分。例 ―炎(エン)。

口 6

【咼】 9画 5105 54BC 音 ■カイ漢 ■カ漢呉 訓 くちゆが-む・ゆが-める

意味 ■(カイ) ゆがんでいて、正しくない。例 咼斜(カイシャ)。■(カ) 姓(セイ)の一つ。また、「和(カ)」に通じる。例 咼氏之璧(カシのヘキ)(=和氏の璧(カシのヘキ))。

口 6

【咳】 9画 1917 54B3 音 カイ漢 ガイ呉 訓 せき・しわぶき

意味 せき(をする)。せきばらい。しわぶき。例 咳唾(ガイダ)。謦咳(ケイガイ)。労咳(ロウガイ)。

【咳▼嗽】(ガイソウ) (名・する) 〔「嗽」も、せきの意〕せき。せきをする。

【咳唾】(ガイダ) ①せきとつば。また、せきばらい。類 謦咳(ケイガイ)。②目上の人のことばをうやまっていうことば。

【咳唾(ガイダ)▽珠(たま)を成(な)す】〔ちょっと口から出ることばも、珠玉(シュギョク)のように美しいということから〕詩文の才能がゆたかなことのたとえ。〈後漢書(ゴカンジョ)〉

口 6

【咯】 9画 5130 54AF 音 カク漢

意味 ❶鳥の鳴き声。また、その擬声(ギセイ)語。例 咯咯(カッカク)。❷口からものをはき出す。はく。同 喀(カク)。例 咯血(カッケツ)。

口 6

【咢】 9画 5088 54A2 音 ガク漢 訓 おどろ-く

意味 ❶おどろく。同 愕(ガク)。例 驚咢(キョウガク)。❷鼓(つづみ)をどんどんと打つ。❸直言するようす。同 諤(ガク)。例 咢咢(ガクガク)(=信念に従って言いたてるようす)。

口 6

【咸】 9画 5089 54B8 音 カン漢 ゲン呉 訓 みな

意味 すべて。ことごとく。みな。例 咸宜(カンギ)(=すべてみなよろしい)。

【咸陽】(カンヨウ) 戦国時代の秦(シン)の都。今の陝西(センセイ)省西安市の北西にある。

口 6

【咥】 9画 5090 54A5 音 ■キ漢 ■テツ漢 訓 くわ-える・わら-う

意味 ■(キ) ばかにしてわらう。あざわらうようす。例 咥咥(キキ)。咥然(キゼン)。咥其笑矣(キとしてそれわらわん)(=ヒヒとあざわらうだろう)。〈詩経(シキョウ)〉 ■(テツ) かじる。かむ。

日本語での用法《くわえる》上下の歯、または唇(くちびる)のあいだにはさんで、ものを宙にささえる。「煙管(キセル)を咥(くわ)える・咥(くわ)えタバコ・犬(いぬ)が棒切(ボウき)れを咥(くわ)えてくる」

口 6

【呱】 9画 5077 5471 音 コ漢

意味 赤んぼうの泣き声。例 呱呱(ココ)の声(こえ)(=産声(うぶごえ))。

口 6

【咬】 9画 5091 54AC 音 コウ慣 ゴウ漢 訓 か-む

意味 かじる。かむ。例 咬傷(コウショウ)。

難読 咬𠺕吧(ジャガタラ)(=ジャカルタの古い名。また、ジャワ島)

【咬傷】(コウショウ) 動物にかまれたきず。かみきず。

口 6

【哄】 9画 5092 54C4 音 コウ漢

意味 多くの人がいっせいに声をあげる。みんながどっと大声でわらう。例 哄笑(コウショウ)。

難読 哄(どっ)と笑(わら)う

【哄笑】コウショウ（名・する）大声でどっとわらうこと。大わらい。

口 6 【哈】 9画 5093 54C8 音ゴウ漢 ハ唐

意味 ❶大口をあけてからからとわらう声。例哈哈(ハハ)。❷ハッと息をふきかける。また、ためいきをつく。例哈気(ハキ)。❸地名・人名の「ハ」の音にあてる。例哈爾浜(ハルピン)。哈得孫(ハドソン)。哈諾威(ハノー)。

口 6 【哉】 9画 2640 54C9 人名 音サイ漢呉 訓かな・や

なりたち 哉 [形声]「口(=くち)」と、音「𢦏(サイ)」とから成る。ことばとことばのあいだに言う語。

意味 〔助字〕❶「かな」と読み、…だなあ、の意。詠嘆(エイタン)をあらわす。例賢哉(ケンなるかな)(=えらいなあ)。快哉(カイサイ)(「こころよきかな」と訓読する)。❷「や」「か」と読み、…であろうか、の意。疑問や反語をあらわす。例今安在哉(いまいずくにありや)(=今どこにいるのだろう)。

難読 不知哉川(いさやがわ)・善哉(ゼンザイ)

人名 か・き・すけ・ちか・とし・はじめ

口 6 【咲】 9画 2673 54B2 常用 音ショウ漢呉 訓さ-く・え-む・さ-き・わら-う

筆順 丨 口 口 口' 口'' 口䒑 咩 咲

なりたち 「笑(ショウ)」が変形してできた字。現在、日本では「笑」は「わらう」、「咲」は「さく」の意味に使い分ける。

意味 わらう。同笑(ショウ)。

日本語での用法 《さき・さく》花やつぼみが開く。「早咲(はやざ)き・二度咲(ニドざ)き・花(はな)咲(さ)き鳥(とり)鳴(な)く・桜(さくら)咲(さ)く・話(はなし)に花(はな)が咲(さ)く」

難読 咲(え)み割(わ)れる

口 6 【哘】 9画 5106 54D8 国字 訓さそう

意味 さそう。〔おもに、地名・人名に用いられる〕

口 6 【呰】 9画 5079 5470 音シ漢呉 訓そし-る・きら-う

意味 ❶大声でとがめる。しかる。そしる。あざける。同訾(シ)。例呰呰(シシ)。❷力が弱く、はたらけない。おこたる。❸きず。同疵(シ)。

難読 呰部(あざえ)(=岡山(おかやま)県の地名)

口 6 【咨】 9画 5094 54A8 音シ漢 訓と-う・なげ-く・はか-る

意味 ❶すぐれた人に意見を求める。とう。たずねる。はかる。同諮(シ)。例咨問(シモン)(=意見を求める)。❷悲しんで、ため息をつく。なげく。例咨咨(シシ)(=ため息をついてなげく)。❸感心してほめたたえる。

口 6 【咫】 9画 5101 54AB 音シ漢

意味 ❶長さの単位。一咫(シ)は、八寸。約一八センチメートル。❷短いこと。近いこと。少し。わずか。例咫尺(シセキ)。

日本語での用法 《あた》日本古代の長さの単位。親指と中指とを広げた長さ。〔上にア段の母音(ボイン)があると、「あた」のアが脱落(ダツラク)して「た」となる〕「八咫(やた)の鏡(かがみ)・八咫(やた)の烏(からす)」

【咫▽尺】シセキ 一(名)ごく近い距離(キョリ)。例—の間(カン)(=きわめて近い距離)。—を弁ぜず(=暗くて、一寸(イッスン)先も見えない)。二(名・する)(天子など)高貴な人のすぐ近くまで進み出ること。拝謁(ハイエツ)すること。例竜顔(リュウガン)に—する。

口 6 【哂】 9画 5102 54C2 音シン漢 訓あざわら-う・わら-う

意味 ❶にっこりとほほえむ。わらう。例夫子哂レ之(フウシこれをわらう)(=孔子(コウシ)はにっこりとほほえんだ)。〈論語(ロンゴ)〉❷ばかにして、わらう。あざわらう。あざける。例哂笑(シンショウ)。

【哂笑】シンショウ（名・する）ばかにして、わらうこと。あざわらうこと。

口 6 【咤】 9画 5103 54A4 音タ漢呉 訓しか-る

意味 しかりつける(声)。舌打ちする(音)。例咤咤(タタ)。叱咤(シッタ)。

難読 咤(したうち)する

口 6 【品】 9画 4142 54C1 教育3 音ヒン漢 ホン呉 訓しな

筆順 丨 ㄇ 口 口 ㄇ 口口 口口 品 品

なりたち 品 [会意]三つ(=多い)の「口(=くち)」から成る。もろもろ。多い。

意味 ❶(もろもろの)しなもの。しな。例品質(ヒンシツ)。物品(ブッピン)。❷位階。クラス。等級。例品等(ヒントウ)。上品(ジョウヒン)。❸人がら。風格。例品格(ヒンカク)。気品(キヒン)。人品(ジンピン)。❹よしあしを決める。しなさだめする。例品題(ヒンダイ)(=部類を分けるときの、一つの題。また、批評して品位を定めること)。品評(ヒンピョウ)。❺〔仏〕仏典で、経文(キョウモン)の編や章などをいう。例普門品(フモンボン)。

日本語での用法 《ホン》昔、親王にたまわった位。一品(イッポン)から四品(シホン)まであった。「一品親王(イッポンシンノウ)」

人名 かず・かつ・ただ・のり・ひで・ひとし

【品薄】しなうす（名・形動ダ）買いたい人が多いのに対し、品物が少なくて行きわたらない状態。例—のため値上がりする。

【品数】しなかず 品物の数や種類。例—が少ない。店頭に—をそろえる。

【品物】しなもの 何かに使うためのもの。売買するためのもの。物品。商品。しな。例—が足りない。お祝いの—。

【品位】ヒンイ ①人やものにそなわっている気高い感じ。例—がそなわる。②ものの質の程度。例高—テレビ。③鉱石・地金(ジがね)・貨幣(カヘイ)にふくまれる、その金属の割合。例低—鉱。

【品格】ヒンカク 人や物がもっている品のよさ、りっぱさ。例—のある人。—を高める。

【品行】ヒンコウ ふだんのおこないの、よしあし。類行状(ギョウジョウ)。例—方正。—がよい。

【品詞】ヒンシ 単語を、文法上の性質のちがいによって分けた種別。名詞・動詞・形容詞・助詞など。例—分類。

【品質】ヒンシツ 品物の性質。また、そのよしあし。例—管理。—がよい。

【品種】ヒンシュ ①品物の種類。例—の少ない店。②同じ種類の動物や作物の中で、その形や性質が部分的に異なっているものを、それぞれの特徴(トクチョウ)にしたがって分けたもの。たとえば、リンゴの、「ふじ」「つがる」など。例—改良。

【品性】ヒンセイ (道徳的に見た場合の)人の性格。人がら。例—

下劣。—が疑われる言動。

【品等】①等級。②品質のよしあしの等級。

【品番】商品の種類・形状・色などを区別して、管理するためにつけた番号。[例]品名と—。

【品評】(名・する) 作品や品物のよしあしを批評し合って決めること。品定め。[例]—会。作品を—する。

【品名】商品など品物につけた名前。[例]—と品番。

【品目】品物の種類と名前。[例]輸出—。

●遺品・金品・景品・下品・現品・作品・出品・商品・賞品・食品・新品・珍品・納品・廃品・備品・返品

口6 【咾】 9画 5104 54BE [音]ロウ(漢)

[意味]こえ。

[難読]咾別・咾分・咾倉

口6 【咲】 9画 ⇩【咲】(203ページ)

口7 【員】 10画 1687 54E1 [教育3] [音]イン(慣)エン・ウン(漢) [訓]かず

[筆順]丶 冂 口 日 月 員 員 員 員 員

貝2 【貟】 9画 8C9F 俗字

[なりたち][形声]「貝(=たから)」と、音「口イ→エン」とから成る。ものの数。

[意味]❶人や品物の決められた数。かず。[例]員外。員数。定員。❷ある団体を構成している人々。[例]委員。会員。❸まわり。はば。[例]幅員。

[人名]かつ・さだ・ひと

【員外】定められた数にはいっていないこと。定員外。[例]—職員。

【員数】(「インズ」とも) 決められた一定のかず。また、決まった数量だけが主眼で、内容を問わないこと。[例]—合わせ(=質は別として数だけはそろえること)。

【員に備わる】一員として加わっているだけで、なんの役にも立たない。〔へりくだっていう言い方〕

●一員・駅員・議員・教員・欠員・公務員・社員・人員・全員・動員・復員・満員・吏員

口7 【唄】 10画 1720 5504 [常用] [音]ハイ(漢)バイ(呉) [訓]うた

[筆順]丨 口 叫 叩 呾 咀 呗 唄

[なりたち][形声]「口(=くち)」と、音「貝(ハ→バイ)」とから成る。梵語 pāthaka の音訳「唄匿」の略で、「ほめたたえるうた」の意。

[意味]仏の功徳をほめたたえるうた。うたう。[例]梵唄。

[日本語での用法]《うた》三味線に合わせてうたううた。「小唄・端唄・流行り唄・盆唄」

[使い分け]うた【歌・唄】⇩1163ページ

口7 【哥】 10画 5107 54E5 [音]カ(漢)(呉) [訓]うた-う

[意味]❶うたう。(同)歌。❷兄を呼ぶことば。また、男性の同輩や友人をうやまい、あるいは親しみをこめて呼ぶことば。[例]哥哥。大哥。❸外国語の「グ」「コ」「ゴ」などにあてる字。[例]哥薩克。哥天百格。哥爾徳斯蜜士。

【哥沢】江戸時代の末期におこった端唄(=三味線を伴奏にうたうもの)の同好の団体の一つ。二派あって、一つを「哥沢」といい、他を「歌沢」、合わせては「うた沢」という。うたざわ節。〔中心人物のみょうじによる呼び名〕

口7 【哦】 10画 5108 54E6 [音]ガ(漢)

[意味]❶詩歌を口ずさむ。うたう。❷「おお」という、おどろきや疑い、また、納得をあらわす。

口7 【唏】 10画 5109 550F [音]キ(漢) [訓]な-く・なげ-く

[意味]❶わらう。わらうようす。❷ため息をつく。なげく。泣く。(同)欷。[例]唏嘘。

[難読]啌唏

【唏▼嘘】(名・する)〔「嘘」も、ため息をつく意〕ため息をつくこと。また、すすり泣くこと。むせび泣くこと。欷泣。[例]嗚咽—する。[表記]「▼欷▼歔」とも書く。

口7 【唔】 10画 5110 5514 [音]ゴ(漢)

[意味]❶目覚める。(同)寤。❷人や動物の発する声をあらわす。

[難読]唔咿(=読書の声)

口7 【哽】 10画 5111 54FD [音]コウ(漢) [訓]むせ-ぶ

[意味]食物がのどにつかえる。また、悲しみで声がつまる。むせぶ。[例]哽咽。哽塞。

【哽▽咽】(名・する) [一]むせび泣くこと。[二]のどにつまること。

【哽塞】(名・する) 悲しみで胸がふさいでしまうこと。

口7 【哮】 10画 5112 54EE [音]コウ(漢) [訓]ほ-える・たけ-る

[意味]けものがおどろいて大きな声を出す。ほえる。たける。[例]哮吼。咆哮。

口7 【哭】 10画 5113 54ED [音]コク(漢)(呉) [訓]な-く

[意味]大声をあげて泣く。かなしむ。なく。[例]哭泣。痛哭。慟哭。

【哭声】泣きさけぶこえ。

【哭泣】(名・する) 声をあげて泣くこと。

口7 【唆】 10画 2622 5506 [常用] [音]サ(漢) [訓]そそのか-す・そそ-る

[筆順]丨 口 口' 口ム 吮 吟 唆 唆

[なりたち][形声]「口(=くち)」と、音「夋(シュン→サ)」とから成る。そそのかす。

[意味]その気になるようにさそって、ものごとをさせる。けしかける。そそのかす。[例]教唆。示唆。

口7 【哨】 10画 3005 54E8 [人名] [音]ショウ(漢) [訓]みはり

[意味]❶軍隊で、敵の攻撃にそなえて見張りをする。もの

み。例哨戒ショウカイ。哨兵ショウヘイ。歩哨ホショウ。❷小さな笛。また、口笛。例哨子ショウシ（＝小笛。くちぶえ）。

難読 哨吶チャルメラ

【哨戒】ショウカイ（名・する）敵の襲撃シュウゲキにそなえて見張ること。例―機。

【哨舎】ショウシャ 見張りの兵のいる小屋。

【哨兵】ショウヘイ 見張りの兵。

口7 **【唇】** 10画 3116 5507 常用 音シュン漢 シン呉 訓くちびる

筆順 一 厂 尸 尸 尼 辰 辰 辰 唇

月7 **【脣】** 11画 7092 8123 本字

なりたち [形声]「月（＝肉）」と、音「辰シ」とから成る。口の端は。

意味 くちびる。例唇音シンオン。唇歯シンシ。口唇コウシン。

【唇くちびる▽亡ほろびて歯は寒さむし】たがいに助け合っているものの一方がほろべば、他方もあやうくなることのたとえ。→【唇歯輔車】

【唇音】シンオン 音声学で、くちびる、または、くちびると歯とで調節する音。上下のくちびるを使う両唇音（＝b・p・m・w）と、上の歯と下くちびるを使う歯唇音（＝v・f）とがある。

【唇歯▼輔車】シンシホシャ（「輔」は頰輔キョウホ（＝ほおぼね）、「車」は牙車ガシャ（＝あごのほね）の意）くちびると歯、ほおぼねとあごのほねのように、たがいに助け合う関係にあること。利害関係が密接なことのたとえ。『春秋左氏伝シュンジュウサシデン』の「輔車相あい依より、唇くちびる亡ほろぶれば歯寒し」による）

口7 **【啄】** 10画 3479 5544 人名 音タク漢呉 訓ついば-む

口8 **【啄】** 11画

なりたち [形声]「口（＝くち）」と、音「豖タク」とから成る。鳥がついばむ。

意味 ❶鳥がくちばしでつついてものを食う。また、その音。ついばむ。たたく。例啄木タクボク。啐啄ソッタク。❷門や戸をたたく音。例啄啄タクタク。剝啄ハクタク。

難読 啄木鳥きつつき・けら・つつき・青啄木鳥あおげら

【啄木】タクボク キツツキの異名。啄木鳥タクボクチョウ。

【啄木鳥】タクボクチョウ・きつつき アカゲラ・アオゲラなどの、キツツキ科の鳥。するどい口ばしで木の幹に穴をあけ、中にいる虫を食う。

口7 **【哲】** 10画 3715 54F2 常用 音テツ漢呉 訓さと-い・あき-らか

筆順 一 寸 扌 扌 扩 折 折 折 哲

なりたち [形声]「口（＝くち）」と、音「折セツ→テツ」とから成る。ものしり。

意味 ❶ものごとの道理に通じている。さとい。かしこい。例哲理テツリ。明哲メイテツ。❷道理に明るい人。さとい人。かしこい人。例賢哲ケンテツ。聖哲セイテツ。先哲センテツ。

人名 あき・あきら・さと・さとし・さとる・のり・ひろ・まさ・よし

【哲学】テツガク ①世界や人生、ものごとの根本原理を、理性の力で追究する学問。例―者。―的。②自分の経験から築き上げた、人生やものごとに対する考え方。例かれ一流の人生―をもっている。

【哲人】テツジン ①哲学者。すぐれた思想家。②見識が高く、徳と知性をそなえた人。例―による政治。

【哲理】テツリ ①哲学上の道理。例わかりやすい―を求める。②人生の根本にかかわる深い道理。例老子ロウシの説く―。

●先哲センテツ・変哲ヘンテツ・明哲メイテツ

口7 **【唐】** 10画 3766 5510 常用 音トウ漢呉 訓から・もろこし

筆順 亠 广 户 户 户 唐 唐 唐

口7 **【唐】** 10画

なりたち [形声]「口（＝ことば）」と、音「庚コウ→トウ」とから成る。おおげさなことば。

意味 ❶でたらめなことば。大言タイゲン。ほら。例荒唐無稽コウトウムケイ。❷李淵リエンが隋ズイをほろぼして建てた国。都は長安（＝今の西安）。（六一八―九〇七）例唐詩トウシ。遣唐使ケントウシ。入唐ニットウ。

日本語での用法《トウ・から・もろこし》中国の。または、外国の。「唐音トウオン・トウイン・唐紙トウシ・唐人トウジン・唐猫からねこ・唐草からくさ・唐歌からうた・唐もろこしの歌うた」

【唐歌】からうた 漢詩。〔大和歌やまとうた（＝和歌）に対していう〕

【唐傘】からかさ 竹で作ったほねぐみに油紙を張った、あまがさ。

【唐金】からかね 青銅のこと。例―の灯籠トウロウ。

【唐草】からくさ「唐草模様」の略。つる草の、つるや葉がからんでいるようすを図案化した模様。例―模様のふろしき。

【唐国】からくに 昔、日本から中国を指した呼び名。からのくに。

【唐子】からこ ①中国の子供。また、中国服を着た子供。②子供の髪型かみがたの一つ。唐子まげ。

【唐▼獅子】からジシ〔「からシシ」とも〕①ライオンの昔の呼び名。〔イノシシやカノシシ（＝シカ）と区別して言った〕②ライオンをもとに考えた、想像上の動物。障壁画ショウヘキガやびょうぶ絵にえがかれた。例牡丹ボタンに―。

【唐▼櫃】からびつ 脚あしが四本または六本ついた、ふたのある大形の木箱。古く衣服や調度などを入れた。

【唐錦】からにしき 古代に中国から渡来トライした、にしき。

【唐様】からヨウ ①中国風であること。また、そのもの。②中国風の書体。とくに江戸えど時代中ごろに流行した、明ミンの様式の書体。例売り家と―で書く三代目（＝創業の苦労を知らない三代目が、道楽にふけって家やしきを手放すはめになったことを皮肉った川柳センリュウ）。③鎌倉かまくら時代に宋ソウから伝えられた禅宗ゼンシュウ寺院の建築様式。▽対和様。

【唐音】トウオン・トウイン 日本の漢字音の一つ。平安末期以後伝わった、唐末から清シンまでの中国音。たとえば、「行灯アンドン」「提灯チョウチン」「饅頭マンジュウ」「鈴リン」など。宋音ソウオン。唐宋音。→【漢音】カンオン（613ページ）・【呉音】ゴオン（195ページ）

【唐辛子】とうがらし ナス科の一年草。実は熟すと真っ赤になり、激しいから味があって、香辛料コウシンリョウに使われる。表記「唐▼芥子」とも書く。

【唐▼黍】トウきび ①モロコシの別名。②トウモロコシの別名。→【蜀黍】もろこし（877ページ）

【唐▼胡麻】トウゴマ トウダイグサ科の一年草。葉はヤツデに似る。種からひまし油ユをとる。

【唐桟】トウザン 綿織物の一種。赤やあさぎ色などの細いたてじまを織った織物。

【唐三彩】トウサンサイ 唐代の焼き物で、緑・黄・茶・白などのうわぐすりによる彩色サイシキをした陶器トウキ。

【唐紙】一 トウシ 中国特産の書画用の紙。竹の繊維センイを原料とし、墨すみの吸収がよく、古来日本でも書画をたしなむ人に好まれた。二 からかみ ①中国産の紙に似せてつくられた、色や模様

［口部］7画 唇 啄 哲 唐

3画

の美しい和紙。②「唐紙障子」の略。ふすま。

【唐詩】トウシ　中国の詩が最も栄えた、唐代に作られた詩。律詩や絶句の詩体がととのい、李白・杜甫・白居易など多くのすぐれた詩人が活躍した。

【唐人】トウジン　①昔、日本から中国人を指した呼び名。からびと。例—屋敷。②（江戸時代に）外国人のこと。例—の寝言（＝わけのわからないことば）。

【唐▼宋八大家】トウソウハチダイカ　唐・宋代の八人のすぐれた古文作家。唐の韓愈・柳宗元、宋の欧陽脩・曽鞏・王安石・蘇洵・蘇軾・蘇轍。彼らの散文作品を唐宋八家文と呼ぶ。

【唐土】トウド　昔、日本から中国を指した呼び名。もろこし。からの国。

【唐突】トウトツ（名・形動ダ）前ぶれもなく、とつぜんであるようす。

【唐物】トウブツ　中国や東南アジアなどから渡来した品物。からもの。類舶来品。例—屋。

【唐木】トウボク　中国経由で日本に輸入された、熱帯産の木材。紫檀や黒檀など。例—細工。—作り。

【唐墨】一トウボク　中国製の墨。二からすみ　ボラの卵巣を塩づけにして干した食品。〔「一」に似て平たく細長いのでいう〕

【唐本】トウホン　中国から渡来した本。

【唐名】トウミョウ・トウメイ　中国風の呼び名。とくに唐代の制度による官職名の呼び方。太政大臣を相国、左右の大臣を丞相、中納言を黄門というなど。

口7
【哺】
10画　5114 54FA　常用　音ホ漢　訓ふく-む・はぐく-む

筆順 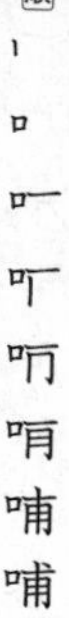

なりたち ［形声］「口（＝くち）」と、音「甫フ→ホ」とから成る。口の中で食物をかみくだく。

意味 ❶口の中に食物をふくむ。また、口にふくんだ食物。ふくむ。例含哺。❷親鳥がひなに口にふくんだ食物をあたえる。ふくませる。また、そだてる。例哺育。哺乳。

【哺育】ホイク（名・する）養いそだてること。乳を飲ませ、または口移しに食物をあたえてそだてること。表記「保育」とも書く。

【哺乳】ホニュウ（名・する）子に母乳を飲ませること。例—瓶。

【哺乳類】ホニュウルイ　脊椎動物の一種。胎生で肺呼吸をし、母親の乳で子供をそだてる。最も高等な動物。

口7
【哩】
10画　4373 54E9　人名　音リ　訓マイル

意味 ヤードポンド法の距離の単位。マイル。一マイルは約一・六キロメートル。

口7
【哢】
10画　5115 54E2　音ロウ漢　訓あざけ-る・さえず-る

意味 鳥がよどみなく鳴く。さえずる。例哢吭（＝のどをのばしてさえずる）。

日本語での用法《あざける》詩歌を口ずさむ。「月に哢り、風にあざむく」

難読 新哢（＝春のウグイスの初音）・囀哢

口7
【唖】
10画 ⇩【啞】ア（206ジペー）

口7
【唐】
10画 ⇩【唐】トウ（205ジペー）

口8
【啞】
11画　1-1508 555E　音ア漢呉

口7
【唖】
10画　1602 5516　俗字

意味 ❶ことばを発することが困難な病気。また、その人。例聾啞。❷おどろきの声。ああ。例啞然。❸「啞啞」は、カラスの鳴き声。

【啞然】アゼン（形動タル）おどろきあきれて、ことばも出ないようす。

口8
【唯】
11画　4503 552F　常用　音イ漢　ユイ呉　訓ただ

筆順 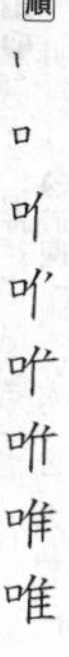

なりたち 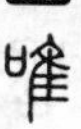［形声］「口（＝ことば）」と、音「隹スイ→イ」とから成る。承知してこたえることば。

意味 ❶かしこまってすみやかに答える返事のことば。はい。例唯唯諾諾。❷［助字］「ただ（…のみ）」と読み、限定や強調の意をあらわす。例唯見二秋月一（＝ただ秋の月を見るだけだ）。唯一（「ただひとつ」と訓読する）。

人名 ただし

【唯唯】イイ（形動タル）他人の言うことに従うようす。

【唯唯諾諾】イイダクダク（形動タル）人の言うことに無批判に従うようす。例—として従う。

【唯一】ユイイツ・ユイツ　ただ一つで、ほかにはないこと。例—の例外。

【唯我独尊】ユイガドクソン〔「唯だ我れ独り尊し」と訓読する〕①⇩【天上天下唯我独尊】テンジョウテンゲユイガドクソン（262ジペー）②自分だけがすぐれていると、思い上がること。ひとりよがり。

【唯識】ユイシキ〔仏〕すべてのものは、「識（＝心）」によってとらえられて、はじめて存在するのであって、存在するのは「識」のみであるということ。法相宗の考え方の根本。

【唯心論】ユイシンロン〔哲〕世界の本体、現象の本質は精神にあって、物質もまた心のはたらきのあらわれであるという考え。

【唯美主義】ユイビシュギ　真実や道徳的善よりも、美が最高の価値であるとする、芸術上の立場。十九世紀後半のヨーロッパでとなえられた。耽美主義。例世紀末の—。

【唯物論】ユイブツロン〔哲〕世界の本体は精神ではなく、独立してある物質であり、精神も物質のはたらきによるという考え。

口8
【啝】
11画　5127 555D　音カ漢

意味 ❶子供が泣く。❷すなおにしたがう。

口8
【啀】
11画　5117 5540　音ガイ漢　訓いが-む

意味 イヌがかみあう。いがむ。例啀啀（＝イヌがかみあう）。

日本語での用法《いがみ・いがむ》敵意をあらわして、あらそう。「啀み合いをする」

口8
【喝】
11画　1969 559D　常用　音カツ漢　訓しか-る

筆順 

口9
【喝】
12画　1-1512 FA36

なりたち ［形声］「口（＝くち）」と、音「曷カツ」とから成る。声がかすれる。

意味（声がかすれるほど）大声で呼びかける。しかる。おどす。例喝采。一喝。恐喝。

【喝采】カッサイ（名・する）どっとほめそやすこと。例拍手—。

【喝破】カッパ（名・する）①大声でしかりつけること。②人の説の誤りをはっきり言うこと。例旧説の矛盾を—する。③真理を見ぬき、力強くとなえること。例人生論を—する。

●一喝・大喝

口8 **【啓】** 11画 2328 5553 常用 音ケイ漢呉 訓ひら-く・もう-す

筆順 ㇇ ヨ 戸 戸 所 所 所 啓

口8 **【啓】** 11画

なりたち 𢼄 [形声]「攵(=たたく)」と、音「启ケイ(=ひらく)」とから成る。教える。

意味 ❶人の目をひらいて、わからせる。おしえさとす。例啓示・啓発・啓蒙。❷とじているものを、あけひろげる。ひらく。例啓蟄。❸もうしあげる。もうす。例啓上・啓白・拝啓。

人名 あきら・さとし・さとる・とおる・はじめ・はる・ひら・ひらき・ひろ・ひろし・ひろむ・よし

【啓示】ケイジ(名・する)天からの教え。とくにキリスト教で、人間の知ることのできない真理を、神が教えしめすこと。類黙示。例神の―を受ける。

【啓上】ケイジョウ(名・する)申し上げること。〔手紙で使うことば〕例一筆―する。

【啓▼蟄】ケイチツ 二十四節気の一つ。三月六日ごろ。冬ごもりをしていた虫が地面にはい出る意。

【啓白】〔「白」も、申す意〕㊀ケイハク 申し上げること。手紙文のはじめや終わりにも用いる。類敬白。㊁ケイビャク 神仏に申し上げること。また、その文章形式の一つ。

【啓発】ケイハツ(名・する)知的なしげきをあたえて、だいじなことを気づかせること。教え導いて、専門的なことがらへの目をひらかせること。例講演を聞いて―されるところが多かった。

【啓▼蒙】ケイモウ(名・する)〔「蒙」は、道理にくらい意〕知識のない人々に正しい知識をあたえ、しっかりした考えをもつように教え導くこと。例―主義。―書。

●行啓・謹啓・天啓

口8 **【啌】** 11画 5119 554C 音コウ漢 訓うそ

意味 ❶よくないと言って、しかる。❷ものが気管に入って、むせる。

日本語での用法《うそ》いつわり。虚言。「啌つき・啌を

「言う」

口8 **【售】** 11画 5120 552E 音シュウ漢 訓あきな-う・う-る

意味 ❶売りわたす。売る。あきなう。例售出。❷買う。❸おしすすめる。例售謗(=悪口を言いふらす)。

口8 **【商】** 11画 3006 5546 教育3 音ショウ漢呉 訓あきな-う・あきな-い

筆順 亠 亣 产 产 产 商 商 商

なりたち 𡿬 [形声]「冏(=ゆっくり言う)」と、音「章ショウ」の省略体とから成る。外から内部をはかり知る。

意味 ❶ものごとをくらべあわせて考える。相談する。はかる。例商議(=話し合い)。❷中国古代の殷イン王朝の別名。例殷商。❸品物を売り買いする。あきなう。あきない。また、それをする人。例商人・商売・行商。❹㋐東洋音楽の五音(=宮・商・角・徴・羽)の一つ。悲しげな調子。例商声(=悲しみの気持ちをあらわす音)。㋑四季では秋、方位では西にあてる。例商風(=秋のかぜ。西のかぜ)。❺星座の名。心宿(=さそり座)。例参商。❻割り算の答え。

難読 商陸やまごぼう

人名 あき・あつ・ひさ

【商科】ショウカ 商業に関する学科や学部。商学部。

【商家】ショウカ 商人の家。類商店。例―にとつぐ。

【商業】ショウギョウ 商品を売買して利益を得る事業。あきない。

【商工】ショウコウ 商業と工業。また、商人と職人。例―会議所。

【商港】ショウコウ 商船が出入りするみなと。例―として栄える。

【商行為】ショウコウイ 金もうけを目的としておこなわれる、すべての行為。製造・加工・販売・不動産の取り引きなど。

【商魂】ショウコン どんな機会ものがさず利益をあげようとする、商人特有の気構え。例―のたくましい人。―に徹する。

【商才】ショウサイ 商売をする才能。例―にたけた人。

【商事】ショウジ ①商売に関することがら。②「商事会社」の略。製造者と買い手とのあいだに立って、商品の取り引きや輸出入の仕事をする会社。商社。

【商社】ショウシャ 商品の取り引きを仕事とする会社。商事会社。

【商船】ショウセン 商業上の目的で航海する船舶。貨物船と客船とがある。例北米航路の―が入港する。

【商戦】ショウセン 商業上の競争。例歳末―。

【商談】ショウダン 商売や取り引きについての相談。

【商店】ショウテン 商品を売る店。例―街。

【商人】ショウニン 品物を仕入れて売り、利益を得ることを仕事にしている人。あきんど。

【商売】ショウバイ(名・する)①品物を仕入れて売り、利益を得ること。売り買い。あきない。例―で身を立てる。②職業。また、専門にしていること。例教えるのがわたしの―です。

【商売柄】ショウバイがら ①商売の種類。例―をわきまえる。②商売の内容から得た知識や習性。また、仕事の関係上。

【商売人】ショウバイニン ①商人。あきんど。②専門におこなう人。くろうと。③水商売の女性。商売女。くろうと。

【商標】ショウヒョウ 商品のしるしとして用いる文字・図形・記号など。トレードマーク。例―権。登録―。

【商品】ショウヒン 売るための品物。〔形をもたないサービス・情報・金融などに関するものにもいう〕例新発売の―。

【商法】ショウホウ ①商売のやりかた。②商業活動に関する法律。

【商用】ショウヨウ 商売上の用事。例―で外国に行く。

●外商・行商・豪商・隊商・通商

口8 **【唱】** 11画 3007 5531 教育4 音ショウ漢呉 訓とな-える・うた-う

筆順 丨 口 口 口日 口日 唱 唱 唱

なりたち 𠱐 [形声]「口(=くち)」と、音「昌ショウ」とから成る。先に言って次をみちびく。

意味 ❶先立って言いはじめる。声高く読みあげる。となえる。みちびく。例唱導・首唱・提唱。❷声を上げてうたう。うた。例唱歌・合唱・独唱。

人名 うた・となう

【唱歌】ショウカ ①歌をうたうこと。また、その歌。②もと、小学校の教科の一つ。現在の「音楽」にあたる。例小学―。

【唱道】ショウドウ(名・する)〔「道」は、言う意〕人に先立ってとなえること。となえはじめること。例絶対平和を―した人物。

【唱導】ショウドウ(名・する)①先に立ってみちびくこと。②〔仏〕仏の教えを説いて仏道にみちびくこと。

【唱名】ミョウ（名・する）〔仏〕仏の名、とくに阿弥陀仏アミダブツの名をとなえること。表記「称名」とも書く。

【唱和】ショウワ（名・する）①ひとりの人が先にとなえ、それに合わせておおぜいの人がとなえること。例万歳バンザイを―する。②他の人が作った詩や和歌に対して、返答の意味で、詩や和歌を作ること。また、それについての自分の思いを詩歌シイカに作ること。例―詩。

●暗唱アンショウ・歌唱カショウ・主唱シュショウ

口 8 【啜】 11画 5121 555C 音セツ・テツ漢 訓すす-る

意味 ❶汁しるものをすすってのむ。すうようにして食べる。すする。例啜汁セツジュウ（=しるをすう。利を得る）。渋茶しぶチャを啜すする。❷泣くようす。すすり泣く。例啜泣テッキュウ（=すすり泣く）。

口 8 【啐】 11画 1-1507 5550 音一サイ漢 二ソツ慣 シュツ漢

意味 一サイ ❶おどろく。❷儀礼ギレイで酒をすする。のむ。例啐酒サイシュ（=酒を飲むこと）。二ソツ すする音。また、たまごがかえるとき、ひな鳥が殻からをつつく音。例啐啄同時ソッタクドウジ。

【啐▼啄同時】ソッタクドウジ〔たまごがかえるとき、ひな鳥がたまごの中から殻からをつつくのが「啐ソツ」、母鳥がそれに応じて外から殻をつつくのが「啄タク」〕禅ゼンで、師シと弟子デシの気持ちが相あい応じてぴたりと合うこと。

口 8 【唾】 11画 3435 553E 常用 音タ漢 ダ呉 訓つば・つばき 付表固唾かたず

筆順 丨 口 口 口一 口二 口千 口乖 唾 唾 唾

なりたち 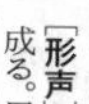 「形声」「口（=くち）」と、音「垂スイ→タ」とから成る。口中の液体。つば。

意味 ❶つば。つばき。例唾液ダエキ。咳唾ガイダ。生唾なまつば。❷つばをはく。つばをはきすてるようにさげすみ、きらう。例唾棄ダキ。

難読 難唾かたず・唾壺はいふき

【唾液】ダエキ つば。つばき。

【唾棄】ダキ（名・する）いみきらうこと。軽蔑ケイベツすること。例―すべき行為コウイ。

【唾手】ダシュ ①手につばをはきかけて仕事につくこと。②気合を入れて取り組むことのたとえ。

［口部］8—9画●啜啐唾啅啖啗唸問唹唳啓啄営

口 8 【啅】 11画 5122 5545 音一タク漢 二トウ漢 訓ついば-む

意味 一タク 鳥がくちばしでつついて食う。ついばむ。二トウ ❶鳥が鳴く。さえずる。❷（鳥がさえずるように）やかましい。さわがしい。例啅噪トウソウ（=やかましい）。

口 8 【啖】 11画 5123 5556 音タン漢 訓くら-う

意味 ❶むさぼりくう。たべる。くらう。同啗タン。例健啖家ケンタンカ。❷味のない食物。粗食ソショク。

【啖▼呵】タンカ（相手をおどすときに使う）発音や調子が強くはっきりして、勢いのいいことば。例―を切る（=いせいよく言いはなつ）。

口 8 【啗】 11画 5124 5557 音タン漢 訓くら-う

意味 くわせる。たべる。くらう。同啖タン。例呑啗ドンタン。

口 8 【唸】 11画 5125 5538 音テン漢 訓うな-る

意味 （苦しみなどのため）口を閉じたまま、ことばにならない声をあげる。うめく。うなる。

口 8 【問】 11画 4468 554F 教育3 音ブン漢 モン呉 訓と-う・と-い・とん

筆順 丨 冂 冂 尸 門 門 門 問 問

なりたち 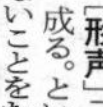 「形声」「口（=くち）」と、音「門ボン→ブン」とから成る。といただす。

意味 ❶わからないことをたずねる。きただす。しらべる。とう。とい。例問題モンダイ。疑問ギモン。質問シツモン。❷人をたずねる。おとずれる。みまう。例慰問イモン。訪問ホウモン。

日本語での用法 《とん》商品のおろし売りをする商店。「問屋とんや」

人名 ただ・よ

【問屋】とんや〔「といや」の変化したもの〕生産者と小売商との中に立って、商品のおろし売りをする店。例船―ふなどんや。そうは―がおろさない（=思いどおりにうまく事が進行しない）。

【問診】モンシン（名・する）患者カンジャと談話をしながら、診断のための手がかりを得ること。例まず―が大事。

【問題】モンダイ ①（学習の効果や能力などをはかる目的で）答えを要求する問い。例数学の―を解く。②解決しなければならないことがら。例―が長びく。③議論のたねになることがら。例今年―となった作品。④ことがら。案件。例これは君には関係のない―だ。

【問答】モンドウ（名・する）①問いと答え。質問と応答。議論すること。例―無用。―体の文章。②（弟子デシとして）一方がたずね、（師として）他方が答えること。例老師と―する。

●学問ガクモン・愚問グモン・検問ケンモン・拷問ゴウモン・顧問コモン・諮問シモン・尋問ジンモン・設問セツモン・弔問チョウモン・反問ハンモン

口 8 【唹】 11画 5116 5539 音ヨ漢 オ呉

意味 わらうようす。わらう。

日本語での用法 《お》「お」にあてる万葉がな。「噌唹そお（=鹿児島かごしま県の地名、また、郡名。今は曽於と書く）」

口 8 【唳】 11画 *5126 *5533 音レイ漢 訓な-く

意味 ツルなどがかん高い声で鳴く。例風声鶴唳フウセイカクレイ（=わずかな物音にもびくびくしておそれるたとえ）。

口 8 【啓】 11画 ⇩【啓】イケ（207ページ）

口 8 【啄】 11画 ⇩【啄】クタ（205ページ）

口 9 【営】 12画 1736 55B6 教育5 音エイ漢 ヨウ呉 訓いとな-む・いとな-み

火 13 【營】 17画 5159 71DF

筆順 丶 丷 ⺍ 𭕄 学 営 営 営

なりたち  「形声」「宮（=家屋）」と、音「熒ケイ→エイ」の省略体とから成る。まわりをかこんで、家屋をつくる。

意味 ❶兵隊のとまるところ。とりで。例陣営ジンエイ。兵営ヘイエイ。野営ヤエイ。❷仕事をうまくさばく。処理する。はかる。いとなむ。いとなみ。例営業エイギョウ。運営ウンエイ。経営ケイエイ。❸作りととのえる。例営繕エイゼン。造営ゾウエイ。

人名 おさむ・のり・まもる・よし

【営為】せっせと努めること。いとなみ。仕事。例 日日の―。自然の―におどろかされる。

【営営】(形動タル) 休まずに励むようす。また、あくせくするようす。例 ―と築きあげた事業。

【営業】(名・する) ①利益を目的として事業をおこなうこと。また、その事業。②商売をしていること。例 ―中。

【営繕】(名・する)〔「繕」は、つくろう・なおす意〕建物を新築したり修理したりすること。例 ―課。

【営倉】軍隊で、規則に違反した兵士が、罰としてとじこめられる施設。また、その罰。例 重―。軽―。

【営門】兵営や陣営の門。例 ―の歩哨に立つ。

【営養】⇩【栄養】(521ページ)

【営利】金銭上の利益を目的として活動をすること。例 ―事業。

【営林】森林の管理や経営(=保護・育成・伐採など)をすること。例 ―署。

●運営・経営・公営・国営・陣営・設営・造営・直営・民営・野営・露営

口9 【喙】 12画 5128 5599 音 カイ漢 訓 くちばし

意味 ❶鳥や虫やけものの口。くちばし。❷人の、ものを言う口。例 容喙(=横から口出しすること)。

口9 【喀】 12画 5129 5580 音 カク漢 訓 はーく

意味 口からはき出す。はく。例 喀痰。喀血。

【喀▼痰】(名・する) たんをはくこと。また、はき出したたん。

【喀血】(名・する) 肺や気管支の粘膜から出た血を口からはくこと。〔「吐血」は、胃や食道などの消化管から出た血をはくこと〕

口9 【喚】 12画 2013 559A 常用 音 カン漢呉 訓 よーぶ・わめーく

筆順 丶 口 口 吖 吶 唡 唤 喚

たなち 〔形声〕「口(=くち)」と、音「奐カン」とから成る。よぶ。

意味 ❶大声でさけぶ。よぶ。わめく。例 喚声。叫喚。❷めしよせる。よびつける。例 喚問。召喚。

【喚起】(名・する) きっかけをあたえて呼びおこすこと。例 注意を―する。

【喚呼】(名・する) ①大きな声で呼ぶこと。②声に出して確認すること。〔鉄道員などが安全運転のために、信号を見ておこなう〕例 指差し―。

【喚声】さけびごえ。わめきごえ。例 ―があがる。

【喚問】(名・する) 呼び出して問いただすこと。また、その呼び出し。例 証人を―する。

●叫喚・召喚・招喚

口9 【喊】 12画 5131 558A 音 カン漢 訓 さけーぶ

意味 大声でさけぶ。ときの声をあげる。例 喊声。吶喊。

口9 【喜】 12画 2078 559C 教育5 音 キ漢呉 訓 よろこーぶ・よろこーび

筆順 一 十 士 吉 吉 吉 壴 喜

たなち 〔会意〕「壴(=楽器をならべて立てる)」と「口(=わらう)」とから成る。音楽をきいて、たのしむ。

意味 うれしがる。よろこぶ。よろこび。例 喜悦。悲喜。

人名 このむ・たのし・のぶ・はる・ゆき・よし

【喜雨】夏の土用のころ、日照り続きのときに降る雨。

【喜悦】(名・する) よろこぶこと。よろこび。

【喜劇】①機知や風刺の多い、こっけいなおもしろさで人間をえがく劇。例 ―役者。②おもしろおかしいできごと。▽対 悲劇。

【喜捨】(名・する) ①進んで社寺に財物を寄進すること。例 寺に浄財を―する。②貧しい人にほどこし物をすること。例 ―を乞う。

【喜寿】数え年の七十七歳。また、その祝い。〔「喜」の草書体「㐂」が、「七十七」と読めるところから〕例 ―を祝う。

【喜色】よろこびのようす。うれしそうな顔つき。例 ―満面。―にあふれる。

【喜怒哀楽】よろこびと、いかりと、悲しみと、たのしみ。人間のさまざまな感情をいう。例 ―を顔に出さない人。

●歓喜・狂喜・随喜

口9 【喟】 12画 5132 559F 音 キ漢 訓 なげーく

意味 感心して、ため息をつく。また、なげく。例 喟然。

【喟然】(形動タル) 感心して、ため息をつくようす。また、なげいて気落ちしているようす。

口9 【喫】 12画 2142 55AB 常用 音 キツ慣 ケキ漢 訓 のーむ・すーう

筆順 口 口 叶 吽 咭 喫 喫 喫

口9 【喫】 12画

たなち 〔形声〕「口(=くち)」と、音「契ケ→キ」とから成る。食べる。

意味 ❶食べる。例 満喫。❷すう。のむ。例 喫煙。喫茶。❸(痛手や苦痛を)受ける。こうむる。例 喫驚。敗北を喫する。

【喫煙】(名・する) タバコを吸うこと。例 ―室。

【喫驚】(名・する) びっくりすること。おどろくこと。表記「▼吃驚」とも書く。

【喫緊】(名・形動ダ) たいせつで解決が急がれること。例 ―の問題。

【喫茶】〔「キッチャ」とも〕茶を飲むこと。

【喫茶店】〔「喫茶」は、茶を飲む意〕紅茶やコーヒーなどの飲み物や、菓子、かるい食事などを出す店。

【喫水】船の、水中につかる部分。ふなあし。例 ―線。―が深い。表記 旧▼吃水

口9 【喬】 12画 2212 55AC 人名 音 キョウ漢 訓 たかーい

たなち 〔会意〕「夭(=曲がる)」と「高(=たかい)」の省略体とから成る。たかくそびえる。

意味 ❶(木などが)たかくそびえる。たかい。例 喬松(=高くそびえる大きなマツの木)。喬木。❷おごりたかぶる。同 驕。例 喬志(=おごった心)。

人名 すけ・たか・たかし・ただ・のぶ・もと

【喬木】⇩【高木】(1088ページ)

口 9
【喧】
12画 2386 55A7 人名 音ケン漢 訓かまびすーしい・やかまーしい

意味 声が大きくさわがしいようす。やかましい。かまびすしい。例喧嘩ケンカ。喧喧囂囂ケンケンゴウゴウ。

【喧▼嘩】ケンカ（名・する）たがいにゆずらず、激しく言い争ったり、力ずくで争ったりすること。いさかい。例―両成敗。表記「諠▼譁」とも書く。

【喧喧▼囂▼囂】ケンケンゴウゴウ（形動タル）おおぜいの人々が、口々にやかましくさわぎ立てるようす。例―たる非難。

【喧▼擾】ケンジョウ さわがしいこと。さわぎ乱れること。

【喧▼噪】ケンソウ（名・形動ダ）わいわいがやがやと、さわがしいこと。例―の地。ひとり―をはなれる。表記「喧騒・▼諠▼譟」とも書く。

【喧伝】ケンデン（名・する）さかんに言いふらすこと。例世間に―される。

口 9
【喉】
12画 2502 5589 常用 音コウ漢 訓のど

筆順 口 口' 叩 吖 呼 咿 喉

なりたち [形声]「口（＝くち）」と、音「侯コ」とから成る。のど。

意味 声を出す部分。のど。例喉頭コウトウ。咽喉インコウ。

【喉頭】コウトウ のどのおくの、咽頭インと気管とのあいだの部分。咽頭との境に声帯がある。

【喉▼頸】のどくび ①首の前面の部分。例―をしめる。②急所。

【喉自慢】のどジマン ①歌う声のよいことを自慢すること。②歌のうまさを人の前で披露ヒロウして、優劣ユウレツを決めるもよおし。

【喉笛】のどぶえ のどの、声帯のある部分。例―に食らいつく。

【喉仏】のどぼとけ 成人男子ののどの前の、つき出たところ。

【喉元】のどもと のどのあたり。例―過ぎれば熱さを忘れる（＝苦しい体験も、時間がたてば忘れてしまう）。

【喉輪】のどわ ①よろいの、のどに当たる部分の防具。②相撲すもうで、相手ののどに手のひらを当てて押おし立てるわざ。のどわぜめ。

口 9
【喰】
12画 2284 55B0 人名 音サン漢 訓くーう・くらーう

意味 たべる。くう。くらう。参考 日本では、俳諧ハイカイや俗文学ゾクブンガクなどで「くう」「くらう」意に用いる。

難読 漆喰シックイ・馬喰バクロウ

口 9
【啻】
12画 5133 557B 音シ漢 訓ただ・ただーに

意味 〔助字〕つねに疑問詞や否定詞のあとについて用いられる。㋐「不二啻…一」は「ただに…のみならず」と読み、ただ…だけではない、の意。例爾不二啻不一レ有二爾土一、予亦致二天之罰于爾躬一（なんじはただになんじのくにをたもたざるのみならず、われもまたテンのバツをなんじのみにいたさん）（＝汝なんじたちはそれぞれの土地を所有できないばかりか、また予われは汝たちの身に天の罰を加えるであろう）。〈書経ショキョウ〉㋑「何啻…」は「なんぞただに…のみならんや」と読み、どうして…にとどまろうか、の意。

日本語での用法《ただ》ふつうにある。特別でない。「啻事ただごとではない・啻ただならぬ様子ヨウス」

口 9
【啾】
12画 5134 557E 音シュウ漢 訓なーく

意味 幼い子供の泣く声。また、子供の声。虫や鳥のかすかな鳴き声。また、亡霊ボウレイがうらみをこめて泣く声。例啾啾シュウシュウ。

【啾啾】シュウシュウ（形動タル）小声でしくしく泣くようす。例鬼哭キコク―（＝亡霊ボウレイのうらみをこめて泣く声が、しくしくと聞こえてくるようす）。

口 9
【善】
12画 3317 5584 教育6 音セン漢 ゼン呉 訓よーい

筆順 丷 丷 半 羊 羊 盖 善 善

言13
【譱】
20画 7033 8B71 本字

なりたち [会意]「誩（＝競きそって言う）」と「羊（＝めでたい）」とから成る。よい。

意味 ❶めでたい。りっぱな。正しい。すぐれている。よい。対悪。例善悪ゼンアク。善行ゼンコウ。勧善カンゼン。❷よく（する）。うまく。りっぱに。例善後策ゼンゴサク。善処ゼンショ。善戦ゼンセン。❸仲よくする。したしくする。例善隣ゼンリン。親善シンゼン。

使い分け よい【良・善】⇩1181ページ

人名 ただし・たる・まさ・まさる・よし

【善悪】ゼンアク よいこととわるいこと。類是非ゼヒ・理非リヒ。例―をわきまえる。

【善意】ゼンイ ①他人のためによかれと思う気持ち。例―の人。②好意的な見方。よい意味。例―に解釈カイシャクする。▽対悪意。

【善因】ゼンイン〔仏〕よい結果をもたらすもとになる、よいおこない。対悪因。例―善果。

【善果】ゼンカ〔仏〕よいおこないをしたために受ける、よいむくい。善行の結果。対悪果。例善因―。

【善言】ゼンゲン りっぱなことば。有益なことば。

【善行】ゼンコウ よいおこない。りっぱなおこない。対悪行アクギョウ。

【善後策】ゼンゴサク 失敗のあと始末をうまくつけるための、よい方策。例―を講じる。

【善根】ゼンコン〔仏〕よいむくいを受けるもととなる、よいおこない。

【善▼哉】□一 ゼンザイ よきかな 感心して、「よい」とほめることば。すばらしい。□二 ゼンザイ ①（関西で）つぶしあんのしるこ。いなかじるこ。②（関東で）餅もちにかためのあんをかけたしるこ。

【善事】ゼンジ よいこと。めでたいこと。対悪事。

【善処】ゼンショ（名・する）（仕事上の問題などを）相手に不利にならないよう、うまく解決すること。〔あまりやる気のない、その場しのぎの返事に使うこともある〕例早急サッキュウに―します。

【善心】ゼンシン 善良な心。正直で素直すなおな心。対悪心。

【善政】ゼンセイ よい政治。人民を幸せにする政治。対悪政。

【善戦】ゼンセン（名・する）（力の弱い者が）せいいっぱい力を出してたたかうこと。例去年の優勝チームを相手に―している。

【善玉】ぜんだま 善人。また、よいはたらきをするもの。〔江戸えど時代の草双紙ソウシなどの絵で、人の顔を円であらわし、善人はその中に善、悪人は悪と書いて示したことからいう〕対悪玉あくだま。

【善知識】ゼンチシキ 〔「知識」は、明晰メイセキに知る人の意〕人を仏道に導く高僧コウソウ。表記 旧善▼智識

【善導】ゼンドウ（名・する）よいほうへ教えみちびくこと。

【善男善女】ゼンナンゼンニョ 仏教を信じる心のあつい人々。信仰シンコウの深い人々。例大法要に―が参詣サンケイする。

【善人】ゼンニン ①善良な人。おこないの正しい人。対悪人。②気のいい人。おひとよし。例底ぬけの―。

【善美】ゼンビ（名・形動ダ）①善と美。例真―。②（外観や設備などが）りっぱで美しいこと。例―をつくした建物。

【善本】ゼンポン ①内容やつくりがすぐれた本。②（書誌学で）本文の系統が正しくて、保存などがよい、価値のある本。

【善用】(名・する) ①世の中のために使うこと。㊀悪用。②うまく使うこと。例余暇の―。

【善良】(名・形動ナ) 性格がよいこと。正直で素直なこと。例―な市民。

【善隣】となりの国と仲よくすること。また、仲よくしているとなりの国。例―友好。―外交。

●改善・偽善・最善・慈善・追善・独善

口9 【喘】 12画 5135 5598 音ゼン慣 セン漢 訓あえ-ぐ

意味 息切れする。せきこむ。あえぐ。例喘喘。喘息。

【喘喘】あえぐようす。息がたえだえになるようす。

【喘息】一(名・する) ①息をすること。②あえぐこと。二(名) のどがぜいぜい言ったり、発作的にはげしい咳が出たりして、呼吸が苦しくなる病気。

口9 【喪】 12画 3351 55AA 常用 音ソウ漢呉 訓も・うしな-う・ほろ-びる

筆順 一 十 十 … 喪 喪

なりたち [会意]「𠷎(=かなしむ声)」と「亡(=にげる)」とから成る。うしなう。

意味 ❶なくす。うしなう。ほろびる。例喪志。喪失。阻喪。❷人が死んだとき、家族や親類が、ある決まった期間つつしんでいること。も。例喪礼。喪主。喪服。

【喪家】①家を失うこと。宿なし。②喪中の家。

【喪家の▼狗】喪中の家で、悲しみのあまりえさを忘れられて、元気のないイヌ。一説に、家を失ったイヌ。宿なしイヌ。転じて、やせて元気のないことのたとえ。〈史記〉

【喪失】(名・する) ささえとなっていたような、たいせつなものをうしなうこと。なくすこと。例記憶―。

【喪心】(名・する) ①正気を失って、ぼんやりすること。②気絶すること。類失神。表記▽「喪神」とも書く。

【喪礼】死者をほうむる儀式。葬式。

【喪主】「ソウシュ」とも。葬式をおこなうときに代表となる人。故人のあとつぎや近しい人がなる。

【喪章】「ソウショウ」とも。死者をとむらう意をあらわしてつける、黒色の腕章またはリボン。

【喪中】喪に服している期間。服喪中。

【喪服】「ソウフク」とも。死者をとむらう意をあらわして着る衣服。黒またはうすずみ色がふつう。

●阻喪・大喪・服喪

口9 【喞】 12画 5136 559E 音ソク慣 ショク・シツ漢 訓かこ-つ

意味 ❶小さな虫がしきりに鳴く声。❷水をくんで、そそぐ。例喞筒。

日本語での用法 《かこつ》 ぐちを言う。「わが身の不運を喞つ」

【喞筒】ポンプ。水や空気を送り出す道具。

口9 【喋】 12画 3593 558B 人名 音チョウ漢 訓しゃべ-る

意味 「喋喋」は、ぺらぺらと休まず話す。しゃべる。

口9 【啼】 12画 5138 557C 音テイ漢 訓な-く

意味 ❶悲しくて、声をあげて泣く。例啼泣。❷けものや鳥が鳴き声をあげる。例啼鳥。

【啼泣】(名・する) 声をあげ、なみだを流して泣くこと。

【啼鳥】①なく鳥。②鳥のなき声。例春眠暁を覚えず、処処―を聞く。〈孟浩然・春暁〉

口9 【喃】 12画 5139 5583 音ダン漢 ナン呉 訓のう

意味 細く低い声で話し続けるようす。例喃語。喃喃。

日本語での用法 《のう》 人に呼びかけることば。もうし。

【喃語】(名・する) ①男女が仲むつまじく、ささやきあうこと。また、そのことば。②乳児の、まだことばにはならないが、いかにも話しかけるように出す声。

【喃喃】(副・形動タルト) ぺちゃくちゃしゃべるようす。

口9 【喩】 12画 5140 55A9 常用 音ユ漢呉 訓さと-す・たと-える

筆順 丨 口 口 叭 吣 哈 喻 喩

なりたち [形声]「口(=くち)」と、音「兪ユ」とから成る。たとえる。

意味 ❶知らせる。明らかにする。教えてわからせる。さとす。同諭。例教喩。告喩。❷他のものごとを引いて説明する。たとえる。例喩言(=たとえばなし)。比喩。

口9 【喇】 12画 5141 5587 音ラツ漢 ラ唐

意味 ❶「喇叭」は、管楽器の一種。❷外国語の音「ラ」にあてる字。例喇嘛。

【喇▼叭】①広く、金管楽器を指す。とくに軍隊の信号用のラッパをいう。②大言壮語すること。類ほら。

【喇▼嘛教】チベット仏教。仏教がチベットの民間信仰と融合してできたもの。

口9 【喨】 12画 5142 55A8 音リョウ漢呉

意味 明るく澄んだ音声が響くようす。例嚠喨。

口9 【喝】 12画 ⇩【喝】(206ページ)

口9 【喫】 12画 ⇩【喫】(209ページ)

口9 【啣】 12画 ⇩【銜】(1009ページ)

口9 【單】 12画 ⇩【単】(164ページ)

口10 【鳴】 13画 5143 55DA 音オ漢 ウ呉

意味 ❶「鳴呼」は、おどろき・感動・失望などの声。❷悲しみなげく。例鳴咽。

【鳴▽呼】(感) 感動やなげきなどの気持ちをあらわす声。表記「▼烏▼乎・▼烏▽呼」とも書く。

【鳴▽咽】(名・する) むせび泣くこと。例―をこらえる。

口10 【嘩】 13画 1862 5629 人名 音カ漢 訓かまびす-しい

意味 大きな声でさわぐ。やかましい。同譁。例喧嘩。

口10 【嗅】 13画 5144 55C5 常用 音キュウ漢 訓か-ぐ

筆順 丨 口 口 叩 咱 嗅 嗅 嗅

なりたち [会意] 本字は「齅」で、「鼻(=はな)」と「臭(=かぐ)」とから成る。鼻でかぐ。

[口部] 9―10画 喘喪喞喋啼喃喩喇喨喝啣喫單鳴嘩嗅

意味 鼻でにおいを感じとる。かぐ。例 嗅覚(キュウカク)。

【嗅覚】(キュウカク) においを感じとる感覚。類 臭覚(シュウカク)。

口 10
【嗟】
13画 5145 55DF 音 シャ漢 サ呉 訓 なげ-く

意味 ❶感動、また、悲しみの声。例 嗟乎(ああ)。❷感嘆(カンタン)する。なげき悲しむ。例 嗟嘆(サタン)。❸「咄嗟(トッサ)」は、ひと呼吸ほどの短いあいだ。

【嗟嘆】(サタン) (名・する) ①なげくこと。②感動してほめること。表記 ▽旧 嗟▼歎

口 10
【嗄】
13画 5146 55C4 音 サ漢 訓 か-れる・しゃが-れる

意味 声がかすれる。しわがれ声になる。かれる。例 嗄声(サセイ)(=しわがれ声)。

口 10
【嗣】
13画 2744 55E3 常用 音 シ漢 訓 つ-ぐ

筆順

なりたち [形声]「冊(=天子の命令)」と「口(=国)」と、音「司(シ)」とから成る。諸侯(ショコウ)の長子が、天子の命令によってあたえられた国を受けつぐ。

意味 家系をつぐ。あとをつぐ。あとつぎ。例 嗣子(シシ)。継嗣(ケイシ)。後嗣(コウシ)。

人名 さね・つぎ・よつぎ

【嗣子】(シシ) 家をつぐ子。あととり。あとつぎ。

口 10
【嗜】
13画 5147 55DC 音 シ漢 訓 たしな-む

意味 好んで飲食する。よろこんでする。たしなむ。例 嗜好(シコウ)。

【嗜虐】(シギャク) 残虐なことを好むこと。例 —性。

【嗜好】(シコウ) (名・する) すきこのむこと。このみ。例 —品(=酒・茶・コーヒー・タバコなど味わって楽しむ飲食物)。

口 10
【嗤】
13画 5148 55E4 音 シ漢呉 訓 わら-う

意味 ❶ばかにしてわらう。あざわらう。わらう。例 嗤笑(シショウ)(=あざわらう)。❷おろかな。同 蚩(シ)。

口 10
【嗇】
13画 5207 55C7 音 ショク漢 訓 お-しむ・やぶさ-か

意味 ❶ものおしみする。やぶさか。けち。例 吝嗇(リンショク)。❷作物を収穫(シュウカク)する。同 穡(ショク)。

口 10
【嗔】
13画 5149 55D4 音 シン漢呉 訓 いか-る

意味 いかる。同 瞋(シン)。例 嗔恚(シンイ)(=いかり)。

口 10
【嘆】
13画 3518 5606 常用 音 タン漢呉 訓 なげ-く・なげ-かわしい・なげ-き

筆順

口11
【嘆】
14画 1-1515 FA37 人名

なりたち [形声]「口(=くち)」と、音「歎(タン)」の省略体とから成る。よろこびの気持ちをぐっとおさえる。また、ため息をつく。

意味 ❶悲しんで、ため息をつく。なげく。なげき。例 嘆息(タンソク)。悲嘆(ヒタン)。❷感心してほめたたえる。同 歎(タン)。例 嘆賞(タンショウ)。感嘆(カンタン)。賛嘆(サンタン)。

参考 「嘆」と「歎」とは、いずれも、喜怒哀楽(キドアイラク)の感きわまって、ため息をつくことで、古くから通じて用いられる。ただし、「嘆」は、悲しみなげく、「歎」は、ほめたたえる、という意味に用いられることが多かった。

【嘆願】(タンガン) (名・する) 事情を述べて熱心にたのむこと。例 —書。表記 旧 ▼歎願

【嘆賞】(タンショウ) (名・する) 感心して、そのすばらしさをたたえること。表記 旧 ▼歎賞。また、「嘆称・▼歎称」とも書く。

【嘆声】(タンセイ) なげいたり感心したりして、思わずもらす声。例 —を発する。表記 旧 ▼歎声

【嘆息】(タンソク) (名・する) なげいてためいきをつくこと。表記 旧 ▼歎息

【嘆美】(タンビ) (名・する) 感心してほめること。表記 旧 ▼歎美

●詠嘆(エイタン)・慨嘆(ガイタン)・感嘆(カンタン)・驚嘆(キョウタン)

口 11
【嘔】
14画 5150 5614 音 オウ漢 訓 は-く

意味 ❶食べたものをもどす。はく。同 欧(オ)。例 嘔吐(オウト)。❷歌をうたう。同 謳(オ)。例 嘔吟(オウギン)(=大きな声で歌や詩句をうたいあげる)。

【嘔吐】(オウト) (名・する) 食べたものをはくこと。

口 11
【嘉】
14画 1837 5609 人名 音 カ漢 訓 よみ-する・よ-い

なりたち [形声]「壴(=楽器をならべる)」と、音「加(カ)」とから成る。よい。

意味 ❶めでたい。よい。りっぱな。例 嘉辰(カシン)。嘉例(カレイ)。❷味がよい。うまい。例 嘉肴(カコウ)。❸よいと認める。ほめる。例 嘉賞(カショウ)。

人名 ひろ・ほむる・よし・よしみ・よみし・よろし

【嘉会】(カカイ) めでたい集まり。祝賀の会。

【嘉月】(カゲツ) 陰暦(インレキ)三月の別名。

【嘉言】(カゲン) ①人々のいましめとなるよいことば。類 善言。例 —善行。②縁起(エンギ)のよいことば。

【嘉▼肴】(カコウ) おいしい料理。例 珍味(チンミ)—。表記 「佳▼肴」とも書く。

【嘉賞】(カショウ) (名・する) ほめたたえること。例 ご—にあずかる。

【嘉▼辰】(カシン) めでたい日。類 佳日(カジツ)。例 —令月(レイゲツ)。表記 「佳▼辰」とも書く。

【嘉節】(カセツ) ①よい季節。②めでたい日。類 祝日。例 —を祝う。表記 ▽「佳節」とも書く。

【嘉納】(カノウ) (名・する) 目下の人からのおくりものや進言などを快く受け取ること。例 心ばかりの品ですが、ご—ください。

【嘉名】(カメイ) よい名。よい評判。類 令名。表記 「佳名」とも書く。

【嘉例】(カレイ) めでたい先例。類 吉例(キチレイ)。例 新年の—とする。表記 「佳例」とも書く。

口 11
【嗷】
14画 5151 55F7 音 ゴウ漢

意味 人々の悲しむ声。また、がやがやさわぐようす。

口 11
【嘖】
14画 5152 5616 音 サク漢 訓 さけ-ぶ

意味 大声でさわぎ立てる。さけぶ。例 嘖嘖(サクサク)。

【嘖嘖】(サクサク) (形動タル) 口々にさわぎ立てるようす。例 好評—。

口11 【嘗】 14画 3008 5617 人名 音ショウ漢 ジョウ呉 訓な-める・かつ-て

甘8 【甞】 13画 6519 751E 俗字

意味 ❶味をみる。あじわう。なめる。例嘗味ショウミ(=あじみをする)。❷ためす。こころみる。❸これまでに。以前。かつて。❹秋新しくとれた穀物を神に供えるまつり。例新嘗祭シンジョウサイ。

【嘗胆】ショウタン にがい胆きもをなめること。→【臥薪嘗胆】ガシンショウタン(101ジペー)

口11 【嗾】 14画 5153 55FE 音ソウ漢 訓けしか-ける・そそのか-す

意味 そそのかす。けしかける。例使嗾シソウ(=けしかける)。

口11 【嗽】 14画 5154 55FD 音ソウ漢 訓うがい・すす-ぐ

意味 ❶口をすすぐ。うがい(をする)。同漱ソウ。例含嗽ガンソウ。❷せきをする。例咳嗽ガイソウ。

口11 【嘛】 14画 5155 561B 音マ呉

意味 外国語の音「マ」にあてる字。例喇嘛ラマ(=チベット仏教の僧侶ソウリョ)。

口11 【嗹】 14画 5156 55F9 音レン漢

意味 「嗹嘍レンロウ」は、言い方があいまいで、はっきりしないようす。同謰レン。

日本語での用法《レン》リーム(ream)にあてる字。洋紙の全紙千枚を単位としていう語。現代では多く「連」と書く。「印刷用紙インサツヨウシ五十嗹ゴジュウレン」

口11 【嘘】 14画 ⇩【噓】キョ(213ジペー)

口11 【噌】 14画 ⇩【噌】ソ(214ジペー)

口11 【嘆】 14画 ⇩【嘆】タン(212ジペー)

口12 【噎】 15画 5157 564E 音エツ漢 訓むせ-ぶ・むせ-る

意味 ❶食物がのどにつかえる。むせぶ。むせる。例因レ噎廃レ食エツによりてショクをハイす(=食物がのどにつかえたために食事をやめてしまう。小さな失敗にこりて正常な活動までやめてしまうこと)。❷心配や悲しみで息がつまる。むせぶ。むせる。❸ふさぐ。

難読 噦噎さくり・しゃくり・しゃっくり

口12 【器】 15画 2079 5668 教育4 音キ漢呉 訓うつわ

筆順 丶 ㄇ ロ 吅 吅 哭 哭 器

口13 【器】 16画 1-1522 FA38 人名

口12 【噐】 15画 5158 5650 俗字

なりたち [会意]「㗊(=多くのうつわ)」と「犬(=守る役のイヌ)」とから成る。いろいろなうつわ。

意味 ❶いれもの。うつわ。例酒器シュキ。食器ショッキ。容器ヨウキ。❷用具。道具。例楽器ガッキ。祭器サイキ。武器ブキ。❸からだ。からだの中のあるはたらきをもった組織。例器官キカン。呼吸器コキュウキ。❹才能。はたらき。うでまえ。例器用キヨウ。才器サイキ。❺人物。度量。例器量キリョウ。大器タイキ。❻一つのことにしか役に立たないもの。一つのはたらきしかしないもの。例君子不レ器クンシはキならず(=りっぱな人間は、たんなる専門家ではいけない)。〈論語ロンゴ〉

難読 行器ほかい(=食物を持ち運ぶうつわ)・土器かわらけ

人名 かた

【器械】キカイ ①用具。とくに武器。②実験や測定、また体操のために使う、簡単なしかけ。〔「機械」とちがって、原動力をもたないものをいう〕例―体操。

【器楽】キガク 楽器を使って演奏する音楽。対声楽。例―合奏。

【器官】キカン 生物体の一部で、組織が集まって、ある特定のはたらきをする構造。例消化―。

【器具】キグ ①簡単なしかけの道具。例電気―。②ものを入れる道具。うつわもの。

【器材】キザイ ①器具を作る材料。例照明―。②器具や材料。例―置き場。

【器財】キザイ 値打ちのある道具。家財道具。

【器物】キブツ 道具や器具。

【器用】キヨウ ①手先の細かい仕事がじょうずなこと。例手先の―な人。②ものごとを要領よくやること。例―に立ちまわる。▽対不器用ブキヨウ。③才能のある人。④日用の道具。⑤兵器や農具。

【器用貧乏】キヨウビンボウ 器用で、他人から重宝チョウホウがられたり、自分でもいろいろなことに手を出したりして、一つのことに集中できずにいること。

【器量】キリョウ ①うつわの容量。②才能と力量。例―にとぼしい。③(女性の)顔かたち。例―よし。④(男性の)面目メンボク。例―を下げる。

●火器カキ・計器ケイキ・磁器ジキ・漆器シッキ・性器セイキ・臓器ゾウキ・茶器チャキ・鉄器テッキ・陶器トウキ・兵器ヘイキ・容器ヨウキ・利器リキ

口12 【噓】 15画 1-8407 5653 音キョ漢 コ呉 訓うそ・うそぶ-く

口11 【嘘】 14画 1719 5618 俗字

意味 ❶ゆっくり息をはく。長く息をつく。うそぶく。❷ため息をつく。なげく。泣く。例嘘唏キョキ(=ため息をつくこと。また、すすり泣くこと)。

日本語での用法《うそ》いつわり。「嘘泣うそなき・真まっ赤かな嘘うそ・嘘うそも方便ホウベン」

【嘘▽吐き】うそつき うそを言うこと。また、その人。例―は泥棒どろぼうの始まり。

【嘘八百】うそハッピャク 言うことがすべてうそであること。例―を並べる。

【嘘言】キョゲン (名・する)うそを言うこと。うそ。そらごと。例―癖へき。表記「虚言」とも書く。

口12 【嘱】 15画 3092 5631 常用 音ショク漢 ソク呉 訓たの-む

筆順 ロ ロ" 叩 呎 呢 嗝 嘱 嘱

口21 【囑】 24画 5186 56D1

なりたち [形声]「口(=くち)」と、音「屬ショク」とから成る。たのむ。

意味 ❶ことばで依頼イライする。まかせる。たのむ。例嘱託ショクタク。

委嘱イショク。❷つける。よせる。同属ショク・矚ショク。例嘱望ショクボウ。嘱目ショクモク。

【嘱託】ショクタク（名・する）①（ある条件のもとで）仕事をまかせること。例―殺人。②正式の職員としてではなく、業務にたずさわる人。また、その身分。表記▽「▼属託」とも書く。

【嘱望】ショクボウ（名・する）のぞみをかけ、期待すること。例前途ゼントを―される青年。表記「▼属望・▼矚望」とも書く。

【嘱目】ショクモク（名・する）①期待して見守ること。例将来を―する。②ふと目にふれること。例―した風景。表記▽「▼属目・▼矚目」とも書く。

口12 【嘶】15画 5161 5636 音セイ漢 訓いなな-く

意味❶声がかすれる。❷むせぶ。例嘶咽セイエツ（＝むせび泣く）。❸ウマがなく。いななく。例嘶馬セイバ（＝いななくウマ）。

口12 【噌】15画 3325 564C 人名 音ソ慣ソウ漢 訓かまびす-しい

口11 【噌】14画 俗字

意味人々の声や鐘かねの音のやかましいようす。

参考「味噌ソ」は、もともと外来語といわれる「ミソ」の音にあてた「未曾」に、口偏くちへんを加えた字。

難読一噌イッソウ（＝姓せい）

口12 【噂】15画 1729 5642 人名 音ソン漢 訓うわさ

口12 【噂】15画 俗字

意味集まってあれこれとはなしあう。

日本語での用法《うわさ》他人の身の上や世間について、勝手きままに言うこと。「噂話うわさばなし・噂うわさの種たね」

口12 【嘲】15画 5162 5632 常用 音トウ漢チョウ呉 訓あざけ-る

筆順 口 口 口+ 叶 咕 咭 啅 嘲 嘲 嘲

なりたち [形声]「口(＝くち)」と、音「朝チョウ」とから成る。あざける。

【口部】12―13画 嘶 噌 噂 嘲 嘸 噴 噐 噛 噂 噫 噤 嚆 嘴 嘯

意味❶ばかにして笑う。からかう。あざける。例嘲笑チョウショウ。自嘲ジチョウ。❷詩歌シイカを吟ギンずる。

【嘲笑】チョウショウ（名・する）相手をあざけって、わらうこと。

【嘲罵】チョウバ（名・する）あざけって悪口を言うこと。

【嘲弄】チョウロウ（名・する）あざけってからかうこと。

口12 【嘸】15画 5163 5638 音ブ漢 訓さぞ

意味迷って、はっきりとしないようす。例嘸然ブゼン。

日本語での用法《さぞ》確信のもてる推量や想像をあらわす副詞。さだめし。多分。きっと。「嘸さぞお困こまりになったことでしょう・みなさま嘸さぞかしお喜よろこびでしょう・自信ジシンのほども嘸さぞと思おもわれる」

口12 【噴】15画 4214 5674 常用 音フン慣ホン漢 訓ふ-く

口13 【噴】16画

筆順 ロ ロ- 叶 吐 咩 啃 噴 噴

なりたち [形声]「口(＝くち)」と、音「賁フン→ホン」とから成る。怒いかる。また、ふき出す。

意味勢いよくふき出す。はき出す。ふく。例噴火フンカ。噴射フンシャ。噴水フンスイ。

使い分けふく【吹・噴】⇩1179ページ

【噴煙】フンエン（火口から）勢いよくふき出すけむり。例―を上げる三原山みはらやま。

【噴火】フンカ（名・する）火山が爆発バクハツして、溶岩ヨウガン・火山灰・水蒸気・ガスなどをふき出すこと。例―口コウ。

【噴射】フンシャ（名・する）①強くふき出すこと。②燃料の油を霧状きりジョウにして圧縮空気とまぜ、爆発バクハツさせた排気ハイキをふき出すこと。例―推進。逆―。

【噴出】フンシュツ（名・する）勢いよくふきだすこと。勢いよくふきでること。例原油が―する。

【噴水】フンスイ 庭園などの池で、水をふき上げるようにした装置。また、その水。

【噴泉】フンセン 地下水や温水が勢いよくふき出しているところ。

【噴飯物】フンパンもの あまりにもおかしくて、ふき出してしまうようなことがら。例とんだ―だ。

【噴霧器】フンムキ 水や薬液を、きりのようにしてふき出す器具。きりふき。スプレー。

【噴門】フンモン（食道から続いている）胃の入り口の部分。→【幽門】ユウモン（349ページ）

【噴流】フンリュウ 気体や液体の、ふき出すようなはげしい流れ。例ジェット―。

口12 【噐】15画 ⇩【器】キ（213ページ）

口12 【噂】15画 ⇩【噂】ソン（214ページ）

口12 【噛】15画 ⇩【嚙】ゴウ（215ページ）

口13 【噫】16画 5164 566B 音一イ漢 二アイ漢 訓ああ

意味一なげき悲しみのあまり発する声。感嘆カンタンの声。ああ。例噫嘻ああ。二食べあきて、げっぷを出す。げっぷ。おくび。例噫気アイキ（＝おくび）。

口13 【噤】16画 5165 5664 音キン漢 訓つぐ-む

意味口をかたく閉じて何も言わない。つぐむ。例噤口キンコウ（＝口を閉じる）。

口13 【嚆】16画 5169 5686 音コウ漢

意味（矢が）うなる。例嚆矢コウシ。

【嚆矢】コウシ ①かぶら矢。先に中空のかぶら形の部品をつけ、射ると音が出るようにした矢。②（昔、中国で、開戦の合図にかぶら矢を敵陣テキジンに向けて射たところから）ものごとのはじめ。例日記文学の―となった『土左日記トサニッキ』。

口13 【嘴】16画 5160 5634 音シ漢 訓くちばし・はし

意味❶鳥の口。くちばし。はし。例鶍いすかの嘴はし（＝ものごとがくいちがって思いどおりにいかないことのたとえ）。❷くちばしのようにつき出た部分。はし。例砂嘴サシ。鶴嘴つるはし（＝地面をほりおこす道具）。

口13 【嘯】16画 5166 562F 音ショウ漢呉 訓うそぶ-く

意味 ❶口をすぼめて声を出す。声を長くのばして詩や歌をうたう。うそぶく。例長嘯(チョウショウ)。❷鳥が声をのばして鳴く。けものが遠ぼえする。例猿嘯(エンショウ)。虎嘯(コショウ)。

口13 **【噬】** 16画 5167 566C 音セイ漢 ゼイ呉 訓か-む

意味 かみつく。かむ。例呑噬(ドンゼイ)。

【噬▼臍】(ゼイセイ) 〔「臍(ほぞ)を噬(か)む」と訓読し、「へそをかもうとしても口がとどかない」ところから〕後悔(コウカイ)しても、とりかえしのつかないこと。例―の悔(く)い。

口13 **【噪】** 16画 5168 566A 音ソウ漢呉 訓さわ-ぐ

意味 (鳥などが)さわがしい。やかましい。さわぐ。同譟(ソウ)。例噪音(ソウオン)(=騒音(ソウオン))。喧噪(ケンソウ)。

口13 **【噸】** 16画 3853 5678 音トン

意味 ❶重さの単位。一トンは一〇〇〇キログラム。❷船の容積や積みこむ貨物の体積をあらわす単位。

参考 英語 ton の音訳字。現在は中国でも用いる。

口13 **【噺】** 16画 4024 567A 国字 訓はなし

意味 人がはじめて聞くようなことを口にする。はなし。ものがたり。例噺家(はなしか)。お伽噺(とぎばなし)。昔噺(むかしばなし)。

口13 【器】16画 ⇩【器】(キ)(213ジ)

口13 【噴】16画 ⇩【噴】(フン)(214ジ)

口14 **【嚇】** 17画 1937 5687 常用 音カク漢 訓おど-かす・おど-す

筆順 丨 口 口一 口十 口土 口圭 口赤 嚇

なりたち [形声]「口(=くち)」と、音「赫(カク)」とから成る。大声を出して怒る。

意味 ❶(顔を真っ赤にして)声をあらげて激しくいかる。しかる。例嚇怒(カクド)。❷(ことばで)おどす。おびやかす。例威嚇(イカク)。脅嚇(キョウカク)。

【嚇怒】(カクド)(名・する) 激しくいかること。類激怒。表記「▼赫怒」とも書く。

口14 **【嚀】** 17画 5170 5680 音ネイ漢 訓ねんご-ろ

意味 「叮嚀(テイネイ)」は、くりかえし、ねんごろにたのむ。

口14 **【嚊】** 17画 5171 568A 音ヒ漢 訓いびき・かかあ

意味 あえぐ息。息切れして、ぜいぜいいう音。

日本語での用法 《かか・かかあ》妻を親しみをこめて、また は、ぞんざいに呼ぶことば。「嚊殿(かかあどの)・嚊天下(かかあデンカ)」〔国字「嬶(かか)」はこの字の変形〕

口14 【嚔】17画 ⇩【嚔】(テイ)(215ジ)

口15 **【嚙】** 18画 1-1526 5699 音ゴウ・ゲツ漢 訓か-む・かじ-る

口12 **【噛】** 15画 1990 565B 俗字

意味 かむ。かじる。同齧(ゲツ)。

口15 **【嚔】** 18画 5173 5694 音テイ漢 訓くさめ

口14 **【嚏】** 17画 5174 568F 俗字

意味 くしゃみをする。くさめ。はなひる。例噴嚏(フンテイ)。

口15 【嚢】18画 ⇩【嚢】(ノウ)(216ジ)

口15 【嚠】18画 ⇩【瀏】(リュウ)(625ジ)

口16 **【嚥】** 19画 5175 56A5 音エン漢 訓の-む

意味 (食物を)胃にくだす。のみこむ。のむ。同咽(エン)。例嚥下(エンゲ)。

口16 **【嚮】** 19画 5176 56AE 音キョウ漢 コウ呉 訓む-かう・さき-に

意味 ❶むかう。むく。同向(コウ)。例嚮壁(キョウヘキ)。意嚮(イコウ)。❷まえに。以前に。さきに。同向(コウ)。例嚮日(キョウジツ)(=先日)。

【嚮後】(キョウゴ・コウゴ) 今からのち。今後。表記「▽向後」とも書く。

【嚮導】(キョウドウ)(名・する) 先に立ってみちびくこと。また、その人。道案内。例―艦(カン)。―に立つ。

口17 **【嚶】** 20画 5177 56B6 音オウ漢 訓さえず-る・やわらぎな-く

意味 鳥が鳴く声。

口17 【嚴】20画 ⇩【厳】(ゲン)(468ジ)

口18 **【囂】** 21画 5179 56C2 音キョウ・ゴウ漢呉 訓かまびす-しい

意味 がやがやとさわがしい。かまびすしい。例囂囂(ゴウゴウ)。

【囂囂】(ゴウゴウ)(形動タル) 多くの人の声が、がやがやとさわがしいようす。例喧喧(ケンケン)―。―たる非難を浴びる。

口18 **【囈】** 21画 5184 56C8 音ゲイ漢 訓うわごと・たわごと

意味 ねごと。うわごと。わけのわからないことば。たわごと。例囈語(ゲイゴ)(=ねごと)。

口18 **【嚼】** 21画 5180 56BC 音シャク漢呉 訓か-む

意味 食べ物をかみくだく。かみしめて味わう。かむ。例咀嚼(ソシャク)。

口18 **【囁】** 21画 5181 56C1 音ジョウ漢 訓ささや-く

意味 小声でひそひそ話をする。ささやく。例耳もとに囁(ささや)く。

口18 **【囃】** 21画 5182 56C3 音ソウ漢 訓はや-す・はやし

意味 舞(まい)を助けるかけ声。

日本語での用法 《はやし・はやす》①能楽・歌舞伎(かぶき)・寄席(よせ)・祭りなどで、拍子(ヒョウシ)をとる笛・太鼓(タイコ)・鼓(つづみ)・三味線(しゃみせん)などの音楽。「出囃子(でばやし)・囃子方(はやしかた)」②声をあげてひやかしたり、おだてたりする。「友達(ともだち)に囃(はや)されてつい得意(トクイ)になる」

【囃子▽詞】はやしことば 民謡ミンヨウなどで、歌のあいまや終わりに入れて調子をとることば。「コリャコリャ」「ヨイヨイ」「コラサ」など。

口18 【囀】21画 5183 56C0 音テン漢 訓さえず-る

意味 鳥が声を変えながら、続けて鳴く。さえずる。例春鶯囀シュンノウテン(=雅楽ガガクの曲名)。

口19 【囎】22画 5185 56CE 国字 訓そ

意味「そ」の音をあらわす万葉がな。「曽」に口偏くちへんをつけて、音を借用する文字であることを示す。例囎唹そお(=鹿児島かごしま県の地名、また、郡名。今は「曽於」と書く)。

口19 【囊】22画 1-1532 56CA 音ドウ漢 ノウ呉 訓ふくろ

口15 【嚢】18画 3925 56A2 俗字

意味 ものを包み入れるもの。ふくろ。また、ふくろ状にふくれたもの。例嚢腫ノウシュ。嚢中ノウチュウ。土嚢ドノウ。

【嚢腫】ノウシュ 分泌物ブンピツブツがたまって、ふくろ状になるはれもの。

【嚢中の▼錐】ノウチュウのきり（ふくろの中の錐は、すぐにその先がつき出てくることから）すぐれた人物は、必ず才能をあらわすことのたとえ。錐脱スイダツ。穎脱エイダツ。〈史記シキ〉

【嚢中無一物】ノウチュウムイチモツ 財布サイフの中に一銭もない。無一文ムイチモンであること。

【嚢底】ノウテイ ①ふくろのそこ。②財布サイフのそこ。例—に一銭なし。—の智チをたたく(=ありったけの知恵チエをしぼる)。

口21 【囓】24画 ⇩【齧】ゲツ(1115ページ)

口21 【囑】24画 ⇩【嘱】ショク(213ページ)

31 3画 囗 くにがまえ部

まわりを囲んだ形をあらわす。「国」の字にある構かまえ(=漢字の周りを囲んでいる部分)であることから「くにがまえ」という。「囗」をもとにしてできている漢字と、「囗」の字形を目じるしにして引く漢字とを集めた。

0 囗 2 四 囚 3 因 回 団 4 囲 囮 困 図 囬 囪 5 固 国 囹 6 囿 圀 7 圄 圃 8 圉 圈 國 9 圏 圍 10 園 圓 11 團 圖 13 圜

囗0 【囗】3画 5188 56D7 音一イ漢呉 二コク漢呉

意味 一イ かこむ。同囲イ。二コク くに。同国コク。

参考「囲」「国」の略字として用いることがある。

囗2 【四】5画 2745 56DB 教育1 音シ漢呉 訓よ・よ-つ・よっ-つ・よん

筆順 丨 冂 冋 四 四

なりたち 四 [象形]「囗(=四方)」と「八(=分ける)」とから成り、よっつに分けた形。

意味 ❶数の名。よっ。よっつ。よん。よ。例四角シカク。四季シキ。❷よたび。例再三再四サイサンサイシ。❸よっつめ。例四月シガツ。❹まわり。よも。周囲。例四海シカイ。四面シメン。

日本語での用法《よつ》昔の時刻の呼び名。現在の、午前と午後の十時ごろ。「四よつ時どき」

参考 商売や契約ケイヤクの文書では、数字を書きかえられないよう、同音の「肆」を使うことがある。

難読 四十雀シジュウから・四月一日わたぬき・四幅よの・四方よも

人名 かず・もち・もろ

【▽四▼阿】あずまや 四角形に、四本の柱を立て、屋根をふいた簡単な小屋。庭園などに休息用に建てる。参考「四阿シア」は、中国で家の四周にめぐらした、ろうか。表記「東屋・▼阿舎」とも書く。

【四▼夷】シイ 昔、中国で自国を中華チュウカ(=世界の中央にあって文明の輝かがやく国)といい、四方の異民族を蛮族バンゾクとして呼んだことば。東夷トウイ・西戎セイジュウ・南蛮ナンバン・北狄ホクテキを指す。

【四囲】シイ 周囲。まわり。例日本の—はすべて海である。

【四恩】シオン〔仏〕人間が受ける四つの恩。父母の恩・衆生シュジョウの恩(=世の人々から受けている恩)・国王の恩・三宝サンボウの恩(=仏・法・僧ソウから受ける恩)のこと。〔経典キョウテンにより一部異なる〕

【四海】シカイ ①四方を取り囲んでいる海。よものうみ。②国内。世の中。天下。世界。例—波静か(=国内がおだやかに治まっていること)。

【四海兄弟】シカイケイテイ 世界中の人は、みなきょうだいだという理想。〈論語ロンゴ〉類四海同胞ドウホウ。

【四角】シカク(名・形動ダ)①四つの線で区切られて、かどが四つある形。方形。②きちんとしすぎて、かたくるしいこと。まじめすぎること。例—ばる。

【四角形】シカクケイ 四本の直線で囲まれた平面図形。四辺形。

【四角四面】シカクシメン(名・形動ダ)①ま四角の形。②きまじめで、かたくるしいようす。例—に考える。

【四月】シガツ 一年の四番目の月。卯月うづき。例—馬鹿バカ(=エープリルフール)。

【四季】シキ 春・夏・秋・冬の四つの季節。類四時。例—折折。—咲ざきのバラ。

【四球】シキュウ 野球で、投手が打者にストライクでないたまを四回投げて、打者が一塁イチルイに進むこと。フォアボール。

【四教】シキョウ 四つのたいせつな教え。『礼記ライキ』では詩・書・礼レイ・楽ガク、『論語ロンゴ』では文(=学問)・行(=実践ジッセン)・忠(=誠実)・信(=信義)など。

【四苦八苦】シクハック 一(名・する)ものごとがうまくいかず、たいへん苦労すること。例金策に—する。二(名)人間のすべての苦しみ。生ショウ・老・病・死の四苦に、愛別離苦アイベツリク(=愛する人と別れる苦しみ)・怨憎会苦オンゾウエク(=うらみにくむ人と顔をあわせる苦しみ)・求不得苦グフトクク(=もとめるものが得られない苦しみ)・五陰盛苦ゴオンジョウク(=欲がさかんなために受ける心身の苦しみ)の四つの苦しみを合わせていう。

【四君子】シクンシ〔気品のある姿が君子を思わせるところから〕ウメ・タケ・ラン・キクのこと。東洋画のいっぱん的な画題。

【四股】シコ〔語源不明。あて字か〕相撲すもうで、力士が足を交互コウゴに高くあげ、力強く地をふむ動作。例土俵に上がって—をふむ。

【四顧】シコ 一(名・する)あたりを見回すこと。例座して—する。二(名)あたり。周囲。例—人声なし。

【四更】シコウ「五更ゴコウ①」の第四。およそ、午前二時、およびその前後の二時間。丑うしの刻コク。丁夜テイヤ。→【五更】ゴコウ(41ページ)

【四国】シコク 日本列島をかたちづくっている四つの大きな島の一つ。徳島・香川かがわ・愛媛えひめ・高知の四県からなる。

【四散】シサン (名・する) 一か所にあったものが、四方に散らばること。ちりぢりになること。[類]離散。[例]集会のあと、人人は—した。

【四肢】シシ 動物の四本の足。前足と後足。両手と両足。

【四時】シジ 〔「シイジ」は慣用読み〕 [一](名) ①四季。春・夏・秋・冬。[例]—の風光。②一日のうちの四つの時。朝・昼・夕・夜。[例]—の勤行。[二](副) つねに。いつも。[例]—雪をいただく高山。

【四捨五入】シシャゴニュウ (名・する) 端数の処理法の一つ。求めるけたの次のけたの数字が、四までのときは切り捨て、五以上のときは切り上げて上の位に一を加える方法。

【四十九日】シジュウクニチ 〔仏〕〔人は死後四十九日間、この世とあの世とのあいだをさまようとされる〕 死後四十九日目の日。死者が来世での生を得たとして仏事を営む。七七日。

【四重唱】シジュウショウ 四つの声部を四人の歌手でうたうこと。カルテット。[例]男声—。

【四重奏】シジュウソウ 四つの独奏楽器による合奏。カルテット。[例]弦楽—。

【四十にして惑わず】シジュウにしてまどわず 四十歳になると、道理をわきまえて、あれこれ思いまどうことがなくなる。〈論語〉→【不惑】(22ページ)

【四十八手】シジュウハッて ①相撲の伝統的な決まり手を、まとめていう言い方。現在は八十二手にまとめている。②人をあやつる種々の手段やかけひき。[例]商売の—を心得る。

【四書】シショ 儒教の経典である、『大学』『中庸』『論語』『孟子』の四つ。

【四書五経】シショゴキョウ 儒教の根本とされる経典である四書と五経とをまとめていうことば。→【五経】(41ページ)

【四声】シセイ 漢字音の四つの声調。平声・上声・去声・入声の別がある。

【四姓】シセイ 〔「シショウ」とも〕 ①平安時代の代表的な四つの名家。源平藤橘、すなわち源氏・平氏・藤原氏・橘氏をいう。②インドの世襲的な四つの階級。バラモン(=司祭者)・クシャトリヤ(=王侯・武士)・バイシャ(=庶民)・シュードラ(=奴隷)。カースト。

【四則】シソク 〔数〕 加(=足し算)・減(=引き算)・乗(=掛け算)・除(=割り算)の四つをまとめていうことば。

【四▽諦】シタイ 〔「諦」は、真理の意〕〔仏〕 四つの真理。苦諦(=人間の生は苦しみである)・集諦(=苦の原因は煩悩である)・滅諦(=煩悩を滅することで涅槃に達する)・道諦(=そのために八正道にはげむべきである)をいう。十二縁起とならぶ仏教の根本原理。苦集滅道。四聖諦。

【四大】シダイ ①〔仏〕 あらゆるものを構成する四つの元素。地・水・火・風。四大種。②人間の身体を指す。[例]—空に帰す(=死ぬ)。③『老子』の思想で、四つの大きなもの。道・天・地・王。

【四端】シタン 仁・義・礼・智の四つのいとぐち。それぞれ、惻隠(=あわれむ)・羞悪(=恥じる)・辞譲(=ゆずりあう)・是非(=善悪をはっきりさせる)の心をいう。『孟子』の性善説のもとになっている思想。

【四知】シチ だれも知らないと思うことでも、天・地・我(=自分)・子(=あなた)の四者は必ず知っていて、悪事はやがて発覚する、ということ。〔後漢の楊震が、こっそり賄賂をおくろうとした人に向かって、「天知る、地知る、我知る、子知る」と言ってこれを退けた故事による〕〈後漢書〉

【四通八達】シツウハッタツ (名・する) 交通や通信、また流通の便のよいこと。[類]四通五達。[例]—の地。

【四手】しで しめなわや玉ぐしにつけて垂らす紙。[表記]「▽幣・▽垂」とも書く。

【四天王】シテンノウ ①〔仏〕 帝釈天に仕えて仏法を守護する四神。須弥山の中腹の四方に住むという。持国天(東)・増長天(南)・広目天(西)・多聞天(北)をいう。四大天王。四天。②家臣や門人などのなかで、また、一つの専門について、とくにすぐれた四人。

【四百四病】シヒャクシビョウ 仏教でいう、人がかかる、あらゆる病気。人体のもとになっている地・水・火・風の不調和により、それぞれに百一の病気がおこる。[例]—の外(=四百四病にはいらない病気、すなわち恋の病)。

【四分五裂】シブンゴレツ (名・する) ばらばらになること。分裂して統一を失うこと。[例]統制を失って—する。

【四壁】シヘキ ①四方のかべ。②家のまわりの囲い。

【四辺】シヘン ①まわり。あたり。四方。[例]—の防備を強化する。②四つの辺。[例]—形。

【四方】シホウ 〔「よも」とも〕 ①四つの方角。東西南北。また、あちらこちら。[例]—の景色。②まわり。ぐるり。[例]—八方。③諸国。天下。[例]—に号令する。

【四方拝】シホウハイ 一月一日に、天皇が四方の神々に拝礼し、災厄をはらい豊作と皇位の長久をいのる儀式。

【四▽方山】よもやま 〔「四方八方」の変化〕 いろいろな方面。さまざま。雑多。また、世間のこと。[例]—話(=いろいろな世間話)。

【四民】シミン ①封建時代の身分制度による四つの階級。また、その人々。士・農・工・商。②すべての階級の人。国民。[例]—平等。

【四面】シメン ①四つの面。[例]—体。②まわり。周囲。四方。[例]—を海に囲まれている日本。

【四面▼楚歌】シメンソカ 敵や反対者に囲まれて、味方のないこと。[類]孤立無援。[例]会議に出てみると—だった。

故事のはなし

中国最初の統一王朝秦がわずか十五年でほろんだあと、漢の劉邦と楚の項羽とは中国の支配権をめぐって激しくあらそった。はじめは項羽軍が強かったがしだいに劉邦軍が優勢になり、項羽はついに垓下という町に追いつめられた。項羽軍は兵も少なく食料もつきてきた。夜、垓下の四方をとり囲む漢軍の兵士が、みな項羽の祖国の楚の歌をうたっているのを聞き、項羽はおどろいて言った。「漢はもう楚を占領してしまったのか、漢軍の中になんと楚の人が多いんだろう。」項羽はこの状況に絶望し、自らの運命をなげく詩を作ったあと、この場は脱出したが、全軍を失い、結局烏江というところで自殺した。〈史記〉

【四隣】シリン ①となり近所。②近隣の国々。[例]—と友好の間がらになる。

【四緑】シロク 陰陽道の九星の一つ。五行では木に配当し、方位は南東(=巽)。

【四六時中】シロクジチュウ (名・副) 一日じゅう。一日の二十四時間じゅう。〔「二六時中」の新しい言い方〕

【四六文】シロクブン 漢文の文体の一つ。四字の句と六字の句を交互に並べる文体。対句を多用し、典故のある語句をちりばめる。六朝から唐の時代にかけて流行した。四六駢儷体。四六駢儷文。駢文。

【四次元】たて・よこ・高さという三次元に、時間を加えたもの。㊛二次元・三次元。

【四▽十路】よそじ ①四十歳。よそ。例—の坂を越す。②四十。表記▽「四▽十」とも書く。

【四つ切り】写真で、全紙の印画紙などを、四等分した大きさ。縦三〇・五センチメートル、横二五・四センチメートル。四つ切り判。例写真を—に伸ばす。

囗2 **【囚】** 5画 2892 56DA 常用 音シュウ㊥シュ㊦ 訓とら-われる

筆順 丨冂冂囚囚

なりたち [会意]「人(=ひと)」が「囗(=かこい)」の中にいる。つないでおく。

意味 ❶つかまえて自由をうばう。獄につなぐ。とらえる。また、とらわれる。例囚獄。繋囚。❷とらえられた罪人。とりこ。例囚人。虜囚。

【囚衣】シュウイ 囚人が着る衣服。囚人服。類獄衣。

【囚役】シュウエキ 囚人に課せられる労働。

【囚獄】シュウゴク ①牢屋。牢獄。②江戸時代、江戸小伝馬町の牢屋の長。牢屋奉行。

【囚人】シュウジン ①獄につながれている人。とらわれびと。類囚徒。②刑務所に入れられている人。類服役者・在監者。

【囚徒】シュウト 獄につながれている人。類囚人。

【囚虜】シュウリョ 戦争で敵の手にとらえられること。また、その人。とりこ。虜囚。

●幽囚・虜囚

囗3 **【因】** 6画 1688 56E0 教育5 音イン㊥ 訓よ-る・ちな-みに・ちな-む・よ-って

筆順 丨冂冂闩因因

なりたち [会意]「囗(=土台)」と「大(=おおきい)」とから成る。大きくなる土台。

意味 ❶ものごとの起こるもと。わけ。㊛果。例因果。因縁。原因。❷もとづく。ふまえる。よる。例因習。因循。此れに因れば。

日本語での用法 ㊀《ちなみに》その事に関連して。「因みに申し添えますと…」㊁《イン》旧国名「因幡(=今の鳥取県東部)」の略。「因州」

人名 ちなみ・なむ・もと・ゆかり・よし・より

【因幡】いなば 旧国名の一つ。今の鳥取県東部にあたる。因州。

【因果】インガ ㊀(名)①原因と結果。例—関係を解明する。②(仏)すべてのものごとは、過去または前世のおこないによって、運命が決まるということ。とくに悪業のむくいとして悪果のあることをいう。例—応報。㊁(形動)不幸なようす。不運なようす。[不幸や不運を、㊀②にもとづくのがれがたい運命としてとらえたことば] 例—な身の上。

【因果応報】インガオウホウ (仏)よいおこないにはよいむくいが、悪いおこないには悪いむくいが、必ずあるということ。

【因果律】インガリツ (哲)すべてのことには必ず原因があり、原因と結果のあいだには必然的な関係があるという原理。例—が支配する世界。

【因業】インゴウ ㊀(名)(仏)むくいの原因となるおこない。とくに悪業のこと。例—によって生ずるもの。㊁(名・形動)情け容赦のないこと。また、そのようす。例—親父。

【因子】インシ 原因となる要素。ファクター。例血液のRh—。不和のもとをなす—。

【因習】インシュウ 新しい考え方や行動のさまたげとなる、昔からの習慣やしきたり。例—を打破する。表記「因襲」とも書く。

【因襲】インシュウ 「因習」に同じ。

【因循】インジュン ㊀(形動)古いしきたりに従って、改めようとしないようす。例—な家風。㊁(名・する・形動)ぐずぐずして決断しないこと。また、そのようす。例—な態度。

【因循▼姑息】インジュンコソク (名・形動)古いしきたりに従うばかりで、改めようとしないこと。例—な考え方を改める。

【因数】インスウ (数)ある数や式が、いくつかの数や式の積の形であらわされるときの、それぞれの数や式。例—分解。

【因縁】インネン ①(仏)結果をまねく直接の原因(=因)と間接の原因(=縁)。例すべてに—というものがある。②前世から定まっている運命。例—と思ってあきらめる。③古くからのつながり。例隣国との—は浅くない。④由来。来歴。いわれ。例いわく—。⑤言いがかり。口実。文句。例—をつけておどす。

【因由】インユ (名・する)事の起こるもと。類原因。例すべてはそれに—する。

●一因・遠因・起因・近因・原因・死因・主因・心因・誘因・要因

囗3 **【回】** 6画 1883 56DE 教育2 音カイ㊥エ㊦ 訓まわ-る・まわ-す

筆順 丨冂冂回回回

囗3 **【囘】** 5画 4937 56D8 古字

囗4 **【囬】** 7画 — 56EC 俗字

なりたち [象形] 外も内もまわる形。

意味 ❶ぐるりとまわる。まわす。例回転。回廊。巡回。挽回。❷もとにもどす。かえす。かえる。例回想。回復。❸度数をあらわすことば。例回数。一回。❹部族の名。例回教。回紇。

日本語での用法 《まわり》①身辺。「身の回り品」②小さな物の周囲。「胴回り・首回り」

使い分け まわり【回・周】⇨1180ページ

難読 回毛(つじ)

【回▼紇】カイコツ・ウイグル 七世紀ごろモンゴル高原におこった、トルコ系民族のウイグル族。現在、中国新疆ウイグル自治区などに住む。表記「回▼鶻」とも書く。

【回向】エコウ (名・する)(仏)①死者の成仏をねがって仏事を営むこと。類供養。例—文。②自分の善行の結果を他にさしむけ、自他ともに極楽往生できるようにすること。例—発願。表記▽⑪廻向

【回忌】カイキ (仏)人の死後、毎年めぐってくる祥月命日。また、その回数をいうことば。満一年目を一周忌または一回忌、以後三・七・十三・十七・二十三・二十七・三十三回忌などといい、法事をおこなう。類年忌・周忌。

【回帰】カイキ (名・する)もう一度、もとの場所や状態にもどること。例サケやマスなどの—本能。

【回教】カイキョウ 七世紀の初めアラビアに起こった宗教。ムハンマド(=マホメット)を開祖とする。アッラーを唯一の神として信仰し、コーランを経典とする。イスラム教。[中央アジアの回紇(=ウイグル)民族をへて中国に伝わったので回教とか回回教(フイフイキョウ)と呼ばれる]

【回顧】カイコ（名・する）昔をふりかえって思い起こすこと。類回想。例―録。往時を―する。
【回航】カイコウ（名・する）①船をある港から目的地まで航行させること。例神戸港から横浜港へ―する。②各地をめぐって航海すること。クルージング。類周航・巡航。 表記▽旧▼廻航
【回国】カイコク（名・する）①諸国をまわって歩くこと。例六十余州を―する。②修行のため諸国をめぐり歩くこと。例―行脚。―巡礼。 表記▽旧▼廻国
【回春】カイシュン ①若返ること。例―の秘薬。②病気がよくなること。類快復・快癒。例―の祝い。③冬が終わって、ふたたび春がめぐってくること。
【回章】カイショウ ①返事の手紙。類回信。②順にまわして読む文書。類回状。 表記▽旧▼廻章
【回状】カイジョウ 多くの人に回覧させる文書。回文状。まわしぶみ。類回章。例―をまわす。 表記旧▼廻状
【回心】（名・する）㊀カイシン キリスト教で、悔い改めて信仰に心を向けること。㊁エシン（仏）心を改めて仏道に帰依すること。例―して禅を学ぶ。
【回診】カイシン（名・する）医師が病室をまわって診察すること。例院長の―。
【回数】カイスウ 同じことがくりかえし起こるときの、くりかえしの度数。例失敗の―を重ねて上達する。
【回生】カイセイ（名・する）生き返ること。例起死―の秘術。
【回船】カイセン 国内の沿岸航路を、旅客や商品を積んで輸送や交易をした和船。例―問屋。 表記旧▼廻船
【回送】カイソウ（名・する）①届いた手紙や荷物を、そのまま別のところへ送ること。類転送。例郵便物を転居先に―する。②客を乗せないで、電車やタクシーなどを移動させること。例―車。 表記▽旧▼廻送
【回想】カイソウ（名・する）昔のことを思い出すこと。類回顧。例亡き父の―。遠い昔を―する。
【回▼漕】カイソウ（名・する）船で人や荷物を運送すること。類回航・回船。例江戸に米を―する。 表記旧▼廻漕
【回虫】カイチュウ 人や家畜の小腸に寄生する害虫。ミミズに似た形をしている。 表記旧▼蛔虫
【回腸】カイチョウ 小腸を三つの部分に分けたとき、十二指腸や空腸に続く部分。曲がりくねっており、大腸につながる。
【回天】カイテン［天の運行を変える意］おとろえた勢いをふたたび盛り返すこと。例―の事業。
【回転】カイテン（名・する）①くるくるまわること。例空中―。モーターが―を始める。②活動や機能などのたとえ。例頭の―が速い。③図形や物体が、一点または直線を中心に、一定の角度だけまわること。例―競技。④仕入れた商品が売れて、その売り上げで次の商品を仕入れる、ということをくりかえすこと。例―資金。―のよい商品。 表記▽旧▼廻転
【回答】カイトウ（名・する）質問や要求などにこたえること。類返答・返事。例―を求める。
【回読】カイドク（名・する）一冊の本を数人のあいだで、順々にまわして読むこと。まわしよみ。類回覧。
【回避】カイヒ（名・する）ものごとの処理や判断をさけること。また、事態の起こることを、のがれること。例責任―。
【回復】カイフク（名・する）悪くなったり失ったりしたものが、もとの状態にもどること。また、もとの状態を、とりもどすこと。例景気―をはかる。意識が―する。 表記旧▼恢復
【回文】カイブン ①多くの人に回覧させる文書。まわしぶみ。類回状。②逆から読んでも、順に読んだのと同じになる文句。「しんぶんし」「たけやぶやけた」など。 表記▽旧▼廻文
【回遊】カイユウ（名・する）①あちこちをまわって見物すること。類巡遊。例―券。北海道を―する。②魚類がえさを求めて、あるいは越冬や産卵などのために、群れをなして定期的に移動すること。例―経路。―魚。 表記②は「回游・▼洄▼游」とも書く。
【回覧】カイラン（名・する）①順々にまわして見ること。例町内会の―板。②あちこちを見物してまわること。類巡覧。例岩倉使節団の『米欧―実記』。 表記▽旧▼廻覧
【回流】カイリュウ（名・する）水などが、もとのところにめぐって流れ、ぐるぐるまわること。また、その流れ。例―式のプール。 表記旧▼廻流
【回礼】カイレイ（名・する）①礼を言うために、ほうぼうをまわること。お礼まわり。②年賀にまわること。年始まわり。
【回路】カイロ 電気・磁気、また気体・液体などが流れる道すじ。サーキット。例集積―。
【回廊】カイロウ 建物の中庭のふちや、外側のまわりなどにつける屋根のある通路。例社殿の―をわたる。 表記旧▼廻廊
【回し者】まわしもの 相手方の内情をさぐるため、ひそかにさし向けられた者。スパイ。間諜。例敵の―。

【回り合わせ】まわりあわせ 自然にそうなる運命。例不幸な―。 表記旧▼廻り合わせ。「巡り合わせ」とも書く。
【回り灯籠】まわりドウロウ 二重の枠をもつ、紙または布製のとうろう。回転する内側の枠に張られた切り絵の影が、ろうそくや電球の光で、固定された外側の枠に次々と映る。走馬灯。 表記旧▼廻り灯籠
【回り舞台】まわりブタイ 舞台の中央部のゆかを回転させるしかけ。場面をかえるために使う。 表記旧▼廻り舞台
【回り道】まわりみち（名・する）遠回りになる道を行くこと。また、その道。対近道。例通行止めのため―して行く。 表記旧▼廻り道
【回り持ち】まわりもち 順番に受け持つこと。輪番。例―で世話役をする。 表記旧▼廻り持ち
●今回・旋回・奪回・撤回・転回

【囗部】3画 ● 団

囗3 【団】6画 3536 56E3 教育5
音タン(漢)ダン(呉)トン・ドン(唐)
訓まる-い・かたま-り

筆順 丨 冂 冃 冃 団 団

囗11 【團】14画 5205 5718 人名

なりたち［形声］「囗（=めぐる）」と、音「專セン→タン」とから成る。まるい。

意味 ❶まるい。例団扇。団子。団団。❷ひとかたまりに集まる。組織された集まり。かたまり。例団結。楽団。集団。

難読 団扇（うちわ）

人名 あつ・あつむ・まどか・まる・まろ

【団員】ダンイン 楽団・応援団・視察団など、「団」という名の組織に所属している人。
【団円】ダンエン（名・形動ダ）①まるいこと。また、そのようす。例―なる地球。②円満なこと。また、そのようす。例―なる人物。③めでたく終わること。例大―をむかえる。
【団塊】ダンカイ かたまり。例―の世代。
【団結】ダンケツ（名・する）目的を達成するために、多くの人々が力を合わせて一つにまとまること。類結集・連帯。例―権。
【団子】ダンゴ ①米の粉などを水でこねて丸め、むした食べ物。例花より―（=実際に役立つもののほうがよい）。②「①」に似た形のもの。例―に目鼻（=丸顔のたとえ）。③「①」のように、

かたまっていること。例—になる。

【団交】(名・する)「団体交渉」の略。

【団扇】①うちわ。②昔、武将が軍の指揮をとるのに用いた道具。軍配うちわ。

【団体】①多数の人の集団。例—割引。—で行動する。②同じ目的をもった人々の集まり。類集団。例—役員。

【団体交渉】(名・する) 労働組合などが、使用者側に対しておこなう交渉。団交。

【団団】(形動タル) ①まるいようす。例—たる明月。②露などが多くついているようす。例露—。

【団地】住宅や工場などを、集中して建てるために開発された土地。また、その住宅や工場。例住宅—。

【団長】「団」という名をもつ団体を率いる人。例視察団の—。サーカス団の—。

【団欒】(名・する) 親しい者が集まって、楽しく時を過ごすこと。例一家—。

【▽団▼栗】クヌギ・カシ・ナラなどの実。椀の形のからに入っている。

【▽団▼栗の背比べ】どれもみな似かよっていて、とくにすぐれたものがないこと。

【▽団居】①家族や親しい人々が集まって楽しく過ごすこと。団欒。②円く車座になってすわること。

●球団・劇団・水団・星団・炭団・布団

口 4 【囲】 7画 1647 56F2 教育5 音イ漢呉 訓かこ-む・かこ-う・かこ-い・かこ-み

筆順 丨 冂 冂 冃 冄 冊 囲

口 9 【圍】 12画 5203 570D

なりたち [形声]「口(=めぐる)」と、音「韋イ」とから成る。ぐるりとかこんで、守る。

意味 ❶とりまく。かこむ。かこみ。例囲碁。包囲。重囲。❷まわり。例胸囲。四囲。周囲。❸くぎられた内側。区域。境界。例範囲。

人名 もり

【囲碁】直角に交わる縦横それぞれ十九本の線が引いてある盤上の交点(=目)に、二人が交互に白と黒の石を置き、相手の石をかこんで取った石とかこった面積(=地)をきそう遊戯。碁。例—を一局打つ。

【口部】4画 ●囲 囮 困 図

【囲▼繞】(名・する) まわりをぐるりととりかこむこと。例湖を—する峰峰。

【囲炉裏】部屋のなかの床を方形に切って、灰を入れ、薪を燃やして家の中をあたためたり、煮たきするところ。

●四囲・範囲・包囲

口 4 【囮】 7画 5189 56EE 音カ慣ガ漢 訓おとり

意味 他の鳥をおびきよせ、とらえるためにつないである生きた鳥。また、人や動物をおびきよせるために使う手段。おとり。例囮捜査。囮を使ってアユを釣る。

口 4 【困】 7画 2604 56F0 教育6 音コン漢呉 訓こま-る

筆順 丨 冂 冂 冃 用 困 困

なりたち [会意]「木(=き)」が「口(=かこい)」の中にある。古い住まいの中でくらす。派生して「ゆきづまる」の意。

意味 ゆきづまる。くるしむ。こまる。例困窮。困難。貧困。

【困却】(名・する) こまりはてること。ひじょうにこまること。類困惑。

【困窮】(名・する) ①貧乏で苦しむこと。例生活—者。②手の打ちようがないほど、こまりはてること。例対策に—する。

【困苦】(名・する) お金や物が不足して、つらい思いをすること。類辛苦。例—にたえる。

【困篤】病気が重いこと。危篤。

【困難】(名・形動ダ) ①ものごとをするのが、ひじょうにむずかしいこと。例呼吸—。②つらく苦しいこと。苦しみなやむこと。例—に打ち勝つ。▽対容易。

【困▼憊】(名・する)〔「憊」は、つかれる・弱る意〕つかれはてること。ひじょうにつかれて動けないこと。例疲労—。

【困厄】(名・する) ①苦しみなやむこと。苦しみ。②わざわい。災難。

【困惑】(名・する) どうしてよいかわからず、こまること。類困却。例—の表情。とつぜんの話に—する。

口 4 【図】 7画 3162 56F3 教育2 音ト漢ズ呉 訓はか-る

筆順 丨 冂 冂 冈 図 図 図

口11 【圖】 14画 5206 5716

なりたち [会意]「口(=計画する)」と「啚(=かるがるしくしない)」とから成る。はかりごとをくわだてるが、それがむずかしいことに苦しむ。よくよく考える。

意味 ❶くわだてる。もくろむ。はかりごと。はかる。例意図。企図。雄図。❷えがかれた形。え。例図画。絵図。地図。

使い分け はかる【図・計・測・量・謀・諮】⇩1177ページ

人名 なり・みつ

【図案】形や色を組み合わせてえがく、模様や柄。また、さし絵などに利用する絵。例—集。着物の—をえがく。

【▽図体】からだつき。なり。〔大きなからだについていうことが多い〕例—ばかり大きくて、役には立たない。

【図会】ことがらの説明に、絵や図などを主とした書物。例『三才—』『江戸名所—』

【図画】①絵。また、絵をかくこと。〔法律では「トガ」という〕②旧制小学校の教科の一つ。

【図解】(名・する) 図を用いてわかりやすく説明すること。また、それを主にした書物。絵とき。類図説。例—で示す。

【図鑑】動物・植物・天体・機械・建築など、一つの項目について、絵や写真を中心にして説明した書物。例宇宙—。動物—。

【図形】①かきあらわした、ものの形。例複雑な—。②〔数〕点・線・面などで、ものの形や位置関係をかきあらわしたもの。三角形・正方形・立方体・円錐・球など。

【図工】小学校の教科の一つ。図画と工作。

【図示】(名・する) 図にかいてしめすこと。例道順を—する。内部の構造を—する。

【図式】複雑な、あるいは抽象的なことがらをわかりやすく説明した図。例—どおりに事は運ばない。

【図説】(名・する) 図や絵を用いて説明すること。また、そうした書物。類図解。例日本文化史の—。

【図版】書物や雑誌などの、印刷物に掲載される図や絵画や写真。例―の豊富な本。

【図表】ズヒョウ ①図と表。②ものの数や量の関係を図に示したもの。グラフ。例統計―。気温の変化を―にする。

【図譜】ズフ 動植物など同類のものについて、図を中心にして説明を加えた書物。例高山植物―。

【図星】ずぼし ①的の中心の黒点。②ねらうべきところ。急所。例―をさされる(=最もかんじんなところを指摘される)。③予想がぴたりと的中すること。

【図面】ズメン 建物や機械などの、つくりやできあがりを示した図。設計図・三面図など。

【図録】ズロク 図や写真を主にしてのせ、解説した書物。

【図書】ズショ ①(「ズショ」とも)絵図と書物。また、書籍。書物。本。例―館。図書寮(=律令制で、書物などをあつかった役所)。②印章。

【図南】トナン 〔鵬が翼を広げ、南の海へ行こうとする意から〕大事業を志すこと。(荘子)例―の鵬翼。

●合図・意図・海図・原図・構図・指図・縮図・付図・略図

口4【囲】7画 ⇩【回】(218ページ)

口4【囧】7画 ⇩【冏】(117ページ)

口5【固】8画 2439 56FA 教育4 音コ漢呉 訓かた-める・かた-まる・かた-い・かた-め 付表固唾

筆順 丨 冂 冂 冂 冂 冋 固 固

なりたち 【形声】「口(=かこい)」と、音「古コ」とから成る。守りのかたい、とりで。

意味 ❶かたい。かためる。かたまる。例固形。固体。凝固。❷気持ちがしっかりしていて、ゆるがない。かたくな。例固執。確固。頑固。❸もともと。もとより。本来。例固有。

日本語での用法《かたまり》集まった一団。「ひと固まりになってすわる」

使い分け かたい【堅・固・硬】⇩1167ページ

人名 かた・かたし・かたむ・たか・つよし・もと・み

【固唾】かたず 緊張したときなどに、口の中にたまるつば。例―をのむ(=事の成り行きを、息を殺して見守る)。

【固形】コケイ ある形にかたまっているもの。例―燃料。

【固持】コジ (名・する)意見や考え方などを、かたくもち続けて変えないこと。類固執。例自説を―する。

【固辞】コジ (名・する)どんなにすすめられても、かたく辞退すること。例―して受けない。

【固疾】コシツ 長いあいだ治らないでいる病気。類持病。例―の喘息に苦しむ。表記「▼痼疾」とも書く。

【固執】コシツ・コシュウ (名・する)自分の考えをかたく守って、人にゆずらないこと。類固持。例自説に―する。

【固守】コシュ (名・する)かたく守ること。例昔からのしきたりを―する。

【固体】コタイ 一定の形と体積をもち、変形しにくい物体。対液体・気体。

【固着】コチャク (名・する)①ものが他のものにしっかりとくっつくこと。例―剤。②一定の状態におちつくこと。類定着。

【固定】コテイ (名・する)①動かないようにしっかりすえること。例本だなを金具で―する。②一定の状態で、変わらないこと。例―資産。―客。

【固定観念】コテイカンネン かたく思いこんでいて、容易には変えることのできない考え。例―にとらわれる。―を捨てる。

【固有】コユウ (名・形動ダ)ほかにはなく、そのものだけに、もとからあること。例野生動物―の行動様式。日本に―な習慣。

【固有名詞】コユウメイシ 人名・地名・国名・作品名など、そのものだけをあらわす名詞。対普通名詞。

【固▼陋】コロウ (名・形動ダ)新しいものを受け入れようとせず、考え方がかたくななこと。例頑迷―。―な職人。

●強固・禁固・堅固・断固

口5【国】8画 2581 56FD 教育2 音コク漢呉 訓くに

筆順 丨 冂 冂 冂 冂 国 国 国

口8【國】11画 5202 570B 人名

口6【圀】9画 5191 5700 別体字

なりたち 【会意】「口(=かこい)」と「或(=くに)」とから成る。くに。

参考 別体字の「圀」は、則天文字(=唐の女帝、則天武后が制定したという)の一つ。例徳川光圀(=水戸黄門のこと)。

意味 ❶諸侯などが治める土地。くに。例国風。封国。領国。❷一つの政府に属する土地や社会。くに。例国籍。国家。愛国。❸くにのうちで、とくにすぐれている。例国士。国手。国色。❹自分のくに。例国学。国語。

日本語での用法《コク》日本。「国学・国語・国史・国文」

人名 とき

【国元】くにもと ①故郷。郷里。例―の両親。②(主君の)領地。くにもと。例―の政治。表記▽「国▽許」とも書く。

【国威】コクイ 国が他の国に対してもつ威力。国のいきおい。例―発揚。―を示す。

【国運】コクウン 国の運命。国家のなりゆき。例―が傾く。

【国営】コクエイ 国が事業をいとなむこと。類官営。対私営・民営。例―農場。

【国益】コクエキ 国の利益。類国利。例―をはかる。

【国王】コクオウ 王国の統治者。国の君主。

【国▼衙】コクガ 奈良・平安時代に、国司が事務をとった役所。国府。例―の役人。

【国外】コクガイ 国の領土のそと。対国内。例―追放。

【国学】コクガク ①古代中国で、天子・諸侯・貴族の子弟と国内の秀才を教育した学校。隋以後は国子監という。②江戸時代に起こった学問。『古事記』『万葉集』などの古典を研究して、日本固有の思想や文化を明らかにしようとした。類和学・古学。

【国技】コクギ その国に特有の、伝統的な武芸やスポーツ。日本では相撲とされている。

【国劇】コクゲキ その国に特有の演劇。日本では歌舞伎や能楽。

【国語】コクゴ ①自分の国の言語。日本では日本語。例―学。②その国で公用語として認めて用いる言語。③小学校・中学校・高等学校の教科の一つ。国語科。④春秋時代の、各国の歴史を記した書。周の左丘明の著。

【国号】コクゴウ 国の名。国の呼び方。類国名。

【国債】コクサイ 国家が財政上の必要から設ける債務。また、その債券。例―を募集する。

【国際】コクサイ 多くの国や諸国民にかかわっていること。〔ふつう、他のことばの上につけて複合語として用いる〕例―会議。―交流。

【国際色】コクサイショク いろいろな国の人やものが、入りまじって生じる感じ。例―豊かな万国博覧会会場。

【国際的】コクサイテキ（形動ナ）ものごとが多くの国々や民族にかかわっているようす。例―な規模。―に活躍する。

【国際連合】コクサイレンゴウ 第二次世界大戦後の一九四五（昭和二十）年、世界の平和維持を目的としてつくられた国際機構。国連。英語でいう、ユナイテッドネーションズ。U.N.

【国産】コクサン その国で産出または生産すること。また、その産物。例―車。

【国士】コクシ ①一国のなかでとくにすぐれた人物。例―無双。②国のためにつくす人。憂国の士。

【国士無双】コクシムソウ 一国のなかで、他にくらべる者がいないほどすぐれた人物。

【国司】コクシ 奈良・平安時代に、地方を治めるために朝廷から諸国に派遣された地方官。

【国史】コクシ その国の歴史。日本では日本の歴史。

【国師】コクシ ①奈良時代、朝廷から諸国に派遣され、その国の寺院や僧尼の監督、経典の講説などをおこなった僧侶。②徳の高い僧にあたえられる称号。例夢窓―。

【国字】コクジ ①その国で公用語を表記するのに採用されている文字。日本では漢字とかな。例―問題。②日本でつくった漢字。「峠」「榊」「畑」など。

【国事】コクジ 国の政治に関することがら。例―に奔走する。

【国事犯】コクジハン 国家の政治や秩序をおかす犯罪。内乱罪など。類政治犯。

【国手】コクシュ（国の病を治す名手の意。最高の名医とは国の病を治す人で、そのつぎは人の病を治す人であるという『国語』のことばから）すぐれた医者。名医。また、医者に対する敬意をあらわすことば。例田中―の診断をあおぐ。

【国主】コクシュ ①一国の君主。②江戸時代、一国またはそれ以上の領地を持っていた大名。国持ち。国主大名。国守。

【国守】コクシュ ①国司の長官。くにのかみ。②「国主②」に同じ。

【国書】コクショ ①一国の元首または政府が、その国の名で出す外交文書。例天皇に―を捧呈する。②図書の分類で、和・漢・洋の三種のうちの一つ、和書。日本人が日本語であらわした書籍。類国典。

【国情】コクジョウ その国の政治・経済・文化などのありさま。国内の状態。例ロシアの―に明るい。

【国辱】コクジョク 国の不名誉。例―を受ける。

【国人】コクジン その国の人。類国民。

【国粋】コクスイ その国または国民の文化や伝統などで、とくにすぐれたところ。例―主義。

【国是】コクゼ（「是」は、正しい方針の意）国の政治の方針。例―を定める。世界平和を―とする。

【国政】コクセイ 国の政治。例―に参加する。

【国勢】コクセイ 一国を人口・産業・資源などの面からみた、総合的な国の力。例―調査。

【国税】コクゼイ 国家がその財政をまかなうために、法人や国民から徴収する税金。

【国籍】コクセキ その国の国民としての、公的な身分や資格。航空機や船舶などについてもいう。例多―軍。

【国選】コクセン 国がえらぶこと。例―弁護人。

【国葬】コクソウ 国の儀式として国費でおこなう葬儀。

【国賊】コクゾク その国の国民でありながら、国に害をあたえる者。例―あつかいを受ける。

【国体】コクタイ ①主権の所在からみた国家形態。君主制・共和制・民主制など。例―を護持する。②「国民体育大会」の略。例冬季―。

【国鳥】コクチョウ 国を象徴する鳥。日本ではキジ。

【国定】コクテイ 国が指定すること。また、国が制作すること。例―公園。―教科書。

【国典】コクテン ①国の法典。類国法。②国の儀式。③日本の典籍。類国書。

【国都】コクト その国の首都。類首府。

【国土】コクド 国の統治権のおよぶ地域。国の領土。例―総合開発。―交通省。鉱物資源の豊かな―。

【国▼帑】コクド（「帑」は、金ぐらの意）国家の財産。

【国道】コクドウ 国が建設し管理する道路。例―一号。

【国内】コクナイ 国の領土のなか。対国外。例―市場。

【国難】コクナン 国家の存立にかかわるような災難。例挙国一致して―に当たる。

【国費】コクヒ 国庫から支出する費用。例―留学生。

【国賓】コクヒン 国家元首の賓客として、国費でもてなされる客。来訪する外国の元首・王・皇族・首相・特使など。

【国父】コクフ 国民から父として尊敬される主権者。例―孫文。トルコの―ケマル＝アタチュルク。

【国風】コクフウ ①その国の風俗や習慣。くにぶり。例―文化。②その国や地方の風俗をうたった詩歌や民謡。例『詩経』の―のうた。③（日本で）和歌。

【国文】コクブン ①その国のことばで書いてある文章。日本では、日本語で書かれた文章。②「国文科」「国文学」の略。

【国文学】コクブンガク ①その国の文学。日本では、日本文学。国文。②その国の文学を研究する学問。

【国柄】［一］コクヘイ 一国の政権。［二］くにがら ①その国が成立するうえでの特色。②その国またはその地方の風俗の特色。〔多く「お国柄」の形で使う〕

【国歩】コクホ 国の前途。国の運命。類国運。例―艱難（＝国の前途の見通しが暗く厳しいこと）。

【国母】コクボ・コクモ ①天子の母。②皇后。例―陛下。

【国宝】コクホウ ①国のたから。例人間―。②国家が法律によって指定し、特別に管理や保護をする、すぐれた建造物・文書・美術品・工芸品など。例―に指定された仏像。

【国法】コクホウ 国家の法律。国のおきて。とくに、憲法をいう。類国典。例―をおかす。―にふれる。

【国防】コクボウ 侵略から自国を守ること。また、その防備。例―力。―体制を厳重にする。

【国本】コクホン 国の基礎。国の根本。例―を危うくする。

【国民】コクミン 国家を構成する人々。その国の国籍をもつ人民。

【国民性】コクミンセイ その国民に共通してみられる、ものの考え方や気質などの特徴。

【国民投票】コクミントウヒョウ 憲法改正など、国政にかかわる重要事項について、国民がおこなう投票。

【国民の祝日】コクミンのシュクジツ 日本の国の祝日。

【国務】コクム 国家の政治に関する事務。例―大臣。

【国務大臣】コクムダイジン 内閣を構成する大臣。ふつう、総理大臣以外の大臣をいう。

【国名】コクメイ 国の名前。類国号。

【国命】コクメイ 国家の命令。朝命。

【国訳】コクヤク（名・する）漢文で書かれた経文などを、日本語の文として読みくだすこと。また、その文。例―大蔵経。

【国有】コクユウ 国が所有していること。類官有。対公有・私有・民有。例―地。

【国利】コクリ 国の利益。類国益。例―民福（＝国の利益と国民の幸福）を推進する。

【国立】教育や研究などのための機関の設置者が、国であること。また、そのもの。対公立・私立。例—大学。

【国力】国家の勢力。とくに、軍事力や経済力をいう。例—を養う。

【国老】①昔、中国の卿大夫で、退官したのちも同様の待遇を受けた人。②江戸時代、大名の領地にいる家老。国家老。③国家に功績のあった老臣。類元老。

【国論】国民の意見。類世論。例—にうったえる。

【国花】国家を象徴するとされる花。日本ではサクラ、また、キク。

漢字に親しむ ⑨ 国字について

漢字は、いうまでもなく中国で、中国語を表記するためにつくられた文字ですが、そのつくり方にならってわが国でも日本語を表記するための新しい漢字がつくられました。このような漢字を国字または和製漢字といいます。国字はわれわれの祖先が考え出したものだけあって、なるほどと感心させられるようなものがたくさんあります。

人の弟が兄のおもかげをただよわせていることから「俤」、神様に供える木だから「榊」、山の上りと下りの交わる所という意味で「峠」、身を美しくするための「躾」、田にいる鳥の「鴫」、雪の降る季節の魚「鱈」、木をふきからす風の「凩」(=「几」は「風」の省略形)、風が止む「凪」などは、実にわかりやすい傑作といえるでしょう。

兄 弟 俤

【国家】一定の領土とそこに定住する人民から成り、公用語を定め、主権によって統治されている集団。政府。くに。

【国家試験】一定の資格や免許をあたえるために国がおこなう試験。公務員試験・司法試験や、医師・薬剤師・看護師の国家試験など。

【国家主義】個人の権利・自由よりも、国家のことを優先させる思想。

【国歌】①国家を代表するものとしてうたわれるうた。例—斉唱。②和歌。

【国会】憲法が定める国家の議会。国権の最高機関であり、立法機関である。日本では衆議院と参議院から成る。例—議員。—が召集される。

【国漢】①旧制の中等学校の教科であった「国語」と「漢文」とをまとめていうことば。②国語と漢語。

【国旗】国家の象徴として定められた旗。例—掲揚。—がひるがえる。

【国教】国家が、国民の信じるべきものと認め保護する宗教。例キリスト教を—と定める。

【国境】㊀国家と国家との領土や領海のさかい。例—を越える。㊁昔の日本の国と国とのさかい。

【国君】国の君主。類国王。

【国訓】①漢字に、その意味に相当する日本語をあててよむ読み方。たとえば、「山」を「やま」、「飲」を「のむ」と読むなど。類和訓・字訓。②漢字の本来の意味とちがって、日本でだけの意味を示す読み方。たとえば、もともとナマズをあらわす「鮎」を「あゆ」と読むなど。

【国慶節】中華人民共和国の建国記念日。十月一日。

【国権】国内の統治や外国との交渉において、国家がもっている権力。国家の統治権。例—乱用。

【国憲】国家の根本となる法規。類憲法・国法。例—を重んじる。

【国庫】国家に所属する現金や有価証券などを、保管したり出納したりする機関。例—金。—支出金。

【国交】国家と国家との公式な外交関係。例—断絶。—のない国。
●異国・王国・開国・帰国・故国・鎖国・出国・諸国・全国・祖国・天国・万国・母国・隣国・列国

[囗部] 5—8画 囹 囿 圀 圄 圃 圉 圈 國

囗5 【囹】8画 5190 56F9 音レイ漢
意味 罪人をとじこめておく場所。ろうや。ひとや。例囹圄。
難読 囹圉(ひとや)
【囹圄】レイギョ(「レイゴ」とも)牢屋。牢獄。表記「囹圉」とも書く。

囗6 【囿】9画 5192 56FF 音ユウ漢 訓その
意味 (鳥やけものを放し飼いしている)囲いのある庭。その。例囿池。苑囿。
【囿苑】鳥やけものを飼う庭園。苑囿。
【囿人】①『周礼』にある官名。宮中の動物を飼育する人。②草木の栽培や手入れをする人。園丁。

囗6 【圀】9画 ⇨【国】(221ページ)

囗7 【圄】10画 5193 5704 音ギョ漢ゴ呉 訓ひとや
意味 罪人をとじこめておく場所。ろうや。ひとや。同圉。例囹圄。

囗7 【圃】10画 4264 5703 人名 音ホ漢 訓はたけ
意味 ❶菜園。野菜などを植える、はたけ。例花圃。菜圃。田圃。❷農夫。例老圃。

囗8 【圉】11画 5194 5709 音ギョ漢ゴ呉 訓ひとや・うまかい
意味 ❶罪人をとじこめておくところ。牢屋。ひとや。同圄。例囹圉(=牢屋)。❷ウマを飼育する役。うまかい。例圉臣。圉人。
【圉人】①『周礼』にある官名。宮中のウマを飼育する人。②ウマを飼う人。馬飼い。

囗8 【圈】11画 ⇨【圏】(224ページ)

囗8 【國】11画 ⇨【国】(221ページ)

口 9 【圏】 12画 2387 570F 常用 音ケン漢 訓かこ-い

筆順 冂 冂 冃 冈 冈 圏 圏 圏

口 8 【圈】 11画 5201 5708 人名

なりたち 【形声】「口（＝かこい）」と、音「巻ケン」とから成る。家畜カチクやけものを飼うおり。

意味 ❶動物を飼うおり。かこい。❷しきられた区域。範囲ハンイ。例圏外ケンガイ。首都圏シュトケン。大気圏タイキケン。❸文の要点など、読者の注意を引くために、そのわきにつける丸や点。例圏点ケンテン。

【圏外】ケンガイ 一定の条件や定まった範囲ハンイのそと。対圏内。例当選—に落ちる。

【圏点】ケンテン 文章中の文字のわきに、強調したり注意を引くために付ける「・」「、」「。」などのしるし。類傍点ボウテン。

【圏内】ケンナイ 一定の条件や定まった範囲ハンイのうち。対圏外。例暴風雨—。合格—にはいる。

●成層圏セイソウケン・対流圏タイリュウケン・南極圏ナンキョクケン・北極圏ホッキョクケン

口 9 【圍】 12画 ⇨【囲】イ（220ページ）

口 10 【園】 13画 1764 5712 教育2 音エン漢オン呉 訓その

筆順 冂 冂 冋 冋 冋 冋 園 園

艹13 【薗】 16画 1782 8597 人名 別体字

なりたち 【形声】「口（＝かこい）」と、音「袁エ」とから成る。果樹を植えるところ。

意味 ❶果樹などを植えた畑や庭。その。例庭園テイエン。農園ノウエン。❷人々が楽しんで集まる場所。例学園ガクエン。動物園ドウブツエン。楽園ラクエン。❸天子や王妃オウヒなどの墓所。みささぎ。例園陵エンリョウ。❹私有地。例荘園ショウエン。

難読 祇園ギオン・園城寺オンジョウジ

【園芸】エンゲイ 果樹や野菜、また花などを栽培サイバイすること。また、栽培や造園の技術。例—作物。家庭—。

【園児】エンジ 幼稚園ヨウチエンや保育園に通っている子供。

【園地】エンチ 公園や庭園になっている地域。例—を造成する。 表記 旧▼苑地

【園池】エンチ 庭園といけ。庭園と泉水。苑池エンチ。

【園長】エンチョウ 「園」という名のつく施設シセツの長。たとえば、保育園・幼稚園ヨウチエン・動物園・植物園などの長。

【園丁】エンテイ 庭園の番や造成・手入れなどを職業とする人。庭師。

【園遊会】エンユウカイ 客を招いて、庭園でもよおす宴会エンカイ。ガーデンパーティー。

●公園コウエン・菜園サイエン・造園ゾウエン・庭園テイエン・田園デンエン・閉園ヘイエン・霊園レイエン

口10 【圓】 13画 ⇨【円】エン（113ページ）

口11 【團】 14画 ⇨【団】ダン（219ページ）

口11 【圖】 14画 ⇨【図】ト（220ページ）

口 13 【圜】 16画 5208 571C 音一エン漢呉 二カン漢 訓まる-い・めぐ-る

意味 一エン ❶天のようにまるい。まるい。同円エン。例圜陣エンジン。❷天空。天。例圜宰エンサイ（＝天）。圜則エンソク（＝天）。二カン ぐるりとめぐらす。かこむ。例圜視カンシ（＝まわりを見まわす。顔を見あわせる）。

32 3画 土 つち つちへん 部

つちの中から草木が芽を出した形をあらわす。「土」をもとにしてできている漢字と、「土」の字形を目じるしにして引く漢字とを集めた。

0 土 2 圧 圦 3 圷 圭 在 地 圸 4 坎 均 圻 坑 坐 址 坏 坂 坊 5 坩 坤 垂 坮 坦 坪 坡 坿 垉 坪 6 垳 垓 垣 垠 型 垢 垰 城 垤 垪 7 埃 埆 埖 埔 埋 埒 城 埀 埓 8 堊 域 基 埣 埼 執 埴 堆 堂 培 埠 堋 堀 堵 埜 9 堙 堰 堝 堺 堪 堅 場 堕 塚 堤 堵 塔 塀 堡 報 塁 堯 10 塰 塋 塩 塢 塊 塙 堽 塒 塑 塞 塡 塗 塘 墓 塚 塡 11 境 塹 塾 墅 塵 増 墨 塲 12 墟 墜 墳 墹 墸 增 壿 墮 墜 墨 13 墺 壊 墾 壌 壇 壁 壅 墻 墳 14 壑 壕 壗 壓 15 壙 壘 16 壜 壟 壞 17 壢 壤

この部首に所属しない漢字

去⇨厶173 寺⇨寸308 至⇨至833 赱⇨走943 赤⇨赤941 走⇨走942 幸⇨干347 奎⇨大267 封⇨寸310 壻⇨士245

土 0 【土】 3画 3758 571F 教育1 音ト漢ド呉 訓つち 付表土産みやげ

筆順 一 十 土

なりたち 【指事】「二（＝地面と地中とをあらわす二本の横線）」と「｜（＝ものが出る形）」とから成る。万物バンブツを吐はき出し生じさせる地。

意味 ❶地面。大地。つち。例土壌ドジョウ。土地トチ。黄土コウド。❷くに。ふるさと。地方。例土着ドチャク。郷土キョウド。国土コクド。❸五行ゴギョウの一つ。方位では中央、季節では季夏カキ（＝夏の末）をあらわす。例土用ドヨウ。❹土を焼いてつくった楽器。

日本語での用法 《ト・ド》①旧国名「土佐とさ（＝今の高知県）」の略。「土州ドシュウ・薩長土肥サッチョウドヒ」②「土耳古（＝トルコ）」の略。「露土戦争ロトセンソウ」

難読 土方ひじかた（＝姓せい）・土蜂じがばち・土竜もぐら・土筆つくし

人名 ただ・のり・はに・ひじ

【▽土▽筆】つくし 早春、スギナの地下茎チカケイから出る胞子茎ホウシケイ。筆の形に似ている。食用。ツクヅクシ。ツクシンボ。

【土煙】つちけむり 風で土砂ドシャが空中にまいあがって煙のように見えるもの。例もうもうと—が立つ。

【土塊】ドカイ・つちくれ 土のかたまり。

【土方】ドかた 土木工事にたずさわる人。土工。

【土釜】ドがま （炊飯スイハン用の）土製のかま。

【土管】ドカン ねん土を焼いて作った管。排水ハイスイ管・下水管・煙突エントツなどに使う。

【土器】㊀ドキ ねん土を焼いて作る素焼きの焼き物。低い温度で焼く。とくに、遺跡から出土した原始時代のものをいうことが多い。例縄文―。㊁かわらけ 素焼きのさかずき。例―投げを楽しむ。―でお神酒をいただく。

【土偶】ドグウ 土製の人形。でく。とくに、縄文時代の遺跡から出土するどろ人形。

【土▼圭】トケイ ⇩【時計】(490ページ)

【土下座】ドゲザ (名・する) ①貴人や主君などに対して、地面にすわって尊敬の意をあらわした礼。②「①」のようにして謝罪や懇願の気持ちをあらわすこと。例―してあやまる。

【土建】ドケン 「土木建築」の略。例―業。

【土工】ドコウ 土や砂などをあつかう土木工事。また、その仕事をする人。

【土豪】ドゴウ その土地の豪族。その土地の勢力者。

【土佐】とさ 旧国名の一つ。今の高知県全域。土州ドシュウ。

【土左▽衛門】ドザエモン 水におぼれて死んだ人。溺死者デキシシャ。水死体。〔からだが丸くふくれたようすが、江戸時代の力士の成瀬川なるせがわ土左衛門に似ていたところから〕

【土産】㊀ドサン その土地の産物。㊁みやげ ①旅行先などから家に持って帰るその土地の産物。例―話ばなし。ヨーロッパ旅行の―。②人を訪問するときに持っていく品物。手みやげ。

【土質】ドシツ ①作物が育つかどうかという、土の性質。例―を改良する。②土を構成している物質。

【土砂】ドシャ 土とすな。例―くずれ。

【土壌】ドジョウ ①農作から見た土。例酸性―。―の改良。肥沃ヒヨクな―。②才能などが育つ環境。例すなおな子供の育つ―をつくる。

【土性骨】ドショウぼね 生まれつきの性質や根性を、強調していうことば。例―をたたきなおす。

【土人】ドジン ①その土地に住み着いている人。②発展途上国の土着の人を軽蔑していったことば。

【土星】ドセイ 太陽系の第六の惑星。木星の次に大きく、五十三個以上の衛星と周囲に環わをもつ。サターン。

【土石流】ドセキリュウ 土や石が雨水や地下水とともにどろみず状になり、激しい勢いで斜面を流れくだるもの。

【土葬】ドソウ (名・する) 死者をそのまま、または棺に入れて土の中にほうむること。対火葬・水葬・風葬。

【土蔵】ドゾウ 四方のかべを、どろとしっくいでぬり固めた倉庫。つちぐら。例―造り。―破り。

【土足】ドソク くつ・げた・ぞうりなど、戸外用のはきものをはいたままの状態。例―でふみにじる。

【土俗】ドゾク その土地の風俗・習慣。

【土地】トチ ①陸地。②耕作地。田や畑。例やせた―。③住むところ。地面。地所。例―の売買。④ある地方。あるところ。また、領地。例―の習慣。―の訛なまり。

【土地柄】トチがら その地方特有の風俗・習慣・人情などのようす。例―がよい。

【土地鑑】トチカン その地域の事情にくわしいこと。例犯人は―のある者らしい。表記「土地勘」とも書く。

【土着】ドチャク (名・する) その土地に住みついていること。また、根づいていること。例―の文化。

【土▼嚢】ドノウ 土を入れたふくろ。洪水などのときに積んで水をせき止める。また、銃砲の攻撃をさえぎるものとして使う。例―を積む。

【土俵】ドヒョウ ①土をつめたたわら。②相撲をとって、勝負をする場所。円形で、まわりを「①」で囲ってある。土俵場ば。例―に上がる。―を割る(=負ける)。

【土俵際】ドヒョウぎわ ①相撲で、土俵を囲むたわらと外側の土のさかいめ。例―でうっちゃる。②ものごとがうまくいくかいかないかの、さかいめ。土壇場ドタンば。例―に立たされる。

【土塀】ドベイ 土でつくったへい。例家のまわりに―をめぐらす。

【土崩瓦解】ドホウガカイ (名・する) 土がくずれ、かわらがくずれ落ちるように、ものごとが次々と崩壊していくこと。瓦解土崩。例徳川幕府の―が、維新の激しい勢いを示している。

【土木】ドボク 大きな建物の基礎や、道路・橋・ダムなどの、大がかりな工事。例―工事。―技師。

【土間】ドま 家の内部で、ゆかを張っていなくて、土をふみ固め土足で歩くようにしてあるところ。たたき。

【土▼饅▽頭】ドマンジュウ 土を丸く盛り上げてつくった墓。塚つか。

【土用】ドヨウ 暦こよみで、立春・立夏・立秋・立冬の前のそれぞれ十八日間をいうことば。とくに、夏の土用を指すことがある。例―の入いり。

【土用波】ドヨウなみ 日本で、夏の土用のころに海岸に打ち寄せる大波。遠方の台風の影響で起こる。例―が立つ。

【土用干し】ドヨウぼし 夏の土用のころ、衣服や書物に日光を当てたり風を通したりして、虫のつくのを防ぐこと。虫干し。

【土竜】㊀ドリュウ ①土で作った竜。竜は水を呼ぶといわれ、雨乞あまごいに用いた。②ミミズの別名。③モグラの異名。㊁もぐら モグラ科の哺乳ホニュウ動物。土の中にすみ、ミミズや昆虫を食べる。もぐらもち。例―たたき。

●郷土キョウド・国土コクド・出土シュツド・焦土ショウド・浄土ジョウド・全土ゼンド・風土フウド・本土ホンド・領土リョウド

[土部] 2画 ● 圧

3画

土2 【圧】 5画 1621 5727 教育5 音アツ 慣オウ 漢ヨウ 呉 訓お-す・お-さえる

筆順 一 厂 𠂆 圧 圧

土14 【壓】 17画 5258 58D3

なりたち [形声]「土(=つち)」と、音「厭ヨウ→オウ」とから成る。おしつぶす。

意味 ❶上から強い力を加える。むりにおさえつけて自由をうばう。おさえる。おす。例圧政アッセイ。圧力アツリョク。弾圧ダンアツ。❷(気体・液体などの内部に加わり、周囲に向かって)おす力。圧力のこと。例気圧キアツ。血圧ケツアツ。水圧スイアツ。

【圧延】アツエン (名・する) 金属のかたまりに機械で圧力をかけてのばし、板・棒・管などの形に加工すること。例―機。

【圧巻】アッカン 〔昔、中国の科挙(=役人の採用試験)で、巻(=答案)の最もすぐれたものをいちばん上にのせたことから〕書物やもよおしものなどのうち、最もすぐれている部分。例きょうの出し物のうちの―。

【圧搾】アッサク (名・する) ①圧力をかけてしぼること。例ダイズを―して油をとる。②圧力をかけて体積を小さくすること。類圧縮。例―空気。

【圧殺】アッサツ (名・する) ①おしつぶしてころすこと。②大きな力で、他人の自由をうばうこと。有無うむを言わさずねじふせること。例反対者の発言を―する。

【圧死】アッシ (名・する) おしつぶされて死ぬこと。

【圧縮】アッシュク (名・する) ①物体に圧力をかけて体積を小さくすること。類圧搾アッサク。例―空気。②文章などを短くちぢめること。例一〇ページに収まるように、内容を―する。

【圧勝】アッショウ (名・する) 圧倒アットウ的な強さで勝つこと。類完勝・大勝。対辛勝シンショウ。例大関おおぜきに―した横綱よこづな。

【圧制】アッセイ (名・する) 権力や武力で言動をむりにおさえつけること。例軍部の―。

【圧政】アッセイ 権力で人々をむりやりおさえつけておこなう政治。例独裁者の―に苦しむ。

【圧倒】アットウ（名・する）比較にならない力でおしまかすこと。例他を—する。—的な強さ。

【圧迫】アッパク（名・する）①強くおしつけること。例腹部に—感がある。物価高が家計を—する。②武力や権力で言動をおさえつけること。例精神的—を受ける。

【圧伏】アップク（名・する）武力や権力で他をおさえつけて従わせること。例反対勢力を—する。

【圧力】アツリョク ①ものをおす力。例—を加える。②目的を果たすために強くはたらきかけること。威圧すること。例政治的な—をかける。

●威圧・重圧・水圧・制圧・弾圧・鎮圧・抑圧

土2 **【圦】** 5画 5209 5726 国字 訓いり

参考 日本語の「いり」にあたる「入」に、土偏をそえた字。

意味 水の出入りを調節する樋。水門。樋口。

【圦▼樋】いりひ 水を出し入れして調節するための水門。また、その、とい。

土3 **【圷】** 6画 5210 5737 国字 訓あくつ

意味 あくつ。土地のひくい部分。おもに地名・姓に用いる。

土3 **【圭】** 6画 2329 572D 人名 音ケイ漢 訓たま

なりたち 圭 ［会意］「土（=その土地）」と「土（=領土とする）」とから成る。領土をあたえるしるしの宝玉。

意味 ❶昔、天子が諸侯に領土をあたえるときに、しるしとしてさずけた玉。先がとがっている玉。例圭角。❷さじ一杯ほどの量。例刀圭（=薬をもる、さじ）。❸日時計の目もりの部分。例土圭。

人名 か・かど・きよ・きよし・はかる・よし

【圭角】ケイカク（玉のとがったところの意）人の性格や態度にかどがあって、円満でないこと。例—のない人がら。

土3 **【在】** 6画 2663 5728 教育5 音サイ漢 ザイ呉 訓あ-る・いま-す

筆順 一 ナ 𠂇 𠂇 在 在

なりたち 𡉈 ［形声］「土（=つち）」と、音「才サイ」とから成る。その地にいる。ある。

意味 その場にある。生存している。ある。いる。例在世。現在。在ニューヨーク特派員。

日本語での用法《ザイ》①いなか。「在所・在の人」②「在原」姓の中国風の呼び方。「在五中将（=五は、五男の意）」

使い分け ある【有・在】⇒1162ページ

人名 あき・あきら・あり・すみ・たみ・とお・みつる

【在▼処】ありか もののある場所。人のいる場所。例宝の—。敵の—。

【在位】ザイイ（名・する）天子や王がその位についていること。例—三十年。

【在外】ザイガイ 外国にいること。外国にあること。例—邦人。—公館。—資本。

【在学】ザイガク（名・する）児童・生徒・学生として、学校の学籍に正式にその身分が登録されていること。類在校。例—証明書。

【在官】ザイカン（名・する）官職についていること。例—二十五年で退職した。

【在京】ザイキョウ（名・する）みやこ、または東京に住んでいること。また、滞在していること。例今月末まで—する予定。

【在郷】 □ザイキョウ（名・する）郷里にいること。例—の旧友。□ザイゴウ（名）いなか。在所。ざいご。

【在郷軍人】ザイゴウグンジン 予備役や退役などの軍人。ふだんは家庭にあり、非常時には召集されて軍務につく。

【在勤】ザイキン（名・する）ある勤務についていること。類在職。例本社に—している。

【在家】ザイケ 仏門にはいっていないふつうの人。類在俗。対出家。例—僧。

【在庫】ザイコ 品物が倉庫にあること。また、その品物。例—を処分する。版元にも—がない。

【在校】ザイコウ（名・する）①児童・生徒・学生として、その学校にいること。類在学。例—生。②学校の中にいること。例きょうは六時まで—している。

【在国】ザイコク（名・する）①郷里にいること。類在郷。②江戸時代、大名やその家臣が、くにもとにいること。

【在室】ザイシツ（名・する）①部屋の中にいること。例社長は—している。②「室」という名をもつ機関に属していること。例調査室に—する。

【在住】ザイジュウ（名・する）その土地に住んでいること。例京都市内に—する。

【在所】ザイショ ①郷里。いなか。例—に里帰りする。②すみか。ありか。あり場所。類所在。例—を問う。

【在職】ザイショク（名・する）ある職務についていること。類在勤。例—中のけが。

【在世】ザイセイ（「ザイセ」とも）（名・する）この世に生きていること。例故人の—中の思い出。

【在昔】ザイセキ むかし。類往昔。

【在籍】ザイセキ（名・する）学校や団体に籍があること。例—生徒数。

【在俗】ザイゾク（仏）出家していなくて、ふつうの生活をしていること。また、その人。類在家。対出家。

【在宅】ザイタク（名・する）自分の家にいること。例先生はご—でしょうか。—介護。—勤務。

【在中】ザイチュウ（名・する）封筒・箱などの中に、そのものがはいっていること。例写真—。

【在朝】ザイチョウ 朝廷に仕えていること。官職についていること。対在野。例—在野の別なく。

【在天】ザイテン（名・する）（この世ではなく）天にいること。例—の霊。

【在日】ザイニチ（名・する）外国人が、日本にいること。また、日本に住んでいること。例—イラン人。

【在任】ザイニン（名・する）任務についていること。また、任地にいること。例—中の苦労。山形支店に—している。

【在米】ザイベイ 米国（=アメリカ）にいること。また、米国に住んでいること。例—邦人。

【在銘】ザイメイ 書画・刀剣・器物などに作者の銘がはいっていること。対無銘。例—の古刀。

【在野】ザイヤ ①官職につかず民間にいること。対在朝。例—精神。—の士。②与党に対し、野党の立場にあること。

【在来】ザイライ これまでふつうにあったこと。これまでどおり。ありきたり。類従前・従来。例—線。—のものよりずっといい。

【在留】ザイリュウ（名・する）一定の期間、外国に住むこと。例—邦人。

●健在・現在・自在・実在・所在・存在・滞

在・不在

【地】

土3 6画 3547 5730 教育2 音チ漢ジ呉 訓つち 付表 意気地・心地

筆順 一 十 土 圴 坳 地

なりたち [形声]「土(=ものを生み出す、つち)」と、音「也ヤ→チ」とから成る。万物がならんでいるところ。

意味 ❶空の下に広がる陸。つち。対天。例地球。大地。陸地。❷一定の場所。ところ。例地域。地方。❸位置。立場。身分。例地位。地歩。境地。農地。❹形容詞や副詞のあとにつけて、その状態であることをあらわす。例忽地(=不意に)。驀地(=まっしぐらに進むようす)。

日本語での用法《ジ・チ》①その土地。その土地産の。「地の人・地酒・地物」②生まれつき。もちまえ。自然のまま。ふつうの。「地があらわれる・地力・素地・地道」③文章の中で、会話以外の部分。「地の文・地を謡う」④書物や荷物の下の部分。底。対天。「天地無用(=上下逆にすることは禁止)」

難読 地祇

人名 くに・ただ

【地謡】能や狂言で、舞台のすみにすわって、おもに謡曲の地の文を数人(=六―十二人ぐらい)でうたう謡。また、それをうたう人。地。地方。例―座。

【地顔】化粧をしていない顔。類素顔。

【地金】①メッキや加工の土台になっている金属。②生まれつきもっている、好ましくない性質。類本性。例メッキがはげて―が出る。

【地獄】①仏教やキリスト教で、生前に悪いことをした人が死後に行って苦しみを受けるといわれているところ。対極楽・天国。例―に落ちる。②ひじょうに苦しいこと、つらいこと、おそろしいこと。また、その状態。例受験―。通勤―。③火山や温泉で、熱湯がふき出しているところ。例―谷。

【地獄耳】①他人の秘密やうわさを、すばやく聞きこんでくること。また、その人。例かれは―だから用心しないといけない。②一度聞いたことは決して忘れないこと。また、その人。

【地酒】その土地でつくられる酒。いなか酒。

【地主】㊀その土地の守護神。例―権現。㊁土地の所有者。

【地震】地殻の変動や火山の活動などによって、大地がゆれうごく現象。例―計。―予知。

【地蔵】「地蔵菩薩」の略。釈迦の死後、弥勒菩薩があらわれるまでのあいだ、この世のすべての生き物を守り導くという菩薩。とくに子供を守るといわれる。おじぞうさま。

【地団駄】くやしくて、足をふみならすこと。〔「じだたら(=足でふんで空気を送る、ふいご)」のなまったことば〕例―を踏む。表記「地団太」とも書く。

【地鎮祭】土木・建築の工事をはじめる前に、土地の神をまつり工事の無事をいのる儀式。

【地頭】鎌倉・室町時代、荘園・公領を管理し、年貢の取り立てや、治安維持などをおこなった役人。例泣く子と―には勝てぬ(=理の通じない者を相手に争っても勝ちめはない)。

【地鳴り】地震や火山の活動によって大地が震動して鳴りひびくこと。また、その音。

【地盤】①建物の土台となる土地。例―沈下。軟弱な―。②活動の足場となる根拠地。勢力範囲。例選挙―。―を固める。

【地味】㊀(名・形動)目立たないこと。質素なこと。対派手。例―な服装。㊁(名)作物をつくる土壌としての、土地のよしあしの状態。例―が肥えている。

【地道】(名・形動)〔ふつうの速さで歩く意から〕むりをせずまじめにこつこつとものごとを進めるようす。着実。堅実。例―な努力が実る。

【地面】①土地の表面。例―に腰を下ろす。②土地。地所。例―の売買。

【地元】①そのことに直接関係のある土地。類現地・当地。例―出身者。―の住民。②自分の住んでいる地域。例―の商店街。―に帰る。

【地位】社会・組織のなかでの、ある人の位置。身分。くらい。立場。類地歩。例―が上がる。大臣の―につく。

【地異】地震・噴火・洪水など、地上に起こる異変。類地変。例天変―。

【地域】区切られたある一定の範囲の土地。例―社会。―の代表。

【地衣類】藻類と菌類が共生して一つの植物となっているもの。岩上や樹上に生育し、くき・葉の区別がない。リトマスゴケ・サルオガセなど。

【地縁】一定の地域に住むことによってできたかかわりあい。例―社会。→【血縁】(882ページ)

【地下】㊀①地面の下。対地上。例―の倉庫。②死後の世界。冥土。例―にねむる。③非合法な社会運動のおこなわれる場。例―組織。―にもぐる。㊁昔、宮中の御殿にのぼることを許されなかった身分の低い役人。対殿上人・堂上。

【地下茎】地中にある植物のくき。ハス・ジャガイモ・サトイモ・ユリなどにある。

【地下水】地中に自然にたまった水。例―をくみ上げる。

【地下鉄】「地下鉄道」の略。都市の地下に、トンネルをほってつくった鉄道。サブウエー。メトロ。

【地価】土地の価格。例―が高騰する。

【地階】建物で地下にある階。例―の工作室。

【地核】地球の中心部。液状の部分と固体状の部分があると考えられ、高温・高圧。核。コア。

【地殻】地球の表層の部分。岩石からできていてかたい。例―の変動。

【地学】地球を研究の対象とする学問。地質学・地球物理学・鉱物学・海洋学・地震学など。

【地▼祇】地の神。国土の神。対天神。

【地球】人類の住んでいる天体。太陽系の第三の惑星。水と大気があり、さまざまな生物が生存する。自転しながら、一年で太陽のまわりを回り、月を衛星にもつ。

【地球儀】地球の模型。表面に陸や海の分布、経線や緯線がえがいてある。

【地峡】二つの大きな陸地をつなぐ、細長い陸地。パナマ地峡やスエズ地峡が有名。

【地形】山・川・平野・海など、土地の高低・起伏などの形態。類地勢。例南北に細長い―。

【地溝】二つの断層にはさまれてできた、細長くくぼんだ土地。

【地誌】ある地方の地理的特質について書いた書物。表記「地志」とも書く。

【地軸】①地球が自転するときの回転軸。②大地をささえて地球をつらぬくと考えられている線。例—をゆるがす大音響。

【地質】チシツ 地殻を構成する岩石や地層の、性質や状態。例—調査。—時代。—年代の区分。

【地上】チジョウ ①土地の表面。対地下。例—九階建て。②この世。現世。対天上。例—の楽園。

【地図】チズ 地形や土地利用のようすを平面上にあらわした図。例—帳。世界—。五万分の一の—。

【地勢】チセイ 土地のありさま。山・川・海や、土地の高低・起伏などの地形を、総合的にみたもの。例—が険しい。

【地租】チソ 昔、土地に対して課した租税。例—改正。

【地相】チソウ ①土地のようす。地形。例山がちの—。②土地のようすから判断される吉凶。例—がよい。

【地層】チソウ 地殻を形づくる層。土砂や岩石が長いあいだに積もってできる。堆積物の成分が時代によって異なるため、断面はしま模様になる。例古代の—。

【地帯】チタイ 特定の地域や場所。例工場—。安全—。

【地底】チテイ 地下のひじょうに深いところ。大地のそこ。例—のマグマ。—を探検する。

【地点】チテン ある特定の場所、位置。例調査の—を選ぶ。マラソンの折り返し—。

【地動説】チドウセツ 地球が太陽のまわりを回転するという説。十六世紀のコペルニクスがとなえ、ガリレオ、ケプラー、ニュートンなどによって、その正しさが明らかにされた。対天動説。

【地熱】チネツ 〔「ジネツ」とも〕地球内部の熱。例—発電。—を利用する。

【地表】チヒョウ 地球の表面。大地の表面。例—に芽を出す。大地震によって—に生じた亀裂。

【地平】チヘイ ①大地の平面。広くひろがる視界。例—のかなた。②転じて、視野にはいる範囲。展望。

【地平線】チヘイセン 地面と空とが一本の線のように接している部分。例—に太陽がしずむ。→【水平線】(574ジ)

【地変】チヘン 地震・火山の噴火など、地上に起こる異常なできごと。類地異。例天災—。

【地歩】チホ 自分のいる立場。地位。例—を固める。—を保つ。—を占める。

【地方】チホウ ①地球上、または国内の、ある地域。例北陸—。②首都以外の土地。対中央。例—から上京する。

【地方色】チホウショク 風土・人情・方言・産物・祭礼などによって折々にあらわれる、その地方独特の雰囲気。郷土色。ローカルカラー。例—豊かな祭り。

［土部］3—4画● 圸 坎 均 圻 坑 坐

【地目】チモク 土地を用途によって分類したときの呼び名。土地の種類の名前。田・畑・宅地・山林・原野・用水路・公園など。例—を変更する。

【地文】チモン 〔「チブン」とも〕大地のありさま。例—学。

【地理】チリ ①土地のようす。例—に明るい。②山や川など地形のありさま。産業や人口、交通、気候など総合的に見た土地の状態。また、それをあつかう学問。例—学。

●意地・各地・危地・基地・窮地・境地・極地・見地・山地・産地・敷地・借地・陣地・戦地・素地・大地・着地・天地・当地・土地・無地・用地・余地

圸
土 3　6画　5211　5738　国字　訓まま

意味 地名に用いられる字。

坎
土 4　7画　5212　574E　音カン漢呉　訓あな

意味 ❶土地のくぼんだところ。あな。例坎穽(=おとしあな)。❷易の八卦の一つ。自然では水、方位では北をあらわす。

均
土 4　7画　2249　5747　教育5　音キン漢　訓ひと-しい・なら-す

筆順 一 十 土 圴 圴 均 均

なりたち [会意]「土(=つち)」と「匀(=あまねくひとしい)」とから成る。すみずみまでひとしくそろっている。

意味 ❶平らで差がない。同じ。ひとしい。また、ひとしくする。例均一。均等。均分。❷つりあいがとれて、ととのっている。ととのえる。例均衡。均整。

人名 ただ・なお・なり・ひとし・ひら・ひろ・ひろし・まさ

【均一】キンイツ (名・形動ダ)すべてのものについて、同一の基準をあてはめること。類一律。例—料金。百円—。—の厚さ。

【均衡】キンコウ (名・する)二つ以上のもののあいだの、力や重さのつりあい。平衡。バランス。例—を保つ。—を破る。

【均質】キンシツ (名・形動ダ)あるものの、どの部分についても性質や状態が同じであること。類等質。例—な液体。

【均整】キンセイ (ものの形などが)つりあいがとれて、ととのっていること。例—のとれたからだ。表記「均斉」とも書く。

【均等】キントウ (名・形動ダ)差がなく、ひとしいこと。類平等。例—割り。機会—。たがいに—に負担する。

【均分】キンブン (名・する)ひとしく分けること。類等分。例—相続。土地を—する。

●平均

圻
土 4　7画　5213　573B　音一ギン漢　二キ漢　訓きし・さかい・ほとり

意味 一 地のはて。辺際。同垠。二 ❶天子の直轄地。同畿。❷千里四方の地。❸境界。また、境界に囲まれた地域。❹きし。同碕。

坑
土 4　7画　2503　5751　常用　音コウ漢　キョウ呉　訓あな

筆順 一 十 土 圹 圹 坊 坑

阬 阝4　7画　2-9162　962C　本字

なりたち [形声]「阝(=おか)」と、音「亢」とから成る。門が高く大きいようす。派生して「深くて大きいあな」の意。

意味 ❶地にほった穴。あな。例坑道。炭坑。廃坑。❷穴うめにする。生きうめにする。あなにする。例焚書坑儒。

【坑儒】コウジュ 秦の始皇帝が儒学者を穴に生きうめにして殺したこと。→【焚書坑儒】(637ジ)

【坑道】コウドウ 地下にほった通路。とくに、鉱山などで縦・横にほられた通路。

【坑内】コウナイ 坑道のなか。例—作業。—火災。

【坑夫】コウフ 鉱山、とくに炭坑で働く労働者。

坐
土 4　7画　2633　5750　人名　音サ漢　ザ呉　訓すわ-る・そぞ-ろに・いま-す・おわ-す・まし-ます・ま-す

意味 ❶ひざを折りまげて、こしをおろす。すわる。例坐禅。

静坐。端坐。❷すわるところ。同座。例坐位（＝すわった姿勢）。同坐。❸当事者として裁判の席にすわる。罪を得る。例連坐。罪に坐する。❹すわったままで、何もしない。例坐視。坐食。坐して死を待つ。❺何もしないのに、自然にそうなる。なんとなく。そぞろに。

日本語での用法《まします・います・ます・おわす》「ある」「居る」をうやまっていうことば。「天に坐ます神か・殿はお車の中に坐す」

表記 現代表記では、「座」に書きかえることがある。熟語は「座」(354ページ)を参照。

難読 坐睡

土4【址】7画 5214 5740 音シ漢 訓あと

阝4【阯】7画 7987 962F 本字

意味 ❶建物の土台。いしずえ。もとい。例基址。❷建物のあったあと。くずれて残った土台。あと。例旧址。城址。

土4【坏】7画 5215 574F 音ハイ漢 訓つき

意味 まだ焼いていないかわらや土器。

日本語での用法《つき》飲食物を盛るうつわ。「高坏」

土4【坂】7画 2668 5742 教育3 音バン慣 ハン漢 訓さか

筆順 一 十 土 圹 圻 坂

なりたち【形声】「土（＝つち）」と、音「反ハン」とから成る。山の斜面。さか。

意味 傾斜した道。さか。同阪。例坂道。急坂。

【坂道】さかみち 傾斜している道。坂。

【坂東】バンドウ〔相模の足柄峠の坂および上野の碓氷峠の坂より東の地の意という〕関東地方の古い呼び名。例―太郎（＝利根川の別名）。―声（＝東国なまり）。―武者。

●女坂・急坂

土4【坊】7画 4323 574A 常用 音ボッ慣 ホウ漢 ボウ呉

筆順 一 十 土 圹 圹 坊 坊

なりたち【形声】「土（＝つち）」と、音「方ホウ」とから成る。町や村の一区画。

意味 ❶町の一区域。市街。まち。例坊市（＝市街）。❷みせ。例茶坊。酒坊。❸（僧の）住まい。へや。てら。例坊主。宿坊。僧坊。

日本語での用法《ボウ・ボッ》①僧。「お坊さん・御坊・武蔵坊」②男の子。「坊や・坊ちゃん」③人の様態などについて擬人化していうことば。「朝寝坊・けちん坊・風来坊」

【坊間】ボウカン〔まちの中の意〕世間。例―の書（＝通俗の書）。うわさが―に広まる。

【坊主】ボウズ ①〔仏〕寺の主人である僧侶。僧坊のあるじ。②僧侶をやや、いやしめていうことば。例生臭―。③かみの毛をそった頭。また、それに似た状態。例―頭。毬栗―。山が―になる。④男の子を親しんで呼ぶことば。例やんちゃ―。⑤花札の八月（＝ススキ）の二十点ふだ。⑥釣りで、何も釣れなかったこと。

●宿坊・僧坊・寝坊・風来坊

土5【坩】8画 5216 5769 音カン漢 訓つぼ

意味 土製のつぼ。るつぼ。例坩堝。

【坩堝】カンカ・るつぼ ①金属や物質を高熱でとかすための、耐熱性の容器。②熱狂的な感情の高まりのたとえ。例球場は興奮の―と化した。③いろいろな種類がまざっていることのたとえ。例人種の―。

土5【坤】8画 2605 5764 音コン漢 訓ひつじさる

意味 ❶大地。つち。例坤輿。乾坤。❷易の卦。八卦の一つ。地をかたどり、地・女・母など、陰性・従順をあらわす。例坤元（＝地。大地）。坤徳。❸方位の名。南西にあたる。ひつじさる。

【坤徳】コントク ①地の徳。万物をはぐくむ大地の力。②皇后の徳。▽対乾徳。

【坤輿】コンヨ 大地。

土5【垂】8画 3166 5782 教育6 音スイ漢 シ・ズイ呉 訓た-れる・た-らす・なんなんとする

筆順 ノ 二 三 乒 乒 乒 垂 垂

土7【埀】10画 5217 57C0 別体字

なりたち【形声】「土（＝つち）」と、音「𠂹スイ」とから成る。遠い地のはて。

意味 ❶国土のはて。辺境。例辺垂。❷たれ下がる。たらす。たれる。例垂直。下垂。垂氷。❸下の人へ教えを示す。後世にのこす。例垂訓。垂範。❹いまにも…になろうとしている。…しかかっている。なりなんとする。なんなんとする。例垂死。丸三年に垂なんとする。

難読 垂乳根・沼垂（＝地名）

人名 しげる・たり・たる・たれ

【垂訓】スイクン 教えのことばを示すこと。また、その教え。例師の―に従う。（キリストの）山上の―。

【垂死】スイシ いまにも死にそうな状態にあること。類瀕死。例―の病床にある。

【垂示】スイジ〔「スイシ」とも〕（名・する）①教えしめすこと。②〔仏〕禅宗で、師が弟子に短い教えを説くこと。また、その教え。

【垂迹】スイジャク（名・する）〔仏〕仏が衆生を救うために、この世にかりの姿であらわれること。例本地―。

【垂線】スイセン（数）ある直線または平面と垂直に交わる直線。垂直線。例頂点から底面に―を下ろす。

【垂涎】スイゼン（名・する）〔「涎」は、よだれの意〕①よだれをたらすこと。②あるものを、強くほしがること。例―の的。巨額の賞金に―する。

【垂直】スイチョク（名・形動ダ）①直線または平面が交わってつくる角度が直角であること。例―に二等分する直線。②重力の方向。水平面と直角に交わる。類鉛直。対水平。例―に切りたった崖。

【垂範】スイハン（名・する）（上の立場にある者が）模範を示すこと。手本を見せること。範を垂れる。例率先―する。

【垂柳】スイリュウ シダレヤナギ。垂楊。

【垂老】スイロウ やがて七十歳になろうとする老人。〔七十歳を「老」とする〕例—の碩学。

【垂れ幕】たれマク 建物の内部の空間を仕切るため、または、字や絵をかいて多くの人々に見せるために、たれさげる幕。例スタンドに応援の—がかかる。対引き幕。

●胃下垂・懸垂・虫垂

土5【岱】8画 5218 5788 音タイ漢 訓ぬた

意味 中国で地名に用いられる字。

日本語での用法《ぬた》地名に用いられる字。「ぬた」は、地形上、泥の深い沼地を指す。「藤岱（=山梨県の地名）」

土5【坦】8画 3519 5766 人名 音タン漢県 訓たい-らか

意味 ❶広くて平ら。たいらか。例坦坦。平坦。❷感情に起伏がない。おだやか。例坦懐。

人名 あき・あきら・しずか・たいら・ひら・ひろ・やす・やすし

【坦懐】タンカイ 心の中が平らかで、何もわだかまりのないこと。例虚心—。

【坦坦】タンタン（形動タル）①土地や道が果てしなく平らなようす。例—とした原野。②なんの変動もなく、ものごとが過ぎていくようす。波乱のないようす。例—とした晩年の生活。

土5【坪】8画 3658 576A 常用 音ヘイ漢 訓つぼ

筆順 一 十 土 圹 圷 坪 坪

土5【坪】8画

なりたち ［会意］「土（=つち）」と「平へ（=たいら）」とから成る。土地が平ら。

意味 平らな土地。

日本語での用法《つぼ》①かべ・へいなどでまわりを囲った中庭。また、宮中の部屋の一つ一つ。つぼね。「坪庭」②宅地や建物の面積の単位。六尺四方（=約三・三平方メートル）。「坪数・建坪」③土砂の体積の単位。六尺立方。「立坪」④タイル・ガラスなどの建築資材や、皮革の面積の単位。一尺四方。「尺坪」⑤織物の錦や、印刷・製版の面積の単位。一寸四方。「寸坪」

土5【坡】8画 5219 5761 音ハ漢 訓さか・つつみ

意味（土を坂のように盛り上げた）堤防。土手。つつみ。同陂。例坡塘。

【坡塘】ハトウ 土手。堤防。

土5【坿】8画 5220 577F 音フ漢 訓ま-す

意味 ❶付け加える。ます。同附。❷石英。

土5【垉】8画 5221 5789 音ホウ漢

意味 義未詳。

日本語での用法《ホウ》地名に用いられる字。「垉六（=愛知県の地名）」

土5【坪】8画 ⇨【坪】つぼ（230ページ）

土6【垳】9画 5224 57B3 国字 訓がけ

意味 人名・地名に用いられる字。例垳（=埼玉県の地名）。

土6【垓】9画 5222 5793 音ガイ慣カイ漢

意味 ❶広大な土地。地のはて。辺境。例九垓。❷数の単位。兆の一億倍。〔もとは億の一千倍〕

【垓下】ガイカ 秦代末、漢・楚の戦いで、楚の項羽の軍が漢の高祖の軍に追いつめられた地。今の安徽省霊璧県付近。例項王の軍、—に壁す（=垓下にとりでを築いてたてこもった）。→【四面楚歌】（217ページ）

土6【垣】9画 1932 57A3 常用 音エン漢 訓かき

筆順 一 十 土 圹 圻 垣 垣 垣

なりたち ［形声］「土（=つち）」と、音「亘セン→エン」とから成る。かきね。

意味 かきね。かき。例垣牆。石垣。姫垣。

難読 垣間見る・透垣・垣内・垣外

人名 たか・はん・ひろ

【▽垣▼牆】エンショウ かき。かきね。かこい。

【垣根】かきね ①家や敷地の周囲に設け、他の家や敷地と区切るための囲い。例—を結う。②他人とのあいだにつくったへだて。例—を取りはずす。—をはらう。

●友垣・姫垣

土6【垠】9画 5223 57A0 音ギン漢 訓かぎり・きし

意味 ❶地のはて。かぎり。同圻。例垠堮（=かぎり。はて）。❷がけ。きし。同沂。例垠崖。

土6【型】9画 2331 578B 教育5 音ケイ漢 訓かた

筆順 二 チ 开 开 刑 刑 型 型 型

なりたち ［形声］「土（=つち）」と、音「刑ケイ」とから成る。うつわをつくるための土の鋳型。

意味 ❶いがた。かた。例紙型。型紙。❷基準となるかたち。手本。かた。例典型。模型。

使い分け かた【形・型】⇩1167ページ

【型紙】かたがみ ①洋裁や手芸などで、布を裁断するとき、あらかじめ服や模様などを製図して切りぬいた紙。例—を裁つ。②染色で、模様を切りぬいた厚紙。

【型染め】かたぞめ 型紙を使って模様を染めあらわすこと。また、染めたもの。小紋・サラサ・紅型など。

【型通り】かたどおり（名・形動ダ）世間でならわしとなっている方法。形式どおり。例—のあいさつ。—に式をとりおこなう。

【型破り】かたやぶり（名・形動ダ）ふつうでは考えられないほど、常識の枠をこえていること。変わっていること。例—な発言。—の性格。

【型▽録】カタログ（英語 catalogue の音訳）商品などの目録。また、営業案内書。

●大型・原型・小型・新型・成型・体型・中型・定型・典型・判型・模型・類型

土 6
【垢】9画 2504 57A2 音コウ漢ク呉 訓あか
意味 ❶よごれ。けがれ。ほこり。あか。例歯垢。無垢。❷はずかしめ。はじ。例含垢(=はじをしのぶ)。
難読 頭垢(ふけ)
【垢抜け】(名・する) 姿や行動がすっきりとして洗練されていること。やぼったくないこと。例―した身なり。―のした会話。
【垢衣】あかのついた、きたない着物。例蓬髪(ホウハツ)―。―をまとう。
【垢離】(こり) 神仏に祈願する前に、心身のけがれを落とすため、水を浴びて身を清めること。例水―。寒―。

土 6
【垰】9画 5227 57B0 国字 訓たお・たわ・とう・とうげ
意味 人名・地名に用いられる字。例垰(たお)(=山口県の地名)。

土 6
【城】9画 3075 57CE 教育4 音セイ漢ジョウ呉 訓しろ
筆順 一 十 土 圹 圻 城 城 城 城
土 7
【城】10画 2F852
なりたち [会意]「土(=つち)」と「成(セイ)(=盛る)」とから成る。(穀物を盛るうつわのように)人民を入れるもの。まち。
意味 ❶土塁(ルイ)をめぐらした町。まち。例城市。傾城。都城。❷国。❸敵をふせぐための建造物。土塁。例城郭。城壁。
日本語での用法《ジョウ》①大名の住むところ。多くは町の中心にある。「城主・居城」②奈良時代の行政官庁。「多賀城」③旧国名「山城(やましろ)(=今の京都府の南東部)」の略。「城州」
県名 茨城
難読 城戸(きど)・岩城(いわき)・百磯城(ももしき)・城南(セイナン)の離宮
人名 き・くに・さね・しげ・なり・まもる・むら
【城下】①城壁のきわ。城のそば。例―の盟(ちかい)。②城のある町。城下町。例百万石(ヒャクマンゴク)の―。
【城下の▽盟】敵に城壁の下までせめこまれて、やむなく結ぶ講和。
【城下町】日本の中世・近世に、地方大名の城を中心に発達した町。
【城外】城のそと。対城内。
【城郭】町のまわりに、いくえにも設けた、かこい。また、城のこと。例―都市。―を構える。表記 旧城▼廓
【城▼狐】城壁の穴ぐらにすむキツネ。君主に身を寄せて悪事をはたらく臣下のたとえ。〔退治しようにも城壁をこわすことはできないことから〕例―社鼠(シャソ)。
【城塞】城ととりで。例―を築く。―に立てこもって戦う。表記「城▼砦・城▼寨」とも書く。
【城市】①城壁にかこまれている、中国の都市。②日本の、城のある町。城下町。
【城▼址】しろあと。表記「城▼趾」とも書く。
【城主】①城のあるじ。②江戸時代、領地に居城を持つ大名。城持ち大名。
【城代】①江戸時代、幕府の支配する大坂城や駿府(スンプ)城などを、将軍に代わって治めた職。②城主の留守(ルス)のあいだ、城を守る人。とくに、江戸時代、居城にいて政務をみる家老。城代家老。
【城頭】城のほとり。また、城の上。例―にひるがえる旗。
【城内】城の中。城中。対城外。例―にはいる。
【城壁】城の外まわりを形づくっている、かべやへいや石がき。例―をよじ登る。
【城門】城の門。城の出入り口。
【城楼】城壁に設けてある、物見やぐら。
●王城・開城・牙城・宮城・居城・傾城・攻城・古城・築城・長城・不夜城・落城・籠城

土 6
【垤】9画 5225 57A4 音テツ漢 訓ありづか
意味 アリが穴のまわりに運び出して積み上げた土。ありの塔。ありづか。例蟻垤(ギテツ)(=ありづか)。

土 6
【垪】9画 5226 57AA 訓は・へい
意味 〔一説に、音「コウ」あるいは「ジョウ」とするが、義未詳〕人名・地名に用いられる字。例大垪和東(おおはがひがし)(=岡山県の地名)。

土 7
【埃】10画 5228 57C3 音アイ漢 訓ちり・ほこり
意味 風でまい上がったちり。砂けむり。ごみ。ちり。ほこり。例埃靄(アイアイ)(=砂けむり)。塵埃(ジンアイ)。
難読 埃及(エジプト)

土 7
【埆】10画 5229 57C6 音カク漢 訓かた-い
意味 土地がやせている。

土 7
【埖】10画 5234 57D6 国字 訓ごみ
意味 人名・地名に用いられる字。例埖渡(ごみわたり)(=青森県の地名)。

土 7
【埔】10画 5230 57D4 音ホ
意味 中国で地名に用いられる字。例黄埔(コウホ)(=広東(カントン)省広州市にある地名)。大埔(=広東省大埔県)。

土 7
【埋】10画 4368 57CB 常用 音バイ漢マイ呉 訓う-める・う-まる・う-もれる・うず-める・うず-まる・うず-もれる
筆順 一 十 土 圳 坦 坦 埋 埋 埋
なりたち [形声] 本字は「薶」で、「艹(=くさ)」と、音「貍(リ→バイ)」とから成る。うめてしまう。
意味 ❶土の中にうめる。うずめる。うめる。例埋葬。埋蔵。❷人目にふれない。世に知られない。うもれる。例埋伏。埋没。世に埋もれた賢人。
日本語での用法《うめる》他のもので不足をおぎなう。うめあわせをする。「家計の赤字を埋める」
【▽埋み火】(うずみび) 灰の中にうめてある炭火。例―をかきたてる。
【埋め合わせ】(名・する) 足りないところを、ほかのもので

おぎなうこと。例約束をやぶった—に夕食をごちそうする。

【埋め草】(城をせめるとき、城の堀をうめるために用いる草の意)雑誌や新聞の編集で、紙面のあいたところをうめるための短い記事。例—に書く随筆。

【埋骨】(名・する)火葬にした死者のほねを墓におさめること。例—をすませる。

【埋設】(名・する)水道管・ガス管などを地下にそなえつけること。例電線の—工事。

【埋葬】(名・する)死者のほねやからだを、土や墓の中にほうむること。例—許可証。

【埋蔵】(名・する)①うずめてかくすこと。例—金。②天然資源などが地中にうずまっていること。例石油—量。—物。—文化財。

【埋伏】(名・する)うずもれかくれること。また、かくれひそむこと。待ちぶせすること。例林の中に—して敵を待つ。

【埋没】(名・する)①土や砂にうまって見えなくなること。例がけくずれで多くの家が土砂に—した。②ある状態にひたりきること。例趣味に—して過ごす。③才能などが世に知られずにいること。例世に—した偉才。

土7 【埒】10画 5231 57D2 音ラチ・ラツ慣 レツ漢 訓かこ-い

土7 【埓】10画 5232 57D3 俗字

意味 低いかきね。しきり。かこい。例放埒。

日本語での用法《ラチ》けじめ。さだめ。きまり。「不埒な男・埒があかない」

【埒外】かこいのそと。一定の範囲外。対埒内。例—の行動。

【埒内】かこいのうち。一定の範囲内。対埒外。例—におさまる。

土7 【城】10画 ⇩【城】(231ページ)

土7 【垂】10画 ⇩【垂】(229ページ)

土7 【埓】10画 ⇩【埒】(232ページ)

土8 【堊】11画 5233 580A 音ア慣 アク漢 訓しろつち

意味 表面に白土を塗る。しろつち。例白堊。

土8 【域】11画 1672 57DF 教育6 音ヨク漢 イキ呉 訓さかい

筆順 十 土 圹 坷 垣 域 域 域

なりたち 域 [会意]「土(=つち)」と「或(=くに)」とから成る。くに。

意味 ❶くぎられた土地。くぎり。また、さかい。例域内。地域。流域。❷ある限られた範囲。例音域。芸域。聖域。

人名 くに・むら

【域外】区域外。ある限られた場所のそと。オフショア。対域内。例—買い付け。—生産。

【域内】区域内。ある限られた場所のなか。対域外。例—貿易。

◎音域・海域・区域・広域・職域・水域・西域・声域・全域・地域・流域・領域・霊域

土8 【基】11画 2080 57FA 教育5 音キ漢呉 訓もと・もとい・もと-づく

筆順 一 卄 廿 甘 其 其 其 基 基

なりたち [形声]「土(=つち)」と、音「其キ」とから成る。かきねの土台。

意味 ❶土台。根本。よりどころ。よりどころとする。もとづく。例基準。基礎。基本。❷ものごとのはじまり。おこり。もと。もとい。例開基。❸化学反応のとき、一つにまとまってはたらく原子の集団。例塩基。水酸基。

日本語での用法《キ》塔・墓石など、地にすえられたものを数えることば。「灯籠一基」

使い分け もと【下・元・本・基】⇩1180ページ

人名 おさむ・のり・はじむ・はじめ・もとし・もとむ

【基因】(名・する)何かが起こる、そもそもの原因。例地震に—する損害。表記「起因」とも書く。

【基幹】おおもと。ものごとの中心。例—産業。

【基金】①事業・計画などの経済的な基礎となる資金。例—を確保する。②財団法人や地方公共団体などの基礎となる資金や財産。例育英—。

【基軸】(考えや組織などの)土台や中心となるところ。

【基準】①くらべたり判断したりするときに、よりどころとなるもの。例採点—を明らかにする。②最低限、それだけは満たされていなくてはならないという、一定の決まり。例建築—。—に達していない。—を満たす。

【基礎】①建物の土台。いしずえ。例—工事。②進歩や発達をささえているもと。基本。例—を身につける。

【基地】軍隊・探検隊・漁船などが活動するためのもととなる施設や場所。根拠地。例宇宙—。南極観測—。

【基調】①音楽で、ある楽曲の中心となっている調子。例—音。②作品・思想・行動などに一貫して流れる基本的な考え方・調子。トーン。例青を—とした色彩。

【基底】①構造の基礎となる底面。例ダムの—部。②思考・行動のよりどころやささえ。

【基点】距離などをはかるときの、もとどする地点。

【基盤】ものごとを成り立たせるおおもと。土台。

【基肥】種をまく前や作物を植える前に、土にすきこんでおく肥料。対追肥。

【基部】基礎となる部分。例発電設備の—。

【基本】ある形・行動・考えなどを形づくるためのおおもとの部分。基礎。例—方針。—に忠実なプレー。

【基本単位】種々の単位の基本となる単位。たとえば、メートル・キログラム・秒・アンペアなどがある。

【基本的人権】人間が人間らしく幸福に生きていくための、基本の権利。日本国憲法では、自由権(=思想・信教の自由、集会・結社・表現の自由など)・参政権(=国民が政治に参加する権利)・社会権(=個人の生存、生活の維持・発展に必要ないろいろなことがらを国家に要求する権利)などが保障されている。

【▽基▽督】「基利斯督」の略。イエス=キリストのこと。聖書によれば、紀元前五年ごろユダヤに生まれ、神の国の到来を説き、まずしい者と交わり、病める者をいやし、また、ユダヤ教の指導者たちと対立して十字架にかけられたが、三日後に復活したという。

【▽基▽督教】イエス=キリストを、神の子・救い主と信じ、その行為と教えを述べ伝える弟子たちによって始められた宗教。

◎塩基・開基

土 8 【埣】 11画 5235 57E3 音 ㊀サイ(漢) ㊁ソツ(漢)

意味 ㊀ねばりけのない土。㊁土がくずれおちる。

土 8 【埼】 11画 2675 57FC 教育4 音キ(漢) 訓さい・さき

筆順 一 十 土 圹 圹 垯 垯 埼 埼

なりたち [形声]「土(=つち)」と、音「奇キ」とから成る。つき出た土地。

意味 海中・湖中につき出た陸地。みさき。さき。例犬吠埼(いぬぼうさき)

県名 埼玉(さいたま)

土 8 【執】 11画 2825 57F7 常用 音シツ(慣)シュウ(漢)(呉) 訓と-る

筆順 + 土 去 幸 幸 刲 執 執

なりたち [会意]「丸(=にぎりもつ)」と「幸(ジョウ→シュウ)(=罪人)」とから成る。罪びとをとらえる。派生して「とる」の意。

意味 ❶手でにぎる。とる。例執刀シットウ。執筆シッピツ。❷仕事や職務を引き受ける。とりあつかう。例執権シッケン。執行シッコウ。執務シツム。❸かたく守る。こだわる。例執心シュウシン。固執コシツ。

使い分け とる【取・採・執・捕・撮】⇩1174ページ

人名 たもつ・とり・まもる・もり

【執権】(シッケン) ①政治の権力をにぎること。また、その人。②鎌倉かまくら幕府の、将軍の補佐役ホサヤク。③室町むろまち幕府の、管領カンレイの別名。

【執行】(シッコウ) (名・する) ①党や団体などの運営を実際におこなうこと。例党の―部。②国家や役人が法律・裁判・処分などの内容を実際にとりおこなうこと。例刑ケイを―する。

【執行官】(シッコウカン) さしおさえや競売などの仕事をする、裁判所の役人。

【執行猶予】(シッコウユウヨ) [法]懲役チョウエキもしくは禁固、または罰金刑バッキンケイを受けた者に対し、情状により一定期間の範囲ハンイで、刑の執行をのばすこと。この期間を無事経過したときは、刑を科さないとする。

【執事】(シツジ) [事務をとりおこなう意] ①身分の高い家や神社・寺院などで家政や事務をとりおこなう人。例旧将軍家の―。②貴人への手紙のあて名に添そえることば。類机下キカ。

【執政】(シッセイ) ①政治をとりおこなうこと。また、その人。一国の宰相サイショウなど。②江戸えど時代の、幕府の老中ロウジュウ。また、大名家ダイミョウケの家老。

【執達吏】(シッタツリ) 「執行官」の古い言い方。

【執刀】(シットウ) (名・する) メスを持ち、手術や解剖カイボウをおこなうこと。例―医。

【執筆】(シッピツ) (名・する) (ふでをとって)文章や文字を書くこと。例原稿を―する。

【執務】(シツム) (名・する) 実際に、事務をとること。仕事をすること。例―室。

【執▼拗】(シツヨウ) (名・形動ダ) [「拗」は、ひねくれる意] しつこいこと。また、そのようす。例―にくいさがる。

【執心】(シュウシン) (名・する) ①あることに心が深くとらわれること。例名誉メイヨやお金に―する。②人に深く思いを寄せること。[「ご執心」の形で、ひやかしの意をこめていうこともある] 例あの子にずいぶんご―のようだね。

【執着】(シュウチャク) [「シュウジャク」とも] (名・する) あることに強く心がとらわれ、思い切れないこと。例社長の地位に―する。

【執念】(シュウネン) 深く思いこんでこだわり、あきらめない心。

○確執カクシツ・固執コシツ/コシュウ・妄執モウシュウ

土 8 【埴】 11画 3093 57F4 人名 音ショク(漢) 訓はに

意味 ねん土。ねばりけのある土。ねばつち。はに。例埴生はにゅう。埴輪はにわ。

【埴土】(ショクド) 粘土質ネンドシツを五〇パーセント以上ふくんだ土。排水ハイスイが悪く、耕作には向かない。ねばつち。

【埴師】(はにシ) 古代、埴輪はになどの土器をつくった職人。土師ハジ。

【埴▽生】(はにゅう) ①ねん土のある土地。また、ねん土。②(土でかべをぬったような)みすぼらしい家のたとえ。例―の宿やど。

【埴輪】(はにわ) 五世紀から七世紀ごろ、貴人の墓のまわりにうめた素焼すやきの土器で、人・動物・家などをかたどったもの。

土 8 【堆】 11画 3447 5806 常用 音タイ(漢)ツイ(呉) 訓うずたか-い

筆順 一 十 土 圹 圹 圹 坍 坍 堆 堆

なりたち [象形] 本字は「𠂤」で、小さな、おか。

意味 高く積み上げてある。うずたかい。例堆積タイセキ。堆肥タイヒ。堆朱ツイシュ。

人名 おか・たか・たかし・のぶ

【堆積】(タイセキ) (名・する) ①うずたかく、つみ重なること。また、つみ重ねること。例書庫に―した典籍テンセキ。②風・水・氷河などによって、岩石や土砂ドシャが運ばれてたまること。

【堆土】(タイド) うずたかく積もった土。堆積土タイセキド。

【堆肥】(タイヒ) わら・落ち葉・草などを積み重ねてくさらせた肥料。

【▽堆朱】(ツイシュ) 朱のうるしを厚くぬり重ねた器物に、花鳥・山水などの模様をほったもの。

土 8 【堂】 11画 3818 5802 教育5 音トウ(漢)ドウ(呉)

筆順 丨 ‥ ⺌ 㐅 尚 尚 堂 堂

なりたち [形声]「土(=つち)」と、音「尚ショウ→トウ」とから成る。高い土台のある御殿ゴテン。

意味 ❶南向きに設けた広間。おもて向きの客間。例堂上ドウジョウ。殿堂デンドウ。❷神仏をまつった建物。例金堂コンドウ。本堂ホンドウ。❸大きな建物。例議事堂ギジドウ。公会堂コウカイドウ。講堂コウドウ。❹大きく広いようす。勢いがさかんでりっぱなようす。例堂堂ドウドウ。❺母をうやまっていうことば。また、他人の母にもいう。例北堂ホクドウ。母堂ボドウ。

人名 たか・たかし

【堂宇】(ドウウ) [「宇」は、軒のきの意] 堂の軒先のきさき。また、堂そのもの。例―を建てる。

【堂奥】(ドウオウ) ①堂の中のおくまったところ。②学問・芸術などのおくぶかいところ。奥義オウギ。例―に入いる(=学問などのおくぶかいところまで進む)。

【堂上】(ドウジョウ) [古くは「トウショウ」とも] ①堂のうえ。②公家クゲ。[昇殿ショウデン(=清涼殿セイリョウデンにのぼること)を許された五位以上の人をいう] 対地下ジゲ。

【堂塔】(ドウトウ) 仏堂や仏塔。また、寺そのもの。例―伽藍ガラン。

【堂堂】(ドウドウ) (名・形動タル) ①力づよく、りっぱなようす。例優勝チームの―たる行進。正正―と戦う。②おそれることなく、はっきりと。例—と意見を述べる。③おおっぴらに。だいたんに。例白昼—と盗みにはいる。

【堂堂巡り】ドウドウめぐり 同じ場所をぐるぐるまわること。また、議論などが先に進まないこと。表記「堂堂▽回り」とも書く。

【堂ドに入いる】（「堂に升のぼり室に入いらず」から）①学問や技芸がひじょうにすぐれている。②すっかり慣れて身についている。例かれの演説はなかなか堂に入ったものだ。

【堂ドに▽升のぼり室シツに入いらず】（「堂」は中国の建物で表おもての客間、「室」は奥おくの間まの意）学問や技芸が、ある水準にまでは達しているが、まだおくぶかいところまでは達していない。〈論語ロンゴ〉

●会堂カイドウ・食堂ショクドウ・正正堂堂セイセイドウドウ・聖堂セイドウ・殿堂デンドウ・母堂ボドウ

土 8 **【培】** 11画 3961 57F9 常用 音ハイ漢 バイ呉 訓つちか-う

筆順 一 十 土 圹 圹 垃 垃 垶 培

なりたち 【形声】「土（=つち）」と、音「咅ホウ→ハイ」とから成る。土地をふやす。派生して「たすける」の意。

意味 植物などの生育をたすける。つちかう。つちかう。例培根バイコン（=根に土をかけて生育をたすける）。培養バイヨウ。栽培サイバイ。

人名 つか・つち・ます・やす

【培地】バイチ 細菌サイキンなどを人工的にふやすためにつくられた液体または固形の物質。培養基バイヨウキ。

【培土】バイド 生長した茎くきがたおれないように、作物の根もとに土を盛り上げること。

【培養】バイヨウ（名・する）①草や木をやしない育てること。②細菌サイキンなどを人工的に育てること。例かびを—する。

土 8 **【埠】** 11画 4154 57E0 音フ慣 ホ漢 訓つか・はとば

意味 船をとめておく場所。ふなつきば。はとば。例埠頭フトウ。

【埠頭】フトウ 船をつけて、客の乗り降りや貨物の積みおろし・保管などができるようにした設備。波止場はとば。例晴海はるみ—。

土 8 **【堋】** 11画 *5236 *580B 音ホウ漢 訓あずち・ほうむ-る

意味 ❶棺カンを埋葬マイソウする。ほうむる。❷弓の的をかけるために土を山形に盛ったところ。あずち。

［土部］8—9画 培埠堋堀堵埜堙堰堝堺堪堅

土 8 **【堀】** 11画 4357 5800 常用 音クツ漢 コツ漢 訓ほり

筆順 十 土 圹 圻 坭 坭 堀 堀

なりたち 【形声】「土（=つち）」と、音「屈クツ」とから成る。土の中の穴。

意味 ❶地下の部屋。あなむろ。いわや。同窟クツ。❷地をほる。同掘クツ。

日本語での用法《ほり》地面をほって、水を通したところ。城などのまわりに、水をたたえたところ。「空堀からぼり・外堀そとぼり・釣堀つりぼり」

【堀江】ほりえ 地面をほって水を通した川。運河。疎水ソスイ。

【堀川】ほりかわ 運河。疎水ソスイ。堀江ほりえ。

【堀端】ほりばた ほりのそば。ほりの周辺。濠端ほりばた。

【堀割】ほりわり ⇩【掘り割り】ほりわり（442ジベー）

土 8 **【堵】** 11画 ⇩【堵】ト（236ジベー）

土 8 **【埜】** 11画 ⇩【野】ヤ（999ジベー）

土 9 **【堙】** 12画 *5237 *5819 音イン漢 訓ふさ-ぐ

意味 うずまる。うもれる。ふさぐ。ふさがる。例堙滅インメツ。

【堙滅】インメツ（名・する）消えてなくなること。また、なくすこと。もみけすこと。例証拠ショウコの—をはかる。表記「隠滅・▼湮滅」とも書く。

土 9 **【堰】** 12画 1765 5830 人名 音エン漢 訓せき・せ-く

意味 水の流れをせきとめるために土でつくった仕切り。せき。例堰堤エンテイ。

難読 大堰川おおいがわ

【堰堤】エンテイ 川をせきとめてつくった堤防テイボウ。ダム。

土 9 **【堝】** 12画 5238 581D 音カ漢呉 訓るつぼ

意味 「坩堝カンカ」は、金属をとかすのに用いる土製のつぼ。るつぼ。

土 9 **【堺】** 12画 2670 583A 人名 音カイ漢呉 訓さかい

意味 土地のくぎりめ。しきり。さかい。

参考 「界」の別体字。日本では地名・人名に用いる。

土 9 **【堪】** 12画 2014 582A 常用 音タン慣 カン漢呉 訓た-える・こら-える

筆順 一 十 土 圹 坩 坩 堪 堪 堪

なりたち 【形声】「土（=つち）」と、音「甚シン→カン」とから成る。高く盛りあがった土地。派生して「たえる」の意。

意味 ❶がまんする。こらえる。たえる。例堪忍カンニン。❷うちかつ。まさる。すぐれる。例堪能タンノウ。

使い分け たえる【耐・堪】⇩1171ジベー

人名 たえ・とう・ひで

【堪忍】カンニン（名・する）①たえしのぶ。がまんすること。こらえること。②いかりをおさえて相手のあやまちを許すこと。例どうか—してくれ。

【堪忍袋】カンニンぶくろ がまんすることのできる心の広さを、袋にたとえたことば。例—の緒おが切れる（=もうこれ以上はがまんができない）。

【堪能】一カンノウ（名）その道に通じてたくみなこと。また、才能のすぐれた人。二タンノウ（名・形動ダ）（「カンノウ」の誤読が広く使われるようになったもの）学問や技芸にすぐれていること。例英語に—な人。三タンノウ（名・する）〔もと、「足たんぬ（=満足した）」の形で、それを「二」と重ねて、「堪能」の漢字をあてて用いるもの〕じゅうぶんに満足すること。例自然の美しさを—した。うまい料理に—した。表記 一は「勘能」とも書く。

土 9 **【堅】** 12画 2388 5805 常用 音ケン漢呉 訓かた-い

筆順 一 厂 戸 臣 臤 臤 竪 堅 堅

なりたち 【会意】「臤（=かたい）」と「土（=つち）」とから成る。土がかたい。

意味 ❶かたい。㋐中身がつまっていて、じょうぶな。例堅強ケンキョウ。堅牢ケンロウ。㋑しっかりした。手がたい。例堅持ケンジ。堅実

❷しっかりしたそなえ。かため。例中堅。

使い分け かたい【堅・固・硬】⇩1167ページ

難読 堅魚（かつお）

人名 かた・かたし・すえ・たか・たかし・たけし・つよし・み

【堅気】かたぎ （名・形動ダ）①心がしっかりしていてまじめな性質。②〔やくざなどに対して〕じみで、手がたい職業についている人。例—になる。

【堅物】かたブツ まじめすぎて、ゆうずうのきかない人。例かれは一生—で通した。

【堅焼き】かたやき （せんべいやビスケットなどを）かために焼くこと。また、そのもの。表記「固焼き」とも書く。

【堅強】ケンキョウ （名・形動ダ）つよくてじょうぶなこと。また、そのようす。例—な意志。

【堅固】ケンゴ （名・形動ダ）①心持ちや考え方などがしっかりしているようす。例意志—。—な友好関係。②（城などの）守りがしっかりしていて、せめられてもたやすく敗れないようす。例—な守り。

【堅甲】ケンコウ かたく、じょうぶなよろい。

【堅甲利兵】ケンコウリヘイ 〔じょうぶなよろいと、するどい兵器の意〕強い軍隊。

【堅持】ケンジ （名・する）自分の考えや態度をしっかり守ってゆずらないこと。例基本方針を—する。

【堅実】ケンジツ （名・形動ダ）手がたくて、まちがいのないようす。例—な仕事ぶり。

【堅城】ケンジョウ 守りのかたい城。

【堅調】ケンチョウ （名・形動ダ）①しっかりして、あぶなげのない調子。②相場が上がりぎみのこと。対軟調。

【堅忍】ケンニン （名・する）しんぼう強くがまんすること。

【堅忍不抜】ケンニンフバツ （名・形動ダ）〔「抜」は、変わる、ゆれ動くの意〕がまん強く、心を変えないこと。例—の志。

【堅白同異の弁】ケンパクドウイのベン 戦国時代、公孫竜が説いた、一種の詭弁。こじつけ。強弁。〔堅く白い石は、目で見たときは白いことはわかるが堅いことはわからない。手でふれたときは堅いことはわかるが色はわからない。つまり、「白い石」と、「堅い石」という概念は、それぞれには成立するが、「堅くて白い」という二つの概念は、同時には成立しないということ〕（史記）表記「弁」は、旧▼辯

【堅塁】ケンルイ 守りのかたい陣地。例敵の—を抜く（=せめ落とす）。

【堅▼牢】ケンロウ （名・形動ダ）〔「牢」も、かたい意〕つくりがしっかりしていて、こわれにくいこと。また、そのようす。例—な建物。—な染め。—なつくりの書物。

土 9 【場】 12画 3076 5834

教育2 音チョウ漢 ジョウ呉 訓ば 付表波止場

筆順 一 十 土 圴 坦 坦 塂 場 場

土11 【塲】 14画 5239 5872 俗字

なりたち [形声]「土（=つち）」と、音「昜ヨウ→チョウ」とから成る。神をまつるために、はらい清めた土地。

意味 ❶神をまつるために、はらい清めたところ。まつりのにわ。例斎場。❷事がおこなわれ、人の集まるところ。ば。例会場。劇場。工場。❸ひととき。ひとしきり。夢や雨などについていう。例一場の春夢。

難読 場騎（にわのり）・学びの場（まなびのにわ）

【場外】ジョウガイ （会場や競技場など）ある場所のそと。対場内。例観客が—にまであふれ出る。

【場景】ジョウケイ その場のようす。（演劇などの）場面。例見る人の胸をうつ—。

【場内】ジョウナイ （会場や競技場など）ある場所のなか。対場外。例—での飲食は禁止する。

【場▼圃】ジョウホ はたけ。〈詩経〉

【場裏】ジョウリ その場。例国際—（=諸国間の交流がおこなわれている場所）。表記「場▼裡」とも書く。

【場合】ばあい ①あることに出あったとき。例雨天の—は中止。②そのときのようす。事情。例ふざけるのも時と—による。

【場打て】ばうて （おおぜいの人の前などで）その場のようすに気おくれすること。例—をして声も出なかった。

【場数】ばかず 経験の回数。例—をふむ（=経験をつむ）。

【場所】ばショ ①ところ。位置。例なかなかいい—だ。②いるところ。すわるところ。席。例花見の—をとる。③相撲が興行される期間。また、興行されるところ。例初—。大阪—。

【場末】ばすえ 町の中心部からはなれた、うらぶれたところ。町はずれ。例—の酒場。

【場銭】ばセン ①劇場などの席料。②露店などを出すための場所代。

【場代】ばダイ （部屋や席などの）場所の使用料。席料。

【場違い】ばちがい （名・形動ダ）①その場にふさわしくないこと。また、そのようす。例—な服装。—な意見。②本場の産物でないこと。

【場慣れ】ばなれ （名・する）（なんども経験して）場所やものごとになれること。例—した態度。表記「場▼馴れ」とも書く。

【場面】ばメン ①その場のようす。類光景。例まずい—を見てしまった。②映画や演劇などの情景。シーン。例人を感動させる—の多い映画。

○●足場・会場・休場・劇場・欠場・現場・式場・市場・出場・戦場・相場・退場・登場・道場・入場・農場・広場・本場・満場・浴場・来場

土 9 【堕】 12画 3436 5815

常用 音㊀キ漢 ㊁タ漢 ダ呉 訓お-ちる

筆順 阝 阝 阝 阤 陏 随 随 堕 堕

土12 【墮】 15画 5256 58AE

なりたち [形声]「土（=つち）」と、音「隋タ→キ」とから成る。くずれる。

意味 ㊀キ くずれる。くずす。㊁タ・ダ ❶おちいる。おちる。また、おろす。おとす。例堕罪（=罪をおかして罪人となる）。堕胎。堕落。❷なまける。おこたる。同惰。例怠堕。

【堕弱】ダジャク （名・形動ダ）①気力がよわいこと。②からだがよわいこと。表記▽「惰弱・▼懦弱」とも書く。

【堕胎】ダタイ （名・する）おなかの子を人工的に流産させること。

【堕落】ダラク （名・する）①おこないが悪くなり、考え方や生活が乱れること。例—した政治家。②〔仏〕仏道を信じる心を失うこと。

土 9 【塚】 12画 3645 585A

常用 音チョウ漢 訓つか

筆順 十 土 圹 圹 坧 塚 塚 塚

土10 【塚】 13画 1-1555 FA10

なりたち [会意]「土（=つち）」と「冢チョウ（=土を高く盛った

墓)」とから成る。土を高く盛った墓。

意味 墓。つか。同冢。

日本語での用法《つか》(目じるしとして)土を盛り上げたところ。もりつち。「蟻塚・一里塚・貝塚」

土 9 **【堤】** 12画 3673 5824 常用 音テイ漢 訓つつみ

筆順 十 士 圳 坦 埕 埕 埕 堤 堤

なりたち [形声] 本字は、「隄」で、「阝(=おか)」と、音「是シ→テイ」とから成る。つつみ。

意味 水害を防ぐために高く盛り上げた土手。つつみ。例 堤防テイボウ。堰堤エンテイ。防波堤ボウハテイ。

【堤防】テイボウ 洪水コウズイや高潮たかしおの害をふせぐため、川岸や湖岸・海岸に土や石・コンクリートなどでつくった土手。例 ―が切れる。―が決壊ケッカイする。

◎長堤チョウテイ・突堤トッテイ

土 9 **【堵】** 12画 3740 5835 人名 音ト漢 訓かき

土 8 **【堵】** 11画 俗字

意味 土を積み上げたかきね。どべい。かき。例 堵牆トショウ。

【堵▼牆】トショウ 「牆」も、かきねの意) かきね。例 ―を築く。

【堵ト▽の▽如ごとし】かきねをめぐらしたように、多くの人が集まっているようす。堵牆トショウの如し。(礼記ライキ)

【堵列】トレツ (名・する) かきねのように、たくさんの人が立ち並ぶこと。例 ―して凱旋ガイセン将軍をむかえる。

土 9 **【塔】** 12画 3767 5854 常用 音トウ漢呉

筆順 一 十 ± 圹 圹 坎 坎 塔 塔

なりたち [形声]「土(=つち)」と、音「荅ト」とから成る。梵語ボンの音訳。仏舎利ブッシャリを埋蔵マイゾウし、その上に土を積み上げて高くしたもの。

意味 ❶ 〔梵語ゴンの音訳である「卒塔婆ソトバ」の略〕仏舎利をおさめるための高い建造物。例 塔婆トウバ。仏塔ブットウ。宝塔ホウトウ。❷ 高くそびえ立つ建造物。タワー。例 斜塔シャトウ。尖塔セントウ。鉄塔テットウ。

【▽塔▽頭】タッチュウ 〔仏〕「チュウ」は唐音トウオン〕① 禅宗ゼンシュウで、その教えを開いた僧ソウの死後、徳をしたって塔トウのほとりに建てられた小さな建物。② 大きな寺の山内サンナイにある末寺マツジ。

【塔婆】トウバ 〔仏〕「卒塔婆ソトバ」の略。死んだ人の供養クヨウのために、墓にそえて立てる塔の形をした細長い板。

◎管制塔カンセイトウ・金字塔キンジトウ・仏塔ブットウ

土 9 **【塀】** 12画 4229 5840 常用 音ヘイ

筆順 一 十 ± 圹 圹 坍 坍 塀 塀

なりたち [会意]「土(=つち)」と「屏ヘイ(=おおい)」とから成る。土でつくった、おおい。

意味 土や板でつくった、かこい。かきね。例 板塀いたベイ。土塀ドベイ。練塀ねりベイ。

土 9 **【堡】** 12画 5240 5821 音ホ慣ホウ漢 訓とりで

意味 敵の攻撃コウゲキにそなえて、土や石を積んで築いた小さな城や陣地ジンチ。とりで。例 堡塁ホウルイ。橋頭堡キョウトウホ(=橋のたもとに築いた陣地)。

日本語での用法《ブルク・バラ》西洋の地名の語の一部に使用された。とりでや城市の意。「漢堡ハンブルク(=ドイツの地名)・彼得堡ペテルブルク(=ロシアの地名)・壱丁堡エジンバラ(=イギリスの地名)」

【堡塁】ホウルイ 〔「ホルイ」とも〕敵の襲撃シュウゲキを防ぎ、また、せめるために築いたとりで。類 防塁。

土 9 **【報】** 12画 4283 5831 教育5 音ホウ漢呉 訓むく-いる・むく-い

筆順 + 土 キ 去 幸 幸 幹 報 報

なりたち [会意]「幸(=罪人)」と「𠬝(=治める)」とから成る。罪をさばく。派生して「むくいる・しらせる」の意。

意味 ❶ しかえしをする。また、恩返しをする。むくいる。例 報恩ホウオン。報復ホウフク。❷ しらせる。しらせ。例 報告ホウコク。報道ホウドウ。

人名 つぐ

【報恩】ホウオン 恩にむくいること。恩返し。対 忘恩ボウオン。例 ―の念。―講(=仏教の諸宗派で、祖師ソシの恩にむくいるため、祖師の命日におこなわれる法会ホウエ)。

【報告】ホウコク (名・する) 任務としてあたえられた仕事の進みぐあいや結果をつげること。また、その内容。例 中間―。―書を作成する。

【報国】ホウコク 国の恩にむくいるために力をつくすこと。例 ―心。尽忠ジンチュウ―(=君主に忠義をつくし、国家にむくいること)。

【報謝】ホウシャ (名・する) 〔恩にむくい、徳に感謝する意〕① 恩にむくいること。お礼。例 旧師の恩に―する。② 〔仏〕僧ソウや巡礼ジュンレイにお金やものを差し出すこと。例 巡礼にご―。

【報酬】ホウシュウ ① むくい。お礼。例 かれは財産の代わりに名誉メイヨという―をえた。② 働いたことのみかえりとして出す金銭や品物。例 多額の―を受け取る。

【報奨】ホウショウ (名・する) 努力にむくいるため、成績に応じて金品などを出してはげますこと。例 ―金。―制度。

【報償】ホウショウ (名・する) 他人にあたえた損害に対して、つぐなうこと。例 ―金。

【報知】ホウチ (名・する) しらせること。例 火災―機。

【報道】ホウドウ (名・する) 新聞・テレビ・ラジオなどを通して、情報を広く知らせること。また、その知らせ。ニュース。例 ―陣ジン。

【報徳】ホウトク 徳や恩にむくいること。例 ―会。

【報復】ホウフク (名・する) しかえしをすること。類 復讐フクシュウ。例 ―手段。

◎因果応報インガオウホウ・果報カホウ・警報ケイホウ・公報コウホウ・時報ジホウ・情報ジョウホウ・速報ソクホウ・悲報ヒホウ

土 9 **【塁】** 12画 4661 5841 常用 音ルイ漢 訓とりで

筆順 冂 冂 冊 田 甲 畀 畀 塁 塁

土15 **【壘】** 18画 5262 58D8 人名

なりたち [形声]「土(=つち)」と、音「畾ライ→ルイ」の省略体とから成る。軍隊が駐屯チュウトンしているとりで。

意味 ❶ 土や石を積み重ねてつくった城壁ジョウヘキ。とりで。例 塁砦ルイサイ。孤塁コルイ。城塁ジョウルイ。❷ かさなる。かさねる。また、つらなる。同 累ルイ。例 塁塁ルイルイ(=墓石や岩石がいくつもつづいてあるようす)。

日本語での用法《ルイ》野球のベース。「一塁(イチルイ)・本塁打(ホンルイダ)・残塁(ザンルイ)」

人名 かさ・たか

【塁審】(ルイシン) 野球で、一、二、三塁の近くにいる審判(シンパン)。

【塁壁】(ルイヘキ) とりでのかべ。とりで。

【塁を摩する】(ルイをマする)「「摩する」は、せまり近づく意」①敵のとりでに近くせまる。②それと同じくらいのうでまえになる。匹敵(ヒッテキ)する。例名人の一(=名人と肩(かた)を並べるほどになる)。

●孤塁(コルイ)・残塁(ザンルイ)・敵塁(テキルイ)・土塁(ドルイ)・盗塁(トウルイ)・本塁(ホンルイ)・満塁(マンルイ)

土9 **【堯】** 12画 ⇨【尭】(ギョウ)(103ページ)

土10 **【塰】** 13画 5243 5870 国字 訓あま

意味 人名・地名に用いられる字。例塰泊(あまどまり)。

参考 地名は、「海士泊(あまどまり)(=鹿児島(かごしま)県の地名)」と書くところもある。

土10 **【塋】** 13画 5242 584B 音エイ漢 訓はか

意味 死者をほうむるところ。墓地。はか。例塋域(エイイキ)(=はかば。墓地)。

難読 塋域(はかどころ)

土10 **【塩】** 13画 1786 5869 教育4 音エン漢呉 訓しお

鹵14 **【鹽】** 25画 8337 9E7D

筆順 一 十 圹 圹 坞 埳 塩 塩 塩

なりたち [形声]「鹵(=天然のしお)」と、音「監カン→エン」とから成る。海水を煮(に)てつくった人工のしお。

意味 ①しお。例塩分(エンブン)。塩田(エンデン)。製塩(セイエン)。②しおづけにする。例塩乾魚(エンカンギョ)。塩蔵(エンゾウ)。塩辛(しおから)。③酸と金属との化合物。例塩基(エンキ)。硝酸塩(ショウサンエン)。

日本語での用法《エン》元素の一つ「塩素」の略。「塩酸(エンサン)・塩化(エンカ)」

【塩化】(エンカ)〔化〕物質が塩素と化合すること。例一水素。

【塩害】(エンガイ) 海水やしおかぜの塩分が、農作物や電線・建物などにあたえる害。潮害。例台風による海岸線の一。

【塩乾】(エンカン) 魚などを塩づけにして干(ほ)したもの。例一魚。一加工品。表記「塩干」とも書く。

【塩基】(エンキ)〔化〕酸と反応して塩(エン)と水をつくる物質。

【塩魚】(エンギョ) 塩づけにしたさかな。

【塩酸】(エンサン)〔化〕塩化水素を水にとかしたもの。工業用。

【塩水】(エンスイ) 塩分をふくむ水。しおみず。

【塩素】(エンソ) 元素の一つ。黄緑色で、強いにおいのある気体。漂白(ヒョウハク)や消毒に用いる。記号 Cl

【塩蔵】(エンゾウ)(名・する)保存のために、魚・肉・野菜などを塩づけにして、たくわえること。

【塩田】(エンデン) 海水から塩をとるためにつくった、砂地の田。

【塩梅】一(エンバイ) 食物の味をととのえる塩と梅酢(うめず)。二(アンバイ)①味つけ。料理の味かげん。例一をみる。②ものごとのぐあい。例いい一に晴れた。③からだのぐあい。例一が悪い。表記二は「▼按排・▼按配」とも書く。

【塩分】(エンブン) 食物にふくまれている塩の量。しおけ。

【塩加減】(しおカゲン) 塩あじの程度。また、塩あじのつけぐあい。

【塩辛】(しおから) イカや魚などの、肉とはらわたを塩づけにして発酵(ハッコウ)させた食品。

【塩気】(しおケ) 塩の量。また、塩の味。塩分。例一が強い。

【塩瀬】(しおぜ) 細いたて糸に太いよこ糸を織りこんだ、うねのある絹織物。厚地の羽二重(はぶたえ)で、ふくさや帯などにする。

【塩煎餅】(しおセンベイ) ①しょうゆで味つけしたせんべい。②塩あじで焼いたせんべい。

●食塩(ショクエン)・製塩(セイエン)・米塩(ベイエン)

土10 **【塢】** 13画 5241 5862 音オ漢

阝10 **【隝】** 13画 ─ 9696 本字

意味 ①土で築いた小さな防塁(ボウルイ)。例塢壁(オヘキ)。②四面が高く中央がくぼんだところ。山塢(サンオ)。③村落。例村塢(ソンオ)。

土10 **【塊】** 13画 1884 584A 常用 音カイ漢 訓かたまり・つちくれ

筆順 十 土 圹 圹 坾 坤 塊 塊 塊

なりたち [形声]「土(=つち)」と、音「鬼キ→カイ」とから成る。土のかたまり。

意味 ①土のかたまり。つちくれ。例土塊(ドカイ)。②かたまり。例塊茎(カイケイ)。塊根(カイコン)。金塊(キンカイ)。

難読 土塊(つちくれ)

【塊茎】(カイケイ) 地下茎(チカケイ)の一つ。地中にある茎(くき)の一部が、養分をたくわえてかたまりになったもの。ジャガイモやサトイモなど。

【塊根】(カイコン) 植物の根が、養分をたくわえてかたまりになったもの。サツマイモやダリアなど。

●金塊(キンカイ)・山塊(サンカイ)・団塊(ダンカイ)・氷塊(ヒョウカイ)

土10 **【塙】** 13画 4025 5859 人名 音カク漢コウ漢 訓かた-い・はなわ

意味 土がかたい。石の多いやせた土地。

日本語での用法 一《はな・はなわ》姓氏(セイシ)に用いる。「塙保己一(はなわホキイチ)・武塙(たけはな)」二《ばん》姓氏に用いる。「塙団右衛門(ばんダンエモン)」

土10 **【堽】** 13画 *5246 583D 音コウ漢 訓もたい

意味 ①おか。同岡(コウ)。②大きな素焼(すや)きのかめ。もたい。同缸(コウ)。

土10 **【塒】** 13画 5245 5852 音シ漢ジ呉 訓とや・とぐら・ねぐら

意味 ニワトリのねぐら。転じて、広く鳥のねどこ。とぐら。とや。ねぐら。例塒鶏(シケイ)。塒圏(シケン)。

土10 **【塑】** 13画 3326 5851 常用 音ソ漢

筆順 ㇒ 䒑 屰 朔 朔 朔 塑 塑 塑

なりたち [形声]「土(=つち)」と、音「朔サク→ソ」とから成る。土でつくった人形。

意味 土をこねたりけずったりして、人やものの形をつくる。土人形。でく。例塑像(ソゾウ)。彫塑(チョウソ)。泥塑(デイソ)。

【塑像】(ソゾウ) ねん土や石こうなどでつくった像。

土10 **【塞】** 13画 2641 585E 常用 音 一ソク 漢 呉 二サイ 漢 呉 訓 ふさ-ぐ・ふさ-がる・せ-く・とりで

筆順 宀 宀 宀 寉 寉 実 寒 塞

なりたち [形声]「土(=つち)」と、音「寒」とから成る。ふさぎ、へだてる。

意味 一ソ 通路をせまくふさいで、動きをさまたげる。せく。あいている部分がみたされる。ふさぐ。ふさがる。例 塞源。梗塞。閉塞。 二サイ ❶外敵を防ぐために築かれた建造物。とりで。例 塞翁が馬。要塞。❷くにざかい。辺境。例 塞外。塞北(=中国の北方の辺境)。辺塞。

人名 せき

【塞翁が馬】サイオウがうま 人の世は何が幸福となり、何が不幸となるか予測できないということのたとえ。禍福はあざなえる縄のごとし。例 人間(「ジンカン」とも)万事―。

故事のはなし 昔、国境近くのとりでに、うらないのうまい老人が住んでいた。ある日老人の馬が国境をこえて逃げ出してしまった。人々はなぐさめたが、老人は「馬の逃げたことが福になるだろう」と言った。数か月ののち馬は北方から名馬を連れて帰ってきたが、老人は「このことがわざわいになるだろう」と言った。しばらくすると老人の息子が、その馬から落ちて足の骨を折ってしまった。今度は、老人は「これが福となるだろう」と言って平然としていた。やがて戦いが起こり、とりで近くの若者たちは弓を引いてたたかい、ほとんどが死んでしまったが、息子はけがをしていたおかげで戦いに行かずにすみ、老人ともども無事だった。(淮南子)

【塞外】サイガイ ①とりでのそと。また、国境のそと。(中国で、とくに万里の長城のそとをいう) 対 塞内。②都から遠くはなれた国境に近いところ。辺境。

【塞源】ソクゲン (名・する)(悪や害の)おおもとをふさぐこと。

土10 **【塡】** 13画 1-1556 5861 常用 音 テン 漢 訓 は-める

土10 **[填]** 13画 3722 586B 俗字

筆順 十 圵 圵 垆 埴 埴 塡

なりたち [形声]「土(=つち)」と、音「眞シ→テン」とから成る。つめこみ、ふさぐ。

意味 ❶中につめこむ。うめる。はめる。例 充塡。装塡。補塡。❷「塡然」は、太鼓を打つ音。

人名 さだ・ます・みつ・やす

【塡補】テンポ (名・する)足りない分をおぎなうこと。補塡。

土10 **【塗】** 13画 3741 5857 常用 音 ト 漢 ズ 呉 訓 ぬ-る・ぬ-り・まみ-れる

筆順 氵 氵 氵 泠 涂 涂 塗 塗

なりたち [形声]「土(=つち)」と、音「涂ト」とから成る。どろ。

意味 ❶どろ。どろにまみれる。よごれる。例 塗炭。❷(どろ状・液状のものを)ぬりつける。ぬる。例 塗装。塗布。糊塗。❸みち。とおりみち。例 道聴塗説。

人名 みち

【塗説】トセツ (「道聴塗説」の略。道で人から聞いたことをそのまま道で会った人に話す意)話を心にとどめて自分のものとしないで、すぐに人に話すこと。また、いいかげんな受け売りの話。(論語)

【塗装】トソウ (名・する)塗料をぬったり、ふきつけたりすること。

【塗炭】トタン ①どろとすみ。転じて、きたないもののたとえ。②(どろと炭火の意から)どろにまみれ火に焼かれるように、ひどく苦しむ状況。例 ―の苦しみ。

【塗布】トフ (名・する)薬などを一面にぬりつけること。

【塗抹】トマツ (名・する)①ぬりつけること。②ぬって、そこにあったものを消すこと。例 画面を―する。

【塗料】トリョウ ものの保護・着色のため、表面にぬるもの。

【塗り絵】ぬりエ 風景や人物、その他のものの、形の線だけ印刷してあって、そのなかに色を塗って遊ぶ絵。

【塗り盆】ぬりボン うるし塗りの盆。

【塗り▼椀】ぬりワン うるし塗りのわん。

土10 **【塘】** 13画 *3768 5858 音 トウ 漢 訓 つつみ

意味 ❶水があふれ出ないように、岸に土を積み上げたもの。土手。つつみ。例 堤塘。❷土手をつくって水をたたえた、いけ。ためいけ。例 塘池(=用水池)。

土10 **【墓】** 13画 4272 5893 教育5 音 ボ 漢 訓 はか

筆順 一 艹 苎 草 莫 莫 墓 墓

なりたち [形声]「土(=つち)」と、音「莫ボ」とから成る。土でおおったはか。

意味 遺体や遺骨をほうむるところ。はか。(もと、土を高く盛り上げた「墳」に対して、地面に穴をあけてうめた平らなもの) 例 墓地。墓碑。墳墓。

人名 つか

【墓穴】ボケツ はかのあな。例 みずから―を掘る(=自分で自分の身をほろぼす原因をつくる)。

【墓参】ボサン (名・する)はかまいり。例 お彼岸の―。

【墓誌】ボシ 死者の経歴や業績などを述べた文章。石板や金属板にしるして、はかの中におさめる。

【墓誌銘】ボシメイ (「銘」は、墓誌の末尾に加える短い韻文)墓誌にそえて死者をたたえた文章。例 柳子厚墓誌銘(=唐の韓愈が友人の柳宗元のために書いたもの)。

【墓所】ボショ はかば。墓地。

【墓石】ボセキ はかのしるしとなる石。はかいし。例 ―一基。

【墓前】ボゼン はかのまえ。例 父の―でちかう。

【墓地】ボチ はかのあるところ。はかば。例 外国人―。

【墓碑】ボヒ ①死者の事績などをきざんで、はかのそばに立てる石。例 ―銘。②はかいし。

【墓碑銘】ボヒメイ 墓碑の文の末尾に加える短い韻文。

【墓標】ボヒョウ はかのしるしとして立てた柱や石。はかじるし。例 ―を立てる。表記「墓表」とも書く。

●展墓・墳墓・陵墓

土10 **【塚】** 13画 ⇩【塚】つか(235ページ)

土10 **[填]** 13画 ⇩【塡】テン(238ページ)

土 11
【境】
14画 2213 5883 教育5 音 ケイ(漢) キョウ(呉) 訓 さかい

筆順 十 土 圹 圹 垃 培 培 境

なりたち [形声]「土(=つち)」と、音「竟キョウ」とから成る。土地と土地のさかいめ。

意味 ❶土地のくぎりめ。さかい。例 境界キョウカイ。境内ケイダイ。国境コッキョウ。❷地域。場所。例 環境カンキョウ。辺境ヘンキョウ。❸身のおきどころ。ありさま。状態。例 境遇キョウグウ。心境シンキョウ。

難読 境節おりふし・境迎さかむかえ

【境域】キョウイキ ①ある範囲ハンの土地や場所。転じて、思想・好みなどの範囲や分野をいう。②土地のさかい。類 境界。

【境界】㊀キョウカイ 土地のさかい。例 ―線を引く。㊁キョウガイ ①〔仏〕前世のむくいとして受けるこの世での身の上。②身の上。類 境涯キョウガイ。表記 ㊀は「▼疆界」とも書く。

【境涯】キョウガイ 生きていくうえで置かれている、人それぞれの立場。身の上。境遇キョウグウ。例 不幸な―。

【境遇】キョウグウ その人の生活をとりまく状況ジョウキョウ。〔家族・財産・友人・仕事などについていう〕例 めぐまれた―に育つ。

【境地】キョウチ ①人が現在置かれている立場や状況ジョウキョウ。例 苦しい―を察してほしい。②心の状態。例 さとりの―。

【境内】ケイダイ 寺や神社の敷地シキチの中。例 ―にある大スギ。

●越境エッキョウ・佳境カキョウ・環境カンキョウ・逆境ギャッキョウ・心境シンキョウ・進境シンキョウ・秘境ヒキョウ・辺境ヘンキョウ

土 11
【塹】
14画 5247 5879 音 ザン(慣) セン(漢)(呉) 訓 ほり

意味 城のまわりのほりわり。また、防衛のために地に掘ほったみぞ。例 塹壕ザンゴウ。

【塹▼壕】ザンゴウ 戦場で敵の砲弾ホウダンを防いだり身をかくすためにつくる、大きなみぞ。

土 11
【塾】
14画 2946 587E 常用 音 シュク(漢) ジュク(呉)

筆順 亩 享 享 孰 孰 孰 孰 塾 塾

なりたち [形声]「土(=つち)」と、音「孰シュク」とから成る。門の、東西両側にある建物。

意味 学問や技芸などを教える、私設で卒業しても公的資格をあたえない教育の場。まなびや。学舎。例 塾舎ジュクシャ。塾生ジュクセイ。私塾シジュク。

【塾舎】ジュクシャ 塾の学生がともに生活をするための建物。

【塾生】ジュクセイ 塾の生徒や学生。

【塾頭】ジュクトウ 〔「頭」は、かしらの意〕①塾生をとりしまる人。類 塾長。②塾生のなかで代表となる人。

土 11
【墅】
14画 5248 5885 音 ㊀ショ(漢) ㊁ヤ(漢)(呉) 訓 の

意味 ㊀ショ ❶田畑の中にある、収穫シュウカク物をたくわえる小屋。例 田墅デンショ。❷別荘ベッソウ。しもやしき。例 別墅ベッショ。㊁ヤ のはら。の。同 野ヤ。

土 11
【塵】
14画 3148 5875 音 チン(漢) ジン(呉) 訓 ちり

意味 ❶土けむり。ごみ。ちり。また、ちりのように小さなもの。例 塵芥ジンカイ。玉塵ギョクジン(=雪のこと)。砂塵サジン。❷俗世間ゾクセケン(のわずらわしさ)。この世のけがれ。煩悩ボンノウや欲望。例 塵埃ジンアイ。俗塵ゾクジン。和光同塵ワコウドウジン。

【塵▼埃】ジンアイ ①ちりやほこり。ごみ。例 ―にまみれる。②けがれたもの。俗世間ゾクセケン。例 ―の世をいとう。

【塵縁】ジンエン 俗世間ゾクセケンのわずらわしい関係。

【塵灰】ジンカイ ちりや、はい。灰塵カイジン。

【塵▼芥】ジンカイ 〔「芥」も、ごみの意〕①ごみ。例 ―処理。②とるにたりないもののたとえ。例 ―にひとしいもの。

【塵界】ジンカイ 〔仏〕ちりでよごれた世界。けがれた世。俗世間ゾクセケン。例 ―をはなれた心。

【塵外】ジンガイ 俗世間ゾクセケンのわずらわしさからはなれたところ。例 ―に遊びたい希望。

【塵▼劫】ジンゴウ ①きわめて小さい数(=塵)ときわめて大きい数(=劫)。②〔仏〕ひじょうに長い時間。類 永劫エイゴウ。

【塵▼垢】ジンコウ ①ちりとあか。②世の中のわずらわしいこと。

【塵土】ジンド ①ちりとつち。②けがれたこの世の中。③とるにたらぬもの、つまらないもののたとえ。

【塵肺】ジンパイ 長い期間、肺に細かいちりなどを吸いこんだために起こる病気。炭坑タンコウなどで働く人の職業病の一つ。

【塵務】ジンム 俗世間ゾクセケンのわずらわしい仕事。類 俗務。例 ―に心をわずらわされる。

【塵霧】ジンム ちりときり。きりのようにたちこめるほこり。転じて、行く手をさまたげるもの。

【塵労】ジンロウ ①世の中のわずらわしい苦労。例 ―からのがれる。②〔仏〕心身をなやます欲望。煩悩ボンノウ。

●後塵コウジン・砂塵サジン・世塵セジン・風塵フウジン・微塵ミジン

土 11
【増】
14画 3393 5897 教育5 音 ソウ(漢) ゾウ(呉) 訓 ま-す・ふ-える・ふ-やす

筆順 十 土 圹 圹 垆 垆 増 増 増

土 12
【增】
15画 1-1561 589E 人名

なりたち [形声]「土(=つち)」と、音「曾ソ」とから成る。多くなる。ます。

意味 数や量がふえる。ます。ふえる。ふやす。対 減ゲン。例 増加ゾウカ。増水ゾウスイ。倍増バイゾウ。

使い分け ふえる・ふやす【増・殖】⇩1178ページ

人名 なが・ま・まさ・まさる

【増員】ゾウイン (名・する) 人数をふやすこと。人数がふえること。対 減員。例 ―計画。店員を―する。

【増益】ゾウエキ (名・する) ①(会社などの)利益がふえること。対 減益。②まし加えること。また、まし加わること。例 辞典の項目コウモクを―する。

【増援】ゾウエン (名・する) 人数をふやして助けること。例 ―部隊。

【増加】ゾウカ (名・する) ふえること。ふやすこと。対 減少。例 人口が―する。

【増額】ゾウガク (名・する) 金額をふやすこと。また、ふやした額。対 減額。例 予算を―する。

【増刊】ゾウカン (名・する) 雑誌などを、決まった時期以外に発行すること。また、そのもの。例 ―号。

【増強】ゾウキョウ (名・する) (人間や設備などの)数や量をふやして、力をつよくすること。例 兵力―。

【増血】ゾウケツ (名・する) 血液がふえること。血液をふやすこと。例 ―剤ザイ。

【増結】ゾウケツ (名・する) 列車に車両をつないでふやすこと。例 三両―する。

【増減】ゾウゲン (名・する) ふえることと、へること。ふやすことと、へらすこと。例 町の人口の―を調べる。

【増刷】ゾウサツ (名・する) 追加して印刷すること。ましずり。例 さらに五千部—する。

【増産】ゾウサン（名・する）生産量をふやすこと。[対]減産。[例]—計画。食糧を—する。

【増資】ゾウシ（名・する）企業が、資本金をふやすこと。また、ふやした資本金。[対]減資。[例]—株式。

【増収】ゾウシュウ（名・する）収入や収穫がふえること。また、その額や量。[対]減収。[例]—が見こまれる。

【増長天】ゾウジョウテン｜ゾウチョウテン〔仏〕四天王の一つ。須弥山に住み、矛を持ち甲冑を身につけて南方を守護する。

【増上慢】ゾウジョウマン ①〔仏〕まださとりを得ていないのに、得たと思っておごりたかぶること。また、その人。[例]—をいましめる。②自分の才能にうぬぼれて、いばること。[例]—の言動。

【増殖】ゾウショク（名・する）〔「殖」も、ふえる意〕①ふえること。ふやすこと。[例]—炉。②生物の個体や細胞などがふえること。個体の場合、生殖ともいう。

【増進】ゾウシン（名・する）力や勢いなどが、ますこと。また、ふやすこと。[対]減退。[例]食欲—。

【増水】ゾウスイ（名・する）川や池などの水の量がふえること。[対]減水。[例]大雨で川が—する。

【増税】ゾウゼイ（名・する）税金の額をふやすこと。[対]減税。[例]—に反対する。

【増設】ゾウセツ（名・する）すでにある建物や設備に加えて、さらにふやすこと。[例]電話回線を—する。

【増大】ゾウダイ（名・する）ふえて大きくなること。ふやして大きくすること。[例]需要の—。輸入を—する。

【増築】ゾウチク（名・する）すでにある建物に加えて、さらに部屋などを建てること。建てまし。[例]子供部屋を—する。

【増長】ゾウチョウ（名・する）①はなはだしくなること。[例]華美の風が—する。②いい気になってえらそうにふるまうこと。つけあがること。[例]ちょっとほめただけで—する。

【増訂】ゾウテイ（名・する）「増補訂正」の略。書物などで、足りない部分を加え、誤りの部分を正しく直すこと。[例]—版。

【増配】ゾウハイ（名・する）配当や配給量など、分け前や割り当てをふやすこと。[例]今回の決算は—になった。

【増発】ゾウハツ（名・する）電車・バスなどの運行数や、紙幣の発行量をふやすこと。[例]特急列車を—する。

【増便】ゾウビン（名・する）船・飛行機・自動車などの定期便の運行回数をふやすこと。

【増幅】ゾウフク（名・する）①ラジオやテレビなどで、入力した電流や電圧などの振幅を大きくすること。[例]—器。②話の内容やものごとのようすなどを、もともとのものより大げさにすること。[例]うわさ話が—される。

【増補】ゾウホ（名・する）すでに出版した本の内容などについて、足りないところをおぎなうこと。[例]—改訂版。

【増俸】ゾウホウ（名・する）給料をふやすこと。増給。[対]減俸。

【増量】ゾウリョウ（名・する）分量がふえること。分量をふやすこと。[対]減量。[例]二〇パーセントの—サービス。

●急増・激増・純増・漸増・年増・倍増・微増

土 11

【墨】

14画 4347 58A8 [常用]

[音]ボク[漢] モク[呉]

[訓]すみ

[筆順] 冂 罒 甲 里 黒 黒 墨 墨

土12

【墨】

15画 1-1562 FA3A [人名]

[なりたち] [会意]「土(＝つち)」と「黒(＝くろ)」とから成る。書画をかくのに用いる、すみ。

[意味] ❶油やマツを燃やしてできたすすを、にかわで固めたもの。すみ。[例]墨汁。筆墨。❷すみでかいたもの。書画。[例]遺墨。水墨。❸くろい。[例]墨車（＝周代、大夫の乗った黒ぬりの車）。❹いれずみ。いれずみの刑罰。[例]墨刑。❺すみをつけて材木に直線を引く大工道具。すみなわ。[例]縄墨。❻戦国時代の思想家、墨子のこと。また、墨子学派のこと。[例]墨家。

[難読] 墨斗・墨西哥

【墨絵】すみエ　すみでかいた絵。すみの濃淡で山水などを表現する。水墨画。[例]—のぼかしの山のすがた。

【墨字】すみジ〔点字に対して〕書いたり、印刷したりした、ふつうの文字。

【墨染め】すみぞめ　すみのような黒い色に染めること。また、その色。[例]—の衣（＝僧が着る黒い色の衣。また、喪服）。

【墨▼壺】すみつぼ ①墨汁を入れておく容器。②〔大工や石工などが用いる〕直線を引く道具。糸巻き車に巻いた糸（＝墨縄）を、墨汁をふくませた真綿のはいったつぼを通して引き出し、その糸をはじいて黒線をつける。墨池。③「②」の、墨汁をふくませた真綿のはいっているつぼ。

【墨縄】すみなわ「墨壺②」の、糸巻き車に巻いて墨池から引き出す糸。墨糸。

【墨衣】ボクイ　すみ染めのころも。黒い色のころも。→【墨染め】

【墨子】ボクシ　戦国時代の思想家、墨翟をうやまっていう呼び名。生没年未詳。また、墨子はじめ墨家の学説を記した思想書。現存、五十三編。→【墨家】

【墨守】ボクシュ（名・する）〔墨子が、城をかたく守って楚の軍をしりぞけた故事から〕昔からのやり方や自分の考えを、がんこに守ること。[例]旧習を—する。

【墨汁】ボクジュウ　すみをすった、しる。また、すぐに使える製品としての、黒色の液体。

【墨書】ボクショ　すみで書くこと。また、すみで書いたもの。すみがき。[例]大きく—する。

【墨場】ボクジョウ　詩文を作ったり、書画をかいたりする人々。また、その人々が集まる場所。[例]—必携。

【墨跡】ボクセキ　すみで書いた筆のあと。日本では、とくに禅宗の僧が書いた書をいう。筆跡。墨痕。[例]—展。良寛の—。[表記][旧]墨▼蹟

【墨池】ボクチ ①すみを洗いながした池。昔の有名な書家が、筆やすずりを洗ったという池。②すずり。③すずりですったすみや水をためる、くぼみ。すずりの海。④「墨壺③」に同じ。

【墨堤】ボクテイ　墨水（＝東京都の隅田川）の土手。〔隅田川の「すみ」に「墨」の字を用いたもの〕

【墨東】ボクトウ　東京都の隅田川より東側の地域。とくに、墨田区と江東区一帯のこと。〔区の名としては「墨田」を用い、川の名は「隅田」とする。近世後期以来「濹東」とも書く〕

【墨家】ボッカ　戦国時代の思想家、墨子の開いた学派。また、その学説をとなえた人。兼愛（＝無差別の愛）、非攻（＝戦争の否定）を説き、節約を重んじた。当時は儒家と並ぶ大きな勢力をもっていた。

【墨海】ボッカイ　すずりの別名。〔とくに、おおきなものをいう〕

【墨客】ボッカク　書画や詩文にすぐれた人。[類]墨士。[例]文人—。

【墨刑】ボッケイ　昔の中国の刑罰。五刑の一つで、罪人の額や腕などに、いれずみをする。

【墨痕】ボッコン〔「痕」は、あとの意〕すみで書いた筆のあと。筆跡。墨跡。[例]—あざやかな書。

●遺墨・水墨・白墨

土11

【塲】14画 ⇩【場】ジョウ（235ページ）

土12 【墟】 15画 5250 589F 音キョ漢 訓あと・おか・つか

意味 大きな丘(おか)。都のあとや墓。あと。例 墟墓(キョボ)。殷墟(インキョ)。廃墟(ハイキョ)。

【墟里】(キョリ) あれはてた村里。

土12 【墜】 15画 3638 589C 常用 音ツイ漢呉 訓お-ちる

筆順 阝 阝 阝 阝 隊 隊 隊 墜 墜

土12 【墜】 15画

なりたち 形声 「土(=つち)」と、音「隊(タイ→ツイ)」とから成る。地におちる。

意味 ❶高いところからおちる。おちる。おとす。例 墜落(ツイラク)。撃墜(ゲキツイ)。❷うしなう。おとろえる。すたれる。例 墜典(ツイテン)。失墜(シッツイ)。

【墜死】(ツイシ) (名・する) 高いところからおちて死ぬこと。墜落死。

【墜典】(ツイテン) すたれた法律や制度・儀式(ギシキ)。例 ―を復興する。

【墜落】(ツイラク) (名・する) 空中や高いところなどからおちること。例 ―事故。

土12 【墳】 15画 4215 58B3 常用 音フン漢 訓つか・はか

筆順 土 圹 坩 坩 坩 坩 墳 墳

土13 【墳】 16画

なりたち 形声 「土(=つち)」と、音「賁(フ→フン)」とから成る。土を盛り上げた墓。

意味 土を高く盛り上げた墓。つか。例 墳墓(フンボ)。古墳(コフン)。

【墳墓】(フンボ) 死んだ人をほうむったところ。はか。つか。

【墳墓の地】(フンボのチ) ①先祖代々の墓のあるところ。ふるさと。②住みついて一生を終える場所。骨をうめようとする場所。

土12 【墹】 15画 5249 58B9 国字 訓まま

意味 人名・地名に用いられる字。例 墹之上(ままのうえ)(=静岡(しずおか)県の地名)。

土12 【墸】 15画 5255 58B8 音義未詳(ミショウ)

参考 一説に、「躇(チョ)」の俗字。

土12 【增】 15画 ⇩【増】(ゾウ)(239ページ)

土12 【墫】 15画 ⇩【樽】(ソン)(549ページ)

土12 【墮】 15画 ⇩【堕】(ダ)(235ページ)

土12 【墜】 15画 ⇩【墜】(ツイ)(241ページ)

土12 【墨】 15画 ⇩【墨】(ボク)(240ページ)

土13 【墺】 16画 5252 58BA 音オウ漢 訓きし

意味 ❶大地。おか。❷水べの地。きし。

日本語での用法 《オウ》「墺太利(オーストリア)」の略。「独墺(ドクオウ)・普墺戦争(フオウセンソウ)」

土13 【壊】 16画 1885 58CA 常用 音カイ漢エ呉 訓こわ-す・こわ-れる

筆順 土 圹 圹 坊 坤 坤 壊 壊 壊

土16 【壞】 19画 5253 58DE 人名

なりたち 形声 「土(=つち)」と、音「褱(カイ)」とから成る。やぶれる。

意味 やぶれる。くずれる。こわれる。こわす。例 壊滅(カイメツ)。破壊(ハカイ)。崩壊(ホウカイ)。

【▽壊死】(エシ) (名・する) からだの組織の一部が死ぬこと。例 凍傷(トウショウ)のため足の指先が―する。

【▽壊▼疽】(エソ) からだの組織の一部が死んだ状態になること。

【壊血病】(カイケツビョウ) ビタミンCの不足によって起こる病気。歯ぐきが出血し、からだが衰弱(スイジャク)する。

【壊走】(カイソウ) (名・する) 戦いに負け、ちりぢりになって逃(に)げること。類 敗走。例 敵軍は―した。表記 「潰走」とも書く。

【壊崩】(カイホウ) (名・する) 建物や組織がこわれくずれること。つぶれること。崩壊。

【壊滅】(カイメツ) (名・する) すっかりこわれて、ほろびること。例 地震(ジシン)で都市が―する。表記 「▼潰滅」とも書く。

【壊乱】(カイラン) (名・する) 秩序(チツジョ)がくずれみだれること。また、こわしみだすこと。例 風俗(フウゾク)を―する。表記 「▼潰乱」とも書く。

●決壊(ケッカイ)・全壊(ゼンカイ)・損壊(ソンカイ)・倒壊(トウカイ)・破壊(ハカイ)・半壊(ハンカイ)・崩壊(ホウカイ)

土13 【墾】 16画 2606 58BE 常用 音コン漢 訓ひら-く

筆順 ⺈ 乎 豸 豸 貇 貇 貇 墾 墾

なりたち 形声 「土(=つち)」と、音「貇(コン)」とから成る。たがやす。

意味 あれ地をきりひらく。ひらく。たがやす。例 開墾(カイコン)。

難読 新墾(にいはり)

【墾耕】(コンコウ) (名・する) 土地をきりひらき、たがやすこと。

【墾田】(コンデン) 新しくきりひらいた田。とくに、大化の改新(六四五年)の後、田をふやすために開墾された田地。

●未墾(ミコン)

土13 【壌】 16画 3077 58CC 常用 音ジョウ漢 訓つち

筆順 土 圹 圹 垆 埣 埣 壌 壌 壌

土17 【壤】 20画 5265 58E4

なりたち 形声 「土(=つち)」と、音「襄(ショウ→ジョウ)」とから成る。やわらかい土。

意味 ❶農業に適したやわらかい土地。つち。例 土壌(ドジョウ)。❷大地。例 天壌無窮(テンジョウムキュウ)。鼓腹撃壌(コフクゲキジョウ)。

難読 天壌(あめつち)

【壌土】(ジョウド) ①つち。土壌。また、土地。②粘土(ネンド)が三〇パーセントほどまじった土。水分や養分の吸収力が強く、農作物を作るのに適する。

●鼓腹撃壌(ゲキジョウ)・土壌(ドジョウ)

土13 【壇】 16画 3537 58C7 常用 音タン漢ダン呉

筆順 土 圹 坊 垧 垧 壇 壇 壇

なりたち 壇 [形声]「土(=つち)」と、音「亶タン」とから成る。土を高く盛り上げた祭場。

意味 ❶儀式シキをおこなうために土を小高く盛り上げて、築いたもの。だん。例祭壇サイダン。❷一段高くした台。例壇上ダンジョウ。教壇キョウダン。❸専門家たちの集団。例文壇ブンダン。

【壇上】ダンジョウ 演壇や教壇などの壇の上。例表彰者ヒョウショウシャが━にあがる。

【壇場】ダンジョウ 祭礼や儀式シキをおこなうため壇を設けた場所。

●演壇エンダン・歌壇カダン・教壇キョウダン・祭壇サイダン・仏壇ブツダン・文壇ブンダン・論壇ロンダン

土13 【壁】 16画 4241 58C1 常用 音ヘキ漢 ヒャク呉 訓かべ

筆順 ⺈ 尸 尸 启 辟 辟 壁

なりたち 壁 [形声]「土(=つち)」と、音「辟ヘキ」とから成る。直立して風や寒さを防ぐ、かき。

意味 ❶建物のまわりを囲う、または建物のなかの部屋を仕切るもの。かべ。例壁画ヘキガ。壁面ヘキメン。障壁ショウヘキ。❷敵の攻撃コウゲキを防ぐために作られたかべ。とりで。また、とりでを作る。例城壁ジョウヘキ。項王軍壁二垓下一コウオウのグンガイカにヘキす(=項羽の軍は垓下ガイカにとりでを築いてたてこもった)〈史記シキ〉。❸かべのように地面に垂直に立ったがけ。例岩壁ガンペキ。岸壁ガンペキ。絶壁ゼッペキ。❹二十八宿の一つ。なまめぼし。例壁宿ヘキシュク。

【壁掛け】かべかけ ①室内の壁にかけるかざり。織物や絵皿など。②壁にかけること。例━式電話機。

【壁新聞】かべシンブン 学校や職場、駅や街頭など、人の集まるところの壁や掲示板ケイジバンにはりだす、ニュースや主張などの文書。

【壁訴訟】かべソショウ〔壁に向かってうったえる意〕①ひとりでぶつぶつ不平を言うこと。②遠まわしにあてこすること。

【壁に耳あり】かべにみみあり〔どこでだれが聞いているかわからないことから〕秘密のもれやすいことのたとえ。例━障子ショウジに目あり。

【壁画】ヘキガ 建物や洞窟ドウクツのかべや天井テンジョウなどにかいた絵。例敦煌トンコウ石窟セックツ━。

【壁間】ヘキカン 柱と柱のあいだの、かべの部分。類壁面。

【壁光】ヘキコウ 苦労して勉学にはげむこと。〔漢の匡衡キョウコウが、かべに穴をあけて、となりの家からもれてくる灯火トウカで書物を読んだという故事から〕類蛍雪ケイセツ。

【壁書】ヘキショ (名・する)①かべに書くこと。また、そこに書かれたもの。②決まりや知らせ、またおきてなどを書いて、かべにはりつけた文書。とくに、戦国時代の大名家のおきてを記したものをいう。かべがき。

【壁中書】ヘキチュウショ 前漢の時代、魯ロの恭王キョウオウが宮殿を広げるために孔子コウシの住んでいた家をこわしたとき、そのかべの中から発見された古文コブン(=戦国時代に使われていた書体の文字)で書かれた『書経ショキョウ』『孝経コウキョウ』などの経書ケイショ(=儒教ジュキョウでたっとぶ書物)。壁経ヘキケイ。

【壁面】ヘキメン ①かべの表面。例━のよごれ。②岩壁の表面。例━を登る。

【壁立】ヘキリツ (名・する)①かべのように切り立っていること。例━する岩。②かべがあるだけで家具や家財がないこと。貧乏ビンボウ暮らしのたとえ。

●外壁ガイヘキ・隔壁カクヘキ・岩壁ガンペキ・岸壁ガンペキ・障壁ショウヘキ・絶壁ゼッペキ・鉄壁テッペキ

土13 【壅】 16画 5257 58C5 音ヨウ漢 訓つちか-う・つぶ-す・ふさ-がる・ふさ-ぐ

意味 ❶ふさいで、通れないようにする。ふさぐ。さえぎる。例壅遏ヨウアツ(=じゃまをしてとめる)。❷土を根にかぶせて草木を育てる。つちかう。例培壅バイヨウ。

土13 【墻】 16画 ⇨【牆】ショウ(646ページ)

土13 【墳】 16画 ⇨【墳】フン(241ページ)

土14 【壑】 17画 5259 58D1 音ガク慣 カク漢呉 訓たに

意味 ❶あな。いわや。例壑谷ガクコク(=岩にできた洞穴ドウケツ)。❷谷。

土14 【壕】 17画 2572 58D5 人名 音コウ漢 ゴウ呉 訓ほり

意味 ❶城を守るために、まわりに作った池。ほり。外壕そとぼり。❷敵の矢や弾丸ダンガンをさけるために掘ほった穴。からぼり。例塹壕ザンゴウ。防空壕ボウクウゴウ。

土14 【壗】 17画 5260 58D7 国字 訓まま

意味 地名に用いられる字。例壗下ままのした(=神奈川県かながわけんの地名)。

土14 【壓】 17画 ⇨【圧】アツ(225ページ)

土15 【壙】 18画 5261 58D9 音コウ漢 訓あな・つかあな

意味 ❶墓の穴。はかあな。つかあな。例壙穴コウケツ(=死者を埋葬マイソウするための穴)。❷がらんとした野原。❸広々としてはてしない。同曠コウ。例壙壙コウコウ(=がらんとしてはてしないようす)。

土15 【壘】 18画 ⇨【塁】ルイ(236ページ)

土16 【壜】 19画 5264 58DC 音タン漢 ドン呉 訓びん

缶16 【罎】 22画 7004 7F4E 別体字

意味 酒を入れるかめ。さかがめ。

日本語での用法《びん》ガラス製の容器。「壜詰びんづめ・空あき壜びん」

土16 【壟】 19画 5266 58DF 音ロウ・リョウ漢 訓つか

意味 ❶土を盛ってつくった墓。つか。❷小高い土地。おか。❸たねをまいたり、苗なえを植えたりするために田畑の土を細長く盛り上げたところ。うね。あぜ。例壟畝ロウホ(=耕地。いなか)。

【壟断】ロウダン 一(名)切り立った小高いおか。二(名・する)利益をひとりじめにすること。〔ある男が高いおかにのぼり市場全体を見わたして商品の動きを観察し、安いものを買いしめ、それを高く売って大きな利益を得たという故事から〕〈孟子モウシ〉

土16 【壞】 19画 ⇨【壊】カイ(241ページ)

土17 【壥】 20画 5263 58E5 音義未詳ミショウ

参考 一説に、「廛テン」の別体字。

土17 【壤】 20画 ⇨【壌】ジョウ(241ページ)

33 3画 士 さむらい さむらいかんむり 部

一人前の仕事のできる男の意をあらわす。「士」をもとにしてできている漢字と、「士」の字形を目じるしにして引く漢字とを集めた。

0 士 1 壬 3 壮 4 壱 声 壯 8 壷 9 壺 壹 壻 10 壼 11 壽

この部首に所属しない漢字

吉⇩口187 売⇩儿103 志⇩心385 喜⇩口209 嘉⇩口212 臺⇩至834 賣⇩貝939

士 0 【士】 3画 2746 58EB 教育5 音シ漢 ジ呉 訓さむらい 付表 海士(あま)・居士(こじ)・博士(はかせ)

筆順 一 十 士

なりたち 士 [会意]「一(=ひとつ)」と「十(=とお)」とから成る。「十」の多事をとりまとめて「一」に統合するもの。

意味 ❶一人前の男。学識をそなえたりっぱな人。例士君子。紳士。名士。❷昔、卿・大夫につぐ位の者。役人。例士大夫。❸兵卒。つわもの。例士卒。兵士。勇士。

日本語での用法《シ》①さむらい。「士道・武士」②ある資格をもった人。「栄養士・建築士・弁護士」

人名 あき・あきら・お・おさむ・こと・つかさ・のり・ひと・まもる

【士官】シカン 兵や下士官から成る部隊を指揮する地位の人。佐官と尉官。将校。例陸軍―学校。

【士気】シキ ①兵士が、積極的にたたかおうとする、強い気持ち。例―が上がる。―を鼓舞する。―をそがれる。②団結して何かをやろうとする義務感や人々の意気ごみ。表記②は「志気」とも書く。

【士君子】シクンシ 学識・人格ともにすぐれた人物。〔伝統的な用法では、士と君子、したがって男子に限る〕

【士女】シジョ ①男と女。紳士と淑女。②美女。例―図(=美女画)。

【士人】シジン ①地位・教養のある、一人前の男子。人士。②さむらい。

【士族】シゾク 明治時代に定めた四つの身分(=皇族・華族・士族・平民)の一つ。明治維新のときに、士分(=さむらいの身分)であった家がらの家長とその家族をさす。一九四七(昭和二十二)年に、こうした身分制度は廃止された。例―の商法(=なれない事業に手を出して失敗することのたとえ)。

【士卒】シソツ ①下士官と兵卒。②武士と雑兵。③部下の兵士たち。

【士大夫】シタイフ ①士と大夫。古代の中国では、天子・諸侯・大夫・士・庶人の五つの身分のうち、士までを指導者あるいは支配階級とした。②学識・人格ともにすぐれ、社会的地位の高い人。

【士道】シドウ 士として守るべき道徳や倫理。世の中に独り立ちできる男子としての生き方。〔武士道・騎士道の意にも使われる〕

【士農工商】シノウコウショウ 武士と農民と工人(=職人)と商人。日本の近世初めころから、職業によって分けた四つの階級。四民。例江戸時代には―の区別があった。

【士は己を知る者の為に死す】 一人前の男子は、自分をよく知ってくれる人のためには命さえも投げ出す。〔戦国時代、晋の予譲が、自分に目をかけてくれた、亡き主人智伯の敵を討つときに述べたことば〕〈史記〉

【士風】シフウ ①一人前の男子としての風格。②武人らしい気風。

【士分】シブン 武士の身分。例―に取り立てられる。

【士民】シミン 武士と庶民。また、士族と平民。

●紳士・戦士・代議士・同士・博士・武士・文士・兵士・弁士・勇士・力士・浪士

士 1 【壬】 4画 3149 58EC 人名 音ジン漢 ニン呉 訓みずのえ

意味 ❶十干の九番目。みずのえ。方位では北、五行では水にあてる。例壬申。❷へつらう。おもねる。例壬人(=へつらう人)。❸はらむ。同妊。

難読 壬生(みぶ)(=姓・地名)

士 3 【壮】 6画 3352 58EE 常用 音ソウ漢 ショウ呉 訓さかん

士 4 【壯】 7画 5267 58EF 人名

筆順 丨 丬 丬 丬一 壮十 壮

なりたち 壯 [形声]「士(=おとこ)」と、音「爿ショウ→ソウ」とから成る。大きな男。

意味 ❶元気な男子。三十歳の男子。❷三十歳前後から、四十歳代くらいまでの人。例壮士。壮年。❸勢いがよい。さかん。例壮健。勇壮。❹大きくてりっぱ。例壮観。壮麗。その意気を壮とする。

人名 さかえ・さかり・たかし・たけ・たけし・つよし・まさ・もり

【壮快】ソウカイ (名・形動ダ)元気で気力にあふれていること。例よくねむったので―な気分だ。

【壮観】ソウカン (名・形動ダ)雄大ですばらしいながめ。類偉観。例―な武者行列。

【壮挙】ソウキョ 規模の大きな、勇ましい計画。すばらしい仕事。例大ぞりで南極大陸を横断する―。

【壮健】ソウケン (名・形動ダ)元気ですこやかなこと。〔あらたまった手紙などに使うことが多い〕例ご―でなによりです。

【壮言】ソウゲン 勇ましいことば。壮語。

【壮語】ソウゴ (名・する)威勢のよいことば。また、えらそうに言うこと。壮言。例大言―する(=できそうもないことを大げさにえらそうに言う)。

【壮行】ソウコウ 人の出発を祝い、はげますこと。〔遠くへ旅立つときや、試合で出発するときなどに使う〕例オリンピックチームの―会。

【壮士】ソウシ ①働きざかりの男子。血気さかんな若者。②明治時代、自由民権運動にたずさわった人。例―劇。③社会正義などをふりかざし、人にたのまれて、おどしたりかけあったりする人。例―ふうの男。

【壮者】ソウシャ 働きざかりの人。また、若者。例老いてなお―をしのぐ意気。

【壮絶】ソウゼツ (名・形動ダ)このうえなく勇ましくはげしいこと。壮烈。例―な戦い。

【壮大】ソウダイ (名・形動ダ)規模が大きくりっぱなこと。例気宇―。―な景色。―な計画。

【壮丁】ソウテイ 〔「丁」は、成人した男子の意〕①成年に達した男子。働きざかりの若者。②戦前、兵役に召集された、満二十歳の男子のこと。
【壮図】ソウト 勇ましく、規模の大きな計画。雄図。例—をいだく。—空しく。
【壮途】ソウト 大きな目標に向かっての勇ましい出発。例ヨットで世界一周の—につく。
【壮年】ソウネン 働きざかりの年ごろ。三十歳前後から四十歳代くらいまでをいう。また、その年ごろの人。例めざましい—期の仕事ぶり。
【壮美】ソウビ（名・形動ナ）大きくりっぱで美しいこと。壮麗。例—な大神殿。
【壮麗】ソウレイ（名・形動ナ）大きくりっぱで美しいこと。壮美。例—な宮殿。
【壮烈】ソウレツ（名・形動ナ）人の心をゆり動かすような、勇ましくはげしいありさま。壮絶。例—な最期をとげる。
●強壮・広壮・豪壮・少壮・丁壮・悲壮・勇壮

士4 【壱】 7画 1677 58F1 常用 音イツ漢 イチ呉 訓ひと-つ

筆順 一 十 士 声 声 声 壱

士9 【壹】 12画 5269 58F9

なりたち [会意]「壺（=酒つぼ）」と「吉キツ→イツ（=よい）」とから成る。もっぱら。ひとつ。

意味 ❶ひたすら。もっぱら。例専壱。❷「一」の大字。商売や契約の文書で、数字を書きかえられないように使う。例壱億円。

日本語での用法《イツ》旧国名「壱岐（=今の長崎県北部、玄界灘にある島）」の略。「壱州」

人名 かず・さね・はじめ・ひとし・もと

【壱岐】いき 旧国名の一つ。今の長崎県壱岐郡。玄界灘にある島で、昔は対馬とともに中国や朝鮮半島との交通上の重要な地点。壱州。

士4 【声】 7画 3228 58F0 教育2 音セイ漢 ショウ呉 訓こえ・こわ

［士部］4―9画 ● 壱 声 壮 壷 壺

筆順 一 十 士 声 声 声 声

耳11 【聲】 17画 7065 8072

なりたち [形声]「耳（=みみ）」と、音「殸ケイ→セイ」とから成る。耳に聞こえる自然の音。

意味 ❶音。ひびき。こえ。例声帯。鐘声。大音声。❷ほまれ。評判。例声望。名声。❸漢字音のアクセント。例四声。平声。入声。❹漢字の頭子音。例声母。双声。

人名 かた・な・もり

【声高】こわだか（形動ナ）声を高くはりあげるようす。例—にののしる。
【声音】こわね 声の調子やようす。こわいろ。例やさしそうな—で話しかける。
【声域】セイイキ 人の歌ごえの高低の範囲。高いものから順に、女声をソプラノ・メゾソプラノ・アルト、男声をテノール・バリトン・バスに分ける。例—が広い。
【声援】セイエン（名・する）声をかけてはげますこと。例スタンドから—を送る。
【声音】セイオン こえ。音声。
【声価】セイカ 世間の評判。
【声楽】セイガク 人の声による音楽。うた。独唱・重唱・合唱などがある。対器楽。例—家。
【声質】セイシツ 澄んでいる、よくとおる、にごっている、などといった人の声の質。例—がよい。
【声色】一セイショク ①声と顔いろ。例—をやわらげる。②ようす。態度。例—をうかがう。③健全な気持ちを乱すような音楽と女色。例—にふける。二こわいろ ①声の調子。こわね。例あまえるような—。②役者や有名人の声、動物の鳴き声などをまねること。また、その芸。声帯模写。例—をつかう。
【声帯】セイタイ のどの中央部にある声を出す器官。左右一対のひだ状のもので、閉じたり開いたりする。肺からの息がここを通るときに声が出る。例歌いすぎで—を痛める。
【声帯模写】セイタイモシャ「声色二②」に同じ。〔大正時代末期の新造語〕
【声調】セイチョウ ①声の調子。ふしまわし。例哀感をおびた—。②詩歌のよみぶり。例さわやかな—を持つ作品。③中国語などのアクセント。一つの音節内での、高低の変化をいう。
【声母】セイボ 音韻学で、漢字の音節のはじめに立つ子音。対韻母。
【声聞】一セイブン 世間の評判。二ショウモン（仏）仏の教えを聞いてさとりを開くこと。また、その人。例—の僧。
【声望】セイボウ 名声と人望。世間でのよい評判。例—が高い。
【声名】セイメイ よい評判。名声。例—を得る。
【声明】一セイメイ（名・する）政治や外交上の問題について、意見や立場などを発表すること。また、その内容。例—文。共同—。二ショウミョウ（名）（仏）①古代インドで学問を五つに分け、五明とした中の一つ。文字・音韻・語法などを研究する学問。②日本の仏教で、儀式に用いる古典の声楽。仏をほめたたえる歌。梵唄。
【声門】セイモン のどの中央にある、左右の声帯のあいだで、息の通るせまいすきま。息をするときには開き、声を出すときにはせまいすきまとなる。
【声紋】セイモン 声を周波数分析装置にかけて、図にあらわしたもの。〔しま模様の図になり、指紋と同じように個人によって異なる。犯罪捜査などに利用される〕
【声優】セイユウ 外国映画やアニメーションのふきかえ、ラジオドラマなどに、声だけで出演する俳優。
【声量】セイリョウ 声の大きさと豊かさ。人の出せる声の、大小・強弱の程度。例あの役者は—が豊かだ。
【声涙】セイルイ こえと、なみだ。例—ともに下る（=感情が高まっておさえられなくなり、なみだを流しながら話す）。
●悪声・音声・歓声・奇声・銃声・濁声・嘆声・肉声・発声・砲声・名声

士4 【壮】 7画 ⇩【壯】ソウ（243ページ）

士8 【壷】 11画 ⇩【壺】コ（244ページ）

士9 【壺】 12画 5268 58FA 音コ漢 訓つぼ

士8 【壷】 11画 3659 58F7 別体字

意味 水や酒を入れる、口が小さく胴がふくらんだ容器。つぼ。例壺酒（=つぼに入れてある酒）。銅壺。

日本語での用法《つぼ》①要所。急所。「灸の壺・壺を押す」②見こむところ。ずぼし。「思う壺にはまる」③つぼね。女官などの住む部屋。〔「坪」とも書く〕「梅壺」

(うめつぼ)・桐壺(きりつぼ)・梨壺(なしつぼ)」

難読 唾壺(はいふき)

【壺▼漿】コショウ つぼに入れた飲み物。

【壺▼觴】コショウ 酒を入れるつぼと、さかずき。

【壺中の天】コチュウのテン 壺中の天地。壺天。〔昔、中国の費長房(ヒチョウボウ)が市場の役人だったとき、薬売りの老人が商売を終えると、店頭にかけてあった大きな壺(つぼ)の中にはいるのを見た。そこで老人にたのんで中に入れてもらったところ、りっぱな宮殿(キュウデン)があり、酒や料理が並ぶすばらしい世界であった、という故事から〕(後漢書ゴカンジョ)

【壺焼き】つぼやき ①サザエを殻(から)のまま焼いて、しょうゆ味をつけたもの。②サツマイモなどを、つぼの形のうつわに入れてむし焼きにしたもの。

士9【壹】12画 ⇩【壱】(244ページ)　士9【壻】12画 ⇩【婿】(279ページ)

士10【壼】13画 5271 58FC 音コン漢

意味 ❶宮城の中の道。また、宮中(キュウチュウ)のこと。例壼奥(コンオウ)(=宮中のおくまったところ)。❷(宮中で)婦人の居住する内室。また、婦人のこと。例壼訓(コンクン)(=婦人に対する教え)。壼政(コンセイ)(=後宮の婦人の仕事)。❸広くする。ひろい。

士11【壽】14画 ⇩【寿】(308ページ)

34・35 3画 夂 ちにょう ふゆがしら・夊 すいにょう なつあし 部

「夂」は後ろから追いつくようすをあらわし、音は、チ。「夊」は足を引きずったようすをあらわし、音は、スイ。「ちにょう」は、「冬」の頭(かしら)(=漢字の上がわの部分)に似ているので「ふゆがしら」ともいい、「すいにょう」は、「夏」の脚(あし)(=漢字の下がわの部分)であることから「なつあし」ともいう。もと別の部首だったが、常用漢字では字形の区別をしないので統一し、「夂」の字形を目じるしにして引く漢字を集めた。

この部首に所属しない漢字

処⇩几 123　麦⇩麦 1107　愛⇩心 403　憂⇩心 411

夂0【夂】3画 5273 5902 音チ漢

意味 後ろから追いつく。

夊0【夊】3画 5274 590A 音スイ漢 訓ゆくことおそし

意味 足をひきずるように、ゆっくり歩くようす。

夂2【冬】5画 3763 51AC 教育2 音トウ漢 訓ふゆ

筆順 ノ ク 夂 冬 冬

冫3【冬】5画 2F81A

なりたち [会意]「冫(=凍(こお)る)」と「夂(シュ→トウ)(=終わる)」とから成る。四季のおわり。

意味 四季の一つ。立冬から立春までのあいだ。ほぼ十二月・一月・二月。陰暦(インレキ)では十月・十一月・十二月。一年のうち最も寒い季節。ふゆ。例冬至(トウジ)。冬眠(トウミン)。暖冬(ダントウ)。

難読 冬瓜(かもうり)・冬青(もち)の木(き)

人名 かず・とし

【冬芽】トウガ ふゆめ 〔生〕夏から秋にかけて生じ、冬をこしてから生長する芽。クチナシやヤナギなどにみられる。対夏芽。

【冬▼瓜】トウガ トウガン ウリ科の野菜。つる性で黄色の花がさき、うす緑色の球形または長円形の大きな実がなる。漬物(つけもの)や煮物(にもの)にして食べる。

【冬季】トウキ 冬の季節。対夏季。例―オリンピック。

【冬期】トウキ 冬の期間。冬のあいだ。対夏期。例―講習会。

【冬至】トウジ 二十四節気の一つ。一年のうちで太陽が最も南にかたより、北半球では昼が最も短く、夜が最も長い。太陽暦(タイヨウレキ)で十二月二十二日ごろ。〔この日、ユズ湯にはいったり、カボチャを食べたりする風習がある〕対夏至(ゲシ)。

【冬扇夏炉】トウセンカロ 〔冬のおうぎと夏の炉の意から〕時節に合わず、役に立たないもののたとえ。夏炉冬扇。

【冬眠】トウミン (名・する) ①冬のあいだ、動物が活動をやめ穴の中でねむったような状態で過ごすこと。カエル・ヘビ・クマなどにみられる。対夏眠(カミン)。②(団体などが)名目だけで、実際の活動をしていないことのたとえ。

【冬化粧】ふゆゲショウ (名・する) 山野や草木などが冬らしい景色になること。とくに、雪であたりが白くなること。雪化粧。

【冬将軍】ふゆショウグン 寒さのきびしい冬を敵の将軍にたとえたことば。例―の到来(トウライ)。

【冬鳥】ふゆどり 秋にシベリアなどの北方から日本に来て冬を過ごし、春に再び北方に帰るわたり鳥。カモ・ガン・ツル・ハクチョウなどを指して、日本でいうことば。対夏鳥。

【冬日】ふゆび 一日の最低気温が〇度未満の日。対夏日。

●越冬(エットウ)・厳冬(ゲントウ)・初冬(ショトウ)・暖冬(ダントウ)・晩冬(バントウ)・真冬(まふゆ)・立冬(リットウ)

夂6【変】9画 4249 5909 教育4 音ヘン漢呉 訓か-わる・か-える

筆順 亠 ナ ガ 亦 亦 亦 変

言16【變】23画 5846 8B8A

なりたち [形声]「攵(=うつ)」と、音「䜌(レン→ヘン)」とから成る。かわる。

意味 ❶ちがうものになる。時とともにうつりゆく。あらたまる。かわる。例変化(ヘンカ)。変遷(ヘンセン)。転変(テンペン)。❷ちがうものにする。あらためる。うごかす。かえる。例変革(ヘンカク)。変更(ヘンコウ)。改変(カイヘン)。❸ふつうでない。㋐ふしぎな。異常な。例変死(ヘンシ)。変事(ヘンジ)。変人(ヘンジン)。㋑とつぜんの異常なできごと。例変異(ヘンイ)。天変地異(テンペンチイ)。臨機応変(リンキオウヘン)。㋒政治上の事件や内乱。戦争。例事変(ジヘン)。政変(セイヘン)。桜田門外(さくらだモンガイ)の変(ヘン)。

日本語での用法 《ヘン》音楽で、半音低い音。フラット。記号♭ 対嬰(エイ)。「変記号(ヘンキゴウ)・変ホ長調(ヘンホチョウチョウ)」

使い分け かえる・かわる【変・換・替・代】⇩1166ページ

【変圧】ヘンアツ (名・する) 圧力の強さや電圧の高さをかえること。

【変圧器】ヘンアツキ 交流電流の電圧を高くしたり、低くしたりする装置。トランス。

【変位】ヘンイ (名・する) ①位置をかえること。また、かえた位置。②〔物〕物体が位置をかえること。また、その変化の量。

【変異】ヘンイ ㊀(名) かわったこと。また、かわること。(類)異変。㊁(名・する) 同じ種類の生物の中に形や性質のちがうものがあらわれること。例突然—。
【変移】ヘンイ (名・する) うつりかわること。例世相の—。
【変音】ヘンオン 音楽で、♭(=フラット)の記号がついた、半音下がった音。
【変温動物】ヘンオンドウブツ 〔一定の体温を保つ機能をもたず〕まわりの温度の変化によって体温が変化する動物。魚類・爬虫類・両生類など。冷血動物。(対)恒温動物。
【変化】(名・する) ㊀ヘンカ ①これまでとはちがう状態や性質になること。例天候が—する。②文法で、語形がかわること。例動詞の語尾—。㊁ヘンゲ ①神や仏が、かりに人の姿となってこの世にあらわれること。また、そのもの。化身。例—身。②動物などが本来の姿をかえてあらわれること。また、そのもの。例妖怪—。③歌舞伎などで、ひとりの役者が、次々と別の人物に早がわりすること。例七—。
【変改】ヘンカイ (名・する) 組織や組み立てを、大きくかえること。改変。例法則を—する。
【変革】ヘンカク (名・する) 社会や制度などを、おおもとからかえること。例政治制度を—する。
【変格】ヘンカク ①本来の規則から、はずれていること。ふつうの決まりどおりでないこと。(対)正格。②「変格活用」に同じ。
【変格活用】ヘンカクカツヨウ 動詞の活用で、不規則なかわり方をするもの。口語では「来る」「する」の二種。文語では「来く」「す」「死ぬ」「往いぬ」「あり」「をり」などがある。例カ行—。
【変換】ヘンカン (名・する) ほかのものにかえること。かわること。とりかえること。例方針を—する。
【変形】ヘンケイ (名・する) 形がかわること。形をかえること。また、そのかたち。例車体の—した事故車。
【変型】ヘンケイ ①ふつうとはちがう型かた。例—ウイルス。②標準と少しちがう紙や書籍ショセキの型かた。例B5—判。
【変幻】ヘンゲン (名・する) まぼろしのように、姿がたちまちのうちに変化したり、また、あらわれたり消えたりすること。変化のはやいこと。例—自在。
【変更】ヘンコウ (名・する) これまでのものをかえあらためること。また、かわること。(類)改変。例日付—線。日程を—する。
【変死】ヘンシ (名・する) 病気や老衰などのふつうの死ではなく、自殺や他殺、事故・災害などによる死。(類)横死オウシ。例—体。—として司法解剖する。

「夂・夊部」6画 ●変

【変事】ヘンジ ふつうではない、よくないできごと。(類)異変。例—が起こる。
【変質】ヘンシツ ㊀(名・する) 性質がかわること。とくに、品質がかわること。例古い薬品は—することがある。㊁(名) ふつうとちがう病的な性質。例—者。
【変種】ヘンシュ ①もとの種類からかわってできた種類。また、同類の中でふつうとちがうもの。かわりだね。例中華料理の一—。②〔生〕動物や植物の分類の一つ。種(または亜種アシュ)の下におかれる。例—の多い園芸植物。
【変色】ヘンショク (名・する) 色がかわること。色をかえること。例—しやすい素材。
【変心】ヘンシン (名・する) 気持ちや考えがかわること。心がわり。例—して勉強するようになる。
【変身】ヘンシン (名・する) からだや姿を別のものにかえること。また、そのからだや姿。例—の術。矢が当たると急に白鳥に—して飛び去る。
【変人】ヘンジン 性質やおこないなどが、ふつうの人とくらべて、ひどくかわっている人。かわり者。例—あつかいされる。—をよそおってわがままを通す。表記「偏人」とも書く。
【変数】ヘンスウ 〔数〕数式などで、ある範囲内で自由に値をとることのできる文字。ふつう、x・y・z などであらわす。(対)定数。
【変性】ヘンセイ 同類のふつうのものとはちがった性質をもっていること。例—アルコール。
【変成岩】ヘンセイガン 火成岩やたいせき岩が、地球内部の高温や高圧などで変化してできた岩石。片麻岩ヘンマガン・大理石など。
【変声期】ヘンセイキ 十代前半ごろの、声のかわる時期。声がわり。とくに、男子にめだつ。
【変節】ヘンセツ (名・する) ①季節が移りかわること。時節の変化。②〔「節」は、節操・節義の意〕これまで固く守ってきた主義や主張をかえること。例—漢(=変節した男)。
【変説】ヘンセツ (名・する) これまでの自分の意見をかえること。例発表するたびに—する学者。
【変遷】ヘンセン (名・する) 時の流れとともに、うつりかわること。例ことばの—。流行の—。—する町の風景。
【変相】ヘンソウ ㊀(名・する) 姿や形をかえること。また、その姿や形。例季節によりさまざまに—する山の自然。㊁(名) 〔仏〕極楽や地獄のさまざまなようす。また、それを描いた図。変相図。例地獄—図〔略して「地獄変」という〕。

【変装】ヘンソウ (名・する) 別人に見えるように、顔つきや服装などをかえること。例犯人は—して逃走した。
【変造】ヘンゾウ (名・する) すでにあるものの形や内容に手を加えて、ちがったものにすること。例—小切手。旅券を—する。
【変奏曲】ヘンソウキョク 音楽で、ある主題をもとにして、メロディーやリズムなどをさまざまに変化、展開させた曲。
【変則】ヘンソク (名・形動ダ) ふつうの決まりややり方からはずれていること。(対)正則・本則。例—的な方法。道路工事のために—なルートで通学した。
【変速】ヘンソク (名・する) 速度をかえること。例—装置。
【変態】ヘンタイ ①いろいろに形をかえること。また、その形。②ふつうとちがうようす。異常な状態。例—性欲。③〔生〕カエルやチョウなどのように、たまごや幼虫から成体になるまでに、形や生活状態をかえること。例完全—。
【変体仮名】ヘンタイがな 現在ふつうに使われている平がなとはちがう形の平がな。「(あ)」「(い)」「(か)」「(こ)」「(し)」「(ふ)」「(な)」など。
【変体漢文】ヘンタイカンブン 漢文の形式をまねて、ほとんど漢字だけで書かれた日本語の文語文。東鑑体あずまかがみタイ。
【変調】ヘンチョウ (名・する) ①調子がかわること。調子をかえること。また、その調子。②からだなどの調子がかわってぐあいが悪くなること。例—をきたす。③音楽で、曲の調子をかえること。また、その調子。(類)移調・転調。例長調から短調に—する。④放送などで、電波を送るとき、その振幅や周波数などを変化させること。振幅変調(AM)・周波数変調(FM)など。モジュレーション。
【変哲】ヘンテツ 変わっていること。例なんの—もない(=とくに取り立てて言うほどではないこと)。
【変転】ヘンテン (名・する) 次から次へと、ようすがかわること。例—きわまりない人生。
【変電所】ヘンデンショ 発電所から送る電流の電圧をかえる施設。電圧を高くして遠方に送ったり、電圧を低くして工場や家庭に送ったりする。
【変動】ヘンドウ (名・する) ものごとがかわること。とくに、価格や社会情勢などについていう。(対)安定。例株価が—する。
【変文】ヘンブン 中国の唐トウから宋ソウにかけて流行した、詩歌シイカと散文を交互コウゴにつづった、俗語ゾクゴの文章。仏教説話や故事を語っている。語り物。
【変貌】ヘンボウ (名・する) 姿や見かけがすっかりかわること。例ここ数年で町は見ちがえるほど—した。

【変名】(名・する) ①本名をかくして、別の名前を使うこと。また、その名。例—を使う。②名前をかえること。改名。

【変容】(名・する) 姿や形がかわること。姿や形をかえること。例地形が—する。—する大都市。

【変乱】 事件やさわぎが起こって、世の中がみだれること。

●一変・異変・有為転変・改変・急変・激変・政変・大変・臨機応変

夂 7

【夏】

10画 1838 590F 教育2 音カ漢 ゲ呉 訓なつ

筆順 一 丆 丙 百 百 頁 頁 夏

なりたち [会意]「夊(=両足)」と「頁(=あたま)」と「臼(=両手)」とから成る。中国の人。

意味 ❶中国古代の王朝。禹王が建て、桀王のとき、殷の湯王にほろぼされた。約四四〇年続いたといわれる。❷四季の一つ。立夏から立秋までのあいだ。ほぼ六月・七月・八月。陰暦では四月・五月・六月にあたる。一年のうち最も暑い季節。なつ。例夏季・夏至・盛夏。❸昔の中国が自分の国をいう言い方。例華夏・中夏。

【夏雲】 夏の雲。夏らしい雲。積雲や積乱雲(=入道雲)など。例—奇峰多し(=夏の雲は、さまざまの変わった形でそびえ立って見える)。

【夏季】 夏の季節。対冬季。例—休業。

【夏期】 夏の期間。夏のあいだ。対冬期。例—休暇—講習会。

【夏日】 一 ①暑い夏の日。夏。②夏の太陽。きびしくおそれつつしむべき人物などのたとえ。二 一日の最高気温がセ氏二五度以上になる日。対冬日。

【夏虫】 ①夏の虫。②〔夏の虫は冬の氷を知らないことから〕世の中のことをよく知らない者のたとえ。例—氷を疑う(=夏の虫が氷を信じないことから、無知な者がむやみに疑うことのたとえ)。

【夏眠】(名・する) 熱帯地方で、夏のある期間、高温や乾燥のために動物が活動をやめてねむったような状態になること。カタツムリ・肺魚などにみられる。対冬眠。

【夏炉冬扇】〔夏の炉と冬のおうぎの意〕時節に合わず、役に立たないもののたとえ。冬扇夏炉。例風雅は—のごとし。(芭蕉)

【夏至】 二十四節気の一つ。太陽が一年のうちで最も北に寄る日。北半球では昼が最も長く、夜が最も短い。太陽暦で六月二十一日ごろ。対冬至。

【夏毛】 季節によって毛の色がかわる動物の、春から夏にはえかわる毛。ふつう、温帯の哺乳動物にみられる。例シカの—は白の斑点が出る。

【夏作】 夏に育てて秋・冬に取り入れする作物。イネ・ダイズ・トウモロコシなど。

【夏時間】 ①夏のあいだ、標準時より時計の針を一、二時間早める制度。また、それによる時刻。サマータイム。夏時刻。②学校や会社などで、夏に始業時刻を早めること。

【夏場所】 日本相撲協会興行の、年間六つの本場所の一つ。毎年五月に東京でおこなわれる。五月場所。

●今夏・昨夏・初夏・盛夏・常夏・晩夏・立夏・冷夏

夊 11

【夐】

14画 5275 5910 音 一ケン漢 二ケイ漢 訓とお-い・はる-か

意味 一 追い求める。二 とおくはなれる。とおい。はるか。例夐遠(=はるかに遠い)。

36 3画 夕 ゆう ゆうべ た 部

半月の形で「ゆうぐれ」の意をあらわす。片仮名の「タ」に形が似ていることから「た」ともいう。「夕」をもとにしてできている漢字を集めた。

0 夕 2 外 夘 3 夙 多 夛 5 夜 8 梦 10 夢 11 夥

この部首に所属しない漢字

名⇨口191 舛⇨舛836 舞⇨舛836

夕 0

【夕】

3画 4528 5915 教育1 音セキ漢 訓ゆう・ゆう-べ 付表七夕

筆順 ノ ク 夕

なりたち [象形] 月が半分あらわれている形。日がしずもうとするころ。

意味 ❶日の暮れがた。ひぐれ。ゆうぐれ。ゆう。ゆうべ。対朝。例夕陽・朝夕。一朝一夕。❷夜。よ。

人名 ゆ

【夕影】 一 夕日の光。二 夕日を受けてかがやく姿。また、夕日を受けてできる影。

【夕日】 夕方の太陽。入り日。

【夕照】 夕ばえ。夕やけの景色。例瀬田の—(=近江八景の一つ)。

【夕暮】 日がしずんであたりが暗くなるころ。日暮れ。たそがれ。

【夕陽】 ①夕方の太陽。入り日。②山の西側。

【夕▽嵐】 一 夕方に立つもや。夕もや。二 夕方にふく強い風。例荻の上ふく—。

【夕涼】 一 夕方のすずしさ。二【夕涼み】(名・する) 夏の夕方、外に出てすずむこと。例河原で—する。

【夕露】 夕方おりる、つゆ。

【夕顔】 ①ウリ科の一年生つる草。夏の夕方白い花を開き、朝になるとしぼむ。大きな球形または長円形の実をかんぴょうにする。②ヒルガオ科の一年生つる草。ヨルガオの別名。夏の夕方、アサガオに似た白い大きな花を開く。

【夕▼霞】 夕方に立つかすみ。例—が立つ。

【夕方】 日の暮れるころ。夕暮れ。対朝方。

【夕▼餉】 夕方の食事。夕食。夕飯。対朝餉・昼餉。例—をしたためる。—を炊く。

【夕景色】 夕方のけしき。例富士山の—を写真にとる。

【夕刻】 夕方の時刻。日暮れ。夕方。例—には帰宅する。

【夕食】 夕方の食事。対朝食・昼食。

【夕▽星】 古語で、夕方に見える金星。宵の明星。

【夕立】 夏の午後から夕方にかけて、急にはげしく降り、短時間でやむ雨。雷をともなうことが多い。例—は馬の背を分ける。

【夕月】 夕方の空に見える月。

【夕月夜】 ①夕方に出る月。夕月。②月の出ている夕暮れ。また、その夜。

【夕▼凪】 海べで、夕方、海風と陸風が入れかわるとき、しばらく風がふかなくなること。

【夕波】(ゆうなみ) 夕方に立つ波。例—千鳥(ちどり)。

【夕映え】(ゆうばえ) ①夕やけ。②風景が、夕日の光を受けて、赤く照りかがやいて、美しく見えること。例—の雲。

【夕飯】(ゆうハン・ゆうめし) 夕方の食事。夕食。

【夕間暮れ】(ゆうまぐれ) 夕方になってあたりがうす暗く見える時間。また、その時。夕暮れ。〔「まぐれ」は、目暗(＝ものが見えないほど暗い)の意で、「間暮れ」はあて字〕例—に川をわたる。

【夕▼靄】(ゆうもや) 夕方に立ちこめるもや。

【夕闇】(ゆうやみ) 日が暮れて暗いこと。日が暮れてまだ月が出なくて暗いこと。例—がせまる。—にまぎれる。

●一朝一夕(イッチョウイッセキ)・今夕(コンセキ)・朝夕(チョウセキ)

夕2 **【外】** 5画 1916 5916 教育2

音 ガイ漢・ゲ呉・ウイ唐
訓 そと・ほか・はず-す・はず-れる

筆順 ノ ク タ 夘 外

なりたち [会意]「夕(＝ゆうべ)」と「卜(＝うらなう)」とから成る。(うらないは明け方にすべきなのに)夕方にうらなう。ふつうから「はずれる」の意。

意味 ❶ある範囲(ハンイ)からはずれた。よそ。ほか。例外界(ガイカイ)。海外(カイガイ)。野外(ヤガイ)。❷ものの表面。そとがわ。うわべ。おもて。そと。例外観(ガイカン)。外形(ガイケイ)。外科(ゲカ)。❸とりのぞく。とおざける。はずす。例除外(ジョガイ)。疎外(ソガイ)。❹母・妻・嫁(とつ)いだ娘(むすめ)の身うち。例外舅(ガイキュウ)。外戚(ガイセキ)。外孫(ガイソン)。

使い分け ほか【外・他】⇩1179ページ

難読 外姑(しゅうと)・外舅(しゅうと)・外様(とざま)・外山(とやま)・外郎(ういろう)

人名 と・とお・との・なお・ひろ

【▽外郎】(ウイロウ) 〔「ウイ」は、唐音(トウオン)〕①江戸(えど)時代に小田原(おだわら)の名物となった、たん切りや口臭(コウシュウ)消しなどに効いたという丸薬。ういろう丸(ガン)。②米の粉などに砂糖を加えて蒸した、ようかんに似た菓子(カシ)。ういろうもち。名古屋(なごや)などの名産品。

【外圧】(ガイアツ) 外部・国外から加えられる圧力。例大国(タイコク)の—に屈(クッ)する。

【外因】(ガイイン) 外部にある原因。対内因。例この病気は—性のものだ。

【外延】(ガイエン) 〔哲〕ある概念(ガイネン)があてはめられる事物の全体。または範囲(ハンイ)。たとえば、「四季(＝一年の四つの季節)」という概念の外延は「春」「夏」「秋」「冬」。対内包。

【外▼苑】(ガイエン) 宮廷(キュウテイ)・寺院・神社・霊地(レイチ)などに属し、そのそとまわりにある広い庭園。対内苑。例明治神宮(ジングウ)—。

【外縁】(ガイエン) ①そと側のへり。②外部の原因で起こる欲望。③母方の親類。外戚(ガイセキ)。

【外貨】(ガイカ) ①外国の通貨。たとえば、日本にとっての、ドル・ユーロ・ポンドなど。例—獲得(カクトク)。②外国からの輸入品。例—を排斥(ハイセキ)する。

【外界】(ガイカイ) ①まわりの世界。そと側の世界。類環境(カンキョウ)。②〔哲〕自己の意識のそとに存在する、客観的な世界。対内界。

【外海】(ガイカイ・そとうみ) ①陸地に囲まれていない海。対内海。例—に出る。②陸地から遠くはなれた海。遠洋。対近海。

【外角】(ガイカク) ①〔数〕多角形の一辺をのばした線と、これにとなりあう一辺とがつくる角。②野球で、バッターの立つ位置から遠い側。アウトサイド。例—高めの直球。▽対内角。

【外郭】(ガイカク) ①城などのまわりを囲む塀(へい)や壁(かべ)など。そと囲い。対内郭。②もののそとまわり。類輪郭(リンカク)。例—団体(＝官公庁などの外部でその事業を助けながら、人事の面では密接に連絡(レンラク)し、国庫の補助金などを受ける団体)。表記▽旧外▼廓

【外殻】(ガイカク) 内部を保護するための、そと側の、から。

【外果皮】(ガイカヒ) 果実の表面を包むいちばんそと側のかわ。モモやビワのかわなど。

【外患】(ガイカン) 〔「患」は、心配の意〕外国や外部から攻撃(コウゲキ)・圧迫(アッパク)・損害などを受ける心配。外憂(ガイユウ)。対内患・内憂(ナイユウ)。例内憂—。

【外観】(ガイカン) 外部から見た全体のようす。見かけ。うわべ。類外見。例—のりっぱな建物。

【外気】(ガイキ) 屋外の空気。例窓をあけて—を入れる。

【外▼舅】(ガイキュウ) 妻の父。しゅうと。〔敬語としては「岳父(ガクフ)」〕対外姑(ガイコ)。

【外局】(ガイキョク) 中央官庁に直属するが、特別の事務をおこなうために、独立のものとして設置された機関。対内局。

【外勤】(ガイキン) (名・する)①役所や会社などで、主としてそとに出て仕事をすること。また、その人。宣伝・販売(ハンバイ)・集金・配達などの仕事。対内勤。例—手当。②家庭外に出て働くこと。

【外形】(ガイケイ) そとから見た形やようす。対内容。例—をととのえる。—にとらわれる。

【外兄弟】(ガイケイテイ) ①父の姉妹(シマイ)の子。②母が同じで、父が異なるきょうだい。

【外見】(ガイケン・そとみ) そとから見たようす。見かけ。うわべ。例人間は—より中身がたいせつだ。—が悪いのは損だ。

【外▼姑】(ガイコ) 妻の母。しゅうとめ。対外舅(ガイキュウ)。

【外交】(ガイコウ) ①外国との交際や交渉(コウショウ)。対内政。例—官。—問題。②他人とのつきあい。例—辞令(＝相手を喜ばせるためのおせじ)。③保険会社や銀行などで、勧誘(カンユウ)・販売(ハンバイ)・交渉などをすること。また、その人。例—員。

【外向】(ガイコウ) 心がそとに向かって積極的にはたらくこと。活発で社交的なこと。対内向。例—性。—的な性格。

【外項】(ガイコウ) 〔数〕比例式の、そと側の二つの項。$a:b=c:d$ のときの a と d。対内項。例—の積は内項の積に等しい。

【外剛内柔】(ガイゴウナイジュウ) ⇩【内柔外剛】(ナイジュウガイゴウ)(115ページ)

【外呼吸】(ガイコキュウ) 生物が呼吸器によって空気中または水中から酸素を体内に取り入れ、二酸化炭素を体外に出すはたらき。皮膚(ヒフ)呼吸・肺呼吸・えら呼吸など。

【外国】(ガイコク) 自分の国以外の国。よその国。とつくに。類異国。対内国。例—語。—かぶれ。

【外国為替】(ガイコクかわせ) 外国と取り引きをするとき、代金を現金で送るかわりに手形でしはらいをすませること。また、その手形。〔略して「外為(ガイため)」〕

【外史】(ガイシ) ①周代の官名。国外に出す文書をとりあつかった。②おおやけの立場ではなく私的に書かれた歴史。民間の人が書いた歴史。また、それを書いた人。類野史(ヤシ)・野乗(ヤジョウ)。対正史。例『儒林(ジュリン)—』『日本(ニホン)—』③文人の雅号(ガゴウ)にそえることば。例山陽—。

【外資】(ガイシ) 国内の事業に、外国または外国人が出した資金。外国資本。例—導入。—系の会社。

【外字】(ガイジ) ①外国の文字。とくに、欧米(オウベイ)の文字をいう。例—新聞。②一定の範囲(ハンイ)の漢字の集合以外の文字。たとえば、常用漢字以外の漢字や、ジス(JIS)で標準として定めた範囲以外の文字や記号など。例—を作成する。

【外事】(ガイジ) ①よそのこと。外部の事件やことがら。対内事。例—にくわしい。②外国や外国人に関することがら。例—課。

【外車】(ガイシャ) 外国製の自動車。

【外需】(ガイジュ) 自国の製品に対する外国からの需要。対内需。例—が増大する。

【外周】ガイシュウ あるものの周囲を、外側からはかった長さ。そとまわり。例建物の―をはかる。
【外柔内剛】ガイジュウナイゴウ 外面はやさしく弱いように見えるが、内面の忍耐力・意志などが強いこと。内剛外柔。対内柔外剛。例―の人物。
【外出】ガイシュツ|そとで (名・する)（用事などで）よそへ出かけること。例夕食前に―する。
【外出血】ガイシュッケツ (名・する) けがなどをして、血液がからだのそとに出ること。対内出血。
【外書】ガイショ ①仏教以外の書物。外典(ゲテン)。②外国の書物。例―講読。
【外商】ガイショウ ①外国の商社や商人。②デパートなどで、売り場を通さずに、直接に客と取り引きをすること。例―部。
【外相】一ガイショウ〔「相」は、大臣の意〕外務大臣。二ゲソウ〔仏〕ことばや動作など、そとにあらわれたもの。うわべ。外形。
【外傷】ガイショウ（そとからの力・熱・電気・薬品などによって）からだの表面に受けたきず。切りきず・すりきず・やけどなど。例頭部に―を負う。
【外城】ガイジョウ|そとじろ ①本城以外に、支配地の重要な地点に築いた城。出城(でじろ)。②本城を囲んでもうけられた城。外郭(そとぐるわ)。二の丸。
【外食】ガイショク (名・する) 家庭内ではなく、飲食店などで食事をすること。例―産業。―が多いので家庭の味がなつかしい。
【外心】ガイシン ①裏切ろうとする心。ふたごころ。異心(イシン)。②〔数〕三角形の外接円の中心。三角形の各辺の垂直二等分線が交わる点。対内心。
【外信】ガイシン 外国からの通信。海外通信。例―部。
【外人】ガイジン ①外国の人。例―部隊。②関係のない人。第三者。他人。また、よその土地の人。よそもの。
【外陣】ガイジン|ゲジン 神社の本殿(ホンデン)や寺の本堂で、神仏をまつった中心の場所のそと側の部分。対内陣。
【外征】ガイセイ (名・する) 外国へ軍隊を送り出して戦争をすること。また、国外へ出征すること。
【外戚】ガイセキ|ゲシャク 母または妻の親類。
【外接】ガイセツ (名・する)〔数〕ある図形が、他の図形のそと側に接すること。〔一方が円または球のときにいう〕対内接。表記「外切」とも書く。
【外線】ガイセン 建物の内部での電話に対して、内部と外部とをつなぐ電話。対内線。例―がはいっています。

3画

【外祖】ガイソ 母方の祖父母。母の父母。
【外祖父】ガイソフ 母方の祖父。母の父。対外祖母。
【外祖母】ガイソボ 母方の祖母。母の母。対外祖父。
【外装】ガイソウ ①荷物・商品などのそと側の包み。②建物や乗り物などの外面のかざりつけや設備。対内装。例―工事。
【外孫】ガイソン|そとまご 他家に嫁(とつ)いだむすめが産んだ子。〔むすめの親からいうことば〕対内孫。
【外地】ガイチ ①国外の地。②第二次世界大戦の終戦まで、日本が本土以外に支配していた地。朝鮮(チョウセン)・台湾(タイワン)・樺太(からふと)（＝サハリン）・南洋群島など。▽対内地。
【外注】ガイチュウ (名・する) 団体・会社・工場などで、自分のところでできない仕事、または、時間的な制約などの点で自分のところでしないほうがよいと考えられる仕事を、よそに注文すること。例部品を―する。―で、まかなう。表記旧外▼註
【外的】ガイテキ (形動ナ) ①外部の。そとの。例まず―条件を整える。②（精神面に対して）肉体や物質についてのようす。肉体的。物質的。例―欲求。▽対内的。
【外敵】ガイテキ 外国・外部からせめてくる敵。対内敵。例―から身を守る。―を警戒(ケイカイ)する。
【外伝】ガイデン|ゲデン ①経書(ケイショ)（＝儒教(ジュキョウ)の経典(ケイテン)）の本文の注釈(チュウシャク)である「内伝」に対して、雑記の類。例、『春秋内伝』に対しての『春秋外伝』など。②正統の歴史や伝記からもれた話。本伝以外の伝記。例忠臣蔵(チュウシンぐら)―。
【外電】ガイデン 外国からの電報。とくに、外国の通信社から送られてくる情報。
【外灯】ガイトウ 門や玄関(ゲンカン)など、家のそとに取りつけた電灯。
【外▼套】ガイトウ〔「套」は、おおうものの意〕外出するとき、衣服の上に着て寒さなどを防ぐ服。オーバーコート・マントなど。
【外泊】ガイハク (名・する) 決まった場所（＝自宅・寮(リョウ)・入院中の病院・兵営など）以外のところに一時的に泊(と)まること。例―許可が出る。友人の家に―する。
【外皮】ガイヒ ①そと側を包むかわ。対内皮。②動物の体表や、体内の器官を包んでいる細胞(サイボウ)層。
【外賓】ガイヒン 外国から来た客。とくに、国交上、正式に招いた賓客(ヒンキャク)をいう。
【外父】ガイフ 妻の父。〔敬語としては「岳父(ガクフ)」〕類外舅(ガイキュウ)。
【外侮】ガイブ 外国や他人から見くだされること。例―を受ける。
【外部】ガイブ ①そとの部分。そと側。例建物の―。②集団や組織などのそと（の人々）。例情報が―にもれる。▽対内部。

［夕部］2画 外

【外物】ガイブツ ①ほかのもの。そとのもの。②〔哲〕自我(ガジ)に対して、外界に存在するもの。外的事物。
【外分】ガイブン (名・する)〔数〕一つの線分ABを分ける点Pが、その線分内にはなく、線分の延長上にあること。このとき、点Pは、線分ABをAP:BPに外分するという。対内分。
【外聞】ガイブン ①そとにきこえること。人に知られること。例―をはばかる。②世間に知られたときの体裁(テイサイ)。人ぎき。例―が悪い。恥(はじ)も―もなく。
【外分泌】ガイブンピツ|ガイブンピ あせ・乳・なみだ・消化液などの分泌物(ブンピツブツ)を、それぞれの腺(セン)を通じて体外または消化管の中に送り出す作用。対内分泌。
【外壁】ガイヘキ|そとかべ ①建物などのそと側のかべ。また、そとにある仕切りのかべ。例―をぬり替える。②火山の火口壁のうち、そと側のもの。▽対内壁。
【外編】ガイヘン 本の主要な部分である「内編」に書き加えられた部分。漢籍(カンセキ)に多く見られる。表記旧外▼篇
【外方】ガイホウ そと側の部分。外部。対内方。
【外貌】ガイボウ ①顔かたち。例―に似合わぬやさしい心の持ち主。②そとから見たようす。見かけ。類外見。
【外務】ガイム ①外国との交際や交渉(コウショウ)に関する仕事。対内務。例―省。②会社などで、そとへ出てする仕事。類外交・外勤。例―員。③世の中に対するつとめ。
【外面】ガイメン|そとづら ①そとに向いている面。そと側。例かべの―にタイルをはる。②そとから見たようす。世間や外部に対する態度。見かけ。例―をかざる。―(そとづら)のいい人。▽対内面。
【外面如▼菩▼薩内心如夜▼叉】ゲメンニョボサツナイシンニョヤシャ 顔は菩薩のようにやさしくおだやかであるが、その心は夜叉（＝悪魔(アクマ)）のようにみにくくおそろしいこと。〔男性の悟(さと)りにとって邪魔(ジャマ)になる女性のたとえとして生まれたことば〕
【外野】ガイヤ ①野球で、内野の後方のグラウンド。また、そこを守る選手。対内野。例―手。②〔「外野席」の意から〕少しはなれてわきで見ている人。やじ馬。例―がうるさい。
【外遊】ガイユウ (名・する)〔「遊」は、旅行する意〕外国に旅行またはは留学すること。例アメリカに―する。
【外憂】ガイユウ 外国・外部から受ける心配ごと。類外患(ガイカン)。対内憂。
【外用】ガイヨウ 一 (名・する) 薬を、皮膚(ヒフ)や粘膜(ネンマク)など、からだの表面につけて用いること。対内用・内服。例―薬。二

(名) ほかの用事。例—に追われる。

【外洋】ガイヨウ 内海や沿岸などではなく、陸地からはなれた海。類外海・大洋。例—を航海する。

【外来】ガイライ ①よそから来ること。例—者。②外国から来ること。例—の文化。③入院患者に対して、院外から診察を受けに来る患者。例—受付。

【外来語】ガイライゴ 外国語を借用して、自国語の文法組織の中にとりこんで使われるようになったことば。日本語では、ガラス・コップ・ズボン・テレビ・ナイス・サボ(る)・タッチ(する)・スマート(だ)など。ふつう片かなで書く。〔中国から漢文を通じて伝わったものは漢語と呼び、その他の外来語とは区別する〕

【外力】ガイリョク そとから加わる力。おもに力学的に、ある物体の材料や構造に加えられる力について使う。

【外輪】ガイリン ①そと側の輪。対内輪。例—山(=複式火山で、中央火口丘のそと側をとりかこむ山)。②そとまわり。そと側。③船尾または船側に取りつけた車輪。その回転で船を進行させたり、後退させたりする。例—船。

【外科】ゲカ 手術によって治療する医学の一部門。対内科。例—医。心臓—。

【外▽宮】ゲクウ 伊勢神宮のうちの、豊受大神宮。〔内宮は、皇大神宮〕

【外題】ゲダイ ①書物などの表紙に書かれた書名。対内題。②歌舞伎や浄瑠璃などの正式な題名。類名題。

【外典】ゲテン 〔仏〕仏教界からみて、仏教の典籍以外の書物。おもに儒教の書物をいう。対内典。

【外道】ゲドウ ①〔仏〕仏教以外の教え。また、それを信じる人。②真理にそむいた説。また、それを説く人。類邪道。③人をののしって言うことば。人でなし。④つりで、めざした魚以外につれた魚。

【外法】一ゲホウ 〔仏〕仏教以外の教え。例—、人を迷わす。二そとのり 容器などの、そと側の寸法。対内法。例—ではかる。

【外側】そとがわ そとのほう。そとに面しているがわ。対内側。例—から追いこす。—に出る。

【外堀】そとぼり ①城のそと側を囲む、ほり。②内堀に対して、そと側のほり。対内堀。例—をうめる(=目的を達成するために、まずまわりのじゃまなものをとりのぞく)。表記▽「外▼壕・外▼濠」とも書く。

【外股】そとまた つま先をそと側に向けて歩くこと。

【外無双】そとムソウ 相撲の決まり手の一つ。四つに組んで相手の差し手をかかえこみ、他方の手で相手の反対側のひざのそと側をおさえてひねりたおすわざ。

【外▽様】とざま ①武家時代、将軍の一族や将軍に長年仕えてきた家臣ではない、大名や武士。対親藩・譜代。例—大名。②組織の中で、中心からすこしはなれた立場にいること。また、その人。

●案外・以外・意外・屋外・海外・言外・号外・国外・在外・除外・心外・内外・番外・法外・野外・欄外・例外・論外

夕2 【夘】5画 ⇩【卯】ボウ(167ページ)

夕3 【夙】6画 2940 5919 音シュク漢呉 訓つと-に

意味 ❶朝早く。つとに。例夙起シュクキ(=朝早く起きること)。夙夜シュクヤ。夙に起き夜半に寝る。❷昔から。以前から。つとに。同宿。例夙心シュクシン(=かねてからの心持ち)。夙昔シュクセキ。夙に志を立てる。

【夙志】シュクシ 早くから持ち続けていたこころざし。夙心。夙意。類素志・宿志。例晩年になって、やっと—を遂げる。

【夙成】シュクセイ 若いうちからおとなびていること。類早成・早熟。例—の評判の高かった青年。

【夙昔】シュクセキ ①むかし。以前。また、前々から。②ふだん。平生。いつも。類宿昔。

【夙夜】シュクヤ 朝早くから夜おそくまで。例—休むことなし。

夕3 【多】6画 3431 591A 教育2 音タ漢呉 訓おお-い

筆順 ノ ク タ 多 多 多

夕3 【夛】6画 5276 591B 俗字

なりたち [会意]「夕(=ゆうべ)」を二つ重ねる。夜を重ねて、日かずが積もり、ふえておおくなる。おおい。

意味 ❶たくさん。おおい。対少・寡。例多数タスウ。多量タリョウ。❷功績をみとめる。ほめる。例労を多とする。

人名 おお・おおし・かず・とみ・な・なお・まさ・まさる

【多雨】タウ 雨量が多いこと。また、雨の降る日が多いこと。例高温—。

【多寡】タカ 多いことと少ないこと。多い少ない。例量の—をくらべる。—を問わない。

【多角】タカク ①角が多いこと。例—形。②多方面にわたること。例—経営。

【多額】タガク (名・形動ダ) 金額の多いこと。対少額。例—の借金をかかえる。

【多感】タカン (名・形動ダ) 未経験で、ものごとに感じやすいこと。感受性が強いこと。例—な少年少女。

【多岐】タキ (名・形動ダ) 〔「岐」は、分かれ道の意〕ものごとがいろいろな方面に分かれていること。例複雑—な国際関係。問題が—にわたる。

【多岐亡羊】タキボウヨウ ⇩【亡羊の嘆】ボウヨウのタン(45ページ)

【多義】タギ 一つの語が多くの意味をもっていること。また、いろいろな意味。例—性。—語。

【多芸】タゲイ (名・形動ダ) 学問や芸能に通じ、いろいろのことができること。対無芸。例—多才。

【多血】タケツ ①体内の血液が多いこと。②すぐに感情を表にあらわし、感動・感激すること。例—漢(=血のけの多い男)。

【多血質】タケツシツ 活発で感激しやすく、反応が早いが気が変わりやすい性質。〔古代ギリシャの学者ヒポクラテス以来おこなわれてきた、気質の四分類の一つで、他に粘液質・胆汁質・憂鬱質がある〕

【多見】タケン 多く見ること。見聞が広いこと。例—多聞の研究家。

【多元】タゲン ①ものごとを成り立たせる要素がたくさんあること。例—放送。②根源が一つと限らず、いくつもあること。例—論。▽対一元・二元。

【多元的】タゲンテキ (形動ダ) ものごとのもとになるものがたくさんあるようす。例人類の言語は—なものである。

【多元論】タゲンロン 〔哲〕宇宙のすべてのものは、たがいに独立する複数の原理から成り立つとする考え方。たとえば、四大(=地・水・火・風)によって、また、五大(=四大に「空」が加わる)によって、世界を説明する考え方など。対一元論・二元論。

【多言】タゲン・タゴン (名・する) 多くのことばを使うこと。また、口数の多いこと。例—を要しない(=ことばを多く用いて説明する必要がない)。

【多幸】タコウ (名・形動ダ) しあわせが多いこと。幸福にめぐまれること。例ご—をいのる。

【多恨】タコン (名・形動ダ) うらむ心やくやむ気持ちが続くこと。例多情—。

【多才】タサイ (名・形動ナ) いろいろな方面の才能にめぐまれていること。対無才。例—な人物。—ぶりを人に披露する。

【多妻】タサイ ひとりの男が同時にふたり以上の妻をもつこと。例一夫—。

【多彩】タサイ (名・形動ナ) ①いろどりがさまざまで美しいこと。例—な文様。②種類が多く変化に富んでいてにぎやかなこと。例—な顔ぶれが集まる。

【多作】タサク (名・する) 多くつくること。とくに、作家などが作品を多くつくること。対寡作。例—家。

【多産】タサン 一(名) 子やたまごをたくさんうむこと。例—系。二(名・する) 産物などがたくさんとれること。例メロンを—する地域。

【多子】タシ ①(夫婦ひと組みについて)子供が多いこと。子だくさん。対少子。例—家庭。②栽培植物について、果実を多くつけること。

【多事】タジ (名・形動ナ) ①事件が多く、さわがしいこと。例内外—。—多難の年。②すべきことが多いこと。類多用。例—多端(=仕事が多くていそがしいこと)。

【多識】タシキ (名・形動ナ) 多くのものごとを知っていること。知識が広いこと。類博識。

【多士▽済▽済】タシセイセイ 〔「済済」は、数が多くさかんな意〕すぐれた人物がおおぜいいること。『詩経』の「済済たる多士」による。誤って「タシサイサイ」と読むことが多い。例—の顔ぶれ。

【多湿】タシツ (名・形動ナ) 湿度の高いこと。例高温—。

【多謝】タシャ (名・する) ①深く感謝すること。例ご親切に—する。②深くあやまること。例乱筆—。妄言—。

【多種】タシュ (名・形動ダ) 多くの種類。また、種類が多いこと。例—多様。—な計画。—の品をそろえる。

【多趣】タシュ 味わいやおもしろみの多いこと。

【多衆】タシュウ 多くの人々。類大衆。

【多重】タジュウ いくつもかさねること。また、いくつもかさなること。例—人格。音声—放送。

【多趣味】タシュミ (名・形動ダ) いろいろな方面の趣味をもっていること。趣味の多いこと。例—な人。

【多少】タショウ 一(名) 多いことと、少ないこと。多いか、少ないか。例人数の—は問題ではない。—にかかわらずお届けします。二(副) いくらか。ちょっと。すこし。例—欠点もあるが、許される範囲だ。

【多生】タショウ ①(仏) なんども生まれ変わること。例—の縁。②多数を生かすこと。例一殺—。

【多生の縁】タショウのエン (仏) 〔多くの生を経てきたあいだに結ばれた縁の意〕さきざきの世からのめぐりあわせ。前世からの因縁。例袖で振り合うも—(=道行く人と袖が触れることさえ前世からの因縁であるように、すべてのものごとは宿縁によっているということ)。〔なお、「他生の縁」は、現世ではない、前世からの縁、または来世での縁の意〕

【多情】タジョウ (名・形動ダ) ①愛情が深いこと。また、ものごとに感じやすいこと。例—多感な年ごろ。②気が多いこと。気持ちが移りやすいこと。浮気。例—な人。

【多情仏心】タジョウブッシン 〔「仏心」は、ほとけの、衆生に対してのあわれみの心の意〕感じやすく気が変わりやすいが、薄情なことのできない性質。

【多食】タショク (名・する) たくさん食べること。類大食。

【多数】タスウ 数が多いこと。また、多くの人やもの。マジョリティー。対少数。例—決。賛成意見が—をしめる。

【多勢】タゼイ 人数の多いこと。おおぜい。対無勢。例—に無勢(=おおぜいを相手に小人数で向かっても勝ちめはないこと)。

【多選】タセン (名・する) 選挙で、同じ人をなんども選ぶこと。また、選ばれること。例—議員。—禁止。

【多大】タダイ (名・形動ナ) ひじょうに多いこと。例—な協力が得られた。

【多多▽益▽弁ず】タタますますベンず (才能がありあまっているので) 仕事が多くなればなるほど、ますますうまく処理する。また、多ければ多いほどよい。〔漢の高祖に対して臣下の韓信が言ったことば〕(漢書) 表記「弁」は、旧▼辨(=処理する)

【多読】タドク (名・する) 多くの本を読むこと。例さまざまな種類の本を—する。

【多難】タナン (名・形動ダ) 災難や困難が多いこと。例前途—。

【多人数】タニンズウ 人数が多いこと。また、多くの人。おおぜい。類大人数。対小人数。例—でおしかける。

【多年】タネン 多くの年月。長年。例—にわたる努力が実る。

【多年草】タネンソウ 葉などがかれても根は冬をこして春には芽を出す草。多年生植物。対一年草・二年草。

【多能】タノウ (名・形動ダ) ①いろいろな方面の才能を身につけていること。例多芸—。—な人。②多くの機能をそなえていること。例—な機種。

【多売】タバイ (名・する) たくさん売ること。例薄利—(=もうけを少なくして数多く売ること)。

【多発】タハツ (名・する) 数多く発生すること。たびたび起こること。例事故が—している。

【多病】タビョウ (名・形動ダ) 病気がちなこと。病気が多いこと。例才子—(=才能のある人はとかくからだが弱く病気がちであること)。

【多分】タブン 一(名) ①数や量が多いこと。たくさん。また、程度の大きいこと。類相当。例その可能性は—にある。②(「ご多分に」の形で) 多くの例。例ご—にもれず(=世間の多くの例と同じく)。二(副) (下に推量のことばをともなって) おそらく。たいてい。例バスより電車のほうが—早く着くよ。

【多聞】タブン 一 ものごとを多く知っていること。見聞が広いこと。類博聞・多識。二タモン (仏) ①仏の教えを多く聞き知ること。②「多聞天」の略。

【多聞天】タモンテン (仏) 四天王の一つ。須弥山に住み、北方を守護する神。独立して信仰されるときは毘沙門天の名で、日本では七福神の一つとなる。

【多弁】タベン (名・形動ダ) 口数の多いこと。よくしゃべること。饒舌。例彼女はいつになく—であった。表記旧多▼辯

【多忙】タボウ (名・形動ダ) 仕事が多くて、ひじょうにいそがしいこと。例—をきわめる。—な毎日を送る。

【多方面】タホウメン いろいろな方面や分野。例—での活躍。

【多面】タメン ①多くの平面。例—体。②いろいろな方面。対一面。

【多面的】タメンテキ (形動ダ) ものの見方や考え方が、いろいろの方面にわたっているようす。対一面的。例ものごとを—にとらえる。

【多毛】タモウ からだに毛が多いこと。毛深いこと。例—症。

【多毛作】タモウサク 〔「毛」は、植物・作物が、生えそだつ意〕同じ畑で年に三回以上別の種類の作物を植え、取り入れをすること。

【多目的】タモクテキ いろいろな目的や使い道をもっていること。例—ダム(=水量調節・水道・灌漑・工業用水・発電など、

複数の目的に使われるダム。―ホール。

【多用】㊀(名・形動) 用事が多いこと。いそがしいこと。例ご―中おそれいります。㊁(名・する) 同じものを多く用いること。例専門用語を―するので、よくわからない。

【多様】(名・形動) 変化に富んでいること。いろいろであること。さまざま。対一様。例―な意見が出る。

【多量】(名・形動) 分量の多いこと。大量。対小量・少量。例出血―で死ぬ。イチゴはビタミンCを―にふくむ。

●過多・最多・雑多・滅多

夕3 【夛】6画 ⇨【多】(250ページ)

夕5 【夜】8画 4475 591C 教育2 音ヤ漢呉 訓よ・よる

筆順 、亠广广疒夜夜夜

なりたち [形声]「夕(=ゆうべ)」と、音「亦エキ→ヤ」の省略体とから成る。多くの人が休むとき。

意味 ❶日がしずんでから日が出るまでの暗い時間。よる。対昼。例夜間。夜半。昼夜。❷梵語の音訳の一部にあてる。例夜叉。

難読 十六夜・終夜

人名 やす

【夜陰】夜の暗やみ。また、夜。例―に乗じてせめ入る。

【夜営】(名・する) 夜、宿泊の陣営を張ること。

【夜宴】夜、宴会を開くこと。また、夜の宴会。

【夜会】夜の会合。とくに、夜、開かれる西洋風の社交を目的とした集まり。

【夜会服】夜会に着る服。ふつう、男性は燕尾服またはタキシード、女性はイブニングドレス。

【夜学】①夜、勉強をすること。②「夜学校」の略。昼間働いている人などのために、夜間に授業をする学校。例働きながら大学の―に通った。

【夜間】夜のあいだ。対昼間。例―工事。―の外出を禁止する。

【夜気】①夜のひんやりとした空気。例―にあたる。②静まりかえった夜のけはい。例―がせまる。③夜、すべてのものが静まることによって生まれる、静かで澄んだ心。

【夜業】(名・する) 夜間に仕事をすること。また、その仕事。例―にはげむ。農家の―。

【夜曲】夜、男性が恋人の家の窓の下で歌う、あまく美しい曲。また、そのような甘美な曲で、管弦楽器のためにつくられたもの。セレナーデ。小夜曲。

【夜勤】夜、つとめること。また、夜間の勤務。対日勤。例―の多い仕事。

【夜具】ふとん・まくら・ねまきなど、ねるときに使う用具。類寝具。例―を敷く。

【夜景】夜のけしき。夜のながめ。例百万ドルの―。大都市の―を楽しむ。

【夜警】夜、建物や町内などを見回って、火事や犯罪が起きないように注意し用心すること。また、その人。夜番。夜まわり。

【夜光】①夜または暗いところで光ること。例―虫。―塗料。②中国文学で、月やホタルなどの別名。③晴れた夜空の、星の光以外のうす明るい光。高層の大気中の分子などが発光するもの。

【夜光の▽珠】昔、中国で、暗夜に光を発したという宝玉。夜光の璧。

【夜光の杯】夜光を発するという、玉で作ったさかずき。また、りっぱなさかずき。例葡萄の美酒―。〈王翰・涼州詞〉

【夜行】㊀[「ヤギョウ」とも](名・する) 夜、出歩くこと。また、夜、活動すること。例百鬼―。―性の動物。㊁(名)「夜行列車」の略。夜間に走る列車。例青森まで―で行く。

【夜思】夜の、もの思い。類夜想。

【夜▼叉】〔仏〕〔梵語の音訳〕インドの鬼神。おそろしい姿で力が強く荒々しく、人を食うという。のちに仏の教えに従い、毘沙門天の従者となって仏法を守護した。

【夜襲】(名・する) 夜、やみにまぎれて不意に敵をせめること。夜間の襲撃。夜うち。例―をかける。

【夜色】夜の景色。夜景。例深い―にしずむ山山。

【夜食】夜おそく食べる簡単な食事。例―をとる。

【夜戦】夜、たたかうこと。夜のいくさ。夜間の戦闘。例抵抗が長びいて―になった。

【夜想曲】夜の静かな感じを表現した曲。ノクターン。

【夜中】㊀ヤチュウ 夜のうち。夜間。よる。㊁よなか 夜のなかごろ。夜ふけ。夜間。夜半。例―の、遠いもの音。

【夜直】夜の当直。学校や会社などに泊まりこんで夜の警備をすること。また、その人。類宿直。対日直。

【夜盗】夜、ぬすみをすること。また、そのぬすびと。

【夜半】よなか。まよなか。よわ。例雨は―すぎまで降り続いた。

【夜番】夜、番をすること。また、その人。夜まわり。類夜警。

【夜分】よる。夜間。例―におそれいります。

【夜来】①前夜から引き続くこと。昨夜以来。ゆうべから。例―の雨。②数夜このかた。毎晩。対朝来。

【夜郎自大】自分の力のほども知らないで、つまらない者がせまい仲間の中でいばっていること。〔昔、中国の西南地方に住む夜郎族が、漢の国の強大さも知らずに自国の勢力をほこっていたことから〕〈史記〉

【夜話】①夜にする話。また、気楽な、肩のこらない話。それを集めた本。例文学―。②〔仏〕禅宗で、修行者のために夜おこなわれる法話。

【夜討ち】①夜、不意に敵をせめること。夜襲。対朝駆け。例―をかける。②〔「夜討ち朝駆け」の形で〕深夜または早朝に、取材先などを訪ねること。

【夜着】①ふとんなど、夜ねるときにかけるもの。②着物の形をして、うすい綿のはいったかけぶとん。かいまき。

【夜▽毎】毎晩。毎夜。よなよな。例―見る夢。日毎―に恋い慕う。

【夜寒】夜の寒さ。とくに秋のころ、夜になって急に感じる寒さ。例―ひとしおの候。

【夜空】夜の暗い空。例―にかがやく星。

【夜▼伽】(名・する) ①夜、ねないで人につきそうこと。また、その人。②女が男とともにねて相手をすること。例―をつとめる。③葬式の前夜、死者につきそって、ひと晩じゅう起きていること。通夜。

【夜長】夜が長いこと。また、その季節。例秋の―。

【夜更け】夜の、おそいころ。夜がふけた時分。深夜。例―の訪問客。

【夜道】夜の暗い道。例―に日は暮れない(=夜、帰りを急がず、ゆっくりしていくようにと勧めることば。また、おくれついでに、じっくりかまえようとするときのことば)。

【夜宮】神社の祭礼の前夜におこなわれるもよおし。宵宮。宵祭り。

【夜目】(よめ) 夜、暗い中でものを見ること。また、その目。例—にも白くそれとわかる。—遠目(とおめ)笠(かさ)の内(うち)(=夜間、または遠くから、あるいは笠をかぶっているときなどに見ただけだと、女性はたいてい美しく見えるということ)。

【夜夜】(よよ) 毎夜。毎晩。夜ごと。よなよな。

【夜を▽以(もっ)て日(ひ)に継(つ)ぐ】〔夜の時間を昼の時間につぎ足す意〕夜も昼も休まないで続けること。夜を日に継ぐ。

●今夜(コンヤ)・昨夜(サクヤ)・終夜(シュウヤ)・除夜(ジョヤ)・深夜(シンヤ)・前夜(ゼンヤ)・昼夜(チュウヤ)・徹夜(テツヤ)・日夜(ニチヤ)・毎夜(マイヤ)・連夜(レンヤ)

夕8 【梦】11画 ⇩【夢】(ム)(253ページ)

夕10 【夢】13画 4420 5922 教育5 音ボウ(漢) ム(呉) 訓ゆめ

筆順 一 艹 苎 茜 茜 茜 夢 夢

夕8 【梦】11画 5277 68A6 俗字

なりたち 【形声】本字は「㝱」で、「宀(=いえ)」と「爿(=ねどこ)」と、音「夢(ボウ)(=はっきりとは見えない)」とから成る。ねむっていて知覚されるもの。

意味 ❶ねむっているときに現実にないことを知覚する現象。ゆめ。ゆめみる。例夢中(ムチュウ)。悪夢(アクム)。正夢(まさゆめ)。❷はかないもの。例夢幻(ムゲン)。夢(ゆめ)の如(ごと)し。

【夢幻】(ムゲン) ①ゆめとまぼろし。例—の境をさまよう。②はかないことのたとえ。例—泡影(ホウヨウ)(=いっさいのものは、すべて実体がない)。—の一生。

【夢死】(ムシ) (名・する) ゆめでも見ているように、何もしないで死ぬこと。むなしく一生を送ること。例酔生(スイセイ)—(=何もしないで無駄に一生を過ごすこと)。

【夢想】(ムソウ) ㊀(名・する) ①ゆめのなかで思い見ること。例—だにしないできごと。②ゆめのような、とりとめのないことを思いうかべること。例—家。㊁(名) ゆめのなかでの神仏のお告げ。例—をうける。

【夢中】(ムチュウ) ㊀(名) ゆめのなか。例—のできごと。㊁(形動ダ) あることに熱中してわれを忘れるようす。例無我(ムガ)—。

【夢▼寐】(ムビ) ねむって、ゆめを見ること。また、そのあいだ。例—にも忘れない。

【夢魔】(ムマ) ①ゆめのなかにあらわれて人を苦しめるという悪魔。②ひどい不安や恐怖(キョウフ)を覚えるゆめ。㊫悪夢。例—にうなされる。

【夢遊病】(ムユウビョウ) ねむっているときに急に起き上がって歩きまわるなど、いろいろの行動をする病気。目が覚めてもまったくおぼえていない。例—者のように歩きまわる。

【夢裏】(ムリ) ゆめのなか。夢中(ムチュウ)。表記「夢▼裡」とも書く。

【夢▽現】(ゆめうつつ) ①ゆめと現実。②ゆめなのか現実なのか、はっきりしないこと。また、意識がおぼろげなこと。例—で聞く。

【夢占い】(ゆめうらない) 見たゆめによって吉凶(キッキョウ)をうらなうこと。ゆめうら。ゆめあわせ。

【夢心地】(ゆめごこち) ゆめを見ているような、うっとりとした状態や、ぼうっとした状態。夢見心地(ゆめみごこち)。例—で舞台(ブタイ)に見入る。

【夢路】(ゆめじ) ゆめを見ること。また、ゆめ。〔ゆめのなかのようすの移り変わりを、道を行くのにたとえたことば〕例—をたどる(=ゆめを見る)。

【夢(ゆめ)の▽如(ごと)し】まるでゆめのようだ。はかないもののたとえ。例人生は—。

【夢見心地】(ゆめみごこち) ゆめを見ているような気持ち。夢心地(ゆめごこち)。

●悪夢(アクム)・同床異夢(ドウショウイム)・白昼夢(ハクチュウム)・正夢(まさゆめ)

夕11 【夥】14画 5278 5925 音カ(漢) 訓おびただ-しい

意味 たいへん多い。おびただしい。例夥多(カタ)。

【夥多】(カタ) (名・形動ダ) おびただしく多いこと。あまた。

37 3画 大 だい部

人が立っている形をあらわす。「大」をもとにしてできている漢字と、「大」の字形を目じるしにして引く漢字とを集めた。

0 大 1 夬 太 天 夫 夭 2 央 失 夲 3 夷 夸 4 夾 5 奄 奇 奈 奉 奔 6 奕 奐 契 奎 奏 契 奔 7 奚 奘 套 9 奥 奢 奠 10 奨 奥 11 奪 奬 奩 13 奮

この部首に所属しない漢字

犬⇩犬 652 春⇩日 487 美⇩⺷ 800 臭⇩自 833 泰⇩氺 585 秦⇩禾 733 爽⇩㸚 645 器⇩口 213

大0 【大】3画 3471 5927 教育1 音タイ(漢) ダイ(呉) 訓おお・おお-きい・おおいに 付表大人(おとな)・大和(やまと)

筆順 一 ナ 大

なりたち 【象形】両手両足をひろげた人の形。おおきい。

意味 ❶形や規模がおおきい。数量がおおい。㊫小(ショウ)。例大量(タイリョウ)。莫大(バクダイ)。大(ダイ)は小(ショウ)を兼(か)ねる。❷重要な。たいせつな。すぐれた。例大役(タイヤク)。大人物(ダイジンブツ)。❸はなはだ。おおいに。例大慶(タイケイ)。大敗(タイハイ)。❹おおよそ。あらまし。例大意(タイイ)。大体(ダイタイ)。❺天子に関することがらにつけることば。例大葬(タイソウ)。大命(タイメイ)。❻他人や、他人に関することがらをうやまっていうことば。例大兄(タイケイ)。

難読 大臣(おとど)・大仏(おさらぎ)・大角豆(ささげ)

人名 お・すぐる・たかし・たけし・とも・なが・はじめ・はる・ひろ・ひろし・ふと・ふとし・まさ・まさる・ます・もと・ゆたか

【大味】(おおあじ) (名・形動ダ) 食べ物に、こまやかな味わいが感じられないこと。㊫小味(こあじ)。例—なリンゴ。

【大一番】(おおイチバン) その勝負によって重要な結果を生じるような、だいじな取組や試合。例力のはいった—。

【大▽銀▼杏】(おおイチョウ) ①大きなイチョウの木。例境内(ケイダイ)の—。②昔の武家の髪型(かみがた)で、髷(まげ)の先をイチョウの葉の形に大きく開いたもの。現在は、十両以上の力士が結(ゆ)う。

【大内山】(おおうちやま) 皇居のこと。詩歌(シイカ)や古文などで用いられることば。

【大形】(おおがた) かたちの大きいこと。また、大きいもの。㊫小形。例—の模様。スズメより—の鳥。

【大型】(おおがた) 規模やかたの大きいこと。また、そのもの。㊫小型(こがた)。例—連休。—テレビ。—の台風。

【大柄】(おおがら) (名・形動ダ) ①からだがふつうの人より大きいこと。㊫小柄(こがら)。例—な女性。②布や紙の模様が、ふつうより大きいこと。例—な縞(しま)模様。

【大鼓】(おおかわつづみ) 能や長唄(ながうた)などで使う大形のつづみ。㊫小鼓(こつづみ)。

【大仰】(おおギョウ) (名・形動ダ) おおげさで、わざとらしいこと。例—

な話。小さな傷でも―に痛がる。

【大口】①大きな口。②できそうもないことを言うこと。例―をたたく。③取りあつかう量や金額などの多いこと。対小口。

【大▼袈▼裟】（形動ナ）ふつうの程度をこえているようす。また、実際以上に誇張するようす。例―な身ぶり。―に痛がってみせる。

【大御所】①第一線をしりぞいたあとも、その分野で大きな影響力をもつ人。例財界の―。文壇の―。②親王や前将軍。また、その人の住むところ。〔徳川家康を指すことが多い〕

【大雑把】（形動ナ）おおまかで、細かい点にまでおよばないようす。例かれは―な人間だ。―な予定。―に言えば。

【大時代】（形動ナ）現代ばなれしていて、古めかしいようす。〔もとは浄瑠璃などでいう「王代」、すなわち、源平時代以前の宮中・公家の時代を指した〕例―な言いまわし。

【大所帯】〔「所帯」は、もとは「財産」の意だが、「世帯」と混同された〕家族の多いこと。また、その暮らし向き。例―で家計が苦しい。表記「大▽世帯」とも書く。

【大隅】旧国名の一つ。今の鹿児島県の東部と海洋上の大隅諸島・奄美諸島にあたる。隅州。

【大相撲】①日本相撲協会が主催する、相撲の定期の興行。例―初場所。②なかなか勝負の決まらない、力のこもった、相撲の取組。例手にあせにぎる―。

【大掃除】（名・する）①ふだん手の届かない場所まで念入りに時間をかけておこなう掃除。②年末などにおこなう、大規模な掃除。すすはらい。すすはき。

【大台】金額・数量などで、大きなさかいめを示す数字。たとえば、株式市場で百円単位。例―にのる。―を割る。

【大粒】つぶが大きいこと。例―のなみだを流す。

【大手亡】インゲンマメの白い品種の名。

【大道具】舞台装置で、書割・建物・船・樹木など大がかりなもの。対小道具。例―方（=大道具の製作・運用を担当する人）。

【大幅】㊀（名）ふつうのものより、はばの広い布地。㊁（形動ナ）価格・数量などの開きが大きいこと。対小幅。例―な値上げ。

【大判】①紙・布・書籍などで、ふつうより寸法が大きいもの。例―のスカーフ。―の画集。②江戸時代の金貨の一つ。大形の長円形で、一枚が小判十枚にあたる。対小判。

【大盤振る舞い】（名・する）気前よくお金や品物をあたえたり、盛大にごちそうしたりすること。表記「▼椀飯振る舞い」とも書く。

【大風呂敷】大きなふろしき。例―を広げる（=できるかどうかわからない大きな計画を話す）。

【大▽禍時】〔大きな禍の起こるときの意〕夕やみのせまる時刻。表記「▼逢魔が時」とも書く。

【大▼晦日】一年の最後の日。十二月三十一日のこと。おおつごもり。〔「晦日」は、毎月の最後の日の意〕

【大旨】（副）だいたい。おおよそ。例さいわいに経過は―良好だ。表記「▽概ね」とも書く。

【大目】大きな目。寛大な基準。例―に見る（=厳しくとがめない）。

【大物】①同じ種類の中で、形の大きいもの。例きょうは―をつった。②重要な地位にあって、大きな影響力をもっている人。例政界の―に近づく。▽対小物。

【大門】①〔「ダイモン」とも〕大きな門。正門。②昔の、遊郭の入り口の門。

【大様】（形動ナ）ゆったりしていて、目先のことにこだわらないようす。例―な人物。表記「▼鷹揚」とも書く。

【大▽凡】㊀（名）ものごとのあらまし。大要。例―を説明する。㊁（副）だいたい。およそ。例―見当がついた。

【大枠】だいたいの、わく組み。例本年度の予算の―を決める。

【大▽童】（形動ナ）なりふりかまわず、いっしょうけんめい動きまわるようす。〔いくさで、髪をふり乱して戦うようすが、髪を結っていない童（=子供）のように見えることから〕例―になって仕事をかたづける。

【大安】〔「ダイアン」とも〕「大安日」の略。陰陽道でいう、六曜の一つ。縁起がよく、何をしてもうまくいくという日。例―吉日。

【大位】①天子の位。②ひじょうに高い官位。

【大尉】軍隊の階級で、尉官の最上位。自衛官では一尉に相当する。

【大意】おおまかな意味。あらまし。例文章の―をつかむ。

【大雨】激しくたくさん雨が降ること。また、その雨。対小雨。例―注意報。

【大宇宙】〔人間を宇宙に見立てて「小宇宙（=ミクロコスモス）」というのに対して〕宇宙そのもの。マクロコスモス。

【大円】㊀天のこと。天空。㊁①大きな円。対小円。②〔数〕球を、その中心を通る平面で切ったときにできる円。

【大王】王をうやまっていうことば。偉大な王。例アレキサンダー―。

【大黄】タデ科の多年草。中国原産。夏に黄白色の花をつける。根を漢方薬として用いる。

【大往生】（名・する）なやみやうらみをあらわさず、肉体の苦しみもなく安らかに死ぬこと。例―をとげる。

【大音】大きなおと。大きな声。おおごえ。類大音声。例―をあげる。

【大恩】大きなめぐみ。深い恩。例―のある師。

【大▽陰】「大陰神」の略。陰陽道の八将神の一つ。

【大音声】大きなこえ。例―で呼ばわる。―をあげる。

【大化】①大きな変化。②徳をもって人々を教え導くこと。③日本で最初の公式年号。（六四五―六五〇）例―の改新。

【大火】大規模な火災。大火事。

【大夏】①漢代、西域にあった国。②晋代、五胡十六国の一つ。五世紀初めにあった。夏。（四〇七―四三一）③宋代の西夏。十一世紀に建国された。（一〇三八―一二二七）

【大家】㊀ある分野で、とくにすぐれた業績を世に認められた人。例日本画の―。㊁勢力のある家。財産のある家。㊂①一族の中心となる家。本家。②貸家・貸室・貸店などの所有者。対店子。

【大過】大きなあやまちや失敗。対小過。例―なく過ごす。

【大▼廈】〔「廈」は、いえ、ひさしの意〕大きな家。例―高楼。

【大▼廈の▼顛れんとするは一木の支うる所にあらず】大きな家のたおれるときには、一本の木をつっかい棒にしてもささえきれるものではない。国家がほろびようというときは、ひとりの力ではどうにもならないというたとえ。

【大禍】大きなわざわい。例―にあう。

【大河】タイガ ①大きな川。例—小説(=数世代にわたる時代や社会を背景にして、さまざまな人物の生き方をえがいた長編小説)。②黄河のこと。
【大雅】タイガ ①あでやかで上品なこと。すぐれて正しいこと。また、そのような人。②ゆたかな教養のある人。また、文人どうしが相手をうやまって呼ぶことば。
【大会】タイカイ ①たくさんの人の集まる会。例球技—。②ある組織がおこなう集会のなかで、全体にかかわる重要な会合。類総会。例定期—。
【大海】タイカイ・ダイカイ 大きな海。広々とした海。おおうみ。類大洋・海洋。例井の中の蛙—を知らず。
【大害】タイガイ 大きな損害。例—をおよぼす。
【大概】タイガイ 一(名)あらまし。概略。例計画の—を話す。二(副)①だいたい。おおよそ。たいてい。例昼間は—家にいる。②ほどほど。いいかげん。例悪ふざけも—にしなさい。
【大覚】一タイカク 大いにさとること。また、さとった人。二ダイカク〔仏〕①仏道のさとりを正しくひらくこと。②さとりを得た人。如来。仏。
【大学】ダイガク ①古代中国の高等教育機関。太学。②日本の律令制で、官吏養成機関。大学寮。③儒教の教えを説く四書の一つ。もと、『礼記』の中の一編。④日本で、学校教育法や教育基本法に決められている、最高学府。最高教育機関。
【大家族】ダイカゾク 人数の多い家族。
【大喝】タイカツ・ダイカツ (名・する)大声でしかること。どなりつけること。例—一声して目をさまさせる。
【大▼伽藍】ダイガラン ①大寺院。②キリスト教の、大きな聖堂。大聖堂。カテドラル。
【大▼旱】タイカン 長いあいだ雨が降らないこと。おおひでり。大旱魃。例—の雲霓を望むがごとし(=ひどい日照りのとき、雨の前兆である雨雲や虹を待ち望む。すぐれた指導者・人格を強く待ち望むたとえ)。〈孟子〉
【大官】タイカン 位の高い官職にある人。高官。
【大▼姦】タイカン たいへんな悪事。また、極悪人。表記「大▼奸」とも書く。
【大患】タイカン ①重い病気。類大病。例—を養う(=重病の療養をする)。②大きな心配ごと。類大憂。
【大観】タイカン (名・する)①ものごとを全体的に見わたすこと。例国際情勢を—する。②広々としたながめ。雄大な景観。例四方の—。富士の—。
【大鑑】タイカン ある部門の全体を広く見通すことのできる知識を集めた書物。例邦楽—。
【大願】タイガン ①大きなねがい。例—成就(=大願がかなうこと)。②〔仏〕仏が人々を救い、極楽へ導こうとするねがい。
【大寒】ダイカン 二十四節気の一つ。太陽暦で一月二十日ごろ。一年じゅうで最も寒いころとされる。
【大気】タイキ 地球をとりまく空気の層。例—圏。—汚染。
【大器】タイキ ①大きなうつわもの。②すぐれた人格。大人物。例将来が楽しみな—。▽対小器。
【大器晩成】タイキバンセイ 大きなうつわを作るには時間がかかる。器量の大きい人物は、人よりおそく大成する、ということのたとえ。〈老子〉
【大義】タイギ ①たいせつな意義。②人として守るべきたいせつな道。
【大義親を滅す】タイギシンをメッす 国家や主君に対する臣下としての道を守るためには、肉親への情愛を犠牲にする。また、それが必要である。〈春秋左氏伝〉
【大義名分】タイギメイブン ①人として守るべきたいせつな道理と、その立場についての自覚。②ある行動をとるについて、他に示すにじゅうぶんな理由や根拠。例—がたつ。
【大儀】タイギ 一(名)たいせつな儀式。例即位の—。二(名・形動ダ)①めんどうで、くたびれるようす。類苦労。例動くのも—だ。②他人の苦労をいたわりねぎらう古い言い方。例このたびは、まことに—であった。
【大吉】ダイキチ (うらないなどで)ひじょうに運勢・縁起がよいこと。めでたいこと。また、その日。大吉日。対大凶。
【大規模】ダイキボ (名・形動ダ)しくみや構造・構想などが大きいようす。大がかり。対小規模。例—な事業計画。
【大逆】タイギャク (主君や親を殺すような)人の道にそむく最悪のおこない。例—無道。いわゆる—事件。
【大逆無道】タイギャクムドウ 人の道に反し道理にそむく、この上なく悪いおこない。とくに、謀反をいう。
【大弓】ダイキュウ 長さ二メートル強の、ふつうのゆみ。対半弓。
【大休止】ダイキュウシ 行軍のとちゅうで、長い時間の休憩をとること。対小休止。
【大挙】タイキョ (名・する)①おおぜいがいっせいに動き出すこと。例—しておし寄せる。②大きな計画。
【大業】タイギョウ ①大きな事業。類偉業。②帝王の、天下統治の事業。
【大凶】ダイキョウ ①うらないなどで、ひじょうに不吉なこと。運勢が悪いこと。対大吉。②この上もない罪悪。また、大悪人のこと。表記②は、旧大▼兇
【大恐慌】ダイキョウコウ ①大いにおそれあわてること。大パニック。②世界的な規模で起こる経済の混乱。例一九二九年の世界—。
【大局】タイキョク ①囲碁で、盤面全体から見た勝負のなりゆき。②全体から見たものごとの形勢。類大勢。例—を見通す。—から判断する。
【大金】タイキン 多額のお金。例—を手に入れる。—を積む。
【大愚】タイグ ①ひじょうにおろかなこと。また、その人。対大賢。②自分をへりくだっていうことば。例—良寛。
【大君】一タイクン ①昔、君主をうやまっていうことば。②江戸時代に対外的に用いた、将軍の呼び名。二おおきみ 天皇をたっとんで呼んだことば。〔古雅な言い方〕
【大軍】タイグン ①多数の軍勢。例—を率いる。②大きな戦争。例—の後には必ず凶年有り(=農民が徴用されたり田畑があらされたりするので、大きな戦争の後は必ず凶作になる)。〈老子〉
【大群】タイグン 生物の、同種のものの大きなむれ。例イナゴの—。
【大勲位】ダイクンイ 日本の、勲等のある勲章のうちの最高位。勲一等より上。例—菊花大綬章。
【大兄】タイケイ ①いちばん上のあに。類長兄。②男性が、同輩や少し目上の人をうやまっていうことば。〔おもに手紙などで使う〕対小弟。
【大系】タイケイ ある分野・テーマについての著作・論文を組織的にまとめた書物につける名前。〔同音の「体系(=一定の原理にもとづく組織や構成)」のもじり〕例漢文—。
【大計】タイケイ 大きな計画。例国家百年の—。
【大経】タイケイ ①人のふみおこなうべき道。類大道。②巻数の多い経書。唐・宋代に、大学の教科または進士の試験で、経書を分量によって、大・中・小の三つに分け、唐代は『礼記』『春秋左氏伝』を、宋代は『詩経』『周礼』を大経とした。
【大慶】タイケイ 大きなよろこび。たいへんめでたいこと。例—至極に存じます。
【大圏】タイケン 地球の大円。地球の中心を通る平面と地表と

が交わってできる円。例―航路(=地球上の二点を結ぶ最短の航路)。

【大権】大きな権力。天子の権力。とくに明治憲法で、天皇が行使しうる統治権のこと。例―事項。

【大憲】たいせつな、きまり。とくに、国の基本法である憲法のこと。

【大賢】ひじょうにかしこいこと。また、その人。対大愚。

【大言】㊀(名・する)おおげさに言うこと。また、いばって言うこと。例―壮語

【大言壮語】(名・する)自信のあるふうをして、えらそうなことを言うこと。また、そのことば。例つねに―する男。

【大元帥】①全軍をまとめる長官。総大将。②もと、陸海軍の統率者としての天皇の呼び名。

【大呼】(名・する)大声でさけぶこと。

【大故】①大きな不幸。父母の死。②大きな事故。大事件。③大きな悪事。大罪。

【大悟】(名・する)〔仏〕迷いをすて大いにさとること。例―徹底(=さとって、すっかり迷いのなくなること)。

【大工】㊀①大きな工事。大工事。②昔、宮殿の造営などで、その工事をつかさどった役人。㊁おもに、日本風の家の建築・修理を仕事とする人。また、その仕事。例―仕事。―道具。日曜―。

【大公】①ひじょうに公平なこと。類至公。例―無私。②ヨーロッパで、君主の一族の男子の呼び名。③ヨーロッパの小国の君主。〔英語 Grand Duchy を「大公国」と訳すのによる〕例ルクセンブルク―。

【大功】①大きなてがら。りっぱな功績。②九か月間、喪に服すること。また、そのとき着用する喪服。

【大江】①大きな川。②長江(=揚子江)のこと。

【大行】①大事業。②遠くへ行って帰らないこと。③「大行天皇」の略。

【大行天皇】天皇が崩御(=亡くなる)してからおくりなが決まるまでの呼び名。大行皇帝。

【大行は細謹を顧みず】大事を成そうというときには、こまかな気くばりにとらわれることはない。〈史記〉

【大綱】①おおづな。②だいたいの内容。あらまし。類大要。例政治改革―。本書の―を要約する。

【大剛】ひじょうに強いこと。また、その人。例―の人。

［大部］0画●大

【大国】①領土の広い国。②国力のさかんな国。例いわゆる経済―。▽対小国。

【大獄】重大な政治的犯罪事件で、多くの人がとらえられること。例安政の―。

【大黒】①「大黒天」の略。②僧の妻をいう。梵妻。

【大黒頭巾】「大黒天②」のかぶる頭巾。円形で低く、周囲がふくれて張り出している。また、それに似た帽子。

【大黒天】①〔仏〕三宝を守護し、戦いの神とされ、のち台所の神とされた。大黒。②七福神のひとり。ずきんをかぶり、右手に打ち出の小槌、肩に大きなふくろをかついで、米俵をふまえている。福をもたらす神とされる。大黒さま。

【大黒柱】①日本民家の建築で、家の中心にあり、家屋の構造全体をささえるいちばん太い柱。②家族や国を、中心になってささえる人。例一家の―を失う。

【大根】①野菜の一つ。太く白い根と、葉を食用にする。古くは「すずしろ」ともいい、春の七草の一つ。おおね。②「大根役者」の略。

【大根役者】演技のへたな役者。だいこん。

【大佐】軍隊の階級で、佐官の最上位。〔自衛官では一佐〕

【大差】大きなちがい。対小差。例―がつく。

【大宰】㊀周代の官名。大臣。宰相。㊁「大宰府」の略。

【▽大宰府】律令制で、筑前(=今の福岡県)に置かれた官庁。九州・壱岐・対馬を治め、国防や外交をつかさどった。参考 地名は「▽太宰府」と書く。

【大祭】①神社の、大きなまつり。例例―。臨時―。②天皇のおこなう皇室のまつり。

【大斎】カトリック教会で、四旬節の四十日間のものいみ。大斎節。レント。

【大罪】大きなつみ。類重罪。対微罪。

【大作】①すぐれた作品。②費用を多くかけ、大がかりにつくった作品。③大事業をおこすこと。

【大冊】紙数の多い書物。型の大きい、厚い書物。

【大札】①他人からの手紙をうやまっていうことば。②はげしい流行病。類大疫。

【大山】大きな山。例―鳴動してねずみ一ぴき(=大さわぎをしたわりには、結果がともなわないことのたとえ)。

【大史】㊀中国、周代の官名。天文・暦法などをつかさどった。また、その長官。太史。㊁律令制で、神祇官・太政官の主典の一つ。少史の上位。

【大旨】だいたいの意味。類大意・大要・要旨。

【大志】大きなこころざし。類大望。例少年よ、―をいだけ〔アメリカの教育者クラーク博士のことば、Boys be ambitious. の訳〕。

【大使】「特命全権大使」の略。一国の代表として外国に駐在し、外交をおこなう人。例―館。駐米―。

【大師】㊀①たくさんの軍隊。大軍。②周代の三公の一つ。天子を補佐する役。太師。㊁〔仏〕①仏・菩薩・徳の高い僧をうやまっていうことば。②朝廷から徳の高い僧におくられる尊号。例弘法―(=空海)。伝教―(=最澄)。③弘法大師のこと。例お―さま。

【大姉】〔仏〕①女性の僧や信者をうやまっていうことば。②女性の戒名の下につけることば。対居士。

【大字】①大きい字。おおもじ。②漢数字の一・二・三などの代わりに用いる壱・弐・参などの字。〔金額・数量のまちがいを防ぐために、証書類などに用いる〕

【大事】㊀(名)①ひじょうに重要でたいせつなこと。また、大きな事業。対小事。例―の前の小事。②たいへん重大な事件。おおごと。例お家の―。―に至らぬように祈る。㊁(形動ナ)①重要なようす。たいせつ。例この問題は―だ。②気をくばって、たいせつにしているようす。例親を―にする。

【大慈】〔仏〕わけへだてなく人々に示される、仏のいつくしみ。例―大悲。

【大慈大悲】〔仏〕仏の、すべてのものに対する限りないいつくしみ。

【大司教】カトリック教会で、複数の教区を支配する僧職。

【大司空】中国古代の官名。土地や人民のことをつかさどる役人の長。

【大司▼寇】中国古代の官名。刑罰をつかさどる。

【大自然】その崇高・威力・強大をほめていう、自然。例―の驚異。

【大司徒】中国古代の官名。土地・教育をつかさどる。

【大社】①王が人々のために建てた、国土を守護するやしろ。②「出雲大社」の略。島根県にあり、大国主神をまつる。

【大赦】恩赦の一つ。国に祝いごとなどがあったとき、ある範

囲の罪について、刑罰の執行を免じたり、軽くしたりすること。

【大蛇】ジャ 大きなヘビ。おろち。

【大車輪】ダイシャリン ①大きな車輪。②鉄棒の技術の一つ。鉄棒をにぎり、からだをまっすぐのばして鉄棒のまわりを回転する。③精出していっしょうけんめいに働くこと。例—でかたづける。

【大酒】タイシュ 〔「おおざけ」とも〕(名・する)多量の酒。また、たくさんの酒を飲むこと。例—家。二日酔いするほど—する。

【大儒】タイジュ すぐれた儒学者。大学者。例—伊藤仁斎。

【大樹】タイジュ ①大きな木。大木。例寄らば—のかげ(=たよるなら、しっかりした力をもつものにたよるほうがよい)。②将軍の別名。〔後漢の馮異という将軍が、てがらを論じ合う席でも決してほこらず、いつも大樹の下にしりぞいていたので大樹将軍と呼ばれたという故事による〕(後漢書)

【大州】タイシュウ 広大な陸地。大陸。例五—(=五大陸)。表記 ㊐大▼洲

【大衆】一タイシュウ おおぜいの人々。また、ふつうの人々。類民衆・庶民。例—文学。—社会。一般—。二ダイシュ 〔仏〕〔「シュ」は、呉音〕おおぜいの僧たち。衆僧。

【大所】タイショ 小さなことにこだわらない、広く大きな立場や視野。例—高所から判断する。

【大書】タイショ (名・する)文字を大きく書くこと。強調して書くこと。例特筆—する。

【大暑】タイショ ①きびしい夏のあつさ。類酷暑。②二十四節気の一つ。太陽暦で七月二十三日ごろ。一年じゅうで最もあついころとされる。

【大正】タイショウ 大正天皇の在位の元号。明治の次で、昭和の前。一九一二(明治四十五、大正元)年七月三十日から一九二六(大正十五、昭和元)年十二月二十五日まで。

【大将】タイショウ ①全軍または一軍を指揮する人。将軍。例総—。侍—。②軍隊の階級で、将官の最上位。また、その人。例陸軍—。③ある団体・集団の長。リーダー。例がき—。お山の—。④からかって、また、親しみをこめて呼ぶことば。例魚屋の—。

【大笑】タイショウ (名・する)大声でわらうこと。おおわらい。例呵呵—する。

【大勝】タイショウ (名・する)大差で勝つこと。大勝利。類圧勝。対大敗。表記「大▼捷」とも書く。

【大詔】タイショウ みことのり。詔勅。例—の渙発(=みことのりを出す)。

【大賞】タイショウ ある分野で、最もすぐれた人や団体・作品にあたえられる賞。グランプリ。例レコード—。

【大小】ダイショウ ①大きなものと小さなもの。また、ものの大きさ。例—さまざまあり。②大刀と小刀。例—を腰にさす。

【大乗】ダイジョウ 〔仏〕自己の救済だけではなく、慈悲と博愛の心ですべての人々を救うという仏教の教え。中国・朝鮮半島をへて、日本に伝わり広まった。対小乗。

【大▼嘗祭】ダイジョウサイ・おおなめまつり・おおにえのまつり 即位した天皇が初めておこなう新嘗祭。大嘗会。

【大上段】ダイジョウダン ①剣道で、剣を頭の上にふりかざす構え。例竹刀を—にふりかぶる。②相手を威圧するように対する態度。類高姿勢。例—に構えてものを言う。

【大丈夫】一ダイジョウフ・ダイジョウブ (名)一人前のりっぱな男子。二ダイジョウブ (形動ダ)しっかりしているようす。安心していられるようす。例この調子なら—だ。

【大静脈】ダイジョウミャク 全身をまわった血液を心臓へ送る太い血管。対大動脈。

【大食】タイショク (名・する)たくさん食べること。また、その人。おおぐい。おおぐらい。類健啖。対小食。例無芸—。

【大食漢】タイショクカン 〔「漢」は、男の意〕たくさん食べる人。類健啖家。

【大身】一タイシン 身分の高い人。また、金持ちの人。対小身。二おおみ 刃のわたりの長いこと。例—の槍。

【大人】一タイジン ①徳の高い人格者。身分の高い人。対小人。②父母・長老など、目上の人をうやまっていうことば。③からだの大きな人。巨人。対小人。二ダイニン・おとな 一人前に成人した人。対小人。三うし 身分の高い人や師匠などをうやまっていうことば。例本居宣長—。

【大尽】ダイジン 大金持ち。富豪。資産家。例—かぜをふかす。

【大臣】ダイジン ①内閣を構成する各省の大臣および国務大臣のこと。例総理—。外務—。②昔、太政官の上の官職。太政大臣・左大臣・右大臣・内大臣を指す。おとど。

【大神宮】ダイジングウ 天照大神をまつる神宮。伊勢神宮のこと。皇大神宮。

【大人物】ダイジンブツ 度量の大きいりっぱな人物。対小人物。例あっぱれ—とほめそやされる。

【大豆】ダイズ マメ科の一年草。実は食用。とうふ・しょうゆ・みそなどにも加工する。

【大水】一タイスイ 大きい川や広い湖。二おおみず 大雨などのために川の水があふれること。洪水。例—が出る。

【大数】タイスウ ①ひじょうに大きいかず。②おおよそのかず。類概数。

【大成】タイセイ (名・する)①仕事をなしとげ、大きく成功すること。人間的に成長して、世に認められること。対小成。②完全にしあがること。③ある分野のものを広く集めること。集大成。例随筆—。

【大声】タイセイ ①大きなこえを出すこと。また、大きなこえ。おおごえ。例—疾呼(=おおごえでさかんにさけぶこと)。②高尚な音楽や高尚な言論。

【大政】タイセイ 天下の政治。例—奉還(=一八六七年、十五代将軍徳川慶喜が政権を朝廷に返したこと)。

【大勢】一タイセイ ①世の中のなりゆき。おおよその形勢。例—に従う。選挙の—が判明する。②大きな勢力や権力。例—をにぎる。二おおゼイ たくさんの人数。類多勢。

【大切】タイセツ (名・形動ダ)①重要なこと。例この教えは—だ。②そまつにしないこと。大事。例御身—に。

【大雪】一おおゆき ひどく降る雪。たくさん積もった雪。対小雪。二タイセツ 二十四節気の一つ。太陽暦で、十二月八日ごろ。

【大戦】タイセン 大きな戦争。大戦争。とくに、第一次世界大戦・第二次世界大戦を指す。例—前。先の—。

【大全】タイゼン ①じゅうぶんに備わっていること。類十全。②あることがらについて、じゅうぶん理解できるように、関係する項目をすべて集めた書物。例『神学—』〔トマス=アクィナスの著作の名〕

【大千世界】ダイセンセカイ 〔仏〕三千大千世界の一つ。この上なく広大な世界。小千世界が千個集まると中千世界。これがさらに千個集まると大千世界となる。大千界。

【大前提】ダイゼンテイ ①論理学で、三段論法の根本になる第一の前提。たとえば、「AはBである。CはAである。ゆえにCはBである。」の「AはBである」の部分。②行動を起こしたり論理を展開するうえで、欠かすことのできない根本的な条件。例人質解放の—は、人命の尊重だ。

【大宗】タイソウ ①ものごとのはじまり。おおもと。②ある分野の実力者。類大家。例日本画の—。

【大喪】タイソウ 天子が、なくなった先代の天子または皇后などの喪

もに服すること。また、その葬儀。例―の期間。―の礼。

【大葬】タイソウ ①りっぱな葬儀。②天子・太皇太后・皇太后・皇后の葬儀。例―がおこなわれる。

【大層】タイソウ 一(形動ナ)程度のはなはだしいようす。おおげさなようす。例ご―な言いぐさだ。二(副)たいへん。ひじょうに。例―繁盛している店だ。

【大蔵経】ダイゾウキョウ 〔仏〕仏教の経典を集めた書物。一切経。蔵経。

【大僧正】ダイソウジョウ 僧の最高の位。僧正の上。

【大息】タイソク (名・する)大きく息をすること。大きくため息をつくこと。例長―する。―してなげく。―をつく。

【大卒】ダイソツ 「大学卒業」の略。例―者の初任給。

【大▼儺】タイナ 古代中国で、悪鬼を追いはらう行事。冬至のあと、三回目の戌の日の前日におこなう。のち、日本にも伝わり、平安時代の宮中では大晦日の夜におこなわれた。追儺。鬼やらい。

【大体】ダイタイ 一(名)おおよそ。たいがい。例―はきみの言うとおりだ。―の者は反対だ。二(副)①ほぼ。ほとんど。例宿題は―かたづいた。②もともと。そもそも。例―これはきみの仕事ではないか。

【大隊】ダイタイ 軍隊で、多人数の部隊。規模は連隊より下、中隊の上。例―長。―本部。

【大▼腿】ダイタイ 足のひざから上の部分。ふともも。例―部。

【大内】ダイダイ 「大内裏」の略。

【大内裏】ダイダイリ 古代の中国や日本の都で、内裏(=天子の御所)を中心に役所の建ち並ぶ一区画。

【大沢】タイタク ①大きなぬま地。広大な湿地帯。②大きなめぐみ。とくに天子のいつくしみ。

【大多数】ダイタスウ 大部分の数。ほぼ全員。例―の賛同が得られた。

【大胆】ダイタン (名・形動ナ)度胸のあること。ものに動じないこと。類豪胆。対小胆。例―不敵なつらがまえ。

【大団円】ダイダンエン 〔「団円」は、結末の意〕劇や小説などで、筋立てがめでたく終わる最後の場面。例―をむかえる。

【大地】ダイチ 〔天空に対して〕広々と大きく広がる土地。人々が生活する場としての地上。例母なる―。

【大著】タイチョ ページ数が多く、すぐれた著作。例畢生の(=生涯をかけた)―。

【大腸】ダイチョウ 消化器官の一部。小腸から続き、肛門にいたるまでの部分。

【大▼椿】ダイチン 一本の年輪をきざむのに三万二千年かかるという伝説上の大木。例―の寿(=長寿を祝うことば)。〈荘子〉

【大抵】タイテイ (副)おおよそ。ほとんど。例かれは―家に居る。

【大帝】タイテイ ①天の神。天帝。②大きな功績のあった帝王。例明治―。

【大敵】タイテキ 多くの敵。また、強い敵。例油断―。

【大典】タイテン ①重要な書籍。また、分量の多い書籍。例永楽―。②重要な法典。例不磨の―。③国家のたいせつな儀式。とくに即位式。大礼。

【大▼篆】ダイテン 漢字の書体、篆書の一つ。周代に、史籀が作ったという。籀文。対小篆。

【大度】タイド 大きな度量。どんな人でも受け入れる心の広さ。例寛仁―。

【大刀】ダイトウ 大きく長いかたな。対小刀。

【大東】ダイトウ 東のはて。極東。とくに、日本。

【大同】ダイドウ 一(名)だいたい同じであること。例―小異。二(名・する)合同すること。例―団結。

【大同小異】ダイドウショウイ 小さなちがいがあるだけで、ほとんど同じであること。大差ないこと。

【大道】ダイドウ ①広くにぎやかな道路。例―芸人。②〔「タイドウ」とも〕人としてふみはずしてはならない正しいみち。

【大道廃れて仁義あり】ダイドウすたれてジンギあり 「大道②」がすたれてしまったので、わざわざ仁義を説く必要が出てきた。老子が儒教の教えを批判したことば。〈老子〉

【大動脈】ダイドウミャク ①心臓から全身へ血液を送り出す太い血管。対大静脈。②主要な都市を結ぶたいせつな道路や鉄道などのたとえ。例東海道新幹線や山陽新幹線は日本の―だ。

【大統領】ダイトウリョウ ①共和制国家の元首。②芸人や役者などの熱演・名演に対するかけ声。例よう、―。

【大都会】ダイトカイ 人口が多く、活気のある大きな都会。

【大徳】ダイトク ①大きな徳。また、それのある人。②人として守るべきたいせつな節義。③大きなめぐみ。④〔仏〕〔「ダイトコ」とも〕高僧をうやまっていうことば。

【大都市】ダイトシ 政治・経済などの中心になるような大きな都市。例―圏の地価高騰。

【大納言】ダイナゴン 律令制の官職の一つ。太政官の次官で、天皇のそば近くに仕え、大臣につき従って政治をおこなった。

【大難】ダイナン 大きな困難。ひじょうな災難。

【大日如来】ダイニチニョライ 〔仏〕〔「大日」は、太陽の光が宇宙をあまねく照らす意〕万物の根源であるとされる、真言宗の本尊。

【大任】タイニン 重大な任務。たいせつな役目。類大役。例―を果たす。

【大脳】ダイノウ 脳の一部で、精神活動や神経系などをつかさどる重要な器官。

【大農】ダイノウ ①広い農地をもつ富裕な農民。類豪農。対小農。②土地が広く、規模の大きな農業。例―法。

【大納会】ダイノウカイ 一年の最後におこなわれる、取引市場の売買取引。対大発会。

【大破】タイハ (名・する)大きくこわれること。また、こわすこと。例衝突して車が―する。

【大杯】タイハイ 大きなさかずき。表記「大▼盃」とも書く。

【大敗】タイハイ (名・する)大きく負けること。大差で負けること。対大勝。例―を喫する。

【大発会】ダイハッカイ 新年の最初におこなわれる、取引市場の売買取引。対大納会。

【大半】タイハン ほとんど。大部分。過半。例―は完成した。

【大盤石】ダイバンジャク ①ひじょうに大きな岩。②どっしりとしていてゆるがないことのたとえ。例あの社長がいるかぎり、わが社は―だ。表記▽「大▼磐石」とも書く。

【大尾】タイビ おわり。結末。終局。例一大長編小説の―。

【大悲】ダイヒ 〔仏〕広く人々の苦しみを救う仏の慈悲。例大慈―。

【大病】タイビョウ (名・する)おもい病気にかかること。また、その病気。類大患・重病。例―をわずらう。

【大兵】ダイヒョウ 一からだの大きなこと。また、からだの大きな人。対小兵。例―肥満の男。二タイヘイ おおぜいの兵隊。大軍。

【大夫】タイフ 一①中国古代の官職。周代は卿の下位、士の上位をいった。②中国古代の爵位。また、官位のある者の名につけて敬意をあらわす。③松の別名。〔秦の始皇帝が雨やどりした松に大夫の爵位をおくった故事による〕④大名の家老の別名。二タユウ ⇩【太夫】タユウ(261ページ)

【大部】①書物の冊数やページ数の多いこと。例—の著作。②ほとんどの部分。大部分。例一日の—をこの作業についやす。

【大分】(副) かなり。たくさん。例—寄付が集まった。

【大風】㊀(名) ①「「おおかぜ」とも」はげしく強くふく風。②ハンセン病のこと。㊁(名・形動) 尊大で人を見くだすような態度。おうへい。

【大仏】大きな仏像。例奈良の—。

【大部分】ほとんどすべて。おおかた。例—は目を通した。—の人が生還した。

【大別】(名・する) 大まかにいくつかに分けること。対細別。例生物は、動物と植物とに—される。

【大変】㊀(名) 大きな変化。大事件。例天下の—。㊁(形動) とても重大である。苦労しそうなようすだ。例—な混乱。あとかたづけが—だ。㊂(副) 程度のはなはだしいようす。とても。ひじょうに。例—ありがたい。

【大便】肛門から体外へ出される排泄物。くそ。ふん。

【大弁は▼訥なるがごとし】真に弁舌にすぐれた者は、よけいなおしゃべりはしないので、口べたのように見える。〈老子〉 表記「弁」は、旧▼辯

【大方】㊀(名) ①大地。〔天を「大円」というのに対していう〕②ひじょうに心の広い人。学識の高い人。例—の士。㊁(名) ①世間いっぱん。例—のご理解を乞う。②ほとんど大部分。例会場の—は顔見知りだった。㊂(副) たぶん。おそらく。例—そんなことだろうと思った。

【大法】㊀重要な法。㊁〔仏〕すぐれた教え。仏の教え。大乗の仏法。

【大砲】大きな砲弾を発射する兵器。

【大▼鵬】想像上の大きな鳥。おおとり。〈荘子〉

【大望】大きなのぞみ。大きな願い。例—をいだく。

【大木】大きな木。類大樹・巨木。例うどの—(=大きいだけで役に立たないもののたとえ)。

【大本】いちばんのもと。根本。例民主政治の—。

【大本営】かつて天皇のもとに置かれた、陸海軍を統帥する最高司令部。例—発表。

【大枚】多額の金銭。例—をはたく。—を投じる。

【大名】㊀①江戸時代以前、広い領地を持った武士。②江戸時代、一万石以上の領地を持った将軍の直臣。例—行列。—旅行(=大名のするようなぜいたくな旅行)。外様—。㊁①大きな名声。りっぱな名誉。②相手の名をうやまって言う。高名。

【大命】君主や天子の命令。例—降下(=旧憲法で、天皇の命令が出されること)。

【大厄】①大きなわざわい。類大難。例—にあう。②最も運勢が悪いとされる厄年。〔数え年で、男は四十二歳、女は三十三歳〕

【大役】責任のある重い役目。例—をおおせつかる。

【大約】(名・副) おおよそ。あらまし。類大略。例—の説明をする。

【大勇】大きな勇気。また、勇者。例—は怯なるがごとし(=ほんとうの勇者は慎重にして細心なので、おくびょう者のように見える)。

【大洋】広く大きな海。類大海・海洋。例—のかなたの国を夢みる。

【大要】①あらまし。類概要。例制度改革の—を示す。②たいへん重要な点。

【大欲】大きな欲望。また、ひじょうに欲深いこと。対小欲。表記旧大▼慾

【大欲は無欲に似たり】①大きな望みをもつ人は小さな利益など眼中にないので、一見無欲のようである。②欲の深い人は、欲張りすぎてかえって損をしがちで、結局は無欲の人と変わらない結果に終わるものだ。

【大乱】革命や反乱などによる、世の中の大きなみだれ。例応仁の—。

【大理】①大きな道理。②中国、雲南省の北西部にある地名。大理石の産地。

【大理石】〔産地が中国雲南省大理なのでこの名がある〕石灰岩が変成作用を受けてできた岩石。建築や彫刻などに用いられる。マーブル。

【大力】〔「タイリキ」とも〕ひじょうに強い力。また、強い力をもつ人。類怪力。

【大陸】①地球上の、大きな陸地。例北米—。南極—。②島国の対岸にある大きな陸地。日本から中国を、イギリスからヨーロッパを指す。

【大陸的】(形動) ①大陸に特有な性質であるようす。例—な気候。—な風土。②細かいことにこだわらず、ゆったりとしているようす。例—な性格。

【大略】㊀(名・副) おおよそ。あらまし。類概略・大要。例—二日の行程。計画の—は以下のとおり。㊁(名) 大きなはかりごと。すぐれた知略。

【大慮】①厚い思いやり。②たくらみ。はかりごと。

【大猟】狩りで、鳥やけものがたくさんとれること。対不猟。→【大漁】

【大量】㊀(名) ひじょうに量の多いこと。多量。例—生産。—に消費する。㊁(名・形動) 心が大きく広いこと。また、大きな度量。類広量。▽対小量・少量。

【大漁】漁で、魚や貝などがたくさんとれること。〔「漁」の字音は「ギョ」だが、「猟」と類義なので、この熟語を「タイリョウ」と読む〕対不漁。例—旗。—節。

【大倫】人としてふむべき道。例—を乱る。

【大輪】ふつうより花が大きいこと。また、その花。例—の菊。—の花がさく。

【大礼】①朝廷の重要な儀式。たとえば、即位の礼、大喪の礼など。②人の一生で重要な儀式。成人式、結婚式、葬式など。

【大礼服】明治・大正・昭和時代の皇室の重大な儀式で、有資格者が着た礼服。

【大老】①尊敬を集めるりっぱな老人。長老。②江戸時代、将軍の補佐役として、政局の多難な折に、必要に応じて老中の上位に置かれた最高職。

【大▼牢】⇩【太牢】(260ページ)

【▽大戴礼】〔「ダイタイレイ」とも〕書名。前漢の戴徳が、周から漢までの礼に関する記録をまとめたもの。もと八十五編あったが、現在は三十九編が残る。

【大和】①旧国名の一つ。今の奈良県にあたる。和州。〔もと、「倭」「大倭」などとも書いた〕②〔①に都があったことから〕日本国の古い呼び名。例—ことば(=日本古来のことば)。

●偉大・遠大・拡大・強大・巨大・広大・公明正大・最大・針小棒大・甚大・絶大・壮大・増大・尊大・雄大

〔大部〕1画 夬

大 1 【夬】 4画 5279 592C 音㊀カイ漢 ㊁ケツ漢 訓さだ-む・わか-つ

意味 ㊀きっぱりと決める。決断する。さだむ。㊁矢を射るとき、右手にはめて弦を引っかける道具。ゆがけ。同抉。

【太】 4画

3432
592A
教育2

音 タ 慣タイ 漢 呉
訓 ふと-い・ふと-る
付表 太刀(たち)

筆順 一 ナ 大 太

なりたち 【形声】「丶(＝すべる)」と、音「大(タ)」とから成る。なめらか。ゆったりと広い。

参考 「泰(タ)」の古字で、「大(タ)」とも通じて用いられた。

意味 ❶きわめて大きい。例 太鼓(タイコ)。太陽(タイヨウ)。❷おおもと。はじめ。おこり。例 太初(タイショ)。太祖(タイソ)。太郎(タロウ)(＝長男)。❸おおいに。はなはだ。例 太平(タイヘイ)。❹たっとんでいうことば。例 太公(タイコウ)。太后(タイコウ)。太子(タイシ)。

日本語での用法 《ふとい》①肥えている。「太い腕・太股(ふともも)・骨太(ほねぶと)」②ふてぶてしい。また、大胆。「太い奴(やつ)だ・肝(きも)が太い」

難読 太秦(うずまさ)・太息(ためいき)・猶太(ユダヤ)

人名 うず・すぐる・たか・はじめ・ひろ・ふと・ふとし・ます・もと

【太一】タイイツ ①宇宙・万物の根源。②天の神。天帝。③陰陽道にいう星の名。太一星。表記 ▽「太▽乙」とも書く。

【太陰】タイイン ①月。対 太陽。②北。③冬。

【太陰暦】タイインレキ 月の満ち欠けをもとにしたこよみ。小の月を二十九日、大の月を三十日とする。陰暦。〔日本の陰暦は、太陰暦に太陽暦の要素を合わせたもので、厳密には太陰太陽暦という〕対 太陽暦。

【太易】タイエキ 古代の考え方で、宇宙が宇宙として存在する以前の状態をいう。太易・太初・太始・太素の順に宇宙は生成されるという。

【太河】タイガ 黄河の別名。

【太虚】タイキョ ①おおぞら。虚空。②宇宙の根源。表記 ▽「大虚」とも書く。

【太極】タイキョク 中国の易および、それを受けた朱子学で、宇宙・万物を生成する根源をいう。

【太極拳】タイキョクケン 中国拳法の一つ。宋代に始められたという。現在では、武術としてよりも健康法として広くおこなわれている。

【太古】タイコ 遠い昔。大昔。有史以前。例 —の人類。

【太鼓】タイコ ①打楽器の一つ。木や金属でできた胴に革を張ったもの。ばちや手で打ち鳴らす。②「太鼓持ち」の略。

【太鼓判】タイコバン ①大きなはん。②絶対真実であるという保証のしるし。例 —をおす。

【太鼓持ち】タイコもち ①宴席で、芸をしたりおもしろいおしゃべりをしたりして場を盛り上げることを仕事とする男。幇間(ホウカン)。たいこ。②相手にこびへつらい、取り入ろうとする者をさげすんでいうことば。例 上司の—をつとめて昇進した男。

【太公】タイコウ ①祖父、または父のこと。②他人の父や高齢者をうやまっていうことば。

【太公望】タイコウボウ ①周の時代、文王と武王に仕えた賢臣、呂尚(リョショウ)のこと。太公。〔世をさけて渭水で魚つりをしていた呂尚に、文王が出会い、子(シ)(＝あなた)こそはわが太公(＝祖父)が待ちのぞんでいた人物だといって、太公望と呼んだ〕〈史記〉②魚をつる人。魚つりの好きな人。例 休日は—を決めこんでいる。

【太后】タイコウ ①天子の母。②日本で、先代の天皇の皇后。

【太皇】タイコウ ①天。②古代の帝王のうちの、最もすぐれた帝王。③「太皇太后」に同じ。

【太皇太后】タイコウタイゴウ ①天子の祖母にあたる女性。②日本では天皇の祖母。太皇后。

【太▼閤】タイコウ ①摂政や太政大臣を、うやまっていうことば。また、位を子にゆずった、前の関白のこと。②豊臣秀吉(とよとみひでよし)のこと。

【太宰】タイサイ 一 中国古代の官名。天子を補佐する最高官。宰相。二 ダザイ「太宰府」の略。→【大宰府】ダザイフ(256ページ)

【▽太宰府】ダザイフ ⇩【大宰府】ダザイフ(256ページ)

【太歳】タイサイ ①木星の別名。②八将神の一人。木星の精。

【太山】タイザン 五岳の一つ。中国、山東省にある名山。表記 「泰山」とも書く。

【太山(タイザン)は土壌(ドジョウ)を譲(ゆず)らず】太山はわずかな土でもこばまずに受け入れるので、大きな山になった。人間として大きくなるには包容力をもつ必要があるというたとえ。類 河海は細流を択(えら)ばず。〈史記〉

【太山(タイザン)を▽挟(わきばさ)みて北海(ホッカイ)を超(こ)ゆ】太山をわきにかかえて北海をこえる。不可能なことのたとえ。〈孟子〉

【太子】タイシ ①将来、帝位をつぐ王子や皇子。皇太子。②聖徳太子のこと。例 —堂。

【太史】タイシ 昔の中国で、国の歴史を記録する官。また、天文や暦(こよみ)のことを受け持った官。

【太史公】タイシコウ 太史をうやまっていうことば。とくに、『史記』の作者である、漢の司馬遷と、その父の司馬談を指す。

【太始】タイシ 天地のはじめ。ものごとのはじめ。→【太易】タイエキ

【太守】タイシュ 中国古代の官名。郡の長官。

【太初】タイショ 天地のひらける前。宇宙の始まろうとするとき。→【太易】タイエキ

【▽太政官】ダイジョウカン・ダジョウカン 律令制で、諸官庁をまとめ国政をつかさどる最高の官庁。現在の内閣に当たる。明治時代初期にも置かれたが、一八八五(明治十八)年内閣制の実施により廃止された。〔ふつう、明治時代に置かれたものを「ダジョウカン」と読む〕

【▽太政大臣】ダイジョウダイジン・ダジョウダイジン 太政官の長官。現在の総理大臣にあたる。左右大臣の上位。

【太祖】タイソ ①王朝をおこした初代の帝王。始祖。②ものごとのはじめ。類 元祖。例 元の—、チンギス＝ハン。

【太素】タイソ ①物質のはじめ。太始の次の状態。→【太易】タイエキ ②ひじょうに質素なこと。

【太息】タイソク (名・する) ためいきをつくこと。ためいき。表記 「大息」とも書く。

【太白】タイハク ①「太白星」の略。金星の別名。②盛唐の詩人李白の字(あざな)。③精製した白砂糖。

【太平】タイヘイ (名・形動ダ) 世の中がきわめて平和なこと。例 天下—。—な世の中。表記 「泰平」とも書く。

【太平楽】タイヘイラク 一 (名) 舞楽の一つ。二 (名・形動ダ) 好きかってなことを言ったり、したいほうだいにふるまうこと。のんきなようす。例 —を並べる。—なやつだ。

【太陽】タイヨウ 太陽系の中心にある恒星。大量の光や熱を地球にもたらし、生命のみなもととされる。日輪。対 太陰。

【太陽灯】タイヨウトウ 太陽光線に似た光線を発する電灯。ふつう、水銀灯をいう。医療・殺菌などに用いられる。

【太陽暦】タイヨウレキ 地球の公転をもとにしたこよみ。地球が太陽を一周する時間を一年(＝三百六十五日)とする。現在、世界でおこなわれているグレゴリオ暦もこの一種。新暦。陽暦。対 太陰暦。

【太▼牢】タイロウ 昔の中国で、ウシ・ヒツジ・ブタの三種をそろえた神へのそなえ物。転じて、りっぱなごちそう。対 少牢。表記 「大▼牢」とも書く。

【太刀】たち 長くて大きい刀。また、相手に切りかかる回数をかぞえることば。例 —持ち。助—(すけだち)する。一—(ひとたち)あびせる。

【太▽夫】①律令制で、五位(以上)の者。②能や歌舞伎などの役者の、おもだった者。③江戸時代、最高位の遊女。表記▽「▽大▽夫」とも書く。

【太っ腹】(名・形動ナ)ものごとにこだわらず、気持ちが広いこと。例かれは―な男だ。

【太▽股】足のまたから、ひざまでの部分。類大腿。

◐根太

大 1 **【天】** 4画 3723 5929 教育1 音テン 漢呉 訓あめ・あま

筆順 一 二 チ 天

なりたち [会意]「一(=ひとつ)」と「大(=おおきい)」とから成る。それ以上高いものはない。頭のてっぺん。

意味 ❶人の頭。例天蓋。脳天。❷頭上高く広がる空間。宇宙。そら。あめ。あま。対地。例天空。天体。満天。天高く馬肥ゆる秋。天の川。❸万物を支配する神や霊などのいるところ。例天国。昇天。❹宇宙の支配者。造物主。神。例天意。天罰。天は二物を与えず。❺天の命をうけて地上を治める者。例天顔。天子。天覧。❻人の手のおよばない自然。例天険。天災。天然。❼自然のまま。生まれつきの。例天才。天性。❽空もよう。例天気。雨天。晴天。❾上下が決まっているものの、上のほう。例天地無用。

日本語での用法 一《テン》①ビロード。「天鵞絨」と書いたところから。「コール天(=うね状のすじを織り出したビロード(=ベルベット)の布地)」②「天草」の略。「寒天」 二《て》「て」の音にあてた万葉がな。「天流る(=照る)」

難読 天花菜・天門冬・天羽(=姓・地名)・告天子・天鵞絨・天蚕糸・天晴・天児・天弓・天窓・天主・天鼠・天明・天漢

人名 かみ・そら・たか・たかし・ひろ・ひろし

【天下り】(名・する)①(神などが)天上の世界から地上におりること。②官庁の役人が、関連の深い企業や団体などへ役員として就任すること。表記▽「天▽降り」とも書く。

【天衣】①天子の衣服。②天人・天女の衣服。

【天衣無縫】(名・形動ダ)〔天人の衣服にはぬい目がないということ〕①詩や歌などが、自然で、技巧が目立つことなくすぐれていること。②性格がのびのびしていて、細かいことにこだわらないこと。類天真爛漫。例―な人物。

【天意】①天の心。神の意志。例―を感じる。②天子や帝王の心。例―を拝する。

【天運】①天からあたえられた運命。さだめ。類天命。②天体の運行。

【天恩】①天のめぐみ。天恵。②天子の恩恵。天恵。

【天下】〔天の下のすべての世界の意〕①全世界。国じゅう。世の中。世間。例―をさわがせた事件。②国を支配する権力。例―を取る。三日―(=つかのまの支配。主君織田信長を本能寺に殺した明智光秀が、わずかの日数で羽柴秀吉にほろぼされたことから)。

【天下太平】(名・形動ナ)世の中がよく治まって平和なこと。転じて、なんのなやみもなくのんびりしていること。例あの男はいつ見ても―だ。表記「天下泰平」とも書く。

【天下無双】(名・形動ナ)天下に並ぶ者がいないほどすぐれていること。例―の力持ち。

【天下無敵】(名・形動ダ)相手としてかなう者がいないこと。例剣をとったら―だ。

【天下分け目】天下が、争う両者のどちらのものになるかという重大な分かれ目。今後の情勢がどうなるのか、ここで決まるという、たいせつなとき。例―の戦い(=関ケ原の戦い)。―の関ケ原。

【天花】一テン 雪のこと。二ゲ 天上の世界にさくという花。また、法会のとき仏前にまく、紙でつくった花。表記▽「天華」とも書く。

【天花粉】キカラスウリの根のでんぷんからつくる白色の粉。子供のあせもの予防に用いる。あせしらず。ベビーパウダー。表記「天▼瓜粉」とも書く。

【天海】①〔空の広さを海にたとえて〕広い空。大空。②空と海。遠くはなれていることのたとえ。

【天界】①大空。天空。②天上の世界。天上界。

【天外】天のはるか遠いところ。例奇想―の(=思いもよらない、変わった)計画。

【天涯】天のはて。はるか遠いところ。異郷の地。

【天涯孤独】広い世の中に身寄りもなく、ひとりきりであること。例―の身。

【天蓋】①天。大空。②仏像・棺・祭壇・ベッドなどの上をおおうかさ。③虚無僧のかぶる、ふかあみがさ。

【天漢】〔「漢」は、天の川の意〕天の川。銀河。銀漢。天河。

【天顔】天子のかお。竜顔。例―を拝する。

【天眼鏡】①易者の用いる大きな凸レンズ。レンズが大きくて、柄の付いた拡大鏡。②望遠鏡。とおめがね。

【天気】①天の精気。②気象状態。天候。例―図。③晴天。例今日は―だ。④天子のきげん。天機。例―うるわしくいらせられた。

【天機】①天の秘密。宇宙・自然の神秘。②生まれつき備わっている才知や能力。③天子のきげん。天気。

【天球】地上の観測者の立場から、空を球体とみなしていうことば。

【天金】書物の製本で、裁断した小口の天(=上方)だけに金箔をおすこと。〔天地(=上下)と前の小口の三方に金箔をおすのを三方金という〕

【天▼狗】①山伏の姿をし、顔は赤く鼻は高く、羽うちわを持って自在に空を飛ぶという想像上の怪物。例烏―。②〔鼻が高いことから転じて〕自分の才能や能力などを自慢し、うぬぼれること。例釣り―。―になる。

【天空】広々とした大空。例―にかかる虹。

【天空海▼闊】(名・形動ナ)①空も海も広々としていること。②心が広くのびのびとしていること。例―の気象。

【天刑】①天の法則。自然の法則。②天が人にくだす刑罰。天罰。

【天恵】①天のめぐみ。天恩。②天子の恩恵。天恩。

【天啓】天からあたえられたと感じる、教訓・発見・確信など。神のみちびき。神の啓示。〔キリスト教でいう「黙示」〕例―を受ける。―に導かれる。

【天険】山や谷など地形のひじょうにけわしい、自然につくられた難所。例―に拠って敵をむかえ討つ。

【天元】①万物生成のもと。②碁盤の中央にある黒い目(=点)。

【天眼通】〔仏〕世の中のものすべてを見通すことのできる能力。〔近ごろは「テンガンツウ」とも〕

【天工】天然のわざ。自然がもたらした美や細工。

【天行】天体の運行。

【天皇】一①天の神。天帝。②天子。帝王。皇

帝。㊁(テンノウ) 日本の天子。明治以前は、律令制下で日本国の君主。明治憲法では、大日本帝国の元首。現憲法では、日本国および日本国民統合の象徴。

【天候】(テンコウ) 天気の状態。例―を見定める。―が回復する。

【天香国色】(テンコウコクショク) ボタンの花の別名。また、美人をほめていうことば。

【天国】(テンゴク) キリスト教などで、天上の世界。神の国。善人が死後におもむくとされ、仏教でいう、極楽浄土に似る。転じて、楽しい場所や理想的な環境などのたとえに用いられる。(対)地獄。例歩行者―。―へ旅立つ。

【天才】(テンサイ) もって生まれた、人並みはずれた才能。また、そのもち主。

【天災】(テンサイ) 地震・噴火・たつまき・暴風雨・洪水・旱魃など、自然の力がもたらす災害。例―地変。

【天際】(テンサイ) 天のはて。はるかかなた。

【天子】(テンシ) 〔天帝の子の意〕天に代わって世を治める人。王。君主。皇帝。日本では天皇を指した。

【天使】(テンシ) ①天からの使者。②キリスト教などで、天から地上につかわされる神の使者。エンゼル。③心がやさしく、人をいたわる人のたとえ。例白衣の―(=女性の看護師をほめていうことば)。

【天資】(テンシ) 生まれつきの資質。天質。天性。

【天▼竺】(テンジク) ①インドを指していう古い呼び名。②空。高いところ。遠いところ。③「天竺木綿」の略。

【天▼竺木綿】(テンジクもめん) 地が厚くじょうぶな平織りの綿織物。〔外国からの輸入品の意味で名付けられたといわれる〕

【天日】(テンジツ) ㊀①太陽。日輪。例黒煙おおって―暗し。②天子。㊁(てんぴ) 太陽の光や熱。例―でかわかす。

【天爵】(テンシャク) 生まれつき備わった人徳。(対)人爵。

【天主】(テンシュ) キリスト教で、天の神。〔ラテン語の「デウス」を音訳したものという〕

【天主教】(テンシュキョウ) 「カトリック教」の古い呼び名。

【天守】(テンシュ) 「天守閣」の略。

【天守閣】(テンシュカク) 城の本丸に建てられた高層のやぐら。天守。

【天寿】(テンジュ) 天からあたえられた寿命。例―をまっとうする。

【天授】(テンジュ) 天からさずけられること。また、生まれつき備わった才能。(類)天性・天賦。

【天象】(テンショウ) ①太陽・月・星など天体の現象。例―儀(=プラネタリウム)。②天気のようす。空もよう。

【天上】(テンジョウ) ㊀(名)①天のうえ。大空。天空。(対)地上。②天人の住む世界。天上界。③程度がこのうえもないこと。最高。最上。㊁(名・する)天へのぼること。また、死ぬこと。(類)上天・昇天。

【天上天下】(テンジョウテンゲ) 天と地のあいだ。宇宙。世界。

【天上天下唯我独尊】(テンジョウテンゲユイガドクソン) 〔仏〕生まれたばかりの釈迦が、手助けなく四方に七歩あゆみ、言ったと伝えられることば。宇宙で自分よりも尊い者はいない、という意味。

【天井】(テンジョウ) ①室内から見て、屋根や、はり・けたの骨組みをかくすように、部屋の上部に張った板。(対)床。例―裏。②ものの内側の最上部。③〔経〕相場・物価の最高の限度。例―知らず。

【天井川】(テンジョウがわ) 川床がまわりの土地よりも高い川。

【天井桟敷】(テンジョウさじき) 劇場で、天井にいちばん近い最上階の座席。〔舞台から遠く、せりふが聞こえにくいために、料金が安い〕

【天壌】(テンジョウ) 天と地。あめつち。例―無窮(=天地のある限り永久に続くこと)。―のへだたり(=天と地ほどに差の大きいこと)。

【天職】(テンショク) ①天体の運行や万物の生成など、天のつかさどる仕事。②天からあたえられた仕事。人のなすべき職務。また、その人自身にとって最もふさわしい仕事。

【天心】(テンシン) 天の中心。空のまんなか。中天。例―の月をながめる。

【天神】㊀(テンシン) 天の神。天帝。(対)地祇。㊁(テンジン) 菅原道真をまつった神社。天満宮。例北野の―。

【天真】(テンシン) (名・形動ナ) 生まれたままの自然な姿。性質。

【天真▼爛漫】(テンシンランマン) (名・形動ナ) 生まれつきの心が、すなおにそのままにあらわれること。むじゃきで明るいこと。

【天水】(テンスイ) 天からの水。あまみず。例―桶。

【天水▼桶】(テンスイおけ) あまみずをためておく防火用のおけ。

【天成】(テンセイ) ①天が順調に運行し、万物の生成がさかんなこと。②自然のままで道理に合うこと。③人の手がはいらず自然であること。例―の要害。④生まれつき。天性。

【天性】(テンセイ) 天からあたえられた生まれつきの性質。例―の素質。

【天祖】(テンソ) 天皇の祖先。皇祖。例―神社。

【天孫】(テンソン) ①織女星の別名。②天の神の子孫。③日本で、天照大神の孫、瓊瓊杵尊のこと。例―降臨。

【天体】(テンタイ) 太陽・月・星など、宇宙の空間にある物体をまとめていう。例―望遠鏡。

【天台】(テンダイ) ①「天台山」の略。中国浙江省天台県にある山で天台宗の聖地。②「天台宗」の略。隋の智顗大師を開祖とする仏教の一派。日本には、平安時代に最澄が唐から帰朝後、比叡山延暦寺を建てて教えを広めた。

【天地】(テンチ) ①天と地。あめつち。(類)天壌。②かけはなれて、差の大きいことのたとえ。(類)雲泥。③世の中。世界。宇宙。例新―。④ものの上と下。また、上下をひっくりかえすこと。

【天地開▼闢】(テンチカイビャク) 世界のひらけはじめ。例―の神話。

【天地玄黄】(テンチゲンコウ) 〔「玄」は、黒の意〕天は黒色、地は黄色。梁代につくられた千字文(=二百五十句から成る四言古詩)の第一句。

【天地人】(テンチジン) ①天と地と人。宇宙の万物。(類)三才。②一連のものの順位や程度などを区別することば。

【天地神明】(テンチシンメイ) 天の神や地の神。すべての神々。例―に誓って。

【天地無用】(テンチムヨウ) 上下を逆にしないで取りあつかうこと。〔荷物につける、注意書き〕

【天柱】(テンチュウ) 天をささえているという柱。転じて、人の世をささえる道理。例―折れ地維欠く(=天をささえている柱が折れ、地をつないでいる綱が切れるように、人の世が乱れること)。

【天▼誅】(テンチュウ) ①天の下す罰。例―がくだる。②天に代わっておこなう罰。例―を加える。

【天頂】(テンチョウ) ①天。頂上。いただき。てっぺん。②天頂点。地上の観測者のまうえにのばした直線と天球の交わった点。

【天朝】(テンチョウ) 朝廷をうやまっていうことば。おかみ。(類)皇朝。

【天聴】(テンチョウ) ①天子が聞くこと。②天子の耳。また、天子の判断。例―に達する(=天子の耳にはいる)。

【天▼寵】(テンチョウ) 天、または天子のめぐみ。例―を受ける。

【天長節】(テンチョウセツ) 天皇誕生日の、昭和二十三年までの言い方。〔皇后誕生日を地久節といった〕

【天長地久】(テンチョウチキュウ) 〔「天は長く地は久し」と訓読する〕天

地長久の意味。天地が永遠に不滅であること。永遠に続くもののたとえ。〈老子〉

【天帝】①宇宙を支配する神。造物主。上帝。②〔仏〕帝釈天のこと。③キリスト教で、神のこと。

【天敵】生物界の食物連鎖の中で、捕食や寄生などをして相手を殺す立場にあるもの。

【天道】㊀太陽。日輪。例お―様と米の飯はどこへ行ってもついてくる。㊁①天地自然の道理。宇宙万物をつかさどるおきて。天理。②天の神。上帝。天帝。例―親なし(=天道は公平で、えこひいきすることがない)。〈老子〉③天体の運行する道。

【天動説】宇宙の中心は地球であり、他の天体は地球の周囲を回っているとする考え方。コペルニクスが地動説を提唱するまでの宇宙観。対地動説。

【天丼】「天麩羅丼」の略。どんぶりに温かいごはんを盛り、テンプラをのせ、たれをかけた料理。

【天女】天上界の女性。女神。転じて、やさしい女性、美女のたとえ。

【天人】天上の世界に住む、神々。

【天人の五衰】〔仏〕天人が死にのぞんだときにあらわすという、五つのおとろえの姿。→【五衰】(42ページ)

【天然】①生まれつき。類天性。例―の色白。②人の手がはいらず自然そのままであること。類自然。対人工・人造・人為。例―資源。

【天馬】①天帝が乗って空をかけるというウマ。転じて、速く走る名馬。駿馬。②ギリシャ神話で、つばさがあって空を飛ぶというウマ。ペガサス。

【天馬空を行く】天馬が大空をかけるように、さえぎるものがなく自由奔放なことのたとえ。

【天罰】天が下す罰。おかした悪事に対して受ける、自然のむくい。天のとがめ。類天刑。例―がくだる。

【天罰▼覿面】悪事はすぐにむくいを受けるということ。

【天火】料理用のむし焼き器。オーブン。

【天▼秤】重さをはかる器具。棒の両はしに皿をつるして中央をささえ、皿の一方に重さをはかりたい物を、もう一方に分銅を置いてつり合いをとる。例―棒。―にかける(=ものごとの損得や優劣などを調べてみる)。両―にかける(=ものごとがどちらに転んでもよいように画策する)。

【天▼稟】生まれながらにもっているもの。類天分。例―の才。―の良質。

【天部】〔仏〕諸天の神々。仏教を守護する神々をまとめていう。例阿弥陀の浄土に舞いあそぶ―。

【天府】〔「府」は、集まったものをしまっておく倉庫〕①自然の要害で、農作物が豊かに実る土地。②学問がおくぶかく、きわめがたいこと。③天子の倉。

【天賦】生まれながらに天からあたえられたもの。生まれつき。類天与。例―の人権。―の玉質(=すぐれた性質)。

【天袋】日本建築で、おし入れやちがいだなの上など、天井近くに作る戸だな。対地袋。例―に軸物をしまっておく。

【天▼麩羅】〔ポルトガル語 tempero のあて字〕①魚や、エビ・貝類・野菜などに、水でといた小麦粉をつけて油で揚げた料理。〔野菜のテンプラは「精進揚げ」という〕②外側をメッキしたもの。また、にせもの。〔外見はかざってあるが中身は別のもの、というしゃれ〕例―の金時計。

【天分】生まれつきの才能や素質。例―にめぐまれる。

【天辺】大空の果て。天際。転じて、遠くはなれた地。

【天変地異】空や地上に起こる異変。暴風雨・日食・月食・地震・洪水など。例―が続出した時代。

【天歩▼艱難】〔「天歩」は、天の運行・時の運の意〕天の運行が順調でないこと。国の内外の情勢が時の運にめぐまれず、苦労の多いことにたとえる。〈詩経〉

【天魔】〔仏〕人を悪の道にさそうという悪魔。例―波旬(=「波旬」も、人のよいおこないをさまたげる悪魔の意)。いかなる―にみいられしか。

【天幕】①天井にかざりとして張る幕。②〔英語 tent のあて字〕屋外に、雪・雨・風・つゆなどをしのぐために、柱を立てて布を張った小屋。テント。

【天窓】光をとり入れたり、換気のために屋根につけた、まど。

【天命】①中国の思想で、天帝の命令。天からあたえられた使命・運命。例五十にして―を知る。〈論語〉②天からあたえられた寿命。天寿。例―をまっとうする。

【天明】夜が明けるころ。明け方。例―に出発する。

【天網▼恢▼恢疎にして失わず】天のあみは広く大きく、目はあらいけれども、どんな小さな悪事も見のがさない。悪事は必ず天罰を受けるということ。天網恢恢疎にして漏らさず。〈老子〉

【天目】「天目茶碗」の略。茶の湯に用いる浅いすりばち形の茶わん。〔修行僧が中国の天目山から持ち帰ったことによる〕

【天文】太陽・月・星など、天体の運行。宇宙の諸現象。〔地文・水文・人文などに対する〕例―学。

【天▼佑】天のたすけ。類天助。例―神助。表記「天▼祐」とも書く。

【天与】生まれつきのもの。人為によらない自然のまま。類天賦。例―の才。―の好機会。

【天▼籟】〔「籟」は笛、また自然界のひびきの意〕①自然がつくりだす風などの音。対人籟・地籟。例―を聞く。〈荘子〉②人の力によるものとは思われないほど、詩や文章のできがすぐれていること。

【天覧】天子がご覧になること。例―相撲。―をたまわる。―に供する。

【天理】天の道理。宇宙万物を支配する法則。

【天領】①昔、天皇の領地。②江戸時代、将軍家が直接治めた領地。幕府の直轄地。

【天を仰いで唾する】〔空を向いてつばを吐く意〕他人を傷つけようとして、かえって自分を傷つけてしまうことのたとえ。天に唾する。

◐有頂天・雨天・炎天・仰天・荒天・昇天・晴天・南天・脳天・満天・露天

大 1

【夫】 4画

4155 592B 教育4 音 フウ慣 フ漢 ブ呉 訓 おっと・それ

筆順 一 二 チ 夫

なりたち 〔会意〕「大(=ひと)」のあたまに「一(=成人のさすかんざし)」をさす、一人前のおとこ。

意味 ❶成年に達した男子。おとこ。対妻・婦。例夫子。匹夫。凡夫。❷妻の配偶者。妻のある男子。おっと。例夫妻。夫唱婦随。想夫憐。❸肉体労働にたずさわるおとこ。例坑夫。水夫。農夫。❹〔助字〕㋐「それ」と読み、そもそも、の意。重要な論題を述べはじめるときに用いる。例夫秦無道(=そもそも秦は道義にはずれている)。㋑「かの」と読み、あの・例の、の意。ものごとを指示する。例夫天命(=あの天命)。

難読 夫婦(めおと)・信夫(しのぶ)(=地名・人名)・丈夫(ますらお)・夫男(せな)

人名 あき・お・すけ

【夫子】フウシ ①男子を呼ぶことば。②師や有徳の人などを、うやまっていうことば。とくに孔子を指すことが多い。③妻がおっとを、子が父を呼ぶことば。

【夫婦】フウフ ①おっとと妻。結婚したひと組みの男女。めおと。例おしどり―。―の縁を結ぶ。②〔「夫」は成人男子、「婦」は成人女子〕ふつうの男女。平凡な人々。類匹夫匹婦。

【夫君】フクン おっとをうやまっていうことば。背の君。郎君。〔現在は、他人のおっとに用いられる〕

【夫権】フケン 旧民法で、おっとが妻に対してもっていた権利。妻の財産の管理などに関する権利や、居所指定の権利など。

【夫妻】フサイ おっとと つま。結婚したひと組みの男女。〔おっとと つまとを、同等として指す。改まった言い方〕

【夫唱婦随】フショウフズイ まずおっとが言い出し、妻はそれに従ってついて行くこと。〔夫婦の仲のよいことの象徴とした〕

【夫人】フジン ①〔「ブニン」とも〕身分の高い人の妻。摩耶―(=釈迦の母)。②古代中国で、諸侯の妻や皇后を指すことば。③他人の妻をうやまっていうことば。④他人の母をうやまっていうことば。

【▽夫役】ブヤク〔「フエキ」「ブエキ」とも〕おおやけの仕事のために人々を強制的に働かせること。また、働かされる人々。

●工夫・車夫・丈夫・水夫・大夫・太夫・人夫・農夫・匹夫・凡夫

大1

【夭】 4画 5280 592D

音 ヨウ漢呉 訓 わか-い

意味 ❶わかわかしく、美しい。わかい。例夭夭たる(=若くて美しい)美少女。❷年わかくして死ぬ。わかじに。例夭逝。夭折。夭没。

【夭死】ヨウシ(名・する)年の若いうちに死ぬこと。夭逝。夭折。夭没。例流行病で―した。

【夭寿】ヨウジュ 若死にと長生き。短命と長寿。例いずれ―の差の生じるのが定めである。

【夭▼殤】ヨウショウ(名・する)〔「殤」は、二十歳前に死ぬ意〕年の若いうちに死ぬこと。夭折。例―をいたむ。

【夭逝】ヨウセイ(名・する)年の若いうちに死ぬこと。夭死。夭折。

【夭折】ヨウセツ(名・する)年の若いうちに死ぬこと。夭死。夭逝。夭没。例―した子を想う。

大2

【央】 5画 1791 592E 教育3

音 ヨウ漢 オウ呉

筆順 丨 冂 口 央 央

なりたち [会意]「大(=ひと)」が「冂(=境界)」のちょうど、まんなかにいる。まんなか。

意味 ❶なかば。まんなか。例中央。年央。❷つきる。なくなる。やむ。例未央。

人名 あきら・たか・たかし・ちか・てる・なか・なかば・ひさ・ひさし・ひろし

●震央・中央

大2

【失】 5画 2826 5931 教育4

音 シツ・イツ漢 シチ呉 訓 うしな-う

筆順 ノ 𠂉 𠂇 失 失

なりたち [形声]「手(=て)」と、音「乙ツイ」とから成る。手ばなして、なくす。

意味 ❶なくす。おとす。わすれる。うしなう。うせる。例失格。失礼。消失。❷ふと、してしまう。もらす。例失禁。失笑。❸やりそこなう。しくじる。あやまつ。例失敗。過失。千慮の一失。

【失意】シツイ 思うようにものごとが進まず、気落ちすること。対得意。例―のどん底にある。

【失火】シッカ(名・する)過失から起こした火事。対放火。例―罪。―の原因を調べる。

【失格】シッカク(名・する)資格をうしなうこと。

【失却】シッキャク(名・する)なくすこと。ものをうしなうこと。また、忘れること。

【失脚】シッキャク(名・する)①つまずくこと。足をふみはずすこと。②地位や立場をうしなうこと。例汚職事件で―する。

【失業】シツギョウ(名・する)職をうしなうこと。働きたいのに仕事がないこと。類失職。対就業。例―者。不景気で―する。

【失禁】シッキン(名・する)自分の知らないうちに大小便をもらしてしまうこと。例恐怖のあまり―する。

【失敬】シッケイ 一(形動ナ)礼儀に反しているようす。失礼。無礼。例―な男だ。―な応対。二(名・する)①自分の非礼をわびるときのことば。また、人と別れるときのあいさつに用いることば。〔多く男性が使う〕類失礼。例このへんで―します。②他人のものをだまって使ったり、持って行ったりすること。例ちょっと―してくる。

【失血】シッケツ(名・する)出血することによって多量の体内の血をうしなうこと。例―死。

【失権】シッケン(名・する)権利・権力をうしなうこと。

【失言】シツゲン(名・する)言ってはいけないことをうっかり口に出してしまうこと。また、そのことば。例不用意な―。

【失語】シツゴ(名・する)①言いまちがいをすること。②ことばがうまく口に出ないこと。ことばを忘れること。

【失語症】シツゴショウ〔医〕発音器官や聴覚器に障害がないのにことばが出なくなったり、相手の言うことが理解できなくなったりする症状を示す脳の疾患。

【失効】シッコウ(名・する)法律や契約などが、その効力をなくすこと。対発効。例すでに―していた約束。

【失策】シッサク(名・する)①計画・方法をまちがえること。しそんじること。しくじり。②スポーツで、失敗すること。エラー。表記①は「失錯」とも書く。

【失笑】シッショウ(名・する)思わずわらってしまうこと。例―を買う。

【失職】シッショク(名・する)①職をうしなうこと。類失業。②職務上のしくじり。仕事のうえの怠慢。

【失神】シッシン(名・する)気をうしなうこと。類気絶。例興奮のあまり―する。表記「失心」とも書く。

【失政】シッセイ 政治のやりかたを誤ること。悪い政治。例独裁者の―。

【失跡】シッセキ(名・する)どこへ行ったか、わからなくなること。行方知れず。行方不明。類失踪。

【失踪】シッソウ(名・する)所在がわからなくなること。行方をくらますこと。類失跡。

【失速】シッソク(名・する)空中を飛ぶものが浮力をうしなうほど、その速度が落ちること。また、急激に勢いがなくなるたとえにも用いられる。例景気の―。―して墜落した。

【失態】シッタイ めんぼくをうしなうこと。人に顔向けできないこと。また、ひどい失敗。類醜態。例大―を演じる。表記「失体」とも書く。

【失地】シッチ うしなった土地。うばわれた領地。立場や地位にもいう。例―を回復する。

【失調】シッチョウ 調子をくずして、調和をうしなうこと。例栄養―。自律神経の―。

【失点】シッテン ①スポーツの試合などで、相手に点を取られること。また、その点数。対得点。②仕事上の失敗や落ち度。

【失投】シットウ (名・する) 野球で、投手が打者に打ちやすい球を投げてしまうこと。例―して本塁打を打たれる。

【失念】シツネン (名・する) (ちょうど必要な場合に)忘れて思い出すことができないこと。ど忘れ。

【失敗】シッパイ (名・する) 思ったとおりの結果が得られないこと。しくじり。しそこない。対成功。例―は成功の母。

【失費】シッピ 何かするのにかかる費用。類経費・物入り・入り用。例努力して―を少なくする。

【失望】シツボウ (名・する) 希望をうしなうこと。がっかりすること。類落胆。例悪い結果を見て―する。

【失名】シツメイ 名前がわからないこと。例―氏(＝無名氏。名を出したくないときにも用いる)。

【失命】シツメイ (名・する) いのちをうしなうこと。死ぬこと。類落命。例あやうく―するところだった。

【失明】シツメイ (名・する) 目が見えなくなること。視力をうしなうこと。例―者。中年になってから―した。

【失礼】シツレイ 一(名・形動ダ) 礼儀にはずれること。礼儀をわきまえないこと。類失敬・無礼。例―きわまる。―にあたる言動。―の段、おわびいたします。二(名・する) ①自分の非礼をわびること。また、そのときにあいさつとして用いることば。例おっと―。②人と別れること。類失敬。

【失恋】シツレン (名・する) 恋が、うまく進まず、だめになること。

●過失・消失・焼失・喪失・損失・得失・紛失

大2 【夲】5画 ⇨【本】(508ページ)

大3 【夷】6画 1648 5937 人名 音イ漢呉 訓えびす・えみし

意味 ❶(中国の東方に住んでいた)未開の異民族。えびす。例夷狄・東夷・蛮夷。❷外国人に対するさげすんだ呼び名。また、外敵。例尊王攘夷。❸ころす。みなごろしにする。きずつける。たいらげる。例夷滅(＝みなごろしにしてほろぼす)。焼夷弾。

日本語での用法《えびす》①七福神の一人。魚をわきにかかえ、つりざおを肩にかけている姿の神。「夷講・夷大黒」②大和朝廷の支配の外にある東国の地。また、そこにもとから住んでいた人々。えぞ。「暴夷・夷曲」

難読 辛夷

人名 ひな・ひろ

【夷人】イジン ①未開人。野蛮人。②異民族。外国人。

【夷狄】イテキ 未開の異民族。野蛮人。〔古代中国で、「夷」は東方の異民族、「狄」は北方の異民族を指した〕

【夷を▽以て夷を制す】外敵を他の外国の力でおさえる。自分は何もせず他の力を利用して、敵をおさえる。

大3 【夸】6画 5282 5938 音コ慣カ漢 訓おご-る

意味 ❶おごる。ほこる。同誇。❷大きい。おおげさ。例夸言(＝おおげさな話。ほら話)。

大4 【夾】7画 5283 593E 音コウ漢キョウ呉 訓はさ-む

意味 ❶ものをわきにはさんで持つ。(両側から)はさむ。同挟。例夾撃。夾帯(＝禁制のものを身につける)。❷はさまる。まじる。例夾雑。❸(両側からはさむように)そばにいて、たすける。例夾侍。

難読 夾侍

【夾撃】キョウゲキ (名・する) 両側から攻撃すること。はさみうち。表記「挟撃」とも書く。

【夾雑】キョウザツ 余分なものがまじること。例―物。

【夾侍】キョウジ 〔仏〕本尊の左右両わきにひかえる仏像。阿弥陀像の観音と勢至など。脇士。脇立。表記「挟侍・▽脇侍・▽脇士」とも書く。

大5 【奄】8画 1766 5944 人名 音エン漢 訓おお-う・たちま-ち

意味 ❶おおいかぶせる。おおう。例奄有(＝おおって、残らず所有する)。❷ふさがる。とぎれる。例気息奄奄。

難読 奄美(＝地名)

人名 ひさ・ひさし

【奄奄】エンエン (形動タル) いまにも息が絶えそうなようす。虫の息であるようす。例気息―。

【奄然】エンゼン (形動タル) 突然であるようす。にわかなようす。

大5 【奇】8画 2081 5947 常用 音キ漢呉 訓めずら-しい・あや-しい 付表 数奇屋

筆順 一 ナ 大 太 夲 奋 奇 奇

立4 【竒】9画 5284 7AD2 俗字

なりたち [会意]「大(＝おおきい)」と「可カ→キ(＝よい)」とから成る。ふつうよりすぐれている。

意味 ❶なみはずれてすぐれている。すぐれた。例奇才・奇勝。❷ふつうとはちがっている。めずらしい。例奇人・新奇・珍奇。❸あやしげである。へんな。あやしい。例奇怪・怪奇・猟奇。❹思いがけない。不意。例奇遇・奇計・奇襲。❺二で割りきれないこと。対偶。例奇数。❻幸運でないこと。

人名 くす・より

【奇異】キイ (名・形動ダ) ふつうでなく不思議なようす。類奇妙・奇怪。例―に感じる。

【奇縁】キエン 思いがけない不思議な縁。例合縁―。

【奇貨】キカ めったにないめずらしい品物。転じて、意外な利益の見こめそうな品物や好機。

【奇貨▽居くべし】〔めずらしい品物は、とっておいて値上がりを待つべきである、の意〕好機はのがしてはならない。〔中国の戦国時代、商人だった呂不韋が趙国の人質となっていた秦の王子子楚を見て、「これ奇貨なり。居くべし」と言って、援助した。のちに秦王となった子楚は、呂不韋を大臣として重く用いたという故事による〕(史記)

【奇禍】キカ 思いもよらない災難。例―に遭う。

【奇怪】キカイ (形動ダ) 〔強調して「キッカイ」とも〕①不思議であやしいようす。類奇奇怪怪。例―なできごと。②けしからぬようす。ふつごうなようす。

【奇怪千万】キカイセンバン (形動ダ) 〔「奇怪」を強めていうことば〕ひじょうに不思議なようす。ひじょうにけしからぬようす。

【奇観】キカン めずらしいながめ。めったにないすばらしい景色。例天下の―。―を呈する。

【奇岩】キガン めずらしい形をした岩。例―怪石。表記「奇▼巌」とも書く。

【奇奇怪怪】キキカイカイ (形動ダ) 〔「奇怪」を強めていうことば〕ひ

じょうに不思議であやしいようす。例—な事件。
【奇矯】キキョウ（名・形動ナ）言動が人とちがって風変わりなこと。例—な行動をする。
【奇遇】キグウ 思いがけない出会い。例かれとの—から物語が始まった。
【奇形】キケイ ①めずらしいかたち。奇妙なかたち。②生まれつき同類とはちがった形で生まれた個体。表記②は旧▼畸形
【奇計】キケイ ふつうでは思いつかない、変わった計略。類奇策・奇謀。例—をめぐらす。
【奇景】キケイ ふつうとは変わった、めずらしい景色。例天下の—。
【奇警】キケイ（名・形動ナ）①ひじょうにすぐれてかしこいこと。②思いもよらないこと。類奇抜。例—の言。
【奇行】キコウ 常識をはずれたおかしな行動。例—を演じる。
【奇骨】キコツ ①ふつうの人とちがう骨相。②風変わりで、節を曲げない性格。例—のある男子。
【奇才】キサイ めったにないすぐれた才能。また、その人。
【奇策】キサク 思いもよらない策略。類奇計。例—を弄する。
【奇襲】キシュウ（名・する）敵の予想しない方法や予期しないときに襲撃すること。不意打ち。
【奇術】キジュツ ①不思議な技術。あやしい術。②手品。マジック。
【奇書】キショ めずらしい書物。思いもよらない内容やおもしろさをもつ書物。例四大—（=明代の『水滸伝』『三国志演義』『西遊記』『金瓶梅』をいう）。
【奇人】キジン 性質や言動が変わっている人。変わり者。変人。表記旧▼畸人
【奇▼瑞】キズイ 不思議なまえぶれ。類吉兆。
【奇数】キスウ 二で割りきれない整数。半の数。対偶数。
【奇声】キセイ 奇妙なこえ。例—を発する。
【奇跡】キセキ ふつうにはありえないような、不思議なできごと。例—が起こる。表記旧奇▼蹟
【奇想】キソウ 変わった考え。奇抜な思いつき。
【奇想天外】キソウテンガイ（形動ナ）「奇想天外より落つ」の略。ふつうでは思いつかないほど、発想が奇抜なようす。例それは—な思いつきだ。
【奇態】キタイ（名・形動ナ）風変わりなようす。奇妙なようす。例—な夢を見た。表記「奇体」とも書く。

［大部］5画 ●奈 奉

【奇▼譚】キタン めずらしい言い伝え。不思議な話。類奇談。
【奇談】キダン めずらしく、不思議な話。類奇譚。表記旧▼綺談
【奇知】キチ ふつうには考えつかないような、すぐれた知恵。奇抜な知恵。表記旧奇▼智
【奇▽天烈】キテレツ（形動ナ）（あて字。多く「奇妙奇天烈」の形で）ひじょうに風変わりなようす。
【奇道】キドウ ふつうでない方法。人が思いつかないような、変わった方法。対正道。
【奇特】キトク・キドク 一（形動ナ）おこないや心がけがよいようす。類殊勝。例—な人。二（名）神仏が見せるような不思議な力。霊験。奇跡。ミラクル。例—をあらわす。
【奇抜】キバツ（名・形動ナ）①すぐれ、ぬきんでているようす。例文才—なる人物。②ふつうでは考えられないほど風変わりなようす。例—な衣装。
【奇病】キビョウ めずらしい病気。えたいの知れない病気。
【奇聞】キブン 不思議で、めずらしいうわさや話。類奇談。
【奇兵】キヘイ 思いもよらない戦法で敵の不意をつく軍隊。例—隊。
【奇癖】キヘキ 変わったくせ。みょうなくせ。例—の持ち主。
【奇峰】キホウ めずらしい形をした山の、みね。例夏雲—多し。
【奇妙】キミョウ（形動ナ）理由や性質がわからず、ふつうとちがって変な感じがするようす。例—な味。—に一致する。
【奇略】キリャク ちょっと考えつかないような、変わったはかりごと。類奇謀。例—縦横。
【奇麗】キレイ（形動ナ）①ととのっていて美しいようす。例—な花。字を—に書く。②すがすがしいようす。清潔なようす。例—な水。③てぎわがよくて気持ちがいいようす。例—なヒット。④（「奇麗に」の形で）何も残さないようす。すっかり。例—に平らげる。表記▽「▼綺麗」とも書く。
●怪奇・新奇・数奇・珍奇・伝奇

大5【奈】8画 3864 5948 教育4 音ダイ・ダ漢 ナ・ナイ呉

筆順 一 ナ 大 太 夲 夲 奈 奈

なりたち【形声】本字は「柰」で、「木（=き）」と、音「示シ→イダ」とから成る。果樹の名。借りて助字に用いる。

意味（助字）「奈何」は、「いかん（せん）」「いかんぞ」と読み、どうするか、どうしたらよいか、の意。疑問・反語をあらわす。例騅不レ逝兮可二奈何一（=愛馬の騅が進まないのをどうしたらよいか）。〈史記〉

人名 なに

【▽奈▽何】いかん 一（名）事のなりゆき。例話—では…。二（副）どのように。どうするか。表記▽「▽如▽何」とも書く。
【奈辺】ナヘン どのあたり。どのへん。例その目的は—にあるか。表記「那辺」とも書く。
【奈落】ナラク（梵語の音訳）①（仏）地獄。例—の底。—に落ちる。②どんぞこ。③劇場の舞台の下につくられた空間。回り舞台のしかけなどがある。表記▽「那落」とも書く。

大5【奉】8画 4284 5949 常用 音ホウ漢 ブ呉 訓たてまつ-る

筆順 一 二 三 丰 夫 夫 叁 奉

なりたち【形声】「手（=て）」と左右の手の形と、音「丰ホウ」とから成る。両手でささげ持つ。

意味 ❶目上の人から、ものや命令を両手でうやうやしく受ける。うけたまわる。例遵奉。信奉。君命を奉ずる。❷両手でうやうやしくさしあげる。たてまつる。例奉納。❸つかえる。つとめる。例奉公。奉仕。職を奉ずる。

日本語での用法《たてまつる》動詞に付いて、けんそんの意をあらわす、あらたまった言い方。…申し上げる。「頼み奉る・敬意を表し奉る」

人名 うけ・たて・とも・な・よし

【奉行】ブギョウ ①武家時代の職名。さまざまな政務を担当した。②ある部署の責任者になって、つとめること。例畳—。舟—。
【奉安】ホウアン（名・する）神仏など、とうといものを安置すること。例—殿。
【奉加】ホウガ（名・する）社寺へ寄進として、お金や品物を差し出すこと。
【奉加帳】ホウガチョウ 社寺へ寄進した金品や、寄進者の名前などを書き入れる帳面。例—を回す（=寄付をつのる）。
【奉還】ホウカン（名・する）つつしんでお返しすること。例大政—。

【奉迎】(名・する) つつしんで貴人をおむかえすること。例女王を—する人波。

【奉公】(名・する) ①国や主君などのためにつくすこと。例滅私—。②やとわれて主人のために働くこと。例丁稚—。

【奉仕】(名・する) ①神仏や主君などにつかえること。②社会や人のために、力をつくすこと。ボランティア。例—活動。勤労—。③商店が特別に安く商品を売ること。サービス。例—価格。

【奉伺】(名・する) つつしんでおうかがいすること。ごきげんをおうかがい申し上げること。例天機—。

【奉祝】(名・する) つつしんでおいわいすること。類奉賀。

【奉書】①主君の命令をしるした文書。②「奉書紙」の略。

【奉書紙】コウゾからつくる厚手の上質な和紙。〔「奉書①」に使われたのでいう〕

【奉職】(名・する) (公務員や教員など)おおやけの職業につくこと。例中学校に—する。

【奉戴】(名・する) ①つつしんで、おしいただくこと。②高貴な人を、上に立つ人としておむかえすること。例妃殿下を総裁に—する。

【奉勅】(名・する) 勅命をうけたまわること。

【奉答】(名・する) 君主や貴人のおっしゃることに、つつしんでおこたえすること。

【奉読】(名・する) つつしんでよみ上げること。例詔書を—する。

【奉納】(名・する) 神仏に金品や技芸などをつつしんでおさめること。例—相撲。常夜灯を—する。

【奉納試合】祭礼のときなど、神仏の前でおこなわれる武術の試合。

【奉拝】(名・する) つつしんでおがむこと。例社前で—する。

【奉幣】(名・する) 神前にぬさをたてまつること。また、神にいろいろな供え物をすること。例—使が立つ。

●順奉・信奉

大 5 【奔】 8画 4359 5954 常用 音ホン漢呉 訓はし-る

筆順 一 ナ 大 太 本 夲 夲 奔

大 6 【奔】 9画

なりたち【形声】「大(=曲げる)」と、音「卉キ→ホン」とから成る。ひざを曲げて速く走る。

意味 ❶勢いよくかけまわる。はしる。例奔走。狂奔。東奔西走。❷にげる。例出奔。❸決まりを守らない。かってにふるまう。例奔放。淫奔。

【奔逸】(名・する) ①走ってにげること。②走りまわること。

【奔出】(名・する) 勢いよくほとばしり出ること。例水が—する。

【奔走】(名・する) ①ものごとがうまくいくように、いそがしくあちらこちらを、かけまわること。類東奔西走。例国事に—する。②あれこれと世話をすること。類馳走。③はしってにげること。

【奔騰】(名・する) ①かけのぼること。②(物価や株価などが)急激に上がること。例物価が—する。

【奔馬】①勢いよく走りまわるウマ。②すさまじい勢い。勢いのさかんなたとえ。例—のような働きぶり。

【奔放】(名・形動ダ) 周囲の目を気にせず、思いどおりに行動すること。また、そのようす。例自由—。

【奔命】〔命令に従って奔走する意〕いそがしく活動すること。例—に疲れる(=疲れ果てるまでいそがしく走りまわる)。

【奔流】はげしい水のながれ。類急流・激流。

●狂奔・出奔

大 6 【奕】 9画 5285 5955 音エキ漢 ヤク呉

意味 ❶大きく美しいようす。❷光りかがやくようす。例光明赫奕。❸囲碁。ばくち。例博奕。❹重なる。続く。例奕葉(=代々)。

【奕奕】(形動タリ) ①大きいようす。②美しいようす。③光りかがやくようす。④連なり続くようす。

大 6 【奐】 9画 5286 5950 音カン漢呉 訓あざ-やか・おおい-なり

意味 ❶たくさんあるようす。おおいなり。❷光りかがやくようす。あざやか。例奐奐(=光りかがやいて美しいようす)。輪奐(=建物が高大でうるわしいこと)。

〔大部〕5—6画 奔 奕 奐 契 奎

大 6 【契】 9画 2332 5951 常用 音㊀ケイ漢 ㊁キツ漢 ㊂ケツ漢 訓ちぎ-る・きざ-む・ちぎ-り

筆順 一 十 丰 丰ヿ 㓞 㓞 契 契 契

大 6 【契】 9画 F909

なりたち【形声】「大(=おおきい)」と、音「㓞カツ→ケイ」とから成る。重大な約束。

意味 ㊀❶かたく約束する。ちぎる。ちぎり。例契約。黙契。断金の契り。❷約束の証拠となるしるし。割り符。割り印。例契券。契符。❸文字をきざむ。また、うらなうためにカメの甲羅にきざむ。例契文。書契。㊁「契丹」は民族の名。㊂「契闊」は久しく会わないこと。無沙汰。

人名 ひさ・ひさし

▽【契丹】中国東北部にいた民族。唐代の末期に興隆し、宋代に国号を遼としたが、金にほろぼされた。キタイ。(九一六—一一二五)

【契印】二枚以上から成る書類に、その続いていることの証明として、二枚にまたがらせておす印。割り印。

【契機】①〔哲〕ものごとの動きや変化を決定する要因。②きっかけ。例結婚を—に転職する。

【契合】(名・する) 割り符のように、二つのものがぴったりあうこと。類符合。

【契符】木片や紙片に文字を書き、印をおして二つに割ったもの。二人の人がそれぞれ一枚を保存し、のちの証拠とした。割り符。

【契文】「甲骨文字」の別名。

【契約】(名・する) 売買や貸借、委任などについて当事者どうしが約束をかわすこと。また、その約束。例—書。

●書契・黙契

大 6 【奎】 9画 5287 594E 人名 音ケイ漢

なりたち【形声】「大(=ひと)」と、音「圭ケ」とから成る。両方の腿のあいだ。

意味 ❶またぐら。また。❷〔星が「また」の形にならんでいることから〕二十八宿の一つ。とかきぼし。例奎宿。

3画

人名 ふみ

大6
【奏】
9画 3353 594F 教育6 音ソウ漢 訓かな-でる

筆順 一 三 声 夫 夫 叁 叁 奏 奏

なりたち [会意]左右の手ですすめる形と上へすすむ形とから成る。両手でつつしんで差し上げる。

意味 ❶献上する。差し上げる。例奏進(=貴人に、すすめ差し上げる)。❷君主に申し上げる。もうす。例奏上。伝奏。❸楽器を鳴らす。音や声をそろえて演じる。かなでる。例演奏。合奏。琴を奏する。❹ことがらが進行して結果があらわれる。なしとげる。例奏効。

人名 かな・すすむ・のぶる・ふみ

【奏楽】(名・する)音楽を演奏すること。また、演奏する音楽。例―堂。―があって式典が始まる。

【奏功】(名・する)①功績をあげること。②ものごとが目的どおりなしとげられること。成功すること。例調停工作が―する。

【奏効】(名・する)ききめがあらわれること。例注射が―する。

【奏上】(名・する)天子や君主に申し上げること。類奏聞・上奏。

【奏請】(名・する)天子に申し上げて、許可を願うこと。例裁可を―する。

【奏任】明治憲法下の官吏の任命形式で、内閣が天皇に推薦し、その上で任命するもの。例―官。

【奏法】楽器を演奏する方法。演奏のしかた。

【奏聞】(「ソウブン」とも)(名・する)天子に申し上げること。類奏上。

●演奏・合奏・上奏・吹奏・前奏・弾奏・独奏・伴奏

大6 【契】9画 ⇒【契】(267ジ)

大6 【奔】9画 ⇒【奔】(267ジ)

大7
【奚】
10画 5288 595A 音ケイ漢 訓いずく-んぞ・なん-ぞ

意味 ❶(女の)めしつかい。例奚隷(=下男・下女)。❷〔助字〕「なんぞ」と読み、どうして、の意。疑問・反語をあらわす。例奚不為政(=どうして政治をしないのか)。

【奚▽若】(副)〔「いかに」の変化。状態や程度を問うことば〕どうであるか。どのようか。

大7
【奘】
10画 5289 5958 音ジョウ慣 ソウ漢 ゾウ呉 訓さか-ん

廾7 【弉】10画 5518 5F09 俗字

意味 ❶大きく力強い。さかん。同壮。❷「玄奘」は、唐代の高僧。インドへ行き、中国に仏教をもたらした。

日本語での用法《ざ》「ざ」の音にあてた万葉がな。「伊奘諾尊・伊奘冉尊」

大7
【套】
10画 3769 5957 人名 音トウ漢

意味 ❶包むようにおおうもの。例外套。手套。❷衣服などのひとかさね。そろい。例一套。❸使いふるされた。ありきたりの。例套語。旧套。常套。❹かさねる。例套印本(=墨と朱と、二色で刷った書物)。

【套語】ありきたりのことば。決まり文句。常套語。

大9
【奥】
12画 1792 5965 常用 音一オウ漢呉 二イク漢 訓おく

筆順 丿 冂 冂 冋 冋 冏 奥 奥 奥

大10
【奧】
13画 5292 5967 人名

なりたち [形声]「宀(=やね)」と、音「𢍏→オウ」とから成る。部屋の西南のすみ。

意味 一 ❶部屋のすみ。家の、入り口から遠いところ。おく。例奥座敷(=奥にある、広い静かなところ)。堂奥。❷深くはいりこんだところ。例奥地。❸おくぶかくてわかりにくい(ところ)。かくれた。例奥義。深奥。秘奥。二 川の流れの湾曲したところ。くま。例淇奥(=淇水の湾曲した場所)。

日本語での用法 一《オウ》旧国名「陸奥」の略。「奥州」→【陸奥】(1037ジ) 二《おく》上流の生活をする人の妻。また、他人の妻をうやまっていうことば。「奥方・奥様」

難読 奥入瀬(=地名)・陸奥

人名 うち・おき・すみ・ふか・むら

【奥義】学問や技芸・武術などの根本にある最も重要な真理。類極意。例―をきわめる。

【奥旨】学問や宗教などのおくぶかい意味。類奥義。

【奥秘】ものごとのおくぶかい重要な秘密。類奥義。例―を伝授する。

【奥書】①写本などの終わりに、書写年月日・由来・筆者などを記した書き入れのことば。類識語。②芸能で、師が弟子に奥義をさずけるときにあたえる証文。③官公署が、書類の記載事項が正しいことを証明して、終わりに書き加えた文。

【奥底】(「オウテイ」とも)①ものごとのいちばん深いところ。②心の奥深いところ。本心。例心の―を打ち明ける。

【奥地】都市や海岸から遠くはなれて、人が住まないところ。ジャングルや砂漠など。

【奥津▽城】はか。墓所。例本居宣長の―どころ。

【奥付】書物の巻末にある、著者・出版元・発行年月日などを印刷した部分。例―の破れた書物。

【奥伝】技芸や武道などで、弟子が師から奥義をさずかること。奥許し。

【奥の院】寺院で、本堂よりも奥にあり、たいせつな仏像や開祖の像などをまつる建物。

【奥の手】①最後まで見せないでとっておく、手段やわざ。例―を出す。②学問や技芸の奥義。極意。例はじめて―を見せる。

【奥歯】口の奥に生えている歯。臼歯。対前歯。例―に物がはさまったような言い方(=えんりょや気がねをして、思うことをはっきり言わないようす)。

【奥山】人里はなれた奥深い山。対里山。例―の一軒家。

【奥行き】①建物や土地などの手前から奥への長さ。対間口。②人格や知識などの厚みや深さ。例―のある人物。

●深奥・秘奥・山奥

大9
【奢】
12画 5290 5962 音シャ漢呉 訓おご-る

意味 ぜいたくをする。度をすごす。おごりたかぶる。おごる。例奢侈。豪奢。口が奢る。

日本語での用法《おごり・おごる》人にふるまう。「今夜はコンパは僕の奢りだ」

【奢佚】ぜいたくに暮らし、なまけて遊ぶこと。

【奢侈】（名・形動ナ）身分不相応なぜいたく。おごり。例―に流れる。―な生活。

大9 **【奠】** 12画 5291 5960 音テン漢 デン呉 訓まつ-る・さだ-める

意味 ❶神仏に供え物をする。そなえもの。また、供え物をしてまつる。まつり。例奠菜。香奠。乞巧奠。❷おく。すえる。さだめる。例奠都。

【奠菜】神前に野菜を供えること。

【奠都】（名・する）みやこを定めること。みやこを建設すること。類建都。例東京―。平安―。

大10 **【奨】** 13画 3009 5968 常用 音ショウ漢 訓すす-める

筆順 丨 丬 丬 丬 将 将 将 奨 奨

大11 **【奬】** 14画 5293 596C 人名

大11 **【獎】** 15画 6450 734E 別体字

なりたち [形声] 本字は「獘」で、「犬(=いぬ)」と、音「将」の省略体とから成る。イヌをけしかける。

意味（相手が）そうするようにしむける。すすめる。たすける。また、ひきたててほめる。例奨学。奨励。推奨。

人名 すけ・すすむ・たすく・つとむ

【奨学】学問することをすすめ、はげますこと。例―生。

【奨励】（名・する）あることをするように、すすめはげますこと。例―事業。研究を―する。

●勧奨・報奨

大10 **【奥】** 13画 ⇩【奥】オウ（268ページ）

大11 **【奪】** 14画 3505 596A 常用 音タツ漢 ダツ呉 訓うば-う

筆順 大 夲 夲 夲 奞 奞 奪 奪

なりたち [会意]「寸(=手)」と「奞(=鳥がはばたく)」とから成る。手に持っていた鳥がにげる。派生して「うしなう・うばう」の意。

意味 他人のものをむりに取り上げる。うばう。例奪取。強奪。略奪。

【奪回】（名・する）うばわれていたものを、取りもどすこと。類奪還。例政権を―する。

【奪還】（名・する）うばいかえすこと。類奪回。例捕虜を―する。

【奪取】（名・する）うばいとること。例三振を―する。

【奪胎】（名・する）先人の文学作品の発想や主題をもとにして、新しく作品を創作すること。例換骨―。

●強奪・生殺与奪・略奪

大11 **【奬】** 14画 ⇩【奨】ショウ（269ページ）

大11 **【奩】** 14画 ⇩【匳】レン（157ページ）

大13 **【奮】** 16画 4219 596E 教育6 音フン漢呉 訓ふる-う・ふる-って

筆順 大 夲 夲 夲 奞 奞 奮 奮

なりたち [会意]「奞(=はばたく鳥)」が「田(=野)」の上にいる。鳥が羽を広げて大いに飛ぶ。派生して「大いに力を出す」の意。

意味 気力をふるう。ふるいたつ。いきごむ。ふるう。例奮起。奮闘。発奮。

使い分け ふるう【振・震・奮】⇩1179ページ

【奮起】（名・する）やる気をふるいたたせること。例―をうながす。

【奮迅】ふるいたって勢いの激しいこと。例獅子―の活躍。

【奮戦】（名・する）ふるいたって力のかぎりたたかうこと。類奮闘。例ひとりになっても―する。

【奮然】（形動タル）気力をふるいたたせるようす。例―として攻撃に転じる。

【奮怒】（名・する）激しくおこること。類憤怒。

【奮闘】（名・する）力のかぎりたたかうこと。類奮戦。例孤軍―する。

【奮発】（名・する）①気力をふるいたたせること。類奮起・発奮。②思いきって多額のお金を出すこと。例昼食にステーキを―する。

【奮励】（名・する）心をふるいたたせて、がんばること。例いっそう―努力せよ。

●興奮・発奮

38 3画 女 おんな おんなへん 部

両手をかさね合わせて、ひざまずいているおんなの形をあらわす。「女」をもとにしてできている漢字を集めた。

0 女 2 奴 3 奸 好 妁 如 妃 妄 妄 4 妓 妥 妊 妣 妨 妙 妖 妍 姊 妝 妥 5 委 姑 妻 姉 始 妾 姓 姐 妲 姤 姆 妹 6 娃 威 姨 姻 姶 姦 姜 姘 姮 姿 姪 姥 姚 姿 姙 姬 娄 7 娟 娥 娛 娑 娠 娜 娚 姫 娉 娩 娘 娯 8 婀 婬 婉 婚 娵 娶 娼 婆 婢 婦 婪 婁 婦 婁 9 媛 婿 媒 媚 媛 10 媼 嫁 嫌 媾 嫉 嫋 嫂 嫐 媽 嫌 11 嫣 嫗 嫡 嫩 嫖 嫦 12 嫺 嬉 嬌 嬋 嫻 13 孃 嬖 14 嬰 嬶 嬬 嬲 嬪 16 嬾 17 孅 孀 孃

この部首に所属しない漢字

要⇩襾 896

女0 **【女】** 3画 2987 5973 教育1 音ニョウ慣 ジョ漢 ニョ呉 訓おんな・め・むすめ 付表 海女・乙女・早乙女

筆順 く 女 女

なりたち [象形] ひざまずいたおんなの形。

意味 ❶おんな。め。対男。例女性。才女。天女。❷むすめ。対男。例子女。息女。長女。❸小さくてかよわいもののたとえ。例女牆（＝低い小さなかきね。ひめがき）。女坂。女波。❹二十八宿の一つ。うるきぼし。例女宿。❺なんじ。お前。同汝。

難読 女牆

人名 こ・たか・よし

【▽女▽形】おやま｜おんながた 歌舞伎で、女の役を演じる男の役者。

【女親】おんなおや 母親。

【女坂】おんなざか 神社や寺の参道などにある二つの坂のうち、ゆるやかなほうの坂。対男坂。例—をのぼって参詣する。

【女盛り】おんなざかり 女性として心身ともに成熟した美しさを感じさせる年ごろ。対男盛り。例二十六、七の—。

【女手】おんなで ①働き手としての女性。女性の働き。例—がない。—一つで子供を育てる。②女性の筆跡。例—の手紙。▽対男手。

【女医】ジョイ 女性の医師。

【女王】ジョオウ ①女性の君主。例ビクトリア—。②ある分野で第一人者あるいは花形の女性。例銀幕の—。③内親王の宣下（＝天皇の命令のことば）のない皇族の女性。

【女官】ジョカン｜ニョカン 宮中に仕える女性。

【女給】ジョキュウ カフェーやバーなどで客の接待や給仕をする女性。ホステス。〔大正・昭和時代のことば〕

【女系】ジョケイ 母方の系統。母系。対男系。例—家族。

【女傑】ジョケツ 〔「傑」は、すぐれた人物の意〕気性が強く、知恵と能力を備え、大胆ですぐれた働きをする女性。女丈夫。例西太后も—の一人にかぞえられよう。

【女権】ジョケン 女性が社会・法律・政治において男性と対等に認められ、力を発揮しうる権利。例—拡張。

【女工】ジョコウ ①女性の工員。例—哀史。②女性の職人。

【女子】ジョシ ①おんなの人。女性。婦人。②おんなの子。例—校。▽対男子。

【女子と小人とは養い難し】ジョシとショウジンとはやしないがたし 女と下々の者、あるいは、女召使いと下働きの者は、近づけるとなれなれしくなり、遠ざけるとうらみをもつので、扱いにくい。〈論語〉

【女史】ジョシ 社会的に活躍し、名声のある女性。また、その女性をうやまって呼ぶことば。

【女児】ジョジ おさない女の子。また、むすめ。対男児。例—服。

【女囚】ジョシュウ 女性の囚人。

【女将】ジョショウ｜おかみ 料亭や旅館などの女主人。

【女丈夫】ジョジョウフ 〔「丈夫」は、りっぱな男子の意〕男まさりの、強い意志と能力のある女性。

【女色】ジョショク｜ニョショク ①女の色香。女の性的な魅力。例—に迷う。②女との情事。いろごと。例—にふける。

【女声】ジョセイ ①女の声。②声楽で、女性の声の受け持つ音域。ソプラノ・アルトなど。例—合唱。▽対男声。

【女性】ジョセイ 人の性別で、おんな。婦人。対男性。

【女婿】ジョセイ むすめの夫。むすめむこ。

【女装】ジョソウ （名・する）男が女性の服装やけしょうをして女のように見せること。対男装。

【女帝】ジョテイ 女性の皇帝や天皇。例—称徳天皇。

【女難】ジョナン 女性との関係がもとで男が受ける災難。例—の相がある。

【女優】ジョユウ 女性の俳優。対男優。

【女流】ジョリュウ 〔「流」は、なかまの意〕女性。専門分野で活躍している女性を呼ぶときに使う。例—作家。

【女郎】ジョロウ 遊女。〔もと、少女・若い女性の意〕

【女郎花】ジョロウカ 一 ジョロウカ 二 おみなえし｜おみなめし オミナエシ科の多年草。秋の七草の一つ。

【▽女▼衒】ゼゲン 江戸時代、女を遊女屋に売る手引きをしていた者。

【女御】ニョウゴ｜ニョゴ 平安時代、天皇の寝所に仕えた女性。中宮の下位、更衣の上位。例弘徽殿の—。

【女房】ニョウボウ｜ニョウボ 妻。家内。〔もと、宮中に部屋をあたえられた女官や侍女の意〕対亭主。

【女房▽詞】ニョウボウことば 室町時代初期ごろから、宮中の女官のあいだで、衣食や日常のものについて使われた一種の隠語。「すし」を「すもじ」、「銭」を「おあし」、「髪」を「かもじ」、「ひだるい」を「ひもじい」というなど。

【女護が島】ニョゴがしま 女性だけが住んでいるという想像上の島。

【女神】めがみ 女性の神。例自由の—。勝利の—。

●王女・彼女・皇女・才女・子女・次女・淑女・少女・男女・長女・天女・美女・魔女・養女

女 2

【奴】

5画 3759 5974 常用

音 ド漢 ヌ呉

訓 やっこ・やつ

筆順 く 女 女 奴 奴

なりたち ［会意］「女（＝おんな）」と「又（＝手）」とから成る。むりに働かされる男女の罪人。

意味 ❶めしつかい。下僕。しもべ。「婢」に対して、とくに男のめしつかいを指すことがある。例奴婢。奴隷。農奴。❷自分をいやしめていうことば。例奴才。私奴（わたくし）。❸他人をいやしめることば。例守銭奴。売国奴。

【奴輩】ドハイ ①自分をいやしめていうことば。私ども。②他人をいやしんで呼ぶことば。やつら。きゃつら。

【奴▼婢】ドヒ｜ヌヒ 下男と下女。〔「奴」は男の奴隷、「婢」は女の奴隷の意〕

【奴僕】ドボク｜ヌボク 下働きの男。下男。

【奴隷】ドレイ 〔古く「ヌレイ」とも。「隷」も、しもべの意〕①牛馬のように労働力として使われ、所有者の財産として売買される人。例—商人。—解放。②ある欲望に心をうばわれてはなれられない人。とりこ。例恋の—。金の—。

●守銭奴・農奴

女 3

【奸】

6画 5301 5978

音 カン漢

意味 ❶おかす。みだす。同姦。❷みだら。同姦。❸心がねじけている。よこしま。同姦。例奸計（＝わるだくみ）。

女 3

【好】

6画 2505 597D 教育4

音 コウ漢呉

訓 この-む・す-く・この-み・よ-い

筆順 く 女 女 女 好 好

なりたち ［会意］「女（＝おんな）」と「子（＝おとこ）」とから成る。男につれそう女。みめうるわしい。

意味 ❶美しい。よい。このましい。例好漢。絶好。良好。❷愛する。すく。このむ。例好学。愛好。嗜好。❸したしみ。よしみ。なかよし。例好誼。親好。友好。

難読 好士（すきもの）

人名 この・すみ・たか・たかし・よし・よしみ

【好意】コウイ ①相手に親しみや愛情をよせる気持ち。例—をいだく。②親切な気持ち。例—を無にする。

【好一対】(コウイッツイ) よく似合って、つりあいがとれたひと組みのもの。例―の夫婦。

【好運】(コウウン) (名・形動ダ) 運のよいこと。例―にめぐまれる。

【好悪】(コウオ) 〔「悪」は、にくむ意〕すききらい。例―の差がはげしい。

【好角家】(コウカクカ) 〔「角」は、「角力」の意〕相撲のすきな人。

【好学】(コウガク) 学問をこのむこと。例―の士。

【好漢】(コウカン) 〔「漢」は、男の意〕さわやかで男らしく、たのもしい男。快男子。

【好感】(コウカン) (相手にあたえる)よい印象。例―のもてる人物。―をいだく。

【好機】(コウキ) あることをするのにちょうどよい機会。チャンス。例―到来。―をにがす。

【好▼誼】(コウギ) 他人の、自分に寄せる親切や思いやり。

【好奇心】(コウキシン) めずらしいことや自分の知らないことに強くひかれる気持ち。例―旺盛。―が強い。

【好況】(コウキョウ) 〔「況」は、ありさまの意〕経済活動がさかんで商品がよく売れ、生産がふえている状態。対不況。例―になる。

【好景気】(コウケイキ) 景気のよいこと。好況。対不景気。

【好古】(コウコ) 昔のものごとをこのむこと。例―趣味。

【好個】(コウコ) 〔「個」は、語調をととのえるためのことば〕ちょうどよいこと。もってこい(の)。例―の話題を提供する。

【好好▼爺】(コウコウヤ) 人のよい、やさしいおじいさん。例かつての英雄もすっかり―になってしまう。

【好事】 一(コウジ) ①喜ばしいこと。めでたいこと。②よいおこない。善行。二(コウズ) 風変わりなことをこのむこと。ものずき。→【好事家】

【好事魔多し】(コウジマおおし) よいことには、とかくじゃまがはいりやすい。

【好事門を▽出でず、悪事千里を行く】(コウジモンをいでず、アクジセンリをゆく) よいおこないはなかなか世間に知られないが、悪いおこないはたちまちのうちに知れわたる。

【好事家】(コウズカ) 風変わりなものごとをこのむ人。ものずき。

【好餌】(コウジ) 〔うまいえさの意〕①人をたくみにおびき寄せる手段。例―をもって人をつる。②たやすく他人の食いものにされるもの。いい鴨。例他の―になってしまう。

【好手】(コウシュ) ①すぐれたわざ。②囲碁や将棋で、うまいうち手やさし手。また、そのわざの持ち主。例―を考え出す。

【好守】(コウシュ) (名・する) (スポーツで)よい守備をすること。また、その守備。対拙守。例―好打。

【好色】(コウショク) (名・形動ダ) 男女間の情事をこのむこと。いろごのみ。例―漢。

【好人物】(コウジンブツ) 人がらのよい人。お人よし。例―の夫婦。

【好戦】(コウセン) 戦争をこのみ、すぐ武力に訴えようとすること。例―的。

【好男子】(コウダンシ) ①顔立ちのととのった男性。美男子。②快活で好感のもてる男性。男らしい人。好漢。

【好調】(コウチョウ) (名・形動ダ) ものごとがうまくいっていること。例―な売れ行き。

【好都合】(コウツゴウ) (形動ダ) つごうのよいようす。対不都合。例それは万事―である。

【好適】(コウテキ) (形動ダ) 目的にふさわしいようす。例行楽に―な季節。

【好敵手】(コウテキシュ) 力量が同じぐらいで、試合や勝負にふさわしい相手。例―がほしい。

【好天】(コウテン) よく晴れて、何かをするのによい天気。対悪天。例―に恵まれる。

【好転】(コウテン) (名・する) 状態がよいほうに変わること。例事態が―する。病状が―する。

【好投】(コウトウ) (名・する) 野球で、投手が相手の攻撃をおさえた投球をすること。例―を続ける。

【好評】(コウヒョウ) 評判のよいこと。対悪評・不評。例―を博する。―に意を強くする。

【好物】(コウブツ) すきな食べ物。〔もと、よいものの意〕例両親の―をととのえる。

【好例】(コウレイ) 何かを説明するのに、ちょうどよい例。適例。例―を示す。

【好き勝手】(すきかって) (形動ダ) 自分のしたいようにふるまうようす。例―にする。

○●愛好・最好・嗜好・修好・絶好・同好・友好・良好

女 3

【妁】 6画 *5302 *5981 音シャク漢呉 訓なこうど

意味 結婚の仲だちをする人。なこうど。例媒妁。

女 3

【如】 6画 3901 5982 常用 音ジョ漢ニョ呉 訓ごと-し

筆順 く 女 女 如 如 如

なりたち [会意]「女(=おんな)」と「口(=くち)」とから成る。女は男の言うことにしたがったことから、言われたようにする。したがう。

意味 ❶…のようだ。同じである。ごとし。例如実。如是我聞。百聞不レ如二一見一。❷およぶ。おいつく。しく。❸ゆく。行く。例如レ楚。如レ斉。❹〔助字〕㋐状態を示すときにそえることば。例欠如。突如。躍如。㋑「もし」と読み、もし…したらの意。仮定をあらわす。例如有二王者一(=もし王者があらわれたならば)。㋒「如何」は、「いかん(せん)」「いかんぞ」と読み、どうするか・どうしたらよいか、の意。疑問・反語をあらわす。例如レ予何(=私をどうするのか、どうすることもできない)。

人名 いく・きさ・すけ・なお・もと・ゆき・よし

【▽如▽何】 一(いかん) 〔「いかに」の転〕①(名) どうであるか。〔事の状態・なりゆき・ようすをいうことば〕例理由の―を問わない。②(副) どのように。どうするか。〔手段や方法を問うことば〕例―せん。―ともしがたい。二(いかが) 〔「いかにか」の転である「いかんが」の変化〕(副・形動ダ) ①どのよう。どんなふう。例ご気分は―ですか。②すすめたり、さそったりすることば。例お一つ―ですか。③疑いや不安な気持ちをあらわすことば。例あまり反対するのも―なものか。

【▽如▽月】(きさらぎ) もと、陰暦で二月のこと。太陽暦でもいう。

【如雨露】(ジョウロ) 草花などに水をかけるのに使う道具。如露。〔もとはポルトガル語という。「如雨露」「如露」は、あて字〕

【如今】(ジョコン) ただいま。いま。現在。例―以後(=今後)。

【如意】(ニョイ) ①自分の思いどおりになること。例―棒。②〔仏〕説法・読経・法会などのときに講師の僧が持つ棒のような道具。

【如意棒】(ニョイボウ) 思いどおりにのばしたりちぢめたりして、武器として使う架空の棒。孫悟空の持ち物。

【如意輪】(ニョイリン) 「如意輪観音」の略。宝珠と法輪を持って人々の願いをかなえる観音。

【如実】(ニョジツ) (形動ダ) 実際のとおりであるさま。ありのまま。例戦争の惨状を―に伝える。

[女部] 3画 妁 如

3画

【如是我聞】〔仏〕〔「是の如く我聞く」と訓読する〕経文のはじめにあることば。釈迦の弟子の阿難が、釈迦の直接の教えであることを明らかにしている。

【如▼菩▼薩】〔「菩薩のごとし」の意〕菩薩のように慈悲深いこと。例外面—内心如夜叉(=顔つきはやさしいが、おそろしい心をもっているということ)。

【如来】〔仏〕〔「真如(=存在の本質・真理)より来たりて衆生を教え導く人」の意〕仏をうやまって呼ぶことば。例阿弥陀—。釈迦—。薬師—。

●欠如・突如・躍如

女3 **【妃】** 6画 4062 5983 常用 音ヒ漢呉 訓きさき

筆順 く 女 女 女' 妒 妃

なりたち 会意「女(=おんな)」と「己(=おのれ)」とから成る。女を自分につれそわせる。つれあい。

意味 ❶天子の妻で、皇后の次の位の女性。きさき。例后妃。楊貴妃。❷皇太子や皇族の妻。きさき。例妃殿下。皇太子妃。

人名 き・ひめ

【妃殿下】皇族の妻をうやまっていうことば。

女3 **【妄】** 6画 4449 5984 常用 音ボウ漢 モウ呉 訓みだ-り・みだ-りに

筆順 、 亠 亡 亡 妄 妄

女3 **【妄】** 6画

なりたち 形声「女(=おんな)」と、音「亡(ボウ)」とから成る。乱れる。

意味 ❶道理に合わない。すじが通らない。でたらめ。みだり。例妄言。妄誕。虚妄。❷むやみに。分別なくやたらに。みだりに。例妄信。妄動。

難読 莫妄想

【妄言】〔「ボウゲン」とも〕事実に合わない、でたらめなことば。例—を吐く。

【妄言多謝】〔「ボウゲンタシャ」とも〕相手を批評したり、自分の意見をはっきり述べたりしたあとなどに、言ったり書いたりすることば。

【妄語】①でたらめなことば。うそ。②〔仏〕うそをつくこと。五悪・十悪の一つ。

【妄執】〔仏〕心の迷いから、ものごとに深くとらわれること。

【妄信】〔「ボウシン」とも〕(名・する) わけも分からず、むやみに信じること。

【妄説】〔「ボウセツ」とも〕根拠のないでたらめな説。

【妄想】(名・する) ①想像で作り上げたことを、事実であるかのように信じこむこと。例被害—。誇大—。②根拠のない想像。夢想。妄念。例—にふける。③〔仏〕心の迷いから生じる誤った考え。妄念。例—を断ち切る。

【妄誕】〔「ボウタン」とも〕でたらめ。いつわり。

【妄断】〔「ボウダン」とも〕(名・する) 根拠のない、いいかげんな判断をすること。例—をつつしむ。

【妄動】(名・する) よく考えもせずに軽々しく行動すること。また、その行動。例軽挙—。

【妄念】〔仏〕迷いの心から起こる、よこしまな思いや誤った考え。妄想。例—を去る。—をひるがえす。

【妄評】〔「ボウヒョウ」とも〕(名・する) ①でたらめな批評をすること。また、その批評。②自分のした批評をへりくだっていう言い方。例—多謝。

●虚妄・迷妄

女3 **【妄】** 6画 ⇒【妄】(272ページ)

女4 **【妓】** 7画 2124 5993 音キ漢 ギ呉

意味 ❶歌やおどりで客をもてなす女性。うたいめ。わざおぎ。例芸妓。流行妓。❷遊女。例妓楼。

【妓女】歌やおどりなどの芸能を演じて、客に見せた女。また、遊女など。

【妓楼】遊女屋。娼家。

女4 **【妥】** 7画 3437 59A5 常用 音ダ慣 タ漢 訓やす-い・おだ-やか

筆順 ノ ⺈ ⺍ ⺤ 妥 妥

なりたち 会意「爫(=手)」と「女(=おんな)」とから成る。手で女をおちつかせる。安んじる。

意味 やすらか。おちつく。やすい。おだやか。例妥協。妥結。妥当。安妥。

人名 やす・やすし

【妥協】(名・する) たがいの主張をゆずりあって、おだやかに話をまとめること。例—案。時には—する。

【妥結】(名・する) 対立する両者が、たがいにあゆみ寄って約束をむすぶこと。例交渉が—する。

【妥当】(名・する・形動ダ)(判断や処置が)実情にむりなくあてはまること。例—な結論。この場合にも—する見解。

女4 **【妊】** 7画 3905 598A 常用 音ジン漢 ニン呉 訓はら-む

筆順 く 女 女 女' 妊 妊 妊

女6 **【姙】** 9画 5312 59D9 別体字

なりたち 会意「女(=おんな)」と「壬(=はらむ)」とから成る。女性の体内に子ができる。

意味 腹に子をやどす。みもちになる。みごもる。はらむ。例妊娠。懐妊。

【妊産婦】妊婦と産婦。出産前後の女性。

【妊娠】(名・する) おなかに子ができること。みごもること。

【妊婦】妊娠している女性。

●懐妊・避妊・不妊

女4 **【妣】** 7画 5306 59A3 音ヒ漢 訓はは

意味 死んだ母。亡母。なきはは。対考。例妣考・考妣(=亡くなった父母。「考」は亡き父)。先妣(=死んだ母。「先」は、亡くなったの意)。

女4 **【妨】** 7画 4324 59A8 常用 音ホウ漢 ボウ呉 訓さまた-げる・さまた-げ

筆順 く 女 女 女' 女' 妨 妨

[なりたち] [篆文] [形声]「女(=おんな)」と、音「方」とから成る。害する。
[意味] じゃまをする。さまたげる。[例] 妨害。
【妨害】(名・する)じゃまをすること。[例] 安眠—。公務の執行を—する。[表記] ㊀妨▼碍

女4 【妙】 7画 4415 5999 [常用] [音] ビョウ㊥ ミョウ㊦ [訓] たえ
[筆順] く 女 女 女l 女小 妙 妙
[なりたち] [会意]「女(=おんな)」と「少(=わかい)」とから成る。若々しく美しい。

[意味] ❶若い。若くて美しい。[例] 妙年(=年が若いこと)。妙齢。❷すぐれている。深遠。たえ。[例] 妙案。絶妙。造化の妙。

[日本語での用法] 《ミョウ》不思議な。ふつうでない。「妙な事件・妙な咳をする」

[難読] 白妙・敷妙
[人名] たい・たう・ただ・とう・み
【妙案】すぐれた思いつき。[例] —がうかぶ。

【妙音】なんともいえない美しい音。たえなる音。

【妙技】他人にはまねのできない、みごとなわざ。

【妙境】(芸術などの)なんともいえないすばらしい境地。

【妙句】表現のたくみなことば。[例] —が思いうかばない。

【妙計】ふつうには考えつかないような、たくみなはかりごと。[例] —を案ずる。

【妙工】すぐれた細工。また、それをする職人。

【妙策】たくみなはかりごと。妙計。[例] —を案じる。

【妙手】①すぐれたわざをもつ人。[例] 槍の—。おどりの—。②(囲碁や将棋で)うまい手。[例] —を指す。

【妙趣】なんともいえないすぐれた味わいや、おもむき。

【妙法】①〔仏〕仏のすぐれた教え。仏法。[例] —蓮華経。②すぐれた方法。

【妙味】えもいわれぬ、すぐれたあじわい。うまみ。

【妙薬】不思議なほどよくきくくすり。

【妙齢】(「妙」は、若い意)(女性の)若いさかりの年齢。としごろ。[例] —の婦人。
●奇妙・軽妙・巧妙・神妙・絶妙・珍妙・微妙・霊妙

女4 【妖】 7画 4537 5996 [常用] [音] ヨウ㊥ [訓] あや-しい
[筆順] く 女 女 女' 女ᐨ 妖 妖
[なりたち] [篆文] [形声] 本字は「(女+芺)」で、「女(=おんな)」と、音「芺」とから成る。すぐれたさま。また、少女がほほえむさま。

[意味] ❶人を迷わすほど、なまめかしい。あでやか。[例] 妖艶。妖婦。❷人の心をまどわす。わるい。あやしい。[例] 妖言。面妖。❸ばけもの。人間以上の能力をもった、不思議な生きもの。[例] 妖怪。妖精。

[使い分け] あやしい【怪・妖】⇩1161ぺ
【妖異】①あやしく不思議なできごと。②ばけもの。妖怪。

【妖雲】不吉なことが起こりそうな、気味の悪いくも。[例] —がただよう。

【妖艶】(形動ナ)女性の容姿がなまめかしく美しいようす。[例] —な姿。

【妖花】人を引きつける、あやしい美しさをもつ花。また、そのような女性。

【妖怪】不気味で人をおどろかす不思議なもの。ばけもの。[例] —変化。

【妖気】おそろしいことが起こりそうな、不気味な気配。[例] —がただよう。

【妖▽姫】人をまどわすような、不思議な美しさをもつ女性。

【妖言】人をまどわす、不吉であやしいことば。[例] —を言いふらす。

【妖術】人をまどわすあやしい術。魔術。[例] —使い。

【妖女】①魔法使いの女。魔女。②男をまどわす魔性の女。妖婦。

【妖精】①西洋の伝説や童話に登場する、森に住む動物や植物などの精霊。童話などでは小人やおとめの姿をしている。フェアリー。②妖怪。ばけもの。

【妖婦】男性をまどわす、あでやかな美女。

女4【妍】7画 ⇩【姸】(276ぺ)
女4【姉】7画 ⇩【姉】(274ぺ)
女4【妝】7画 ⇩【粧】(763ぺ)
女4【妥】7画 ⇩【妥】(272ぺ)

女5 【委】 8画 1649 59D4 [教育3] [音] イ㊥㊦ [訓] ゆだ-ねる・まか-せる・くわ-しい
[筆順] 一 二 千 禾 禾 委 委 委
[なりたち] [篆文] [形声]「女(=おんな)」と、音「禾」とから成る。すなおにしたがう。

[意味] ❶他の人にすべてやらせる。ゆだねる。まかせる。[例] 委嘱。委託。委任。❷なりゆきにまかせる。ほうっておく。すてる。[例] 委棄。❸こまかい。つぶさに。くわしい。[例] 委曲。委細。

[人名] くつ・すえ・つぐ・とも・もろ
【委員】ある団体で選ばれて、特定のことがらの処理をまかされた人。[例] —長。国語審議会—。

【委棄】(名・する)①かまわないで、ほうっておくこと。②〔法〕権利を放棄すること。

【委曲】(「曲」も、くわしい意)くわしくこまかなこと。詳細。委細。[例] —をつくした説明。

【委細】(名・副)①くわしいこまごまとした事情。詳細。[例] —面談。②すべて。なにもかも。[例] —承知しました。—かまわず。

【委譲】(名・する)権限や仕事を他の機関や人にゆずってまかせること。[例] 権限を地方自治体に—する。

【委嘱】(名・する)(「嘱」は、たのむ意)ある仕事を外部の人にたのんで、してもらうこと。[例] 調査を—する。

【委託】(名・する)ある仕事を他の人や機関にたのんで代わりにやってもらうこと。[例] 販売を—する。

【委任】(名・する)①ものごとの処理を他人にまかせること。②〔法〕一方が、あることがらの処理を委託し、他方もそれを承諾することによって成立する法律行為。[例] —状。

女5 【姑】 8画 2440 59D1 [音] コ㊥ [訓] しゅうとめ・しばら-く
[意味] ❶夫の母。しゅうとめ。〔今は、妻の母にも用いる〕[例] 姑舅(=夫の父母)。❷父の姉妹。おば。[例] 姑夫(=父の姉妹の夫)。❸しばらく。とりあえず。[例] 姑息。
[難読] 慈姑・山姑
【姑▽娘】(中国語音)未婚の女性。むすめ。

[女部] 4—5画 ● 妙 妖 妍 姉 妝 妥 委 姑

3画

【姑息】コソク（形動ダ）一時の間に合わせですますようす。その場しのぎ。例因循ジュン—。—な手段。—をいましめる。

【姑▽射山】コヤサン ①中国で、不老不死の仙人センニンが住むという伝説上の山。（荘子ソウジ）②上皇ジョウコウの御所ゴショ。はこやの山。

女5 **【妻】** 8画 2642 59BB 教育5 音セイ漢 サイ呉 訓つま

筆順 一 ヲ ヨ ヨ 吏 妻 妻 妻

なりたち［会意］「女（＝おんな）」と「十（＝進み出る）」と「ヨ（＝家事をする手）」とから成る。夫とならぶ女。つま。

意味 ❶夫の配偶者ハイグウシャ。つま。対夫フ。例妻子サイシ。妻帯サイタイ。正妻セイサイ。❷よめにやる。めあわせる。

日本語での用法《つま》①そばにそえるもの。あしらい。「刺身さしみの妻つま」②端はしの部分。日本建築の、屋根の両端の三角形の面。「妻戸つまど・切きり妻づま」

難読 後妻うわなり

【妻子】サイシ・つまこ つまと子。例—を養う。

【妻女】サイジョ ①人のつま。例—は母方の遠縁エンの者。②つまと、むすめ。

【妻▼妾】サイショウ つまと、めかけ。

【妻帯】サイタイ（名・する）結婚ケッコンしてつまを持つこと。例—者。

●愛妻アイサイ・愚妻グサイ・後妻ゴサイ・先妻センサイ・夫妻フサイ・亡妻ボウサイ

女5 **【姉】** 8画 2748 59C9 教育2 音シ漢呉 訓あね 付表 姉ねえさん

筆順 く 女 女 女' 女亠 女亣 姉 姉

女4 **【姊】** 7画 59CA 別体字

なりたち［形声］「女（＝おんな）」と、音「市シ」とから成る。あね。参考この「市シ」は「市シ（＝いち）」とは別の字。

意味 ❶年上の女のきょうだい。あね。対妹マイ。例姉妹シマイ。長姉チョウシ。❷女性を親しみ、また、うやまっていうことば。例諸姉ショシ。

難読 十姉妹ジュウシマツ・従姉いとこ

人名 え

【姉御】あねご ①姉の古風な呼び方。②やくざの親分などの妻。また、女親分の呼び名。表記②は「▼姐御」とも書く。

【姉様】あねさま ①姉をうやまっていうことば。②千代紙ちよがみなどで作った着物を着せた紙人形。姉様人形。

【姉娘】あねむすめ 娘のなかで年上の者。

【姉妹】シマイ ①あねと、いもうと。女のきょうだい。例兄弟キョウダイ—。②同じ系統でなんらかのつながりをもつ二つのもの。例—都市。—編。

●実姉ジッシ・大姉ダイシ

女5 **【始】** 8画 2747 59CB 教育3 音シ漢呉 訓はじ-める・はじ-まる・はじ-まり・はじ-め

筆順 く 女 女 女' 女ム 始 始 始

なりたち［形声］「女（＝おんな）」と、音「台イ→シ」とから成る。はじめに生まれた女。

意味 ❶ものごとのおこり。もと。発端ホッタン。はじまり。はじめ。例始末シマツ。原始ゲンシ。歌会始うたかいはじめ。❷新しくおこす。はじめる。はじまる。例始業シギョウ。開始カイシ。創始ソウシ。❸あらたに。はじめに。はじめて。㋐…してやっと。㋑やっと…したばかり。

日本語での用法《はじめ》主たるもの。「校長チョウを始はじめ、教職員キョウショクイン一同イチドウ…」

使い分け はじまる・はじめ・はじめて・はじめる ⇩1177ページ

人名 とも・はじむ・はつ・はる・もと

【始球式】シキュウシキ 野球で、試合をはじめる直前に、招かれた客の一人が、投手の位置から投球すること。

【始業】シギョウ（名・する）仕事や授業をはじめること。対終業。例—式。—時刻。

【始原】シゲン ものごとのはじめ。おこり。表記「始源」とも書く。

【始終】シジュウ 一（名）はじめからおわりまでのすべて。例一部—。二（副）いつも。たえず。しょっちゅう。例あの子は—口笛くちぶえをふいている。

【始祖】シソ ①その種の最もはじめのもの。先祖。②あるものごとを最初にはじめた人。例哲学テツガクの—ソクラテス。③禅宗ゼンシュウで、達磨ダルマを指す。

【始祖鳥】シソチョウ 鳥類の祖先と考えられる動物。カラスくらいの大きさで、つばさはあるが、するどい歯を持つなど、鳥類が爬虫ハチュウ類から進化したことを示している。

【始動】シドウ（名・する）（機械が）動きはじめること。また、動かしはじめること。例エンジンが—する。

【始発】シハツ ①その日にいちばん早く運行する列車・バスなど。②そこから出発する列車・バスなど。例—駅。

【始末】シマツ 一（名）①はじめと終わり。はじめから終わりまでの事情。顛末テンマツ。例—記。②結果の状態。例たいへんな—になる。二（名・する）①かたづけること。例火の—。きちんと—する。②むだのないように使うこと。倹約ケンヤク。

【始末書】シマツショ 事故や過失があったとき、その原因やいきさつ、それに対する自分の反省などを書いて提出する書類。例—を取られる。—を書かせる。

【始末屋】シマツや 倹約家ケンヤクカ。しまりや。例かれはなかなかの—だ。

【始はじめは処女ショジョの▽如ごとく後のちは脱▼兎ダットの▽如ごとし】はじめはうぶな処女のように静かにして敵を油断させ、最後はにげるウサギのように機敏キビンに行動して敵を攻撃コウゲキする。はじめはおとなしいようだが、終わりはじゅうぶん力を発揮することのたとえ。（孫子ソンシ）

●開始カイシ・原始ゲンシ・終始シュウシ・創始ソウシ・年始ネンシ

女5 **【妾】** 8画 3010 59BE 音ショウ漢呉 訓めかけ・わらわ

意味 ❶女のどれい。めしつかい。❷妻のような関係にある、正妻ではない女性。側室。めかけ。例妾腹ショウフク。妻妾サイショウ。❸女性が自分をへりくだっていうことば。わらわ。

【妾腹】ショウフク めかけから生まれること。その子供。例—の妹。

女5 **【姓】** 8画 3211 59D3 常用 音セイ漢 ショウ呉 訓かばね

筆順 く 女 女 女' 女᐀ 妵 姓 姓

なりたち［会意］「女（＝おんな）」と「生（＝うまれる）」とから成る。同じ女から生まれた子孫であることの標識。

意味 血すじや家がらをあらわすことば。かばね。また、うじ。〔もと、「姓」は血すじ・家系を、「氏」は尊卑ソンピによる家がらをあらわし、両者は区別されたが、漢代以後、「姓」と「氏」とは混用されるようになった〕例姓名セイメイ。氏素姓うじスジョウ。

日本語での用法《かばね》古代、家がらの尊卑と世襲の官職とをあらわした呼び方。「姓書・八色の姓」

人名 うじ

【姓氏】セイシ ①みょうじ。②〔古くは「ショウジ」〕かばねと、うじ。「かばね」は、古代氏族の地位や職名をあらわす称号。「うじ」は、同一祖先から出た同族集団。

【姓名】セイメイ みょうじと、なまえ。氏名。例—判断。

●改姓・旧姓・素姓・同姓・百姓

女5 【姐】 8画 1625 59D0 音ソ慣 シャ漢 訓あね・ねえ-さん

意味 ❶年上の女のきょうだい。あね。例姐夫(=あねむこ)。❷女子。むすめ。

【姐御】あねご ⇨【姉御】あねご ②(274ページ)

女5 【妲】 8画 5307 59B2 音ダツ慣 タツ漢

意味 「妲己」は、殷の紂王のきさき。悪女の代表とされている。

女5 【妬】 8画 3742 59AC 常用 音ト漢 ツ呉 訓ねた-む・や-く・や-ける

筆順 く 女 女 女 妒 妬 妬 妬

なりたち [形声]「女(=おんな)」と、音「石セ→ト」とから成る。婦人がやきもちをやく。

意味 他人をうらやみにくむ。やきもちをやく。ねたむ。やく。例妬視・妬心(=ねたみごころ)。嫉妬。

【妬視】トシ (名・する) ねたましい気持ちで見ること。嫉視。

女5 【姆】 8画 5308 59C6 音ボ漢 モ呉 訓うば

意味 ❶女の子にしつけをする女性。うば。例姆教(=うばの教え)。❷母の代わりに子を育てる女性。めのと。例保姆。

女5 【妹】 8画 4369 59B9 教育2 音バイ漢 マイ呉 訓いもうと

筆順 く 女 女 女 奸 奸 妹 妹

なりたち [形声]「女(=おんな)」と、音「未ビ→バイ」とから成る。いもうと。

意味 年下の女のきょうだい。いもうと。例義妹。姉妹。弟妹。

日本語での用法 一《いも》いもうと。また、妻。「妹兄・妹背」 二《せ》「せ」の音をあらわす万葉がな。「妹尾」

人名 いも

【妹背】いもせ ①夫婦の、古い言い方。例—を契る。②親しい関係にある男女。妹と兄。また、姉と弟。

●実妹・姉妹・十姉妹・弟妹

女6 【娃】 9画 1603 5A03 人名 音ア慣 アイ漢 訓うつく-しい

意味 ❶みめよい。うつくしい。また、美女。❷「娃娃」は、㋐四、五歳くらいまでの子供。㋑人形。

女6 【威】 9画 1650 5A01 常用 音イ漢呉 訓おど-す・たけ-し

筆順 丿 厂 厂 厃 反 威 威 威 威

なりたち [形声]「女(=おんな)」と、音「戌シュツ→イ」とから成る。夫の母。派生して「おそろしい」の意。

意味 ❶人をおそれさせる力や品格(がある)。おごそか。いかめしい。例威厳。威勢。権威。❷力ずくでおそれさせる。おどす。例威圧。威嚇。威をふるう。

人名 あきら・たか・たけ・たける・つよし・なり・のり

【威圧】イアツ (名・する) 強大な力で相手をおどし、おさえつけること。例人を—しようという態度。

【威嚇】イカク (名・する)〔「嚇」も、おどす意〕強い力を示しておどすこと。例—射撃。

【威儀】イギ おごそかな場所にふさわしい、作法・礼式にかなった姿や動作。例—を正す。

【威厳】イゲン 人に尊敬とおそれをいだかせるような、りっぱで重々しいふんいき。例—を保つ。

【威光】イコウ 人をおそれさせ従わせるふんいき。例人の—をかさにきる。

【威信】イシン 人々をおそれさせ従わせる力と、それにともなう信頼感。例国家の—をかけて問題解決にあたる。

【威勢】イセイ ①人をおそれさせ従わせる力。例—をふるう。②生き生きして元気がよいこと。例—のいい若者。

【威武】イブ 周囲をおそれ従わせる威力と武力。武威。

【威風】イフウ 周囲をなびかせるような、威厳のあるふんいき。例—堂堂の行進。

【威服】イフク (名・する) 勢力や威力を示して相手を従わせること。例対立者を—する力。

【威望】イボウ 威厳があり人からも信頼されること。

【威名】イメイ 人をおそれさせるような名声。例—が天下にとどろく。

【威容】イヨウ 堂々として、他を圧する姿。例—をほこる。

【威力】イリョク 他を圧倒し、おそれさせる強い力。例新兵器の—。

【威令】イレイ 強い力をもって、よく徹底する命令。例—がおこなわれる。

【威烈】イレツ はげしい威力。さかんな威光。例維新の志士の—をおもう。

●脅威・権威・示威・猛威

女6 【姨】 9画 5309 59E8 音イ漢呉 訓おば

意味 ❶妻の姉妹。❷母の姉妹。おば。例姨子(=母の姉妹の子)。姨母(=母の姉妹)。

日本語での用法《おば》老母。また老女。「姨捨山」

【姨捨】おばすて ①老母または老女を養わずに、山おくに捨てること。②謡曲の一つ。姨捨の伝説を題材としたもの。

女6 【姻】 9画 1689 59FB 常用 音イン漢 訓とつ-ぐ

筆順 く 女 女 如 如 姻 姻 姻 姻

なりたち [会意]「女(=おんな)」と「因イ(=たよる)」とから成る。女がたよる、むこの家。

意味 結婚する。縁組み。とつぐ。例姻戚。婚姻。

【姻戚】インセキ 結婚によって生じる、血のつながりのない親類。姻族。例—関係。

【姻族】インゾク 姻戚。

女 6 【姶】9画 1608 59F6 音オウ漢 訓あい

意味 美しいようす。みめよいようす。

難読 姶良(=地名)。

女 6 【姦】9画 2015 59E6 音カン漢 訓みだ-ら・かしま-しい

意味 ❶男女の関係が正しくない。みだら。同奸。例姦淫。姦通。❷道理にはずれた。悪い。悪人。同奸。例姦計。佞姦。❸おかす。みだす。同奸。

日本語での用法《かしましい》やかましい。「娘たちの姦しい声」

【姦淫】（名・する）男女が道徳に反した肉体関係を結ぶこと。

【姦悪】（名・形動ダ）心がねじけて邪悪なようす。また、そのような人。表記「▼奸悪」とも書く。

【姦計】よくないはかりごと。悪だくみ。悪計。例―をめぐらす。表記「▼奸計」とも書く。

【姦策】よくない策略。悪だくみ。例―をめぐらす。―を弄する。表記「▼奸策」とも書く。

【姦臣】主君に対して悪だくみをはかるような、心のねじけた悪い家来。例家中の―を除く。表記「▼奸臣」とも書く。

【姦賊】心のねじけた悪人。例―をほろぼす。表記「▼奸賊」とも書く。

【姦知】悪がしこい知恵。わるぢえ。例―にたける。表記「▼奸▼智」とも書く。

【姦通】（名・する）男女が道にはずれた肉体関係をもつこと。

【姦▼佞】（名・形動ダ）心がねじけていて人にへつらうこと。例―邪知。表記「▼奸▼佞」とも書く。

【姦物】悪がしこい人物。腹黒い人。表記「▼奸物」とも書く。

【姦雄】悪知恵にたけ、策略によって天下を制した英雄。例乱世の―。表記「▼奸雄」とも書く。

女 6 【姜】9画 5310 59DC 音キョウ漢

意味 ❶陝西省を流れる川の名。「姜水」は「岐水」の別名。❷姜水のそばにいた部族の姓。

女 6 【姸】9画 1-9490 59F8 音ケン慣ゲン漢 訓うつく-しい

女 4 【妍】7画 5311 598D 俗字

意味 顔や姿が美しい。みめうるわしい。みめよい。あでやか。例妍艶(=美しくなまめかしい)。妍を競う。

【妍を競う】あでやかさをきそう。「妍を争う」とも。

女 6 【姮】9画 2-0552 59EE 音コウ・ショウ漢ジョウ呉

女11 【嫦】14画 5335 5AE6 別体字

意味 「姮娥」は、伝説上の女。

【姮▼娥】月に住むという美人の名。中国古代の伝説によると、姮娥は、羿という者の妻だったが、夫が西王母からさずかった不死の薬をぬすんで飲み、月ににげて行き月の精になったという。常娥。

【姮宮】月の世界にあり、姮娥が住むという宮殿。転じて、月のこと。

女 6 【姿】9画 2749 59FF 教育6 音シ漢呉 訓すがた

筆順 丶 冫 次 次 次 姿 姿

女 6 【姿】9画 なりたち [形声]「女(=おんな)」と、音「次」とから成る。すがた。

意味 人や物のかたち。ふうさい。ようす。すがた。例姿勢。風姿。容姿。

人名 かた・しな

【姿勢】①からだのかまえ方。例―を正す。②あるものごとに取り組む態度。心がまえ。例前向きの―。

【姿態】すがた。また、ある動作をしたときのからだつき。例なまめかしい―。

【姿形】顔だちとからだつき。見目形。容姿。例人を―で判断してはいけない。

【姿見】全身を映して見るための大型の鏡。

●絵姿・勇姿・雄姿・容姿

女 6 【姪】9画 4437 59EA 人名 音テツ漢 訓おい・めい

意味 自分の兄弟のむすことむすめ。おい。めい。例姪甥。女姪(=めい)。

日本語での用法《めい》自分の兄弟姉妹のむすめ。対甥。「二人の姪」

【姪▼甥】めいと、おい。

女 6 【姥】9画 1724 59E5 人名 音ボ漢モ呉 訓うば

意味 ❶年老いた女性。老婆。例姥桜。山姥(=山おくに住むという、伝説上の、女の怪物。やまんば)。❷母親の代わりに子供を育てる女性。めのと。うば。同姆。例乳姥。

【姥桜】若いさかりをすぎた、美しい女性。

女 6 【姚】9画 5313 59DA 音 一ヨウ漢呉 二チョウ漢呉 訓うつく-しい

意味 一 ❶姓の一つ。中国古代の天子、舜の姓。❷なまめかしく、うつくしい。同妖。例姚冶(=なまめかしく美しいようす)。二 かるがるしい。同窕。例姚佚(=うわついている)。

女 6 【姿】9画 ⇩【姿】(276ページ)

女 6 【姫】9画 ⇩【姫】(277ページ)

女 6 【姙】9画 ⇩【妊】(272ページ)

女 6 【娄】9画 ⇩【婁】(279ページ)

女 7 【娟】10画 5315 5A1F 音エン漢ケン漢 訓うるわ-しい

意味 女性の美しいようす。うるわしい。例娟娟。嬋娟(=あでやかで美しいようす)。

難読 嬋娟

【娟娟】（形動タル）①なよなよと美しいようす。女性の美しさを形容することば。②澄みきった美しいようす。月などの風景の美しさを形容することば。

女 7 【娥】 10画 5314 5A25 音ガ漢

意味 ❶美人。うつくしい。例娥娥。娥眉。❷月。また、月に住むという女神。例姮娥。❸尭のむすめで、舜の妻となった娥皇の字。

【娥娥】ガガ（形動タル）女性の顔の美しいようす。

【娥眉】ガビ（「眉」は、まゆげの意）美しいまゆげ。転じて、美人のこと。表記「▼蛾眉」とも書く。

女 7 【娯】 10画 2468 5A2F 常用 音ゴ漢・グ呉 訓たの-しむ

筆順

女 7 【娛】 10画 5A1B

なりたち [形声]「女（=おんな）」と、音「呉ゴ」とから成る。たのしむ。

意味 なぐさみをしてたのしむ。たのしみ。例娯楽。

【娯遊】ゴユウ（名所や行楽地などに出かけて）楽しみ遊ぶこと。

【娯楽】ゴラク 遊びとして何かを見たり聞いたりして、心をなぐさめたり楽しんだりすること。また、その楽しみ。例大衆—。

女 7 【娑】 10画 5316 5A11 音サ漢・シャ呉 訓ま-う

意味 ❶「婆娑」は、衣をなびかせて舞うようす。❷梵語の音訳。例娑羅双樹。娑婆。娑婆羅。

【娑羅双樹】サラソウジュ（「娑羅」は、梵語の音訳）釈迦の病床の四方に二本ずつ生えていたという娑羅の木。釈迦の入滅のとき、鶴の羽のように白く変わって、かれたという。表記「沙羅双樹」とも書く。

【娑婆】シャバ ①〔仏〕（梵語の音訳。人間が多くの苦悩をたえしのぶところの意）誘惑・苦しみなどの多いこの世。②刑務所・軍隊など自由のないところから見た、外部のいっぱん社会のこと。例—の空気にふれる。

【娑婆気】シャバケ 俗世間の名誉や利益にとらわれる気持ち。しゃばっけ。例—がぬけない。

【娑婆塞ぎ】シャバふさぎ 生きていてもなんの役にも立たず、じゃまにしかならない人。ごくつぶし。

女 7 【娠】 10画 3117 5A20 常用 音シン漢 訓はら-む

筆順

なりたち [形声]「女（=おんな）」と、音「辰シ」とから成る。みごもった子が動く。

意味 腹に子をやどす。みごもる。はらむ。例妊娠。

女 7 【娜】 10画 *5317 *5A1C 音ダ漢・ナ呉 訓しなや-か

意味「婀娜」は、しなやかで美しいようす。

女 7 【娚】 10画 5319 5A1A 音ダン漢・ナン呉 訓おい・めおと

意味 細く低い声で話し続けるようす。同喃。

日本語での用法《おい・みょうと・めおと》人名・地名に用いられる字。「娚杉おいすぎ・みょうとすぎ・めおとすぎ」

女 7 【姫】 10画 4117 59EB 常用 音キ漢 訓ひめ

筆順

女 6 【姬】 9画 2F862

なりたち [形声]「女（=おんな）」と、音「𦣝イ→キ」とから成る。姓の一つ。

意味 ❶姓の一つ。㋐古代の黄帝の姓。㋑周の王室の姓。例姫周。❷女子をほめていうことば。ひめ。例美姫。❸めかけ。そばめ。例姫妾。寵姫。

日本語での用法《ひめ》①上流社会でいう、むすめ。「姫君ひめぎみ」②美しい女性をほめていうことば。「舞姫まいひめ・歌姫うたひめ・白雪姫しらゆきひめ」③名詞にそえて、小さなもの、愛らしいもの、やさしいものの意をあらわすことば。「姫垣ひめがき・姫鏡台ひめキョウダイ・姫小松ひめこまつ・姫松ひめまつ」

【姫垣】ひめがき 低いかきね。女牆ジョショウ。

【姫君】ひめぎみ 貴人のむすめをうやまっていうことば。姫御前ひめゴゼン。

【姫鏡台】ひめキョウダイ たんすや机の上に置くような、小型の鏡台。

【姫御▽前】ひめゴゼン ①姫君。②若いむすめ。少女。例摂関家の—。—のあられもない（=女の子なのに、そのような格好でお行儀の悪い）。

【姫宮】ひめみや 天皇のむすめ。内親王。姫御子ひめみこ。

【姫▽百▽合】ひめゆり ユリ科の多年草。夏にだいだい色に黒いはん点のある花をつける。

●歌姫うたひめ・乙姫おとひめ・佐保姫さおひめ・竜田姫たつたひめ・美姫ビキ・舞姫まいひめ・妖姫ヨウキ

女 7 【娉】 10画 5318 5A09 音ヘイ漢 訓と-う・めと-る

意味 ❶女性の名や生年月日を問い、妻としてむかえる。めとる。同聘。例娉内。❷女性の美しいようす。例娉婷ヘイテイ（=女性の美しいようす。「婷」も、みめうるわしいようす）。

【娉▽内】ヘイノウ（「内」は、受け入れる意）妻としてむかえること。表記「娉納」とも書く。

女 7 【娩】 10画 4258 5A29 人名 音ベン漢 訓う-む

意味 子を産む。出産する。例分娩。

女 7 【娘】 10画 4428 5A18 常用 音ジョウ漢・ニョウ呉・ニャン唐 訓むすめ

筆順

なりたち [形声]「女（=おんな）」と、音「良リョウ→ジョウ」とから成る。婦人に対するふつうの呼び方。

意味 ❶未婚の若い女性。少女。むすめ。例娘子。❷母親。同孃。例爺娘ヤジョウ（=父母）。

【▽娘子軍】ジョウシグン ①女性の率いる、または女性だけから成る軍隊。〔もと、唐の平陽公主が率いた軍隊の名〕②女性だけの集団のたとえ。

【娘親】むすめおや ①娘をもつ親。②結婚した娘の親。

【娘心】むすめごころ 純真で感じやすい少女の心。

【娘盛り】むすめざかり むすめとして、最も美しく生き生きとしている年ごろ。

【娘婿】むすめむこ 自分の娘の夫。

●姉娘あねむすめ・愛娘まなむすめ

女 7 【娯】 10画 ⇩【娯】ゴ（277ページ）

女 8 **【婀】** 11画 5320 5A40 音ア漢 訓たお-やか

意味 「婀娜」は、なまめかしいようす。たおやか。

【婀娜】(形動ナ) 女性のなまめかしく色っぽいようす。例―な年増。―っぽい声。

女 8 **【婬】** 11画 5321 5A6C 音イン漢呉 訓みだ-ら

意味 (男女関係の)正しい道をふみはずす。みだら。同淫。例婬行(=みだらな行為)。

参考 「婬」は「淫(=深入りして、正しい道をふみはずす)」の意味と同じように使われてきたが、現在は「淫」が使われるようになっている。

女 8 **【婉】** 11画 5322 5A49 音エン漢 訓うつく-しい・したが-う

意味 ❶しとやかで美しい。すなお。例婉麗。淑婉。❷かどがたたない。遠まわし。例婉曲。

【婉曲】(形動ダ) 表現が遠まわしでおだやかなようす。例―にことわる。―な表現。

【婉然】(形動タルト) 女性のしとやかで美しいようす。例―と舞う。―たる姿。

【婉麗】(名・形動ダ) しとやかで、うるわしいようす。婉美。例―な文章。

女 8 **【婚】** 11画 2607 5A5A 常用 音コン漢

筆順

なりたち [会意]「女(=おんな)」と「昏(=夕暮れ)」とから成る。(夕暮れに)とつぐ。

意味 夫婦になる。縁組みする。とつぐ。よめいりする。むことりする。例婚姻。結婚。新婚。

日本語での用法 《コン》結婚記念の祝い。「金婚・銀婚・ダイヤモンド婚」

難読 婚つぎ教え鳥(=セキレイ)

【婚姻】(名・する) 法律上の手続きをして、正式に夫婦になること。結婚。例―届。

【婚家】 嫁入り先または婿入り先の家。例―を去って実家にもどる。

【婚期】 結婚するのに適した年ごろ。〔とくに女性についていわれた〕例―をのがす。

【婚儀】 結婚の儀式。婚礼。例―をとりおこなう。

【婚約】(名・する) 結婚の約束をすること。エンゲージ。例―者。―指輪。

【婚礼】 結婚の儀式。結婚式。婚儀。例―の祝宴

●既婚・許婚・結婚・再婚・未婚

女 8 **【娵】** 11画 5323 5A35 音シュ漢 訓よめ

意味 美女。たおやめ。

日本語での用法 《よめ》新婦。「娵入る・兄娵」

女 8 **【娶】** 11画 5324 5A36 音シュ漢 訓めと-る

意味 よめをもらう。妻にむかえる。めとる。例嫁娶(=よめ入りとよめ取り)。

女 8 **【娼】** 11画 3011 5A3C 音ショウ漢呉 訓あそびめ

意味 歌やおどりで客をもてなす女。遊女。うたいめ。あそびめ。例娼妓。娼婦。

【娼家】 娼婦をかかえて客の相手をさせる家。遊女屋。女郎屋。

【娼妓】 ①歌やおどりで客を楽しませる女。遊女。②公認の売春婦。公娼。

【娼婦】 売春婦。類遊女。

女 8 **【婆】** 11画 3944 5A46 常用 音ハ漢バ呉ポ唐 訓ばば

筆順

なりたち [形声]「女(=おんな)」と、音「波」とから成る。老いた婦人。

意味 ❶年老いた女。また、年老いた母。ばば。例産婆。老婆。❷〔仏〕梵語の音訳字。例婆羅門。娑婆。塔婆。

難読 牙婆・湯湯婆

【婆羅門】〔梵語の音訳〕①古代インドの身分制度で、四階級の最上位。僧侶の階級。②「婆羅門教」の略。バラモン階級を中心におこなわれた民族宗教。③バラモン教の僧。

●産婆・卒塔婆・老婆

女 8 **【婢】** 11画 5325 5A62 音ヒ漢 訓はしため

意味 ❶女のめしつかい。下女。はしため。例婢僕。奴婢。❷女性が自分をへりくだっていうことば。わらわ。

難読 御伽婢子

【婢僕】 下女と下男。

女 8 **【婦】** 11画 4156 5A66 教育5 音フ漢ブ呉 訓おんな

筆順

なりたち [会意]「女(=おんな)」が「帚(=ほうき)」を持ってはき清める。家事をする女。

意味 ❶成人した女性。おんな。例婦女。婦人。節婦。❷夫のある女性。つま。例主婦。夫婦。❸むすこの妻。よめ。

【婦警】「女性警察官」の旧称「婦人警察官」の略称。

【婦女】 おとなの女性。婦人。例―の心理。

【婦女子】 ①女性と子供。おんなこども。②女性。

【婦人】 成人した女の人。女性。例―参政権。産―科。

【婦道】 婦人として守るべき道。例―の鑑。

【婦徳】 婦人として身につけるべき道徳。例―をみがく。

●家政婦・賢婦・主婦・新婦・妊婦・農婦・夫婦

女 8 **【婪】** 11画 5326 5A6A 音ラン漢 訓むさぼ-る

意味 かぎりなくほしがる。むさぼる。同惏。例貪婪(=ひじょうに欲の深いこと)。

女 8 【婁】 11画 4712 5A41 音ロウ・ル漢

女 6 【娄】 9画 5A04 俗字　女 8 【婁】 11画 21764 俗字

意味 二十八宿の一つ。たたらぼし。例婁宿。

日本語での用法《ろ》「ろ」の音をあらわす万葉がな。「牟婁(=室)」

女 8 【婦】 11画 ⇩【婦】(278ページ)

女 8 【婁】 11画 ⇩【婁】(279ページ)

女 9 【媛】 12画 4118 5A9B 教育4 音エン漢 訓ひめ

筆順 女 女 女 女 女 媛 媛

女 9 【媛】 12画

なりたち [形声]「女(=おんな)」と、音「爰」とから成る。美女。

意味 美しい女性。たおやめ。ひめ。例才媛。

県名 愛媛

難読 弟橘媛

女 9 【婿】 12画 4427 5A7F 常用 音セイ漢 訓むこ

筆順 女 女 女 女 女 婿 婿

士 9 【壻】 12画 5270 58FB 本字　耳 8 【聟】 14画 7061 805F 俗字

なりたち [会意]「士(=おとこ)」と「胥(=才知)」とから成る。むすめをめあわせるほどの才知ある男。

意味 むすめの夫。むこ。例女婿。

【婿養子】 ある人の夫になって、法律上、その人の親とも養子縁組みをした人。

○●女婿・花婿・娘婿

女 9 【媒】 12画 3962 5A92 常用 音バイ漢 マイ呉 訓なかだち

筆順 女 女 女 女 女 媒 媒

なりたち [形声]「女(=おんな)」と、音「某→バイ」とから成る。なこうど。

意味 ❶結婚をとりもつ(人)。なこうど。なかだち。例媒酌。❷二つのもののなかだちをする。仲介する。例媒介。触媒。風媒花。

【媒介】(名・する)二つのもののあいだに立って両方の橋わたしをすること。例契約の―。感染症を―する。

【媒質】〔物〕波動を伝えるなかだちをする物質または空間。たとえば、音波の場合の空気または水。

【媒酌】(名・する)結婚のなかだちをすること。また、その人。類仲人・月下氷人。例―人。表記「媒▼妁」とも書く。

【媒体】①あるはたらきを起こさせるなかだちをする物体。②情報を伝える手段。メディア。例宣伝の―としての、テレビや新聞。

○●触媒・溶媒・霊媒

女 9 【媚】 12画 5327 5A9A 音ビ漢ミ呉 訓こ-びる・こび

意味 ❶なまめかしいしぐさで人の気をひく。こびへつらう。こびる。例媚態。媚薬。❷みめよい。美しい。例風光明媚。

【媚態】①女性の、男性にこびるなまめかしいしぐさ。例―を示す。②こびへつらう態度。

【媚薬】性的な欲望を起こさせるようなくすり。

女 9 【媛】 12画 ⇩【媛】(279ページ)

女 10 【媼】 13画 5328 5ABC 音オウ漢 訓うば・おうな

意味 年とった女の人。おばあさん。おうな。例媼嫗。

【媼▼嫗】年をとった女性。老婆。

女 10 【嫁】 13画 1839 5AC1 常用 音カ漢ケ呉 訓よめ・とつ-ぐ

筆順 女 女 女 女 女 嫁 嫁

なりたち [形声]「女(=おんな)」と、音「家」とから成る。女がとついで夫の家に行く。

意味 ❶よめにゆく。とつぐ。例嫁娶(=よめ入りとよめ取り)。降嫁。再嫁。❷罪や責任を他人になすりつける。例転嫁。

日本語での用法《よめ》とつぐ女性。また、むすこの妻。「花嫁」

【嫁入り】(名・する)女性が結婚して夫の家にはいること。また、その儀式。対婿入り。例―道具。

【嫁御】嫁をうやまっていうことば。お嫁さん。

【嫁取り】嫁をむかえること。また、その儀式。対婿取り。

○●兄嫁・許嫁・降嫁・転嫁

女 10 【嫌】 13画 2389 5ACC 常用 音ケン漢ゲン呉 訓きら-う・いや・きら-い

筆順 女 女 女 女 女 嫌 嫌

女 10 【嫌】 13画

なりたち [形声]「女(=おんな)」と、音「兼」とから成る。心がおだやかでない。また、うたがう。

意味 ❶似ていてまぎらわしい。うたがわしい。うたがう。例嫌疑。❷にくむ。いやがる。きらう。例嫌煙。嫌悪。

【嫌気】(「いやキ」とも)もういやだ、これ以上はごめんだ、と思う気持ち。例―がさす。

【嫌煙】タバコのけむりから害を受けるのをきらうこと。

【嫌悪】(名・する)ひどくきらうこと。例―の情をもつ。

【嫌忌】(名・する)ひどくきらって遠ざけたいと思うこと。

【嫌疑】悪いことをしたのではないかという、うたがい。例―を晴らす。―不十分。

女 10 【媾】 13画 *5329 *5ABE 音コウ漢 訓あ-う

意味 ❶縁組みをかさねた家。例媾合(=男女の性交)。❷男女が肉体的にまじわる。あう。❸仲よくする。よしみを結ぶ。例媾和。

【媾和】(名・する)交戦国が戦争をやめて、平和を回復す

ること。和睦ボク。表記 現講和

女10 【嫉】 13画 2827 5AC9 常用 音シツ漢 シチ呉 訓ねた-む・そね-む

筆順 女 女 女 女 女 女 嫉

なりたち [形声]「女(=おんな)」と、音「疾シツ」とから成る。ねたむ。

意味 他人のすぐれた点をにくらしく思う。やきもちをやく。ねたむ。ねたみ。例嫉妬シット。

【嫉視】シッシ (名・する) ねたましい気持ちで見ること。妬視トシ。

【嫉妬】シット (名・する) 自分よりすぐれていたりめぐまれていたり愛されたりしている人を、うらやましくにくらしく思うこと。やきもちをやくこと。例—心。

女10 【嫋】 13画 5330 5ACB 音ジョウ漢 訓たお-やか

意味 なよなよとして美しい。しなやか。たおやか。例嫋嫋ジョウジョウ。

【嫋嫋】ジョウジョウ (形動タル) ①風がそよそよとふくようす。例秋風シュウフウ—たり。—たる風にゆれ動くヤナギの枝。②音が細く長く続くようす。例余韻ヨイン—。—たる笛の音ね。③なよなよとしてしなやかなようす。例—と舞まう。

女10 【嫂】 13画 •5331 •5AC2 音ソウ漢 訓あによめ

意味 兄の妻。あによめ。

女10 【嫐】 13画 5344 5AD0 音ドウ漢 訓なぶ-る・うわなり

意味 ❶からかう。なぶる。❷ねたむ。

日本語での用法《うわなり》先妻に対し、あとからむかえた妻。後妻ゴサイ。「嫐打うわなりうち(=後妻をいじめること)」

女10 【媽】 13画 5332 5ABD 音ボ漢 モ呉 マ唐 訓はは

意味 ❶母の意をあらわす俗ゾクなことば。母親。かあちゃん。❷めしつかいの女性。例阿媽アマ。

難読 阿媽港アマコウ(=マカオの古い呼び名にあてた字)・媽港マカオ(=地名)

女10 【嫌】 13画 ⇩【嫌】ケン(279ジペー)

女11 【嫣】 14画 5333 5AE3 音エン漢 訓うつく-しい

意味 ❶すらりと美しいようす。うつくしい。❷にこやかに笑うようす。例嫣然エンゼン。

難読 嫣然にっこり

【嫣然】エンゼン (副・形動タル) にっこりとほほえむようす。例—笑えみをふくむ。—とわらう。表記「艶然」とも書く。

女11 【嫗】 14画 5334 5AD7 音オウ慣 ウ漢 訓おうな

意味 ❶年老いた女。老婆ロウバ。おうな。例媼嫗オウウ。老嫗ロウウ。❷母が子を抱だいてあたため、やしなう。例嫗育オウイク・ウイク(=あたため、やしなう)。

女11 【嫡】 14画 3568 5AE1 常用 音テキ漢 チャク呉

筆順 女 女 女 女 嫡 嫡 嫡 嫡

なりたち [形声]「女(=おんな)」と、音「商シ→テキ」とから成る。つつしむ。借りて「正妻」の意。

意味 ❶正妻。正式に結婚ケッコンした妻。本妻。例嫡妻チャクサイ。嫡室チャクシツ(=正妻)。嫡出チャクシュツ。❷正妻の産んだ子。あととり。あとつぎ。よつぎ。例嫡子チャクシ。嫡男チャクナン。❸直系の血すじ。正統の家系。対庶ショ。例嫡嫡チャクチャク。嫡流チャクリュウ。

【嫡妻】チャクサイ 正妻。本妻。

【嫡子】チャクシ ①正妻から生まれ、家をつぐ子。②法律上婚姻コンイン関係にある夫婦フウフの間に生まれた子。嫡出子。▽対庶子ショシ。

【嫡出】チャクシュツ 法律上婚姻コンイン関係にある夫婦フウフの間に生まれること。対庶出ショシュツ。例—子シ。

【嫡孫】チャクソン 嫡子の正妻から生まれた子。

【嫡嫡】チャクチャク ①嫡子から嫡子へと家をついでいくこと。②正真正銘ショウシンショウメイ。れっきとしていること。参考「チャキチャキの江戸えどっ子」の「チャキチャキ」は「嫡嫡チャクチャク」のなまり。

【嫡男】チャクナン 嫡出の長男。あととり息子むすこ。

【嫡流】チャクリュウ ①本家の血すじ。例源氏の—。②学問や技芸などの、正統の流派。例流祖からの—。

●廃嫡ハイチャク

女11 【嫩】 14画 5336 5AE9 音ドン漢 ノン呉 訓わか-い

意味 新しく生まれたばかりで、やわらかい。わかい。例嫩芽ドンガ。嫩葉ドンヨウ。嫩草ドンソウ。

【嫩芽】ドンガ・わかめ 生えたばかりの若い芽め。若芽。

【嫩草】ドンソウ・わかくさ 春になって芽めを出したばかりの草。若草。

【嫩葉】ドンヨウ・わかば 出はじめたばかりのやわらかい木の葉。若葉。

女11 【嫖】 14画 5337 5AD6 音ヒョウ漢 訓かる-い

意味 ❶身が軽く、すばしこいようす。かるい。例嫖姚ヒョウヨウ(=すばしこい)。❷遊女を買う。例嫖客ヒョウカク。

【嫖客】ヒョウカク 芸者や遊女とあそぶ客。表記「▼飄客」とも書く。

女11 【嫦】 14画 ⇩【姮】コウ(276ジペー)

女12 【嫺】 15画 5338 5AFA 音カン漢 訓うるわ-しい・しず-か・なら-う・みやび-やか

女12 【嫻】 15画 5339 5AFB 別体字

意味 ❶優雅ユウガで美しい。みやびやか。例嫺麗カンレイ。❷習熟する。なれる。ならう。

女12 【嬉】 15画 2082 5B09 人名 音キ漢呉 訓うれ-しい

なりたち [会意]「女(=おんな)」と「喜キ(=たのしむ)」とから成る。女とたわむれて、たのしむ。

意味 たのしむ。あそびたわむれる。よろこぶ。例嬉嬉キキ。嬉戯キギ。嬉遊キユウ。

日本語での用法《うれしい》よろこばしい。満足できる。「嬉うれし涙なみだを流ながす・嬉うれしい悲鳴ヒメイ」

難読 嬉野うれしの(=地名)

人名 よし

【嬉嬉】キキ (形動タル) いかにもうれしそうに楽しむようす。例—として遊ぶ。表記「喜喜」とも書く。

【嬉戯】キギ（名・する）遊びたわむれること。

【嬉遊】キユウ 楽しみあそぶ。よろこびたのしむ。例—曲（＝軽快な器楽合奏の曲。ディベルティメント）。

女12【嬌】15画 5340 5B0C 音キョウ漢 訓なまめ-かしい

意味❶（女性が）はなやかで美しい。あでやかで色っぽい。なまめかしい。例嬌声キョウセイ。嬌態キョウタイ。❷かわいらしい。愛らしい。例嬌児キョウジ（＝かわいらしい子供）。愛嬌アイキョウ。

【嬌姿】キョウシ 女性のなまめかしい姿。例愛すべき—。

【嬌笑】キョウショウ 女性のなまめかしいあでやかな笑い。

【嬌声】キョウセイ 女性のなまめかしい声。例—がひびく。

【嬌態】キョウタイ 女性のなまめかしく色っぽい態度。例—を見せる。

【嬌名】キョウメイ（芸者などの）色っぽくあでやかだという評判。例—を謳うたわれる。

女12【嬋】15画 5341 5B0B 音セン漢 訓たお-やか

意味「嬋娟センケン」は、あでやかなようす。

【嬋▼娟】センケン（形動タル）あでやかで美しいようす。例—たる顔かんばせ。—たる少女。

女12【嫺】15画 ⇨【嫻】カン（280ページ）

女13【嬢】16画 3078 5B22 常用 音ジョウ漢 訓むすめ

筆順 嬢

女17【孃】20画 5348 5B43 人名

なりたち［形声］「女（＝おんな）」と、音「襄ジョウ→ジョウ」とから成る。わずらわせ、かきみだす。派生して「母」の意。

意味❶はは。母親。例爺嬢ヤジョウ（＝父母）。❷わかい女性。少女。同娘ジョウ。例愛嬢アイジョウ。令嬢レイジョウ。

日本語での用法《ジョウ》①業務上の、ある部署で働く女性に対して、俗ゾクな言い方としてつけることば。「案内嬢アンナイジョウ・うぐいす嬢ジョウ（＝野球場や劇場などの女性アナウンサー）・受付嬢うけつけジョウ」②未婚ミコンの若い女性の名の下につけて敬称ケイショウとする。「花子嬢はなこジョウ・美智子嬢みちこジョウ」

難読 嬢いとはん・小嬢こいさん・爺嬢ちちはは・かぞいろ

●愛嬢アイジョウ・令嬢レイジョウ

女13【嬖】16画 5342 5B16 音ヘイ漢

意味 お気に入りの臣下や女性。例嬖臣ヘイシン。

【嬖幸】ヘイコウ 君主のお気に入りの者。男女についていう。

【嬖臣】ヘイシン 君主のお気に入りの臣下。例—を寵愛チョウアイする。

【嬖人】ヘイジン ①お気に入りの女性。②「嬖臣ヘイシン」に同じ。

女14【嬰】17画 1737 5B30 音エイ漢 ヨウ呉 訓みどりご

意味❶めぐらす。めぐる。例嬰守エイシュ（＝城壁ジョウヘキをめぐらす）。❷（病気に）かかる。（手で）さわる。ふれる。例嬰疾エイシツ（＝病気にかかる）。❸生まれたての子。みどりご。例嬰孩エイガイ。嬰児エイジ。

日本語での用法《エイ》音楽で、半音高くすること。シャープ。記号♯。対変ヘン。「嬰記号エイキゴウ・嬰ハ短調エイハタンチョウ」

【嬰▼孩】エイガイ ちのみご。嬰児。

【嬰記号】エイキゴウ 音楽で、半音高くする記号。シャープ。「♯」と書く。対変ヘン記号。

【嬰児】エイジ 生まれたばかりの赤んぼう。みどりご。

【嬰累】エイルイ わざわいにあう。また、わざわい。

女14【嬶】17画 5346 5B36 国字 訓かか・かかあ

意味（おもに自分の）妻を、親しみをこめて、またはぞんざいにいうことば。かかあ。例嬶天下かかあデンカ（＝その家庭内で、夫よりも妻の力のほうが強いこと）。

女14【嬬】17画 3660 5B2C 音ジュ漢 訓つま・よわ-い

意味❶弱い。❷妻。❸めかけ。そばめ。

難読 嬬恋つまごい（＝地名）・吾嬬あづま

女14【嬲】17画 5343 5B32 音ジョウ漢 訓なぶ-る

意味 たわむれる。からかう。なぶる。例嬲なぶり者ものにする。嬲なぶり殺ごろし。

女14【嬪】17画 5345 5B2A 音ヒン漢 訓ひめ

意味❶妻。よめ。例嬪儷ヒンレイ（＝つれあい）。❷周代、天子のそば近くに仕えた女官の名称メイショウの一つ。例嬪妃ヒンピ（＝天子に仕える女官）。❸婦人をほめていうことば。例別嬪ベッピン（＝ひじょうに美しい女性）。

女16【嬾】19画 ⇨【懶】ラン（416ページ）

女17【孅】20画 5349 5B45 音セン漢呉 訓かよわ-い

意味❶ほっそりしてかよわい。例孅弱センジャク（＝よわよわしい）。❷ちいさい。こまかい。同纖セン。例孅介センカイ（＝ごく細かい）。

難読 孅弱かよわい・孅弱たおやか

女17【孀】20画 5350 5B40 音ソウ漢 訓やもめ

意味 夫と死に別れた女性。後家ゴケ。寡婦カフ。やもめ。例孀婦

【孀婦】ソウフ 夫と死別した婦人。やもめ。

女17【孃】20画 ⇨【嬢】ジョウ（281ページ）

39 3画 子 こ こへん 部

子供の形をあらわす。「子」をもとにしてできている漢字と、「子」の字形を目じるしにして引く漢字とを集めた。

0 子 孑 1 孔 2 孕 3 字 存 4 孝 孜 孚 孛 李 5 学 季 孥 孟 6 孩 孤 7 孫 8 孰 9 孱 孳 11 孵 13 學 14 孺

子 0

【子】

3画 2750 5B50 教育1

音 シ 漢 呉 ス 唐
訓 こ・ね
付表 迷子(まいご)・息子(むすこ)

筆順 ㇇ 了 子

なりたち [象形] 頭・手・足のある、こどもの形。

意味 ❶こども。こ。㋐父母のあいだに生まれた人。例子孫(シソン)。赤子(セキシ)。父子(フシ)。㋑とくに、むすこ。例子女(シジョ)。子息(シソク)。❷おとこ。ひと。例漁子(ギョシ)。遊子(ユウシ)。❸男子を、うやまっていうことば。㋐徳のあるりっぱな人。例君子(クンシ)。士子(シシ)。子曰(シのたまわく)(＝先生はおっしゃった)。㋑中国古代の学問・思想上、一家をなす学説を立てた人。また、その思想や言動を記した書物。例孔子(コウシ)。荘子(ソウジ)。諸子百家(ショシヒャッカ)。㋒あなた。きみ。例子奚不レ為レ政(シなんぞまつりごとをなさざる)(＝あなたはどうして政治をなさらないのですか)。〈論語(ロンゴ)〉❹たね。たまご。実(み)。例子房(シボウ)。種子(シュシ)。胞子(ホウシ)。❺きわめて小さいもの。こまかいもの。例子細(シサイ)。原子(ゲンシ)。粒子(リュウシ)。❻五等爵(ゴトウシャク)(＝公(コウ)・侯(コウ)・伯(ハク)・子・男)の第四位。例子爵(シシャク)。❼十二支の一番目。方位では北、時刻では午前零時(レイジ)およびその前後の二時間。月では陰暦(インレキ)の十一月。動物ではネズミにあてる。ね。❽名詞の下につけて調子をととのえることば。接尾辞(セツビジ)。例椅子(イス)。菓子(カシ)。帽子(ボウシ)。

日本語での用法 《こ》親に対する子のような、従属関係にあるもの。「子分(こブン)・子会社(こガイシャ)」

難読 茄子(なす・なすび)・芥子(からし・ケシ)

人名 さね・しげ・しげる・ただ・たね・ちか・つぐ・み・みる

【子芋】(こいも) サトイモの、親芋にできた小さい芋。芋の子。

【子牛】(こうし) 牛の子。表記「▼仔牛・▼犢」とも書く。

【子飼い】(こがい) ①鳥やけものを、生まれたときから育てること。例すずめの—。②やとい人や弟子(デシ)などを、未熟(ミジュク)なうちから一人前になるまで育てること。例—の家来(ケライ)。

【子会社】(こガイシャ) 資本金の半額以上をより大きな会社に従属し、その支配を受ける会社。対親会社。

【子宝】(こだから) (親にとってはどんな宝にもまさる)だいじな子供。例—にめぐまれる。

【子沢山】(こダクサン) (名・形動ダ) 夫婦(フウフ)のあいだに子供が多いこと。例律儀者(リチギもの)の—(＝律儀な人は夫婦仲もよいので子供も多くなる)。

[子部] 0—1画 子 孑 孔

【子供】(こども) ①むすこや、むすめ。また、動物いっぱんの子。対親。例うちの—。②一人前(イチニンまえ)と認められない幼児や少年少女。例—あつかい。—のころの思い出。

【子供心】(こどもごころ) おとなの世界の考え方や道理がわからない子供の心。例—にもおかしいと思う。

【子福者】(こブクシャ) 子供がたくさんいる幸せな人。

【子分】(こブン) ①ある人につき従ってその命令どおりに行動する者。手下。部下。②実の子ではないが自分の子としてあつかう者。▽対親分。表記▽「▽乾▽児」とも書く。

【子煩悩】(こボンノウ) (名・形動ダ) 自分の子供をひじょうにかわいがること。また、その親。例親は—なものだ。

【子守】(こもり) 幼児の世話をしたり遊ばせたりすること。また、その人。例—歌。—奉公(ボウコウ)に出る。

【子役】(こヤク) 芝居(しばい)や映画の、子供の役。また、それを演ずる子供。

【子安貝】(こやすがい) タカラガイ科の大形の巻き貝。古くから安産(アンザン)のお守りとされた。

【子音】(シイン・シオン) (言)ことばを発するとき、吐(は)く息が唇(くちびる)・舌・歯などにぶつかって生じる音(オン)。声帯がゆれ動くか動かないかで、[g][b][d]などの有声子音と、[k][p][t]などの無声子音に分けられる。対母音(ボイン)。

【子規】(シキ・ほととぎす) 初夏に南方から来るわたり鳥で、ウグイスなどの巣にたまごを産み、自分では育てない。鳴き声は「テッペンカケタカ」「ホゾンカケタカ」などと聞こえるという。〔「ほととぎす」は、「杜鵑」「不如帰」「時鳥」などとも書く〕

【子宮】(シキュウ) 女性および哺乳(ホニュウ)動物のめすの体内にあって、胎児(タイジ)を育てる器官。

【子午線】(シゴセン) 〔子(＝北)と午(＝南)を結ぶ線の意〕①天球で、頭の真上を通り、真南と真北を結ぶ大円。②地球の両極を結ぶ、地球の表面の大円。経線。

【子細】(シサイ) ①ものごとのくわしい事情や、わけ。例—を話す。例—ありげなようす。②とりたてて言うべきこと。さしつかえ。例—はない。表記▽「▼仔細」とも書く。

【子子孫孫】(シシソンソン) 〔「子孫」を強めたことば〕ずっとのちのちの子孫。例—にいたるまで語り伝えたい。

【子爵】(シシャク) 貴族の階級の一つ。五等爵(＝公(コウ)・侯(コウ)・伯(ハク)・子(シ)・男(ダン))の第四位。また、その位をもつ人。

【子女】(シジョ) ①むすこや、むすめ。こども。例—の教育に専念する。海外から帰国した—。②むすめ。例良家の—。

【子息】(シソク) (他人の)むすこ。例ご—。

【子孫】(シソン) 子や孫、さらにその子と代々血を引いて生まれる人々。末裔(マツエイ)。対先祖・祖先。例—に伝える。源氏の—。

【子弟】(シテイ) 親の保護のもとにいる年若い人。若者。例—の教育。

【子房】(シボウ) 〔「種子の部屋」の意〕めしべの下のふくらんだ部分。おしべの花粉を受粉したのち、その部分が果実になる。

【子葉】(ショウ) たねが発芽して最初に出る葉。

●案山子(かかし・アンザンシ)・王子(オウジ)・菓子(カシ)・君子(クンシ)・骨子(コッシ)・妻子(サイシ)・冊子(サッシ)・里子(さとご)・実子(ジッシ)・種子(シュシ)・障子(ショウジ)・女子(ジョシ)・精子(セイシ)・扇子(センス)・息子(ソクシ)・団子(ダンゴ)・男子(ダンシ)・調子(チョウシ)・弟子(テイシ・デシ)・天子(テンシ)・鳴子(なるこ)・拍子(ヒョウシ)・父子(フシ)・胞子(ホウシ)・母子(ボシ)・様子(ヨウス)・卵子(ランシ)・利子(リシ)

子 0

【孑】

3画 5351 5B51

音 ゲツ 慣 ケツ 漢
訓 ひとり

意味 ❶右うでがない。❷わずかに残っているようす。ひとつ。ひとり。例孑孑(ケツケツ)。

難読 孑孑(ぼうふり・ぼうふら)

【孑孑】(ケツケツ・ゲツゲツ) ①孤立(コリツ)しているようす。②目立つようす。③小さなようす。④蚊(か)の幼虫。ぼうふら。〔正しくは「孑孒」と書く〕

子 1

【孔】

4画 2506 5B54 常用

音 コウ 漢 ク 呉
訓 あな・はなは-だ

筆順 ㇇ 了 子 孔

なりたち [会意]「乚(＝つばめ)」と「子(＝こ)」とから成る。ツバメは、子をもたらす鳥で、めでたい。派生して「あな」の意。

意味 ❶つきぬけたあな。すきま。例孔版(コウハン)。気孔(キコウ)。鼻孔(ビコウ)。❷大きい。たいそう。はなはだ。例孔徳(コウトク)(＝大きな徳)。孔明(コウメイ)(＝はなはだ明るい)。❸儒教(ジュキョウ)の祖「孔子」のこと。例孔孟(コウモウ)。孔門(コウモン)。

難読 九孔螺(あわび)

人名 ただ・みち・よし

【▽孔▼雀】(クジャク) 東南アジア・インドなどの森林にすむキジ科の大形の鳥。おすの尾(お)には、おうぎ状に広がる美しい羽がある。〔「クジ」とも読む〕

【孔子】(コウシ) 儒教(ジュキョウ)の祖。春秋時代末期の魯ロの思想家。名は丘キュウ。字あざなは仲尼チュウジ。諸国を遊説ユウゼイしたのち、門人の教育に専念し、その言行は、死後、弟子デシによって『論語ロンゴ』にまとめられた。(前五五一?—前四七九)

【孔版】コウハン 〔原紙に孔あなをあけた印刷版の意〕謄写版トウシャバン。例—印刷。

【孔孟】コウモウ 孔子と孟子。

【孔門】コウモン 孔子の門下に学んだ弟子シたち。

【孔老】コウロウ 孔子と老子。

●気孔キコウ・鼻孔ビコウ

子2 **【孕】** 5画 5352 5B55 音ヨウ漢 訓はら-む

意味 胎内タイナイに子供ができる。みごもる。妊娠ニンシンする。はらむ。例孕婦ヨウフ(=妊婦ニンプ)。

日本語での用法《はらむ》①内部に入れてふくらませる。「風かぜを孕はらむ」②内部にふくむ。「危機キキを孕はらむ」③あらかじめ頭の中に用意しておく。「孕はらみ句ク」

子3 **【字】** 6画 2790 5B57 教育1 音シ漢ジ呉 訓あざ・あざな

筆順 丶 丷 宀 宀 宁 字

なりたち [会意]「子シ(=こ)」と「宀(=いえ)」とから成る。子を生み、乳を飲ませて育てる。

意味 ❶やしなう。はぐくむ。例字育ジイク(=はぐくむ)。❷中国で、成人した男女が実名のほかにつけた名。あざな。例、諸葛亮ショカツリョウのあざなは孔明コウメイ。〔古い習慣では、君主・親・先生だけが実名を呼び、それ以外の人は日常、あざなで呼んだ〕❸ことばを書きあらわす記号。もじ。とくに漢字。例字画ジカク。字体ジタイ。漢字カンジ。

日本語での用法《あざ》町や村の中の小さな区画。「大字おおあざ・小字こあざ」

人名 さね・な

【字余り】ジあまり 和歌や俳句などで、句を構成する音節に相当するかなの字数が、定型の五もしくは七より多いこと。

【字彙】ジイ ①漢字を集めて分類し、読み方や意味などを解説した書物。字書。字引。②文字の集合。③明ミンの梅膺祚バイヨウソの漢字字典の名。

【字音】ジオン ①中国語における漢字の発音。②日本に伝わって定着した、日本流の漢字の発音。伝来した時代の系統によって、古音・呉音ゴオン・漢音・唐音トウオン(=宋音ソウオン)などがある。たとえば、「行」の字を、呉音で「ギョウ」、漢音で「コウ」、唐音で「アン」と読むなど。対字訓。

【字音仮名遣い】ジオンかなづかい 日本において、漢字の音をかなであらわすときのかなづかい。とくに伝統的な書きあらわし方を指す。たとえば「ヨウ」という音の、「陽」を「ヤウ」、「要」を「エウ」、「葉」を「エフ」と書き分けるなど。

【字解】ジカイ 文字、とくに漢字の意味や由来を解説すること。

【字画】ジカク 漢字をかたちづくる、個別の点や線。また、その数。例—をはっきり書く。人という字の—は二画である。

【字間】ジカン 文字と文字とのあいだ。また、そのへだたり。例—をあけて書く。

【字義】ジギ 漢字のあらわしている意味。例本来の—を調べる。

【字句】ジク (文のなかの)文字と語句。例—の訂正テイセイ。

【字配り】ジくばり 文を書くときや書道などの、文字の並べ方。文字の配置。例美しい—。—に気をつける。

【字訓】ジクン 〔「字の意味」という意〕日本語としての漢字の読み方の一つ。その字の意味に当たる日本語。また、それがその字の読み方として決まったもの。たとえば、「山」を「やま」、「人」を「ひと」と読むなど。訓。和訓。対字音。

【字形】ジケイ 文字のかたち。単独のもの(たとえば、人・山・魚)と、複合してできたもの(たとえば、信・出・鮮セン)がある。また、学問的な視点から正字・略字・俗字ゾクジなどの区別がある。→【字体】ジタイ

【字源】ジゲン ①漢字の成り立ちの説明。たとえば、「木」が集まったものが「森」であり、「信」は「人」と「言」から成るなど。②かなのもとになった漢字。たとえば、「ア」は「阿」の行書の偏ヘンから、「あ」は「安」の草書から生まれたとする類。

【字書】ジショ 文字(とくに漢字)を集めて、読み方・意味・用法などを説明した書物。字典。字引。→【辞書】ジショ(959ページ)

【字体】ジタイ ①文字の書かれた形。文字の骨組み。漢字についていうことが多い。例旧—。新—。アルファベットのイタリック—。—を変えて書く。②文字の書き方。文字を書くときに、書こうとする、基準の形。類書体。例—をくずさずに書く。③書いた人によってちがってあらわれる、字の形の特徴トクチョウ。筆跡ヒッセキ。例手紙の—が本人のとちがう。→【字形】ジケイ

【字面】ジづら ①書かれた文字や、文字の並びぐあいから受ける感じ。②文章の表面的な意味。例—だけを読んでいる。

【字典】ジテン 文字(とくに漢字)を集め、字形・読み方・意味・使い方などを説明した書物。字書。字引。→【辞典】ジテン(960ページ)・【事典】ジテン(39ページ)

【字引】ジびき 辞書または、字書のこと。例—と首っ引ぴきで原書を読む。

【字母】ジボ ①ことばの音オンをつづるときに、材料として用いる一つ一つの文字。また、言語の音の単位、一つ一つに当たる文字。②活字の鋳型いがたのもとになる文字。母型ボケイ。

【字幕】ジマク 映画やテレビで、画面に文字で映し出す題名・配役名・説明文・せりふなど。スーパーインポーズ。テロップ。

【字林】ジリン 漢字を集めて解説した書物。類字典・字書。

●活字カツジ・漢字カンジ・国字コクジ・誤字ゴジ・習字シュウジ・十字ジュウジ・数字スウジ・脱字ダツジ・点字テンジ・名字ミョウジ・文字モジ

子3 **【存】** 6画 3424 5B58 教育6 音ソン漢ゾン呉 訓あ-る

筆順 一 ナ 𠂇 疒 存 存

なりたち [会意]「子(=こ)」と「在(=みまう)」の省略体とから成る。たずね見舞みまう。

意味 ❶見舞う。安否を問う。いたわる。例存問ソンモン(=たずねて、見舞うこと)。❷ある。いる。生きている。例存在ソンザイ。存亡ソンボウ。生存セイゾン。❸たもつ。そのままの状態にしておく。例温存オンゾン。保存ホゾン。❹思う。なつかしむ。留意する。例存外ゾンガイ。存念ゾンネン。所存ショゾン。

難読 命いのち存ながらえる

人名 あきら・あり・すすむ・たもつ・つぎ・なが・のぶ・のり・まさ・やす・やすし

【存外】ゾンガイ (形動ナ・副)思いのほか。予想していた以上であるようす。案外。例—手間どる。—なことをしてしまう。—うまくいった。

【存在】ソンザイ (名・する)①あること。いること。例—を認めない。神の—を信じる。②あるはたらきや価値を持ってそこにいること、または、あること。また、その人や事物。例貴重な—。

【存在感】ソンザイカン その人がそこにいるだけで感じられる重みや安心感。例—のある人。

【存続】ソンゾク (名・する)存在しつづけること。なくならずにつづいていくこと。

【存置】ソンチ（名・する）制度や組織などをなくさずにそのまま残しておくこと。[対]廃止。[例]会の一を考え直す。
【存知】ゾンチ（名・する）知っていること。心得ていること。[例]その件については、一していない。
【存念】ゾンネン ①つね日ごろ心に思う考え。②思い。所存。[例]一を述べる。ご一をうかがいたい。
【存廃】ソンパイ このまま残しておくことと、やめること。存続と廃止。[例]赤字路線の一について議論する。
【存否】ソンピ ①（ある物や人が）存在するかしないか、ということ。[例]反対者の一を考慮に入れる。②人が健在かどうか、ということ。安否。[例]遭難者の一の確認を急ぐ。
【存分】ゾンブン（形動ナ・副）じゅうぶん。思いどおり。思いきり。[例]思う一。一に休む。一の処置。
【存亡】ソンボウ のこるか、ほろびるか、ということ。存続するか滅亡するか、ということ。[例]危急一のとき。
【存命】ゾンメイ（名・する）この世に生きていること。生存。[例]父の一中。
【存立】ソンリツ（名・する）存在し成り立っていること。[例]国家の一を危うくする。
●異存・温存・共存・現存・生存

子 4
【孝】
7画 2507 5B5D [教育6] [音]コウ[漢] キョウ[呉]

[筆順] 一 十 土 耂 考 孝 孝

[なりたち]  [会意]「老（＝としより）」の省略体と「子（＝こ）」とから成る。子が老人をやしなう。よく父母につかえる。

[意味] ❶父母によくつかえる。[例]孝行。孝子。忠孝。❷祖先をあつくまつる。❸喪にふくす。[例]孝子。

[人名] あつ・あつし・たか・たかし・なり・のり・ゆき・よし

【孝行】コウコウ（名・する）父母をたいせつにし、うやまうこと。[対]不孝。[例]一息子。親一。
【孝子】コウシ ①亡き親をまつるときに、自分をさしていう語。〔親に対してつつしんでいる子の意〕②父母をたいせつにし、よくつくす子。[例]一のほまれが高い。
【孝心】コウシン 父母をたいせつにし、よくつかえようとする心。[例]一が篤い。
【孝▼悌】コウテイ 父母や目上の人によくつかえること。孝弟。[例]一は仁の本。
【孝は百行の本】コウはヒャッコウのもと 親孝行は、人間のあらゆる行為の根本であるということ。〈孝経〉
【孝養】コウヨウ〔「キョウヨウ」とも〕（名・する）父母をうやまい、たいせつに世話をすること。[例]一をつくす。

［子部］4―5画 孝 孜 孚 孛 孝 学

子 4
【孜】
7画 2758 5B5C [人名] [音]シ[漢] [訓]つと-める

[意味]「孜孜」は、仕事につとめ、はげむようす。

[人名] あつ・あつし・ただす・つとむ

子 4
【孚】
7画 5353 5B5A [音]フ[漢][呉] [訓]はぐく-む・やしな-う

[意味] ❶たまごがかえる。たまごをかえす。はぐくむ。[同]孵。[例]孚育（＝たまごをあたためる。かえす）。❷まこと。[例]孚信（＝まこと。真実）。

子 4
【孛】
7画 5354 5B5B [音]一ホツ[漢] ボツ[呉] 二ハイ[漢] [訓]さか-ん・ほうきぼし

[意味] 一（子房がふくらむように）内にひめられた力が外にあらわれる。さかんなようす。[同]勃。二ほうきぼし。彗星。[例]彗孛。

子 4
【孝】7画 ⇩【学】（284ページ）

子 5
【学】
8画 1956 5B66 [教育1] [音]カク[漢] ガク[呉] [訓]まな-ぶ

子13
【學】16画 5360 5B78

子 4
【孝】7画 5361 6588 俗字

[筆順] 丶 丷 ⺍ ⺍ 𭕄 学 学

[なりたち]  [形声]「𦥯（＝ならう）」と「冖（＝おおわれていて、くらい）」と、音「臼キョ→カク」とから成る。知識の足りない者が習い、さとる。

[意味] ❶教えを受ける。勉強する。研究する。まなぶ。[例]学者。学問。勉学。❷まなぶ場所。校舎。まなびや。[例]学園。学校。入学。❸組織化された知識の体系。[例]医学。科学。語学。

[人名] あきら・おさむ・さと・さとる・さね・たか・のり・ひさ

【学位】ガクイ 一定の学術を修めた人にあたえられる称号。もとは博士号と修士号をいったが、一九九一（平成三）年より学士号も追加された。[例]一論文。
【学院】ガクイン「学校」の別の言い方。また、塾などの名称につけることば。
【学園】ガクエン「学校」の別の言い方。〔小学校から大学までなど、いくつかの学校や研究施設を経営する学校法人で用いられることが多い〕[例]一祭。
【学恩】ガクオン 学問や研究のうえで（師・友人・知人から）受けた恩。[例]一に感謝する。
【学外】ガクガイ 学校、とくに大学の組織や敷地のそと。[対]学内。[例]一からの干渉を防ぐ。
【学業】ガクギョウ 学問をすること。また、学校の勉強。[例]一成績。一に励む。一をおろそかにする。
【学芸】ガクゲイ 学問と芸術。学問と技芸。[例]一会。
【学芸員】ガクゲイイン 博物館や美術館などで、資料の整理や展示、もよおし物の企画などをおこなう資格をもった職員。
【学才】ガクサイ 学問の才能。[例]一に秀でる。
【学際】ガクサイ〔英語 interdisciplinary の訳語〕二つ以上の学問が関係していること。二つ以上の学問分野にわたっていること。[例]一的研究。
【学士】ガクシ ①学問する人。学者。②学位の一つ。大学の学部を卒業した者にあたえられる学位。また、その学位をもつ人。[例]一入学（＝大学を卒業した人が、さらに大学の別の学部、または別の課程にはいること）。
【学資】ガクシ 勉強を続けるために必要な資金。生活費もふくまれる。[類]学費。[例]一をたくわえておく。
【学事】ガクジ 学問や学校に関することがら。また、その事務。[例]一課。一報告。
【学識】ガクシキ 学問を通じて身につけた、深い知識や見識。[例]一経験者。
【学舎】ガクシャ 学問・教育の場となる建物。まなびや。[類]学校。
【学者】ガクシャ ①学問研究を専門にしている人。②学問を身につけた人。知識の深く豊かな人。[例]なかなかの一だ。
【学習】ガクシュウ（名・する）知識や技能などを学んで身につけること。とくに、学校で勉強すること。[例]一時間。日本語の一。
【学術】ガクジュツ ①専門的な学問。[例]一書。一用語。②学問と技術。例ー優秀シュウ、品行方正。

【学殖】ガクショク 学問によって身につけた深い知識。例豊かなーに裏打ちされた意見。

【学生】ガクセイ 学校で教育を受けている人。とくに、大学生・短大生。→【児童】ジドウ(103ページ)・【生徒】セイト(672ページ)

【学制】ガクセイ 学校や教育に関する制度。例ー改革。

【学績】ガクセキ ①学問上の業績。②学業の成績。

【学籍】ガクセキ その学校の在学者として、正式に登録すること。例ー簿ボ。ーを失う。

【学説】ガクセツ 学問上の説。学問上の問題点について、研究の結果をまとめた理論や考え方。例新しいーを発表する。

【学窓】ガクソウ 学問をする場所。学校。例ともにーを巣立つ。

【学僧】ガクソウ ①学問を積んだ僧。例ーとしての弘法大師コウボウダイシ。②仏教の教義を専門に勉強する僧。修学中の僧。

【学則】ガクソク その学校の、教育上のことや管理上のことがらを定めた規則。

【学長】ガクチョウ 大学で校務をつかさどり、教職員を統率トウソツ・監督カントクする最高責任者。〔総合大学の学長を、古い習慣を守って「総長」ということもある〕

【学徒】ガクト ①学生と生徒。例ー動員。ー出陣シュツジン。②学問研究にたずさわる人。学者。例ーらしくない教授。

【学童】ガクドウ 小学校でまなぶ児童。小学生。例ー保育。

【学徳】ガクトク 学問と徳行トッコウ。学問があることと、おこないが道にかなっていること。例ー兼備ケンビの聖人。

【学内】ガクナイ 学校、とくに大学の組織や敷地シキチのなか。校内。対学外。

【学年】ガクネン ①一年をひと区切りとした、学校教育の期間。例ー試験。ー末。②修学期間によって分けた児童や生徒・学生の段階。例ー主任。第三ー。

【学派】ガクハ ある学問で、学説のちがいによって生じた系統。学問上の流派。例ヘーゲルー。

【学閥】ガクバツ 同じ学校の出身者だけで自分たちにつごうよく事が運ぶように、他の人を排除ハイジョするグループ。例ーのつよい教授会。

【学費】ガクヒ ①書籍代ショセキダイなど勉学に必要な費用。類学資。②授業料。類学資。例ー値上げ。ーをととのえる。

【学府】ガクフ 学問を志す人が集まるところ。学問の中心となるところ。学校。例最高ー。

【学部】ガクブ ①大学で、専攻センコウの分野によって大きく分けたそれぞれの部。例法ー。②〔大学院に対して〕ふつうの四年制大学の課程。例ーの学生。

【学風】ガクフウ ①学問をするうえでの、考え方や方法についての特色。②学校の伝統的な気風。校風。例自由なー。

【学報】ガクホウ ①学術上の報告。また、そのための雑誌。②大学の状況ジョウキョウを知らせるための報告。また、その報告書。

【学帽】ガクボウ 学生や生徒がかぶるものとして、学校で指定した帽子。制帽。学生帽。

【学務】ガクム (役所などの事務の区分で)学校や教育に関する事務。例ー課。

【学名】ガクメイ ①動植物にラテン語の形でつけた、世界共通の学術上の名前。例トキのーはニッポニア-ニッポンという。②学問上の名声。例ーがあがる。

【学問】ガクモン □(名・する)まなぶこと。勉強をすること。また、学んで得られた体系的な知識。例ーに励はげむ。ーがある。□(名)知識の習得、情報の分析ブンセキ、理論の構築などの、体系的な知的活動の総体。例ー的。

【学友】ガクユウ 同じ学校でいっしょに勉強している友人。例ー会。中学以来のー。

【学用品】ガクヨウヒン えんぴつ・消しゴム・ノート・かばんなど、学校で勉強するときに使うもの。

【学理】ガクリ 学問上の原理や理論。例ー的に説明する。

【学寮】ガクリョウ ①学校の寄宿舎。②寺院に付属して設けられた僧尼ソウニのための学校。

【学力】ガクリョク 勉強して身につけた知識や能力。例ー検査。ー不足。ーが向上する。

【学齢】ガクレイ ①義務教育を受ける年齢。日本では、小学校・中学校の期間。満六歳サイから十五歳まで。例ーに達する。②小学校に初めてはいる年齢。満六歳。

【学歴】ガクレキ その人が、いつ、どこの学校を卒業し、何を勉強したかという経歴。例ー社会(=学歴を重要視する社会)。ーを問わない。

【学割】ガクわり 「学生割引」の略。学生・生徒の鉄道運賃や劇場の入場料などを、安く割り引く制度。

【学科】ガッカ 〔「学問の科目」の意〕①学校での学習科目。類教科。例好きなーは数学です。②教室での講義によって学ぶ科目。例看護のーより実習のほうがおもしろい。③大学の学部を、さらに専門によって分けたもの。例社会学部情報ー。文学部英文ー。

【学会】ガッカイ 同じ分野の研究者でつくった、学術研究のための団体。また、その集会。例物理ー。ーで発表する。

【学界】ガッカイ 学問の世界。学者の社会。

【学監】ガッカン 学校で、校長を補佐ホサし、学生・生徒の監督カントクをする役。また、その人。

【学館】ガッカン 学問をするための建物。学問所ガクモンジョ。学校。

【学期】ガッキ 学校で、一年間を三つまたは二つに分けた、それぞれの期間。例ー試験。新ー。

【学究】ガッキュウ ひたすら学問や研究にはげむ人。学者。例ー肌はだの人。

【学級】ガッキュウ ①学校で授業のために、児童・生徒を一定の人数に分けた一団。組。クラス。例ー担任。ー委員。②学習のために作ったグループ。クラス。例母親ー。

【学区】ガック 公立学校別に決められている通学区域。類校区。例ー制。

【学兄】ガッケイ 学問の社会で、同輩ドウハイ・友人・後輩に対して、うやまう気持ちで使うことば。〔「学問における先輩」の意で、手紙の用語として、男性どうしが使う〕

【学校】ガッコウ 学生・生徒・児童を、教師が教育するところ。例ー図書館。各種ー。

【学まなびて思おもわざれば▽則すなわち▼罔くらし】 学問をしても、自分で考えることをしなければ、ほんとうにわかったとはいえない。〔考えてばかりいて、教えを受けようとしないと、ひとりよがりになるおそれがある、と続く〕(論語ロンゴ)

●医学ガク・化学カガク・科学カガク・漢学カンガク・共学キョウガク・苦学クガク・見学ケンガク・工学コウガク・語学ゴガク・国学コクガク・在学ザイガク・私学シガク・就学シュウガク・進学シンガク・数学スウガク・退学タイガク・哲学テツガク・独学ドクガク・入学ニュウガク・博学ハクガク・物理学ブツリガク・文学ブンガク・勉学ベンガク・法学ホウガク・夜学ヤガク・洋学ヨウガク・力学リキガク・留学リュウガク

子 5

【季】

8画 2108 5B63 教育4 音キ漢呉 訓すえ・とき

筆順 一 ニ 千 禾 禾 季 季 季

なりたち [会意]「子(=こ)」と「稚チ→キ(=おさない)」の省略体とから成る。きょうだいのうちで、最もおさない子。

意味 ❶きょうだいのなかでいちばん年下の者。すえ。また、年わかい。小さい。おさない。〔きょうだいを年長の者から順に、伯ハク(または孟)・仲・叔・季という〕例季弟(＝末の弟)。❷一年を三か月ずつ春夏秋冬に分けた、それぞれの終わりの月。また、ある時代の終わり。すえ。例季春(＝陰暦三月)。季世(＝末の世。まっせ)。❸春夏秋冬それぞれの期間。ある一定の期間。とき。例季節。雨季。四季。

日本語での用法《キ》俳句で、句に詠みこむ四季の景物。「季語・季題・季寄せ・無季俳句」

難読 季冬しわす

人名 とし・みのり・みのる

【季月】四季それぞれの、終わりの月。陰暦の、三月・六月・九月・十二月をさす。

【季刊】(雑誌などを)年に四回、季節ごとに発行すること。また、その出版物。対日刊・週刊・月刊・年刊。例―誌。

【季語】俳句や連歌の約束ごとで、季節をあらわすことになっていることば。「霞」は春、「菊」は秋、など。季題。

【季候】季節によって変化する気象の状態。時候。例―がよい。温暖な―。

【季節】①一年を気候の変化にしたがって、いくつかに分けた期間。春夏秋冬、雨季・乾季など。シーズン。例若葉の―。―はずれの大雪。②あることにちょうどよい時期。また、何かが集中して起こる時期。シーズン。例苦難の―。今が―の野菜。

【季節風】毎年、季節によって決まった方向にふく風。大陸と海洋の温度の差によって生じる。日本では、夏は南東風、冬はその逆方向にふく北西風。モンスーン。

【季題】①句会などで、俳句を作る題として出される季語。②「季語」に同じ。例―をよみこむ。

【季寄せ】俳句の季語を集めた本。

●夏季・四季・秋季・春季・節季・冬季・年季

子 5 【孥】 8画 5355 5B65 音ド漢 ヌ呉

意味❶子。また、妻子。同帑。例妻孥。❷やっこ。しもべ。同奴。例孥輩(＝しもべたち)。

子 5 【孟】 8画 4450 5B5F 人名 音モウ漢 訓かしら・はじ-め・つと-む

なりたち［形声］「子(＝こ)」と、音「皿→モウ」とから成る。いちばん上の子。

意味❶きょうだいのなかでいちばん年上の者。長男。長女。〔きょうだいを年長の者から順に、孟(または伯)・仲・叔・季という〕❷四季の、それぞれ最初の一か月。〔季節は、孟・仲・季の順〕例孟夏。孟月(＝四季それぞれの、はじめの月)。❸大きい。たけだけしい。同猛。例高言孟行。❹戦国時代の儒家の思想家、孟子のこと。例孟母三遷。孔孟。

人名 おさ・たけ・たけし・とも・なが・はじむ・はる・もと

【孟夏】夏の初めの月。陰暦四月。初夏。

【孟月】四季それぞれの最初の月。陰暦の、正月・四月・七月・十月をさす。

【孟子】①戦国時代の思想家。魯の鄒の人。名は軻、字は子輿。孔子の教えをつぎ、仁や孝悌を重んじ、性善説をとなえた。(前三七二―前二八九)↓【孟母三遷】・【孟母断機】②(『毛詩』と区別して「モウジ」ともいう)孟子の言行をしるした書。四書の一つ。

【孟秋】秋の初めの月。陰暦七月。初秋。

【孟春】春の初めの月。陰暦一月。初春。

【孟宗】①三国時代、呉の人。病床の老母の求めに応じて冬にタケノコをさがし歩いたところ、その孝心の厚さゆえに、雪の中からタケノコが生えてきた、という故事で有名。〈二十四孝〉②「孟宗竹」に同じ。

【孟宗竹】タケの一種。タケのなかでは最大の品種で、タケノコを食用とする。

【孟冬】冬の初めの月。陰暦十月。初冬。

【孟母三遷】子供の教育には環境がたいせつであるということ。三遷。三遷の教え。

故事のはなし 戦国時代の思想家、孟子の家は墓地の近くにあったが、幼い孟子が葬式のまねばかりして遊ぶので、母は、市場の近くにひっこした。すると孟子は商売のまねをするので、さらに学校の近くへひっこした。孟子は礼儀作法のまねをするようになり、母は安心してここに住まいを定めた。〈列女伝〉

【孟母断機】学問やものごとをとちゅうでやめてしまってはいけない、といういましめ。断機の戒め。〔戦国時代の思想家、孟子が学業をとちゅうでやめて家に帰ってきたとき、機を織っていた母が、織りかけの糸を断ち切って、学問も中途でやめてしまっては、この布と同じように役に立たなくなる、といいましめた故事による〕〈列女伝〉

子 6 【孩】 9画 5356 5B69 音カイ漢 ガイ呉 訓ちのみご

意味 赤んぼう。ちのみご。また、赤んぼうの笑うようす。〔現代中国語で「孩子」は子供をいう〕例孩嬰(＝みどりご)。

難読 孩児みどりご・ちのみご

【孩児】みどりご。幼い子。

【孩提】二、三歳ほどの幼児。

子 6 【孤】 9画 2441 5B64 常用 音コ漢呉 訓ひと-り

筆順 了 子 孑 孤

なりたち［形声］「子(＝こ)」と、音「瓜カ→コ」とから成る。幼くして父をなくした子。

意味❶父または両親をなくした子。みなしご。例孤児。六尺之孤(＝父をなくして幼少で即位した君主。六尺は昔の中国で、約一三五センチメートル)。❷なかまがなくひとりぼっちでいるようす。ひとつ。ひとり。例孤高。孤独。孤立無援。❸諸侯が自分をへりくだっていうことば。わたし。例孤之有二孔明一、猶二魚之有一レ水也(＝わたしに孔明がいてくれるのは、ちょうど魚に水があるようなものだ)。〈十八史略〉

難読 孤みなしご

人名 かず・とも

【孤雲】（コウン） 一つだけ他とはなれてうかんでいる雲。ひとりぼっちの者のたとえ。

【孤影】（コエイ） ひとりぼっちのさびしげな姿。例―悄然。

【孤▼雁】（コガン） 群れからはなれて、ただ一羽だけでいるガン。

【孤軍】（コグン） 助けが得られないで、孤立している軍隊。

【孤軍奮闘】（コグンフントウ） （名・する） ①援軍もなく、孤立した少数でよく戦うこと。例―囲みを破って帰る。②たった一人で、いっしょうけんめい努力すること。

漢字に親しむ ⑩ 「雲孫」ってどんな孫？

お父さんのお父さんはおじいさん、そのお父さんは曽おじいさん、その上は？――ちょっと出てきませんね。子供のほうでやってみましょう。子供の子供は孫、その子は曽孫、その子はやしゃご、その子は？――これもこのあたりまでですね。しかしこれが漢語のほうになるとなかなかこんなものでなく、実に完備しています。本人を中心に上下に列挙してみましょう。

高祖―曽祖父―祖父―父―**本人**―子―孫―曽孫―玄孫―来孫―昆孫―仍孫―雲孫

中国の「孝」の観念や「家」の思想というものは日本よりも徹底していて、血縁の子孫を絶やすことは絶対にさけるべきことと考えられていたようです。そういう考え方が先祖や子孫の名称にも反映し、こんなに何代にもわたってきちんとした呼び名がついたのだといえるでしょう。

【孤▼閨】（コケイ） 夫が長く不在で、妻が独りねること。また、その部屋。例―を守る。

【孤月】（コゲツ） 空にぽつんとうかび、ものさびしげに見える月。

【孤剣】（コケン） ①たった一本の剣。②一本の剣しか身に帯びていないこと。また、その人。例―をたのみ、敵中に入る。

【孤高】（ココウ） （名・形動ダ） 低俗な人々からはなれて、ただ独り、けだかさを保っていること。例―の士。―を持する。

【孤児】（コジ） 両親に死に別れた子。みなしご。例戦災―。

【孤舟】（コシュウ） （広い水面にうかぶ）一艘の小さなふね。

【孤愁】（コシュウ） ただ独り悲しいもの思いにしずむこと。

【孤城落日】（コジョウラクジツ） 〔孤立して援軍のない城にさびしく射している夕日〕勢いがおとろえて、心細げなようす。

【孤絶】（コゼツ） ひとりだけ取り残され、つながりがなくなること。

【孤灯】（コトウ） ただ一つさびしくともっているともしび。

【孤島】（コトウ） 他の島や陸地から、ぽつんと一つだけ遠くはなれている島。はなれじま。類離島。例絶海の―。陸の―（＝極端に交通や通信が不便な土地）。

【孤独】（コドク） （名・形動ダ） （身寄りや友人もなく）ひとりぼっちであること。また、心のかよう相手がいないこと。例―な生活。―感。

【孤立】（コリツ） （名・する） 行動をともにするなかまや助けがなくて、ひとりだけであること。例―感を深める。

【孤立無援】（コリツムエン） なかまや助けがまったくなく、たったひとりであること。例―で奮戦する。

【孤塁】（コルイ） 味方からはなれて敵の中にたった一つ残っているとりで。例ひとり―を守る。

子 7

【孫】

10画 3425 5B6B 教育4 音ソン漢呉 訓まご

筆順 了 孑 孖 孫 孫 孫

なりたち 〔会意〕「系（＝つづく）」と「子（＝こ）」とから成る。子につづく子。

意味 ❶㋐子の子。まご。例外孫。嫡孫。㋑まご以下の血すじを引いて生まれるもの。例王孫（＝王・貴族の子孫）。子孫。❷姓の一つ。例孫権。孫子。

難読 王孫

人名 さね・そ・ただ・ひこ・ひろ

【孫権】（ソンケン） 三国時代の呉の君主。蜀の劉備とともに魏の曹操の南進を赤壁で阻止し、江南に勢力を確立して皇帝に即位した。（一八二―二五二）

【孫康】（ソンコウ） 晋代の政治家。陝西省の人。若いころ貧乏で、ともし火の油を買うことができず、冬の夜に雪明かりで勉強したという。→【蛍雪の功】（875ページ）

【孫子】（ソンシ） ①春秋時代の兵法家。名は武。呉王の闔閭につかえ、戦功をたてた。戦法についてすぐれた論をもち、兵法の祖とあおがれる。兵法書『孫子』は、その著とされる。例―の兵法。②戦国時代の兵法家、孫臏〔「臏」は、足切りの刑の意〕のこと。魏の龐涓の中傷により、両足を切られたが、斉の軍師となり、龐涓を敗死させた。

【孫文】（ソンブン） 中国の革命家・政治家。清朝をたおす革命運動に加わり、三民主義をとなえる。辛亥革命で中華民国の臨時大総統に就任。数々の事績がある。（一八六六―一九二五）

【孫弟子】（まごデシ） （直接教えを受けた弟子でなく）その先生の弟子の弟子。

【孫引き】（まごびき） ほかの本に引用されている文章や学説を、もとの本で確認しないで、そのまま引用すること。

【孫娘】（まごむすめ） 自分の子の娘。孫にあたる娘。

○●初孫・外孫・玄孫・子子孫孫・子孫・曽孫・末孫・令孫

子 8

【孰】

11画 5357 5B70 音シュク漢ジュク呉 訓いず-れ・たれ

意味 ❶じゅうぶんに…する。同熟。例孰視。孰成。❷〔助字〕㋐「たれ（か）」と読み、疑問・反語をあらわす。例孰能無レ惑（＝どうして疑問をもたない者があろうか）。㋑「いずれ（か）」と読み、どちらが…か、の意。選択の疑問をあらわす。例礼与レ食孰重（＝礼と食とではどちらが重大か）。〈孟子〉

子 9

【孱】

12画 5403 5B71 音サン漢セン漢 訓つたな-い・よわ-い

意味 よわよわしい。よわい。例孱弱（＝かよわい）。

子 9

【孳】

12画 5358 5B73 音シ漢ジ呉 訓う-む・つと-める・つる-む

意味 ❶生まれる。うむ。例孳生。❷ふえる。ふやす。

子 11 【孵】 14画 5359 5B75 音フ漢 訓かえ-す・かえ-る

意味 たまごをかえす。たまごがかえる。例孵化フカ。孵卵フラン。

【孵化】フカ (名・する) たまごがかえること。たまごからひなや子が産まれ出ること。

【孵卵】フラン (名・する) たまごがかえること。たまごをかえすこと。例—器(=人工的に、動物のたまごをかえす装置)。

子13 【學】 16画 ⇩【学】ガク(284ページ)

子 14 【孺】 17画 5362 5B7A 音ジュ漢 訓ちのみご・おさな-い

意味 ❶おさない子。ちのみご。例孺嬰ジュエイ(=みどりご)。孺子ジュシ。婦孺フジュ(=婦人と子供)。❷したう。つきしたがう。

【孺子】ジュシ ①子供。幼児。②一人前イチニンマエになっていない若者を見くだしていうことば。小僧コゾウ。若造ワカゾウ。例—教オシうべし(=この小僧はみこみがある)。〈史記シキ〉

40 3画 宀 うかんむり部

屋根におおわれた家の形をあらわす。片仮名の「ウ」に形が似ている冠カンムリ(=漢字の上がわの部分)であることから「うかんむり」という。「宀」をもとにしてできている漢字を集めた。

0 宀 2 它 宂 3 安 宇 守 宅 4 完 宏 宍 宋 5 宛 官 宜 実 宗 宙 定 宕 宝 6 客 室 宣 宥 7 宴 家 害 宦 宮 宰 宵 宸 容 害 宵 8 寅 寄 寇 宿 寂 密 寃 9 寒 寓 寔 寐 富 寒 10 寛 寝 寞 11 寡 寤 寨 察 寧 寥 寛 實 寢 寧 12 審 寮 寫 13 寰 16 寵 寳 17 寶

この部首に所属しない漢字

穴⇩穴 739 字⇩子 283 牢⇩牛 648 究⇩穴 739
空⇩穴 739 突⇩穴 740 窃⇩穴 741 突⇩穴 741
案⇩木 524 窓⇩穴 741 窒⇩穴 742 塞⇩土 238
窪⇩穴 742 蜜⇩虫 878 窮⇩穴 742 窯⇩穴 743
賓⇩貝 939 憲⇩心 412 賽⇩貝 940 蹇⇩足 948

宀 0 【宀】 3画 5363 5B80 音ベン漢メン呉

意味 高い屋根。高い屋根の家。

宀 2 【它】 5画 5364 5B83 音タ漢 訓へび

意味 ❶ヘビ。マムシ。同蛇タ。❷ほか。よそ。別の。同他タ。例它意タイ(=ふたごころ)。它人タニン(=ほかの人)。〔近世以後の中国語では、三人称サンニンショウの事物をあらわす代名詞として用いられる〕

宀 2 【宂】 5画 ⇩【冗】ジョウ(118ページ)

宀 3 【安】 6画 1634 5B89 教育3 音アン漢呉 訓やす-い・やす-らか

筆順 丶 丶 宀 宀 安 安

なりたち [会意]「女(=おんな)」が「宀(=いえ)」の中にいる。おちついて、やすらか。

意味 ❶事件や心配ごとがなく、心がおだやか。やすらか。やすらぐ。やすんじる。例安心アンシン。安全アンゼン。平安ヘイアン。❷すえる。おく。おちつける。例安置アンチ。❸〔助字〕㋐「いずくにか」と読み、どこに、の意。場所について、疑問・反語をあらわす。例沛公安在ハイコウいずくにかある(=沛公はどこにいるか)。〈史記シキ〉㋑「いずくんぞ」と読み、どうして、の意。理由について、疑問・反語をあらわす。例安有レ故いずくんぞコある(=どうして知り合いなのか)。

日本語での用法 一《あ》「あ」の音にあてる万葉がな。「安積山あさかやま・安達あだち・安倍あべ」 二《やすい》①品物の値段が低い。「安価アンカ」②たやすい。てがるな。「安易アンイ・安直アンチョク」

難読 安孫子あびこ(=地名・姓セイ)

人名 さだ・しず・やす・やすし

【安芸】あき 旧国名の一つ。今の広島県の西部にあたる。芸州ゲイシュウ。

【安房】あわ 旧国名の一つ。今の千葉県南部にあたる。房州ボウシュウ。

【安易】アンイ (名・形動ダ) ①たやすいこと。例—な問題。②いいかげんなこと。安直アンチョク。例—な考え。

【安逸】アンイツ (名・形動ダ) 安心して楽しむこと。(仕事をせず)のんびり暮らすこと。例—をむさぼる。表記 ⑪安▼佚

【安価】アンカ (名・形動ダ) ①値段がやすいこと。類廉価レンカ。対高価。例—で仕入れる。②やすっぽいこと。例—な同情を買う。

【安▼臥】アンガ (名・する) 楽な姿勢で横になること。例—するに足る住まい。

【安閑】アンカン (形動タルト) ①静かでのんびりしたようす。例—と日をおくる。②ぼんやりしているようす。例—としている場合ではない。

【安危】アンキ 安全と危険。また、安全か危険か。例国家の—がかかっている。

【安居】 一アンキョ (名・する) ①何もしないで家にいること。例一日も—せず。②現状に満足して、のんきに過ごすこと。 二アンゴ (名)〔仏〕僧ソウが夏期、三か月間外出せず、座禅ザゼンして修行シュギョウすること。

【安康】アンコウ 〔「康」も、やすらかの意〕なにごともなく無事なこと。類安泰アンタイ。例国家—。

【安国】アンコク 国を平和に治めること。また、よく治まっている国。例『立正リッショウ—論アンコクロン』〈日蓮ニチレンの著作〉

【安座】アンザ (名・する) ①おちついてすわること。②あぐらを組むこと。③(危急の場合なのに)何もしないでいること。例手をつかねて—している。④〔仏〕仏像を堂の中に安置すること。表記 ▽⑪安▼坐

【安産】アンザン (名・する) 苦しみの少ない無事な出産。対難産。例—のお守り。女児を—する。

【安住】アンジュウ (名・する) ①心やすらかに、すむこと。例—の地。②現状に満足して、向上心をなくすこと。例小さな成功に—する。

【安心】 一アンシン (名・する・形動ダ) 心配ごとがなくて、心がおちついていること。類安堵アンド。対心配。例—感。 二アンジン (名)〔仏〕さとりをひらくこと。信仰シンコウが身について、心が安定すること。

【安心立命】アンシンリツメイ|アンジンリュウメイ 〔仏〕信仰シンコウによって自分の運命を知り、外部のどのようなことにも心を乱されたり迷わさ

れたりしないこと。

【安静】(名・形動ナ)しずかにおちついていること。とくに療養のために、からだを動かさないでねていること。例絶対—。—にして過ごす。

【安全】(名・形動ナ)危なくないこと。無事。類安泰。対危険。例交通—。—な方法を考える。

【安全装置】機械や銃砲などが、不必要な、また、危険な作動をしないようにするしかけ。

【安全弁】①ボイラー内の気圧が上がりすぎないように余分な蒸気をぬくための弁。エアポンプやエアタンクにも使う。②危険を事前に防ぐ装置や方法。例景気の—。表記▽旧安全▼瓣

【安息】(名・する)心地よく休むこと。例ゆっくり—する時間がほしい。

【安息日】〔「アンソクジツ」「アンソクび」とも〕仕事を休んで神につかえる日。キリスト教では日曜日をいう。

【安打】(名・する)野球で、ボールを打った打者が相手のエラーなどによらずに、出塁できる当たり。ヒット。例三打数三—。

【安泰】(名・形動ナ)〔「泰」も、やすらかの意〕無事なこと。事故や危険、また不安や心配などのないこと。類安康・安寧・安穏・平穏。例一家の—を祈る。

【安宅正路】仁と義。〔「仁は人の安宅(=やすらかな家)なり、義は人の正路(=ふむべき正しい道)なり」による〕〈孟子〉

【安置】(名・する)仏像などを一定の場所に、すえ置くこと。例遺体を—する。

【安着】(名・する)無事に到着すること。例本日、任地に—しました。

【安直】(名・形動ナ)〔「直」は、値段の意〕①やすい値段。安価。例昼は—なランチですませた。②気軽なこと。例—な考え。

【安定】(名・する)①おちついていて、変化や乱れがないこと。対変動。例生活が—した。②もののすわりがよいこと。例—した家具。—性を欠く。

【安▼堵】(名・する)〔「堵」は、垣の意〕①家をとりまく垣に安心して、やすらかに暮らすこと。②心配ごとがなくなり、ほっとすること。例—の胸をなでおろす。③封建時代、将軍や領主が、家臣の領地の所有権を公認したこと。例領地を—する。

【安寧】(名・形動ナ)〔「寧」も、やすらかの意〕異変や不安などがないこと。類安心・安泰。例—秩序を守る。

【安穏】(名・形動ナ)なにごともなく平和なこと。類安泰・平穏。例—無事な生活。

【安排】(名・する)配置や処置を適切にすること。例植木の—をよくする。表記「▼按排・▼按配」とも書く。

【安否】無事であるか、どうか。〔とくに人の身の上についていう〕例—を気づかう。

【安眠】(名・する)心地よくねむること。例—を妨害する。

【安楽】(名・形動ナ)苦痛や心配ごとがなく、心身ともに楽なこと。例—椅子。後世—。—に暮らす。

【安楽死】助かる見こみのない病人を、本人の依頼、または承諾を得て、人為的にやすらかに死なせること。また、その死。

【安▼禄山】唐代の玄宗皇帝のときの武将。七五五年に乱を起こし、翌年、皇帝を称したが、やがて自分の子に殺された。(?—七五七)

【安手】(名・形動ナ)値段がやすいこと。やすくて低級なこと。例—の品。

【安値】①やすい値段。対高値。②〔経〕株の取り引きで、その日のいちばんやすい値段。

【安普請】やすい費用で家を建てること。また、その家。やすっぽい建物。

【安物】値段がやすく、品質の悪いもの。安手。例—買いの銭失い(=安物は質が悪いので、かえって損になる)。

●慰安・公安・大安・治安・平安

宀 3 【宇】 6画 1707 5B87 教育6 音ウ漢呉 訓のき・いえ

筆順 、 、 宀 宀 宇

なりたち [形声]「宀(=いえ)」と、音「于ゥ」とから成る。建物の、のき。

意味 ❶やね。のき。ひさし。また、いえ。たてもの。例宇下(=のきした)。堂宇。❷世界をおおう、大きい屋根のような天。空間的なひろがり。天地四方。例宇内。宇宙。❸器量。度量。例気宇。

人名 お・くに・たか・たかし・ね・ひさ・ひろ

【宇内】世界。天下。例—の形勢を見る。

【宇宙】①〔英語 universe の訳語〕すべての天体をふくむ空間のひろがり。とくに、地球の大気圏外。例—空間。②〔英語 cosmos の訳語〕一定の秩序をそなえた世界。例小—。

【宇宙船】人間や動物が乗って、宇宙を飛ぶ飛行体。

【宇宙線】宇宙から地球にたえまなく降り注ぐ、高エネルギーの放射線。

宀 3 【守】 6画 2873 5B88 教育3 音シュウ漢 シュ・ス呉 訓まも-る・もり・かみ・まも-り

筆順 、 、 宀 宀 守 守

なりたち [会意]「宀(=役所でする仕事)」と「寸(=きまり)」とから成る。役所の仕事を、きまりどおりにおこなう。

意味 ❶失わないように保つ。みまもる。みはる。例守株。守成。保守。❷他からおかされるのをふせぐ。防衛。まもり。例守護。守備。攻守。❸地方長官。郡の長官。例郡守。太守。

日本語での用法 一《まもり》神や仏のおまもり。「守り札・お守り」 二《もり》世話をする(人)。「守役・子守り・墓守・宮守」 三《かみ》律令制の四等官で「国司」の第一位。長官。「国守・土佐守」

難読 守宮

人名 え・おさむ・さね・たもつ・つかさ

【守衛】一(名・する)まもること。まもる人。二(名)学校や官庁・会社などの警備をする人。

【守旧】古いしきたりやならわしをまもり、前例にだけ従うこと。類墨守・保守。

【守護】一(名・する)まもること。類警護・警固。例—神。二(名)鎌倉・室町時代、警備や治安などのために、地方の国々に置かれた武士の職名。のちに強大になり、やがて守護大名となる。守護職。

【守死】(名・する)いのちがけでまもること。死を覚悟しておこなうこと。類死守。

【守▽株】(名・する) 古い習慣に従うだけで、進歩のないこと。ゆうずうのきかないこと。株を守る。

故事のはなし 昔、宋の国の男が畑しごとをしていると、ウサギがとんできて畑の中の切り株に頭をぶつけて死んでしまった。これを見た男は、もう一ぴきつかまえてやろうと、しごとはそっちのけにして切り株の見張りをしたが、もうウサギはあらわれず、みんなの笑い者になってしまった。(韓非子)

【守成】(名・する) 創業者のあとを受けついで、事業の基礎を固め、まもること。例創業は易く―は難し。

【守勢】①敵の攻撃を防ぎまもること。②まもりの軍勢。対攻勢。例―に立つ。

【守拙】世渡りがへたでも、自分の生き方をまもりとおすこと。

【守戦】①まもることと、たたかうこと。例―両様の構え。②敵の侵入を防ぐたたかい。類防戦。例―に徹する。

【守銭奴】お金をたくわえるだけで、わずかな出費をもいやがる者。

【守秘】(名・する) 秘密を他人に知らせないこと。例―義務(=医師や弁護士などが、職務上知った他人の秘密をまもらなければならない義務)。

【守備】相手の攻撃にそなえて、まもること。防備。防御。対攻撃。例―を固める。

【▽守▽宮】有鱗目ヤモリ科の爬虫類。からだはトカゲに似る。足の指先に吸盤があり、家のかべなどをはって、昆虫を捕食する。

●看守・厳守・攻守・死守・順守・遵守・鎮守・墨守・留守

宀3 【宅】 6画 3480 5B85 教育6 音タク漢

筆順 、 丶 宀 宀 宀 宅

なりたち [形声]「宀(=いえ)」と、音「乇タ」とから成る。人が身を寄せるところ。

意味 住んでいるところ。いえ。やしき。例宅地・自宅・住宅。

日本語での用法《タク》①妻が他人に対して、自分の夫または家を指していう。「宅に申し伝えます・ずっと宅におります」②相手や相手の住居・家庭・組織・会社などを指していう。「お宅さまでは……・お宅の近所」

難読 三宅・安宅(=地名・姓)・大宅(=姓)

人名 いえ・おり・やか・やけ

【宅診】(名・する) 医師が自宅で診療すること。

【宅地】住宅を建てるための土地。例―造成。

【宅配】(名・する) 荷物や新聞などを、あて名の人のところまで届けること。類宅送。例―便。

●帰宅・在宅・社宅・拙宅・尊宅・邸宅・別宅

宀4 【完】 7画 2016 5B8C 教育4 音カン漢 訓まった-し・まっと-うする

筆順 、 丶 宀 宀 宀 宇 完

なりたち [形声]「宀(=いえ)」と、音「元ゲン→カン」とから成る。欠けたところがない。

意味 ❶すべてそなわっていて、欠けたところがない。まったい。例完全・完備・補完。❷そこなわないように保つ。まっとうする。例完璧。❸ものごとをなしとげる。すっかりできあがる。しおえる。例完結・完成・未完。

人名 おさむ・さだ・たか・たもつ・とおる・ひろ・ひろし・まさる・また・まもる・みつ・みつる・ゆたか・よし

【完泳】(名・する) 目標として定めた距離の水面を、全部およぎきること。

【完結】(名・する)(続いていたものが)すべて終わり、まとまること。類完了。例―編。自叙伝を―する。

【完済】(名・する) 借りたものを(一部分ずつ返していって)すっかり返し終わること。例借金を―する。

【完熟】(名・する) 果実や種子がじゅうぶんに生長しきること。例―したトマト。

【完勝】(名・する) 戦いやスポーツの試合で、悪いところが一つもないほど、相手をおさえきって勝つこと。類大勝・圧勝。対完敗。例チーム全員の活躍で―した。

【完新世】地球の歴史で、地質時代新生代第四紀の後半の時代。約一万一七〇〇年前から現在までの期間。沖積世。

【完遂】(名・する) 計画などを完全にやりとげること。例任務を―する。

【完成】(名・する) ものごとが、すっかりできあがること。また、すっかりしあげること。類成就・完了。例―度が高い。

【完全】(名・形動) 必要な条件や要素が、すべてそろっている。欠点がないこと。類完璧・万全。例―装備。

【完全燃焼】(名・する) ①酸素がじゅうぶん供給されて、ものが燃えつきること。②体力や気力を使いはたして努力することのたとえ。例最後の試合で―する。

【完全無欠】(名・形動) 不足や欠点がまったくないこと。(「完全」をさらに強めていうことば) 例―な運営。

【完走】(名・する) 目標としていた距離を、最後まではしりぬくこと。例初参加のマラソンで―した。

【完治】(「カンジ」とも)(名・する) 病気やけがが、完全になおること。類全治。

【完投】(名・する) 野球で、投手として、一試合をひとりで投げ通すこと。例―勝利。

【完納】(名・する) おさめる決まりになっているものを、すべておさめること。類全納。例税金を―する。

【完敗】(名・する) 手も足も出ない状態で、圧倒されて負けること。対完勝。例決勝戦で―した。

【完備】(名・する) 必要なものが、残らずそろっていること。対不備。例冷暖房―。

【完膚】傷のない皮膚。外傷の何もない状態。

【完膚無きまで】無傷のところがなくなるまで。徹底的に。例―(に)相手を打ちのめす。

【完封】(名・する) ①相手がまったく手出しのできないようにすること。②野球で、相手チームに最後まで得点をあたえないこと。例―勝ち。

【完璧】一(名・形動)(「璧」は、昔の中国で儀式などに用いた宝玉) 欠点がなく、みごとなこと。例―なできばえ。二(名) 借りたものを、もとのままの形で返すこと。

故事のはなし 戦国時代、趙の国の王が「和氏の璧」という天下の宝玉を手に入れた。これを聞いた西方の強国、秦の王が、十五の城市（＝都市）とその璧とを交換したいと申し入れてきた。軍事力のおとる趙としてはことわるわけにもいかず、かといって応じれば璧だけを取られるおそれもある。交渉のためのむずかしい使いを引きうけた趙の藺相如は、秦王と会見し、秦王に交換条件を守る意思がないのを見てとると、「実は、その璧には、きずがあります」と言って、いったんわたした璧を取り返し、秦から脱出して璧を無事に本国に持ち帰ったのであった。（史記）

【完本】（カンポン）①複数の巻または冊から成る書物の、一巻または一冊も欠けずにそろっているもの。対欠本。②完全で、異版や異本の交じらない、また、落丁や脱落などのない書物。対零本・端本。

【完訳】（カンヤク）（名・する）①外国語の文章や古典語の一作品を、すべて翻訳または現代語訳にすること。類全訳。対抄訳。②ひとりの作品のすべてを翻訳すること。

【完了】（カンリョウ）（名・する）すべて終わること。類終了・完結。対未了。例準備―。工事が―した。

●補完・未完

宀4 **【宏】** 7画 2508 5B8F 人名 音コウ漢 訓ひろ-い

なりたち 【形声】「宀（＝いえ）」と、音「厷」とから成る。へやがひろい。

意味 ❶場所やものごとの規模が大きい。ひろい。例宏壮。宏大。❷人間の度量が大きく、すぐれている。例宏度。宏量。

表記 現代表記では、「広」に書きかえることがある。熟語は「広」（350ページ）を参照。

人名 あつ・あつし・ひろ・ひろし・ひろむ・ふかし

【宏壮】（コウソウ）（名・形動ダ）広々として、りっぱなこと。

【宏大】（コウダイ）（名・形動ダ）広々としていること。対狭小。例―無辺。―な草原地帯。表記 現広大

【宏図】（コウト）大きな計画。類鴻図・洪図。表記 現広図

【宏度】（コウド）（「度」は、度量の意）心が広く、小さなことにこだわらないこと。類広量。表記 現広度

【宏量】（コウリョウ）（名・形動ダ）（「量」は、度量の意）心が広く、人の失敗を必要以上にとがめないこと。対狭量。例―な人がら。表記 現広量

宀4 **【宍】** 7画 2821 5B8D 音ジク漢 ニク呉 訓しし

意味 にく。例宍叢（＝肉のかたまり）。また、肉体。

参考 「宍」と「肉」とは、もとは同じ形の字。

難読 宍人・宍村（＝肉のかたまり）・宍粟（＝地名）・宍戸（＝姓）・宍道湖

宀4 **【宋】** 7画 3355 5B8B 人名 音ソウ漢 スウ呉

意味 ❶春秋戦国時代の国。（?―前二八六）例宋襄の仁。❷南北朝時代の王朝。（四二〇―四七九）❸唐末の乱世を統一し、趙匡胤が建てた王朝。蒙古に興った元にほろぼされた。（九六〇―一二七九）（北方民族の金の侵入により河南の開封から江南の杭州に都をうつす（一一二七）までを北宋、それ以後を南宋という）例宋学。宋本。入宋。

難読 呂宋

人名 おき・くに

【宋音】（ソウオン）宋から元の初めごろまでの中国語の発音が、日本に伝わって定着した漢字音。たとえば、「行灯」の「アン・ドン」、「塔頭」の「チュウ」など。唐音。唐宋音。

【宋学】（ソウガク）宋代におこなわれた儒学。朱子が大成した。字句の解釈を主とした漢や唐の学問に対し、哲学的に人間の本性を論じた。朱子学。性理学。

【宋▼襄の仁】（ソウジョウのジン）不必要な情けをかけたため、かえって損をすること。（春秋時代、宋の襄公が楚と戦ったとき、相手の陣が整うのを待っていたので、結局戦いに敗れたという故事から）（春秋左氏伝）

【宋朝】（ソウチョウ）①宋の王朝。②「宋朝体」の略。宋代の版本の書体にもとづく、たて長で細い楷書体。

宀5 **【宛】** 8画 1624 5B9B 常用 音エン漢 訓あ-てる・あたか-も・あ-て・ずつ

筆順 丶 丷 宀 宂 宂 宆 宛 宛

なりたち 【形声】「宀（＝いえ）」と、音「夗」とから成る。草を曲げて、身を覆う。

意味 ❶まげる。まがる。かがむ。ころぶ。例宛転。❷さながら。ちょうど。まるで。あたかも。例宛然。

日本語での用法 ㊀《あて・あてる》あてはめる。また、手紙や荷物などの送り先を示す。「宛て字・宛て名」㊁《ずつ》わりあて。…ずつ。「一つ宛片付ける・二個宛食べる」

使い分け あてる【当・充・宛】⇩1161ページ

【宛て先】（あてさき）手紙や書類や荷物などの、受取人の住所氏名。類宛て名。例―をたずねておく。

【宛て名】（あてな）手紙や書類や荷物などの、受取人の氏名。

【▽宛然】（エンゼン）（形動タル）ちょうどそれ自身のようであるようす。そっくりそのままであるようす。例―として落花のごとし。

【▽宛転】（エンテン）（形動タル）①ゆるやかにまがっているようす。例―たる大河。②〔美人のまゆの形容で〕顔だちが美しいようす。例―たる蛾眉。③ことばや声がよどみないようす。

宀5 **【官】** 8画 2017 5B98 教育4 音カン漢呉 訓つかさ

筆順 丶 丷 宀 宀 宀 官 官 官

なりたち 【会意】「宀（＝おおう）」と「𠂤（＝多い）」とから成る。君主につかえ、多くの人々をおさめる役人。

意味 ❶役人、または役職。役目。つかさ。例官位。官職。教官。❷国家の役所。政府。朝廷。例官学。官権。官庁。❸生物体のさまざまなはたらきをする部分。例官能。器官。五官。

難読 判官

人名 おさ・おさむ・きみ・これ・たか・ひろ・ひろし

【官位】（カンイ）①官職と位階。位官。例―をたまわる。②役人

の職務の等級。官等。官階。例高い―につく。

【官印】カンイン 政府の印。また、役所で使う公式の印。類公印。対私印。

【官員】カンイン 官職にある人。役人。類官吏カンリ。

【官営】カンエイ 政府が経営すること。国営。官業。対私営・民営。例明治時代前期の近代工業は、ほとんどが―事業だった。

【官▼衙】カンガ (「衙」は、役所の意) 役所。官庁。

【官界】カンカイ 役人たちがかたちづくる社会。類官海・官場カンジョウ。

例―出身の代議士。

【官学】カンガク ①国が運営する学校。国立大学など。対私学。②国が正しいと認めた学問。江戸えど時代の朱子学シュシガクなど。

【官紀】カンキ 役所の規則。役人が守るべき規律。類官法。例―粛正シュクセイ。

【官許】カンキョ (名・する) 政府から民間の団体や個人にあたえる許可。公許。

【官業】カンギョウ 政府が管理し、また経営する事業。官営。

【官金】カンキン 政府や官庁が所有するお金。公金。

【官軍】カングン 幕末や明治維新シンの争乱、また西南セイナン戦争での、政府側の軍隊。国軍。対賊軍ゾクグン。例勝かてば―(=勝ちさえすれば、正統で大義タイギのあるものとみとめられること)。

【官権】カンケン 政府や官庁、また役人の権力と権限。国家権力。例―を発動する。

【官憲】カンケン 役所。役人。とくに警察官や検察官のこと。例―の手がはいる。

【官公庁】カンコウチョウ 政府の役所としての官庁と、地方公共団体の役所としての公庁。

【官舎】カンシャ ①政府や地方公共団体が建て、公務員に貸す住宅。公舎。②役所。③旅館。旅舎。

【官需】カンジュ 政府の需要。政府が必要とする物資。対民需。

【官女】カンジョ|カンニョ 宮中につかえる女性。女官ニョカン。

【官省】カンショウ ①中央官庁。内閣の各省。②律令制リツリョウセイの太政官ダイジョウカンと、その八省。

【官職】カンショク 公務員としての地位と、つとめ。例―につく。

【官人】カンジン|カンニン 役人。官吏カンリ。例国衙コクガ(=国司の役所)の―。

【官制】カンセイ 国の行政機関についての決まり。組織・名称メイショウ・権限・役人の人数などの規則。例―を見直す。

【官製】カンセイ 政府がつくること。また、つくったもの。対私製。

[宀部] 5画 ● 宜 実

【官選】カンセン 政府でえらぶこと。また、えらんだもの。類国選・公選。

【官庁】カンチョウ ①国の事務を取りあつかうところ。各省や都道府県庁など。役所。官署。〔司法官庁・行政官庁の区別があり、さらに中央官庁・地方官庁の区別もある〕例―街。②太政官ダイジョウカンの役所。太政官。

【官邸】カンテイ 国が大臣や長官に、その公的な職務のために使用を許す邸宅。公邸。対私邸。例総理大臣―。

【官途】カント ①仕官の道。役人になる道。②役人の仕事や地位。例―につく(=役人になる)。

【官等】カントウ 役人としての身分をあらわす等級。官階。官位。官級。例―の昇進ショウシンを望む者。

【官能】カンノウ ①目や耳などの感覚器官のはたらき。例―障害。②肉体的なこころよさを得る感覚。例―の満足。

【官費】カンピ 政府から出る費用。国費。類公費。対私費。例―留学。

【官房】カンボウ 大臣や長官のすぐ下で、政府や省庁の重要な事務をおこなう機関。例内閣―。

【官報】カンポウ ①政府が国民に知らせることがらを編集し、毎日発行する文書。②官庁や役人が公用で打つ電報。

【官民】カンミン 政府と民間。役人と民間人。例――体となる。

【官名】カンメイ 役人の役職名。例―を詐称サショウする。

【官命】カンメイ 政府や役所の命令。例―による出張。

【官有】カンユウ 政府が持っていること。また、そのもの。国有。例―地。

【官吏】カンリ 役人。官員。公務員。例―の服務紀律。

【官立】カンリツ 国の資金で設立し、国が経営し、管理すること。また、そのもの。国立。対私立。例旧制の―高等学校。

【官僚】カンリョウ 役人。主として、上級の行政官。例―政治(=行政官が主導する政治)。

【官僚主義】カンリョウシュギ ①官僚制度。また、その特質。ビューロクラシー。②官僚の思考傾向ケイコウ。たとえば、上位に弱く下位に強く、責任をあいまいにしがちな傾向などを批判的にいう場合が多い。

【官僚的】カンリョウテキ (形動ダ) ①法律や規則に忠実な態度やようす。②形式にとらわれて、権威ケンイを守ろうとするようす。例―な対応はよくない。

【官▼禄】カンロク 官位と俸禄ホウロク。また、政府からもらう給与キュウヨ。

●技官ギカン・警官ケイカン・高官コウカン・左官サカン・仕官シカン・神官シンカン・退官タイカン・長官チョウカン・武官ブカン・文官ブンカン・無官ムカン

宀5

【宜】

8画 2125 5B9C 常用

音ギ漢呉 訓よろ-しい・むべ

筆順 ' ﾉ 宀 宀 宜 宜 宜 宜

なりたち [形声]「宀(=いえ)」と「一(=地)」と、音「多タ→ギ」の省略体とから成る。おちつくところ。

意味 ❶ちょうどよい。適当である。つごうがよい。よろしい。例時宜ジギ。適宜テキギ。便宜ベンギ。❷なるほど。もっともだ。当然である。むべ。例宜乎むべなるかな。❸〔助字〕「よろしく…べし」と読み、…するのがよい・当然…すべきである…しなさい、の意。適当・勧誘カンユウをあらわす。例臣宜レ従シンよろしくしたがうべし(=私は当然従うべきである)。

人名 き・すみ・たか・たかし・なり・のり・よし・よろし

宀5

【実】

8画 2834 5B9F 教育3

音ジツ漢呉 訓み・みの-る・まこと・まこと-に

筆順 ' ﾉ 宀 宀 宀 宣 実 実

宀11

【實】

14画 5373 5BE6 人名

なりたち [会意]「宀(=いえ)」と「貫(=ものを通していっぱいにする)」とから成る。ものが、建物の中にいっぱい満ちて、富む。

意味 ❶中身がじゅうぶんに満ちる。欠けたところがない。みたす。例実線ジッセン。充実ジュウジツ。❷中身。内容。例口実コウジツ。有名無実ユウメイムジツ。❸草木の、み。草木がみをつける。みのる。例果実カジツ。結実ケツジツ。❹まごころがこもっていて、いつわりがない。まこと。例実直ジッチョク。誠実セイジツ。忠実チュウジツ。❺ほんとうである。ありのままである。まこと。例実際ジッサイ。虚実キョジツ。実ジツの親子おやこ。嘘うそから出でた実まこと。

日本語での用法 一《ジツ》誠意。内容を示す証拠ショウコ。「実ジツのある男おとこ・勉強ベンキョウの実ジツを示しめす」 二《み》みそ汁しるなどの具。「みそ汁しるの実み」

難読 実げに恐おそろしきは…・桃ももの実ね・忠実まめ

人名 これ・さね・たね・ちか・つね・ま・みつ・みる・ゆたか

【実意】ジツイ ①ほんとうの意志。本心。例―をただす。②まごころ。真情。例—をつくす。

【実印】ジツイン 市区町村役場に届け出て、登録してあり、法律的な責任を負う印鑑。

【実益】ジツエキ 実際の利益。現実に役立つこと。類実利。対実害。例趣味と—を兼ねる。

【実演】ジツエン (名・する) 舞台や集会で、実際に演技や技術をして見せること。例料理の作り方を—する。

【実家】ジッカ 生まれ育った家。実の親の家。里。里方。類生家。例—に帰る。

【実害】ジツガイ 実際に受ける損害。ほんとうの害。対実益・実利。

【実学】ジツガク 理論より実用性や技術を重んじた、実生活に役立つ学問。例—主義。

【実感】ジッカン (名・する) ①現実のものごとに接して感じること。②実際に経験したとおりに感じ取ること。例きびしさを—する。例—のこもった発言。

【実技】ジツギ 実際におこなう演技や技術。類実習。例体育の—。

【実況】ジッキョウ いまその場所で実際におこなわれていることのようす。例サッカーの—放送。

【実業】ジツギョウ 農業・工業・商業・水産業など、生産や経済に関係する事業。例—家。—学校。

【実兄】ジッケイ 同じ父母から生まれた子供たちのうち、年長の男子。対義兄・実弟。

【実刑】ジッケイ 執行猶予のない、実際に執行を受ける刑罰。例—判決。

【実景】ジッケイ 絵画や写真、また映像などではなく、実際に見る景色や情景。例—にもとづく構図。

【実見】ジッケン (名・する) 実際にそのものを見ること。例現地を—する。

【実検】ジッケン (名・する) ほんとうかどうかを検査すること。例首—。

【実権】ジッケン 名目や形式のうえではなく、実際にもっている権力。例鎌倉幕府の—は北条氏がにぎっていた。

【実験】ジッケン (名・する) ①理論や仮説を実際におこなって、確かめること。例—室。核—。②実際に経験してみること。例五分以内でできるか—する。

【実現】ジツゲン (名・する) 計画や理想などが実際のものになること。また、そうすること。例夢を—する。

【実行】ジッコウ (名・する) 実際におこなうこと。実際の場で行動すること。類実践・実施・履行。例—力。

【実効】ジッコウ 実際にあらわれる効果。実際のききめ。例簡単で—のある健康法。

【実際】ジッサイ 一(名) ほんとうのありさま。ほんとうの場合。例考えたことと—とはちがう。二(副) ほんとうに。まったく。例—あきれたものだ。

【実在】ジツザイ (名・する) ①実際に存在すること。現実の世の中にあること。類現存・実存。対架空。例—の人物。②〔哲〕人間の感覚や考えからできたものと区別して、客観的に独立して存在するもの。

【実子】ジッシ 自分の、血のつながりのある子。対継子・養子。

【実姉】ジッシ 同じ父母から生まれた子供たちのうち、年長の女子。対義姉・実妹。

【実施】ジッシ (名・する) (法律・計画・予定などを)実際におこなうこと。類実行・実践。例調査を—する。

【実字】ジツジ 漢文で、具体的な、内容のある意味をあらわす字。

【実質】ジッシツ 実際の内容や性質。実体。本質。対形式・名目。例—のともなわない、はでな外観。

【実質的】ジッシツテキ (形動) 外見よりも内容を重視するようす。対形式的。

【実写】ジッシャ (名・する) 実際のできごとや風景を、写真や映像、絵などにすること。また、そのもの。例—のフィルム。

【実社会】ジッシャカイ 現実に活動している社会。例学校を卒業して—に出る。

【実収】ジッシュウ ①経費などを差し引いた、実際の収入。例—はかなり少ない。②推定ではない、実際の収穫高。

【実習】ジッシュウ (名・する) 聞いたり読んだりした技術を、実際の場で練習し学ぶこと。類演習。例教育—。

【実証】ジッショウ 一(名・する) 確かであることを、事実を示して証明すること。例パスツールは免疫の原理を—した。二(名) 実際の証拠。例—を示して論破する。

【実情】ジツジョウ ①ありのままのようす。ほんとうの事情。類実態。例被災地の—を伝える。②真実の心。ほんとうの気持ち。類真情。例—をすなおに語る。表記 ①は「実状」とも書く。

【実数】ジッスウ ①実際のかず。実際に確かめられた数量。例交通事故の—は統計より多い。②〔数〕有理数と無理数をまとめた呼び名。対虚数。

【実生活】ジッセイカツ 実際の生活。例—に役立つ知識。

【実績】ジッセキ 実際にあげた成績や功績。例多くの—を残す。

【実戦】ジッセン 実際のたたかい。実際の試合。例—に備える。

【実践】ジッセン (名・する) 考えを実際におこなうこと。実地におこなうこと。類実行。対理論。例—報告。

【実線】ジッセン 切れ目なくつづいている線。対点線・破線。

【実相】ジッソウ ①実際の姿。実際のありさま。類実態・実情。例社会の—。②〔仏〕あらゆるものの、かりの姿のおくにある真実の姿。類真如。例—をさとる。

【実像】ジツゾウ ①〔物〕光がレンズや鏡を通過したり、反射したのちに集まってつくる像。②ほんとうの姿。例社会の—にせまる報道。▽対虚像。

【実測】ジッソク (名・する) (高さや深さ、距離や面積などを)計器を使って、実際にはかること。対目測。例—にもとづいて作成した地図。

【実存】ジツゾン (名・する) 実際に存在すること。類実在・現存。

【実存主義】ジツゾンシュギ 〔哲〕人間は主体的、自覚的存在である、という考えを中心とする思想。

【実体】一 ジッタイ (名) ①ものごとのおくにひそむ真のすがた。正体。例—をかくしてことばでごまかす。②〔哲〕変わることのない本質的なもの。二 ジッテイ (名・形動) まじめで正直なこと。実直。例—につとめにはげむ。

【実態】ジッタイ (表面からはわかりにくい)ありのままの状態。類実情。例自然破壊の—を調査する。

【実弾】ジツダン ①銃砲にこめられる、ほんものの弾丸。実包。対空包。例—演習。②現金。〔俗なたとえとして使う〕例—をばらまく。

【実地】ジッチ ①実際におこなわれる場所。または、おこなわれた場所。現場。例—研修。②身をもって経験する、実際の場合。例主義主張を—におこなう。

【実直】ジッチョク (名・形動) まじめで正直なこと。類律義・実体。例謹厳—。—に働く。

【実弟】ジッテイ 同じ父母から生まれた子供たちのうち、年下の男子。対義弟・実兄。

【実働】ジツドウ (名・する) 実際に仕事をして働くこと。例—時間(=休憩や待機時間をのぞいた労働時間)。—部隊。

【実否】ジッピ 〔古くは「ジップ」〕ほんとうか、うそか。事実かどうか。例—を確かめる。—をただす。

【実費】ジッピ 実際にかかる費用。実際に使った費用。例—精算。修理に関する―はこちらで負担する。

【実父】(ジップ) 血のつながっている、ほんとうの父。㊜義父・養父・継父(ケイフ)。

【実物】(ジツブツ) 実際のもの。ほんもの。例―見本。

【実母】(ジツボ) 血のつながっている、ほんとうの母。生みの母。類生母(セイボ)。㊜義母・養母・継母(ケイボ)。

【実妹】(ジツマイ) 同じ父母から生まれた子供たちのうち、年下の女子。㊜義妹・実姉(ジッシ)。

【実務】(ジツム) 実地におこなう事務や業務。例―経験の長い人。

【実名】(ジツメイ) 〔「ジツミョウ」とも〕ほんとうの名前。本名(ホンミョウ)。㊜仮名(カメイ)・偽名(ギメイ)。例有名人が―で登場する小説。

【実用】(ジツヨウ) （名・する）実際に使って役に立てること。実際の場で使うこと。例―品。

【実利】(ジツリ) 実際の利益。実際に役立ち、効果があること。類実益。㊜実害。例名目を捨てて―を取る。

【実力】(ジツリョク) 実際に持っている能力。ほんとうの力量。類地力(ジリキ)。例―テスト。緊張(キンチョウ)しすぎて―が出ない。

【実力行使】(ジツリョクコウシ) （名・する）〔「実力」は、実際の行動で示される武力や腕力(ワンリョク)のこと〕目的達成のために武力などを使うこと。また、労働争議でストライキをすること。例―に出る。

【実例】(ジツレイ) 実際にある例。例―をあげて説明する。

【実録】(ジツロク) ①事実をありのままに記録したもの。②天子の一代の記録を編年体にまとめたもの。例三代―。

【実話】(ジツワ) ほんとうにあった話。また、事実にもとづいて記した読み物。例―小説。

【実入り】(みいり) ①くだものや穀物の実が、みのること。また、みのりぐあい。②収入。利益。例苦労が多くて―が少ない。

【実生】(みショウ) （株分け・つぎ木・さし木などではなく）種から芽が出て生長すること。また、その草木。みばえ。

●確実(カクジツ)・堅実(ケンジツ)・口実(コウジツ)・史実(シジツ)・質実(シツジツ)・写実(シャジツ)・情実(ジョウジツ)・真実(シンジツ)・切実(セツジツ)・着実(チャクジツ)・篤実(トクジツ)・内実(ナイジツ)・如実(ニョジツ)・無実(ムジツ)・名実(メイジツ)

宀5 【宗】 8画 2901 5B97 教育6

音ソウ漢 シュウ呉 訓むね

筆順 丶 丷 宀 宀 宇 宇 宗 宗

3画

[宀部] 5画 ● 宗宙定

なりたち [会意]「宀（＝いえ）」と「示（＝神）」とから成る。祖先をまつる廟(ビョウ)。

意味 ❶先祖をまつるところ。祖先。同じ祖先をまつる一族。例宗社(ソウシャ)。宗族(ソウゾク)。❷一族・一国の中心となる本家。例宗家(ソウケ)。❸中心的なものとしてたっとぶ。あがめ重んずる。例宗師(ソウシ)。宗主(ソウシュ)。宗匠(ソウショウ)。❹神や仏の教え（の中心思想）。また、それを信ずる人々の集団。例宗教(シュウキョウ)。宗旨(シュウシ)。禅宗(ゼンシュウ)。

難読 正宗(まさむね)（＝人名・姓(セイ)）・宗像(むなかた)（＝地名・人名）

人名 かず・たかし・とき・とし・のり・はじめ・ひろ・むな・もと

【宗規】(シュウキ) ①宗教上の規則。②宗派の決まりやおきて。類宗法。例―を守る。

【宗教】(シュウキョウ) 心のやすらぎや真理を求めて、神・仏・太陽・火・祖先など、人間の力をこえるものを信じる精神的活動。

【宗旨】㊀(シュウシ) ①その宗教や宗派の中心となる教え。②その人が信じる宗教や宗派。類宗門。③その人の方針や好み。類主義。例―がえをする。㊁(ソウシ) おもな意味。最も重要な意味。類主旨。

【宗師】㊀(シュウシ) 〔仏〕宗派の祖とあがめられる師。㊁(ソウシ) 第一の手本として尊敬すべき人。

【宗祖】㊀(シュウソ) 一つの宗派を開いた人。開祖。祖師。㊁(ソウソ) 先祖。祖先。

【宗徒】(シュウト) ある宗教や宗派の信者。類信徒。

【宗派】㊀(シュウハ) 一つの宗教のなかで、教えのちがいなどで分かれた派。宗門(シュウモン)。教派。㊁(ソウハ) ①一族の分かれ。血族。②なかまうちでの分派。学問や芸術などの流派。

【宗法】(シュウホウ) 〔仏〕①各宗派のおきて。類宗規。②宗派の祖師の教え。

【宗門】(シュウモン) 〔仏〕①同じ宗教、同じ宗派のなかま。類宗派・宗旨(シュウシ)。②禅宗(ゼンシュウ)で、自分の派をほめていう語。禅門。③僧(ソウ)。

【宗論】(シュウロン) 〔仏〕宗派(シュウハ)と宗派のあいだでおこなわれる、教義上の論争。例―をたたかわす。

【宗家】(ソウケ) 〔「ソウカ」とも〕①一族や一門の中心となる家筋。類本家(ホンケ)。②芸道の流派の正統を伝えている人。類家元(いえもと)。

【宗子】(ソウシ) ①本家をつぐ子。一門の長となる子。②同族の子。

【宗室】(ソウシツ) ①一族の中心となる家。類宗家(ソウケ)・本家。②君主の一族。③先祖の霊廟(レイビョウ)。

【宗主】(ソウシュ) ①本家をつぐ者。本流として尊敬をうける人物。②古代封建制(ホウケンセイ)の盟主。③宗廟(ソウビョウ)の位牌(イハイ)。

【宗主国】(ソウシュコク) 他国の政治を支配する権力（＝宗主権）を持っていた国家。かつての越南(エツナン)（＝ベトナム）に対する清朝(シンチョウ)、第一次世界大戦前のエジプトに対するトルコなど。

【宗匠】(ソウショウ) ①師として尊敬される人。②和歌・俳句・茶道・華道(カドウ)などの師匠。

【宗族】(ソウゾク) 本家と分家の人々。一族一門の者。

【宗▼廟】(ソウビョウ) ①祖先、とくに君主の霊(レイ)をまつったところ。おたまや。例―に報告する。②国家。天下。

●改宗(カイシュウ)・邪宗(ジャシュウ)・禅宗(ゼンシュウ)・祖宗(ソソウ)

宀5 【宙】 8画 3572 5B99 教育6

音チュウ漢 訓そら

筆順 丶 丷 宀 宀 宀 宙 宙 宙

なりたち [形声]「宀（＝いえ）」と、音「由(ユ)→(チュウ)」とから成る。建物の、むなぎと、はり。派生して「無限に続く時間」の意。

意味 地上をおおう無限の空間。おおぞら。天。例宇宙(ウチュウ)。

参考 本来、「宇」は無限の空間的ひろがりを示すのに対して、「宙」は無限の時間を意味した。

日本語での用法 ㊀《チュウ》空中。「宙(チュウ)に浮(う)く・宙(チュウ)に舞(ま)う」㊁《そら》暗記している。「宙(そら)で言(い)う」

難読 宙(おおぞら)

人名 おき・たかし・ひろ・ひろし・みち

宀5 【定】 8画 3674 5B9A 教育3

音テイ漢 ジョウ呉 訓さだ-める・さだ-まる・さだ-か・さだ-め

筆順 丶 丷 宀 宀 宀 宁 定 定

なりたち [形声]「宀（＝いえ）」と、音「疋(セイ)→(テイ)」とから成る。おちつく。

意味 ❶ものごとを一つにきめる。ひと所におちつく。さだめる。さだまる。例定義(テイギ)。定住(テイジュウ)。推定(スイテイ)。❷きまっていて、うごかせない。さだまっている。例定員(テイイン)。定価(テイカ)。定宿(ジョウやど)。一定(イッテイ)。❸きまり。さだめ。例規定(キテイ)。❹乱れや動揺(ドウヨウ)をおさめ、しずめる。しずまる。例安定(アンテイ)。平定(ヘイテイ)。❺

かならず。きっと。さだめて。例必定。会者定離。❻仏教で、あらゆる考えを断って無念無想になること。例禅定。入定。

日本語での用法 一《ジョウ》…したとおり。「案の定」 二《さだか》はっきりしている。「見たかどうか定かではない」

人名 おさむ・さだ・さだむ・しずか・ただし・つら・まさ・やす

【定規】ジョウギ 線や角を正しくえがくためにあてがう器具。ものさし。また、基準となるもの。例三角―。表記「定木」とも書く。

【定石】ジョウセキ ①囲碁で、最もよい打ち方としてさだまっている石の置き方。②ものごとに対するきまったやり方。例―どおり。―を無視した方法。→【定跡】ジョウセキ

【定席】ジョウセキ ①きまってすわる席。②常設の寄席。

【定跡】ジョウセキ 将棋で、最善の駒の動かし方として形式化した手順。〔ものごとに対するきまったやり方の意味では、ふつう「定石」と書く〕→【定石】ジョウセキ

【定法】ジョウホウ きまっている方法。いつものやり方。例―どおりに式は進行した。

【定紋】ジョウモン 家によってきまっている紋章。また、その人がきまって用いる紋。紋所。類家紋。例―入りの提灯。

【定宿】ジョウやど いつもきまってとまる宿屋やホテル。例駅の近くに―がある。表記「常宿」とも書く。

【定連】ジョウレン ①いつも連れだって行動している仲間。②きまった飲食店などによく来る客。常客。例あの人はこの店の―だ。表記▽「常連」とも書く。

【定位】テイイ (名・する) ①あるものの位置をさだめること。また、さだめられた位置。②〔生〕生物が、ある刺激に対してきまった位置や姿勢をとること。また、その位置や姿勢。

【定員】テイイン 規則できめられた人数。ある集団を構成する人数や、乗り物・会場などで安全に収容できる人数。例―超過。

【定温】テイオン 一定の温度。例―動物。―に保つ。

【定温動物】テイオンドウブツ まわりの温度変化に関係なく、体温をほぼ一定にたもつことができる動物。鳥類や哺乳類。恒温動物。

【定価】テイカ 商品につけられた、きまった値段。

【定額】テイガク 一定の金額。例毎月―の積み立てをする。

【定款】テイカン 〔「款」は、箇条書きの意〕会社や社団法人などが、事業目的、活動内容、内部組織などについてさだめた、基本的な規則。また、それを記した文書。

【定期】テイキ ①期間や期限が、あらかじめきめられていること。例―試験。人口を―的に調査する。②「定期券」の略。一定期間、さだめられた区間について有効な割引乗車券。

【定義】テイギ (名・する) あるものごとの内容や、用語の意味を正確にはっきりときめること。また、それを述べたもの。例三角形の―。

【定休】テイキュウ 日をさだめて休むこと。また、きまっている休日。類公休。例理髪店は月曜日が―です。

【定業】一 テイギョウ 一定の業務や職業。定職。二 ジョウゴウ 〔仏〕むくいとして結果がきめられているおこない。

【定形】テイケイ 一定のかたち。例―郵便物。

【定型】テイケイ きまった、かた。かたについてきまりがあること。例―詩。

【定型詩】テイケイシ 音の数やことばの数、また、句の配列や全体の行数などが、伝統的にさだまっている詩。短歌や俳句、漢詩の絶句や律詩、ソネットなど。対非定型詩・自由詩。

【定見】テイケン しっかりした考え方や意見。例―のない人。

【定刻】テイコク きめられた時刻。類定時。例―に始める。

【定時】テイジ きまった時刻や時期。類定刻・定期。例―に退社する。

【定時制】テイジセイ 夜や特定の期間に授業をおこなう学校教育の制度。対全日制。例―高校。

【定式】テイシキ 一定の型にはまった方式、儀式。例―化する。

【定収】テイシュウ きまってはいってくる収入。定収入。例―にもとづいた生活設計。

【定住】テイジュウ (名・する) ある場所をさだめて住みつくこと。また、長く住むこと。例農村に―する。

【定常】テイジョウ (名・形動) 一定の状態を保っていること。変動しないこと。例―電流。

【定食】テイショク 食堂などで、(一品料理に対して)きまった献立で出す料理。例焼き肉―。日がわり―。

【定植】テイショク (名・する) 苗床で育てたものを、畑などに本式に植えること。

【定職】テイショク きまった職業。例―につく。

【定数】テイスウ ①あらかじめさだめられたかず。例―を保つ。市議会議員の―。②自然にさだまっている運命。定分。例―に従う。③〔数〕一定の値をとる数。常数。対変数。

【定説】テイセツ 世間で正しいと認められている説。確定した説。類通説・定論。対異説。例―をくつがえす新発見。

【定礎】テイソ 建物の工事を始めるとき、土台となる石を置くこと。また、その石。例―式。

【定則】テイソク 一定の法則。例経済の―を論ずる。

【定足数】テイソクスウ 〔法〕議会などで、会議が成立するために必要な最小限の出席者数。例出席議員が―に満たない。

【定置】テイチ (名・する) さだまった場所におくこと。例―網(=沿岸のきまった場所にしかける網)。

【定着】テイチャク (名・する) ①人やものが、ある地位や場所にしっかりとどまって、動かないこと。例住民の―をはかる。②(新しい)意見や学説が社会や学界に認められること。例まだ―していない学説。③写真で、現像したあと画像の変化を防ぐため、印画紙などの感光性をなくすこと。例―液。

【定点】テイテン ①〔数〕さだまった位置にあたえられた点。②あるきまった地点。例―撮影で町の変化をとらえる。③気象や海洋の観測のために、国際条約によって海洋上に設けられた、特定の地点。例―観測。

【定年】テイネン 会社や官庁や学校などで、そこに働いている人が職をやめるように決められている、一定の年齢。例―退職。表記「停年」とも書く。

【定番】テイバン 衣料品などで、流行にかかわりなく安定して売れる基本的な商品。白いワイシャツなど。定番商品。

【定評】テイヒョウ 人々に認められている評判や評価。例彼の弁舌には―がある。

【定本】テイホン ①古典などで、内容や語句にちがいのあるいくつかの本を比較検討して、最も適切となるように整えた本。②(著者が手を入れた)決定版。

【定訳】テイヤク 標準となる正しい翻訳や訳語。

【定理】テイリ ①さだまった道理。動かぬ真理。②〔数〕定義や公理によって証明できる一定の理論。例ピタゴラスの―。

【定律】テイリツ ①あることがらについて、さだめられたきまり。②自然科学で、ある条件のもとで、必ずある現象がおこるということ。たとえば、純粋な水が零度で凍結すること、など。自然法則。

【定率】テイリツ 一定の割合。例―の利息。

【定量】テイリョウ 一定の分量。きめられた分量。例―に達する。

【定例】テイレイ あらかじめ日時などがきまっていて、定期的におこなわれること。対臨時。例―の打ち合わせ会。

【定論】正しいと認められている意見や考え方。類定説。
●安定・改定・確定・鑑定・規定・協定・検定・限定・肯定・固定・算定・暫定・指定・所定・制定・設定・選定・想定・測定・断定・特定・内定・認定・判定・否定・平定・法定・未定

宀5
【宕】8画 3770 5B95 人名 音トウ漢 訓すぎる

意味 やりたいままに、ふるまうようす。わがまま。ほしいまま。同蕩。例宕子(=のらくら者)。
難読 浮宕・愛宕

宀5
【宝】8画 4285 5B9D 教育6 音ホウ漢呉 訓たから

筆順 丶 宀 宀 宁 宇 宝 宝

宀17【寶】20画 5379 5BF6
宀16【寳】19画 5380 5BF3 別体字

なりたち ［形声］「宀(=いえ)」と「玉(=たま)」と「貝(=貨幣)」と、音「缶(フ→ホウ)」とから成る。しまってある玉や貨幣。たから。

意味 ❶貴重でねうちのあるもの。たいせつなもの。たから。例宝庫・宝石・財宝。❷天子や神仏に関することがらを、うやまっていうことば。例宝算(=天子の年齢)。❸通貨。金銭。例永楽通宝。
難読 宝倉
人名 かね・たか・たかし・たけ・たま・とみ・とも・みち・みつ・よし

【宝の持ち腐れ】役に立つものや、すぐれた才能を持ちながら、それを活用しないこと。

【宝冠】①金銀・宝石でかざったかんむり。②仏像の頭部のかぶりもの。③山伏や行者が頭をつつむもの。

【宝鑑】①とうとく美しい鏡。②生活に役立つ教訓や、実用的な知識を書いた本。類宝典。例文章―。

【宝器】①たいせつな器物。②貴重な人材。

【宝玉】たからとしてたいせつにする、たま。類宝石・宝珠。

【宝剣】①たからとしてたいせつにする、貴重なつるぎ。②皇位のしるしとされた三種の神器のうちの、つるぎ(=天叢雲剣、別名、草薙の剣)。

【宝庫】①たからものを納めておく、くら。類宝蔵。②ある産物を多量に産出するところ。また、価値あるものがたくさんあるところ。例中東は石油の―だ。

【宝珠】㊀たからとする、たっとい玉。類宝玉。㊁〔仏〕ほしいものを、なんでも出してくれるという玉。先がとがって、ほのおの形をしている。如意宝珠。

【宝石】色やつやが美しい鉱物。産出量が少なく高価で、装飾に用いられる。ダイヤモンド・ルビーなど。類宝玉。

【宝飾品】身につける、宝石や貴金属などのかざり。

【宝船】㊀〔仏〕①珊瑚や琥珀、宝玉などをのせたふね。②衆生を救う仏の道。㊁たからものを積み七福神をのせた、ほかけぶね。また、その絵やかざりもの。縁起物とされる。とくに絵は、正月の一日か二日の夜にまくらの下に入れてねると、よい初夢が見られるという。おたから。

【宝▼祚】〔「祚」は、位の意〕天子の位。

【宝蔵】㊀(名・する) たいせつにしまっておくこと。例某家に―する美術品。㊁(名) ①宝物のはいっているくら。類宝庫。②〔仏〕経典を納めておく建物。類経蔵・経堂。③〔仏〕〔「貴重なものが多くあるくら」の意から〕仏の教え。

【宝典】①貴重な本。例書道の―。②役に立つ便利な本。類宝鑑。例育児―。

【宝殿】①宝物をしまっておく建物。②神を安置する建物。神殿。③りっぱな宮殿。

【宝刀】たいせつにしている、かたな。めったにない、すぐれたかたな。例伝家の―(=その家に代々伝わってきた、たいせつなかたな。また、最後の手段のたとえ)。

【宝灯】神仏にそなえる灯火。灯明。みあかし。

【宝塔】〔仏〕①美しくかざった塔。②寺院の塔をほめていうことば。

【宝物】たからとしてたいせつにするもの。例―殿。私にとっては二つとない―。
●家宝・国宝・子宝・財宝・重宝

宀6
【客】9画 2150 5BA2 教育3 音カク漢 キャク呉 訓まろうど

筆順 丶 宀 宀 宊 客 客 客

なりたち ［形声］「宀(=身をおくところ)」と、音「各(カク)」とから成る。他の家に身を寄せる。

意味 ❶よそからおとずれて、一時的に身を寄せる人。きゃく。まろうど。いそうろう。例客人・客間・来客。❷金をはらって品物やサービスを求める人。例客席・観客・顧客。❸たび。たびびと。例客地・過客。❹ある方面ですぐれた人。例剣客・政客・論客。❺自分を主とした場合、それに対立して外にあるもの。例客語・客体・客観。❻すでにすぎさった。過去の。例客月・客年。

日本語での用法 《キャク》客用の道具や器物のひとり分を数えることば。「吸い物椀、飯茶椀各十客・座布団五客」
難読 客人・旅客
人名 ひと・まさ

【客意】旅先での思い。旅に出て感じる、ものさびしさ。類旅情。例そぞろわびしい―をおぼえる。

【客月】前の月。先月。

【客舎】〔「キャクシャ」とも〕宿屋。旅館。例―に宿る。

【客地】旅先。例―での不自由。

【客年】前の年。去年。類客歳。

【客遊】(名・する) よその土地にあそぶこと。例先年―した地。

【客気】〔「キャッキ」とも〕気負い立つ心。はやる心。血気。例―にかられる。

【客居】(名・する) 客としてよその土地に仮ずまいすること。旅ずまい。

【客足】芝居やもよおしもの、商店などに集まる客の数。例―が遠のく(=客の集まりがわるくなる)。

【客位】〔「カクイ」とも〕主に対する客の地位。対主位。

【客員】〔「カクイン」とも〕学校や会社や団体などで、正式の構成員ではなく、客としてむかえられて参加している人。例―教授。

【客演】(名・する) 俳優や音楽家などが、専属でない団体にまねかれて、出演すること。例―のピアニスト。

【客語】⇩【目的語】(701ページ)

【客死】〔「カクシ」とも〕(名・する) 旅先で死ぬこと。異国で死ぬこと。例パリに―する。

【客室】(キャクシツ) ①客を通す部屋。類客間・応接間。②ホテルや客船などの、客用の部屋。例―係。

【客車】(キャクシャ) 鉄道で、客を乗せて運ぶ車両。対貨車。

【客商売】(キャクショウバイ) 旅館や飲食店など、客をもてなす商売。例―には向いていない。

【客人】(キャクジン) 客として来ている人。対主人。例―としてもてなす。

【客筋】(キャクすじ) ①客として取り引き関係にある人。例―からのたのまれごと。②店に集まる客の、職業などからみた種類。類客層・客種。例―のよい店。

【客席】(キャクセキ) 劇場や映画館などで、客のすわる席。

【客船】(キャクセン) 旅行客を乗せて運ぶ船。対貨物船。

【客膳】(キャクゼン) 客に出す食事。また、それをのせた膳。例―をととのえる。

【客層】(キャクソウ) 店に集まる客の、性別や年齢などからみた種類。類客種・客筋。例はば広い―をねらう。

【客体】(キャクタイ) 人の観察やおこないの対象となるもの。対主体。例―を正確に認識する。

【客種】(キャクだね) 身分などの面からみた客の種類。類客筋・客層。例―がいい。

【客殿】(キャクデン) 貴族の邸宅などで、客をもてなすための建物。

【客土】(キャクド) 〔「カクド」とも〕やせた耕地を改良するために、よい種類の土をまぜること。また、その土。いれつち。例―をして樹林をいたわる。

【客止め】(キャクどめ) (名・する) 劇場や競技場などで、満員のために客の入場をことわること。札止め。例開場後三十分で―となる。

【客分】(キャクブン) 客としてのあつかいを受けること。また、その人。例―として世話になる。

【客間】(キャクま) 客を通す部屋。類応接間・客室。

【客用】(キャクヨウ) 客のために用意してあるもの。例―のふとん。

【客観】(キャッカン) 〔「カッカン」とも〕①その人ひとりの感じや考えではなく、多くの人が同じように感じ、考えるようなこと。例―性。―を重んじる。②ものごとを考えたり感じたりするはたらきの対象となるもの。▽対主観。

【客観的】(キャッカンテキ) (形動ダ) 自分の考えによらないで、多くの人の立場から見るようす。対主観的。例―に判断を下す。
●剣客・食客・先客・船客・珍客・墨客・来客・論客

宀6 **【室】** 9画 2828 5BA4 教育2 音シツ漢呉 訓むろ

筆順 丶 宀 宀 宀 宀 宀 室 室 室

なりたち [形声]「宀(=いえ)」と、音「至シ→シツ(=人が行ってとどまる)」とから成る。人がいるところ。へや。

意味 ❶〔客間の「堂」に対して、奥にある〕居間。へや。例室内。居室。寝室。❷〔奥の間に住んでいることから〕つま。夫人。例正室。令室。❸いえ。家族。一家。例王室。皇室。❹〔ものを保存するためにつくられた〕へや。あなぐら。むろ。例氷室。❺二十八宿の一つ。はついぼし。例室宿。

難読 石室

人名 いえ・や

【室外】(シツガイ) 部屋のそと。対室内。例エアコンの―機。

【室長】(シツチョウ) ①寮などで、同室する人のリーダー。②官公庁や会社などの組織で、室の部署の責任者。

【室内】(シツナイ) 部屋の中。また、建物の中。対室外。例―遊戯(=碁・将棋など)。

【室内楽】(シツナイガク) 室内や小さな音楽堂で合奏する音楽。また、その器楽曲。

【室咲き】(むろざき) 温室の中で、春の花を冬のうちにさかせること。また、その花。例―のウメを出荷する。
●暗室・温室・個室・船室・退室・茶室・入室・病室・洋室・令室

宀6 **【宣】** 9画 3275 5BA3 教育6 音セン漢呉 訓の-べる・の-る・のたま-う

筆順 丶 宀 宀 宀 宁 宁 宣 宣 宣

なりたち [形声]「宀(=いえ)」と、音「亘セ」とから成る。天子の正殿。派生して「のべる」の意。

意味 ❶考えや教えを広く告げ知らせる。はっきりと示す。のべる。例宣言。宣誓。宣伝。❷天子や神など、高貴なものの意向を告げ知らせる(ことば)。みことのり。のたまう。のる。例宣下。宣旨。院宣。

人名 あきら・すみ・たか・つら・のぶ・のぶる・のり・ひさ・ひろ・ふさ・まさ・むら・よし・よしみ

【宣教】(センキョウ) (名・する) 宗教を広め、信者をふやすこと。類布教・伝道。〔とくにキリスト教の場合にいう〕例―師。

【宣下】(センゲ) (名・する) 天子がことばを述べること。

【宣言】(センゲン) (名・する) 個人や団体が考えや気持ちを、多くの人に対してはっきりと述べ、知らせること。例独立―。

【宣告】(センコク) (名・する) ①裁判官が判決を言いわたすこと。例無期懲役を―する。②事実をはっきりと言いわたすこと。例がんの―を受ける。

【宣旨】(センジ) 天子の命令を伝えること。また、その文書。〔日本では、公式文書である詔勅にくらべて内輪のもの〕

【宣誓】(センセイ) (名・する) みんなの前でちかいを立てて、はっきりと述べ知らせること。例選手―。証人は―してください。

【宣戦】(センセン) (名・する) 戦争を始めることを、相手の国に宣言すること。例―を布告する。

【宣託】(センタク) 神のお告げ。託宣。

【宣伝】(センデン) (名・する) ①あることがらを、多くの人に広く知らせること。例テレビや雑誌で商品を―する。②〔実際よりも大げさに〕言いふらすこと。例あることないことを―する。

【宣撫】(センブ) (名・する) 占領した地域などで、占領政策を広く伝えて、人々を安心させること。例―工作。

【宣布】(センプ) (名・する) ①公的なことを広く告げ知らせること。類流布。②広く世間に行きわたらせること。類公布。

【宣命】(センミョウ｜センメイ) 天子の命令を伝えること。また、その文書。日本では、漢文体の詔勅に対し、日本文で書かれたものをいう。例『続日本紀』の古い―。

【宣明】(センメイ) (名・する) 宣言して、あきらかにすること。例党の基本方針を―する。

【宣揚】(センヨウ) (名・する) 世間に広く示すこと。例民族の伝統を―する。
●院宣・託宣

宀6 **【宥】** 9画 4508 5BA5 人名 音ユウ漢 訓ゆる-す・なだ-める

なりたち [形声]「宀(=おおい)」と、音「有ユ」とから成る。ゆるくする。おおめにみる。

意味 罪や過失をかばって、とがめだてしない。ゆるす。おおめにみる。例宥恕(ユウジョ)。宥和(ユウワ)。寛宥(カンユウ)。

日本語での用法《なだめる》気持ちをやわらげる。しずめる。「怒(いか)りを宥(なだ)める・宥(なだ)めたり賺(すか)したりする」

人名 すけ・たすく・ひろ・ひろし・ゆたか

【宥▼恕】(ユウジョ)（名・する）（「恕」も、ゆるす意）広い心で、ゆるすこと。例—を請(こ)う（＝おゆるしをねがう）。

【宥免】(ユウメン)（名・する）罪をゆるし、見のがすこと。例—を願う。

【宥和】(ユウワ)（名・する）相手をゆるし、仲よくすること。例—政策をとる。

宀7 **【宴】** 10画 1767 5BB4 常用 音エン漢呉 訓うたげ・たの-しむ

筆順 丶 宀 宀 宀 宁 宴 宴 宴

なりたち [形声]「宀（＝おおい）」と、音「妟(エン)」とから成る。やすらか。派生して「うたげ」の意。

意味 ❶おちついた気持ちでくつろぐ。やすむ。たのしむ。例宴息(エンソク)（＝くつろいでやすむ）。❷酒食をともにして、たのしむ会。集まり。うたげ。例宴会(エンカイ)。祝宴(シュクエン)。花(はな)の宴(エン)。

難読 宴会(とよのあかり)

人名 よし

【宴会】(エンカイ) いっしょにたのしく酒を飲んだり食事をしたりする集まり。うたげ。さかもり。例—場。年末で—が続く。

【宴席】(エンセキ) 宴会の席や場所。例—を設ける。

【宴遊】(エンユウ)（名・する）酒や食べ物を用意して、あそぶこと。例一夕(イッセキ)—の時をたのしむ。表記「宴▼游」とも書く。

【宴楽】(エンラク) ①酒宴を開いてたのしむこと。さかもり。②くつろいでたのしむこと。

●賀宴(ガエン)・酒宴(シュエン)・招宴(ショウエン)

宀7 **【家】** 10画 1840 5BB6 教育2 音カ漢ケ呉 訓いえ・や・うち 付表母家(おもや)

筆順 丶 宀 宀 宁 宇 家 家 家

なりたち [会意]「宀（＝おおい）」と「豕（＝イノシシやブタ）」とから成る。ブタを飼って入れておくところ。派生して「人がとどまりいるところ」の意。

意味 ❶人が住むための建物。住居。いえ。うち。例家屋(カオク)。民家(ミンカ)。隣家(リンカ)。❷生活をともにする血縁者(ケツエンシャ)の共同体。世帯。一族。例家族(カゾク)。家庭(カテイ)。一家(イッカ)。❸学問や芸道などの流派と、それに属する人。また、特定の職業や技能を持つ人。例家元(いえもと)。儒家(ジュカ)。作家(サッカ)。

使い分け や【屋・家】⇩1181ページ

難読 住家(すみか)・在家(ありか)・家土産(いえづと)・家鴨(あひる)・家猪(ぶた)

人名 え・やか

【家柄】(いえがら) ①家の格。例—がよい。②格式の高い家。名家。例—の出だ。

【家路】(いえじ) 自分の家への帰り道。例—につく。—を急ぐ。

【家▼苞】(いえづと) 家に持って帰るみやげ。例名物を—にする。

【家出】(いえで)（名・する）もどらないつもりで、こっそり家を出ること。類出奔(シュッポン)。例—人。

【家刀自】(いえトウジ)（「刀自」は、婦人をうやまっていうことば）一家の主婦。例旧家の—。

【家並み】(いえなみ) 家がたちならんでいるようす。また、その家々。例古い—の町。

【家の子郎等】(いえのこロウドウ) ①武士の家で、一族の者と家来とをまとめていうときのことば。②政治家などの有力者のもとに集まった者。子分。とりまき。例—を集める。表記▽「家の子郎党」とも書く。

【家元】(いえもと) その流派の芸道を正統として受けついでいる家。また、その人。〔茶の湯・生け花・舞踊(ブヨウ)などにいう〕例長唄(ながうた)の—。

【家運】(カウン) その一家の運命。例—がかたむきはじめる。

【家屋】(カオク) 人が住むための建物。類住宅。例—の半壊(ハンカイ)。

【家学】(カガク) 特定の家に代々伝えられてきた学問。家法。

【家郷】(カキョウ) ふるさと。故郷。例—をかえりみる。

【家業】(カギョウ) ①その家で代々受けつがれている職業。例—をつぐ。②一家が生活するためにしている仕事。生業。例—にはげむ。

【家▼禽】(カキン) 生活に役立てるために家で飼う鳥。ニワトリやアヒルなど。対野禽。

【家具】(カグ) 家の中にすえて使う道具。たんす・いす・机など。類調度。

【家訓】(カクン)（「カキン」とも）その家で代々伝えられている教訓。類家憲。例—を守る。

【家兄】(カケイ)（他人に言うときの）自分の兄のこと。

【家系】(カケイ) 代々の家族のつながり。家の系統。結婚(ケッコン)・出生・養子などによってできあがっていく。例—図。

【家計】(カケイ) 家庭の、収入と支出。また、お金の面からみた、家の暮らし向き。例—簿(ボ)。—をやりくりする。

【家憲】(カケン) 家族が守らねばならない決まり。一家のおきて。類家訓・家法。例—を守る。

【家財】(カザイ) ①家で日常用いる道具類。家具や衣類など。例—道具。②家の財産。例—を焼失(ショウシツ)する。

【家作】(カサク) 貸すためにつくった家。類貸家。例—収入。

【家産】(カサン) 一家の財産。類家財・身代(シンダイ)。例事業に失敗し—を失う。

【家事】(カジ) ①家の中の用事。炊事(スイジ)・洗濯(センタク)など。例—手伝い。—に追われる。②家庭内の事情。

【家集】(カシュウ) 個人の和歌を集めた書物。私家集。

【家塾】(カジュク) 個人が開設した塾。類私塾。

【家書】(カショ) ①家から来た手紙。家信。例—万金(バンキン)（＝多額のお金）にあたる。〈杜甫(トホ)・春望(シュンボウ)〉②家に所蔵する書物。

【家臣】(カシン) 家に仕える臣。家来(ケライ)。例徳川の—。

【家人】㊀(カジン) 同じ家に生活している家族。〔主人にあたる人が、家族（とくに妻）を指していう〕例—の希望をとり入れる。㊁(ケニン) ①家来。②御家人(ゴケニン)。

【家政】(カセイ) 家庭生活をこなしていくやり方。一家のきりもり。例—学。

【家政婦】(カセイフ) やとわれて、家事を専門にする職業の女性。

【家相】(カソウ)（住む人の運勢にかかわるとされる）家の建て方のよしあし。家の向きや間取りのようすをいう。例—が悪い。

【家蔵】(カゾウ)（名・する）自分の家にしまってあること。例—の珍品(チンピン)。

【家族】(カゾク) 親子・夫婦(フウフ)・きょうだいなど、結婚(ケッコン)や血のつながりをもとにして、いっしょに生活をする人々。例週末は—と過ごす。—のきずな。

【家族制度】(カゾクセイド) ①社会とのかかわりからみた、家族のあり方。②戸主(コシュ)を長としてまとまる家族を社会の基本とする、法律上の制度。例—の破壊(ハカイ)。

【家宅】(カタク)（人が住む）いえ。住居。すまい。例—侵入(シンニュウ)。

【家宅捜索】(カタクソウサク)（名・する）警察官や検事などが、職権によって家の中にはいり、証拠品(ショウコヒン)を調べること。

【家畜】(カチク) 生活に役立てるために家で飼う動物。ウシ・ウマ・ブタ・ニワトリ・イヌ・ネコなど。「その他の鳥獣やミツバチをふくめ

ていうこともある〕

【家中】①家の中。②家の全員。③昔、大名に仕えた家臣集団をいうのに用いられたことば。例浅野の―の者。

【家長】一家の主人。戸主。

【家庭】夫婦や親子など、生活をともにする家族の集まり。また、その生活の場。例―生活。―を持つ。

【家庭教師】よその子供の勉強を、その子の家で個人的に指導する人。また、その仕事。例―をつける。

【家伝】その家に代々伝わっていること。また、そのもの。類伝家。例―の秘法。

【家督】〔一家を監督する者の意〕①家をつぐ人。あとつぎ。例やっと―が生まれた。②戸主の地位。例―を弟にゆずる。

【家内】①家のうち。また、家族。例―工業。②(他人に言うときの、自分の)妻のこと。

【家父】(他人に言うときの)自分の父のこと。

【家風】その家の暮らし方にかかわる、ふんいき。例―に合わない。

【家宝】家に伝わる、たからもの。例―のつぼ。

【家法】①一家の中で、家族が守らねばならない決まり。類家憲。例武家―。②その家が伝えてきた、もののやり方。家伝の秘法。③「家学」に同じ。

【家僕】めしつかい。類下男。

【家名】①(伝統のある)家の名。②家の名誉。例―をけがす。―をあげる。

【家門】①一家の全体。一族。一門。例―のほまれ。②家がら。例学者の―に生まれる。

【家紋】その家を示すしるしとされてきた紋章。類紋所・定紋。例―を染めぬいたふろしき。

【家令】昔、皇族や華族の家で、事務や他の使用人の監督などを担当した人。類執事。

【家老】①一族の中の長老。②昔、大名などの家臣で、主君を補佐し、家来を統率した人。例国―。

【家▼禄】昔、家来が主君から受ける、代々決められた額の給与。

【家来】主人に忠誠をちかって仕える者。家臣。

【家号】その家のとおり名。表記「屋号」とも書く。

【家賃】家を貸し借りするときの料金。家の賃貸料。

【家主】①人に貸す家の所有者。おおや。対店子。②一家の主人。

○王家・旧家・金満家・好事家・後家・国家・自家・実家・書家・人家・生家・町家・長家・農家・武家・分家・本家・名家・楽天家

宀7

【害】

10画 1918 5BB3 教育4 音カイ漢 ガイ呉 訓そこなう

筆順 丶 宀 宀 宁 宔 害 害 害

なりたち [形声]「宀(=いえ)」と「口(=くち)」と、音「丰カイ」とから成る。家人の口からはじまるわざわい。きずつける。

意味 ❶きずつける。こわす。だめにする。そこなう。例殺害・迫害。害する。❷じゃまをする。さまたげる。さまたげ。例障害・妨害。要害。❸わざわい。災難。対利。例災害・被害。害がある。

【害悪】害となるわるいこと。例社会に―を流す。

【害意】(けがや命にかかわるほどの)害を人に加えようとする気持ち。例―をいだきつづける。

【害虫】人や家畜などに害をあたえる虫。カ・ハエ・ノミ・シラミなど。対益虫。例イネの―を駆除する。

【害鳥】農作物や水産物に害をあたえる鳥。スズメ・ヒヨドリなど。対益鳥。

【害毒】人や社会に悪い影響をあたえるもの。例―を流す。

○干害・寒害・危害・公害・災害・自害・実害・傷害・侵害・水害・損害・虫害・迫害・被害・百害・有害・利害

宀7

【宦】

10画 5365 5BA6 音カン漢 訓つか-える・つかさ

意味 ❶役人として仕える。宮仕えをする。また、仕えること。役人。例宦事(=役人として仕える)。宦途。❷中国の王朝時代に、去勢された男子で、後宮などに仕えた者。例宦官。

【宦官】去勢された男子で、宮廷や貴族に仕えた役人。政治にも影響をあたえるほどの勢力があった。

【宦途】役人になる道。また、役人の地位。

宀7

【宮】

10画 2160 5BAE 教育3 音キュウ漢 ク・グウ呉 訓みや

筆順 丶 宀 宀 宁 宁 宮 宮

なりたち [会意]「宀(=いえ)」と「呂(=人の背骨、からだ)」とから成る。人のからだをおさめておく、いえ。

意味 ❶いえ。家屋。また、ごてん。例宮室。❷天子や国王の住むところ。例宮廷・宮殿。❸仙人の住むところ。例蓬萊宮。❹皇族の呼び名。みや。例中宮・東宮。❺星のやどり。星座。例白羊宮・黄道十二宮。❻東洋の音楽の五音(=宮・商・角・徴・羽)の一つ。例宮商(=宮と商との音。ひいて音楽)。❼中国古代の五刑の一つ。死刑に次ぐ重罰で、男子の生殖器を取り除くもの。例宮刑。

日本語での用法 《みや》おみや。神社。「お宮参り」

難読 宮城野・子宮・行宮・守宮

人名 いえ

【宮刑】昔の中国で、去勢する刑。腐刑。→【宮】意味❼

【宮▼闕】〔「闕」は、宮殿にある門の意〕天子の住まい。宮殿。皇居。

【宮司】〔一〕キュウシ 後宮(=宮殿で、きさきなどの女性のいるところ)をつかさどる役人。〔二〕グウジ 神社をつかさどる神職。〔昔は、官幣社や国幣社の神官の長を指した〕例伊勢の大―。

【宮室】①家屋。住居。②帝王の宮殿。

【宮女】宮中に仕える女性。女官。

【宮城】天子の住まい。宮殿。皇居。

【宮中】宮廷(のなか)。〔日本では「皇居」を指す〕例―での晩餐会。

【宮廷】天子や国王の住まい。類宮中。

【宮殿】天子や国王の住む、りっぱな建物。

【宮門】宮殿の門。例―を守る兵士。

【宮内庁】皇室や天皇の国事行為にかかわる事務を

つかさどる役所。

【宮居】①神のいるところ。神社。②皇居。

【宮家】「宮」の呼び名をもつ皇族(の一家)。

【宮大工】神社や仏閣などの建築をおもな仕事とする大工。

【宮仕え】(名・する)①宮中や貴人に仕えること。②役所や会社に勤めること。

【宮柱】御殿や鳥居の柱。

【宮人】①宮中に仕える人。②神に仕える人。神主。

【宮参り】(名・する)①生まれた子がはじめて、その土地を守る神におまいりすること。うぶすなまいり。②七五三の祝いに、その土地を守る神におまいりすること。

●王宮・故宮・参宮・内宮・迷宮・宵宮・夜宮・離宮

宀7 【宰】10画 2643 5BB0 常用 音サイ漢呉 訓つかさど-る・つかさ

筆順 丶 宀 宀 宀 宀 宀 宰 宰

なりたち [会意]「宀(=いえ)」と「辛(=罪)」とから成る。貴人の家で、仕事をする罪人。

意味 ❶仕事をとりしきる。きりもりする。おさめる。つかさどる。また、そのようにする人。役人の長。つかさ。例宰相。宰領。主宰。❷肉などを切りさいて、料理する。例宰人(=料理人。また、役人)。

人名 おさ・おさむ・ただ・ただし

【宰相】①昔の中国で、天子をたすけて、政治を主宰した大臣。類丞相。②参議の中国風の呼び名。例―の中将。③総理大臣。首相。例昭和の名―。

【宰領】(名・する)管理や監督、また世話をすること。また、その人。例荷物を―して行く。

●主宰・大宰・太宰

宀7 【宵】10画 3012 5BB5 常用 音ショウ漢 訓よい

筆順 丶 宀 宀 宀 宀 宵 宵

宀7 【宵】10画 ＝

［宀部］7画 宰宵宸容

なりたち [形声]「宀(=おおい)」と、音「肖ショ→ウ」とから成る。日がおおわれてくらい。夜。

意味 ❶日がくれて暗くなるころ。よる。例徹宵。春宵。❷夜明け前のまだ暗いうち。

難読 今宵・徹宵・終宵

【宵衣▼旰食】(名・する)〔夜の明けないうちに衣服を着て仕事にかかり、夜おそくなってから食事をすること。「旰」は、時刻がおそい意〕天子が政治にはげむこと。

【宵寝】(名・する)一 夜おそくねること。二 日が暮れて間もなく、ねてしまうこと。早寝。

【宵越し】一夜をへて、翌日まで持ちこすこと。例―の金は持たない(=その日のもうけは、その日のうちに使いきってしまう)。

【宵月】宵に出ている月。また、月の出ている宵。宵月夜。

【宵の口】夜になって間もないころ。例まだ―だ。

【宵の明星】日がしずんでから、西の空に見える金星。夕ずつ。対明けの明星。

【宵待草】アカバナ科の多年草。夏の夕方に黄色の花をひらき、翌朝にしぼむ。マツヨイグサ。

【宵祭り】「宵宮」に同じ。

【宵宮】本祭りの前夜におこなう祭り。よみや。宵祭り。

【宵闇】①陰暦十六日から二十日ごろの、日没から月の出までのあいだの暗さのこと。②日が暮れて暗くなること。夕やみ。例だんだん―が濃くなる。

●今宵・秋宵・春宵・徹宵

宀7 【宸】10画 5366 5BB8 音シン漢

意味 ❶天子の住む、おく深くにある御殿。例帝宸。紫宸殿。❷天子に関するものごとの上につけることば。例宸翰。宸襟。宸筆。

【宸▼翰】〔「翰」は、手紙や文書の意〕天子が自分で書いた手紙や文書。

【宸襟】〔「襟」は、むね・心の意〕天子の心。類宸意。例―をなやます。

【宸筆】天子が自分で書いたもの。天子の筆跡。

宀7 【容】10画 4538 5BB9 教育5 音ヨウ漢 ユウ呉 訓い-れる

筆順 丶 宀 宀 宀 穴 宊 容 容

なりたち [形声]「宀(=いえ)」と、音「谷コク→ヨウ」とから成る。ものがはいる。いれる。

意味 ❶人や物を、ある場所や器などにいれる。つつみこむ。例容器。収容。❷中にはいっているもの。なかみ。例容量。内容。❸うけいれる。ゆるす。提案などをとりあげる。例容認。寛容。許容。❹かたち。すがた。ありさま。例容姿。容貌。❺かたちづくる。うつくしく、ととのえる。例美容。理容。

難読 容易い

人名 いるる・おさ・おさむ・かた・すすむ・なり・ひろ・ひろし・まさ・もり・やす・やすし・よし

【容易】(名・形動ダ)簡単にできること。たやすいこと。対困難。例―に解決法が見つからない。

【容▼喙】(名・する)〔「喙」をくちばしを容れる意から〕横から口出しすること。例他人の―を許さない。

【容器】物をいれるうつわ。いれもの。

【容疑】〔法〕罪をおかしたうたがい。類嫌疑。例―者。―が晴れる。

【容儀】姿かたち。また、きちんとした立ち居ふるまい。礼儀正しい態度。例―を正す。

【容止】〔「止」は、姿、ふるまいの意〕立ち居ふるまい。身のこなし。例―に乱れやゆるみがない。

【容姿】顔だちと姿かたち。みめかたち。例―端麗。

【容赦】(名・する)①許すこと。とがめないこと。例品切れの節はご―願います。②手かげんすること。えんりょすること。例―なく責めたてる。▽類仮借。表記②は「用捨」とも書く。

【容色】顔かたち。器量。とくに、女性の美しい顔かたち。類容貌。例―がおとろえる。

【容積】①いれものにはいる分量。類容量。②立体の大きさ。類体積・かさ。例―を量る。

【容体】〔「ヨウタイ」とも〕①身なり。姿かたち。例―をかざらない人。②病気のようす。例―が急変する。表記▽「容態・様体」とも書く。

【容態】〔「ヨウタイ」とも〕「容体」に同じ。

【容認】(名・する)許すこと。まあよいと、みとめること。例反対運動を―する。

【容貌】ヨウボウ 顔かたち。みめ。[類]容色。[例]—魁偉。
【容量】ヨウリョウ いれものにはいる分量。[類]容積。[例]—が不足する。
●許容・形容・受容・従容・陣容・変容・包容

宀7 【害】10画 ⇩【害】(299ページ)

宀7 【宵】10画 ⇩【宵】(300ページ)

宀8
【寅】
11画 3850 5BC5 [人名] [音]イン[漢] [訓]とら

[なりたち] 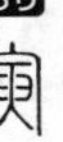 [会意]「宀(=おおい)」と「寅(=陽の気が上へ出ようとする形)」とから成る。陰暦正月、陽の気が動く時。

[意味] 十二支の三番目。方位では東北東、時刻では午前四時、およびその前後の二時間。月では陰暦の一月。動物ではトラにあてる。とら。

[人名] つよし・つら・とも・のぶ・のぶる・ふさ

宀8
【寄】
11画 2083 5BC4 [教育5] [音]キ[漢][呉] [訓]よ-る・よ-せる・よ-せ [付表]数寄屋・最寄り・寄席

[筆順] 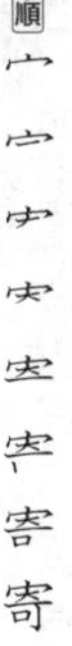

[なりたち]  [形声]「宀(=すまい)」と、音「奇キ」とから成る。身をよせる。かりずまいをする。

[意味] ❶人にたよって世話になる。身をよせる。よる。[例]寄宿・寄食・寄生。❷物をあずける。まかせる。おくり届ける。よせる。[例]寄稿・寄託・寄付。

[日本語での用法] [一]《よせ・よせる》①あわせる。集める。「寄せ算・客寄せ・車寄せ」②近づく。せまって来る。「波が寄せる・敵が押し寄せる」[二]《き》「き」の音にあてる万葉がな。「数寄屋」

[難読] 寄居虫(=ヤドカリ)・寄生(やどりぎ)・寄人

[人名] より

【寄金】キキン 寄付金。[例]政治—。
【寄▼寓】キグウ (名・する) ①他人の家にしばらく住まわせてもらうこと。[類]居候。[例]友人のところに—していたころ。②よそに一時的に住むこと。かりの住まい。[類]寓居。
【寄航】キコウ (名・する) 運航中の船や飛行機が、とちゅうの港や空港にたちよること。
【寄港】キコウ (名・する) 航海中の船が、とちゅうの港にたちよること。また、その港。[例]香港に—する。
【寄稿】キコウ (名・する) たのまれて、新聞や雑誌などに原稿を送ること。また、その原稿。〔自分から原稿を書き送る場合は、投稿という〕[例]—家。
【寄宿】キシュク (名・する) ①よその土地から出てきて、一時、他人の家に身をよせて生活すること。[例]—先。②学生や従業員のための宿舎に住むこと。また、その宿舎。[例]—生活。
【寄宿舎】キシュクシャ 学校や企業が、学生や従業員を生活させるために用意した建物。寮。
【寄書】(名・する) [一]キショ ①手紙を送ること。②たのまれた原稿を送ること。また、その文書。[類]寄稿。[二]【寄せ書き】よせがき (人に贈ったり記念にしたりするために)多くの人が一枚の紙や布に、字や絵を書くこと。また、その書いたもの。
【寄食】キショク (名・する) 他人の家に世話になること。[類]居候。[例]伯父の家に—する。
【寄進】キシン (名・する) 神社や寺などに金品を寄付すること。[類]喜捨。[例]社前に石どうろうを—する。
【寄生】キセイ (名・する) ①他の生物に取りついて、そこから養分を取って生きること。②自分の力ではなく、他人にたよって生活すること。[例]大会社に—する。
【寄生虫】キセイチュウ ①他の動物に取りついて、そこから養分を取って生きる動物。回虫など。②他人の力などを利用して生きる人のたとえ。
【▽寄▽生木】やどりぎ ①ヤドリギ科の常緑低木。エノキやケヤキなどに寄生する。春にうすい黄色の花がさく。②ほかの木に寄生する木。[表記]▽「宿木・▼寓木」とも書く。
【寄贈】キゾウ 〔「キソウ」とも〕(名・する) 施設や団体などに品物をおくること。[類]贈呈。[例]出身校に蔵書を—する。
【寄託】キタク (名・する) 他人に物品を預け、その管理や処理を任せること。また、その契約。[類]委託。[例]書物を図書館に—する。
【寄付】キフ (名・する) 公共事業などにお金や品物を無償で提供すること。[例]—金を募る。[表記]「寄附」とも書く。
【寄与】キヨ (名・する) 何かのために役に立つこと。他に利益をあたえること。[類]貢献。[例]—するところが大きい。
【寄留】キリュウ (名・する) 一時的に、よその土地や他人の家に住むこと。[例]—して学区外で入学する。
【寄席】よせ 落語・まんざい・講談・曲芸などの演芸場。
【寄せ木細工】よせぎザイク 色や木目のちがう木切れを組み合わせ、美しい模様をあらわした細工。木切れのモザイク。
【寄せ手】よせて せめよせるほうの人や軍勢。
【寄せ鍋】よせなべ 魚や肉や野菜など、いろいろなものを鍋に入れ、だしじるで煮ながら食べる料理。
【寄せ棟造り】よせむねづくり 日本建築の屋根の形式の一つ。屋根の中心の高い棟から、四方にさがった四つの傾斜面がある屋根。また、その屋根でできている家。

宀8
【寇】
11画 5368 5BC7 [音]コウ[漢] [訓]あだ-する・あだ

冖8
〖寇〗
10画 4946 51A6 俗字

[意味] ❶外からせめこんできて害をあたえたり、物をうばったりして荒らしまわる。あだする。[例]寇略(=せめこんで財物をうばう)。侵寇。❷外から侵入して荒らしまわる賊。かたき。外敵。あだ。[例]元寇・倭寇。

【寇敵】コウテキ ①国外からせめてくる敵。外敵。②かたき。
【寇(コウ)に兵(ヘイ)を▼藉(か)して盗(トウ)に糧(リョウ)を▼齎(もたら)す】 敵に武器を貸し、盗賊に食糧をあたえる。敵を助けて自分が不利になる。盗に食をもたらす。〔「寇(あだ)に兵(へい)を藉(か)し盗(ぬすびと)に糧を齎(もたら)す」とも読む〕〈史記〉

宀8
【宿】
11画 2941 5BBF [教育3] [音]シュク[漢]スク[呉] [訓]やど・やど-る・やど-す

[筆順] 

[なりたち] 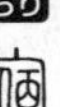 [形声]「宀(=いえ)」と、音「佰シュク」とから成る。とどまる。

[意味] ❶自分の家以外のところにとどまる。一夜とまる。やどる。[例]宿泊・合宿・寄宿。❷旅人をとめるところ。やど。また、自分の家。[例]宿舎・宿坊・下宿。❸気持ちや考えなどを、長いあいだ心の中にとどめておく。やどす。[例]宿願・宿根・宿望。❹ずっと前からの。かねてからの。また、仏教で、前世からの。[例]宿縁・宿敵・宿命。❺経験をつんで、すぐれた。[例]宿将・宿老。❻〔本来の音は「シュウ」〕星のとどまるところ。ほしのやどり。星座。[例]二十八宿(=中国古代の天文

学による二十八の星座)。

日本語での用法 ㊀《シュク》街道筋(カイドウすじ)の休んだり泊(と)まったりする設備(セツビ)のある町・村。「宿駅(シュクエキ)・宿継(シュクつ)ぎ・宿場(シュクば)・神奈川(かながわ)の宿(シュク)」㊁《やどす》妊娠(ニンシン)する。「子(こ)を宿(やど)す」

難読 武内宿禰(たけのうちのすくね)(=人名)・宿直(とのい)

人名 いえ・おる・すみ

【宿▼痾】(シュクア)〔「痾」は、病気の意〕長いあいだ、治らない病気。

【宿悪】(シュクアク) ①以前から重ねた悪事。旧悪。②〔仏〕前世(ゼンセ)でおこなった悪事。例—のむくい。▽対宿善。

【宿意】(シュクイ) ①日ごろからの考えや望み。例—がかなう。②長いあいだいだいていたうらみ。例—を晴らす。

【宿因】(シュクイン)〔「スクイン」とも〕〔仏〕前世(ゼンセ)からの因縁(インネン)。宿縁(シュクエン)。

【宿雨】(シュクウ) ①連日降り続いている雨。長雨(ながあめ)。②前の晩から降り続いている雨。

【宿運】(シュクウン) 前世(ゼンセ)から定められている運命。宿命。例—がつきない。

【宿営】(シュクエイ)(名・する)①軍隊がとまる宿舎。兵舎。兵営。②軍隊が兵営以外でとまること。また、そこにとまること。

【宿駅】(シュクエキ) 宿場(シュクば)。

【宿怨】(シュクエン) 以前からのうらみ。つもりつもったうらみ。宿恨(シュクコン)。例—を晴らす。

【宿縁】(シュクエン)〔仏〕前世(ゼンセ)からの因縁(インネン)。宿因。例めでたい—。

【宿願】(シュクガン) 以前からずっと、心にいだいてきたねがい。宿望。例—を果たす。

【宿業】(シュクゴウ)〔「スゴウ」とも〕〔仏〕前世(ゼンセ)でおこなった善悪の行為(コウイ)で、今の世でむくいを受けるもととなっているもの。応報(オウホウ)。

【宿恨】(シュクコン) 以前からのうらみ。宿怨(シュクエン)。

【宿根草】(シュクコンソウ・シュッコンソウ) 多年草のうち、冬に枝葉がかれても根は生きていて春に再び芽を出す植物。キク・スズランなど。

【宿志】(シュクシ) 前からずっと心にいだいてきたこころざし。素志(ソシ)。

【宿舎】(シュクシャ) ①とまるところ。やど。②職員などが住むための住宅。例公務員—。

【宿主】㊀(シュクシュ) 寄生生物に寄生されるがわの生物。㊁(やどぬし) やどの主人、持ち主。

〔宀部〕8画 宿 寂 密

【宿所】(シュクショ) ①とまるところ。やど。②住んでいるところ。住居。

【宿将】(シュクショウ) 戦いの経験を積んだ将軍。

【宿酔】(シュクスイ)(名・する)酒を飲んで、翌日まで残っている酔(よ)い。ふつかよい。

【宿世】(シュクセ)〔「スクセ」とも〕〔仏〕①この世に生まれる以前の世。前世(ゼンセ)。②前世からの因縁(インネン)。

【宿善】(シュクゼン)〔仏〕前世(ゼンセ)でおこなったよい行為(コウイ)。対宿悪。

【宿題】(シュクダイ) ①家で学習するように指示された課題。②その場で解決がつかず、後に持ちこした問題。

【宿直】(名・する)㊀(シュクチョク) 職場の夜の警備のために、職員などが交代でとまること。また、その人。対日直。㊁(とのい) 昔、宮中や役所などに、夜とまって、警備をしたこと。

【宿敵】(シュクテキ) 前々からのかたき。例十年来の—。

【宿場】(シュクば) 江戸(えど)時代、街道(カイドウ)の要所に設けられ、旅人が宿泊(シュクハク)でき、荷物を運ぶ人足やウマなども用意していた集落。宿(シュク)。宿駅。例—町。

【宿泊】(シュクハク)(名・する)旅先で、旅館などにとまること。

【宿弊】(シュクヘイ) 古くからの弊害や悪い習慣。例—をとりはらう。

【宿便】(シュクベン) 排泄(ハイセツ)されずに、長く腸にたまっている便。

【宿坊】(シュクボウ) ①寺院で参拝者がとまるための施設(シセツ)。②僧がふだん住む建物。表記▽「宿房」とも書く。

【宿望】(シュクボウ・シュクモウ) ①以前から心にいだいてきたのぞみ。宿願。例—をとげる。②以前からの人望。

【宿命】(シュクメイ) この世に生まれる以前から定められている運命。

【宿命論】(シュクメイロン) この世のあらゆる現象は、あらかじめ定められていて、さけたり変えたりすることはできないものだ、という考え方。運命論。

【宿料】(シュクリョウ) やどの代金。やどちん。宿泊料(シュクハクリョウ)。宿代(やどダイ)。

【宿老】(シュクロウ) 経験を積み、ものごとをよく心得ている老人。

【宿帳】(やどチョウ) 旅館で宿泊者(シュクハクシャ)の姓名(セイメイ)・住所・職業などを記入する帳面。

【宿賃】(やどチン) やどにとまる料金。宿代(やどダイ)。宿泊料(シュクハクリョウ)。

【宿屋】(やどや) 旅行者から料金を取ってとめる家。旅館。

●合宿(ガッシュク)・定宿(ジョウやど)・投宿(トウシュク)・分宿(ブンシュク)・民宿(ミンシュク)

宀8 **【寂】** 11画 2868 5BC2 常用 音セキ漢 ジャク呉 訓さび・さび-しい・さび-れる

筆順 宀 宀 宀 宇 宇 宋 宋 寂 寂

なりたち [形声] 本字は「宋」で、「宀(=いえ)」と、音「尗(シュク→セキ)」とから成る。人の声がなく、しずか。

意味 ❶音がなくひっそりとしている。しずか。さびしい。さびれる。例寂然(セキゼン)。寂寞(セキバク)。寂寥(セキリョウ)。❷仏教で、人が死ぬこと。煩悩(ボンノウ)をはなれた涅槃(ネハン)の境地。例寂滅(ジャクメツ)。寂光浄土(ジャッコウジョウド)。

難読 寂寞(ものさび)しい・寂寞(さびさび)しい

人名 しず・しずか・ちか・やす

【寂声】(さびごえ) 謡(うたい)などで、かれてしぶみのある声。表記「▼錆声」とも書く。

【寂寂】(ジャクジャク・セキセキ)(形動タル)しずかで、ものさびしいようす。寂然(セキゼン)。例—たる夜のしじま。

【寂滅】(ジャクメツ)〔仏〕①すべての煩悩(ボンノウ)を捨て去った、理想的な境地。涅槃(ネハン)。例—の境地に達する。②死ぬこと。

【寂滅為楽】(ジャクメツイラク)〔仏〕〔「寂滅」は、煩悩(ボンノウ)を捨てた理想の境地、涅槃(ネハン)のこと〕迷いやなやみを捨て去って、はじめて真の安楽があるということ。〈涅槃経(ネハンギョウ)〉例—のさとり。

【寂光】(ジャッコウ)〔仏〕①煩悩(ボンノウ)をはなれた涅槃(ネハン)の境地から生じる、知恵(チエ)の光。②「寂光浄土(ジャッコウジョウド)」の略。

【寂光浄土】(ジャッコウジョウド)〔仏〕煩悩(ボンノウ)を捨て去った、真理と知恵(チエ)の世界。仏の住むところ。寂光土。常寂光土(ジョウジャッコウド)。

【寂然】(セキゼン)(形動タル)〔「ジャクネン」とも〕ものさびしいようす。ひっそりと静まっているようす。寂寂。例—たる林。

【寂▼寞】(セキバク)(名・形動タル)〔「ジャクマク」とも。「寞」も、静か、さびしいの意〕ひっそりとして、ものさびしいこと。寂寥(セキリョウ)。例—とした風景。表記「寂漠」とも書く。

【寂▼寥】(セキリョウ)(名・形動タル)〔「寥」も、静か、さびしいの意〕ひっそりとして、ものさびしいこと。寂寞(セキバク)。例—感。

●閑寂(カンジャク)・静寂(セイジャク)・入寂(ニュウジャク)

宀8 **【密】** 11画 4409 5BC6 教育6 音ビツ漢 ミツ呉 訓ひそ-か・ひそ-やか

筆順 宀 宀 宀 宓 宓 宓 宻 密

なりたち [形声]「山(=やま)」と、音「宓(ビツ)」とから成る。堂のような山。借りて「こまかい」の意。

意味 ❶細かいところまで、ゆきとどいている。例厳密。細密。綿密。❷すきまがない。ぴったりとついている。対疎。例密集。密接。過密。❸他人に知られない。ひそか。ひそやか。例密告。密談。秘密。❹「密教」の略。例顕密。台密。東密。

難読 密語（ささめごと・ひめごと・むつごと）

人名 しずか・たかし・み・みつる

【密雲】ミツウン 厚く重なった雲。例―が低くたれこめる。

【密画】ミツガ 細かいところまでくわしくかいた絵。細密画。ミニアチュール。対疎画。例インドやイランの―。

【密会】ミッカイ（名・する）①ひそかに会合すること。例同志との連絡の―。②男女が人目をしのんで、ひそかにあうこと。あいびき。しのびあい。例―を重ねる。

【密儀】ミツギ 特定の人しか参加できない、秘密の儀式。秘儀。例宗教上の―。

【密議】ミツギ（名・する）ひそかに相談すること。秘密の相談。密談。例―をこらす。

【密教】ミッキョウ〔仏〕秘密の教法。大日如来のさとりを内容とする、おく深い教え。如来の加護がなければ知ることができず、加護のために加持祈禱を重んずる。七、八世紀にインドで起こり、日本にも伝わった。対顕教。

【密計】ミッケイ 秘密の計略や計画。例―をさずける。

【密語】ミツゴ（名・する）まわりの人に聞こえないように小さな声で語り合うこと。ひそひそばなし。ないしょばなし。

【密行】ミッコウ（名・する）人に気づかれないように、歩き回ったり、目的地へ行ったりすること。例出発を秘して―する。

【密航】ミッコウ（名・する）①ひそかに船に乗りこんで行くこと。特にそのようにして外国へ行くこと。例―者。②船が規則をやぶって航海すること。例―船。

【密告】ミッコク（名・する）こっそり知らせること。例―者。

【密殺】ミッサツ（名・する）①ひそかに殺すこと。②法律に定められた手続きをとらずに、家畜をひそかに殺すこと。

【密使】ミッシ 秘密の任務をおびて、ひそかにつかわされる使者。

【密事】ミツジ 秘密のことがら。みそかごと。例―が露見する。

【密室】ミッシツ ①だれにも知られていない部屋。例―で相談する。②完全にとざされていて、外からははいれない部屋。例―殺人のなぞを解く。

【密集】ミッシュウ（名・する）すきまがないくらい、ぎっしりと集まること。例人家が―している地域。

【密書】ミッショ 秘密の手紙や文書。例主君の―をたずさえる。

【密生】ミッセイ（名・する）（草木や毛などが）すきまなく、はえること。例野草が―する。

【密接】ミッセツ 一（名・する）すきまがないくらい、ぴったりとくっつくこと。例隣家が―している。二（名・形動）切りはなせないくらい関係が深いこと。例両者の―なあいだがら。

【密栓】ミッセン（名・する）かたく栓をすること。また、その栓。

【密送】ミッソウ（名・する）他人に知られないように、ひそかにおくること。例武器を―する。

【密葬】ミッソウ（名・する）親子、きょうだいなど、身内の者だけで葬式をおこなうこと。また、その葬式。対本葬。例近親者だけで―する。

【密造】ミツゾウ（名・する）法律を破って、こっそりとつくること。例―酒。

【密談】ミツダン（名・する）ひそかに相談すること。秘密の相談。密議。例―を重ねる。

【密着】ミッチャク（名・する）①すきまがないほど、ぴったりとくっつくこと。例板と板とを―させる。②深くかかわって、はなれないこと。例チームに―して取材する。③写真を、原板とぴったり重ねて焼き付けること。べた焼き。

【密通】ミッツウ（名・する）①ひそかに通じ合うこと。内通。例敵と―する。②夫または妻が、別の相手とひそかに性的関係を結ぶこと。私通。例不義―。

【密偵】ミッテイ（名・する）相手に気づかれないように、内情をさぐること。また、その人。スパイ。例―を送る。

【密度】ミツド ①一定の範囲内に、ものが散らばっている度合い。粗密の度合い。例人口―。②〔物〕物体の単位体積あたりの物質の量。③内容のゆたかさの度合い。例―の濃い授業。

【密入国】ミツニュウコク（名・する）法律的な手続きを経ないで、ひそかに国内にはいること。例―を監視する。

【密売】ミツバイ（名・する）法律を破って、こっそりと売ること。例麻薬の―。

【密封】ミップウ（名・する）厳重に封をすること。例重要書類を―して保管する。

【密閉】ミッペイ（名・する）すきまのないように厳重にとじること。例―状態。

【密謀】ミツボウ（名・する）ひそかに計画すること。秘密のはかりごと。例―が発覚する。

【密貿易】ミツボウエキ（名・する）法律を破って、ひそかにする貿易。例―をとりしまる。

【密命】ミツメイ 秘密の命令や使命。例―をおびて出張する。

【密約】ミツヤク（名・する）ひそかに契約や条約を結ぶこと。秘密の約束。例―をかわす。

【密輸】ミツユ（名・する）密輸出または密輸入。密貿易。例―船。―した品を売りさばく。

【密輸出】ミツユシュツ（名・する）法律を破って、ひそかに輸出すること。密輸。対密輸入。

【密輸入】ミツユニュウ（名・する）法律を破って、ひそかに輸入すること。密輸。対密輸出。

【密猟】ミツリョウ（名・する）法律を破って、ひそかに狩猟をすること。例―者。ゾウを―する。

【密漁】ミツリョウ（名・する）法律を破って、ひそかに魚や貝をとること。例―船。

【密林】ミツリン 熱帯地方で、樹木などがすきまなく生いしげっている林。ジャングル。例―に分け入る。

【密話】ミツワ（名・する）まわりの人に聞かれないように、ひそひそと話すこと。ひそひそばなし。ないしょばなし。密語。

●機密・緊密・親密・精密・内密

宀8 【寃】11画 ⇨【冤】エン（119ページ）

宀9 【寒】12画 2008 5BD2 教育3 音カン漢呉 訓さむ-い

筆順 丶 宀 宀 宇 宑 宑 実 寒

宀9 【寒】12画

なりたち [会意]本字は、「人（=ひと）」が「宀（=屋根）」の下にいて、二つの「艸（=くさ）」で上下からからだをおおうが、下には「冫（=こおり）」がある形。さむい。

意味 ❶気温が低くて、さむい。つめたい。さむさ。対暑。例寒暖。寒冷。防寒。❷こごえる。ぞっとする。例寒心。悪寒。❸二十四節気のうち、小寒（=一月六日ごろから）と大寒（=一月二十日ごろから）の時期。すなわち立春（=二月四日ごろ）の前の三十日間を指す。例寒中。寒卵。寒の入り。❹物質的にとぼしい。さびしい。例寒村(カンソン)。貧寒(ヒンカン)。

【寒害】(カンガイ) 寒さのためにおきる、農作物の被害(ヒガイ)。冷害。

【寒気】(カンキ) [一] 冬の寒さ。冷たい空気。[対]暑気。[例]—がはいりこむ。[二](さむけ) 熱があったり、こわい思いをしたりするときに感じる、不快な寒さや気味の悪さ。悪寒(オカン)。[例]—がする。

【寒菊】(カンギク) 冬に黄色く小さい花をさかせるキク。冬菊。

【寒行】(カンギョウ) 寒中におこなう修行(シュギョウ)。寒垢離(カンごり)など。

【寒苦】(カンク) 厳しい寒さ。また、寒さや貧しさに苦しむこと。[例]—にたえて働く。

【寒空】(カンクウ/さむぞら) 冬の、さむざむとした空。

【寒稽古】(カンゲイコ) 寒の時期の早朝などにおこなう、武道や芸ごとのけいこ。

【寒月】(カンゲツ) 冬の夜空に、さえざえとかがやく月。

【寒肥】(カンごえ) 冬の寒い時期に、樹木や作物にやる肥料。

【寒▼垢離】(カンごり) 寒中に、水を浴びて身を清め、神仏にいのる修行(シュギョウ)。[例]—を取る。

【寒剤】(カンザイ) 二つ以上の物質を混合した、強力な冷却(レイキャク)剤。たとえば、氷と食塩によるものなど。

【寒山▽拾得】(カンザンジットク) 中唐(チュウトウ)時代の、寒山と拾得という二人の僧(ソウ)。ともに詩を書き、多くの奇行(キコウ)で知られる。後世、禅画(ゼンガ)の画題になる。

【寒暑】(カンショ) 寒さと暑さ。また、冬と夏。寒暖。

【寒色】(カンショク) 寒い感じのする色。青色やむらさき色など。冷色。[対]暖色・温色。[例]—を好む画家。

【寒心】(カンシン) (名・する) おそろしくて、ぞっとすること。どうなってしまうかと、心配すること。[例]—にたえない。

【寒声】(カンセイ) [一] ①冬のさむざむとした風や水の音。②さむざむとした感じの声。[二](カンごえ) のどをきたえるため、寒中におこなう邦楽(ホウガク)や読経(どきょう)の発声練習。

【寒村】(カンソン) ①さむざむとした貧しい村。②人けの少ない、さびしい村。[例]山あいの—。

【寒帯】(カンタイ) 地球上の寒い地域。南緯(ナンイ)・北緯それぞれ六六・五度から南極・北極までのあいだの地域。[対]温帯・熱帯。

【寒暖】(カンダン) 寒さと暖かさ。[例]—の差がはげしい。

【寒暖計】(カンダンケイ) 気温をはかる道具。

【寒地】(カンチ) 気候の寒冷な地方。[対]暖地。

【寒中】(カンチュウ) ①寒さが厳しい期間。②小寒(=一月六日ごろ)から大寒(=一月二十日ごろ)をへて立春(=二月四日ごろ)の前日までの約三十日間。▽[対]暑中。

【寒天】(カンテン) ①冬のさむざむとした空。さむぞら。[例]—にふるえる。②テングサなどを煮(に)た汁を、こおらせてかわかした食品。

【寒波】(カンパ) 周期的に流れこむ寒気によって、急激に冷えこむ現象。また、その寒気。[対]熱波。[例]—襲来(シュウライ)。

【寒梅】(カンバイ) 寒中にさくウメ。早ざきのウメ。

【寒風】(カンプウ) 冬にふく冷たい風。[例]—がふきすさぶ。

【寒夜】(カンヤ) 冬の寒く冷たい夜。

【寒流】(カンリュウ) ①冬の冷たい川。冷たい水の流れ。②南極や北極から赤道に向かって流れる、冷たい海流。千島(ちしま)海流(=親潮(おやしお))など。[対]暖流。

【寒林】(カンリン) 冬に葉を落とした林。[例]—にカラスの群れ。

【寒冷】(カンレイ) (名・形動(ダ)) 気温がたいへん低く寒いこと。[対]温暖。[例]—地。

【寒冷▼紗】(カンレイシャ) 織り目があらく、うすい生地(きじ)の綿や麻(あさ)の織物。カーテンや蚊帳(かや)などにする。

【寒冷前線】(カンレイゼンセン) 冷たい空気のかたまりが、暖かい空気のかたまりをおしのけるときにできる前線。前線の通過中および通過後は、気温が急に下がり、にわか雨が降る。[対]温暖前線。

【寒露】(カンロ) ①二十四節気の一つ。十月八日ごろ。さむざむとしたつゆの意。②晩秋から初冬のひえびえとしたつゆ。

●厳寒(ゲンカン)・向寒(コウカン)・小寒(ショウカン)・耐寒(タイカン)・大寒(ダイカン)・避寒(ヒカン)・夜寒(よさむ)

宀 9

【寓】

12画 2287 5BD3 [人名] [音]グウ[慣] グ[漢][呉] [訓]よ-る・よ-せる

[意味] ❶一時的に身をよせる。かりずまいをする。やどをかりる。とまる。よる。[例]寓居(グウキョ)。寄寓(キグウ)。旅寓(リョグウ)。❷かこつける。他のことにこじつけて言う。よせる。[例]寓意(グウイ)。寓言(グウゲン)。寓話(グウワ)。

[日本語での用法] 《グウ》他人に対して自分の家を指す、門札などの書き方の一つ。「山田寓(やまだグウ)(=山田氏の仮の住居。山田宅)」

[難読] 寓木(ほや・やどりぎ)

[人名] やどる・より

【寓意】(グウイ) 自分の考えていることを、ほかのものごとにかこつけてあらわすこと。[例]—小説。

【寓居】(グウキョ) かりの住まい。かりずまい。仮寓(カグウ)。〔自分の家をけんそんした言い方にも使う〕[例]—を構える。

【寓言】(グウゲン) 教訓や批評などを、ほかのものごとにたとえた、ことばや話。たとえばなし。寓話。

【寓目】(グウモク) (名・する) 目をとめること。また、注意して見ること。[類]嘱目(ショクモク)。[例]—するものみなめずらしかった。

【寓話】(グウワ) 教訓や風刺(フウシ)などを、動物の擬人化(ギジンカ)などによってあらわした話。たとえばなし。寓言。[例]イソップの—。

宀 9

【寔】

12画 5370 5BD4 [音]ショク[漢] [訓]まこと-に

[意味] ❶ほんとうに。まさに。まことに。[例]寔受二其福一(まことにそのフクをうく)(=まことに幸福をさずけられる)。〈礼記(ライキ)〉 ❷これ。この。[例]寔為二咸陽一(これをカンヨウとなす)(=これが咸陽である)。

宀 9

【寐】

12画 5371 5BD0 [音]ビ[漢] ミ[呉] [訓]ね-る

[意味] ねむる。ねむりこむ。ねる。[対]寤(ゴ)。[例]寤寐(ゴビ)。夢寐(ムビ)。

[参考] 「寝(シン)」の略字ではない。

[難読] 仮寐(かりね・うたたね)・旅寐(たびね)

【寐語】(ビゴ) ねごと。

宀 9

【富】

12画 4157 5BCC [教育4] [音]フ・フウ[漢] フ[呉] [訓]と-む・とみ

[筆順] 丶 宀 宀 宫 富 富 富

冖 9

【冨】

11画 4158 51A8 [人名] 俗字

[なりたち]  [形声]「宀(=いえ)」と、音「畐(フク→フウ)」とから成る。そなわる。じゅうぶんにある。

[意味] ❶物がゆたかにそなわっている。とむ。[対]貧(ヒン)。[例]富貴(フウキ)。貧富(ヒンプ)。豊富(ホウフ)。❷財産。ゆたかさ。とみ。[例]富豪(フゴウ)。富力(フリョク)。❸とませる。ゆたかにする。[例]富国強兵(フコクキョウヘイ)。

[県名] 富山(とやま)

[難読] 富樫(とがし)(=姓(セイ))・富永(とみなが)(=姓)・富小路(とみのこうじ)

[人名] あつ・あつし・さかえ・とます・とめり・とめる・ひさ・ひさし・ふく・みつる・ゆたか・よし

【富貴】(フウキ/フッキ) (名・形動(ダ)) 金持ちで、身分も高いこと。[対]貧賤(ヒンセン)。

【富貴(フウキ)天(テン)に在(あ)り】 財産・身分が手にはいるかどうかは天命によるもので、人の力ではどうにもならない。[例]死生(シセイ)

命有り(=人の生死は天の定めであり)、―。〈論語〉

【富家】富んでいる家。金持ち。対 貧家。

【富岳】富士山のこと。

【富強】㊀(名・形動ナ)国が富んでいて、兵力も強いこと。㊁(名)「富国強兵」の略。

【富豪】大金持ち。財産家。金満家。類 長者。

【富国】①豊かな財力のある国。②国を豊かにすること。

【富国強兵】国を豊かに富ませ、軍事力を強くすること。例―の政策。

【富士額】ひたいのかみの生えぎわが、富士山の輪郭に似ていること。美人の条件の一つとされた。例―の美人。

【富者】金持ち。財産のある人。対 貧者。

【富農】広い農地を持ち、財力のある農民。豪農。対 貧農。

【富有】(名・形動ダ)富んで、財産があること。富裕。例―な農家。

【富裕】(名・形動ダ)財産があり、豊かな生活をしていること。裕福。富有。例―と貧困との差。

【富力】金の力。財力。

●貧富・豊富

宀9【寒】12画 ⇩【寒】(303ページ)

宀10【寛】13画 2018 5BDB 常用 音カン漢 訓ひろ-い・ゆる-やか・くつろ-ぐ

筆順 宀 宀 宀 宵 宵 宵 寛 寛

宀11【寬】14画 1-4758 5BEC 人名

なりたち【形声】「宀(=いえ)」と、音「萈カン」とから成る。家が広くゆったりしている。

意味 ❶ゆったりしている。ひろい。例寛衣(=大きくてゆったりした衣服)。❷心がひろく度量が大きい。きびしくない。例寛恕。寛大。寛容。❸からだを楽にする。くつろぐ。

人名 とお・とも・のぶ・のり・ひと・ひろ・ひろし・ひろむ・ゆたか

【寛雅】(名・形動ナ)おおらかで、上品なこと。例―な生活をたのしむ。

【寛解】(名・する)〔医〕病気の症状が軽減または消失すること。表記「緩解」とも書く。

【寛▼闊】(名・形動ダ)〔「闊」も、ひろい意〕①心が広く、おおらかなこと。類 寛大。②はで。はなやか。例―な、大名の生活。

【寛厚】(名・形動ナ)心が広く、情け深いこと。

【寛▼恕】(名・する)〔「恕」は、ゆるす意〕①心が広く、思いやりの深いこと。②他人のあやまちを広い心でゆるすこと。例つつしんでご―を請こう。

【寛大】(名・形動ダ)心が広くおおらかで、他人をきびしくとがめたりしないこと。例―な処置。

【寛▼宥】(名・する)〔「宥」は、ゆるす意〕他人のあやまちを広い心でゆるすこと。類 寛赦。例―を示す。

【寛容】(名・形動ダ)他人の意見などをよく聞き入れること。また、他人のあやまちを許すこと。対 厳格。例―の精神。

宀10【寝】13画 3118 5BDD 常用 音シン漢 訓ね-る・ね-かす

筆順 宀 宀 宇 宇 宇 寝 寝

宀11【寢】14画 5374 5BE2 人名

なりたち【形声】本字は「寑」で、「宀(=いえ)」と、音「侵シ」とから成る。家で横になって休む。

意味 ❶からだをねどこに横たえる。病気で床とこにつく。ねる。ねかす。例寝台。就寝。寝待ちの月。❷奥おくざしき。ねや。例寝殿。

【寝具】ねるときに使う用具。ふとんや、まくらなど。夜具。

【寝室】ねるための部屋。寝間。ベッドルーム。

【寝所】ねるための部屋。寝室。〔寝室よりも古い言い方〕

【寝食】①(生活に欠かせない)ねることと食べること。②日常生活。例―をともにする。

【寝食を忘れる】ねることや、食べることを忘れるほど、何かに熱中する。例寝食を忘れて発明に努力する。

【寝台】ねるための台。ベッド。

【寝殿】①昔、天皇が生活した、宮中内の寝室のある建物。②平安時代の、貴族の邸宅の正殿。その家の主人が居住し、客をむかえる建物。

【寝殿造り】平安時代の貴族の住宅の様式。南に面した寝殿を中心に、北と東西にそれぞれ対屋たいのやを置き、渡殿わたどのという廊下でつないだ。

【寝汗】ねているときにかく汗。〔とくに、熱があったり、つかれていたり、こわい夢を見たりしたときにかく〕例―をかく。

【寝息】ねているときの呼吸。例―をうかがう。

【寝起き】㊀(名・する)ねたり起きたりすること。日常生活を送ること。例一つ屋根の下で―する。㊁(名)目が覚めて、起きたばかりのときの気分。寝覚め。例―が悪い。

【寝顔】ねているときの顔。例子供の―。

【寝癖】①ねているあいだについた、かみの毛のくせ。例―を直す。②ねているとき、寝具が乱れるほど、からだを動かすくせ。類 寝相。例―が悪い。③ひまがあれば、ねてばかりいること。例―がついて困ったものだ。

【寝首】ねている人の首。

【寝首を▼掻く】①ねている人をおそって首を切る。②人の不意をついて、ひどい目にあわせる。

【寝心地】からだを横たえてねるときの感じ。例―のいいベッド。

【寝言】①ねているあいだに無意識に話すことば。②とりとめのない話。たわごと。例―を言うのもいいかげんにしろ。

【寝覚め】ねむりから目覚めること。目覚め。

【寝覚めが悪い】①目覚めたときの気分が悪い。②自分の、よくなかった言動のために、気がとがめる。あとあじが悪い。

【寝相】ねているあいだの、からだの動きやかっこう。例―が悪い。

【寝床】ねるためにしいた、ふとん。また、ねるための場所。とこ。類 寝具・夜具。例―をとる。わらの―。

【寝袋】登山のときなどに、中にはいり、くるまってねるふくろ状のふとん。シュラーフザック。スリーピングバッグ。

【寝不足】(名・形動ナ)じゅうぶんに睡眠をとっていないこと。睡眠不足。例―で調子が悪い。

【寝坊】(名・する・形動ナ)朝、おそくまでねていること。また、その人。例朝―。

【寝巻】ねるときに着る衣服。〔洋式のものはパジャマとも〕表記「寝間着」とも書く。

【寝耳】ねているときの、ぼうっとした状態で聞くこと。

【寝耳に水】急な話や突然のできごとに、びっくりすること。例―の申し入れ。

【寝技】①柔道やレスリングなどで、横になった体勢でかけるわざ。②（政治の世界などで）裏でおこなうかけひき。裏工作。例—師。表記▽「寝業」とも書く。

●就寝・宵寝・旅寝

宀10
【寞】
13画 5375 5BDE 音バク漢 マク呉 訓さび-しい

意味 人かげも声もなく、ひっそりとしたようす。静か。さびしい。例寂寞

難読 寂寞しい・寂寞草

宀11
【寡】
14画 1841 5BE1 常用 音カ漢呉 訓すく-ない・やもめ

筆順 宀 宀 宀 宣 宣 寘 寡 寡

なりたち [会意]「宀(=おおう)」と「頒(=分ける)」とから成る。分けて、少なくなる。

意味 ❶数量が少ない。すくない。対衆・多。例寡作・寡黙。多寡。❷諸侯が、自分のことをへりくだっていうことば。〔徳が少ない意〕例寡人。❸夫に先立たれた妻。やもめ。例寡婦。

【寡作】（名・形動ナ）作品を少ししかつくらないこと。対多作。

【寡言】（名・形動ナ）ことば数が少ないこと。類無口・寡黙。

【寡居】（名・する）配偶者がなくなり、ひとり暮らしをすること。やもめぐらし。

【寡少】（形動ナ）少ないようす。

【寡占】少数の会社が、ある商品の供給量の大部分をしめて、市場を支配していること。例大企業の—化が進む。

【寡徳】徳が少ないこと。徳望があまりないこと。

【寡夫】妻が死んで、再婚しないでいる男性。男やもめ。やもお。対寡婦。

【寡婦】夫が死んで、再婚しないでいる女性。未亡人。やもめ。対寡夫。

【寡聞】見聞や知識が少ないこと。〔多く、自分の知識をけんそんしていう〕例浅見—。—にして知らない。

【寡兵】少人数の軍隊。例—をもって勝利を得る。

【寡黙】（名・形動ナ）口数が少ないこと。類無口・寡言。例—だが実行力はある。

【寡欲】（名・形動ナ）欲望が少ないこと。例—の徳。

表記 旧寡▼慾

●衆寡・多寡

宀11
【寤】
14画 5372 5BE4 音ゴ漢 訓さ-める

意味 ❶目覚める。ねむった状態から意識のある状態になる。さめる。対寐。例寤寐。醒寤。❷はっと気づく。さとる。同悟。例覚寤。❸さかさである。例寤生(=さかご)。

難読 夢寤

【寤▼寐】〔「寐」は、寝るの意〕目が覚めているときと、ねむっているとき。ねてもさめても。例—の間も忘れることがなかった。

宀11
【寨】
14画 6045 5BE8 音サイ漢 訓とりで

意味 ❶敵の侵入を防ぐために、さくをめぐらして作ったとりで。同砦。❷さくをめぐらした村落。

宀11
【察】
14画 2701 5BDF 教育4 音サツ漢呉

筆順 宀 宀 灾 灾 灾 寥 寥 察

なりたち [形声]「宀(=おおいを取る)」と、音「祭サイ→サツ」とから成る。くわしくしらべる。

意味 ❶こまかいところまで明らかにする。よく見る。例観察。検察。診察。❷かんがえ、見当をつける。おしはかる。例察知。考察。察する。

人名 あき・あきら・み・みる

【察知】（名・する）ようすやふんいきなどから、おしはかって知ること。例危険を—する。

●警察・賢察・査察・視察・推察・省察・拝察

宀11
【寧】
14画 3911 5BE7 常用 音ネイ漢 ニョウ呉 訓やす-い・むし-ろ

筆順 宀 宀 宓 宓 宻 寍 寍 寧

なりたち [会意]本字は「寍」で、「宀(=おおう)」と「心(=こころ)」が「皿(=食器)」の上にある形とから成る。家に食物があるので安心する。やすらか。

意味 ❶おちついている。心がやすらかである。やすらかにする。やすい。例寧国(=平和な国)。寧日。安寧。❷心のこもったようす。ねんごろ。例丁寧。❸〔助字〕ア「むしろ」と読み、いっそ…のほうがよい・(二者を比べて)…よりはむしろ…のほうが望ましい、の意。選択をあらわす。例寧為鶏口、無為牛後(=いっそニワトリの口となっても、ウシの尻となってはならない)。〈史記〉イ「なんぞ」「いずくんぞ」と読み、どうして…だろうか(…ではない)、の意。反語をあらわす。例寧可治(=どうして治められようか、治められない)。

難読 只寧・丁寧・寧波(=中国の地名)

人名 さだ・しず・やす・やすし・よし

【寧▼馨児】〔「寧馨」は、古い俗語で「このような」の意〕このような子。転じて、幼いころからすぐれている子供。類麒麟児・神童。

【寧日】心が安らかな日。何ごともないおだやかな日。例—のない近ごろの世情。

【寧楽】一ネイラク 心を安らかにして楽しむこと。二なら〔古い時代の表記で〕奈良のこと。

【寧ろ鶏口となるとも牛後となるなかれ】⇩【鶏口となるとも牛後となるなかれ】(1102ページ)

宀11
【寥】
14画 5376 5BE5 音リョウ漢 訓さび-しい

意味 ❶人けがなく、ひっそりとしている。さびしい。例寥寥。寂寥。❷がらんとして広い。むなしい。例寥廓(=がらんとして広いだけで、何もない)。

【寥寥】（形動タル）①ひっそりと、ものさびしいようす。例—としてむなしき室。②数が少ないようす。例賛成者は—たるものだった。

宀11 【寛】14画 ⇩【寛】カン(305ページ)

宀11 【實】14画 ⇩【実】ジツ(292ページ)

宀11 【寢】14画 ⇩【寝】シン(305ページ)

宀11 【寧】14画 ⇩【寧】ネイ(306ページ)

宀12

【審】

15画 3119 5BE9 常用 音シン漢呉 訓つまびらか

筆順 宀 宀 宷 宷 宷 審 審 審

なりたち [会意]「宀(=おおう)」と「番(=見分ける)」とから成る。つまびらかにする。

意味 ❶こまかい点まであきらかにする。くわしくしらべる。例 審査。審美。審理。❷くわしい。あきらか。つまびらか。例 不審。

難読 不審いぶかしい

日本語での用法 《シン》①「審理」の略。「一審・陪審・上告審」②「審判員」「審判官」などの略。「主審・線審・副審」

人名 あき・あきら・ただし・ただす

【審議】（名・する）議案などを、こまかい点まで検討し、それがよいかどうかを話し合うこと。例 法案を―する。

【審査】（名・する）基準に照らし合わせて、能力や品質などを調べ、適不適や優劣などを決めること。例 資格―。

【審判】（名・する）①事件について調べ、法に照らして判決を下すこと。例 無罪の―が下る。②キリスト教で、神が人々の罪を裁くこと。例 最後の―。③スポーツで、反則や得点などを調べながら競技を進行させ、勝敗や順位を判定すること。また、その役。例 ―員。―は公平であるべきだ。

【審美】美しいものと、みにくいものとを見分けること。美の本質を見きわめること。例 ―眼。―学(=美学)。

【審問】（名・する）①こまかい点まで、くわしくたずねること。②〔法〕事件の詳細を調べるために、裁判所が関係者に、書面や口頭で問いたずねること。例 参考人を―する。

【審理】（名・する）①事実関係などをくわしく調べて処理すること。例 事件を―する。②〔法〕事件について裁判官がくわしく取り調べ、法律の適用などを判断すること。例 ―の進行をはかる。

●結審・再審・陪審・塁審

宀12

【寮】

15画 4632 5BEE 常用 音リョウ漢 訓つかさ

筆順 宀 宊 宊 宊 寮 寮 寮 寮

なりたち [形声] 本字は「竂」で、「穴(=あな)」と、音「尞」とから成る。明かり取り用の小さなまどのある建物。派生して「役人」の意。

意味 ❶役人。官吏。同 僚。例 官寮(=官僚)。❷同役の人。なかま。同 僚。例 同寮(=同僚)。

日本語での用法 《リョウ》①やしき。郊外の別宅。下屋敷。また、料理店の名につけることば。「茶寮・深川の寮・風流な造りの寮」②学校や会社が、学生や社員の住居として提供した建物。寄宿舎。「寮生・寮母・独身寮」③役人。律令制で、省の下におかれた役所。つかさ。「馬寮・大学寮」

人名 いえ・まさ

【寮歌】学生寮などで、その寮生活の理想や精神を歌うために作られた歌。〔とくに旧制の高等学校や大学予科の生徒寮の歌を指す〕

【寮舎】寮の建物。寄宿舎。

【寮生】その寮に住む学生。

【寮長】①寮に住んでいる学生などの代表者。②寮のとりしまりをする人。

【寮費】寮に住んでいる人が、寮の運営のためにしはらうお金。

【寮母】寮に住んでいる人の世話をする女性。

【寮友】同じ寮で生活するなかま。

●学寮・典薬寮・入寮

宀12

【寫】

15画 ⇩【写】(118ページ)

宀13

【寰】

16画 5378 5BF0 音カン漢 訓うずたか-い・おおぞら・かき

意味 ❶都の周囲千里以内の地域。例 寰内。❷広大な地域。また、天下。例 寰宇(=天下。全世界)。

宀16

【寵】

19画 3594 5BF5 人名 音チョウ漢 訓めぐ-み・めぐ-む

意味 ❶特別に思いをかけ、かわいがる。かわいがってだいじにする。めぐむ。例 寵愛。寵児。寵臣。❷いつくしみ。めぐみ。例 恩寵。

人名 うつくし・よし

【寵愛】（名・する）（身分の高い人が）特別にかわいがること。例 ―を受ける。

【寵▽姫】主君が特別にかわいがっている女性。寵妾。愛妾。

【寵遇】（名・する）特別に目をかけて、手厚くもてなすこと。例 ―を得る。

【寵児】①親からとくにかわいがられている子供。②世間でもてはやされている人。人気者。流行児。例 時代の―。

【寵▼妾】主君が特別にかわいがっている、正妻以外の女性。愛妾。寵姫。

【寵臣】君主のお気に入りの家来。

【寵用】（名・する）特別にかわいがって、取り立てること。例 側用人(=将軍のそば近くに仕える江戸幕府の職名)として―する。

宀16

【寳】

19画 ⇩【宝】(296ページ)

宀17

【寶】

20画 ⇩【宝】(296ページ)

41 3画 寸 すん部

手の意味をあらわす。「寸」をもとにしてできている漢字と、「寸」の字形を目じるしにして引く漢字とを集めた。

0 寸 3 寺 4 寿 対 6 専 封 7 射 将 尅 8 尉 將 專 9 尋 尊 尋 尊 11 對 12 導 13 導

この部首に所属しない漢字

耐⇩而 809 辱⇩辰 960 奪⇩大 269

寸0

【寸】

3画 3203 5BF8 教育6 音ソン漢 スン呉

筆順 一 十 寸

なりたち [会意]「寸(=手)」と「丶(=一)」とから成る。手首のつけねから脈うつところまでの長さ(=一寸)。十分。

意味 ❶長さの単位。一尺の十分の一。一分の十倍。「度量衡表」(1141ページ) 例 一寸。径寸。❷ほん↓

の少しの。ごくわずかの。例寸暇。寸分。方寸の地。

日本語での用法 《スン》 長さ。「寸法・原寸大」

難読 寸莎・寸胴・火寸・燐寸・一寸・十寸鏡・三寸・七寸・忌寸・寸寸

人名 ちか・のり

【寸陰】スンイン 〔「陰」は、時間の意〕わずかな時間。類寸時・寸刻。例―をおしむ。

【寸暇】スンカ わずかな時間。例―をおしんで勉強する。

【寸隙】スンゲキ ①わずかな時間。②わずかなすきま。例―もない。

【寸劇】スンゲキ 上演時間のごく短い、軽い劇。

【寸言】スンゲン 意味の深い、短いことば。例―で要領をつくす。―人を刺す。

【寸▼毫】スンゴウ 〔「毫」も、わずかの意〕ほんのわずかなこと。例―も疑わない。

【寸刻】スンコク わずかな時間。類寸時・寸陰・一刻。例―をおしむ。

【寸志】スンシ ①少しばかりの気持ち。類微意。例―をあらわす。②心ばかりの、おくりもの（の意で、おくりものの表書きに書くことば）。〔①②ともに、へりくだっていうことば。目上の人には使わない〕

【寸時】スンジ 〔「スンシ」とも〕わずかな時間。類寸刻・寸陰。例―も忘れぬ。

【寸借】スンシャク （名・する）少しばかりのお金を借りること。また、ちょっとのあいだだけ借りること。例―詐欺（＝短期間の約束でお金を借りて、そのままだましとること）。

【寸書】スンショ 短い手紙。〔自分の手紙をへりくだっていうことば〕類寸楮。

【寸前】スンゼン ほんの少し前。あることの起こる直前。例発車―に飛び乗る。

【寸断】スンダン （名・する）ずたずたに断ち切ること。例交通網が―された。

【寸地】スンチ わずかな土地。寸土。例―も敵にゆずらない。

【寸▼楮】スンチョ 〔「楮」は、和紙の原料となるコウゾの意〕短い手紙。〔自分の手紙をへりくだっていうことば〕類寸書。

【寸鉄】スンテツ ①短い刃物。小さな武器。例身に―も帯びず（＝武器を持たない）。②短いが真理を言いあてたことば。類警句。例―人を刺す（＝短いことばで人の急所をついたり、強い印象をあたえたりする）。

【寸土】スンド わずかな土地。寸地。例―を守る。

【寸秒】スンビョウ ごくわずかな時間。類一刻。例―を争う。

【寸描】スンビョウ 簡単にかくこと。また、その作品。スケッチ。例人物―。

【寸評】スンピョウ 短い批評。短評。例―を試みる。

【寸分】スンブン ごくわずかなこと。例―もたがわない。

【寸法】スンポウ ①ものの長さ。例洋服の―をとる。②手順・計画。だんどり。もくろみ。例これでうまくいくという―だ。

●原寸・採寸・尺寸・方寸

寸3 【寺】 6画 2791 5BFA 教育2 音シ漢ジ呉ス唐 訓てら

筆順 一 十 土 圭 寺 寺

なりたち ［形声］「寸（＝規準）」と、音「土シ」とから成る。公的な規準を示す役所。

意味 ❶役所の名。つかさ。例鴻臚寺（＝外国との交渉をつかさどる役所）。❷仏をまつり、仏道を修行するところ。てら。例寺院。寺社。❸昔、宮中のおくむきに仕えた人。宦官。例寺人。

【寺院】ジイン てら。てらの建物。例仏教―。カトリックの―。

【寺格】ジカク 寺の格式。例―の高い寺。

【寺社】ジシャ 寺と神社。例―に詣でる。

【寺僧】ジソウ 寺に住んでいる僧侶。

【寺門】ジモン ①寺の門。また、てら。②園城寺（＝三井寺）のこと。

【寺男】てらおとこ 寺で雑用をする男。

【寺子】てらこ 寺子屋に入門した子供。

【寺子屋】てらこや 江戸時代、庶民の子供に読み書き、そろばんなどを教えたところ。寺屋。

【寺参り】てらまいり 法事や墓参り、礼拝、説法の聴問などのために寺に行くこと。

●社寺・末寺・山寺

寸4 【寿】 7画 2887 5BFF 常用 音ス慣シュウ漢ジュ呉 訓ことぶき・ことほ-ぐ・ひさ-しい・いのちなが-し

土11 【壽】 14画 5272 58FD 人名

筆順 一 二 三 手 丰 寿 寿

なりたち ［形声］「老（＝ながいき）」の省略体と、音「𠷎チュ→シュウ」とから成る。長く久しい。

意味 ❶長生きである。いのちがながい。例寿福。寿夭（＝長命と短命）。❷年齢。いのち。例寿命。天寿。❸長命をいわう。また、いっぱんに、めでたいことをいわう。ことほぐ。例寿宴。寿詞。

日本語での用法 《す》「す」の音をあらわす万葉がな。「寿し」

人名 かず・たか・たもつ・とし・なが・のり・ひさ・ひさお・ひさし・ひで・ひろし・ほぎ・やすし・よし

【▽寿ければ▽則ち▽辱多し】いのちながければすなわちはじおおし 長生きをすれば、それだけはずかしい思いをすることが多い。〈荘子〉

【寿賀】ジュガ 長生きの祝い。還暦（＝六十一歳）・古希（＝七十歳）・喜寿（＝七十七歳）・米寿（＝八十八歳）・卒寿（＝九十歳）・白寿（＝九十九歳）などの祝い。

【寿詞】 一ジュシ 新年や長生きを祝うことばや詩文。 二よごと 天皇の御代の長く栄えることを祝うことば。

【寿蔵】ジュゾウ 生存中に作っておく墓。

【寿福】ジュフク 長生きで幸福なこと。類福寿。

【寿命】ジュミョウ ①いのち。生命。天命。例―がつきる。②物の耐用年数。使用可能の年限。例電池の―。

【寿齢】ジュレイ 長いいのち。長寿。例―を重ねる。

【寿老人】ジュロウジン 七福神のひとり。頭が長く短身、白いひげをたらした老人で、つえとうちわを持ち、シカを連れている。長寿をさずけるという神。

●恵比寿・喜寿・長寿・天寿・米寿

寸4 【対】 7画 3448 5BFE 教育3 音タイ漢ツイ呉 訓そろ-い・こた-える・む-かう

寸11 【對】 14画 5384 5C0D

筆順 丶 亠 ナ 文 文 対 対

なりたち ［会意］「丵（＝むらがり生える草）」と「士（＝役人）」と「寸（＝きまり）」とから成る。派生して「こたえる」の意。

意味 ❶こたえる。応じる。例対策。応対。❷向かい合う。むかう。例対座。対面。❸相手になる。はりあう。例対戦。対立。敵対。❹二つのものをならべてくらべる。例対照。対比。❺相手と差がない。つりあう。[例]対称。対等。❻相手。向こうがわ。[例]対岸。対象。❼二つでひとそろいとなるもの。[例]対句。一対。対にする。

[日本語での用法]《タイ》旧国名「対馬(=今の長崎県に属する島)」の略。「対州」

【対案】タイアン 相手の案に対して、反対のがわから出す別の案。[例]反対するなら―を示せ。

【対応】タイオウ（名・する）①たがいに向き合うこと。また、一定の対立の関係にあること。[例]―する角。②たがいにつりあっていること。[例]祝賀会に―した服装。③相手のでかたや事態の変化を見ながら行動すること。[例]―策。

【対価】タイカ 財産や行為などによって人にあたえた利益について、受け取る報酬。[例]労働の―。

【対外】タイガイ 外部や外国に対すること。[対]対内。[例]―交渉。―的問題。

【対角】タイカク〔数〕四辺形で、たがいに向かい合う角。また、三角形の一辺に対して向かい合った角。

【対角線】タイカクセン〔数〕多角形で、となり合わない二つの角の頂点を結ぶ直線。また、多面体で、同一の面上にない二つの頂点を結ぶ直線。

【対岸】タイガン 向こう岸。[例]―の火事(=何が起こっても、自分には関係のないことのたとえ)。

【対義語】タイギゴ ①反対の意味をもつことば。たとえば、「上」と「下」、「善」と「悪」、「過去」と「未来」など。反対語。対語。[対]同義語。②対になることば。たとえば、「少年少女」「黒白」「雪月花」など。対語。

【対局】タイキョク（名・する）碁や将棋で、勝負をすること。

【対極】タイキョク 反対側の極。対立する極。[例]―の位置にある。

【対空】タイクウ 空中からの攻撃に、地上から対応すること。[対]対地。[例]―射撃。

【対偶】タイグウ ①二つでひとそろいのもの。対になっていること。夫婦・左右など。②論理学や数学で、「AならばBである」という命題に対して、これと論理的に等しい「BでないならばAでない」という形式の命題のこと。二つの命題は結局一致するので、二つでひとそろいということになる。

【対決】タイケツ（名・する）①二者が向かい合って、正否・優劣・強弱などを決めること。[例]悪と―する。②裁判で、原告と被告を向かい合わせて審判すること。対審。

【対語】[一]タイゴ（名）対義語。反対語。[二]タイゴ（名・する）向かい合って話をすること。対談。[三]ツイゴ（名）熟語で、相対する意味をあらわす文字が並んだもの。たとえば、「前後」「左右」「大小」「男女」など。

【対向】タイコウ（名・する）向き合うこと。[例]―車。

【対抗】タイコウ [一]（名・する）相手に負けまいとして競争すること。[例]―手段。[二]（名）競馬などで、本命(=優勝候補)に次いで優勝の可能性の高いもの。

【対抗馬】タイコウバ 競馬で、優勝候補のウマとせり合う実力があるウマ。転じて、競技や選挙で、実力がほぼ同じで張り合う人。[対]本命。[例]あとから―として出馬を表明した。

【対校】タイコウ [一]（名）（スポーツその他で）学校どうしできそい合うこと。[例]―クルー。―試合。[二]（名・する）古典などで、ほかの系統の本とくらべ合わせて、その異同を調べること。[例]『源氏物語』の写本を―する。

【対座】タイザ（名・する）たがいが向かい合って、すわること。さしむかい。[例]両軍の将が―して語り合う。[表記][旧]対▼坐

【対策】タイサク 問題や事件に応じてとる、手段や方法。方策。[例]―をたてる。

【対▼峙】タイジ（名・する）①山などが、向かい合ってそびえていること。②敵対するものが、にらみ合って動かないこと。[例]両軍が川の両岸に―する。

【対酌】タイシャク（名・する）向かい合って酒をくみかわすこと。[例]楽しげに―して語り合っている。

【対処】タイショ（名・する）事件や問題に対して、うまく処理をすること。[例]積極的に―する。

【対▼蹠】タイショ〔「タイセキ」の慣用読み。「蹠」は、足の裏の意。足の裏が向かい合うことから〕正反対。また、正反対の位置に立つこと。[例]―的。

【対称】タイショウ ①二つのものが、たがいに対応して、つりあっていること。相称。[例]左右―。②〔数〕二つの点や線や図形が、直線や一つの点を軸にして、向き合っていること。シンメトリー。③文法で、「きみ」「あなた」「おまえ」など、相手を指すことば。第二人称。[対]自称・他称。

【対象】タイショウ ①見たり考えたりするときに向けられる相手。[例]研究―。②目標や目的。相手。[例]子供を―とした宣伝。

【対照】タイショウ（名・する）①共通性のあるものを、くらべあわせること。てらしあわせること。[例]原文と―する。②ちがいのいちじるしいものを並べてみたとき、そのちがいがいっそうはっきりしていること。とり合わせ。[例]好―。―の妙。

【対症療法】タイショウリョウホウ ①病気の原因に対する治療ができないとき、とりあえず患者の症状にあわせて処置をする治療方法。②比喩的に、ものごとの根本的な解決をはからずに、その時々の状況に応じた処置をすること。また、その方法。[例]―のようなつたない政策。

【対人】タイジン 他人に対すること。[例]―関係。

【対陣】タイジン（名・する）相手と向かい合って陣をしくこと。[例]両軍―して決戦の時を待つ。川をへだてて―する。

【対数】タイスウ〔数〕aを1以外の正数とし、$N=a^b$の関係があるとき、bを、aを底とするNの「対数」という。$b=\log_a N$の形であらわす。

【対生】タイセイ（名・する）植物で、くきの同じところから一対の葉が向かい合って出ること。[対]互生・輪生。

【対戦】タイセン（名・する）たがいに相対してたたかうこと。競技や試合をすること。[例]―相手。

【対談】タイダン（名・する）ふたりで向かい合って話すこと。[例]テレビで―する。

【対地】タイチ 飛行機などが、空中から地上に目標を定めること。[対]対空。[例]―攻撃。

【対置】タイチ（名・する）二つのものを向き合うようにおくこと。[例]―して両者をくらべる。

【対頂角】タイチョウカク〔数〕二本の直線が交わってできる、相対する二つの角。二つの角度はつねに等しい。

【対等】タイトウ（名・形動ダ）二つのもののあいだに、優劣や高低などの差がないこと。[例]―の関係で交わる。

【対内】タイナイ 内部や国内に対すること。[対]対外。[例]―的な問題。

【対日】タイニチ 外国が日本に対すること。[例]―関係。

【対比】タイヒ（名・する）二つのものをつき合わせて、くらべること。[例]両チームの戦力を―する。

【対物】タイブツ ものに対すること。[例]―レンズ。―保険。

【対辺】タイヘン 図形で、ある角や辺に対している辺。

【対面】タイメン（名・する）①顔を合わせること。面会。[例]久しぶりの―。②たがいに向き合うこと。[例]新入生との―式。

【対訳】タイヤク（名・する）原文に並べて訳文を示すこと。また、その訳文。[例]―本。

【対立】タイリツ（名・する）たがいに反対の立場に立って、ゆずらずに張り合うこと。[例]意見の―。

【対流】タイリュウ〔物〕液体や気体を熱したとき、温度の高くなっ

た部分が上に、低い部分が下に移動してできる流れ。この循環運動によって熱が伝わる。例大気の―圏。

【対話】（名・する）たがいに向かい合って話すこと。また、その話。例親子の―。

【対句】詩や文章の中で、語形と意味とがおのおの対応し合う二つの句。音調をととのえたり、意味を強調したりする効果がある。たとえば、「山高く、海深し」「鳥鳴き、花咲く」など。例―表現。

【対丈】和服で、身のたけ(＝身長)に合わせて布を裁断し、仕立てること。

【対幅】二軸で一対になっている書画のかけもの。対軸。

【対馬】旧国名の一つ。九州と朝鮮半島とのあいだにあり、今の長崎県に属する島部にあたる。対州。

●正対・絶対・相対・敵対・反対

寸6 【専】9画 3276 5C02 教育6 音セン漢呉 訓もっぱ-ら

寸8 【專】11画 5383 5C08 人名

筆順 一 厂 戸 百 亩 亩 車 専 専

なりたち [形声]「寸(＝基準)」と、音「叀」とから成る。長さ六寸の簿(＝メモを書きとめるための板)。また、糸まき。借りて「もっぱら」の意。

意味 ❶一つのことに集中する。ひとすじ。もっぱら。例専一。専念。専門。❷ひとりじめにする。思うままにする。例専決。専制。専用。

難読 専女(＝老女。また、老狐)・専女

人名 あつし・あつむ・たか・まこと・もろ

【専一】（「センイチ」とも）（名・形動ナ）ただそれだけに打ちこむこと。ひたすらそのことに気を配ること。例ご自愛―に(＝何よりもおからだをたいせつにしてください。手紙のことば)。

【専横】（名・形動ナ）権力者や支配的立場にいる者が、わがままに、かってなふるまいをすること。例―をきわめる。表記「▼擅横」とも書く。

【専科】ある分野だけを専門に学ぶ課程。また、そこで学ぶ学科や科目。

【専管】（名・する）「専属管轄」の略。一手に管理し、

支配すること。例―水域(＝沿岸から二百海里までの水域)。

【専業】①一つの職業や仕事だけに従事すること。(対)兼業。例―農家。―主婦。②国がある人や団体だけに許可した事業。独占事業。

【専決】（名・する）その人だけの考えや意見で決定し、処理すること。例会長の―事項。

【専権】思うままに権力をふるうこと。権力をひとりじめにすること。例―をふるう。表記「▼擅権」とも書く。

【専行】（名・する）その人だけの判断によっておこなうこと。かって気ままにおこなうこと。例独断―。

【専攻】（名・する）学問のある分野を専門に研究すること。また、その分野。(類)専修。例国文学を―する。

【専恣】（「恣」は、わがままの意）かって気ままにすること。専横。例―のおこない。表記「▼擅恣」とも書く。

【専修】（名・する）学問のある領域だけを専門に、学習や研究をすること。(類)専攻。例―学校。芸術学専攻西洋音楽史―。

【専従】（名・する）専門にその仕事をすること。また、その人。(類)専任。例組合―者。

【専心】（名・する）心をそのことに集中して、熱心におこなうこと。(類)専念。例一意―。

【専制】団体や集団の長が、自分だけの考えでものごとを処理しおこなうこと。例―国家。

【専属】（名・する）一つの会社や団体などにだけ、所属すること。例―歌手。

【専断】（名・する・形動ナ）自分だけでかってに判断し、処理すること。(類)独断。例―なやり方。表記 (旧)▼擅断

【専任】（名・する）その仕事だけを受け持つこと。また、その人。(類)専従。(対)兼任。例―職員。

【専念】（名・する）ある一つのことだけに、心や力を集中して取り組むこと。(類)専心。例研究に―する。

【専売】（名・する）①ある商品を特定の人や会社が、一手に販売すること。例新聞の―店。②政府が特定の品物を、独占して生産や販売をすること。例塩の―。

【専売特許】①政府が、あるものの発明者だけに、それの生産や販売の権利をあたえること。パテント。（「特許」の古い言い方）②その人の得意とすること。特技。十八番。例手品はかれの―だ。

【専務】①もっぱらその仕事だけをおこなうこと。例―車掌。②「専務取締役」「専務理事」の略。

【専務取締役】社長を助け、会社の業務を全体的に管理する取締役。また、その役の人。専務。

【専門】一つの分野に、とくに深くたずさわること。また、その学問や技術やことがら。例―的知識。

【専有】（名・する）自分ひとりだけで所有すること。(対)共有。例マンションの―面積。

【専用】（名・する）①特定の人だけが使用すること。(対)共用。例社長の―車。②特定のことだけに使うこと。(対)兼用。例台所―の洗剤。

寸6 【封】9画 4185 5C01 常用 音ホウ漢 フ・フウ呉 訓ポンド

筆順 一 + 土 圭 圭 圭 封 封 封

なりたち [会意]「土(＝この)」と「土(＝領土)」と「寸(＝きまり)」とから成る。この領土によって諸侯に爵位をあたえる制度。

意味 ❶土地をあたえて領主とする。また、あたえられた領土。例封建。封土。❷盛り土をする。例封禅。❸とじこめる。とじる。例封印。密封。活動を封じる。

日本語での用法《ポンド》①イギリスの通貨の単位。「一封は一〇〇ペンス」②ヤードポンド法の重さの単位。「一封は一六オンス」▽[中国では「磅」をあてる]

【封印】（名・する）封をして、そこに印をおすこと。また、その印。例―して手紙を出す。

【封▼緘】（名・する）（「緘」も、とじる意）封をして、とじること。封。例―紙(＝封をするためにはる紙片。シール)。

【封切り】（名・する）（「フウぎり」とも）①封を切ること。②新制作または新輸入の映画を、はじめて上映すること。例明日―。

【封鎖】（名・する）①とざして出入りさせないこと。(類)閉鎖。例海上―(＝相手の国の船舶の、領海内への出入りを武力でさえぎること)。道路を―する。②流通を差し止めること。例経済―。

【封殺】（名・する）野球で、相手側に進塁しなければならない走者がいるとき、その走者が次の塁をふむ前に送球してアウトにすること。フォースアウト。例―打。

【封書】封をした手紙。例—をしたためる。

【封土】㊀（古墳をおおうためや、祭壇をつくるときに）盛り上げた土。㊁君主が諸侯にあたえた土地。諸侯の領地。封地。

【封筒】手紙や書類などを入れる紙のふくろ。

【封入】（名・する）中に入れて封をすること。封じこむこと。例小為替を—して注文する。

【封建】君主が諸侯に領地を分けあたえ、治めさせた制度。封土の所有とひきかえに、諸侯は君主に忠誠をちかった。例—社会。—制度。

【封建的】（形動だ）上下の従属関係を重んじ、個人の権利や自由を認めないなど、封建制度に特有の性格をもっているようす。例—な倫理。

【封禅】土を盛り、壇をつくって天子が、天や山川の神をまつること。

【封地】封ぜられた土地。諸侯の領土。

【封▼禄】武士が主君から受けた給料。また、諸侯にあたえられた米や土地など。類知行・扶持・俸禄。
●帯封・開封・完封・素封・同封・密封

寸7 【射】10画 2845 5C04 教育6 音㊀シャ漢呉 セキ漢 ㊁ヤ漢 訓い-る・さ-す

筆順 丿 亻 冂 自 身 身 身 射 射 射

なりたち [会意]「身（＝からだ）」と「寸（＝決まった作法）」とから成る。手を用い、決まった作法にしたがって矢を放つ。

意味 ㊀シャ ❶弓で矢をとばす。いる。また、銃などで弾をうつ。例射撃・射殺・射的。❷光や熱を放つ。また、気体や液体などを勢いよくとばす。さす。例注射・反射・噴射。❸まぐれあたりをねらう。例射幸。㊁ヤ「僕射」は、中国の官名。

難読 射揉・射干・射手

人名 い・いり

【射角】弾丸を発射するときの、砲身（＝大砲の長い筒状の部分）と水平面とが成す角。

【射御】射術と馬術。古代中国の男子の教養とされた。

【射撃】（名・する）弓や銃砲などで、標的をねらってうつこと。例実弾—。一斉—。

【射幸】（名・する）努力によらず、ぐうぜんの成功を求めること。一獲千金を夢見ること。表記㊐射▼倖 例—心。

【射幸心】思いがけない幸運や利益を望む心。例—をあおる商法。表記㊐射▼倖心
【射殺】（名・する）拳銃や弓などで、うちころすこと。

【射手】弓矢をいる人。また、鉄砲や拳銃をうつ人。うちて。

【射出】（名・する）①弾丸などをうちだすこと。発射。②水などを勢いよくだすこと。噴射。③一点から放射状にでること。放射。

【射精】（名・する）精液を出すこと。

【射程】弾丸のとどく距離。例—距離。

【射的】①弓や銃で、まとをうつこと。②空気銃などで、まとをうつ遊び。例夜店の—場。

【射▽干】㊀アヤメ科の多年草。シャガ。五月ごろ、うすむらさきで中心が黄色の花をつける。㊁①アヤメ科の多年草、ヒオウギのこと。つやのある黒い小さな実を「ぬばたま」「うばたま」という。カラスオウギ。②中国の伝説上の悪獣。姿はキツネに、鳴き声はオオカミに似ているという。表記㊀は「▽著▼莪」とも、㊁は「野干」とも書く。
●注射・直射・発射・噴射・放射

寸7 【将】10画 3013 5C06 教育6 音ショウ漢呉 訓はた・まさ-に・もって・ひき-いる

筆順 丨 丬 丬 丬 丬 丬 将 将

寸8 【將】11画 5382 5C07 人名

なりたち [形声]「寸（＝手）」と、音「醬ショウ」の省略体とから成る。ひきいる。

意味 ❶（軍隊を）ひきいる（人）。例将軍・大将・武将。❷〔助字〕㋐「まさに…す」と読む再読文字。今にも…しようとする、の意。行為や事態が、まもなくおころうとすることを示す。例将レ死（＝今にも死にそうになる）。㋑「はた」と読み、あるいは・それとも、の意。例仕臣邪、将処士邪（＝仕官している者か、それとも浪人か）。

難読 女将

人名 すけ・すすむ・たすく・ただし・たもつ・のぶ・ひとし・まさ・まさし・もち・ゆき

【将官】軍人の階級で、大将・中将・少将をまとめていうことば。自衛隊では将・将補をいう。

【将器】大将になれる気質や才能をもった人物。

【将棋】八十一区画ある盤上に、各自二十ずつの駒を並べ、交互に駒を動かし、相手の王将を取り合うゲーム。表記「象棋・象戯」とも書く。

【将棋倒し】①将棋の駒を、少しの間隔をおいて立てて並べ、はしの駒をたおして、つぎつぎに駒をたおす遊び。②人やものが、つぎつぎと折り重なってたおれること。

【将軍】①一軍を率い、指揮する人。②陸・海・空軍の将官。③「征夷大将軍」の略。

【将校】少尉以上の地位にある軍人。

【将士】将校と兵士。将兵。

【将相】大将と大臣。将軍と宰相。

【将帥】軍隊を指揮し、統率する将軍。

【将兵】将校と兵士。

【将門】将軍の家がら。例古来の—出。

【将来】㊀（名・副）これから先。未来。さきざき。例—のことを考える。—きっと悲しむだろう。㊁（名・する）①持ってくること。もたらすこと。類請来。例中国から—した書画。②ある結果をまねくこと。ある状態を引き起こすこと。例やがて混乱を—することになる。
●王将・大将・武将・名将

寸7 【尅】10画 ⇩【剋】コク（136ジペー）

寸8 【尉】11画 1651 5C09 常用 音㊀イ漢呉 ㊁ウツ漢 訓おさ-える・やす-んじる

筆順 ㇇ コ 尸 尸 尸 尉 尉

なりたち [会意]「尸（＝自分でする）」と「寸（＝手）」で「小（＝火）」を持つとから成る。火のしを手に持って上からおさえつける。おちつかせる。

意味 ㊀イ ❶火のし。同熨。❷なぐさめる。安心させる。やすんじる。同慰。例尉安（＝なぐさめ、やすませる）。❸軍事や警察をつかさどる官。例廷尉。❹近代の兵制で、軍隊の将校の階級。例尉官。少尉。中尉。㊁ウツ ❶火のし。同熨。❷姓の一つ。例尉繚子（＝中国、戦国時代の兵法家）。

日本語での用法《ジョウ》律令制の四等官で、

衛府・検非違使の第三位。大と少とがある。判官。「兵衛尉・衛門の大尉」

人名 じょう・やす・やすし

【尉官】カン 軍人の階級で、大尉・中尉・少尉をまとめていうことば。自衛隊では一尉・二尉・三尉をいう。

寸8 【將】11画 ⇩【将】(311ページ)

寸8 【專】11画 ⇩【専】(310ページ)

寸9 【尋】12画 3150 5C0B 常用 音 シン漢 ジン呉 訓 たず-ねる・ひろ

筆順 ヿ ヨ ヨ 𠂉 尋 尋 尋 尋 尋

寸9 【尋】12画

なりたち [形声]本字は「㝷」で、「工・口(=乱れる)」と「ヨ・寸(=おさめる)」と、音「彡シン→ジン」とから成る。乱れの元をさがして、おさめととのえる。

意味 ❶さがす。たずねる。例 尋究(=たずね求める)。尋問。❷長さの単位。両うでを左右に広げた指先から指先までの長さ。八尺(=約一・八メートル)。七尺あるいは六尺ともいう。例 千尋。❸やがて。

日本語での用法 《ジン・ひろ》長さの単位。一尋は六尺(=約一・八メートル)あるいは五尺(=約一・五メートル)。同 仞。

使い分け たずねる【尋・訪】⇩1171ページ

人名 ちか・つね・のり・ひろし・ひろむ・みつ

【尋常】ジンジョウ (名・形動ダ)(常は尋の二倍の長さ) ①ふつうであること。あたりまえ。なみ。例 —茶飯(=日常茶飯)。—の手段。②見苦しくないこと。りっぱ。例 —に勝負しろ。

【尋常一様】ジンジョウイチヨウ (名・形動ダ) ごくふつうであること。例 —の方法では解けない問題。

【尋問】ジンモン (名・する) [法](裁判官や警察官などが)事情を明らかにするために、問いただすこと。例 主—。反対—。表記 旧▼訊問

寸9 【尊】12画 3426 5C0A 教育6 音 ソン漢呉 訓 たっと-い・とうと-い・たっと-ぶ・とうと-ぶ

筆順 丷 䒑 並 酋 酋 酋 尊 尊

[寸部] 8—9画 ● 將 專 尋 尊

3画

寸9 【尊】12画

なりたち [会意]「酋(=熟成した酒)」と「寸(=きまり)」とから成る。酒を入れるうつわ。

意味 ❶酒を盛る古代の儀式用のうつわ。さかだる。同 樽。例 酒尊。❷たいせつにあつかう。たっとぶ。とうとぶ。対 卑。例 尊敬。尊崇。尊重。❸地位や身分が高い。うやまうべき。たっとい。とうとい。対 卑。例 尊貴。尊者。至尊。❹相手への敬意をあらわすことば。例 尊意。尊堂。尊父。

[尊❶]

日本語での用法 一《ソン》たっとぶべき神仏。また、その像。「世尊(=釈迦如来)・釈迦三尊」二《みこと》神や貴人の名につけて、うやまっていうことば。「素戔嗚尊すさのおのみこと」

使い分け たっとい・たっとぶ・とうとい・とうとぶ【尊・貴】⇩1172ページ

人名 きみ・たか・たかし・たけ・たけし・たける

【尊意】ソンイ 他人の意志や意向を、うやまっていうことば。おぼしめし。類 尊慮。例 —をうかがったうえで改めてご返事申し上げます。

【尊詠】ソンエイ 他人の作った詩歌を、うやまっていうことば。

【尊影】ソンエイ 他人の写真や肖像を、うやまっていうことば。お写真。ご肖像。類 尊像。

【尊下】ソンカ 手紙で、あて名のわき付けに記すことば。類 貴下・机下。

【尊家】ソンカ 他人の家をうやまっていうことば。お宅。〔ふつう、手紙文に使う〕類 尊宅。例 御—ますますの御発展をお祈り申し上げます。

【尊簡】ソンカン 他人の手紙をうやまっていうことば。類 貴翰・玉翰。例 —を拝受いたしました。表記「尊▼翰」とも書く。

【尊顔】ソンガン 他人の顔をうやまっていうことば。類 尊容。例 ご—を拝す。

【尊貴】ソンキ (名・形動ダ) とうといこと。また、とうとい人。例 —の身分。

【尊兄】ソンケイ ①他人のあにを、うやまっていうことば。②手紙で、対等の友人をうやまっていうことば。

【尊敬】ソンケイ (名・する) その人の人格や能力、言動や業績などをりっぱだと思い、うやまいの気持ちをいだくこと。例 —の念をいだく。

【尊敬語】ソンケイゴ 敬語の一種。話している相手または話題になっている人を、うやまって表現する言い方。「言う」に対する「おっしゃる」、「見る」に対する「ごらんになる」、「食べる」に対する「召し上がる」などと、ほかにも、助動詞の「れる」「られる」などがある。

【尊厳】ソンゲン (名・形動ダ) とうとくおごそかなこと。おかしてはならない、けだかいようす。例 生命の—。—死(=安楽死)。—を保つ。

【尊公】ソンコウ 相手をうやまっていうことば。〔男性が対等の男性に対して用いる〕類 貴公・尊君。

【尊号】ソンゴウ 呼び名をうやまっていうことば。とくに、皇帝・皇后・皇太子などにおくられる。例 太上天皇の—。

【尊者】ソンジャ 〔「ソンザ」とも〕①徳の高い僧を、うやまっていうことば。②目上の人。身分の高い人。③昔、大臣が開いた宴会で、上座にすわる人。

【尊称】ソンショウ 尊敬の気持ちをこめた呼び名。類 敬称。対 卑称。

【尊▼攘】ソンジョウ 「尊王攘夷」の略。例 —派の藩士。

↓【尊王】ソンノウ

【尊崇】ソンスウ (名・する) うやまい、あがめること。例 人々の—を集める。

【尊前】ソンゼン 神仏や身分の高い人のまえを、うやまっていうことば。おんまえ。大前。広前。例 拝殿の—に進む。

【尊像】ソンゾウ 神仏や身分の高い人の像を、うやまっていうことば。類 尊影。例 北野天神の—。

【尊属】ソンゾク 父母や祖父母、おじやおばなど、目上の血族。対 卑属。例 —殺人(=尊属を殺すこと)。

【尊体】ソンタイ ①仏像や肖像を、うやまっていうことば。②相手のからだを、うやまっていうことば。おからだ。例 —おだいじに。

【尊大】ソンダイ (名・形動ダ) えらそうにいばって、他人を見くだすこと。例 —にかまえて人にさしずする。

【尊台】ソンダイ 年長の人をうやまっていうことば。あなたさま。類 貴

台。例—のごつごうは、いかがでございますか。

【尊重】ソンチョウ（名・する）とうとび重んじること。価値を認めてたいせつにすること。例人権を—する。

【尊堂】ソンドウ ①他人の家をうやまっていうことば。類尊宅。②相手をうやまっていうことば。類尊公。

【尊王】ソンノウ 皇室をたっとび、天皇中心の国政をおこなうこと。勤王。例—攘夷ジョウイ（＝王室を補佐し、異民族を追いはらおうとする思想。日本では特に、政権を幕府から天皇の手に取りもどし、西洋人を追いはらおうとした思想）。

【尊卑】ソンピ 身分の高い者と低い者。また、とうといことと、いやしいこと。類貴賤キセン。

【尊父】ソンプ 相手の父をうやまっていうことば。［「ご尊父」の形で、多く手紙や電文に使われる］対尊母。

【尊母】ソンボ 相手の母をうやまっていうことば。［「ご尊母」の形で、多く手紙や電文に使われる］類母堂。対尊父。

【尊名】ソンメイ 相手の名前をうやまっていうことば。例ご—はかねがねうかがっておりました。

【尊命】ソンメイ 相手の命令をうやまっていうことば。ご命令。おおせ。例—を帯オびて任務につきます。

【尊容】ソンヨウ ①仏像や身分の高い人の、姿や顔かたち。②他人の顔かたちを、うやまっていうことば。類尊顔。例—を拝す。

【尊来】ソンライ 他人の来訪を、うやまっていうことば。類光来・来駕ライガ。例拙宅セッタクへの—をお待ち申し上げます。

【尊慮】ソンリョ 相手の考えを、うやまっていうことば。お考え。類高慮・尊意。例—に従って実施ジッシします。

●至尊シソン・自尊ジソン・釈尊シャクソン・独立自尊ドクリツジソン・本尊ホンゾン・唯我独尊ユイガドクソン

寸9【尋】12画 ⇩【尋】ジン（312ページ）

寸9【尊】12画 ⇩【尊】ソン（312ページ）

寸11【對】14画 ⇩【対】タイ（308ページ）

寸12【導】15画 3819 5C0E 教育5 音トウ漢 ドウ呉 訓みちび-く・みちび-き

筆順 丷 䒑 首 首 道 道 導 導

寸13【導】16画

なりたち［形声］「寸（＝きまり）」と、音「道ドウ」とから成る。きまりにしたがってひきいる。

意味 手引きする。案内する。すじみちをつける。教える。みちびく。例導入ドウニュウ・指導シドウ・誘導ユウドウ。

人名 おさ・おさむ・とおる・みち・みつ

【導引】ドウイン ①道案内をすること。②道教でおこなう治療チリョウ法。手足の屈伸クッシンをしたり、深呼吸などにより新鮮シンセンな空気を体内にみちびく。③あんま。もみりょうじ。

【導火線】ドウカセン ①爆薬バクヤクの点火に用いる線。口火くちび。②事件が起こる原因となることがら。きっかけ。例彼かれの発言が争いの—になった。

【導管】ドウカン ①水・ガス・空気などを送るくだ。パイプ。②［生］被子ヒシ植物で、根から吸いとった水分や養分を、上部に送る細いくだ。表記▽「道管」とも書く。

【導師】ドウシ ［仏］①人々に仏の教えを説き、仏道にみちびく者。仏や菩薩ボサツのこと。②法会ホウエをとりおこなう僧ソウのうちの主となる僧。例—をつとめる。③葬儀ソウギを主宰シュサイして、死者に引導をわたす僧。例—の一喝イッカツ。

【導線】ドウセン 電流を通すために用いる針金。

【導体】ドウタイ ［物］熱や電気をよく伝える性質をもった物質。伝導体。良導体。対絶縁体ゼツエンタイ。

【導入】ドウニュウ（名・する）①外部から資金や技術などをみちびき入れること。例新方式を—する。②音楽や小説などのはじめの部分。例—部。③学習指導の最初の段階。生徒に興味をもたせ、学習の方向づけをする。例テーマにそった—。

●引導インドウ・伝導デンドウ・補導ホドウ・誘導ユウドウ

寸13【導】16画 ⇩【導】ドウ（313ページ）

42 3画 小 しょう しょうがしら（⺌ さかさしょう）部

「ちいさい」意をあらわす。「小」をもとにしてできている漢字と、「小」と類型の「⺌」の字形を目じるしにして引く漢字とを集めた。

0 小 1 少 2 尓 3 尖 当 5 尚 尙 単 10 尠

［寸部］9—13画 ●尋 尊 對 導 導 ［小（⺌）部］0画 ●小

この部首に所属しない漢字

示⇩示722	光⇩儿100	劣⇩力145	糸⇩糸767
肖⇩月816	毟⇩毛569	県⇩目703	省⇩目705
党⇩儿104	堂⇩土233	常⇩巾341	雀⇩隹1042
掌⇩手444	嘗⇩甘671	當⇩田682	賞⇩貝938
黨⇩黑1111			

小0【小】3画 3014 5C0F 教育1 音ショウ漢呉 訓ちい-さい・こ・お・さ 付表小豆あずき

筆順 亅 小 小

なりたち［会意］「八（＝わける）」と「亅（＝わずか）」とから成る。分けられて、ちいさい。

意味 ❶形や規模がちいさい。こまかい。ちいさい。対大ダイ。例小国ショウコク・小心ショウシン・矮小ワイショウ。❷すくない。すこし。わずか。同少ショウ。例小雨ショウウ・小休止ショウキュウシ・小食ショウショク。❸身分が低い。おとっている。とるにたりない。対大ダイ。例小器ショウキ・小人ショウジン。❹自分のがわをへりくだっていうことば。例小社ショウシャ・小生ショウセイ。

日本語での用法 ㊀《さ》よい、好ましい、美しいなどの意をあらわす。「小霧さぎり・小百合さゆり・小夜さよ」㊁《こ》ちょっとした程度をあらわす。「小首こくびをかたむける・小一時間こイチジカン・小耳こみみにはさむ」

人名 いさら・ささ・ちいさ

【小豆】あずき マメ科の一年草。秋、細長いさやの中に、赤くてかたい実をつける。あんや赤飯などの食用にされる。

【小川】おがわ 流れの細い川。

【小▼笹】おざさ・こざさ ササのこと。

【小味】こあじ（名・形動ナ）こまやかな味わいのある、おもむき。例—のきいた話（＝ちょっと心にとまる話）。対大味おおあじ。

【小石】こいし 小さな石。いしころ。

【小犬】こいぬ ①成犬になっても小さなイヌ。②イヌの子。表記②は「子犬」とも書く。

【▽小路】こうじ ［「ショウじ」とも］町なかのせまい道。こみち。対大路おおじ。

【小形】こがた もののかたちが小さいこと。また、小さいもの。対大形。例―の花もよう。

【小型】(こがた) 規模や大きさなどが小さいこと。また、小さいもの。(対)大型。例―トラック。―辞書。―のテレビ。

【小金】(こがね) ややまとまったおかねや財産。ちょっとしたおかね。例―をためこむ。

【小柄】(こがら) (名・形動ナ) からだがふつうの人より小さいこと。(対)大柄。例―な女性。

【小切手】(こぎって) 〔経〕銀行に口座をもっている人が、指定の金額を受取人にはらうことを、その銀行に依頼した証券。例―を切る。―が不渡りになる。

【小器用】(こギヨウ) (形動ナ) 〔「こキヨウ」とも〕ちょっと器用なようす。いちおうはうまくこなせるようす。例手先の―な人だ。

【小奇麗】(こギレイ) (形動ナ) 清潔で、さっぱりしているようす。例―な店。表記「小▼綺麗」とも書く。

【小口】(こぐち) ①取りあつかう量や金額の少ないこと。(対)大口。例―預金。②書物で、背表紙以外の三つ(=天・地・前)の断面。また、とくに背表紙の反対側の面。前小口。③細い棒などを横に切断したときの、切り口。横断面。表記③は「木口」とも書く。

【小言】(こごと) ①不平や不満をいうこと。例―が多い。②非難がましくしかること。また、そのことば。例お―をもらう。

【小細工】(こザイク) 一(名) 手先でするこまごまとした細工。例きれいに―をほどこした小箱。二(名・する) すぐに見破られてしまうような、つまらないたくらみ。例―を弄する。

【小作】(こサク) (名・する) 「小作農」の略。地主から土地を借りて、耕作する人。(対)自作。例―人。

【小銭】(こぜに) ①少額のお金。例―入れ。②少しばかりのまとまったお金。(類)小金。例―をためこむ。

【小僧】(こゾウ) ①子供の修行僧。(類)小坊主。②「少年店員」の古い言い方。(類)でっち。③少年を見下げて、あるいは親しみをこめて、呼ぶことば。例はなたれ―。

【小包】(こづつみ) ①小さなつつみ。②小包郵便物。国内では、現在は廃止され、ゆうパックになった。

【小粒】(こつぶ) (名・形動ナ) ①つぶが小さいこと。小さなつぶ。(対)大粒。例山椒は―でもぴりりとからい。②体格や力量がふつうより小さいこと。(類)小柄・小物。例先代よりは―な当主。

【小爪】(こづめ) つめの付け根にある、白い三日月状の部分。

【小手】(こて) ①手先。うで先。例―をかざす(=遠くを見たり、光をさえぎるときなどに、目の上に手をさしかけること)。②ひじと手首のあいだ。③剣道で、手首のあたりを打つわざ。例―を一本取られる。表記③は「籠手」とも書く。

【小(⺌)部】0画●小

【小道具】(こドウグ) ①こまごました道具。②舞台や映画などで、登場人物の身の回りの品物。(対)大道具。

【小鳥】(ことり) 形の小さな鳥。

【小▽半ら】(こなから) 半分の半分。四分の一。とくに、米や酒の一升の四分の一(=二合五勺)をいう。また、わずかばかりの量。例―酒。表記「▽二▽合▽半」とも書く。

【小荷物】(こニモツ) (手に持てるほどの)小さな荷物。

【小人数】(こニンズウ) 人数が少ないこと。(対)多人数。例―で話し合う。

【小幅】(こはば) 一(名) ふつうよりはばのせまい布地。二(形動ナ) 価格・数量などの開きが小さいこと。▽(対)大幅。

【小春】(こはる) 陰暦十月の異名。春のような暖かい日が続くのでいう。例―日和(=初冬の、春のような暖かい日)。

【小判】(こバン) 江戸時代の金貨の一つ。うすい長円形で、一枚が一両にあたる。(対)大判。

【小兵】(こヒョウ) ①体格が小さいこと。また、その人。(類)小柄。(対)精兵。②弓を引く力が弱いこと。また、その人。(対)大兵。

【小股】(こまた) 歩くときの両足の開き(=歩はば)がせまいこと。(対)大股。例―の切れ上がった女(=すらりとしていて粋な感じの女性)。

【小間物】(こまもの) (女性用の)化粧品や装身具などのこまごました日用品。〔最近は装粧品ともいう〕

【小耳】(こみみ) 耳。例―にはさむ(=ちらりと聞きつける)。

【小文字】(こモジ) ①小さな文字。②ローマ字の字体の一つ。▽(対)大文字。

【小屋】(こや) ①小さくて粗末な建物。例掘っ建て―。②芝居や見せ物の興行(=公演)のための建物。〔劇場の古い言い方〕例芝居―。

【小雪】(こゆき) 少し降る雪。(対)大雪。例―が舞う。

【小▽波】(さざなみ) ①水面にこまかく立つ波。②小さな争いや行きちがいのたとえ。例―ひとつ立たない家庭。表記▽「▽細波・▼漣」とも書く。

【小▽百▽合】(さゆり) ユリ(の花)。

【小夜曲】(さヨキョク) 夜、恋人の家の窓の下で歌ったり、かなでたりする曲。また、小管弦楽のための組曲の一形式。セレナーデ。


【小▼庵】(ショウアン) 小さないおり。粗末な住まい。例―を結ぶ。

【小異】(ショウイ) わずかなちがい。例大同―(=ほとんど同じで、たいしたちがいがないこと)。

【小雨】(ショウウ・こさめ) 少し雨が降ること。また、その雨。こまかな雨。(対)大雨(タイウ・おおあめ)。

【小宇宙】(ショウウチュウ) 〔哲〕宇宙の一部でありながら、それ自身が宇宙と同じように、一つのまとまりをもった存在となっているもの。とくに、人間のことについていう。ミクロコスモス。

【小過】(ショウカ) 小さなあやまち。(対)大過。

【小学】(ショウガク) ①「小学校」の略。②漢字の、文字の形や意味および音韻の学問。③古代中国の学校。八歳以上の児童を教育した。④宋代に成立した、修養のための説話集。朱子の門人の劉子澄の編。

【小額】(ショウガク) 小さい単位の金額。(対)高額。

【小学校】(ショウガッコウ) 初等の普通教育をおこなう学校。日本では、国民の義務として、満六歳から六年間おこなう。

【小寒】(ショウカン) 二十四節気の一つ。寒さがきびしくなりはじめる一月六日ごろ。寒の入り。

【小閑】(ショウカン) 少しのひま。寸暇。例―を得れば絵筆をとる。表記「少閑」とも書く。

【小器】(ショウキ) ①小さな器物。②度量が小さいこと。また、その人。▽(対)大器。

【小吉】(ショウキチ) (うらないなどで)少しいい運勢。

【小規模】(ショウキボ) (名・形動ナ) しくみや構造・構想などが小さいこと。(対)大規模。例―な改築。

【小休止】(ショウキュウシ) (名・する) 少しの時間休むこと。(類)小憩・少憩。(対)大休止。

【小曲】(ショウキョク) 短い楽曲や詩。

【小▼禽】(ショウキン) 小鳥。

【小径】(ショウケイ) 細いみち。こみち。例羊腸の―(=長く続く細い道)。表記「小▼逕」とも書く。

【小計】(ショウケイ) (名・する) 全体の中の、ある一部分を合計すること。また、その数量。(対)総計。

【小憩】(ショウケイ) (名・する) 少しのあいだ、休憩すること。(類)小休止。表記「少憩」とも書く。

【小康】(ショウコウ) (病状や争いごとなどが)一時的におさまること。例―状態を保つ。

【小国】(ショウコク) ①国土のせまいくに。②力の弱いくに。▽(対)大国。

【小差】わずかな差。(対)大差。例—で勝つ。

【小才】少しばかりの才能。例—がきく。

【小策】つまらない策略。小細工。例—を弄する。

【小冊子】小型でうすい本。パンフレット。

【小子】①子供。②弟子。③自分をへりくだっていうことば。(類)小生。④先生が弟子に呼びかけることば。おまえ。

【小史】①簡単に書かれた歴史。(類)略史。②自分の雅号の下につけることば。例大観—。

【小誌】①小さな雑誌。②自分たちの出している雑誌をへりくだっていうことば。

【小事】ちっぽけなことがら。重要でないことがら。(対)大事。例—にこだわる。

【小社】①自分の会社をへりくだっていうことば。(類)弊社。②小さな神社。

【小銃】携帯用の小型の銃。例自動—。

【小暑】二十四節気の一つ。しだいに暑くなりかけてくる七月七日ごろ。

【小乗】〔仏〕自己の人格形成と、さとりだけを目的として、他へのはたらきかけに消極的な仏教の教え。おもに東南アジアに広まった。(対)大乗。

【小食】(名・形動ナ) 少ししか食べないこと。(対)大食。表記「少食」とも書く。

【小心】(名・形動ナ) ①気が小さく、臆病なこと。例—者。②注意深いこと。細心。例粗大に見えて実は—。

【小心翼翼】(形動タル) ①細かく気を配って、万事につつしみ深いようす。②気が小さくて、びくびくしているようす。例—と暮らす。

【小身】身分が低く、禄高の少ないこと。(対)大身。例—者(=地位が低く、禄高の少ない人)。

【小人】㊀ ①度量のせまい人。人格のおとった、つまらない人。②からだの小さい人。(対)大人。㊁ 幼い子供。(対)大人。㊂ おとぎ話に出てくる、からだの小さな人。

【小人間居して不善を▽為す】つまらない人間はひまだと、よくないことをしがちである。〈大学〉表記「間居」は「閑居」とも書く。

【小人物】度量のせまい人。人格の低い、つまらない人。(対)大人物。

【小水】小便。尿。

【小数】〔数〕絶対値が1より小さい実数。(対)整数・分数。

【小生】(手紙などで)男性が、自分をへりくだっていうことば。わたくし。(類)小子。

【小成】(名・する) わずかばかりの成功。(対)大成。例—に安んじる。

【小節】①つまらない節操。とるにたりない義理立て。例—にこだわって大義を見失う。②文章の、短いひと区切り。③音楽で、楽譜の縦線で仕切られたひと区切り。

【小説】①作者が設定した人物や事件などをとおして、社会や人間のありうる姿をえがこうとする散文体の文学作品。〔坪内逍遥が『小説神髄』で「ノベル」の訳語として用いた〕②中国の古典のうちで、世間でうわさされた話などを書いた文章。例稗史—(=民間の言い伝えや、よく知られた歴史的事件などを、おもしろく書いたもの)。

【小善】小さな善行。

【小胆】(名・形動ナ) 気が小さいこと。胆力がないこと。(対)大胆。例年功があるだけで—な指揮官。

【小腸】胃と大腸のあいだにある長い消化管。十二指腸・空腸・回腸に分けられる。食物の消化や吸収をおこなう。

【小弟】①おとうと。また、自分のおとうとをへりくだっていうことば。②自分をへりくだっていうことば。小生。〔手紙などに用いる〕(対)大兄。表記▽「少弟」とも書く。

【小敵】⇩【少敵】(316ページ)

【小▼篆】漢字の書体の一つ。秦の李斯が大篆を改良したものという。

【小刀】㊀ 小さなかたな。わきざし。(対)大刀。㊁ 小さな刃物。ナイフ。

【小児】(幼い)子供。例—科医院。

【小児麻▼痺】〔医〕おもに脊髄がウイルスにおかされて、手足がまひする病気。

【小脳】大脳と脊髄とのあいだにある脳。身体各部の筋運動の調節と平衡をつかさどる。

【小農】土地がせまく、規模が小さい農業。(対)大農。

【小品】①絵画や彫刻などで、規模の小さな作品。②文学や音楽などの、短くまとめた作品。例時代物の—。③小さな品物。

【小文】①短い文章。例—を投稿した。(類)拙文。②自分の書いた文章を、へりくだっていうことば。

【小片】小さなかけら。切れはし。

【小編】短い文学作品。短編。(類)掌編。表記(旧)小▼篇
【小便】尿。小水。また、小便を出すこと。

【小満】二十四節気の一つ。太陽の黄経が六〇度に達する五月二十一日ごろ。〔草木がしげって、天地に満ち始める意〕

【小名】㊀ ①とるにたりない名誉。②子供のときの名。幼名。㊁ 江戸時代、領地の少ない大名。

【小勇】つまらないことに発揮される勇気。(対)大勇。例—にはやる。

【小用】①ちょっとした用事。②小便をすること。例—に立つ。

【小葉】①小さな葉。②植物で、複葉を構成する個々の葉。

【小欲】(名・形動ナ) 小さな欲望。欲が少ないこと。(対)大欲。例—にして足るを知る。表記(旧)小▼慾
【小量】㊀(名) 分量や数量が少ないこと。(対)多量。㊁(名・形動ナ) 度量が小さいこと。気持ちがせまいこと。狭量。▽(対)大量。表記㊀は「少量」とも書く。

【小▼牢】⇩【少牢】(316ページ)

【小論】①規模の小さい論文。小論文。②自分の論文をへりくだっていうことば。

【小話】㊀ ちょっとした話。こばなし。㊁ 落語などで、短い笑い話。ひとくちばなし。例おもしろい—に客はどっと笑う。表記㊁は「小▼咄・小▼噺」とも書く。
●過小・狭小・極小・群小・最小・弱小・縮小・大小・短小

小 1
【少】
4画 3015 5C11 教育2
音 ショウ(漢)(呉)
訓 すく-ない・すこ-し

筆順 丨 小 小 少

なりたち [形声]「小(=ちいさい)」と、音「丿ヘツ→ショウ」とから成る。多くない。

意味 ❶数や量がわずか。すこし。すくない。(対)多。例少数・少量・僅少。❷年がわかい。幼い。例少年

「小(⺌)部」1画 少

3画

。幼少。老少。❸同じ役職で下位の方。補佐する役。そえ。例少将。少傅（＝周代の官名）。

人名 お・すく・すくな・つぎ・まれ

【少尉】ショウイ 軍隊の階級で、尉官の最下位。例陸軍―。

【少額】ショウガク 少ない金額。わずかな金銭。対多額。

【少閑】ショウカン すこしのひま。寸暇。例―を得る。表記「小閑」とも書く。

【少憩】ショウケイ （名・する）ちょっと休むこと。小休止。例山の中腹で―をとる。表記「小憩」とも書く。

【少子】ショウシ ①最も年下の子。末の子。②産んだ子供の数が少ないこと。対多子。例―化社会（＝一夫婦の育てる子供の数が、少なくなっている社会）。

【少時】ショウジ 一（名）子供のとき。幼少年時代。例―をふり返る。二（副）しばらくのあいだ。暫時。例―休憩とする。表記二▽「小時」とも書く。

【少女】ショウジョ 年の若い女子。おとめ。対少年。例―雑誌。

【少少】ショウショウ （名・副）量や程度がわずかであること。ちょっと。すこし。例塩を―加える。―お待ちください。

【少将】ショウショウ 軍隊の階級で、将官の最下位。例海軍―。

【少数】ショウスウ かずの少ないこと。マイノリティー。対多数。例―意見。―派。

【少壮】ショウソウ （名・形動ナ）年が若く、元気で勢いがあること。例当時、かれは―の外交官だった。

【少長】ショウチョウ 年少者と年長者。

【少敵】ショウテキ わずかな人数の敵。また、弱い敵。例―といえども、あなどらず。表記「小敵」とも書く。

【少納言】ショウナゴン 律令制の官職の一つ。太政官で事務をおこなう少納言局に属し、奏宣（＝天皇に申し上げること）や官印の管理にあたり、侍従をかねた。

【少年】ショウネン ①年の若い人。とくに、年少の男子。対少女。例―野球。②〔法〕少年法では二十歳未満、児童福祉法では小学生から十八歳未満の男女。例―院（＝家庭裁判所から保護処分として送られた少年を収容し、教育をする施設）。

【少年老い▽易く学成り難し】ショウネンおいやすくガクなりがたし 若い人はたちまち年をとってしまうが、学問はなかなか完成しにくい。〔朱熹の作といわれる詩「偶成」からとされてきたが、日本の五山の僧の作である可能性が高い〕

【少量】ショウリョウ 量が少ないこと。わずかの量。対多量・大量。例―の塩を加える。表記「小量」とも書く。

【少▼牢】ショウロウ 昔の中国で、ヒツジとブタの供え物。また、ごちそう。〔ウシとヒツジとブタの場合、「太牢」という〕対太牢。表記「小▼牢」とも書く。

●過少・希少・軽少・減少・最少・多少・年少・微少・幼少

小2 【尓】5画 ⇩【爾】ジ（646ページ）

小3 【尖】6画 3277 5C16 人名 音セン漢 訓とが-る

意味 ❶先が細くするどい。とがる。例尖鋭。尖塔。❷つき出たさき。はし。例尖端。尖兵。

難読 尖む（こすむ）〔囲碁の用語〕

【尖鋭】センエイ （名・形動ダ）①先がするどくとがっていること。②思想や行動などが急進的なこと。過激なこと。例思想的に最も―なグループ。表記▽現先鋭

【尖端】センタン ①先のとがった部分。類突端。例塔の―部。半島の―にある灯台。②時代や流行などの先頭。さきがけ。トップ。例―技術。流行の最―。表記▽現先端

【尖塔】セントウ 先のとがった塔。例遠くに教会の―が見える。

【尖兵】センペイ 軍隊が行軍するとき、本隊の前方を進んで、警戒や捜索にあたる小部隊。表記「先兵」とも書く。

⺌3 【当】6画 3786 5F53 教育2 音トウ漢呉 訓あ-たる・あ-てる・あ-たり・あ-て・まさ-に

筆順 丨 ⺌ ⺌ 当 当 当

田8 【當】13画 6536 7576

なりたち ［形声］「田（＝はたけ）」と、音「尚ショウ→トウ」とから成る。あたる。

意味 ❶あてはまる。かなう。あたる。あてる。例該当。正当。相当。❷になう。受け持つ。事にあたる。例当直。当番。担当。❸さしあたっての。現在の。例当今。当座。当世。❹その。この。例当家。当時。当の本人。❺〔助字〕「まさに…べし」と読む再読文字。そうあるべきである・当然…すべきである、の意をあらわす。例及レ時当二勉励一（＝人間は時機においてつとめはげまなければならない）。〈陶潜・雑詩〉

日本語での用法 《あたる・あてる》①命中する。「弾に当たる・ボールを当てる」②的中する。「予報が当たる」

使い分け あてる【当・充・宛】⇩1161ページ

難読 当帰（やまぜり）・当初（そのかみ）・当時（そのかみ）・当麻寺（たいまでら）

人名 あ・あつ・たえ・まさ・まつ

【当たり年】あたりどし ①農業の収穫や商売などの利益の多い年。例リンゴの―。②幸運にめぐまれた年。

【当たり役】あたりヤク その俳優によく合っていて、評判のよい役。はまり役。例これはかれの―だ。

【当て馬】あてうま ①めすうまの発情のようすを見たり、発情させたりするためにあてがう、おすうま。②相手のようすを見るためや、じゃまをするために用意されている人。例―候補。

【当て▽擦り】あてこすり 遠まわしに言う皮肉や悪口。例―はもう聞きあきた。いじの悪い―を言う。

【当て事】あてごと たのみにすること。当て。類期待。例―がはずれる。

【当て字】あてジ ことばの本来の語源や構造、または意味に関係のない漢字を、その語の語形にあてはめて使うもの。場合によっては固定して社会に通用する。たとえば、「目出度い」「天晴れ」「荒猿」など。借字。表記「宛て字」とも書く。

【当て推量】あてズイリョウ たしかな根拠もなく、いいかげんにおしはかること。あてずっぽう。心あて。例―でものを言う。

【当て身】あてみ 柔道などで、こぶしやつま先などで、相手の急所を強く突くわざ。試合では禁止されている。

【当為】トウイ 〔ドイツ語 Sollen の訳語〕〔哲〕当然そうあるべきこと。当然そうすべきこと。

【当意即妙】トウイソクミョウ （名・形動ダ）その場に最もふさわしい機転を、すばやくきかせること。例―の受け答え。

【当該】トウガイ ①いま、話題や問題になっていることの。例―事項について協議する。②その受け持ちの。その係の。例―官庁の判断にまかせる。

【当局】トウキョク ①その仕事を取りあつかい、責任をもって処理する機関。とくに、行政上の仕事にかかわる役所や官庁。例政府―の発表。―の関係者。②この局。その局。

【当家】トウケ （自分の）この家。例―の主人。

【当月】トウゲツ この月。その月。今月。例―の売り上げ目標。

【当今】(トウコン) 近ごろ。このごろ。いま。[類]当節。[例]—の流行。

【当座】(トウザ) ①その場。即座。[例]—思いついたこと。②しばらくのあいだ。当分。[例]—のまにあわせ。③「当座預金」の略。小切手によって自由に引き出せる、無利子の預金。

【当山】(トウザン・トウサン) ①この山。②この寺。当寺。[例]—の住職。

【当事】(トウジ) 直接、そのことに関係していること。[例]—国。

【当事者】(トウジシャ) そのことに直接関係する人。また、直接そのことにあたる人。[対]第三者。[例]—どうしで話し合う。

【当時】(トウジ) ①そのころ。そのとき。そのむかし。[例]その—の思い出を語る。②いま。現在。[例]—繁栄をほこる大店。

【当日】(トウジツ) そのことがおこなわれるという日。その日。[例]—券。

【当社】(トウシャ) ①この会社。わが社。[例]—の製品。②この神社。

【当主】(トウシュ) その家の、現在の主人。当代。[対]先代。

【当初】(トウショ) はじめ。最初。[例]—の計画とくいちがう。

【当所】(トウショ) この場所。このところ。当地。[例]—ははじめての土地です。[表記]「当処」とも書く。

【当世】(トウセイ) いまの世。現代。いまの時代。[例]—のはやり。

【当世風】(トウセイフウ) (名・形動ナ) いまの世のはやりや風習。いまふう。当風。[例]—な生き方。

【当節】(トウセツ) このごろ。現在。現今。[類]当今。[例]—の風潮。

【当千】(トウセン) (「トウゼン」とも) ひとりで千人にあたいすること。また、きわめて強いこと。[例]一騎—の勇者。

【当選】(トウセン) (名・する) ①選挙で選び出されること。[対]落選。[例]—確実。②「当籤」に同じ。

【当▼籤】(トウセン) (名・する) くじにあたること。[例]宝くじの—番号。[表記]「当選」とも書く。

【当然】(トウゼン) [一](名・形動ナ) 道理から考えて、そうあるべきこと。あたりまえ。[例]—の結果。そんなことは—だ。[二](副) もちろん。[例]—君にもやってもらう。

【当代】(トウダイ) ①いまの時代。この時代。現代。[例]—一の歌舞伎俳優。②その時代。当時。[例]—の風習。③その家の現在の主人。当主。[対]先代。[例]—は先代以上の人物だ。

【当地】(トウチ) この土地。この地方。当所。[例]—の名産。

【当直】(トウチョク) (名・する) 当番で日直や宿直をすること。また、その人。[例]—にあたる。

【当店】(トウテン) この店。自分の店。[例]—自慢の料理。

【当人】(トウニン) その人。本人。[類]当事者。[例]—に会わせる。


【当年】(トウネン) ①ことし。この年。本年。[例]—とって三十歳。②その年。そのころ。[例]—の地位はまだ低かった。

【当番】(トウバン) 順番にする仕事などに、あたること。また、その人。[対]非番。[例]掃除—。

【当否】(トウヒ) ①あたることと、あたらないこと。あたりはずれ。[例]—は不明。②正しいことと、正しくないこと。よしあし。[例]開発計画の—を論ずる。

【当風】(トウフウ) 「当世風」に同じ。

【当分】(トウブン) (副) しばらくのあいだ。さしあたり。[例]—休業する。仕事をやめても—なんとかやっていける。

【当方】(トウホウ) 自分のほう。こちら。[対]先方。[例]—から伝える。

【当面】(トウメン) [一](名・する) いま、目の前にあること。ある問題や事態にぶつかること。[例]—の目標。難問に—する。[二](副) さしあたり。目下。いまのところ。[例]—困ること。

【当夜】(トウヤ) ①そのよる。事の起こった、そのよる。[例]—のアリバイ。②このよる。今夜。[例]—は冷えこむ。

【当用】(トウヨウ) さしあたって使うこと。[例]—日記(=さしあたって必要なことがらなどを簡単に記しておく日記)。

【当来】(トウライ) [仏] 当然くるはずの世。未来。来世。

【当落】(トウラク) 当選と落選。また、当選か落選か。[例]—線上。

【当流】(トウリュウ) ①この流儀。自分の流儀。②いまの世の流儀。当世風。

【当路】(トウロ) (「路」は、交通の重要な地点の意) 重要な地位にいること。また、その人。[例]—の要人。

【当惑】(トウワク) (名・する) どうしてよいかわからずに、とまどうこと。とほうにくれること。[例]—の色はかくせない。
●穏当・芸当・見当・順当・妥当・適当・日当・配当・不当・本当

⺌5 【尚】 8画 3016 5C1A [常用]
[音]ショウ(漢)(呉)
[訓]たっと-ぶ・とうと-ぶ・なお・ひさ-しい

[筆順] 丨 ⺌ ⺌ 尚 尚 尚 尚 尚

小5 【尙】 8画 5C19

[なりたち] [形声]「八(=分かれて高くのぼる)」と、音「向キョウ→ショウ」とから成る。高くする。
[意味] ❶たかくする。たかい。[例]尚志。高尚。❷重んじる。とうとぶ。たっとぶ。[例]尚歯。尚武。❸ねがう。こいねがう。こいねがわくは。❹このむ。このみ。[例]好尚。❺まだ。そのうえ。なお。[例]尚早。❻ふるい。とおい。ひさしい。[例]尚遠(=古く、遠い)。尚久(=久しい)。尚しい話。
[難読] 尚侍(ないしのかみ)・尚殿(とのもりのつかさ)
[人名] さね・たか・たかし・なか・なり・ひさ・ひさし・ひとし・ひろし・ます・やす・ゆき・よし

【尚古】(ショウコ) 昔の文化や思想を、すぐれたものとしてとうとぶこと。[類]崇古。[例]—主義(=昔の制度などを今の模範として生かそうとする考え方)。

【尚志】(ショウシ) 志を高くもつこと。

【尚歯】(ショウシ) (「歯」は、年齢の意) 老人をうやまうこと。[類]敬老。

【尚書】(ショウショ) ①五経の一つ。『書経』の別名。古代の史実などをまとめた書。②秦代、詔書(=みことのり)をとりあつかう官職であったが、のち強大となり、唐代には、国家の政務の中心的地位になった。③日本で、太政官の弁官の中国風の呼び名。

【尚早】(ショウソウ) (名・形動ナ) (時期が)まだはやいこと。まだその時期ではないこと。[例]時期—だ。

【尚武】(ショウブ) 武道をたっとぶこと。[例]—の気風。

【尚友】(ショウユウ) (書物を読んで)古人を友とすること。

【▽尚更】(なおさら) (副) なおいっそう。ますます。[例]—悪い。
●和尚(オショウ・カショウ・ワジョウ)・高尚

小5 【尙】 8画 ⇨【尚】(317ページ)

⺌5 【鼡】 8画 ⇨【鼠】(1113ページ)

小10 【尠】 13画 5386 5C20
[音]セン(漢)(呉)
[訓]すく-ない
[意味] 少ない。[例]尠少。
【尠少】(センショウ) 少ないこと。すこし。

43 3画
尢 (だいの)まげあし部 おうにょう
片足がなえて曲がった人の形をあらわす。「尢」の字形を目じるしにして引く漢字を集めた。

0 尢 1 尤 4 尨 9 就

尢 0

【尢】

3画 5387 5C22 音オウ漢 訓あしかが-まる

意味 片足が不自由なようす。片足が曲がっている。足なえ。

尢 1

【尤】

4画 4464 5C24 人名 音ユウ漢 訓とが-める・もっと-も

意味 ❶他と異なっている。とりわけすぐれている。例尤異(=とりわけすぐれている)。尤物。❷責める。とがめる。

日本語での用法《もっとも》①程度が進んでいること。「尤も秀でた者の」②理にかなっていること。あたりまえ。「その主張は尤もなところがある」③そうは言っても。一方では。「それはよくない。尤も本人が好むなら話は別だ」

人名 まさる・もつ・もと

【尤物】ユウブツ ①とくにすぐれているもの。②美女。美人。

尢 4

【尨】

7画 5388 5C28 音ボウ漢 訓むくいぬ

意味 ❶毛がふさふさとしたイヌ。むくいぬ。例尨犬。尨毛。❷いりまじっている。みだれている。例尨雑(=粗悪なものがいりまじっている)。❸量がたっぷりと、ゆたかでおおきい。同厖。例尨大。

【尨大】ボウダイ (形動)ひじょうに大きいようす。例—な資料。表記「▼厖大」とも書く。

【尨毛】げむく けものの、長くふさふさした毛。例—の犬。

尢 9

【就】

12画 2902 5C31 教育6 音シュウ漢ジュ呉 訓つ-く・つ-ける・つ-いては

筆順 亠 古 亨 京 京 就 就 就

なりたち [会意]「京(=高い丘)」と「尤(=ふつうと異なる)」とから成る。高い。派生して「つく」の意。

意味 ❶つきしたがう。身をよせる。つく。例去就。故きを去すてて新しきに就く。❷とりかかる。新しく仕事や役目につく。つく。例就学。就職。就任。❸ものごとができあがる。なしとげる。例成就。

使い分け つく・つける【付・着・就】⇩1172ジ

難読 就而

人名 つぎ・つぐ・なり・ひさし・ひとし・ゆき・よし

【就役】シュウエキ (名・する) ①役務につくこと。②囚人が刑に服すること。③新造の軍艦が任務につくこと。対退役。

【就学】シュウガク (名・する) 学校にはいること。例—年齢。

【就業】シュウギョウ (名・する) ①仕事にとりかかること。類就労。②職業についていること。類就労。対失業。例—人口。

【就航】シュウコウ (名・する) 船や飛行機が初めてその航路につくこと。例ロンドンへの直行便が—する。

【就床】シュウショウ ねむるために、とこにつくこと。類就寝・就眠。

【就職】シュウショク (名・する) 職業につくこと。対退職・離職・失職。例—難。進学しないで—する。

【就寝】シュウシン (名・する) 寝床にはいって、ねむること。類就床・就眠。対起床。例全員十時に—する。

【就任】シュウニン (名・する) 職務や任務につくこと。対退任・辞任・離任。例学長に—する。

【就縛】シュウバク (名・する)〔「縛に就く」と訓読する〕犯人などがとらえられて、しばられること。

【就眠】シュウミン (名・する) ねむりにはいること。ねること。類就寝・就床。

【就労】シュウロウ (名・する) 仕事にとりかかること。また、職をもって仕事をしていること。類就業。例—者。—時間。

【▽就▽中】なかんずく (副)〔「中に就く」の訓読から〕そのなかでも。とりわけ。ことに。

●去就・成就

44 3画 尸 しかばね しかばねかんむり しかむり かばねだれ 部

人がうつぶせにたおれている形をあらわす。また、「やね」「建物」の形をあらわす。「しかばねかんむり」「しかむり」「かばねだれ」ともいう。「尸」をもとにしてできている漢字と、「尸」の字形を目じるしにして引く漢字とを集めた。

⓪尸 ①尹 尺 ②尻 尼 ③尽 ④局 尿 屁 尾 ⑤居 屈 届 屆 ⑥屋 屍 屎 屏 ⑦屓 屐 屑 展 屑 ⑧屛 屠 ⑨属 屠 屡 ⑪層 屢 ⑫履 屩 ⑱屬 ㉑屭

この部首に所属しない漢字

昼⇩日489 尉⇩寸311 釈⇩釆997 犀⇩牛651 辟⇩辛960

尸 0

【尸】

3画 5389 5C38 音シ漢呉 訓しかばね・かばね・かたしろ

意味 ❶死んだ人のからだ。しかばね。かばね。同屍。例尸骸(=死者のからだ。むくろ)。❷祖先をまつるときに神霊の代わりにまつりを受ける人。また、位牌。かたしろ。例尸祝(=形代と神主)。❸責任をはたさない。むなしく位にある。おこたる。例尸位素餐。尸禄(=俸給どろぼう)。

【尸位素▼餐】シイソサン 職務の責任を果たさないで、俸給だけをもらうこと。〈漢書〉

【尸▼諫】シカン (名・する) 命を捨ててまで、主君をいさめること。類諫死。表記「▼屍▼諫・死▼諫」とも書く。

尸 1

【尹】

4画 5390 5C39 音イン漢 訓おさ・ただ-す・おさ-める

意味 ❶役所の長官。おさ。例令尹(=地方長官)。❷ある地域を支配し、安定させる。おさめる。ただす。例天下を尹す。

日本語での用法《かみ》律令制の四等官で、「弾正台」の第一位。長官。「弾正台の尹」

尸 1

【尺】

4画 2860 5C3A 教育6 音セキ漢シャク呉 訓さし

筆順 ㇇ コ 尸 尺

なりたち [会意]「尸(=人体)」と「乀(=しるし)」とから成る。人体を基準にした長さの単位。十寸。

意味 ❶長さの単位。一寸の十倍。一丈の十分の一。→「度量衡表」(1141ジ) 例三尺。七尺の軀。❷長さ。たけ。ものさし。例尺度。縮尺。❸わずか。小さい。みじかい。例尺寸の地。三尺の童子。❹手紙。〔昔の手紙は長さ一尺の、木のふだに書かれたことから〕例尺簡。尺素。尺牘。

難読 曲尺・短尺

人名 かね・さか・さく・たけ

【尺度】①長さをはかる器具。ものさし。②長さ。寸法。③計量や評価の基準。例同じ―では、はかれない。

【尺八】〔一尺八寸（＝約五五センチメートル）の意〕長さが一尺八寸の竹製のたてぶえ。

【尺余】一尺よりやや長いこと。一尺あまり。

【尺▼蠖の屈するは▽以て▽信びんことを求むるなり】〔尺取り虫が身をちぢめるのは、あとで伸びようとするためである〕成功するためには、一時のしんぼうが必要なことのたとえ。〈易経〉

【▽尺簡】〔「簡」は、文書を書く竹のふだ〕手紙。書状。類尺牘。

【▽尺書】短い文書。また、手紙。類寸書。

【▽尺寸】〔一尺と一寸の意〕ごくわずかなこと。

【▽尺寸の功】わずかばかりのてがら。

【▽尺素】〔「素」は、文書を書く絹〕手紙。類尺書。

【▽尺地】〔「シャクチ」とも〕せまい土地。わずかの土地。尺土。寸土。例敵には―もゆずらない。

【▽尺土】「尺地」に同じ。

【▽尺▼牘】〔「牘」は、文書を書く木のふだ〕手紙。書状。

●曲尺・短尺

尸2

【尻】

5画 3112 5C3B 常用 音コウ漢呉 訓しり 付表 尻尾

筆順 ㇕ コ 尸 尻 尻

なりたち [形声]「尸（＝人体）」と、音「九キュウ→コウ」とから成る。しり。

意味 ❶しり。例尻尾。桃尻。❷ものの地につくところ。底。ねもと。

日本語での用法《しり》最後のところ。おわり。うしろ。しめくくり。「川尻・ことば尻・目尻・借金の尻拭い・帳尻をあわせる」

【尻尾】①動物の尾。②長いものの、うしろ。

●台尻・帳尻・眉尻・矢尻

尸2

【尼】

5画 3884 5C3C 常用 音ジ漢ニ呉 訓あま

筆順 ㇕ コ 尸 尸 尼

なりたち [形声]「尸（＝人体）」と、音「匕ヒ→ジ」とから成る。人のうしろから近づく。借りて「あま」の意。

意味 仏教で、出家した女性の修行者。あま。例尼僧。禅尼。また、キリスト教の修道女。

人名 さだ・ただ・ちか

【尼公】あまになった貴婦人を、うやまっていう語。あまぎみ。

【尼寺】①〔仏〕あまの住む寺。類尼院。対僧寺。②キリスト教の女子修道院。

【尼僧】①出家した女性。あま。比丘尼。②キリスト教の修道女。あま。

尸3

【尽】

6画 3152 5C3D 常用 音シン漢ジン呉 訓つ-くす・つ-きる・つ-かす・ことごと-く

筆順 ㇕ コ 尸 尺 尽 尽

皿9

【盡】

14画 6624 76E1 人名

なりたち [形声]「皿（＝うつわ）」と、音「㶳シ」とから成る。器の中が空である。

意味 ❶あるものすべてを出しきる。あったものがすっかりなくなる。つくす。例尽心（＝心をつくす）。尽力。無尽蔵。❷おわる。つきる。例自尽（＝自ら死する。自殺）。❸月のおわり。みそか。つごもり。例三月尽。小尽（＝陰暦の小の月。二十九日の月）。大尽（＝陰暦の大の月。三十日の月）。❹すべて。ひとつ残らず。ことごとく。例尽信レ書、則不レ如レ無レ書（ことごとくショをシンずれば、すなわちショなきにしかず）（＝書物に書かれていることがすべて正しいと信じるなら、書物などないほうがよい）。〈孟子〉

【尽日】①朝から晩まで。ひねもす。終日。②それぞれの月または一年の、最終の日。みそか。おおみそか。例八月―。

【尽▼瘁】（名・する）〔「瘁」は、心身がひどくつかれる意〕体力や気力をつくすこと。ほねをおること。例教育に―する。

【尽力】（名・する）できるかぎりの努力をすること。ほねをおること。例学校のために―してほしい。

●大尽・無尽・理不尽

尸4

【局】

7画 2241 5C40 教育3 音キョク漢 訓つぼね

筆順 ㇕ コ 尸 月 局 局 局

なりたち [会意]「口（＝くち）」が「尺（＝正しくなおす）」の下にある。口をつつしむことから、ちぢこまる。

意味 ❶まげる。ちぢまる。からだを曲げてちぢこまる。同跼。例局天蹐地。❷境目をつくって、いくつかの部分に分ける。しきる。また、分けられた部分。例局限。局地。局部。❸こまかく分けられた部屋。役所などで仕事の内容によっていくつかに分けた単位の一つ。例局長。事務局。部局。❹ものごとのようす。なりゆき。当面の事態。例局面。時局。❺はたらき。度量。例局量。❻囲碁や将棋やチェスなどの盤。また、その勝負。例一局。終局。対局。

日本語での用法《つぼね》宮中や大奥などで、女房や女官の部屋。また、そこに住む女房や女官（をうやまっていうことば）。「お局さま・長局・二位の局」

人名 ちか

【局員】局と呼ばれるところの職員。

【局外】①局の力のおよばないところ。局の管轄外。対局内。②事態に直接の関係がないこと。例―者。―中立（＝交戦国のどちらにも、味方しないこと）。

【局限】（名・する）ある範囲にかぎること。例問題を―する。

【局所】①全体のなかの限られた一定の部分。例―麻酔。②陰部。▽類局部。

【局地】限られた土地。限られた地域。例―的な豪雨

【局長】①官庁や会社などの局の全体に責任をもち、職員を監督する人。例事務―。②郵便局の長。

【局天▼蹐地】〔「天に局くまり地に蹐す」と訓読する〕天に頭がつかえることをおそれて、身をかがめ、地が落ちこむことをおそれて、ぬき足さし足して歩く。びくびくして自由に行動できないことのたとえ。局蹐。跼蹐。〈詩経〉

表記「▼跼天▼蹐地」とも書く。

【局留】キョクどめ 郵便物を、差出人の指定した郵便局に留めておくこと。

【局部】キョクブ ①全体のなかのある特定の部分。例—的。②陰部インブ。▽類局所。

【局面】キョクメン ①囲碁ゴや将棋ショウギやチェスなどの盤面バンメンのうごき。勝負のなりゆき。②そのときそのときの情勢。類形勢・事態。例—を打開する。

●結局ケッキョク・終局シュウキョク・政局セイキョク・戦局センキョク・対局タイキョク・当局トウキョク・難局ナンキョク・破局ハキョク・郵便局ユウビンキョク

尸4
【尿】
7画 3902 5C3F 常用 音ジョウ漢 ニョウ呉 訓いばり・ゆばり・しと

筆順 ㇕ コ 尸 尸 尿 尿 尿

なりたち [会意]「尸(=からだ)」と「水(=みず)」とから成る。人の小便。

意味 小便。いばり。ゆばり。しと。同溺ニョウ。例尿意ニョウイ。尿道ニョウドウ。排尿ハイニョウ。

【尿意】ニョウイ 小便をしたいという感じ。例—をもよおす。

【尿道】ニョウドウ 膀胱ボウコウにたまった尿を体外に出す、くだ。

●検尿ケンニョウ・放尿ホウニョウ・利尿リニョウ

尸4
【屁】
7画 5391 5C41 音ヒ漢 訓へ

意味 おなら。へ。例放屁ホウヒ。

日本語での用法 《へ》価値のないもののたとえ。「屁理屈ヘリクツ・屁へでもない・屁への河童かっぱ」

尸4
【尾】
7画 4088 5C3E 常用 音ビ漢 ミ呉 訓お 付表 尻尾しっぽ

筆順 ㇕ コ 尸 尸 尸 尸 尾

なりたち [会意]さかさの「毛(=け)」が「尸(=からだ)」の後ろにある。けもののからだの後ろにあるわずかな毛、しっぽ。

意味 ❶動物のしっぽ。お。また、しり。例牛尾ギュウビ。首尾シュビ。竜頭蛇尾リュウトウダビ。❷ものごとの終わりのほう。長いもののはしの部分。うしろ。あと。例尾翼ビヨク。船尾センビ。末尾マツビ。❸あとをつける。例尾行ビコウ。追尾ツイビ。❹山のふもとのなだらかにのびたところ。山のすそ。はし。すえ。例山尾サンビ。❺魚を数えることば。例一尾イチビ。❻二十八宿の一つ。あしたれぼし。例尾宿ビシュク。

日本語での用法 《ビ》①旧国名「尾張おわり(=今の愛知県の西部)」の略。「尾州ビシュウ・濃尾平野ノウビヘイヤ」②「尾」のつく地名。「三尾サンビ(=京都の高尾たかお・槇尾まきのお・栂尾とがのお)」

難読 鳩尾みぞおち

人名 すえ

【尾根】おね 連なっている山で、山頂と山頂とのあいだに続いている、いちばん高い部分。峰ねすじ。類稜線リョウセン。例—をつたって頂上をめざす。

【尾羽】一おは 鳥の尾と羽はね。二おばね 鳥の尾に扇おうぎの形のように生えた羽。

【尾羽おは打うち枯からす】〔タカが尾や羽をいためて、いかめしさを失うことから〕落ちぶれて、みすぼらしい姿になること。

【尾花】おばな 〔花が尾のような形から〕ススキの花穂カスイ。また、ススキ。例枯かれ—。

【尾▼鰭】一おひれ 魚の尾とひれ。例—を付ける(=事実以外のことを付け加えて大げさに表現する)。二おびれ 魚の尾の部分にあるひれ。

【尾張】おわり 旧国名の一つ。今の愛知県の西部。尾州ビシュウ。

【尾行】ビコウ (名・する) 人の行動をさぐるために、こっそりあとからついていくこと。例容疑者を—する。

【尾骨】ビコツ 脊柱セキチュウの最下部のほね。尾骶骨ビテイコツ。

【尾錠】ビジョウ 細いひもやバンドの先につけ、もう一方をさしこんでしめる金具かなぐ。留め金。

【尾生の信】ビセイのシン 約束をかたく守って、変わらないこと。ゆうずうがきかないことのたとえ。抱柱ホウチュウ。〔春秋時代、魯ロの尾生という男が、ある女性と橋の下で会う約束をしたが、定刻をすぎてもあらわれず、いつまでも待ちつづけるうちに、上げ潮で増水した川の中で、橋の下の柱を抱だいたまま水死したという故事による〕〈荘子ソウジ〉

【尾大ビダイ▼掉ふるわず】尾おが大きすぎると、自由にふり動かすことができない。臣下の権勢が強すぎると、君主の思いどおりにはできなくなることのたとえ。〈春秋左氏伝シュンジュウサシデン〉

【尾▼骶骨】ビテイコツ 「尾骨ビコツ」の古い呼び名。脊柱セキチュウの最も下にある、先のとがったほね。

【尾灯】ビトウ 自動車や列車などの車体の後部につけるあかり。テールランプ。

【尾翼】ビヨク 飛行機の最後部に取り付けてある、垂直および水平のつばさ。対主翼。

【尾籠】一ビロウ (名・形動ナ) 〔「おこ」にあてた漢字「尾籠」の音読み〕口に出すのがはばかられるほどに、きたなくけがらわしいこと。例—な話で恐縮キョウシュクですが…。二おこ おろかなこと。例—なふるまい。表記二は「▽痴・▼烏▼滸」とも書く。

●語尾ゴビ・船尾センビ・追尾ツイビ・徹頭徹尾テットウテツビ・末尾マツビ

尸5
【居】
8画 2179 5C45 教育5 音キョ漢 コ呉 訓い-る・お-る・や 付表 居士こじ

筆順 ㇕ コ 尸 尸 尸 居 居 居

なりたち [形声]「尸(=人体)」と、音「古コ→キョ」とから成る。足の底を地につけ、しりをおろし、ひざを立ててすわる。しゃがむ。

意味 ❶ある場所に身をおく。すわる。すむ。とどまる。おる。いる。例居室キョシツ。起居キキョ。住居ジュウキョ。❷官職につかず家にいる。例居士キョシ。❸たくわえる。とっておく。例奇貨可レ居キカおくべし(=めずらしい品物はとっておき、値上がりを待つべきだ)。❹すわったまま。いながら。例居然キョゼン(=うごかずにすわったまま)。居職イジョク(=自宅で仕事をする職業)。

難読 本居もとおり(=姓セイ)

人名 い・いや・おき・おり・すえ・やす

【居合】いあい 片ひざをついた姿勢で、すばやく刀をぬいて相手を切りたおす剣術ケンジュツ。居合抜ぬき。

【居心地】いごこち 家やある地位にいるときの気分や感じ。例—がよい。

【居敷】いしき ①座。座席。②尻しり。例—当て(=着物の尻の部分に当てる補強のための布)。表記▽「▼臀」とも書く。

【居候】いそうろう 他人の家に住みこんで、食わせてもらっている人。類食客ショッカク。例—三杯目サンバイめにはそっと出し(=居候は食事のおかわりにも、えんりょがちである)。

【居丈高】いたけだか (名・形動ナ) すわった姿勢で背をまっすぐのばし、上から相手を見くだすように威圧イアツすること。例—になってどなりちらす。表記「威丈高」とも書く。

【居間】いま 家族が日常的にくつろぐ部屋。

【居留守】いるす 来客や電話に対して、家にいるのにいないふりをすること。例会いたくないので—をつかう。

【居士】㊀キョシ 学徳がありながら官に仕えない人。類処士・隠者。㊁コジ ①〔仏〕出家しないで仏道の修行をする男子。②〔仏〕男子の戒名の下につけることば。③〔「…居士」の形で〕…な人。…のような人。例慎重―。一言居士。

【居室】キョシツ 家庭で日常的に用いる部屋。類居間。

【居住】キョジュウ（名・する）一定の場所、また、家に住むこと。類在住。例―地。

【居所】キョショ・いどころ 住んでいるところ。いばしょ。類住所。例―不明。―をつきとめる。

【居城】キョジョウ 領主がふだん住んでいる城。例将軍家の―。

【居宅】キョタク ふだん暮らしている家。すまい。

【居留】キョリュウ（名・する）①居留地に住むこと。②一時的にある土地に住むこと。類寄留。

【居留地】キョリュウチ 条約などで、外国人の居住や営業が許可されている、特別な地域。日本では、一八九九（明治三十二）年に廃止された。

【居留民】キョリュウミン 居留地に住む外国人。

●隠居・旧居・穴居・雑居・芝居・新居・転居・同居・鳥居・入居・団居

尸5 【屈】8画 2294 5C48 常用 音クツ漢呉 訓かが-む・かが-める

筆順 ㇆ コ 尸 尸 屈 屈 屈 屈

なりたち [形声]「尸（=尾）」と、音「出シュツ→クツ」とから成る。短いしっぽ。派生して「かがめる」の意。

意味 ❶こしやひざをおりまげて、姿勢を低くする。身をちぢめる。かがむ。かがめる。例屈伸。❷おりまげる。おれまがる。例屈曲。屈指。屈折。❸身をかがめて、服従する。例屈従。屈服。不屈。❹ゆきづまる。例窮屈。❺がんじょうで、つよい。同倔。例屈強。

【屈強】クッキョウ（形動ダ）①意志が強く、人の言うことにしたがわないこと。②力が強く、たくましいようす。例―の若者。

【屈曲】クッキョク（名・する）折れまがること。類屈折。例―した路地。

【屈原】クツゲン 戦国時代の楚ソの国の忠臣・詩人。名は平。政治的対立から祖国を追われ、汨羅ベキラに身を投げて自殺した。中国古代の詩歌集『楚辞ソジ』を代表する文人。（前三四三？―前二七七？）

【屈指】クッシ ㊀（名・する）ゆびを折って数えること。㊁（名）ゆびを折って数えられるほど、多くのなかでとくにすぐれていること。ゆびおり。類有数。例県内で―の好投手。

【屈従】クツジュウ（名・する）相手の力をおそれて、自分の意志に反して、言いなりになること。類屈服。例―を余儀なくされる。

【屈辱】クツジョク 相手の力におさえつけられて、はずかしい思いをすること。例―を受ける。―的敗北。

【屈伸】クッシン（名・する）かがむことと、のびること。また、曲げのばしすること。例ひざの―運動。

【屈折】クッセツ（名・する）①おれまがること。おりまげること。また、ゆがむこと。類屈曲。例感情が―している（=すなおでない）。②複雑にゆがむこと。例―した心理。③〔物〕光や音波が、ちがう物質の中へはいるときに、その境界で進行方向を変えること。例―望遠鏡。光の―を利用する。④〔言〕文法的な意味や関係を示すために、語形の一部分を変えること。

【屈託】クッタク（名・する）①何かを気にして、くよくよすること。例―がない（=むじゃきで何も気にしない）。②あきてうんざりすること。例単調な日日に―する。表記▽「屈▼托」とも書く。

【屈服】クップク（名・する）力負けして、相手の言うとおりになること。類屈従。例ねじふせられてついに―する。表記「屈伏」とも書く。

●退屈・卑屈・偏屈・理屈

尸5 【届】8画 3847 5C4A 教育6 音カイ漢 訓とど-ける・とど-く・とどけ

筆順 ㇆ コ 尸 尸 吊 届 届 届

尸5 【屆】8画 5392 5C46

なりたち [形声]「尸（=人体）」と、音「凷カイ」とから成る。なんとか行きつく。

意味 ある場所・時刻・時期にいたる。とどく。

日本語での用法《とどけ・とどける》持って行ってわたす。意志をあらわす文書をわたす。「届とどけ出で・欠席届ケッセキとどけ・婚姻届コンインとどけ」

人名 あつ・いたる・ゆき

尸5 【屆】8画 ⇒【届】とど（321ジペー）

尸6 【屋】9画 1816 5C4B 教育3 音オク漢呉 訓や・やね 付表母屋おも・数寄屋すきや・部屋へや・八百屋やおや

筆順 ㇆ コ 尸 尸 层 层 屋 屋 屋

なりたち [会意]「尸（=おおう）」と「至（=止まるところ）」とから成る。おおいのある建物。

意味 ❶人の住む建物。いえ。や。例屋外。屋内。家屋。❷建物の上の雨露をしのぐためのおおい。やね。例屋上。

日本語での用法《や》①商店や職業を営む家。また、その人。「屋号・本屋」②そのような性格の人。「気取り屋・わからず屋・さびしがり屋」

使い分け や【屋・家】⇩1181ジペー

人名 いえ

【屋宇】オクウ〔「宇」は、家の意〕いえ。家屋。すまい。

【屋外】オクガイ 建物のそと。戸外。対屋内。例―で遊ぶ。

【屋下カに屋オクを架カす】「屋上オクジョウ屋を架す」に同じ。

【屋舎】オクシャ 家屋。建物。

【屋上】オクジョウ ①屋根のうえ。②鉄筋コンクリート建築などの平らな屋根。例―庭園。

【屋上ジョウ屋オクを架カす】屋根のうえに、さらに屋根をかける。無用な行為イを重ねることのたとえ。元来は「屋下オクカに屋を架し、牀上ショウジョウに牀を施ほどこす」〈顔氏家訓ガンシカクン〉などと言うのを、日本で言いかえたものか。

【屋内】オクナイ 建物の内部。対屋外。例―プール。

【屋漏】オクロウ ①家の中の北西のすみ。家のいちばんおく。人の見ていないところ。②屋根から雨がもること。

【屋漏オクロウに▼愧はじず】人に見られていなくても、はずかしいおこないをしないこと。〈詩経シキョウ〉

【屋形】やかた ①貴人や豪族ゾクの邸宅テイタク。また、貴人や豪族。例―にひきこもる。お―さま。②りっぱな家。邸宅。例古い―に住む。③船や車の上につける屋根と囲い。④「屋形船ぶね」の略。表記①②は「館」とも書く。

【屋形船】やかたぶね 遊び用として、「屋形③」をつけた船。

【屋号】ゴウ ①商店などの呼び名。伊勢屋(いせや)・越後屋(えちごや)など。②歌舞伎(かぶき)俳優(ハイユウ)などの家の呼び名。音羽屋(おとわや)・成田屋(なりたや)など。③古く農漁村などで、名字(ミョウジ)の代わりに用いた、その家の呼び名。家名(いえな)。かど屋・朝日屋・大黒屋など。表記 ③は「家号」とも書く。

【屋敷】やしき ①家屋や庭などのある、一区画の土地。宅地。例 家—を手放す。②敷地も広く、構えもりっぱな家。邸宅(テイタク)。例 お—町(まち)。

【屋台】やタイ ①屋根と車のついた、組み立てや移動が容易な台。例 —のおでん屋。縁日(エンニチ)の—店(みせ)。②おどるための台。例 祭りのおどり—。③「屋台骨」の略。

【屋台骨】やタイぼね ①屋台や家屋の骨組み。②一家をささえている主人や財産など。例 父なきあと、一家の—としてがんばる。

【屋根】やね ①雨や日の光などを防ぐために建物や、そのほかのものの最上部につけたおおい。例 わらぶき—をふく。自動車の—。②いちばん高いところ。例 世界の—、ヒマラヤ。

【屋根裏】やねうら ①屋根のすぐ裏がわ。②屋根と天井(テンジョウ)のあいだにつくった部屋。屋根裏部屋。

●家屋(カオク)・楽屋(ガクや)・小屋(こや)・茶屋(チャや)・寺子屋(てらこや)・長屋(ながや)・廃屋(ハイオク)・平屋(ひらや)・宿屋(やどや)

尸6 **【屍】** 9画 2751 5C4D 音 シ 漢呉 訓 しかばね・かばね

意味 死んだ人のからだ。死体。なきがら。しかばね。かばね。同 尸(シ)。例 屍骸(シガイ)。検屍(ケンシ)。死屍(シシ)。

【屍体】シタイ 死んだ動物のからだ。死骸(シガイ)。表記 現 死体

【屍斑】シハン 死んだあとに皮膚(ヒフ)にあらわれる、むらさき色のまだらな点。表記「死斑」とも書く。

尸6 **【屎】** 9画 5393 5C4E 音 シ 漢呉 訓 くそ

意味 大便。くそ。例 屎尿(シニョウ)。

【屎尿】シニョウ 大便と小便。例 —処理場。

尸6 【屏】9画 ⇒【屛】へイ(322ジペー)

尸7 **【屓】** 10画 5394 5C53 音 キ 漢

尸21 **【屭】** 24画 5C6D 別体字

意味 ❶鼻で息をする。いびき。❷「贔屓(ヒイキ)」は、はげしく力を入れるようす。また、気に入った人をとくにかわいがること。

尸7 **【屐】** 10画 5401 5C50 音 ゲキ 慣 ケキ 漢 訓 はきもの

意味 木でできたはきもの。げた。例 屐声(ゲキセイ)(=はきものの音。人の来る音)。

難読 屐(あしだ)

尸7 **【屑】** 10画 2293 5C51 人名 音 セツ 漢 訓 くず

尸7 **【屑】** 10画 俗字

意味 ❶こまごまとしている。こせこせとして、おちつかない。例 屑屑(セツセツ)。❷小さな切れはし。かけら。くず。例 玉屑(ギョクセツ)。木屑(ボクセツ)。

難読 不屑(もののかずとせず・かずならず)・水屑(みくず)・大鋸屑(おがくず)

【屑籠】くずかご 紙くずやごみなどを捨てるかご。くず入れ。

【屑鉄】くずテツ 鉄の製品を作るときに出る鉄の屑。また、廃品(ハイヒン)の鉄製品。とかして再利用する。例 —を拾う。

【屑米】くずごめ・くずマイ くだけたり虫に食われたりした米。

【屑繭】くずまゆ 穴があくなどして、生糸(きいと)がとれない不良のまゆ。〔真綿(まわた)の原料などにする〕

【屑屑】セツセツ (形動タル) ①いそがしく働くようす。例 —と働く。②こせこせするようす。③雨などが細かく降るようす。

尸7 **【展】** 10画 3724 5C55 教育6 音 テン 漢呉 訓 の-べる・の-びる

筆順 コ 尸 尸 屏 屈 [illegible] [illegible] 展

なりたち [形声]「尸(=からだをころがしのばす)」と、音「㠭(テン)」とから成る。ころがる。ころがして、ひろげる。

意味 ❶ころがる。同 輾(テン)。例 展転(テンテン)。❷平らにのばす。たたんであったものや巻き物をひろげる。ならべる。のべる。開く。例 展開(テンカイ)。展示(テンジ)。展覧(テンラン)。❸力や勢いが大きくなる。ひろがる。のびる。例 展性(テンセイ)。進展(シンテン)。発展(ハッテン)。❹ひろく見る。よく見る。例 展望(テンボウ)。❺かえりみる。あおぎみる。例 展墓(テンボ)。

人名 のぶ・のぶる・ひらく・ひろ・ひろし

【展延】テンエン (名・する) うすく平らに広げのばすこと。また、広がりのびること。例 金のかたまりを—して金箔(キンパク)をつくる。

【展開】テンカイ (名・する) ①目の前に広がってあらわれること。例 美しい景色が—する。②新しい場面をくり広げること。例 小説は新たな—を見せた。曲の—部。③密集したり、ふさがっていたりしたものを、散らばらせたり、切りひらくこと。例 局面の—をはかる。山を下ったら軍勢を—させる。④〔数〕立体の各面を切りひらいて、平面上に広げること。例 —図。

【展観】テンカン (名・する) 美術品などを、多くの人に、並べて見せること。類 展覧。例 古典籍(コテンセキ)の—。

【展▼翅】テンシ (名・する) 標本にするために、昆虫(コンチュウ)などのはねを広げること。例 —板。

【展示】テンジ (名・する) 物品をたくさん並べて、人々に見せること。例 物産—会。

【展性】テンセイ 物質に圧力などを加えたとき、うすくのばすことのできる性質。〔金、銀、アルミニウムなどは展性が大きい〕

【展転】テンテン (名・する) ①あちこちへころがること。②ねむれずに、ねがえりを打つこと。例 —してあれこれと考える。表記 ▽「▼輾転」とも書く。

【展転反側】テンテンハンソク (名・する) 心配やなやみのためにねむれず、ねがえりばかり打っていること。例 ひと晩じゅう—して熟睡(ジュクスイ)しなかった。表記「▼輾転反側」とも書く。

【展墓】テンボ (名・する) はかまいりをすること。墓参。

【展望】テンボウ (名・する) ①遠くまで見わたすこと。また、そのながめ。例 —台。②社会や文化などについて、広い視野で、見わたすこと。例 将来への—。

【展覧】テンラン (名・する) 書画などの作品を並べて、人々に見せること。例 美術品の—。

【展覧会】テンランカイ 書画などの作品を並べて、いっぱんに公開する会。例 —を開く。

●進展(シンテン)・親展(シンテン)・発展(ハッテン)

尸7 【屑】10画 ⇒【屑】セツ(322ジペー)

尸8 **【屛】** 11画 1-9491 5C5B 音 ヘイ 漢 ビョウ 呉 訓 しりぞ-く・おお-う

尸6 【屛】9画 5402 5C4F 俗字

意味 ❶外と内とをへだて、内側を見えないようにするもの。また、風やほこりをさえぎるもの。ついたて。例屛風ビョウブ。屛障ヘイショウ。❷外側からものをかぶせてふさぐ。おおう。例屛息ヘイソク。❸うしろにさがる。しりぞく。また、しりぞける。例屛居ヘイキョ。

【屛風】ビョウブ 室内の風よけや仕切り、また装飾ソウショクに用いる家具。木のわくに紙や布をはり、二枚または四枚か六枚をつなぎ、折りたためる。例―岩いわ(=びょうぶのように垂直に切り立っている岩)。―を背にしてすわる。

【屛障】ヘイショウ 内と外とをへだて、さえぎること。また、そのための家具。びょうぶ・障子など。例―画。

【屛息】ヘイソク (名・する) 息を殺し、じっとしていること。また、おそれて、ちぢこまること。類閉息。

尸8 【屠】11画 ⇩【屠】ト(323ページ)

尸9 【属】12画 3416 5C5E 教育5 音ショク漢 ゾク呉 訓やから・つ-く

筆順 一 コ 尸 尸 屌 属 属 属

尸18 【屬】21画 5404 5C6C

なりたち [形声]「尾(=からだに連なるしっぽ)」と、音「蜀ショク」とから成る。連なる。

意味 ❶つらねる。つづける。また、つづる。例属文ショクブン(=文章をつづる)。❷ある集団や範囲ハンイのなかにはいっている。つきしたがう。つく。例属国ゾッコク。帰属キゾク。隷属レイゾク。❸同じ種類のなかま。やから。例金属キンゾク。親属シンゾク。尊属ソンゾク。❹部下。けらい。例属吏ゾクリ。属僚ゾクリョウ。属官ゾッカン。❺目をつける。注目する。同矚ショク。例属望ショクボウ。属目ショクモク。❻たのむ。まかせる。同嘱ショク。例属託ショクタク。

日本語での用法 《サカン》律令制リツリョウセイの四等官シトウカンで、坊ボウ・職シキ・寮リョウの第四位。大(=上位)と少(=下位)とがある。主典サカン。「大膳職ダイゼンシキの属サカン・典薬寮テンヤクリョウの属サカン・東宮坊トウグウボウの属サカン」

人名 つら・まさ・やす

【▽属託】ショクタク ㈠(名・する) ある業務や役目をたのんでまかせること。㈡(名) 会社や団体からたのまれて、特定の仕事をおこなう、正規の職員ではない人。表記 ▽「嘱託」とも書く。

【▽属望】ショクボウ (名・する) 期待を寄せること。のぞみをかけること。例将来を―される。表記「嘱望・▼矚望」とも書く。

【▽属目】ショクモク (名・する) ①期待して見守ること。類属望・注目。例みんなが―する新人。②ふと目にふれること。例―の句(=題詠ダイエイではなく、即興的ソッキョウテキによんだ句)。表記 ▽「嘱目・▼矚目」とも書く。

【属性】ゾクセイ ①あるものの性質や特徴トクチョウ。②〔哲〕そのものが本来的にもっていて、それなしではそのものを考えられないような性質。

【属地】ゾクチ ①付属している土地。②土地のほうを主にして考えること。例―主義(=事故や事件が発生した国や場所の法律で処理しようとする立場)。

【属島】ゾクトウ ①大陸または本島に属する島。②その国の領土にふくまれる島。

【属吏】ゾクリ 〔「吏」は、役人の意〕下級の官吏カンリ。

【属僚】ゾクリョウ 上役のもとで働く役人。部下。

【属領】ゾクリョウ 独立した国ではなく、ある国に属している土地。

【属官】ゾッカン ①下級の官吏カンリ。②旧制度の官吏の身分の一つで、高等官より下級の文官。例文部モンブ―。

【属国】ゾッコク ほかの国に支配されている国。

○●金属キンゾク・従属ジュウゾク・所属ショゾク・専属センゾク・直属チョクゾク・配属ハイゾク・付属フゾク・附属フゾク

尸9 【屠】12画 3743 5C60 音ト漢呉 訓ほふ-る

尸8 【屠】11画 俗字

意味 ❶家畜カチクや鳥類を、肉や皮をとるために殺して、ばらばらにする。ほふる。例屠殺トサツ。❷敵を打ちやぶり、みなごろしにする。ほろぼす。例屠城トジョウ(=敵の城をせめほろぼす)。❸切る。さく。例屠腹トフク。

【屠殺】トサツ (名・する) 肉や皮を利用するために、家畜カチクを殺すこと。今は、屠畜トチクという。類畜殺。

【屠所の羊】トショのひつじ 屠畜場トチクジョウに引かれていくヒツジ。死に直面しているものや、運命のきわまったもののたとえ。

【屠▼蘇】トソ 正月に飲む、あまみのある薬酒。新年を祝い、その年の邪気ジャキをはらう。例―機嫌キゲン。

【屠腹】トフク (名・する) はらを切ること。切腹。割腹カップク。

【屠▽竜の技】トリョウのギ 竜リュウを殺すわざ。苦労して学んでも現実には役に立たない技術のたとえ。〔朱泙漫シュヒョウマンという男が千金の財産と三年の年月をついやして、竜の料理法を身につけたが、竜が実在しないので、うでをふるう場がなかったという話による〕(荘子ソウジ)

尸9 【屡】12画 ⇩【屢】ル(323ページ)

尸11 【層】14画 3356 5C64 教育6 音ソウ漢

筆順 コ 尸 屈 屈 屑 層 層

尸12 【層】15画 1-4765 FA3B 人名

なりたち [形声]「尸(=家屋)」と、音「曾ソウ(=重ねる)」とから成る。重ねて高くした家屋。

意味 ❶二階以上の建物。たかどの。例高層コウソウ。❷たたみかさなる。また、かさなり。かさね。例重層ジュウソウ。地層チソウ。

日本語での用法 《ソウ》人々を、年齢ネンレイ・身分・意識などによって分けた区分。「中間層チュウカンソウ・高年齢層コウネンレイソウ」

【層一層】イッソウ (副) さらにいちだんと。ますます。〔「一層」を強めていうことば〕例―努力することを期待する。

【層雲】ソウウン 層をなしていて、空の最も低いところに垂れこめる霧きりのような雲。きりぐも。

【層閣】ソウカク いく階もある高い建物。類高楼コウロウ・重閣チョウカク。

【層状】ソウジョウ いくえにも積み重なって、層をなしている状態。例地球を包むなん種類かの―の気体。

【層層】ソウソウ (形動タル) いくえにも重なり合っているようす。

○●一層イッソウ・階層カイソウ・各層カクソウ・下層カソウ・活断層カツダンソウ・高層コウソウ・重層ジュウソウ・上層ジョウソウ・深層シンソウ・大層タイソウ・断層ダンソウ・地層チソウ・中層チュウソウ・超高層チョウコウソウ・低層テイソウ・表層ヒョウソウ

尸11 【屢】14画 1-4764 5C62 音ル漢 訓しばしば

尸9 【屡】12画 2840 5C61 俗字

意味 たびたび。なんども。しばしば。例屢次ルジ(=いくたびも)。屢屢ルル(=くりかえし、なんべんも)。

尸12

【履】

15画 4590 5C65 常用 音リ漢呉 訓は-く・くつ・ふ-む 付表草履(ぞう)

筆順 ㇇ コ 尸 屄 屌 屗 履 履

なりたち [古字] ［会意］「尸(シ)(=はく人)」と「彳(=ゆく)」と「夊(=ゆく)」と「舟(=はきものの形)」とから成る。はきもの。

意味 ❶はきもの。くつ。また、はきものをはく。例草履(ぞう)。弊履(ヘイリ)。木履(ボクリ)。❷おこなう。経験する。ふむ。例履行(リコウ)。履践(リセン)(=実行する)。履歴(リレキ)。

難読 履冠(くつかぶり)

人名 ふみ

［履❶］

【履行】リコウ (名・する) 約束や義務を実行すること。例契約(ケイヤク)を―する。

【履修】リシュウ (名・する) 定められた学科や課程を学びおさめること。例選択(センタク)科目では物理を―する。

【履歴】リレキ 個人が今までに経(へ)てきた学業や職業、また賞罰(ショウバツ)など。例―書。―をいつわる。

●弊履(ヘイリ)

尸12【層】15画 ⇩【層】ソウ(323ジ°ー)

尸18【屬】21画 ⇩【属】ゾク(323ジ°ー)

尸21【屭】24画 ⇩【屓】キ(322ジ°ー)

45 3画 屮 てつ くさのめ 部

草木の芽が出た形をあらわす。「屮」の字の音は、テツ。「屮」と字形の似た「屮」と、「屮」をもとにできている「屯」とを集めた。

0 屮 1 屯

この部首に所属しない漢字

屮0

【屮】

3画 5405 5C6E 音サ漢 訓ひだり

意味 左の手。ひだり。同左(サ)。

屮1

【屯】

4画 3854 5C6F 常用 音トン漢 訓たむろ-する

筆順 一 ㄷ 㐰 屯

なりたち [古字] ［会意］「屮(=くさのめ)」が「一(=地面)」をつらぬいて出はじめるが、すんなりいかず、まがる。なやみ苦しむ。派生して「たむろする」の意。

意味 多くのものが寄り集まって、そこにとどまる。たむろする。また、その場所。たまり。例屯営(トンエイ)。屯所(トンショ)。駐屯(チュウトン)。

日本語での用法《トン》重さの単位「トン」にあてて用いられる。同瓲(トン)・噸(トン)。「屯数(トンスウ)・総屯(ソウトン)」

人名 たむろ・みつ・むら・より

【屯営】トンエイ (名・する) 兵士が寄り集まること。また、その場所。［多く、日常居住する兵営を指す］

【屯所】トンショ ①兵士などが寄り集まるところ。詰所(つめショ)。②明治初期の警察署の呼び名。

【屯田】トンデン 兵士に辺境を守らせながら、そこで開墾(カイコン)や農耕にも従事させること。また、その田畑。

【屯田兵】トンデンヘイ ①屯田にかり出された兵士。②明治時代の初期、失業した士族で、政府のすすめで北海道に移住し、国境警備や農地開拓(カイタク)に従事した兵。

46 3画 山 やま やまへん 部

やまの形をあらわす。「山」をもとにしてできている漢字を集めた。

0 山 1 乢 2 屶 3 屹 4 岌 岐 岑 岔 5 岡 岳 岩 岸 峅 岫 岨 岱 岻 岶 岵 岷 岬 岼 6 峡 峇 峙 峠 7 峨 峺 峻 峭 島 峰 峪 峩 峽 峯 8 崋 崖 崟 崛 崑 崔 崎 崇 崢 崩 崚 崙 崗 崕 崩 崘 9 嵐 嵌 嵒 嵎 嵋 嵜 嵜 10 嵬 嵯 嵩 嵶 嵳 11 嶇 嶄 嶂 嶃 嶌 嶋 嶌 12 嶢 嶝 嶐 13 嶬 嶮 嶼 14 嶷 嶺 嶽 17 巌 巉 18 巍 19 巓 巒 20 巖

この部首に所属しない漢字

出⇩凵124 缶⇩缶796 幽⇩幺349 炭⇩火630 豈⇩豆929

山0

【山】

3画 2719 5C71 教育1 音サン漢 セン呉 訓やま 付表山車(だし)・築山(つきやま)

筆順 丨 山 山

なりたち [古字] ［象形］高い山の形。

意味 ❶土地が盛り上がって平地より高くなった地形。やま。例山河(サンガ)。火山(カザン)。登山(トザン)。❷寺院のこと。また、その呼び名。寺院の名の上につけて用いる。例山号(サンゴウ)。山門(サンモン)。開山(カイサン)。比叡山(ヒエイザン)(延暦寺(エンリャクジ))。

日本語での用法《やま》①事の成否の分かれめ。なりゆきの中の最高潮。「病状(ビョウジョウ)は山(やま)を越(こ)えた・今日(きょう)明日(あす)が山(やま)だ」②投機。最も確率の高いところ。ねらいどころ。「山師(やまシ)・山(やま)を張(は)ってうまく当(あ)てる・問題(モンダイ)の山(やま)をかける」③祭りの山車(だし)。「祇園祭(ギオンまつり)の山鉾(やまぼこ)」

難読 山丹(ひめゆり)・映山紅(きりしま)・山帰来(サンキライ)・山梁(きぎす)・山脚(ふもと)・常山木(くさぎ)・山葵(わさび)

人名 たか・たかし・のぶ

【▽山▽茶花】サザンカ ツバキ科の常緑小高木。秋から冬にかけて、野生種では白、園芸品種ではさまざまな色の花をつける。

【山陰】サンイン ①山の北側。山のかげ。②「山陰地方」「山陰道」の略。鳥取(とっとり)県や島根県を中心とした、中国地方の日本海側の地域。また、その地域に通じた旧街道(キュウカイドウ)。▽対山陽。

【山雨】サンウ 山に降る雨。また、山のほうから降ってくる雨。

【山雨(サンウ)来(き)たらんと欲(ほっ)して風(かぜ)楼(ロウ)に満(み)つ】山雨の来る前ぶれか、高楼いっぱいに風がふきこんでくる。大

事が起こりそうな気配のたとえ。〈許渾・咸陽城東楼〉

【山家】サンカ・やまが 人里はなれた山の中の家。

【山▼窩】サンカ 〔「サンワ」とも。「窩」は、すみかの意〕定住しないで、山中や河原をわたり歩き、竹細工や狩猟などを仕事とした人々。

【山河】サンガ 〔「サンカ」とも〕山と川。また、山や川に代表される自然。例ふるさとの―。国破れて―在り。〈杜甫・春望〉

【山海】サンカイ 山と海。陸と海。例―の珍味(=山や海でとれる、めずらしい食べ物)。

【山塊】サンカイ 周囲の山脈からはなれたところにある、一群の山。例丹沢―。

【山岳】サンガク 連なった、山々。また、高くけわしい山。例―救助隊。

【山間】サンカン・やまあい 山と山のあいだ。深い山の中。例―部。―の温泉宿。

【山居】サンキョ (名・する) 山の中に住むこと。また、その住まい。例―して俗塵をさける。

【山峡】サンキョウ・やまかい 山と山のあいだの谷。また、やまあい。

【山系】サンケイ となりあう二つ以上の山脈がまとまって、より大きな山の連なりをつくっているもの。例ヒマラヤ―。

【山行】サンコウ (名・する) 山中を歩くこと。山へ遊びに行くこと。

【山号】サンゴウ 寺号の上につける呼び名。高野山(金剛峰寺)や、金竜山(浅草寺)など。〔寺院がもと山中にあったことからいう〕

【山菜】サンサイ 山野に自生する食用の植物。ワラビやゼンマイなど。例―料理。

【山紫水明】サンシスイメイ 山はむらさき色にかすみ、川の水はすんで清らかに見えること。自然の景色の美しいこと。例―の地。

【山上】サンジョウ 山の上。

【山色】サンショク 山のいろ。山のたたずまい。また、山の景色。

【山水】サンスイ ①山と水。山と河川や湖沼。②山と水のある景色。③「山水画」の略。④築山と、やり水や池のある庭園。例枯れ―(=実際には水を用いないで、地形だけで②を表現した庭)。

【山水画】サンスイガ 山と水の景色をえがいた東洋画。さんすい。

【山積】サンセキ (名・する) ①仕事や課題などが、たくさんたまっていること。やまづみ。例懸案が―している。②山のようにつみあげること。やまづみ。例荷物が―されている。

【山川】□一サンセン・やまかわ 山と川。山や川。また、自然の景色。□二やまがわ 山中を流れる川。

【山川草木】サンセンソウモク 山と川と草と木。自然の景色。例―は昔のおもかげをとどめている。

【山荘】サンソウ 山の中にある別荘。

【山賊】サンゾク 山の中で、旅人などをおそう盗賊。対海賊。

【山村】サンソン 林業や炭焼きなどで生活を立てる、山の中の村。例―の生活。

【山地】サンチ 山の中の土地。山間部。また、山岳地帯。対平地。例―に分け入る。

【山中】サンチュウ 山の中。例道にまよって、―をさまよう。

【山中の賊を破るは▽易く心中の賊を破るは難し】サンチュウのゾクをやぶるはやすくシンチュウのゾクをやぶるはかたし 山賊は退治しやすいが、自分の心の中の悪に打ち勝つのはむずかしい。〈王陽明のことばから〉

【山中暦日なし】サンチュウレキジツなし 世間をはなれた山の中では、月日の過ぎるのを忘れてしまう。〈太上隠者・答人〉

【山頂】サンチョウ 山のいただき。頂上。対山麓。例エベレストの―に立つ。

【山道】サンドウ・やまみち 山の中を通る細い道。

【山腹】サンプク 山の頂上とふもとの中ほど。中腹。例―の小屋。

【山脈】サンミャク 多くの山々がとぎれないで、長く連なっているもの。やまなみ。例ロッキー―。

【山門】サンモン ①寺の門。寺院の正門。〔寺院はもと山にあり、山号で呼ばれたことからいう〕②禅宗の寺院。③比叡山延暦寺のこと。

【山野】サンヤ 山と野原。のやま。例―をかけめぐる。

【山容】サンヨウ 山の姿や形。例噴火で―が変わった。

【山陽】サンヨウ ①山の南側。②「山陽地方」「山陽道」の略。中国地方で、岡山県・広島県など瀬戸内海に面した地域。また、その地域に通じた旧街道。▽対山陰。

【山▼稜】サンリョウ 〔「稜」は、とがったかどの意〕山の頂から頂へとつづく峰のすじ。類尾根・稜線。

【山林】サンリン ①山と林。②山にある林。

【山▼嶺】サンレイ 山のみね。

【山路】サンロ・やまじ やまみち。例―来てなにやらゆかしすみれ草。〈芭蕉・野ざらし紀行〉

【山麓】サンロク 山のふもと。山のすそ。対山頂。例富士―。

【山車】だし 祭礼のとき、さまざまなかざりをつけて引き回す車。例―を引く。―が出る。

【山芋】やまいも ヤマノイモ科のつる性多年草。根の部分を、とろろなどにして食べる。

【山風】やまかぜ ①山中をふく風。②山からふいてくる風。山おろし。対谷風。

【山際】やまぎわ ①山の稜線に近い、空の部分。また、山の稜線。例―すこしあかりて、むらさきだちたる雲の、ほそくたなびきたる。〈清少納言・枕草子〉②山のふもと。山のそば。山すそ。

【山幸】やまさち ①山でとれる鳥やけもの。また、山菜や木の実など。やまのさち。②山のえものをとる道具。▽対海幸。

【山里】やまざと 山の中にある人里。山村。例―の冬のさびしさ。

【山師】やまし ①鉱山をさがしたり掘ったりする人。②山林の立木の売買をする人。③投機で金もうけをたくらんだり、もうけ話で他人をあざむく人。類詐欺師。例―にいっぱい食わされる。

【山城】やましろ 旧国名の一つ。今の京都府の南東部にあたる。城州。

【山寺】やまでら ①山の中にある寺。②山形市にある立石寺の別名。

【山肌】やまはだ 山の表面。山の、草木におおわれていない、むきだしの地面。表記「山▽膚」とも書く。

【山▼彦】やまびこ ①山の神。②山中などで起こる声や音の反響。こだま。〔山の神が答えると考えられた〕

【山辺】やまべ 〔古くは「やまへ」とも〕山の近く。やまのべ。対海辺。例―の寒村。

【山盛り】やまもり (名・形動) 山のように高く(たくさん)盛ること。また、その盛られたもの。例―のご飯。

【山分け】やまわけ (名・する) (手に入れたお金などを)みんなで、ほぼ等分に分けること。例もうけを―する。

●金山・黒山・鉱山・深山・沢山・銅山・登山・氷山・本山・名山・四方山・連山

〔山部〕1画 ● 乢

山 1
【乢】
4画 5406 4E62 音カイ 訓たわ

意味 ものをねだる。乞う。同丐。

3画

日本語での用法《たわ》人名・地名に用いられる字。「安ケ乢たわ（=岡山県の地名）」

山2 【屶】5画 5407 5C76 訓なた

意味〔一説に、音「カイ」とするが、義未詳ミショウ〕人名・地名に用いられる字。例 屶網なたあみ（=姓せい）。

参考「なた」と読む熟字「山刀」の「山」と「刀」を一字に合わせた文字。

山3 【屹】6画 5408 5C79 音キツ慣 ギツ漢 訓そばだ-つ

意味 山が高くそびえるようす。そばだつ。例 屹然キツゼン。屹立キツリツ。

日本語での用法《きっと》①緊張キンチョウしてけわしい。「屹きっとした目めつきで見みる」②かならず。たしかに。「屹きっと何なにか事情ジジョウがある」

【屹然】キツゼン（形動タル）①山が高くそびえ立つようす。例—として天空に立つ山山やまやま。②ひとりだけ気高く、周囲からぬきんでているようす。独立して、ものに屈クッしないようす。類 毅然キゼン。例 ひとり—として動かない。

【屹度】きっと（副）「きと」を強めた形「きっと」のあて字）①たしかに。まちがいなく。例—合格するよ。明日あすは、—晴れるよ。②いかりや緊張キンチョウのために、表情や態度がきつくなるようす。きりっと。厳しく。例—身構える。表記 ▽「▽急度」とも書く。

【屹立】キツリツ（名・する）①山が高くそびえ立つこと。例—する山山やまやま。②人が動かずに、しっかりと立っていること。

山4 【妛】7画 5412 599B 訓あけび

意味「𡚴シ」の誤記。

参考 植物の名「あけび」と読む熟字「山女」の「山」と「女」を一字に合わせた字の誤記。

山4 【岐】7画 2084 5C90 教育4 音キ漢 ギ呉 訓えだみち・わか-れる

筆順 丨 山 山 山一 山十 岐 岐

なりたち［形声］「山（=やま）」と、音「支シ→キ」とから成る。枝わかれした形の山の名。

意味 ❶枝状にわかれる。枝わかれしたところ。例 岐路キロ。多岐タキ。分岐ブンキ。❷人よりすぐれたようす。ひいでる。

県名 岐阜ぎふ

人名 たか・たかし・のぼる・みち

【岐路】キロ 道が枝わかれするところ。別れ道。類 分岐点。例 人生の—に立つ。

【岐路亡羊】キロボウヨウ ⇩【亡羊の嘆】ボウヨウのタン（45ページ）

●多岐タキ・分岐ブンキ

山4 【岌】7画 5409 5C8C 音キュウ慣 ギュウ漢 訓さが-しい・たか-い

意味 ❶山が高くそびえるようす。たかい。例 岌峨キュウガ（=山が高いようす）。❷危険なようす。例 岌岌キュウキュウ（=高いようす。また、危機に瀕ヒンしているようす）。

山4 【岑】7画 5410 5C91 音シン漢 訓みね

意味 けわしくそびえる山（の頂上）。けわしい。するどい。みね。例 岑楼シンロウ（=するどく、そびえ立つ山。また、たかどの）。

難読 岑上おのえ

山4 【岔】7画 5411 5C94 音タ漢

意味 ❶山脈・川・道の分かれ目。分岐点ブンキテン。例 岔道タドウ。❷わき道にそれる。また、話をそらす。

山5 【岡】8画 1812 5CA1 教育4 音コウ漢 訓おか

筆順 丨 冂 冂 冂 円 冈 岡 岡

山8 【崗】11画 5430 5D17 俗字

なりたち［形声］「山（=やま）」と、音「网ウ→コウ」とから成る。山の背。

意味 平地よりも少し盛り上がった土地。おか。

日本語での用法《おか》傍観ボウカンの立場。かたわら。わき。「岡惚おかぼれ・岡焼おかやき・岡目八目おかめハチモク」

県名 岡山おかやま・静岡しずおか・福岡ふくおか

山5 【岳】8画 1957 5CB3 常用 音ガク漢呉 訓たけ

筆順 ノ 亻 仁 斤 丘 乒 岳 岳

山14 【嶽】17画 5454 5DBD 本字

なりたち［形声］「山」と、音「獄ゴク→ガク」とから成る。王者が天下を視察するときに祭りをする五つの名山。

参考「岳」と「嶽」とは、古くから通じて用いられてきたが、「岳父・岳母」の意には「岳」を用いることが多い。

意味 ❶高く大きな山。たけ。例 山岳サンガク。御岳みたけ。如意ケ岳ニョイがだけ。❷妻の実家の父・母を尊敬していうときに用いる接頭語。例 岳丈ガクジョウ（=妻の父）。岳父ガクフ。岳母ガクボ。

人名 おか・たか・たかし・たけし・たける

【岳翁】ガクオウ 妻の父。類 岳父。

【岳父】ガクフ 妻の父。類 岳翁ガクオウ。対 岳母。

【岳母】ガクボ 妻の母。対 岳父。

【岳陽楼】ガクヨウロウ 湖南省の岳陽市にある楼。洞庭湖ドウテイコにのぞみ、古来多くの文人がおとずれた名所。

【岳麓】ガクロク 山のふもと。とくに、富士山（=富岳）のふもと。

●山岳サンガク・富岳フガク

山5 【岩】8画 2068 5CA9 教育2 音ガン漢 訓いわ

筆順 丶 山 山 山 屵 岩 岩 岩

なりたち［会意］「山（=やま）」と「石（=いし）」とから成る。山の石。参考 一説に、「巌ガン」の古字。

意味 動かせないほど大きな石。いわお。いわ。例 岩石ガンセキ。岩盤ガンバン。

日本語での用法《ガン》①岩のように固くしこったもの。「乳岩ニュウガン（=乳癌ニュウガン）」②強くたくましい乗馬。転じて堅固ケンゴ。「岩乗ガンジョウ・岩畳ガンジョウ」

難読 岩城いわき（=地名）

人名 いわお・かた・たか

【岩場】いわば ①岩の多い場所。②ロッククライミングをする場所。

【岩室】いわむろ 岩をほってつくった住居。また、岩のあいだに自然にできたほら穴。いわや。

【岩山】いわやま 岩だらけの山。岩でできている山。

【岩塩】ガンエン 層を成している、塩のかたまりから成る鉱物。

【岩窟】ガンクツ 岩のほら穴。いわあな。いわや。例―に閉じこめられる。表記「▼巌窟」とも書く。

【岩▼漿】ガンショウ 地下で、高温のためにとけて、どろどろになっている岩石。マグマ。例火口からふき出る―。

【岩礁】ガンショウ 海中にかくれて見えない岩。また、水面上に見えかくれする岩。例船が―に乗り上げる。

【岩石】一ガンセキ ①岩や石。また、大きな石。②地殻チカクを形づくる物質。二ガンセキ かたいもの、かたくつくったもののたとえ。

【岩盤】ガンバン 地下で層を成している、かたい岩。

【岩壁】ガンペキ かべのように切り立っている岩。例―をよじのぼる。表記「▼巌壁」とも書く。

●火成岩カセイガン・奇岩キガン・砂岩サガン・堆積岩タイセキガン・変成岩ヘンセイガン・溶岩ヨウガン

山5 【岸】 8画 2063 5CB8 教育3 音ガン漢呉 訓きし 付表河岸かし

筆順 ' 山 山 屵 岸 岸 岸 岸

なりたち [形声]「屵(=高いがけ)」と、音「干カン→ガン」とから成る。けわしく高い水ぎわ。

意味 ❶水ぎわの切りたったところ。みずぎわ。きし。例岸壁ガンペキ。沿岸エンガン。対岸タイガン。❷けわしい。例傲岸ゴウガン。

日本語での用法《ガン》「岸壁ガンペキ」の略。「接岸セツガン・着岸チャクガン・離岸リガン」

【岸頭】ガントウ 岸のほとり。きしべ。

【岸壁】ガンペキ ①かべのように切り立っている岸。②船を横付けさせるために港につくった、石やコンクリートのかべ。

【岸辺】きしべ 岸のあたり。岸沿いのところ。例―の草。

●海岸カイガン・川岸かわぎし・護岸ゴガン・接岸セツガン・彼岸ヒガン

山5 【峅】 8画 5418 5CC5 国字 訓くら

意味 人名・地名に用いられる字。例岩峅いわくら(=姓セイ)。芦峅寺あしくらじ・岩峅寺いわくらじ(=ともに富山とやま県の地名)。

山5 【岫】 8画 5413 5CAB 音シュウ漢 訓くき

意味 ❶洞穴ドウケツのある山。山の洞穴。くき。❷山のいただき。みね。

山5 【岨】 8画 3327 5CA8 音一ショ漢 二ショ漢ソ呉 訓そば

意味 一ショ 土におおわれた石山。同砠ショ。二ショ・ソ そびえたってけわしいところ。そば。同阻ソ。例岨峻ソシュン(=けわしく、高い)。嶮岨ケンソ。

山5 【岱】 8画 3450 5CB1 音タイ漢

意味 泰山タイザンのこと。山東省にある名山。例岱宗タイソウ(=泰山は五岳ゴガクの長であり、四岳が宗ソウとする(=尊ぶ)意)。

山5 【岻】 8画 5414 5CBB 音チ漢

意味 山の名に用いられる字。

日本語での用法《シ》人名・地名に用いられる字。「沢岻タクシ(=姓セイ。また、沖縄おきなわ県の地名)」

山5 【岶】 8画 5415 5CB6 音ハク漢 訓さこ

意味 「嶀岶バクハク」は、草木などが密生しているようす。

日本語での用法《さこ》人名に用いられる字。「岶尾さこお(=姓セイ)」

山5 【岾】 8画 5419 5CBE 国字 訓はけ

参考 「岵コ(=草木のしげった山の意)」の異体字とする説がある。また、地名用字として、日本や韓国カンコクでも用いられている。

意味 地形上、丘陵キュウリョウ地の断絶するところの急斜面キュウシャメンを指す。はけ。

山5 【岷】 8画 5417 5CB7 音ビン漢

意味 ❶山の名。例岷山ビンザン。❷川の名。例岷江ビンコウ。

山5 【岬】 8画 4408 5CAC 常用 音コウ漢 訓みさき

筆順 丨 山 山 山ﾛ 山日 山日 岬 岬

なりたち [形声]「山(=やま)」と、音「甲コウ」とから成る。二つの山のあいだ。

意味 ❶山あい。山腹サンプク。❷海中や湖中につき出た陸地。みさき。

山5 【岼】 8画 5416 5CBC 国字 訓ゆり

意味 山の中腹にある平地。ゆり。人名・地名に用いられる字。例岼ゆり(=姓セイ。また、京都府の地名)。

山6 【峡】 9画 2214 5CE1 常用 音コウ漢キョウ呉 訓はざま・かい

筆順 丨 山 山一 山ㄇ 山口 峡 峡

山7 【峽】 10画 5423 5CFD 人名

なりたち [形声]「山(=やま)」と、音「夾コウ」とから成る。山と山とにはさまれたところ。

意味 ❶山と山との間にはさまれた谷あい。はざま。例峡谷キョウコク。山峡サンキョウ。❷陸地にはさまれた細い水路。また、海にはさまれた細い陸地。例海峡カイキョウ。地峡チキョウ。

難読 山峡やまかい

【峡谷】キョウコク 山と山との間の深くて細長い谷。例黒部くろべ―。―をぬうように走る森林鉄道。

山6 【峇】 9画 5420 5CC7 音コウ漢

意味 「岌峇キュウコウ」は、かみなりなどのとどろく音。

山6 【峙】 9画 5421 5CD9 音チ漢ジ呉 訓そばだ-つ

意味 高くそびえ立つ。じっと動かないで立つ。そばだつ。例峙立ジリツ(=そびえ立つ)。対峙タイジ。

山 6 【峠】 9画 3829 5CE0 常用 国字 訓とうげ

筆順 峠

なりたち [会意]「山(=やま)」と、「上下(=のぼりくだり)」とから成る。山の上りと下りのさかいとなるところ。

意味 ❶山道を登りつめて、そこから下りにさしかかるところ。例峠(とうげ)の茶屋(ちゃや)。❷ものごとの進行する過程で、そこをこすと安定する、だいじな時点。例容態(ヨウダイ)は一をこした。

難読 峠岡(おかおか)(=姓(せい))

山 7 【峨】 10画 1869 5CE8 人名 音ガ(漢)

意味 山が高くけわしいようす。たかい。例峨峨(ガガ)。嵯峨(サガ)。

【峨峨】ガガ(形動タル) 山や岩が高くけわしくそびえるようす。例—たる連山。

山 7 [峩] 10画 5422 5CE9 別体字

山 7 【峺】 10画 5424 5CFA 音コウ(漢)

意味 山道のけわしいところ。

山 7 【峻】 10画 2952 5CFB 人名 音シュン(漢) 訓たか-い・けわ-しい

なりたち [形声]「山(=やま)」と、音「夋シュ(=けわしく高い)」とから成る。けわしく高い。

意味 ❶高くけわしい。また、大きくてりっぱな。たかい。例峻険(シュンケン)。峻秀(シュンシュウ)(=とびぬけて高い)。❷(性質や態度が)きびしい。容赦(ヨウシャ)しない。例峻拒(シュンキョ)。峻厳(シュンゲン)。峻別(シュンベツ)。

人名 たか・たかし・ちか・とし・みち・みね

【峻拒】シュンキョ(名・する) きっぱりとことわること。類拒絶・拒否。例忠告を—して決心した。

【峻険】シュンケン(名・形動ナ) (山などが)高くけわしいこと。例—な山。表記「峻▼嶮」とも書く。

【峻厳】シュンゲン(名・形動ダ) きわめて厳格であること。類峻烈。例—な態度。

【峻別】シュンベツ(名・する) あいまいさを残さずに、はっきりと区別すること。例善悪を—する。

【峻烈】シュンレツ(名・形動ダ) 厳しくて、はげしいようす。類峻厳 例—な批判。

山 7 【峭】 10画 5425 5CED 音ショウ(漢) 訓きび-しい・けわ-しい

意味 ❶高く切り立って、けわしい。例峭壁(ショウヘキ)。❷ひどく、きびしい。例春寒(シュンカン)料峭(リョウショウ)(=春とはいいながらまだ寒さがきびしい。手紙のはじめの時候のあいさつの句)。

【峭壁】ショウヘキ けわしく切り立ったがけ。

山 7 【島】 10画 3771 5CF6 教育3 音トウ(漢) 訓しま

筆順 島

山11 [㠀] 14画 2-0862 3800 本字

山11 [嶌] 14画 5426 5D8C 別体字

山11 【嶋】 14画 3772 5D8B 人名 別体字

なりたち [形声]「山(=やま)」と、音「鳥チョウ→トウ」とから成る。海にあり、鳥が留まれる山。

意味 まわりを海や湖にかこまれた陸地。しま。例島嶼(トウショ)。群島(グントウ)。孤島(コトウ)。

【島陰】しまかげ 島にかくれて見えないところ。また、島の、外海から見えないところ。例船が—にかくれる。—の校舎。

【島田】しまだ「島田髷(まげ)」の略。日本髪(がみ)の一つで、おもに未婚(ミコン)の女性や花嫁(はなよめ)が結(ゆ)うもの。

【島流し】しまながし(名・する) ①罪人を遠くの島やへんぴな土地に送った、昔の刑罰(ケイバツ)。類流刑(ルケイ)。流罪(ルザイ)。遠島。②不便なところへ転勤させられること。類左遷(サセン)。

【島守】しまもり 島の番人。

【島影】しまかげ・トウエイ 島の姿や形。例遠くに—が見える。

【島国】しまぐに・トウコク 四方を海に囲まれた国。海国。例—根性(コンジョウ)(=島国の人に多く見られる、視野がせまく閉鎖的(ヘイサテキ)で、こせこせした性質)。

【島▼嶼】トウショ [「嶼」は、小島の意] 大小の多くの島。しまじま。

【島民】トウミン 島の住民。

●遠島(エントウ)・帰島(キトウ)・群島(グントウ)・小島(こじま)・孤島(コトウ)・敷島(しきしま)・諸島(ショトウ)・全島(ゼントウ)・半島(ハントウ)・本島(ホントウ)・離島(リトウ)・列島(レットウ)

山 7 【峰】 10画 4286 5CF0 常用 音ホウ(漢)フ(呉) 訓みね

筆順 峰

山 7 [峯] 10画 4287 5CEF 人名 本字

なりたち [形声]「山(=やま)」と、音「夆ホ」とから成る。山のいただき。

意味 山のいただき。また、高い山。みね。例高峰(コウホウ)。霊峰(レイホウ)。連峰(レンポウ)。

難読 金峰山(キンプセン)・金剛峰寺(コンゴウブジ)

人名 お・たか・たかし・ね

【峰打ち】みねうち(名・する) みね(=刀の背(せ))で相手を打つこと。表記「▽刀▽背打ち」とも書く。

●鋭峰(エイホウ)・奇峰(キホウ)・高峰(コウホウ)・孤峰(コホウ)・最高峰(サイコウホウ)・霊峰(レイホウ)・連峰(レンポウ)

山 7 【峪】 10画 5427 5CEA 音ヨク(漢) 訓やま

意味 山と山とのあいだ。たに。

山 7 [峩] 10画 ⇩【峨】ガ(328ジベー)

山 7 [峯] 10画 ⇩【峰】ホウ(328ジベー)

山 7 【峽】 10画 ⇩【峡】キョウ(327ジベー)

山 8 【崋】 11画 *5428 *5D0B 音カ(漢)

意味 五岳(ゴガク)の一つ。崋山(カザン)。[多く「華山」と書かれる]

参考 江戸(えど)時代の画家、渡辺登(わたなべのぼり)は、雅号(ガゴウ)に「崋山(カザン)」を用いた。

山 8 【崖】 11画 1919 5D16 常用 音ガイ(漢)(呉) 訓がけ・きりぎし

筆順 崖

山 8 [崕] 11画 5429 5D15 別体字

なりたち 崖 [形声]「屵(=きし)」と、音「圭(ケイ→ガイ)」とから成る。高く険しいがけ。
意味 山や岸の切りたったところ。がけ。例 懸崖(ケンガイ)。断崖(ダンガイ)。

山 8
【崟】
11画 5432 5D1F 音 ギン(漢) 訓 たか-い

意味 ❶山が高くそびえる。たかい。❷するどくとがる。

山 8
【崛】
11画 5433 5D1B 音 クツ(漢)(呉) 訓 そばだ-つ

意味 ひときわ高くそびえるようす。そばだつ。例 崛起(クッキ)。奇崛(キクツ)。
難読 耆闍崛山(ギジャクッセン)(=霊鷲山(リョウジュセン))

漢字に親しむ ⑪ 四つの島

「長島さん」と「長嶋さん」とは、同じ「しま」という読み方で、何かちがいがあるのでしょうか。「島」と「嶋」とはよく似ていますがそれも道理で、実はこの二つはもとは同じ一つの字だったのです。古くはこの字は「嶌」の形をしていました。これは山の上に鳥が留まったようすをあらわします。すなわち「しま」とは鳥の休む海中の山という意味なのです。要するに、山と鳥との組み合わせであればそれでよく、「嶋」でもいいし、「鳥」の省略形「鳥」と「山」とを組み合わせた「島」でもいいわけです。ですからこのほかにも「嶌」の形をした「しま」もあるのです。

山 8
【崑】
11画 5434 5D11 音 コン(漢)

意味「崑崙(コンロン)」は、山の名。崑山。
難読 崑崙八仙(コンロンハッセン)(=雅楽(ガガク)の、高麗楽(コマガク)の一つ)
【崑玉】(コンギョク) 崑崙(コンロン)から産出される美しい石。
【崑▼崙】(コンロン) ①新疆(シンキョウ)ウイグル自治区とチベット自治区との境にある山脈。②古代中国で西方にあると信じられていた霊山(レイザン)。崑山。表記 ▽「昆▼侖」とも書く。

山 8
【崔】
11画 5435 5D14 音 サイ(漢) 訓 さが-しい・たか-い

意味 ❶山が高く大きいようす。たかい。例 崔嵬(サイカイ)。❷姓。
【崔▼嵬】(サイカイ)(名・形動タルト)①石や岩のごろごろしている土山。②山頂。③高くそびえているようす。

山 8
【崎】
11画 2674 5D0E 教育4 音 キ(漢) 訓 さき

筆順 丨 山 山一 山ナ 山大 山太 山奇 崎

山9 [﨑] 12画 1-4782 FA11 俗字 山9 [嵜] 12画 5431 5D5C 俗字

なりたち [形声]「山(=やま)」と、音「奇(キ)」とから成る。平らでない。

意味 山道などがけわしい。例 崎嶇(キク)。

日本語での用法《さき》みさき。海中や湖中につき出た陸地。「唐崎(からさき)・洲崎(すさき)」

【▽崎▼嶇】(キク)(形動タルト)①山道のけわしいようす。②人生に苦しみの多いことのたとえ。

【▽崎陽】(キヨウ) 長崎(ながさき)の中国風の呼び名。

山 8
【崇】
11画 3182 5D07 常用 音 スウ(漢) 訓 あが-める・とうと-ぶ

筆順 丶 山 山 山十 山出 岀 崇 崇

なりたち 崇 [形声]「山(=やま)」と、音「宗(ソウ→スウ)」とから成る。山が大きくて高い。

意味 ❶山が高くて大きい。例 崇山(スウザン)(=高い山)。❷このうえないものとして尊敬し、たいせつにする。うやまう。あがめる。例 崇拝(スウハイ)。尊崇(ソンスウ)。❸けだかい。とうとい。例 崇高(スウコウ)。

参考「祟(スイ)」は別の字。

難読 崇神天皇(スジンテンノウ)

人名 あがむ・かた・たか・たかし・たけ・みつる
【崇敬】(スウケイ)(名・する)とうとびうやまうこと。例 ―の念。

【崇高】(スウコウ)(名・形動ダナ)けだかくとうといこと。例 ―な精神。

【崇信】(スウシン)(名・する)①絶対的にすぐれたものとして、信じること。

【崇拝】(スウハイ)(名・する)①絶対的にすぐれたものとして、心から従うこと。②宗教で、絶対的にうやまい信じること。

山 8
【崢】
11画 5436 5D22 音 ソウ(漢) ジョウ(呉) 訓 たか-い

意味 山が高くけわしいようす。例 崢嶸(ソウコウ)。
【崢▼嶸】(ソウコウ)(名・形動タルト)①山が高くけわしいこと。②谷が深く危険なこと。③年月がたくさん積み重なること。④才能がとくにすぐれていること。

山 8
【崩】
11画 4288 5D29 常用 音 ホウ(漢)(呉) 訓 くず-れる・くず-す 付表 雪崩(なだれ)

筆順 丶 山 山 山ノ 山刀 山月 崩 崩

山 8 【崩】 11画

なりたち 崩 [形声]「山(=やま)」と、音「朋(ホウ)」とから成る。山がくずれる。

意味 ❶山がこわれる。さかんであったものが、すたれる。くずれる。くずす。例 崩壊(ホウカイ)。崩落(ホウラク)。山崩(やまくず)れ。❷天子が亡(な)くなる。例 崩御(ホウギョ)。崩殂(ホウソ)。

【崩壊】(ホウカイ)(名・する)①(地形・建造物・組織・構想などが)くずれこわれること。例 ビルの―。②〔物〕放射性元素が放射線を出して、他の元素に変化すること。壊変。表記 ▽「崩潰」とも書く。

【崩御】(ホウギョ)(名・する)日本で、天皇・皇后・皇太后・太皇太后の死去を、うやまっていうことば。

【崩▼殂】(ホウソ)(名・する)〔「殂」は、行く意〕天子が死ぬこと。

【崩落】(ホウラク)(名・する)①(土砂(ドシャ)やかべなどが)くずれおちること。例 岩石が―する。②〔経〕相場が急に大きく下落すること。類 暴落。
●土崩(ドホウ)

3画

[山部] 8画 崟崛崑崔崎崇崢崩

山8【崚】11画 5437 5D1A 人名 音リョウ漢
なりたち [形声]「山(=やま)」と、音「夌リョウ」とから成る。山が高くけわしいようす。
意味 山が高くかさなって、けわしいようす。
人名 たかし

山8【崙】11画 5438 5D19 音ロン漢
山8【崘】11画 5439 5D18 別体字
意味「崑崙コンロン」は、山の名。崑山。

山8【崗】11画⇩【岡】かお(326ジペー)
山8【崕】11画⇩【崖】ガイ(328ジペー)
山8【崩】11画⇩【崩】ホウ(329ジペー)
山8【崘】11画⇩【崙】ロン(330ジペー)

山9【嵐】12画 4582 5D50 常用 音ラン漢 訓あらし
筆順 丨 山 屵 岚 嵐 嵐 嵐
なりたち [形声]「山(=やま)」と、音「葻ラ」の省略体とから成る。山の名。
意味 山にたちこめる、しっとりした空気。山気サン。例 嵐気ランキ。青嵐セイラン。翠嵐スイラン。
日本語での用法《あらし》激しい風。暴風雨。また、荒れくるう状態のたとえ。「嵐あらしの前まえの静しずけさ・吹ふき荒あれる嵐あらし・感情カンジョウの嵐あらしに理性リセイを失うしなう」
難読 五十嵐いがらし(=姓セイ)
【嵐気】ランキ 山の中にたちのぼる靄もや。山らしいけはい。類 山気。

山9【嵌】12画 5440 5D4C 音カン漢 訓あな・は-める
竹9【篏】15画 6829 7BCF 別体字
意味 ❶山や谷のおく深いようす。❷ほらあな。くぼみ。あな。例 嵌谷カンコク(=深い谷)。❸あなにはめこむ。はめる。例 嵌入カンニュウ(=はめこむ)。象嵌ゾウガン。

山9【嵒】12画 5441 5D52 音ガン漢 訓いわお・たか-い
意味 ❶高くけわしい山。同 巌ガン。❷地名。

山9【嵎】12画 5442 5D4E 音グウ慣グ漢 訓くま・すみ
意味 ❶浙江セッコウ省にある、山の名。❷山の奥おくまったところ。くま。❸辺境の地。かたすみ。すみ。同 隅グウ。

山9【嵋】12画 5443 5D4B 音ビ漢
意味 山の名「峨眉ガビ」の「眉」を書きかえた字。例 峨嵋山ガビサン。

山9【﨑】12画⇩【崎】きさ(329ジペー)
山9【嵜】12画⇩【崎】きさ(329ジペー)

山10【嵬】13画 5444 5D6C 音カイ漢ガイ漢 訓けわ-しい・たか-い
意味 ❶高くそびえ立つようす。たかい。例 嵬峨カイガ。❷奇怪カイなようす。あやしい。同 傀カイ。例 嵬説カイセツ。
【嵬峨】カイガ (形動タト) ①高くそびえ立つようす。②声が高いようす。③酒に酔よって足もとがふらつくようす。

山10【嵯】13画 2623 5D6F 人名 音サ漢
山10【嵳】13画 5445 5D73 別体字
なりたち [形声]「山(=やま)」と、音「差サ」とから成る。山のけわしいようす。
意味 山が高くて、けわしいようす。例 嵯峨サガ。
【嵯峨】サガ 一(形動タト) 山が高くてけわしいようす。二(名) 京都市右京区の地名。

山10【嵩】13画 3183 5D69 人名 音スウ・シュウ漢 訓かさ・かさ-む
なりたち [会意]「山(=やま)」と「高(=たかい)」とから成る。山の名。
意味 ❶五岳ゴガクの一つ。嵩高スウコウ。嵩山スウザン。❷山の高くて大きいようす。山のそびえ立つようす。たかい。例 嵩峻スウシュン。
日本語での用法《かさ・かさむ》高さ。大きさ。体積。数量。威勢セイ。優勢。また、数量や金額が大きくなる。「嵩上かさあげ・嵩高かさだかになる・嵩張かさばる・嵩かさに懸かかる・借金シャッキンが嵩かさむ」
難読 嵩だけ(=姓セイ)
人名 たか・たかし・たけ
【嵩高】スウコウ 一(名) 五岳ゴガクの一つ。河南カナン省登封トウホウ県の北にある。嵩山スウザン。二(形動タト) 山の高いようす。

山10【嵶】13画 5446 5D76 国字 訓たお
意味 地名に用いられる字。例 嵶おた(=岡山おかやま県の地名)。

山10【嵳】13画⇩【嵯】サ(330ジペー)

山11【嶇】14画 5447 5D87 音ク漢 訓さが-しい
意味「崎嶇キク」は、山がけわしいようす。

山11【嶄】14画 5448 5D84 音サン漢ザン呉
山11【嶃】14画 5D83 別体字
意味 山が切り立ってけわしい。ぬきんでている。例 嶄然ザンゼン。
【嶄新】ザンシン (名・形動ダ) デザイン・設計・作品・理論などが、今までになくきわだって新しいこと。例 ―なデザインの新車。
表記「斬新」とも書く。
【嶄然】ザンゼン (形動タト・副) 同類のなかでひときわ高くぬきんでているようす。例 ―頭角をあらわす(=ひときわすぐれている)。

山11【嶂】14画 5449 5D82 音ショウ漢 訓たかやま・みね・やま
意味 ❶びょうぶのようにそびえるけわしい山。例 畳嶂ジョウショウ。❷毒気にあたって起こる熱病。同 瘴ショウ。例 嶂気ショウキ。

山11【嶃】14画⇩【嶄】ザン(330ジペー)
山11【㠀】14画⇩【島】トウ(328ジペー)
山11【嶋】14画⇩【島】トウ(328ジペー)
山11【嶌】14画⇩【島】トウ(328ジペー)

山 12 【嶢】 15画 5450 5DA2 音ギョウ漢 訓けわ-しい・たか-い
意味 高くそびえ立つようす。例嶢闕ギョウケツ(=高くそびえる門。宮城の大門を指す)。

山 12 【嶝】 15画 5451 5D9D 音トウ漢 訓こさか・のぼ-る・やまみち
意味 登山道。やまみち。

山 12 【嶐】 15画 5455 5D90 音リュウ漢
意味 高くそびえ立つようす。

山 13 【嶬】 16画 5452 5DAC 音ギ漢
意味 高くけわしいようす。また、人の態度や表情が厳しいようす。例崎嶬キギ。

山 13 【嶮】 16画 5453 5DAE 音ケン漢呉 訓けわ-しい
意味 (山の頂上が剣つるぎのように)とがって、けわしい。同険ケン。例嶮岨ケンソ。
【嶮▼岨】ケンソ (名・形動ナ) 山や山道がけわしいこと。また、その場所。例峠とうげへつづく―な道。表記 現険阻

山 13 【嶼】 16画 5457 5DBC 音ショ漢 訓しま
意味 小さい島。しま。例島嶼トウショ(=大小の島々)。

山 14 【嶷】 17画 5456 5DB7 音ギョク漢 訓いかめ-しい・たか-い
意味 ❶山がそそり立つようす。ひときわ高いようす。例嶷立ギョクリツ。❷すぐれたようす。さとい。かしこい。例岐嶷キギョク(=才知がすぐれているようす)。
【嶷立】ギョクリツ (名・する) 山などがひときわ高くそびえること。

山 14 【嶺】 17画 4670 5DBA 人名 音レイ漢リョウ呉 訓みね・ね
なりたち [形声]「山(=やま)」と、音「領レイ」とから成る。山道。
意味 ❶山の頂いただきの最も高いところ。みね。例嶺雲レイウン(=みねにかかるくも)。筑波嶺つくばね。❷連なった山のみね。やまなみ。山脈サンミャク。例海嶺カイレイ(=海底山脈)。分水嶺ブンスイレイ(=山の尾根)。

山14 【嶽】 17画 ⇩【岳】ガク(326ジペー)

山 17 【巌】 20画 2064 5DCC 人名 音ガン漢呉 訓けわ-しい・いわお・いわ

山20 【巖】 23画 5462 5DD6 人名
なりたち [形声]「山(=やま)」と、音「嚴ゲン→ガン」とから成る。山のがけ。
意味 ❶高くけわしい山。岩がごつごつしてけわしい。例巌険ガンケン(=けわしい場所)。❷大きな岩。いわお。また、岩にできたほらあな。例巌窟ガンクツ。巌頭ガントウ。奇巌キガン。
人名 たか・たかし・みち・みね・よし
【巌窟】ガンクツ 岩山や岩のがけにある、ほらあな。いわや。岩あな。表記「岩窟」とも書く。
【巌頭】ガントウ 高くつき出た大きな岩の上。また、それらの岩のそば。表記「岩頭」とも書く。

山 17 【巉】 20画 5458 5DC9 音サン漢ザン呉 訓けわ-しい・たか-い
意味 高くけわしい。するどく切り立つようす。けわしい。たかい。例巉巌ザンガン(=けわしく切り立った岩山)。

山 18 【巍】 21画 5459 5DCD 音ギ漢呉 訓たか-い
意味 山が目立って大きい。高い。いかめしい。例巍巍ギギ。
【巍巍】ギギ (形動タル) 高くて大きいようす。例―たる山脈。
【巍然】ギゼン (形動タル) ①高くて大きいようす。②人としてすぐれているようす。

山 19 【巓】 22画 5460 5DD3 音テン漢 訓いただき
意味 山の頂上。いただき。例山巓サンテン。

山 19 【巒】 22画 5461 5DD2 音ラン漢 訓おか・こやま・みね
意味 ❶小さくつき出た形の山。おか。こやま。例巒山ランザン(=小山)。❷長く連なる峰みね。みね。❸ひろく、山を指していう。

山20 【巖】 23画 ⇩【巌】ガン(331ジペー)

47 3画 巛(川) かわ部

両岸のあいだを流れる水の形で、「かわ」の意をあらわす。「巛」を「まがりがわ」、「川」を「さんぼんがわ」ともいう。「巛(川セン)」をもとにしてできている漢字を集めた。

0 川 巛 3 州 巡 4 巡 8 巣

この部首に所属しない漢字
災⇩火 629 順⇩頁 1063

川 0 【川】 3画 3278 5DDD 教育1 音セン漢呉 訓かわ 付表 川原かわら
筆順 丿 川 川

巛 0 【巛】 3画 5463 5DDB 本字
なりたち [象形] つらぬき通して流れる水の形。
意味 陸上の低いところに集まる水の流れ。かわ。例川上ジョウ。河川カセン。隅田川すみだがわ。
【川魚】かわうおかわざかな 川にすんでいるさかな。コイ・フナ・ドジョウなど。例―料理。
【川▼獺】かわうそ イタチ科の動物。川や池や沼ぬまのそばにすみ、魚などをとって食う。特別天然記念物。表記「▼獺」とも書く。
【川上】一かわかみ 川の水が流れてくるほう。類上流。対川下かわしも。二センジョウ 川のほとり。かわぎし。
【川上の嘆】センジョウのタン 孔子コウシが川のほとりで、万物の流転

を嘆いた故事。〔子在二川上一曰、逝者如レ斯夫、不レ舎二昼夜一(=孔子は川のほとりで言った、過ぎ去るものはこの川の流れのようなものだろうか、昼夜の区別なく行き過ぎてゆく、と)。〈論語・子罕〉から〕 表記 旧川上の▼歎 →【昼夜】を舎かず(489ページ)

【川岸】かわぎし 川が接している土地。表記「河岸」とも書く。

【川口】かわぐち 川の水が海や湖に流れ出るところ。河口。表記「河口」とも書く。

【川下】かわしも 川の水が流れていくほう。類下流。対川上。

【川筋】かわすじ ①川の水が流れる道すじ。例地図で―をたどる。②川沿いの地域。例―の町。

【川瀬】かわせ 川の底が浅く、流れのはやいところ。

【川▼蟬】かわせみ カワセミ科の鳥。スズメより大形で、川や沼のそばにすみ、魚をとる。背から尾にかけてコバルト色にかがやく。ショウビン。ひすい。表記「▼翡▼翠」とも書く。

【川竹】かわたけ ①川のそばに生えるタケ。②マダケの別名。表記「河竹」とも書く。

【川面】かわづら 川の水面。例―をわたる風。

【川床】かわどこ 川の底。類河床。

【川流れ】かわながれ ①川の水に流されること。例河童の―(=名人も油断すると失敗することのたとえ)。②川でおぼれ死ぬこと。また、その死体。

【川波】かわなみ 川に立つ波。

【川端】かわばた 川べり。川ぶち。川べ。例―柳。

【川縁】かわぶち 川に沿ったところ。川ばた。川べ。

【川船】かわぶね 〔「かわふね」とも〕川の上り下りに使われる、底の平らな船。表記「川舟・河船」とも書く。

【川辺】かわべ 川のほとり。川べり。川ばた。類川岸・河岸。例―にたたずむ。

【川原】かわら 川の流れに沿った、石や砂の多いところ。また、川べりの平地。例―乞食(=昔、京都の四条川原で歌舞伎を興行したことから、江戸時代に役者をさげすんで呼んだことば)。表記「河原」とも書く。

【川柳】センリュウ 俳句と同じ五・七・五の形式だが、季語や切れ字などの制約がなく、滑稽や風刺を主にした短詩。〔江戸中期の柄井川柳に由来する〕

●小川・河川・山川・谷川

巛0【巛】3画 ⇩【川】(331ページ)

【巛(川)部】0―8画 巛 州 巡 巡 巣

巛3【州】6画 2903 5DDE 教育3 音シュウ漢 シュ呉 訓す・しま・くに

筆順 ノ リ 小 州 州 州

なりたち [会意]「川(=かわ)」を重ねた形。川の中のとどまることのできるところ。

意味 ❶川や湖の中に土砂がたまって、陸地のようになったところ。同洲。例三角州。❷中国古代の行政区。㋐周代、二千五百戸の村落のこと。㋑古代、全土を九つに分けたその一つ。漢代には郡の上にあたり、隋・唐代には郡と同じ。明・清代には県の大きなもの。例州県。❸国。大きな陸地。例欧州。本州。

日本語での用法《シュウ》①昔の「国」にあたる、漢語ふうの言い方。「奥州・紀州・関八州・信州・日本国六十余州」②欧米で、一国の中の行政区画の一つ。「カリフォルニア州・ハワイ州」

【州界】シュウカイ 州と州のさかい。州ざかい。くにざかい。類州境。

【州里】シュウリ 集落。むらざと。

●欧州・白州・中州・本州

巛3【巡】6画 2968 5DE1 常用 音シュン漢 ジュン呉 訓めぐ-る 付表お巡りさん

筆順 く 巛 巛 巡 巡 巡

巛4【巡】7画

なりたち [形声]「辶(=すすむ)」と、音「巛セン→シュン」とから成る。よく調べて見てまわる。

意味 ❶まわり歩く。各地をめぐり歩く。めぐる。例巡回。巡視。巡礼。❷まわること。また、その回数を数えることば。例一巡。

人名 みつ・ゆき

【巡回】ジュンカイ (名・する)回って歩くこと。めぐり歩くこと。また、見回ること。例警備のために―する。表記旧巡▼廻

【巡業】ジュンギョウ (名・する)各地を興行して回ること。例大相撲の地方―。

【巡行】ジュンコウ (名・する)あちこちをめぐり歩くこと。例山車が町内を―する。

【巡幸】ジュンコウ (名・する)天子が国内各地を見て回ること。例―

【巡航】ジュンコウ (名・する)船や飛行機が各地を回ること。例―船。島から島へと―する。

【巡査】ジュンサ 警察官の最下位の階級。また、いっぱんに、警察官。

【巡察】ジュンサツ (名・する)(地方などを)見回って事情を調べること。類巡視。

【巡視】ジュンシ (名・する)巡回して視察すること。類巡察。例―艇。

【巡▼錫】ジュンシャク (名・する)〔仏〕〔「錫」は、錫杖。僧の杖の意〕僧が修行や説法のために各地を回ること。

【巡拝】ジュンパイ (名・する)いくつもの神社や寺院を参拝して回ること。例奈良の古寺を―する。

【巡洋艦】ジュンヨウカン 軍艦の一つ。戦艦よりも機動力があり、駆逐艦よりも戦闘能力がある。

【巡▼邏】ジュンラ (名・する)〔「邏」も、めぐる意〕巡回し警備すること。また、その人。パトロール。例定時の―。

【巡覧】ジュンラン (名・する)あちこちを見て回ること。例ヨーロッパ各地を―する。

【巡礼】ジュンレイ (名・する)聖地・霊場・社寺などをめぐり歩いて、参拝すること。また、その人。例西国―。表記「順礼」とも書く。

【巡歴】ジュンレキ (名・する)各地をめぐること。

巛4【巡】7画 ⇩【巡】(332ページ)

巛8【巣】11画 ⇩【巣】(531ページ)

【工部】

48 3画 工 こう たくみへん 部

ぶんまわし(=コンパス)、さしがね(=直角定規)の形をあらわす。「工」をもとにしてできている漢字を集めた。

0 工 2 巧 左 巨 4 巫 7 差

この部首に所属しない漢字

功⇩力145 式⇩弋361 攻⇩攵459 杢⇩木515
汞⇩水578 缸⇩缶796 貢⇩貝932 項⇩頁1063

工 0

【工】

3画 2509 5DE5 教育2

音 コウ漢 ク呉 訓 たくみ

筆順 一 丅 工

たちなり 工 [象形] すみなわと水準器の形。職人が使う道具。

意味 ❶道具を使って、ものに手を加えてつくりだすわざ。例 工業(コウギョウ)。加工(カコウ)。細工(サイク)。❷器物をつくる技術を持った人。職人。たくみ。例 画工(ガコウ)。大工(ダイク)。飛騨工(ひだのたくみ)。❸(肉体を使う)仕事。また、仕事の質や量。例 工程(コウテイ)。工務(コウム)。着工(チャッコウ)。

難読 工合(グあい)

人名 たく・たくむ・ただ・つとむ・のり・よし

【工夫】(■クフウ)(名・する)よい方法を求めて、あれこれと考えること。また、考えついた方法。例 創意―。―をこらす。■(コウフ)(名)土木・鉄道・電気などの工事現場ではたらく作業員。工事作業員の古い言い方。

【工面】(クメン)■(名・する)(とくに、お金のことで)やりくりして、つごうをつけること。類 算段。例 ―がつく。費用を―する。■(名)金まわり。例 最近は―がいい。

【工員】(コウイン) 工場ではたらく労働者。

【工学】(コウガク) 数学・物理・化学などの基礎(キソ)科学を、工業生産に応用するための学問。例 電子―。

【工業】(コウギョウ) 原料や材料を加工して、商品価値のあるものをつくりだす産業。手工業・機械工業・軽工業・重工業などがある。例 ―地帯。

【工具】(コウグ) 工作に用いる道具や器具。例 電動―。

【工芸】(コウゲイ) 日常生活で使うことができ、しかも美術品としての価値もある製品をつくること。また、その技術。陶芸(トウゲイ)・木工・染織(センショク)など。例 ―品。伝統―。

【工作】(コウサク)(名・する) ①道具や器具を使って品物をつくること。例 図画―。―機械(=機械の部品などをつくるために、金属などを加工する機械)。②ある目的のために前もって関係者にはたらきかけること。例 事前の―。

【工事】(コウジ)(名・する) 土木や建築などの作業をすること。また、その作業。例 ダムの―現場。

【工手】(コウシュ) 鉄道や電気などの工事をする人。工夫(コウフ)。

【工匠】(コウショウ) 〔「匠」は、職人の意〕工作を職業とする人。大工や家具職人など。

【工商】(コウショウ) 工業と商業。また、職工と商人。

【工▼廠】(コウショウ) 〔「廠」は、仕事場の意〕旧陸海軍に直属して、武器や弾薬(ダンヤク)を製造した工場。例 海軍―。

【工場】(コウジョウ・コウば) いろいろな機械などを使って、物品の大量生産をしたり、修理や解体などをしたりするところ。〔ふつう「コウジョウ」は大規模のものを、「コウば」は小規模のものをいう〕例 製造―(コウジョウ)。町―(まちコウば)。

【工人】(コウジン) 職人。

【工船】(コウセン) 漁獲(ギョカク)したものを、缶詰(カンづめ)などに加工する設備のある船。例 蟹(かに)―。

【工賃】(コウチン) 加工や製作などの作業の手間賃。例 ―が安い。

【工程】(コウテイ) 工事や工場などで作業をすすめていく順序。また、そのはかどり具合。例 ―表。次の―にかかる。

【工費】(コウヒ) 工事にかかる費用。例 ―の節約。

【工法】(コウホウ) 工事の方法と技術。例 防火―。

【工房】(コウボウ) 芸術家・工芸家・デザイナーなどの仕事部屋。アトリエ。

【工務】(コウム) 土木や建築などの仕事。また、それにかかわる事務。例 ―店。

●起工(キコウ)・細工(サイク)・職工(ショッコウ)・図工(ズコウ)・着工(チャッコウ)・陶工(トウコウ)・名工(メイコウ)・木工(モッコウ)

工 2

【巧】

5画 2510 5DE7 常用

音 コウ漢 キョウ呉 訓 たく-み・うま-い

筆順 一 丅 工 工 巧

たちなり 巧 [形声]「工(=道具)」と、音「丂(コウ)」とから成る。うでまえ。

意味 ❶ものをつくる、わざ。うでまえ。また、それがじょうずなようす。たくみ。対 拙(セツ)。例 巧妙(コウミョウ)。技巧(ギコウ)。精巧(セイコウ)。❷口がうまく、うわべだけで実(ジツ)がない。例 巧言(コウゲン)。

難読 巧婦鳥(みそさざい)・目巧(めきき)

人名 さとし・たえ・よし

【巧▼猾】(コウカツ)(名・形動ダ) ずるがしこいこと。狡猾(コウカツ)。例 ―な手段。

【巧技】(コウギ) じょうずなわざ。

【巧言】(コウゲン) 心の中では思ってもいないことを、口先だけでうまく言うことば。

【巧言令色】(コウゲンレイショク) 口先だけの調子のいいことを言い、愛想のいい顔をすること。例 ―鮮(すく)なし仁(ジン)(=巧言令色には、とかく真心がこもっていないものだ)。〈論語(ロンゴ)〉

【巧者】(コウシャ)(名・形動ダ) ものごとを、たくみにこなすこと。また、その人。例 試合―。

【巧手】(コウシュ) ①うまいわざ。好手。②うまいわざの持ち主。巧者。

【巧拙】(コウセツ) じょうずなことと、へたなこと。たくみであるか、つたないか。

【巧遅】(コウチ) じょうずだが時間がかかること。対 拙速(セッソク)。

【巧遅(コウチ)は拙速(セッソク)に▽如(し)かず】 じょうずで時間がかかるよりは、へたでもはやいほうがよい。〔本来は、兵を動かすことについて言ったことば〕〈孫子(ソンシ)〉

【巧緻】(コウチ)(名・形動ダ) 巧妙(コウミョウ)で緻密なこと。細かいところまでじょうずにできていること。例 ―な伝統工芸品。

【巧妙】(コウミョウ)(名・形動ダ) やり方がひじょうにうまいこと。対 拙劣(セツレツ)。例 ―な手口。

●技巧(ギコウ)・精巧(セイコウ)・利巧(リコウ)・老巧(ロウコウ)

工 2

【左】

5画 2624 5DE6 教育1

音 サ漢呉 訓 ひだり

筆順 一 ナ 左 左 左

たちなり [会意]「ナ(=ひだり手)」と「工(=たすける)」とから成る。ひだり手でみぎ手をたすける。

意味 ❶たすける。同 佐(サ)。❷ひだり。ひだりて。ひだりがわ。対 右(ウ)。例 左記(サキ)。左右(サユウ)。❸東。〔南面したときの左が東にあたることから〕対 右(ウ)。例 江左(コウサ)(=江東(コウトウ)。長江の下流域)。❹位が低い。対 右(ウ)。例 左遷(サセン)。❺正しくない。よこしまな。例 左道(サドウ)(=不正なやり方)。❻しるし。証拠(ショウコ)。〔わりふの左半分をいうことから〕例 証左(ショウサ)。❼急進派。〔フランス革命のとき、急進派が、議長席から見て議会の左側にすわったことから〕対 右(ウ)。例 左派(サハ)。左翼(サヨク)。極左(キョクサ)。

難読 左沢(あてらざわ)(=地名)・左右(まてつ)(=両手)

人名 すけ・たすく

【左官】(サカン) 壁(かべ)ぬりを仕事とする人。しゃかん。例 ―屋。

【左岸】(サガン) 河川の下流に向かってひだり側の岸。対 右岸。

3画

【左記】サキ 縦書きの文章で、次の行以下に書かれてあること。例—の通り。

【左義長】サギチョウ ①昔、宮中で正月十五日におこなった悪魔払(ばら)いの行事。②民間で正月十五日に、正月のかざりものや書き初(ぞ)めなどを焼く行事。どんど焼き。表記▽「▽三▼毬▼杖」とも書く。

【左傾】サケイ（名・する）①ひだりのほうにかたむくこと。②急進的な社会主義や共産主義の思想をもつようになること。左翼化。▽対右傾。→【左翼】(サヨク)

【左舷】サゲン 船首に向かってひだり側のふなべり。対右舷。

【左顧右▼眄】サコウベン（名・する）〔「顧」はふりむいて見る、「眄」は流し目で見る意〕まわりの人のおもわくばかりを気にして、ものごとを決められないこと。右顧左眄。例—する。

【左相】サショウ 左大臣(ダイジン)の中国風の呼び名。

【左折】サセツ（名・する）道をひだりへ曲がること。対右折。

【左遷】サセン（名・する）それまでよりも低い地位に落とすこと。〔昔の中国で、ひだりを低くみたことから〕対栄転。

【左側】サソク ひだりがわ。対右側(ウソク)。例—通行。

【左▼袒】サタン（名・する）〔「袒」は、片ほうの肩(かた)だけ衣服をぬぐ意〕同意して味方につくこと。〔前漢の周勃(シュウボツ)が反乱者の呂氏(リョシ)を討(う)とうとして、呂氏につく者は右袒(ウタン)、天子につく者は左袒せよと軍中に呼びかけたところ、みんなが左袒したという故事から〕〈史記(シキ)〉例反乱軍に—する。

【左党】サトウ ①左翼(サヨク)の政党。対右党。→【左翼】(サヨク)③ ②酒飲み。酒好き。ひだりきき。

【左派】サハ 左翼(サヨク)の党派。対右派。→【左翼】(サヨク)③

【左右】サユウ 一（名）①ひだりとみぎ。みぎひだり。例前後—。②ひだりやみぎ。はっきりしないこと。例言(ゲン)を—にする。③身のまわり。また、身近に仕える者。側近(ソッキン)。二（名・する）支配すること。決定すること。例運命を—する。米の出来(でき)は、天候に—される。

【左様】サヨウ〔「左」はあて字で、そう・そのようにの意〕一（形動ダ）そのとおりである。例—でございます。二（副）そのように。例—心得よ。三（感）そうだ。表記▽「▽然様」とも書く。

【左翼】サヨク ①鳥や飛行機の、ひだりのつばさ。対右翼。②野球で、本塁(ホンルイ)から見て外野のひだりのほう。また、そこを守備する選手。レフト。例—スタンド。③政治で、社会主義者や共産主義者。また、その人々による党派。急進派。〔フランス革命後の議会で、議長席から見て左側に急進派がすわったことによる〕例—思想。—運動。▽対右翼。

【左腕】サワン ひだりのうで。また、ひだりきき。対右腕。例—投手(=サウスポー)。

【左▽団▽扇】ひだりうちわ 左手でゆったりとうちわを動かすこと。働かなくても、安楽に暮らせることのたとえ。ひだりおうぎ。例—の生活。

【左利き】ひだりきき ①左手のほうが右手よりよくきくこと。きき手が左であること。ぎっちょ。②酒飲み。酒好きな人。左党(サトウ)。

【左手】ひだりて ①左の手。②左のほう。左のがわ。例舞台(ブタイ)—。▽対右手。

【左前】ひだりまえ ①着物の右おくみを左おくみの上に重ねて着る着かた。ふつうの着かたと反対で、不吉(フキツ)とされる。②事業や金まわりがうまくいかなくなること。例商売が—になる。

【左向き】ひだりむき ①左を向くこと。②「左前(ひだりまえ)②」に同じ。

●極左(キョクサ)・江左(コウサ)・証左(ショウサ)・右左(みぎひだり)

工2【巨】5画 ⇨【巨】キ(28ページ)

工4【巫】7画 5464 5DEB 人名

音フ慣ブ漢 訓みこ・かんなぎ

意味 神がかりになり、神にいのることを職業とする人。シャーマン。みこ。かんなぎ。〔女の「巫(フ)」に対して男を「覡(ゲキ)」という〕例巫女(フジョ)・巫祝(フシュク)。

難読 御巫(みかんなぎ)・野巫医者(ヤブイシャ)

【巫山】フザン 四川(シセン)省巫山県、長江(チョウコウ)流域にある山。形が巫の字に似ているのでいう。→【巫山の夢】(フザンのゆめ)

【巫山の夢】フザンのゆめ 男女の情交のたとえ。巫山の雲雨。〔戦国時代、楚(ソ)の懐王(カイオウ)(一説に子の襄王(ジョウオウ))が夢の中で巫山の神女と結ばれたという故事による〕〈宋玉(ソウギョク)・高唐賦(コウトウフ)〉類雲雨の情。

【巫術】フジュツ〔ブジュツ〕原始的宗教にみられるかたちの一つ。神や霊(レイ)の意志を、みこが神がかりの状態を通じて、人々に伝えるというもの。シャーマニズム。

【巫女】フジョ 一〔古くは「ブジョ」〕①神や霊(レイ)と人間との交流のなかだちをする女性。みこ。いちこ。かんなぎ。シャーマン。②巫山(フザン)の神女。→【巫山の夢】(フザンのゆめ) 二(みこ) ①「一①」に同じ。②神社に仕え、神楽(かぐら)を舞ったり、神にいのったりする未婚(ミコン)の女性。

工7【差】10画 2625 5DEE 教育4

音一サ漢 二サ慣シ漢呉 三サ慣
訓さ-す・さ-し 付表 差(さ)し支(つか)える

筆順 丷 䒑 䒑 兰 羊 差 差 差

なりたち [会意]「左(=よこしま)」と「𠂹(=そむきはなれる)」とから成る。くいちがう。

意味 一サ ❶ことなる。くいちがう。ちがい。例差異(サイ)。差別(サベツ)。千差万別(センサバンベツ)。❷二つの数量のへだたり。ひらき。さしひき。例差額(サガク)。大差(タイサ)。落差(ラクサ)。❸あやまり。まちがい。 二シ ❶「参差(シンシ)」は、ふぞろいのようす。❷等級をつける。例差次(サジ)(=区別。けじめをつけること)。 三サイ (人を)つかうつかわす。例差遣(サケン)。

日本語での用法《さし・さす》動詞「さす」の転義に用いたり、他の動詞の上や下についたりして、意味をそえる。「差(さ)し向(む)かい・差(さ)しで(=他人を入れず二人だけで)話(はな)す・油差(あぶらさ)し・傘(かさ)を差(さ)す(=広げる)・潮(しお)が差(さ)す(=満ちてくる)・刀(かたな)を腰(こし)に差(さ)す(=身につける)」

使い分け さす【差・指・刺・挿】⇩1169ページ

難読 差縄(さしなわ)・差物(さしもの)

人名 しな・すけ

【差異】サイ 両者にちがいがあること。また、そのちがっているところ。表記「差違」とも書く。

【差額】サガク ある金額や数量から、他の金額や数量を差し引いた残り。例給与(キュウヨ)の—を支給する。

【差遣】サケン（名・する）使いの者をさし向けること。類派遣。例特使を—する。

【差し足】さしあし 音をたてないように、つま先から静かに足をおろして歩くこと。例ぬき足—。

【差し入れ】さしいれ（名・する）①刑務所(ケイムショ)などに入れられている人に日用品や衣類などを届けること。また、その品物。②スポーツや仕事をしている人に、はげましやねぎらいの気持ちをこめて飲食物などを届けること。また、その品物。

【差し金】さしがね ①大工仕事に使う、L字形で金属製の物差し。まがりがね。曲尺(かねジャク)。②かげで人を指図(サシズ)してあやつること。例—を受ける。

【差し込み】さしこみ ①さしこむこと。また、さしこむもの。とくに、電気のプラグやコンセントをいう。②胸や腹が急に激しく痛むこと。癪(シャク)。

【差し潮】さしお 満潮にむかって満ちてくる潮。あげしお。(対)引き潮。

【差し支え】さしつかえ つごうの悪いことがら。さしさわり。例もし、―なければお願いします。

【差し手】さして ①相撲で、相手のわきの下に手を入れること。また、その手。例―あらそい。―をかえす。

【差し歯】さしば ①欠けた歯の根に人工の歯をつぎ足すこと。また、その歯。②高下駄の台に歯を入れること。また、その歯。

【差し引き】さしひき (名・する)①潮が満ち引きすること。②体温が上がり下がりすること。例熱の―が激しい。③数を引くこと。また、差し引いた残り。例―五万円の赤字。

【差し渡し】さしわたし 直径。または、はしからはしまでの長さ。例―三〇センチメートルのスイカ。

【差す手】さすて 舞いで、手を前にさしだすこと。また、その手。(対)引く手。

【差配】サハイ (名・する)①とりしきること。世話をすること。また、その人。②持ち主に代わって貸家などを管理すること。また、その人。

【差別】サベツ (名・する)①分けへだてをすること。例人種―。②ちがいを認めて区別すること。例無―爆撃。

●格差・較差・交差・誤差・時差・収差・小差・参差・段差

49 3画 己(已・巳) おのれ部

「己」「已」「巳」は、それぞれ意味が異なるが、字形の類似からひとまとめにして部首にたてる。「己」「已」「巳」の字形を目じるしにして引く漢字を集めた。

0 己 已 巳 1 巴 4 巵 6 巻 巻 9 巽 巽

この部首に所属しない漢字

包⇩勹153 忌⇩心385 改⇩攵458 配⇩酉993

3画

己 0

【己】

3画 2442 5DF1 教育6 音キ(漢)コ(呉) 訓おのれ・つちのと

筆順 ㇆ コ 己

なりたち [象形]万物がちぢこまり、曲がってのびない形。派生して「自分」の意。

意味 ❶自分。わたくし。おのれ。例克己(コッキ)。自己(ジコ)。利己(リコ)。私(わたくし)ごと。己(コ)の問題(モンダイ)。❷十干(ジッカン)の六番目。つちのと。方位では中央、五行では土にあてる。例己巳(キシ)。

日本語での用法 《おのれ》目下の人に対して、または相手をののしっていうことば。「己(おの)れ! よくもだましたな」

難読 己惚(うぬぼ)れ

【己れ達せんと欲すれば人を達せしむ】自分が何かを成しとげようと思うときには、まず他人に目的をとげさせてやる。〈論語〉

【己れに▽如かざる者を友とすることなかれ】自分より劣る者を友とするな。自分よりすぐれた者を友とせよ。〈論語〉

【己の▽為にす】他人のためではなく、自分自身の向上のためにする。〈論語〉

【己の欲せざる所は人に施すことなかれ】自分にとっていやなことは、他人もいやなのだから、他人にしてはならない。〈論語〉

●克己・自己・知己・利己

已 0

【已】

3画 5465 5DF2 人名 音イ(漢)(呉) 訓すで-に・のみ・や-む

意味 ❶…してしまった。すでに。例已往(イオウ)。已然(イゼン)。❷中止する。おわる。やめる。やむ。例已(や)むを得(え)ず。已矣乎(やんぬるかな)(=おしまいだなあ)。❸…より前。…より後。「以」に通じて用いる。例已下(イカ)。已還(イカン)(=以後。このかた)。已上(イジョウ)。❹[助字]「のみ」と読み、断定・強調の意をあらわす。例不レ能レ為已(なすあたわざるのみ)(=できるはずはないのだ)。

難読 而已(のみ)

【已往】イオウ ①過ぎ去ったことがら。むかし。以前。既往(キオウ)。②そのときよりあと。以後。表記▽「以往」とも書く。

【已下】イカ ①数量や程度が目やすよりも少ないこと。例十人―。うでまえは君―だ。②それを代表として、そのなかまをまとめていうことば。…ほか。例委員長―八名。③これよりあと。例―同文。▽(対)已上。表記▽「以下」とも書く。

【已後】イゴ ①ある時期よりもあと。已往(イオウ)。(対)已前。例平安時代―。午後六時―。②今からあと。今後。例―注意します。表記▽「以後」とも書く。

【已降】イコウ ある時期よりもあと。以後。例平成元年―。表記「以降」とも書く。

【已上】イジョウ ①数量や程度が目やすよりも多いこと。(対)已下。例一万人―。かれ―の名手はいない。②それまでに述べたことすべてをいうことば。(対)已下。例問題点は―だ。③文章・手紙・話などのあとに付けて、終わりの意をあらわすことば。④[活用語の連体形に付いて]…からには。例戦う―、必ず勝つ。表記▽「以上」とも書く。

【已前】イゼン ①ある時期よりもまえ。(対)已後。例縄文(ジョウモン)時代―の生活。②だいぶ、まえ。先(セン)。かつて。むかし。例―見たことがある。③レベルに達していないこと。例学校教育―の問題だ。表記▽「以前」とも書く。

【已然】イゼン すでにそうなってしまっていること。

【已然形】イゼンケイ 文法で、活用語(=動詞・形容詞・形容動詞・助動詞)の文語での活用形の一つ。「ば」「ども」などをともなって確定条件をあらわし、また、係助詞「こそ」の結びとなる。

【已▼矣】やんぬるかな [なげきやあきらめの気持ちをあらわすことば]今となってはどうしようもない。もうだめだ。おしまいだ。

巳 0

【巳】

3画 4406 5DF3 人名 音シ(漢) 訓み

なりたち [象形]長くて曲がり、尾(お)をたらしたヘビの形。借りて、十二支の第六に用いる。

意味 ❶十二支の六番目。方位では南南東、時刻では午前十時、およびその前後の二時間。月では陰暦(インレキ)の四月。動物ではヘビにあてる。み。例辰巳(たつみ)(=南東)。❷「上巳(ジョウシ)」は三月上旬(ジョウジュン)の「み」の日。また、その日の、みそぎ。のち、三月三日の節句。

巴 1

【巴】

4画 3935 5DF4 人名 音ハ(漢) 訓ともえ

なりたち [象形]ゾウを食うという、大きなヘビの形。

意味 ❶（とぐろを巻いたヘビのような形の）うずまき。ともえ。例巴字水（＝巴の字の形のようにまがりくねる水の流れ）。❷今の重慶を中心とした地。

日本語での用法《ともえ》入り組んだ状態。また、「鞆絵」から、鞆の形を図案化したもの。「卍巴」

難読 巴旦杏・巴豆・巴里

人名 とも

【巴布】パップ 糊状の薬を布にぬり、患部にはって温めたり冷やしたりして治療するもの。〔オランダ語の pap から〕

【巴里】パリ フランス共和国の首都パリ。表記「巴▼黎」とも書く。

巳4 【卮】7画 ⇩【卮】シ（167ページ）

己6 **【巻】** 9画 2012 5DFB 教育6 音ケン漢 カン呉 訓まーく・まき

筆順 、 丷 䒑 龹 关 关 巻 巻 巻

卩6 **【卷】** 8画 5043 5377 人名

なりたち 【形声】「㔾（＝ふし）」と、音「𠔉ケン」とから成る。ひざをまげる。

意味 ❶まげる。まがる。例巻曲（＝まがる）。❷まるめる。まきあげる。まく。例巻土重来。席巻。❸まきもの。書物。例巻頭。圧巻。万巻の書。❹まいたものや書物を数えることば。まき。例巻一。フィルム一巻。上巻。

難読 巻柏いわひば・巻子へそ

人名 まる

【巻首】カンシュ 巻き物や書物のはじめの部分。巻頭。巻端。対巻尾・巻末。

【巻子本】カンスボン 紙を横に長くつぎあわせて、その一端に軸をつけ、それを芯にして巻きとる形にした書物。巻き物。

【巻▼帙】カンチツ〔「帙」は、書物を包むおおいの意〕巻き物と帙入りの本。転じて、書物。また、その数。

【巻頭】カントウ「巻首」に同じ。対巻尾・巻末。例—言（＝雑誌や文集などのはじめにのせる文章）。雑誌の—をかざる。

【巻尾】カンビ「巻末」に同じ。対巻首・巻頭。例—に跋をつける。

【巻末】カンマツ 巻き物や書物の終わりの部分。巻尾。対巻首・巻頭。例—の索引を利用する。

【▽巻▽繊】ケンチン〔「チン」は、「繊」の唐音とされる〕①禅宗の僧が中国から伝えた精進料理。②「巻繊汁」の略。細かく切ったダイコン・ゴボウ・ニンジンなどに豆腐を加えた、すまし汁。

【▽巻土重来】ケンドチョウライ・ジュウライ（名・する）〔「土を巻きて重ねて来る」と訓読する〕いちど戦いに敗れた者が、ふたたび勢いを盛り返してせめてくること。〈杜牧・題烏江亭〉表記「▼捲土重来」とも書く。

【巻き網】まきあみ 魚の群れを取り囲んでとらえる網。また、その漁法。例—漁。表記「▽旋網」とも書く。

【巻き貝】まきがい うず巻き状に巻いた殻をもつ貝をまとめていうことば。サザエやタニシなど。

【巻紙】まきがみ 横に長くつぎあわせて巻いた紙。毛筆で書く手紙に用いる。

【巻き尺】まきジャク テープ状の紙や布、また、うすい金属などに目もりをつけ、容器に巻きこんであるものさし。メジャー。

【巻き添え】まきぞえ 他人のおこした事件や事故に巻きこまれて、罰せられたり損害を受けたりすること。例—をくう。

【巻き物】まきもの ①書画などを長く表装して軸に巻いたもの。②「巻子本カンスボン」に同じ。

●圧巻アッカン・席巻セッケン・竜巻たつまき・葉巻はまき・万巻バンカン・マンガン

巳6 **【巷】** 9画 2511 5DF7 人名 音コウ漢 ゴウ呉 訓ちまた

意味 ❶町や村の小道。路地。例陋巷ロウコウ。❷まちなか。世間。ちまた。例巷間コウカン。巷談コウダン。

人名 さと

【巷間】コウカン 町の中。ちまた。世間。例—に伝わる。

【巷説】コウセツ 世間のうわさ。類世評・風評・風説。例—にまどわされる。

【巷談】コウダン ちまたのうわさ。世間ばなし。例—に言う怪盗鼠小僧ねずみこぞう。

己9 **【巽】** 12画 3507 5DFD 人名 音ソン漢呉 訓たつみ

巳9 **【巺】** 12画 — 2F884

なりたち 【形声】「丌（＝足つきの台）」と、音「巳巳セン→ソン（＝そろった節）」とから成る。具そなえる。借りて「したがう」の意。

意味 ❶うやうやしい。つつしむ。ゆずる。したがう。例巽与ソンヨの言（＝つつしみぶかいことば）。❷易の卦。八卦の一つ。風に配し、よくものごとを受け入れる徳をあらわす。❸方位の名。南東にあたる。たつみ。

人名 たもつ・ゆく・ゆずる・よし

巳9 【巺】12画 ⇩【巽】ソン（336ページ）

50 3画 巾 はば はばへん 部

腰にたらす布の形をあらわす。「巾」をもとにしてできている漢字と、「巾」の字形を目じるしにして引く漢字とを集めた。

0 巾 1 帀 2 市 布 3 帆 4 希 帋 5 帚 帙 帖 帑 帛 6 帥 帝 帝 7 帰 師 席 帯 8 帷 常 帳 帶 9 幄 幃 幀 幅 幇 帽 帽 10 幌 幕 幎 11 幗 幔 12 幟 幢 幡 幣 幣 幣

この部首に所属しない漢字

吊⇩口 189　乕⇩丿 33

巾0 **【巾】** 3画 2250 5DFE 常用 音キン漢 訓きれ・はば

筆順 丨 冂 巾

なりたち 【会意】「冂（＝きれの形）」と「丨（＝とりつける糸）」とから成る。身におびる、きれ。

意味 ❶布きれ。てぬぐい。ふきん。きれ。例手巾シュキン。雑巾ゾウキン。布巾フキン。❷（布製の）おおい。かぶりもの。例巾帽キンボウ（＝ずきん）。頭巾ズキン。

日本語での用法《はば》「幅はば」の代用字として使われる。

難読 領巾ひれ

【巾▼幗】キンカク 女性の頭部をつつむ布と髪飾り。

【巾車】キンシャ 布のおおいでかざった車。ほろ馬車。

【巾▽箱】キンソウ 布を張ったはこ。例―本ボン（＝細字で、判型の小さい書物。袖珍本）。

【巾着】キンチャク 袋状で、口をひもでくくるようにし、小物類などを入れる、布または革製のさいふ。

巾1 【币】4画 ⇩【匝】ソウ（156ページ）

巾2 【市】5画 2752 5E02 教育2 音シ漢 訓いち

筆順 丶 亠 亣 市

なりたち ［形声］「冂（＝へだてる垣）」と「乛（＝およぶ。手にはいる）」と、音「之シ（＝行く）」の省略体とから成る。物を売買する人の行くところ。垣で囲まれ、品物を手に入れることのできる、いちば。

意味 ❶人が集まって品物を売り買いするところ。いちば。いち。例市場シジョウ。青物市。朝市。❷人が多く集まりにぎやかなところ。まち。例市街シガイ。市井シセイ。都市トシ。❸うる。かう。例市怨シエン（＝うらみをかう）。市恩シオン（＝恩をうる）。

日本語での用法 《シ》都道府県の下にある地方公共団体の一つ。「市営シエイ・市議会シギカイ・市立シリツ・政令指定都市」

難読 市正いちのかみ・市女笠いちめがさ・私市きさいち

人名 ち・なが・まち

【市松】いちまつ 「市松模様いちまつモヨウ」の略。白と黒などの正方形をたがいちがいに並べた模様。

【市営】シエイ 市が経営すること。例―バス。

【市価】シカ 小売店で売られている値段。小売価格。

【市会】シカイ 「市議会」の略。例―議員。

【市外】シガイ その市の区域外。対市内。例―通話料。

【市街】シガイ 人家や商店などが立ち並んでいる通り。

【市議会】シギカイ 市民から選ばれた議員によって構成される、市の議決機関。

【市況】シキョウ 商品や株式の取り引きの状況。例株式―。

【市区】シク ①市街の区画。②市と区。例―町村。

【市虎】シコ 根も葉もないうそが真実となることのたとえ。市に虎あり。三人虎を成す。〔一人が、町に虎がいると言っても信じてもらえないが、三人もそう言う人がいると、ほんとうのことされてしまうという話から〕（戦国策）

【市▼肆】シシ 町にあるみせ。商店。

【市場】□シジョウ ①商品の売買が、実際におこなわれる場所。中央卸売市場・証券取引所など。いちば。②商品が取り引きされる範囲。例―調査。―を広げる。③商品やサービスが取り引きされる場を、抽象的に表現したことば。例国内―。国際―。□いちば ①業者が生鮮食料品などを売買や取り引きするところ。しじょう。例青物―。魚―。②日用品や食料品をあつかう小売店がならんだ軒か一か所に集まって、客に売るところ。

【市井】シセイ 人家が多く集まっているところ。庶民が住んでいるところ。まち。例―の人（＝町に住むふつうの人。市民）。

【市制】シセイ 地方自治体としての市の制度。

【市政】シセイ 地方自治体としての市の行政。

【市勢】シセイ 市の人口・財政・産業・施設などのありさま。

【市中】シチュウ 町の中。まちなか。例―銀行。

【市庁】シチョウ 市役所。例―舎。

【市長】シチョウ 市の代表者として、市の行政をとりおこなう職。

【市町村】シチョウソン ①市や町や村。②都道府県の中にある、地方自治体としての市と町と村。

【市道】シドウ 公道のうち、市が建設し管理責任をもつ道路。

【市内】シナイ その市の区域内。対市外。例―電話。

【市販】シハン （名・する）小売店で売っていること。例―品。

【市民】シミン ①その市に住んでいる人。例―税をはらう。②国政に参加する権利をもつ人。公民。例―権を取る。③中世ヨーロッパの中間階級の商工業者。ブルジョア。例小―。

【市立】シリツ 〔「私立シリツ」と区別するために「いちリツ」とも言う〕市が設置し経営すること。例―図書館。

●朝市あさいち・城市ジョウシ・都市トシ

巾2 【布】5画 4159 5E03 教育5 音ホ漢フ呉 訓ぬの・しーく

筆順 ノ ナ 𠂇 冇 布

なりたち ［形声］「巾（＝ぬの）」と、音「ナフ」とから成る。麻で織った、ぬの。

意味 ❶きれ。織物。ぬの。とくに、麻や木綿のぬの。例布地ぬのジ（＝ぬのの性質。また、織物）。布団フトン。毛布モウフ。❷平らに広げる。広く行きわたらせる。例布告フコク。散布サンプ。分布ブンプ。❸中国古代の通貨。

難読 布衣ホウイ・和布刈めかり・荒布あらめ

人名 しき・たえ・のぶ・よし

【布子】ぬのこ 木綿の綿入れ。

【布目】ぬのめ 布の織り目の模様。また、布の織り目のような模様。例―紙。―瓦。―塗り。

【布衣】□フイ ①昔の中国で、絹以外の布でこしらえた粗末な着物。転じて、いっぱん庶民。官位のない人。□ホイ〔「ホウイ」とも〕昔の日本で、布製で紋所をつけていない狩衣。転じて、それを着る官位が六位以下の者。

【布▼衍】フエン （名・する）意義や趣旨をおし広げて、わかりにくいところなどをくわしく説明すること。類詳説。例かれの思想を―する。表記「敷▼衍」とも書く。

【布教】フキョウ （名・する）宗教の教えを広めること。例―活動。

【布巾】フキン 食器などをふくための、ぬの。

【布告】フコク （名・する）①世間に広く知らせること。また、その文。②政府が国家の重大な決定を公式に告げ知らせること。例宣戦を―する。③明治初期の法令。例太政官ダジョウカン―。

【布陣】フジン （名・する）①軍勢を配置すること。また、その陣。②論争や競技の試合などのために態勢をととのえること。例万全の―。

【布施】フセ 〔仏〕①仏教の徳目の一つで、人に金品をほどこすこと。②死者や仏を供養したお礼として僧に差し出すお金や品物。おふせ。

【布石】フセキ （名・する）①囲碁の初めの段階で、先を見通しておこなう石の並べ方。②将来にそなえて手を打っておくこと。類用意・準備。例海外進出のための―とする。

【布袋】□フタイ ぬののふくろ。□ホテイ 十世紀はじめごろの中国の禅僧、布袋和尚。福々しい顔と豊かに張り出した腹をもち、大きなふくろを肩にかついでいる。弥勒の化身として尊ばれた。日本では七福神のひとり。

【布置】フチ （名・する）物をそれぞれ適当な場所に並べること。配置。例花・鳥などのモチーフの―がよい。

【布団】フトン 布のふくろの中に綿などを入れ、からだの下にしいたり上にかけたりするもの。表記「▼蒲団」とも書く。

【布▼帛】フハク 〔「帛」は、絹織物の意〕①木綿と絹。②織物。ぬの。

【布令】(名・する) 法令や命令を広く人々に知らせること。また、その法令や命令。[「布令」は、「触れ」の意の和語であて字]

●絹布・公布・昆布・財布・散布・敷布・湿布・塗布・配布・発布・頒布・分布・綿布・毛布・流布・若布

巾3 【帆】 6画 4033 5E06 常用 音ハン漢 訓ほ

筆順 丨 冂 巾 巾 帆 帆

なりたち [形声]「巾(=ぬの)」と、音「凡」とから成る。風を受けてふくらみ、船を走らせるようにした、ぬの。

意味 船の、ほ。船を走らせるための風を受ける布。例帆船。帆柱。出帆。

【帆影】沖に見える船の帆。また、船のかたち。

【帆船】帆を張り、風を受けて進む船。ほまえせん。ほかけぶね。

【帆走】(名・する) 船が帆を張り、風を受けて走ること。

【帆布】帆やテントなどに用いられる、麻や木綿でできた、厚くてじょうぶな布。

【帆柱】船の帆を張るための柱。マスト。表記「▼檣」とも書く。

●孤帆・出帆・順風満帆・白帆・真帆

巾4 【希】 7画 2085 5E0C 教育4 音キ漢ケ呉 訓まれ・こいねが-う

筆順 ノ メ 乄 产 肴 希 希

なりたち [会意]「巾(=ぬの)」と「爻(=糸が交差する)」とから成る。布の細かい織り目。

意味 ❶めったにない。すくない。密度がうすい。まばら。まれ。同稀。例希少。希有。古希(=七十歳をいう)。❷のぞむ。ねがう。こいねがう。例希求。希望。❸欧米語の「ギ」にあてる音訳字。例希臘。

【希元素】(化) 自然界にごくわずかしかないと考えられていた元素。チタン・ウランなど。表記旧▼稀元素

【希▼覯】[「覯」は、見る、出会う意]まれに見ること。めったに見られないこと。例—本(=世に出回ることがまれで、めったに見られないめずらしい書物)。表記旧▼稀▼覯

【希書】部数がきわめて少なく、めったに見ることのできない書物。希覯本。表記旧▼稀書

【希少】(名・形動ナ) めったにないこと。また、数がきわめて少ないこと。例—価値(=少ししかないということから生じる価値)。表記旧▼稀少

【希代】(名・形動ナ) ①世にまれなこと。例—の悪党。②ひじょうに不思議なようす。例—なことを聞く。表記▽旧▼稀代

【希薄】(名・形動ナ) ①液体や気体の濃度や密度が小さいこと。例高山の—な空気。②ものごとを感じたり、考えたりする心が足りないこと。例罪の意識が—だ。人情が—な土地。表記▽旧▼稀薄

【希望】(名・する) 自分がこうなりたい、他に対してはこうなってほしいと、よりよい状態をねがうこと。例—者をつのる。—を胸に旅立つ。表記「▼冀望」とも書く。

【▽希▼臘】ヨーロッパ南東部にある共和国。バルカン半島南部とエーゲ海の島々とからなる。首都はアテネ。

【▽希有】(名・形動ナ) ひじょうにめずらしいこと。めったにないこと。例—な事件。表記旧▼稀有

巾4 【帋】 7画 ⇨【紙】(770ページ)

巾5 【帚】 8画 5468 5E1A 音ソウ慣シュウ漢 訓ほうき

艹8 【菷】 11画 7240 83F7 別体字 竹8 【箒】 14画 6822 7B92 別体字

意味 ❶ちりやごみをはく道具。ほうき。例帚星(=ほうきぼし。すい星)。箕帚(=ちりとりとほうき)。❷ほうきで、はきよめる。はく。同掃。

難読 帚木

巾5 【帙】 8画 5469 5E19 音チツ漢

意味 和とじの書物を包むおおい。また、それを数えることば。転じて、書物のこと。例巻帙(=書物)。書籍。書帙(=書物)。十五巻三帙。

難読 帙巻(=文巻)

巾5 【帖】 8画 3601 5E16 人名 音チョウ漢ジョウ呉

意味 ❶文書。書類。また、ちょうめん。例画帖。手帖。秘帖。❷石ずり(=石碑などに刻まれた文字をうすい紙にすりとったもの)の本。習字の手本。例法帖。

日本語での用法 一《ジョウ》紙・海苔などをなん枚かひとまとめにして数えることば。一帖は、半紙では二十枚、洋紙では十二枚、海苔では十枚。「焼き海苔の三帖」 二《たとう》図面や和服の平たくたたんだものをおさめる、和紙のおおい。また、たたんでふところに入れておく紙。懐紙。「帖に入れる・帖紙」

人名 さだ・ただ

巾5 【帑】 8画 5470 5E11 音トウ・ド漢 訓かねぐら

意味 ❶金品をしまっておくところ。金庫。かねぐら。例国帑(=国家の財産)。内帑(=宮中の財貨を入れる倉。また、君主の所有する財貨)。❷子。また、妻子。同孥。

巾5 【帛】 8画 5471 5E1B 音ハク漢 訓きぬ

意味 ❶白い絹の布。また、絹織物。きぬ。例帛書。竹帛(=書物。また、歴史)。布帛(=綿・麻の布と絹の布。織物のこと)。❷神前に供える白い布。また、客へのおくりもの。ぬさ。例幣帛(=神前に供えるもの。ぬさ。また、おくりもの)。

【帛書】絹地に書いた文書。

巾6 【帥】 9画 3167 5E25 常用 音シュツ漢ソツ呉スイ漢呉 訓ひき-いる

筆順 ノ 亻 户 自 自 帥 帥

なりたち [形声]「巾(=ぬの)」と、音「自→シュツ」とから成る。てぬぐい。派生して「ひきいる」の意。

意味 ❶引き連れて行く。ひきいる。同率。例帥先。帥導(=つれてみちびく)。❷軍隊をひきいる(人)。例元帥。統帥。

日本語での用法《ソチ・ソツ》大宰府の長官。「大宰

ダイの帥・帥の宮」

人名 おさむ・そち・つかさ

【▽帥先】(名・する) 人に先立っておこなうこと。表記「率先」とも書く。

●元帥・将帥・総帥・統帥

巾6 【帝】9画 3675 5E1D 常用 音テイ漢 タイ呉 訓みかど

筆順 丶 亠 亠 产 产 产 产 帝 帝

巾6 【帝】9画

なりたち 形声「二(=上)」と、音「帝シ→テイ」とから成る。天下を治める王。

意味 ❶天下を治める最高の支配者。天子。例帝王。帝国。❷宇宙や世界を支配する神。例天帝。

人名 あきら・きみ・ただ

【▽帝釈天】(仏)梵天とともに十二天の最高位をしめる神。仏法を守護し、東の方角を守る。〔古代インドの民族宗教の神が仏教に取り入れられたもの〕

【帝位】天子のくらい。帝王のくらい。例―をしりぞく。

【帝王】①君主国で、国土や人民を統治する人。皇帝。例―学。②ある分野や社会で絶対的な力をもつ者のたとえ。例暗黒街の―アル=カポネ。

【帝国】①皇帝が統治する国。例大英―(=イギリス本国とその支配地)。②「大日本帝国(=明治憲法のもとでの日本の国号)」の略。例―憲法。

【帝室】帝王の一家。皇帝や天皇の一族。皇室。王室。

【帝政】帝王が統治する政治・政体。例―ロシア。

【帝都】帝王の宮殿のある地。皇居のある都会。みやこ。

●皇帝・女帝・新帝・先帝・大帝・天帝・廃帝・暴帝

巾6 【帝】9画 ⇩【帝】(339ページ)

巾7 【帰】10画 2102 5E30 教育2 音キ漢呉 訓かえ-る・かえ-す

筆順 丨 刂 刂 刂 归 归 帰 帰 帰 帰

止14 【歸】18画 6137 6B78 俗字

白4 【皈】9画 6607 7688

なりたち 形声「止(=とまる)」と「婦(=つま)」の省略体と、音「自イ→キ」とから成る。女が夫の家に行ってとまる。とつぐ。

意味 ❶嫁に行く。とつぐ。例帰嫁(=よめに行く)。❷もとのところへもどってくる。もどす。かえる。かえす。例帰還。帰郷。帰朝。❸あるべきところに落ちつく。たよる。したがう。例帰依。帰順。帰納。

使い分け かえす・かえる【返・帰】⇩1166ページ

難読 不如帰

人名 もと・ゆき

【帰一】(名・する)(それぞれ別だと思われていたことがらが)最終的に一つになること。同じことに落ちつくこと。例これらのすべては人類の平和に―する。

【帰依】(名・する) 仏や神を信じて、その教えに従うこと。例阿弥陀仏に―する。

【帰化】(名・する) ①よその国の国籍を得て、そこの国民となること。例日本に―する。②自然の自生地以外の土地に運ばれた動植物が、その土地の気候風土に適応して、自生・繁殖するようになること。例ブタクサは日本への―植物だ。

【帰還】(名・する) もどってくること。例スペースシャトルが無事に―する。

【帰館】(名・する) ①やかたや旅館にもどること。②〔「ご帰館」の形で、ふざけぎみに〕自宅に帰ること。例お早いご―ですこと。

【帰▼雁】春になって、北へ帰るガン。

【帰休】(名・する) 仕事からはなれて家に帰り、休息すること。例一時―。

【帰京】(名・する) みやこへ帰ること。とくに、現在では、東京へ帰ること。

【帰郷】(名・する) 故郷に帰ること。

【帰去来】〔「帰りなんいざ」と訓読する〕(世俗的な名利はいさぎよく捨てて、自然に生きられる田園生活をするために)さあ、(故郷へ)帰ろう。〔陶潜・帰去来辞〕

【帰結】(名・する) ものごとや議論などがさまざまないきさつを経て落ちつくこと。また、その結論。類帰着・帰趨。

【帰港】(名・する) 船が航海を終えて本拠地の港に帰ること。

【帰航】(名・する) 船や飛行機が帰りの航路につくこと。

【帰国】(名・する) ①自分の国へ帰ること。例―の途につく。②故郷に帰ること。

【帰参】(名・する) 武士などが、許されてもとの主人に再び仕えること。例―がかなう。

【帰社】社員などが自分の会社に帰ること。

【帰順】(名・する) 反抗をやめ、心を改めて服従すること。類帰服。例―をすすめるビラ。

【帰心】家や故郷へ早く帰りたいと思う心。例―矢のごとし(=帰りたい気持ちは、まるでまっすぐに飛ぶ矢のようだ)。

【帰陣】(名・する) 戦場から自分の陣営にもどること。

【帰▼趨】(名・する)〔「趨」は、走る意〕(事件やものごとが)あるところに行き着くこと。また、行き着くところ。類帰着・帰結。例勝敗の―を見守る。

【帰省】(名・する)〔「省」は、安否を問う意〕故郷に帰ること。故郷の父母のもとをおとずれ、安楽に暮らしているかどうかをたずねること。例―客。毎年、お盆には―する。参考父母が故郷をはなれて別の土地にいる場合は、父母のいるところをたずね、父母が亡くなっている場合は、父母の墓におまいりすることが、本来の意味。

【帰巣】(名・する) 昆虫・魚類・鳥やけものなどが、自分の巣やもといた場所にもどること。例―本能。

【帰属】(名・する) ①財産・権利・領土などが、特定の組織や国・団体などの所有であること。例島の―をめぐる両国の争い。②団体や組織の一員であること。そこに組みこまれていること。例会社への―意識。

【帰宅】(名・する) 自分の家に帰ること。

【帰着】(名・する) ①出発した場所へ帰ってくること。②議論や思考などがさまざまないきさつを経て最終的に落ちつくこと。類帰結・帰趨。

【帰朝】(名・する)〔「朝」は、朝廷の意〕外国から日本に帰ること。〔もともとは、天子の命により、遠方や外国へ行った者についていった〕例―報告。

【帰途】帰り道。帰路。例―につく。

【帰納】(名・する) 個々の具体的な現象や事実に、総合的な分析を加えて共通点を見つけ出し、いっぱん的な原理や法則を導き出すこと。[対]演繹。[例]―法。

【帰農】（名・する）郷里にもどって農業に従事すること。

【帰服】（名・する）抵抗をやめて、心から従うこと。[類]帰順・服従。[表記]「帰伏」とも書く。

【帰命】（名・する）①［仏］〔梵語 namas（＝南無）（＝帰依する）の意味をあてた漢字〕身命をさし出して仏にたよること。②なつき従うこと。帰順。

【帰命頂礼】〔仏〕「頂礼」は、頭を相手の足につけて拝むこと〕①頭を仏の足につけて心からうやまい、身命をささげること。②仏を拝むときにとなえることば。

【帰▼洛】（名・する）京都に帰ること。〔「洛」は、中国の都、洛陽に京都をなぞらえたもの〕[例]―の心。

【帰路】帰り道。帰ってくるとちゅう。帰途。[類]復路。

◐回帰・再帰・社会復帰・直帰・不帰・不如帰・復帰

巾7 【師】

10画 2753 5E2B [教育5] [音]シ[漢][呉] [付表]師走

[筆順] 丿 ｒ 𠂤 𠂤 𠂤 𠂤 師

[なりたち] [会意]「𠂤（＝おか）」と、「帀（＝とりまく）」とから成る。たくさんの丘がまわりをとりかこんでいることから、多い。派生して「多くの兵士」の意。

[意味] ❶兵士。軍隊。[例]師団。出師。❷多くの人が集まる大都市。みやこ。[例]京師。❸人々に知識や学問を教える人。先生。[例]師事。教師。❹技芸を専門にする人。また、ある技術にすぐれた人。[例]楽師。技師。猟師。❺おさ。かしら。地方長官。[例]師長。❻手本とする。ならう。

[人名] おさ・おさむ・かず・つかさ・のり・みつ・みと・もと・もろ

【師恩】師の恩。先生や師匠から受けた恩。

【師資】①〔「資」は、助けの意〕先生。師匠。師。〔善人は悪人の師であり、悪人は善人が自分を見つめるための助けとなる〕（老子）②先生と弟子。

【師事】（名・する）師として事える。その人の弟子になって、教えを受けること。[例]私の―した教授。

【師匠】学問や華道・茶道・武芸などを教える人。師。先生。[対]弟子。[例]お花の―。

【師承】（名・する）師から受け伝えられること。[類]師伝。[例]―の秘術がある。

【師説】先生の学説。

【師僧】師である僧。

【師団】陸軍の編制上の単位の一つ。旅団の上にあり、司令部を有し、単独で作戦行動をとることができる。

【師長】先生と目上の人。

【師弟】師と弟子。先生と生徒。[例]―関係。

【師道】師としてのあり方や守るべき道。

【師範】①人々を導く手本。模範。②学問・武道・芸能などを教える人。師匠。先生。③「師範学校」の略。旧制の、教員養成のための公立学校。

【師表】人々の模範となること。また、その人。[例]人人の―となる。

【師父】①先生と父。②父のように敬愛する先生。

【師友】①先生と友人。②師のように尊敬している友人。

【師旅】〔部隊の大きさで、「旅」は、古代中国で五百人の部隊の意〕軍隊。転じて、戦争。

【師走】〔「しはす」とも〕もと、陰暦で、十二月のこと。太陽暦でもいう。一年の最後の月。

◐医師・恩師・技師・教師・香具師・講師・出師・庭師・法師・漁師・老師

巾7 【席】

10画 3242 5E2D [教育4] [音]セキ[漢] ジャク[呉] [訓]むしろ [付表]寄席

[筆順] 一 广 广 产 庐 庐 庐 席 席

[なりたち] [形声]「巾（＝ぬの）」と、音「庶（ショ→セキ）」の省略体とから成る。しくもの。

[意味] ❶草や竹などで編んだしきもの。むしろ。[例]席巻。花席。男女七歳にして席を同じくせず。〈礼記〉❷すわる場所。[例]客席。退席。❸地位。順位。[例]席次。首席（＝一番。一位）。❹会合などの場。[例]会席。列席。

[日本語での用法]《セキ》「寄席」のこと。「席亭・昼席」

[人名] すけ・のぶ・やす・より

【席▼暖まるに▽暇あらず】一か所に落ちついているひまがないほどに、いそがしい。席の暖まるいとまがない。〈韓愈・諍臣論〉

【席次】①〔地位による〕座席の順序。席順。[例]理事会の―。②成績などの順。[例]―の上下が気になる。

【席順】座席の順番。席次。[例]―を争う。

【席上】会合の場。またその席。[例]会議の―で反対する。

【席題】短歌や俳句の会で、その場で出される題。[対]兼題。

【席亭】①落語や講談などを聞かせる演芸場。寄席。[例]神田の―。②寄席を経営する人。寄席の主人。

【席料】会場や座敷・座席の使用料。[例]―を取る。

【席▽巻】（名・する）〔席を巻くように〕猛烈な勢いで広い範囲を自分のものにしてしまうこと。[例]市場を―する。[表記]「席▼捲」とも書く。

◐一席・宴席・議席・客席・空席・座席・首席・出席・定席・着席・同席・満席・列席

巾7 【帯】

10画 3451 5E2F [教育4] [音]タイ[漢][呉] [訓]お-びる・おび

[筆順] 一 十 卄 卌 卌 卌 带 带 帯

巾8 【帶】

11画 5472 5E36 [人名]

[なりたち] [会意]「𢁛（＝かけて下げる形）」と「帀（＝巾を二つ重ねた形）」とから成る。腰にしめ、玉などをかけてたらす大きなおび。

[意味] ❶着物を着るとき腰に巻き結ぶ細長い布。ものの周囲に巻くもの。おび。[例]束帯。包帯。❷腰にさげる。身につける。おびる。[例]帯剣。帯刀。携帯。❸ひきいる。連れていく。[例]帯同。❹おび状の地域。地域上の区分。あたり。[例]一帯。地帯。

[日本語での用法]《タイ》自分に属するものとしてもつ。「妻帯・所帯」

[難読] 帯刀（たてわき・はかせ・はかし）

[人名] よ

【帯揚げ】女性の和装で、帯の形をくずさないように、帯の結び目の上から前にまわして結ぶ布。しょいあげ。

【帯金】箱やたるなどの外側を巻く帯のような金具。

【帯紙】おびがみ ①「帯封」に同じ。②ものを束ねるために巻く細長い紙。③その本の内容紹介や宣伝文などを印刷して、本の表紙やケースの下のほうに巻く紙。腰巻。帯。

【帯皮】おびかわ ①かわ製の帯。かわおび。バンド。ベルト。②機械のベルト。しらべがわ。表記▽「帯革」とも書く。

【帯締め】おびじめ 女性の和装で、しめた帯が解けないように上からおさえて結ぶひも。

【帯封】おびフウ 新聞や雑誌などを郵送するとき、あて名を書いたはばのせまい紙を中央の部分に巻くこと。また、その紙。帯紙。

【帯剣】タイケン (名・する) 剣を腰に下げること。また、その剣。

【帯出】タイシュツ (名・する) その部屋の蔵書や備品などを身につけて外部に持ち出すこと。例禁―。

【帯電】タイデン (名・する) 物体が電気を帯びること。

【帯刀】タイトウ (名・する) 刀を腰にさすこと。また、その刀。例名字―を許される(=昔、武家あつかいをうけるしるし)。

【帯同】タイドウ (名・する) いっしょに連れていくこと。類同行・同伴。

【帯分数】タイブンスウ 〔数〕整数と真分数の和であらわされる分数。たとえば、$1\frac{2}{3}$(=一と三分の二)。対真分数・仮分数。

●一帯・角帯・寒帯・眼帯・携帯・妻帯・所帯・声帯・世帯・地帯・熱帯・付帯・包帯・連帯

巾 8 【帷】 11画 5473 5E37 音イ漢 訓とばり

意味 周囲をとりまいてたらす幕。たれまく。とばり。例帷幄。

【帷▼幄】イアク 幕を引きめぐらしたところ。作戦を計画する、大将の陣営。帷幕。幃幄。

【帷幕】イバク 「帷幄」に同じ。

【帷▼幔】イマン 垂れ幕と引き幕。まく。

【帷▽子】かたびら 〔「あわせ」ではない一枚の布の意〕①昔、几帳などにかけて仕切りとしたひとえの布。②裏地をつけない着物。ひとえもの。③「経帷子」の略。死者に着せる白い着物。お経の文句などを書く。

巾 8 【常】 11画 3079 5E38 教育5 音ショウ漢ジョウ呉 訓つね・とこ・つね-に

3画

筆順 …常

なりたち  〔形声〕「巾(=ぬの)」と、音「尚」とから成る。下にはく(スカートのような)ころも。もすそ。派生して「いつも」の意。

意味 ❶いつまでも変わらないこと。つねに。つね。例常備。常緑。無常。❷日ごろ。ふだん。例常食。日常。平常。❸ふつう。なみ。例常人。常識。正常。通常。❹いつまでも変わらない道理。例五常。❺長さの単位。一尋(=八尺)の二倍。十六尺。約三・六メートル。例尋常。

日本語での用法 一《ジョウ》旧国名「常陸(=今の茨城県)」の略。「常磐(=常陸と磐城)・常総(=常陸と下総)」二《とこ》名詞などの上について、いつまでも変わらない、永遠にある、などの意をあらわす。「常夏・常闇・常世の国」

人名 つら・とき・ときわ・のぶ・ひさ・ひさし・まもる

難読 常山・常時

【常温】ジョウオン ①いつも変わらずに一定している温度。恒温。②年間の平均温度。③加熱も冷却もしない、平常の温度。例―で保存する。

【常会】ジョウカイ 定期的に開かれる、会合や会議。定例会。例国会の―(=通常国会。毎年一回召集する)。

【常軌】ジョウキ ふつうのやり方。常道。例―を逸する(=常識的なやり方からはずれている)。

【常規】ジョウキ 通常の規則・規範。

【常客】ジョウキャク いつも決まって来る客。得意客。常連。

【常勤】ジョウキン (名・する) 正式にやとわれて、毎日決まった時間、勤務すること。例―の職員。

【常時】ジョウジ (名・副) いつも。つねづね。例―出場する。

【常識】ジョウシキ その社会に属する人々が共通にもっているはずのいっぱん的な知識や考え方。類良識・通念。例―に欠ける。―を超える。―はずれ。

【常習】ジョウシュウ (名・する) (何か悪いことを)やりなれていること。いつもの(悪い)くせ。例麻薬を―する。

【常住】ジョウジュウ 一(名・する) ①〔仏〕ほろびたり変化したりせず、永遠に存在すること。対無常。②一定の場所に住んでいること。二(副) つねひごろ。いつも。ふだん。

【常住座▼臥】ジョウジュウザガ 〔「常住」と、「行住座臥(=行く・とどまる・すわる・ねる、という日常の動作。転じて、いつも)」との混合した俗な言い方〕表記旧常住▼坐▼臥

【常勝】ジョウショウ (名・する) いつも勝つこと。例―の軍。

【常食】ジョウショク (名・する) 主食や副食として毎日のように食べること。また、その食べ物。

【常人】ジョウジン ふつうの人。いっぱんの人。類凡人。例―の能力をこえる。

【常数】ジョウスウ ①決まった数。一定の数。②物理学などで、定数のこと。③決まった運命。さだめ。

【常設】ジョウセツ (名・する) つねにもうけてあること。常置。例―展示。―館。

【常体】ジョウタイ 〔言〕口語文の文体の一つ。「です」「ます」のような敬語を使わず、「だ」「である」で文末を結ぶ。対敬体。

【常態】ジョウタイ ふつうの状態。いつものようす。例かれはそのとき―を失っていた。

【常置】ジョウチ (名・する) いつも用意・設置しておくこと。常設。例―の委員会。

【常駐】ジョウチュウ (名・する) 軍隊・官吏・社員などが、任地にいつもいること。例警備員が―している。

【常灯】ジョウトウ ①神前や仏前に、いつもともしておく明かり。常灯明。②「常夜灯」に同じ。

【常▼套】ジョウトウ いつも決まってとる、ありふれたやり方。例―手段。

【常道】ジョウドウ ①つねに守るべき正しい道。例人生の―。②だれもがおこなう、ふつうのやり方。類常法。例―を踏む。

【常得意】ジョウトクイ いつもその店を利用する客。なじみの客。

【常任】ジョウニン (名・する) いつもその任務にあたること。例―理事。

【常備】ジョウビ (名・する) いつも準備しておくこと。例非常用食料を―する。

【常備薬】ジョウビヤク いつでも使えるように用意しておく薬。例家庭の―。

【常不断】ジョウフダン いつも。絶えず。例―言いきかせている。

【常法】ジョウホウ ①不変の法則。不変の規則。②ふつうのやり方。類定法・常道。

【常民】ジョウミン ごくふつうの人々。国民。庶民。〔もと、民俗学の用語で、日本文化の根底をささえるふつうの人々という意味で用いる〕例―文化。

【常務】ジョウム ①日常的な仕事。②「常務取締役とりしまりヤク」の略。株式会社で、社長を補佐ホサして、日常の業務をとりしまる重役。例—会。

【常用】ジョウヨウ (名・する) いつも使っていること。例ビタミン剤ザイを—している。

【常夜灯】ジョウヤトウ 夜通しつけておく明かり。常灯。

【常用漢字】ジョウヨウカンジ いっぱんの社会生活で使用する目安とされる二一三六字の漢字。〔一九八一年に、それまでの「当用漢字」に代わるものとして一九四五字が定められ、二〇一〇年に改定されて二一三六字となった〕

【常緑樹】ジョウリョクジュ 一年じゅう、みどり色の葉をつけている樹木。マツ・スギ・ツバキなど。〔葉が、秋にいっせいにかれたり落ちたりするのではなく、絶えず入れ代わって新しい葉が出るので、一年じゅう、みどり色に見える〕対落葉樹。

【常例】ジョウレイ いつもの例。しきたり。

【常連】ジョウレン ①飲食店や劇場などに、いつも決まって来る客。類常客。例—の客。②いつも行動をともにする仲間。例句会の—。表記▽「定連」とも書く。

【常常】つねづね (名・副) ふだん。いつも。つねひごろ。

【常日頃】つねひごろ (名・副) ふだん。日常。つねづね。

【▽常▼磐】ときわ 〔「磐」は、いわの意で、「とこいわ」からの変化〕①永遠に変わらないこと。②木の葉が一年じゅう緑であること。例—の松。

【▽常▼磐津】ときわず 「常磐津節ときわずぶし」の略。江戸えど時代中期に常磐津文字太夫ときわずモジタユウがはじめた浄瑠璃ジョウルリの一流派。

【常夏】とこなつ ①寒い時期がなく、一年じゅう夏のようであること。例—の国ハワイ。②ナデシコの古名。

【常闇】とこやみ 永久に真っ暗なこと。永遠のやみ。〔心がまどうことなどをあらわすことばとして使う〕例—の世となる。

【常世】とこよ ①永久に変わらないこと。永遠。②「常世とこよの国くに」のこと。昔の人がはるか遠くにあると信じていた国。また、不老不死の国。

【常夜】とこよ よるばかりで、昼がないこと。

【常陸】ひたち 旧国名の一つ。今の茨城いばらき県にあたる。常州。

●異常イジョウ・経常ケイジョウ・恒常コウジョウ・尋常ジンジョウ・正常セイジョウ・通常ツウジョウ・日常ニチジョウ・非常ヒジョウ・平常ヘイジョウ・無常ムジョウ

巾8 **【帳】** 11画 3602 5E33 教育3 音チョウ漢呉 訓とばり 付表蚊帳かや

筆順

なりたち [形声]「巾(=ぬの)」と、音「長チョ」とから成る。ベッドの上に張りめぐらす布。

意味 ❶室内にたれ下げて、へだてるための布。とばり。例帳中チュウ(=とばりの中)。几帳キチョウ。緞帳ドンチョウ。❷ものを書くために紙をとじたもの。記録用のノート。例帳簿チョウボ。過去帳カコチョウ。

人名 はる

【帳合い】チョウあい (名・する) ①商店などで、商品や現金を帳簿チョウボと照合して、収支を確かめること。②収支を計算して帳簿に記入すること。例—をする。

【帳▼帷】チョウイ とばり。垂れ幕。帷帳。例はかりごとを—の中ちゅうにめぐらす(=陣営ジンエイで戦略を練る)。

【帳消し】チョウけし (名・する) ①決算が済み、貸し借りがなくなって、帳簿チョウボの記入を消すこと。棒引き。②新しいおこないによって、以前の功罪が消えてなくなること。差し引いて残りがなくなること。例失敗を—にする。

【帳尻】チョウじり ①会計帳簿チョウボの末尾マツビ。また、収支決算の結果。例—をごまかす。②話のつじつまのたとえ。例—を合わせる。

【帳場】チョウば (商店や旅館、料理屋などで)会計をする場所。勘定場カンジョウば。例勘定は—につけておく。

【帳簿】チョウボ 役所・会社・商店などで、金銭や物品の出し入れなどを記入する帳面。例二重—。

【帳面】一チョウメン 必要なことを書くために、なん枚もの紙をとじて表紙をつけたもの。ノート。二チョウづら 帳簿チョウボに書かれている数字やことがら。また、表面上の計算や決算。ちょうめんづら。例—を合わせる。

●開帳カイチョウ・過去帳カコチョウ・記帳キチョウ・台帳ダイチョウ・通帳ツウチョウ・手帳てチョウ

巾8 **【帯】** 11画 ⇩【帯】タイ(340ページ)

巾9 **【幄】** 12画 5474 5E44 音アク漢 訓とばり

意味 上から屋根のように四方をおおう幕。てんまく。また、陣営ジンエイの幕。とばり。例幄舎アクシャ。帷幄イアク。

難読 幄あげばり

【幄舎】アクシャ 神事や朝廷チョウテイの儀式ギシキなどのさいに、参列者のために庭に作る仮屋かりや。上げ張り。幄アクの屋や。

巾9 **【幃】** 12画 5475 5E43 音イ漢呉 訓たれぬの・とばり・においづつみ

意味 ❶香料コウリョウをいれるふくろ。においぶくろ。❷周囲をとりまくようにたらす幕。たれぬの。とばり。例幃幄イアク。

【幃▼幄】イアク ①とばり。たれぎぬ。たれぬの。②戦場で、大将がいる本陣ホンジンの中。また、天子が政務をおこなう中枢チュウスウの場所。帷幄イアク。

巾9 **【幀】** 12画 5476 5E40 音テイ慣 トウ漢 チョウ呉

意味 ❶絹地にかいた絵。また、それを台紙にはりつける。例装幀ソウテイ。❷かけじくになった書画を数えることば。例山水画サンスイガ一幀イッチョウ。

巾9 **【幅】** 12画 4193 5E45 常用 音フク漢 訓はば・の

筆順

なりたち [形声]「巾(=ぬの)」と、音「畐フ」とから成る。ぬのの広さ。

意味 ❶ものの左右の長さ・広がり。はば。例幅員フクイン。紙幅シフク。振幅シンプク。❷ふち。へり。例辺幅ヘンプク。❸かけじく。かけもの。また、それを数えることば。例画幅ガフク。三幅対サンプクツイ。

日本語での用法 一《はば・の》布や織物の横の長さをあらわすことば。「並幅なみはば・半幅ハンはば・二幅ふたの・四幅布団よのブトン」二《はば》はぶり。いきおい。いせい。「幅はばをきかせる」

【幅利き】はばきき 勢力があること。また、その人。類顔役かおヤク。例町内の—。

【幅跳び】はばとび 陸上競技で、地面をけってとんだ距離キョリをきそう競技。立ち幅跳びと走り幅跳びがある。

【幅寄せ】はばよせ (名・する) ①駐車チュウシャするときに、左側または右側へ車を寄せること。②走行中の車の進路を妨害ボウガイして道路のはしのほうへ寄せつけること。

【幅員】フクイン 道路・川・橋・船などのはば。例—のせまい道。

●一幅イップク・肩幅かたはば・画幅ガフク・紙幅シフク・条幅ジョウフク・書幅ショフク・振幅シンプク・全幅ゼンプク・増幅ゾウフク・利幅りはば

巾 9 **【幇】** 12画 5483 5E47 音ホウ漢 訓たす-ける

意味 手つだう。たすける。例幇助。

【幇間】宴会の席で、客の相手をして歌ったり踊ったり、こわいろ・ものまねや音曲などの芸を見せたりして、座をにぎやかにとりもつ男。また、その職業。男芸者。たいこ。参考 えらい人におせじを言ったり喜ばせたりして相手にとり入り、自分の立場をよくする人をたとえてもいう。

【幇助】（名・する）他人の犯罪の手助けをすること。例殺人―。自殺―。

巾 9 **【帽】** 12画 4325 5E3D 常用 音ボウ漢 モウ呉

筆順 丨 冂 巾 巾 帄 帄 帽 帽 帽

巾 9 **【帽】** 12画

なりたち [形声]「巾（＝ぬの）」と、音「冒ボ」とから成る。かぶりもの。

意味 頭にかぶるもの。ぼうし。例制帽・脱帽。

難読 帽子モウス（＝禅宗の僧の用いる、ぼうし）

●角帽・学帽・制帽・脱帽・着帽・破帽

巾 9 **【帽】** 12画 ⇩【帽】（343ページ）

巾 10 **【幌】** 13画 4358 5E4C 人名 音コウ漢 訓ほろ

意味 ❶窓のたれぎぬ。とばり。❷日光や雨などをよけるためにかける車のおおい。ほろ。例幌馬車。❸酒屋などの看板にする旗。

難読 幌とば

人名 あき・あきら

【幌馬車】風雨や日光を防ぐためのおおいをかけた馬車。

巾 10 **【幕】** 13画 4375 5E55 教育6 音バク漢 マク呉 訓おお-う

筆順 一 艹 芇 苩 荁 莫 幕 幕

なりたち [形声]「巾（＝ぬの）」と、音「莫バ」とから成る。上からおおう、ぬの。

意味 ❶ものをおおいかくすために張った大きな布。てんまく。とばり。例暗幕・天幕。❷（幕を張りめぐらした）将軍の陣営。例幕営・幕僚。

日本語での用法 □一《マク》①芝居の一場面、ひとくぎり。「幕開き・幕を開ける・幕を引く」②ばあい。場面。「君の出る幕でない」③相撲の番付で上位の地位。「幕内・入幕」④おわり。おしまい。「幕になる・幕にする」□二《バク》江戸幕府のこと。「幕末・倒幕」

【幕営】（名・する）幕を張りめぐらした陣。また、そこで野営すること。

【幕臣】幕府の臣下。旗本・御家人など。

【幕府】①〔戦場で、幕を張った、将軍の陣営の意から〕将軍が政治をとりおこなうところ。②鎌倉時代以後の武家政権の政府。また、その長である「将軍」の別名。

【幕末】江戸幕府の末期。

【幕僚】〔「僚」は、役人の意〕①将軍の陣営にいて将軍を助ける者。②長官に直属して作戦や用兵などにあたる将校。例総司令部―。

【幕下】□一バッカ ①幕を張りめぐらした陣の内。②将軍。大将軍。③将軍の配下。□二マクした 相撲で、力士の階級の一つ。十両の下で三段目の上。

【幕▽間】マクあい 演劇で、一つの場面が終わって次の場面に移るまで、舞台に幕が引かれているあいだ。芝居の休憩時間。〔「マクま」と読むのは誤り〕表記「幕合い」とも書く。

【幕開き】マクあき ①演劇で、幕があいて演技が始まること。②ものごとの始まり。幕開け。例選挙戦の―。▽対幕切れ。

【幕内】マクうち 相撲で、役力士と前頭。幕内力士。幕の内。〔昔、将軍や大名の上覧相撲のとき、上位力士は幕の内に、下位力士は幕の外にひかえたことからいう〕

【幕切れ】マクぎれ ①演劇で、一場面が終わって幕が下ろされること。②ものごとが一段落して終わること。例事件の―。▽対幕開き。

【幕の内】マクのうち ①「幕の内弁当」の略。たわらの形にしたごはん数個とおかずをつめあわせた弁当。〔もと、芝居の幕間に食べたことによる〕②「幕内」に同じ。

●暗幕・内幕・煙幕・開幕・銀幕・鯨幕・黒幕・佐幕・除幕・天幕・閉幕

巾 10 **【幎】** 13画 5477 5E4E 音ベキ漢 訓おお-う

意味 おおいかぶせる布。また、かぶせる。おおう。同冪ベ。

巾 11 **【幗】** 14画 5478 5E57 音カク漢 訓ちきり

意味 中国古代の婦人の髪飾り。ちきり。例巾幗キン。

巾 11 **【幔】** 14画 5479 5E54 音バン漢 マン呉 訓まく

意味 ❶たれまく。とばり。おおい。まく。例幔幕。❷酒屋の看板の旗。のぼり。例酒幔シュ。

【幔幕】マン 式場や会場などのまわりに張りめぐらす、紅白などの幕。

巾 12 **【幟】** 15画 5480 5E5F 音シ漢呉 訓のぼり

意味 目じるしのための細長い旗。はたじるし。のぼり。例旗幟（＝はたじるし。また、ある目標のために示された主義主張や態度・立場）。烏賊幟（＝凧たこ）。鯉幟。

巾 12 **【幢】** 15画 5481 5E62 音トウ漢 ドウ呉 訓はた

意味 ❶垂れ下がった円筒形の旗。〔軍隊の指揮や儀式に用いられた〕例幢牙・幢幡。❷仏教で、法を悟ったことなどの象徴として用いられる旗じるし。例幢幡。❸仏寺で経文を写した円筒形の布。〔のちに、石柱に刻むようになった〕例経幢・宝幢。❹舟や車の垂れ幕。ほろ。

【幢牙】トウガ 軍隊で、大将の旗。牙旗。

【幢▼幡】□一トウハン 旗。儀式や軍隊の指揮をするのに用いる。□二ドウバン 仏教や道教で用いられる旗。寺や道場の前に立てる。

巾 12 **【幡】** 15画 4008 5E61 人名 音ハン漢 ホン呉 訓はた

意味 ❶はた。のぼり。同旛ハ。例幡旗ハン（＝はた）。❷ひるがえる。ひるがえす。同翻ホ。例幡然ハン。

【難読】八幡（ハチマン・やわた・はちまん・やはた）・因幡（いなば）・八幡船（バハンセン）

【幡然】ハンゼン（ホンゼン）（形動タル）①旗などがひるがえるようす。②心のがらりと変わるようす。例―と意志をひるがえす。

巾12 【幣】15画 4230 5E63 常用 音ヘイ漢 訓ぬさ・しで

筆順 丷 尚 尚 尚 敝 幣 幣

巾12 【幣】15画

巾12 【幤】15画 5482 5E64 俗字

なりたち 【形声】「巾（=ぬの）」と、音「敝ヘイ」とから成る。おくりものとする絹織物。

意味 ❶神や貴人・主君などへのささげもの。みつぎもの。例幣帛ヘイハク。幣物ヘイモツ。❷通貨。おかね。ぜに。例貨幣カヘイ。紙幣シヘイ。造幣ゾウヘイ。

日本語での用法《ヘイ・ぬさ》神前にささげるための、白い布。また、白い紙をつけた枝や串くし。「御幣ゴヘイを捧ささげる・幣ぬさを手向たむける」

【幣束】ヘイソク 麻あさや紙を細長くさいて垂らした、神にささげるもの。御幣ゴヘイ。ぬさ。例―をささげる。

【幣帛】ヘイハク 〔「帛」は、絹の意〕①神にささげる絹。また、神への供物モツをまとめていうことば。みてぐら。ぬさ。②おくりもの。進物シンモツ。

【幣物】ヘイモツ 〔「ヘイブツ」とも〕①おくりもの。進物シンモツ。聘物ヘイモツ。②神への供物クモツ。みてぐら。ぬさ。

●貨幣カヘイ・御幣ゴヘイ・紙幣シヘイ・造幣ゾウヘイ

巾12 【幤】15画 ⇩【幣】ヘイ（344ページ）

巾12 【幣】15画 ⇩【幣】ヘイ（344ページ）

51 3画 干 かん いちじゅう 部

「干」の意味とは関係なく、便宜上ベンギ「干」の字形を目じるしにして引く漢字を集めた。「一」と「十」を合わせた形に似ていることから「いちじゅう」ともいう。

【巾部】12画 幣 幣 幤 【干部】0―2画 干 平

0 干 2 平 平 3 幵 年 并 5 幸 幷 10 幹

この部首に所属しない漢字

午⇩十160 刊⇩刂130 旱⇩日483 栞⇩木526

干0 【干】3画 2019 5E72 教育6 音カン漢呉 訓ほ-す・ひ-る・おか-す・たて

筆順 一 二 干

なりたち 【会意】「一（=さかい）」と「丫（=「入」が上下に反転した形で、上に向かっておかす意）」とから成る。分ブをこえておこなう。おかす。

意味 ❶分をこえておこなう。おかす。例干犯カンパン。❷手に入れようと努力する。もとめる。例干禄カンロク。❸関係する。かかわる。例干渉カンショウ。干与カンヨ。❹敵の矢や矛ほこから身を防ぐための武具。たて。例干戈カンカ。❺かわく。かわかす。ほす。ひる。同乾カン。例干害カンガイ。干拓カンタク。干潮カンチョウ。干瓢カンピョウ。❻ものの順序を一から十まで示す呼び名の一つ。例干支カンシ。十干ジッカン（=甲コウ・乙オツ・丙ヘイ・丁テイ・戊ボ・己キ・庚コウ・辛シン・壬ジン・癸キ）。

難読 野干きつね・射干からすおうぎ・若干そくばく・干鮭からざけ

人名 かず・たく・もと・もとむ

【干戈】カンカ 〔「戈」は、ほこの意〕①武器。②戦争。例―を交える（=戦争をする）。

【干害】カンガイ 日照りが続くことで起こる、農作物がかれたり実らなかったりする災害。表記 旧▼旱害

【干支】カンシ・えと 〔「干」は幹、「支」は枝の意〕十干ジッカンと十二支ジュウニシ。また、十干と十二支を組み合わせて、年・月・日や方位などの呼び名として用いたもの。支干シカン。〔「甲子きのえね」・「乙丑きのとうし」・「丙寅ひのえとら」など六十種の組み合わせ。一定の順序がある〕→付録「十干十二支」（1138ページ）

【干渉】カンショウ（名・する）①かかわり合うこと。また、他人のことに立ち入り、自分の考えに従わせようとすること。例私生活に―する。②〔法〕一国が他国の政治に対して口出しすること。例内政―。③〔物〕音や光の、二つ以上の波が重なって強まったり弱まったりする現象。

【干城】カンジョウ 〔敵を防ぐ「たて」と「城」の意〕国を守る軍人や武士。例国家の―となる。

【干将▼莫▼耶】カンショウバクヤ 〔「干将」は春秋時代の刀工の名、「莫耶」はその妻の名〕干将とその妻が協力して作った二ふたりの名剣メイケンの名。転じて、名剣をいう。

【干拓】カンタク（名・する）湖や浅い海の一部を囲い、水を除いて陸地や耕地にすること。例―地。有明海ありあけカイの―。

【干潮】カンチョウ 潮が引ききること。ひきしお。対満潮。

【干天】カンテン 日照り続きで雨の降らない天気。また、夏の日の照りつける空。例―の慈雨ジウ。表記 旧▼旱天

【干犯】カンパン（名・する）自分のもつ権限以外のことに口出しをし、他の権利や領域をおかすこと。例大権を―する。

【干▼瓢】カンピョウ ユウガオの実をうすく細長くひものようにして、ほした食品。あまからく煮にて、のり巻きのしんなどにする。表記「乾▼瓢」とも書く。

【干満】カンマン 潮のみちひき。干潮と満潮。例―の差が大きい。

【干与】カンヨ（名・する）あずかりたずさわること。かかわること。例政治に―する。表記「関与」とも書く。

【干▼禄】カンロク 〔「禄」は、給料の意。「禄ロクを干もとむ」と訓読する〕①給料を求めること。仕官を願うこと。②天の助けや幸福を求めること。

【干菓子】ひガシ らくがん・こんぺいとうなど、水分が少なく日もちのよい和菓子ワガシ。対生菓子なまガシ。表記「▽乾菓子」とも書く。

【干潟】ひがた 遠浅とおあさの海岸で、潮が引いてあらわれた砂地。

【干物】ひもの 魚や貝などをほして、長く保存できるようにした食品。例アジの―。表記「▽乾物」とも書く。参考「乾物」は「カンブツ」とも読み、その場合は、乾燥カンソウさせた食品すべてを指す。

●十干ジッカン・若干ジャッカン・水干スイカン・欄干ランカン

干2 【平】5画 4231 5E73 教育3 音ヘイ漢 ヒョウ・ビョウ呉 訓たい-ら・ひら

筆順 一 ㇀ 冖 丕 平

干2 【平】5画

なりたち 【会意】「亏（=ことばがなめらかに出る）」と「八（=分かれる）」とから成る。ことばがなめらかに分かれ出る。たいらか。

意味 ❶傾斜・高低・でこぼこなどがない。たいら。例平地・平面・水平。❷かたよりがない。ひとしい。例平均・平等・公平。❸特別のことがない。ふだんと変わらない。無事。例平日・平服・平凡。❹おだやかな。やすらか。例平安・平和・太平。❺乱をしずめる。たいらげる。例平定・和平。❻やさしい。たやすい。例平易・平明。❼ちょうど。まさしく。例平午。❽漢字音の四声(=四つの音調)の一つ。例平声・平仄。

日本語での用法 一《ヘイ》姓の一つ。たいら。「平曲・平氏・平家」二《ひら》①役職をもたない。またはごくふつうの。「平社員・平幕・平侍(=ふつうの身分の侍。また、官位の低い侍)・平取(=専務や常務などに対して、ふつうの取締役)・平のまま退職する」②ひたすら。なにとぞ。「平に遠慮はご無用・平謝り」

難読 水平・平生・平常

人名 おさむ・さね・たか・ただし・つね・とし・なり・なる・はかる・ひとし・ひろし・まさる・もち・やす・よし

【▽平字】漢字で、平声の字。対仄字。

【▽平声】漢字音の四声(=平声・上声・去声・入声)の一つ。たいらに発音する。日本では低く、たいらな調子をいう。対仄声。

【▽平▼仄】①漢字音の四声のうち、声調に高低のない平声と、それ以外の仄声(=上声・去声・入声)をまとめた言い方。また、平声の字と仄声の字。〔漢詩では、平声の字と仄声の字の並べ方が決まっていて、たいせつなこととされる〕②話のつじつま。例—が合わない。

【平等】(名・形動ダ) 差別がなくすべてみなひとしいこと。例—に分ける。—の権利。

【平仮名】日本語の音節文字の一つ。万葉がなの草書体からつくりだされた文字。片仮名の「イ」「ロ」「ハ」などに対して、「い」「ろ」「は」など。対片仮名。表記「平仮▽字」とも書く。

【平城】平地に築いた城。対山城。

【平手】①ひらいた手のひら。例—打ち。②将棋で、相手と対等の条件でさすこと。

【平場】①〔谷間や山地に対して〕たいらな土地。平地。②昔の劇場で、舞台の正面にある、ます形に区切られた見物席。平土間。

【平幕】相撲で、横綱や三役(=大関・関脇・小結)ではない幕内力士。前頭。

【平屋】二階のない、一階建ての家。例—建て。表記「平家」とも書く。

【平安】一(名・形動ダ) 何ごともなくおだやかなこと。例旅の—を祈る。二(名)①封書のあて名のわき付けに用いて、変事の知らせでないことをあらわすことば。②「平安時代」の略。七九四(延暦十三)年から一一九二(建久三)年(または、一一八五(文治元)年)までの約四百年間。平安京(=今の京都市)を中心に貴族文化が栄えた。

【平易】(名・形動ダ) たやすいこと。やさしいこと。わかりやすいこと。例—な問題。—に説く。

【平温】①平年並みの気温。②平常の体温。平熱。

【平穏】(名・形動ダ) 何ごともなく、おだやかなこと。例—な毎日を送る。—無事が何よりだ。

【平価】①一国の通貨の対外価値。金または国際基準通貨(ドルなど)との交換比率ではかった値。例—切り下げ。②有価証券の価格が額面の金額と等しいこと。

【平滑】(名・形動ダ) たいらでなめらかなこと。例—な面。

【平気】(名・形動ダ) 〔平和な気分の意から〕①気持ちが落ちついていること。例—をよそおう。②なんとも思わないこと。気にかけないこと。例—でごみを捨てる。

【平均】(名・する) 〔「均」は、ひとしくする、たいらにする意〕①大小や多少のふぞろいがないようにならすこと。また、ふぞろいのないこと。例品質を—する。②いくつかの数や量の中間の値を計算して出すこと。また、その値。平均値。例—点。③つりあうこと。バランス。平衡。例—をたもつ。

【平家】一①平の姓を名乗った一族。平氏。〔平安時代に皇族から臣下となったときにあたえられた姓で、その一族のうち平清盛の一門が最も栄えた〕②『平家物語』の略。軍記物語の一つ。清盛を中心にした平家の盛衰をえがく。平語。③「平家琵琶」の略。『平家物語』を琵琶の伴奏に合わせて語るもの。二 二階のない、一階建ての家。表記二は「平屋」とも書く。

【平原】広くたいらな野原。例シベリアの大—。

【平午】〔「平」は、ちょうどその時にあたる意。「午」は「午の刻」で、今の昼の十二時〕まひる。正午。

【平語】①ふだん使っていることば。日常のことば。日常語。例—や俗語を用いる。②⇩【平家】一②

【平行】(名・する) ①〔数〕同じ平面上にある二つの直線が同じ間隔を保ち、いくら延長しても交わらないこと。〔同じ空間にある二つの平面、また、直線と平面についてもいう〕例—四辺形。②意見などがいつまでも一致しないこと。例議論が—する。③同時におこなわれること。類並行。例二つの競技を—しておこなう。

【平衡】(名・する) 〔「衡」は、はかりの意で、はかりの両端にかけたものの重さが等しく、さおが水平であることから〕かたむきがなく、つりあうこと。つりあい。バランス。例—感覚。—を保つ。

【平作】農作物の平年並みの収穫。平年作。

【平氏】「平家 一①」に同じ。

【平時】①いつものとき。ふだん。例—の服装でよい。②平和なとき。対戦時・非常時。例—では考えられない混乱。

【平日】①ふつうの日。ふだん。平常。②土曜・日曜・祝日以外の日。ウイークデー。〔土曜をふくめる場合もある〕例電車は—ダイヤで運行する。

【平叙】(名・する) ふつうの語順で述べしるすこと。例—文。

【平常】ふだん。通常。つね日ごろ。例—どおりの業務。—心。

【平身低頭】(名・する) からだをひくくして、頭を深く下げること。ぺこぺこすること。〔ひじょうに恐縮しているようすをいう〕例—してあやまる。

【平成】昭和の次で、令和の前の元号。一九八九(平成元)年一月八日から二〇一九(平成三十一)年四月三十日まで。

【平静】(名・形動ダ) ①何ごともなくおだやかでしずかなこと。例—をとりもどした事故現場。②(心や態度が)ふだんと変わらず落ちついていること。例—な気持ちを保つ。

【平生】ふだんの生活をしているとき。つね日ごろ。平常。平素。例—のおこないがたいせつだ。

【平然】(形動タル) あわてることなく落ちついているようす。気にしないようす。平気。例—たる態度。

【平素】つね日ごろ。ふだん。平生。例—の努力が実る。

【平旦】〔「平」は、ちょうどその時にあたる意。「旦」は、夜明けの意〕明け方。夜明け。例—に旅立つ。

【平▼坦】ヘイタン（名・形動ダ）①土地がたいらなこと。例—な道。②何ごともなくおだやかなこと。平穏（ヘイオン）。例—な人生を歩んできたわけではない。

【平地】ヘイチ ①たいらな土地。ひらち。対山地。例ならして—にする。②何ごともなくおだやかな環境（カンキョウ）。例—に波乱を起こす（=おだやかなところに、もめごとを起こす）。

【平定】ヘイテイ（名・する）敵や賊（ゾク）をうちほろぼし、乱れた世の中をしずめ、治めること。また、世の中がおだやかに治まること。例天下を—する。

【平熱】ヘイネツ 健康なときの人間の体温。〔ふつう、成人でセ氏三六—三七度くらい〕

【平年】ヘイネン ①一年が三百六十五日ある年。対閏年（ジュンネン）。②とくに異常の見られない、ふつうの年。例年。〔農作物のできや天候についていう場合が多い〕例米の収穫（シュウカク）は—並みだ。

【平版】ヘイハン たいらな版を用い、油と水の反発する性質を利用して、版面にインクをつけて印刷する方法。また、その版。オフセット。

【平板】ヘイバン 一（名）①たいらな板（いた）。②種をまくとき、田畑をたいらにする農具。二（名・形動ナ）変化がなく、単調でおもしろみのないこと。例—で盛り上がりに欠ける。

【平伏】ヘイフク（名・する）両手と頭を地につけて礼をすること。ひれふすこと。〔相手をおそれうやまう気持ちをあらわす場合にも用いる〕例ただ—するばかりです。

【平服】ヘイフク ①ふだん着るふつうの衣服。ふだんぎ。②正式な礼服や式服ではない服装。〔式典やパーティーの招待状などで用いられることば〕例披露宴（ヒロウエン）には—でお越（こ）しください。▽対式服・礼服。

【平復】ヘイフク（名・する）病気がすっかり治ってもとの健康なからだにもどること。全快。例ご—をお祈（いの）りする。

【平米】ヘイベイ 平方メートル。〔「平方米突（メートル）」の略で、「米突」はあて字〕

【平方】ヘイホウ 一（名・する）〔数〕ある数に同じ数をかけあわせること。二乗（ジョウ）。自乗。二（名）①あとに長さの単位をつけて、面積の単位をあらわすことば。例一〇—メートル。②前に長さの単位をつけて、その長さを一辺とする正方形をあらわすことば。例一〇メートル—。

【平凡】ヘイボン（名・形動ダ）とくに変わったところがなく、ふつうでありふれていること。対非凡（ヒボン）。例—な意見。—に生きる。

【平脈】ヘイミャク 健康な人の平常の脈拍（ミャクハク）。〔成人でふつう一分間に六〇—八〇〕

【平民】ヘイミン ①官位のない人民。ふつうの人民。庶民（ショミン）。②もと、戸籍（コセキ）にしるされた身分の一つ。皇族（コウゾク）・華族（カゾク）・士族（シゾク）以外の人。〔明治のはじめに作られた身分制度によるもので、一九四七（昭和二十二）年に廃止（ハイシ）された〕

【平明】ヘイメイ 一（名・形動ダ）あきらかでわかりやすいこと。例—な文章。二（名）夜明け。あけがた。

【平面】ヘイメン ①でこぼこのない、たいらな面。②〔数〕面上にあるどの二点を通る直線もつねにその面上にあるような面。例—図。

【平面的】ヘイメンテキ（形動ダ）①たいらなようす。②ものごとの内面に立ち入らないで、うわべだけですませるようす。例—な見方。▽対立体的。

【平野】ヘイヤ 山地に対し、海抜（カイバツ）が低く、たいらで広大な土地。例関東（カントウ）—。緑豊かな—が広がる。

【平癒】ヘイユ（名・する）病気が治ること。快復。平復。例—祈願（キガン）。すっかり—した。

【平和】ヘイワ（名・形動ダ）①心配やもめごとなどがなく、おだやかに治まっていること。例—な家庭。②戦争がなく世の中がおだやかなこと。対戦争。例世界の—を願う。—な国。

●開平（カイヘイ）・源平（ゲンペイ）・公平（コウヘイ）・水平（スイヘイ）・太平（タイヘイ）・泰平（タイヘイ）・地平（チヘイ）・不平（フヘイ）・和平（ワヘイ）

干2 【平】5画 ⇨【平】ヘイ（344ページ）

干3 【幵】6画 5484 5E75 音ケン漢呉 訓くさ

意味 平らなようす。

日本語での用法《くさ・ぐさ》姓（セイ）の一つ。「幵分（くさわけ）・小幵（こぐさ）」

干3 【年】6画 3915 5E74 教育1 音ネン漢呉 訓とし 付表今年（ことし）

筆順 ノ 𠂉 𠂉 乍 乍 年

なりたち 〔形声〕本字は「秊」で、「禾（=いね）」と、音「千（セン）→ネン」とから成る。穀物がみのる。

意味 ❶穀物のみのり（ぐあい）。例祈年（キネン）（=ゆたかなみのりをいのる）。❷とし。㋐穀物が（一度）実をむすぶ周期。十二か月、三百六十五日を単位とする期間。例年月（ネンゲツ）。年始（ネンシ）。平年（ヘイネン）。㋑人が生まれてからの期間。よわい。例年少（ネンショウ）。年長（ネンチョウ）。弱年（ジャクネン）。

難読 祈年祭（としごいのまつり）・年次（としなみ）

人名 かず・すすむ・ちか・と・とせ・ね・はじめ・みのる

【年男】としおとこ その年の干支（えと）と同じ干支の年に生まれた男の人。寺社などで、節分の豆まきをする役に選ばれる。〔女性の場合は「年女」という〕表記「▽歳男」とも書く。

【年▼嵩】としかさ（名・形動ダ）①年上（うえ）。年長。②年をとっていること。高齢（コウレイ）。例—の人に席をゆずる。

【年頃】としごろ 一（名）①だいたいの年齢（ネンレイ）。年のころ。例見たところ四十くらいの—。②ちょうどふさわしい年齢。とくに、結婚（ケッコン）するのにふさわしい年齢。適齢期。例—のむすめ。二（副）なん年も前から。ながねん。例—考えてきたことが実現する。表記 二は「年▽来」とも書く。

【年玉】としだま〔年の賜物（たまもの）（=いただいたもの）の意〕新年を祝ってする、お金や品物などのおくりもの。お年玉。

【年強】としづよ（名・形動ダ）①数え年で年齢（ネンレイ）をいうとき、その年の前半（=六月以前）に生まれたこと。また、その人。対年弱（としよわ）。②年上であること。

【年波】としなみ ①〔年も波も「寄る」ことから〕年をとることを波にたとえていうことば。例寄る—には勝てない。②年をとって肌（はだ）に出るしわ。

【年の功】としのコウ 年をとって経験を積んでいること。また、そこから生まれた知恵（チエ）。例亀（かめ）の甲（コウ）より—（=長年の経験がたいせつであることのたとえ）。

【年の瀬】としのせ 年の暮れ。年末。例—もおしつまる。

【年端】としは 年のほど。年齢（ネンレイ）。例—もいかぬ子（=まだ幼い子）。表記「年歯」とも書く。

【年▽増】としま 若いさかりをすぎて、やや年をとった女性。

【年寄】としより ①〔「年寄り」とも書く〕年をとった人。老人。②力士を引退して日本相撲（すもう）協会の評議員になった人。後進の養成にあたる。

【年弱】としよわ（名・形動ダ）①数え年で年齢（ネンレイ）をいうとき、その年の後半（=七月以後）に生まれたこと。また、その人。対年強（としづよ）。②年若いこと。また、年下であること。

【年賀】ネンガ ①新年の祝い。また、年始を祝うあいさつ。例—状。—に出かける。②長生きを祝うこと。賀の祝い。

【年会】ネンカイ 年に一度の会合。

【年回】ネンカイ 「年忌」に同じ。

【年額】ネンガク （収入や支出などの）一年間の金額。年間合計額。例―百万円の支出。

【年刊】ネンカン ［日刊・月刊などに対して］一年に一回刊行すること。また、その刊行物。

【年間】ネンカン ①一年のあいだ。例―所得。②ある年代のあいだ。例明治―。

【年鑑】ネンカン 一定の項目について、その一年の動きを、調査・統計などをのせて記録・解説した年刊の書物。イヤーブック。

【年忌】ネンキ 毎年めぐってくる、なくなった人の命日。また、それを数えることば。年回。回忌。周忌。

【年季】ネンキ ①昔、奉公人をやとうときに、いつまでと決めた年数。例―を入れる（＝長い年月、その仕事の経験を積む）。②年季奉公のこと。あらかじめやとわれる年限を決めてする奉公。

【年休】ネンキュウ 「年次有給休暇」の略。定められた休日以外に、その年度に取ることのできる有給の（＝給料がしはらわれる）休暇。年次休暇。

【年給】ネンキュウ ［日給・月給などに対して］一年間にいくらと決めた給料。年俸。

【年魚】ネンギョ ①生まれたその年のうちに死ぬさかな。②アユの別名。〔ふつう一年で死ぬことから〕③昔、サケの別名。〔たまごを産んですぐ死ぬので、一年の寿命だと思われていた〕

【年金】ネンキン 毎年しはらわれる決まった額のお金。国民年金・厚生年金・恩給など。

【年貢】ネング 〔毎年のみつぎものの意〕①昔、年ごとに田畑や土地に割り当てられた税。米や農作物などで納めた。例―の納め時（＝悪事をしつづけた者がつかまって罪のつぐないをするとき）。②小作人が地主に納める田畑の借り賃。小作料。

【年月】ネンゲツ・としつき ①長い間。歳月。例―を経る。②何年何月という日付。例発行の―をしるす。

【年限】ネンゲン 年単位で決められた期間。例在職―。

【年功】ネンコウ ①多年の功績。例―をたたえる。②長年の経験。また、それによって身につけた技術。例―を積む。

【年功序列】ネンコウジョレツ 会社などで、年齢や勤めた年数によって、地位や賃金の上下が決まること。

【年号】ネンゴウ ①年につける名前。②元号。

【年産】ネンサン ［日産・月産に対して］一年間の生産高。

【年始】ネンシ ①年のはじめ。年頭。年初。㊀年末。例年末―の休暇。②新年の祝い。また、新年を祝うあいさつ。年賀。例―回りをする。

【年歯】ネンシ 〔「歯」は、年齢の意〕とし。年齢。よわい。

【年次】ネンジ ①年の順序。とくに、入学や卒業についていう。例卒業―。②としごと。毎年。例―計画。―休暇。

【年収】ネンシュウ ［日収・月収などに対して］一年間の収入。例日本人の平均―。

【年中】ネンジュウ・ネンチュウ 一（名）一年の間。例―無休。二（副）いつも。しじゅう。あけくれ。例―しかられてばかりいる。

【年中行事】ネンチュウギョウジ ［「ネンジュウギョウジ」とも］毎年季節ごとの決まった時期におこなわれる行事。

【年初】ネンショ 年のはじめ。年始。年頭。㊀年末。

【年少】ネンショウ （名・形動ダ）年齢が下であること。年が若いこと。幼いこと。また、その人。年下。㊀年長。例かれはチームでいちばん―だ。幼稚園の―組。

【年商】ネンショウ 商店や企業などの一年間の売上高。例―十億円。

【年数】ネンスウ 年のかず。年月。例耐用―。この建物は相当―がたっている。

【年代】ネンダイ ①経過した年月。時代。例このワインは―物だ。②紀元から数えた年数。例―順に並べる。③時の流れをひとまとまりに区切った、ある一定の期間。例一九九〇―のファッション。④同じくらいの年齢の人の横の広がり。年齢層。世代。ジェネレーション。例同―の人人。

【年代記】ネンダイキ 年を追って、できごとをしるした書物。

【年長】ネンチョウ （名・形動ダ）年齢が上であること。また、その人。年上。としかさ。㊀年少。例―者。

【年度】ネンド 事務や会計などのつごうで、暦とは別に定めた一年の期間。役所や会社、学校などで用いる。〔ふつう四月一日から翌年の三月三十一日まで〕例―末。

【年頭】ネントウ 年のはじめ。年始。年初。例―のあいさつ。

【年内】ネンナイ その年のうち。例―にまにあわせる。

【年年歳歳】ネンネンサイサイ 毎年毎年。年年。例―花は相似たり、歳歳年年人は同じからず（＝花は毎年毎年美しくさくが、人は年ごとに移り変わっていく）。〈劉希夷・代下悲二白頭一翁上〉

【年輩】ネンパイ ①年のほど。おおよその年齢。例父と同―の人。五十一の男性。②相当な年齢。経験を積んで世間をよく知っている年ごろ。中年。例―のかたがたのご意見をうかがう。③年上。例五つ―だ。表記▽「年配」とも書く。

【年表】ネンピョウ 年ごとのできごとを年月の順を追って書きあらわした表。例世界史―。

【年賦】ネンプ 借金・代金・税金などの金額を毎年いくらと定めて、何回かに分けてはらうこと。年ばらい。㊀月賦。

【年譜】ネンプ ある人の一生や、あることがらについて、年月の順にしるした記録。例夏目漱石の―。

【年俸】ネンポウ 一年を単位として定めた給料。年給。

【年末】ネンマツ 一年の終わりの時期。年の暮れ。歳末。㊀年初・年始。例―調整。―の大売り出し。

【年来】ネンライ （副）なん年も前から。ながねん。例―の望み。

【年利】ネンリ ［月利・日歩に対して］一年を単位として、決めた利息。例―の高い預金。

【年輪】ネンリン ①木を輪切りにしたとき、その切り口に見える、中心から外側に広がるいくつもの輪。毎年一つずつ増えるので、その木の年数を知ることができる。②〔①の一つ一つの輪を、成長・経験・修業などにたとえて〕年ごとの成長や発展の歴史。長年の努力の積み重ね。例―を重ねる。作品に―を感じる。

【年齢】ネンレイ 生まれてから過ぎた年数。とし。よわい。例高―。―を重ねる。

●幾年・往年・隔年・学年・享年・去年・近年・行年・後年・昨年・若年・少年・新年・先年・前年・壮年・多年・中年・定年・同年・長年・晩年・豊年・没年・厄年・来年・例年・老年

干3 【并】6画 ⇒【幷】イ（348ジベー）

干5 【幸】8画 2512 5E78 教育3

音 コウ㊇㊄ 訓 さいわ-い・さち・しあわ-せ・さきわ-う

筆順 一 十 土 ｷ 去 去 幸 幸

なりたち ［会意］「屰（＝さからう）」と「夭（＝若死にする）」とから成る。若死にからまぬがれる。めでたい。

意味 ❶運がよい。思いがけないしあわせ。さいわい。さち。例幸運。幸福。不幸。❷かわいがる。いつくしむ。例幸姫（＝気に入りの女官）。❸天子のおでまし。みゆき。例幸臨。行幸。巡幸。

日本語での用法《さち》海や山でとれたもの。自然のめぐみ。「海の幸・山の幸」

難読 行幸・御幸

人名 あき・あきら・さき・たか・たかし・たつ・とみ・とも・ひで・みゆき・むら・ゆき・よし

【幸運】コウウン（名・形動ダ）幸福な運命。よいめぐりあわせ。運がいいこと。対不運。表記「好運」とも書く。

【幸甚】コウジン（名・形動ダ）ひじょうにしあわせなこと。たいへんありがたいこと。〔手紙で相手に対して深い感謝の意をあらわすときなどに使う〕例─に存じます。

【幸便】コウビン ①よいついで。つごうのよいたより。好便。例─に託する。②人に手紙を持たせてやるとき、手紙の書き出しに書きそえることば。

【幸福】コウフク（名・形動ダ）不安や不満がなく、心が満ち足りていること。さいわい。しあわせ。対不幸。例─な家庭に育つ。

【幸臨】コウリン（名・する）①天子が行幸して、その場にのぞむこと。②人がその場所に来ることを、うやまっていうことば。類光臨。

【▽幸先】さいさき（よいことのありそうな）前ぶれ。吉兆。例─のよいスタート。

●行幸・御幸・多幸・薄幸・不幸

干5 【幷】8画 1-9492 5E77 音ヘイ漢 ヒョウ呉 訓あわ-す・あわ-せる・なら-びに

干3 【并】6画 5485 5E76 俗字

意味❶一つにまとめる。あわせる。あわす。同併。例幷吞。❷ともに。ならびに。同併。例幷存。

干10 【幹】13画 2020 5E79 教育5 音カン漢呉 訓みき

筆順 一 十 𠂉 吉 卓 卓 𠦝 幹 幹

なりたち［形声］「干（＝木）」と、音「倝」とから成る。土塀をきずくとき、その両はしに立てる二本の木。

意味❶樹木のみき。また、ものごとの主要な部分。みき。例幹枝（＝木のみきと、えだ）。根幹。❷才能。わざ。例才幹。❸処理する。つかさどる。例幹事。主幹。

難読 麻幹・豆幹・箭幹

人名 えだ・き・くる・たか・たかし・ただし・つかさ・つね・つよ・つよし・とし・とも・のり・まさ・み・もと・もとき・よし

【幹才】カンサイ 仕事をうまく処理する才能。うでまえ。

【幹事】カンジ 団体や会合で、中心になって仕事の処理にあたる役。また、その人。世話役。世話人。例クラス会の─。

【幹線】カンセン 道路・鉄道・電話などの、主となるたいせつな線。本線。対支線。例─道路。

【幹部】カンブ〔枝や葉ではない、幹の部分の意〕会社や団体などで、重要な地位にあって、中心となって働く人。

●基幹・語幹・根幹・才幹・主幹

52 3画 幺 よう いとがしら 部

生まれたばかりの子供の形をあらわす。「糸」の字の上にある頭（＝漢字の上がわの部分）であることから「いとがしら」ともいう。「幺」をもとにしてできている漢字と、「幺」の字形を目じるしにして引く漢字とを集めた。

0 幺 1 幻 2 幼 6 幽 9 幾

この部首に所属しない漢字

玄⇩玄659 糸⇩糸767 胤⇩月818 畿⇩田682

幺0 【幺】3画 5486 5E7A 音ヨウ漢 訓いとけ-ない・すく-ない

意味❶小さい。こまかい。例幺微。❷数字の「一」の別の言い方。

【幺微】ヨウビ ①小さいようす。細かいようす。微小なようす。②とるにたらぬ人。小人。

幺1 【幻】4画 2424 5E7B 常用 音カン漢 ゲン呉 訓まぼろし

筆順 く 幺 幺 幻

なりたち［指事］「予」をさかさまにした形。あざむき、まどわす。

意味❶人の心をまどわす。人の目をくらます。たぶらかす。例幻術。幻惑。変幻。❷実際にはないのに、あるかのように見えるもの。まぼろし。例幻影。幻覚。夢幻。

【幻影】ゲンエイ ①実際にはないのに、あるかのように見えるもの。まぼろし。例─におびえる。②心の中に思いえがく姿。おもかげ。例─を追う。

【幻覚】ゲンカク 神経の異常によって、実際にないことをあるように感じること。〔物がないのに見えたり、音がしないのに聞こえたりすることなど〕例─症状。

【幻視】ゲンシ 実際にはないものが、あるように見えること。

【幻術】ゲンジュツ 人の目をくらます、不思議な術。魔法。妖術。また、手品。例─を使う。

【幻想】ゲンソウ（名・する）現実にありそうもないことを、心の中に思いうかべること。とりとめのない想像。空想。例─をいだく。

【幻像】ゲンゾウ 実際にはないのに、あるように見える形や姿。幻影。例─がちらつく。

【幻聴】ゲンチョウ 実際には音がしないのに、聞こえるように感じること。そら耳。例─になやまされる。

【幻灯】ゲントウ ガラス板にかいた絵、または陽画のフィルムなどに強い光を当て、レンズを通して拡大し、スクリーンに映し出して見せるもの。スライド。

【幻滅】ゲンメツ（名・する）①幻想から目覚めて現実にもどること。例─の悲哀。②心の中に思いうかべていたことと現実とのくいちがいを知り、がっかりすること。例かれにはまったく─した。

【幻惑】ゲンワク（名・する）人の目をくらまして、心をまどわすこと。類眩惑。例妖術に─される。

幺2 【幼】5画 4536 5E7C 教育6 音ユウ漢 ヨウ呉 訓おさな-い

筆順 く 幺 幺 幻 幼

なりたち［会意］「幺（ヨウ→ユウ）（＝小さい）」と「力（＝ちから）」とから成る。わかくおさない。

意味❶十歳。❷年がいかない。いとけない。おさない。一人前でない。例幼少。幼稚。長幼。童幼。

難読 幼気

[人名] わか

【幼魚】たまごからかえって、やや成長した魚。〔かえったばかりの魚は稚魚という〕㊀成魚。

【幼君】まだおさない主君。幼主。

【幼児】おさない子供。児童福祉法では、満一歳から小学校に入学するまでの子供。[参考]幼児より年下の子供は乳児、年上の子供は児童という。

【幼弱】（名・形動ナ）おさなくて、よわよわしいこと。また、その子供。[例]—の子をかかえて苦労する。

【幼少】（名・形動ナ）年齢が低いこと。おさないこと。[例]—時より音楽に親しむ。

【幼生】［生］カエル・エビ・カニなど、成長するにつれて形のかわる生物で、たまごからかえったばかりのもの。ふつう、親とはいちじるしく形が異なる。〔昆虫・クモ類の場合は幼虫という〕[例]カエルの—はオタマジャクシ。

【幼稚】（名・形動ナ）①年齢が低いこと。おさないこと。また、おさない子供。[例]—園。②ふるまいや考え方、技術などが子供っぽいこと。また、そのようす。[例]そんな—なうでまえでは仕事はできない。

【幼虫】昆虫やクモ類で、たまごからかえったばかりのもの。㊀成虫。[例]アゲハチョウの—を観察する。

【幼帝】まだおさない、皇帝や天皇。

【幼童】おさない子供。幼児。[例]—向けの読み物。

【幼年】年齢の低い年ごろ。おさないころ。㊀少年・青年・壮年・老年。[例]—時代。

●長幼・老幼

幺 6 【幽】 9画 4509 5E7D [常用] [音]ユウ㊥ ヨウ㊦ [訓]かす-か

[筆順] 丨 ... 幽

[なりたち] [会意]「山（=さえぎりおおう）」と「𢆶（=かすか）」とから成る。おおいかくす。

[意味] ❶おく深くて、くらい。もの静かな。ほのか。かすか。[例]幽遠。幽玄。深山幽谷。❷とじこめる。ふさぐ。[例]幽閉。❸死者の世界。また、死者のたましい。[例]幽鬼。幽明。幽霊。

【幽暗】（名・形動ナ）うすぐらいこと。くらくて、よく見えないこと。[例]—な森の中をさまよう。

【幽鬱】（名・形動ナ）①草木が深くしげること。②気持ちがはればれしないこと。[例]心の—を晴らしたい。[表記]②は「憂鬱」とも書く。

【幽▼婉】（名・形動ナ）上品で深みがあって美しいこと。やさしく美しいこと。また、しとやかなこと。[例]—な花の色。[表記]「幽艶」とも書く。

【幽遠】（名・形動ナ）おくが深く、とおいこと。俗世間から、はるかにとおいこと。[例]—の境地。—の真理。

【幽界】死後の世界。あの世。冥土。冥界。

【幽客】俗世間をはなれて静かに暮らす人。

【幽鬼】①死んだ人の霊。亡霊。幽霊。②ばけもの。妖怪。

【幽居】（名・する）世間をさけて、静かなところにひきこもって住むこと。また、その住まい。幽栖。閑居。

【幽境】世間から遠くはなれた、静かなところ。[例]鳥も通わぬ—。

【幽玄】（名・形動ナ）①おく深く微妙で、たやすく知ることができないこと。はかりしれないほど深い味わいのあること。[例]—の美。②中世の日本文学の美の理念の一つ。和歌などで、ことばにあらわされない深い趣や余情があること。

【幽光】①うす暗い中のかすかな光。[例]遠方にかすかな—。②人に知られない徳のかがやき。

【幽谷】人里から遠くはなれた、おく深い静かな谷。[例]深山—。

【幽魂】死んだ人のたましい。亡魂。

【幽寂】（名・形動ナ）おく深くもの静かなこと。[例]—の風情のある山の宿。

【幽趣】おくゆかしいおもむき。おく深く静かなおもむき。

【幽囚】とらわれて、ろうやなどに閉じこめられること。また、その人。[例]—の身。

【幽愁】心のおく深くにいだくうれい。深いもの思い。[例]—をふくむ美人のひとみ。

【幽▼邃】（名・形動ナ）〔「邃」は、おく深いの意〕景色などがおく深くて、ひっそりとしていること。[例]—の地。

【幽閉】（名・する）①人をある場所に閉じこめて外に出さないこと。[例]ろうやに—する。②深く閉じこもること。心がふさぐこと。

【幽明】①暗いことと明るいこと。②あの世とこの世。[例]—境を異にする（=死んであの世に行く）。

【幽冥】①ものがはっきり見えず、かすかで暗いこと。②あの世。死後の世界。冥土。[例]—界。

【幽門】胃の出口で十二指腸に続く部分。→【噴門】（214ページ）

【幽霊】①死んだ人のたましい。亡魂。幽鬼。②死んだ人が成仏できず、生きていたときの姿になってあらわれるというもの。亡霊。お化け。③実際にはないのにあるように見せかけたもの。また、跡だけあってなくなってしまったもの。[例]—会社。—作家（=ゴーストライター）。

幺 9 【幾】 12画 2086 5E7E [常用] [音]キ㊥㊦ [訓]いく

[筆順] ... 幾

[なりたち] [会意]「𢆶（=かすか）」と「戍（=武器で守る）」とから成る。かすかなきざし。

[意味] ❶けはい。まえぶれ。きざし。❷もうすこしのところで。ほとんど。ちかい。[例]幾殆（=ほとんど危ない）。幾死（=もうすこしで死ぬところだった）。❸不定の数量をあらわす。どれほど。いくつ。いくばく。いく。[例]幾許。幾分。幾人回（=いったい何人帰ったであろう）。❹ねがう。こいねがう。[例]庶幾。

[人名] おき・ちか・ちかし・のり・ひさ・ひさし・ふさ

【幾月】どれだけの月数。なんか月。〔不明、または不定の月数をあらわすことば〕[例]—も待った。

【幾重】㊀（名）いくつかかさなっていること。また、たくさんのかさなり。[例]—もの波がおし寄せる。㊁〔「幾重にも」の形で〕なん度もかさねて。ひたすら。〔感謝や謝罪などの気持ちを強調することば〕[例]—にもおわびします。

【幾多】（名・副）①数の多いこと。たくさん。[例]—の困難をのりこえる。②どれくらい多く。どれほど。[例]今回の戦争で—の命が失われたことか。

【幾度】なん度。なん回。〔不明、または不定の回数や度数をあらわすことば〕[例]—も行ったことがある。—連絡したことか。

【幾千代】どれほどの年月。なん千年。[例]—かけて誓う。

【幾人】どれだけの人数。なん人。〔不明、または不定の人数をあらわすことば〕[例]友達が—もできた。ここへは—来るのですか。

【幾年】(ねん・いくとせ) どれだけの年数。なん年。〔不明、または不定の年数をあらわすことば〕例はや—過ぎゆけば。こちらに来てからまだ—にもならない。表記「いくとせ」は「幾▽歳」とも書く。

【幾▽許】(いくばく)(名・副) ①どれほど。どのくらい。〔不定の数量をあらわすことば〕例わが命—ぞ。②〔下に打ち消しのことばをともなって〕ほとんどない。少ししかない。例余命—もない。③〔「幾許か」の形で〕わずか。例—かの金を持って旅に出る。表記▽「幾▽何」とも書く。

【幾▽許(いくばく)も無(な)く】まもなく。やがて。例それから—して帰って来た。

【幾分】(いくぶん) 一(名) いくつかの部分に分けた、その一つの部分。例土地の—かを売って得た金。二(副) いくらか。すこし。例昨日より—波が高い。

【幾山河】(いくやまかわ) どれほどの山や河。また、多くの山や河。例—越えさり行かば寂しさの終てなむ国ぞ今日も旅ゆく。〈若山牧水(わかやまぼくすい)〉

【幾世】(いくよ) どれほどの時代。また、長い年月。〔不定の年月をあらわすことば〕例この大木は—経たことだろう。表記「幾代」とも書く。

【幾夜】(いくよ) どれほどの数の夜。また、多くの夜。幾晩。例—もねむれない日日が続く。

【幾何】(きか) 一(名)「幾何学」の略。二(いくばく)(名・副)「幾許(いくばく)」に同じ。

【幾何学】(きかがく)〔数〕ものの形・大きさ・位置など、図形や空間の性質を研究する数学の一部門。

【幾微】(きび) ⇩【機微】(きび)(548ページ)

53
3画
广 まだれ部

屋根のおおいがたれている形をあらわす。「麻(マ)」の字にある垂れ(=漢字の上から左に垂れている部分)であることから「まだれ」という。「广」をもとにしてできている漢字と、「广」の字形を目じるしにして引く漢字とを集めた。

0 广 2 広 庁 3 庄 4 序 床 庇 5 庚 底 店 府 庖 庖 6 庠 度 7 庫 座 庭 8 庵 康 庶 庸 9 廂 廃 廊 廁 10 廈 廉 廉 廊 11 廓 廖 廏 廐 12 廝 廠 廛 廟 廡 廏 廣 廚 廢 13 廨 廩 16 廬 17 廰 18 廱 22 廳

この部首に所属しない漢字

応⇩心 385 唐⇩口 205 席⇩巾 340 鹿⇩鹿 1106
麻⇩麻 1108 塵⇩土 239 腐⇩肉 825 麼⇩麻 1108
慶⇩心 410 摩⇩手 453 麾⇩麻 1108 磨⇩石 720
麿⇩麻 1108 魔⇩鬼 1093 鷹⇩鳥 1105

广 0
【广】
3画 5488 5E7F

音 一ゲン漢 二アン漢呉

意味 一 崖(けが)によりかかるように建てた家。二 質素で小さな家。いおり。同庵(アン)。

参考 日本で、俗(ゾク)に「麻・磨・摩」などの、臨時(リンジ)の代用字として用いる。

广 2
【広】
5画 2513 5E83 教育2

音 コウ漢呉
訓 ひろ-い・ひろ-まる・ひろ-める・ひろ-がる・ひろ-げる

筆順 、 亠 广 広 広

广12
【廣】
15画 5502 5EE3 人名

なりたち [形声]「广(=屋根)」と、音「黄(コウ)」とから成る。四方の壁(かべ)がない大きな建物の上をおおう屋根。派生して「ひろい」の意。

意味 ❶面積や範囲(ハンイ)が大きい。ひろい。対狭(キョウ)。例広域(コウイキ)。広義(コウギ)。広野(コウヤ)。❷大きくする。ひろげる。言いひろめる。ひろめる。例広告(コウコク)。広報(コウホウ)。

人名 お・たけ・とう・ひろ・ひろし・ひろむ・みつ・ゆたか

【広域】(コウイキ) ひろい区域。例地震(ジシン)の被害(ヒガイ)が—にわたる。

【広益】(コウエキ) 公共の利益。例—事業。

【広遠】(コウエン)(名・形動ナ) ひろくてはかりしれないこと。規模が大きくおく深いこと。例—な構想をいだく。表記旧▼宏遠

【広角】(コウカク) 角度がひろいこと。とくに、レンズの写す角度がひろいこと。例—レンズを使って撮影(サツエイ)する。

【広軌】(コウキ) 鉄道で、レールのはばが国際標準(一・四三五メートル)よりひろいもの。対狭軌(キョウキ)。

【広義】(コウギ) 範囲(ハンイ)をひろめて考えた場合の、意味や解釈(カイシャク)。ひろい意味。対狭義(キョウギ)。例—に解釈する。

【広狭】(コウキョウ) ひろいこととせまいこと。また、はば。ひろさ。例人によって解釈(カイシャク)に—がある。

【広言】(コウゲン)(名・する) 大げさなことや、えらそうなことを言うこと。また、そのことば。大口(おおぐち)。大言(タイゲン)。例—を吐(は)く。

【広告】(コウコク)(名・する) 商品や催(もよお)しなどを、新聞・雑誌や放送などによって、世間にひろく知らせること。また、その文書や放送など。例求人—。新製品を新聞で—する。

【広壮】(コウソウ)(名・形動ナ) 建物などがひろくてりっぱなこと。例—な邸宅(テイタク)。表記旧▼宏壮

【広大無辺】(コウダイムヘン)(名・形動ナ) ひろく大きく、限りのないこと。果てしないこと。例—の宇宙。表記旧▼宏大無辺

【広漠】(コウバク)(形動タルト) 見わたすかぎり、ひろびろとして果てしないようす。例—とした原野が続く。表記旧▼宏漠

【広範】(コウハン)(形動ナ) ひろくいきわたるようす。また、範囲のひろいようす。例—な知識が求められる。

【広範囲】(コウハンイ)(名・形動ナ) ひろい範囲。範囲がひろいこと。例—の人人(ひとびと)の意見を聞く。

【広報】(コウホウ) 役所や団体などが、多くの人々にひろく知らせること。また、その知らせや文書。PR(ピーアール)。例—課。表記旧▼弘報

【広目天】(コウモクテン)〔仏〕四天王の一つ。西方を守る神で、大きな目で人間を観察し、悪人を罰(バッ)するという。広目天王。

【広野】(コウヤ) ひろびろとした野原。ひろの。例果てしない—。表記旧▼曠野

【広葉樹】(コウヨウジュ) 平たく、はばのひろい葉をもつ木。サクラ・カシ・シイなど。熱帯や温帯に分布する。闊葉樹(カツヨウジュ)。対針葉樹。

【広量】(コウリョウ)(名・形動ナ) 心がひろいこと。人を受け入れる気持ちが大きいこと。対狭量(キョウリョウ)。例—な人物。表記旧▼宏量

【広縁】(ひろエン) ①はばのひろい縁側(エンがわ)。例—で涼(すず)む。②寝殿造(シンデンづく)りの庇(ひさし)の間(ま)。

【広▽小路】(ひろこうじ) 町なかのはばのひろいみち。大通り。

【広場】① ひろびろとした場所。とくに、多くの人々のために設けた、屋外のひろい場所。例駅前—。② 多くの人々が集まって交流をはかることのできる場所。例話の—。
【広間】会合などのためのひろい部屋。ひろい座敷。例大—。

广 2
【庁】
5画 3603 5E81 教育6 音テイ漢 チョウ呉

筆順 、 亠 广 庁

广22 【廳】25画 5512 5EF3 人名
广17 【廰】20画 5513 5EF0 別体字

なりたち [会意]「广(=建物)」と「聽(テイ)(=きく)」とから成る。訴えや事情をきくところ。役所。
意味 役所。行政組織。例官庁。宮内庁。閻魔の庁。
【庁舎】官庁の建物。例新—を建設する。
【庁務】官庁の事務。役所の仕事。例—がとどこおる。
●官公庁・官庁・宮内庁・県庁・支庁・省庁・政庁・退庁・登庁・都庁・府庁・本庁

广 3
【庄】
6画 3017 5E84 人名 音ソウ漢 ショウ呉

なりたち [会意]「广(=建物)」と「土(=いなか)」とから成る。いなか。
参考 一説に、「莊(ソウ)」の俗字。
意味 いなか。むらざと。例庄家(=農家)。
日本語での用法《ショウ》奈良時代以後の荘園にかかわる役名などのことば。「庄園・庄官(=荘園の管理を任される役)・庄司(=荘園の管理を任される役)・庄屋」
人名 たいら・まさ・むら
【庄園】⇩【荘園】(851ページ)
【庄屋】江戸時代、領主の命令を受けて、村のとりまとめをした役。また、その人。〔多く、関西で「庄屋」、関東では「名主」といった〕

广 4
【序】
7画 2988 5E8F 教育5 音ショ漢 ジョ呉 訓ついーで

筆順 、 亠 广 户 庐 序

なりたち  [形声]「广(=建物)」と、音「予ヨ→ショ」とから成る。建物の東と西にある土塀。母屋の両わきの部屋。

意味 ❶ 中国、周代の学校。まなびや。〔母屋のわきの部屋で子弟を教育したことから〕例庠序(=学校)。❷ 定まった順番。次第。順番をつける。例序列。順序。秩序。❸ 書物の前書き。はしがき。同叙。例序言。序文。対跋。❹ いとぐち。ものごとのはじめの部分。例序曲。序の口(=ものごとのはじまり。また、大相撲の番付のいちばん下の段)。序破急。

日本語での用法《ついで・ついでに》本来の目的ではないが、あわせて別のことをおこなうよい機会。なりゆき。そのおり。「社用の序での観光・刷毛序でに塗る」

人名 つぎ・つぐ・つね・のぶ・はじめ・ひさし
【序曲】① 歌劇で、開幕の前に演奏する音楽。プロローグ。② 管弦楽曲の一形式。③ ソナタ形式を用い、単楽章で完結する交響楽の曲。④ ものごとの始まる前ぶれ。例大革命の—。

【序言】序文。前書き。はしがき。緒言。

【序詞】㊀ 序のことば。序文。㊁ 和歌の修辞法で、あることばを導き出すための前おきとなる語句。ふつう、枕詞よりも長い。

【序詩】序として、添えた詩。

【序次】ものごとの順序。また、順序をつけること。例論文掲載の—は発表年月順。

【序章】小説や論文などの、全体への導入として初めにおく章。対終章。

【序数詞】ものごとの順序を示す数詞。「第一」「二番目」「三つ目」「第六感」など。順序数詞。参考「一本」「二枚」「三階」「四番」の「本」「枚」「階」「番」のように、数字の下につけてそのものの種類をあらわすことばは、助数詞という。

【序説】本論にはいる前に説く論説。序論。

【序奏】ある楽曲の主要部分の前にある、導入部。イントロダクション。

【序二段】〔「二段」は、番付の下から二段目の意〕大相撲の番付で、最低の位(=序の口)よりも一つ上の位。また、その地位の力士。

【序破急】① 舞楽・能楽などの一曲を構成する、テンポや演じ方の異なる三つの部分。「序」は、おだやかな導入部。「破」は、変化を見せる展開部。「急」は、急テンポの終結部。〔能楽では、一日の演目の組み立て方についてもいう〕② ものごとの初めと中と終わり。例—の整った文章の構成。

【序盤】① 囲碁・将棋の勝負の初めの局面。例—戦。② ものごとの初めの段階。▽対終盤。

【序▼跋】序文と跋文。書物の前書きとあとがき。

【序文】書物の初めにかかげる文。その本の趣旨や方針、成立事情などをしるした文章。序。前書き。はしがき。序言。対跋文。

【序幕】〔「幕」は、演劇で幕があいてから引かれるまでのひと続きの場面〕① 演劇の最初の幕。第一幕。② ものごとの始まり。発端。例大事件の—になった。▽対終幕。

【序列】〔年齢・成績・地位などの〕基準にしたがってさだめる順序。例年功—。—をつける。

【序論】論文で、本論にはいる前の、準備としての論。緒論。序説。〔序論、本論、結論の構成をもつことが多い〕
●公序・自序・順序・秩序

广 4
【床】
7画 3018 5E8A 常用 音ソウ漢 ショウ呉 訓とこ・ゆか

筆順 、 亠 广 户 庁 床 床

なりたち [会意]「广(=建物)」と「木(=き)」とから成る。ねどこ。
参考 一説に、「牀(ショウ)」の俗字。
意味 ねどこ。寝台。ベッド。また、こしかけ。例床几。起床。病床。
日本語での用法 ㊀《ショウ・とこ》① 土台。地層。「岩床・鉱床」② 底の部分。「河床・船床」③ 座敷の正面を一段高くしてかけじくや花をかざるところ。「床の間・床柱」④ 理髪店。「床屋・髪結床」⑤ なえを育てるところ。「温床・苗床」⑥ ものをささえる台。「銃床」㊁《ゆか》家のなかで土の面より高く根太を設けて、その上に板が張ってあるところ。「床板・床上・床下」 三《ゆかしい》上品でつつましい。「床」は、あて字。「奥床しい・床しき音色」

難読 胡床

【床▼几】①昔、陣中や狩り場などで用いた折りたたみ式のこしかけ。②細長い板の両はしに足のついた、簡単なこしかけ。数人がすわれる。表記「▽牀▼几」とも書く。

【床上げ】(名・する) 長い病気や、出産のあと、元気になって、寝床をかたづけること。また、その祝い。

【床擦れ】(名・する) 病気で長くねていたために、背中や腰など、からだの、寝床に当たる部分がすれてただれること。褥瘡。

【床の間】客間などの座敷の上座に、ゆかを一段高くしてつくったところ。かけじくをかけたり、置物や花びんなどをかざる。

【床柱】床の間に立てる、かざりの柱。

【床屋】理髪店。また、理髪師。

【床山】役者や力士の髪を結う人。また、その職業。

【床板】ゆかに張る板。ゆかに張った板。例―がぬける。

【床面積】建築物の、室内部分の面積。〔押入れ・トイレ・洗面所などもふくむ〕

●温床・起床・銃床・苗床・寝床・病床・臨床

广4

【庇】

7画 4063 5E87 人名 音ヒ漢 訓かば-う・おお-う・ひさし

意味 おおいかくす。まもりたすける。おおう。かばう。例庇蔭。庇護。

日本語での用法《ひさし》本体の面から張り出した部分。「帽子の庇・庇を貸して母屋を取られる(＝一部分の使用を許したことで、しまいに全体を占領される)・庇髪」

【庇▼蔭】一(名) ひさしのかげ。二(名・する) かばいたすけること。おかげ。例神仏の―をこうむる。

【庇護】(名・する) 弱い者などを、かばいまもること。保護すること。例親の―のもとに育つ。大国の―を受ける。

【庇髪】前髪と左右の鬢とを前のほうによく出るように結う髪型。明治・大正時代の女優や女学生のあいだにはやった。

广5

【庚】

8画 2514 5E9A 人名 音コウ漢 訓かのえ

意味 十干の七番目。かのえ。方位では西、五行では金にあてる。例庚申。庚申塚。

難読 長庚

人名 か・つぐ・とし・みち・やす

【庚申】①干支の一つ。十干と十二支の組み合わせで五十七番目。②〔仏〕「庚申待ち」の略。庚申にあたる日の夜、仏家では帝釈天や青面金剛(＝帝釈天のつかわしめ)を、神道では猿田彦を祭って、一晩中寝ないで夜が明けるのを待つ行事。

【庚申塚】「庚申②」の神を祭った塚。青面金剛や三びきのサルをきざんだ石塔を道ばたに立てる。

广5

【底】

8画 3676 5E95 教育4 音テイ漢呉 訓そこ

筆順 、 亠 广 庐 庐 底 底 底

なりたち [形声]「广(＝建物)」と、音「氐」とから成る。とどまる。また、下のところ。

意味 ❶いたりつく。とどまる。いたる。例底止。❷もののいちばん下の深いところ。器物の下部。そこ。例底辺。海底。❸行きつく最後のところ。はて。例徹底。払底。❹文書の下書き。よりどころ。例底稿(＝もとの原稿)。底本。❺程度。種類。てい。〔宋・元代の俗語に由来する用法〕例この底のもの。

人名 いたる・さだ・ふか

【底上げ】(名・する) 低い水準をひきあげること。基準を高めること。例賃金の―を要求する。

【底意】表面に出さないで、心にかくしている考えや気持ち。心のそこ。下心。例―をはかりかねる。

【底意地】表面には出さない心のそこにひそむ気持ち。本来もっている気質。例―が悪い。

【底力】おくそこにかくしもつ本来の力。ふだんは見せないが、いざというときに出せる強い力。例―を発揮する。

【底無し】①もののそこがないこと。また、そこがわからないほど深いこと。例―の沼。②終わりがないこと。限度がないこと。例―の食欲。―のお人よし。

【底荷】船の安定をよくするために、船底に積む砂利や石などの重い物。脚荷。底積み。バラスト。

【底抜け】一(名) そこがぬけて、ないこと。また、そこのないもの。例―のバケツ。二(名・形動) ①きりがないこと。なみはずれていること。例―に明るい少年。②しまりがない人をののしっていうことば。例この―め。

【底▼翳】眼球のなかの故障のために、視力に異常の起こる病気。白内障・緑内障など。表記「▽内▽障・▽内▽障▽眼」とも書く。

【底冷え】(名・する) からだのしんまで冷えること。また、そのように寒いこと。例―がする夜。京都の冬の―。

【底光り】おくそこに光を宿していること。また、すぐれた力がおくにひそんでいると感じられること。例―のする作品。

【底止】(名・する) 行きつくところまで行ってとまること。例―するところを知らず。

【底辺】①〔数〕三角形の頂点に対する辺。また、台形のたがいに平行な二つの辺。②社会や集団の、いちばん下層の部分のたとえ。例―の声に耳をかたむける。

【底本】翻訳や校訂などをするときの、もととなる本。〔「定本」と区別して「そこホン」「そこボン」ともいう〕例初版本を―とする。

【底面】①そこの面。②〔数〕円錐・角錐の頂点に対する面。また、円柱・角柱などの平行な二つの面。

【底流】①海や川などのそこのほうの流れ。②表面に出ないで、ひそかに動いている勢い。〔多くの人々が心の内にもっている共通の感情や思想など〕例国民の―にある意識。

●糸底・海底・基底・根底・心底・水底・地底・徹底・到底・払底

广5

【店】

8画 3725 5E97 教育2 音テン漢 訓みせ・たな

筆順 、 亠 广 广 庐 庐 店 店

なりたち [形声]「广(＝建物)」と、音「占(セン→テン)」とから成る。品物や食品を並べておく家。

意味 ❶品物を並べて売る家。商家。みせ。たな。例店頭。商店。露店。❷やどや。はたご。例旅店。

日本語での用法《たな》①借家。また、家を借りている人。「店子・店賃」②あきないをするみせ。みせ屋。「占卸・十軒店」

【▽店卸】(たなおろし) ⇩【棚卸】(536ページ)

【▽店子】(たなこ) 〔古い言い方〕家を借りている人。借家人。㊉大家・家主。

【店員】(テンイン) 商店につとめる人。

【店主】(テンシュ) みせの主人。

【店頭】(テントウ) みせ。みせの入り口のあたり。みせさき。例—販売。

【店舗】(テンポ) 商売をするための建物。みせ。商店。例—を構える。

【店先】(みせさき) みせの入り口のあたり。また、みせの前。店頭。

【店番】(みせバン) (名・する) みせの番をすること。みせさきで、見張りや客の相手をすること。また、その人。例—をたのまれる。

●開店・喫茶店・支店・出店・商店・書店・茶店・売店・百貨店・閉店・本店・露店

广5

【府】

8画 4160 5E9C 教育4 音フ㊈㊇

筆順 丶 亠 广 广 庁 府 府

なりたち 〔形声〕「广(=建物)」と、音「付フ」とから成る。文書をおさめ、しまうところ。

意味 ❶文書や宝物を収めるくら。くら。例府庫(=文書・資財を入れるくら)。秘府。❷役所。官庁。例府中。政府。幕府。❸いえ。やしき。貴人の邸宅。❹人やものの集まるところ。中心地。みやこ。例学府。首府。

日本語での用法《フ》①地方公共団体の一つ。「京都府・大阪府」②行政官庁の一つ。「国府・内閣府」

人名 あつ・おさむ・くら・つかさ・もと

【府下】(フカ) 府の区域内。また、府の中心地を除いた地域。

【府県】(フケン) 地方自治体である、府と県。例都道—。

【府中】(フチュウ) ①宮中に対して、政治をおこなう表向きの役所。②昔、国ごとに置かれた国司の役所。国府。例武蔵の—。③府の区域内。

【府庁】(フチョウ) 府の行政事務をおこなう役所。また、その建物。

【府内】(フナイ) ①府の区域内。②江戸時代、江戸と呼ばれた区域内。江戸町奉行がとりしまる区域のなか。御府内。

【府立】(フリツ) 府が設立し、運営していること。例—体育館。

●学府・首府・政府・太宰府・幕府

广5

【庖】

8画 4289 5E96 音ホウ㊈ 訓くりや

广5

【庖】

8画 俗字

意味 台所。くりや。また、料理人。例庖厨。庖丁。

【庖人】(ホウジン) 料理することを専門にする人。料理人。コック。

【庖▼厨】(ホウチュウ) 食物を調理するところ。台所。勝手。くりや。

【庖丁】(ホウチョウ) 一(名・する) ①料理に用いる刃物をまとめていうことば。出刃包丁・刺身包丁など。②料理のうでまえ。例—の、冴え。③料理をすること。包丁を使うこと。例さいの目に—する。二(ホウテイ)(名)〔昔の中国で、ウシの骨と肉をたくみにさばいたという料理の名人の名前から〕料理人。

表記 一は、㊣包丁。

广5

【庖】8画 ⇩【庖】(ホウ)(353ページ)

广6

【庠】

9画 5489 5EA0 音ショウ㊈㊇

意味 中国、殷代の学校。まなびや。例庠序。庠黌。

【庠序】(ショウジョ) 〔「序」は、周代の学校をいう〕学校。(=学校)。

广6

【度】

9画 3757 5EA6 教育3 音一ト㊈ド㊇ 二タク㊈ 訓たび・た-い・はか-る

筆順 亠 广 广 庐 庐 庐 度 度

なりたち 〔形声〕「又(=て)」と、音「庶ショ→ト」の省略体とから成る。手やうでなどで物の長さをはかる。また、その単位・基準。

意味 一ドト ❶ものさし。長さの基準。また、目盛り。単位。例温度。速度。濃度。❷回数。年月の区切り。例度数。年度。❸ほどあい。例程度。❹きまり。さだめ。例制度。法度。❺心のもちかた。心の大きさ。例度量。態度。❻わたる。わたす。同渡。㋐〔仏〕この世の人をすくう。彼岸にわたす。例済度。度し難い。㋑〔仏〕出家する。僧尼になる。例得度。滅度。二タク はかる。みつもる。例支度。忖度。

日本語での用法《たい》助動詞「たい」にあてる。…したい。希望する。「お目にかかり度い・お願い致し度く存じます」

人名 ただ・なが・のぶ・のり・みち・もろ・わたる

【度外】(ドガイ) 一①決められた範囲のほか。数に入れないこと。例日常のことはすべて—にして芸に専心した。②心の外。気にとめないこと。例世論を—に置いた改革。二【度外れ】(ドはずれ) ふつうの程度をこえていること。なみはずれ。例—の力持ち。

【度外視】(ドガイシ) (名・する) 問題にしないこと。相手にしないこと。無視。例採算を—する。

【度胸】(ドキョウ) おそれたり、あわてたりしない心。きもったま。胆力。例いい—をしている。

【度数】(ドスウ) ①ものごとがおこなわれた回数をあらわす。回数。頻度。例電話の使用—。②温度・角度やアルコールの含有率などを示す数。例—の高い酒。

【度量】(ドリョウ) ①物差しと升。②長さと容積。③心が広くて、他人の言行をよく受け入れる性質。例—がせまい。

【度量衡】(ドリョウコウ) ①物差しと升とはかり。②長さと容積と重さ。例—の単位。

●幾度・一度・緯度・角度・過度・感度・強度・極度・経度・軽度・限度・高度・硬度・今度・再度・支度・湿度・尺度・深度・進度・制度・精度・節度・鮮度・丁度・都度・程度・適度・年度・濃度・法度・頻度・毎度・密度

广7

【庫】

10画 2443 5EAB 教育3 音コ㊈㊇ ク㊆ 訓くら

筆順 亠 广 广 庐 肩 庫 庫

なりたち 〔会意〕「車キョ→コ(=くるま)」が「广(=屋根)」の下にある。兵車をしまうところ。

意味 兵器・書物・財宝などをしまっておくための建物。くら。例金庫。在庫。書庫。倉庫。

難読 神庫

【庫裏】(クリ) 〔仏〕①寺の台所。②寺の建物のうち、住職やその家族の住むところ。表記▽「庫▼裡」とも書く。

●格納庫・公庫・国庫・車庫・出庫・入庫・文庫・宝庫

广 7

【座】

10画 2634 5EA7 教育6 音サ漢・ザ呉・ソ・ゾ唐 訓すわる・すわり

筆順 亠 广 广 広 応 座 座

なりたち［形声］「广（＝屋根）」と、音「坐ザ（＝すわる）」とから成る。すわるところ。

意味 ❶すわる場所。例座席・座右・王座。❷ものをすえる台。例台座・砲座。❸地位。くらい。例首座・妻の座。❹すわる。同坐。例座視・正座・端座。❺人の集まり。集まりの席。例座興・中座。❻星の宿り。例天秤座。❼仏像・山岳などを数えることば。例仏像三座。

日本語での用法《ザ》特定の人やものの集まるところ。団体。「歌舞伎座・銀座」

使い分け すわる【座・据】⇩1171ページ

難読 御座おまし

人名 おき・くら

【座下】ザカ ①座席のそば。②手紙のわき付けの一つ。あて名の左下に書きそえて、相手をうやまう気持ちをあらわす。

【座▼臥】ザガ（名・する）すわることと寝ること。起居。転じて、いつも。ふだん。例行住―。日常の―。表記㊐▼坐▼臥

【座金】ザがね 取っ手などの根元や打ったくぎの頭をかくすために、かざりとしてつける金具。座金物。

【座興】ザキョウ ①宴会などで、その場のおもしろみをそえるための、かくし芸や遊び。余興。例―にものまねをする。②その場だけのたわむれ。冗談。例ほんの―だ。

【座業】ザギョウ 一定の仕事場で、すわってする仕事。座職。居職。表記㊐▼坐業

【座高】ザコウ ①すわったときの、身のたけ。［古くは「居丈いたけ」といった］②背すじをのばしていすにこしかけたときの、いすの表面から頭の頂点までの高さ。表記▽㊐▼坐高

【座骨】ザコツ しりの下部にあって、すわったときにからだをささえる、左右一対のほね。表記㊐▼坐骨

【座作進退】ザサシンタイ 日常の一つ一つの動作。身のこなし。たちいふるまい。例―にまで気を配る。表記㊐▼坐作進退

【座視】ザシ（名・する）だまって見ているだけで、かかわりをもたないこと。例隣人の不幸を―するにしのびない。表記㊐▼坐視

【座敷】ザしき ①たたみをしいた部屋。和室。日本間。とくに、客間。例―に通される。②和風の宴会の席。また、その時間。例―が長い。③宴会のとりもち。例―をつとめる。④芸人や芸者が客に呼ばれること。例お―がかかる。

【座▼礁】ザショウ（名・する）船が暗礁や浅瀬に乗り上げて動けなくなること。また、ものごとが行きづまることをたとえていう。対離礁。表記㊐▼坐▼礁

【座食】ザショク（名・する）働かないで、持っている財産などで生活すること。居食い。徒食。例―の徒。表記㊐▼坐食

【座職】ザショク すわったままでする職業。座業。表記㊐▼坐職

【座席】ザセキ すわる席。席。例―指定。表記㊐▼坐席

【座禅】ザゼン〔仏〕足を組み背すじをのばしてすわり、心を静めてさとりを得ようとすること。禅宗の修行の方法。表記㊐▼坐禅

【座像】ザゾウ すわっている姿の像。対立像。表記㊐▼坐像

【座卓】ザタク たたみにすわって使うテーブル。表記㊐▼坐卓

【座談】ザダン（名・する）①なん人か集まり、くつろいだ気分で自由に話し合うこと。また、その話。例―会。②その場かぎりの話。

【座長】ザチョウ ①集会や座談会などで、中心になって話を進めていく人。類議長。例―をつとめる。②劇団などの一座のかしら。座頭ざがしら。

【座頭】㊀ザトウ ①昔、盲人の琵琶法師の身分の一つ。検校・別当・勾当に次ぐ身分。②僧形の盲人。琵琶や三味線をひいたり、あんまやはりなどを職業とした。③盲人。㊁ざがしら 劇団などの一座の長。座長。

【座標】ザヒョウ ①〔数〕平面または空間にある点の位置を、たがいに直角に交わる直線を基準としてあらわしたひと組みの数値。例―軸。②位置づけ。また、そのよりどころ。例アジアにおける日本の―。

【座布団】ザブトン すわるときにしく、四角いふとん。表記「座▼蒲団」とも書く。

【座薬】ザヤク 肛門などにさし入れ、体温でとけるようにしたくすり。表記㊐▼坐薬

【座右】ザユウ［「ザウ」とも］①座席のみぎ。転じて、身近なところ。例―に備える。②手紙のわき付けの一つ。あて名の左下に書きそえて敬意をあらわす。類座下・おもと。

【座右の銘】ザユウのメイ いつも身辺に置き、みずからのいましめとする、たいせつなことば。

【座浴】ザヨク 病人などが、腰から下だけ湯につかること。腰湯。表記㊐▼坐浴

●一座・円座・王座・玉座・銀座・車座・下座・口座・高座・講座・上座・星座・前座・即座・退座・台座・中座・鎮座・当座・満座・連座

广 7

【庭】

10画 3677 5EAD 教育3 音テイ漢 訓にわ

筆順 亠 广 广 庄 庄 庭 庭 庭

なりたち［形声］「广（＝建物）」と、音「廷テイ」とから成る。宮廷の部屋の中。

意味 ❶政務をとるところ。役所。同廷。例宮庭・法庭。❷屋敷の中に設けた広場。にわ。例庭園・庭球・校庭。❸いえ。家のなか。一家。例庭訓・家庭。

難読 伊庭いば（＝姓）・饗庭あえば（＝姓）・大庭おおば（＝姓）

人名 なお・ば

【庭園】テイエン 美しくつくられたにわ。りっぱなにわ。例日本―。

【庭球】テイキュウ 長方形のコートの中央にネットを張って、ラケットでボールを打ち合う競技。テニス。

【庭▽訓】テイキン 家庭で親が子にあたえる教えや、しつけ。家庭教育。庭の教え。［孔子が、庭を走る子の伯魚（＝名は鯉リ）を呼びとめて、詩や礼を学ぶ必要を教えさとしたことから〈論語〉］例父母の―を今も守っている。→【鯉庭】テイ（1096ページ）

【庭上】テイジョウ にわの中。にわのあたり。にわさき。例秋の―にすだく虫のこえ。

【庭前】テイゼン にわの縁側に近いあたり。にわさき。例―に梧桐ゴトウ（＝アオギリ）を植える。

【庭石】にわいし にわに趣をそえるために置く石。また、伝い歩くために置く石。

【庭木】にわき にわに趣をそえるために植える木。また、にわにある木。

【庭先】にわさき ①にわの、縁側や家屋に近いところ。また、にわ。

例農家の―で見られる風景。②にわのはしのほう。例―を借りる。表記▽「庭▽前」とも書く。

【庭師】草木を植えるなどして、にわをつくったり、にわの手入れをしたりすることを職業とする人。にわづくり。造園家。

●家庭・径庭・校庭・箱庭

广8
【庵】
11画 1635 5EB5 人名 音アン漢呉 訓いおり・いお

艹8
【菴】
11画 7231 83F4 別体字

意味 ❶仏道の修行者や隠者などが住むような質素な小さな家。いおり。例草庵・僧庵。柴の庵。❷文人の住まいや名前につけることば。例芭蕉庵。不識庵。

難読 庵を結ぶ

【庵室】〔古くは「アンジツ」「アンジチ」ともいった〕僧や尼、世捨て人などが住む、そまつで小さな家。いおり。

【庵主】①庵室の主人。とくに、尼僧。②茶の湯で、茶室の主人。類亭主。

【庵住】（名・する）庵室に住むこと。また、住んでいる人。

广8
【康】
11画 2515 5EB7 教育4 音コウ漢 訓やす-い

筆順 亠 广 户 庐 庐 庚 康 康

なりたち 形声「米(=穀物の実)」と、音「庚」とから成る。穀物の皮。派生して「安らか」の意。

意味 無事。安らか。からだがじょうぶ。また、たのしい。たのしむ。例安康。健康。小康。

人名 しず・しずか・たか・たかし・みち・みつ・やす・やすし・よし

广8
【庶】
11画 2978 5EB6 常用 音ショ漢呉 訓もろもろ・こいねが-う

筆順 亠 广 户 庐 庐 庐 庶 庶

なりたち 会意「广(=建物)」と「炗(=多い)」とから成る。家の中にいる多くの人。

意味 ❶数多くの。いろいろの。世間のごくふつうの人々。もろもろ。例庶民。庶務。❷正妻でない女性の産んだ子。めかけの子。対嫡。例庶子。庶出。❸どうか…であってほしいと思う。こいねがう。例庶幾。❹ほとんど…と同じである。ちかい。じゅうぶん見こみがある。例回也其庶乎（=顔回はほとんど理想的な状態だ）。〈論語〉

人名 ちか・もり・もろ

【庶幾】（名・する）〔「幾」も、願う意〕こいねがうこと。つよく希望すること。例戦争の終結を―する。

【庶士】①「庶人」に同じ。②軍人。兵士。

【庶子】①正妻以外の女性が産んだ子。②〔法〕旧民法で、婚姻関係にない女性が産んだ子で、父親が自分の子と認めた子。③昔、家のあとどり以外の子。▽対嫡子。

【庶出】正妻以外の女性を母として生まれたこと。また、その子。妾腹。対嫡出。

【庶人】多くの人。とくに、特別の身分などのない、ごくふつうの人々。庶民。平民。

【庶民】特別な身分や地位や財産を持たない、いっぱんの人々。大衆。例―性。―的。―の生活。

【庶務】会社や役所などで、いっぱんのさまざまな事務。例―課。

广8
【庸】
11画 4539 5EB8 常用 音ヨウ漢 訓もち-いる・つね

筆順 亠 广 户 庐 庐 肩 肩 庸

なりたち 会意「用(=もちいる)」と「庚(=交代する)」とから成る。交代して用いる。

意味 ❶人をある役目につけて使う。やとう。もちいる。同傭。例庸人。登庸。❷一定して変わらない。つね。例中庸。❸平凡な。なみの。つまらない。おろかな。例庸君。凡庸。❹唐代の税法。労役または労役の代わりに絹や米を納めたもの。例租庸調。

人名 いさお・のぶ・のり・もち・もちう・やす・やすし・よ・よし

【庸君】特別にすぐれた点のない君主。平凡な君主。庸主。

【庸才】凡庸の才。平凡な才能。また、たいしたことのない人。凡才。表記「庸▽材」とも書く。

【庸人】一とくにすぐれたところのない、ふつうの人。凡人。二人にやとわれている人。使用人。表記二は「▼傭人」とも書く。

【庸劣】（名・形動ナ）すぐれた点がなくおとっていること。おろかなこと。庸愚。例―の徒を近づけるな。

●中庸・登庸・凡庸

广9
【廂】
12画 5491 5EC2 音ショウ漢 ソウ呉 訓ひさし

意味 正堂(=表御殿)の左右にあるわき部屋。ひさし。

广9
【廃】
12画 3949 5EC3 常用 音ハイ漢呉 訓すた-れる・すた-る

筆順 亠 广 户 庐 庐 庐 庐 廃

广12
【廢】
15画 5506 5EE2

なりたち 形声「广(=建物)」と、音「發ハツ→ハイ」とから成る。建物がだめになる。

意味 ❶こわれる。だめになる。ほろびる。すたれる。例廃墟。廃品。荒廃。❷やめる。すてさる。用いないことにする。例廃棄。廃止。撤廃。❸からだがだめになる。同癈。例廃疾。廃人。

【廃案】採用または議決されず、廃止となった議案や考案。例会期切れで―になる。

【廃位】（名・する）君主や国王などを、その位からしりぞかせること。例暴君を―する。

【廃液】工場などで使用したあとの不要な液体。有害な物質をふくむことが多い。廃水。例工場の―。

【廃園】一（名）あれはてた庭園。二（名・する）遊園地・動物園・幼稚園などがその仕事をやめること。

【廃屋】住む人がいなくなって、あれはてた家。あばら屋。廃家。

【廃家】①あれはてた家。あばら屋。廃屋。例故郷の―。②相続人がいないため、家系が絶えること。また、その家。

【廃刊】（名・する）それまで出していた新聞・雑誌などの発行をやめること。対創刊。例五十号で―になる。

【廃棄】（名・する）いらないものとして捨てること。やめて使わないこと。破棄。例産業―物。

【廃▼墟】人が住まなくなって、あれはててしまった建物や町のあと。例戦争で―と化した町。

【廃業】ハイギョウ（名・する）今までやっていた商売や職業をやめること。対開業・創業。例銭湯セントウを―する。

【廃語】ハイゴ 現在では使われなくなったことば。死語。たとえば、「活動写真」「廃嫡ハイチャク」など。

【廃坑】ハイコウ ほり出すことをやめた鉱山や炭坑。また、その坑道。

【廃校】ハイコウ（名・する）学校を廃止すること。また、廃止された学校。対開校。例生徒が少なくなって―となる。

【廃鉱】ハイコウ 鉱山や炭鉱を廃止すること。また、その鉱山や炭鉱。例石炭をほりつくして―になる。

【廃残】ハイザン 身も心もそこなわれること。おちぶれること。例―の身となる。

【廃止】ハイシ（名・する）制度・習慣など、今までおこなわれてきたことをやめること。類撤廃テッパイ。対存置ソンチ。例奴隷ドレイ制度を―する。虚礼キョレイ―。

【廃市】ハイシ さびれた都市。また、人の住まなくなった都市。例―になったもと軍事基地の街。

【廃▼址】ハイシ 城・家・町などがあれはてたあと。廃墟ハイキョ。

【廃寺】ハイジ 住職がいなくて、あれはてた寺。

【廃疾】ハイシツ 病気やけがによって、からだに重い障害があること。表記「▼癈疾」とも書く。

【廃車】ハイシャ 古くなったり、こわれたりして、使うのをやめた車両。とくに、登録からはずした自動車。例―の手続きをする。

【廃人】ハイジン 病気・けがなどによる重い障害のために、ふつうの生活ができない人。表記「▼癈人」とも書く。

【廃水】ハイスイ 使っていらなくなった、よごれた水。廃液。例工場の―。

【廃絶】ハイゼツ（名・する）①家系などがすたれてあとがたえること。②使用するのをやめてなくすこと。例核兵器カクヘイキを―する。

【廃線】ハイセン（名・する）鉄道やバスで、それまで営業していた路線を廃止すること。また、その路線。例採算がとれないで―した路線。

【廃退】ハイタイ（名・する）すたれおとろえること。くずれ乱れること。退廃。例道義の―をなげく。表記旧廃▼頽

【廃嫡】ハイチャク（名・する）〔法〕旧民法で、嫡子の身分を失わせること。相続人としての資格を取り消すこと。

【廃刀】ハイトウ 刀を腰こしにつけることをやめること。例―令（＝明治初期に出された法令）。

【廃盤】ハイバン レコードやコンパクトディスクなどで、品切れになっても追加の製造をしないとされたもの。

【廃品】ハイヒン 役に立たなくなって、いらなくなった品物。廃物。例―を回収する。

【廃物】ハイブツ 役に立たなくなったもの。廃品。例―利用。

【廃仏毀釈】ハイブツキシャク 明治初期に起こった、仏教を排斥ハイセキする運動。全国で寺や仏像・仏書などが破壊ハカイ、または古道具として処分された。表記「排仏棄釈」とも書く。

【廃油】ハイユ 使用ずみの、役に立たなくなったあぶら。例―処理施設シセツ。

【廃立】ハイリツ／ハイリュウ（名・する）臣下が君主を位からおろし、別の君主を立てること。例革命で―された皇帝コウテイ。

●改廃カイハイ・荒廃コウハイ・興廃コウハイ・全廃ゼンパイ・存廃ソンパイ・退廃タイハイ・撤廃テッパイ

广9 【廊】 12画 4713 5ECA 常用 音ロウ漢

筆順 亠 广 广 庐 庐 庐 廊 廊

广10 【廊】 13画 1-8414 F928 人名

なりたち [形声]「广（＝建物）」と、音「郎ロウ」とから成る。建物の東西にある部屋。

意味 建物と建物とを結ぶ通路。わたどの。例廊下ロウカ。回廊カイロウ。画廊ガロウ。

人名 ひさし

【廊下】ロウカ 部屋と部屋、または建物と建物をつなぐ通路。

【廊閣】ロウカク わたり廊下と、高殿たかどの。

【廊▼廟】ロウビョウ〔「廟」は、表御殿おもてゴテンの意〕①表御殿。②天子が政治をおこなうところ。朝廷チョウテイ。類廟堂ビョウドウ。

●回廊カイロウ・柱廊チュウロウ・歩廊ホロウ

广9 【廁】 12画 ⇨【厠】シ（172ジペー）

广10 【廈】 13画 5492 5EC8 音カ漢 訓いえ・おおいえ・たかどの

广10 【厦】 12画 5047 53A6 俗字

意味 ❶大きな建物。いえ。例大廈タイカ。❷母屋おもやのまわりの細長い部屋。ひさし。❸「廈門アモイ」は、福建省の都市。

广10 【廉】 13画 4687 5EC9 常用 音レン漢 訓かど・いさぎよ-い・やす-い

筆順 亠 广 产 产 产 产 廉 廉

广10 【廉】 13画 F9A2

なりたち [形声]「广（＝建物）」と、音「兼ケン→レン」とから成る。部屋のすみ。かど。派生して「清く正しい」の意。

意味 ❶心がまっすぐで正しい。いさぎよく欲がない。例廉潔レンケツ。廉恥レンチ。廉直レンチョク。❷値段がやすい。例廉価レンカ。

日本語での用法《かど》数えたてるに足りる理由。また、目立った事項ジコウ。「挙動不審キョドウフシンの廉かどでとがめられる・一廉ひとかどの人物ジンブツ」

人名 おさ・きよ・きよし・すが・すなお・ただし・やす・ゆき

【廉価】レンカ（名・形動ダ）値段がやすいこと。また、やすい値段。安価。類廉直レンチョク。対高価。例―で販売ハンバイする。

【廉潔】レンケツ（名・形動ダ）私欲がなく、おこないが正しく、やましいところのないこと。清廉潔白。例―な政治家。

【廉士】レンシ 心がきれいで私欲のない人。廉潔の士。例政界にはめずらしい―。

【廉正】レンセイ（名・形動ダ）心が清く正しいこと。清廉。類廉直。例―をもって有名な紳士シンシ。

【廉節】レンセツ（名・形動ダ）清く正しい心をかたく守り通すこと。例―の士。

【廉恥】レンチ 心が清く、はじを知っていること。例―心。

【廉直】レンチョク（名・形動ダ）①心が清く、正直ショウジキで曲がったことをしないこと。類廉正。例―の人。②値段がやすいこと。安価。類廉価。

【廉売】レンバイ（名・する）商品をふだんよりやすい値段で売ること。安売り。例大ダイ―。

【廉吏】レンリ 心が清らかで正直な役人。

●清廉セイレン

广10 【廉】 13画 ⇨【廉】レン（356ジペー）

广10 【廊】 13画 ⇨【廊】ロウ（356ジペー）

广11 【廓】 14画 1939 5ED3 音カク漢呉 訓くるわ

意味 ❶城門の外側のかこい。かこまれた場所。くるわ。同郭。例外廓ガイカク・城廓ジョウカク・輪廓リンカク。❷ひろげる。ひろい。大きい。同拡カク。例廓大カクダイ。❸からの。むなしい。例廓然カクゼン。

日本語での用法《くるわ》遊里。遊女のいる世界。「廓言葉くるわことば・廓遊くるわあそび」

表記 現代表記では、「郭カク」に書きかえることがある。熟語は「郭」(989ページ)を参照。

【廓然】カクゼン (形動タル) ①さっぱりと心のひらけているようす。例—としてさとりを得る。②がらんとしているようす。むなしいようす。例—として人っ子ひとり見あたらない。

【廓大】カクダイ 一(名・形動ダ)広く大きいこと。二(名・する)広げて大きくすること。表記 ▽現郭大

广11 【廖】 14画 5501 5ED6 音 一リョウ漢 二リュウ漢 訓 むな-しい

意味 一リョウ ❶がらんとして広い。むなしい。同寥リョウ。❷人名に用いられる字。二リュウ ❶古代中国の国名。例廖国リュウコク。❷姓の一つ。

广11 【廐】 14画 ⇨【厩】キュウ(173ページ)

广11 【廏】 14画 ⇨【厩】キュウ(173ページ)

广12 【廝】 15画 5503 5EDD 音 シ漢呉 訓 つか-い

广12 【厮】 14画 5049 53AE 俗字

意味 雑役ザツエキに使われた男の奴隷ドレイ。つかい。例廝役シエキ(=めしつかい)。

广12 【廠】 15画 *3019 *5EE0 音 ショウ漢

广12 【厰】 14画 5050 53B0 俗字

意味 ❶屋根だけで、壁かべやしきりのない建物。❷仕事場。工場。例工廠コウショウ。

广12 【廛】 15画 5505 5EDB 音 テン漢 訓 いちくら・みせ

意味 ❶宅地。住宅。すまい。例廛宅テンタク(=住居・住宅)。❷店舗テンポ。みせ。例廛市テンシ。

广12 【廟】 15画 4132 5EDF 人名 音 ビョウ漢 ミョウ呉 訓 たまや・みたまや

意味 ❶祖先の霊レイをまつる建物。みたまや。おたまや。例廟所ビョウショ・宗廟ソウビョウ・祖廟ソビョウ・霊廟レイビョウ。❷神仏や聖人・偉人イジンの霊をまつった建物。例孔子廟コウシビョウ。❸王宮の正殿セイデン。天子が政治や公おおやけの行事をおこなうところ。朝廷チョウテイ。例廟議ビョウギ(=朝廷チョウテイでの論議)。廟堂ビョウドウ。❹道教や仏教のてら。寺観ジカン。例寺廟ジビョウ。

人名 いえ

【廟宇】ビョウウ ①祖先や貴人の霊レイをまつる建物。みたまや。廟堂。②神をまつる建物。神殿シンデン。やしろ。

【廟所】ビョウショ ①祖先や貴人の霊レイをまつるところ。みたまや。例孔子コウシの—。藤原ふじわら氏三代の—である金色堂コンジキドウ。②はか。墓場。

【廟堂】ビョウドウ ①祖先や貴人の霊レイをまつる建物。みたまや。廟宇ビョウウ。②天子が政治をおこなうところ。朝廷チョウテイ。類廊廟ロウビョウ。

●聖廟セイビョウ・宗廟ソウビョウ・霊廟レイビョウ

广12 【廡】 15画 5507 5EE1 音 ブ漢 訓 のき・ひさし

意味 ❶大きな家の周囲の回廊カイロウ。❷家屋。いえ。❸のき。ひさし。

广12 【廏】 15画 ⇨【厩】キュウ(173ページ)

广12 【廣】 15画 ⇨【広】コウ(350ページ)

广12 【廚】 15画 ⇨【厨】チュウ(172ページ)

广12 【廢】 15画 ⇨【廃】ハイ(355ページ)

广13 【廨】 16画 5508 5EE8 音 カイ漢 訓 いえ・やくしょ

意味 役所の建物。例廨舎カイシャ。

广13 【廩】 16画 5509 5EE9 音 リン漢 訓 くら

意味 穀物をしまっておくところ。こめぐら。例倉廩ソウリン。

广16 【廬】 19画 5510 5EEC 音 リョ漢 ル・ロ呉 訓 いおり

意味 そまつなすまい。小屋。いおり。また、そこに住むこと。

【廬遮那仏】ルシャナブツ 〔仏〕「毘盧遮那仏ビルシャナブツ」の略。その徳があまねく宇宙を照らすという仏。ふつう、華厳経ケゴンキョウや密教でいう大日如来ダイニチニョライをさす。例東大寺の大仏は—である。

表記「廬」は「▼盧」、「遮」は「舎」とも書く。

【廬山】ロザン 〔古くは「ロサン」〕江西コウセイ省北部にある山。景色がすばらしく、詩人や画家などに親しまれた。白居易ハクキョイの詩で名高い香炉峰コウロホウがある。別名、匡山キョウザン・匡廬山キョウロザン。

广17 【廰】 20画 ⇨【庁】チョウ(351ページ)

广18 【廱】 21画 5511 5EF1 音 ヨウ漢 訓 やわ-らぐ

意味 ❶「辟廱ヘキヨウ」は、天子が礼をおこなうところ。また、天子の学校。❷なごやかなようす。やわらぐ。例廱和ヨウワ(=なかむつまじいようす)。❸ふさがる。ふさぐ。同壅ヨウ。

广22 【廳】 25画 ⇨【庁】チョウ(351ページ)

54 3画 廴 えんにょう いんにょう 部

長くのびた道を行く意をあらわす。「延」の字にある遶ニョウ(=漢字の左がわから下がわに続く部分)であることから「えんにょう」という。「廴」をもとにしてできている漢字と、「廴」の字形を目じるしにして引く漢字とを集めた。

0 廴 4 廷 延 5 延 廸 6 廻 建 廼

廴0 【廴】 3画 5514 5EF4 音 イン漢 訓 ひ-く

意味 ❶長く歩く。❷弓を引く。ひく。同引イン。

廴4 【廷】 7画 3678 5EF7 常用 音 テイ漢 訓 にわ

筆順 ノ 二 千 壬 廷 廷 廷

なりたち 〔形声〕「廴(=長く歩く)」と、音「壬(テイ)」とから成る。君主が政治をおこなうところ。例廷臣。

意味 ❶君主が政務や儀式をおこなう場所。宮廷。朝廷。❷役人が政務をおこなうところ。役所。例官廷。法廷。

人名 たか・ただ・ただし・なが
【廷議】(名・する) 朝廷に集まり相談すること。朝廷の評議。また、政府の意見。類朝議・廷論。

【廷試】昔、中国で、科挙(=役人の採用試験)の一つ。天子がみずから朝廷でおこなった。殿試。

【廷臣】朝廷に仕える臣下。朝臣。

【廷争】(名・する) 朝廷で、おおぜいの臣下の前で、天子のあやまちをいさめること。

【廷吏】①朝廷の役人。②法廷で、裁判官が命じた事務や、その他の雑務をする職員。
●開廷・宮廷・休廷・出廷・退廷・朝廷・入廷・閉廷・法廷

廴4 【延】7画 ⇒【延】(358ページ)

廴5 【延】8画 1768 5EF6 教育6 音エン漢呉 訓の-びる・の-べる・の-ばす・の-べ・ひ-く

筆順 ノ 丆 千 正 正 延 延 延

廴4 【延】7画

なりたち 〔形声〕「延(=ゆっくり行く)」と、音「ノ(エイ)」とから成る。長びく。
意味 ❶長くのびる。引きのばす。くりのべる。のびる。のばす。例延期。延命。順延。❷引きいれる。まねく。ひく。例延見(=人を呼び入れて面会する)。
日本語での用法《のべ》質や内容について、ちがうものや同じものの区別を厳密に論じないで、それぞれ一つまたは一回と数えるものの総計。「延べ人数・延べ数十回の余震」
使い分け のばす・のびる・のべる【伸・延】⇒1176ページ
人名 すけ・すすむ・ただし・とお・なが・のぶ・のぶる・ひさし
【延引】(名・する)(「エンニン」とも) 期日や時間が予定よりのびておくれること。類遅延。例—を重ねる。

【延延】㊀(形動タル) ながながと続くようす。例会議は—とおこなわれた。—たる坂道。㊁【延び延び】(名) 期日などが、だんだんおくれて長びくこと。例雨続きで試合が—になる。

【延期】(名・する) 決められた期日や期間を先へのばすこと。くりのべ。日のべ。例—願い。

【延焼】(名・する) 火事が火元から他に燃え広がること。類類焼。例—を免れる。

【延髄】脳のいちばん下にあって脊髄に続く部分。呼吸や心臓の運動などを調節する。

【延性】〔物〕金属の、切れないでうすくひきのばすことのできる性質。金・銀・銅などはこの性質に富む。展性。

【延滞】(名・する) しはらいや納入が期日よりおくれること。類滞納。例—金。

【延着】(名・する) 列車や郵便などが予定よりおくれてつくこと。対早着。例ふつうより五時間も—した。

【延長】㊀(名・する) 時間や距離などが長くのびること。また、のばすこと。対短縮。例—戦。放送時間を—する。㊁(名) ①形式や方法はちがうが、意義・効果・趣旨の点で、同じことがらだと言えるもの。つづき。例修学旅行は授業の—だ。②線路・道路などの、直線にのばしたときの長さ。例—一万キロにおよぶ国道。

【延年】①寿命をのばすこと。長生きすること。類延命。②「延年舞」の略。昔、寺院で、大法会のあとの宴席でおこなわれた、僧や稚児たちのおどり。

【延納】(名・する) お金や品物などを、期日よりおくれておさめること。例学費を—する。

【延命】(「エンミョウ」とも)(名・する) ①いのちをのばすこと。例—治療。—の効果がある薬剤。政権の—を図る。②長生きすること。例—息災。

【延べ板】①金属を打ちのばして板の形にしたもの。例金の—。②(うどんやそばをつくるときなどに)こねた粉をのばすための平らな板。

【延べ棒】①金属を長くのばして、棒の形にしたもの。例金の—。②もち・小麦粉など、こねた材料を平たくのばすための棒。

【▽延縄】長い縄に、あいだをあけて釣り針のついた枝縄をつけた漁具。例—漁船。
●順延・遅延

廴5 【廸】8画 ⇒【迪】(964ページ)

廴6 【廻】9画 1886 5EFB 人名 音カイ漢 エ呉 訓めぐ-る・めぐ-り・まわ-す・まわ-る

辶6 【迴】10画 7779 8FF4 別体字

意味 ぐるりとまわる。めぐる。めぐらす。同回。例巡廻。輪廻。
表記 現代表記では、「回」に書きかえることがある。熟語は「回」(218ページ)を参照。
人名 のり
【廻天】〔天を回転させる意から〕形勢を一変させること。おとろえた勢いをもりかえすこと。表記現回天

廴6 【建】9画 2390 5EFA 教育4 音ケン漢 コン呉 訓た-てる・た-つ

筆順 フ ヲ ヨ 聿 聿 律 建 建

なりたち 〔会意〕「聿(=律の省略体)」と「廴(=廷の省略体)」とから成る。朝廷の法律をさだめる。派生して「たてる」の意。

意味 ❶新しくつくる。うちたてる。きずく。たてる。たつ。例建国。建設。再建。❷意見を申し立てる。例建議。建白書。❸くつがえす。ひっくりかえして水をうつす。こぼす。例建水。

使い分け たつ・たてる【立・建】⇒1172ページ
人名 たけ・たけし・たける・たつる・たて・たてし
【建学】学校を新たに創立すること。例本学—の精神。

【建艦】軍艦を建造すること。

【建議】(名・する) 政府や上司・上位者などに意見を申し述べること。また、その意見。類建言・建白。例—すべきことがあったら申し出よ。

【建業】事業の基礎を固めること。

【建言】(名・する) 政府などに意見を述べること。類建議・建白。例改善策を—する。

【建国】(名・する) 新しく国をつくること。例—の祖。

【建国記念の日】国民の祝日の一つ。二月十一日。日本国のはじまりを祝い、国を愛する心をやしなう

趣旨(シュ)でもうけられた日。

【建材】ケンザイ 建築に用いる材料。建築資材。[例]新―。

【建水】ケンスイ 茶道で、茶わんをすすいだお湯や水をこぼして入れるうつわ。みずこぼし。こぼし。

【建設】ケンセツ (名・する)(大がかりな)建物や道路などの土木施設(ドボクシセツ)。また、組織などを、新しくつくりあげること。[対]破壊(ハカイ)。[例]地下鉄を―する。平和社会の―。

【建設的】ケンセツテキ (形動ナ) ものごとを積極的によくしていこうとするようす。[例]―な意見。

【建造】ケンゾウ (名・する) 建物・橋・船など、大きなものをつくること。[例]―物。

【建築】ケンチク (名・する) 家などをつくること。また、たてられたもの。[例]木造―。店を―する。ルネサンス風の―。

【建都】ケント 首都を建設すること。

【建白】ケンパク (名・する) 政府などに意見を申し立てること。[類]建議・建言。[例]―書。

【建碑】ケンピ (名・する) 石碑(セキヒ)をたてること。[例]―式。

【建蔽率】ケンペイリツ [法] 敷地(シキチ)の広さに対する、建物のしめる土地の広さの割合。その上限は地域ごとに建築基準法その他の法規で定められている。[表記]「建▽坪率」とも書く。

【建立】コンリュウ (名・する) [仏] 寺院・堂塔(ドウトウ)をたてること。[例]五重の塔を―する。

【建売】たてうり 家をつくって売ること。また、その家。

【建具】たてグ 戸・障子・ふすまなど、開け閉めして部屋を仕切るもの。[例]―屋。

【建付】たてつけ 建具(たてグ)の開け閉めのぐあい。立て付け。

【建坪】たてつぼ 建物がしめる土地の面積を坪数であらわしたもの。一階部分の坪数を指すが、各階の坪数の合計(=総建坪)を指すこともある。

【建前】たてまえ ①建物の骨組みができて、棟木(むなぎ)をのせること。また、それを祝う式。むねあげ。上棟(ジョウトウ)。②基本となる原則。おもてむきの方針。[例]―と本音(ほんね)はちがう。[表記]②は「立前」とも書く。

【建物】たてもの 住んだり、仕事をしたり、ものを置いたりするために、外界を区切った別の空間として、木・石・土・金属などでつくったもの。[類]建築物・建造物。

●再建(サイケン・サイコン)・創建(ソウケン)・土建(ドケン)・封建(ホウケン)

廴 6 【廼】9画 ⇩【迺】イダ(967ページ)

55 3画 廾 にじゅうあし部 こまぬき

両手でうやうやしく物をささげ持つようすをあらわす。「廿(ジュウ)」に形が似ている脚(あし)(=漢字の下がわの部分)であることから「にじゅうあし」といい、両手で物をささげ持つ動作が「こまぬく(両手を胸の前で組み合わせる)」に似ているので「こまぬき」ともいう。「廾」をもとにしてできている漢字と、「廾」の字形を目じるしにして引く漢字とを集めた。

[0]廾 [1]廿 [2]弁 [4]弄 弃 [7]弉 [12]弊 弊

この部首に所属しない漢字

奔⇩大267 舁⇩臼835 鼻⇩鼻1113

廾 0 【廾】3画 5516 5EFE [音]キョウ(漢)

[意味]両手で物をささげる。[同]拱(キョウ)。

[参考]日本で「廿(=にじゅう)」の代用字として用いる。

廾 1 【廿】4画 3891 5EFF [人名] [音]ジュウ(漢) ニュウ(呉) [訓]にじゅう

[意味]数の名。十を二つ合わせた数。にじゅう。はたち。

[難読]十九廿(つづやはたち)

廾 2 【弁】5画 4259 5F01 [教育5] [音][A][B][C]ヘン(漢)ベン(呉) [D]ハン(漢)ベン(呉) [訓]わきま-える

[筆順] ㄥ ム 厶 弁 弁

[A] 廾 2 【弁】5画 4259 5F01
[B] 辛 9 【辨】16画 4994 8FA8
[C] 辛14 【辯】21画 7771 8FAF
[D] 瓜14 【瓣】20画 6502 74E3

辛 9 【辧】16画 5001 8FA7 [B]の別体字

[参考]「弁」「辨」「辯」「瓣」は、それぞれ別の字だが、日本で平安時代のころから、「辨」「辯」「瓣」を「弁」で代用するようになり、明治以後「弁」のもともとの意味が忘れられ、「弁」は「辨」「辯」「瓣」の略字とみなされるようになった。当用漢字が制定されたとき、「弁」は「辨」「辯」「瓣」の新字体として採用され、常用漢字でも同じようにあつかわれている。日本ではほかに「辦(=処理する)」「辮(=編む。細長く編む)」の二字も「弁」で書きあらわすことがある。

[なりたち] [A]【弁】 [象形]両手でかんむりをかぶろうとしている形。

[B]【辨】 [形声]「刀(=かたな)」と、音「辡(ヘン)」とから成る。刀で半分に切り分ける。

[C]【辯】 [会意]「言(=ことば)」と「辡(=ふたりが争う)」とから成る。うったえを聞き、治める。

[D]【瓣】 [形声]「瓜(=ウリ)」と、音「辡(ヘン)」とから成る。ウリの種のあるやわらかい部分。なかご。

[意味] [A]【弁】❶かんむり。男子の礼装に用いたかんむり。❷下級の武官。[例]武弁(ブベン)。❸古代、朝鮮(チョウセン)半島の南部にあった韓(カン)族の部族国家の一つ。[例]弁韓(ベンカン)。

[日本語での用法]《ベン》僧(ソウ)の名前に用いる。「高弁(コウベン)・良弁(ロウベン)」

[B]【辨】❶分ける。区別する。❷ものごとのちがいをはっきりさせる。識別する。[例]弁別(ベンベツ)。❸わきまえる。心得る。

[日本語での用法]《ベン》①律令制(リツリョウセイ)で、太政官(ダイジョウカン)の事務官。「弁官(ベンカン)」②簡便な。「弁当(ベントウ)」

[C]【辯】❶論じ争う。論争。[例]弁難(ベンナン)。弁論(ベンロン)。❷語る。ことばで説明し分ける。[例]弁解(ベンカイ)。弁舌(ベンゼツ)。雄弁(ユウベン)。

[日本語での用法]《ベン》ことばづかい。話しぶり。「弁(ベン)が立つ・東北弁(トウホクベン)」

[D]【瓣】❶ウリのなかご。❷花びら。葉の一枚。[例]花弁(カベン)。

[日本語での用法]《ベン》気体・液体などの出入りを調節するはたらきをする器官・器具。「弁膜(ベンマク)・安全弁(アンゼンベン)・弁(ベン)を開閉(カイヘイ)する」

[人名]おさむ・さだ・さとし・そのう・ただ・ただし・のぶ・わけ

【弁異】ベンイ ものごとの相違点(ソウイテン)を明らかにすること。[表記][旧]▼辨異

【弁解】ベンカイ (名・する) 失敗が自分の落ち度によるものでないこ

とを説明すること。言いわけ。表記 旧▼辯解

【弁官】ベンカン 平安時代、太政官ダイジョウカンの官名。文書の取りあつかいなどをおこなう。左弁官・右弁官に分かれ、それぞれ大・中・少がある。表記 旧▼辨官

【弁慶】ベンケイ（源義経みなもとのよしつねに仕えた豪傑ゴウケツの僧ソウの名から）強い者や強がる者のたとえ。例 内弁慶うちベンケイ（＝外では弱いが家のなかでは、いばっている人）。表記 旧▼辨慶

【弁慶▼縞】ベンケイじま しまがらの一つ。二色の糸を縦と横に用い、碁盤ゴバンの目のように織ったもの。表記 旧▼辨慶▼縞

【弁慶の泣き所】ベンケイのなきどころ（けられると、弁慶のような強い者でも痛くて泣くところの意）むこうずね。または、足の中指の先。転じて、強い者の、ただ一つの弱点。

【弁護】ベンゴ（名・する）人のために申しひらきをして、かばうこと。例 父にしかられた弟を一する。表記 旧▼辯護

【弁護士】ベンゴシ〔法〕裁判などで、当事者の利益や権利を守り、保護する立場の人。表記 旧▼辯護士

【弁護人】ベンゴニン〔法〕裁判で、被疑者ヒギシャや被告人ヒコクニンの弁護を担当する人。弁護士から選ばれる。例 国選一。表記 旧▼辯護人

【弁口】ベンコウ 口のきき方。また、口先のうまいこと。表記 旧▼辯口

【弁巧】ベンコウ 言い回しがたくみなこと。口先のうまいこと。表記 旧▼辯巧

【弁才】ベンサイ 弁舌ベンゼツの才能。人をうまく説得する才能。例 一がある。表記 旧▼辯才

【弁済】ベンサイ（名・する）借りたものをすっかり返すこと。例 借金を一する。債務サイムを一する。表記 旧▼辨済

【弁才天】ベンザイテン（「ベザイテン」とも）〔仏〕七福神のひとり。琵琶ビワを持つ女神めがみ。もとはインドの川の神で、音楽・弁舌ベンゼツ・財産などをつかさどる。弁天。〔日本では吉祥天キッショウテンと混同され、福徳や財宝をあたえる神として信仰シンコウされる〕表記 旧▼辯才天・▼辨才天。また、「弁財天」とも書く。

【弁士】ベンシ ①話のうまい人。②演説や講演をする人。③無声映画で、画面の説明をする人。活動写真弁士。活弁。表記 旧▼辯士

【弁償】ベンショウ（名・する）他人にあたえた損害を、お金や品物で、つぐなうこと。表記 ▽旧▼辨償

【弁証法】ベンショウホウ〔哲〕矛盾ムジュン・対立するものをのりこえて、新しい統一をはかろうとする考え方。例 唯物ユイブツ一。表記 旧▼辯証法

【弁舌】ベンゼツ ①ものを言うこと。また、ものの言い方。例 一さわやかな人。②たくみな話しぶり。例 一をふるう。表記 ▽旧▼辯舌

【弁説】ベンゼツ（名・する）ものごとのよしあしをはっきりさせて、説きあかすこと。表記 旧▼辨説・▼辯説

【弁天】ベンテン ①〔仏〕「弁才天ベンザイテン」の略。②美しい女性。例 一娘むすめ。表記 ▽旧▼辯天・▼辨天

【弁当】ベントウ ①外出先で食べるために、器物に入れて持って行く食べ物。例 一箱。②売店・仕出し屋などが売る、箱形の容器につめた食べ物。例 駅売りの一。表記 ▽旧▼辨▼當

【弁難】ベンナン（名・する）言論で相手を非難すること。表記 旧▼辯難

【弁▼駁】ベンバク（「ベンパク」とも）（名・する）相手の反論に対して言い負かすこと。表記 旧▼辯▼駁

【弁髪】ベンパツ 頭髪トウハツの周囲をそり、中央のかみの毛を細長く一本に編み、後ろへ垂らした男性の髪型かみがた。もと、満州人の風習で、清シン代に広くおこなわれた。表記「弁」は本来「辮（＝編む）」と書く。

【弁別】ベンベツ（名・する）ちがいを見分けること。識別。例 善悪を一する。表記 旧▼辨別

【弁膜】ベンマク 心臓・静脈ジョウミャク・リンパ管のなかにあって、血液・リンパ液の逆流を防ぐ膜。例 心臓一症ショウ。表記 旧▼瓣膜

【弁務官】ベンムカン ①自治領・植民地・保護国に駐在チュウザイして、政治や外交などを指導する官吏カンリ。例 高等一。②難民の指導や救済にあたる国連の職員。表記 ▽旧▼辨務官

【弁明】ベンメイ（名・する）①自分の行動をとがめられたとき、相手に納得ナットクしてもらうよう、事情を説明すること。言い開き。例 国会で一する。②ものごとの道理をあきらかにすること。表記 ①は、旧▼辯明 ②は、旧▼辨明

【弁理】ベンリ（名・する）ものごとを判断し処理すること。表記 旧▼辨理

【弁理士】ベンリシ〔法〕特許・実用新案・商標などの登録・申請シンセイの手続きを、本人に代わっておこなう職業の人。表記 旧▼辨理士

【弁論】ベンロン（名・する）①多くの人の前で、自分の意見を述べること。例 一大会。②論じ合うこと。③〔法〕法廷ホウテイで、原告・被告ヒコク・弁護人がおこなう主張・陳述チンジュツ。例 最終一。表記 ▽旧▼辯論

●安全弁アンゼンベン・駅弁エキベン・花弁カベン・勘弁カンベン・強弁キョウベン・抗弁コウベン・合弁ゴウベン・支弁シベン・思弁シベン・自弁ジベン・代弁ダイベン・多弁タベン・駄弁ダベン・通弁ツウベン・答弁トウベン・熱弁ネツベン・能弁ノウベン・雄弁ユウベン

廾4 【弄】7画 4714 5F04 常用 音 ロウ漢 訓 もてあそ-ぶ

筆順 一 T 干 王 王 弄 弄

なりたち ［会意］「王（＝たま）」と「廾（＝両手）」とから成る。もてあそぶ。

意味 ❶（手に持って）いじる。おもちゃにする。もてあそぶ。例 弄花ロウカ。弄筆ロウヒツ。玩弄ガンロウ。❷ほしいままにする。また、あなどる。からかう。例 愚弄グロウ。嘲弄チョウロウ。翻弄ホンロウ。

【弄花】ロウカ ①草花を育てて楽しむこと。②花札ふだをして遊ぶこと。

【弄瓦】ロウガ（「瓦」は、素焼すやきの糸巻き）女子の誕生をいう。〔昔、中国で、女の子が生まれると、土製の糸巻きを手に持たせ、針仕事などがうまくなるように願ったことによる〕〈詩経シキョウ〉対 弄璋ロウショウ。

【弄言】ロウゲン むやみにしゃべること。

【弄▼璋】ロウショウ（「璋」は、「圭ケイ」を半分にしたような方形の玉ギョク。主君に拝謁ハイエツするとき、正装のかざりとする）男子の誕生をいう。〔昔、中国で、男の子が生まれると、りっぱに出世することを願って、美しい玉をおもちゃとしてあたえ、あそばせたことによる〕〈詩経シキョウ〉対 弄瓦ロウガ。

【弄筆】ロウヒツ ①筆をもてあそび、かざりたてた文章を書くこと。②事実をまげて文章を書くこと。類 曲筆。

●玩弄ガンロウ・愚弄グロウ・嘲弄チョウロウ・翻弄ホンロウ

廾4 【弃】7画 ⇩【棄】キ（538ページ）

廾7 【弉】10画 ⇩【奘】ジョウ（268ページ）

廾12 【弊】15画 4232 5F0A 常用 音 ヘイ漢呉 訓 つか-れる・やぶ-れる

廾12 【弊】15画

筆順 丶 丷 尚 尚 敝 敝 弊

なりたち ［形声］「廾（＝犬いぬ）」と、音「敝ヘイ」とから成る。犬がたおれる。つかれる。

意味 ❶たおれる。同斃。❷つかれくるしむ。つかれる。例疲弊。❸ぼろぼろにいたむ。こわれる。やぶれる。例弊衣。弊履。❹さしさわりがある。わるい。例弊害。悪弊。❺自分にかかわるものの上につけて、へりくだった意をあらわす。例弊屋。弊社。

【弊衣】ヘイイ 破れた衣服。ぼろの衣服。例—破帽(=ぼろの衣服と破れた帽子。とくに、旧制高等学校生が好んだ身なりをいう)。表記「▼敝衣」とも書く。

【弊屋】ヘイオク ①こわれかかった家。あばらや。②自分の家をへりくだっていうことば。例—にご光来を仰ぐ。表記▽「▼敝屋」とも書く。

【弊害】ヘイガイ 他に害をおよぼす悪い影響。例—が生じる。類害毒・悪弊。

【弊国】ヘイコク 自分の国をへりくだっていうことば。

【弊社】ヘイシャ 自分の会社をへりくだっていうことば。小社。(神社についてもいう)例—の製品。

【弊習】ヘイシュウ よくない習慣。悪いしきたり。弊風。

【弊店】ヘイテン 自分のみせをへりくだっていうことば。小店。

【弊風】ヘイフウ よくないならわし。悪い風習。悪風。悪習。弊習。

【弊履】ヘイリ 使い古したはきもの。例—のごとく捨てる(=おしげもなく捨てる)。表記「▼敝履」とも書く。

●悪弊・旧弊・語弊・宿弊・積弊・通弊・疲弊

廾12 【弊】15画 ⇩【弊】ヘイ(360ページ)

56 3画 弋 よく しきがまえ 部

なめにとがらせた、杭くいの形をあらわす。「式」の字にある構かまえ(=漢字の周りを囲んでいる部分)であることから「しきがまえ」ともいう。「弋」の字形を目じるしにして引く漢字を集めた。

0 弋 1 弌 2 弍 3 式 弐 9 弑 10 弒

この部首に所属しない漢字

戈⇩戈416 武⇩止558 哉⇩口203 貳⇩貝936 鳶⇩鳥1100

弋0 【弋】3画 5521 5F0B 音ヨク漢 訓いぐるみ・くい

意味 ❶木のくい。同杙。❷鳥をからめ捕とるための、糸をつないだ矢。いぐるみ。例弋射。

【弋射】ヨクシャ いぐるみを使って鳥を射ること。

弋1 【弌】4画 ⇩【一】イチ(1ページ)

弋2 【弍】5画 ⇩【二】ニ(39ページ)

弋3 【式】6画 2816 5F0F 教育3 音ショク漢 シキ呉 訓のり・のっとる

筆順 一 二 亍 亍 式 式

なりたち [形声]「工(=たくみ)」と、音「弋ヨク→ショク」とから成る。きまり。おきて。

意味 ❶きまったやり方。作法。のり。手本。のっとる。例式目。形式。様式。❷一定の形でおこなう行事。例式典。挙式。葬式。❸数学・論理学で、ある関係を記号であらわしたもの。例数式。化学式。方程式。❹〔助字〕「これ」と読み、語調をととのえる。例式微(=おとろえたなあ)。

人名 つね・のり・もち

【式次】シキジ 式の内容と順序。また、それを書いたもの。式次第。例入学式の—がくばられる。

【式辞】シキジ 式場で、出席者に述べる、あいさつのことば。例校長の—。

【式次第】シキシダイ 式がおこなわれる順序。式次。例—を決める。

【式日】シキジツ ①式のおこなわれる日。②祝日。祭日。

【式場】シキジョウ 式がおこなわれる場所。

【式台】シキダイ 日本建築で、玄関の上がり口にある、一段低くなった板じき。主人が客を送りむかえするところ。表記「敷台」とも書く。

【式典】シキテン 儀式。式。とくに、大がかりな式についていう。例歓迎—。

【式微】シキビ(名・する)〔「式これ微おとろう」と訓読する〕国家・王朝などが、ひじょうにおとろえること。黎イの国が敗れたときの臣下のことば。〈詩経〉例皇室の—がはなはだしかった戦国時代。

【式部】シキブ ①昔の女官の呼び名。父など、近親者が式部省の役人である人につける。例紫—。②「式部省」の略。律令制で、儀式、文官の叙位・行賞などをあつかった役所。

【式服】シキフク 儀式のときに着る、正式の衣服。紋付・袴はかま、現代の男性のモーニングなど。礼服。対平服。

【式目】シキモク〔「目」は、小分けの意〕①武家時代、箇条書きにした法律や規則。例御成敗—。建武—。②連歌・俳諧などの規則。

●一式・格式・株式・儀式・旧式・挙式・形式・公式・硬式・古式・書式・神式・図式・正式・葬式・軟式・複式・仏式・洋式・様式・略式・礼式・和式

弋3 【弐】6画 3885 5F10 常用 音ジ漢 ニ呉 訓ふた-つ

筆順 一 二 三 弐 弐 弐

貝5 【貳】12画 7640 8CB3
貝4 【貮】11画 7641 8CAE 別体字

なりたち [形声]「貝(=たから)」と、音「弐ジ(=ふたつ)」とから成る。そえる。

意味 ❶そばにつく。そう。そえる。ならぶ。例弐室(=次の部屋)。❷ふたごころがあって、そむく。例弐心。❸「二」の大字。数字を書きかえられないように、商売や契約の文書で使う。例弐万円。

日本語での用法《ニ》大宰府の長官「帥ソツ」の次官。すけ。「少弐・大弐」

人名 かず・すけ・つぎ・つぐ

【▽弐心】ジシン・ニシン そむく心。謀反ムホンする心。ふたごころ。例主君に—をいだく。表記「▽二心」とも書く。

弋9 【弑】12画 5522 5F11 音シイ慣 シ漢

弋10 【弒】13画 5F12 本字

意味 臣下が主君を殺す。また、子が親を殺す。例弑逆

【弑逆】(「シイギャク」とも)(名・する) 主君や父を殺すこと。表記「弑虐」とも書く。

弋10 【弑】13画 ⇩【弑】(361ページ)

57 3画 弓 ゆみ ゆみへん 部

ゆみの形をあらわす。「弓」をもとにしてできている漢字と、「弓」の字形を目じるしにして引く漢字とを集めた。

0 弓 1 引 弖 弔 2 弘 弗 3 弛 4 弟 5 弦 弩 弥 6 弧 弭 弯 7 弱 弱 8 強 張 弸 9 弾 弼 强 10 彁 12 彈 13 彊 14 彌 19 彎

この部首に所属しない漢字

夷⇩大265 躬⇩身950 粥⇩米763 鬻⇩鬲1091

弓0 【弓】3画 2161 5F13 教育2 音キュウ漢 ク・クウ呉 訓ゆみ

筆順 ㇖ ㇆ 弓

なりたち [象形]ゆみの形。ゆみ。

意味 ❶矢を射るための武器。ゆみ。例弓術。弓箭。強弓。❷ゆみのようにまるくそった形。ゆみなり。例弓形。弓状。

難読 弓杖(=弓をつえにすること)・弓削・弓手・弓場

人名 ゆ

【弓形】①つるを張ったゆみのようなかたち。ゆみがた。ゆみなり。②〔数〕円周上の二点を結ぶ直線で切りとられた円の一部。

【弓矢】①ゆみと、や。武器。また、武士。例—とる身(=武士の身)。②いくさ。戦争。

【弓手】㊀ゆみを射る人。㊁〔「ゆみて」の変化。左手で弓を持ったことから〕左の手。対馬手。

【弓術】ゆみで矢を射るわざ。弓道。

【弓状】ゆみのような形。ゆみがた。ゆみなり。例—の海岸線。

【弓勢】㊀①ゆみのような形。ゆみなり。②ゆみのいきおい。ゆみの強さ。㊁〔「ゆみゼイ」の変化〕ゆみを引きしぼる力。ゆみを射る力。

【弓▼箭】①ゆみと矢。武器。例—を帯する。②ゆみを射ること。いくさ。③ゆみ矢をとる職業。武士。例—の家に生まれる。

【弓道】ゆみで矢を射る武道。例—の師範。

【弓馬】①弓術と馬術。武術。例—の道。—の家(=武家)。②いくさ。戦い。戦争。例—を事とするもの。

【弓取り】①ゆみ矢をとる人。また、ゆみのじょうずな人。武士。例あっぱれな—。②相撲で、最後の取組の後に、その役の力士が、ゆみを手でとりさばく儀式。弓取り式。

【弓張り】①ゆみにつるを張ること。②「弓張り提灯」の略。③「弓張り月」の略。

【弓張り▽提▽灯】竹をゆみのような形に曲げ、その上下の両はしにちょうちんの上下をとりつけて持つようにしたもの。弓張り。

【弓張り月】(陰暦七、八日ごろと二十二、三日ごろの)弓形の月。弓張り。弦月。上弦と下弦がある。

●石弓・運弓・強弓・胡弓・大弓・破魔弓・半弓・洋弓

弓1 【引】4画 1690 5F15 教育2 音イン漢呉 訓ひ-く・ひ-ける

筆順 ㇖ ㇆ 弓 引

なりたち [会意]「弓(=ゆみ)」と「丨(=ひく)」とから成る。弓の弦をひく。

意味 ❶弓をひく。ひく。❷自分のほうに近よせる。ひっぱる。例引力。牽引。❸他人のことばなどをもってくる。例引証。引用。❹しりぞく。ひっこむ。例引退。❺みちびく。ひきつれる。例引率。引導。❻うけいれる。ひきうける。例引責。承引。❼文章の様式の一つ。㋐漢詩の形式の一つ。例秋風引。㋑はしがき。序。例小引。❽長さの単位。十丈。

日本語での用法 ㊀《ひき・ひく》引き算。マイナス。「九から三を引く・二割引き」㊁《ひく》①線を引く。「けい線を引く」②参照する。「辞書を引く」③やめる。「身を引く」④注意や関心などを向けさせる。「人目を引く」

使い分け ひく【引・弾】⇩1178ページ

人名 のぶ・ひき・ひさ

【引火】(名・する)ほかの火や熱によって、燃えやすいものが燃えだすこと。例ガソリンに—する。

【引見】(名・する)身分の高い人が自分のところに人を呼んで会うこと。類引接。例使者を—する。

【引証】(名・する)証拠として引用すること。また、その証拠。例古い文献から—する。

【引伸】(名・する)①ひきのばすこと。②応用すること。③ある漢字のもともとの意味がひきのばされて、しだいに別の意味に変わっていくこと。たとえば、「群」はもともと「羊が集まる」意味であったが、「羊」の意味がうすれて、単に「集まる」だけの意味になっていったことなど。

【引責】(名・する)みずから責任をとること。例—辞職。

【引接】(名・する)目下の者を呼び入れて会うこと。類引見。

【引率】(名・する)(複数の人を)ひきつれて行くこと。例—者。生徒を—する。

【引退】(名・する)(それまでついていた)役職や地位から、しりぞくこと。例現役を—する。舞台を—する。

【引致】(名・する)〔法〕容疑者や被告人などを強制的に裁判所・検察庁・警察署に連れて行くこと。

【引導】①先に立って教えみちびくこと。②〔仏〕人々を仏道にみちびくこと。③〔仏〕死者をほうむるとき、たましいが迷わず浄土に行けるように僧がみちびくこと。また、そのためにとなえる経文のことば。例—者。

【引導を渡す】①死者に対して、導師の僧がさとりをひらくように、説き聞かせる。②相手に、とるべき手段の最後であることを知らせて、覚悟させる。

【引喩】自分の言いたいことを、古人のことばや故事・ことわざ・詩歌などを引用して、表現する方法。

【引用】(名・する) 自分の話や文章に、他の文章や人のことばなどをひいて使うこと。例—の多い文章。

【引力】(物) 物体と物体がひきあうちから。対斥力。例万有—。

【引例】(名・する) 説明のためや証拠として、例をひくこと。また、その例。例適切な—をする。

【引き網】水中をひきまわして魚をとる網。地びき網・底びき網など。表記「▼曳き網」とも書く。

【引き金】①ピストルや小銃などで、指をかけてひくと発射するしかけの金具。例—を引く。②できごとの直接のきっかけ。例文化交流が両国の国交再開の—となる。

【引き際】地位や職業などから引退する時期。また、その方法や態度。ひけぎわ。例人間—が肝心だ。—をいさぎよくする。表記「▽退き際」とも書く。

【引き算】(数) ある数または式から、ある数または式をひいて残りを求める計算。減法。対足し算。

【引き潮】海水が沖のほうへひいて、海面が低くなること。さげしお。干潮。対満潮・満ち潮・差し潮。表記「引き▼汐」とも書く。

【引き綱】ものにつけてひく綱。例船の—。

【引き手】①戸や障子などで、開け閉めするときに手をかける、金具などのところ。②ひっぱる人。例山車の—がいない。③手びきする人。案内人。

【引き戸】左右に開け閉めする戸。やり戸。対開き戸。

【引き縄】①ものにつけてひく縄。②船からつり糸をひき流して魚をとる方法。ブリ・カツオ漁などに用いられる。

【引き船】つなをつけて船をひくこと。また、その船。表記「引き舟・▼曳き船」とも書く。

【引き幕】舞台の前面にある、横にひいて開閉する幕。対揚げ幕・垂れ幕。

【引き窓】屋根などに設け、下からつなをひいて開閉する窓。

【引き眉】うすいまゆの上から、また、まゆをそったあとに、まゆずみでかいたまゆ。ひきまゆげ。かきまゆ。

【引き物】宴会などで、主人から客へのおくりもの。引き出物。

【引き分け】勝負がつかないで終わること。

【引き綿】ふとんなどで、中の綿が切れないように、その上をおおってうすくひきのばした真綿。


【引く手】さそってくれる人。招いてくれるもの。例—あまた。

【引け時】会社や学校などから家へ帰る時刻。表記「▽退け時」とも書く。

【引け目】①相手に対して、自分がおとっているように感じること。弱み。例—がある。②相手に対して、うしろめたく感じること。例うそをついたという—がある。
●延引・吸引・強引・索引・字引・友引・取引・水引・割引

弓1 【弖】 4画 5523 5F16 音テイ 訓て

意味「氐」の俗字。

日本語での用法《て》「て」の音をあらわす万葉がな。「弖爾乎波・山坂越弖」

弓1 【弔】 4画 3604 5F14 常用 音チョウ漢 訓とむら-う・とむら-い

筆順 ㇕ コ 弓 弔

なりたち [会意]「|(=ひと)」と「弓(=ゆみ)」とから成る。人が弓を持って遺体をけものから守る。とむらう。

意味 ❶人の死をかなしみ、遺族をたずね、なぐさめる。とむらう。とむらい。例弔意・弔辞・弔問。❷つるす。つり下げる。同吊。

【弔意】人の死を悲しみ、おしむ気持ち。例—を表する。

【弔慰】(名・する) 死者をとむらい、遺族をなぐさめること。類弔問。例—金。

【弔歌】人の死を悲しむ歌。類挽歌。

【弔旗】人の死を悲しむ気持ちをあらわして、かかげるはた。黒い布をつけたり、半旗(=はたを低くかかげること)にしたりする。

【弔事】人が死んだことなどの不幸。

【弔辞】死者に対して悲しみいたむ気持ちを述べることば。また、その文。類弔詞・弔文。例友人を代表して—を述べる。

【弔鐘】死者をとむらうために鳴らすかね。

【弔電】弔意を伝える電報。おくやみの電報。

[弓部] 1—2画 ● 弖 弔 弘 弗

【弔文】人の死を悲しみおしむ文。類弔辞。

【弔砲】軍隊で、死者をとむらうためにうつ空砲。皇族や元首など国家の功労者の葬儀にもおこなわれる。

【弔問】(名・する) 遺族にくやみを述べるために、死んだ人の家を訪ねること。例—客。
●慶弔・追弔

弓2 【弘】 5画 2516 5F18 人名 音コウ漢 グ呉 訓ひろ-い・ひろ-める

なりたち [形声]「弓(=ゆみ)」と、音「ム コウ」とから成る。弓鳴りの音。借りて「ひろい」の意。

意味 ❶大きくひろがっている。ひろい。同宏。例弘誓。❷ひろく知らせる。おこなわれるようにする。ひろめる。例弘法。

人名 ひろ・ひろし・ひろみ・ひろむ・みつ

【弘通】(名・する) (仏) 仏の教えを広く世に行きわたらせること。仏教が広まること。例世に—する弘法大師や伝教大師の教え。

【弘誓】(仏) 菩薩の、この世に生をうけたものすべてを救おうという広大なちかい。例—の海(=仏のちかいの、広さや深さを広大な海にたとえたことば)。

【弘法】一(名・する) (仏) 仏法を世の中に広めること。二(名)「弘法大師」の略。平安初期に真言宗を開いた、空海の諡。書の達人。例—にも筆の誤り(=名人にも、時には失敗があるというたとえ)。

【弘遠】(名・形動) 規模が広く大きいこと。

【弘▼毅】(名・形動) 心が広く、意志の強いこと。

【弘済】世の人々を広く救うこと。表記「広済」とも書く。

【弘報】人々に広く知らせること。表記現広報

弓2 【弗】 5画 4206 5F17 音フツ漢 訓ドル

意味 (助字)「ず」と読み、否定の意をあらわす。例其人弗能応也(=その人はこたえることができなかった)。

日本語での用法 一《ドル》アメリカ合衆国などの貨幣の単位、ドルを示す略号。ドルの記号「＄」と似ていることから、これにあてた。二《フッ》元素の一つ、フッソのこと。

—元素記号F　中国では「氟」の字を使う。「弗化水素・弗素」

弓 3
【弛】
6画　3548 5F1B　人名
音 チ㊝ シ㊥　訓 ゆる-む・ゆる-める

意味 はりつめていたものが、ゆるくなる。たるむ。ゆるむ。ゆるめる。㊈張。例 弛緩。弛張。

【弛緩】〔「チカン」は慣用読み〕(名・する) ゆるむこと。たるむこと。㊈緊張。例 精神の—。筋肉が—する。

【弛張】(名・する) ①ゆるむことと、はること。例 音の—。②寛大にすることと、厳格にすること。

弓 4
【弟】
7画　3679 5F1F　教育2
音 デ㊝ テイ㊥ ダイ㊠　訓 おとうと・おと

筆順 丶 丷 ⺌ 当 肖 弟 弟

なりたち [形声]「韋(=なめしがわ)」の古字の省略体と、音「丿ヘツ→テイ」とから成る。なめし革でたばねる順序。派生して「おとうと」の意。

意味 ❶(きょうだいの中で)年下の者。㊈兄。例 義弟。兄弟。舎弟。❷特定の先生について教えを受ける人。門人。例 弟子。師弟。門弟。❸年少の者が年長者にすなおにしたがう。同 悌。例 孝弟。❹自分をへりくだっていう呼び名。例 小弟。

日本語での用法《おと》二番目の。つぎの。「弟矢」

難読 従兄弟

人名 おと・くに・ちか・つぎ・ふと

【弟子】□一ティ・デシ 教え子。門人。門弟。㊈師匠。例 —入り。—、孰か学を好むとなす(=門弟のなかで、だれが学問を好むといえますか)。〈論語〉□二ティシ 年の若い者。子弟。例 —、入りてはすなわち孝(=若者よ、家庭では孝行を心がけなさい)。〈論語〉

【弟妹】おとうとと、いもうと。

○義兄弟・義弟・兄弟・愚弟・賢弟・再従兄弟・実弟・子弟・師弟・従兄弟・徒弟・末弟・門弟

弓 5
【弦】
8画　2425 5F26　常用
音 ケン㊥ ゲン㊠　訓 つる

筆順 ㇇ ㇆ 弓 弓' 弓' 弘 弦 弦

なりたち [会意]「弓(=ゆみ)」と「玄(=糸をかけるところ)」とから成る。弓に張る糸。

意味 ❶弓に張る糸。つる。例 鳴弦。❷バイオリン・琴などの楽器に張る糸。また、そのような楽器。同 絃。例 弦楽。管弦。三弦。❸糸を張った弓のような形。とくに弓張り月。半月形。例 弦月。下弦。上弦。❹〔数〕円周上の二点をむすぶ直線。また、直角三角形のななめの辺。例 正弦。余弦。

人名 いと・お・ふさ・ゆづる・ゆみ

【弦音】ゲンオン・つるおと 矢を放ったときの、つるの鳴る音。例 —高く矢を放つ。

【弦歌】ゲンカ 三味線などをひき、歌をうたうこと。例 —の巷(=弦歌の聞こえてくる街)。表記 ㊐▼絃歌

【弦楽】ゲンガク バイオリンなどの弦楽器を用いて演奏する音楽。例 —四重奏。表記 ㊐▼絃楽

【弦月】ゲンゲツ つるを張った弓の形をしている月。上弦または下弦の月。弓張り月。半月。

【弦線】ゲンセン ①弦楽器に張る糸。弦。②ヒツジなどの腸でつくった糸。ガット。テニスのラケットのあみや弦楽器の弦などに用いる。表記 ▽㊐▼絃線

○下弦・管弦・上弦・調弦

弓 5
【弩】
8画　5524 5F29
音 ド㊝　訓 いしゆみ

意味 ばねじかけで、矢をはじいて飛ばす武器。いしゆみ。おおゆみ。例 強弩(=力の強い大きな弓)。

日本語での用法《ド》一九〇六年に建造されたイギリスの戦艦、ドレッドノート号の略語「ド」の音訳。「超弩級・弩級艦」

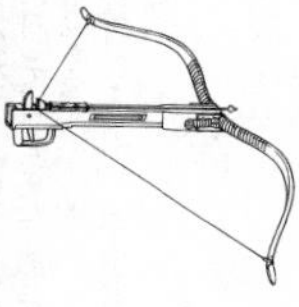

[弩]

弓 5
【弥】
8画　4479 5F25　常用
音 ビ㊝ ミ㊠　訓 や・いよいよ・いや
付表 弥生

筆順 ㇇ ㇆ 弓 弓' 弓' 弥 弥 弥

弓14
【彌】
17画　5529 5F4C　人名

なりたち [形声]本字は「镾」で、「長(=ながい)」と、音「爾ジ→ビ」とから成る。ひさしい。派生して「いよいよ」の意。

意味 ❶ながい時間にわたる。ひさしい。例 弥久(=ながびく)。❷ひろくゆきわたる。例 弥漫。❸ほころびをぬう。つくろう。例 弥縫。❹ますます。いよいよ。例 仰レ之弥高(=これをあおげばいよいよたかし)(=見上げるとますます高い)。〈論語〉❺梵語の「ミ」の音訳字。例 阿弥陀。須弥山。

日本語での用法 □一《いや》さらに。もっと多く。「弥が上にも・弥書き・弥増し」□二《や》「や」の音をあらわすあて字。「弥次・弥次馬」

難読 弥彦

人名 いよ・ね・ひさ・ひさし・ひろ・ひろし・ます・みち・みつ・やす・わたり・わたる

【▽弥栄】いやさか □一(名) いよいよさかえること。例 ご一家の—をいのる。□二(感) 繁栄をいのっていうことば。ばんざい。

【▽弥縫】ビホウ (名・する)〔破れた衣服をぬいつくろう意〕欠点や失敗をとりつくろうこと。また、一時的にまにあわせること。例 —策。

【▽弥漫】ビマン (名・する) ある気分などが一面に広がること。例 政治不信の風潮が—する。表記「▼瀰漫」とも書く。

【▽弥▼撒】ミサ 〔ラテン語 missa の音訳〕①カトリック教会で、神をたたえ、罪のつぐないと神のめぐみを願う儀式。②「ミサ曲」の略。ミサのときに歌う音楽。例 鎮魂—。

【▽弥▼陀】ミダ 〔仏〕「阿弥陀」の略。すべての人を救うという仏。例 —の名号をとなえる。→【阿弥陀】(1031ページ)

【▽弥▼勒】ミロク 〔仏〕〔梵語の音訳〕釈迦の死後、五十六億七千万年後にこの世にくだり、釈迦の説法を受けなかった人々を救うという菩薩。弥勒菩薩。

【弥生】やよい もと、陰暦で三月のこと。太陽暦でもいう。

弓 6
【弧】
9画　2444 5F27　常用
音 コ㊝

筆順 ㇇ ㇆ 弓 弓' 弘 弘 弧 弧 弧

なりたち [形声]「弓(=ゆみ)」と、音「瓜カ→コ」とから成る。木でつくった弓。
意味 ❶弓。また、弓のように曲がる。例弧状。❷〔数〕円周または曲線の一部。例円弧。

【弧状】コジョウ 弓のようにそった形。弓なり。例―列島。

【弧線】コセン 弓なりの曲線。弧状の線。

●円弧・括弧

弓6 【弭】 9画 5525 5F2D 音ビ漢 訓ゆはず・わすれる

意味 ❶弓の両端にあって、弦をかけるところ。ゆはず。❷ゆはずを象牙などでかざった弓。角弓。例象弭。❸とどめる。やめる。例弭兵(=戦争をやめる)。❹わすれる。例弭忘(=わすれる)。

弓6 【弯】 9画 ⇒【彎】ワン(368ペー)

弓7 【弱】 10画 2869 5F31 教育2 音ジャク漢 ニャク呉 訓よわ-い・よわ-る・よわ-まる・よわ-める

筆順 ㇆ コ 弓 弓 弓 弜 弱 弱

弓7 【弱】 10画

なりたち [会意]「弓(=ゆみのように曲がる)」と「彡(=毛のようによわい)」とから成る「弱」が二つ。よわい。

意味 ❶なよなよとしている。力や勢いが足りない。よわい。よわまる。よわめる。対強。例弱小。弱肉強食。弱輩。衰弱。❷わかい。年少。また、二十歳のこと。例弱冠。老弱。❸あるまとまった数量をあらわすことばについて、その数に少し足りないことをしめす。対強。例百名弱。

難読 弱竹・弱法師・手弱女

【弱音】 ㊀ジャクオン ①よわいおと。小さいおと。②楽器のおとをよわくすること。対強音。例―器。㊁よわね ①力のない声。②いくじのないことば。例―を吐く。

【弱酸】ジャクサン 酸性度のよわい酸。炭酸・ほう酸など。対強酸。

【弱志】ジャクシ 意志がよわいこと。よわい意志。例―の徒。

【弱視】ジャクシ 視力がひどくよわいこと。とくに、眼鏡で矯正できない場合をいう。

【弱者】ジャクシャ 力や立場のよわい人。対強者。例―の味方をする。

【弱小】ジャクショウ (名・形動ダ) ①よわくて小さいこと。対強大。例―国家。②年が若いこと。類弱年。例―にしてよく強豪に伍する。

【弱卒】ジャクソツ よわい兵隊。弱兵。例勇将のもとに―なし。

【弱体】ジャクタイ ㊀(名) よわいからだ。㊁(名・形動ダ) 組織や体制がよわく、たよりないこと。例組織が―化する。

【弱敵】ジャクテキ よわい敵。よわい相手。対強敵。例―とみてあなどるな。

【弱点】ジャクテン ①不十分でよわいところ。ウイークポイント。類欠点。例―を克服する。②人からせめられると、こまるところ。よわみ。ウイークポイント。例相手の―をにぎる。

【弱電】ジャクデン 通信や、家庭で使うくらいの、よわい電力。また、それを使う電気機器の部門。対強電。例―メーカー。

【弱肉強食】ジャクニクキョウショク (弱者の肉は強者の食物、という意から) 強いものが弱いものをほろぼして栄えること。類優勝劣敗。

【弱年】ジャクネン 年が若いこと。また、その人。例―にもかかわらず、よくつとめる。表記「若年」とも書く。

【弱輩】ジャクハイ ①年が若い者。青二才。②経験にとぼしく、未熟な者。〔自分のことをへりくだっていうときにも用いる〕表記▽「若輩」とも書く。

【弱兵】ジャクヘイ よわい兵士。弱卒。

【弱化】ジャッカ (名・する) 前よりよわくなること。よわまること。対強化。例結束力が―する。

【弱冠】ジャッカン 〔古代中国で、二十歳を「弱」といい、男子は冠をつけたことから〕①男子で、二十歳のこと。②俗に、年の若いこと。多く男子にいう。例―十六歳で初優勝。

【弱行】ジャッコウ 実行力のよわいこと。例薄志―の人。

【弱国】ジャッコク 経済力や軍事力などのよわい国。対強国。

【弱気】よわキ (名・形動ダ) ①気がよわいこと。例―を出す。―な態度。②〔経〕取引で、相場が下がると予想すること。▽対強気。

【弱腰】よわごし ㊀(名) こしの左右の、やや細くなっている部分。帯をしめるところ。例―をける。㊁(名・形動ダ) よわきなこと。思いきった態度がとれないこと。対強腰。例相手が強いからといって、―になるな。

【弱火】よわび (料理などで) 火力のよわい火。とろ火。対強火。

【弱み】よわみ よわいところ。また、うしろめたいところ。弱点。対強み。例相手の―につけこむ。

【弱虫】よわむし いくじのない人。

●強弱・虚弱・気弱・色弱・柔弱・衰弱・軟弱・薄弱・微弱・病弱・貧弱・文弱

弓7 【弱】 10画 ⇒【弱】ジャク(365ペー)

弓8 【強】 11画 2215 5F37 教育2 音キョウ漢 ゴウ呉 訓つよ-い・つよ-まる・つよ-める・し-いる・こわ-い・し-いて

筆順 ㇆ コ 弓 弘 弘 弶 弶 弶 強 強

弓9 【强】 12画 5F3A 別体字

なりたち [形声]「虫(=むし)」と、音「弘コウ→キョウ」とから成る。虫の名。借りて「つよい」の意。

意味 ❶力があり、勢いがさかんである。かたい。つよい。対弱。例強固。強大。頑強。❷つよくする。つよめる。例強化。強調。増強。❸四十歳をいう。心身の活力のさかんなころ。例強壮。❹あるまとまった数量をあらわすことばについて、その数より少し多いことをしめす。対弱。例百名強。❺むりにする。つとめる。むりに(させる)。しいる。しいて。例強制。強引。勉強。

日本語での用法 ㊀《あながち》〔下に打ち消しの語をともなって〕必ずしも…でない。決して…でない。「強ち悪いとはいえない」㊁《すね・すねる》意志がつよい。情がこわい。ひねくれて意地をはる。「強者・強ねて口答えをする」

難読 強顔

人名 あつ・かつ・こわ・すすむ・すね・たけ・たけし・つとむ・つよ・つよし

【強圧】キョウアツ (名・する) つよい圧力。つよい力や権力で一方的におしつけること。類弾圧・抑圧・重圧。例大企業の―的なやり方を批判する。

【強意】キョウイ 文章表現などで気持ちや意味をつよめること。

例—の助詞。「いよいよますます」は—のための表現である。
【強運】キョウウン つよい運勢。運がつよいこと。例—の持ち主。
【強化】キョウカ（名・する）①つよめること。足りないところを補ってつよくすること。対弱化。例—合宿。②ビタミンなどを人工的に加えて、栄養価を高めること。例—米。
【強顔】キョウガン つらの皮が厚いこと。あつかましいこと。何があっても平然としていること。類厚顔・鉄面皮。
【強記】キョウキ 記憶力がよいこと。例博覧—。
【強肩】キョウケン かたがつよいこと。とくに野球で、ボールを遠くまで正確に速く投げられる能力のあること。
【強健】キョウケン（名・形動ナ）からだがしっかりして、じょうぶなこと。対虚弱。例身体—。
【強堅】キョウケン（名・形動ナ）つよくてしっかりしていること。類強固。例—な意志。
【強権】キョウケン つよい権力。とくに、国家のもつ強制的な権力。例—を発動する。
【強固】キョウコ（形動ナ）つよくしっかりして、ゆるがないようす。類強堅・強靭。例意志—な人間。表記旧▼鞏固
【強行】キョウコウ（名・する）反対や障害などをおしきって、むりやりおこなうこと。例—突破する。採決を—する。
【強攻】キョウコウ（名・する）むりを知りながら力ずくでせめること。例—策に出て失敗する。
【強硬】キョウコウ（名・形動ナ）自分の考えを変えることなく、あくまでもおし通そうとすること。対軟弱。例—策をとる。
【強豪】キョウゴウ（名・形動ナ）つよく勢いのさかんなこと。また、その人やチーム。表記「強剛」とも書く。
【強行軍】キョウコウグン ①軍隊で、一日の行程をむりに増やして移動すること。また、旅行などにもいう。例—でヨーロッパをまわる。②むりを承知で仕事をすること。例—で仕上げる。
【強国】キョウコク 大きな経済力や軍事力をもつ、力のつよい国。類大国。対弱国。
【強者】キョウシャ つよいもの。権力・実力などの力をもつもの。対弱者。例—の論理をもって弱者をおしつぶす。
【強弱】キョウジャク つよいことと、よわいこと。また、つよさの程度。例音の—をつける。
【強襲】キョウシュウ（名・する）はげしい勢いでおそいかかること。例三塁—のヒット。敵陣を—する。
【強▼靭】キョウジン（名・形動ナ）つよくてしなやかなこと。また、ねばりづよいこと。類強固。例—な精神。

［弓部］8画 強

【強心剤】キョウシンザイ〔医〕弱った心臓の活動をつよめる薬。カンフル剤など。

【強制】キョウセイ（名・する）力や権力によって、むりやりにさせること。類強要。例—執行。労働を—する。

【強精】キョウセイ 精力をつよくすること。例—剤。

【強壮】キョウソウ（名・形動ナ）からだがじょうぶで気力にあふれること。類壮健・強健。対虚弱。例滋養—の効果がある。

【強打】キョウダ（名・する）①つよく打つこと。例胸を—する。②野球・テニスなどで打力があること。つよい打撃。

【強大】キョウダイ（名・形動ナ）つよくて大きいこと。対弱小。例—な勢力をもつ。

【強調】キョウチョウ（名・する）①音・色などの調子をつよくすること。また、つよい調子。例白でハイライトを—する。②つよく主張すること。力をこめて言うこと。類力説。例平和を—する。

【強直】キョウチョク 一（名・形動ナ）意志がつよく、心がまっすぐなこと。剛直。例—な人間。二（「ゴウチョク」とも）（名・する）筋肉などがこわばること。硬直。例心身が—する。

【強敵】キョウテキ 強力な敵。手ごわい相手。対弱敵。例—を破る。—に当たる。

【強電】キョウデン 発電機や工業などで使う、つよい電力。また、それらをあつかう電気工学の部門。対弱電。

【強▼弩】キョウド 力のつよい石弓。表記「▼彊▼弩」とも書く。

【強▼弩の末▼魯▼縞を▼穿つ▽能わず】〔「魯縞」は、魯の国に産する、うすい白絹。つよい石弓から発せられた矢も、ついには勢いが弱まり、うすい絹さえ射通すことができない〕英雄も、衰えてしまっては何もできないことのたとえ。〈史記〉

【強度】キョウド 一（名）物体のつよさの度合い。例鉄骨の—。二（名・形動ナ）（心身のぐあいの悪さなどの）程度がはなはだしいこと。類極度。対軽度。例—の近視。

【強迫】キョウハク（名・する）自分の思いどおりにさせるため、むりにせまること。むりじい。

【強迫観念】キョウハクカンネン はらいのけようとしても、心につきまとって、なかなかはなれない考えや気持ち。例—にとらわれる。

【強風】キョウフウ つよいかぜ。例—注意報。—にあおられる。

【強兵】キョウヘイ ①つよい兵士。対弱兵。②軍事力をつよくすること。例富国—を国是とした明治時代。


【強弁】キョウベン（名・する）むりにりくつをつけて自分の意見を言いはること。こじつけ。表記旧強▼辯
【強暴】キョウボウ（名・形動ナ）つよくて乱暴なこと。

【強要】キョウヨウ（名・する）むりやりに要求すること。むりじい。類強制。例寄付を—する。

【強力】一キョウリョク（名・形動ナ）力や作用がつよいこと。例—接着剤。—におし進める。二ゴウリキ ①（名・形動ナ）力がつよいこと。つよいちから。例—無双。②（名）登山者の荷物を運び、道案内をする人。例—をやとう。表記二は「剛力」とも書く。

【強力犯】ゴウリキハン〔法〕殺人・強盗など、暴行や脅迫によっておこなわれる犯罪。また、その犯人。対知能犯。

【強烈】キョウレツ（名・形動ナ）作用・刺激などがつよくてはげしいこと。例—な印象。

【強引】ゴウイン（名・形動ナ）反対などをおしきっておこなうこと。例—なやり方。工事を—に進める。

【強▼姦】ゴウカン（名・する）暴力や脅迫などによって、性的におかすこと。対和姦。例—罪。

【強弓】ゴウキュウ 引くときにつよい力が必要な、弦の張りのつよいゆみ。また、そのゆみを引く人。

【強情】ゴウジョウ（名・形動ナ）非を認めないで、自分の考えをおしとおそうとすること。意地っ張り。例—を張る。—な子供。表記「剛情」とも書く。

【強訴】ゴウソ（名・する）昔、おきてなどに不平不満をもった人々が、集団を組んで支配者のところへうったえかけたこと。例代官に—する。

【強奪】ゴウダツ（名・する）力ずくでうばいとること。例現金を—する。

【強盗】ゴウトウ 暴力やおどしによって、他人のお金や品物をうばい取ること。また、その者。

【強欲】ゴウヨク（名・形動ナ）ひじょうに欲が深いこと。貪欲。例—な金貸し。表記旧強▼慾
【▽強飯】こわめし〔「ゴウハン」とも〕もち米をむした、めし。おこわ・赤飯など。

【▽強▽面】こわもて（名・形動ナ）〔「こわおもて」の変化〕こわい表情をして相手につよい態度をとること。例—に出る。

【強気】つよキ（名・形動ナ）①気がつよく、積極的な態度をとること。また、強引にものごとを進めること。例—に出る。②〔経〕取引で、相場が上がると予想すること。▽対弱気。

【強腰】ごし (名・形動)つよい態度に出ること。㊟弱腰。例―でかけあいにのぞむ。

【強火】び (料理などで)火力のつよい火。例―を増す。㊟弱火。

【強み】み ①つよさ。つよさの程度。②他に対してつよいところ。すぐれている点。例英語のうまいのが―だ。▽㊟弱み。

●御強おこわ・頑強ガンキョウ・屈強クッキョウ・最強サイキョウ・増強ゾウキョウ・富強フキョウ・勉強ベンキョウ・補強ホキョウ・列強レッキョウ

弓8 【張】 11画 3605 5F35 教育5 音チョウ漢呉 訓は-る・は-り

筆順 弓 引 弡 弫 張 張

なりたち [形声]「弓(=ゆみ)」と、音「長チョウ」とから成る。弓に弦つるをとりつける。

意味 ❶(ぴんと)はる。のばす。外に大きく広げる。大きくなる。㊟弛シ。例張力チョウリョク。拡張カクチョウ。緊張キンチョウ。❷弓・琴こと・幕などを数えることば。はり。❸二十八宿の一つ。ちりこぼし。例張宿チョウシュク。❹姓セイの一つ。例張良チョウリョウ(=漢の名臣)。

日本語での用法《はり・はる》①紙や布・糸などを、しわやたるみのないように広げて固定する。「張り板・張り紙・張り子・張り札・張り物」②注意ぶかく待つ。「見張る・門口で張る」③ゆるめず、つっぱる。「肩肘(を)張る・強情を張る」④内から外側に力が加わってふくらむ。「木の芽が張る・乳が張る」⑤引き締しまる。「気が張る・張りのある声」

使い分け はる【張・貼】⇩1178ページ

人名 とも

【張三李四】チョウサンリシ 〔張家の三男、李家の四男の意。「張」も「李」も中国で多い姓であることから〕どこにでもいる平凡な人々。

【張本】チョウホン 〔古くは「チョウボン」とも〕事件を起こすもと。また、その人。張本人。例賊徒ゾクトの―。

【張本人】チョウホンニン 悪事や事件を起こす中心となった人物。首謀者シュボウシャ。例事件の―。

【張力】チョウリョク ①はり広がる力。②〔物〕物体の面に対して垂直にはたらき、その面をたがいに引き合う力。例表面―。

【張り板】はりいた 洗ってのりをつけた布や、すいた紙をはってかわかすための板。

【張り扇】はりおうぎ たたんで、上部を外側から紙ではり包んだ扇。〔講釈師コウシャクシなどが机をたたいて調子をとるのに用いる。開いて扇子センスとして使うことはできない〕

【張り紙】はりがみ ①ものにはりつけた紙。例―細工。②通知や宣伝のために、人目につく場所にはる紙。例求人の―を出す。③目じるしのためや、意見などを書いて、書類にはる小さい紙。㊐付箋フセン。表記▽「貼り紙」とも書く。

【張り子】はりこ 木の型の上に紙をはり重ね、かわいてから中の型をぬきとったもの。はりぬき。例―の虎とら。

【張り番】はりバン 見張りをすること。また、その人。

【張り札】はりふだ おおぜいの人に知らせるために書いてはり出すふだ。例満員御礼オンレイの―。表記「貼り札」とも書く。

【張りぼて】はりぼて 木や竹のわく組みの上に紙をはり重ねたもの。とくに、演劇の小道具に用いる、張り子。はりぬき。

●開張カイチョウ・拡張カクチョウ・緊張キンチョウ・誇張コチョウ・主張シュチョウ・出張シュッチョウ・膨張ボウチョウ

弓8 【弸】 11画 *5526 *5F38 音ホウ漢 訓み-ちる

意味 ❶(弓が)強いようす。❷弓の弦つる。❸充満ジュウマンさせる。充実ジュウジツする。みちる。みつ。

弓9 【弾】 12画 3538 5F3E 常用 音タン漢ダン呉 訓ひ-く・はず-む・たま・はじ-く・はじ-ける

筆順 弓 弓' 弾 弾 弾

弓12 【彈】 15画 5528 5F48 人名

なりたち [形声]「弓(=ゆみ)」と、音「單タン」とから成る。弓でとばすたま。

意味 ❶はじいて飛ばすたま。鉄砲テッポウなどのたま。例弾丸ダンガン。弾薬ダンヤク。実弾ジツダン。❷勢いをつけてうつ。指先ではじく。例弾冠ダンカン。弾指ダンシ。❸弦楽器ゲンガッキを演奏する。例弾琴ダンキン。連弾レンダン。❹相手の非をせめる。例糾弾キュウダン。指弾シダン。弾奏ダンソウ。❺ものに当たってはねかえる。はずむ。例弾性ダンセイ。弾力ダンリョク。

使い分け たま【玉・球・弾】⇩1172ページ

使い分け ひく【引・弾】⇩1178ページ

難読 弾指つまはじき

人名 ただ・ただす

【弾圧】ダンアツ (名・する)権力や武力によっておさえつけること。例反対派を―する。

【弾雨】ダンウ 雨のようにさかんに飛んでくる弾丸。例砲煙ホウエン―を突いて進む。

【弾劾】ダンガイ (名・する)(おおやけの立場にある人がおかした)罪や不正をあばき、その責任を追及ツイキュウすること。例裁判官―法。―裁判所(=裁判官の不正をさばく裁判所)。

【弾冠】ダンカン 〔冠かんむりのちりをはじいて、はらう意〕①世のけがれをきらうことのたとえ。②仕官のときを心待ちにすること。

【弾丸】ダンガン ①鉄砲テッポウや大砲タイホウのたま。例―雨飛。②ひじょうに速く進むことのたとえ。例―列車。―道路。③昔、中国で、小鳥をとらえる、はじき弓のたま。

【弾丸黒子の地】ダンガンコクシのチ 〔はじき弓のたまや、ほくろのような小さな土地の意から〕ひじょうにせまい土地。弾丸の地。例―を得たにすぎない。

【弾琴】ダンキン 琴ことをひくこと。

【弾痕】ダンコン たまの当たったあと。例―を調べる。

【弾指】ダンシ 〔「タンジ」とも〕㊀(名・する)①指をはじくこと。②仲間はずれにすること。つまはじき。㊁(名)〔仏〕指をはじくほどの、きわめて短い時間。例―の間カン。

【弾性】ダンセイ 〔物〕他からの力で変形した物体が、もとの形にもどろうとする性質。弾力性。例ゴムの―。

【弾奏】ダンソウ (名・する)①琴ことやピアノ・バイオリンなどの弦楽器ゲンガッキを演奏すること。例―曲。②官吏カンリの罪をあばいて、上に告げること。

【弾倉】ダンソウ 連発式の小銃ショウジュウや拳銃ケンジュウなどで、補充ホジュウ用のたまをこめておくところ。例―に残った一発。

【弾頭】ダントウ ①銃弾ジュウダンや砲弾ホウダンの先の部分。②ミサイル(=誘導弾ユウドウダン)の頭部で、ものに接すると爆発バクハツする部分。例核カク―。

【弾道】ダンドウ 発射された弾丸が空中を飛ぶときにえがく曲線。例―型がたミサイル。

【弾薬】ダンヤク 銃砲ジュウホウのたまと、火薬。例―庫。

【弾力】ダンリョク ①〔物〕物体が、外からの力で変形したとき、もとの形にもどろうとする力。例―性にすぐれる。②状況ジョウキョウに応じて、自由に対応できる能力。例―的に考える。

【弾き語り】ひきがたり ①自分で三味線しゃみせんをひきながら、浄瑠璃…などを語ること。②自分でピアノやギターなどを演奏しながら歌うこと。

【弾き手】ひきて 弦楽器やピアノなどの演奏者。また、楽器をひく人。

●糾弾・凶弾・散弾・指弾・実弾・銃弾・肉弾・爆弾・砲弾・防弾・連弾

弓9 【弼】 12画 4111 5F3C 音ヒツ漢 訓たす-ける

意味 あやまちを正し、たすける。また、天子の補佐役。たすけ。例輔弼。

日本語での用法《すけ》律令制の四等官で、弾正台の第二位。次官。「弾正の弼」

弓9 【强】 12画 ⇩強(365ページ)

弓10 【彁】 13画 5527 5F41 音義未詳

弓12 【彈】 15画 ⇩弾(367ページ)

弓13 【彊】 16画 2216 5F4A 音キョウ漢ゴウ呉 訓つよ-い・し-いる

意味 つよい。つとめる。しいる。同強。例自彊。

弓14 【彌】 17画 ⇩弥(364ページ)

弓19 【彎】 22画 5530 5F4E 音ワン漢 訓まが-る

弓6 【弯】 9画 5531 5F2F 俗字

意味 ❶弓に矢をつがえて、引きしぼる。例彎弓(=弓を引きしぼる)。❷弓のような形に曲がる。まがる。例彎曲・彎月(=三日月。弓張り月)。彎入。

表記 現代表記では、「湾」に書きかえることがある。熟語は「湾」(612ページ)を参照。

【彎曲】ワンキョク (名・する)弓なりにまがること。表記 現湾曲

【彎入】ワンニュウ (名・する)海岸線が弓なりに陸地にはいりこむこと。表記 現湾入

58 3画 彐(ヨ) けいがしら いのこがしら 部

ブタのあたまの形をあらわす。「彐ケイ」の音から「けいがしら」という。「彐」をもとにしてできている漢字と、類型の「ヨ」の字形を目じるしにして引く漢字とを集めた。

0 彐 6 彖 8 粛 彗 9 彘 10 彙 13 彝 15 彝

この部首に所属しない漢字

互⇩二43 尹⇩尸318 夛⇩夕252 君⇩口194
書⇩曰499 群⇩羊802 肅⇩聿814

彐0 【彐】 3画 5532 5F51 音ケイ漢 訓いのかしら

意味 ブタの頭。

彐6 【彖】 9画 5533 5F56 音タン漢 訓はし-る

意味 ❶ブタが走る。はしる。❷易の卦を判断する。また、そのことば。例彖辞。

ヨ8 【粛】 11画 2945 7C9B 常用 音シク漢シュク呉 訓つつし-む

筆順 ⺕ ⺕ ⺕ 肀 肀 肃 肃 粛

聿7 【肅】 13画 7073 8085

なりたち [会意]「聿(=とりおこなう)」と「𣶒(=水がめぐる深いふち)」とから成る。戦戦恐恐として、つつしむ。

意味 ❶心をひきしめて、相手をうやまった態度をとる。つつしむ。例粛啓。自粛。❷きびしくする。いましめる。例粛正・粛清。❸おごそかで近寄りがたいようす。しずかなようす。例粛粛・静粛。

人名 かた・かね・きよし・すすむ・すみ・ただ・たり・とし・はや

【粛啓】シュクケイ 手紙の書き出しに用いるあいさつのことば。「つつしんで申しあげます」という意味。

【粛粛】シュクシュク (形動タル)①静かにつつしむようす。例法廷内で—として判決を待つ。②おごそかでひきしまっているようす。例葬列は—と進む。

【粛正】シュクセイ (名・する)きびしく取りしまり、不正を正すこと。例綱紀を—する(=規律を正す)。

【粛清】シュクセイ (名・する)①きびしく取りしまって、不正な者をなくすこと。②きびしく反対派を追放すること。

【粛然】シュクゼン (形動タル)①心をひきしめ、つつしむようす。例—として襟を正す。②ひっそりと静かなようす。例—としてなりゆきを見守る。あたりは—と静まりかえる。

●厳粛・自粛・静粛

ヨ8 【彗】 11画 5534 5F57 人名 音スイ漢 訓ほうき

なりたち [会意]「ヨ(=て)」に「丰丰(=多くの竹の枝がならぶ)」を持つ。ほうき。

意味 ❶草の穂や竹で作ったほうき。また、ほうきではく。❷ほうきぼし。例彗星。

【彗星】スイセイ 太陽系の天体。太陽に近づいたとき、ガス体の長い尾を引くのが見える。長円形の軌道をもつ。ほうきぼし。例—のごとくあらわれた人物。

彐9 【彘】 12画 1-8428 5F58 音テイ漢 訓いのこ・ぶた

意味 ブタ。例彘肩(=ブタの肩の肉)。

彐10 【彙】 13画 5535 5F59 常用 音イ漢 訓あつ-める・あつ-まり

筆順 ㇜ ㇜ 彑 彑 彙 彙 彙

なりたち [形声]「𢑚(=毛の長い獣)」の省略体と、音「胃イ」とから成る。ハリネズミ。

意味 ❶ハリネズミ。同蝟。❷(ハリネズミの毛のように)多くのものがあつまる。あつめる。また、同類のものをひとまとめにしたもの。あつまり。例彙集(=種類によって分けて集める)。彙報。語彙。

【彙報】イホウ 情報や動向を集めて、ことがらによって分類した報

告。雑報。例雑誌巻末の一欄。
❶語彙・字彙・辞彙

彑13 【彛】16画 ⇩【彝】イ（369ページ）

彑15
【彝】
18画 5519 5F5D 音イ漢 訓つね・のり

彑13 【彜】16画 5520 5F5C 別体字

意味 ❶宗廟で常用される祭器。例彝器。❷つねに守るべき、不変の道理。つね。のり。例彝訓。❸中国の少数民族の一つ。彝族。

【彝器】イキ 宗廟にそなえておく青銅器。鍾（＝さかずき）・尊（＝酒の樽）・俎（＝まな板）など。

【彝訓】イクン つねに守るべき教え。

【彝倫】イリン 人としてつねに守るべき道。人倫。

59 3画 彡 さんづくり けかざり かみかざり 部

ふでで描いた美しい模様やかざりをあらわす。「彡」の音から「さんづくり」という。「彡」をもとにしてできている漢字と、「彡」の字形を目じるしにして引く漢字とを集めた。

0 彡 4 形 6 彦 彥 8 彩 彫 彪 彬 彩 彫 9 彭 11 彰 12 影

この部首に所属しない漢字

参⇩ム173 參⇩ム174 須⇩頁1064

彡0
【彡】
3画 5536 5F61 音サン漢呉 訓かざーり

意味 筋目の模様。かざり。

彡4
【形】
7画 2333 5F62 教育2 音ケイ漢ギョウ呉 訓かた・かたち

筆順 一 二 于 开 开 形 形

なりたち 形 [形声]「彡（＝もよう）」と、音「开ケン→ケイ」とから成る。かたどる。かたち。

意味 ❶外にあらわれるすがたやありさま。かたち。かた。例形式。形態。図形。❷かおかたち。また、からだ。例形骸。形相。❸あらわす。あらわれる。かたちづくる。例形成。形容。

使い分け かた【形・型】⇩1167ページ

人名 すえ・なり・み・より

日本語での用法《かた》借金が返せないときのための品物や権利。抵当。「借金の形に土地を取られた」

【形代】かたしろ ①祭りのときに神体のかわりとしてすえるもの。②神社でのおはらいで用いる、白い紙を人のかたちに切ったもの。人形。③身がわりとなるもの。

【形見】かたみ ①過去を思い出す材料となるもの。記念。例むかし時代の一のもの。②死んだ人や別れた人の残した、その人の思い出につながる品。遺品。例一分け。

【形相】一ギョウソウ 顔つき。顔の表情。例すさまじい一でせまってくる。二ケイソウ ものかたち。ありさま。

【形影】ケイエイ ものかたちとそのかげ。また、いつもいっしょで、はなれないもののたとえ。

【形影相弔う】ケイエイあいとむらう（「弔う」は、あわれみなぐさめる意。自分のからだとそのかげが、おたがいになぐさめあうことから）たよる人もなく孤独でさびしいようす。

【形影相伴う】ケイエイあいともなう（夫婦などが）はなれることなく、いつもいっしょにいるようす。

【形骸】ケイガイ ①〔生命や精神に対して〕外形だけのからだ。ぬけがら。②内容・価値のないかたちだけのもの。また、ものの骨組み。例民主主義の一化。

【形▼而下】ケイジカ ①はっきりしたかたちがあるもの。有形。②〔哲〕見たり聞いたりさわったりするなど、人間の五感によってかたちをとらえることのできるもの。対形而上。

【形式】ケイシキ ①外から見えるかたち。外形。外見。②定まっている型や手続き・やり方。様式。例伝統的な一を守る。③内容がともなわないうわべやかたちだけのこと。対内実・実質。

【形式主義】ケイシキシュギ 形式を重んじ、内容をかろんじて判断しようとする立場。〔内容がともなわなくても外見がととのうことを重くみる考え方を、他が非難する場合に使われることが多い〕例一との批判を受ける。

【形式的】ケイシキテキ（形動ダ）①形式に関しているようす。②内容に見るべきものがなく、うわべだけであるようす。また、型どおりのようす。例一なあいさつのことば。▽対実質的。

【形▼而上】ケイジジョウ〔哲〕見たり聞いたりさわったりするなど、人間の五感ではかたちをとらえることのできないもの。メタフィジカル。〔精神のはたらきによって認識される真・善・美・愛など〕対形而下。例一学。

【形質】ケイシツ ①もののかたちと性質。②〔生〕生物をからだのかたちや性質からみたときの特徴。

【形勝】ケイショウ ①地勢・風景などのすぐれていること。また、その土地。景勝。例日本一の一。②地の利にすぐれている要害の地。

【形象】ケイショウ ものがそなえているかたち。すがた。

【形状】ケイジョウ 物のかたち。ありさま。ようす。例葉の一を観察する。

【形成】ケイセイ（名・する）かたちづくること。また、あるかたちにできあがること。例人格の一。

【形声】ケイセイ 漢字の六書の一つ。意味をあらわす部分と音をあらわす部分とを組み合わせて一字をつくる方法。たとえば「江」は、意味をあらわす「氵（＝水）」と、音をあらわす「工」の組み合わせによる。諧声。例一文字。

【形勢】ケイセイ 移り変わっていくものごと・事件などの、その時々のようす。なりゆき。類情勢。例どうも一が思わしくない。一が逆転する。

【形跡】ケイセキ ものごとのおこなわれたあと。あとかた。痕跡。例畑をふみあらした一がある。表記「形▼迹」とも書く。

【形像】ケイゾウ（人物などを）かたどってつくった像。

【形体】ケイタイ「形態①②」に同じ。

【形態】ケイタイ ①もののかたち。ありさま。ようす。例昆虫は成長するにしたがって大きく一を変える。②組織としてとらえられるものを、外から見たかたちやようす。状態。例市場経済の一を維持する。国家の一。③〔哲〕一つのまとまった全体。ゲシュタルト。表記①②は「形体」とも書く。

【形名】ケイメイ ①かたちと名前。実態と名称。②〔「形」は、おこない。「名」は、ことば〕おこないと発言とが一致するかしないかで人物を評価するという、古代中国の刑名学の考え方。刑名。

【形容】ケイヨウ 一（名・する）ものごとのかたちやようすを言いあらわすこと。例なんと一したらよいのかわからない。二（名）かたち。すがた。

【形容詞】（ケイヨウシ） 品詞の一つ。自立語で活用する。単独で述語となることができ、ものごとの性質や状態をあらわすことば。言い切りのかたちは、口語では「い」、文語では「し」となる。たとえば、「高い」「美しい」、「高し」「美し」など。動詞・形容動詞とともに用言と呼ばれる。

【形容動詞】（ケイヨウドウシ） 品詞の一つ。自立語で活用する。単独で述語となることができ、ものごとの性質や状態をあらわすことば。言い切りのかたちは、口語では「だ」、文語では「なり」「たり」となる。たとえば、「静かだ」、「静かなり」「悠悠（ユウユウ）たり」など。動詞・形容詞とともに用言と呼ばれる。

◐跡形・円形・女形・外形・奇形・球形・原形・小形・固形・字形・象形・姿形・図形・整形・造形・体形・台形・地形・長方形・人形・花形・変形・方形・無形・屋形

彡6 **【彦】** 9画 4107 5F66 人名 音ゲン漢 訓ひこ

彡6 **【彥】** 9画 5F65

なりたち 【形声】「彡(=あやもよう)」と、音「厂(カン→ゲン)」とから成る。美しい男。

意味 りっぱな男子。才能・人がらともにすぐれた男性。男性をほめた呼び方。例彦士(=りっぱな男性)。彦星。

日本語での用法 《ひこ》男性の名前につけて用いる。「海幸彦・山幸彦・猿田彦」

難読 彦山(=地名)・英彦山(=山名)

人名 お・さと・ひろ・ひろし・まさる・よし

【彦星】（ひこぼし） わし座にあるアルファ星アルタイル。天の川をはさんで、おりひめ(=織女星)とともに七夕で祭られる星。牽牛星。

彡6 【彥】 9画 ⇩【彦】ひこ(370ページ)

彡8 **【彩】** 11画 2644 5F69 常用 音サイ漢呉 訓いろど-る・あや・いろど-り

筆順 ノ ⺈ ⺈ ⺈ 爫 平 采 彩

[彡部] 6―8画 ● 彦彥彩彫彪彬彩彫

彡8 **【彩】** 11画

なりたち 【形声】「彡(=もよう)」と、音「采(サイ)」とから成る。美しいあやもよう。

意味 ❶ものにさまざまな色をつけて美しくする。いろどる。また、そのようす。いろどり。例彩色。色彩。水彩。❷すがた。ようす。かたち。同采。例異彩。生彩。

人名 あき・あきら・いろ・さえ・つや

【彩雲】（サイウン） 美しいいろどりの雲。朝焼けや夕焼けに赤くそまった雲などをいう。例朝辞白帝彩雲間（あしたにジすハクテイサイウンのカン）(=夜明けに、朝焼け雲のたなびく白帝城に別れを告げる)。〈李白・早発白帝城〉

【彩▼霞】（サイカ） 美しいもや・かすみ。〔朝焼けや夕焼けのときに見られる美しい空のようすをいう〕

【彩管】（サイカン） 絵をかくときに用いる筆。色をぬるときの筆。絵筆。例―を揮う(=絵をかく)。

【彩色】（サイシキ・サイショク） (名・する)色をつけること。いろどり。類着色。例草木の汁で―した布。

【彩度】（サイド） 色の三要素の一つで、あざやかさの度合い。また、色の純度。

【彩筆】（サイヒツ） 「彩管」に同じ。

◐異彩・光彩・色彩・水彩・生彩・精彩・多彩・淡彩・迷彩

彡8 **【彫】** 11画 3606 5F6B 常用 音チョウ漢呉 訓ほ-る・え-る

筆順 丿 冂 冂 円 円 周 周 周 彫

彡8 **【彫】** 11画 2F89A

なりたち 【形声】「彡(=もよう)」と、音「周(シュウ→チョウ)」とから成る。もようをきざみつける。

意味 ❶ほりきざんでもようをつける。例彫刻。彫像。❷しぼむ。おとろえる。同凋。例彫落。

【彫金】（チョウキン） (名・する)たがねなどを使って金属に彫刻すること。また、その技術。例―師。―をほどこした銀の器。

【彫刻】（チョウコク） (名・する)木・石・金属などに、物や人の形、文字などを、ほりきざむこと。また、その作品。例―家。表記「▼雕刻」とも書く。

【彫心▼鏤骨】（チョウシンルコツ） (名・する)〔心に彫りつけ、骨に刻む意から〕ひじょうに苦心して詩や文章などをつくり上げること。例名匠の―して仕上げた作。

【彫塑】（チョウソ） ①彫刻と塑像。②ねん土や石こうでつくる、彫刻の原型となる塑像。

【彫像】（チョウゾウ） 木・石・金属などをほりきざんでつくった像。例―の除幕式。表記「▼雕像」とも書く。

【彫▼琢】（チョウタク） (名・する)〔「琢」は、玉をみがく意〕①宝石などをきざみみがくこと。②詩や文章をなん度も練り直して美しく仕上げること。例文章をじゅうぶんに―する。表記▽「▼雕▼琢」とも書く。

【彫虫▼篆刻】（チョウチュウテンコク） 〔小さな虫や篆字を、小刀で彫りきざむように〕文章を書くとき、必要以上に細かい技法にはしり、字句をかざること。

【彫落】（チョウラク） (名・する)①勢いがおとろえ、おちぶれること。例―の一途をたどる。②草木がしぼみかれること。③おとろえ死ぬこと。例―の秋。表記▽「▼凋落」とも書く。

【彫り物】（ほりもの） ①彫刻。②いれずみ。

◐木彫

彡8 **【彪】** 11画 4123 5F6A 人名 音ヒュウ漢ヒョウ呉 訓あや・まだら

なりたち 【会意】「虎(=とら)」と「彡(=もよう)」とから成る。トラの皮のもよう。

意味 トラの皮の斑紋。転じて、美しいもよう。あや。例彪虎(=まだらのもようのかたち)。

人名 あき・あきら・たかし・たけ・たけし・たける・つよし・とら

彡8 **【彬】** 11画 4143 5F6C 人名 音ヒン漢

なりたち 【形声】「彡(=もよう)」と、音「焚(フン→ヒン)」の省略体とから成る。外見と内容がそなわっている。

意味 「彬彬」は、外見と内容とがともにすぐれている意。例文質彬彬(=見た目のよさと、内面の充実がよく調和していること)。〈論語〉

人名 あき・あきら・あや・さかん・しげし・ひで・ひろ・もり・よし

彡8 【彩】 11画 ⇩【彩】サイ(370ページ)

彡8 【彫】 11画 ⇩【彫】チョウ(370ページ)

彡 9

【彭】

12画 5537 5F6D 音 ホウ漢

意味 ❶つづみの音。❷さかんなようす。また、多いようす。例 彭湃ホウハイ。彭彭ホウホウ。

【彭▼湃】ホウハイ（形動タル）波のさかまくようす。また、ものごとがさかんに起こるようす。例 戦争反対の声が全国に—として起こる。表記「▼澎▼湃」とも書く。

【彭彭】ホウホウ（形動タル）①さかんなようす。多いようす。②さかんに行くようす。

彡 11

【彰】

14画 3020 5F70 常用 音 ショウ漢 訓 あや・あき-らか

筆順 亠 ᅭ 立 产 音 音 章 章 彰

なりたち [会意]「彡（=もよう）」と「章ショウ（=あや・かざり）」とから成る。あやもよう。

意味 ❶あざやかにめだつ。あきらか（な）。例 彰明ショウメイ（=あきらか。明白）。❷はっきりとめだたせる。あきらかにする。例 顕彰ケンショウ。表彰ヒョウショウ。

人名 あ・あき・あきら・てる・まさ・よし

【彰義】ショウギ 正義の道をあきらかにすること。例 —隊（=明治維新イシンの際、徳川将軍の江戸えど明けわたしに反対して立った幕臣の一隊）。

【彰考】ショウコウ 過去の歴史をあらわし、将来を考えること。

彡 12

【影】

15画 1738 5F71 常用 音 エイ漢 ヨウ呉 訓 かげ

筆順 丨 口 日 旦 몸 景 景 景 影

なりたち [形声]「彡（=かざり）」と、音「景ケイ→イエ」とから成る。ひかり。派生して「かげ」の意。

意味 ❶ひかり。例 月影ゲツエイ。灯影トウエイ。❷ものが光をさえぎってできる、黒ずんだ形。かげ。例 影絵かげエ。形影ケイエイ。捕影ホエイ。❸映し出された、物のすがた。例 影像エイゾウ。撮影サツエイ。❹そっくりに、うつしとる。例 影印エイイン。

使い分け かげ【陰・影】⇩1167ページ

人名 あき・あきら・かず・ひかる

【影印】エイイン（名・する）（古い書物などを）写真に写し複製して印刷したもの。例 —本ボン。

【影響】エイキョウ（名・する）一つのものの力が他にはたらき、それに変化をあたえること。また、その結果。例 大雨の—。

【影像】エイゾウ ①絵や彫刻チョウコクなどに写された姿。肖像ショウゾウ。②光によって映し出された姿。

【影絵】かげエ 手や紙などで動物や物の形をつくり、灯火でそのかげをかべや障子などに写し出す遊び、または芸。写し絵。

【影かげの形かたちに▽随したがうが▽如ごとし】形には必ずかげがついてまわるように、いつもいっしょではなれないようす。また、順応ジュンノウしてそむかないようす。

【影法師】かげボウシ 障子や地面に映った、人のかげ。

【影身】かげみ かげのように、いつも身をはなれないでいること。また、そのようにする人。例 —に添そう。

【影武者】かげムシャ ①昔、敵をあざむくために、大将などと同じ姿かたちをさせた身代わりの武士。②表面には出ず、裏でいろいろと指示を出す人物。黒幕くろマク。例 —が策をさずける。

●遺影イエイ・陰影インエイ・面影おもかげ・近影キンエイ・幻影ゲンエイ・撮影サツエイ・島影しまかげ・月影つきかげ・投影トウエイ・火影ほかげ

60 3画 彳 ぎょうにんべん部

股またと脛すねと足あしを三つ合わせた形で、こまたで歩く意をあらわす。「行ギョウ」の字にある人偏ニンベンに似た形であることから「ぎょうにんべん」という。「彳」をもとにしてできている漢字を集めた。

0 彳 4 役 彷 彴 5 往 径 征 徂 彽 彼 彿 徃 6 徊 後 很 徇 待 律 7 従 徐 徒 徑 8 徙 得 徘 徠 從 9 御 徨 循 復 10 微 徭 11 徴 徳 12 徹 徵 德 13 徼 徽 14 徽

この部首に所属しない漢字

行⇩行884 衍⇩行885 衒⇩行885 術⇩行885 街⇩行885 衙⇩行885 衝⇩行885 衛⇩行886 衞⇩行886 衡⇩行886 鵆⇩鳥1101 黴⇩黒1111 衢⇩行886

彳 0

【彳】

3画 5538 5F73 音 テキ漢 訓 たたず-む・た-つ

意味 こまたで歩む。すこし行っては止まる。たたずむ。

難読 彳亍テキチョク・たたずむ・たちあがる

彳 4

【役】

7画 4482 5F79 教育3 音 エキ漢 ヤク呉 訓 つと-め

筆順 ノ ク 彳 彳 彸 役 役

なりたち [会意]「殳（=武器で打つ）」と「彳（=めぐりあるく）」とから成る。国境を守る。派生して「仕事につとめる」の意。

意味 ❶政府・支配者が人民にさせる仕事。国境の守りや土木事業などの労働。例 役夫エキフ。賦役フエキ。労役ロウエキ。❷戦争。いくさ。例 戦役センエキ。西南セイナンの役エキ。❸人をつかって仕事をさせる。仕事。例 雑役ザツエキ。使役シエキ。❹つかえる。つかわれる。ある仕事につとめる。例 役務エキム。役夫エキフ。現役ゲンエキ。❺割り当てられた仕事。重要な地位。つとめ。例 役員ヤクイン。役職ヤクショク。役人ヤクニン。

日本語での用法《ヤク》芝居しばいで俳優にふりあてられる受け持ち。また、役目・地位。「役者ヤクシャ・主役シュヤク・配役ハイヤク・役ヤクをつとめる」

難読 役行者えんのギョウジャ・役えだち

人名 つら・まもる・ゆき

【役役】エキエキ（形動タル）懸命ケンメイに苦労するようす。身心ともに苦しむようす。例 終生—としてつとめた。

【役牛】エキギュウ 農耕や荷物の運送などの労働のために使うウシ。対 乳牛・肉牛。

【役畜】エキチク 農耕や荷物を運んだりするために使うウシやウマなどの家畜。

【役丁】エキテイ 人足ソク。人夫ニン。役夫エキフ。

【役夫】エキフ ①人足ソク。人夫ニン。役丁エキテイ。②使用人。

【役務】エキム 労働・作業などのつとめ。

【役員】ヤクイン ①ある役割を受け持つ人。例 町内会の—。②会社・団体などを代表し、その組織の運営の責任を負う人。重役。幹部。

【役柄】(ヤクがら) ①役の性質。役向き。例―をわきまえる。②役の内容にともなって生じる体面や立場。例―を重んじる。③演劇や映画で、演じる登場人物の性格や役割。例悪人の―がにくらしいほどよく似合う。

【役所】㊀(ヤクショ) 役人が公務をあつかうところ。官公庁。例―勤め。市―。㊁(ヤクどころ) ①その人にふさわしい役。また、役目。例ちょうどこれが私の―だ。②あたえられた役。また、役目。例―をあまんじてつとめる。

【役職】(ヤクショク) 担当する役目と職務。とくに、会社や役所などで責任ある地位。例―上の責任。

【役僧】(ヤクソウ) 寺の事務をあつかう僧。

【役宅】(ヤクタク) 江戸時代の奉行その他、現代の会社や官庁などで、それぞれの役目の人が住む住宅。公舎。

【役付き】(ヤクづき) 役につくこと。また、役についている人。例若くして―に昇進する。

【役作り】(ヤクづくり) 役者が、自分にあたえられた役にふさわしい演技や扮装を身につけようとくふうすること。

【役得】(ヤクトク) その役についていることで得られる利益。

【役人】(ヤクニン) 官職や公職についている人。官僚。公務員。

【役場】(ヤクば) ①町や村の公務をあつかう場所。例町―。②公証人・執行官が事務をとる場所。例公証人―。

【役不足】(ヤクブソク) (名・形動ダ) ①その人の実力・能力にくらべて、あたえられた役目が軽すぎること。例かれにとっては―だった。②役目に不満をもつこと。例―をうったえる。

【役回り】(ヤクまわり) 割り当てられた役。例損な―。

【役目】(ヤクめ) 役としてやらなければならない務め。担当する職務。例―を果たす。重い―。

【役割】(ヤクわり) 役を割り当てること。また、割り当てられた役。例重要な―。

●悪役・上役・顔役・苦役・現役・三役・使役・下役・重役・主役・助役・大役・代役・懲役・適役・配役・服役・兵役・労役

彳4 【彷】 7画 5539 5F77 音ホウ漢 訓さまよ-う

意味 ❶「彷徨」は、あてもなく、行ったり来たりする。さまよう。❷「彷彿」は、似かよっていてはっきりしない。

【彷徨】(ホウコウ) (名・する) あてもなくさまようこと。ぶらぶら歩き回ること。例荒野を―する。

【彷▼彿】(ホウフツ) ㊀(名・する) 昔、見たのと同じように思い出されること。また、そのようす。例娘の声は、亡き母親を―とさせる。㊁(形動タル) 姿・形がぼんやりと見えるようす。例―として夢の如し。表記 ▽「▼髣▼髴」とも書く。

彳4 【徇】 7画 ⇩【徇】シュン(375ページ)

彳5 【往】 8画 1793 5F80 教育5 音オウ漢呉 訓ゆ-く・い-く

筆順 ノ ク 彳 彳 行 行 往 往

彳5 【徃】 8画 5540 5F83 俗字

なりたち 【形声】「彳(=あるく)」と、音「主コウ→オウ」とから成る。ゆく。

意味 ❶目ざす方向へゆく。ゆく。いく。対復・来。例往復・往来・往路。❷むかし。すぎ去ったこと。例往時・往年・既往。❸のち。それからあと。例以往。❹去る。死ぬ。例往生。

難読 往昔・往代

人名 すすむ・なり・ひさ・みち・もち・ゆき・よし

【往往】(オウオウ) (副) ときどき。しばしば。時として。例―にしてこういうことがある。

【往還】(オウカン) ㊀(名・する) 行きと帰り。行き来すること。㊁(名) 街道。道路。例鎌倉―(=鎌倉へ通じる街道)。

【往古】(オウコ) むかし。いにしえ。例―の日本文化。

【往行】(オウコウ) ①過去のおこない。②昔の人のおこない。例前言―(=昔の人のことばとおこない)。

【往事】(オウジ) 過ぎ去ったこと。昔のこと。例―渺茫(=過ぎ去ったことはぼんやりとしてはっきりしない)。

【往時】(オウジ) むかし。昔日。過去。対近時。例―をしのぶ。

【往日】(オウジツ) 過ぎ去った日。先日。例―の面影。

【往者】(オウシャ) ㊀(名) ①過ぎ去ったこと。過去。対来者。例―は諫むべからず(=過ぎ去ったことは改めることができない)。〈論語〉②去りゆくもの。㊁(副) さきに。かつて。

【往生】(オウジョウ) (名・する) ①〔仏〕現世を去り、極楽浄土に行って生まれ変わること。②死ぬこと。例大―。③処理にこまりはてること。まいること。例大雪に―する。

【往生際】(オウジョウぎわ) ①死にぎわ。例いさぎよい―。②おもいきり。例―が悪い。

【往診】(オウシン) (名・する) 医者が病人の家に出向いて行って診察すること。例夜間の―。

【往▼迹】(オウセキ) 昔のあと。古跡。

【往年】(オウネン) 過ぎ去った年。むかし。往時。例―の大スター。

【往反】(オウハン・オウヘン) 〔古くは「オウバン」とも〕「往返」に同じ。

【往復】(オウフク) (名・する) ①行きと帰り。また、ある場所へ行ってもどってくること。対片道。例―切符。―に手間取る。②手紙やことばのやりとり。例―書簡。

【往返】(オウヘン) (名・する) 行き帰りすること。往復。例街道を―する旅人。表記「往▽反」とも書く。

【往訪】(オウホウ) (名・する) 人をたずねて行くこと。

【往来】(オウライ) ㊀(名・する) 行くことと帰ること。人の行き来。また、手紙のやりとり。例―がさかんだ。㊁(名) ①道路。大通り。例―の真ん中にたおれる。②「往来物」の略。昔の、(十二か月に分けた)手紙の例文集。また、用語集。

【往路】(オウロ) 行きの道。対復路。

●一往・右往左往・既往・来往

彳5 【径】 8画 2334 5F84 教育4 音ケイ漢 キョウ呉 訓こみち・みち

筆順 ノ ク 彳 彳 彳 径 径 径

彳7 【徑】 10画 5545 5F91

辶7 【逕】 11画 7784 9015 別体字

なりたち 【形声】「彳(=あるく)」と、音「巠ケイ」とから成る。歩道(=車は通れない道)。

意味 ❶ほそみち。こみち。ちかみち。みち。例径路・山径・捷径。❷すぐさま。まっすぐに。例径行。❸まっすぐ横切る。わたる。❹円・球の中心を通る線。さしわたし。例口径・直径。

人名 わたる

【径行】(ケイコウ) 思ったことをそのまま言ったり実行したりすること。例直情―。

【径庭】(ケイテイ) ①庭を横切る。②大きなへだたりがあること。大差。例両者の間には―がある。

【径路】(ケイロ) こみち。近道。

●口径・小径・短径・長径・直径・内径・半径

彳5 【征】 8画 3212 5F81 常用 音セイ漢 訓う-つ・ゆ-く

筆順 ノ ク 彳 彳 征 征 征 征

なりたち [形声]「彳(=あるく)」と、音「正セイ(=ただす)」とから成る。遠くに行く。

意味 ❶遠くを目ざして(旅に)行く。ゆく。例征衣。征途。遠征。❷たいらげる。こらしめる。うつ。例征伐。征服。

人名 おさむ・すすむ・そ・ただし・ただす・まさ・もと・ゆき

【征衣】①旅行中の衣服。たびごろも。例―をまとう。②陣中の衣服。軍服。類戎衣。例―をぬぐ。

【征▼夷】昔、大和朝廷に従わない者を征伐すること。とくに、東国の蝦夷を征伐すること。

【征▼夷大将軍】①奈良・平安時代に、東国の蝦夷を征伐するために派遣された将軍。②鎌倉時代から江戸時代まで、源頼朝以来、幕府のかしらとなって天下を治めた将軍職。

【征途】①旅の道。旅路。②行軍のとちゅう。③戦いに向かう道。例―に就く。

【征討】(名・する)服従しない者をせめほろぼすこと。征伐。例―の軍をおこす。

【征伐】(名・する)敵や悪人をせめほろぼすこと。征討。例悪者を―する。

【征服】(名・する)①手向かう者をうちたおして服従させること。例全土を―する。②困難なことをやりとげること。例エベレストを―する。

【征旅】①征伐のための軍隊。②旅人。例―の仮枕。

●遠征・外征・出征・長征

彳5 【徂】 8画 5541 5F82 音ソ漢 訓ゆ-く

意味 ❶(一歩一歩と遠ざかって)ゆく。例徂徠。❷あの世へゆく。死ぬ。例徂没(=死ぬ)。

【徂▼徠】行き来すること。往来すること。徂来。

彳5 【彽】 8画 1-8431 5F7D 音テイ漢

意味「彽徊」は、行ったり来たりする。うろうろする。さまよう。

表記 現代表記では、「低」に書きかえることがある。熟語は「低」(68ページ)を参照。

彳5 【彼】 8画 4064 5F7C 常用 音ヒ漢呉 訓かれ・かの

筆順 ノ ク 彳 彳 初 彼 彼 彼

なりたち [形声]「彳(=あるく)」と、音「皮ヒ」とから成る。かなたに行く。

意味 ❶場所をあらわす代名詞。あちら。むこう。対此。例彼岸。❷三人称(=話し手と聞き手以外の人・もの)の代名詞。あの人。あれ。かれ。例彼我。彼此(=かれこれ)。彼女。❸外国語の「ピ」「ペ」の音にあてる字。例彼得堡。

難読 彼此・彼方・彼方此方・此彼・誰彼時

人名 のぶ

【彼女】①あの女性。話し手・聞き手以外の女性。②恋人である女性。

【彼氏】①「彼」を親しんでいうことば。②恋人である男性。対彼女。

【▽彼▽誰時】明け方のうすぐらいころ。彼誰。〔うすぐらいので、「あれはだれだ」とたずねるところから出たことば。古くは、夕方についてもいった〕対誰彼時。

【彼我】かれとわれ。相手と自分。敵と味方。例―の力を考える。

【彼岸】①向こう側のきし。対岸。対此岸。②〔仏〕この世の迷いやなやみからぬけ出たさとりの境地。対此岸。③春分・秋分の日を中日として、その前後三日ずつの七日間。その期間におこなう仏事を彼岸会という。例春のお―。

【彼岸花】ヒガンバナ科の多年草。マンジュシャゲ。秋の彼岸のころ赤い花がさく。有毒。地下茎は薬用にもなる。

【彼▼此】あれとこれと。あれやこれや。あちらとこちら。

彳5 【彿】 8画 5542 5F7F 音フツ漢

意味「彷彿」は、ぼんやり見えるようす。また、よく似ているようす。

難読 彷彿

彳5 【徃】 8画 ⇩【往】(372ページ)

彳6 【徊】 9画 5543 5F8A 音カイ漢

意味 うろうろする。さまよう。めぐる。例低徊。徘徊。

表記 現代表記では、「回」に書きかえることがある。熟語は「回」(218ページ)を参照。

難読 徘徊浪・徘徊

彳6 【後】 9画 2469 5F8C 教育2 音コウ漢ゴ呉 訓のち・うし-ろ・あと・おく-れる・おく-れ・しりえ

筆順 ク 彳 彳 彳 往 往 後 後 後

なりたち [会意]「彳(=あるく)」と「幺(=小さい)」と「夂(=足)」とから成る。小さい足であるく。おくれる。

意味 ❶おそくなる。おくれる。おくれ。例後進。後発。❷時間的に、あと。のち。未来。対前。例後日。以後。今後。❸空間的に、背中のほう。順番のおわりのほう。うしろ。あと。対前。例後退。後方。❹しり。しりえ。一説に、肛門。例鶏口牛後。

使い分け あと【後・跡・痕】⇩1161ページ
使い分け おくれる【遅・後】⇩1164ページ

難読 後妻・後殿・後馳

人名 ちか・のり・もち

【後味】①飲食したあとの、舌にのこる感じ。あとくち。②ものごとが終わったあとの感じ。例―が悪い。

【後押し】(名・する)①うしろからおすこと。また、そうしてくれる人。例車の―。②力になって援助してくれること。後援。例みんなの―でここまで来られた。

【後釜】ある役をしりぞいた人のあとに、その役につく人。また、その地位。後任。例―にすわる。

【後腐れ】ものごとが済んだあとに問題や影響が残ること。例—のないようにする。

【後口】①飲食したあとの、舌に残る感じ。あとあじ。例—のいいワイン。②順番・申しこみのおそいもの。対先口。

【後先】①あとさき。前後。例—を見まわす。②順序が逆になること。例話が—になる。

【後作】主作物の収穫後、翌年の作付けまでのあいだ、別の作物をつくること。また、その作物。裏作。

【後産】出産のあと、胎盤などが体外に出ること。

【後始末】(名・する) あとかたづけ。あとの処理。例引っこしの—。事件の—。表記「跡始末」とも書く。

【後知恵】事が済んでから思いつく、役に立たない考え。あと思案。表記 旧後▼智▼慧
【後付け】㊀(名) ①書物や雑誌の、本文のあとに続く索引・後記などの部分。対前付け。②手紙の、日付・署名・あて名の部分。㊁(名・する) あとから付け足すこと。例—の理由。

【後ろ影】うしろすがた。例—を見送る。

【後ろ鉢巻き】〔「向こう鉢巻き」に対して〕頭のうしろで結んだ鉢巻き。例リレー選手の—。

【後ろ前】うしろと前が反対になること。例シャツを—に着る。

【後ろ指】背後から指をさして悪口を言うこと。例—をさされる。

【後れ毛】(女性が)髪を結い上げたとき、少しほつれて垂れる、生えぎわの毛。後れ髪。例両鬢の—。

【後遺症】①病気やけがなどが治っても、なおその影響として、あとまで残っている障害。②あとまで残る悪影響。例戦争の—。

【後逸】(名・する) 野球などで、ボールをとりそこねてうしろへのがしてしまうこと。

【後▼裔】子孫。血のつながる子孫。後胤。

【後衛】①本隊の後方を守る部隊。▽対前衛。②テニスやバレーボールなどで後方を守る人。

【後援】㊀(名・する) うしろから手助けすること。うしろだて。あとおし。例—会。㊁(名) うしろにひかえている応援部隊。例—の到着を待つ。

【後架】①禅宗で、僧堂のうしろにある洗面所。②便所。かわや。

［イ部］6画 後

【後悔】(名・する) こうしなければよかった、または、こうすればよかったと、あとになってくやむこと。例—先に立たず。

【後学】①ある分野で自分よりもあとから学問を始めた人。後進の学者。対先学。②あとになって役に立つ知識や経験。例—のために聞いておく。

【後患】のちのちの心配ごと。例—の根を絶つ。

【後記】㊀(名) あとがき。例編集—。㊁(名・する) その文章のあとのほうに書くこと。また、そのことがら。対前記。例このことについては、さらに詳細に—する。

【後期】ある期間を二つまたは三つに分けたときの最後の時期。対前期。例学年の—試験。

【後宮】①皇后や女官の住む宮殿。〔イスラム教国では「ハレム」という〕②皇后や后妃・女官などの人々。

【後継】地位や財産・業務などを受けつぐこと。あとをつぐこと。また、その人。例—者。

【後見】(名・する) ①人の世話をすること。また、その人。うしろみ。②〔法〕未成年者や成年被後見人を補佐・保護すること。また、その人。③能楽や歌舞伎などで、演ずる人のうしろにひかえて世話をする人。

【後見人】「後見①②」に同じ。

【後顧】①うしろをふりかえること。②あとあとになって思いが残ること。あとの気づかい。

【後顧の憂い】あとあとの心配ごと。例—を残さないようにする。

【後攻】(名・する) 攻守交代するスポーツで、あとから攻撃すること。あとぜめ。対先攻。

【後項】あとにあげる項目や条項。

【後肢】動物のあと足。うしろ足。対前肢。

【後嗣】あとつぎ。後継者。子孫。

【後事】将来のこと。死後のこと。例—を託す。

【後室】①家のおくにある部屋。後房。②身分の高い人の未亡人。

【後車】①あとに続く車。対前車。②予備用の車。そえぐるま。

【後車の戒め】先人の失敗を見て、同じ失敗をくりかえさないように心がけること。例前車の覆るは—。〔漢書〕

【後者】①二つ述べたもののうちの、あとのほう。対前者。②あとから続く人。例—に託する。


【後主】①あとつぎの君主。②後世の君主。③王朝の最後の君主。

【後出】あとのほうに出ていること。対前出。

【後述】(名・する) あとでのべること。対上述・前述。例この点については—する。

【後身】①〔仏〕来世において生まれ変わった身。②組織・境遇などが変わってからの形。▽対前身。

【後進】㊀(名) 仕事や学問などで、それぞれの道をあとから進んでくる人。後輩。対先進。例—に道をゆずる。㊁(名・する) うしろへ進むこと。対前進。

【後進国】「発展途上国」の古い言い方。

【後人】のちの世の人。対先人・前人。

【後陣】後方の陣。対先陣。例—を固める。

【後▼塵】人や馬車が通ったあとに立つ砂ぼこり。

【後▼塵を拝す】地位や権力のある者にこびへつらう。また、人におくれをとる。〔晋書〕

【後世】㊀①のちの世。のちの時代。②子孫。㊁〔仏〕三世の一つ。死んだのちの世。あの世。来世。対前世・現世。例—をとむらう。

【後生】㊀あとから生まれた人。若者。青年。㊁①〔仏〕死後に生まれ変わるという世界。対今生。例—大事。—をねがう(=死後の幸福をねがう)。②人にものを必死でたのむときのことば。例—だから教えてくれ。

【後生畏るべし】若者は、どんな大人物にもなれる可能性をもっていて、その力はおそるべきものだ。〔論語〕

【後送】(名・する) ①後方へ送ること。とくに戦場で、前線から後方へ送りかえすこと。②あとから送ること。例現物は—する。

【後続】(名・する) あとにつづくこと。また、そのもの。例—部隊。—を断つ。

【後退】(名・する) ①うしろへさがること。しりぞくこと。対前進。②勢いや力がおとろえること。また、その結果、以前よりも悪い状態になること。例景気の—。

【後代】のちの世。のちの時代。例是非の判断は—の批判にまつ。

【後段】あとの段階・区切り。とくに、文章などのうしろの段落。対前段。例くわしくは—に説く。

【後天】生まれてから以後に、身にそなわること。対先天。

【後天的】(形動ダ) 生まれてから以後の環境や

経験によって、身にそなわったもの。また、そのようす。アーポステリオリ。(対)先天的。
【後難】コウナン 後日の災難。のちのわざわい。例—をおそれる。
【後任】コウニン 前の人に代わってその役につくこと。また、その人。(対)前任・先任。例—の大臣。
【後年】コウネン ①のちの年。ずっとあと。将来。(対)先年。例—必ず役に立つことがあるだろう。②晩年。
【後納】コウノウ (名・する) 料金や費用をあとでおさめること。あとばらい。(対)前納。例料金を—する。
【後背】コウハイ うしろ。背後。背面。例—に湿原シツゲンが広がる町。
【後輩】コウハイ ①同じ学校や職場などにあとからはいってきた人。②ある分野で自分のあとに続く人。後進。▽(対)先輩。
【後発】コウハツ (名・する) ①あとからおくれて、出発したり手がけたりすること。(対)先発。例—隊。②あとからあらわれてくること。例—の商品。
【後半】コウハン ある期間や距離キョリを二つに分けたうちの、あとの半分。(対)前半。例—でまきかえしをねらう。
【後尾】コウビ 行列などのうしろ。うしろのほう。(対)先頭。
【後便】コウビン 〔「便」は、手紙・書信の意〕①次のたより。あとのたより。②あとから出発する飛行機。次に出発する飛行機。▽(対)前便・先便。
【後部】コウブ うしろの部分。(対)前部。例—座席。
【後編】コウヘン 書物や作品などで、二つあるいは三つの部分に分けたもののあとの編。(対)前編。表記 旧後▼篇
【後方】コウホウ うしろのほう。(対)前方。例—にしりぞく。
【後門】コウモン うしろの門。裏門。(対)前門。→【前門ゼンモンに虎とらを拒ふせぎ後門コウモンに狼おおかみを進すすむ】(138ページ)
【後来】コウライ ①今から以後のこと。将来。例—これが災わざわいをなすかもしれない。②あとからやってくること。
【後楽】コウラク 為政者イセイシャは民衆が安楽にくらせるようになってから楽しむということ。→【先憂後楽センユウコウラク】(102ページ)
【後略】コウリャク (名・する) 文章などの、あとの部分をはぶくこと。(対)前略。
【後輪】コウリン 自動車や自転車などの、後方の車輪。(対)前輪。
【後列】コウレツ うしろの列。(対)前列。
【後家】ゴケ ①夫に死別してから、結婚ケッコンしないでいる女の人。やもめ。未亡人。②対ツイになっている道具などで、一方がなくなって、残っているほう。例—蓋ぶた(=わんやふたものの、ふただけになって残ったもの)。

【後光】ゴコウ 仏の背中から発するといわれる神秘的シンピテキな光。仏像などの光背は、これをかたどったもの。例—がさす。
【後刻】ゴコク その時より、あとの時。のちほど。(対)先刻。例くわしくは—報告する。
【後妻】ゴサイ 離婚リコンしたり、妻が亡なくなったりしたあとで結婚した妻。のちぞい。(対)先妻。
【後日】ゴジツ ①今よりもあとの日。将来。(対)先日。②あることが起こってから以後。例—談。
【後手】 一ゴて ①相手に先をこされて受け身の立場になること。立ちおくれること。例—にまわる。②囲碁ゴや将棋ショウギなどで、あとからせめること。▽(対)先手。二うしろで ①うしろのほう。例—をながめやる。②両手をうしろにまわすこと。また、そうした状態。例—にしばる。
【後夜】ゴヤ 夜中から朝にかけての夜。
●以後イゴ・空前絶後クウゼンゼツゴ・午後ゴゴ・今後コンゴ・最後サイゴ・死後シゴ・食後ショクゴ・生後セイゴ・戦後センゴ・前後ゼンゴ・直後チョクゴ・背後ハイゴ・病後ビョウゴ・老後ロウゴ

彳6 **【很】** 9画 5544 5F88 音コン漢 訓たが-う・もと-る

意味 ①言うことをきかず、さからう。たがう。もとる。例很忤コンゴ(=そむき、さからう)。②残忍ザンニンな。凶悪キョウアクな。同狠コン。③言い争う。④ひじょうに。はなはだ。

彳6 **【徇】** 9画 5546 5F87 音シュン漢ジュン呉 訓したが-う・とな-える・めぐ-る

彳4 【𢓈】 7画 — 224C8 本字

意味 ①まわって、多くの人に知らせる。めぐる。となえる。②目的のために命をかける。したがう。同殉ジュン。例徇節ジュンセツ(=節義セツギを守り通す)。

彳6 **【待】** 9画 3452 5F85 教育3 音タイ漢ダイ呉 訓ま-つ

筆順 ノ ク 彳 彳 彳 往 待 待 待

なりたち [形声]「彳(=あるく)」と、音「寺シ→イタ」とから成る。まつ。

意味 ①人・もの・機会などがくるのにそなえて時をすごす。まつ。例待機タイキ。待望タイボウ。待命タイメイ。②もてなす。(人を)あつかう。例待遇タイグウ。歓待カンタイ。接待セッタイ。

人名 なが・まち・みち

【待機】タイキ (名・する) 準備を整えて機会・時機がくるのをまち、ひかえていること。例自宅—。
【待遇】タイグウ (名・する) ①客などをもてなすこと。例—がよい。②会社が、社員にあたえる、地位や給料、勤務条件など。例—改善。
【待避】タイヒ (名・する) ①危険が去るのをまつこと。例雷かみなりが過ぎるのを山小屋で—する。②列車の通過を、他の列車が別の線路にはいってまつこと。例—線。
【待望】タイボウ (名・する) あることの実現をまちのぞむこと。こころまちにすること。例—の新人。若いリーダーの出現を—する。
【待命】タイメイ (名・する) ①命令がくだるのをまつこと。②公務員・会社員などがしばらく一定の職務をもたないこと。
【待ち針】まちばり 裁縫サイホウで、ぬいあわせの目じるしにさす、頭に玉などのついている針。例—をうつ。
【待ち伏せ】まちぶせ (名・する) 不意におそうために、人が来るのをかくれて待つこと。例木のかげで—する。
●期待キタイ・虐待ギャクタイ・招待ショウタイ・接待セッタイ・優待ユウタイ

彳6 **【律】** 9画 4607 5F8B 教育6 音リツ漢リチ呉 訓のり

筆順 ノ ク 彳 彳 彳 彳 律 律 律

なりたち [形声]「彳(=あるく)」と、音「聿イツ→リツ」とから成る。あまねくしきのべる。派生して「おきて」の意。

意味 ①ある社会のなかで守るように定められたきまり。(とくに刑罰ケイバツに関する)おきて。のり。例律令リツリョウ。法律ホウリツ。不文律フブンリツ。②一定の規準・法則。また、それにしたがって行動する。例自律ジリツ。他律タリツ。因果律インガリツ。③仏教徒が守るべきいましめ。例律師リッシ。戒律カイリツ。④音楽で基準となる調子・音階。例律動リツドウ。旋律センリツ。音律オンリツ。⑤中国古代の音階。(対)呂リョ。例十二律。→【律呂リツリョ】⑥漢詩の形式の一つ。例律詩リッシ。

人名 おさむ・おと・さだむ・ただし・ただす・つね

【律儀】一リチギ (名・形動ダ) まじめで、義理がたいこと。実直なこと。例毎年—に暑中見舞みまいを書く。二リツギ (名) (仏

おきて。戒律。表記 ▽「律義」とも書く。

【律儀者】 きまじめで実直な人。例 —の子沢山。表記「律義者」とも書く。

【律師】 ①よく仏の決まりを守る、徳の高い僧。②僧のおおやけの位の一つ。僧正・僧都の下の第三位。

【律詩】 漢詩の形式の一つ。唐代に完成した近体詩の一つ。八句からなり、一句が五文字のものを五言律詩、七文字のものを七言律詩という。三句と四句、五句と六句が対句となり、偶数句の句末(七言では第一句も)は押韻するなど、作法上の厳格な規則がある。

【律動】(名・する) 規則正しい運動をくりかえすこと。また、その運動。リズミカルな動き。

【律文】 ①法律の条文。②韻律のある文章。韻文。

【律法】 ①おきて。法律。②〔仏〕僧が守るべき日常的な規則。戒律。

【律▽呂】 ①音階・音調の基準を示す竹管。長さのちがう十二本からなり、これを音調によって陰陽に分け、陽は律(=六律)といい、陰は呂(=六呂)という。六律・六呂を合わせて十二律という。②音調。音律。③音楽。

【律▽令】 中国の隋・唐の制度にもとづいた、奈良・平安時代の法令。「律」は刑法、「令」は国家の諸種の法制。

【律▽令制】 律令とその運用や施行の細目を定めた格式にもとづく政治体制をいう。七〇一年に制定された大宝律令以後、平安時代まで続く。

●一律・韻律・戒律・規律・自律・旋律・他律・調律・法律

彳部 7画 従徐徒

彳7 【従】 10画 2930 5F93 教育6 音 ショウ漢 ジュ・ジュウ呉 訓 したが-う・したが-える・より

筆順 … 従

彳8 【從】 11画 5547 5F9E 人名

人2 【从】 4画 4826 4ECE 古字

なりたち [会意]「从(=したがう)」と「辵(=ゆく)」とから成る。したがいゆく。

意味 ❶目上の人のあとについて行く。おともをする。例 従者。侍従。随従。❷さからわず言われるままにする。強い力にやむなくしたがう。下につく。例 従順。従属。服従。❸仕事につく。たずさわる。例 従業。従事。❹おもなものに対してそれに続くもの。二次的なもの。例 従姉。従父。❺ゆるやかで落ちついたようす。例 従然。従容。❻たて。南北のこと。同 縦。例 従横。合従連衡。❼〔助字〕「より」と読み、…より…から、の意をあらわす。例 風従レ西起(=風が西から起こる)。従前(「前より」と訓読する)。

日本語での用法 《したがって》当然の結果として。だから。ゆえに。「よく練習する。従って技術が身につく」

難読 従兄弟・従姉妹

人名 しげ・つぐ・とも

【従業】(名・する) 業務についていること。例 —員(=企業などにやとわれて、働いている人)。

【従軍】(名・する) 軍隊にしたがって戦地に行くこと。例 —記者。

【従兄】 年上の男のいとこ。対 従弟。

【従兄弟】 男のいとこ。対 従姉妹。

【従子】 きょうだいのむすこ。おい。

【従姉】 年上の女のいとこ。対 従妹。

【従事】(名・する) 仕事にたずさわること。例 農業に—する。

【従姉妹】 女のいとこ。対 従兄弟。

【従者】 お供の者。おとも。

【従順】(名・形動) おとなしくてすなおなこと。すなおにしたがって逆らわないようす。例 —な息子。

【従心】 〔「七十而従二心所一レ欲、不レ踰レ矩(七十にして心の欲する所に従えども、矩を踰えず)」(論語)から〕①思うままにふるまうこと。②七十歳のこと。→【矩を踰えず】(712ページ)

【従臣】 君主のそば近くに仕える家来。

【従前】 これまで。以前。従来。例 —どおりおこなう。

【従属】(名・する) つきしたがうこと。強いもの、主たるものにしたがうこと。例 —的。大国に—する。

【従卒】 将校につきしたがって雑務をする兵。従兵。

【従孫】 きょうだいのまご。

【従弟】 年下の男のいとこ。対 従兄。

【従犯】 〔法〕正犯に手を貸して罪をおかすこと。また、その犯罪者。対 正犯。例 —として有罪になる。

【従兵】 将校につきしたがって雑務をする兵。従卒。

【従僕】 しもべ。下男。したばたらきの男。

【従妹】 年下の女のいとこ。対 従姉。

【従来】(名・副) これまで。従前。もとから。例 —どおり。—のやり方。

【従容】(形動タル) ゆったりとして落ちついたようす。例 —として死につく。表記「▽縦容」とも書く。

●屈従・侍従・主従・専従・追従・忍従・服従・盲従

彳7 【徐】 10画 2989 5F90 常用 音 ショ漢 ジョ呉 訓 おもむ-ろ

筆順 … 徐

なりたち [形声]「彳(=あるく)」と、音「余ヨ→シ」とから成る。おだやかに行く。

意味 ゆっくり行く(ようす)。しずかに。ゆるやかに。おもむろに。例 徐行。徐徐。

難読 徐徐

人名 やす・ゆき

【徐行】(名・する) 電車・自動車などが速度を落としてゆっくり進むこと。例 —運転。—区間。—して進む。

【徐徐】(副)〔「徐徐に」の形で〕ゆっくりと。しだいに。だんだんに。例 —に変化する。

彳7 【徒】 10画 3744 5F92 教育4 音 ト漢 ズ呉 訓 かち・いたず-らに・ただ・あだ

筆順 … 徒

なりたち [形声]「辵(=ゆく)」と、音「土ト」とから成る。歩いて行く。

意味 ❶乗り物を使わずにあるく。かち。例 徒行。徒兵(=足軽)。徒歩。❷むだに。むなしく。何もすることなしに。いたずらに。例 徒死。徒食。徒労。❸何も持たない。何も身につけない。からの。例 徒手。徒手空拳。❹下級の者。弟子。仲間。同類の者。例 徒弟。徒党。❺五刑(=笞・杖・徒・流・死)の一つ。労役に服させる刑罰。❻〔助字〕「ただ(…のみ)」と読み、限定・強調の意をあらわす。例徒用レ刑（=ただ刑罰を用いるだけだ）。

難読 徒手・徒膚・徒跣

人名 とも

【▽徒花】あだばな さいても実を結ばない花。うわべは美しくても、中身のないことにたとえる。

【徒為】トイ むだなおこない。役に立たないおこない。

【徒役】トエキ 昔、義務として国家の仕事に使われたこと。また、その人。

【徒競走】トキョウソウ（名・する）かけっこ。走りくらべ。

【徒刑】トケイ ①罪人を労役に服させる刑。［「懲役」の古い言い方］②［法］旧刑法で、重罪人を辺境の地に送って労役に服させた刑。ずけい。

【徒行】トコウ（名・する）乗り物に乗らず、歩いて行くこと。徒歩。

【徒死】トシ（名・する）むだに死ぬこと。いぬじに。

【徒▼爾】トジ（形動ナ）［「爾」は、助字］むだなこと。無益なこと。例今までの努力がすべて―になった。

【徒手】トシュ ①（何かをするにあたり）手に何も持たないこと。素手。類赤手。例―で敵と戦う。②（事業などを始めるにあたり）資本が何もないこと。

【徒手空拳】トシュクウケン「徒手」を強めたことば。

【徒手体操】トシュタイソウ 器械や器具を使わず、手に何も持たないでする体操。

【徒渉】トショウ（名・する）歩いて川をわたること。かちわたり。例大軍が激流を―する。

【徒食】トショク（名・する）働かず、ぶらぶらして暮らすこと。むだ食い。いぐい。例無為―。

【徒然】（名・形動ダ）□一トゼン 何もせずにじっとしていること。手もちぶさた。□二つれづれ 何もすることがなく、たいくつなこと。例山暮らしの―をなぐさめてくれる四季の花。―なるままに。

【徒弟】トテイ ①門人。弟子。②商家や職人の家に住みこんで、働きながら技術を覚える者。見習い。例―制度。

【徒党】トトウ 何か事をするのに集まった仲間。例―を組む。

【徒輩】トハイ 仲間の者。ともがら。やから。例これらの―。

【徒費】トヒ（名・する）むだに使うこと。むだづかい。また、むだな費用。空費。例貴重な時間を―する。

【徒歩】トホ 乗り物に乗らず、歩いて行くこと。

【徒労】トロウ むだな骨折り。役に立たない働き。例私の努力も―に帰した。

●学徒・教徒・使徒・生徒・暴徒・門徒

彳7 【徑】10画 ⇨【径】ケイ（372ページ）

彳8 【徙】11画 5548 5F99 音シ 漢呉 訓うつ-る・うつ-す

意味 場所をかえる。うつる。うつす。例徙宅（=転居）。

彳8 【得】11画 3832 5F97 教育5 音トク 漢呉 訓え-る・う-る

筆順 彳 彳 彳 彳 得 得 得

なりたち ［形声］「彳（=あるく）」と、音「㝵（=取る）」とから成る。行って手に入れる。

意味 ❶手に入れる。求めて自分のものにする。える。うる。例得点。得失。獲得。❷さとる。理解する。例得心。体得。納得。❸もうけ。もうける。利益。対損。例得策。損得。役得。❹［助字］「…（を）う」と読み、…する機会がある、の意をあらわす。例得二復見一（=ふたたびお会いできる）。

人名 あり・う・え・なり・のり・やす

【得体】えタイ ほんとうの姿。正体。例―が知れない。表記「▽為体」とも書く。

【得手】えて □一（名・形動ダ）他人よりもうまくできること。また、そのような人。得意。対不得手。例自分の―な仕事につく。―に帆をあげる（=得意なことのできる機会を得て張り切る）。□二（名）サルの別名。例―公。

【得物】えもの ①自分の得意とする道具や芸。②得意とする武器。例―をひっさげて立ち合う。

【得意】トクイ □一（名・形動ダ）①望みどおりになって満足していること。対失意。例―の絶頂。②ほこらしげなこと。例―げにふるまう。③自分の身についていて自信があること。例―な教科。□二（名）ひいきにしてくれる客。顧客。例お―様ご招待の謝恩セール。

【得意満面】トクイマンメン（名・形動ダ）自慢・満足であるという気持ちが顔いっぱいにあらわれること。例―の笑い顔。

【得策】トクサク 有利な方法。例先にあやまるのが―だ。

【得失】トクシツ 得ることと失うこと。利益と損失。例利害―。

【得心】トクシン（名・する）よくわかること。納得。例じゅうぶんに―がいく。

【得点】トクテン（名・する）試験や競技などで、優劣・勝敗を示す点数や評点などを取ること。また取った点数や評点。対失点。例大量―。―を重ねる。

【得度】トクド（名・する）［仏］仏門にはいって僧となること。

【得道】トクドウ（名・する）①［仏］さとりをひらくこと。仏道をさとること。②納得すること。例これ以上の幸福はないと―する。

【得票】トクヒョウ（名・する）選挙で票を得ること。また、その得た数。例―数の多いほうに決定する。

●一挙両得・会得・獲得・心得・自業自得・拾得・習得・取得・所得・説得・損得・独得・納得・不心得・役得

彳8 【徘】11画 5549 5F98 音ハイ 漢

意味「徘徊」は、あてもなく行ったり来たりするようす。

難読 徘徊浪（いさよう）・徘徊（たちもとおる・やすらう）

【徘▼徊】ハイカイ（名・する）あてもなくさまよい歩くこと。ぶらつくこと。うろつくこと。例さかり場を―する少年。

彳8 【徠】11画 5550 5FA0 人名 音ライ 漢 訓く-る・きた-る

意味 あるところからこちらへ近づく。くる。きたる。同来。

人名 とめ

彳8 【從】11画 ⇨【従】ジュウ（376ページ）

彳9 【御】12画 2470 5FA1 常用 音ギョ 漢 ゴ 呉 訓おん・おおん・お・み

筆順 彳 彳 彳 彳 彳 御 御

なりたち ［会意］「彳（=あるく）」と「卸（シャ→ギョ）（=馬車を止め、ウマをはずす）」とから成る。ウマをあやつる。

意味 ❶ウマや馬車をうまくあやつる。ぎょする。同馭。例御者。❷天下をおさめる。支配する。例御宇。❸天子の行為・持ち物につけて敬意をあらわす。例御璽。御所。❹天子のそば近くに仕える者。そばめ。例女御ゴニョウ。❺ふせぐ。おさえる。まもる。同禦。例防御。

日本語での用法《ゴ・お・おん・み》①他人の行為やことがらにつけて敬意をあらわす。「御家・御身・御覧・錦の御旗」②相手に対する自分の動作につけて敬意をあらわす。「御礼・御説明」③ものごとをていねいに言うときにつける。「御米・御手洗・御御御付・御馳走」

人名 おき・のり・みつ

【御愛想】①「愛想」のていねいな言い方。②飲食店などでの勘定書き。また、勘定のしはらい。おあいそ。〔店の側で言うのが本来の使い方〕

【御居▽処】関西方言で、尻のこと。〔おもに女性が使う〕

【御上】①(側近の者が)天皇を指していうことば。②政府・役所・幕府。例―の命令にそむく。③君主や主人。

【御殻】豆腐をつくるときにできる大豆のしぼりかす。卯の花。きらず。表記「▽雪花▽菜」とも書く。

【御▽髪】「かみの毛」のていねいな言い方。〔おもに女性が使う〕例―のお手入れ。

【▽御▽高祖頭巾】昔の女性の防寒頭巾の一つ。目のまわりだけを出して頭部全体を包むもの。

【▽御▽強】「強飯」のていねいな言い方。もち米をむしためし。赤飯。

【御里】①他人の実家や郷里をうやまって言うことば。例―はどちらですか。②生まれや育ち。以前の身分。例―が知れる(=ことばづかいや態度で育ちのよしあしがわかる)。

【▽御仕着せ】(昔、奉公人が主人からあたえられた衣服)①上からあたえられたもの。上から一方的に決められたもの。例―に満足する。②型どおり。おきまり。

【御世辞】「世辞」のていねいな言い方。相手を喜ばせたり、相手に気に入られようとして言う、口先だけのほめことば。お追従。例―にもうまいとは言えない。―を言う。

【御節】「御節料理」の略。正月三が日や五節句用の料理。今は、正月三が日の料理をいう。

【御▼陀仏】①人が死ぬことの俗な言い方。②失敗してだめになること。

【▽御作り】①刺身。〔もと、多く関西で女性が使ったことば〕②化粧。身支度。

［彳部］9画 御

【▽御▽汁】①みそ汁。おみおつけ。②吸い物のしる。おつゆ。表記▽「▽御付け」とも書く。

【▽御▼伽▼噺】子供に語り聞かせる昔話や童話。〔もとは、夜、たいくつしのぎに語る話〕

【御曹司】①家がらのよい人や金持ちの家の、むすこ。例近衛家の―。②(「曹司」は、部屋の意)昔、源氏の嫡流で、まだ独立していない部屋住みの子息をいった。〔平家では「公達」といった〕例九郎―(=源義経)。

【御大】「御大将」の略。ある集団や仲間の長を親しんで呼ぶことば。例―みずからお出ましになる。

【御地】相手の住んでいる、または、相手とかかわりの深い土地をうやまっていうことば。貴地。〔手紙などで使う〕例―の名産をお送りいただきありがとうございました。

【御中】(「おんジュウ」とも)郵便物で、個人以外の団体や会社などの、あて名のあとにおくことば。〔「御中」の前後に様・殿などはつけない〕例○○会社営業部―。

【御身】①手紙などで、「相手の身体」のうやまった言い方。例―くれぐれもおたいせつに。②「あなた」をうやまった言い方。

【御▽許】(「御許へ」「御許に」の形で)あて名のわき付けに使うことば。

【御意】①身分の高い人の考え・気持ち・意向、また、さしず・命令などをうやまっていうことば。お考え。おぼしめし。お心。お言いつけ。例―にかなう(=お気に入る)。②目上の人のことばに賛成したり承諾したりする意をあらわす。例―にございます(=おっしゃるとおりです)。

【御宇】(その天子が)国を治めている期間。御代。

【御詠】天子や皇族のつくった詩歌を指していう。

【御影】神仏や高貴な人をえがいた絵や像。

【御▼苑】皇室の所有する庭園。例新宿―。

【御感】高貴な人(とくに天皇)が感心すること。例―なのめならず(=かくべつだ)。

【御慶】お喜び。お祝い。御祝詞。〔新年のお祝いのことば〕例新年の―を申し上げる。

【御幸】一 天子のお出かけ。二 上皇・法皇・女院のお出かけ。

【御座】高貴の人の座席。

【御史】①周代、天子の秘書官。記録をつかさどった。②秦代・漢代以後は、役人の不法や不正を取り調べる官職。

【御璽】天子の印。玉璽。例御名―。

【御者】ウマをあやつり、馬車を走らせる人。表記旧▼馭者

【御寝】天子がねること。お休みになること。例―になる。―あり。

【御製】天子がつくること。また、つくった詩歌や文章。

【御物】(「ギョモツ」「ゴモツ」とも)天子の所有品。また、皇室の所蔵品。

【御名】天子の名前。おおみな。例―御璽。

【御一新】「明治維新」の別の言い方。いっさいが新しくなることからいう。ご維新。

【御詠歌】巡礼者や仏教の信者が、仏の徳をたたえて、鈴をふりながらうたう歌。

【御恩】①その人から受けた恩。例―返し。②封建時代、主君が臣下にあたえる恩恵。

【御機嫌】一(名)人の気分の状態。例―よう(=人に会ったときや別れるときのあいさつ)。―ななめ(=きげんが悪いこと)。二(形動)①気分のよいようす。上きげん。例今日はなんだか―だね。②すばらしいこと、すぐれていること、の俗な言い方。例―な天気だね。

【御形】ハハコグサの別名。春の七草の一つとしてあげるときにいう。おぎょう。

【御家人】江戸時代、直参(=将軍直属の家臣)で、将軍に直接面会できない者。

【御座所】天子や貴人の部屋。おましどころ。

【御沙汰】①天皇や貴人の命令・指図。②おさばき。御処分。御処置。

【御所】①天子の御座所。②天皇・上皇・三后(=太皇太后・皇太后・皇后)・皇太子の住居。例東宮―。③大臣・将軍などの住居。また、その人。

【御状】(差出人をうやまって)お手紙。御書状。例―を拝読しました。

【御仁】他人をうやまっていう言い方。お方。お人。例あの―にはこまったものだ。

【御真影】「天皇・皇后の写真」の意味の尊敬語。

【御神火】火山をおそれて、その噴煙や火をいうことば。とくに伊豆大島の三原山の火をいう。

【御新▽造】ゴシンゾウ・ゴシンゾ 江戸(えど)時代以来、武家や富んだ商人の妻女のこと。のち、明治・大正(タイショウ)時代まで、ふつうの家の人妻を呼んだことば。

【御前】[一]ゴゼン ①天子のいるところ。②天皇や貴人の面前にいるとき、天皇や貴人をうやまっていうことば。例―会議。―試合(ジアイ)(=主君の前でおこなう剣(ケン)などの試合)。③身分の高い人に対して家臣などが呼んだことば。例―さま。④昔、身分の高い婦人の名前の下につけて呼んだことば。例巴(ともえ)―。[二]おまえ 同等以下の相手を呼ぶことば。〔古くは、同等以上の相手に対して用いた〕

【御膳】ゴゼン 「食事」「飯(めし)」のていねいな言い方。御飯(ゴハン)。

【御足労】ゴソクロウ 人にわざわざ来てもらったり行ってもらったりすることのていねいな言い方。例―をおかけして、まことに恐縮(キョウシュク)です。

【御大層】ゴタイソウ おおげさなようすを、皮肉をこめていうことば。例―なものの言い方。

【御託】ゴタク 「御託宣(ゴタクセン)」の略。くどくどと言うことば。また、自分かってな、えらそうな言い分。例―をならべる(=くどくど言う)。

【御託宣】ゴタクセン ①「託宣」のうやまった言い方。神のお告げ。②えらい人のことばや意見をからかいぎみに言うことば。例会長の―があった。

【御多分】ゴタブン 世間いっぱんの多くの例。例―にもれず(=いっぱんのおぜいと同じように。例外ではなく)。

【御殿】ゴテン 貴人の住宅をうやまっていうことば。また、豪華(ゴウカ)な家。

【御難】ゴナン 他人が受けた災難・難儀(ナンギ)など。〔からかいの気分をこめて使うこともある〕例―続きですね。

【御念】ゴネン 「念」のていねいな言い方。お心づかい。〔軽蔑(ケイベツ)、からかいの意味をこめて使うことが多い〕例―の入(い)ったことで…(=ばかていねいなことで…)。

【御破算】ゴハサン ①そろばんで、珠(たま)をはらって零(レイ)の状態にすること。例―で願いましては。②これまで進めてきたものごとを、白紙の状態にもどすこと。例雨で計画が―になる。

【御法度】ゴハット 「法度(ハット)」のていねいな言い方。禁じられていること。禁制。〔武家時代に法令として出されたもの〕例ここでは喫煙(キツエン)は―です。

【御飯】ゴハン 「飯(めし)」「食事」のていねいな言い方。

【御無音】ゴブイン 「無音(=長いあいだ便りをしないこと)」のていねいな言い方。ごぶさた。〔手紙文で使う〕例―にうち過ぎまして失礼をいたしました。

【御無沙汰】ゴブサタ (名・する)「無沙汰」のていねいな言い方。長いあいだ訪問せず、手紙を出さず、電話をかけないこと。また、それをわびるあいさつのことば。

【御不浄】ゴフジョウ 「便所」のていねいな言い方。〔おもに女性が使ったことば〕

【御幣】ゴヘイ 神前に供えたり、神主(かんぬし)がおはらいをするときに用いる道具。細長く白い紙を棒の間にはさんだもの。ぬさ。例―担(かつ)ぎ(=縁起(エンギ)や迷信(メイシン)を、必要以上に気にすること。また、その人)。

【御免】ゴメン [一](名)①軽いおわびの気持ちをあらわすことば。例おそくなって―。②拒否(キョヒ)・拒絶をあらわすことば。いやだ。まっぴらだ。例そんなことはもう―だ。③「免官」「免職」のうやまった言い方。役職をやめること。例お役―になった。④「許すこと」のうやまった言い方。例―(を)願って足をくずさせてもらいます。[二](感)人の家を訪問・辞去するときのあいさつのことば。ごめんください。例それでは、―。

【御用】ゴヨウ ①「用事」「入用」のていねいな言い方。例どんな―ですか。②江戸(えど)時代、公(おおやけ)の命令により罪人をとらえること。また、そのときの役人のかけ声。例―、―。―になる。③宮中や官公庁などの用事(にたずさわること)。例―商人。④〔「御用…」の形で〕権力側にこびへつらう者を軽蔑(ケイベツ)していうことば。例―学者。―組合。

【御用納め】ゴヨウおさめ 官公庁で、その年の事務を終わりにする日。ふつう十二月二十八日。対御用始め。

【御用聞き】ゴヨウきき ①商店で、得意先を回って注文を取ってくること。また、その人。②江戸(えど)時代、犯罪捜査(ソウサ)・犯人逮捕(タイホ)にあたった町人。目明かし。おかっぴき。

【御用▽達】ゴヨウたし 許可を得て、宮中や諸官庁に商品を納める商人。御用商人。例宮内庁(クナイチョウ)―。

【御用始め】ゴヨウはじめ 官公庁で、新年になってはじめて事務をとる日。ふつう一月四日。対御用納め。

【御来光】ゴライコウ 高い山の頂上でおがむ日の出。また、その景観。

【御来▽迎】ゴライゴウ ①〔仏〕「来迎」をうやまっていうことば。臨終の際に仏がむかえに来て、極楽浄土(ゴクラクジョウド)へ導くこと。②高山で、太陽を背にして立つと、自分の影(かげ)が霧(きり)に映って、影のまわりに仏像の光背のような光の輪が見える現象。ブロッケン現象。③御来光。

【御覧】[一]ゴラン ①他人が見ることをうやまっていうことば。例―になる。―に入れる。②「見ろ」「見なさい」のていねいな言い方。例あれを―。③「ごらんなさい」の略。「…してみなさい」のていねいな言い方。例行って―。[二]ギョラン 天子が見ること。天覧。

【御料】ゴリョウ ①天皇や貴人が使用する衣服や器物、また、食料など。例―の品(しな)。②皇室の所有であること。例―車。―地。

【御陵】ゴリョウ 天皇や皇后の墓をうやまっていうことば。みささぎ。

【御寮】ゴリョウ 人名や人をあらわすことばにつけて、敬愛の意をあらわすことば。例花嫁(はなよめ)―。

【▽御明かし】みあかし 神仏の前に供える明かり。お灯明(トウミョウ)。おあかし。おみあかし。表記「▽御▽灯」とも書く。

【▽御▼稜▽威】みいつ 神また、天皇の威徳(イトク)。ご威光。

【▽御▽酒】みき 酒を美しくいうことば。また、神前に供える酒。おみき。表記「▽神▽酒」とも書く。

【▽御国】みくに ①「国」をうやまっていうことば。②「日本国」をうやまっていうことば。例皇(すめ)―(=天皇が統治する国)。

【▽御子】みこ ①「子」をうやまっていうことば。とくに、天皇など皇族の子をいう。②(キリスト教で、父である神に対して)キリスト。例神の―。

【▽御▼輿】みこし ①「輿(こし)」をうやまっていうことば。②神社の祭礼のときに神体を安置してかつぐ輿。おみこし。例―をかつぐ(=人をおだててまつり上げることのたとえ)。表記②は「▽神▼輿」とも書く。

【▽御▼簾】みす ①「すだれ」をていねいにいうことば。②神前や宮殿(キュウデン)などでかける、綾(あや)などのふちをつけた目の細かいすだれ。

【▽御空】みそら 「空」をたたえた言い方。例晴れた―。

【▽御霊】みたま 死者の霊(レイ)をうやまっていうことば。例先祖の―をまつる。表記「▽御▽魂」とも書く。

【▽御手▽洗】みたらし 神社で、拝礼の前に参拝者が手や口を洗い清める所。例参道の―。

【▽御堂】みドウ 仏像を安置した堂。お堂。

【▽御▽法】みのり 仏法(ブッポウ)をたっとんでいうことば。仏の教え。

【▽御代】みよ 天皇・皇帝(コウテイ)・王などの治世をたっとんでいうことば。例明治の―。表記「▽御世」とも書く。

●親御(おやゴ)・制御(セイギョ)・父御(ちちゴ)・統御(トウギョ)・殿御(とのゴ)・女御(ニョウゴ)

・母御・崩御・防御・嫁御

彳 9 【徨】 12画 5551 5FA8 音コウ漢 訓さまよう

意味「彷徨」は、あてもなく行く。さまよう。

彳 9 【循】 12画 2959 5FAA 常用 音シュン漢ジュン呉 訓したがう・めぐる

筆順 丿 彳 彳 𠂉 彳 循 循 循

なりたち [形声]「彳(=あるく)」と、音「盾」とから成る。行く。

意味 ❶たどって行く。もののまわりをまわる。めぐる。同巡。例循環。循行。❷つきしたがう。そのとおりにする。したがう。例因循。

人名 みつ・ゆき・よし

【循環】(ジュンカン)(名・する) ひとまわりしてもとへもどること。また、それをくりかえすこと。例血液の―。市内―バス。

【循行】(ジュンコウ)(名・する) めぐり歩くこと。巡行。例領地内を―する。

彳 9 【復】 12画 4192 5FA9 教育5 音フク漢 訓かえ-る・かえ-す・また

筆順 彳 彳 彳 彳 彳 復 復

なりたち [形声]「彳(=あるく)」と、音「复」とから成る。行ってもどる。

意味 ❶来た道をひきかえす。かえる。対往。例復路。往復。❷もとの状態にもどる。例復調。復活。回復。❸くりかえす。もう一度する。例復習。復唱。反復。❹しかえしをする。むくいる。例復讐。報復。❺返事をする。こたえる。例復命。拝復。❻〔助字〕㋐「また」と読み、ふたたび、の意をあらわす。例復入二信濃一(=ふたたび信濃の国にはいる)。㋑「不復」は「また…ず」と読み、ふたたび…しない・けっして…しない、の意をあらわす。例不二復返一(=けっして帰らない)。

人名 あきら・あつし・さかえ・しげる・なお・ふ・もち

【復員】(フクイン)(名・する) ①(戦争が終わって)召集されていた軍人が、任務を解かれて家に帰ること。対動員。例―兵。②軍隊が戦時体制から平時体制にもどること。

【復縁】(フクエン)(名・する) 離縁した夫婦または養子などが、もとの関係にもどること。

【復学】(フクガク)(名・する) (罰則または病気などにより)停学・休学していた学生・生徒が、もとの学校にもどること。例―を許される。

【復業】(フクギョウ)(名・する) やめていた仕事にもどること。

【復元】(フクゲン)(名・する) (古い時代の書画・遺跡などを)もとの位置や状態・形にもどすこと。例名画の―作業。表記「復原」とも書く。

【復習】(フクシュウ)(名・する) 一度学んだことをくりかえし勉強すること。おさらい。温習。対予習。

【復▼讐】(フクシュウ)(名・する) しかえし。あだうち。かたきうち。報復。例―の念に燃える。

【復唱】(フクショウ)(名・する) 言われたことばを、確認の意味でその場でくりかえして言うこと。表記「復▼誦」とも書く。

【復職】(フクショク)(名・する) 休職・退職していた人が、もとの職につくこと。

【復姓】(フクセイ)(名・する) 結婚・養子縁組などで姓を変えた人が、もとの姓にもどること。

【復籍】(フクセキ)(名・する) 離縁・養子縁組みの解消などにより、もとの戸籍にもどること。帰籍。

【復調】(フクチョウ)(名・する) からだなどの調子が、もとのいい状態にもどること。例―いちじるしい。

【復道】(フクドウ) 大きな建物で、上下で往来できるように、二重につくった廊下。表記「複道」とも書く。

【復任】(フクニン)(名・する) 再びもとの官職・任務にもどること。

【復命】(フクメイ)(名・する) 命令を受けて実行・処理したとき、その経過や結果を報告すること。例―書。

【復路】(フクロ) かえりみち。帰路。対往路。

【復活】(フッカツ)(名・する) ①生きかえること。よみがえること。蘇生。例―祭(=キリスト教の祝祭日)。②おとろえたり廃止したりしたものが、再びまえの状態にもどること。

【復刊】(フッカン)(名・する) 休刊または廃刊になっていた出版物を、再び刊行すること。

【復帰】(フッキ)(名・する) もとの仕事や地位・状態にもどること。例社会―。通常に―する。

【復旧】(フッキュウ)(名・する) こわれたり乱れたりしたものが、もとどおりになること。例鉄道の―作業。―の見通しが立たない。

【復権】(フッケン)(名・する) ①〔法〕刑の宣告によって失った法律上の権利や資格を、回復すること。②地位や権力・信用を失った者がそれを回復し、力をもつこと。

【復古】(フッコ)(名・する) 制度・考え方、文物の流行などを、昔の状態にかえすこと。例王政―。―調の模様。

【復交】(フッコウ)(名・する) 断絶していた国交が復活すること。例日本と中国との―。

【復興】(フッコウ)(名・する) いったんおとろえたものが、再びさかんになること。例文芸―。都市の―計画。

●往復・回復・修復・拝復・反復・報復・本復・来復

彳 10 【微】 13画 4089 5FAE 常用 音ビ漢ミ呉 訓かす-か・ひそ-か

筆順 彳 彳 彳 彳 彳 微 微 微

なりたち [形声]「彳(=あるく)」と、音「散(=かすか)」とから成る。こっそり行く。

意味 ❶はっきりしない。めだたないようす。ほのか。かすか。ひそか。例微行。微笑。微風。❷ごく小さい。ごくわずか。例微細。微小。微塵。❸とるにたりない。身分がいやしい。(自分のことをへりくだっていうことが多い)例微才(=わずかばかりの才能)。微力。❹勢いがなくなる。おとろえる。例式微。衰微。

人名 まれ・よし

【微意】(ビイ) わずかの心持ち。また、心持ちをあらわすわずかのもの。寸志。〔自分の志や気持ちをけんそんしていうことば〕例―をあらわす。

【微温】(ビオン) わずかにあたたかいこと。なまぬるいこと。例―的。

【微温湯】(ビオントウ) 温度の低い湯。なまぬるい湯。

【微苦笑】(ビクショウ)(名・する) かすかなにがわらい。例―をうかべる。

【微行】(ビコウ)(名・する) (高貴な人が)人に知られぬようにこっそり出歩くこと。しのびあるき。おしのび。

【微光】(ビコウ) かすかな光。例―を発する。

【微細】(ビサイ)(名・形動だ) きわめて細かいこと。ひじょうにわずかなこと。例―なちがいも見のがさない。

【微罪】(ビザイ) 軽いつみ。わずかなつみ。対大罪・重罪。

【微志】(ビシ) ささやかな志。寸志。〔自分の志をけんそんしていうことば）例―を表す。

【微視的】（形動ダ）〔英語 microscopic の訳語〕①人間の目では見分けられないほど小さいようす。②全体的にではなく、ひじょうに細かい部分を観察するようす。▽対巨視的。

【微弱】（名・形動ダ）かすかで弱いこと。例影響は―だ。―な震動。

【微小】（名・形動ダ）ひじょうに小さいこと。例―生物。

【微少】（名・形動ダ）ひじょうに少ないこと。例―な量。

【微笑】（名・する）ほほえむこと。ほほえみ。例―をうかべる。―をたたえる。

【微酔】（名・する）わずかに酒によようこと。ほろよい。例―をたのしむ。

【微生物】肉眼では観察できない、ひじょうに小さな生物のまとめた言い方。細菌・原生動物などをいう。

【微積分】〔数〕微分と積分。

【微衷】自分の心・まごころをへりくだっていうことば。例―をおくみ取り願いたい。

【微調整】（名・する）（機器や議論などで）大まかな調整のあとの、わずかな調整をすること。例まだ―が必要だ。

【微動】（名・する）かすかに動くこと。例―だにしない（＝まったく動かない）。

【微熱】平熱より少し高い体温。わずかな発熱。例―がとれない。

【微微】（形動タルト）ごくわずかなようす。ごく小さく、かすかなようす。例被害は―たるものだった。

【微風】かすかにふく風。そよ風。例初夏の―が快い。

【微粉】細かいこな。

【微分】（名・する）〔数〕ある関数の変数の変化がごく小さくなったときの変化の割合（＝導関数）により、その関数の性質をあらわすこと。対積分。

【微妙】（形動ダ）ひと口では言いあらわせないほどに、複雑でかすかな、美しさやあじわい、また、問題点などをふくんでいるようす。さまざまな意味あいをふくんで、単純にはとらえられないようす。デリケート。例二人のあいだには―な、ずれがある。

【微粒子】ひじょうに細かいつぶ。また、そのつぶ状のもの。

【微量】ごくわずかな量。例―の薬物が検出された。

【微力】（名・形動ダ）（自分の）とるに足りない力。わずかな努力。〔（自分の）能力や努力をけんそんしていうときのことば〕例―ながらお手伝いさせていただきます。

【微▼禄】□一（名）わずかな給与。薄給。例―にあまんずる。―を食はむ。□二（名・する）おちぶれること。例―して近ごろは衣服もよごれたままだ。

【▽微▼塵】〔細かなちりの意〕①ひじょうに細かいもの。例こっぱ―にくだける。―切り。②（「みじんも…ない」「みじんの…もない」の形で）少しも…ない。例―もゆるがない態度。―のうそもないと主張する。
●隠微・機微・軽微・衰微

【徭】
彳10　13画　5552　5FAD　音ヨウ漢　訓えだち

意味 土木工事などの労役のために、人民を遠くまで行かせること。えだち。例徭役。
【徭役】律令制で、人民が力仕事にかり出されたこと。また、その労役。

【徴】
彳11　14画　3607　5FB4　常用　音□一チョウ漢呉　□二チ漢呉　訓しるし・め-す

筆順 彳 … 徴

【徵】
彳12　15画　1-8436　5FB5　人名

なりたち [会意]「壬（＝よい）」と「微（＝こっそりおこなう）」の省略体とから成る。ひそかによいことをおこない、天子からめし出される。めす。

意味 □一チョウ ❶人を呼び出す。めす。例徴兵・徴用。❷金品または税を取りたてる。例徴収・徴税。❸ものごとの前ぶれ。また、ものごとのあらわれ。きざし。しるし。例徴候。❹あらわす。あきらかにする。例明徴。□二チ 東洋の音楽の五音（＝宮・商・角・徴・羽）の一つ。

人名 あき・あきら・おと・きよし・すみ・なり・もと・もとむ・よし

【徴候】何かが起こる前ぶれ。きざし。しるし。例あらしの―。表記「兆候」とも書く。

【徴収】（名・する）法律や規約などにもとづいて、税金や手数料・会費などを取りたてること。

【徴集】（名・する）国家などが強制的に人や物をつのり集めること。例―の手続き。

【徴証】（名・する）明らかな証拠。また、証拠をあげて明らかにすること。

【徴税】（名・する）税金を取りたてること。対納税。

【徴発】（名・する）戦争のときなどに、軍隊で使うために強制的に民間から物を取りたてること。例食糧を―する。

【徴兵】（名・する）国家が国民を一定の期間、強制的に兵役につかせること。例―制。成年男子を―する。

【徴募】（名・する）つのり集めること。徴集。例義勇兵の―に応じる。

【徴用】（名・する）戦争など非常事態のときに、国家が国民を強制的に呼び出し、兵役以外の、戦争にかかわる仕事をさせること。
●象徴・追徴・特徴

【徳】
彳11　14画　3833　5FB3　教育4　音トク漢呉

筆順 彳 … 徳

【德】
彳12　15画　1-8437　5FB7　人名

【悳】
心8　12画　5560　60B3　本字

なりたち [会意] 本字は「悳」で、「直（＝すなお）」と「心（＝こころ）」とから成る。すなおな心。

意味 ❶みずからを高め他によい影響をあたえる、すぐれた品性。生まれつきそなわっている、りっぱな性質。例徳性・徳行・人徳。❷めぐみ。恩恵。例徳政・功徳。

人名 あきら・あつ・あつし・あり・いさお・え・さと・ただし・とみ・なり・なる・のぼる・のり・めぐむ・やす・よし

【徳育】人格をみがき、人としての生き方を学び育てる教育。道徳面の教育。対体育・知育。

【徳義】人として理解し守るべき道徳上の義務。例―心。―を守る。

【徳人】徳のそなわった人。徳の高い人。

【徳性】道徳や徳義を守ろうとする気持ち。道徳心。例―を養う。

【徳政】①人民にめぐみをあたえるよい政治。善政。仁政ジンセイ。②鎌倉(かまくら)・室町(むろまち)時代、御家人(ゴケニン)や武士、幕府の財政を救済するため、また、農民の要求に応じて、すべての負債(フサイ)を返済しなくてもよいとしたこと。また、その法令。

【徳俵】(トクだわら) 相撲(すもう)の土俵(ドヒョウ)で、東西南北の中央のところを、それぞれ一俵分ずつ外側へずらしてうめた俵。

【徳(トク)は身(み)を潤(うるお)す】徳が心にそなわれば、おのずから外ににじみでて、身をりっぱにする。〈大学(ダイガク)〉

【徳風】(トクフウ) 君子の人徳が人を感化するようすを、草が風になびくようすにたとえたことば。

【徳望】(トクボウ) 徳が高く、人々からその人格をしたわれること。例一家。一が厚い。

【徳目】(トクモク) 道徳の内容を具体的に分類したもの。仁(ジン)・義・礼・忠・孝など。

【徳用】(トクヨウ) 値段の安いわりに有用で、得(トク)をすること。また、そのもの。割安(わりやす)。買い得(ドク)。例一品。お一。表記「得用」とも書く。

【徳利】(トクリ)（「トックリ」とも）①酒などを入れる首の細い容器。銚子(チョウシ)。②〔徳利は水に入れるとぶくぶくとしずむことから〕泳げない人。かなづち。

【徳化】(トッカ)（名・する）徳行によって人を教化すること。

【徳器】(トッキ) りっぱな人格。例一を成就(ジョウジュ)する。

【徳行】(トッコウ) 道徳にかなった正しいおこない。

●悪徳(アクトク)・恩徳(オントク)・功徳(クドク)・高徳(コウトク)・五徳(ゴトク)・人徳(ジントク)・道徳(ドウトク)・背徳(ハイトク)・美徳(ビトク)・不道徳(フドウトク)・不徳(フトク)・報徳(ホウトク)・余徳(ヨトク)

彳12 【徹】 15画 3716 5FB9 常用 音テツ漢 訓とお-す・とお-る

筆順 彳 彳 彳 徝 循 徹 徹

なりたち 〔会意〕「彳(=ゆく)」と「攵(=打つ)」と「育(=そだてる)」とから成る。むち打ちそだてて行かせれば、とおらないものはない。とおる。

意味 つらぬきとおす。最後までつらぬく。とおす。とおる。例徹夜(テツヤ)。徹頭徹尾(テットウテツビ)。貫徹(カンテツ)。

難読 徹宵(よもすがら)

人名 あき・あきら・いたる・おさむ・ひとし・みち・ゆき

【徹宵】(テッショウ) 夜中じゅう起きていること。夜どおし。徹夜。

【徹底】(テッテイ)（名・する）〔底(そこ)まで貫(つらぬ)き通す意〕①中途半端(チュウトハンぱ)ではなく、とことんやりぬくこと。例一抗戦(コウセン)。やることが一している。②指令などが、すみずみまで行きとどくこと。例命令を一させよ。

〔彳部〕12―14画 ●徹 徴 徳 徼 徽 徽

【徹頭徹尾】(テットウテツビ)（副）最初から最後まで。あくまでも。どこまでも。例住民たちは、開発に一反対の立場をつらぬいた。

【徹夜】(テツヤ)（名・する）夜どおし起きていること。徹宵(テッショウ)。例一で勉強する。

●一徹(イッテツ)・貫徹(カンテツ)・透徹(トウテツ)・冷徹(レイテツ)

彳12 【徴】 15画 ⇩【徴】(チョウ)(381ページ)

彳12 【德】 15画 ⇩【徳】(トク)(381ページ)

彳13 【徼】 16画 5553 5FBC 音ギョウ慣 キョウ漢 訓めぐ-る・もと-める

意味 ❶見まわる。めぐる。❷辺境。とりで。❸得られそうもないことを得たいと思う。もとめる。例徼幸(ギョウコウ)。

【徼幸】(ギョウコウ) 思いがけない幸福。また、そんな幸福にあうこと。

彳13 【徽】 16画 ⇩【徽】(キ)(382ページ)

彳14 【徽】 17画 2111 5FBD 人名 音キ漢 訓しるし

彳13 【徽】 16画 俗字

意味 ❶ひも。つな。❷所属をあらわすしるし。はたじるし。例徽章(キショウ)。❸よい。うつくしい。例徽音(キイン)。

人名 よし

【徽音】(キイン) よいことば。また、りっぱな教え。

【徽章】(キショウ) 帽子(ボウシ)や衣服につけるしるし。表記 現記章

61 4画 心(こころ)（忄りっしんべん・⺗したごころ）部

心臓の形をあらわす。「心」が偏(へん)(=漢字の左がわの部分)になるときは「忄(立心偏 りっしんべん)(三画)」となる。「心」が下につくと「⺗(下心 したごころ)」の形になることがある。「心」をもとにしてできている漢字と、「心」と形が似ている「必」とを集めた。

心（忄・⺗）部 0画 ●心

⓪心①必③応忌志忖忍忘忙
忍忘忙④快忻忤忽忸忱忠忝
念忿忼忰⑤怡怨怪急怯怙怐
怺思怩怵怎性怨怠怛怒怕怖
怫怦怏怜急⑥恚恩悔恢恪恰
恐恭恟恵恒恍恨恣恃恤恂恕
恁息恥恬恫恙恋恷恢恠恊恆
⑦悪悦悁患悍悟悃悉悛悄悚
悌悩悖悗悠悒悧悋悦悔⑧惟
悸惧惓惚惨惹悴情悽惜惣惆
悵惕悼惇悲悱惘悶惑惡惠情
悳⑨愛意愕感愚愆愃慌惶慈
愁愀惷惴惺想惻惰愍愎愉愈
慌慈愡惱愉⑩慇慍慨愾愨愧
慊愿慎愬愴態慝慕慂慄愼愽
⑪慰慣慶慧慷慙慴慫慯憁憎
慥慱慟慓慢憂慵慾慮慨慤慧
憇慘慚⑫憙憖憩憬憲慳憧憔
憚憊憑憫憮憤憲憎憐⑬懌懊
憶懐懈憾懃懇懆憺懋懍憐應
憒⑭懦懲懣⑮懴懲⑯懸懶懷
⑰懽懺⑱懿懼懾⑲戀

心0 【心】 4画 3120 5FC3 教育2 音シン漢呉 訓こころ・むね 付表心地(ここち)

筆順 ノ 心 心 心

なりたち 〔象形〕からだの中にある心臓の形。人の心臓。

意味 ❶五臓の一つ。血液を送り出す器官。しんぞう。例心音(シンオン)。心臓(シンゾウ)。強心剤(キョウシンザイ)。❷人間が考えたり感じたりするはたらき。精神。こころ。例心身(シンシン)。心理(シンリ)。安心(アンシン)。

❸まんなか。中央。例心棒。核心。中心。❹二十八宿の一つ。なかごぼし。例心宿。

難読 心算・心太

人名 うち・さね・なか・み・もと

【心当たり】思いあたること。例―がない。

【心当て】①自分かってに見当をつけること。あて推量。②心のうちで期待すること。心だのみ。例いくらか―がある。

【心意気】積極的でさっぱりした気質。気がまえ。例江戸っ子の―を見せてやろう。

【心得】①基本的なこととして知っておくべき、守らなければならないことがら。わきまえ。例生徒―。②技芸などを身につけていること。たしなみ。例生け花の―がある。③下級の者が上級の者の職務を一時代行するときの職名。例課長―。

【心覚え】①おぼえていること。例―をさがしてみる。②忘れないようにつけておく簡単なしるしやメモ。

【心掛け】ふだんの気持ちのもち方。例―が悪い。

【心構え】心の準備。例いざというときの―。

【心柄】心のもち方。気だて。性質。例すなおな―。

【心配り】気づかい。配慮。例やさしい―。

【心丈夫】（形動ナ）安心であるようす。心強いようす。

【心添え】（名・する）相手を気づかって注意や忠告をすること。例お―、ありがとう。

【心遣い】相手のために気を配ること。例お―ありがとうございます。

【心付け】①お礼や祝儀として金銭などをあたえること。また、その金銭。チップ。②注意。忠告。

【心▼做し】（副）〔多く、「心なしか」の形で〕そう思って見るせいか。気のせいか。例かれは、―かさびしそうに見えた。表記「心成し」とも書く。

【心根】心のいちばんおくにある気持ち。心のおくそこ。例―のやさしい人。

【心▽延え】ちょっとした言動にもあらわれる、その人のよい性質。気だて。例やさしい―の感じられる応対。

【心待ち】（名・する）心の中で期待して待つこと。例父の帰国を―にする。

【心▽遣り】①思いやり。同情。例さりげない―がうれしい。②気晴らし。うさ晴らし。

【心意】こころのはたらき。こころ。精神。

【心猿】人間の本能的欲望がおさえられないことを、わめきさわぐサルにたとえたことば。→【意馬心猿】(404ページ)

【心奥】こころのおくそこ。

【心音】心臓の鼓動の音。例胎児の―を聞く。

【心火】燃えるように激しい、いかり・にくしみ・嫉妬などの感情。例憎悪の―を燃やす。

【心外】（名・形動ナ）思いもよらないことをされたり言われたりして、残念で不愉快なこと。例君までそんなことを言うとは―だ。

【心学】江戸時代に石田梅岩がとなえた庶民的な実践道徳。神道・儒教・仏教をまぜ合わせた教えを、平易なことばと通俗的なたとえを用いて説いた。

【心肝】①心臓と肝臓。②こころ。まごころ。例―に徹して感激する。

【心眼】ものごとの真相や本質などを、するどく見ぬく心のはたらき。例―によって本質を見とおす。

【心願】こころの中で神や仏に願をかけること。また、そのねがい。例―を立てる。

【心気】気分。こころもち。例―爽快（＝こころもちがさっぱりしてよいこと）。

【心▼悸】心臓の鼓動。動悸。

【心機】こころのはたらき。こころのうごき。例―一転。

【心機一転】（名・する）気持ちをがらりと変えること。例―、仕事に精を出す。

【心木】車軸。車の心棒。

【心技】精神的な側面と技術的な側面。こころとわざ。例―一体（＝精神と技術とのバランスがよいこと）。

【心▼悸▼亢進】〔医〕（心臓病・精神的興奮などのために）心臓の鼓動が異常に激しくなること。表記「心悸▼昂進」とも書く。

【心境】こころの状態。気持ち。例複雑な―を語る。

【心筋梗塞】〔医〕心臓の筋肉に血液を送っている動脈がつまるなどして、心臓の筋肉の一部がはたらかなくなる病気。重症の場合は死に至る。

【心血】こころとからだのすべての力。例―を注ぐ。

【心魂】こころのすべて。たましい。また、こころのおくそこ。例―に徹する（＝こころに深くきざみこむ）。―をかたむける。

【心材】木の幹の中心部分を用いた材木。周辺部よりも色が濃くてかたい。赤身。対辺材。

【心算】㊀こころの中での計画・予測。こころづもり。胸算用。㊁①こころがまえ。例どういう―なのか。②実際はそうではないのに、そうなった気持ち。例テレビのヒーローになった―。③予定。例このまま帰る―です。

【心地】㊀①帯・えり・洋服のしんなどにする厚くてかたい布地。②〔仏〕戒。また、こころ。精神。㊁胸のうち。こころの中。㊂気分。気持ち。感じ。例船酔いで生きた―がしない。表記㊀①は「芯地」とも書く。

【心耳】①ふつうでは耳に聞こえないものを聞き取るこころのはたらき。②〔医〕心房の、耳のような形のところ。

【心事】こころに思うこと。心中。例乱れる―。

【心室】〔医〕心臓で、血液を送り出すはたらきをもつ部分。左右二つに分かれていて、右心室は肺動脈へ、左心室は大動脈へつながっている。

【心中】㊀（名・する）①愛し合っている二人がいっしょに自殺すること。情死。②二人以上の人がいっしょに自殺すること。例一家―。③組織や事業と運命をともにすること。㊁（名）こころのうち。内心。例―お察しいたします。

【心術】こころの、もち方。例―の悪い者。

【心緒】こころもち。思いのはし。例―を述べる。

【心証】①こころに受ける印象。例―を害する。②〔法〕裁判官が証拠などに対してもつ判断や確信。例犯人にちがいないという―をもつ。

【心象】知覚・想像・記憶などをもとにして、こころの中に思いうかべられたもの。イメージ。例―風景。

【心情】こころの中。気持ち。胸中。例―を察する。

【心身】精神と肉体。こころとからだ。身心。例―ともに健康です。

【心身症】ストレスなど心理的な影響によってあらわれる、からだの病気の症状。

【心神】精神。こころ。たましい。

【心神耗弱】〔法〕精神機能の障害のため、よいことか悪いことかの判断や、それにしたがった行動がとりにくい状態。〔さらに重い状態は「心神喪失」という〕

【心酔】（名・する）①われを忘れるほどに熱中すること。例東洋思想に―する。②こころから深く尊敬し、したうこと。例師に―して教えを受ける。

【心髄】①ものの中心。しん。②ものごとの中心にある、いちばん重要なところ。中枢。③こころのおくそこ。

【心性】シンセイ もって生まれたこころ。精神。

【心像】シンゾウ 記憶などによって、こころの中に思いうかべられたもの。心象。イメージ。

【心臓】シンゾウ 一(名) ①体内の血液の循環をつかさどる器官。②組織や機械などの中枢部のたとえ。例発電所の—部で事故が起きた。二(形動ナ) 厚かましいようす。ずうずうしいようす。例—なやつだ。

【心胆】シンタン こころ。たましい。きもったま。例敵の—を寒からしめる(=敵をふるえあがらせる)。

【心痛】シンツウ (名・する) ひじょうに心配すること。また、こころの痛み。例—のたね。

【心底】シンテイ 一(名) こころのおくそこ。ほんとうの気持ち。例—を知る。—を見とどける。二シンそこ (名・副) こころのおくそこ。こころから。例—彼女にほれている。

【心的】シンテキ (形動ナ) こころに関係するようす。対物的。例—な負担の大きい地位。

【心電図】シンデンズ 〔医〕心臓の活動にともなって生じる電流の変化を記録したグラフ。心臓病の診断などに用いる。

【心土】シンド 表土より下にあって、すきかえしたり耕したりされることのない土。

【心頭】シントウ こころ。こころの内。念頭。例怒かり—に発する(=こころのそこから激しく怒る)。—を滅却すれば火もまた涼し(=どんな苦しみにあっても、それを超越してしまえば、苦痛を感じることはない)。

【心配】シンパイ 一(名・する) 気にかけていて世話をすること。こころづかい。配慮。例就職を—する。二(名・する・形動ナ) 気にして思いわずらうこと。気がかり。対安心。例—のたね。

【心張り棒】シンばりボウ 戸じまりのために引き戸の内側をななめにおさえつける棒。しんばり。例雨戸に—をかっておく。

【心服】シンプク (名・する) こころから尊敬し従うこと。例恩師に—する。

【心腹】シンプク ①いちばん重要なところ。②信頼できる部下や友人。腹心。例—の友。

【心房】シンボウ 〔医〕心臓の上部で、血液の流れを受け入れる部分。左右の二つに分かれていて、右心房は大静脈から、左心房は肺静脈からの血液を受け入れる。

【心棒】シンボウ ①車輪やこまなど、回転するものの中心となる軸。②活動の中心となる人やもの。

【心友】シンユウ こころの中を理解し合っている友。心の友。

【心理】シンリ ①こころのはたらきや精神の状態。また、行動にあらわれる、こころのうごき。こころもち。例—的。②「心理学」の略。人や動物の意識や行動を研究する学問。

【心裏】シンリ こころの中。心中。表記「心▼裡」とも書く。

【心慮】シンリョ こころで思うこと。考え。思慮。例—をめぐらす。

【心霊】シンレイ 生命やこころの中にあって、肉体をはなれても存在すると考えられるもの。たましい。

【心霊現象】シンレイゲンショウ 現在の科学では説明できない不思議な現象のうち、人のこころや、たましいにかかわると考えられているもの。テレパシーやオカルト、また、幽霊やたたりなど。

【心霊術】シンレイジュツ 心霊現象を起こすことができるという能力や手法。

【心労】シンロウ 一(名・する) 心配すること。心づかい。気苦労。二(名) 精神的な疲労。例—がかさなってたおれる。

●安心・以心伝心・一心・会心・改心・核心・感心・関心・肝心・虚心・苦心・決心・細心・里心・下心・執心・重心・小心・傷心・初心・専心・中心・灯心・童心・得心・都心・内心・熱心・腹心・変心・放心・本心・真心・慢心・無心・野心・用心・良心

心(忄・⺗)部 1画 ●必

心 1 【必】 5画 4112 5FC5 教育4 音 ヒツ漢 訓 かなら-ず

筆順 丶 ソ 义 必 必

なりたち 〔会意〕「八ハ→ツヒ(=分ける)」と「弋(=くい)」とから成る。しるしを立てて分ける目安とする。派生して「きっとそうする」の意。

意味 ❶まちがいなくそうなる。きっと。かならず。例必至ヒッシ。必定ヒツジョウ。必然ヒツゼン。❷かならずしなければならない。ぜひともそうすべきだ。例必修ヒッシュウ。必要ヒツヨウ。信賞必罰シンショウヒツバツ。❸〔助字〕「不必」は「かならずしも…ず」と読み、…とはかぎらない、の意。部分否定をあらわす。例不必有仁(=かならずしも仁があるとはかぎらない)。

人名 さだ・さだむ・ただ

【必携】ヒッケイ いつも身につけて持っていなければならないこと。また、そのようなもの。例—の書。

【必見】ヒッケン かならず見なければならないこと。例今度の美術展は愛好家—のもよおしだ。

【必殺】ヒッサツ 相手をかならずたおすこと。また、その意気ごみ。例—のわざ。—の体当たり。

【必死】ヒッシ 一(名・形動ダ) いのちがけで全力をつくすこと。死にものぐるいであること。例—の形相。—になって勉強する。二(名) かならず死ぬこと。例もはや—と覚悟を決めた。

【必至】ヒッシ ①かならずそういう事態がくること。例混乱は—だ。②将棋で、あと一手で詰むという状態。表記②は「必死」とも書く。

【必需】ヒツジュ 〔「需」は、もとめる意〕 かならず入り用なこと。なくてはならないこと。例生活—品。

【必修】ヒッシュウ (名・する) かならず学びおさめなければならないこと。例—科目。

【必勝】ヒッショウ かならず勝つこと。例—をいのる。—の態勢。

【必定】ヒツジョウ 一(名) きっとそうなると予想されること。例疑われるのは—。二(副) かならず。きっと。たしかに。例—これは魔女のいたずらであろう。

【必須】ヒッス 〔「ヒッシュ」「ヒッスウ」とも〕 (名・形動ダ) 〔「須」は、必要とする、用いる意〕 必要なものの中でも、とくに必要であること。例—科目。成長に—の栄養。

【必然】ヒツゼン 一(名) どうしてもそうなるはずのこと。対偶然。二(副) かならず。きっと。

【必着】ヒッチャク (名・する) (手紙や荷物などが、決められた日時までに)かならず到着すること。例土曜—の荷物。

【必中】ヒッチュウ (名・する) 〔「中」は、当たる意〕 ①矢・銃弾などが、ねらったものにかならず当たること。例一発—。②予想がかならず当たること。

【必読】ヒツドク (名・する) かならず読むこと。かならず読まなければならないこと。また、そのもの。例生徒—の書。

【必罰】ヒツバツ (名・する) 罪のある者をかならず罰すること。例信賞—(=功績のある者はほめたたえ、罪のある者は罰する。賞罰をはっきりさせること)。

【必滅】ヒツメツ (名・する) かならずほろびること。例生者—(=一度生まれたものはかならず死ぬ)。

【必用】ヒツヨウ (名・する) かならず用いなければならないこと。例閲覧者は鉛筆を—せよ。

【必要】ヒツヨウ (名・形動ダ) どうしても入り用であること。それなしではすまされないこと。対不要。例—がある。—とする。

心 3

【応】

7画 1794 5FDC 教育5 音ヨウ漢 オウ呉 訓こた-える

筆順 丶 亠 广 广 広 応 応

心13 【應】 17画 5670 61C9 人名

なりたち [形声]「心(=こころ)」と、音「雁(ヨウ)」とから成る。あたる。こたえる。

意味 ❶他からのはたらきかけを受け、それに従って動く。こたえる。例応答・呼応。呼びかけに応じる。❷ふさわしい。つりあっている。かなう。例応用・適応。分に応じた望み。❸〔助字〕「まさに…べし」と読む再読文字。当然…のはずだ・きっと…であろう、の意をあらわす。例応レ知二故郷事一(まさにこきょうのことをしるべし)(=きっと故郷のことを知っているだろう)。〈王維・雑詩〉

日本語での用法《こたえる》「応える」強く感じる。「寒さが身に応える」

使い分け こたえる【答・応】⇩1169ページ

人名 かず・ことお・たか・のぶ・のり・まさ・よし

【応援】オウエン (名・する) ①心を同じくして力をかすこと。例被災地の復興を―する。②競技で、かけ声をかけたり拍手をしたりして、味方やひいきの者を元気づけること。例―団。

【応急】オウキュウ 急場のまにあわせ。急場しのぎ。例―手当て。

【応射】オウシャ (名・する) 敵の射撃に対してうちかえすこと。

【応手】オウシュ 囲碁や将棋で、相手の打った手に応じて打つ手。

【応需】オウジュ (名・する)〔「需」は、もとめる意〕患者や客のもとめに応じること。例入院―。

【応酬】オウシュウ (名・する) ①言い返したり、やり返したりすること。例やじの―。②たがいに酒を飲みかわすこと。献酬。例さかずきの―。③手紙や詩歌に返しをすること。

【応召】オウショウ (名・する) 官や目上の人からの呼び出しに応じて出向くこと。とくに軍人や軍人になるべき者などが、召集にしたがって指定の地に集まること。

【応接】オウセツ (名・する) 人に会って、相手をすること。例―室。―に暇(いとま)がない。

【応戦】オウセン (名・する) 敵の攻撃に対抗してたたかうこと。例強敵にも屈しないで―する。

【応対】オウタイ (名・する) 相手になって受け答えすること。例電話の―。

【応諾】オウダク (名・する) 相手のたのみや申し出を聞き入れること。承知。承諾。例そんな条件では―できない。

【応答】オウトウ (名・する) 質問や呼びかけに対してこたえること。例―歌。質疑―。

【応分】オウブン (名・形動だ) その人の身分や能力にふさわしいこと。対過分。例―の責任はとってもらいたい。

【応変】オウヘン 不意のできごとなど、状況の変化に対して適切な処置をとること。例臨機―。

【応募】オウボ (名・する) 募集に応じること。対募集。例社員募集の広告を見て―する。

【応報】オウホウ 〔仏〕その人が前世でおこなった善または悪の業に対しての、幸せまたは不幸せのむくい。例因果―。

【応用】オウヨウ (名・する) 考え方や理論・知識などを実際の場面にあてはめて用いること。例―問題。―物理学。

●一応・否応・感応・呼応・順応・照応・相応・即応・対応・適応・反応

心 3

【忌】

7画 2087 5FCC 常用 音キ漢 訓い-む・い-まわしい・い-み

筆順 フ コ 己 己 忌 忌 忌

なりたち [形声]「心(=こころ)」と、音「己(キ)」とから成る。にくむ。きらう。

意味 ❶(道理にはずれるとか、自然にそむくとか、不吉でけがらわしいという理由などから)きらってさける。いむ。例忌憚・忌避・禁忌。❷家族や身内がなくなったあと、一定期間、おこないをつつしみ、死をいたむこと。いみ。例忌服。❸人のなくなった日。命日。例忌日・年忌。一周忌。

難読 忌寸(いみき)・忌部(いんべ)

【忌み言葉】いみことば ①意味や連想がよくない、不吉だとしてさけることば。たとえば、婚礼の席での「帰る」「切る」「去る」など。②さけたいことばの代わりに使うことば。たとえば、「梨(なし)」を「ありのみ」、「するめ」を「あたりめ」、「血」を「あせ」というなど。表記▽「忌み▽詞」とも書く。

【忌み日】いみび ①神に仕えるために、けがれをさけてつつしまなければならない日。②陰陽道などで、わざわいがあるとして行動をつつしむ日。表記▽「▽斎日」とも書く。

【忌み火】いみび ①けがれを清める火。②原始的な発火法の火鑽(ひきり)(=火をおこす道具)でおこした火。表記▽「▽斎火」とも書く。

【忌明け】いみあけ 服喪の期間が終わること。忌み明け。

【忌▼諱】キキ (名・する) いみきらうこと。おそれはばかること。例論文が当局の―に触れる(=上位の者や支配者などのきげんをそこなう)。

【忌▼辰】キシン 〔「辰」は、日の意〕死者の命日。忌日。

【忌▼憚】キタン いみはばかること。遠慮すること。例―のない批評。―なく意見を述べる。

【忌中】キチュウ 死者があって、その近親者が喪に服している期間。喪中。〔ふつう四十九日間〕

【忌日】キニチ 〔「キジツ」とも〕〔仏〕毎月また毎年の、その人が死んだ日と同じ日付の日。命日。〔月日がともに同じ場合にも、また、日だけが同じ場合にもいう〕

【忌避】キヒ (名・する) ①きらいさけること。例実名を―して通称を使う。②〔法〕訴訟の当事者が、公平さが期待できないとして、その裁判官を拒否すること。

【忌引き】きびき (名・する) 近親者が死んだとき、学校や仕事を休んで、喪に服すること。

【忌服】キブク 〔「キフク」とも〕近親者の死後、一定期間、喪に服して家に引きこもってつつしむこと。

●回忌・禁忌・周忌・年忌

心 3

【志】

7画 2754 5FD7 教育5 音シ漢呉 訓こころざ-す・こころざし・しる-す

筆順 一 十 士 士 志 志 志

なりたち [会意]「心(=こころ)」と「士(シ)(=ゆく)」とから成る。心が向いてゆく。

意味 ❶心がある目的に向かう。こころざす。例志学・志願。❷あることを成しとげようとする気持ち。こころざし。例意志・青雲之志(セイウンのこころざし)。❸書きしるす。しるす。同誌。例志怪(=あやしげなことを書きしるす)。❹記録。書物。同誌。例三国志・地志。

日本語での用法 一《サカン》律令制の四等官で、兵衛府・衛門府の第四位。大(=上位)と少(=下位)とがある。主典。「左衛門の志」 二《シ》

旧国名「志摩(=今の三重県南部、志摩半島東部)」の略。「志州」

人名 さね・むね・もと・ゆき

【志学】〔「吾十有五而志于学」(論語)から〕①学問にこころざすこと。②〔「志学の年」の意で〕十五歳の異名。

【志願】(名・する)自分から進んで、ねがいでること。例入学―者。私立学校を―する。

【志気】ものごとをやりとげようとする気持ちや意気ごみ。例社員の―を高める。

【志向】(名・する)実現しようとして、心がそのほうへむかうこと。ある目的を目ざしていること。類指向。例一流企業―する学生が多い。

【志士】国家や社会のためには自分を犠牲にしてもつくそうとする人。例勤王の―。

【志操】かたく守って変えない心。例―堅固。

【志望】(名・する)こうしたい、こうなりたいとのぞむこと。また、そののぞみ。例第一―。進学を―する。

【志摩】旧国名の一つ。今の三重県の南部と志摩半島の東部にあたる。

●意志・遺志・厚志・初志・寸志・素志・大志・闘志・同志・篤志・芳志・有志・雄志・立志

忄3 【忖】6画 5554 5FD6 音ソン漢呉 訓はか-る

意味 (人の心を)おしはかる。はかる。例忖度。

【忖度】(名・する)〔「度」も、おしはかる意〕他人の心をおしはかること。

心3 【忍】7画 3906 5FCD 常用 音ジン漢ニン呉 訓しの-ぶ・しの-ばせる・しの-び

筆順 フ刀刃刃忍忍忍

心3 【忍】7画

なりたち [形声]「心(=こころ)」と、音「刃ジ」とから成る。こらえる。しのぶ。

意味 ❶がまんする。たえる。しのぶ。例忍従。忍耐。堪忍。❷ざんこくな。むごい。例残忍。

「心(忄・⺗)部」3画 ●忖忍忘忙

日本語での用法《ニン・しのび・しのぶ》他人に気づかれないように姿・形をかくす。「忍術・忍び足・人目を忍ぶ」

難読 不忍池

人名 おし・しの・たう・のぶ

【忍び▼逢い】恋人どうしが人目をさけて会うこと。密会。例深夜の―。表記「忍び会い」とも書く。

【忍び足】人に気づかれないようにして歩く足どり。例ぬき足、さし足、―で近づいてくる。

【忍び音】①人に聞こえないようにひっそり話す声や、泣き声。例かべごしに聞こえる―。②その年はじめて鳴くホトトギスの声。初音。〔姿を見せずにかすかに鳴きはじめるのでいう〕例―に鳴く。―をもらす。

【忍ぶ草】①シノブ科のシダ植物。シノブ。夏に、観賞用として軒につるす。②昔を思いおこさせるもの。③ウラボシ科のシダ植物。ノキシノブの別名。④ユリ科の多年草、ヤブカンゾウの別名。ワスレグサ。

【忍苦】(名・する)苦しみをこらえること。例―の生活。

【忍者】忍術を身につけた人。忍術使い。しのびの者。

【忍従】(名・する)苦しい境遇やきびしい支配などに、ただひたすらがまんしてしたがうこと。例―するしかない。

【忍術】武家時代、敵を暗殺したり、ひそかにようすをさぐったりするために用いられた特殊な武術。超人的な身のこなしに、戦闘の技術・策略をあわせたもの。しのびの術。忍法。例甲賀の―使い。

【忍辱】(名・する)㊀ニンジョク はじをしのぶこと。㊁ニンニク〔仏〕さまざまの侮辱や迫害にたえて、心を動かさないこと。

【忍耐】(名・する)じっとこらえること。がまんすること。例―力。―にも限度がある。

【忍冬】スイカズラ科のつる性植物。スイカズラ。初夏にかおりのよい花をつける。例―からくさ。

【忍法】「忍術」に同じ。例伊賀流―。

●隠忍・堪忍・堅忍・残忍

心3 【忘】7画 4326 5FD8 教育6 音ボウ漢モウ呉 訓わす-れる

筆順 丶亠亡亡忘忘忘

心3 【忘】7画

なりたち [形声]「心(=こころ)」と、音「亡ボ」とから成る。記憶がなくなる。

意味 記憶をなくす。また、心にかけない。わすれる。例忘我。忘却。備忘。

難読 忘憂草

【忘恩】恩をわすれること。例―の徒(=恩しらず)。

【忘我】何かに熱中して、自分をわすれること。例―の境に入る。

【忘却】(名・する)すっかりわすれてしまうこと。わすれさること。例―のかなた。前後を―するほど酒に酔う。

【忘失】(名・する)①わすれさること。忘却。②わすれてなくすこと。例現金を―する。

【忘食】何かに熱中し食事をわすれること。〔『論語』から〕

【忘年】①たがいの年齢の差を気にしないこと。例―の友。―の交わり。②年末に、一年間の苦労をわすれること。年忘れ。例―会。

【忘憂】〔「憂いを忘る」と訓読する〕心配ごとや悲しみをわすれさること。うさばらし。例酒は―の徳あり。

【忘憂の物】〔心配ごとや悲しみをわすれさせてくれるところから〕酒の別名。

【忘れ草】ユリ科の多年草、ヤブカンゾウの別名。萱草。

【忘れ霜】その春の最後の霜。八十八夜ころの霜。別れ霜。

【忘れな草】ヨーロッパ原産のムラサキ科の多年草。春から夏にかけて、青むらさき色の小さい花をつける。ルリソウ。〔英語 forget-me-not の和訳。「な忘れ草」とも〕表記「▼勿▽忘草」とも書く。

●健忘・備忘

忄3 【忙】6画 4327 5FD9 常用 音ボウ漢 訓いそが-しい

筆順 丶丷忄忄忙忙

忄3 【忙】6画

なりたち [形声]「忄(=こころ)」と、音「亡」とから成る。いそがしい。

意味 することが多くてひまがない。心がおちつかない。せわしい。いそがしい。例 忙殺。多忙。

【忙殺】(名・する)「殺」は、動詞の下について意味を強める語。ふつう、「…に忙殺される」の形で用いる〕ひじょうにいそがしいこと。例 仕事に―される。

【忙中】ひじょうにいそがしいとき。例 ―閑あり(=どんなにいそがしいときでも、暇な時間はあるものだ)。

●多忙・繁忙

心3【忍】7画 ⇩【忍】(386ページ)

心3【忘】7画 ⇩【忘】(386ページ)

忄3【忙】6画 ⇩【忙】(386ページ)

忄4【快】7画 1887 5FEB 教育5

音 カイ漢 ケ呉 訓 こころよ-い

筆順 ' 忄 忄 忄 快 快

なりたち [形声]「忄(=こころ)」と、音「夬」とから成る。よろこぶ。

意味 ❶気持ちがよい。楽しい。さわやか。こころよい。例 快楽。爽快。愉快。❷はやい。例 快走。快速。軽快。❸(刃物などが)よく切れる。切れ味がよい。例 快刀。

人名 とし・はや・はやし・やす・やすし・よし

【快音】耳に心地よくひびく音。胸のすくような音。例 バットが―を発する。

【快活】(名・形動ダ) 元気がよく、生き生きとしているようす。気性がさっぱりしているようす。例 ―な少女に成長する。表記 旧 快▼闊

【快感】心身の欲求が満たされた気持ちのよい感じ。例 勝利の―を味わう。

【快漢】「漢」は、男の意〕気性のさっぱりした、さわやかな男の人。快男子。例 だれの目にも好ましい―。

【快気】(名・する) 病気がよくなること。例 ―祝い。

【快挙】胸のすくようなすばらしいおこない。例 世界新記録の―をたたえる。

【快▼哉】「こころよきかな」を音読みしたことば〕気分がいい。ゆかいだ。例 ―をさけぶ。

【快晴】雲ひとつなく空が晴れわたること。気象用語としては、雲量が空全体の十分の一以下の天候をいう。

【快走】(名・する) 胸のすくようなすばらしいスピードで走ること。例 ランナーの―が続く。

【快足】すばらしく足のはやいこと。

【快速】①(乗り物などが)すばらしくはやいこと。例 ―船。②「快速列車」「快速電車」の略。特定の駅だけに停車する。対 緩行・鈍行。

【快諾】(名・する) 相手の申し出を気持ちよく引き受けること。例 依頼を―する。

【快男子】気性のさっぱりとした、さわやかな男の人。快男児。快漢。好漢。

【快調】(名・形動ダ) ①機械やからだの調子がひじょうによいこと。例 エンジンが―だ。②ものごとが思いどおりに運ぶこと。好調。

【快適】(形動ダ) 心やからだに心地よく、たいへん気持ちのよいようす。例 ―な住まい。―な旅を続ける。

【快刀】切れ味のあざやかな、かたな。

【快刀乱麻を断つ】切れ味のよい刀で、もつれた麻をたち切るように、むずかしい事件やこみいった問題をあざやかに解決する。例 長年、もめていた問題を―ごとく処理した。

【快方】病気やけがのぐあいがよくなってくること。例 病気が―に向かう。

【快報】よい知らせ。うれしい知らせ。吉報。例 合格の―が届く。

【快眠】(名・する) 気持ちよくぐっすりねむること。また、そのねむり。例 快食―を心がける。

【快癒】(名・する) 病気やけががすっかりよくなること。全快。全治。例 骨折が―した。

【快楽】気持ちよく楽しいこと。また、感覚的な欲望がじゅうぶんに満たされた状態。例 人生の―。―におぼれる。

●軽快・豪快・全快・壮快・痛快・不快・明快・愉快

忄4【忻】7画 5555 5FFB

音 キン漢 ゴン呉 訓 よろこ-ぶ

意味 心が開かれる。よろこぶ。例 忻然(=よろこぶようす)。

忄4【忤】7画 5556 5FE4

音 ゴ漢 訓 さか-う・さか-らう

意味 そむく。さからう。例 忤逆(=さからう)。

【忤耳】不愉快に聞こえること。すなおに聞くことができないこと。参考 訓の「さからう」を古くは「さかう」といった。

心4【忽】8画 2590 5FFD 人名

音 コツ漢 訓 ゆるが-せ・たちま-ち

意味 ❶いいかげんにする。おろそかにする。例 粗忽。❷急に。とつぜん。たちまち。例 忽焉。忽然。

難読 忽必烈

【忽▼焉】(形動タル・副)「焉」は、語の下にそえて状態をあらわす〕たちまち。とつぜん。忽然。例 ―と消える。

【忽然】(副) たちまち。不意に。とつぜん。忽焉。例 ―と姿を消した。

忄4【忸】7画 5557 5FF8

音 ジク漢 訓 は-じる

意味 はずかしく思う。はじる。例 忸怩。

【忸▼怩】(形動タル)「怩」も、はじる意〕心の中で深くはずかしいと思うようす。〔文語的表現〕例 内心―たる思いである。

忄4【忱】7画 5558 5FF1

音 シン漢 訓 まこと

意味 ❶いつわりのない心。まこと。❷信頼する。まこととする。

心4【忠】8画 3573 5FE0 教育6

音 チュウ漢呉

筆順 ' 口 口 中 中 忠 忠 忠

なりたち [形声]「心(=こころ)」と、音「中」とから成る。つつしんで、まごころをつくす。

意味 ❶他人を思いやり、まごころをつくす。例 忠告。忠実。❷まごころをつくして主君に仕える。例 忠義。忠誠。

日本語での用法《ジョウ》律令制の四等官で、弾正台の第三位。判官。「少忠・大忠」

難読 忠実(まめ)

人名 あつ・あつし・きよ・きよし・すなお・たか・ただ・ただし・ただす・つら・なり・なる・のり・まこと

【忠▼諫】(名・する)(主君に対して)まごころをこめていさめること。例—を聞き入れる。

【忠義】(名・形動ナ)主君や国家に対して、まごころをこめて仕えること。また、そのまごころ。類忠節・忠誠。対不忠。例—の人。—をつくす。

【忠勤】忠義をつくしてつとめること。忠実につとめること。例—を励む。

【忠君愛国】君主に忠義をつくし、国を愛すること。例—の精神。—をすすめる。

【忠言】(名・する)まごころからいさめること。また、そのことば。忠告。例—は耳に逆らえども行いに利あり(=忠告のことばは、すなおに聞き入れにくいけれども、おこないを改めるのに役立つ)。〈史記〉

【忠孝】主君に対する忠義と、父母に対する孝行。例—両全。

【忠告】(名・する)相手のためを思ってまごころからいさめること。また、そのことば。忠言。例友人に—する。

【忠魂】①忠義を重んじる精神。②忠義のために戦死した人のたましい。例—碑。

【忠実】(名・形動ナ)①まごころがあり、まじめなこと。類誠実。例職務に—な若者。②もとのものと少しもちがわないこと。そのままであること。例原本に—な写真複製。

【忠▼恕】まごころと思いやり。誠実で同情心に厚いこと。例夫子の道は—のみ(=先生のやり方は、いつだって誠実と思いやり一本なんだ)。〈論語〉

【忠心】忠義のこころ。忠実なこころ。例—を示す言動。

【忠臣】忠義な家来。

【忠臣は二君に▽事えず】忠臣はひとたび主君を定めたら、他の主君には仕えない。〈史記〉

【忠誠】君主や国家などに対して、まごころでつくすこと。類忠義・忠節。例—心。—をちかう。

【忠節】君主に対して忠義を守りとおすこと。類忠誠・忠義。例—をつくす。

【忠貞】忠義と貞節。まじめで、おこないが正しいこと。例—をもって仕える士。

【忠僕】主人に忠実なしもべ。

【忠勇】(名・形動ナ)忠義と勇気。忠義で勇敢であること。例—無双。—なる兵士。

【忠良】(名・形動ナ)忠義で善良なこと。まじめですなおであること。例—なる人民。

【忠霊】忠義のために死んだ人の霊。英霊。例—塔。

【忠烈】忠義の心がきわめて強いこと。例—の臣。

●尽忠・誠忠・不忠

【忝】 小4 8画 5559 5FDD 音テン漢呉 訓かたじけな-い・はずかし-める

意味 ❶地位や名誉などをけがす。はずかしめる。例忝汚(=けがす)。❷分に過ぎて、かたじけない。

【念】 心4 8画 3916 5FF5 教育4 音デン漢 ネン呉 訓おも-う

筆順 ノ 人 𠆢 今 今 念 念 念

なりたち [形声]「心(=こころ)」と、音「今キン→デン」とから成る。いつも思う。

意味 ❶いつも心にとめている。おもう。例念願。専念。❷心の中の思い。例念頭。信念。❸くちずさむ。となえる。例念仏。

人名 むね

【念入り】(名・形動ダ)注意が行きとどいていること。入念。例—に点検する。

【念願】(名・する)心にかけてねがうこと。また、そのねがい。類宿願。例平和を—してやまない。—がかなって留学する。

【念珠】数珠。

【念▼誦】(名・する)〔仏〕心に仏を念じながら、口で経文をとなえること。

【念書】〔法〕念のために、後日の証拠として、約束ごとなどを書いて相手方にわたす文書。例—を出させる。

【念頭】心のうち。あたまのなか。考え(のうち)。例—に置く。—にない。—を去らない記憶。

【念仏】(名・する)〔仏〕ほとけを信じ、南無阿弥陀仏と、となえること。また、そのことば。例寺の本堂で—する。

【念力】強く思いをこめたときの精神力。例思う—岩をも通す(=心をこめて行えば、できないことはない)。

【念慮】思い考えること。おもんぱかり。類思慮。

●一念・概念・観念・祈念・記念・疑念・懸念・残念・失念・邪念・執念・情念・信念・専念・想念・丹念・断念・通念・入念・放念・無念・余念・理念

【忿】 心4 8画 5561 5FFF 音フン漢呉 訓いか-る

意味 いらだって、いかる。おこる。いかり。同憤。例忿怒。忿懣。

【忿怒】㊀フン (名・する)ひどくおこること。激怒。㊁フンヌ (名)激しいいかり。例—の形相。表記 ▽「憤怒」とも書く。

【忿▼懣】心のなかにうずまくいきどおり。また、いかりにもだえること。例—やるかたない。表記「憤▼懣」とも書く。

忄4 【忼】 7画 ⇨【慷】コウ(410ページ)

忄4 【忰】 7画 ⇨【悴】スイ(400ページ)

【怡】 忄5 8画 5562 6021 音イ漢呉 訓よろこ-ぶ

意味 心がなごむ。たのしむ。よろこぶ。例怡怡。怡然。

【怡怡】(形動タル)心がやわらぎ、たのしむようす。例—として生を楽しむ。

【怡然】(形動タル)喜び楽しむようす。例—として楽しむ。

【怨】 心5 9画 1769 6028 常用 音エン漢 オン呉 訓うら-む・うら-み

筆順 ノ ク タ 夘 夗 夗 怨 怨 怨

なりたち [形声]「心(=こころ)」と、音「夗エン」とから成る。うらむ。

意味 相手に対して不満や不快な気持ちをいだく。うらむ。うらみ。例怨恨。宿怨。

【怨言】うらみのことば。うらみごと。例—を述べる。

【怨恨】うらみ。例—による犯行。

【怨▼嗟】(名・する)うらみなげくこと。例—の声が世に満ちる。

【怨色】うらんでいるような顔つき。例—があらわれる。

【怨望】（「望」も、うらむ意）うらみに思うこと。うらんで不平に思うこと。

【怨敵】うらみのある敵。かたき。類仇敵。

【怨念】強いうらみの気持ち。例—がこもっている。

【怨霊】深いうらみから、人にたたる死霊や生き霊。悪霊。例—のたたり。—にとりつかれる。

↑5 **【怪】** 8画 1888 602A 常用 音カイ漢 ケ呉 訓あや-しい・あや-しむ

筆順 丶 丶 忄 忄ヌ 忄又 怪 怪 怪

↑6 **【恠】** 9画 5563 6060 俗字

なりたち [形声]「忄(=こころ)」と、音「圣→カイ」とから成る。ふつうとちがっている。

意味 ❶ふしぎな。見なれない。あやしい。例怪異。怪奇。❷あやしいもの。ばけもの。例怪物。妖怪。❸ふしぎに思う。あやしむ。例怪訝。

使い分け あやしい【怪・妖】⇩1161ページ

難読 物怪

人名 やす・よし

【怪異】一(名・形動ダ)ふつうでは考えられないふしぎなこと。あやしいこと。怪奇。二(名)ばけもの。妖怪。

【怪偉】(形動ナ)すぐれて雄大なようす。大きいようす。例—な人物。

【怪火】①原因不明の火事。例—によって家が三軒焼けた。②正体不明のあやしい火。鬼火。きつね火。

【怪漢】あやしげな行動をする男。ふしぎな男。

【怪奇】(名・形動ナ)説明のつかないふしぎな、また、あやしいこと。怪異。例—小説。複雑—な事件。

【怪気炎】いきおいがよすぎて現実味のないことばや考え。例酒を飲んでは—をあげる。

【怪魚】ひじょうにめずらしい魚。見なれない魚。

【怪傑】すぐれた技や力をもつ、正体のよくわからない人物。例—ゾロ。—黒頭巾。

【怪光】正体のわからないふしぎな光。例—を発する。

【怪獣】①正体のわからない、あやしいけもの。②恐竜などをヒントにつくられた、巨大なからだと力をもつ空想上の動物。例—映画。

【怪人】ふしぎな力をもつ、正体不明のあやしげな人物。

【怪僧】ふつうでは考えられない言動で人をおどろかす正体不明の僧。例—ラスプーチン。

【怪談】幽霊やばけものをあつかった、こわい話。

【怪盗】正体不明の盗賊。（あざやかな手口とすばやいにげ足で決してつかまらない）例—ルパン。

【怪童】なみはずれてからだが大きく、きわめて強い力をもった子供。例金太郎も—のひとりだ。

【怪物】①正体不明の、あやしい生き物。ばけもの。②なみはずれた力や、すぐれた才能をもつ人物。例政界の—。

【怪文書】人や団体のことを悪く、あばくように書いた、出所のはっきりしないあやしげな文書。例—が出回る。

【怪力】なみはずれた強い力。例—の持ち主。

【怪力乱神】怪異・暴力・道徳の乱れ・鬼神のこと。人知をこえたもの、道徳をはずれたもの。例子は—を語らず(=孔子は人間の力ではうかがい知れないものについて口にしなかった)。〈論語〉

【怪腕】すぐれたうでまえ。また、なみはずれたうでの力。

【▽怪我】(名・する)からだをきずつけたり、骨を折ったりすること。類負傷。例—人が出る。

【▽怪▼訝】(形動ダ)わけがわからず、納得できないようす。いぶかしいようす。例—な顔をする。
●奇怪・奇奇怪怪・醜怪

心5 **【急】** 9画 2162 6025 教育3 音キュウ漢呉 訓いそ-ぐ・せ-く

筆順 ノ ク 刍 刍 刍 刍 急 急 急

心5 **【急】** 9画

なりたち [形声]「心(=こころ)」と、音「及」とから成る。心がせまい。気みじか。

意味 ❶速度・進行をはやめる。いそぐ。せく。例急行。急速。早急。❷さしせまった。重要な。いそぎの。例急所。急迫。緊急。焦眉の急。❸とつぜん。にわかに。はげしく。例急激。急変。

日本語での用法《キュウ》①「急行」の略。「特急・準急」②かたむきの角度が大きい。「急傾斜・急斜面」③舞楽・能楽などで、三段構成の最後の段。「序破急」

難読 急度

【急雨】にわか雨。夕立。類驟雨。例—にあう。

【急患】とつぜんの病気やけがで、早急に手当てを必要とする人。急病人。例—が運びこまれる。

【急▼遽】(副)（「遽」は、にわかの意）おおいそぎで。すばやく。例—変更する。—記者会見がおこなわれる。

【急激】(名・形動ダ)にわかではげしいこと。例病状が—に悪化した。表記「急劇」とも書く。

【急行】一(名・する)いそいでゆくこと。例事故現場へ—する。二(名)「急行列車」「急行電車」「急行バス」の略。おもだった駅にだけ停車する。対緩行・鈍行。例—に乗りかえる。

【急告】(名・する)いそいで知らせること。至急の知らせ。

【急死】(名・する)急病や思いがけない事故で、とつぜんに死ぬこと。急逝。頓死。

【急使】いそぎの使者。例—を立てる。—を派する。

【急襲】(名・する)敵の不意をついてすばやくおそいかかること。不意うち。例背後から—する。

【急▼峻】(名・形動ダ)山などがひじょうにけわしいこと。また、そういうところ。例—な、がけ道を登る。

【急所】①からだの中でいのちにかかわるだいじな部分。例傷は—をはずれて助かった。②ものごとの最もたいせつなところ。要点。例—をついた質問。

【急症】急に起こる症状。急病。急疾。例—の場合の注意事項。

【急信】いそぎの便り。至急の通信。急報。例—を受け取る。

【急進】(名・する)①いそいですすむこと。②理想や目的をいそいで実現しようとすること。例—的。▽対漸進。

【急須】お茶をいれるのに用いる、取っ手と注ぎ口のついた容器。きびしょ。表記「急▽焼」とも書く。

【急性】にわかに発病し、激しい症状を示すこと。対慢性。例—胃炎。

【急逝】(名・する)「急死」の、改まった言い方。例—を惜しむ。

【急先▼鋒】(戦闘や社会運動などで)先頭に立って

積極的に行動すること。また、その人。

【急造】キュウゾウ（名・する）必要があって、いそいでつくること。急ごしらえ。例仮設住宅を—する。

【急増】キュウゾウ（名・する）数量が急にふえること。また、ふやすこと。例交通事故が—する。

【急速】キュウソク（名・形動ダ）はやいこと。進み方がすみやかなこと。例—に接近する。

【急▼湍】キュウタン〔「湍」は、急流の意〕流れが急な浅瀬。はやせ。急流。

【急調】キュウチョウ 急な調子。はやい調子。急調子。

【急追】キュウツイ（名・する）勢いよくおいかけること。はげしくおうこと。例—を受けて国外ににげる。

【急転】キュウテン（名・する）（情勢などが）急に大きく変わること。類急変。例事件は—して破局をむかえた。

【急転直下】キュウテンチョッカ（副・する）事態が急に大きく変わって解決・決着すること。例事件は—解決した。

【急騰】キュウトウ（名・する）物価や株価などが急激に高くなること。対急落。例地価が—する。

【急難】キュウナン 急に起こった災難。例—を救ってくれた人。

【急派】キュウハ（名・する）いそいで派遣すること。例救助隊を—する。

【急場】キュウば おおいそぎでなんとかしなければならない場合。せっぱつまった状態。例—のまにあわせ。—をしのぐ。

【急迫】キュウハク（名・する）さしせまっていること。せっぱつまっていること。類切迫。例事態が—する。

【急坂】キュウハン 急なさかみち。例—を登る。

【急病】キュウビョウ とつぜん起こる、症状のはげしい病気。

【急変】キュウヘン ㊀（名・する）天候・社会情勢・病状・態度などが、急にかわること。また、急にかえること。例病状が—する。㊁（名）急に起こった変事。例—を聞いてかけつける。

【急報】キュウホウ（名・する）急いで知らせること。急ぎの知らせ。

【急務】キュウム すぐにしなければならない仕事。例目下の—。

【急用】キュウヨウ いそぎの用事。例—ができた。

【急落】キュウラク（名・する）物価や株価などが急激に安くなること。対急騰。

【急流】キュウリュウ 勢いのある水のながれ。また、ながれの急な川。急湍。例—をいかだで下る。

●応急・火急・危急・救急・緊急・早急・至急・性急・特急

［心（忄・⺗）部］5画 怯 怙 怐 怺 思

【怯】 8画 2217 602F
音キョウ漢 コウ呉 訓おび-える・ひる-む

意味 こわがって、びくびくする。しりごみする。おびえる。ひるむ。例卑怯。

【怯▼懦】キョウダ（名・形動ダ）おくびょうで気の弱いこと。意気地のないこと。例—な身を恥じる。

【怯夫】キョウフ おくびょうで意気地のない男。

【怙】 8画 5564 6019
音コ漢 訓たの-む

意味 ❶たよりにする。たのむ。例依怙。❷父親。

【怙▼恃】コジ（子供がたよりにする者としての）父母。両親。

【怐】 8画 5565 6010
音コウ漢 訓おろ-か

意味 「怐愗」は、おろかなようす。おろか。

【怺】 8画 5574 603A
国字 訓こら-える・た-まる

意味 忍耐する。がまんする。こらえる。

難読 不怺

【思】 9画 2755 601D
教育2 音シ漢呉 訓おも-う・おも-い

筆順 丨 冂 日 田 田 田 思 思 思

なりたち ［会意］「心（=こころ）」と「田（=あたま）」とから成る。頭や心で深く考える。

意味 ❶あたまをはたらかせて、あれこれと考える。おもう。例思考。思慮。深思熟慮。❷そのことばかり考える。いとしくおもう。例思慕。想思。❸ものがなしいおもい。かなしみ。例秋思。旅思。

人名 こと

【思い出】おもいで 楽しかった経験などを、あとになって心にうかびあがらせること。また、その経験など。例—話。

【思い▽邪無し】おもいよこしまなし 心にいつわりの気持ちがなく、真情があふれてすなおである。例詩三百、一言以もって之これを蔽おおう、曰いわく、—（=孔子が『詩経』の詩を、ひと言で評したことば）。〈論語〉

【思惑】おもわく〔「思惑」は、あて字〕①思うこと。考え。②他人による批評や判断。例他人の—は気にしない。

【思わせ振り】おもわせぶり（名・形動ダ）何か特別な意味がありそうだと思わせること。また、そのようなことばやしぐさ。例—な言い方をする。—に目くばせをする。

【思案】シアン（名・する）①思いめぐらすこと。あれこれと考えること。例—に余る。恋には—のほか。②心配。もの思い。

【思▼惟】（名・する）㊀シイ 深く考えること。思考。思索。〔とくに宗教や哲学で使うことば〕㊁シユイ〔仏〕ものごとの根本について考えること。

【思議】シギ（名・する）思いめぐらすこと。例—するまでもない。

【思考】シコウ（名・する）論理をたどって考えること。また、そのはたらき。思惟。思索。例—力。—をかさねる。

【思索】シサク（名・する）〔「索」は、もとめる意〕筋道を立てて考えを深くおし進めること。例—にふける。

【思春期】シシュンキ 成長して男女それぞれに性的な特徴があらわれるとともに、異性への関心が強くなる年ごろ。春機発動期。としごろ。類青春期。例—にありがちななやみ。

【思想】シソウ ①考え。考えの内容。②その人の生き方や行動を決定するような、あるまとまりをもった考え。例穏健な—。過激な—。極端な—。

【思想犯】シソウハン ①思想上の信念にもとづき正しい行為だと思ってなされる犯罪。②もと、治安維持法にふれた犯罪。また、その犯罪者。

【思潮】シチョウ 思想の流れ。また、それぞれの時代の思想傾向。例時代—。文芸—。

【思念】シネン（名・する）つねに心にかけていること。思い考えること。例平生—しているところを述べよう。

【思弁】シベン（名・する）経験によってではなく、頭のなかだけでの純粋な思考によって、認識や理論をつくりあげること。例—哲学。いろいろ—する。表記 旧思▼辨

【思慕】シボ（名・する）思いしたうこと。恋いしたうこと。類恋慕。例—の情。

【思慮】シリョ（名・する）先々をも見通して、深く考えること。また、その考え。例—分別。—ぶかい。—をめぐらす。

【思料】シリョウ（名・する）あれこれと考えること。例おちついて—する時間がなかった。表記「思量」とも書く。

●秋思・熟思・相思・沈思

忄5
【怩】
8画 5566 6029 音ジ漢ニ呉 訓は-じる

意味 はずかしく思う。はじる。例忸怩。

忄5
【怵】
8画 1-8446 6035 音ジュツ慣チュツ漢 訓おそ-れる

意味 心がとらわれて、気にかかる。不安に思う。おそれる。例怵惕。

【怵▼惕】ジュッテキ 〔「惕」も、おそれ心配する意〕おそれて不安に思うこと。例―惻隠の心（＝おそれ、いたわしく思う心）。

心5
【怎】
9画 5567 600E 音シン漢ソ唐 訓いか-ん・いかん-ぞ・なん-ぞ

意味「怎麼」は、どうして・なぜ、の意。疑問をあらわす。

【怎▼麼▽生】ソモサン どのように。また、どうであるか。如何。表記「▽作▼麼▽生・▽作▽麼▽生・▼什▼麼▽生・怎▽生」などとも書く。

忄5
【性】
8画 3213 6027 教育5 音セイ漢ショウ呉 訓さが

筆順 丶 丷 忄 忄 忄 忤 性 性

なりたち [形声]「忄（＝こころ）」と、音「生」とから成る。人が生まれながらにもつ善なる心。

意味 ❶もって生まれた心・人がら。うまれつき。さが。例性分・性格。習い性となる。❷ものごとを特徴づけるありさま。たち。例性能・酸性・属性。❸いのち。例性命。❹男女・雌雄の別。例性徴・性別。❺ものの状態や程度をあらわすことば。例慣性・可能性・危険性・機密性。❻成長した男女がたがいに異性を、または同性を求めあったり、反発したりする本能。セックス。例性欲・性にめざめる。❼インドヨーロッパ語で、名詞・代名詞・形容詞などにみられる、女性・男性・中性の文法上の区別。ジェンダー。

人名 たち・なり・もと

【性懲り】ショウこり 二度とやるまいと心の底から後悔すること。例―もなくいたずらをくりかえす。

【性根】ショウね ①ものごとに立ち向かうときの支えとなる、心のもち方。類根性。例―がすわる。②生まれつき。心根。

【性分】ショウブン/セイブン もって生まれた性質。たち。例困っている人を見るとそのままにしておけない―。せっかちな―。

【性悪】ショウわる（名・形動ナ）性質・性格がわるいこと。また、そのような人。例―な女にだまされる。

【性悪説】セイアクセツ 人間の本来の性質は悪であり、善は後天的にそなわるものであるという考え方。中国の戦国時代の人、荀子がとなえた。対性善説。

【性格】セイカク ①その人特有の性質や傾向。人がら。例―が合う。明るい―。②そのものごと特有の性質や傾向。例仕事の―上、時間が不規則だ。

【性感】セイカン 性的な快感。

【性器】セイキ 生物が有性生殖をおこなう器官。生殖器。

【性急】セイキュウ（名・形動ダ）気短で、いそいでいること。あせっておこなうこと。せっかち。例―に事を運んで失敗する。

【性交】セイコウ（名・する）肉体的なまじわり。性行為。

【性向】セイコウ（言動にあらわれる）性質の傾向。気だて。例この職業に向いている―。

【性行】セイコウ（人間の）性質とおこない。例―不良。

【性行為】セイコウイ「性交」に同じ。

【性質】セイシツ ①人が生まれながらにもっている考え方・感じ方・ふるまい方などの傾向。たち。例おだやかな―。②そのものが本来もっている特徴。例空気より軽い―の気体。

【性状】セイジョウ ①人の性質とおこない。例―がかんばしくない。②ものの性質と状態。

【性情】セイジョウ 生まれながらの性質。気だて。例やさしい―。

【性善説】セイゼンセツ 人間の本来の性質は善であり、悪は後天的にそなわるという考え方。中国の戦国時代の人、孟子がとなえた。対性悪説。

【性徴】セイチョウ 男性と女性・雄と雌の性別を示すからだの特徴。生まれつきの特徴を第一次性徴、思春期になってあらわれる特徴を第二次性徴という。

【性的】セイテキ（形動ダ）①性欲に関するようす。例―な魅力を感じる。②男女の性別にかかわるようす。例―差別。

【性能】セイノウ 機械などのもっている能力。例―のよい車。

【性病】セイビョウ 性行為によって感染する病気。梅毒・淋病など。参考 現在は、性行為によって感染するほかの病気も広くふくめて「性（行為）感染症」という。

【性癖】セイヘキ 性質のかたより。くせ。〔常識的には望ましくない場合を指すことが多い〕例異常に物にこだわる―がある。

【性別】セイベツ 男性と女性、雄と雌の区分。

【性命】セイメイ ①いのち。生命。また、最もたいせつなもの。〔やや古いことば〕②天からさずけられた、それぞれの性質と運命。

【性欲】セイヨク 肉体的な結びつきを求める欲望。肉欲。表記 旧性▼慾

●相性・異性・陰性・感性・気性・急性・国民性・個性・根性・酸性・女性・惰性・男性・弾性・知性・中性・適性・天性・同性・特性・毒性・人間性・品性・母性・本性・慢性・野性・陽性・理性・両性

心5
【怱】
9画 5568 6031 音ソウ漢 訓にわ-か

意味 あわただしい。せわしい。にわか。例怱怱。怱卒。

【怱怱】ソウソウ（名・形動ナ）①いそがしいこと。あわただしいこと。例―に飛び去る。②手紙文の最後に書く、とり急いだ走り書きであることをわびることば。「前略」「冠省」などと照応する。表記 ①は「▼匆▼匆」、②は「草草・▼匆▼匆」とも書く。

【怱卒】ソウソツ（名・形動ナ）①急ぎ、あわてること。いそがしいこと。例―の間。②にわかであること。例―に会談する。表記 ▽「草卒・倉卒・▼匆卒」とも書く。

【怱忙】ソウボウ いそがしいこと。せわしないこと。例―の間。

心5
【怠】
9画 3453 6020 常用 音タイ漢ダイ呉 訓おこた-る・なま-ける

筆順 ㄥ ム ム 台 台 台 怠 怠 怠

なりたち [形声]「心（＝こころ）」と、音「台イ→タイ」とから成る。なまける。

意味 ❶気が張らず、だらける。なまける。おこたる。例怠惰・怠慢。❷あきていやになる。例倦怠。❸手ぬかり。あやまち。例過怠。

人名 やす

【怠業】タイギョウ（名・する）〔フランス語 sabotage の訳語〕（労働争議の一戦術として）労働者がわざと仕事の能率を下げ

て資本家に対抗すること。サボタージュ。サボ。

【怠惰】ダイ(名・形動ナ)なまけること。㊀勤勉。例—をいましめる。—な生活。

【怠納】タイノウ(名・する)税金や会費などを期限までにおさめないこと。㊇滞納。例相続税の—。授業料を—する。

【怠慢】タイマン(名・形動ナ)仕事や義務など、しなければならないことをしないこと。なまけること。例職務—。

●過怠カタイ・勤怠キンタイ

忄5 【怛】 8画 5569 601B 音ダツ(慣)タツ(漢) 訓いた-む・おそ-れる

意味 ❶心をいためる。悲しむ。いたむ。例怛傷ダッショウ(=悲しむ)。❷おどろく。おどろかす。例怛然ダツゼン(=おどろきおそれるようす)。

心5 【怒】 9画 3760 6012 常用 音ド(漢)ヌ(呉) 訓いか-る・おこ-る・いか-り

筆順 く 女 女 奴 奴 奴 怒 怒 怒

なりたち [形声]「心(=こころ)」と、音「奴ド」とから成る。いかる。

意味 ❶腹を立てる。おこる。いかる。いかり。例怒気ドキ。怒声ドセイ。怒濤ドトウ。喜怒哀楽キドアイラク。❷いきおいがはげしいようす。例怒濤ドトウ。

【怒り肩】いかりがた 高く張り出していて、角ばって見える肩。㊀撫なで肩。例—の男。

【怒気】ドキ いかりの気持ち。例—をふくんだ声。

【怒号】ドゴウ(名・する)いかりわめくこと。また、その声。例—が飛び交かう。

【怒声】ドセイ おこった声。例—を発する。失敗の報告を聞いて、つい—を張り上げる。

【怒張】ドチョウ(名・する)①血管などが内部から盛り上がり、ふくらむこと。例こめかみの血管の—が見える。②肩かたなどをいからすこと。

【怒▼濤】ドトウ(「濤」は、大きな波の意)①あれくるう大波。例さかまく—。②人間の力では、たちうちできないような強大な動き。例疾風シップウ—の時代。—の勢い。

【怒髪】ドハツ はげしいいかりによって、さかだったかみの毛。例—天を衝つく。

●激怒ゲキド・憤怒フンド・フンヌ

忄5 【怕】 8画 5570 6015 音■ハク(漢)(呉) ■ハ(漢) 訓おそ-れる

意味 ■ハク 無欲で心静かなようす。同泊ハク。■ハ ❶こわがる。おそれる。❷…ではないかとおそれる。心配する。例恐怕キョウハ。

忄5 【怖】 8画 4161 6016 常用 音ホ(漢)フ(呉) 訓こわ-い・おそ-れる・おそ-れ・こわ-がる

筆順 丶 忄 忄 忄 怖 怖 怖 怖

なりたち [形声]「忄(=こころ)」と、音「布ホ」とから成る。おそれる。

意味 びくびくおそれおののく。おそれる。こわがる。こわい。おそろしい。おそれ。例畏怖イフ。恐怖キョウフ。恐怖心キョウフシン。

【▽怖気】おじけ こわくて、びくびくする気持ち。おそれ。例—づく。—だつ。—がつく。—をふるう。

忄5 【怫】 8画 5571 602B 音■フツ(漢) ■フツ(慣)ヒ(漢) 訓ふさ-がる

意味 ■フツ 気がふさぐ。例怫鬱フツウツ(=気が晴れないようす)。■フツ・ヒ むっとしたようす。例怫然フツゼン(=急にいかりがこみ上げるようす)。

忄5 【怦】 8画 5572 6026 音ホウ(漢) 訓いそが-しい

意味 心がはやるようす。気がせく。例怦怦ホウホウ。

忄5 【怏】 8画 5573 600F 音ヨウ(漢)オウ(呉)

意味 心がおさえつけられているように感じる。同鞅オウ。例怏怏オウオウ。

【怏怏】オウオウ(形動タル)不満があって心がはればれしないようす。例—として楽しまない。表記「▼鞅▼鞅」とも書く。

忄5 【怜】 8画 4671 601C 人名 音■レイ(漢)リョウ(呉) ■レン(漢)(呉) 訓さと-い・あわ-れむ

なりたち [形声]「忄(=こころ)」と、音「令レイ」とから成る。心にさとる。

意味 ■レイ・リョウ 頭のはたらきがよい。かしこい。さとい。例怜悧レイリ。■レン いとおしく思う。あわれむ。同憐レン。

人名 さと・さとし・とき

【怜▼悧】レイリ(名・形動ナ)りこうなこと。頭のはたらきがよくてかしこいこと。例いかにも—な顔つき。

心5 【急】 9画 ⇩急キュウ(389ページ)

心6 【恚】 10画 5575 605A 音イ(漢)(呉) 訓いか-る・ふつ-く・ふつく-む

意味 うらむ。いかる。例恚怒イド(=うらみいかる)。瞋恚シンイ(=いかり。にくしみ。はらだち)。

参考 訓の「ふつく・ふつくむ」は、「いきどおる・うらみいかる」意の古語。

心6 【恩】 10画 1824 6069 教育6 音オン(漢)(呉) 訓めぐ-む

筆順 丨 冂 冃 冃 円 因 因 恩 恩 恩

なりたち [会意]「心(=こころ)」と「因イン→オ(=したしむ)」とから成る。めぐむ。

意味 いつくしむ。めぐむ。めぐみ。例恩恵オンケイ。恩師オンシ。謝恩シャオン。

人名 おき・めぐみ

【恩愛】オンアイ・オンナイ ①人に情けをかけ、いつくしむ心。いつくしみ。情け。②親子・夫婦などのあいだの愛情。例—の絆きずな。

【恩威】オンイ 恩恵オンケイと威光イコウ。人に対するめぐみぶかさと、きびしさ。例—並びおこなわれる。

【恩顔】オンガン 情けぶかい顔つき。例—に接する。

【恩義】オンギ 恩返しをしなければならない義理のある恩。例—を感じる。

【恩▼仇】オンキュウ 情けとあだ。表記 ⑪恩▼讐

【恩給】オンキュウ ①恩賞として禄ロクや所領などをあたえること。②もと、一定年数以上つとめた公務員・軍人が退職または死亡したとき、本人または遺族に国が支給した年金または一時金。〔今の、共済年金や遺族扶助料フジョリョウにあたる〕

【恩恵】オンケイ その人にとって利益や幸福となるもの。情け。めぐみ。いつくしみ。㊇恩沢オンタク・恩徳。例自然の—に浴する。—

をほどこす。

【恩顧】オンコ 情けをかけて引き立てること。例―をこうむる。

【恩師】オンシ 学問や人生について大きな教えを受けた先生。

【恩賜】オンシ 天子や君主からたまわること。また、そのもの。例井の頭―公園。

【恩赦】オンシャ ①天子の特赦。②〔法〕特別の恩典によって刑罰をゆるし、減じること。大赦・特赦などがある。

【恩借】オンシャク（名・する）人の厚意にすがって金品をかりうけること。また、その金品。

【恩▼讐】オンシュウ 恩とうらみ。情けとあだ。例―の彼方かな。―をこえて協力する。

【恩賞】オンショウ てがらをほめて、地位や金品などをあたえること。また、そのもの。類褒美ホウビ。例―をたまわる。

【恩情】オンジョウ なさけや思いやりのある心。いつくしみ。例―あるはからい。

【恩人】オンジン たいへん世話になった人。恩をかけてくれた人。例命の―。生涯ショウガイの大―。

【恩沢】オンタク めぐみ。いつくしみ。類恩恵オンケイ。

【恩▼寵】オンチョウ ①天子・君主にかわいがられること。家来ケライに対する主君のめぐみ。例―を受ける。②（キリスト教で）罪ぶかい人間に対する神の特別ないつくしみ。例神の―。

【恩典】オンテン 情けある、とりはからい。類特典。例―に浴する。永年勤続者に対する―。

【恩徳】オントク 大きなめぐみや深い情け。類恩恵オンケイ・恩沢オンタク。

【恩命】オンメイ 天子や主君のありがたいお言いつけ。ありがたいおことば。例―をこうむる。

●旧恩キュウオン・厚恩コウオン・高恩コウオン・謝恩シャオン・大恩ダイオン・報恩ホウオン・忘恩ボウオン

忄6 【悔】 9画 1889 6094 常用 音カイ漢ケ呉 訓く-いる・く-やむ・くや-しい・く-い・く-やみ

忄7 【悔】 10画 1-8448 FA3D 人名

筆順 忄 忄 忙 忾 悔 悔

なりたち [形声]「忄(=こころ)」と、音「毎バイ→カイ」とから成る。自分をうらむ。くやむ。

意味 自分のあやまちをやりきれなく思い、みずからをせめる。くいる。くやむ。くい。例悔恨カイコン。後悔コウカイ。懺悔ザンゲ。

日本語での用法 一《くやむ・くやみ》死・わざわいについて、いたむ。おしむ。「死を悔くやむ言葉こと・お悔くやみを言いう」 二《くやしい》残念だ。無念だ。「悔くやし泣なき・悔くやし涙なみだ」

【悔悟】カイゴ（名・する）自分のしたことは悪かったと気づいて改めようとすること。例―の念にかられる。

【悔恨】カイコン（名・する）自分がおかしたあやまちに気づいて、しなければよかったとくやむこと。例―の情。―の念にかられる。

【悔▼悛】カイシュン（名・する）自分がおかした罪をみとめ、心を入れかえること。例―の情がみえる。

●後悔コウカイ

忄6 【恢】 9画 1890 6062 人名 音カイ漢 訓ひろ-い

忄6 【恢】 9画 二二 俗字

意味 ❶（心が）ひろく大きい。ひろくする。大きくする。例恢恢カイカイ。❷とりもどす。例恢復カイフク。

人名 ひろ・ひろし

【恢恢】カイカイ 大きくて広いようす。例天網テンモウ―疎ソにして失わず（=天の網あみの目はあらいようにみえるが、悪事は決して見のがさない）。〈老子ロウシ〉

【恢復】カイフク（名・する）①（病気やけがが治って）もとどおりになること。例病気が―する。景気の―を待つ。②失われたものを取りもどすこと。例名誉メイヨを―する。表記▽現回復

忄6 【恪】 9画 5577 606A 音カク漢 訓つつし-む

意味 まじめにおこなう。つつしむ。うやまう。例恪勤カッキン。

【恪守】カクシュ（名・する）規則などを厳守すること。つつしんでまもること。例命令を―する。日本国憲法を―する。

【恪勤】カッキン（名・する）まじめに仕事にはげむこと。例精励セイレイ―（=まじめにつとめ、はげむこと）。

忄6 【恰】 9画 1970 6070 人名 音カッ慣コウ漢 訓あたか-も

意味 ちょうど。まるで。あたかも。例恰好カッコウ。恰あたかも好よし。

難読 恰恰とにもかくにも

人名 あたか

【恰好】カッコウ 一（名）すがた。かたち。外から見える形。体裁テイサイ。例―がよい。―をつける。二（形動ダ）ちょうどよいこと。また、そのようす。例―の仕事が見つかった。三（年齢ネンレイをあらわす数字の下について）だいたいそれくらいの年齢であることを示す。例五十―の男。表記▽「格好」とも書く。

【恰幅】カップク どっしりした、ゆたかなからだつき。類押おし出し。

心6 【恐】 10画 2218 6050 常用 音キョウ漢 訓おそ-れる・おそ-ろしい・おそ-れ

筆順 エ 丮 巩 巩 巩 恐

なりたち [形声]「心(=こころ)」と、音「巩キョウ」とから成る。おそれる。

意味 ❶こわがる。おびえる。おそれる。例恐懼キョウク。恐怖キョウフ。❷かしこまる。つつしむ。おそれいる。例恐悦キョウエツ。恐縮キョウシュク。❸こわがらせる。おどす。例恐喝キョウカツ。❹たぶん。ひょっとしたら。おそらくは。例償城恐不レ可レ得（=ひきかえの都市は、たぶん手に入れられないだろう）。〈史記シキ〉

使い分け おそれ・おそれる【恐・畏・虞】⇩1165ページ

【恐悦】キョウエツ（名・する）つつしんで喜ぶこと。また、目上の人に喜びを述べることば。例―至極シゴクに存じます。表記「恭悦」とも書く。

【恐喝】キョウカツ（名・する）相手の弱みにつけこんでおどすこと。また、おどして金品をうばい取ること。類脅迫キョウハク・恫喝ドウカツ。例―罪。―の疑いで逮捕タイホする。

【恐恐謹言】キョウキョウキンゲン〔手紙の最後に書くあいさつのことば〕おそれながらつつしんで申し上げます。恐惶キョウコウ謹言。

【恐▼懼】キョウク（名・する）〔「懼」も、おそれる意〕深くおそれてかしこまること。恐惶キョウコウ。例―謹言ゲン（=手紙の最後に書く、きわめてていねいなあいさつのことば）。

【恐慌】キョウコウ 一（名・する）おそれあわてること。例難問が出て―をきたす。二（名）〔経〕経済上の大混乱。パニック。例世界大―。

【恐▼惶】キョウコウ（名・する）おそれつつしむこと。例―謹言キンゲン。→【恐懼】キョウク

【恐妻】キョウサイ 夫が妻をおそれ、頭があがらないこと。例―家。

【恐縮】キョウシュク（名・する）（相手の親切や厚意コウイがありがたすぎて）身のちぢむ思いであること。おそれいること。例ただ―しております。

【恐水病】⇨【狂犬病】(652ページ)

【恐怖】(名・する) 自分の身が危険で、おそろしいこと。おそれこわがること。例—心。大地震への—。

【恐竜】中生代(=約二億五千万年前から六千六百万年前)に栄えた陸生の爬虫類。

⺗ 6 【恭】 10画 2219 606D 常用 音キョウ漢 ク呉 訓うやうや-しい

筆順 一 廾 共 共 共 恭 恭 恭

なりたち [形声]「⺗(=こころ)」と、音「共キョウ」とから成る。つつしむ。

意味 かしこまって、つつしみぶかくする。うやうやしい。例恭賀キョウガ。恭敬キョウケイ。恭順キョウジュン。

難読 恭仁京くにのみやこ

人名 うや・すけ・すみ・たか・たかし・ただ・ただし・ちか・みつ・やす・やすし・ゆき・よし

【恭悦】(名・する) つつしんでよろこぶこと。また、目上の人によろこびを述べることば。例—至極に存じます。表記「恐悦」とも書く。

【恭賀】(名・する) うやうやしく祝うこと。類謹賀。例—新年。

【恭敬】(名・形動ナ・する) つつしんで、心からうやまうこと。例—の意を表する。

【恭倹】(名・形動ナ) 他人に対してつつしみぶかく、ひかえめにふるまうこと。例身をたもつこと—。

【恭謙】(名・形動ナ) うやうやしい態度でへりくだること。類恭譲。例大学者に—な態度を示す。

【恭順】つつしんで命令に従うこと。例—の態度をとる。

忄 6 【恟】 9画 5579 605F 音キョウ漢 訓おそ-れる・おのの-く

意味 ❶おそれおののく。おそれる。おののく。例恟駭キョウガイ。恟懼キョウク。❷そうぞうしい。

心 6 【恵】 10画 2335 6075 常用 音ケイ漢 エ呉 訓めぐ-む・めぐ-まれる・めぐ-み

筆順 一 丆 戸 百 亩 声 恵 恵

心 8 【惠】 12画 5610 60E0 人名

なりたち [会意]「心(=こころ)」と「叀(=つつしむ)」とから成る。親しく思いやる。

意味 ❶情けをかける。金品をあたえる。めぐむ。めぐみ。例恵贈ケイゾウ。恵沢ケイタク。恩恵オンケイ。❷かしこい。さとい。かしこさ。同慧エ。例知恵チエ。

人名 あや・さと・さとし・しげ・とし・やす・よし

【恵比須】七福神のひとり。右手につりざおを持ち、左手に魚のタイをかかえた姿で、大漁・商売繁盛の神とされる。例—顔(=えびすのような、にこにこした顔つき)。表記「恵比▽寿・▼蛭子」とも書く。

【恵方】その年の干支えとにもとづいて、よいとされる方角。例—参り。—にあたる。

【恵贈】(名・する) お贈りくださること。〔自分に、ものを贈ってくれる相手の動作をうやまっていうことば〕類恵投・恵与ケイヨ。例ご—の貴著ありがたく頂戴いたしました。

【恵存】自分の著書などを贈るときに書きそえることば。〔「お手もとに置いていただければ幸いです」の意〕

【恵沢】めぐみ。うるおい。類恩沢。例自由のもたらす—(=日本国憲法にあることば)。

【恵投】(名・する) あたえられること。〔自分に、ものを贈ってくれる相手の動作をうやまっていう〕類恵贈ケイゾウ・恵与ケイヨ。例ご—の貴著一冊、本日ありがたく拝受いたしました。

●恩恵オンケイ・知恵チエ・天恵テンケイ

忄 6 【恒】 9画 2517 6052 常用 音コウ漢 ゴウ呉 訓つね・つね-に

筆順 忄 忄 忄 忄 恒 恒 恒

忄 6 【恆】 9画 5581 6046 人名

なりたち [会意]「忄(=こころ)」と「月(=ふね)」とが「二(=天地)」の間にある。遠くはなれた心が舟によって通いあい、いつまでも変わらない。

意味 いつもかわらない。いつものきまった。つね。つねに。例恒久コウキュウ。恒星コウセイ。恒例コウレイ。

難読 恒暗とこやみ

人名 ただ・ちか・のぶ・ひさ・ひさし・ひとし・ひろ・ひろし

【恒温】いつも一定の変わらない温度。定温。対変温。

【恒温動物】まわりの温度に関係なく、つねにほぼ一定の体温をたもつ動物。哺乳ニュウ動物や鳥など。定温動物。対変温動物。

【▽恒河】〔梵語ボンの音訳〕インドのガンジス川のこと。

【▽恒河▽沙】〔インドのガンジス川の砂の意〕数がひじょうに多いことのたとえ。

【恒久】いつまでも変わらないこと。類永久。例—平和を望む。

【恒産】生活していけるだけの財産や安定した職業。

【恒産無ければ恒心無し】安定した収入や一定の財産がないと、つねに変わらない正しい心をもつことはできない。〈孟子モウシ〉

【恒常】つねに同じ状態で変わらないこと。例—的。

【恒心】いつも変わらない正しい心。→【恒産無ければ恒心無し】

【恒星】太陽のようにそれ自体が光を発し、天球上での位置がほとんど変わらない星。対惑星ワクセイ。

【恒風】つねに同じ方向にふく風。貿易風・偏西風など。

【恒例】いつも同じやり方で、決まった時期におこなわれること。また、そのような行事や儀式。例—の秋の大運動会。

忄 6 【恍】 9画 5582 604D 音コウ漢

意味 うっとりする。ぼんやりする。例恍惚コウコツ。

難読 恍ほれる

【恍▼惚】(名・形動タル) ①心をうばわれてうっとりすること。例名演奏に—として聞きほれる。②(老人になって)頭のはたらきがにぶって意識がはっきりしなくなること。

忄 6 【恨】 9画 2608 6068 常用 音コン漢呉 訓うら-む・うら-めしい・うら-み

筆順 忄 忄 忄 忄 恨 恨 恨 恨

なりたち [形声]「忄(=こころ)」と、音「艮コン」とから成る。うらむ。

意味 思いがかなわないことをくやしく思う。心残りに思う。うらむ。うらみ。うらめしい。例遺恨イコン。怨恨エンコン。

【恨み言】他人に対するにくしみや不満、また、望みこしたできごとへの残念な思いを述べたことば。例―を言う。

【恨事】コンジ いつまでも残念な思いが残る事件・ことがら。例千秋センシュウの―。千載センザイの―。

●遺恨イコン・悔恨カイコン・多恨タコン・痛恨ツウコン

心6 **【恣】** 10画 5583 6063 常用 音シ漢呉 訓ほしいまま

筆順 冫 ン 次 次 次 恣 恣 恣

なりたち [形声]「心(=こころ)」と、音「次シ」とから成る。ほしいままにする。

意味 かって気ままにふるまう。ほしいまま(にする)。例恣意イシ。放恣ホウシ。

【恣意】イシ 気ままな心。わがままかってな考え。例―的。

忄6 **【恃】** 9画 5584 6043 音シ漢ジ呉 訓たの-む

意味 ❶心のたよりにする。あてにする。たのむ。例矜恃キョウジ。怙恃コジ。恃たのむ所ところは己おのれのみ。❷母親。

忄6 **【恤】** 9画 5585 6064 音ジュツ慣シュツ漢 訓うれ-える・あわ-れむ・すく-う・めぐ-む

意味 ❶あれこれ心配する。うれえる。あわれむ。例恤民ジュツミン(=人民をあわれむ)。❷困っている人に金品をあたえる。すくう。めぐむ。例救恤キュウジュツ。

【恤兵】ジュッペイ (名・する) お金や品物を送って戦地の兵士を慰問イモンすること。例―金を集める。

忄6 **【恂】** 9画 5586 6042 音ジュン慣シュン漢 訓まこと

意味 心がよく行きとどく。気くばりして、つつしむ。まこと。例恂恂ジュンジュン。

【恂恂】ジュンジュン (形動タル) ①誠実なようす。②びくびくとおそれるようす。

心6 **【恕】** 10画 2990 6055 人名 音ジョ慣ショ漢 訓ゆる-す

なりたち [形声]「心」と、音「如ジョ→ショ」とから成る。思いやる心。

意味 ❶人の心をおしはかる。思いやる。同情する。例忠恕チュウジョ。❷大目おおめにみる。ゆるす。例寛恕カンジョ。宥恕ユウジョ。

人名 くに・くみ・しのぶ・ただし・のり・はかる・ひろ・ひろし・ひろむ・みち・もろ・ゆき・よし

心6 **【恁】** 10画 5576 6041 音ジン漢ニン呉イン唐

意味 ❶心におもう。❷そのような。その。例恁麼インモ。

【恁▼麼】インモ [唐・宋ソウ時代の俗語ゾクゴ] そのような。そのように。また、このような。このように。

心6 **【息】** 10画 3409 606F 教育3 音ショク漢ソク呉 訓いき・やす-む・や-む 付表 息吹いぶき・息子むすこ

筆順 ノ 亻 冂 白 自 自 自 息 息 息

なりたち [会意]「心(=こころ)」と「自(=鼻)」とから成る。鼻から出る気。いき。

意味 ❶いきをする。すったりはいたりする、いき。いき。例気息キソク。嘆息タンソク。窒息チッソク。❷生きる。そだち、ふえる。例消息ショウソク。❸子供。むすこ。例息女ソクジョ。子息シソク。❹利子。例利息リソク。❺くつろぐ。やすむ。例安息アンソク。休息キュウソク。❻なくなる。やめる。やむ。例息災ソクサイ。終息シュウソク。

難読 息男むすこ・息女むすめ・御息所みやすどころ

人名 おき・かず・き・やす

【息切れ】いきぎれ (名・する) ①呼吸が苦しくなって、あえぐこと。例―を起こす。②仕事のとちゅうで力が続かなくなること。

【息▽急き】いきせき (副) はげしく息をするようす。息を切らして。例―切る(=あわていそいで、はげしい息づかいをする)。

【息継ぎ】いきつぎ (名・する) ①水泳や歌をうたっているとちゅうなどに、息を吸うこと。②仕事のとちゅうでひと休みすること。息ぬき。息休め。

【息抜き】いきぬき 一(名・する) 仕事のとちゅうで休むこと。ひと息いれること。休憩キュウケイ。例ちょっと―に旅行に出る。二(名) 空気を入れかえるために、建物につくられた窓や穴。

【息吹】いぶき ①息をはくこと。いき。呼吸。②(活動の前の)けはい。きざし。例春の―。新時代の―。

【息災】ソクサイ 一(名・形動ダ) 元気なこと。無事ブジであること。類達者。例―を確かめる。無事―で暮らす。二(名)〔仏〕仏の力でわざわいを防ぎとめること。例―延命。

【息女】ソクジョ 身分ある人のむすめ。また、他人のむすめをうやまっていうことば。対子息。例ご―。さる旧家の―。

【息子】むすこ 男の子供。せがれ。類子息。例跡あと取り―。

●安息アンソク・休息キュウソク・子息シソク・消息ショウソク・生息セイソク・嘆息タンソク・窒息チッソク・寝息ねいき・利息リソク・令息レイソク

心6 **【恥】** 10画 3549 6065 常用 音チ漢呉 訓は-じる・はじ・は-じらう・は-ずかしい

筆順 一 丅 下 F 耳 耳 耳 恥 恥 恥

耳4 **【耻】** 10画 7055 803B 俗字

なりたち [形声]「心(=こころ)」と、音「耳ジ→チ」とから成る。はじる。

意味 ❶はずかしく思う。はじる。はじらう。はじ。例恥辱チジョク。羞恥シュウチ。破廉恥ハレンチ。花はなも恥はじらう年としごろ。❷ドイツ語 Scham (=はじらい・はじ)の訳語。例恥骨チコツ。恥部チブ。恥毛チモウ。

【恥骨】チコツ 骨盤コツバンを形成する前方下部のほね。

【恥辱】チジョク 体面が傷つくようなこと。はじ。不名誉フメイヨ。例受けた―は忘れない。

【恥心】チシン はじを知るこころ。

【恥部】チブ ①陰部インブ。②社会や組織の内部の、みにくいところ。例社会の―。政界の―をあばく。

【恥毛】チモウ 陰部インブに生える毛。陰毛。

●赤恥あかはじ・羞恥シュウチ・破廉恥ハレンチ・無恥ムチ・廉恥レンチ

忄6 **【恬】** 9画 5587 606C 音テン漢呉 訓やす-い

意味 しずかに、おちついた心。しずか。やすらか。やすい。例恬然テンゼン。恬淡テンタン。

【恬然】テンゼン (形動タル) ものごとにとらわれず、平気でいるようす。例―として恥じない。

【恬淡】テンタン (名・形動ダ・タル) (利益・金銭・地位・名誉メイヨなど)にこだわらないで、あっさりしていること。例無欲―。金にも地位にも―な人。

忄6 **【恫】** 9画 5588 606B 音一ドウ慣トウ漢 二トウ漢ドウ呉 訓いた-む

意味 一ドウ トウ 心に痛みを感じる。いたむ。例 恫痛ドウトウ(=かなしみ、いたむ)。二ドウ トウ おそろしい思いをさせる。おどす。例 恫喝

【恫喝】ドウカツ (名・する) おどして、相手をこわがらせること。おどし。例 ―を加える。―されて金をうばわれた。

心 6 【恙】 10画 5589 6059 音 ヨウ漢 訓 つつが

意味 ❶うれい。心配ごと。一説に毒虫の名という。❷わざわい。やまい。例 微恙ビヨウ(=軽いやまい)。恙無つつがなく帰国キコクしました。

【恙無い】つつがない 病気や事故がなく、無事ブジである。例 当方―く暮らしております。

【恙虫】つつがむし ツツガムシ科のダニ。体長一ミリメートル弱。幼虫は小動物に寄生し、ツツガムシ病を媒介バイカイする。

心 6 【恋】 10画 4688 604B 常用 音 レン漢呉 訓 こ-う・こい・こい-しい

筆順 、 亠 ナ 亣 亣 亦 恋 恋

心19 【戀】 23画 5688 6200

なりたち [形声]「女(=おんな)」と、音「䜌レン」とから成る。こいしたう。参考 のちに「女」が「心」となった。

意味 思いこがれる。心がひかれる。こう。また、その感情。こい。こいしい。例 恋愛レンアイ。恋慕レンボ。失恋シツレン。

【恋敵】こいがたき 恋の競争相手。例 ―と張り合う。

【恋路】こいじ 〔恋愛レンアイを道にたとえたことば〕恋の道。恋。恋愛。例 ―をたどる。人の―のじゃまをする。

【恋女房】こいニョウボウ こいこがれて結婚ケッコンし、夫が深く愛している妻。例 ―だから仲のよいのも当然。

【恋愛】レンアイ (名・する) おたがいをこいしたう気持ち。また、その感情をもつこと。恋こい。例 ―結婚ケッコン。熱烈ネツレツな―。

【恋情】レンジョウ ある相手をこいしたう気持ち。恋心こいごころ。例 ―をかくしきれずにいる。

【恋着】レンチャク (名・する) 深くこいしたうこと。

【恋慕】レンボ (名・する) こいしたうこと。こいこがれること。例 横恋慕よこ―。ひそかに―し続ける。

【恋恋】レンレン (形動タル) ①思いこがれて忘れられないようす。②(ある地位などにこだわって)未練がましく、思い切りの悪いようす。例 ―として社長の座にしがみつく。

●色恋いろこい・片恋かたこい・失恋シツレン・初恋はつこい・悲恋ヒレン

心 6 【恷】 10画 5578 6077 音義未詳ミショウ

参考 【休】キュウ(632ページ)の俗字ゾクジとする説がある。

日本語での用法 《やす・よし》人名に用いられた字。

忄6 【恢】 9画 ⇨【恢】カイ(393ページ)

忄6 【恠】 9画 ⇨【怪】カイ(389ページ)

忄6 【恊】 9画 ⇨【協】キョウ(162ページ)

忄6 【恆】 9画 ⇨【恒】コウ(394ページ)

心 7 【悪】 11画 1613 60AA 教育3 音 一アク漢呉 二オ漢 訓 わる-い・にく-む・いずく-んぞ

筆順 一 丅 亓 亓 亜 亜 悪 悪

心 8 【惡】 12画 5608 60E1 人名

なりたち [形声]「心(=こころ)」と、音「亞ア→オ」とから成る。あやまち。あやまちをにくむ。

意味 一ア ❶正しくない。対 善ゼン。例 悪事アクジ。罪悪ザイアク。邪悪ジャアク。❷そまつな。おとった。へたな。例 悪筆アクヒツ。悪貨アッカ。粗悪ソアク。❸あらあらしい。ひどい。例 凶悪キョウアク。悪戦苦闘アクセンクトウ。❹いやな。このましくない。たちがわるい。例 悪臭アクシュウ。醜悪シュウアク。俗悪ゾクアク。二オ ❶いやがる。きらう。にくむ。例 嫌悪ケンオ。好悪コウオ。憎悪ゾウオ。❷[助字]「いずくに(か)」「いずくんぞ」と読み、どこに・どうして、の意。疑問・反語をあらわす。例 悪知之いずくんぞこれをしらん(=どうしてこれがわかるだろうか)。

難読 悪戯いたずら

【悪意】アクイ ①他人に不幸や苦痛をあたえようとする心。わるぎ。対 好意。例 ―をいだく。②わるい見方。わるい意味。例 好意から出たことばを―に受け取る。▽対 善意。

【悪因】アクイン わるい結果をもたらす原因。対 善因。例 ―悪果アッカ(=わるいおこないがわるい結果を生むということ)。

【悪運】アクウン ①わるい運命。不運なめぐりあわせ。例 ―を背負いこんで生きる。②わるいことをしてもそのむくいを受けずに、かえって栄えたりする運勢。例 ―が強い。

【悪疫】アクエキ たちのわるい、はやりやまい。悪性の流行病。

【悪縁】アクエン ①たち切りたいのに、たち切れない男女の関係。くされ縁。②〔仏〕必ずわるい結果につながる前世からの関係。

【悪形】アクがた 歌舞伎かぶきで、悪人の役。また、それを演じる役者。悪役。かたき役。表記「悪方」とも書く。

【悪戯】アクギ わるふざけ。いたずら。

【悪逆】アクギャク 人の道にはずれた大きな悪事。例 ―無道のおこない。

【悪行】アクギョウ わるいおこない。道徳に反するおこない。悪事。対 善行ゼンコウ。例 ―を重ねる。

【悪業】アクゴウ 〔仏〕不幸な結果をもたらすようなわるいおこない。また、前世でのわるいおこない。例 ―のむくい。

【悪才】アクサイ わるいことをする才能。例 ―にたける。

【悪妻】アクサイ 夫にとってよくないつま。対 良妻。

【悪事】アクジ わるいおこない。悪行アクギョウ。対 善事。例 ―千里を走る(=わるいおこないはすぐ遠くにまで知れわたる)。―をはたらく。

【悪食】アクジキ 一(名) そまつな食事。あくしょく。二(名・する) ①ふつうでは食べないようなものを食べること。いかものぐい。例 ヘビでもトカゲでも食べる―。②〔仏〕けものの肉を食べること。

【悪疾】アクシツ たちのわるい病気。治りにくい病気。

【悪質】アクシツ (名・形動ダ) ①品質や材質がわるいこと。対 良質。例 ―な製品。②考え方や行動がとりわけてわるいこと。たちがわるいこと。例 ―な詐欺師サギシにひっかかる。

【悪手】アクシュ 囲碁イゴや将棋ショウギなどで、自分を不利にする、まずい手。例 たった一手の―で負ける。

【悪臭】アクシュウ いやなにおい。例 ―を放つ。―がただよう。

【悪習】アクシュウ 好ましくない習慣や風習。例 ―に染まる。

【悪趣味】アクシュミ (名・形動ダ) ①趣味が下品なこと。例 ―な服装。②他人が不愉快フユカイになるようなことを好み楽しむこと。

【悪循環】アクジュンカン 二つ以上のことがらが次々と、たがいに原因・結果となり、とめどなくわるくなっていくこと。例 ―をたち切る。

【悪所】アクショ ①道のけわしく危険なところ。類 難所。例 ―をこえ難所をしのいで進む。②酒や女遊びなどをする場所。よからぬところ。昔の遊郭ユウカク。例 ―通い。

【悪書】(アクショ) 子供などにわるい影響をあたえるとされる本。有害な本。対良書。例―追放。

【悪女】(アクジョ) ①性質やおこないのよくない女。②顔のよくない女。醜女。例―の深情け(=みにくい女が愛情こまやかにつくすこと。ありがためいわくの意)。

【悪性】(名・形動ナ) 一(アクショウ) 人の性質やおこないがわるいこと。また、道楽や浮気をしがちであること。例もはや―をする年ではない。二(アクセイ) (病気などの)たちがよくないこと。対良性。例―の腫瘍。

【悪心】一(アクシン) わるいことをしようとする心。対善心。例―がめばえる。二(オシン) はきけ。むかつき。

【悪世】(アクセ) わるい時代。悪事のはびこる世の中。

【悪声】(アクセイ) ①わるい声。不快な声。対美声。②わるい評判。例―を放つ。

【悪政】(アクセイ) 人民を苦しめる政治。対善政。例―にあえぐ。

【悪税】(アクゼイ) 人々が納得しない、不当な税金。また、人々を苦しめる税金。

【悪戦】(アクセン) (名・する) 不利で苦しいたたかい。苦戦。例―苦闘(=劣勢で勝つ見こみの少ない戦いをすること)。

【悪銭】(アクセン) ①労働によってではなく、不正にもうけたお金。あぶくぜに。例―身につかず。―をもうける。②悪貨。

【悪相】(アクソウ) ①不吉なしるし。悪いことの起こる前ぶれ。②みにくい顔つき。おそろしい顔つき。例憎憎しげな―。

【悪僧】(アクソウ) ①仏教の戒律を守らない、わるいおこないをする僧。なまぐさ坊主。②武芸にすぐれた僧。荒法師。

【悪態】(アクタイ) にくまれぐち。例―をつく。

【悪玉】(アクだま) 悪人。〔江戸時代の草双紙などのさし絵で、悪人の顔を円形の中に「悪」と書き、善人には円形の中に「善」と書いてあらわしたことからいう〕対善玉。

【悪天】(アクテン) 雨や風など、わるい天候。悪天候。対好天。例―のなか、登山を決行する。

【悪投】(アクトウ) (名・する) 野球で、野手が送球を大きくそらすこと。悪送球。例―の間に二者生還。

【悪党】(アクトウ) ①悪人(のなかま)。〔もとは集団を意味したが、現在では個人についてもいう〕②人をののしっていうことば。

【悪童】(アクドウ) わるさをする子供。いたずら小僧。

【悪道】(アクドウ) ①〔仏〕わるいおこないをしたむくいとして死後に行かなければならない苦しみの世界。地獄・餓鬼・畜生の三つ。例―におちる。②わるい道路。悪路。


【悪徳】(アクトク) 道徳に反するわるいおこない。対美徳。例―商人。―政治家。

【悪日】(アクニチ・アクび) えんぎのよくない日。めぐりあわせのわるい日。凶日。対吉日。

【悪人】(アクニン) 心のわるい人。わるいことをする人。わるもの。対善人。例―に土地をだまし取られる。

【悪念】(アクネン) わるいことをしようとする考え。例―が生じる。

【悪馬】(アクバ) くせがあって乗りこなしにくいウマ。

【悪罵】(アクバ) (名・する) 口ぎたなくののしること。また、そのことば。例―を浴びせる。

【悪筆】(アクヒツ) ①字がへたなこと。また、へたな文字。対達筆・能筆。例―なので、つい筆不精になる。②品質のわるいふで。書きにくいふで。

【悪評】(アクヒョウ) わるい評判。対好評。例―が立つ。

【悪病】(アクビョウ) たちのわるい病気。類難病・悪疾。

【悪平等】(アクビョウドウ) (名・形動ダ) 表面的には平等にみえるが、それぞれの個性や特質が無視されていて、実質的には平等でないこと。例法のもとに―もないではない。

【悪婦】(アクフ) 性質のよくない女。いじわるな女。悪女。

【悪風】(アクフウ) わるい習慣。類悪習・悪弊。対美風・良風。例古い時代の―を一掃する。

【悪文】(アクブン) へたな文章。意味が通じにくい文章。対名文。

【悪弊】(アクヘイ) わるい習慣。類悪習・悪風。例―を絶つ。

【悪癖】(アクヘキ) わるいくせ。よくない習慣。例ぬすみの―がある。

【悪法】(アクホウ) 人民を苦しめるわるい法律。例―でも法は法だ。

【悪報】(アクホウ) ①〔仏〕悪事をはたらいたために受ける、わるいむくい。②わるい知らせ。凶報。対吉報。

【悪魔】(アクマ) ①仏法にさからったり、人の心をまどわして悪に向かわせる魔物。例―を調伏する。②人としてのやさしさや思いやりなどをもたない極悪人。

【悪夢】(アクム) ①不吉なゆめ。おそろしいゆめ。例―にうなされる。②現実とは思いたくないようなおそろしいこと。例―としか言いようのない大惨事。

【悪名】(アクメイ) 〔「アクミョウ」とも〕わるい評判。よくないうわさ。例―をとどろかす。

【悪役】(アクヤク) 芝居や映画などの、悪人の役。かたき役。

【悪友】(アクユウ) ①わるい友達。対良友。②(親しみをこめて)昔からの遊び友達。

【悪用】(アクヨウ) (名・する) 権力や道具などを本来の目的に反する、わるいことのために使うこと。対善用。例地位を―する。


【悪辣】(アクラツ) (形動ナ) はじも外聞もなく平気でわるいことをするようす。例―な手口。

【悪霊】(アクリョウ・アクレイ) 人にたたりをする死者のたましい。類怨霊・悪鬼。例―に悩まされる。

【悪例】(アクレイ) わるい先例。例後世に―を残す。

【悪路】(アクロ) わるい道路。整備されていなくて、通りにくい道。

【悪化】(アッカ) (名・する) 状態・形勢などがわるくなること。例病状が―する。経済は―の一途をたどる。

【悪果】(アッカ) わるい結果。→【悪因】(アクイン)

【悪貨】(アッカ) 地金の品質のわるい貨幣。悪銭。対良貨。

【悪貨は良貨を駆逐する】悪貨と良貨があると悪貨だけが実用に使われ、良貨のほうは本来の貨幣として使われなくなる。〔グレシャムの法則〕

【悪漢】(アッカン) 〔「漢」は、男の意〕悪事をはたらく男。例―と探偵の物語。

【悪鬼】(アッキ) 人にたたったりわるいことをはたらいたりする、おそろしいおに。

【悪口】(アッコウ・わるくち) 人のことを、わるく言うこと。また、そのことば。例―の限りをつくす。

【悪口雑言】(アッコウゾウゴン) 口ぎたなく言い散らすこと。

【悪寒】(オカン) 発熱によって起こる、ぞくぞくするようなさむけ。例かぜをひいたのか、―がする。

【悪血】(オケツ・アクち・わるち) 病毒によってよごされた血。例刺絡で―を出してしまう。

【悪阻】(オソ・つわり) 〔医〕妊娠初期に、はきけを感じたり、はいたりする症状。

【悪気】(わるギ) わざと相手にめいわくや害をおよぼそうとする気持ち。悪意。例―があってしたことではない。

【悪巧み】(わるだくみ) 人をだますような、わるい計画。例―を見やぶる。

【悪知恵】(わるヂエ) わるがしこいちえ。例―がはたらく。表記 旧悪▼智▼慧
【悪乗り】(わるのり) (名・する) 調子に乗りすぎ、度をこした行動をすること。

【悪者】(わるもの) わるいことをする者。悪漢。例―につけねらわれる。

【悪酔い】(わるよい) (名・する) 酒を飲んで、気分がわるくなったり、他人に不快感をあたえたりするような酔い方をすること。
●害悪・凶悪・険悪・嫌悪・好悪・最悪・

罪悪(ザイアク)・邪悪(ジャアク)・粗悪(ソアク)・俗悪(ゾクアク)・劣悪(レツアク)

忄7 **【悦】** 10画 1757 60A6 常用 音 エツ(漢)(呉) 訓 よろこ-ぶ

筆順 忄 忄' 忄'' 忄凵 忄口 悅 悦

忄7 **【悅】** 10画 — 6085

なりたち [形声]「忄(=こころ)」と、音「兌(エツ)」とからなる。よろこぶ。

意味 うれしく思う。たのしむ。よろこぶ。また、よろこび。例 悦楽(エツラク)。喜悦(キエツ)。愉悦(ユエツ)。悦に入(い)る。

人名 のぶ・よし

【悦服】(エップク) (名・する) よろこんで心からしたがうこと。例 人民大いに―す。

【悦楽】(エツラク) (名・する) 感覚を満足させてよろこび楽しむこと。例 ―の境地に入(い)る。

●喜悦(キエツ)・恐悦(キョウエツ)・法悦(ホウエツ)・満悦(マンエツ)・愉悦(ユエツ)

忄7 **【悁】** 10画 5590 6081 音 一 エン(漢) 二 ケン(漢) 訓 いきどお-る・いか-る

意味 一(エン) ❶腹を立てる。いきどおる。いかる。例 悁忿(エンプン)。❷なやみ、うれえる。例 悁悒(エンユウ)(=ふさぎこんでいるようす)。二(ケン) 気がせいていらいらするようす。

心7 **【患】** 11画 2021 60A3 常用 音 カン(漢) ゲン(呉) 訓 わずら-う・うれ-い・うれ-える・わずら-い

筆順 丶 口 口 吕 串 串 患 患

なりたち [形声]「心(=こころ)」と、音「串(カン)」とから成る。うれえる。

意味 ❶心配する。思いなやむ。うれえる。うれい。例 内憂外患(ナイユウガイカン)。急患(キュウカン)。疾患(シッカン)。❷病気にかかる。わずらう。わずらい。例 患者(カンジャ)。

使い分け わずらう【煩・患】⇩1182ページ

【患家】(カンカ) (医者の立場からみた)患者の家。

【患者】(カンジャ) 病気にかかって医師の治療(チリョウ)を受けている人。

【患部】(カンブ) 病気にかかったり、けがをしたりしているところ。治療(チリョウ)を必要とする部分。例 ―を消毒する。

●急患(キュウカン)・疾患(シッカン)・大患(タイカン)・内憂外患(ナイユウガイカン)

忄7 **【悍】** 10画 5591 608D 音 カン(漢) 訓 あら-い・たけ-し

意味 気がつよく、いさましい。あらあらしい。たけだけしい。例 悍然(カンゼン)。悍馬(カンバ)。精悍(セイカン)。

【悍然】(カンゼン) (形動(タルト)) 気がつよくてあらあらしいようす。

【悍馬】(カンバ) 性質のあらいウマ。あばれうま。あらうま。例 ―をたくみに乗りこなす。表記「▼駻馬」とも書く。

【悍婦】(カンプ) 気性(キショウ)のはげしい女。気の強い女性。

忄7 **【悟】** 10画 2471 609F 常用 音 ゴ(漢)(呉) 訓 さと-る・さとり

筆順 忄 忄 忄丅 忄五 悟 悟 悟

なりたち [形声]「忄(=こころ)」と、音「吾(ゴ)」とから成る。ねむりからさめる。

意味 はっと思いあたる。真理にめざめる。さとる。さとり。例 悟得(ゴトク)。悟入(ゴニュウ)。覚悟(カクゴ)。

人名 さと・さとし・のり

【悟性】(ゴセイ) [哲] 経験や知識にもとづいて、ものごとを理解・認識(ニンシキ)し判断する心のはたらき。類 知性。対 感性。

【悟道】(ゴドウ) 仏の教えの真理をさとること。さとりの道。

【悟得】(ゴトク) (名・する) さとりをひらいて真理を会得(エトク)すること。例 何かを―したという手ごたえ。

【悟入】(ゴニュウ) (名・する) さとりをひらいて仏の真理の世界にはいること。例 実相の理に―する。

●悔悟(カイゴ)・覚悟(カクゴ)・大悟(タイゴ)

忄7 **【悃】** 10画 5593 6083 音 コン(漢) 訓 ねんごろ・まこと

意味 きまじめで、いつわりのない心。まこと。例 悃誠(コンセイ)。

【悃誠】(コンセイ) まごころのこもっていること。まこと。表記「懇誠」とも書く。

心7 **【悉】** 11画 2829 6089 人名 音 シツ(漢) 訓 つ-くす・ことごと-く

意味 ❶すべてをきわめつくす。つくす。例 知悉(チシツ)。❷のこらず。どれも。ことごとく。例 悉皆(シッカイ)。❸梵語(ボンゴ)の「シツ」の音訳。例 悉曇(シッタン)。

難読 悉皆(さながら)

【悉皆】(シッカイ) (副) ①ことごとく。すっかり。のこらず。例 ―調査(=すべてをしらべること。人口をしらべる国勢調査など)。②〔下に打ち消しのことばをともなって〕全然。まったく。例 ―たのもしさがない。

【悉▽達多】(シッタルタ) 釈迦(シャカ)の出家する前の名。ゴータマ=シッタルタ。悉達(シッタ)。

【悉▽曇】(シッタン) 〔梵語(ボンゴ)の音訳〕①梵字(=梵語を表記するための文字)の音をつづるもとになる個々の文字。②古代インド語に関する学問。例 ―学。

忄7 **【悛】** 10画 5602 609B 音 シュン(慣) セン(漢) 訓 あらた-める

意味 あらためる。やめる。例 改悛(カイシュン)。

忄7 **【悄】** 10画 5601 6084 音 ショウ(漢)

意味 心細くて、しょんぼりする。例 悄悄(ショウショウ)。悄然(ショウゼン)。

難読 悄気(しょげ)る・悄悄(しおしお)・悄然(しょんぼり)

【悄悄】(ショウショウ) (形動(タルト)) 心がしずんで、しょんぼりしているようす。例 ―として立ち去る。

【悄然】(ショウゼン) (形動(タルト)) ①気にかかることがあって元気がなく、しょんぼりしているようす。例 ―として目をふせる。②ひっそりして、ものさびしいようす。

忄7 **【悚】** 10画 5594 609A 音 ショウ(漢) シュ(呉) 訓 おそ-れる

意味 ぞっとして、身がすくむ。おそれる。例 悚然(ショウゼン)。

【悚然】(ショウゼン) (形動(タルト)) おそれて立ちすくむようす。びくびくするようす。例 ―として戦慄(センリツ)する。表記「▼竦然」とも書く。

忄7 **【悌】** 10画 3680 608C 人名 音 テイ(漢)

なりたち [形声]「忄(=こころ)」と、音「弟(テイ)」とから成る。兄によくつかえる。

意味 年少者が年長者によく従う。また、きょうだいの仲がよい。例 孝悌(コウテイ)。

人名 すなお・とも・やす・やすし・よし

忄7 【悩】10画 3926 60A9 常用 音ドウ漢 ノウ呉 訓なや-む・なや-ます・なや-ましい・なや-み

筆順 … 悩

忄9 【惱】12画 5629 60F1

なりたち [形声]「女(=おんな)」と、音「㛃(ド)(=脳)」の省略体とから成る。思いなやむ。参考 のちに「女」が「忄」となった。

意味 思いわずらう。なやむ。なやみ。また、くるしめる。なやます。

例 悩殺(ノウサツ)。苦悩(クノウ)。煩悩(ボンノウ)。

日本語での用法《ノウ》天皇など高位の人の病気をさすことば。「御悩(ゴノウ)とうけたまわり…」

【悩殺】(ノウサツ)(名・する)(「殺」は、強めのことば)女性がその美しさや魅力(ミリョク)で男の心をなやまし、夢中にさせること。

【悩乱】(ノウラン)(名・する)なやみ苦しんで心の安定を失うこと。例 頭は―し、五体もしびれる。

忄7 【悖】10画 5603 6096 音ハイ漢 訓もと-る

意味 (道理に)そむく。あるべきすがたに反する。もとる。同背。例 悖逆(ハイギャク)(=そむく)。悖徳(ハイトク)。悖乱(ハイラン)。

【悖徳】(ハイトク)道徳にそむくこと。表記 現背徳

【悖乱】(ハイラン)(名・する)道にはずれ、まよいみだれること。また、むほんを起こすこと。

【悖理】(ハイリ)道理に合わないこと。表記「背理」とも書く。

【悖戻】(ハイレイ)(名・する)道理にそむくこと。表記「背戻」とも書く。

忄7 【悗】10画 5604 6097 音一バン漢 マン呉 二ボン漢 モン呉 訓まど-う・わす-れる

意味 一(バンマン) ❶うすぼんやりとして、おろか。まどう。❷なやみわずらう。二(ボンモン) 心をうばわれているようす。うわのそら。

心7 【悠】11画 4510 60A0 常用 音ユウ漢 訓とお-い・はる-か

筆順 … 悠

なりたち [形声]「心(=こころ)」と、音「攸(ユ)」とから成る。うれえる。借りて「とおい」の意。

意味 ❶時間的・空間的に長く続く。はるか。とおい。例 悠遠(ユウエン)。悠久(ユウキュウ)。❷のんびりしている。ゆったりしている。例 悠然(ユウゼン)。悠長(ユウチョウ)。悠悠自適(ユウユウジテキ)。

人名 ちか・なが・ひさ・ひさし・ひろし・ゆ

【悠遠】(ユウエン)(名・形動ダ)場所や年代が、とおくへだたっていること。例 ―な宇宙。―の太古の時代。

【悠久】(ユウキュウ)(名・形動ダ)はるか昔から果てしなく続いていること。例 ―の大地。

【悠然】(ユウゼン)(形動タル)ゆったりとおちついているようす。例 ―と歩む。―たる態度。

【悠長】(ユウチョウ)(形動ダ)(急ぐべきときでも)のんびりしているようす。例 そんな―なことは言っていられない。

【悠悠】(ユウユウ)(形動タル)①(時間や場所などが)遠くはるかなようす。例 ―たる大地。―たる時間の経過。②ゆったりしてあわてないようす。例 ―と歩く。③じゅうぶんに余裕(ヨユウ)のあるようす。例 この時間なら―間(ま)に合う。

【悠悠自適】(ユウユウジテキ)(名・する)お金や時間などにしばられることなく、自分の好きなように、暮らすこと。例 ―の生活。

【悠揚】(ユウヨウ)(形動タル)さしせまった状況(ジョウキョウ)でも、あわてずさわがず、ゆったりしているようす。例 ―せまらぬ態度。

忄7 【悒】10画 5605 6092 音ユウ漢 訓うれ-える

意味 心配で落ちつかない。ふさぎこむ。うれえる。例 悒鬱(ユウウツ)(=気がつまる。うれえる)。

忄7 【悧】10画 5606 60A7 音リ漢 訓こざと-い

意味 小才(こサイ)がある。例 悧巧(リコウ)。怜悧(レイリ)。

【悧巧】(リコウ)(名・形動ダ)①頭がいいこと。かしこいこと。例 ―な犬。―になる。②(子供が)聞き分けがよく、おとなしいこと。例 お―さんだね。③抜(ぬ)け目がないこと。要領のいいこと。例 ―に立ち回る。表記 ▽現利口

忄7 【悋】10画 5607 608B 音リン漢呉 訓やぶさ-か・ねた-む

意味 けちけちする。ものおしみする。やぶさか。同吝(リン)。例 悋嗇(リンショク)。悋惜(リンセキ)(=ものおしみ)。

日本語での用法《リン》ねたむ。やきもち。「悋気(リンキ)」

【悋気】(リンキ)男女間のねたみの気持ち。やきもち。嫉妬(シット)。例 ―を起こす。

【悋▼嗇】(リンショク)(名・形動ダ)ひどくけちなこと。→【吝嗇】(リンショク)(197ページ)

忄7 【悦】10画 ⇩【悅】(エツ)(398ページ)

忄7 【悔】10画 ⇩【悔】(カイ)(393ページ)

忄8 【惟】11画 1652 60DF 人名 音イ漢 ユイ呉 訓おも-う・おも-うに・これ・ただ

なりたち [形声]「忄(=こころ)」と、音「隹(スイ→イ)」とから成る。おもう。

意味 ❶よく考える。おもう。おもうに。例 思惟(シイ)。惟(おもん)みれば。❷〔助字〕㋐「これ」と読み、語調をととのえる。例 疑惟重(うたがわしきはこれおもくす)(=疑わしい場合は(罪を)重くする)。㋑「ただ…(のみ)」と読み、限定・強調の意をあらわす。例 惟吾(ただわれのみ)(=ただ私だけだ)。

難読 惟神(かんながら)(=神そのまま。また、神代(かみよ)から変わらずに)

人名 あり・ただし・たもつ・のぶ・よし

【惟惟】(イイ)一(感)「はいはい」という承諾(ショウダク)のことば。二(形動タル)他人のことばにさからうことなく、おとなしく従うようす。例 ―として従う。表記 ▽「唯唯」とも書く。

【惟一】(ユイイツ)(同類のものが)ただ一つだけで、それ以外にはないこと。例 ―無二(ムニ)の親友。表記「唯一」とも書く。

忄8 【悸】11画 5609 60B8 音キ漢 訓わなな-く・おそ-れる

意味 心臓がどきどきする。わななく。おそれる。例 心悸(シンキ)。動悸(ドウキ)。

忄8 【惧】11画 5592 60E7 常用 音ク漢 グ呉 訓おそ-れる

筆順 … 惧

なりたち [形声]本字は「懼」で、「忄(=こころ)」と、音「瞿(ク)」とから成る。おそれる。

意味 こわがってびくびくする。おじけづく。おそれる。同懼(ク)。例 危惧(キグ)。

【▽惧然】クゼン（形動タルト）①おじけてびくびくするようす。②おどろいてぎょっとするようす。例―たる形相ギョウソウ。

【惓】 忄8 11画 5611 60D3 音ケン漢呉 訓つか-れる

意味 ❶つかれて苦しむ。もだえる。つかれる。同倦ケン。❷こまごまと心をつくす。ねんごろ。

【惚】 忄8 11画 2591 60DA 人名 音コツ漢 訓ほ-れる・ほう-ける・ぼ-ける

意味 ❶うっとりする。心をうばわれて、ぼうっとする。ほうける。例恍惚コウコツ。遊あそび惚ほうける。老人惚ロウジンぼけ。欲ヨクに惚ぼける。❷景色などが、かすかでぼんやりしたようす。

日本語での用法 一《ほれる》いとしくて、また、感心してたまらなく好きになる。「女おんなに惚ほれる・彼かれのひとがらに惚ほれこむ」二《のろける》自分の夫・妻・恋人こいびとなどとの間のむつまじいことなどを他人に自慢ジマンして話す。「妻つまのことを惚のろける」

【惚▼恍】コツコウ（形動タルト）心をうばわれてうっとりするようす。また、ぼんやりしたようす。恍惚コウコツ。

【惚気】のろけ（「気」はあて字。動詞「のろける」の連用形）自分の夫・妻・恋人こいびとなどとの間のむつまじいことを得意になって話すこと。例―話。―を聞かされる。

【惨】 忄8 11画 2720 60E8 常用 音ザン慣サン漢 訓みじ-め・いた-む・むご-い

筆順 忄 忄 忄 忄 忄 惨 惨

【慘】 忄11 14画 5646 6158

なりたち [形声]「忄（＝こころ）」と、音「參サ」とから成る。そこなう。

意味 ❶ひどくきずつける。むごたらしい。むごい。例惨殺ザンサツ。惨事サンジ。無惨ムザン。❷胸をしめつけられるような。いたましい。みじめ。例惨禍サンカ。惨敗ザンパイ。悲惨ヒサン。

【惨禍】サンカ（火災・地震・風水害・戦争などによる）いたましいわざわい。例戦争の―をこうむる。

【惨苦】サンク ひどい苦しみ。つらい苦しみ。例―を味わう。

【惨劇】サンゲキ むごたらしい事件。いたましいできごと。

【惨酷】ザンコク・サンコク（名・形動ダ）むごたらしいこと。→【残酷】ザンコク（562ページ）

【惨殺】ザンサツ（名・する）むごたらしい殺し方をすること。

【惨事】サンジ 多数の犠牲者を出すような、ひじょうにいたましいできごと。例戦争の―は二度とひき起こさない。

【惨死】ザンシ（名・する）見るにたえないほどのむごたらしい死に方をすること。例―する者多数。

【惨状】サンジョウ 目をおおうばかりの、むごたらしくいたましいありさま。例―を呈テイする事故現場。

【惨▼憺】サンタン（形動タルト）①目もあてられないほどひどいようす。②（ものごとをうまくなしとげるために）あれこれと考えて心をくだくようす。例苦心―。表記▽「惨▼澹」とも書く。

【惨敗】ザンパイ（「サンパイ」とも）（名・する）みじめな負け方をすること。さんざんな負け方をすること。例―を喫キッする。

●陰惨インサン・悲惨ヒサン

【心（忄・⺗）部】8画 ● 惓惚惨惹悴情

【惹】 心8 12画 2870 60F9 人名 音ジャク漢 訓ひ-く

意味 ひきおこす。ひきつける。ひく。例惹起ジャッキ。惹句ジャック〔キャッチフレーズの訳語〕。

【惹起】ジャッキ（名・する）事件や問題などをひきおこすこと。

【悴】 忄8 11画 5612 60B4 音スイ漢呉 訓やつ-れる・せがれ・かじか-む

【忰】 忄4 7画 5613 5FF0 俗字

意味 ❶やせおとろえる。つかれる。やつれる。同瘁スイ。例悴容スイヨウ。憔悴ショウスイ。❷うれえる。同瘁スイ。

日本語での用法 一《せがれ》「倅」の誤用。自分の息子むすこをへりくだっていうことば。また、子供や若い者をぞんざいにいうことば。「この小悴こせがれめ・悴せがれをどうぞよろしく」二《かじかむ》寒さのためにこごえて動かしにくくなる。「手てが悴かじかむ」

【悴容】スイヨウ やせおとろえた姿。やつれた顔かたち。

【情】 忄8 11画 3080 60C5 教育5 音セイ漢ジョウ呉 訓なさ-け

筆順 忄 忄 忄 忄 情 情 情

【情】 忄8 11画

なりたち [形声]「忄（＝こころ）」と、音「青セ」とから成る。人が生まれながらにもつ欲望。

意味 ❶ものに感じて起こる心の動き。思い。こころ。例情感ジョウカン。情熱ジョウネツ。心情シンジョウ。❷まごころ。思いやり。なさけ。例情愛ジョウアイ。友情ユウジョウ。情ジョウに厚あつい。❸人の本来の性質。例情ジョウが強こわい。❹男女間の愛。例情人ジョウジン。情ジョウを通ツウじる。❺ものごとのあじわい。おもむき。例情趣ジョウシュ。情緒ジョウチョ。風情フゼイ。❻ほんとうのありさま。例情況ジョウキョウ。情報ジョウホウ。事情ジジョウ。

人名 さね・まこと・もと

【情合い】ジョウあい たがいにかよい合う、温かい思いやりや人情。

【情愛】ジョウアイ（親しい間柄あいだがらの人々との間に通い合う）こまやかで温かい、いつくしみや思いやりの気持ち。愛情。

【情意】ジョウイ ①感情と意志。②心持ち。気持ち。例―投合する（＝おたがいの気持ちが通じる）。

【情炎】ジョウエン はげしく燃え上がる情欲。例―を燃やす。

【情火】ジョウカ 火のようにはげしい情欲。

【情感】ジョウカン ものごとに感じて起こる深い心の動き。

【情義】ジョウギ ①人情と義理。②（友人や師弟シテイなどのあいだに通い合う）温かい思いやりやまごころ。親しいつきあい。例―に厚い。表記②は⑪情▼誼。「情宜」とも書く。

【情況】ジョウキョウ その場、その時の実情。例―証拠ショウコ。―を設定する。→【状況】ジョウキョウ（652ページ）

【情景】ジョウケイ（見る人の心をとらえる）その場のありさま。景色。

【情交】ジョウコウ（名・する）①親しいつきあい。例―が深まる。②肉体的な交わり。例―を結ぶ。

【情死】ジョウシ（名・する）愛し合う男女が自分たちの身の上・行く末を悲しみ、いっしょに死ぬこと。

【情事】ジョウジ 愛情に関することがら。とくに、肉体的な交わり。いろごと。例―におぼれる。

【情実】ジョウジツ ①ありのままの事実。例―をはっきりと知る。②いつわりのない気持ち。③公正さを欠いた個人的な感情や利害関係。例―入社。―をまじえる。

【情趣】ジョウシュ しみじみとした味わい。おもしろみ。おもむき。例―に富んだ景色けしき。

【情緒】ジョウショ・ジョウチョ（「ジョウチョ」は慣用的な読み方）①人の心を動かすような、独特の味わいやふんいき。例江戸えど―。異国—。②心理学でいう、喜び・悲しみ・いかりなどの感情の動き。情動。例—不安定。

【情状】ジョウジョウ ある結果になった実際の事情やありさま。例—酌量(=裁判で、犯罪をおかすにいたった理由や事情の同情すべき点を考慮して、刑を軽くすること)の余地。

【情人】ジョウジン・ジョウニン たがいに深く愛し合う人。類愛人。

【情勢】ジョウセイ 変わりゆくものごとの現在のようすやなりゆき。形勢。例国際—を見つめる。—の変化に対応する。

【情宣】ジョウセン 「情報宣伝」の略。労働組合などで、組合員や外部に対して広く情報を伝えること。例組合の—活動。

【情操】ジョウソウ 知的・美的・道徳的なことがらのすばらしさ、美しさ、正しさを感じとる豊かな心のはたらき。例—教育。

【情態】ジョウタイ その時その時の心のありさまやようす。例心理—。表記「状態」とも書く。

【情痴】ジョウチ 理性を失うほど色恋にのめりこむこと。例—にふける。

【情調】ジョウチョウ ①あるものごと全体から感じられる、しみじみとしたおもむき。情緒。例下町—。都市の—。異国—。②心理学でいう、感覚にともなう快・不快などの感情。

【情っ張り】ジョウっぱり (名・形動ナ) 強情をはること。例—な男。

【情動】ジョウドウ 急にひき起こされる一時的ではげしい感情の動き。例—に、つき動かされる。

【情熱】ジョウネツ 全力でものごとにうちこむ、燃えあがるようなはげしい感情。例—的な手紙。—をかたむける。

【情念】ジョウネン 心に深くつきまとって、理性ではおさえられない感情や思い。例—を燃やす。

【情夫】ジョウフ 正式に認められない恋愛関係にある男性。対情婦。例—をもつ女。

【情婦】ジョウフ 正式に認められない恋愛関係にある女性。対情夫。例—にあやつられる男。

【情報】ジョウホウ ①あることがらや事件について伝えられる内容。インフォメーション。ニュース。例—網を広げる。世界各国の—を入手する。②ある判断や行動に必要とされる資料・知識。インテリジェンス。

【情欲】ジョウヨク ①性的欲望。色情。②〔仏〕ものごとにこだわり、むさぼる心。例—にとらわれる。表記▽旧情▼慾

【情理】ジョウリ 人間らしいあたたかい感情と、ものごとのあるべきすじ道。例—をつくして説く。

【情話】ジョウワ ①人情みあふれる話。例なみだと共に語った—。②男女の恋愛にまつわる物語。例佐渡—。

【情を通ず】ジョウをツウず ①ひそかに敵に味方の内情を伝えること。②夫婦でない男女がひそかに愛しあうこと。

◐愛情・温情・感情・苦情・強情・国情・私情・詩情・事情・実情・純情・心情・真情・陳情・同情・内情・人情・熱情・薄情・表情・風情・無情・友情・旅情

忄8
【悽】
11画 5614 60BD 音セイ漢 サイ呉 訓いた-む

意味 心が切られるように感じる。いたましい。いたむ。同凄。例悽惨。悽絶。

【悽惨】セイサン (名・形動ナ) 目をおおいたくなるほどいたましく、むごたらしいこと。例—な事件。—の極に達する。

【悽絶】セイゼツ (名・形動ナ) この上なくいたましいこと。また、すさまじいこと。例—な戦いをくりひろげる。—をきわめる。

【悽▼愴】セイソウ (名・形動ナ) ひじょうに悲しく、いたましいこと。例—な光景。

忄8
【惜】
11画 3243 60DC 常用 音セキ漢 シャク呉 訓お-しい・お-しむ

筆順 丷 忄 忄一 忄卄 忄廿 忄昔 惜 惜

なりたち [形声]「忄(=こころ)」と、音「昔セキ」とから成る。心がいたむ。

意味 なごりおしく思う。おしむ。例惜春。惜別。

難読 可惜・口惜しい

【惜陰】セキイン むなしく過ぎ去る時間をおしみ、たいせつにすること。

【惜春】セキシュン 過ぎ去ってゆく春をおしむこと。例—の情をもよおす。

【惜敗】セキハイ (名・する) 野球などの試合や勝負で、おしいところで負けること。例一点差で—する。

【惜別】セキベツ 別れをつらく思うこと。例—の情をおさえかねる。

◐哀惜・愛惜・痛惜

心8
【惣】
12画 3358 60E3 人名 音ソウ漢呉 訓そう-じて

なりたち 「総(總)」が、「總」→「揔」→「惣」のように変形した字。

意味 あつめる。たばねる。同総。

日本語での用法 《ソウ》(「総」の字と同じように用いて)全体として。すべて。そうじて。「惣村・惣中」

表記 現代表記では、「総」に書きかえることがある。熟語は「総」(784ページ)を参照。

人名 あつむ・おさむ・のぶ・ふさ・みな

【惣菜】ソウザイ 副食物。ふだんのおかず。表記現総菜

【惣領】ソウリョウ [一家・一族をすべおさめる意] 家をつぐ子。あととり。あとつぎ。表記現総領

忄8
【惆】
11画 5615 60C6 音チュウ漢呉 訓うら-む

意味 気落ちする。がっかりする。うらむ。例惆悵。

【惆▼悵】チュウチョウ (名・形動タル) うらみかなしむこと。気落ちしてなげきいたむこと。例—去るにしのびず。

忄8
【悵】
11画 5616 60B5 音チョウ漢呉 訓いた-む・うら-む

意味 心のこりに思う。いたむ。うらむ。例悵恨。惆悵。

【悵恨】チョウコン うらみなげくこと。残念に思うこと。例—これを久しゅうす(=残念に思って時間が経過した)。

【悵然】チョウゼン (形動タル) がっかりしてうらみなげくようす。例しばし—とす。

【悵望】チョウボウ (名・する) 心をいためて遠くをながめること。例遠山の雲に—す。

忄8
【惕】
11画 1-8453 60D5 音テキ漢

意味 おそれる。心配する。例怵惕。

忄8
【悼】
11画 3773 60BC 常用 音トウ漢 訓いた-む

筆順 丷 忄 忄⺊ 忄占 忄卓 悼 悼

なりたち [形声]「忄(=こころ)」と、音「卓タク→トウ」とから成る。いたましく思う。

意味 人の死をかなしむ。いたむ。例悼辞。悼惜。

使い分け いたむ・いためる【痛・傷・悼】⇩1162ページ

【悼辞】トウジ 人の死をいたむことばや文章。弔辞。

【悼惜】トウセキ（名・する）人の死を心からかなしみ残念に思うこと。例―するに余りある師の逝去。

●哀悼・追悼

【惇】 忄8 11画 3855 60C7 人名 音トン漢ジュン呉 訓あつ-い・まこと

なりたち [形声]「忄（=こころ）」と、音「享シュン→トン」とから成る。こころがあつい。

意味 まごころのある。情の厚い。また、まごころ。まこと。同敦。例惇朴。

人名 あつ・あつし・すなお・つとむ・とし

【惇朴】ジュンボク・トンボク（形動ナ）人情に厚くてかざりけのないようす。例―な人がらにひかれる。表記「惇▼樸」とも書く。

【悲】 心8 12画 4065 60B2 教育3 音ヒ漢呉 訓かな-しい・かな-しむ・かな-しみ

筆順 ノ ナ ヲ ヨ 非 非 非 悲 悲

なりたち [形声]「心（=こころ）」と、音「非ヒ」とから成る。心がはりさけるようにいたむ。

意味 ❶なげきいたむ。かなしむ。例悲傷。悲嘆。悲歌慷慨。悲報。❷いたましい。なげかわしい。かなしい。例悲惨。❸かなしみ。例悲哀。❹恋にしがる。なつかしむ。例游子悲二故郷一（=旅人が故郷を恋しがる）。〈史記〉❺〔仏〕人々を苦しみから救おうという、仏の思いやり。例悲母観音。慈悲。大慈大悲。

【悲哀】ヒアイ しみじみと心に感じられるあわれ。対歓喜。例人生の―。

【悲運】ヒウン いたましい運命。対幸運。例―の王妃。

【悲歌】ヒカ かなしい歌。エレジー。類哀歌。

【悲歌▼慷慨】ヒカコウガイ（名・する）（「慷慨」は、世の不正や、みずからの不運をいきどおりなげく意）かなしげに詩をうたい、胸にせまる思いをはき出すこと。

【悲観】ヒカン（名・する）①希望を失うこと。例前途を―する。②世の中や人生に希望が持てずに、生きる価値がないと考えること。例―論。▽対楽観。

【悲観的】ヒカンテキ（形動ダ）ものの見方や考え方が消極的で、暗いようす。対楽観的。例人生を―に見る。

【悲願】ヒガン ①〔仏〕この世のすべての人々の苦悩を救おうとする、仏の慈悲ぶかいねがい。②なんとしてもやりとげようという悲壮なねがい。例優勝の―を達成した。

【悲喜】ヒキ かなしみとよろこび。例人生は―こもごもだ。

【悲喜劇】ヒキゲキ ①悲劇と喜劇の両面をもった劇。②かなしいことうれしいことが同時に起こること。例人生の―。

【悲況】ヒキョウ 悲観的な状況。例―にある人人。

【悲境】ヒキョウ あわれな身の上。例―にもくじけない。

【悲曲】ヒキョク かなしい調子の曲。かなしい調子の音楽。

【悲劇】ヒゲキ ①人生の不幸や悲惨なできごとを題材とした劇。例シェークスピアの三大―。②いたましいできごと。例交通事故は家庭の―だ。▽対喜劇。

【悲惨】ヒサン（名・形動ダ）むごくいたましいこと。みじめであわれなこと。例―な事故。

【悲秋】ヒシュウ ものがなしい秋のけはい。

【悲愁】ヒシュウ（名・する）かなしみうれえること。

【悲傷】ヒショウ（名・する）深くかなしみいたむこと。例まことに―すべき事件。

【悲壮】ヒソウ（名・形動ダ）悲痛な思いを胸に秘めた勇ましさ。また、そのようなようす。例―な決意。

【悲▼愴】ヒソウ（名・形動ダ）（「愴」は、心を傷つけいたむ意）かなしくいたましく、見ているだけでつらいこと。

【悲嘆】ヒタン（名・する）思いもよらぬできごとに出あって、深くかなしみなげくこと。例―にくれる。表記 旧悲▼歎

【悲調】ヒチョウ（音楽の）かなしげな調子。ものがなしいしらべ。

【悲痛】ヒツウ（名・形動ダ）いたましさ、つらさにたえられないこと。例―なさけび。―な面持ち。

【悲風】ヒフウ ①さびしくかなしそうにふく風。かなしみをもよおさせる風。②秋の風。あきかぜ。

【悲憤▼慷慨】ヒフンコウガイ（名・する）社会の不正や、身の不遇をかなしみいきどおること。

【悲母】ヒボ 慈悲ぶかい母。例―観音。

【悲報】ヒホウ（人が死んだという）かなしい知らせ。類凶報。対朗報。例―に接する。

【悲鳴】ヒメイ ①恐怖やおどろきのさけび声。例―をあげて飛びのく。②なきごと。よわね。例うれしい―。

【悲恋】ヒレン 思いがとげられず、かなしい結末におわる恋。例―の物語。

【悲話】ヒワ かなしい物語。あわれでかなしい話。

【悱】 忄8 11画 2-1250 60B1 音ヒ漢

意味 うまく表現できなくて、いらいらする。

【悱せずんば発せず】ヒせずんばハッせず（「発」は、明らかにする意）（教えを受ける者が、自分では理解していながらもことばにあらわせずにもどかしく思っているほどでなければ、（私は）教えてやらない。〈苦しんだとき、はじめて指導するという、孔子のことば〉〈論語〉→【憤せずんば啓せず】（413ページ）

【惘】 忄8 11画 5617 60D8 音ボウ漢モウ呉 訓あき-れる

意味 がっかりする。気がぬける。例惘然。

日本語での用法《あきれる》意外で、おどろく。「惘あきれて物ものが言いえない」

【悶】 心8 12画 4469 60B6 音ボン漢モン呉 訓もだ-える・もだ-え

意味 心の中につかえて、もやもやする。もだえる。もだえ。また、苦しむ。例悶死。悶絶。悶悶。

【悶死】モンシ（名・する）もだえ苦しんで死ぬこと。もだえ死に。例怒りのあまり―する。

【悶絶】モンゼツ（名・する）苦しみもだえて気絶すること。例頭を打って―する。

【悶着】モンチャク（名・する）争うこと。もめごと。いさかい。例―が絶えない。ひと―ある。

【悶悶】モンモン（形動タル）（なやみごとなどがあって）思いわずらうようす。例―と日を過ごす。―とした一夜を過ごす。

●苦悶・煩悶・憂悶

【惑】 心8 12画 4739 60D1 常用 音コク漢ワク呉 訓まど-う・まど-い

筆順 一 ｢ 冂 戸 式 或 或 或 惑 惑

なりたち [形声]「心（=こころ）」と、音「或ワク→コク」とから成る。心がとらわれて、みだれる。

意味 ❶自由な判断ができず、心がみだれる。まどう。例惑乱。困惑。不惑。❷うたがう。あやしむ。例疑惑。❸心をとらえて、みだす。まどわす。例幻惑。誘惑。

【惑星】① 恒星の周囲をまわる天体。太陽系では、太陽の周囲を公転する天体。太陽に近い順に、水星・金星・地球・火星・木星・土星・天王星・海王星。遊星。㊟恒星 ② 手腕・存在などがまだよく知られていないが、将来の有望な人。例 学界の―。

【惑溺】(名・する) あることに夢中になり、おぼれて分別をなくすこと。例 酒に―する。

【惑乱】(名・する) 心がまどわされ、正しい判断ができなくなること。また、人心や社会をまどわすこと。例 あたまが―する。青年を―する扇動。

●思惑・疑惑・困惑・当惑・迷惑・誘惑

忄8 【悪】12画 ⇩【悪】(396ページ)

心8 【惠】12画 ⇩【恵】(394ページ)

忄8 【情】11画 ⇩【情】(400ページ)

心8 【悳】12画 ⇩【徳】(381ページ)

心9 【愛】13画 1606 611B 教育4

音 エ 慣 アイ 漢

訓 め-でる・お-しむ・いと-しい・かな-しい・まな

筆順

なりたち [形声] 本字は「㤅」で、「心(=こころ)」と、音「旡キ→イア」とから成る。したしむ。

意味 ❶したしむ。かわいがる。いとおしむ。例 愛護。愛情。慈愛。❷このむ。めでる。例 愛玩。愛好。愛読。❸もったいないと思う。おしむ。例 愛惜。愛着。割愛。

県名 愛媛

難読 愛子・愛娘・愛弟子・愛い奴・愛男

人名 あき・いつ・さね・ちか・ちかし・つね・なり・なる・のり・ひで・めぐむ・やす・よし・より

【愛育】(名・する) かわいがってそだてること。例 孫を―しつつ、趣味に生きる余生。

【愛飲】(名・する) 好んでのむこと。例 ワインを―している。

【愛縁】(仏) 恩愛から生じる人と人とのつながり。→【合縁】(188ページ)

【愛煙家】タバコ好きな人。例 ―の皆さん。

【愛玩】(名・する) [「玩」は、もてあそぶ意] (小動物などを)身近におき、(ペットとして)かわいがること。例 ―動物。小鳥を―する。骨董の―。表記「愛▼翫」とも書く。

【愛器】気にいってたいせつにあつかう、楽器や器具など。

【愛機】気にいってたいせつにあつかう、写真機や飛行機など。

【愛郷】ふるさとを愛すること。生まれ育った故郷を愛すること。例 ―心。

【愛▼嬌】① 人に好かれるかわいらしさ。にこやかで愛くるしいこと。例 ―のある少女。② 人うけのよいような、ふるまいや表情。類 愛想。例 ―をふりまく。③ 興をそえるものごと。おまけ。例 まったくなんの―もない店。とんだお―だ。表記 ▽「愛▽敬」とも書く。

【愛吟】(名・する) 好んで詩歌を口ずさむこと。また、その詩歌。例 ―する白秋の詩。

【愛敬】[「アイキョウ」とも。古くは、「アイギョウ」とも] (名・する) 愛しうやまうこと。類 敬愛。

【愛犬】① かわいがっている飼いイヌ。例 わが家の―。② イヌをかわいがること。例 ―家。

【愛顧】(名・する) 客が、出入りの商人やひいきの芸人などに特別に目をかけ、引き立てること。例 ご―をいただく。

【愛護】(名・する) かわいがってめんどうをみたり、たいせつにしたりすること。例 動物―週間。

【愛好】(名・する) このみ楽しむこと。例 漫画の―者。カメラを―する。

【愛校】自分の学校を愛し、ほこりに思うこと。例 ―心。

【愛国】自分の国の利益や名誉を願い、国のために行動すること。国のためにつくすこと。例 ―心。―者。

【愛妻】① つまを愛し、だいじにすること。例 ―家。② だいじにしているつま。例 ―の作った弁当。

【愛児】親がだいじにかわいがっている子供。

【愛日】① 愛すべき日光。愛すべき太陽。とくに、冬の日。② 日時を惜しむこと。転じて、日時を惜しんで父母に孝養をつくすこと。

【愛社】自分の属する会社をたいせつに思い、そのために力をつくすこと。例 ―精神。

【愛着】(名・する) ㊀アイジャク (仏) 欲望にとらわれて思い切れないこと。㊁アイチャク 長いあいだなれ親しんだ人や物に心をひかれ、はなれたくないと思うこと。例 ―を感じる。十年間使ったかばんに―がある。表記 ㊁は「愛▽著」とも書く。

【愛称】本名とは別に、親しみをこめて呼ぶ名前。ニックネーム。例 おとなになっても―で呼びあう。

【愛▼誦】(名・する) 好んで口ずさむこと。例 杜甫の詩を―する。

【愛情】① (親子・夫婦・恋人などが) 相手をいとおしく思う心。また、命あるものに対するあたたかな心。例 ―をもって接する。② 恋いしたう心。例 ―におぼれる。

【愛嬢】かわいがっている娘。ふつう、他人の娘についていう。まなむすめ。例 夫人は―を伴って会場にあらわれた。

【愛人】① 愛する人。恋人。② 妻または夫以外に特別に深くつきあっている女性または男性。類 情婦・情夫。

【愛惜】(名・する) ① あるものに心がひかれ、たいせつにすること。例 ―の品。② なごりおしく思うこと。例 行く春を―する。

【愛染】(仏) ① 人や物に執着すること。愛着。② 「愛染明王」の略。真言宗で、全身赤色、三つの目と六本のうでをもち、怒りの表情をあらわす神。もとは仏法守護の神だったが、のち恋愛成就の神として信仰される。

【愛想】① 相手に、よい印象をあたえるための表情や態度。例 ―がいい。―が悪い。② 人によせる好意。例 ―がつきる。③ もてなし。例 なんのお―もなくて。④ 飲食店などで、料金の勘定のこと。会計。おあいそ。[「あいそづかし」の略という。店のがわで言うのが本来の用い方]

【愛憎】(人や生き物について) 愛することと、にくむこと。すききらい。例 ―は紙一重。―半ばする。

【愛蔵】(名・する) だいじに所蔵すること。例 ―本。―書。先生―の書画。

【愛息】かわいいむすこ。ふつう、他人のむすこについていう。

【愛孫】かわいがっている孫。

【愛鳥】(とくに野生の) 鳥に関心をもち、たいせつにすること。例 ―精神。―週間。

【愛読】(名・する) 特定の書物や新聞などを好んで読むこと。例 ―書。漱石を―する。―している新聞。

【愛馬】① ウマをかわいがること。例 ―クラブ。② かわいがっているウマ。

【愛▼撫】(名・する) ① かわいがってなでること。② なでさするようにしてかわいがること。

【愛別離苦】(仏) 八苦の一つ。親・きょうだいなどと生き別れ、死に別れする苦しみ。

【愛慕】(名・する) 愛し、したうこと。例―の情がつのる。

【愛用】(名・する)(道具・機械・飲食物などで、特定のものを)いつも好んで使うこと。例祖父―の机。

【愛欲】性愛の欲望。情欲。表記 旧 愛▼慾
【愛恋】①かわいがり恋しく思うこと。例―の情。②恋愛。恋い。

【愛▼憐】(「憐」は、あわれむ意) なさけぶかい心をもって人をあわれむこと。

【▽愛娘】その人がかわいがっている娘。例彼の―は中学生です。
●恩愛・割愛・求愛・敬愛・自愛・慈愛・情愛・親愛・人類愛・博愛・母性愛・友愛・恋愛

心 9

【意】

13画 1653 610F 教育3

音 イ 漢 呉
訓 こころ・おも-い・おも-う
付表 意気地

筆順 亠 立 产 音 音 意 意

なりたち [会意]「心(=こころ)」と「音(=声やことば)」とから成る。ことばから心持ちをおしはかる。

意味 ❶心のなかで、あれこれとおもいめぐらす。おもう。例意図・意料(=おもい、はかる)。❷心のはたらき。かんがえ。おもい。こころ。例意見・意識・決意。❸ことばやものごとにこめられているもの。例意味・寓意・文意。

難読 新発意・随意

人名 お・おき・おさ・のり・むね・もと・よし

【意外】(名・形動) 予想していたことと、まったくちがうこと。思いのほか。例―に思う。結果は―だった。

【意気】①進んで何かをやろうとする気持ち。さかんな元気。意気ごみ。例―があがる。②いさぎよさ。こころいき。例人生―に感ず。

【意気軒▼昂】(形動) 意気ごみがさかんなようす。例強敵を破って―たるものがある。表記「意気軒高」とも書く。

【意気地】㊀自分の主義・主張をあくまでも通そうとする気持ち。類意地。例男の―。㊁ものごとをやりとげようとする気持ちの張り。類気力。例―なし。―のない性格。

【意気消沈】(名・する) 元気をなくして、しょげること。例試合に負けて―している。表記 旧 意気▼銷沈
【意気衝天】(「衝天」は、天を衝く意) 元気がさかんで、その気持ちが天をもつく勢いであること。

【意気阻喪】(名・する) やろうとする勢いがくじけること。気落ちすること。表記 旧 意気▼沮喪
【意気投合】(名・する) 考え方や趣味などが相手と一致して、気が合うこと。例すっかり―した。

【意気揚揚】(形動) 得意で元気いっぱいのようす。例戦いに勝って―と引きあげた。

【意義】①ことばがあらわす内容。わけ。類意味。例語の―を明らかにする。②価値。重要さ。例―のあるもよおし。

【意見】㊀(名) ある問題についての個人の考え。例―を述べる。―を求める。㊁(名・する) いましめさとすこと。類説教・忠告。例父にきびしく―された。天下のご―番。

【意向】(問題・方策・提案などを)どう処理するかについての考えや気持ち。例市当局の―を問う。社長の―を打診する。表記 旧 意▼嚮
【意固地】(名・形動) どこまでも意地を張ってがんこに自分の考えを通そうとすること。かたいじ。えこじ。例―になる。―な老人。表記「依▼怙地」とも書く。

【意志】考え選んでなしとげようとする、心のはたらき。例―強固。―薄弱。―をつらぬく。→【意思】

【意思】あるものごとに対してもっている考え。〔法律用語として用いる〕類意向。例―表示する。個人の―を尊重する。―の疎通を欠く。→【意志】

【意地】①気だて。心のもち方。根性。例―が悪い。②他と張りあう心。自分の考えをどこまでも通そうとする心。いこじ。例―を張る。―になる。③人間のもつ欲望。とくに、食欲。例食い―が張る。―がきたない。

【意識】㊀(名) 自分の置かれている状況や、していることがはっきりわかる心の状態。例―不明になる。―がもどる。㊁(名・する) ①あることについて、はっきりした意見や考えをもっていること。例政治―。高齢者の使用を―した家をつくる。②気にし、こだわること。自覚しながら行動していること。例罪の―。周囲の視線を―して緊張する。

【意識的】(形動) ①自覚しているようす。例―行動。②どういう結果になるかがわかっていて、わざとするようす。故意。例―なものの言い方。

【意趣】①考え。意向。例私の―を述べておきたい。②特別の考え。ことに、相手のしうちに対するうらみ。例―返し(=しかえし)。―をふくむ(=うらみを胸中にもつ)。

【意匠】①(絵画・詩文などについての)考え・くふう。例―を凝らす。②(工芸品や商品などの)形・模様・色などに加える装飾的な考案。デザイン。

【意想外】思いや考えのそと。思いのほか。案外。例―のできごと(=思いもよらぬこと)。

【意中】心のおく深くにあること。また、その思い。例―をさぐる。―の人(=ひそかに気に入って、その人のことを考えている当の相手。候補者・恋人・後継者などを指す)。

【意図】(名・する) ①ある考えをもって何かをしようとすること。その考えや計画。もくろみ。例―を実現する。―的な妨害。②言わんとするところ。ねらい。例作者の―。

【意馬心猿】〔仏〕煩悩や情欲のために、心の乱れをおさえられない状態。心猿意馬。〔ウマがとびはね、サルがさわぐのをおさえられないことにたとえていう〕

【意表】思ってもいなかったこと。意想外。例敵の―をつく。人の―に出る。

【意味】㊀(名) ①ことばであらわされる内容。意義。例―不明のことば。単語の―を調べる。②動機や意図。理由。わけ。例―ありげな顔つき。③価値。意義。例―のない仕事。無―。㊁(名・する) 実質や内容をあらわし示すこと。例遭難を―する信号。

【意味深長】(形動) 表面からわかること以外に、深い内容をふくんでいるようす。例―な発言。

【意訳】(名・する) 原文の内容に重点を置いて翻訳すること。対直訳・逐語訳。

【意欲】積極的に何かをしようと思う心。例―がじゅうぶんだ。―がある。―を失う。表記 旧 意▼慾
【意力】意志のちから。精神力。例理想に向かって進もうという―。
●悪意・敬意・決意・故意・好意・合意・懇意・辞意・失意・真意・随意・誠意・善意・総意・他意・大意・注意・弔意・敵意・同意・得意・任意・熱意・不意・文意・本意・用意・留意

忄 9

【愕】

12画 5619 6115

音 ガク 漢 呉
訓 おどろ-く

意味 ❶おどろきあわてる。びっくりする。例愕然。驚愕。❷ことばをかざらず、まっすぐに言う。同諤。

【愕然】(形動タル) 思いがけないことに、ひどくおどろくようす。例急な知らせに—とする。

心 9

【感】

13画 2022 611F 教育3 音カン 漢呉

筆順 丿 厂 后 咸 咸 咸 咸 感 感

なりたち 【形声】「心(=こころ)」と、音「咸カ」とから成る。人の心を動かす。

意味 ❶ものごとにふれて心が動く。また、そのような心の動き。例感心。感動。❷からだが外からの刺激を受けて反応する。例感覚。敏感。❸(病気などに)かかる。かぶれる。例感染。感冒。

【感化】(名・する) 心がけや行動などについて、知らず知らずに影響を受けること。〔よいことについても悪いことについてもいう〕例先生の—を受ける。悪友に—される。

【感懐】心に感じた思い。類感想。例過去の—にふける。

【感慨】しみじみと身にしみて感じること。また、その思い。例深く—を覚えた。—深げなようす。

【感慨無量】(名・形動ダ) はかり知れないほど、しみじみとした思いを感じること。感無量。例五十年ぶりに幼友達に会えて—です。

【感覚】①目・鼻・耳・舌・皮膚などのはたらきで感じとられたもの。例—器官。冷たくて指先の—がなくなる。②ものごとを、どんなふうに感じとるかという心のはたらき。感受性。センス。例鋭敏な—。新しい—の音楽。

【感泣】(名・する) 感激して泣くこと。例師の恩情に—する。

【感興】興味を感じること。おもしろがること。例—をそそる。—をもよおす。—がわく。

【感吟】(名・する) ①感動して詩歌を口ずさむこと。また、感動して作った詩歌。②人を感動させるすぐれた詩歌。

【感激】(名・する) 人の胸を打つすぐれた作品や言動に接して、心がはげしく動かされること。例—のあまりなみだを流した。ものに—しやすい年ごろ。

【感光】(名・する)〔化〕(フィルムなどが)光を受けて、化学的変化を起こすこと。例—紙。

【感謝】(名・する) ありがたく思うこと。また、その気持ちをあらわすこと。例—の意をあらわす。ご厚意に—する。

【感受】(名・する) 外からの刺激を受けとめること。例—性。すなおになんでも—する。

【感受性】人のことばの内容やものごとの意味をするどく感じとる心のはたらき。感性。例—の強い子。

【感傷】ものがなしいおもむきを感じとり、心をいためること。また、ものごとに心が動かされやすいこと。例—にひたる。

【感賞】(名・する) 感心してほめること。また、てがらをほめて、あたえるほうび。

【感状】いくさのてがらをほめて、主君や上官があたえる文書。例司令官が—をあたえた。

【感情】①喜んだり悲しんだりおこったり、場面や状況の変化に応じてさまざまに動く心の状態。心持ち。気持ち。対理性。例—が高ぶる。—に走る。—を害する。②〔心理学で〕「美しい・みにくい」「好き・きらい」「満足・不満」など、大きく「快・不快」に分けられる心のあり方。

【感情移入】(名・する) 他の人の心理、芸術作品や自然の景色などに、自分の感情や精神をはいりこませて同じ気持ちになること。

【感情的】(形動ダ) 感情の動きがはげしく、それが表情や声、態度などにあらわれているようす。対理性的。例—になる。—に対立する。

【感情論】理性にもとづかず、感情だけによってする議論。例—になってにくみ合う。

【感触】①手や肌が、ものにふれたときに得られる感じ。手ざわり。肌ざわり。例新芽のやわらかな—。②相手から受ける感じ。類気配・予測。例勝てるという—を得る。

【感心】一(名・する) 心のうちに、よい・美しい・りっぱなどと思い、評価すること。例なるほどと—する。あまり—できない出来だ。二(形動ダ) ほめる価値のあるようす。例母を助ける—な少女。

【感性】①〔哲〕外部の刺激や印象を受けとめる、心のはたらき。感受性。対悟性。例するどい—をもった詩人。②感覚から生ずる心のはたらき。感情・衝動・欲望など。参考 感性・意志・理性を、心理学的な見方で心の三方面とする。

【感染】(名・する) ①病気がうつること。例コレラの—経路と—源。②好ましくない慣習・思想などの影響を受けて、それにそまること。例悪習に—する。▽類伝染。

【感染症】ウイルスや細菌などの病原体に感染することによって起こる病気。もと法定伝染病とされていたコレラ・赤痢なども含まれる。

【感想】見たり聞いたり、読んだり話したりして心にうかぶ思いや考え。例読書—文。

【感嘆】(名・する) すばらしいできばえだ、たいしたものだと感心してほめたたえること。類賞嘆・嘆賞。例—文。—の声をあげる。表記 旧感▼歎

【感嘆詞】「感動詞」に同じ。表記 旧感▼歎詞

【感嘆符】感動をあらわしたり、意味を強調したりする符号。エクスクラメーションマーク。「!」 表記 旧感▼歎符

【感知】(名・する) 感づくこと。気づくこと。直感的に心に感じて知ること。類察知。例火災—装置。

【感電】(名・する) 電流がからだを流れること。電気にふれて、びりびりと感じること。例—死。

【感度】電波や光などに反応する度合い。また、外からの刺激を感じとる度合い。例高—フィルム。—がにぶい。

【感動】(名・する) 深い満足や強い衝撃で、心がゆりうごかされること。例—的。深い—を覚える。

【感動詞】品詞の一つ。自立語で活用はしない。単独で文・文節になり、感動・応答・呼びかけをあらわすことば。「ああ」「おや」「はい」「もしもし」など。感投詞。感嘆詞。

【感得】(名・する) ものごとの道理や奥深さを感じてさとること。例真理を—する。

【感応】(名・する) ①直接、ふれたり話したりできないようなものに心が感じ動くこと。類感動。②信心が神仏に通じること。例神仏の—を得る(=願いごとがかなう)。③〔理〕電場や磁場にある導体が、電気や磁気の作用を受けること。誘導。例—コイル。

【感服】(名・する) たいしたものだと、心から感心すること。類敬服。例みごとなできばえに—した。

【感冒】ウイルス性の呼吸器疾患。かぜ。かぜひき。例流行性—。

【感銘】(名・する) 忘れることができないほど深く感動すること。肝銘。例—を受ける。—をあたえる。

【感涙】感激のあまり流す、なみだ。うれしなみだ。例—にむせぶ。

●音感・快感・共感・好感・五感・語感・

実感・所感・直感・痛感・同感・鈍感・反感・万感・敏感・予感・霊感

心 9
【愚】
13画 2282 611A 常用 音グ漢呉 訓おろ-か

筆順 冂 日 旦 昌 禺 禺 禺 愚 愚

なりたち ［会意］「心（=こころ）」と「禺グ（=おろかな猿の類）」とから成る。おろか。

意味 ❶頭のはたらきがにぶい。知恵が足りない。おろか。対賢。例愚鈍。暗愚。❷ばかにする。あなどる。例愚弄。❸自分に関することをけんそんしていうことば。例愚見。愚妻。愚息。

【愚案】①つまらない考え。②自分の考えや計画などをけんそんしていうことば。例—を申し述べます。

【愚兄】①おろかな、あに。例—賢弟。②自分のあにをけんそんしていうことば。

【愚計】①つまらない計画。例公共事業のなかの第一の—。②自分の計画をけんそんしていうことば。

【愚見】①おろかな意見。例道理に合わない—だ。②自分の意見をけんそんしていうことば。例—を申し上げれば…。

【愚行】人に理解されない、おろかなおこない。類愚挙。例—を重ねる。

【愚考】（名・する）①つまらないかんがえ。②自分のかんがえをけんそんしていうことば。

【愚公山を移す】どんな困難なことでも、なまけずに努力すれば、必ずなしとげられるものだというたとえ。

故事のはなし 昔、愚公という九十歳になる老人がいた。愚公は太行山・王屋山という山に面して住んでいて、回り道しなければならず不便だったので、この山を取りのぞいて平らにしようと考えた。人々はこのくわだてをばかにしたが、愚公は子や孫とともに山の土を運びはじめ、子々孫々なん代かかってもやりとげる決意を述べたところ、天の神が感心して二つの山を取りのぞいてくれたのだった。〈列子〉

【愚妻】①おろかなつま。②自分のつまをけんそんしていうことば。類荊妻。

【愚作】①つまらない作品。類駄作。対秀作・傑作。②自分の作品をけんそんしていうことば。

【愚策】①おろかなはかりごと。例そんな—は役に立たない。②自分の考えや計画をけんそんしていうことば。

【愚者】おろかもの。対賢者・知者。

【愚者の一得】おろかものの考えにも、一つくらいはよい考えがあるということ。類愚者も千慮に必ず一得有り。

【愚書】①つまらない書物。②自分の手紙や著書をけんそんしていうことば。

【愚女】①つまらない女。女性が自分をけんそんしていうことば。②自分の娘をけんそんしていうことば。

【愚人】おろかな人。類愚者。対賢人。例—の夢。

【愚生】自分をけんそんしていうことば。〔男性が手紙などで用いる〕類小生。

【愚説】①とるにたりないつまらない説。②自分の説をけんそんしていうことば。例—を述べる。

【愚僧】①おろかな僧。②僧が自分をけんそんしていうことば。類拙僧。例ここは—にお任せなさい。

【愚息】おろかなむすこ。また、自分のむすこをけんそんしていうことば。類豚児。

【愚直】（名・形動ダ）真っ正直でいちずなこと。例—なまでにつき従う。

【愚弟】おろかなおとうと。また、自分のおとうとをけんそんしていうことば。

【愚答】つまらない答え。

【愚▼禿】〔「禿」は、はげ頭。髪を剃ったおろか者の意〕僧が自分をけんそんしていうことば。類愚僧。

【愚鈍】（名・形動ダ）反応がにぶく、することがまぬけなこと。のろま。類愚昧。対利発。

【愚物】おろかもの。類愚人。

【愚妹】自分のいもうとをけんそんしていうことば。

【愚昧】（名・形動ダ）〔「昧」は、くらい意〕おろかで、ものの道理を知らないこと。類愚鈍・暗愚。対賢明。例—な君主。

【愚民】おろかな人民。おろかな人々。例—政策（=国の権力者が人民を無知の状態にして、思うままに支配しようとする政策）。

【愚問】つまらない質問。まとはずれの無益な問い。例—愚答。—を発する。

【愚劣】（名・形動ダ）くだらなくて、なんの価値もないこと。類低級・低劣。例—きわまりない行為。

【愚老】老人が自分をけんそんしていうことば。例—のたわごとです。

【愚弄】（名・する）〔「弄」は、もてあそぶ意〕人をあなどりからかうこと。例年寄りを—するものではない。

【愚論】①なんの役にも立たない議論。くだらない意見。例会議は—に終始した。②自分の議論や意見をけんそんしていうことば。

●暗愚・衆愚・大愚・凡愚

心 9
【愆】
13画 5620 6106 音ケン漢呉 訓あやま-る・つみ・とが

意味 ❶過失。あやまち。つみ。とが。例愆過（=あやまち）。❷しくじる。誤る。

忄 9
【愃】
12画 5626 6103 音ケン漢 セン漢 訓ゆる-やか・よ-し

意味 心がゆったりとしている。ゆるやか。

忄 9
【慌】
12画 2518 614C 常用 音コウ漢呉 訓あわ-てる・あわ-ただしい

筆順 忄 忄 忄 忙 忙 忙 忙 慌 慌

忄 9
【慌】
12画

なりたち ［形声］「忄（=こころ）」と、音「荒コウ」とから成る。さしせまってあわてる。

意味 心のおちつきをうしなう。あわてる。例恐慌。慌ただしい毎日。慌ただしく旅に出る。

忄 9
【惶】
12画 5621 60F6 音コウ漢 オウ呉 訓おそ-れる・あわ-てる

意味 おどおどする。おそれる。あわてる。例 惶恐コウキョウ。惶惶コウコウ。恐惶キョウコウ。

【惶恐】コウキョウ おそれかしこまること。例―再拝（=おそれかしこまって、二度おがむこと。あらたまった手紙の結びに書く）。

【惶惶】コウコウ（形動タル）①おそれおびえるようす。あわてふためくようす。②あわただしいようす。

心 9
【慈】
13画 2792 6148 常用
音 シ漢 ジ呉
訓 いつく-しむ・いつく-しみ

筆順 丷 䒑 玄 玄 玆 玆 慈 慈 慈

心 9
【慈】13画 ― 2F8A6

なりたち [形声]「心（=こころ）」と、音「玆シ」とから成る。いつくしむ。

意味 子をかわいがる親の心。いつくしみ。また、愛情をもってたいせつにする。いつくしむ。例 慈愛ジアイ。慈恵ジケイ。慈善ジゼン。

難読 慈姑くわい

人名 いつ・しげ・しげる・ちか・なり・めぐみ・やす・やすし・よし

【慈愛】ジアイ 深い愛をもっていつくしむこと。かわいがり、たいせつにすること。例―をそそぐ。―に満ちる。

【慈雨】ジウ（日照りつづきのあとに降る）草木をよみがえらせる雨。めぐみの雨。例 干天カンテンの―。

【慈▼烏】ジウ カラスのこと。〔カラスは、成長したあと、自分の親にえさをあたえて、育ててくれた恩にむくいるという〕

【慈恩】ジオン いつくしみにあふれた恩情。類 慈恵ジケイ。

【慈顔】ジガン いつくしみにあふれた表情。例 師の―をあおぐ。

【慈恵】ジケイ いつくしみの心をもって他にめぐみをほどこすこと。

【慈眼】ジゲン 〔「ジガン」とも〕〔仏〕仏や菩薩ボサツの深いいつくしみのまなざし。例 弥陀ミダの―をあおぐ。

【慈心】ジシン いつくしみに満ちた深い愛の心。

【慈仁】ジジン ①いつくしみ。②情けぶかさ。

【慈善】ジゼン 災害にあった人や暮らしに困っている人などにお金や品物を援助エンジョすること。チャリティー。例―家。―事業。

【慈善市】ジゼンいち 慈善事業の資金などを集めるために、持ち寄った物品を特別の価格で売るもよおし。また、その場所。バザー。

【慈悲】ジヒ ①なさけ。あわれみ。いつくしみあわれむこと。例―心シン。②〔仏〕仏や菩薩ボサツが人々に安楽をあたえ、苦しみを取りのぞくこと。例―をたれる。

【慈父】ジフ ①子に深い愛情をそそぐ父親。例―のごとき先生。②父親をほめていうことば。▽対 慈母。

【慈母】ジボ ①子に深い愛情をそそぐ母親。例―のように慕したう。②母親をほめていうことば。▽対 慈父。

心 9
【愁】
13画 2905 6101 常用
音 シュウ漢
訓 うれ-える・うれ-い

筆順 ニ 千 禾 和 秒 秋 秋 愁 愁

なりたち [形声]「心（=こころ）」と、音「秋シュ」とから成る。うれえる。

意味 ❶なげく。心配する。思いなやむ。かなしむ。うれえる。うれい。例 愁傷シュウショウ。憂愁ユウシュウ。❷もの悲しい気持ち。さびしさ。例 愁眠シュウミン。哀愁アイシュウ。

使い分け うれい・うれえる【憂・愁】⇩1164ページ

【愁殺】シュウサツ（名・する）〔「シュウサイ」とも。「殺」は、意味を強めることば〕ひどくなげき悲しむこと。例 秋風シュウフウ、人を―す。

【愁思】シュウシ わびしい思い。うれい。愁心。例―の春。

【愁傷】シュウショウ 一（名・する）なげき悲しむこと。類 愁嘆シュウタン。二（名）気の毒なこと。〔「ご愁傷さま」の形で、身内みうちの死にあった人に対する悔くやみのことば。また、相手の失敗や落胆ラクタンを軽くからかって、「お気の毒に」の意味でも用いる〕

【愁色】シュウショク 悲しそうな顔つき。うれいをふくんだ表情。例―につつまれる。

【愁人】シュウジン ①心になやみのある人。②詩人。例 ひとり―秋をうたう。

【愁訴】シュウソ（名・する）①なやみをうったえること。泣きごとを言うこと。また、そのなやみや泣きごと。②からだの不調をうったえること。例 不定―（=原因がはっきりしないのにからだの不調をうったえること）。

【愁霜】シュウソウ 心配のあまり、しらが頭になること。例―鬢根ビンコンをおかす（=心配ごとのために、かみの毛が根から白くなりはじめる）。

【愁嘆】シュウタン（名・する）悲しみなげくこと。泣きくどくこと。類 悲嘆・愁傷シュウショウ。例―場ば。表記 旧 愁▼歎

【愁嘆場】シュウタンば 演劇などで、登場人物がなげき悲しむ場面。死別や生別などの場面をいう。転じて、悲嘆ヒタンにくれるような状況ジョウキョウをいう。例 突然トツゼンその部屋は―になった。表記 旧 愁▼歎場

【愁眉】シュウビ 心配してひそめた、まゆ。例―をひらく（=心配がうすらいでほっとする）。

【愁眠】シュウミン さびしさのためねつかれず、うつらうつらすること。例―の床とこを離はなれて、ふたたび多忙タボウの日がはじまる。

●哀愁アイシュウ・郷愁キョウシュウ・憂愁ユウシュウ・旅愁リョシュウ

忄 9
【愀】
12画 5623 6100
音 シュウ漢 ショウ漢

意味 心配して顔色が変わる。顔をしかめて、うれえるようす。例 愀然シュウゼン。

【愀然】シュウゼン・ショウゼン（形動タル）①心配して顔色を変えるようす。②うれえるようす。例―として襟えりを正す（=さびしげに表情を変えて、えりを正した）。〈蘇軾ソショク・赤壁賦セキヘキのフ〉

心 9
【惷】
13画 5622 60F7
音 シュン漢
訓 おろ-か・みだ-れる

意味 ❶さわぎたてる。みだれる。例 惷惷シュンシュン（=動きみだれるようす）。❷おろかなようす。おろか。同 蠢シュン。例 惷愚シュングン。

忄 9
【惴】
12画 5624 60F4
音 スイ漢 ズイ呉
訓 うれ-う・おそ-れる

意味 おそれおののく。おそれる。例 惴惴ズイズイ（=おそれてびくびくするようす）。

忄 9
【惺】
12画 5625 60FA 人名
音 セイ漢 ショウ呉
訓 さと-る・さ-める

意味 心がすっきりとする。さめる。さとる。さとい。例 惺惺セイセイ。

人名 さとし・しずか

心 9
【想】
13画 3359 60F3 教育3
音 ソ慣 ショウ漢 ソウ呉
訓 おも-う・おも-い

筆順 一 十 木 札 相 相 相 想 想

なりたち [形声]「心（=こころ）」と、音「相ショウ」とから成る。ねがいのぞむ。おもう。

意味 ❶思いめぐらす。心の中にえがく。おもう。おもい。例 想起ソウキ。想像ソウゾウ。予想ヨソウ。❷まとまった考え。アイデア。例 感想カンソウ。思想シソウ。

【想起】ソウキ（名・する）思いおこすこと。思い出すこと。例幼いころを―する。
【想見】ソウケン（名・する）あれこれ想像すること。思いうかべること。例なりゆきを―する。
【想像】ソウゾウ（名・する）心の中で思いえがくこと。例―図。―をたくましくする。
【想定】ソウテイ（名・する）ある状況(ジョウキョウ)が起こるであろうことを、かりに考えてみること。例火災を―して訓練する。
【想到】ソウトウ（名・する）たぶんこうなるだろうと、一つの考えにたどりつくこと。例事件の結末に―する。
【想念】ソウネン 心にうかんでは消える思いや考え。例あらぬ―が起きてくる。
【想望】ソウボウ（名・する）①思いしたうこと。②待ちのぞむこと。期待すること。例理想の実現を―する。
●愛想(アイソウ)・回想(カイソウ)・仮想(カソウ)・感想(カンソウ)・奇想(キソウ)・曲想(キョクソウ)・空想(クウソウ)・幻想(ゲンソウ)・構想(コウソウ)・思想(シソウ)・詩想(シソウ)・随想(ズイソウ)・着想(チャクソウ)・追想(ツイソウ)・発想(ハッソウ)・無愛想(ブアイソウ)・妄想(モウソウ)・黙想(モクソウ)・予想(ヨソウ)・理想(リソウ)・連想(レンソウ)

忄9 【惻】12画 5628 60FB 音ソク慣 ショク漢 シキ呉 訓いた-む

意味 かなしむ。かわいそうに思う。いたむ。例惻隠(ソクイン)。
【惻隠】ソクイン「「隠」も、あわれむ意」いたましく思うこと。同情すること。例人として―の情をもたないものはない。
【惻惻】ソクソク（形動タル）悲しみやあわれみを、しみじみと感じるようす。例―と胸を打つ。

忄9 【惰】12画 3438 60F0 常用 音タ漢 ダ呉 訓おこた-る

筆順 忄 忄 忄 忄 惰 惰 惰

なりたち ［形声］「忄（＝こころ）」と、音「隋キ→タ」の省略体とから成る。つつしまない。

意味 気持ちがだらける。だらしない。なまける。おこたる。例惰気(ダキ)。怠惰(タイダ)。
【惰気】ダキ なまけ心。だらけた気分。例―をはらう。
【惰弱】ダジャク（名・形動ダ）意志が弱いこと。いくじなし。また、体力が弱いこと。例―な精神をきたえなおす。表記「堕弱・▼懦弱」とも書く。

［心（忄・⺗）部］9―10画 惻惰愍愎愉愈慌慈愡惱愉慇慍慨

【惰性】ダセイ ①それまで続けてきた（よくない）習慣。例―を断(た)ちきる。②〔物〕物体が外からの力を受けない限り、今までの運動や状態をそのまま保とうとする性質。慣性。
【惰眠】ダミン なまけて、ねむってばかりいること。例―をむさぼる（＝何もしないで、のらくらと月日を送る）。
【惰力】ダリョク 惰性によってついた力。例―で動く。
●怠惰(タイダ)・遊惰(ユウダ)

心9 【愍】13画 5630 610D 音ビン漢 ミン呉 訓あわ-れむ・いた-ましい

意味 かわいそうに思う。かなしむ。あわれむ。同憫(ビン)。例愍然(ビンゼン)。不愍(フビン)。憐愍(レンビン)。
【愍然】ビンゼン（形動タル）かわいそうなようす。表記「▼憫然」とも書く。

忄9 【愎】12画 5631 610E 音フク慣 ヒョク漢 訓おご-る・たが-う・もと-る

意味 自分をえらいもののように思って、かたくなに意地を通す。おごる。たがう。もとる。例愎戻(フクレイ)（＝心がねじけている）。剛愎(ゴウフク)（＝強情(ゴウジョウ)で人のいうことを聞かない）。

忄9 【愉】12画 4491 6109 常用 音ユ漢 訓たの-しむ・たの-しい・よろこ-ぶ

筆順 忄 忄 忄 愉 愉 愉 愉

忄9 【愉】12画

なりたち ［形声］「忄（＝こころ）」と、音「兪(ユ)」とから成る。うすっぺらで、あさい楽しみ。

意味 こころよい。たのしい。よろこぶ。たのしむ。例愉悦(ユエツ)。愉快(ユカイ)。愉楽(ユラク)。
【愉悦】ユエツ（名・する）心から楽しみよろこぶこと。例―にひたる。
【愉快】ユカイ（名・形動ダ）楽しくて心がはずむこと。満ちたりた気分になること。例―に遊ぶ。―な仲間。
【愉楽】ユラク よろこびとたのしみ。例―を味わう。

心9 【愈】13画 4492 6108 音ユ漢呉 訓い-える・いよいよ・まさ-る

意味 ❶他とくらべて、よりよい。まさる。例女(なんじ)と回(カイ)といずれか愈(まさ)れる（＝おまえと顔回(ガンカイ)とは、どちらがすぐれているか）。〈論語(ロンゴ)〉 ❷しだいに。ますます。いよいよ。 ❸病気がしだいによくなる。いえる。同癒(ユ)。例快愈(カイユ)。治愈(チユ)。平愈(ヘイユ)。

忄9 【慌】12画 ⇩【慌】コウ(406ページ)

心9 【慈】13画 ⇩【慈】ジ(407ページ)

忄9 【愡】12画 ⇩【惣】ソウ(411ページ)

忄9 【惱】12画 ⇩【悩】ノウ(399ページ)

忄9 【愉】12画 ⇩【愉】ユ(408ページ)

心10 【慇】14画 5632 6147 音イン漢 オン呉 訓ねんごろ

意味 ❶心配して、心をいためる。うれえる。例慇憂(インユウ)（＝深い心配）。 ❷こまごまと気をくばる。ねんごろ。例慇懃(インギン)。

難読 慇懃(ねんごろ)

【慇慇】インイン（形動タル）心がいたむようす。また、深く心にかけるようす。例憂心(ユウシン)―たり。
【慇▼懃】インギン 一（名・形動ダ）人に接する態度がていねいで礼儀(レイギ)正しいこと。例―な応対ぶり。二（名）①親しい交わり。よしみ。例―を重ねる。②男女が思いあう情。例―を通じる（＝情交する）。
【慇▼懃無礼】インギンブレイ（名・形動ダ）おもてむきはていねいだが、心がこもっていないこと。

忄10 【慍】13画 5618 614D 音ウン漢 オン呉 訓うら-む・いか-る・いきどお-る

意味 心の中に不愉快(フユカイ)な思いがこもって、腹が立つ。うらむ。いかる。例慍色(ウンショク)。人不レ知而不レ慍(ひとしらずしていきどおらず)（＝世間の人がわかってくれなくても、腹を立てない）。〈論語(ロンゴ)〉
【慍色】ウンショク むっとした表情。

忄10 【慨】13画 1920 6168 常用 音カイ漢 ガイ呉 訓なげ-く

筆順 忄 忄 忄 忄 忄 忄 慨

忄11 【慨】14画

なりたち【形声】「忄(=こころ)」と、音「既キ→イカ」とから成る。

意味 ❶心が激する。いきどおる。例憤慨・悲憤慷慨。❷ため息をつく。なげく。例慨嘆・感慨。

【慨世】世の中のありさまを、うれいなげくこと。例—の士。

【慨然】(形動タル)①なげきいきどおるようす。例—として世の風潮をなげく。②気持ちがふるいたつようす。

【慨嘆】(名・する)うれいなげくこと。例—にたえない。
表記 ⑪慨▼歎

忄10 **【愾】** 13画 5633 613E 音ガイ慣 カイ漢

意味 ❶ためいきをつく。❷いきどおる。例敵愾。

心10 **【愨】** 14画 5634 6128 音カク漢 訓つつし-む・まこと・よ-し

心11 **【慤】** 15画 6164 別体字

意味 まじめで、つつしみ深い。例愨誠(=まごころ)。

忄10 **【愧】** 13画 5635 6127 音キ漢呉 訓は-じる

意味 はずかしく思う。はじる。例愧死・慚愧。

【愧死】(名・する)①深くはじて死ぬこと。②死ぬほどはずかしく思うこと。例今回の失敗は—するにあたいする。

【愧色】はずかしそうな顔色。

忄10 **【慊】** 13画 5636 614A 音ケン漢 訓あきた-りる・うら-む

意味 ❶うたがう。同嫌。❷不満に感じる。あきたりない。うらむ。例慊焉。❸心にかなう。あきたりる。例慊意(=満足する)。

【慊▼焉】(形動タル)①不満に思うようす。例—たる面持ち。②満足なようす。

心10 **【愿】** 14画 5637 613F 音ゲン漢 訓うやま-う・つつし-む

意味 まじめで、うやうやしい。つつしむ。例愿愨。

【愿▼愨】つつしみ深くて、まじめであること。誠実。

忄10 **【慎】** 13画 3121 614E 常用 音シン漢呉 訓つつし-む・つつし-み

筆順 忄 忙 怙 恒 慎 慎

忄10 **【愼】** 13画 5638 613C 人名

なりたち【形声】「忄(=こころ)」と、音「眞シン(=まこと)」とから成る。まことをつくしてつつしむ。

意味 すみずみまで心をつかう。用心する。つつしむ。例慎思・慎重・謹慎。

使い分け つつしむ【慎・謹】⇩1173ページ

人名 ちか・ちかし・のり・まこと・みつ・よし

【慎思】(名・する)注意ぶかく考えること。

【慎重】(名・形動ダ)注意ぶかくじっくりと考え、軽々しく行動しないこと。対軽率。例—を期する。—な運転。

【慎独】自分ひとりだけのときでも、おこないをつつしむこと。[「君子は必ず其の独りを慎しむ」(=君子はひとりだけのときでも、おこないをつつしむものだ)〈大学〉にもとづく]

●戒慎・謹慎

心10 **【愬】** 14画 5639 612C 音一ソ漢 二サク漢 訓うった-える・つ-げる

意味 一❶不満や苦しみを言いたてる。うったえる。つげる。同訴。❷他人を悪く言う。そしる。同訴。二おどろいて、ぞっとする。例愬愬(=おどろきおそれる)。

忄10 **【愴】** 13画 5640 6134 音ソウ漢

意味 かなしむ。胸をいためる。例悲愴。

心10 **【態】** 14画 3454 614B 教育5 音タイ漢呉 訓さま・わざ-と

筆順 ム 台 自 能 能 能 態 態

なりたち【会意】「心(=こころ)」と「能ノウ→タイ(=はたらき)」とから成る。外にあらわれた心のはたらき。

意味 すがた。ようす。ありさま。例態勢・容態。

日本語での用法《わざと・わざわざ》とくに心がけて。「態わざとし損じる・態態わざわざ来たけれど会うことができない」

人名 かた

【態勢】ものごとに対応する身がまえや態度。

【態度】①考えや感情などが、ことば・表情・身ぶりにあらわれたもの。類挙動・そぶり。例—が大きい(=尊大である)。ほがらかな—。なまいきな—。②ものごとに対する取り組み方や心がまえ。例卒業式に臨む—。—を硬化させる。

●悪態・擬態・形態・事態・失態・実態・醜態・重態・状態・生態・変態

心10 **【慝】** 14画 5655 615D 音トク漢 訓わる-い・かく-す

意味 道理にはずれて、正しくない。邪悪な。

⺗10 **【慕】** 14画 4273 6155 常用 音ボ漢 訓した-う・した-わしい

筆順 一 艹 苜 莫 莫 慕 慕 慕

なりたち【形声】「⺗(=こころ)」と、音「莫ボ」とから成る。習う。習って、心がひかれる。

意味 心ひかれて思いをよせる。したう。したわしい。例慕情・思慕。

人名 もと

【慕情】(人や、故郷などを)なつかしみ、恋いしたう気持ち。類恋情。例ある人への—を述べた歌。

●敬慕・思慕・追慕・恋慕

心10 **【慂】** 14画 5642 6142 音ヨウ漢

意味「慫慂」は、何かをするように、すすめること。

忄10 **【慄】** 13画 5643 6144 常用 音リツ漢 訓おそ-れる・おのの-く

筆順 忄 忄 忓 悀 慄 慄 慄

なりたち【形声】「忄(=こころ)」と、音「栗リツ」とから成る。おそれる。

意味 こわさや寒さで、からだがふるえる。おそれおののく。例慄然リツ。戦慄センリツ。

【慄然】リツゼン (形動タル) おそろしさにぞっとしてふるえるようす。

忄10【愼】13画 ⇩【慎】シン(409ページ)

忄10【愽】13画 ⇩【博】ハク(166ページ)

心11【慰】15画 1654 6170 常用 音イ漢呉 訓なぐさ-める・なぐさ-む・なぐさ-み・なぐさ-め

筆順 ㇕ コ 尸 尸 尸 尉 尉 慰 慰

なりたち [形声]「心(=こころ)」と、音「尉ィ」とから成る。安らかにさせる。

意味 なだめて心をおちつかせる。なぐさめる。なぐさむ。例慰安。慰問。弔慰。

人名 のり・やす・やすし

【慰安】イアン (名・する) ①心やからだをいたわり、安らかにすること。例—の一日。②日ごろの苦労にむくいるため、人を楽しませること。例—会。社員の—旅行。

【慰▼藉】イシャ (名・する) 心をなぐさめ、安らぎをあたえること。例老後の孤独を—する趣味。表記 現 慰謝

【慰謝料】イシャリョウ [法] (身体・生命・自由・名誉などをおかした人が)相手の精神的苦痛や損害をつぐなうためにはらうお金。例—によっても、つぐなうことのできない苦しみ。表記 旧 慰▼藉料

【慰▼撫】イブ (名・する) (つらさや苦しみの心を)なぐさめいたわること。例—のことば。病人を—する。

【慰問】イモン (名・する) 苦しい状況にある人をなぐさめはげますために、訪問すること。例老人ホームを—する。

【慰留】イリュウ (名・する) やめようとする人に、思いとどまるよう引きとめること。例辞任を—する。

【慰霊】イレイ 死者の霊をなぐさめること。例戦死者の—祭。

【慰労】イロウ (名・する) 努力や苦労をねぎらうこと。例—金。—会。社員を—する。

●自慰・弔慰

忄11【慣】14画 2023 6163 教育5 音カン漢呉 訓な-れる・な-らす・なら-わし・な-れ

筆順 ハ 忄 忄 忄 忄 慣 慣 慣

なりたち [形声]「忄(=こころ)」と、音「貫カ」とから成る。なれる。

意味 前からくりかえしていて、なれている。なれる。また、昔からのしきたり。ならわし。例慣習。慣例。

人名 みな

【慣行】カンコウ 以前から、ならわしとしておこなわれている、ことがらや行事。例—に従う。

【慣習】カンシュウ 昔から伝えられ広くおこなわれてきた、決まったやり方。ならわし。しきたり。類風習。例—法(=文章化されていないが、法と同じ力をもっている習慣)。

【慣性】カンセイ [物] 物体が外からの力を受けない限り、そのままの運動や状態を続ける性質。類惰性。例—の法則。

【慣用】カンヨウ (名・する) 使いなれていること。また、習慣として世間に広く使われていること。例—句。—が久しくなると、それが正しいと認められてしまう。

【慣用音】カンヨウオン 昔から日本で使われてきた漢字の音で、漢音・唐音・呉音とは異なるもの。「雑(ゾウ)」をザッ、「輸(シュ)」をユ、「立(リュウ)」をリツと読むなど。

【慣用句】カンヨウク 「慣用語②」に同じ。

【慣用語】カンヨウゴ ①ある場面でいっぱんによく使われる、決まり文句。「おはよう」「ごめん下さい」などの類。②二つ以上の語が結びついて、ある固定した意味をもつようになったことば。「首をつっこむ(=参加する)」「足が地につかない(=おちつかない)」など。慣用句。

【慣例】カンレイ くりかえしおこなわれて、習慣になっているやり方。ならわし。しきたり。例—に従う。

●習慣

心11【慶】15画 2336 6176 常用 音ケイ漢 キョウ呉 訓よ-い・よろこ-ぶ

筆順 亠 广 户 声 声 声 鹿 慶

なりたち [会意]「心(=こころ)」と「夂(=行く)」と「鹿(=贈り物の鹿皮)」の省略体とから成る。行って人を祝う。

意味 ❶めでたいと祝う。よろこぶ。めでたいこと。よろこび。例慶賀。慶弔。同慶。❷さずかりもの。たまもの。例天慶。余慶。

人名 たかし・ちか・のり・みち・やす・やすし・よし

【慶雲】ケイウン めでたいときにあらわれるという五色の雲。類景雲・瑞雲。

【慶賀】ケイガ (名・する) めでたいことに対してのよろこび。また、よろこび祝うこと。類慶祝。例—にたえない。—に存じます。

【慶事】ケイジ (結婚や出産などの)おめでたいこと。祝いごと。例今月は—が続く。

【慶祝】ケイシュク (名・する) よろこび、いわうこと。また、そのよろこびごと。例完成を—する。

【慶賞】ケイショウ てがらに対してあたえられるもの。ほうび。

【慶弔】ケイチョウ (結婚や出産などの)よろこびごとと葬式などの不幸。例—電報。

【慶典】ケイテン (国家の)祝いの儀式。めでたい儀式。祝典。例宮中の—に列席する。

【慶福】ケイフク めでたいこと。さいわい。例国の—を祝う。

●大慶・同慶・落慶

心11【慧】15画 2337 6167 人名 音ケイ漢 エ呉 訓さと-い

心11【慧】15画

なりたち [形声]「心(=こころ)」と、音「彗スイ→イケ」とから成る。さとい。

意味 心のはたらきがすぐれる。さとい。例慧敏。智慧。

人名 あき・あきら・さかし・さと・さとし・さとる

【慧眼】ケイガン ものごとの真実のすがたや裏面を見ぬくするどい眼力。類炯眼。例—の士。彼の—に敬服する。

【慧敏】ケイビン (名・形動) かしこいこと。するどくさといこと。

忄11【慷】14画 5645 6177 音コウ漢

忄4【忼】7画 2-1237 5FFC 本字

意味 心がたかぶる。なげく。例慷慨。

【慷慨】コウガイ (名・する) (世の中の不正などに)はげしくいきどおり、なげくこと。例悲憤—する。

心11【慙】15画 5647 6159 音サン漢 ザン呉 訓は-じる・はじ

忄11【慚】14画 5648 615A 別体字

意味 はずかしく思う。きまりが悪い。はじる。例慙愧。

【慙▼愧】自分の言動を、くやみ、はずかしく思うこと。例—の念。—にたえない。

【慙死】(名・する) 深くはじて死ぬこと。死ぬほどにはじいること。例罪は—に値する。

忄11 **【慴】** 14画 5650 6174 音ショウ漢 訓おそ-れる

意味 おびえて、びくびくする。おそれる。例慴悸(=おびえて、胸がどきどきする)。

心11 **【慫】** 15画 5649 616B 音ショウ漢 訓すす-める

意味 人にすすめて、したがわせる。例慫慂。

【慫▼慂】(名・する) わきからすすめて、そうするようにしむけること。例—されて立候補する。

忄11 **【慯】** 14画 5651 616F 音ショウ漢 訓いた-む・うれ-える

意味 うれえ悲しむ。心をいためる。いたむ。うれえる。同傷。例哀傷。

忄11 **【憁】** 14画 — 6181 音ソウ漢

忄9 **【愡】** 12画 5627 6121 俗字

意味「憁恫」は、㋐せわしく走り回る、㋑無知なようす、㋒思うにまかせないようす。

忄11 **【憎】** 14画 3394 618E 常用 音ソウ漢 ゾウ呉 訓にく-む・にく-い・にく-らしい・にく-しみ

筆順 忄 忄 忄 怡 憎 憎 憎

忄12 **【憎】** 15画 1-8462 FA3F 人名

なりたち [形声]「忄(=こころ)」と、音「曾ソ」とから成る。にくむ。

意味 はげしくきらう。いやがる。にくむ。にくしみ。例憎悪。愛憎。

日本語での用法《にくい》ねたましいほどりっぱだ。「心憎い配慮」

【憎悪】(名・する) 心の底からにくみきらうこと。例—の念をいだく。

【憎体】(形動ナ) いかにもにくたらしいようす。例—な態度をとる。

●愛憎・生憎

忄11 **【慥】** 14画 5652 6165 音ゾウ慣 ソウ漢 訓まこと・せわ-しい・たし-か

意味 ❶あわただしい。にわか。例慥然(=にわかに)。❷まじめで、てあつい。まこと。例慥慥(=まじめ)。

日本語での用法《たしか》確実に。きっと。たぶん。まちがいなく。〔古くは「慫」と書いたものが変形して「慥」と一致したもの〕「慥かに見た・慥か今年の春のこと・慥かでない情報」

忄11 **【慱】** 14画 5653 6171 音タン漢 訓うれ-える

意味 ❶心配で落ちつかないようす。うれえる。例慱慱(=うれえるようす)。❷まるい。同団。

忄11 **【慟】** 14画 5654 615F 音トウ漢 ドウ呉 訓なげ-く

意味 身もだえして悲しむ。ひどく泣き悲しむ。なげく。例慟哭。哀慟。

【慟泣】(名・する) 身をふるわせて泣くこと。

【慟▼哭】(名・する)〔「哭」は、声をあげて泣く意〕ひどく悲しみ、身をふるわせ、声をあげて泣くこと。類号泣。例訃報に接して—する。

忄11 **【慓】** 14画 5656 6153 音ヒョウ漢

意味 すばしこい。すばやい。同剽。例慓悍。

【慓▼悍】(名・形動ナ) すばしこくて、あらあらしいこと。例—な部族。表記「▼剽悍」とも書く。

忄11 **【慢】** 14画 4393 6162 常用 音バン漢 マン呉 訓おこた-る・あなど-る・おご-る

筆順 忄 忄 忄 悍 悍 慢 慢

なりたち [形声]「忄(=こころ)」と、音「曼バ」とから成る。おこたる。

意味 ❶心がゆるむ。なまける。おこたる。例怠慢。❷動きがおそい。ゆるやか。例慢然。緩慢。❸おごりたかぶる。相手を軽くみる。おごる。あなどる。例慢心。高慢。自慢。

【慢心】(名・する) 自分の力をほこってうぬぼれること。また、その思いあがった心。例—をいさめる。

【慢性】①(急な変化はないが)長びいて、なかなか治らない病気の性質。対急性。例—鼻炎。②よくない状態が長く続いていること。例—のインフレになやまされる。

【慢然】(形動タルト) ①ゆっくりしたようす。②はっきりしないで、ぼんやりしているようす。類漫然。

【慢罵】(名・する) 人をさげすんで、ののしること。例人を—する。

【慢侮】(名・する) 人をかろんじること。

●我慢・緩慢・驕慢・高慢・傲慢・自慢・怠慢

心11 **【憂】** 15画 4511 6182 常用 音ユウ漢 ウ呉 訓うれ-える・うれ-い・う-い

筆順 一 丆 百 直 悳 悳 憂 憂

なりたち [会意]本字は「𢝊」で、「心(=こころ)」と「頁(=かお)」とから成る。うれいの心が顔にあらわれる。うれえる。

意味 ❶心配する。ふさぐ。うれえる。うれえ。うれい。例憂国。憂慮。杞憂。❷喪も。例丁憂(=喪に服す)。

使い分け うれい・うれえる【憂・愁】⇩1164ページ

【憂き身】つらいことが多い身の上。例—をやつす(=心配ごとのために身を細らせる。また、身がやせるほどものごとに熱中する)。

【憂き目】苦しくつらい体験。悲しくつらい経験。例—をみる。落第の—にあう。

【憂い顔】〔「うれえがお」とも。「うれい」は「うれえ」の変化〕なげきかなしんでいる顔。心配ごとがあるような顔つき。例—の美人。

【憂い事】うれいごと(「うれえごと」とも。「うれい」は「うれえ」の変化)心配ごと。心をなやませることがら。例―がたえない。

【憂鬱】ユウウツ(名・形動ダ)心配ごとなどがあって気がふさぐこと。気持ちがはればれしないこと。例雨が続いて―だ。

【憂患】ユウカン(名・する)心配すること。また、心配ごと。例―を除く。

【憂▼懼】ユウク(名・する)心配してびくびくすること。例―しながら裁決を待つ。

【憂国】ユウコク 国の現状や将来のことについて心をいため、なげくこと。例―の士。―の情。

【憂思】ユウシ 心配する心。例秋深く―を述べる詩。

【憂愁】ユウシュウ 心の底からはなれない悲しみ。例―の思いに沈しずむ。―のない楽園。

【憂色】ユウショク ふさぎこんだ顔つきや、ようす。例―に包まれる。主あるじの病が重く、―の濃こい邸内テイナイ。

【憂心】ユウシン 心配する気持ち。例―が深い。

【憂世】ユウセイ 国や世の中の行くすえをあれこれと心配し、なげくこと。例―の心が強い。

【憂憤】ユウフン(名・する)(社会や世の中のできごとに対し)悲しみいきどおること。例―やるかたなく身をひく。

【憂▼悶】ユウモン(名・する)心の底にあって解決できないことがらについて、なやみ苦しむこと。例―のうちに世を去る。

【憂慮】ユウリョ(名・する)今の状態やなりゆきを考え、あれこれ心配すること。例―にたえない。

●一喜一憂イッキイチユウ

忄11 【慵】14画 5657 6175 音ヨウ慣 ショウ漢 訓ものう-い

意味 けだるくて、何をする気にもならない。ものうい。例慵惰ヨウダ(=おこたる。なまける)。

心11 【慾】15画 4561 617E 音ヨク漢呉

意味 むやみにほしがる(心)。欲望ヨクボウ。同欲ヨク。例嗜慾シヨク。

表記 現代表記では、「欲ヨク」に書きかえることがある。熟語は「欲」(554ジペー)を参照。

心11 【慮】15画 4624 616E 常用 音リョ漢呉 訓おもんぱか-る・おもんぱか-り

筆順 ' ト 广 广 庐 虐 慮 慮

なりたち [形声]「思(=おもう)」と、音「虍コ→リョ」とから成る。思いはかる。

意味 あれこれ考えをめぐらす。はかる。おもんぱかる。おもんぱかり。例慮外リョガイ。遠慮エンリョ。考慮コウリョ。

人名 のぶ

【慮外】リョガイ(名・形動ダ)①思いがけないこと。類意外。例―の事件。②もってのほかのこと。常識や礼儀レイギにはずれていること。無礼ブレイ。例この―者もの!

●遠慮エンリョ・考慮コウリョ・熟慮ジュクリョ・思慮シリョ・配慮ハイリョ・不慮フリョ・無慮ムリョ・憂慮ユウリョ

忄11 【慨】14画 ⇩【慨】ガイ(408ジペー)

心11 【慤】15画 ⇩【愨】カク(409ジペー)

心11 【慧】15画 ⇩【慧】ケイ(410ジペー)

心11 【憇】15画 ⇩【憩】ケイ(412ジペー)

忄11 【慘】14画 ⇩【惨】サン(400ジペー)

忄11 【慚】14画 ⇩【慙】ザン(410ジペー)

心12 【憙】16画 5658 6199 音キ漢呉 訓よろこ-ぶ

意味 うれしく思う。よろこぶ。同喜キ。

心12 【憖】16画 5659 6196 音一ギン漢 二キン漢 訓なまじ-いに

意味 一ギン しいてゆるす。(しいてゆるしてほしいと)ねがう。なまじいに。二キン 口をあけて笑うようす。

心12 【憩】16画 2338 61A9 常用 音ケイ漢 訓いこ-い・いこ-う・やす-む

筆順 ニ 千 千 舌 舌 甜 憩 憩

心11 【憇】15画 5660 6187 俗字

なりたち [形声]本字は「愒」で、「忄(=こころ)」と、音「曷カツ→ケイ」とから成る。いこう。

参考 一説に、「憩」は「息(=やすむ)」と音「舌カツ→ケイ」とから成る、という。

意味 ひと息いれて、ゆったりとくつろぐ。やすむ。いこう。いこい。例休憩キュウケイ。小憩ショウケイ。

人名 やす

【憩室】ケイシツ 内臓のかべが部分的に拡張すること。十二指腸や結腸に多い。

忄12 【憬】15画 5661 61AC 常用 音ケイ漢

筆順 ' 忄 忄 悍 悍 悍 憬 憬

なりたち [形声]「忄(=こころ)」と、音「景ケイ」とから成る。覚悟する。

意味 「憧憬ショウケイ/ドウケイ」は、あこがれる意。

心12 【憲】16画 2391 61B2 教育6 音ケン漢 訓のり

筆順 宀 宀 宇 宝 害 害 憲 憲

心12 【憲】16画 — 2F8AC

なりたち [形声]「心(=こころ)」と「目(=め)」と、音「害カイ→ケン」の省略体とから成る。心と目ですばやくさとる。さとい。派生して「のり」の意。

意味 ❶手本として守り、したがうように定められたきまり。おきて。のり。例憲法ケンポウ。違憲イケン。❷「憲法」の略。例憲政ケンセイ。国憲コッケン。朝憲チョウケン。❸役人。例官憲カンケン。

人名 あきら・かず・さだ・さとし・ただ・ただし・ただす・とし

【憲章】ケンショウ 国家や団体などが定めた重要な原則。

【憲政】ケンセイ 憲法にもとづいておこなわれる政治。立憲政治。

【憲兵】ケンペイ 軍隊のなかで、おもに警察の役目を受け持つ軍人。MP(=ミリタリー-ポリス)。

【憲法】ケンポウ ①国家の組織の基本を定めたきまり。国家の最高法。例―を制定する。②ものごとの基本となるきまり。

●違憲イケン・改憲カイケン・官憲カンケン・合憲ゴウケン・護憲ゴケン・立憲リッケン

忄12 【慳】15画 5644 6173 音カン漢 ケン呉 訓お-しむ

意味 けちで、ものおしみする。おしむ。例慳貪ケンドン。突慳貪つっケンドン。邪慳ジャケン。

【慳貪】ケンドン(名・形動ダ)①けちで欲ばりなこと。②思いやりがないこと。愛想がないこと。つっけんどん。類邪険ジャケン。参考「けんどんうどん」「けんどんそば」「けんどん酒ざけ」などの「けんどん」は、お代わりなし、一杯ぱいだけの意。また、それらの出前でまえに用いる箱を「けんどん箱」という。

忄12 【憧】15画 3820 61A7 常用 音ドウ慣ショウ漢 訓あこが-れる・あこが-れ

筆順 ハ 忄 忙 悴 愔 愔 憧 憧

なりたち [形声]「忄(=こころ)」と、音「童トウ→ショウ」とから成る。心がふらつく。

意味 ❶心がゆれてさだまらない。おちつかない。❷うっとりとして心をうばわれる。あこがれる。例憧憬ショウケイ。

【憧憬】ショウケイ〔慣用で「ドウケイ」とも〕(名・する)あこがれること。例—の的まと。異国の文化を—する。

忄12 【憔】15画 5662 6194 音ショウ漢呉 訓やつ-れる

意味 心配のため、やせおとろえる。例憔悴ショウスイ。憔慮ショウリョ。

難読 手足てあしが憔かじける

【憔▼悴】ショウスイ(名・する)(心配ごとや病気などのために)げっそりとやつれること。例—しきった顔つき。

【憔慮】ショウリョ(名・する)苦しい思いをすること。

忄12 【憚】15画 5663 619A 音タン漢呉 訓はばか-る・はばか-り

意味 おそれてびくびくする。他人の目を気にする。はばかる。例忌憚キタン。

日本語での用法《はばかる》①さしさわりがあるのでひかえる。「人目ひとめを憚はばかる」②さしさわりになるほど羽をのばす。はびこる。「憎にくまれっ子こ、世よに憚はばかる」

心12 【憊】16画 5664 618A 音ハイ漢 訓つか-れる

意味 つかれはてる。つかれる。例困憊コンパイ。

心12 【憑】16画 5665 6191 音ヒョウ漢 訓よ-る・たの-む・つ-く

意味 ❶よりかかる。もたれる。よる。同凭ヒョウ・馮ヒョウ。例憑欄ヒョウラン(=てすりによりかかる)。❷よりどころ(とする)。たのむ。同馮。例憑拠ヒョウキョ。信憑シンピョウ。

日本語での用法《つく》不思議なものがのりうつる。「狐憑きつねつき・憑つき物ものが落おちる・狐きつねが憑つく」

難読 憑子たのもし

【憑依】ヒョウイ(名・する)〔「依」も、よりかかる意〕①たよること。すがること。例法に—する。②神や霊魂レイコンがのりうつること。例—霊。

【憑拠】ヒョウキョ(名・する)よりどころとすること。類依拠イキョ・根拠。例—するにあたいする古記録。

忄12 【憫】15画 5666 61AB 音ビン漢ミン呉 訓あわ-れむ・うれ-える

門4 【閔】12画 7960 9594 本字

意味 かわいそうに思う。あわれむ。また、心配する。うれえる。例憫察ビンサツ。憫然ビンゼン。憐憫レンビン。

【憫察】ビンサツ(名・する)あわれんで思いやること。例ご—ください(=自分の苦しい事情を察していただきたい)。

【憫笑】ビンショウ(名・する)あわれみながらわらうこと。例人の—を買う。

【憫然】ビンゼン(形動タル)①いかにもあわれなようす。②かわいそうに思うようす。表記▽「▼愍然」とも書く。

忄12 【憮】15画 5667 61AE 音ブ漢ム呉

意味 ❶かわいがる。いつくしむ。同撫ブ。❷「憮然ブゼン」は、がっかりするようす。

【憮然】ブゼン(形動タル)がっかりしたり不満があったりして、ことばが出ないようす。例—とした表情。—たる面持おももち。

忄12 【憤】15画 4216 61A4 常用 音フン漢 訓いきどお-る・いきどお-り

忄13 【憤】16画

筆順 忄 忙 忭 忭 憤 憤 憤

なりたち [形声]「忄(=こころ)」と、音「賁フン」とから成る。感情が満ち、あふれる。

意味 ❶腹を立てる。はげしくいかる。いきどおる。例憤慨フンガイ。鬱憤ウップン。義憤ギフン。❷ふるいたつ。例発憤ハップン。

【憤いきどおりを発ハッして食ショクを忘わする】理解できないところがあれば、なんとかして理解しようと心を奮い起こし、食事をするのも忘れてしまう。学問に熱心なことのたとえ。〈論語ロンゴ〉

【憤慨】フンガイ(名・する)不正や不当なことに対して、ひどく腹を立てること。類憤激・憤怒フンヌ。例—にたえない。悪意に—する。

【憤激】フンゲキ(名・する)はげしくいかること。類憤慨フンガイ・憤怒フンヌ。例裏切りに—する。

【憤死】フンシ(名・する)①いきどおりのあまりに死ぬこと。②野球で、おしいところでアウトになること。例本塁ホンルイに—する。

【憤フンせずんば啓ケイせず】(教えを受ける者が、自分でわかろうとしていらいらするほどでなければ、(私は)教え導かない。「悱ヒせずんば発ハッせず」と続く。問題の理解に苦しんだとき、はじめて指導するという、孔子コウシのことば)〈論語ロンゴ〉

【憤然】フンゼン(形動タル)ひどく腹を立てているようす。例—として席を立つ。表記「▼忿然」とも書く。

【憤▽怒】フンヌ〔「フンド」とも〕(名・する)いきどおること。いかること。例—の相。表記「▼忿▽怒」とも書く。

【憤▼懣】フンマン〔「懣」は、もだえる意〕やりばのない、いきどおり。例—やるかたない。表記「▼忿▼懣」とも書く。

●鬱憤ウップン・義憤ギフン・激憤ゲキフン・公憤コウフン・私憤シフン・痛憤ツウフン・発憤ハップン・悲憤ヒフン

心12 【憲】16画 ⇩【憲】ケン(412ページ)

忄12 【憐】15画 ⇩【憐】レン(415ページ)

忄12 【憎】15画 ⇩【憎】ゾウ(411ページ)

忄13 【懌】16画 5668 61CC 音エキ漢 訓たの-しむ・よろこ-ぶ

意味 楽しく、うれしいと思う。たのしむ。よろこぶ。例喜懌キエキ。

忄13 【懊】16画 5669 61CA 音オウ漢呉 訓なや-む

意味 深くなやむ。もだえ苦しむ。なやむ。例懊悩オウノウ。

【懊悩】オウノウ(名・する)思いなやみ、苦しむこと。例罪の深さに—する。

忄13
【憶】
16画 1817 61B6 常用 音オク漢呉 訓おぼ-える・おも-う

筆順 忄 忙 忙 愔 愔 憶 憶 憶

なりたち [形声]「忄(=こころ)」と、音「意イ→オク」とから成る。おもう。

意味 ❶あれこれ考える。おもい起こす。おもう。例憶測(オクソク)。追憶(ツイオク)。❷心にとどめて忘れない。おぼえる。例憶念(オクネン)(=心の中に深く思いいだく)。記憶(キオク)。

【憶説】(オクセツ) はっきりとした根拠(コンキョ)のない、かってな推測による意見。類仮説。表記「臆説」とも書く。

【憶測】(オクソク)(名・する) はっきりとした根拠(コンキョ)もなく、かってにこうだろうとおしはかること。当て推量(ズイリョウ)。類推測。例—でものを言う。表記「臆測」とも書く。

忄13
【懐】
16画 1891 61D0 常用 音カイ漢 エ呉 訓ふところ・なつ-かしい・なつ-かしむ・なつ-く・なつ-ける・おも-う・おも-い・いだ-く

忄16 【懷】 19画 5671 61F7 人名

筆順 忄 忙 忙 忭 恽 悝 愧 懐 懐

なりたち [形声]「忄(=こころ)」と、音「褱カイ」とから成る。忘れずに思う。

意味 ❶心に、思いや考えをもつ。おもう。おもい。また、心のなかであたためる。なつかしむ。例懐疑(カイギ)。懐古(カイコ)。感懐(カンカイ)。❷たいせつにする。かわいがる。なつく。なつける。例懐柔(カイジュウ)。❸胸のあたり。ふところ。ふところにだく。いだく。例懐中(カイチュウ)。

人名 かぬ・かね・きたす・たか・ちか・つね・もち・やす

【懐疑】(カイギ)(名・する) ほんとうにそうなのかどうか、うたがいをもつこと。例—心。—的になる。

【懐旧】(カイキュウ) 昔のことをなつかしく思うこと。類懐古。例—談。—の情にひたる。

【懐郷】(カイキョウ) ふるさとをなつかしく思うこと。類望郷。

【懐剣】(カイケン) 身を守るためにふところに入れて持ち歩く短刀。ふところがたな。例—をしのばせる。

【懐古】(カイコ)(名・する) 昔のことを思い出してなつかしむこと。類懐旧。例—趣味(シュミ)。

【懐紙】(カイシ) 一(ふところがみ) たたんでふところに入れておく紙。菓子(カシ)をめいめいに分けたり、茶器やさかずきなどをふいたりするのに使う。二(カイシ) 和歌や連歌(レンガ)の会で、作品を書くための紙。

【懐柔】(カイジュウ)(名・する) うまく手なずけて相手を味方に引き入れること。だきこむこと。例—策に出る。

【懐石】(カイセキ) 茶の湯の席で、茶の前に出す簡単な料理。〔禅僧(ゼンソウ)が温石(オンジャク)(=あたためた石)をふところに入れて空腹をしのいだことから、一時しのぎに腹を満たす意という〕例—料理。

【懐胎】(カイタイ)(名・する) みごもること。類懐妊(カイニン)・妊娠(ニンシン)。

【懐中】(カイチュウ) 一(名・する) ふところやポケットの中。また、その中に入れて持っていること。例—電灯。—にしのばせる。二(名)「懐中物(もの)」の略。財布(サイフ)や時計など、ふところに入れるもの。例—がとぼしい(=お金の持ち合わせが少ない)。

【懐妊】(カイニン)(名・する) おなかの中に子ができること。みごもること。類懐胎(カイタイ)・妊娠(ニンシン)。

【懐炉】(カイロ) ふところやポケットに入れて、からだを温めるもの。

【懐刀】(ふところがたな) ①ふところに入れて持ち歩き、身を守る短刀。懐剣(カイケン)。②主人や上司に最も信頼(シンライ)されている部下。例社長の—。

【懐手】(ふところで)(名・する) 和服のふところに両手を入れていること。人まかせにして、自分は何もしない意にも用いられる。

●感懐(カンカイ)・述懐(ジュッカイ)・所懐(ショカイ)・追懐(ツイカイ)・本懐(ホンカイ)

忄13
【懈】
16画 5672 61C8 音カイ漢 ケ呉 訓おこた-る

意味 気がゆるむ。なまける。おこたる。例懈怠(カイタイ)。

【懈怠】(カイタイ・ケタイ)(名・する) なまけること。おこたること。

忄13
【憾】
16画 2024 61BE 常用 音カン漢 訓うら-む・うら-み

筆順 忄 忄 忻 恨 憾 憾 憾 憾

なりたち [形声]「忄(=こころ)」と、音「感カン」とから成る。不満に思う。

意味 心に不満がのこる。うらめしく思う。例遺憾(イカン)。

心13
【懃】
17画 5673 61C3 音ギン慣 キン漢 ゴン呉 訓つと-める・ねんごろ

意味 心をこめてつとめる。ねんごろ。例慇懃(インギン)。

心13
【懇】
17画 2609 61C7 常用 音コン漢 訓ねんご-ろ

筆順 ⺈ 豸 豸 豸 貇 貇 懇 懇

なりたち [形声]「心(=こころ)」と、音「貇コン」とから成る。まこと。まごころ。

意味 ❶まごころがこもっていて、手厚い。ねんごろ。例懇誠(コンセイ)。懇切(コンセツ)。懇篤(コントク)。❷心からねがいもとめる。例懇願(コンガン)。懇請(コンセイ)。懇望(コンモウ)。

人名 まこと

【懇意】(コンイ)(名・形動ダ) 親しくつきあって、仲がよいこと。心安いこと。例—な間柄(あいだがら)。

【懇願】(コンガン)(名・する) すがるように、熱心にたのむこと。類懇望(コンモウ)・切望(セツボウ)。例助命を—する。

【懇懇】(コンコン)(副) 心をこめてくりかえし説(と)くようす。例—とさとす。—と言い聞かせる。

【懇志】(コンシ) 親切に行きとどいた気持ち。

【懇書】(コンショ) 心のこもった手紙。また、相手の手紙をうやまっていう。例ご—拝受いたしました。

【懇情】(コンジョウ) 思いやりの深い親切な気持ち。例恩師の御—を忝(かたじけな)うする。

【懇親】(コンシン)(名・形動ダ) うちとけて親しくすること。例—会をひらく。

【懇誠】(コンセイ) まごころ。表記「▽悃誠」とも書く。

【懇請】(コンセイ)(名・する) 熱心にたのむこと。例協力を—する。—黙(もだ)しがたい。

【懇切】(コンセツ)(名・形動ダ) 行きとどいて親切なこと。また、細かく気をくばること。例—ていねいに答える。

【懇談】(コンダン)(名・する) たがいの事情を説明しながらうちとけて、ゆっくり話し合うこと。例—会に出席する。

【懇到】(コントウ)(名・形動ダ) 親切な気持ちがすみずみまでよく行きとどくこと。類懇切。

【懇篤】(コントク)(名・形動ダ) 親切で手厚いこと。心がこもっていてていねいなこと。例—なごあいさつをいただく。

【懇望】(コンモウ)〔「コンボウ」とも〕(名・する) 相手に熱心にのぞむこと。類懇願・切望(セツボウ)。例許可を—する。

【懇話】(コンワ) うちとけて話し合うこと。類懇談。例—会。

↑13 【懆】16画 5674 61C6 音ソウ漢 訓うれ-える
意味 不安で落ちつかない。うれえる。例懆懆ソウソウ。

↑13 【憺】16画 5675 61BA 音タン漢 訓しず-か
意味 ❶やすらか。しずか。例憺然タンゼン。❷うれえる。例惨憺サンタン。

心13 【懋】17画 5676 61CB 音ボウ漢 訓すす-む・つと-める
意味 ❶努力する。つとめ、はげむ。つとめる。❷りっぱな。すばらしい。例懋勲ボウクン。
【懋勲】ボウクン 多大な功績。大てがら。

↑13 【懍】16画 5678 61CD 音リン漢 訓あや-ぶむ・おそ-れる・おのの-く
意味 おそれおののくようす。例懍然リンゼン。懍懍リンリン。
【懍懍】リンリン（形動タル）①おそれつつしむようす。②気高くて威厳ゲンのあるようす。③寒さが身にしみるようす。

↑13 【憐】16画 4689 6190 人名 音レン漢呉 訓あわ-れむ・あわ-れみ

↑12 【憐】15画 ＝憐

意味 ❶かわいそうだと思う。あわれむ。例憐憫レンビン。哀憐アイレン。❷かわいがって、だいじにする。いつくしむ。例可憐カレン。
【憐▼憫】レンビン あわれむこと。気の毒に思うこと。例―の情をもよおす。表記「憐▼愍」とも書く。

心13 【應】17画 ⇨【応】オウ（385ページ）

↑13 【憤】16画 ⇨【憤】フン（413ページ）

↑14 【懦】17画 5679 61E6 音ジュ・ダ漢 訓よわ-い
意味 気がよわい。意気地イクジがない。おくびょう。よわい。例懦弱ダジャク。怯懦キョウダ。
【懦弱】ダジャク（名・形動ダ）①意気地イクジがないこと。気がよわいこと。例―な精神をきたえる。②気力や体力に欠けていて、よわよわしいこと。表記▽「惰弱・愞弱」とも書く。
【懦夫】ダフ 気がよわくて、おくびょうな男。意気地イクジなし。

心14 【懲】18画 3608 61F2 常用 音チョウ漢 訓こ-りる・こ-らす・こ-らしめる

心15 【懲】19画 1-8465 FA40 人名

筆順 彳 彳' 彳山 徉 徨 徴 懲 懲

なりたち [形声]「心（＝こころ）」と、音「徵チョウ」とから成る。こらしめる。
意味 ❶あやまちをくりかえさないように思い知らせる。こらす。こらしめる。例懲悪チョウアク。懲戒チョウカイ。懲罰チョウバツ。❷もうくりかえすまいという気持ちになる。こりる。例懲レ羹吹レ膾あつものにこりてなますをふく（＝あついスープでやけどをしたのにこりて、冷たいなますを吹いて食べる）。〈楚辞ソジ〉
【懲悪】チョウアク わるものをこらしめること。例勧善カンゼン―（＝善をすすめ、悪をこらしめること）。
【懲役】チョウエキ 刑務所ケイムショに入れて、労働に従わせる刑罰ケイバツ。例被告を―二〇年に処す。
【懲戒】チョウカイ（名・する）不正な行為コウイを二度とくりかえさないように、こらしめ、いましめること。例―免職メンショク。
【懲罰】チョウバツ（名・する）不正や不当な行為コウイをこらしめるために、罰をあたえること。また、その罰。例―を受ける。

心14 【懣】18画 5680 61E3 音バン漢マン呉 訓もだ-える・もだ-え・いきどお-る
意味 いかりで胸がいっぱいになる。いきどおる。もだえる。例忿懣フンマン。憤懣フンマン。

↑15 【懺】18画 ⇨【懺】ザン（416ページ）

心15 【懲】19画 ⇨【懲】チョウ（415ページ）

心16 【懸】20画 2392 61F8 常用 音ケ慣ケン漢 訓か-ける・か-かる

筆順 ㄇ 目 旦 県 県 県' 県系 縣 懸

なりたち [形声]「心（＝こころ）」と、音「縣ケ」とから成る。心にかける。
意味 ❶ひっかけて、つりさげる。ぶらさがる。また、心にかける。かける。かかる。例懸念ケネン。懸賞ケンショウ。❷かけはなれる。例懸隔ケンカク。懸絶ケンゼツ。

日本語での用法《かかる・かける》託たくす。「命懸いのちがけの仕事しごと・賞金ショウキンを懸かける・優勝ユウショウが懸かかった試合しあい」

使い分け かかる・かける【掛・懸・架・係・賭】⇨1166ページ

人名 とお・はる
【懸▽詞】かけことば 同音のひと続きのことばを利用して、一語で二つの意味をあらわすもの。たとえば「人まつ虫の声（＝人を待つ松虫の声）」のように、「まつ」は「待つ」と「松」の意味をかけているなど。表記「掛け▽詞」とも書く。
【懸物】かけもの 書画を表装し、床とこの間まなどにかけて鑑賞カンショウできるようにしたもの。掛け軸ジク。表記「掛け物」とも書く。
【懸念】ケネン（名・する）気になって不安に思うこと。類心配。例―をいだく。―をもつ。将来を―する。
【懸案】ケンアン とりあげられたままで、まだ解決していない問題。例―事項ジコウ。前期からの―。
【懸崖】ケンガイ ①切り立ったがけ。きりぎし。類断崖。②盆栽ボンサイで、枝や茎くきが根もとよりも低く垂れさがっている形につくったもの。例菊キクの―づくり。
【懸隔】ケンカク 二つのことがらのあいだが、かけはなれていること。大きくへだたっていること。例理想と現実との―。
【懸河の弁】ケンガのベン〔「懸河」は、つり下げた川で、急流の意〕勢いよく流れる水のように、なめらかでよどみない弁舌ベンゼツ。表記 旧懸河の▼辯
【懸車】ケンシャ ①官職をしりぞくこと。〔漢の薛広徳セツコウトクが退官のとき、皇帝コウテイからたまわった車を高いところにかけて、記念とした故事による〕〈漢書カンジョ〉②七十歳イサイのこと。〔昔は七十歳で退官したことから〕
【懸賞】ケンショウ 賞品や賞金をかけて募集ボシュウしたり、探したりすること。また、その賞品や賞金。例―小説。―がかかる。
【懸垂】ケンスイ（名・する）①たれさがること。②鉄棒にぶらさがり、うでを曲げたりのばしたりして、からだを上下させること。
【懸絶】ケンゼツ（名・する）（考え方やようすなどが）他とかけはなれていること。例どうも意見の―することは、はなはだしい。
【懸命】ケンメイ（形動ダ）力を出しきって、がんばるようす。例―に走る。
【懸▼壅垂】ケンヨウスイ ⇨【口蓋垂】コウガイスイ（180ページ）

【懸腕直筆】書道で、ひじをわきからはなし、筆を垂直に立てて字を書く方法。大きな字を書くのに適する。

忄16 【懶】19画 5681 61F6 音ラン漢呉 訓おこた-る・ものう-い・なま-ける

女16 【嬾】19画 5347 5B3E 本字

意味 めんどうくさがる。なまける。おこたる。例懶惰。

【懶惰】(名・形動ナ)〔誤って「ライダ」と読むことがある〕すべきことをしないで、なまけていること。怠惰。対勤勉。例—な生活を送る。

忄16 【懷】19画 ⇩【懐】(414ページ)

忄17 【懽】20画 5685 61FD 音カン漢 訓よろこ-ぶ・よろこ-び

意味 楽しく思う。よろこぶ。よろこび。同歓。

忄17 【懺】20画 5682 61FA 音ザン慣 サン漢 セン呉 訓く-いる

忄15 【懴】18画 5683 61F4 俗字

意味 あやまちをみとめて許しをこう。くいる。例懺悔。懺法。

【懺▽悔】(名・する) ①〔仏教では「サンゲ」という〕おかした罪やあやまちを神仏の前で、悔い改めること。例—、六根清浄(霊山に登る行者のとなえごと)。②キリスト教で、神父や牧師の前で告白し、悔い改めることを誓うことをいう。〔十六、七世紀の日本のキリシタンも「サンゲ」といった〕例—録。神の前に罪を—する。

心18 【懿】22画 5684 61FF 音イ漢呉 訓よ-い

意味 ❶うるわしい。りっぱ。よい。例懿徳(=すぐれた徳)。❷女性の徳をほめることば。

【懿訓】りっぱな教訓。

忄18 【懼】21画 5686 61FC 音ク漢 グ呉 訓おそ-れる

参考 「懼」は「惧」の本字。

意味 こわがってびくびくする。おじけづく。おそれる。同惧。例勇者不レ懼(=勇敢な人はおそれない)。〈論語〉

忄18 【懾】21画 5687 61FE 音ショウ漢 訓おそ-れる・おど-す

意味 ❶失神しそうなほど、おびえる。おそれる。例懾怖(=おそれおののく)。懾服(=おそれて服従する)。❷おどして、服従させる。おどす。

心19 【戀】23画 ⇩【恋】(396ページ)

62 4画 戈 ほこ ほこがまえ 部

ほこの形をあらわす。「戈」をもとにしてできている漢字を集めた。

0 戈 1 戉 戊 2 戍 戎 戌 成 3 我 戒 成 4 戔 或 7 戛 戚 戝 8 戟 戞 9 戡 戦 10 截 11 戯 戮 12 戰 13 戴 戲 14 戳

この部首に所属しない漢字

咸⇩口 202 哉⇩口 203 威⇩女 275 栽⇩木 528 裁⇩衣 890 載⇩車 956

戈0 【戈】4画 5689 6208 音カ漢呉 訓ほこ

意味 両刃の刀身に長い柄を直角につけた、敵をひっかける武器。ほこ。例戈甲。干戈。

【戈甲】ほことよろい。また、武器。武具。

【戈を▽止む】武器を使わないこと。また、戦争をなくすること。止戈。

戈1 【戉】5画 5690 6209 音エツ漢 訓まさかり

意味 大きなおの。まさかり。同鉞。例斧戉。

戈1 【戊】5画 4274 620A 人名 音ボ漢 ム呉 訓つちのえ

意味 十干の五番目。つちのえ。方位では中央、五行では土にあてる。例戊辰。戊夜。人名 さかる・しげ・しげる

【戊▼辰の役】一八六八(明治元)年に始まった、官軍と旧幕府軍との戦い。翌年の五月に官軍が北海道箱館の五稜郭を攻め落として終結した。戊辰戦争。〔明治元年の干支が戊辰であったことから〕

【戊夜】昔の時刻の呼び名で、五夜の一つ。およそ午前四時、およびその前後の二時間。五更。寅の刻。〔一夜を甲・乙・丙・丁・戊の五つに分けたときの五番目〕

戈2 【戍】6画 5691 620D 音ジュ慣 シュ漢呉 訓まも-る・まも-り

意味 武器をとって国境をまもる。まもり。まもる。例戍役。衛戍。

【戍衛】(国境を)守り固めること。また、その兵士。

【戍役】(国境の)守りにつく任務。また、その兵士。

【戍卒】(国境を)守る兵士。戍兵。

戈2 【戎】6画 *2931 620E 音ジュウ漢 訓えびす

意味 ❶武器。また、兵士や軍隊。さらに、戦争のこと。例戎衣。戎馬。❷古代中国西方の異民族。えびす。例戎夷(=中国の周辺の異民族)。西戎。

【戎衣】戦場に着て出る衣服。軍服。例—をまとう。

【戎器】戦いの道具。武器。兵器。

【戎車】戦闘に使う車。兵車。

【戎▼狄】〔「狄」は、北方の異民族の意〕昔、中国で、野蛮な国、また、そこに住む人々をさしたことば。

【戎馬】①戦争に使うウマ。軍馬。②戦争。

【戎服】軍服。類戎衣。例—に身をつつむ。

戈2 【戌】6画 5692 620C 音ジュツ慣 シュツ漢 訓いぬ

意味 十二支の十一番目。方位では西北西、時刻では午後八時、およびその前後の二時間。月では陰暦の九月。動物ではイヌにあてる。いぬ。

戈 2

【成】

6画 3214 6210 教育4 音セイ漢 ジョウ呉 訓な-る・な-す

筆順 ノ 厂 万 成 成 成

戈 3 【成】 7画 2F8B2

なりたち 成 [形声]「戊(=ほこ)」と、音「丁(テイ→セイ)」とから成る。なしとげる。

意味 ❶なしとげる。なる。なす。例成就(ジョウジュ)。成功(セイコウ)。達成(タッセイ)。❷できあがる。しあがる。例完成(カンセイ)。落成(ラクセイ)。❸みのる。そだつ。例成熟(セイジュク)。成長(セイチョウ)。❹形のあるものにまとめあげる。つくる。例構成(コウセイ)。編成(ヘンセイ)。養成(ヨウセイ)。❺すでにできあがって、まとまった。例成案(セイアン)。成語(セイゴ)。❻争いごとをおさめる。仲直りする。和睦(ワボク)する。たいらぎ。たいらげる。

日本語での用法《なり》貴人のおでまし。「上様(うえさま)の御成(おなり)・御成道(おなりみち)・御成門(おなりモン)」

人名 あき・あきら・おさむ・さだ・さだむ・しげ・しげる・たいら・なり・のり・はかる・ひで・ひら・ふさ・まさ・まさる・みち・みのる・よし

【成就】ジョウジュ (名・する)事がうまくいくこと。できあがること。また、なしとげること。例大願(タイガン)―。事が―する。

【成仏】ジョウブツ (名・する)〔仏〕①さとりをひらいて仏となること。②死んで仏となること。死ぬこと。

【成案】セイアン できあがった考え。また、それを書いた文章。対草案・試案。例―を得る。

【成育】セイイク (名・する)育って大きくなること。また、育てて大きくすること。類成長・発育。例―条件。参考 ふつう、「成育」は人や動物に、「生育」は植物にいう。

【成因】セイイン ものごとの成り立つ原因。例地形の―。

【成員】セイイン 団体や組織を構成する人。メンバー。

【成果】セイカ 期待や目的にかない、役に立つ結果。また、努力に見合うだけのよい結果。例―をあげる。―を収める。

【成魚】セイギョ 成長したさかな。対稚魚(チギョ)・幼魚。

【成業】セイギョウ ①事業をなしとげること。②学業や修業を終えて一人前になること。例―の見こみなし。

【成句】セイク ①昔の人が作り、今も広く知られていることば。名文句(メイモンク)やことわざなど。②二つ以上の語が結びついて、ある特定の意味をあらわすことば。たとえば、「あごを出す(=疲(つか)れる)」など。慣用句。

4画

【成▼蹊】セイケイ 桃(もも)や李(すもも)の木の下には、自然に人の通る道ができる。徳のある人のもとに自然と人が集まってくることのたとえ。〔「桃李(トウリ)言わざれども、下おのずから蹊(みち)を成す」による〕(史記(シキ))

【成語】セイゴ ①古人のことばで、今でもよく使われるもの。例故事―。②二つ以上の語が結びついてできたことば。熟語。

【成功】セイコウ (名・する)①目的どおりに、事をなしとげること。対失敗。例―を収める。―に導く。②出世し、富を得ること。類出世。例都会へ出て―する。③事業をなしとげた功績。例人の―を認める。

【成婚】セイコン 結婚すること。例―を祝う。

【成算】セイサン 成功するという確信。または成功するという予想。例―がある。

【成事】セイジ すでになし終えてしまったことがら。完成したことがら。例―は説かず(=できてしまったことについては口出ししない)。(論語(ロンゴ))

【成熟】セイジュク (名・する)①(穀物(コクモツ)やくだものが)じゅうぶんに実ること。例農作物の―。②(からだや心や技術が)じゅうぶんに発達し、成長すること。熟達。例人間として―する。―した女性。③ものごとが、ちょうどよい時期に達すること。

【成城】セイジョウ 〔「城」は、国の意〕見識の高い人格者は、国を興(おこ)し、社会を隆盛(リュウセイ)に導くということ。〔「哲夫(テップ)は城を成す」による〕(詩経(シキョウ))

【成人】セイジン (名・する)大人の年齢(成年)に達すること。また、成年に達した人。おとな。日本では二十歳(サイ)以上。〔二〇二二(令和四)年より、十八歳以上となる〕例―の日。子の―するのを楽しみにする。

【成績】セイセキ 仕事や学習の程度を、ためしたりはかったりして得られる結果。また、その評価。例りっぱな―で合格する。―を比べて良否を見る。

【成層】セイソウ 層をなして重なること。例―岩。―圏(ケン)(=地球上の大気の上層で、地上約一〇キロメートルから五〇キロメートルの間。対流圏の上にあり、気温はほぼ一定している)。

【成体】セイタイ 成長して、生殖(セイショク)ができるようになった動物。

【成虫】セイチュウ 成長した昆虫(コンチュウ)。対幼虫。例羽化(ウカ)して―になる。ヤゴの―はトンボだ。

【成長】セイチョウ (名・する)①育って大きくなること。類成育・発育。②発展して大規模(ダイキボ)になること。例経済―。参考 植物の場合は「生長」とも書く。

【成年】セイネン 社会の成員としての資格や能力を認められる年齢。日本では二十歳(サイ)以上。対未成年。〔二〇二二(令和四)年より、十八歳以上となる〕例―に達する。

【成敗】㊀セイハイ (名)①成功と失敗。成否。②勝つことと負けること。例―は時の運。㊁セイバイ (名・する)〔もと、善を成し悪を敗(やぶ)る意〕①政治をおこなうこと。②処罰(ショバツ)すること。こらしめること。例けんか両―。③昔の刑罰(ケイバツ)で、打ち首による死罪。例手ずから―した。

【成否】セイヒ 成功と失敗。成功か失敗か。例―をうらなう。結果は―いずれでもよい。

【成文】セイブン 法律や規則などを、文章に書きあらわすこと。また、その文章。例―には見えないが常識として理解できる。

【成文法】セイブンホウ 文章にまとめられ、公布された法律。

【成分】セイブン ものをつくりあげている素材や要素。全体を構成している部分。例薬の―。文の―(=主語や述語など)。

【成立】セイリツ (名・する)ものごとがなりたつこと。できあがること。例理事会が―する。法案が―する。

●育成(イクセイ)・完成(カンセイ)・既成(キセイ)・形成(ケイセイ)・結成(ケッセイ)・構成(コウセイ)・合成(ゴウセイ)・混成(コンセイ)・作成(サクセイ)・賛成(サンセイ)・造成(ゾウセイ)・促成(ソクセイ)・速成(ソクセイ)・大成(タイセイ)・達成(タッセイ)・養成(ヨウセイ)・落成(ラクセイ)

戈 3

【我】

7画 1870 6211 教育6 音ガ漢呉 訓われ・わ・わ-が

筆順 ノ 二 千 手 我 我 我

なりたち 我 [形声]「戈(=ほこ)」と、音「手(スイ→ガ)」とから成る。自分のことをいうことば。

参考 一説に、のこぎりの形という。

意味 ❶自分自身(を指していう)。われ。わが。例我田引水(ガデンインスイ)。自我(ジガ)。忘我(ボウガ)。❷自分の考えにこだわること。ひとりよがり。例我見(ガケン)。我執(ガシュウ)。我(ガ)を張(は)る。

日本語での用法《が》「が」の音をあらわす万葉がな。「曽我(そが)・曽我部(そがべ)・我他彼此(がたぴし)・我他俱佐(がたくさ)」

難読 我孫子(あびこ)(=姓(セイ)・地名)

【我意】ガイ 自分の考えを(正しいとして)おし通そうとする気持ち。わがまま。我(ガ)。例―を通す。

【我見】ガケン 自分だけの、せまくかたよった意見や考え方。

【我執】ガシュウ ①〔仏〕自分自身の内部には、いつも変わらない本質的なものがあるとして、それにとらわれること。例―を捨てる。②自分の考えにとらわれて、はなれられないこと。例—の強い性格。
【我田引水】ガデンインスイ〔自分の田にだけ水を引き入れる意〕自分につごうのよいように言ったり、行動したりすること。
【我慢】ガマン（名・する）①〔仏〕自分をえらいと思い、おごり高ぶること。例—増長ゾウチョウ。②痛みや苦しみなどをこらえること。しんぼうすること。例—して最後までやり通す。③こらえて許すこと。例今度の失敗は—してやる。
【我欲】ガヨク 自分の利益だけを強く求める心。例—から出たおこないではない。表記 ⓐ旧我▼慾
【我利】ガリ 自分だけの利益。例—我欲。
【我利我利亡者】ガリガリモウジャ 自分の利益だけを考えて行動する人をののしっていうことば。
【我流】ガリュウ 自分かってなやり方。自己流。例—を通す。
●怪我ケガ・自我ジガ・物我ブツガ・忘我ボウガ・無我ムガ

戈3【戒】7画 1892 6212 常用 音カイ漢呉 訓いまし-める・いまし-め

筆順 一 二 于 开 戒 戒 戒

なりたち [会意]「廾(=両手)」と「戈(=ほこ)」とから成る。戈ほこを手に持ち、不測の事態に備え、用心する。

意味 ❶非常事態に備えて用心する。いましめる。例戒厳カイゲン。警戒ケイカイ。❷あやまちをしないように注意する。さとす。いましめる。例戒告カイコク。訓戒クンカイ。自戒ジカイ。❸（修行ギョウのうえで）守らなければならないおきて。いましめ。例戒律カイリツ。受戒ジュカイ。破戒ハカイ。

【戒厳】カイゲン ①警戒をきびしくすること。類厳戒。②〔法〕戦争や大きな災害、事変のときなどに、司法・行政の一部または全部を、軍の支配下に移し、治安の維持ジにあたること。
【戒厳令】カイゲンレイ〔法〕「戒厳②」の状態を宣告する命令。例全土に—をしく。
【戒告】カイコク（名・する）①あやまちなどをいましめ、注意すること。②〔法〕公務員に対する処分の一つ。二度とくりかえさないように、本人に注意を言いわたすこと。〔もと「譴責ケンセキ」といった〕表記▽ⓐ旧▼誡告
【戒師】カイシ 出家して仏門にはいるときの儀式ギシキなどをとりしきり、仏教のいましめを授さずける僧ソウ。

4画

[戈部] 3—9画 ● 戒成戔或戛戚戝戟戞戡

【戒心】カイシン（名・する）油断しないこと。気をつけること。類用心・注意。例—するようにとの忠告。
【戒慎】カイシン（名・する）いましめ、つつしむこと。気をつけて、用心すること。例大事の前はじゅうぶん—するがよい。
【戒壇】カイダン〔仏〕僧ソウに戒律を授さずける儀式ギシキをおこなう壇。例—院（=戒壇が設けてある建物）。
【戒▼飭】カイチョク（名・する）〔「飭」も、いましめる意〕①注意をあたえ謹慎キンシンさせること。例—の処分を受ける。②みずからをいましめ、つつしむこと。
【戒名】カイミョウ〔仏〕人が死んだあと、生前の名を改めて、つけられる名。法名。対俗名ゾクミョウ。
【戒律】カイリツ〔仏〕僧ソウが守らなければならない、いましめときまり。例—を守る。
●遺戒イカイ・訓戒クンカイ・警戒ケイカイ・厳戒ゲンカイ・斎戒サイカイ・自戒ジカイ・懲戒チョウカイ

戈3【成】7画 ⇩【成】セイ(417ページ)

戈4【戔】8画 5693 6214 音㊀サン漢 ザン呉 ㊁セン漢 訓すく-ない・そこ-なう

意味 ㊀サンザン そこなう。同残ザン。㊁センセ ❶小さい。ちっぽけな。❷こまごまとした。例戔戔センセン。

日本語での用法《さ》「さ」の音にあてる万葉がな。「素戔嗚尊すさのおのみこと（=日本神話の神の名）」

戈4【或】8画 1631 6216 人名 音コク漢 ワク呉 訓ある・あるい-は

意味 ❶はっきりしないものごと、はっきりさせたくないものごとをさすことば。ある。例或時あるとき。或所あるところ。或人あるひと。❷ある人が。あるひと。例或問ワクモン。或曰あるひといわく。❸〔助字〕「あるいは」と読み、もしかすると……かもしれない、の意。推測をあらわす。例得二其門一者或寡矣そのモンをうるものはあるいはすくなし（=その門を見つけられる人は少ないかもしれない）。〈論語ロンゴ〉

人名 もち

【或問】ワクモン ある人の質問と、それに答えるかたちで自分の意見を述べていく文章の形式。

戈7【戛】11画 5694 621B 音カツ漢 訓ほこ

戈8［戞］12画 5701 621E 俗字

意味 ❶ほこで打つ。たたく。❷金属や石のふれあう音。例戛戛カツカツ。

【戛戛】カツカツ（形動タル）①刀など、かたいものがふれあう音の形容。例金具かなグが—と鳴る。②ウマのひづめの音の形容。例—たる馬蹄バテイのひびき。

戈7【戚】11画 3244 621A 常用 音セキ漢 訓いた-む・うれ-える

筆順 丿 厂 仄 乕 戚 戚 戚

なりたち [形声]「戉(=まさかり)」と、音「尗セキ」とから成る。まさかり。

意味 ❶まさかり。おの。例干戚カンセキ。❷（母方の）みうち。親類。例外戚ガイセキ。親戚シンセキ。❸身近にひしひしと感じる。いたむ。うれえる。例戚戚セキセキ。

【戚戚】セキセキ（形動タル）心配や悲しみなどのため、心が乱れておちつかないようす。例窮キュウして—たらず。
【戚里】セキリ ①漢代、長安にあった町の名で、天子の母方の親戚が住んでいた。②天子の母方の親戚。
●姻戚インセキ・遠戚エンセキ・縁戚エンセキ・外戚ガイセキ・親戚シンセキ

戈7【戝】11画 ⇩【財】ザイ(932ページ)

戈8【戟】12画 2365 621F 人名 音ゲキ慣 ケキ漢 訓ほこ

意味 両刃もろはの刀身に枝刃えだはの出ているほこ。えだぼこ。ほこ。例戟盾ゲキジュン（=ほことたて）。剣戟ケンゲキ。

【戟手】ゲキシュ（名・する）手をふり上げて、人を打とうとすること。〔その手の形が戟の枝刃えだに似ているのでいう〕

戈8［戞］12画 ⇩【戛】カツ(418ページ)

戈9【戡】13画 5702 6221 音カン漢 訓か-つ・さ-す

意味 戦争に勝ち、平定する。勝つ。さしころす。例戡定カンテイ。

【戡定】カンテイ（名・する）戦いに勝って、乱をおさめること。賊ゾクを平らげること。類平定・鎮定チンテイ。例反乱軍を—する。

戈9 【戦】 13画 3279 6226 教育4
音セン 漢呉
訓いくさ・たたか-う・おのの-く・そよ-ぐ・たたか-い

筆順 丷 ⺌ 𫩏 単 単 戦 戦 戦

戈12 【戰】 16画 5705 6230 人名

なりたち 戰 [形声]「戈(=ほこ)」と、音「單タン→セン」とから成る。たたかう。

意味 ❶武器をとってたたかう。いくさ。たたかい。例戦争。内戦。反戦。❷勝負をきそう。競争。試合。例舌戦。論戦。名人戦。❸おそれてふるえる。身をふるわす。おののく。例戦慄。戦戦恐恐。恐怖に戦く。❹風にゆれてうごく。そよぐ。例風に戦ぐ葦。葉が戦ぐ。

使い分け たたかう【戦・闘】⇩1171ページ

【戦意】センイ たたかおうという積極的な気持ち。例—を失う。

【戦雲】センウン 戦争が今にも始まりそうな、暗く重苦しいふんいきのたとえ。例—急を告げる。—がたれこめる。

【戦役】センエキ たたかい。いくさ。戦争。例日清日露の—。

【戦火】センカ ①戦争による火災。②戦争。例—を交える。

【戦果】センカ ①たたかいの結果。②たたかいで勝ちとった品物やてがら。例多くの—をあげる。

【戦禍】センカ 〔「禍」は、わざわいの意〕戦争によるわざわい。戦争による被害。例—をまぬがれる。

【戦艦】センカン ①攻撃力と防御力にすぐれた大型の軍艦。第二次大戦のころまで海軍力の中心となった。②軍艦。

【戦記】センキ 戦争の記録。また、それをもとにした小説。類軍記。例—文学。

【戦機】センキ ①戦争が起こりそうなけはい。例—が到来する。②行動を起こせば勝つことのできる機会。例—が熟する。③軍事上の秘密。類軍機。

【戦況】センキョウ たたかいのようす。戦争の状況。例—報告。

【戦局】センキョク 戦争のなりゆき。類戦況。例—は有利だ。

【戦勲】センクン 〔「勲」は、てがらの意〕戦争でのてがら。類戦功。

【戦後】センゴ ①戦争が終わったあと。終戦後。アプレゲール。例—の混乱から立ち直る。②とくに、第二次世界大戦後。例—の日本経済の復興はめざましかった。▽対戦前。

【戦功】センコウ 戦争でのてがら。類戦勲。例—をあげる。

【戦国】センゴク ①戦争で国内が乱れていること。戦乱の世。②戦争をしている国々。③戦国時代。例—の武将。

【戦国策】センゴクサク 中国の戦国時代の縦横家が説いた策略を国別に書き集めた書物。漢の劉向の編とされる。三十三巻。国策。

【戦国時代】センゴクジダイ ①中国の周代の韓・趙・魏が晋を三分割した紀元前四〇三年から、秦の始皇帝が中国全土を統一した紀元前二二一年までの、約百八十年間の混乱期。②日本の室町時代末期、応仁の乱(一四六七—一四七七)から、豊臣秀吉の天下統一(一五八五)までの約百二十年間の混乱期。

【戦国の七雄】センゴクのシチユウ 中国の戦国時代に勢力を競い合ってたがいに対立していた、斉・楚・燕・韓・趙・魏・秦の七つの強国。

【戦災】センサイ 戦争による災害。例—孤児。—にあう。

【戦士】センシ ①戦場でたたかう兵士。②事業や社会運動などの最前線で活躍する人をほめていうことば。例企業—。自然保護運動の—。

【戦史】センシ 戦争の歴史。戦争のありさまの記録。

【戦死】センシ (名・する)戦場でたたかって死ぬこと。例—者。

【戦時】センジ 戦争をしているとき。対平時。例—下の生活。

【戦車】センシャ 厚い装甲で防護された車体に火砲を装備し、キャタピラで走る戦闘用車両。タンク。

【戦術】センジュツ ①戦闘や競争などに勝つための方法・手段。類作戦。例速攻—。縦のパスを多く用いる—に出る。②ある目的を達成するための方法・手段。類作戦。例人海—。新製品を売りこむ—をねる。→【戦略】

【戦勝】センショウ (名・する)戦争に勝つこと。かちいくさ。対戦敗。例—国。

【戦場】センジョウ 戦争がおこなわれている場所。類戦地・戦陣。例古—。—におもむく。

【戦陣】センジン ①たたかいのための陣営。例—をはる。②戦場。

【戦▼塵】センジン ①戦場にたつ砂ぼこり。例—にまみれる。②戦争によるさわぎや混乱。例—をさける。

【戦績】センセキ たたかいや試合の成績・結果。例—の記録。

【戦線】センセン ①戦争で敵と直接向かいあっているところ。また、戦場。類最前線。例—が拡大する。②政治運動や社会運動などでの、闘争の場面やかたち。例労働—の統一。

【戦前】センゼン ①戦争がはじまるまえ。②とくに、第二次世界大戦のまえ。▽対戦後。

【戦戦恐恐】センセンキョウキョウ (形動タル)おそれおののくようす。びくびくしているようす。例なりゆきを—として見守る。表記旧戦▼兢▼兢

【戦争】センソウ (名・する)①たたかい。いくさ。②武力を用いた国と国との争い。対平和。③はげしい競争や状態。

【戦争犯罪】センソウハンザイ 国際条約で定められた交戦法規に違反する行為。また、広義には第二次世界大戦以後に生まれた概念で、平和に対する罪・人道に対する罪をも含めていう。

【戦隊】センタイ 海軍や空軍での、兵力の編制単位。例水雷—。航空—。

【戦地】センチ 戦争をしているところ。類戦場。

【戦中】センチュウ ①戦争のおこなわれているあいだ。②とくに、第二次世界大戦がおこなわれていたあいだ。例—派。

【戦闘】セントウ (名・する)武器や兵力を用いて、相手や敵をたおそうとしてたたかうこと。例—機。—態勢。

【戦敗】センパイ (名・する)戦争に負けること。まけいくさ。対戦勝。例—国。

【戦犯】センパン 戦争犯罪をおかした者。

【戦費】センピ 戦争に必要な費用。例—を調達する。

【戦病死】センビョウシ (名・する)軍隊に加わって戦地におもむいているときに病死すること。

【戦法】センポウ 戦争や競技・ゲームなどをおこなう方法。類戦術。例奇襲—。—を変える。

【戦没】センボツ (名・する)戦病死をふくめて、戦争で死ぬこと。例—者の慰霊碑。表記旧戦▼歿

【戦友】センユウ ①同じ部隊に属し、戦場でともにたたかう仲間。②いっしょに苦労した仲間。

【戦乱】センラン ①戦争のために世の中がみだれること。例—をさけて国外に脱出する。②戦争。いくさ。

【戦慄】センリツ (名・する)恐怖のためにからだがふるえること。身ぶるいすること。例—を覚える。

【戦利品】センリヒン 戦争で、敵からうばい取った武器や品物。

【戦略】センリャク たたかいに勝つための総合的な計画や方法。〔一つ一つの作戦などを「戦術」というのに対して、全体的な場合に用いる〕例長期的な経済—を立てる。

【戦力】センリョク ①戦争をおこなう力。たたかう能力。類兵力・武力・軍事力。例—を増強する。②能力のある働き手の

たとえ。例—になる。

【戦歴】センレキ 戦争や試合でたたかった経歴。例数数（かずかず）の—。

【戦列】センレツ ①戦争をおこなう部隊の列。例—をはなれる。②闘争（トウソウ）や試合をおこなう組織や団体のたとえ。例労働運動の—に加わる。

●応戦（オウセン）・海戦（カイセン）・開戦（カイセン）・合戦（カッセン）・観戦（カンセン）・休戦（キュウセン）・苦戦（クセン）・激戦（ゲキセン）・決戦（ケッセン）・交戦（コウセン）・作戦（サクセン）・参戦（サンセン）・終戦（シュウセン）・接戦（セッセン）・舌戦（ゼッセン）・宣戦（センセン）・対戦（タイセン）・挑戦（チョウセン）・停戦（テイセン）・内戦（ナイセン）・熱戦（ネッセン）・敗戦（ハイセン）・反戦（ハンセン）・奮戦（フンセン）・防戦（ボウセン）・乱戦（ランセン）・歴戦（レキセン）・論戦（ロンセン）

戈10 **【截】** 14画 5703 622A 音 セツ漢 訓 た-つ・き-る

意味 ❶切断する。たちきる。たつ。きる。例截然（セツゼン）・截断（セツダン）・半截（ハンセツ）。❷区切りがはっきりしている。まわりくどくなくきっぱりとしている。例直截（チョクセツ）。

難読 截岸（きりぎし）（＝断崖（ダンガイ））・一節截（ひとよぎり）

【截然】セツゼン〔慣用で「サイゼン」とも〕（形動タル）①切りたっているようす。②区別がはっきりしているようす。

【截断】セツダン〔慣用で「サイダン」とも〕（名・する）断（た）ち切ること。切りはなすこと。表記「切断」とも書く。

戈11 **【戯】** 15画 2126 622F 常用 音 ギ慣 キ漢 ゲ呉 訓 たわむ-れる・ざ-れる・たわむ-れ

筆順 丶 ト ⺊ 广 卢 虍 虚 戯 戯

戈13 **【戲】** 17画 5706 6232 人名

なりたち 【形声】「戈（＝ほこ）」と、音「䖒（キ）」とから成る。武器。また、戦闘（セントウ）の前に武器を持っておどる。

意味 ❶おもしろくあそぶ。おどける。たわむれる。たわむれ。例球戯（キュウギ）・遊戯（ユウギ）。❷しばい。例戯曲（ギキョク）・戯劇（ギゲキ）。

難読 戯言（たわごと）・戯言（ざれごと）

【戯画】ギガ たわむれにえがいた絵。こっけいな絵。風刺（フウシ）した絵。例『鳥獣（チョウジュウ）—』

【戯曲】ギキョク 演劇の台本。また、台本の形で書かれた文学作品。脚本（キャクホン）。

【戯言】ギゲン たわむれに言うことば。ざれごと。じょうだん。

【戯書】ギショ たわむれに書いた文字や文章。ざれがき。らくがき。

【戯文】ギブン たわむれに書いた文章。また、こっけいな文章。

【▽戯作】ゲサク〔「ギサク」とも〕①たわむれに書いた文章や作品。例—として読みすてる。②江戸（えど）時代後期の洒落本（しゃれボン）・滑稽本（コッケイボン）・人情本などの読み物。例—者。

●悪戯（アクギ・いたずら）・児戯（ジギ）・遊戯（ユウギ）

戈11 **【戮】** 15画 5704 622E 音 リク漢 訓 ころ-す

意味 ❶命をうばう。死刑（シケイ）にする。ころす。例殺戮（サツリク）・誅戮（チュウリク）。❷さらしものにする。死体を公衆の面前に並べていましめとする。さらす。❸はずかしめる。はずかしめ。例戮辱（リクジョク）（＝はずかしめ）。❹力を合わせる。同勠（リク）。

【戮力】リクリョク（名・する）力を合わせること。類協力。

戈12 **【戰】** 16画 ⇨【戦】セン（419ページ）

戈13 **【戴】** 17画 3455 6234 常用 音 タイ漢呉 訓 いただ-く

筆順 十 土 𠮷 壴 𡎺 𢧵 戴 戴

なりたち 【形声】「異（＝分ける）」と、音「𢦏（サイ→タイ）」とから成る。物を分けてふやす。

意味 ❶頭の上にのせる。いただく。例戴冠（タイカン）。戴天（タイテン）（＝この世に生活する）。❷あがめたっとぶ。おしいただく。例推戴（スイタイ）・奉戴（ホウタイ）。

日本語での用法《いただく》「飲む」「食う」「もらう」「…してもらう」のへりくだった言い方。「遠慮（エンリョ）なく戴（いただ）きます・お話（はなし）し戴（いただ）く」

難読 戴星馬（ひたいじろ｜つきひたいのうま）

【戴冠式】タイカンシキ 国王が即位（ソクイ）して、初めて王冠をかぶって、王位についたことを広く知らせる儀式（ギシキ）。

【戴白】タイハク（「白」は、白髪（ハクハツ）の意）白髪頭（しらがあたま）。また、老人。

戈13 **【戱】** 17画 ⇨【戯】ギ（420ページ）

戈14 **【戳】** 18画 5707 6233 音 サク漢

意味 ❶先のとがったものでさす。つく。❷印鑑（インカン）。

63 4画 戸（戶） とだれ 部

門のとびらの片方の形をあらわす。「戸（戶）」の形をもとにしてできている漢字を集めた。

0 戸 戶 3 戻 4 所 房 所 房 戾 5 扁 6 扇 扇 7 扈 8 扉 扉

この部首に所属しない漢字

肩⇨月816 啓⇨口207 雇⇨隹1043 肇⇨聿814

戸0 **【戸】** 4画 2445 6238 教育2 音 コ漢呉 訓 と・へ

筆順 一 ㄱ ヨ 戸

戸0 **【戶】** 4画 6236

なりたち 【象形】門の片一方の形。内側を守る、とびら。

意味 ❶片開きのとびら。家・部屋などの出入り口。と。例門戸（モンコ）。❷家屋。一家。いえ。例戸口（ココウ）・戸籍（コセキ）。

人名 いえ・かど・かべ・ひろ・まもる・もり

【戸外】コガイ 家のそと。類屋外。例—に出て遊ぶ。

【戸口】一（ココウ） 家の数と人の数。戸数と人口。例—調査。二（とぐち） 家の出入り口。

【戸主】コシュ ①一家の主人。世帯主。②旧制度で、一家の長として家族を統率（トウソツ）し、扶養（フヨウ）した者。類家長。

【戸数】コスウ 家のかず。家の軒数（ケンスウ）。

【戸籍】コセキ 夫婦（フウフ）とその未婚（ミコン）の子供の氏名・本籍・生年月日・性別・続き柄（がら）などをしるした公文書。例—を作る。

【戸長】コチョウ 明治時代の初期、町村の事務をとった役人。現在の町長や村長にあたる。

【戸別】コベツ 家ごと。一軒（イッケン）一軒。例—訪問。

【戸板】といた 雨戸（あまど）の板。はずして物をのせて運ぶときに使った。

●雨戸（あまど）・木戸（きど）・瀬戸（せと）・納戸（ナンど）・門戸（モンコ）

戸0 **【户】** 4画 ⇨【戸】コ（420ページ）

戸3
【戻】
7画 4465 623B 常用 音レイ漢 ライ呉 訓もど-す・もど-る・もど-り

筆順 一 ⺕ ⺕ 戸 戸 戸 戻

戸4
【戾】
8画 1-8467 623E

なりたち［会意］「犬（=いぬ）」が「戸（=と）」の下から体をねじ曲げて出る。派生して「そむく・もとる」の意。

意味 ❶道理にそむく。もとる。例暴戻。❷手あらい。むごい。例戻虐（=道理に反し人民をしいたげる）。❸いたる。例戻止（=来る。いたる）。

日本語での用法《もどる・もどす》もとの位置・状態にする。もとの位置・状態に近いものにする。「ふりだしに戻る・もとの場所に戻す・食べたものを戻す」

●背戻・返戻

戸4
【所】
8画 2974 6240 教育3 音ショ漢 ソ呉 訓ところ

筆順 一 ⺕ ⺕ 戸 戸 所 所 所

戸4
【所】
8画

なりたち［形声］「斤（=おの）」と、音「戸コ→ショ」とから成る。木を切る音。借りて、ところ。

意味 ❶（何かがある）ところ。何かをするところ。同処。例住所・長所・場所・研究所・役所。❷〔助字〕㋐「…（する）ところ」と読み、動作の対象や内容を指し示す。例我所レ欲（=私がほしがっていること）。所感〔「感ずる所」と訓読する〕。所信〔「信ずる所」と訓読する〕。㋑〔多く「為」と呼応して〕「…（する）ところ（となる）」と読み、…に…される、の意。受け身をあらわす。例為二人所一レ制（=人に支配される）。〈史記〉

人名 のぶ

【▽所▼謂】（連体）いっぱんにいわれているところの。世の中でいうところの。例—政治力のある人。—知識人。

【所為】㊀ショイ しわざ。おこない。ふるまい。例悪魔の—。㊁せい ものごとの原因や理由。例失敗を人の—にするな。

【所演】 芸能などが上演されること。例市川団十郎—の「助六（=歌舞伎の演目の名）」。

【所懐】 心に思うこと。思い。類所感。例—を述べる。

【所轄】（名・する）役所などが支配し、管理すること。また、その範囲。類所管・管轄。例—の税務署。

【所感】 心に感じたことがら。類感想・所懐。例年頭の—を述べる。

【所管】（名・する）役所などが支配し、管理すること。また、その範囲。類所轄・管轄。例各省庁の—する関係機関。

【所願】 ねがうこと。ねがい。例長年の—。

【所期】 まえもって、そうしようと心に決めること。類予期。例—の目的を達成する。

【所業】 おこない。しわざ。ふるまい。例ひどい—だ。表記「所行」とも書く。

【所見】 ①見たところ。見たもの。また、検査の結果。例医師による—。②考え。意見。例—を述べる。

【所作】 ①おこない。身のこなし。ふるまい。動作。例同じ—をくりかえす。②「所作事」の略。

【所作事】 歌舞伎で、音曲に合わせておどるおどり。また、おどりを主とした芝居。振り事。

【所載】 印刷物にのせてあること。例前号—の論文。

【所在】 ①ものごとのある場所。ありか。例責任の—を明らかにする。②そのもののある場所。人の居る場所。例家の—地。—を知らせる。③すること。仕事。任務。例—なさそうにしている。

【所産】 つくり出したもの。生産されたもの。産物。例長年の努力の—。

【所司】 ①鎌倉時代の職名で、侍所・小侍所の次官。②室町時代の職名で、侍所の長官。

【所司代】 ①室町時代、所司の代理として事務を取りあつかった職。②「京都所司代」の略。江戸時代の職名で、京都の護衛、朝廷・公家・西国大名の監察などをおこなった。また、その役所。

【所持】（名・する）身につけて持っていること。例—品。

【所収】 書物におさめられていること。例全集第二巻に—の長編。

【所出】 ①出どころ。類出所。例—が判明する。②生まれ。類出生。例—にからむなぞ。

【所所】 ところどころ。ここかしこ。例—に散らばる。表記「処処」とも書く。

【所信】 あることがらについて信じているところ。例—を表明する。

【所生】（「ショショウ」とも）①生みの親。父母。②生まれた土地。出生地。③生み出したもの。作り出したもの。

【所説】 説くところ。主張している内容。例かれの—を聞く。

【所詮】（副）結局。つまり。どんなにしても。〔否定的な結果についていうことが多い〕例—（は）助からない。—はかない夢だ。

【所蔵】（名・する）しまっておくこと。また、しまってあるもの。例—品。フィレンツェの美術館の—する名画。

【所属】（名・する）ある組織や団体に属していること。例テニス部に—する。海上保安庁に—している船。

【所存】 思うところ。考え。つもり。例最後までがんばり通す—です。

【所帯】 ①生活のもとになる土地・家屋・財産。例—をたたむ。②独立して一家をかまえ、生計をいとなむこと。また、その一家。世帯。例—道具。—を持つ。③一家の暮らし。例—をきりつめる。表記▽「▽世帯」とも書く。

【所長】 研究所・出張所・営業所などの長。

【所定】 あらかじめ決まっていること。例—の用紙。—の場所。

【所伝】 文書や口伝えなどによって伝えられたもの。伝え。例代代—の宝物。

【所動】 はたらきかけられること。受け身。受動。例—的な生き方をする。

【所得】 ①自分のものとなること。②〔経〕個人や企業が、一定の期間内に得た収入や利益。例—税。

【所望】（名・する）ほしいとのぞむこと。例—の品が届く。貴殿のご—により…。

【所有】（名・する）自分のものとして持っていること。また、そのもの。例—者。

【所有権】 ものを自由に使ったり、処分したりすることのできる権利。例土地の—を主張する。

【所与】 ①あたえられていること。また、そのもの。例—の事例をもとに判断する。②〔哲〕解決すべき課題としてあたえられたもの。与件。

【所用】①用事。用件。例—で外出する。②もちいること。また、そのもの。例当社—の資材。

【所要】必要なこと。また、必要とするもの。例—時間。—経費。

【所領】大名や寺社などが所有する土地。領地。

【所労】①つかれ。②病気。わずらい。例—につき休暇を願う。

【所論】論じるところ。主張する論。意見。例かれの—と対立する。

【所柄】その土地の性質やようす。場所がら。例—をわきまえる。

【▽所▽以】いわれ。わけ。理由。例人の人たる—。
●箇所・急所・近所・随所・関所・短所・長所・難所・場所・見所・名所・役所

戸4 **【房】** 8画 4328 623F 常用 音ホウ漢 ボウ呉 訓ふさ・へや

筆順 一 ㇇ ㇇ 戸 戸 戸 房 房

戸4 **【房】** 8画

なりたち [形声]「戸(=と)」と、音「方ウ」とから成る。堂の中で、左右のわきにある部屋。

意味 ❶母屋の両わきの小部屋。家の中のくぎられた空間。へや。例厨房。❷すまい。いえ。例山房。❸小部屋のようにくぎられた形のもの。例心房。❹ふくろの形をした部屋。例子房。乳房。❺二十八宿の一つ。そいぼし。例房宿。

日本語での用法 □《ふさ》①小さなものがたくさんまとまっているもの。「花房・ブドウの房」②束ねた糸の先をばらばらにしたもの。「房のついたひも」□《ボウ》旧国名「安房(=今の千葉県南部)」の略。「房州・房総」

人名 お・のぶ

【房事】男女の性の交わり。〔閨房(=寝室)のなかでのことがらの意から〕
【房室】部屋。
【房宿】二十八宿の一つ。東南にあり、今のさそり座の頭にあたる四つの星。そいぼし。

【房中】①部屋のなか。室内。②寝室のなか。
●官房・監房・工房・獄房・茶房・子房・書房・心房・僧房・暖房・厨房・独房・乳房・女房・文房・冷房

戸4 **【所】** 8画 ⇩【所】(421ジペー)

戸4 **【房】** 8画 ⇩【房】(422ジペー)

戸4 **【戻】** 8画 ⇩【戻】(421ジペー)

戸5 **【扁】** 9画 5708 6241 音ヘン漢 訓ひら-たい

意味 ❶とびらの上などにかかげるふだ。額。例扁額。❷ひらたい。例扁平。❸小さい。例扁舟。

日本語での用法《ヘン》漢字の字形を構成する要素の一つ。原則として、左右に分けられる漢字字形のうち、意味をあらわすと認められる部分。通常、左側の部分。偏。「木扁・扁旁」


【扁額】門や室内にかける、横に長い額。

【扁舟】小舟。例大海にうかぶ—。

【扁桃】①バラ科の落葉高木。種子は食用また薬用。アーモンド。アメンドウ。②「扁桃腺」に同じ。

【扁桃腺】のどのおくにある長円形のリンパ腺。

【扁平】(名・形動ナ)たいらなこと。ひらべったいこと。

【扁平足】足の裏がたいらで、土ふまずのくぼみがほとんどない足。

【扁▼旁】漢字のへんとつくり。例—冠脚。表記「偏旁」とも書く。

戸6 **【扇】** 10画 3280 6247 常用 音セン漢呉 訓おうぎ

筆順 一 ㇇ ㇇ 戸 戸 戸 扇 扇 扇 扇

戸6 **【扇】** 10画

なりたち [会意]「戸(=と)」と「羽(=つばさ)」とから成る。鳥のつばさのように開閉するとびら。派生して「おうぎ」の意。

意味 ❶あおいで風をおくる道具。うちわ。おうぎ。例扇子。扇面。団扇。❷おうぎなどで風をおこす。あおぐ。例扇風。❸けしかけて、ある感情や行動を起こすようにしむける。あおる。同煽。例扇情。扇動。

難読 海扇

人名 み

【扇情】(名・する)情欲をあおりたてること。例—的な写真を使ったポスター。表記旧▼煽情
【扇状地】川が山から平地に流れ出たところに、流れに運ばれてきた土砂が積もってできた、扇形の土地。
【扇子】あおいですずむための道具。竹や木を細くけずったものを一か所でまとめ、紙や布をはって折りたためるようにしたもの。おどりなどにも用いる。おうぎ。
【扇動】(名・する)他人をそそのかし、あおりたてて、ある行動を起こすようにしむけること。例若い者を—するような文章。表記旧▼煽動
【扇面】①おうぎの地紙。また、その形。例—に切った紙。②おうぎ。扇子。
【扇揚】(名・する)〔おうぎが風を起こすのにたとえて〕他からの力であおりあげること。
●夏炉冬扇・団扇・鉄扇

戸6 **【扇】** 10画 ⇩【扇】(422ジペー)

戸7 **【扈】** 11画 *7829 *6248 音コ漢 訓したが-う

意味 君主のお供をする。したがう。例扈従。

【扈従】(名・する)身分の高い人のお供をすること。また、その人。

戸8 **【扉】** 12画 4066 6249 常用 音ヒ漢 訓とびら

筆順 ㇇ ㇇ 戸 戸 戸 扉 扉 扉

戸8 **【扉】** 12画

なりたち [形声]「戸(=と)」と、音「非ヒ」とから成る。門のとびら。

意味 ひらき戸。とびら。例柴扉。鉄扉。門扉。

戸8 **【扉】** 12画 ⇩【扉】(422ジペー)

64 4画 手 て（扌 てへん）部

五本指のある手の形をあらわす。「手」が偏（へん）（＝漢字の左がわの部分）になるときは「扌（てへん）」（三画）となる。「手」をもとにしてできている漢字と、「扌」と形が似ている「才」とを集めた。

0 手 才 1 扎 2 打 払 3 扱 扞 扣
扛 扠 扨 托 4 扼 抂 找 技 抉 抗 抒
承 抄 折 抓 択 抖 投 把 抜 批 扶 扮
抃 抔 抑 扳 抛 5 押 拗 拐 拡 拑 拒
拠 拘 招 抻 拙 拓 拆 担 抽 抵 拈 拝
拌 披 拍 拊 拇 抱 拋 抹 拉 拐 拒 拏
抬 拜 拔 拂 拖 6 按 挧 挂 挌 括 拮
挙 挟 拱 挈 拳 拷 拶 指 持 拾 拯 拭
挎 拿 挑 拳 7 挨 捐 捍 挫 振 捜 挿
捉 挺 捗 捏 捌 挽 捕 挾 捩 8 掖 掩
掛 掎 掬 掀 掘 掲 捲 控 採 捨 授 掌
捷 推 捶 据 掣 接 措 掃 掫 探 掉 掟
掏 捺 捻 排 掄 描 捧 捫 掠 捩 掴 採
捨 掃 掻 挽 9 握 援 掾 揩 換 揀 揮
揆 揣 揉 揃 提 搭 揶 揄 揖 揚 揺 援
揭 搜 插 10 携 搴 搆 搓 搾 搦 搶 搢
摂 搔 損 搗 搨 搏 搬 摸 搤 摹 搖 11
擱 摎 撃 摧 摯 摺 摶 摘 摩 摩 12 撮
撒 撕 撞 撰 撤 撓 撚 撥 播 撫 撲 撩
撈 攪 擕 13 撼 擒 擅 操 撻 擘 擁 擂
擧 據 擊 擇 擔 14 攔 擬 擦 擠 擡 擢
擯 擣 15 擾 擶 擲 擺 攀 擽 擴 攅 17
攘 18 攜 攝 19 攢 攤 攣 20 攪 攫 22

手 0

【手】

4画 2874 624B 教育1

音 ス慣 シュウ漢 シュ呉

訓 て・た

付表 上手（じょうず）・手伝（てつだ）う・下手（へた）

筆順 ノ 二 三 手

なりたち ［象形］指と、てのひらを広げた形。て。

意味 ❶てくび（または肩（かた））から先の部分。て。例 握手（アクシュ）。挙手（キョシュ）。拍手（ハクシュ）。❷自分自身で。てずから。例 手記（シュキ）。手書（シュショ）。❸てさきを使ってすること。例 手芸（シュゲイ）。手話（シュワ）。❹筆跡。て。例 手跡（シュセキ）。手習（てなら）い。❺やり方。うでまえ。例 手段（シュダン）。手法（シュホウ）。妙手（ミョウシュ）。❻ある技術を有する人。仕事をする人。例 運転手（ウンテンシュ）。名手（メイシュ）。

日本語での用法 一《て》①道具や器物の、手で持つ部分。「取（と）っ手（て）・持（も）ち手（て）」②有効なはたらきや方法。「手（て）を打（う）つ・決（き）め手（て）」③方向。方面。「上手（かみて）・山（やま）の手（て）・行（ゆ）く手（て）」④性質や形状の種類。「厚手（あつで）・古手（ふるて）・この手（て）の品（しな）」⑤受けた傷。「痛手（いたで）・深手（ふかで）」⑥代価。代金。だちん。「酒手（さかて）」⑦交際。関係。「手（て）を切（き）る」⑧労働力としての人。「手（て）が足（た）りない・ネコの手（て）も借（か）りたいほどいそがしい」二《た》「て」の変化したもの。多く熟語として、複合した形で用いる。「手折（たお）る・手綱（たづな）・花（はな）を手向（たむ）ける」

難読 空手（すで）・双手（もろて）・手巾（てぬぐい）・手向山（たむけやま）・手弱女（たおやめ）・手水（ちょうず）・手斧（ちょうな）

人名 で

【手淫】シュイン 手などで自分の性器を刺激（シゲキ）して快感を得ること。自慰（ジイ）。オナニー。

【手簡】シュカン 手紙。自筆の手紙。類 書簡・手札（シュサツ）。表記「手▼翰」とも書く。

【手記】シュキ ①自分の体験や感想などを書きしるしたもの。例 戦争体験者の—。②自分で書きしるすこと。類 自書。

【手技】シュギ 手でするわざ。手仕事。手芸。

【手巾】シュキン 手ぬぐい。手ふき。ハンカチーフ。

【手芸】シュゲイ ししゅうや編み物など、手先でする工芸。例 —用品。—クラブ。

【手工】シュコウ （木・紙・竹などを使って）手先でする仕事。手工芸。

【手交】シュコウ （名・する）（公式文書などを）手わたしすること。例 総理大臣の親書を—する。

【手稿】シュコウ 手書きの原稿。例 —本（ボン）。

【手札】一シュサツ 手紙。自筆の手紙。類 手簡。二てふだ ①名ふだ。名刺（メイシ）。②トランプなどで、手持ちのふだ。③「手札判（てふだバン）」の略。写真で、縦十一センチメートル、横八センチメートルほどの大きさ。

【手写】シュシャ （名・する）手で書き写すこと。例 —本。文人の手紙を—する。

【手術】シュジュツ （名・する）医師が治療（チリョウ）のため、からだの一部を切り開いて、必要な処置をすること。

【手書】シュショ 一（名・する）みずから書きしるすこと。また、そのもの。手書き。二（名）自筆の手紙。

【手▼燭】シュショク｜てショク （持ち運びができる）柄（え）のついたろうそく立て。例 —で照らす。

【手勢】一シュセイ 手つき。手ぶり。二てゼイ 手下の兵士。配下の軍勢（グンゼイ）。部下。例 —が減って危（あや）うくなる。

【手跡】シュセキ その人が書いた文字。筆跡。例 みごとな—。表記「手▼蹟」とも書く。

【手足】一シュソク 手と足。二てあし ①手と足。例 —を動かす。②自分の手や足のようになって働く者。腹心の部下。例 社長の—となって働く。

【手沢】シュタク ①長く使っているために、ものについたつや。②故人の生前の愛用品。例 亡（な）くなった先生の—の辞書。

【手沢本】シュタクボン 手あかがつくほど故人が愛読していた本。また、書き入れなどがされている愛蔵本。

【手段】シュダン 目的をかなえるための方法。てだて。例 最後の—。—を選ばない。

【手中】シュチュウ 手のなか。手のうち。例 成功を—におさめる（＝自分のものにする）。

【手▼套】シュトウ｜てトウ 〔「套」は、おおいの意〕てぶくろ。

【手動】シュドウ 機械などを手でうごかすこと。対 自動。例 —ポンプ。—のブレーキ。

【手法】シュホウ ものを作ったり、計画を進めるときのやり方。技法。また、表現の方法。例 強引（ゴウイン）な—。独自の—がみられる。

【手裏剣】シュリケン にぎるように持って、敵に投げつける小さな剣。

【手▼榴弾】シュリュウダン｜てリュウダン 手で投げつける小型爆弾（バクダン）。手投げ弾。例—を投げる。

【手練】一 熟練したうでまえ。たくみな手ぎわ。例—の早わざ。二 人をだましたり、まるめこんだりする方法。例—手管(=うまいことを言って人をあやつり、だますやり方)。

【手話】耳の不自由な人が、手の動きなどで考えや気持ちを伝える言語。例—通訳士。

【手腕】ものごとをその場に応じて的確におこなう力。うでまえ。てなみ。技量。例—を発揮する。—を買われる。

【手腕家】すぐれた手腕の持ち主。実行力のある人。やりて。例総務部きっての—。

【手▽弱女】しとやかで美しい女性。優美なようすの女性。対益荒男。

【手綱】①ウマをあやつるために、くつわに結びつけて手に持つ綱。例—さばき。—を引く。②人を指導し監督することのたとえ。例—をゆるめると、すぐになまける。

【手向け】①神仏や死者の前にものを供えること。また、その供えもの。例—の花。②旅立つときや別れのときのおくりもの。はなむけ。例—の句。

【▽手▽水】(「てみず」の変化)①手や顔を水で洗うこと。また、その水。例—鉢。—を使う。②便所。〔あとで手を洗うところから〕例—に立つ。

【▽手▽水場】①便所のそばの手を洗う所。②便所。

【▽手▼斧】一 木材を荒削りするときに使う、柄が鍬形に曲がったおの。例—始め(=大工の仕事始め)。二 片手でにぎれる小型のおの。例—で枝をはらう。

【手当】一(名)①報酬としてのお金。給料。②基本的な給料以外のお金。例住宅—。家族—。二【手当て】(名・する)①病気やけがの治療や処置をすること。例応急—。②ものごとの準備や処置をすること。例輸送機の—を急ぐ。

【手荒】(形動ナ)乱暴なようす。例—なまねをするな。

【手▼枷】①昔、罪人の手首にはめて自由に動かせないようにした道具。類手錠。②自由をさまたげるもの。

【手形】①手のかたち。手のひらに墨などをぬって、紙などにおしたもの。例横綱の—。②〔経〕一定の金額を一定の日時・場所でしはらうことを明示した有価証券。例不渡り—。

【手刀】一 手の指をそろえてのばし、刀のようにして小指のあるがわで打つこと。二 相撲で、勝ち力士が行司から懸賞を受け取るときの作法。「心」または「忄(=りっしんべん)」を書く形に手を動かす。例—を切る。

【手紙】考えや用件などを書いて相手に送る文書。書簡。書状。例—を書く。—を出す。

【手柄】人から注目されるような、りっぱなはたらきや仕事。類功績。例—を立てる。

【手軽】(形動ナ)簡単でたやすいこと。てまがかからないこと。例だれでも—にできる運動。—な食事ですます。

【手奇麗】(形動ナ)手ぎわよく、しあがりのきれいなようす。例—にかたづける。表記「手▼綺麗」とも書く。

【手際】ものごとを処理するしかた。例—がよい。

【手金】手付けとしてわたすお金。手付け金。例—を打つ。

【手心】そのときの状態にしたがって、むりのないようにすること。手加減。例子供だからといって練習に—は加えない。

【手頃】(名・形動ナ)①あつかいやすい大きさや重さであること。例—な大きさに切る。②自分の能力や要求に適していること。例—な値段の服。

【手下】部下。配下。こぶん。例盗賊の—。

【手順】ものごとをするときの順序。段どり。例—をふむ。

【手錠】①手首にはめて自由をうばう道具。例—をかける。②江戸時代の刑罰。また、それに用いた「①」に似た道具。手鎖。

【手数】①仕事をするのに必要な労力や時間。てま。例—をかける。—がかかる。②わざわざすること。ほねおり。めんどう。例お—でした。③囲碁や将棋で、打ったり指したりした手のかず。

【手製】①自分でつくること。また、そのもの。例—の梅ぼし。②機械などを使わず、一つ一つ手でつくること。手づくり。ハンドメイド。例—の万年筆。

【手相】手のひらにあるすじやしわなどのようす。その人の性格や運勢をあらわしているとされる。例—を見る。

【手代】①主人の代理人。②商家で、番頭と丁稚との中間に位置づけられていた使用人。例材木問屋の—。

【手玉】布製の小さなふくろに豆などを入れたおもちゃ。おてだま。例—にとる(=自由にあやつる。思うままにあしらう)。

【手帳】予定やメモを書いておく小さなノート。

【手付け】売買などの契約の保証として、まえもってしはらうお金。手付け金。手金。

【手っ甲】布や革でつくった、手の甲をおおうもの。例—脚半。

【手荷物】①手で持ち運ぶ、身の回りの荷物。例—をととのえる。②旅行客が手回り品として持ち運ぶ荷物。

【手配】(名・する)①準備をすること。類用意。例切符の—。②犯人を逮捕するための準備や指令。例指名—。—写真。

【手旗】①手に持つ小さな旗。②通信に用いる赤色と白色の小さな旗。例—信号。

【手機】「手織機」の略。動力を用いないで、手や足を使って操作する織機。

【手引き】(名・する)①案内すること。導くこと。例内部の者が—した犯行。②入門書。案内。しおり。例—書。観察の—。③つて。縁故。例先輩の—で就職した。

【手拍子】手を打って拍子をとること。また、その拍子。例—を打ってむかえる。

【手風琴】アコーディオン。風琴。

【手弁当】①自分で弁当を持っていくこと。また、その弁当。②無報酬、または費用は自分が負担して働くこと。例—で(=ボランティアとして)福祉問題にとりくむ。表記▽旧手▼辨当

【手本】①文字や絵を練習するとき、そばに置いて模範とするもの。例習字の—。②見習うべき人・もの・おこない。模範。例後輩のよい—となる。

【手間】仕事を完成させるのに必要な労力と時間。例二度—。片—。—のかかる仕事。—を取らせる。

【手間賃】仕事にかかった時間や出来高に応じて、しはらわれるお金。手間。例—をはらう。—をかせぐ。

【手間暇】労力と時間。例—かけてやっと完成させた。表記「手間▽隙」とも書く。

【手前味▼噌】自分で自分をほめること。自慢。例—になる。—を言う。

【手▼毬】手でついて遊ぶまり。表記「手▼鞠」とも書く。

【手業】①手でする技術的な仕事。手仕事。②柔道で、投げわざのうち、おもにうでを使うわざ。

○●相手・握手・得手・歌手・旗手・逆手・挙手・空手・好敵手・小手・後手・下手・上手・触手・助手・選手・先手・着手・入手・拍手・懐手・捕手・妙手・名手・両手

扌0

【才】

3画 2645 624D 教育2 音 サイ漢 ザイ呉

筆順 一 ナ 才

なりたち [会意]「|(=茎)」が上へ向かって「一(=地)」をつらぬき、「ノ(=枝葉)」が生えようとしている、芽ばえたばかりの草木。派生して「はじめ・もちまえ」の意。

意味 ❶生まれつき。素質。例才気。才能。天才。❷学識。教養。ざえ。例才女。多才。❸やっと。わずかに。

日本語での用法《サイ》俗に、年齢をあらわす「歳」の略字として用いる。「十二才」

人名 かた・さとし・たえ・ちから・とし・もち・もと

【才媛】サイエン (「媛」は、美しい女性の意)学問や才能のある美しい女性。才女。対才子。例某女子大学出身の―。

【才覚】サイカク 一(名)あたまのさえ。するどいひらめき。くふう。類機転。例―に富む。―一つで世をわたる。二(名・する)くふうして、資金や物資を手に入れること。くめん。類算段。例―がうまい。資金を―する。

【才学】サイガク 才能と学問。例―衆にすぐれる。

【才幹】サイカン ものごとをうまく成しとげる能力。才能。例リーダーとしての―をそなえる。

【才気】サイキ するどい頭のはたらき。例―煥発(=するどいひらめきにかがやいていること)。―ばしる(=りこうすぎる)。

【才器】サイキ 才能と力量。また、それらを備えたすぐれた人。例―ある指導者。

【才芸】サイゲイ 才能と身につけている技芸。例―がある人。

【才子】サイシ 才能と知恵のすぐれた人。よく気のまわる人。才人。対才女・才媛。例―多病(=才知のある人は、からだが弱く病気がちであるということ)。

【才女】サイジョ すぐれた才能のある女性。才媛。対才子。

【才色】サイショク (女性の)すぐれた才能と美しい顔だち。例―ともにぬきんでた女性。

【才色兼備】サイショクケンビ (女性が)すぐれた才能があると同時に顔かたちも美しいこと。例―の新婦。

【才人】サイジン すぐれた才能のある人。才子。

【才藻】サイソウ (「藻」は、詩や文章に使われる美しいことばの意)すぐれた詩文をつくる豊かな才能。文才。例―にめぐまれる。

【才知】サイチ 才能と知恵。頭脳のはたらき。例―を縦横に発揮する。―に富む。表記 旧才▼智

【才▼槌】サイづち 小さな木製のつち(=ものをたたく道具)。例―頭(=才槌の形に似て、ひたいと後頭部がつき出ている頭)。

【才徳】サイトク 才能と人格。

【才能】サイノウ 才知と能力。すぐれた素質や能力。例音楽の―を開花させる。

【才筆】サイヒツ すぐれた詩や文章。また、それを書く才能。文才。例―をふるう。

【才物】サイブツ 頭のはたらきがよく、すぐれた才能のある人物。才子。対鈍物。例―との評判が高い。

【才望】サイボウ 才能と人望。才能にめぐまれ、信頼のあついこと。例なかなか―ある人物だ。

【才名】サイメイ 才能があるという評判。例―が高い。

【才略】サイリャク (「略」は、計略・はかりごとの意)①知恵と、はかりごと。例―にひいでる。②うまく考えたはかりごと。類知略・知謀。例―にひっかかる。

【才量】サイリョウ 才気と度量。才度。例成功はかれの―による。

【才腕】サイワン ものごとをてきぱきと処理するうでまえ。類敏腕。例―をふるう。

●英才・奇才・鬼才・秀才・俊才・商才・多才・天才・鈍才・非才・文才

扌1

【扎】

4画 5709 624E 音 サツ漢

意味 ❶ぬく。❷つきさす。例扎針(=針をさす)。

扌2

【打】

5画 3439 6253 教育3 音 テイ漢 チョウ呉 ダ唐 訓 う-つ・う-ち・ダース

筆順 一 ナ 扌 扌 打

なりたち [形声]「扌(=て)」と、音「丁」とから成る。撃つ。

意味 ❶たたく。ぶつ。うつ。例打撃。打擲。殴打。❷動詞の上につけて、その動作をすることをあらわす。例打開。打算。打診。❸単位をあらわすことば。十二でひと組みのもの。英語のダース(dozen)の意にあてて用いる。

日本語での用法《うち・うつ》①動詞の上につけて、下のことばの意味を強めたり、「ちょっと」「すっかり」などの意味をそえたりする。「打ち砕く・打ちながめる」②(動作を)する。(わざを)つかう。「網を打つ・ばくちを打つ・逃げを打つ」

使い分け うつ【打・討・撃】⇩1163ページ

【打ち掛け】うちかけ 帯をしめた上にはおる、すその長い豪華な着物。江戸時代は武家の婦人の礼装で、現在も花嫁衣装として着る。かいどり。表記「▼裲▼襠」とも書く。

【打ち首】うちくび 刀で首を切り落とすこと。また、それによる刑罰。斬首。斬罪。

【打ち粉】うちこ ①そばやうどんを打つときに、ねばりつかないようにまくこな。②あせを吸いとるために肌につけるこな。あせ知らず。③刀剣をみがいて手入れするときにふる、とのこ。

【打ち抜き】うちぬき ①厚紙やうすい金属の板に、型をあてて穴をあけること。また、その穴をあけたもの。②へだてるものを取りはらって、ひと続きにすること。ぶちぬき。例二間―の広間。

【打ち▼紐】うちひも 二本以上の糸をかたく組み合わせてつくったひも。組みひも。例―の帯締め。

【打ち身】うちみ からだを強く打ちつけてできた皮膚の内側の傷や出血。打撲傷。

【打ち水】うちみず (名・する)ほこりが立つのをしずめたり、すずしくしたりするために、道や庭に水をまくこと。また、その水。

【打ち物】うちもの ①型に入れてかためた干菓子。打ち菓子。②打って音を出す楽器。とくに、鉦や鼓など。③打ってきたえた金属製の道具。とくに、刀ややりなどの武器。対鋳物。

【打ち綿】うちわた 古い綿を打ち直して、また使えるようにしたもの。

【打開】ダカイ (名・する)行きづまった状態を切りひらいて、よい方向に導くこと。例―策を講じる。

【打楽器】ダガッキ 打って音を出す楽器。太鼓・木琴・シンバル・カスタネット・ティンパニ・鉦など。

【打▼毬】ダキュウ 毬杖という棒でまりを打って遊ぶ競技。平安時代に中国から伝わった。毬杖。

【打球】ダキュウ 野球やゴルフなどで、打ったボール。

【打撃】ダゲキ ①強く打つこと。②大きな損害。いたで。ショック。例不況で店が―を受ける。③野球で、ピッチャーの投げたボールをバッターが打つこと。バッティング。

【打算】ダサン (名・する)損得をはかること。例―がはたらく。

【打算的】ダサンテキ (形動ナ) 何ごとにもまず損得を考えるようす。例いかにも―な意見だ。

【打者】ダシャ 野球で、ピッチャーの投げたボールを打つ人。バッター。例強―。―一巡ジュンの猛攻モウコウ。

【打順】ダジュン 野球で、バッターが打席にはいる順番。バッティングオーダー。

【打診】ダシン (名・する) ①〔医〕指先で患者カンジャの胸や背中などを軽くたたき、音によって内臓の状態をみること。②事前にはたらきかけて、相手の考えや出かたをさぐること。例先方の意向を―する。

【打数】ダスウ 野球で、バッターが安打・三振サンシン・凡打ボンダした回数。四死球や犠打ギダはふくめない。打率を算出するときのもとになる。例四―一安打。

【打席】ダセキ 野球で、バッターの立つ決められた位置。バッターボックス。例―に立つ。―をはずす。

【打線】ダセン 野球で、バッター全員の顔ぶれ。また、その攻撃コウゲキ力。例―を組む。―が爆発バクハツする。

【打点】ダテン 野球で、安打・四死球・犠打ギダなどによってバッターがあげた得点。例―王。―を争う。

【打電】ダデン (名・する) 電報や無線電信を打つこと。

【打倒】ダトウ (名・する) うちたおすこと。負かすこと。やっつけること。例―現内閣ゲンナイカク。平氏―をくわだてる。

【打破】ダハ (名・する) ①うちやぶること。負かすこと。例敵を完全に―するまで戦う。②のぞましくない状況ジョウキョウや習慣をなくすこと。例因習を―する。

【打棒】ダボウ 野球で、バット。また、打撃ダゲキ力。例―をふるう。

【打撲】ダボク (名・する) ぶつけたり、なぐられたりすること。例―傷ショウ。全身―。

【打率】ダリツ 野球で、全打数に対するヒットの割合。打撃ダゲキ成績を示す。例新しい打法で―アップをねらう。

【打力】ダリョク ①打つ力。②野球で、攻撃コウゲキして点を取る力。

【▽打▼擲】チョウチャク (名・する) 人をぶったり、なぐったりすること。例―を加える。

●安打アンダ・代打ダイダ・単打タンダ・長打チョウダ・博打バクち・貧打ヒンダ・凡打ボンダ・本塁打ホンルイダ・猛打モウダ・乱打ランダ・連打レンダ

扌2 【払】 5画 4207 6255 常用 音フツ漢 ホツ呉唐 訓はら-う・はら-い

筆順 一 十 扌 払 払

扌5 【拂】 8画 5736 62C2 人名

なりたち [形声]「扌(=て)」と、音「弗フツ」とから成る。うちはらう。

意味 はらいのける。とりのぞく。はらう。例払拭フッショク。払底フッテイ。厄払ヤクばらい。

日本語での用法《はらい・はらう》①代償ダイショウ・代金を差し出して、事をすます。「税金ゼイキンを払はらう・犠牲ギセイを払はらう」②わざわざ気持ちを向ける。心してする。「敬意ケイを払はらう・注意チュウイを払はらう」

【払暁】フツギョウ 夜明け。明け方。あかつき。

【払拭】フッショク (名・する) (のぞましくないものを)すっかりとりのぞくこと。ぬぐい去ること。例不安を―する。―しきれない不信感。

【払底】フッテイ (名・する) (いれものをひっくり返して底をはたいたように)物がすっかりなくなってしまうこと。品切れ。例在庫―。市場に―している商品。

【払戻】(名・する) 一フツレイ さからうこと。そむくこと。二【払い戻し】はらいもどし 一度はらわれたお金を返すこと。例運賃の―。

【▽払子】ホッス 〔「ホッス」は唐音トウオン〕〔仏〕ウマのしっぽの毛などを束ねて柄えをつけた仏具。煩悩ボンノウをはらうための象徴ショウチョウとする。

扌3 【扱】 6画 1623 6271 常用 音一キュウ漢 二ソウ漢 訓あつか-う・あつか-い

筆順 一 十 扌 扐 扔 扱

扌4 【扱】 7画

なりたち [形声]「扌(=て)」と、音「及キュウ」とから成る。おさめる。

意味 一キュウ おさめる。取り入れる。二ソウ はさむ。

日本語での用法 一《あつかい・あつかう》機械などを使いこなす。事件などの処理にあたる。相手となる人やものにふさわしい対応をする。「取とり扱あつかう・客キャクの扱あつかいがよい」二《こく・しごく》はさんだりひっぱったりして、まわりについているものをとりのぞく。また、そのような動作をする。「稲いねを扱こく・槍やりを扱しごく・扱しごき帯おび」三《しごく》きびしく訓練する。「運動部ウンドウブで扱しごかれる・研修ケンシュウに行いって扱しごいてもらうがいい」

扌3 【扞】 6画 5710 625E 音カン漢 訓ふせ-ぐ・まも-る

意味 ❶さえぎる。こばむ。同捍カン。例扞拒カンキョ(=ふせぎとめる)。❷侵おかされないように、くいとめる。ふせぐ。まもる。同捍カン。例扞衛カンエイ(=ふせぎまもる)。❸ふれる。おかす。❹勇猛ユウモウなようす。同悍カン。

扌3 【扣】 6画 5711 6263 音コウ漢 訓う-つ・たた-く・ひか-える

意味 ❶進もうとするものをおさえて、ひきとめる。ひかえる。例扣留コウリュウ(=ひきとめておく)。❷さしひく。例扣除コウジョ。❸たたく。うつ。同叩コウ。例扣門コウモン(=門をたたく)。❹刀をぬきかける。鯉口こいぐちを切る。

【扣除】コウジョ (名・する) 金額・数量などを差し引くこと。表記 現控除

【扣頭】コウトウ (名・する)〔あたまで地面をたたく意〕ていねいにおじぎをすること。例―してあやまる。表記「▼叩頭」とも書く。

扌3 【扛】 6画 5712 625B 音コウ漢 訓あ-げる

意味 ❶両手で重いものを持ち上げる。上げる。例扛鼎コウテイ(=かなえを持ち上げる)。❷力を合わせて持ち上げる。❸肩かたでになう。かつぐ。

扌3 【扠】 6画 5713 6260 音サ漢 訓さ-す・やす・さて

意味 ❶魚をつきさしてとる道具。やす。同杈サ。例魚扠ギョサ。❷つきさす。さす。

日本語での用法《さて》「扠」が「叉サ」と「手て」とに分けられることから、日本語の「さて」にあてたもの。→【扨】さて(426ページ)

扌3 【扨】 6画 5714 6268 国字 訓さて

意味 ❶次の話題に移るときに用いることば。ところで。さて。

例 扨、次に討論に入ります。❷何かを始めようとするときのかけ声。また、ためらう気持ちなどをあらわす。さあ。例 扨てそろそろ帰ろうか。扨てどうしたものか。

参考「扠」の変形したもの、という説がある。

扌3 **【托】** 6画 3481 6258 人名 音タク漢呉 訓の-せる

意味 ❶手のひらにものをのせる。例 托鉢。❷ものをのせる台。例 托子。茶托。❸たよる。たのむ。あずける。同 託。例 一蓮托生。委托。一書を人に托して送る。

【托子】タク 茶わんをのせるひらたいうつわ。茶托。

【托生】タクショウ ほかのものにたよって生きていくこと。託生。→【一蓮托生】イチレンタクショウ（4ページ）

【托鉢】タクハツ（名・する）〔仏〕僧が鉢を持ってお経をとなえながら家々を回り、お金や食べ物などのほどこしを受けること。乞食。例 —僧。

●茶托

扌4 **【扼】** 7画 5715 627C 音アク漢ヤク呉 訓おさ-える

意味 ❶おさえつける。にぎりしめる。しめつける。おさえる。例 扼殺。扼腕。❷牛馬に車を引かせるとき、その首をおさえる横木。くびき。同 軛。

【扼喉】ヤクコウ（名・する）のどもとをおさえつけること。例 京阪に至る—の地。

【扼殺】ヤクサツ（名・する）首をしめてころすこと。

【扼腕】ヤクワン（名・する）自分のうでを強くにぎりしめて、はげしい感情をあらわすこと。例 切歯—する（=歯ぎしりをし、うでを強くにぎりしめていかりをあらわす。または、残念がる）。

扌4 **【抂】** 7画 5716 6282 音一オウ漢 二キョウ漢 訓ま-げる

意味 一 曲げる。同 枉。二 あれくるう。同 狂。

日本語での用法《オウ・ワ》道理をわきまえず、でたらめなこと。「抂惑」

扌4 **【找】** 7画 5718 627E 音一カ漢 二ソウ漢

意味 一 船をこぐ。同 划。二 ❶さがし求める。例 找尋。❷不足を補う。

扌4 **【技】** 7画 2127 6280 教育5 音キ漢ギ呉 訓わざ

筆順 一 十 扌 扌 扌 扌 技

なりたち [形声]「扌(=て)」と、音「支シ→キ」とから成る。たくみなわざ。

意味 ❶手先のこまかいわざ。習練・研究によって身につけたすぐれたはたらき。うでまえ。例 技芸。技術。演技。❷役者。わざおぎ。同 伎。

人名 あや・たくみ

使い分け わざ【技・業】⇩1182ページ

【技官】ギカン 特別の技術や学術に関する仕事をする国家公務員。例 厚生労働—。

【技芸】ギゲイ 美術・工芸分野の専門的な技術。例 —をみがく。

【技工】ギコウ 手でものを加工する技術。また、その技術をもっている人。例 歯科—士（=入れ歯などをつくる技術者）。

【技巧】ギコウ たくみな技術。芸術作品などをつくり上げるときに示されるすぐれた技術。テクニック。例 —をこらす。—的な文章。

【技師】ギシ 高度の専門的な技術がいる仕事をしている人。技術者。エンジニア。例 建築—。

【技手】ギシュ 技師の下で、技術に関する仕事をする人。〔「技師」と発音が似ているので、区別して「ギテ」ともいう〕

【技術】ギジュツ ①（たくみに）ものをつくったり、ものごとをうまくおこなったりするわざ・方法。テクニック。例 運転—。②科学の理論を実際の生活に役立てるわざ。例 —革新。—の進歩。

【技能】ギノウ ものをつくったり、ものごとをおこなったりする能力。うでまえ。例 —試験。英会話の—。

【技法】ギホウ 芸術・スポーツなどで、技術上の方法。手法。例 パステル画の—。

【技量】ギリョウ ものごとをたくみにおこなう能力。うでまえ。手腕。表記 旧 技▼倆。また、「▽伎▼倆」とも書く。

●演技・球技・競技・国技・実技・神技・闘技・特技・寝技・妙技・余技

扌4 **【抉】** 7画 5717 6289 音ケツ漢 訓えぐ-る

意味 ❶えぐりとる。（かくれていたものを）あばく。えぐる。例 抉剔。探抉。❷弓を射るときに指を傷つけないための道具。ゆがけ。例 抉拾（=ゆがけ）。

【抉▼剔】ケッテキ（名・する）〔「剔」も、えぐる意〕えぐり出すこと。類 剔抉・抉出。例 爬羅—する（=あばき出す）。

扌4 **【抗】** 7画 2519 6297 常用 音コウ漢 訓ふせ-ぐ・あらが-う

筆順 一 十 扌 扌 扌 扩 抗

なりたち [形声]「扌(=て)」と、音「亢コウ」とから成る。ふせぐ。

意味 ❶こばむ。てむかう。さからう。対等にはりあう。例 抗議。抗争。対抗。反抗。❷高くあげる。はりあげる。例 抗声（=声をはりあげる）。

【抗議】コウギ（名・する）相手のやり方・態度・意見に対して、反対意見や苦情を強く申し立てること。例 —行動。

【抗菌】コウキン〔医〕有害な細菌がふえるのをおさえること。例 —作用。—性の物質。

【抗言】コウゲン（名・する）相手の意見に逆らって自分の意見を強く言いはること。類 抗弁・抗論。

【抗原】コウゲン〔医〕体内にはいって抗体や免疫をつくり出すもとになる物質。細菌など。例 —抗体反応。

【抗告】コウコク（名・する）〔法〕裁判所の決定や命令に対して異議申し立てをおこなうこと。例 —を却下する。

【抗生物質】コウセイブッシツ〔医〕カビや細菌からつくられる物質で、悪性の細菌や微生物の発育・増殖をおさえる効果のあるもの。ペニシリン・ストレプトマイシンなど。

【抗戦】コウセン（名・する）敵に対して抵抗してたたかうこと。例 あくまで—して妥協しない。

【抗争】コウソウ（名・する）相手と張り合ってあらそうこと。例 内部—が激化する。

【抗体】コウタイ〔医〕細菌などの抗原がからだの中にはいったとき、それに抵抗してつくられる物質。免疫を生じるもととなり、二度の発病を防ぐ。免疫体。例 抗原—反応。

【抗日】コウニチ 日本の侵略や支配に対して抵抗すること。

(対)親日。例—運動。—戦線。

【抗弁】(名・する) ①相手の意見に張り合って、自分の意見を述べ立てること。類抗言・抗論。②〔法〕民事訴訟で、相手の申し立てに反論し、それをしりぞけるための主張をすること。例—書。表記▽旧抗▼辯

【抗力】〔物〕①物体が面と接しているとき、面が物体をおし返す力。②物体が流体中を運動しているとき、物体にはたらく流体の抵抗力。

【抗論】(名・する) 相手と張り合って自分の意見を述べ立てて議論すること。あらがうこと。類抗言・抗弁。

●対抗・抵抗・反抗

扌4 【抒】 7画 5719 6292 音ショ漢ジョ呉 訓くーむ・のーべる

意味 ❶くみとる。例抒厠(=便所のくみとり)。❷心の中の思いを述べる。同叙。例抒意・抒情。

【抒情】感情や感動を詩歌や文章で表現すること。対叙事。例—的。表記現叙情

【抒情詩】作者の感情・感動を表現した詩。対叙事詩。表記現叙情詩

手4 【承】 8画 3021 627F 教育6 音ショウ漢ジョウ呉 訓うけたまわーる・うーける

筆順 了 了 孑 手 手 承 承 承

なりたち [会意]「手(=て)」と「卩(=わりふ)」と両手でささげる形とから成る。両手でわりふを受ける。

意味 ❶前のものや上のものをうける。うけつぐ。例承前(=前のものの続き)。継承。口承。❷相手の意向をうけいれる。きいれる。また、うけたまわる。例承知。承認。

難読 承久(=年号)・承塵・承和菊

人名 こと・すけ・つぎ・つぐ・よし

【承引】(名・する) 聞き入れること。引き受けること。類承諾・承知。例なにとぞご—いただきたく。

【承句】漢詩の絶句で、第二句。第一句(=起句)を受けて内容をひろげる。→【起承転結】①(943ページ)

【承継】(名・する) 受けつぐこと。継承。例伝統の—。

【承諾】(名・する) 聞き入れること。引き受けること。類承引・承知。例事後—。

【承知】(名・する) ①聞き入れること。みとめること。類承引・承諾。例—したと返事する。②知っていること。例すでにご—のとおり。③〔「承知しない」の形で〕許さない。例今度やったら—しない。

【承認】(名・する) 正しい、また、もっともだとみとめて受け入れること。例すでに—ずみ。原案どおり—した。

【承服】(名・する) 納得して従うこと。例とても—しかねる。表記「承伏」とも書く。

扌4 【抄】 7画 3022 6284 常用 音ソウ漢ショウ呉 訓すーく

筆順 一 十 扌 扌 扌 扌 抄

なりたち [形声]「扌(=て)」と、音「少ショウ→ソウ」とから成る。すくいとる。参考 一説に、「鈔」の俗字。

意味 ❶すくいとる。また、紙をすく。例抄紙。❷かすめとる。うばう。例抄盗(=ぬすみとる)。❸書き写す。また、ぬき書きする。例抄本。抄物。抄録。

日本語での用法《ショウ》古典の語句をあげて部分的に解説する注釈。「抄物・無門関抄・河海抄・枕草子春曙抄」

人名 あつ

【抄紙】(名・する) 紙をすくこと。紙すき。

【抄出】(名・する) 書物などから一部分をぬき出して、書き写すこと。また、そのぬき出した文章。ぬき書き。

【抄本】①手書きの本。対版本。②もとの書物から必要な部分だけをぬき出した本。抄出本。抄物。対原本。③書類の原本から必要な部分だけをぬき書きした書類。対謄本。例戸籍—。

【抄物】㊀「抄本②」に同じ。㊁(「…抄」という名のついた一連の書物の意) おもに室町時代に、五山の僧たちが作った、仏典や漢籍の注釈書。

【抄訳】(名・する) 外国語の原文の一部分をぬき出して翻訳すること。また、その翻訳。対完訳・全訳。

【抄録】(名・する) 原文から重要なところだけをぬき書きして、短くまとめること。また、その文章。類抜粋。例議事録の—。

扌4 【折】 7画 3262 6298 教育4 音シャク慣セツ漢 訓おーる・おり・おーれる

筆順 一 十 扌 扌 扩 折 折

なりたち [会意]「斤(=おの)」で「扌(=草)」を切る。断ち切る。派生して「おる」の意。

意味 ❶おる。おれる。例折柳。曲折。屈折。❷とちゅうでくじける。くじく。例折伏。挫折。❸(若くして)死ぬ。例夭折。❹定める。さばく。判断する。例折獄(=裁判)。

日本語での用法《おり》①時機。ばあい。「折り悪しく・折りを見て行動する」②うすい板や厚い紙を折りまげてつくった箱。「菓子折り・折り箱」

【▽折敷】うすい板を折り曲げて四方を囲って作った角盆。

【折り紙】①正方形の色紙。また、それを折っていろいろな形に作る遊び。例—のツル。②〔古くは「おりかみ」〕奉書紙や鳥の子紙を二つに折った紙。人にものをおくるときの目録や公式の文書の用紙として用いる。③〔古く②の紙に書かれたことから〕刀剣や美術品などの鑑定書。また、信用できる確かなものであることのたとえ。例—つき(=鑑定書つき。ひいて、保証つき)の名品。

【折▽柄】㊀(副) ちょうどそのとき。例—のにわか雨にあう。㊁(名) まさにそのような時期なので。そのような時期なのに。〔手紙やあいさつに使われる〕例寒さきびし—。

【折句】和歌や俳句などの各句のはじめや終わりに、ものの名前を一字ずつ分けてよみこんだもの。たとえば、「かきつはた」の五文字を句頭によみこんだ和歌「からころも きつつなれにし つましあれば はるばるきぬる たびをしぞ思ふ」〈伊勢物語〉など。

【折り戸】ちょうつがいをつけて、折りたためるようにした戸。

【折節】㊀(名) ①季節。時刻。例—の移り変わり。②そのときどき。例—の思い出。㊁(副) ①ちょうどそのとき。②ときどき。たまに。例—に旧師を訪ねることがあった。〔㊀㊁とも、古い言い方〕

【折り目】①ものを折りたたんでつけた筋。例ズボンの—。②ものごとの区切り。けじめ。節度。例—正しい人。

【折角】(副) ①わざわざ。骨を折って。苦労して。例—努

力したのに水のあわになる。②めったにない。たまの。例―の休日に仕事がはいる。―の運動会が雨で中止。③いっしょうけんめいに。せいぜい。〔やや古い言い方〕例―ご自愛ください。

【折▼檻】セッカン（名・する）たたいたり、つねったりして、きびしくしかること。また、体罰。〔漢の成帝が朱雲にきびしくいさめられたのをいかり、朝廷からひきずり出させようとしたところ、朱雲がしがみついた檻（＝てすり）が折れてしまったという故事による〕〈漢書〉例親から―をうける。

【折衝】セッショウ（名・する）〔敵の衝いてくるほこさきを折る意から〕対立することがらについて、相手の出方に応じたかけひきをしながら交渉すること。例外交―の場。

【折衷】セッチュウ（名・する）二つの別のものからそれぞれよいところをとって、ほどよく調和させること。例―案。和洋―。表記「折中」とも書く。

【折半】セッパン（名・する）お金やものを半分ずつに分けること。例経費を―する。

【折伏】（名・する）□一 セップク 相手をやっつけて、従わせること。□二 シャクブク〔仏〕悪人などを論破し、強く説得して正しい仏の教えに従わせること。また、相手を説きふせて宗教を信仰させること。

【折柳】セツリュウ 見送ること。送別。〔昔、中国で、旅立つ人を見送るときに、ヤナギの枝を折ってはなむけとし、旅の平安をいのったことから〕

●右折・曲折・屈折・骨折・左折

扌4 【抓】 7画 5720 6293 音ソウ漢 訓つま-む・つね-る

意味 ❶つめでひっかく。かく。同掻。例抓痒（＝つめで、かく）。❷指先でつかむ。つまむ。

日本語での用法 《つねる》指先で強く皮膚をつまんでねじる。「ほほを抓る・我が身を抓る」

扌4 【択】 7画 3482 629E 常用 音タク漢 ジャク呉 訓えら-ぶ

筆順 一 十 扌 扌 扌 択

扌13 【擇】 16画 5804 64C7

なりたち 擇 [形声]「扌（＝て）」と、音「睪エキ→タク」とから成る。よりわけて取る。

意味 よいものをえらびとる。えらぶ。また、よりわける。区別する。例採択。二者択一。礼節がなければ鳥獣と択ぶところはない。

人名 えらむ・より

【択一】タクイツ（名・する）二つ以上のものの中から一つだけを選ぶこと。例二者―。

【択言】タクゲン（名・する）道理に合うことばを選んで言うこと。例口に―無し（＝ことばを選んで発言する必要がない。ことばが理にかなっている意）。〈孝経〉

【択材】タクザイ りっぱな人材を選ぶこと。

●採択・選択

扌4 【抖】 7画 5721 6296 音ト慣 トウ漢 訓ふる-う

意味 ❶ふり動かす。ふるう。❷身ぶるいする。ふるえる。

【抖▼擻】トソウ〔さっぱりと、ふりおとす意〕煩悩をふりはらい、世捨て人になること。出家。および、托鉢。

扌4 【投】 7画 3774 6295 教育3 音トウ漢 訓な-げる 付表 投網とあみ

筆順 一 十 扌 扌 扌 投 投

なりたち [形声]「扌（＝て）」と、音「殳シュ→トウ」とから成る。なげつける。また、なげすてる。

意味 ❶手でものを遠くへ飛ばす。なげる。例投球。投石。❷なげすてる。あきらめる。やめる。例投棄。投降。❸入れる。なげ入れる。例投身。投票。❹ぴったり合う。また、合わせる。例投機。意気投合。❺いたる。例投暮（＝日暮れになる）。❻あたえる。おくる。例投薬。投与。恵投。

人名 なぎ・ゆき

【投影】トウエイ（名・する）①かげ（＝形）を映すこと。また、その映ったかげ。例山なみを湖面に―する。②あるものごとの中に、別のものの影響があらわれること。例世相が音楽に―される。③〔数〕ある一点から見たものの形を、平面上に書きあらわすこと。また、そのえがいた図。例―図。

【投下】トウカ（名・する）①高いところから投げ落とすこと。例爆弾を―する。②事業に資本を出すこと。類投資。例資金を―する。

【投▼函】トウカン（名・する）はがきや手紙などの郵便物をポストに入れること。例―した日付。

【投棄】トウキ（名・する）投げ捨てること。いらないものを処分すること。例不法―。廃棄物を海洋に―する。

【投機】トウキ ①ぐうぜんの幸運や機会をうまくとらえて、大きな利益を得ようとすること。例―心。②株や商品の相場の変動によって生じる売買利益を得ようとする取り引き。例株式―。

【投機的】トウキテキ（形動ダ）多額の利益をねらって大きなかけに出るようす。例―な投資をする。

【投球】トウキュウ（名・する）野球で、ピッチャーがボールを投げること。また、投げたボール。例全力―（＝全力を出してものごとにあたることのたとえ）。

【投降】トウコウ（名・する）負けを認めて、敵に降参すること。降服。例―することをすすめる。

【投稿】トウコウ（名・する）掲載されることを求めて、原稿を新聞社や雑誌社などに送ること。また、その原稿。例―欄。

【投合】トウゴウ（名・する）意見や気持ちなどがぴったりとあうこと。例意気―する。

【投獄】トウゴク（名・する）（罪をおかした人を）監獄に入れること。例選挙違反で―される。

【投資】トウシ（名・する）利益を得るために事業や株式などに資金を出すこと。例株式―。

【投射】トウシャ（名・する）物体に光を当てること。例―図法。

【投宿】トウシュク（名・する）旅館にとまること。

【投書】トウショ（名・する）意見や要望、苦情などを書いて、新聞社や雑誌社、役所や関係機関などに送ること。また、その原稿や手紙。例―欄。容疑者について―する。

【投身】トウシン（名・する）死ぬつもりで、高いところから地面や水中に飛び降りること。身投げ。例―自殺をはかる。

【投石】トウセキ（名・する）石を投げつけること。

【投▼擲】トウテキ □一（名・する）〔「擲」も、なげうつ意〕ほうり投げること。□二（名）「投擲競技」の略。砲丸・やり・円盤などを投げて、その距離をきそう競技。

【投入】トウニュウ（名・する）①投げ入れること。例火の中に―する。②事業などに資金や労力をつぎこむこと。例お金と人を―する。

【投票】(名・する) 選挙や採決のとき、候補者の氏名や賛成・反対を用紙に書いて提出すること。例―箱。無記名―。

【投▼錨】(名・する) いかりを下ろすこと。船が停泊すること。対抜錨。

【投薬】(名・する) 医者が患者にくすりをあたえること。投与。例―の処方箋。

【投与】(名・する) 医者が薬を患者にあたえること。投薬。例生ワクチンを―する。

【投了】(名・する) 囲碁や将棋で、負けを認めて戦いをやめること。例名人がついに―する。

○完投・失投・続投・力投

扌4 【把】 7画 3936 628A 常用 音ハ漢 訓つか-む

筆順 一 扌 扌 扌 扌 把

なりたち [形声]「扌(=て)」と、音「巴ハ」とから成る。しっかりにぎりもつ。

意味 ❶片手に取る。にぎる。つかむ。例把握。把持。❷器物や道具の、手でにぎるところ。とって。つか。例剣把。❸(手のひらでにぎれる量の)たば。また、たばねたものを数えることば。例一把。十把一絡げ。

【把握】(名・する) ①手でつかむこと。例―力。②内容や状況などをしっかりと理解すること。例問題点を―する。

【把持】(名・する) ①手ににぎって持つこと。例権力を―し続ける。②権力や他を自由にする力を保つこと。

【把手】 ドアや道具・機械などについている、手でつかむ部分。つまみ。ハンドル。取っ手。[ドアの場合はノブともいう]

【把捉】(名・する) 手でつかまえること。また、意味・内容・問題点などをしっかりと理解すること。例要点を―する。

扌4 【抜】 7画 4020 629C 常用 音ハツ漢 バツ呉 訓ぬ-く・ぬ-ける・ぬ-かす・ぬ-かる・ぬ-かり

筆順 一 扌 扌 扌 抜 抜

扌5 【拔】 8画 5722 62D4 人名

[手(扌)部] 4画 ●把抜批

なりたち [形声]「扌(=て)」と、音「犮ハ」とから成る。引く。ぬき取る。

意味 ❶引きだす。ぬく。例抜糸。抜本。❷えらびだす。例抜粋。選抜。❸上に出る。すぐれている。例抜群。海抜。❹変わる。ゆれ動く。動揺する。例堅忍不抜。確固不レ可レ抜(=しっかりしていて動かすことができない)。

日本語での用法 一《ぬく・ぬかす・ぬける》とちゅうを省略する。とちゅうをごまかす。はぶく。「手を抜く・荷を抜く・順番を抜かす・要点の抜けた報告書」 二《ぬかり・ぬかる》気づかない。落ち度がある。「手抜かり・抜からぬ顔」

人名 やはず

【抜き足差し足】 音をたてないようにそっと歩くこと。また、そのかっこう。例―しのび足。

【抜き打ち】 ①刀をぬくと同時に切りつけること。②予告なしに、とつぜんにおこなうこと。例―テストをする。

【抜き▽衣紋】 着物の後ろえりを下げ、首筋から背中のあたりが見えるように着る着方。いきな着こなしとされる。ぬきえり。

【抜き刷り】(名・する) 雑誌などの印刷したものの一部分を、別にぬき出したもの。また、その印刷物。別刷り。例論文の―。

【抜き手】 日本に古くから伝わる泳ぎ方の一つ。顔を水の上に出し、両手をかわるがわる水の上にぬき出して泳ぐ。例―を切る。

【抜き身】 さやからぬいて、刀身をむき出しにした刀。白刃。例―をふりまわす賊。

【抜け目】 気くばりや注意の足りないところ。手ぬかり。手落ち。とくに、自分にとって利益になることを見のがしたりすること。例―のないやり方。

【抜群】(名・形動が) 多くのものの中で、とびぬけてすぐれていること。群をぬいていること。例―の成績をあげる。

【抜剣】(名・する) 剣をさやからぬくこと。また、そのぬいた剣。抜刀。

【抜山蓋世】 ⇩【力は山を抜き気は世を蓋う】(144ページ)

【抜糸】(名・する) [医] 傷口や切り口をぬいあわせた糸を、傷が治ったあとでぬきとること。

【抜歯】(名・する) [医] 歯をぬくこと。例虫歯を―する。

【抜粋】(名・する) 書物や文書などから、たいせつな部分や必要な部分をぬき出すこと。また、そのぬき出したもの。ぬき書き。例議事録の―。暗記すべきポイントを―する。表記 旧抜▼萃

【抜▼擢】(名・する) 多くの人の中から、とくに才能を認めて重要な役割をまかせること。例主役に新人を―する。

【抜刀】(名・する) かたなをさやからぬくこと。また、そのぬいたかたな。例―隊。

【抜▼錨】(名・する) いかりを上げること。また、船が港を出ること。対投錨。

【抜本】 根本的な原因をとりのぞくこと。例公害に対する―的な対策が必要だ。

【抜本塞源】 [木の根をぬきとったり、水源をふさいだりする意で、おおもとをこわすことのたとえ。のちに転じて] 害となるものの根本的な原因を完全にとりのぞくこと。〈春秋左氏伝〉

○奇抜・秀抜・選抜・卓抜・不抜

扌4 【批】 7画 4067 6279 教育6 音ヒ慣 ヘイ漢 訓う-つ

筆順 一 扌 扌 扌 扌 批

なりたち [形声] 本字は「扌毘」で、「扌(=て)」と、音「毘ヒ→ヘイ」とから成る。手で打つ。

意味 ❶手で打つ。たたく。うつ。例批殺(=手で打ち殺す)。❷よしあしをきめる。品さだめする。例批判。批評。❸ふれる。さわる。例批鱗。

【批准】(名・する) ①君主が、臣下の差し出した文書の決裁をすること。②[法] 国家の代表が外国と結んだ条約を、国家が最終的に認めること。また、その手続き。例講和条約が国会で―された。

【批正】(名・する) 批評して、悪いところを訂正すること。例ご―を乞う。

【批点】 ①詩歌や文章などのすぐれたところや重要なところを示すために、その部分のわきに点を打つこと。また、その点。例―を打つ。②詩歌や文章などの批評。

【批難】(名・する) 相手のまちがいや欠点を責めとがめること。非難。例―の的。集中的に―を浴びる。

【批判】(名・する) ものごとのよしあしについて判断し、意見を述べること。〔否定的な意見を述べる場合に用いることが多い〕例―的な意見。相手のやり方を―する。

【批評】(名・する) ものごとのよしあしや価値のあるなしについて判断し意見を述べること。〔文学・美術などの芸術作品を対象とする場合が多い〕例―家。美術展の―をする。

【批▼鱗】天子のはげしいいかりをこうむること。逆鱗にふれること。

扌4 **【扶】** 7画 4162 6276 常用 音 一フ漢 二ホ漢 訓 たす-ける・は-う

筆順 一 十 扌 扌 扌 扶 扶

なりたち [形声]「扌(=て)」と、音「夫」とから成る。手でたすける。

意味 一 手をかしてささえる。たすける。せわをする。例扶助。扶養。二 はらばう。はう。同匍。

人名 すけ・たもつ・まもる・もと

【扶育】(名・する) 世話をしてそだてること。例亡き姉の子を―する。

【扶侍】(名・する) そばについていて世話をすること。例幼君を―する。

【扶持】(名・する) 一 人を助けること。養うこと。二 ①「扶持米」の略。江戸時代に、主君が家臣に給与としてあたえた米。② 俸禄をあたえて、家臣としてめしかかえること。例家臣四百人を―する大名。

【扶助】(名・する) (困っている人に)力をかして助けること。(金銭的に)援助すること。例相互―。―料。

【扶桑】① 昔、中国で東方の海上にある国を指した呼び名。② 日本の別名。『山海経』の中に出てくる神木の名。東方の日の出るあたりの海中にあるとされ、その木のある場所も指すようになった〕

【扶養】(名・する) 生活のめんどうをみて、やしなうこと。例―家族。老母を―する。

【扶翼】(名・する) (仕事がうまくはかどるように)助けること。かばい守ること。例会社の発展を―する。

扌4 **【扮】** 7画 4217 626E 音 フン慣 ハン漢 訓 よそお-う

意味 身をかざる。よそおう。役者が登場人物のすがたになる。例扮装。扮する(=役者として、ある人物になる)。

【扮飾】(名・する) 表面をかざりたてること。つごうよくうわべをかざること。例―決算(=見せかけをよくし、つじつまを合わせた決算)。表記「粉飾」とも書く。

【扮装】(名・する) 俳優が役にふさわしいように、化粧し、衣装をつけること。例ハムレットの―をする。

扌4 **【抃】** 7画 5723 6283 音 ヘン漢 ベン呉 訓 う-つ・て-う-つ

意味 手をたたく。うつ。例抃悦。

【抃悦】(名・する) 手を打ってよろこぶこと。

扌4 **【抔】** 7画 5724 6294 音 ホウ漢 訓 すく-う・など

意味 ❶ 手ですくいとる。すくう。例抔飲。❷ ひとすくい。例一抔土(=ひとすくいの土。また、墓に盛る土)。

日本語での用法《など》副助詞の「など」「なんど」にあてる。「私抔の及ばないところ・これ抔は如何ですか」

【抔土】① ひとすくいの土。きわめて少ないこと。② 墳墓。土を高く盛り上げてつくった墓。

扌4 **【抑】** 7画 4562 6291 常用 音 ヨク漢 訓 おさ-える・おさ-え・そもそも

筆順 一 十 扌 扌 抑 抑 抑

なりたち [指事] 本字は「𠨯」で、「印」を左右に反転した形。印をおすように、おさえつける。

意味 ❶ おさえつける。動きをとめる。例抑圧。抑制。抑揚。❷ 〔助字〕「そもそも」と読み、あるいは・それとも・さて、ところで、の意。選択をあらわす。例求レ之与、抑与レ之与(=こちらが求めたものなのか、それともむこうがあたえたものなのか)。(論語)

使い分け おさえる【押・抑】⇒1164ページ

人名 あきら

【抑圧】(名・する) (行動・言論・欲望などを)おさえつけること。例感情の―。欲望を―する。

【抑鬱】心がおさえつけられたようで、はればれとしないこと。例―症。

【抑止】(名・する) おさえてやめさせること。例核の―力。インフレの―に役立つ政策。

【抑制】(名・する) 勢いをおさえて止めること。例感情の―。物価の上昇を―する。

【抑揚】① 調子を高くしたり低くしたりすること。イントネーション。例―のない話し方。② 勢いを強めたり弱めたりすること。アクセント。例―のある文章。

【抑留】(名・する) 〔法〕外国の人や船などを強制的に国内に引きとめておくこと。例―者。船舶を―する。

扌4 **【扱】** 7画 ⇒【扱】(426ページ)

扌4 **【抛】** 7画 ⇒【拋】(436ページ)

扌5 **【押】** 8画 1801 62BC 常用 音 オウ漢呉 訓 お-す・お-さえる・お-し

筆順 一 十 扌 扌 扣 押 押 押

なりたち [形声]「扌(=て)」と、音「甲コウ→オウ」とから成る。手でおさえる。

意味 ❶ 上からおしつける。はんこをおす。おす。例押印。押捺。❷ かきはん。公文書などに書かれた図案化されたサイン。例花押。❸ とりおさえる。むりじいする。例押収。❹ (詩の)韻をふむ。例押韻。

日本語での用法《おし・おす》① 相手をおさえ、前にすすむ意志。「押しの一手・押しがきく」② 動詞の上について「むりに…する」意をあらわす。また、下のことばの意味を強める。「押し入る・押し進める・押し黙る」

使い分け おさえる【押・抑】⇒1164ページ おす【押・推】⇒1165ページ

【押印】(名・する) 印判をおすこと。捺印。例記名―。領収書に―する。

【押韻】(名・する) 韻文の句の始めや終わりに、同じひびきの音を置くこと。始めの音をそろえるのが「頭韻」、終わりの音をそろえるのが「脚韻」。

【押収】(名・する) 〔法〕裁判所が、または、裁判所の許可にもとづいて検察・警察が、証拠となるものを差しおさえること。例証拠物件を―する。

【押▼捺】(名・する) 印判などをおすこと。類押印・捺印。例指紋の―。契約書に―する。

【押し絵】人物や花・鳥・木などをかたどった厚紙に丸みや

立体感を加える細工をし、美しい布地で包んで板や厚紙にはりつけて作る絵。羽子板などに装飾として用いる。

【押し問答】(名・する) たがいに自分の意見を言い張ってゆずらないこと。例―をくりかえす。

◐花押・長押

扌5 **【拗】** 8画 5725 62D7 音オウ漢 ヨウ呉 訓ねじ-る・ねじ-ける・す-ねる

意味 ❶ねじれる。ねじる。❷心がすなおでない。ひねくれる。ねじける。すねる。例執拗。

【拗音】日本語の発音で、「や」「ゆ」「よ」「わ」を右下に小さく書いてあらわす音。「きゃ」「きゅ」「きょ」「しゃ」「しゅ」「しょ」「ちゃ」「ちゅ」「ちょ」「にゃ」「にゅ」「にょ」「ひゃ」「ひゅ」「ひょ」「みゃ」「みゅ」「みょ」「りゃ」「りゅ」「りょ」と、それらのうち、濁点・半濁点をつけて示す語。古くは「くゎ」「くゐ」「くゑ」と、その濁音もあった。

扌5 **【拐】** 8画 1893 62D0 常用 音カイ漢 訓かた-る・かどわか-す

筆順 一 十 扌 扣 扣 押 拐 拐

扌5 **【拐】** 8画 俗字

なりたち [形声]「扌(=て)」と、音「另カ→イ」とから成る。だましとる。

意味 (金品を)だましとる。また、人をだまして連れ去る。かたる。かどわかす。例拐帯・誘拐。

【拐帯】(名・する) 預かっている金銭や物品を持ちにげすること。例公金を―する。

扌5 **【拡】** 8画 1940 62E1 教育6 音カク漢 訓ひろ-がる・ひろ-げる・ひろ-める

筆順 一 十 扌 扌 扩 扩 拡 拡

扌15 **【擴】** 18画 5818 64F4

なりたち [形声]「扌(=て)」と、音「廣コウ→カク」とから成る。ひろげる。

意味 大きくする。ひろげる。ひろがる。例拡散・拡大。

[手(扌)部] 5画 拗拐拡拑拒拠拘

人名 ひろ・ひろし・ひろむ

【拡散】(名・する) ①ばらばらに広がって散ること。例病原体が―する。②濃度がちがう二つ以上の液体や気体が、まじり合って時間がたつと、同じ濃度になっていく現象。

【拡充】(名・する) 範囲を広め、内容を充実させること。例施設を―する。

【拡大】(名・する) 大きさや規模を広げて大きくすること。また、広がって大きくなること。対縮小。例―鏡。組織を―する。虫眼鏡で―して見る。戦争の―を防ぐ。

【拡張】(名・する) 規模を広げて大きくすること。また、広がって大きくなること。例道路の―工事。事業を―する。

扌5 **【拑】** 8画 5726 62D1 音カン漢 ケン漢 訓つぐ-む・わきばさ-む

意味 ❶はさむ。❷口をふさぐ。口にものをかませて黙らせる。例拑口。

【拑口】(名・する) 口を閉ざすこと。箝口。鉗口。緘口。

扌5 **【拒】** 8画 2181 62D2 常用 音キョ漢 コ呉 訓こば-む・ふせ-ぐ

筆順 一 十 扌 扌 扩 扩 拒 拒

扌5 **【拒】** 8画

なりたち [形声]「扌(=て)」と、音「巨キョ」とから成る。ふせぐ。こばむ。

意味 ❶よせつけないでまもる。ふせぐ。❷ことわる。はねつける。こばむ。例拒絶・拒否。

【拒止】(名・する) ふせぎとめること。こばんでとどめること。例敵の攻撃を―する。

【拒絶】(名・する) 要求や申し出などを、はっきりとことわること。受け入れないこと。受けつけないこと。対受諾。例申し出を―する。食物をいっさい―して弱っていく。

【拒絶反応】からだの中に異物がはいってきたり、五感にふれたりしたとき、からだや神経が受け入れないこと。例肝臓移植後に―を起こす。

【拒否】(名・する) 提案・要求・要望などを承認せず、明確にことわること。拒絶。例―権。転勤を―する。

扌5 **【拠】** 8画 2182 62E0 常用 音キョ漢 コ呉 訓よ-る

筆順 一 十 扌 扌 扨 扨 拠 拠

扌13 **【據】** 16画 5801 64DA

なりたち [形声]「扌(=て)」と、音「豦キョ」とから成る。つえによりかかる。

意味 ❶たよりにする。よりどころにする。もとづく。よる。例依拠・割拠・占拠。❷(ある場所を)しめる。たてこもる。例拠点。❸理由となることがら。しるし。よりどころ。例根拠・証拠・論拠。

人名 より

【拠守】(名・する) たてこもって守ること。例城を―する。

【拠出】(名・する) 寄付や事業などのために金銭や品物を出すこと。例―金。表記 本来は「▼醵出」と書く。

【拠点】活動のよりどころとなるところ。足場。例研究の―となる。海外進出の―をきずく。

【▽拠り所】①意見や考えのもとづくところ。根拠。例結論の―を述べる。②活動の足場。たよりにするところ。例生活の―を失う。

◐依拠・割拠・根拠・準拠・証拠・占拠・典拠・本拠・論拠

扌5 **【拘】** 8画 2520 62D8 常用 音コウ漢 ク呉 訓とど-める・とら-える・かか-わる・こだわ-る

筆順 一 十 扌 扌 扚 扚 拘 拘

なりたち [会意]「扌(=て)」と「句コウ(=止める)」とから成る。手で止める。

意味 ❶つかまえて、にげないようにする。とどめる。とらえる。例拘禁・拘束・拘留。❷あることに心がとらわれる。かかわる。こだわる。例拘泥。

【拘引】(名・する) [法] 容疑者・被告人などを裁判所・警察署などに連れて行くこと。例―状。表記「勾引」とも書く。

【拘禁】(名・する) ①つかまえて、一定の場所に閉じこめておくこと。②[法] 留置場・刑務所などに長期間閉じこめておくこと。例身がらを―する。

【拘束】(名・する)①とらえて自由をうばうこと。例身がらの―を解く。②行動などの自由をうばうこと。例―時間。仕事に―される。

【拘置】(名・する)〔法〕容疑者・刑事被告人・死刑囚を一定の場所に閉じこめておくこと。例―所。

【拘泥】(名・する)こだわること。執着。例つまらないことに―する。ものに―しないおおらかな人。

【拘留】(名・する)〔法〕逃走・証拠隠滅のおそれのある容疑者などを一定期間拘置所に留置すること。例―に処す。

扌5 【招】 8画 3023 62DB 教育5 音ショウ漢呉 訓まね-く・まね-き

筆順 一 十 扌 扌 扨 扨 招 招

なりたち [形声]「扌(=て)」と、音「召ショ」とから成る。手で、よびよせる。

意味 (手で合図をして)近くにこさせる。よびよせる。まねく。まねき。例招集。招待。

人名 あき・あきら・もとむ

【招引】(名・する)まねき寄せること。招来。例講師を―する。

【招宴】(名・する)宴会に人をまねくこと。また、人をまねいて開く宴会。例自宅で―をもよおす。旧友を―する。

【招喚】(名・する)人をまねいて、呼び寄せること。人を呼び出すこと。

【招還】(名・する)派遣していた者を呼びもどすこと。

【招魂】死者のたましいをこの世にまねいて祭ること。例―祭。―社。

【招集】(名・する)呼び出して、人を集めること。例会議のために―をかける。

【招請】(名・する)とくにたのんで来てもらうこと。例教師を外国から―する。

【招待】(名・する)客としてまねいてもてなすこと。例―状。披露宴に―する。

【招致】(名・する)人や企業・もよおし物などを呼ぶこと。まねいて来てもらうこと。例町に大学を―する。

【招福】(名・する)福運をまねき寄せること。例神社で―を祈願する。

【招▼聘】(名・する)礼を厚くして人をまねくこと。例教授として―される。

【招来】(名・する)①まねき寄せること。例指導者を―する。②ある事態をひき起こすこと。例物価上昇を―するおそれがある。

扌5 【抻】 8画 5727 62BB 音シン漢

意味 引きのばす。ひっぱる。

扌5 【拙】 8画 3259 62D9 常用 音セツ漢 セチ呉 訓つたな-い

筆順 一 十 扌 扎 扎 拙 拙 拙

なりたち [形声]「扌(=て)」と、音「出シュ→セツ」とから成る。手しごとがうまくない。

意味 ❶へた。まずい。つたない。対巧。例拙劣。巧拙。稚拙。❷自分や自分に関するものごとをへりくだっていうことば。例拙者。拙僧。拙宅。拙著。

日本語での用法《セツ》一人称の代名詞として用いる。「下拙(=拙者。わたくしめ)・拙におまかせくだされ」

【拙悪】(名・形動)へたで、できばえが悪いこと。例―な作品。

【拙攻】(名・する)(スポーツで)へたな攻撃。例七回まで両チームは―に終わる。

【拙稿】できの悪い原稿。〔自分の原稿をけんそんしていう〕例―をお読みいただきありがとう存じます。

【拙策】①へたな計画・はかりごと。②自分の立てた計画。〔けんそんしていう〕例―を提案させていただきます。

【拙者】わたくし。〔自分をへりくだっていう。古い言い方〕

【拙手】へたなうでまえ。例―をはじる。

【拙守】(名・する)(スポーツで)へたな守備をすること。また、その守備。対好守。例―で自滅する。

【拙戦】(名・する)へたな試合や戦いをすること。また、その戦い。例―をして負ける。

【拙僧】僧が自分のことをへりくだっていうことば。

【拙速】(名・形動)できばえはよくないが、手早く仕上げること。対巧遅。例―主義。巧遅より―。

【拙宅】自分の家をけんそんしていうことば。例近くにお出かけの節は、どうぞ―にお寄りください。

【拙著】自分の著書をけんそんしていうことば。

【拙文】へたな文章。〔自分の文章をけんそんしていう〕例―をご判読ください。

【拙劣】(名・形動)へたでおとっていること。つたないこと。対巧妙。例―な文章。

【拙論】くだらない論文や議論。〔自分の論文や議論をけんそんしていう〕

●巧拙・古拙・稚拙

扌5 【拓】 8画 3483 62D3 常用 音一セキ漢 二タク漢呉 三タク慣 トウ漢 訓ひら-く

筆順 一 十 扌 扌 扩 扩 拓 拓

なりたち [形声]「扌(=て)」と、音「石セキ」とから成る。ひろう。

意味 一 手でひろう。同摭。二 山野や荒れ地を切り開いて、利用できるようにする。ひらく。例拓殖。開拓。干拓。三 石碑などにきざまれた文字・模様を紙に写しとる。石ずり(をとる)。同搨。例拓本。

人名 ひら・ひろ・ひろし・ひろむ

【拓殖】(名・する)未開の土地を切り開いて、人を住まわせること。例―事業。

【拓本】石碑などにきざまれた文字や模様を、表面に紙をあて墨を使って写しとったもの。石ずり。例―を取る。

●開拓・干拓・魚拓

扌5 【拆】 8画 5730 62C6 音タク漢 訓ひら-く・さ-く

意味 打ち割って二つにする。さく。また、ひらく。同坼。

【拆字】漢字を偏・旁・冠・脚などの構成要素に分けること。また、それによるうらない。

扌5 【担】 8画 3520 62C5 教育6 音タン漢 訓かつ-ぐ・にな-う

筆順 一 十 扌 扌 扣 扣 担 担

扌13【擔】16画 5731 64D4

なりたち ［形声］本字は「儋」で、「亻（=ひと）」と、音「詹」とから成る。かつぐ。

意味 ❶ものを肩の上にのせる。かつぐ。になう。例 担架。荷担。❷仕事を引き受ける。責任を負う。例 担当。負担。分担。

日本語での用法《かつぐ》①縁起などにとらわれる。「縁起を担ぐ・迷信を担ぐ」②だます。「うまく担がれてしまった」

【担架】 けが人や病人をねかせたまま運ぶ道具。ふつう、二本の長い棒のあいだに厚い布を張ったもので、前後を二人で持って運ぶ。例 負傷者が―で運ばれる。

【担当】（名・する）ある仕事を責任をもって引き受けること。また、その人。類 分担。例 ―者。政権を―する。

【担任】（名・する）仕事を受け持つこと。また、学校で教師がクラスを受け持つこと。また、その人。受け持ち。例 ―の先生に申し出る。一年生を―する。

【担保】［法］借金を返せない場合の保証として貸し主に差し出すもの。類 抵当。例 ―に取る。土地を―にする。

●加担・荷担・負担・分担

扌5【抽】8画 3574 62BD 常用 音 チュウ漢 訓 ぬ-く・ひ-く

筆順 一 十 扌 扌 扣 抽 抽 抽

なりたち ［形声］「扌（=て）」と、音「由ユウ→チュウ」とから成る。引き出す。

意味 全体のなかからある部分をとり出す。ぬき出す。ぬく。ひく。例 抽出。抽象。抽選。

難読 抽斗（ひきだし）

【抽出】（名・する）全体のなかから特定のものをぬき出すこと。例 ―液。無作為―。標本を―する。

【抽象】（名・する）個々の事物から共通の要素や性質をぬき出して、頭の中でとらえなおすこと。対 具象・具体。例 ―化（=抽象してとらえること）。―画。―論。―概念。―芸術。

【抽象的】（形動ダ）①ものごとを抽象してとらえるようす。②実際からはなれ、漠然としているようす。例 話が―でわかりにくい。▽対 具体的。

【抽選】（名・する）くじを引くこと。くじ引き。例 ―に当たる。―で順番を決める。表記「抽▼籤」とも書く。

【▽抽▽斗】ひきだし 机やたんすのひきだし。

扌5【抵】8画 3681 62B5 常用 音 テイ漢 訓 あ-たる・あ-てる

筆順 一 十 扌 扌 扌 扺 抵 抵

なりたち ［形声］「扌（=て）」と、音「氐テイ」とから成る。おしのけて、こばむ。

意味 ❶さからう。こばむ。はばむ。例 抵抗。❷ぶつかる。あたる。例 抵触。❸あるものにつりあう。相当する。あたる。例 抵当。家書抵二万金一（=家からの手紙は多くの金に相当するほどだ）。〈杜甫・春望〉

人名 あつ・やす・ゆき

【抵抗】㊀（名・する）外からの力に張りあったり、さからったりすること。対 服従。例 ―むなしく敗れる。時の権力に―する。㊁（名）［物］①物体の運動に対して逆方向に作用する力。抗力。例 空気の―を小さくする。②導体が電流の通過をこばむ力。単位は、オーム。電気抵抗。

【抵抗力】①外からの力をはね返す力。反発する力。例 ―が大きい。②病気などに対して、たえることのできる力。例 ―をつける。―のない幼児。

【抵触】（名・する）①（法律や規則に）ふれること。ぶつかること。違反。例 法に―する。②ものごとが、たがいに矛盾すること。例 前の証言に―しない。表記 ▽旧 ▼觝触

【抵当】借金を返せない場合の保証として貸し主に差し出すもの。かた。類 担保。例 家を―に入れる。

扌5【拈】8画 5732 62C8 音 デン漢 ネン呉 訓 つま-む・と-る・ひね-る

意味 指先にはさんで持つ。手でとる。つまむ。例 拈華（=指先に花をはさんで示すこと）。拈香（=香をたくこと）。拈出。

日本語での用法《ひねる》①回転させる。ねじる。「蛇口を拈る・ころんで腰を拈る」②苦心して考え出す。くふうする。「頭を拈る・一句拈る」

【拈華▽微笑】ネンゲミショウ ［仏］ことばでは説明できない真理を心から心へ伝えること。〔釈迦が霊鷲山で説法したとき、ハスの華を取って示したところ、弟子の摩訶迦葉ただひとりがその意をさとってほほえんだ、という故事から〕

【拈出】（名・する）⇩【捻出】（447ページ）

扌5【拝】8画 3950 62DD 教育6 音 ハイ漢呉 訓 おが-む

手5【拜】9画 5733 62DC 人名

筆順 一 十 扌 扌 扌 扌 扌 拝

なりたち ［会意］「手（=て）」と「𠦒（=相手をうやまって早く進む）」とから成る。すみやかに進み出て、頭を手のところまで下げる。おがむ。

意味 ❶おじぎをする。むなもとで両手を重ね合わせ、頭を下げて敬意をあらわす。おがむ。〔「拱」や「揖」よりも敬意が重い〕例 拝礼。再拝。三拝。❷神仏などにお参りする。例 参拝。礼拝。❸官職・任務をさずけられる。例 拝命。❹相手をうやまい自分をへりくだっていうことば。例 拝聴。拝読。拝領。

【拝み打ち】おがみうち 刀を両手でにぎり、頭上からおがむような形で切りおろすこと。例 ―に切る。

【拝謁】（名・する）身分の高い人にお目にかかること。類 謁見。例 ―を許す。陛下に―する。

【拝賀】（名・する）目上の人につつしんでお祝いのことばを申し上げること。例 宮中―。新年―式。

【拝観】（名・する）神社仏閣やそこの宝物などを見物すること。例 ―料。寺宝を―する。

【拝顔】（名・する）目上の人に会うことをへりくだっていうことば。お目にかかること。類 拝眉。例 ―の栄に浴する。

【拝▼跪】（名・する）ひざまずいておがむこと。例 ―して命を待つ。

【拝金】金銭を極端にとうとぶこと。例 ―主義。

【拝啓】〔つつしんで申し上げる意〕手紙の書き出しに書いて相手に敬意をあらわすことば。類 謹啓・拝呈。

【拝見】（名・する）見ることをへりくだっていうことば。つつしんで見ること。例 お手並み―。切符を―します。

【拝察】（名・する）人の心中などを推察することをへり

くだっていうことば。例お喜びのことと―いたします。

【拝辞】ハイジ（名・する）①ことわることをへりくだっていうことば。例入閣を―する。②いとまごいすることをへりくだっていうことば。例恩師のもとを―する。

【拝謝】ハイシャ（名・する）つつしんでお礼を言うこと。例ご厚意を―いたします。

【拝借】ハイシャク（名・する）かりることをへりくだっていうことば。例お知恵を―。しばらく―したい。

【拝受】ハイジュ（名・する）うけとることをへりくだっていうことば。いただくこと。例勲位を―する。貴簡―いたしました。

【拝▼趨】ハイスウ（名・する）相手のところへ出向くことをへりくだっていうことば。類参上。例―してお礼を申し上げる。

【拝聴】ハイチョウ（名・する）相手の話をきくことをへりくだっていうことば。うけたまわること。例ご高見を―したく存じます。

【拝呈】ハイテイ（名・する）①ものを贈ることをへりくだっていうことば。さしあげること。類謹呈。例著者―。②手紙の書き出しに書くことば。類拝啓・謹啓。

【拝殿】ハイデン 拝礼をおこなうために神社の本殿の前に建てられた建物。例―にぬかずく。

【拝読】ハイドク（名・する）読むことをへりくだっていうことば。類拝誦。例お手紙―いたしました。

【拝眉】ハイビ（名・する）会うことをへりくだっていうことば。お目にかかること。類拝顔。例―のうえ申し上げます。

【拝復】ハイフク［つつしんでお返事申し上げます、の意］返事の手紙の最初に書くことば。類復啓・啓復。

【拝命】ハイメイ（名・する）①命令を受けることをへりくだっていうことば。②官職に任命されること。例大使を―する。

【拝領】ハイリョウ（名・する）貴人や目上の人からものをいただくこと。例主君から―した刀。

【拝礼】ハイレイ（名・する）神仏に頭を下げておがむこと。例神社に―する。うやうやしく―する。

◯●九拝・再拝・三拝・参拝・三拝九拝・崇拝・遥拝・礼拝

扌5 **【拌】** 8画 5734 62CC 音ハン漢 訓かきま-ぜる

意味 ❶手で半分にする。わる。わける。例拌蚌（＝ハマグリを割って、中の珠をとること）。❷まぜあわせる。かきまぜる。例攪拌。

扌5 **【披】** 8画 4068 62AB 常用 音ヒ漢呉 訓ひら-く

筆順 一 扌 扌 扌 扩 扩 披 披

なりたち ［形声］「扌（＝て）」と、音「皮ヒ」とから成る。わきから持つ。派生して「ひらく」の意。

意味 ❶手でひろげる。ひらく。例披見。披瀝。❷肩の上におおいかぶせる。はおる。同被。

人名 ひら・ひろ

【披見】ヒケン（名・する）手紙や文書をひらいて見ること。［やや古い言い方］例―を許さず。

【披▼瀝】ヒレキ（名・する）自分の気持ちや考えを包みかくさずに述べること。類開陳・表白。例真情を―する。誠意を―する。

【披露】ヒロウ（名・する）①（文書などを）ひらいて見せること。②広く人々に見せたり知らせたりすること。例―宴。うでまえを―する。

扌5 **【拍】** 8画 3979 62CD 常用 音ヒョウ慣 ハク漢 訓う-つ

筆順 一 扌 扌 扌 扌 拍 拍 拍

なりたち ［形声］本字は「拍」で、「扌（＝て）」と、音「百ハ」とから成る。手で打つ。

意味 ❶手のひらでたたく。うつ。例拍手。❷音楽のリズム（の単位となる区切り）。例拍子。

人名 ひら

【拍車】ハクシャ 乗馬ぐつのかかとにつける金具。馬の腹部におしつけて速く走らせるのに用いる。例―をかける（＝力を入れて進行を早める）。―がかかる。

【拍手】㊀ハクシュ（名・する）両手のひらを打ち合わせて音を出すこと。また、その音。ほめたり、喜んだり、賛同したりする気持ちをあらわす。手をたたくこと。例―が鳴りやまない。盛大な―をおくる。㊁かしわで ⇩【柏手】かしわで（523ページ）

【拍手喝采】ハクシュカッサイ（名・する）手をたたきながら、声を上げてほめること。例名演奏に―する。

【拍子】ヒョウシ ①音楽で、リズムのもとになる規則的な強弱の音の組み合わせ。例三―の曲。②音楽やおどりに合わせて調子をとること。例手―。―をとる。―をそろえる。③［多く「…した拍子に」の形で］何か動作をしたはずみに。…したとたん。例荷物を持ち上げた―に腰を痛めた。

【拍子木】ヒョウシぎ 打ち合わせて鳴らす、木製の二本の長方形の棒。例―を打ち鳴らす。夜回りの―の音。

【拍子抜け】ヒョウシぬけ（名・する）意気ごんで待ちかまえていたのに、あてがはずれて張り合いがなくなること。例万全の準備をしたが雨で中止になり―した。

扌5 **【拊】** 8画 5735 62CA 音フ漢 訓う-つ・たた-く

意味 ❶手でさする。なだめる。なでる。同撫。例拊愛（＝かわいがって大切にする）。❷たたく。うつ。例拊手。拊掌。

【拊手】フシュ 手をぽんと打つこと。喜んだときや合点がいったときのしぐさ。

【拊心】フシン 手で胸をうつこと。悲しみや嘆きやいきどおりを示すしぐさ。

扌5 **【拇】** 8画 5737 62C7 音ボ漢 モ呉 訓おやゆび

意味 手および足の親指。おやゆび。例拇印。拇指。

【拇印】ボイン 右手の親指の先に朱肉や墨をつけ、指紋をおして印章の代わりとしたもの。例―押捺。

【拇指】ボシ 手のおやゆび。［足のおやゆびは「拇趾」］表記「母指」とも書く。

扌5 **【抱】** 8画 4290 62B1 常用 音ホウ漢呉 訓だ-く・いだ-く・かか-える・かか-え

筆順 一 扌 扌 扚 扚 拘 抱 抱

なりたち ［形声］本字は「褒」で、「衣（＝ころも）」と、音「包」とから成る。衣で包むように、いだく。

意味 ❶両手で包みかかえる。だく。いだく。かかえる。例抱擁。❷心の中に感情・考えをもつ。心にいだく。おもう。おもい。例抱懐。抱負。

[手(扌)部] 5画 拌披拍拊拇抱

4画

日本語での用法《かかえる》人をやとう。「家来ケライを抱かかえる・運転手ウンテンシュを抱かかえる」

人名 たもつ・もち

【抱懐】ホウカイ（名・する）ある考えを心の中にもつこと。また、その考え。例青雲の志を―する。危険思想を―する。

【抱柱】ホウチュウ ⇩【尾生の信】ビセイのシン（320ページ）

【抱負】ホウフ 心の中にいだいている計画や決意。例政治改革の―を語る。

【抱腹】ホウフク〔「捧腹ホウフク」が本来の書き方。「抱腹」は慣用的な用字〕はらをかかえて大笑いすること。例―絶倒ゼットウ（=はらをかかえてひっくり返るほど大笑いする）。

【抱擁】ホウヨウ（名・する）愛情をこめてだきしめること。だきかかえること。例恋人こいびとを―する。再会した親子が―する。

扌5 【拋】8画 62CB 音ホウ漢 訓なげう-つ

扌4 【抛】7画 5738 629B 俗字

意味 ほうりなげる。なげすてる。なげうつ。例拋棄ホウキ。拋擲ホウテキ。拋物線ホウブツセン。

難読 拋出ほうりだす

【拋棄】ホウキ（名・する）（自分の義務や権利・利益などを）すてさること。表記 現放棄

【拋▼擲】ホウテキ（名・する）うちすててかえりみないこと。表記「放▼擲」とも書く。例全財産を―して研究にうちこむ。

【拋物線】ホウブツセン 投げ上げた物体が、重力の作用を受けて落下するときにえがく曲線。表記 現放物線

扌5 【抹】8画 4385 62B9 常用 音バツ漢 マツ呉 訓す-る

筆順 一 十 扌 扌 扌 抹 抹 抹

なりたち [形声]「扌（=て）」と、音「末バツ」とから成る。ぬりつける。

意味 ❶こすりつける。する。例一抹イチマツ。塗抹トマツ。❷こすり消す。ぬって見えなくする。例抹殺マッサツ。抹消マッショウ。❸すった粉。例抹香マッコウ。抹茶マッチャ。

【抹香】マッコウ モクレン科の植物シキミの葉と樹皮を粉にした香。仏前の焼香ショウコウに用いる。例―くさい（=仏教じみている）。

【抹殺】マッサツ（名・する）①消してなくすこと。ぬりつぶすこと。類抹消。②意見や、事実・存在を認めず、否定すること。

【抹消】マッショウ（名・する）（不要な）字句を消してなくすこと。

【抹茶】マッチャ 茶の新芽をうすでひいて粉にしたもの。碾ひき茶。

●一抹イチマツ・塗抹トマツ

扌5 【拉】8画 5739 62C9 常用 音ラツ慣 ロウ漢呉 ラ唐 訓くだ-く・ひし-ぐ

筆順 一 十 扌 扌 扌 扩 拉 拉

なりたち [形声]「扌（=て）」と、音「立リュウ→ロウ」とから成る。くじく。

意味 ❶おしつぶす。くだく。ひしぐ。例拉殺ロウサツ。❷ひっぱる。例拉致ラチ。

【▽拉麺】ラーメン 中華チュウカそば。表記「▽老麺」とも書く。

【拉致】ラチ（名・する）無理やりに連れていくこと。

【拉▽丁】ラテン〔英語 Latin の音訳〕①「ラテン語」の略。古代ローマ帝国テイコクの共通語。現在でも学術・宗教の用語として使われている。②「ラテン民族」のこと。ラテン語系の言語を使う人々。おもに、フランス・スペイン・ポルトガル・イタリア・ルーマニアの人々。表記 ▽「拉典・羅▼甸」とも書く。

【▽拉殺】ロウサツ（名・する）手でおしつぶして殺すこと。

扌5 【拐】8画 ⇩【拐】カイ（432ページ）

扌5 【拒】8画 ⇩【拒】キョ（432ページ）

手5 【拏】9画 ⇩【拿】ダ（439ページ）

扌5 【抬】8画 ⇩【擡】タイ（456ページ）

手5 【拝】9画 ⇩【拜】ハイ（434ページ）

扌5 【拔】8画 ⇩【抜】バツ（430ページ）

扌5 【拂】8画 ⇩【払】フツ（426ページ）

扌5 【抱】8画 ⇩【抱】ホウ（435ページ）

扌6 【按】9画 1636 6309 人名 音アン漢呉 訓おさ-える

意味 ❶手でおさえつける。なで、さする。例按摩アンマ。剣ケンを按アンずる。❷ひかえる。例按兵アンペイ（=軍を進めない）。❸よくしらべる。考える。同案アン。例按問アンモン（=罪状を吟味ギンミする）。愚按グアン（=わたくしが考えてみるに）。

【按察】アンサツ（名・する）（とくに政治上のことについて）調べて事情を明らかにすること。調べて善悪を考えること。

【按察使】㊀アンサツシ 中国の官名。地方の政治のようすを監察カンサツする長官。唐代に置かれ、明ミン代には司法長官となった。㊁あぜち 令外リョウゲの官の一つ。地方の政治を監察するために、数国をまとめて任命した。

【按針】アンジン ①（磁石で船の針路をはかる意）航海士。水先案内みずさきアンナイ。②ウィリアム=アダムスの日本名。三浦みうら按針。

【按排】アンバイ（名・する）ものごとをほどよく整えること。例日程を―する。座席を―する。表記「按配」とも書く。

【按摩】アンマ（名・する）筋肉のこりをもみほぐして血行をよくする治療チリョウ法。また、それを職業とする人。例―をとる。

扌6 【挧】9画 5743 6327 音ウ漢

意味 姓セイの一つ。

扌6 【挂】9画 5744 6302 音カ慣 カイ・ケイ漢 訓か-ける

意味 高いところにひっかける。かける。かかる。同掛カ。例挂冠カイカン。

【挂冠】カイカン・ケイカン（名・する）官職をやめること。類辞職・致仕チシ。〔前漢末、逢萌ホウボウは仕官をやめるとき、冠かんむりを洛陽ラクヨウの城門にかけて去ったという故事から〕

扌6 【挌】9画 5740 630C 音カク漢 訓う-つ

意味 なぐりあう。なぐる。うつ。例挌闘カクトウ。

扌6 【括】9画 1971 62EC 常用 音カツ漢 訓くく-る・くく-り

筆順 一 十 扌 扌 扦 扦 括 括 括

なりたち [形声]「扌（=て）」と、音「舌カツ」とから成る。たばねしめくくる。

意味 ひとつにまとめる。くくる。くくり。例一括イッカツ。総括ソウカツ。統括トウカツ。

【括弧】カッコ（名・する）文章や語句、数式・数字などを囲む一対ツイの記号。（ ）「 」や〔 〕など。また、その記号をつけて、他の部分とはちがうあつかいをすべきことをあらわすこと。例

—でくくる。—に入れて示す。

【括約】(カツヤク)(名・する) しめくくること。まとめること。

【括約筋】(カツヤクキン) 肛門や尿道など管状の臓器を取り巻いて、しめたりゆるめたりする筋肉。

【▽括り枕】(くくりまくら) 袋の中につめ物をして、両はしをくくって形をととのえた枕。坊主枕。

◐一括・概括・総括・統括・包括

扌6 **【拮】** 9画 5741 62EE 音キツ・ケツ漢

意味 ❶「拮据」は、いそがしく働く。また、生活に苦しむ。❷「拮抗」は、はりあう。

【拮▽据】(キッキョ)(名・する) 手だけでなく口まで使って、いそがしく働くこと。例—すること十年、ようやく独立した。

【拮抗】(キッコウ/ケッコウ)(名・する) 双方の力がほぼ等しく、はりあうこと。対抗。例—して平衡を保つ。—する勢力がない。

表記「▼頡▼頏」とも書く。

手6 **【挙】** 10画 2183 6319 教育4 音キョ漢コ呉 訓あ-げる・あ-がる・あ-げて・こぞ-る

筆順 、 丷 ⺍ 兴 兴 挙

手13 **【擧】** 17画 5809 64E7

臼9 **【舉】** 16画 5810 8209 別体字

なりたち [形声]「手(=て)」と、音「與ヨ→キョ」とから成る。両手でもちあげる。

意味 ❶上にあげる。もちあげる。あげる。例挙手。❷事をおこす。とりおこなう。おこない。例挙行。快挙。❸ふるまい。身のこなし。例挙動。一挙一動。❹人をとりたて用いる。あげる。例挙用。科挙。選挙。❺とりあげて示す。数えあげる。あげる。例挙例。枚挙。列挙。❻とらえる。めしとる。あげる。例検挙。❼よくおこなわれる。さかんになる。おこる。あがる。例其人存則其政挙(=りっぱな人が位にいれば政治はよくなる)。〈中庸〉❽すべてをあげて。こぞって。みな。あげて。例挙国。挙党。

日本語での用法《あがる・あげる》結果を残す。「勝ち星を挙げる」

使い分け あがる・あげる【上・揚・挙】⇩1160ページ

難読 挙母(=地名)・挙白(=さかずきを一つのみつくす)・挙動

人名 しげ・すすむ・たか・たつ・ひら・みな

【挙げ句】(あげく) ①連歌・連句で、一巻の最後の七・七の句。②最後。いろいろおこなった結果。例—の果て(=結局)。対発句。表記▽「揚げ句」とも書く。

【挙家】(キョカ) 家の者全員。家全体。家じゅう。例—離村。

【挙業】(キョギョウ) 昔、中国でおこなわれていた科挙(=官吏登用試験)のときに作る文章。また、そのための勉強。

【挙行】(キョコウ)(名・する) 式や行事を、とりおこなうこと。例卒業式を—する。

【挙国】(キョコク) (国をあげての意) 国全体。

【挙国一致】(キョコクイッチ)(名・する) 国全体が一つになって同じ態度や行動を示すこと。例—して復興をめざす。

【挙子】(キョシ) ①昔、中国でおこなわれていた科挙(=官吏登用試験)の受験者。②子供を産むこと。

【挙止】(キョシ) 立ち居ふるまい。身のこなし。類挙動・動作・挙措。例落ちついた—。

【挙式】(キョシキ)(名・する) 式をあげること。とくに、結婚式をあげること。例この秋—の予定です。

【挙手】(キョシュ)(名・する) 手をあげること。例賛成の方は—を願います。—の礼。

【挙証】(キョショウ)(名・する) 証拠をあげて示すこと。例—の不足した論文。

【挙人】(キョジン/コジン) 中国の明・清の時代、地方の試験(=郷試)に合格し、都での試験(=会試)を受けることができる人。

【挙世】(キョセイ) 世間全体。世をあげて。例—みな狂気の時代。

【挙措】(キョソ) 立ち居ふるまい。類挙止・挙動。例—を失う(=とりみだす)。

【挙党】(キョトウ) その党全体。党員全員。例—一致。

【挙動】(キョドウ) 立ち居ふるまい。ようすや動作。類挙止・挙措。例—不審の男。

【挙兵】(キョヘイ)(名・する) 兵力を集めて戦いを起こすこと。武装蜂起。

【挙用】(キョヨウ)(名・する) それまでより上の地位に取り立てること。類登用。例新人を—する。

【挙例】(キョレイ)(名・する) 実例をあげること。

◐一挙・快挙・軽挙・検挙・再挙・推挙・選挙・壮挙・大挙・暴挙・枚挙・列挙

扌6 **【挟】** 9画 2220 631F 常用 音キョウ漢 訓はさ-む・はさ-まる

筆順 一 扌 扌 扩 扗 抉 挟

扌7 **【挾】** 10画 5749 633E

なりたち [形声]「扌(=て)」と、音「夾キョウ(=わきばさむ)」とから成る。わきばさんで持つ。

意味 両側からはさむ。両わきにかかえる。はさむ。はさまる。例挟撃。

人名 さし・もち

【挟撃】(キョウゲキ)(名・する) 前後から、または、左右から、はさみうちで攻撃すること。はさみうち。例敵の—にあう。

【挟殺】(キョウサツ)(名・する) 野球で、ランナーを塁の間ではさんでタッチアウトすること。例ランナーは二、三塁間で—された。

扌6 **【拱】** 9画 5742 62F1 音キョウ漢ク呉 訓こまね-く・こまぬ-く

意味 両手を胸の前で重ね合わせる。こまねく。こまぬく。(「拝」よりも敬意が軽い) 例拱手。拝拱。

【拱手】(キョウシュ) 一(名) 両手を胸の前で重ね合わせる、中国の礼。二(名・する) 何も行動を起こさないでいること。手をこまねくこと。例—傍観。

手6 **【挈】** 10画 5745 6308 音一ケイ慣ケツ漢 二ケイ漢 訓ひっさ-げる

意味 一❶手にさげて持つ。ひっさげる。例提挈。❷引き連れる。たずさえる。二刻む。同契。

手6 **【拳】** 10画 2393 62F3 常用 音ケン漢ゲン呉 訓こぶし

筆順 、 丷 兰 龹 关 巻 拳

手6 **【拳】** 10画

「手(扌)部」6画 拮挙挟拱挈拳

4画

なりたち [形声]「手(=て)」と、音「𢍏(ケン)」とから成る。にぎった手。

意味 ❶にぎりこぶし。げんこつ。こぶし。例拳固。徒手空拳。❷素手でおこなう武術。例拳法。太極拳。鉄拳。❸「拳拳」は、ささげもつ・うやうやしい・いつくしむ・つとめはげむ、などのようすをあらわす。例拳拳服膺

日本語での用法《ケン》もと、中国から伝えられた、手でさまざまの形をつくって勝負を争う遊び。「狐拳・虫拳」

難読 蕨拳

人名 かたし・ちから・つとむ

【拳拳】(副)うやうやしく、ささげもつようす。

【拳拳服▼膺】(名・する)教えなどをたいせつに心に保ち、守りおこなうこと。〈中庸〉例—すべき教え。

【▽拳固】かたくにぎりしめた手。にぎりこぶし。げんこつ。

【▽拳骨】かたくにぎりしめた手。にぎりこぶし。げんこ。例親父に—をくらう。

【拳銃】片手でにぎって操作できる小型の銃。短銃。ピストル。例二丁—。—の不法所持でつかまる。

【拳闘】リングの上で、二人の選手がグローブをつけて打ち合う競技。ボクシング。

【拳法】こぶしでついたり、足でけったりしてたたかう武術。例少林寺—。

【▽拳万】約束を守るしるしとして、二人が小指と小指とからみ合わせること。また、その約束のことば。例指切り—。

扌6 **【拷】** 9画 2573 62F7 常用 音ゴウ慣 コウ漢 訓う-つ

筆順 扌 扌 扌 扌 扌 拷 拷

なりたち [形声]「扌(=て)」と、音「考(コウ)」とから成る。むちで打って罪人をとりしらべる。

意味 罪を白状させるために肉体的苦痛をあたえる。たたく。うつ。例拷問。

【拷問】(名・する)自白を強いるために肉体に苦痛をあたえること。例—にかける。—を加えて自白させる。

扌6 **【拶】** 9画 2702 62F6 常用 音サツ漢 訓せま-る

「手(扌)部」6画 拷拶指

筆順 扌 扌 扌 扌 扌 拶 拶

なりたち [形声]「扌(=て)」と、音「𡿪(レツ→サツ)」とから成る。手でおす。

意味 ❶手でおしのけて進み出る。近づく。せまる。例挨拶。❷罪人の指をはさむ刑具。例拶指(=指をはさむ拷問の道具)。

扌6 **【指】** 9画 2756 6307 教育3 音シ漢呉 訓ゆび・さ-す

筆順 一 十 扌 扌 扌 扌 指 指 指

なりたち [形声]「扌(=て)」と、音「旨(シ)」とから成る。手のゆび。

意味 ❶手のゆび。ゆび。例指紋。屈指。食指。❷さしずする。さし示す。ゆびさす。さす。例指揮。指令。

日本語での用法《さす》将棋をする。将棋の駒を指で動かす。「将棋を指す」

使い分け さす【差・指・刺・挿】⇩1169ページ

人名 むね

【指図】(名・する)言いつけて、あることを他人にさせること。また、その言いつけ。指示。類指令・指揮。

【指し手】①将棋の駒の進め方。指し方。②将棋のじょうずな人。例仲間のうちではいちばんの—だ。

【指し物】①板を組み合わせて作った室内の道具や器物。机・箪笥・箱など。例—師。②武士が戦場で、目じるしとして鎧の背にさした旗やかざり物。例旗—。

【指圧】(名・する)指のはらや手のひらで、からだの表面から、つぼをおすこと。また、その治療法。例—師。

【指揮】(名・する)①他の人々にさしずして動かすこと。また、そのさしず。下知。例陣頭—。—官。②合奏や合唱など音楽の演奏を指示し、まとめること。例—者。—棒。

【指呼】(名・する)①指さしながら口に出して呼ぶこと。例—確認する。②呼べば答えが返ってくるほど近い距離。例—の間。

【指向】(名・する)ある方向や目的などを目ざして向かうこと。例—性アンテナ。一点に—する。

【指示】(名・する)①さししめすこと。例標識の—に従う。②他人に何かをさせるために言いつけること。また、その言いつけ。さしず。例先生の—するとおりに動く。本部の—を待つ。

【指示代名詞】代名詞の一つ。事物・場所・方角などを、そのものの名を用いず、直接さししめす語。日本語でいえば「これ・それ・あれ・どれ」「ここ・そこ・あそこ・どこ」「こちら・そちら・あちら・どちら」などの類。

【指事】漢字の六書のうち、数や位置などの抽象的な概念を、ある約束に従って図形としてあらわしたもの。「一」「二」「上」「下」など。

【指針】①時計・磁石・計器などの目盛りを示す針。②進むべき方向や、とるべき態度を示したもの。類方針。

【指数】①〔数〕数字や数式の右肩に小さくしるして、それらをくりかえし何回かけ合わせるかを示したもの。a^2 や x^n の2や n。②物価や賃金などの変動を、基準になる数値を一〇〇として比較した数値。例物価—。知能—。

【指▼嗾】(名・する)さしずしてそそのかすこと。けしかけること。類扇動。表記「使▼嗾」とも書く。

【指弾】(名・する)つまはじきすること。また、非難・排斥すること。例仲間から—される。世の—を受ける。

【指定】(名・する)あるものに定めること。例—席。

【指摘】(名・する)取り上げて、示すこと。例するどい—。

【指導】(名・する)教えみちびくこと。例—者。—要領。

【指南】(名・する)教えみちびくこと。また、その人。〔「指南車」からできたことば〕例剣術—。

【指南車】中国古代に作られた、方向を指示する車。車の上においた人形の指が、いつも南をさすように作ってある。

[指南車]

【指標】ものごとの状態を知るための基準となる、ものやことがら。例—植物のアシが群生している。

【指名】(名・する)名ざしすること。例—手配。

【指紋】手の指先の内側にある、たくさんの細い線がつくり出している紋様。ひとりひとりの形が異なり一生変わらないので、個人を特定する手段とする。例—を残す。—をとられる。

【指令】(名・する)組織で、上位の者から下の者へ命令を出すこと。また、その命令。例緊急—。—を受ける。

【指▽貫】裁縫で手ぬいをするとき、針の頭をおすために針を持つ手の中指にはめる金属製や革製のゆびわ。

●屈指・五指・十指・食指・無名指

扌6 **【持】** 9画 2793 6301 教育3 音 チ漢 ジ呉 訓 も-つ・も-ち

筆順 十 扌 扌 扗 扗 扗 持 持 持

なりたち [形声]「扌(=て)」と、音「寺シ→チ」とから成る。にぎる。

意味 ❶しっかりと手にとる。もつ。例所持。❷じっともちこたえる。まもる。たもつ。例持久。維持。保持。身を高く持する。❸勢力がつりあっている。勝負がつかない。例持碁。

人名 たもつ・よし

【持戒】ジカイ〔仏〕戒律を守ること。戒を保つこと。対破戒。

【持久】ジキュウ（名・する）長い間もちこたえること。例―策。―力。―戦にもちこむ。

【持碁】ジゴ 勝負が引き分けになった碁。持ジ。もち。

【持国天】ジコクテン〔仏〕四天王の一つ。宝珠・刀剣を手にし、武将の姿で東方を守護する。

【持参】ジサン（名・する）持っていくこと。また、持ってくること。例印鑑を―のこと。弁当を―する。

【持参金】ジサンキン 結婚するときに親の家から持っていく金。例―つきの娘。―を当てにする。

【持説】ジセツ 自分がふだんから主張している意見。類持論。

【持続】ジゾク（名・する）同じ状態を長く保つこと。また、長くつづくこと。例―力。同じペースを―する。

【持病】ジビョウ ①長い間わずらっていて治らないでいる病気。宿痾。例―の喘息になやまされる。②なかなか直すことのできない悪いくせ。例―もちの弱み。

【持仏】ジブツ 身につけたり、身近なところに安置して礼拝する仏像。念持仏。例―堂。

【持薬】ジヤク 常用している薬。また、必要なときいつでも用いられるように持ち歩いている薬。類常備薬。

【持論】ジロン 自分がふだんから主張している考えや意見。類持説。例―を固守する。―を曲げない。

【持ち味】もちあじ ①食物に備わっている、独特の味や風味。例素材の―を生かした料理。②人物や作品に備わっている独特の趣。例彼の―が発揮された文章。

【持ち重り】もちおもり（名・する）持っている時間が長くなるにつれて重みが増すような感じ。例―のする荷物。

【持ち出し】もちだし ①外へ持って出ること。類帯出。例この本は―禁止です。②費用を自分で負担すること。

【持ち場】もちば 受け持っている仕事や場所。例―につく。

【持ち前】もちまえ その人が生まれつき持っている性質。天性。生まれつき。例―の明るさ。

●維持・支持・住持・所持・扶持・保持

扌6 **【拾】** 9画 2906 62FE 教育3 音 シュウ漢 ジュウ呉 訓 ひろ-う

筆順 十 扌 扌 扒 拎 拾 拾 拾

なりたち [形声]「扌(=て)」と、音「合コウ→シュウ」とから成る。ひろう。おさめる。

意味 ❶落ちているものをとりあげる。ひろう。例拾遺。拾得。❷あつめる。おさめる。例収拾。❸「十」の大字。商売や契約の文書で、数字を書きかえられないように使う。

人名 おさむ・とお・ひろ・ひろい・ひろお・ひろし

【拾遺】シュウイ ①もれたり、ぬけたりしているものをひろい補うこと。また、ひろい補ったもの。例『―和歌集』②「侍従」の唐名。例『―愚草』〔侍従であった藤原定家の自撰の歌集〕

【拾得】シュウトク（名・する）落とし物をひろうこと。例―物。さいふを―する。

【拾い物】ひろいもの ①ひろったもの。対落とし物。例―を届け出る。②思いがけなく得た利益。もうけもの。

【拾い読み】ひろいよみ（名・する）①文章の部分部分を飛び飛びに読むこと。例関連したところだけ―した。②一字ずつたどって読むこと。たどり読み。例やっと―ぐらいはできるようになった。

扌6 **【拯】** 9画 5746 62EF 音 ショウ漢 ジョウ呉 訓 すく-う

意味 すくい上げる。救助する。すくう。例拯救。

【拯救】ジョウキュウ（名・する）すくうこと。危険な状態から助けること。

扌6 **【拭】** 9画 3101 62ED 常用 音 ショク漢 シキ呉 訓 ふ-く・ぬぐ-う

筆順 十 扌 扌 扌 拃 拭 拭 拭

なりたち [形声]「扌(=て)」と、音「式ショク」とから成る。汚れをぬぐう。

意味 よごれやくもりを布などでこすりとってきれいにする。ぬぐう。ふく。例払拭。

扌6 **【拵】** 9画 5747 62F5 音 ソン漢 訓 こしら-える

意味 すわりがよいように置く。すえる。

日本語での用法《こしらえる》つくる。また、かまえる。もうける。見せかける。かざる。「物を拵える・顔を拵える・理由を拵えて辞退する」

手6 **【拿】** 10画 5729 62FF 音 ダ漢 ナ呉 訓 ひ-く・つか-む

手5 **【拏】** 9画 5728 62CF 本字

意味 ❶とらえる。つかむ。例拿捕。❷欧米語の「ナ」の音訳。例拿破崙。

【拿捕】ダホ（名・する）不法に侵入したり、法律に違反したりした他国の船をとらえること。例漁船を―する。

【拿▼破▼崙】ナポレオン フランス第一帝政の皇帝、ナポレオン=ボナパルト。（一七六九―一八二一）表記「奈▽破▼崙・那▽破▽烈▽翁・那▽波▽列▽翁」などとも書く。

扌6 **【挑】** 9画 3609 6311 常用 音 チョウ漢 訓 いど-む

筆順 十 扌 扌 扌 扌 挑 挑 挑

なりたち [形声]「扌(=て)」と、音「兆チョウ」とから成る。かきみだす。

意味 ❶戦いや競争などを、こちらからしかける。いどむ。けしかける。例挑戦。❷ひっかけて起こす。かきたてる。かかげる。例挑灯（=灯心をかきたてる）。❸肩にひっかけてかつぐ。になう。例挑担。❹えらぶ。

【挑戦】チョウセン（名・する）①たたかいをしかけること。②新しいことや困難なことなどに進んで立ち向かうこと。

【挑発】チョウハツ（名・する）相手をわざと刺激して、求める反応を起こさせること。しかけること。例—的行動。—に乗る。

手6【拳】10画 ⇩【拳ケン】(437ページ)

扌7【挨】10画 1607 6328 常用 音アイ漢 訓お-す

筆順 扌 扌 扌 扌 挨 挨 挨

なりたち [形声]「扌(=て)」と、音「矣イ→アイ」とから成る。背を撃つ。

意味 後ろからおしのける。また、おし合いをする。つめよる。おす。例挨拶アイサツ(=人がおし合うようす)。

【挨拶】アイサツ (名・する)〔原義は人がおし合うさま〕①人と会ったとき、決まったことばや動作をかわして親愛の気持ちを示し合うこと。例朝の—。②儀礼ギレイとしてのことばを、述べたり通知したりすること。例—状を配る。就任の—。③応答すること。例—のしようがない。④仲介チュウカイ。仲裁チュウサイ。調停。例—は時の氏神うじがみ。

扌7【捐】10画 5748 6350 音エン漢呉 訓す-てる

意味 ❶持っていたものを手ばなす。すてる。例捐棄エンキ。❷私財を手ばなして人を助ける。あたえる。例義捐金ギエンキン。

【捐館】エンカン〔住んでいた館やかたを捐すてて去る意〕死去すること。「死」という語をさけて使う。捐館舎エンカンシャ。捐舎エンシャ。

【捐金】エンキン お金を寄付すること。また、その寄付金。義捐金。

扌7【捍】10画 5750 634D 音カン漢 訓こば-む・まも-る

意味 ❶さえぎる。こばむ。同扞カン。❷侵おかされないように、くいとめる。ふせぐ。まもる。同扞カン。例捍衛カンエイ。❸かたくじょうぶなようす。❹勇猛ユウモウなようす。同悍カン。

扌7【挫】10画 2635 632B 常用 音サ漢ザ呉 訓くじ-く・くじ-ける

筆順 扌 扌 扌 扌 挫 挫 挫

なりたち [形声]「扌(=て)」と、音「坐ザ」とから成る。くじく。

意味 ❶へしおる。くだく。くじく。例捻挫ネンザ。❷とちゅうで勢いを失う。くじける。例挫折ザセツ。頓挫トンザ。

【挫傷】ザショウ (名・する) 打ったり転んだりしたとき、皮膚ヒフの下の組織がきずつくこと。また、そのきず。打ち身。例脳ノウ—。

【挫折】ザセツ (名・する) ①仕事や計画がとちゅうでだめになること。例事業は半ばで—した。②失敗して、気力を失うこと。

扌7【振】10画 3122 632F 常用 音シン漢呉 訓ふ-る・ふ-るう・ふ-れる・ふ-り

筆順 扌 扌 扌 扌 振 振 振

なりたち [形声]「扌(=て)」と、音「辰シ」とから成る。たすける。ふるいおこす。

意味 ❶こまっている人を元気づける。すくう。同賑シ。❷ふるいおこす。例振興シンコウ。❸ふりうごかす。ふるう。ふるえる。例振動シンドウ。振鈴シンレイ。

日本語での用法 一《ふり》①ふるまい。ようす。動作。しぐさ。「身振みぶり・人ひとの振ふりを見みてわが振ふり直なおす・知しらん振ふり」②刀や剣ケンを数えることば。「名刀メイトウ一振ひとふり」③時間の経過をあらわすことば。「一年イチネン振ぶり・十日とおか振ぶりの雨あめ」二《ふる》分けあたえる。わりあてる。「役ヤクを振ふる」

使い分け ふるう【振・震・奮】⇩1179ページ

人名 おさむ・のぶ

【振起】シンキ (名・する) ふるいおこすこと。元気を出すこと。

【振古】シンコ ①大昔。太古。②昔から。例—未曽有ミゾウ。

【振興】シンコウ (名・する) ものごとを盛んにすること。

【振張】シンチョウ (名・する) 威力イリョクをのばし広げること。

【振動】シンドウ (名・する) ①こまかくふれうごくこと。例窓ガラスが—する。②〔物〕物体の位置や電流の方向・強さなどが、ある範囲ハンイのなかで周期的に変化すること。例—数。

【振幅】シンプク 振動している物体の、静止位置から最も遠い位置までの距離キョリ。例振ふり子の—が大きい。

【振鈴】シンレイ 合図などのためにすずを鳴らすこと。また、そのすず。

【振り替え】ふりかえ 一時的に取りかえること。例—授業。—休日。

【振り袖】ふりそで たもとが長く、袖のわきをぬわない着物。未婚ミコンの女性が着る。例成人式に—を着る。

【振り出し】ふりだし ①ふって出すこと。例—薬ぐすり。—の食卓塩ショクタクエン。②双六スゴロクの出発点。また、ものごとの出発点のたとえ。例—と上がり。—にもどる。

●発振ハッシン・不振フシン

扌7【捜】10画 3360 635C 常用 音ソウ慣シュウ漢 訓さが-す

筆順 扌 扌 扌 扌 捜 捜 捜

扌9【搜】12画 5751 641C 人名

なりたち [形声]「扌(=て)」と、音「叟ソウ→シュウ」とから成る。多い。また、さがしもとめる。

意味 手さぐりでさがす。さがしもとめる。さぐる。さがす。例捜査ソウサ。捜索ソウサク。

使い分け さがす【探・捜】⇩1169ページ

【捜査】ソウサ (名・する) ①さがし調べること。②〔法〕公訴コウソのため、国家の機関が犯人や証拠ショウコをさがし集めること。

【捜索】ソウサク (名・する) ①さがしもとめること。例—隊。遭難者ソウナンシャを—する。②〔法〕犯人や証拠ショウコ物件を発見するため国家の機関が人や家などを強制的に調べること。

扌7【挿】10画 3362 633F 常用 音ソウ漢 訓さ-す

筆順 扌 扌 扌 扌 挿 挿 挿

扌9【插】12画 5771 63D2

なりたち [形声]「扌(=て)」と、音「臿ソウ」とから成る。さしこむ。

意味 ❶すきまにさしいれる。さしこむ。さしはさむ。さす。例挿入ソウニュウ。挿話ソウワ。❷地面にさしこんで土を起こす農具。すき。

使い分け さす【差・指・刺・挿】⇩1169ページ

【挿絵】さしえ 文章の内容を、具体的に理解しやすくするために添える絵や、イラスト、カットなど。挿画ソウガ。

【挿し木】さしき (名・する) 植物の枝や葉を切り取り、土や砂などにさして根づかせること。例—で増やす。ツバキを—する。

【挿花】ソウカ ①生け花。生花セイカ。例—の師匠シショウ。②髪かみに、かざりとして花をさすこと。

【挿画】ソウガ 文章にそえた絵。挿絵さしえ。
【挿入】ソウニュウ（名・する）あいだにはさみこむこと。さしいれること。例—句。雑誌に応募オウボはがきを—する。
【挿話】ソウワ ひとつづきの文章や談話のなかにさしはさんだ短い話。エピソード。類逸話イツワ。

扌7 **【捉】** 10画 3410 6349 常用 音ソク慣 サク漢呉 訓とら-える・つか-まえる

筆順

なりたち [形声]「扌(=て)」と、音「足ソク→サク」とから成る。手でつかむ。

意味 ❶しっかりにぎる。つかむ。とる。例捉筆ソクヒツ(=筆をとる)。❷つかまえる。とらえる。例捕捉ホソク。

使い分け とらえる【捕・捉】⇩1174ページ

【捉髪】ソクハツ ⇩【吐哺握髪トホアクハツ】(189ページ)

扌7 **【挺】** 10画 3682 633A 人名 音チョウ慣 テイ漢 訓ぬ-く

意味 ❶ひきぬく。ぬく。❷ずばぬけて、すぐれる。ぬきんでる。❸みずからすすんで、ぬけでる。例挺身テイシン。❹まっすぐにする。例挺直テイチョク(=まっすぐ)。❺銃ジュウ・刃物はもの・墨すみなどを数えることば。例鉄砲テッポウ十挺ジッチョウ。

人名 ただ・なお・もち

【挺身】テイシン（名・する）身を投げ出して行動すること。例国のために—して難にあたる。
【挺進】テイシン（名・する）多数の中からぬけ出して先にすすむこと。例敵陣テキジンに向かって—する。

扌7 **【捗】** 10画 3629 6357 常用 音チョク漢 訓はかど-る・はか

筆順

なりたち [形声]「扌(=て)」と、音「陟チョク」の省略体とから成る。はかどる。

意味 うつ。たたく。

日本語での用法《チョク・はか・はかどる》仕事などが順調にすすむ。すすみぐあい。「陟チョク(=のぼる。すすむ)」ととりちがえて使われるようになったもの」「進捗シンチョク・捗はかがいく・仕事しごとが捗はかどる」

4画

扌7 **【捏】** 10画 5752 634F 音ネツ慣 デツ漢 訓こ-ねる

意味 ❶手でつまむ。土をこねてものをつくる。こねる。例捏塑デッソ(=こねて、立体のものをつくる)。❷事実でないことをつくりあげる。こじつける。例捏造ネツゾウ。捏でっち上あげる。

【捏造】ネツゾウ・デツゾウ（名・する）ありもしないことを、事実であるかのようにつくりあげること。でっちあげ。例記事を—する。

扌7 **【捌】** 10画 2711 634C 音ハツ漢 ハチ呉 訓さば-き・さば-く・さば-ける・は-ける

意味 ❶二つにわける。引きわける。❷「八」の大字ダイジ。商売や契約ケイヤクの文書で、数字を書きかえられないように使う。

日本語での用法《さばき・さばく》整理する。始末する。うまくあつかう。「包丁ホウチョウ捌さばき・手綱たづなをたくみに捌さばく・在庫品ザイコヒンがきれいに捌さばける・捌さばけた人ひと」

扌7 **【挽】** 10画 4052 633D 人名 音バン漢 訓ひ-く

扌8 **【挽】** 11画 俗字

意味 ❶ひっぱる。ひく。同輓バン。例挽引バンイン(=ひく)。❷柩ひつぎを乗せた車をひく。死者を悼いたむ。同輓バン。例挽歌バンカ。❸ひきもどす。たてなおす。例挽回バンカイ。

日本語での用法《ひく》前後・回転の、動作・作用で仕事をする。「木挽こびき・ろくろで挽ひく」

【挽歌】バンカ 人の死を悲しむ歌。〔昔、中国で葬式ソウシキのとき、柩ひつぎを乗せた車を挽ひく人が歌った歌〕表記「▼輓歌」とも書く。
【挽回】バンカイ（名・する）失ったものを取り返すこと。もとの状態にもどすこと。回復。例失点の—。名誉メイヨを—する。

扌7 **【捕】** 10画 4265 6355 常用 音ホ漢 ブ呉 訓と-らえる・と-らわれる・と-る・つか-まえる・つか-まる

筆順

なりたち [形声]「扌(=て)」と、音「甫フ→ホ」とから成る。取る。

意味 にげるものを追いかけて、とりおさえる。とらえる。つかまえる。例捕獲ホカク。捕鯨ホゲイ。逮捕タイホ。

使い分け とらえる【捕・捉】⇩1174ページ

使い分け とる【取・採・執・捕・撮】⇩1174ページ

【捕り物】とりもの 犯人や容疑者などをつかまえること。例—帳。
【捕影】ホエイ〔実体のないものをとらえるということから〕とりとめがなく、あてにならないもののたとえ。
【捕獲】ホカク（名・する）①生きものをつかまえること。例にげ出したサルを—した。②ぶんどること。例敵の船を—する。
【捕鯨】ホゲイ クジラをとること。例—船団。
【捕殺】ホサツ（名・する）とらえて殺すこと。例ネズミを—する。
【捕手】ホシュ 野球で、投手からの投球を受け、また本塁ホンルイを守る選手。キャッチャー。例—がサインを出す。
【捕縄】ホジョウ 犯人の逮捕タイホなどのときに用いるなわ。とりなわ。
【捕食】ホショク（名・する）生物が他の種シュの生物をとらえて食べること。例虫を—する植物。
【捕捉】ホソク（名・する）つかまえること。とらえること。
【捕縛】ホバク（名・する）つかまえてしばること。
【捕虜】ホリョ 戦争で敵にとらえられた人。とりこ。類俘虜フリョ。

扌7 **【挾】** 10画 ⇩【挟】キョウ(437ページ)

扌7 **【捩】** 10画 ⇩【捩】レツ(448ページ)

扌8 **【掖】** 11画 5753 6396 音エキ漢 訓わきばさ-む・たす-ける

意味 ❶わきの下に手をそえるようにして、たすける。❷わきの下にはさむ。わきばさむ。❸わきの下。わき。同腋エキ。例狐掖コエキ(=キツネのわきの下の毛で作った毛皮)。❹両わきにあるもの。例掖門エキモン(=大門の左右にある小門)。

扌8 **【掩】** 11画 1770 63A9 音エン漢呉 訓おお-う

意味 ❶手でさえぎってかくす。おおう。ふさぐ。とじる。例掩蓋エンガイ。掩耳エンジ(=耳をおおって聞かない)。掩蔽エンペイ。❷かくまう。かばう。例掩護エンゴ。

【掩蓋】エンガイ ①上をおおうもの。②戦場の陣地ジンチや塹壕ザンゴウの上部にかぶせる、おおい。
【掩護】エンゴ（名・する）敵の攻撃コウゲキから味方を守ること。例—

射撃。空から歩兵を―する。表記 現 援護

【掩耳】エンジ〔「耳を掩おう」と訓読する〕耳をおさえて聞かないようにする。

【掩蔽】エンペイ（名・する）①おおいかくすこと。例―工作。過失を―する。②天体が他の天体をかくす現象。とくに、月が恒星をかくすことをいう。星食。

【掩門】エンモン〔「門を掩おう」と訓読する〕門をとじる。

扌8 【掛】 11画 1961 639B 常用 音 カ慣 カイ漢 訓 か-ける・か-かる・かかり・か-け

筆順 一 十 扌 扌 扌 挂 挂 掛

なりたち【形声】「扌(=て)」と、音「卦ケ」とから成る。手で、かける。参考 一説に、「挂カ」の俗字。

意味 ひっかけてつり下げる。かける。かかる。例 掛冠カイカン。

日本語での用法 一《かかる・かける》作用する。作用させる。関係させる。消費させる。「心配シンパイを掛かける・金かねを掛かける・願ガンを掛かける・腰こしを掛かける・電話デンワを掛かける」 二《かかり》特定の仕事・役目を受けもつ人。「掛員かかりイン・出札掛シュッサツがかり」 三《かけ》名詞「かけ」に広くあてる。「掛かけ売うり・八掛ハチがけ（=二割引き）・掛かけ値ねなし・書かき掛かけ・掛かけそば」

使い分け かかる・かける【掛・懸・架・係・賭】⇩1166

【掛冠】カイカン（名・する）〔定められた役職のかんむりをぬいで柱などにかける意〕官職をやめること。挂冠カイカン。

【掛け合い】かけあい ①たがいに自分の要求を述べて相談すること。類 談判・交渉コウショウ。例 値引きの―をする。②ふたり以上の人がかわるがわる話をしたり演奏をしたりすること。例―漫才マンザイ。表記 ▽「懸け合い」とも書く。

【掛け替え】かけがえ〔「掛け替えのない」の形で〕代わりになるもの（がない）。例―のない人生。

【掛け算】かけザン 二つ以上の数または式をかけ合わせて積を求める計算。乗法。対 割り算。

【掛け字】かけジ 掛け軸ジク。とくに、文字を書いた掛け軸。

【掛け軸】かけジク 書画を表装して、床との間まやかべにかけてかざるもの。掛け物。掛け字。例 山水画の―。

【掛け値】かけね ①実際より高くつけた値段。例―なしで売る。②大げさに言うこと。例―のないところを言う。

「手（扌）部」8画 ● 掛 掎 掬 掀 掘 掲 捲 控

【掛け橋】かけはし ①谷やがけにふじづるや木材をわたした橋。②二者のあいだをとりもつもの。なかだち。例 東西文明の―となる。表記 ▽「懸け橋」とも書く。

扌8 【掎】 11画 5754 638E 音 キ漢 訓 ひ-く

意味 片足をつかんでひっぱる。ひきとめる。ひく。例 掎掣キセイ（=ひきとめる）。

扌8 【掬】 11画 2137 63AC 人名 音 キク漢呉 訓 すく-う

意味 両手ですくいとる。すくう。例 掬水キクスイ。一掬イッキク（=両手でひとすくいするほど。また、わずか）。

【掬飲】キクイン（名・する）両手ですくって飲むこと。例 つめたい泉の水を―する。

【掬水】キクスイ 水を両手ですくいあげること。また、すくいあげた水。例 月、―の中うちに在あり。

扌8 【掀】 11画 5755 6380 音 キン漢 ケン漢 訓 あ-げる・かか-げる

意味 ❶手で高く持ち上げる。かかげる。あげる。❷かぶせてあるものをとりのける。めくる。

扌8 【掘】 11画 2301 6398 常用 音 クツ漢 訓 ほ-る

筆順 十 扌 扌 扩 扩 扩 掘 掘

なりたち【形声】「扌(=て)」と、音「屈ツ」とから成る。ほる。

意味 けずりとって、あなをあける。うまっているものをほりだす。ほる。例 掘削クッサク。採掘サイクツ。発掘ハックツ。

【掘削】クッサク（名・する）土や岩をほりとって穴をあけること。例―機。トンネルを―する。表記 旧 掘▼鑿

【掘り出し物】ほりだしもの ぐうぜん手に入れためずらしいものや、安く手に入れた品物。例―の古本。

【掘り抜き】ほりぬき「掘り抜き井戸い」の略。地面を深くほってつくった井戸。

【掘り割り】ほりわり 地面をほってつくった水路。表記「堀割」とも書く。

○●採掘サイクツ・試掘シクツ・盗掘トウクツ・発掘ハックツ

扌8 【掲】 11画 2339 63B2 常用 音 ケイ慣 ケツ漢 訓 かか-げる

筆順 一 十 扌 扌 扌 扌 掲 掲 掲

扌9 【揭】 12画 1-8483 63ED 人名

なりたち【形声】「扌(=て)」と、音「曷カ→ケ」とから成る。高くあげる。

意味 よく見えるように高くあげる。目立つように示す。かかげる。例 掲載ケイサイ。掲示ケイジ。掲揚ケイヨウ。

人名 なが

【掲載】ケイサイ（名・する）新聞や雑誌、または著作物に文章や写真などをのせること。例―誌。広告―料。

【掲示】ケイジ（名・する）多くの人に知らせるべきことを人目につくところにはり出すこと。また、その文書。例―板。

【掲出】ケイシュツ（名・する）目につきやすいように、かかげて示すこと。例 官報に―する。

【掲揚】ケイヨウ（名・する）旗などを竿さおや塔トウの上に高くかかげること。例 国旗を―する。

○●前掲ゼンケイ・別掲ベッケイ

扌8 【捲】 11画 2394 6372 人名 音 ケン漢 訓 ま-く・まく-る・まく-れる・めく-る

意味 まるくまいて、おさめる。まきあげる。まく。同 巻ケン。例 捲土重来ケンドチョウライ。席捲セッケン。

【捲土重来】ケンドチョウライ〔「土つちを捲まきて重かさねて来きたる」と訓読する〕一度やぶれた者が勢力を盛り返してせめてくること。例―を期す。表記「▽巻土重来」とも書く。

扌8 【控】 11画 2521 63A7 常用 音 コウ漢 訓 ひか-える・ひか-え

筆順 一 十 扌 扌 扌 扌 控 控

なりたち【形声】「扌(=て)」と、音「空ク→コウ」とから成る。遠くのものを引いて近づける。

意味 ❶てまえにひっぱる。ひく。例 控弦コウゲン（=弓のつるをひっぱる）。❷ひきとどめる。おしとどめる。例 控制コウセイ（=動きをお

さえる)。❸出かけていって、うったえる。例控訴。❹さしひく。とりのぞく。例控除。

【控除】(名・する)(計算の対象から)一定の金額を差し引くこと。例—額。必要経費を—する。表記 旧▼扣除

【控訴】(名・する)〔法〕一審の判決を不服として上級の裁判所に再審を求めること。〔二審の判決に対するものは「上告」という〕

【控え室】式や会などが始まるまでのあいだ、休憩したり準備したりして待っている部屋。例講師—。

扌8

【採】

11画 2646 63A1 教育5 音サイ漢呉 訓と-る

筆順 扌 扌 扌 扌 扌 揺 採

扌8 【採】11画

なりたち [形声]「扌(=て)」と、音「采(=つみとる)」とから成る。手でつみとる。

意味 ❶指先でつまむ。とる。例採花(=花をつむ)。採摘(=つみとる)。❷えらんで、とりこむ。あつめる。とる。例採集。採択。採用。

日本語での用法《とる》採決する。「会議で決を採る」

使い分け とる【取・採・執・捕・撮】⇩1174ページ

人名 もち

【採掘】(名・する)石炭・石油や金・銀など有用な鉱物をほりだすこと。類採鉱。例石炭の—場。

【採血】(名・する)検査や献血のために、からだから血液をとること。例—検査。

【採決】(名・する)議案を成立させるかどうか、賛成・反対の数をしらべてきめること。例委員会で—する。

【採光】(名・する)室内に日光をとり入れること。例天窓から—する。

【採鉱】(名・する)鉱石をほりだすこと。類採掘。

【採算】商売や事業で、収入と支出を引き合わせて利益が出ること。例—割れ。—が合う。—がとれない。

【採取】(名・する)研究・調査に必要なものをあつめること。例指紋—。標本用の植物—。

【採集】(名・する)調査や研究の資料になるものを、広くあつめること。例昆虫—。昔話の—。

【採寸】(名・する)服をつくるとき、身体の必要な部分の寸法をはかること。例スーツの—。肩幅を—する。

【採石】(名・する)鉱石を採取したり、石材を切り出したりすること。例—場。

【採草】(名・する)家畜の飼料や、肥料にするため、草をかりとること。例—地。

【採択】(名・する)いくつかの同類のもののなかから、えらびとること。例決議案を—する。

【採炭】(名・する)石炭を採掘すること。例—量。

【採点】(名・する)ある基準にそって点数をつけること。例—表。試験の—。

【採否】採用するかしないかということ。例—の決定。

【採訪】(名・する)資料を集めるために、あちらこちらをおとずれて調べること。

【採油】(名・する)①石油を採掘すること。②ナタネ・ゴマなどからあぶらをしぼりとること。

【採用】(名・する)ふさわしい人物・案・方法をえらんで、使うように決めること。例新人を—する。提案を—する。

【採録】(名・する)文書に記録したり、録音・録画したりすること。例講演の主旨を—する。民話を—する。

扌8

【捨】

11画 2846 6368 教育6 音シャ漢呉 訓す-てる

筆順 扌 扌 扒 扲 拎 拴 捨

扌8 【捨】11画

なりたち [形声]「扌(=て)」と、音「舎」とから成る。解きはなす。

意味 ❶手放して、ほうっておく。やめる。すてる。対取。例取捨。❷お金や品物を手放し、差し出す。ほどこす。例喜捨。施捨。

人名 えだ・すて

【捨象】(名・する)〔哲〕いくつかのものごとの共通する要素をひきだすとき、個々の特有の要素を考察の対象からはずすこと。

【捨身】㊀〔仏〕①仏道修行や、世の人々を救うため、自分の身命をすてること。例—飼虎(=子をもつ飢えた虎に我が身をあたえた薩埵太子成道の説話)。②仏門にはいること。命がけ。例—で戦う。㊁【捨て身】命を失う覚悟で事にあたること。

【捨て石】①日本庭園で、おもむきをもたせるために、ところどころに置く石。②河川工事のさい、水勢を弱めたり水底に基礎をつくるため、水中に投げ入れる石。③囲碁で、作戦上わざと相手にとらせる石。④一見むだなようだが、将来のためを考えておこなうことがら。また、何かをおこなうための犠牲。例世の—となる。

【捨て印】証書などで、訂正のある場合を考えて、前もって欄外におしておく印。

【捨て仮名】①送りがな。とくに、ふつうには不必要だと思われる送りがな。たとえば「心ろ」「山ま」の小字。②一つの漢字に二通り以上の読みがある場合に、書き手の意図どおりに読まれるように漢字の下に小さくそえるかな。「心ッ」〔ここ ろでなくシンと読む〕「二人り」〔ニニンでなくふたりと読む〕」の「ン」「り」など。

【捨て金】①使っても役に立たないお金。むだがね。例—に等しい投資。②利益・返済を期待せずに貸すお金。例以前の—が役に立った。

【捨て値】損を覚悟でつけた安い値段。例—で売る。

【捨て鉢】(名・形動ナ)ものごとが思うようにいかず、どうなってもいいという気持ちになること。自暴自棄。やけくそ。例—な態度。—になる。

●喜捨・取捨・用捨

扌8

【授】

11画 2888 6388 教育5 音シュウ漢ジュ呉 訓さず-ける・さず-かる

筆順 扌 扌 扌 扌 扌 护 授

なりたち [会意]「扌(=て)」と「受(=うける)」とから成る。手わたし、うけとらせる。

意味 手わたして、あたえたり、あたえられたりする。さずける。さずかる。例授受。授与。伝授。

人名 さずく

【授かり物】神仏などからあたえられた、かけがえのないもの。例子供は天からの—だ。

【授戒】(名・する)〔仏〕仏教徒として守るべき戒律をあたえること。例—会。—の師。

【授業】ジュギョウ（名・する）学校で学問や技術を教えること。例数学の―を受ける。

【授産】ジュサン（名・する）失業や貧困で困っている人に仕事をあたえ、生活できるようにすること。例―所。

【授受】ジュジュ（名・する）一方がさしだしたものを、もう一方がうけとること。うけわたし。やりとり。例金銭の―。

【授章】ジュショウ（名・する）勲章などをあたえること。対受章。

【授賞】ジュショウ（名・する）賞をあたえること。対受賞。

【授精】ジュセイ（名・する）〔医〕卵子に精子を結びつけること。例人工―。

【授乳】ジュニュウ（名・する）赤んぼうにちちを飲ませること。類哺乳。例―期。

【授与】ジュヨ（名・する）賞状などを、公的な場でさずけあたえること。例卒業証書―式。学位記を―する。

●教授・口授・収授・天授・伝授

手8 【掌】 12画 3024 638C 常用 音ショウ漢呉 訓たなごころ・てのひら・つかさど-る

筆順 掌

なりたち ［形声］「手(=て)」と、音「尚ショ」とから成る。てのひら。たなごころ。

意味 ❶てのひら。たなごころ。例掌上ジョウ。掌中ショウチュウ。合掌ガッショウ。❷役目として担当し、とりあつかう。支配・管理する。つかさどる。例掌握ショウアク。車掌シャショウ。

難読 掌侍ナイシの

人名 つかさ・なか

【掌握】ショウアク（名・する）①手ににぎること。②思いどおりに支配すること。例監督は選手を完全に―している。

【掌上】ショウジョウ 手のひらの上。例―に運らす(=自分の思いどおりにする)。

【掌状】ショウジョウ 開いた手のひらのような形。例―複葉。

【掌中】ショウチュウ ①手のひらのなか。手中。②手に入れること。自分のものとすること。例―にする。勝利を―におさめる。

【掌中の▽珠】ショウチュウのたま 最もたいせつにしているもの。とくに、最愛の子のこと。

【掌典】ショウテン ①つかさどること。担当すること。②皇室の祭祀をつかさどる職員。

●合掌・車掌・職掌・分掌・落掌

扌8 【捷】 11画 3025 6377 人名 音ショウ漢呉 訓はや-い・か-つ

なりたち ［形声］「扌(=て)」と、音「疌ショ」とから成る。けものや鳥をとらえる。

意味 ❶えものをすばやくとる。すばやい。はやい。例捷疾ショウシツ(=すばやい)。敏捷ビンショウ。❷はやみち。ちかい。例捷径ショウケイ。❸戦いに勝つ。かち。同勝。例捷報ショウホウ。戦捷センショウ。

人名 かち・さとし・すぐる・とし・はや・はやし・まさる

【捷径】ショウケイ ①ちかみち。はやみち。類捷路。例山中の―。②てっとりばやい方法。例上達の―。

【捷報】ショウホウ 戦いや試合に勝ったという知らせ。勝報。例―を得て沸きかえる。

扌8 【推】 11画 3168 63A8 教育6 音スイ・タイ漢呉 訓お-す・お-して

筆順 一 寸 扌 扌 扌 扌 推 推

なりたち ［形声］「扌(=て)」と、音「隹イス」とから成る。おしのける。

意味 ❶後ろから力を加えて前へおしやる。おす。例推進スイシン。推輓スイバン。❷よいと認めて、人にすすめる。おす。例推挙スイキョ。推奨スイショウ。推薦スイセン。❸知っていることをもとに、まだわからないことについて考える。おしはかる。例推察スイサツ。推量スイリョウ。類推ルイスイ。❹うつりかわる。例推移スイイ。

人名 ひらく

使い分け おす【押・推】⇨1165ページ

【推移】スイイ（名・する）ものごとの状態が時間とともにうつりかわっていくこと。類変遷。例時代の―。

【推挙】スイキョ（名・する）人をある地位・仕事にふさわしいとしてすすめること。類推薦・推輓。例横綱に―する。

【推計】スイケイ（名・する）一部のデータをもとに全体のおおよその数を計算すること。類推算。例―学。

【推▼敲】スイコウ（名・する）詩や文章の表現をなんども練り直すこと。例―を重ねる。

故事のはなし 唐の詩人賈島カトウは都の長安チョウアンで驢馬ロバに乗りながら詩をつくり、「僧ソウは推おす月下ゲッカの門」という句を考えついた。ところが「推す」を「敲たたく」に改めようかどうしようかといろいろ考え、夢中になって知事である韓愈カンユの行列につきあたってしまった。詩人でもあった韓愈はわけを聞いて「敲の字がよい。」と言い、二人は意気投合して詩を論じあったのだった。〈唐詩紀事〉

【推察】スイサツ（名・する）相手の気持ちや事情を思いやり、見当をつけること。類推量・推測。例おおかたの―はつく。

【推参】スイサン 一（名・する）訪問することを、けんそんしていう言い方。例明日―いたします。二（名・形動ナ）さしでがましいこと。おこないが無礼であること。例―者もの。―至極ゴク。

【推算】スイサン（名・する）おおよその数を算出すること。類推計。

【推奨】スイショウ（名・する）これがよいと、とくにとりあげてほめ、人にもすすめること。

【推賞】スイショウ（名・する）品質などがよいことをほめること。推称。例―にあたいする作品。

【推進】スイシン（名・する）①力を加えて、ものごとを目的に向かっておしすすめること。例計画の―。地球温暖化防止運動を―する。②プロペラ・スクリュー・ジェット噴射などで航空機や船などを前へすすめること。例―器。―力。

【推選】スイセン（名・する）選び出して、人にすすめること。類推薦

【推薦】スイセン（名・する）よいと思う人やものごとを、他の人にすすめること。類推挙・推選・推輓。例―状。―図書。

【推測】スイソク（名・する）わかっていることがらをもとに、見当をつけること。類推量・推察。例―の域を出ない。

【推戴】スイタイ（名・する）（皇族など、高貴な人を）団体の長としてむかえること。例名誉総裁に―する。

【推定】スイテイ（名・する）ある事実関係をもとに判断すること。例―年齢。出土品から時代を―する。

【推▼輓】スイバン（名・する）〔車をおしたりひいたりする意〕人を、その地位にふさわしいとして上の人にすすめること。〈春秋左氏伝〉類推挙・推薦。例後進を―する。表記

「推▼挽」とも書く。

【推理】スイリ (名・する) わかっている事実をもとに、未知のことがらを導き出すこと。例—小説。

【推量】スイリョウ (名・する) ①はっきりしていることがらをもとに、ものごとの事情などをおしはかること。類推察・推測。例心中シンチュウを—する。②文法で、助動詞の用法の一つ。不確かなことを予想の形であらわすもの。「う」「よう」「らしい」など。

【推力】スイリョク 〔物〕ものをおしすすめる力。推進力。

【推論】スイロン (名・する) わかっている事実をもとに、筋道をたてて結論を導くこと。例事故の原因を—する。

●邪推ジャスイ・類推ルイスイ

扌8 **【捶】** 11画 5757 6376 音スイ漢呉 訓う-つ・むち・むちう-つ

意味 ❶棍棒コンボウやむちで打ちすえる。むちうつ。うつ。例鞭捶ベンスイ(=むちで打つこと)。❷棍棒。むち。

扌8 **【据】** 11画 3188 636E 常用 音キョ漢 コ呉 訓す-える・す-わる・す-え

筆順 扌 扌 扌 护 护 据 据 据

なりたち [形声]「扌(=て)」と、音「居キョ」とから成る。指先を曲げてかきとる。

意味 ❶手をはげしくはたらかせる。例拮据キッキョ。❷よりどころとする。よる。同拠キョ。❸おごり、たかぶる。同倨キョ。例据傲キョゴウ(=たかぶって、他をあなどる)。据慢キョマン。

日本語での用法 《すえる》位置におく。おちつかせる。「棚たなを据すえる・客キャクを上座かみに据すえる・腰こしを据すえる」

使い分け すわる【座・据】⇩1171ページ

【据え膳】すえゼン すぐに食べられるように、ととのえた食事を前に出すこと。例上げ膳—。

【据え風呂】すえブロ ふろおけにかまを取り付け、水からわかすふろ。

手8 **【掣】** 12画 5758 63A3 音セイ漢呉 訓ひ-く

意味 引き止めて、自由にさせない。ひく。例掣肘セイチュウ。牽掣ケンセイ。

【掣▽肘】セイチュウ (名・する) 〔「肘」は、ひじの意〕わきから干渉カンショウして自由にさせないこと。例—を加える。

扌8 **【接】** 11画 3260 63A5 教育5 音セツ慣 ショウ漢呉 訓つ-ぐ

筆順 扌 扌 扌 扩 拉 接 接 接

なりたち [形声]「扌(=て)」と、音「妾ショウ」とから成る。交わり、くっつく。

意味 ❶くっついて、つながる。つなぐ。つぐ。例接合セツゴウ。接続セツゾク。溶接ヨウセツ。❷ふれあう。人と会う。例接見セッケン。面接メンセツ。客キャクに接セッする。❸そばに近づく。例接近セッキン。額ひたいを接セッする。❹手でじかに受けとる。例接受セツジュ。接収セッシュウ。

使い分け つぐ【次・継・接】⇩1173ページ

人名 つぎ・つら・もち

【接岸】セツガン (名・する) 船が岸壁ガンペキや陸地に横づけすること。対離岸リガン。例タンカーがゆっくり—する。

【接客】セッキャク 客をもてなすこと。客に応対すること。例—業。

【接近】セッキン (名・する) ①そばにちかづくこと。例台風が—する。②差が少ないこと。例実力が—している。

【接見】セッケン (名・する) ①身分の高い人がおおやけの場で客に面会すること。引見。例国王が使節を—する。②〔法〕身がらを拘束コウソクされている被疑者ヒギシャ・被告人ヒコクニンと弁護士などが面会すること。

【接合】セツゴウ (名・する) つなぎあわせること。くっつけること。類接着。例—剤ザイ。

【接骨】セッコツ (名・する) 折れたほねをつなぐこと。ほねつぎ。例—院。

【接辞】セツジ 接頭語と接尾ビ語をまとめていうことば。

【接写】セッシャ (名・する) カメラを近づけて写真をとること。例—レンズ。

【接種】セッシュ (名・する) 病気の予防などのために、からだに病原菌ビョウゲンキン・ウイルスなどを植えつけること。例予防—。

【接受】セツジュ (名・する) うけとること。また、うけいれること。例公文書を—する。大使を—する。

【接収】セッシュウ (名・する) ①国などが権力によって所有物を取り上げること。例—解除カイジョ。②うけとること。例占領軍センリョウグンに建物を—される。

【接▼踵】セッショウ (名・する) 〔「きびすを接する」と訓読する。前後の人と、かかとがくっつくことから〕ものごとが次々と続いて起こること。

【接触】セッショク (名・する) ①近づいてふれること。ふれあうこと。例車の—事故。高圧線に—する。②人と人が連絡レンラクをつけること。例重要人物と—する。

【接戦】セッセン ①力が同じくらいであるため、なかなか勝負がつかない戦いや試合。例—のすえに勝つ。②近寄って戦うこと。

【接線】セッセン 〔数〕曲線または曲面上の一点にふれる直線。表記「切線」とも書く。

【接続】セツゾク (名・する) ①つづくこと。つなげること。例前の文章に—する。②電車などが連絡レンラクすること。例—が悪い。次の駅で急行に—する。

【接続詞】セツゾクシ 品詞の一つ。自立語で活用がなく、単語・文節・文などを結びつけるはたらきをすることば。「および」「または」「しかも」「だから」「けれども」など。

【接続助詞】セツゾクジョシ 助詞の一つ。用言や助動詞について、前後の語句の意味上の関係を示す。「ば」「ので」「から」「と」「が」「のに」「ながら」など。

【接待】セッタイ (名・する) (お茶や食事を出して)客をもてなすこと。例—費。来客を—する。

【接地】セッチ (名・する) ①地面に接すること。例主翼シュヨクの車輪がまず—する。②電気機器と地面とを銅線などでつなぐこと。アース。

【接着】セッチャク (名・する) ぴったりとくっつけること。また、くっつくこと。例—剤ザイ。のりで—する。

【接点】セッテン ①(二つの異質なものが)接するところ。例ふたりの考え方の—を探す。②〔数〕接線が、曲線または曲面と接する点。

【接頭語】セットウゴ 文法で、それだけでは用いられず、他のことばの上について、意味をそえたり強めたりすることば。「お手紙」の「お」、「か弱い」の「か」、「ご出席」の「ご」など。対接尾ビ語。

【接尾語】セツビゴ 文法で、それだけでは用いられず、他のことばの下について意味をそえたり、別の品詞をつくったりすることば。「ぼくら」の「ら」、「春めく」の「めく」、「封建ケン的」の「的」など。対接頭語。

【接▼吻】セップン (名・する) 親愛や尊敬の気持ちをあらわすために、くちびるを相手のくちびるやほお、手などにつけること。口づけ。キス。

【接ぎ木】つぎき (名・する) 切り取った木の枝や芽を、別の木を台木としてつぎ合わせること。例甘柿を—する。

❸応接・間接・逆接・近接・順接・直接・密接・面接・溶接・隣接

扌8 **【措】** 11画 3328 63AA 常用 音ソ漢呉 訓お-く

筆順 一 十 扌 扌 扌 拃 拃 拃 措 措 措

なりたち【形声】「扌(=て)」と、音「昔(セキ→ソ)」とから成る。そのままにしておく。

意味 ❶考えて配置する。おく。例措辞。措置。❷ある動作をする。ふるまう。例挙措。

【措辞】詩や文章を書くときのことばの使い方。言い回し。例たくみな—。

【措大】書生。例窮措大(=貧乏書生)。

【措置】(名・する)うまく始末をつけること。また、そのための手続きをとること。例万全の—を講じる。

扌8 **【掃】** 11画 3361 6383 常用 音ソウ漢呉 訓は-く・はら-う

筆順 一 十 扌 扌 扌 扫 扫 掃 掃 掃 掃

なりたち【会意】「扌(=て)」と「帚(=ほうき)」とから成る。手にほうきを持ち、そうじをする。

意味 ❶ほうきでちりをはらい、きれいにする。はらう。はく。例掃討。掃除。清掃。❷すっかり取り除く。ほろぼす。例掃滅。一掃。

人名 のぶ

【掃海】(名・する)海中に設置された機雷などの危険物を取り除くこと。例—艇。沿岸を—する。

【掃除】(名・する)はいたりふいたりなどして、よごれをきれいにすること。例大—。部屋を—する。

【掃射】(名・する)なぎはらうように弾丸を発射すること。例機銃—。

【掃討】(名・する)敵などを残らず打ちはらうこと。完全に除くこと。類掃滅。表記「掃▼蕩」とも書く。

【掃滅】(名・する)打ちほろぼすこと。類掃討。例ゲリラを—する。表記 旧▼剿滅

【掃き▼溜め】ごみなどを捨てる場所。ごみ捨て場。ごみため。例—に鶴(=きたないところに、不似合いなほど美しいものがあらわれるたとえ)。

扌8 **【掫】** 11画 5756 63AB 音ソウ漢 訓う-つ

意味 夜まわりをする。

扌8 **【探】** 11画 3521 63A2 教育6 音タン漢 訓さぐ-る・さが-す

筆順 一 十 扌 扌 扌 扌 扌 扌 扌 探 探

なりたち【形声】「扌(=て)」と、音「罙(シン→タン)」とから成る。手さぐりして、とる。

意味 ❶おく深いところまで手をのばして、目当てのものをつかもうとする。さぐる。さがす。例探求。探索。❷まだ知らないものごとや土地を、よく知ろうとする。たずねる。例探検。探勝。探訪。

使い分け さがす【探・捜】⇩1169ページ

難読 探湯(くかたち)

人名 とる

【探究】(名・する)ものごとの本質や真理をさぐって明らかにすること。例真理を—する。

【探求】(名・する)あるものをさがし求めること。例犯人の—。平和を—する。

【探検】(名・する)未知の地域にはいって実地に調べること。例—隊。洞窟を—する。表記「探険」とも書く。

【探査】(名・する)ようすをさぐって調べること。例月面—。鉱脈を—する。

【探索】(名・する)人の居場所や物のありかなどをさがし求めること。例資料の—。犯人の行方を—する。

【探勝】(名・する)景色のよい場所を見て歩くこと。例紅葉の地を—する。

【探題】鎌倉・室町時代、幕府から派遣されて地方の政務などをあつかった長官。例九州—。

【探知】(名・する)目に見えないものやかくされているものをさぐって知ること。例逆—。過激派の動きを—する。

【探鳥】(名・する)野鳥を観察すること。バードウオッチング。例—会。

【探偵】(名・する)人の秘密や行動をこっそりと調べること。また、それを職業とする人。例—小説。私立—をやとう。

【探湯】㊀トウ 熱湯に手を入れるのをためらうように、悪事に手を出さないこと。〈論語〉㊁くかたち 日本古代の裁判の方法。神にちかったあと、熱湯に手を入れ、やけどをしなければ正しい、やけどをすれば悪いと判断した。

【探梅】(名・する)冬、早ざきの梅をたずねて野山に出かけること。

【探訪】(名・する)社会の実状やものごとの真相を、実際に現地をたずねてさぐり調べること。例史跡の—。

扌8 **【掉】** 11画 5760 6389 音チョウ漢 トウ呉 訓ふる-う

意味 ゆりうごかす。ふるう。例掉尾。

【掉尾】〔本来は「チョウビ」〕①〔とらえられた魚が、のがれようと激しく尾をふる意〕最後になって勢いがよいこと。例—の勇を奮う。②最後。例秋のスポーツ大会の—をかざるマスゲーム。

扌8 **【掟】** 11画 5761 639F 音テイ漢 ジョウ呉 訓おきて

意味 道教でいう、天のさだめ。おきて。

日本語での用法《おきて》その社会や組織に属する人が守らなければならない決まり。さだめ。「掟破り・仲間の掟に従う」

扌8 **【掏】** 11画 5759 638F 音トウ漢 訓す-る

意味 かすめとる。する。例掏摸(=すり)。

【掏▼摸】他人の身につけている財布などを、こっそりぬすみとること。また、その人。巾着切り。ちぼ。

扌8 **【捺】** 11画 3872 637A 人名 音ダツ漢 ナツ呉 訓お-す

なりたち【形声】「扌(=て)」と、音「奈(ダ→ダツ)」とから成る。手でおさえる。

意味 手でおさえつける。おす。例捺印。押捺。

人名 とし

【捺印】ナツイン (名・する) 印判をおすこと。押印。押捺。例署名―する。

【捺染】ナッセン (名・する) 染色法の一つ。型紙を当て、のりをまぜた染料をすりつけてそめること。プリント染め。

扌8 **【捻】** 11画 3917 637B 常用 音ジョウ漢 ネン呉 訓ひね-る

筆順 十 扌 扌 扒 扲 扲 捻 捻

なりたち [形声]「扌(=て)」と、音「念ネン→ジョウ」とから成る。ひねる。

意味 ❶指先でねじる。よる。ひねる。同撚。例捻挫ネンザ。❷指先にはさんで持つ。つまむ。同拈。例捻香ネンコウ(=香をたくこと)。

日本語での用法《ひねる》(時間・お金などを)やりくりしてつくりだす。「捻ひねり出だす」

【捻挫】ネンザ (名・する) 手や足の関節をくじくこと。くじき。

【捻出】ネンシュツ (名・する) 苦心して費用や考えなどをひねりだすこと。拈出。例旅費を―する。妙案を―する。

【捻転】ネンテン (名・する) ねじること。ねじれること。例腸―。

扌8 **【排】** 11画 3951 6392 常用 音ハイ漢呉 訓つら-ねる・おし-ひら-く

筆順 十 扌 扌 扌 扌 扌 排 排

なりたち [形声]「扌(=て)」と、音「非ヒ→ハイ」とから成る。おしのける。

意味 ❶おしのける。しりぞける。おしだす。例排気ハイキ。排除ハイジョ。排斥ハイセキ。❷おしひらく。ひらく。例排門ハイモン(=門をひらく)。❸ならぶ。ならべる。つらねる。例排行ハイコウ。排列ハイレツ。

人名 おし

【排外】ハイガイ 外国人や外国の文化・思想などを受け入れず、しりぞけること。例―思想。

【排気】ハイキ ①内部の気体を外に除き去ること。例―口。②燃焼ネンショウして不用になった気体を、エンジンから外に出すこと。また、その気体。例―音。―量。

【排球】ハイキュウ バレーボールのこと。

【排撃】ハイゲキ (名・する) 非難・攻撃コウゲキしてしりぞけること。例反対者を―する。

【排行】ハイコウ ①列をつくって並ぶこと。②中国で、一族中の同一世代の人々(=きょうだいやいとこなど)を年齢ネンレイ順に数字をつけて呼ぶこと。たとえば、「元二ゲンジ」は、元家ゲンケの二番目の者。輩行ハイコウ。

【排出】ハイシュツ (名・する) ①(内部にある不要なものを)外へおし出すこと。例汚水オスイを―する。二酸化炭素の―量。②「排泄ハイセツ」に同じ。

【排除】ハイジョ (名・する) おしのけて取りのぞくこと。例危険物の―。抵抗テイコウを―する。

【排水】ハイスイ (名・する) ①内部にたまった不用な水を外に出すこと。対給水。例―ポンプ。②水にうかんだ物体が、水中にしずんでいる部分と同じ体積の水をおしのけること。例―量(=船の重量表示に用い、トンであらわす)。

【排斥】ハイセキ (名・する) 好ましくないものとしてしりぞけること。例異教徒を―する。

【排▼泄】ハイセツ (名・する) 動物が消化管にたまった不用物や尿ニョウなどを体外へ出すこと。排出。例―物。

【排他】ハイタ 仲間以外の人をきらい、しりぞけること。例―的な土地柄がら。

【排日】ハイニチ 外国で、日本の国や文化、または日本人・日本製品などを、好ましくないとしてしりぞけること。対親日。例―感情。―運動。

【排尿】ハイニョウ (名・する) 小便をすること。

【排仏棄釈】ハイブツキシャク ⇩【廃仏毀釈】ハイブツキシャク(356ページ)

【排便】ハイベン (名・する) 大便をすること。例―のしつけをする。

【排卵】ハイラン (名・する) 動物のめすが卵子を卵巣ランソウから排出すること。例―期。

【排律】ハイリツ 漢詩の形式の一つ。律詩の性格にならい、五言または七言の対句ツイクを六組以上の偶数グウスウ句並べてつくった長編の詩。

【排列】ハイレツ (名・する) 順序を決めて並べること。また、その並べ方。例―を変える。見本どおりに―する。表記「配列」とも書く。

扌8 **【掵】** 11画 5762 63B5 国字 訓はば

意味 地名・人名に用いられる字。例掵上はばうえ・二ノ掵にのはば(=いずれも秋田県の地名)。掵はば(=姓セイ)。

参考「幅」とも書く。

扌8 **【描】** 11画 4133 63CF 常用 音ビョウ漢 訓えが-く・か-く

筆順 一 十 扌 扌 扌 拑 措 描 描

なりたち [形声]「扌(=て)」と、音「苗ビョウ」とから成る。形やようすを手でかく。えがく。

意味 絵や文章にうつしとる。かく。えがく。例描写ビョウシャ。描出ビョウシュツ。素描ソビョウ。

使い分け かく【書・描】⇩1167ページ

【描画】ビョウガ (名・する) 絵をかくこと。

【描写】ビョウシャ (名・する) 絵画・小説・映像・音楽などで、それぞれの表現手段を用いてことがらや感情などをえがき出すこと。類描出。例風景―。心理―。

【描出】ビョウシュツ (名・する) えがきだすこと。類描写。例自然を―する。

【描破】ビョウハ (名・する) じゅうぶんにえがくこと。例みごとに―する。

【描法】ビョウホウ (絵画や文学などでの)えがきかた。えがく技法。

◐寸描スンビョウ・素描ソビョウ・点描テンビョウ

扌8 **【捧】** 11画 4291 6367 人名 音ホウ漢 訓ささ-げる

意味 ❶両手を前方、目の上あたりに上げて持つ。さしあげる。ささげる。同奉ホ。例捧持ホウジ。捧読ホウドク。❷両手でかかえる。例捧腹絶倒ホウフクゼットウ。

人名 かた・たか・もち

【捧持】ホウジ (名・する) 高くささげ持つこと。奉持ホウジ。例旗を―する。

【捧読】ホウドク (名・する) 威儀イギを正し、うやうやしくささげ持って読むこと。奉読ホウドク。例勅語チョクゴを―する。

【捧腹絶倒】ホウフクゼットウ (名・する) たおれるほどに大笑いすること。例―まちがいなしの新作。参考「抱腹絶倒」は慣用的な用字。

扌8 **【捫】** 11画 5763 636B 音モン漢呉 訓と-る・な-でる・ひね-る

意味 ❶手さぐりする。なでる。❷手でおさえる。

【捫▼虱】モンシツ 人まえで平然とシラミをつぶすこと。ものごとにこだわらないようすをいう。

扌8 **【掠】** 11画 4611 63A0 人名 音リャク・リョウ漢呉 訓かす-める

意味 ❶すばやくうばいとる。かすめる。例掠奪リャクダツ。侵掠シンリャク。❷むちですばやく打つ。例掠笞リャクチ。

表記 現代表記では、「略リャ」に書きかえることがある。熟語は「略」(681ページ)を参照。

【掠奪】リャクダツ (名・する) 力ずくでうばいとること。暴力で自分のものとすること。例―行為コウイ。表記 現略奪

【掠▼笞】リャクチ(リョウチ) むちで打ってきびしく取り調べること。

扌8 **【捩】** 11画 音レツ漢 訓ねじ-る・もじ-る・よじ-る

扌7 **【捩】** 10画 5764 6369 俗字

意味 力を加えてひねる。よじる。ねじる。例捩柁ダレツ(=かじをまげて方向をかえる)。

日本語での用法《もじり・もじる》古くからありよく知られている句や歌をよりどころとすること。パロディー。「古歌コカの捩もじり・有名ユウメイな格言カクゲンを捩もじった文句モンク」

難読 捩子ねじ

扌8 【掴】11画 ⇩【摑】カク(452ページ)

扌8 【採】11画 ⇩【採】サイ(443ページ)

扌8 【捨】11画 ⇩【捨】シャ(443ページ)

扌8 【掃】11画 ⇩【掃】ソウ(446ページ)

扌8 【掻】11画 ⇩【搔】ソウ(451ページ)

扌8 【挽】11画 ⇩【挽】バン(441ページ)

扌9 **【握】** 12画 1614 63E1 常用 音アク漢呉 訓にぎ-る

筆順 … 握

なりたち [形声]「扌(=て)」と、音「屋オク→アク」とから成る。つかんで、もつ。にぎる。

意味 ❶手でしっかりとつかむ。にぎりしめる。にぎる。例握手アクシュ。握力アクリョク。❷自分のものとする。例掌握ショウアク。

人名 もち

【握手】アクシュ (名・する) ①親愛の気持ちをあらわすために、手をにぎってするあいさつ。例かたい―をかわす。②協力すること、仲よくすることのたとえ。例その政策では両党が―した。

【握▼齪】アクセク「アクサク」とも (副・する) せかせかといそがしくするさま。例毎日―と働く。表記「▼齷▼齪」とも書く。

【握髪吐哺】アクハツトホ ⇩【吐哺握髪】トホアクハツ(189ページ)

【握力】アクリョク ものをにぎりしめる手の力。例―計。

【握り▼鮨】にぎりずし にぎった酢飯めしの上に魚や貝の切り身などをのせた、すし。にぎり。

●一握イチアク・掌握ショウアク・把握ハアク

扌9 **【援】** 12画 1771 63F4 常用 音エン漢 訓たす-ける・たす-け

筆順 … 援

扌9 【援】 12画

なりたち [形声]「扌(=て)」と、音「爰エ」とから成る。ひっぱる。

意味 ❶手をのばしてひっぱる。ひく。❷証拠ショウコとして引用する。例援用エンヨウ。❸手をさしのべる。たすける。たすけ。例援護エンゴ。救援キュウエン。

人名 すけ・たすく

【援引】エンイン (名・する)「援用エンヨウ」に同じ。

【援軍】エングン 応援や救助のために派遣ハケンされる部隊。例―の到着トウチャクを待つ。

【援護】エンゴ (名・する) ①助け守ること。例被災者ヒサイシャを―する。②敵の攻撃コウゲキから味方を守ること。例―射撃シャゲキ。表記 ②は 旧▼掩護

【援助】エンジョ (名・する) 困っている人や団体に力を貸してたすけること。例技術―。学費を―する。

【援用】エンヨウ (名・する) 自分の説をおぎなうために、他の書物の記述や事例を引用すること。援引。例聖書を―する。

●応援オウエン・義援ギエン・救援キュウエン・後援コウエン・孤立無援コリツムエン・支援シエン・声援セイエン・増援ゾウエン・無援ムエン・来援ライエン

扌9 **【掾】** 12画 5765 63BE 音エン漢

意味 地方官の下級の補佐役ホサヤク。下役シタヤク。

日本語での用法《ジョウ》①律令制リツリョウセイの四等官シトウカンで、国司の第三位。判官ジョウ。②すぐれた芸能人などにあたえられる、昔の国名をつけて官名になぞらえた呼び名。「竹本筑後掾たけもとちくごのジョウ・豊竹山城少掾とよたけやましろのショウジョウ」

扌9 **【揩】** 12画 5766 63E9 音カイ漢 訓す-る・ぬぐ-う

意味 こする。ぬぐう。

扌9 **【換】** 12画 2025 63DB 常用 音カン漢 訓か-える・か-わる

筆順 … 換

なりたち [形声]「扌(=て)」と、音「奐カ」とから成る。とりかえる。

意味 とりかえる。いれかえる。かえる。かわる。例換気カンキ。交換コウカン。変換ヘンカン。

使い分け かえる・かわる【変・換・替・代】⇩1166ページ

人名 やす

【換気】カンキ (名・する) 室内の空気をいれかえること。例―扇セン。一時間ごとに―する。

【換金】カンキン (名・する) 物を売って金銭にかえること。例―の容易な作物サクモツをつくる。宝石を―する。

【換言】カンゲン (名・する) 同じ内容のことを、別のことばで言いかえること。別言ベツゲン。言いかえ。例幼児の反抗期ハンコウキとは、―すれば自我ジガの目ざめの時期といえる。

【換骨奪胎】カンコツダッタイ (名・する) 古人の詩文の形式や着想をたくみに利用して、独自の作品をつくりあげること。焼き直し。〔先人の作品の、意味を変えずに、ことばだけを変えることを「換骨」、その意味や発想を手本として、すこし変えて表現することを「奪胎」という〕(冷斎夜話レイサイヤワ)

【換算】カンサン(カンザン) (名・する) ある単位の数量を他の単位の数量にかぞえなおすこと。また、その計算。例ドルを円に―する。

●交換コウカン・互換ゴカン・転換テンカン・変換ヘンカン

扌9 **【揀】** 12画 5767 63C0 音カン漢 訓えら-ぶ

意味 えらびとる。えらぶ。例揀選カンセン。

扌9 **【揮】** 12画 2088 63EE 教育6 音キ漢 訓ふる-う

筆順 扌 扌 扌 揮 揮

なりたち [形声]「扌(=て)」と、音「軍(クン→キ)」とから成る。手をゆりうごかす。ふるう。

意味 ❶(勢いよく)ふりうごかす。ふるいおこす。ふるう。例 発揮。❷とびちる。まきちらす。例 揮発。❸さしずする。例 指揮。

【揮▼毫】(名・する)〔「毫」は、筆の意〕毛筆で字や絵をかくこと。また、その字や絵。

【揮発】(名・する)常温で液体が気体になること。例 ―油(=ベンジンやガソリンなど)。―性の薬品。

●指揮・発揮

扌9 【揆】 12画 5768 63C6 音 キ(漢) 訓 はか-る・はかりごと

意味 ❶考えをめぐらして、はかる。はかりごと。例 揆策(=はかりごと)。百揆。❷方法。やりかた。例 一揆(=やり方を一つにする)。

扌9 【揣】 12画 5769 63E3 音 スイ(漢)シ(呉) 訓 はか-る

意味 手さぐりで、はかる。おしはかる。例 揣摩。

【揣摩】(名・する)あれこれと事情をおしはかること。当て推量。例 ―憶測(=根拠もなくあれこれおしはかって勝手に想像すること)。

扌9 【揉】 12画 5770 63C9 音 ジュウ(漢) 訓 た-める・も-む

意味 手で、やわらかくする。また、形を変えたり、まぜあわせたりする。もむ。ためる。例 揉輪(=木を曲げて車輪をつくる)。雑揉。枝を揉める。

扌9 【揃】 12画 3423 63C3 人名 音 セン(漢) 訓 そろ-い・そろ-う・そろ-える

意味 (つめやひげを)切る。切りそろえる。同 剪。例 揃刈(=刈る。切る)。

日本語での用法 《そろい・そろう》いくつかあるもののどれをとっても、質や条件が同じである。「条件が揃う・三つ揃いの背広」

扌9 【提】 12画 3683 63D0 教育5 音 テイ(漢)ダイ(呉)チョウ(唐) 訓 さ-げる

筆順 扌 扌 扣 担 捍 捍 提 提

なりたち [形声]「扌(=て)」と、音「是(シ→テイ)」とから成る。ぶらさげて持つ。

意味 ❶手にさげて持つ。ぶらさげる。例 提灯。❷手に持って、高く上げて見せる。さしだす。かかげる。例 提案。提供。❸手を引いて、みちびく。ひきつれる。例 提督。❹手をたずさえる。たすけあう。例 提携。❺梵語の音訳。例 提婆達多。菩提樹。

人名 あき・たか・のぶ

使い分け さげる【下・提】⇩1169ページ

【▽提▽灯】〔「チョウ」も「チン」も、唐音〕竹ひごを輪状にして骨格とし、紙をはった照明具。折りたたみ式で、底の部分に光源を置く。表記「挑▽灯」とも書く。

【提案】(名・する)思いつきや考え、議案などを出すこと。また、その案。例 斬新な―。特許の申請を―する。

【提起】(名・する)問題となることがらや訴訟をもちだすこと。例 問題を―する。

【提議】(名・する)議案や議論を出すこと。また、その案。提言。例 委員会に―する。―を審議する。

【提供】(名・する)自分のもっているものを、他人のために差し出すこと。例 資料の―を受ける。場所を―する。

【提琴】①「バイオリン」の訳語。②中国の胡弓の一種。二弦や四弦のものがいっぱん的。

【提携】(名・する)たがいに手をとり合い、助け合って事をおこなうこと。協力すること。タイアップ。例 外国の会社と技術―する。

【提言】(名・する)考えや意見を出すこと。また、その意見。例 工事の中止を―する。―を取り下げる。

【提示】(名・する)その場にもちだして、示すこと。呈示。例 条件の―。身分証明書を―する。

【提出】(名・する)書類などを人に見せるために差し出すこと。例 レポートの―期限。証拠を―する。

【提唱】(名・する)人の先に立って、ある考えや主義を示し、主張すること。例 核兵器全廃を―する。

【提訴】(名・する)うったえでること。訴訟を起こすこと。例 裁判所に―する。委員会が―を受ける。

【提督】①艦隊の総司令官。また、海軍の将官。②明や清代の武官の、最高位の官名。

【提要】学問や思想の大要を述べること。また、大要をまとめた本。例 物理学―。

●前提

扌9 【搭】 12画 3775 642D 常用 音 トウ(漢)(呉) 訓 の-せる・の-る

筆順 扌 扌 扌 拦 拱 搭 搭 搭

なりたち [形声]「扌(=て)」と、音「荅(トウ)」とから成る。のせる。

意味 乗り物の中にはいる。のる。のせる。例 搭載。搭乗。

【搭載】(名・する)①航空機・車・船などに貨物や機器などを積みこむこと。積載。例 ミサイルを―した戦闘機。②機器などに電子部品を組みこむこと。

【搭乗】(名・する)船・列車・航空機などに乗りこむこと。例 ―券。先着順に―する。

扌9 【揶】 12画 5772 63F6 音 ヤ(漢) 訓 からか-う

意味 「揶揄」は、からかう。

【揶▼揄】(名・する)からかうこと。皮肉を言ったりして、からかうこと。例 ―半分の批評をする。

扌9 【揄】 12画 5773 63C4 音 ユ(漢) 訓 からか-う

意味 ❶ひきだす。ひく。❷「揶揄」は、からかう。

扌9 【揖】 12画 4512 63D6 音 ユウ(漢)

意味 (敬意をあらわすための礼の作法で)両手を胸の前で重ね合わせて、あいさつのことばを言う。「拝」よりも敬意が軽い。例 揖譲。

難読 揖斐川

【揖譲】(名・する)①両手を胸の前で重ね合わせてするあいさつ。へりくだること。②天子が世襲によらず、徳のある者に位をゆずること。禅譲。

扌9 【揚】 12画 4540 63DA 常用 音ヨウ漢呉 訓あ-げる・あ-がる

筆順 揚

なりたち ［形声］「扌(=て)」と、音「昜ヨウ」とから成る。飛びあがる。

意味 ❶高いほうへ動く。あがる。例高揚。飛揚。浮揚。❷高く持ちあげる。よく目立つようにする。あげる。例揚名。掲揚。発揚。

日本語での用法 《あがる・あげる》①場所を移す。「海外から引き揚げる」②油で調理する。「天ぷらを揚げる」

使い分け あがる・あげる【上・揚・挙】⇩1160ページ

人名 あき・あきら・たか・のぶ

【揚げ足】あげあし 柔道や相撲などで、床や地面からはなれて、うきあがった足。例—を取る(=人のことばじりや言いまちがいをとらえて、とがめたりからかったりする)。表記「挙げ足」とも書く。

【揚げ幕】あげマク 能舞台の橋懸かりや芝居の花道の出入り口に下げる幕。切り幕。対引き幕。例—から登場。

【揚言】ヨウゲン（名・する）声を大きくして、公然ということ。例自分こそ最高の指導者だと—してはばからない。

【揚揚】ヨウヨウ（形動タル）得意なようす。ほこらしげなようす。得得。例意気—と引きあげる。

【揚陸】ヨウリク（名・する）①船の積み荷を陸にあげること。②上陸すること。例—艦。

【揚力】ヨウリョク 気体や液体の流れの方向と垂直に、物体をおしあげるようにはたらく力。例飛行機の翼に—がはたらく。

●掲揚・高揚・止揚・称揚・賞揚・発揚・飛揚・浮揚・悠揚・抑揚

扌9 【揺】 12画 4541 63FA 常用 音ヨウ漢呉 訓ゆ-れる・ゆ-る・ゆ-らぐ・ゆ-るぐ・ゆ-する・ゆ-さぶる・ゆ-すぶる

筆順 揺

扌10 【搖】 13画 5774 6416 人名

なりたち ［形声］「扌(=て)」と、音「䍃ヨウ」とから成る。ゆれうごく。

意味 手でゆりうごかす。ゆらゆらとする。ゆする。ゆさぶる。ゆれる。例揺籃。動揺。

難読 揺ゆるぎの板

【揺り籠】ゆりかご 「揺籃①」に同じ。

【揺▼曳】ヨウエイ（名・する）①ゆらゆらとたなびくこと。例けむりが—する。②音のひびきが長く残ること。例楽音の—。

【揺動】ヨウドウ（名・する）ゆれうごくこと。ふるいうごくこと。

【揺落】ヨウラク（名・する）ひらひらと落ちること。例—の秋。

【揺▼籃】ヨウラン（「籃」は、かごの意）①赤んぼうをねかせて、ゆりうごかすかご。ゆりかご。②発展したものごとの、初めをはぐくんだ時期や場所。例—期。古代文明—の地。

扌9 【援】 12画 ⇩【援】エン（448ページ）

扌9 【揭】 12画 ⇩【掲】ケイ（442ページ）

扌9 【搜】 12画 ⇩【捜】ソウ（440ページ）

扌9 【插】 12画 ⇩【挿】ソウ（440ページ）

扌10 【携】 13画 2340 643A 常用 音ケイ漢 訓たずさ-える・たずさ-わる

筆順 携

扌12 【擕】 15画 2-1352 64D5 別体字

扌18 【攜】 21画 5824 651C 本字

なりたち ［形声］「扌(=て)」と、音「巂ケイ」とから成る。手にさげて持つ。

意味 ❶手にさげたり身につけたりして持つ。たずさえる。例携帯。必携。❷手をつなぐ。例提携。連携。

日本語での用法 《たずさわる》関係をもつ。従事する。「公務に携わる・事業に携わる」

【携行】ケイコウ（名・する）持っていくこと。身につけていくこと。携帯。例食糧—品。

【携帯】ケイタイ（名・する）身につけたり、手に持って運ぶこと。携行。例—電話。ラジオを—する。

●提携・必携・連携

手10 【搴】 14画 5775 6434 音ケン漢 訓あ-げる・かか-げる・ぬ-く

意味 ❶ぬき取る。ぬく。❷うばい取る。例搴旗(=敵の旗をうばう)。❸まくりあげる。からげる。

扌10 【搆】 13画 *5776 *6406 音コウ漢 訓かま-える

意味 組み合わせて作りあげる。ひきおこす。かまえる。同構。

扌10 【搓】 13画 5777 6413 音サ漢 訓よ-る

意味 ひもや糸を手のひらでこすりあわせてまとめる。よる。

扌10 【搾】 13画 2681 643E 常用 音サク慣 サ漢 訓しぼ-る

筆順 搾

なりたち ［形声］「扌(=て)」と、音「窄サク(=せまい)」とから成る。しぼる。

意味 強くおしつけて、水分を取り出す。しぼる。例搾取。搾乳。圧搾。

日本語での用法 《しぼる》無理に取り立てる。「年貢を搾り取られる」

使い分け しぼる【絞・搾】⇩1170ページ

【搾取】サクシュ（名・する）①しぼりとること。②資本家が労働者に正当な報酬をはらわず、利益を得ること。例中間—。

【搾乳】サクニュウ（名・する）ウシなどのちちをしぼること。例—器。

扌10 【搦】 13画 5778 6426 音ジャク慣 ダク漢 ニャク呉 訓から-む・から-める

意味 手でおさえる。とらえる。にぎる。例搦管(=筆を手にする)。

日本語での用法 ㊀《からみ・からむ・からめる》関連をもつ、まつわりつく。「相手役との搦み・酒のうえで人に搦む・情に搦められる」㊁《がらみ》…ぐらい、…見当。「四十搦み・一万円搦み」

【搦め手】からめて ①城の裏門。対大手。②敵の後ろ側。また、そこからせめる軍勢。③相手があまり注意をはらわないところ。弱点。例—をせめる。—から論破する。

扌10 【搶】 13画 5779 6436 音ショウ漢 ソウ漢呉 訓こば-む・つ-く

意味 ❶うばいとる。例搶奪。❷さからう。こばむ。❸「搶攘」は、乱れるようす。ごたごたするようす。

扌10 **【搢】** 13画 1-8487 6422 音シン漢 訓さしはさ-む

意味 手でさしこむ。さしはさむ。例搢紳。

【搢紳】〔地位をあらわす笏を大帯にはさむ意〕仕官して礼服をつける高官。地位や身分の高い人。

扌10 **【摂】** 13画 3261 6442 常用 音セツ慣 ショウ漢呉 訓と-る・おさ-める・か-わる

筆順 十 扌 扌 扌 打 扣 押 押 挕 摂

扌18 **【攝】** 21画 5780 651D 人名

なりたち 〔形声〕「扌(=て)」と、音「聶ショウ」とから成る。ひきよせて、とりいれる。

意味 ❶取り入れて、うまくあつかう。とる。例摂取。包摂。❷やしなう。ととのえる。例摂生。❸代理をつとめる。兼ねておこなう。例摂行。摂政。

日本語での用法《セツ》旧国名「摂津(=今の大阪府北部と兵庫県南東部)」の略。「摂州」

人名 おさむ・かぬ・かね・たすく

【摂関】摂政と関白。例―政治。

【摂家】摂政や関白になることができる家柄。藤原氏北家の一族で、近衛・九条・二条・一条・鷹司の五家をいう。摂関家。

【摂行】(名・する)①代わって職務をおこなうこと。②事を兼ねて、おこなうこと。兼摂。

【摂氏】〔考案者セルシウス(Celsius)の中国での音訳「摂爾思」から〕水の氷点を〇度、沸点を一〇〇度とし、その間を百等分する温度のはかり方。摂氏温度。セ氏。記号℃ 例気温は―三六度をこえた。→【華氏】(853ページ)

【摂取】(名・する)①取り入れて、自分のものにすること。例異文化を―する。②〔仏〕仏が慈悲の力で、迷い苦しんでいる人々を救いとること。

【摂政】①君主に代わって政治をとりおこなうこと。また、その人。例―関白藤原基経。②天皇が幼かったり病気のときなど、代わって公務をおこなう人。例大正天皇の―迪宮裕仁。

【摂生】(名・する)健康を保つために、日常生活に気をくばること。養生。例―につとめる。

【摂津】旧国名の一つ。今の大阪府北部と兵庫県南東部。摂州。

【摂理】①自然界を支配している理法。例自然の―。②キリスト教で、この世を支配する神の意志。例天の―に従う。

扌10 **【搔】** 13画 1-8486 6414 音ソウ漢 訓か-く

扌8 **【掻】** 11画 3363 63BB 俗字

意味 ❶つめでひっかく。かく。例搔痒。❷さわぐ。同騒。例搔擾。

【搔き揚げ】小エビや貝柱などを、細かく切った野菜とまとめて、ころもでつないであげたテンプラ。

【搔擾】(名・する)みだれさわぐこと。騒擾。

【搔頭】①頭をかくこと。髪をなでること。②かんざし。

【搔爬】(名・する)体内の組織の一部を、器具を用いてかき出し、除去すること。

【搔痒】かゆいところをかくこと。例隔靴―(=思いどおりにいかなくて、もどかしいことのたとえ)。

扌10 **【損】** 13画 3427 640D 教育5 音ソン漢呉 訓そこ-なう・そこ-ねる

筆順 一 十 扌 扌 扣 押 捐 損 損

なりたち 〔形声〕「扌(=て)」と、音「員エン→ソン」とから成る。減らす。

意味 ❶量を少なくする。へらす。へる。例損耗。減損。❷だめにする。きずつける。そこなう。そこねる。例損壊。損傷。破損。❸財産や利益を失う。対得。例損失。

人名 ちか

【損益】損失と利益。出費と収入。例―計算書。―分岐点。

【損壊】(名・する)こわれること。例台風で―した家屋。

【損害】事故や災害などで、財産や利益を失うこと。類損失。例―賠償。―をあたえる。

【損金】損をして失ったお金。損失金。対益金。例―として計上する。

【損失】(名・する)①取り引きで損をすること。対利益。例多額の―をこうむる。②たいせつなものを失うこと。例かれの死は国家にとって―だ。類損害。

【損傷】(名・する)そこないきずつけること。そこなわれきずつくこと。例壁画が―する。機体の―が激しい。

【損得】損失と利得。損ともうけ。例―ぬきで考える。―ずくで行動する。

【損亡】(名・する)損害を受け利益を失うこと。損失をあたえること。損失。例当初は―が多かった。

【損耗】(名・する)〔「ソンコウ」の慣用読み〕そこなわれて減ること。使って減ること。例部品の―が、はなはだしい。精力を―する。

【損友】交際して自分の損になる友達。『論語』では、正直でない人、まごころがない人、口先だけで真の知識のない人をいう。対益友。

【損料】道具などを借りたときの使用料。例―をはらう。

●汚損・棄損・毀損・欠損・減損・差損・自損・破損・物損

扌10 **【搗】** 13画 5781 6417 音トウ漢 訓う-つ・つ-く

扌14 **【擣】** 17画 5814 64E3 本字

意味 ❶うすに入れて、きねでつく。つく。例搗薬(=薬種をついて薬にする。また、その薬)。❷やわらかくするために砧(=木や石の台)にのせて布をうつ。たたく。例搗衣。❸かきみだす。例搗乱(=みだす)。

難読 搗栗・搗布

【搗衣】ころもにする布をやわらかくするために、砧で打つこと。

扌10 **【搨】** 13画 5782 6428 音トウ漢 訓う-つ・うつ-す・す-る

意味 ❶書画をしき写して、副本を作る。うつす。❷石碑などに刻まれた文字・模様を紙に写しとる。石ずり(をとる)。する。同拓。例搨本(=石ずりにした本)。

扌10 【搏】 13画 5783 640F 音 ハク漢呉 訓 う-つ

意味 ❶とりおさえる。つかまえる。例 搏執(ハクシュウ)(=めしとる)。❷手でたたく。うつ。例 搏撃(ハクゲキ)。搏闘(ハクトウ)(=なぐりあって戦う)。手搏(シュハク)。❸脈をうつ。同 拍(ハク)。例 脈搏(ミャクハク)。

【搏撃】ハクゲキ (名・する) なぐりつけること。

扌10 【搬】 13画 4034 642C 常用 音 ハン漢 訓 はこ-ぶ・うつ-す

筆順 扌 搬 搬

なりたち [形声]「扌(=て)」と、音「般(ハ)」とから成る。手ではこぶ。

意味 手でほかの場所に持っていく。うつす。はこぶ。例 搬入(ハンニュウ)。運搬(ウンパン)。

【搬出】ハンシュツ (名・する) 荷を外へ運び出すこと。対 搬入。例 倉庫から製品を―する。

【搬送】ハンソウ (名・する) ①荷物などを運び送ること。例 コンテナを―する。②音声や画像などを高周波にのせて送ること。例 ―ケーブル。

【搬入】ハンニュウ (名・する) 荷を中へ運びこむこと。対 搬出。例 画廊(ガロウ)に作品を―する。

扌10 【摸】 13画 4446 6478 音 ㊀モ慣 バク漢 マク呉 ㊁ボ漢 モ呉 訓 さぐ-る・うつ-す

手10 【摹】 14画 1-8488 6479 本字

意味 ㊀モ・バク なでるようにして、手さぐりする。さぐる。例 摸索(モサク)。掏摸(トウバク)(すり)。㊁ボ・モ 手本を見て、手でまねる。うつす。同 模(モ)。例 摸写(モシャ)。摸倣(モホウ)。臨摸(リンモ)。参考 ㊁の意味では「摹」も使うが、㊁の意味には「摸」を使うことが多い。

表記 現代表記では、「模(モ)」に書きかえることがある。熟語は「模」(543ページ)を参照。

難読 掏摸(すり)

【摸擬】モギ 本物に似せてすること。表記 現模擬

【摸刻】モコク (名・する) 原本そっくりに版木(ハンギ)にほること。また、その本。表記 現模刻

【摸索】モサク (名・する) ようすがわからないまま、あれこれとさがすこと。表記 現模索

【摸写】モシャ (名・する) まねて書きうつすこと。表記 現模写

【摸造】モゾウ (名・する) 似せてつくること。表記 現模造

【摸倣】モホウ (名・する) まねること。似せること。表記 現模倣

扌10 【搤】 13画 ― 6424 音 アク漢 ヤク呉

意味 手で強くにぎりしめる。同 扼(ヤク)。例 搤殺(ヤクサツ)。搤腕(ヤクワン)。

【搤殺】ヤクサツ (名・する) 首をしめて殺すこと。扼殺(ヤクサツ)。

【搤腕】ヤクワン (名・する) いらだちやいきどおりのため、思わず自分のうでをにぎりしめること。扼腕(ヤクワン)。例 切歯(セッシ)―(=歯ぎしりしたり自分の腕をにぎりしめたりしてくやしがること)。

手10 【摹】 14画 ⇩【摸】(モ)(452ページ)

扌10 【搖】 13画 ⇩【揺】(ヨウ)(450ページ)

扌11 【摑】 14画 1-8489 6451 人名 音 カク漢 訓 つか-み・つか-む・つか-まる・つか-まえる

扌8 【掴】 11画 3647 63B4 俗字

意味 手のひらでたたく。うつ。なぐる。例 摑打(カクダ)(=なぐる)。

日本語での用法《つかみ・つかむ》手であらっぽくにぎる。「鷲摑(わしづか)み・摑(つか)みかかる」

扌11 【摎】 14画 5787 644E 音 ㊀キュウ漢 ㊁コウ漢 訓 くび-る・もと-める

意味 ㊀キュウ ❶しめ殺す。しぼる。❷巻きつく。からまる。㊁コウ さがし、もとめる。

手11 【撃】 15画 2366 6483 常用 音 ゲキ慣 ケキ漢 訓 う-つ

筆順 亘 車 撃

手13 【擊】 17画 1-8502 64CA 人名

なりたち [形声]「手(=て)」と、音「毄(ケ)」とから成る。うつ。

意味 ❶手などで強くうつ。たたく。うつ。例 撃殺(ゲキサツ)。打撃(ダゲキ)。❷敵をうつ。せめる。例 撃退(ゲキタイ)。攻撃(コウゲキ)。進撃(シンゲキ)。❸目標に向けて、弾丸(ダンガン)を発射する。うつ。例 射撃(シャゲキ)。狙撃(ソゲキ)。❹ものにぶつかる。あたる。例 肩摩轂撃(ケンマコクゲキ)(=人や車で道が混雑すること)。目撃(モクゲキ)。

使い分け うつ【打・討・撃】⇩1163ページ

【撃砕】ゲキサイ (名・する) 攻(セ)めてうちくだくこと。

【撃殺】ゲキサツ (名・する) たたきころすこと。また、銃(ジュウ)などでうちころすこと。

【撃壌】ゲキジョウ 地面をたたいて拍子(ヒョウシ)をとり、歌をうたうこと。平和な光景のたとえ。→【鼓腹撃壌】(コフクゲキジョウ)(1113ページ)

【撃攘】ゲキジョウ (名・する) 敵をうちはらうこと。類 撃退。

【撃針】ゲキシン 小銃(ショウジュウ)の撃発装置の部品。雷管(ライカン)(=起爆(キバク)点火装置)に衝撃(ショウゲキ)をあたえる。

【撃退】ゲキタイ (名・する) 反撃して追いはらうこと。また、追い返すこと。例 敵軍を―する。押(お)し売りを―する。

【撃柝】ゲキタク 拍子木(ヒョウシぎ)を打って夜回りをすること。また、その人。

【撃沈】ゲキチン (名・する) 船を攻撃(コウゲキ)して、しずめること。例 輸送船を魚雷(ギョライ)で―する。

【撃墜】ゲキツイ (名・する) 飛行機をうちおとすこと。

【撃破】ゲキハ (名・する) 敵をうちやぶること。

【撃滅】ゲキメツ (名・する) 敵を攻撃(コウゲキ)して、ほろぼすこと。

【撃剣】ゲキケン 木刀や竹刀(しない)で相手を攻(セ)め、自分を守る武術。類 剣術。

●一撃(イチゲキ)・迎撃(ゲイゲキ)・襲撃(シュウゲキ)・銃撃(ジュウゲキ)・出撃(シュツゲキ)・衝撃(ショウゲキ)・直撃(チョクゲキ)・追撃(ツイゲキ)・電撃(デンゲキ)・突撃(トツゲキ)・爆撃(バクゲキ)・反撃(ハンゲキ)・砲撃(ホウゲキ)・遊撃(ユウゲキ)

扌11 【摧】 14画 5784 6467 音 サイ漢 訓 くだ-く・くじ-く

意味 ❶おしたり、たたいたりして、こなごなにこわす。くだく。例 摧折(サイセツ)(=うちくだく)。❷相手の勢いを弱める。くじく。また、勢いがくじける。

手11 【摯】 15画 5785 646F 常用 音 シ漢 訓 と-る

筆順 幸 摯 摯

なりたち [会意]「手(=て)」と「執(=とる)」とから成る。握り持つ。

意味 ❶しっかり手につかむ。とる。❷気配りがゆきとどく。

まじめ。例真摯。

扌11 【摺】 14画 3202 647A 人名 音ショウ漢 訓す-る

意味 折りたたむ。例摺本。

日本語での用法《すり・する》こすりつける。また、染料を紙や布の面にすりつけて、絵や文字、模様を出す。「摺り粉木・摺り染め・信夫摺り・手摺り」

【摺本】(ショウホン) 一 紙を長くつないで、折りたたんだ本。折り本。帖装本。 二【摺り本】(すりホン) 版木で印刷した本。版本。刊本。

扌11 【摶】 14画 5786 6476 音一タン漢 二セン漢 訓まる-める

意味 一 ❶手でまとめて、まるくする。まるめる。例摶飯。❷まるい。同団。例摶摶(=まるいかたち)。二 ひとつにまとめる。もっぱらにする。同専。例摶心(=心を集中する)。

【摶飯】(タンパン) 飯を手でまるめること。にぎりめし。

扌11 【摘】 14画 3706 6458 常用 音一テキ慣 タク漢 二テキ漢 訓つ-む

筆順 十 扌 扩 扩 揥 摘 摘 摘

なりたち [形声]「扌(=て)」と、音「啇」とから成る。くだものをつみとる。

意味 一 ❶つまんで、ちぎりとる。つむ。とりのぞく。例摘果。茶を摘む。❷ぬきだす。例摘要。摘録。二 つまみだして、あばく。例摘発。摘抉。

人名 つみ

【▽摘まみ菜】(つまみな) 間引いて取ったコマツナやダイコンなどの若い菜。おひたしやみそしるの具にする。

【摘みれ】(つみれ) [「摘み入れ」の変化] すりつぶした魚肉をまるめ、煮たり蒸したりした食品。

【摘果】(テキカ) (名・する) 果樹栽培で、不要な実をつみ取ること。

【摘出】(テキシュツ) (名・する) ①ぬきだすこと。選びだすこと。例文中の形容詞を―する。②中からつまみだすこと。からだの一部を手術によって取りだすこと。例腎臓を―する。③あばきだすこと。例不正を―する。表記 ②は「▼剔出」とも書く。

【摘除】(テキジョ) (名・する) 〔医〕手術して取りのぞくこと。例胃を―する。

【摘発】(テキハツ) (名・する) 悪事や不正を見つけだしておおやけにすること。例汚職を―する。

【摘要】(テキヨウ) たいせつな箇所や事項を、ぬき書きすること。また、そのぬき書き。例―欄。改正案の―。

【摘録】(テキロク) (名・する) 要点をぬきだして、書きしるすこと。また、その記録。例講演の要旨を―する。

【摘記】(テッキ) (名・する) 要点をぬき書きすること。また、そのぬき書き。

【摘▼抉】(テッケツ) あばきだすこと。類摘発。→【剔抉】(140ページ)

●指摘・全摘

手11 【摩】 15画 4364 6469 常用 音バ漢 マ呉 訓す-る

筆順 亠 广 广 庐 庥 麻 麽 摩

手11 【摩】 15画

なりたち [形声]「手(=て)」と、音「麻」とから成る。手でこする。

意味 ❶こする。なでる。さする。する。例摩擦。摩耗。按摩。❷(すれあうほどに)近づく。せまる。例摩天楼。舷舷相摩す。❸梵語の音訳。例摩訶。摩耶夫人(=釈迦の生母)。摩利支天。

人名 きよ・なず

【摩▼訶】(マカ) 〔梵語の音訳〕すぐれていること。大きなこと。

【摩▼訶不思議】(マカフシギ) (名・形動ナ) ひじょうに不思議なこと。例―なできごと。―な世界。

【摩擦】(マサツ) (名・する) ①こすること。すれあうこと。例乾布―。②意見や感情が食いちがい、対立すること。例経済―。③ある物体が他の物体に接しながら動くとき、その接触面で運動にさからおうとする力。例―音。

【摩天楼】(マテンロウ) [天にすれすれにとどきそうな建物の意。英語 skyscraper の訳] 超高層建築物。例そびえ立つ―。ニューヨーク、マンハッタンの―。

【摩耗】(マモウ) 機械の部分や道具などが、すりへること。表記「磨耗」とも書く。

【摩利支天】(マリシテン) 〔「摩利支」は梵語の音訳で、陽炎の意〕仏教の守護神で、太陽のほのおを神格化した女神。日本では武士の守り神とされた。

手11 【摩】 15画 ⇩【摩】マ(453ページ)

扌12 【撮】 15画 2703 64AE 常用 音サツ漢 訓と-る・つか-む・つま-む・つま-み

筆順 扌 扌 扣 押 捍 揖 撮 撮

なりたち [形声]「扌(=て)」と、音「最(サイ→サツ)」とから成る。三本の指でつまみとるほどの少ない量。

意味 ❶ひとつまみほどの分量。わずか。例撮土。❷(必要なだけの少量を)つまんで、取る。例撮要。

日本語での用法《サツ・とる》(スチール・映画・テレビ・ビデオなど)写真を写す。「撮影・風景を撮る」

使い分け とる【取・採・執・捕・撮】⇩1174ページ

【撮影】(サツエイ) (名・する) 写真や映画・ビデオなどをとること。例特殊―。証拠写真を―する。

【撮土】(サツド) ひとつまみの土。わずかな土。

【撮要】(サツヨウ) 要点をぬきだして簡潔に書くこと。また、書いたもの。類摘要。

扌12 【撒】 15画 2721 6492 人名 音サン慣 サツ漢 訓ま-く

意味 手でまきちらす。まく。例撒水。撒布。

【撒水】(サンスイ) (名・する) [本来の読みは「サッスイ」] 水をあちこちにまくこと。みずまき。表記 現散水

【撒布】(サンプ) (名・する) [本来の読みは「サップ」] 広くゆきわたるようにまくこと。表記 現散布

扌12 【撕】 15画 5789 6495 音一シ漢呉 二セイ漢 訓さ-く

意味 一 手で引っ張ったり、切ったりして二つに分ける。さく。例撕開(=引きさく)。二 手で耳を引っ張り、口もとに近づけて言いきかせる。さとらせる。例提撕(=教えみちびく。また、ふるいおこす)。

手(扌)部 12画 撞撰撤撓撚撥播撫

扌12 【撞】 15画 3821 649E 人名 音シュ(慣)トウ(漢)ドウ(呉) 訓う-つ・つ-く

意味 ❶すばやく打ちたたく。つく。例撞木シュモク。撞球ドウキュウ。撞撃トウゲキ(=つく)。❷つきあたる。例撞着ドウチャク。衝撞ショウドウ。

【撞木】シュモク ①鐘かね・鉦ショウ・磬ケイなどを打ち鳴らす丁字形テイジの棒。かねたたき。②つりがねを鳴らすためにつり下げた太い棒。

【撞木▼杖】シュモクづえ にぎりの部分を丁字形テイジにしたつえ。

【撞球】ドウキュウ 長方形の台上で、いくつかの玉をキュー(=棒)でつくゲーム。ビリヤード。玉突たまつき。

【撞着】ドウチャク (名・する)①つきあたること。②つじつまの合わないこと。矛盾ムジュン。例自己—。自家—。

扌12 【撰】 15画 3281 64B0 人名 音セン・サン(漢) 訓えら-ぶ

意味 ❶ことばを吟味ギンミして、詩や文章を作る。書物をあらわす。例撰者センジャ。杜撰ズサン。❷編集する。例撰集センシュウ。勅撰チョクセン。❸えらぶ。よりわける。同選セン。例撰定センテイ。

人名 のぶ

【撰者】センジャ ①詩歌シイカ・文章などを作る人。類著者。例碑文ヒブンの—。②すぐれた作品を集めて歌集や文集にする人。類選者・編纂者ヘンサンシャ。例勅撰チョクセン和歌集の—。

【撰修】センシュウ (名・する)文書を集めて書物として整えること。例史書を—する。

【撰集】センシュウ (「センジュウ」とも)すぐれた詩歌シイカや文章をえらんで、編集すること。また、その書物。例近代詩の—。

【撰述】センジュツ (名・する)文章をととのえて、書物としてあらわすこと。類著述。例注釈書チュウシャクショを—する。

【撰進】センシン (名・する)詩や文集を編んで、献上ケンジョウすること。例古事記を—したときの序文。

【撰定】センテイ (名・する)①多くの詩歌シイカや文章の中からすぐれたものをえらび出してととのえ、書物にまとめること。②えらび、さだめること。例候補を—する。

扌12 【撤】 15画 3717 64A4 常用 音テツ(漢) 訓す-てる

筆順 扌 扌 扌 揹 揹 撤 撤 撤

なりたち [形声]「扌(=て)」と、音「散テツ」とから成る。手でとりのける。

意味 ❶とりさげる。ひっこめる。例撤回テッカイ。撤収テッシュウ。撤退テッタイ。❷とりのぞく。やめる。例撤去テッキョ。撤廃テッパイ。

【撤回】テッカイ (名・する)いったん出した意見や案を取り下げること。例処分の—を求める。要求を—する。

【撤去】テッキョ (名・する)建物や施設シセツ・機械・装置など、大きなものをとりのぞくこと。例放置自転車の—。

【撤収】テッシュウ (名・する)①とりさって、しまいこむこと。②「撤退」に同じ。例前線部隊を—する。

【撤退】テッタイ (名・する)軍隊が根拠地コンキョチをとりはらって、しりぞくこと。撤収。例全軍が島から—する。

【撤廃】テッパイ (名・する)それまであった制度などをなくすこと。例複雑な管理制度を—する。

【撤兵】テッペイ (名・する)派遣ハケンしていた軍隊を引きあげること。対派兵・出兵。例占領地センリョウチから—する。

扌12 【撓】 15画 5790 6493 音トウ(慣)ドウ(漢)ニョウ(呉) 訓しな-う・たわ-む・たわ-める・た-める

意味 ❶手でぐちゃぐちゃにする。かきみだす。例撓乱ドウラン。❷やわらかく弓なりに曲げる。たわめる。たわむ。例不撓不屈フトウフクツ(=けっしてくじけない)。

【撓乱】ドウラン (名・する)かきみだすこと。類攪乱コウラン。例平和を—する。

扌12 【撚】 15画 3918 649A 音デン(漢)ネン(呉) 訓ひね-る・よ-る・よ-り

意味 指先でひねって、ねじり合わせる。ひねる。よる。例撚糸ネンシ。紙撚こより。

【撚糸】ネンシ 糸に、よりをかけること。また、よりをかけた糸。

扌12 【撥】 15画 5791 64A5 音ハツ(漢)バチ(呉) 訓は-ねる・はら-う

意味 ❶手を加えて正しく整える。おさめる。例撥乱ハツラン(=乱世をおさめる)。❷手ではじいて、はねあげる。はねる。はらう。例撥音ハツオン。挑撥チョウハツ。反撥ハンパツ。❸三味線しゃみせんや琵琶ビワなどの弦ゲンをはじいて鳴らす道具。また、太鼓タイコを打つ棒。ばち。

【撥音】ハツオン 日本語の発音で、「天気テンキ」「按摩アンマ」「女おんな」「リンゴ」「ペン」などの「ん」「ン」であらわす音オン。はねる音。

【撥音便】ハツオンビン 音便の一つ。発音上、活用語の連用形語尾ゴビや、語中のある音が「ん」に変わること。「飛びて」が「飛んで」、「かみなづき」が「かんなづき」、「死にて」が「死んで」、また「盛り」が「さかん」、「まなか」が「まんなか」になるなど。

【撥乱反正】ハツランハンセイ 〔「乱ランを撥おさめ正セイに反かえす」と訓読する〕世の乱れをおさめ、もとの正しい状態にかえすこと。〈春秋公羊伝シュンジュウクヨウデン〉例—の英雄エイユウ。

扌12 【播】 15画 3937 64AD 人名 音ハン・バン(慣)ハ(漢) 訓ま-く

意味 ❶(種を)まきちらす。まく。例播種ハシュ。❷(まきちらすように)広める。例伝播デンパ。

日本語での用法《バン》旧国名「播磨はりま(=今の兵庫ひょう県南西部)」の略。「播州バンシュウ・赤穂あこう・播但バンタン(=播磨はりまと但馬たじま)」

人名 かし・すけ・ひろ

【播種】ハシュ (名・する)作物のたねをまくこと。例—期。

【播植】ハショク (名・する)作物のたねをまいたり、苗なえを植えたりすること。表記「播殖」とも書く。

【播磨】はりま 旧国名の一つ。今の兵庫ひょう県南西部にあたる。播州バンシュウ。

扌12 【撫】 15画 4179 64AB 人名 音フ(漢)ブ(呉) 訓な-でる

意味 ❶人をおだやかにさせる。なだめる。例撫安ブアン(=なだめて安心させる)。慰撫イブ。❷手のひらで、こする。さする。なでる。また、かわいがる。例撫育ブイク。愛撫アイブ。ひげを撫ブする。

人名 やす・よし

【撫子】なでしこ ナデシコ科の多年草。秋の七草の一つ。ヤマトナデシコ。カワラナデシコ。古くはトコナツ。

【撫慰】ブイ (名・する)人の心をなだめて、いたわること。慰撫。例難民の—に従事する。

【撫育】ブイク (名・する)(なでるように)やさしくかわいがって、そだてること。類撫養・愛育。例幼児を—する。

【撫▼恤】ブジュツ (名・する)やさしくいたわり助けること。また、あわれんで、ものをめぐむこと。

【撫養】ブヨウ (名・する)いつくしみ、そだてること。類撫育・愛育。例民たみを—する。

●愛撫アイ・慰撫イ・宣撫セン・鎮撫チン

扌12 **【撲】** 15画 4348 64B2 常用 音ハク・ホク㊅ハク・ボク㊆ 訓う-つ・なぐ-る 付表 相撲(すもう)

筆順 扌 扌 扌 扌 扌 撲 撲

なりたち [形声]「扌(=て)」と、音「菐(ホク)」とから成る。手でたたく。うつ。

意味 ❶勢いよくうつ。なぐる。うつ。例撲殺。打撲。❷うちほろぼす。例撲滅。

難読 撲傷(うちみ)

【撲殺】(ボクサツ)(名・する) なぐり殺すこと。

【撲滅】(ボクメツ)(名・する) 打ちのめすこと。完全に退治すること。例不正―運動。害虫を―する。

扌12 **【撩】** 15画 5792 64A9 音リョウ㊅

意味 ❶乱をおさめる。おさめととのえる。例撩理(リョウリ)(=おさめる)。❷いりみだれる。同繚(リョウ)。例撩乱(リョウラン)。

【撩乱】(リョウラン)(形動タル) いりみだれるようす。花がさきみだれるようす。例百花―の春。表記「▼繚乱」とも書く。

扌12 **【撈】** 15画 5793 6488 音ロウ㊅ 訓とら-える・と-る

意味 水の中からすくいあげて、とる。例撈採(ロウサイ)。漁撈(ギョロウ)。

【撈採】(ロウサイ)(名・する) 水にもぐってものをとること。

扌12 [撹] 15画 ⇩【攪】(カク)(457ページ)

扌12 [攜] 15画 ⇩【携】(ケイ)(450ページ)

扌13 **【撼】** 16画 5794 64BC 音カン㊅ 訓うご-かす・うご-く

意味 急に強い力を加えて、ゆりうごかす。うごかす。うごく。例撼動(カンドウ)(=ゆさぶる)。震撼(シンカン)。

扌13 **【擒】** 16画 5802 64D2 音キン㊅ 訓とりこ

意味 ❶いけどりにする。とらえる。例擒獲(キンカク)(=とりこにする)。擒捉(キンソク)(=とらえる)。❷とらえられた人。とりこ。例擒生(キンセイ)(=いけどり)。

【擒▽縦】(キンショウ) つかまえたり放したりすること。思いどおりにあやつること。例―自在。

【擒縛】(キンバク)(名・する) いけどりにして、しばること。類捕縛(ホバク)。

扌13 **【擅】** 16画 5803 64C5 音セン㊅ 訓ほしいまま

意味 ひとりじめにして、自分のしたいようにする。ほしいまま(にする)。例擅権(センケン)。擅断(センダン)。独擅場(ドクセンジョウ)。

【擅横】(センオウ)(名・形動ダ) わがままかってを、おしとおすこと。例―なふるまい。社長の―。表記「専横」とも書く。

【擅権】(センケン) 権力をほしいままにすること。例―横暴な領主。―をふるう。表記「専権」とも書く。

【擅断】(センダン)(名・する・形動ダ) 自分かってに決めること。例―を非難する。表記現専断

扌13 **【操】** 16画 3364 64CD 教育6 音ソウ㊅㊆ 訓みさお・あやつ-る・と-る

筆順 扌 扌 扌 扌 扌 扌 操

なりたち [形声]「扌(=て)」と、音「喿(ソウ)」とから成る。にぎり持つ。

意味 ❶しっかりと手に持つ。とる。例操持(ソウジ)(=手にもつ。かたく守るみさお)。❷手に持って、うまく使いこなす。あやつる。例操作(ソウサ)。操縦(ソウジュウ)。❸心のもちかた。信念。みさお。例志操(シソウ)。節操(セッソウ)。

人名 あや・さお・とる・みさ・もち

【操業】(ソウギョウ)(名・する) 機械を動かして作業をすること。例―短縮(タンシュク)。二十四時間―。

【操▼觚】(ソウコ)〔「觚」は、古代中国で文字を書きしるすのに使った木のふだ〕詩や文章をつくること。例―界(=言論の世界)。

【操行】(ソウコウ)(とくに道徳的な面から見た)日ごろのおこない。類品行。例―が悪い。

【操作】(ソウサ)(名・する) ①機械などを思いどおりに動かすこと。例―手順。リモコンで―する。②自分につごうよく変えること。例帳簿(チョウボ)を―する。

【操車】(ソウシャ)(名・する) 車両の編成や入れかえをすること。例―場(ジョウ)。

【操守】(ソウシュ) 自分の主義やこころざしをかたくまもって、変えないこと。類節操。例―堅正(ケンセイ)。

【操縦】(ソウジュウ)(名・する) ①機械など、とくに飛行機を、思いどおりに動かすこと。②他人を自分の思いどおりに動かすこと。例部下をたくみに―する。

【操縦▼桿】(ソウジュウカン) 飛行機の操縦席にある、棒またはハンドルの形をした装置。例―をにぎる(=飛行機を操縦する)。

【操船】(ソウセン)(名・する) 船を思いどおりに動かすこと。

【操▼舵】(ソウダ)(名・する) かじをあやつって、船を目的の方向へ進ませること。例―手。―室。

【操練】(ソウレン)(名・する) 軍事訓練をすること。類練兵。例徳川幕府(バクフ)の海軍―所(ジョ)。

◎志操(シソウ)・情操(ジョウソウ)・節操(セッソウ)・体操(タイソウ)・貞操(テイソウ)

扌13 **【撻】** 16画 5805 64BB 音タツ㊅ダツ㊆ 訓むちう-つ・う-つ

意味 むちでたたく。むちうつ。例鞭撻(ベンタツ)。

手13 **【擘】** 17画 5806 64D8 音ハク㊅ 訓さ-く・つんざ-く

意味 ❶指を使って二つに分ける。さく。例擘裂(ハクレツ)。❷おやゆび。例擘指(ハクシ)(=おやゆび)。❸「擘窠(ハクカ)」は、大きな文字。

【擘裂】(ハクレツ)(名・する) 爪(つめ)の先を使って、細かくさくこと。ひきさくこと。また、つんざくこと。劈裂(ヘキレツ)。

扌13 **【擁】** 16画 4542 64C1 常用 音ヨウ㊅オウ㊆ 訓いだ-く

筆順 扌 扌 扌 扌 扌 扌 擁

なりたち [形声]「扌(=て)」と、音「雍(ヨウ)」とから成る。だきかかえる。

意味 ❶だきかかえる。いだく。例抱擁(ホウヨウ)。❷だきかかえるようにして、助ける。まもる。例擁護(ヨウゴ)。擁立(ヨウリツ)。❸だきかかえるように取り囲んで、さえぎる。ふさぐ。例擁蔽(ヨウヘイ)。

【擁護】(名・する) 一(ヨウゴ) だいじなものをしっかりと、かばい守ること。例人権の―。二(オウゴ)〔仏〕神仏が助け守ること。加護すること。表記二は「応護」とも書く。

【擁蔽】(ヨウヘイ)(名・する) おおいかくすこと。

【擁立】(ヨウリツ)(名・する) まわりからもり立てて、地位につかせようとすること。例幼帝(ヨウテイ)を―する。

扌13 【擂】 16画 5807 64C2 音ライ漢 訓す-る

意味 ❶すりつぶす。する。例擂槌ライツイ(=すりこぎ)。擂盆ライボン(=すりばち)。擂り鉢バチ。❷ばちでたたく。例擂鼓ライコ。

難読 擂茶ザイルイ(=茶入れのつぼの一種)

手13 【擧】 17画 ⇩【挙】(437ページ)

扌13 【據】 16画 ⇩【拠】(432ページ)

手13 【擊】 17画 ⇩【撃】(452ページ)

扌13 【擇】 16画 ⇩【択】(429ページ)

扌13 【擔】 16画 ⇩【担】(433ページ)

扌14 【擱】 17画 5808 64F1 音カク漢 訓お-く

意味 (ひっかかって動きを)とめる。とどまる。おく。例擱筆カクヒツ。

【擱筆】カクヒツ (名・する) ふでをおくこと。文章を書き終えること。対起筆。例以上をもって―する。

扌14 【擬】 17画 2128 64EC 常用 音ギ漢呉 訓なぞら-える・もど-き

筆順 扌 扌 扌 扌 扌 擬 擬 擬

なりたち [形声]「扌(=て)」と、音「疑ギ」とから成る。おしはかる。

意味 ❶どうしようかと考える。おもいはかる。例擬議ギギ(=考えて論ずる)。❷くらべて、似るようにする。なぞらえる。もどく。例擬態ギタイ。模擬モギ。梅擬うめもどき。雁擬がんもどき。

【擬音】ギオン 自然のおとに似せて道具などを用いて出すおと。類擬声。例放送劇の―効果。

【擬音語】ギオンゴ 「擬声語」に同じ。

【擬古】ギコ 昔の風習や方法をまねること。例―的な手法。

【擬古文】ギコブン 古い時代の作品の文体をまねて書いた文章。例上田秋成うえだあきなりの―。

【擬作】ギサク (名・する) まねてつくること。また、その作品。例ロダンの―。参考「偽作ギサク」は、にせものをつくること。

【擬死】ギシ 不意のしげきに対し、死んだように動かなくなること。昆虫コンやヘビなどに見られる。

【擬似】ギジ よく似ているが、ほんものではないこと。例―体験(=バーチャルリアリティー)。表記「疑似」とも書く。

【擬人】ギジン 人間でないものを人間に見立てること。例―化された動物が活躍カツヤクする童話。

【擬人法】ギジンホウ 文章を書くとき、人間でないものを人間に見立てて表現する方法。「風がささやく」「山が招く」など。

【擬声】ギセイ ある音声に似せること。類擬音。

【擬声語】ギセイゴ ものの音、自然の音、人や動物のこえなどを、その音声に似せて表現したことば。「ガタガタ」「サヤサヤ」「シクシク」「ワンワン」など。擬音語。

【擬装】ギソウ (名・する) 他人の目をあざむくために、外見を別のものに似せてよそおうこと。偽装ギソウ。例―工作。

【擬態】ギタイ ①あるものごとの状態やようすに似せること。②動物が周囲の環境カンキョウに似た色や形をもっていること。

【擬態語】ギタイゴ ものごとの状態や人のようすなどの感じを表現したことば。「ひらひら」「すべすべ」「にこにこ」など。

【擬▽宝▽珠】ギボシ 〔「ギボウシ」「ギボウシュ」とも〕宝珠ホウジュ(=ほのおが燃え上がったようすをあらわした玉)をかたどったかざりで、欄干ランカンの柱の頭などに取り付けるもの。

扌14 【擦】 17画 2704 64E6 常用 音サツ漢 訓す-る・す-れる・こす-る

筆順 扌 扌 扌 扌 扌 擦 擦 擦

なりたち [形声]「扌(=て)」と、音「察サツ」とから成る。こする。

意味 こする。する。すれる。例擦過傷サッカショウ。摩擦マサツ。

使い分け する【刷・擦】⇩1170ページ

人名 あきら

【擦過傷】サッカショウ こすってできた、きず。すりきず。

扌14 【擠】 17画 5811 64E0 音セイ漢サイ呉 訓お-す・おとしい-れる

意味 ❶おしのける。おす。例擠排セイハイ。❷おとしいれる。例擠陥セイカン(=人を罪におとしいれる)。

扌14 【擡】 17画 5812 64E1 音タイ漢ダイ呉 訓もた-げる

扌5 【抬】 8画 5813 62AC 俗字

意味 持ち上げる。もたげる。例擡頭タイトウ。

【擡頭】タイトウ (名・する) 〔あたまをもたげる意〕新たに勢力をのばしてくること。例革新派の―。表記「台頭」とも書く。

扌14 【擢】 17画 3707 64E2 人名 音テキ慣タク漢 訓ぬき-んでる

意味 ❶引っ張って、(よいものを)取り出す。ひきぬく。例抜擢バッテキ。❷多くのものの中で、(すぐれて)ぬけ出ている。ぬきんでる。

【擢用】テキヨウ (名・する) 多くの中からとくに選び出して用いること。類抜擢バッテキ。例大臣に―する。

扌14 【擯】 17画 5815 64EF 音ヒン漢呉 訓しりぞ-ける

意味 ❶主人のそばで介添かいぞえをする人。❷のけ者にする。しりぞける。例擯斥ヒンセキ。

【擯斥】ヒンセキ (名・する) おしのけて、しりぞけること。のけ者にすること。類排斥ハイセキ。例世の―を受ける。

扌14 【擣】 17画 ⇩【搗】(451ページ)

扌15 【擾】 18画 3081 64FE 音ジョウ漢 訓みだ-れる・わずら-わしい

意味 ❶じゃれついて、うるさくさわがしい。みだれる。みだす。例擾乱ジョウラン。騒擾ソウジョウ。❷じゃれるように、なつかせる。ならす。例擾化ジョウカ。擾馴ジョウジュン。

【擾擾】ジョウジョウ (形動タル) いりみだれているようす。さわがしいようす。例議論百出の―たる場内。

【擾乱】ジョウラン (名・する) みだれさわぐこと。さわいで秩序チツジョをみだすこと。類騒乱ソウラン。例反対勢力が―を起こす。

扌15 【擶】 18画 *5817 *64F6 音セン漢

意味 矢の曲がりを直す。

日本語での用法 《だま》 地名に用いられる字。「高擶たかだま(=山形県の地名)」

扌15 【擲】 18画 5819 64F2 音チャク慣テキ漢ジャク呉 訓なげう-つ・なぐ-る

意味 目標めがけてなげつける。なげうつ。例投擲。乾坤一擲。打擲。

日本語での用法《なぐる》強く打つ。たたく。〔本来は、放物線をえがくようにして、目的に向かって動かすことをいう〕「げんこつで擲る」

【擲弾】テキダン 手で投げたりして使う小型の爆弾。手榴弾。例―筒。

●一擲・打擲・投擲・放擲

扌15 【擺】18画 5820 64FA 音ハイ漢 訓うちふる-う・ひら-く

意味 ❶はらいのける。うちふるう。ひらく。例擺撥(=ほうりだす。うちすてる)。❷ゆりうごかす。

手15 【攀】19画 5821 6500 音ハン漢 ヘン呉 訓とど-まる・ひ-く・よ-じる

意味 ❶しがみつくようにして登る。よじのぼる。よじる。例登攀。❷たよりとするものにしがみつく。すがる。例攀竜附鳳。

【攀▽竜附▼鳳】ハンリョウフホウ 〔竜につかまり、鳳凰に付き従う意〕家来がすぐれた君主に従って、功績をたてること。また、弟子がすぐれた先生に従って、りっぱな人間となること。〈漢書〉

扌15 【擽】18画 5822 64FD 音リャク漢 ラク漢 訓くすぐ-る

意味 ❶たたく。❷攻撃する。同掠。

日本語での用法《くすぐる》①皮膚にふれたりこすったりして、むずむずした感じを起こさせる。「わきの下を擽る」②それとなく相手をよろこばせるようなことを言って、相手の心を動かす。「彼女の虚栄心を擽る」

扌15 【擴】18画 ⇩【拡】カク(432ページ)

扌15 【攅】18画 ⇩【攢】サン(457ページ)

扌17 【攘】20画 5823 6518 音ジョウ漢 訓はら-う・ぬす-む

意味 ❶(相手のほうへ)おす。ゆずる。同譲。例遜攘。❷おして、しりぞける。おしのける。はらう。例攘夷。厄攘い。

【攘▼夷】ジョウイ 外国人をはらいのけて、国内に入れないこと。例尊王―。

扌18 【擕】21画 ⇩【携】ケイ(450ページ)

扌18 【攝】21画 ⇩【摂】セツ(451ページ)

扌19 【攢】22画 1-8506 6522 音サン漢 訓あつ-まる・あつ-める

扌15 【攅】18画 5825 6505 俗字

意味 ❶多くのものを一つにまとめる。あつめる。あつまる。例攢聚(=集中する。むらがる)。❷たくわえる。ためる。

扌19 【攤】22画 5826 6524 音タン漢 訓ひら-く・ひろ-げる

意味 平らに敷きのべる。ひろげる。ひらく。

【攤銭】タンセン ばくちの一種。銭に数十枚を器の中に入れ、四枚ずつ取り出して最後の端数を当てるもの。

手19 【攣】23画 5827 6523 音レン漢呉 訓つ-る・つ-れる・ひ-く

意味 筋肉や皮膚が不自然にひっぱられる。ひきつる。つる。つれる。ひく。例痙攣。牽攣。

扌20 【攪】23画 5788 652A 音カク慣 コウ漢 訓みだ-す

扌12 【撹】15画 1941 64B9 俗字

意味 ❶かきみだす。みだす。例攪乱。❷かきまわす。まぜる。例攪拌。

【攪▼拌】カクハン・コウハン(名・する)〔「カクハン」は慣用読み〕よくまざるように、かきまわすこと。例―器。卵白を―する。

【攪乱】カクラン・コウラン(名・する)〔「カクラン」は慣用読み〕かきまわして混乱させること。例―戦術。平和を―する。社会の秩序を―する。

扌20 【攫】23画 5828 652B 音カク漢 訓つか-む・さら-う

意味 手につかみとる。いっぺんにさらう。例攫取(=つかみとる)。一攫千金。人気を攫う。

扌22 【攬】25画 5816 652C 音ラン漢呉 訓と-る

意味 あつめ、つかさどる。とりまとめる。例収攬。総攬。

65 4画 支 し しにょう 部

えだを手にもつ形で、「えだ」や「分ける」の意をあらわす。「支」の字だけをここに入れた。

0 支

この部首に所属しない漢字 翅⇩羽 804 鼓⇩鼓 1112

支0 【支】4画 2757 652F 教育5 音シ漢呉 訓ささ-える・ささ-え・つか-える・つか-え 付表 差し支える

筆順 一 十 ｷ 支

なりたち [会意]「又(=て)」と「十(=竹を二分した一方)」とから成る。竹の分かれたえだ。

意味 ❶中心となるものから分かれ出たもの。えだ。同枝。例支脈。支流。支離。❷分けてばらばらにする。分けあたえる。例支給。❸(えだをあてて)たおれないように支える。おさえて動かないようにする。例支援。支柱。差し支え。❹日や年の順序を示す呼び名。例支干。干支。十二支(=子・丑・寅・卯・辰・巳・午・未・申・酉・戌・亥)。

人名 え・えだ・たもつ・なか・もろ・ゆた

【支援】シエン(名・する) 力をかして助けること。援助すること。例ボランティアとして難民を―する。

【支干】シカン 十二支と十干。えと。→【干支】カン・えと(344ページ)

【支給】シキュウ(名・する) 金銭や物品などをわりあててあたえること。例交通費は実費を―する。

【支局】シキョク 本社や本局からはなれて、その区域の仕事をする事務所。例―の通信員。新聞社の―。

【支持】(名・する) ①ささえもつこと。②意見や政策・計画などに賛成して援助すること。例—政党。

【支社】本社からはなれてその区域の仕事をする、出先の事務所。例—長。

【支出】(名・する) お金をしはらうこと。また、はらったお金。対収入。例公費からの—とする。

【支所】会社や役所などで、本社や本庁からはなれて仕事をする事務所。

【支署】警察署や消防署、税務署などで、本署からはなれてその地域を分担する役所。類分署。対本署。

【支障】さしさわり。さしつかえ。例部品が届かず、作業に—をきたす。

【支線】①(鉄道などで)主要な路線から分かれた線。対幹線・本線。例私鉄の—にそった町。②電柱などをささえるために張る線。

【支隊】本隊から分かれて、独立した行動をする部隊。対本隊。表記「枝隊」とも書く。

【支度】(名・する) ①計算すること。はかること。②用意すること。準備すること。例旅—。食事の—。表記慣用として、「仕度」とも書く。

【支柱】①ささえの柱。つっかい棒。②ものごとのささえとなる、たいせつなものや人。例国家の—といえる人。

【支店】本店から分かれてその地域に出した店。対本店。例銀行の—。

【支点】〔物〕てこの、ささえとなる固定した点。→【力点】(144ページ)・【作用点】(66ページ)

【支那】中国のこと。秦の始皇帝によって中国が平定統一された紀元前二二一年以後、インドで、秦を「シナ(支那)」あるいは「シンタン(震旦)」と呼んだことばが、定着したもの。ヨーロッパに伝わり「チャイナ」となる。

【支配】(名・する) ①とりしきること。また、影響下におくこと。例経済界を—する。②力によって他の国や地域を統治すること。例植民地—。

【支配人】商店や会社で、主人や社長に代わって営業に関するすべての業務をとりしきる役の人。マネージャー。例ホテルの—。

【支部】本部から分かれて、その地域の事務をとる機関。対本部。例地方—。

【支弁】(名・する) お金をはらうこと。例公費で—する。表記旧支▼辨

【支脈】山脈・鉱脈・葉脈などの、元から分かれ出た脈。対主脈。

【支離滅裂】(形動ナ) ばらばらで筋道が通らないようす。めちゃくちゃ。例—な説明。

【支流】①本流にそそぐ川。また、本流から分かれた流れ。②おおもとから分かれた系統。類分派・分家。▽対本流。

●干支・収支・十二支

4画

「支(攵)部」0—3画 ● 支攵攷收改

66
4画

支 ぼくにょう ぼくづくり とまた (攵 のぶん) 部

「支」は「ト(=木のえだ)」を「又(=手)」に持つ形で、「うつ」「強制する」などの意をあらわす。「支」(片仮名の「ト」と漢字の「又」を合わせた形に似ているので「とまた」ともいう)は省略して「攵」(片仮名の「ノ」と漢字の「文」を合わせた形に似ているので「のぶん」ともいう)とも書く。「支」をもとにしてできている漢字を集めた。

0 支 攵 2 攷 收 3 改 攻 攸 4 放 5 故 政 6 敏 效 7 救 教 敖 敗 教 8 敍 敘 敕 敏 敢 敬 散 敞 敦 敝 9 数 10 敲 11 敵 敷 數 敷 12 整 13 厳 斂 14 斃

この部首に所属しない漢字

孜⇩子284 致⇩至834 赦⇩赤942 繁⇩糸792 變⇩言928

支 0

【支】4画 5829 6534 音ボク慣ホク漢

攵 0

【攵】4画 5830 6535 俗字 意味かるくたたく。うつ。

攵 0

【攵】4画 ⇩【支】(458ページ)

攵 2

【攷】6画 5831 6537 音コウ漢呉 訓かんが-える・たた-く

意味❶うつ。たたく。❷しらべて明らかにする。かんがえる。〔学術論文・著作の標題などに用いる〕同考。例攷究。論攷。

攵 2

【收】6画 ⇩【収】(175ページ)

攵 3

【改】7画 1894 6539 教育4 音カイ漢呉 訓あらた-める・あらた-まる・あらた-めて

筆順 ㇆ ㇆ 己 己' 己ケ 改 改

なりたち [形声]「攵(=うつ)」と、音「己キ→カイ」とから成る。あらためる。

意味 それまでのものをやめて新しいものにかわる。あらためる。あらたまる。例改革。更改。

日本語での用法 ㊀《カイ・あらためる・あらため》しらべてみる。検査する。「改札・財布を改める・証文を改める・宗門改め」㊁《あらたまる》態度をかえる。よそ行きの態度をとる。四角ばる。「改まって言い出す・改まった挨拶」

人名 あら・なお

【改悪】(名・する) あらためた結果、かえって前よりわるくなること。また、前よりわるくすること。対改善。例制度の—。

【改印】(名・する) (役所や銀行などに届けてある)印鑑を別のものにかえること。例—届。

【改易】(名・する) ①あらためかえること。②江戸時代の武士の刑罰で、身分や役職をうばい、財産を没収し、平民にすること。

【改革】(名・する) 社会の制度や習慣などを新しくあらためること。例農地—。行政—。

【改行】(名・する) 原稿・印刷物などの文章で、行をかえること。例原稿に—を指定する。

【改憲】憲法をあらためること。例—派。

【改元】(名・する) 元号をあらためること。改号。例—されて令和となる。

【改悟】(名・する) 以前の悪事やあやまちを、さとりあらためること。類改心・改悛・悔悟。

458

【改稿】カイコウ (名・する) 原稿を書きあらためること。例新版は全体にわたり―した。
【改作】カイサク (名・する) あらためて、つくり直すこと。例旧作を―する。
【改札】カイサツ (名・する) 駅の出入り口で、乗車の前後に、切符や定期券などを調べること。例―口。自動―機。
【改▼刪】カイサン (名・する) 詩歌や文章の語句を削ったり、書き加えたりして、よりよくすること。
【改▼竄】カイザン (名・する) 〔「竄」は、もぐりこませる意〕原文の文面や文字を故意にあらため、直すこと。〔とくに、悪用する場合にいう〕例書類を―する。
【改修】カイシュウ (名・する) 建物や道路などの一部を手直しすること。修理すること。例―工事。
【改宗】カイシュウ (名・する) 信仰する宗教や宗派をかえること。宗旨がえ。例仏教徒がキリスト教に―した。
【改▼悛】カイシュン (名・する) あやまちを認め、くいあらためること。類改心。例―の情が見える。
【改称】カイショウ (名・する) それまでの呼び名をかえること。また、あらためた呼び名。改名。例社名を―する。
【改心】カイシン (名・する) 悪かったことをさとって、心を入れかえること。類改悟・改悛。例―して仕事にはげむ。
【改進】カイシン (名・する) 古い制度や習慣をあらためて、進歩させること。また、進歩すること。
【改新】カイシン (名・する) 古い制度や習慣をあらためて、あたらしくすること。例大化の―。制度を―する。
【改正】カイセイ (名・する) 規則などの不備な点をあらためて、よいものにすること。例規約を―する。
【改姓】カイセイ (名・する) みょうじをかえること。例―届。
【改善】カイゼン (名・する) ものごとの悪い点をよい方向にあらためること。類改良。対改悪。例生活―。環境を―する。
【改組】カイソ (名・する) 組織や編成をつくりかえること。組織がえ。編成がえ。例委員会を―する。
【改葬】カイソウ (名・する) ほうむった遺体や遺骨を、他の場所へほうむりなおすこと。
【改装】カイソウ (名・する) ①装飾や設備をかえること。もようがえ。例店内―セール。②荷づくりや包装をしなおすこと。
【改造】カイゾウ (名・する) それまでのものをつくりかえること。例内閣―。
【改題】カイダイ (名・する) 書物や映画などの題をかえること。また、その題。例―本。―して再刊する。
【改築】カイチク (名・する) 建物の一部または全部を、建てかえること。例増―。校舎を―する。
【改鋳】カイチュウ (名・する) 鋳造しなおすこと。鋳なおすこと。例銀貨を―する。
【改定】カイテイ (名・する) 従来の決まりなどをあらため、新しく決めること。例運賃の―。
【改訂】カイテイ (名・する) 書物の内容などの一部を訂正したり、書きあらためたりすること。例―版。
【改廃】カイハイ (名・する) (法律や制度などを)あらためたり、やめたりすること。改正と廃止。例規則の―を論ずる。
【改版】カイハン (名・する) ①版木をほりなおすこと。②書物のもとの版の内容などをあらためること。また、その出版物。
【改変】カイヘン (名・する) ものごとの内容や状態をかえること。例組織の―。
【改編】カイヘン (名・する) 新しく編成や編集をしなおすこと。例番組の―。
【改名】カイメイ (名・する) 名前をかえること。改称。例元服して―する。
【改良】カイリョウ (名・する) 欠点をあらため、さらによくすること。類改善。例品種―。
【改暦】カイレキ (名・する) ①こよみや暦法をあらためること。②年があらたまること。新年。

攵3 【攻】 7画 2522 653B 常用 音コウ漢 ク呉 訓せ-める

筆順 一 丅 工 工 工 巧 攻

なりたち [形声]「攵(=うつ)」と、音「工コウ」とから成る。うつ。

意味 ❶兵をさしむけて敵をうつ。相手の欠点をとがめる。せめる。例攻撃。攻防。侵攻。❷玉や金属をみがく。転じて、研究する。学問する。おさめる。例攻究。攻玉。専攻。

使い分け せめる【攻・責】⇩1171ページ

人名 おさむ・せむ・たか・よし

【攻囲】コウイ (名・する) 包囲してせめること。例―作戦。
【攻究】コウキュウ (名・する) 学問や芸術などを深く学びきわめること。類考究。例―する領域がひろい。
【攻玉】コウギョク 玉をみがくこと。知識や人徳を向上させることのたとえ。〔「他山の石、以って玉を攻むべし」から〕〈詩経〉
【攻苦】コウク (名・する) 苦難と戦うこと。
【攻苦▼啖を食らう】〔「啖」は、粗食の意〕苦しい生活にたえる。苦心して勉学する。〈史記〉
【攻撃】コウゲキ (名・する) ①敵や相手をせめうつこと。対守備・防御。例―は最大の防御という。②人を非難すること。例人身―。
【攻守】コウシュ せめることと、まもること。例―所を変える(=立場が、さかさまになる)。
【攻勢】コウセイ 攻撃の態勢。対守勢。例―に転じる。
【攻戦】コウセン せめたたかうこと。戦争。
【攻防】コウボウ せめることとふせぐこと。攻守。例二大勢力の―戦。スターリングラードの―戦。
【攻略】コウリャク (名・する) せめて、うばいとること。例敵城を―する。
【攻め手】せめて ①せめうつ人。せめる側の人。②攻撃の手段。
●遠交近攻・後攻・侵攻・進攻・先攻・専攻・速攻・内攻・反攻・猛攻

攵3 【攸】 7画 5833 6538 音ユウ漢 訓ところ

意味 ❶水が流れるようす。❷〔助字〕「…(する)ところ」と読み、動作の対象や内容を指し示す。例攸叙。

攵4 【放】 8画 4292 653E 教育3 音ホウ漢呉 訓はな-す・はな-つ・はな-れる・ほう-る

筆順 丶 亠 亠 方 方 扩 放 放

なりたち [形声]「攵(=うつ)」と、音「方ホウ」とから成る。おいはらう。

意味 ❶おいはらう。例放逐。追放。❷しばりつけたり、とじこめたりしていたものを自由にする。はなす。はなれる。例放免。解放。❸外へむけて出す。はなつ。例放送。放電。❹ひらく。咲く。例百花斉放。❺自由にさせる。気ままにする。ほしいまま。例放恣。放任。❻手をはなして、おく。おろす。例放下。放置。❼なげ

[攴(攵)部] 3―4画 ● 攻 攸 放

4画

すてる。ほうりだす。同拋ホウ。例放棄ホウキ。放擲ホウテキ。

使い分け はなす・はなれる【離・放】⇩1178ページ

人名 おき・ゆき・ゆく

【放逸】ホウイツ（名・形動ダ）かって気ままにふるまい、だらしがないこと。類放恣ホウシ・放縦ホウジュウ・放埒ホウラツ。例―なふるまい。

【放映】ホウエイ（名・する）テレビで放送すること。とくに、映画を放送すること。

【放下】ホウカ（名・する）一ホウカ ①下におくこと。おろすこと。②投げすてること。投げおろすこと。二ホウゲ〔仏〕禅宗ゼンシュウで、いっさいの執着シュウチャクを捨て、無我ムガの境地にはいること。

【放火】ホウカ（名・する）火事を起こそうとして、火をつけること。つけび。ひつけ。対失火。例―魔マ。

【放歌】ホウカ（名・する）あたりかまわず大声で歌うこと。例―高吟コウギン。

【放課後】ホウカゴ 学校で、その日の課業を終えてからの時間。例―のクラブ活動。

【放棄】ホウキ（名・する）①投げ捨てること。②権利や責任などを、あえて失うこと。例権利を―する。表記▽旧▼拋棄

【放吟】ホウギン（名・する）えんりょなく、大声で詩や歌をうたうこと。例高歌―。

【放言】ホウゲン（名・する）思うままに、えんりょなく言うこと。また、不用意で無責任な発言。類暴言。例―癖ヘキ。

【放校】ホウコウ（名・する）校則に違反イハンした学生や生徒を、退学させること。例―処分。

【放散】ホウサン（名・する）広くまきちらすこと。例熱を―する。

【放恣】ホウシ（名・形動ナ）かって気ままで、しまりがないこと。類放逸ホウイツ・放縦ホウジュウ・放埒ホウラツ。例―な生活。表記「放▼肆」とも書く。

【放射】ホウシャ（名・する）①〔物〕光や熱、また電磁波・粒子線リュウシセンなどを、外へはなつこと。例―熱。―性元素。②中央の一点から、線などを四方八方に出すこと。

【放射状】ホウシャジョウ 一つのところから四方八方に、いくすじも出た形。例道路が―に広がる。

【放射線】ホウシャセン ①放射状にのびている線。②〔物〕ウランやラジウムなどの放射性元素がこわれるときに放射される、アルファ線・ベータ線・ガンマ線のこと。

【放射能】ホウシャノウ〔物〕放射性元素がこわれるとき、放射線を発するはたらき。例―に汚染オセンされる。

【放縦】ホウジュウ〔「ホウショウ」とも〕（名・形動ダ）かって気ままなこと。わがまま。類放逸ホウイツ・放埒ホウラツ。例―な性格。

【放出】ホウシュツ（名・する）①勢いよく出ること。例ガスの―。②たくわえていたものをいっきに出すこと。例―物資。

【放生】ホウジョウ〔仏〕とらえた生き物を、にがしてやること。功徳クドクがあるとされる。

【放生会】ホウジョウエ〔仏〕陰暦インレキ八月十五日、または春と秋の彼岸ヒガンなどにおこなう放生の儀式ギシキ。

【放心】ホウシン（名・する）①精神的ショックを受けたり、他に気をとられたりして、ぼんやりすること。例―状態。②心配や心づかいをやめること。類放念。例その件はご―ください。

【放水】ホウスイ（名・する）①（ためてある水や川の水などを）みちびいて流すこと。例―路。②（消火などのために）ホースで水を勢いよく出すこと。例―車。

【放送】ホウソウ（名・する）ラジオやテレビなど、電波を利用して多くの人に、音声や映像の情報を送ること。例校内―。

【放題】ホウダイ〔「…放題」の形で〕かって気ままにおこなうこと、じゅうぶんにおこなうこと、の意をあらわす。例やりたい―。

【放胆】ホウタン（名・形動ダ）ものごとを大胆にすること。類豪胆ゴウタン・豪放。対細心。例―な性格。

【放談】ホウダン 一（名）出まかせの話。二（名・する）思うままを、えんりょなく語ること。また、その話。例時事―。

【放置】ホウチ（名・する）ほうっておくこと。例―自転車。

【放逐】ホウチク（名・する）追いはらうこと。類追放。例仲間から―される。

【放鳥】ホウチョウ（名・する）生態調査や繁殖ハンショクのために、目じるしをつけた鳥を野にはなすこと。また、その鳥。

【放▼擲】ホウテキ（名・する）投げ捨てること。ほうっておくこと。類放棄ホウキ・放置。例任務を―する。表記「▼拋▼擲」とも書く。

【放電】ホウデン（名・する）①蓄電池チクデンチなどにたくわえた電気を、放出すること。対充電ジュウデン。②はなれた二つの電極間に、電流が流れること。例―管。

【放▼蕩】ホウトウ（名・する）まじめに働かず、酒や遊びごとにふけること。類道楽。例―むすこ。

【放尿】ホウニョウ（名・する）小便をすること。

【放任】ホウニン（名・する）なりゆきにまかせて、ほうっておくこと。例―主義。自由―。

【放熱】ホウネツ（名・する）①熱を出して、まわりの空気を暖めること。例暖房ダンボウ用の―器。②（機械の）熱を散らして冷やすこと。例―器（＝ラジエーター）。

【放念】ホウネン（名・する）心配したり、気にかけたりしないこと。忘れてしまうこと。類放心。例ご―ください。

【放伐】ホウバツ（名・する）昔、中国で、悪政をおこなった君主を武力で討伐トウバツして、新王朝を建てたこと。対禅譲ゼンジョウ。

【放▼屁】ホウヒ（名・する）おならをすること。

【放物線】ホウブツセン ①〔数〕定点と定直線とから等しい距離キョリにある点を連ねた曲線。②ものをななめに投げ上げたとき、そのものが空中にえがく曲線。表記▽旧▼拋物線

【放牧】ホウボク（名・する）ウシやウマやヒツジなどを放し飼いにすること。

【放漫】ホウマン（名・形動ダ）でたらめで計画性がないこと。例―な経営が倒産トウサンをまねいた。

【放免】ホウメン（名・する）①拘束コウソクを解き、自由にすること。とらわれの身の罪を問わず、解放すること。例無罪―になる。②〔法〕被告人ヒコクニンや被疑者の拘留コウリュウを解くこと。

【放▼鷹】ホウヨウ（名・する）飼いならしたタカをはなして、鳥や小さなけものをとる猟リョウ。鷹狩たかがり。

【放▼埒】ホウラツ（名・形動ダ）〔ウマが埒ラチ（＝馬場のさく）から外に出る意〕かって気ままで、だらしないこと。類放逸ホウイツ・放恣ホウシ・放縦ホウジュウ。

【放流】ホウリュウ（名・する）①せきとめてある水などを流すこと。例ダムの水を―する。②魚を川などにはなすこと。例アユの稚魚チギョを―する。

【放列】ホウレツ ①大砲タイホウを横の一線に並べた隊形。砲列。②ずらりと並んだ形。例カメラの―。

【放浪】ホウロウ（名・する）あてもなく、さまよいあるくこと。類流浪ルロウ。例―の旅。―の身となる。

●開放カイホウ・解放カイホウ・豪放ゴウホウ・釈放シャクホウ・追放ツイホウ・民放ミンポウ

攵 5

【故】

9画 2446 6545 教育5

音 コ 漢呉

訓 ゆえ・ことさら-に・ふる-い・もと・ゆえ-に

筆順 一 十 十 古 古 古 故 故

なりたち 故［形声］「攵（＝そうさせる）」と、音「古コ（＝いにしえ）」とから成る。そうさせるもと。

意味 ❶原因。理由。わけ。ゆえ。ゆえに。例是故このゆえに。❷わけあって。わざと。ことさらに。例故意コイ。故買コバイ。❸むかし（なじみ）の。ふるい（こと）。例故旧。故事。温故知新

❹生まれ育ったふるさと(の)。例故郷。故国。故山。❺思いがけない悪いできごと。例故障。事故。❻死ぬ。例物故。

難読 故かるがゆえに・故郷ふるさと・故里ふるさと

人名 ひさ・ふる

【故意】コイ (よくない結果になるのがわかっていて)わざとすること。また、その気持ち。対過失。例—に傷つける。

【故園】コエン ふるさと。故郷。例—の花。

【故旧】コキュウ 昔からの友人。むかしなじみ。類旧知。例—忘れがたし。

【故郷】コキョウ 生まれ育った土地。ふるさと。郷里。例—へ錦を飾る。

【故国】ココク ①自分の生まれ育った国。祖国。類母国。例異国にあって—をおもう。②ふるさと。故郷。

【故殺】コサツ (名・する)①故意に人を殺すこと。②〔法〕一時の感情にまかせて、手段や方法を考えずに人を殺すこと。

【故山】コザン ふるさとの山。転じて、ふるさと。

【故事】コジ ①歴史上のできごと。②世間におこなわれているしきたりや特別なことばの、もとになった言い伝え。

【故事成語】コジセイゴ 故事にもとづいてできている熟語。

【故事来歴】コジライレキ 昔から伝えられてきた事物についての、いわれと歴史。

【故実】コジツ 法律・制度・儀式・作法などについての、古くからのしきたり。例有職—(=朝廷や武家の古来の儀式や風俗などを研究する学問)。

【故障】コショウ (名・する)①からだや機械などが、うまくはたらかなくなること。例バスが—する。②ものごとの進行をさまたげるもの。さしさわり。また、その申し立て。類支障・異議。

【故人】コジン ①死んだ人。例—をしのぶ。②古くからの友人。旧友。

【故地】コチ 歴史上のできごとや人物に、ゆかりのある土地。

【故知】コチ 昔の人が用いた、すぐれた知恵と、はかりごと。例—にならう。表記 旧故▼智

【故都】コト 昔、みやこのあったところ。旧都。古都。

【故道】コドウ ①昔の交通路。旧道。古道。対新道。②古来のやり方や道徳。とくに、昔の聖人のおこなった道。古道。

【故買】コバイ (名・する)ぬすんだ品物と知りながら買うこと。例—犯。盗品—。

【故物】コブツ 使い古した品。古物。

【故老】コロウ 昔のことをよく知っている老人。表記「古老」とも書く。

●縁故・事故・世故・物故・反故

文 5

【政】

9画 3215 653F 教育5 音セイ漢 ショウ呉 訓まつりごと

筆順 一 丁 下 正 正 正 政 政 政

なりたち [会意]「攵(=うつ)」と「正(=ただしい)」とから成る。ただす。

意味 ❶ただす。ただしい。同正。例政議(=正しい議論)。❷世の中をおさめること。まつりごと。例政治。行政。善政。❸いろいろな問題をひきうけて処理するやり方。例家政。財政。農政。

人名 おさ・かず・すなお・ただ・ただし・ただす・つかさ・なり・のぶ・のり・まさ・まさし・ゆき

【政界】セイカイ 政治にかかわる人々の社会。例—の大物。

【政客】セイカク 〔「セイキャク」とも〕政治にたずさわる人。政治家。

【政教】セイキョウ ①政治と宗教。例—分離。②政治と教育。

【政局】セイキョク 政治のなりゆき。類政情。例—が緊迫する。

【政経】セイケイ 政治と経済。例—学部。

【政見】セイケン 政治家や政党自身の、政治についての考え方。例—放送。—発表。

【政権】セイケン 政府を組織し、政治をおこなう権利や権力。例—党。—をにぎる。

【政綱】セイコウ 政府や政党の基本方針。例—を発表する。

【政策】セイサク 政治上の目標や、それを実現するための手段。例外交—。—を立てる。

【政事】セイジ 政治のこと。また、政治上のことがら。〔明治初頭は今の「政治」の意に用いた〕

【政治】セイジ ①国をまとめおさめること。立法・行政・司法の諸機関を通じて、国家社会を運営していくこと。まつりごと。例—不信。政党—。②人々の考えや利害のちがいを調整し、集団をまとめていくこと。例—力。—的手腕。

【政治家】セイジカ ①政治にたずさわる人。政客。②組織や集団の中で、かけひきや根まわしのたくみな人。

【政治結社】セイジケッシャ 政治に関する主義や主張をもち、政治活動をする目的で結成された集団。政党など。

【政商】セイショウ 政府または政治家と結びついて、特別な利益を得ている商人。例—が暗躍する。

【政情】セイジョウ 政治や政界のようす。類政局。例—不安。

【政戦】セイセン ①政治上の争い。政争。②政治と戦争。

【政争】セイソウ 政治上の主義や主張のちがいから起こる争い。また、政権争い。政戦。例—にまきこまれる。

【政体】セイタイ 国家の主権を運用する形式。立憲政体と専制政体とがある。

【政談】セイダン ①政治についての意見や議論。②政治や裁判の事件をもとにした物語。例大岡—。

【政庁】セイチョウ 政務をとりあつかう官庁。

【政敵】セイテキ 政治上で、対立したり競争したりする相手。

【政党】セイトウ 政治上の主義・主張や、同じ政策をもつ人々がつくった団体。政策の実現や政治的権力の獲得をめざす。例—政治。革新—。

【政道】セイドウ 政治のこと。また、政治のやり方。例—を正す。

【政府】セイフ 国の政治をおこなう最高の機関。日本では、内閣および各省庁など、中央の行政機関。例—の高官。

【政変】セイヘン 政権の担当者が急にかわること。内閣の急な交代や、武力によって政権をうばうクーデターなど。

【政務】セイム 政治上のさまざまな仕事。また、行政事務。例—次官。—をとる。

【政略】セイリャク 政治上のはかりごと。例—結婚。

【政令】セイレイ ①政治上の命令や法令。②憲法やその他の法律で決められたことを、実際におこなうために、内閣が出す命令。例—指定都市(=政令で指定された市のことで、都道府県と同じような行政単位としてあつかわれる)。

【政論】セイロン 政治上の問題についての議論。例—を戦わす。

▽【政所】まんどころ ①平安時代以後、高位の家で、所有地の事務をあつかった機関。②鎌倉・室町幕府の政務機関。主として財政をあつかった。③「北の政所」の略。摂関家など、貴族の妻をうやまっていうことば。

●悪政・圧政・院政・家政・行政・国政・財政・摂政・善政・内政・郵政

文 6

【敏】

10画 4150 654F 常用 音ビン漢 ミン呉 訓さと-い・と-し

筆順 𠂉 𠂉 每 每 每 每 敏 敏

攵7 【敏】 11画 1-8508 FA41 人名

なりたち 【形声】「攵(=うつ)」と、音「毎バイ→ビン」とから成る。すばやい。

意味 ❶すばやい。すばしっこい。とし。例敏捷ビンショウ。敏速ビンソク。機敏キビン。❷頭の回転がはやい。感覚がするどい。さとい。例敏感ビンカン。鋭敏エイビン。目敏めざとい。

人名 あきら・さと・さとし・さとる・しげ・すすむ・つとむ・と・はや・はやし・はる・まさ・よし

【敏活】ビンカツ（名・形動ダ）頭の回転が速く、動作がすばやいこと。例—な行動。

【敏感】ビンカン（名・形動ダ）わずかなことでもするどく感じとること。類鋭敏エイビン。対鈍感ドンカン。例—に反応する。

【敏▼捷】ビンショウ（名・形動ダ）動作がすばやいこと。類敏速・機敏。例—に立ちまわる。—な身のこなし。

【敏速】ビンソク（名・形動ダ）動作がすばやいこと。類敏捷ビンショウ・機敏。例—な対応。—に行動する。

【敏腕】ビンワン（名・形動ダ）ものごとをてきぱきと処理すること。また、その能力。うできき。類辣腕ラツワン。例—家。—な記者。

●鋭敏エイビン・過敏カビン・機敏キビン・俊敏シュンビン・不敏フビン・明敏メイビン

攵6 【效】 10画 ⇩【効】コウ（147ページ）

攵7 【救】 11画 2163 6551 教育5 音グ慣 キュウ漢 ク呉 訓すく-う・すく-い

筆順 一 寸 才 求 求 求 救 救

なりたち 【形声】「攵(=うつ)」と、音「求キュウ」とから成る。くいとめる。

意味 危険や困難からのがれさせる。たすける。すくう。すくい。例救援キュウエン。救済キュウサイ。救助キュウジョ。

人名 すけ・たすく・なり・ひら・まもる・やす

【救援】キュウエン（名・する）戦争や災害などで、危険な状態にある人に、手助けをすること。例—物資。

【救急】キュウキュウ 急な災難からすくい出すこと。とくに、急病人やけが人の手当てをすること。例—車。

【救護】キュウゴ（名・する）病人やけが人の手当てをすること。例—班。

【救荒】キュウコウ 飢饉キキンで苦しんでいる人をすくうこと。例—作物(=凶作キョウサクにそなえて主食の代用として作られる作物)。

【救済】キュウサイ（名・する）生活にこまっている人を、お金や物資によって助けること。例難民—。

【救出】キュウシュツ（名・する）危険な状態から助けだすこと。例—作業。遭難者ソウナンシャを—する。

【救▼恤】キュウジュツ（名・する）〔「恤」は、あわれんで物をめぐむ意〕こまっている人に金品をおくって助けること。例—品。

【救助】キュウジョ（名・する）危険な状態にある人を、すくいだすこと。例—隊。人命—。

【救世】㊀キュウセイ 人々を世の中の混乱や不安からすくうこと。㊁クセ〔「グセ」「クゼ」「グゼ」とも〕〔仏〕世の人を苦しみからすくうこと。例—観音カンノン。

【救世軍】キュウセイグン キリスト教のプロテスタントの一派。軍隊のような組織をもち、伝道や社会事業をおこなう。

【救世済民】キュウセイサイミン 世の中をよくし、人々を苦しみからすくうこと。例政治の本旨ホンシは—にあり。

【救世主】キュウセイシュ ①宗教で、人類を苦しみやなやみから、すくう人。メシア。とくにキリスト教で、イエス=キリストのこと。②苦しい状態にある会社や団体などを、すくった人。

【救難】キュウナン 災難や危険な状態からすくい出すこと。例—作業。

【救民】キュウミン こまっている人々を助けること。

【救命】キュウメイ 危険な状態にある人の命を、すくうこと。例—具。—ボート。

【救療】キュウリョウ（名・する）貧しい患者カンジャに、奉仕ホウシとして医療をほどこしすくうこと。例—活動。

【救い主】すくいぬし ①すくってくれた人。救助者。②キリスト教で、救世主キュウセイシュ。イエスのこと。メシア。

攵7 【教】 11画 2221 6559 教育2 音コウ漢 キョウ呉 訓おし-える・おそ-わる・おし-え

筆順 一 十 土 耂 耂 孝 孝 孝 教

攵7 【敎】 11画 654E

なりたち 【会意】「攵(=する)」と「𡥈(=まねる)」とから成る。上の者がさずけ、下の者がならいまなぶ。

意味 ❶ものの考え方や知識・経験・技能をさずける。おしえる。おそわる。おしえ。例教育キョウイク。教訓キョウクン。示教シキョウ。❷神仏や聖人のおしえ。例教主キョウシュ。宗教シュウキョウ。道教ドウキョウ。❸〔助字〕「(…をして)…(せ)しむ」と読み、…に…させる・…を…にする、の意。使役シエキをあらわす。例不レ教ニ魚長一(うおをしてちょうぜしめず)(=魚を成長させない)。

人名 かた・きよ・さとし・たか・なり・のぶ・のり・みち・ゆき・よし

【教うるは学ぶの半ばなり】おしうるはまなぶのなかばなり 人に教えることは、教える本人にとっても勉強のたすけになる。〈書経ショキョウ〉

【教案】キョウアン 授業の目標・順序・方法などをまとめた指導案。教授案。

【教委】キョウイ「教育委員会」の略。例県—。

【教育】キョウイク（名・する）知識や技能などが身につくように、おしえること。また、それによって身についたもの。〔社会人として成長することを目的に訓練する〕例義務—。

【教育委員会】キョウイクイインカイ 都道府県および市町村に置かれ、その地方の教育行政をおこなう機関。

【教員】キョウイン 学校の職員で、生徒や学生に授業をおこなう人。教師。例—室。

【教化】（名・する）㊀キョウカ 道徳や宗教のおしえによって、よいほうに導くこと。例—を受ける。㊁キョウケ〔「キョウゲ」とも〕〔仏〕人々に仏のおしえを説いて、仏の道に導くこと。

【教科】キョウカ 学校でおしえる、国語や理科などの授業の科目。例必修—。得意な—。

【教科書】キョウカショ 学校教育などで、各教科の授業を展開させるために使われる書物。テキスト。

【教会】キョウカイ ①同じ宗教を信じる人々の集まり。キリスト教や一部の新宗教でいう。②キリスト教徒が集まって礼拝レイハイや儀式ギシキ、集会などをおこなう建物。教会堂。

【教戒】キョウカイ（名・する）①おしえいましめること。類教訓・訓戒クンカイ。②刑務所ケイムショで、受刑者を正しい道に導くこと。例—師。表記▽旧教▼誨

【教▼誨】キョウカイ（名・する）「教戒キョウカイ」に同じ。表記現教戒

【教学】キョウガク 教育と学問。おしえることとまなぶこと。

【教官】キョウカン ①国公立の学校や研究所などの、教師や研究者。例指導—。②教育や技術指導にあたって、教える側に立つ人。例運転教習所の—。

【教義】キョウギ 宗教のおしえの、中心となる内容。教理。

【教区】キョウク 宗教の布教につごうのよい広さで設けられた区

域。例—牧師。

【教訓】キョウクン (名・する) おしえさとすこと。いましめること。また過去の失敗などから得た知恵。類訓戒。例—をいかす。—を垂れる。

【教権】キョウケン ①教育するうえで教師がもつ権力。②おもにカトリック教会で、法王や教会がもっている宗教上の権力。

【教護】キョウゴ (名・する) 非行少年を保護し、指導すること。例—院(=教護を目的とした福祉施設)。

【教皇】キョウコウ 〔「キョウオウ」とも〕ローマカトリック教会の最高位の僧。ローマ法王。法王。

【教唆】キョウサ (名・する) ①悪いことをするように、そそのかすこと。例—扇動。②〔法〕他人に、犯罪を実行する意志を、起こさせること。例殺人—の罪。

【教材】キョウザイ 学校で、授業や学習に用いる資料や道具をまとめていうことば。教科書、工作や実験の用具、スライドなど。例—費。

【教師】キョウシ ①学校などで、学問や技芸をおしえる人。教員。先生。例家庭—。②宗教上の指導者。布教師。

【教示】キョウジ 〔「キョウシ」とも〕(名・する) あることがらについて、どうしたらよいか、具体的におしえること。例ご—願います。

【教室】キョウシツ ①学校で、授業をおこなう部屋。例家庭科—。②大学などで、専攻科目別の研究室。例英文学—。③さまざまな技術・学芸・スポーツなどをおしえるところ。また、その集まり。例料理—。

【教主】キョウシュ ある宗教や教派をはじめた人。教祖。また、その中心的な指導者。

【教授】キョウジュ 一(名・する) 学問や技芸をおしえること。例英会話を—する。二(名) 大学および付設の研究機関、高等専門学校などで、教育や研究にたずさわる人。例名誉—。准—。

【教習】キョウシュウ (名・する) ある技術や知識をおしえ、身につけさせること。例自動車—所。—を受ける。

【教書】キョウショ ①ローマ法王が信者に向けて公式に発表する文書。②〔英語 message の訳語〕アメリカで、大統領が国会に、州知事が州議会に出す意見書や報告書。例年頭—。

【教条】キョウジョウ 教会が公認した、信仰のよりどころとなる中心的なおしえ。教義。また、それを箇条書きにしたもの。

【教条主義】キョウジョウシュギ 権威者のことばや、特定の教義をうのみにして、あらゆる状況に当てはめようとする、かたくなな態度。

【教場】キョウジョウ 学校で、授業をするところ。教室。

【教職】キョウショク 学校で、生徒や学生を教育する仕事。例—につく。

【教職員】キョウショクイン 学校の、教員と事務職員。

【教生】キョウセイ 「教育実習生」の略。教員の資格を取るために、学校で教育技術を実習する学生。

【教宣】キョウセン 「教育宣伝」の略。政党や労働組合などでおこなう、理論の教育や宣伝。例—活動。

【教祖】キョウソ ある宗教や宗派をはじめた人。教主。類開祖。

【教則】キョウソク ものごとをおしえるうえでの規則。

【教則本】キョウソクボン 音楽の演奏技術を、基本から順を追って練習するための本。たとえばピアノのバイエル・チェルニーなど。

【教卓】キョウタク 教室で、教壇の前にある教師用の机。

【教団】キョウダン 同じ宗教や教派の信者がつくった集まり。

【教壇】キョウダン 教室で教師がおしえるときに立つ壇。例—に立つ(=教師になって、おしえる)。

【教程】キョウテイ ①ある科目や技術をおしえるときの順序や方法。例基礎—。②教科書。例語学—。

【教典】キョウテン ①教育上のよりどころを記した書物。②宗教(とくに仏教)の教えを記した書物。類経典。

【教徒】キョウト ある宗教の信者。信徒。例イスラム—。仏—。

【教頭】キョウトウ 小・中・高等学校で、校長を補佐し、校務をとりまとめる役職。また、その人。副校長。

【教導】キョウドウ (名・する) 進むべき道を示し、みちびくこと。例師の—をあおぐ。

【教父】キョウフ ①真理を世に伝える人。②古代キリスト教会の代表的な神学者。カトリック教会では、その教えの正しさと生活の清らかさを認められた人をいう。例—アウグスティヌス。

【教▼鞭】キョウベン 教師が授業のときに使う細い棒。例—を執る(=教師になって、おしえる)。

【教本】キョウホン ①おしえの根本。②教科書。教則本。テキスト。例中国語の—。

【教務】キョウム ①学校で、教育や授業にかかわる事務。例—課。—主任。②宗教上の事務。

【教諭】キョウユ 一(名・する) おしえさとすこと。二(名) 幼稚園・小・中・高等学校・特別支援学校の、教員免許をもつ人の呼び名。

【教養】キョウヨウ 文化的・学問的に、はば広い知識。また、それによって養われる心の豊かさや品位。例知性と—。

【教理】キョウリ 宗教上の真理と認められたおしえ。また、それをまとめた体系。教義。例仏教の—。

【教練】キョウレン 一(名・する) おしえて、よくできるようにさせること。二(名) 軍隊または学校でおこなう戦闘訓練。例軍事—。—の教官。

●回教・旧教・顕教・司教・宗教・儒教・殉教・新教・説教・胎教・調教・布教・仏教・文教・密教

［支(攵)部］7画 敖 敗

攵7 【敖】 11画 5836 6556 音ゴウ漢 訓おご-る

意味 ❶気ままに出歩く。ぶらつく。あそぶ。たわむれる。例敖遊(=気ままに遊ぶ)。❷いい気になって、好きかってなことをする。おごる。同傲。例倨敖。驕敖。

攵7 【敗】 11画 3952 6557 教育4 音ハイ漢 バイ呉 訓やぶ-れる・ま-ける

筆順 丨 冂 目 目 貝 貝 敗 敗

なりたち 【会意】「攵(=うつ)」と「貝(=たから)」とから成る。やぶり、そこなう。

意味 ❶こわす。こわれる。そこなわれる。くずれる。例敗屋。腐敗。❷まかす。うちまかす。❸戦いや試合に負ける。やぶれる。例敗軍。敗北。完敗。❹しくじる。うまくいかない。例失敗。

使い分け やぶれる【破・敗】⇩1181ページ

難読 敗荷(やれはす)

【敗因】ハイイン 負けた原因。対勝因。

【敗屋】ハイオク こわれた家。あばら家。

【敗局】ハイキョク 囲碁や将棋で、負けた対局。対勝局。

【敗軍】ハイグン 負けいくさ。敗戦。また、戦いに負けた軍隊。

【敗軍の将は▽以て勇を言うべからず】失敗した者は、そのことについて、弁解や意見を述べる資格がない。敗軍の将は兵を語らず。〈史記〉

【敗血症】ハイケツショウ うんだ傷やできものから、細菌サイキンが血管のなかにはいって起こる重症の感染症カンセンショウ。
【敗残】ハイザン ①生きていくうえで、競争にまけ、おちぶれること。例人生の—者。②戦いに負けて、生き残ること。例—兵。
【敗死】ハイシ (名・する) 戦いに負けて死ぬこと。
【敗者】ハイシャ 戦いや試合に負けた者。敗北者。また、負けた側。対勝者。例—復活戦。
【敗将】ハイショウ 戦いに負けた軍の大将。
【敗色】ハイショク 負けそうなけはい。類敗勢。例—が濃こい。
【敗勢】ハイセイ 負けそうな形勢。類敗色。対勝勢。
【敗戦】ハイセン 戦いや試合に負けること。負けいくさ。例—投手。—処理。
【敗訴】ハイソ (名・する) 裁判で、自分に不利な判決が出されること。対勝訴。
【敗走】ハイソウ (名・する) 戦いに負けてにげること。例ろくに戦わずに—する。
【敗退】ハイタイ (名・する) 戦いに負けてしりぞくこと。試合に負けること。例力戦の末、—した。
【敗着】ハイチャク 囲碁ゴや将棋ショウギで、負ける原因となった悪い一手。対勝着。
【敗徳】ハイトク 道徳にそむいたおこないをすること。背徳ハイトク。
【敗報】ハイホウ 戦いや試合に負けたという知らせ。対勝報。
【敗亡】ハイボウ (名・する) 戦いに負けてにげること。また、負けてほろびること。類敗滅ハイメツ。
【敗北】ハイボク (名・する) 戦いや試合に負けること。また、負けてにげること。対勝利。例—を喫キッする。
【敗滅】ハイメツ (名・する) 戦いに負けてほろびること。類敗亡。
【敗余】ハイヨ ①戦いに負けたあと。例—の兵。②失敗のあと。
【敗乱】ハイラン (名・する) そこなわれ、みだれること。例秩序チツジョが—する。
●完敗カンパイ・惨敗ザンパイ・失敗シッパイ・勝敗ショウハイ・成敗セイバイ・惜敗セキハイ・全敗ゼンパイ・大敗タイハイ・不敗フハイ・腐敗フハイ・優勝劣敗ユウショウレッパイ・連敗レンパイ

攵7【教】11画 ⇩【教】キョウ(462ページ)
攴7【敍】11画 ⇩【叙】ジョ(178ページ)
攵7【敘】11画 ⇩【叙】ジョ(178ページ)
攵7【敕】11画 ⇩【勅】チョク(148ページ)
攵7【敏】11画 ⇩【敏】ビン(461ページ)

攵8 **【敢】** 12画 2026 6562 常用 音カン漢呉 訓あえ-て

筆順

なりたち ［形声］本字は「敢」で、「受(=受けわたす)」と、音「古コ→カン」とから成る。みずから進んでおこなう。

意味 ❶思いきって…する。…する勇気がある。あえてする。あえて。例敢行カンコウ・果敢カカン・勇敢ユウカン。❷〔助字〕㋐「不二敢…一」は、「あえて…(せ)ず」と読み、とても…できない・けっして…しない、の意。強い否定をあらわす。例不二敢仰視一(あえてギョウシせず)(=とても顔をあげて見られない)。㋑「敢不二…一」は、「あえて…(せ)ざらんや」と読み、どうして…せずにいられようか、の意。反語をあらわす。例敢不レ敬与(あえてケイせざらんや)(=どうしてもうやまわずにはいられない)。〈礼記ライキ〉

人名 いさ・いさみ・いさむ・すすむ・つよし

【敢為】カンイ 思いきっておこなうこと。(反対や困難を)おしきってすること。類敢行。例—の精神。
【敢言】カンゲン (名・する) 思いきって意見を述べること。
【敢行】カンコウ (名・する) 困難やむりがあっても、それをおしきっておこなうこと。類断行・敢為。例悪天候でも—する予定。
【敢然】カンゼン (形動タル) 危険や困難をおそれずに、思いきって事に当たるようす。例—と悪に立ち向かう。
【敢闘】カントウ (名・する) いさましく戦うこと。奮闘フントウ。例—賞。力戦—する。

攵8 **【敬】** 12画 2341 656C 教育6 音ケイ漢 キョウ呉 訓うやま-う

筆順

なりたち ［会意］「攵(=迫せまる)」と「苟(=いましめる)」とから成る。迫って、いましめる。つつしむ。

意味 うやうやしくおもんじる。かしこまって、つつしむ。うやまう。例敬意ケイイ・尊敬ソンケイ・敬ケイして遠とおざく。

人名 あき・あきら・あつ・いつ・うや・かた・きよし・さとし・たか・たかし・ただし・とし・のり・はや・ひさ・ひろ・ひろし・ゆき・よし

【敬愛】ケイアイ (名・する) 尊敬と親しみを感じること。例—の念をいだく。—する先生。
【敬畏】ケイイ (名・する) (自分の力をはるかにこえたものに対して)深くうやまい、おそれること。畏敬。例天道を—する心。
【敬意】ケイイ 相手を尊敬する気持ち。例—を表ヒョウする。
【敬遠】ケイエン (名・する) ①うやまって、遠くはなれ近づかないこと。〔「鬼神キシンを敬して之これを遠ざく」による〕〈論語ロンゴ〉②表面はうやまうように見せて、実はきらって近づかないようにすること。③やっかいな事態になるのをさけて、意識的に遠ざかること。例—のフォアボール。
【敬仰】ケイギョウ (名・する) うやまい、たっとぶこと。
【敬具】ケイグ つつしんで申し上げます。〔手紙の終わりにそえる、あいさつのことば。「拝啓ハイケイ」「謹啓キンケイ」などの書きはじめのことばに対応して使う〕類敬白ケイハク・拝具。
【敬虔】ケイケン (形動ナ) (神や仏を)深くうやまい、つつしむようす。例—な信者。
【敬語】ケイゴ 話し手や書き手が、聞き手や読み手、また、話題にのぼっている人などへ、敬意をあらわすのに使うことば。尊敬語・謙譲ケンジョウ語・丁寧テイネイ語・美化語などに分ける。待遇タイグウ表現。
【敬称】ケイショウ ①人名の下につけて、その人への敬意をあらわすことば。殿との・様さま・公・妃ヒ・殿下デンカなど。例—を略す。②相手や相手方のことがらに、敬意をあらわすことば。貴殿キデン・貴社・尊父ソンプ・母堂ボドウなど。
【敬譲】ケイジョウ 尊敬と謙譲ケンジョウ。相手をうやまい、自分がへりくだること。例—語。
【敬神】ケイシン 神をうやまうこと。例—崇仏スウブツ。
【敬体】ケイタイ 文末を「です」「ます」などの丁寧テイネイ語で結ぶ、口語の文体。です・ます体。対常体ジョウタイ。
【敬弔】ケイチョウ 死者を、つつしんでとむらうこと。
【敬重】ケイチョウ (名・する) 尊敬してたいせつにすること。
【敬天】ケイテン 天をうやまうこと。天を、この宇宙を支配する絶対的なものと考える、中国古代の思想。敬天思想。
【敬天愛人】ケイテンアイジン 天をうやまい、人民をいつくしむこと。
【敬白】ケイハク つつしんで申し上げます。〔多く、手紙や文書の終わりに書きそえることば〕類敬具。例店主—。
【敬服】ケイフク (名・する) 尊敬して従うこと。すっかり感心して尊敬の気持ちをもつこと。類感服。例かれのことばには—した。
【敬復】ケイフク つつしんでご返事申し上げます。〔返信の初めに記すことば〕類拝復。
【敬慕】ケイボ (名・する) 深く尊敬し、その人のあとに従おうとすること。例—の念。—する恩師。

【敬礼】ケイレイ（名・する）敬意をあらわす、おじぎや挙手の礼などをすること。また、その礼。

【敬老】ケイロウ 老人をうやまうこと。例—の日（＝老齢者をうやまい長寿を祝う国民の祝日。九月第三月曜日）。

●失敬・尊敬・表敬・不敬

攵 8

【散】

12画 2722 6563 教育4 音サン漢呉 訓ち-る・ち-らす・ち-らかす・ち-らかる・ち-らし

筆順 一 艹 丗 昔 昔 背 散 散

なりたち ［形声］「月（＝にく）」と、音「𢿱（＝はなれる）」とから成る。ばらばらになった肉。派生して「ばらばら」の意。

意味 ❶まとまっているものをばらばらにする。ちらばる。ちらす。例散乱。分散。❷まきちらす。ばらまく。わけあたえる。例散財。散布。❸ばらばらで、まとまりがない。例散漫。❹まとまりがなく、役に立たない。ぶらぶらと気ままな。ひまな。例散人。散歩。❺（まとまっていない）粉のくすり。例散薬。胃散。

人名 のぶ

【散逸】サンイツ（名・する）まとまっていた文書や書物が、ちらばってどこかへいってしまうこと。表記「散▼佚」とも書く。

【散会】サンカイ（名・する）会合が終わって人々が、それぞれに帰っていくこと。例なごやかに—した。

【散開】サンカイ（名・する）軍隊が敵の砲撃をさけるため、ちらばり広がること。散兵。例—隊形。敵前で—する。

【散楽】サンガク 古代中国の踊りや軽業などの民間芸能。日本には奈良時代に伝わり、のちに田楽や猿楽に受けつがれた。

【▽散切り】ザンぎり ①髪を、そったり結んだりせず、切り下げたままにした髪型。②「散切り頭」の略。明治初期に流行した男子の髪型。まげをゆわず、西洋風に襟元で切りそろえた。表記▽「斬切り」とも書く。

【散華】サンゲ（名・する）①〔仏〕仏を供養するために花をまきちらすこと。とくに法会のとき、経をとなえながら列をなして歩き、五色の紙でつくったハスの花びらをまきちらすこと。②〔華と散るの意〕戦時に、新聞や雑誌などで、戦死を美化して言ったことば。例大陸に—した勇士。

【散見】サンケン（名・する）あちらこちらに少しずつ、ちらばって見えること。例人家が—される。

【散光】サンコウ ①平らでない面や空中の微粒子に当たって、四方にちらされた光。②くもり空の光のように、方向が定まっていないために、かげのできない光。

【散在】サンザイ（名・する）あちらこちらに、ちらばってあること。類点在。例島島が—する。

【散剤】サンザイ「散薬」に同じ。

【散財】サンザイ（名・する）（むだなことに）お金をたくさん使うこと。

【散策】サンサク（名・する）〔「策」は、つえの意〕とくに目的もなく歩き回ること。そぞろ歩き。類散歩。例庭園を—する。

【散散】サンザン 一（形動ダ）ひどいようす。ひどく悪いようす。例—な目にあう。二（副）はなはだしいようす。思いきり。さんざ。例—めいわくをかける。

【散士】サンシ ①官に仕えない、民間の文筆家。散史。類野史。②文人や画家などの雅号にそえて用いることば。散人。例東海—（＝本名、柴四朗）。

【散失】サンシツ（名・する）ばらばらになってなくなること。散逸。

【散儒】サンジュ 世の中の役に立たない学者。

【散人】サンジン ①役に立たない人。また、官に仕えず、世の中の雑事にわずらわされずに、気ままに暮らす人。②「散士②」に同じ。山人。例荷風—（＝本名、永井壮吉）。

【散村】サンソン 人家がところどころに、ちらばっている村。

【散弾】サンダン 発射と同時に、多数の小弾丸が飛びちるしくみのたま。ばらだま。例—銃（＝ショットガン）。表記「▼霰弾」とも書く。

【散発】サンパツ（名・する）①弾丸が時間をおいて発射されること。例—する敵の砲火。②ものごとがときどき起こること。例今でも同じような事件が—する。

【散髪】サンパツ（名・する）①まげをゆわずに、ばらばらにたらした髪。ざんばら髪。また、たらした髪を切りそろえること。②髪を切ってととのえること。斬髪。例—屋。

【散票】サンピョウ 選挙で、特定の候補者に票が集まらず、なん人かの候補者に分散すること。また、その票。

【散布】サンプ（名・する）①まきちらすこと。ばらまくこと。例農薬を—する。②ところどころに、ちらばってあること。表記①は旧▼撒布

【散文】サンブン 音数にとらわれず、韻をふむ必要もなく、自由に書かれた文章。対韻文。

【散文詩】サンブンシ 散文の形式で書かれた詩。

【散文的】サンブンテキ（形動ダ）①詩のようなリズムがなく、散文のようなようす。対詩的。②しみじみとしたおもむきや、おもしろみのないようす。例—な人物。

【散兵】サンペイ 適当な距離をとって、兵士を配置すること。散開した兵。例—線（＝散兵によって形成された戦闘線）。

【散歩】サンポ（名・する）とくに目的もなく、気晴らしや軽い運動のため、ぶらぶら歩くこと。そぞろ歩き。類散策。

【散米】サンマイ 邪気をはらうため、また、供え物として神前にまきちらす米。うちまき。

【散漫】サンマン（名・形動ダ）ちらばって、まとまりがないこと。中心点がはっきりせず、とりとめがないこと。また、気持ちが集中しないこと。例—な文章。注意力—だ。

【散薬】サンヤク こなぐすり。粉薬。散剤。

【散乱】サンラン（名・する）ばらばらに、ちらばること。例破片が—する。

【散り▼蓮華】ちりレンゲ 柄の短い陶製のさじ。れんげ。〔形が、ちったハスの花びらに似ているところから〕

【▽散銭】ばらセン 小銭。

●一目散・一散・雲散・解散・拡散・閑散・四散・退散・発散・分散・離散

攵 8

【敞】

12画 5840 655E 音ショウ漢呉 訓あき-らか・たか-い・ひら-く

意味 ❶ゆったりと広い。例敞閑（＝広く静かなようす）。❷ひらける。ひらく。

攵 8

【敦】

12画 3856 6566 人名 音一トン漢 二タイ漢 訓あつ-い

なりたち ［形声］「攵（＝うつ）」と、音「享（シュン→トン）」とから成る。問いつめる。借りて「心があつい」の意。

意味 一トン 心がこもっていて、ていねいな。（人情が）あつい。同惇。例敦厚。敦朴。二タイ 黍稷（＝キビの類）を盛る、ほぼ球形の青銅の食器。

人名 あつ・あつし・おさむ・つとむ・つる・のぶ

【敦厚】トンコウ（名・形動ダ）まごころがあって、人情にあついこと。例—な人物。

【敦▼煌】トンコウ 甘粛省北西部にある都市。漢代以後東西

交通の要地として栄えた。仏教芸術の貴重な遺跡がある。表記「▼燉▼煌」とも書く。

【敦朴】(名・形動)人情があつくて、かざりけがないこと。例―な人がら。表記「敦▼樸」とも書く。

文8 【敝】12画 5841 655D 音ヘイ漢呉 訓やぶ-れる

意味 ❶やぶれて古びる。ぼろぼろにいたむ。やぶれる。同弊。例敝衣・敝履。❷自分に関するものごとについて、へりくだっていうときに用いることば。例敝屋・敝国。

【敝衣】破れた着物。ぼろぼろの服。例―破帽(=ぼろの衣類と破れた帽子。とくに、明治時代の書生や旧制高校生の、質実で豪放をよそおった身なりをいう)。表記「弊衣」とも書く。

【敝屋】ぼろぼろの家。あばら家。また、自分の家をへりくだっていうことば。表記「弊屋」とも書く。

【敝履】［「履」は、はきものの意］破れたはきもの。例―を棄つるがごとし(=おしげもなく捨てて、かえりみない)。表記「弊履」とも書く。

文9 【数】13画 3184 6570 教育2 音一スウ・ス漢 シュ呉 二サク漢呉 訓かず・かぞ-える・しばしば 付表 数珠・数寄屋・数奇屋

筆順 丷 半 米 米 娄 娄 数 数

文11 【數】15画 5843 6578

なりたち ［形声］「攵(=うつ)」と、音「婁ロ→ウス」とから成る。かぞえる。

意味 一 ❶計算する。かぞえる。❷かず。例数字・数量。回数。❸いくつかの。例数日・数人。❹運命。めぐりあわせ。例数奇・運数・命数。❺わざ。はかりごと。手段。方法。例術数。二 なんども。くりかえして。しばしば。例数窮(=しばしば窮する)。

難読 数多・無数

人名 のり・ひら

【数え年】生まれた年を一歳とかぞえ、新年になるたびに一歳を加えていく年齢のかぞえ方。対満年齢。

【数珠】多数の小さい玉を糸でつないで輪にした仏具。仏を拝むときなどに用いる。念珠。例―つなぎ。表記「▼珠数」とも書く。

【数学】数量や図形などの、性質や法則性を研究する学問。代数・幾何・解析などの分野がある。

【数奇】一 (名・形動)［「サッキ」とも。「数」は運命、「奇」は、幸運でない意］不運なこと。また、幸・不幸の移り変わりが激しいこと。例―な運命をたどる。二 「数寄」に同じ。

【数個】二、三個から五、六個。いくつか。なん個か。

【数口】❶数人。❷数人の家族。例―の家。

【数行】いくつかのすじ・列。例―のなみだ。―の過雁。

【数合】数回、敵と戦うこと。数度の合戦。例切り結ぶこと―にして相手の力量を知る。

【数刻】❶数時間。二、三時間から五、六時間。❷しばらくのあいだ。

【数詞】文法で、名詞のうち、数量や順序をあらわすことば。「一つ」「二番」「三本」「第四」「五号」「百」など。〔事物の順序をあらわす語を序数詞(「一番」「二つめ」など)、数字の下につけてものの種類をあらわす語を助数詞(「三個」「四本」など)という〕

【数字】❶数をあらわす文字。漢数字(一・二・三…)、アラビア数字(1・2・3…)、ローマ数字(Ⅰ・Ⅱ・Ⅲ…)など。❷数量。例記録的な―。―が物語る事実。

【数次】数回。たびたび。しばしば。例―にわたる会談。

【数式】数や量をあらわす数字や文字を、＋－×÷などの計算記号で結びつけ、数量関係を示した式。整式、分数式など。式。例―を多く用いて説明する。

【数日】二、三日から五、六日。また、なん日か。例あれから―過ぎた。

【数術】❶古代の、天文・暦・占いに関する学問。❷はかりごと。類術数。

【数多】数がたくさんあること。多数。例―の人人。

【数段】❶二、三段から五、六段。❷かなりのていどの差があること。ずっと。数等。例相手の実力は―上だ。

【数値】❶数式の中の文字にあてはまる数。例―を代入する。❷計算や測定の結果、得られた数。例予想どおりの―が出た。

【数等】ずっと。数段。例相手は―上手だ。

【数人】二、三人、または、五、六人。例―の若者。

【数年】二、三年、または、五、六年。例―前。

【数理】❶数学の理論。❷算数の道理。計算方法。例―に明るい。

【数量】数であらわした量。また、ものの数と分量。例―を計算する。

【数列】〔数〕一定の規則に従って並んでいる数の列。

【数寄】風流なこと。また、それを好むこと。とくに和歌や茶の湯を好むこと。例―を凝らす(=風流のおもむきを、じゅうぶんにあらわす)。表記「数奇」とも書く。

【数寄屋】❶庭のなかに、母屋とは別に建てた茶室。❷近世のはじめに建てられた、茶室風の建物。例―造り。表記▽「数奇屋」とも書く。

●頭数・回数・概数・画数・奇数・偶数・権謀術数・戸数・算数・実数・少数・整数・総数・多数・打数・単数・手数・点数・人数・場数・端数・複数・有数

攴10 【敲】14画 5842 6572 音コウ漢 訓たた-く

意味 ❶とんとんとたたく。たたく。例推敲。❷短いむち。また、むちで打つ。例敲扑(=むち。また、むちでたたく)。

文11 【敵】15画 3708 6575 教育6 音テキ漢 ジャク呉 訓かたき・あだ

筆順 亠 ㅗ 产 商 商 商 商 敵

なりたち ［形声］「攵(=うつ)」と、音「商シ→テキ」とから成る。仇。力がつりあう相手。

意味 ❶実力がひとしい。対等な相手。例好敵手・匹敵・無敵。❷立ち向かう相手。あだ。かたき。例敵視・仇敵・宿敵。

人名 とし

【敵意】相手を敵とみて、にくみきらう気持ち。害を加えようとする心。例―をいだく。―がある。

【敵影】敵のかげ。敵のすがた。

【敵▼愾】［「愾」は、うらみいかる意］❶主君のうらみを晴らそうとすること。❷敵に対していかりを燃やし、これに立ち向かおうとする意気ごみ。

【敵▼愾心】(テキガイシン) 敵に対するいきどおりの心。相手に立ち向かう気持ち。例―を燃やす。

【敵方】(テキがた) 敵側の人々。敵のほう。対味方。例―に回す。

【敵艦】(テキカン) 敵の軍艦。

【敵軍】(テキグン) 敵の軍隊。敵の軍勢。対友軍。

【敵国】(テキコク) 戦争をしている相手の国。

【敵視】(テキシ) (名・する) 相手を敵とみなすこと。

【敵手】(テキシュ) ①競争相手。ライバル。例好―。②敵の手。例―にゆだねる。―にたおれる。

漢字に親しむ ⓬ 不可思議(フカシギ)な数

一・十・百・千・万・十万……百億・千億・一兆・十兆・百兆・千兆・一京――この次の数の単位は、なんでしょうか。「京(ケイ)」の次は「垓(ガイ)」、続いて「秭(シ)」「穣(ジョウ)」「溝(コウ)」「澗(カン)」「正(セイ)」「載(サイ)」「極(ゴク)」となり、このあとには「恒河沙(ゴウガシャ)」「阿僧祇(アソウギ)」「那由多(ナユタ)」「不可思議(フカシギ)」「無量大数(ムリョウタイスウ)」と続きます。

「恒河沙」「阿僧祇」「那由多」などは仏教のお経(キョウ)にあることばで、「恒河」はインドのガンジス川、したがって「恒河沙」はガンジス川の沙粒(すなつぶ)の数の意、「阿僧祇」「那由多」も古代インドの梵語(ボンゴ)をそのまま音訳したもので、無数(=かぞえられないほど多い)という意味です。以上あげた単位のそれぞれに「十京・百京・千京」のようにつければ、「千無量大数」は実に10の71乗になってしまいます。まったく無数としかいいようのない数ですね。

【敵襲】(テキシュウ) 敵がおそってくること。例―に備える。

【敵▼讐】(テキシュウ) あだ。かたき。例―であることを忘れる。

【敵将】(テキショウ) 敵の大将。敵の将軍。

【敵情】(テキジョウ) 敵のようす。相手方の状況(ジョウキョウ)。例―をさぐる。

【敵人】(テキジン) 争っている相手。敵方(テキがた)。

【敵陣】(テキジン) 敵の陣地。相手方の陣営。例―に切りこむ。

【敵勢】㊀(テキセイ) 敵の勢力。敵のいきおい。例―あなどりがたし。㊁(テキゼイ) 敵の軍勢。例―に包囲された。

【敵前】(テキゼン) 敵のいる前。敵陣(テキジン)の前。例―上陸。

【敵対】(テキタイ) (名・する) 相手を敵として立ち向かうこと。類抵抗(テイコウ)。例―心。―行為(コウイ)。

【敵弾】(テキダン) 敵がうつ弾丸。

【敵地】(テキチ) 敵の領地。敵の占有地(センユウチ)。例―にのりこむ。

【敵中】(テキチュウ) 敵のなか。

【敵背】(テキハイ) 敵のうしろ。例―をつく。

【敵兵】(テキヘイ) 敵の兵士。

【敵本主義】(テキホンシュギ) ほかに目的があるように見せかけておいて、とちゅうで急に真の目的に向かって行動するやりかた。〔明智光秀(あけちみつひで)が出陣(シュツジン)のとちゅう、「敵は本能寺(ホンノウジ)にあり」と言って、主君である織田信長(おだのぶなが)を討(う)った故事から〕

【敵薬】(テキヤク) 配合によっては毒になる薬。

【敵塁】(テキルイ) 敵のとりで。

【敵機】(テキキ) 敵の飛行機。例―襲来(シュウライ)。

●外敵(ガイテキ)・強敵(キョウテキ)・恋敵(こいがたき)・碁敵(ゴがたき)・宿敵(シュクテキ)・大敵(タイテキ)・天敵(テンテキ)・難敵(ナンテキ)・無敵(ムテキ)・論敵(ロンテキ)

攵11 【敷】 15画 4163 6577 常用 音フ漢呉 訓し-く 付表 桟敷(さじき)

筆順 一 亓 亩 亩 亩 尃 尃 敷

攵11 【敷】 15画

なりたち [形声]「攵(=うつ)」と、音「旉(フ)」とから成る。のべひろげる。

意味 平らにひろげる。広く行きわたらせる。しく。例敷布(しきフ)。敷衍(フエン)。敷設(フセツ)。

人名 のぶ・ひら・ひろ

【敷居】(しきい) 引き戸や障子(ショウジ)などの下の、みぞのある横木。しきみ。対鴨居(かもい)。例―が高い(=その家に行きにくい)。表記「▼閾」とも書く。

【敷金】(しききん) ①家や部屋の借り主が、家主(やぬし)に預ける保証金。②取り引きの保証として預ける証拠金(ショウコキン)。

【敷島】(しきしま) ①大和(やまと)(=今の奈良(なら)県にあたる)の別名。②日本の国の別名。例―の道(=和歌をよむ素養)。

【敷地】(しきチ) 建物を建てたり、道路や公園をつくったりするための用地。例広い―の家。

【敷布】(しきフ) しき布団(ブトン)の上にしく布。シーツ。

【敷き▼藁】(しきわら) 植物の根もとや、家畜(カチク)小屋にしく、わら。例厩舎(キュウシャ)の―。

【敷▼衍】(フエン) (名・する) ①広く行きわたらせること。②意味や趣旨(シュシ)などを、さらにおし広げて説明すること。例師の教えを―する。表記▽「布▼衍・敷延」とも書く。

【敷設】(フセツ) (名・する) 線路や設備などを設置すること。例―工事。鉄道を―する。表記「布設」とも書く。

●座敷(ザしき)・風呂敷(フロしき)・屋敷(やしき)

攵11 【數】 15画 ⇩【数】(ウス)(466ページ)

攵11 【敷】 15画 ⇩【敷】(フ)(467ページ)

攵12 【整】 16画 3216 6574 教育3 音セイ漢 ショウ呉 訓ととの-える・ととの-う

筆順 一 亖 申 束 束 敕 敕 整

なりたち [会意]「攵(=うつ)」と「束(=たばねる)」と「正(セイ)(=ただす)」とから成る。ととのえる。

意味 正しくそろえる。きちんとする。ととのえる。ととのう。例整備(セイビ)。整理(セイリ)。調整(チョウセイ)。

使い分け ととのう・ととのえる【整・調】⇩1174ページ

人名 おさむ・ただし・ただす・なり・ひとし・まさ・よし

【整形】(セイケイ) (名・する) 形をととのえること。例美容―。

【整形外科】(セイケイゲカ) 骨・関節・筋肉・神経などの障害や異常を予防したり、治療(チリョウ)したりする医学の一部門。

【整合】(セイゴウ) (名・する) ぴったり合うこと。きちんと合わせること。また、理論などに矛盾(ムジュン)のないこと。例―性(=食いちがいがなく、首尾一貫(シュビイッカン)していること)。

【整骨】(セイコツ) 骨が折れたり、関節がはずれたりしたのを治療(チリョウ)すること。骨つぎ。類接骨。例―医。

【整枝】(セイシ) (名・する) 果樹(カジュ)の不要な枝をかりこんで形をとと

のえ、管理しやすくすること。例—作業。

【整式】セイシキ ［数］数式のうち、数字ではない文字について、足し算・引き算・かけ算以外の演算をふくまない式。たとえば、$a+2bx-3cy$ のような式。

【整粛】セイシュク（名・形動ナ）行儀ギョウギ作法などがととのって、おごそかであること。例—な行進。

【整除】セイジョ（名・する）整数どうしの割り算で、割り切れること。

【整数】セイスウ 自然数（1、2、3…）と、それに対応する負数（−1、−2、−3…）および零レイ（0）。対小数・分数。

【整然】セイゼン（形動タル）きちんと正しくととのっているようす。対雑然。例—と並べる。表記もと「井然」とも書いた。

【整地】セイチ（名・する）建築や耕作のために、地面を平らにならすこと。地ならし。例—作業。

【整腸】セイチョウ 腸の調子をととのえること。例—剤ザイ。

【整調】セイチョウ（名・する）①からだや機械などの調子をととのえること。②複数のこぎ手の競漕キョウソウ用ボートで、ほかのこぎ手の調子をとるこぎ手。ストローク。

【整頓】セイトン（名・する）乱れているものをきちんとすること。かたづけること。例整理—。

【整髪】セイハツ（名・する）（かみの毛をかって）髪型かみがたをととのえること。例—料（＝整髪に使う化粧品ケショウヒン）。

【整版】セイハン（名・する）①木版や瓦版かわらバンなど、一枚の面にほって印刷するもの。また、それで印刷したもの。②印刷用の原版を作ること。類製版。

【整美】セイビ（名・形動ナ・する）形がととのって美しいこと。また、そうすること。

【整備】セイビ（名・する）①さしつかえが起きないように、きちんととのえておくこと。例書類の—。②いつでも役立つように、手入れをして準備しておくこと。例自動車—工場。

【整容】セイヨウ（名・する）姿や形をととのえること。

【整理】セイリ（名・する）①乱れているものをきちんと、ととのえること。かたづけること。例—整頓セイトン。メモを—する。②むだなものをとりのぞくこと。例人員—。

【整流】セイリュウ（名・する）①電気の流れを、交流から直流に変えること。例—器。②水や空気の乱れた流れを、ととのえること。例—板バン。

【整列】セイレツ（名・する）きちんと列をつくって並ぶこと。例—乗車。三列に—する。

●均整キンセイ・修整シュウセイ・調整チョウセイ

攵13 【厳】 17画 2423 53B3 教育6
音ゲン漢ゴン呉 訓おごそ-か・きび-しい・いか-めしい

筆順 ⺍ 𫝀 屵 厓 厳 厳 厳

口17 【嚴】 20画 5178 56B4 人名

なりたち ［形声］「吅（＝うながす）」と、音「嚴ギン→ゲン」とから成る。命じていそがせる。口やかましくきびしい。

意味 ❶はげしい。きびしい。例厳寒ゲンカン。厳禁ゲンキン。厳守ゲンシュ。❷いかめしい。おごそか。例厳粛ゲンシュク。厳然ゲンゼン。威厳イゲン。

難読 厳島いつくしま（＝地名）

人名 いかし・いず・いつ・いつき・いわ・かね・たか・つよ・よし

【厳戒】ゲンカイ（名・する）きびしく警戒すること。例—体制。

【厳格】ゲンカク（形動ナ）きびしく正しいようす。型や規則などをきびしく守るようす。対寛容カンヨウ。例—なしつけ。—に育てる。

【厳寒】ゲンカン きびしい寒さ。類酷寒コッカン・極寒ゴッカン。対厳暑。例—にみまわれる。

【厳禁】ゲンキン（名・する）きびしく禁止すること。例火気—。

【厳君】ゲンクン 他人の父親をうやまっていうことば。類厳父。

【厳訓】ゲンクン きびしい教え。例父の—を守る。

【厳守】ゲンシュ（名・する）（規則や命令を）かたくまもること。類遵守ジュンシュ。例時間—のこと。

【厳重】ゲンジュウ（名・形動ナ）ひじょうにきびしいこと。いいかげんなことを許さないこと。例—な検査。

【厳粛】ゲンシュク（名・形動ナ）①きわめておごそかで、つつしみぶかいこと。心がひきしまること。例—に受け止める。②ごまかしたり、かくしだてしたりできないこと。例死という—な事実。

【厳暑】ゲンショ きびしい暑さ。類酷暑コクショ。対厳寒。例例年にない—。

【厳正】ゲンセイ（名・形動ナ）きびしく公正を重んじること。決まりをきびしく守ること。例—な選考の結果。

【厳選】ゲンセン（名・する）基準をきびしくして、えらぶこと。例材料を—した料理。

【厳然】ゲンゼン（形動タルト）近寄りがたいほど、おごそかなようす。動かしがたいようす。例—たる態度。表記 旧▼儼然

【厳存】ゲンソン・ゲンゾン（名・する）まぎれもなく、確かに存在すること。例証人が—する。表記「▼儼存」とも書く。

【厳冬】ゲントウ 寒さのきびしい冬。冬の寒さがとくにきびしい時期。例—期の備えをする。

【厳罰】ゲンバツ 手心てごころを加えないで、きびしく罰すること。また、その罰。例—に処する。

【厳父】ゲンプ ①厳格な父親。②他人の父親をうやまっていうことば。類厳君。

【厳封】ゲンプウ（名・する）簡単に開けられないように、しっかりと封をすること。例—の書状が届く。

【厳密】ゲンミツ（形動ナ）細かいところまできびしく注意をはらっているようす。例—な計算。—に調査する。

【厳命】ゲンメイ（名・する）絶対に守るように、きつく命じること。また、その命令。例—に従う。

●威厳イゲン・戒厳カイゲン・謹厳キンゲン・荘厳ソウゴン・尊厳ソンゲン・冷厳レイゲン

攵13 【斂】 17画 5844 6582 音レン漢呉 訓おさ-める

意味 ❶あつめる。とりあげておさめる。例収斂シュウレン。❷税をとりたてる。例苛斂誅求カレンチュウキュウ。❸死者をほうむる。例斂葬レンソウ。❹しまいこむ。おさめる。例斂翼レンヨク（＝鳥がつばさをおさめて休む）。❺ひきしめる。

【斂葬】レンソウ 死体をうめてほうむること。

攵14 【斃】 18画 5845 6583 音ヘイ漢 訓たお-れる

意味 たおれて死ぬ。たおれる。例斃死ヘイシ。斃而后已たおれてのちやむ。

【斃れて▽后のち▼已やむ】命のある限り努力して、やりぬく。死して後のち已やむ。〈礼記ライキ〉

【斃死】ヘイシ（名・する）行きだおれになること。のたれ死に。

67 4画 文 ぶん部

交わった線の形で、「あや」「もよう」の意をあらわす。「文」をもとにしてできている漢字と、「文」の字形を目じるしにして引く漢字とを集めた。

0 文 8 斑 斐 斌

この部首に所属しない漢字

吝⇩口197 斈⇩子284 対⇩寸308 斉⇩斉1114

紊⇩糸 772　斎⇩斉 1114

文 0 【文】 4画 4224 6587 教育1 音ブン㊥漢・モン㊥呉 訓ふみ・あや

筆順 丶 亠 ナ 文

なりたち 文 [象形] 交わった線の形。

意味 ❶何かの形に見える模様。あや。同紋。例文様(モンヨウ)。縄文(ジョウモン)。❷模様をつけて、かざる。例文飾(ブンショク)。文身(ブンシン)。❸ことばを目に見える形にした記号。字。例文字(モジ)。金石文(キンセキブン)。甲骨文(コウコツブン)。❹字を書きつらねて、まとまった内容をあらわしたもの。ふみ。例文献(ブンケン)。作文(サクブン)。詩文(シブン)。❺ことばのはたらきによって生み出されるもの。学問・芸術・教養。対武。例文化(ブンカ)。文芸(ブンゲイ)。人文(ジンブン)。

日本語での用法《モン》①昔の貨幣の単位。「六文銭(ロクモンセン)」②足袋(たび)・くつの大きさの単位。「十文半(トモンハン)」

人名 あき・あきら・いと・すじめ・とも・のぶ・のり・ひさ・ひとし・ふみし・み・やす・ゆき・よし

【▽文月】ふづき｜ふみづき 陰暦(インレキ)で七月のこと。太陽暦でもいう。

【▽文机】ふづくえ｜ふみづくえ 本を読んだり書きものをしたりする机。多くは、和風のすわり机をいう。

【▽文箱】ふばこ｜ふみばこ ①手紙や書類などを入れておく箱。②手紙を入れて、送り届けるための細長い箱。③書物を入れて持ち運びする箱。表記 ▽「▽文▼筥」とも書く。

【文殻】ふみがら 読んでしまって、いらなくなった手紙。

【文案】ブンアン 文章の下書き。草案。例—を練る。

【文意】ブンイ 文章の意味や内容。例—が通らない。

【文運】ブンウン 学問や芸術がさかんにおこなわれていること。例—隆盛(リュウセイ)。

【文▼苑】ブンエン ①文章を集めたもの。文集。②文学の世界。文壇(ブンダン)。

【文化】ブンカ ①世の中が進歩して、人々の生活が豊かになること。例—的な生活。②学問・芸術・宗教など、人間の精神的活動から生み出されたもの。例日本—。

【文化遺産】ブンカイサン 今日まで伝えられた、昔のいろいろな文化。

【文化勲章】ブンカクンショウ 日本文化の発展のためにとくに大きな功績を残したとして、文化功労者の中から選ばれて受ける勲章。毎年十一月三日の文化の日にさずけられる。

【文化功労者】ブンカコウロウシャ 日本文化の発展や向上に功績があったと認められて、国から、終身年金を受ける人。

【文化財】ブンカザイ ①精神的活動によってつくりだされた、文化的価値の高いもの。学問や芸術など。②文化財保護法で保護の対象となっているもの。例無形—。重要—。

【文化人】ブンカジン 学問や芸術などに関係して活動する人。〔ジャーナリズムが使うことばで、とくに厳密な用法はない〕

【文科】ブンカ ①大学の文学部・法学部・経済学部・商学部をまとめていう呼び名。例—系の学生。②哲学(テツガク)・史学・文学などの人文科学を研究する分野。▽対理科。

【文華】ブンカ ①詩文がはなやかであること。②文化や文明がはなやかなこと。

【文雅】ブンガ 一(名)詩文を作り、歌をよむ風流の道。風雅の道。二(名・形動ナ)風流でみやびやかなこと。例—の士。

【文学】ブンガク ①詩歌(シイカ)・小説・戯曲(ギキョク)など、ことばによってあらわされる芸術。また、それらについて研究する学問。例今世紀最高の—。②学問としての文学や歴史学・哲学(テツガク)・言語学・心理学などをまとめていう言い方。例—部。

【文学青年】ブンガクセイネン 文学を愛好する青年。また、作家を志す青年。〔文学好きを気取る人についていうことがある〕

【文学論】ブンガクロン 文学に関する議論や理論。

【文官】ブンカン 軍事関係以外の仕事を任務とする官吏(カンリ)。対武官。

【文教】ブンキョウ 学芸・文化・教育に関すること。例—地区。

【文金高島田】ブンキンたかしまだ 女性の髪型(かみがた)の一つ。根も髷(まげ)も高くした島田髷。婚礼(コンレイ)のときにゆう。

【文具】ブング 文房具(ブンボウグ)。例—店。

【文型】ブンケイ 文のいろいろな、かた。〔英語 sentence pattern の訳語〕例基本—。

【文芸】ブンゲイ ①音楽や美術に対して、詩・小説・戯曲(ギキョク)など、ことばによってあらわされる芸術。文学。例大衆—。②学問と芸術。③言語文化と芸術。

【文芸復興】ブンゲイフッコウ 十四世紀末にイタリアに起こり、十六世紀にかけてヨーロッパ全土に広がった芸術・文化の革新運動。人間性を復活させ、古代ギリシャやローマの文化の復興をめざした。ルネッサンス。

【文献】ブンケン 〔「献」は、賢人(ケンジン)の意〕昔の文化を知るのに役立つもの。また、文字に書かれている資料。例参考—。

【文言】一ブンゲン 中国で、口語に対する文語のこと。対白話(ハクワ)。二モンゴン 手紙や文章のなかの語句。例会の規約の—。

【文庫】ブンコ ①書物を入れておく、くら。また、そこに集められた書物。例学級—。②書類やはんこなどを入れておく箱。例手—。③小型の叢書(ソウショ)。例—判。—本。

【文語】ブンゴ ①文章を書くときに使うことば。書きことば。文章語。②平安時代の古典で使われていることばを基本として書かれた文章語。▽対口語。

【文語体】ブンゴタイ ①古典で使われていることばで書かれた、文体や文章の様式。対口語体。②文章語の様式。

【文語文】ブンゴブン 文語体で書かれた文。和文・候文(そうろうブン)・和漢混交文など。対口語文。

【文豪】ブンゴウ 偉大(イダイ)な小説家。大作家。例明治の—。

【文才】ブンサイ 文章を書く才能。類文藻。例かれには—がある。

【文士】ブンシ 文章を書くことを職業としている人。作家。例—劇。三文(サンモン)—。

【文事】ブンジ 学問や芸術などに関することがら。対武事。

【文辞】ブンジ 文章のことば。また、文章のこと。

【文質】ブンシツ 〔「文」は、かざりの意〕①外見と実質。②りっぱな外観と充実(ジュウジツ)した内容。例—彬彬(ヒンピン)(=うわべの美しさと内容とがうまくとけあっていること)。

【文弱】ブンジャク (名・形動ナ)学問や芸能に多くの関心があり、武道をたしなむたくましさがないこと。例—の徒。

【文集】ブンシュウ 文章や詩歌(シイカ)などをあつめて本の形にしたもの。例卒業の記念に—を作る。

【文書】ブンショ｜モンジョ 文字を書きしるしたもの。例古—(コモンジョ)。

【文章】ブンショウ いくつかの文をかさねて、ある思想や感情をあらわしたもの。

【文章軌範】ブンショウキハン 南宋(ナンソウ)の謝枋得(シャボウトク)が編集した文集。七巻。唐宋(トウソウ)の文章を中心に、作文の手本となる古来の名文を収める。

【文章博士】モンジョウはかせ 律令制(リツリョウセイ)の大学で、文章道(モンジョウドウ)の学科の長。

【文飾】ブンショク (名・する)①いろいろな語句を用いて文章をかざること。例—の多すぎる案内状。②かざり。あや。

【文身】ブンシン 入れ墨(ずみ)。

【文臣】ブンシン 学問や芸術などで仕える臣下。

【文人】ブンジン 文事にたずさわる人。とくに、詩文を作ったり、絵をかいたりする風流な人。対武人。

【文人画】文人が趣味としてかく、風流な味わいを重んじる絵。南画。例—の典型、蕪村の作品。

【文責】発表した文章についての責任。例—在記者(=談話の聞き書きや、話の要点をまとめた文の、用語や文章の趣旨についての責任は記者にある、ということ)。

【文節】文法で、文を、意味や発音のうえから不自然にならないように区切った、最小の単位。「わたくしは/学校から/三時に/帰った」のように区切る、それぞれのことば。

【文選】㊀(名・する) 活版印刷で、原稿のとおりに活字を拾い集めていくこと。また、その人。㊁(名) 六世紀前半、梁の昭明太子蕭統が編集した、ジャンル別の詩文集。三十巻(のちに六十巻)。周代以来約千年間の文学の模範を示していて、日本文学にも大きな影響をあたえた。

【文藻】①文章のあや・かざり。②詩歌や文章を作る才能。類文才。例—に富む。

【文体】①文章の体裁・形式・様式。文語体・口語体・漢文体・書簡体など。②文章にあらわれる書き手の特徴。文章のスタイル。

【文題】文章や詩歌を作るときの題。

【文旦】ミカン科の植物。果実は大きな球形で、酸味とともにやや苦みがある。ザボン。ボンタン。

【文壇】作家や評論家の社会。文学界。例—の長老。

【文治】(「ブンジ」とも) 武力によらないで、教育や学問を広め、法令を整えて世の中をおさめること。対武断。

【文中】文章のなか。例—敬称略。

【文鳥】スズメほどの大きさの小鳥。頭が黒く、くちばしと足は桃色。飼い鳥で、人によくなれる。

【文鎮】用紙や書類などが動かないように、おさえるおもし。

【文通】(名・する) 手紙のやりとりをすること。例—がとだえる。

【文典】文法を書きしるした書物。文法書。例日本—。

【文頭】文や文章のはじめの部分。対文末。

【文徳】学問をすることによって身にそなわっていく徳。

【文範】手本や模範となるような文章。また、そのような文章を集めた書物。

【文筆】文章を書くこと。例—家。—業。

【文武】文の道と武の道。学問と武芸。例—両道。

[文部] 8画 斑 斐

【文物】文化が生み出した、芸術・学問・宗教・法律などをふくめた、すべてのもの。例秦代の—。

【文房】書斎。

【文房具】ものを書くのに用いる道具。用紙や筆記用具など。文具。

【文法】①ことばのつながり・組み立て・はたらきなどについての決まり。また、それについての研究。②〔たとえとして〕一定の方法。方式。例SF映画の—。

【文墨】詩文を作ったり、書画をかいたりすること。

【文末】文や文章の終わりの部分。対文頭。

【文脈】文章中の、文や語句の続きぐあい。文章の筋道や流れ。例—をたどる。—の乱れ。

【文民】軍人でない、また軍人であったことのない、いっぱんの人。〔英語 civilian の訳語。日本国憲法にあることば〕例—による統制。

【文名】すぐれた文章を作るという評判。例—が高い。

【文明】人間の知識が進み、技術が発達して生活が向上すること。また、そのような状態。例—国。—の利器。

【文明開化】人間の知識や技術が進み、世の中がひらけること。とくに、明治時代の初め、欧米の文明をさかんに取り入れたときの思想。また、その成果。

【文明病】文明が高度に進んだことによって引き起こされる病気。ノイローゼ・アレルギーなど。

【文面】手紙などの書き方や、その内容。例喜びが—にあふれている。

【文楽】義太夫節に合わせて演じる人形芝居。人形浄瑠璃。〔近代、「文楽座」という劇場で多く興行されたことによる呼び名〕

【文理】①文章の筋道。文脈。②ものごとの筋目。あや。③文科と理科。例—学部。

【文林】①文学者のなかま。文壇。②詩文を集めた本。

【文例】文章の書き方の見本。また、あることがらの例としてあげた文。

【文字】①ことばの音または意味、もしくは音と意味両方を、目に見える形にあらわしたもの。字。一字を指すとともに、二字以上の連結をも指す。漢字・ひらがな・かたかな・ローマ字など。②文字をつなげた、ことば。また、文章。

【文字言語】文字に書きあらわされている言語。書き言葉。対音声言語。

【文句】①文章や話のなかの、語句やことば。例いい—をさがす。②不満。不平。苦情。言い分。例—をつける。

【文殊】「文殊菩薩」の略。知恵の徳を受け持つという。例三人寄れば—の知恵。

【文部科学省】教育・学術・文化・科学技術にかかわることがらをあつかう中央官庁。

【文無し】お金がまったくないこと。また、その人。一文なし。

【文盲】読み書きができないこと。また、その人。

【文様】かざりとしての模様。図柄。デザイン。表記「紋様」とも書く。

●悪文・案文・一文・韻文・欧文・漢文・経文・原文・構文・国文・作文・散文・重文・序文・単文・短文・長文・電文・天文・邦文・名文・訳文・論文・和文

文8 【斑】
12画 4035 6591 常用 音ハン漢 訓まだら・ふ・ぶち

筆順 一 T 于 王 玏 玟 斑

なりたち [形声]本字は「辬」で、「文(=あや)」と、音「辡」とから成る。まだらな文様。

意味 ちがう色が点々とまじっている模様。まだら。ぶち。ふ。例斑点・斑紋・虎斑。

難読 斑鳩・雀子斑・斑雪

【斑点】ものの表面にある、地色とは色のちがう点々。

【斑白】白髪まじりのかみの毛。ごましお。

【斑▽猫】昆虫の一種。体長約二センチメートル。背中にあざやかなまだら模様がある。ミチオシエなどと呼ばれる。

【斑紋】まだら模様。表記「斑文」とも書く。

文8 【斐】
12画 4069 6590 人名 音ヒ漢 訓あや

なりたち [形声]「文(=あや)」と、音「非(=もよう)」とから成る。あやのある模様。

意味 あや模様があり、美しいようす。例斐然(=模様があって美しい)。

日本語での用法《ひ》「ひ」の音をあらわす万葉がな。「甲斐の国・甲斐がない」

難読 揖斐(=地名)・己斐(=地名)・許斐(=地名・姓)

人名 あき・あきら・あやる・い・なが・よし

文 8

【斌】 12画 4144 658C 音ヒン漢

意味 文と武とがかねそろう。外面と内実とがほどよく調和している。同彬。例斌斌。

68 4画 斗 とます 部

ひしゃくの形をあらわす。「斗」をもとにしてできている漢字を集めた。

0 斗 6 料 7 斛 斜 9 斟 10 斡

斗 0

【斗】 4画 3745 6597 常用 音トウ漢 ト呉 訓ます

筆順 ヽ ゛ ミ 斗

なりたち [象形] 容量をはかる柄つきの、うつわ。

意味 ❶酒や穀物の量をはかる道具。ひしゃく。ます。例斗斛(=ます)。斗桶(=ます)。❷ひしゃくの形のもの。例熨斗(=火のし)。漏斗。❸容量の単位。一斗は十升。例斗酒。斗米。→「度量衡表」(1141ページ) ❹一斗ますほどの大きさの。ちっぽけな。あるいは、でっかい。例斗室(=ごく小さい部屋)。斗胆(=きもっ玉の太いこと)。❺二十八宿の一つ。ひきつぼし。例斗宿。

人名 はかる・ほし

【斗牛】二十八宿のうちの斗宿と牛宿。「斗」は射手座の一部、「牛」はヤギ座の一部。

【斗酒】一斗の酒。多量の酒。例―なお辞せず(=酒はいくらでも飲める)。

●泰斗・北斗・漏斗

斗 6

【料】 10画 4633 6599 教育4 音リョウ漢呉 訓はか-る

筆順 ヽ ソ 半 米 米 米 料 料

なりたち [会意]「米(=穀物)」と「斗(=ひしゃく)」とから成る。穀物をひしゃくではかる。

意味 ❶ますで穀物や液体をはかる。また、かぞえる。例料民(=人口の調査)。計料。❷おしはかる。かんがえる。例料得(=おしはかる)。思料。❸きりもりする。うまくおさめる。例料理。❹もとになるもの。たね。しろ。例料紙。材料。燃料。

日本語での用法《リョウ》代金。「料金・送料」

人名 かず

【料飲】料理と飲食。

【料金】ものの利用や使用、また見物などにしはらうお金。例電話―。―をはらう。

【料▽簡】㊀(名)考え。思慮分別。気持ち。例―がせまい。悪い―をおこすな。㊁(名・する)こらえること。許すこと。例―してください。表記▽「了見・了▽簡」とも書く。

【料紙】ものを書くのに用いる紙。用紙。例写経の―。

【料亭】和風にしつらえた、高級な日本料理店。類割烹。

【料理】(名・する)①材料を切ったり煮たりして(おいしく)食べられるようにすること。また、その食べ物。類調理。②難問や強敵などを、自分の力でうまく処理すること。例対戦相手を簡単に―する。

●慰謝料・衣料・顔料・給料・原料・香料・食料・資料・染料・送料・塗料・肥料・無料

斗 7

【斛】 11画 5847 659B 音コク漢 訓ます

意味 ❶容量の単位。一斛は、周代で十斗、後には五斗。同石。❷液体や穀物、十斗の量をはかる容器。ます。例斗斛之禄(=わずかな俸給)。

斗 7

【斜】 11画 2848 659C 常用 音シャ漢呉 訓なな-め・はす

筆順 ノ 𠆢 亼 𠂉 余 余 斜 斜

なりたち [形声]「斗(=ひしゃく)」と、音「余ヨ→シャ」とから成る。ひしゃくでくむ。

意味 かたむいている。ゆがんでいる。ななめ。例斜面。傾斜。斜に構える。

難読 斜眼む・不斜(=ひととおりでない)

【斜雨】ななめに降りつける雨。

【斜影】ななめに映るかげ。

【斜眼】①やぶにらみ。斜視。②横目で見ること。

【斜▼頸】先天的な筋肉の異常などによって、首がかたむいた状態になる病症。

【斜月】西にはいりかけて、ななめに照らす月。類残月。

【斜光】ななめにさしてくる光。

【斜視】①両眼の視線が一致しないこと。また、その目。やぶにらみ。斜眼。②横目で見ること。

【斜線】ななめに引いた線。例―で区別を示す。

【斜辺】〔数〕直角三角形の、直角と向かいあう辺。

【斜面】傾斜している平面。スロープ。例急―。

【斜陽】①西にかたむいた太陽。夕日。また、その光。②おちぶれていくこと。おとろえていくこと。例―産業。

【斜陽族】社会の急激な変化についていけず、没落した、かつての上流階級。〔太宰治が小説『斜陽』で、敗戦直後の没落貴族をえがいたことによる〕

斗 9

【斟】 13画 5848 659F 音シン漢 訓く-む

意味 ひしゃくで水や酒をくむ。転じて、人の気持ちや事情を察する。思いやる。くむ。例斟酌。

【斟酌】(名・する)〔「酌」も、汲む意〕①相手の事情や気持ちをくみとること。例相手の立場を―し過ぎる。②ほどよくすること。手かげんすること。例処分に―を加える。③遠慮すること。例なんの―もいらない。

斗 10

【斡】 14画 1622 65A1 人名 音アツ慣 ワツ漢 訓めぐ-る

意味 くるくるまわる。めぐらす。めぐる。例斡旋。

人名 はる・まる

【斡旋】(名・する)①めぐる。②間に立って世話をしたり、うまくいくようにとりはからったりすること。とりもち。周旋。例就職を―する。

69 4画 斤 おの おのづくり 部

おのの形をあらわす。「斤」をもとにしてできている漢字と、「斤」の字形を目じるしにして引く漢字とを集めた。

この部首に所属しない漢字

匠⇩匚156 所⇩戸421 欣⇩欠553 質⇩貝938

斤0

【斤】

4画 2252 65A4 常用 音キン漢 訓おの

筆順 ノ 厂 斤 斤

なりたち [象形] 柄の先に刀がついた、おのの形。

意味 ❶木を切る道具。おの。例斧斤フキン。❷重さの単位。一斤は十六両。→「度量衡表」(1141ページ)

日本語での用法 《キン》①尺貫法の重さの単位。一斤は、百六十匁。②食パンの量の単位。一斤は、だいたい二五〇グラムから四〇〇グラムのあいだ。「食パン一斤」

人名 のり

【斤量】キンリョウ はかりではかった重さ。目方。斤目キンめ。

斤1

【斥】

5画 3245 65A5 常用 音セキ漢 訓さ-す・しりぞ-ける

筆順 ノ 厂 斤 斤 斥

なりたち [形声] 本字は「㡿」で、「广(=建物)」と、音「屰ゲキ→セキ」とから成る。家をおし広げる。

意味 ❶おしのけて、しりぞける。例斥退セキタイ(=しりぞける)。斥力セキリョク。排斥ハイセキ。❷気づかれないように、こっそりようすを見る。うかがう。例斥候セッコウ。❸ゆびさす。さす。例指斥シセキ。

日本語での用法 《さす》示す。あらわす。「北を斥す」

［斤部］0―7画 斤 斥 斧 斫 斬 断

人名 たか・とお

【斥力】セキリョク 〔物〕物体と物体が、たがいに遠ざけあう力。反発力。㊊引力。

【斥候】セッコウ (名・する) 敵軍のようすや地形を偵察テイサツすること。また、その兵。例—を出す。

斤4

【斧】

8画 4164 65A7 人名 音フ漢 訓おの・よき

意味 あつい刃に柄をつけた、木などを断ち切る道具。まさかり。おの。例斧鉞フエツ。斧斤フキン。斧正フセイ。

難読 手斧ちょうな

人名 はじめ

【斧▼鉞】フエツ ①おのと、まさかり。②大きな修正をすること。例文章に—を加える。表記 ▽「▼鈇▼鉞」とも書く。

【斧斤】フキン おの。まさかり。

【斧▼鑿】フサク ①おのと、のみ。また、おのとのみで細工をすること。②詩文や書画などに技巧ギコウをこらすこと。

【斧正】フセイ 〔おのでけずって正す意〕他人の詩文に手を加えること。斧削フサク。例—を請う(=先生に自分の詩文の添削テンサクを依頼イライするときの言い方)。表記「斧政」とも書く。

斤5

【斫】

9画 5849 65AB 音シャク漢呉 訓きざ-む・き-る

意味 ❶たたき切る。きる。❷けずる。きざむ。❸攻撃コウゲキする。例斫営シャクエイ(=敵陣テキジンに切りこむこと)。

斤7

【斬】

11画 2734 65AC 常用 音ザン慣 サン漢 訓き-る

筆順 一 亓 亘 車 斬 斬 斬

なりたち [会意]「車(=くるま)」と「斤(=おの)」とから成る。切りころす。もと、車裂き。

意味 ❶刃物で、きる。きりころす。例斬殺ザンサツ。斬首ザンシュ。❷きわだっている。はなはだ。同嶄ザン。例斬新ザンシン。

日本語での用法 《きる》するどく批判する。「世相セソウを斬る」

使い分け きる【切・斬】⇩1168ページ

【斬▼奸】ザンカン 悪人を切り殺すこと。表記「斬▼姦」とも書く。

【斬罪】ザンザイ 首を切り落とす刑。斬首。打ち首。

【斬殺】ザンサツ (名・する) 切って殺すこと。例—死体。

【斬首】ザンシュ (名・する) 首を切り落とすこと。首を切り落とす刑ケイ。また、その首。斬罪。打ち首。例—に処する。

【斬新】ザンシン (形動ダ)(発想などが)目のさめるほど新鮮シンセンなこと。例—なデザイン。

【斬髪】ザンパツ (名・する) ①髪かみを短くかること。また、かった頭。②髪を後ろへなでつけ、切りそろえた男性の髪型。明治初期に流行した。

斤7

【断】

11画 3539 65AD 教育5 音タン漢 ダン呉 訓た-つ・ことわ-る・ことわり

筆順 丷 ⺌ 半 米 迷 断 断 断

斤14

【斷】

18画 5850 65B7

なりたち [会意]「斤(=おの)」と「㡭(=絶たつ)」とから成る。たちきる。

意味 ❶ずばりとたちきる。二つにきりはなす。たつ。例断絶ダンゼツ。切断セツダン。❷つづけていたものをやめる。例断食ダンジキ。断酒ダンシュ。❸ずばりときめる。思いきってする。例断行ダンコウ。決断ケツダン。断をくだす。❹どんなことがあっても。かならず。例断固ダンコ。断然ダンゼン。断じて。

日本語での用法 《ことわり・ことわる》①拒絶キョゼツする。辞退する。「申もうし出でを断ことわる」②事のわけを説明する。「前まえもって断ことわらずに帰かえる」

使い分け たつ【断・絶・裁】⇩1172ページ

人名 さだ・さだむ・とう

【断案】ダンアン 最終的に決定した案。例—をくだす。

【断崖】ダンガイ 切り立ったけわしいがけ。例—絶壁ゼッペキ。

【断簡】ダンカン きれぎれになった文書や手紙。書類や手紙のきれはし。例—零墨レイボク(=きれぎれになった書状や筆跡ヒッセキ)。

【断機】ダンキ 機はたで織りかけの布をたち切ること。

【断機の戒め】ダンキのいましめ ⇩【孟母断機】モウボダンキ(286ページ)

【断金の契り】ダンキンのちぎり かたい友情や約束ごとのたとえ。〔金属をたち切るほどに強くかたいということから〕〈易経エキキョウ〉

【断言】ダンゲン (名・する) 迷いやあいまいなところがなく、きっぱりと言い切ること。㊥明言。例その点についてはーできない。

【断固】ダンコ (形動タルト) 決意を曲げたりすることなく、きっぱりとおしきって、ものごとをおこなうようす。㊥断然。例—たる態度。—として主張を通す。表記「断▼乎」とも書く。

【断交】ダンコウ（名・する）交際をやめること。とくに、国家間のつきあいをやめること。㊫絶交。例隣国と―する。

【断行】ダンコウ（名・する）反対をおしきっておこなうこと。例熟慮―。行政改革を―する。

【断裁】ダンサイ（名・する）紙や布などをたち切ること。例―機。

【断罪】ダンザイ（名・する）①犯罪に対する刑を定めること。裁判で判決を下すこと。②罪人の首を切る刑罰。打ち首。

【断食】ダンジキ（名・する）一定の期間、食べ物をとらないこと。信仰・修行、抗議の意思表示、また、病気の治療などを目的とする。例―療法。

【断酒】ダンシュ（名・する）酒を飲まないこと。酒をたつこと。禁酒。例―宣言。

【断種】ダンシュ（名・する）①子供ができないように手術すること。②血筋をたやすこと。

【断章】ダンショウ 文章や語句の一部分。また、短いきれぎれの文。㊫断編。

【断章取義】ダンショウシュギ 文章や語句の一部を、自分につごうのいいように解釈したり、利用したりすること。

【断水】ダンスイ（名・する）工事・事故・水不足などのために、水道の給水が止まること。また、止めること。

【断▼截】ダンセツ（名・する）たち切ること。截断。例―面。表記「断切」とも書く。

【断絶】ダンゼツ（名・する）①今まで続いてきたものごとが、とだえること。また、たやすこと。例家系が―する。②つながりをたち切ること。例国交を―する。③考え方や心が通じ合わないこと。例世代間の―。

【断線】ダンセン（名・する）電線や電話線が切れること。

【断然】ダンゼン（副）①きっぱりとおしきって、ものごとをおこなうようす。また、かたく決心しているようす。断じて。㊫断固。例―行く。②他とくらべて、とびぬけているようす。例―おもしろい。

【断想】ダンソウ 折にふれていだいた、断片的な感想。例―録。

【断層】ダンソウ ①地殻の割れ目に沿って地層がずれてくいちがうこと。また、その現象。例活―。②考え方などのくいちがい。例世代間の―。

【断層撮影】ダンソウサツエイ 立体物や人の、ある断面をエックス線写真にとること。

【断続】ダンゾク（名・する）切れたり続いたりすること。例雨が―的に降る。

【断断固】ダンダンコ（形動タル）「断固」を強めていうことば。表記「断断▼乎」とも書く。

【断腸】ダンチョウ はらわたがちぎれるかと思うほど、悲しくいたましいこと。例―の思い。

【断定】ダンテイ（名・する）他に選択の余地を残さないように、判断すること。決めつけること。例―をくだす。

【断頭台】ダントウダイ 罪人の首を切る台。ギロチン。例―の露と消える。

【断熱】ダンネツ（名・する）熱が伝わるのをさえぎること。例―材。

【断念】ダンネン（名・する）きっぱりとあきらめること。例進学を―する。

【断髪】ダンパツ（名・する）①かみの毛を短く切ること。例―式。②女性の髪型の一つ。かみをゆわず、後ろは首筋の線で、前は額からまゆのあたりで、水平に切りそろえる。〔昭和初期のことば〕

【断髪文身】ダンパツブンシン かみの毛を短く切り、からだにいれずみをする。古代、未開の民族にみられた風習。

【断片】ダンペン ひとまとまりだったものから、切りはなされた一部分。切れはし。例―的な知識。―をつなぎあわせる作業。

【断編】ダンペン ひとまとまりの文章のなかの、一部分。また、きれぎれの文章。㊫断章。表記㊐断▼篇

【断末魔】ダンマツマ〔仏〕〔「末魔」は梵語の音訳で、からだの急所。これを傷つけると激痛とともに絶命するといわれる〕息を引き取るまぎわの苦痛。また、臨終。例―のさけび。

【断面】ダンメン ①切り口の面。例―図。②ある一つの視点でながめると見えてくる、ある状態。例社会の―をえがく。

●英断・横断・裁断・縦断・診断・即断・速断・中断・独断・判断・不断・分断・油断・予断

斤8

【斯】

12画 2759 65AF 人名 音シ漢呉 訓こ‐の・こ‐れ・か‐く

意味［助字］❶「この」「これ」「ここ」と読み、ものごとを指し示す。例斯学（=この学問）。斯道（=この道）。❷「すなわち」「ここに」と読み、そうすれば・すぐに、の意。接続をあらわす。例我欲レ仁、斯仁至矣（=わたしが仁を求めれば、仁はすぐにやってくる）。〈論語〉

難読 瓦斯・斯波（=姓）・波斯・斯須

人名 つな・のり

【斯界】シカイ 専門家が集まってつくる社会。また、話題となっている分野。その道。例―の権威。

【斯学】シガク この方面の学問。また、とくに儒学のこと。

【斯道】シドウ〔「このみち」と訓読する〕①孔子や孟子の教え。仁義の道。聖人の道。②学問や技術などで、その人がたずさわっている方面。例―の第一人者。

【斯文】シブン〔「このブン」と訓読する〕この学問。また、とくに儒学のこと。〔「天の将に斯の文を喪ぼさんとするや（=いま天がこの文化をほろぼそうとするなら）」から〕〈論語〉

斤9

【新】

13画 3123 65B0 教育2 音シン漢呉 訓あたら‐しい・あら‐た・にい・あら‐ただ

筆順 亠 立 立 辛 亲 新 新 新

なりたち ［形声］「斤（=おの）」と、「木（=き）」と、音「辛シ」とから成る。木を切って取る。派生して「あたらしい」の意。

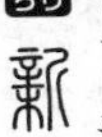

意味 ❶今までにない、はじめての（もの）。あたらしい。あらた。例新作。新鮮。新年。❷あたらしくする。例一新。更新。刷新。❸前漢の末、王莽が漢朝をうばって建てた王朝。一代、十五年でほろんだ。（八―二三）

日本語での用法《あら・にい》あることばの上にそえて、あたらしい意をあらわす。「新玉の年・新手・新妻・新盆」

人名 あき・あきら・あら・すすむ・ちか・はじむ・はじめ・よし・わか

【新案】シンアン あたらしい着想や、くふう。例―特許。実用―。

【新入り】シンいり あたらしくなかまにはいること。また、その人。新顔。新参。

【新鋭】シンエイ ある分野で頭角をあらわしてきて、その勢いがさかんなこと。また、その人やもの。新進気鋭。㊜古豪。例―の機種。期待の―。

【新開】シンカイ ①あたらしく開墾すること。例―の田地。②あたらしくひらけて市街ができること。例―地。

【新顔】シンがお あたらしくなかまにはいった人。新入り。新人。㊜古顔。例―の社員。

【新型】シンがた あたらしく考え出された型。また、その型でつくられたもの。ニュータイプ。㊫新式。例―の車両。表記「新形」とも書く。

【新株】シンかぶ 株式会社が増資するときに、あらたに発行する株。㊫子株。㊜旧株。

【新柄】シンがら あたらしく考え出された模様。例今年の春の―。
【新刊】シンカン 本や雑誌をあたらしく刊行すること。また、その刊行物。例―書。今月の―。
【新館】シンカン もとからあるものに対し、あらたに建てた建造物。対旧館。例デパートの―。
【新幹線】シンカンセン 主要都市間を結ぶ、高速鉄道路線。
【新奇】シンキ （名・形動ナ）目あたらしくて、変わっていること。例―をてらう。―なコマーシャル。
【新規】シンキ 一（名・形動ナ）今までとはちがって、あたらしいこと。例―開店。二（名）あたらしい規則。
【新▼禧】シンキ 新年を祝うこと。例恭賀―。謹賀―。
【新機軸】シンキジク 目あたらしい計画やくふう。例―を出す。
【新旧】シンキュウ あたらしいものと古いもの。また、あたらしいことと古いこと。類新古。例―交代。―勢力の衝突。
【新居】シンキョ ①あたらしく建てた家。類新宅。例―に移る。②結婚して住みはじめる家。例―を構える。▽対旧居。
【新教】シンキョウ 十六世紀の宗教改革で、ローマ教会に反対してできたキリスト教の一派。プロテスタント。対旧教。
【新曲】シンキョク あたらしく作られた歌曲や楽曲。例―浦島（＝坪内逍遥の新舞踊劇）。
【新局面】シンキョクメン 問題や情勢が、あたらしい段階にはいること。
【新劇】シンゲキ 明治末期に西欧の近代劇の影響を受けておこった演劇。リアリズムを主体とするもので、歌舞伎などの伝統演劇に対していう。対旧劇。
【新月】シンゲツ ①陰暦で、月の第一日の月。地球からは見えない状態にある。対満月。②陰暦で、月のはじめに見える月。類三日月。③東の空にのぼったばかりの月。
【新建材】シンケンザイ プラスチックや塩化ビニルなど、あたらしく作り出された建築材料。例床や壁に―が使ってある。
【新古】シンコ あたらしいものと、ふるいもの。新旧。
【新語】シンゴ ①あたらしくつくられた、または、使われだしたことば。新造語。②学習の課程で、教科書を通してあたらしく習うことば。新出語。
【新香】シンコウ｜シンコ ①あたらしいつけもの。しんづけ。②つけもの。こうのもの。こうこ。こうこう。おしんこ。
【新興】シンコウ 以前からあるものに対して、あたらしいものがさかんにおこること。例―勢力。―芸術。

［斤部］9画 新

【新婚】シンコン 結婚してあまり日がたっていないこと。また、その人。例―旅行。―生活。
【新作】シンサク （名・する）あたらしくつくること。また、その作品。対旧作。例―の舞踊。秋の―。
【新参】シンザン あたらしくなかまにはいること。また、その人。新入り。新人。対古参。例―者。
【新式】シンシキ （名・形動ナ）あたらしい方法や様式。新型。対旧式。例―の印刷機。
【新車】シンシャ ①新品の車。②新型の自動車や電車。
【新釈】シンシャク あたらしい解釈。例『源氏物語』に―を試みる。
【新酒】シンシュ その年にとれた米でつくった酒。対古酒。
【新種】シンシュ あたらしく発見されたり、作りだされた生物の種類。例―のウイルスが原因のかぜ。
【新秋】シンシュウ ①秋の初め。類初秋。例―の候。②陰暦七月の別名。
【新修】シンシュウ （名・する）書物をあたらしく編修すること。また、その本。例―された全集。
【新出】シンシュツ （名・する）①あたらしく世に知れること。例―資料。②教科書などで、初めて出ること。例―漢字。
【新春】シンシュン 新年。正月。はつはる。例―のおよろこびを申し上げます。
【新書】シンショ 平易に書かれていて、教養や新しい話題を多く収めた本の叢書。判型は文庫本よりひと回り大きい。
【新▼嘗祭】シンジョウサイ｜にいなめサイ 天皇が、十一月二十三日に、その年にとれた新米を神に供えて感謝し、みずからも食べる儀式。旧祝祭日で、現在は「勤労感謝の日」となった。
【新所帯】シンジョタイ あたらしくもった所帯。また、新婚の家庭。表記「新▽世帯」とも書く。
【新進】シンシン その分野にあたらしく進出すること。また、その人。例―作家。
【新進気鋭】シンシンキエイ あたらしくあらわれて、将来が期待されること。また、その人。新鋭。例―のピアニスト。
【新人】シンジン ①あたらしくなかまに加わった人。新顔。例―研修会。②人類の進化で、旧人の次にあたり、五万年前から後の、現在の人類につながるもの。クロマニヨン人など。▽対旧人。
【新生】シンセイ （名・する）①あたらしく生まれること。②生まれ変わったつもりで、あたらしい生活にはいること。例過去を捨てて―する。

【新生児】シンセイジ 生後四週間くらいまでの乳児。初生児。例―室。
【新生代】シンセイダイ 地球の歴史で、地質時代の区分のなかで、最もあたらしい時代。約六千六百万年前から現在までをいう。被子植物・哺乳動物が発達し、人類が出現した。
【新生面】シンセイメン これまでになかったあたらしい方面や分野。例―を開く。
【新制】シンセイ あたらしい制度。対旧制。例―高校。
【新政】シンセイ それまでと異なる、あたらしい政治体制。例―をしく。明治の―。
【新星】シンセイ ①あたらしく発見された星。②とつぜん明るくかがやきだした星。③ある社会で急に人気の出た人。例歌謡界の―。
【新世界】シンセカイ ①中世以後、ヨーロッパ人によってあたらしく発見された大陸。南北アメリカ大陸とオーストラリア大陸。新大陸。対旧世界。②あたらしい生活や活動ができる、土地や社会。新天地。
【新設】シンセツ （名・する）あたらしくつくること。例―校。
【新雪】シンセツ あたらしく降り積もった雪。例―をふんで行く。
【新説】シンセツ ①あたらしく立てられた学説や意見。対旧説。例―をとなえる。②初めて聞く話。初耳。例それは―だ。
【新石器時代】シンセッキジダイ 石器時代の後半。日本では縄文時代にあたり、磨製石器のほか土器も使い、農耕や牧畜をして定住が始まっていた。対旧石器時代。
【新▼撰】シンセン （名・する）書物をあたらしく編集すること。例―万葉集。表記現代では「新選」とも書く。
【新鮮】シンセン （名・形動ナ）①あたらしくて、生きがいいこと。例―な魚。②よごれていないこと。例―な山の空気。③あたらしく感じられること。例―な目でものを見る。
【新装】シンソウ （名・する）建物の内装や外装、設備などをあたらしくすること。例―開店。
【新造】シンゾウ 一（名・する）あたらしくつくること。建物や船など大きなものについていうことが多い。例―船。二「シンゾ」とも。（名）昔、武家や上流商家の妻女、またのちには、若い人妻や未婚の若い女性を呼ぶことば。例ご―さん。
【新卒】シンソツ 「新卒業生」の略。その年にあたらしく学校を卒業する人。例―の社員。―を採用する。
【新体詩】シンタイシ 明治初期、西洋の詩の形式を取り入れて、あたらしい体裁(テイ)でつくられた詩。漢詩に対していう。

【新大陸】シンタイリク 「新世界①」に同じ。㊐旧大陸。

【新宅】シンタク ①あたらしく建てた家。新居。㊐旧宅。例—に引っ越(こ)す。②本家から分かれた家。類分家(ブンケ)。

【新地】シンチ ①あたらしく開かれた土地。新開地。例—に店を出す。②「①」にできた盛(さか)り場や遊郭(ユウカク)。

【新築】シンチク（名・する）あたらしく建物を建てること。また、その建物。例—工事。家を—する。

【新知識】シンチシキ 進歩したあたらしい知識。また、それをもつ人。例欧米(オウベイ)に—を求める。表記「新▼智識」とも書く。

【新茶】シンチャ 新芽をつんでつくった茶。かおりが高い。はしり茶。

【新着】シンチャク（名・する）あたらしく届いたばかりであること。また、そのもの。例—の図書。

【新注】シンチュウ ①あたらしい注釈(チュウシャク)。例『万葉集』の—。②宋(ソウ)代の儒学者(ジュガクシャ)の注釈。とくに、朱熹(シュキ)(=朱子)による経典(ケイテン)の注釈を、漢以来の古注に対していう。▽㊐古注。表記▽㊥新▼註

【新調】シンチョウ（名・する）あたらしくつくったり、買いととのえたりすること。また、そのもの。例—の家具。スーツを—する。

【新陳代謝】シンチンタイシャ（名・する）〔「陳」は、古いものの意〕①生物が外界から食物を取り入れてエネルギー源とし、いらなくなったものを体外に出すこと。物質交代。物質代謝。②あたらしいものが古いものにかわること。例組織の—をはかる。

【新手】シンて／あらて ①あたらしいやり方や方法。例—の商売。②あたらしく戦いに参加した、元気な兵隊。例—がおし寄せる。③あたらしくなかまに加わった人。

【新訂】シンテイ（名・する）書物などの内容の大部分を直して、あたらしくすること。例—版。

【新店】シンテン／シンみせ あたらしく開いた店。

【新田】シンデン あたらしく開墾(カイコン)した田。例—を開く。

【新天地】シンテンチ あたらしい生活や活動のための場。新世界。例—を求めて船出(ふなで)する。

【新都】シント あたらしいみやこ。㊐旧都・古都。例—を定める。

【新党】シントウ あたらしい政党。例—を結成する。

【新道】シンドウ／シンみち あたらしく開いた道路。㊐旧道・古道。

【新内】シンナイ「新内節(ぶし)」の略。江戸(えど)時代後期にできた浄瑠璃(ジョウルリ)の一つ。例—流し。

【新入】シンニュウ あたらしく、はいってくること。また、その人。新入り。新参(ザン)。例—生。—社員。

【新任】シンニン あたらしく任命されること。また、その人。㊐先任・前任。例—の先生。

【新年】シンネン あたらしいとし。としの初め。新春。例謹賀(キンガ)—。つつしんで—のごあいさつを申し上げます。

【新派】シンパ ①あたらしい流派。例—をおこす。②「新派劇」の略。明治中期にさかんになった現代劇を演じる演劇。▽㊐旧派。

【新盤】シンバン あたらしく発売されたCDなど。類新譜(シンプ)。

【新版】シンパン ①あたらしく本を出版すること。また、その本。類新刊。②前に出版された本の、内容や体裁(サイ)をあらたしくして出版すること。また、その本。㊐旧版。

【新品】シンピン あたらしい品物。㊐中古品・古物。例—の靴(くつ)。

【新婦】シンプ はなよめ。㊐新郎(シンロウ)。

【新譜】シンプ ①あたらしい曲の楽譜。②あたらしく発売されたレコードやCDなど。類新盤(シンバン)。例今月の—。

【新風】シンプウ あたらしい風潮。また、やり方。例—をふきこむ。

【新聞】シンブン ①社会の情報ニュース。例—学。②社会に起こったできごとや話題などを、早く正確に世間に知らせるための定期刊行物。例—記者。

【新法】シンポウ ①あたらしく定められた法令。例—が施行(シコウ)される。②あたらしく考え出された方法。▽㊐旧法。

【新▽発▽意】シンポチ〔仏〕さとりを求め、出家した人。出家して間もない人。しんぼっち。

【新仏】シンぼとけ／あらぼとけ 死んでから間もない死者。〔死後初めての盂蘭盆会(ウラボンエ)に、まつられる死者の霊(レイ)にもいう〕

【新盆】シンボン／にいボン 人の死後、初めてむかえるお盆。初盆(はつボン)。

【新本】シンポン ①人の手にふれていない、あたらしい本。②あたらしく発刊された本。新刊本。例—コーナー。▽㊐古本(ふるホン)。

【新米】シンマイ ①その年にあたらしくとれた、こめ。㊐古米(コマイ)。②〔「新前(シンまえ)」の変化〕「新前」に同じ。

【新前】シンまえ あたらしく仕事についたばかりで、慣れていない人。新米(シンマイ)。類新参(シンザン)・新人。例—のくせに大きな口をきく。

【新味】シンミ あたらしいあじわい。あたらしいおもむき。例—を出す。—がない。

【新芽】シンめ あたらしく出てきた芽。若芽。例山の木木が—をふく。

【新約】シンヤク ①あたらしい約束や契約(ケイヤク)。②『新約聖書』の略。キリスト教の教典の一つ。キリストの生涯(ショウガイ)と言行などを記す。▽㊐旧約。

【新訳】シンヤク あたらしい翻訳(ホンヤク)。㊐旧訳。例—源氏物語。

【新薬】シンヤク あたらしくつくられたくすり。例—を開発する。

【新湯】シンゆ／あらゆ／さらゆ わかしたてで、まだ、だれもはいっていないふろ。また、その湯。

【新羅】シラギ／シンラ〔「シルラ」とも〕朝鮮で最初の統一国家。七世紀中ごろに百済(くだら)・高句麗(コウクリ)を滅ぼし、六七六年に樹立した。九三五年、高麗(コウライ)に滅ぼされた。

【新来】シンライ あたらしく来た人やもの。例—の教師。

【新涼】シンリョウ 秋の初めのころの、すずしさ。類秋涼。

【新緑】シンリョク 初夏のころの、若葉のみどり。例—の候。

【新暦】シンレキ 現在使われている太陽暦のこと。陽暦。〔日本では、もとの陰暦(インレキ)明治五年十二月三日を一八七三(明治六)年一月一日と定めて、新暦に改めた〕㊐旧暦。

【新郎】シンロウ はなむこ。㊐新婦。

【新妻】にいづま 結婚(ケッコン)して間もないつま。

【新枕】にいまくら 結婚した男女が初めていっしょにねること。

●維新(イシン)・一新(イッシン)・温故知新(オンコチシン)・改新(カイシン)・革新(カクシン)・更新(コウシン)・最新(サイシン)・刷新(サッシン)・斬新(ザンシン)・生新(セイシン)・清新(セイシン)

斤14 【斷】18画 ⇩【断】(472ページ)

［斤部］14画 斷 ［方部］0画 方

70 4画 方 ほう ほうへん 部

はたがひるがえる形をあらわす「㫃(エン)」の省略形。「㫃」をもとにしてできている漢字と、「方」の字形を目じるしにして引く漢字とを集めた。

0 方 4 於 5 施 6 旃 旆 旁 旄 旅 7 旌 旋 族 9 旒 10 旗 12 旙 14 旛

この部首に所属しない漢字

房⇩戸 422　放⇩攵 459

方 0 【方】4画 4293 65B9 教育2 音ホウ漢呉 訓かた 付表 行方(ゆくえ)

筆順 丶 亠 方 方

なりたち 方 ［象形］二そうの舟をならべた形。派生して「四角」の意。

意味 ❶四つのかどのある形。例方眼。方形。長方形。❷（真四角のかどのように）きちんとしている。例方正。方直（＝正しい）。❸向き。かた。例方位。方向。❹区切られた土地。地域。例方言。地方。❺何かをするやりかた。わざ。技術。例方式。方便。処方。❻同じ数をかけあわせる。例平方。立方。❼〔助字〕㋐「まさに」「…にあたる」と読み、ちょうど・まさしく、などの意をあらわす。例天下方擾（＝天下はまさに乱れている）。㋑「はじめて」と読み、ちょうどそうなって、の意をあらわす。例方可（＝ちょうどそれでよろしい）。

難読 方便（てだて・たばかり・たより）

人名 あたる・か・しげ・すけ・たか・ただし・たもつ・つね・なみ・のり・ひとし・ふさ・まさ・み・みち・やす・より

【▽方舟】四角な形のふね。例ノアの―。表記「箱舟」とも書く。

【方位】①東西南北と、その間をさらに細分して決めた方角。②陰陽道で、方角のよしあし。方角。例―を占う。家の―をみてもらう。

【方円】四角と、まる。例水は―の器にしたがう（＝水は器が四角ければ四角に、まるければまるい形になる。人は環境しだいで、よくも悪くもなる）。〈荀子・韓非子による〉

【方角】①（基準になる地点から見た）ある場所の方向。類方位・方向。例山頂から東の―に見える川。②占いで、吉凶をもたらす神がいるとされる方向。例―が悪い。

【方眼】たてよこに連続した、同じ大きさの正方形。

【方眼紙】直角に交わるたてよこの線で、正方形のます目をたくさんえがいた紙。設計図やグラフなどに使う。セクションペーパー。

【方形】四角形。

【方言】①ある地方の、ことばの体系。例琉球―。②共通語とはちがう、その地方独特のことばや言いまわし。対共通語。例ウシは、東北地方の―ではベコという。

【方向】①進んだり、指し示したりする、むき。類方角。例左の―。②目ざすところ。めあて。例―づけ。

【方今】ちょうどいま。まさに現在。類当今・現今・今日。例―の世相。

【方策】ものごとを処理するための方法や手段。例万全の―を立てる。

【方式】一定のしかた。きまったやり方。例―に従う。新しい―。

【方丈】〔一丈（＝約三メートル）四方のせまい部屋の意〕〔仏〕寺のなかの住職の居間。転じて、住職。例―さん。―にこもって写経をする。

【方針】ものごとをすすめるにあたっての、方向ややり方の原則。例―を立てる。

【方陣】①兵士を四角形に配置した陣形。方形の陣。②正方形を区切って、たて・よこ・ななめの、どの合計も同じになるような数を並べたもの。魔方陣。

【方寸】〔一寸（＝約三センチメートル）四方の意〕①ごくせまい面積。例―の地。②〔心は胸のなかの一寸四方の部分にあるということから〕心のなか。胸のうち。例成否は議長の―にある。

【方正】（名・形動ナ）きちんとしていて、正しいこと。例品行―。

【方程式】〔数〕文字をふくむ等式のうち、その文字に特別の数値をあたえたときに成立するもの。例―の解。

【方途】進むべきみち。ものごとを処理するために、とるべき方法。類手段・方法。例解決のための―を示す。

【方便】①〔仏〕仏が人々を救うために使う、かりの手段。②本来とるべきではないが、その場につごうがよいので、あえてとる手段。例うそも―。

【方法】ある目的を果たすためのやり方。類手段・方式。

【方法論】学問研究の方法についての理論や論議。

【方方】一 いろいろな方面。あちこち。例―探して歩く。二「ひとびと」のていねいな表現。みなさま。例来賓の―がお帰りになる。―（＝おのおのがた）、ご油断めさるな。

【方面】①その方向の地域。例関西―に旅行する。②それに関する分野や領域。例各―の意見を求める。

【方略】はかりごと。類計略・方策。例―をめぐらす。

●裏方・遠方・親方・快方・漢方・西方・三方・四方・上方・先方・双方・他方・地方・当方・東方・殿方・八方・平方・味方・立方・両方

方 4 【於】 8画 1787 65BC 人名 音 一 オ漢 ウ呉 二 ヨ漢 オ呉 訓 お-いて・お-ける

なりたち 於 ［象形］カラスの形。「烏」の古字。借りて助字などに用いる。

意味 一 ❶なげくことば。ああ。例於乎。❷「於菟」は、トラのこと。二〔助字〕㋐「…（に）おいて」と読み、場所や時間などをあらわす。例争レ利者於レ市（＝利益を得ようとする者は市場でする）。〈史記〉㋑「…に」「…を」と読み、動作の対象や目的をあらわす。例施二於人一（＝人に対しておこなう）。㋒「…より」と読み、起点や比較をあらわす。例学二於文一（＝文化的教養を学ぶ）。青二於藍一（＝植物のアイよりも青い）。

【於▽乎】（感）おどろき・悲しみ・喜び・なげきなど、ものごとに強く感じたときに出す声。表記「▼嗚▽呼・▼嗟▼乎」とも書く。

方 5 【施】 9画 2760 65BD 常用 音 シ漢 セ呉 訓 ほどこ-す・し-く・ほどこ-し

筆順 丶 亠 方 方 㫃 㫃 㫃 施 施

なりたち ［形声］「㫃（＝旗がひるがえるようす）」と、音「也ヤ→シ」とから成る。旗がゆらぐようす。借りて「しきおよぼす」の意。

意味 ❶実行する。しく。ほどこす。例施行。施政。実施。❷お金や品物をあたえる。めぐむ。ほどこす。ほどこし。例施肥。施米。布施。

人名 のぶ・はる・ます・もち

【施工】（名・する）工事を実際におこなうこと。例―主。

【施行】（名・する）一 ①実際におこなうこと。類実施。②法律などが有効なものとして実際に用いられること。例―令。この法律はただちに―する。二〔仏〕僧や貧しい人に物をあたえること。

【施行規則】法律などの施行に必要な細かいことがらを定めた規則。施行細則。

【施策】（名・する）政治家や役人などが、計画や対策を立てて、実際におこなうこと。また、実行すべき計画や対策。例福祉に対する―が不十分だ。

【施政】実際に政治をおこなうこと。また、その政治。例―方針。

【施設】一（名・する）ある目的のためにもうけられた建物や

設備。また、それらをもうけること。例公共―を利用する。二(名) 社会福祉のための建物や設備。とくに、母子寮や老人ホームなど。例―に収容する。

【施餓鬼】セガキ〔仏〕法会の一つ。餓鬼道に落ちて飢えに苦しむ亡者や、とむらう人のいない亡者のためにする供養。例―を営む。

【施業】セギョウ「シギョウ」とも(名・する) 業務をおこなうこと。とくに、森林の管理についていう。

【施主】セシュ ①〔仏〕㋐寺や僧にお金や物をほどこす人。㋑葬式や法事を、中心になってとりおこなう人。②家を建てるときの建て主。施工主。

【施錠】セジョウ (名・する) かぎをかけること。㊉解錠。例倉庫に―する。

【施肥】セヒ (名・する) 植物に肥料をあたえること。

【施米】セマイ (名・する) 僧や貧しい人に米をあたえること。また、その米。

【施物】セモツ 僧や貧しい人にあたえる品物。

【施薬】セヤク (名・する) 貧しい人にくすりをあたえること。また、そのくすり。例―院。

【施与】セヨ「シヨ」とも(名・する) ほどこしあたえること。また、あたえるもの。例金品を―する。―を受ける。

【施療】セリョウ (名・する) ①貧しい人のために、無料で病気やけがの手当てをすること。例―院。②病気などを治療すること。㊜加療。例患者に―する。

●実施・布施

方6 【旃】 10画 5851 65C3 音セン漢呉 訓はた・はたのえ

意味 ❶赤色無地で柄の曲がった旗。はた。はたのえ。例旃旌。❷毛織物。同氈。例旃裘。❸「旃檀」は、樹木の名。栴檀に同じ。同栴。

【旃裘】センキュウ ①北方の遊牧民が作る、獣毛を織って作った服。氈裘。②北方の異民族。

【旃▼檀】センダン ⇩【栴檀】センダン(528ページ)

方6 【旆】 10画 5852 65C6 音ハイ漢 訓はた

意味 旗のふちかざり。はた。例旆旌。旋旆。旌旆。

【旆▼旌】ハイセイ〔「旌」も、はたの意〕はた。旌旗。旌旆。

方6 【旁】 10画 5853 65C1 音ホウ漢ボウ呉 訓かたわ-ら・つくり・かたがた

意味 ❶広くゆきわたる。あまねく。例旁引。博引旁証。❷わき。そば。かたえ。かたわら。同傍。例旁観。旁若無人。道旁。❸漢字を構成する右側の部分。つくり。㊉偏。例戈旁。偏旁冠脚。

日本語での用法《かたがた》①…のついでに。「御機嫌伺い旁差し上げたいものがございます」②そういうことならそれで。いずれにせよ。「それはたしかに問題で、旁規定を検討すべき時にきている」

【旁引】ボウイン (名・する) 多くの資料を広く調べて用いること。博引旁証。㊜博引。

【旁観】ボウカン (名・する) かかわりあいにならずに、そばで見ていること。表記「傍観」とも書く。

【旁系】ボウケイ 直系から分かれ出た、つながり。㊉直系。表記「傍系」とも書く。

【旁若無人】ボウジャクブジン (名・形動ダ)〔「旁らに人無きが若し」と訓読する〕そばに人がいないかのように、かってなふるまいをすること。〈史記〉表記「傍若無人」とも書く。

方6 【旄】 10画 5854 65C4 音ボウ漢モウ呉

意味 ❶カラウシの尾をかざりにつけた旗。はた。例旄旌。❷カラウシの尾の毛。同氂。❸毛の長いウシ。カラウシ。例旄牛(=毛の長いウシ)。❹八、九十歳の老人。としより。同耄。

[旄❶]

方6 【旅】 10画 4625 65C5 教育3 音リョ漢呉 訓たび

筆順 亠 方 方 方 㫃 㫃 旅 旅

方6 【旅】 10画 ― F983

なりたち [会意]「㫃(=旗がひるがえるようす)」と「㐺(=ともにする)」とから成る。兵士五百人からなる軍隊。

意味 ❶軍隊。例旅団。軍旅。師旅。❷隊を組んでめぐりあるく。たび。例旅客。逆旅。❸背骨。同膂・呂。例旅力。

人名 たか・もろ

【旅▼鳥】たびがらす ①決まった家をもたず、各地をわたり歩いて暮らす人。無宿者。②よそから移り住んだ人を悪くいうことば。

【旅芸人】たびゲイニン 各地をまわり、歌・芝居・おどり・サーカスなどの芸を見せる人。㊜旅役者。例―の一座。

【旅路】たびじ ①旅行でたどる道。旅行のコース。例―の果て。②旅行。例死出の―。

【旅支度】たびジタク ①旅行のための準備。例―をすませる。②旅行中の服装。㊜旅装。例―のまま報告に行く。表記▽「旅仕度」とも書く。

【旅所】たびショ 神社の祭りで、町をめぐり行くお神輿を、一時とどめておく場所。旅の宮。〔ふつう「お旅所」という〕

【旅立ち】たびだち (名・する) ①旅行に出発すること。②〔旅行の出発にたとえて〕あたらしい生活を始めること。例社会人としての―を祝う。

【旅日記】たびニッキ 旅行中に書いた日記。㊜旅行記。

【旅寝】たびね (名・する) 旅行でおとずれた土地に泊まること。旅枕。例山の宿で一夜の―をする。

【旅枕】たびまくら「旅寝」に同じ。

【旅役者】たびヤクシャ 各地を回り、芝居などを見せて生活する役者。㊜旅芸人。

【▽旅▽籠】はたご ①「旅籠屋」の略。旅館・宿屋の昔風の言い方。②昔、旅行のときに、食べ物や身の回りの品などを入れたかご。

【旅客】リョカク「リョキャク」とも たびをする人。旅行者。例―機。

【旅館】リョカン 旅行者の宿泊や食事の世話をする宿。〔ホテルに対して、建物も設備も和風のものをいう〕

【旅銀】リョギン 旅行中に使うお金の、昔風の言い方。〔金とともに銀も通貨として用いられていたのでいう〕㊜路銀。

【旅券】リョケン 海外旅行者の本国政府が発行する身分証明書。パスポート。

【旅行】リョコウ (名・する) 家をはなれて、よその土地へ出かけること。たび。〔日帰りについてもいうが、おもに一泊以上の場合にいう〕例修学―。観光―。―記。

【旅次】リョジ 旅のやどり。また、旅のとちゅう。例パリでの―。

【旅愁】リョシュウ 旅に出て感じられるもの悲しい気持ち。例ひとり―にひたる。

【旅宿】リョシュク（名・する）旅先で、泊とまること。また、ホテルや旅館などの、旅行中に泊まる宿。類旅泊リョハク。例行く先の―を決めておく。

【旅情】リョジョウ 日常をはなれ、旅先で味わうしみじみとした思い。例―にひたる。

【旅人】リョジン・たびびと 旅行している人。旅行者。

【旅装】リョソウ 旅行中の服装。旅じたく。例―を解く。

【旅団】リョダン 軍隊の編制単位の一つ。師団より下、連隊より上の規模ボ。例―長。

【旅中】リョチュウ 旅行しているあいだ。旅行中。

【旅亭】リョテイ 宿屋。旅館。

【旅程】リョテイ ①旅行の道のり。類行程。例一日の―を約十里とする。②旅行の日程。スケジュール。例―表。

【旅泊】リョハク（名・する）旅に出て泊とまること。類旅宿。

【旅費】リョヒ 旅行にかかる費用。とくに、交通費と宿泊シュク費。

【旅力】リョリョク ①すべての力。もろもろの力。②背骨の力。また、筋肉の力。体力。表記②は「▼膂力」とも書く。

●軍旅グンリョ・逆旅ゲキリョ・長旅ながたび

方6【旅】10画 ⇒【旅】リョ（477ページ）

方7【旌】11画 5855 65CC 音セイ漢 ショウ呉 訓あらわ-す・はた

意味 ❶羽かざりをつけた旗。使節の旗じるし。はた。例旌旗セイキ。❷（旗をあたえて）表彰ヒョウショウする。ほめたたえ、あらわす。例旌表セイヒョウ。

【旌旗】セイキ はた。旆旌ハイセイ。旌旆セイハイ。

【旌表】セイヒョウ（名・する）よいおこないをした人をほめたたえて、広く世の中に知らせること。類旌顕セイケン。〔もと中国で、よいおこないをした人の門に、天子が旗を立ててほめたたえたことから〕

方7【旋】11画 3291 65CB 常用 音セン漢 訓めぐ-る

筆順 亠 ナ 方 方 扩 扩 旃 旋 旋

なりたち［会意］「㫃（＝旗がひるがえるようす）」と「疋（＝はたざお）」とから成る。旗で兵士を指揮する。派生して「めぐる」の意。

意味 ❶ぐるりとまわって、もどってくる。かえる。例旋帰センキ（＝めぐって、もとにもどる）。凱旋ガイセン。❷ぐるぐるまわる。めぐる。例旋回センカイ。旋転センテン。螺旋ラセン。

難読 旋風つむじかぜ・旋覆花おぐるま・旋毛つむじ

【▽旋頭歌】セドウカ 五・七・七・五・七・七の六句から成る和歌の形式。『万葉集』に多くみられる。

【旋回】センカイ（名・する）ぐるぐるまわること。例ヘリコプターが上空を―している。

【旋▼踵】センショウ〔「踵くびすを旋めぐらす」と訓読する〕①かかとをぐるりと回して、向きを変えること。②しりぞくこと。

【旋転】センテン（名・する）くるくると回ること。類回転。

【旋盤】センバン 加工する材料を回転させながら、けずったり切ったり、ねじ山を作ったりする工作機械。

【旋風】センプウ ①気圧の変化などで起こる、うずまき状の風。つむじ風。②突然トツゼン起こった、世間をおどろかすようなできごと。また、その影響エイキョウ。例角界に―をまきおこした力士。

【旋毛】センモウ うずをまくように生えている毛。つむじ。

【旋律】センリツ 音の高低と長短の組み合わせによってできる音の流れ。ふし。メロディー。

●周旋シュウセン

方7【族】11画 3418 65CF 教育3 音ソク漢 ゾク呉 訓やから

筆順 亠 ナ 方 方 扩 扩 旌 族 族

なりたち［会意］「㫃（＝むらがるようす）」と「矢（＝や）」とから成る。矢じり。派生して「やから」の意。

意味 ❶同じなかまのグループ。みうち。やから。例一族イチゾク。家族カゾク。親族シンゾク。❷同じ種類のもの。例魚族ギョゾク。語族ゴゾク。水族館スイゾクカン。

人名 えだ・つぎ・つぐ

【族殺】ゾクサツ（名・する）一人の罪によって、一族の者を一人残らず殺すこと。類族滅ゾクメツ。

【族子】ゾクシ ①親類や一族の子。②きょうだいの子。

【族称】ゾクショウ 明治の制度で、国民の身分の呼び名。華族カゾク・士族・平民があった。たとえば「東京府華族」「山形県士族」「愛知県平民」などといった。

【族生】ゾクセイ（名・する）植物がむらがり生えること。類叢生ソウセイ。表記 旧▼簇生

【族制】ゾクセイ 家族制度や氏族制度など、血のつながりによる集団の決まり。

【族党】ゾクトウ 一族とその家来。一族郎党イチゾクロウトウ。

【族滅】ゾクメツ（名・する）一族をほろぼすこと。類族殺ゾクサツ。

●遺族イゾク・王族オウゾク・貴族キゾク・血族ケツゾク・豪族ゴウゾク・氏族シゾク・種族シュゾク・部族ブゾク・民族ミンゾク

方9【旒】13画 5856 65D2 音リュウ漢

意味 ❶旗の先にたらしたかざり。はたあし。例旒旗リュウキ（＝たれかざりのついた、はた）。❷かんむりの前後にたらす玉かざり。たまだれ。例旒冕リュウベン（＝玉かざりのついた、かんむり）。

日本語での用法《リュウ》旗や幟のぼりを数えることば。「一旒イチリュウの旗はた」

方10【旗】14画 2090 65D7 教育4 音キ漢呉 訓はた

筆順 亠 ナ 方 方 扩 旂 旃 旗 旗

なりたち［形声］「㫃（＝旗がひるがえるようす）」と、音「其キ」とから成る。兵士がその下に集合する、クマやトラをえがいたはた。

意味 ❶布や紙でつくり、さおなどにつけてかかげる、国や団体などのしるし。はた。例軍旗グンキ。校旗コウキ。国旗コッキ。❷清朝シンチョウの軍事や行政の組織。

人名 たか

【旗下】キカ 大将の旗のもと。麾下キカ。

【旗艦】キカン 司令官または司令長官が乗って、艦隊の指揮をする軍艦。例連合艦隊の―三笠みかさ。

【旗鼓】キコ ①軍隊の旗と太鼓タイコ。転じて、軍隊の命令。②兵力。軍勢。例―堂堂。

【旗▼幟】キシ ①（昔、戦いで使われた）はたじるし。類旗旌キセイ。②はっきり示された態度。立場。主義主張。類旗色キショク。例―を鮮明メイにする。

【旗▼幟鮮明】キシセンメイ はたじるしがあざやかで、まぎれのないこと。主義主張や、態度・立場をはっきりあらわすこと。

【旗手】キシュ ①軍隊やスポーツの団体などで、

旗を持つ役目の人。例選手団の―。②ある運動や思潮の先導をする人。例二十世紀文学の―。

【旗章】キショウ 旗の模様。はたじるし。国旗・軍旗・校旗・社旗などについていう。例英国の―は、ユニオンジャック。

【旗色】はたいろ ①勝敗や、また、広くものごとのなりゆき。類形勢。例―が悪い。②立場。主張。類旗幟キシ。

【旗▼旌】キセイ 〔「旌」も、はたの意〕はた。類旗幟キシ。

【旗亭】キテイ 〔中国で、目じるしとして旗を立てたことによる〕①居酒屋いざかや。料理屋。②はたご。やどや。

【旗門】キモン スキーの回転競技で、必ずその間を通るべきものとしてコース上に設けられる、一対イッツイの旗ざお。

【旗揚げ】はたあげ（名・する）①兵をあげ、戦いを起こすこと。類挙兵。例木曽義仲きそよしなかの―。②新しく組織や集団を結成すること。例演劇一座の―興行。

【旗頭】はたがしら その地方の武士団のかしら。一派の首領。例一方の―となる。

【旗指物】はたさしもの 武士がよろいの背中にさして、戦場での目じるしにした小旗。

【旗印】はたじるし ①昔、戦場で目じるしとして旗につけた紋所モンどころや文字などの、しるし。類馬印うまじるし。例「風林火山」の―〔武田信玄たけだシンゲンのもの〕。②団体などがかかげる、運動の方向性を示した目標。スローガン。例平和を―としてかかげる。

【旗日】はたび 〔国旗を掲かかげて祝うことから〕国民の祝日。例十一月二十三日は―だ。

【旗本】はたもと ①陣中ジンチュウで大将のいるところ。本陣。本営。②江戸えど時代、直参ジキサン〔＝将軍直属の家臣〕で、将軍に直接面会できる身分の者。直参でも将軍に会えない者を御家人ゴケニンという。

●軍旗グンキ・校旗コウキ・国旗コッキ・白旗しろはた・弔旗チョウキ・日章旗ニッショウキ・反旗ハンキ・半旗ハンキ・万国旗バンコクキ

方12 【旙】16画 ⇩【旛】ハン（479ページ）

方14 【旛】18画 5857 65DB 音ハン漢 バン呉 訓はた

方12 【旙】16画 5858 65D9 別体字

意味 はばが広く、長く垂れ下がった旗。はた。同幡ハン。

71 4画 无 なし むにょう（旡・旡 すでのつくり）部

「ない」の意をあらわす「无」と、字形のよく似た「旡」、またそのつくりをもつ「既すでに」とを集めた。

0 无 旡 5 既 7 旣

この部首に所属しない漢字

蠶⇩虫882

无0 【无】4画 5859 65E0 音ブ漢 ム呉 訓な-い

意味 ない。例无量寿仏ムリョウジュブツ〔＝寿命ジュミョウに限りのない仏、すなわち阿弥陀仏アミダブツ〕。

参考「無」の古字。『易経エキキョウ』では、「無」よりも「无」を多く用いる。

難読 无墓はかなし・无墓はかない・无頼ブライ・无記性ムキショウ〔＝善でも悪でもない状態〕

旡0 【旡】4画 5860 65E1 音キ漢 訓む-せる

意味 飲食物などで、のどがつまる。むせる。

旡5 【既】10画 2091 65E2 常用 音キ漢呉 訓すで-に

筆順 ㇇ ヨ 艮 既 既 既 既 既

旡7 【旣】11画

なりたち [形声]「皀（＝穀物のよいかおり）」と、音「旡キ」とから成る。食べつくす。

意味 ❶ことごとく…する。つきる。つくす。例皆既日食カイキニッショク。❷〔助字〕「すでに」と読み、もう・とっくに、の意。もうのごとが、もはやなされていることを示す。対未ミ。例既成レ列すでにレツをなす〔＝もう列をととのえ終わる〕。既往キオウ〔「すでにいく」と訓読する〕。既存キソン〔「すでにソンす」と訓読する〕。

難読 既望いざよい

人名 つき

【既往】キオウ かなり以前のことがら。過去のことがら。類過去カコ・已往イオウ。例―は咎とがめず〔＝過去のことがらについてはとがめだてしない〕。〈論語ロンゴ〉

【既往症】キオウショウ 過去にかかったことのある病気。

【既刊】キカン すでに刊行したこと。また、その書物。対未刊。

【既決】キケツ ①すでに決定したこと。例―の書類。②〔法〕判決がすでに確定したこと。例―囚シュウ。▽対未決。

【既婚】キコン 結婚して、妻または夫がいること。対未婚。

【既済】キサイ（名・する）事がすでにすんだこと。決済や返済などがすでに終わっていること。対未済。

【既習】キシュウ（名・する）すでに学習したこと。対未習。例―の漢字。

【既修】キシュウ（必要な課程を）すでに学んでいること。対未修。

【既出】キシュツ 以前にすでに示されていること。例―の問題。

【既述】キジュツ（名・する）すでに前に、のべたこと。類前述。

【既遂】キスイ（犯罪や悪事を）すでにしてしまったこと。対未遂。

【既成】キセイ すでにできあがって存在していること。例―政党。―の事実。

【既製】キセイ 注文によってではなく、品物がすでにできあがっていること。例―品。―服。

【既設】キセツ すでに設置してあること。例―の施設シセツ。

【既卒】キソツ すでに卒業していること。対新卒。

【既存】キソン（キゾン）（名・する）すでに存在していること。例―の施設を活用する。

【既知】キチ すでに知っていること。また、知られていること。対未知。例―数。―の知識。―の情報。

【既知数】キチスウ ①〔数〕方程式のなかで、値あたいがわかっている数。②内容や値打ちなどが、すでにわかっているもの。▽対未知数。

【既定】キテイ すでに決定していること。対未定。例―の事実。―の方針を守る。

【既倒】キトウ すでにたおれたこと。例狂瀾キョウランを―にめぐらす〔＝悪くなった形勢を回復させる〕。〈韓愈カンユ・進学解シンガクカイ〉

【既得】キトク すでに自分のものとして持っていること。例―権〔＝すでに得ている権利〕。

【既報】キホウ（名・する）すでに報告・報道したこと。例―の事件。

旡7 【旣】11画 ⇩【既】キ（479ページ）

72 4画 日 ひ ひへん 部

太陽の形をあらわす。「日」をもとにしてできている漢字と、「日」の字形を目じるしにして引く漢字とを集めた。

0 日 1 旧 旦 2 旭 早 旨 旬 3 旱 旴 4 易 旺 昂 昊 昆 昏 昇 昌 昃 昔 旻 明 5 映 昨 昵 春 昭 是 星 昼 昶 昴 昧 昜 昂 昿 6 晏 晃 晒 時 晋 晟 晁 晦 晄 晉 7 晦 晞 晤 晨 晢 晧 晟 書 晩 8 暁 景 暑 晶 晴 晰 智 晩 普 昪 暎 晴 晳 9 暗 暈 暇 暉 暄 暖 暘 暑 暖 10 暢 暮 暝 曄 暦 11 暫 暴 12 暨 暹 暾 曇 瞥 暸 曉 曆 13 曖 曙 曚 14 曜 曙 曜 15 曠 曝 16 曦 17 曩 19 曬

この部首に所属しない漢字

白⇨白 692 亘⇨二 43 百⇨白 694 者⇨耂 808
香⇨香 1079 勗⇨力 150 曹⇨曰 499 曼⇨曰 500
量⇨里 1000 蠶⇨虫 882

日 0

【日】 4画 3892 65E5 教育1

音 ジツ漢 ニチ呉
訓 ひ・か
付表 明日・昨日・今日・一日・二十日・日和・二日

筆順 丨 冂 日 日

なりたち 日 〔象形〕欠けのない丸い輪郭をもつ太陽の形。

意味 ❶太陽。ひ。例日光。日食。白日。❷太陽が出ているあいだ。ひる。例日夜。日中。❸二十四時間のひとくぎり。例日程。一日。毎日。❹まいにち。ひごとに。ひび。例日刊。日記。日進月歩。❺あるとき。いつか。例後日。他日。来日。❻「日本」の略。例日中。駐日。来日。

日本語での用法《ニチ》旧国名「日向」(=今の宮崎県)」の略。「日州・日豊」

難読 三十日

人名 あき・あきら・てる・はる

【日月】ジツゲツ 〔「ニチゲツ」とも〕年月。つきひ。歳月。例準備にかなりの―を費やす。

【日影】エイ・ひかげ 日光。日ざし。また、日あし。例―がさす。

【日限】ゲン しめきりの日。指定の期限。類期限。例回答の―を定める。返済の―がせまる。

【日時】ジ ①行事・会合などの日と時刻。日どり。例会議の―。②日数と時間。例復興には―がかかる。

【日乗】ジョウ 〔「乗」は、記録の意〕毎日の記録。日記。例『断腸亭―』〔永井荷風の日記〕

【日常】ジョウ 日々の生活。つねひごろ。ふだん。類平生。例―生活。―の心がけがたいせつだ。

【日常茶飯事】サハンジ 〔いつもの食事の意から〕ありふれた、ふつうのことがら。とくにめずらしくもないこと。

【日舞】ブ 「日本舞踊」の略。対洋舞。

【日米】ベイ 日本と米国。

【日没】ボツ 太陽がしずむこと。日の入り。例―が早い。

【日夜】ヤ 一(副)昼も夜も。つねに。いつも。例―努力する。二(名)昼と夜。昼夜。例―を分かたぬ努力。

【日用】ヨウ ふだん使うこと。例―品。―雑貨。

【日曜】ヨウ 週の第一日。日曜日。例―大工。

【日輪】リン 太陽。

【日録】ロク 日々のできごとの記録。→【日記】

【日貨】カ 日本から外国へ輸出した商品。例―排斥。

【日課】カ 毎日かならずすることにしていることがら。例夕方の散歩を―にしている。

【日刊】カン 〔週刊・月刊などに対して〕毎日刊行すること。また、その刊行物。例―紙。

【日記】キ 毎日のできごとや感想などを書きしるしたもの。〔現代では、個人的なものを「日記」というのに対し、公的なものは「業務日誌」のように「日誌」「日録」などを使う〕類日録・日乗・日誌。例―帳。

【日給】キュウ 〔時給・週給などに対して〕一日あたりいくらと決めて、しはらわれる給料。類日当。

【日勤】キン (名・する) ①昼間の勤務。対夜勤。②毎日の勤務。

【日系】ケイ ①国籍は日本ではないが、日本人の血筋をひいていること。例―人。―三世。②会社などで、日本の資本や日本人が経営にかかわっていること。例―企業。

【日光】コウ 日の光。太陽の光。例―写真。―浴。

【日参】サン (名・する) ①神社や寺へ毎日参拝すること。②たのみごとなどがあって毎日相手のところへ行くこと。例陳情のために議員会館へ―する。

【日産】サン 〔月産・年産などに対して〕一日あたりの生産高、あるいは産出量。例―三万食の弁当工場。

【日誌】シ 毎日の業務やできごとなどの公的な記録。例学級―。―当番。→【日記】

【日射】シャ 照りつける日の光。太陽光線。ひざし。例―病。

【日収】シュウ 〔月収・年収などに対して〕一日あたりの収入。

【日照】ショウ 日の光が地上をてらすこと。例―権。―時間。

【日章旗】ニッショウキ 〔「日章」は、太陽のしるしの意〕日の丸のはた。日本の国旗。

【日食】ショク 月が太陽と地球の間にはいり、地球から太陽の一部または全部が見えなくなる現象。対月食。例部分―。
表記 旧日▼蝕

【日進月歩】ニッシンゲッポ (名・する) 日々に目に見えて進歩すること。たえまない進歩。例電子工学の応用は―だ。

【日数】スウ・ひかず 一日を単位として数える、日の数。また、何かをするのに要する日にち。例出席―。―を数える。

【日夕】セキ ①朝夕。いつも。②夕方。

【日中】チュウ ①日の出ているあいだ。昼間。例―の降水確率。②日本と中国。〔「日中」は日本側からの語で、中国側からは「中日」という〕例―の交流。

【日直】チョク 会社や学校などでの昼間の当番。対宿直・夜直。

【日程】テイ 仕事・旅行・会議などの、一日ごとの予定。また、その全体。スケジュール。例議事―。―がつまっている。

【日当】トウ 労働に対して一日あたりいくらとして、しはらわれるお金。手当。類日給。例出張の―。

【日報】ポウ ①毎日の報告。例売り上げ―。②日刊新聞の名につけることば。例新潟―。

【日本】ニッポン・ニホン わが国の国名。アジアの東方に日本海をへだてて位置し、南北に長く連なる島々から成る。首都は東京。〔太陽の出るところ、「日のもと」にあてた漢字を音読したもの〕例―海流。―画。

【日本一】ニッポンイチ・ニホンイチ 日本でいちばんすぐれていること。例富士は―の山。

【日本画】ニホンガ 日本の伝統的な技法によってえがかれた絵。岩絵の具や墨などを用いて絹や和紙に毛筆でえがかれる。対洋画。

【日本髪】ニホンがみ 日本の伝統的な女性の髪型。丸まげ・島田・桃割れなど。対洋髪。

【日本語】ニホンゴ・ニッポンゴ 日本人が、昔から使ってきて、今も自分の国のことばとして使うことば。共通語のほかに、各地の方言がある。

【日本酒】ニホンシュ 日本独得の方法で造られた酒。とくに、米から造る清酒をさすことが多い。対洋酒。

漢字に親しむ ⑬ 日(ジツ)と曰(エツ)とのちがい

「日」と「曰」とはよく似ていますが、ちがう文字です。「日」はもと「⊙」のような形をしていて、すぐ見当がつくように、これは太陽の形をかたどったものです。「曰」のほうはもと「㘥」のような形で、口から息あるいは舌の出る形をあらわしたものだといわれています。口から息が出るので、「いわく」「言う」の意味であるわけです。「曰」のほうが「日」よりも平べったいので、形の区別をいうときに「ひらび」ということもあります。とにかくこの二つは、似ているけれども別の字なのです。

【日本晴れ】ニホンばれ 雲ひとつなく、晴れわたった空。例―の下での運動会。

【日本舞踊】ニホンブヨウ 日本の伝統的なおどり。三味線の伴奏をともなうことが多い。日舞。邦舞。

【日本間】ニホンま たたみをしいた日本ふうの部屋。和室。対洋間。例―のあるホテル。

【日脚】ひあし 太陽が出てから日が暮れるまでの時間。例―が延びる。―が速い。表記「日足」とも書く。

【日陰】ひかげ 物のかげになって、日の当たらないところ。対日向。

【日柄】ひがら 暦のうえから見た、その日の縁起のよしあし。例―を選んで式の日取りを決める。

【日頃】ひごろ ㊀（名）ふだん。平生。例―のおこないがよい。㊁（副）ここ数日。近ごろ。例―考えていること。

【日銭】ひぜに ①毎日、手もとにはいる現金。例―をかせぐ。②毎日少しずつ返す約束で、貸し借りするお金。

【日▼溜り】ひだまり 日が当たって、そこだけ暖かくなっているところ。〔秋や冬の寒い日にいうことが多い〕例―にネコが集まっている。表記「▽陽▼溜り」とも書く。

【日時計】ひどけい 目盛りをつけた盤の中心に垂直に針を立て、太陽の光によってできる影の位置で時刻を知る装置。

【日の下】ひのした 天下。世界。例―開山（＝相撲や武芸などで、天下にくらべる者がないほど強いこと）

【日の丸】ひのまる 〔「丸」は、円形の文様の意〕①太陽をかたどった赤い丸。②日の丸のはた。日章旗。例―弁当（＝白いごはんの中央に梅干しを入れた弁当）。

【日歩】ひブ 〔月利・年利などに対して〕利息の計算で、元金百円に対する一日あたりの利息。例―三銭。

【日干し】ひぼし 日に当ててかわかすこと。また、そのもの。対陰干し。例―になる。魚の―。表記「日▽乾し」とも書く。

【日向】ひゅうが 旧国名の一つ。今の宮崎県。日州。

【日▼傭】ひよう 一日単位の約束ではたらくこと。ひやとい。

【日和】ひより ①空もよう。例―にめぐまれる。②よい天気。晴天。例小春―（＝十一月ころの暖かい晴天の日）。旅行―（＝旅行にちょうどよい天気）。③「日和下駄」の略。晴れた日にはく、歯の低い下駄。

【日和見】ひよりみ 〔船頭が空のようすを見て船を動かすことから〕どちらにつくのが有利か情勢をうかがっていて、自分の態度を明らかにしないこと。例―主義。

【日割り】ひわり ①決められた賃金などを、一日にいくらと割って計算すること。例部屋代を―でしはらう。②期間の長い仕事などを、一日にどれくらい進めるか計算すること。例―表。

●一両日・縁日・隔日・過日・元日・期日・休日・終日・祝日・親日・前日・即日・当日・半日・平日・訪日・本日・毎日・命日・厄日・落日・離日・連日

日 1 【旧】 5画 2176 65E7 教育5 音キュウ漢 ク呉 訓ふる-い・もと

筆順 丨 丨丨 丨冂 丨日 旧

臼11 【舊】 17画 7149 820A

なりたち [形声]「萑（＝頭に角のような毛の生えた鳥）」と、音「臼キュウ」とから成る。ミミズクの類の鳥の名。派生して「ふるい」の意。

意味 ❶ふるい。以前の。昔の。対新。例旧悪キュウアク。旧式キュウシキ。懐旧カイキュウ。❷過去のある時期以来の。昔からの。例旧家キュウカ。旧交キュウコウ。旧習キュウシュウ。❸（現在から見て）すぐ前の。例旧冬キュウトウ。旧年キュウネン。

人名 ひさ・ふさ・ふる

【旧悪】キュウアク 前におこなった悪事。例―があばかれた。

【旧怨】キュウエン 昔のうらみ。類宿怨。例―を忘れない。

【旧縁】キュウエン 「旧知」に同じ。

【旧家】キュウカ ①古くから続いている家。由緒ある家。例―の出。②以前住んでいた家。例―を訪ねてみる。

【旧懐】キュウカイ 昔をなつかしむ心。懐旧。

【旧株】キュウかぶ 株式会社が新たに発行する株券に対して、すでに発行されている株券。対新株。

【旧館】キュウカン 新館に対して、古いほうの建物。対新館。例ホテルの―。

【旧記】キュウキ 古い記録。例―をひもとく。

【旧居】キュウキョ 以前に住んでいた、すまい。対新居。

【旧教】キュウキョウ 宗教改革以前からあるキリスト教の一派。カトリック。対新教。

【旧劇】キュウゲキ ①明治時代に起こった新劇や新派劇に対して、歌舞伎のこと。②日本の映画で、時代劇のこと。

【旧故】キュウコ むかしなじみ。

【旧交】キュウコウ 古くからのつきあい。例—をあたためる。

【旧稿】キュウコウ 以前に書いた、詩や文章などの原稿。例—に手を加えて発表する。

【旧号】キュウゴウ ①雑誌などの、古い号数のもの。バックナンバー。②以前用いていた雅号。

【旧国】キュウコク ①歴史の古い国。②故郷。ふるさと。

【旧作】キュウサク 以前につくった作品。対新作。

【旧時】キュウジ むかし。以前。類往時。

【旧式】キュウシキ 一(名) 昔からのしきたり。二(名・形動) ①古い型。例—の自動車。②時代おくれであること。例—な方法。▽対新式。

【旧主】キュウシュ もとの主人。以前つかえた主君。

【旧習】キュウシュウ 古いならわし。昔からの習慣。例—を改める。

【旧称】キュウショウ 古い呼び名。もとの名前。

【旧正月】キュウショウガツ 旧暦の正月。

【旧臣】キュウシン 古くからつかえている家来。また、以前つかえていた家来。例徳川家の—。

【旧人】キュウジン ①新しい時代に合わない人。②その社会に以前からいる人。対新人。③猿人や原人の次にあらわれた旧石器時代中期の人類。ネアンデルタール人などをいう。

【旧制】キュウセイ 古い制度。対新制。例—中学。

【旧姓】キュウセイ 結婚や養子縁組みによって姓が変わった場合の、もとの姓。例職場では—を使っている。

【旧世界】キュウセカイ アメリカ大陸発見以前に知られていた世界。アジア・アフリカ・ヨーロッパのこと。旧大陸。対新世界。

【旧跡】キュウセキ 歴史に残るような事件や建物のあったところ。古跡。例名所—をたずねる。表記旧▼蹟

【旧説】キュウセツ 以前おこなわれた説。古い考え方。対新説。

【旧石器時代】キュウセッキジダイ 石器時代の前半の時代。打製石器や骨角器を用いて漁猟や採集生活をしていた時代。対新石器時代。

【旧蔵】キュウゾウ (名・する) ①古くから所蔵していること。また、そのもの。②ある時期に、所蔵していたこと。また、そのもの。

【旧態】キュウタイ 昔のまま。もとのままの状態。例—依然。

【旧体制】キュウタイセイ 古い社会制度。古い社会組織。対新体制。例—を打ち破る。

【旧大陸】キュウタイリク 「旧世界」に同じ。対新大陸。

【旧宅】キュウタク 以前に住んでいた家。対新宅。

[日部] 1—2画 ● 旦 旭

【旧知】キュウチ 昔からの知り合い。むかしなじみ。旧縁。例—の間がら。

【旧都】キュウト 昔、みやこのあったところ。類古都。対新都。

【旧冬】キュウトウ 前年末の冬。昨年の冬。〔年が明けてから使うことば〕

【旧▼套】キュウトウ 古くさいやり方。ありきたりの形式。例—を脱する。

【旧道】キュウドウ 昔からある道。対新道。例箱根の—。

【旧年】キュウネン 去年。昨年。〔年が明けてから使うことば〕

【旧派】キュウハ ①古い流派。対新派。②歌舞伎のこと。

【旧版】キュウハン 書物で、改訂や増補などの手を加える前の版。対新版。例—とのちがいを調べる。

【旧風】キュウフウ 古い風習やしきたり。例—はなくなっていく。

【旧聞】キュウブン 以前に聞いた話。古い情報。例—に属する。

【旧弊】キュウヘイ 一(名) 昔からある悪い習慣。例—を打破する。二(名・形動) 古くさい風俗や習慣にとらわれていること。例—な考え方。

【旧法】キュウホウ ①廃止された法律や法令。古い法令。②古いやり方。古い方法。例—をつたえる老舗。▽対新法。

【旧盆】キュウボン 旧暦によって八月におこなう、祖先の霊をまつる行事。盂蘭盆。

【旧名】キュウメイ 以前の名。もとの名。

【旧約】キュウヤク ①昔の約束。例—を守る。②『旧約聖書』の略。▽対新約。

【旧約聖書】キュウヤクセイショ 〔「約」は、神とイスラエル人との契約の意〕もとユダヤ教の聖典で、キリスト教に採用されたもの。イスラエル民族の歴史が記されている。

【旧訳】キュウヤク 以前の翻訳。古い翻訳。対新訳。

【旧友】キュウユウ 昔の友達。また、昔からの友達。

【旧来】キュウライ 昔からのこと。古くからのこと。従来。例—の制度を改める。

【旧領】キュウリョウ もと支配していた土地。昔の領地。

【旧暦】キュウレキ 月の満ち欠けをもとにして決めたこよみ。太陰暦。陰暦。〔日本では、一八七二(明治五)年まで公式に使用されていた〕対新暦。

【旧▼臘】キュウロウ 〔「臘」は、十二月の意〕去年の十二月。〔新年になってから使うことば〕

●懐旧・故旧・守旧・新旧・倍旧・復旧

日 1

【旦】

5画 3522 65E6 常用 音ダン慣 タン漢呉 訓あした

筆順 丨 ㄇ 日 日 旦

なりたち 旦 [会意]「日(=太陽)」が「一(=地)」の上にあらわれる。朝。

意味 太陽が地平線からあらわれるころ。日の出。あさ。あした。例旦夕。旦暮。元旦。

人名 あき・あきら・あけ・あさ・ただし・のぼる・はじめ

【旦日】タンジツ ①夜明けの太陽。②明朝。翌日。

【旦夕】タンセキ ①朝と晩。朝夕。類朝夕。②朝から晩までたえず。③(この朝か晩かというほどの)さしせまった時間。例命—にせまる(=命のつきるときがせまっている)。↓【旦暮】

【旦那】ダンナ ①〔仏〕〔もと、「布施」の意の梵語の音訳〕寺や僧侶に寄進や布施をする人。檀家。②一家のあるじ。主人。例うちの—。お宅の—さま。③男の客、得意先、または目上の男性に呼びかけることば。例—、お安くしておきますが。④夫。⑤夫と同等の役をする、ひいきの客。例—持ちの芸者。表記▽「▼檀那」とも書く。

【旦那芸】ダンナゲイ 金持ちの商家の主人などが、趣味として身につけた芸ごと。例—の域を出て、専門家に近い。

【旦那寺】ダンナでら 先祖代々の墓があり、長いあいだ信徒になっている寺。菩提寺。表記「▼檀那寺」とも書く。

【旦暮】タンボ ①朝と夕方。②朝も夕も。たえず。いつも。③時がさしせまっていること。例もはや—の命。↓【旦夕】

日 2

【旭】

6画 1616 65ED 人名 音キョク漢 訓あさひ

なりたち 旭 [形声]「日(=太陽)」と、音「九キュウ→キョク」とから成る。あさひがのぼるようす。

意味 朝、東からのぼる太陽。あさひ。また、あさひがのぼって、明るくかがやくようす。例旭光。

人名 あき・あきら・あさ・きよし・てる・のぼる・ひ

【旭日】キョクジツ 朝の太陽。朝日。例—昇天の勢い(=朝日がのぼるようなさかんな勢い)。—旗(=中心にある太陽から八方に光線の出ている朝日をかたどった、はたじるし)。

【旭光】キョッコウ 朝日の光。例—を浴びる。

日 2

【早】

6画 3365 65E9 [教育1]
[音]サッ[慣]ソウ[漢][呉]
[訓]はや-い・はや-まる・はや-める・さ
[付表]早乙女(さおとめ)・早苗(さなえ)

[筆順] 丨 冂 日 日 旦 早

[なりたち] [会意]「日(=太陽)」が「十(=人の頭)」の上にある。朝はやいとき。

[意味] ❶太陽が出てくるころ。あけがた。朝はやく。[例]早朝(ソウチョウ)。早飯(ソウハン)(=朝めし)。❷ある時刻に、まだなっていない。ある時期の、はじめのほうである。はやい。[対]晩(バン)。[例]早期(ソウキ)。早春(ソウシュン)。❸わかい。[対]晩(バン)。[例]早婚(ソウコン)。早世(ソウセイ)。❹すみやかに。はやく。[例]早急(サッキュウ)。早速(サッソク)。早早(ソウソウ)。

[使い分け] はやい・はやまる・はやめる【早・速】⇩ 1178ページ

[難読] 早苗饗(さなぶり)

[人名] さき・はや・はやし

【早乙女】(さおとめ) 田植えをする若い女性。

【早急】(サッキュウ・ソウキュウ) (名・形動ダ) ひじょうに急ぐこと。[類]至急。[例]―に相談したい。

【早速】(サッソク) (副) すぐに。すみやかに。[例]―返事をする。

【早苗】(さなえ) 苗代(なわしろ)から田に移し植えるころの、イネのなえ。

【早期】(ソウキ) はやい時期。はじめのうち。[例]病気の―発見。

【早暁】(ソウギョウ) 夜の明けはじめるころ。あかつき。[類]払暁(フツギョウ)。

【早計】(ソウケイ) はやまった軽率(ケイソツ)な考えや行動。[例]―に過ぎる。

【早婚】(ソウコン) (名・する) 若いうちに結婚すること。[対]晩婚。

【早産】(ソウザン) (名・する) 月たらずで子が生まれること。

【早秋】(ソウシュウ) 秋の初めのころ。[類]初秋。[対]晩秋。

【早熟】(ソウジュク) ㊀(名・する) くだものや穀物などが、ふつうよりもはやく熟すこと。また、その品種。わせ。[対]晩熟。[例]―の西瓜(スイカ)。㊁(名・形動ダ) 年のわりに、心やからだの発達がはやいこと。ませていること。[例]―な少女。

【早春】(ソウシュン) 春の初めのころ。はるさき。[類]初春。[対]晩春。

【早世】(ソウセイ) (名・する) 若くして死ぬこと。はや死に。[例]―の詩人。[表記]「早逝」とも書く。

【早生】(ソウセイ) ①作物やくだものなどが、ふつうよりも早く熟すこと。わせ。[対]中生(なかて)・晩生(おくて)。[例]―種。→【早稲】(わせ) ②ふつうより早く生まれること。[例]―児。

【早成】(ソウセイ) (名・する) ①早くなしとげること。②早くおとなびること。[類]早熟。[例]―性(=鳥のひなが孵化(フカ)後すぐ運動する能力をもつ性質)。

【早早】(ソウソウ) ㊀(副) すぐに。急いで。はやばや。[例]―に立ち去れ。㊁(名) …してすぐ。…の直後。[例]新年―。

【早退】(ソウタイ) (名・する) きめられた時刻よりも早く、勤務先や学校を退出すること。はやびき。はやびけ。

【早旦】(ソウタン) 〔「旦」は、朝の意〕早朝。

【早着】(ソウチャク) (名・する) 列車やバスなどが、きまった時刻よりも早く着くこと。[対]延着。

【早朝】(ソウチョウ) 朝のはやいうち。朝はやく。[例]―マラソン。

【早年】(ソウネン) としが若いとき。[対]晩年。[例]―の作品。

【早発】(ソウハツ) (名・する) ①定刻よりはやく出発・発車すること。②症状(ショウジョウ)などがはやく出ること。▽[対]遅発(チハツ)。

【早晩】(ソウバン) (副) おそかれはやかれ。いずれ。[例]―できあがる。

【早老】(ソウロウ) 年のわりにはやく老人じみること。

【早馬】(はやうま) 急ぎの知らせを伝える使者が乗るウマ。[例]―を立てる。

【早▽合点】(はやガテン・はやガッテン) (名・する) よく聞かないで、わかったつもりになること。早のみこみ。早とちり。[例]―はけがのもと。

【早鐘】(はやがね) ①火事など危険や事件の発生を知らせるために激しく打ち鳴らす鐘。[例]―を打つ。②不安や緊張(キンチョウ)で心臓がどきどきすることをたとえていう。

【早死に】(はやじに) (名・する) 若いうちに死ぬこと。若死に。早世(ソウセイ)。

【早瀬】(はやせ) 川の流れのはやい浅瀬。

【早業】(はやわざ) すばやくてたくみな腕前(うでまえ)。[例]目にもとまらぬ―。

【早▽稲】(わせ) いちばんはやく実るイネ。[対]晩稲(おくて)。[例]―の収穫(シュウカク)。→【早生】(ソウセイ)
●尚早(ショウソウ)・最早(もはや)

日 2

【旨】

6画 2761 65E8 [常用]
[音]シ[漢][呉]
[訓]むね・うま-い

[筆順] ノ ヒ ヒ 旨 旨 旨

[なりたち] [形声]「日(=あまくてうまい)」と、音「ヒ(ヒ)→シ」とから成る。うまくてよい。

[意味] ❶味がよい。うまい。[例]旨肴(シコウ)。❷心のうち。考え。むね。[例]旨意(シイ)。主旨(シュシ)。

[人名] よし

【旨味】(うまみ) ①食べ物のうまい味。②(コンブ・カツオブシなどの)だしの味。③技芸などの上手さ。[例]―のある演技。④かなりのもうけがあること。[例]―のある商売。

【旨意】(シイ) 考え。おもむき。[例]なんらの―もない。

【旨▼肴】(シコウ) うまい料理。[例]―に舌つづみをうつ。

【旨酒】(シシュ) うまい酒。美酒。

【旨趣】(シシュ・シイ) ①意味。趣旨。[例]活動の―を説明する。②心の中の思いや考え。[例]―を察する。
●宗旨(シュウシ)・主旨(シュシ)・趣旨(シュシ)・要旨(ヨウシ)・論旨(ロンシ)

日 2

【旬】

6画 2960 65EC [常用]
[音]シュン[漢]ジュン[呉]

[筆順] ノ 勹 勹 句 旬 旬

[なりたち] [会意]「勹(=つつむ)」と「日(=太陽)」とから成る。十日をひとくくりとする。

[意味] ❶十日。十干(ジッカン)がひとまわりすることからいう。[例]旬刊(ジュンカン)。上旬(ジョウジュン)。❷十年。地上の一年は天上の一日にあたると考えられていたことからいう。❸みちる。まるまる。[例]旬歳(ジュンサイ)(=まる一年)。

[日本語での用法]《シュン》食用に供するのに最もふさわしい季節の。「旬(シュン)の野菜(ヤサイ)・旬(シュン)の鮮魚(センギョ)」

[人名] ただ・とき・ひとし・ひら・まさ・みつ・みつる

【旬刊】(ジュンカン) 新聞・雑誌などを十日ごとに刊行すること。また、その刊行物。

【旬間】(ジュンカン) (行事などをおこなう)十日間。[例]交通安全―。

【旬日】(ジュンジツ) 十日間。[例]―のうちに。―を経て。

【旬報】(ジュンポウ) 十日目ごとに出す報告。また、その刊行物。

【旬余】(ジュンヨ) 十日あまり。[例]今年もあと―におしせまった。
●下旬(ゲジュン)・上旬(ジョウジュン)・初旬(ショジュン)・中旬(チュウジュン)

日 3

【旱】

7画 5861 65F1
[音]カン[漢]
[訓]ひでり

[意味] 長いあいだ、雨が降らないで、水がかれる。ひでり。[例]旱害(カンガイ)。旱天(カンテン)。

【旱害】(カンガイ) 日照りのために作物が不作になること。[表記][現]干害
【旱天】(カンテン) 日照りつづきの空。[表記][現]干天
【旱天の慈雨】(カンテンのジウ) 日照りのときのめぐみの雨。待ち望

んでいたことが実現することのたとえ。

【旱魃】(「魃」は、日照りの神) 長いあいだの日照りで田畑の水がかれてなくなること。水がれ。

日 3 **【旰】** 7画 —— 65F0 音 カン漢 訓 く-れる

意味 日が暮れる。日暮れ。くれる。例 旰食。

【旰食】 定刻よりおそく食事をとること。君主が政務に熱心なことをいう。例 宵衣—。

日 4 **【易】** 8画 1655 6613 教育5 音 一 エキ漢 ヤク呉 二 イ漢呉 訓 やさ-しい・か-える・か-わる・やす-い

筆順 丨 ㄇ 日 日 月 易 易 易

なりたち [象形] 頭と四本の足のある、トカゲの形。

意味 一 ❶(皮膚の色を変える)トカゲ。ヤモリ。同 蜴。❷つぎつぎと変化する。かわる。例 不易。変易。❸とりかえる。あらためる。かえる。例 改易。交易。貿易。❹古代のうらない。また、うらないの書物。陰陽思想にもとづき、算木と筮竹を用いて吉凶をうらなう。例『易経』〔書名。五経の一つ〕 易者。
二 ❶たやすい。やさしい。対 難。例 易易。平易。容易。❷かろんじる。あなどる。例 軽易。慢易。

使い分け やさしい【優・易】⇩1181ページ

人名 おさ・おさむ・かぬ・かね・やす・やすし

【易易】イイ (形動タリ) ひじょうにたやすいようす。

【易学】 易を研究する学問。

【易簀】(「簀を易う」と訓読する。「簀」は、竹で編んだ、むしろや、すのこで、敷物の意) 学徳の高い人の死をいう。〔孔子の弟子の曽参が死にのぞんで、大夫用の敷物は分不相応だと言って取りかえさせてから死んだという故事から〕(礼記) 例 森鷗外の—。

【易者】 易の書物にもとづいて、人の吉凶や幸・不幸をうらなう人。

【易筮】(「筮」は、うらないに使う細いタケ) 筮竹によってうらなうこと。

【易姓革命】(姓を易え、命を革める意) 王朝がかわること。古代中国の政治思想で、天命によって天子になった者が悪政をおこなった場合、他の者に天命が下って新しい王朝を開くことになるという考え。

【易占】 易でうらなうこと。

【易断】(名・する) うらないによる吉凶の判断。

●安易・簡易・交易・難易・不易・平易・貿易・容易

日 4 **【旺】** 8画 1802 65FA 常用 音 オウ漢 訓 さか-ん

筆順 丨 ㄇ 日 日 日一 旰 旺 旺

なりたち [形声]「日(=太陽)」と、音「王」とから成る。光が多く美しい。

意味 日の光が四方にかがやき広がるように、さかん。例 旺盛。

人名 あき・あきら・さかえ・さかり・ひかり

【旺盛】(形動ダ) さかんなようす。元気のあるようす。

日 4 **【昂】** 8画 2523 6602 人名 音 コウ慣 ゴウ漢 訓 あが-る・たか-い・たか-ぶる

日 5 **【昻】** 9画 —— 663B 俗字

なりたち [形声]「日(=太陽)」と、音「卬」とから成る。あがる。

意味 高く上にあがる。たかぶる。例 昂然。意気軒昂。激昂。

人名 あき・あきら・たか・たかし・のぼる

【昂然】(形動タリ) 意気さかんで自信満々のようす。おごりたかぶったようす。例 —たる態度。—と胸を張る。

【昂騰】(名・する) 物価や株価などが大幅に上がること。騰貴。対 下落。表記 現 高騰

【昂奮】(名・する) 感情が高ぶること。表記 現 興奮

【昂揚】(名・する) 気分や意識などが高まりあがること。また、あげること。表記 現 高揚

日 4 **【昊】** 8画 5863 660A 人名 音 コウ漢 訓 あき-らか・ひろ-い

意味 大空。そら。例 昊天(=空。天)。

人名 あきら・ひろ・ひろし

日 4 **【昆】** 8画 2611 6606 常用 音 コン漢呉 訓 あに

筆順 丨 ㄇ 日 日 旦 旦 昆 昆 昆

なりたち [会意]「日(=同じ)」と「比(=ならぶ)」とから成る。同じなかま。

意味 ❶なかま。むれ。群れをなして集まる虫。例 昆虫。❷あに。例 昆弟。❸子孫。例 後昆。

人名 ひ・ひで・やす

【昆虫】 ①虫をまとめていうことば。②節足動物の一群。アリ・ハチ・バッタ・トンボ・チョウなど、種類が多い。

【昆弟】 あにと、おとうと。兄弟。

【昆布】 寒い海の岩礁に生える長い帯状の海藻。食用やヨードの原料になる。えびすめ。ひろめ。例 おぼろ—。

【昆侖】 ①まるいもの。また、もやもやして形のないもの。②中国の伝説上の山。西方にあり、神霊が集まるとされた。崑崙。

日 4 **【昏】** 8画 2610 660F 人名 音 コン漢呉 訓 くれ・くら-い

意味 ❶日暮れ。夕暮れ。例 昏暁。昏黄。❷おろか。道理にくらい。暗い。例 昏昧(=おろか)。❸目がくらむ。まよう。まどう。例 昏倒。昏迷。昏惑。

難読 黄昏

【昏暁】 ①夕暮れと夜明け。②おろかなことと、かしこいこと。

【昏黄】 夕暮れ。たそがれ。黄昏。

【昏昏】(形動タリ) ①意識のないようす。また、よくねむっているようす。例 —とねむり続ける。②暗くてはっきりしないようす。また、おろかなようす。

【昏酔】(名・する) 意識を失うほど酒によっていること。よいつぶれること。類 泥酔。

【昏睡】(名・する) (病気で) 意識を失って目ざめないこと。例 —状態。

【昏絶】(名・する) 目がくらんで気を失うこと。類 気絶。

【昏倒】(名・する) 気が遠くなったり目がくらんだりして、たおれること。例 疲労のため—した。

【昏明】 ①暗いことと明るいこと。②夜と昼。また、日暮れ

と夜明け。

【昏迷】(名・する)①おろかで判断できないこと。②混乱してわからなくなること。例政情がいよいよ―している。表記 ②は現混迷

【昏乱】(名・する)①心がみだれて、わけがわからなくなること。②人の道がおこなわれず、世の中がみだれること。例世の―をなげく。

【昏礼】結婚の儀礼。婚礼。〔中国古代に、婚礼は、日が暮れてからおこなったことによる〕

【昏惑】(名・する)心がくらみ、まどうこと。道理がわからず判断に迷うこと。

日 4 【昇】 8画 3026 6607 常用 音ショウ漢呉 訓のぼ-る

筆順 丨 冂 日 日 旦 昇 昇 昇

なりたち 〔形声〕「日(=太陽)」と、音「升」とから成る。太陽がのぼる。

意味 上にあがる。のぼる。例昇降。昇天。上昇。

使い分け のぼる【上・登・昇】⇩1176ページ

人名 あきら・かみ・すすむ・たかし・のぼり・のり・ひで・ます

【昇華】(名・する)①〔物〕固体が(液体の状態にならず)直接に気体になること。また、その逆の現象もいう。ドライアイスや樟脳などにみられる。→【気化】(571ページ)・【蒸発】(861ページ)②〔心理学などで〕欲望や精神などを、低い状態から、いちだんと高い状態に向ける心のはたらき。例精神の―。③(芸術活動などで)低俗な段階・状態・次元にあるものが、高尚なほうに移って価値を高めること。

【昇格】(名・する)地位や資格が上がること。類昇級・昇進・昇任。対降格。例部長に―する。

【昇級】(名・する)「級」の名で呼ばれる階級制のなかで、上のほうに移ること。類昇格・昇進・昇任・進級。

【昇給】(名・する)給料が上がること。例定期―。

【昇汞】〔化〕塩化第二水銀の別名。極めて有毒。かつて消毒薬などに用いられた。例―水。

【昇降】(名・する)のぼりくだり。あがりおり。例―口。

【昇叙】(名・する)上級の官位に任用されること。表記 旧陞叙

【昇進】(名・する)ある組織のなかでの地位が上がること。類昇格・昇級・昇任。対降格。例教授に―する。表記 旧陞進

【昇段】(名・する)(武道や囲碁・将棋などで)段位が上がること。例柔道二段に―する。

【昇天】(名・する)①天にのぼること。さかんなことのたとえ。例旭日―の勢い。②復活したキリストが天にのぼること。③死ぬこと。

【昇殿】(名・する)①神社の拝殿にのぼること。例―参拝。②清涼殿の殿上の間にのぼること。

【昇騰】(名・する)〔「騰」も、のぼる意〕おどりあがること。高くのぼること。例物価が―する。

【昇任】(名・する)上の地位や任務にのぼること。類昇格・昇級・昇進。対降任。例班長に―する。表記 旧陞任

【昇平】世の中が平和に治まっていること。昌平。太平。

日 4 【昌】 8画 3027 660C 人名 音ショウ漢 訓さか-ん

なりたち 〔会意〕「日(=尊い太陽)」と「日(=言う)」とから成る。よいことば。派生して「さかん」の意。

意味 かがやかしく、あかるい。さかん。例昌運。昌盛。繁昌。

人名 あき・あきら・あつ・あつし・さかえ・しげる・すけ・のぼる・ひさし・まさ・まさし・まさる・よ・よし

【昌運】さかんになる運勢。よい方向へ向かう、めぐりあわせ。類盛運。例国の―をいのる。

【昌盛】さかえること。さかんなこと。類繁栄・繁盛。例国家の―は国民の努力の結果である。

【昌平】①国が栄え、世の中が平和なこと。昇平。太平。例―の世をたのしむ。②孔子の出身地。山東省曲阜県南東の地。

【昌平黌】江戸幕府の学問所。一六九〇(元禄三)年、徳川綱吉が江戸の湯島に、朱子学を奨励するためにつくった。昌平坂学問所。湯島聖堂ともいう。

日 4 【昃】 8画 5864 6603 音ショク漢 ソク呉 訓かたむ-く

意味 太陽が西にかたむく。かたむく。例日中則昃(=太陽が中天にのぼれば、やがてはかたむく。ものごとが極点に達すれば、おとろえることのたとえ)。〈易経〉

日 4 【昔】 8画 3246 6614 教育3 音セキ漢 シャク呉 訓むかし

筆順 一 十 艹 艹 昔 昔 昔 昔

なりたち 〔会意〕「𦍌(=のこりの肉)」と「日(=太陽)」とから成る。ほした肉。派生して「むかし」の意。

意味 ❶さきごろ。以前。また、遠い過去。いにしえ。むかし。例昔日。往昔。今昔。❷ゆうべ。よる。同夕。例通昔(=一晩中)。

人名 つね・とき・はじめ・ひさ・ふる

【昔時】むかし。類昔日・昔年・往時。

【昔日】むかし。過去の日々。類昔時・昔年・往時。例―のおもかげをしのぶ。

【昔者】①〔「者」は、助字〕むかし。過去の年月。②きのう。昨日。

【昔人】むかしの人。古人。

【昔年】①むかし。以前。類昔時・昔日・往年。例―をしのぶ。②前の年。去年。

◐一昔・今昔

日 4 【旻】 8画 5865 65FB 音ビン漢 訓あきぞら

意味 ❶秋の空。あきぞら。例旻天(=秋の空)。❷天空。そら。

日 4 【明】 8画 4432 660E 教育2 音メイ漢 ミョウ呉 ミン唐 訓あ-かり・あか-るい・あか-るむ・あか-らむ・あき-らか・あ-ける・あ-く・あ-くる・あ-かす 付表明日

筆順 丨 冂 日 日 明 明 明 明

なりたち 〔会意〕「日(=太陽)」と「月(=つき)」とから成る。照ってあかるい。

意味 ❶光がよく当たって、ものがはっきり見える。あかるい。例明暗。明月。❷はっきりしている。あきらか。例明白。明瞭。❸はっきりさせる。あかす。例説明。表明。❹頭のはたらきがはっきりしている。かしこい。例英明。聡明。❺太陽がのぼって、あかるくなる。あからむ。あける。例未明。❻あけて、その次の。あくる。例明春。明朝。明年。❼暗いなかの光。あかるくするもの。あかり。例光明。照明。灯明。❽霊的な存在。まつられた死者。神。例明器（＝死者とともに墓におさめる生活用品の模型）。神明。❾朱元璋が元をほろぼして建てた国。清にほろぼされた。みん。（一三六八—一六四四）例明朝。明版。❿古代インドの学問の分科。例因明（＝論理学）。声明（＝宗教音楽）。

日本語での用法《あく・あける》期間が終わる。「年が明ける・喪が明ける」

使い分け あからむ【赤・明】⇩1160ページ

使い分け あく・あける【明・空・開】⇩1160ページ

難読 明珍（＝姓）・明礬・明衣・明石・明障子

人名 あか・あき・あきら・あけ・きよし・さとし・さや・さやか・てる・とおる・とし・のり・はる・ひろ・ひろし・みつ・よし

【明け荷】①竹やむしろで作った、旅行用の荷物入れ。②関取が、まわしなどを入れて運ぶ箱。

【明王】一〔仏〕仏の教えを守り、人々を救済する神。例不動—。二かしこくりっぱな君主。類明君。

【明後日】あすの次の日。「あさって」の改まった言い方。例—帰着する予定。

【明星】金星の別名。あけがた、東の空にかがやくのを「明けの明星」、日のしずんだあと西の空に見えるのを「宵の明星」という。〔その方面で人気のある人の意味にも用いる〕

【明神】神をたっとぶ言い方。霊験あらたかな神。例稲荷大—。

【明朝】一（「ミョウあさ」とも）「あすの朝」の改まった言い方。例—七時に集合。二①中国の明の王朝。また、その時代。②「明朝体」の略。活字の書体の一つ。いっぱんに本や新聞などの本文に使われる。例—活字。

【明日】今日の次の日。「ミョウニチ」は、「あす」「あした」の改まった言い方。対昨日。

【明年】「来年」の改まった言い方。対昨年・去年。

【明晩】「あすの晩」の改まった言い方。対昨晩。例—お電話します。

【明▼礬】〔化〕硫酸アルミニウムなどと硫酸カリウムなどの化合物。染色や製紙などに用いる。

【明夜】あすのよる。明晩。対昨夜。

【明暗】①あかるさと、くらさ。とくに、絵画や写真で、色の濃淡や、あかるさの度合い。例—をつける。②喜びと悲しみ。幸運と不運。例—を分ける。人生の—。

【明快】（名・形動）①筋道がはっきりしていて、わかりやすいこと。例単純—。②あかるくて、気持ちがいいこと。

【明解】わかりやすくはっきりした解釈。例—な注釈。

【明確】（名・形動）はっきりしていて、まちがいがないこと。類明白・明瞭。例—な根拠を示す。態度を—にする。

【明鑑】①くもりなくきれいな鏡。類明鏡。②すぐれた見識。

【明記】（名・する）はっきり書くこと。例理由を—する。

【明鏡止水】〔くもりのない鏡と、静かで動かない水の意〕心にこだわりや憂いがなく、すみきっておだやかなこと。例—の境地。

【明君】かしこくりっぱな君主。類名君・明主。対暗君。

【明訓】すぐれたおしえ。

【明月】①雲のない空に、あかるくかがやく月。②十五夜の月。とくに、陰暦八月十五日の月。→【名月】（192ページ）

【明言】（名・する）迷いもなく、はっきりと言うこと。類断言・確言。例—をさける。改革実行を—する。

【明細】（名・形動）こまかい点まで、くわしくはっきりしていること。例—書。—に報告する。給料の—。

【明察】（名・する）①真相を正しく見ぬくこと。例事態を—する。②他人の推察をほめていうことば。類賢察・高察。例ご—のとおり。

【明視】（名・する）はっきり見えること。例—距離。

【明示】（名・する）はっきりとわかるようにしめすこと。対暗示。例論拠を—する。製造年月日が—されている。

【明治】明治天皇の在位の元号。大正の前。一八六八年九月八日から一九一二（明治四十五、大正元）年七月三十日まで。

【明識】はっきりと知ること。また、すぐれた認識。

【明珠】①あかるく光りかがやく宝玉。②すぐれた人物や詩文のたとえ。

【明証】（名・する）はっきりした証拠を示すこと。また、その証拠。例犯行の—。無罪を—する。

【明色】あかるい感じのする色。対暗色。例—を主にした色彩。

【明▼晰】（名・形動）はっきりしていて、よくわかること。例頭脳—。—な言語。

【明窓浄机】〔光のはいるあかるいまどと、きれいにしてあるつくえの意〕あかるく清潔で、勉強にふさわしい部屋。表記「明窓浄▼几」とも書く。

【明達】（名・する）かしこく、ものごとによく通じていること。例—の士。

【明断】（名・する）筋道を立てて、はっきりと決断や判断をすること。すぐれた判断。例—をくだす。

【明知】すぐれた知恵。かしこいこと。表記（旧）明▼智

【明徴】（名・する）はっきりした証拠を示し、証明すること。また、その証拠。類明証。

【明哲】（名・形動）かしこく、ものごとがよくわかっていること。また、そういう人。例—神のごとき人。

【明哲保身】賢明で道理をわきまえ、身を安全にたもつこと。〈詩経〉例—の術。

【明徹】（名・形動）ものごとがあきらかで、はっきりしていること。例—な論理。

【明度】色のあかるさの度合い。〔彩度・色相と合わせて、色の三要素とされる〕

【明答】（名・する）はっきりと、わかるように答えること。また、その答え。名答。類確答。例質疑に—する。

【明堂】昔の中国で、天子が政治をおこなった建物。

【明徳】①りっぱな道徳心。また、それにもとづく正しいおこない。②天からさずかったよい性質。仁・義・礼・智の徳。例—を明らかにする。

【明白】（名・形動）はっきりしていて、疑いようもないこと。あきらか。類明確・明瞭。〔「明明白白」は、強めた言い方〕例—に答える。—な事実。

【明▼媚】（名・形動）〔「媚」は、美しい意〕山や川など自然の景色が美しいこと。例風光—の土地。

【明敏】（名・形動）かしこくて、頭の回転がはやいこと。例—な頭脳。—な若者。

【明文】メイブン まちがいがないよう、内容をはっきりと書きあらわした文章。〔「明文化」の形で使われることが多い〕例 決定事項を―化する。

【明弁】メイベン（名・する）①道理にもとづき、はっきり見分けること。例 理非を―する。②ものごとをはっきり、わかりやすく述べること。また、そのような弁論。表記 ①は 旧 明▼辨。②は 旧 明▼辯

【明法】一 メイホウ ①法をあきらかにすること。また、あきらかな法令。②唐・宋時代、科挙（＝官吏登用試験）の一つ。法律に関する学科。二 ミョウボウ 昔、日本の大学寮で教えた法律学。例 ―道。―博士。

【明▼眸▼皓歯】メイボウコウシ〔「眸」は瞳、「皓」は白い意〕美しく澄んだひとみと白い歯。美女をいうことば。

【明明】メイメイ（形動タル）たいそうはっきりしているようす。例 ―白白。―たる事実。→【明白】

【明滅】メイメツ（名・する）あかるくなったり暗くなったりすること。あかりがついたり消えたりすること。類 点滅。例 ―する灯火。

【明喩】メイユ はっきりとわかるように直接にたとえること。「モミジのような手」「サクラのように散る」など。直喩。対 暗喩・隠喩。

【明▼亮】メイリョウ（名・形動ダ）「明瞭」に同じ。

【明瞭】メイリョウ（名・形動ダ）はっきりとよくわかること。明亮。類 明白・明確。例 簡単―。―な発音。

【明倫】メイリン 人としてふみおこなうべき道をあきらかにすること。

【明朗】メイロウ（名・形動ダ）①あかるく楽しく、はれやかなこと。例 ―快活。―な人がら。②ごまかしたり、かくしたりしないで、内容をはっきり示すこと。例 ―会計。―な経営。

●有明・解明・簡明・究明・賢明・言明・克明・自明・釈明・証明・照明・鮮明・透明・発明・判明・不明・文明・弁明

日5 【映】 9画 1739 6620 教育6 音 エイ 漢 ヨウ 呉 訓 うつ-る・うつ-す・は-える

筆順 丨 冂 日 日 日冂 日口 映 映

日8 【暎】 12画 5885 668E 俗字

たなちり 【形声】「日（＝太陽）」と、音「央オウ→イエ」とから成る。照りはえる。

意味 ❶光に照らされて、形があらわれる。光を反射してかがやく。うつる。はえる。例 反映。❷光を当てて、形をあらわす。うつす。例 映画。映写。

日本語での用法 《うつる》印象を与える。「彼の態度は生意気に映った」

使い分け うつす・うつる【写・映】⇨1163ページ

使い分け はえ・はえる【映・栄】⇨1177ページ

難読 映日紅・映日果

人名 あき・あきら・え・てる・はゆ・みつ

【映画】エイガ 連続して撮影したフィルムをうつし出して、ものの動きやようすを再現するもの。シネマ。キネマ。ムービー。活動写真。例 SF―。―館。―を見る。

【映写】エイシャ（名・する）映画のフィルムやスライドをスクリーンにうつし出すこと。例 ―機。スライドを―する。

【映像】エイゾウ ①光の屈折や反射によってあらわれるもののかたち。②テレビの画面や、映画・スライドのスクリーンにうつし出された像。例 ―が乱れる。③頭に思いうかぶものの姿やようす。心象。イメージ。

●上映・反映・放映

日5 【昨】 9画 2682 6628 教育4 音 サク 漢 訓 きのう 付表 昨日きのう

筆順 丨 冂 日 日 日' 昨 昨 昨 昨

たなちり 【形声】「日（＝太陽）」と、音「乍サ→サク」とから成る。一日前。

意味 ❶きょうの前の日。きのう。例 昨日。昨夜。❷ひとまわり前の。例 昨年。昨夏。❸過ぎてしまった昔。例 昨非今是。

【昨暁】サクギョウ きのうの夜明けごろ。

【昨日】サクジツ 今日の一日前の日。「サクジツ」は、「きのう」の改まった言い方。対 明日。例 ―通知がまいりました。

【昨秋】サクシュウ 昨年の秋。去年の秋。

【昨週】サクシュウ 今週の前の週。先週。

【昨春】サクシュン 昨年の春。去年の春。

【昨冬】サクトウ 昨年の冬。去年の冬。

【昨年】サクネン ことしの前のとし。旧年。「去年」の改まった言い方。対 明年・来年。

【昨晩】サクバン きのうの晩。昨夜。「ゆうべ」の改まった言い方。対 明晩。

【昨非今是】サクヒコンゼ 時勢や状況の変化によって、きのう悪としたことも、きょうは善に考えられることがある。

【昨報】サクホウ きのうの報道。〔おもに、新聞やラジオなどで使う〕

【昨夜】サクヤ きのうの夜。昨晩。「ゆうべ」の改まった言い方。対 明夜。

【昨夕】サクゆう きのうの夕方。

【昨夏】サッカ 昨年の夏。去年の夏。去夏。

【昨今】サッコン 「近ごろ」「このごろ」の改まった言い方。例 ―の若者のファッションにおどろかされる。

日5 【昵】 9画 5867 6635 音 ジツ 漢 訓 ちか-づく

意味 えんりょなく、仲よくする。なれしたしむ。ちかづく。例 昵近（＝したしみをもつ）。昵懇。

【昵懇】ジッコン（名・形動ダ）親しい関係であること。類 懇意。例 ―のあいだがら。表記 「▽入魂」とも書く。

日5 【春】 9画 2953 6625 教育2 音 シュン 漢 呉 訓 はる

筆順 一 三 夫 夫 夫 春 春 春

たなちり 【会意】「日（＝太陽）」と「艸（＝くさ）」と「屯チュン→シュン（＝草木の芽が出はじめる）」とから成る。草木が活動をはじめる、はる。

意味 ❶四季の第一。立春から立夏までの間。ほぼ三月・四月・五月。陰暦では一月・二月・三月。例 春分。春眠。立春。❷年の初め。正月。例 賀春。新春。❸性的な欲望。情欲。例 思春期。春情。❹若く元気な時期。青年期。例 回春。青春。

難読 春日かすが・春宮とうぐう・春鶯囀

人名 あずま・あつ・かす・す・とき・とし・はじむ・はじめ

【春雨】一 シュンウ 春の雨。はるさめ。二 はるさめ ①静かに降る春の雨。②でんぷんからつくった細い糸状の食べ物。

【春寒】シュンカン 春先の寒さ。類 余寒。例 ―の候。

【春気】シュンキ ①春のけはい。②春景色。

【春季】シュンキ 春の季節。例 ―運動会。

【春期】シュンキ 春の期間。例 ―講習。

【春機】シュンキ ①春に織る機はた。②性的な欲情。異性に対す

る性欲。色情。春情。例—発動期(=思春期)。

【春菊】シュンギク キク科の一、二年草。葉はぎざぎざの切れこみがあり、若葉は食用。菊菜。

【春暁】シュンギョウ 春の夜明けごろ。春のあかつき。

【春景】シュンケイ 春の景色。春光。春色。

【春光】シュンコウ ①春の景色。春景。春色。②春の日ざし。

【春耕】シュンコウ 春に田畑をたがやすこと。

【春日】シュンジツ 春の一日。また、春の日ざし。例—遅遅(=うららかな春の日が、なかなか暮れずにのどかなこと)。

【春愁】シュンシュウ 春の、なんとなくゆううつで思いなやむ気分。例心は—に満たされる。

【春秋】シュンジュウ ①春と秋。②一年。また、年月。類歳月・星霜。例—を経る。③年齢。④古代の魯の国の歴史書。五経の一つで、孔子が編集したという。⑤「春秋時代」の略。周が都を東にうつした紀元前七七〇年から、韓・魏・趙が晋を分割して独立する紀元前四〇三年までの時代。

【春秋に富む】シュンジュウにとむ〔今後の年月がまだ多い意から〕年若く、将来性がある。

【春情】シュンジョウ ①春の景色。春色。春光。②性的な欲情。いろけ。

【春宵一刻▽直千金】シュンショウイッコクあたいセンキン〔「直」は、「値」に同じ〕春の夜はおもむきが深く、ひとときに千金の価値があるほどである。〈蘇軾・春夜〉

【春色】シュンショク 春景色。春景。春光。

【春心】シュンシン ①春に感じる物思い。②恋ごころ。恋情。

【春信】シュンシン〔「信」は、便りの意〕春が来る知らせ。春のおとずれ。例—を聞く。

【春雪】シュンセツ 春に降る雪。

【春暖】シュンダン 寒さのやわらいだ春のあたたかさ。〔おもに手紙などで用いる〕対秋冷。例—の候。

【春泥】シュンデイ 雪どけや霜どけによる春さきのぬかるんだ地面。例—をふむ。

【春闘】シュントウ「春季闘争」の略。労働組合が賃上げ要求を中心におこなう、春の共同闘争。

【春風▼駘▼蕩】シュンプウタイトウ（形動タル）①春風がやさしくふき、のどかであるようす。②おだやかでおおらかな人がらのようす。例—たる人物。

【春分】シュンブン 二十四節気の一つ。三月二十一日ごろで、昼と夜の長さがほぼ等しくなる。対秋分。

【春望】シュンボウ 春のながめ。例山麓の—。

【春眠】シュンミン 春の夜の快いねむり。例—暁を覚えず。

【春夢】シュンム ①春の夜のゆめ。②春のゆめのように、はかないことのたとえ。例むなしき—と消える。

【春夜】シュンヤ 春のよる。

【春陽】シュンヨウ 春の暖かい日光。また、おだやかな春の季節。

【春雷】シュンライ 春に鳴るかみなり。

【春▽嵐】シュンラン ①春のあらし。②春にかかる、もや。

【春▼蘭】シュンラン ラン科の多年草。早春にうすみどりの花をつける。他のランにさきがけてさくのでこの名がある。ほくろ。

【▽春宮】トウグウ ①皇太子のいる宮殿。②皇太子のこと。

表記 ▽正しくは「東宮」と書くが、春を方角では東にあてるので、「春宮」を「トウグウ」と読む。

【春一番】はるイチバン 立春後、初めてふく強い南風。春のおとずれのしるしとされる。

【春▼霞】はるがすみ 春に立つかすみ。例—がたなびく。

【春駒】はるごま ①春の野にいるウマ。②竹の棒の片方にウマの頭の形を、片方に車をつけ、またがって遊ぶおもちゃ。

【春告魚】はるつげうお 春のおとずれを知らせる魚。ニシンの別名。

【春告鳥】はるつげどり 春のおとずれを知らせる鳥。ウグイスの別名。

●賀春・吉春・去春・慶春・迎春・小春・初春・新春・青春・早春・仲春・晩春・陽春・翌春・来春・立春

日 5

【昭】

9画 3028 662D 教育3 音ショウ漢 訓あき-らか

筆順 丨 冂 日 日フ 旫 昭 昭 昭

なりたち［形声］「日(=太陽)」と、音「召ショウ」とから成る。日が照りかがやいて明るい。

意味 すみずみまで光がとどいて明るい。あきらか。例昭顕(=徳があきらかになる)。昭明(=あきらか。あきらかになる)。

人名 あき・あきら・ただ・ただし・てる・はる・ひかる・ひろ・ひろし

【昭代】ショウダイ 平和に治まっている世。

【昭和】ショウワ 昭和天皇の在位の年号。大正の次で、平成の前。一九二六(大正十五、昭和元)年十二月二十五日から一九八九(昭和六十四)年一月七日まで。

日 5

【是】

9画 3207 662F 常用 音シ漢 ゼ呉 訓これ・こ-の・ここ

筆順 丨 冂 日 旦 早 早 是 是

なりたち［会意］「日(=太陽)」と「正(=ただす)」とから成る。まっすぐで正しい。

意味 ❶正しい(と見なす)。対非ヒ。例是認ゼニン。是非ゼヒ。❷正しいと見なした方針。例国是コクゼ。社是シャゼ。❸正しくする。例是正ゼセイ。❹〔助字〕㋐「これ」と読み、…だ…である、の意。断定をあらわす。例是妄死也(=犬死にだ)。㋑「これ」と読み、ものごとをさし示す。例以レ是知(=このことからわかる)。㋒目的語を前に出して強調する。例戎狄是膺(=異民族の西戎や北狄は征伐する)。〈詩経〉

人名 すなお・ただし・ただす・なお・ゆき・よし

【是正】ゼセイ（名・する）誤りなどをただして、なおすこと。例貿易の不均衡を—する。

【是是非非】ゼゼヒヒ よいことはよい、悪いことは悪いと、はっきりと判断すること。例—の態度をつらぬく。

【是認】ゼニン（名・する）よいとみとめること。また、そのとおりだとみとめること。承認。対否認。例相手側の提案を—する。

【是非】ゼヒ 一（名）よいことと悪いこと。例制服の—を論議する。二（副）どうしても。どうか。例—見てください。

●国是・党是・如是

日 5

【星】

9画 3217 661F 教育2 音セイ漢 ショウ呉 訓ほし

筆順 丶 冂 日 尸 旦 旦 早 星 星

なりたち［形声］「日(=光りかがやく)」と、音「生セイ」とから成る。天空にかがやき光る、ほし。

意味 ❶夜空に光る天体。ほし。例星座セイザ。火星カセイ。惑星ワクセイ。❷ほしくずのように小さい。例星火セイカ。星星セイセイ(=小さいもの)。❸二十八宿の一つ。ほとおりぼし。例星宿セイシュク。

日本語での用法《ほし》①ねらいをつけた相手。対象。「図星ずぼし・目星めぼし・本星ホンぼしを捜がさす」②勝ち負けのしるしのまる。「星取表ほしとりヒョウ・黒星くろぼし・白星しろぼし」

人名 とし・のぼる

【星雲】セイウン 雲のように見える天体。銀河系内のガスやちりの集まりによるものと、銀河系外の恒星の集まりによるものとがある。例暗黒―。
【星火】セイカ 小さな火。
【星学】セイガク 太陽・月・星など天体に関する学問。天文学の古い呼び方。
【星行】セイコウ (名・する) ①星のかがやいている、夜明け前に出かけること。②流れ星のように速く行くこと。
【星座】セイザ 夜空の星を、見える位置によっていくつかずつまとめて、動物や神話の人物などの形になぞらえて名をつけたもの。さそり座・オリオン座など八十八ある。→【星宿】
【星宿】セイシュク 中国で、太陽の黄道に沿って天球を二十八に分けて、定めた星座。→【星座】・【二十八宿】(40ページ)
【星章】セイショウ 軍隊のぼうし・えりなどにつける星の形の記章。
【星条旗】セイジョウキ アメリカ合衆国の国旗。〔星と、縞(=すじ)とでかたどった、はた。スターズアンドストライプス〕
【星▼辰】セイシン ほし。星座。星宿。
【星霜】セイソウ 〔「星」は一年で天をひとめぐりし、「霜」は毎年おりることから〕年月。歳月。例幾―を経る。
【星団】セイダン 恒星が数多く集まっているもの。例球状―。
【星斗】セイト 〔「斗」は、北斗星と南斗星の意〕ほし。
【星▼芒】セイボウ 星の光。
【星夜】セイヤ 星が明るくかがやく夜。ほしづきよ。
●衛星・巨星・恒星・白星・新星・水星・図星・明星・目星・遊星・流星

日5 【昼】 9画 3575 663C 教育2 音チュウ漢呉 訓ひる

筆順 ㇕ コ 尸 尺 尽 昼 昼 昼

日7 【晝】 11画 5876 665D 人名

なりたち [会意]「畫(=くぎる)」の省略体と「日(=太陽)」とから成る。日が出てからしずむまで。夜とへだてられた、ひる。

意味 ❶日の出から日の入りまでのあいだ。ひるま。ひる。例昼夜。昼寝。❷正午ごろ。まひる。例昼食。

人名 あき・あきら

【昼間】チュウカン/ひるま 朝から夕方までのあいだ。日中。
【昼光色】チュウコウショク 太陽光線に近い色や明るさの、人工的な光。例―の蛍光灯。
【昼▼餐】チュウサン 正式の昼食。ひるげ。午餐。ランチョン。
【昼食】チュウショク/チュウジキ 〔「チュウジキ」は、やや古風な言い方〕ひるごはん。ひるめし。午餐。対朝食・夕食。
【昼夜】チュウヤ ㊀(名) ひるとよる。例―を問わず働く。㊁(副) ひるもよるも。例―間断なく見回る。
【昼夜兼行】チュウヤケンコウ ひるもよるも休みなくおこなうこと。
【昼夜を▽舎かず】〔「舎」は、とどまる意〕ひるもよるも休まない。〔「逝く者はかくのごときか、昼夜を舎かず」による〕(論語)→【川上の嘆】(331ページ)
【昼顔】ひるがお ヒルガオ科の多年草。夏の日中、漏斗状をした淡紅色の小花を開く。
【昼▼餉】ひるげ ひるごはん。ひるめし。対朝餉・夕餉。
【昼寝】ひるね (名・する) ひるまに、ねむること。午睡。

日5 【昶】 9画 5868 6636 音チョウ漢

意味 ❶日が、ながい。ひさしい。❷のびやか。

日5 【昴】 9画 5869 6634 人名 音ボウ漢 訓すばる

なりたち [形声]「日(=天体)」と、音「卯ボウ」とから成る。星の名。

意味 二十八宿の一つ。すばるぼし。例昴宿。

参考 「すばる」は、動詞「統すべる(=個々のものを一つにまとめる)」の意。六個の星が集まって見えるのでいう。「昂コウ」は別の字。

日5 【昧】 9画 4370 6627 常用 音バイ漢 マイ呉 訓くら-い

筆順 丨 冂 日 日 日一 日二 旪 昧 昧

なりたち [形声]「日(=ひ)」と、音「未ビ→バイ」とから成る。ようやく明るくなるころ。

意味 ❶光が少なくて、よく見えない。くらい。例昧爽。暗昧。❷ものごとをよく知らない。おろか。くらい。例愚昧。蒙昧。

【昧爽】マイソウ 夜明け方。未明。

日5 【昜】 9画 5870 661C 音ヨウ漢 訓と-ぶ・とびあ-がる

意味 ❶ひらく。❷太陽。太陽が出る。

日5 【昻】 9画 ⇩昂コウ(484ページ)

日5 【昿】 9画 ⇩曠コウ(497ページ)

日6 【晏】 10画 5871 664F 人名 音アン漢 訓おそ-い・やす-らか

なりたち [形声]「日(=太陽)」と、音「安アン」とから成る。空が晴れる。派生して「やすらか」の意。

意味 ❶おちついて、しずか。やすらか。例晏然(=やすらか)。❷(時刻が)おそい。例晏起。❸姓の一つ。例晏嬰(=春秋時代の斉の宰相の名)。

人名 おそ・さだ・はる・やす・やすし

【晏▼駕】アンガ 天子が死ぬこと。崩御。
【晏起】アンキ 朝おそく起きること。朝ねぼう。
【晏如】アンジョ (形動タリ) おだやかでやすらかなようす。

日6 【晃】 10画 2524 6643 人名 音コウ漢呉 訓あき-らか

日6 【晄】 10画 5872 6644 人名 別体字

なりたち [形声]「日(=太陽)」と、音「光コウ(=ひかる)」とから成る。あかるい。

意味 光が四方にかがやき、あかるい。あきらか。例晃晃。

人名 あき・あきら・てる・のぼる・ひかる・ひろし・みつ・みつる

【晃晃】コウコウ (形動タリ) 明るく光りかがやくようす。

日6 【晒】 10画 2715 6652 人名 音サイ漢 訓さら-し・さら-す

日19 【曬】 23画 2-1421 66EC 本字

意味 日に当ててかわかす。虫干しする。例晒書(=書物の虫干し)。

日本語での用法 《さらし・さらす》①日に当てたり、水で洗い流したりして白くする。「晒し粉・晒し布」②(こらしめのため)多くの人の目にふれるようにする。「晒し首・

━晒し者・人目に晒す

日6 【時】 10画 2794 6642 教育2 音 シ(漢) ジ(呉) 訓 とき 付表 時雨(しぐれ)・時計(とけい)

筆順 ｜ П 日 日一 日十 日土 日寺 時 時

なりたち 時 [形声]「日(=太陽)」と、音「寺シ」とから成る。四季。

意味 ❶季節。例 時節。四時。❷過去から現在へ、さらに未来へという移り変わり。とき。例 時運。時間。天時。❸あるとき。このごろ。例 時下。往時。❹ちょうどよいとき。おりよく。例 時雨。時機。時宜。❺おりにふれて。ときどき。ときに。例 学而時習レ之(まなんでときにこれをならう)(=学んでは適当な時期におさらいをする)。〈論語〉

難読 時節(おり)・時鳥(ほととぎす)

人名 これ・はる・もち・ゆき・よし・より

【時雨】 一 (ジウ) ①ちょうどよいときに降る雨。②しぐれ。二 (しぐれ) ①晩秋から初冬のころに、降ったりやんだりする雨。②しぐれのように、続いたりやんだりするもののたとえ。例 せみ―。③「時雨煮(しぐれに)」の略。ハマグリなどのむき身にショウガを加えてつくった、つくだ煮。

【時運】(ジウン) 世の中のなりゆき。例 ―に乗る。

【時下】(ジカ) このごろ。ただいま。〔おもに手紙で「時下ますますご清祥のことと…」のように用いる〕

【時価】(ジカ) その時々の値段。また、現在の値段。例 ―数百万円のダイヤモンド。

【時間】(ジカン) ①過去・現在・未来と移り変わり、続いていく時の流れの全体。㊀空間。例 悠久の―。②時の流れをある長さで区切ったもの。例 待ち―。③時の単位。一日を二十四等分した一つ。一時間は六十分。④ある時刻。例 到着―。⑤ある時刻からある時刻までの間。また、何かをしている間。例 営業―。

【時期】(ジキ) 何かをするための期間。例 ―尚早。

【時機】(ジキ) 何かをするのにちょうどよいとき。適当な機会。チャンス。例 ―到来。―をうかがう。

【時宜】(ジギ) ①何かをするのにふさわしいとき。例 ―にかなう。―を得る。②その時にふさわしいあいさつ。

【時給】(ジキュウ) 〔週給・日給などに対して〕時間あたりの賃金。時間給。

[日部] 6画 ●時 晋

【時局】(ジキョク) その時期の世の中のありさま。時代の情勢。例 重大な―をむかえる。

【時空】(ジクウ) 時間と空間。例 ―をこえる。

【時限】(ジゲン) ①何かをおこなう時間や時刻を限定すること。例 ―スト。②授業時間の単位。校時。例 一―目は国語だ。

【時効】(ジコウ) 一定期間が過ぎたために、本来もっていた権利や義務がなくなること。例 ―が成立する。その話はもう―だ(=古いことなので、もう責任をとることはない)。

【時候】(ジコウ) 四季おりおりの気候。時節。例 ―のあいさつ。

【時刻】(ジコク) ①時の流れの中のある一点。また、それを時・分・秒であらわしたもの。例 ―表。出発の―。②時機。機会。

【時差】(ジサ) ①各国、各地域の間の時刻の差。標準時でくらべる。例 ―ぼけ。東京とロンドンとの―は九時間。②時刻をずらして、他と重ならないようにすること。例 ―通勤。

【時事】(ジジ) そのときそのときの社会的なできごと。例 ―解説。

【時時刻刻】(ジジコッコク) (副)時刻を追って。しだいに。例 ―と変化する。

【時日】(ジジツ) ①ものごとのおこなわれる日と時。にちじ。例 入学式の―を知らせる。②何かをするのにかかる時間。ひにち。例 少なからぬ―を要する。

【時針】(ジシン) 時計の短針。

【時人】(ジジン) その時代の人。

【時世】(ジセイ・ときよ) その時代。世の中の状態。例 ―時節。いいご―だ。

【時制】(ジセイ) 過去・現在・未来・過去完了など、時に関する文法上の特徴。テンス。例 ―の一致。

【時勢】(ジセイ) その時代の世の中のなりゆき。時流。例 ―にのる。―に逆らう。

【時節】(ジセツ) ①おりおりの季節。時候。例 キクの―。―がらご自愛ください。②何かをするのに適切な機会。時機。例 ―到来。③世の中の状況。

【時速】(ジソク) 一時間に進む距離であらわした速さ。㊀秒速・分速。例 ―三二〇キロの新幹線。

【時代】(ジダイ) ①時の流れの、あるひとまとまり。例 江戸―。少年―。②その時の世の中。例 ―おくれ。③昔の世。例 ―劇。④時がたって古くなる感じ。例 ―がつく。

【時代錯誤】(ジダイサクゴ) 時代をとりちがえること。歴史上の事件や人物などの前後関係を誤解すること。また、時代おくれで今の世に合わないこと。アナクロニズム。例 ―の考え方。

【時代色】(ジダイショク) その時代の特色。

【時代物】(ジダイもの) ①時がたって、古くなったもの。骨董。例 ―のフロックコート。②浄瑠璃や歌舞伎で、江戸時代以前を題材にした作品。㊀世話物。③明治時代以前に取材した文学や芸術。

【時点】(ジテン) 時の流れの中での、ある一点。例 現―。

【時評】(ジヒョウ) ①そのときそのときの社会的なできごとに対する批評。例 文芸―。②その時代の評判。

【時分】 一 (ジブン) ①ある時期。ころ。例 若い―。②何かをするのにちょうどよい時機。例 ―時(どき)(=食事どき)。―をうかがう。二 (ジフン) 分を単位として計算した時間。例 所要―。

【時文】(ジブン) ①その時代の文章。②中国の現代の文章。例 古文だけでなく―も読める。③昔の中国で科挙(=官吏登用試験)に用いた文体。

【時報】(ジホウ) ①時刻の知らせ。例 六時の―。②そのときどきの情報。また、その新聞や雑誌。例 社会―。

【時流】(ジリュウ) その時代の世の中の動き、傾向。例 ―に逆らう。―に流される。

【時論】(ジロン) ①その時代のいっぱんの考え。世論。例 ―に流されるな。②時事に関する議論。例 ―に耳をかたむける。

【時計】(とけい) 時間を計ったり、時刻を示したりする装置。〔もと「土圭」と書いた語のあて字〕例 ―まわり(=右まわり)。

【▽時▽鳥】(ほととぎす) 初夏に南からわたってくる鳥。ホトトギス。鳴き声が「テッペンカケタカ」などと聞こえる。→【不如帰】(20ページ)

●一時・暫時・潮時・瞬時・常時・随時・寸時・戦時・定時・当時・同時・日時・不時・毎時・臨時・零時

日6 【晋】 10画 3124 664B 人名 音 シン(漢)(呉) 訓 すす-む

日6 【晉】 10画 5873 6649

なりたち [会意]「日(=太陽)」と「臸(=いたる)」とから成る。すすむ。

意味 ❶すすむ。❷中国春秋時代、今の山西省にあった国。文公(=春秋五覇の一人。在位前六三六―前六二八)のとき、最も国力が充実した。(?―前三七六) ❸司馬炎が建てた王朝。西晋(二六五―三一六)と東晋トウ（三一七—四二〇）に分かれる。❹山西省の別名。
人名 あき・くに・のぼる・ひろし・ゆき

日6 【晟】 10画 5880 665F 人名 音セイ漢ジョウ呉

日7 【晠】 11画 二二

たちなり 〔形声〕「日(＝太陽)」と、音「成セイ」とから成る。あかるい。

意味 ❶あかるくかがやく。あきらか。❷さかん。同盛セイ。

人名 あき・あきら・てる・まさ

日6 【晁】 10画 5874 6641 音チョウ漢 訓あさ

意味 夜が明け、日がのぼるとき。あさ。同朝チョウ。

日6 【晦】 10画 ⇩【晦】カイ（491ページ）

日6 【晄】 10画 ⇩【晃】コウ（489ページ）

日6 【晉】 10画 ⇩【晋】シン（490ページ）

日7 【晦】 11画 1902 6666 人名 音カイ漢 訓みそか・つごもり・くら-い

日6 【晦】 10画 俗字

意味 ❶陰暦レキの月末。月の見えない、くらい夜の日。みそか。つごもり。参考「つごもり」は「月隠つきごもり」の意。陰暦で、月の最後の日。月末。みそか。「大晦おおつごもり」は十二月三十一日。対朔サク。❷くらくてよくわからない。くらい。例晦渋カイジュウ。❸よくわからなくする。くらます。例韜晦トウカイ。

【晦▼朔】カイサク 〔「晦」は、みそか、「朔」は、ついたちの意〕月の最後の日と初めの日。月末と月初。

【晦渋】カイジュウ ことばや文章が難しく、意味や内容がわかりにくいこと。難解。

【晦冥】カイメイ 暗いこと。まっくら。

日7 【晞】 11画 5875 665E 音キ漢 訓あき-らか・あ-く・かわ-く・ほ-す

意味 ❶太陽にさらしてかわかす。かわかす。かわく。❷夜が明ける。あける。あく。

日7 【晤】 11画 5877 6664 音ゴ漢 訓あ-う・あき-らか・さと-る・む-かう

意味 ❶聡明ソウメイなようす。さとい。かしこい。❷面会する。あう。例晤言ゴゲン。面晤メンゴ（＝面会する）。

【晤言】ゴゲン（名・する）面と向かって話すこと。うちとけて、語りあうこと。

日7 【晨】 11画 5879 6668 人名 音シン漢 訓あした

たちなり 〔会意〕本字は「晨」で、「臼(＝両手をあわせる)」と「辰シン(＝とき)」とから成る。よあけ。

意味 ❶太陽がのぼってくる朝。早朝。あした。例晨旦シンタン。❷ニワトリが鳴いて朝を告げる。例牝鶏ヒンケイの晨シン。

難読 晨明あけぼの・晨昏あけくれ

人名 あき・あきら・あさ・とき

【晨鶏】シンケイ 朝早く鳴くニワトリ。例—時を告ぐ。

【晨星】シンセイ ①夜明けの空に残る星。暁星ギョウセイ。②〔夜明けの星は少ないことから〕数が少なく、まばらになること。例—落落ラクラク（＝友人がだんだんに少なくなること）。

【晨旦】シンタン 朝。早朝。晨朝。

【晨夜】シンヤ 朝と夜。朝早くから夜おそくまで。

日7 【晳】 11画 5881 6662 音セツ漢セイ漢 訓あき-らか・さと-る

意味 ❶明るい。あきらか。さとる。❷白い。

日7 【晧】 11画 ⇩【皓】コウ（697ページ）

日7 【晟】 11画 ⇩【晟】セイ（491ページ）

日7 【晝】 11画 ⇩【昼】チュウ（489ページ）

日7 【晚】 11画 ⇩【晩】バン（492ページ）

日8 【暁】 12画 2239 6681 常用 音キョウ漢ギョウ呉 訓あかつき・さと-る

筆順 冂 日 日一 日十 日土 日卉 日垚 暁

日12 【曉】 16画 5892 66C9 人名

たちなり 〔形声〕「日(＝太陽)」と、音「堯ギョウ→キョウ」とから成る。あけがた。

意味 ❶空が明るくなってくるころ。夜明け。あかつき。例暁光ギョウコウ。暁星ギョウセイ。早暁ソウギョウ。❷明らかになる。はっきりとわかる。さとる。例通暁ツウギョウ。

人名 あき・あきら・あけ・さとし・たか・たかし・とき・とし

【暁▽闇】ギョウアン 明け方の暗いとき。あかつきやみ。

【暁雲】ギョウウン 明け方の雲。

【暁光】ギョウコウ 明け方の光。例—を望むさわやかさ。

【暁鐘】ギョウショウ 明け方に鳴らす鐘かね。夜明けを告げる鐘。

【暁星】ギョウセイ ①明け方の空に残る星。②明けの明星ミョウジョウ。金星。③〔明け方の星は少ないことから〕数が少ないこと。

【暁天】ギョウテン 明け方の空。例—の星（＝数が少ないこと）。

●早暁ソウギョウ・通暁ツウギョウ・払暁フツギョウ

日8 【景】 12画 2342 666F 教育4 音一ケイ漢二エイ漢 訓ひかり・かげ 付表 景色けしき

筆順 丶 冂 日 旦 早 昌 景

たちなり 〔形声〕「日(＝太陽)」と、音「京ケイ」とから成る。太陽の光。

意味 一ケイ ❶（太陽に照らし出された）自然のながめ。けしき。例景色けしき。光景コウケイ。風景フウケイ。❷ものごとのありさま。ようす。例景気ケイキ。景況ケイキョウ。❸大きい。めでたい。例景雲ケイウン。景福ケイフク。❹大きくてりっぱであると認める。あおぐ。例景仰ケイギョウ。景慕ケイボ。❺演劇などの場面。シーン。例三幕三景サンマクサンケイ。二エイ かげ。同影エイ。例景響エイキョウ（＝影響）。

難読 景天草いきくさ・ちどめぐさ・ベンケイソウ

人名 あき・あきら・てる・ひかる・ひろ

【景雲】ケイウン めでたいしるしの雲。慶雲ケイウン。瑞雲ズイウン。

【景観】ケイカン ながめ。景色。〔多く、すばらしいながめに使う〕

【景気】ケイキ ①経済活動の状態。例—の変動。②商売や営業のようす。例—がいい。③勢い。元気。例—をつける。

【景況】ケイキョウ ①ものごとのようす。景気。状況。②経済の状況。市況。例三月の—。

【景仰】ケイギョウ・ケイコウ（名・する）徳を慕したい尊敬すること。

【景勝】ケイショウ 景色がすばらしいこと。よい景色の所。例—の地。

【景致】ケイチ 景色。また、そのおもむき。風致フウチ。景趣ケイシュ。

【景品】ケイヒン ①商品につけて客におくる品物。おまけ。例—つき。②くじや福引きで当たる品物。例—を当てる。③行事や競技の、参加者や勝者におくる品物。例—をもらう。

【景福】ケイフク たいへん幸せなこと。すばらしい幸福。

【景物】ケイブツ ①その季節にふさわしいおもむきをそえる、自然のもの。例夏の—ホタル。②その場に興キョウをそえるもの。

【景慕】ケイボ （名・する）尊敬し、したうこと。景仰ケイギョウ。

【景色】けしき 自然のながめ。風景。例雪—（ゆきげしき）。

●遠景エンケイ・近景キンケイ・借景シャッケイ・情景ジョウケイ・絶景ゼッケイ・全景ゼンケイ・点景テンケイ・背景ハイケイ・夜景ヤケイ

日8 **【暑】** 12画 2975 6691 教育3 音ショ漢呉 訓あつ-い・あつ-さ

筆順 冂 日 旦 早 昇 暑 暑

日9 **【暑】** 13画 1-8535 FA43 人名

なりたち [形声]「日（=太陽）」と、音「者シャ→ショ」とから成る。湿気シッケがあって、あつい。

意味 ❶不快になるほど気温が高い。あつい。あつさ。対寒カン。例暑気ショキ。酷暑コクショ。猛暑モウショ。❷夏の土用の十八日間。あつさのつづくころ。例暑中ショチュウ。小暑ショウショ。大暑タイショ。

使い分け あつい【熱・暑】⇩1161ページ

人名 あつ・あつし・なつ

【暑気】ショキ 夏の暑さ。対寒気。例—にあたる。

【暑気払い】ショキばらい 夏に暑さをふきとばすために何かをすること。

【暑月】ショゲツ 暑い夏の季節。

【暑中】ショチュウ ①夏の暑い期間。例—休暇キュウカ。②夏の土用（=立秋の前の十八日間）のあいだ。例—見舞い。▽対寒中。

【暑熱】ショネツ 夏のきびしい暑さと熱気。炎熱エンネツ。暑気。

●炎暑エンショ・寒暑カンショ・酷暑コクショ・残暑ザンショ・小暑ショウショ・大暑タイショ・避暑ヒショ・猛暑モウショ

日8 **【晶】** 12画 3029 6676 常用 音セイ漢ショウ呉 訓あき-らか

筆順 丨 冂 日 日 旦 昌 昌 晶 晶

なりたち [会意]「日（=太陽）」を三つ重ねる。きらめく光。

［日部］8画 ●暑晶晴晰智晩

意味 ❶すみきって、きらきらかがやく。あきらか。例晶光ショウコウ（=きらめく光）。❷きらきら光る鉱石。規則正しく小さな平面で囲まれた物質。例結晶ケッショウ。水晶スイショウ。

人名 あき・あきら・てる・ひかる・まさ・まさる

●液晶エキショウ・結晶ケッショウ・水晶スイショウ

日8 **【晴】** 12画 3218 6674 教育2 音セイ漢ショウ呉 訓は-れる・は-らす・は-れ

筆順 日 日 日一 日十 日丰 晴 晴

日8 **【晴】** 12画 FA12

なりたち [形声]本字は「姓」で、「夕（=ゆうべ）」と、音「生セイ」とから成る。星が見える夜。

意味 太陽が清らかにかがやき、空が青くすむ。はれる。はれ。例晴天セイテン。快晴カイセイ。晴耕雨読セイコウウドク。

日本語での用法 一《はれ》おもて向き。ひとまえ。「晴れ着ぎ・晴れの舞台ブタイ・晴れがましい」二《はらす》さっぱりとさせる。「うらみを晴らす・疑うたがいを晴らす」

人名 あきら・きよし・てる・なり・はる

【晴雨】セイウ 晴れと雨。例—にかかわらず実施ジッシする。

【晴雨計】セイウケイ 気圧キアツ計。バロメーター。

【晴眼】セイガン ①視覚に障害のある目に対して、はっきり見える目。例—者。②⇩【正眼】セイガン②（557ページ）

【晴好雨奇】セイコウウキ（「奇」は、すぐれている意）晴れでも雨でも、山水の景色は美しくすばらしいこと。

【晴耕雨読】セイコウウドク 晴れた日は外で畑を耕し、雨の日は家で読書をする生活。悠悠自適ユウユウジテキ。

【晴天】セイテン 晴れた空。いい天気。好天。対雨天・曇天ドンテン。例—にめぐまれる。

【晴▽嵐】セイラン 晴れた日に山に立ちのぼる山気サンキ。

【晴朗】セイロウ（形動ナ）晴れてうららかなようす。例天気—なれども波高し。

日8 **【晰】** 12画 5882 6670 音セキ漢 訓あき-らか

日8 **【晳】** 12画 1-8531 6673 別体字

意味 はっきりしている。あきらか。例明晰メイセキ。

日8 **【智】** 12画 3550 667A 人名 音チ漢呉 訓ちえ

なりたち [会意]「日（=言う）」と「知チ（=しる）」とから成る。知っていることを口に出す。

意味 ❶ものごとを理解し、わきまえる頭のはたらき。ちえ。例智・仁・勇チ・ジン・ユウ。上智ジョウチ。❷かしこい（人）。ものしり。例智者チシャ（=賢人ケンジン）。智将チショウ。❸はかりごと。たくらみ。例智計チケイ（=うまいはかりごと）。

表記 現代表記では、「知チ」に書きかえることがある。熟語は「知」（771ページ）を参照。

人名 あき・あきら・さかし・さと・さとし・さとる・とし・とみ・とも・のり・まさる・もと

【智恵】チエ 「智慧チエ」に同じ。

【智▼慧】チエ ①〔仏〕真理や善悪をわきまえ、さとりをひらく心のはたらき。②ものごとの道理をわきまえ、正しく判断し処理する、すぐれた頭のはたらき。表記 ▽現知恵。また、「智恵」とも書く。

日8 **【晩】** 12画 4053 6669 教育6 音バン漢メン呉 訓おそ-い・くれ

筆順 日 日 旷 昤 昤 晩 晩

日7 **【晩】** 11画 1-8528 665A 人名

なりたち [形声]「日（=太陽）」と、音「免ベン→バン」とから成る。太陽がしずんでくらくなる。

意味 ❶日暮れから夜にかけての時間。くれ。例晩鐘バンショウ。今晩コンバン。❷時期がおくれている。おそい。対早ソウ。例晩学バンガク。晩婚バンコン。晩熟バンジュク。❸終わりの時期。すえ。対初ショ。例晩春バンシュン。晩冬バントウ。

難読 晩鐘いりあい・晩稲おしね・おくて

人名 おそ

【晩夏】バンカ 夏の終わりごろ。対初夏。

【晩学】バンガク 年をとってから学問や習いごとを始めること。

【晩方】バンがた 日が暮れるころ。夕方。

【晩期】バンキ ①一生のうちの晩年の時期。②ある時代や期間の終わりの時期。末期マッキ。例唐トウ代の—。

【晩菊】バンギク おそい時期にさくキク。

【晩景】バンケイ ①夕方の景色。②夕方。

【晩婚】バンコン 婚期を過ぎてからの結婚。対早婚。

【晩▼餐】バンサン 夕食。ディナー。〔改まった、正式な場合にいう〕

【晩酌】バンシャク （名・する）（家庭で）夕食のときに酒を飲むこと。また、その酒。例—会。

【晩熟】バンジュク 穀物やくだもの・野菜などが、ふつうのものよりおそく実ること。また、その品種。おくて。〔成熟のおそい人の意に用いることもある〕対早熟。

【晩秋】バンシュウ 秋の終わりごろ。暮秋ボシュウ。対初秋。

【晩春】バンシュン 春の終わりごろ。暮春ボシュン。対初春。

【晩鐘】バンショウ 夕方に鳴らす鐘かね。入相いりあいの鐘。

【晩食】バンショク 晩ごはん。夕食。晩めし。

【晩生】バンセイ ①あとから生まれた人。〔先輩センパイに対して自分をけんそんするときにも使う〕②〔「おくて」とも〕穀物や果物・野菜などが、ふつうよりもおくれて熟すこと。対早生ソウセイ。

【晩成】バンセイ （名・する）①年をとってから成功すること。例大器タイキ—。〈老子ロウシ〉②おそく完成すること。

【晩節】バンセツ ①一生の終わりの時期。晩年。②年老いて、かたく守っている信念や主義。例—を全まっとうする。

【晩霜】バンソウ 春の終わりごろ降りる霜しも。おそじも。

【晩冬】バントウ 冬の終わりごろ。対初冬。

【晩唐】バントウ ①唐代の詩の流れを四期（=初唐・盛唐セイトウ・中唐・晩唐）に分けた、最後の期。八二七年から唐末まで。杜牧トボク・李商隠リショウインらが出た。②唐代の終わりごろ。

【晩稲】バントウ ふつうよりおそく実るイネ。おくて。対早稲わせ。

【晩年】バンネン 一生の終わりの時期。年老いた時期。対早年。

【晩飯】バンめし 夜の食事。晩ごはん。夕食。晩食。

●今晩コンバン・昨晩サクバン・早晩ソウバン・毎晩マイバン・明晩ミョウバン

日8 **【普】** 12画 4165 666E 常用 音ホ漢フ呉 訓あまねーし

筆順 丷 䒑 并 竝 並 普 普 普

なりたち 〔形声〕本字は「普」で、「日（=太陽）」と、音「竝ヘイ→ホ」とから成る。太陽の光の色がない。借りて、「あまねし」の意。

意味 広く全面にゆきわたる。あまねく。あまねし。例普及フキュウ。普通フツウ。普遍フヘン。

参考 「普」は、ひとつひとつに細かくゆきとどく。「周」は、ひとつひとつにはかかわりなく全体に。「遍ヘン」は、どこもかしこもひととおり。「洽コウ」は、かたよらずしみわたる。

難読 普魯西プロシア

人名 かた・ひろ・ひろし・ひろむ・ゆき

【普及】フキュウ （名・する）広く世の中にゆきわたること。例知識の—。携帯ケイタイ電話が—する。

【普賢】フゲン 「普賢菩薩ボサツ」の略。理知と慈悲ジヒの心をそなえ、すべての生き物を救うという菩薩。釈迦シャカの右に立ち、多くは白象に乗っている。

【普請】フシン （名・する）〔「シン」は唐音トウオン。「普あまねく請こう」の意〕①〔仏〕広く人々に寄付を願って堂や塔トウを建てること。例寺の本堂の—。②家や道路を、造ったり直したりすること。例安やす—ブシン。道みち—ブシン。

【普段】フダン いつも。日ごろ。〔本来「不断」と書く。「普段」はあて字〕例—着ぎ。→【不断】フダン（21ページ）

【普茶】フチャ 〔「フサ」とも〕〔仏〕人々に茶を出してもてなすこと。例—料理（=黄檗オウバク宗の僧ソウが伝えた、中国風の精進ショウジン料理）。

【普通】フツウ 一（名・形動ダ）ほかとくにちがったところがないこと。ありふれたこと。並み。対特別・特殊トクシュ。例—の生活。—に考える。二（副）いっぱん的に。たいていの場合。通常。例風の強い日は、—船を出さない。

【普通名詞】フツウメイシ 同じ種類のものを広く指し示す名詞。「山・道・いす」など。対固有名詞。

【普天】フテン 大地の上すべてに広がる天。天下。例—率土ソット（=世界じゅう）。

【普遍】フヘン （名・する）①広くゆきわたっていること。例日本じゅうに—している。②広くすべてに共通していること。対特殊トクシュ。例—的。—の原理。

日8 **【暃】** 12画 5883 6683 音義未詳ミショウ

参考 一説に、「罪ザイ」の俗字ゾクジ。〔「罒（=あみがしら）」は、「日」のように書かれることがある〕

日8 **【暎】** 12画 ⇩【映】エイ（487ページ）

日8 **【晴】** 12画 ⇩【晴】セイ（492ページ）

日8 **【晳】** 12画 ⇩【晰】セキ（492ページ）

日9 **【暗】** 13画 1637 6697 教育3 音アン漢呉 訓くらーい・くらーがり・やみ

筆順 丨 冂 日 旷 旿 暗 暗 暗

なりたち 〔形声〕「日（=太陽）」と、音「音イン→アン」とから成る。太陽に光がない。

意味 ❶光が少なく、ものがよく見えない。くらい。くらがり。やみ。同闇アン。例暗黒アンコク。暗夜アンヤ。明暗メイアン。❷ものをよく知らない。道理や知識にくらい。おろか。例暗愚アング。❸よく見えないように。ひそかに。例暗殺アンサツ。暗躍アンヤク。暗アンに。❹見ないで。そらで。同諳アン。例暗記アンキ。暗唱アンショウ。

難読 暗らに

【暗暗裏】アンアンリ ひそかに事を進めること。うちうちで。こっそり。例—に処理する。表記「▽闇▽闇▼裡」とも書く。

【暗鬱】アンウツ （形動ダ）気持ちが暗くしずむようす。ゆううつ。例—な梅雨空つゆぞら。

【暗雲】アンウン ①今にも雨が降りそうな黒い雲。例—が空をおおう。②大きな事件が今にも起こりそうな、不安で不気味な情勢。例—が低迷テイメイする。

【暗影】アンエイ ①暗いかげ。②不気味で不吉フキツな予感。例前途ゼントに—を投げかける。表記▽旧暗▼翳

【暗記】アンキ （名・する）何も見ないで言ったり、したりできるくらい完全に覚えること。例丸—。表記「▼諳記」とも書く。

【暗鬼】アンキ ①くらやみにいると思われる鬼おに。②不安から生じるおそれ。→【疑心暗鬼】ギシンアンキを生ショウず（683ページ）

【暗▼渠】アンキョ 地下に作った水路。暗溝アンコウ。

【暗愚】アング （名・形動ダ）ものの道理もわからずおろかなこと。対賢明ケンメイ。

【暗君】アンクン 判断力のないおろかな君主。暗主。対明君。

【暗号】アンゴウ 部外者にはわからないように決めた通信用の秘密の記号。例—電報。—を解読する。

【暗紅色】アンコウショク 黒っぽい赤色。

【暗黒】アンコク （名・形動ダ）①まっくらなこと。くらやみ。②社会秩序チツジョが乱れ悪が栄えること。例—街。

【暗殺】アンサツ （名・する）（政治や思想上の対立などから）人をひそかにねらって殺すこと。やみうち。例大統領を—する。

【暗算】アンザン （名・する）頭の中で計算すること。

【暗示】アンジ （名・する）①はっきりとではなく、それとなくわからせ

るようにすること。ほのめかすこと。対明示。②相手になんとなくあることを思いこむようにさせること。例—にかける。

【暗室】アンシツ 外からの光がはいらないようにつくった部屋。写真の現像や理科の実験などに使う。

【暗主】アンシュ おろかな君主。暗君。対明主。

【暗唱】アンショウ（名・する）完全に覚えて、何も見ずに言えること。例詩を—する。表記旧暗▼誦。また、「▼諳▼誦」とも書く。

【暗証】アンショウ 本人であることを証明するために登録しておいた数字や文字。パスワード。例—番号。—記号。

【暗礁】アンショウ ①海上からは見えない岩。かくれ岩。②ものごとの進行をさまたげるような、予想もしなかった困難や障害。例—にのりあげる。

【暗色】アンショク 暗い感じのする色。対明色。

【暗▼澹】アンタン（形動タル）①暗くてはっきりしないようす。例—とした空模様。②将来に希望がもてず、暗くしずんだ気持ち。例—たる思い。—として重苦しい気分。

【暗中飛躍】アンチュウヒヤク（名・する）人知れずひそかに策動すること。暗躍。

【暗中模索】アンチュウモサク（名・する）①くらやみの中を手さぐりでさがすこと。②手がかりやあてもないままにいろいろやってみて、解決策やよい方法を求めること。表記▽旧暗中▼摸索

【暗転】アンテン（名・する）①演劇で、幕をおろさず舞台を暗くして場面を変えること。②状況が悪い方向に変わること。例運命が—する。

【暗闘】アントウ（名・する）①敵意を表面に出さずに争うこと。表面化しない争い。例反対派と—する。②歌舞伎で、くらやみの中、せりふを言わずに演技をすること。また、その場面。だんまり。

【暗箱】アンばこ 昔の写真機の胴体部。外の光をさえぎり、前面にレンズ、後面に感光板を置いた箱形の部分。

【暗部】アンブ ものごとの暗い部分。かげの部分。例政界の—。

【暗譜】アンプ（名・する）楽譜を見ずに演奏できるように覚えこむこと。表記「▼諳譜」とも書く。

【暗幕】アンマク 外の光をさえぎり部屋を暗くする、黒いカーテン。

【暗黙】アンモク わかっていても、何も言わずだまっていること。例—の了解。

【暗夜】アンヤ 月の出ていない暗い夜。やみよ。表記旧▽闇夜

【暗躍】アンヤク（名・する）人に知られないように、ひそかに事をはかり活動すること。暗中飛躍。

【暗喩】アンユ「…のようだ」「…のごとし」など、たとえの形をとらないで、「雪の肌」のように、二つのものを直接結びつけて言う比喩。隠喩。対直喩・明喩。

【暗流】アンリュウ ①地中の水の流れ。伏流。②表面にあらわれない動き。表面に出ないよくない動き。例政界の—。

【暗涙】アンルイ 人知れずひそかに流すなみだ。例—にむせぶ。

●明暗・溶暗・冷暗

日9 **【暈】** 13画 5884 6688 音ウン漢 訓かさ・ぼか-す・ぼかし・めまい

意味 ❶うすぐもりのときなどに、太陽や月のまわりにぼんやり見える光の輪。かさ。例月暈ゲツウン。日暈ニチウン。❷頭がぼんやりして、目がまわる。めまい。例眩暈ゲンウン。船暈センウン。

日本語での用法《ぼかし・ぼかす》境目をぼんやりさせる。はっきりわからないようにする。濃いところから、しだいにうすくなるようにする。「暈かし染め・話を暈かす」

【暈囲】ウンイ 太陽や月のまわりに、うすく見える光の輪。

日9 **【暇】** 13画 1843 6687 常用 音カ漢ケ呉 訓ひま・いとま

筆順 日 … 暇

なりたち [形声]「日(=太陽)」と、音「叚カ」とから成る。すべきことがなく、ひま。

意味 しなければならないことがないとき。ひま。例暇日カジツ。休暇キュウカ。余暇ヨカ。暇乞いとまごい（=別れを告げる）。

【暇日】カジツ ひまな日。仕事のない、休みの日。

【暇人】ひまジン するべき仕事や用がなく、時間の余っている人。表記「▽閑人」とも書く。

【暇潰し】ひまつぶし ほかにすることもなく、どうでもいいようなことをして時間を過ごすこと。

●休暇・寸暇・余暇

日9 **【暉】** 13画 5886 6689 人名 音キ漢呉 訓かがや-く

なりたち [形声]「日(=太陽)」と、音「軍クン→キ」とから成る。太陽の光。

意味 太陽のかがやき。ひかり。かがやく。同輝。例暉映キエイ（=てりはえる）。金暉キンキ。

人名 あき・あきら・てらす・てる・ひかり・ひかる

日9 **【暄】** 13画 5887 6684 音ケン漢 訓あたた-か・あたた-かい

意味（太陽のおかげで）あたたかい。あたたか。例暄寒ケンカン（=暖かさと寒さ。時候のあいさつの語）。

難読 負暄ひなたぼこ

【暄風】ケンプウ 春のあたたかい風。

日9 **【暖】** 13画 3540 6696 教育6 音ダン漢ナン呉ノン・ノウ唐 訓あたた-か・あたた-かい・あたた-まる・あたた-める

筆順 日 … 暖

なりたち [形声]「日(=太陽)」と、音「爰エン→ダン」とから成る。あたたかい。

意味 ❶ほどよいぬくもりが感じられる。あたたか。あたたかい。同煖ダン。例暖衣ダンイ。暖気ダンキ。❷あたたかくする。あたためる。あたたまる。同煖ダン。例暖房ダンボウ。暖炉ダンロ。

使い分け あたたか・あたたかい・あたたまる・あたためる【温・暖】⇩1160ページ

人名 あつ・はる・やす

【暖衣飽食】ダンイホウショク あたたかい着物を着て、腹いっぱい食べること。ぜいたくな生活。暖飽ダンポウ。飽食暖衣。表記「▼煖衣飽食」とも書く。

【暖気】㊀ダンキ あたたかい空気。また、あたたかい気候。例—に植物がよく育つ。㊁ノンキ ⇩【暢気】ノンキ（495ページ）

【暖国】ダンゴク（「ダンコク」とも）あたたかい気候の国や地域。

【暖色】ダンショク あたたかい感じのする色。赤・黄・オレンジなど。温色。対寒色。

【暖帯】ダンタイ 温帯のうち、熱帯に近い地域。

【暖地】ダンチ あたたかい気候の土地。対寒地。

【暖冬】ダントウ いつもの年より気候のあたたかい冬。

【暖房】ダンボウ（名・する）部屋の温度を外気温より高くして、あたたかくすること。また、その装置。対冷房。例—を入れる。表記旧▼煖房

【暖流】(ダンリュウ) 温度の高い海流。黒潮(くろしお)・メキシコ湾流(ワンリュウ)など。対 寒流。
【暖炉】(ダンロ) 火をたいて部屋をあたたかくする設備。壁(かべ)の一部に作ることが多い。ストーブ。表記 旧▼煖炉
【▽暖▼簾】(ノレン) 〔「暖」の唐音(トウオン)はノン。「ノンレン」が変化したもの〕①部屋の出入り口にたらす布。②店の出入り口にたらす、店名や屋号を書いた布。例―に腕押(うでお)し(=手ごたえのないこと)。③店の信用や歴史。店の屋号。例―にかかわる。―を分ける。
◐温暖(オンダン)・寒暖(カンダン)・春暖(シュンダン)

日9 **【暘】** 13画 5888 6698 音 ヨウ漢 訓 あき-らか・ひ・はれ
意味 ❶太陽が出る。あきらか。❷太陽。ひ。❸晴天。はれ。

日9 【暑】 13画 ⇩【暑】(ショ)(492ページ)

日9 【暖】 13画 ⇩【暖】(ダン)(494ページ)

日10 **【暢】** 14画 3610 66A2 人名 音 チョウ漢呉 訓 の-びる
なりたち [形声]「申(=のびる)」と、音「昜ヨウ→チョウ」とから成る。障害がなく、よく通じる。
意味 のびのびとする。のびやか。のびる。例流暢(リュウチョウ)。
人名 あき・あきら・いたる・かど・とおる・なが・のぶ・のぶる・ひろ・ひろし・まさ・みつ・みつる
【暢達】(チョウタツ) (名・形動ナ) ①のびそだつこと。②のびのびしていること。例―な文章。
【暢気】(ノンキ) (名・形動ナ) ①なやみや心配もなく、細かいことを気にせず、気楽なこと。例―に暮らす。②気が長いこと。例―な性格。表記 ▽本来は「▽暖気」。「▼呑気」とも書く。

日10 **【暮】** 14画 4275 66AE 教育6 音 ボ漢 訓 く-れる・く-らす・く-らし・く-れ
筆順 一 艹 苎 苩 莫 莫 暮 暮
なりたち [会意]「日(=太陽)」と、「莫ボ(=日がくれる)」とから成る。日ぐれ。

参考 古くは「莫」が「くれる」の意をあらわしたが、「莫」が「ない・なかれ」の意に用いられるようになったため、さらに「日」を加えてできた字。

意味 ❶太陽がしずむ。夕方。くれる。例暮色(ボショク)。朝暮(チョウボ)。薄暮(ハクボ)。❷季節や年、人生の終わり。くれ。例暮春(ボシュン)。暮年(ボネン)。歳暮(セイボ)。

【暮雲】(ボウン) 夕方の雲。

【暮景】(ボケイ) ①夕方の景色。暮色(ボショク)。②年老いた心身の状態。老境。

日本語での用法《くらし・くらす》生計。生活。また、生活する。年月を送る。「苦(くる)しい暮(く)らし・都会(トカイ)に暮(く)らす」

【暮愁】(ボシュウ) 夕暮れどきに感じるものさびしい気持ち。例―をいだいて家路(いえじ)につく。

【暮春】(ボシュン) 春の終わりごろ。晩春。

【暮鐘】(ボショウ) 夕方に鳴らす鐘(かね)。晩鐘。

【暮色】(ボショク) 夕方の景色。また、そのうす暗い感じ。例―蒼然(ソウゼン)。―に包まれる。

【暮雪】(ボセツ) 夕方に降る雪。また、夕方の雪景色。例比良(ひら)の―(=近江(おうみ)八景の一つ)。

【暮年】(ボネン) 老年。晩年。

【暮夜】(ボヤ) ①夕暮れどき。②夜。夜なか。例―ひそかに訪れる。

◐歳暮(サイボ・セイボ)・薄暮(ハクボ)・野暮(ヤボ)

日10 **【暝】** 14画 5889 669D 音 メイ漢 ミョウ呉 訓 くら-い
意味 日が暮れて、くらい。例暝天(メイテン)(=夜のくらい空)。

日10 **【曄】** 14画 5901 66C4 音 ヨウ漢呉 訓 かがや-く
意味 はなやかにかがやく。かがやく。例曄然(ヨウゼン)。

日10 **【暦】** 14画 4681 66A6 常用 音 レキ漢 リャク呉 訓 こよみ
筆順 一 厂 厂 厈 床 厤 厯 暦

日12 **【曆】** 16画 1-8539 66C6 人名
なりたち [形声]「日(=太陽)」と、音「厤レキ」とから成る。こよみ。

意味 ❶天体の運行にもとづいた、季節や月日などの定め。また、それを書きしるしたもの。こよみ。例暦法(レキホウ)。陰暦(インレキ)。旧暦(キュウレキ)。太陽暦(タイヨウレキ)。❷まわりあわせ。運命。さだめ。例暦数(レキスウ)。

人名 かず・とし
【暦日】(レキジツ) ①こよみ。②こよみで定めた日。また、月日。年月。例山中―なし(=山の中で世間をはなれて暮らしていると、月日のたつのを忘れてしまう)。③現行のこよみでいう一日。表記 ①②は「歴日」とも書く。

【暦象】(レキショウ) ①こよみによって天体運行のようすを観察すること。②太陽・月・星などの天体。

【暦数】(レキスウ) ①太陽や月の運行からこよみを作る方法。②自然に定まった運命。めぐりあわせ。例天の―。

【暦年】(レキネン) ①こよみで定められた一年。一月一日から十二月三十一日まで。三百六十五日、または三百六十六日。②年月。歳月(サイゲツ)。

【暦年齢】(レキネンレイ) こよみで数えた年齢。生活年齢。

【暦法】(レキホウ) ①こよみに関する法則。②天体の動きからこよみを作る方法。

◐陰暦(インレキ)・還暦(カンレキ)・旧暦(キュウレキ)・新暦(シンレキ)・西暦(セイレキ)・花暦(はなごよみ)・陽暦(ヨウレキ)

日11 **【暫】** 15画 2735 66AB 常用 音 サン漢 ザン呉 訓 しばら-く
筆順 一 亘 車 車 斬 斬 暫 暫
なりたち [形声]「日(=太陽)」と、音「斬サン」とから成る。時間的にながくない。
意味 ❶わずかの時間。一時的に。しばらく。例暫時(ザンジ)。暫定(ザンテイ)。❷たちまち。にわかに。
日本語での用法《しばらく》やや長い間。「暫(しばら)くぶり」
【暫時】(ザンジ) (名・副) 少しの時間。しばらく。例―休憩(キュウケイ)。
【暫定】(ザンテイ) とりあえず決めておくこと。本式ではない仮の決定。例―予算。―的処置。

日11 **【暴】** 15画 4329 66B4 教育5 音 一 ホク漢 バク・ボク呉 二 ホウ漢 ボウ呉 訓 あば-く・あば-れる・さら-す
筆順 冂 日 旦 早 昇 昦 暴 暴

なりたち 〔会意〕両手で「米」をささげもち、「日(=太陽)」にあてる。

意味 一 バク 日にさらす。また、人の目にふれるようにする。あばく。同曝(バク)。例暴露(バクロ)。 二 ボウ ❶手あらい。あらあらしい。例凶暴(キョウボウ)。乱暴(ランボウ)。❷けたはずれに。むやみに。例暴飲(ボウイン)。暴利(ボウリ)。❸とつぜん。にわかに。例暴発(ボウハツ)。暴落(ボウラク)。❹手で打つ。「搏(ハク)(=手で打つ)」に通じる。例暴虎(ボウコ)。

日本語での用法《あばれる》秩序(チツジョ)を乱し、したいほうだいにふるまう。「暴(あば)れ馬(うま)・酒(さけ)を飲(の)んで暴(あば)れる」

難読 暴風(はやて・のわき)・暴雨(むらさめ・ゆうだち・はやさめ)

【暴露】(バクロ)（名・する）①かくしていた秘密や悪事が人に知られること。あばくこと。例不正を―する。②風雨にさらされること。表記 ▽⑪曝露

【暴悪】(ボウアク)（名・形動ナ）道理や人情にはずれ、あらあらしいこと。乱暴なこと。例―な君主。

【暴圧】(ボウアツ)（名・する）暴力や権力を使っておさえつけること。例大衆のデモを―する。

【暴威】(ボウイ) あらあらしく激しい勢い。例―をふるう。

【暴飲暴食】(ボウインボウショク) 度を過ごして飲んだり食べたりすること。

【暴雨】(ボウウ) 激しく降る雨。また、にわか雨。例とつぜんの―。

【暴漢】(ボウカン)〔「漢」は、男の意〕乱暴なことをする男。例―におそわれる。

【暴虐】(ボウギャク)（名・形動ダ）乱暴でひどいおこないをすること。むごいやり方で苦しめること。例―の限りをつくす。

【暴逆】(ボウギャク) 乱暴で、道理に逆らうおこないをすること。

【暴挙】(ボウキョ) 乱暴な行動。まともでは考えられない無謀(ボウ)な計画や行動。例―をいましめる。

【暴君】(ボウクン) ①人民を苦しめる、乱暴でむごい君主。タイラント。②わがままで、いばっている人。例わが家の―。

【暴言】(ボウゲン) 相手や周りのことを考えない乱暴なことば。例―を吐(は)く。

【暴行】(ボウコウ)（名・する）①乱暴なおこない。例目に余る―。②人に暴力をふるうこと。例―を加える。③女性を力ずくでおかすこと。強姦(ゴウカン)。例婦女を―する。

【暴虎▼馮河】(ボウコヒョウガ)〔トラを素手(すで)で打ち大河を歩いてわたる意〕むこうみずの勇気を出して、無謀(ボウ)なおこないをすることのたとえ。〈論語(ロンゴ)〉例―の勇。

【暴死】(ボウシ)（名・する）急に死ぬこと。頓死(トンシ)。

【暴状】(ボウジョウ) 乱暴な行動や秩序(チツジョ)を乱す行為(コウイ)。例―をうったえる。

【暴政】(ボウセイ) 人民を苦しめる残酷(ザンコク)な政治。悪政。

【暴説】(ボウセツ) 筋の通らない乱暴な説。例―を否定しさる。

【暴走】(ボウソウ)（名・する）①乱暴に走ること。例―族。②運転していないのに、車などがひとりでに走り出すこと。③かってにものごとを進めること。例―をいましめる。④コンピューターで、プログラムが制御(セイギョ)できない状態になること。

【暴徒】(ボウト) さわぎを起こし社会秩序(チツジョ)を乱す人々。例―を鎮圧(チンアツ)する。

【暴騰】(ボウトウ)（名・する）値段が急な勢いで上がること。急騰。対暴落。例地価の―。

【暴動】(ボウドウ) おおぜいの人がさわぎを起こし、社会秩序(ジョ)を乱すこと。例―を起こす。

【暴発】(ボウハツ)（名・する）①銃(ジュウ)のたまが、まちがってとつぜん発射されること。②大きなさわぎがとつぜん起こること。突発(トッパツ)。

【暴評】(ボウヒョウ)（名・する）筋の通らない乱暴な批評をすること。また、その批評。

【暴風】(ボウフウ) 激しくふきあれる風。あらし。例―域。―圏(ケン)。

【暴風雨】(ボウフウウ) 激しい風をともなった雨。嵐(あらし)。

【暴慢】(ボウマン)（名・形動ナ）自分かってで乱暴なこと。例―なふるまい。

【暴勇】(ボウユウ) むこうみずで、あらあらしい勇気。例―をふるう。

【暴落】(ボウラク)（名・する）値段が急な勢いで下がること。急落。

【暴利】(ボウリ) 不当な多額の利益。例―をむさぼる。

【暴▼掠】(ボウリャク) 乱暴をはたらき、物をうばい取ること。強奪(ゴウダツ)。

【暴力】(ボウリョク) 相手を傷つけ力ずくで事を運ぼうとする、乱暴な行為(コウイ)。例―団。―をふるう。

【暴戻】(ボウレイ)（名・形動ダ）乱暴で道理や人情に反すること。

【暴論】(ボウロン) 常識をはずれた乱暴な議論。例―を吐(は)く。

●横暴(オウボウ)・凶暴(キョウボウ)・狂暴(キョウボウ)・粗暴(ソボウ)・乱暴(ランボウ)

日12 【暨】16画 5890 66C1 音キ漢 訓いた-る・およ-ぶ・と・とも-に

意味 ❶太陽がのぼりはじめる。❷いたる。およぶ。❸…と。…とともに。および。

日12 【暹】16画 5891 66B9 音セン漢 訓すす-む・のぼ-る

意味 ❶太陽がのぼりはじめる。のぼる。❷「暹羅(センラ)(シャム)」は、タイ王国の古い呼び名。

日12 【暾】16画 5893 66BE 音トン漢 訓あけぼの・あさひ・あたた-か

意味 ❶(のぼりはじめた)太陽。あさひ。例朝暾(チョウトン)(=あさひ)。❷(太陽が)しだいに出てくるようす。あけぼの。❸暖かい。あたたか。

日12 【曇】16画 3862 66C7 常用 音タン漢ドン呉 訓くも-る・くも-り

筆順 冂 日 旦 早 昙 曇 曇 曇

なりたち 〔会意〕「日(=太陽)」と「雲(=くも)」とから成る。雲が空に広がる。

意味 ❶雲が多い。くもる。くもり。例曇天(ドンテン)。❷外国語の「ドン」「タン」などの音訳字。例優曇華(ウドンゲ)。悉曇(シッタン)。

日本語での用法《くもる》①すきとおっていたものが見えなくなる。「レンズが曇(くも)る」②表情や気分が暗くなる。「顔(かお)が曇(くも)る」

日12 【暼】16画 5894 66BC 音ヘツ漢

参考「瞥(ベツ)」とは別の字。

意味「暼暼(ヘツヘツ)」は、太陽がしずむようす。

日12 【暸】16画 5902 66B8 音リョウ漢 訓あき-らか

参考「瞭(リョウ)」とは別の字。

意味 明るい。あきらか。

日12 【曉】16画 ⇩【暁】(ギョウ)(491ページ)

日12 【曆】16画 ⇩【暦】(レキ)(495ページ)

日13 【曖】17画 5903 66D6 常用 音アイ漢 訓くら-い

筆順 日 日' 日'' 日爫 日爫 暧 曖 曖

なりたち 〔形声〕「日(=ひ)」と、音「愛(アイ)」とから成る。日がかげる。

【意味】日光がさえぎられて、うすぐらい。くらい。例曖曖アイアイ。
【曖昧】アイマイ（形動ダ）はっきりしないようす。あやふやでいいかげんなようす。例—な態度。—に返事をする。
【曖昧模▼糊】アイマイモコ（形動タル）〔「模糊」は、ぼんやりとよく見えない意〕ぼんやりとして、よくわからないこと。

日13 【曙】17画 2976 66D9 人名 音ショ漢 訓あけぼの
日14 【曙】18画

なりたち［形声］「日（＝太陽）」と、音「署ショ」とから成る。よあけ。

意味 夜がほのぼのと明けてくるころ。あけぼの。例曙光ショコウ。
人名 あき・あきら・あけ
【曙光】ショコウ ①夜明けの日の光。暁光ギョウコウ。例東の空に—を見る。②悪かった状況ジョウキョウがよい方向に向かうきざし。やっと見えてきたわずかな希望。例平和への—を見いだす。

日13 【曚】17画 5904 66DA 音モウ漢 訓くら-い
意味 日がおおわれて、うすぐらい。くらい。例曚昧モウマイ。
【曚昧】モウマイ（名・形動ダ）①暗いこと。②道理がわからず、おろかなこと。例無知—（＝おろかで道理にくらいこと）。表記▽「▼蒙昧」とも書く。
【曚▼曨】モウロウ（形動タル）ぼんやりして、さだかでないようす。表記「▼朦▼朧」とも書く。

日14 【曜】18画 4543 66DC 教育2 音ヨウ漢呉 訓かがや-く
筆順 日 … 曜

日14 【曜】18画
なりたち［形声］「日（＝太陽）」と、音「翟テキ→ヨウ」とから成る。日がひかりかがやく。
意味 ❶（高くのぼった太陽のように）目立って光りかがやく。同燿ヨウ・耀ヨウ。例曜威ヨウイ（＝威光イコウをかがやかす）。❷かがやく日・月・星。とくに、日・月と火・水・木・金・土の五星を一週間の七日に割り当てて呼び名。例曜日ヨウび。七曜シチヨウ。
人名 あき・あきら・かが・てらす・てる・ひかる
【曜日】ヨウび 一週間の、それぞれの日の呼び名。●火曜カヨウ・金曜キンヨウ・月曜ゲツヨウ・七曜シチヨウ・水曜スイヨウ・土曜ドヨウ・日曜ニチヨウ・木曜モクヨウ

日14 【曙】18画 ⇨【曙】ショ（497ページ）
日14 【曜】18画 ⇨【曜】ヨウ（497ページ）

日15 【曠】19画 5905 66E0 音コウ漢呉 訓あき-らか・むな-しい・ひろ-い
日5 【昿】9画 5906 663F 俗字
意味 ❶広々として明るい。あきらか。❷広々として何もない。むなしい。例曠野コウヤ。空曠クウコウ。❸何もせずにすごす。むなしくする。例曠日弥久コウジツビキュウ。❹とおい。ひさしい。例曠遠コウエン（＝はるかに遠い）。
難読 曠野あらの
【曠古】コウコ 前例がないこと。古今未曽有ココンミゾウ。
【曠日】コウジツ 一日じゅう何もせず、むなしく日を過ごすこと。
【曠日▽弥久】コウジツビキュウ〔「日を曠むなしくして久しきに弥わたる」と訓読する〕むなしく日を過ごして長い年月がたつこと。曠日持久。
【曠職】コウショク 職務をおこたって、じゅうぶんに果たさないこと。
【曠世】コウセイ ①世にまれなこと。めったにないこと。曠代コウダイ。希代キダイ。例—の才（＝この世にくらべるものがないほどすぐれている才能）。②ひじょうに長い時間。久しいあいだ。
【曠野】コウヤ 広々とした野原。表記 現広野

日15 【曝】19画 3988 66DD 人名 音バク慣 ホク漢 ボク呉 訓さら-す
意味 日光に当ててかわかす。風雨にさらす。さらす。例曝書バクショ。曝涼バクリョウ（＝日光や空気にさらして虫干しすること）。
【曝書】バクショ（名・する）書物を日かげに干し、風をあてること。虫干し。
【曝露】バクロ（名・する）①風雨にさらされること。②かくしていた秘密や悪事が人に知られること。表記▽現暴露

日16 【曦】20画 5907 66E6 音ギ慣 キ漢 訓あさひ・ひのひかり
意味 太陽。日の光。ひかり。例曦光ギコウ（＝太陽の光）。

日17 【曩】21画 5908 66E9 音ドウ漢 ノウ呉 訓さき・ひさ-しい・むかし
意味 以前の。さき。むかし。例曩古ドウコ（＝むかし）。
【曩時】ドウジ・ノウジ むかし。以前。さきごろ。曩者ドウシャ・ノウシャ。曩昔ドウセキ・ノウセキ。
【曩祖】ドウソ・ノウソ 先祖。

日19 【曬】23画 ⇨【晒】サイ（489ページ）

73 4画 曰 いわく ひらび 部

口からことばを出すようすをあらわす。「日ひ」と比べて平たい形であることから「ひらび」ともいう。「曰」をもとにしてできている漢字と、「日」の字形を目じるしにして引く漢字とを集めた。

0 曰 2 曳 曲 3 更 曵 5 曷 6 書 7 曹 曽 曼 8 最 替 曾 9 會

この部首に所属しない漢字

甲⇨田675 申⇨田676 由⇨田676 昌⇨日485
冒⇨冂118 冒⇨目705 冕⇨冂118 智⇨日492

日0 【曰】4画 5909 66F0 音エツ漢 訓い-う・いわ-く・のたま-わく・ここ-に
意味 ❶だれかが言ったことばをあらわす。いう。いわく。のたまわく。例子曰シいわく。❷名づけて…という。よぶ。なづける。例名レ之曰レ…（これをなづけて…という）。
日本語での用法《いわく》それについて言うべきわけ。わけ。「曰わく因縁イネン・曰わく付き」→「漢字に親しむ」⓭（481ページ）

日2 【曳】6画 1740 66F3 人名 音エイ漢呉 訓ひ-く
日3 【曵】7画 5910 66F5 俗字
意味 ひきずる。ひく。例曳航エイコウ。曳光弾エイコウダン。
人名 とお・のぶ

【曳航】エイコウ（名・する）船が他の船を引っぱって行くこと。引航。例故障した船を―する。
【曳光弾】エイコウダン 弾着がわかるように光を放ちながら飛ぶ砲弾。
【曳船】エイセン（名・する）船につなをつけて引っぱること。また、その引いて行く船。ひきふね。タグボート。例―に引航される。

曰 2 【曲】 6画 2242 66F2 教育3 音キョク漢 コク呉 訓ま-がる・ま-げる・くせ

筆順 丨 冂 巾 曲 曲 曲

なりたち［象形］まるくまげた中にものを入れるうつわの形。派生して「まがる」の意。

意味 ❶まっすぐでない。まがる。まげる。対直。例曲折・曲線・屈曲。❷真実をゆがめる。よこしま。まがる。例曲学阿世・曲解。❸くわしい。こまかい。例委曲。❹ちょっとしたわざ。民間の演芸。例曲芸。❺音楽のふし。例曲調・歌曲。

日本語での用法 一《キョク》変化のあるおもしろみ。「曲馬・曲乗り・曲弾き・曲がない」二《くせ》あやしい。正しくない。ふつうとちがう。〔悪いこと、変わったことについていう〕「曲事・曲者・読曲（＝特別の読み方）」

難読 曲尺・曲直瀬（＝姓）・曲輪

人名 くま・のり

【曲打ち】キョクうち（名・する）太鼓などを、曲芸のようにさまざまな姿勢・リズム・テンポで打つこと。また、その打ち方。
【曲学】キョクガク 真理をまげた、正しくない学問。対正学。
【曲学▼阿世】キョクガクアセイ 学者が真理をねじまげて、世の人がよろこぶような言説をとなえること。例―の徒。
【曲技】キョクギ かるわざ。また、かるわざのようなむずかしい技術。例―団。―飛行を披露する。
【曲芸】キョクゲイ 玉乗り・綱わたり・手品・皿回しなど、むずかしいわざを見せる芸。かるわざ。
【曲言】キョクゲン（名・する）はっきり言わないで、遠回しに言うこと。対直言。例―するだけでは理解しない相手だ。
【曲▽独▽楽】キョクごま いろいろな技を用いてこまを回して見せる芸。
【曲士】キョクシ ①いなかの人。②全体のことに通じていないつまらない人物。③よこしまな人。心のまがった人。
【曲師】キョクシ 浪曲（＝浪花節）の三味線をひく人。
【曲事】キョクジ 正しくないこと。不正。例―を見のがさない。
【曲射】キョクシャ 物かげにある目標に、砲弾を山なりの弾道で上からうつこと。例―砲。
【曲尺】キョクジャク・かねジャク ①直角にまがった金属製のものさし。大工や建具師などが用いる。かねざし。さしがね。まがりがね。②「①」で用いる長さの単位。約三〇・三センチメートルを一尺とした、ものさし。鯨尺では八寸。
【曲水の宴】キョクスイのエン 〔「ゴクスイのエン」とも〕昔の中国や日本で、三月三日の節句に、庭園内のまがりくねった流れのほとりに座し、上流から流したさかずきが前を通り過ぎないうちに詩歌をつくり、また、酒も飲んで楽しんだ貴族の遊び。
【曲折】キョクセツ（名・する）①折れまがること。まがりくねっていること。例―した山道。②こみいった事情。いきさつ。例紆余―（＝複雑にこみいった事情）。
【曲節】キョクセツ 曲の調子やふし。メロディー。
【曲説】キョクセツ（名・する）かたよっていて、正しくない議論をすること。また、その意見。曲論。
【曲線】キョクセン 丸みをおびてまがった線。例―美（＝丸みをおびた線がつくり出す美しさ）。
【曲想】キョクソウ 音楽の曲のテーマ・思想。
【曲調】キョクチョウ 曲のふし。例変化に富んだ―。―をつける。
【曲直】キョクチョク ①まがったことと、まっすぐなこと。②まちがっていることと、正しいこと。正邪。例理非―をただす。
【曲乗り】キョクのり（名・する）馬・自転車・オートバイなどや、はしご・玉などに乗って曲芸をすること。
【曲馬】キョクバ 馬に乗って曲芸をしたり、馬に曲芸をさせたりすること。例―団。
【曲筆】キョクヒツ（名・する）事実をいつわって書くこと。また、その文章。対直筆。例舞文―（＝文章をかざり、事実から遠いことを書くこと）。
【曲譜】キョクフ 音楽・歌の譜。楽譜。
【曲面】キョクメン 丸みをおびてまがった表面。
【曲目】キョクモク 演奏する音楽の曲の目録。例―をえらぶ。
【曲▼彔】キョクロク 法会のときなどに、僧がこしかける、いす。背もたれの部分が丸くまげてある。
【曲論】キョクロン（名・する）まちがいを故意に正しいと論ずること。また、かたよった見方で、正しくない議論。例―を排する。
【曲解】キョッカイ（名・する）わざとゆがめて解釈すること。例友人の忠告を―する。
【▽曲者】くせもの ①あやしいもの。例―が侵入する。②何かわけがあって油断のならない人やことがら。例笑顔が―だ。
●音曲・戯曲・組曲・交響曲・作曲・同工異曲・舞曲・編曲・名曲・浪曲・湾曲

曰 3 【更】 7画 2525 66F4 常用 音コウ漢 キョウ呉 訓さら・ふ-ける・ふ-かす・あらた-める・さら-に

筆順 一 丆 戸 百 亘 更

なりたち［形声］「攴（＝うつ）」と、音「丙（ヘイ→コウ）」とから成る。改める。

意味 ❶以前からあるものをやめて、あたらしくする。あらためる。あらたまる。かえる。例更改・更新。変更。❷かわるがわる。こもごも。同交。例更代（＝かわるがわる）。❸日没から日の出までを五等分した時間の単位。夜間の時刻の呼び名。例五更。初更。深更。❹そのうえに。かさねて。さらに。例更上一層楼（＝さらに一階うえにのぼる）〈王之渙・登鸛鵲楼〉

日本語での用法 一《ふけ・ふける》時間が進んでいく。「夜が更ける・夜更け」二《ふかす》おそくまで起きている。「読書に夜を更かす」三《さら》決して…ない。まったく…ない。否定判断をみちびく副詞。「その事実は更にない・更更身に覚えがない」

使い分け ふける【更・老】⇩1179ページ

難読 更級・更科・更衣

人名 かわる・つぐ・とお・のぶ

【更衣】コウイ 一（名・する）衣服を着かえること。例―室。二（名）後宮の女官で、女御に次ぐ位。
【更改】コウカイ（名・する）改めかえること。以前の約束や契約などを、新しくしなおすこと。例契約を―する。
【更新】コウシン（名・する）新しいものに改めること。改めて新しくすること。例記録を―する。免許を―する。
【更新世】コウシンセイ 地球の歴史で、地質時代新生代第四紀の前半の時代。約二五八万年前から一万一七〇〇年前までの期間。人類が出現した。洪積世。
【更正】コウセイ（名・する）正しいものに改めること。とくに、登記や納税申告の誤りを改めるときにいう。例―決定。

【更生】（名・する）①生き返ること。蘇生。②好ましくない状態から立ち直ること。類再起。例自力―。③不用品に手を加えて、再び使えるようにすること。再生。例廃品を―する。表記▽旧▼甦生

【更迭】（名・する）ある役職や地位についている人を、ほかの人と入れかえること。例大臣を―する。

【更年期】女性の成熟期から老年期への移行の時期。四十五歳ごろから五十五歳ごろ。例―障害。

【更▼紗】〔ポルトガル語の音訳〕人物や花鳥、幾何学模様などを、いろいろな色合いに染め出した綿布。例印度―。

【更地】建物や樹木がなく、すぐに建物が建てられる土地。

●殊更・深更・尚更

日3 【曳】7画 ⇩【曵】(497ページ)

日5 【曷】9画 5911 66F7 音カツ漢 訓なん-ぞ・いずく-んぞ

意味〔助字〕「なに」「なんぞ」と読み、どうして、の意。疑問・反語をあらわす。例曷独悲(=どうしてひとりで悲しむことがあろうか)。

日6 【書】10画 2981 66F8 教育2 音ショ漢呉 訓か-く・ふみ

筆順 ㇕ ⺕ ⺕ 聿 聿 書 書 書

なりたち 〔形声〕「聿(=ふで)」と、音「者シャ→ショ」とから成る。ふでで文字や絵をかきしるす。

意味 ❶文字や文章をかきしるす。かく。例書家。書記。清書。❷かきしるしたもの。文字(のかき方)。例書体。楷書。草書。❸かきつけ。てがみ。ふみ。例書簡。書類。遺書。❹本。例書架。書籍。蔵書。❺五経の一つ。『書経(=尚書)』のこと。例詩書(=『詩経』と『書経』)。

使い分け かく【書・描】⇩1167ページ

人名 のぶ・のり・ふみ・ぶん

【書き入れ時】①品物がよく売れて、商売がいそがしいとき。②仕事が多くある、よい働きどき。〔帳簿に書き入れるのにいそがしいことから〕

【書き判】自分の名前の下に書く独特なサイン。花押。

【書院】①書斎。②寺で、学問を講義するところ。③書院造りの座敷。客間。④出版社などの名にそえる語。

【書屋】①読書する部屋。書斎。②書物を置く部屋。③書斎や書庫の名にそえる語。

【書架】本棚。書棚。

【書家】書にすぐれた人。書道の専門家。例一流の―。

【書画】書と絵。例―骨董。

【書簡】手紙。書状。例―文。表記旧書▼翰

【書簡箋】手紙を書く用紙。便箋。

【書記】①書きしるすこと。例―能力。②会議の記録や文書作成などをおこなう人。また、その役。例裁判所の―。③組合や政党で事務を受けもつ人。例―局。―長。

【書経】五経の一つ。古代から周までの政治記録。二十巻。孔子の編とされる。尚書。

【書契】〔「契」は、木に刻んで約束を書いたもの〕文字。

【書▼痙】〔医〕長時間(力を入れて)書き続けたとき、指にけいれんや痛みが起こる症状。

【書見】（名・する）読書すること。例―台。

【書庫】本を入れておく部屋や建物。

【書斎】読書や書きものをする部屋。

【書冊】書物。

【書札】①手紙。書簡。②書物。

【書史】①書物。②書物の歴史。③書道の歴史。

【書▼肆】〔「肆」は、店の意〕書店。

【書誌】①書物の成立や内容について書き記したもの。②特定の人物やことがらに関する書物の目録。③書物。

【書誌学】書物の成立や、内容・形態・図書分類などに関する学問。

【書式】公式の書類の、きまった書き方。例―を整える。

【書写】（名・する）〔「写」も、書く意〕①書くこと。書き写すこと。②小中学校の国語科で、文字を正しく書くこと。

【書状】手紙。書簡。

【書信】手紙。たより。

【書生】①他人の家に住みこみ、手伝いをしながら勉強をする人。②学問をしている人。学生。〔とくに明治から昭和初期ごろの言い方〕

【書跡】（筆で）書かれた文字のあと。筆跡。例―の鑑定。表記旧書▼蹟

【書籍】本。書物。図書。

【書体】①文字に書くときの形・様式。漢字の、楷書・行書・草書・篆書・隷書など。②印刷文字の、明朝体・ゴシック・イタリックなど。③文字の書きぶり。書風。例かれ独特の―。

【書棚】本を並べておくたな。本だな。書架。

【書痴】読書ばかりしていて、世間知らずの人。また、本の収集家。書淫。

【書中】①書物や文書の文章の中。②手紙。例お目にかかってお礼申し上げるべきところ、―をもって失礼します。

【書店】①本や雑誌などを売る店。本屋。②本の販売や出版をする会社の名にそえる語。

【書道】①筆で文字を書く芸術。②習字。例―塾。

【書評】本を紹介し批評した文章。

【書風】筆書きの文字の特徴。書体。

【書法】文字や文章の書き方。筆法。

【書房】①書斎。②出版社などの名にそえる語。

【書名】書物の題名。本の名前。

【書面】①書類。文書。例―で通知する。―にしたためる。②（手紙などの）文面。例―からは読み取れない。

【書目】①書物の目録。例新刊書の―。②本の題名。書名。

【書物】本。書籍。図書。

【書林】①多くの書物を集めたところ。②出版社や書店などの名にそえる語。

【書類】記録や事務的内容を、公的に書き記したもの。文書。例機密―。―を作る。

●願書・行書・原書・古書・司書・辞書・証書・聖書・蔵書・著書・投書・読書・葉書・秘書・封書・洋書・六書・良書・類書

日7 【曹】11画 3366 66F9 常用 音ソウ漢 ゾウ呉

筆順 一 冂 冊 冊 曲 曲 曹 曹 曹

なりたち 〔会意〕本字は「𣍘」で、「㯥(=原告と被告が法廷の東に並ぶ)」と「曰(=両者の

言い分を聞きさばく人）」とから成る。原告と被告の二人をさばく人。

意味 ❶役人。属官。つかさ。例曹長。獄曹。法曹。❷役所の部局。つぼね。へや。例曹司。❸複数の人々。ともがら。やから。例曹輩（＝なかま。ともがら）。我曹。❹姓の一つ。例曹参。曹操。

人名 とも・のぶ

【曹司】一 役所。二 ①昔、宮中の役人や女官がいた部屋。局。②親元にいる貴族の若者の部屋。また、その若者。［名門や金持ちの息子をあらわす「御曹司」はこれによる］表記 二②は「▽曹子」とも書く。

【曹植】三国時代の魏の人。字は子建。曹操の子で、曹丕の弟。詩文にすぐれた。（一九二―二三二）→【七歩の才】（8ページ）

【曹操】三国時代の魏の英雄。詩文にもすぐれた。字は孟徳。後漢の献帝のとき魏王となる。孫権・劉備に赤壁で敗れるが、子の曹丕が魏を興した。武帝と諡される。（一五五―二二〇）

【曹長】もと、陸軍の階級の一つ。軍曹の上。

【曹▼丕】三国時代の人。父の曹操のあとをついで魏を興こし、文帝となる。詩文にすぐれた。（一八七―二二六）

【▽曹▽達】〔オランダ語の音訳〕①〔化〕ナトリウムの化合物、とくに炭酸ナトリウム。ガラス・せっけんなどの原料。②ソーダ水。炭酸水。例クリームー。

●重曹・法曹

日7 【曽】 11画 3330 66FD 常用 音ソ・ゾ慣 ソウ漢 ゾウ呉 訓かつ-て・ひい・すなわ-ち

筆順

日8 【曾】 12画 3329 66FE 人名

なりたち ［形声］「八（＝別れる）」と「日（＝いう）」と、音「囪ソ」とから成る。語気のゆるやかなもの。

意味 ❶以前に。これまでに。かつて。例曽遊の地。未曽有（＝これまでになかった、の意）。❷三代へだたった親族。例曽祖父。曽孫。

人名 かつ・つね・なり・ます

【曽祖父】祖父母の父親。ひいおじいさん。対曽祖母。

【曽祖母】祖父母の母親。ひいおばあさん。対曽祖父。

【曽孫】孫の子ども。ひまご。ひこ。

【曽遊】前に一度行ったことがあること。例―の地。

日7 【曼】 11画 5056 66FC 音バン漢 マン呉 訓なが-い

意味 ❶長く引きのばす。ひく。例曼声。❷ずるずると長い。ながい。同漫。例冗曼。❸外国語の「マン」の音訳字。例曼陀羅。曼荼羅。曼哈頓。

【曼珠▽沙華】①ヒガンバナの別名。②仏教で、天上にさくという白い花。

【曼▼陀羅】〔仏〕仏のさとりの境地。また、それを図にえがいたもの。表記「曼▼荼羅」とも書く。

【曼▼陀羅華】①〔仏〕天上にさき、人々に喜びをあたえるという美しい花。②チョウセンアサガオの別名。

日8 【最】 12画 2639 6700 教育4 音サイ漢呉 訓もっと-も・も 付表 最寄り

筆順

なりたち ［会意］本字は「冣」で、「冖（＝おおう）」と「取（＝とる）」とから成る。つみあげる。派生して「もっとも」の意。

意味 ❶程度が、いちばんはなはだしい。もっとも。例最愛。最近。最たる。❷いちばんすぐれている。例最勝（＝もっともすぐれている）。

難読 最上・最中

人名 あつむ・いと・いや・かなめ・たかし・まさる・ゆたか・よし

【最愛】もっとも愛していること。例―の妻。―の人。

【最悪】（名・形動）もっとも悪い状態。対最良・最善。

【最下】程度や段階がいちばん下であること。また、もっともおとっていること。対最上。例―の地位。

【最強】（名・形動）いちばん強いこと。例―の部隊。

【最近】近ごろ。このごろ。例―のニュース。

【最恵国】通商条約を取り結ぶ国々の中で、いちばん有利なあつかいをされる国。例―待遇。

【最敬礼】（名・する）いちばんていねいで、敬意を深くあらわしたおじぎ。例―をする。

【最古】いちばん古いこと。対最新。例―の和歌集。

【最後】①いちばんあと。対最初。例―の授業。②何かをしたらそれっきり。それまで。例これをのがしたら―、勝てる見こみはない。

【最期】命の終わるとき。死にぎわ。臨終。例あえない―をとげる。―の一言。

【最高】（名・形動）①程度や段階がいちばん高いこと。例―速度。―の素材。②たいへんすばらしいこと。例この映画は―だ。▽対最低。

【最高裁判所】〔法〕下級裁判所の判決に不服の場合、控訴・上告して最終的に審判を求める裁判所。また、法律や行政が違憲かどうかを判断するところ。

【最高潮】感情や状況がいちばん盛り上がったとき。クライマックス。例―に達する。

【最高峰】①いちばん高い峰。例ヒマラヤの―。②いちばんすぐれているもの。例平安文学の―。

【最終】いちばんおわり。最後。対最初。例―電車。

【最初】いちばんはじめ。対最後・最終。例―の授業。

【最小】いちばん小さいこと。対最大。例―の面積。

【最小限】これ以上小さくすることができない限度。最小限度。対最大限。例被害を―にくい止める。

【最小公倍数】〔数〕二つ以上の整数の共通の倍数のうち、いちばん小さいもの。

【最少】①いちばん少ないこと。対最多。例損害を―にとどめる。②いちばん若いこと。最年少。例―年齢。

【最上】程度や段階がいちばん上であること。また、もっともすぐれていること。類最高。対最下。例―の品。

【最深】いちばん深いこと。例世界―の湖。

【最新】いちばん新しいこと。対最古。例―の情報。

【最盛】勢いがいちばんあること。例出荷が―の時期。

【最盛期】いちばん栄えている時期。出荷のいちばん多い時期。全盛期。例―をむかえる。ブドウの―。

【最前】さっき。少し前。先ほど。例―お会いしました。

【最善】①いちばんよいこと。ベスト。最良。対最悪。例―の方法。②できるかぎりやること。ベスト。例―をつくす。

【最前線】①戦場で、敵にいちばん近い前線。②激しい競争が行われているところ。例研究の―。

【最先端】①細長いもののいちばん先の部分。②（科学技術や時代の流行などで）いちばん先に進んでいるところ。例流行の―。

【最多】いちばん多いこと。㊟最少。例—出場。

【最大】いちばん大きいこと。㊟最小。例—の問題点。

【最大限】これ以上大きくすることができない限度。最大限度。㊟最小限。例—の努力をはらう。

【最大公約数】①〔数〕二つ以上の整数の共通の約数のうち、いちばん大きいもの。②多くのことがらに共通している部分。例—の意見を要求として出す。

【最短】いちばん短いこと。㊟最長。例—距離。

【最中】□一 何かがおこなわれている、ちょうどそのとき。さなか。例勉強の—。□二 もち米の粉で作った二枚のうすい皮を合わせた中にあんを入れた和菓子。

【最長】①いちばん長いこと。㊟最短。例—の任期をつとめる。②いちばん年長であること。最年長。

【最低】①程度や段階がいちばん低いこと。例—賃金。②とてもひどいこと。例—の人間だ。▽㊟最高。

【最低限】程度や段階がいちばん低い限界のところ。

【最適】（名・形動ダ）いちばんふさわしいこと。

【最果て】いちばんはずれにあること。例—の地。

【最良】いちばんよいこと。最善。㊟最悪。

【▽最早】（副）最終的な段階として。これ以上は。すでに。例—これまで。—夜もすっかりふけた。

日 8
【替】
12画 3456 66FF 常用
音 テイ㊥ タイ㊦
訓 か-える・か-わる
付表 為替

筆順 = ≠ 夫 夫= 夫夫 夫夫- 替 替

たなち 𣍘［形声］「竝（=ならびたつ）」と、音「白シ→イテ」とから成る。すたれる。

意味 ❶すたれる。おとろえる。例替廃（=すたれる）。衰替。隆替。❷とりかえる。いれかわる。かえる。かわる。例交替。代替。

使い分け かえる・かわる【変・換・替・代】⇩1166ページ

【替え歌】ある歌のメロディーだけを借りて、別の歌詞をつけた歌。㊟本歌。

【替え玉】本人や本物によく似せて周りをごまかすにせもの。例—を使う。

●交替・代替・両替

日 8
【曾】12画 ⇩【曽】（500ページ）

日 9
【會】13画 ⇩【会】（58ページ）

74 4画
月（月・月）部 つき つきへん

古くは「月（つきへん）」「月（ふなづき）」「月（にくづき）」を区別したが、常用漢字ではすべて「月」の字形に統一された。ここには、欠けた月の形をあらわす「月」をもとにしてできている漢字と、舟の形をあらわす「月」をもとにしてできている漢字とを集めた。身体にかかわる「にくづき」は、別の部首として区別して示した。

0 月 2 有 4 服 朋 服 朋 5 朏 6 朔 朕 朗 朕 7 望 望 朗 朖 8 期 朝 朞 朝 13 朦 16 朧

この部首に所属しない漢字
明⇩日485 青⇩青1054 肓⇩冂117 前⇩刂137
骨⇩骨1086 豚⇩豕930 勝⇩力150 滕⇩氺615
謄⇩言924 鵬⇩鳥1103 騰⇩馬1084

月 0
【月】
4画 2378 6708 教育1
音 ゲツ㊥ ガチ・ガツ㊦
訓 つき
付表 五月・五月雨

筆順 丿 冂 月 月

たなち ［象形］欠けた月の形。

意味 ❶地球の衛星。つき。例月光。日月。満月。❷一年を十二に分けた単位。例月旦。今月。来月。❸つきごとの。例月刊。月給。月例。

難読 月代・月次

人名 つぎ

【月忌】故人の毎月の命日。また、その日におこなう仏事。

【月日】□一 日付としての月と日。例生年—。□二 ①月と太陽。②時間。年月。例—が流れ去る。

【月▼暈】月の周りにできる、ぼんやりとした光の輪。月のかさ。

【月影】①月の光。月光。②月の光に照らし出されたものの姿。また、そのかげ。

【月下】月光の下。月の光のさすところ。例—の宴。

【月下美人】サボテン科の植物。夜に白く大きな花を開き、朝までにしぼむ。

【月下氷人】媒酌人。なこうど。〔「月下老人」と「氷人」からできた語〕

【月下老人】〔月夜に会った老人から未来の妻を予言されたという故事から〕結婚のなかだちをする人。媒酌人。なこうど。

【月額】一か月あたりの金額。例—十万円をしはらう。

【月刊】〔日刊・週刊・季刊などに対して〕毎月一回、定期的に刊行すること。また、その出版物。

【月間】一か月のあいだ。一か月間。また、特別のことがおこなわれる一か月間。例交通事故防止—。

【月宮】月にあるという宮殿。月宮殿。

【月給】〔時給・日給などに対して〕一か月ごとにしはらわれる給料。

【月琴】中国伝来の弦楽器。琵琶に似て小さく、胴は円形で弦は四本。

【月▼桂】①中国の伝説で、月に生えているというカツラの木。②月。月光。

【月▼桂冠】古代ギリシャで、競技の勝利者にかぶせられた月桂樹の枝と葉で作ったかんむり。

【月▼桂樹】クスノキ科の常緑小高木。地中海地方の原産。葉は、香料や香辛料にする。

【月経】成熟した女性の子宮から周期的に出血する現象。つきのもの。メンス。生理。

【月光】月の光。月かげ。例—に照らされた庭。

【月▼朔】月のはじめの日。ついたち。朔日。月旦。

【月産】〔日産・年産などに対して〕一か月あたりの生産量や産出量。

【月次】毎月。月ごと。つきなみ。例—報告。

【月謝】毎月の謝礼。毎月の授業料。

【月収】〔日収・年収などに対して〕一か月あたりの収入。例—二十万円。

【月色】月の色。月の光。例—皓皓。

【月食】地球が太陽と月との間にはいって太陽の光をさえぎるため、月の一部あるいは全部が見えなくなること。㊟日食。例皆既—。表記 ⑮月▼蝕

【月世界】ゲッセカイ 月の世界。例―旅行を夢みる。

【月旦】ゲッタン ①月のはじめの日。ついたち。月朔。②「月旦評」のこと。例人物―。

【月旦評】ゲッタンヒョウ 人物の批評。人物の品定め。〔後漢の許劭が月のはじめに人物評をしたという故事から〕

【月▼兎】ゲット 月の別名。〔月にウサギがすむという伝説から〕

【月表】ゲッピョウ 一か月ごとに記録する表。例営業成績の―。

【月評】ゲッピョウ 新聞や雑誌などに毎月のせる、文芸作品や論文などの批評。

【月賦】ゲップ 代金を月々に分けてしはらうこと。月賦払い。対年賦。

【月餅】ゲッペイ 中国風の焼き菓子。クルミなどを入れたあんを小麦粉で円く包んで焼いたもの。

【月俸】ゲッポウ 月々の俸給。月給。

【月報】ゲッポウ ①毎月、出す報告書。例生産―。②毎月定期に刊行する全集などの各巻にはさみこむ、うすい印刷物。

【月末】ゲツマツ その月の終わり。つきずえ。

【月明】ゲツメイ 月のあかるいこと。また、あかるい月の光。月あかり。例―の海岸を散歩する。

【月面】ゲツメン 月の表面。例―探査機。―に着陸する。

【月余】ゲツヨ 一か月あまり。例―の入院生活でやつれる。

【月曜】ゲツヨウ 週の第二日。日曜の次、火曜の前。月曜日。

【月来】ゲツライ（副）この数か月間。例―体調がすぐれない。

【月利】ゲツリ 〔年利・日歩に対して〕一か月を単位として決めた利息。例―一パーセント。

【月輪】ゲツリン 〔「ガツリン」とも〕月。また、満月。例―峰にかかる。

【月例】ゲツレイ 毎月きまっておこなわれること。例―会議。

【月齢】ゲツレイ ①新月を基準として、月の満ち欠けを日数であらわしたもの。満月はおよそ十五日。②満一歳未満の赤んぼうの、生まれてからの月の数。例―三か月の乳児。

【月見】つきみ ①月をながめて楽しむこと。観月。例―の宴。②そば・うどんなどに生たまごを割って落としたもの。たまごを月に見たてていう。例―うどん。

●隔月・神無月・如月・歳月・正月・新月・先月・年月・名月・明月・望月・臨月

月 2

【有】

6画 4513 6709 教育3 音 ユウ漢 ウ呉 訓 あ-る

［月（月・月）部］2画 有

筆順 ノ ナ 冇 冇 有 有

なりたち ［形声］「月（=つき）」と、音「又ユ」とから成る。月の影で日食が起きるように、ふだんあるはずのないものがある。

意味 ❶存在する。ある。もつ。対無。例有志。有望。含有。所有。保有。❷加えて。さらに。同又。例十有五（=十五）。

使い分け ある【有・在】⇩1162ページ

人名 あき・あり・すみ・ただし・たもつ・とお・とも・なお・なり・みち・もち・もと・ゆたか

【有明】ありあけ ①月が空に見えている状態で、夜が明けること。陰暦十六日以後の夜明け。例―の月。②明け方。

【有り金】ありがね 現在、手もとに持っているお金。例―をはたく。

【有り体】ありテイ ありのまま。事実のまま。例―に言えば。

【有り様】㊀ありヨウ ①実際のようす。実情。例―を言えば。②理想的なあり方や姿。例大学生としての―。③あるべき理由。例―がない。㊁ありさま ものごとの状態。例事件の―。

【有為】㊀ウイ（名）〔仏〕因縁によって生じたこの世のすべてのもの。対無為。㊁ユウイ（名・形動ダ）才能があること。将来役に立つと思われること。例―の青年。

【有為転変】ウイテンペン 〔仏〕この世のものは常に移りかわるもので一定せず、はかないということ。例―は世のならい。

【有▼卦】ウケ 陰陽道で、幸運が七年間続くという年回り。例―に入る（=幸運にめぐりあう）。

【有象無象】ウゾウムゾウ ①〔仏〕形のあるものや形のないものなど、すべてのもの。類有相無相。②とるに足りない人々。

【有待】ウダイ 〔仏〕〔食物や衣服にたよることから〕人間の身体。はかない人間の存在。

【有頂天】ウチョウテン（名・形動ダ）〔仏教で、最高の天の意で、そこにのぼりつめることから〕喜びでわれを忘れること。得意の絶頂。例小さな成功に―になる。

【有徳】ウトク・ユウトク すぐれた徳をそなえていること。例―の士。

【有髪】ウハツ 〔僧や尼が〕かみの毛を生やしていること。例―の僧。

【有無】ウム ①あることと、ないこと。あるかないか。例不正の―を調べる。②承知と不承知。イエスとノー。例―を言わさず。

【有▼耶無▼耶】ウヤムヤ（名・形動ダ）〔あるのか、ないのかの意〕はっきりしないこと。あいまいであること。例責任を―にする。

【有意】ユウイ ①意味があること。例―差（=統計などで、偶然に起こったとは考えられない差）。②意思や意図があること。

【有意義】ユウイギ（名・形動ダ）意義や意味があること。価値があること。例―な意見。

【有益】ユウエキ（名・形動ダ）利益のあること。役に立つこと。対無益。例―な意見。―に利用する。

【有価】ユウカ 価値や価格があること。例―物件。―証券。

【有害】ユウガイ（名・形動ダ）害があること。対無害。例―な食品。青少年にとって―になる雑誌。

【有蓋】ユウガイ おおいやふたのあること。対無蓋。例―貨車。

【有閑】ユウカン（名・形動ダ）生活に余裕があって、ひまがあること。例―階級。

【有感】ユウカン からだに感じられること。例―地震。

【有機】ユウキ ①生命をもち、生活の機能があること。また、生命をもつものから生み出されること。②「有機物」「有機化合物」の略。▽対無機。

【有機化学】ユウキカガク 有機化合物（=炭素をふくむ化合物）について研究する化学の一分野。例―を専攻する。

【有機化合物】ユウキカゴウブツ 「有機物」に同じ。

【有機体】ユウキタイ ①生命をもち、生活機能をそなえている組織体。生物を他の物質と区別していう。②有機的にできあがっているもの。例国家も一つの―といえる。

【有機物】ユウキブツ でんぷんやエタノールなど、その物質中に炭素をふくむ物質。ただし、一酸化炭素・二酸化炭素など少数の例外は、炭素をふくむが有機物に分類されない。有機化合物。対無機物。

【有給】ユウキュウ 給料がしはらわれること。対無給。例―休暇。

【有形】ユウケイ かたちのあること。目に見えること。対無形。例―文化財。―の援助。

【有限】ユウゲン（名・形動ダ）かぎりがあること。対無限。例石油資源も―なのだ。

【有功】ユウコウ てがらがあること。例―章（=功績のある人におくられる記章）。

【有効】ユウコウ（名・形動ダ）ききめがあること。効果や効力があること。役に立つこと。対無効。例―期限。

【有罪】ユウザイ 〔法〕刑事裁判の判決でつみがあると認められること。対無罪。

【有産】ユウサン 財産があること。金持ち。㊟無産。例—階級。
【有史】ユウシ 過去を知るための記録が残されていること。歴史があること。例—時代。—以前。
【有史以来】ユウシイライ 歴史が始まってからこのかた。例—の大地震(じしん)。
【有志】ユウシ そのことにとくに関心や意欲をもっていること。また、その人。例—一同。—を募(つの)る。
【有事】ユウジ 戦争などの大事件が起こること。例—にそなえる。
【有視界飛行】ユウシカイヒコウ 航空機の操縦(ソウジュウ)で、人間の、肉眼によっておこなう飛行。
【有識】ユウシキ 知識があること。ものごとをよく知っていること。また、そのような人。例—者の意見を聞く。
【有刺鉄線】ユウシテッセン 多くのとげのついている針金。ばら線。鉄条網(テツジョウモウ)やさくなどに用いる。
【有衆】ユウシュウ 国民。人民。君主が人民を呼ぶことば。例朕(チン)なんじ—に示す。
【有終の美】ユウシュウのビ 最後までやりとおし、ものごとをりっぱに成しとげること。例—をかざる。
【有償】ユウショウ 代価をしはらう必要があること。補償の必要があること。㊟無償。例—の援助(エンジョ)。
【有色】ユウショク 色がついていること。例—野菜。
【有職】㊀ユウショク 職業についていること。㊟無職。例—者。㊁ユウソク 朝廷(チョウテイ)や武家の、しきたりや習わしをよく知っていること。また、その人。例—家(カ)。—故実。
【有人】ユウジン 人が乗っていること。また、人が存在すること。例—運転。—なら起こらない事故。
【有神論】ユウシンロン 神は存在すると考える立場。㊟無神論。
【有数】ユウスウ (名・形動ナ)とくに数え上げるほど、きわだっていること。類屈指(クッシ)。例世界—の大企業(キギョウ)。
【有性】ユウセイ 雌雄(シユウ)の性の区別があること。例—生殖(セイショク)。
【有税】ユウゼイ 税金がかかること。納税の必要があること。㊟無税。
【有声音】ユウセイオン 発音するときに声帯を振動(シンドウ)させて出す音。母音(ボイン)のほか、[b][d][g][m][n][v][z][ʒ]などの子音(シイン)がこれにあたる。㊟無声音。
【有線】ユウセン ①電線を使う通信。②「有線放送」の略。限られた場所や地域内でおこなう、電線を使った放送。▽㊟無線。
【有段者】ユウダンシャ 柔道(ジュウドウ)・剣道(ケンドウ)・囲碁(イゴ)・将棋(ショウギ)などで、段位をもっている人。
【有道】ユウドウ 正しい道にかなっていること。また、そのようなおこないをする人。
【有毒】ユウドク (名・形動ナ)毒性があること。㊟無毒。例—ガス。人体に—な物質。
【有能】ユウノウ (名・形動ナ)すぐれた能力や才能があること。㊟無能。例—な人物。
【有配】ユウハイ 株式などで、配当があること。㊟無配。
【有半】ユウハン [「有」は、またの意。数をあらわすことばにつけて]…と、さらにその半分。例一年—(=一年半)。
【有夫】ユウフ おっとがあること。例—の女性。
【有望】ユウボウ (名・形動ナ)将来が楽しみで、のぞみがあること。例—株。前途(ゼント)—な若者。
【有名】ユウメイ (名・形動ナ)世の中に広く知られていること。名高いこと。㊟無名。例—人(ジン)。—になりたい。
【有名無実】ユウメイムジツ (名・形動ナ)名ばかりで実質がともなっていないこと。例社長といっても—な存在だ。
【有余】ユウヨ [「…有余」の形で]もう少しつけ加わることを示す。…あまり。例一年—の海外生活。
【有用】ユウヨウ (名・形動ナ)役に立つこと。㊟無用。例社会にとって—な人物。
【有利】ユウリ (名・形動ナ)①利益があること。②つごうがいいこと。例バスケットボールでは背の高いほうが—だ。
【有理】ユウリ 道理があること。例造反—(=反逆にも道理があるという意味。一九三九年毛沢東(モウタクトウ)が演説で使ったことばで、文化大革命のときの紅衛兵(コウエイヘイ)のスローガン)。
【有料】ユウリョウ 料金がいること。㊟無料。例—道路。—駐車場(チュウシャジョウ)。
●含有(ガンユウ)・共有(キョウユウ)・希有(ケウ)・公有(コウユウ)・国有(コクユウ)・固有(コユウ)・所有(ショユウ)・特有(トクユウ)・保有(ホユウ)・領有(リョウユウ)

月4
【服】
8画 4194 670D 教育3 音フク漢 ブク呉 訓したが-う

筆順 丿 刀 月 月 肌 服 服 服

月4 【服】8画
たちなり [形声]「月(=ふね)」と、音「𠬝(フク)」とから成る。用いる。仕(つか)える。

意味 ❶つとめをおこなう。つかえる。例服役(フクエキ)。服務(フクム)。❷つきしたがう。心からしたがう。また、力でおさえしたがわせる。例服従(フクジュウ)。服属(フクゾク)。征服(セイフク)。❸身につけるきもの。例服装(フクソウ)。衣服(イフク)。❹身につける。自分のものにする。例着服(チャクフク)。❺喪(も)でひきこもる。例服喪(フクモ)。服忌(ブッキ)(=喪に服してつつしむ)。❻薬や茶をのむ。また、一回分の薬の量を数えることば。例服毒(フクドク)。服用(フクヨウ)。一服(イップク)。
難読 服部(はっとり)
人名 こと・もと・ゆき・よ
【服役】フクエキ (名・する)①懲役(チョウエキ)に服すること。例有罪の判決をうけ、—する。②兵役(ヘイエキ)に服すること。
【服地】フクジ 洋服を仕立てるのに使う布地。
【服従】フクジュウ (名・する)人の命令におとなしくしたがうこと。㊟反抗(ハンコウ)・抵抗(テイコウ)。例絶対—。命令に—する。
【服飾】フクショク 衣服とアクセサリー。例—デザイナー。
【服装】フクソウ 身につける衣服。身なり。よそおい。
【服属】フクゾク (名・する)命令に従って言うとおりになること。つき従うこと。
【服毒】フクドク (名・する)毒を飲むこと。例—自殺。
【服務】フクム (名・する)事務や業務につくこと。例—規程。
【服喪】フクモ (名・する)人の死後しばらくの間、その親族が祝いの行事などをひかえ、身をつつしむこと。例—期間。
【服薬】フクヤク (名・する)薬を飲むこと。服用。
【服用】フクヨウ (名・する)(薬などを)飲むこと。服薬。例毎食後に—すること。
【服▼膺】フクヨウ (名・する)心にとどめて忘れないこと。例拳拳(ケンケン)—(=いましめなどを常に心の中にとどめて守り従うこと)。
●衣服(イフク)・感服(カンプク)・屈服(クップク)・元服(ゲンプク)・降服(コウフク)・克服(コクフク)・呉服(ゴフク)・私服(シフク)・心服(シンプク)・制服(セイフク)・頓服(トンプク)・被服(ヒフク)・不服(フフク)・平服(ヘイフク)・洋服(ヨウフク)・礼服(レイフク)・和服(ワフク)

月4
【朋】
8画 4294 670B 人名 音ホウ漢 ボウ呉 訓とも

月4 【朋】8画
たちなり [象形]鳳(ホウ)(=おおとり)の形。鳳が飛ぶと多くの鳥が付き従うことから、なかまの意。

意味 同じ先生についている学友。なかま。とも。例朋友(ホウユウ)。同朋(ドウボウ)。

【朋党】(ホウトウ) 共通の利害や主義による人々の集まり。

【朋輩】(ホウバイ) なかま。ともだち。また、同僚(ドウリョウ)。表記「▽傍輩」とも書く。

【朋友】(ホウユウ) ともだち。友人。例—の交わり。—信あり。

月4【服】8画 ⇩【服】(フク)(503ページ)

月4【朋】8画 ⇩【朋】(ホウ)(503ページ)

月5【朏】9画 5912 670F 音ヒ漢 訓みかづき
意味 新月から三日月(みかづき)のころの月明かり。また、陰暦(インレキ)の三日のこと。三日月。例朏魄(ヒハク)(=新月)。

月6【朔】10画 2683 6714 人名 音サク漢 訓ついたち
なりたち 形声「月(=つき)」と、音「屰(ゲキ→サク)」とから成る。ついたち。

意味 ❶陰暦(インレキ)で、月の第一日。ついたち。例朔日(サクジツ)。朔旦(サクタン)。❷北。〔十二支の一番目の子(ね)が北にあたることによる〕例朔風(サクフウ)。朔方(サクホウ)。

難読 四月朔日(わたぬき)(=姓)・八月朔日(ほづみ)(=姓)

人名 いち・きた・はじめ・もと
【朔日】(サクジツ) 月の最初の日。ついたち。

【朔旦】(サクタン) ついたちの朝。

【朔風】(サクフウ) 北風。

【朔方】(サクホウ) 北のほう。北。朔北。

【朔望】(サクボウ) 陰暦(インレキ)で、ついたちと満月(=第十五日)。

【朔望月】(サクボウゲツ) 朔(=新月)から次の朔まで、また、望(=満月)から次の望までの平均時間。二十九日十二時間四十四分二秒八。

【朔北】(サクホク) 北。北方。また、北方の辺境の地。朔方。

月6【朕】10画 3631 6715 常用 音チン漢 訓われ
筆順 丿 几 月 月 月 胖 胖 朕

月6【朕】10画
なりたち 形声「月(=ふね)」と、音「关(ショウ→チン)」とから成る。舟の板の継ぎ目。借りて「われ」の意。
意味 ❶天子が自分を指していうことば。われ。〔秦(シン)の始皇帝(シコウテイ)が定めたもので、それ以前は、いっぱんの人も使った〕❷しるし。きざし。

月6【朗】10画 4715 6717 教育6 音ロウ漢呉 訓ほが-らか
筆順 丶 ㇉ ョ 自 良 良 朗 朗 朗

月7【朗】11画 1-8546 F929 人名

月7【朖】11画 5913 6716 本字
なりたち 形声「月(=つき)」と、音「良(リョウ→ロウ)」とから成る。明るい。

意味 ❶明るくはっきりしている。あきらか。例朗月(ロウゲツ)。晴朗(セイロウ)。❷はればれしているようす。からっとしてこだわりのないようす。ほがらか。例朗報(ロウホウ)。明朗(メイロウ)。❸声が高くすんでいる。例朗詠(ロウエイ)。朗読(ロウドク)。

難読 朝朗(あさぼらけ)

人名 あき・あきら・きよし・さえ・とき・ほがら
【朗詠】(ロウエイ)(名・する) 漢詩や和歌などに節(ふし)をつけて高らかにうたうこと。例和歌の—。

【朗吟】(ロウギン)(名・する) 漢詩や七五調の文章などを声高くとなえること。例漢詩の—。

【朗月】(ロウゲツ) 明るく、すみわたった月。また、その光。

【朗笑】(ロウショウ)(名・する) ほがらかに笑うこと。

【朗▼誦】(ロウショウ)(名・する) 声高く読み上げること。例自作の句を—する。

【朗色】(ロウショク) 晴れやかな顔の表情。例顔に—をうかべる。

【朗読】(ロウドク)(名・する) 詩歌(シイカ)や文章などを声を出して読むこと。例小説を—する。—にたえる文章。

【朗報】(ロウホウ) よい知らせ。聞くとうれしくなる知らせ。吉報(キッポウ)。対悲報・凶報(キョウホウ)。例—に接する。

【朗朗】(ロウロウ)(形動タル) 声が大きく高く、よくとおり、はっきりしているようす。例音吐(オント)—。
●晴朗(セイロウ)・明朗(メイロウ)

月6【朕】10画 ⇩【朕】(チン)(504ページ)

月7【望】11画 4330 671B 教育4 音ボウ漢モウ呉 訓のぞ-む・のぞ-み・もち
筆順 亠 亡 切 切 胡 胡 望 望 望

月7【望】11画
なりたち 形声「亡(=にげる)」と、音「朢(ボウ)」の省略体とから成る。にげて出て外にいるが、もとへ帰ることをのぞむ。
意味 ❶遠くを見る。見上げる。のぞむ。例望見(ボウケン)。眺望(チョウボウ)。展望(テンボウ)。❷ねがう。ほしがる。のぞむ。のぞみ。例望蜀(ボウショク)。希望(キボウ)。待望(タイボウ)。❸うらむ。例怨望(エンボウ)。❹人気(ニンキ)。人々に、したわれ尊敬されること。例人望(ジンボウ)。声望(セイボウ)。❺満月。陰暦(インレキ)十五日の夜。もち。例望月(ボウゲツ)。望日(ボウジツ)(=満月の日)。既望(キボウ)(=陰暦十六日の夜。また、その夜の月)。
使い分け のぞむ【望・臨】⇩1176ページ
難読 既望夜(いざよい)
人名 まどか・み・みつる
【望遠】(ボウエン) 遠くを見ること。例—鏡(キョウ)。—レンズ。
【望遠鏡】(ボウエンキョウ) レンズを組み合わせて遠くのものを拡大して見る装置。例天体—。
【望外】(ボウガイ)(名・形動ナ) 自分が望んでいた以上であること。例—の喜び。—な成果。
【望郷】(ボウキョウ) ふるさとをなつかしく思うこと。例—の念にかられる。
【望月】(ボウゲツ) ①月をながめること。②満月。陰暦(インレキ)十五日の夜の月。もちづき。
【望見】(ボウケン)(名・する) 遠くからながめること。例山頂から眼下を—する。
【望▼蜀】(ボウショク) 一つの望みを満足させたうえに、さらに欲ばってもう一つを望むこと。〔「隴(ロウ)を得て蜀(ショク)を望む」(1041ページ)にもとづく。後漢(ゴカン)の光武帝(コウブテイ)が隴の国を得てさらに蜀の国を望んだ故事から〕
【望洋】(ボウヨウ)(名・形動タル) ①遠くをながめること。②あまりに広々として、見分けのつかないこと。例—たる荒野(コウヤ)。
【望楼】(ボウロウ) 遠くを見わたすための高い塔(トウ)。ものみやぐら。
●一望(イチボウ)・願望(ガンボウ)・希望(キボウ)・失望(シツボウ)・志望(シボウ)・所望

信望・人望・切望・絶望・大望・待望・眺望・展望・熱望・本望・野望・有望・要望・欲望

月7 【望】11画 ⇩【望】(504ページ)

月7 【朗】11画 ⇩【朗】(504ページ)

月7 【朖】11画 ⇩【朗】(504ページ)

月8 【期】12画 2092 671F 教育3 音キ漢 ゴ呉

筆順 一 廾 甘 甘 其 其 期 期

月8 【朞】12画 5914 671E 別体字

なりたち [形声]「月(=時)」と、音「其キ」とから成る。時を決めてあう。

意味 ❶約束して会う。約束する。とりきめる。例期約(=とりきめ)。❷心にきめる。のぞむ。あてにして待つ。例期待。所期。予期。❸きめられた日時。ひとくぎりの時間。例期間。期限。学期。❹百歳の年寄り。❺月・太陽がひとまわりする時間。例期月(=満一か月)。期年(=満一年)。

人名 さね・とき・とし・のり

【期間】ある時刻・時期から他の時刻・時期までの間。

【期限】前もって、始めと終わりをいっとかぎって決めた時期。一定の期間。例無―。―付きで貸し出す。

【期日】いつからいつまでと、決めてある日。例―を守る。

【期首】ある決められた期間の初め。対期末。

【期成】成功や成立を期待すること。例博覧会誘致―同盟。

【期待】(名・する)結果や発生する状態を願って、待っていること。あてにして待つこと。例―はずれ。

【期年】満一年。一周年。

【期末】一定の期間の終わり。対期首。例―試験。

●雨期・延期・会期・夏期・学期・過渡期・乾期・刑期・後期・最期・最盛期・死期・短期・時期・周期・初期・所期・前期・早期・中期・長期・定期・適齢期・冬期・同期・任期・納期・末期・満期・予期

月8 【朝】12画 3611 671D 教育2 音チョウ漢呉 訓あさ・あした 付表今朝けさ

筆順 一 十 占 古 直 卓 朝 朝

月8 【朝】12画

なりたち [形声]「卓(=日がのぼりはじめる)」と、音「舟シュ→チョウ」とから成る。あさ。

意味 ❶日の出からのしばらくのあいだ。あした。あさ。対夕。例朝食。朝夕。早朝。❷ひととき。一日。例一朝。❸天子や君主にお目にかかる。まみえる。〔古く、家臣は早朝に君主にまみえた〕例朝見。会朝。❹天子が政治をおこなうところ。例朝廷。朝野。❺一系統の王朝・君主が受けついで統治する期間。例清朝。唐朝。南朝。

難読 朝臣あそん・あそみ

人名 あきら・かた・つと・とき・とも・のり・はじめ

【朝明け】朝、空が明るくなること。また、朝日の出るころ。

【朝顔】①ヒルガオ科のつる性の一年草。夏から秋にかけて、朝、ラッパ形の花がさく。②キキョウやムクゲの古名。③〔形がアサガオに似ることから〕男性の小用の便器。

【朝駆け】(名・する)①早朝に敵を攻めること。対夜討ち。②新聞記者などが、早朝に人の家を訪問して取材すること。

【朝観音夕薬師】江戸時代、毎月、観音の縁日十八日には朝、薬師の縁日八日には夕方、参詣した風習。

【朝▼餉】[一]あさげ 朝食。対昼餉・夕餉。例―の膳。[二]あさがれい 天皇の朝食。例―の間(=清涼殿にある天皇が朝食をとる部屋)。

【朝日】朝、地平線からのぼってくる太陽。

【朝威】朝廷や天子の威光。例―のおとろえた室町時代。

【朝宴】朝廷でもよおされる宴会。

【朝賀】臣下が朝廷で天子に賀詞を述べること。

【朝会】朝の集会。類朝礼。

【朝儀】朝廷でおこなわれる儀式(の作法)。

【朝議】朝廷でおこなわれる会議。

【朝見】(名・する)臣下が参内して天子にお目にかかること。例―の儀。

【朝権】朝廷がもっている権力や権威。

【朝貢】(名・する)服従の意思を示すため、弱い国が強い国へみつぎものを差し出すこと。

【朝▼餐】朝食。あさげ。

【朝三暮四】①目先の利益にとらわれて、大局から見れば実質が同じであることに気づかないこと。②言いくるめて、人をだますこと。

故事のはなし 宋ソウの国の狙公ソコウ(=サル使いのこと。「狙」はサル)という人がサルをかわいがって、たくさん飼っていた。ところが貧乏になり、サルのえさを減らさなければならなくなった。狙公は、えさのトチの実をあたえるとき、はじめに「朝は三つで暮れには四つにしよう」と言うと、サルたちはみな怒った。そこで、「では、朝は四つで暮れには三つにしてやろう」と言うと、サルたちは今度は大喜びした。(荘子)(列子)

【朝市】[一]チョウシ 朝廷と市場。また、人が多く集まる場所や、名誉や利益を争う場所のたとえ。[二]あさいち 朝、人が集まって野菜や魚などを売り買いすること。また、その場所。例―が立つ。

【朝食】朝の食事。あさはん。あさめし。対昼食・夕食。

【朝臣】[一]チョウシン 朝廷に仕える臣下。[二]あそん・あそみ 日本で、六八四年に制定された八色の姓の第二位。

【朝夕】①朝と夕方。例―の勤行。②明け暮れ。いつも。例―おそばに仕える。

【朝廷】天子が政治をおこなうところ。

【朝敵】朝廷にそむき、むほんをくわだてる者。

【朝服】朝廷に出仕するときに着る服。類礼服。

【朝暮】①朝と夕暮れ。例―の人(=死ぬときが間近にせまっている人)。②朝から晩まで一日じゅう。

【朝命】(チョウメイ) 朝廷(チョウテイ)の命令。例―にそむく。

【朝野】(チョウヤ) ①朝廷(チョウテイ)と在野。政府と民間。例―の名士。②天下。全国民。世の中。例―をあげての歓迎(カンゲイ)。

【朝陽】(チョウヨウ) ①朝日。②(朝日が当たる)山の東面。

【朝来】(チョウライ) 朝から続くこと。朝以来。対夜来。例―の雨。

【朝礼】(チョウレイ) 学校や会社などで、授業や仕事を始める前にみんなで集まっておこなう朝のあいさつ。類朝会。

【朝令暮改】(チョウレイボカイ) (名・する)朝に下した命令を夕方にはあらためること。法令などがしょっちゅう変わること。

【朝露】(チョウロ・あさつゆ) 朝、草や葉の上などに降りるつゆ。〔はかないもののたとえ〕例―の命(いのち)。

●王朝(オウチョウ)・帰朝(キチョウ)・早朝(ソウチョウ)・来朝(ライチョウ)・六朝(リクチョウ)

月8 【朞】 12画 ⇩【期】(キ)(505ページ)

月8 【朝】 12画 ⇩【朝】(チョウ)(505ページ)

月13 【朦】 17画 5915 6726 音 モウ漢 ム・モウ呉 訓 おぼろ

意味 月の光がぼんやりかすんでいる。また、はっきりしないこと。おぼろ。例朦気(モウキ)。朦朧(モウロウ)。

【朦気】(モウキ) もうもうと立ちこめる気。

【朦朦】(モウモウ) (形動タル) 霧(きり)・煙(けむり)・ほこりなどが一面にただよっているため、まわりがよく見えなくなったり、うす暗くなったりするようす。例―と煙をはく蒸気機関車。

【朦▼朧】(モウロウ) (形動タル) ぼんやりとかすんでいたり、もやもやしていたり、とりとめがなかったりするようす。例意識―の状態が続く。

月16 【朧】 20画 5916 6727 音 ロウ漢 訓 おぼろ

意味 月の光がぼんやりしたようす。おぼろ。例朧月(ロウゲツ)。朧朧(ロウロウ)。朦朧(モウロウ)。朧(おぼろ)げにおぼえている。

【朧豆腐】(おぼろドウフ) ①にがりを加えて固まりかけのうちにすくいとった、やわらかな豆腐。②くずあんをかけた豆腐料理の一つ。

【朧夜】(おぼろよ) おぼろ月の夜。

【朧銀】(ロウギン・おぼろギン) 銅三に銀一の割合でまぜた合金。四分一(シブイチ)。

【朧月】(ロウゲツ・おぼろづき) ぼんやりとかすんだ(春の夜の)月。

【朧月夜】(おぼろづきよ) おぼろ月の出ている夜。おぼろよ。

【朧朧】(ロウロウ) (形動タル) おぼろにかすむようす。うす明るいようす。

「月(月・月)部」8—16画 朞 朝 朦 朧

「木部」0画 木

4画

75 4画 木 き きへん 部

地面から生え立った「き」の形をあらわす。「木」をもとにしてできている漢字と、「木」の字形を目じるしにして引く漢字とを集めた。

0 木
1 札 朮 本 末 未
2 朳 机 朽 朿 朱 朶 朷 朴 朸
3 杆 杞 杏 杠 材 杓 条 杖 杉 束 杣 村 杜 杤 杢 杙 来 李 杓
4 枉 果 杭 杲 枝 杵 松 枢 析 杼 東 杷 杯 杮 板 枇 杪 枌 枋 枚 枕 枡 杳 林 枠 枅 杰 枩 枦
5 栄 架 枷 柯 枴 柿 柑 柬 枳 柩 枸 枯 柮 査 柤 柵 柞 柘 柊 柔 染 柝 柱 柢 栃 栂 柏 枹 柎 柄 某 柾 柚 柳 柆 柒 柊 柁
6 案 桜 格 核 株 栞 桓 桔 框 栩 桂 栟 桁 桀 柧 桍 校 栲 根 栽 柴 桟 桎 栖 栓 栴 栫 桑 桃 桐 梅 桙 栗 桧 栓 栞 档 栢 桝
7 械 桷 桿 梟 桾 梧 梗 梏 梱 梭 梓 梔 梢 梳 巣 梍 梛 梃 梯 桶 梨 梵 梶 桴 梺 椛 梠 梁 桼 梢 條 梼 梅 梹
8 椏 椅 棺 棋 椈 極 棘 椚 椡 検 棬 椦 棡 椌 棍 椙 椣 椒 椄 植 森 棯 棔 棲 棕 棗 棚 椨 椥 椎 棣 棟 棹 棠 棒 椪 棉 椋 棆 椀 椢 椁 棊 棧 棚
9 楹 楷 楽 棄 業 楜 楸 楫 楯 椹 楔 楚 楕 椴 楮 楪 椿 楴 椽 楠 楾 楓 楙 椌 椰 楡 楢 楊 楝 楼 楞 楆 楳
10 榲 樺 榎 槐 概 榪 榿 構 槁 槓 榾 槎 榊 楔 榛 槙 榱 槍 槌 榻 槃 榧 榑 模 榜 楩 榠 様 榕 榴 榔 榮 構 槀 槇 槞
11 横 槶 槨 樌 槻 樛 槿 権 槹 槲 槧 樟 樅 槭 槽 樸 槫 樗 樢 樋 樊 標 榼 樺 槪 樂 樞 樣 樓
12 樫 橄 機 橘 橋 橇 檕 樶 槢 樹 樵 橡 樽 橐 橙 橦 橈 樸 槅 樻 橢
13 檐 檍 檜 橿 檄 檎 檣 檀 檔 檗 檬 檢 檪
14 櫃 檮 櫂 檸 檳 櫁
15 櫞 檻 櫛 櫝 櫑 櫚 櫟 櫓
16 欄 櫪 櫨 櫳
17 欅 櫺 櫻 權 欄
19 欒
21 欝
22 欖
24 欟

この部首に所属しない漢字

呆⇨口 197
采⇨爫 644
牀⇨爿 646
秉⇨禾 731
乗⇨ノ 33
相⇨目 704
巣⇨巛 332
彬⇨彡 370
渠⇨氵 607
集⇨隹 1043
禁⇨示 727
麓⇨鹿 1107
鬱⇨鬯 1091

木 0 【木】 4画 4458 6728 教育1 音 ボク漢 モク呉 訓 き・こ 付表 木綿(もめん)

筆順 一 十 才 木

なりたち [象形] 上に枝葉を出し、下に根をのばした木の形。

意味 ❶たちき。き。例樹木(ジュモク)。草木(ソウモク)。❷ものをつくる材料とする、き。用材。例木像(モクゾウ)。材木(ザイモク)。❸木でつくられた楽器。例木魚(モクギョ)。木琴(モッキン)。❹五行(ゴギョウ)の一つ。方位では東、季節では春をあらわす。❺自然のままで、かざりけがない。同樸(ボク)。例木訥(ボクトツ)。

日本語での用法 《き》「拍子木(ヒョウシぎ)」の略。同柝(き)。「木(き)を打(う)つ・木(き)が入(はい)る」

難読 木綿四手(ゆうしで)・木菟(みみずく)・木天蓼(またたび)・木欒子(むくろじ)

人名 しげ・しげる・すなお

【▽木▽通】(あけび) アケビ科のつる性落葉低木。秋、うすむらさき色をした長円形のあまい実がなる。つるでかごなどを編む。

【木型】きがた 鋳型や靴などを作るときに用いる木製の型。

【木口】きぐち ①材木の種類や性質。例良い―をそろえる。②〔「こぐち」とも〕木材の切り口。小口。

【木靴】きぐつ 木をくりぬいて作ったはきもの。サボ。

【木▽耳】きくらげ キクラゲ科のキノコ。形は人の耳に似ており、ブナなどのかれ木の幹に生える。食用になる。

【木賃宿】きちんやど ①昔、旅人が自炊して燃料代だけをはらってとまった宿。②宿泊代の安いそまつな宿。

【木戸】きど ①庭や通路に作る、かんたんな開き戸。例裏―。②城門。例大―。③相撲・芝居などの興行場の出入り口。

【木戸銭】きどセン 興行物の入場料。例―をはらってはいる。

【木場】きば ①材木をたくわえておく場所。貯木場。②材木市場があり材木商が多く集まっている町。江戸時代からの深川など。

【木灰】きばい 草や木を焼いて作った灰。カリ肥料やあくぬきに使う。例焚き火をして―を作る。

【木肌】きはだ 木の皮の表面。木の幹の外側を包む皮。表記「木▽膚」とも書く。

【木陰】こかげ 日かげになる木の下。例―で憩う。

【木立】こだち 何本かまとまってはえている木。

【木霊】こだま ①樹木に宿るという精霊。木精。②〔古く「①」のしわざと考えていたことから〕音や声が周囲の山や谷に反響して返ってくること。エコー。山びこ。例―が、返る。表記②は「▼谺」とも書く。

【木舞】こまい 土壁の下地として縦横に組みわたす、細い竹または木。表記「小舞」とも書く。

【▽木▽賊】とくさ シダ類トクサ科の常緑多年草。茎をかわかしてものをみがくのに使う。表記「▼砥草」とも書く。

【木石】ボクセキ ①木と石。②人情や男女の情愛のわからないことのたとえ。

【木石漢】ボクセキカン 人情や男女の情愛のわからない男。石部金吉。

【木▼鐸】ボクタク ①昔、中国で法令などを人々に知らせるときに鳴らした鈴。舌が木で作られている。②社会の指導者。先頭に立って人々を教え導く人。例新聞は社会の―。

【木刀】ボクトウ 木で作ったけいこ用の刀。木剣。

【木▼訥】ボクトツ（形動ダ）かざりけがなく実直なようす。人ずれせず口べたなようす。例―な人。表記「朴▼訥・▼樸▼訥」とも書く。

【▽木▼瓜】ぼけ バラ科の落葉低木。枝にとげがあり、春、うす紅・白などの花がさく。

【▽木履】ぼっくり〔「ボクリ」の変化〕女の子や舞妓がはく、げた。歩くとポクポク音をたてる。

【木剣】ボッケン 木で作ったけいこ用の刀。木刀。対真剣。

【▽木▼乃▽伊】ミイラ 人間などの死体がそのままの形で乾燥してかたまり、くさらずに残ったもの。〔ポルトガル語の mirra の音訳という〕

【▽木▼乃▽伊取りが▽木▼乃▽伊になる】相手を説得しようとして、逆に相手に同調するはめにおちいることのたとえ。

【▽木▼菟】みみずく フクロウ科の鳥。頭に耳のように見えるかざりの毛がある。オオコノハズクやコノハズクは、このなかま。ずく。

【▽木▼槿】むくげ アオイ科の落葉低木。夏から秋にかけて、朝、むらさき・白の花がさくが、夕方にはしぼむ。キハチス。モクゲ。

【木魚】モクギョ お経を読むときにたたく木製の仏具。魚に似せた形で中はからになっていて、うろこの形をほりつけてある。

【木偶】㊀モクグウ 木で作った人形。㊁でく ①人形芝居に使う人形。また、そのかしら。でこ。②他人の言いなりになる人。ただいるだけで役に立たない人。例―の坊。

【木材】モクザイ 建築・木工・製紙などの材料としての原木。材木。

【木酢】㊀モクサク 木材を乾留してできる液体。酢酸などをふくむ。防腐剤などにする。㊁きず ユズ・ダイダイなどからしぼった酢。

【木質】モクシツ ①木のかたさ・やわらかさなどの性質。例―がやわらかい。②木の皮の内側のかたい部分。例―部。

【木星】モクセイ 太陽系の第五惑星。太陽系の惑星中最大のもの。六十個以上の衛星をもつ。

【木▼犀】モクセイ モクセイ科の常緑小高木。秋、かおりの強い小さな花がさく。白い花はギンモクセイ、黄茶色の花はキンモクセイ。

【木精】モクセイ ①木に宿る霊。木の精。②こだま。山びこ。③メチルアルコールの別名。

【木製】モクセイ 木で作ること。また、作ったもの。例―の家具。

【木造】モクゾウ 木でつくること。また、つくったもの。例―家屋。

【木像】モクゾウ 木で作った像。例―のほとけさま。

【木炭】モクタン ①木をむし焼きにして作った燃料。すみ。②デッサンなどに使うやわらかいすみの棒。例―画。

【木彫】モクチョウ 木材に彫刻すること。また、彫刻したもの。例―の額縁。

【木▼螺▽旋】もくねじ 軸に螺旋状のみぞがあるくぎ。ねじくぎ。表記「木▽捻子・木▼螺▽子」とも書く。

【木馬】㊀モクバ 木で作った、ウマ。例遊園地の回転―。㊁きうま〔「きんま」とも〕山地で木材を運ぶための、そりに似た道具。敷き並べたまくら木の上を人力で引く。

【木杯】モクハイ 木製のさかずき。表記「木▼盃」とも書く。

【木版】モクハン 木材の板に字や絵などをほりつけた印刷版。また、それで印刷したもの。例―画。―刷り。

【木皮】モクヒ 木の皮。漢方薬にする樹皮。例草根―。

【木片】モクヘン 木の切れはし。

【木本】モクホン 茎がかたい幹になっている多年生の植物。対草本。

【木目】モクめ 木を切ったとき、断面にあらわれるすじめ。板目・柾目がある。木理。もく。

【木曜】モクヨウ 日曜から数えて、週の五番目の曜日。木曜日。

【木理】モクリ 木の切り口にあらわれる年輪などがつくりだすすじめ模様。木目。

【木▼蓮】モクレン モクレン科の落葉低木。春、葉の出る前に赤むらさきまたは白色の大きな六弁の花がさく。

【木▼蠟】モクロウ ハゼノキからとった蠟。ろうそくの材料などに使う。

【木管】モッカン ①木で作ったくだ。②「木管楽器」の略。

【木管楽器】モッカンガッキ 木を材料として作った管楽器。フルート・オーボエ・クラリネットなど。現在では金属製のものもあるが、その起源・構造から木管楽器に分類する。対金管楽器。

【木簡】モッカン 古代の中国や日本で、文字を書きしるすために使われた、うすくそいだ細長い木のふだ。

【木琴】モッキン いろいろな長さの木片を音階順に並べ、先に丸い玉のついたばちで打ち鳴らす打楽器。シロホン。

【木工】モッコウ 木を使って工芸品などを作ること。また、作る人。〔昔、木で家や器具を作る人を「モク」といった〕例―機械。―用接着剤。

【木▼斛】モッコク モッコク科(旧ツバキ科)の常緑高木。葉は、楕円形で厚く、つやがある。夏、黄白色の小さい花がさく。表記「▽厚▽皮▽香」とも書く。

【木綿】もめん ①ワタ(=アオイ科の植物)の種についている長い繊

維を精製したもの。衣料用として広く用いられる。きわた。綿。コットン。②「①」をつむいで作った糸。木綿糸。例—針。③「①」を織って作った布。綿布。

●枯木・材木・雑木・雑木・山川草木・樹木・草木・大木・千木・低木・土木・苗木・生木・庭木・板木・版木・拍子木・丸木・老木

木1 【札】 5画 2705 672D 教育4 音サツ漢 訓ふだ

筆順 一 十 才 木 札

なりたち [形声]「木(=き)」と、音「乙(ツ→サツ)」とから成る。うすく小さい木のふだ。

意味 ❶(字を書くための)うすい板。ふだ。例表札・門札。❷てがみ。かきつけ。例鑑札・書札。❸とじあわせてよろいを作る鉄や革の板。さね。

日本語での用法 □一《ふだ》①トランプ。カード。「切り札・手札」②神社・お寺のお守り。「お札をもらう」 □二《サツ》紙幣。「お札・札束」

人名 さね

【札入れ】紙幣を入れて持ち歩くさいふ。紙入れ。

【札束】紙幣のたば。

【札▽片】たくさんの紙幣。〔上品なことばではない〕例—を切る(=大金を見せびらかしておしげもなく使う)。

【札所】巡礼や参拝者が、参拝したしるしとしておふだを受ける、または納める霊場。西国三十三所や四国八十八か所など。例—めぐり。

【札付き】悪い評判が世間に広まっていること。また、その人。例—の悪党。この辺では—の高利貸し。

【札止め】満員のため入場券を売るのをやめること。例—の盛況。

●一札・改札・鑑札・検札・高札・出札・入札・表札・門札・落札

木1 【朮】 5画 5918 672E 音□一ジュツ慣 シュツ漢 □二チュツ漢 訓おけら

意味 □一 粟の一種。もちあわ。 □二 薬草の一種。おけら。うけら。

[木部] 1画 ●札 朮 本

木1 【本】 5画 4360 672C 教育1 音ホン漢呉 訓もと

筆順 一 十 才 木 本

大2 【夲】 5画 5281 5932 俗字

なりたち [会意]「木(=き)」と「丁(=下)」とから成る。木の下の部分。

参考「夲」は本来「トウ」と読み、「本」とは別の字。

意味 ❶木のつけね。もと。例根本。❷植物のくき。例草本・木本。❸ものごとのおおもと。だいじなところ。対末。例基本・根本。❹よりどころ。中心となるもの。例本拠・本源・本部。❺正式。まことの。例本妻・本名・本会議。❻もとからある。もともとの。例本質・本来。❼もとで。例資本・元本。❽(まさに)その。(ほかならない)この。例本学・本件・本人。❾書物。例本屋・絵本・写本。❿細長いものや、草木・書物などを数えることば。例鉛筆五本。

日本語での用法《ホン・ボン・ポン》武道などの勝負を数えることば。また、広くものを数えることばとして用いる。「一本勝ち・三本勝負」

使い分け もと【下・元・本・基】⇩1180ページ

難読 本居

人名 なり・はじめ

【本案】この案。この議案。今、話題にしている案。

【本位】①何かをするときのもとになる考え方。判断や行動の基準とするもの。例—貨幣(=国の貨幣制度の基礎となる貨幣)。自分—の考え。②もとの位置。例—に復する。

【本意】〔古くは「ホイ」とも〕ほんとうの気持ち。本心。真意。例—にかなう。これはわたくしの—ではない。

【本営】総大将のいる陣営。本陣。

【本科】①学校の本体をなす課程。学校でおこなう学習の中心となるプログラム。対予科・別科・選科。②この科。今、話題にしている科。

【本歌】本歌取りの歌(=すでに作られている和歌・連歌の語句や趣向などを意識的に取り入れて作った歌)の、もととなった歌。

【本懐】まえから望んでいたこと。本望。例男子の—。

【本会議】①本式の会議。全員が参加しておこなう会議。〔部会・委員会などに対していう〕②国会で、議員全員による会議。例衆議院の—。③この会議。当会議。

【本格】本来の正しい方式や手続きをふんでいること。〔略式やいいかげんなものに対していう〕例—化。—的。

【本学】この大学。例—の建学精神に反する。

【本管】水道・ガスなどを通すために地下にうめた、中心となる太い管。対支管。

【本館】①もとからある建物。対新館。例デパートの—。②中心となる建物。対別館。③この建物。当館。

【本願】①本来のねがい。宿願。例—を果たす。②〔仏〕仏や菩薩が、衆生を救おうとして立てたちかい。本誓。

【本気】(名・形動)まじめな気持ち。真剣。例—で取り組む。

【本紀】紀伝体の歴史書で、帝王の事跡を書いた部分。対世家・列伝。

【本義】①ことばや文字のもつ本来の意味。原義。対転義。例語の—を明らかにする。②ものごとの根本をなす意義。

【本給】手当などを加えない、基本となる給料。基本給。

【本拠】生活や仕事などのよりどころとなるたいせつな場所。例—地。敵の—をたたく。

【本業】いくつかある仕事の中で主となる職業。主とする職業。対副業。

【本宮】神霊を他に分けてまつったときの、もとの神社。本社。

【本▼卦】①生まれた年の干支。②八卦で、算木を二回置いてうらなうときの初めの算木の結果。

【本家】①一族・一門の中心となる家。②流派の家元。宗家。対分家・別家。③商店で、のれん分けをするときのもとの店。本店。例—から養子をむかえる。

【本▼卦▽還り】生まれた年の干支と同じ干支の年になること。満六十歳(=数え年で六十一歳)になること。還暦。表記「本▼卦帰り」とも書く。

【本件】今、問題にしている件。

【本源】ものごとの根本。もと。みなもと。

【本校】①中心になる学校。対分校。例—をたずねる。②この学校。自分の学校。当校。

【本国】ホンゴク ①その人の国籍コクセキのある国。例―に送還ソウカンされる。②生まれた国。祖国。母国。③本来の領土。〔植民地などに対していう〕例イギリス―。

【本腰】ホンごし 真剣シンケンかつ本格的に取り組もうとする心がまえ。まじめ。本気。例―を入れて勉強する。

【本妻】ホンサイ 正式のつま。正妻。対権妻ゴンサイ・内妻。

【本山】ホンザン ①〔仏〕一宗一派の寺院を支配する寺院。本寺。対末寺。②ものごとの中心になるものや人。もとじめ。③この寺。当山。

【本紙】ホンシ ①新聞などの本体をなす紙面。〔日曜版や号外などに対していう〕②この新聞。わが新聞。

【本旨】ホンシ もとからの目的。本来の趣旨シュ。例―に反する。

【本誌】ホンシ ①雑誌などの本体となる部分。〔別冊や付録などに対していう〕例付録を―にとじこむ。②この雑誌。

【本地】ホンジ 〔仏〕神の姿となってあらわれた仏の本来の姿。例仏陀ブッダは神明シンメイの―なり。

【本地垂▼迹】ホンジスイジャク 〔仏〕日本の神道シントウの神は、仏や菩薩ボサツが人々を救うために、姿をかりてこの世にあらわれたものであるという考え方。たとえば、八幡神ハチマンジンは阿弥陀如来アミダニョライが姿をかりたものとする。

【本字】ホンジ ①〔かな文字に対して〕漢字。②点や画を省略しない本来の形の漢字。対略字。

【本寺】ホンジ ①「本山①」に同じ。②この寺。当寺。

【本式】ホンシキ（名・形動ダ）本来正しいとされている形式や方法。正式。対略式。例―に習う。

【本試験】ホンシケン ほんとうの試験。〔予備試験・臨時試験・模擬モギ試験・追試験などに対していう〕

【本質】ホンシツ そのものの本体を形づくる性質・要素。それなしでは、そのものの存在が考えられないようなだいじな性質。例―的。問題の―にふれる。

【本日】ホンジツ きょう。この日。例―休診キュウシン。

【本社】ホンシャ ①会社の中心である事業所。対支社。例―勤務になる。②この会社。わが社。当社。③同じ神をまつる神社の中で、おおもとの神社。対末社・分社。例―の造営。④神体をまつる社殿シャデン。本殿。⑤この神社。

【本州】ホンシュウ 日本列島の中心となっている最も大きな島。〔北海道・九州・四国などに対していう〕

【本書】ホンショ この書物。この文書。

【本署】ホンショ ①中心となる警察署・消防署・税務署など。対分署・支署。②この署。当署。

【本性】ホンショウ―ホンセイ ①生まれつきの性質。例―をあらわす。②通常の落ちついているときの精神状態。本心。正気ショウキ。例―ホンショウを失う。

【本省】ホンショウ ①中央の最高官庁。〔管轄カンカツ下の役所に対していう〕例―から来た課長。②この省。

【本城】ホンジョウ ①領土内にある城のうちで中心となる城。根城ねじろ。対出城でじろ。②この城。当城。

【本色】ホンショク ①本来の色。もとの色。②生まれつきの性質。もともとの性質。

【本職】ホンショク ①ひとりでいくつかの職をこなす人の、おもな職業。対兼職ケンショク・内職。②専門家。くろうと。例修理を―にたのむ。

【本心】ホンシン ①本来の正しい心。良心。例―に立ち返る。②そこにあらわさなかったほんとうの気持ち。真意。例―を打ち明ける。

【本陣】ホンジン ①大将がいる陣営。本営。②江戸えど時代、宿駅で諸大名・勅使チョクシなどの貴人が宿泊シュクハクした宿やど。例脇わき―（＝本陣の予備の宿舎）。

【本数】ホンスウ 「本」をつけてかぞえるものの数。例当たりくじの―。

【本筋】ホンすじ ①本来の中心となる筋道。例話を―にもどす。②正当な筋道。正しい道理。例まちがえたらあやまるのが―だ。

【本籍】ホンセキ その人の戸籍コセキのあるところ。原籍。例―地。

【本説】ホンセツ ①根本となるべき説。根拠コンキョとなる確かな説。例―のない語源説。②この説。今、話題にしている説。

【本船】ホンセン ①主となる船。小さな船を従えている大きな船。もとぶね。親船。②この船。

【本線】ホンセン ①鉄道路線や電線などで中心となる主要な線。幹線。対支線。例東海道―。東北―。②自動車専用道路で通常の走行に利用される車線。例インターチェンジで―に合流する。③この線。当線。

【本選】ホンセン 予選のあとの、本格的で最終的な審査シンサ・選抜センバツ。対予選。例―まで残る。

【本然】ホンゼン―ホンネン もともとそうであること。生まれつき。天然。例―の姿。

【本膳】ホンゼン ①「本膳料理」の略。本膳・二の膳・三の膳からなる正式な日本料理。②「①」で、第一の膳。一の膳。

【本葬】ホンソウ 本式の葬儀ソウギ。対密葬。

【本草】ホンゾウ ①草と木。植物。②漢方薬としてあつかう植物・鉱物・動物をまとめていうことば。③「本草学」の略。

【本草学】ホンゾウガク 中国古来の薬物学・植物学。〔のちに博物学として発展した〕

【本則】ホンソク ①本来のきまり。原則。対変則。②法令の主体となる部分。対付則。③この規則。

【本尊】ホンゾン ①寺で本堂の中央に安置され、信仰シンコウの対象として最も重んじられている仏像。②ものごとの中心となる人や物。また、本人。当人。例ご―がまだあらわれない。

【本体】ホンタイ ①そのものの本質。ものごとの真相。実体。例教育の―。②付属するものを除いた中心となる部分。例機械の―と付属品。

【本隊】ホンタイ ①主力となる部隊。対支隊・分隊。例ヒマラヤ登山の―。②この隊。わが隊。

【本題】ホンダイ ①中心になる題目。主題。例話の―にはいる。②この問題。今、話題にしている問題。

【本宅】ホンタク 複数の家を住居に使用している場合、ふだん家族が住んでいる家。対別宅。

【本棚】ホンだな 本を並べておくたな。書棚。書架ショカ。

【本庁】ホンチョウ ①中央官庁。〔管轄カンカツ下の役所に対していう〕例―から担当者が来る。②この庁。当庁。

【本朝】ホンチョウ 日本人が自国の朝廷チョウテイをいうことば。また、わが国。日本。対異朝。例古く―に伝えられた経典キョウテン。

【本調子】ホンチョウシ ①三味線しゃみせんで、基本となる調子。②本来の調子が出ること。例ようやくからだのぐあいが―になってきた。

【本邸】ホンテイ 本宅。対別邸。

【本店】ホンテン ①営業の本拠ホンキョとなる店。対支店・分店。②この店。当店。

【本殿】ホンデン 神社で神霊シンレイをまつってある建物。正殿セイデン。

【本土】ホンド ①本国。例―政府。②国土の中で主となる部分。〔属国や島に対していう〕③本州。例―から北海道にわたる。

【本当】ホントウ（名・形動ダ）①真実。事実。例―の話。それが―ならたいへんだ。②正しいこと。筋が通っていること。例―なら、わたしが行くべきなのだが。③からだの調子などが正常であること。また、本来の状態であること。例退院したばかりでまだ―ではない。

【本島】(ホントウ) ①諸島・列島のうちで、中心になる島。例沖縄(おきなわ)―。②本州。③この島。

【本堂】(ホンドウ) 寺院で、本尊を安置する建物。

【本道】(ホンドウ) ①主要な地点を結んでいる中心となる街道(カイドウ)。㊟間道。例―をそれる。②正しいみち。正道。例教育の―。人としての―をふみはずす。③漢方で、内科。

【本人】(ホンニン) その人。当人。当事者。例―から直接話を聞く。

【本音】(ほんね) ①ほんとうの音色。②口に出さない本心。また、本心から出たことば。例―をはく。―とたてまえ。―を言わない。

【本能】(ホンノウ) 動物が生まれながらにもっている性質。行動様式や能力。例下等動物のように―のままに行動する。

【本場】(ほんば) ①本来の産地。よい品の主要な産地。例紬(つむぎ)の―。北海道はサケの―だ。②本式にものごとがおこなわれている場所。例―じこみの英語。

【本場所】(ほんバショ) 大相撲(おおずもう)の正式な興行。十五日ずつおこなわれ、一月の初場所・三月の春場所・五月の夏場所・七月の名古屋場所・九月の秋場所・十一月の九州場所の六場所がある。

【本番】(ホンバン) ①ラジオ・テレビ・映画・演劇・演奏会などで、テストやリハーサルではなく、実際に放送・撮影(サツエイ)・演技・演奏などをすること。②本格的であること。例夏―をむかえる。

【本表】(ホンピョウ) ①中心になる表。㊟付表。②この表。

【本部】(ホンブ) 組織の中で中心となる部署。全体の指揮や監督(カントク)をするところ。㊟支部。例捜査(ソウサ)―。

【本復】(ホンプク) (名・する) 病気がすっかり治ること。全快。例病気が―する。

【本舞台】(ホンブタイ) ①劇場で、花道(はなみち)などに対して正面の舞台。②本式におこなう晴れの場所。例―をふむ。

【本降り】(ホンぶり) 雨や雪が、しばらくはやみそうもないような勢いで降ること。例―になる。

【本分】(ホンブン) その立場にいる者としてつくすべき義務。例―をつくす。―にもとる。学生の―をわきまえる。

【本文】(ホンブン・ホンモン) ①本や文書の中の主とする文。〔解説・付録・序文・跋文(バツブン)などに対していう〕②解釈(カイシャク)や注の対象となっている、もとの文章。例―と注釈とを照らし合わせる。③ある表現のよりどころとなった、古書の文章。例―のある文章。

【本編】(ホンペン) ①本や文書の本体となる部分。正編。㊟続編。②この編。この文章。表記▽旧本▼篇

【本舗】(ホンポ) 特定の商品を製造・販売(ハンバイ)するおおもとの店。総本店。〔特約店・代理店などに対していう〕

【本邦】(ホンポウ) わが国。当国。例―初演のオペラ。

【本法】(ホンポウ) ①本体となる法律。②この法律。

【本俸】(ホンポウ) 手当などを加えない基本となる俸給(ホウキュウ)。本給。

【本末】(ホンマツ) ①もととすえ。重要なこととそうでないこと。例事の―をとりちがえている。②初めと終わり。

【本末転倒】(ホンマツテントウ) (名・する) 重要なこととそうでないこととが逆になっていること。例―もはなはだしい発言。表記旧本末▼顚倒

【本丸】(ホンまる) 城の中心になるところで、城主の居所。例―にせまる(=中心・核心(カクシン)に近づく)。

【本名】(ホンミョウ) ほんとうの名前。戸籍(コセキ)に登録されている名前。実名。〔芸名・ペンネーム・通り名・偽名(ギメイ)などに対していう〕

【本命】一(ホンミョウ) 生まれた年の干支(えと)。また、それにあたる星。二(ホンメイ) ①競馬・競走などで、一着になると予想される馬や選手。②最有力と見られている人。例かれが次期総理大臣の―だ。

【本務】(ホンム) ①主要な仕事。本来のつとめ。㊟兼務(ケンム)。例―に精を出す。②道徳上守るべきつとめ。

【本望】(ホンモウ) ①以前からかなえたいと思い続けてきたのぞみ。本懐(ホンカイ)。例―を果たす。②のぞみを達して満足すること。例これだけできれば―だ。

【本元】(ホンもと) ものごとのいちばんのもと。おおもと。例本家(ホンケ)―。

【本物】(ホンもの) ①ほんとうのもの。例―のダイヤ。②本格的なこと。また、技芸などの専門の人。くろうと。例かれの研究もやっと―になった。彼女(かのジョ)こそ―の声楽家だ。

【本来】(ホンライ) 一(副) もともと。もとから。元来(ガンライ)。例日本は―資源にとぼしい国だ。二(名) あたりまえ。通常。ふつう。例教育―の任務。

【本流】(ホンリュウ) ①川の主流。㊟支流。例―に流れこむ。②中心となる流派・グループ。例保守の―をとなえる政治家。③この流派。当流。

【本領】(ホンリョウ) ①本来の特色。持ち前。特質。例―を発揮する。②代々受けついで所有してきた領地。例―安堵(アンド)。

【本塁】(ホンルイ) ①野球で、捕手(ホシュ)が守り、打者が投手の投球を打つところ。ホームベース。ホームプレート。例―打(=ホームラン)。②本拠(ホンキョ)とするとりで。根城(ねじろ)。

【本鈴】(ホンレイ) 開演・開始などの合図に鳴らすベル。㊟予鈴。

【本暦】(ホンレキ) 基準となるこよみ。日の出・日の入り・満潮・干潮の時刻など、各月日に関係のある事項(ジコウ)がのせてある。

【本論】(ホンロン) ①議論・論文などの主要な部分。例―にはいる。②この論。当論。

【本割】(ほんわり) 大相撲(おおずもう)の本場所で、発表された取組表によっておこなわれる対戦。例―で決着がつかず、優勝決定戦にもちこまれる。

【本(もと)立(た)ちて道(みち)生(ショウ)ず】 根本が確立すれば、方法は自然と生じてくる。〔論語(ロンゴ)〕

●絵本(エホン)・生一本(キイッポン)・基本(キホン)・脚本(キャクホン)・古本(コホン|ふるホン)・根本(コンポン)・資本(シホン)・抄本(ショウホン)・台本(ダイホン)・手本(てホン)・謄本(トウホン)・読本(トクホン|よみホン)・日本(ニッポン|ニホン)・旗本(はたもと)・標本(ヒョウホン)

木 1 【末】 5画 4386 672B 教育4 音バツ漢 マツ呉 訓すえ

筆順 一 二 キ 末 末

なりたち 【会意】「木(=き)」と「一(=上)」とから成る。木の上の部分。

意味 ❶ものごとのはしの部分。こずえ。すえ。㊟本(ホン)。例末梢(マッショウ)。末端(マッタン)。本末(ホンマツ)。❷ひと続きのものの終わりの部分。㊟始(シ)。例末期(マッキ)。末尾(マツビ)。期末(キマツ)。❸主要でないこと。つまらぬもの。下位。例瑣末(サマツ)。枝葉末節(シヨウマッセツ)。❹細かくくだいたもの。こな。くず。例粉末(フンマツ)。

日本語での用法《ま》「ま」の音をあらわす万葉がな。「末那板(まないた)・末那箸(まなばし)(=料理用の長いはし)」

難読 末摘花(すえつむはな)(=ベニバナの別名)・末濃(すそご)

人名 こずえ・とめ・とも・ひで・ひろし・ほず

【末末】(すえずえ) ①行くすえ。将来。例―のことを考える。②子孫。例―まで伝える。③身分の低い人々。しもじも。例―の者。

【末広】(すえひろ) ①すえのほうがしだいに広がっていること。すえひろがり。例―で縁起(エンギ)がよい。②扇子(センス)のこと。すえひろがり。〔お祝いの席などで使うことば〕③しだいに栄えていくこと。すえひろがり。

【末▼裔】(マツエイ) 〔「バツエイ」とも〕子孫。末孫。後裔(コウエイ)。例清和源氏(セイワゲンジ)の―。

【末期】マツゴ ㊀マッキ ものごとの終わりの時期。(対)初期。例—的な様相。江戸の—。㊁マツゴ 人が、まさに息をひきとるとき。死にぎわ。臨終。例—の水(=人が死ぬときに口にふくませる水)をとる。
【末座】マツザ 地位の低いほうの人がすわる席。しもざ。末席。例—につらなる。
【末子】マッシ 〔「バッシ」とも〕すえの子。すえっこ。(対)長子。
【末寺】マツジ 本山の支配下にある寺。(対)本山。
【末日】マツジツ ある期間の最後の日。最終日。例代金のしはらいは三月—までです。
【末社】マッシャ 本社に付属する小さい神社。(対)本社。
【末▼梢】マッショウ ①枝の先。こずえ。②もののはし。もののすえ。例—的(=問題の中心からはずれていて重要でないようす)。
【末世】マッセ|マッセイ ①道義のすたれた時代。道徳のおとろえた時代。②〔仏〕仏教の教えがおとろえた世。末法の世。
【末席】マッセキ 〔「バッセキ」とも〕地位の低いほうの人がすわる席。末座。しもざ。(対)上席。例—をけがす(=参加・同席することの光栄さを示す言い方)。
【末節】マッセツ 本筋からはなれていて、あまり重要ではないこと。つまらないことがら。例枝葉—にこだわる。
【末代】マツダイ ①末世。末期。②人が死んだあとのこの世。また、死んでからなん代もへた先の世。のちの世。例—までのはじ。
【末端】マッタン ①さき。はし。②組織などで、中心から最も遠い部分。例—価格。—組織。組合の—。
【末弟】マッテイ 〔「バッテイ」とも〕きょうだいの中でいちばん下の者。最年少のおとうと。(対)長兄。
【末年】マツネン ①(ある時代などの)終わりのほうのとし。晩年。(対)初年。例明治—。②すえの世。後世。
【末輩】マッパイ ①地位や技術が下の人。例—に先をこされる。②自分をけんそんしていうことば。
【末尾】マツビ 文章・番号・列など、ひと続きになっているものの最後の部分。おしまい。おわり。例手紙の—。
【末筆】マッピツ 〔多く「末筆ながら…」の形で〕手紙などで終わりに書くことば。例—ながら奥さまによろしくお伝えください。
【末文】マツブン ①手紙文の最後をしめくくる部分や文。たとえば、「まずはお知らせまで」「まずは右御礼まで」の類。〔手紙を書いた理由を短くまとめた文や形式的なあいさつのことばから成る〕②文章の終わりの部分。
【末法】マッポウ 〔仏〕正法・像法・末法の第三の時代。釈迦の死後一千年(二千年とも)以後の一万年間。仏の教法が残るだけで修行する者もさとりを得る者もいない時代という。日本では二千年説をとり、一〇五二年から末法の世になると信じられた。(対)正法・像法。例—思想。
【末葉】マツヨウ 〔「バツヨウ」とも〕①ある時代の終わりごろ。末期。例十八世紀—。②子孫。末裔。例旧領主の—を名のる。③草木の先にある葉。すえば。うらば。
【末流】マツリュウ 〔「バツリュウ」とも〕①川の下流。②子孫。血すじのすえ。例真田家の—。③本流から分かれた流派。すえの流派。例世尊寺(=書道の一流)の—。④つまらない流派。⑤すえの世。末世。
【末路】マツロ ①さかんだったものがおちぶれた、すえ。なれの果て。例平家一門の—。②一生のうちの最後。晩年。例痛ましい—。
●巻末・期末・結末・月末・歳末・始末・終末・週末・粗末・端末・年末・幕末・場末・粉末・文末・本末

木 1

【未】

5画 4404 672A 教育4 音 ビ漢 ミ呉 訓 いま-だ・ひつじ・ま-だ

筆順 一 二 キ 才 未

なりたち 〔象形〕木が枝葉をしげらせた形。

意味 ❶十二支の八番目。方位では南南西、時刻では午後二時、およびその前後の二時間。月では陰暦の六月。動物ではヒツジにあてる。ひつじ。❷〔助字〕「いまだ…ず」と読む再読文字。まだ…でない、の意。ものごとがまだ実現していないことを示す。(対)既。例未レ読(=まだ読んでいない)。未知(「いまだしらず」と訓読する)。未成年。

難読 未通女・朝未

人名 いま・いや

【▽未央】ビオウ 「未央宮」の略。漢の高祖が長安に造った宮殿。例太液の芙蓉—の柳。(白居易・長恨歌) 参考 古くから、漢音で「ビョウ」と発音していた。
【未開】ミカイ ①まだ文明がひらけていないこと。原始的な社会の状態。例—社会。—人。②まだ利用・研究・調査などがおよんでいないこと。例—の土地。—の原野。—の領域。
【未解決】ミカイケツ (名・形動) まだ解決されていないこと。例—の問題。—のまま迷宮入り。
【未開拓】ミカイタク (名・形動) まだ開拓されていないこと。例—の荒野。—の学問分野。
【未確認】ミカクニン まだ確認されていないこと。例—飛行物体(=UFO)。—情報。
【未刊】ミカン (刊行の予定があるが)まだ刊行されていないこと。(対)既刊。例予告だけで—のもの。
【未完】ミカン まだ完成・完了・完結していないこと。例—の大器。—の作品。
【未完成】ミカンセイ (名・形動) まだ完成していないこと。例—交響曲(=シューベルトの作曲、第二楽章までのもの)。
【未経験】ミケイケン まだ経験していないこと。例—者。
【未決】ミケツ ①まだ評決・表決などがおこなわれていないこと。②〔法〕刑事事件で、有罪か無罪かまだ決まらない状態。例—囚。▽(対)既決。
【未見】ミケン ①まだ見ていないこと。例—の資料。②まだ会っていないこと。例—の友。
【未婚】ミコン まだ結婚していないこと。(対)既婚。
【未済】ミサイ ①ものごとの処理がまだすんでいないこと。例—事件。—事項。②納めるべき金銭・借金などをまだ納めていないこと。例—金額。▽(対)既済。
【未習】ミシュウ まだ習ったことがないこと。(対)既習。
【未熟】ミジュク (名・形動) ①穀物や果物などの実がまだ熟していないこと。②動物がまだじゅうぶんに成育していないこと。例—な肢体。③学問・技術・芸道などで、まだ一人前ではないこと。例—者。—な技術。
【未熟児】ミジュクジ 母親のおなかの中でじゅうぶん発育しないうちに生まれた赤んぼう。
【未詳】ミショウ (名・形動) まだ明らかになっていないこと。まだくわしくはわからないこと。例作者—。氏名—。
【未遂】ミスイ (犯罪・悪事で)計画を実行したが目的を果たせずに終わったこと。(対)既遂。例殺人—。
【未成年】ミセイネン まだ成年になっていないこと。また、その人。(対)成年。例—者の飲酒は肉体や精神に害がある。
【未然】ミゼン まだ事が起こらない状態にあること。まだそうならないうち。例事故を—に防ぐ。
【未然形】ミゼンケイ 文法で、活用語(=動詞・形容詞・形容動詞・助動詞)の活用形の一つ。口語ではこの形の下に、打ち消し・受け身・推量・使役などをあらわす助動詞「ない」「れる」「られる」「う」「よう」「せる」「させる」をつけて使う。たとえば「見る」の未然形は「見」、「読む」の未然形は「読ま・読も」。

【未曽有】(未だ曽て有らずの意)これまでに起きたことのないこと。空前。例—の大災害。

【未知】まだ知らないこと。また、まだ知られていないこと。対既知。例—の世界。

【未知数】①〔数〕方程式で値のわかっていない数。x、yなどの文字であらわす。対既知数。②将来どうなるか予測しにくいこと。例かれの力は—である。

【未着】送ったものがまだ着かないこと。例—の荷物。

【未定】まだ決まっていないこと。対既定・決定。例—稿(=まだ仕上がっていない原稿)。期日—。

【未到】まだだれも行きついていないこと。まだだれもきわめていないこと。例前人—の境地。

【未踏】まだだれも足をふみ入れていないこと。まだ人が立ち入ったことがないこと。例—峰。人跡—の秘境。

【未読】まだ読んでいないこと。例—の書物を手にとる。

【未納】納めるべき金銭や物品を、期限を過ぎても納めていないこと。例会費—。

【未分化】まだ分かれて発達・発展するまでにいたっていないこと。例社会保障制度の—による不公平。

【未亡人】〔「ビボウジン」とも。本来は、夫をなくした妻がまだ生き残っている自分をいうことば〕夫に死なれてひとりでいる女性。例—が喪主をおつとめになる。

【未満】基準の数値に達しないこと。例百円—は切り捨て。十八歳—は入場おことわり。

【未明】夜がまだすっかり明けていないころ。夜明け前。類払暁。例本日—に亡くなった。

【未聞】まだ聞いたことがないこと。例前代—の怪事件。

【未来】①現在のあとに来る時。これから先。対現在・過去。例—都市。②〔仏〕三世の一つ。死後の世。未来世。来世。類後世。

【未来永▼劫】これから先、永久に。未来永久にわたること。例—完成する日は来ない。

【未了】事件や問題の処理がまだ終わっていないこと。対完了。例審議—。

〔木部〕2画 ● 杁 机 朽 朿 朱

【未練】(名・形動ナ)①あきらめきれない気持ち。心が残って、きっぱりと思い切れないこと。例—がましい。—を残す。②まだ熟練していないこと。未熟。例技も心も—。

木 2 **【杁】** 6画 5921 6741 国字 訓いり

参考「朳」は別の字だが、「杁」と書かれることがある。

意味 地名に用いられる字。例小杁・杵杁(=ともに愛知県の地名)。

木 2 **【机】** 6画 2089 673A 教育6 音キ漢呉 訓つくえ

筆順 一 十 才 木 机 机

なりたち [象形]本字は「几」で、脚のついた台の形。ひじかけ。つくえ。

意味 読書や勉強のための台。つくえ。

【机案】〔「案」も、つくえの意〕つくえ。例—に書物をのせておく。

【机下】手紙のわき付け(=あて名の左下に書いて敬意をあらわすことば)に使うことば。お机の下に差し上げます、の意。類案下・玉案下。

【机上の空論】実際には役に立たない考えや計画。

●経机・書机・文机・明窓浄机・脇机

木 2 **【朽】** 6画 2164 673D 常用 音キュウ漢 ク呉 訓く-ちる

筆順 一 十 才 木 朽 朽

歹 2 **【歽】** 6画 3C59 本字

なりたち [形声]「歹(=ほね)」と、音「丂コウ→キュウ」とから成る。くさる。

意味 ❶木がくさる。くちる。例朽木。❷おとろえる。例老朽。❸だめになる。すたれる。例不朽。

【朽木】くさった木。くちき。例—は彫るべからず。

【朽木▼糞▼牆】〔くさった木には彫刻できず、ぼろぼろになった土塀はぬりなおすことができない、の意〕くさった精神をもつ人には手のほどこしようがない、なまけ者には教えようのないことのたとえ。〈論語〉

【朽ち葉】かれた落ち葉。また、落ち葉のくさったもの。例—色(=赤みのある黄色)。

●不朽・腐朽・老朽

木 2 **【朿】** 6画 5919 673F 音シ漢 訓はり

意味 木のとげ。草木の、のぎ。同刺。

木 2 **【朱】** 6画 2875 6731 常用 音ス慣 シュ漢呉 訓あか・い・あか・あけ

筆順 ノ ㇐ 二 牛 朱 朱

なりたち [指事]「朩(=木)」の中心に「一(=赤いしるし)」がある。松など幹の中心部分が赤い木。派生して「赤い」の意。

意味 ❶黄色をおびた赤。また、その顔料。赤。あけ。例朱印・朱肉。朱に染まる(=真っ赤になる。血に染まる)。❷正色(=純粋な色)としての赤。方角は南、季節は夏にあてる。例朱夏・朱雀。

日本語での用法《シュ》江戸時代の貨幣の単位。一両の十六分の一。「一朱銀」

難読 朱鷺・朱実

人名 あけみ・あや

【朱印】①朱肉でおした印。朱色の印。②室町時代から江戸時代に、武家が出す公文書におした印。また、その公文書。御朱印。例—状。—船。

【朱夏】夏。〔四季について、青春・白秋・玄冬とならべていう〕

【朱▼熹】南宋の儒学者。朱子学を大成した。尊んで朱子・朱文公と呼ばれる。(一一三〇—一二〇〇)

【朱子学】中国の宋代に朱熹(=朱子)によって大成された儒学の一学派。人は天理(=宇宙に存在する形に見えない道理)に従って生きるべきで、そのためには欲望を捨てて身をつつしみ、万物の道理を一つずつきわめて宇宙の真相全体がわかるようになるまで学問にはげむよう説く。日本には鎌倉時代の初めに伝えられ、江戸時代には幕府の官学となった。

【朱儒】シュジュ ⇩【侏儒】シュジュ（75ページ）

【朱書】シュショ（名・する）朱で書くこと。また、朱で書いたもの。しゅがき。例句読点を―する。

【朱泥】シュデイ 赤茶色の焼き物。また、それを作るための土。例―の急須。

【朱肉】シュニク 朱色の印肉。

【朱に交われば赤くなる】人は、つきあう相手や環境によって、よくも悪くもなる。

【朱塗り】シュぬり 朱色にぬること。また、朱色にぬったもの。例―の鳥居。―の盆。

【朱筆】シュヒツ 朱色の墨をふくませた筆。書き入れや校訂をするのに用いる。例―を入れる（＝文章をなおす）。

【▽朱▼雀】スザク［「シュジャク」「スジャク」とも］漢代のころ東西南北の四方に配した神の一つ。南方を守る。［青竜（＝東）・白虎（＝西）・玄武（＝北）とならべていう］

木 2 【朵】 6画 5920 6736 音ダ慣 タ漢 訓えだ

意味 ❶（木の枝が）たれさがる。しだれる。例朵雲。耳朵（＝みみたぶ）。❷たれさがった木の枝。また、花のついた枝。例一朵の花。万朵の桜。

【朵雲】ダウン ①たれこめる雲。②相手からもらった手紙をうやまっていうことば。［唐の韋陟が手紙に署名した「陟」の字が、たれこめる五色の雲のようであったということから］

木 2 【朷】 6画 5923 6737 音トウ漢

意味 ❶木の名。❷木の芯。

木 2 【朴】 6画 4349 6734 常用 音ボク慣 ハク漢 訓ほお

筆順 一 十 才 木 朴 朴

なりたち ［形声］「木（＝き）」と、音「卜ホク→ハク」とから成る。木の皮。

意味 ❶木の皮。例桑朴。❷ニレ科の落葉高木。エノキなど。また、ホオノキの近縁種。❸かざりけがない。同樸。例質朴。素朴。

日本語での用法《ほお》モクレン科の落葉高木。ホオノキ。材はやわらかく、くるいが少ないので、器具・家具・版木・げたの歯などに用い、葉は食物を包むのに用いる。日本特産。「朴の木・朴歯」

人名 すなお・なお

【朴直】ボクチョク（名・形動ダ）かざりけがなく正直なこと。例―な人となり。表記「▼樸直」とも書く。

【朴▼訥】ボクトツ（名・形動ダ）かざりけがなく口べたなこと。例―で誠意ある人。表記「木▼訥・▼樸▼訥」とも書く。

【朴念仁】ボクネンジン ①口べたで無愛想な人。②人の気持ちや道理のわからない人。気のきかない男。例女性の気持ちなどわからない―。

●質朴・純朴・素朴

木 2 【朸】 6画 5922 6738 音リョク漢 訓おうご

意味 ❶もくめ。❷［「棘」に通じて］いばら。かど。

日本語での用法《おうご》ものをになう棒。てんびんぼう。おうこ。参考「枴（＝つえ）」と混同して用いる。

木 3 【杆】 7画 5924 6746 音カン漢 訓はたざお・まゆみ

意味 ❶クワ科の落葉高木。ヤマグワ。❷細長い棒。さお。同桿。例旗杆（＝はたざお）。❸（てごろな長さの）木ぎれ。同桿。例筆杆（＝筆の軸）。

木 3 【杞】 7画 5925 675E 音キ漢 コ呉

意味 ❶ナス科の落葉低木。枸杞。果実・根・葉を薬用にする。❷ヤナギの一種。コリヤナギ。若い枝で行李などを編む。例杞柳。❸良材とされる木。ヒイラギなど。例杞梓。❹周代の国の名。例杞憂。

【杞憂】キユウ とりこし苦労。

故事のはなし 昔、杞の国に、天地がくずれてきたらどこにも行き場がなくなる、どうしよう、と心配して、食事ものどを通らなくなってしまった人がいた。また、その人が心配していることを気の毒に思う人がいて、「天は、空気が積み重なったものだし、地は、土の塊にすぎない。どちらもこの宇宙に満ち満ちているものだから、くずれる心配はないよ」と教えてやった。すると、心配していた人はわけがわかって大いに喜んだ。〈列子〉

木 3 【杏】 7画 1641 674F 人名 音コウ漢 キョウ呉 アン唐 訓あんず

なりたち ［形声］「木（＝き）」と、音「向」の省略体とから成る。アンズの木。

意味 ❶バラ科の落葉高木。アンズ。中国原産。果実はウメに似てあまずっぱく食用になる。種子の中の仁は薬用、また、食用。カラモモ。❷「銀杏」は、イチョウの実。

【杏▽仁】キョウニン アンニン アンズの種（の中にある肉）。漢方で、せき止め・胃痛止めなどの薬として使う。例―水。

【杏林】キョウリン ①アンズの木の林。②「医者」をほめていうことば。［三国時代の呉の仙人董奉が、患者から治療代を受け取る代わりにアンズを植えさせたところ、数年後には林となって、アンズの実で財をなし、多くの貧乏人を救ったという話による］〈神仙伝〉

木 3 【杠】 7画 5926 6760 音コウ漢 訓はたざお・ゆずりは

意味 ❶寝台の前の横木。❷はたざお。❸小さな橋。

日本語での用法 一《ちぎ・ちきり》大きなさおばかり。「杠秤・杠」 二《ゆずりは》ユズリハ科の常緑高木。新しい葉が出ると古い葉が落ちることから「譲り葉」といい、縁起物として正月のかざりにする。

木 3 【材】 7画 2664 6750 教育4 音サイ漢 ザイ呉

筆順 一 十 才 木 村 村 材

なりたち ［形声］「木（＝き）」と、音「才イ→サイ」とから成る。いろいろな用途のある木。

意味 ❶家や家具を作るために切り出した木。例材木。角材。❷品物をつくるもとになるもの。役に立つもの。例材料。教材。題材。❸すぐれた能力のある人。うでまえ。同才。例逸材。人材。

人名 えだ・き・たね・もと・もとき・もとし

【材幹】「サイカン」とも ①うでまえ。はたらき。才幹。例将来のある―のもちぬし。②材木。

【材質】①材木の性質。例―のかたい木。②加工や製作に使う材料の性質。例この彫像の―は銅だ。

【材木】建築や器具などの材料にする木。角材・板材など。丸太もふくむ。例―屋。

【材料】①加工してものを作るのに使う、もとのもの。例建築の―。②研究や調査で取りあつかう資料。例研究―を集める。

●偉材・逸材・画材・器材・機材・教材・具材・建材・資材・取材・食材・人材・製材・素材・題材・適材・鉄材・廃材・木材

木3 【杓】7画 2861 6753 音 一シャク漢 二ヒョウ漢 訓 ひしゃく

木3 【杓】7画 俗字

意味 一 ひしゃく。例杓子。二 ❶ひしゃくの柄。❷北斗七星の柄の部分にあたる三つの星。

【杓子】飯をよそったり汁物をすくったりする道具。しゃもじ。例金―。貝―。

【杓子定規】(名・形動ナ)(曲がっているしゃもじの柄を定規にするように)ほかには通用しない基準や規則で判断しようとするやり方。融通がきかない態度や方法のたとえ。例―なやり方。

木3 【条】7画 3082 6761 教育5 音 チョウ漢 ジョウ呉 訓 すじ

筆順 ノ ク 夂 冬 夆 条 条

木7 【條】11画 5974 689D 人名

なりたち [形声]「木(=き)」と、音「攸ユウ→チョウ」とから成る。小枝。

[木部] 3画 杓条杖杉束

意味 ❶木の小枝。えだ。例枝条。柳条。❷すじみち。すじ。例条理。線条。❸ひとくだりずつ書いた文。くだり。例条文。箇条。❹細長くのびる。のびやか。❺細長いものを数えることば。また、条文などを数えることば。例一条の光。十七条憲法。

日本語での用法《ジョウ》よって。ゆえに。…けれども。…が。候文に用いる順接または逆接のことば。「右の通り申し上げ候条…とは言い条」

人名 え・えだ・なが・みち

【条規】条文(=箇条書き)にした規則。

【条件】あることが成り立つため、または発生するために、まず満たされていなければならないことがら。例―が厳しい。

【条項】法律・規則・契約などの、箇条書きにした一つ一つの文や項目。〔大きくまとめて「条」とし、条の中に分かれてあるものを「項」という〕例新しい―を加える。

【条虫】寄生虫の一つ。人間の腸に寄生する。サナダムシ。平たく多くの節があり、数メートルにもなる。表記「▼絛虫」とも書く。

【条幅】画仙紙の全紙を縦に半分に切って、それを掛け軸に仕立てたもの。

【条文】箇条書きの文。〔法律・規則や条約・規約などの文の書き方〕

【条目】①箇条書きの項目。また、その文書。例―ごとに審議する。②法令。規則。また、その文書。

【条約】①箇条書きにした約束。②国どうし、または国と国際機構のあいだで、たがいに守るべき約束を文書で取り決めたもの。また、その条文。例―を締結する。

【条理】ものごとの道理。自然で、正しいすじみち。例―が立つ。―があり、人情を心得た処置。

【条例】都道府県市町村など地方公共団体が定める法規。

●箇条・教条・索条・信条・逐条

木3 【杖】7画 3083 6756 人名 音 チョウ漢 ジョウ呉 訓 つえ

意味 ❶手に持って歩行を助ける道具。つえ。例錫杖。❷つえをつく。たよる。例杖剣(=ひとふりの剣にたよる)。❸(刑罰の道具としての)こん棒。また、五刑(=笞・杖・徒・流・死)の一つ。こん棒で打ちすえる刑罰。

人名 き・もち

木3 【杉】7画 3189 6749 常用 音 サン漢 訓 すぎ

筆順 一 十 才 木 朩 杉 杉

なりたち [形声]「木(=き)」と、音「彡シン」とから成る。スギの木。

意味 スギ科の常緑針葉樹。スギ。幹はまっすぐにのび大木になる。材は良質でかおりがよく、建築・家具・器具など広く利用される。

木3 【束】7画 3411 675F 教育4 音 ソク漢呉 訓 たば・たば-ねる・つか・つか-ねる

筆順 一 一 ロ 口 申 束 束

なりたち [会意]「口(=めぐらせる)」と「木(=き)」とから成る。しばる。たばねる。

意味 ❶しばってひとまとめにする。たばねる。つかねる。例束縛。束髪。結束。❷ひとまとめにしたもの。また、たばねたものを数えることば。例薪一束。二束三文。

日本語での用法《つか》本の厚み。「束を出す・束が無い」

難読 束子

人名 き・さと・つかぬ・つかね

【束▼脩】〔「脩」は、干し肉〕①入門のときに納めるお金や品物。入門料。〔古代中国で、入門するときに、たばねた干し肉を先生に差し出したことによる〕例―の礼をとる。②けいこごとの月謝。

【束帯】平安時代以後、天皇以下諸官の正式の服装。例衣冠―。

【束縛】(名・する)①しばること。例手足を―する。②制限を加えて自由にさせないこと。例時間に―される。

【束髪】①中国古代の風俗で、男子が成年になってはじめて髪を結い、冠をかぶること。②明治から昭和初期まで流行した、女性の西洋風の髪型。③髪をたばねて結うこと。

【▽束の間】わずかのあいだ。例―の喜び。

●結束・札束・収束・装束・約束

木3 【杣】 7画 5928 6763 国字 訓 そま

意味 ❶木材をとるための山。そま。例 杣山。❷木材を切り出す人。そま。例 杣人。❸杣山から切り出した木。そま。例 杣木。吉野の杣。

木3 【村】 7画 3428 6751 教育1 音 ソン 漢呉 訓 むら

筆順 一 十 才 木 村 村 村

阝4 【邨】 7画 *7823 *90A8 本字

なりたち [会意]「阝(=むら)」と「屯(=あつまる)」とから成る。人があつまるところ。むら。

意味 ❶人が集団をつくって生活する単位の一つ。むら。例 村落。漁村。農村。❷いなか(風)の。ひなびた。例 村夫子。

人名 さと・すえ・つね

【村会】①「村議会」の昔の言い方。②「村議会」の略。例 ―議員。

【村議会】村の住民が選んだ議員が出席して、村の政治に関する意思を決める議決機関。

【村道】①村の中の道。②地方公共団体としての村が、費用を出して建設し管理する道路。

【村夫子】[「ソンフウシ」とも] ①いなかの学者。地方の学者をけいべつしていうことば。例 一介の―にすぎない。②中央では知られないが、せまい地方の人々の尊敬を集めている学徳のある人。例 ―然とした風貌。

【村落】村で、人家が集まっているところ。むらざと。例 小さな―が散らばっている。

【村里】村の、人家の集まったところ。例 ―からはなれた一軒家。

【村立】地方公共団体としての村がつくり、維持・管理するもの。例 ―小学校。

【村雨】一時に強く降ってすぐやむ雨。通り雨。にわか雨。類 驟雨。表記「▼叢雨」とも書く。

【村時雨】降ってはやみ、やんでは降る時雨。ひとしきり降ってやむ時雨。表記「▼叢時雨」とも書く。

【村八分】①村のおきてを破った人とその家族に対して、村全体でおこなう私的制裁。葬式と火事のときを除いて、いっさいつきあわないというもの。②仲間はずれにすること。例 ―にあう。―を受ける。

●寒村・漁村・山村・農村・無医村

木3 【杜】 7画 3746 675C 人名 音 ト 漢 ズ 呉 訓 もり

なりたち [形声]「木(=き)」と、音「土ト」とから成る。ヤマナシの木。

意味 ❶バラ科の落葉高木。ヤマナシ。山野に自生。果実はナシに似るが小さい。❷とざす。ふさぐ。例 杜絶。杜門。❸姓の一つ。例 杜甫。杜牧。

日本語での用法《もり》木々の生いしげっているところ。森。とくに神の降りてくるところ。「神宮の杜・鎮守の杜」

【杜若】アヤメ科の多年草。水辺や湿地に生え、初夏にむらさきや白の花がさく。表記「▼燕▽子▽花」とも書く。

【杜▼撰】(名・形動ナ) ①書いたものに誤りが多いこと。〔宋の杜黙が、よく規則にはずれた詩を作ったことによる〕②手落ち、手ぬきの多いこと。例 ―な仕事。

【杜氏】酒を造る職人。例 越後の―。丹波の―。

【杜▼鵑】カッコウ科の鳥。初夏にするどい声で鳴くが、その鳴き声は「テッペンカケタカ」と聞こえるといわれる。卵をウグイスの巣に産み自分では育てない。

【杜絶】(名・する) 続いていたものが切れてしまうこと。例 道路交通が―する。表記 現途絶

【杜▼甫】唐代の詩人。字は子美、号は少陵。中国を代表する大詩人で、詩聖と呼ばれる。また、李白とともに「李杜」といわれる。(七一二―七七〇)

【杜牧】唐代の詩人。字は牧之。杜甫(=「老杜」)に対して「小杜」といわれる。(八〇三―八五二)

木3 【杤】 7画 5929 6764 国字 訓 とち

意味 トチノキ。〔主に、人名・地名に用いる〕→【栃】(523ページ)

参考 一説に、十(=と)と千(=ち)をかけて「万」になるところから、「万」を「とち」と読み、「木」をつけて「トチノキ」の意とした。

木3 【杢】 7画 4461 6762 国字 訓 もく

意味 材木で家などを建てる職人。だいく。こだくみ(木匠)。もく。多く、人名・地名に用いられる。

木3 【杙】 7画 5927 6759 音 ヨク 漢 訓 くい

意味 ❶果樹の名。ザクロの一種。❷家畜などをつなぎとめるための棒。くい。

木3 【来】 7画 4572 6765 教育2 音 ライ 漢呉 訓 く-る・きた-る・きた-す

筆順 一 丆 ㄇ 立 平 来 来

人6 【來】 8画 4852 4F86 人名

なりたち [象形]ムギの形。天からもたらされた穀物。ムギ。派生して「もたらされる」「くる」の意。

意味 ❶向こうからこちらに近づく。こちらにいたる。くる。例 往来。飛来。❷ものごとが起こる。ものごとを起こさせる。まねく。きたす。例 招来。由来。❸現在の次にくる(時の区切り)。きたる。例 来月。来春。来年。❹そのときから。ある時代から現在まで。このかた。例 以来。古来。従来。❺[助字]文末について、語調をととのえる。訓読では読まない。例 帰去来兮(=さあ帰ろう)。〈陶潜・帰去来辞〉

難読 来栖(=姓)・根来(=姓・地名)・去来

人名 いたる・き・く・こ・な

【来る者は拒まず去る者は追わず】自分をたよりにしてくる者を受け入れ、自分のもとをはなれる者を引きとめない。人のえりごのみをしないたとえ。〈孟子〉

【来意】①訪問した理由や目的。例 ―を告げる。②手紙に書いてよこした気持ち。言ってきた用事の趣旨。例 ご―を承諾します。

【来往】(名・する) 行ったり来たりすること。行き来。往来。例 船舶の―が激しい。

【来賀】(名・する) 祝うために、人が来ること。例 わざわざの―、恐縮のいたり。

【来▼駕】ライガ（名・する）〔かごに乗って来る意〕人が来ることをうやまった言い方。例ぜひ、ご―くだされたく。

【来館】ライカン（名・する）映画館・図書館・美術館その他、館と名のつく施設に来ること。例―者。

【来期】ライキ 現在の次の期。次期。対先期・前期・今期。

【来客】ライキャク｜ライカク 訪ねてくる客。例ただいま―中です。

【来月】ライゲツ 今月の次の月。翌月。対先月。

【来光】ライコウ 高い山の上でむかえる日の出。来迎。〔しばしば「御来光」という〕

【来航】ライコウ（名・する）外国から海をわたってくること。例黒船―。

【来貢】ライコウ（名・する）外国から使者が来て貢ぎ物を献上すること。

【来▼寇】ライコウ（名・する）外国の敵がせめてくること。外国からの侵略。

【来▽迎】ライゴウ ①〔仏〕人が死ぬときに阿弥陀仏や菩薩が極楽浄土からむかえにくること。例―図。②高い山の上でむかえる日の出。例元旦のご―を拝む。

【来日】ライジツ 一（名）①明日。②将来の日。後日。二ライニチ（名・する）外国人が日本へ来ること。来朝。対離日。

【来社】ライシャ（名・する）会社などに、外から訪ねてくること。例明日ご―ください。

【来者】ライシャ ①自分よりあとに生まれる者。②自分をしたってくる者。③将来。未来。

【来週】ライシュウ 今週の次の週。次週。対先週。

【来襲】ライシュウ（名・する）敵がおそってくること。例敵機―。

【来春】ライシュン｜ライはる ①次に来る春。来年の春。例―卒業する。②来年の正月。類明春。

【来書】ライショ よそから来る手紙。来信。

【来場】ライジョウ（名・する）場所や会場に来ること。例ご―の皆様。

【来診】ライシン（名・する）①医者が患者の家に行って診察すること。〔患者の側から頼むときのことば〕例―を頼む。②患者が医者のもとに行って診察を受けること。〔医者の側からいうことば〕例―の方はここにカードを入れてください。

【来世】ライセ｜ライセイ ①〔仏〕三世の一つ。死後、次に生まれ変わるという世。後世。対前世・現世。例―を願う。②次の時代。

【来孫】ライソン 自分から五代目の孫。玄孫の子。


【来宅】ライタク（名・する）（客が）自分の家に来ること。例あす午後―されたし。

【来談】ライダン（名・する）用件を話しに来ること。来て話をすること。例―を待つ。

【来朝】ライチョウ（名・する）①外国人が日本へ来ること。類来日。②昔の中国で、諸侯が天子の朝廷へ来ること。

【来店】ライテン（名・する）店に来ること。

【来任】ライニン（名・する）任務につくために任地に来ること。例日本駐在米国大使の―。

【来年】ライネン 今年の次の年。類明年。対去年・昨年。例―のことを言うと鬼が笑う（＝明日のことさえわからないのだから遠い先のことはもっとわからない）。

【来賓】ライヒン 招待されて来た客。来客をうやまっていうことば。例―席。―の祝辞。

【来復】ライフク（名・する）去ったものが、またもどってくること。例一陽―。

【来訪】ライホウ（名・する）人がたずねてくること。

【来報】ライホウ 知らせてくること。また、その知らせ。例現地からの―を待つ。

【来遊】ライユウ（名・する）遊びにくること。例ご―を待つ。

【来臨】ライリン（名・する）人がある場所に出向くことを、その人をうやまっていうことば。おでまし。おいで。例―の栄に浴す。

【来歴】ライレキ あることがらがどのように経過したかということ。類由来。例故事―。―を記した文書。
●以来・往来・外来・元来・旧来・去来・家来・古来・再来・在来・襲来・従来・将来・生来・伝来・到来・渡来・如来・年来・舶来・本来・未来・由来

木 3【李】7画 4591 674E 人名 音リ漢呉 訓すもも

なりたち ［形声］「木（＝き）」と、音「子シ→リ」とから成る。スモモの木。

意味 ❶バラ科の落葉高木。スモモ。中国原産。早春、白い花をつける。果実は赤むらさき色または黄色に熟し、あまずっぱく食用にする。例桃李。❷姓の一つ。例李白。

人名 もも

【李下に冠を正さず】スモモの木の下では、実をぬすむのかと疑われないために、かぶっている冠が曲がっていても直さない。人に疑われる行動をつつしめ、という教え。〔「瓜田に履を納れず」に続く対の句〕（楽府詩集）→【瓜田に履を納れず】（898ページ）
【李白】リハク 唐代の詩人。字は太白、号は青蓮居士。中国を代表する大詩人で、杜甫とともに「李杜」といわれる。（七〇一―七六二）例詩聖杜甫、詩仙―。

木 3【杓】7画 ⇨【杓】シャク（514ページ）

木 4【枉】8画 5930 6789 音オウ漢呉 訓ま-がる・ま-げる・ま-げて

意味 ❶まっすぐなものをまげる。ねじまげる。まがる。まげる。例枉道。枉法。❷むりにおしまげて。わざわざ。まげて。例枉駕。❸おしまげて、罪におとしいれられる。無実の（罪）。例冤枉。

【枉▼駕】オウガ 乗り物の方向をわざわざまげて立ち寄ること。貴人の来訪をうやまっていうことば。例先日はご―をたまわりありがとう存じました。
【枉屈】オウクツ（名・する）①おさえつけられて屈服すること。無実の罪におとされること。②貴人が身をかがめ、へりくだって来訪すること。
【枉道】オウドウ 正しい道理を守らないで、人にこびること。

木 4【果】8画 1844 679C 教育4 音カ漢呉 訓は-たす・は-てる・は-て・は-たして 付表果物

筆順 丨 冂 日 日 旦 甲 果 果

なりたち ［象形］「木（＝き）」の上に果物がある形。木の実。

意味 ❶草木の実。くだもの。例果実。果樹。青果。❷草木に実がなるように、あることがもとになって生じたもの。例結果。効果。成果。❸結末をつけるように、思いきってする。思いきりがよい。例果敢。果決。果断。❹思ったとおり。ほんとうに。はたして。例果然。

日本語での用法 一《はたす》①なしとげる。「責任を果たす・目的を果たす」②すっかり…してしまう。「使い果たす」二《はてる》①終わる。「宴が果てる」②死ぬ。「旅中に果てる」③まったく…する。「あきれ果てる・困果てる」 三《はて》 終わり。極限。「果てしない・宇宙の果て」

人名 あきら・このみ・はた・はたし・まさる

【果園】カエン 果物のなる木を植えて育てる場所。果樹園。

【果敢】カカン (形動ダ) 決断力に富み、困難に力強く立ち向かうようす。例 勇猛―。―に戦う。

【果菜】カサイ 実の部分を食用にする野菜。ナス・カボチャ・ピーマンなど。例 ―類。

【果実】カジツ ①植物の実。種を包みこんでいるもの。②果物。例 ―酒。③研究や努力によって手にはいる成果。例 日本の学術の―。

【果樹】カジュ 果物のなる木。例 ―園。

【果汁】カジュウ 果物をしぼって得る液体。ジュース。例 天然―。

【果然】カゼン (副) 思ったとおり。予期したとおり。はたして。例 ―病状は好転した。

【果断】カダン (名・形動ダ) 思いきっておこなうこと。例 ―に富む。―な処置。

【果糖】カトウ 果実や蜂蜜などにふくまれる糖類の一つ。

【果肉】カニク 果実の、皮と種を除いたやわらかい部分。例 梅干しの―を裏ごしする。

【果皮】カヒ ①果実の、種を除いた部分。②果実の表面のかわ。

【果報】カホウ ①〔仏〕因果応報。前世におこなったことに対するむくい。例 善悪の―。②よいむくい。めぐってきた幸運。例 ―者。―は寝て待て。

【果物】くだもの 食用になる果実のうち、穀物や野菜に分類されないもの。類 水菓子。

●因果・結果・効果・青果・釣果

木4 【杭】 8画 2526 676D 人名 音 コウ漢 訓 くい

意味 ❶船でわたる。わたる。❷浙江省杭州。

日本語での用法 《くい》 地面に打ちこみ、目じるしや柱とする棒。「杭を打つ」

木4 【杲】 8画 5862 6772 音 コウ漢 訓 あき-らか・たか-い

意味 ❶(日が出て)明るいようす。あきらか。例 杲杲(=日の明るいようす)。❷たかい。

日本語での用法 《かお》 『万葉集』で「顔」にあてる字。「朝杲(=花の名)・杲鳥(=鳥の名)」

木4 【枝】 8画 2762 679D 教育5 音 シ漢呉 訓 えだ・え

筆順 一 十 才 木 木 朩 枝

なりたち [形声]「木(=き)」と、音「支シ」とから成る。木の幹から別に生じた部分。

意味 ❶木の幹から分かれ出たもの。えだ。例 枝葉シヨウ。幹枝カンシ。樹枝ジュシ。❷中心部から分かれ出たもの。同 支シ。例 枝道えだみち(=本道から分かれ出た道)。❸てあし。同 肢シ。例 枝解シカイ(=手足を切りはなす刑罰ケイバツ)。

難読 三枝さいぐさ・さえぐさ・さきくさ・枝折しおり・枝折戸しおりど

人名 き・しげ・しな

【枝葉】シヨウ・えだは ①枝と葉。②ものごとの主要でない部分。

【枝葉末節】シヨウマッセツ ものごとの主要でない部分。例 ―まできびしく追及する。

木4 【杵】 8画 2147 6775 人名 音 ショ漢呉 訓 きね・つち

意味 ❶臼の中の穀物をついたり、餅をついたりする道具。きね。例 杵臼ショキュウ(=きねと、うす)。❷ものをつく道具。つち。例 砧杵チンショ(=きぬたと、つち)。

木4 【松】 8画 3030 677E 教育4 音 ショウ漢 訓 まつ

筆順 一 十 才 木 木 朩 松 松

木4 【枩】 8画 5932 67A9 別体字

なりたち [形声]「木(=き)」と、音「公コウ→ショウ」とから成る。マツの木。

参考 別体字「枩」は、分字して「十八公ジュウハチコウ」という。

意味 マツ科の常緑針葉樹。マツ。アカマツ・クロマツなど多くは大木となる。庭木とし、建築・器具材など、広く用いられる。常緑樹であることから、節操のかたいことのたとえにされる。例 松柏ショウハク。松露ショウロ。

難読 松蘿ひかげのかずら・さるおがせ・松楊むろのき・松蘇利すずり

人名 ときわ・ます

【松▼毬】ショウキュウ 松の実。まつぼっくり。まつかさ。

【松魚】ショウギョ カツオの別名。

【松子】ショウシ 松の実。まつぼっくり。まつかさ。

【松樹】ショウジュ 松の木。

【松竹梅】ショウチクバイ マツとタケとウメ。寒さにたえるめでたいものの三種で、祝い物のかざりなどにする。また三つの順位で、ふつう松を上、竹を中、梅を下とする。

【松▼濤】ショウトウ 松にふく風の音。波の音にたとえていう。

【松▼柏】ショウハク ①マツとコノテガシワ。また、常磐木ときわぎ(=常緑樹)のこと。例 ―の寿ジュ(=長命のこと)。②「①」が一年中、みどり色を保つことから、節操を守って変えないことのたとえ。例 ―の操みさお。

【松風】ショウフウ・まつかぜ ①松にふく風。松の枝や葉を鳴らしてふく風。松籟ショウライ。②茶釜や鉄瓶テツビンの湯の煮え立つ音。

【松明】ショウメイ・たいまつ マツやタケなどをたばね、その先に火をつけたもの。明かりとして使った。

【松▼籟】ショウライ 松にふく風。また、その音。松風。

【松露】ショウロ ①松の葉に置くつゆ。②ショウロ科のきのこ。かさと柄の区別がない小さな球形で、四、五月ごろ海岸の松林の砂地に生え、食用になる。

●市松いちまつ・門松かどまつ・落葉松からまつ・白砂青松ハクシャセイショウ

木4 【枢】 8画 3185 67A2 常用 音 スウ漢 訓 とぼそ・くるる

筆順 一 十 才 木 木 杠 杈 枢

木11 【樞】 15画 6068 6A1E

なりたち [形声]「木(=き)」と、音「區ク→スウ」とから成る。とびらを開閉する軸ジク。

意味 ❶開き戸の回転軸の部分。とぼそ。例 戸枢コスウ。❷中心となる、重要な部分。例 枢機スウキ。枢要スウヨウ。中枢チュウスウ。

【枢機】スウキ ①ものごとのたいせつなところ。類 枢要。②重要な政務。例 ―に参画する。国家の―をにぎる。

【枢機▼卿】スウキキョウ・スウキケイ ローマカトリック教会の、教皇に次ぐ聖職。教皇の選出や教会行政などの要務にたずさわる。

【枢軸】スウジク 〔「軸」は、車軸の心棒の意〕ものごとのたいせつなところ。とくに政治活動の中心となる重要な部分。例 国政の―。

—となる。

【枢密】秘密で重要なことがら。政治上の秘密。類機密。例—顧問官。

【枢密院】①唐から宋にかけて、軍政や機密をあつかった役所。②一八八八(明治二十一)年から一九四七(昭和二十二)年まで置かれた、天皇の諮問機関。

【枢要】(名・形動)たいせつなところ。一つのものごとのなかで最も重要な部分。例国政上—な地位。

木4 **【析】** 8画 3247 6790 常用 音セキ漢 シャク呉 訓さ-く

筆順 一 十 才 木 木' 析 析 析

なりたち [会意]「木(=き)」と「斤(=おの)」とから成る。木をおので切りさく。

意味 ❶木をおので割る。さく。例析薪(=まきを割る)。❷分解する。入り組んだものを、わけてはっきりさせる。例解析・分析。

◐解析・透析・分析

木4 **【杼】** 8画 5933 677C 音㊀チョ漢 ㊁ショ漢 ジョ呉 訓どんぐり・ひ

意味 ㊀はたおりのよこ糸を通す道具。ひ。例杼機(=はたおりの道具)。㊁クヌギやトチの実。どんぐり。例杼栗(=どんぐりと、くり)。

木4 **【東】** 8画 3776 6771 教育2 音トウ漢呉 訓ひがし・あずま

筆順 一 厂 戸 戸 目 申 東 東

なりたち [会意]「日(=太陽)」が「木(=き)」の中にある。動く。借りて「ひがし」の意。

意味 ❶方位の名。ひがし。例東方・東洋・極東。❷五行で、春にあてる。例東宮・東作(=春の耕作。また、農作)。馬耳東風。

日本語での用法《あずま》箱根より東の地方。とくに関東を指す。「東遊び・東歌・東男」

難読 東海林(=姓)・東雲・東風・東宮・東

人名 あがり・あきら・き・こち・のぼる・はじめ・はる・ひで・もと

【▽東歌】『万葉集』や『古今和歌集』にある東国の人々がよんだ和歌。東国方言を多くふくんでいる。

【▽東男】①東国の男。②江戸生まれの男。例—に京女。

【▽東屋】屋根と柱だけでかべのない小屋。庭園などに休息や展望を目的として建てる。亭。表記「▽四▼阿・▼阿▽舎」とも書く。

【東亜】アジアの東部。東アジア。

【東雲】㊀①東方の雲。②明け方に東の空にたなびく雲。㊁夜明け。明け方。

【東欧】ヨーロッパの東部。東ヨーロッパ。

【東下】㊀長安から洛陽へ行くこと。㊁【▽東下り】京都から東国へ行くこと。

【東海】①東方の海。②(中国で)東シナ海のこと。③「東海道」の略。④東海地方。静岡・愛知・三重の三県と岐阜県の一部。

【東海道】①伊賀・伊勢・志摩・尾張・三河・遠江・駿河・甲斐・伊豆・相模・武蔵・安房・上総・下総・常陸の十五の国をまとめた言い方。②京都から太平洋に沿った国々を通り江戸につながる街道。例—五十三次(=江戸時代、東海道におかれた五十三の宿駅)。

【東京】㊀(明治初期、「トウケイ」とも)日本国の首都。また、東京都。㊁①漢の時代の洛陽。②北宋の時代の開封。③遼・金の時代の遼陽。㊂ベトナムの北部地方、ソンコイ川下流のデルタ地帯。

【東宮】①皇太子の宮殿。②皇太子。例—御所。表記▽古くから「▽春宮」とも書く。

【東経】イギリスのグリニッジ天文台の跡地を通る子午線を〇度として、そこから東にはかった経度。一八〇度まである。対西経。

【東国】①東の国。②奈良時代以来、畿内(=奈良や京都の周辺の地域)から見て東方の国。とくに関東地方。例—の武士。—のあらえびす。

【東西】①東と西。例—南北。②東洋と西洋。また、東方諸国と欧米諸国。③方角や方向。また、世の中のことがら。例—を失う(=方向がわからない。どうすればよいかわからない)。④芝居などの口上で、はじめに言うことば。東西東西。

【東上】(名・する)西の地方から東の都へ行くこと。西のほうから東京へ行くこと。対西下。

【東進】(名・する)東へ進むこと。対西進。例台風が—する。

【東漸】(名・する)文明や勢力がしだいに東方へ進み移ること。対西漸。例文明が—する。

【東天】①東の空。例—が赤らんできた。②明け方の東の空。

【東天紅】①夜明けを知らせるニワトリの鳴き声。②高知県原産の、ニワトリの品種の一つ。鳴き声が長い。

【東都】①東方の都。②江戸時代の江戸、のちの東京のこと。

【東道】①東への道。東方への道。②「東道の主」の略。主人となって客の案内をすること。また、その人。

【東南】東と南との中間の方角。南東。たつみ。ひがしみなみ。例—アジア。

【東部】ある地域の東のほうの部分。

【東風】①東からふく風。②春風。例馬耳—。

【東方】①東のほう。東の方面。対西方。②東洋。アジア。例—文化。

【東北】①東と北との中間の方角。北東。うしとら。ひがしきた。②東北地方。青森・岩手・秋田・宮城・山形・福島の六県。奥羽地方。例—弁。③中国の、東北部の地方。もと、満州と呼んだ。

【東奔西走】(名・する)(東西に奔走する意)あちらこちらといそがしくかけまわること。例—の活躍。資金集めに—する。

【東洋】アジアの東部および南部の地域。日本・中国・朝鮮半島・インド・ミャンマー・タイ・インドネシアなど。対西洋。

【東▼籬】家の東側のかきね。例菊を采る—の下、悠然として南山を見る(=東籬のもとで菊をつみ、ゆったりとした心で南山をながめる)。〈陶潜・飲酒〉

【東流】㊀(名・する)(川や海流などが)東のほうに流れること。㊁(名)川。〔中国の川は多くが東に流れるので〕

◐以東・関東・極東・近東・江東・湖東・城東・中東・南東・坂東・北東

木 4
【杷】
8画 3939 6777 人名 音 ハ漢 訓 さらい・つか

意味 ❶農具の名。穀物などをかき集めたり、土をならしたりするもの。さらい。例 細杷(こまざらい)(=落ち葉をかき集めたりする道具)。犂杷(リハ)。❷刀剣(トウケン)などの、手でにぎる部分。つか。例 杷柄(ハヘイ)(=にぎり)。❸「枇杷(ビワ)」は、バラ科の常緑高木。初夏にだいだい色の実を熟す。

木 4
【杯】
8画 3953 676F 常用 音 ハイ漢 訓 さかずき

筆順 一 十 才 木 木 杯 杯 杯

皿 4
【盃】
9画 3954 76C3 人名 別体字

なりたち [形声] 本字は「桮」で、「木(=き)」と、音「否(ヒ→ハイ)」とから成る。飲み物を入れるうつわ。

意味 酒をついで飲むうつわ。さかずき。例 乾杯(カンパイ)。酒杯(シュハイ)。

【杯酒】(ハイシュ) さかずきの酒。また、酒のはいったさかずき。

【杯觴】(ハイショウ) さかずき。

【杯洗】(ハイセン) 宴席(エンセキ)で、人に酒をつぐ前に、さかずきをひたして洗ううつわ。

【杯中の物】(ハイチュウのもの) 酒のこと。〈陶潜(トウセン)・責子(こをせむ)〉

【杯盤狼藉】(ハイバンロウゼキ) 酒宴(シュエン)の場で、さかずき・皿・鉢(ハチ)などが散らばって、だらしのない状態になっていること。

●一杯(イッパイ)・乾杯(カンパイ)・苦杯(クハイ)・賜杯(シハイ)・祝杯(シュクハイ)・満杯(マンパイ)

木 4
【柿】
8画 ─ 676E 音 ハイ漢呉 訓 こけら

意味 けずりくず。こけら。例 柿落(こけらお)とし(=新築の劇場ではじめておこなう興行)。

参考 「柿(シ)(=カキ)」は、木部五画で、別の字。

木 4
【板】
8画 4036 677F 教育3 音 ハン漢 バン呉 訓 いた

筆順 一 十 才 木 木 杤 板 板

なりたち [形声]「木(=き)」と、音「反(ハン)」とから成る。木のいた。

意味 ❶木をうすく平らに切ったもの。いた。また、うすくて平らなもの。例 看板(カンバン)。黒板(コクバン)。銅板(ドウバン)。❷印刷のために字や絵を彫(ほ)ったいた。例 板木(ハンギ)。板本(ハンポン)。❸拍子(ヒョウシ)をとるための打楽器。例 拍板(ハクハン)。

難読 板歯(むかば・まえば)

【板子】(いたご) 和船の底にしく揚(あ)げ板。例 ─一枚(イチマイ)、下は地獄(ジゴク)(=危険なことのたとえ)。

【板材】(いたザイ) 板に作ってある木材。

【板挟み】(いたばさみ) 対立する両者のあいだに立って、どちらにつくこともできずに困ること。例 義理と人情の─になる。

【板塀】(いたベイ) 板で作った塀。板垣(いたがき)。例 ─をめぐらした家。

【板目】(いため) ①板と板との合わせ目。②木目(モクめ)がまっすぐ平行に通っていないこと。また、その板。対 柾目(まさめ)。

【板木】 一(ハンぎ) 印刷するために文字や絵を彫(ほ)る木の板。サクラ・ツゲなどを用いる。中国では古くアズサを用いた。彫り板。印板。形木(かたぎ)。二(バンぎ) 寺院などで、合図にたたく長方形の厚い板。表記 一は「版木」とも書く。

【板金】(バンキン) 金属の板(いた)を加工すること。例 ─工。表記「鈑金」とも書く。

【板書】(バンショ) (名・する) 授業で黒板やボードに字を書くこと。例 要点を─する。

【板状】(バンジョウ) いたのような形。

【板本】(ハンポン) 板木(ハンぎ)を使って印刷した書物。対 活字本。表記「版本」とも書く。

【板元】(ハンもと) 本や雑誌を出版したところ。出版元。類 発行所。表記「版元」とも書く。

●画板(ガバン)・看板(カンバン)・甲板(カンパン・コウハン)・黒板(コクバン)・鉄板(テッパン)・戸板(といた)・登板(トウバン)・羽子板(はごいた)・平板(ヘイバン)・胸板(むないた)・床板(ゆかいた)

木 4
【枇】
8画 4090 6787 人名 音 ヒ漢 ビ呉

意味 「枇杷(ビワ)」は、バラ科の常緑高木。果樹として栽培(サイバイ)。果実はたまご形で夏にだいだい色に熟す。葉は薬用、材は櫛(くし)などにする。

木 4
【杪】
8画 5934 676A 音 ビョウ漢 訓 こずえ・すえ

意味 ❶枝の先。こずえ。例 杪頭(ビョウトウ)(=枝の先)。❷ある期間の終わり。すえ。例 杪春(ビョウシュン)(=春の末)。❸ごく小さい。例 杪小(ビョウショウ)(=こまかい)。

木 4
【枌】
8画 5935 678C 音 フン漢 訓 にれ・むね

意味 ❶ニレ科の落葉高木。ニレ。例 枌楡(フンユ)。❷二階建ての棟(むね)。むね。

【枌楡】(フンユ) ①ニレの木。②郷里。〔漢の高祖の出身地、豊邑(ホウユウ)の社(=土地の神)の名を「枌楡」といったことから〕

木 4
【枋】
8画 5936 678B 音 ホウ漢 訓 いかだ・まゆみ

意味 ❶ニシキギ科の落葉低木。マユミ。例 枋楡(ホウユ)(=マユミの木とニレの木)。❷いかだ。

木 4
【枚】
8画 4371 679A 教育6 音 バイ漢 マイ呉 訓 ひら

筆順 一 十 才 木 木 杧 杪 枚

なりたち [会意]「木(=き)」と「攵(=つえ)」とから成る。幹。

意味 ❶木の幹。❷夜討(ようち)ち、奇襲(キシュウ)のときに兵士の口にかませて声を出すのをふせいだ木片(モクヘン)。ばい。例 枚(バイ)を銜(ふく)む。❸一つ一つ数える。例 枚挙(マイキョ)。❹ものを数えることば。例 枚数(マイスウ)。硯(すずり)一枚(イチマイ)。槍(やり)二十枚(ニジュウマイ)。

日本語での用法 《マイ・ひら》うすくて平たいものや軽いものを数えることば。「三百枚(サンビャクマイ)の原稿(ゲンコウ)・銀(ギン)二枚(ニマイ)・一枚(ひとひら)の花(はな)びら」

難読 枚方(ひらかた)(=地名)

人名 かず・ふむ

【枚挙】(マイキョ) (名・する) 一つ一つ数えあげること。例 ─にいとまがない(=いちいち数えるひまがない。数がたいへん多いことをいう)。

●三枚(サンマイ)・千枚(センマイ)・大枚(タイマイ)

木 4
【枕】
8画 4377 6795 常用 音 チン慣 シン漢呉 訓 まくら

筆順 一 十 才 木 木 杪 枕 枕

[木部] 4画 ● 杷 杯 柿 板 枇 杪 枌 枋 枚 枕

なりたち 枕 [形声]「木(=き)」と、音「冘(イン→シン)」とから成る。寝るときに頭にしくもの。

意味 ❶ねるとき頭の下に置くもの。まくら。例枕席(チンセキ)。枕(まくら)を敧(そばだ)てる(=まくらの一方を上げてかたむける)。❷まくらにする。例枕草(チンソウ)。枕流漱石(チンリュウソウセキ)。

日本語での用法《まくら》言い出すとき初めに加えて言うことば。「話(はなし)の枕(まくら)・枕詞(まくらことば)」

【▽枕上】[一](チンジョウ) ねむらないで寝床(ねどこ)にいること。[二](まくらがみ) ねているまくらのあたり。まくらもと。

【▽枕席】(チンセキ)〔「席」は、敷物(しきもの)の意〕①寝床。②寝室。

【▽枕頭】(チントウ) まくらもと。例見舞いの人が―につめかける。

【▽枕流▼漱石】(チンリュウソウセキ) 負けおしみの強いこと。→【石(いし)に漱(くちすす)ぎ流れに枕(まくら)す】(713ページ)

【枕木】(まくらぎ) レールの下に敷(し)く木やコンクリートの角材。

【枕▽詞】(まくらことば) ①日本の古典語の修辞法の一つ。和歌などで、あることばの前につけて、そのことばを修飾(シュウショク)したり語調をととのえたりする。たとえば、「青丹(あおに)よし」「久方(ひさかた)の」「たらちねの」などをいい、それぞれ「奈良」「光」「母」にかかる。②話の前置き。

木4 **【枡】** 8画 5938 67A1 国字 訓ます

木6 **【桝】** 10画 *4381 *685D 別体字

意味 ❶穀物や酒などの量をはかる四角い容器。ます。例枡形(ますがた)。枡酒(ますざけ)(=枡一ぱいについだ酒)。❷歌舞伎(かぶき)や相撲(すもう)の見物席。ます。

【枡席】(ますセキ) 芝居(しばい)小屋や相撲小屋で、正方形に区切ってつくられた見物席。

木4 **【杳】** 8画 5866 6773 音ヨウ漢 訓くら-い・はる-か

意味 ❶日がしずんで、まっくら。くらい。例杳冥(ヨウメイ)。❷よく見えない。はるか。とおい。同遥(ヨウ)。例杳乎(ヨウコ)(=ふかくひろいとおい)。杳然(ヨウゼン)。杳(ヨウ)として。

【杳然】(ヨウゼン)(形動タルト) 遠くはるかなようす。

【杳冥】(ヨウメイ)(形動タルト) うすぐらくて、はっきりしないようす。

【杳杳】(ヨウヨウ)(形動タルト) ①暗いようす。また、ぼんやりしたようす。②はるかなようす。

木4 **【林】** 8画 4651 6797 教育1 音リン漢呉 訓はやし

筆順 一 十 才 木 朩 杆 材 林

なりたち 林 [会意]「木(=き)」がならぶ。平らな土地に木がむらがり生えたところ。

意味 ❶平らな土地で、木や竹がたくさん生えているところ。はやし。例林野(リンヤ)。森林(シンリン)。竹林(チクリン)。❷同類の人やものの集まり。例儒林(ジュリン)。詞林(シリン)。

人名 き・きみ・きん・しげ・しげる・とき・な・ふさ・もと・もり・よし

【林学】(リンガク) 樹木や森林、林業について研究する学問。

【林間】(リンカン) はやしの中。例―学校。―に酒を酌(く)む。

【林業】(リンギョウ) 森林を育てて、材木・木炭・きのこなどを生産する産業。

【林▼檎】(リンゴ) ①バラ科の落葉高木。春に白い花がさき、秋に赤や黄緑色の実がなる。②リンゴの赤い実。例―のような少女のほお。

【林産】(リンサン) 木材や木炭などが山林からとれること。また、山林でとれるもの。例―物。―資源。

【林政】(リンセイ) 森林や林業にかかわる行政。

【林相】(リンソウ) 樹木の種類やしげり方などから見た、その森林の状態。

【林道】(リンドウ) ①はやしの中の道。②山林でとれた木材などを運ぶための道。

【林野】(リンヤ) 森林と野原。例―に遊ぶ。

【林立】(リンリツ)(名・する) はやしの木のように、細長いものがたくさん並び立っていること。例ビルが―する都会。

●原始林(ゲンシリン)・山林(サンリン)・酒池肉林(シュチニクリン)・樹林(ジュリン)・植林(ショクリン)・森林(シンリン)・梅林(バイリン)・密林(ミツリン)

木4 **【枠】** 8画 4740 67A0 常用 国字 訓わく

筆順 一 十 才 木 朩 朳 杦 枠

なりたち [会意]「木(=き)」と「卆(=糸をまきつける道具)」とから成る。わく。

意味 ❶ものごとの仕切り。範囲。わく。例別枠(ベツわく)。❷外側をかこむもの。外郭(ガイカク)。ふち。わく。例外枠(そとわく)。窓枠(まどわく)。

●大枠(おおわく)・黒枠(くろわく)・別枠(ベツわく)

木4 **【枅】** 8画 ⇨【枅】(イケ)(526ページ)

木4 **【枩】** 8画 ⇨【松】(ショウ)(517ページ)

木4 **【杰】** 8画 ⇨【傑】(ケツ)(93ページ)

木4 **【枦】** 8画 ⇨【櫨】(ロ)(551ページ)

木5 **【栄】** 9画 1741 6804 教育4 音エイ漢 ヨウ呉 訓さか-える・は-え・は-える・さか-え

筆順 丶 丷 ⺍ 𭕄 𭕄 𫝀 営 栄 栄

木10 **【榮】** 14画 6038 69AE 人名

なりたち 榮 [形声]「木(=き)」と、音「熒(ケイ→エイ)」の省略体とから成る。キリの木。また、屋根の両端(リョウタン)のそりかえった部分。派生して「さかえる」の意。

意味 ❶はなやかにさいた花のようにさかえる。さかえ。例栄華(エイガ)・栄枯(エイコ)。繁栄(ハンエイ)。❷名誉(メイヨ)。名声。ほまれ。はえ。例栄冠(エイカン)。栄光(エイコウ)。栄誉(エイヨ)。❸地位があがる。出世する。例栄進(エイシン)。栄達(エイタツ)。栄転(エイテン)。❹血管によって全身に運ばれる活力素。さかんにするもの。例栄養(エイヨウ)。

使い分け はえ・はえる【映・栄】⇩1177ページ

難読 栄西(ヨウサイ)(=禅僧(ゼンソウ)の名)・栄螺(さざえ)

人名 さか・さかえ・さこう・しげ・しげる・たか・てる・なか・なが・はる・ひさ・ひさし・ひで・まさ・よし

【栄位】(エイイ) 名誉(メイヨ)ある、かがやかしい地位。例―につく。

【栄華】(エイガ) お金も地位も権力もあり、はなやかなこと。例栄耀(エイヨウ)―をきわめる。

【栄冠】(エイカン) 勝利者におくられるかんむり。また、名誉(メイヨ)ある勝利や成功。類栄誉・名誉。例―にかがやく。―を手にする。

【栄枯】(エイコ)〔草木がしげることと、かれること〕地位や権力を得て勢いがあることと、おちぶれること。例―盛衰(セイスイ)。

【栄光】(エイコウ) ①何かを成しとげて得る、かがやかしいほまれ。類栄誉(エイヨ)・名誉。例―を目ざす。―にかがやく。②めでたいひかり。類瑞光(ズイコウ)。

【栄爵】(エイシャク) 名誉(メイヨ)ある爵位。例―を望む。

【栄辱】(エイジョク) ほまれと、はずかしめ。

【栄進】(エイシン)(名・する) 上の地位や役職にすすむこと。類栄達・昇進(ショウシン)・出世。例部長に―する。

【栄達】(エイタツ)(名・する) 高い地位・身分に上がり、さかえること。

[類]栄進・立身出世。[例]—を求める。

【栄転】(エイテン) (名・する) 今までより高い地位や役職について、転任すること。[対]左遷。

【栄名】(エイメイ) かがやかしいほまれ。名誉。

【栄誉】(エイヨ) 人から評価され、たたえられること。[類]栄光・名誉。[例]—に浴する。ノーベル賞を受ける—。

【栄養】(エイヨウ) 生物が生命を保ち、成長し活動するために養分をとること。また、その養分。[類]滋養。[例]—失調。—になる。—がいい。[表記]「営養」とも書く。

【栄▼耀】(エイヨウ・エヨウ) (「耀」は、光りかがやく意) ①お金や地位と権力を手にし、勢いがあること。②ぜいたくに暮らすこと。はでなこと。[例]—の生活ぶり。

【栄▼耀栄華】(エイヨウエイガ・エヨウエイガ) はなやかにさかえ、時めくこと。さかえておごること。[例]—をきわめる。

【栄利】(エイリ) 名誉と利益。[例]—を追わない。

●共存共栄・虚栄・光栄・清栄・繁栄

木 5

【架】

9画 1845 67B6 [常用] [音]カ[漢] [訓]か-ける・か-かる

[筆順] フ カ カ カ加 カ加 加 架 架

[なりたち] [形声]「木(=き)」と、音「加カ」とから成る。ものを置いたり、ささえたりするための道具。

[意味] ❶ものをのせる台。たな。[例]書架。担架。❷かけわたす。かける。かかる。[例]架設。高架。

[使い分け] かかる・かける【掛・懸・架・係・賭】⇩1166ページ

[難読] 稲架(さは・はざ)

[人名] みつ・わたる

【架橋】(カキョウ) (名・する) 橋をかけること。また、その橋。[例]—工事。

【架空】(カクウ) 一(名・形動ダ) 実際には存在しないこと。想像でつくったこと。つくりごと。[類]虚構。[対]実在。[例]—名義。—の人物。[参考]「仮空」と書くのは誤り。二(名) 空中にかけわたすこと。[例]—ケーブル。

【架設】(カセツ) (名・する) 橋や電線などをかけわたすこと。[例]電話の—工事。

【架線】(カセン) 一(名・する) 電線をかけわたすこと。また、その電線。二(名) 線路の上にかけ、電車に電気を送る電線。〔鉄道関係者は「ガセン」という〕[例]—が切れる。

●後架・高架・十字架・書架・担架

木 5

【枷】

9画 5940 67B7 [音]カ[漢] [訓]かせ・くびかせ

[意味] ❶イネやムギの穂を打って、実を落とす農具。からざお。[例]連枷。❷罪人の首にはめて自由をうばう刑具。かせ。くびかせ。[例]足枷。首枷。手枷。

木 5

【柯】

9画 5941 67EF [音]カ[漢][呉] [訓]えだ

[意味] ❶斧の柄。え。[例]爛柯。❷木の枝。えだ。[例]枝柯。

木 5

【枴】

9画 5942 67B4 [音]カイ[漢] [訓]つえ

[意味] 老人のつえ。つえ。[例]鉄枴。木枴。

[参考] 「另」の字形は「另」あるいは「另」とも書く。

木 5

【柿】

9画 1933 67FF [常用] [音]シ[漢] [訓]かき

[筆順] 一 十 木 木' 村 杧 柿 柿

[なりたち]  [形声]「木(=き)」と、音「市シ」とから成る。赤い実のなる果樹。

[意味] カキノキ科の落葉高木。カキ。果実は、秋に赤黄色に熟す。材は家具用。

[参考] 「柿ハイ(=けずりくず。こけら)」は、木部四画で、別の字。

[人名] かげ・かつ

木 5

【柑】

9画 2027 67D1 [人名] [音]一カン[漢] 二ケン[漢] [訓]こうじ

[意味] 一ミカン科の常緑高木。ミカンの一種で、秋にだいだい色の実をつける。[例]柑橘類。金柑。蜜柑。二くつわ(をはめる)。[同]拑。[例]柑馬(=ウマにくつわをはめる)。

[難読] 柑子革(=こうじ色に染めた革)

【柑▼橘類】(カンキツルイ) ミカン・ダイダイ・レモン・ユズなどの、ミカン科の木や果実をまとめていうことば。

【柑子】一(カンシ) 〔「カンジ」とも〕ミカンの古い言い方。二(コウジ) ミカンの品種の一つ。黄色で小さく、すっぱい。コウジミカン。[例]—色(=赤みがかった黄色)。

木 5

【柬】

9画 5943 67EC [音]カン[漢] [訓]えら-ぶ

[意味] ❶選択する。えらぶ。❷手紙。[例]手柬(=手紙)。

木 5

【枳】

9画 5944 67B3 [音]キ・シ[漢][呉] [訓]からたち

[意味] ミカン科の落葉低木。カラタチ。初夏に五弁の白い花がさく。秋には、丸く黄色い果実をつけるが食用にならない。[例]枳棘。枳殻。

【枳▼棘】(キキョク) カラタチとイバラ。どちらもとげがある。心にとげがあり、人のじゃまをする者にたとえてもいう。

【枳▽殻】(キコク・からたち) カラタチの木。また、その果実。

木 5

【柩】

9画 5945 67E9 [音]キュウ[漢] [訓]ひつぎ

[意味] 死体を納める木製のはこ。ひつぎ。[例]霊柩車。

木 5

【枸】

9画 5946 67B8 [音]ク[漢][呉]

[意味] ❶クロウメモドキ科の落葉高木。ケンポナシ。花穂をつけた枝が肉質化してあま味を帯び、食用になる。❷コショウ科の常緑つる性植物。キンマ。マレーシア原産。葉で石灰とビンロウの実を包み、かんでチューインガムのようにする。❸「枸櫞」は、ミカン科の常緑低木。ブシュカン。シトロンの変種。芳香があり観賞用。❹「枸杞」は、ナス科の落葉低木。❺「枸橘」は、カラタチ。

【枸▼櫞酸】(クエンサン) 柑橘類の実にふくまれる酸。さわやかな酸味があり、清涼飲料などに使われる。

【枸▼杞】(クコ) ナス科の落葉低木。花はうすむらさき色で、赤い実をつける。実・若葉・根などが、食用や薬用になる。[例]—茶。—飯。—酒。

木 5

【枯】

9画 2447 67AF [常用] [音]コ[漢][呉] [訓]か-れる・か-らす

筆順 一 十 オ 木 木一 村 杜 枯 枯

なりたち [形声]「木(=き)」と、音「古」とから成る。木がひからびる。

意味 ❶水分やうるおいがなくなる。かれる。からす。例枯渇。枯木。❷おとろえる。おちぶれる。対栄。例栄枯盛衰。❸お金や名誉などを求める心がない。あっさりとした。例枯淡。

【枯れ尾花】(「尾花」は、ススキの古い言い方)かれたススキ(の穂)。枯れ薄。例幽霊の正体見たり—。

【枯れ木】かれた木。例—も山のにぎわい(=つまらないものでも、他になにもないよりはましだ)。

【枯れ山水】水を使わず、石や砂などで自然の山水を表現した日本庭園。京都の西芳寺・竜安寺の石組みや石庭、大徳寺大仙院の庭など。

【枯れ▽薄】かれたススキ。枯れ尾花。表記「枯れ▼芒」とも書く。

【枯渇】(名・する)①水分がなくなり、かわききること。干あがること。例川が—する。②すっかりなくなってしまうこと。出つくすこと。例才能が—する。表記▽旧▼涸渇

【枯魚】干したさかな。ほしうお。ひもの。

【枯▼槁】(名・する)(「槁」も、かれる意)①草木がかれること。②やせおとろえて元気がないこと。③おちぶれること。

【枯骨】①くちはてた、死者のほね。②死んだ人。

【枯死】(名・する)草木がかれること。立ちがれ。例虫害で—した木。

【枯淡】(名・形動ダ)(人がらなどが)無欲で、さっぱりとした味わいがあること。また、(書画や詩文などが)あっさりとしたおもむきがあること。類淡泊。例—の境地。

【枯木】かれた木。かれき。例—に花開く(=不運な人や老人が再び勢いにのる。また、ありえないことが起こる)。

【枯木死灰】かれ木と冷たい灰。無心で、無欲なこと。また、活気のないことのたとえ。槁木死灰。例—のように感動も感激もない。

●栄枯

木5 【柮】 9画 5951 67EE 音ゴツ漢 トツ漢 訓かぶ・くいぜ

意味 短く切った木。かぶ。くいぜ。例榾柮。

[木部] 5画 ● 柮査柤柵柞柘柊柔

木5 【査】 9画 2626 67FB 教育5 音サ漢 訓しら-べる

筆順 一 十 オ 木 木一 杏 杳 査 査

なりたち [形声]「木(=き)」と、音「且→サ」とから成る。木で作ったいかだ。借りて「しらべる」の意。

意味 ❶いかだ。例浮査(=いかだ)。❷事情を明らかにする。しらべる。例査察。検査。

【査閲】(名・する)①実際によく調べること。②とくに、軍事教練の成績を実地に調べること。

【査察】(名・する)規定どおりにおこなわれているかどうか、ようすを調べること。類視察。例—官。空中—。

【査収】(名・する)(お金やものを)よく調べて受け取ること。例ご—ください。

【査証】(名・する)外国へ行くときに、入国先が入国許可を証明すること。また、その証明。入国許可証。ビザ。

【査定】(名・する)よく調べて、金額や等級などを決めること。例税務—。勤務成績を—する。

【査問】(名・する)(事件の取りあつかい方や公務の執行などについて)状況をよく調べるため、当事者や関係者に問いただすこと。例—委員会。責任者を—する。

●監査・検査・巡査・審査・捜査・探査・調査・踏査

木5 【柤】 9画 5947 67E4 音サ漢

意味 ❶木の囲い。さく。❷バラ科の落葉低木。

木5 【柵】 9画 2684 67F5 常用 音サク漢 訓しがらみ

筆順 一 十 木 木 村 机 机 柵 柵

なりたち [形声]「木(=き)」と、音「冊」とから成る。木を編むように組んで立てたもの。

意味 ❶木や竹を編んで作ったかきね。さく。例柵門(=柵をめぐらした屋敷の門)。❷さくをまわりにめぐらしたとりで。❸水流をせきとめるため、杭を打ち並べ竹や木をとりつけたもの。しがらみ。例水柵。

木5 【柞】 9画 5948 67DE 音サク漢 訓ははそ・たらのき

意味 ❶ブナ科の落葉高木。クヌギ。❷ブナ科コナラ属の植物の別名。ははそ。❸イイギリ科の常緑小高木。クスドイゲ。❹木を切る。

【柞蚕】カイコの一種。クヌギの葉などを食べ、褐色のまゆを作る。

木5 【柘】 9画 3651 67D8 人名 音シャ漢呉 訓つげ

意味 ❶クワ科の落葉小高木。ハリグワ。とげがあり、葉はクワよりかたい。薬や紙の材料、黄色の染料に利用される。❷「柘植」は、ツゲ。❸「柘榴」は、ザクロ。

木5 【柊】 9画 4102 67CA 人名 音シュウ漢 訓ひいらぎ

木5 【柊】 9画

なりたち [形声]「木(=き)」と、音「冬→シュ」とから成る。木の名。

意味 ❶「柊楑」は、さいづち。木製の、物をたたく小さな工具。❷「柊葉」は、中国南部に産する、バショウに似た植物。

日本語での用法《ひいらぎ》モクセイ科の常緑小高木。葉はかたく、ふちにするどいとげがある。枝葉は悪魔・悪病をはらうとして節分の行事に使う。

木5 【柔】 9画 2932 67D4 常用 音ジュウ漢 ニュウ呉 訓やわ-らか・やわ-らかい・やわ-らげる

筆順 フ マ ヌ 予 矛 矛 柔 柔 柔

なりたち [形声]「木(=き)」と、音「矛→ジュ」とから成る。曲げたりのばしたりできる木。

意味 ❶やわらかい。しなやか。やわらか。例柔軟。内柔外剛。柔肌。❷よわよわしい。もろい。例柔脆(=やわらかで、よわい)。柔弱。優柔不断。❸おだやか。心やさしい。おとなしい。例柔順。柔和。❹安心させて手なずける。やわらげる。例懐柔。

日本語での用法《ジュウ・やわら》手に武器を持たずにたたかう。「柔術・柔道・柔を取る」

使い分け やわらかい・やわらかだ【柔・軟】⇩1181ページ

人名 とう・なり・やす・やわ・よし

【柔構造】地震の力を弱め、ゆれを吸収できるようにした建物の構造。例―の高層建築。

【柔術】日本古来の武術の一つ。手足に武器を用いずに、投げる・突っく・けるなどして相手と戦う。やわら。→【柔道】

【柔順】（名・形動ダ）（性格・態度などが）ものやわらかく、やさしいこと。類従順。

【柔道】柔術を洗練したもので、武器を用いずに相手と組み合い、投げたりおさえこんだりして戦うスポーツ。やわら。

【柔軟】（名・形動ダ）①やわらかいこと。例―体操。からだを―にする。②考え方などを、その場に応じて変えられること。融通がきくこと。例―な思考。―に対処する。

【柔▽能く剛を制す】やわらかくしなやかなものが、かえってかたく強いものに勝つ。

【柔弱】（名・形動ダ）（「ジュウジャク」とも）よわよわしいこと。気力や体力がないこと。類軟弱。

【柔和】（名・形動ダ）やさしくておだやかなこと。

【柔肌】女性や幼児の、やわらかい皮膚。

●温柔・外剛内柔・懐柔・優柔

木5 **【染】** 9画 3287 67D3 教育6 音セン慣 ゼン漢呉 訓そ-める・そ-まる・し-みる・し-み

筆順 丶 冫 氵 氿 氿 杂 染 染 染

なりたち  [会意]「氵(=みず)」と「木(=そめる材料)」と「九(=そめる回数)」とから成る。なん度も色をしみこませる。そめる。

意味 ❶布などを(色がつく)液体にひたして、じわじわと色をしみこませる。そめる。例染色。染料。❷じわじわと色や性質が変わる。そまる。しみる。また、病気がうつる。例汚染。感染。伝染。

人名 そめ

難読 馴染(なじみ)

【染色】一（名・する）糸や布などに色をつけること。例―の工程。二（名）そめた色。そめ色。例あざやかな―。

【染色体】細胞の核が分裂するときにあらわれる糸状の物質。生物の種類によって数や形が異なる。

【染織】（名・する）布をそめることと織ること。

【染髪】（名・する）かみの毛をそめること。染毛。

【染筆】（名・する）〔筆に墨などをつけて筆先をそめる意〕筆で字や絵をかくこと。類揮毫・潤筆。例―料。

【染毛】（名・する）かみの毛をそめること。染髪。

【染料】色をそめつける材料。例合成―。天然―。

●愛染・汚染・感染

木5 **【柝】** 9画 5949 67DD 音タク漢 訓き・ひょうしぎ・さ-く

意味 ❶（木を、二つに）わける。ひらく。❷長方形の一対の木をたたいて音を出すもの。夜まわりや舞台で用いる。き。ひょうしぎ。例柝声。夜柝。柝がはいる。

木5 **【柱】** 9画 3576 67F1 教育3 音チュウ漢 ジュ呉 訓はしら・じ

筆順 一 十 才 木 木 杧 杧 柱

なりたち [形声]「木(=き)」と、音「主(シュ→チュウ)」とから成る。建物をささえるはしら。

意味 ❶屋根をささえる直立した材木。はしら。また、中心となって、ささえるもの。例円柱。支柱。❷琴の胴の上に立てて弦をささえるもの。ことじ。じ。例琴柱。

日本語での用法《はしら》神や死者の霊を数えることば。「伊奘諾・伊奘冉の二柱の神」

【柱石】①柱と、その土台になる石。②国や組織をささえる重要な人。例国家の―となる。

【柱頭】①西洋建築で、柱の上の部分にある彫刻。キャピタル。②めしべの先。ここに花粉がつく。

【柱廊】柱と屋根とからなる、かべのない廊下。コロネード。

●円柱・角柱・支柱・霜柱・大黒柱・電柱・氷柱・帆柱・門柱

木5 **【柢】** 9画 5950 67E2 音テイ漢 訓ね

意味 木の根。ものごとのもとになるもの。ね。例根柢。

［木部］5画 染 柝 柱 柢 栃 栂 柏 枹

木5 **【栃】** 9画 3842 6803 教育4 国字 訓とち

筆順 十 才 木 木 杤 杤 栃 栃

なりたち 国字。「杤」あるいは「櫔」が変形してできた字。

意味 トチノキ。

参考 〔おもに、地名・人名に用いられる字〕「栃」は日本で古くから用いられていたが、一八七九（明治十二）年に、県名(=栃木)としては「栃」を用いることとされた。

県名 栃木

木5 **【栂】** 9画 3646 6802 国字 音バイ漢 訓つが・とが

意味 バラ科の落葉高木。ウメ。

日本語での用法《つが・とが》マツ科の常緑高木。ツガ。トガ。庭木とする。材は建築・器具・パルプなどに用いられる。

難読 栂尾(とがのお)(=地名)

木5 **【柏】** 9画 3980 67CF 人名 音ハク漢 ヒャク呉 訓かしわ・かえ・かや

木6 **【栢】** 10画 1992 6822 別体字

意味 ヒノキ・コノテガシワなどのヒノキ科の常緑樹の名。マツとともに、節操のかたいことのたとえにされる。例松柏。

日本語での用法《かしわ》ブナ科の落葉高木。大きな葉は、古来、食品を包むのに用いる。「柏餅」

難読 柏槙(ビャクシン・いぶき)・柏竹(びんざさら)

【柏手】神を拝むとき、両手の手のひらを打ち合わせて鳴らすこと。例―を打つ。表記「▽拍手」とも書く。

【柏餅】①カシワの葉でくるんだあん入りのもち菓子。五月五日の端午の節句に食べる習慣がある。②半分に折ったふとんにくるまり、「①」のようなかっこうになること。

木5 **【枹】** 9画 5952 67B9 音フ漢 訓ばち

意味 太鼓を打ち鳴らす棒。ばち。同桴。例枹鼓。

参考 訓「ばち」は、もともとは字音「バチ(撥)」の転用。

【枹鼓】①ばちと太鼓。②戦争・軍隊のこと。

木 5
【柎】 9画 5953 67CE
音 フ㊥漢 訓 うてな・はなぶさ

意味 ❶うつわの脚。❷花の萼。はなぶさ。うてな。

木 5
【柄】 9画 4233 67C4 常用
音 ヘイ㊥漢 訓 がら・え・つか

筆順 一 十 木 朩 朾 杤 柄 柄 柄

なりたち [形声]「木(=き)」と、音「丙」とから成る。斧などの、持つ部分。

意味 ❶器物や刀剣の、手で持つ部分。え。つか。例柄杓。❷相手をとらえて左右する強い力。権力。例横柄。権柄。❸もとになるもの。材料。例話柄。

日本語での用法《がら》①からだつき。体格。「柄が大きい」②ようす。品格。また、その人のもともとの性質。「柄が悪い・柄にもなく」③布地などの模様。「花柄」④形式名詞「から」「がら」にあてる字。「折柄・続柄・所柄・吾柄」

人名 えだ・かい・もと

【柄杓】ヘイ|ひしゃく お湯や水などをくむ道具。

●間柄・家柄・絵柄・横柄・作柄・続柄・土地柄・身柄・銘柄・役柄・葉柄

木 5
【某】 9画 4331 67D0 常用
音 一バイ㊥漢 二ボウ㊥漢 ム㊥呉 訓 なにがし・それがし

筆順 一 十 廾 廿 甘 甘 某 某

なりたち [会意]「木(=き)」と「甘(=酸味のもと)」とから成る。すっぱい果実。ウメの実。

意味 一「梅」の古字。ウメの実。二❶人の名前や日時・場所などが不明なとき、また、明らかであっても、わざとぼかしていうときに用いることば。ある。それがし。なにがし。例某月某日。某氏。某所。❷わたくし。それがし。

人名 いろ

木 5
【柾】 9画 4379 67FE 人名
訓 まさ・まさき

参考 中国、遼代の字書『竜龕手鑑』には「柩」の俗字とある。

なりたち [会意]「木(=き)」と「正(=ただしい)」とから成る。木の、まさめ。

意味 ❶板の木目が平行に通っているもの。例柾目の板。❷つる性植物テイカカズラの古い名。例柾の葛。

木 5
【柚】 9画 4514 67DA 人名
音 一ユウ㊥漢 ユ㊥呉 二チク㊥漢 ジク㊥呉 訓 ゆず

なりたち [形声]「木(=き)」と、音「由」とから成る。ユズ。

意味 一ミカン科の常緑小高木。ユズ。果実は冬、淡黄色に熟し、香気が高く香味料とする。例柚子。二機織りのたて糸をまく道具。たてまき。同軸。

難読 柚柑・柚醬・柚餅子

木 5
【柳】 9画 4488 67F3 常用
音 リュウ㊥漢呉 訓 やなぎ

筆順 一 十 木 木 杉 杉 柳 柳 柳

なりたち [形声]「木(=き)」と、音「卯ユ→リュ」とから成る。茎が細く葉が小さいヤナギ。

意味 ❶シダレヤナギ・イトヤナギなど、ヤナギ科の落葉高木。ヤナギ。街路樹・並木とする。細い枝が垂れる。例柳絮。楊柳。❷二十八宿の一つ。ぬりこぼし。例柳宿。

【▽柳川】やながわ「柳川鍋」の略。ドジョウとささがきゴボウとを浅いなべで煮て、たまごでとじた料理。

【柳行▼李】やなぎゴウリ コリヤナギの枝の皮をはいで干し、麻糸で編んで作った箱形の荷物入れ。

【柳暗花明】リュウアンカメイ ①ヤナギがしげってほの暗く、花が明るくさきほこる。美しい春の景色をいう。②芸者や遊女の集まっている地域のたとえ。花柳街。例—の巷。

【柳営】リュウエイ ①将軍の陣営。〔漢の将軍の周亜夫が細柳という地で、規律正しい陣を張ったという故事による〕〈漢書〉②将軍。将軍家。

【柳▼絮】リュウジョ 〔「絮」は、わたの意〕ヤナギの種子についている白い綿毛。また、それが雪のように飛び散ること。

【柳条】リュウジョウ ヤナギの枝。

【柳色】リュウショク ヤナギの青々とした色。例雨後の—新たなり(=雨に洗われて柳色があざやかである)。

【柳眉】リュウビ ヤナギの葉のように細く形のよい眉。美人の眉の形容。

【柳眉を逆立てる】美人が眉をつりあげておこる。

【柳腰】リュウヨウ|やなぎごし 美人の細くてしなやかな腰。細腰。美人のたとえ。

●青柳・川柳

木 5
【柆】 9画 5954 67C6
音 ロウ㊥漢 訓 うだち

意味 ❶木を折る。❷木の柵。

日本語での用法《うだち》棟木をささえる短い柱。うだつ。

木 5
【柒】 9画
⇩【漆】(618ページ)

木 5
【柊】 9画
⇩【柊】(522ページ)

木 5
【柁】 9画
⇩【舵】(838ページ)

木 6
【案】 10画 1638 6848 教育4
音 アン㊥漢呉 訓 つくえ・かんがーえる

筆順 丶 宀 宀 安 安 安 宰 案

なりたち [形声]「木(=き)」と、音「安」とから成る。短い脚のついた台。

意味 ❶つくえ。例案下。❷よく考える。しらべる。同按。例案出。考案。思案。❸あらかじめ考えたこと。推量。計画。予想。例案外。案の定。❹裁判。訴訟事件。例案件。

日本語での用法《アンずる》心配する。「子の病を案ずる・案ずるより産むが易し」

【案下】アンカ 〔机のそばの意〕手紙で、あて名の左下に書いて敬意をあらわすことば。類机下・机右・玉案下。

【案外】アンガイ (形動ナ・副)思っていたことと実際とがちがうようす。思いのほか。類意外。例—な結末になった。問題は—簡単だった。

【案件】アンケン ①訴訟中の事件。②会議で話し合うための議案。例重要—の処理を急ぐ。

【案山子】アンザンシ|かかし 〔「かがし」とも〕①鳥やけものが作物をあらしにこないように、田畑に立てる人形。②見た目はりっぱ

でも中身のない人。見かけだおし。参考「案山」は、机のように平たく低い山の意で、山田(=山の中にある田)のこと。「案山子」とは、山田を守る者。

【案出】(名・する) 考え出すこと。例新方式を―する。

【案内】一(名・する) ①内容やようすを人に知らせること。手引き。例入試―。②ある場所へ行く道を教えたり、連れて歩いたりすること。ガイド。例―人。道―。東京を―する。③取り次ぐこと。また、取り次ぎをたのむこと。例―もなしにはいりこむ。二(名) よく知っていること。例ご―のとおり。

【案分】(名・する) 基準となる数量に比例した割合で、数量や物を分けること。例―して割り当てる。表記 旧▼按分

【案文】案としてつくった文章。下書き。例共同声明の―。

●議案・懸案・原案・考案・私案・思案・試案・図案・草案・代案・提案・答案・発案・文案・法案・妙案・名案・立案

木 6

【桜】

10画 2689 685C 教育5 音オウ漢 ヨウ呉 訓さくら

筆順

木17

【櫻】

21画 6115 6AFB 人名

なりたち [形声]「木(=き)」と、音「嬰イエ→オウ」とから成る。シナミザクラの木。

意味 ❶バラ科の落葉低木。シナミザクラ。春、うすくれないの花がさき、赤い果実は食べられる。例桜桃。❷バラ科の落葉高木。サクラ。春、うすくれないの花がさき、材は建築・器具などに利用される。古くから日本人にしたしまれ、国花とされる。種類が多い。例桜花。桜前線。桜餅。

日本語での用法《さくら》①馬肉。「桜肉」②客のふりをして商品を見たり買ったりして、他の客をひきつける役の人。「桜になって買う」

【桜花】サクラの花。例―爛漫。

【桜桃】①果実を食用にするサクラ。また、その果実。さくらんぼう。さくらんぼ。②中国原産の、バラ科の落葉低木。シナミザクラ(=支那実ザクラ)。春に白い花をつけ、果実はさくらんぼに似て、食用になる。

【桜貝】海にすむ二枚貝。貝がらは二センチメートルぐらいで、きれいなさくら色。

【桜狩り】サクラの花を観賞するために野や山に出かけること。花見。観桜。

【桜肉】〔サクラの花のような色をしていることから〕馬肉のこと。さくら。

【桜餅】あんこのはいったさくら色のもちを、塩づけにしたサクラの葉で包んだもの。

【桜湯】サクラの花の塩づけを入れて飲む湯。めでたい席に用いる。

●観桜・葉桜

木 6

【格】

10画 1942 683C 教育5 音コウ慣 カク漢 キャク呉 訓ただ-す・いた-る

筆順

なりたち [形声]「木(=き)」と、音「各カ→クカ」とから成る。木の枝が長くのびるようす。派生して「いたる」の意。

意味 ❶ものごとをきわめる。いたる。例格物致知。❷おこないを正しくする。あやまりをなおす。ただす。例格心(=心を正しくする)。❸決まり。しきたり。法則。基準。例格式。規格。本格。❹くらい。身分。おもむき。例格調。品格。風格。❺木や竹を四角に組んだもの。例格子。❻手でうつ。なぐる。同挌。例格闘。❼文法で、文中のあることばが他のことばに対してもっている関係を示すことば。例主格。目的格。

人名 きわめ・ただ・ただし・ただす・つとむ・のぼる・のり・はかる

【格外】①規格からはずれていること。規格外。例―の製品。②なみはずれていること。

【格言】人の生き方やものごとの真理を、短く言いあらわしたことば。類金言・箴言。

【格差】資格・等級・品質・価格などのちがい。例賃金―。男女の―をなくす。

【格式】一 身分や家柄、階級に応じた決まりや作法。また、その身分や家柄。例―が高い。―を重んじる。二〔「格」は律令の補助や修正、「式」は施行細則の意〕日本の律令時代の決まり。

【格段】(名・形動ダ) ちがいがとくに大きいこと。類格別。例―の差がある。―によくなる。

【格調】文学や芸術などの作品のもつ、上品さや気高さ。例―高い文章。

【格闘】(名・する) ①相手と組み合って戦うこと。例―技。②困難なものごとにいっしょうけんめいに取り組むこと。例難題と―する。表記 ▽旧▼挌闘

【格納】(名・する) 倉庫などにしまうこと。例―庫。

【格納庫】航空機などをしまっておく建物。

【格物致知】①朱子学で、ものごとの道理を追究して、自己の知識を深めること。②陽明学で、心を正しくして、生まれながらにもつ知をみがくこと。▽致知格物。

【格別】(形動ダ・副) ①程度がふつうとはちがっているようす。とりわけ。類格段・特別。例うまさは―だ。今年の冬は―寒い。②ともかくも。論外。例お金持ちは―として。

【格子】①細い木やタケを、たてよこに組んだもの。戸や窓にとりつける。例―戸。②「格子縞」の略。たて縞と、よこ縞を組み合わせたもよう。チェック。

【▽格天井】角材を格子の形に組んで、裏に板を張った天井。

●価格・規格・厳格・合格・骨格・資格・失格・昇格・人格・性格・体格・適格・同格・破格・品格・風格・別格

木 6

【核】

10画 1943 6838 常用 音カク漢 訓さね

筆順

なりたち [形声]「木(=き)」と、音「亥カイ→カク」とから成る。木の皮で作ったうつわ。借りて「さね(=果実の中心部)」の意。

意味 ❶果実の中心にあるかたい部分。たね。さね。例果核。❷たしかめる。しらべる。例核実(=真実をたしかめる)。校核(=くらべしらべる)。❸ものごとの中心にあるたいせつな部分。例核心。中核。❹生物の細胞の中心にある部分。例核質。❺原子核のこと。例核爆発。核兵器。

難読 核子

【核家族】ひと組みの夫婦とその子供だけで暮らす家族。〔英語 nuclear family の訳〕例―化が進む。

4画

［木部］6画 桜 格 核

【核酸】（生）細胞の核にふくまれていて、生命の維持や遺伝に重要なはたらきをする物質。リボ核酸とデオキシリボ核酸とに大別される。

【核質】（生）細胞の核をつくっている物質。

【核心】ものごとの中心となるたいせつな部分。例―をつく発言。問題の―にふれる。類中核・中枢。

【核燃料】原子炉で核反応を起こして、エネルギーを発生させる物質。ウランやプルトニウムなど。

【核爆発】核融合や核分裂によって起こる爆発。また、核兵器の爆発。

【核武装】（名・する）原子爆弾や水素爆弾などの核兵器を配備していること。

【核分裂】（名・する）①（生）細胞分裂で、細胞核が二つに分かれること。②（物）ウランやプルトニウムなどの原子核が二つに分かれること。そのときに発生する大量のエネルギーが原子炉や原子爆弾に利用される。対核融合。

【核兵器】核分裂や核融合のときに発生する大量のエネルギーを利用した兵器。原子爆弾や水素爆弾など。例―廃絶。

【核融合】（物）水素やヘリウムなどの原子核が二つ以上結合し、一つの原子核になること。そのとき発生する大量のエネルギーが水素爆弾に利用される。対核分裂。
●結核・原子核・地核・中核・非核

木 6
【株】
10画 1984 682A 教育6 音シュ漢 チュ漢 訓かぶ

筆順 一 十 オ 木 木' 杧 杵 株 株

なりたち 形声「木（=き）」と、音「朱」とから成る。木の根。

意味 ❶木の根もとの地面にあらわれた部分。また、木を切ったあと地上に残った部分。きりかぶ。くいぜ。例守株。❷根のついた草木を数えることば。かぶ。例バラ一株。

日本語での用法《かぶ》①資本のひとまとまり。「株を売って資金を作る・株券・株式会社」②その人の特技。「お株を奪う」③評価や地位。「株を上げる・親分株」

人名 もと・より

【株価】株式の市場での値段。

【株券】株式の持ち主であることを示す有価証券。株式。株。

【株式】①株式会社の資本を等分にした一つ。資本の単位。②株券。株。例―の売買。―市況。

【株式会社】株式を資本金とする会社。

【株主】株式会社に出資し、株券を持っている人。例―総会。

【株を守る】古い習慣や方法にとらわれて進歩のないことのたとえ。株を守りて兎を待つ。→【守株】（290ページ）
●親株・守株・古株

木 6
【栞】
10画 5957 681E 人名 音カン漢 訓しおり

なりたち 会意「木（=き）」と「幵（=目じるし）」とから成る。道しるべの木。

意味 山道を歩くときに、目じるしとするために折ったり切ったりした木の枝。しおり。

日本語での用法《しおり》①読みかけの本にはさんで目じるしとするもの。「本に栞をはさむ」②案内書。手引き。「修学旅行の栞」

木 6
【桓】
10画 2028 6853 音カン漢呉

意味 ❶昔の中国で、宿場などのしるしとして立てた柱。例桓表（=宿場の入り口の目じるしの柱）。❷貴人を埋葬するとき、棺を墓の穴に下ろすために立てた柱。❸落葉高木のムクロジ（=無患子）の別名。

木 6
【桔】
10画 2143 6854 人名 音キチ・キツ慣 ケツ漢

意味「桔梗」は、秋の七草の一つ、キキョウ。

難読 桔槹

木 6
【框】
10画 5958 6846 音キョウ漢 訓かまち

意味 ❶戸・窓・障子などの周囲のわく。かまち。例門框。❷床の間や縁側などの端をかくすためにわたす横木。例上がり框。縁框。

木 6
【栩】
10画 5959 6829 音ク漢 訓かしのき・くぬぎ・とち

意味 ❶ブナ科の落葉高木。クヌギ。❷「栩栩然」は、よろこび満足するようす。

木 6
【桂】
10画 2343 6842 人名 音ケイ漢呉 訓かつら

なりたち 形声「木（=き）」と、音「圭」とから成る。「百薬の長」とされる木。

意味 ❶ニッケイ・モクセイなど、かおりのよい木をまとめていう。カツラ。例桂花（=モクセイの花）。❷中国の伝説で、月の中に生えているという木。また、月の別名。例桂月。月の桂。❸広西チワン族自治区の別の呼び名。昔の桂林郡の名による。

日本語での用法 一《かつら》カツラ科の落葉高木。カツラ。材は建築・家具などに用いる。二《ケイ》将棋の駒の一つ。「桂馬」

人名 かつ・よし

【桂冠】「月桂冠」の略。月桂樹の枝や葉で作った冠。古代ギリシャで競技の優勝者や、また、すぐれた詩人がかぶった。

【桂冠詩人】古代ギリシャのすぐれた詩人に月桂冠があたえられたことから、イギリスで、国王から任命され、慶弔のときに公的な詩をつくった詩人。現在は、名誉職。

【桂月】①（月にカツラの木があるという中国の伝説から）月の別名。②陰暦八月の別名。かつらづき。

【桂皮】肉桂の樹皮を乾燥させたもの。薬用や香辛料などにする。

【桂▽馬】将棋の駒の一つ。左または右どなりのますの、二ます前方にななめに進む。他の駒をとび越すことができる。桂。例―跳び。

【桂林】①カツラの林。②文芸に親しむ人々の仲間。③広西チワン族自治区の都市。

木 6
【枅】
10画 ｜｜ 音ケイ漢 訓ひじき・ほうだて・ますがた

木 4
【枅】
8画 5939 6785 俗字

意味 棟木をささえるために、柱の上に置く方形の木。とがた。ますがた。

日本語での用法 《はしらぬき・ほうだて》大工の用語としてあてる。

木6 **【桁】** 10画 2369 6841 常用 音コウ漢 訓けた

筆順 十 木 朩 杧 杧 桁 桁

なりたち [形声]「木(=き)」と、音「行」とから成る。横木。けた。

意味 ❶家屋の柱や橋脚の上にかけわたす横木。けた。❷衣服をかける家具。ころもかけ。例衣桁。

日本語での用法 《けた》数の位取り。「一桁・二桁」

木6 **【桀】** 10画 *5960 *6840 音ケツ漢 訓はりつけ

意味 ❶鳥のとまり木。ねぐら。❷罪人をしばって高く木の上にかかげる。はりつけ。❸わるがしこく目だつ。わるもの。例桀黠(=わるがしこい)。❹すぐれて目だつ。同傑。❺古代中国の夏王朝最後の天子の名。暴虐非道で、殷の湯王にほろぼされた。例桀紂(=紂は、桀と同じく暴君悪王であった、殷の紂王)。

木6 **【柧】** 10画 5955 67E7 音コ漢

意味 ❶六角や八角のかどをもった木材。かど。❷六角柱や八角柱の形をした木簡。同觚。

木6 **【桍】** 10画 5961 684D 音コ漢

意味 ❶木の名。❷農具などの柄をさしこむ穴。

木6 **【校】** 10画 2527 6821 教育1 音コウ漢 キョウ呉 訓くら-べる

筆順 一 十 木 杧 杧 杧 杪 校

なりたち [形声]「木(=き)」と、音「交」とから成る。囚人につける木のかせ。

意味 ❶罪人の手足や首にはめる刑具。かせ。❷見くらべてあやまりをただす。しらべる。くらべる。同較。例校合。校閲。校正。❸人を集めて教育するところ。まなびや。例校舎。学校。休校。❹指揮官のいるところにつくられたさく。転じて、軍の指揮官。例将校。

難読 校倉

人名 ただし・とし・なり

【校合】(名・する) ①なん種類かの本文をくらべて、ちがいを調べること。類校訂。例写本を集めて—する。②もとの原稿と照らし合わせてまちがいを直すこと。類校正。

【校医】学校からたのまれて、児童や生徒の病気やけがの治療、および健康管理をする医師。学校医。

【校異】古典作品などで、なん種類かある本文の語句や文字のちがいをくらべること。また、その結果。

【校閲】(名・する) 文書や原稿を調べ、まちがいを直したり補ったりすること。例—者。

【校歌】学校の特色や教育の目標をあらわすためにつくられた歌。

【校外】その学校のそと。対校内。例—学習。

【校勘】(名・する)〔「勘」は、考える意〕くらべて考えること。とくに、古典などでの本文のちがいをくらべて研究すること。例『古今和歌集』の本文の—をする。

【校紀】学校生活での道徳的な決まり。学校の規律。例—の乱れを正す。

【校規】学校での規則。類校則。例—に照らして考える。

【校旗】学校のしるしとするはた。例—を制定する。

【校具】勉強や運動のために、学校に備えつけてある用具。

【校章】その学校のしるし。例帽子の—。

【校正】(名・する) もとになる本や原稿とくらべ合わせて、まちがいを直したり補ったりすること。例—刷り。

【校則】学校での規則。類校規。

【校注】(名・する) 書物の文章を他の本文とくらべてちがいを調べ、説明をつけること。表記 旧校▼註

【校長】学校の最高責任者。学校長。例—室。

【校訂】(名・する) 古典などの本文を他とくらべ合わせて、正しく直すこと。類校合。例『古事記』の—をする。

【校庭】学校の庭や運動場。

【校内】その学校のなか。対校外。例—放送。

【校風】学校が伝統的につくり上げてきた独特の気風。

【校本】古典作品などで、もとの形を研究するために、なん種類かある本文をくらべてちがいを示し、比較できるようにした本。例古写本を集めて—をつくる。

【校友】①同じ学校の友人。②同じ学校の在校生・卒業生・教職員をまとめていうことば。

【校了】(名・する) 校正が完了すること。

●学校・休校・下校・検校・将校・全校・転校・登校・分校・母校・本校

木6 **【栲】** 10画 5962 6832 音コウ漢 訓たえ

意味「山栲(=オウチに似た落葉小高木)」のこと。一説に、ミツバウツギ科のゴンズイ。また、ウルシ科のヌルデともいう。

日本語での用法 《たえ》カジノキやコウゾなどの木の皮の繊維で織った白色の布。「白栲」

木6 **【根】** 10画 2612 6839 教育3 音コン漢呉 訓ね

筆順 一 十 木 村 相 相 根 根

なりたち [形声]「木(=き)」と、音「艮」とから成る。木の、ね。

意味 ❶木や草の、地中にある部分。ね。例球根。大根。❷ものごとのもと。例根源。禍根。病根。❸人の精神力のもと。例根気。根性。精根。❹徹底的に。ねこそぎ。例根絶。根治。❺方程式の答え。また、ある数をなん回かかけあわせた数のもとの数。ルート。例根号。平方根。

人名 もと

【根幹】①木の根とみき。②ものごとの土台となるたいせつな部分。おおもと。類根本・中枢。

【根気】一つのことをねばり強く続ける気力。根。例—よく続ける。

【根拠】①意見や判断、また、行動のよりどころとなることがら。例—を示す。②活動のよりどころとなる場所。ねじろ。類本拠。例—地。

【根茎】①木の根とくき。②根のように見える地中のくき。ハス・タケの地下茎など。

【根源】ものごとのいちばんもととなるところ。おおもと。類根

本ポン。例諸悪の―。表記「根元」とも書く。

【根号】コンゴウ（数）累乗根をあらわす記号。ルート。√や∜など。

【根菜類】コンサイルイ 野菜のなかで、根や球根、地下茎を食用とするもの。ダイコン・ニンジン・レンコンなど。

【根治】コンジ（「コンチ」とも）（名・する）病気をもとのところから完全になおすこと。また、完全になおること。例―手術。

【根性】コンジョウ ①もともともっている性質。また、身についた性質。類性根・気性・気質。例―をたたきなおす。②つらくても投げ出さずやりぬこうとする気持ち。

【根絶】コンゼツ（名・する）よくないものごとを、もとから完全に取り除くこと。根絶やし。例伝染病の―をめざす。

【根底】コンテイ ものごとのいちばんもとになっているところ。おおもと。類根本・土台。例政治の―をゆるがす。表記旧根▼柢

【根本】コンポン 一ものごとのいちばんもとにあるだいじなところ。おおもと。類根底・根源。例―精神。―的。―からやりなおす。二ねもと「根元」に同じ。

【根毛】コンモウ（生）植物の根の先の、毛のような細い部分。水分や養分を吸収する。

【根粒】コンリュウ（生）マメ科植物などの根に細菌がはいってできるこぶ。例―バクテリア。表記「根▼瘤」とも書く。

【根太】ねだ 建物の床板を下からささえる横木。

【根深】ねぶか ネギの別名。例―汁。

【根元】ねもと 一①草や木の根のあたり。根の部分。例松の―。②つけねのあたり。つけねの部分。例枝が―から折れる。二コンゲン「根源」に同じ。表記一は「根本」とも書く。

【根雪】ねゆき 積もったまま、春までとけない雪。

●尾根・垣根・気根・球根・心根こころね・シンコン・事実無根・性根・精根・大根・同根・羽根・病根・無根・屋根・六根

木6

【栽】

10画 2647 683D 常用 音サイ漢呉 訓う-える

筆順 一 十 土 圭 𢦏 栽 栽 栽

なりたち［形声］「木（=き）」と、音「𢦏サイ」とから成る。土塀を築くときに用いる土を両側からはさむ長い板。借りて「草木を植える」の意。

意味 ❶植物の苗を植え、育てる。うえる。例栽植。栽培。❷苗木。うえこみ。例前栽。盆栽。

人名 たね

【栽植】サイショク（名・する）植物を植えること。植栽。

【栽培】サイバイ（名・する）①植物を植えて育てること。例温室―。②魚介類を孵化・養育・放流、また養殖すること。例―漁業。

木6

【柴】

10画 2838 67F4 人名 音サイ漢 訓しば

意味 ❶枝をたきぎなどに使う、小さい雑木。しば。例薪柴。❷しばを焼いて天をまつる祭り。❸しばで作ったようにそまつな。例柴車。柴門。

【柴車】サイシャ しばで作ったそまつな車。かざりたてない車。

【柴薪】サイシン しばとたきぎ。

【柴扉】サイヒ ①しばで作ったそまつな戸。しばの戸。柴門。②そまつなすまい。わびずまい。

【柴門】サイモン ①しばで作ったそまつな門。柴扉。しばの戸。②そまつな家。③〔しばを積んで門をふさぐことから〕門を閉じて人と交際しないこと。杜門。

【柴刈り】しばかり（名・する）たきぎにする雑木をかりとること。また、その人。例おじいさんは山へ―に行きました。

【柴山】しばやま 雑木が生えている山。

木6

【桟】

10画 2723 685F 常用 音サン漢 訓かけはし 付表桟敷

筆順 一 十 木 木 朩 栈 栈 桟

木8

【棧】

12画 6002 68E7

なりたち［形声］「木（=き）」と、音「戔セン→サン」とから成る。竹や木を組み合わせて作った、たなやかけはし。

意味 木を組み合わせて作った、たなやかけはし。例桟道。

日本語での用法《サン》戸や障子の骨。「障子の桟」

【桟敷】さじき 芝居や相撲や祭りなどを見る客のために、高く作った見物席。例―席。天井―。特設―。

【桟道】サンドウ けわしいがけに板を並べ、棚のように作った道。かけはし。

【桟橋】サンばし 岸から水上につき出し、船の荷物のあげおろしや人の乗り降りに使う設備。

木6

【桎】

10画 5963 684E 音シツ漢 訓あしかせ

意味 罪人の足にはめてしめつけ、その自由をうばう刑具。あしかせ。例桎梏。

【桎▼梏】シッコク〔「梏」は、手かせの意〕行動の自由をうばうもの。類束縛・拘束。

木6

【栖】

10画 3220 6816 人名 音セイ漢 訓す・すみか・す-む

意味 鳥のすみか。す。すむ。同棲。〔地名や人の姓に用いられることが多い〕

難読 栖すみ・来栖くるす・国栖くず・有栖川ありすがわ・鳥栖とす

【栖息】セイソク（名・する）鳥や動物が生活していること。すんでいること。表記現生息

木6

【栓】

10画 3282 6813 常用 音セン漢

筆順 一 十 木 木 朴 栓 栓 栓

なりたち［形声］「木（=き）」と、音「全セン」とから成る。あなに入れて、ふさいだり動かないようにしたりする木のくぎ。

意味 ❶瓶などの口や、あな・くだをふさぐもの。せん。例血栓。耳栓。❷水などの出口につけて流れを調節したり止めたりする装置。せん。例給水栓。消火栓。

木6

【栴】

10画 3283 6834 音セン漢呉

意味「栴檀」は、香木の名。

【栴▼檀】センダン ①インド産のビャクダン科の常緑高木。白檀の別名。幼木のうちからかんばしいので、大成する人が幼時からひいでることのたとえとされる。②センダン科の落葉高木。暖地に生え、初夏に、うすむらさき色の花がさく。古名は楝おうち。▽栴檀。

【栴▼檀は双葉より芳し】〔栴檀は芽を出したばかりの双葉のときから、いいにおいがするということから〕偉大な人物は子供のときからすぐれているというたとえ。

木 6 **【栫】** 10画 5965 682B 音 セン漢 訓 かき・かこ-う・ふしづけ

意味 ❶木ぎれなどで囲う。かこう。かき。❷束ねた柴を川や沼などにしずめておいて、魚が入りこんだところをとらえるしかけ。ふしづけ。

木 6 **【桑】** 10画 2312 6851 常用 音 ソウ漢呉 訓 くわ

筆順 フ ヌ ヌ 叒 叒 桒 桑 桑

木 6 **【桒】** 10画 2F8E1 俗字

なりたち [会意]「叒(=クワの葉)」と「木(=き)」とから成る。カイコがその葉を食う木。

意味 クワ科の落葉高木。クワ。葉をカイコの飼料とする。材は家具に使い、樹皮は製紙原料となる。例 桑田。

難読 桑折(=地名)

【桑畑】くわばたけ クワを植えた畑。桑田。

【桑原】くわばら ①クワ畑。②〔クワ畑には雷が落ちないと信じられていたことから〕雷や不吉なことをさけるための、まじないの文句。例 おお、—、—。

【桑海】ソウカイ 「桑田変じて海となる」に同じ。

【桑戸】ソウコ クワの木の枝などで作った戸。貧しい家のこと。例 —の士。

【桑弧▼蓬矢】ソウコホウシ ①クワの木の弓とヨモギの矢。祝儀に用いる。〔昔、中国で、男子が生まれたとき、この弓矢で天地四方を射て将来の活躍をいのった〕〈礼記〉②男子が志を立てること。桑蓬の志。

【桑▼梓】ソウシ ①クワとアズサ。②〔昔、家の周囲にクワとアズサを植えて子孫の暮らしの助けにしたということから〕故郷のこと。例 —を思う。

【桑田】ソウデン クワ畑。桑園。

【桑田変じて海となる】陸地だったクワ畑が時を経て大海となるように、世の移り変わりの激しいこと。滄桑の変。桑田滄海。

【桑年】ソウネン 〔「桑」の俗字「桒」を分解すると、十が四つと八になることから〕四十八歳のこと。

【桑▼蓬の志】ソウホウのこころざし 男子が雄飛活躍しようとする志。桑弧蓬矢。

【桑門】ソウモン 〔仏〕僧侶。沙門。

木 6 **【桃】** 10画 3777 6843 常用 音 トウ漢呉 訓 もも

筆順 一 十 木 村 村 村 杉 桃 桃

なりたち [形声]「木(=き)」と、音「兆(チョウ→トウ)」とから成る。モモの木。

意味 バラ科の落葉小高木。モモ。春、うすくれないの花がさき、夏、大きい実をつける。果肉はやわらかくあまい。種や葉は薬用となる。例 桃花。桃源。桃李。

難読 桃花鳥

【桃花】トウカ モモの花。

【桃源】トウゲン 俗世間をはなれた平和で美しい理想の世界。桃源郷。ユートピア。〔ある漁夫がモモの林の中の川をさかのぼって、外界とはなれた平和な村を見つけた。あとでもう一度おとずれようとしたが、道を見つけられなかったという物語から〕〈陶潜・桃花源記〉

【桃源郷】トウゲンキョウ 「桃源」に同じ。

【桃弧】トウコ モモの木で作った弓。わざわいや不吉をはらうとされる。

【桃▼李】トウリ ①モモとスモモ。②自分が取り立てた人物。すぐれた門人。〔モモやスモモを育てれば、夏には木かげで休み、秋には実を食べることができるということから〕

【桃▼李言わざれども下▽自ら▼蹊を成す】美しい花やおいしい実をつける、モモやスモモの木の下には自然に人が集まり道ができる、ということから、徳のあるりっぱな人物には、自然に人がしたい寄ってくるたとえ。「成蹊」は、これにもとづいた語。〈史記〉

【桃割れ】ももわれ 左右に分けたかみの毛を輪にして、モモを二つに割ったような形にする日本髪。明治・大正期に十六、七歳の少女が結った。

●桜桃・白桃

木 6 **【桐】** 10画 2245 6850 人名 音 トウ漢 ドウ呉 訓 きり

なりたち [形声]「木(=き)」と、音「同」とから成る。キリの木。

意味 ❶キリ科(旧ゴマノハグサ科)の落葉高木。キリ。葉は大きくたまご形。初夏、うすむらさき色の花がさく。材は木目が美しく、軽くてくるいが少ないので、たんす・琴・げたなどに用いられる。❷「梧桐」は、アオギリ。アオイ科(旧アオギリ科)の落葉高木。❸〔琴の胴をキリで作ることから〕琴。例 桐君。

人名 ひさ

【桐油】トウユ アブラギリの種からとった油。例 —合羽(=桐油紙で作った合羽)。—紙(=水がはじかれるように、桐油をしみこませた紙)。

木 6 **【梅】** 10画 3963 6885 教育4 音 バイ漢 メ呉 訓 うめ 付表 梅雨

筆順 一 十 木 木' 杧 梅 梅 梅

木 7 **【梅】** 11画 1-8569 FA44 人名

木 9 **【楳】** 13画 3964 6973 別体字

なりたち [形声]「木(=き)」と、音「毎」とから成る。ウメの木。

意味 ❶バラ科の落葉高木。ウメ。中国原産。早春、かおりのよい白・紅色などの花がさく。六月ごろ、すっぱい実がなり、うめぼしやうめ酒にする。例 梅花。梅林。寒梅。❷ウメの実がなるころ降り続く長雨(の季節)。例 梅雨。入梅。

人名 み

【梅酒】うめシュ 青いウメの実を、氷砂糖を加えた焼酎にひたしてつくる果実酒。

【梅酢】うめず ウメの実を塩づけにしたときに出る汁。多く、シソで赤く色づけする。

【梅雨】バイウ・つゆ 六月から七月ごろに降る長雨。また、その期間。参考 ウメの実が熟するころの雨の意。また、この時期は黴が生えやすいことから「黴雨」ともいう。

【梅園】バイエン ウメの木をたくさん植えてある庭園。

【梅花】バイカ ウメの花。

【梅毒】バイドク 性病の一つ。トレポネマパリズムの感染によって起こる慢性の感染症。表記「▼黴毒」とも書く。

【梅林】バイリン ウメの木をたくさん植えてある林。

●塩梅（アンバイ）・寒梅（カンバイ）・観梅（カンバイ）・紅梅（コウバイ）・入梅（ニュウバイ）

木6 【桙】 10画 5966 6859 音ム（慣）ウ（漢） 訓きのほこ・ほこ

意味 ❶木製の食器。同盂。❷たらい。

日本語での用法 《ほこ・きのほこ》「鉾（ほこ）」にもとづいて金偏（かねへん）を木偏（きへん）に変えたものか。

木6 【栗】 10画 2310 6817 人名 音リツ（漢） 訓くり

なりたち ［会意］「覀（=実がたわわに実るようす）」と「木（=き）」とから成る。クリの木。

意味 ❶ブナ科の落葉高木。クリ。山野に自生するが、果樹として栽培（サイバイ）もする。材はかたく、建材などに利用され、果実は食用。❷おそれる。ふるえおののく。同慄（リツ）。

難読 栗栖（くるす）（=姓・地名）・団栗（どんぐり）

【栗毛】（くりげ） 馬の毛色の名で、全体が明るい茶色、あるいはこげ茶色をいう。また、その毛色の馬。

【栗名月】（くりメイゲツ） 陰暦（インレキ）九月十三日の月。クリや枝豆を供える。豆名月。→【芋名月】（いもメイゲツ）（842ページ）

【栗▼鼠】（リス） リス科の哺乳（ホニュウ）動物。ふさふさした大きな尾（お）をもち、木の実を好んで食べる。キネズミ。

木6 【桧】 10画 ⇩【檜】（カイ）（549ページ）

木6 【栓】 10画 ⇩【栓】（セン）（528ページ）

木6 【栞】 10画 ⇩【桑】（ソウ）（529ページ）

木6 【档】 10画 ⇩【檔】（トウ）（550ページ）

木6 【栢】 10画 ⇩【柏】（ハク）（523ページ）

木6 【桝】 10画 ⇩【枡】（ます）（520ページ）

木7 【械】 11画 1903 68B0 教育4 音カイ（漢）（呉） 訓かせ

筆順 一 十 木 杧 杯 械 械 械 械

なりたち ［形声］「木（=き）」と、音「戒（カイ）」とから成る。罪人の手足にはめる刑具（ケイグ）。

意味 ❶罪人の首や手足にはめて、自由をうばう刑具（ケイグ）。かせ（をはめる）。例械繋（カイケイ）（=かせをはめて牢屋（ロウや）につなぐ）。械梏（カイコク）（=手かせ、足かせ）。❷しかけのある道具。例器械（キカイ）・機械（キカイ）。❸兵器。武器。

［木部］ 6—7画 ● 桙 栗 桧 栓 栞 档 栢 桝 械 桷 桿 梟 桾 梧 梗 梏 梱

木7 【桷】 11画 5968 6877 音カク（漢） 訓ずみ・すみぎ・たるき

意味 屋根板などをささえるために、棟（むね）から軒（のき）にかけわたす角材。たるき。すみぎ。

日本語での用法 《ずみ》ヒメカイドウの別名。

木7 【桿】 11画 5969 687F 音カン（漢） 訓てこ

意味 （てごろな長さの）木ぎれ。こん棒（のようなもの）。例操縦桿（ソウジュウカン）。

木7 【梟】 11画 5970 689F 音キョウ（漢）（呉） 訓ふくろう

意味 ❶フクロウ科の猛禽（モウキン）。フクロウ。森の木のほらなどにすみ、くちばしがするどく、夜間に小動物を捕食（ホショク）する。〔親鳥を食う不孝の悪鳥とされ、夏至（ゲシ）の日にとらえられて羹（あつもの）（=スープ）にされたという〕❷たけだけしい。勇ましく強い。例梟悪（キョウアク）。梟雄（キョウユウ）。❸罪人の首をさらして高くかかげる。例梟首（キョウシュ）。さらし首。

【梟悪】（キョウアク） （名・形動ダ）あらあらしくて人の道にそむいていること。例—な盗賊（トウゾク）。

【梟首】（キョウシュ） （名・する）罪人の首をはねて、木にかけてさらすこと。また、その首。さらし首。

【梟名】（キョウメイ） ひじょうに強いという評判。武勇のほまれ。例—の聞こえた敵将。

【梟雄】（キョウユウ） 勇猛（ユウモウ）な武人。例—といわれた漢の劉邦（リュウホウ）。

木7 【桾】 11画 5985 687E 音クン（漢） 訓さるがき・ふし

意味 「桾櫏（クンセン）」は、カキノキ科の落葉高木。シナノガキ。サルガキ。桾櫏（クンセン）。桾杆（クンセン）。

日本語での用法 《ふし》ところどころが、こぶのようにふくらんだ部分。「節」とも。「桾織（ふしおり）・桾縄目（ふしなわめ）の鎧（よろい）」

木7 【梧】 11画 2472 68A7 人名 音ゴ（漢） 訓あおぎり

なりたち ［形声］「木（=き）」と、音「吾（ゴ）」とから成る。アオギリの木。

意味 アオイ科（旧アオギリ科）の落葉高木。アオギリ。街路樹にする。樹皮は緑色で、葉は大きい。材は琴（こと）や家具に用いられる。

【梧下】（ゴカ） ①アオギリの木の下。②〔アオギリで作った机のあたりの意〕手紙で、あて名の左下に書き、敬意をあらわすことば。類机下（キカ）。

【梧▼桐】（ゴトウ・ゴドウ） アオギリの別名。例—一葉（イチヨウ）（=アオギリの一枚の葉が落ちたことで秋を知る）。

【梧葉】（ゴヨウ） アオギリの葉。例階前（カイゼン）の—すでに秋声（シュウセイ）。

木7 【梗】 11画 2528 6897 常用 音コウ・キョウ（漢） 訓やまにれ・ふさ-ぐ

筆順 十 木 杧 杧 柯 栖 梗 梗

なりたち ［形声］「木（=き）」と、音「更（コウ）」とから成る。ヤマニレ。

意味 ❶かたいとげのある木。ニレの一種、ヤマニレとされる。❷枝や茎（くき）。例花梗（カコウ）。❸ふさがる。例梗塞（コウソク）。❹あらまし。例梗概（コウガイ）。❺「桔梗（キキョウ）（キチコウ）」は、秋の七草の一つ、キキョウ。

【梗概】（コウガイ） おおよその内容。あらすじ。あらまし。類概略・概要。例論文の—を話す。『太平記（タイヘイキ）』の—。

【梗塞】（コウソク） （名・する）ふさがって通じないこと。つかえること。例心筋—。脳—。

木7 【梏】 11画 5971 688F 音コク（漢） 訓てかせ

意味 罪人の手首にはめて自由をうばう刑具（ケイグ）。また、自由をさまたげるもの。手かせ。例桎梏（シッコク）。

【梏▼桎】（コクシツ） 〔「桎」は、足かせの意〕行動の自由をうばうもの。桎梏。類束縛（ソクバク）・拘束（コウソク）。

木7 【梱】 11画 2613 68B1 音コン（漢） 訓しきみ・こり

意味 ❶門の内外を分ける仕切り。しきみ。例梱内（コンナイ）（=仕切りのうち。域内。国内）。❷そろえてしばる。例梱包（コンポウ）。

日本語での用法 一《こり》包装した荷物を数えることば。「生糸（きいと）一梱（ひとこり）・綿糸（メンシ）一梱（ひとこり）」二《こうり》タケやヤナギで編んだ、衣類などを入れるかご。行李（コウリ）。「梱（こうり）につ

—めて送る」

【梱包】コンポウ（名・する）箱に入れたりひもでしばったりして、荷づくりすること。また、その荷物。例—材料。製品を—する。

木7 **【梭】** 11画 5972 68AD 音サ漢 訓ひ

意味 機織はたおりのよこ糸を通す道具。たて糸のあいだを、左右によこ糸をくぐらせるのに用いる。ひ。例梭杼サチョ。

【梭▼杼】サチョ 機織はたおりで、たて糸の中をくぐらせて、よこ糸を通す道具。ひ。

【梭投】サトウ（名・する）①機織はたおりで、ひ（＝よこ糸を通す道具）をたて糸の間に通すこと。②時間のたつのが急なこと。

木7 **【梓】** 11画 1620 6893 人名 音シ漢 訓あずさ

なりたち [形声]「木（＝き）」と、音「宰サイ→シ」の省略体とから成る。キササゲの木。

意味 ❶ノウゼンカズラ科の落葉高木。キササゲ。材は良質で印刷の版木ハンギなどに使われた。例桑梓ソウシ。❷版木（にほって印刷する）。例上梓ジョウシ。

日本語での用法《あずさ》カバノキ科のヨグソミネバリの別名。昔から和歌などに詠まれた。「梓弓あずさゆみ」

【梓弓】あずさゆみ ①アズサの木で作った弓。②弓に関連した「射る」「引く」「張る」「弦つる」「矢」などにかかる枕詞まくらことば。

木7 **【梔】** 11画 5973 6894 音シ漢 訓くちなし

意味 アカネ科の常緑低木。クチナシ。初夏、香気コウキのある白い花がさく。実は染料センリョウ・薬用とする。

難読 梔子くちなし・山梔子くちなし

木7 **【梢】** 11画 3031 68A2 人名 音ソウ漢ショウ呉 訓こずえ

木7 **【梢】** 11画

なりたち [形声]「木（＝き）」と、音「肖ショウ→ソウ」とから成る。こずえ。

意味 ❶木の幹や枝の先。こずえ。❷ものごとの、すえ。例末梢マッショウ。

人名 こず・すえ・たか

【梢梢】ショウショウ（名・形動タル）木の葉が風に鳴る音。風の音の形容。例—として樹林をわたる風。

木7 **【梳】** 11画 5964 68B3 音ソ漢 訓くし・くしけず-る・けず-る・す-く

意味 ❶かみの毛をすいて、ととのえる道具。ときぐし。くし。❷かみの毛をととのえる。すく。くしけずる。けずる。例梳洗ソセン。梳櫛ソシツ。❸整理する。ととのえる。

日本語での用法《ソ》毛織物に用いる繊維センイをすいて、太さ・長さのそろったものに加工すること。「梳毛ソモウ・梳毛織物ソモウおりもの」

木7 **【巣】** 11画 3367 5DE3 教育4 音ソウ漢呉 訓す・す-くう

筆順 、 丷 ⺍ 単 巣

巛8 **【巢】** 11画 1-8408 5DE2 人名

なりたち [象形] 木の上にある鳥のすみかの形。

意味 ❶鳥のす。動物のすみか。す。例営巣エイソウ。帰巣キソウ。❷盗賊トウゾクなどのかくれが。例巣窟ソウクツ。

【巣立ち】すだち（名・する）①ひなが成長して巣から飛びたつこと。例—を待つ。②子が成人して親もとからはなれたり、学校を卒業して実社会に出たりすることのたとえ。

【巣箱】すばこ ①野鳥が巣を作りやすいように、人間が作って木などにとりつけてやる箱。②ミツバチを飼っておく箱。

【巣窟】ソウクツ 悪者などがかくれ住むところ。悪者のすみか。

【巣林一枝】ソウリンイッシ 〔鳥のミソサザイが巣を作るのに林のなかにある一本の枝しか使わないことから〕分ブンに応じた環境カンキョウに満足して暮らすこと。〈荘子ソウジ〉

●病巣ビョウソウ・古巣ふるす・卵巣ランソウ

木7 **【梍】** 11画 5984 688D 音ソウ漢

意味 ❶マメ科の落葉高木。サイカチ。同皁ソウ。❷どんぐり。同皁ソウ。

参考「梍ウオ（＝鎌かまの柄え。かまつか）」は、別の字。

木7 **【梛】** 11画 5975 689B 人名 音ダ漢ナ呉 訓なぎ

意味 木の名。例枸梛クナ。

日本語での用法《なぎ》「那木なぎ」を一字に合わせた字。マキ科の常緑高木の名。

木7 **【梃】** 11画 5976 6883 音テイ漢チョウ呉 訓てこ・つえ

意味 ❶こん棒。つえ。❷棒状のものを数えることば。同丁チョウ・挺チョウ。例墨すみ一梃イッチョウ。

日本語での用法《てこ》小さい力を大きな力に変えるしかけ。「梃子てこ・梃てこでも動うごかない」

木7 **【梯】** 11画 3684 68AF 人名 音テイ漢呉 訓はしご

意味 ❶高所へのぼりおりするための道具。はしご。例梯階テイカイ。雲梯ウンテイ。❷上に進んでいく手引き。例『蘭学階梯ランガクカイテイ』

人名 はし

【梯階】テイカイ ①はしご。階段。②手引き。案内。→【階梯】カイテイ（1038ペ）

【梯形】テイケイ ①はしごの形。②「台形ダイケイ」の古い言い方。

【梯航】テイコウ ①はしごとふね。②「梯山航海テイザンコウカイ」の略。はしごで山に登り、船で海をわたる。海や山をこえて遠くへ行くこと。③手引き。案内。

【梯子】はしご ①二本の長い棒のあいだに足がかりとなる横木をなん本も取り付けた道具。高い所へのぼるときに使う。例なわ—ばしご。—をかける。②「梯子酒ざけ」の略。

【梯子酒】はしござけ 次々に店をかえて、酒を飲み歩くこと。はしご。

木7 **【桶】** 11画 1819 6876 人名 音トウ漢 訓おけ

意味 水などを入れるつつ形の容器。おけ。例天水桶テンスイおけ。

●棺桶カンおけ・手桶ておけ・風呂桶フロおけ・湯桶ゆトウ

木7 **【梨】** 11画 4592 68A8 教育4 音リ漢呉 訓なし

筆順 ニ 千 禾 利 利 利 梨 梨

なりたち [形声]「木(=き)」と、音「利リ」とから成る。ナシの木。

意味 ❶バラ科の落葉高木。ナシの木。中国原産の果樹の一つ。春、白い花をひらく。果実は水けが多く、あまい。例 梨園エン。梨花リカ。❷梵語ボンの音訳。例 梨倶吠陀リグベーダ(=古代インドの、自然賛美の詩)。阿闍梨アジャリ。

【▽梨園】エン ①梨畑なしばたけ。②〔唐の玄宗ゲンソウ皇帝コウテイが、ナシを植えた庭園で音楽や戯曲ギキョクを教えたことから〕芝居しばい。演劇。また、演劇や俳優の世界。とくに、歌舞伎かぶきの世界を指す。例 ―の名門。

木7 **【梵】** 11画 5980 68B5 音 ハン漢 ボン呉

意味 ❶古代インド哲学テツガクで宇宙の究極的原理とされた「ブラフマン」の漢訳語。神聖・清浄ショウジョウ(=清らかで、けがれがない)の意。例 梵天ボンテン。❷神聖な。インドの。仏教の。例 梵語ボンゴ。梵鐘ボンショウ。

【梵宇】ボンウ 〔「宇」は、家の意〕仏教の寺。寺院。類 梵刹ボンセツ・伽藍ガラン。

【梵語】ボンゴ 古代インドの言語。サンスクリット。

【梵妻】ボンサイ 僧ソウの妻。だいこく。

【梵字】ボンジ 梵語を記すための、古代インドの文字。例 卒都婆ソトバに―を書く。

【梵鐘】ボンショウ 〔神聖な仏事のかねの意〕寺のつりがね。例 ―の音がひびく。

【梵刹】ボンセツ 〔「ボンサツ」とも〕仏教の寺。寺院。類 梵宇・伽藍。

【梵天】ボンテン ①バラモン教で、宇宙創造の神。梵天王ボンテンノウ。②〔仏〕帝釈天タイシャクテンとともに、仏のそばにいて仏法を守護する神。梵天王。

木7 **【梶】** 11画 1965 68B6 人名 音 ビ漢 訓 かじ

意味 木の枝の先。こずえ。

日本語での用法《かじ》①船や車の進む方向をかえるための装置。「梶かじをとる」②クワ科の落葉高木。コウゾのなかまで、樹皮を和紙の原料とする。「梶かじの

木7 **【桴】** 11画 5979 6874 音 フ漢 フウ漢 訓 いかだ・ばち・むなぎ

意味 ❶むなぎ。❷小さないかだ。例 桴筏フバツ。❸いかだに乗る。❹太鼓タイコのばち。同 枹フ。例 桴鼓フコ(=ばちと太鼓)。

参考 訓「ばち」は、もともとは字音「バチ(撥)」の転用。

【桴▼筏】フバツ 〔「筏」は、大きないかだの意〕いかだ。

木7 **【梺】** 11画 5982 68BA 国字 訓 ふもと

意味 山の下のあたり。山のすそ。ふもと。

木7 **【椛】** 11画 1981 691B 人名 国字 訓 もみじ・かば

意味 ❶花のように色づいた木。もみじ。❷樺かば。

木7 **【梠】** 11画 5981 68A0 音 リョ漢 ロ呉 訓 こまい・のきすけ

意味 屋根のひさし。のき。のきすけ。

木7 **【梁】** 11画 4634 6881 人名 音 リョウ漢呉 訓 うつばり・はし・はり・やな

意味 ❶板などをかけわたしてつくった橋。かけはし。はし。例 橋梁キョウリョウ。❷柱の上にわたして屋根をささえるための横木。うつばり。はり。例 梁木リョウボク(=うつばり)。棟梁トウリョウ。❸川をせきとめて、魚をとるしかけ。やな。同 簗やな。❹中央の高く盛り上がった部分。例 脊梁セキリョウ。鼻梁ビリョウ。

難読 高梁たかはし(=地名)・魚梁やな・独梁ひとつばし

【梁材】リョウザイ ①梁はりになる大きな材木。②りっぱな人材。

【梁山泊】リョウザンパク ①山東省にある梁山のふもとの沼地ぬま。小説『水滸伝スイコデン』で、宋江ソウコウや林沖リンチュウなどの豪傑ゴウケツがたてこもった。②豪傑や野心家の集まる場所。

【梁上の君子】リョウジョウのクンシ ①どろぼう。盗人ぬすびと。〔陳寔チンショクが梁はりの上にひそんでいたどろぼうに気づき、家の者を集めて、人間は本来みな善人であることを述べてから、そのどろぼうを「梁の上の君子」とよんで、改心させた故事による〕(後漢書ゴカンジョ) ②ネズミの別名。

【梁▼塵】リョウジン ①梁はりの上のちり。②すばらしい歌声や音楽。〔魯ロの音楽の名人、虞公グコウの美声は、梁の上のちりまで動かしたという故事による〕例 ―を動かす。―飛ぶ。

【梁棟】リョウトウ ①梁はりと棟木むなぎ。②大臣など重要な地位にある人物のたとえ。

木7 **【桼】** 11画 ⇨【漆】シツ(618ジペー)

木7 **【梢】** 11画 ⇨【梢】ショウ(531ジペー)

木7 **【條】** 11画 ⇨【条】ジョウ(514ジペー)

木7 **【梼】** 11画 ⇨【檮】トウ(550ジペー)

木7 **【梅】** 11画 ⇨【梅】バイ(529ジペー)

木7 **【梹】** 11画 ⇨【檳】ビン(550ジペー)

木8 **【椏】** 12画 5983 690F 音 ア漢 訓 また

意味 ❶木のまた。枝の分かれ目。また。❷「三椏みつまた」は、ジンチョウゲ科の落葉低木。和紙の原料とする。

木8 **【椅】** 12画 1656 6905 常用 音 イ漢

筆順 一 十 木 木一 木大 杵 椅 椅

なりたち [形声]「木(=き)」と、音「奇キ→イ」とから成る。梓シの一種。イイギリ。

意味 ❶ヤナギ科(旧イイギリ科)の落葉高木。イイギリ。材は、げたや器具にする。❷背もたれのあるこしかけ。いす。同 倚イ。例 椅子イス。

【椅子】イス ①こしをおろすもの。こしかけ。いす。②地位や役職のたとえ。座。ポスト。例 社長の―をねらう。

木8 **【棺】** 12画 2029 68FA 常用 音 カン漢 訓 ひつぎ

筆順 一 十 木 木宀 柠 棺 棺 棺

なりたち [形声]「木(=き)」と、音「官カン」とから成る。死体をしまうもの。

意味 ❶死者を納めるはこ。ひつぎ。例 石棺セッカン。❷死者をひつぎに納める。

【棺▼桶】カンおけ 死者を入れる箱。ひつぎ。棺。

【棺▼槨】カンカク 「棺」は、内側のかんおけ。「槨」は、棺を入れる外

側の箱の意）ひつぎ。表記「棺▼椁」とも書く。

【棺を▽蓋いて事定まる】その人の価値や業績は、死んで、かんおけのふたがされてから、はじめて決まるもので、生前の評判はあてにならない。
●出棺・石棺・納棺

木 8
【棋】
12画 2093 68CB 常用 音ゴ慣 キ漢 ギ呉

筆順 一 十 木 木一 村 柑 柑 棋 棋

木 8
【棊】
12画 5987 68CA 本字

なりたち 形声「木(=き)」と、音「其キ」とから成る。しょうぎや、ご。

意味 囲碁・将棋。例 棋士。棋譜。将棋。

【棋院】囲碁の専門家の団体。また、その集会所。

【棋局】①碁盤や将棋盤。②囲碁や将棋の勝負の形勢。勝敗のなりゆき。

【棋士】囲碁や将棋の対局を職業とする人。

【棋子】碁石。また、将棋の駒。

【棋戦】囲碁や将棋の勝負。

【棋譜】囲碁や将棋の勝負を、手順に従って記録したもの。

【棋風】囲碁や将棋にあらわれる、その人の特徴。例 静かなー。激しいー。

木 8
【椈】
12画 5988 6908 音キク漢

意味 木の名。ヒノキ科の常緑樹「柏ハク」の別名。

木 8
【極】
12画 2243 6975 教育4 音キョク漢 ゴク呉 訓きわ-める・きわ-まる・きわ-み・き-め・き-める・きわ-めて

筆順 十 木 木 杤 柯 柯 極 極 極

なりたち 形声「木(=き)」と、音「亟キョク」とから成る。屋根の最も高いところ。

意味 ①この上ないところ。また、行き着く果て。例 極限。極地。究極。②この上ないところまで達する。行き着く。きわめる。きわまる。例 極言。極力。③この上なく。きわめて。例 極悪。極上。至極。④地軸や電池の両端。例 南極。陽極。

日本語での用法《きめる・きめ》定める。約束する。「月極め・取り極め」

使い分け きわまる・きわめる【窮・極・究】⇒1168ページ

人名 いたる・きわ・なか・のり・みち・むね

【極右】思想が極端に右翼的(=保守的・国粋主義的)であること。また、そういう人。対極左。

【極言】(名・する)①思うぞんぶんに言うこと。②極端な言い方をすること。また、そのことば。類極論。

【極限】①それ以上は進めない限界のところ。かぎり。類限度。例―状態。②〔数〕一定の法則に従って変化する数が、ある数値に限りなく近づくときの、その数。例―値。

【極左】思想が極端に左翼的(=急進的・革命主義的)であること。また、そういう人。対極右。

【極所】ものごとの行きつくところ。きわまったところ。

【極小】㊀(名・形動ダ)きわめて小さいこと。㊁(名)〔数〕関数で、数値が小さくなっていき、増加に転じるときの最小値。▽対極大。

【極少】(名・形動ダ)きわめて少ないこと。

【極星】天球の極にいちばん近い星。北極星のこと。

【極大】㊀(名・形動ダ)きわめて大きいこと。㊁(名)〔数〕関数で、数値が大きくなっていき、減少に転じるときの最大値。▽対極小。

【極端】㊀(名)いちばんはし。例 日本列島の西の―にある島。㊁(名・形動ダ)ふつうの程度や状態などからきわめてはなれていること。また、きわめてかたよっていること。

【極地】①いちばん果ての土地。さい果て。②南極と北極の地方。例―研究。

【極致】最高の状態やおもむき。きわみ。例 技術の―。

【極点】①たどりつくことのできる最後のところ。例―に達する。②南極点または北極点。例―に立つ。

【極度】(名・形動ダ)これ以上のことはないという状態や程度。例―の疲労。―にきらう。

【極東】①東の果て。②〔英語 Far East の訳〕ヨーロッパから見て、いちばん東にある地域。日本・中国・朝鮮半島などアジア東部。

【極微】(名・形動ダ)きわめて小さいこと。

【極北】北の果て。また北極に近いところ。例―の地。

【極洋】南極や北極に近い海。例―漁業。

【極量】劇薬などを用いるときの、一回または一日の最大の分量。例―をこえて服用したらしい。

【極力】(副)できるかぎりの努力をするようす。精いっぱい。例―急いで仕上げます。

【極論】(名・する)極端な言い方をすること。また、極端な内容の議論。極言。例―すれば中止ということだ。

【極刑】いちばん重い刑罰。類死刑。例―に処す。

【極光】南極や北極の地方で、大気中に起きる発光現象。いろいろな色が、カーテンや帯のように見える。オーロラ。

【極悪】(名・形動ダ)きわめて悪いこと。例―非道。

【極意】武芸や芸道などで、いちばん深いところにある境地やわざ。奥の手。類奥義。例 茶道の―をきわめる。

【極印】①品質の証明や偽造の防止のために、貨幣や品物につける、しるし。②(悪いという)消せない証拠。

【極月】陰暦十二月の別名。しわす。

【極極】(副)きわめて。たいそう。ひじょうに。ごく。

【極彩色】美しくはなやかで、濃いいろどり。例―のかべかけ。

【極暑】きわめてあついこと。例―の候をむかえる。類酷暑・厳暑・猛暑。対極寒。

【極上】(名・形動ダ)これ以上はないというほどに上等なこと。また、そのもの。類最上。例―の牛肉。

【極製】これ以上はないというほどの最高の作り方。また、その製品。例 精選―。

【極道】(名・形動ダ)ばくちや酒などの道楽にふけったり、平気で悪事をはたらいたりすること。また、そうする人。例―者。―息子。表記「獄道」とも書く。

【極熱】この上なくあついこと。ひどいあつさ。類酷熱。

【極熱地獄】〔仏〕八大地獄の一つ。炎熱に苦しめられるという、いちばんあつい地獄。大焦熱地獄。

【極秘】(名・形動ダ)絶対に秘密にしなければならないこと。例―情報。―のうちに進める。会議の内容は―だ。

【極貧】(名・形動ダ)きわめてまずしいこと。類赤貧。例―の暮らしぶり。

【極太】①糸などの太さで、いちばん太いもの。例―の毛糸。②万年筆などの筆記用具で、えがく線がいちばん太いもの。▽対極細。

【極細】(名・形動)①(糸などが)いちばん細いこと。例一の毛糸。②万年筆などの筆記用具で、えがく線がいちばん細いもの。例一のペン先。▽対極太。

【極楽】①〔仏〕「極楽浄土」の略。②きわめて安らかでたのしい境遇。類天国。▽対地獄。

【極楽往生】(名・する)〔仏〕①死んでこの世を去り、極楽浄土に生まれ変わること。②安らかに死ぬこと。類大往生。

【極楽浄土】〔仏〕阿弥陀如来のいる、平和で安らかな理想の世界。西方浄土。極楽。

◐陰極・究極・磁極・至極・電極・南極・北極・陽極・両極

木8 【棘】 12画 5989 68D8 音キョク漢 コク呉 訓いばら・とげ

意味 ❶バラ・カラタチなど、とげのある草木。いばら。例荊棘。❷とがる。はり。とげ。例棘皮動物。

難読 棘の冠

【棘皮動物】ウニ・ナマコ・ヒトデ・ウミユリなど、からだの表面にとげや、いぼの多い無脊椎動物。

木8 【椚】 12画 6015 691A 国字 訓くぬぎ

意味 クヌギ(櫟)。〔姓や地名などに用いられる字〕

木8 【椡】 12画 6017 6921 国字 訓くぬぎ

意味 地名に用いられる字。例三ツ椡(新潟県の地名)。

木8 【検】 12画 2401 691C 教育5 音ケン漢呉 訓しら-べる

筆順 一 十 才 木 朩 松 枱 柃 検

木13 【檢】 17画 6093 6AA2 人名

なりたち [形声]「木(=き)」と、音「僉セン→ケン」とから成る。表題を書く。

意味 ❶文書をまとめ、表題をつけて封をする。また、封印。例印検(=印をおして封をする)。❷とりしらべる。しらべる。例検閲。検査。点検。❸とりしまる。ひきしめる。例検挙。検束。

人名 のり

【▽検非違使】(「ケンビイシ」の変化した語)平安時代、都の犯罪の取りしまりや訴訟をあつかった官職。

【検印】①検査がすんだことを示す印。②著作者が、出版にあたって自分の著作物の一冊一冊、また一枚一枚におす印。発行を認め、発行部数を検査したことを示す。

【検疫】(名・する)外国からの感染症を予防するため、港や空港などで病原体の有無を検査し、必要に応じて消毒や隔離などの処置をすること。また、その検査。

【検閲】(名・する)①調べ改めること。②新聞や出版物・映画・郵便物などの内容や表現について、思想的・道徳的に問題がないかどうかを調べること。

【検温】(名・する)体温をはかること。例一器(=体温計)。

【検眼】(名・する)視力を調べること。

【検挙】(名・する)警察や検察庁が犯人や容疑者をとらえること。例選挙違反で一する。

【検▽校】(調べたり、くらべたりして検討する意)①昔、寺社の事務や僧尼の監督をした職。②盲人の最上位の官職名。

【検査】(名・する)異常な点や不正などがないかどうかを調べること。類点検。例身体一。製品を一する。

【検索】(名・する)情報や資料を、調べてさがすこと。〔辞書類や索引、コンピューターを使うときにいう〕例データを一する。

【検札】(名・する)電車や列車の中で、車掌が乗客の切符を調べること。

【検察】㊀(名・する)①事実をよく調べて明らかにすること。②犯罪について調べ、証拠を集めること。㊁(名)「検察官」「検察庁」の略。例一側の証人。

【検察官】犯罪の捜査や裁判の請求をおこなう司法官。検事。

【検死】(名・する)変死者などの死因をさぐるために死体を調べること。検視。表記「検▼屍」とも書く。

【検字】漢字の字書で、文字を総画数の順に、同画数では部首別に並べた単字(=一つ一つの文字)索引。

【検事】検察官の階級の一つ。検事長の下、副検事の上。また、検察官の通称。

【検出】(名・する)調査や分析などをして、その中にふくまれている成分を見つけ出すこと。例微量の毒物が一された。

【検証】(名・する)①実際に調べて事実を証明すること。例学問的に一された事実。②〔法〕裁判官などが現場の状況や証拠物件を実際に見て調べること。例現場を一する。

【検針】(名・する)電気・ガス・水道などの使用量を見るために、メーターの目盛りを調べること。例ガスの一員。

【検診】(名・する)病気かどうかを調べるために診察すること。例集団一。定期一。

【検束】(名・する)①実力を用いて、自由な行動をさせないこと。②〔法〕もと、警察官が公安に害がある者や保護の必要な者の自由を束縛し、警察署に留置したこと。

【検地】(名・する)年貢高などを決めるため、田畑の境界・広さ・収穫量などを調べること。〔豊臣秀吉が全国的に実施し(=太閤検地)、江戸時代にも受けつがれた〕

【検定】(名・する)ある基準を定めてそれに達しているかどうかを調べ、合格・不合格を決めること。例文部科学省のおこなう教科書の一制度。

【検討】(名・する)いろいろな観点からよく調べ、考えること。例試案を一する。

【検尿】(名・する)病気の診断のために、尿を調べること。

【検品】(名・する)商品や製品を検査すること。例一所。一を受ける。

【検分】(名・する)実際に立ち会って調べること。例実地を一する。

【検便】(名・する)寄生虫・細菌・出血などがあるかどうかを知るために、大便を調べること。

【検問】(名・する)疑わしい点がないか問いただすこと。例一所。通行車両を一する。

◐首実検・車検・送検・探検・点検

木8 【棬】 12画 2-1504 68EC 音ケン漢 訓まげもの・わげもの

意味 木をうすくそいで曲げて作った容器。

木8 【椦】 12画 5991 6926 音ケン漢
意味「棬ケン」の誤字という。

木8 【棡】 12画 5992 68E1 音コウ漢
意味 ❶ブナ科の落葉高木。ナラガシワ。❷両手でもちあげる。同扛コウ。

木8 【椌】 12画 5993 690C 音コウ漢
意味 古代中国の打楽器の一つ。

木8 【棍】 12画 5994 68CD 音コン漢 訓つえ・つか-ねる
意味 ❶(まるい木の)ぼう。つえ。例棍棒コンボウ。❷わるもの。ならずもの。例棍徒コント(=ならずもの)。
【棍棒】コンボウ 手であつかう棒。

木8 【棔】 12画 6001 68D4 音コン 訓ねむのき
意味 マメ科の落葉高木。ネムノキ。

木8 【椣】 12画 6016 6923 国字 訓しで
意味 地名に用いられる字。例椣原しではら(奈良県)。

木8 【椒】 12画 6005 6912 音ショウ漢 訓はじかみ
意味 ❶ミカン科の落葉低木。サンショウ。葉と実にかおりがあり、香辛料コウシンリョウや薬用とする。材はすりこぎに使われる。古名、ハジカミ。例椒花ショウカ(=サンショウの花)。山椒サンショウ。❷「胡椒コショウ」は、コショウ科のつる性常緑木。実は香辛料にする。

木8 【椄】 12画 6006 6904 音ショウ漢 訓つぎき・つ-ぐ
意味 木の枝や芽を切り取ってほかの木につぎ合わせる。つぎき。つぐ。

木8 【植】 12画 3102 690D 教育3 音ショク漢 チ漢 チョク漢 訓う-える・う-わる
筆順 一 十 木 木 杧 枯 植 植
なりたち 植 [形声]「木(=き)」と、音「直チョク」とから成る。(とざすために)門のとびらを合わせて中央に立てるまっすぐな木。
意味 ❶まっすぐに立てる。草木をうえつける。うえる。うわる。例植樹ショクジュ。植物ショクブツ。移植イショク。❷活字をわくの中に並べて版を組む。例植字ショクジ。誤植ゴショク。❸開拓カイタクのために人を住みつかせる。同殖ショク。例植民ショクミン。入植ニュウショク。
人名 うえ・たつ・たね・なお
【植木】うえき ①庭に植える木。また、植えてある木。②盆栽。
【植栽】ショクサイ (名・する) 植物を栽培すること。また、その植物。
【植字】ショクジ・チョクジ (名・する) 活版印刷で、活字を原稿ゲンコウにしたがって並べて、組み版をつくること。
【植樹】ショクジュ (名・する) 木を植えること。例一祭。
【植生】ショクセイ ある地域に生えている植物の分布状態。例一図。
【植皮】ショクヒ (名・する) やけどなどでそこなわれた皮膚ヒフの部分に、健康な皮膚を移植すること。例一術。
【植物】ショクブツ 生物を大きく二種に分けたときの一つ。草・木など。多くは一か所に固定して生活し、光合成をおこない、土や水から養分をとって生きる。対動物。
【植物状態】ショクブツジョウタイ 大脳の機能が失われて、自力で動けない、自力で食事ができない、意識を回復しない、などの状態が長く続いている状態。
【植物油】ショクブツユ 植物のたねや実などからとった油。
【植民】ショクミン (名・する) 国外の新しい土地に移住・定着し、その土地を開拓カイタク・開発すること。また、その人々。例一地。 表記「殖民」とも書く。
【植毛】ショクモウ (名・する) 毛を植えること。例頭頂部に一する。
【植林】ショクリン (名・する) 林をつくるために苗木なえぎを植えること。例荒あれ地に一する。
●移植イショク・誤植ゴショク・混植コンショク・定植テイショク・入植ニュウショク・腐植フショク

木8 【森】 12画 3125 68EE 教育1 音シン漢 訓もり
筆順 一 十 オ 木 木 森 森 森
なりたち 森 [会意]「林(=むらがりはえる木)」と「木(=き)」とから成る。木が多いようす。
意味 ❶樹木が多いようす。例森林シンリン。❷ものが多い。例森羅万象シンラバンショウ。❸おごそか。例森厳シンゲン。
日本語での用法 《もり》樹木がたくさん茂しげっている所。「森の中なか・森もりに入はいる」
人名 しげ・しげる
【森閑】シンカン (形動タル) 物音ひとつ聞こえず、静まりかえっているようす。例一とした山寺。表記「深閑」とも書く。
【森厳】シンゲン (形動ナ) おごそかで重々しいようす。きびしくおごそかなようす。
【森羅万象】シンラバンショウ〔古くは「シンラマンゾウ」とも。「森羅」は、数限りなく並び連なる意。「万象」は、万物バンブツの意〕宇宙に存在する、すべての事物や現象。
【森林】シンリン 木がたくさんしげっている所。森もり。例一浴。

木8 【棯】 12画 6012 68EF 音ジン漢 訓なつめ
意味 果樹の名。ナツメの一種。

木8 【椙】 12画 3190 6919 国字 訓すぎ
意味 杉すぎの木。地名・姓セイなどに用いられる字。
難読 椙谷すいだに(=地名)

木8 【棲】 12画 3219 68F2 人名 音セイ漢 訓す・すみか・す-む
意味 ❶鳥のすみか。す。また、住居。❷すみかとする。すむ。同栖セイ。例棲息セイソク。隠棲インセイ。同棲ドウセイ。両棲類リョウセイルイ。
【棲息】セイソク (名・する) (動物が)生活していること。また、繁殖ハンショクすること。例フクロウが一する森。表記 現生息

木8 【棕】 12画 6003 68D5 音ソウ漢 シュ呉

木9 【椶】13画 6004 6936 本字

意味 「棕櫚」は、ヤシ科の常緑高木。幹の先のほうにうちわの骨のような葉が多数つく。幹をあみ状にとりまく繊維でなわやほうきを作る。

木8 【棗】12画 6007 68D7 音ソウ(漢) 訓なつめ

意味 クロウメモドキ科の落葉小高木。ナツメ。夏に、あわい黄色の花をつけ、長円形の実を結ぶ。実は食用・薬用。

日本語での用法《なつめ》茶道で、抹茶を入れる容器。形がナツメの実に似ているところから。「小棗・平棗」

木8 【棚】12画 3510 68DA 常用 音ホウ(漢) 訓たな

筆順 一 十 木 札 机 枂 棚 棚

木8 【棚】12画

なりたち [形声]「木(=き)」と、音「朋(ホウ)」とから成る。かけはし。

意味 ❶かけはし。❷木や竹で作ったやぐら。小屋。

日本語での用法《たな》ものをのせるために板を平らにわたしたもの。「戸棚・本棚」

【棚卸】(名・する) ①決算などのため、在庫品の数量・価格などを調べること。②他人の欠点などを数えあげて言うこと。例人の―をする。表記▽「店卸」とも書く。

●網棚・書棚・本棚

木8 【椨】12画 6013 6928 国字 訓たぶ

意味 クスノキ科の常緑高木。タブノキ。〔おもに姓や地名に用いられる字〕

木8 【椥】12画 6009 6925 音チ 訓なぎ

意味 地名に用いられる字。例檳椥(=ベトナムの地名)。

日本語での用法《なぎ》地名に用いられる字。「椥辻(=京都府の地名)」

［木部］8画 ● 棗棚椨椥椎棣棟棹棠棒

木8 【椎】12画 3639 690E 常用 音一ツイ(漢) 二ツイ(慣) スイ(漢)(呉) 訓つち・しい

筆順 一 十 木 朾 杵 桁 椎 椎

なりたち [形声]「木(=き)」と、音「隹(スイ)」とから成る。たたく道具。

意味 一 ❶ものをたたく道具。つち。例鉄椎。❷打つ。たたく。例椎撃(=たたく。うつ)。二 ❶ブナ科の常緑高木。シイ。材質はかたく、建材や器具材とする。実はどんぐりといい、食べられる。❷せぼね。例脊椎。

【椎骨】脊椎動物の脊柱(=せぼね)を構成している一つ一つの骨。

木8 【棣】12画 6008 68E3 音テイ(漢) 訓うべ・むべ・とお-る

意味 ❶バラ科の落葉低木。ニワウメ。また、ニワザクラ。例常棣。❷通じる。とおる。

【棣鄂】ニワウメの花。また、兄弟のたとえ。〔ニワウメの花はいくつも集まって咲くことから、兄弟がおたがいに和していることを「棣鄂之情」という〕

木8 【棟】12画 3779 68DF 常用 音トウ(漢)(呉) 訓むね・むな

筆順 一 十 木 杆 柯 栢 棟 棟

なりたち [形声]「木(=き)」と、音「東(トウ)」とから成る。むなぎ。

意味 ❶屋根の最も高い部分(にわたす木)。むね。例棟梁。棟木。上棟。❷重要な人のたとえ。

日本語での用法《トウ・むね》むね続きの建物(を数えることば)。「病棟・流失家屋十二棟」

人名 たかし・むなぎ

【棟宇】〔「宇」は、軒の意〕家の棟木と軒。また、家屋。建物。

【棟梁】〔棟と梁は家の重要な部分であることから〕①国や一族をささえて重い責任を負う人。例国の―。源氏の―となる。②大工などの職人の親方。かしら。

【棟上げ】(名・する) 建物の骨組みができて、その上に棟木をのせること。また、それを祝う儀式。上棟。

【棟割り】一つの棟でできている家を、かべで仕切って数軒に分けて、長屋とすること。例―長屋。

●汗牛充棟・病棟・別棟

木8 【棹】12画 6010 68F9 音一トウ(漢) 二タク(漢) 訓さお

意味 一 船をこぐ道具。さお。また、船をこぐこと。同櫂。例棹竿(=舟をこぐ、さお)。参考 日本語では「棹」と「櫂」とを区別するが、「棹」は「櫂」の別体字で、本来は同じ意味。二 つくえ。同卓。例棹子(=つくえ)。

日本語での用法《さお》①長い棒の形のもの。「棹秤・太棹の三味線」②〔長い棒でつって運ぶことから〕たんすや長持を数えることば。「簞笥・長持おのおの二棹」

【棹歌】船頭が船をこぎながらうたう歌。ふなうた。知櫂歌

木8 【棠】12画 6011 68E0 音トウ(漢) ドウ(呉)

意味 ❶「甘棠」は、バラ科の落葉高木。❷「海棠」は、バラ科の落葉低木。春、うすべに色の花がさく。

木8 【棒】12画 4332 68D2 教育6 音ホウ(漢) ボウ(呉)

筆順 一 十 木 朩 栏 栱 椿 棒

なりたち [形声] 本字は「棓」で、「木(=き)」と、音「咅(ホウ)」とから成る。ぼう。つえ。

意味 細長い、ほぼ同じ太さで終始する木ぎれ。また、その形。例棒術(=棒を使う武術)。棒グラフ。鉄棒。

【棒縞】太い縦じま。

【棒高跳び】陸上競技の種目の一つ。助走のあと、一本の長い棒を地面につき立てるようにして、空中に高くわたした横木(=バー)をとびこえ、その高さをきそうもの。

【棒針】編み物用の、両はしがとがっている針。

【棒読み】句読や抑揚などをつけない、一本調子のよみ方。

●相棒・片棒・金棒・心棒・打棒・鉄棒・天

秤棒テンビン・泥棒どろボウ・乳棒ニュウボウ・綿棒メンボウ・麺棒メンボウ

木 8【椪】12画 6014 692A 音ポン 訓はい・はえ
意味「椪柑ポンカン」は、ミカンの一種。皮は厚いがやわらかく、あまくて香気コウキが高い。〔「椪ポン」は、西インドの地名Poona〕
日本語での用法《はい・はえ》人名・地名に用いられる字。「椪田はいだ（＝姓セイ）・三椪みはえ（＝宮崎みやざき県の地名）」

木 8【棉】12画 4441 68C9 音メン漢 訓わた
意味 ❶アオイ科の一年草または木本モクホン性植物。ワタ。ワタノキ。種の表面につく白い毛のような繊維センイから、わたをつくる。同綿メン。例棉花メンカ（＝わたを取る材料の、ワタの花）。❷アオイ科（旧パンヤ科）の落葉高木。パンヤノキ。東南アジア原産。わた毛はクッションなどのつめものにする。インドワタノキ。キワタ。例木棉もめん・モクメン（＝インドワタノキ）。

木 8【椋】12画 4426 690B 人名 音リョウ漢 訓むく
なりたち［形声］「木（＝き）」と、音「京キョウ→リョウ」とから成る。チシャノキ。
意味 ムラサキ科の落葉高木。チシャノキ。材はややかたく、建築・家具・器具材にする。
日本語での用法《むく》①アサ科（旧ニレ科）の落葉高木。ムクの木。「椋むくの木き・椋むくの葉は（＝ものをみがくときの材料に用いる）」②「椋鳥むくどり」の略。ムクドリ科の鳥。「椋むくが飛とんで来くる」
難読 小椋おぐら・こぐれ・おぐれ（＝姓セイ）・椋橋くらはし（＝地名）
人名 くら

木 8【棆】12画 6018 68C6 音リン漢
意味 クスノキ科の落葉低木。クロモジ。

木 8【椀】12画 4748 6900 人名 音ワン漢
意味 木製のまるい食器。例椀子ワンこ（＝「椀」の東北方言）蕎麦そば。汁椀しるワン。飯椀めしワン。

木 8【椢】12画 ⇩【槶】カイ（544ページ）

木 8【椁】12画 ⇩【槨】カク（544ページ）

木 8【棊】12画 ⇩【棋】キ（533ページ）

木 8【棧】12画 ⇩【桟】サン（528ページ）

木 8【棚】12画 ⇩【棚】たな（536ページ）

木 9【楹】13画 6019 6979 音エイ漢 訓はしら・つかばしら
意味 邸宅テイタクの広間の正面にある一対ツイの円柱。はしら。例楹聯エイレン
【楹棟】エイトウ（柱と、むなぎの意）重責をになう人物。
【楹聯】エイレン 門の左右の柱に、一句ずつ対ツイにして掛かけた聯句の掛け物。柱聯チュウレン。

木 9【楷】13画 6020 6977 常用 音カイ漢
筆順 十 木 木' 杙 杙 枇 楷 楷 楷
なりたち［形声］「木（＝き）」と、音「皆カイ」とから成る。孔子の墓に植えられたという木。
意味 ❶ウルシ科の落葉高木。トネリバハゼノキ。中国原産。孔子コウシの墓に植えられた木として有名。例楷木カイボク（＝楷の木）。❷見ならうべきもの。模範モハン。のり。例楷式カイシキ（＝てほん）。❸漢字の点画テンカクをくずさず直線的に書いた書体。例楷書カイショ
【楷書】カイショ 漢字の書体の一つ。隷書レイショの点画テンカクを見やすく書いたもの。→【篆書】テンショ（755ページ）・【隷書】レイショ（1042ページ）・【行書】ギョウショ（884ページ）・【草書】ソウショ（850ページ）

木 9【楽】13画 1958 697D 教育2 音一ガク漢呉 二ラク漢呉 三ゴウ漢 訓たの-しい・たの-しむ 付表 神楽かぐら
木11【樂】15画 6059 6A02 人名
筆順 ′ 白 白 泊 泊 泊 泊 楽 楽
なりたち［象形］木の柄えの上に、大小の鼓つづみがある楽器の形。
意味 一ガク 音をかなでる。道具を使って、おんがくを生み出す。例音楽オンガク。雅楽ガガク。声楽セイガク。二ラク こころよい。たのしい。やすらか。例楽園ラクエン。快楽カイラク。喜怒哀楽キドアイラク。三ゴウ このむ。なぐさめにする。例三楽サンゴウ。
参考 雅楽ガガクの曲名は、「越天楽エテンラク」「秋風楽シュウフウラク」「千秋楽センシュウラク」「太平楽タイヘイラク」「万歳楽マンザイラク」など、「ラク」と読む。
日本語での用法《ラク》①たやすい。かんたん。「楽ラクにできる・楽勝ラクショウ」②「千秋楽センシュウラク」の略。相撲すもうや演劇の興行の最後の日。「楽ラクまで人気ニンキが続つづく・楽日ラクび」③「楽焼ラクやき」の略。「楽ラクの茶碗チャワン」
難読 楽車だんじり・催馬楽サイバラ・楽浪さざなみ
人名 たのし・もと・やす・よし
【楽員】ガクイン 楽団に所属して演奏する人。楽団員。
【楽音】ガクオン ①規則正しく振動シンドウし、高低がはっきりしていて、耳に心地ここちよい音。対騒音ソウオン。②楽器などの音。
【楽才】ガクサイ 音楽の才能。また、その才能のある人。
【楽士】ガクシ（劇場などにやとわれて）音楽を演奏する人。類楽人ガクジン。例楽団の一。
【楽章】ガクショウ 交響コウキョウ曲・ソナタ・協奏曲などを構成している、それぞれにまとまりのある部分。例第四一。
【楽人】ガクジン・ガクニン 音楽を演奏する人。類楽士。
【楽聖】ガクセイ 偉大イダイな音楽家。例一ベートーベン。
【楽節】ガクセツ 楽章を構成する単位で、音楽的にまとまった構想をもつもの。
【楽隊】ガクタイ 音楽を合奏する一団。音楽隊。例一の行進。
【楽壇】ガクダン 音楽家や音楽関係者の社会。音楽界。
【楽典】ガクテン 西洋音楽で、基礎キソ的な規則を書いた本。
【楽譜】ガクフ 音楽を記号で書きあらわしたもの。五線譜に音符オンプや記号などを用いて示す。譜。音譜オンプ。例一を読む。
【楽屋】ガクや ①劇場やスタジオなどで、出演者が準備や休憩キュウケイなどをする部屋。例演奏を終えて一にもどる。②関係者だけが知っていることがら。内幕うちマク。例一話ばなし。
【楽器】ガッキ 音楽を演奏する道具。打楽器・管楽器・弦ゲン楽器・鍵盤ケンバン楽器など。
【楽曲】ガッキョク 音楽の曲のこと。声楽曲・器楽曲などをまとめた言い方。
【▽楽府】ガフ ①漢の武帝ブテイのとき宮中に設けられた、音楽をつかさどる役所。②「①」でつくられたり集められたりした歌で、

音楽に合わせて歌われたもの。③漢詩の種類の一つ。唐以後で、「②」の歌の題を借りてつくった詩。

【楽隠居】(ラクインキョ)（名・する）年老いて仕事をしりぞき、好きなことをしながら気楽に暮らすこと。また、その老人。

【楽園】(ラクエン) なやみや苦しみがなく、平和でたのしいところ。パラダイス。類極楽・楽土。例地上の―。小鳥たちの―。

【楽勝】(ラクショウ)（名・する）苦労せず、らくに相手に勝つこと。対辛勝。〔俗な言い方で、「らくにできる」「なんの苦労もなく可能だ」の意に用いることが多い〕

【楽天】(ラクテン) 心配したりなやんだりせず、のんきにたのしむこと。対厭世。例―地（＝楽園）。

【楽天家】(ラクテンカ) 心配したりなやんだりせず、ものごとを明るくよい方向に考える人。オプティミスト。対厭世家。

【楽天的】(ラクテンテキ)（形動ダ）心配したりなやんだりせず、ものごとを明るくよい方向に考えるようす。類楽観的。対悲観的。

【楽土】(ラクド) なやみや苦しみがなく、平和でたのしい理想の世界。楽園。楽天地。例王道―の夢。

【楽寝】(ラクね)（名・する）気楽にのんびりねること。

【楽日】(ラクビ) 興行の最後の日。千秋楽。

【楽焼】(ラクやき) ①手で形をつくり、低温で焼いた陶器。うわぐすりの色で赤楽・黒楽などがある。②素焼きの陶器に客に絵や文字を書かせ、短時間で焼いたもの。

【楽観】(ラッカン)（名・する）ものごとの明るい面やよい面をとらえ、先のことを心配せずに気楽に考えること。対悲観。例―を許さない情勢。将来を―している。

【楽観的】(ラッカンテキ)（形動ダ）ものごとを明るく考え心配しないようす。対悲観的。例―な見通し。―に考える。

●安楽・音楽・快楽（カイラク／ケラク）・雅楽・器楽・喜怒哀楽・奏楽・苦楽・弦楽・行楽・極楽・娯楽・声楽・田楽・道楽・独楽（ドクラク／こま）・能楽・文楽・邦楽・洋楽

木 9

【棄】

13画 2094 68C4 常用 音キ漢呉 訓す-てる

筆順 亠 亣 亣 㐬 㐬 㐬 棄

廾 4

【弃】

7画 5517 5F03 古字

なりたち ［会意］「丗（＝左右の手で、ちりとりを持って、すてる）」と「去（＝さか子。不孝の子として、すてられる）」とから成る。すてる。

意味 ❶なげすてる。すてる。例棄捐。遺棄。投棄。❷とりあげない。つかわない。やめる。例棄却。放棄。

人名 すて

【棄▼捐】(キエン)（名・する）〔「捐」も、すてる意〕①すてて用いないこと。②人に金や物をめぐみあたえること。

【棄却】(キキャク)（名・する）〔「却」は、しりぞける意〕①すてて用いないこと。類棄去。②裁判所が訴訟の申し立てを認めないこと。例控訴を―する。

【棄権】(キケン)（名・する）権利をすてて使わないこと。例選挙を―する。試合を―する。

【棄市】(キシ) 昔の中国の刑罰。罪人を死刑にして死体を人の多く集まる市中にさらすこと。類獄門。

【棄児】(キジ) すてられた子供。すてご。

【棄損】(キソン)（名・する）⇩【毀損】(566ページ)

【棄養】(キヨウ)（名・する）〔子供が親に孝養をつくせなくなることから〕父母が死ぬこと。

●遺棄・自棄（ジキ／ジや けー）・投棄・廃棄・破棄・放棄

木 9

【業】

13画 2240 696D 教育3 音ギョウ漢 ゴウ呉 訓わざ

筆順 〃 业 业 业 业 丵 業

なりたち ［会意］「丵（＝のこぎりの歯のような形）」と「木（＝方形の板）」とから成る。鐘鼓などの楽器をかける大きな板。借りて「しごと」の意。

意味 ❶しごと。つとめ。なりわい。例業績。業務。事業。❷学問。美術・工芸などの技能。わざ。例学業。修業。❸おこない。しわざ。例悪業。所業。❹〔仏〕むくいをひきおこすもととなるおこない。前世のおこないによって、現世で受けるむくい。ごう。例業苦。悪業。罪業。

日本語での用法 《ゴウ》はじ・いかりなどの心。「業を煮やす・業腹」

使い分け わざ【技・業】⇩1182ページ

難読 業平（なりひら）・業者（なりわい）・業者（すぎわい）

人名 いさお・おき・かず・くに・つとむ・なり・のぶ・のり・はじめ・ふさ

【業界】(ギョウカイ) 同じ職種の人々の社会。例―誌。金融―。

【業者】(ギョウシャ) ①商業・工業をいとなむ人。例出入りの―。②同業者。例―仲間の情報。

【業種】(ギョウシュ) 職業・業務の種類。類職種。例景気に左右されない―。

【業績】(ギョウセキ) 事業や研究など、仕事の成績や成果。類実績・成績。例―をあげる。偉大な―を残す。

【業態】(ギョウタイ) ①事業や業務の状態。例―を調査する。②事業や業務の形態。例新しい証券業としての―が整う。

【業務】(ギョウム) 職業としての仕事。例―に専念する。

【業因】(ゴウイン)〔仏〕楽しみや苦しみなどのむくいを受けるもととなる善悪のおこない。類因縁。例善悪の果報はみな前世の―による。

【業火】(ゴウカ)〔仏〕①地獄で罪人が悪業のむくいとして焼かれる激しい火。②身をほろぼす悪業を火にたとえたことば。

【業果】(ゴウカ)〔仏〕前世の善悪のおこないによって、現世で受けるむくい。業報。

【業苦】(ゴウク)〔仏〕前世で悪いおこないをしたむくいとして、現世で受ける苦しみ。例早くこの世の―をはなれたい。

【業腹】(ゴウはら)（名・形動ダ）ひじょうに腹が立つこと。しゃくにさわること。例あきらめるのも―だ。

【業病】(ゴウビョウ)〔仏〕前世の悪業のむくいでかかるとされた、治りにくい病気。

【業報】(ゴウホウ)〔仏〕①前世のおこないによって、現世で受けるむくい。②とくに、悪業のむくい。

【業魔】(ゴウマ)〔仏〕前世での悪いおこない。悪業を悪魔にたとえていうことば。

【業師】(わざシ) ①柔道や相撲などで、わざをかけるのがじょうずな人。②策略をめぐらし、かけひきのじょうずな人。例政界の―。

【業物】(わざもの) 名人がつくった切れあじのするどい刀。名刀。例世に知られた―。

●偉業・遺業・営業・開業・家業・学業・神業・企業・休業・漁業・兼業・工業・鉱業・作業・産業・残業・始業・事業・失業・実業・修業（シュウギョウ／シュギョウ）・終業・授業・宿業・巡業・商業・職業・創業・操業・卒業・転業・同業・農業・廃業

・非業・副業・分業・本業・林業

木 9 **【楜】** 13画 6021 695C 音コ漢 訓くるみ

意味 コショウ。「胡椒」の「胡」に木偏を加えた字。例 楜椒。

日本語での用法《くるみ》人名・地名に用いられる字。「楜沢(=姓)・楜ケ原(=富山県の地名)」

木 9 **【楸】** 13画 6022 6978 音シュウ漢 訓ひさぎ

意味 ノウゼンカズラ科の落葉高木。キササゲ。ヒサギ。

木 9 **【楫】** 13画 6023 696B 音シュウ漢ショウ漢 訓かじ

意味 船を進める道具。かい。かじ。

日本語での用法《かじ》船を進める道具。また、その方向を変えるもの。〔ただし、古語では「かい(=水をかいて船を進める道具)」のことを「かじ」と言った〕「楫取り」

木 9 **【楯】** 13画 2961 696F 人名 音シュン漢ジュン呉 訓たて

意味 ❶欄干。てすり。❷攻撃から身を守る武具。たて。同盾。例 矛楯。

木 9 **【椹】** 13画 6027 6939 音一シン漢ジン呉 二チン漢 訓あて・かないた・さわら

意味 一クワの実。二丸太を割ったり、ものを打ちくだいたり、切断したりするときの台。あてぎ。あて。例 椹質。

日本語での用法《さわら》ヒノキ科の常緑高木。日本特産。桶などに用いられ、園芸品種も多い。

【椹質】チンシツ ①ものを切ったり打ったりするときの台。②腰斬の刑をおこなうとき、罪人を伏せさせる台。③弓の的。

木 9 **【楔】** 13画 6024 6954 音セツ・ケツ漢 訓くさび

意味 二つのものの間に打ちこみ、ぬけないようにしたり、ものを割ったりするV字形のもの。くさび。例 楔子(=くさび)。

【楔形文字】ケッケイモジ・セッケイモジ・くさびがたもじ 紀元前三五〇〇年ごろから、古代メソポタミア地方で使われた文字。葦のペンを用いて粘土板に書きつけ、一画一画がくさびの形をしている。

木 9 **【楚】** 13画 3331 695A 人名 音ソ漢呉 訓いばら・しもと

意味 ❶むらがり生える低木。いばら。例 楚棘(=いばら)。❷クマツヅラ科の落葉低木。ニンジンボク。中国原産。庭木とし、果実は薬用。また、古代には枝を刑罰用のむちにした。しもと。❸いたみ。くるしみ。例 楚痛(=いたみ)。❹すっきりとして美しい。例 楚楚。清楚。❺春秋戦国時代の国の名。春秋時代には五覇の一つ。戦国時代には七雄の一つ。長江中流の地を領有し、郢に都をおいた。二十五代、五百余年続き、秦にほろぼされた。(?—前二二三)例 楚囚。❻長江中流一帯、現在の湖南・湖北二省の地域の名。例 楚歌。

難読 楚・楚割

人名 うばら・たか

【楚歌】ソカ 楚の地方の、うた。→【四面楚歌】シメンソカ(217ページ)

【楚辞】ソジ 戦国時代の楚の辞(=叙情あふれる韻文)の作品集。主な作者は屈原で、代表作は「離騒」。中国古代文学において『詩経』と双璧をなす。

【楚囚】ソシュウ 他国にとらわれている人。捕虜。〔春秋時代、楚の鍾儀が晋にとらえられたとき、楚の冠をぬぐことなく、故郷を忘れなかったという故事による〕

【楚楚】ソソ (形動タル) すっきりとして、おもむきがあるようす。清らかで美しいようす。〔もとは、あざやか、悲しみいたむようす、いばらのしげるようす、などの意であるが、現代日本では、多く、女性や花の形容に使う〕例 ―としてさくヤマユリ。

木 9 **【楕】** 13画 3442 6955 人名 音タ漢ダ呉

木12 **【橢】** 16画 6083 6A62 本字

意味 細長い円形。小判形。例 楕円。

【楕円】ダエン 横または縦に長い円。長円。

木 9 **【椴】** 13画 3846 6934 音タン漢ダン呉 訓とど・むくげ

意味 ❶シナノキ科シナノキ属の木をまとめて呼ぶことば。また、ヤナギ科ハコヤナギ属の一種。〔日本名は不明〕❷アオイ科の落葉低木。ムクゲ。

日本語での用法《とど》マツ科の常緑高木。材は建築・器具・パルプ材として用いられる。「椴松」

木 9 **【楮】** 13画 6026 696E 音チョ漢呉 訓こうぞ

意味 ❶クワ科の落葉低木。コウゾ。樹皮の繊維を和紙の原料とする。例 楮紙(=こうぞの紙)。❷手紙や紙幣。かみ。例 寸楮(=手紙)。

木 9 **【楪】** 13画 6036 696A 音チョウ漢チャ唐 訓ゆずりは

意味 (木製の)平らで浅い、食物を盛る小ぶりの容器。小皿。例 楪子(=菓子などをのせて出すうるし塗りの小皿)。

参考 材料が石・陶器などならば「碟」とも書く。

日本語での用法《ゆずりは》常緑高木の名。また、人名・地名に用いる。「楪(=山形県・宮崎県の地名)」

木 9 **【椿】** 13画 3656 693F 人名 音チン慣チュン漢 訓つばき

なりたち [形声]「木(=き)」と、音「春シュン→チュン」とから成る。木の名。

意味 ❶長寿のたとえにされる伝説上の大木。八千年を春とし、八千年を秋とし、三万二千年が人間の一年にあたるという。例 椿寿。大椿。❷センダン科の落葉高木。チャンチン。中国原産。材は木目が美しく、建材や家具材に用いられる。

日本語での用法 一《チン》「珍」にあてて、めずらしい、変わったの意に用いる。「椿事」 二《つばき》ツバキ科の常緑高木。暖地に生育。花木として植え、また、種から油をとる。春、赤・白などの大形の花がさく。園芸種が多い。材は細工物に用いられる。「椿油」

【椿事】チンジ 思いがけないできごと。珍事。例 前代未聞の―。

【椿寿】チンジュ 長生き・長寿・長命をいうことば。三万二千年が人間の一年にあたるという大木の大椿になぞらえたもの。

【椿説】チンセツ めずらしい話。珍説。例『―弓張月』〔滝

沢馬琴の伝奇小説）

木 9 【楴】 13画 6028 6974 音テイ漢

意味 髪を整えるかんざし。

木 9 【椽】 13画 6029 693D 音テン漢呉 訓たるき

意味 屋根板などをささえるために、棟から軒にかけわたす長い木材。たるき。例椽大の筆（＝りっぱな文章）。

木 9 【楠】 13画 3879 6960 人名 音ダン漢・ナン呉 訓くすのき・くす

なりたち [形声]「木（＝き）」と、音「南ダ」とから成る。木の名。

意味 南の地方に生える大木の名。ナン。

日本語での用法《くすのき》クスノキ科の常緑高木。高く伸び、材は芳香がある。同樟。

参考「楠公ナンコウ・大楠公ダイナンコウ」は、楠木正成を尊んだ呼び方。

木 9 【楾】 13画 6025 697E 国字 訓はんぞう

意味 湯水を注ぐための器。注ぎ口となる柄の半分が器に挿入されているもの。半挿ハンゾウ。はそう。［「半挿ハンゾウ」のほかに「匜」「𤭯」の字も用いる］

木 9 【楓】 13画 4186 6953 人名 音フウ漢 訓かえで

なりたち [形声]「木（＝き）」と、音「風ウ」とから成る。木の名。

意味 フウ科（旧マンサク科）の落葉高木。フウ。中国原産。秋に紅葉する。

日本語での用法《かえで》ムクロジ科（旧カエデ科）の植物をまとめていう。とくにイロハカエデ類が、紅葉の美しさで代表的。もみじ。「伊呂波楓・高雄楓」

難読 楓山

【楓橋】フウキョウ 江蘇省蘇州市の郊外にある橋。〔唐の詩人、張継の「楓橋夜泊」の詩で知られる〕

【楓樹】フウジュ フウ、または、カエデの木。

【楓葉】フウヨウ フウ、または、カエデの葉。また、紅葉したフウ、または、カエデの葉。

【楓林】フウリン フウ、または、カエデのはやし。

木 9 【楙】 13画 6030 6959 音ボウ漢 訓しげ-る・つと-める・ぼけ

意味 ❶木がさかんに枝をのばす。しげる。同茂。例楙盛ボウセイ（＝木がしげる）。❷バラ科の落葉低木。ボケ。

木 9 【榁】 13画 6035 6981 国字 訓むろ

意味 ヒノキ科の常緑小高木、ネズの古名。ムロ。ムロノキ。

木 9 【椰】 13画 6031 6930 人名 音ヤ漢 訓やし

なりたち [形声] 本字は「枒」で、「木（＝き）」と、音「牙ガ→ヤ」とから成る。ヤシの木。

意味 ヤシ科の常緑高木。ヤシ。ココヤシ・ナツメヤシなど熱帯地方に三千種以上ある。果実は球形で、食用・飲料のほか、ヤシ油をとる。例椰子ヤシ。

木 9 【楡】 13画 6032 6961 音ユ漢 訓にれ

意味 ニレ科の落葉高木。ニレ。寒冷地に自生。街路樹や庭木にする。例楡枋ユホウ。

【楡枋】ユホウ ニレとマユミの木。

木 9 【楢】 13画 3874 6962 人名 音ユウ漢 訓なら

意味 ブナ科の落葉高木。ナラ。山野に自生。秋、どんぐりがなる。材は家具・建築などに、樹皮と葉は染色に用いられる。

木 9 【楊】 13画 4544 694A 人名 音ヨウ漢呉 訓やなぎ

なりたち [形声]「木（＝き）」と、音「易ヨ」とから成る。ヤナギの木。

意味 ❶ヤナギ科の落葉低木。ヤナギ。カワヤナギ・ネコヤナギなど、枝の垂れない種類をいう。例楊柳リュウ。❷姓の一つ。例楊貴妃ヨウキヒ。

【楊花】ヨウカ ヤナギの花。

【楊貴妃】ヨウキヒ 唐の玄宗皇帝の貴妃（＝皇后に次ぐ身分）。姓は楊、名は玉環。才色ともにすぐれ、歌舞をよくした。帝の寵愛を一身に受けたが、安禄山の乱のとき、帝と難をのがれるとちゅう馬嵬坡で殺された。

【楊弓】ヨウキュウ 遊戯用の小さいゆみ。江戸時代に使われた。

【楊枝】ヨウジ ①歯のあいだにつまったものを取るための、細くて小さな棒。つまようじ。②歯ブラシ。表記▽「楊子」とも書く。

【楊梅】ヨウバイ ヤマモモ科の常緑高木。雌雄異株。初夏に一、二センチメートルの球形で赤い実をつけ、食用になる。

【楊柳】ヨウリュウ［「楊」はカワヤナギ、「柳」はシダレヤナギ］ヤナギ類をまとめていう。「折楊柳ヨウリュウ」は、送別の曲の名。↓

【折柳】セツリュウ（429ページ）

木 9 【楝】 13画 6034 695D 音レン漢 訓おうち

意味 センダン科の落葉高木、センダンの古名。オウチ。

木 9 【楼】 13画 4716 697C 常用 音ロウ漢・ル呉 訓たかどの・やぐら

筆順 十 木 杧 柈 楼 楼 楼 楼

木11 【樓】 15画 6076 6A13

なりたち [形声]「木（＝き）」と、音「婁ロ」とから成る。二階またはそれ以上の建物。

意味 ❶高層の建物。たかどの。例楼閣ロウカク。高楼コウロウ。❷ものみやぐら。例望楼ボウロウ。❸茶屋。遊女屋。例青楼セイロウ。

人名 たか・つぎ

【楼閣】ロウカク 空高くそびえた、りっぱな建物。たかどの。例空中―。砂上の―。

【楼上】ロウジョウ ①高い建物の上。②建物の階上の部屋。

【楼船】ロウセン 物見やぐらのある大きな船。いくさぶね。

【楼台】ロウダイ 高くてりっぱな建物。たかどの。楼閣。

【楼門】ロウモン やぐらのある門。二階づくりの門。例南禅寺ナンゼンジの―。

●鐘楼ショウロウ・塔楼トウロウ・望楼ボウロウ・摩天楼マテンロウ

木 9 【楞】 13画 6033 695E 音ロウ漢リョウ呉

意味 ❶とがったかど。同稜。例楞角。❷梵語の音訳。例楞伽。

木 9 【椶】 13画 ⇩【棕】(535ページ)

木 9 【楳】 13画 ⇩【梅】(529ページ)

木 10 【榲】 14画 6037 69B2 音一オツ漢 二オン漢 訓すぎ

意味 一「榲桲」は、バラ科の落葉高木。マルメロ。洋ナシ形のかおりのよい果実を砂糖づけやジャムにする。二杉の木。スギ。

木 10 【樺】 14画 1982 6A3A 人名 音カ漢 訓かば・かんば

木11 【樺】 15画

なりたち [形声]「木(=き)」と、音「華カ」とから成る。木の名。

意味 カバノキ科の落葉高木。とくにシラカバをいう。高原に自生。樹皮は紙状にうすくはがれ、紙やろうそくを作るのに用いられる。例樺燭(=カバの木の皮で作るたいまつ)。

難読 樺太(=地名)・樺焼き(=蒲焼き)・岳樺

木 10 【榎】 14画 1761 698E 人名 音カ漢 訓えのき

意味 ノウゼンカズラ科の落葉高木。キササゲ。材は建築や造船などに用いられ、種は薬用になる。

日本語での用法 《え・えのき》アサ科(旧ニレ科)の落葉高木。材は建築・器具・燃料用。昔は一里塚に植えられた。「榎茸・一本榎」

木 10 【槐】 14画 6039 69D0 音カイ漢 訓えんじゅ

意味 ❶マメ科の落葉高木。エンジュ。街路樹や庭木とする。花と実は薬用、材は建築用。❷周代に朝廷の庭にエンジュの木を三本植え、三公(=臣下で最高の三つの位)の立つ位置を示したことから、三公のこと。例槐門。

【槐安の夢】はかないことのたとえ。→【南柯の夢】(165ページ)

【槐庭】(朝廷の庭に三本のエンジュが植えてあり、三公の席を示したことから)三公の位。類槐門。

【槐門】三公の位。類槐庭。

木 10 【概】 14画 1921 6982 常用 音ガイ慣カイ漢呉 訓おおむね・おもむき

筆順 木 朩 杷 根 根 椛 概 概

木11 【槩】 15画

なりたち [形声]「木(=き)」と、音「既キ→カイ」とから成る。正確にはかるために、ますの上を平らにならす木製の道具。とかき。

意味 ❶ますで穀物をはかるときに、盛り上がった部分を平らにする棒。とかき。ならし。ますかき。❷だいたいの。おおよそ。おおむね。例概算。梗概。❸心のもち方。かたいこころざし。例感概。気概。❹ようす。おもむき。けしき。

人名 むね

【概括】(名・する)内容を大まかにまとめること。例研究の全体を―して説明する。

【概観】(名・する)全体のようすを大まかにみること。また、だいたいのようす。例戦後の経済発展を―する。

【概況】だいたいのようす。例全国の天気―。

【概見】(名・する)大まかに観察すること。

【概算】(名・する)おおよその計算をすること。対精算。例―要求。経費の―を出す。

【概数】おおよその数や量。例参加者の―を報告する。

【概説】(名・する)全体の内容を大まかに説明すること。また、その説明。例日本語の歴史について―する。

【概念】①[哲]個々のものの共通点を取り出してまとめたもの。②そのことばのあらわす意味、内容。例単語のもつ―。③頭の中だけでつくりあげている考え。例いいかげんな―で描いた図。

【概念的】(形動ダ)①個々のものごとを具体的に取り上げず、全体の共通要素を取り上げるようす。例―記述に終始する。②ものごとを大まかにとらえるようす。

【概評】(名・する)全体を大づかみにとらえて批評すること。また、その批評。例最近の出版界を―する。

【概要】大まかな内容。あらまし。大要。概略。大略。例計画の―を説明する。

【概略】大まかな内容。あらまし。概要。大略。例反対意見の―を報告する。

【概論】(名・する)ある学問・論説の内容を全体的にとらえ、要点をまとめて説明すること。また、その説明。概説。例経済学―。英文学―。

●一概・感概・気概・大概

木 10 【槝】 14画 6047 69DD 国字 訓かし

意味 人名・地名に用いられる字。例槝之浦(=鹿児島県の地名)。

木 10 【榿】 14画 6040 69BF 音キ漢 訓はりのき

意味 カバノキ科の落葉高木。ハンノキの一種。ハリノキ。

木 10 【構】 14画 2529 69CB 教育5 音コウ漢呉 訓かま-える・かま-う・かま-え

筆順 十 木 木一 栏 栉 構 構 構

木10 【構】 14画

なりたち [形声]「木(=き)」と、音「冓コウ(=交互に積み重ねる)」とから成る。木を交互に積み重ねておおう。

意味 ❶積み重ねて、つくりあげる。ものごと・考えを組み立てる。かまえる。例構成。構想。構築。❷建物のつくり。ものの外見や仕組み。かまえ。例構内。機構。虚構。

日本語での用法 《かまい・かまう》①気にかける。心配りをする。「なりふり構わず・どうかお構いなく」②さしつかえありとする。禁制する。「江戸お構い」

【構外】建物や敷地など区切られた区域のそと。対構内。

【構図】①絵画や写真などの芸術作品で、いろいろな要素を効果的に配置すること。また、その配置。②全体から見たものごとの位置関係。例社会の―。

【構成】（名・する）個々のものや各部分を、一つのまとまりに組み立てること。また、組み立てられたもの。例研究所を優秀な人材で―する。組織の―を見直す。
【構想】（名・する）ものごとの全体的な内容や実現の方法について、考えをまとめること。また、その考え。例会社設立の―を練る。
【構造】ものごとが成り立っている仕組み。組み立て。つくり。例建物の―。遺伝子の―。
【構造式】〔化〕分子の組み立てを図式的にあらわしたもの。たとえば、水の「H-O-H」など。
【構築】（名・する）基礎から組み立ててつくりあげること。例新しい理論の―。
【構内】建物や敷地など、区切られた区域のなか。例大学の―。対構外。
【構文】文章の組み立て。主部・述部などの関係や、前後の語句のかかりぐあいなど。例日本語の―。
●機構・虚構・結構

木 10 【槁】 14画 6041 69C1 音コウ漢呉 訓か-れる

木10 【槀】 14画 2-1528 69C0 本字

意味 水分がなくなる。かれる。また、かれ木。例槁木。枯槁。
【槁木死灰】からだはかれ木のようで、心は冷たい灰のようだ。活気や情熱のないことのたとえ。〈荘子〉類枯木死灰。

木 10 【槓】 14画 6042 69D3 音コウ漢

意味 てこに用いる棒。てこ。例槓桿（＝てこ）。

木 10 【榾】 14画 6043 69BE 音コツ漢 訓ほた

意味 たきぎなどにする木の切れはし。ほた。ほだ。例榾火（＝たき火）。

木 10 【槎】 14画 6044 69CE 音サ漢 訓いかだ

意味 ❶ななめに切りおとす。そぐ。❷いかだ。同査。例浮槎（＝いかだ）。

木 10 【榊】 14画 2671 698A 人名 国字 訓さかき

意味 ❶神事に用いる常緑樹をまとめていう。さかき。〔「賢木」とも書かれた〕❷モッコク科（旧ツバキ科）の常緑小高木。サカキ。枝葉を神事に用いる。

木 10 【槊】 14画 6046 69CA 音サク漢 訓ほこ

意味 柄の長い矛。ほこ。
【槊を横たえて詩を賦す】戦場にあっても矛を横たえて詩をつくる。文武両道に通じる英雄の気風をいう。〔三国時代の魏の曹操を評したことば〕〈蘇軾・赤壁賦〉

木 10 【榛】 14画 3126 699B 人名 音シン漢 訓はしばみ・はり・はん

なりたち ［形声］「木（＝き）」と、音「秦」とから成る。ハシバミの木。

意味 ❶カバノキ科の落葉低木。ハシバミ。果実はどんぐり状で、食用となる。ヘーゼルもこの一種。❷草木のしげるようす。しげみ。

日本語での用法《はり・はん》カバノキ科の落葉高木。ハンノキ。実を染料に用いる。「榛原・榛の木」〔ハリノキの音便による変化〕

難読 榛原・榛名

人名 しげる・はる

木 10 【槙】 14画 4374 69D9 人名 音一テン漢 二シン漢 訓こずえ・まき

木10 【槇】 14画 8402 69C7 人名

なりたち ［形声］「木（＝き）」と、音「眞」とから成る。木の頂。

意味 一❶木の枝や幹の先。こずえ。❷たおれた木。二木目が細かい。

日本語での用法《まき》マキ科の常緑高木。庭木・生け垣などにする。材は建築・器具用。また、スギやヒノキなどをまとめていう。真木。

難読 槙皮・柏槙

木 10 【榱】 14画 6067 69B1 音スイ漢 訓たるき

意味 椽（＝丸いたるき）や桷（＝角材のたるき）をまとめていう。たるき。

木 10 【槍】 14画 3368 69CD 人名 音ソウ漢 訓やり

意味 長い棒の先をとがらせたり、刃をつけた武器。やり。同鎗。例刀槍。竹槍。

人名 ほこ

【槍術】やりを使って戦う武術。槍法。
【槍玉】①やりを手玉のように自由に使うこと。②人をやりでつきさすこと。例―に挙げる（＝非難や攻撃のまとにして責めること）。
【槍投げ】陸上競技の種目の一つ。やりを投げて、その飛んだ距離をきそうもの。
●一本槍・竹槍・長槍・横槍

木 10 【槌】 14画 3640 69CC 人名 音ツイ漢 訓つち

意味 ものを打ちたたく道具。つち。同鎚・椎。例金槌。木槌。鉄槌。
●相槌・金槌・木槌・小槌・鉄槌

木 10 【榻】 14画 6048 69BB 音トウ漢 訓しじ・とこ

意味 ❶細長くて低いこしかけ。寝台にもなる。とこ。例榻牀（＝寝台。こしかけ）。❷模写する。同搨。

日本語での用法《しじ》牛車から牛をはずしたとき、ながえのくびきを支え、乗り降りするためのふみ台にするもの。

木 10 【槃】 14画 6049 69C3 音ハン漢 バン呉 訓たらい

意味 手を洗った水を受ける木製の容器。たらい。
【槃盂】たらいと、飲食物をもる鉢。

木10 【榧】14画 6050 69A7 音ヒ漢 訓かや

意味 イチイ科の常緑高木。カヤ。庭木とする。材はかたく、木目が美しい。碁盤に珍重される。実は食用・薬用。

木10 【榑】14画 6052 6991 音フ漢 訓くわのき・くれ

意味 伝説上の神木の名。榑桑(=扶桑)。

日本語での用法 《くれ》建築用の板材。

【榑桑】フソウ ①東方の日の出るところに生えるという神木。扶桑。②日本の別名。扶桑。

木10 【模】14画 4447 6A21 教育6 音ボ漢 モ呉 訓かた・ど-る・のっと-る

筆順 十 木 木 栉 栉 棤 模

なりたち [形声]「木(=き)」と、音「莫ボ」とから成る。木でつくる、かた。

意味 ❶同じかたちのものをつくるためのわく。かた。例模型。❷手本。例模範。❸手本としてまねる。うつす。同摹・摸。例模擬・模写・模倣。

人名 かた・とお・のり・ひろ

【模擬】モギ (名・する) ほんものをまねること。それに似せること。例—国会。—店。—試験。—裁判。表記 旧▼摸擬

【模型】モケイ ①とかした金属などを流しこむ型。いがた。②実物の形をまねてつくったもの。ひながた。例船の—。

【模▼糊】モコ (形動タル) (姿・形などが)ぼんやりとしたようす。また、はっきり見えないようす。例涙で—として見えない。

【模▼倣】モコウ (名・する) 手本としてまねること。模倣。

【模刻】モコク (名・する) 原本の形をまねして彫ること。例浮世絵の名作を—する。表記 旧▼摸刻

【模作】モサク (名・する) まねてつくること。また、その作品。模造。表記 旧▼摸作

【模索】モサク (名・する) 手さぐりでさがすこと。手がかりを求めてさぐること。例暗中—。打開策を—する。表記 旧▼摸索

【模写】モシャ (名・する) ほんものそっくりにまねて、うつしとること。また、うつしとったもの。例法隆寺の壁画を—する。表記 旧▼摸写

【模造】モゾウ (名・する) ほんものそっくりにまねてつくること。また、つくったもの。模作。例—品。表記 旧▼摸造

【模造紙】モゾウシ やや厚みのある、真っ白でじょうぶな洋紙。

【模範】モハン 手本になるもの。見習う対象となるもの。例—演技。—生。父を人生の—とする。

【模倣】モホウ (名・する) まねをすること。似せること。対創造・独創。例デザインを—する。表記 旧▼摸倣

【模様】モヨウ ①織物・染め物・工芸品などに、かざりとしてつける絵や形。例唐草—。②ようす。ありさま。例空—。

●規模

木10 【榜】14画 6054 699C 音ホウ漢 ボウ呉 訓ふだ・こ-ぐ

意味 ❶弓の曲がりを直したり、反りを出したりする道具。❷船を進める。こぐ。例榜人。❸立てふだ。例榜札(=立てふだ)。❹ふだにはりつけて示す。例標榜。

【榜人】ボウジン 船頭。船乗り。

木10 【樮】14画 6051 6A2E 国字 訓ほくそ

意味 地名に用いられる字。例樮川(和歌山県)。

木10 【榠】14画 6053 69A0 音メイ漢

意味 「榠樝・榠楂・榠査」は、バラ科の落葉高木。カリン。果実を薬に用いたりする。

木10 【様】14画 4545 69D8 教育3 音ヨウ漢 訓さま・ざま

筆順 十 木 栏 栏 样 样 様 様

木11 【樣】15画 6075 6A23 人名

なりたち [形声]「木(=き)」と、音「羕ヨウ」とから成る。トチの実。借りて「やり方の型」の意。

意味 ❶決まった形式。型。例様式。唐様。仕様。❷ありさま。さま。例様子。一様。異様。

日本語での用法 《さま》人をあらわす名詞などについて、敬意をあらわす。「様付けで呼ぶ・奥様・皆様・自分を何様だと思っているのか」

【様様】さまざま ㊀(名)(「…様様」の形で)自分にとってたいへんありがたいものにつけて言うことば。例予備校は受験生—だ。㊁さまざま(形動ナ)種類や性質のちがうものが数多くあるようす。いろいろ。種種。例—な人種の集まる国際都市。

【様式】ヨウシキ ①やりかた。型。タイプ。例生活—。②決められている一定の形式。フォーム。例履歴書の—。古い—を守る。③芸術作品や建築物の表現形態。時代・流派などで異なる特徴をもつ。スタイル。例—美。ロココ—。

【様子】ヨウス ①見たり感じたりしてとらえたものごとのありさま・状態。例会社内の—をさぐる。②人の外見や容姿、身なり。③人の態度やそぶり。例—がおかしい。④わけ。事情。子細。例—ありげ。⑤何かが起こりそうな気配。きざし。兆候。例夕立が来そうな—だ。表記 ▽「容子」とも書く。

【様相】ヨウソウ ものごとの状態。ありさま。ようす。例話し合いは決裂の—を呈する。

【様体】ヨウタイ/ヨウダイ ①病気のようす。病状。②ものごとや人のようす。ありさま。表記 ▽「容体・容態」とも書く。

【様態】ヨウタイ ものごとの状態。ありさま。例現代社会の—をするどくえがく。

●一様・今様・異様・王様・貴様・多様・同様・不様・無様・模様・文様・紋様

木10 【榕】14画 6055 6995 音ヨウ漢

意味 ❶「榕樹」は、クワ科の常緑高木。ガジュマル。❷福建省福州市の別名。

木10 【榴】14画 6056 69B4 音リュウ漢

意味 ミソハギ科(旧ザクロ科)の落葉小高木。ザクロ。秋に球形の赤い実がなり、熟すとさける。

難読 石榴・岩榴・海石榴

【榴弾】リュウダン 中に炸薬をつめ、破裂時にさけて散るようにした、破壊力の強い弾丸。例—砲。手—。

木10 【榔】14画 4717 6994 音ロウ漢

意味 「檳榔」は、ヤシ科の常緑高木。ビンロウジュ。

[木部] 10画 ● 榧 榑 模 榜 樮 榠 様 榕 榴 榔

4画

木10【榮】14画 ⇩【栄】エイ(520ページ)

木10【槀】14画 ⇩【槁】コウ(542ページ)

木10【槞】14画 ⇩【櫳】ロウ(551ページ)

木10【構】14画 ⇩【構】コウ(541ページ)

木10【槇】14画 ⇩【槙】シン(542ページ)

木11【横】15画 1803 6A2A 教育3 音コウ漢 オウ呉 訓よこ・よこ-たわる

筆順 十 木 杧 栱 椯 構 横 横

木12【橫】16画 1-8616 6A6B 人名

なりたち 形声「木(=き)」と、音「黄」とから成る。さえぎるための木。

意味 ❶かんぬき(=よこにわたした木)。例横木。❷(垂直に立つ門に取り付けるかんぬきのような)左右の方向。よこ。例横断。横長。❸よこにする。よこたえる。よこたわる。例横臥。❹よこにはみでる。かってな。異常な。意外な。例横死。横暴。専横。

難読 横川(=比叡山の中の地名)

人名 み

【横溢】(名・する)(知識や活気が)満ちあふれるほどさかんなこと。例―する教養。表記「▼汪▼溢」とも書く。

【横▼臥】(名・する)〔「仰臥」や「伏臥」に対し〕よこになること。よこむきにねること。例―したまま話をする。

【横隔膜】〔生〕哺乳動物の胸と腹のあいだにある膜。うすい筋肉性の膜で呼吸を助ける。

【横逆】かって気ままで道理にはずれていること。

【横行】(名・する)①かって気ままにふるまうこと。例悪徳商法が―する。②よこに進むこと。よこばい。例―文字(=西洋の文字。アルファベットなど)。

【横死】(名・する)事故や殺人など、思いがけない災難で死ぬこと。非業の死。不慮の死。類変死。

【横線】よこに引いた線。対縦線。

【横隊】よこに並んでいる隊形。対縦隊。例一列―になって山狩りをする。

【横断】(名・する)①道路や川などを直角の方向によこぎること。例―歩道。②よこに切ること。対縦断。例―面。③大陸や海などを、東西の方向に、はしからはしまで行くこと。対縦断。

【横着】(名・する・形動ダ)やらなくてはならないことを、やらずにすませようとすること。ずるいこと。なまけること。例―をきめこむ。人まかせにする―な態度。

【横転】(名・する)①よこだおしになって、ころがること。例車が―する。②左右に回転すること。例―宙返り。

【横道】一(名・形動ダ)①道理にはずれていること。邪道。対正道。例―者。②不正と知っていておこなうこと。二(名)①本道からわきにはいった道。わきみち。例―をぬけて国道に出る。②本筋からわきにそれること。例話がすぐに―にそれる。

【横風】一(形動ダ)えらそうにいばっているのが、外見や態度にあらわれているようす。横柄。大風。例―な口をきく。二(名)進行方向に対して直角にふきつけてくる風。例―用の滑走路。

【横柄】(形動ダ)えらそうにいばった態度をとるようす。大柄。例―な態度をとる。―な応対をする。表記「押柄」とも書く。

【横暴】(名・形動ダ)わがままかってで乱暴なこと。例―をきわめる。

【横紋筋】〔生〕よこじまのある筋肉。脊椎動物では、手足などを動かす随意筋と心筋。

【横流】(名・する)一 水があふれて流れ出ること。二【横流し】品物などを、正規の経路を通さずに他へ転売すること。例援助物資を―する。

【横領】(名・する)他人の金品や公共のものを、かってに自分のものにしてしまうこと。着服。例会社の金を―する。

【横糸】織物で、縦糸に直角に横にわたす糸。緯糸。対縦糸。

【横紙】①紙の漉き目がよこにはいっている紙。②和紙をよこ長に使うこと。また、その紙。

【横紙破り】不合理なことや慣習にはずれたことを、むりやりおしとおすこと。また、そういう人。常識はずれ。例―のふるまい。

【横車を押す】〔車をむりやり横からおす意から〕道理に合わないことを、むりやりおしとおす。

【横軸】〔数〕グラフの原点で直角に交わる直線(=座標軸)のうち、よこにのびているほう。対縦軸。

【横好き】専門以外のことを、むやみにこのんでやりたがること。例へたの―。

【横町】表通りから裏にはいった通りや町並み。小路。表記「横丁」とも書く。

【横綱】①相撲の力士の最高位。大関の上の位。また、その力士。②同類のものの中でいちばんすぐれているものや人。例日本酒の―。

【横手】一 よこのほう。わき。例店の―から人があらわれた。二 感動したり、何かを思いついたりしたときに、手のひらを打ち合わせること。例―を打つ。

【横波】船の進む方向に対して、よこのほうから打ち寄せる波。例―を受ける。

【横笛】よこにしてふく笛。フルート・しの笛など。対縦笛。

【横目】顔は動かさず、目だけを動かしてよこを見ること。例―に見る。―をつかう。

【横文字】アルファベットなど、よこ方向に書く決まりの文字。また、それで書かれた西洋の文章。例―はにがてだ。

【横▼槍】①戦っているときに、よこからやりをつき入れること。②他人の話や仕事に、よこから口をはさんだりじゃましたりすること。例―を入れる。

【横恋慕】(名・する)他人の妻や夫、または恋人など、すでに相手のいる人に恋をすること。

●縦横・専横・真横

木11【槶】15画 1-8606 69F6 音カイ漢 訓くぬぎ・はこ

木8【椢】12画 5990 6922 俗字

意味 器物の中空部。箱の内側。はこ。

日本語での用法《くにき・くにぎ・くぬぎ》人名・地名に用いられる字。「國」と「木」とを合わせた字。「くぬぎ」は「くにき」が変化したことば。

木11【槨】15画 6058 69E8 音カク漢 訓おおどこ・ひつぎ

木8【椁】12画 5986 6901 本字

意味 棺を納める外側の箱。おおどこ。うわひつぎ。例棺槨。

木11
【樌】
15画 6078 6A0C 音カン漢 訓きむら

意味 むらがり生える木。きむら。同灌(カン)。

木11
【槻】
15画 3648 69FB 人名 音キ漢 訓つき

なりたち [形声]「木(=き)」と、音「規(キ)」とから成る。木の名。

意味 ニレ科の落葉高木。ケヤキの一種。弓の材とする。一説に、モクセイ科のトネリコ。

日本語での用法《つき》ケヤキの古名という。「槻弓(つきゆみ)」

木11
【樛】
15画 6060 6A1B 音キュウ漢 訓まがりき・ま-がる

意味 枝が、下のほうに曲がったり、からまったりする。まがりき。まがる。

木11
【槿】
15画 6061 69FF 音キン漢 訓むくげ

意味 アオイ科の落葉低木。ムクゲ。夏から秋にかけて、むらさき・白などの花をつける。花は朝ひらいて夕方にしぼむので、短命なもの、はかないもののたとえとされる。〔古くは、アサガオと呼ばれた〕例槿花(キンカ)。

難読 槿花(あさがお・むくげの)

【槿花】キンカ ①ムクゲの花。②アサガオの古名。

【槿花一日の栄】キンカイチジツのエイ はかない栄華(エイガ)のたとえ。槿花一朝の夢。

木11
【権】
15画 2402 6A29 教育6 音ケン漢 ゴン呉 訓かり・はかり

筆順 十 木 朩 栌 栌 梓 梓 権

木17
【權】
21画 6062 6B0A

なりたち [形声]「木(=き)」と、音「雚(カン→ケン)」とから成る。木の名。借りて「はかりのおもり」の意。

意味 ❶さおばかりの、おもり。例権衡(ケンコウ)。❷(はかりのおもりのように)つりあいを変える力。いきおい。例権勢(ケンセイ)。権力(ケンリョク)。実権(ジッケン)。❸(はかりのおもりのように)適宜(テキギ)に変わる。臨機応変の。仮の。例権謀(ケンボウ)。権官(ゴンカン)(=定員外の官)。権化(ゴンゲ)。

人名 いさむ・ちから・のり・はかる・よし

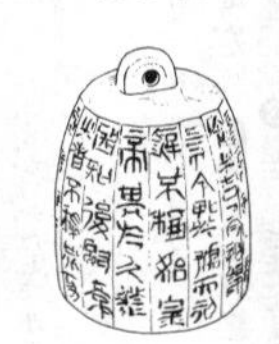
[権❶]

【権威】ケンイ ①人を従わせ圧倒(アットウ)する力。権勢と威力。例—を失墜(シッツイ)する。②ある分野で最もすぐれている専門家。大家(タイカ)。オーソリティー。例生物学の—として知られる。

【権益】ケンエキ 権利と、それにともなう利益。とくに、他国の領土内で戦争や圧力によって得た権利と利益。例—を守る。

【権限】ケンゲン 法令や規則にもとづいて、権利を行使できる範囲(ハンイ)。例命令する—がある。

【権衡】ケンコウ ①〔「衡」は、はかりのさおの意〕はかりのおもりとさお。また、はかり。②つりあい。バランス。均衡。例—をはかる。③ものを比べる標準となるもの。尺度。基準。例—を示す。

【権術】ケンジュツ 「権謀術数(ケンボウジュッスウ)」の略。人をじょうずにだますはかりごと。例たくみな—で相手を屈服(クップク)させる。

【権勢】ケンセイ 人を支配し、思いのままにふるまう力をもっていること。権力と威勢(イセイ)。例—をふるう。

【権高】ケンだか (形動(ダナ)) 相手を見くだしたような態度をとるようす。類傲慢(ゴウマン)。例—にふるまう。

【権柄】ケンペイ ①政治をおこなう権利。例—をにぎる。②人を支配し、おさえつけること。例—ずくで(=権力にうったえて)。

【権謀】ケンボウ その場に応じた策略。臨機応変の策略。例—にたけている人。

【権謀術数】ケンボウジュッスウ 人をじょうずにだまし、あざむくはかりごと。例—をめぐらす。

【権門】ケンモン 官位が高く勢力の強い家がら。例—勢家(セイカ)(=権力と権勢のある家)。

【権▼輿】ケンヨ 〔「権」は、はかりのおもり、「輿」は、車のはこの部分の意。はかりを作るにはおもりから、車を作るには車台からはじめることから〕ものごとのはじめ。起こり。

【権利】ケンリ ①ものごとを自分の意思で自由におこない対処できる資格。対義務。例—を守る。②所有権や使用権など、法律で認められていて利益を受けることのできる力。例—書。土地の—をゆずる。

【権力】ケンリョク 人を支配し服従させ、思いのままにふるまう力。例国家—。—をにぎる。

【権化】ゴンゲ 〔「権」は仮(かり)、「化」は形を変える意〕①〔仏〕仏や菩薩(ボサツ)が人々を救うために姿を変えてこの世にあらわれること。また、あらわれたもの。権現(ゴンゲン)。類化身(ケシン)。②抽象的(チュウショウテキ)な概念(ガイネン)や思想が、具体的な姿をあらわしたように思えるもの。例悪の—。嫉妬(シット)の—のような表情。

【権現】ゴンゲン ①「権化(ゴンゲ)①」に同じ。②仏や菩薩(ボサツ)が日本の神に姿を変えてあらわれること。また、その神。春日(かすが)権現・熊野(くまの)権現など。③江戸(えど)時代、徳川家康(いえやす)をうやまった言い方。〔後水尾(ごみずのお)天皇から一六一七年に東照大権現の神号を得たことからいう〕

【権妻】ゴンサイ 〔仮(かり)の妻の意。明治時代に使われたことば〕めかけ。愛人。対正妻・本妻。

【権太】ゴンタ 〔浄瑠璃(ジョウルリ)の『義経千本桜(よしつねセンボンざくら)』の登場人物「いがみの権太」の名から〕①ごろつき。悪者。ならず者。②〔京阪(ケイハン)の方言で〕いたずらっ子。例—をする。

◯●棄権(キケン)・債権(サイケン)・執権(シッケン)・実権(ジッケン)・主権(シュケン)・人権(ジンケン)・政権(セイケン)・全権(ゼンケン)・同権(ドウケン)・利権(リケン)

木11
【槹】
15画 6063 69F9 音コウ漢 訓はねつるべ

意味 水をくみ上げる道具。はねつるべ。例桔槹(キッコウ)(=はねつるべ)。

木11
【槲】
15画 6064 69F2 音コク漢 訓かしわ

意味 ブナ科の落葉高木。カシワ。材は建築、樹皮は染料(センリョウ)に用いる。

木11
【槧】
15画 6065 69E7 音サン漢 セン漢 ザン呉

意味 ❶文字を書くために加工した板。❷版木。また、版木を使って印刷した書物。版本。刊本。例宋槧(ソウザン)(=宋の時代に印刷された本)。

木11
【樟】
15画 3032 6A1F 人名 音ショウ漢 訓くす・くすのき

意味 クスノキ科の常緑高木。クスノキ。クス。暖地に生育。

防風林・街路樹にする。材は油をふくみ芳香がある。蒸留して樟脳をとり、防虫剤・薬用にする。

木 11 【樅】15画 6066 6A05 音ショウ漢 訓もみ・もみのき

意味 マツ科の常緑高木。モミ。モミノキ。

木 11 【槭】15画 6069 69ED 音㊀セキ慣 シュク漢 ㊁サク漢 訓かじ-ける

意味 ㊀ムクロジ科(旧カエデ科)カエデ属の植物をまとめていう。カエデ。㊁草木が枯れたようす。かじける。

木 11 【槽】15画 3369 69FD 常用 音ソウ漢 訓おけ

筆順 十 木 朩 栢 栭 槽 槽 槽

なりたち [形声]「木(=き)」と、音「曹ソウ」とから成る。ウマなど家畜のえさを入れるうつわ。

意味 ❶牛馬の飼料を入れるおけ。かいばおけ。うまぶね。例槽櫪。❷箱形の容器。ふね。おけ。例水槽。浴槽。

難読 湯槽ゆぶね・酒槽さかぶね

【槽▼櫪】ソウレキ 〔「櫪」は、かいばおけの意〕①うまやのかいばおけ。②馬小屋。うまや。例—の間に駢死す(=馬小屋の中で、ほかの平凡な馬と首をならべて死ぬ)。〈韓愈・雑説〉

●歯槽・水槽

木 11 【樔】15画 6070 6A14 音㊀ソウ漢 ㊁ショウ漢 訓す

意味 ㊀木の上のすみか。す。例樔絶(=命がたえる)。㊁たちきる。同剿・勦。

日本語での用法《す》地名に用いられる字。「国樔くず(=奈良時代、吉野川上流に住んでいた部族。また、その土地)」

木 11 【槫】15画 6071 69EB 音タン漢 訓まる-める

意味 ❶棟木むなぎ。❷円い。また、丸める。集める。まるめる。同摶。

木 11 【樗】15画 3584 6A17 音チョ漢 訓おうち

意味 ❶ニガキ科の落葉高木。シンジュ。中国原産。材は建築やパルプなどに用いられる。ニワウルシ。❷〔『荘子』で役に立たない木とされたことから〕無用のもののたとえ。例樗材。樗櫟。

日本語での用法《おうち》センダンの古名。落葉高木。材は器具・家具用。皮・実は薬用。

【樗牛】チョギュウ 『荘子』では、ウシもからだばかり大きくて、ネズミをとらえることもできない役立たずとしていることから、みずからを「役立たず」としてへりくだった表現。〔明治時代の文学者、高山林次郎の雅号〕

【樗材】チョザイ ①役に立たない材木。類樗散・樗櫟。②自分をへりくだっていうことば。

【樗散】チョサン 〔「散」は、散木(=材木として役に立たない木)の意〕「樗櫟散木」の略。役に立たないこと。無能な人のたとえ。類樗材・樗才。

【樗▼蒲一】チョボイチ 一個のさいころで勝ち負けを決めるばくち。あらかじめ決めておいた目が出ると勝ちで、かけ金をとる。ちょぼ。

【樗▼櫟】チョレキ 〔「櫟」も材木として役に立たないことから〕①役に立たない人、無能な人のたとえ。類樗材・樗散。②自分をへりくだっていうことば。例余もとより—の材にてなんらなすところなし。表記▽「樗▼櫪」とも書く。

木 11 【樢】15画 6088 6A22 音㊀チョウ漢 ㊁ボク漢 訓くまたか・やどりぎ

意味 ㊀つた。同蔦。㊁鳥の名。クマタカ。

木 11 【樋】15画 4085 6A0B 人名 音トウ漢 訓ひ・とい

意味 木の名。一説に、アケビ。

日本語での用法《ひ・とい》竹や木をかけわたして水を流す管。「樋竹とい・雨樋あまどい・懸かけ樋ひ」

木 11 【樊】15画 6072 6A0A 音ハン漢 訓かご・かこ-う・まがき

意味 ❶馬が荷の重さで進まない。❷鳥獣をとじこめておくもの。檻おり。かご。例樊籠。❸通行をさまたげるもの。かきね。まがき。同藩。❹入り乱れたようす。例樊然(=入り乱れるようす)。

【樊中】ハンチュウ 鳥かごのなか。

【樊▼籬】ハンリ ①いけがき。まがき。②領域。範囲。

【樊籠】ハンロウ 鳥かご。けものを入れるおり。また、官職など、自由を束縛される境遇のたとえ。

木 11 【標】15画 4124 6A19 教育4 音ヒョウ漢呉 訓しるし・しめ

筆順 十 木 朩 栖 標 標 標 標

なりたち [形声]「木(=き)」と、音「票ヒョウ」とから成る。木の末端の細い部分。

意味 ❶木のいちばん高いところ。こずえ。すえ。❷高くかかげた目じるし。しるし。しめ。例標識。目標。❸高くかかげる。例標示。標榜。

人名 えだ・こずえ・すえ・たか・たかし・とお・ひで

【▽標縄】しめなわ 境を示すために木に張りわたす縄。とくに、神を祭る場所や、清浄な場所、家の出入り口などに張る。しめ。表記▽「▽注▽連縄・▽七▽五▽三縄」とも書く。

【▽標野】しめの 禁野。貴人の所有地でいっぱんの人がはいれない野。

【標記】ヒョウキ (名・する)①目じるしとして書くこと。また、その目じるし。類標識。②題目として書くこと。また、その題目。類標題。例—の件につき、ご説明いたします。

【標語】ヒョウゴ 主義・主張・信条などを短くまとめた語句。モットー。スローガン。例交通安全の—。

【標高】ヒョウコウ 海面を基準にしてはかった高さ。類海抜。例—千五百メートルの高地。

【標示】ヒョウジ (名・する)目じるしとして示しておくこと。また、その文字や記号など。例—板。道路—。

【標識】ヒョウシキ 何かを知らせるために設置されている目じるし。例航路—。道路—。

【標準】ヒョウジュン ①ものごとのよりどころとなるもの。めやす。基準。例—値。—以下。②最もいっぱん的であること。また、最も平均的なもの。スタンダード。例—的な大きさ。③ものごとのあるべき姿。類規範・手本。例商品の—。—に合わせる。

【標準語】ヒョウジュンゴ その国の国語として、発音・文法などの点で標準としてみとめられることば。対方言。

【標題】ヒョウダイ 講演や演劇などの題目。表記「表題」とも書く。

【標準偏差】ヒョウジュンヘンサ 統計で、資料となるものの散らばりぐあいを示す数値。平均値と個々の資料の数値の差を二乗し、それらの平均値を平方根にした値。

【標注】ヒョウチュウ 書物で、欄外に書いてある注釈。表記 旧標▼註

【標的】ヒョウテキ 弓や射撃のまと。また、議論などで、攻撃の対象となるもの。ターゲット。例反対派の―となる。

【標▼榜】ヒョウボウ (名・する)〔「榜」は、はりつけて示す意〕主義や主張を公然とかかげ示すこと。例民主主義を―する。

【標本】ヒョウホン ①教育・研究用に、動物・植物・鉱物の実物を集めて保存したもの。例昆虫―。②見本。また、その種類で代表的なもの。

●座標・商標・道標・墓標・目標

木11【樒】15画 6073 6A12 音ビツ漢 ミツ呉 訓しきみ

木14【櫁】18画 6074 6AC1 別体字

意味 香木の名。また、沈香。

日本語での用法《しきみ》マツブサ科(旧モクレン科)の常緑小高木。枝を仏前に供える。葉から抹香や線香をつくる。「仏前に水や樒を供える」

木11【樺】15画 ⇩【樺】カ(541ページ)

木11【概】15画 ⇩【概】ガイ(541ページ)

木11【樂】15画 ⇩【楽】ガク(537ページ)

木11【樞】15画 ⇩【枢】スウ(517ページ)

木11【樣】15画 ⇩【様】ヨウ(543ページ)

木11【樓】15画 ⇩【楼】ロウ(540ページ)

木12【樫】16画 1963 6A2B 人名 国字 訓かし

意味 ブナ科の常緑高木。カシ。実はどんぐり。材はかたく良質で、船や器具の材料として重要。

木12【橄】16画 6077 6A44 音カン漢

意味「橄欖」は、❶カンラン科の常緑高木。カンラン。中国南部・インドシナ原産。実は形がオリーブに似て、食用。❷モクセイ科の常緑小高木。オリーブ。地中海地方原産。実は食用とし、オリーブ油をとる。〔漢訳聖書の誤用によって、日本でもオリーブを指すようになった〕

木12【機】16画 2101 6A5F 教育4 音キ漢呉 訓はた

筆順 木 木 木 機 機 機 機 機

なりたち [形声]「木(=き)」と、音「幾キ」とから成る。はたを織る道具。

意味 ❶はたを織る道具。はた。例機業(=はた織りの仕事)。織機。❷こまかい部分を組み合わせた、しかけ。からくり。はた。例機械。機関。❸きっかけ。きざし。潮時。例機運。機会。危機。契機。❹こまやかな心のはたらき。頭の回転がはやい。例機知。機転。❺重要な秘密。例機密。

難読 機物・機関

人名 たくみ・のり・はかる・はずみ

【機運】キウン 時のめぐりあわせ。ちょうどいい機会。類時運。例―が熟する。

【機縁】キエン ①〔仏〕すべての人に仏の教えを受ける縁があること。②何かが起こるきっかけ。例学問を志した―。

【機会】キカイ 何かをするのにちょうどいいとき。チャンス。類機。例―をうかがう。―をのがす。

【機会均等】キカイキントウ すべての人に、何かをする機会や権利を平等にあたえること。例教育の―。

【機械】キカイ ①動力によって一定の動きをし、定められた仕事をするしかけ。例工作―。②巧妙な仕組みで作動する、実験や測定のための装置。器械。

【機械化】キカイカ (名・する)人間や動物がやっていた仕事・作業を機械でやるようにすること。例農業の―が進む。

【機関】キカン ①火力・電力・蒸気などのエネルギーを、機械を動かす力にかえる装置。エンジン。例内燃―。蒸気―車。②ある目的のもとにつくられた組織。例報道―。金融―。

【機関誌】キカンシ ある団体・組織・学会などが、活動のようすや主張を知らせたり、情報交換をしたりするために発行する雑誌。例月に一回、―を出す。参考 新聞の場合は「機関紙」と書く。

【機関車】キカンシャ 電動機・ディーゼル機関・蒸気機関などを取りつけ、客車や貨車を引いて運転する車両。例電気―。

【機関銃】キカンジュウ 引き金を引いているあいだ、弾丸が自動的に連続して発射される銃。マシンガン。機銃。

【機器】キキ 機械・器械・器具をまとめていうことば。器機。例教育―。オーディオ―。電子―。

【機宜】キギ そのことをするのにちょうどいい機会。

【機具】キグ 機械・器具をまとめていうことば。例農―。

【機嫌】キゲン 一(名)①人の気持ちや気分の状態。例―がいい。②健康状態や生活状況。類安否・様子。例ご―うかがいに行く。二(形動ナ)〔多く「ご機嫌」の形で〕とてもよい気分であるようす。例今日はずいぶんとご―ですね。

【機巧】キコウ ①よくできたしかけ。からくり。②知恵をはたらかせること。たくらみ。

【機甲】キコウ 戦車や装甲車などで武装し、攻撃力・防御力・機動力にもすぐれていること。例―部隊。

【機構】キコウ ①機械のしくみ。②団体を成り立たせているしくみ。組織。例―改革。行政―。

【機材】キザイ 機械を作る材料。また機械と材料。例建設―。

【機事】キジ たいせつな秘密事項。類機密。

【機軸】キジク ①車両や機関の軸。②活動の中心、重要な部分。③やりかた。計画。方法。例新―をうちだす。

【機首】キシュ 航空機の前部。例―を上げて飛び立つ。

【機種】キシュ 航空機や機械類の種類。例国際線の―を選定する。

【機銃】キジュウ「機関銃」の略。例―掃射。

【機上】キジョウ (飛行中の)航空機の中。類機中。例―の人となる(=航空機に乗る)。

【機先】キセン ものごとの起こる直前。ものごとのはじまる直前。例―を制する(=相手より先に行動し、有利な立場に立つ。先手を打つ)。

【機体】キタイ ①航空機のエンジン以外の部分。また、航空機の胴体の部分。例―に穴があく。②航空機の全体。例滑走路に向かって―がゆっくりと動き出す。

【機知】キチ 時と場合に応じてはたらくするどい才知。ウイット。類機転。例―に富む。表記 旧機▼智

【機長】キチョウ 航空機の乗務員の責任者。キャプテン。

【機転】何かが起きたとき、とっさに対応できる、たくみな判断。例―がきく。表記「気転」とも書く。

【機動】軍隊などで、状況に応じて（部隊や兵器をもって）すばやく対応できること。例―部隊。悪路での―性に富む車。

【機動力】その場の状況に応じてすばやく対応できる能力。例戦車隊が砂漠の戦いで―を発揮する。

【機内】航空機の内部。例―食。

【機能】（名・する）目的に応じてものがはたらくこと。また、そのはたらき。活動できる能力。例法律が―しない。心臓の―がおとろえる。

【機微】表面にはっきりとあらわれ出ない、微妙な心の動きやことがら。幾微。例人情の―をえがき出す。

【機敏】（形動）その場に応じた行動・対処をとることがすばやいようす。例係員が―に対応する。

【機密】国家や組織などでの重要な秘密。例軍事―。―がもれる。

【機雷】「機械水雷」の略。水中にしかけて、船が接触すると爆発する仕組みの兵器。例―を敷設する。

【機略】時と場合に応じた、たくみなはかりごと。例―縦横。―に富む。

【機織り】①機で布を織ること。また、織る人。②「機織り虫」の略。「キリギリス」を指す古語。

【機屋】①機を織るための建物。例トンカラトンと―から音がする。②機を織る職業の家や職人。

●愛機・危機・契機・好機・航空機・時機・写真機・勝機・待機・蓄音機・敵機・転機・投機・動機・発動機・飛行機

木12

【橘】

16画 2144 6A58 人名 音キツ漢 訓たちばな

なりたち ［形声］「木(=き)」と、音「矞ツ→キ」とから成る。クネンボの木。

意味 インドシナ原産の常緑小高木。クネンボ。ウンシュウミカンに近縁で、食べられる。

日本語での用法《キツ・たちばな》①橘氏。「源平藤橘」②暖地に自生する常緑低木。ヤマトタチバナ。「橘の花・右近の橘」③「柑橘」は、食用にするミカン類をまとめていうことば。

木12

【橋】

16画 2222 6A4B 教育3 音キョウ漢 訓はし

筆順 十 木 杧 杯 杯 梧 橋 橋

なりたち ［形声］「木(=き)」と、音「喬ウ→キョ」とから成る。木を並べてつくった、はし。

意味 川などの向こうとこちらの二地点を結びつけるもの。はし。例橋梁。鉄橋。

人名 たか・たかし

【橋脚】橋をささえている柱。橋ぐい。

【橋頭】橋のたもと。橋のほとり。類橋畔。

【橋頭▼堡】①橋を守るためにつくった陣地。②海からの上陸や川をわたる作戦のため、敵地につくる攻撃の拠点。例―を築く。③何かをするときの足がかり。活動の拠点。

【橋▼梁】〔「梁」も、橋の意〕はし。例―工事。

【橋懸かり】能の舞台の一部で、鏡の間（=楽屋のとなりの、大きな姿見がある部屋）から舞台にななめにかけた通路。

【橋渡し】（名・する）〔橋をかけわたすことから〕仲立ちをすること。また、その人。例取引の―をする。

●石橋・架橋・桟橋・鉄橋・陸橋

木12

【橇】

16画 6082 6A47 音キョウ漢 訓そり

意味 泥または雪や氷の上をすべって行く乗り物。そり。例犬橇。馬橇。

木12

【檠】

16画 6091 6AA0 音ケイ漢 訓たな・ゆだめ

意味 ❶弓の材の曲がりを直す器具。ゆだめ。❷たな。燭台。また、灯火そのもの。例灯檠（=灯火の台）。短檠（=灯油皿をすえる柱が短い灯火台）。

木12

【樶】

16画 6080 6A36 音サイ漢

意味 ❶木の節。❷足場の悪いところを進むためのはきもの。

木12

【橲】

16画 6079 6A72 国字 訓き・じさ

意味 人名・地名に用いられる字。例橲原（=福島県の地名）。山橲（=姓）。

木12

【樹】

16画 2889 6A39 教育6 音シュ漢ジュ呉 訓き・た-てる

筆順 木 木 杧 桔 桔 桂 樹 樹

なりたち ［形声］「木(=き)」と、音「尌ュシ(=たてる)」とから成る。立ち木。

意味 ❶生えている木。き。例樹木。落葉樹。❷木を植える。しっかりと立てる。たてる。たつ。例樹立。

難読 樹神・樹霊

人名 いつき・しげ・しげる・たちき・たつ・たつき・たつる・な・みき・むら

【▽樹静かならんと欲すれども風▽止まず】木は静かにしていたくても、風がふいて思いどおりにならない。親孝行しようと思うときにはすでに親は死んでいて孝行できないことのたとえ。風樹の嘆。〈韓詩外伝〉

【樹陰】木のかげ。例―に涼をとる。―を求める。表記「樹▼蔭」とも書く。

【樹影】①木の姿。②木のかげ。例長い―。

【樹液】①木の中にふくまれる水分や養分からなる液。②木の皮などからにじみ出る液体。木の分泌液。

【樹海】海のように一面に広がる森林。例青木ヶ原―。

【樹下石上】〔仏〕〔道ばたの木の下や石の上を宿とする意から〕仏道の修行。また、修行中の出家の身の上。

【樹幹】木のみき。

【樹脂】木から分泌される、粘液。やに。例合成―。

【樹皮】木の表皮。木のかわ。

【樹氷】氷点下の霧や雲の水滴が、木の枝などにこおりついたもの。白い花がさいているように美しく見える。

【樹木】木。立ち木。

【樹立】（名・する）ものごとをしっかりした形でうちたてること。例政権を―する。新記録の―。

【樹林】ジュリン 木がたくさんしげっている林。例照葉―。
【樹齢】ジュレイ 木の年齢。例―五百年の老木。
●街路樹・果樹・広葉樹・常緑樹・植樹・針葉樹・大樹・落葉樹

木12 【樵】16画 3033 6A35 音ショウ漢 訓きこり

意味 ❶たきぎ。❷たきぎをとる人。きこり。例樵夫。
【樵歌】ショウカ きこりが作業しながらうたう歌。きこりうた。
【樵夫】ショウフ きこり。表記「樵父」とも書く。

木12 【橡】16画 3843 6A61 音ショウ漢 ゾウ呉 訓とち・くぬぎ

意味 ❶ムクロジ科(旧トチノキ科)の落葉高木。トチ。トチノキ。庭木・街路樹にする。種からでんぷんをとり、餅をつくる。材は器具用。❷ブナ科の落葉高木。クヌギ。実はどんぐりという。材は薪炭用。樹皮や実は染色に用いる。

木12 【樽】16画 3514 6A3D 人名 音ソン漢 訓たる
土12 【壿】15画 5251 58AB 別体字

意味 酒を入れるうつわ。同尊。例樽俎。
日本語での用法《たる》酒やしょうゆ、水などを入れる、ふたのある木製・陶製・金属製の容器。「醤油樽・漬物樽・味噌樽」
【樽▼俎】ソンソ (「俎」は、魚や肉をのせる台の意)酒をいれるうつわと料理をのせる台。転じて、宴会。
【樽▼俎折衝】ソンソセッショウ 酒宴の席で平和的に外交交渉をし、相手側の攻勢をうまくかわして有利に交渉を進めること。転じて、外交上のかけひき。〈晏子春秋〉

木12 【橐】16画 1-8613 6A50 音タク漢 訓ふくろ

意味 ❶小さなふくろ。また、底のないふくろ。ふくろ。例橐囊(=大小のふくろ)。参考「囊」は、大きなふくろ。また、底のあるふくろ。ただし、底の有無については異説がある。❷ふいご。❸「橐駝」は、ラクダ。
難読 橐籥・橐吾

【橐▼駝】タクダ ①ラクダの別名。(背中にふくろのようなこぶがあることから、また、ふくろにはいった荷を運ぶことからともいう) ②背骨が曲がってこぶのようになる病気の人。佝僂病の人。③植木屋。(ある植木の名人が「②」の病気で橐駝が呼び名であったことから) 例―師。

木12 【橙】16画 6084 6A59 人名 音トウ漢呉 訓だいだい

意味 ミカン科の常緑低木。ダイダイ。インド・ヒマラヤ地方原産。古く中国を経て渡来。暖地で栽培。果実は冬に黄色に熟し、かおりが高い。果実は正月のかざりものに使い、皮は薬用、果汁はポン酢とよばれ調味料とする。
【橙色】だいだいいろ 赤みがかった黄色。オレンジ色。
【橙皮】トウヒ ダイダイの実の皮を乾燥させたもの。よいかおりで苦みがあり、健胃剤や防臭剤とする。

木12 【橦】16画 6085 6A66 音一トウ漢 二ショウ漢 シュ呉 訓とばりき

意味 一 ❶とばりを張る支柱。❷さお。❸木の名。実についている毛をつむいで布にする。例橦布。二 攻撃する。刺す。

木12 【橈】16画 6086 6A48 音一ドウ漢 ニョウ呉 二ジョウ漢 ニョウ呉 訓たわ-む・たわ-める・かじ

意味 一 ❶曲がった木。❷木を曲げる。たわめる。たわむ。転じて、屈服させる。くじく。同撓。二 船を進める道具。かい。かじ。

木12 【樸】16画 6087 6A38 音ボク慣 ハク漢呉 訓きじ

意味 ❶手を加えていない木。❷かざりけのない。きじ。同朴。例質樸・素樸。
【樸質】ボクシツ (名・形動ダ) (「質」は、かざりけのない意) ありのままでかざらないこと。地味。素朴。類質素。表記「朴質」とも書く。
【樸実】ボクジツ (名・形動ダ) かざりけがなく、すなおでまじめなこと。表記「朴実」とも書く。
【樸直】ボクチョク (名・形動ダ) かざりけがなく、すなおで正直なこと。表記「朴直」とも書く。
【樸▼訥】ボクトツ (名・形動ダ) かざりけがなく誠実だが、口べたであること。表記「朴▼訥・木▼訥」とも書く。

木12 【橸】16画 6081 6A78 国字 訓まさ・たる

意味 まさめ。まさ。一説に、「櫑(=たる)」の俗字。

木12 【横】16画 ⇩【横】(544ページ)

木12 【橢】16画 ⇩【楕】(539ページ)

木13 【檐】17画 6089 6A90 音一エン漢 二タン漢 訓ひさし・のき

意味 一 ❶屋根のはしの、かべより外側に張り出した部分。のき。ひさし。同簷。例飛檐(=高い軒。また、反りをうってそびえるたるき)。❷ひさしのようにつき出た部分。ひさし。同簷。例笠檐。二 かつぐ。になう。同担。

木13 【檍】17画 6090 6A8D 音オク慣 ヨク漢 訓あおき

意味 モチノキ科の常緑高木。モチノキ。材質がかたく、車や弓を作る。
日本語での用法《あおき・あおぎ》「あはぎ」の音変化した語形。地名に用いるが、もと植物名。「筑紫の日向の小門の橘の檍原(=古語は、あはぎはら)」〈日本書紀〉

木13 【檜】17画 5956 6A9C 人名 音カイ漢 訓ひ・ひのき
木6 【桧】10画 4116 6867 人名 俗字

意味 ヒノキ科の常緑高木。イブキ。海岸に自生。庭木・盆栽とする。材は建築・器具用。
日本語での用法《ひ・ひのき》ヒノキ科の常緑高木。幹はまっすぐにのびる。材は良質で、建築・土木・船舶・車両その他用途が広い。「檜皮・檜舞台」
難読 檜山・檜原
【檜扇】ひおうぎ ①ヒノキの細長くうすい板を糸でつなぎあわせた扇。昔の公卿が持ったもので、位に応じて板の枚数が決められていた。②アヤメ科の多年草。葉がつるぎ状で扇のように広がっており、夏に黄赤色の花をつける。種は黒く光沢があり、ぬばたま・うばたまという。カラスオウギ。

【檜垣】ヒノキのうすい板を、ななめに網のように編んでつくった垣根。

【檜舞台】①ヒノキの板を張った、歌舞伎や能などの舞台。②自分のうでまえを見せる晴れの場所。例—をふむ。

【檜葉】①ヒノキの別名。また、ヒノキの葉。②アスナロの木の別名。

【檜▽皮】（「ひはだ」とも）①ヒノキの皮。②「檜皮葺」の略。ヒノキの皮で屋根をふくこと。また、その屋根。

木 13 【橿】 17画 1964 6A7F 音 キョウ漢 訓 かし

意味 材がかたく、車輪用とされた木。モチノキなど。

日本語での用法《かし》ブナ科の常緑高木。樫。「橿原(=地名)」

木 13 【檄】 17画 6092 6A84 音 ゲキ慣 ケキ漢 訓 ふれぶみ

意味 人々を集めたり、人々に告げ知らせたりするために、役所から出した文書。触れ文。例 檄文。檄を飛ばす。

参考 「檄を飛ばす」を「激励」の意に用いるのは誤り。

【檄書】「檄文①」に同じ。

【檄文】①昔の中国で、兵を集めたりお触れを告げたりするときに役所が出した木のふだの文書。檄書。檄。②敵を非難して自分たちの主張を述べ、人々をふるい立たせて行動をともにすることをすすめる文書。檄。例—を飛ばす。

木 13 【檎】 17画 2473 6A8E 人名 音 ゴ慣 キン漢

意味 「林檎」は、果実の名。また、その果樹。

木 13 【檣】 17画 6094 6AA3 音 ショウ漢 訓 ほばしら

舟13 【艢】 19画 7164 8262 別体字

意味 船に立てて、帆をかける柱。ほばしら。例 檣頭。危檣（=高いほばしら）。

【檣頭】船の帆柱の先。マストの先。

【檣楼】船の帆柱の上部にある物見台。

木 13 【檀】 17画 3541 6A80 人名 音 タン漢 ダン呉 訓 まゆみ

なりたち ［形声］「木（=き）」と、音「亶」とから成る。木の名。

意味 ❶ニレ科の落葉高木。中国北部特産。材はかたく、車軸や農具に用いる。〔日本名は未詳〕 ❷ビャクダンなどの香木のこと。例 黒檀。栴檀。 ❸「紫檀」は、マメ科の常緑小高木。 ❹梵語の音訳。例 檀那。

日本語での用法《まゆみ》ニシキギ科の落葉低木。昔、弓の材料にした。

【檀▽越】〔仏〕〔梵語の音訳〕寺や僧にお金や物を寄進する人。施主。檀那。檀家。

【檀家】〔仏〕ある寺に属して、法事などの仏事をたのんだり、お金や品物を寄進して寺の経営を助けたりする家。檀那。檀越。例—総代。

【檀尻】関西地方で、山車（=祭礼のときに引くかざりをつけた車）のこと。やま。やたい。表記「▽山▽車・▽楽▽車」とも書く。

【檀徒】〔仏〕檀家の人々。

【檀那】⇩【旦那】（482ページ）

【檀林】〔仏〕「栴檀林」の略。寺。また、僧の学問所。

●黒檀・紫檀・栴檀・白檀

木 13 【檔】 17画 1-8620 6A94 音 トウ漢

木 6 【档】 10画 5967 6863 俗字

意味 ❶木のわく。❷公文書を保存しておく、たな。例 檔案（=公文書。とくに中国近代の史料となる保存記録）。

参考 「档ケ山」は、鹿児島県の地名。

木 13 【檗】 17画 6101 6A97 音 バク慣 ハク漢 訓 きはだ・きわだ

艹17 【蘗】 20画 6102 8617 別体字

意味 ミカン科の落葉高木。キハダ。キワダ。樹皮はコルク質が発達する。幹の内皮はあざやかな黄色で、染料・薬用とする。

木 13 【檬】 17画 6108 6AAC 音 モウ漢

意味 ❶「檸檬」は、レモン。❷「檬果」は、マンゴー。

木13 【檢】 17画 ⇩【検】（534ページ）

木13 【檪】 17画 ⇩【櫟】（551ページ）

木 14 【櫃】 18画 6104 6AC3 音 キ漢 訓 ひつ

意味 ふたのある箱。ひつ。例 飯櫃。鎧櫃。

木 14 【檮】 18画 5977 6AAE 音 一トウ漢 二チュウ漢 訓 くい

木 7 【梼】 11画 3778 68BC 俗字

意味 一 ❶切り株。くい。❷役に立たず、おろかなようす。例 檮昧（=おろか。みずからへりくだっていうことば）。二 ❶かたく強い木。❷数をかぞえるための棒。同 籌。

【檮▼杌】①〔伝説上の、太古の悪人の呼び名から〕広く悪人を指す語。あるいは悪獣の②春秋時代、悪事をこらしめるために書かれたという楚の国の歴史書。

木 14 【櫂】 18画 6105 6AC2 人名 音 トウ漢 訓 かじ・かい

意味 水をかいて船を進めていく道具。かじ。かい。また、かいで船をこぐ。

【櫂歌】舟をこぎながら船頭がうたう歌。舟歌。櫂歌。類 棹歌

木 14 【檸】 18画 6106 6AB8 音 ネイ慣 ドウ漢

意味 「檸檬」は、ミカン科の常緑小高木。レモン。インド原産。果実は長円形で黄色、酸味が強くかおりがよい。料理や菓子、飲み物などに使う。

木 14 【檳】 18画 6107 6AB3 音 ビン慣 ヒン漢

木 7
【梹】 11画 5978 68B9 俗字

意味 「檳榔」は、ヤシ科の常緑高木。ビンロウジュ。マレーシア原産。種子は薬用および染料とする。

木14
【櫁】 18画 ⇩【樒】(547ページ)

木 15
【櫞】 19画 6109 6ADE 音エン漢

意味 「枸櫞」は、ミカン科の常緑低木。マルブシュカン。シトロンの変種。芳香があり観賞用。

木 15
【檻】 19画 6103 6ABB 音カン漢 訓おり

意味 ❶動物や囚人をとじこめておく、かこい。おり。例 檻車(=罪人を運ぶ車)。❷橋や階段などに、腰の高さぐらいに横にわたした棒。てすり。例 欄檻・折檻。

【檻▼穽】(「穽」は、落とし穴の意)おりと落とし穴。また、わな。例 ―におちる。

木 15
【櫛】 19画 2291 6ADB 人名 音シツ漢 訓くし・くしけず-る

意味 ❶かみの毛をすいて、ととのえる道具。くし。❷くしでかみの毛をすく。くしけずる。例 櫛風沐雨。

難読 櫛笥(=化粧の道具を入れるはこ)

【櫛形】 上側が丸くなっている昔のくしの形。半月の形。例 ―の窓。ニンジンを―に切る。

【櫛巻き】 女性の髪型の一つ。髪をくしに巻き、たばねてとめただけのもの。

【櫛目】 髪をくしですいたあとにできる筋目。例 美しく―を入れた髪。

【櫛比】 (名・する)(「比」は、並ぶ意)くしの歯のようにすきまなく並ぶこと。例 民家が―している。

【櫛風▼沐雨】 (「風に櫛り雨に沐う」と訓読する。風で髪をとかし、雨で髪を洗う意) 風雨にさらされながら、あちこち走りまわって苦労すること。

木 15
【櫝】 19画 2-1572 6ADD 音トク漢 訓はこ・ひつぎ

意味 ❶木の箱。はこ。例 匱櫝。❷箱に入れる。おさめる。❸ひつぎ。

木 15
【櫑】 19画 6110 6AD1 音ライ漢 訓たる・ふじ・もたい

意味 ❶酒樽。たる。同 罍。❷食物を盛る容器。もたい。❸櫑具剣(=つかがしらに、山の形の飾りがある、古代の長剣)のこと。

木 15
【櫚】 19画 6113 6ADA 音リョ漢 ロ呉

意味 ❶「花櫚」は、マメ科の落葉高木。カリン。タイ・ミャンマー原産。〔日本では中国原産のバラ科の「榠樝」も「花櫚」に似ているためカリンと呼ぶ〕❷「棕櫚」は、ヤシ科の常緑高木。シュロ。

木 15
【櫟】 19画 6111 6ADF 音レキ漢 訓くぬぎ

木13
【檪】 17画 6112 6AAA 俗字

意味 ❶ブナ科の落葉高木。クヌギ。材は薪炭用。樹皮や実は染色に用いる。実はどんぐりという。❷『荘子』で、材木として役に立たない無用なものとされている木。

参考 「イチイ」の木に、「櫟」をあてることがある。

木 15
【櫓】 19画 4706 6AD3 人名 音ロ漢 訓やぐら

意味 ❶大きな盾。❷見張りのための高い建物。やぐら。例 望櫓。❸船をこぐ道具。同 艪。例 櫓声。

【櫓太鼓】 相撲や歌舞伎の興行で、やぐらの上で鳴らす太鼓。客寄せをしたり、始まりや終わりを知らせたりする。

【櫓声】 船の櫓をこぐ音。

●火の見櫓・物見櫓

木 16
【欄】 20画 4583 6B04 常用 音ラン漢呉 訓てすり

筆順 木 朩 朾 栱 椚 櫚 欄 欄

木17
【欄】 21画 1-8627 F91D 人名

なりたち [形声]「木(=き)」と、音「闌(ラン)」とから成る。木の名。借りて「てすり」の意。

意味 ❶てすり。例 欄干・高欄。❷動物をとじこめておく囲い。おり。❸平面の区切り。わく。例 欄外。広告欄。

難読 欄木(=姓)

【欄外】 ①新聞や雑誌・本などの紙面で、本文以外の余白の部分。また、本文を囲むわくの外側。例 ―に書きこみをする。②手すりの外側。

【欄干】 一(名)橋・縁側・階段などの手すり。二(形動タル)①月や星の光りかがやくようす。②なみだのとめどなく流れ落ちるようす。例 玉容寂寞として涙―。〈白居易・長恨歌〉 表記 一は「▼闌干・欄▼杆・欄▼檻」、二は「▼闌干」とも書く。

【欄内】 印刷物などの紙面で、わくで区切った内側。例 ―に書く。

【欄間】 日本建築で、天井と鴨居や長押(=ふすまや障子の上の横木)とのあいだの、格子やすかしぼりの板を取りつけた部分。

●空欄・高欄・小欄・本欄

木 16
【櫪】 20画 6114 6AEA 音レキ漢 訓くぬぎ

意味 ❶ウシやウマの飼料を入れるおけ。かいばおけ。例 槽櫪。❷ブナ科の落葉高木。クヌギ。同 櫟。

木 16
【櫨】 20画 4007 6AE8 音ロ漢 訓はぜ

木 4
【枦】 8画 5937 67A6 俗字

意味 ❶木造建築で、柱の上に置き、軒などをささえるもの。斗栱。❷ウルシ科の落葉高木。ハゼノキ。秋に美しく紅葉する。果実から木蠟をとるために栽培される。ハジ・ハジノキとも。

木 16
【櫳】 20画 2-1578 6AF3 音ロウ漢 訓おり

木10【槞】14画 6057 69DE 別体字
意味 猛獣や囚人をとじこめておく、かこい。おり。例槞檻。

木17【欅】21画 6116 6B05 音キョ漢 訓けやき
意味 ❶ニレ科の落葉高木。ケヤキ。庭木や街路樹にする。材はかたく、木目が美しいので建築・造船・器具用として使われる。❷クルミ科の落葉高木。

木17【櫺】21画 6118 6AFA 音レイ漢 訓れんじ
意味 窓や欄間に、細い木や竹をはめこんだ格子。れんじ。例櫺子。

木17【櫻】21画 ⇩【桜】(525ページ)

木17【權】21画 ⇩【権】(545ページ)

木17【欄】21画 ⇩【欄】(551ページ)

木19【欒】23画 6119 6B12 音ラン漢
意味 ❶ムクロジ科の落葉小高木。中国・朝鮮半島原産。夏に黄色の花をひらき、秋に実を結ぶ。実は数珠玉になる。❷丸い。また、人の集まりのなごやかなようす。例団欒。❸「朱欒」は、ミカン科の常緑小高木。ザボン。
難読 木欒子

木21【欝】25画 ⇩【鬱】(1091ページ)

木22【欖】26画 6120 6B16 音ラン漢
意味「橄欖」は、木の名。

木24【欟】28画 6122 6B1F 音カン漢 訓つき
意味 水をくむうつわ。同罐。
日本語での用法《つき》「槻」の別体字。「木村欟斎(=幕末・明治時代の国学者の名)」

76 4画 欠 あくび けんづくり 部

大きくあけた口から息が出るようすをあらわす。「欠」をもとにしてできている漢字を集めた。

0 欠 2 次 次 4 欧 欣 7 欸 欷 欲 欵 8 款 欹 欺 欽 9 歇 歃 10 歌 歉 歎 11 歓 歎 歐 12 歙 歔 13 歛 歟 17 歡

欠0【欠】4画 2371 6B20 教育4
音 A ケツ漢 B ケン漢
訓 か-ける・か-く・あくび
筆順 ノ ㇇ ケ 欠

A 缶4【缺】10画 6994 7F3A　B 欠0【欠】4画 2371 6B20

なりたち A[缺] [形声]「缶(=つぼ)」と、音「夬ケ」とから成る。つぼなどがこわれる。かける。
B[欠] [象形] 息が「人(=ひと)」の口から上に向かって出る形。派生して「足りない。かける」の意。

参考「缺」と「欠」は、本来別の字だが、「欠」は古くから「缺」と同じ意味にも用いられている。

意味 A[缺] ❶足りない。じゅうぶんでない。不完全である。かける。かく。また、きず。落ち度。かけ。例欠陥。欠点。❷官職・地位のあき。例補欠。
B[欠] あくび。あくびをする。例欠伸。

日本語での用法《ケツ》やすむ。予定していたことをやめる。「欠勤・欠航・欠場・欠席・出欠・病欠」

【欠▽片】①こわれたり割れたりしたものの、小さい一部分。破片。例ガラスの—で手を切る。②ほんの少し。わずか。例良心の—もない。

【欠員】定員に足りないこと。また、その人数。例—を補充する。

【欠課】(名・する) 授業や講義を休むこと。

【欠画】漢字の最後の一画を省略して書くこと。昔、天子や貴人の名前の字を書くことをえんりょしておこなわれた。玄を玄、桓を桓とするなど。表記「▼闕画」とも書く。

【欠格】必要な資格がないこと。対適格。

【欠巻】なん巻かでまとまっている書物や雑誌などの一部がかけていること。また、その本。欠本。

【欠陥】構造や機能などのうえでの、大きな欠点。不備。不足。例—商品。

【欠勤】(名・する) つとめを休むこと。対出勤。例無断—。

【欠航】(名・する) 悪天候や事故などのために、船や飛行機が定期の運航をやめること。例台風で—になる。

【欠講】(名・する) 学校や教師のつごうで、講義をおこなわないこと。

【欠字】(名・する) ①(本来の読みは「ケンジ」) 文章の中で、あるべき文字がぬけていること。また、その文字。②文章の中で、帝王や貴人に敬意をあらわすために、称号や名前の上を一字分以上あけて書くこと。表記▽「▼闕字」とも書く。

【欠如】(名・する) 足りないこと。かけていること。例倫理観が—する。表記「▼闕如」とも書く。

【欠場】(名・する) 試合・競技会・舞台などの出場予定者が、出場しないこと。対出場。例けがで—する。

【欠食】(名・する) じゅうぶんな食事がとれないこと。また、食事をとらないこと。

【欠席】(名・する) 授業や会議・会合などを休むこと。対出席。例—届。会議を—する。

【欠損】(名・する) ①ものがこわれるなどして、一部がかけること。例エンジンの部品が—する。②金銭面で損をすること。赤字。例大きな—を出す。

【欠点】不十分なところ。不完全なところ。短所。弱点。難点。対長所・美点。

【欠番】番号の中で、ある番号がぬけていること。また、その番号。例永久—。—をうめる。

【欠便】船や航空機などの定期便が運航をやめること。欠航。例台風のため—となる。

【欠乏】(名・する) 必要なものが足りないこと。不足。例ビタミンが—する。

【欠本】①ひとそろいの書物で、ある巻または冊のかけているもの。㊇完本カンポン。②全集や叢書ソウショなどで、かけている巻。欠巻。表記▽「▼闕本」とも書く。

【欠落】ケツラク（名・する）あるはずのものがないこと。ぬけおちていること。例重要な部分が―している。

【欠礼】ケツレイ（名・する）礼儀レイギをかくこと。あいさつなどをしないこと。失礼。例喪中モチュウのため年賀―いたします。

【欠漏】ケツロウ（名・する）必要なものがぬけおちていること。もれ。表記「▼闕漏」とも書く。

【▽欠伸】ケンシン・あくび ねむいときやたいくつなときなどに、自然に口が大きくあいて、深く、大きな呼吸をすること。

●出欠シュッケツ・病欠ビョウケツ・不可欠フカケツ・補欠ホケツ

欠2 **【次】** 6画 2801 6B21 教育3 音シ漢 ジ呉 訓つ-ぐ・つぎ・つ-いで・つぎ-に

筆順 丶 冫 冫' 冫ケ 冫欠 次

欠2 **【次】** 6画

なりたち [会意]「二(=ふたつ)」と「欠(=あくび)」とから成る。立ち止まって休息する。やどる。

意味 ❶やどる。とまる。また、その場所。例旅次リョジ(=旅行先での宿泊)。❷つぐ。つぎ。二番目の。例次善ジゼン。次点ジテン。次男ジナン。❸順序。順序をつけて並べる。例次第シダイ。順次ジュンジ。席次セキジ。❹回数を数えることば。例今次コンジ(=今回)。第二次ダイニジ。

使い分け つぐ【次・継・接】⇩1173ジペー

難読 月次つきなみ・日次ひなみ

人名 いたる・ちか・つぐる・ひで・やどる

【次位】ジイ 次のくらい。次の地位。また、二番目。

【次韻】ジイン 他人がつくった漢詩と同じ韻字(=韻をふんでいる句末の字)を使って漢詩をつくること。また、その詩。和韻。

【次回】ジカイ この次の回。次のおり。次のとき。

【次期】ジキ この次の期間・時期。来期。㊇先期・前期・今期。例―委員長を選出する。

【次兄】ジケイ 上から二番目の兄。

【次元】ジゲン ①〔数〕図形・物体・空間の広がりを示すことば。〔直線は長さだけの一次元、平面は縦と横の二次元、立体は縦・横・高さの三次元〕②ものの見方や考え方を導き出す立場。例―のちがう意見にとまどう。

【次号】ジゴウ 新聞・雑誌などの、次の号。㊇前号。例―予告。続きは―にまわす。

【次子】ジシ 二番目に生まれた子。また、次男。

【次女】ジジョ 二番目のむすめ。表記「▽二女」とも書く。

【次数】ジスウ〔数〕数式で、変数である文字因数をいくつふくんでいるかを示す数。x^3y^2の場合、xに関しては三次、yに関しては二次、xおよびyに関しては五次。

【次席】ジセキ 二番目の地位。また、その地位の人。㊇首席。例―判事。

【次善】ジゼン 最善ではないが第二によいこと。例―の策。

【次第】シダイ ①ものごとの順序。例式―。②ものごとが起こった事情やなりゆき。わけ。由来。例事の―を話す。③「…次第」の形で ㋐〔名詞につけて〕その人やそのことによって決まる意味をあらわす。…によって決まる。例あなたの考え―だ。㋑〔動詞につけて〕そのことが終わるとすぐに、の意味をあらわす。…するとすぐに。…するやいなや。例着き―知らせる。

【次代】ジダイ 次の時代。次の世代。例―をになう青年。

【次長】ジチョウ 長官や部長などの次の地位・職。また、その人。例営業部―。

【次点】ジテン〔最高得点の次の得点の意〕当選者・入選者に次ぐ得点。また、その人。例おしくも―で入選をのがす。

【次男】ジナン 二番目の息子むすこ。表記「▽二男」とも書く。

●一次イチジ・順次ジュンジ・席次セキジ・年次ネンジ・目次モクジ・野次ヤジ

欠2 **【次】** 6画 ⇩【次】シ(553ジペー)

欠4 **【欧】** 8画 1804 6B27 常用 音オウ漢 訓は-く

筆順 一 フ ヌ 区 区' 欧 欧

欠11 **【歐】** 15画 6131 6B50

なりたち [形声]「欠(=口をあける)」と、音「區ク→ウオ」とから成る。吐はく。

意味 ❶もどす。口から出す。吐はく。同嘔オウ。❷「欧羅巴ヨーロッパ」の略。例欧化オウカ。欧米オウベイ。西欧セイオウ。

【欧亜】オウア〔「亜」は、亜細亜アジアの意〕ヨーロッパとアジア。亜欧。例―連絡レンラク。

【欧化】オウカ（名・する）思想や風俗フウゾクなどがヨーロッパ風になること。また、ヨーロッパ風にすること。西洋化。例―政策。

【欧州】オウシュウ「欧羅巴州ヨーロッパシュウ」の略。ヨーロッパ。例―諸国。表記旧欧▼洲

【欧風】オウフウ ヨーロッパ風。西洋風。類洋風。例―建築。

【欧文】オウブン ヨーロッパやアメリカで使われる文字。また、文章。横文字。例―の手紙。

【欧米】オウベイ〔「米」は、亜米利加アメリカの意〕ヨーロッパとアメリカ。例―諸国。

●西欧セイオウ・東欧トウオウ・南欧ナンオウ・訪欧ホウオウ・北欧ホクオウ

欠4 **【欣】** 8画 2253 6B23 人名 音キン漢 コン・ゴン呉 訓よろこ-ぶ

なりたち [形声]「欠(=口をあける)」と、音「斤キン」とから成る。わらい、よろこぶ。

意味 わらい、よろこぶ。例欣喜キンキ。欣然キンゼン。欣求ゴング。

人名 やす・やすし・よし

【欣快】キンカイ（名・形動ダ）たいへんうれしく気持ちがよいこと。例―の至り。―に思う。

【欣喜▼雀躍】キンキジャクヤク（名・する）〔「雀躍」は、スズメのようにとびはねる意〕こおどりして喜ぶこと。例大学入学試験に合格して―する。

【欣欣】キンキン（形動タル）たいへん喜んでいるようす。

【欣幸】キンコウ しあわせなことだと思って喜ぶこと。例―の至り。

【欣然】キンゼン（形動タル）心から喜ぶようす。例―としてあいさつを述べる。

【欣舞】キンブ（名・する）うれしくて、おどり上がって喜ぶこと。欣喜乱舞。例知らせを聞いて―する。

【欣慕】キンボ（名・する）喜びしたうこと。例いよいよ―の念を深める。

【欣▽求】ゴング（名・する）〔仏〕喜んで願いもとめること。

【欣▽求浄土】ゴングジョウド〔仏〕極楽浄土ゴクラクジョウドへの往生オウジョウを心から願いもとめること。↓【厭離穢土】エンリエド(173ジペー)

欠7 **【欸】** 11画 6123 6B38 音アイ漢 訓そし-る・なげ-く

意味 ❶声をあげてしかる。そしる。❷うらみ、なげく。❸「欸乃アイダイ」は、舟ふねをこぐときのかけ声。また、櫓ロのきしる音。

難読 欸乃ふな・欸乃歌ふなうた

【欸▼乃】アイダイ ①船頭が舟ふねをこぐとき調子を合わせるためにか

けあう声。また、櫓のきしる音。②船歌やきこりの歌など、労働しながらうたう歌。③広く、のびやかな歌声。

欠 7 【欷】 11画 6124 6B37 音 キ漢 訓 なげ-く

意味 ❶しゃくりあげて泣く。すすり泣く。例欷歔。❷なげきかなしむ。なげく。例欷吁(=なげく)。

【欷▼歔】(キキョ)(名・する)〔「歔」も、すすり泣く意〕すすり泣くこと。むせび泣くこと。欷泣。歔欷。例嗚咽—する。

欠 7 【欲】 11画 4563 6B32 教育6 音 ヨク漢呉 訓 ほっ-する・ほ-しい

筆順 ハ ク 父 父 谷 谷 谷 欲

なりたち [形声]「欠(=口をあけてほしがる)」と、音「谷コク→ヨク(=空虚でなんでも受け入れる)」とから成る。むさぼる。

意味 ❶もっとほしいとねがう。ほしがる。ほっする。ほしい。同慾。例欲求。貪欲。❷ねがいもとめる気持ち。むさぼる心。同慾。例禁欲。物欲。無欲。❸〔助字〕「ほっす」と読み、「…しようと思う」「…しそうになる」の意。意志や未来をあらわす。例欲レ王(=王になろうとする)。

【欲気】(ヨクケ) ほしがる気持ち。欲心。例—を出して失敗する。表記 ⑪▼慾気

【欲情】(ヨクジョウ) ①ほしがる気持ち。欲心。②性的な欲望。色情。例—をいだく。表記 ▽⑪▼慾情

【欲心】(ヨクシン) ほしがる気持ち。欲念。例—には際限がない。表記 ⑪▼慾心

【欲得】(ヨクトク) 利益をえようとすること。ものをほしがること。例—ずく(=損得だけを考えて行動すること)。表記 ⑪▼慾得

【欲念】(ヨクネン) ほしがる気持ち。欲心。例—をはらいのける。表記 ⑪▼慾念

【欲深】(よくふか)(名・形動) ものをほしがる気持ちが強いこと。また、その人。強欲。〔形容詞で「欲深い」とも〕例—な人。表記 ⑪▼慾深

【欲望】(ヨクボウ) 手に入れたいと、強く願うこと。また、その心。例—を満たす。表記 ⑪▼慾望

【欲目】(ヨクめ) 自分につごうよく、実際以上によく見てしまうこと。ひいき目。例親の—。表記 ⑪▼慾目

【欲界】(ヨッカイ)〔仏〕三界(=欲界・色界・無色界)の一つ。欲望に満ちた世界。表記 ⑪▼慾界

【欲求】(ヨッキュウ)(名・する) 手に入れようともとめること。ほしがること。例—を満たす。表記 ⑪▼慾求

【欲求不満】(ヨッキュウフマン) したいことができず、また、ほしいものが手にはいらず、いらいらすること。フラストレーション。例—を解消する。表記 ⑪▼慾求不満

◐愛欲・意欲・禁欲・強欲・私欲・食欲・肉欲・物欲・無欲

欠 7 【欵】 11画 ⇩【款】(554ページ)

欠 8 【款】 12画 2030 6B3E 常用 音 カン漢 訓 まこと・しる-す

筆順 一 十 士 圭 圭 款 款 款

欠 7 【欵】 11画 1-8631 6B35 俗字

なりたち [会意]「欠(=口をあける)」と「祟(=うつろ・からっぽ)」とから成る。中がからっぽで、心に欲するものがある。借りて「よろこぶ」の意。

意味 ❶うちとけて親しくする。よろこぶ。たのしむ。同歓。例款然。款待。❷まごころ。まこと。❸器物にきざんだ文字。また、書画におす印。例款識。落款。❹法令や規約などの箇条書きにされたひとまとまりの文。項目。例定款。約款。❺必要な費用。金銭。経費。例借款。

人名 すけ・ただ・まさ・よし

【款▽識】(カンシ)〔一説に、「款」は陰文(=くぼませた字)、「識」は陽文(=うきぼりにした字)の意〕青銅器の銘文。

【款然】(カンゼン)(形動タル) 心からうちとけるようす。

【款待】(カンタイ)(名・する) 真心をこめて人をもてなすこと。例思わぬ—を受ける。

【款談】(カンダン)(名・する) 心からうちとけて、楽しく語り合うこと。例なごやかに—する。

【款を通ず】(カンをツウず) ①ひそかに親しくなる。②ひそかに敵と通じる。内通する。

◐借款・定款・約款・落款

欠 8 【欹】 12画 6126 6B39 音 一イ漢 二キ漢 訓 そばだ-つ・そばだ-てる

意味 一ああ。嘆息して発することば。二かたむける。また、そばだつ。そばだてる。〔この意味のときは本来「攲」を用いる〕例欹傾(=かたむける)。欹レ枕(=まくらを立てる)。

欠 8 【欺】 12画 2129 6B3A 常用 音 ギ慣 キ漢 コ呉 訓 あざむ-く

筆順 一 卄 甘 其 其 欺 欺

なりたち [形声]「欠(=口をあけて言う)」と、音「其キ」とから成る。あざむく。

意味 ❶だます。いつわる。あざむく。例欺瞞。詐欺。❷ばかにする。あなどる。

【欺▼瞞】(ギマン)(名・する) うそをついて人をだますこと。あざむくこと。例—的な態度をとる。

欠 8 【欽】 12画 2254 6B3D 人名 音 キン漢 コン呉 訓 うやま-う・つつし-む・ねが-う

なりたち [形声]「欠(=口をあける)」と、音「金キン」とから成る。口をあけるようす。借りて「つつしむ」の意。

意味 ❶うやまいしたう。うやまう。つつしむ。例欽仰。欽慕。❷天子に関するものごとについて敬意をあらわすことば。例欽定。

人名 うや・ただ・のぞむ・ひとし・まこと・よし

【欽仰】(キンギョウ・キンゴウ)(名・する) うやまいしたうこと。例聖徳太子を—する太子講。

【欽定】(キンテイ)(名・する) 天子・君主が命じて制定すること。例—憲法。

【欽慕】(キンボ)(名・する) 尊敬して、したうこと。敬慕。例先生を—する。

欠 9 【歇】 13画 6128 6B47 音 ケツ漢 カチ呉 訓 やす-む・や-める・つ-きる

意味 ❶休む。いこう。例歇息(=休息)。❷やむ。やめる。また、つきる。なくなる。例間歇。

欠 9 【歃】 13画 6129 6B43 音ソウ漢 訓すする

意味 すすって飲む。すする。例歃血(=盟約を結ぶとき、いけにえの血をすする儀式)。

欠 10 【歌】 14画 1846 6B4C 教育2 音カ漢呉 訓うた・うたう

筆順 一 ｢ 可 哥 哥 哥 歌

言10 【謌】 17画 7572 8B0C 別体字

なりたち [形声]「欠(=口をあける)」と、音「哥カ」とから成る。うたう。

意味 ❶ふしをつけて、または音楽に合わせてうたう。また、ふしのついたことば。うた。例歌謡。校歌。唱歌。❷漢詩の形式の一つ。例挽歌。長恨歌。

日本語での用法《カ・うた》漢詩に対し、日本の和歌。「東歌・防人歌・歌人・六歌仙」

使い分け うた【歌・唄】⇩1163ページ

使い分け うたう【歌・謡】⇩1163ページ

【歌声】うたごえ 歌をうたう声。

【歌会】カカイ・うたカイ 和歌をつくり、発表や批評をしあう会。例新年の—をひらく。

【歌格】カカク ①和歌をつくるときの決まり。②和歌の品格。

【歌学】カガク 和歌に関する学問。例日本の—。

【歌境】カキョウ ①歌に表現されている心の状態や境地。②歌をつくるときの心境。

【歌曲】カキョク ①歌のふし。②クラシック音楽で、詩などに曲をつけた声楽曲。リート。例シューベルトの—集。

【歌劇】カゲキ 音楽、とくに歌を中心とした劇。歌手の歌と演技・舞踊などの要素からなる舞台劇。オペラ。

【歌語】カゴ 和歌によく使われることば。うたことば。詩語。たとえば、「蛙」を「かわず」という類。

【歌才】カサイ 歌をつくる才能。例—にめぐまれる。

【歌詞】カシ ①節をつけて歌うことば。歌の文句。例合唱曲の—を覚える。②和歌によく使われることば。うたことば。歌語。

【歌手】カシュ 歌をうたうことを職業とする人。歌い手。シンガー。

【歌集】カシュウ ①和歌をあつめた本。例古希の記念に—を作る。②歌曲・民謡など、歌をあつめた本。

【歌唱】カショウ (名・する) 歌をうたうこと。また、その歌。例—力。—指導。

【歌人】カジン 和歌をよく詠む人。歌詠み。例—として名を残す。

【歌聖】カセイ 最高の評価を受けている歌人。例—柿本人麻呂。

【歌体】カタイ 和歌の形式。長歌・短歌・旋頭歌など。

【歌題】カダイ 和歌をつくるときの題。

【歌壇】カダン 和歌をつくることを専門にしている人の社会。例—の注目を集める。

【歌道】カドウ 和歌のみち。また、和歌の作法や心得。歌学。

【歌碑】カヒ 詩歌をほりつけてある石碑。多く、その場所にゆかりのある人を記念して建てる。

【歌舞】カブ (名・する) うたったり、まったりすること。例—音曲。

【歌風】カフウ 和歌のつくり方の特色。和歌の作風やよみぶり。例『万葉集』の—。

【歌舞伎】かぶき [動詞「かぶく(=異様な服装、異常な言動をする)」の名詞形「かぶき」に漢字をあてたもの] 江戸時代に発達し、現代まで続く日本の古典演劇。出雲阿国に始まるといわれる。せりふ・舞踊・音楽を一体としたもので、舞台装置などに独特のスタイルをもつ。

【歌謡】カヨウ 節をつけてうたう歌。民謡・童謡・流行歌など。例—曲。古代—。

【歌留多】カルタ [ポルトガル語 carta の音訳] 遊びに使う、絵や文字を書いた長方形の紙のふだ。いわゆるトランプ・いろはガルタ・歌ガルタ(=百人一首)などをまとめていう。例—取り。—会。花—。表記「▽骨▼牌・加留多」とも書く。

【歌論】カロン 和歌の本質や分類・作歌法などに関する理論や評論。

【歌話】カワ 和歌に関する話。歌談。

●哀歌・演歌・謳歌・凱歌・狂歌・校歌・国歌・詩歌・唱歌・聖歌・短歌・長歌・舟歌・牧歌・連歌・和歌

欠 10 【歉】 14画 6130 6B49 音ケン漢 訓あきたりない

意味 ❶不満である。ものたりない。あきたりない。同慊ケン。例歉然(=あきたりない)。❷穀物が実らない。ききん。不作。例歉歳(=凶作の年)。

欠10 【歎】 14画 ⇩【嘆】タン(556ページ)

欠 11 【歓】 15画 2031 6B53 常用 音カン漢呉 訓よろこぶ

筆順 ⺈ 午 午 夲 奞 雚 歓

欠17 【歡】 21画 6136 6B61

なりたち [形声]「欠(=口をあける)」と、音「雚カン」とから成る。喜び楽しむ。

意味 にぎやかによろこぶ。なごやかにたのしむ。よろこび。たのしみ。例歓喜。歓迎。歓楽。

人名 よし

【歓会】カンカイ 楽しくうちとけた集まり。

【歓喜】㊀カンキ (名・する) ひじょうによろこぶこと。対悲哀。例合格の知らせに—する。㊁カンギ (名) [仏] 仏の教えを聞いて、身も心もよろこぶこと。

【歓迎】カンゲイ (名・する) 人をよろこんでむかえること。対歓送。例—会。新入社員を—する。

【歓呼】カンコ (名・する) よろこびの声をあげること。また、よろこびの声。例民衆の—の声にむかえられる。

【歓心】カンシン よろこぶ気持ち。例—を買う(=気に入られるために、その人のよろこぶような言動をする)。

【歓声】カンセイ よろこびのあまりに出すさけびごえ。例—をあげる。

【歓送】カンソウ (名・する) 出発する人をはげまし祝福しておくり出すこと。対歓迎。例—会。

【歓送迎】カンソウゲイ 歓送と歓迎のこと。例—会。

【歓待】カンタイ (名・する) よろこんでもてなすこと。

【歓談】カンダン (名・する) うちとけて楽しく話し合うこと。例幼なじみと久しぶりに—する。

【歓天喜地】カンテンキチ (名・形動ダ) [天に歓び地に喜ぶ意] 大よろこびすること。

【歓楽】カンラク (名・する) よろこび楽しむこと。例—街。—の巷。—をきわめる。

【歓楽極まりて哀情多し】カンラクきわまりてアイジョウおおし よろこびや楽し

[欠部] 9—11画 ● 歃 歌 歉 歎 歓

4画

みがきわまると、かえって悲しい気持ちがわきおこってくる。〈漢武帝・秋風辞〉

【歓を尽くす】じゅうぶんによろこび楽しむ。

（●哀歓・交歓・合歓）

欠11 **【歎】** 15画 3523 6B4E 人名 音タン漢呉 訓ほ-める・なげ-く

欠10 **【歎】** 14画 ━━ 俗字

意味 ❶ため息をつく。感心してほめたたえる。ほめる。例詠歎・感歎・賞歎。❷ため息をもらす。失望してかなしむ。なげく。同嘆。例歎息・悲歎。

参考「嘆」と「歎」とは、いずれも、喜怒哀楽の感きわまって、ため息をつくことで、古くから通じて用いられる。ただし、「嘆」は、悲しみなげく、「歎」は、ほめたたえる、という意味に用いられることが多かった。

表記 現代表記では、「嘆」に書きかえることがある。熟語は「嘆」(212ページ)を参照。

【歎異】タンイ〔「タンニ」とも〕すばらしいと感心すること。『歎異抄』は、異説をなげいた弟子たちが、親鸞の教えを正しく伝えようと記したもの。表記 現嘆異

【歎願】タンガン（名・する）事情を話し、なんとかしてほしいと心からたのむこと。類 懇願・哀願。例一書。表記 現嘆願

【歎辞】タンジ 感心して、ほめたたえることば。例一を呈する。表記 現嘆辞

【歎賞】タンショウ（名・する）感心して、ほめたたえること。称賛。表記 現嘆賞。また、「嘆称・▼歎称」とも書く。

【歎声】タンセイ ①なげきのあまりに出るこえやため息。例一をもらす。②感心して、思わず出るこえ。表記 ▽現嘆声

【歎息】タンソク（名・する）なげいたり感心したりして、ため息をつくこと。例天をあおいで一する。表記 現嘆息

【歎美】タンビ（名・する）感心してほめたたえること。嘆賞。例自然を一する気持ち。表記 現嘆美

欠11 **【歐】** 15画 ⇩【欧】オウ(553ページ)

欠12 **【歙】** 16画 6132 6B59 音一キュウ漢 二ショウ漢 訓す-う

意味 一 ❶鼻から吸いこむ。すう。❷集める。まとまる。

〔欠部〕11―17画 ● 歎 歐 歙 歔 歛 歟 歡

二 安徽省の東南の地名。硯の産地として有名。例歙硯ショウケン（=歙の地に産する、すずり。「キュウケン」「歙州硯」ともいう）。

【歙歙】キュウキュウ（形動タル）①多くのものが一つに合すること。なかまになって悪いことをするようす。②ものごとにとらわれないようす。一説に、おそれるようす。

欠12 **【歔】** 16画 6133 6B54 音キョ漢 訓すすりな-く・な-く・なげ-く

意味 すすり泣く。泣く。なげく。例歔欷キョキ。

【歔▼欷】キョキ（名・する）しゃくりあげて泣くこと。むせび泣くこと。歔欷。例嗚咽一。

欠13 **【歛】** 17画 6134 6B5B 音カン漢 訓おも-う・ねが-う

意味 ❶欲する。おもう。ねがう。❷あたえる。

参考「斂」とは別の字だが、「斂（=おさめる）」として用いられることがある。

欠13 **【歟】** 17画 6135 6B5F 音ヨ漢 訓か・や

意味（助字）「や」「か」と読み、…だろうか、の意。疑問・反語・詠嘆をあらわす。例秦歟漢歟シンかカンか（=秦代のことか漢代のことか）。〈李華・弔古戦場文〉

欠17 **【歡】** 21画 ⇩【歓】カン(555ページ)

77 4画 止 とめる とめへん 部

ねもと、あるいは足の形で、「とまる」「あるく」の意をあらわす。「止」をもとにしてできている漢字を集めた。

0 止 1 正 2 此 3 歩 4 武 步 5 歪 9 歳 歲 10 歴 12 歷 14 歸

この部首に所属しない漢字

企⇩人 59 凪⇩几 123 肯⇩月 817 歯⇩歯 1114

〔止部〕0―1画 ● 止 正

止0 **【止】** 4画 2763 6B62 教育2 音シ漢呉 訓と-まる・と-める・とど-まる・とど-める・とど-め・や-める・や-む 付表 波止場はとば

筆順 ｜ ト 止 止

なりたち 〔象形〕草木が根を生やした形。

意味 ❶根が生えたように動かずにじっとしている。とまる。とどまる。例止水・静止・停止。❷やめさせる。禁じる。とめる。とどめる。例止血・禁止・制止。❸やめる。やむ。例終止・中止・廃止。❹すがた。ようす。たちいふるまい。例挙止。

使い分け とまる・とめる【止・留・泊】⇩1174ページ

人名 いたる・しずか・ただ・とどむ・とめ・とも・もと

【止観】シカン〔仏〕〔「止」は心を静止して雑念をとどめる、「観」は正しい知恵によってみつめる意〕心にうかぶ雑念をはらい、真理をさとること。

【止血】シケツ（名・する）出血をとめること。例一剤。

【止宿】シシュク（名・する）旅館や他人の家にとまること。宿泊すること。例上京して親類の家に一する予定。

【止水】シスイ ①流れず、動かない状態の水。②静かにすんだ水。心が静かで乱れないことのたとえ。例明鏡一。

【止揚】シヨウ（名・する）〔哲〕弁証法において、矛盾または対立する二つの考えを、一段高いところで調和・統一し発展させること。アウフヘーベン。揚棄。

●休止・禁止・制止・静止・阻止・中止・停止・廃止・防止・抑止

止1 **【正】** 5画 3221 6B63 教育1 音セイ漢 ショウ呉 訓ただ-しい・ただ-す・まさ

筆順 一 丁 下 正 正

なりたち 〔会意〕「一（=とどまるべきところ）」と「止（=とどまる）」とから成る。わるいことをとどめる。ただしい。

意味 ❶理想をめざして、まっすぐに進むこと。まっすぐ筋のとおった。ただしい。例正直・正義・公正。❷まっす

ぐに、ただしくする。ただす。例改正。矯正。是正。❸本来の。本筋の。例正妻。正統。正門。❹相対するもののうち、上位のほう。対副。例正続。正副。❺ちょうどぴったり。まさに。例正午。正中。❻まじりけのない。例正色(=物自体の本来の色)。純正。❼長官。おさ。対副。例検事正。僧正。❽数学や電気のプラス。対負。例正極。正数。❾年のはじめ。例正月。賀正。❿標的。まと。例正鵠。

日本語での用法 一《ショウ》同じ位階を正・従に分ける制度で、その上位のもの。「正一位・正三位」 二《かみ》律令制の四等官で、諸司の最上位。長官。「市正(=市司の長官)・隼人正」

人名 あき・あきら・おさ・おさむ・きみ・きよし・さだ・すなお・ただ・ただし・つら・なお・のぶ・はじめ・まこと・まさし・よし

【正覚】ショウガク（仏）正しいさとり。例—に至る。

【正月】ショウガツ ①一年の最初の月。一月。②年のはじめの祝いの期間。また、新年の祝い。例—休み。

【正気】一ショウキ（名・形動ナ）正しい思考や判断のできる精神状態。気が確かなこと。対狂気。例—をとりもどす。—のさたではない(=正常でできることではない)。二セイキ（名）①広く自然界に存在しているという、正しい大きな力。例天地間に広がる—。②正しい気風。正しい心。対邪気。

【正金】ショウキン ①〔紙幣などに対して〕金貨や銀貨。正貨。②現金。

【正絹】ショウケン まじりけのない純粋なきぬ糸・きぬ織物。本絹。例—の振り袖。

【正午】ショウゴ 〔「午」は、午の時刻の意〕昼の十二時。午後零時。真昼。

【正直】一ショウジキ（名・形動ナ）うそやごまかしがなく、すなおで正しいこと。例—な人。何もかも—に話す。二セイチョク（名）正しくまっすぐなこと。

【正真】ショウシン（名・形動ナ）うそいつわりなく、ほんとうであること。

【正真正銘】ショウシンショウメイ うそいつわりやまちがいがなく、ほんとうであること。ほんものであること。

【正体】一ショウタイ ①表面からはわからない、ほんとうの姿。類本性。例—をあらわす。②ふつうの状態のときの、しっかりしている気持ち。正気。例—をなくす。二セイタイ ①正しいあり方。正しい姿。②漢字の、正しい字体。正字体。

【正念】ショウネン ①（仏）仏の正しい教えを心にいだき、往生を信じること。②（仏）一心に信仰する気持ち。③正気。本気。

【正念場】ショウネンば 失敗の許されない最もだいじな場面。

【正▼麩】ショウフ 小麦粉から麩を作るときに沈殿する粉をかわかしたでんぷん。煮てのりにする。

【正札】ショウふだ かけ値ではない、実際の値段を書いて、商品につけておく札。

【正法】一ショウボウ（仏）①仏の正しい教え。仏法。②釈迦の死後を三つの時期に分けた一つ。仏の正しい教えがおこなわれる最初の五百年間、または、千年間。対末法。二セイホウ 正しい法や制度。

【正本】一ショウホン ①根拠となる原本。②歌舞伎などの芝居の台本。脚本。③浄瑠璃や長唄などで、節づけを書き入れた版本。二セイホン ①写本や副本のもとになる原本。②〔法〕正式に写して、原本と同じ効力をもつもの。

【正味】ショウミ ①〔「正身」がもとか〕いれものや包み紙などを除いた、中身の重さ。②実際の数量。

【正面】ショウメン ①まっすぐに顔の向いている方向。真向かい。例—を向く。—に立つ。②建物などの表側。例—の入り口から入る。③まっすぐ直接に向かっていくこと。例改革に—から取り組む。

【正位】セイイ 正式の地位。例—に就く。

【正員】セイイン ある団体の正式な一員。

【正価】セイカ かけ値のない、実際の値段。例現金—。

【正貨】セイカ 〔紙幣などに対して〕金貨や銀貨など、それ自体が実質上の価値をもつ貨幣。本位貨幣。

【正解】セイカイ（名・する）①正しい答え。正答。例—者。出題に対する—。②正しい解釈。

【正格】セイカク ①正しい決まり。例—の文章を書く。②日本語の動詞で、活用が規則的であること。対変格。

【正確】セイカク（名・形動ナ）まちがいやあいまいさがなく、たしかなこと。例—な数値。—に伝える。—を重んじる。

【正学】セイガク 正しい学問。おおやけに正当と認める学問。対曲学・異学。

【正眼】セイガン ①まっすぐ前から見ること。正視。②剣道の構えの一つ。刀を相手の目に向けて中段に構えるもの。表記②は「晴眼・青眼」とも書く。

【正規】セイキ（名・形動ナ）正式な決まり。また、正式な決まりに合っていること。例—軍。—の手続き。—に採用される。

【正義】セイギ ①人としておこなうべき正しい道。正しい道理。例—感が強い。—の味方。②正しい解釈。例『五経—』〔書名〕

【正業】セイギョウ ①社会的に認められている職業。まともな職業。例—に就く。②正規の学業。例—を受ける。

【正極】セイキョク 電気で、陽極。プラスの極。また、磁石で、北を指す極。対負極。

【正経】セイケイ 儒教の正しい教えを伝える書物。十三経。

【正系】セイケイ 正しい系統。正しい血統。

【正訓】セイクン 漢字の本来の意味にもとづいた正しい読み方。

【正言】セイゲン ①えんりょせずに正しいと思うことを述べること。また、そのことば。類直言。②道理にかなった正しいことば。

【正弦】セイゲン〔数〕三角関数の一つ。直角三角形で一つの鋭角の大きさがあたえられたとき、対辺の長さの斜辺の長さに対する比。サイン。記号 sin 例—曲線。

【正誤】セイゴ ①正しいこととまちがったこと。例—を論ずる。②まちがいを直すこと。例—表。

【正号】セイゴウ 正の数をあらわす記号。プラス記号。「+」であらわす。対負号。

【正攻法】セイコウホウ 奇計を用いずに正面から正々堂々とせめていくこと。例—で相手と交渉する。

【正▼鵠】セイコク〔慣用で「セイコウ」とも。「鵠」は、まとの意〕①弓のまとの中心。②ものごとの要点。急所。例—を射る(=ものごとの要点をおさえる)。

【正座】一セイザ（名・する）足をくずさず行儀よくすわること。類端座。例—したので足がしびれる。二ショウザ（名）正面の席。最もたいせつな客がすわるところ。例—に着く。表記一は旧正▼坐

【正妻】セイサイ 法律上の手続きをふんだ正式のつま。本妻。正室。対権妻・内妻。

【正▼朔】セイサク〔「朔」は、月初めの日の意〕正月一日のこと。元日。

【正▼餐】セイサン（西洋料理で）正式な献立の食事。ディナー。

【正史】セイシ 中国で、国家が正式なものとして編集した紀伝体の歴史書。例、『史記』『漢書』『後漢書』など。対外史・野史。
【正使】セイシ 主となる使者。対副使。
【正視】セイシ (名・する) まっすぐ前から見ること。類直視。例―できない光景。
【正字】セイジ ①正統と認められている形の漢字。対略字。②まちがえずに書かれた字。
【正式】セイシキ (名・形動ダ) 決められたとおりの手続きをふんでいること。対略式。例―に辞退する。
【正室】セイシツ 身分の高い人の本妻。正妻。対側室。
【正邪】セイジャ 正しいことと悪いこと。正否。類善悪・理非。例―曲直。―をわきまえる。
【正▼閏】セイジュン ①ふつうの年と、うるう年。②正しい系統と正しくない系統。正統と閏統。例南北朝の―を論ずる。
【正書】セイショ 点や画をくずさずに正確に書いた書体。楷書。
【正書法】セイショホウ (英語 orthography の訳)(欧米でアルファベットを用いて)ことばを書きあらわすときの、正しい書き方。正しい文字表記をすること。正字法。
【正常】セイジョウ (名・形動ダ) ふつうであること。ふつうの状態。ノーマル。対異常。例―な数値を示す。血圧は―だ。
【正数】セイスウ 〔数〕零より大きい数。プラスの数。対負数。
【正正堂堂】セイセイドウドウ (形動タルト) にげたり、ずるいやり方をしたりせず、正面から向かっていくりっぱなようす。例―と戦いをいどむ。
【正装】セイソウ (名・する) 儀式や訪問などのとき、正式の服装をすること。また、その服装。対略装。例―してパーティーに出かける。
【正続】セイゾク 書物などで、最初に作られたものと続きのもの。正編と続編。
【正対】セイタイ (名・する) ①相手の正面に向くこと。例試験官に―して問いに答える。②正面から向かっていくこと。
【正大】セイダイ (名・形動ダ) ①態度がりっぱで正しいこと。例公明―。②正しくおおらかなこと。例天地―の気。
【正多面体】セイタメンタイ 〔数〕四つ以上の等しい正多角形によってつくられる多面体。正四面体・正六面体(=立方体)・正八面体など。
【正着】セイチャク 囲碁で、その場に応じた最も適切な一手。
【正嫡】セイチャク・セイテキ ①正式の妻。正妻。本妻。②正妻が生んだ嫡子。

［止部］2―4画 ●此 歩 武

【正中】セイチュウ 一(名) ちょうど真ん中。中心。二(名・する) ①ある天体が真南または真北に来ること。②正しく当たること。的中。命中。
【正調】セイチョウ 正しい調子。とくに日本の民謡で、昔から歌われてきた正しい歌い方。対変調。例―おはら節。
【正殿】セイデン ①宮殿の中心で、儀式をしたり政務をおこなう建物。表御殿。②神社の中心となる建物。本殿。
【正電気】セイデンキ プラスの電気。陽電気。
【正当】一セイトウ (名・形動ダ) 正しく道理に合っていること。まさにそのとおりであること。対不当。例―な理由。―な要求。二ショウトウ (名) ちょうどそれにあたっていること。〔忌日についていうことが多い〕
【正当防衛】セイトウボウエイ 〔法〕不当な暴力を受けたり受けそうになったりしたとき、自分(またはだれか)の身を守るためにやむをえず相手に危害を加えること。法律上の罪にはならない。
【正答】セイトウ (名・する) 正しい答えをすること。また、その答え。類正解。対誤答。
【正統】セイトウ ①(「ショウトウ」とも)(帝位や家がらで)いちばん正しい血筋。正系。②(教義・学説・流派などで)いちばん正しい系統。本流。
【正道】セイドウ 道理にかなった正しい道。また、正しい方法。対邪道・横道。例天下の―。
【正犯】セイハン 〔法〕刑法上、犯罪行為をみずからおこなう者。主犯。対従犯。
【正反合】セイハンゴウ 〔哲〕ヘーゲルの弁証法の中心となる考え方。正(=一つの命題)と、反(=これに矛盾する命題)が、合(=一段高いところで調和・統一されたもの)となること。
【正反射】セイハンシャ 光が規則正しく決まった方向に反射すること。対乱反射。
【正反対】セイハンタイ (名・形動ダ) まったく反対であること。例―な意見を主張する。
【正否】セイヒ 正しいことと正しくないこと。例行為の―を論ずる。
【正比例】セイヒレイ (名・する)〔数〕二つの数量が、同じ割合で増えたり減ったりすること。比例。対逆比例・反比例。例事故件数と死亡者数は必ずしも―しない。
【正文】セイブン ①文書の本文。〔注釈や付記に対していう〕②条約や契約で、解釈の基準となる、もとの文章。

【正方形】セイホウケイ 四辺の長さと四つの内角がそれぞれ等しい四角形。
【正命】セイメイ 天寿を全うすること。天命に従って死ぬこと。対非命。
【正門】セイモン 建物の正面にある門。表門。
【正路】セイロ 道理に合った正しい道。正道。義。
【正論】セイロン 道理に合った正しい意見。例―を吐く。
【正夢】まさゆめ 同じことがあとで現実に起こる夢。対逆夢。
●改正カイセイ・賀正ガセイ・矯正キョウセイ・厳正ゲンセイ・公正コウセイ・校正コウセイ・修正シュウセイ・是正ゼセイ・端正タンセイ・中正チュウセイ・訂正テイセイ・適正テキセイ・不正フセイ・補正ホセイ

止2 【此】 6画 2601 6B64 人名 音シ漢呉 訓こ-れ・ここ・こ-の・か-く

意味 〔助字〕❶「これ」「ここ」「この」と読み、近くの人・もの・ごと・所、などを示す。例此匹夫之勇(これヒップのユウなり)(=これはつまらぬ男の勇気だ)。此岸シガン(「このきし」と訓読する)。❷「かく」と読み、このように、の意をあらわす。例如レ此(かくのごとし)(=このようである)。

難読 此許(ここもと)・此彼(かしこ)・此歳(ことし)

【此▽処】ここ ①話し手がいるところ。また、話し手に近いところ。例―にあります。②話し手が問題として取りあげていることがら・状況・場面。例―がたいせつだ。③(現在に近い過去あるいは未来をふくんで)最近。例―一週間は雨だった。―二、三日が山場だ。表記▽「此▽所」とも書く。
【此岸】シガン ①こちら側のきし。②〔仏〕さとりに達していない、迷いの世界。この世。現世。▽対彼岸。

止3 【歩】 7画 ⇩【歩】ホ(559ページ)

止4 【武】 8画 4180 6B66 教育5 音ブ漢ム呉 訓たけ-し

筆順 一 二 千 千 正 武 武

なりたち [会意]「止(=とめる)」と「戈(=ほこ)」とから成る。てがらを立ててほこをおさめる。

意味 ❶いさましい。つよい。たけし。例武勇ブユウ。❷いくさ。たたかい。軍事にかかわること。例武器ブキ。尚武ショウブ。❸片足をふみ出した長さ。半歩。例歩武ブホ。

日本語での用法 ㊀《ぶ・む》「ぶ」「む」の音をあらわす万葉がな。「阿武隈川(あぶくまがわ)・武蔵野(むさしの)・武玉川(むたまがわ)」 ㊁《ブ》旧国名「武蔵(むさし)」(=今の東京都・埼玉県と神奈川県北東部)の略。「武州(ブシュウ)・総武(ソウブ)・東武(トウブ)」

難読 武士(もののふ)・武具(もののぐ)・武夫(ますらお)・武隈(たけくま)

人名 いさ・いさみ・いさむ・たかし・たけ・たける・たつ・つぐ・つよし・ふか・ますら・よし

【武威】(ブイ) 武力による威光。軍の威勢。例 天下に―を輝かす。

【武運】(ブウン) ①武士・軍人としての運命。例 ―長久。②戦争の勝敗の運。例 ―つたなく敗れる。

【武官】(ブカン) 軍事関係の仕事を任務とする官吏。下士官以上の軍人。対 文官。

【武器】(ブキ) ①戦いに用いる道具。銃や刀剣など。類 兵器。②目的を達成するための効果的な手段。例 語学力を―にする。

【武具】(ブグ) 戦いに使う道具。とくに、よろい・かぶとなどの防具。

【武勲】(ブクン) 戦争でたてた手がら。いさおし。類 武功。

【武家】(ブケ) ①武士の家がら。類 武門。対 公家。②武士のこと。例 お―さま。

【武芸】(ブゲイ) 武士が身につけるべき技術。弓術・槍術・剣術・馬術など。類 武術。例 ―百般にひいでる。

【武芸十八般】(ブゲイジュウハッパン) 十八種類の武芸。〔中国と日本、また、時代によって異なる〕

【武功】(ブコウ) 戦争でたてた手がら。類 武勲。

【武骨】(ブコツ) (名・形動ナ) ①礼儀作法をわきまえず、態度があらっぽいこと。類 無作法。②風流を解さず、洗練されていないこと。類 無風流。③ごつごつとほねばっていること。例 ―で大きなからだ。表記 ▽「無骨」とも書く。

【武骨者】(ブコツもの) ①礼儀作法を知らない粗野な人。②風流を解さない人。無趣味で洗練されていない人。表記 ▽「無骨者」とも書く。

【武士】(ブシ) 昔、武術をおさめ、戦いに従事した身分の人。さむらい。もののふ。類 武人。例 花は桜木、人は―。

【武士道】(ブシドウ) 武士の重んじた道徳。忠義・名誉・武勇・礼節・信義などをたいせつにすること。

【武事】(ブジ) 戦争や軍隊に関することがら。類 軍事。対 文事。

【武術】(ブジュツ) 武士が身につける戦いのための技術。剣術・弓術・槍術・馬術など。類 武芸・武技。

【武将】(ブショウ) 武士の大将。例 戦国時代の―。

【武神】(ブシン) ①戦争のかみさま。いくさがみ。②武道のかみさま。

【武人】(ブジン) いくさびと。類 武士・軍人。対 文人。例 風雅を知らぬ―。

【武装】(ブソウ) (名・する) 武器を身につけ、戦いの準備をすること。例 ―解除。―をととのえる。

【武断】(ブダン) 武力にたよって専制的に政治をおこなったり、ものごとを処理したりすること。対 文治。例 ―派。―政治。

【武道】(ブドウ) ①武士道。②武士が身につける武芸。類 武術。

【武徳】(ブトク) 武士の守るべき徳。

【武備】(ブビ) 戦争に対するそなえ。類 軍備・兵備。

【武辺】(ブヘン) 武道に関することがら。

【武弁】(ブベン) 〔「弁」は冠の意から〕武官がかぶる冠の意から〕武人。武士。例 一介の―は政治にかかわるべきではない。

【武名】(ブメイ) 武士としてのよい評判。武人としての名声。

【武門】(ブモン) 武士の家がら。武士の家すじ。類 武家。例 ―のほまれ。―に生まれる。

【武勇】(ブユウ) 武術にすぐれ、勇敢なこと。例 ―伝。

【武略】(ブリャク) 軍事上の計略。戦略。例 ―にひいでる。

【武陵桃源】(ブリョウトウゲン) 俗世間からはなれたところにある、平和でのどかな別世界。ユートピア。桃源郷。〔陶潜の「桃花源記」にえがかれた理想郷〕

【武力】(ブリョク) 軍隊の力。軍事力。例 ―を行使する。

【武蔵】(むさし) 旧国名の一つ。今の東京都と埼玉県のほとんどと、神奈川県北東部にあたる。

【武者】(ムシャ) 武士。とくに、戦場に出るため、よろい・かぶとを身につけた武士。例 落ち―。

【武者修行】(ムシャシュギョウ) 武芸者が諸国をまわって試合をしたり教えを受けたりして、武芸のわざをみがくこと。例 ―に出る。

【武者人形】(ムシャニンギョウ) 五月五日の端午の節句にかざる人形。よろい・かぶと・弓矢・太刀・馬・陣営具などの小型のものをふくめていう。類 五月人形。

●玄武(ゲンブ)・公武(コウブ)・尚武(ショウブ)・文武(ブンブ)

止 4

【歩】

8画 4266 6B69 教育2

音 ホ漢 ブ呉 フ唐

訓 ある-く・あゆ-む・あゆ-み

筆順 丨 ⺊ 止 止 屰 屰 歩 歩

止 3

【歩】

7画 1-8635 6B65 人名

なりたち [会意]「止(=あし)」と「少(=止の反転形)」が交互に並ぶ。左右の足を交互に出してあるく。

意味 ❶あるく。あゆむ。また、あゆみ。例 歩行(ホコウ)。散歩(サンポ)。❷ものごとのなりゆき。世の移り変わり。例 国歩(コクホ)(=国の前途)。進歩(シンポ)。❸馬に乗らない兵隊。兵士。例 歩騎(ホキ)(=歩兵と騎兵)。❹長さの単位。六尺。唐以降は、五尺。〔もとは、左右両足をふみ出した、ふたあし分の長さをいった〕例 歩測(ホソク)。歩数計(ホスウケイ)。→「度量衡表」(1141ページ)

日本語での用法 ㊀《ブ》①利息・口銭などの割合の単位。一割の十分の一。「歩合(ブあい)・日歩(ひブ)・一歩(イチブ)」②耕地などの面積の単位。一歩(イチブ)は約三・三平方メートル。坪。「反歩(タンブ)」 ㊁《フ》将棋の駒の一つ。「歩兵(フヒョウ)・成り歩(なりフ)」

人名 すすむ・わたる

【歩合】(ブあい) ①ある数と他の数とをくらべたときの割合。例 公定―。②取引高や仕事量に対する手数料や分配金。例 利益の―。―を取る。

【歩行】(ホコウ) (名・する) 歩くこと。例 ―者。―が困難になる。

【歩▼哨】(ホショウ) (軍隊で)警戒や監視のために受け持ち場所を見回ること。また、その兵士。見張り。例 ―に立つ。

【歩数】(ホスウ) 歩くときの足の動きをかぞえた回数。

【歩測】(ホソク) (名・する) 歩いた歩数で距離をはかること。例 橋の長さを―する。

【歩調】(ホチョウ) ①(おおぜいで)歩くときの、足を動かす調子。例 入場行進で―をとる。②おおぜいでものごとをするときの進めぐあい。足並み。例 各社の―が乱れる。

【歩道】(ホドウ) 歩行者用の道。対 車道。例 ―橋。横断―。

【歩武】(ホブ) ①あゆみ。足どり。例 ―堂堂と行進する。②〔「歩」は一歩、「武」は半歩の意〕ほんの少しのへだたり。

【歩兵】 ㊀(ホヘイ) 陸軍の兵種の一つ。徒歩で戦う兵士。 ㊁(フヒョウ) 将棋の駒の一つ。前に一ますずつ進める。歩。

【歩廊】(ホロウ) ①建物と建物を結んだり、建物のまわりにぐるりとつけられたりしている廊下。渡り廊下。類 回廊。②駅のプ

4画

ラットホーム。

●競歩・散歩・譲歩・初歩・進歩・退歩・徒歩・日進月歩・日歩・漫歩

止5【歪】9画 4736 6B6A 音ワイ漢 訓ゆが-む・ひず-む・ひず-み・いびつ

意味 正しくない。ゆがんだ。ひずむ。まげる。例歪曲ワイキョク。

【歪曲】ワイキョク（名・する）ものごとの内容をゆがめまげること。例―された報道。事実を―して伝える。

止9【歳】13画 2648 6B73 常用 音セイ漢サイ呉 訓とし 付表二十歳はたち

筆順 丨 ト 止 产 岸 歳 歳 歳

止9【歲】13画 6B72

なりたち［形声］「歩（=天をあゆむ）」と、音「戌ジュツ→セイ（=つくす）」とから成る。木星。

意味 ❶星の名。木星。［古く、この星の運行を暦の基準とした］例歳星セイ（=木星）。❷一年。としつき。例歳月。歳出。歳末。❸としの数。年齢。よわい。また、年齢を数えることば。例同歳。二十歳。❹穀物のでき・ふでき。みのり。

人名 とせ・みのる

【歳陰】サイイン 十二支のこと。対歳陽。

【歳寒】サイカン 寒い季節。冬。

【歳寒の三友】サイカンのサンユウ ①冬に友とすべき松・竹・梅。画題にする。②乱れた世の中で友とすべき、山水（=自然の風景）・松竹（=マツとタケ）・琴酒（=琴ことと酒）。

【歳寒の松▼柏】サイカンのショウハク〔松や柏（=ヒノキの類）が冬でも緑を保つことから〕すぐれた人物が節セツを変えないことのたとえ。

【歳月】サイゲツ 年と月。としつき。年月ネンゲツ。

【歳月サイゲツ人ひとを待またず】年月は人のつごうにかかわりなく過ぎ去る。（陶潜トウセン・雑詩ザッシ）

【歳歳】サイサイ 毎年。としごと。例年年―花はな相あい似にたり、―年年人ひと同おなじからず（=花は毎年同じにさくが、人は年ごとに移り変わっていく）。（劉希夷リュウキイ・代下悲二白頭一翁上）

【歳事】サイジ ①年中行事。例東都―記。②一年の順序。

［止部］5―14画 ● 歪 歳 歲 歴 歷 歸

四季。③年ごとの祭り。④農事。例―を終える。

【歳時】サイジ 一年の四季おりおり。類時節。

【歳時記】サイジキ ①季節ごとの行事や自然などを書き記した本。②「俳諧ハイカイ歳時記」の略。俳句の季語を集め、季節ごとに天文・人事・動物・植物などと分類して解説し、例句をかかげた本。季寄せ。

【歳出】サイシュツ 国家や公共団体などの一会計年度中のすべての支出。対歳入。

【歳旦】サイタン〔「旦」は、朝の意〕①新年の第一日。元日ガンジツ。元旦ガンタン。②新年。年のはじめ。

【歳入】サイニュウ 国家や公共団体などの一会計年度中のすべての収入。対歳出。

【歳費】サイヒ ①一年間に必要とされる費用。②国会議員に支給する一年分の給与キュウヨ。

【歳暮】サイボ・セイボ 一 年の暮れ。類年末・歳末サイマツ。例―のあわただしさ。二 世話になった人におくる年末のおくりもの。

【歳末】サイマツ 年の暮れ。年末。歳晩。例―助け合い募金ボキン。

【歳余】サイヨ 一年あまり。一年以上。類年余。

【歳陽】サイヨウ 十干ジッカンのこと。対歳陰サイイン。

【▽歳徳神】としトクジン 陰陽道オンヨウドウで、年の初めに祭る神。この神のいる方角を歳徳（=恵方ホウ）といい、何ごとにも吉キチとする。年によって方角は変わる。恵方神がみ。

●千歳セン・万歳バンザイ・マンザイ

止9【歲】13画 ⇩【歳】サイ（560ジペー）

止10【歴】14画 4682 6B74 教育5 音レキ漢リャク呉 訓へ-る

筆順 一 厂 厈 厎 厤 厤 厤 歴

止12【歷】16画 1-8637 6B77 人名

なりたち［形声］「止（=あし）」と、音「厤レキ」とから成る。一歩一歩と過ぎる。

意味 ❶つぎつぎと過ぎていく。経過する。経る。例歴任レキニン。歴訪レキホウ。❷これまでに過ぎてきたあと。例歴史レキシ。学歴ガクレキ。経歴ケイレキ。❸はっきりと。あきらかな。例歴然レキゼン。歴歴レキレキ。歴レッキとした証拠ショウコ。

難読 歴歴ありありと・的歴あざやか

人名 つぐ・つね・ふる・ゆき

【歴史】レキシ ①人間社会の移り変わりのようす。また、それを記録したもの。例―に名をとどめる。②事物やある人の生まれてからの移り変わり。また、それを記録したもの。例わが家やの―。③歴史について研究する学問。歴史学。

【歴史的】レキシテキ（形動ダ）①歴史に残るほど重大なさま。例―大事件。②歴史にもとづくようす。例―事実。③すでに過去のものであるようす。例―な存在。

【歴史的仮名遣い】レキシテキかなづかい 平安時代初期の書きあらわし方にもとづいた、かなのつかい方。旧かなづかい。「い」「ゐ」、「え」「ゑ」、「お」「を」、「じ」「ぢ」、「ず」「づ」などを使い分ける。

【歴日】レキジツ 年月ネンゲツ。としつき。また、こよみ。→【暦日】レキジツ（495ジペー）

【歴数】レキスウ 一つ一つかぞえあげること。

【歴世】レキセイ ①世を経ること。②代々ダイダイ。世々よよ。歴代。例―のすぐれた帝王テイオウ。

【歴戦】レキセン（名・する）なん度もの戦いの経験があること。例―のつわもの。

【歴然】レキゼン（形動タル）はっきりとしているようす。あきらかなようす。歴々。例だれの目にも―としている。―たる事実。

【歴代】レキダイ 代々ダイダイ。世々よよ。歴世レキセイ。例―の大統領。

【歴朝】レキチョウ 代々ダイダイの朝廷チョウテイ・王朝。

【歴任】レキニン（名・する）つぎつぎに重要な地位につくこと。例要職を―する。

【歴年】レキネン 年月を経ること。また、毎年。年々。例―にわたる研究。

【歴訪】レキホウ（名・する）つぎつぎにいろいろな国や土地をたずねてまわること。例ヨーロッパ各国を―する。

【歴遊】レキユウ（名・する）いろいろな土地を旅行してまわること。例中国の各地を―する。

【歴覧】レキラン（名・する）つぎつぎと見てまわること。また、一つ一つ見ること。例名所旧跡キュウセキを―する。

【歴歴】レキレキ 一（形動タル）あきらかに見えるようす。歴然。二（名）〔「お歴歴」の形で〕地位や身分があって人前ではずかしくない人。

●学歴ガクレキ・経歴ケイレキ・職歴ショクレキ・前歴ゼンレキ・病歴ビョウレキ・遍歴ヘンレキ・来歴ライレキ・履歴リレキ・略歴リャクレキ

止12【歷】16画 ⇩【歴】レキ（560ジペー）

止14【歸】18画 ⇩【帰】キ（339ジペー）

78 4画 歹(歺) がつへん かばねへん 部

肉をけずりとられた骨のかけらの形で、「死ぬ」の意をあらわす。死体や人骨を意味することから「かばねへん」ともいう。「歹」をもとにしてできている漢字を集めた。

0 歹 2 死 歼 4 歿 殀 5 殂 殆 殄 殃 6 残 殊 殉 7 殍 8 殖 殕 殘 10 殞 11 殤 12 殪 殫 14 殯 15 殱 17 殲

この部首に所属しない漢字
列→刂131 夙→夕250

歹 0
【歹】
4画 6138 6B79
音 一ガツ漢 二タイ漢

意味 一 肉をけずりとった骨。二 悪い。対好。例歹人(=わるもの)。好歹(=よしあし)。

歹 2
【死】
6画 2764 6B7B 教育3
音シ漢呉 訓し-ぬ

筆順 一 丆 歹 歹 歹 死

なりたち [会意]「歹(=肉をけずりとられた骨)」と「匕(=ひと)」とから成る。命がつきる。

意味 ❶生命がなくなる。しぬ。対生。例死去。死亡。死滅。❷死刑にする。五刑(=笞・杖・徒・流・死)の一つ。❸いのちがけ。しにものぐるい。例死守。死闘。必死。❹生命にかかわるほど危険な。例死線。死地。

日本語での用法《シ》①野球で、アウトのこと。「二死満塁」②野球で、デッドボールのこと。「死球」③本来の機能を果たしていない。役に立たない。「死語・死蔵」


【死因】死んだときの、その原因。例出血多量が—だ。

【死灰】①火のけがなくなった、冷たい灰。冷灰。②生気のないもの。例—のような肉体。

【死灰▽復た燃ゆ】力を失ってほろんだはずのものが、再び盛り返す。〈史記〉

【死骸】死んだ動物のからだ。死体。死屍。なきがら。表記「▼屍骸」とも書く。

【死角】①弾丸の届く範囲でも、地形のようすなどで射撃できない区域。例—にかくれる。②物のかげになるなどして、見えない範囲。例運転席からは—になる。

【死火山】噴火したという記録の残っていない火山。〔現在は使われない語〕

【死活】死ぬことと生きること。死ぬか生きるか。例—にかかわる大問題。

【死期】①死ぬとき。死にぎわ。臨終。例—がせまる。②死ぬべきとき。死にどき。例—をのがす。

【死球】野球で、投手の投げた球が打者のからだに当たること。デッドボール。

【死去】(名・する)人が死ぬこと。死亡。

【死苦】①〔仏〕四苦の一つ。生命のあるものは、いずれ死ぬという苦しみ。→【四苦八苦】(216ページ) ②死ぬときの苦しみ。また、死ぬほどつらい苦しみ。

【死刑】犯罪者の生命をうばう刑罰。極刑。

【死後】死んだあと。没後。対生前。例—の世界。

【死語】①現在では使われなくなったことば。廃語。②現在あまり用いられない言語。古代ギリシャ語やラテン語など。

【死罪】①死刑。②死んでおわびをするほどの、重いつみ。例—にあたいする。

【死産】(名・する)〔「シサン」とも〕赤んぼうが死んで生まれること。

【死▼屍】〔「屍」は、しかばねの意〕死んだ人や動物のからだ。死体。死骸。なきがら。例—累累。

【死▼屍に▼鞭▼打つ】死んだ人の生前の言行を非難攻撃する。死者に鞭打つ。〔楚の平王に父と兄を殺された伍子胥が、そのうらみをはらすために、平王の死体をほり出して鞭で打ったという故事から〕〈史記〉

【死児】死んだ子供。死子。

【死児の▽齢を数える】過ぎてしまった、どうすることもできないことを、あれこれとなげくこと。死んだ子の年を数える。

【死者】死んだ人。死人。例—に鞭打つ。

【死守】(名・する)命がけで守ること。例王座を—する。

【死所】死に場所。死地。例この地をみずからの—と定める。表記「死処」とも書く。

【死傷】(名・する)死ぬことと、けがをすること。例—者。

【死生】死ぬことと生きること。死と生。生死。

【死生命有り】人間の生と死とは運命によるものであって、人の力ではどうすることもできない。例—、富貴天に在り(=財産や身分も天命で、ままならない)。〈論語〉

【死せる孔明生ける仲達を走らす】三国時代、蜀の諸葛孔明が五丈原の陣中で病没したとき、退却する蜀軍を魏の将軍司馬仲達が追ったところ、蜀軍は孔明がまだ生きていると見せかけて反撃の構えをしたので、仲達はおそれ逃走した。死せる諸葛生ける仲達を走らす。〈三国志〉

【死線】〔英語 deadline の訳〕①牢獄などの周囲に設けた境界線。〔これをこえると射殺される〕②死ぬか生きるかの境。また、命にかかわる危険な状態。例—をさまよう。

【死相】①死が間近にせまっているようすの人相。例—があらわれる。②死に顔。死者の顔つき。例おだやかな—。

【死蔵】(名・する)使えるものを、むだにしまいこんでおくこと。例—されている資料。

【死体】死んだ人や動物のからだ。死骸。死屍。なきがら。表記旧▼屍体
【死地】①死に場所。死所。例—を求める。②生きて帰れないような危険な場所、または、状態。例—におもむく。

【死中】じっとして死を待つよりほかに方法のない状態。例—に活を求める(=なんとか生きぬく方法をみつける)。

【死出の旅】死後の世界へ行くこと。死ぬこと。冥土の旅。例—に出る。

【死闘】(名・する)死にものぐるいで、たたかうこと。また、ひじょうに激しいたたかい。例—をくりひろげる。

【死に装束】①死者に着せる服装。②昔、切腹や自殺をするときに着た、白い着物。白装束。

【死に体】①相撲で、力士がわざをかけられてたおれていくとき、足が土俵をはなれ、体勢を立て直せなくなっている状態。負けと判定される。対生き体。②ものごとが、もはや立て直しのきかない状態。例あの会社は—だよ。

【死に花】死ぬときの、いさぎよさ。死後のほまれ。例—をさかせる(=ほこり高い最期をとげる)。

【死に水】死にぎわに、その人のくちびるをしめしてやる水。

末期の水。例—を取る(=最後の最後まで世話をする)。

【死に目】死にぎわ。臨終。例親の—に会えない。

【死人】死んだ人。死者。例—に口無し(=死んだ人からは何も聞き出せない)。

【死馬の骨を買う】つまらない人間でもたいせつに用いていると、やがてすばらしい人物が集まってくるというたとえ。〔死んだ名馬の骨を大金で買ったとすれば、人は、生きた名馬ならさらに高い値で買うだろうと思い、多くの名馬が集まることになるというたとえ話から〕〈戦国策〉

【死斑】死後数時間ほどたって死体の皮膚にあらわれる、赤むらさき色の斑点。表記「▼屍斑」とも書く。

【死病】かかったら助からない病気。不治の病。

【死文】①実際には用いられることのない、法律や命令など。空文。②内容に見るべきところのないつまらない文章。

【死別】(名・する) 死による別れ。永別。永訣。〔多く、近親者の間でいう〕対生別。例幼くして両親と—した。

【死亡】(名・する) 死ぬこと。死去。例—通知。

【死没】(名・する) 人が死ぬこと。死去。死亡。例—者の名簿。

【死▼殁】(名・する)「死没」に同じ。表記 旧死▼殁

【死命】①生きるか死ぬかの、たいせつなところ。生死の急所。例—を制する。②死ぬべきいのち。例—を達観する。

【死滅】(名・する) 死に絶えること。〔多く、同類のものすべてが、ほろびるときにいう〕類絶滅。例—した動物。

【死霊】死者のたましい。類怨霊。対生き霊。例—にとりつかれる。

【死力】死ぬ気になってしぼり出す力。ありったけの力。例—をつくして戦う。

●仮死・餓死・急死・決死・検死・殉死・焼死・水死・生死・戦死・即死・致死・万死・必死・病死・変死

歹2【歽】6画 ⇨【朽】(512ページ)

歹4【殁】8画 6139 6B7F 音ボツ漢

意味 しぬ。おわる。

表記 現代表記では、「没」に書きかえることがある。熟語は「没」(582ページ)を参照。

[歹(歺)部] 2—6画 ● 歽殁殀殂殆殄殃残

歹4【殀】8画 6140 6B80 音ヨウ漢呉 訓わかじに

意味 若くして死ぬこと。短命。若死に。同夭。例殀寿。

歹5【殂】9画 1-8638 6B82 音ソ漢

意味 ゆく。死ぬ。例崩殂。

歹5【殆】9画 4356 6B86 人名 音タイ漢ダイ呉 訓ほとん-ど・あや-うい

意味 ❶危険だ。あぶない。あやうい。例危殆(=危険)。思而不レ学則殆(=考えるだけで学ばなければ、しっかりしたものにならない)。〈論語〉❷つかれる。くたびれる。同怠。例困殆。❸…にちかい。ほとんど。

歹5【殄】9画 6141 6B84 音テン漢 訓あや-うい・た-つ・つ-きる・つ-くす・ほろ-ぶ

人名 ちか・ちかし

意味 ❶消滅する。つきる。断つ。例殄滅。❷やみつかれる。

【殄滅】(名・する) 根だやしにすること。また、残らずほろびること。

歹5【殃】9画 6142 6B83 音ヨウ漢オウ呉 訓わざわい

意味 ❶災難。天罰。わざわい。例天殃。余殃。❷そこなう。きずつける。わざわいする。

歹6【残】10画 2736 6B8B 教育4 音サン漢ザン・セン呉 訓のこ-る・のこ-す・そこ-なう 付表名残

筆順 一 ア 歹 歹 歹 残 残 残

歹8【殘】12画 6144 6B98

なりたち [形声]「歹(=肉をけずりとられた骨)」と、音「戔」とから成る。そこなう。

意味 ❶そこなう。きずつける。やぶる。また、そこなわれる。やぶれる。例残殺。敗残。❷むごい。ひどい。わるい。例残虐。残酷。無残。❸あとにのこる。のこす。また、わずかにのこったもの。あまり。例残存。残留。

【残雨】大雨のあとに降る小雨。雨のなごり。

【残映】①ゆうばえ。夕焼け。②なごり。

【残花】散らないでのこっている花。とくに、散りのこったサクラの花。

【残害】(名・する) 傷つけたり殺したりすること。

【残骸】①戦場や被災地などに捨て置かれた死体。死骸。②ひどく焼けたりこわれたりしてのこったもの。例戦闘機の—。

【残額】のこりの金額または数量。残金。残高。例旅費の—を返却する。

【残寒】立春を過ぎても、のこっている寒さ。余寒。

【残簡】ちりぢりになった古い書物や文書で、その一部分だけのこっているもの。類断簡。例平安時代に書かれた日記の—。表記「残▼翰」とも書く。

【残菊】秋の終わりごろまで、さきのこっているキクの花。例—をめでる。

【残虐】(名・形動ダ) 人や生きものを殺したり苦しめたり、むごたらしくあつかうこと。残酷。例—な行為。

【残業】(名・する) 決められた勤務時間のあとまでのこって、仕事をすること。また、その仕事。超過勤務。例—手当。深夜まで—する。

【残金】①しはらいをしたあとで、手もとにのこった金額。残額。例—を来月にくりこす。②借金など、まだはらっていないお金。例先月分の—をしはらう。

【残欠】古い書物や記録などで、一部分が欠けて不完全なこと。また、そのもの。例古い絵巻物の—が発見された。表記「残▼闕」とも書く。

【残月】夜が明けてからも、空にのこって見える月。有明の月。例あわい—の影。

【残光】日がしずんだあとも、空にのこっている光。残照。例—に映える雪山。

【残酷】(名・形動ダ) 人や生きものをひどく苦しめて、平気でいること。むごたらしいこと。類残虐。例—な仕打ちをする。表記「残刻」とも書く。

【残▼渣】溶かしたり、こしたりしたあとにのこるかす。のこりかす。例びんの底の—。

【残殺】(名・する) 傷つけ殺すこと。むごたらしく殺すこと。

類惨殺。

【残▼滓】ザンシ（「ザンサイ」は慣用読み。「滓」は、かすの意）のこったかす。例封建社会の—。

【残日】ザンジツ ①しずもうとしている太陽。落日。夕日。入り日。②のこりの日数。

【残暑】ザンショ 立秋を過ぎても、まだのこっている夏のような暑さ。例きびしい—が続く。

【残照】ザンショウ 日がしずんでからもしばらくの間、山や空の一部にのこっている夕日の光。残光。夕焼け。

【残生】ザンセイ 老いてのこされた、短い人生。のこり少ない命。余生。残年。例—を楽しむ。

【残雪】ザンセツ 春になっても消えないで、のこっている雪。

【残像】ザンゾウ 見たものを取り去ったあとも、見えるように感じる感覚。例映画は—現象を利用したものである。

【残存】ザンゾン・ザンソン（名・する）なくならないで、のこっていること。生きのこること。例太古さながらの自然が—する。

【残高】ザンだか 収入と支出など、差し引き勘定をしたあとに、のこっている金額。残額。例預金の—を調べる。

【残徒】ザント 戦いで討ちもらされて、のこった者。残党。

【残土】ザンド 土木工事で、ほったときに出る、いらない土。例—を運び出す。

【残党】ザントウ いくさに敗れて、仲間の多くが討たれたなかで、生きのこった者たち。残徒。例平家の—。

【残忍】ザンニン（名・形動ダ）情けもあわれみもなく、平気でむごいことをすること。例—な性質。

【残念】ザンネン（形動ダ）①思いどおりにならなくて、もの足りなく思ったり、不満に思ったりするようす。心のこりのするようす。遺憾。例—ながら休みです。②くやしいようす。無念。例だれもわかってくれなくて—だ。

【残飯】ザンパン 食べのこしたごはんなどの食べ物。例—をあさる。

【残品】ザンピン 売れないで、のこった品物。例—を安く売る。

【残部】ザンブ ①のこりの部分。②本や雑誌などの、売れのこっている部数。例—僅少。

【残兵】ザンペイ 戦いに負けて生きのこった兵。

【残本】ザンポン 売れのこった本。例—を回収する。

【残務】ザンム やりのこした事務的な仕事。例—整理。

【残夢】ザンム ①目が覚めても心にのこる夢。②明け方になって、うとうととして見る夢。

【残余】ザンヨ のこり。あまり。例—を分配する。

【残陽】ザンヨウ しずもうとする太陽。夕日。入り日。

【残留】ザンリュウ（名・する）その場所から、いなくならないこと。あとにのこること。例—農薬。敵地に—させられる。

【残塁】ザンルイ 一（名）せめ落とされずに、のこっているとりで。二（名・する）野球で、攻撃が終わったときに、ランナーが塁にのこっていること。例二者—に終わる。

【残り香】のこりが その人がいなくなったり、その物がなくなったりしたあとにも、のこっているにおい。例ふくよかな—がただよう。

●敗残・老残

歹6 【殊】 10画 2876 6B8A 常用 音シュ漢ジュ呉 訓こと・ことーに

筆順 一 ア 万 歹 歹 歼 殊 殊

なりたち [形声]「歹（=肉をけずりとられた骨）」と、音「朱」とから成る。ころす。首とからだを別々に切りはなす刑罰。

意味 ❶たちきる。ころす。しぬ。例殊死。❷ふつうとちがっている。異なる。とくにすぐれている。ことに。例殊遇。殊勲。特殊。

人名 よし

【殊更】ことさら（副・形動ダ）①特別の気持ちをこめて、おこなうようす。わざと。わざわざ。例—に会うのをさける。②他と比べて特別なようす。とくに。とりわけ。例夕景色が—美しい。

【殊恩】シュオン 特別に受けた恩。格別の情け。例—に浴する。

【殊遇】シュグウ 特別の手厚い待遇。心のこもったもてなし。例—に感激する。

【殊勲】シュクン めだって、すぐれた手がら。例—賞。

【殊勝】シュショウ（名・形動ダ）①とくにすぐれていること。②心がけなどが、りっぱで感心なこと。けなげ。例—な心がけだ。

●特殊・文殊

歹6 【殉】 10画 2962 6B89 常用 音シュン漢ジュン呉 訓したがーう

筆順 一 ア 万 歹 歹 殉 殉 殉

なりたち [形声]「歹（=肉をけずりとられた骨）」と、音「旬」とから成る。身分のとうとい死者につきしたがって死ぬ。

意味 ❶主君や夫の死を追って臣下や妻が死ぬ。また、死んだ人の供としていっしょにほうむる。したがう。じゅんじる。例殉死。❷信念・理想や、ある目的のために命をかけてつとめる。したがう。じゅんじる。例殉教。殉国。殉職。❸むさぼる。もとめる。例殉利（=利益のために命を捨てる）。

【殉教】ジュンキョウ（名・する）自分の信仰する宗教のために、命を投げうつこと。例—者。

【殉国】ジュンコク 国のために命を捨ててはたらくこと。例—の士。

【殉死】ジュンシ（名・する）主君の死んだあとを追って、家来などが死ぬこと。

【殉職】ジュンショク（名・する）職務のために命を落とすこと。例—した警察官。

【殉難】ジュンナン（名・する）困難や災難にあって死ぬこと。とくに、国家や宗教のために命を捨てること。例—者。

歹7 【殍】 11画 6143 6B8D 音ヒョウ漢 訓うえじに

意味 うえて死ぬ。餓死。また、うえて死んだ人。例殍餓（=うえ死にすること。また、その人）。

歹8 【殖】 12画 3103 6B96 常用 音ショク漢シキ呉 訓ふーえる・ふーやす

筆順 一 ア 万 歹 歼 殖 殖 殖

なりたち [形声]「歹（=肉をけずりとられた骨）」と、音「直（チョク→ショク）」とから成る。脂肪がくさる。派生して「ふえる」の意。

意味 ❶（動植物が）うまれふえる。生長する。また、そだてる。例生殖。養殖。❷（財産を）たくわえる。ふやす。ふえたもの。たくわえ。例殖産。殖財。❸（植物を）うえる。立てる。同植。例殖民。拓殖。

使い分け ふえる・ふやす【増・殖】⇩1178ページ

人名 え・しげる・たね・なか・のぶ・ふゆ・ます・もち

【殖貨】ショクカ 財貨をふやすこと。貨殖。

【殖財】ショクザイ 財産をふやすこと。例相応に—の道を考える。

【殖産】ショクサン ①産業をさかんにし、生産物をふやすこと。例—興業。②財産をふやすこと。例貯蓄による—。

【殖民】ショクミン（名・する）本国以外の土地に移住し、その土地を切り開いたり、新しい市場をつくったりすること。また、その人々。例―地。南米に―する。表記「植民」とも書く。
●増殖ゾウショク・繁殖ハンショク・養殖ヨウショク・利殖リショク

歹8 【殕】12画 6145 6B95 音ホク漢 訓くず-れる・たお-れる・やぶ-れる
意味 たおれて死ぬ。たおれる。

歹8 【殘】12画 ⇩【残】ザン(562ページ)

歹10 【殞】14画 6146 6B9E 音イン漢呉 訓お-ちる・お-とす・し-ぬ・そこ-なう・ほろ-ぶ
意味 ❶命を落とす。死亡する。しぬ。ほろびる。例殞命インメイ。❷落下する。おちる。同隕イン。例殞墜インツイ。
【殞没】インボツ 死ぬ。死亡する。

歹11 【殤】15画 6147 6BA4 音ショウ漢 訓し-ぬ・わかじに・いのちみじか-し
意味 ❶若死にする。また、若死にした者。例長殤チョウショウ(=十九歳イサから十六歳で死ぬ)。中殤チュウショウ(=十五歳から十二歳で死ぬ)。下殤カショウ(=十一歳から八歳で死ぬ)。❷戦争や思いがけない事故で死ぬ。また、その死者。例国殤コクショウ(=国のために命をおとした人)。

歹12 【殪】16画 6148 6BAA 音エイ漢 訓し-ぬ・たお-す・たお-れる
意味 ❶死亡する。しぬ。たおれる。例殪没エイボツ(=たおれ死ぬ)。❷殺す。たおす。

歹12 【殫】16画 6149 6BAB 音タン漢 訓きわ-める・つ-きる・つ-くす
意味 ❶なくなる。つきる。例殫竭タンケツ(=つきはてる)。殫亡タンボウ(=つきて、なくなる)。❷出しつくす。つくす。例殫力タンリョク(=ちからをつくす)。❸ことごとく。きわめる。例殫見洽聞タンケンコウブン(=知識や見聞が広くゆたかなこと)。

歹14 【殯】18画 6150 6BAF 音ヒン漢 訓かりもがり・もがり
意味 死者を棺カンにおさめて、埋葬マイソウまで安置しておく(こと)。かりもがり。もがり。例殯宮ヒンキュウ
【殯宮】ヒンキュウ かりもがりの宮殿キュウデン。天子または貴人の遺骸イガイを棺カンにおさめ、埋葬マイソウまで安置しておく宮殿。

歹15 【殱】19画 ⇩【殲】セン(564ページ)

歹17 【殲】21画 6151 6BB2 音セン漢 訓つ-くす・ほろ-ぼ-す
歹15 【殱】19画 6152 6BB1 俗字
意味 みなごろしにする。ほろぼす。例殲滅センメツ。
【殲滅】センメツ (名・する) 残らずほろぼすこと。みなごろしにすること。全滅。掃滅ソウメツ。例敵を―する。

79 4画 殳 ほこづくり るまた 部

杖つえを持って人をうつ意をあらわす。片仮名の「ル」と漢字の「又また」を合わせた形に似ているので「るまた」ともいう。「殳」をもとにしてできている漢字を集めた。

0 殳 4 殴 5 段 6 殷 殺 7 殻 殺 8 殼 9 毀 殿 11 毅 毆

この部首に所属しない漢字
穀⇩禾736 轂⇩車958

殳0 【殳】4画 6153 6BB3 音シュ漢 訓ほこ
意味 先駆がけが持つ杖つえ。兵器の一つ。ほこ。

殳4 【殴】8画 1805 6BB4 常用 音オウ漢 訓なぐ-る・う-つ
殳11 【毆】15画 6156 6BC6
筆順 一 フ ヌ 区 区 区 区 殴
なりたち 毆 [形声]「殳(=つえでうつ)」と、音「區ク→オウ」とから成る。つえで人をうつ。
意味 強く打つ。むちや杖つえで打つ。たたく。なぐる。例殴殺オウサツ。殴打オウダ。
【殴撃】オウゲキ (名・する) なぐったりたたいたりすること。類殴打。
【殴殺】オウサツ (名・する) なぐり殺すこと。
【殴打】オウダ (名・する) 顔やからだを、ひどくなぐったりたたいたりすること。類殴撃オウゲキ。例後頭部を―された。

殳5 【段】9画 3542 6BB5 教育6 音タン漢ダン呉
筆順 丿 亻 ｆ ｆ ｆ 阝 段 段 段
なりたち 段 [形声]「殳(=つえでうつ)」と、音「耑タ」の省略体とから成る。椎ツチで物をたたく。借りて「区切り」の意。
意味 ❶距離キョリ・時間・事物・演劇・文章などの一部分。区切り。例段階ダンカイ。段落ダンラク。❷石などを積み重ねて階段状にしたもの。きざはし。例石段いしダン。階段カイダン。❸やり方。てだて。方法。例算段サンダン。手段シュダン。❹織物を数える単位。例絹布二千段ケンプニセンダン。
日本語での用法 一《タン》①田畑の面積の単位。一段タンは三百歩ブ。三百坪つぼ。約一〇アール。同反タ。「五段歩ゴタンブの田たんぼ」②和船の帆ほの大きさを示す単位。「十四五段ジュウシゴタンの廻船カイセン」二《ダン》①技量などの等級。「初段ショダンから二段ニダンに進すむ」②歌舞伎かぶき・浄瑠璃ジョウルリ・箏曲ソウキョクなどで、独立して演じられる一部分。「道行みちゆきの段ダン・六段ロクダンの調しらべ」
【段位】ダンイ 武道や囲碁イゴ・将棋ショウギなどで、段であらわした等級。例―が上がる。
【段階】ダンカイ ①能力などによって分けた区切り。順序。例初級の―。②ものごとが進み、移り変わっていくときの、ある一定の状態。進行の過程。例仕上げの―にかかる。
【段丘】ダンキュウ 川や海や湖の岸に沿った、階段状の地形。土地の隆起リュウキや水面の降下などによってできる。例海岸―。
【段差】ダンサ ①道路や床ゆかなどで、高低のあるところ。また、その高さの差。例―に注意。②段位のちがいによる能力の差。例―がありすぎる。
【段段】ダンダン 一(名) 階段。また、階段のようになったもの。例―畑。―を上がる。二(副) 少しずつ。順を追って。しだいに。例―明るくなってくる。

【段違い】㊀(名) 高さがちがうこと。例―平行棒。㊁(名・形動ナ) 比べものにならないほど、ちがいのあること。けたちがい。例―の実力。かれは―に強い。

【段▼梯子】横板を並べただけの階段。

【段平】刃のはばの広い刀。また、単に刀のこと。例―を引きぬく。

【段幕】紅白や五色の布を横になん段もぬい合わせた幕。

【段物】①浄瑠璃などで、段を追って長く続いていく語り物。②箏曲で、いくつかの段で構成された曲。歌がなく、楽器だけで演奏する。「三段」「六段」など。

【段落】①文章や話の、意味や形のうえでの、ひと区切り。パラグラフ。例文章を三つの―に分ける。②ものごとの区切り。例一―ついたら休もう。

●階段・格段・算段・手段・値段・別段

殳6 【殷】 10画 6154 6BB7 音㊀イン漢 ㊁アン漢 訓さか-ん

意味㊀❶ゆたかな。さかえた。さかんな。また、大きい。おおい。例殷賑。❷古代の王朝。三代(=夏・殷・周)の一つ。夏の桀王をほろぼして湯王が建てた国。第三十代の紂王のとき、周の武王にほろぼされた(紀元前十一世紀ごろ)。初めの国号を商といったが、のち、都を河南の地に移して殷と改めた。❸「殷殷」は、音が大きいこと。
㊁黒みがかった赤。赤黒い色。例殷紅(=赤黒い色)。

【殷殷】(形動タル) 音が大きく鳴りひびくようす。例―たる鐘の音。―とひびく砲声。

【殷鑑遠からず】いましめとなる失敗の前例は、自分の身近なところにある。〔殷の国がいましめにすべき悪い手本(=鑑)は、遠い昔に求めなくても、すぐ前の夏王朝のほろびたことに見える、の意〕〈詩経〉

【殷▼墟】古代王朝、殷の都があったとされる場所。現在の河南省安陽市郊外にある。甲骨文字の刻まれた亀甲や獣骨が発見された。

【殷勤】(名・形動ダ) 礼儀正しく、ていねいなようす。例―無礼(=ていねいすぎて、かえって失礼なこと)。→【慇懃】(408ページ)

【殷▼賑】(名・形動ダ) 商売などがさかんで、にぎわっていること。例港町は―をきわめた。類繁盛・殷盛。

【殷盛】(名・形動ダ) 大いに栄えていること。類繁盛・殷賑。例―をほこる観光地。

【殷富】(名・形動ダ) さかんで豊かなこと。例―な人人。

殳6 【殺】 10画 2706 6BBA 教育5 音㊀サツ漢 セツ呉 ㊁サイ漢呉 訓ころ-す・そ-ぐ

筆順 ノ メ … 殺

殳7 【殺】 11画 1-8641 F970

なりたち [形声]「殳(=つえでうつ)」と、音「杀サ」とから成る。ころす。

意味㊀❶死なせる。あやめる。ころす。例殺意。殺人。暗殺。殺生。❷とりのぞく。なくす。例抹殺。❸意味を強めるためにそえることば。程度のはなはだしいことをあらわす。例悩殺。忙殺。黙殺。❹そこなう。きずつける。また、すさんだようす。例殺気。殺風景。㊁へらす。そぐ。例減殺。相殺。

【殺し文句】ひとことで相手の心をすっかりとらえてしまうような、うまいことば。例―に、すっかりまいった。

【殺意】人をころそうとする気持ち。例―をいだく。

【殺害】(名・する) 人をころすこと。類殺人。

【殺気】ころし合いでも始まりそうな、さしせまったけはい。あらあらしい気分。例―だつ。―がみなぎる。―をはらむ。

【殺菌】(名・する) 病気を起こす細菌を熱や薬品などでころすこと。例加熱して―した牛乳。

【殺傷】(名・する) ころしたり、きずつけたりすること。例―事件。

【殺人】人をころすこと。類殺害。例―罪。―事件。

【殺人的】(形動ダ) (命にかかわるかと思われるほど)ものすごいようす。例―な混雑。

【殺陣】芝居や映画などで、切り合いや捕り物などの乱闘の場面。また、その演技。たちまわり。例―師(=殺陣を指導し、ふりつけをする人)。

【殺青】①竹を火にあぶって、青みや油分を取り除くこと。また、取り除いたもの。中国で、紙のなかった時代に文字をしるすのに用いた。②文書。記録。

【殺虫】(名・する) 人や農作物に害をあたえる虫を、ころすこと。例―剤。

【殺到】(名・する) 多くの人やものごとが、いっぺんに一つの場所に勢いよくおし寄せること。例苦情が―する。

【殺伐】㊀(名・する) 人をころすこと。㊁(形動ダ・タル) (人をころしても何も感じないような)心にうるおいやあたたかみのないようす。すさんであらあらしいようす。例―たる風景。

【殺風景】(名・形動ダ) 〔もと、風景をそこなう意〕①ながめてみて、単調でおもむきがないこと。例―な町並み。②興ざめがして、つまらないこと。無風流。例樹木も石もない―な庭。

【殺▼戮】(名・する) 〔「戮」も、ころす意〕多くの人を、むごたらしくころすこと。例―の手段としての核兵器。

【殺略】(名・する) 人をころして物をうばい取ること。表記「殺▼掠」とも書く。

【殺生】㊀(名・する)〔仏〕生きものをころすこと。例無益な―を禁じる。㊁(形動ダ) むごいようす。思いやりがなく、ひどいようす。例―な話。

●虐殺・減殺・自殺・銃殺・併殺

殳7 【殻】 11画 1944 6BBB 常用 音カク漢 訓から

筆順 一 十 士 … 殻

殳8 【殼】 12画 6155 6BBC

なりたち [形声]「殳(=つえでうつ)」と、音「青コウ→カク」とから成る。上から下にあるものをうつ。また、「から」の意。

意味ものの外側や表面をおおうかたい皮。果実の外皮や、たまごや貝のから。から。例貝殻。地殻。卵殻。

●甲殻・地殻・卵殻

殳7 【殺】 11画 ⇩【殺】(565ページ)

殳8 【殼】 12画 ⇩【殻】(565ページ)

殳9 【毀】 13画 5244 6BC0 常用 音キ漢呉 訓こぼ-つ・こわ-す・こわ-れる・そし-る

筆順 … 毀

なりたち [形声]「土(=つち)」と、音「毇キ」の省略体とから成る。(土器が)欠ける。

意味❶破壊する。そこなう。傷つける。こわす。また、傷つく。くじける。例毀壊カイ。毀棄キ。破毀ハキ。❷人を悪く言う。そしる。例毀誉褒貶キヨホウヘン。

【毀壊】キカイ (名・する) 破りこわすこと。また、こわれ破れること。類破壊。

【毀棄】キキ (名・する) こわしすてること。破りすてること。

【毀傷】キショウ (名・する) こわしきずつけること。痛めきずつけること。類損傷。例人を―する。

【毀損】キソン (名・する) ①物をこわすこと。物がこわれること。類破損。例文化財を―する。②名誉メイヨや信用などを傷つけること。傷つくこと。例名誉―でうったえる。表記▽「棄損」とも書く。

【毀誉】キヨ (名・する) けなすことと、ほめること。悪口とほめことば。例世間の―を気にしない。

【毀誉褒▼貶】キヨホウヘン (「褒貶」は、ほめることとけなすこと) ほめたり、けなしたりすること。称賛ショウサンと悪口。また、いっぱんに世間の評判。例―に左右されない。

殳9

【殿】

13画 3734 6BBF 常用 音テン漢デン呉 訓との・どの・しんがり

筆順 コ 尸 尸 屏 展 展 殿 殿

なりたち [形声]「殳(=つえでうつ)」と、音「展テン→テ」とから成る。うつおと。借りて「ごてん」の意。

意味 ❶大きくどっしりした建物。天子や貴人のすまい。ごてん。例殿堂デンドウ。宮殿キュウデン。❷貴人をとうとんでいうことば。例殿下デンカ。貴殿キデン。❸最後尾サイコウビにいて敵の追撃ツイゲキを防ぐ軍勢。しんがり。例殿軍デングン。

日本語での用法《との・どの》主君を臣下が、夫を妻が、男性を女性が呼ぶことば。また、人名などにそえて敬意をあらわすことば。「殿方とのがた・殿御とのご・東山殿ひがしやまどの」

人名 あと・すえ

【殿宇】デンウ (「宇」は、家の意) りっぱな建物。御殿ゴテン。殿堂。

【殿下】デンカ 天皇や皇后など「陛下」と呼ばれる人以外の皇族を、うやまっていう呼び名。また、外国の王族などについても、これに準じて用いる。例皇太子―。内親王―。

【殿軍】デングン 大部隊のいちばん後ろにいて、追ってくる敵を防ぐ部隊。しんがり。対先鋒センポウ。

【殿後】デンゴ 軍隊のいちばんうしろ。しんがり。殿軍。

【殿舎】デンシャ 御殿ゴテン。やかた。例新しい―を造営する。

【殿上】 一デンジョウ 御殿ゴテンの内部。 二テンジョウ ①「殿上の間ま」の略。昔、宮中の清涼殿セイリョウデンにあった一室。②「殿上人」の略。

【殿上人】テンジョウびと 昔、宮中の清涼殿セイリョウデンに上ることを許された人。対地下ジゲ。

【殿中】デンチュウ 御殿テンのなか。また、江戸えど時代では、とくに、将軍のいるところ。

【殿堂】デンドウ ①大きくてりっぱな建物。例白亜ハクアの―。②ある方面の、おおもとになる建物。例学問の―である大学。③神仏を祭ってある建物。

【殿方】とのがた (女性が)男性を指していう、ていねいな言い方。

【殿御】とのご (女性が)男性をうやまって呼ぶことば。類殿方とのがた。

●貴殿キデン・宮殿キュウデン・御殿ゴテン・神殿シンデン・沈殿チンデン・拝殿ハイデン・伏魔殿フクマデン・本殿ホンデン・湯殿ゆどの

殳11

【毅】

15画 2103 6BC5 人名 音キ慣ギ漢 訓つよ-い・たけ-し

なりたち [形声]「殳(=つえでうつ)」と、音「豙ギ」とから成る。はげしくいかる。派生して「意志がつよい」の意。

意味 意志がつよく、ものごとに動じない。決断力がある。つよい。たけし。例毅然キゼン。弘毅コウキ。剛毅ゴウキ。

人名 かた・かつ・こわし・さだむ・しのぶ・たか・たかし・たけ・つよ・つよき・つよし・とし・のり・はた・はたす

【毅然】キゼン (形動タル) 意志がつよく、心を動かさないようす。例―たる態度でのぞむ。―として拒否キョヒする。

殳11

【毆】

15画 ⇩【殴】オウ(564ページ)

80 4画 毋 なかれ(母 はは)部

禁止の意をあらわす。「毋」をもとにしてできている漢字はないが、字形のよく似た「母(五画)」や、「母」の字形を目じるしにして引く漢字を集めた。

0 毋 母 2 毎 毎 4 毒 9 毓

この部首に所属しない漢字

褁⇩衣 889 貫⇩貝 933

毋0

【毋】

4画 6157 6BCB 音ブ漢ム呉 訓な-い・なか-れ

意味 (助字) ❶「なかれ」と読み、…するな、の意。禁止をあらわす。例毋二多言一タゲンするなかれ(=たくさんしゃべるな)。❷「なし」と読み、…ない、の意。否定をあらわす。例毋レ愛アイなし(=愛情がない)。

【毋望】ブボウ 思いがけないこと。例―の福(=思いがけないしあわせ)。―の禍わざわい(=思いがけないわざわい)。

母0

【母】

5画 4276 6BCD 教育2 音ボ漢モ呉 訓はは 付表 乳母うば・叔母おば・伯母おば・母屋おもや・母家おもや・母さんかあさん

筆順 ㇄ 母 母 母 母

なりたち [象形]「女(=おんな)」が両乳をたらし、子にのませようとする形。

意味 ❶女親。はは。対父フ。例母子ボシ。母堂ボドウ。父母フボ。❷ものを生み出すもと。例母型ボケイ。酵母コウボ。❸出身(地)。本拠ホンキョ。例母校ボコウ。母国ボコク。航空母艦コウクウボカン。

難読 乳母めのと・雲母きら・挙母ころも(=地名)・水母くらげ

【母屋】おもや ①軒のきや廊下ロウカなどに対して、家のおもな部分。もや。〔もと寝殿シンデン造りの中央の部分を指した〕例庇ひさしを貸して―を取られる。②離はなれなどに対して、住まいの中心となる建物。③分家や支店に対して、本家や本店。例―の主人。表記▽「母家」とも書く。

【母親】ははおや 母である親。母。

【母方】ははかた 母親の血筋。例―の祖父。

【母御】ははご 他人の母親をうやまっていうことば。対父御。

【母音】ボイン 〔「ボオン」とも〕〔言〕声帯の振動シンドウをともなって出た声が、口の中で舌や歯などによって、さまたげを受けないで発音される音。現代日本語ではア・イ・ウ・エ・オの五つ。対子音シイン。

【母艦】ボカン 航空機などの移動基地となる軍艦。例航空―。

【母系】ボケイ ①母親の血筋につながる系統。②母方の系統をもとに家のあとどりを伝えていくこと。例―社会。▽対父系。

【母型】ボケイ 活字をつくるための、金属の鋳型いがた。字母。

【母権】ボケン ①子に対する、母親としての権利。②母方の血筋が家長としての権利をもつこと。また、その権利。例―制の時代。▽㊉父権。

【母語】ボゴ ①幼いときに自然に身につけたことば。自分の祖国の言語。母国語。②〔言〕同じ系統に属する諸言語の、祖先にあたる言語。祖語。〔たとえば、イタリア語・フランス語などの母語はラテン語〕

【母后】ボコウ 天子の母。皇太后コウタイゴウ。

【母校】ボコウ 自分が卒業した学校。出身校。また、現在学んでいる学校。例―の教壇キョウダンに立つ。

【母港】ボコウ その船が根拠地コンキョチとしているみなと。

【母国】ボコク 自分の生まれた国。祖国。

【母国語】ボコクゴ 自分の生まれ育った国のことば。母語。

【母子】ボシ 母と子。㊉父子。例出産後は―ともに健康。

【母性】ボセイ 女性がもつ、母親としての本能的な性質。㊉父性。例―本能。

【母性愛】ボセイアイ 子に対する、母の本能的な愛情。

【母船】ボセン 遠洋漁業などで、いっしょに行った漁船がとってきた魚介類ギョカイルイを、加工したり貯蔵したりする設備のある大きな船。おやぶね。例サケ・マス漁の―。

【母体】ボタイ ①子供を生む、母親のからだ。例―保護。②そこから分かれ出た、もとのもの。例国連を―とする組織。

【母胎】ボタイ 赤んぼうがいる、母親の腹の中。母の胎内。

【母堂】ボドウ 他人の母をうやまっていうことば。ははうえ。ははぎみ。例ご―様。

【母乳】ボニュウ 母親の乳房ちぶさから出る乳ちち。例―で育てる。

【▽母▽衣】ほろ 昔、鎧よろいの背につけて矢を防ぐなどした、はばの広い布、または布製の大きなふくろ。

●雲母ウンモ・きらら・義母ギボ・空母クウボ・継母ケイボ・実母ジツボ・字母ジボ・聖母セイボ・祖母ソボ・父母フボ・保母ホボ・養母ヨウボ・老母ロウボ

母2 **【毎】** 6画 4372 6BCE 教育2 音バイ漢 マイ呉 訓ごと-に・ごと・つね-に

筆順 ノ 𠂉 𠂉 毎 毎 毎

母2 **【每】** 7画 1-8642 6BCF 人名

なりたち [形声]「屮(=草木が初めて生じる)」と、音「母ボ→イバ」とから成る。草がさかんに上へのび出る。派生して「つねに・ごとに」の意。

意味 ❶そのたびごとに。ごと。いつも。例毎回マイカイ。毎度マイド。毎日マイニチ。❷時間の単位について、その時間あたりの速度や重量をあらわす。…につき。…あたり。例毎時マイジ一五〇キロメートル。毎秒マイビョウ一リットルの流水量リュウスイリョウ。

人名 かず・つね

【毎朝】マイあさ 毎日の朝。朝ごと。

【毎回】マイカイ 一回ごと。そのたびごと。毎度。例―出演する。

【毎期】マイキ その期間や期限の、たびごと。一期ごと。例―の売り上げ。

【毎月】マイゲツ・マイつき 一か月ごと。月ごと。つきづき。例―の例会。

【毎号】マイゴウ 新聞や雑誌などの、その号ごと。例―掲載ケイサイされるコラム。

【毎次】マイジ そのたびごと。そのつど。毎回。例―報告する。

【毎時】マイジ 一時間ごと。一時間につき。例―五〇キロメートルの速度。

【毎週】マイシュウ 一週間ごと。各週。例―会合を開く。

【毎食】マイショク 一回の食事ごと。食事のたび。例―のこんだて。

【毎夕】マイセキ・マイゆう 毎日の夕方。夕ごと。毎晩。例―散歩する。

【毎度】マイド ①そのたびごと。例―失敗をくりかえす。②いつも。例―ありがとうございます。

【毎日】マイニチ 一日ごと。ひごと。くる日もくる日も。日々ニチニチ・ひび。例―外出する。―の生活。

【毎年】マイネン・マイとし 一年ごと。としごと。くる年くる年。年々ネンネン。

【毎晩】マイバン 晩ごと。夜ごと。毎夜。例―出かける。

【毎秒】マイビョウ 一秒ごと。一秒間につき。例―三〇万キロメートルの光の速さ。

【毎分】マイフン 一分ごと。一分間につき。例―三リットルの水が出る。

【毎毎】マイマイ (名・副)いつも。つねづね。毎度。例―ごひいきにあずかる。

【毎夜】マイよ 毎日の夜。夜ごと。毎晩。夜な夜な。

●戸毎ことごと・夜毎よごと

母2 **【每】** 7画 ⇨【毎】マイ(567ジペー)

母4 **【毒】** 8画 3839 6BD2 教育5 音トク漢 ドク呉

筆順 一 十 キ 圭 责 毒 毒 毒

[毋(母)部] 2—4画 ●毎每毒

なりたち [形声]「屮(=草木が初めて生じる)」と、音「毒アイ→トク」とから成る。人を害する草。

意味 ❶生命や健康をそこなうもの。どく。例毒薬ドクヤク。消毒ショウドク。中毒チュウドク。❷きずつける。苦しめる。また、ひどい。むごい。例毒牙ドクガ。毒舌ドクゼツ。害毒ガイドク。

難読 毒ぶす(=附子ブス)・毒島ぶすじま(=姓セイ)

【毒液】ドクエキ 毒をふくんだ液。例―を分泌ブンピツする。

【毒牙】ドクガ ①(毒ヘビなどの)かみついて毒液を出すきば。②人をおとしいれようとする悪だくみ。毒手ドクシュ。例―にかかる。

【毒▼蛾】ドクガ ドクガ科の昆虫コンチュウ。幼虫は、毛に、成虫は鱗粉リンプンに毒をもち、ふれると、強いかゆみや痛みがある。

【毒害】ドクガイ (名・する)毒薬を飲ませて殺すこと。毒殺。

【毒気】ドクキ・ドッケ・ドクケ ①毒となる成分。有害な気体。例―をふくむガスがふき出る。②人を不愉快フユカイにする心。わるぎ。悪意。例かれの―にあてられる。

【毒▼茸】ドクたけ・ドクきのこ 毒のあるキノコ。食べると中毒を起こす。テングダケ・ワライダケなど。

【毒殺】ドクサツ (名・する)毒薬を使って殺すこと。毒害。

【毒死】ドクシ (名・する)毒薬によって死ぬこと。

【毒蛇】ドクジャ・ドクへび あごに毒腺ドクセンがあり、かみついたとき、きばから毒液を出すヘビ。コブラ・ハブ・マムシなど。

【毒手】ドクシュ ①人を殺そうとする手段。②ひどいやり方。悪だくみ。魔手マシュ。毒牙ドクガ。例敵の―にかかる。

【毒酒】ドクシュ 毒を入れたさけ。

【毒刃】ドクジン 人を傷つけ殺そうとする刃物はもの。凶刃キョウジン。例反対派の―にたおれる。

【毒性】ドクセイ 生物にとって有毒な性質。例思ったよりも―が強い。

【毒舌】ドクゼツ ひじょうに口の悪いこと。ひどい悪口や、手きびしい皮肉。例―家。―をふるう。

【毒素】ドクソ 生物体でつくられる有毒な物質。細菌サイキンがつくったり、動植物がくさったりしてできる。

【毒草】ドクソウ 毒の成分をもつくさ。ドクゼリ・トリカブトなど。

【毒血】ドクチ 病毒をふくんだ血。悪血アクチ。

【毒筆】ドクヒツ 人を傷つけるために、ひどい悪口や皮肉を書くこと。また、その文章。例―をふるう。

【毒婦】ドクフ 平気で悪いことをする、心のねじけた女。悪婦。

【毒物】ドクブツ 毒をふくむもの。有毒な物質や薬物。例―が検出された。

【毒味】(名・する) ①昔、身分の高い人に出す飲食物に、毒がふくまれていないかを調べるために前もって食べてみること。例将軍のお—役。②料理の味かげんをみること。類味見。例—してから客に出す。表記▽「毒見」とも書く。

【毒虫】毒をもち、人体をさすなどして害をあたえる虫。ハチ・ムカデ・サソリなど。

【毒矢】矢の先に毒をぬった矢。

【毒薬】少量でも体内にはいると、生命の危険がある薬。青酸カリ・砒素など。〔「劇薬」よりも毒性の強い薬をいう〕

【毒▽除け】毒にあたるのを防ぐこと。また、その効きめのあるもの。毒消し。例—の薬草。

【毒を食らわば皿まで】悪いことをやり始めた以上、とことんまでやってしまうことのたとえ。

【毒を▽以って毒を制する】ある悪を除くのに、他の悪を使う。
●害毒・解毒・鉱毒・消毒・中毒・服毒・無毒・猛毒・有毒

母9 【毓】14画 ⇩【育】(816ページ)

81 4画 比 くらべる ならびひ 部

人が二人ならぶようすをあらわす。「比」と、「比」の字形を目じるしにして引く「毘」とを集めた。

0 比 5 毘 毗

この部首に所属しない漢字

昆⇩日484 皆⇩白696 琵⇩王666

比0 【比】4画 4070 6BD4 教育5 音ヒ漢 ビ呉 訓くら-べる・ころ・なら-ぶ

筆順 一 ヒ 比 比

なりたち【指事】「从(=二人ならぶ)」を左右反対向きにした形。したしい。

意味 ❶したしむ。近づきになる。例比党(=徒党を組む)。❷ならぶ。となりあう。ならべる。例比肩。比翼。❸なかま。同類のもの。例比倫。比類。無比。❹二つのものをならべて、ちがいを見つける。くらべる。例比較。対比。❺なぞらえる。たとえる。例比況。比喩。❻…のときになって。ころおい。ころ。また、このごろ。例比年(=毎年)。比来(=ちかごろ。このごろ)。❼わりあい。例比重。比率。比例。❽『詩経』の六義の一つで、似たものにたとえて述べる。

人名 これ・たか・たすく・ちか・ちかし・つな・とも・なみ・ひさ・ひとし

【比価】ほかのものとくらべての価格や価値。

【比較】(名・する) 二つ以上のものをくらべ合わせること。例去年と今年の雨量を—する。

【比況】①くらべてほかのものにたとえること。②文法で、動作や状態などを、ほかのものにたとえてあらわすこと。〔「ようだ」「ごとし」などを用いる〕例—の助動詞。

【▽比▽丘】[仏]〔梵語の音訳〕出家して、戒を受けた男性の僧。対比丘尼。

【▽比▽丘尼】[仏]〔梵語の音訳〕出家して、戒を受けた女性の僧。尼僧。対比丘。

【比肩】(名・する) ①かたを並べること。②同じような程度で、優劣がつけられないこと。類匹敵。例政治的手腕で、かれに—する者はいない。

【比重】①[物]ある物質の重さの、それと同体積のセ氏四度の水の重さに対する比。②ほかのものごととの比較の割合。例研究費のなかで書籍代のしめる—が大きい。

【比定】(名・する) (年代や場所などについて)比較や考証をして推定すること。例古寺の跡に—されている地。

【比熱】[物]ある物質一グラムの温度を、セ氏一度高めるのに必要とする熱量。

【比目魚】□ヒモク 目がおのおの一つしかなく、二ひき並んで泳ぐという想像上の魚。□ひらめ ヒラメやカレイの類。

【比喩】ものごとの説明などをするとき、似かよったものにたとえて表現すること。表記「▼譬喩」とも書く。

【比翼】①「比翼の鳥」の略。②「比翼仕立て」の略。

【比翼仕立て】①和裁で、そで口・すそ・えりなどの部分だけ二重にして、重ね着をしているように見せる仕立て。②洋裁で、ボタン穴の部分の上をおおって、ボタンが見えないようにする仕立て。

【比翼塚】心中した男女や、恋いし合った男女をいっしょにほうむった墓。

【比翼の鳥】①雌雄とも、それぞれ一つの目、一つのつばさしかないので、いっしょでなければ飛ぶことができないという想像上の鳥。②夫婦あるいは男女の愛情が深いことのたとえ。

【比翼連理】〔「比翼の鳥」と「連理の枝」の意〕夫婦あるいは男女の愛情が深いことのたとえ。

【比率】数量を、全体、または他の数量とくらべたときの割合。比。

【比倫】同じなかま。同類。類比類。例—を絶した名作。

【比類】くらべる価値のあるもの。同類。たぐい。例—のない(=くらべるものがないほどすぐれている)成功ぶり。

【比例】(名・する) ①二つの数や量が、同じ割合で増えたり減ったりすること。正比例。対逆比例・反比例。②部分と全体の間に認められる、一種のつりあいの関係。例—がとれている作品。
●対比・等比・無比・類比

比5 【毘】9画 4091 6BD8 人名 音ヒ漢 ビ呉 訓たす-く

比5 【毗】9画 1-8644 6BD7 別体字

意味 ❶(人の)へそ。ほぞ。❷そばについて、たすける。例毘翼(=力をそえる)。❸梵語の「ビ」の音訳。例毘沙門(=仏法の守護神)。毘盧遮那(=大日如来)。

比5 【毗】9画 ⇩【毘】(568ページ)

82 4画 毛 け 部

「け」が生えているようすをあらわす。「毛」をもとにしてできている漢字を集めた。

0 毛 4 毟 7 毬 毫 8 毳 毯 11 氅 13 氈

この部首に所属しない漢字

尾⇩尸320 耄⇩老808 耗⇩耒810

毛 0

【毛】

4画 4451 6BDB 教育2 音ボウ漢 モウ呉 訓け

筆順 ノ 二 三 毛

なりたち [象形]生えている毛の形。

意味 ❶人間や動物の皮膚に生える細い糸状のもの。け。例毛髪。羽毛。❷ごく小さく、細かい、わずかのもの(のたとえ)。例毛頭。毛細管。毫毛。❸草木が生えそだつ。例不毛。二毛作。

日本語での用法 一《け》①奈良時代以前に、今の群馬県と栃木県の地域を指していったことば。のち、群馬県を「上毛野」、栃木県を「下毛野」と呼び、奈良時代以後は、「上野」「下野」というようになった。「毛野・毛野国」②生まれつきや血筋などをたとえていう。「毛並みのよい馬・毛色がちがう」 二《モウ》①「毛野国」のこと。「上毛（＝今の群馬県を指す。上毛野の上二字を音読したもの）・両毛（＝今の群馬県と栃木県。上毛野と下毛野をあわせていう）」②単位。㋐長さでは、一寸の千分の一。㋑重さでは、一匁の千分の一。㋒割合では、一割の千分の一。㋓貨幣では、一円の一万分の一。

難読 毛受（＝姓） 人名 あつ

【毛脚】①毛ののびぐあい。例―が早い。②毛の多く生えている足。けずね。③毛皮や絨緞などの表面の毛の長さ。例―が長い。表記 ▽「毛足」とも書く。

【毛穴】毛の生えている皮膚の小さい穴。表記「毛▽孔」とも書く。

【毛糸】羊などの毛をつむいだ糸。

【毛色】①毛の色。②ものごとの種類。性質。例―の変わった人。

【毛織物】毛糸で織った布。毛織り。

【毛嫌い】（名・する）理由もなくただ感情的にきらうこと。

【毛唐】「毛唐人」の略。ひげや体毛が多い外国人の意。昔、欧米人をいやしんで呼んだことば。

【毛野国】⇩【毛】日本語での用法

【毛虫】チョウやガの幼虫。例―がチョウになる。

【毛を吹いて▼疵を求む】①毛をふき分けて、小さなきずを探し求める。少しのあやまちも許さず、厳しく指摘する。〈韓非子〉②ものごとをあら立てたため、かえって自分に不利になることのたとえ。

【毛管】①きわめて細いガラス管。毛細管。例―現象。②毛細血管。

【毛根】（生）毛の根もとの、皮膚の中にはいっていて、毛の成長や栄養をつかさどる、ふくろ状の部分。

【毛細管】「毛管①」に同じ。

【毛細血管】（生）全身の組織内に網目状に分布している、ごく細い血管。

【毛▼氈】けものの毛の繊維に水分や圧力を加えてつくった敷物。

【毛頭】（副）〔下に打ち消しのことばをともなって〕毛の先ほども。少しも。例そんなことは―信じない。

【毛髪】かみのけ。人のかみのけ。

【毛筆】けものの毛で作ったふで。㊝硬筆。

【毛布】厚く織った毛織物。寝具などに使う。ケット。

●羽毛・根毛・純毛・刷毛・不毛・羊毛

毛 4

【毟】

8画 6159 6BDF 国字 訓むし-る

意味 ❶毛などをつかんで引きぬく。むしる。例草毟り。毛を毟る。❷つまんで少しずつはがして取る。例さかなの身を毟って食べる。

毛 7

【毬】

11画 6160 6BEC 人名 音キュウ漢 訓まり・いが

なりたち [形声]「毛（＝け）」と、音「求」とから成る。まり。

意味 ❶毛皮で作った球。まり。例打毬。手毬。❷まりのような形をしたもの。例毬果。

日本語での用法《いが》クリの実をつつむ、するどいとげにおおわれた外皮。「毬栗」

難読 三毬杖

【毬栗】①いがの中にはいったままの、クリの実。②かみの毛を丸がりにした男の子の頭。例―坊主。

【毬果】マツ・スギ・モミなどの、球形の果実。表記「球果」とも書く。

【毬藻】糸状の藻が集まって、まりのようになったもの。北海道の阿寒湖のものは特別天然記念物。

毛 7

【毫】

11画 6161 6BEB 音コウ漢 ゴウ呉 訓すこ-し・わず-か

意味 ❶ほそい毛。例毫毛。白毫。❷ごくわずか。すこし。例毫末。寸毫。毫も疑いはない。❸筆のこと。例揮毫。兎毫（＝ウサギの毛で作った筆）。❹長さの単位。一毫は、一寸の千分の一。

【毫末】〔あとに打ち消しのことばをともなって〕毛すじの先ぐらいの、ごくわずかであること。例疑問は―もない。

【毫毛】①細い毛。②ほんのわずかであること。例欠点は―もない。

毛 8

【毳】

12画 6162 6BF3 音ゼイ・セイ漢 訓にこげ

意味 ❶鳥・けもののやわらかな短い毛。むくげ。にこげ。例毳毛（＝細くてやわらかい毛）。❷もろい。やわらかい。よわい。

日本語での用法《けば》紙や布の表面がこすれて、繊維が細かい毛のように立つ。「毳立つ」

毛 8

【毯】

12画 6163 6BEF 音タン漢

意味 毛を織ってつくったしきもの。けむしろ。毛氈。例絨毯。

毛 11

【氂】

15画 2-7814 6C02 音一ボウ漢 モウ呉 二リ漢呉

意味 一ウシ科の哺乳動物。ヤク。また、その尾。同旄。例氂牛。二割合の単位。厘。同釐。

参考「氂牛」は「リギュウ」とも読む。

【氂牛】ウシ科の哺乳動物。ヤク。からうし。

毛 13

【氈】

17画 6165 6C08 音セン漢

意味 けものの毛に水分や圧力を加えてつくった布。もうせん。フェルト。例花氈。毛氈。

難読 氈受（＝姓）

【氈▼幄】①毛氈の垂れ幕。②毛氈を張りめぐらした家。また、匈奴の住まい。

83 4画 氏 うじ部

くずれそうな山のがけの意をあらわす「氏」と、字形のよく似た「民」、および「氏」「民」をもとにしてできている漢字を集めた。

0 氏 1 氐 民 4 氓

この部首に所属しない漢字

帋⇩巾 338 昏⇩日 484

氏0 【氏】 4画 2765 6C0F 教育4 音シ漢 ジ呉 訓うじ

筆順 ノ ㇾ 𠂤 氏

なりたち [形声]「𠂤(=山のがけによりそう形)」と、音「乀イ→シ」とから成る。今にも落ちそうな山のがけ。借りて「うじ」の意。

意味 ❶同じ血族から分かれた集団。(尊卑による)家がら。うじ。例氏神・氏素性・氏族。❷姓。みょうじ。例氏名。

日本語での用法 《シ》①人の姓や姓名の下につけて敬意をあらわす。「夏目金之助氏・匿名氏・無名氏」②「その方」を意味する。「諸氏・森、夏目両氏・氏の言によれば」

【氏神】うじがみ ①氏の祖先として祭る神。②その土地に生まれた者を守る神。鎮守の神。うぶすなの神。

【氏子】うじこ ①氏神の子孫。②氏神が守っている土地に生まれ住んでいる者。③同じ氏神を祭る人々。

【氏素性】うじスジョウ 家がら。家すじ。例—のはっきりしない者。表記「氏素姓」とも書く。

【氏姓】シセイ うじと姓。姓氏。

【氏族】シゾク 同じ祖先から出た一族。

【氏族制度】シゾクセイド 所属する氏族をもとに、経済的・社会的・政治的機能が営まれている社会体制。

【氏名】シメイ みょうじと名前。姓名。例住所と—を書く。

●華氏・彼氏・源氏・諸氏・姓氏・摂氏・杜氏・同氏・平氏・某氏

氏1 【氐】 5画 1-8647 6C10 音テイ漢

意味 ❶ひくい。同低。❷(中国の西方に住んでいた)異民族。えびす。例氐羌(=氐族と羌族)。

氏1 【民】 5画 4417 6C11 教育4 音ビン漢 ミン呉 訓たみ

筆順 フ コ 尸 巳 民

なりたち [象形]さかんに群がり生まれ出る形。多くのたみ。

意味 〔官に対して〕官位をもたない人。〔君に対して〕統治される側の人。いっぱんの人々。たみ。例民間・民衆・国民。

人名 ひと・み・もと

【民草】たみくさ 人民。人民を数多い草にたとえた表現。たみぐさ。青人草。〔古い言い方〕

【民意】ミンイ 国民の意思。例—に問う。選挙で—を問う。

【民営】ミンエイ 民間の経営。個人や会社などが経営すること。類私営。対官営・公営・国営。

【民家】ミンカ いっぱんの人の家。人が住む家屋。例この村には古い—が多い。

【民間】ミンカン ①ふつうの人々の社会。例—療法。②公的な機関に属さないこと。例—人。—放送。

【民間放送】ミンカンホウソウ 広告料金の収入で運営されている放送局。商業放送。民放。対公共放送。

【民業】ミンギョウ 民間の事業。

【民具】ミング 民衆が古い時代から日常の生活の中で製作し、使用してきた道具。たんす・なべ・ざる・はきもの・食器など。

【民芸】ミンゲイ 民衆の中に伝えられ、民衆の生活の特色を生かした工芸品。素朴な味わいがある。例—品。

【民権】ミンケン 国民が政治に参加して、自分の人権や財産などを守る、基本的な権利。例自由—。

【民事】ミンジ ①人民、または国民についてのことがら。②〔法〕民法や商法など、個人間の義務や権利を規定した法律が適用されることがら。対刑事。例—法。—訴訟。

【民主】ミンシュ ①国家の主権が人民にあること。例—国家。②「民主主義」の略。

【民主主義】ミンシュシュギ 国家の主権は国民にあるという考えで、政治のうえで国民の意思を尊重する主義。デモクラシー。対独裁的。

【民主的】ミンシュテキ (形動ダ)民主主義の精神にかなうようす。

【民需】ミンジュ 民間の需要。対官需・軍需。例—を拡大する。

【民衆】ミンシュウ 世間いっぱんの人々。庶民。大衆。

【民宿】ミンシュク 観光地などで、いっぱんの民家が、副業としておこなう宿泊施設。

【民情】ミンジョウ ①国民の生活状態。例—を視察する。②国民の心情や実情。民心。例—が温和な国がら。

【民心】ミンシン 国民の考えや気持ち。民意。例—が安定する。

【民生】ミンセイ 国民の生活や生計。例—の安定をはかる。

【民政】ミンセイ ①国民の幸福や利益をはかる政治。②軍人でないいっぱんの人がおこなう政治。

【民俗】ミンゾク 民間に伝わる、しきたりや習わし。例—学。

【民族】ミンゾク 同じ言語を話し、生活様式などの文化的伝統と歴史的な運命を共にする人々の集団。例—国家。遊牧—。—学。—自決。

【民族主義】ミンゾクシュギ 他国からの干渉をきらい、民族の独立と統一を重視する思想や運動。ナショナリズム。

【民度】ミンド その地域にすむ人々の生活や文化の程度。

【民兵】ミンペイ 郷土を守るために、住民によって編制された軍隊。また、その兵士。

【民望】ミンボウ ①国民の希望。②世間の人望。例—を失う。

【民放】ミンポウ 「民間放送」の略。

【民法】ミンポウ 〔法〕家族関係・財産相続・物権などの、私的な権利義務について規定した法律。

【民本主義】ミンポンシュギ 民主主義。〔大正時代、「デモクラシー」の訳語として、一時期使われたことば〕

【民謡】ミンヨウ 民衆の生活の中から生まれ、伝えられてきた、郷土色のある歌謡。

【民話】ミンワ 土地の人々に語りつがれてきた、昔話や伝説。

●移民・漁民・公民・国民・市民・住民・主権在民・庶民・人民・農民

氏4 【氓】 8画 6166 6C13 音ボウ漢 訓たみ

意味 (他国から逃亡してきた)ひと。たみ。例蒼氓(=人民。たみくさ)。流氓(=他国から流れてきた、たみ)。

84 4画 气 きがまえ部

わきあがる雲の形で、「ゆげ」や「いき」などの意をあらわす。「气」をもとにしてできている漢字を集めた。

0 气 2 気 4 氛 6 氤 氣

气0 **【气】** 4画 6167 6C14 音 一 キ漢 二 キツ漢 コツ呉 訓 いき・もと-める

意味 一 雲気。気体。いき。同 気。二 こい求める。もとめる。同 乞。

气2 **【気】** 6画 2104 6C17 教育1 音 キ漢 ケ呉 訓 いき 付表 意気地・浮気

筆順 ノ 𠂉 ⺈ 气 気 気

气6 **【氣】** 10画 6170 6C23 人名

なりたち 【形声】「米(=こめ)」と、音「气」とから成る。客に贈るまぐさや米。借りて「ゆげ・いき」などの意。

意味 ❶自然現象のもととなるもの。例 気候。気象。天気。❷生命現象のもととなるもの。生命あるもの。いき。例 気息。気力。元気。❸固体でも液体でもないもの。ガス。例 気化。気体。蒸気。❹心のはたらき。例 気鋭。気性。気分。❺なんとなく感じられるようす。例 気配。気品。雰囲気。

参考 常用漢字表では「キ」「ケ」を字音とするので、そのあつかいとするが、日本語の接頭語・接尾語の「け」(=「けおされる」「けだるい」「いやけ」「食いけ」など)にあてるので、音・訓は区別しにくい。

人名 おき・とき

【気合】 ①事にあたるときの張りつめた激しい気持ち。また、そのかけ声。例 —がこもる。②いき。呼吸。例 —が合わない。

【気圧】 ①大気の圧力。地球をとりまく大気の重さのために生ずる圧力。例 —配置。②気体の圧力の単位。一気圧は約一〇一三ヘクトパスカル。

【気韻】 気品の高いおもむき。例 —生動(=書画などに、気品が生き生きと感じられること)。

【気宇】 〔「宇」は、器量の意〕 気がまえ。心の広さ。度量。例 —壮大。

【気鬱】 (名・形動ナ) 気分がしずんで、心が晴れないこと。例 —で仕事が手につかない。

【気運】 時勢が、ある方向に向かっていこうとする動き。例 賛成の—が高まる。

【気鋭】 (名・形動ナ) 意気ごみがするどいこと。例 —の学者。新進—の建築設計家。

【気炎】 さかんな意気ごみ。気勢。例 怪—。—を上げる。表記 ⓐ気▼焰

【気温】 大気の温度。正式には、地上一・五メートルで測った温度であらわす。例 —が上がる。

【気化】 (名・する) 〔物〕 液体や固体が気体に変わること。また、変えること。例 —熱。→【蒸発】(861ページ)・【昇華】(485ページ)

【気概】 強く勇ましく、困難にくじけない気持ち。例 —のある人。—をもつ。

【気軽】 (形動ナ) むずかしく考えず、あっさりしているようす。くつろいでいるようす。例 —な服装。—に引き受ける。

【気管】 〔生〕 脊椎動物の呼吸器官の一部。のどの下部から肺に通じていて、呼吸するときに空気が流れる管。

【気球】 空気より軽い気体や、暖めた空気を満たして、空中にあげる球形のふくろ。例 熱—。観測—をあげる。

【気胸】 〔医〕 ①胸膜腔の中に空気がたまること。②「気胸療法」の略。胸膜腔に空気を送り、結核におかされた肺をおし縮めて、結核を治す療法。

【気位】 自分の品位に対するほこり。プライド。例 —が高い。

【気苦労】 (名・する・形動ナ) 周囲に対して気をつかう苦労。心労。気づかい。例 —が絶えない。

【気孔】 ①植物の葉の裏にあって、呼吸や蒸散作用などを営むための小さなあな。②溶岩が固まるときにできた、ガスのぬけ出たあな。

【気功】 中国の保健養生法の一つ。呼吸をととのえ、からだを動かす。

【気候】 ①季節や天候。類 時候。例 旅行によい—になった。②それぞれの土地の、長期間を平均してみた、気温や降雨量などの気象の状態。例 —の変化。

【気骨】 一 信念を守りとおそうとする強い心。気概。例 —のある人。二 気づかい。気苦労。例 —が折れる。

【気根】 ①気力。根気。②植物の地上部から空気中に出ている根。タコノキやヘゴなどに見られる。

【気▽障】 (形動ナ) 〔「気障り」の略から〕 服装や態度などが、人に不快や反感をあたえるほど、気どっているようす。いやみ。例 —なやつ。—を言う。

【気質】 一 ①人それぞれがもっている性質。気だて。気性。例 おこりっぽい—。②心理学で、個人の性格のもとをなす感情的傾向。二 その年代や職業または身分の人に、特有のものの考え方。気風。例 職人—。名人—。

【気性】 生まれつきの性分。気だて。気質。例 あらい—。表記 「気象」とも書く。

【気象】 ①大気中に生じる、天気・風雨・気温・気圧などの現象。例 —観測。②心のはたらきが外にあらわれた姿。性格。例 進取の—。表記 ②は「気性」とも書く。

【気丈】 (名・形動ナ) 気持ちがしっかりしていること。気丈夫。例 —なむすめ。

【気丈夫】 (名・形動ナ) ①たよりになるものがあって、安心に思うこと。心丈夫。例 夜道で知人に会えて—だ。②心のもち方がしっかりしていること。気丈。例 —な老人。

【気色】 一 ①感情があらわれた顔つき。例 人の—をうかがう。②受けた感じ。例 —が悪い。二 ①態度にあらわれる心のようす。例 おそれる—もない。②なんとなく感じられるようす。例 秋の—が感じられる。

【気随】 (名・形動ナ) 自分の思うままにすること。気まま。例 —に過ごす。

【気随気▼儘】 (名・形動ナ) 他人に気をつかわず、自分の思いどおりにすること。例 —に暮らす。

【気勢】 勇み立った意気ごみ。例 —を上げる。—をそぐ。

【気絶】 (名・する) 一時的に意識を失うこと。気を失うこと。例 階段から落ちて、しばらく—していた。

【気息】 いき。呼吸。

【気息▼奄▼奄】 (形動タル) いきが苦しく、いまにも死にそうなようす。いきも絶え絶えのようす。

【気体】 一定の形や体積がなく、自由に流動する物質。空

気やガスのようなもの。[対]液体・固体。
【気団】ダン 広い地域にわたって、ほとんど一様の温度や湿度をもった大きな空気のかたまり。[例]寒―。シベリア―。
【気付】[一]キづけ 郵便物を送るとき、相手の立ち寄る所や臨時の連絡先に書きそえることば。きつけ。[例]山田旅館―田中花子様。[二]【気付け】キつけ 気絶した人の意識を、もどさせること。また、そのために何かを飲むこと。[例]―薬。
【気っ風】キップ (「キフウ」の変化)その人の行動や態度などから感じられる性質。気まえ。[類]気性。[例]―のいい人。
【気転】キテン あることが起きたときに、それに応じてすばやくはたらく心や、うまい考え。[例]―がきく。―をきかせる。[表記]「機転」とも書く。
【気筒】キトウ 蒸気機関や内燃機関で、ピストンが往復する円筒。シリンダー。
【気道】キドウ (生)呼吸するための空気の通路となる器官。鼻から肺まで。[例]―がふさがって苦しむ。
【気動車】キドウシャ 内燃機関の原動機を動かして、レール上を走る車。ガソリンカーやディーゼルカーなど。
【気長】キなが (名・形動ナ)のんびりしていて、あせらないこと。[例]―に待つ。
【気▼嚢】キノウ (生)鳥の胸や腹にある空気ぶくろ。肺につながり、空中を飛ぶのに助けとなる。
【気迫】キハク 力づよく立ち向かう気力。強い精神力。[例]―にあふれる。[表記]「気▼魄」とも書く。
【気は世を▽蓋う】⇩【力は山を抜き気は世を蓋う】(144ページ)
【気品】キヒン どことなく感じられる上品さ。けだかい品位。[例]―のある婦人。―が高い。
【気▼稟】キヒン 生まれつきもっている、すぐれた気質。天性。[例]その詩的センスは―というべきものだ。
【気風】キフウ ある集団が共通してもっている気質。[類]気性。[例]自由を尊ぶ―。
【気分】キブン ①気持ち。[例]―がよい。②そのあたり全体の感じ。雰囲気。[例]あたたかい―の店。
【気泡】キホウ 液体または固体の中に、気体がふくまれてできる、あわ。空気のあわ。あぶく。
【気前】キまえ 金銭や物を、おしげもなく出す性質。[例]―がいい。
【気▼儘】キまま (名・形動ナ)他人に気がねしないで、自分の思うままにふるまうこと。[例]―に暮らす。

【気味】[一]キミ (「キビ」とも)①気持ち。気分。[例]―が悪い。②少しそれがある状態。[例]風邪の―がある。[二]ギ (「…気味」の形で)そのきざしや傾向をあらわす。[例]風邪―。
【気密】キミツ (名・形動ナ)外から空気がはいらないように、室内や容器などがぴったりしめられていること。[例]―室。
【気脈】キミャク 血が通る道筋。血管。[例]―を通じる(=ひそかに連絡をとって、気持ちを通じ合う)。
【気弱】キよわ (名・形動ナ)気が弱いこと。いつもものおじしていること。また、その人。[例]―な性格。
【気楽】キラク (形動ナ)だれにも気がねせず、のびのびするようす。ものごとにこだわらないようす。のんき。[例]―に過ごす。
【気流】キリュウ 大気中に起きる空気の流れ。[例]乱―。上昇―。
【気力】キリョク ものごとを成しとげようとする精神力。元気。精力。[例]―にあふれる。―をふりしぼって走る。
【気配】[一]ケハイ ①なんとなく感じられるようす。[例]春の―。人の来る―。②景気。相場。[例]株価上昇の―。[二]【気配り】キくばり まちがいなく事が運ぶように、細かい心づかいをすること。[類]配慮。[例]行きとどいた―。―が足りない。
●意気・一気・一本気・色気・陰気・英気・外気・火気・堅気・活気・寒気・換気・空気・景気・血気・語気・才気・殺気・士気・磁気・邪気・臭気・上気・蒸気・暑気・生気・大気・短気・強気・電気・熱気・排気・病気・平気・本気・勇気・陽気・弱気・涼気・冷気

气 4 【氛】 8画 6168 6C1B [音]フン[漢]ブン[呉] [訓]いき・わざわ-い

[意味] ❶吉凶を暗示する気象。とくに、凶兆。[例]氛祥。❷雲気。かすみや、もや。いき。[同]雰。❸けがれた、悪い気。わざわい。
【氛▼埃】フンアイ 空気中に舞うほこり。氛気。
【氛囲気】フンイキ ①大気。②人や場所などがもつ、独特の気配。雰囲気。
【氛気】フンキ ①大気中にただよう雲や、もや。②まがまがしい気。悪い気。
【氛祥】フンショウ 不吉な気と、めでたい気。吉凶を示す雲気。(国語)

气 6 【氳】 10画 6169 6C24 [音]イン[漢] [訓]さか-ん

[意味] 「氤氳インウン」は、元気なようす。気のさかんなようす。

气 6 【氣】 10画 ⇩【気】キ(571ページ)

85 4画

水 みず (氵 さんずい) ・ 氺 したみず 部

流れる水のようすをあらわす。「水」が偏(=漢字の左がわの部分)になるときは「氵(三水 さんずい)(三画)」、下につくときは「氺(下水 したみず)(五画)」となる。「水」をもとにしてできている漢字と「氺」の字形を目じるしにして引く漢字とを集めた。

[0]水[1]永氷[2]求汁汀氾[3]汚
汗江汞汕汝汐池汢汎汲[4]汪
汽沂汲決沍沙沚沁汰沢沖沈
沓沌沛泛汾汨汴没沐沃沉汳
沒沪[5]泳沿泓河泣況沽泗泅
沮沼泄泉沾泝沱泰治注泥沺
波泊泌泯沸泙法泡沫油泱泡
泪[6]洟洩海活洶洫洪洸洽洙
洲洵洳浄津洒浅洗洞派洋洛
洌派[7]浦浣涓浩浤浚消浹浸
浙涎涕涅浜浮浴浬流涙浪海
浩消涉浸涛涜浮涌[8]淫液淹
渮涯渇涵涂淇渓涸淆混済淬
渋淑淳渚渉淞淌深清淅淙淡
添淀淘淤淕涼淋淪淮渕渊淨
清淒淺淚[9]渥渭湮淵湲温渦
渙渠減湖港湟渾渣滋湿湘湫

渫淚湊測湛湍渟渡湯湃渺湎
渤満渝湧游溂湾湮渴港滋渚
溌湧⑩溢滑漢源溝滉溘溷滓
溲準溽滄滞滝溺滔溏滕漠溥
滂溟滅溶溜溢溫溪溝溯溺⑪
潁演漑漁滬滸滾漆漿滲漸漱
漕漲漬滴滌漂漫漾漓漣滷漏
漉漼漢滯滿⑫潰潟潤澆潔潺
潸潤潯潜潭潮澄潼潑潘澎潦
漑澗潔澁潛潴潮澂澑⑬澳激
澡濁澹澱濃濆澠濛澪濂澣澤
⑭濠濡濬濯濤濘濔濮濶濟濕
澀瀞濯濱⑮瀉瀋濺瀆瀑瀁濫
瀏濾⑯瀛瀚瀟瀨瀞瀦瀕瀝瀘
瀬潛瀧⑰灌瀰瀾瀲瀕⑱灘⑲
灑灘㉒灣

この部首に所属しない漢字

酒⇩酉 992　黍⇩黍 1109　黎⇩黍 1109　鴻⇩鳥 1101

水 0

【水】

4画 3169 6C34 教育1 音 スイ 漢呉　訓 みず　付表 清水(しみず)

筆順 亅 才 水 水

なりたち ［象形］流れるみずの形。

意味 ❶酸素と水素の化合物。みず。例水質。海水。淡水。❷河川や池・湖・海など、みずをたたえたところ。例水産。水陸。山水。❸みずのようなもの。液体。例水銀。化粧水。❹五行の一つ。方位では北、季節では冬をあらわす。

日本語での用法《みず》①間にはいってじゃまをするもの。「水(みず)をさす・親子(おやこ)水入(みずい)らず」②休息。「水(みず)がはいる・水入(みずい)りの大相撲(おおずもう)」③相手をそそるもの。「水(みず)を向(む)けてみる」

難読 水脈(みお・みよ)・水手(ふなこ・かこ)・水母(くらげ)・水葱(なぎ)・水虎(かっぱ)・水夫(かこ)・水狗(かわうそ)・主水(もんど)

人名 お・たいら・な・なか・み・みな・ゆ・ゆき

【▽水▽鶏】(くいな) クイナ科の水鳥をまとめていうことば。渡り鳥の一つ。鳴き声が、詩歌などで「たたく」と表現されたのは、夏に飛来するヒクイナ。また、北海道で繁殖し、十月ごろ本州以南に飛来するのは、フユクイナ。

【水圧】(スイアツ) 水の圧力。例—は、水深一〇メートルごとに一平方センチメートルあたり一キログラム増す。

【水位】(スイイ) 川や湖や海などの、水面の高さ。例雪解けで川の—が上がる。

【水域】(スイイキ) 海や川などの水面上の、一定の範囲。例危険—。

【水運】(スイウン) 船で荷物や人をはこぶこと。水路による運送。例—の便がよい。

【水泳】(スイエイ)(名・する) 水の中をおよぐこと。また、およぎはやさをきそうスポーツ。例寒中—。

【水煙】(スイエン) ①水が細かく散って、けむりのようになったもの。みずしぶき。みずけむり。②〔仏〕塔の九輪の上部にある、火炎状のかざり。表記▽「水▼烟」とも書く。

【水鉛】(スイエン) 金属元素、モリブデンの古い呼び名。

【水温】(スイオン) 水の温度。

【水火】(スイカ) ①水と火。②洪水と火災。例—の難。③水におぼれ、火に焼かれるような苦しみ。例—も辞せず。④正反対で、仲の悪いもののたとえ。類氷炭。例—の仲。

【水禍】(スイカ) ①大水で災難を受けること。水害。例—にあう。②水におぼれる災難。例—でいのちを落とす。

【水害】(スイガイ) 洪水による災害。水禍。例台風による—を受ける。

【水干】(スイカン) ①昔の、男子の服装。簡略な狩衣。②のりを使わずに水にひたして張った絹。

【水管】(スイカン) ①水を通すくだ。②〔生〕軟体動物で、えらに水の流入や流出をするくだ。

【水気】(スイキ) ㊀ものにふくまれる水分。しめりけ。例—が立つ。㊁①むくみ。水腫。②水蒸気。例—の多い季節。

【水球】(スイキュウ) 七名ずつが二チームに分かれて、泳ぎながら、ボールを相手のゴールに入れる球技。ウオーターポロ。

【水牛】(スイギュウ) ウシ科の哺乳動物。角は長く大きく弓形で、水浴を好む。南アジア・アフリカの熱帯・亜熱帯で飼い、耕作などに使う。角は印材に使われる。

【水鏡】(スイキョウ・みずかがみ) 姿や物のかげが、水面に映って見えること。また、その水面を鏡にたとえた言い方。例—のごとき湾内の朝の海。

【水魚の交わり】(スイギョのまじわり) 水と魚が切りはなせないように、関係がひじょうに親密な交際や友情。魚水。〔三国時代、蜀の劉備と諸葛孔明との深い君臣愛にもとづく〕〈三国志〉例—を結ぶ。

【水▼禽】(スイキン) 水べにすむ鳥。みずとり。ガン・カモメ・チドリなど。

【水銀】(スイギン) 〔古くは「みずかね」〕金属元素の一つ。銀白色の光沢をもち、常温で液体の唯一の金属。多くの金属と合金をつくる。冶金、温度計などに用いる。

【水琴窟】(スイキンクツ) 地中にかめをうめて水を張り、水滴が水面に落ちたときに反響する音を楽しむしかけ。

【水軍】(スイグン) 中世、水上で戦闘活動をおこなった武力集団。類海賊。例村上—。

【水系】(スイケイ) 川の本流と支流や、その流れに沿った湖や沼などを合わせた、流水域の系統。例信濃川—。

【水月】(スイゲツ) ①水と月。②水面に映る月のかげ。③クラゲのあて字。

【水源】(スイゲン) 川の水の流れ出るもと。みなもと。例—地。

【水郷】(スイゴウ) 〔「スイキョウ」とも〕川や湖に沿っていて、景色のよいことで有名になっているところ。

【水耕法】(スイコウホウ) 植物を、土を使わず、養分をふくんだ水で栽培する方法。水栽培。水耕。水耕栽培。

【水彩】(スイサイ) 水でといた絵の具で絵をかくこと。また、その絵。みずえ。対油彩。例—絵の具。

【水際】(スイサイ・みずぎわ) 陸と水面とが接するところ。みぎわ。なぎさ。

【水産】(スイサン) 川や湖や海など、水中からとれる産物。例—業。

【水死】(スイシ)(名・する) 水におぼれて死ぬこと。溺死。

【水質】(スイシツ) 水の性質や成分や純度。例—検査。

【水車】(スイシャ・みずぐるま) 水力で車を回し、その力を仕事に利用する仕組み。例—小屋。

【水腫】(スイシュ) 〔医〕からだの組織のすきまなどに、水分が多量にたまって、むくむこと。むくみ。浮腫。水気。

【水準】(スイジュン) ①水平を測る道具。みずもり。②ものの価値や高さを決めるもと。一定の標準。レベル。例生活—。

【水準器】スイジュンキ 面の水平やかたむきを測る器具。水平器。

【水晶】スイショウ 六角柱状に結晶した石英。置物・印材・装身具・光学器械・時計などに用いる。

【水上】㊀スイジョウ 水の上。水の表面。例―交通。―競技。㊁みなかみ かわかみ。川の上流。

【水蒸気】スイジョウキ 水が蒸発して気体となったもの。ゆげ。

【水色】㊀スイショク 川や湖や海などの、水べの景色。㊁みずいろ 水の色。うすい青みをおびた色。

【水食】スイショク（名・する）雨や波などが地表を浸食すること。また、その作用。例―作用。表記「水▼蝕」とも書く。

【水心】㊀スイシン 川や湖などの中央。水面の中心。㊁みずごころ 相手の好意に対する、こちらの好意。例魚心あれば―。

【水深】スイシン 川や湖や海などの、水の深さ。例―を測定する。

【水神】スイジン 水を支配する神。水難や火災を防ぐ神。

【水生】スイセイ（名・する）①植物が水の中にはえていること。例―植物。②動物が水の中にすんでいること。例―動物。▽対陸生。表記②は「水▼棲」とも書く。

【水声】スイセイ 水の流れる音。みずおと。

【水性】スイセイ 水にとけやすい性質をもっていること。対油性。例―塗料。

【水星】スイセイ 太陽系の惑星の一つ。太陽に最も近く、最も小さい。

【水勢】スイセイ 水の流れるいきおい。例川の―が増す。

【水成岩】スイセイガン 水中に沈殿し、堆積してできた堆積岩の一つ。

【水仙】スイセン ヒガンバナ科の多年草。早春に白色や黄色の六弁の花がさく。八重ざきもある。観賞用。

【水洗】スイセン（名・する）水であらい流すこと。例―便所。

【水素】スイソ 気体元素の一つ。無色・無臭で、最も軽い元素。酸素と化合して水になる。元素記号 H

【水草】スイソウ・みずくさ ①水と草。②水中や水べに生える草。

【水葬】スイソウ（名・する）（航海中の）死者を、海中に投じてほうむること。対火葬・土葬・風葬。例戦死者を―にする。

【水槽】スイソウ 水をたくわえておくいれもの。みずおけ。例―で金魚を飼う。

【水族館】スイゾクカン 水中にすむ動物を飼育して、多くの人に見せるための施設。

【水中】スイチュウ 水のなか。例―めがね。―カメラ。

【水中花】スイチュウカ 水のなかに入れると、花がさいたように見える造花。

【水柱】スイチュウ・みずばしら 水面から柱のように立ちのぼった水。

【水底】スイテイ・みずそこ・みなそこ（川や湖や海などの）水のそこ。例ダムの―にしずんだ村。

【水滴】スイテキ ①水のしたたり。しずく。例窓に―がつく。②すずりにつぐ水を入れておく、小さなうつわ。水入れ。

【水天】スイテン 水と空。また、水に映る空。例―一碧（＝よく晴れわたって、水と空との青がひとつづきになっていること）。―彷彿（＝海上遠く、水と空の境がはっきりしないこと）。

【水田】スイデン・みずた 稲作のために水を張った耕地。たんぼ。

【水天宮】スイテングウ 船人の守護神を祭る神社。水の神を祭る社。

【水痘】スイトウ 子供に多い急性感染症の一つ。発熱して全身に発疹ができ、水疱となる。みずぼうそう。

【水筒】スイトウ 飲み水を入れて持ち歩く容器。

【水稲】スイトウ 水田で作るイネ。対陸稲。

【水道】スイドウ ①飲料水など生活に必要な水を供給する設備。上水道。例市営の―。②海が陸地にはさまれて、せまくなった部分。海峡。例豊後―。

【水団】スイトン［「トン」は、唐音］小麦粉を水でこねてだんご状にしたものを、汁に入れて煮た食べ物。

【水難】スイナン 水によって受ける災難。洪水や難破、また、水死など。例―の相がある。

【水▼囊】スイノウ ①食べ物をすくって、水を切るためのふるい。みずこし。みずぶるい。②ズック製の折りたたみバケツ。

【水媒花】スイバイカ 花粉が水に運ばれて受粉する水生植物。クロモ・セキショウモなど。

【水伯】スイハク 水の神。水神。類河伯。

【水爆】スイバク「水素爆弾」の略。水素の核融合反応を利用した爆弾。

【水盤】スイバン 陶や金属などで作り、中に水を張って花を生けたり盆石を置いたりする浅く広い容器。

【水筆】スイヒツ ふでの穂にしんを入れないで、その全部に墨をふくませて用いるふで。

【水府】スイフ ①水神のいるところ。海底にあるという想像上のみやこ。例―竜宮。②茨城県の水戸の別名。例―タバコ。―流の水泳。

【水分】スイブン ふくまれている水の量。みずけ。例―の多いナシ。

【水平】スイヘイ（名・形動ダ）①静かな水面のようにたいらなこと。例―面。②垂直に対して直角な方向。対垂直。例―飛行。③あがりさがりのないこと。例―を保つ。

【水平線】スイヘイセン ①海と空との境として見える平らな線。例太陽が―にしずむ。→【地平線】チヘイセン（228ページ）②垂直に対して直角に引かれた直線。

【水兵】スイヘイ 海軍の兵士。例―服。

【水辺】スイヘン・みずべ 川や湖などに近いところ。水のほとり。みずぎわ。

【水泡】スイホウ ①水のあわ。みなわ。②はかなく、たよりないもののたとえ。例―に帰す（＝努力がむだになる）。

【水▼疱】スイホウ 皮膚の表面にできる水ぶくれ。

【水防】スイボウ 警戒して水害をふせぐこと。例―訓練。

【水墨】スイボク「水墨画」の略。例―の山水画。

【水墨画】スイボクガ 墨だけでかいた絵。すみえ。水墨。

【水没】スイボツ（名・する）水の中にしずんで、姿が見えなくなること。例洪水で―した家。

【水蜜桃】スイミツトウ モモの一品種。中国の原産。大きくて水分が多く、あまくてやわらかい。水蜜。

【水脈】スイミャク ①地下水が筋となって流れているところ。例―をほりあてる。②川や海などで船の通る道。水路。みお。

【水明】スイメイ 清らかな水が日の光を受けて、美しくかがやくこと。例山紫―の地。

【水面】スイメン・みなも・みのも 水の表面。例―に風波なし。

【水門】スイモン 貯水池や用水路などで、水量を調節するために開閉する門。例ダムの―を開けて放水する。

【水紋】スイモン 水の動きによって水面上にできる模様。

【水薬】スイヤク・みずぐすり 液状の飲み薬。例うがいのための―。

【水▼楊】スイヨウ 水べに生えたカワヤナギ。

【水曜】スイヨウ 日曜からかぞえて、週の四番目の曜日。水曜日。

【水浴】スイヨク（名・する）水をあびること。みずあび。

【水雷】スイライ 水中で爆発させて敵の艦船を破壊する兵器。例魚形―（＝魚雷）。機械―（＝機雷）。

【水利】スイリ ①水上輸送の便利。船で人や荷物を運ぶうえでの便利。例―の便のよい地域。②（農耕や飲料などのための）水の利用。例―権。

【水陸】スイリク 水と陸。水上と陸上。例―両用。

【水流】スイリュウ 水の流れ。例―の急なところ。

【水量】スイリョウ（川やダムなどの）水の量。みずかさ。例―の豊かな川。

【水力】(スイリョク) 水の力。水の勢い。とくに、水の流れによって生じるエネルギー。例—発電。

【水冷】(スイレイ) エンジンのシリンダーなどの熱を、水でひやすこと。対空冷。例—式。

【水練】(スイレン) ①武道としての水泳の術。②水泳の練習。

【水路】(スイロ) ①水を通す道。②船の通る道。③プールの競泳コース。例短—。

【水絵】(みずエ) 水にとける絵の具でかいた絵。水彩画。

【水掛け論】(みずかけロン) おたがいがりくつを言い張って結論が出ず、解決しない議論。

【水菓子】(みずガシ) くだもの。〔やや古い言い方〕

【▽水▼屑】(みくず) 水中のごみ。例—となる(=水死する)。

【水▽瓶】(みずがめ) 水をためておくかめ。例—に水を張る。表記「水▼甕」とも書く。

【水木】(みずき) ミズキ科の落葉高木。初夏のころ、白い四弁の花がさく。芽ぶきのころ、枝を折ると樹液がしたたるほど出るところから、この名がついた。

【水着】(みずぎ) 水泳をするときなどに着る衣服。海水着。

【水清ければ大魚無し】(みずきよければタイギョなし) 水が清くすんでいると、姿をかくすところがないために、大きな魚がすみつかなくなるものである。人もあまり心やおこないが正しすぎると、かえって人が近づかないことになる、というたとえ。水清ければ魚棲まず。

【水茎】(みずぐき) ①筆。例—の跡(=筆跡)。②筆跡。書いた文章。例うるわしき御—拝見いたしました。

【水口】(みずくち) 田へ水を引く入り口。

【水芸】(みずゲイ) 扇子や刀などの先から水がふき出る奇術。

【水子】(みずこ) ①生まれてまもない子。②流産や堕胎した胎児。例—の供養をする。

【水▼垢離】(みずごり) 神仏に祈願するのに、心身のけがれをとるため、冷水を浴びること。例—をとる。

【水栽培】(みずサイバイ) 植物を、土を使わず、必要な養分をとかした水で栽培すること。水耕。水耕栽培。水耕法。

【水杯】(みずさかずき) もう会えないかもしれない人と別れるとき、水を入れたさかずきを、たがいにくみかわすこと。例—をかわす。表記「水▼盃」とも書く。

【水先】(みずさき) ①水の流れていく方向。②船の進む方向。③「水先案内」の略。船が港に出はいりするときや、決められた危険な水域を通るとき、水路の案内をすること。

【水仕】(みずシ) 水仕事や台所仕事をすること。また、それをする人。


【水商売】(みずショウバイ) 収入が、客の人気に左右される、安定度の低い職業。接客業や料理屋など。

【水炊き】(みずたき) 骨つきのとり肉を、味つけをしていない湯で煮ながら、ポン酢などで食べる、なべ料理。

【水玉】(みずたま) ①丸く玉になった水滴。ハスの葉などを転がる水のかたまりや、飛び散る水のしぶきなど。②「水玉模様」の略。丸く玉になった水滴をかたどって、並べた模様。

【水茶屋】(みずチャや・みずヂャや) 江戸時代、社寺の境内や道ばたで、湯茶を出して道行く人を休ませた店。

【水鉄砲】(みずデッポウ) 水を、筒の先の小さな穴からおし出して、飛ばすおもちゃ。

【水時計】(みずどけい) 小さな穴からもれ出る水の量によって、時刻をはかる装置。漏刻。

【水鳥】(みずとり) 〔「スイチョウ」とも〕水上や水べにすむ鳥。水禽。

【水菜】(みずな) アブラナ科の二年草。葉が群生するので、つみとって漬物や煮物にする。京菜。

【水煮】(みずに) うすい塩あじの水で煮ること。また、その煮たもの。例サバの—。

【水場】(みずば) ①野鳥や野獣が水を飲みに集まる場所。②登山などで、飲料水や炊飯用の水をくむ場所。

【水▼芭▼蕉】(みずバショウ) サトイモ科の多年草。寒地の湿原に群生する。初夏、大きな白い苞をもった、うすみどり色の花がさき、そのあと、バショウのような葉が出る。

【水腹】(みずばら) ①水をたくさん飲んだときの腹ぐあい。②空腹を、水を飲んでがまんすること。

【水引】(みずひき) ①こよりをのりで固め、数本合わせて真ん中から染め分けたもの。祝いごとには紅白や金銀を、不祝儀には黒白を用いる。②タデ科の多年草。ミズヒキソウ。夏から秋にかけて、細長い穂に赤または白の小花をつける。

【水船】(みずぶね) ①飲料水を運ぶ船。②飲料水をためておく大きな箱やおけ。水槽。③生きている魚を入れておく水槽。いけす。④船が完全に水びたしの状態になること。

【水虫】(みずむし) 白癬菌の寄生によって、手足の指のあいだなどに水ぶくれができる皮膚病。

【水屋】(みずや) ①神社や寺院で、参詣人が手や口を洗い清める所。みたらし。②茶室で、茶道具類を置いたり洗ったりするところ。③食器や茶器などを入れる家具。茶だんす。

【▽水無月】(みなづき) もと、陰暦で六月のこと。太陽暦でもいう。
○●汚水・海水・渇水・喫水・給水・行水・下水・香水・洪水・湖水・山水・入水・出水・浸水・進水・節水・潜水・増水・脱水・淡水・断水・治水・貯水・排水・噴水・放水・用水・冷水

[水(氵・氺)部] 1画 ● 永

水 1

【永】 5画

1742 6C38 教育5 音エイ漢 ヨウ呉 訓ながーい・とこしえ

筆順 丶 了 氶 永

なりたち [象形] 長く流れる川の道すじの形。

意味 時間がきわめてながい。いつまでも続く。とこしえに。ながい。例永久(エイキュウ)。永住(エイジュウ)。永眠(エイミン)。

使い分け ながい【長・永】 ⇩1175ページ

難読 永(ひたぶる)に・永(とこしな)え

人名 つね・とお・なが・ながし・のぶ・のり・はる・はるか・ひさ・ひさし・ひろ

【永遠】(エイエン) (名・形動ダ) 時間をこえて果てしなく続くと思われること。とこしえ。とわ。類永久・永劫。例—の愛を信じる。

【永久】(エイキュウ) (名・形動ダ) 時間の限定がなく、いつまでも続いていくと考えられること。とこしえ。とわ。類永遠・永劫。

【永久歯】(エイキュウシ) 乳歯がぬけたあとに生え、一生使う歯。例—不変。

【永▼訣】(エイケツ) (名・する) 永久に別れること。死別。永別。

【永▼劫】(エイゴウ) 〔「劫」は、きわめてながい時間〕きわめてながい歳月。永久に続く時間。例未来—。

【永▼劫回帰】(エイゴウカイキ) 同じものが永遠にくりかえして来ること。永遠回帰。

【永日】(エイジツ) ①春になって日中がながいこと。のどかな春の日なが。②一日じゅう。

【永字八法】(エイジハッポウ) 「永」の字にふくまれている、すべての漢字に共通する八種の基本的運筆の方法。側(ソク)・勒(ロク)・努(ド)・趯(テキ)・策(サク)・掠(リャク)・啄(タク)・磔(タク)。

側 啄 勒 策 努 磔 掠 趯
永
[永字八法]

【永住】(エイジュウ) (名・する) 同

じ土地にながく住み続けること。死ぬまでその土地に住むこと。例—の地。—権。

【永世】エイセイ 限りなくながい年月。類永久。例—の平安。

【永世中立】エイセイチュウリツ 永久に、他国間の紛争や戦争に関係しないかわりに、その独立と領土とが他の諸国によって保障されていること。永久局外中立。例—国。

【永生】エイセイ ①ながく生きること。類長命・長寿。②永遠にほろびない生命。

【永逝】エイセイ（名・する）死ぬこと。永眠。〔やや改まった言い方〕

【永続】エイゾク（名・する）ながくいつまでも続くこと。ながつづき。例—性。

【永代】エイタイ 限りなくながく続く年月。永世。例—供養。—借地権。

【永代経】エイタイキョウ 故人の供養のため、毎年の命日や彼岸などに、寺院で永久におこなう読経。永代読経。

【永年】エイネン ながい年月。長年月。例—勤続。

【永別】エイベツ（名・する）再び会うことのないわかれ。ながのわかれ。死別。永訣。

【永眠】エイミン（名・する）ながいねむりにつくこと。死ぬこと。永別。永訣。永逝。

水 1

【氷】 5画 4125 6C37 教育3 音ヒョウ漢呉 訓こおり・ひ・こお-る

筆順 丨 亅 刁 氺 氷

冫 4 【冰】 6画 4954 51B0 本字

なりたち [会意]「水（＝みず）」と「冫（＝凍る）」とから成る。水がこおる。

意味 ❶水が低温のためかたまる。こおる。また、こおり。例氷結・流氷。❷こおりのように清らかでけがれのないもののたとえ。例氷肌（＝きよらかなはだ）。氷心。

難読 氷筋・氷箸・氷頭膾

人名 きよ・すが

【氷菓子】こおりガシ 果汁や糖蜜に香料を加えて凍らせた食品。アイスキャンデーやシャーベットなど。氷菓。

【氷枕】こおりまくら 発熱のとき、氷や水を入れて枕のように使う、頭を冷やすためのゴム製のふくろ。みずまくら。

【氷魚】ひお アユの幼魚。体長二、三センチメートル。半透明で、こおりのようなところからつけた名。

【氷雨】ひさめ ①冷たい雨。雪が空中でとけて、みぞれのような冷たい雨。②ひょう。あられ。

【氷菓】ヒョウカ「氷菓子」に同じ。

【氷河】ヒョウガ 高山の万年雪が、大きなこおりのかたまりとなり、それ自体の重みでそのまま流れ出したもの。ヒマラヤやアルプスなどに見られる。

【氷塊】ヒョウカイ こおりのかたまり。

【氷解】ヒョウカイ（名・する）こおりがとけるように、疑いや迷いがすっかりなくなること。例疑念が—する。

【氷結】ヒョウケツ（名・する）こおりが張りつめること。例湖が—する。

【氷原】ヒョウゲン こおりでおおわれた原野。

【氷山】ヒョウザン 氷河から分かれて海にうかぶこおりの巨大なかたまり。海面下に全体積の七分の六がある。例—の一角。

【氷室】ひむろ こおりをたくわえておく部屋。

【氷上】ヒョウジョウ こおりの上。例—のスポーツ。

【氷心】ヒョウシン こおりのようにすみきった清らかな心。

【氷人】ヒョウジン〔氷の上に立って氷の下の人と話す夢を見た人がいて、その夢は媒酌をする前兆だったという故事から〕結婚のなかだちをする人。媒酌人。なこうど。→【月下氷人】ゲッカヒョウジン（501ペ）

【氷雪】ヒョウセツ ①こおりとゆき。②心が清らかなたとえ。

【氷炭】ヒョウタン ①こおりとすみ。②たがいに相反して一つに調和しないもの。

【氷炭相▽容れず】ヒョウタンあいいれず たがいにひどくちがっていて、一致しない。

【氷柱】[一]ヒョウチュウ 夏、室内をすずしくするために置く、柱形のこおり。[二]つらら 水のしずくがこおって、棒のように垂れ下がったもの。例軒先の—。

【氷点】ヒョウテン 水がこおり始めるときの温度。一気圧のもとではセ氏〇度。

【氷点下】ヒョウテンカ セ氏〇度より低い温度。水の氷点以下の温度。例—に保つ。—二度の気温。

【氷▼嚢】ヒョウノウ こおりや水を入れて頭や患部を冷やし、炎症をやわらげ、熱をさますためのふくろ。こおりぶくろ。

【氷片】ヒョウヘン こおりのかけら。

【氷面】ヒョウメン こおりの表面。例—の温度が上がる。

●結氷・樹氷・薄氷・霧氷・流氷

水 2

【求】 7画 2165 6C42 教育4 音キュウ漢グ呉 訓もと-める

筆順 一 寸 寸 才 求 求

なりたち [象形] 毛皮をつり下げた形。借りて「もとめる」の意。

意味 ❶みずから得ようとつとめる。さがす。例求道・探求・追求。❷他からもらおうとねがう。ほしがる。例求愛・求職・請求・要求。

日本語での用法《もとめる》「買う」のやや改まった感じの表現。「当店でお求めください」

難読 求食・求聞持・求食火

人名 き・つとむ・ひで・ひとし・もと・もとむ・もとめ・やす

【求愛】キュウアイ（名・する）相手の愛をもとめること。また、動物が交尾の相手をさがすこと。例—行動。—の手紙。

【求刑】キュウケイ（名・する）〔法〕検察官が被告人に科すべき刑罰を、裁判官に請求すること。

【求婚】キュウコン（名・する）結婚を申しこむこと。プロポーズ。

【求職】キュウショク（名・する）職業をもとめること。勤め先をさがすこと。職さがし。対求人。

【求心】キュウシン 中心に近づこうとすること。例—的行動。

【求心力】キュウシンリョク ①〔物〕物体が円運動をするとき、円の中心に向かう力。〔「向心力」の古い言い方〕②組織などで、人心を集める力。

【求人】キュウジン（会社や工場などで）働く人をさがしもとめること。対求職。例—広告。

【求知心】キュウチシン 知識を得ようとする意欲。探求心。例旺盛な—。

【求道】[一]キュウドウ 真理をたずねもとめること。例—の精神。[二]グドウ 宗教的な道を追求して修行すること。

【▽求道者】グドウシャ 真理や宗教的なさとりをもとめて修行にはげむ人。

●希求・請求・探求・追求・要求・欲求

氵 2

【汁】 5画 2933 6C41 常用 音シュウ漢ジュウ呉 訓しる

筆順 、 ﹅ 氵 氵 汁

なりたち 【形声】「氵(=みず)」と、音「十シュ」とから成る。しる。

意味 ❶中からにじみ出る水分。例果汁・胆汁・肉汁。❷何かがとけこんでいる液体。例墨汁。❸利益のたとえ。例甘い汁を吸う。

日本語での用法《しる》液体の多い食品。「味噌汁・汁物」

難読 灰汁(あく)・苦汁(にがり)

【汁気】しるケ 料理に含まれる水分。

【汁粉】しるこ あずきあんをとかした汁に、餅または白玉を入れた食べ物。

【汁物】しるもの 和食で、しるを主とした料理。

●灰汁・果汁・苦汁・胆汁・乳汁・墨汁

氵2 【汀】 5画 3685 6C40 人名 音テイ漢 訓なぎさ・みぎわ

なりたち 【形声】「氵(=みず)」と、音「丁テ」とから成る。たいら。派生して「なぎさ」の意。

意味 水ぎわの平らな地面。なぎさ。みぎわ。例汀沙。長汀。

【汀曲】テイキョク 入りくんで、まがりくねった波打ちぎわ。

【汀沙】テイサ 水ぎわの砂原。砂浜。

【汀線】テイセン 海面や湖面と陸地とが接する線。

氵2 【氾】 5画 4037 6C3E 常用 音ハン漢 訓ひろ-がる

筆順 、 ﹅ 氵 氵 氾

なりたち 【形声】「氵(=みず)」と、音「巳ハ」とから成る。水があふれる。

意味 ❶水があふれて、広がる。同汎。例氾濫。❷広くいきわたる。あまねく。同汎。例氾論。

【氾濫】ハンラン (名・する) ①河川などが増水して、あふれ出ること。洪水。例河川の―。②世間にはびこること。増えて害が生じること。例悪書の―。表記 ▽「汎濫」とも書く。

【氾論】ハンロン ひろく全般にわたって論ずること。汎論。

氵3 【汚】 6画 1788 6C5A 常用 音オ漢 訓けが-す・けが-れる・けが-らわしい・よご-す・よご-れる・きたな-い・けが-れ・よご-れ

筆順 、 ﹅ 氵 氵 汚 汚

なりたち 【形声】「氵(=みず)」と、音「亐ウ→オ」とから成る。水がにごってきたない。

意味 ❶たまり水。にごり水。❷よごれた、きたない。例汚水・汚点・汚物。❸不正をおこなう。けがす。例汚職・汚名・貪汚。

【汚▼穢】オアイ・オワイ ①けがれたこと。けがれたもの。②糞尿。

【汚職】オショク 公務員がその立場を利用して、特定の人に利益をあたえ、賄賂を取るなどの不正な行為をすること。〔古くは「瀆職」といった〕

【汚辱】オジョク けがしはずかしめること。はずかしめ。はじ。

【汚水】オスイ よごれた、きたない水。例―が流れこむ。

【汚染】オセン (名・する) 病原菌や放射能、また、ちりやほこりなどによって、空気や水や食物などをよごすこと。また、よごされること。例環境―。大気を―する。

【汚損】オソン (名・する) 物をよごし、きずつけること。よごれたり、きずついたりすること。例―した身分証明書。

【汚濁】オダク 〔「オジョク」とも〕(名・する) よごれ、にごること。

【汚泥】オデイ ①きたないどろ。例―にまみれる。②下水処理にともなって出る、どろのような物質。スラッジ。

【汚点】オテン ①きれいなものの表面についた、よごれ。②不名誉なことがら。きず。例歴史に―を残す。

【汚物】オブツ きたないもの。とくに、排泄物。例―の処理。―にまみれる。

【汚名】オメイ 〔名をけがす意〕不名誉なうわさ。悪い評判。悪名。例―をそそぐ。

氵3 【汗】 6画 2032 6C57 常用 音カン漢 訓あせ

筆順 、 ﹅ 氵 氵 汗 汗

なりたち 【形声】「氵(=みず)」と、音「干カ」とから成る。からだの表面から出る液。

意味 ❶人や動物のからだの表面からにじみ出る液。あせ。また、あせをかく。例汗顔・発汗。❷火であぶるとあせのようににじみ出す青竹の水分。例汗簡。❸中国北方の異民族の長のこと。例成吉思汗。

難読 汗衫(かざみ・はだぎ・あせとり)

【汗簡】カンカン 油けをぬいた竹のふだ。昔、紙がなかったころ、竹のふだを火であぶり、青みを取って文字を書いた。

【汗顔】カンガン 顔にあせをかくほど、ひじょうにはずかしい思いをすること。例―のいたり。

【汗牛充棟】カンギュウジュウトウ 〔荷を引けばウシがあせをかき、積み上げれば棟にまで届くほどの量、の意〕蔵書がひじょうに多いことのたとえ。(柳宗元・陸文通先生墓表)

【汗▼疹】カンシン あせのために皮膚にできる、多くの小さな水ぶくれ。あせも。あせぼ。

【汗背】カンパイ はずかしさのあまり、せなかにあせをかくこと。

【汗馬の労】カンバのロウ ウマにあせをかかせて戦場をかけまわり、立てた手がら。戦功。

●盗汗・発汗・冷汗

氵3 【江】 6画 2530 6C5F 常用 音コウ漢 ゴウ呉 訓え

筆順 、 ﹅ 氵 氵 江 江

なりたち 【形声】「氵(=みず)」と、音「工コ」とから成る。川の名。

意味 ❶長江(=揚子江)。例江河・江水(=長江の水)。❷大きな川。例黒竜江(=アムール川)。

日本語での用法 一《ゴウ》旧国名「近江(=今の滋賀県)」の略。「江州」 二《え》陸地にはいりこんでいる海岸や湖岸や川岸の水面。「入り江・堀江」

難読 江豚(いるか)・江鮭(あめのうお)

人名 きみ・ただ・のぶ・ひろ

【江戸】えど 東京都の中心部の古い呼び名。徳川家康が幕府を開いてからおおいに発展した。

【江戸▼褄】えどづま 女性の着物で、前(=褄)から後ろにすそ模様を配したもの。また、その着物。既婚者の礼装用。

【江戸前】えどまえ ①いかにも江戸のものだという感じ。江戸風。江戸好み。例―のにぎりずし。②江戸の前の海(=東京湾ワ)でとれる魚介類。例━のハゼ。

【江河】①長江と黄河。②大きな川。大河。

【江漢】長江と漢水(=陝西省西部に発し、漢口で長江に注ぐ川)。

【江月】①川の上にかかった月。川面を照らす月。②川の流れに映った月。

【江湖】〔古くは「ゴウコ」〕①長江と洞庭湖。また、大きな川とみずうみ。②世間。世の中。例━の好評を博す。━の散人(=世に用いられぬ、いなか者)。

【江上】〔古くは「コウショウ」〕①長江の水面。長江のほとり。②川のほとり。例━の月。

【江南】長江下流の南岸の地方。

【江▼碧にして鳥▼逾白し】川の水はみどり色で、飛びかう鳥はいっそう白く見える。〈杜甫・絶句〉

【江楼】川のほとりの高殿。

●大江・長江・堀江

水3 **【汞】** 7画 6171 6C5E 音コウ漢 訓みずがね

意味 化学元素の一つ。液体状の銀白色の金属(で温度計・蛍光灯などに用いられる)。水銀。みずがね。例昇汞水(=塩化水銀の水溶液。殺菌・消毒薬として使用した)。

氵3 **【汕】** 6画 6172 6C55 音サン漢 訓あみ・およ-ぐ

意味 ❶魚が泳ぐようす。およぐ。❷魚をとるあみ。あみ。

参考 「汕頭」は中国の地名。「汕」は現代中国方言音。

氵3 **【汝】** 6画 3882 6C5D 人名 音ジョ漢 訓な・なんじ

意味 ❶川の名。例汝水(=河南省の川。汝河)。❷なんじ。な。おまえ。例汝輩(=おまえたち)。

氵3 **【汐】** 6画 2814 6C50 人名 音セキ漢 訓しお・うしお

なりたち 【形声】「氵(=みず)」と、音「夕」とから成る。ゆうしお。

意味 夕方に起きる海水の干満。ゆうしお。例潮汐。

人名 きよ

氵3 **【池】** 6画 3551 6C60 教育2 音チ漢呉 訓いけ

筆順 、 ⺀ 氵 汁 沖 池

なりたち 【形声】「氵(=みず)」と、音「也ヤ→チ」とから成る。水がたまり、あつまったところ。

意味 ❶自然にできた大きな水たまり。また、地面をほって水をためたもの。いけ。例池苑。池沼。池塘。❷城のまわりのほり。❸すずりの、水をためるくぼんだところ。例硯池。墨池。

日本語での用法 《チ》何かをためて、いれておくところ。「電池・肉池(=印肉をいれておくもの)」

難読 池鯉鮒(=東海道の地名。「知立」とも)

【池▼苑】池と庭園。表記「池園」とも書く。

【池魚】池の中のさかな。

【池魚の▼殃】思いがけない災難にあうことのたとえ。罪もないのにそのまきぞえになること。〔昔、池に投じたという宝玉をさがすために池の水を干したので、さかなが死んでしまったという故事。また、城門が焼けたとき、池の水をくんで消したために、さかなが死んでしまったという故事による〕〈呂氏春秋、ほか〉

【池沼】池とぬま。

【池亭】池のほとりのあずまや、または建物。

【池▼塘】池のつつみ。池の土手。

【池▼塘春草の夢】池の土手の草の上にねころんで見た、少年時代の夢。若い日の楽しみ。例いまだ覚めず━。

【池畔】池のほとり。例━のヤナギ。

【池辺】池のほとり。池の付近。例━を散策する。

●金城湯池・電池・臨池

氵3 **【汢】** 6画 6173 6C62 国字 訓ぬた

意味 地名に用いられる字。

氵3 **【汎】** 6画 4038 6C4E 常用 音ハン漢 ボン呉 訓うか-ぶ・ひろ-い

筆順 、 ⺀ 氵 氵 汎 汎

なりたち 【形声】「氵(=みず)」と、音「凡ハン」とから成る。水に浮くさま。

意味 ❶風や波のままにただよう。うかぶ。また、船をうかべる。例汎舟(=ふねをうかべる)。❷広くすみずみまで。ひろい。あまねく。同氾。例汎愛。汎称。汎神論。全。すべて。

日本語での用法 《ハン》英語「pan-」の音訳。「汎アジア主義・汎太平洋平和会議」

難読 汎織

人名 ひろ・ひろし・ひろむ・みな

【汎愛】(名・する)すべての人を、差別なく愛すること。例━主義。

【汎称】①広く使われる名称。②全体をひとまとめにして呼ぶこと。また、その名称。類総称。

【汎神論】〔哲〕いっさいの存在は神そのものであり、神と宇宙は一体であるとする考え方。

【汎用】(名・する)広くいろいろの方面に使うこと。例━性。━コンピューター。

【汎濫】(名・する)河川などの水があふれ出ること。また、はびこること。表記「氾濫」とも書く。

【汎論】(名・する)①広く全体にわたって論じること。総論。②全体についての議論。総論。類通論。

●広汎

氵3 **【汲】** 6画 ⇩【汲】(579ページ)

氵4 **【汪】** 7画 6174 6C6A 音オウ漢

意味 湖や海などの深く広いようす。例汪汪。

【汪汪】(形動タル)湖や海がゆったりと広く水をたたえているようす。

氵4 **【汽】** 7画 2105 6C7D 教育2 音キ漢

筆順 、 ⺀ 氵 氵 汇 汽 汽

なりたち 【形声】「氵(=みず)」と、音「气キ」とから成る。水がなくなる。ゆげ。

意味 液体や固体の変化した気体。とくに、水蒸気。例汽缶。

【汽缶】キカン かまの中に高圧の蒸気を発生させ、その力を動力源とする装置。蒸気がま。ボイラー。例蒸気―。

【汽車】キシャ 蒸気機関車によって客車や貨車を引いて、レールの上を走る列車。SL。例―の旅。

【汽水】キスイ 海水と淡水とがまざりあっている、塩分濃度の低い水。

【汽船】キセン 蒸気機関または内燃機関を動力とする船。

【汽笛】キテキ (汽車や汽船などで)蒸気をふき出して鳴らす、信号用のふえ。例―一声。出港の―。

漢字に親しむ ⑭ 池のそばですることは

書の達人、後漢の張芝は、たいへんな努力家でした。書の稽古のため、家にある絹織物はまず必ず字を書いてから衣服に仕立てるようにし、池のそばで練習にはげんでは池の水を真っ黒にしました。紙がじゅうぶんに無いので布にも練習したのでしょうが、いつも墨染めの衣を着ていたのでしょうか。また、真っ黒な池を見た近所の人はどう思ったことでしょう。鳥や魚はすめなくなったでしょうし、今なら環境を汚染したとして罰せられるにちがいありません。ところが張芝は「草聖」つまり草書の最高権威としてたたえられ、「臨池」といえば書道を学ぶことをいうようになりました。

氵4 【沂】7画 6175 6C82 音 一キ 慣 ギ 漢 二ギン 漢 訓 ほとり

意味 一 川の名。沂水キスイ。 二 きし。はて。

氵4 【汲】7画 2166 6C72 人名 音 キュウ 漢 呉 訓 く-む

氵3 【汲】6画 俗字

意味 ❶水を引き入れる。くむ。例汲引キュウイン。❷くみ取る。調べ考える。例汲古キュウコ。

【汲引】キュウイン (名・する) ①水を引き入れること。②人を引き上げ用いること。

【汲汲】キュウキュウ (形動タル) こせこせとそのことばかりに努めるようす。例責任回避に―とする。

【汲古】キュウコ (名・する) 昔のことを調べること。

氵4 【決】7画 2372 6C7A 教育3 音 ケツ 漢 訓 き-める・き-まる

筆順 、 冫 氵 汀 江 沪 決

氵4 【决】6画 4951 51B3 俗字

なりたち [形声]「氵(=みず)」と、音「夬ケ」とから成る。上から下へ流れる。

意味 ❶堤防が切れて水が流れ出す。きれる。例決壊ケッカイ。決裂ケツレツ。決河ケッカの勢い。❷ものごとをきっぱりと断定したり、心をしっかりきめる。きめる。きまる。例決断ケツダン。決定ケッテイ。議決ギケツ。❸わかれる。同訣ケツ。例決別ケツベツ。

人名 さだ・さだむ・ひろ・ひろし

【決まり文句】きまりモンク いつも型にはまった同じ文句で、新鮮味のない言いぐさ。例―の説教。

【決意】ケツイ (名・する) 意志をはっきりときめること。また、きめた意志。決心。例―を新たにする。

【決河】ケッカ ①黄河の水があふれて堤防を破壊すること。②いっぱんに川の水がつつみを切って流れること。

【決河の勢い】ケッカのいきおい すさまじい勢い。

【決壊】ケッカイ (名・する) 堤防が水の勢いで切れて、くずれること。例ダムが―する。表記「決潰」とも書く。

【決起】ケッキ (名・する) 決意して立ち上がり、行動を起こすこと。奮い立って行動を始めること。例総―集会を開く。表記 旧▼蹶起

【決議】ケツギ (名・する) (会議や集会で)議論して決定すること。また、決定したことがら。例―を得て実行する。

【決行】ケッコウ (名・する) ためらわずにおこなうこと。例雨天でも―する。

【決済】ケッサイ (名・する) 代金のしはらいによって、売買取引をすませること。

【決裁】ケッサイ (名・する) あることがらについて決定する権限をもつ者が、提案の採否をきめること。例大臣の―を得る。

【決算】ケッサン (名・する) ①〔経〕一定期間内の、収入・支出・利益・損失の総計。対予算。例―報告。②金銭の収支をすべて計算して、最終的にまとめること。③総まとめ。しめくくり。例人生の総―。

【決死】ケッシ 死ぬ覚悟をすること。例―隊。

【決勝】ケッショウ ①最終的に勝負をきめること。例―点。―のレース。②第一位をきめること。例―戦。

【決定】一 ケツジョウ (名・する) 〔仏〕きまっていること。信じて疑わないこと。例未来を―する。二 ケツジョウ (副) 必ず。きっと。例―、これは負けいくさと覚えたり。三 ケッテイ (名・する) きっぱりときめること。例中止を―する。

【決定論】ケッテイロン 〔哲〕人間の意志をふくめ、この世の中の現象は、なんらかの原因にもとづいて、あらかじめ決定されているものである、という立場。また、そういう考えに立つ説。

【決心】ケッシン (名・する) あることをしようと、心にきめること。決意。例かたく―する。

【決戦】ケッセン (名・する) 最後の勝敗をきめるために、たたかうこと。また、そのたたかい。例―をいどむ。

【決選】ケッセン 予選のあとでおこなう最終選考。類本選。例―投票(=当選に必要な票が得られなかったとき、上位二名でおこなう投票)。

【決然】ケツゼン (形動タル) 強く決心したようす。例―たる態度。

【決断】ケツダン (名・する) ①きっぱりときめること。例―をせまられる。②事のよしあしを裁くこと。

【決着】ケッチャク (名・する) 争いごとや議論などの、きまりがつくこと。例―がつく。―をつける。

【決闘】ケットウ (名・する) うらみや争いの決着をつけるため、命をかけてたたかうこと。果たし合い。

【決別】(名・する)(二度と会わないという気持ちで)きっぱりとわかれること。例過去と―する。表記旧▼訣別

【決裂】(名・する)会談や交渉などが、意見が対立して、ものわかれになること。例談判が―する。

●解決・可決・議決・採決・裁決・先決・即決・対決・判決・否決・表決

冱
氵4 7画 6176 6C8D 音コ漢ゴ呉 訓か-れる

意味 水が寒さでこおりつく。きわめて寒い。例冱寒(=寒く、こおりつく)。

沙
氵4 7画 2627 6C99 常用 音サ漢シャ呉 訓すな・よな-げる・いさご

筆順 丶 丷 氵 氵丨 氵小 氵少 沙

なりたち [会意]「氵(=みず)」と「少(=すくない)」とから成る。水が少ないと見えるすな。

意味 ❶水べのごく小さな石のつぶ。すな。同砂。例沙場・沙漠。❷水中で細かいものを洗い分ける。よなげる。例沙汰。❸外国語「サ」「シャ」の音にあてる字。例沙翁・沙羅双樹。

難読 沙魚(はぜ)・沙蚕(ごかい)

人名 いさ・す・まさご

【沙翁】シェークスピアの音訳「沙吉比亜」の略に「翁」を加えたもの。十六世紀後半のイギリスの劇作家。

【沙場】①砂漠。②戦いの場としての砂漠。

【沙汰】[水に入れて細かいものをより分ける意] 一(名・する)よしあしや処置を決めること。また、その結果にもとづく通知や指図。例地獄の―も金しだい。二(名)①おこない。事件。例正気の―とは思えない。②評判。便り。

【沙汰▽止み】計画がとりやめになること。おながれ。

【沙漠】砂や岩ばかりの土地。表記「砂漠」とも書く。

【沙羅樹】「沙羅双樹」に同じ。

【沙羅双樹】①〔仏〕〔「沙羅」は、梵語の音訳〕釈迦の病床の四方に二本ずつあったという木。釈迦が没したとき、時ならぬ白色の花をさかせたという。沙羅。沙羅樹。②フタバガキ科の常緑高木。シャラノキ。インド原産。③ツバキ科のナツツバキの別名。シャラノキ。ツバキに似た白い花がさく。表記▽「▼娑羅双樹」とも書く。

【▽沙▽弥】〔仏〕〔梵語の音訳〕出家したばかりで、じゅうぶんに修行していない僧。

【▽沙門】〔仏〕〔梵語の音訳〕出家して修行する僧。桑門。〔訓読して「すなのかど」ともいう〕

沚
氵4 7画 6177 6C9A 音シ漢 訓なぎさ・みぎわ

意味 小さな中州。なぎさ。みぎわ。

沁
氵4 7画 6178 6C81 音シン漢 訓し-みる

意味 水がしみこむ。しみる。また、ひたす。例壁に雨水が沁みる。

汰
氵4 7画 3433 6C70 常用 音タ慣タイ漢 訓よな-げる・おご-る

筆順 丶 丷 氵 氵一 汁 汏 汰

なりたち [形声]「氵(=みず)」と、音「太タイ」とから成る。よなげる。

意味 ❶水とともにすくって洗い出し、中の役に立つものを拾い分ける。よなげる。ゆる。あらう。例沙汰・淘汰。❷必要以上にたっぷりとある。おごる。同泰。

沢
氵4 7画 3484 6CA2 常用 音タク漢 訓さわ

筆順 丶 丷 氵 氵㇆ 汀 沪 沢

澤
氵13 16画 6323 6FA4

なりたち [形声]「氵(=みず)」と、音「睪エキ→タク」とから成る。つやつやとうるおいがある。

意味 ❶つやがある。つやつやしい。つや。例光沢・手沢。❷水が浅くたまって草木のしげったところ。湿地。さわ。例沢畔・山沢・沼沢。❸(水けが)たっぷりある。うるおう。うるおす。例潤沢。❹なさけ。めぐみ。例恩沢・恵沢。

日本語での用法《さわ》山あいの谷川。「沢登り」

難読 沢瀉(おもだか)

人名 ます・めぐみ

【▽沢▼瀉】オモダカ科の多年草。湿地に生える。夏、白い花がさく。花びらは三枚、葉は矢じりの形をしている。

【沢▼庵】「沢庵漬け」の略。干したダイコンを塩とぬかでつけた漬物。〔江戸初期、沢庵和尚の考案か〕

【沢山】一(副)数量の多いこと。多く。あまた。二(形動ダ)じゅうぶんあって、もうそれ以上はいらないようす。

【沢畔】ぬまやさわのほとり。

●遺沢・恩沢・恵沢・光沢・潤沢

沖
氵4 7画 1813 6C96 教育4 音チュウ漢呉 訓おき

筆順 丶 丷 氵 氵丨 汩 沪 沖

冲
冫4 6画 4953 51B2 俗字

なりたち [形声]「氵(=みず)」と、音「中チュウ」とから成る。水がわいて動く。

意味 ❶水がまっすぐわき上がり、なだらかに流れる。例沖積。❷わき上がるように、まっすぐつきあたる。真上へ高く飛ぶ。例沖天。❸わき上がる水がそそがれ、なだらかになる。かたよらず、おだやか。例沖和。❹中が空である。うつろ。うつお。例虚沖。沖舟(=一本の木をくりぬいて作った舟)。❺知恵や経験が不足で、頭がうつろ。おさない。例沖人(=おさない者)。

日本語での用法《おき》海岸線からはなれた海上。「沖の小島」

人名 とおる・なか・のぼる・ふかし

【沖合】沖のほう。例―漁業。―に待避する。

【沖積】河口や川べりなどに、川の流れが運んだ土砂がつみ重なること。例―平野。

【沖積世】⇩【完新世】(290ページ)

【沖積層】河川の堆積物でできた、土砂の地層。地質学上、最新の地層。

【沖天】天にのぼること。空高くのぼること。例―の勢い。―の、強い志をもつ。

【沖和】(名・する)①やわらぐこと。おだやかになること。②調和した天地の気。

氵4

【沈】

7画 3632 6C88 常用

音 一チン漢 ジン呉 二シン漢呉
訓 しず-む・しず-める

筆順 丶 冫 氵 氵冖 沈 沈

氵4

【沉】

7画 2-7826 6C89 俗字

なりたち [形声]「氵(=みず)」と、音「冘(イ→チン)」とから成る。雨が降り、大きなおかの上にたまった水。借りて「しずむ」の意。

意味 一 チン ❶(水中に)深くはいる。しずむ。しずめる。おぼれる。対 浮。例 沈下チンカ。沈没チンボツ。浮沈フチン。❷ものごとにふける。例 沈酔チンスイ。沈溺チンデキ。❸気がふさぐ。元気がない。例 沈鬱チンウツ。沈痛チンツウ。意気消沈イキショウチン。❹おちついている。しずか。例 沈思チンシ。沈着チンチャク。沈黙チンモク。❺とどこおる。とどまる。また、ひさしい。例 沈痾チンア。沈滞チンタイ。二 シン 姓(セイ)の一つ。例 沈徳潜シントクセン(=清シンの詩人)。沈約シンヤク(=梁リョウの学者)。

使い分け しずまる・しずめる【静・鎮・沈】⇩1170ページ

人名 うし

【▽沈香】ジンコウ ①ジンチョウゲ科の熱帯産常緑高木。材は香木とする。②香料の一種。「①」の幹から分泌される樹脂成分を採取したもの。その優良品を伽羅キャラという。

【▽沈丁▽花】ジンチョウゲ(「チンチョウゲ」とも) ジンチョウゲ科の常緑低木。早春、かおりの強い花がさく。

【沈鬱】チンウツ (名・形動ダ) 気がしずんで、はればれしないこと。例 —な雰囲気。

【沈下】チンカ (名・する) しずんでいくように、さがること。例 地盤—する。

【沈魚落▼雁】チンギョラクガン 絶世の美人の形容。あまりの美しさに圧倒されて、さかなは水の底にしずみ、ガンは目がくらんで空から落ちてしまうということ。〈荘子ソウジ〉

【沈金】チンキン 漆器シッキに文様を毛彫りにして、金箔キンパクや金粉でうめる蒔絵の技法。

【沈吟】チンギン (名・する) ①低い声で歌うこと。②考えこむこと。もの思いにしずむこと。例 うで組みをし、—する。

【沈降】チンコウ (名・する) しずみさがること。例 赤血球—速度。

【沈思】チンシ (名・する) 深く考えこむこと。じっくりと考えること。例 —黙考モッコウする。

【沈深】チンシン (名・形動ダ) ①おちついていて、考えぶかいこと。例 性格は—で、読書を好む。②水がふかいこと。

【沈酔】チンスイ (名・する) 酒に、よいつぶれること。

【沈静】チンセイ (名・する) おちついていて、しずかなこと。例 景気が—化する。

【沈潜】チンセン (名・する) ①水の底に深くしずみ、かくれること。②心をおちつけて、考えにふけること。例 研究に—する。

【沈滞】チンタイ (名・する) とどこおって進まないこと。気分があがらない。例 —したムードになる。

【沈着】チンチャク (名・形動ダ) おちついていること。ものごとに動じないこと。例 —冷静に行動する。

【沈沈】チンチン (形動タル) ①ひっそりとしているようす。②夜がふけて静まりかえっているようす。

【沈痛】チンツウ (名・形動ダ) 悲しみや苦しみに、心をいためること。例 —なおももち。

【沈殿】チンデン (名・する) 液体中にまざったものが、底にしずんでたまること。表記 旧 沈▼澱

【沈没】チンボツ (名・する) ①船などが水中にしずむこと。例 —船を引き上げる。②俗に、酒によいつぶれること。

【沈黙】チンモク (名・する) 口をきかないでいること。だまっていること。例 —を守る。—は金キン。

【沈勇】チンユウ (名・形動ダ) おちついていて、勇気のあること。

●撃沈ゲキチン・血沈ケッチン・消沈ショウチン・深沈シンチン・赤沈セキチン・爆沈バクチン・浮沈フチン

水4

【沓】

8画 2303 6C93 人名

音 トウ漢
訓 くつ

意味 ❶ことば数が多いようす。よどみなくしゃべるようす。例 雑沓ザットウ。沓沓トウトウ。❷かさなりあうようす。こみあうようす。

日本語での用法 《くつ》足にはくもの。くつ。鞜トウ(=くつ)。本来は革製のくつ)の字の一部を省いた字。「浅沓あさぐつ・深沓ふかぐつ・沓掛くつかけ(=地名)・沓冠くつかぶり|くつかむり」

人名 かず

【沓▽冠】くつかぶり|くつかむり 和歌や句の最初と最後に同じ字をよみこむ遊び。

【沓沓】トウトウ (形動タル) ①よどみなくしゃべるようす。例 —と話す。②精神がたるんでいるようす。③速く行くようす。

氵4

【沌】

7画 3857 6C8C 人名

音 トン漢

意味 「混沌コントン」「渾沌コントン」は、もやもやと、ものの形のさだまらないようす。また、天と地がまだ分かれない状態。

氵4

【沛】

7画 6179 6C9B

音 ハイ漢

意味 ❶(雨や水流の)勢いがさかんなようす。同 霈ハイ。例 沛然ハイゼン。❷たおれる。例 造次顛沛ゾウジテンパイ(=あわただしいときと、つまずいてたおれそうな危急のとき)。❸江蘇コウソ省沛県。漢の高祖コウソ(=劉邦リュウホウ)の出身地。例 沛公ハイコウ。

【沛然】ハイゼン (形動タル) ①雨がさかんに降るようす。例 —たる夕立が降ってきた。②勢いがさかんなようす。

氵4

【泛】

7画 6202 6CDB

音 ハン漢
訓 うか-ぶ・うか-べる

意味 ❶水にうかんでただよう。うかぶ。うかべる。例 泛舟ハンシュウ。❷ひろくゆきわたる。あまねく。同 汎ハン。例 泛論ハンロン(=ひろく論じる)。

【泛舟】ハンシュウ ふねをうかべること。

【泛称】ハンショウ (名・する) ひっくるめていうこと。広く全般にわたっていうこと。また、その名称。総称。汎称ハンショウ。

氵4

【汾】

7画 6180 6C7E

音 フン漢

意味 山西サンセイ省を流れ、黄河コウガに注ぐ川。汾河フンガ。

氵4

【汨】

7画 6181 6C68

音 ベキ漢

意味 「汨水ベキスイ」は、川の名。

【汨羅】ベキラ 湖南省北東部の川。楚ソの忠臣の屈原クツゲンが投身自殺した川。汨水。

氵4

【汴】

7画 1-8652 6C74

音 ヘン漢 ベン呉

氵4

【汳】

7画 6182 6C73 本字

意味 ❶川の名。汴水ベンスイ。❷今の河南カナン省開封カイホウ市の別の呼び方。

【汴京】ベンケイ 五代の梁リョウ・晋シン・漢・周から北宋ホクソウまでの都。今の河南カナン省開封カイホウ市。

【没】

氵4 7画 4355 6CA1 常用 音ボツ漢 モツ呉 訓しずーむ

筆順 丶 冫 氵 氵 汐 汐 没

【沒】 氵4 7画 6183 6C92

なりたち [形声]「氵(=みず)」と、音「殳ボツ」とから成る。水の中にすっかりはいる。

意味 ❶水中に深くはいる。うもれて見えなくなる。しずむ。例 水没。沈没。埋没。❷ものごとにうちこむ。はまりこむ。例 没頭。没入。❸おちぶれる。例 没落。❹死ぬ。同 歿。例 没年。病没。❺とりあげる。例 没収。❻なくなる。また、ない。打ち消しのことば。例 没却。没交渉。

日本語での用法《ボツ》使わない。採用しない。「没書・その提案は没にする」

難読 没分暁漢わからずや・没義道モギドウ

【没我】ボツガ ものごとに打ちこんで、自分を忘れること。

【没却】ボツキャク（名・する）捨て去って、ないようにすること。なくしてしまうこと。例 自己を—する。

【没交渉】ボツコウショウ（名・形動ダ）交渉がまったくないこと。無関係。例 世間とは—に暮らす。

【没収】ボッシュウ（名・する）強制的に取り上げること。例 財産を—する。

【没趣味】ボツシュミ（名・形動ダ）趣味のないこと。おもしろみがないこと。例 —な生活。

【没書】ボッショ 新聞や雑誌が、投書などを採用しないこと。没。

【没常識】ボツジョウシキ（名・形動ダ）常識のないこと。非常識。

【没頭】ボットウ（名・する）ほかのことには見向きもせず、そのことだけに心を打ちこむこと。熱中すること。没入。

【没入】ボツニュウ（名・する）①どんどんしずみこむこと。例 海中に—する。②心を打ちこむこと。没頭。例 製作に—する。

【没年】ボツネン ①死んだときの年齢。②死んだときの年代や年号。表記 ▽⑪歿年

【没落】ボツラク（名・する）栄えていたものが、おとろえること。おちぶれること。例 貴族階級の—。

【没理想】ボツリソウ 理想をもたないこと。無理想。例 —の文学。

●陥没・出没・神出鬼没・水没・戦没・沈没・日没・病没・埋没

【沐】

氵4 7画 6184 6C90 音ボク漢 モク呉 訓あらーう

意味 ❶かみの毛をあらう。あらう。例 沐浴。櫛風沐雨。❷めぐみをうける。うるおう。例 沐恩(=恩恵に浴する)。

【沐雨】モクウ（雨で髪を洗う意）雨にぬれながら、かけずりまわって苦労すること。→【櫛風沐雨】シップウモクウ（551ページ）

【沐浴】モクヨク（名・する）髪やからだを洗って、身を清めること。

【沐猴▼にして冠す】モッコウにしてカンす（サルがかんむりをつけている意）粗野な人が、うわべだけをかざることのたとえ。〈史記〉

【沃】

氵4 7画 4564 6C83 常用 音ヨク漢 訓そそーぐ・こーえる

筆順 丶 冫 氵 氵 汇 沃 沃

なりたち [形声]本字は「浂」で、「氵(=みず)」と、音「芺ヨク」とから成る。水をそそぐ。

意味 ❶水を流しこむ。そそぐ。例 沃灌(=水をそそいで洗う)。❷土地が肥えている。地味がゆたか。こえる。例 沃土。沃野。肥沃。

【沃▼饒】ヨクジョウ（名・形動ダ）地味が肥えて、作物がよくできること。例 —の地。

【沃地】ヨクチ 地味が肥えた土地。沃土。例 入植に適した—。

【沃土】ヨクド 地味が肥えた土地。沃地。

【沃野】ヨクヤ 地味の肥えた平野。例 —が広がる関東地方。

【沉】氵4 7画 ⇨【沈】チン（581ページ）

【汳】氵4 7画 ⇨【汴】ベン（581ページ）

【沒】氵4 7画 ⇨【没】ボツ（582ページ）

【沪】氵4 7画 ⇨【滬】コ（625ページ）

【泳】

氵5 8画 1743 6CF3 教育3 音エイ漢 訓およーぐ・およーぎ

筆順 丶 冫 氵 氵 汈 汾 泳 泳

なりたち [形声]「氵(=みず)」と、音「永エイ」とから成る。もぐって水中を行く。

意味 水中にからだをうかせて自由に進む。およぐ。およぎ。例 泳法(=およぎ方)。競泳。水泳。

【泳者】エイシャ 水泳競技で、およぐ人。例 第一—。

●遠泳・競泳・水泳・背泳・遊泳

【沿】

氵5 8画 1772 6CBF 教育6 音エン漢呉 訓そーう

筆順 丶 冫 氵 氵 氵 沿 沿 沿

なりたち [形声]「氵(=みず)」と、音「㕣エン」とから成る。川にそって下る。

意味 ❶はなれないように進む。そう。例 沿海。沿岸。沿線。❷しきたりにしたがう。例 沿革。

使い分け そう【沿・添】⇨1171ページ

【沿海】エンカイ ①陸地にそった海。例 —漁業。②海にそった陸地。

【沿革】エンカク（「沿」はもとのとおり、「革」は変わったことの意）始めから現在までの、移り変わり。変遷。例 自分の学校の—を知る。

【沿岸】エンガン ①陸地にそった水域。例 —漁業。②海や湖や川にそった陸地。例 —地域。

【沿線】エンセン 鉄道ぞいの地帯。例 私鉄—。

【沿道】エンドウ 道にそったところ。例 パレードを追う—の大観衆。

【泓】

氵5 8画 6187 6CD3 音オウ漢 訓ふかーい

意味 ❶水が深いようす。ふかい。例 泓泓。❷水がすみきったようす。❸硯の、水をためておく部分。また、硯のこと。❹川の名。泓水。今の河南省柘城県の北を流れていた。

【河】

氵5 8画 1847 6CB3 教育5 音カ漢 ガ呉 訓かわ 付表 河岸かし・河原かわら

筆順 丶 冫 氵 氵 汀 汀 河 河

なりたち [形声]「氵(=みず)」と、音「可カ」とから成る。黄河(=川の名)。

意味 ❶黄河のこと。例 河南(=黄河以南の地)。河北(=黄河以北の地)。江河。❷大きなかわ。かわ。例 河川。運河。山河。❸天の川。例 河漢。銀

河ギン。

日本語での用法《カ》旧国名「河内かわち(=今の大阪おおさか府の南東部)」の略。「河州カシュウ」

難読 河内こうち・河鹿かじか・河童かっぱ・河骨こうほね・河野こうの(=姓セイ)・河馬カバ・天河あまのがわ・十河そごう・河伯かわのかみ

人名 ひろ

【河海】カイ ①川と海。②黄河コウと海。③広く大きなことのたとえ。

【河海カイは細流サイリュウを▽択えらばず】黄河や海はどんな小さな川の流れをも集めて大きく深くなる。心を広くもって、他人の意見をよく聞き、見識を高めてこそ大人物になれる、ということ。〈戦国策センゴクサク〉

漢字に親しむ ⑮ 泣なき方かたさまざま

人の泣き方をあらわす字には「泣」「号」「哭コク」の三種類があることをご存じですか。「泣」は涙なみだを流すけれども声は出さないもの。「号」はその反対で、声を出すけれども涙は流さないもの。「哭」は涙を流し声を上げる、いわゆる「声涙セイルイ相共あいともに下くだる」という泣き方です。ですから「号泣」すれば、「哭」することと同じになります。

さて「哭」よりもっと激しい泣き方があります。それは身もだえしながら「哭」することで、「慟哭ドウコク」といいます。この泣き方をした史上最初の人が孔子コウシで、最愛の弟子である顔回ガンカイに先立たれたとき、身も世もあらず「慟哭」したことが、『論語ロンゴ』という本に書かれています。

泣　号　哭

【河漢】カン ①黄河コウと漢水(=陝西セイン省西部に発し、漢口で長江チョウコウに注ぐ川)。②天あまの川がわ。

【河漢の言】カカンのゲン (天あまの川がはてしなく遠く大きいことから)ばくぜんとして、とりとめのないことば。でたらめ。〈荘子ソウジ〉

【河岸】 一ガン かわぎし。例―段丘ダンキュウ。 二かし ①かわぎし。②川の岸で、船をつけて人や荷物をあげおろしする場所。また、そこに立つ市場。とくに、魚市場うおいちば。魚河岸うおがし。例―で仕入れる。③(飲食など)何かをする場所。例―を変える。

【河口】コウ 川が、海や湖に流れこむところ。かわぐち。例―港。

【河港】コウ 河口または川岸にある港。

【河鹿】かじか 谷川にすむカエルの一種。カジカガエル。おすは夏、すんだ美しい声で鳴く。

【河床】ショウ 川の底。川底の地盤バン。

【河上】ジョウ ①川の上流。かわかみ。②川のほとり。かわぎし。河畔ハン。③川の水面。例―の舟ふね。

【河清】セイ ①黄河ガの水がすむこと。例百年―を俟まつ(=あてにならないものを待つこと)。②(常ににごっている黄河の水が千年に一度すむという伝説から)めずらしいこと。また、太平のしるしなどのたとえ。

【河川】セン 大小さまざまな川をまとめていうことば。川。例―敷じき。一級―。

【▽河▽童】かっぱ ①川や沼ぬまにすむ想像上の動物。人間の子供のような姿をして、口先がとがり、背中には甲羅コウラを、頭の上には水をたたえた皿をもっている。また、水泳のうまい人のたとえ。例―の川流れ(=かっぱでも水におぼれるということから、どんな名人でも思わぬ失敗をするということ)。②(かっぱの大好物ということから)キュウリ。例―巻き(=キュウリ巻き)。③(「おかっぱ」の形で)子供の髪型かみがたの一つ。

【河図▼洛書】カトラクショ 中国古代の伝説で、「河図」は、伏羲フッキの時代に黄河コウから出てきた竜馬リョウバの背にあった図。「洛書」は、夏カの禹ウが洪水コウズイを治めたときに洛水から出てきた神亀シンキの背にあった文書。ともに聖人の出現を告げたという。

【河豚】カトン ふぐ 海にすむ魚。内臓にテトロドトキシンという毒をもつものが多い。例―は食いたし、命は惜おしし。

【河馬】カバ アフリカの川や湖にすむ哺乳ホニュウ動物。体長四メートルにもなり、太っていて首と足は短く、口が大きい。

【河伯】カハク ①川を守る神。川の神。例―水神。②河童かっぱ。

【河畔】カハン 川のほとり。川端かわばた。川べ。例加茂かも―。

【河▼梁】カリョウ ①川にかかった橋。②人を送って別れること。また、その地。

【河内】 一カ 旧国名の一つ。今の大阪おおさか府の南東部にあたる地域。 二こうち (「かわうち」の変化)姓セイの一つ。

●運河ウンガ・銀河ギンガ・山河サンガ・星河セイガ・大河タイガ・渡河トカ・氷河ヒョウガ

氵5 【泣】 8画 2167 6CE3 教育4 音キュウ漢興 訓な-く・な-かす・な-き

筆順 丶 冫 氵 氵 汁 汁 泣 泣

なりたち [形声]「氵(=みず)」と、音「立リュウ→キュウ」とから成る。声を出さずに涙を流す。

意味 ❶声を立てずになみだを流してなく。すすりなく。例感泣カンキュウ。号泣ゴウキュウ。哭泣コッキュウ。❷なみだ。

日本語での用法《なき》泣いて謝罪すること。わび。「泣なきを入いれる」

【泣訴】キュウソ (名・する)困っていることや苦しみなどを、泣いてうったえること。

【泣▼涕】キュウテイ (名・する)(「涕」は、なみだ)なみだを流して泣くこと。涕泣。

【泣ないて馬▼謖バショクを斬きる】全体の規律を守るためには、違反イハンした者は、信頼シンライしている部下であっても、厳正に処罰ショバツする。涙なみだを揮ふるって馬謖バショクを斬る。

故事のはなし 魏ギ・呉ゴ・蜀ショクの三国が鼎立テイリツした三国時代、蜀の宰相サイショウ諸葛孔明ショカツコウメイは、魏に対する討伐トウバツ作戦を展開した。そのとき、孔明の参謀サンボウ役として先陣センジンの指揮をまかされていたのが馬謖である。馬謖は秀才はだの青年で兵法を得意としていたが、口先だけのところがあって、必ずしも評判はよくなかった。孔明は、そんなおおかたの人々の意向を無視して馬謖に大役をさずけたのだが、案の定、馬謖は孔明の指示に従わず、かってな行動をして蜀軍の敗戦をまねいた。そこで孔明は、軍律を維持するため、心ならずも馬謖を処刑して全軍にわびたのだった。〈三国志〉

【泣き寝入り】(名・する) ①泣きながらねむってしまうこと。泣き寝。②不当なあつかいを受けて不満がありながら、あきらめてしまうこと。例仕返しをおそれて―をする。

【泣き真▽似】(名・する) 同情されたり許してもらおうとしたりして、泣いているふりをすること。そら泣き。

【泣き寄り】悲しいことのあるとき、おたがいに力になろうとして集まること。例親は―他人は食い寄り。

氵5 **【況】** 8画 2223 6CC1 常用 音キョウ(漢)(呉) 訓いわん-や・まし-て・おもむき

筆順 丶 冫 氵 沪 沪 沪 況 況

氵5 **【况】** 7画 4955 51B5 俗字

なりたち [形声]「氵(=みず)」と、音「兄ケイ→キョウ」とから成る。寒々としたようす。借りて「くらべる」の意。

意味 ❶くらべる。たとえる。例比況。❷ものごとのようす。おもむき。ありさま。例近況。実況。好況。❸〔助字〕多く、文中や句末に「於」「乎」「哉」などをそえて、「いわんや(…をや)」と読み、まして…はなおさらだ、の意。抑揚をあらわす。例死馬且買之五百金、況生馬乎(=死馬でさえ五百金で買ったのだ、まして生きている馬ならなおさら買うはずだ)。〈戦国策〉

●概況・活況・近況・現況・好況・市況・状況・情況・盛況・戦況・不況

氵5 **【沽】** 8画 6188 6CBD 音コ(漢) 訓か-う・う-る・あきな-う

意味 商品を売り買いする。あきなう。うる。また、かう。例沽券。沽酒。

【沽券】〔もと、土地の売買のときの証文の意〕人の値打ち、体面、品位。面目。例―にかかわる。表記「▼估券」とも書く。

【沽酒】店で買った酒。売っている酒。また、酒を売ること。

氵5 **【泗】** 8画 6189 6CD7 音シ(漢) 訓はなみず・みずばな

意味 ❶川の名。泗水。❷鼻じる。みずばな。例涕泗(=なみだと、はなみず)。

【泗▼洙】①泗水と洙水。孔子の故郷の魯を流れる二つの川。②孔子がこの付近で弟子を教育したことから、孔子の学問、儒学のたとえ。

【泗上】①泗水のほとり。②孔子の学派。③学術の里。

氵5 **【泅】** 8画 6190 6CC5 音シュウ(漢) 訓およ-ぐ

意味 およぐ。例泅浮(=およぐ)。

氵5 **【沮】** 8画 6192 6CAE 音ショ(漢)ソ(呉) 訓はば-む

意味 ❶さえぎる。じゃまをする。はばむ。同阻。例沮止。❷くじける。勢いがなくなる。例沮喪。

表記 現代表記では、「阻」に書きかえることがある。熟語は「阻」(1031ページ)を参照。

【沮止】(名・する) くいとめる。ふせぐ。表記 現阻止

【沮喪】(名・する) がっかりして元気がなくなること。例意気―。表記 現阻喪

氵5 **【沼】** 8画 3034 6CBC 常用 音ショウ(漢)(呉) 訓ぬま

筆順 丶 冫 氵 氵 沪 沼 沼 沼

なりたち [形声]「氵(=みず)」と、音「召チョウ→ショウ」とから成る。池。

意味 水が浅く、どろのたまった池。ぬま。例沼沢。湖沼。池沼。

難読 沼垂(=地名)

【沼気】ぬまの底で発生する気体。メタンガス。

【沼上】ぬまのほとり。

【沼沢】ぬまとさわ。例―地(=水べの湿地)。

【沼地】ぬまや水たまりの多い土地。

氵5 **【泄】** 8画 6185 6CC4 音セツ(漢) 訓も-れる・も-らす

意味 ❶あふれ出る。外にあらわれる。もれる。もらす。例漏泄。❷(体内の不要なものを)おし出す。のぞく。例排泄。

【泄漏】(名・する)〔「漏」も、もれる意〕(秘密などが)もれること。また、もらすこと。漏泄。

水5 **【泉】** 9画 3284 6CC9 教育6 音セン(漢) 訓いずみ

筆順 ′ 亻 白 白 身 泉 泉 泉

なりたち [象形] 水がわき出て川となる形。

意味 ❶地表にわき出る水。いずみ。例温泉。源泉。鉱泉。❷死後の世界。あの世。例泉下。黄泉。❸ぜに。貨幣。同銭。例貨泉。刀泉。

日本語での用法《セン》旧国名「和泉(=今の大阪府の南部)」の略。「泉州」

難読 黄泉・温泉

人名 きよ・きよし・みず・みち・みつ・もと

【泉下】〔黄泉の下の意〕死後行くという世界。よみの国。あの世。冥土。

【泉界】「泉下」に同じ。

【泉水】①庭園の池。②いずみ。わき水。

【泉石】庭に造られた池や庭石。

●温泉・原泉・源泉・鉱泉・盗泉・冷泉

氵5 **【沾】** 8画 6194 6CBE 音セン(慣)テン(漢)(呉) 訓うるお-う

意味 水にひたる。ぬれる。うるおう。うるおす。例沾洽(=めぐみが広くゆきわたる)。

氵5 **【泝】** 8画 6191 6CDD 音ソ(漢) 訓さかのぼ-る

意味 流れにさからってすすむ。さかのぼる。同遡。

氵5
【沱】
8画 6193 6CB1 音タ漢 ダ呉

意味「滂沱」は、なみだがたくさん流れるようす。

氺5
【泰】
10画 3457 6CF0 常用 音タイ漢呉 訓やす-い・ゆたか

筆順 三 丰 夫 夫 夫 泰 泰 泰

なりたち [形声]「廾(=両手)」と「氺(=みず)」と、音「大」とから成る。両手から水がよどみなくしたたる。派生して「たっぷりとゆとりがある」の意。

意味 ❶ゆったりとおちついている。おだやか。やすらか。やすい。例泰然。泰平。安泰。❷ひじょうに。きわめて。はなはだしい。同太。例泰安(=ひじょうになごやか)。泰西。❸ぜいたくな。おごる。例驕泰。❹山東省にある山。例泰山。泰斗。

人名 あきら・たか・とおる・ひろ・ひろし・やす・やすし・よし

【泰山】①五岳の一つ。山東省にある名山。聖山として崇拝される。②大きな山。大山。表記 ①は「太山」とも書く。

【泰山は土壌を譲らず】泰山は小さな土くれもこばまずとりこんで、大きな山を形づくっている。大人物になるには、心を広くもって、さまざまな人の意見を受けいれなければならない。〈史記〉

【泰山木】モクレン科の常緑高木。葉は長円形で大きい。初夏に、かおりの強い大きな白い花をつける。高さ二〇メートルにもなる。表記「大山木」とも書く。

【泰西】〔はるかに西の意〕西洋。欧米。例―名画の鑑賞。

【泰然】(形動タル) ゆったりとおちついているようす。例―と座してゆるがない。

【泰然自若】(形動タル) 大事にあってもあわてることなく、平常と変わらないようす。例―たる態度。

【泰斗】「泰山北斗」の略。〔泰山も北斗星も、ともにあおぎとうとばれることから〕学問や芸術などの分野の最高権威をいう。例物理学の―。

【泰東】〔泰西に対して〕東洋。極東。

【泰平】(名・形動ダ) 世の中がおだやかで平和なこと。例天下―。表記「太平」とも書く。

【泰平楽】のんきに、好きほうだいなことを言うこと。太平楽。〔天下太平を祝う雅楽の曲名「太平楽」との語呂合わせによる〕例―を並べる。

氵5
【治】
8画 2803 6CBB 教育4 音チ漢 ジ呉 訓おさ-める・おさ-まる・なお-る・なお-す

筆順 、 ⺀ 氵 氵 汁 汁 治 治

なりたち [形声]「氵(=みず)」と、音「台イ→チ」とから成る。治水(=川の名)。借りて「おさめる」の意。

意味 ❶管理する。おさめる。おさまる。例治安。治水。政治。❷病気がおさまる。なおる。なおす。例治療。完治。湯治。

使い分け おさまる・おさめる【収・納・治・修】⇩1165ページ

使い分け なおす・なおる【直・治】⇩1175ページ

人名 あき・おさむ・さだ・ただ・ただす・つぎ・とお・はる・ひろ・よし

【治安】国家や社会の秩序が保たれ、平和で安らかなこと。例―を維持する。―のよい国。

【治下】支配下。統治下。例ルイ十六世―のフランス。

【治外法権】〔法〕外交官などがもつ特権の一つ。外国に住んでも、その国の法律の適用を受けない権利。

【治験】治療の効き目。また、治療の効き目を調べること。例―薬。

【治国】国をおさめること。

【治国平天下】国がおさまってこそ天下が太平になること。昔の天子の理想とする政治。〈大学〉例修身斉家―。―の術を求める。

【治山】水害を防ぐため、山に木を植え、管理すること。例―治水。

【治産】①自分の財産についての管理や処分。例禁―者。②家業にはげみ収入を増やすこと。

【治者】国や地方、人民をおさめる人。為政者。

【治水】水害を防止し水利の便をよくするため、堤防や水路をつくること。例―工事。

【治世】①よくおさまった世の中。対乱世。②世の中をおさめること。また、その期間。例明治天皇の―。

【治に居て乱を忘れず】現在の平和や幸福に安心せず、常に万一の場合の備えをおこたらない。〈易経〉

【治平】世の中がよくおさまっていること。太平。

【治癒】(名・する) 病気やけがが、なおること。例自然―。

【治乱】世の中がおさまることとみだれること。例―興亡。

【治療】(名・する) 手当てをして、病気やけがをなおすこと。例―法。―費。

●自治・政治・退治・湯治・統治

氵5
【注】
8画 3577 6CE8 教育3 音シュ・チュ・チュウ漢呉 訓そそ-ぐ・つ-ぐ

筆順 、 ⺀ 氵 氵 汁 汁 注

なりたち [形声]「氵(=みず)」と、音「主」とから成る。そそぐ。

意味 ❶水などを流しこむ。つぐ。そそぐ。例注射。注水(=水をそそぐ)。注入。❷気持ちや視線を一点に集中させる。例注意。注目。傾注。❸くわしくときあかす。本文の語句の説明。同註。例注解。注釈。脚注。

難読 注湯・注水・注薬・油注子・湯注子

【▽注▽連縄】神聖な場所であることを示すなどのために、張る縄。表記「▽標縄・▽七▽五▽三縄」とも書く。

【注意】(名・する) ①気持ちを集中すること。例―力。②気をつけること。用心。例―書き。③気をつけるように言うこと。忠告。例―をあたえる。

【注音符号】(「チュウオンフゴウ」とも) 中国語の発音記号。注音字母を改称したもの。

【注解】(名・する) 文章の意味や難解な語句に、説明を加えること。また、そのもの。注釈。表記 旧▼註解

【注記】(名・する)「注」を書きしるすこと。また、そのもの。表記 旧▼註記

【注視】(名・する) 気持ちを集中して見守ること。注目。例事態を―する。

【注射】(名・する) 針のような管で薬液を体内に入れること。例―器。―をうつ。

【注釈】(名・する)「注解」に同じ。表記 旧▼註釈

【注進】(名・する) 事件が起こったときなどに、急いで目

上の人に知らせること。例殿のへ—におよぶ。

【注水】チュウスイ（名・する）①水をそそぎ入れること。例タンクに—する。②水をかけること。例火元に—する。

【注腸】チュウチョウ（名・する）薬液などを肛門コウモンから腸内に注入すること。

【注入】チュウニュウ（名・する）①液体をそそぎ入れること。つぎこむこと。②物を送りこんだり、知識をつめこんだりすること。例兵力を—する。

【注目】チュウモク（名・する）注意して見ること。関心をもって見守ること。例—に値あたいする。—を浴びる。

【注文】チュウモン（名・する）①品物の種類・寸法・品質・数量などの希望を言って、作らせたり届けさせたりすること。例—建築。本を—する。②人に何かをしてもらうときに、条件や希望を出すこと。例—をつける。表記▽旧▼註文

【注油】チュウユ（名・する）機械の動きをよくしたり、磨滅マメツを防ぐために油をさすこと。

●脚注キャクチュウ・傾注ケイチュウ・受注ジュチュウ・転注テンチュウ・発注ハッチュウ

氵5 【泥】 8画 3705 6CE5 常用 音デイ漢 訓どろ・なず-む

筆順 丶 冫 氵 氵 沪 沪 泥 泥

なりたち [形声]「氵(=みず)」と、音「尼ジ→デイ」とから成る。泥水デイスイ(=川の名)。借りて「どろ」の意。

意味 ❶水けを多くふくんだ土。どろ。例泥水デイスイ。泥濘デイネイ。汚泥オデイ。❷どろのようなもの。例泥炭デイタン。金泥キンデイ。❸こだわる。とどこおる。なずむ。例拘泥コウデイ。暮れ泥なずむ(=日が暮れそうで暮れない)。

難読 泥鏝こて・泥鰌どじょう・泥障あおり

人名 ぬり・ね・ひじ

【泥沙】デイサ ①どろとすな。泥砂。②価値の低いもののたとえ。

【泥水】デイスイ どろまじりの水。どろみず。

【泥酔】デイスイ（名・する）正体がなくなるほど、ひどくようこと。

参考 一説に、「泥デイ」は南海にすむ伝説上の動物で、水がなくなると、よってどろのようになるという。

【泥炭】デイタン 炭化が不十分な、質の悪い石炭。ピート。

【泥中】デイチュウ どろの中。

【泥中の▼蓮】デイチュウのはちす どろの中にさくハスの花。悪い環境カンキョウに影響エイキョウされず、清純でいることのたとえ。

【泥塗】デイト ①（「塗」は「途ト」に同じで、みちの意）どろ道。ぬかるみ。②よごれた物や場所。また、低い地位のたとえ。

【泥土】デイド ①やわらかな土。どろ。②きたないものや値打ちのないもののたとえ。

【泥▼濘】デイネイ（「濘」も、どろの意）ぬかるみ。どろ道。

【泥縄】どろなわ（どろぼうをつかまえてから、しばるための縄をなう意）事が起きて、あわてて対策を考えること。例—式のやり方。

【泥棒】どろボウ（名・する）人のお金や物をぬすむこと。また、その人。表記「泥坊」とも書く。

●雲泥ウンデイ・汚泥オデイ・拘泥コウデイ

氵5 【沺】 8画 6201 6CBA 音テン漢 デン呉

意味「沺沺テンテン」は、水がはてしなく広がるようす。

氵5 【波】 8画 3940 6CE2 教育3 音ハ漢呉 訓なみ 付表 波止場はとば

筆順 丶 冫 氵 氵 汁 汸 波 波

なりたち [形声]「氵(=みず)」と、音「皮ハ」とから成る。水がわき上がって流れる。

意味 ❶風などによって起こる水面の上がり下がり。なみ。例波浪ハロウ。風波フウハ。防波堤ボウハテイ。❷なみのように伝わる。およぶ。例波及ハキュウ。余波ヨハ。❸なみのような動きや形をとるもの。例音波オンパ。電波デンパ。

難読 波斯ペルシャ・波蘭ポーランド

【波風】なみかぜ ①波と風。また、風がふいて波が立つこと。風波フウハ。例—が高くなる。②争い。もめごと。例—が絶えない。

【波路】なみじ 船の通る海上の道すじ。船路ふなじ。航路コウロ。例—はるかに。万里バンリの—をこえて行く。

【波の花】なみのはな ①岩などに打ち寄せた波が、白くくだけたもの。②塩のこと。〔料理屋や商家などで使うことば〕

【波間】なみま 波と波のあいだ。例—にただよう小舟こぶね。

【波枕】なみまくら 船旅で波の音を聞きながらねむること。

【波及】ハキュウ（名・する）波紋ハモンが広がっていくように、ものごとの影響エイキョウがつぎつぎに伝わっていくこと。例—効果。

【波状】ハジョウ ①波のような形。例—紋モン。②波が打ち寄せるように、くりかえすようす。例—攻撃コウゲキ。

【波食】ハショク 波の打ち寄せる力で陸地や岩をけずり取ること。例—台地。表記「波▼蝕」とも書く。

【波長】ハチョウ ①光や電波などの波動の山と山、または谷と谷との距離キョリ。例—が長い。②〔比喩ヒユ的に〕相手の性格やものの考え方の傾向ケイコウ。例—が合わない。

【波頭】ハトウ・なみがしら 波の盛り上がったところ。例白い—。

【波▼濤】ハトウ（「濤」は、大きな波）波。大きく盛り上がる波。例—をこえて行く。

【波動】ハドウ ①波のような動き。例景気の—。②〔物〕ある一点に起こった振動シンドウが、つぎつぎに周囲に伝わっていく現象。水面の波や、音波・地震波ジシンハ・電磁波などがある。

【波止場】はとば 船をつなぎ、荷物や人をあげおろしするために、陸からつき出してつくった、港の設備。船着き場。埠頭フトウ。

【波紋】ハモン ①輪のように水面に広がる波の模様。②一つのできごとから起こった影響エイキョウ。例意外な—を生じる。

【波羅蜜】ハラミツ〔仏〕〔梵語ボンゴの音訳〕現実の生死をこえて涅槃ネハンの境キョウに達すること。さとりを開くこと。

【波乱】ハラン ①もめごと。さわぎ。例—をまき起こす。②ものごとの変化が大きいこと。例—に満ちた生涯ショウガイ。

【波乱万丈】ハランバンジョウ 多くの事件や大きな変化に、満ちていること。例—の人生。表記「波▼瀾万丈」とも書く。

【波▼瀾】ハラン（「波」は小さいなみ、「瀾」は大きいなみ）①なみ。②「波乱ハラン」に同じ。

【波浪】ハロウ（「浪」は、大きいなみ）なみ。また、おおなみ。例—注意報。

【▽波▼斯】ペルシャ イランの古い呼び名。

【▽波▼蘭】ポーランド ヨーロッパ中央部の国。

●音波オンパ・寒波カンパ・周波シュウハ・秋波シュウハ・電波デンパ・年波としなみ・脳波ノウハ・風波フウハ・余波ヨハ

氵5 【泊】 8画 3981 6CCA 常用 音ハク漢 訓と-まる・と-める・と-まり

筆順 丶 冫 氵 氵 氵 泊 泊 泊

なりたち [形声]本字は「洦」で、「氵(=みず)」と、音「百ハク」とから成る。船をとめる。

意味 ❶船を岸につける。とめる。とまる。例停泊テイハク。❷宿をとる。とどまる。とまる。例外泊ガイハク。宿泊シュクハク。漂泊ヒョウハク。❸あっさりして欲がない。例淡泊タンパク。❹沼ぬまや沢さわ。例梁山泊

(=山東省にあった沢の名。『水滸伝』の舞台)。

使い分け とまる・とめる【止・留・泊】⇩1174ページ

難読 泊瀬山

【泊船】港に船をとめること。泊舟。

【泊地】船が安全に停泊できるところ。例 艦隊の―。

●外泊・宿泊・淡泊・停泊・漂泊

【泌】

氵5 8画 4071 6CCC 常用 音 ヒ・ヒツ漢

筆順 丶 冫 氵 氵 沁 泌 泌 泌

なりたち [形声]「氵(=みず)」と、音「必」とから成る。軽快に流れる。

意味 ❶谷川の細くてはやい流れ。❷液体が小さな穴からにじみ出る。例 泌尿器。分泌。

【泌尿器】〔医〕尿をつくり、体外に排出する器官。腎臓・膀胱・尿道などから成る。例 ―科。

【泯】

氵5 8画 6203 6CEF 音 ビン漢 ミン呉 訓 ほろ-びる・ほろ-ぶ・みだ-れる

意味 ❶消滅する。なくなる。ほろびる。ほろぶ。例 泯滅(=ほろびる)。❷混乱する。みだれる。例 泯乱。

【泯乱】(名・する)(道徳・秩序などが)乱れること。混乱すること。

【沸】

氵5 8画 4208 6CB8 常用 音 フツ漢 訓 わ-く・わ-かす・たぎ-る

筆順 丶 冫 氵 氵 汀 沪 涕 沸

なりたち [形声]「氵(=みず)」と、音「弗」とから成る。水があふれでる。

意味 ❶泉がわき出る。わきあがる。わく。例 沸沸。❷湯がにえたぎる。わく。わかす。例 沸点。沸騰。煮沸。

使い分け わく【沸・湧】⇩1182ページ

【沸点】〔物〕液体が沸騰しはじめる温度。

【沸騰】(名・する)①にえたつこと。液体が加熱されて、内部からも気化すること。例 湯が―する。②ものごとが、わきたつように、激しくさかんになること。例 人気が―する。

【沸沸】(形動タル)①液体がわき出るようす。また、煮えたぎるようす。例 湯が―と煮えたつ。②感情などがたかぶって、勢いをおさえられないようす。例 いかりが―とわきあがる。

【泙】

氵5 8画 6204 6CD9 音 ㊀ヘイ漢 ㊁ホウ漢

意味 ㊀谷。また、谷の名。㊁水がぶつかりあう音。同 澎。例 泙泙。泙湃(=波など、水がぶつかりあう音)。

【法】

氵5 8画 4301 6CD5 教育4 音 ハッ・ホッ慣 ホウ漢呉 訓 のり・のっと-る

筆順 丶 冫 氵 氵 汁 汢 法 法

なりたち [会意] 本字は「灋」で、「氵(=水平にする)」と「廌(=正直でない者に触れるという神獣)」と「去(=悪を去る)」とから成る。神獣にふれさせて公平に悪をとり去る刑罰。

意味 ❶社会上の決まり。おきて。のり。例 法規。法律。憲法。❷礼儀。手本。例 作法。礼法。❸ものごとのしかた。やりかた。例 手法。方法。❹仏の道。仏教。例 法会。説法。仏法。❺仏教で、すべての存在・ことがら。例 法界。諸法。

日本語での用法 《フラン》 フランス・ベルギー・スイスなどの貨幣の単位。「十五法」

難読 法被・法螺

人名 さだむ・つね・はかる・ひろ・みち

【法度】㊀①法律と制度。例 武家諸―。②禁止されていること。禁制。例 酒は、ご―だ。㊁法律と制度。

【法被】〔もと、下級武士や中間が着た家紋つきの上着〕職人などが着る、背中やえりに屋号などを染め出した上着。しるしばんてん。表記「▽半被」とも書く。

【法案】法律の案文。法律案。例 ―を議会に提出する。

【法医学】法律的に問題となる事実関係を解明するための医学。死因の推定や精神鑑定などをおこなう。

【法印】①〔仏〕僧の最高の位。②中世には仏師・経師に、また江戸時代には、儒者・医師・絵師・連歌師などにもあたえられた称号。

【法雨】①〔仏〕仏法のありがたさを、雨が万物をうるおすのにたとえていうことば。②救いの雨。めぐみの雨。慈雨。

【法会】〔仏〕①人々を集めて、仏の道を説く行事。②死者の供養をすること。また、その集まり。法事。法要。

【法▽衣】㊀〔「ホウイ」とも〕僧や尼の着る衣服。ころも。僧衣。㊁「法服①」に同じ。

【法益】法律によって保護されている利益。例 ―を守る。

【法悦】①〔仏〕仏の教えを聞いて、心からよろこびを感じること。②うっとりと引きこまれ、やわらかにつつまれて我を忘れるような、よろこびを味わうこと。例 ―にひたる。

【法王】⇩【教皇】(463ページ)

【法皇】出家した上皇をうやまっていうことば。

【法科】①法律に関する学科。②大学で、法律に関する研究や教育をおこなう学部。法学部。

【法家】①法律にくわしい人。法律家。②先秦時代の諸子百家の一つ。法律や刑罰を重んじた。韓非や商鞅が代表者。

【法界】〔仏〕意識の対象となるすべてのもの。宇宙全体を指す。例 ―衆生(=全世界のあらゆる生き物)。

【法界▼悋気】自分にはなんのかかわりもないことに、やきもちをやくこと。

【法外】(名・形動ダ)道理のほかということで、りくつに合わないこと。例 ―な値段。―な要求を出す。

【法学】法律に関する学問。法律学。例 ―博士。

【法規】法律や規則。例 交通―。

【法眼】①〔仏〕五眼の一つ。仏法の真相を見る知恵の目。②〔仏〕「法印」に次ぐ僧の位。③江戸時代、医師・仏師・連歌師などにもあたえられた称号。例 狩野―元信。

【法語】①手本とすべき正しいことば。法言。②〔仏〕教義をわかりやすく説いた訓話。法談。法話。例 仮名―。

【法号】〔仏〕「法名」に同じ。

【法三章】三か条しかない簡素な法。〔漢の高祖が建国のとき、秦の厳しい法律を改め、殺人、傷害、ぬすみをおかした者だけを罰したこと〕〈史記〉

【法師】①〔仏〕僧。坊さん。例 荒―。②〔「…法師」の形で〕…の(形をした)人、の意。例 影―。

【法事】死者を追善供養する行事。法会。法要。

【法式】(儀式や礼儀などの)決まった形式ややり方。

【法主】㊀①仏。②一つの宗派の長。③法会の主宰者。㊁〔「ス」は、呉音〕真宗東本願寺派の長。

「水(氵・氺)部」5画 泌泯沸泙法

【法術】ホウジュツ ①古代中国で法家がとなえた、法律を厳守する政治術。②手段。方法。例座禅の—。
【法相】ホウショウ 法務大臣のこと。
【法▼帖】ホウジョウ 手習いや鑑賞用に、昔の書家の書を印刷した折り本。
【法人】ホウジン 〔法〕団体や会社など、個人と同様に権利をもち、義務を果たすことが認められている組織。例財団—。
【法制】ホウセイ ①法律と制度。②法律で定めた制度。例社会の慣習を—化する。
【法曹】ホウソウ 法律関係の仕事をしている人。裁判官や弁護士など。法律家。〔俗に、検察官をふくめてもいう〕例—界。
【法蔵】ホウゾウ 〔仏〕①仏の説いた教え。また、仏のそなえる一切の功徳。②仏教の経典。
【法則】ホウソク ①ものごとや現象に見られる、常に変わらない関係。例万有引力の—。②守るべき決まり。規則。おきて。例民主主義の—。
【法談】ホウダン 〔仏〕仏法の趣旨をわかりやすく説いた話。法話。説法。
【法治】ホウチ 法律にもとづいて国を治めること。例—国家。
【法治主義】ホウチシュギ ①政治は、議会で制定された法律にもとづいておこなわれるべきだとする主義。近代市民国家の政治原理。②人の本性を悪と考え、厳しい法によって人民を治めるべきだとする考え。
【法廷】ホウテイ 裁判がおこなわれるところ。例—で争う。
【法定】ホウテイ 法律で決められていること。例—伝染病。
【法的】ホウテキ （形動ナ）法律の立場で考えるようす。例—な措置をとる。—には根拠がない。
【法典】ホウテン ①法律。おきて。例現行の—では…。②（同じ種類の）法律を体系的にまとめた書物。「刑法典」「民法典」など。例「ナポレオン—」。
【法灯】ホウトウ 〔仏〕釈迦の教えを、闇を照らすともしびにたとえたことば。例—を消さず伝えてゆく。
【法統】ホウトウ 〔仏〕仏法の伝統。仏法の系統や流派。例—を継ぐ。
【法難】ホウナン 〔仏〕仏法を広めようとするときに受ける迫害。
【法服】ホウフク ①裁判官が法廷で着用する制服。法衣。②僧の着る服。法衣。
【法文】㊀ホウブン 法令の条文。法律の文章。㊁ホウモン 〔仏〕仏法を説いたお経の文章。

［水（氵・氺）部］5画● 泡 沫 油

【法名】ホウミョウ 〔仏〕①出家して仏門にはいった者に、その宗門でさずける名。法号。②死んだ人におくる名。戒名。法号。▽対俗名。
【法務】ホウム ①法律関係の事務。例—大臣。②〔仏〕仏教や寺院に関する事務。
【法務省】ホウムショウ 中央官庁の一つ。法律関係の事務、出入国管理、戸籍、人権の保護などの行政を受け持つ。
【法門】ホウモン 〔仏〕仏の教え。仏法。例大乗・小乗の—。
【法要】ホウヨウ 〔仏〕なくなった人を供養するための集まり。法会。法事。例—をいとなむ。
【法楽】ホウラク ①神仏の前で芸能や歌・連歌の会をおこない、神仏にたむけること。②楽しみ。なぐさみ。例目の—。
【法理】ホウリ ①法律の原理。例—学。②〔仏〕仏法の真理。
【法力】ホウリキ 〔仏〕①仏法の功徳。仏法の威力。②仏道修行によって得られる、ふしぎな力。例—をたのむ。
【法律】ホウリツ 国会が定め国民が守らなければならない、その国の決まり。例—違反。—に触れる。
【法令】ホウレイ 法律と命令。例—の定めるところに従う。
【法例】ホウレイ 法律の適用に関する原則や規定。例—に照らした処置。
【法論】ホウロン 〔仏〕仏教の教義についての議論。宗論。
【法話】ホウワ 〔仏〕仏法をだれにでもわかるように、やさしく説きかせる話。法談。法語。
【法橋】ホッキョウ 〔「ホウキョウ」とも〕①〔仏〕仏法を、衆生を彼岸に導きわたす橋にたとえたことば。②〔仏〕法眼に次ぐ僧の位。③江戸時代、医師・絵師・連歌師などにもあたえられた称号。
【法華】ホッケ 〔仏〕①「妙法蓮華経」の略。天台宗や日蓮宗で重んじられるお経。法華経。②「法華宗」の略。天台宗や日蓮宗（の一派）の別名。
【法体】ホッタイ 〔「ホウタイ」とも〕〔仏〕髪をそって衣を着た僧の姿。僧体。僧形。対俗体。
【▽法▼螺】ホラ ①ホラガイのからを加工してふき鳴らすようにしたもの。②おおげさに言ったり、ないことをあるように言ったりすること。例—をふく。大—ふき。
【▽法▼螺貝】ほらがい ①フジツガイ科の海産の巻き貝。大形で淡褐色の地に斑点がある。②ホラガイの頭部を切ってふき口とし、音が出るようにしたもの。山伏などが用いた。例—を吹き鳴らす。
●違法・技法・刑法・合法・寸法・製法・文法・無法・滅法・用法・論法

氵5 【泡】 8画 4302 6CE1 常用 音ホウ漢呉 訓あわ

筆順 、 : 氵 氵 汋 泃 泃 泡

なりたち ［形声］「氵（＝みず）」と、音「包ホ」とから成る。泡水（＝川の名）。借りて「あわ」の意。

意味 水面にうかぶあぶく。あわ。例泡沫。気泡。

【泡盛】あわもり 沖縄や九州南部特産の焼酎。
【泡▼沫】ホウマツ・うたかた あわ。はかないもののたとえ。例—の恋。
●気泡・水泡・発泡

氵5 【沫】 8画 4387 6CAB 人名 音バツ漢 マツ呉 訓あわ・しぶき

意味 ❶水のあわ。みなわ。あわ。例水沫。泡沫。❷水の細かいつぶ。しぶき。例飛沫。

難読 沫雪・飛沫・沫雨・水沫

人名 わ

氵5 【油】 8画 4493 6CB9 教育3 音ユウ漢 ユ呉 訓あぶら

筆順 、 : 氵 氵 汩 油 油 油

なりたち ［形声］「氵（＝みず）」と、音「由ユ」とから成る。油水（＝川の名）。借りて「雲などがわきおこるようす」。また「あぶら」の意。

意味 ❶雲がさかんにわきおこるようす。また、ゆったりとおちついているようす。例油然。❷あぶら。例原油。石油。灯油。

使い分け あぶら【油・脂】⇩1161ページ

難読 油皮・油葉・油点草

【油揚げ】あぶらあげ 豆腐をうすく切って、油で揚げた食品。あぶらげ。あげ。
【油▼粕】あぶらかす ダイズや菜種などから、油分をしぼり取ったあとのかす。肥料用。

【油紙】あぶらがみ 油をしみこませた防水用の和紙。

【油菜】あぶらな アブラナ科の二年草。春、黄色い花がさく。種から油をとる。なたね。なのはな。

【▽油然】ユウゼン （形動タル）さかんにわき起こり、広がっていくようす。例雲が―とわく。―として興味がわく。

【油煙】ユエン 油が不完全燃焼したときに出る、黒くて細かい炭素の粉。例―墨。

【油彩】ユサイ 油絵の具で絵をかくこと。また、その絵。あぶらえ。対水彩。

【油脂】ユシ 動植物からとったあぶらや脂肪を、まとめていうことば。例―工業。植物―。

【油井】ユセイ 原油をくみ上げるための井戸。

【油性】ユセイ 水にとけないなど、あぶらの性質をもっていること。対水性。例―塗料。

【油槽】ユソウ 石油やガソリンなどをたくわえる、大型の容器。油タンク。例―船（＝タンカー）。

【油単】ユタン あぶらをひいた布や紙。たんすなどの道具をおおったり、敷物にしたりする。

【油断】ユダン （名・する）うっかり注意をおこたること。不注意。例―大敵。―もすきもない。

【油田】ユデン 石油を産出する地域。例―地帯。

●給油・軽油・重油・精油・注油

氵5 【泱】 8画 6186 6CF1 音ヨウ漢 オウ呉 訓たなび-く・ふか-い

意味 ❶雲がわき起こるようす。❷水が深く広がるようす。例泱泱オウオウ

氵5 【泡】 8画 ⇩【泡】（588ペー）

氵5 【泪】 8画 ⇩【涙】（599ペー）

氵6 【洟】 9画 6206 6D1F 音イ漢 テイ漢 訓はなじる・はなみず

意味 はなみず。はなじる。例涕洟テイイ。

氵6 【洩】 9画 1744 6D29 音一エイ慣 セツ漢 二エイ漢 訓も-らす・も-れる

意味 一もれる。もらす。同泄。例漏洩ロウセツ（慣用で「ロウエイ」と読む）。二のびる。例洩洩エイエイ（＝心がのびのびするさま）。

【洩漏】セツロウ（「エイロウ」とも）（名・する）（秘密などが）もれること。また、もらすこと。漏洩ロウセツ。

氵6 【海】 9画 1904 6D77 教育2 音カイ漢呉 訓うみ 付表海女あま・海士あま・海原うなばら

筆順 丶 冫 氵 氵 汇 海 海 海 海

氵7 【海】 10画 1-8673 FA45 人名

なりたち [形声]「氵（＝みず）」と、音「毎バイ→カイ」とから成る。多くの川が流れこむ池。

意味 ❶多くの水が集まったところ。うみ。例海岸カイガン。近海キンカイ。❷人やものが集まるところ。例雲海ウンカイ。学海ガッカイ。樹海ジュカイ。❸海のように、広く大きいことをいう。例海容カイヨウ。

難読 海参いりこ・海神わたつみ・海豹あざらし・海豚いるか・海雲もずく・海鼠腸このわた・海髪おごのり・海嘯つなみ・海鞘ほや・海獺らっこ・海糠魚あみ・海蘿ふのり・海上うながみ（＝地名）・海石榴つばき・海扇ほたてがい・海鰻はも

人名 あま・うな・ひろ・ひろし・み

【▽海▼豹】あざらし 寒帯の海にすむ哺乳ホニュウ動物。青黒色のからだに黒い斑点ハンテンがあり、足はひれ状。

【▽海▽人】あま 魚をとり、塩を焼く人。漁夫ギョフ。

【海女】あま 海にもぐって貝や海藻カイソウなどをとることを仕事にしている女性。

【▽海▽豚】いるか クジラのなかまで、体長四メートル以下のものをまとめていうことば。近海に群れをなしてすみ、淡水タンスイにすむものもある。バンドウイルカ・マイルカなど。

【海原】うなばら 広々とした海。例大おお―。青―。

【▽海▽胆】うに クリのいがに似たとげでおおわれた、球形のからをもつ海産の動物。ムラサキウニ・アカウニなどの卵巣ランソウを食用にする。→【雲丹】（1049ペー）

【海幸】うみさち ①海でとれる魚や貝など。うみのさち。②海のえものをとる道具。▽対山幸やまさち。

【海千山千】うみセンやまセン［海に千年、山に千年すんだヘビは、竜リュウになるという伝説から］いろいろな経験を積み、悪がしこいこと。また、その人。例―の古ふるつわもの。

【海鳴り】うみなり 海から聞こえる、かみなりのような低いひびき。

【海猫】うみねこ カモメに似た海鳥。からだは白く、背と羽は灰黒カイコク色。鳴き声がネコに似ている。日本近海の島に集団で巣すをつくる。青森県・島根県などの繁殖ハンショク地は、天然記念物。

【海域】カイイキ ある範囲ハンイ内の海の区域。例日本周辺の―。

【海員】カイイン 船の乗組員。船員。

【海運】カイウン 海上を船で人や物などを運ぶこと。例―業。

【海▼燕】カイエン／うみつばめ ウミツバメ科の海鳥。黒みをおびた細長いつばさと、ふたまたに分かれた尾おをもち、足に水かきがある。

【海外】カイガイ 海の向こうの国々。（日本から見て）外国。例―旅行。―に進出する企業キギョウ。

【海岸】カイガン 陸が海と接しているところ。海べ。浜べ。例―線。

【海気】カイキ 海べの空気。例―浴。

【海牛】一カイギュウ 熱帯から亜熱帯の海にすむ哺乳ホニュウ動物。ジュゴンやマナティーのなかま。二うみうし 海にすむ軟体ナンタイ動物。ナメクジに似ており、種類が多い。

【海況】カイキョウ 海上の天候や波の状態。

【海魚】カイギョ 海にすむ魚。また、海でとれる魚。

【海峡】カイキョウ 海が、両側からの陸地によって、せばめられているところ。水道。瀬戸せと。例関門カンモン―。津軽つがる―。

【海区】カイク （漁業や行政などのため）海上に設定された区画。

【海軍】カイグン 海上の守りをおもな任務とする、軍備や軍隊。

【海月】一カイゲツ 海上に出た月。また、海に映った月の影かげ。二くらげ 海にすむ腔腸コウチョウ動物。寒天質で傘かさ状のからだを、閉じたり開いたりして泳ぐ。表記二は「▽水▽母」とも書く。

【海溝】カイコウ 海底で、とくに深い部分が、みぞ状に続いているところ。例日本―。マリアナ―。

【海産】カイサン 魚・貝・海藻カイソウ・塩など海でとれるもの。例―物。

【海市】カイシ 大気の密度や日光の屈折クッセツなどによって、遠くの建物や物体が、近くにうかんで見える現象。蜃気楼シンキロウ。

【海獣】カイジュウ 海にすむ哺乳ホニュウ動物。クジラ・アザラシなど。

【海▼嘯】カイショウ ①満潮のとき、三角形状に開いた河口部などで起こる、高い波。たかなみ。②海鳴り。③津波つなみ。

【海上】カイジョウ うみのうえ。海面や、海面に近い空間。洋上。対陸上。例―交通。―輸送。

【海食】カイショク （名・する）波や潮流が、少しずつ陸地をけずり取っていく作用。例―崖ガイ。表記「海▼蝕」とも書く。

【海神】カイジン 海の神。わたつみ。

【海図】カイズ 海の深さや海底の地形、潮の流れ、港や灯台の位置などをしるした、航海用の図面。

【海水】カイスイ 海の塩からい水。例―浴。

【海戦】カイセン 海上での戦闘セントウ。例日本海―。

【海鮮】カイセン 海産の魚貝など、新鮮な食べ物。例―料理。
【海草】カイソウ ①海中に生える種子植物。アマモ・イトモなど。②海藻の俗な言い方。
【海藻】カイソウ 海中に生え、胞子で増える植物。ワカメ・コンブ・テングサなど。
【海象】カイゾウ｜セイウチ 北極海にすむ哺乳動物。体長三メートルにもなり、四肢はひれ状。長い二本のきばをもつ。海馬。
【海賊】カイゾク 船を利用して、ほかの船や沿岸の集落をおそって、金品をうばい取る集団。対山賊。例―船。―版（＝著作物を無断で複製して売り出したもの）。
【海内】カイダイ 四方を海に囲まれた内側。日本の国を指す。天下。例―無双。名声が―にとどろく。
【海中】カイチュウ 海面の下。海のなか。例―水族館。
【海鳥】カイチョウ 海岸や海洋にすみ、魚などをえさとしている鳥。カモメ・ウミネコ・アホウドリなど。
【海潮音】カイチョウオン 岸に打ちよせる波の音。海の音。
【海底】カイテイ 海の底。例―火山。―探査。
【海▼棠】カイドウ バラ科の落葉低木。春、サクラに似たうすべに色の花が下向きにさく。はなかいどう。
【海道】カイドウ ①海岸に沿った街道。また、街道に沿った地域。②「東海道」の略。例―下り。―筋。③海上の、船の通り道。海路。
【海難】カイナン 航海中の事故や災難。例―救助。―事故。
【海人草】カイニンソウ｜まくり 〔「カイジンソウ」とも〕紅藻類の海藻。暖海に産し、せんじて回虫駆除の薬とした。表記「海▽仁草」とも書く。
【海馬】カイバ ①タツノオトシゴの別名。②セイウチの別名。↓【海象】ゾウ ③大脳半球の内側にあり、本能・記憶・自律神経などの中枢がある部位。
【海抜】カイバツ 平均海面を基準とした陸地の高さ。標高。例―ゼロメートル地帯。富士山は―三七七六メートル。
【海氷】カイヒョウ 海にうかんだ氷。
【海浜】カイヒン うみべ。はまべ。多く、砂浜になっているところをいう。例―公園。―植物。
【海風】カイフウ ①海からふいてくる風。また、海の上をふく風。②日中、海から陸にむけてふく風。海軟風。対陸風。
【海兵】カイヘイ 海軍の兵士。例―隊。
【海辺】カイヘン｜うみべ 海のほとり。うみべ。海浜。例―を散歩する。
【海面】カイメン 海の表面。海上。例―をただよう。

【海綿】カイメン ①「海綿動物」の略。からだの表面に無数の穴があり、海底の岩などに付着して生活する。②海綿動物の繊維状の骨格をかわかしたもの。スポンジ。
【海洋】カイヨウ 広々とした大海。大洋。対大陸。例―性気候。
【海容】カイヨウ 海のような広い心でゆるすこと。例ご―ください〔手紙などで使う、改まったことば〕。
【海里】カイリ 海上での距離をあらわす単位。一海里は約一八五二メートルで、緯度一分の長さに相当する。表記「▼浬」とも書く。
【海▼狸】カイリ ビーバーの別名。ヨーロッパ北部やアメリカ北部の川にすむ哺乳動物。平たい尾と強い歯をもつ。
【海陸】カイリク 海と陸。水陸。
【海流】カイリュウ 海洋の中を、常に一定の方向に動く、海水の流れ。例日本―。
【海路】カイロ 海上の航路。船路。例待てば―の日和あり（＝海があれていて船が出なくても、気ながに待っていれば海はおさまる。のんびり待てば、よいことがある）。
【海老】カイロウ｜えび 海産また、淡水産の節足動物。イセエビ・クルマエビ・シバエビなど、食用になるものが多い。
【海老で▼鯛を釣る】えびでたいをつる わずかなもので大きな利益を得るたとえ。えびたい。
【海湾】カイワン 陸地にはいりこんでいる海。入り海。湾。
【▽海▼鼠】なまこ 腹面が平らで、背がまるい筒形の海産動物。食用にする。
【▽海▼苔】のり ①海中の岩などにつく、コケのような海藻。アサクサノリ・アオノリなど。②アサクサノリを和紙のようにすいて干した食品。例―巻き。焼き―。
【▽海▽星】ひとで 海底にすむ棘皮動物。からだは平たく、星形をしているものが多い。イトマキヒトデ・オニヒトデなど。
【▽海▽松貝】みるがい 浅い海でとれる、たまご形の二枚貝。すしだねや刺身にする。みる。表記「▽水▽松貝」とも書く。
●荒海・雲海・沿海・遠海・外海・近海・公海・航海・四海・樹海・深海・絶海・東海・内海・領海・臨海

氵6 【活】 9画 1972 6D3B 教育2 音カツ漢 訓い-きる・い-かす

筆順 丶 冫 氵 氵 汘 汘 泝 活 活

なりたち ［形声］「氵（＝みず）」と、音「舌カ」とから成る。水が流れるようす。派生して「いきいきとする」の意。

意味 ❶いきいきしている。勢いがよい。例活気カッキ。活発カッパツ。快活カイカツ。❷いのちがある。暮らす。いきる。例自活ジカツ。生活セイカツ。死中求活シチュウにカツをもとむ。❸固定していない。うごく。例活字カツジ。活水カッスイ。❹役立てる。いかす。例活用カツヨウ。

日本語での用法《カツ》気絶した人をよみがえらせる方法。「活カツを入れる」

難読 活業なりわい・活計すぎわい・活花いけばな・活作いけづくり・活惚かっぽれ

人名 いく・ひろ・ひろし

【活火山】カッカザン 現在火山活動が続いている火山、および、今後噴火することが予想されている火山。対死火山。
【活眼】カツガン するどく、ものごとの本質を見ぬく眼力。例―を開く（＝真実を見ぬく力をもつ）。
【活気】カッキ 生き生きとした積極的な気分やふんいき。類生気。例―づく。―に満ちている。
【活魚】カツギョ 生きている魚。また、料理するまで生かしておく、魚や貝類。いけうお。いきうお。例―輸送。―料理店。
【活況】カッキョウ （商売や取り引きなどの）活動が、さかんで生き生きしていること。例―を呈する。かつての―はどこにもない。
【活計】カッケイ 生活をいとなむこと。また、生活に必要な金銭を得るための、仕事や手だて。生計。例―を立てる。
【活劇】カツゲキ なぐりあい、斬りあい、撃ちあいなど、激しい動作を中心にした演劇や映画、テレビドラマなど。また、その激しい動き。例冒険―。―を演じる。
【活殺】カッサツ 生かすことと、殺すこと。類生殺セイサツ。例―自在（＝相手を生かすも殺すも思いのまま）。
【活字】カツジ 〔固定してなくて、動く字の意〕①活版印刷で使う、一字一字の字の型。木やなまりなどで作る。例―を組む。②印刷された文字や出版された文章。〔絵・写真・漫画などに対していう〕例―ばなれが進む。
【活写】カッシャ （名・する）（文章や絵や映像などに）ありさまを、生き生きとえがきだすこと。例古代精神を―する。
【活社会】カッシャカイ 活動している、現実の社会。類実社会。
【活人】カツジン ①〔死人に対して〕生きて活動している人。②人を生かすこと。例―剣。―の法（＝医術）。
【活人画】カツジンガ 〔生きた人間を用いる絵、という意〕名画や、歴史や文学で有名な場面の絵などを背景とし、その前に扮装した人物が静止して、一枚の絵のように見せるもの。

【活水】カッスイ ①流れている水。流水。②キリスト教で、洗礼のとき頭にそそぐ水。

【活性化】カッセイカ（名・する）①〔化〕物質の原子や分子が、光や熱などのエネルギーを吸収して、化学反応を起こしやすい状態になること。②組織や人間関係などにしげきをあたえて、動きや反応を活発にすること。例社内の―をはかる。

【活性炭】カッセイタン 表面に小さなあながたくさんあいていて、色素やガスなどを吸いとる性質の強い、炭素質の物質。例冷蔵庫の脱臭剤ダッシュウザイには―が用いられている。

【活栓】カッセン（動く栓の意）パイプなどにとりつけ、液体や気体の流れを調節する栓。コック。

【活塞】カッソク ピストンのこと。蒸気機関やポンプなどの筒つつにはめこまれ、往復運動をする栓セン。

【活断層】カツダンソウ 新生代に活動したことがあり、今後も活動する可能性のある断層。

【活動】カツドウ 一（名・する）①生き生きと元気よくはたらくこと。例精力的に―する。②そのもの本来のはたらきをすること。例火山―。二（名）「活動写真」の略。

【活動写真】カツドウシャシン（生き生きと動く写真の意）「映画」の古い言い方。活動。

【活発】カッパツ（名・形動ナ）行動や精神が生き生きとして活気のあること。例―に発言する。表記 旧活▼潑

【活版】カッパン 活字を組み、行間や字間をととのえて作った、印刷用の版。また、それで印刷したもの。例―印刷。

【活弁】カツベン 「活動写真弁士」の略。無声映画のスクリーンのわきにいて、場面の説明や登場人物のせりふの代弁をする人。また、その話芸。表記 旧活▼辯

【活▼惚】かっぽれ〔あて字〕江戸えど時代末から明治時代にかけて流行した俗謡ゾクヨウと、その踊おどり。「かっぽれ、かっぽれ、甘茶あまちゃでかっぽれ」とはやしながら、歌ったり踊ったりした。

【活躍】カツヤク（名・する）役目にふさわしい、めざましい活動をして、成果をあげること。例日本代表として―する。

【活用】カツヨウ（名・する）①そのものの特質をうまく生かして、利用すること。例語学力を―する。②文法で、単語が、文中での文法上のはたらきや、語の続き方に応じて、規則的に語形が変わること。たとえば、「書く」は、「書か・書き・書く・書け」と変化する。例形容詞の―。

【活用形】カツヨウケイ 文法で、活用語が活用したときのそれぞれの語形。口語では、未然形・連用形・終止形・連体形・仮定形・命令形の六種。〔文語では、仮定形が已然イゼン形になる〕

【活用語】カツヨウゴ 文法で、単語のうち活用するもの。日本語では、動詞・形容詞・形容動詞・助動詞。

【活力】カツリョク はたらき、動くために必要な、肉体的・精神的エネルギー。精力。バイタリティー。例―にあふれる。―の源みなもと。

【活路】カツロ ①行きづまったところからぬけ出して、生きのびていく方法。例―を開く。②生活のかてを得る手段。類生計。例―を見いだす。―をたたれる。

○●快活カイカツ・死活シカツ・自活ジカツ・生活セイカツ・復活フッカツ

【洶】

氵6 9画 6208 6D36 音キョウ漢 訓わきでーる・わーく

意味 水がわきあがるようす。わきでる。わく。例洶涌キョウヨウ（＝水がわきあがる。波立つ）。

【洫】

氵6 9画 6209 6D2B 音キョク漢 訓みぞ

意味 ❶水田の用水路。みぞ。例溝洫コウキョク。❷城壁ジョウヘキの周囲の堀ほり。ほり。

【洪】

氵6 9画 2531 6D2A 常用 音コウ漢 訓おおみず

筆順 氵 氵 氵 汁 汫 洪 洪 洪 洪

なりたち 〔形声〕「氵（＝みず）」と、音「共キョウ→コウ」とから成る。おおみず。

意味 ❶河川カセンが氾濫ハンランすること。おおみず。例洪水コウズイ。❷おおらかな。りっぱな。おおきい。例洪恩コウオン。洪業コウギョウ。

人名 おお・ひろ・ひろし

【洪恩】コウオン 大きなめぐみ。大恩。表記「▼鴻恩」とも書く。

【洪業】コウギョウ 偉大イダイな事業。とくに、帝王テイオウとしてのすぐれた業績。大業。類鴻業コウギョウ。例聖徳ショウトク太子の―をしのぶ。

【洪勲】コウクン 大きなてがら。類偉勲イクン。

【洪水】コウズイ ①大雨などによって、川の水があふれること。おおみず。例―で土手が切れる。②たくさんのものが、一時にあふれ出るようすのたとえ。例車の―。光の―。

【洪積世】コウセキセイ ⇩【更新世】コウシンセイ（498ページ）

【洪図】コウト 大きな計画。鴻図コウト。

【洸】

氵6 9画 6211 6D38 人名 音コウ漢

なりたち 〔会意〕「氵（＝みず）」と「光コ（＝ひかる）」とから成る。水がゆれて光る。借りて「勇ましいようす」の意。

意味 ❶水がさかんにわきたつようす。また、勇ましいようす。例洸洸コウコウ。❷水が深くて広いようす。例洸洋コウヨウ（＝水を深くたたえて広いようす）。❸「洸惚コウコツ」は、ぼうっとして、はっきりしないようす。

人名 たかし・たけし・ひかる・ひろ・ひろし・ふかし・みつ・みつる

【洽】

氵6 9画 6210 6D3D 音コウ漢 訓うるおーす・あまねーし

意味 ❶水分がじゅうぶんにゆきわたる。うるおう。うるおす。例洽汗コウカン（＝びっしょりとあせをかく）。❷広くゆきわたる。全体をおおう。あまねし。例洽博コウハク。❸やわらぐ。やわらげる。調和する。例洽和コウワ（＝うちとけて心がやわらぐ）。

【洽博】コウハク（名・形動ナ）知識や学問が広く、ものごとによく通じていること。例万事バンジにつけて―な知識をもつ。

【洽覧】コウラン 書物を広く読むこと。類博覧。

【洙】

氵6 9画 6212 6D19 音シュ漢

意味 川の名。洙水シュスイ。例洙泗シュシ（＝洙水と泗水。泗洙）。

【洲】

氵6 9画 2907 6D32 人名 音シュウ漢 シュ呉 訓しま・す

なりたち 〔形声〕「氵（＝みず）」と、音「州シュウ」とから成る。川のなかす。

参考「州」の別体字。

意味 ❶川の中に土砂ドシャがたまってできた小島。なかす。す。例砂洲サス。❷大陸。くに。しま。例五大洲ゴダイシュウ。

表記 現代表記では、「州シュウ」に書きかえることがある。熟語は「州」（332ページ）を参照。

【洵】

氵6 9画 6213 6D35 人名 音シュン漢 ジュン呉 訓まことーに

人名 くに・ひろ・ひろし

なりたち [形声]「氵(＝みず)」と、音「旬」とから成る。川の名。借りて「まことに」の意。
意味 ほんとうに。まったく。まことに。同恂。
人名 のぶ・まこと・ひとし

氵6 【洳】 9画 6214 6D33 音ジョ漢
意味 ❶低湿地。❷川の名。洳河。

氵6 【浄】 9画 3084 6D44 常用 音セイ漢ジョウ呉 訓きよ-い
筆順 氵 氵 氵 氵 氵 氵 浄 浄 浄

氵8 【淨】 11画 6238 6DE8 人名
なりたち [形声]「氵(＝みず)」と、音「爭」とから成る。魯の国の北側の城門にある池。借りて「きよい」の意。
意味 ❶けがれがない。きよい。例浄財。清浄。❷きれいにする。きよめる。例浄化。自浄。洗浄。
人名 きよ・きよし・きよみ・きよむ・しず・しずか

【浄域】①〔仏〕「浄土」に同じ。②寺院や神社など、清浄に保つべき場所。また、清浄に保っているところ。浄界。

【浄▽衣】〔「ジョウイ」とも〕神事や祭り、また葬式など、宗教的な行事をつかさどる人が着る、白い色の着物。

【浄化】(名・する)①よごれを取り除いて清潔にすること。例—槽。魂の—。②不正や害悪を取り除くこと。例政界を—する。

【浄界】〔「界」は、境界の意〕「浄域②」に同じ。

【浄財】社寺または社会事業などに寄付するお金。〔寄付を受ける側で使うことば〕例広く—を集める。

【浄書】(名・する)下書きを、きれいに書き直すこと。類清書。例原稿を—する。

【浄土】〔仏〕仏や菩薩が住むという、罪悪や迷いのない清らかな世界。とくに、阿弥陀如来のいる西方極楽浄土を指す。

【浄土宗】〔仏〕平安末期、法然が開いた仏教の一派。「南無阿弥陀仏」という名号(＝念仏)をとなえれば極楽浄土に往生できる、と説く。

【浄土真宗】〔仏〕鎌倉時代に浄土宗から分かれて、親鸞が開いた仏教の一派。阿弥陀仏を信じさえすれば、弥陀の本願によって極楽往生できる、と説いた。真宗。

【浄▼玻璃】〔「玻璃」は、七宝の一つ。水晶〕①くもりのない水晶。②「浄玻璃鏡」の略。

【浄▼玻璃鏡】〔仏〕地獄の閻魔の庁にある鏡。死者の生前のおこないのすべてを、うつし出すという。

【浄福】①俗事をまったく忘れて感じる幸福。②信仰によって得られる精神的な幸せ。例—に満ちる。

【浄瑠璃】〔「瑠璃」は、七宝の一つ。紺色の玉〕①〔仏〕清くすきとおった瑠璃。②日本の伝統芸能の一つ。三味線で伴奏し、人形芝居に合わせて語る音曲。→【義太夫】(802ページ)
●自浄・清浄・洗浄・不浄

氵6 【津】 9画 3637 6D25 常用 音シン漢 訓つ
筆順 氵 氵 氵 氵 氵 氵 津 津 津
なりたち [形声]「氵(＝みず)」と、音「聿」とから成る。川などの渡し場。
意味 ❶わたし場。ふなつき場。つ。例津頭(＝わたし場)。❷水がしみでる。うるおう。あふれる。例津液。津津。❸天津市の別の呼び方。
難読 口津
人名 ず・ひろ・ひろし・わたり・わたる

【津液】①つばき。つば。唾液。②体内に流れる血液や唾液などを、まとめていうことば。体液。

【津津】(形動タル)さかんにわき出るようす。例興味—。—として興味は尽きない。

【津▼梁】①わたし場や橋。川をわたるのに必要なもの。②橋わたしをするもの。手引き。つて。

【津を問う】川のわたし場をたずねる。転じて、学問などへの導きを願うことをいう。問津。〈論語〉

【津津浦浦】全国いたるところ。例全国—に鳴りひびく。

【津波】地震や高潮などによって、急激に海岸におしよせてくる高い波。例—警報。表記「津▽浪」とも書く。

氵6 【洒】 9画 6215 6D12 音㊀セイ漢サイ呉 ㊁サイ漢シャ呉 訓あら-う・そそ-ぐ
意味 ㊀水をそそいできよめる。あらう。例洒濯(＝洗濯する)。㊁❶水をまく。そそぐ。例洒掃(＝水をまき、ほうきではくこと)。❷自然で、こだわりがない。さっぱりしている。例洒然。洒脱。洒落。
参考 古くから「灑」と通じて用いられている。

【洒洒落落】(形動タル)気持ちや態度がさっぱりとしていて、こだわりのないようす。〔洒落を強めていうことば〕例—とした言動。

【洒然】(形動タル)①水などが降りそそぐようす。例風雨—として衣服にそそぐ。②わだかまりがなく気持ちや趣味がさっぱりとしているようす。例—として笑うのみ。

【洒脱】(名・形動ダ)さっぱりして、あかぬけていること。例軽妙—な人。

【洒落】㊀(名・形動ダ)性質がさっぱりして、わだかまりがないこと。㊁〔あて字。動詞「戯る」の名詞形〕①似た音を使って人を笑わせる、ことばのあそび。また、気のきいた冗談。例駄—。—をとばす。②趣味がよく、あかぬけていること。おしゃれ。例—者。

氵6 【浅】 9画 3285 6D45 教育4 音セン漢呉 訓あさ-い
筆順 氵 氵 氵 氵 氵 浅 浅 浅 浅

氵8 【淺】 11画 6241 6DFA
なりたち [形声]「氵(＝みず)」と、音「戔」とから成る。深くない。
意味 ❶水が少ない。底がふかくない。あさい。対深。例浅海。深浅。❷知識や考えがたりない。あさはか。例浅学。浅薄。浅慮。❸あっさりした。わずかな。例浅酌。浅春。❹色がうすい。あわい。例浅紅(＝うすくれない)。浅緑。
人名 あさ・あさし

【浅▼葱】うすい青や緑。また、その中間の色。例—色の着物姿。

【浅▼茅】まばらに生えたチガヤ。また、背のひくいチガヤ。例

—が宿(=チガヤの生えているような、手入れのゆきとどかない家)。

【浅瀬】あさせ 川や海で、水の深くないところ。例—をわたる。

【浅知恵】あさぢえ あさはかな考え。へたな思いつき。表記 旧浅▼智▼慧

【浅手】あさで 軽いけが。軽傷。対深手。例—を負う。表記「浅▽傷」とも書く。

【浅▼蜊】あさり 浅い海底の砂地にすむ二枚貝。食用となる。

【浅海】センカイ 深くない海。ふつう、海岸から水深二〇〇メートルくらいまでのところをいう。対深海。

【浅学】センガク ①学問についてじゅうぶんな知識をもたないこと。②自分の学識をへりくだっていうことば。例—非才。

【浅見】センケン（名・形動ダ）①考えがあさはかなこと。類愚見・管見。②自分の考えや見識を、へりくだっていうことば。

【浅才】センサイ ①才能がおとっていること。②自分の才能をへりくだっていうことば。類短才。例—をはじる。

【浅酌】センシャク（名・する）ほどよく酒を飲んで楽しむこと。例—低唱(=ほろよい気分で、小声で歌を口ずさむこと)。

【浅春】センシュン 春のはじめ。類早春。

【浅薄】センパク（名・形動ダ）知識や考えが足りないこと。また、趣味などが表面をかざるだけで、深みがないこと。あさはか。例—な人物。学識の—を暴露する。

【浅膚】センプ（名・形動ダ）〔「膚」は、うわべだけの意〕あさはかなこと。類浅薄。例—な見識。

【浅慮】センリョ 深い考えがないこと。考えが足りないこと。類短慮。対深慮。例私の—から思わぬ失敗を招いた。

【浅劣】センレツ（名・形動ダ）知識や能力がふじゅうぶんで、おとっていること。例学識も修養も—で、語るに足りない。

氵6

【洗】

9画 3286 6D17 教育6 音セン 慣セイ 漢サイ・セイ 呉 訓あら-う・あら-い

筆順 氵 氵 氵 汁 汫 泮 洗

なりたち [形声]「氵(=みず)」と、音「先セ」とから成る。足をあらいきよめる。

意味 水でよごれをおとす。けがれをとりのぞく。すすぐ。あらう。例洗濯。水洗。

日本語での用法 一《あらい》コイやコチなどの魚の身をうすく切り、冷水や氷にさらして身をしめたもの。「鯉の洗い」 二《あらう》よく調べる。「身元を洗う」

難読 手洗たらい・御手洗みたらし・みたらい

人名 きよ・きよし

【洗眼】センガン（名・する）①（治療などのために）目を洗うこと。②美しいものを見て、目を楽しませること。

【洗顔】センガン（名・する）顔を洗うこと。類洗面。例—用のせっけん。

【洗剤】センザイ 食器や衣服を洗うとき、よごれがよく落ちるように用いる薬剤。例合成—。

【洗耳】センジ 世俗的な名誉を、けがれたものとすることのたとえ。潁水に耳を洗う。〔中国古代、尭帝が許由に「天下をゆずろう」と言ったとき、許由は「けがれたことを聞いた」と、潁水(=川の名)で耳を洗ったという故事から〕

【洗車】センシャ（名・する）車のよごれを洗い落とすこと。

【洗浄】センジョウ（名・する）よごれや有害なものを洗い落として、きれいにすること。例胃を—する。表記 旧洗▼滌 →【洗滌】

【洗心】センシン 心のけがれを洗いきよめること。類改心。例—革面(=心を入れかえ、あやまちを改めること)。

【洗足】センソク・センゾク（名・する）①足のよごれを洗い落とすこと。また、そのための湯や水。②俗世間からのがれること。

【洗濯】センタク（名・する）①衣服などのよごれを洗い落とすこと。例—機。②よごれやつかれなどをとりさること。例命の—(=精神的に生きかえること)。

【洗▼滌】センデキ〔誤って「センジョウ」と読む。「滌」は、洗いすすぐ意〕洗い清めること。表記 現洗浄

【洗脳】センノウ（名・する）人工的・強制的に、人の思想や考え方を、まったく異なったものに変えてしまうこと。

【洗髪】センパツ（名・する）かみの毛を洗うこと。

【洗米】センマイ 神前の供え物として用いる、水で洗った米。類饌米。

【洗面】センメン（名・する）顔を洗うこと。また、歯をみがき、ひげをそるなど、身だしなみを整えることにもいう。例—所。

【洗礼】センレイ ①キリスト教で、信徒となるときの儀式。頭に水をそそぐ、または、からだを水にひたす。バプテスマ。例—を受ける。②まったく新しいものにふれること。また、きびしい体験をすること。例西洋思想の—。

【洗練】センレン（名・する）①詩や文章を、よりよいものにすること。例文章を—する。②人格や感覚、また趣味などを、あかぬけたものにすること。例—された服装。表記▽古くは「洗▼煉」とも書いた。

氵6

【洞】

9画 3822 6D1E 常用 音トウ 漢ドウ 呉 訓ほら・うつろ

筆順 氵 氵 汩 汩 洞 洞 洞

なりたち [形声]「氵(=みず)」と、音「同トウ」とから成る。はやく流れる。派生して「つらぬく」。また「ほらあな」の意。

意味 ❶中がうつろな穴。ほらあな。ほら。例洞窟。空洞。鍾乳洞。❷つらぬく。つきとおす。深く見とおす。例洞見。洞察。

難読 雪洞ぼんぼり

人名 あき・あきら・とおる・ひろ

【洞窟】ドウクツ 地中や山の斜面にできた穴。おくゆきが深く、行き来ができるような、ほらあな。類洞穴。例—壁画。

【洞穴】ドウケツ ほらあな。類洞窟。例—を探検する。

【洞見】ドウケン（名・する）ものごとの先まで見通すこと。また、本質や真実を見ぬくこと。類洞察。例早くから今日を—していた。

【洞察】ドウサツ（名・する）ものごとの将来を見通したり、表面にあらわれない本質や真実を、するどく見ぬくこと。類洞見。例—力。人間心理を—する。

【洞庭湖】ドウテイコ 湖南省北部にあり、長江に連なる中国の大湖。岳陽楼などで知られる名勝の地。

【洞門】ドウモン ほらあな。また、ほらあなの入り口。

●空洞・雪洞・風洞

氵6

【派】

9画 3941 6D3E 教育6 音ハ 慣ハイ 漢

筆順 氵 氵 氵 汀 沂 沠 派 派

なりたち [会意]「氵(=みず)」と「𠂢(=分かれて流れる)」とから成る。分かれて流れる水。

意味 ❶川の支流。また、わかれ出たもの。例派生。分派。流派。❷立場や考え方を同じくするグループ。例

派閥。右派。党派。派兵。特派員。❸つかわす。さしむける。例派遣

人名 また

【派遣】(名・する)ある仕事や任務のために、人をさし向けること。例国際会議に代表を―する。人材―。

【派遣社員】人材派遣会社と雇用契約を結び、派遣先の会社の指揮命令を受けて働く社員。派遣労働者。

【派出】(名・する)仕事のある場所に、人をさし向けること。類派遣。

【派出所】①本部からさし向けられた人が、仕事をする場所。②町の中に設けられた、警官の勤務するところ。現在は交番と呼ばれる。参考「駐在所」は、家族とともに居住しながら警官が勤務する。

【派出婦】所属の派出婦会から家庭に出張し、家事などを手伝う職業の女性。

【派生】(名・する)元から分かれて、別のものとして新たに生まれてくること。例新たな問題が―する。

【派手】(名・形動)①服装や化粧などがはなやかで、人目をひくこと。例―な柄のシャツ。②行動や態度がおおげさで人の注意をひくこと。例―に金を使う。▽対地味。

【派閥】ある集団全体を自分たちに有利に動かすために、考えや利益を同じくする人たちがつくる、排他的な集まり。例―抗争。政党の―。

【派兵】(名・する)軍隊をさし向けること。類出兵。対撤兵。例国連軍を―する。

●一派・右派・会派・学派・硬派・左派・宗派・新派・党派・分派・立派・流派

氵6 【洋】 9画 4546 6D0B 教育3 音ヨウ漢

筆順

なりたち [形声]「氵(=みず)」と、音「羊(ヨウ)」とから成る。川の名。借りて「広いうみ」の意。

意味 ❶大きなうみ。広いうみ。なだ。例洋上。遠洋。海洋。❷広々とひろがる。満ちあふれる。例洋洋。茫洋。❸世界を東西の二つに分けたそれぞれ。例西洋。東洋。❹外国。とくに、西洋。例洋式。

難読 洋袴・洋琴

人名 あき・あきら・うみ・おおみ・きよ・くに・なみ・ひろ・ひろし・ふかし・み・みつ・やす・ゆたか

【洋画】①西洋で発達した材料や技法でえがく絵。油絵をはじめ水彩やパステル、その他がある。対日本画。②欧米で作られる映画。対邦画。

【洋学】江戸時代、和学・国学・儒学・漢学などに対していう、西洋の科学技術や言語・文学・思想などについての学問。対漢学・和学。例―者。

【洋楽】西洋の音楽。対邦楽。

【洋傘】西洋式のかさ。こうもりがさやパラソルなど。

【洋菓子】西洋風の材料や作り方でできた菓子。ケーキやシュークリームなど。対和菓子。

【洋楽器】西洋音楽を演奏する楽器。対和楽器。

【洋館】西洋風の建て方をした建物。西洋館。

【洋弓】西洋式の弓。また、それによる競技。アーチェリー。対和弓。

【洋琴】ピアノ。〔明治・大正期に用いられた翻訳語〕

【洋犬】西洋種のイヌ。シェパードやテリアなど。対和犬。

【洋行】(名・する)(視察・留学・遊覧などの目的で)西洋やアメリカに行くこと。

【洋才】西洋の学問や技術を使いこなす能力。例和魂―。

【洋裁】洋服をデザインしたり、ぬったりすること。対和裁。

【洋紙】本や新聞、包装紙などに使われる紙。パルプを原料にし、機械で作られる。対和紙。

【洋式】西洋風のやり方や使い方。また、西洋の様式。類洋風。対和式・日本式。例―便所。―の生活。

【洋室】西洋風のつくりの部屋。洋間。対和室。

【洋酒】西洋式の作り方でできた酒。ワイン・ウイスキー・ブランデーなど。対日本酒。

【洋種】(動物や植物などで)西洋を原産地とするもの。また、その系統。対在来種・国産種。

【洋書】外国で出版され、ふつう外国語で書かれた本。対和書。

【洋上】海の上。海の水面。海上。例―補給。

【洋食】西洋風の食事。西洋料理。対和食。例―屋。

【洋装】(名・する)①西洋風の服装をすること。②西洋式の製本のしかた。洋とじ。例―本。▽対和装。

【洋品】西洋風の衣類。ネクタイやハンカチなどの付属品をふくめていう。例―店。

【洋舞】バレエやダンスなど、西洋のおどり。また、西洋風の舞踏芸術を広くいうことば。対日舞。

【洋風】(名・形動)西洋風。対和風。例―建築。

【洋服】西洋式の衣服。対和服。

【洋本】①西洋風の書物。洋書。②西洋式のとじ方でつくられた本。洋とじ。対和本。

【洋間】西洋風の建て方をした部屋。洋室。対日本間。

【洋洋】(形動タル)①水が果てしなく広がっているようす。例―たる大河。②眺望が広く開けているようす。例前途―(=将来が希望に満ちているようす)。

●遠洋・海洋・西洋・大洋・東洋・南洋・北洋・和洋

氵6 【洛】 9画 4576 6D1B 人名 音ラク漢呉

意味 ❶川の名。黄河の支流、洛水(=洛河)のこと。例洛書。❷古都、洛陽。例洛外。洛中。

日本語での用法 《ラク》京都。「洛中洛外図・洛北の秋・上洛」

【洛外】①洛陽の郊外。みやこの外。②(日本で)京都市の郊外。例洛中―。

【洛書】禹の時代、洛水からあらわれた亀の甲羅にかかれていたという、九つの模様。→【河図洛書】(583ページ)

【洛中】①洛陽の市中。みやこの中。②(日本で)京都の市中。

【洛陽】①河南省の都市。東周・後漢・魏・西晋・北魏などの都が置かれた。古名、洛邑。②(日本で)みやこ。とくに平安京、すなわち京都の別名。

【洛陽の紙価▽貴し】出版した本がよく売れることをいう。〔晋の左思が「三都賦」を作ったとき、洛陽の人々がこぞってこれを書き写したために、紙の値段が高くなったという故事による〕〈晋書〉

氵6 【洌】 9画 6216 6D0C 音レツ漢 訓きよ-い・つめ-たい

意味 ❶きよい。きよらか。❷さむい。つめたい。同冽。例清洌。

[水(氵・氺)部] 6画 洋洛洌

4画

氵6 【派】9画 ⇩【派】ハ(593ページ)

氵7 【浦】10画 1726 6D66 常用 音ホ漢 フ呉 訓うら

筆順 氵 氵 汀 汀 沔 洞 浦 浦

なりたち [形声]「氵(=みず)」と、音「甫フ→ホ」とから成る。水ぎわ。

意味 海や川などのほとり。うら。例浦辺(=水べ)。

日本語での用法《うら》海や湖が陸地にはいりこんだところ。「田子の浦・津津浦浦」

人名 ら

【浦風】うらかぜ 海岸をふく風。

氵7 【浣】10画 6217 6D63 音カン漢 訓あら-う・すす-ぐ

氵13 【澣】16画 6321 6FA3 別体字

意味 ❶衣服や身体のよごれをおとす。すすぐ。あらう。例浣衣。浣腸。❷十日間。〔唐代、官吏に十日ごとに沐浴のための休日をあたえた制度から〕例下浣(=下旬)。

【浣衣】カンイ 衣服を洗うこと。

【浣腸】カンチョウ (名・する)〔医〕肛門から薬液を腸の中に送りこんで、あらうこと。表記「▼灌腸」とも書く。

氵7 【涓】10画 6218 6D93 音ケン漢 訓えら-ぶ・たまりみず

意味 ❶わずかに流れる水。また、細く流れるようす。わずかなようす。例涓涓。涓滴。涓流。❷清らかな。❸清掃する。例涓人。❹選択する。えらぶ。

【涓涓】ケンケン (形動タル)①水が細く流れるようす。ちょろちょろと流れるようす。②清らかなようす。

【涓人】ケンジン 宮中の奥に入ってそうじをする人。宦官がこの仕事をする場合が多かったので、宦官を指すこともある。

【涓滴】ケンテキ ①ぽとりぽとりと水がしたたること。②しずく。一滴の水。③微細なこと。

【涓流】ケンリュウ ①細い水流。②微小なこと。

氵7 【浩】10画 2532 6D69 人名 音コウ漢呉 訓ひろ-い・おお-きい

氵7 【浩】10画 2F903

なりたち [形声]「氵(=みず)」と、音「告コ」とから成る。ひろい。

意味 ゆたかで多い。ひろびろとしている。ひろい。おおきい。例浩恩。浩瀚。浩然。

人名 あき・おおい・きよし・たか・たかし・つぐ・ひろ・ひろし・ゆたか

【浩恩】コウオン (主君や帝王の)大きなめぐみ。類大恩・鴻恩・洪恩。例―に浴する。

【浩▼瀚】コウカン (名・形動ダ)〔「瀚」も、広い意〕①広くて大きいこと。量が多いこと。②本のページ数や巻数が多いこと。例―な書物。

【浩浩】コウコウ (形動タル)①ひろびろとしたようす。②水が豊かに広がっているようす。例―たる海原。

【浩然】コウゼン (形動タル)①水が豊かに流れるようす。②広大なようす。広くゆったりしているようす。

【浩然の気】コウゼンのキ 天地の間に満ちている大きく強い気。転じて、自然と一体になった、のびやかで解放された気持ち。〈孟子〉例―を養う。

氵7 【浤】10画 6219 6D64 音コウ漢 訓わ-く

意味「浤浤」は、激しく波立つようす。

氵7 【浚】10画 6220 6D5A 音シュン漢 訓さら-う

意味 水底にたまったどろをとりさって、深くする。さらう。例浚渫。井戸浚え。溝浚え。

日本語での用法《さらい・さらう》復習する。「お浚い・教わったところを浚う」

【浚▼渫】シュンセツ (名・する)川や港などのどろをさらって、水深を深くすること。例―船。河口を―する。

氵7 【消】10画 3035 6D88 教育3 音ショウ漢呉 訓き-える・け-す

筆順 氵 氵 氵 氵 氵 消 消 消

なりたち [形声]「氵(=みず)」と、音「肖ショ」とから成る。きえうせる。

意味 ❶なくなる。ほろびる。おとろえる。きえる。例消失。消滅。解消。❷なくす。へらす。つかいはたす。けす。例消火。消却。消費。❸とりのぞく。しのぐ。例消夏。消暑。❹月日をおくる。すごす。例消光。消日(=日をくらす)。

【消印】ショウイン けしいん 郵便物や切手・印紙・証紙などが、受け付け済み、または使用済みであることを示す日付印。

【消炎】ショウエン 炎症をおさえること。例―剤。

【消音】ショウオン (名・する)音を小さくすること。または、音が外部にもれないようにすること。例―装置。

【消化】ショウカ (名・する)①食べたものを養分として吸収しやすくすること。例―のいい食べ物。②知識などを完全に理解し身につけること。例講義の内容を―する。③ものごとを処理したり、使ってしまったりすること。例休日返上で仕事を―する。

【消火】ショウカ (名・する)火を消すこと。火事を消し止めること。例―器。発見しだい、すぐに―する。

【消夏】ショウカ 夏の暑さをしのぐこと。暑さよけ。消暑。例―法を考える。表記 ⑭▼銷夏

【消閑】ショウカン ひまをつぶすこと。たいくつしのぎ。例―の具(=ひまつぶしの遊び)。

【消却】ショウキャク (名・する)①消してしまうこと。例名簿から名前を―する。②使ってしまうこと。類消費。例予算を―する。表記 ▽⑭▼銷却

【消去】ショウキョ (名・する)消えてなくなること。また、消してなくすこと。例記録を―する。

【消去法】ショウキョホウ 条件に合わないものや未知のものを、次々と消し去っていき、最後に適正なものを得ようとする方法。

【消極的】ショウキョクテキ (形動ダ)進んで取り組もうとしないようす。保守的で、否定的なようす。対積極的。例―な性格。

【消光】ショウコウ (名・する)〔「光」は光陰で、時間の意〕月日を送ること。日を過ごすこと。類消日。例一日を愉快に

—した。為すこともなく—するのみ。

【消散】ショウサン（名・する）消えてなくなること。例疑いがすっかり—した。

【消失】ショウシツ（名・する）①消えてなくなること。例痛みは—した。②（権利などを）失ってしまうこと。例所有権を—した。

【消暑】ショウショ 夏の暑さをしのぐこと。消夏。表記 旧▼銷暑

【消尽】ショウジン（名・する）すっかり使いはたしてしまうこと。例財産を—する。

【消息】ショウソク ①安否についての知らせ。連絡。例—を絶つ。②現在の状況についての情報。動静。例—不明。政界の—。③手紙。例—文。

【消息筋】ショウソクすじ ある方面の状況や情報にくわしい人や機関。例—では会談の成立を予測している。

【消息通】ショウソクツウ ある方面の状況や情報をよく知っている人。例かれは芸能界の—だ。

【消長】ショウチョウ（名・する）おとろえたり、さかんになったりすること。類盛衰。例勢力の—。

【消沈】ショウチン（名・する）気持ちがしずんで、元気がなくなること。例意気—する。表記 旧▼銷沈

【消灯】ショウトウ（名・する）明かりを消すこと。対点灯。例—時刻。ねる前に必ず—する。

【消毒】ショウドク（名・する）薬や熱などで病原菌を殺すこと。例日光—。傷口を—する。

【消費】ショウヒ（名・する）①物や時間やエネルギーなどを使って、減らすこと。例資源を—する。②〔経〕欲望を満たすために、物やサービスを手に入れること。例—者。▽対生産。

【消防】ショウボウ ①火事を消したり、予防したりすること。救急や水害などに関する活動もおこなう。②消防官や消防隊など、消防を仕事とする人や機関。例すぐ—がかけつけた。

【消滅】ショウメツ（名・する）消えてなくなること。例権利の—。

【消耗】ショウモウ（名・する）〔本来は「ショウコウ」と読む〕①使って減らすこと。使って減ること。例—品。②体力や精神力などを使いはたすこと。例心身ともに—する。

●雲散霧消ウンサンムショウ・解消カイショウ・費消ヒショウ・抹消マッショウ

氵7 【浹】 10画 6221 6D79 音ショウ漢 訓あまね-し・うるお-う・うるお-す・とお-る

意味 ❶ぬれて、しみとおる。広くゆきわたる。うるおす。うるおう。❷うちとける。例浹和ショウワ。❸ひとめぐりする。めぐる。例浹旬ショウジュン（=十日間）。❹貫通カンツウする。とおる。

【浹和】ショウワ（名・する）うちとけること。浹洽ショウコウ。

[水（氵・氺）部] 7画 浹 浸 浙 涎 涕 涅 浜

氵7 【浸】 10画 3127 6D78 常用 音シン漢呉 訓ひた-す・ひた-る・つ-かる・つ-ける・つ-く

筆順 丶 冫 氵 氵 氵 浔 浔 浸 浸

なりたち [形声]「氵（=みず）」と、音「㑴シン」とから成る。川の名。借りて「ひたす」の意。

意味 ❶水の中につかる。つける。ひたる。ひたす。例浸水シンスイ。❷水がしみこむ。じわじわと中にはいりこむ。例浸食シンショク。浸透シントウ。浸入シンニュウ。❸少しずつ。しだいに。だんだん。例浸漸シンゼン（=しだいに事態がすすんでいく）。

人名 すすむ

【浸出】シンシュツ（名・する）固体を液体の中にひたして、その成分をとけ出させること。例—液。

【浸潤】シンジュン（名・する）①液体がしみこんで全体にゆきわたること。にじむこと。②思想や風習が広まること。③〔医〕炎症などの病変部が周囲に広がっていくこと。

【浸食】シンショク（名・する）風や水の力で陸地や岩石がけずられること。例—作用。表記 旧浸▼蝕 参考 理科用語では「侵食」と書く。

【浸水】シンスイ（名・する）①水につかること。例床上ゆかうえ—。②水がはいりこむこと。また、その水。例船首に—した。

【浸染】シンセン・シンゼン（名・する）①しみこんでそまること。②思想などに感化されること。③布や糸を染料にひたして、色をつけること。例—法。

【浸透】シントウ（名・する）①液体がしみとおること。例—圧。②思想や考え方などが広まっていくこと。例ようやく改革案が—してきた。表記 ▽旧▼滲透

【浸入】シンニュウ（名・する）水が建物や土地にはいりこむこと。例家の中に濁水ダクスイが—してきた。

氵7 【浙】 10画 6222 6D59 音セツ漢

意味 ❶川の名。例浙江セッコウ。❷「浙江省セッコウショウ」の略。例浙東セットウ（=浙江より東のほう）。

【浙江】セッコウ ①銭塘江セントウコウの別名。②浙江省。浙江流域で、春秋時代の越エツの地。

氵7 【涎】 10画 6223 6D8E 音セン漢ゼン呉 訓よだれ

意味 つば。唾液ダエキ。よだれ。例垂涎スイゼン。流涎リュウゼン。

氵7 【涕】 10画 6224 6D95 音テイ漢呉 訓なみだ・な-く

意味 なみだ。また、なみだを流してなく。例涕泣テイキュウ。流涕リュウテイ。

【涕泣】テイキュウ（名・する）なみだを流してなくこと。例—して袖そでをぬらす。

【涕▼泗】テイシ 〔「泗」は、はなみずの意〕なみだ。例軒ケンに憑よりて—流る（=高楼コウロウの手すりによりかかっていると、なみだがあふれ出るのをとめられない）。〈杜甫トホ・登二岳陽楼一ガクヨウロウにのぼる〉

【涕涙】テイルイ なみだ。例—両頰リョウキョウをうるおす。

氵7 【涅】 10画 6226 6D85 音ネ慣デツ漢ネチ・ネツ呉

意味 ❶水底の黒いどろ。くろつち。黒い色。また、黒くそめる。例涅而不レ緇デッシテくろまず（=黒くそめても黒くならない）。〈論語ロンゴ〉❷梵語ボンゴの音訳。例涅槃ネハン。

難読 涅色くりいろ

【涅▼槃】ネハン〔仏〕〔梵語ボンゴの音訳〕①すべての迷いやなやみから解放された、安らぎの境地。さとりの世界。例—に入いる。②釈迦シャカの死。類入滅ニュウメツ・入寂ニュウジャク。例—図。

【涅▼槃会】ネハンエ〔仏〕釈迦シャカがなくなったとされる、陰暦インレキ二月十五日におこなわれる法会ホウエ。

氵7 【浜】 10画 4145 6D5C 常用 音A ヒン漢 B ホウ漢 訓はま

筆順 丶 冫 氵 氵 氵 汁 泞 泞 浜

A 氵14 【濱】 17画 6332 6FF1 B 氵7 【浜】 10画 4145 6D5C

なりたち A[濱][形声]「氵（=みず）」と、音「賓ヒン」とから成る。水ぎわ。B[浜][形声]「氵（=みず）」と、音「兵ヘイ→ホウ」とから成る。ほ

りわり。

意味 A[濱]❶水ぎわ。なみうちぎわ。はまべ。はま。例海浜（詩経）砂浜。❷地の果て。例率土の浜（=国の果て）。

B[浜]船が通行できる水路。ほりわり。

【浜▼荻】①海べに生えているオギ。②アシの別名。例難波の葦は伊勢の―（=同じものも、場所によって名前が変わる、ということわざ）。

【浜千鳥】浜べにいるチドリ。例波間に遊ぶ―。

【浜▼茄子】北日本の海岸に見られるバラ科の低木。初夏、赤い大きな花をつけ、実は食べられる。浜梨。玫瑰。

【浜辺】浜のあたり。海や湖の水ぎわ。例夏の―。

【浜防風】海岸の砂地に見られるセリ科の植物。根は太く長く、夏に白い小さな花がさく。

【浜▽木▽綿】暖かい地方の海岸の砂地に生える、ヒガンバナ科の植物。ハマオモト。夏にかおりのよい白い花がさく。

氵7 **【浮】** 10画 4166 6D6E 常用 音フウ漢 フ呉 訓う-く・う-かれる・う-かぶ・う-かべる 付表浮気・浮つく

筆順 丶 冫 氵 氵 氵 浮 浮

なりたち [形声]「氵(=みず)」と、音「孚フ→フ」とから成る。うく。

意味 ❶水面や空中にうきただよう。うかぶ。うかべる。対沈。例浮雲。浮沈。浮遊。❷よりどころがない。定めがない。例浮言。浮生。浮説。❸うわついた。軽々しい。実のない。例浮華。浮薄。

難読 浮雲い・浮言・浮腫・浮石・浮石糖・浮子・浮浪漢・浮標

人名 ちか

【浮き草】①水面にうかびただよう草。②生活が不安定でおちつかないことのたとえ。例―のような暮らし。表記①は「▼萍」とも書く。

【浮き名】恋愛や情事についてのうわさ。例―を流す。―が立つ。

【浮世絵】江戸時代に起こった風俗画。遊女や役者、名勝や宿場などがえがかれ、多くの版画がある。

【浮気】(名・する・形動ナ)①うわついていること。思慮に欠けること。例―な性格。②とくに男女関係において、誠実さに欠けてうつり気であること。例―者。

【浮雲】①空にただよっている雲。②不安定であてにならないもの。例―のような生活。

【浮華】(名・形動ナ)うわべだけははなやかで、実質がないこと。例風流は―に流れやすい。

【浮言】根拠がないことば。あてにならない話。類流言・浮説。例―にまどわされる。

【浮世】㊀無常で、はかないこの世。㊁【浮き世】①今、生きているこの人間世界。例―の義理。②つらいことの多い世間。はかないこの世。憂き世。例―の風。

【浮生】定めなく、はかない人生。例―は夢のごとし。

【浮説】根拠のないあやふやな説。いいかげんなうわさ。例巷間(=まちなか)の―。

【浮沈】(名・する)うくことしずむこと。また、栄えることとおとろえること。うきしずみ。例事業の―にかかわる。

【浮図】〔仏〕①仏陀。ほとけ。また、僧。②寺の塔。仏塔。表記▽「浮▼屠」とも書く。

【浮動】(名・する)①水にうかびただようこと。②おちつかず、ゆれうごくこと。例―する株式相場。

【浮動票】選挙のとき、投票する政党や候補者を、あらかじめ決めていない有権者の票。

【浮薄】(名・形動ナ)軽々しくて、他人に動かされやすいこと。いいかげんで移り気なこと。類軽薄・浅薄。例軽佻―(=軽はずみなこと)。

【浮評】根も葉もないうわさ。類浮説。例―を気にする。

【浮標】海にうかべてある標識。ブイ。

【浮木】水上にうかんでいる木。浮き木。例盲亀の―(=ひじょうにまれなことのたとえ)。

【浮遊】(名・する)水中や空中にうかび、ただよっていること。例プランクトンが―する。表記「浮▼游」とも書く。

【浮揚】(名・する)うかびあがること。うかびあがらせること。例景気が―する。

【浮力】〔物〕液体や気体が、その中にある物体を、うきあがらせるようにはたらく力。重力と反対の方向にはたらく。

【浮浪】(名・する)一定の住所や職業をもたず、あちこちさまよって生活すること。さすらうこと。例―人がたむろする。

氵7 **【浴】** 10画 4565 6D74 教育4 音ヨク漢呉 訓あ-びる・あ-びせる 付表浴衣

筆順 丶 冫 氵 氵 氵 浴 浴

なりたち [形声]「氵(=みず)」と、音「谷コク→ヨク」とから成る。からだに水をかけて、きよめる。

意味 ❶水や湯でからだをあらう。ふろにはいる。あびる。あびせる。例浴室。入浴。沐浴。❷(恩恵などを)こうむる。うける。例恩恵に浴する。

【浴衣】[「ゆかたびら」の略。もと、入浴するときに用いた]木綿で作られた単衣の着物。例―でくつろぐ。

【浴室】風呂場。類湯殿。

【浴場】①大きな風呂場。浴室。例大―。②風呂屋。湯屋。例公衆―(=銭湯)。

【浴槽】ふろおけ。ゆぶね。

【浴用】入浴するときに使うこと。例―せっけん。

●水浴・入浴

氵7 **【浬】** 10画 1929 6D6C 人名 音リ漢 訓かいり・ノット

意味 海上の距離をあらわす単位。海里。

日本語での用法《ノット》英語 knot の訳。一時間に一カイリ(一八五二メートル)進む船の速度。

氵7 **【流】** 10画 4614 6D41 教育3 音リュウ漢 ル呉 訓なが-れる・なが-す・ながれ

筆順 丶 冫 氵 汁 汁 浐 浐 流

なりたち [会意]「氵(=みず)」と「㐬(=だしぬけに出る)」とから成る。水がながれだす。

意味 ❶(水などが)ながれる。ながす。また、ながれ。例流出。流水。海流。❷ながれるようにすらすらと。なめらかな。例流暢。流麗。❸世の中に広まる。ゆきわたる。例流行。流転。流布。❹あてもなくさまよう。さすらう。例流離。流用。❺はずれる。それる。例流矢。流弾。❻完成せずにおわる。ながれる。例流会。流産。❼たしかなよりどころがない。いいかげんな。例流言。流説。❽(学問や芸術などの)系統。なかま。ながれ。また、それに固有のやり方。例流儀。流派。亜流。⑨等級や身分。例一流。二流。⑩刑罰として遠方へおくる。ながす。また、五刑(=笞・杖・徒・流・死)の一つ。島流しの刑。例流刑。流謫。遠流。

人名 しく・とも・はる

【▽流▽石】(副)〔「漱石枕流」の故事にもとづく、あて字〕①期待どおりに。例—、プロだね。②そうはいうもののやはり。例—につかれた。③あれほどの。さしもの。例—のかれもお手上げだ。→【石に漱ぎ流れに枕す】(713ページ)

【流し目】横目でちらりと視線を向けること。

【▽流▽鏑▽馬】ウマを走らせながら矢を射て、的に当てる競技。鎌倉時代に武士のあいだでさかんにおこなわれ、現在では神社の行事などとして残っている。

【流域】川の流れとその周辺の地域。例長江—。

【流下】(名・する)(上から下へ、または上流から下流へ)ながれくだること。例ミシシッピ川を—する。

【流会】(名・する)会合などが、とりやめになること。例定足数に足りなくて—となる。

【流汗】あせをかくこと。また、流れるあせ。例—淋漓(=あせがぽたぽたと流れ落ちるようす)。

【流感】「流行性感冒」の略。インフルエンザウイルスによって発病する伝染性のかぜ。

【流儀】①ものごとのやり方。例自分の—をおしとおす。②芸道や武道などで、その流派に伝えられてきた独特の作法やスタイル。例茶道の—。

【流血】①血が流れること。また、流れる血。②事故などで、人がけがをしたり死んだりすること。例—の惨事。

【流言】確かな根拠のないうわさ。デマ。類流説。例—におどらされる。

【流言飛語】世間に広まっている根拠のないうわさ。表記旧流言▼蜚語

【流行】(名・する)①服装や行動、ことばや思想などが、世間に急速に広まり、もてはやされること。例—おくれ。—を追う。②〔医〕伝染性の病気で、ある地域に同時にたくさんの患者がでること。例インフルエンザの—。

【流行語】ある時期だけ、世間でさかんに使われるようになったことばや言い回し。はやりことば。例今年の—。

【流産】(名・する)①〔医〕妊娠二十二週間未満で胎児が死んで、母体の外に出てくること。②計画などがとちゅうでだめになること。例あの話は—してしまった。

【流矢】ねらいがはずれて、飛んできた矢。ながれや。

【流失】(名・する)家や建造物などが水に流されて、なくなること。例橋が—する。

【流出】(名・する)①流れ出ること。例土砂の—。②お金や人が外へ出ていくこと。例人口の—。▽対流入。

【流水】①流れている水。例—で冷やす。②流れ。とくに、川の流れ。例行雲—の旅の空。

【流星】天体のかけらが、地球の大気中に突入して発光し、尾を引いて飛ぶように見えるもの。ながれぼし。

【流説】世間に広まっている根拠のないうわさ。類流言・浮説。

【流線形】〔「リュウセンがた」とも〕先端が丸く、全体として細長い、水や空気の抵抗が最も小さくなるような形。魚や飛行機の胴体の形など。例—の車両。表記「流線型」とも書く。

【流体】〔物〕液体と気体。自由に形をかえ、流動する。流動体。例—工学。

【流弾】ねらいがはずれて、飛んでくるたま。ながれだま。

【流▼暢】(名・形動ナ)ことばや文章が、すらすらと流れるように出てくること。例—な英語。—に通訳をする。

【流通】(名・する)①(液体や気体が)とどこおらず流れること。例空気の—が悪い。②社会で広く通用すること。例新しい紙幣が—する。③〔経〕商品が生産者から消費者へわたること。また、そのしくみ。例書籍の—機構。

【流▼涕】(名・する)なみだを流すこと。泣くこと。

【流灯】とうろうに火をともし、水にうかべて流す、お盆の行事。とうろうながし。例—会(=とうろう流しの法要)。

【流動】(名・する)①流れ動くこと。例風で砂が—する。②ものごとの状態が不安定で、条件しだいで変動すること。例—する社会情勢。

【流動食】消化しやすい、液体状の食事。

【流動的】(形動ナ)ものごとが、その時々の状況によって変化するようす。例事態はまだ—だ。

【流入】(名・する)①流れこむこと。例湖に—する川。②お金や人が外からはいってくること。例外国資本の—。難民が—する。▽対流出。

【流派】学問・芸術や芸能などで、立場や考え方などのちがいによって分かれた一派。例新しい—を起こす。

【流氷】海面をただよっている氷。春先に北海道のオホーツク海沿岸に到達するものが有名。

【流▼眄】ながし目でちらりと見ること。りゅうめん。

【流民】住居や職業がなく、あてもなくさまよう人々。例内戦で多くの—が生じた。

【流用】(名・する)物やお金を、決められた使い道以外のことに使うこと。類融通。例基礎資料を—する。

【流離】(名・する)故郷をはなれて、さまようこと。類流浪。例—の旅人。転変—する。

【流流】流儀によって、いろいろなやり方があること。例細工は—。

【流量】管や水路などを流れる量。例—計。

【流麗】(形動ナ)文章や音楽などが、よどみなく美しいようす。例—な文体。—に舞う。

【流連】(名・する)楽しみにふけって、家に帰るのを忘れること。留連。例—荒亡(=家や仕事を忘れて狩りや酒色にふけること)。〈孟子〉

【流露】(名・する)①内にあるものが外にあらわれること。②すっかりあらわすこと。類吐露。例真情を—する。

【流刑】〔「リュウケイ」とも〕「流罪」に同じ。

【流罪】〔「リュウザイ」とも〕罪人を遠い土地や島に送る刑罰。島流し。遠島。流刑。

【流▼謫】〔「リュウタク」とも〕流罪になること。官職をうばわれて、遠方へ追いやられること。例—の身となる。

【流転】(名・する)①〔仏〕生死や迷いの世界を、いつまでもさまよい続けること。輪廻。②ものごとが、絶えず移り変わっていくこと。例万物は—する。

【流布】(名・する)〔「布」は、広くゆきわたる意〕世の中に広くゆきわたること。例世間に—している説。

【流布本】いくつかの異なる文章がある古典のうち、最も多く読まれていた本。例『平家物語』の—。

【流浪】(名・する)あてもなくさまようこと。例—の民。

●下流・我流・寒流・逆流・急流・気流・渓流・激流・交流・合流・主流・女流・時流・清流・対流・中流・潮流・直流・底流・電流・漂流・風流・放流・本流

4画

[水(氵・氺)部] 7画 ●流

氵7 **【涙】** 10画 4662 6D99 常用 音ルイ 漢呉 訓なみだ

筆順 氵 氵 沪 沪 沪 涙 涙

氵8 **【淚】** 11画 1-8683 6DDA 人名

氵5 **【泪】** 8画 6205 6CEA 別体字

なりたち [形声]「氵(=みず)」と、音「戾(レイ→ルイ)」とから成る。なみだ。

意味 なみだを流す。なみだ。例涙痕。涙腺。感涙。

【涙雨】 ①深い悲しみを、天が感じて流すなみだに見たてた雨。例お通夜の道の—。②日でり続きのあとの、ほんの少し降る雨。

【涙金】 同情して出す、わずかなお金。とくに、ごく少額の手切れ金のこと。例—さえもらえない。

【涙声】 泣きながら話す声。涙ぐんだときの、くぐもった声。

【涙を▼揮って馬▼謖を斬る】 ⇒【泣いて馬謖を斬る】(583ページ)

【涙痕】 ほおに残るなみだのあと。

【涙腺】 なみだを分泌する腺。例—がゆるむ(=なみだが出る)。—を刺激する(=なみだをさそう)。

●暗涙・感涙・血涙・紅涙・声涙・熱涙・落涙

氵7 **【浪】** 10画 4718 6D6A 常用 音ロウ 漢呉 訓なみ

筆順 氵 氵 氵 氵 泊 浪 浪

なりたち [形声]「氵(=みず)」と、音「良(リョウ→ロウ)」とから成る。川の名。借りて「なみ」の意。

意味 ❶おおなみ。なみ。例波浪。❷なみのように気ままにさすらう。例放浪。流浪。❸ほしいままで、いいかげん。むだに。みだりに。例浪費。

【浪花】 一 なみしぶき。白いなみ。二 今の大阪市およびその付近の古い呼び名。浪速。浪華。

【▽浪▽花節】 「浪曲」に同じ。

【浪曲】 江戸末期、大阪に起こった大衆芸能。三味線の伴奏で物語を演じる。浪花節。

【浪士】 仕える家や主君をもたない武士。類浪人。

【浪声】 なみの音。

【浪人】 (名・する) ①「浪士」に同じ。②入学や就職の試験などに落ちて、次の受験をめざしている人。③失業中の人。表記 ①は「▼牢人」とも書く。

【浪費】 (名・する) 金品や時間などをむだに使うこと。

【浪漫主義】 (「浪漫」は、フランス語 roman のあて字) 十八世紀末から十九世紀にかけてヨーロッパで起こった文学・芸術・思想の大きな流れ。個人の自然な感情と自由な表現を重んじた。ロマン主義。

【浪漫派】 浪漫主義の芸術家たち。ロマン派。

【浪浪】 (名・形動タル) ①さまよい歩くこと。類放浪。例—の旅。②決まった職につかないでいること。例—の身。

●波浪・風浪・浮浪・放浪・流浪

氵7 **【海】** 10画 ⇒【海】(589ページ)

氵7 **【浩】** 10画 ⇒【浩】(595ページ)

氵7 **【消】** 10画 ⇒【消】(595ページ)

氵7 **【渉】** 10画 ⇒【涉】(602ページ)

氵7 **【浸】** 10画 ⇒【浸】(596ページ)

氵7 **【涛】** 10画 ⇒【濤】(624ページ)

氵7 **【涜】** 10画 ⇒【瀆】(625ページ)

氵7 **【浮】** 10画 ⇒【浮】(597ページ)

氵7 **【涌】** 10画 ⇒【湧】(612ページ)

氵8 **【淫】** 11画 1692 6DEB 常用 音イン 漢呉 訓みだ-ら

筆順 氵 氵 氵 氵 淫 淫 淫

なりたち [形声]「氵(=みず)」と、音「㸒(イン)」とから成る。筋目に沿ってしみこむ。一説に、長く続く雨。

意味 ❶じわじわとしみこむ。うるおう。例浸淫。❷長く降りつづく雨。例淫雨。❸しみこむように深入りする。ふける。例淫酒(=酒におぼれる)。書淫。酒色に淫する。❹深入りして、正しい道をふみはずす。みだら。同婬。例淫蕩。姦淫。邪淫。

【淫逸】 (形動ダ) ①したい放題に楽しみにふけるようす。類放蕩。②男女関係が乱れているようす。

【淫雨】 ながく降り続いているあめ。

【淫▼祀】 民間信仰などで、いかがわしいものを神として祭ること。淫祠。例—邪教。

【淫▼蕩】 (名・形動ダ) 酒や快楽にふけり、節度のないこと。例—な生活。

【淫売】 売春すること。また、その女性。類売春。

【淫▼靡】 (名・形動ダ) 風俗や生活、とくに性道徳が乱れていること。例—な風習。

【淫奔】 (名・形動ダ) ①性風俗が乱れていること。例—な風潮。②性的にだらしのないこと。多情。類淫乱。

【淫欲】 異性に対する肉体的な欲望。類情欲・色欲。

【淫乱】 (名・形動ダ) 情欲をほしいままにすること。性的な快楽におぼれること。例—な性質。

【淫▼猥】 (名・形動ダ) (「猥」も、みだらの意) 肉体的欲望をそそるような、みだらなこと。類卑猥。例—なうわさ。

氵8 **【液】** 11画 1753 6DB2 教育5 音エキ 漢 訓しる

筆順 氵 氵 汀 汸 液 液 液

なりたち [形声]「氵(=みず)」と、音「夜(ヤ→エキ)」とから成る。にじみ出る水分。

意味 水状のもの。しる。例液体。血液。樹液。

【液化】 (名・する) [化] 気体や固体が、液体になること。また、液体にすること。例天然ガスを—して輸送する。

【液剤】 液体状のくすり。

【液汁】 (くだものや草木などの)しる。つゆ。例ナシの—。

【液晶】 液体と固体の中間の性質をもつ物質。電卓やテレビの表示装置などに利用されている。例—画面。

【液状】 物質が液体の状態にあること。例—化現象。

【液体】 [物] 水のように、形は一定しないが一定の体積をもつ物質。対固体・気体。例—空気。—酸素。

●胃液・血液・樹液・唾液・体液・粘液・溶液

氵8 **【淹】** 11画 6227 6DF9 音エン 漢呉 訓ひた-す・い-れる

意味 ❶長いあいだ水につける。ひたす。❷長くとどまる。とどこおる。例淹滞（＝とどこおる）。❸広く深い。例淹博（＝学問や知識が、広く深い）。
難読 淹まる
日本語での用法《いれる》お茶の葉やコーヒーなどに湯を注いで飲めるようにする。「茶を淹れる」

氵8 【渮】 11画 6249 6E2E 音カ漢
意味 川の名。渮水。

氵8 【涯】 11画 1922 6DAF 常用 音ガイ漢呉 訓きし・はて
筆順 氵 氵 氵 汇 沂 沂 涯 涯
なりたち 会意「氵（＝みず）」と、「厓（＝がけ）」とから成る。水べ。
意味 ❶みずぎわ。きし。例水涯。❷行きついて終わりになるところ。はて。例生涯。天涯。空の涯。
人名 みぎわ
【涯際】ガイサイ ①岸のほとり。水ぎわ。②ものごとの終わり。はて。限り。類際限。例このままだと―のないことになる。
【涯分】ガイブン 身のほど。類分際。例―を忘れる。
●境涯・際涯・生涯

氵8 【渇】 11画 1973 6E07 常用 音一カツ慣 ケツ漢 二カツ漢 訓かわ-く・かわ-き
筆順 氵 氵 氵 氵 沪 沪 渇 渇 渇
氵9 【渴】 12画 1-8688 6E34 人名
なりたち 形声「氵（＝みず）」と、音「曷」とから成る。水がつきる。
意味 一 水がなくなる。かれる。同竭。例渇水。枯渇。二 のどがかわく。また、のどがかわいて水を求めるように、強くほしがる。かわく。かわき。例渇望。飢渇。
使い分け かわく【乾・渇】⇩1167ページ
【渇▽仰】カツゴウ（名・する）〔「カツギョウ」とも〕①〔仏〕（のどがかわいて水を求めるように）仏の教えを深く信仰すること。例帰依し―する。②人を心から尊敬してしたうこと。あこがれ望むこと。例ある美しい人を―した思い出。

［水（氵・氺）部］8画 渮涯渇涵淦淇渓涸淆混

【渇しても盗泉の水を飲まず】〔「盗泉」は、泉の名。孔子は盗泉という名をきらって、のどがかわいてもその水は飲まなかったという故事から〕いくら困っていても不正なことはしない、というたとえ。
【渇水】カッスイ 雨や雪がじゅうぶんに降らず、水が不足すること。また、川などの水量が少なくなること。例―期。
【渇望】カツボウ（名・する）（のどのかわいた人が水をほしがるように）はげしく求めること。心から望むこと。類切望・熱望。例自由を―する。

氵8 【涵】 11画 6230 6DB5 音カン漢 訓ひた-す・うるお-す
意味 水の中につけるように、たっぷりとうるおす。ひたす。例涵養。
【涵養】カンヨウ（名・する）水がしみこむように、学問や精神などを身につけること。例道徳心を―する。

氵8 【淦】 11画 6232 6DE6 音カン漢 訓あか・ふなゆ
意味 ❶水が船のすきまから中に入る。また、船の底にたまった水。あか。❷川の名。淦水。

氵8 【淇】 11画 6231 6DC7 音キ漢
意味 川の名。淇水。
【淇▽奥】キイク 淇水の湾曲した場所。

氵8 【渓】 11画 2344 6E13 常用 音ケイ漢呉 訓たに
筆順 氵 氵 氵 氵 沪 浮 浮 渓
氵10 【溪】 13画 6268 6EAA
谷10 【谿】 17画 7616 8C3F 本字
なりたち 形声「谷（＝たに）」と、音「奚」とから成る。舟が通れないほどせまい、たに。
意味 たに。たにま。たにまを流れる川。例渓谷。渓雪。

【渓谷】ケイコク 山と山にはさまれたところ。たにま。
【渓声】ケイセイ 谷川の水の音。
【渓流】ケイリュウ 谷間の水の流れ。谷川。例アユの―釣り。

氵8 【涸】 11画 6233 6DB8 音コ漢呉 訓か-れる
意味 水がなくなる。かれる。例涸渇。
【涸渇】コカツ（名・する）かわいて水がなくなること。また、使いきって不足すること。例才能が―する。表記 現枯渇

氵8 【淆】 11画 6234 6DC6 音コウ漢 訓ま-じる
意味 いりみだれる。にごる。例玉石混淆。

氵8 【混】 11画 2614 6DF7 教育5 音コン漢 訓ま-じる・ま-ざる・ま-ぜる・こ-む
筆順 氵 氵 氵 沪 沪 涅 混 混 混
なりたち 形声「氵（＝みず）」と、音「昆」とから成る。さかんに流れる。
意味 ❶水がさかんにわき出るようす。例混混。❷いりまじって見分けがつかない。入り乱れてこまる。例混雑。混沌。混乱。❸一つになる。一つにあわせる。まじる。まざる。まぜる。例混血。混合。混在。
使い分け こむ【混・込】⇩1169ページ まざる・まじる・まぜる【交・混】⇩1180ページ
人名 ひろ・むら
【混血】コンケツ（名・する）人種や民族の異なる男女の間に生まれた子供。対純血。例―児。
【混交】コンコウ（名・する）いろいろなものが入りまじること。類混合・混同。例玉石―（＝すぐれたものと、そうでないものが、まじっていること）。表記 旧混▼淆
【混合】コンゴウ（名・する）異なる性質のものが、まじりあうこと。また、まぜあわせること。例―ダブルス。溶液を―する。
【混混】コンコン（形動タル）①水がさかんにわき出るようす。類滾滾。例―と泉がわく。②水の流れるようす。類渾渾。
【混在】コンザイ（名・する）性質のちがうものがまじりあって、同じところに存在すること。例複数の民族が―する。
【混雑】コンザツ（名・する）①ごたごたと入りまじること。②身動き

できないほど、こみあうこと。例交通機関の―。

【混種】コンシュ (名・する) 種類のちがうものが、まじりあうこと。

【混種語】コンシュゴ たがいに異なった種類の単語が、結びついてできたことば。「重箱」「赤インク」「サボる」など。

【混色】コンショク (名・する) 異なる色をまぜあわせること。また、そうしてできた新しい色。

【混成】コンセイ (名・する) まぜあわせて、全体をつくること。例男女―チーム。

【混声合唱】コンセイガッショウ 男声と女声とによる合唱。

【混戦】コンセン (名・する) ①敵味方が入り乱れて戦うこと。類乱戦。②力がほぼ同じで、試合の結果がわからない状態。

【混線】コンセン (名・する) ①回線が故障して、通信や通話がまじること。例電話が―している。②いくつかの話がまじりあって、話の中身がよくわからなくなること。

【混然】コンゼン (形動タル) いくつかのものが、まじりあって一つになり、区別がつかなくなるようす。例―と一体となる。表記「▼渾然」とも書く。

【混濁】コンダク (名・する) ①清らかであるはずのものが、にごること。例水道水が―する。②意識がはっきりしなくなること。

【混同】コンドウ (名・する) 本来、区別をつけなければならないものを、同じようにあつかうこと。例公私を―する。

【混▼沌】コントン 一(名) まだ天地が分かれておらず、あらゆるものが入りまじっている状態。二(名・形動タル) いろいろな要素が入りまじって、事態のなりゆきがはっきりしないこと。例―たる世界情勢。表記▽「▼渾▼沌」とも書く。

【混入】コンニュウ (名・する) あるものの中に別のものがまじっていること。また、まぜ入れること。例異物が―する。

【混紡】コンボウ (名・する) 異なる種類の繊維をまぜて、糸につむぐこと。例綿とポリエステルの―。

【混迷】コンメイ (名・する) 事態がどう動くかわからなくなること。例―の度を深める。―する政局。表記 旧▼昏迷

【混用】コンヨウ (名・する) 異なる種類のものをまぜて使うこと。例英語に日本語を―する。

【混浴】コンヨク (名・する) 男女が同じ浴場にいっしょに入ること。

【混乱】コンラン (名・する) 秩序がなくなって、わけがわからない状態になること。例―が起きる。話が―する。

氵8 【済】 11画 2649 6E08 教育6 音セイ漢 サイ呉 訓す-む・す-ます・すく-う・す-み・な-す

筆順 氵 氵 汁 汶 汶 済 済 済

氵14 【濟】 17画 6327 6FDF

なりたち [形声]「氵(=みず)」と、音「齊セイ」とから成る。川の名。借りて「川をわたる」の意。

意味 ❶(川や難路を)わたる。わたす。また、(苦しみ・困難から)すくう。例済度。救済。❷ものごとをなしとげる。すませる。すむ。すます。例決済。返済。❸「済済セイセイ」は、数が多く、さかんなようす。

人名 いつき・お・かた・さとる・すみ・ただ・とおる・なり・なる・ひとし・まさ・ます・やす・よし・わたす・わたり・わたる

【済世】サイセイ・セイセイ 社会の不公正や弊害をなくして、人々を救おうとすること。例―の志。

【済生】サイセイ 人々の命を救うこと。

【済度】サイド (名・する)〔仏〕〔「度」は、彼岸へわたす意〕苦しみの多いこの世から、さとりの境地へ人々を導くこと。例衆生を―する。

【済民】サイミン 人民の苦しみを救うこと。例経世―。

【▽済▽済】セイセイ (名・形動タル)〔「サイサイ」とも〕①数が多く、さかんなようす。例多士―(=すぐれた人物がそろっていること)。②おごそかなようす。

○●完済・救済・共済・経済・決済・返済・弁済

氵8 【淬】 11画 6235 6DEC 音サイ漢 訓にら-ぐ

意味 ❶焼き入れに使う水の容器。❷焼き入れをする。にらぐ。例淬礪。❸鍛錬する。きたえる。例淬勉(=気をひきしめてはげむ)。

【淬▼礪】サイレイ (名・する) ①刃物に焼きを入れ、研磨すること。②はげますこと。きたえること。

氵8 【渋】 11画 2934 6E0B 常用 音ジュウ慣 シュウ漢呉 訓しぶ・しぶ-い・しぶ-る

筆順 氵 氵 汁 汁 沚 涉 涉 渋

氵12 【澁】 15画 6307 6F81 人名

氵14 【澀】 17画 6308 6F80 別体字

なりたち [会意] 本字は「歰」で、「止(=あし)」四つから成る。なめらかでない。

意味 ❶なめらかに進まない。とどこおる。ことばがなめらかに出ない。しぶる。例渋滞。難渋。❷わかりにくい。例晦渋。❸味がしぶい。例酸渋。

日本語での用法《しぶ》タンニンを多くふくむ、しぶガキの汁。「柿の渋・渋うちわ・渋紙」

【渋皮】しぶかわ 木の実の、表皮のすぐ内側にある、うすい皮。しぶい味がする。例―がむける(=洗練されて、美しくなる)。

【渋渋】しぶしぶ (副) 気が進まず、いやいやながら。例―あやまる。

【渋味】しぶみ ①しぶいあじ。②地味だが深い味わいがあること。例―のある演技。

【渋滞】ジュウタイ (名・する) ①ものごとが順調に進行しないこと。例議事が―する。②交通や流通のとちゅうで、とどこおって、なかなか先へ進めないこと。例交通―。

【渋面】ジュウメン 不愉快に感じていることが、あらわれている表情。しぶい顔。例―をつくる。苦虫をかんだような―。

○●苦渋・茶渋・難渋

氵8 【淑】 11画 2942 6DD1 常用 音シク漢 シク・シュク呉 訓しと-やか・よ-し

筆順 氵 氵 汁 汁 汁 汴 淑 淑

なりたち [形声]「氵(=みず)」と、音「叔シュク→シク」とから成る。清らかで深い。派生して「よい」の意。

意味 ❶善良である。よい。(女性が)上品でおちついている。しとやか。例淑女。淑徳。貞淑。❷よしとする。よくする。例私淑。

人名 きみ・きよ・きよし・すえ・すみ・とし・ひで・ふかし

【淑女】シュクジョ 気品と教養のある、しとやかな女性。上流婦人。レディー。対紳士。例―のかがみ。

【淑節】シュクセツ 正月元日。

【淑徳】シュクトク 女性としてのやさしく気品のある徳。

氵8 【淳】 11画 2963 6DF3 人名 音シュン漢 ジュン呉 訓あつ-い・すなお

なりたち [形声]「氵(=みず)」と、音「享ジュ」とから成る。こして清める。借りて「てあつい」の意。

意味 ❶まごころがある。人情があつい。あつい。同惇ジュ。例淳徳ジュントク(=あつい徳)。温淳オンジュン。❷かざりけがない。まじりけがない。すなお。同醇ジュ。例淳朴ジュンボク。淳良ジュンリョウ。

人名 あき・あつ・あつし・あつみ・あつむ・きよし・さとし・さとる・たか・たかし・ただ・ただし・とし・ひろ・ひろし・まこと・よし

【淳化】ジュンカ(名・する)①心をこめて正しいほうに導くこと。純化。醇化ジュンカ。②飼いならすこと。手なずけること。

【淳朴】ジュンボク(名・形動ナ)かざりけがなく、すなおなこと。例—な人がら。表記「純朴・▼醇朴」とも書く。

【淳良】ジュンリョウ(名・形動ナ)善良で、すなおなこと。例—な性質。—な役人。表記「▼醇良」とも書く。

氵8 【渚】 11画 2977 6E1A 人名 音ショ漢呉 訓なぎさ

氵9 【渚】 12画 1-8687 FA46 人名

なりたち [形声]「氵(=みず)」と、音「者シャ→ショ」とから成る。川の名。また「なぎさ」の意。

意味 ❶波うちぎわ。みぎわ。なぎさ。例汀渚テイショ。❷川の中にできる中州なかす。

氵8 【渉】 11画 3036 6E09 常用 音ショウ漢呉 訓わた-る・かか-わる

筆順 氵 氵 氵 汁 沚 涉 渉

氵7 【涉】 10画 1-8676 6D89 人名

なりたち [会意]「氵(=みず)」と「歩(=あるく)」とから成る。あるいて水をわたる。

意味 ❶川を歩いてわたる。または、ふねや橋でわたる。わたる。例徒渉トショウ。跋渉バッショウ。❷歩きまわる。経る。広く見聞する。例渉猟ショウリョウ。❸関係する。かかわる。例渉外ショウガイ。干渉カンショウ。交渉コウショウ。

人名 あゆみ・あゆむ・さだ・すすむ・たか・ただ・わたり

【渉外】ショウガイ 外部や外国との連絡レンラクや交渉を、専門にすること。例—課。

【渉▼禽類】ショウキンルイ [「禽」は、鳥の意] 浅い水べを歩き回って、えさをとる鳥類。サギ・ツル・チドリなど。

【渉猟】ショウリョウ(名・する)①あちこち歩き回ってさぐること。②書物などに広く目を通すこと。例古文書コモンジョを—する。

氵8 【淞】 11画 6236 6DDE 音ショウ漢

意味 川の名。淞江ショウコウ〔呉淞江ゴショウコウ(ウースンコウ)ともいう。「淞ス」は、現代中国語音〕。

氵8 【淌】 11画 6237 6DCC 音ショウ漢 訓おおなみ

意味 ❶大きな波。おおなみ。❷水が勢いよく流れるようす。

氵8 【深】 11画 3128 6DF1 教育3 音シン漢ジン呉 訓ふか-い・ふか-まる・ふか-める

筆順 氵 氵 氵 沉 泙 深 深

なりたち [会意] 本字は「突」で、「穴(=あな)」と「火(=ひ)」と「求(=もとめる)」の省略体とから成る。(火がなければ見えない穴のように)ふかい。

意味 ❶底やおくまでの距離キョリが長い。ふかい。対浅セン。例深淵シンエン。深奥シンオウ。❷意味がふかい。考えがあさはかでない。例深意シンイ。深遠シンエン。深謀遠慮シンボウエンリョ。❸心がこもっている。ねんごろ。例深謝シンシャ。深切シンセツ。❹重大な。例深刻シンコク。❺色がこい。例深紅シンク。深緑シンリョク。❻夜がふける。例深更シンコウ。深夜シンヤ。

難読 深山みやま・深雪みゆき

人名 とお・ふか・ふかし・ふかみ・み

【深意】シンイ 深い意味。例経典キョウテンの—。

【深▼淵】シンエン ①ふかい淵ふち。水が深くよどんでいるところ。②はかりしれない、ものごとの奥底おくそこ。例精神の—をのぞく。

【深▼淵エンに臨のぞむが▽如ごとし】深淵に面しているかのようだ。危険に近づいて、おそろしい思いをすることのたとえ。〔「深淵に臨むがごとく、薄氷ハクヒョウを履ふむがごとし」から〕〈詩経シキョウ〉

【深遠】シンエン(名・形動ナ)内容がおくふかく、簡単には理解できないこと。例—な哲学テツガク。

【深奥】シンオウ(名・形動ナ)①内容がおくふかいこと。例—な学問。②ものごとの奥底おくそこ。例—をきわめる。

【深化】シンカ(名・する)ものごとの程度や内容を深めること。また、深くなること。例文章の解釈カイシャクを—する。

【深海】シンカイ 深い海。対浅海センカイ。例—魚。—を探査する。

【深閑】シンカン(形動タル)物音がせず、ひっそりと静まりかえっているようす。例—とした山の中。表記「森閑」とも書く。

【深紅】シンク・シンコウ こい赤色。例—シンクのバラ。表記「真紅」とも書く。

【深更】シンコウ 夜ふけ。深夜。例会議は—におよぶ。

【深呼吸】シンコキュウ(名・する)大きくゆっくりと呼吸すること。

【深刻】シンコク(名・形動ナ)①重大で、おろそかにできないこと。例—な事態。②深く思いつめること。例—ななやみ。

【深山】シンザン・みやま 深い山奥やまおく。例—幽谷ユウコク(=人里はなれた静かな山や谷)。

【深思】シンシ(名・する)ものごとを深く考えること。類熟考ジュッコウ。

【深謝】シンシャ(名・する)①心から感謝すること。例ご厚意に—します。②ひたすらあやまること。類陳謝チンシャ。例ごめいわくをおかけしたことを—いたします。

【深情】一シンジョウ まごころ。相手を深く思う気持ち。類真情・厚情。二【深情け】ふかなさけ 異性に対する強い愛情。

【深深】一シンシン(形動タル)①おくふかいようす。例—たる森が広がる。②音もなく静まりかえっているようす。例—とした夜ふけ。③心やからだに深く感じられるようす。例寒さが—と身にしみる。二ふかぶか(副)〔多く「と」をともなって〕たいへん深く。例矢が—とささった。

【深甚】シンジン(名・形動ナ)ものごとや気持ちなどの程度が、とても深いこと。類甚深。例—なる謝意を表する。

【深切】シンセツ ⇩【親切】シンセツ(901ページ)

【深雪】シンセツ・みゆき 深く積もった雪。

【深浅】シンセン ①深いことと浅いこと。例—をはかる。②色がこいこととうすいこと。類濃淡ノウタン。

【深窓】シンソウ 家のおく深くの部屋。とくに、女性がたいせつに育てられるところをいう。類深閨シンケイ。例—の佳人カジン。

【深層】シンソウ ものごとのおくふかいところ。深くかくれていて、表面からは見えない部分。対表層。例—心理。

【深長】シンチョウ(名・形動ナ)内容に深みがあって複雑なこと。例意味—な発言。

【深重】シンチョウ(名・形動ナ)①深みがあって重々しいこと。例—な論旨ロンシ。②いくつも重なること。

【深度】海などの深さ。例—計。

【深謀】よく考えて立てられた計画や計略。

【深謀遠慮】将来を見通して、深く考えてつくられた計画や行動。深慮遠謀。例—をめぐらす。

【深夜】よなか。夜おそい時刻。類深更。例—放送。

【深憂】深いなやみ。深刻な心配ごと。例—に閉ざされる。

【深慮】ものごとの将来や影響まで、慎重に深く考えること。対浅慮。例—遠謀。—をめぐらす。

【深緑】こい緑色。ふかみどり。例—の森。

【深林】木々が深くしげった林。例—に分けいる。

【深入り】(名・する)ものごとに深く関係して、引くに引けない状態になること。例事件に—しすぎた。

【深追い】(名・する)限度をこえて追うこと。例—は禁物。敵を—してわなにはまる。

【深酒】(名・する)たくさん酒を飲むこと。

【深手】ひどいけが。重傷。対浅手。例—を負う。表記「深▽傷」とも書く。

【深読み】(名・する)文章や相手の態度に、表面にあらわれた意味より深い意味を読みとろうとすること。
○●最深・水深・測深

氵8 【清】11画 3222 6E05 教育4
音 セイ漢 ショウ呉 シン唐
訓 きよ-い・きよ-まる・きよ-める・す-む・すが
付表 清水

筆順 氵 氵 汁 汼 洼 清 清

氵8 【淸】11画 6DF8

なりたち [形声]「氵(=みず)」と、音「青セイ」とから成る。明るい。すんだ水のようす。

意味 ❶(水や空気が)すんでいる。きれいな。きよい。きよまる。すむ。対濁。例清澄。清朗。河清。❷(気分が)さわやか。すがすがしい。例清新。清清。清涼。❸㋐(態度や行動が)きよらか。けだかい。けがれがない。例清純。清楚。清貧。㋑相手の状態などをうやまっていうことば。例清栄。❹きれいさっぱりと整理する。きよめる。例清算。清書。粛清。❺満州族の愛新覚羅氏が建てた王朝。都は北京。辛亥革命によってほろび、中華民国となる。(一六四四—一九一二)

難読 月清・清清しい
人名 あき・きよ・きよし・しず・すず・すみ

【清朝】□一 中国最後の王朝。清。□二「清朝体」の略。漢字の活字の書体の一つ。筆で書いた楷書に似た形で、名刺などに用いる。

【清栄】〔清らかに栄える意〕手紙文に用いるあいさつのことば。相手の健康や繁栄を祝う決まり文句。類清祥。例ますますご—のことと存じます。

【清艶】(名・形動ダ)清らかでありながら、なまめかしい魅力があること。例—な美女。

【清音】①清らかですんだ音。②日本語で、カ・サ・タ・ハ行の音。濁音や半濁音に対して、にごらない音。

【清雅】(名・形動ダ)清らかで上品なおもむきがあること。

【清閑】(名・形動ダ)俗世間からはなれて、静かな境地にいること。例—を楽しむ。

【清興】①上品な趣味。風雅な楽しみ。②他人の楽しみや遊びをいうことば。

【清教徒】プロテスタントの一派。十六世紀後半、イギリスに始まる。聖書を重んじ禁欲主義的な特色をもつ。ピューリタン。

【清潔】(名・形動ダ)①よごれがなく、きれいなこと。清浄。例食事の前には手を—に。②人格や行動にごまかしや不正がないこと。姿かたちや態度がさわやかな印象をあたえること。類清廉。対不潔。例—な人間関係。

【清光】清らかな(月の)光。

【清香】清らかで、よいにおい。類芳香。

【清算】(名・する)①お金の貸し借りを整理して、しはらいをすませること。例借金を—する。②過去のよくない関係からきっぱりはなれること。例遊び仲間との関係を—する。③〔法〕会社や法人などが解散した後、財産などを法律に従って整理すること。

【清▽拭】(名・する)布などでふくこと。特に入浴できない病人などのからだをふいて、清潔にすること。

【清酒】①日本酒。米を原料にして造る。例灘は昔から—の名産地だ。②こして造る、すんだ日本酒。対濁酒。

【清秀】(名・形動ダ)顔かたちなどが清らかで、すぐれていること。秀麗。例眉目—。

【清純】(名・形動ダ)けがれがなく純粋なこと。例—派。—な心。


【清書】(名・する)下書きした文をきれいに書き直すこと。また、書き直したもの。浄書。

【清祥】〔「祥」は、さいわいの意〕手紙文で使うあいさつのことば。清勝。類清栄。例ご—のことと存じ上げます。

【清勝】「清祥」に同じ。

【清浄】(名・形動ダ)□一 きれいで、けがれがないこと。例空気—器。—な心。□二〔仏〕現世の迷いや煩悩から解き放たれた清らかな境地。対不浄。例六根—。

【清新】(名・形動ダ)すがすがしくて、新鮮なこと。例—の気が満ちている。

【清水】□一 清らかですんだ水。例—に魚棲まず(=きれいな水には魚がいないように、あまりに潔癖だと人は寄りつかない)。□二 きれいな、わき水。

【清清】(副・する)すっきりした気持ちになること。例宿題をかたづけて—した。

【清▼楚】(名・形動ダ)すっきりとして、美しいこと。多く、女性の魅力についていう。例—なよそおい。

【清掃】(名・する)そうじをして、きれいにすること。例教室を—する。

【清濁】①すんでいることとにごっていること。②よいことと悪いこと。例—あわせ呑む(=善悪を問わず、そのまま受け入れる度量がある)。③清音と濁音。

【清談】①魏・晋の時代、知識人の間に流行した、世俗的なことにかかわらない、すがすがしい話題。→【竹林の七賢】(747ページ)②現実とはなれた芸術や学問などの風流な話。例—に興じる。

【清致】清らかなおもむき。すがすがしい、ふんいき。

【清澄】(名・形動ダ)清らかにすんでいること。例—な泉。

【清聴】(名・する)①音や声がきれいにきこえること。②話をきいてくれた相手を、うやまっていうことば。講演などの最後に用いる。静聴。例ご—ありがとうございました。

【清適】①気分がよく安らかであること。②手紙文などで、相手の無事や健康を祝っていうことば。例ご—のこと拝察いたします。

【清▼謐】(名・形動ダ)よく治まって安らかなこと。類清寧。例世の中が—にもどる。

【清貧】心を清らかにもち、質素に生活すること。例—にあまんじる。—をたっとぶ。

【清風】すがすがしい風。例—明月。

【清福】セイフク ①精神的な幸福。②手紙文などで、相手の幸せをいのることば。幸福。例ご—をおいのりします。

【清明】セイメイ 一（名・形動ナ）①清らかで明るいこと。例—な月。②心が清らかで明朗であること。二（名）二十四節気の一つ。陽暦の四月五日ごろにあたる。

【清夜】セイヤ すがすがしく晴れた静かな夜。

【清遊】セイユウ（名・する）①世俗的で、現実的なものからはなれた、風雅な遊び。②相手の旅行や遊びなどをうやまっていうことば。例当地へご—の際には、ぜひお立ち寄りください。

【清覧】セイラン ①すがすがしく美しい風景。また、それを見ること。②相手に見てもらうことをうやまっていうことば。例ご—をたまわりたくお願い申し上げます。類高覧。

【清流】セイリュウ ①すんだ水の流れ。対濁流。②心が清らかで、おこないの正しい人。③高貴な家がらの人。

【清涼】セイリョウ（名・形動ダ）①清らかで快い冷たさがあること。例—なわき水。②さわやかで、すがすがしいこと。例—剤。

【清▼冽】セイレツ（名・形動ダ）水が清らかにすんで、冷たいこと。例—な流れ。

【清廉】セイレン（名・形動ダ）心が清らかで、おこないが正しいこと。お金や名声などの世俗的な欲望に動かされないこと。例—潔白。—な人がら。

【清朗】セイロウ（名・形動ダ）清らかにすんで明るいこと。晴朗。例—な月。

【清和】セイワ 一（名・形動ダ）世の中がよく治まっていて、平和なこと。二（名）①気候がおだやかで、のどかなこと。例—の季節。②陰暦四月、または四月一日の別名。

【清話】セイワ 世俗的なことがらにかかわらない、趣味や学問などの高尚な話。例—を拝聴する。

●河清・血清・粛清

氵8 **【淅】** 11画 6240 6DC5 音セキ漢 訓か-す・と-ぐ・よ-ね・あら-う

意味 ❶米をとぐ。よなげる。かす。例米淅桶。❷川の名。淅水。淅川。

参考「浙」とは別の字。

氵8 **【淙】** 11画 6242 6DD9 音ソウ漢 訓あつ-まる・そそ-ぐ・なが-れる

意味 ❶水の流れる音。また、流れるようす。例淙淙。❷急流。滝。例懸淙（＝滝）。飛淙（＝ほとばしる急流）。

氵8 **【淡】** 11画 3524 6DE1 常用 音タン漢 訓あわ-い・うす-い

筆順 氵氵氵氵氵淡淡淡

なりたち［形声］「氵（＝みず）」と、音「炎エン→タン」とから成る。うすい味。

意味 ❶色・かおり・味などがうすい。あわい。対濃。例淡紅色。淡彩。濃淡。❷態度があっさりしている。こだわらない。例淡淡。淡泊。冷淡。❸塩分をふくまない水。例淡水。

日本語での用法《タン》旧国名「淡路」（＝今の兵庫県淡路島）」の略。「淡州・紀淡海峡」

難読 淡竹・淡海

人名 あわ・あわし・あわじ

【淡路】あわじ 旧国名の一つ。今の兵庫県の淡路島。

【淡雪】あわゆき うっすらと積もった、とけやすい春の雪。

【淡交】タンコウ あっさりした交際。わだかまりのない君子のまじわり。風雅のまじわり。→【淡水の交わり】

【淡紅】タンコウ うすい赤色。うすくれない。例—色。

【淡彩】タンサイ あっさりしたうすいいろどり。例—画。

【淡水】タンスイ 川や湖などの、塩分をほとんどふくまない水。真水。対鹹水。例—魚。海水を—化する。

【淡水の交わり】タンスイのまじわり 水のようにさっぱりした、しかし変わることのない君子の友情。淡交。〔「君子の交わりは淡きこと水のごとし」から〕〈荘子〉

【淡淡】タンタン（形動タル）①ものの味わいなどが、あっさりしているようす。例—とした色調。②人の性格や態度などが、こだわりがなくおちついているようす。例かれは—とその間の事情を説明した。

【淡泊】タンパク（名・形動ナ）①ものの味や色などが、さっぱりしていること。対濃厚。例—な味つけの料理。②態度や性格が、さっぱりしていて、こだわりが少ないこと。例かれはお金には—だ。表記▽「淡白」とも書く。

【淡墨】タンボク うすくすった墨。また、うすい墨の色。うすずみ。

【淡味】タンミ あっさりした味わい。さっぱりしたおもむき。

【淡緑】タンリョク うすい緑色。うすみどり。例—色。

●枯淡・濃淡・平淡・冷淡

氵8 **【添】** 11画 3726 6DFB 常用 音テン漢 訓そ-える・そ-う

筆順 氵氵氵沃添添添添

なりたち［形声］「氵（＝みず）」と、音「忝テン」とから成る。増して加える。

意味（主となるものに）つけくわえる。つけたす。そえる。そう。例添加。添削。

日本語での用法《そう》そばに付いている。「添い寝・病人の付っき添い」

使い分け そう【沿・添】⇩1171ページ

難読 添水（＝ししおどし）

人名 そえ・ます

【添え木】そえぎ ①草や木がたおれないように、支えとしてそばに立てておく棒。例苗木に—をする。②〔医〕骨折したときなどに当てておく板状のもの。副木。

【添え状】そえジョウ 物や人に添えて相手方に送る手紙。例—をつける。

【添え乳】そえぢ（名・する）子供のそばで、いっしょにねて乳を飲ませること。

【添加】テンカ（名・する）別のものをつけくわえること。また、つけくわわること。例—物。着色料を—する。

【添削】テンサク（名・する）①ことばをつけくわえたりけずったりして、詩や文章をよりよいものにすること。②答案の誤りを正したり、コメントをつけたりして、指導すること。例—指導。

【添書】テンショ ①人を紹介するときに持たせてやる手紙。紹介状。②使いの者やおくり物にそえてやる手紙。添え手紙。例品物の包みに—が付いている。添え状。

【添乗】テンジョウ（名・する）列車・客船・航空機などの旅行につきそって、その世話をすること。例—員。

【添付】テンプ（名・する）書類などに、そのおぎないや証明のためにつけくわえること。例納品書に請求書を—する。

氵8 **【淀】** 11画 4568 6DC0 人名 音テン漢 デン呉 訓よど・よど-む

意味 ❶水が浅くたまったところ。よど。❷水中のかすがしずんでたまる。同澱。

日本語での用法《よどむ》流れが止まり、動きのない状態をいう。「空気が淀む・言い淀む」

氵8 【淘】 11画 3781 6DD8 音トウ漢 訓よな-げる

意味 ❶水の中で不純物をよりわける。米をとぐ。よなげる。❷悪いものを取り除き、よいものを残す。例淘汰。淘げ屋(=川底やごみ捨て場で水や土をふるって金物を拾う職業)。

【淘汰】トウタ(名・する)①不要なものや悪いものを取り除き、よいものを残すこと。例サービスの悪い店は―される。②自然環境の中で、生存に適するものが残り、適しないものはほろんでいくこと。類選択。例自然―。

氵8 【淤】 11画 6243 6DE4 音ヨ漢オ呉 訓どろ・にご-る

意味 ❶水底にたまるどろ。どろ。例淤泥。❷どろがたまるようにして、流れがつまる。にごる。例淤血(=瘀血)。

氵8 【淕】 11画 6244 6DD5 音リク漢 訓みぞれ

意味 雪や氷まじりの雨。みぞれ。

氵8 【涼】 11画 4635 6DBC 常用 音リョウ漢呉 訓すず-しい・すず-む

筆順 氵 汁 沪 浐 涥 涼 涼

氵8 【凉】 10画 4958 51C9 人名 俗字

なりたち [形声]「氵(=みず)」と、音「京ケイ→リョウ」とから成る。水で酒をうすめる。派生して「うすらさむい、すずしい」の意。

意味 ❶ひややかで、さわやかなようす。すずしい。例涼風。清涼。涼をとる。❷ひえびえとして、ものさびしいようす。例荒涼。

人名 あつ・きよし・すけ・まこと

【涼陰】リョウイン すずしい木かげ。表記「涼▼蔭」とも書く。

【涼雨】リョウウ 暑さをやわらげてくれる雨。例めぐみの―。炎天下に―を望む。

【涼感】リョウカン すずしそうな感じ。例―のある色合い。

【涼気】リョウキ すずしい空気。すずしさを感じさせるけはい。例窓から―が流れこんできた。

【涼秋】リョウシュウ ①すずしく感じる秋。②ひえびえとしてさびしい秋。

【涼風】リョウフウ・すずかぜ すずしい風。例―の立つころ(=初秋)。

【涼味】リョウミ すずしさ。すずしげな感じ。例―満点。

●荒涼コウリョウ・清涼セイリョウ・納涼ノウリョウ

氵8 【淋】 11画 4652 6DCB 人名 音リン漢 訓さび-しい

意味 ❶水が絶えずしたたる。水がそそぐ。例淋雨(=ながあめ)。霖雨。淋漓。❷性病の名。同痳。例淋病。

日本語での用法《さびしい》人けがなくてひっそりしている。孤独である。とぼしい。不足。「淋しい場所・淋しい生活・ふところが淋しい」

【淋▼巴節】リンパセツ [医]（「淋巴」はドイツ語 Lymph のあて字）リンパ管のところどころにある、小さなふくらみ。体内にはいりこんだ細菌を分解して取り除いたりする。からだに炎症が起こると、はれる。リンパ腺。

【淋▼巴腺】リンパセン「淋巴節」に同じ。例―がはれる。

【淋病】リンビョウ 淋菌に感染しておこる性病。淋疾。表記「▼痳病」とも書く。

【淋▼漓】リンリ(形動タル)①あせや血などが、したたり落ちるようす。例流汗―。②生き生きとしているようす。勢いがあるようす。例墨痕―たる筆勢。

氵8 【淪】 11画 6245 6DEA 音リン漢呉 訓しず-む・さざなみ

意味 ❶小さな波。さざなみ。❷おちこむ。おちぶれる。ほろびる。しずむ。例淪落。沈淪。

【淪落】リンラク(名・する)①おちぶれること。類零落。例―の身となる。②おとろえてほろびること。例―の道をたどる。

氵8 【淮】 11画 6246 6DEE 音ワイ慣カイ漢エ呉

意味 長江や黄河に次ぐ中国第三の大河。淮水。例淮陰(=今の江蘇省淮陰県)。淮南(=淮水の南の地。また、前漢の王国の名)。

【淮南子】エナンジ 前漢の淮南王劉安が、道家を中心にした、古代の思想に関する文章を集めた書。二十一巻。

氵8 【渕】 11画 ⇩【淵】(606ページ)

氵8 【渊】 11画 ⇩【淵】(606ページ)

氵8 【淨】 11画 ⇩【浄】(592ページ)

氵8 【淸】 11画 ⇩【清】(603ページ)

氵8 【淒】 11画 ⇩【凄】(121ページ)

氵8 【淺】 11画 ⇩【浅】(592ページ)

氵8 【淚】 11画 ⇩【涙】(599ページ)

氵9 【渥】 12画 1615 6E25 人名 音アク漢 訓あつ-い

なりたち [形声]「氵(=みず)」と、音「屋オク→アク」とから成る。うるおう。

意味 ❶水分をじゅうぶんに受けて、うるおう。うるおす。例渥露(=つゆ)。❷てあつい。ねんごろ。例渥恩。

難読 渥美(=地名・姓)

人名 あつ・あつし・ひく

【渥恩】アクオン 深い恩恵。とくに、主君から受けるめぐみ。

氵9 【渭】 12画 6247 6E2D 音イ漢

意味 川の名。渭水。

【渭城】イジョウ ①陝西省咸陽市の東北にある地。秦の都、咸陽にあたり、漢代に渭城県が置かれた。②唐の詩人、王維の「送元二使安西(元二の安西に使いするを送る)」と題する詩をいう。「渭城朝雨浥軽塵(渭城の朝雨軽塵を浥おす)」ではじまり、旅人を送る別れの宴でよくうたわれた。

【渭水】イスイ 黄河最大の支流。甘粛省南東部から、陝西省中部を流れる。流域には、秦の咸陽や唐の長安など、歴代の都があった。渭河。渭川。

氵9 【湮】 12画 ―― 音イン漢 訓しず-む・ふさ-ぐ

氵9 【湮】 12画 6248 6E6E 俗字

意味 ❶(水中に)しずむ。うずもれる。❷ほろぶ。ほろびてなくなる。例湮滅。❸(気が)ふさぐ。ふさがる。例湮鬱。

【湮鬱】(名・形動ナ)ふさぎこむこと。陰鬱。

【湮滅】(名・する)ほろびてなくなること。また、あとかたもなく消し去ること。例証拠を―する。表記「隠滅・▼堙滅」とも書く。

氵9 【淵】 12画 4205 6DF5 人名 音エン漢 訓ふち

氵8 【渕】 11画 6228 6E15 俗字

氵8 【渊】 11画 6229 6E0A 俗字

意味 ❶水を深くたたえ、よどんでいるところ。ふち。例深淵。❷ものの集まるところ。例淵叢。❸おくぶかい。おくゆかしい。しずか。例淵淵。

人名 すえ・すけ・なみ・のぶ・ひろ・ふかし

【淵淵】(形動タル)①深く、静かなようす。②鼓の音を形容することば。

【淵源】(名・する)ものごとが生まれてくる、みなもと。もののおおもと。根源。例―をきわめる。

【淵泉】①深いいずみ。②(水が深くたたえられて、つきることがないようすから)思慮が深いようすのたとえ。

【淵▼叢】〔魚や動物が集まるところの意〕ものが多く集まるところ。例学芸の―。表記「淵▼藪」とも書く。

【淵瀬】①川などで、深いところと浅くて流れの速いところ。②移り変わりの激しいことのたとえ。例世は定めなき―。

氵9 【湲】 12画 6251 6E72 音エン漢呉 カン漢 訓ながれる

意味 ❶「湲湲」は、㋐水がさらさらと流れるようす、㋑ひっくりかえるようす、また、入り乱れるようす。❷「潺湲」は、水が流れるようす。

氵9 【温】 12画 1825 6E29 教育3 音オン漢 ウン呉 訓あたた-か・あたた-かい・あたた-まる・あたた-める・ぬる-い

筆順 冫 氵 氵 沪 泹 湒 温

水(氵・氺)部 9画 淵 湲 温

氵10 【溫】 13画 1-8692 6EAB 人名

なりたち 𥁕 [会意]本字は「𥁕」で、「皿(=さら)」と「囚(=とりこ)」とから成る。囚人に食事をあたえる。なさけぶかく、あたたかい。

意味 ❶あたたかい。あたためる。あたたかさ。例温泉・温帯・保温。❷人がらや表情がおだやか。やさしい。例温顔・温厚・温情。❸学んだことをくりかえしならう。復習する。たずねる。例温習・温故知新。

日本語での用法《あたためる》長く保つ。「温めていた計画・ベンチを温める」

使い分け あたたかい・あたたかだ・あたたまる・あたためる【温・暖】⇩1160ページ

難読 温州蜜柑(=中国の地名がついているが、日本原産のミカン)・温灰・温習・温湯

人名 あつ・あつし・いろ・すなお・ただす・つつむ・なが・ならう・のどか・はる・み・みつ・みつる・やす・やすし・ゆたか・よし

【▽温▼飩】小麦粉をこね、のばして細長く切った食品。饂飩。

【▽温気】①温度が高い空気。②あたたかさ。とくに、夏のむし暑さ。例むっとする―。

【温雅】(名・形動ナ)性格がおだやかで、おくゆかしいこと。上品なこと。例―な性質。

【温顔】おだやかな人がらをあらわす、やさしい顔つき。例―を拝する。

【温▼灸】専用の容器の中に、火をつけたもぐさを入れ、患部をあたためる治療法。

【温血】血液があたたかいこと。対冷血。

【温故】〔「故」は、いにしえの意〕すでに知っていることを学び直すこと。また、過去のことを調べること。→【温故知新】

【温故知新】〔「故きを温ねて新しきを知る」と訓読する〕昔のものごとを調べ、そこから新たな考え方や道理を見つけだすこと。〈論語〉

【温厚】(名・形動ナ)おだやかで、思いやりがあること。温和。例―篤実な人がら。

【温室】寒さに弱い植物を育てたり、季節に関係なく野菜がとれるように、ガラスやビニールで囲って日光をとり入れ温度を調節できるようにした建物。例―メロン。―育ち(=世間の苦労を知らないことのたとえ)。

【温石】火で焼いた石を布で包んだもの。からだをあたためるのに用いた。また、その石。例―ほどのあたたかさ。

【温習】(名・する)すでに学んだことを、なんどもやり直したり、練習したりすること。おさらい。復習。例―会。

【温柔】(名・形動ナ)①性格がおだやかでやさしいこと。②あたたかく、やわらかいこと。

【温順】(名・形動ナ)①性格がおだやかで、おとなしいこと。温和。例―な人がら。②気候や風土がのどかなこと。例―な土地。

【温床】①野菜の苗などを育てるため、人工的にあたためた苗床。②悪いものごとを引き起こしやすい原因や環境。例官民の癒着は、汚職の―だ。

【温情】やさしく、思いやりのある心。また、その心づかい。例―に浴す。―をほどこす。

【温色】①おだやかでやさしい表情。②あたたかく感じる色。赤やだいだいなど。暖色。対寒色。例―系の絵がら。

【温水】あたたかい水。対冷水。例―プール。

【温▼凊定省】子供が心をこめて親孝行することをいうことば。〔父母が、冬はあたたかく(=温)、夏はすずしく過ごせるように(=凊)、夕方にはねどこをととのえ(=定)、朝にはよくねむれたかどうかを気づかう(=省)、ということ〕〈礼記〉

参考「凊」は、「清」とは別で、涼の意。

【温泉】地中の熱によってあたためられた地下水がわき出るもの。いでゆ。〔日本では、ふつう、セ氏二五度以上のものをいう〕対冷泉。例―治療。→【鉱泉】(1007ページ)

【温存】(名・する)余裕をもって、たいせつに残しておくこと。例試合に備えて体力を―する。

【温帯】熱帯と寒帯とのあいだの地域。気候がおだやかで、季節に変化があり、降水量も多い。例―植物。―林。

【温暖】(名・形動ナ)気候がおだやかで、あたたかいこと。対寒冷。例―な保養地。

【温暖前線】あたたかい空気のかたまりが、冷たい空気のかたまりを押しのけていくときにできる前線。通過後は気温が上がる。対寒冷前線。

【温度】物質の熱さや冷たさの度合いを、数値であらわしたもの。基準の取り方により、絶対温度・カ氏温度・セ氏温度などがある。例―計。―差。

【温度計】ものの温度をはかる器具。例室内―。

【温▽突】オンドル〔朝鮮語〕朝鮮半島や中国東北部で使われる暖房装置。たき口で燃料を燃やし、ゆかの下に熱いけむりを流して部屋やねどこなどをあたためる。
【温熱】オンネツ あたたかさ。熱さ。また、熱。例—療法。
【温風】オンプウ ①あたたかい風。②陰暦六月ごろにふく風。
【温飽】オンポウ あたたかな衣服を着、じゅうぶんな食べ物を食べること。豊かな生活をすることのたとえ。類暖衣飽食。
【温容】オンヨウ 人がらのおだやかさをあらわす、やさしい顔や姿。類温顔。例師の—に接する。
【温浴】オンヨク あたたかな湯につかること。入浴すること。温水浴。例—療法。
【温良】オンリョウ（名・形動ナ）人がらがおだやかで、善良なこと。類温和・温厚。
【温和】オンワ（名・形動ナ）①気候があたたかで、おだやかなこと。例気候—といわれる日本。②もののようすがおだやかで、なごやかなこと。温厚。例—な人がら。表記②は「穏和」とも書く。
●検温・高温・常温・水温・体温・微温・保温

氵9 【渦】 12画 1718 6E26 常用 音カ(慣)ワ(漢) 訓うず

筆順 氵 氵 氵 汈 泹 泹 渦 渦 渦

なりたち［形声］「氵(=みず)」と、音「咼カ→ワ」とから成る。水がうずを巻く。

意味 水がうずを巻く。うず。例渦旋カセン(=うずまき)。渦中。

【渦潮】うずしお うずを巻いて流れる海水。例鳴門なるとの—。
【渦巻き】うずまき ①水などの、うずを巻く流れ。また、うずができること。うず。②うずを巻いたような形や模様。
【渦中】カチュウ ①うずのなか。②複雑な事件やもめごとのさなか。例—に身を投じる。—に巻きこまれる。
【渦紋】カモン うず巻きの模様。

氵9 【渙】 12画 6250 6E19 音カン(漢) 訓あき-らか

意味 ❶ちらばり広がる。例渙発カンパツ。❷つややかで美しいようす。あきらか。例渙渙カンカン(=つややかで美しい)。

【渙発】カンパツ（名・する）皇帝や天皇の命令が、広く世間へ向けて発せられること。例宣戦の詔勅ショウチョクが—された。

氵9 【渠】 12画 *2184 *6E20 音キョ(漢) 訓みぞ

意味 ❶地面をほった水路。ほりわり。みぞ。例暗渠アンキョ。溝渠コウキョ。❷（悪者の）かしら。同巨キョ。例渠魁キョカイ。❸かれ。三人称サンニンショウの代名詞。例渠輩キョハイ(=かれら)。

難読 渠等かれら

【渠▼魁】キョカイ 盗賊などのかしら。首領。頭目。表記「巨▼魁」とも書く。

氵9 【減】 12画 2426 6E1B 教育5 音カン(漢)ゲン(呉) 訓へ-る・へ-らす

筆順 氵 氵 汇 沪 涯 減 減 減

なりたち［形声］「氵(=みず)」と、音「咸カ」とから成る。そこなう。へる。

意味 ❶数量が少なくなる。へる。少なくする。へらす。対増。例減少。削減。増減。❷引き算。例減法。加減乗除。

人名 き・つぎ

【減圧】ゲンアツ（名・する）（空気圧や水圧などの）圧力を下げること。また、圧力が下がること。

【減員】ゲンイン（名・する）会社や役所などで、人をへらすこと。また、人がへること。対増員。例不況で社員が—された。

【減益】ゲンエキ（名・する）（会社などの）利益がへること。対増益。例前年比五パーセントの—だ。

【減価】ゲンカ（名・する）商品の値段を下げること。また、値引きした価格。

【減額】ゲンガク（名・する）金額などをへらすこと。また、へること。対増額。例予算を—する。

【減却】ゲンキャク（名・する）へること。また、へらすこと。例興味を—する。

【減給】ゲンキュウ（名・する）給料をへらすこと。とくに、社員や職員に対する罰として、一定の期間、給料の額を少なくすること。減俸。例—処分。

【減刑】ゲンケイ（名・する）恩赦の一つ。いったん決定した刑罰を、より軽いものにすること。例恩赦により—する。

【減殺】ゲンサイ（名・する）〔「ゲンサツ」と読むのは誤り。「殺」は、けずる意〕程度や量をへらすこと。例仕事の意欲を—する。

【減産】ゲンサン（名・する）生産量がへること。また、へらすこと。対増産。例年年—する一方だ。

【減算】ゲンザン（名・する）〔数〕引き算。減法。対加算。

【減資】ゲンシ（名・する）企業などが、資本金をへらすこと。また、へらした資本。対増資。

【減収】ゲンシュウ（名・する）収入や収穫量が少なくなること。また、その額や量。対増収。例税金が増えて実質的には—になる。

【減少】ゲンショウ（名・する）数量や程度がへって、少なくなること。また、少なくすること。対増加。例人口が—する。

【減水】ゲンスイ（名・する）水の量がへること。また、へらすこと。対増水。例貯水池が—する。

【減衰】ゲンスイ（名・する）数量がだんだん少なくなること。また、しだいにおとろえること。例—曲線。

【減数】ゲンスウ 一（名・する）数がへること。二（名）〔数〕引き算で、引くほうの数。

【減税】ゲンゼイ（名・する）税金の負担額を少なくすること。対増税。例所得税を—する。

【減速】ゲンソク（名・する）動いているものの、速度を落とすこと。また、速度が落ちること。対加速。例列車は鉄橋で—した。

【減退】ゲンタイ（名・する）体力や気力、ものごとの勢いなどがおとろえること。対増進。例食欲が—する。

【減反】ゲンタン（名・する）〔「反」は、土地の広さを示す昔の単位〕農作物を生産する田畑の面積をへらすこと。〔とくに、米についていわれることが多い〕表記「減▽段」とも書く。

【減点】ゲンテン（名・する）あらかじめ決まっている持ち点や基準点から、誤りや違反があるごとに点数を差し引くこと。また、その引かれた点数。例—法。反則で—される。

【減法】ゲンポウ〔数〕引き算。減算。対加法。

【減俸】ゲンポウ（名・する）給料の額をへらすこと。減給。対増俸。例—処分。

【減摩】ゲンマ（名・する）①すりへること。②機械などで、摩擦を少なくすること。例—剤。表記▽「減磨」とも書く。

【減免】ゲンメン（名・する）刑罰を軽くしたり、義務や負担などを少なくしたりすること。例授業料の—。死刑を—する。

【減耗】ゲンモウ（名・する）〔「ゲンコウ」の慣用読み。「耗」も、へる意〕へらして少なくすること。また、へってなくなること。例効果が—する。

【減量】(名・する) 数量がへること。また、へらすこと。とくに、体重をへらすこと。対 増量。例 試合前の—。

● 加減・軽減・激減・節減・漸減・低減・半減

氵9

【湖】

12画 2448 6E56 教育3 音 コ 漢 訓 みずうみ

筆順 氵 氵 汁 汁 沽 沽 湖 湖

なりたち [形声]「氵(=みず)」と、音「胡コ」とから成る。大きな池。

意味 みずうみ。例 湖沼。湖畔。

難読 余呉よごの湖うみ(=琵琶湖びわこ)

人名 ひろし

【湖岸】みずうみの岸。また、みずうみの岸に近いところ。

【湖沼】みずうみやぬま。〔広い意味では、池や沼沢なども ふくみ、陸地のくぼみにたまっている水をいう〕

【湖上】①みずうみの水面の上。例 —の船。②みずうみのほとり。類 湖畔。例 —を散策する。

【湖心】みずうみの中心部。例 —の深度を測る。

【湖水】みずうみ。また、みずうみの水。例 —にうかぶ堂。

【湖底】みずうみの底。例 —にしずむ。

【湖畔】みずうみのすぐそば。みずうみのほとり。湖辺。類 湖上。例 —のキャンプ場。

【湖面】みずうみの水の表面。湖上。例 鏡のような—。

氵9

【港】

12画 2533 6E2F 教育3 音 コウ 漢 訓 みなと

筆順 氵 氵 汁 汫 洪 洪 港 港

氵9

【港】

12画

なりたち [形声]「氵(=みず)」と、音「巷コ」とから成る。支流。また、船がとまれるところ。

意味 ふなつきば。みなと。例 港湾。寄港。

【港外】みなとの外。対 港内。例 貨物船が—に出る。

【港口】みなとの出入り口。港門。

【港内】みなとの中。対 港外。例 —に客船が入港する。

【港湾】みなとと、それに付属する施設全体をいう。みなと。〔船をつなぐ設備、乗客や貨物の積み降ろし施設、倉庫や交通のための施設などをふくむ〕例 —整備。—都市。

【港町】みなとを中心にして発展してきた町や都市。

● 開港・寄港・帰港・漁港・空港・出港・入港・良港

氵9

【湟】

12画 6252 6E5F 音 コウ 漢

意味 ❶川の名。湟水。❷水のない堀。からぼり。❸池。堀。

氵9

【渾】

12画 6253 6E3E 人名 音 コン 漢 訓 すべ-て

意味 ❶水がさかんにわき出る音。また、水が流れるようす。例 渾渾。❷一つにまじりあう。例 渾然。渾沌。❸まったく。すべて。例 渾身。❹(人を)笑わせる。例 渾名。

【渾渾】(形動タル) 水がさかんにわき出すようす。また、流れるようす。滾滾。例 —とわき出る泉。

【渾身】からだ全部。全身。満身。例 —の力をふりしぼってたたかう。

【渾然】(形動タル)とけあって区別がつかないようす。例 —一体となる。表記「混然」とも書く。

【渾天儀】古代中国で、天体の位置を測定するために使われた観測装置。渾儀。

【渾▼沌】⇩【混沌】(601ページ)

【渾名】その人の特徴をとらえて、他人がつけて呼ぶ名前。ニックネーム。

氵9

【渣】

12画 6254 6E23 音 サ 漢 訓 かす

意味 液体の底にしずんだもの。しぼりかす。かす。例 渣滓。

【渣▼滓】液体の底にたまるかす。おり。例 —を濾過する。

氵9

【滋】

12画 2802 6ECB 教育4 音 ジ 慣 シ 漢 呉 訓 しげ-る・ま-す・ますます

筆順 氵 氵 氵 浐 浐 滋 滋 滋 滋

氵9

【滋】

12画 2F90B

なりたち [形声]「氵(=みず)」と、音「茲シ」とから成る。水がふえる。

意味 ❶ふえる。しげる。そだつ。例 滋育(=そだてる)。❷いよいよ。ますます。❸うるおう。栄養になる。また、味がよい。例 滋雨。滋味。

県名 滋賀

人名 しく・しげ・しげし・ふさ・まさ・ます

【滋雨】めぐみの雨。

【滋味】①食べ物のおいしさ。類 美味。②ものごとの、豊かで深い味わいのあること。例 —に富んだ文章。

【滋養】からだにとって栄養になるもの。類 栄養。例 —のある食べ物。

氵9

【湿】

12画 2830 6E7F 常用 音 シツ 慣 シュウ 漢 呉 訓 しめ-る・しめ-す・しめ-り

筆順 氵 氵 氵 沪 浔 湿 湿 湿 湿

氵14

【濕】

17画 6328 6FD5 人名

なりたち [会意]本字は「溼」で、「一(=おおう)」と「土(=つち)」と「氵(=みず)」と、音「㬎シュ」の省略体とから成る。土が水けをおびる。しめる。

意味 水けがあってじめじめする。うるおう。しめる。しめす。例 湿原。湿潤。陰湿。

難読 湿地じめじ(=キノコの名)・湿とる・湿気しける

【湿気】〔「シッキ」とも〕①空気などにふくまれる水分。しめりけ。例 —の多い季節。②ものごとのようすが、暗くしめっぽいこと。

【湿原】水分の多い土地にできる草原。例 —地帯。

【湿潤】一(名・形動ダ)しめりけが多いこと。例 温暖—な気団。二(名)ものを液体でぬらすこと。例 —剤。

【湿▼疹】皮膚におこる炎症の一つ。かゆみや水ぶくれなどをともなう。例 アトピー性の—。

【湿生】一 植物が、しめりけが多いところに生育すること。例 —植物。二(仏)母胎や卵からでなく、水分から生まれると考えられた生き物。カやカエルなど。

【湿性】水分をふくんでいること。また、水分の多い性質。

㊆乾性。例—の病巣。
【湿地】水分の多い、じめじめした土地。湿土。例—帯。
【湿田】水をはってないときでも、土が多量の水分をふくんでいて、水はけの悪い水田。㊆乾田。
【湿度】空気中にふくまれる水分の度合い。例—計。
【湿布】(名・する) 水やお湯、または薬にひたした布を患部に当てて、治療の助けとする方法。また、その布。例—薬。温—。冷—。足首に—する。
●陰湿・除湿・多湿

氵9
【湘】
12画 3037 6E58 人名 音ショウ漢
意味 ❶湖南省を北流して洞庭湖に注ぐ川。湘江。湘水。例瀟湘八景。❷湖南省の別の名。
【湘江】広西チワン族自治区の北部から流れ出て、湖南省を北に流れ、洞庭湖に注ぐ川。湘水。
【湘南】①中国の湘江の南部の地方。②神奈川県南部、三浦半島から相模湾沿岸の地域。

氵9
【湫】
12画 6255 6E6B 音一ショウ漢 二シュウ漢 訓くて
意味 一土地が低く、しめりけが多い。例湫隘(=土地が低く狭い)。二❶池。ふち。❷「湫湫」は、うれいにしずむようす。
日本語での用法《くて》「長湫(=地名)」 水草などが生えている低湿地。
難読 長湫(=地名)・湫(ぬま・けい)

氵9
【渫】
12画 6256 6E2B 音セツ漢 訓さら-う
意味 ❶水底のどろを取り除く。さらう。例浚渫。❷外へもれる。もらす。同泄。例漏渫。

氵9
【湶】
12画 6257 6E76 音セン漢 訓いずみ
意味 いずみ。同泉。

氵9
【湊】
12画 4411 6E4A 人名 音ソウ漢 訓みなと・あつ-まる・あつ-める
意味 ❶舟の集まるところ。みなと。❷あつまる。あつめる。同輳。例輻湊。
人名 あつむ・すすむ

氵9
【測】
12画 3412 6E2C 教育5 音ソク漢 シキ呉 訓はか-る
筆順 丶 氵 汌 泪 浿 浿 測 測
なりたち [形声]「氵(=みず)」と、音「則ソク」とから成る。水の深さをはかる。
意味 ❶水の深さをはかる。また、ものの高さ・長さ・広さなどをはかる。例測定。測量。目測。❷知っていることをもとに、未知のことに見当をつける。おしはかる。例推測・予測。
使い分け はかる【図・計・測・量・謀・諮】⇩1177ページ
人名 ひろ・ひろし
【測深】水底までの深さをはかること。例音響—器。
【測度】一(名・する) 頭で考えて、おしはかること。忖度。推量。例人の心は—しがたい。二(名) ものごとの度数や尺度などを、数値としてはかること。
【測地】(名・する) ある土地の位置や、広さ、高さなどをはかること。測量。例建設予定地を—する。
【測定】(名・する) 数や量をはかり、数値であらわすこと。例身長を—する。
【測量】(名・する) ①土地や建物などの位置や、高さ、広さなどを、道具を用いてはかること。②基準となる地点から、距離や方向や角度などをはかり、地形を図にあらわすこと。例—術。海岸線を—する。
【測候】(名・する) 天文や気象の変化を調べること。
【測候所】気象庁の地方機関で、その地方の気象や地震を観測し、予報や警報を出す。
●憶測・観測・計測・実測・推測・目測

氵9
【湛】
12画 3525 6E5B 人名 音タン・チン漢 訓たた-える
意味 水がいっぱいに満ちているようす。たたえる。転じて、心がゆったりとおちついているようす。例湛然。
人名 あつし・きよ・きよし・ふかし・やす・やすし
【湛然】(形動タル) ①水がいっぱいにたたえられているようす。例—たる湖。②静かでおちついているようす。例—として静かな秋の水。

氵9
【湍】
12画 6258 6E4D 音タン漢 訓せ・はやせ・はや-い
意味 水の流れが速い(ところ)。はやせ。はやい。例湍水。湍瀬。
【湍水】流れの速い水。急流。はやせ。
【湍瀬】川が浅くなっていて、流れが急なところ。はやせ。

氵9
【渟】
12画 6259 6E1F 音テイ漢 訓たま-る・とどこお-る・とど-まる
意味 ❶水がたまって流れない。とどまる。例渟渟(=水が流れずにたまっているようす)。❷深い。
日本語での用法《ぬ》「ぬま(=沼)」の意の和語「ぬ」に「渟」の字をあてたもの。「茅渟鯛(=クロダイ)・茅渟海(=古く、和泉・淡路両国のあいだの海をさした。現在の大阪湾一帯の海)」

氵9
【渡】
12画 3747 6E21 常用 音ト漢 ド呉 訓わた-る・わた-す・わたし・わたり
筆順 氵 汁 沪 浐 浐 渡 渡
なりたち [形声]「氵(=みず)」と、音「度ト」とから成る。わたる。
意味 ❶横ぎって向こうがわへ行く。わたる。わたす。例渡河。渡航。渡米。❷わたし場。わたし。例渡津。
人名 ただ・ひろし
【渡英】(名・する) イギリスに行くこと。例シェークスピア研究のために—する。
【渡欧】(名・する) ヨーロッパに行くこと。例明治時代には、多くの留学生が—した。
【渡河】(名・する) 川をわたること。とくに、部隊などが、集団で大きな川をわたること。例ウシの大群が—する。
【渡海】(名・する) 船で海をわたること。渡航。航海。例あらしの危険をおかして—した。
【渡御】(名・する) 天皇・三后・将軍、または、祭りのみこしが、ふだんいるところから別のところへ行くこと。おでまし。例みこしが御旅所へ—になる。

【渡航】(名・する) 船や飛行機で、外国へ行くこと。例海外へ—する。

【渡渉】(名・する) 川をわたること。また、川をこえること。

【渡津】(「津」は、わたし場の意) ①わたしぶねと、ふなつき場があるところ。わたし場。②わたし場から川をわたること。

【渡世】(世の中をわたっていく、の意) ①世間で生活をいとなむこと。暮らしていくこと。例—の業。②暮らすための職業。仕事。なりわい。例—人(=やくざ。ばくち打ち)。

【渡船】わたし場で、人や荷物を向こう岸に運ぶ、専用の船。わたしぶね。例—場。—の便がいい。

【渡日】(名・する) 海外から、日本へ来ること。

【渡仏】(名・する) フランスへ行くこと。例デザインの勉強のために—する。

【渡米】(名・する) アメリカに行くこと。例出張で—する。

【渡来】(名・する) 外国から海をわたってやってくること。また、そのもの。伝来。舶来。例南蛮—の品。

●過渡・譲渡

氵9 【湯】 12画 3782 6E6F 教育3 音トウ漢 タン唐 訓ゆ

筆順 氵 氵 氵 沪 沪 浔 湯 湯 湯

なりたち [形声]「氵(=みず)」と、音「昜ヨウ→トウ」とから成る。熱い水。

意味 ❶水が熱くなったもの。ゆ。例熱湯。❷温泉。風呂。例湯治。銭湯。❸漢方で、水を加えてせんじた薬。例葛根湯。❹スープ。汁。例湯麺。

難読 湯湯婆・湯桶・湯中・湯女・白湯

人名 のり

【湯治】(名・する) 温泉にはいって、病気やけがをなおすこと。また、温泉地でゆっくり休むこと。例—客。—に行く。

【湯薬】せんじぐすり。熱湯で、薬の成分を煮だして飲む。例—を煎じる。

【湯垢】お湯の中の石灰分やせっけん分が、浴槽ややかんなどにこびりついたもの。例—がつく。—を落とす。

【湯桶】一 入浴するときに使うおけ。たらいや洗面器など。二 食後に飲むお湯などを入れておくうつわ。多くは木製、うるしぬりで、つぎ口がついている。→【湯桶読み】

【湯桶読み】「湯桶」のように、上の字を訓読み、下の字を音読みにする二字熟語の読み方。「家賃・車代・店番」など。対重箱読み。

【湯灌】(名・する)(「灌」は、あらう意) 死んだ人のからだを、棺におさめる前に、湯でふいて清めること。

【湯気】お湯や、あたたかい食べ物などから立ちのぼる蒸気。温度の低い空気の中では白いけむりのように見える。

【湯桁】ゆぶね。また、そのまわりにわたしてある横木。

【湯煙】〔「ゆけぶり」とも〕ふろや温泉のお湯から立ちのぼる湯げ。例露天ぶろから—が立ちのぼっている。

【湯煎】(名・する) 容器に温めたいものを入れ、容器ごと湯につけて、間接に温めること。例バターを—してとかす。

【湯銭】銭湯などでしはらう、入浴料金。〔古い言い方〕

【湯玉】①お湯の中からわき上がってくる空気のあわ。②小さな玉のように飛び散る熱湯。

【湯茶】飲み物としてのお湯やお茶。例—の接待をする。

【湯壺】温泉などで、中にはいってお湯につかることができるところ。

【湯豆腐】なべ料理の一つ。こんぶだしで豆腐を煮て、薬味をそえ、しょうゆ味のたれで食べる。

【湯殿】入浴するための設備がある部屋、または、建物。浴室。浴場。

【湯葉】ダイズを煮てすりつぶし、それをこしたしるを煮たてると、表面に膜ができる。その膜を加工した食品。例—料理。表記「油葉・湯波・湯婆」とも書く。

【湯船】中に湯を入れ、人がはいることができるようにした大きな箱やおけ。浴槽。例—につかる。表記「湯▽槽」とも書く。

【湯水】お湯や水。例—のように使う(=どんどんむだづかいをすることのたとえ)。

【湯文字】〔女房詞〕①昔、女性が入浴のときに身につけた、「湯巻き」の「ゆ」に「文字」をつけたことば。②女性が和服を着るときの下着。腰巻き。湯巻き。

【湯元】温泉がわき出るもと。例ここの温泉の—は湯量が豊富だ。表記「湯本」とも書く。

【湯屋】ふろ屋。銭湯。〔古い言い方〕

●産湯・給湯・銭湯・熱湯・薬湯

[水(氵・氺)部] 9画 ● 湯湃渺湎渤満

氵9 【湃】 12画 6260 6E43 音ハイ漢

意味 「澎湃ホウハイ」は、大きな波など、水がぶつかりあう音。また、水がいっぱいにみなぎるようす。

氵9 【渺】 12画 6261 6E3A 音ビョウ漢 訓はる-か

意味 ❶(水が)はてしなく広いようす。はるか。例渺渺ビョウビョウ。渺茫ビョウボウ。縹渺ヒョウビョウ。❷ごく小さくてはっきり見えないようす。かすか。例渺滄海之一粟(=大海の中のほんの小さなひとつぶのアワのようなものだ)。〈蘇軾・赤壁賦〉

【渺渺】(形動タル) はるか遠くまで広がっているようす。渺茫。例—たる荒野。

【渺茫】(形動タル)(「茫」も、広々としている意) 広々としてはてしないようす。はるか遠くにあるようす。渺渺。例眼前には海が—と広がっていた。

氵9 【湎】 12画 6262 6E4E 音ベン漢 メン呉 訓おぼ-れる・しず-む・ただよ-う

意味 ❶酒などにおぼれる。夢中になる。ふける。例沈湎チンメン(=酒におぼれる。心がうばわれる)。❷「湎湎ベンベン/メンメン」は、流れ移るようす。

氵9 【渤】 12画 6263 6E24 音ホツ漢 ボツ呉

意味 「渤海ボッカイ」は、海域の名。また、国の名。

【渤海】①中国東北部、遼東リョウトウ半島と山東半島に囲まれ、東は黄海コウカイに通じる海域。②中国東北部・朝鮮半島北部・ロシア沿海州地域にあった、ツングース系民族の国家。(六九八—九二六)

氵9 【満】 12画 4394 6E80 教育4 音マン漢呉 訓み-ちる・み-たす・み-つ

氵11 【滿】 14画 6264 6EFF

筆順 氵 氵 汻 浐 浐 満 満 満

なりたち [形声]「氵(=みず)」と、音「㒼マン」とから成る。みちあふれる。

意味 ❶いっぱいになる。じゅうぶんになる。みちる。みたす。みちたりる。例満員。満足。不満。❷期限や標準に達する。例満期。満了。❸すべて。全部の。例満座。満天下。満面。❹「満州」の略。中国東北部の古い呼び名。例北満。

日本語での用法《マン》①満年齢のこと。誕生日になって一歳を加える数え方。「満九歳になる」②年数などがめぐって、ちょうどぴったりの数になること。「事件が起きてから満五年になる」

難読 満天星どうだん・つつじ

人名 あり・ます・まろ・みち・みつる・みのる・よろず

【満員】マンイン ①決められた人数に達していること。②その場所や乗り物などが、人でいっぱいになること。また、その状態。例—電車。講演会場は—になった。

【満悦】マンエツ（名・する）みちたりて、とてもよろこぶこと。例—の体。山海の珍味にご—のようす。

【満開】マンカイ（名・する）花がそろって、ひらききってさくこと。また、その状態。花盛り。例公園のサクラは今が—です。

【満額】マンガク あらかじめ計画していた一定の金額に達すること。また、要求どおりの金額になること。例—回答。

【満株】マンかぶ 株を購入する申しこみの数が、予定の株数に達すること。

【満干】マンカン 潮がみちることと引くこと。潮のみちひ。干満。例—の差の最大になる月。

【満願】マンガン〔仏〕日数を決めて、神仏に願をかけた、その期間が終わること。例—の夜、夢のお告げがあった。

【満艦飾】マンカンショク ①（祝日や儀式などに）軍艦全体を旗や電球などでかざること。②はなやかにかざりたてること。③ベランダなどが洗濯物などでいっぱいになっていること。

【満期】マンキ ①一定の期間が終わること。例二年ものの定期預金がもうすぐ—だ。②手形のしはらい期日。例—日。

【満喫】マンキツ（名・する）①おなかいっぱい食べたり飲んだりすること。②心ゆくまでじゅうぶん楽しむこと。例自由を—する。

【満月】マンゲツ まんまるにかがやいて見える月。陰暦十五日の夜の月。もちづき。対新月。例—の夜。

【満▼腔】マンコウ からだ全体。胸いっぱい。心から。満身。例—の願い（＝心からの願い）。—の謝意をあらわす。

【満座】マンザ その場にいる人みんな。例—の中ではじをかく。その話は—のなみだをさそった。

【満載】マンサイ（名・する）①船や車などに荷物や人を、あふれるほど積みこむこと。例木材を—したトラック。②新聞や雑誌などの紙面に、記事をたくさんのせること。例情報を—する。

【満作】マンサク 農作物がたくさん実ること。豊作。例豊年—。

【満更】マンざら（副）〔下に打ち消しのことばをともなって〕必ずしも…でない。いつも…とはかぎらない。例—でもない顔つき。お世辞とわかっていても—悪い気持ちはしない。

【満山】マンザン ①山全体。山じゅうにみちていること。例—のサクラ。②寺全体。▽類全山。

【満室】マンシツ ホテルやマンションなどで、空き部屋がないこと。例全館—。

【満車】マンシャ 駐車場などで、収容台数いっぱいに車がはいっていること。例観光シーズンで、駐車場は、どこも—だ。

【満床】マンショウ 病院のベッドが入院患者でふさがること。

【満場】マンジョウ 会場全体。また、その場にいる人全員。満堂。例—の拍手。—は水を打ったように静まりかえった。

【満場一致】マンジョウイッチ その場にいる人すべてが、同じ意見になること。例予算案は—で可決された。

【満身】マンシン からだ全体。からだじゅう。また、からだにみちあふれていること。全身。例—創痍（＝からだじゅうが傷だらけであること。また、そのように打撃を受けること）。—の力。

【満水】マンスイ 水がいっぱいになること。例連日の雨でダムは—だ。

【満席】マンセキ 乗り物や劇場など、座席が設けてあるところで、すべての席がふさがっていること。例—の盛況。

【満足】マンゾク 一（名・形動ナ）じゅうぶんであること。欠けたところがなく、完全であること。例—な回答。二（名・する）①自分の希望や願いがかなって、みちたりた気持ちになること。例この成績に—している。②（数）あたえられた条件にかなっていること。とくに、ある数を条件式の中の未知数に代入すると、その式が成り立つこと。例等式を—する数値を求めよ。

【満潮】マンチョウ しおがみちること。また、それによって海面が高くなった状態。みちしお。対干潮。例—時の水位。

【満天】マンテン 空いっぱいに広がっていること。例—の星。

【満点】マンテン ①（試験などで）定められた最高の点数。例百点—。②最高のできばえ。申し分のないこと。例サービス—。

【満天下】マンテンカ この世の中のすべて。全世界。例—に名声がとどろく。

【満都】マント みやこ全体。また、みやこじゅうにみちあふれていること。例—の関心を集める。

【満堂】マンドウ 堂いっぱいになっていること。また、堂にいる人すべて。満場。例—が感動した。—の諸君に告げる。

【満年齢】マンネンレイ 誕生日が来るごとに、年齢を一歳ずつ加えていく数え方。また、その数え方による年齢。対数え年。

【満杯】マンパイ ①いれものが液体でいっぱいになっていること。②その場にはいりきらない状態になっていること。例駐車場はすでに—だ。

【満帆】マンパン 船の帆をすべて張ること。また、その帆いっぱいに風を受けて、順調に進むこと。例順風—。

【満票】マンピョウ 選挙や選出、また選歌や選句などのとき、投票者すべてから票を得ること。例—で当選する。

【満幅】マンプク ①紙や布などの一面全体。全幅。②〔「満幅の」の形で〕全面的な。完全な。全幅。例—の信頼を寄せる。

【満腹】マンプク（名・する）おなかがいっぱいになること。対空腹。例ぜいたくな料理に—する。

【満満】マンマン（形動タル）いっぱいのようす。みちみちているようす。例自信—。—たる湖。

【満面】マンメン 顔全体。顔じゅう。例—に笑みをうかべる。—朱をそそぐ（＝いかりで顔全体をまっかにする）。

【満目】マンモク ①見わたすかぎり。目にはいるものすべて。②目の中いっぱい。

【満了】マンリョウ（名・する）決められた期間を終えること。例任期—にともなう市長選挙。

【満塁】マンルイ 野球で、一・二・三の塁すべてにランナーがいること。フルベース。例—ホームラン。

【満を持す】マンをジす ①弓をじゅうぶんに引きしぼる。②できるかぎりの準備をして、行動する機会を待つ。例満を持して待つ。

●円満・干満・充満・不満・豊満・飽満・未満

［水（氵・氺）部］9画 渝

氵9 【渝】12画 6265 6E1D 音ユ漢 訓あふ-れる・か-える・か-わる

意味 ❶変更する。変わる。変える。❷たがえる。そむく。例渝盟。❸みちあふれる。例渝平。❹今の重慶市の別の呼び方。

【渝平】ユヘイ これまでの恨みをすてて仲よくすること。

【渝盟】ユメイ ちかいにそむくこと。

氵9 【湧】 12画 4515 6E67 常用 音ヨウ漢 ユウ呉 訓わ-く・わ-かす

筆順 氵 氵 氵 浐 涌 涌 涌 湧 湧

氵9 【湧】12画 ＝ 氵7 【涌】10画 4516 6D8C 本字

なりたち [形声]「氵(＝みず)」と、音「甬ヨウ」とから成る。水がわき出る。

意味 つぎつぎと出てくる。わきあがる。わく。例 湧出シュツ。湧水スイ(＝わき水)。

使い分け わく【沸・湧】⇩1182ページ

人名 いずみ・わか・わき

【湧出】ユウシュツ (名・する) わきでること。

【湧泉】ユウセン ①水がわきでて、いずみになったもの。②感情や元気などが、さかんにわきでることのたとえ。

【湧然】ユウゼン (形動タル) さかんにわきおこるようす。

【湧き水】わきみず 地上にわきでてくる水。

氵9 【游】 12画 6266 6E38 音 一リュウ漢 二ユウ漢 訓あそ-ぶ・およ-ぐ

意味 一 リュ 旗の風にひるがえる部分。はたあし。旒リュ。二 ウユ ❶水上にうかびただよう。およぐ。❷よそに出かける。例 游学ガク(＝遊学)。❸気ままに楽しむ。あそぶ。

氵9 【溂】 12画 6267 6E82 国字 音ラツ

意味 「潑溂ハツラツ」の「溂ラ」の書きかえ字。例 潑溂ハツラツ(＝潑剌)。

氵9 【湾】 12画 4749 6E7E 常用 音ワン漢

筆順 氵 氵 汁 汸 洂 济 湾 湾

氵22 【灣】 25画 6352 7063

なりたち [形声]「氵(＝みず)」と、音「彎ワン」とから成る。いりえ。

意味 ❶海が陸地に弓なりにまがって、はいりこんだところ。いりえ。例 湾流リュウ。港湾コウ。ペルシャ湾ワン。❷弓なりにまがる。例 湾曲キョク。

人名 みずくま

【湾岸】ワンガン ①入り江えの岸一帯。湾沿いの陸地。例 ―道路。②ペルシャ湾(＝アラビア湾)の沿岸。

【湾曲】ワンキョク (名・する) 弓なりにまがっていること。例 ―している海岸線。重みで―する。表記 旧▼彎曲

【湾口】ワンコウ 湾の入り口。例 せまい―。

【湾頭】ワントウ 湾のほとり。湾のそば。

【湾内】ワンナイ 湾のなか。

【湾入】ワンニュウ (名・する) 海岸線などが、陸地側に弓のようにまがってはいりこんでいること。表記 旧▼彎入

【湾流】ワンリュウ メキシコ湾流のこと。メキシコ湾からヨーロッパ北西沖おきへかけて、大西洋を流れる大きな暖流。

氵9 【湮】12画 ⇩【湮】イン(605ページ)

氵9 【渇】12画 ⇩【渇】カツ(600ページ)

氵9 【港】12画 ⇩【港】コウ(608ページ)

氵9 【滋】12画 ⇩【滋】ジ(608ページ)

氵9 【渚】12画 ⇩【渚】ショ(602ページ)

氵9 【溌】12画 ⇩【潑】ハツ(622ページ)

氵9 【湧】12画 ⇩【湧】ユウ(612ページ)

氵10 【溢】 13画 1678 6EA2 人名 音イツ漢 訓あふ-れる・み-ちる

氵10 【溢】 13画 ＝ 俗字

意味 ❶(水が)いっぱいになってこぼれる。あふれる。みちる。例 横溢オウイツ。脳溢血ノウイッケツ。❷ゆきすぎる。度をこえた。例 溢美イツビ(＝ほめすぎ)。❸重さの単位。一溢イツは二十両あるいは二十四両。同 鎰イツ。

日本語での用法 《あぶれる》仕事や地位にありつけない。「溢ぶれ者もの・職ショクに溢ぶれる」

人名 ます・みつ・みつる

氵10 【滑】 13画 1974 6ED1 常用 音 一カツ漢呉 二コツ漢 訓すべ-る・なめ-らか・ぬめ-る

筆順 氵 氵 氵 汩 汩 沺 淠 滑 滑 滑

なりたち [形声]「氵(＝みず)」と、音「骨コツ→カツ」とから成る。とどこおることなくなめらか。

意味 一 ツカ ❶すべすべしている。事がとどこおりなくはこぶ。なめらか。例 円滑エンカツ。潤滑ジュンカツ。❷すべりおちる。すべる。例 滑降カッコウ。滑走カッソウ。滑落カツラク。二 ツコ 口がうまく、ことばたくみである。みだす。みだれる。例 滑稽コッケイ。

難読 常滑とこなめ(＝地名)・滑ぬめ・滑革ぬめかわ・滑滑ぬめぬめ・滑滑すべすべ・滑子なめこ

【滑空】カックウ (名・する) ①グライダーなどが、動力を使わずに気流を利用して空を飛ぶこと。例 ―機(＝グライダー)。②鳥が羽ばたきをせず、羽を広げたまま空を飛ぶこと。

【滑降】カッコウ (名・する) すべりおりること。とくに、スキーで斜面シャメンをすべりおりることをいう。例 ―競技。

【滑車】カッシャ 重い物を引き上げたりするときに使う道具。周囲にみぞのある車の、みぞにつなをかけて動かす。例 動―。定―。

【滑走】カッソウ (名・する) ①すべること。例 氷上を―する。②飛行機が離着陸リチャクリクのときに、地上や水面をすべるように走ること。例 ―路。地上―。

【滑脱】カツダツ (名・形動ナ) 状況ジョウキョウに対応して、自由自在に変化すること。例 円転―。

【滑落】カツラク (名・する) すべり落ちること。例 ―事故。

【滑稽】コッケイ 一(名・形動ナ) 口先がうまいこと。おどけていて、おもしろいこと。おかしいこと。例 ―なしぐさ。二(名) くだらないこと。ばからしいこと。例 こんなことでなやむのは―だ。

●円滑エンカツ・潤滑ジュンカツ・平滑ヘイカツ

氵10 【漢】 13画 2033 6F22 教育3 音カン漢呉 訓から・あや

筆順 氵 氵 汁 汁 洪 洪 浩 漢 漢 漢

氵11 【漢】 14画 1-8705 FA47 人名

なりたち [形声]「氵(＝みず)」と、音「𦰩キン→カン」とから成る。漢水カンスイ(＝川の名)。

意味 ❶川の名。漢水カンスイ。長江チョウコウ最長の支流。陝西センセイ省から湖北省を流れて武漢ブカンで長江に注ぐ川。❷あまのがわ。例 河漢カカン。銀漢ギンカン。天漢テンカン。❸王朝の名。㋐劉邦リュウホウ(＝高祖)が項羽コウウをたおして建てた国。前漢ゼンカン。(前二

〇二―後八)㋑劉秀(=光武帝)が王莽の新をほろぼして建てた国。後漢。(二五―二二〇) ❹民族の名。漢民族。例漢語。 ❺おとこ。男子。例悪漢。巨漢。暴漢。

日本語での用法《あや・から》中国の別の呼び方。とくに日本から見ての、中国の人や文物を指すことば。「漢織・漢心」

人名 かみ・くに・なら

【漢音】日本の漢字音の一つ。奈良時代から平安時代初めに遣唐使や渡来した中国人によってもたらされ、正式な漢字音として用いられた。長安地方の発音にもとづく。たとえば、「京・経・敬・軽・境・慶」は「ケイ」と読むなど。→【呉音】(195ページ)・【唐音】(205ページ)

【漢学】①中国漢代の学問。経書を実証的に解釈することをめざした。②(国学や洋学に対して)中国の文学や思想などについて研究する学問。例―者。

【漢語】①中国で用いる言語。中国語。②昔、中国から伝わって日本語に取り入れられたことば。③音読みの漢字を組み合わせた熟語。例―の多い文章。▽対和語。

【漢才】中国から伝わった学問や技術。また、それを使いこなす能力。例和魂―(=中国の知識と、日本人固有の精神をあわせもつこと)。

【漢詩】①中国の伝統的な詩。また、日本で作られた漢字だけの詩。からうた。②中国の漢時代の詩。

【漢字】中国語を書きあらわすために作られた文字。表意文字で、原則として一文字一音節で、一字がそれぞれ意味をもつ。日本・朝鮮・ベトナムなど周辺諸国にも大きな影響をあたえた。類真名。対仮名。

【漢書】㊀中国の書物。漢籍。㊁中国の歴史書。後漢の班固(三二―九二)の著。前漢時代を記す。一二〇巻。参考 後漢のことを記したものは『後漢書』。

【漢人】①漢民族の人。また、漢の時代の人。②(日本から見て)中国人のこと。類唐人。

【漢数字】数をあらわす漢字。「一・二・三」など。類和数字。対算用数字・アラビア数字。

【漢籍】(「籍」は、文書の意)漢文で書かれた中国の書物。漢書。例―を収集する。

【漢中】秦の郡の名。陝西省南部、漢水上流にある盆地で、交通の要所であった。

【漢土】(漢の土地の意)中国本土。また、中国のこと。類唐土。例―の習慣。

【漢文】漢字だけで書かれた文章。中国の古典の詩文や、それにならって作られた日本人の文学作品をいう。

【漢文訓読】漢文を読解するのに、日本語の語順や文法に従って句読点や返り点をつけ、日本語の助詞・助動詞や活用語尾などを補って読むこと。たとえば、「守株」を「くいぜヲまもル」と読むなど。

【漢文学】①中国の古典文学。また、それにならって作られた日本人の文学作品。②中国の古典文学や思想を研究する学問。例―を専攻する。③中国、漢代の文学。

【漢方】(「方」は、薬の調合の意)中国固有の医術。また、それが日本に伝わり発達したもの。例―医。

【漢方薬】漢方で治療に用いる薬。植物の根や木の皮、動物のからだの一部などを材料とする。

【漢民族】現在の中国の主要な民族。四千年以上前から中国本土に住み、最古の文明の一つを築いた。漢族。

【漢名】(動植物などの)中国での名前。対和名。

【漢訳】(名・する)他国語を漢文に訳すこと。

【漢和】①中国と日本。類和漢。②漢語と日本語。漢語と和語。また、漢字と日本語。例―辞典(=漢字や漢語の読み方や意味を日本語で解説した辞典)。

●好漢・痴漢・無頼漢・門外漢・和漢

氵10 【源】 13画 2427 6E90 教育6 音ゲン漢呉 訓みなもと

筆順 氵 氵 汇 沥 洉 源 源

なりたち [形声]「氵(=みず)」と、音「原ゲ」とから成る。みなもと。参考「原(=みなもと)」の別体字。「原」が「はら」の意に使われるようになり、新たに「源」ができた。

意味 水の流れ出るところ。ものごとのはじまるもと。みなもと。例源流。起源。語源。

日本語での用法《ゲン・みなもと》古代から日本の代表的名家の姓であった。源・平・藤原・橘の一つ。「源三位頼政・源氏・源平・源義家」

人名 あつし・はじめ・もと・もとい・よし

【源氏】氏族の一つ。「源」の姓をもった一族。例―と平家の合戦。

【源氏名】(『源氏物語』の巻名にちなんでつけた呼び名)昔、女官や遊女などが用いた別名。現在では、多く水商売の女性が、店で仮名として用いるものをいう。

【源氏物語】十一世紀はじめに成立した、五十四帖からなる長編物語。紫式部の作。日本の代表的古典の一つとして、後世に大きな影響をおよぼした。

【源泉】①水がわき出るみなもと。例温泉の―。②ものごとが起こってくる、おおもと。根本。類起源・根源。例文化の―。表記▽「原泉」とも書く。

【源泉課税】給料や著作の印税などが、本人にしはらわれる前に税金を差し引くこと。類源泉徴収。

【源平】①源氏と平氏。例―の合戦。②(源氏の旗が白、平氏の旗は赤であることから)白と赤。また、敵と味方。類紅白。例―糸。―対抗。―に分かれる。

【源流】①川などが流れ出るみなもと。類水源。例―までさかのぼる。②ものごとの初め。始まり。類起源。例日本民族の―をさぐる。

●音源・根源・資源・字源・水源・電源

氵10 【溝】 13画 2534 6E9D 常用 音コウ漢呉 訓みぞ・どぶ

筆順 氵 汁 泄 溝 溝 溝 溝

氵10 【溝】 13画

なりたち [形声]「氵(=みず)」と、音「冓コ」とから成る。田の周囲をめぐる水路。

意味 水を引くための水路。都市や城のまわりをほって水を入れたほり。ほりわり。みぞ。例側溝。排水溝。

難読 御溝水

【溝渠】(「渠」も、みぞの意)水を流すみぞ。ほり。下水。どぶ。例―を整備する。

●海溝・側溝・地溝

氵10 【滉】 13画 6270 6EC9 人名 音コウ漢 訓ひろ-い

なりたち [形声]「氵(=みず)」と、音「晃コ」とから成る。水が深く広いようす。

[水(氵・氺)部] 10画 ● 源 溝 滉

4画

意味 水のひろく深いようす。広い。
人名 あき・あきら・ひろ・ひろし

氵10 【溘】 13画 6269 6E98 音コウ漢 訓たちま-ち・にわ-か

意味 とつぜんに。にわかに。たちまち。例溘死(=急死する)。溘然(=にわかに)。

【溘▼焉】にわかに。急に。例—として逝く。

氵10 【溷】 13画 6271 6EB7 音コン漢 訓けが-れる・けが-す・にご-る

意味 ❶みだれる。にごる。けがれる。けがす。例溷濁(=にごっている)。❷かわや。便所。例溷廁(=便所)。

氵10 【滓】 13画 6272 6ED3 音サイ慣シ漢 訓おり・かす

意味 水底にしずんだもの。おり。液体をこしたあとに残るかす。例鉱滓。残滓。

氵10 【溲】 13画 6276 6EB2 音シ慣シュウ漢シュ呉 訓いばり・ゆばり

意味 小便(をする)。いばり。ゆばり。例溲瓶。

難読 溲瓶

【溲瓶】病人などが寝たままで小便をするための容器。

氵10 【準】 13画 2964 6E96 教育5 音シュン漢ジュン呉 訓なぞら-える

筆順 氵 汁 汫 淮 淮 準 準

氵10 【凖】 12画 5037 51D6 俗字

なりたち [形声]「氵(=みず)」と、音「隼シュン」とから成る。水平。

意味 ❶水平の度合いをはかる器具。ものごとをはかるめやす。のり。例基準。水準。標準。❷めやすとしてならう。のっとる。例準拠。準用。❸本式・正式なものに次ぐ。例準急。準決勝。

難読 垂準・準縄

人名 たいら・とし・ならう・のり・はや・はやと・ひと・ひとし

［水(氵・氺)部］10画 ● 溘溷滓溲準溽滄滞滝

【準急】「準急行列車」の略。急行より停車駅が多い列車。

【準拠】(名・する)基準になるものの内容や決まりに従うこと。また、その基準。例教科書に—した問題集。

【準決勝】競技会などで、決勝戦に出場する資格を決めるためにおこなわれる試合。例—進出を果たす。

【準縄】〔「縄」は、直線を引くのに用いる道具の意〕基準。規則。守らねばならないおきて。例規矩—(=てほん)。

【準則】従うべき規則。また、規則に従うこと。

【準備】(名・する)前もって必要なものをそろえたり、手はずをととのえたりすること。また、その用意。例—期間。

【準用】(名・する)あることがらに通用される規則などを、似たことがらにも応用すること。例同じ規約を—する。

●基準・規準・照準・水準・標準・平準

氵10 【溽】 13画 6273 6EBD 音ジョク漢 訓むしあつ-い

意味 湿度が高く暑い。むしあつい。例溽暑(=むしあつい)。

氵10 【滄】 13画 6275 6EC4 音ソウ漢呉

意味 ❶(水が)あおみどり色の。青々とした。あおい。同蒼。例滄海。滄浪。❷さむい。つめたい。例滄滄(=さむいようす)。

【滄海】青々とした大海。例—変じて桑田となる(=世の中の変化のはげしいことのたとえ)。表記「▼蒼海」とも書く。

【滄海の一▼粟】〔大海の中のひとつぶの粟の意〕広大なものの中の、きわめて小さいもののたとえ。〈蘇軾・赤壁賦〉

【滄桑の変】〔滄海が桑田に変わる意から〕世の中の変化の激しいこと。滄海桑田。

【滄浪】①青々とした波。青々とした水の色。②湖北省を流れる漢水の支流という。

氵10 【滞】 13画 3458 6EDE 常用 音テイ漢タイ呉 訓とどこお-る

筆順 氵 氵 汁 汫 滞 滞 滞 滞

氵11 【滯】 14画 6292 6EEF 人名

なりたち [形声]「氵(=みず)」と、音「帶タ→イテ」とから成る。こり固まる。

意味 ❶ものごとがつかえて、すすまない。とどこおる。例滞納。渋滞。沈滞。❷一か所にとどまる。例滞空。滞在。

【滞貨】①売れ残っている商品。例—処理。②輸送がとどこおっている貨物。表記▽「滞荷」とも書く。

【滞空】(名・する)飛行機などが、空中を飛び続けていること。例—時間。

【滞在】(名・する)よそに行って、しばらくそこにとどまること。滞留。類逗留。例知人の家に—する。

【滞積】(名・する)(貨物や郵便物、また、解決すべき問題が)とどこおり、たまってしまうこと。

【滞日】(名・する)外国人が日本に来て、しばらくとどまること。例大統領は三日間—する予定。

【滞納】(名・する)決められた日時を過ぎても、おさめていないこと。例家賃を—する。税金を—する。

【滞留】(名・する)①つかえて進まないこと。停滞。例書類の—。山あいに—する霧。②旅先でしばらくとどまっていること。滞在。類逗留。

●延滞・渋滞・遅滞・沈滞・停滞

氵10 【滝】 13画 3476 6EDD 常用 音ロウ漢 訓たき

筆順 氵 氵 汁 汁 浐 浐 滝 滝 滝

氵16 【瀧】 19画 3477 7027 人名

なりたち [形声]「氵(=みず)」と、音「龍リョ→ウロ」とから成る。雨の降るようす。

意味 ❶「滝滝ロウロウ」は、水の流れる音。❷急流。早瀬。

日本語での用法 《たき》高いがけや急な斜面を、はげしく流れおちる水流。「滝壺・華厳の滝」

人名 たけし・よし

●男滝・雄滝・女滝・雌滝

氵10 **【溺】** 13画 3714 6EBA 常用 音デキ㊥ 訓おぼ-れる

筆順 氵 氵 汈 汈 沥 溺 溺

氵10 **[溺]** 13画 俗字

なりたち [形声]「氵(=みず)」と、音「弱ジャク→デキ」とから成る。川の名。

意味 ❶(泳げずに)水中にしずむ。おぼれる。例溺死。❷度をこえてのめりこむ。ふける。おぼれる。例溺愛。耽溺。

【溺愛】(名・する)子供などをむやみにかわいがること。

【溺死】(名・する)水におぼれて死ぬこと。水死。

【溺惑】(名・する)あるものごとに心をうばわれて、前後のみさかいをなくしてしまうこと。類惑溺。

氵10 **【滔】** 13画 6277 6ED4 音トウ㊥ 訓はびこ-る

意味 水が満ちあふれて広がる。はびこる。例滔天。滔滔。

【滔天】①水が天にとどくほど、みなぎりあふれること。②勢いがさかんなこと。例—の勢い。

【滔滔】(形動タル)①水がみなぎってさかんに流れていくようす。類洋洋。例平野に出て—たる大河となる。②世の中の風潮などが、ある方向に勢いよく進んでいくようす。例世の人みな—として流行を追う。③勢いよく、すらすらと話すようす。例—と意見を述べる。④広々としているようす。

氵10 **【溏】** 13画 6279 6E8F 音トウ㊥ 訓いけ・ぬま

意味 ❶池。同塘。❷どろみず。

氺10 **【滕】** 15画 *6278 *6ED5 音トウ㊥ 訓わ-く・あ-がる

意味 ❶水がわきあがる。わく。❷春秋戦国時代、山東省滕州市にあった国。

氵10 **【漠】** 13画 3989 6F20 常用 音バク㊥ マク㊦ 訓ひろ-い

筆順 氵 氵 汁 浩 涔 漠 漠 漠

なりたち [形声]「氵(=みず)」と、音「莫バ」とから成る。中国の北方に広がるさばく。

意味 ❶広いすなはら。例砂漠。❷果てしなく広い。例漠漠。茫漠。❸とりとめなく、ぼんやりしている。例漠然。空漠。❹さびしい。ひっそりしている。例寂漠。

人名 きよし・とお・ひろ・ひろし

【漠然】(形動タル)ぼんやりとしていて、内容・目的などがはっきりしないようす。例—とした計画。

【漠漠】(形動タル)①広々として、はてしないようす。例—たる荒野。②ぼんやりとして、はっきりしないようす。うす暗いようす。例空空—。

●空漠・広漠・索漠・寂漠

氵10 **【溥】** 13画 6280 6EA5 音ホ㊥ フ㊦ 訓あまね-し・おお-い・ひろ-い

意味 ❶広く大きい。広い。❷広くゆきわたる。あまねし。例溥洽。

【溥洽】恩徳などが広くゆきわたること。

【溥天率土】広くゆきわたる天と、はてしない陸。天下。全世界。〈詩経〉

氵10 **【滂】** 13画 6281 6EC2 音ボウ慣 ホウ㊥

意味 水がさかんに流れるようす。例滂沱。滂沛。滂湃。

【滂沱】(形動タル)①雨がはげしく降るようす。例猛雨の—たるを聞くのみ。②涙がとめどなくあふれるようす。例君をおもうて涙—たり。

【滂沛】(形動タル)①雨がはげしく降るようす。②意気さかんなようす。③恩恵などが、あまねくいきわたるようす。

【滂湃】(形動タル)①水の勢いがさかんなようす。例—として怒濤がさかまく。②(大波のように)ものごとが広い範囲でわき起こるようす。類澎湃。例新気運が—として起こる。

氵10 **【溟】** 13画 6282 6E9F 音メイ㊥ 訓くら-い・うみ

意味 ❶(小雨が降って)うすぐらい。くらい。例溟溟(=うすぐらいようす)。❷水の色が黒ずんだ大海。うみ。例溟海。

【溟海】(水の色が黒っぽく見えることから)大きな海。おおうなばら。

氵10 **【滅】** 13画 4439 6EC5 常用 音ベツ㊥ メツ㊦ 訓ほろ-びる・ほろ-ぼす

筆順 氵 氵 汇 沔 泝 減 滅 滅

なりたち [形声]「氵(=みず)」と、音「威ケツ→ベツ(=消えてなくなる)」とから成る。つきる。

意味 ❶つきてなくなる。ほろびる。ほろぼす。例滅亡。消滅。大義親を滅す(=正義のためには肉親をもすてる)。〈春秋左氏伝〉❷あかりをけす。火がきえる。例点滅。明滅。❸(仏や高僧が)死ぬ。さとりの境地にはいる。例寂滅。入滅。

難読 滅入る・滅金

【滅却】(名・する)①ほろびてなくなること。また、ほろぼすこと。②消し去ること。なくしてしまうこと。例心頭を—すれば(=心の中の雑念をなくしてしまえば)火もまた涼し。

【滅菌】(名・する)熱や薬品を用いて細菌を殺すこと。類殺菌。例—ガーゼ。

【滅後】①ほろびてしまったあと。②〔仏〕釈迦の死後。例—二千年。—の弟子。

【滅私】〔自分をなくす、の意〕個人的な利益や損得をかえりみないこと。例—奉公。

【滅罪】仏教やキリスト教などで、念仏やさんげにより、また、善行を積むことにより、自分の罪を消すこと。

【滅失】(名・する)①ほろびてなくなること。例—のおそれのある文化財。②物品などが、価値がなくなるほどに、そこなわれること。例—した手形。

【滅相】㊀(名)〔仏〕命がつきて、ほろびていくこと。また、その姿。㊁(形動ナ)めちゃくちゃなようす。類滅法。例—な、それは言いがかりです。㊂〔「滅相もない」の形で〕とんでもない。例それは—もない、おことわりします。

【滅多】㊀(形動ナ)いいかげんなようす。例—やたら。—なことをするなよ。㊁(副)〔「滅多に」の形で。あとに打ち消しのことばをともなって〕ほとんど…ない。例父と話す機会は—

にない。

【滅亡】メツボウ (名・する) ほろびてなくなること。また、ほろぼすこと。例インカ帝国テイコクの―。

【滅法】メッポウ [仏教語で、すべての因縁インネンから解き放たれている意] 一(形動ダ) とんでもないようす。類滅多。例―なことを言う。二(副) たいへん。はなはだしく。例―寒い。

【滅裂】メツレツ (名・形動ダ) ばらばらで、形が整わないこと。例支離シリ―な(=まとまりがなく意味が通じない)文章。

●隠滅インメツ・幻滅ゲンメツ・死滅シメツ・自滅ジメツ・絶滅ゼツメツ・全滅ゼンメツ・入滅ニュウメツ・破滅ハメツ・不滅フメツ・磨滅マメツ

氵10 【溶】 13画 4547 6EB6 常用 音ヨウ漢 訓と-ける・と-かす・と-く

筆順 氵 氵 泞 浐 浛 浤 溶 溶

なりたち [形声]「氵(=みず)」と、音「容ヨウ」とから成る。水がさかんに流れるようす。

意味 ❶水の流れがさかんなようす。例溶溶ヨウヨウ。❷物質が液体の中にとけこむ。とける。とかす。例溶液ヨウエキ。溶解ヨウカイ。溶媒ヨウバイ。❸固体の物質が(熱などで)液状になる。とける。例溶解ヨウカイ。溶岩ヨウガン。溶鉱炉ヨウコウロ。

日本語での用法 《とける》一体となる。「地域チイキに溶とけこむ」

使い分け とかす・とく・とける【解・溶】 ⇩1173ページ

【溶暗】ヨウアン 映画やテレビなどで、画面がだんだん暗くなって映像が消えていくこと。フェードアウト。対溶明。

【溶液】ヨウエキ 他の物質がとけこんで、むらなくまじりあっている液体。

【溶解】ヨウカイ (名・する) ①とけること。また、とかすこと。②(化)物質が他の液体や固体にとけこんで、均一にまじりあうこと。例―度。③金属などが熱によってとけ、液体のようになること。表記 ③は、旧▼鎔解

【溶岩】ヨウガン 地下のマグマが、火山の噴火フンカなどで、どろどろの状態のまま地表に流れ出したもの。また、それが冷えて固まってできた岩石。例―流。表記 旧▼熔岩

【溶鉱炉】ヨウコウロ 鉱石を熱してとかし、鉄・銅・鉛などの金属を分離ブンリさせる装置。類高炉。例製鉄用の―。表記 旧▼鎔鉱炉

【溶剤】ヨウザイ (化)物質をとかすために用いる液体。アルコール・ベンジン・エーテルなど。

【溶質】ヨウシツ (化)溶液の中にとけこんでいる物質。たとえば、食塩水の中の食塩。対溶媒ヨウバイ。

【溶接】ヨウセツ (名・する) 金属やガラスなどの一部分を熱し、半分とけた状態にして、他のものとつなぎあわせること。例―作業。鉄骨を―する。表記 旧▼熔接

【溶媒】ヨウバイ (化)溶液で、物質をとけこませている液体。たとえば、食塩水の中の水。対溶質。

【溶明】ヨウメイ 映画やテレビなどで、画面がだんだん明るくなって映像がうつりはじめること。フェードイン。対溶暗。

【溶融】ヨウユウ (名・する) (化)金属などの固体を、熱を加えてとかすこと。また、とけて液状になること。類融解。表記 旧▼熔融

【溶溶】ヨウヨウ ①水が多く、さかんに流れるようす。②心が広くて、ゆったりしているようす。

氵10 【溜】 13画 4615 6E9C 人名 音リュウ漢ル呉 訓た-める・た-まる・たま-り・ため

氵12 【澑】 15画 6317 6F91 本字

意味 ❶川の流れ。水流。❷しずくがたれる。したたる。しずく。例溜滴リュウテキ(=しずく。また、雨だれ)。

日本語での用法 一《ため・たまる・ためる》水が流れず、そのままの状態でじっとしている。動かない。とどこおる。「溜ため池いけ・水みずを溜ためる・仕事しごとが溜たまる」二《リュウ》物質を加熱し、蒸気を冷やして純粋ジュンスイな成分をとり出す。「乾溜カンリュウ・蒸溜ジョウリュウ」

【溜飲】リュウイン 食べ物がうまく消化されずに胃の中にたまり、すっぱい液が口まで上がってくる症状ショウジョウ。例―が下がる(=心の中にたまっていた不愉快フユカイな気持ちが晴れてすっきりする)。

氵10 【溢】 13画 ⇩【溢】イツ(612ページ)

氵10 【溫】 13画 ⇩【温】オン(606ページ)

氵10 【溪】 13画 ⇩【渓】ケイ(600ページ)

氵10 【溝】 13画 ⇩【溝】コウ(613ページ)

氵10 【溯】 13画 ⇩【遡】ソ(982ページ)

氵10 【溺】 13画 ⇩【溺】デキ(615ページ)

水11 【潁】 15画 6283 6F41 音エイ漢

意味 「潁水エイスイ」は、川の名。今の河南カナン省に源を発し、東南に流れて淮水ワイスイに注ぐ。潁河エイガ。

難読 潁原ばら(=姓せい)

【潁水】エイスイに耳みみを洗あらう ⇩【洗耳】センジ(593ページ)

氵11 【演】 14画 1773 6F14 教育5 音エン漢呉 訓の-べる

筆順 氵 沪 泞 浐 滀 演 演

なりたち [形声]「氵(=みず)」と、音「寅イン→エン」とから成る。長く遠く流れる。派生して「ひきのばす」の意。

意味 ❶(ことばの意味を)おし広げる。引きのばして説明する。のべる。例演繹エンエキ。演義エンギ。演説エンゼツ。❷(音楽や劇などの芸を)人まえでおこなう。例演技エンギ。演奏エンソウ。❸実際にやってみる。けいこする。例演習エンシュウ。演武エンブ。

人名 のぶ・のぶる・ひろ・ひろし・ひろむ

【演▼繹】エンエキ (名・する) ①意義をおし広げて述べること。②(哲)いっぱん的な原理から、特殊トクシュな場合について、論理的におしはかること。対帰納。

【演歌】エンカ ①明治から昭和初期にかけて、自由民権の思想を演説のかわりに歌にたくして、街頭などで歌ったもの。例―師。②歌謡曲カヨウキョクの一種。おもに恋こいなどの人情を、日本的な音階で歌う。

【演技】エンギ (名・する) ①劇や曲芸、スポーツなどを、観客の前でおこなうこと。また、そのわざ。例―力。②特別な目的のために、見せかけの態度をとること。例それらしく―をする。

【演義】エンギ ①ことがらや、その意義をくわしく述べること。類敷衍フエン。②中国の小説の形式の一つ。歴史上の事実などをもとにして、大衆向けにわかりやすく書いた物語。例『三国志通俗ツウゾク―』

【演芸】エンゲイ 落語・講談・浪曲ロウキョク・ものまね・漫才マンザイなどの、大衆向けの芸能を演じること。また、その芸ごと。例―会。

【演劇】エンゲキ 俳優が登場人物に扮フンし、舞台ブタイでせりふや身振みぶりによって、ある筋書きを観客に演じて見せる芸術。

【演算】エンザン (名・する) 計算をすること。とくに、あたえられたいくつかの数から、数式に従って計算して、求める値あたいを得ること。類計算・運算。

【演者】エンジャ [「エンシャ」とも] ①舞台ブタイやテレビなどで、演劇

や芸能を演じる人。出演者。②聴衆の前で、自分の考えを述べる人。講演者。

【演習】(名・する)①実際におこなうように練習すること。例予行—。②軍隊などが、実戦をまねて訓練をすること。例—場。③大学で、教官の指導のもとに、学生が小さなグループで発表や討論をおこなう形式の授業。ゼミナール。

【演出】(名・する)①演劇やテレビなどで、出演者に演技の指導をし、照明や音楽などを効果的に利用して、シナリオから実際の劇を作り上げていくこと。また、その作業。例新しい—のオペラ。②ものごとが自分の意図に従って動くように手はずをととのえること。例閉会式を—する。

【演説】(名・する)ものごとの意義、あるいは自分の考えや主張などをくわしく述べること。例立会—会。

【演奏】(名・する)器楽を奏すること。例—会。

【演台】講演や発表をするとき、話し手の前に置く台。例講演者が—の前に立つ。

【演題】講演や演説などの題名。例—をかかげる。

【演壇】講演や演説をする人が立つ壇。例—に登る。

【演武】武芸などをけいこすること。また、それを人に見せること。例文化祭で弓道の—をする。

【演舞】おどりや舞を演じること。また、それを観客に見せること。例—場。

●開演・客演・共演・公演・講演・実演・主演・出演・上演・独演・熱演

氵11
【漑】
14画 音ガイ慣 カイ漢呉 訓そそ-ぐ

氵12
【漑】
15画 6284 6F11 別体字

意味 水をそそぐ。田に水を引く。例灌漑。

氵11
【漁】
14画 2189 6F01 教育4 音リョウ慣 ギョ漢 訓すなど-る・いさ-る・あさ-る

筆順 氵 氵 汐 洵 渔 渔 漁

なりたち [会意]「魚(=さかな)」と「氵(=みず)」とから成る。魚をつかまえる。

意味 ❶魚や貝をとる。すなどる。いさる。例漁業。漁師。漁利。大漁。❷むさぼり求める。あさる。例漁色。漁利(=利益を追い求める)。

参考 慣用音「リョウ」は、「猟」の字音を転用したもの。語によって用いることがある。

難読 漁火・漁船

人名 すな

【漁火】夜に漁をするとき、海面を照らし、魚を寄せるためにかかげる明かり。いさりび。

【漁家】漁師の家。

【漁獲】(名・する)魚や貝や海藻などの水産物をとること。また、とったもの。例—高。—量。

【漁期】①ある水産物が最も多くとれる時期。旬。②漁をするのが許されている期間。例サケの—。

【漁協】「漁業協同組合」の略。

【漁況】漁のよしあし。魚のとれぐあい。例活発な—。

【漁業】魚や貝や海藻などの水産物をとること。また、それらの職業や産業。類水産業。例—権。養殖—。

【漁区】漁業をおこなうために、とくに決められている区域。例—を設定する。

【漁具】漁をするときに用いる道具。例使用禁止の—。

【漁港】漁業活動の中心となる港。漁船の停泊、物資の積み降ろし、水産物の加工や輸送のための施設などがある。

【漁礁】〔「礁」は、水中の岩の意〕海中に、岩や堆積物、しずんだ船や人工のブロックなどがあって、魚が多く集まる場所。例人工—。表記「魚礁」とも書く。

【漁場】魚介類が豊かで、漁に適した場所。

【漁色】つぎつぎと女性を追い求め、恋愛や情事にふけること。例—家。—にふける。

【漁船】漁業に用いる船。漁舟。〔漁をするだけの小型の舟から、とった魚の加工や保存の設備をもつ大型船まで、いろいろな種類がある〕例—団。マグロ—。

【漁村】漁業をおもな産業とする村。

【漁灯】漁業に用いる灯火。漁火。

【漁父】漁師。また、老漁夫。

【漁父の利】当事者同士が争っているうちに、第三者が、なんの苦労もなく利益を得ること。鷸蚌の争い。例—を占める。

故事のはなし ドブ貝が貝がらをひらいてひなたぼっこをしていると、シギがやってきてその肉を食べようとつついた。ドブ貝は貝がらをとじてシギのくちばしをはさんだ。するとシギが言った、「今日も明日も雨がふらないとお前は死んでしまうぞ」。ドブ貝も負けずに言った、「今日も明日もくちばしがぬけないとお前は死んでしまうぞ」。どちらもゆずらずがんばっていると、漁師が見つけて両方ともつかまえてしまった。〈戦国策〉

【漁法】魚など水産物をとる方法。例地引き網—。

【漁民】漁業を仕事としている人々。漁師。

【漁網】魚などをとらえる網。表記「魚網」とも書く。

【漁猟】〔「猟」は、狩り〕魚や鳥、けものなどをとること。

【漁労】魚や貝類などの水産物をとること。類漁業。例狩猟と—の生活。表記旧漁▼撈

【漁師】魚や貝などをとって生活の手段としている人。例—町。

●休漁・禁漁・出漁・大漁・不漁・豊漁・密漁

氵11
【滬】
14画 *6286 *6EEC 音コ漢

意味 ❶魚をとるしかけ。魞。すだて。❷上海市の別の呼び方。例滬語(=上海語)。

氵11
【滸】
14画 6287 6EF8 音コ漢 訓きし・ほとり・みぎわ

意味 水べ。ほとり。きし。例水滸。

日本語での用法 《こ》和語「おこ(=おろか。ばかげている。歴史的かなづかいは『をこ』)」の「こ」にあてた字。「烏滸がましい・烏滸の沙汰」

氵11
【滾】
14画 6288 6EFE 音コン漢 訓たぎ-る

意味 ❶水がさかんに流れるようす。例滾滾。❷湯がに

えたぎる。たぎる。例滾水（＝にえたぎる湯）。

【滾滾】（形動タル）水がさかんにわき出し流れるようす。例―とわき出る泉。

氵11 **【漆】** 14画 2831 6F06 常用 音シツ漢 訓うるし

木7 ［桼］11画 2-1473 687C 本字　木5 ［柒］9画 2-1448 67D2 俗字

筆順 氵 汁 沐 泆 洓 漆 漆

なりたち ［象形］樹液のしたたる木の形。

意味 ❶ウルシの木。秋、美しく紅葉する落葉高木。また、その樹液からとった塗料。うるし。例漆器。乾漆。❷うるしのように黒い。例漆黒。❸「七」の大字。商売や契約の文書で、数字を書きかえられないように使う。〔「柒」を用いることが多い〕

難読 仮漆

【漆器】うるしをぬったうつわや道具。類ぬり物。

【漆▼喰】〔「石灰」の唐音に漢字をあてたものという〕建物のかべなどに用いる材料。石灰・ふのり・麻糸・粘土などをまぜ、水で練って作る。例―壁。―ぬりの天井。

【漆黒】（名・形動ダ）うるしをぬったように真っ黒なこと。例―の闇。

水11 **【漿】** 15画 6289 6F3F 音ショウ漢 ソウ呉

意味 ❶酸味のある酒の一種。❷どろりとした液状のもの。

難読 鉄漿・酸漿・漿（＝米をにたしる）

氵11 **【滲】** 14画 6290 6EF2 音シン漢呉 訓し-みる・にじ-む

意味 水が少しずつしみこむ。しみ出る。しみる。にじむ。例滲出。滲透。

【滲出】（名・する）にじみ出ること。しみ出ること。例―液。

【滲透】（名・する）しみとおること。例―力。表記 現浸透

氵11 **【漸】** 14画 3318 6F38 常用 音セン漢 ゼン呉 訓ようや-く

筆順 氵 沪 洹 渖 漸 漸 漸

なりたち ［形声］本字は「[illegible]」で、「走（＝はしる）」と、音「斬→セ」とから成る。すすむ。

意味 ❶じわじわとすすむ。例西漸。東漸。❷しだいに。だんだんと。ようやく。例漸次。漸進。

人名 すすむ・つぐ

【漸減】（名・する）少しずつへっていくこと。対漸増。例人口が―する。

【漸次】（副）だんだんと。少しずつ。例病勢は―快方に向かっている。

【漸進】（名・する）少しずつ着実に進んでいくこと。対急進。例―主義。理想の社会に向けて―する。

【漸漸】（副）だんだんと。しだいに。類漸次。例―と移動する。

【漸増】（名・する）少しずつふえていくこと。また、ふやしていくこと。対漸減。例交通事故は―している。

氵11 **【漱】** 14画 6291 6F31 人名 音ソウ漢呉 訓くちすす-ぐ・すす-ぐ・ゆす-ぐ・うがい

なりたち ［形声］「氵（＝みず）」と、音「欶→ソウ（＝すう）」とから成る。水をすい、口をあらう。

意味 ❶口をゆすぐ。うがいする。くちすすぐ。同嗽。例漱石枕流。含漱。❷水の中でゆすって、よごれを落とすすすぐ。

【漱石▽枕流】こじつけを言うこと。負けおしみの強いことのたとえ。〈晋書〉→【石に漱ぎ流れに枕す】（713ページ）

氵11 **【漕】** 14画 3370 6F15 人名 音ソウ漢 訓こ-ぐ

意味 ❶舟で物を運ぶ。例運漕。回漕。❷舟をすすめる。こぐ。例漕手。漕艇。

【漕手】舟をこぐ人。また、競漕でボートをこぐ人。

【漕艇】舟をこぐこと。とくに、競漕のボートについていう。例―場。―大会。

氵11 **【漲】** 14画 6293 6F32 音チョウ漢 訓みなぎ-る

意味 水が満ちあふれる。また、ものごとがさかんに広がる。みなぎる。例漲天（＝天一面に広がる）。闘志が漲る。若さが漲る。

氵11 **【漬】** 14画 3650 6F2C 常用 音シ漢呉 訓つ-ける・つ-かる・つ-け

筆順 氵 汁 洼 清 清 漬 漬

なりたち ［形声］「氵（＝みず）」と、音「責→シ」とから成る。水にひたす。

意味 液体にひたす。ひたる。つける。つかる。

日本語での用法《つけ・つける》塩・ぬか・みそ・酒かすなどの中に長いあいだ入れて、色や味をしみこませる。「漬物・梅漬け・粕漬け・塩漬け」

【漬物】野菜などを、塩・みそ・ぬか・酢などにつけこんで作った食品。長く保存でき、独特の風味をもつ。

氵11 **【滴】** 14画 3709 6EF4 常用 音テキ漢 訓しずく・したた-る・したた-り

筆順 氵 汁 浐 滴 滴 滴 滴

なりたち ［形声］「氵（＝みず）」と、音「啇」とから成る。水がしたたる。

意味 液体がしずくになって落ちる。したたる。しずく。したたり。例滴下。水滴。点滴。

【滴下】（名・する）液体がしたたり落ちること。また、液体を一滴ずつ落とすこと。例試薬を―する。

【滴滴】（形動タル）水などがぽたぽたとしたたり落ちるようす。例―と落ちる雨音。

【滴▼瀝】（名・する）〔「瀝」も、したたる意〕水などがしたたり落ちること。また、そのしずく。類瀝滴。

【滴露】つゆがしたたり落ちること。また、つゆのしずく。

●雨滴・水滴・点滴・余滴

氵11 **【滌】** 14画 6294 6ECC 音デキ・ジョウ慣 テキ漢 訓あら-う・すす-ぐ

意味 水であらいすすいでよごれをおとす。あらう。例 滌蕩(デキトウ)(=洗い流す)。洗滌(センデキ)。

氵11 **【漂】** 14画 4126 6F02 常用 音 ヒョウ漢呉 訓 ただよ-う

筆順 氵 汀 沔 洒 洒 漂 漂 漂

なりたち [形声]「氵(=みず)」と、音「票(ヒョウ)」とから成る。水にうかぶ。

意味 ❶水にういて、ただよう。流れにまかせてゆれ動く。さすらう。例 漂着(ヒョウチャク)。漂泊(ヒョウハク)。漂流(ヒョウリュウ)。❷水で布や綿を白くする。さらす。例 漂白(ヒョウハク)。

【漂失】(ヒョウシツ)(名・する)物が水にただよって、なくなってしまうこと。類 流失。例 大水で―した橋。

【漂着】(ヒョウチャク)(名・する)水の上をただよっていたものが、岸に流れつくこと。例 難破船(ナンパセン)が―する。

【漂白】(ヒョウハク)(名・する)色を抜(ぬ)いて白くすること。また、しみやよごれなどをとりのぞくこと。例 ―剤(ザイ)。布巾(フキン)を―する。

【漂泊】(ヒョウハク)(名・する)①船がただようこと。②あてもなくさすらうこと。類 放浪(ホウロウ)。例 ―する詩人。―の思い。

【漂流】(ヒョウリュウ)(名・する)①水の上にただよって流されていくこと。類 漂泊(ヒョウハク)・漂浪(ヒョウロウ)。例 ―するボート。②あてもなくさすらうこと。類 漂泊・放浪(ホウロウ)。例 見知らぬ国に―する。

【漂浪】(ヒョウロウ)(名・する)①水の上をただようこと。類 漂流。②あてもなくさすらうこと。類 漂泊(ヒョウハク)・放浪(ホウロウ)。例 ―する少数民族。

氵11 **【漫】** 14画 4401 6F2B 常用 音 マン漢呉 訓 そぞ-ろに・みだ-り・みだ-りに

筆順 氵 汩 沪 浔 淂 温 漫 漫

なりたち [形声]「氵(=みず)」と、音「曼(バン→マン)」とから成る。水がはてしなく広がるようす。

意味 ❶一面に広がる。例 漫天(マンテン)(=空いっぱい)。瀰漫(ビマン)(=はびこる)。❷とりとめなく。みだりに。みだりに。例 漫然(マンゼン)。散漫(サンマン)。冗漫(ジョウマン)。❸なんとなく。そぞろに。例 漫歩(マンポ)。漫遊(マンユウ)。

日本語での用法《マン》おかしい。こっけいな。「漫画(マンガ)・漫才(マンザイ)」

難読 漫行(すずろあるき)

人名 ひろ・ひろし・みつ

【漫画】(マンガ)①おもしろみや風刺(フウシ)をこめ、大胆(ダイタン)に誇張(コチョウ)し、省略した絵。②絵だけで、または絵と短いせりふによって、ストーリーをえがきだしたもの。コミック。類 劇画。例 四こま―。③動画。アニメーション。例 ―映画。

【漫言】(マンゲン)深い意味や考えなしに発したことば。漫語。

【漫語】(マンゴ)とりとめないことば。漫言。

【漫才】(マンザイ)二人が、おもしろおかしい問答やしぐさで客を笑わせる演芸。例 ―師。かけ合い―。

【漫然】(マンゼン)(形動タル)ぼんやりとしたようす。なんとなく。例 ―と日を送る。

【漫談】(マンダン)①意味のない話。とりとめない話。②風刺(フウシ)やユーモアをおりまぜ、おもしろい話しぶりで客を笑わせる演芸。

【漫罵】(マンバ)(名・する)はっきりした理由がないのに、悪口を言うこと。例 批評という名で―するだけの文章。

【漫筆】(マンピツ)軽い気持ちで、気の向くままに書いた文章。類 漫録。

【漫評】(マンピョウ)(名・する)あれこれ気軽に批評すること。また、その批評。

【漫文】(マンブン)①一貫(イッカン)した主題をもたないで、気の向くままに書いた文章。②おもしろさやおかしさをねらった文章。類 漫筆。

【漫歩】(マンポ)(名・する)ぶらぶら歩き回ること。そぞろ歩き。類 散歩・散策。例 繁華街(ハンカガイ)を―する。

【漫漫】(マンマン)(形動タル)広々としてはてしないようす。例 ―と広がる大海。

【漫遊】(マンユウ)(名・する)〔「遊」は、旅をする意〕気の向くままに、あちこち旅をすること。例 諸国を―する。

【漫録】(マンロク)気の向くままに、書きとめること。また、それらを集めて編集したもの。類 漫筆。例『仰臥(ギョウガ)―』〔正岡子規(まさおかシキ)の評論集〕

●散漫(サンマン)・冗漫(ジョウマン)・天真爛漫(テンシンランマン)・放漫(ホウマン)・爛漫(ランマン)・浪漫(ロウマン)

氵11 **【漾】** 14画 6301 6F3E 音 ヨウ漢呉 訓 ただよ-う・なが-い

意味 ❶川の名。漾水(ヨウスイ)。❷川が長いようす。❸水面がゆれうごくようす。❹水にうかぶ。うかべる。ただよう。例 漾舟(ヨウシュウ)(=舟(ふね)をうかべる)。

参考『漾虚集(ヨウキョシュウ)』は、夏目漱石(なつめソウセキ)の短編集。

氵11 **【漓】** 14画 6302 6F13 音 リ漢 訓 うす-い・したた-る

意味 ❶知識や考え方などが浅いようす。浮薄(フハク)な。うすい。❷水がしみこむ。しみる。❸水や、あせ・血などがしたたるようす。例 淋漓(リンリ)。❹うす酒。

氵11 **【漣】** 14画 4690 6F23 人名 音 レン漢 訓 さざなみ

意味 ❶水面におこる細かな波。また、波がつぎつぎおこること。さざなみ。例 漣漪(レンイ)(=さざなみ)。❷さめざめと泣くようす。例 涙漣(ルイレン)(=なみだをながす)。

氵11 **【滷】** 14画 6303 6EF7 音 ロ漢

意味 ❶塩からい水。例 滷汁(ロジュウ)(にがり)。❷塩分を多くふくみ耕作に適さない土地。しおち。例 滷地(ロチ)。

氵11 **【漏】** 14画 4719 6F0F 常用 音 ロウ漢 ロ呉 訓 も-る・も-れる・も-らす・も-れ

筆順 氵 氵 沪 涓 漏 漏 漏

なりたち [会意]「氵(=みず)」と「屚(ロウ)(=屋根からもれおちる雨)」とから成る。もれおちる水で計る水時計。

意味 ❶水時計。水時計のしめす時刻。例 漏刻(ロウコク)。❷水や光がすきまからこぼれ出る。もる。もれる。例 漏屋(ロウオク)。漏水(ロウスイ)。❸秘密が知られる。もれる。もらす。例 漏洩(ロウエイ)。漏泄(ロウセツ)。❹ぬけおちる。手ぬかり。もれる。もれ。例 遺漏(イロウ)。疎漏(ソロウ)。❺煩悩(ボンノウ)(=仏教で、人間の心身をなやますさまざまな欲望)をいう。例 有漏(ウロ)。無漏(ムロ)。

【漏▼洩】(ロウエイ|ロウセツ)(名・する)外部にもれること。また、もらすこと。例 機密が―する。参考 本来の読みは、「ロウセツ」。「ロウエイ」は慣用による読み。表記「漏▼泄」とも書く。

【漏屋】(ロウオク)雨(あま)もりがするような、あばら家。〔自分の家がそまつであることを言うときに用いることば〕

【漏刻】ロウコク 容器から一定量の水がもれるようにし、水位によって時間の経過をはかるしかけ。水時計。

【漏出】ロウシュツ (名・する) 中からもれ出ること。また、もらすこと。例 水が―する。

[漏刻]

【漏水】ロウスイ (名・する) 水がもれること。また、もれた水。例 水道管から―する。

【漏▼泄】ロウセツ 「漏洩ロウエイ」に同じ。

【漏電】ロウデン (名・する) 電線や機械などの不良な部分から、電気が外へもれること。例 ―が原因の火災。

【漏斗】ロウト アサガオの花のように、上が開いている円錐形エンスイの容器。液体を、口の小さな容器に入れるときなどに使う道具。じょうご。

●遺漏イロウ・粗漏ソロウ・疎漏ソロウ

氵11 **【漉】** 14画 2587 6F09 音 ロク漢 訓 こ-す・す-く

意味 ❶池や沼ぬまの水をとりのぞく。干上ひあがらせる。例 漉池ロクチ(=池の水をからにする)。❷布などを通して液体中のよごれや、かすを取りのぞく。濾過ロカする。こす。例 漉酒ロクシュ(=酒を、こす)。

日本語での用法 《すく》 繊維センイをすくって和紙や海苔のりなどをつくる。「紙かみを漉すく・手漉てすき」

難読 漉水嚢ロクスイノウ・みずこし

氵11 【潅】 14画 ⇩【灌】カン(626ジペー)

氵11 【漢】 14画 ⇩【漢】カン(612ジペー)

氵11 【滞】 14画 ⇩【滯】タイ(614ジペー)

氵11 【満】 14画 ⇩【滿】マン(610ジペー)

氵12 **【潰】** 15画 3657 6F70 常用 音 カイ漢呉 訓 つぶ-す・つぶ-れる・つい-える・つぶ-れ

筆順 氵 … 潰 潰

なりたち [形声]「氵(=みず)」と、音「貴キ→カイ」とから成る。水がもれる。

意味 ❶堤防テイボウがくずれる。例 決潰ケッカイ。❷くずれてばらばらになる。ついえる。つぶれる。つぶす。やぶれる。同 壊カイ。例 潰滅カイメツ。潰乱カイラン。❸からだの組織がくずれる。ただれる。例 潰瘍カイヨウ。

【潰走】カイソウ (名・する) 戦いに負けて散り散りにげ去ること。類 敗走。表記「壊走」とも書く。

【潰滅】カイメツ (名・する) めちゃめちゃにこわれてしまうこと。例 地震ジシンで―した市街。組織が―する。表記 現 壊滅

【潰瘍】カイヨウ 〔医〕皮膚ヒフや内臓の組織が、ただれてくずれ、かなり深くまでそこなわれること。例 胃―。

【潰乱】カイラン ①戦いに負けた部隊が混乱して、散り散りになること。②秩序チツジョや習慣をやぶること。例 風俗フウゾクを―する。表記 ▽現 壊乱

氵12 **【潟】** 15画 1967 6F5F 教育4 音 セキ漢 訓 かた

筆順 氵 … 潟 潟

なりたち [形声]「氵(=みず)」と、音「舃シャク→セキ」とから成る。塩分をふくんだ土地。

意味 塩分を多量にふくむため、耕作コウサクに適さない土地。例 潟鹵セキロ(=海べの塩分の多い土地)。

日本語での用法 《かた》〔連濁レンダクで「がた」となる〕海の一部分が、砂州サスなどによって区切られてできた、湖や沼ぬま。また、入り江え。「八郎潟ハチロウがた・松浦潟まつらがた」

氵12 **【㵎】** 15画 ― 3D4E 音 カン漢 ケン呉 訓 たに・たにみず

氵12 【澗】 15画 2034 6F97 別体字

意味 ❶谷川。たに。例 澗谷カンコク(=たにがわ)。❷数の単位。一兆の一兆倍の一兆倍。

氵12 **【澆】** 15画 6304 6F86 音 ギョウ慣 キョウ漢 訓 そそ-ぐ・うす-い

意味 ❶水をそそぎかける。そそぐ。例 澆灌ギョウカン(=水やり)。❷人情がうすい。まことがない。例 澆季ギョウキ。

【澆季】ギョウキ 〔「季」は、終わりの意〕道徳や風俗フウゾクが乱れた、末の世。類 澆末。例 ―末世マッセ。

氵12 **【潔】** 15画 2373 6F54 教育5 音 ケツ漢 訓 いさぎよ-い・きよ-い

筆順 氵 … 潔 潔 潔

氵12 【潔】 15画 ― ―

なりたち [形声]「氵(=みず)」と、音「絜ケツ」とから成る。水が清い。

意味 ❶けがれがなく、きよい。おこないや性質がさっぱりとして、けじめただしい。いさぎよい。例 潔癖ケッペキ。純潔ジュンケツ。清潔セイケツ。❷飲食などのおこないをつつしみ、心身をきよめる。例 潔斎ケッサイ。❸てみじか。すっきりしている。例 簡潔カンケツ。

人名 いさ・いさお・いさむ・きよ・きよし・きよむ・ゆき・よし

【潔斎】ケッサイ (名・する) 宗教的行事やたいせつな作業などの前に、心身を清らかにすること。例 精進ショウジン―。

【潔白】ケッパク (名・形動ダ) 心が清らかでおこないが正しいこと。罪や不正がないようす。例 清廉セイレン―な人。身の―をあかす。

【潔癖】ケッペキ (名・形動ダ) わずかなよごれや不正でも、ひどくきらうこと。例 金銭に―な人。極端キョクタンに―な人。

●簡潔カンケツ・高潔コウケツ・純潔ジュンケツ・清潔セイケツ・不潔フケツ

氵12 **【潺】** 15画 6305 6F7A 音 サン・セン漢

意味 水のさらさらと流れる音。例 潺湲センカン。潺潺センセン。

【潺▼湲】センカン 一(名・形動タル) 水の流れるようす。また、その音。例 ―と流れる小川。二(形動タル) なみだが流れるようす。例 なみだ―として下る。

【潺潺】センセン (形動タル) ①水がさらさらと流れるようす。類 潺湲。例 ―たる流水を聞く。②雨が降るようす。

氵12 **【潸】** 15画 6306 6F78 音 サン漢

意味 なみだを流すようす。例 潸然サンゼン。

難読 潸然はらはら(となみだを流す)

【潸然】サンゼン (形動タル) なみだが流れるようす。さめざめ。

氵12 **【潤】** 15画 2965 6F64 常用 音 ジュン漢 訓 うるお-う・うるお-す・うる-む・うるお-い

筆順 氵 氵 沪 沪 浬 潤 潤 潤 潤

なりたち [形声]「氵(=みず)」と、音「閏ジュン」とから成る。うるおす。

意味 ❶水分をたっぷりふくむ。また、そのしめりけ。うるおう。うるおい。うるおす。うるむ。例潤滑ジュンカツ。湿潤シツジュン。浸潤シンジュン。❷めぐみ・利益(を受けて豊かである)。例利潤リジュン。❸つや(がある)。かざる。例潤色ジュンショク。

人名 うる・うるう・うるお・さかえ・ひろ・ひろし・まさる・ます・みつ・めぐみ・めぐむ

【潤滑】ジュンカツ うるおいがあって、なめらかなこと。また、なめらかにすること。例—剤ザイ。

【潤滑油】ジュンカツユ ①機械などで、接触セッショクしながら動く部分の摩擦マサツを少なくするための油。②ものごとがなめらかに進むための、なかだちをすること。また、その人。

【潤色】ジュンショク (名・する)(色つやをつける意)事実を大げさにしたりつけ加えたりして、おもしろくすること。また、文章をかざること。類潤飾ジュンショク。例史実をかなり—している物語。

【潤沢】ジュンタク (名・形動ダ)①うるおうこと。うるおすこと。うるおい。例—を帯びた肌はだ。②物がたくさんあること。類豊富。

【潤筆】ジュンピツ 筆で書ショや絵をかくこと。類染筆センピツ・揮毫キゴウ。

●湿潤シツジュン・浸潤シンジュン・豊潤ホウジュン・利潤リジュン

氵12 【潯】15画 6309 6F6F 音シン漢ジン呉 訓きし・ふか-い・ほとり

意味 岸べの深いところ。ふち。きし。

【潯陽】ジンヨウ ①地名。今の江西コウセイ省九江キュウコウ市。②川の名。江西省九江市の北を流れる長江チョウコウの一部。

氵12 【潜】15画 3288 6F5C 常用 音セン漢呉 訓ひそ-む・もぐ-る・くぐ-る・ひそ-める

筆順 氵 氵 汢 汢 汫 洪 淒 潜 潜

氵12 【潛】15画 6310 6F5B

氵16 【濳】19画 6311 6FF3 別体字

なりたち [形声]「氵(=みず)」と、音「朁サン→セン」とから成る。もぐって川をわたる。

意味 ❶水中に深くはいりこむ。もぐる。くぐる。例潜航センコウ。潜水センスイ。❷かくれる。ひそかにする。かくす。ひそむ。ひそめる。例潜在センザイ。潜入センニュウ。潜伏センプク。❸心を静かにおちつける。例潜心センシン。沈潜チンセン。

難読 潜かずきの海女あま

人名 すみ・ひそみ・ひそむ

【潜函】センカン 橋や地下構造物の基礎キソ工事のとき、地下や水中に作る箱状の作業場。ケーソン。例—工法。

【潜血】センケツ [医] 目で見てもわからないほどの少量の血液が、便や尿ニョウにまじって出ていること。潜出血。例—反応。

【潜行】センコウ (名・する)①水中を、もぐって行くこと。②人目に立たぬように、こっそり行動すること。類潜伏センプク。例地下に—する。

【潜幸】センコウ (名・する)天子がひそかに出かけること。お忍しのびの行幸ギョウコウ。

【潜航】センコウ (名・する)潜水艦センスイカンなどが、水中をもぐって進むこと。類潜水。例敵艦を発見して海中深く—した。

【潜在】センザイ (名・する)表面にあらわれてはいないが、内にかくれて存在すること。類伏在フクザイ。対顕在ケンザイ。例—能力。

【潜在意識】センザイイシキ 本人には意識されていないが、心のおくそこにあって、その人の行動や考えのもとになっている意識。

【潜心】センシン (名・する)おちついて一心に考えること。心からそれにうちこむこと。没頭ボットウ。例所期の事業に—する。

【潜水】センスイ (名・する)水中にもぐること。例—泳法。

【潜勢力】センセイリョク 内にかくれていて、外にあらわれていない勢力。例—を有する。

【潜入】センニュウ (名・する)身分をかくして、ひそかにはいりこむこと。もぐりこむこと。例敵地に—する。

【潜熱】センネツ [化] 蒸発・融解ユウカイなど、物体の状態が変化したとき、温度変化をともなわないで吸収または放出される熱量。例気化の—。

【潜伏】センプク (名・する)①見つからないようにかくれていること。例犯人は市内に—しているらしい。②[医] 感染カンセンしているが、病気の症状ショウジョウはあらわれていない状態。例—期間。

【潜望鏡】センボウキョウ 潜水艦センスイカンが水中にもぐったまま海上のようすを見るための、長い筒つつ形の望遠鏡。ペリスコープ。

【潜竜】センリュウ|センリョウ [水中にかくれていて、天にのぼっていない竜リュウの意] まだ帝位テイについていない、天子になるべき人。また、まだ有名になっていない英雄エイユウや豪傑ゴウケツ。類臥竜ガリョウ・伏竜フクリョウ。

氵12 【潭】15画 6312 6F6D 音タン漢 訓ふち

意味 ❶水が深くたたえられたところ。ふち。例潭淵タンエン(=深いふち)。❷ふかい。おくぶかい。同覃タン。例潭思タンシ(=深く思う)。

氵12 【潮】15画 3612 6F6E 教育6 音チョウ漢呉 訓しお・うしお

筆順 氵 氵 汁 洁 洁 淖 潮 潮 潮

氵12 【潮】15画 2F90F

なりたち [会意] 本字は「淖」で、「氵(=みず)」と「朝(=朝廷チョウテイに参まいる)」の省略体とから成る。諸侯ショコウが天子に拝謁ハイエツするように、海水が満ちひきする。

意味 ❶海水が月と太陽との引力によって満ちひきする現象。うしお。しお。例干潮カンチョウ。満潮マンチョウ。風潮フウチョウ。❷うしおの流れのような、世の中の動き。例思潮シチョウ。

日本語での用法 《しお》①海水の流れ。「潮目しおめ・黒潮くろしお」②ものごとにけじめをつけるよい機会。「隣となりの人ひとが立たったのを潮しおに自分ジブンも立たった」

【潮風】しおかぜ 海上や海岸にふく風。海の塩分をふくんだ風。

【潮煙】しおけむり|しおけぶり 海水が岩などに当たって飛び散るしぶき。

【潮騒】しおさい|しおざい 潮が満ちてくるときの波の音。また単に、波の音。海鳴り。例遠く—を聞く。

【潮境】しおざかい ①異なる海流が出合うところのさかいめ。よい漁場となる。例親潮と黒潮の—。②川の水と海の水とのさかいめ。③ものごとの境界。さかいめ。

【潮路】しおじ ①潮が流れる道すじ。②海上を船で行くときの道すじ。類海路・航路。例はるかな—。

【潮時】しおどき ①満潮や干潮の時刻。②ちょうどよい時期。ほどよいころあい。例—を見はからう。退任するのに、今が—だ。

【潮鳴り】しおなり 潮の満ちひきによって生じる音。(遠くから聞こえてくる)波の音。海鳴り。

【潮干狩り】しおひがり 潮が引いた浜はまで貝や小魚をとること。

【潮待ち】しおまち ①潮の流れが、船を出すのにつごうがよくなるときを待つこと。②釣つりで、潮が動き出すのを待つこと。③

ものごとをおこなう好機を待つこと。

【潮位】基準となる面から測った、海面の高さ。類潮高。例津波で—が上がる。

【潮音】海の波の音。類海潮音・潮声。

【潮害】⇩【塩害】(237ページ)

【潮▼汐】潮の満ちひき。類干満。例—作用。

【潮流】①潮の流れ。②潮の満ちひきによって起こる海水の流れ。例—が速い。③ものごとが、動いていく方向。例—に乗る(=時代の変化などにうまく合う)。

●青潮・赤潮・渦潮・親潮・干潮・黒潮・紅潮・高潮・思潮・初潮・満潮

氵12 【澄】15画 3201 6F84 常用 音チョウ漢 訓す-む・す-ます・す-み

筆順 氵 氵 氵 氵 澄 澄

氵12 【澂】15画 6313 6F82 本字

たちなり [形声]「氵(=みず)」と、音「徵チョウ」の省略体とから成る。水が清らかである。

意味 にごりがなく清らかになる。空や光にくもりがなく美しい。音がさえる。すむ。例清澄。

日本語での用法《すます》①心を集中させる。「耳を澄ます」②自分には関係ない、といった気どった顔をする。「澄ました顔」

人名 きよ・きよし・きよみ・さやか・すめる・とおる

【澄心】①静かにすんだ心。②心を清らかにすること。

【澄明】(名・形動ダ)明るくすみわたっていること。類清澄。例—な大空。

氵12 【潼】15画 6314 6F7C 音トウ漢ドウ呉

意味 ❶川の名。潼水。❷関所の名。潼関。❸「潼潼」は、波の高いようす。

氵12 【潑】15画 1-8709 6F51 音ハツ漢

氵9 【溌】12画 4014 6E8C 俗字

意味 水がとびちる。生き生きと、勢いのよいようす。例潑剌。

【潑▼剌】(形動タル)〔本来は、魚がぴちぴちとはねるようす〕生き生きとして元気が満ちあふれているようす。例元気—とした新人。

［水(氵・氺)部］12—13画 ● 澄潼潑潘澎潦漑澗潔澁潛瀦潮澂澑澳激

氵12 【潘】15画 6315 6F58 音ハン漢 訓しろみず・とぎしる

意味 ❶米のとぎしる。しろみず。例潘水。潘沐(=髪を洗うための米のとぎしる)。❷姓の一つ。

氵12 【澎】15画 6316 6F8E 音ホウ漢

意味「澎湃」は、水のぶつかりあう音。水がいっぱいにみなぎるようす。

氵12 【潦】15画 6319 6F66 音❶ロウ漢 ❷リョウ漢 訓あまみず・にわたずみ

意味 ❶①雨が降ってたまった水。あまみず。②雨水の多いようす。洪水。おおみず。例潦潦(=大雨で水が流れるようす)。❷①「潦草」は、いいかげんな、なげやりなようす。②「潦倒」は、年老いておとろえたようす。落ちぶれてだらしないようす。また、失意のようす。

氵12 【漑】15画 ⇩【漑】(617ページ)

氵12 【澗】15画 ⇩【澗】(620ページ)

氵12 【潔】15画 ⇩【潔】(620ページ)

氵12 【澁】15画 ⇩【渋】(601ページ)

氵12 【潛】15画 ⇩【潜】(621ページ)

氵12 【瀦】15画 ⇩【瀦】(626ページ)

氵12 【潮】15画 ⇩【潮】(621ページ)

氵12 【澂】15画 ⇩【澄】(622ページ)

氵12 【澑】15画 ⇩【溜】(616ページ)

氵13 【澳】16画 6320 6FB3 音❶イク漢 ❷オウ漢 訓おき

意味 ❶水が陸地に深くはいりこんだところ。くま。❷「澳門」は、広東省にある港の都市。

日本語での用法《おき》海岸や湖岸からはなれた水上。

氵13 【激】16画 2367 6FC0 教育6 音ゲキ慣 ケキ漢 訓はげ-しい

筆順 氵 氵 泊 泊 滂 滂 激

たちなり [形声]「氵(=みず)」と、音「敫キャウ→ケキ」とから成る。さえぎられて、流れが速まる。

意味 ❶勢いがつよくて速い。はなはだしい。はげしい。例激動。激流。急激。❷はげます。また、感情がほとばしる。例激情。激励。感激。

【激越】(名・形動ダ)〔もとは、音などがするどくひびくさま〕(感情や行動、主義主張などが)はげしくあらあらしいこと。例—な抗議。—な口調。

【激化】(名・する)(争いなどが)はげしくなること。(程度が)はなはだしくなること。例闘争が—する。

【激減】(名・する)(数量が)ひどくへること。また、急に少なくなること。対激増。例人口が—する。

【激語】(名・する)はげしいことばで言い争うこと。また、そのことば。例—が飛びかう。

【激▼昂】(名・する)(いかりなどで)感情が一気にたかぶること。表記「激高」とも書く。

【激賞】(名・する)たいへんほめること。ほめちぎること。類絶賛。例批評家たちに—された作品。

【激情】おさえきれないほどのはげしい気持ち。例一時の—にかられる。

【激職】いそがしく重要な職務。例部長の—にある。表記「劇職」とも書く。

【激甚】(名・形動ダ)たいへんひどいこと。例—災害。

【激戦】はげしい戦い。また、はげしく戦うこと。例—地。表記「劇戦」とも書く。

【激増】(名・する)(数量が)ひどくふえること。また、急に多くなること。類急増。対激減。例交通事故が—する。

【激▼湍】早瀬。急流。

【激痛】ひじょうにはげしいいたみ。対鈍痛。例—をこらえる。表記「劇痛」とも書く。

【激怒】(名・する)ひどくおこること。類激憤・憤激。例裏切りを聞いて父は—した。

【激闘】(名・する)はげしいたたかい。類激戦。例—をくりかえす。

【激動】(名・する)(社会などが)はげしく変動すること。(人の心などが)ひどくゆりうごかされること。例—期。

【激突】(名・する)勢いよくぶつかること。たがいにはげしくぶつかりあうこと。例優勝候補どうしの—。

【激発】(名・する)①気持ちをふるいたたせること。また、感情がたかぶって、一気に爆発すること。例愛情の—。②ものごとが急に、そして、しきりに起こること。また、過激な行動が起こること。例暴動が各地で—した。

【激憤】(名・する)はげしくいきどおること。憤激。類激怒。

【激変】(名・する)これまでと大きくかわること。また、急に変化すること。例環境が—する。

【激務】たいそういそがしく、きびしい仕事。例—にたおれる。表記「劇務」とも書く。

【激流】①はげしく速い流れ。類急流。例—をカヌーで下る。②ものごとが、はげしく大きく動いていくこと。例時代の—。

【激励】(名・する)元気が出るように、はげますこと。気力をふるい起こさせること。例叱咤—する。

【激烈】(名・形動ダ)ひじょうにはげしいこと。類猛烈・熾烈。例—な競争。表記「劇烈」とも書く。

【激論】(名・する)たがいに主張を曲げず、はげしく意見のやりとりをすること。また、その議論。例—をたたかわせる。

●過激・刺激・憤激

氵13 【澡】16画 6322 6FA1 音ソウ漢呉 訓あら-う・きよ-める

意味 手を洗う。洗いきよめる。あらう。例沐澡(=髪と手を洗う)。澡盥。

【澡盥】(名・する)手を洗うこと。

氵13 【濁】16画 3489 6FC1 常用 音ダク漢 ジョク呉 訓にご-る・にご-す・にご-り

筆順 氵 汀 泗 泗 渇 渇 濁 濁 濁

なりたち [形声]「氵(=みず)」と、音「蜀ショク→ダク」とから成る。川の名。借りて「にごる」の意。

意味 ❶よごれて、すきとおらない。にごる。にごす。にごり。対清。例濁酒。濁流。❷みだれる。例濁世。

【濁音】日本語で、ガ・ザ・ダ・バ行の音。清音や半濁音に対して、にごる音。

【濁酒】もろみを取ってない、白くにごった酒。どぶろく。もろみざけ。対清酒。

【濁水】にごった水。

【濁世】①風俗や政治などの乱れた世。②〔仏〕罪にけがれたこの世。「ジョクセ」とも。

【濁声】がらがらして、にごった感じの声。だみごえ。例—を張り上げる。

【濁点】濁音をあらわすため、かなの右上に書き加える小さな二つの点。「ガ・ザ」「だ・ば」などの「゛」。例—を打つ。

【濁流】土砂などでにごった水の流れ。対清流。

●汚濁・混濁・清濁・白濁・連濁

氵13 【澹】16画 6324 6FB9 音タン漢 訓あわ-い・うす-い

意味 ❶水がゆったりとゆれ動くようす。たゆたう。例澹澹。❷あっさりしている。あわい。同淡。例澹泊。恬澹。

【澹澹】(形動タルト)①水が静かにゆれ動くようす。②あっさりしたようす。淡淡。例—としたつきあい。

【澹泊】(名・形動ダ)あっさりして無欲なこと。淡泊。例—な性格。

氵13 【澱】16画 3735 6FB1 音テン漢 デン呉 訓おり・よど-む・よど

意味 ❶水の底にしずんだかす。おり。例澱汚(=かす)。❷水中のかすがしずんでたまる。また、かすがたまって水が流れない。よどむ。よどみ。よど。同淀。例沈澱。水の澱んだ淵。❸「澱粉」は、炭水化物。

日本語での用法《デン》「淀川」の中国風の言い方。「澱江・澱水」

【澱粉】植物の根やくきや種子に貯蔵されている、つぶ状の炭水化物。

氵13 【濃】16画 3927 6FC3 常用 音ジョウ漢 ノウ呉 訓こ-い・こま-やか

筆順 氵 汀 沪 洪 浬 浬 渒 濃 濃

なりたち [形声]「氵(=みず)」と、音「農ドウ→ジョウ」とから成る。露が多い。こい。

意味 色・味の度合いがつよい。密度が大きい。こってりしている。こい。対淡。例濃厚。濃紺。濃密。

日本語での用法《ノウ》「美濃(=今の岐阜県南部)」の略。「濃州・濃尾(=美濃と尾張)平野」

難読 下濃・末濃・村濃・濃絵

人名 あつ・あつし・の

【濃茶】抹茶の一種。茶の老木から作った上等の茶。また、それを点てたお茶。色も味もこい。対薄茶。

【濃艶】(名・形動ダ)あでやかで美しいこと。なまめかしくうるわしいこと。例—な美女。—にほほえむ。

【濃厚】(名・形動ダ)①色や味わいがこってりしていること。対淡泊。例—な味つけ。②ものの密度や濃度などが高いこと。例—な気体。③刺激的で、情熱的なこと。例—な描写。④特定のけはいや可能性などが、はっきり感じられること。例勝利は—となった。

【濃紺】こい紺色。例—の制服。

【濃縮】(名・する)液体などをこくすること。例—ジュース。—ウラン。

【濃淡】(色や味わい、ものごとの程度などの)こさとうすさ。こいところとうすいところ。グラデーション。例—をつける。

【濃度】溶液や混合気体などの、混合物の割合を示す値。例—の高い排気ガス。

【濃密】(名・形動ダ)密度がこいこと。色合いなどがこまやかであること。例—な色彩。—な表現。

【濃霧】こい霧。深い霧。例海上の—に注意せよ。

【濃緑】黒ずんだ感じの、こい緑色。ふかみどり。類深緑。

氵13 【濆】16画 *6325 *6FC6 音 一フン漢 二フン漢 ホン漢 訓ほとり・みぎわ・わ-く

意味 一 水べ。きし。二 水がわき上がる。同噴。例濆泉(=わきでる泉)。

氵13 【澠】16画 1-8719 6FA0 音ベン漢 メン呉

意味 地名に用いられる字。

【澠池】地名。今の河南省澠池県の西。戦国時代に、趙王が藺相如とともに秦王と会見した地。

世に「澠池の会」で知られる。表記「▼黽池」とも書く。

氵13 **【濛】** 16画 6334 6FDB 音モウ漢 訓くら-い

意味 小雨のふるようす。また、もやもやとしてうすぐらいようす。例濛雨。濛味。

【濛雨】こまかな雨。霧雨。小雨。類細雨。

【濛気】立ちこめている、もや。

【濛味】（名・形動ナ）①霧などが立ちこめて、うすぐらいこと。②ものごとの道理にくらいこと。表記▽「▼蒙味」とも書く。

【濛濛】（形動タルト）霧・湯気・けむり・砂ぼこりなどで、あたりがうすぐらいようす。例―と立ちこめる湯気。

氵13 **【澪】** 16画 6326 6FAA 人名 音レイ漢 訓みお

なりたち［形声］「氵（＝みず）」と、音「零」とから成る。川の名。

意味 川の名。一説に、「泠」の俗字。

日本語での用法《みお》水深の浅い三角州などに、自然にえぐられてできた水路。船のとおりみち。「水澪・澪標」

【澪▽標】河口の港や川などで、船の水路を示すために立てた柱。みおじるし。

氵13 **【濂】** 16画 6318 6FC2 音レン漢 訓うす-い

意味 ❶浅い川。❷川の名。濂水。

氵13 **【澣】** 16画 ⇩【浣】(595ページ)

氵13 **【澤】** 16画 ⇩【沢】(580ページ)

氵14 **【濠】** 17画 2574 6FE0 音コウ漢ゴウ呉 訓ほり

意味 城のまわりを掘って、水をたたえたところ。ほり。同壕。例外濠。内濠。

日本語での用法《ゴウ》「濠太剌利」の略。「濠洲・白濠主義」

【濠▽太▼剌▽利】「オーストラリア」の音訳。豪州。

【濠▼洲】オーストラリア。豪州。

氵14 **【濡】** 17画 3908 6FE1 人名 音ジュ漢 訓ぬ-れ・ぬ-れる・ぬ-らす

意味 ❶水がかかって、しっとりする。うるおう。ぬらす。ぬれ。例濡衣（＝水にぬれた服）。❷ぐずつく。とどこおる。例濡滞（＝ぐずぐずする）。

氵14 **【濬】** 17画 6329 6FEC 音シュン漢 訓さら-う・ふか-い・ほ-る

意味 ❶水底を深くさらって、流れを通す。さらう。同浚。❷底や奥までの距離が長い。深い。例濬谷（＝深い谷）。

【濬哲】深い知恵のある人。

氵14 **【濯】** 17画 3485 6FEF 常用 音タク漢 訓あら-う・すす-ぐ・そそ-ぐ・ゆす-ぐ

筆順 氵 氵ヨ 氵ヨ 氵ヨヨ 氵羽 氵羽 氵羽 濯

なりたち［形声］「氵（＝みず）」と、音「翟」とから成る。水であらう。

意味 水でよごれをおとす。あらいきよめる。あらう。すすぐ。そそぐ。ゆすぐ。例濯足（＝足をあらう）。洗濯。

難読 御裳濯川（＝地名）

●洗濯

氵14 **【濤】** 17画 6225 6FE4 音トウ漢呉 訓なみ

氵7 **【涛】** 10画 3783 6D9B 俗字

意味 ❶大きな波。おおなみ。なみ。例濤声。怒濤。波濤。❷波のような音。例松濤（＝まつかぜ）。

【濤声】大波が打ち寄せる音。例とどろく―。

氵14 **【濘】** 17画 6331 6FD8 音ネイ漢 訓おちい-る・どろ・ぬめ-り

意味 ❶どろ。ぬかるみ。例泥濘（＝ぬかるみ）。❷「汀濘」は、浅い池や沼。

氵14 **【濔】** 17画 6330 6FD4 音一ビ漢 二デイ漢 訓ふか-い

意味 一 水が満ちたようす。同瀰。例濔濔。濔漫。二「濔濔」は、多いようす。また、やわらかいようす。

氵14 **【濮】** 17画 6333 6FEE 音ボク慣ホク漢

意味 ❶川の名。濮水。❷地名に用いられる字。

【濮上▼之音】国をほろぼす音楽。みだらな音楽。〔春秋時代、衛の霊公が濮水のほとりで聞いたメロディーは、殷を滅亡させた音楽だったという〕〈礼記〉

氵14 **【濶】** 17画 ⇩【闊】(1028ページ)

氵14 **【濟】** 17画 ⇩【済】(601ページ)

氵14 **【濕】** 17画 ⇩【湿】(608ページ)

氵14 **【澀】** 17画 ⇩【渋】(601ページ)

氵14 **【瀞】** 17画 ⇩【瀞】(626ページ)

氵14 **【濯】** 17画 ⇩【濯】(624ページ)

氵14 **【濱】** 17画 ⇩【浜】(596ページ)

氵15 **【瀉】** 18画 6335 7009 音シャ漢 訓そそ-ぐ・は-く

意味 ❶水をどっと流す。そそぐ。例一瀉千里。❷腹をくだす。例瀉痢。❸食べたものをはき出す。はく。例吐瀉。

難読 沢瀉

【瀉血】（名・する）〔医〕治療のために、静脈から余分な血をぬきとること。刺胳。

【瀉剤】くだしぐすり。瀉薬。→【下剤】(10ページ)

【瀉土】塩分を含んだ土。植物が育たない荒れ地。潟土。

【瀉痢】腹くだし。→【下痢】(11ページ)

氵15 **【瀋】** 18画 6336 700B 音シン漢 訓しる

意味 ❶汁。しる。例墨瀋（＝墨汁）。❷川の名。瀋水。

【瀋陽】遼寧省の都市。清朝初期の都で、盛京といい、都が北京(ペキン)に移ってからは奉天(ホウテン)といっていた。

氵15 【濺】18画 6337 6FFA 音セン漢 訓そそ-ぐ

意味 ❶小さなしぶきをふりかける。そそぐ。また、その水しぶき。例感レ時花濺レ涙(ときにかんじてははなにもなみだをそそぐ)(=このなげかわしい時勢を思うと、美しい花を見ても涙がはらはらとながれる)。〈杜甫(トホ)・春望(シュンボウ)〉濺沫(センマツ)(=飛び散る血しぶき)。❷「濺濺(センセン)」は、水の流れるようす。また、その音。

氵15 【瀆】18画 1-8729 7006 音トク漢 訓けが-す・けが-れ・けが-れる

氵7 【涜】10画 3834 6D9C 俗字

意味 ❶耕地に水を引く用水路。みぞ。どぶ。例瀆溝(トクコウ)。❷清らかなもの、おかしてはならないものをそこなう。けがす。けがれ。けがれる。同黷(トク)。例瀆職(トクショク)。冒瀆(ボウトク)。

【瀆職】トクショク(名・する)〔職務をけがす意〕公務員が、その地位や権利を利用して、不正なおこないをすること。類汚職(オショク)。

【瀆神】トクシン(名・する)神の神聖や権威(ケンイ)をけがすこと。例―罪。

氵15 【瀑】18画 6338 7011 音バク慣 ホク漢 訓たき

意味 高いがけから勢いよく落ちる川の水。滝(たき)。例瀑布(バクフ)。懸瀑(ケンバク)(=滝)。飛瀑(ヒバク)(=しぶきをあげて高いところから落ちる滝)。

【瀑布】バクフ〔落下する水が白い布のように見えることから〕大きな滝(たき)。例ナイアガラ―。

氵15 【瀁】18画 6339 7001 音ヨウ漢呉 訓ただよ-う・ふか-い

意味 ❶水面がゆれうごくようす。同漾(ヨウ)。❷はてしなく深く広いようす。例滉瀁(コウヨウ)。

氵15 【濫】18画 4584 6FEB 常用 音ラン漢 訓みだ-れる・みだ-りに・う-かぶ

筆順 氵 汀 汀 沪 泸 滥 滥 濫

なりたち【形声】「氵(=みず)」と、音「監(カン→ラン)」とから成る。広がってのびる。

意味 ❶水が外へあふれ出る。ひろがる。例氾濫(ハンラン)。❷ものごとのわくをこえて気ままにする。よく考えずにやたらと。みだれる。みだりに。例濫獲(ランカク)。濫用(ランヨウ)。❸うかべる。例濫觴(ランショウ)。

【濫獲】ランカク(名・する)魚やけものなどを、やたらにとること。表記「乱獲」とも書く。

【濫掘】ランクツ(名・する)(鉱山などから)むやみにほり出すこと。表記「乱掘」とも書く。

【濫行】ランコウ(名・する)①乱暴な行為(コウイ)。例―におよぶ。②ふしだらなおこない。節度のない生活。例―をいましめる。表記▽「乱行」とも書く。

【濫作】ランサク(名・する)芸術家などが、内容は二の次にして、やたらに作品を作ること。表記「乱作」とも書く。

【濫觴】ランショウ〔「觴」は、さかずきの意〕ものごとのはじまり。みなもと。起源。源流。〔長江(チョウコウ)のような大河も、そのみなもとはさかずきをうかべるほどの小さな流れである、という話から〕〈荀子(ジュンシ)〉例―をたずねる(=ものごとの起こりを調べる)。

【濫吹】ランスイ ①才能や実力のない者が、あるようにふるまうこと。また、不相応の地位にいること。②秩序(チツジョ)を乱すようなおこないをすること。〔竽(ウ)(=笛の一種)の合奏団に、技量もないのにまぎれこんで吹(ふ)いていた者が、ひとりひとり演奏させられるとにげ出してしまったという故事から〕〈韓非子(カンピシ)〉

【濫造】ランゾウ(名・する)品質を考えずに量ばかり多くつくること。例粗製(ソセイ)―。表記「乱造」とも書く。

【濫読】ランドク(名・する)いろいろな本を、手当たりしだいに読むこと。対精読。表記「乱読」とも書く。

【濫伐】ランバツ(名・する)森林の保護などを考えず、やたらと木を切りたおすこと。表記「乱伐」とも書く。

【濫発】ランパツ(名・する)(紙幣(シヘイ)や手形などを)先の見通しもないのに、むやみに発行すること。表記「乱発」とも書く。

【濫費】ランピ(名・する)お金や物をどんどん使ってしまうこと。類浪費(ロウヒ)。例予算を―する。表記「乱費」とも書く。

【濫用】ランヨウ(名・する)限度をこえて、むやみに利用すること。表記「乱用」とも書く。

【濫立】ランリツ(名・する)①(建築物などが)乱雑に立ち並ぶこと。例ビルが―する。②(選挙の候補者などが)むやみに多く立つこと。表記▽「乱立」とも書く。

氵15 【瀏】18画 6340 700F 音リュウ漢 訓きよ-い

口15 【嚠】18画 5172 56A0 別体字

意味 ❶清く澄(す)みきっているようす。きよい。例瀏如(リュウジョ)(=清いようす)。瀏亮(リュウリョウ)(=音が清く明らかなようす)。❷だいたい。おおよそ。ざっと。例瀏覧(リュウラン)(=ざっと目を通す)。

氵15 【濾】18画 6341 6FFE 音リョ漢 ロ呉 訓こ-す

氵4 【沪】7画 1-8651 6CAA 俗字

意味 液体を紙や布などの細かなすきまを通して、まざりものを取り除く。こす。例濾過(ロカ)。濾紙(ロシ)。

【濾過】ロカ(名・する)細かい網目(あみめ)に液体や気体を通し、まじりものを取り分けること。例―器。溶液(ヨウエキ)を―する。

【濾紙】ロシ 小さな固体のまざった液体をこして、液体を分離(ブンリ)するために使う紙。濾過紙。

氵16 【瀛】19画 6342 701B 音エイ漢 訓うみ

意味 ❶大海。うみ。例瀛海(エイカイ)(=大海)。❷「瀛洲(エイシュウ)」は、伝説上の島。東方の海中にあり、仙人(センニン)が住んでいるという。

氵16 【瀚】19画 6343 701A 音カン漢 訓ひろ-い

意味 広く大きい。ひろい。例瀚瀚(カンカン)(=広大なようす)。浩瀚(コウカン)。

氵16 【瀟】19画 6347 701F 音ショウ漢

意味 ❶川の名。例瀟湘(ショウショウ)(=瀟水(ショウスイ)と湘水(ショウスイ)の合流する、湖南省にある名勝の地)。❷さっぱりとして清らか。例瀟洒(ショウシャ)。❸ものさびしいようす。同蕭(ショウ)。例瀟然(ショウゼン)。

【瀟洒】ショウシャ〔「ショウサイ」とも〕(形動(ダ))すっきりとして清らかなようす。あかぬけてしゃれているようす。瀟灑(ショウシャ)。例―な西洋館。—に着こなす。

【瀟瀟】（形動タル）風雨がはげしいようす。また、雨がさびしく降るようす。例 雨は—と木の葉を打つ。

氵16 【瀬】 19画 3205 702C 常用 音 ライ漢 訓 せ

筆順 氵 沪 沖 涑 涑 漸 瀬 瀬

氵16 【瀨】 19画 1-8730 7028 人名

なりたち 形声。「氵（＝みず）」と、音「頼」とから成る。水が砂の上を流れる。

意味 ❶流れの浅いせせらぎ。あさせ。例 石瀬。❷水の流れのはやいところ。はやせ。古語でいう、せと。例 急瀬。湍瀬。

日本語での用法《せ》①立場。場所。よりどころ。「立つ瀬がない」②時。場合。おり。「逢瀬」

【瀬戸】 ①海で、両側から陸地が接近してせまくなっているところ。海峡。例 音戸の—。②「瀬戸物」の略。

【瀬戸際】 成功と失敗や、勝敗などの分かれめ。ぎりぎりまで追いつめられたところ。例 勝負のだいじな—。運命の—に立つ。

【瀬戸物】〔愛知県瀬戸地方で作られた焼き物の意〕陶器や磁器。やきもの。例 —の食器。

●浅瀬・塩瀬・早瀬

氵16 【瀞】 19画 3852 701E 音 セイ漢 ジョウ呉 訓 とろ・きよ-い

氵14 ［瀞］ 17画 俗字

意味 水が、けがれがなくきよい。同 浄。

日本語での用法《とろ・どろ》川の流れが静かで深いところ。地名に用いることの多い字。「瀞峡（＝地名）・瀞八丁（＝地名）・長瀞（＝地名）」

氵16 【瀦】 19画 3585 7026 音 チョ漢呉 訓 みずたまり

氵12 ［潴］ 15画 6344 6F74 別体字

意味 水のたまっているところ。ぬま。みずたまり。また、水がたまる。例 瀦水（＝たまり水）。

難読 三瀦（＝地名・姓）

氵16 【瀕】 19画 4146 7015 人名 音 ヒン漢 訓 せま-る

氵17 ［瀕］ 20画 俗字

意味 ❶水面と陸とが接したところ。同 浜。例 瀕海（＝海辺）。❷すれすれに近づく。せまる。例 瀕死。

【瀕死】 いまにも死にそうなこと。例 —の重傷。

氵16 【瀝】 19画 6345 701D 音 レキ漢 訓 こ-す・したた-る

意味 しずくをしたたらす。したたる。しずく。例 瀝滴。竹瀝（＝竹のあぶら）。

【瀝青】 炭化水素化合物のいっぱん的な言い方。コールタール・アスファルト・ピッチなど。例 —炭。

【瀝滴】 したたること。したたり。しずく。類 滴瀝。

【瀝瀝】（形動タル）水の音、風の音の形容。例 岸打つ波—たり。

氵16 【瀘】 19画 6346 7018 音 ロ漢

意味 チベットに源を発し、四川省で長江に注ぐ川。瀘水。

氵16 【瀨】 19画 ⇩【瀬】せ（626ページ）

氵16 【瀧】 19画 ⇩【滝】たき（614ページ）

氵16 ［潛］ 19画 ⇩【潜】セン（621ページ）

氵17 【灌】 20画 6285 704C 音 カン漢呉 訓 そそ-ぐ

氵11 ［潅］ 14画 2035 6F45 俗字

意味 ❶水をかけて、まんべんなくうるおす。また、水を流し入れる。そそぐ。例 灌漑。灌仏。❷水をそそいで洗う。例 灌頂。❸草木がむらがって生える。例 灌木。

【灌▼漑】（名・する）水を川や湖などから引いて、農地をうるおすこと。例 —用水。畑を—する。

【灌頂】〔頭のいただきに水をそそぐ意〕〔仏〕①真言宗などで、入門のときや教えを伝授したときに、香水を注ぐ密教の儀式。②墓参りなどで、墓に水をかけること。

【灌水】（名・する）水をそそぐこと。例 —装置。

【灌注】（名・する）①水などをそそぎかけること。②水が流れること。ほとばしること。

【灌腸】（名・する）肛門から腸に薬液を注入すること。表記「▼浣腸」とも書く。

【灌仏】〔仏〕仏像に香水や甘茶などをそそぎかけること。類 浴仏。例 —会（＝四月八日に釈迦が誕生したことを祝い、釈迦をかたどった仏像に香水や甘茶などをそそぎかける行事）。

【灌木】 ⇩【低木】（69ページ）

氵17 【瀰】 20画 6348 7030 音 ビ漢 ミ呉 訓 わた-る

意味 いっぱいにひろがる。はびこる。例 瀰漫。

【瀰漫】（名・する）（ある風潮などが）広まりはびこること。例 怠惰な気風が—する。

氵17 【瀾】 20画 6349 703E 音 ラン漢呉 訓 なみ

意味 波。大きな波。また、波立つ。例 狂瀾怒濤。

【瀾漫】（形動タル）①乱雑なようす。散らばっていくようす。②道義などが乱れているようす。

氵17 【瀲】 20画 6350 7032 音 レン漢 訓 うか-ぶ・なぎさ

意味 ❶波打ちぎわ。みぎわ。❷波がゆれうごくようす。例 瀲瀲（＝波がゆれるようす。また、水があふれるようす）。❸「瀲灔」は、さざ波が立って光りかがやくようす。例 水光瀲灔（＝水面がきらきら光る）。

難読 波瀲

氵17 ［瀕］ 20画 ⇩【瀕】ヒン（626ページ）

氵18 ［灘］ 21画 ⇩【灘】タン（627ページ）

氵19 【灑】 22画 6351 7051 音 サイ漢 シャ呉 訓 そそ-ぐ

瀟灑ショウシャ。

意味 ❶水をまく。また、水をふりかけてあらう。そそぐ。同洒サイ。例灑掃サイソウ（＝掃除ソウジする）。❷ものごとにこだわらず、さっぱりしているようす。同洒シャ。例灑落シャラク（＝さっぱりしている）。

氵19

【灘】

22画 3871 7058 人名 音ダン 慣タン 漢呉 訓なだ

氵18

【灘】

21画 二二 俗字

意味 川の水が浅く、流れが急で船で行くのに危険なところ。はやせ。せ。例急灘キュウダン。

日本語での用法《なだ》陸から遠く、潮の流れが急で波のあらい海。「鹿島灘かしまなだ・玄界灘ゲンカイなだ」

氵22

【灣】

25画 ⇩【湾】ワン（612ペー）

86 4画 火 ひ ひへん（灬 れっか れんが）部

もえあがるほのおの形をあらわす。「火」が下につくとき「灬（烈火 れっか）（連火 れんが）」となることがある。「火」をもとにしてできている漢字と、「灬」の字形を目じるしにして引く漢字とを集めた。

0 火 2 灰 灯 灰 3 灸 災 灼 灶 4 炎 炙 炊 炒 炉 5 為 炯 炬 炸 炭 点 炳 炮 6 烏 烋 烝 烙 烈 烟 7 焉 烹 烽 焔 烱 8 焰 焜 煮 焼 焦 然 無 焚 焙 煉 9 煙 煥 煦 煢 煌 照 煎 煖 煤 煩 煬 煉 煙 熙 煮 10 熙 熊 熏 熒 熕 熄 煽 熔 煸 11 熨 熬 熟 熱 熈 12 燕 燗 熹 熾 燉 燃 燔 燎 燗 燒 燈 13 燠 燬 燦 燮 燭 燧 燥 燵 燐 營 14 燻 燼 燹 燿 燿 15 爍 爆 16 爐 17 爛 25 爨

この部首に所属しない漢字

杰⇩木520 畑⇩田678 秋⇩禾732 羔⇩羊800 魚⇩魚1093 黒⇩黒1110 勞⇩力151 毯⇩毛569 榮⇩木544 勳⇩力152 瑩⇩玉668 默⇩黒1110 螢⇩虫880 黛⇩黒1111 黨⇩黒1111 鶯⇩鳥1104

火0

【火】

4画 1848 706B 教育1 音カ 漢呉 コ 唐 訓ひ・ほ

筆順 丶 丷 ゾ 火

なりたち [象形] ほのおが上にめらめらと上がる形。

意味 ❶ものが燃えるときに生じる光や熱。ほのお。ひ。例火炎カエン。火気カキ。発火ハッカ。灯火トウカ。❷あかり。ともしび。例漁火ギョカ。❸もえる。やける。また、やく。例火災カサイ。火事カジ。火葬カソウ。❹（火がついたように）ものごとがさしせまる。また、激しいようす。例火急カキュウ。心火シンカ。❺五行ギョウの一つ。方位では南、季節では夏をあらわす。

難読 火熨斗のし

【火炎】カエン 燃え上がる火。また、ほのお。例―放射器。表記 旧火▼焔

【火▼焰】カエン 「焰」は、ほのおの意）「火炎カエン」に同じ。例―太鼓ダイコ（＝わくの周囲に、燃え立つほのおのかざりがある太鼓）。表記 現火炎

【火気】カキ ①火の気ケ。例―厳禁。②火の勢い。

【火器】カキ ①火薬で発射する武器。銃ジュウや大砲タイホウ。例重―。小―。②火を入れるうつわ。火ばちなど。

【火急】カキュウ（名・形動ダ）ひじょうにさしせまっていること。例―の用事。

【火牛】カギュウ ウシの角つのに刀を結び、尾おには、油を注いだ葦あしを結んで火をつけて、敵に向かわせた。戦国時代、斉セイの田単デンタンが使った戦法。火牛の計。

【火刑】カケイ 火あぶりの刑。例―にあって殉教ジュンキョウした。

【火口】カコウ 一 火山の噴火口フンカコウ。けむりや溶岩ヨウガンの出るところ。二ひぐち ボイラーの火たきぐち。ほくち。三ほくち 火打ち石でおこした火を、うつしとるもの。

【火口原】カコウゲン 火山が爆発バクハツしたり陥没カンボツしたりして、山の上部にできた平らなところ。

【火口湖】カコウコ 火山の火口に水がたまってできた、みずうみ。

【火災】カサイ 火による災難や災害。火事。例―報知機。

【火災保険】カサイホケン 火災の損害をおぎなうための損害保険。

【火山】カザン 地下のマグマが地上に噴出フンシュツしたり、マグマの上昇ジョウショウで地面が盛り上がったりしてできた山。また、溶岩やガスを噴出している山。例―灰ばい。海底―。

【火事】カジ 建物や山林などが焼ける災害。例山―。船ふな―。

【火車】カシャ 一 ①古代中国の戦争で、火ぜめに使ったくるま。②〔仏〕罪人を乗せて地獄ジゴクへ運んでいく、火で燃えているくるま。ひのくるま。二【火の車】ひのくるま お金がなくて家計が苦しいことや、切りぬけるための方策が立たないことのたとえ。

【火酒】カシュ 焼酎ショウチュウやウオツカのような強い酒。アルコール分が多く、火をつけると燃える。

【火床】カショウ ひどこ ストーブやふろがまの、火をたくところ。

【火傷】カショウ やけど 火や熱湯、また冷たいドライアイスなどにふれて、皮膚ヒフがただれること。また、そのきず。

【火食】カショク（名・する）食物に火を通し、煮にたり焼いたりしてたべること。対生食セイショク。

【火▼燼】カジン 火が燃えたあと。もえかす。

【火星】カセイ 太陽系の四番目の惑星ワクセイ。直径は地球の約半分で、赤く光る。熒惑ケイコク。

【火勢】カセイ 火の燃えるいきおい。例折からの風で―が強くなった。

【火成岩】カセイガン マグマが固まってできた岩石。地表でできた火山岩、地下で固まった深成岩、その中間的な、半深成岩がある。

【火葬】カソウ（名・する）死体を焼いて残った骨をほうむること。茶毘ダビ。対水葬・土葬・風葬。例―場。

【火宅】カタク〔仏〕苦しみや不安に満ちているこの世を、燃えさかる家にたとえたことば。現世。類娑婆シャバ。

【火中】カチュウ 一（名）火のなか。例―の栗くりを拾う（＝他人のために危険な思いをする）。二（名・する）火のなかに入れて焼き捨てること。例手紙を―にする。

【火田】カデン 山野を焼き、その灰を肥料としてその場所で耕作をする農法。焼き畑はた。

【火斗】カト ①炭火を運ぶ柄えのついたうつわ。十能ジュウノウ。②炭火を入れて衣服のしわをのばす道具。火のし。

【火▼遁】カトン 火によって身をかくし、敵からのがれる忍術ニンジュツ。

例―の術。

【火難】カナン 火によって受ける、わざわい。火災。例―の相。

【火兵】カヘイ ［「兵」は、武器の意］銃や大砲など、火薬の力で弾丸を発射する兵器。火器。

【火兵戦】カヘイセン 火兵による戦闘。対白兵戦。

【火砲】カホウ 口径の大きい火器。大砲。

【火薬】カヤク 激しい爆発を起こす薬品。花火や、爆弾・ダイナマイトなどに使う。例―庫。

【火曜】カヨウ 日曜からかぞえて、週の三番目の曜日。火曜日。

【火力】カリョク ①火の力。火の勢い。例―発電所。②火薬による大砲や銃などの威力。例―をほこる戦隊。

【火炉】カロ ①火ばちやいろりなど、火を入れてあたたかくするもの。②香をたくうつわ。香炉。③ボイラーの燃料を燃やすところ。かま。

【火▽燵】コタツ やぐらの中に炉や電熱器を入れて、ふとんをかぶせた暖房具。足やひざを入れてあたたまる。例―にあたる。表記「▼炬▼燵」とも書く。

【火▼桶】ひおけ 木で作った、まるい火ばち。内側には金属板が張ってある。

【火皿】ひざら ①火縄銃の、火薬を入れるところ。②キセルの、タバコをつめるところ。③ストーブなどの、燃料をのせて燃やす格子の部分。火格子。

【火種】ひだね ①火をおこすときのもとになる小さな火。例―をもらって火をおこす。②争いごとの原因。例―を残す。

【火玉】ひだま ①空中を飛ぶ火の玉。②キセルにつめたタバコの火のかたまり。

【火▽達磨】ひダルマ 全体が火につつまれて燃えていること。例―になってがんばる。

【火縄】ひなわ 昔の鉄砲の導火線。竹やヒノキの皮などの繊維に硝石をふくませたもの。

【火縄銃】ひなわジュウ 火縄で点火して発射する銃。室町時代にポルトガルから伝えられた。火縄筒。種子島。

【火箸】ひばし 炭火を持つための金属製のはし。例焼け―(=炭火で熱くなった火箸)。

【火柱】ひばしら 勢いが強く、空中に柱のように燃え上がった火。例―が立つ。

【火鉢】ひバチ 中に灰を入れて中央に炭火を置き、手や室内をあたためる道具。例長―。

【火花】ひばな 石や金属が激しくぶつかり合ったり、放電したりするときに飛び散る細かい火。例―を散らす(=激しく争う)。

【火蓋】ひぶた 火縄銃の火皿をおおうふた。例―を切る(=戦いや試合などを始める)。

【火元】ひもと ①火事の出た場所や、出した家。例―の確認を急ぐ。②火のある場所。ひのもと。例―を確かめてから外出する。③事件やさわぎのもと。例うわさの―。

【火影】ほかげ ①暗がりで見える火の光。例風でろうそくの―がゆれる。②ともしびに照らし出された姿や形。例障子に―が映る。表記▽「▽灯影」とも書く。

●引火・口火・下火・出火・消火・戦火・大火・耐火・鎮火・点火・電光石火・灯火・発火・噴火・放火・防火

火 2 【灰】6画 1905 7070 教育6 音カイ漢 訓はい

筆順 一 厂 厂 灰 灰 灰

なりたち［会意］「火(=ひ)」と「ナ(=手)」とから成る。手で持てるほどになった燃え残り。

意味 ❶ものが燃えつきたあとに残る粉。もえかす。はい。例灰塵(=灰と、ちり。価値のないもの)。灰燼。❷焼きつくしてはいになる。ほろびる。例灰滅(=すっかりほろびること)。❸黒と白の中間の色。はいいろ。例灰白色。

難読 石灰

【▽灰▽汁】あく ①はいを水にとかした汁のうわずみ。例―で洗う。②植物にふくまれる、しぶい成分。例―をぬく。③人の性質や文章などにあらわれる、どぎつさ。例―の強い作品。

【灰▼燼】カイジン はいと燃え残ったかす。例―に帰す(=火事ですっかり焼けてしまう)。

【灰土】カイド はいと土。土灰。例―と化す(=焼けてあれ果てる)。

【灰白色】カイハクショク 灰色がかった白色。

【灰分】カイブン ①燃えかす。はい。②食物の中にふくまれている鉱物質の栄養素。ミネラル。

【灰神楽】はいかぐら 火ばちなどの中の、熱をもった灰に水や湯をこぼしたとき、灰がまい上がること。また、その灰やけむり。例―が立つ。

火 2 【灯】6画 3784 706F 教育4 音 A トウ漢呉 ドン唐 B テイ漢 チン唐 訓ひ・ともしび

筆順 丶 丷 ナ 火 灯 灯

A 火12 【燈】16画 3785 71C8 人名　B 火2 【灯】6画 3784 706F

なりたち A［燈］［形声］「火(=ひ)」と、音「登トウ」とから成る。油皿のついた、火をともす道具。派生して「ともしび」の意。B［灯］［形声］「火(=ひ)」と、音「丁テイ」とから成る。はげしい火。

意味 A［燈］❶明かり。ともしび。ひ。例灯火。街灯。提灯。❷［仏］世を照らす仏の教え。例仏灯。法灯。B［灯］はげしい火。

【灯下】トウカ 明かりのもと。明かりのそば。例―に書をひろげる。

【灯火】トウカ ともしび。明かり。例―親しむべき候。

【灯火トウカ親しむべし】秋の夜は明かりのそばで本を読むのに最も適している。

【灯心】トウシン ［「とうしみ」とも］あんどんやランプなどの、灯油にひたして火をともす、しん。

【灯台】トウダイ ①岬や半島などに建てて、船の安全のために、夜は強い光を放って航路を示す塔。ライトハウス。灯明台。②昔、照明のために油皿をのせた台。灯明台。

【灯台下暗し】トウダイもとくらし 「灯台②」のすぐ下は、まわりよりも暗いことから、身近なことはかえって気がつきにくいことのたとえ。

【灯明】トウミョウ ①神や仏に供える明かり。②ともしび。また、ともしびの明るいこと。

【灯油】トウユ ①燃やして明かりにするあぶら。②ストーブなどの燃料にするあぶら。原油を、低い温度で蒸留して得られる。

【灯籠】トウロウ 昔の照明器具。竹や木で作った枠に紙をはって室内に置いたり、石や金属で作って庭にすえたりする。例―流し。石―。

●行灯・外灯・街灯・幻灯・消灯・走馬灯・提灯・点灯・電灯

火 2 【灰】6画 ⇩【灰】(628ページ)

火 3 【灸】 7画 2168 7078 人名 音キュウ(漢) 訓やいと

意味 もぐさを体に置いて火をつけ、その熱で治療する方法。きゅう。やいと。例灸治。鍼灸(=はりと、きゅう)。

【灸治】(名・する)きゅうによって、病気や痛み、また、つかれなどをなおすこと。

【灸▼鍼】きゅうと、はり。鍼灸。

【灸点】一(名)きゅうをすえる場所に墨でつける小さなしるし。二(名・する)きゅうをすえること。

火 3 【災】 7画 2650 707D 教育5 音サイ(漢)(呉) 訓わざわ-い

筆順 く 巛 巛 巛 巛 災 災

なりたち [会意]「火(=ひ)」と、音「巛サイ(=わざわい)」とから成る。天が起こす火のわざわい。

意味 ❶火事。例火災。❷地震・洪水など、自然界に起こるわざわい。また、不幸をもたらすできごと。例災害。災難。天災。

【災禍】自然から受けるわざわい。例台風による―。

【災害】思いがけず起こり、人の力では防ぎきれない(ことの多い)わざわい。また、それによる損害。例―救助。

【災難】思いもしない不幸なできごと。例とんだ―にあう。

【災厄】〔「厄」も、わざわいの意〕不幸なできごと。わざわい。災難。例―にあわない心がけ。

●火災・震災・人災・戦災・息災・大震災・天災・被災・防災・罹災・労災

火 3 【灼】 7画 2862 707C 人名 音シャク(漢) 訓や-く

意味 ❶あぶる。やく。例灼熱。❷光りかがやく。また、あきらか。例灼灼。

【灼灼】(形動タル)光りかがやくようす。

【灼然】(形動タル)①かがやくようす。②あきらかなようす。

【灼熱】(名・する)焼けて熱くなること。焼けつくように熱いこと。例―の太陽。

火 3 【灶】 7画 ⇨【竈】ソウ(743ページ)

火 4 【炎】 8画 1774 708E 常用 音エン(漢)(呉) 訓ほのお・ほむら

筆順 丶 丷 ⺌ 火 火 炏 炎 炎

なりたち [会意]「火(=ひ)」を重ねる。さかんに燃え上がるほのお。

意味 ❶燃え上がる火。ほのお。例火炎。❷さかんに燃える。例炎炎。炎上。❸燃えるように熱い。例炎暑。炎天。❹熱や痛みを起こす病気。例炎症。胃炎。

難読 火炎・陽炎

人名 あつし

【炎炎】(形動タル)火がさかんに燃えるようす。例―と燃える。表記 ⑱▼焰▼焰

【炎火】ほのおを上げて激しく燃える火。表記 ⑱▼焰火

【炎夏】暑い夏。真夏。

【炎暑】真夏の、焼けるようなあつさ。類酷暑・猛暑。例―の季節。

【炎症】からだの一部分が熱をもって、赤くはれたり痛んだりする症状。例―がおさまる。

【炎上】(名・する)(大きな建物が)燃え上がること。例大仏殿が―したという記録。

【炎心】ほのおの中心部(の暗いところ)。表記 ⑱▼焰心

【炎帝】①中国の伝説上の帝王。神農氏。②夏をつかさどる神。③太陽。

【炎天】焼けるように暑い真夏の空。例―下の仕事。

【炎熱】夏の焼けるような暑さ。炎暑。例肌をこがす―。

【炎熱地獄】⇩【焦熱地獄】(633ページ)

●胃炎・火炎・気炎・脳炎・肺炎

火 4 【炙】 8画 6353 7099 音シャ(漢)(呉) セキ(漢) 訓あぶ-る

意味 ❶肉を火の上で焼く。あぶる。また、あぶり肉。例膾炙。❷先生に親しく接して教えを受ける。例親炙。

難読 炙物・炙魚

火 4 【炊】 8画 3170 708A 常用 音スイ(漢) 訓た-く・かし-ぐ

筆順 丶 丷 ⺌ 火 火 炉 炊 炊

なりたち [形声]「火(=ひ)」と、音「吹イ」の省略体とから成る。かまどで飯をたく。

意味 食べ物を煮にたきする。飯をたく。例炊事。炊飯。自炊。

人名 い・かし・とぎ・とぐ

【炊煙】かまどのけむり。例一条の―を見る。

【炊▼爨】(名・する)〔「爨」は、かまどの意〕煮にたりたいたりすること。炊事。例飯盒―。

【炊事】(名・する)煮にたりたいたりして、食べ物をつくること。例―場。―当番。

【炊飯】ごはんをたくこと。例―器。

●自炊・雑炊

火 4 【炒】 8画 6354 7092 音ソウ(漢) ショウ(呉) 訓い-る・いた-める

意味 ❶なべで、いる。あぶりこがす。例炒り豆。❷油でいためる。いためる。例炒飯。

【炒飯】(中国語音)ご飯と肉・たまご・野菜などをいためた中華料理。焼き飯。

火 4 【炉】 8画 4707 7089 常用 音ロ(漢)(呉) 訓いろり

筆順 丶 丷 ⺌ 火 火 炉 炉 炉

火16 【爐】 20画 6404 7210

なりたち [形声]「火(=ひ)」と、音「盧ロ」とから成る。いろり。

意味 ❶火ばち。いろり。同鑪。例炉辺。暖炉。❷香をたくつぼ。同鑪。例香炉。❸火を入れて燃やしたり、熱したりする装置。例原子炉。溶鉱炉。

難読 囲炉裏

【炉心】原子炉の中心部。

【炉端】いろりのへり。いろりばた。例―焼き。

【炉辺】いろりのまわり。ろばた。例―談話(=ろばたでなごやかに語りあうこと)。

●懐炉・原子炉・香炉・高炉・増殖炉・暖炉・動力炉・溶鉱炉

灬5 【為】 9画 1657 70BA 常用 音イ漢呉 訓す-る・な-す・ため 付表 為替（かわせ）

筆順 、ソ为为為為為為

灬8 【爲】 12画 6410 7232 人名

なりたち ［象形］サルの形。派生して「作為（サクイ）する」「なる」の意。参考 甲骨文字などの古い字形は「手」と「象（=ゾウ）」とから成る、とされる。

意味 ❶おこなう。つくる。する。なす。例 為政者。作為。❷漢文訓読で、㋐「(…と)なす」と読み、…とする、と思う、の意をあらわす。例 以我為小人（われをもってショウジンとなす）（=私のことをつまらぬ人間だと思う）。㋑「(…と)なる」「…たり」と読み、…となる、…である、の意をあらわす。例 為王（オウとなる）。為名将（メイショウたり）。㋒(助字)「(…の)ために」と読み、…のために、…に対して、などの意をあらわす。例 為他人言（タニンのためにいう）。

難読 以為（おもえらく）

人名 おさむ・これ・さだ・しく・しげ・すけ・ち・なり・なる・ゆき・よし・より

【為我】イガ 自分だけの利益のために行動すること。例 ―主義。

【為政】イセイ 政治をおこなうこと。類 執政。例 ―者。

【為替】かわせ 取り引きのとき、現金の代わりに証書などで送金する方法。また、その証書など。

●有為（ユウイ・ウイ）・行為・作為・人為・無為

火5 【炯】 9画 6355 70AF 音ケイ漢 キョウ呉 訓あき-らか

火7 【烱】 11画 6356 70F1 俗字

意味 ❶明るい光。また、光りかがやくようす。例 炯炯。❷はっきりしている。あきらか。例 炯眼。

【炯眼】ケイガン ものごとの本質を、明らかに見通す眼力。

【炯炯】ケイケイ (形動タル)(目が)するどく光りかがやくようす。例 ―たる眼光。

火5 【炬】 9画 *6357 *70AC 音キョ漢 コ呉 訓かがり

意味 ❶小枝やアシなどを束ねて先に火をつけたもの。たいまつ。かがりび。かがり。例 炬火。❷やく。たく。❸ろうそく。

難読 炬火（たいまつ）

【炬火】キョカ たいまつ。かがりび。

【炬▼燵】コタツ 熱源の上にやぐらを置き、ふとんをかけた暖房具。表記「▽火▼燵」とも書く。

火5 【炸】 9画 6358 70B8 音サク漢 訓さ-ける

意味 (火薬が)爆発する。さける。例 炸裂。

【炸薬】サクヤク 爆弾や砲弾などを炸裂させる火薬。

【炸裂】サクレツ (名・する)爆薬によって破裂すること。例 爆弾が―する。

火5 【炭】 9画 3526 70AD 教育3 音タン漢呉 訓すみ

筆順 丨 山 山 屮 屵 岸 炭 炭

なりたち ［形声］「火（=ひ）」と、音「屵（カン→タン）」とから成る。木を焼いて灰となる前の、黒いもの。

意味 ❶木をむし焼きにして作った燃料。また、木の燃えたあとに黒く残る燃えかす。例 木炭。練炭。❷「石炭」の略。例 炭鉱。炭田。❸「炭素」の略。例 炭酸。

難読 炭斗（すみとり）・炭水化物（タンスイカブツ）

【▽炭▼櫃】すびつ ［「櫃（ひつ）」は、ふたのある箱の意］①いろり。炉。②角火鉢。

【炭火】すみび 炭でおこした火。また、火がついて赤くなっている炭。例 魚の―焼き。

【▽炭▽団】タドン ［「ドン」は、唐音］すみの粉をまるく固めた燃料。

【炭化】タンカ (名・する)①有機物が化学変化を起こして、ほとんど炭素だけになること。②ある物質が炭素と化合すること。例 ―物。―カルシウム。

【炭坑】タンコウ 石炭をほり出すためのあな。

【炭鉱】タンコウ 石炭をほり出す鉱山。例 ―が閉山する。

【炭酸】タンサン 〔化〕炭酸ガス（=二酸化炭素）が水にとけてできる弱い酸。例 ―水。

【炭水】タンスイ ①石炭と水。例 ―車（=蒸気機関車に連結する、炭水を積んだ車両）。②炭素と水素。例 ―化物（=炭素・水素・酸素の化合物。でんぷんや砂糖など）。

【炭素】タンソ 〔化〕ダイヤモンド・石炭などをつくっている無味で、無臭の固体元素。自然界には化合物として広く存在する。元素記号C

【炭田】タンデン 石炭を多く産出する地域。例 筑豊（チクホウ）―。

●活性炭（カッセイタン）・泥炭（デイタン）・塗炭（トタン）・木炭（モクタン）

灬5 【点】 9画 3732 70B9 教育2 音テン漢呉 訓つ-く・つ-ける・とも-す・とも-る・た-てる・ちょぼ

筆順 丨 卜 卜 占 占 占 点 点 点

黒5 【點】 17画 8358 9EDE

なりたち ［形声］「黒（=くろ）」と、音「占（セン→テン）」とから成る。小さな黒いもの。

意味 ❶小さい、円形・しずく形のしるし。ぽち。「、」や「・」。例 点線。❷文章の切れ目につけるしるし。例 句点。読点。句読点。❸漢字の筆画の一つ。例 点画。❹しずく。例 点滴。❺しるしをつける。しるしをつけて調べる。例 点検。点呼。点睛。❻火や明かりをつける。ともす。例 点火。点滅。貧者の一灯を点ず。❼茶をたてる。例 点茶。❽ある特定の箇所やことがら。例 欠点。終点。地点。❾首を上下にふる。うなずく。例 点頭。❿時刻を知らせるために打つ音を数えることば。例 一点鐘（イッテンショウ）。寅（とら）の一点。

日本語での用法《テン》成績の評価の数値。「採点・満点・点が辛い・よい点を取る」

【点火】テンカ (名・する)火をつけること。例 ―装置。

【点画】テンカク 漢字を形づくる点と線。例 ―を正しく書く。

【点眼】テンガン (名・する)目薬をさすこと。点薬。例 ―薬。

【点鬼簿】テンキボ ［「鬼」は、死者の意］死者の姓名を記した帳簿。過去帳。例 ―にはいる（=死ぬ）。

【点景】テンケイ 風景画や風景写真に、味わいを出すためにそえる人物や動物。例 ―人物。表記「添景」とも書く。

【点検】テンケン (名・する)正常かどうかなどを、一つ一つ検査すること。よく調べること。例 定期―。ガス器具を―する。

【点呼】テンコ (名・する)人員を確認するために、ひとりひとりの名を呼ぶこと。例 ―をとる。

【点在】テンザイ (名・する) ぽつりぽつりと散らばって存在すること。散在。例山奥に―する集落。
【点字】テンジ 目の不自由な人が指先でふれて読み取れるようにした、文字に代わる符号。
【点心】テンシン 〔「テンジン」とも〕①〔仏〕禅宗で、正午前後にとる少量の食物。②中華料理の最後に出す菓子。③茶うけの菓子。茶菓子。
【点数】テンスウ ①得点や評点など、評価を数であらわしたもの。②品物の数。例展覧会の出品―。
【点▼睛】テンセイ 〔「睛」は、ひとみの意〕最も重要なことを最後に加えて、完成させること。例―を欠く。→【画竜点睛】ガリョウテンセイ（677ページ）
【点線】テンセン 多くの点が並んでつくられた線。対実線。例地図上に境界を―で示す。
【点茶】テンチャ 抹茶をたてること。
【点▼綴】テンテイ (名・する)〔「テンテツ」は、慣用読み〕ものがほどよく散らばっていて、美しく見えること。また、散らばっているものが、ほどよくつながってあること。例山あいにわらぶき屋根の家が―している。
【点滴】テンテキ 一(名・する) 栄養・薬・水分・血液などを一滴ずつ、時間をかけて静脈に注入すること。二(名) 雨だれなどの水のしずく。したたり。例―石をうがつ。
【点灯】テントウ (名・する) 明かりをつけること。対消灯。例自転車のライトを―する。
【点頭】テントウ (名・する) 感心したり承知したりして、うなずくこと。類首肯。
【点描】テンビョウ (名・する) ①細かい点や短い線でものの形をあらわす、絵のかき方。例―画。②ものごとや、人物の特徴的な部分を取り出して、描写すること。例人物―。
【点滅】テンメツ (名・する) 明かりがついたり消えたりすること。例横断歩道の青信号が―しはじめる。
【点訳】テンヤク (名・する) 目の不自由な人のために、文字を点字に直すこと。点字訳。例辞書を―する。
【点薬】テンヤク 一(名) 目ぐすり。点眼薬。二(名・する) 目ぐすりをさすこと。点眼。
●汚点・合点・観点・起点・極点・拠点・欠点・原点・採点・失点・視点・時点・弱点・重点・濁点・地点・頂点・得点・難点・美点・満点・盲点・要点・力点・利点・論点

火5
【炳】
9画 6359 70B3 音ヘイ漢 ヒョウ呉 訓あき-らか・かがや-く
意味 ❶明るく、はっきりしているようす。あきらか。例炳焉・炳然(=明白なようす)。炳炳(=明らかなようす)。❷明かりをつける。ともす。例炳燭(=ともしびをつける)。
難読 炳然・炳焉

火5
【炮】
9画 6360 70AE 音ホウ漢 訓あぶ-る
意味 火に当てて、まる焼きにする。あぶる。つつみやき。例炮煎(=あぶることと、煮つめること)。炮烙。
【炮▼烙】一ホウラク 殷の紂王がおこなったという、火あぶりの刑。油をぬった銅柱を火の上にかけて罪人にその上を歩かせた。例―の刑。二ホウロク 素焼きの浅い土なべ。表記二は「▼焙▼烙」とも書く。

灬6
【烏】
10画 1708 70CF 人名 音オ漢 ウ呉 訓からす・いずく-んぞ
なりたち 〔象形〕孝行な鳥であるカラスの形。
意味 ❶カラス科の鳥のうち、大形でくちばしが大きく、全体に黒色の鳥。カラス。例烏合。寒烏。❷〔太陽の中に三本足のカラスがすむという伝説から〕太陽。日。例烏兎。❸(カラスのように)黒い。例烏衣(=黒いきもの。また、ツバメ)。烏鷺。❹感嘆の声をあらわす。同嗚。例烏乎。烏呼。❺〔助字〕「いずくんぞ」と読み、どうして…か、の意。疑問・反語をあらわす。例烏有(=どうして有るだろうか、まったくない)。
難読 烏鵲・烏鷺・烏芋
【烏▽呼】ああ (感) おどろきや、なげきの気持ちをあらわすことば。表記「烏▼乎・▼嗚▽呼」とも書く。
【烏▽竜茶】ウーロンチャ 〔「ウーロン」は、中国語音〕中国茶の一つ。台湾や福建省に産し、紅茶にやや似ているが、独特の香味がある。葉の仕上がりが黒っぽく、形が竜のつめを思わせるので、この名がある。
【烏▼焉】ウエン 〔「烏」と「焉」とは字形が似ているところから〕文字の書き誤り。焉烏の誤り。
【烏合】ウゴウ カラスの群れのように、規律なく集まること。例―の衆(=規律や統制のとれていない人々の群れ)。
【烏▼鵲】ウジャク カササギ。例月明らかに星稀なり、―南に飛ぶ。〈曹操・短歌行〉
【烏集】ウシュウ (名・する) ①カラスが群れ集まること。烏合。②カラスのように人がにわかに集まること。例―の交わり(=結びつきがうすくて、争いなどを起こしやすいつきあい)。
【烏賊】ウゾク｜いか 海にすむ軟体動物で、十本の足がある。外敵にあうと墨を出してにげる。〔死んだふりをして海面に浮き、近づいてきたカラスをつかまえるということから〕
【烏鳥の私情】ウチョウのシジョウ カラスの子が成長してから、親に恩を返す情愛。→【烏に反哺の孝あり】
【烏▼兎】ウト ①日と月。〔中国の伝説で、日にはカラス、月にはウサギがいるとされたことから〕②月日。歳月。例―匆匆(=月日のたつのが早いようす)。
【烏飛▼兎走】ウヒトソウ 〔「烏」は日(=太陽)、「兎」は月の意〕月日のたつのが早いことのたとえ。烏兎匆匆。
【烏有】ウユウ 〔訓読して「いずくんぞあらんや」と読む〕まったくないこと。世の中に存在しないこと。皆無。例―に帰す。
【烏有先生】ウユウセンセイ 架空の人物のこと。〔漢の司馬相如の「子虚の賦」に、子虚や亡是公とともに設定された、三人の架空の人物のうちの一人〕
【烏▼鷺】ウロ 〔カラスとサギの意〕①黒と白。②碁石の別名。例―を戦わす(=碁を打つ)。
【烏▽乱】ウロン (名・形動ダ)〔「ロン」は、唐音〕人物などがあやしく疑わしいこと。胡乱。
【烏▽帽子】エボシ 〔カラスのような黒い色の帽子〕昔、成人した男子がかぶり、近世では、おもに公家や武士が用いた。
【烏天▼狗】からすテング 全身黒色で、カラスのようなくちばしとつばさをもつ天狗。
【烏に反哺の孝あり】からすにハンポのコウあり 〔カラスの子は成長すると、親鳥の口に食物をふくませることから〕子が親の養育の恩にむくいることをたとえる。反哺の孝。反哺。→【烏鳥の私情】
【烏の行水】からすのギョウズイ 時間が短く、雑な入浴のたとえ。
【烏の雌雄】からすのシユウ 〔カラスのめすとおすとは区別しにくいことから〕ものごとの善悪や優劣などが、まぎらわしいことのたとえ。例誰か―を知らんや(=いったい、だれがカラスの雌雄を見分けることができようか、できはしない)。〈詩経〉

灬6

【烋】

10画 6362 70CB 音 一キュウ漢 ク呉 二コウ漢 訓 さいわ-い・よ-し・よろこ-び

意味 一 ❶りっぱな。よい。同休。❷「烋烋」は、息づかいのあらいようす。二 ほえる。同哮。例 烋烋(=咆哮)。

灬6

【烝】

10画 6363 70DD 音 ジョウ慣 ショウ漢 訓 む-す・もろもろ

意味 ❶湯気を当てて熱する。ふかす。むす。同蒸。❷多い。もろもろ。例 烝民。

【烝民】多くの人々。万民。

火6

【烙】

10画 6364 70D9 音 ロク慣 ラク漢 訓 や-く

意味 ❶あぶる。火で焼く。また、火あぶりの刑。例 炮烙。焙烙。❷鉄を熱して焼きつけ、しるしをつける。例 烙印。

【烙印】①昔、刑罰として、罪人のひたいなどにおし当てた焼き印。②消すことのできない汚名。例 卑怯者の―をおされる。

灬6

【烈】

10画 4685 70C8 常用 音 レツ漢 訓 はげ-しい

筆順 一 ア 万 歹 列 列 列 烈 烈 烈

なりたち [形声]「灬(=ひ)」と、音「列」とから成る。火がはげしい。

意味 ❶(火の)勢いが強い。はげしい。また、きびしい。例 烈火。猛烈。❷性格・気性・正義感などが強い。例 烈士。壮烈。❸てがら。すぐれた功績。例 功烈。

人名 あき・あきら・あつし・いさお・たけ・たけし・ただし・つよし・つら・はげし・やす

【烈火】激しく燃える火。類 猛火。例 ―のごとく怒る。

【烈士】気性が強く、信念をつらぬいて行動する男子。烈夫。列士。対 烈女。

【烈日】激しく照りつける太陽。夏の厳しい日照り。例 秋霜―(=厳しい刑罰、おごそかな権威、不動の意志などのたとえ)。

【烈女】気性が強く、信念をかたく守って行動する女子。烈婦。列女。対 烈士。

【烈婦】「烈女」に同じ。

【烈風】激しくふく風。木の太い幹がゆれるような強い風。

【烈烈】(形動タル) ひじょうに激しいようす。気性・感情・武力・火の勢いなどについていう。例 ―たる気迫。

●強烈・激烈・鮮烈・壮烈・痛烈・熱烈・猛烈

火6

【烟】

10画 ⇩【煙】エン(637ページ)

灬7

【焉】

11画 6365 7109 音 エン漢呉 訓 いずく-んぞ

意味 (助字) ❶「いずくんぞ」と読み、どうして…か、の意。疑問・反語をあらわす。例 焉知レ死(=どうして死についてわかるだろうか)。❷「いずくにか」と読み、どこに、どこで、の意。疑問をあらわす。例 焉如(=どこに行くのか)。❸「ここ」「これ」と読み、場所や事物を指し示す。例 心不レ在レ焉(=心がここにない)。❹肯定・断定の意をあらわす。漢文訓読では読まない。例 余甚惑焉(=私はたいへん困惑する)。❺語の下にそえて、状態をあらわす。例 忽焉(=たちまち。突然)。

灬7

【烹】

11画 4303 70F9 音 ホウ漢 訓 に-る

意味 ❶魚肉や野菜をゆでる。料理する。にる。例 烹鮮。割烹。❷かまゆでの刑にする。例 烹刑。

【烹鮮】民を治めること。国政。〔大国を治めることは、小魚(=小鮮)を煮るようなものだ。かきまぜたりすると身の形がくずれてしまう。だから政治も同じように、手を加えすぎず、自然のままにおこなうのがよいということ〕〈老子〉

火7

【烽】

11画 6366 70FD 音 ホウ漢 訓 のろし

意味 火を燃やし、けむりを上げて急を知らせる合図。のろし。

難読 烽とぶひ

【烽火】①敵の襲来を急いで知らせるためにあげる、火やけむりの信号。のろし。②戦争・戦乱のたとえ。例 ―三月に連なる(=戦乱は何か月も続いた)。〈杜甫・春望〉

【烽起】(名・する)(のろしがあがる意) 戦乱が起こること。

参考 「蜂起」は、暴動や兵乱をいっせいに起こすこと。

火7

【焔】

11画 ⇩【焰】エン(632ページ)

火7

【烱】

11画 ⇩【炯】ケイ(630ページ)

火8

【焰】

12画 1-8749 7130 人名 音 エン漢呉 訓 ほのお・ほむら

火7

【焔】

11画 1775 7114 俗字

意味 めらめらと燃える火。ほむら。ほのお。同炎。例 火焔。気焔。

表記 現代表記では、「炎」に書きかえることがある。熟語は「炎」(629ページ)を参照。

火8

【焜】

12画 6367 711C 音 コン漢呉 訓 かがや-く

意味 (火が)光りかがやく。例 焜燿(=かがやく)。

日本語での用法 《コン》移動可能の小さな炉。「焜炉」

【焜炉】煮炊きに用いる、鉄や土でできた小さな炉。七輪。例 ガス―。電気―。

灬8

【煮】

12画 2849 716E 常用 音 シャ慣 ショ漢 訓 に-る・に-える・に-やす

筆順 一 十 土 耂 者 者 者 煮

灬9

【煮】

13画 1-8753 FA48 人名

なりたち [形声]「灬(=ひ)」と、音「者シャ→ショ」とから成る。にる。

意味 ものを、水に入れて熱する。また、味をつける。にる。にえる。例 煮沸。煮物。

【煮沸】(名・する) 火にかけてわかすこと。例 ―消毒。

【煮▽染め】野菜・肉・こんにゃくなどを、味がしみこむまでよく煮こんだ料理。

【煮物】煮た食べ物。例 野菜の―。

●旨煮・雑煮・佃煮・水煮・味噌煮

火8

【焼】

12画 3038 713C 教育4 音 ショウ漢呉 訓 や-く・や-ける・や-き

火12 **【焼】** 16画 6386 71D2 人名

筆順 丷 火 灯 灶 炷 炷 焼

なりたち［形声］「火(=ひ)」と、音「尭ギョウ→ショウ」とから成る。火で、やく。

意味 火をつけて燃やす。もえる。やく。やける。例 焼却ショウキャク。全焼ゼンショウ。燃焼ネンショウ。

【▽焼▽売】シューマイ〔中国語音〕中華料理で、味つけしたひき肉や野菜を皮でつつんで、むした食べ物。

【焼▼夷弾】ショウイダン 火炎や高熱を出す薬剤をつめた砲弾や爆弾。あたりを焼きはらうことを目的として使う。

【焼却】ショウキャク（名・する）やきすてること。例 ごみの―炉。

【焼香】ショウコウ（名・する）①香をたくこと。②香をたいて仏や死者にたむけること。例 霊前に―する。

【焼死】ショウシ（名・する）やけ死ぬこと。例 ―者。

【焼失】ショウシツ（名・する）やけてなくなること。例 ―面積。

【焼身】ショウシン（名・する）自分のからだを火でやくこと。

【焼尽】ショウジン（名・する）すっかりやけること。やきつくすこと。

【焼酎】ショウチュウ 酒かすや、イモ・ムギ・ソバなどを発酵させ、さらに蒸留してつくった酒。例 いも―。

● 延焼エンショウ・全焼ゼンショウ・燃焼ネンショウ・半焼ハンショウ・類焼ルイショウ

灬8 **【焦】** 12画 3039 7126 常用 音 ショウ漢 訓 こ-げる・こ-がす・こ-がれる・あせ-る

筆順 イ 亻 亻 什 仹 隹 隹 焦

なりたち［形声］「灬(=ひ)」と、音「隹スイ→ショウ」とから成る。火で焼きこがされる。

意味 ❶焼かれて黒くなる。こげる。こがす。例 焦土ショウド。焦熱ショウネツ。焦眉ショウビ。❷心をなやまし、いらいらする。あせる。例 焦心ショウシン。焦燥ショウソウ。

日本語での用法《こがれる》苦しいほどに思いをよせる。「恋こい焦こがれる」

【焦心】ショウシン（名・する）ひどく心配すること。あせっていらいらすること。また、その気持ち。類 焦燥ショウソウ。

【焦燥】ショウソウ（名・する）気をもむこと。あせっていらだつこと。類 焦心。例 ―感。―にかられる。表記 旧 焦▼躁

【焦点】ショウテン ①〔物〕鏡やレンズなどで、光が反射または屈折して集中する点。例 ―を合わせる。②人々の関心が集中する点。問題点。例 議論の―をしぼる。

【焦土】ショウド 焼けこげた土。とくに、戦争や大火災で焼け野原になった市街地など。例 ―と化す。

【焦熱】ショウネツ ①焼きつくすようなあつさ。例 ―の砂漠サバク。②「焦熱地獄ショウネツジゴク」の略。

【焦熱地獄】ショウネツジゴク〔仏〕八大地獄の一つ。罪をおかして死んだ者を、激しく燃える火の中に投げこんで苦しめる。炎熱地獄エンネツジゴク。

【焦眉】ショウビ 眉まゆがこげるほど火が近くに来ていること。例

【焦眉の急】ショウビのキュウ 危ないことが身にせまっていること。例 ―をしのぐ。

【焦慮】ショウリョ（名・する）深く心配して心がいらいらすること。焦心。例 ―の色が見える。

灬8 **【然】** 12画 3319 7136 教育4 音 ゼン漢 ネン呉 訓 しか-り・しか-して・しか-し

筆順 ノ ク タ タ 夕 外 外 然 然

なりたち［形声］「灬(=ひ)」と、音「肰ゼン」とから成る。もやす。

意味 ❶もえる。もやす。同 燃ネン。❷〔助字〕ア「しからば」と読み、そうであるならば、の意。順接をあらわす。例 然則人之性悪明矣しからばすなわちひとのせいあくなることあきらかなり（=そうであれば人の本性が悪なのは明らかだ）。〈荀子ジュンシ〉イ「しかれども」「しかるに」と読み、しかし・そうではあるが、の意。逆接をあらわす。例 然不自意しかれどもみずからいしき（=しかし、予期していなかった）。ウ「しかり」と読み、そうである、の意。例 天下皆然テンカみなしかり（=天下はみなそうである）。当然トウゼン（「まさにしかるべし」と訓読する）。エ語の下につけて、状態をあらわす。例 偶然グウゼン。決然ケツゼン。

難読 宛然さながら・然者さらば・然様さよう・徒然つれづれ

人名 しか・なり・のり

【▽然▼而】しかれども しかし。ところが。それなのに。

【然諾】ゼンダク（名・する）引き受けること。承諾。例 ―を重んず（=引き受けたら必ず実行する）。

● 唖然アゼン・依然イゼン・一目瞭然イチモクリョウゼン・隠然インゼン・鬱然ウツゼン・愕然ガクゼン・偶然グウゼン・決然ケツゼン・公然コウゼン・浩然コウゼン・雑然ザツゼン・整然セイゼン・全然ゼンゼン・卒然ソツゼン・超然チョウゼン・天然テンネン・同然ドウゼン・突然トツゼン・漠然バクゼン・必然ヒツゼン・憤然フンゼン・平然ヘイゼン・未然ミゼン・歴然レキゼン

4画

［火（灬）部］8画 焦 然 無

灬8 **【無】** 12画 4421 7121 教育4 音 ブ漢 ム呉 訓 な-い・な-くす・な-し

筆順 ノ 𠂉 仁 午 午 無 無 無 無

なりたち［形声］「亡(=なくなる)」と、音「無ブ(=ない)」とから成る。なくなる。

意味 ❶存在しない。…がない。対 有ユウ。例 無益ムエキ。無限ムゲン。無言ムゴン。❷ないがしろにする。かろんじる。なみする。例 無視ムシ。無法ムホウ。❸〔助字〕ア「なし」と読み、…（が）ない、の意。否定をあらわす。例 無レ有レ一イツもあるなし（=ひとつもない）。イ「なかれ」と読み、…するな、の意。禁止をあらわす。例 無レ恐おそるることなかれ（=おそれるな）。

使い分け ない【無・亡】⇨1175ページ

難読 無奈いかんともするなし（=どうしようもない）

【無愛想】ブアイソウ（名・形動ダ）必要最小限の応対だけで、おせじなどを言わないこと。そっけないこと。例 ―な人。

【無音】一 ブイン（手紙や来訪などの）連絡がないこと。類 無沙汰ブサタ。例 ご―に過ごし失礼しております。二 ムオン 音がしないこと。音を出さないこと。例 ―構造。

【無気味】ブキミ（名・形動ダ）得体エタイが知れず、気味が悪いこと。表記「不気味」とも書く。

【無器用】ブキヨウ（名・形動ダ）①手先の細かい作業が得意ではないこと。②ものごとをうまく処理できないこと。要領が悪いこと。表記 ▽「不器用」とも書く。

【無骨】ブコツ（名・形動ダ）①風流を理解しないこと。風情フゼイのないこと。②礼儀レイギ作法をわきまえないこと。スマートでないこと。例 ―なふるまい。表記 ▽「武骨」とも書く。

【無骨者】ブコツもの ①風流や趣味シュミを理解しない人。②礼儀レイギ作法をわきまえない人。例 ―で話せない男。表記 ▽「武骨者」とも書く。

【無細工】ブサイク（名・形動ダ）①作り上げた物や手先の仕事がへたなこと。②目鼻だちがととのっていないこと。例 ―な顔。表記 ▽「不細工」とも書く。

【無沙汰】ブサタ（名・する）〔「沙汰」は、便りの意〕便りをしないこと。知らせがないこと。無音ブイン。例 ―をいたす。

【無作法】ブサホウ（名・形動ダ）作法にはずれること。行儀ギョウギが悪いこと。ぶしつけ。例 ―な質問。―な食べ方。表記「不作法」とも書く。

【無様】ブざま（名・形動ナ）かっこうの悪いこと。見ていて情けなくなること。例—な負け方。表記「不様」とも書く。

【無事】ブジ（名・形動ナ）とくに変わったことがないこと。事故や失敗などのないこと。例平穏—。作業は—に終わった。

【無精】ブショウ（名・する・形動ナ）からだをちょっと動かすことや身だしなみを整えることでも、めんどうくさがること。おっくうがること。例—ひげ。筆—。表記「無性・不精」とも書く。

【無精者】ブショウもの ものぐさな人。なまけ者。表記「無性者・不精者」とも書く。

【無粋】ブスイ（名・形動ナ）人情の機微、世の中の裏表や風流なおもむきなどが理解できないこと。類野暮。表記「不粋」とも書く。

【無勢】ブゼイ（名・形動ナ）人数が少ないこと。対多勢。例多勢に—。

【無難】ブナン（形動ナ）①とりたてていいと言われるほどでもないが、悪くもないようす。例—な仕上がり。②どちらかといえばまちがいがないようす。安全。例予約しておいたほうが—だ。

【無風流】ブフウリュウ（名・形動ナ）風流や風情、また、趣味を理解しないこと。表記「不風流」とも書く。

【無用心】ブヨウジン（名・形動ナ）警戒が不十分なこと。表記「不用心」とも書く。

【無頼】ブライ（名・形動ナ）定職につかず、おこないもよくないこと。やくざ。例—の徒。—な生活。

【無頼漢】ブライカン（「漢」は、男の意）ならずもの。ごろつき。

【無▼聊】ブリョウ（名・形動ナ）（「聊」は、楽しむ意）①心配ごとがあって、楽しくないこと。②することがなくて、たいくつなこと。例—をなぐさめる。—に苦しむ（=たいくつで、どうしようもない）。

【無礼】ブレイ（名・形動ナ）礼儀にはずれること。失礼。例—者。—な態度。

【無礼講】ブレイコウ 席の順位や礼儀などをうるさくいわず、みなでくつろいで楽しむ宴会。

【無位】ムイ 位階をさずかっていないこと。類無冠。例—無官。

【無為】ムイ ①何もしないで、ぶらぶらしていること。例—無策。②あるがままにまかせて、人の手を加えないこと。例—自然。③〔仏〕因縁を超越した絶対的真実。対有為。

【無意識】ムイシキ（名・形動ナ）①失神などのように、意識を失うこと。意識不明。②自分で気がつかずに行動すること。無心。例—のうちにおこなう。

［火（灬）部］8画●無

【無一物】ムイチモツ（「ムイチブツ」とも）お金や財産などを、何ひとつ持っていないこと。例火事にあって—だ。

【無一文】ムイチモン（名・形動ナ）お金をまったく持っていないこと。一文なし。例事業に失敗して—になる。

【無意味】ムイミ（名・形動ナ）内容や目的のないこと。また、値打ちがないこと。むだ。例—な論争はやめよう。

【無益】ムエキ（「ムヤク」とも）（名・形動ナ）利益がないこと。なんのたしにもならないこと。むだ。対有益。例—なけんか。

【無援】ムエン 助けてくれる人がいないこと。例孤立—。

【無縁】ムエン（名・形動ナ）①かかわりがないこと。無関係。例権力とは—な人。②〔仏〕死後にとむらってくれる親族などがいないこと。例—仏。

【無我】ムガ ①自分本位でないこと。無私。②何かに夢中でわれを忘れること。無心。無意識。例—の境地。③〔仏〕万物は移りゆき、ほろびゆくものであって、「我（=不変の実体）」は存在しないという考え方。

【無我夢中】ムガムチュウ あるものごとに熱中してわれを忘れ、他のことをかえりみないこと。例クマと出あい、—でにげた。

【無害】ムガイ（名・形動ナ）他のものごとに悪い影響をあたえないこと。対有害。例人畜には—だ。

【無何有の▽郷】ムカウのさと（ムカユウのキョウ）何もなく、人の手も加わっていない、広々とした世界。荘子の説いた理想郷。〈荘子〉

【無学】ムガク（名・形動ナ）①学問や知識がないこと。②〔仏〕学問をきわめて、もはや学ぶべきものがないこと。また、その人。

【無官】ムカン 官職についていないこと。また、その人。例無位—。

【無冠】ムカン ①位についていないこと。類無位。②（力はあるが）地位や肩書きをもたないこと。例—の帝王（=権力はないが自由にふるまう人の意で、ジャーナリストのこと）。

【無感覚】ムカンカク（名・形動ナ）①感覚がまひして何も感じないこと。例手がしびれて—になった。②まわりのようすや相手の気持ちに、まったく気を配らないこと。類無神経。例—にお金を浪費する。

【無関係】ムカンケイ（名・形動ナ）かかわりや、つながりのないこと。例事件とは—だ。

【無関心】ムカンシン（名・形動ナ）興味がなく、気にかけないこと。例政治に—な人が多い。

【無期】ムキ いつ終わるという期限がないこと。また、それを定めないこと。無期限。例—延期。

【無機】ムキ ①生命をもたないこと。生活の機能をもたないこと。②〔化〕「無機物」「無機化合物」の略。▽対有機。

【無機化合物】ムキカゴウブツ「無機物」のこと。

【無機物】ムキブツ 食塩や金属など、その中に炭素をふくまない物質。ただし、一酸化炭素・二酸化炭素などごく少数は炭素をふくむが無機物に分類される。無機化合物。対有機物。

【無期限】ムキゲン 期限をあらかじめ決めないこと。また、いつまでも続くこと。無期。例—のストライキ。

【無傷】ムきず（名・形動ナ）①きずがついていないこと。例—の中古車。②欠点や失敗などがまったくないこと。例横綱が—で千秋楽をむかえた。表記▽「無▼疵」とも書く。

【無軌道】ムキドウ 一（名）線路がないこと。類無軌条。例—電車。二（名・形動ナ）常識をはずれて、でたらめな行動をすること。例—なふるまい。

【無記名】ムキメイ 自分の氏名を書かないこと。対記名。例—投票。

【無休】ムキュウ やすまずに働くこと。店などが休業しないこと。例年中—。

【無給】ムキュウ 給料がしはらわれないこと。対有給。

【無窮】ムキュウ（名・形動ナ）果てしないこと。類無限・永遠。例—の天空。

【無気力】ムキリョク（名・形動ナ）何かをやろうとする情熱や意欲、また活力のないこと。例—な状態からぬけ出す。

【無菌】ムキン 細菌がいないこと。また、人工的につくりだした、細菌のいない状態。例—室。実験用の—動物。

【無▼垢】ムク（名・形動ナ）①〔仏〕ものごとへの執着などがなく、清らかなこと。②心身にけがれがないこと。例純真—。③まじりものや模様のないこと。例金—（=純金）の仏像。

【無口】ムくち（名・形動ナ）ことばかずの少ないこと。類寡言・寡黙。例—だが人に好かれる。

【無▽患子】ムクロジ ムクロジ科の落葉高木。材は細工用となり、黒くてかたい種は、羽根つきの玉や数珠にする。ツブ。ムク。ムクロンジ。モクゲンジ。

【無下】ムゲ 一（名・形動ナ）それより下がないほど、ひどいこと。例—な仕打ち。二（副）（「無下に」の形で）きっぱりとためらわずに。むやみに。例たってのたのみを—にことわれない。

【無▼碍】ムゲ（名・形動ナ）（「碍」は、さえぎる意）さまたげられないこと。さしさわりがなく、自由自在であること。例融通—。表記「無▼礙」とも書く。

【無形】ムケイ（名・形動ナ）見たりふれたりできる、固定したかたちのないもの。対有形。例有形—の援助を受ける。

【無形文化財】ムケイブンカザイ 歴史上や芸術上で、高い価値をもつと国から認められた、芸能や工芸技術などのような無形の文化的財産。

【無稽】ムケイ（名・形動ダ）〔「稽」は、考える意〕考え方などに根拠がなく、でたらめなこと。例荒唐—（＝まったくとりとめがないこと）。

【無芸】ムゲイ（名・形動ダ）人に見せるような芸の才能をもたないこと。対多芸。例—大食。

【無欠】ムケツ（名・形動ナ）欠点や不足なところなどがないこと。完全であること。例完全—。

【無血】ムケツ ①血を流さないこと。例—手術。②武力を行使しないこと。例—開城。

【無限】ムゲン（名・形動ダ）かぎりないこと。果てしなく続くこと。対有限。例—の可能性を秘めている。

【無限軌道】ムゲンキドウ ブルドーザーや戦車などの、前後の車輪をつないでかけた、ベルト状の装置。キャタピラー。

【無限大】ムゲンダイ ①かぎりなく大きいこと。例子供の可能性は—だ。②〔数〕変数の絶対値が、どんなに大きい正数よりも大きくなること。記号∞

【無間地獄】ムゲンジゴク〔古くは「ムケンジゴク」〕〔仏〕八大地獄の一つ。きわめて長いあいだ、絶え間なく苦しみを受けるという地獄。阿鼻地獄。

【無▼辜】ムコ〔「辜」は、罪の意〕罪がないこと。また、その人。例—の民。

【無効】ムコウ（名・形動ナ）①ききめがないこと。役に立たないこと。例チケットが—になる。②〔法〕ある行為について、必要な条件を満たしていないので、効果が生じないこと。例—票。▽対有効。

【無根】ムコン（名・形動ダ）よりどころがないこと。例事実—。

【無言】ムゴン〔「ムゲン」とも〕ことばを声に出さないこと。ものを言わないこと。例—で会釈する。

【無言劇】ムゴンゲキ からだの動きと表情だけで表現し、せりふを使わない劇。パントマイム。

【無罪】ムザイ〔法〕刑事裁判の判決で、被告人の行為がつみにならないこと。対有罪。例—判決。

【火（灬）部】8画 無

【無策】ムサク（名・形動ダ）解決すべき問題やことがらに対して、適切な対策や計画を立てていないこと。例無為—。

【無雑】ムザツ（名・形動ナ）まじりけがないこと。例純一—。

【無差別】ムサベツ（名・形動ナ）わけへだてをしないこと。類平等。対差別。例—に攻撃する。

【無産】ムサン ①生業のないこと。類無職。②財産のないこと。③「無産階級」の略。資産をもたず、労働で賃金を得て生活する人々の階級。プロレタリアート。▽対有産。

【無惨】ムザン（名・形動ダ）むごたらしいこと。いたいたしくて見るにたえないこと。例—な姿をさらす。表記「無残」とも書く。

【無▼慙】ムザン〔「慙」は、はずかしく思う意〕〔仏〕悪いことをしても、心にはじないこと。例破戒—の悪僧。

【無私】ムシ（名・形動ナ）自分の利益や個人的感情を、考えに入れないこと。類無我・没我。例公平—。

【無視】ムシ（名・する）あるものごとに気づいていても、それがないかのようにふるまうこと。類黙殺。例信号を—する。

【無地】ムジ 布や紙などの全体が一色で、模様がないこと。また、そのもの。例—の着物。—のハンカチ。

【無自覚】ムジカク（名・形動ダ）自分の立場や行動について、わきまえていないこと。

【無実】ムジツ ①証拠となる事実がないのに、罪をおかしたとされること。ぬれぎぬ。類冤罪。例獄中から—をうったえる。②内容がともなわないこと。事実でないこと。実体のないこと。例有名—。—の言にまどわされる。

【無慈悲】ムジヒ（名・形動ダ）（弱い立場の人に対して）思いやりやあわれむ気持ちのないこと。類冷酷。例—な仕打ち。

【無邪気】ムジャキ（名・形動ナ）①すなおであどけないこと。悪気がないこと。類天真爛漫。例—ないたずら。②ものごとを深く考えないこと。例真相を知らず—に喜ぶ。

【無臭】ムシュウ くさみやにおいがないこと。例無味—。

【無住】ムジュウ 寺に住職がいないこと。また、その寺。

【無宿】ムシュク ①住む家のないこと。また、その人。やどなし。②江戸時代に、戸籍から除かれたこと。また、その人。

【無性】一ムショウ ①〔仏〕仏となる素質がないこと。②実体がないこと。③〔「無性に」の形で〕むやみに。感情をおさえられないほどいちずに。例—に会いたい。二ムセイ〔生〕めす・おすの区別がないこと。例—生殖。

【無償】ムショウ ①一定の仕事や行動に対して、何もむくいられないこと。例—奉仕。—の愛。②代金や代価を必要としないこと。類無料。例教科書を—であたえる。▽対有償。

【無上】ムジョウ（名・形動ナ）このうえもないこと。類最上・最高。例—の喜び。

【無常】ムジョウ（名・形動ダ）①〔仏〕あらゆるものは移り変わるもので、同じ状態のままではいないということ。対常住。例—観。諸行—。②人の世は変わりやすいこと。また、人の命ははかないということ。例世の—。—の風が身にしみる。

【無情】ムジョウ（名・形動ナ）①思いやりやなさけ心のないこと。類非情・薄情。例—の雨。②〔仏〕心や精神や感情のはたらきをもたないこと。

【無条件】ムジョウケン なんの条件もつけないこと。例—降伏。

【無色】ムショク ①色がついていないこと。例—透明。②考え方や立場がかたよっていないこと。例政治的に—だ。

【無職】ムショク 決まった仕事についていないこと。対有職。

【無所属】ムショゾク（政治家が）どの政党や会派、また、団体にも属していないこと。例—の立候補者。

【無心】ムシン 一（名・形動ダ）①よけいなことを考えず熱中すること。類無邪気・一心。例—に遊ぶ。②〔仏〕何ものにもとらわれないこと。類虚心。二（名・する）人にものをねだること。例金を—する。

【無人】ムジン 管理したり、住んだりする人がいないこと。例—島。—探査機。

【無尽】ムジン ①いくらでもあって、なくならないこと。例—灯。②「無尽講」の略。組合員全員が定期的にかけ金を出し、くじなどで順番にその金を借り、全員に行きわたるまでおこなうもの。頼母子講。

【無尽蔵】ムジンゾウ（名・形動ナ）〔仏教で、つきることなくはたらく仏法の功徳のこと〕（財宝や資源などが）いくらとってもなくならないこと。例資源は決して—ではない。

【無神経】ムシンケイ（名・形動ダ）自分の言動が、周囲におよぼす影響を気にとめないこと。例車内で—に大声を出す。

【無神論】ムシンロン 神は存在しないという立場に立つ考え方。対有神論。例—者。

【無数】ムスウ（名・形動ダ）かぞえきれないほど多いこと。

【無声】ムセイ ①声や音のないこと。例—映画。—の詩（＝無韻の詩）。②〔言〕発音するとき声帯が振動しないこと。

【無声音】ムセイオン〔言〕[f][k][p][s][t]のように、声帯を振動させずに発音する音。対有声音。

【無税】ムゼイ 税金がかからないこと。また、かけないこと。対有

4画

税。

【無制限】ムセイゲン（名・形動ダ）数量や程度などについて、ここまでという限界を定めないこと。例—に借りられない。

【無政府】ムセイフ 政府が存在しないこと。また、政治的秩序（ジツジョ）がないこと。例—主義（=政府や国家を否定して個人の完全な自由を保障する社会をつくろうという考え方。アナーキズム）。内乱で—状態になる。

【無生物】ムセイブツ 生命がなく、生活するはたらきをもたないもの。水や石など。対生物。

【無精卵】ムセイラン〔生〕受精していないため、かえらないたまご。

【無籍】ムセキ 国籍や戸籍、また、学籍などがないこと。

【無責任】ムセキニン（名・形動ダ）責任がないこと。また、責任感がないこと。例—な発言。—に引き受ける。

【無銭】ムセン ①金銭をもたないこと。例—旅行。②料金をしはらわないこと。例—飲食。

【無線】ムセン ①電線を引かないこと。また、用いないこと。対有線。例—操縦。②「無線電信」の略。

【無線電信】ムセンデンシン 電波を使っておこなう通信。無線。例—機。

【無双】ムソウ ①二つとないこと。並ぶもの、くらべるものがないほどすぐれていること。類無比・無二・無類。例天下—の怪力（カイリキ）。②衣服や器具などの表裏が同じつくりであること。例—に仕立てる。③相撲（すもう）で、相手のひざのあたりに手を当ててたおすわざ。例内（うち）—。外（と）—。

【無想】ムソウ〔仏〕心に何も思いうかべないこと。類無心。例無念—でじっとこらえる。

【無造作】ムゾウサ（名・形動ダ）〔「造作」は、手をかけてつくる意〕①かんたんなこと。例髪（かみ）を—に束ねる。②よく考えないで気軽におこなうこと。例—に引き受ける。表記▽「無雑作」とも書く。

【無駄】ムダ（名・形動ダ）やったことに見合うだけの効果を生まないこと。役に立たないこと。例—な努力を重ねる。

【無駄足】ムダあし 出かけて行ったかいがないこと。例—をふむ。

【無駄骨】ムダぼね 結果的になんの役にも立たなかった苦労。骨折り損。徒労。例—を折る。

【無駄飯】ムダめし 働きもせずに、めしだけはきちんと食べること。類徒食。例—を食う。

【無体】ムタイ（名・形動ダ）①形のないこと。また、決まった形式のないこと。例—物（ブツ）。—財産権（=著作権・特許権など）。

［火（灬）部］8画 ●無

②道理にあわないこと。類無理・無法。例—な要求。

【無題】ムダイ ①作品の題がないこと。例—という題の絵。②前もって題を決めずに、詩歌（シイカ）をつくること。また、その詩歌。

【無断】ムダン 前もって知らせておいたり、許可を得たりしないで、かってにすること。例—欠席。—で持ち出す。

【無知】ムチ（名・形動ダ）知識のないこと。また、おろかで知恵（チエ）がないこと。例自国の歴史に—だ。表記旧無▼智

【無知▼蒙昧】ムチモウマイ（名・形動ダ）おろかで、道理がわからないこと。表記旧無▼智▼蒙昧

【無恥】ムチ（名・形動ダ）はずかしいと思わないこと。はじしらず。例厚顔（コウガン）—。

【無茶】ムチャ（名・形動ダ）①すじみちの立たないこと。類無謀（ムボウ）・無鉄砲（ムテッポウ）。例—な注文。②度が過ぎること。

【無賃】ムチン 料金をしはらわないこと。また、料金のいらないこと。ただ。例—乗車。

【無定型】ムテイケイ 決まった型（かた）がないこと。詩歌（シイカ）などで、定められた形式によらないこと。例—短歌。

【無定見】ムテイケン（名・形動ダ）自分なりのしっかりした意見や考えをもたないこと。例政治に対して—だ。

【無抵抗】ムテイコウ（名・形動ダ）権力や暴力など、外からの力に対して逆らわないこと。

【無手勝流】ムてかつリュウ ①戦わずに、また、力でなく策によって勝つ方法。〔塚原卜伝（つかはらボクデン）が船中で勝負をいどまれたとき、相手だけを陸に上げて、「戦わずして勝つのが無手勝流だ」と言った故事による〕②自己流のやり方。自分かってな方法。

【無敵】ムテキ（名・形動ダ）力をきそい合う相手がまったくないほど強いこと。例—艦隊（カンタイ）。天下—をほこる。

【無鉄砲】ムテッポウ（名・形動ダ）あと先をよく考えずに行動すること。向こう見ず。類無茶・無謀（ムボウ）。例—な連中。

【無道】ムドウ〔「ブドウ」とも〕（名・形動ダ）道徳に反すること。道理に合わない考え方や行動。非道。例悪逆（アクギャク）—。

【無毒】ムドク（名・形動ダ）毒のないこと。対有毒。例—のヘビ。—の茸（きのこ）。

【無頓着】ムトンジャク・ムトンチャク（名・形動ダ）〔「頓着」は、気にかける意〕ものごとにこだわらないこと。また、他人がどう思うかということを、気にかけないこと。例服装に—な人。

【無二】ムニ 並ぶもの、あるいは、同じものがほかにないこと。類無双（ムソウ）・無類。例—の親友。

【無二無三】ムニムサン（名・形動ダ）〔二、三がなく、ただ一つだけの意〕わきめもふらず。ひたすら。一心不乱。

【無任所】ムニンショ 割り当てられた特定の仕事をもたないこと。例—大臣。

【無熱】ムネツ 病気でも体温が上がらない状態。例—性の肺炎（ハイエン）。

【無念】ムネン 一（名）〔仏〕迷いを捨てて無我の境地にはいること。二（名・形動ダ）くやしいこと。残念。例—な最期（サイゴ）。

【無念無想】ムネンムソウ（名・形動ダ）①〔仏〕無我の境地にはいり、何も思いうかべないこと。無心。例—の境地。②考えるべきことを考えないこと。思慮（シリョ）がないこと。

【無能】ムノウ（名・形動ダ）能力や才能がないこと。役に立たないこと。対有能。例—呼ばわりをされた。

【無配】ムハイ「無配当」の略。対有配。

【無比】ムヒ（名・形動ダ）ほかにくらべるものがないほどすぐれていること。類無双（ムソウ）・無二・無類。例正確—の時計。

【無筆】ムヒツ（名・形動ダ）読み書きができないこと。また、その人。類文盲（モンモウ）・無学。

【無病】ムビョウ（名・形動ダ）病気にかからないこと。類健康。

【無病息災】ムビョウソクサイ（名・形動ダ）元気で無事な生活を送っていること。

【無表情】ムヒョウジョウ（名・形動ダ）感情の変化が顔にあらわれないこと。例—な顔つき。

【無風】ムフウ ①風がないこと。気象学では、けむりがまっすぐのぼる程度の気流状態のこと。例—快晴。②他からの影響（エイキョウ）を受けず、おだやかなこと。例この国は—地帯だ。

【無分別】ムフンベツ（名・形動ダ）道理をわきまえないこと。よく考えずに行動すること。例—な発言。—をするものではない。

【無辺】ムヘン かぎりないこと。果てしなく広々としていること。例広大—の宇宙。

【無辺際】ムヘンザイ〔「ムヘンサイ」とも〕（名・形動ダ）限りのないこと。果てしなく広いこと。類無限。例仏の慈悲（ジヒ）は—だ。

【無法】ムホウ（名・形動ダ）①法律や制度がないこと。また、法律があっても守られていないこと。例—地帯。②限度をこえて、むちゃくちゃなこと。乱暴なこと。例—者（もの）。—な行為（コウイ）。

【無帽】ムボウ 帽子をかぶらないこと。

【無謀】ムボウ（名・形動ダ）計画性がなく、結果を考えずに行動すること。類無鉄砲（ムテッポウ）・無茶。例—な運転。

【無味】ムミ（名・形動ダ）①あじがないこと。例—無臭（ムシュウ）。②おもしろみや、あじわいがないこと。

【無味乾燥】(名・形動ダ) 内容や表現におもしろみも、あじわいもないこと。例法律の条文のように―だ。

【無明】(仏) 真理に暗いこと。さまざまな煩悩の根源。例―長夜(=真理に目覚めがたいことのたとえ)。

【無名】① 名前が書いてないこと。また、名前がわからないこと。例―の投書。② 世間に知られていないこと。例―の新人。③ 正当な理由がないこと。例―の戦。対有名。

【無名氏】名前のわからない人を示すために、その人の名前のように用いることば。例ちょびひげの―に道を聞かれた。

【無名指】手の第四指。くすりゆび。なしゆび。

【無銘】刀剣・書画・器物などに作者の名前がはいっていないこと。また、その作品。対在銘。

【無文】① 模様がないこと。また、その布や衣服。無地。例―の白旗。② 和歌や俳句、また能楽などで、一見、かざりけがないが、実は深い味わいがあること。

【無闇】(名・形動ダ) ① 善悪やあとさきを考えないこと。例―に言いふらす。② 限度をこえていること。例―に水を飲む。表記▽「無▽暗」とも書く。

【無用】(名・形動ダ) ① 役に立たないこと。対有用。例―の長物(=あるとかえってじゃまなもの)。② ある行為を、してはならないと禁じることば。例天地―(=上下を逆さまにするな)。③ 用事や必要がないこと。例問答―。心配ご―。

【無用の用】役に立ちそうもないと思えるものが、実は役に立つたいせつなものであるということ。

【無欲】(名・形動ダ) ほしがる気持ちがないこと。例―の勝利。表記旧無▼慾

【無理】(名・形動ダ) ① 道理に合わないこと。例―を通す。② むずかしいこと。できないこと。強いてすること。例―な相談。―に追いこす。

【無理が通れば道理が引っ込む】道理に合わないことがおこなわれると、正しいことがおこなわれなくなる。

【無理算段】(名・する) なんとかやりくりしてお金を用意したり、ものごとのゆうずうをつけたりすること。

【無理難題】道理にはずれた要求。言いがかり。例―をふっかける。

【無理無体】(名・形動ダ) すじの通らないことや相手の意思に反することを、強いてすること。例―なことを言う。

【無理解】(名・形動ダ) ものごとの意味や道理、人の気持ちやこころがわからないこと。例周囲の―を気にしない。

【無慮】(副) [深く考えない、の意] だいたい。およそ。[ひじょうに数が多いことを、おおまかに示すことば] 例希望者は―数千人。

【無料】料金がいらないこと。ただ。無代。対有料。例―駐車場。入場―。

【無量】(名・形動ダ) 限りなく大きくて、はかりしれないこと。例―劫(=限りなく長い時間)。感―。

【無量寿】(仏) [寿命が無限にあるところから] 阿弥陀仏の別名。無量寿仏。

【無力】(名・形動ダ) 何かをするのに必要な能力や資力、また、権力などがないこと。対有力。

【無類】(名・形動ダ) ほかにくらべるものがないほど、とびぬけてすぐれていること。類無比・無双・無二。例かれは―の努力家だ。

【無論】(副) 論ずるまでもなく。言うまでもなく。類勿論。例―よくわかっている。

●有無・皆無・虚無・絶無

[火(灬)部] 8―9画 焚 焙 煉 煙

火8 【焚】 12画 4218 711A 人名 音フン漢 ボン呉 訓た-く・や-く

意味 ❶ 狩りのために山野を焼く。❷ 焼く。ものを燃やす。例焚焼(=焼く。燃やす)。焚書坑儒。

【焚刑】火あぶりの刑。

【焚殺】(名・する) 焼き殺すこと。類焼殺。

【焚書】書物を焼くこと。思想統制上、有害とみとめた書物を焼き捨てること。

【焚書坑儒】[「坑」は、穴に生きうめにすること。「儒」は儒学者] 秦の始皇帝が思想統制のため、医薬・占い・農業関係以外の書物を焼き、儒学者数百人を穴うめにした事件。

火8 【焙】 12画 6368 7119 音ホウ慣 ハイ漢 バイ呉 ホイ唐 訓あぶ-る

意味 火にかざして焼く。あぶる。また、火に当ててかわかす。ほうじる。例焙炉・焙じ茶・焙烙。

【焙煎】(名・する) 茶の葉やコーヒー豆を、火であぶって煎ること。例自家―。

【焙炉】茶の葉やゴマなどを入れて火にかけ、ゆすりながら乾燥させる器具。

【焙茶】茶の葉を火にかけてかわかすこと。また、ほうじ茶。

【焙烙】素焼きの浅い土なべ。穀類や茶をいったり蒸し焼きにしたりする。例―蒸し。表記「▼炮▼烙」とも書く。

【焙烙頭巾】ほうろくの形をした頭巾。僧や医者などが用いた。大黒頭巾。

火8 【煉】 12画 ⇩【煉】レン(639ページ)

火9 【煙】 13画 1776 7159 常用 音エン漢呉 訓けむ-る・けむり・けむ-い

筆順 丶 火 炉 炉 煙 煙 煙 煙 煙

火9 【煙】 13画

火6 【烟】 10画 6361 70DF 別体字

なりたち [形声]「火(=ひ)」と、音「垔イ→エン」とから成る。火が燃えて立ちのぼるけむり。

意味 ❶ ものが燃えるときに立ちのぼる気体。けむり。けむる。例煙火・煙突・狼煙(=のろし)。❷ けむりのようなもの。かすみ。もや。例煙霞・煙霧・雲煙(=雲とかすみ)。❸ タバコ。例煙管・煙草・喫煙。

【煙雨】細かくてけむっているように見える雨。霧雨。

【煙火】① 飯を炊く、かまどのけむり。類炊煙・人煙。例―の食(=火を通した食事)。② のろし。類烽火。③ 花火。

【煙霞】① けむりと、かすみ。もや。② 自然の景色。また、隠居して自然を友とすること。煙霞の痼疾。

【煙霞の癖】自然を深く愛して旅を楽しむ習癖。

【煙害】工場の煙突、山火事、火山のけむりなどが、人畜・農作物・山林にあたえる損害。

【煙管】㊀ けむりを通すくだ。類煙筒。例―ボイラー。㊁ ① 刻みタバコを吸う道具。② [㊁①は、両端だけに金属を使っていることから] 鉄道で、乗車から下車までの、とちゅうの一部を無賃乗車する不正行為。

【煙硝】① もと、火薬の別名。おもに黒色火薬をいう。

4画

②硝酸カリウムの別名。硝石。表記▽「▼焰硝」とも書く。

【煙▼塵】エンジン ①けむりと、ちり。②煙突のけむりにふくまれている、ちり。③戦場に巻き上がる砂けむり。また、戦乱。

【煙草】㊀エンソウ かすみがたなびいている草原。㊁タバコ 南アメリカ原産のナス科の一年草。また、その葉を乾燥させて加工し、火をつけてけむりを吸うもの。例巻き―。刻み―。表記㊁は「▼莨」とも書く。

【煙毒】エンドク 工場の煙突から出てくるけむりにふくまれている有毒物質。

【煙突】エントツ けむりを外に出すための、長い筒。煙出し。

【煙波】エンパ 川や湖などの水面が、かすんでけむりのように見えること。例―縹渺。

【煙幕】エンマク 戦場で、味方の姿をかくすために発生させるけむり。【煙幕を張る】①けむりを出して、敵から姿や動きをかくす。②うまく言いぬけたり行動したりして、真意をさとられないようにする。

【煙霧】エンム ①けむりと、きり。けむりのように流れる、うすいきり。②工場から出たけむりや自動車の排気ガスなどが結合して生じた、空気のよごれ。スモッグ。

【煙滅】エンメツ（名・する）けむりのようにあとかたもなく消えること。［「湮滅」の誤用から］

●喫煙・禁煙・水煙・土煙・噴煙

火 9 **【煥】** 13画 6369 7165 音カン漢呉 訓あき-らか・かがや-く

意味 火の光が広がりかがやく（ようす）。あきらか。例煥乎。煥発。

【煥▼乎】カンコ（形動タル）光りかがやくようす。例―たる文章。

【煥発】カンパツ（名・する）外面にかがやきあらわれること。例才気―。参考「渙発」と混同して、詔勅が下されること、とするのは誤り。

灬 9 **【煦】** 13画 6372 7166 音ク漢 訓あたた-か・あたた-める

意味 あたためる。また、あたたかく、はぐくむ。例煦育。

【煦煦】クク（形動タル）やわらかく、あたたかいようす。

火 9 **【煢】** 13画 6373 7162 音ケイ漢 キョウ呉 訓うれ-える・ひとり・やもめ

意味 ❶身寄りのない、ひとりもの。例煢独。❷うれえる。

【煢独】ケイドク 兄弟のない人と、子のない人。孤独な人。

火 9 **【煌】** 13画 6374 714C 人名 音コウ漢 訓かがや-く・きらめ-く

意味 きらきら光る。かがやく。例煌煌。

人名 あき・あきら

【煌煌】コウコウ（形動タル）①まぶしいほど明るいようす。きらきら光るようす。例―と照らす。②都市の繁栄など、さかんなようす。③花などが光るように美しいようす。

灬 9 **【照】** 13画 3040 7167 教育4 音ショウ漢呉 訓て-る・て-らす・て-れる・て-り

筆順 日 日 昭 昭 昭 照 照

なりたち［形声］「灬（＝ひ）」と、音「昭（＝あきらか）」とから成る。明るくてらす。

意味 ❶光が当たって明るくなる。明るくする。てる。てらす。例照射。照明。❷てらしあわせる。例照合。対照。❸うつったかげ。写真にうつす。例照影。

日本語での用法《てれる》顔が赤くなるのを感じる。はずかしがる。「照れ隠し・照れ臭い」

人名 あき・あきら・あり・とし・のぶ・ひかる・ひろ・みち・みつ

【照影】ショウエイ 絵や写真などの像。類肖像。

【照応】ショウオウ（名・する）二つのものがたがいにかかわりあい対応していること。例原因と結果が―する。

【照会】ショウカイ（名・する）①てらしあわせて考えること。②わからない点を問い合わせること。例参加資格を―する。

【照合】ショウゴウ（名・する）二つのものをくらべあわせて内容があっているかどうか調べること。例原文と―する。

【照査】ショウサ（名・する）てらしあわせて調べること。

【照射】ショウシャ（名・する）①日光がてりつけること。②光線や放射線などを当てること。例赤外線を―する。

【照準】ショウジュン ①銃や大砲のたまが命中するように、ねらいを定めること。例―を合わせる。②目標を定めること。

【照度】ショウド〔物〕光を受けた面の明るさの程度。単位面積が単位時間に受ける光の量。単位、ルクス。記号 lx

【照明】ショウメイ（名・する）①光を当てて明るくすること。②舞台や撮影の効果を高めるために使う光線。

【照葉樹林】ショウヨウジュリン カシ・シイ・クスノキなど、葉に光沢がある常緑広葉樹を主とする樹林。

【照覧】ショウラン（名・する）①光にてらしてはっきりと見ること。②神仏がごらんになること。例神神も御―あれ。

●観照・参照・残照・対照・日照

灬 9 **【煎】** 13画 3289 714E 常用 音セン漢 訓い-る・に-る

筆順 丷 䒑 前 前 前 前 煎

なりたち［形声］「灬（＝ひ）」と、音「前」とから成る。乾かすように火にかける。

意味 ❶ほどよくあぶる。いる。例煎餅。焙煎。❷煮て成分を出す。例煎茶。煎薬。薬草を煎じる。

難読 煎海鼠

【煎汁】センジュウ 薬草などの成分を煮に出した汁。せんじた汁。

【煎茶】センチャ 湯でせんじ出して飲む茶の葉。また、湯でせんじ出した茶。ふつうの緑茶。

【煎餅】センベイ 小麦粉や米の粉を水で練ってうすくのばして焼いた菓子。例塩―。かわら―。いも―。

【煎餅布団】センベイブトン せんべいのようにうすい布団。綿が少ない、そまつな布団のたとえ。例―に破れ畳。

【煎薬】センヤク せんじ出して飲む薬。せんじぐすり。

火 9 **【煖】** 13画 6375 7156 音ダン漢 ナン呉

意味（火で）あたためる。あたたかい。同暖。例煖房。煖炉。

【煖衣飽食】ダンイホウショク あたたかい衣服とじゅうぶんな食物。衣食に不自由のない、ぜいたくな生活。表記「暖衣飽食」とも書く。

【煖房】ダンボウ（名・する）部屋をあたためること。表記現暖房

【煖炉】ダンロ 火をたいて部屋をあたためる装置。ふつう、洋風の部屋のかべに取りつける。表記現暖炉

火 9 **【煤】** 13画 3965 7164 人名 音バイ漢 訓すす・すす-ける

意味 ❶けむりにふくまれる黒い粉。すす。例煤煙。煤払

はらい。❷石炭。例煤炭(タン)(=石炭)。

【煤竹】(すすたけ) ①すすけて赤黒い色になった竹。②大掃除(おおソウジ)のとき、すすはらいに使う、枝葉のついたままの竹。

【煤払い】(すすはらい)(名・する) 家の中にたまったすすや、ちり・ほこりなどをはらい出して、掃除(ソウジ)すること。また、その行事。年末におこなうことが多い。すすはき。

【煤煙】(バイエン) ①石炭を燃やしたときに出るすすとけむり。②すすを多くふくむけむり。すすけむり。

【煤▼塵】(バイジン) 鉱業や工業の現場で生じる、けむりやほこりにふくまれているこまかい粒子(リュウシ)。

火9 【煩】 13画 4049 7169 常用 音ハン漢 ボン呉 訓わずら-う・わずら-わす・わずら-わしい

筆順

なりたち [会意]「頁(=あたま)」と「火(=やける)」とから成る。熱があって頭痛がする。

意味 ❶頭が熱くていたむ。苦しみなやむ。わずらう。わずらわす。例煩悶(ハンモン)。煩悩(ボンノウ)。❷ごたごたしてめんどうな。わずらわしい。例煩瑣(ハンサ)。煩雑(ハンザツ)。

使い分け わずらう【煩・患】⇩1182ページ

【煩簡】(ハンカン) ①めんどうなことと手軽なこと。②いそがしいこととひまなこと。

【煩▼瑣】(ハンサ)(名・形動ダ) こまごまとしてわずらわしいこと。例―な事務。

【煩雑】(ハンザツ)(名・形動ダ) こみいっていて、まとまりがつかないこと。めんどうなこと。わかりにくいこと。類煩瑣(ハンサ)・繁雑(ハンザツ)。例―な申請(シンセイ)手続き。

【煩多】(ハンタ)(名・形動ダ) めんどうなことが多く、わずらわしいこと。わずらわしく感じるほど多いこと。類繁多(ハンタ)。

【煩忙】(ハンボウ)(名・形動ダ) ひじょうにいそがしいこと。類多忙。

【煩務】(ハンム) わずらわしく、いそがしい仕事。

【煩▼悶】(ハンモン)(名・する) なやみが解決せず、苦しみもだえること。類苦悶。例日夜ひとり―する。

【煩慮】(ハンリョ) あれこれ思いわずらうこと。また、わずらわしく、めんどうなこと。例これ以上、もはや―にたえない。

【煩累】(ハンルイ) わずらわしいこと。うるさいこと。例―をおよぼす。

【煩労】(ハンロウ) 心をわずらわせ、くたびれること。また、めんどうな苦労。例みずから好んで―を選ぶことはない。

【煩悩】(ボンノウ)〔仏〕心身をまどわせ、なやませるすべての欲望。例―即菩提(ソクボダイ)。

火9 【煬】 13画 6376 716C 音ヨウ漢 訓あぶ-る・て-らす

意味 ❶火であぶる。❷火にあたる。❸諡(おくりな)(=死後におくられる名)に用いられる字。例煬帝(ヨウダイ)。

【煬▽帝】(ヨウダイ) 隋(ズイ)の二代皇帝(コウテイ)。この時代、聖徳太子(ショウトクタイシ)が遣隋使(ケンズイシ)を送っている。(五六九―六一八)

火9 【煉】 13画 4691 7149 人名 音レン漢 訓ね-る

火8 【煉】 12画 俗字

意味 ❶鉱石を火でとかして不純物を取り除き、質をよくする。ねる。同錬(レン)。例精煉(セイレン)。❷練りかためる。同錬。例煉瓦(レンガ)。煉丹(レンタン)。煉炭(レンタン)。

【煉瓦】(レンガ) 粘土(ネンド)と砂などをまぜ、直方体にかためて焼いた、赤茶色の建築材料。積み上げて壁(かべ)にしたり、道路にしきつめたりする。例―色。―造りの東京駅。

【煉獄】(レンゴク) カトリックで、死者の霊魂(レイコン)が火に焼かれることによって、生前の罪が清められるとする場所。天国と地獄のあいだにあるという。

【煉丹】(レンタン) ①昔の中国で、道士が不老不死の仙薬(センヤク)をつくること。また、そのくすり。②ねりぐすり。③気を丹田(タンデン)に集めて精神統一すること。例―の術。

【煉炭】(レンタン) 石炭や木炭の粉を練りかためた燃料。ふつう円筒形(エントウケイ)で、たてに十数個の穴のあいたもの。例―火鉢(ひバチ)。表記 現練炭

【煉乳】(レンニュウ) 煮(に)つめて濃(こ)くした牛乳。表記 現練乳

火9 【煙】 13画 ⇩【煙】(エン)(637ページ)

灬9 【煕】 13画 ⇩【熙】(キ)(639ページ)

灬9 【煮】 13画 ⇩【煮】(シャ)(632ページ)

灬10 【熙】 14画 8406 7199 人名 音キ漢呉 訓ひか-る・ひろ-い・よろこ-ぶ

灬9 【煕】 13画 6370 7155

灬11 【熈】 15画 6371 7188 俗字

なりたち [形声]「灬(=ひ)」と、音「巸(イ→キ)」とから成る。かわく。派生して「ひかる」の意。

意味 ❶(火の)光がゆきわたる。ひかる。例光熙(コウキ)。❷広い。広まる。❸たのしく、よろこぶようす。

人名 おき・さと・てる・のり・ひろ・ひろし・ひろみ・ひろむ・よし

灬10 【熊】 14画 2307 718A 教育4 音ユウ漢 訓くま

筆順

なりたち [形声]「能(=くま)」と、音「炎(エン→ユウ)」の省略体とから成る。クマ。

意味 けものの名。クマ。例熊掌(ユウショウ)。熊胆(ユウタン)。

難読 熊野(ゆや)・朝熊山(あさまやま)

人名 かげ

【熊▼笹】(くまざさ) 高さ一メートル前後で、山地に生えるササ。葉は大きく、冬にふちが白くなる。料理の下にしいたり、あめやだんごを包んだりする。表記「▼隈▼笹」とも書く。

【熊▽襲】(くまそ) 古代、九州の中南部に住んでいたという種族。

【熊▼鷹】(くまたか) ワシタカ科の鳥。全長約八〇センチメートル、つばさ二メートルほどの大形のタカ。

【熊手】(くまで) ①長い柄(え)の先にクマの手のようなつめをつけた道具。竹製で落ち葉などをかき集めるものや、鉄製で昔の武器としたものなどがある。②酉(とり)の市で売る縁起物(エンギもの)。竹製のくまでに、おかめの面や小判のかざりをつけたもの。

【熊の胆】(くまのい) クマの胆嚢(タンノウ)を干したもの。漢方で胃の薬とする。熊胆(ユウタン)。

【▽熊虎】(ユウコ) クマとトラ。転じて、勇ましくたけだけしい者のたとえ。類熊羆(ユウヒ)。例―の士。―の将。

【▽熊掌】(ユウショウ) クマのてのひら。中国で、美味とされる八珍(ハッチン)の一つ。

灬10 【熏】 14画 6377 718F 音クン漢呉 訓いぶ-す・くす-べる

意味 ❶けむりでいぶす。くすべる。同燻(クン)。❷よい感化をあたえる。同薫(クン)。例熏陶(クントウ)(=薫陶(クントウ))。❸夕暮れ。例熏夕(クンセキ)(=たそがれどき)。

火10 【熒】14画 1-8761 7192 音ケイ漢 エイ漢
意味 ともしび。ひかり。例熒光。熒惑。
【熒惑】ケイコク／ケイワク 兵乱のきざしを示すという星。火星のこと。また、世をさわがし、まどわすこと。例―星。

火10 【熕】14画 6380 7195 音コウ漢
意味 ❶大砲。おおづつ。例砲熕(＝大砲)。発熕。❷ふねの名。

火10 【熄】14画 6379 7184 音ショク漢 ソク呉 訓き-える・や-む
意味 ❶火が消える。きえる。❷消えてなくなる。また、おわる。やむ。例熄滅(＝消えてなくなる。なくす)。終熄。

火10 【煽】14画 3290 717D 音セン漢 訓あお-る・あお-り・おだ-てる
火10 【煽】14画 俗字
意味 ❶あおいで火をおこす。あおる。❷そそのかす。けしかける。あおる。おだてる。例煽情。煽動。
【煽情】センジョウ（名・する）感情・情欲をあおること。表記 現扇情
【煽動】センドウ（名・する）大衆をそそのかして、なんらかの行動を起こすようにしむけること。表記 現扇動

火10 【熔】14画 4548 7194 音ヨウ漢 訓と-かす・と-ける
意味 金属を火で熱して液状にする。とかす。とける。例熔岩ガン。熔接ヨウセツ。
表記 現代表記では、「溶ヨ」に書きかえることがある。熟語は「溶」(616ページ)を参照。

火10 【煽】14画 ⇨【煽】セン(640ページ)

火11 【熨】15画 6381 71A8 音ウツ漢 訓の-す・ひのし・のし

[火（灬）部] 10—11画 ● 熒熕熄煽熔煽熨熬熟熱

意味 火のしで、布のしわをのばす。炭火を中に入れて、その熱で布などのしわをのばす、金属でできた底の平たい道具。アイロン。ひのし。のし。例熨斗ウツト。
【熨斗】㊀ウツト 金属製のひしゃく形の道具。中に炭火を入れて底を熱くし、布のしわをのばしたり、ひだをつけたりする。例火―。㊁のし「熨斗鮑のしあわび」の略。アワビの肉をうすくして、干したもの。昔、儀式に魚の代用とした。また、これを包んだ形に、色紙を折ったもの。祝い用の贈り物にそえる。
【熨▽斗紙】のしがみ のしや水引を印刷した紙。贈り物の包みの上にかける。
【熨▽斗袋】のしぶくろ のしと水引をつけたり印刷したりした袋。中にお金を入れて贈るのに用いる。

灬11 【熬】15画 6382 71AC 音ゴウ漢 訓い-る
意味 火にかけて水分を除く。いる。こがす。

灬11 【熟】15画 2947 719F 教育6 音シュク漢 ジュク呉 訓う-れる・つらつら
筆順 亠 古 亨 享 享 孰 孰 熟
なりたち [形声]「灬(＝ひ)」と、音「孰シュク」とから成る。火でじゅうぶんやわらかく煮る。

意味 ❶火にかけてやわらかくする。よく煮る。煮える。例半熟。❷くだものなどが実って食べごろになる。うれる。例熟柿。完熟。未熟。❸じゅうぶんな状態になる。慣れてじょうずになる。例熟練。習熟。❹じゅうぶんに。よくよく。例熟睡。熟慮。

日本語での用法《なれる》食べ物が時間を経て適当な味になる。「塩気しおけが熟なれていない梅干うめぼし・熟なれ鮨ずし」

難読 晩熟おくて
人名 あつし・なり・みのる
【熟議】ジュクギ（名・する）じゅうぶんに話し合うこと。

【熟語】ジュクゴ ①二つ以上の単語が複合してできたことば。「学校」「社会」「思想」などの字音語と、「谷川たにがわ」「山道やまみち」「家柄いえがら」などの和語がある。熟字。②(英語で)慣用句。成句。イディオム。

【熟思】ジュクシ（名・する）あれこれと思いをめぐらし深く考えること。類熟慮・熟考。

【熟▽柿】ジュクシ よく熟してやわらかくなったカキ。例―の落ちるのを待つ。

【熟視】ジュクシ（名・する）じっと見つめること。凝視。例時代の流れを―する。

【熟字】ジュクジ 二字以上の漢字で書きあらわすことば。熟語。

【熟字訓】ジュクジクン 二字以上の漢字から成り、漢字一字一字の読みとは別に、全体で一つの語としての読みをあてたもの。「田舎いなか」「五月雨さみだれ」「紅葉もみじ」など。

【熟睡】ジュクスイ（名・する）ぐっすりねむること。例旅のつかれで―する。

【熟成】ジュクセイ（名・する）みそや酒などが、時間をかけて、じゅうぶんにうまみの出たものにできあがること。例樽で―させたぶどう酒。長期―。

【熟達】ジュクタツ（名・する）じゅうぶんに練習を積んで、じょうずになること。熟練。習熟。例―した演技。

【熟知】ジュクチ（名・する）じゅうぶんに知りつくしていること。例相手の動きを―している。

【熟読】ジュクドク（名・する）文章の意味をよく考えながら、じっくり読むこと。類精読・味読。対速読。例―玩味ガンミする。

【熟年】ジュクネン 五十歳前後の、成熟した年齢。中高年。

【熟慮】ジュクリョ（名・する）時間をかけて、じゅうぶんに考えをめぐらすこと。熟考。深慮。例―断行。

【熟練】ジュクレン（名・する）経験を積んで、じょうずになること。類熟達・習熟。例―工。

【熟考】ジュッコウ（名・する）じゅうぶんに時間をかけて、考えぬくこと。熟慮。例次の一手を―する。
●円熟エンジュク・成熟セイジュク・早熟ソウジュク・晩熟バンジュク・老熟ロウジュク

灬11 【熱】15画 3914 71B1 教育4 音ゼツ漢 ネツ呉 訓あつ-い・あつ-さ
筆順 十 土 夫 坴 坴 埶 埶 熱
なりたち [形声]「灬(＝ひ)」と、音「埶イ→ゼツ」とから成る。あつい。
意味 ❶温度が高い。あつい。例熱帯。熱湯。炎熱。発熱。❷病気などで高くなった体温。例熱病。解熱。❸夢中になる。興奮する。例熱狂。熱中。情熱。
使い分け あつい【熱・暑】⇩1161ページ

難読 熱海あたみ(=地名)・熱川あたがわ(=地名)・熱田あつた(=地名)
人名 あつ・あつし

【熱▼燗】あつカン あつくして飲む日本酒の燗。
【熱愛】ネツアイ (名・する) 心の底から強く愛すること。
【熱意】ネツイ ものごとに対する、強い意気ごみ。熱心な気持ち。

漢字に親しむ ⑯ あずき? あずき?

漢字には日本語読みとして、一字に一定の訓があることはご存じでしょう。では、「小豆」を「あずき」、「今日」を「きょう」と読むのは、それぞれの漢字と訓とがどう対応しているのでしょうか。「小」を「あ」とか「あず」とか読むわけではなく、同様に「豆」もうまく読めません。「今日」についても同じで、「今」と「日」とを分けてしまってはうまく読むことができません。

実はこれらは「小豆」全体を「あずき」、「今日」全体を「きょう」と読むことばなのです。このような読みを、熟字(=熟語)にまとめて訓をあてることから、熟字訓といいます。「田舎いなか」「大人おとな」「昨日きのう」「七夕たなばた」「一日ついたち」「五月雨さみだれ」「時雨しぐれ」「梅雨つゆ」などがあります。こうしてみると熟字訓には、私たちの生活に密着したごくふつうの語が多いことに気づきます。そういうことばをあらわすのにぴったりした一字の漢字が見つからなかったので、意味が同じ漢字の熟語をあてることから熟字訓というものが生まれたわけです。

小豆
○あずき
×あずき
×あずき

例―に欠ける。―をもって仕事をする。
【熱演】ネツエン (名・する) 強く気持ちをこめて演ずること。また、その演技や講演。例―が続く。
【熱感】ネッカン 熱が出た感じ。例くじいた足首に―がある。
【熱気】ネッキ ①熱中したり興奮したりして高まった感情。例場内が―に包まれる。②高温の気体。例穴から―がふき出す。③〔「ネツケ」とも〕体温がやや高い感じ。熱っぽさ。例少し―がある。
【熱狂】ネッキョウ (名・する) ひどく興奮して、夢中になること。例―的な歓迎カンゲイ。
【熱血】ネッケツ 感動しやすく、熱心でさかんな意気。
【熱血漢】ネッケツカン 〔「漢」は、男の意〕情熱的に行動する男。対冷血漢。
【熱源】ネツゲン 利用できる熱のもとになるもの。例電気を―とする暖房ダンボウ器具。
【熱砂】ネッサ・ネッシャ 日に焼かれてあつくなった砂。例―の台地。
【熱射病】ネッシャビョウ 高温多湿シツの場所で、体温をじゅうぶんに放散できないときに起こる、意識を失うなどする病気。
【熱唱】ネッショウ (名・する) 心をこめて歌うこと。例応援歌オウエンカを―する。
【熱情】ネツジョウ 燃えるような強い思い。情熱。例―をそそぐ。
【熱心】ネッシン (名・形動ダ) ひとつのことに気持ちを集中して、一生懸命イッショウケンメイなこと。例研究―な学生。
【熱誠】ネッセイ 熱烈なまごころ。熱情から出た誠意。赤誠。例―あふれる医療リョウ活動。
【熱戦】ネッセン ①気迫キハクのこもった激しい戦いや試合。激戦。例―をくり広げる。②実際に武器をとって戦うこと。
【熱帯】ネッタイ 赤道を中心に、南回帰線と北回帰線にはさまれた地帯。対寒帯。例―魚。
【熱帯夜】ネッタイヤ 最低気温がセ氏二五度以上の暑い夜。
【熱中】ネッチュウ (名・する) ひとつのことに夢中になって、うちこむこと。例クラブ活動に―する。
【熱中症】ネッチュウショウ 高温高熱にさらされたために起こる病気。熱射病・日射病など。
【熱度】ネツド ①あつさの程度。例日向ひなたと日陰ひかげとの―の差。②熱心さの程度。例自然保護に対する―。
【熱湯】ネットウ 煮にえたっている湯ゆ。煮え湯。例―消毒。
【熱闘】ネットウ 激しくぶつかりあって、たたかうこと。例―が数時間におよぶ。

【熱波】ネッパ 広い範囲に、四～五日またはそれ以上にわたり、相当に顕著ケンチョな高温をもたらす現象。対寒波。
【熱病】ネツビョウ 高熱を出す病気をまとめていうことば。マラリア・チフス・肺炎ハイエンなど。
【熱風】ネップウ 高温の風。あつい風。例―乾燥カンソウ機。
【熱弁】ネツベン 強く感情をこめた話しぶり。例―をふるう。表記 旧熱▼辯
【熱望】ネツボウ (名・する) 心をこめて願い望むこと。切望。例戦争がなくなることを―する。
【熱量】ネツリョウ 熱をエネルギーの量としてあらわしたもの。単位は、カロリーやジュールなどが用いられる。
【熱涙】ネツルイ 深い感動を受けてあふれるなみだ。例―にむせぶ。
【熱烈】ネツレツ (名・形動ダ) きわめて強く感情がこもっていること。例―な声援セイエンをおくる。
【熱論】ネツロン (名・する) 熱心に議論すること。例―をたたかわせる。
●加熱カネツ・過熱カネツ・解熱ゲネツ・高熱コウネツ・情熱ジョウネツ・耐熱タイネツ・電熱デンネツ・白熱ハクネツ・発熱ハツネツ・微熱ビネツ・平熱ヘイネツ・放熱ホウネツ・余熱ヨネツ

灬11 【熈】15画 ⇒【熙】キ(639ページ)

灬12 【燕】 16画 1777 71D5 人名 音エン漢 訓つばめ

意味 ❶春にやって来て秋に南方に去るわたり鳥。ツバメ。つばくらめ。つばくろ。例燕雀エンジャク。飛燕ヒエン。❷くつろぐ。安息する。同宴エン。例燕息エンソク。❸さかもり。同宴。例燕飲エンイン。❹周代初期、今の北京ペキンあたりに建てられた国。戦国七雄シチユウの一つとなったが、秦シンにほろぼされた。(?―前二二二) ❺河北カホク省の別名。今の北京ペキンを中心とする地方。例燕京エンケイ。

難読 燕つばくら・燕つばくらめ・燕つばくろ
人名 てる・なる・やす・よし

【燕飲】エンイン さかもりをすること。例送別の気持ちをこめた―。表記「宴飲」とも書く。
【燕▼窩】エンカ ウミツバメの巣す。中華チュウカ料理の上等な材料となる。燕巣エンソウ。
【燕▼頷虎頭】エンガンコトウ 〔「燕頷」は、ツバメのようなあご、「虎頭」は、トラのようなあたまの意〕将来、出世する人相という。燕

頷虎頸ケイ。

【燕京】エンケイ 北京ペキンの古名。〔春秋戦国時代の燕国の都があった〕

【燕▼雀】エンジャク ①ツバメやスズメのような小さな鳥。②小人物のたとえ。

【燕▼雀▽安いずくんぞ▼鴻▼鵠コウコクの志こころざしを知しらんや】〔「鴻鵠」は、オオトリやクグイ(=ハクチョウ)などの大きな鳥〕小人物は大人物の遠大な志を理解することはできない。

故事のはなし 秦シンは皇帝コウテイの強大な権力によって中国全土を統一したが、人々はそのあまりの圧迫アッパクにたえかねていた。陳勝チンショウという男は、若いころ人にやとわれて畑を耕す身だったが、あるとき耕作の手を休めて言った。「今はこんな身分だが、もし出世してもお前たちのことは忘れないよ」。これを聞いた仲間は言った。「やとわれの身分のくせに、出世なんかできるものか」。陳勝は大きなため息をついてこう言った。「ああ、ツバメやスズメみたいな小鳥なんかに、どうしてオオトリやクグイのような大きな鳥の考えていることがわかろうか」。のちに陳勝は秦に反乱を起こし、秦の滅亡メツボウのきっかけをつくった人物として、歴史に名をとどめたのである。〔史記シキ〕

【燕石】エンセキ 燕山(=河北カホク省にある山)から出る、玉ギョクに似た石。似ていても価値のないもの。まがいもの。燕礫エンレキ。

【燕巣】エンソウ 「燕窩エンカ」に同じ。

【燕麦】エンバク ムギの一種。飼料シリョウ・食用・ウイスキーの原料などにする。オート麦むぎ。

【燕尾服】エンビフク 男性の洋式の礼服。上着うわぎのうしろのすそがツバメの尾おのように二つに割れて、長くたれている。

【燕▽子▽花】かきつばた アヤメ科の多年草。水べなどの湿地シッチに生える。高さ七〇センチメートル前後で、初夏、長いくきの先に青むらさきや白の花をつける。表記「▼杜▼若」とも書く。

4画

［火(灬)部］12—13画 ● 燗熹熾燉燃燔燎燗燒燈燠燬

火12 【燗】 16画 6383 71D7 音カン慣 ラン漢呉 訓ただ-れる

火12 【𤏐】 16画 243D0 俗字

意味 やわらかく、くずれるほどよく煮にる。同爛ラン。

日本語での用法《カン》酒をあたためる。「燗酒カンざけ・燗カンをつける・熱燗あつカンで飲のむ」

灬12 【熹】 16画 6384 71B9 音キ漢

意味 火がさかんにおこる。さかん。

火12 【熾】 16画 6385 71BE 音シ漢呉 訓さか-ん

意味 火が勢いよく燃える。また、勢いが激しい。さかん。例熾烈シレツ。

【熾烈】シレツ (名・形動ダ) 勢いがさかんで激しいこと。例—な優勝争い。

火12 【燉】 16画 6387 71C9 音トン漢 訓さか-ん

意味 ❶あかあかと燃えるようす。さかん。❷調理法の一つ。とろ火で煮にこむ。❸暖かい。同暾トン。例温燉オントン。❹地名に用いられる字。例燉煌トンコウ(=敦煌トンコウ)。

火12 【燃】 16画 3919 71C3 教育5 音ゼン漢 ネン呉 訓も-える・も-やす・も-す

筆順 丶 火 炒 炒 炒 燃 燃 燃

なりたち [形声]「火(=ひ)」と、音「然ゼン(=もやす)」とから成る。もやす。

意味 もえる。もやす。もす。例燃焼ネンショウ。燃料ネンリョウ。

【燃▼犀】ネンサイ ①〔東晋トウシンの温嶠オンキョウが、サイのつのを燃やして深い淵ふちをのぞいた故事から〕暗いところを明るく照らすこと。②見識がすぐれていること。

【燃焼】ネンショウ (名・する) ①物がもえること。例完全—。②もっている力をじゅうぶん出しきること。

【燃費】ネンピ 機械が、一定の燃料でできる仕事量。自動車の場合、ガソリン一リットルあたりの走行距離キョリであらわす。燃料消費率。例—のよい車。

【燃料】ネンリョウ ①熱や火を得るためにもやす材料。まき・炭など。②機械を動かすためのエネルギー源。石炭・石油・ガスなど。

火12 【燔】 16画 6388 71D4 音ハン漢 訓あぶ-る・た-く・や-く

意味 ❶もやす。やく。❷火であぶる。例燔肉ハンニク。

【燔肉】ハンニク 肉をあぶること。また、祭りのとき、神にそなえたあぶり肉。ひもろぎ。

火12 【燎】 16画 6389 71CE 人名 音リョウ漢呉 訓かがりび

なりたち [形声]「火(=ひ)」と、音「尞リョウ」とから成る。火をはなつ。

意味 ❶(山野を)やきはらう。もやす。やく。例燎原リョウゲン。❷照明のために屋外にもやす火。かがりび。にわび。例燎火リョウカ。❸あかるい。あきらか。

人名 あきら

【燎火】リョウカ 夜間の警備などでたく火。かがり火。

【燎原】リョウゲン 火が野原を焼くこと。野焼き。

【燎原の火】リョウゲンのひ 野火のびがどんどん燃え広がるように、勢いがさかんで止められないこと。燎原の勢い。〔悪事がはびこったり、敵を次々にやぶって進撃シンゲキしたりするようすをいう〕

火12 【燗】 16画 ⇩【燗】カン(642ページ)

火12 【燒】 16画 ⇩【焼】ショウ(632ページ)

火12 【燈】 16画 ⇩【灯】トウ(628ページ)

火13 【燠】 17画 6390 71E0 音イク漢 訓おき・あたた-かい

意味 熱があってあつい。あたたかい。例燠燠イクイク(=あたたか)。温燠オンイク。

日本語での用法《おき》赤くおこった炭火。また、消し炭。「燠おきで火ひをおこす・燠おきを保存ホゾンする」

火13 【燬】 17画 6391 71EC 音キ漢 訓さか-ん・や-く

意味 ❶はげしい火。ひ。❷焼きつくす。もやす。やく。❸太陽。例煅炎エンキ（＝さかんに燃える太陽のほのお）。

火13 【燦】 17画 2724 71E6 人名 音サン漢 訓あき-らか

なりたち [形声]「火（＝ひ）」と、音「粲サン」とから成る。あざやかにかがやく。

意味 光りかがやくようす。あきらか。例燦燦サンサン。燦然サンゼン。

人名 あきら

【燦燦】サンサン（形動タト）①あざやかで美しいようす。②きらきらと光りかがやくようす。例―とふりそそぐ日の光。

【燦然】サンゼン（形動タト）きらきらとかがやくようす。あざやかなようす。例―とかがやく宝石。

【燦▼爛】サンラン（形動タト）あざやかに光りかがやくようす。はなやかに美しいようす。例―たる星の光。

火13 【燮】 17画 5057 71EE 音ショウ漢 訓やわ-らげる

意味 ほどよく調和させる。やわらげる。例燮理ショウリ（＝うまく調和させおさめる）。

【燮和】ショウワ ほどよくあんばいする。宰相サイショウの任務をいう。

火13 【燭】 17画 3104 71ED 人名 音ショク漢 ソク呉 訓ともしび

意味 たいまつやろうそくの火。あかり。ともしび。例燭台ショクダイ。華燭カショク。紙燭シソク。

日本語での用法《ショク》昔の電灯の明るさをあらわす単位。「百燭ヒャクショクの電球デンキュウ・燭光ショッコウ」

人名 てる

【燭台】ショクダイ ろうそくを立ててともす台。ろうそく立て。

【燭光】ショッコウ ①ともしびの光。灯光。②昔の光度の単位。燭ショク。現在は、「ワット」を使う。

火13 【燧】 17画 6392 71E7 音スイ漢 訓ひうち・のろし

意味 ❶火だねをとる道具。石と金属を打ち合わせたり、木をきりでもんで発火させるもの。ひうち。例燧火スイカ（＝きりび。また、のろし）。❷味方に戦争や急を知らせる合図の火。のろし。例烽燧ホウスイ。

【燧人氏】スイジンシ 古代中国の伝説上の帝王テイオウの名。はじめて火をおこすことを考案し、民たみに食物を煮にたり焼いたりすることを教えたという。

【燧石】スイセキ 火打ち石。鉄片と打ち合わせると火花を出す石。

火13 【燥】 17画 3371 71E5 常用 音ソウ漢呉 訓かわ-く・はしゃ-ぐ

筆順 丶 火 火 灯 炉 焊 燥

なりたち [形声]「火（＝ひ）」と、音「喿ソウ」とから成る。かわく。

意味 ❶水分がなくなる。からからになる。かわく。また、かわかす。例乾燥カンソウ。❷いらだつ。あせる。例焦燥ショウソウ。

日本語での用法《はしゃぐ》①乾燥する。「木きが燥はしゃぐ」②うかれてさわぐ。陽気になる。「子供こどもが燥はしゃぐ」

火13 【燵】 17画 6393 71F5 国字 音タツ

意味 炭火の上にやぐらを置いて、上からふとんをかぶせる暖房ダンボウ具。例火燵コタツ。炬燵コタツ。

火13 【燐】 17画 4653 71D0 音リン漢呉 訓おにび

意味 ❶夜、原野やぬま地にぼうっとあらわれる青白い光。また、死体の骨から出る青白い光。例燐火リンカ（＝おにび。ひとだま）。❷非金属元素の一つ。動物の骨や歯にふくまれる。鉱物として産し、マッチや殺虫剤サッチュウザイの原料となる。

難読 燐寸マッチ・燐火きつねび

【燐光】リンコウ ①空気中の黄燐オウリンが自然に発する青白い光。おにび。②硫化リュウカカルシウムなどに光を当てたあと、光を取り去っても、それ自身が光を発している現象。また、その光。

【燐酸】リンサン 五酸化二燐に水を作用させて得る一連の酸の総称。医薬や化学工業に使う。例―肥料。

【燐肥】リンピ 燐酸をとくに多くふくんでいる肥料。花や実を充実ジュウジツさせる作用がある。例―をほどこす。

火13 【營】 17画 ⇩【営】エイ（208ジペー）

火14 【燻】 18画 6378 71FB 音クン漢呉 訓いぶ-す・くす-べる

意味 ❶けむりでいぶして黒くする。くすべる。ふすべる。くすぶる。ふすぶる。同熏クン。例燻蒸クンジョウ。燻製クンセイ。❷かおる。におう。同薫クン。例燻香クンコウ（＝かおりのよい香コウ）。

【燻蒸】クンジョウ（名・する）①かおりをつけたり、保存をよくしたりするために、いぶすこと。例サケを―する。②殺虫や殺菌サッキンのために、有毒ガスでいぶすこと。例―剤ザイ。

【燻製】クンセイ 塩づけにした魚や肉をいぶしてかわかし、長く保存できるようにした食品。例サケの―。表記 現薫製

火14 【燼】 18画 6394 71FC 音シン漢 ジン呉

意味 ❶燃えのこり。燃えさし。焼けあと。例灰燼カイジン。❷戦争や災害で生き残った人々。例燼余ジンヨ（＝もえ残り。また、生き残り）。

難読 燼もえくい

火14 【燹】 18画 6401 71F9 音セン漢 訓のび

意味 ❶野原の草を焼く火。野火のび。❷戦争による火災。例兵燹ヘイセン（＝戦災）。❸もやす。やく。

火14 【燿】 18画 6402 71FF 人名 音ヨウ漢呉 訓かがや-く

火14 【燿】 18画

なりたち [形声]「火（＝ひ）」と、音「翟テキ→ヨウ」とから成る。てる。参考「耀ヨウ」の本字。

意味 照りかがやく。ひかる。また、ひかり。かがやき。例栄燿エイヨウ。光燿コウヨウ。

人名 あき・あきら・てる

火14 【燿】 18画 ⇩【燿】ヨウ（643ジペー）

火15 【爍】 19画 6403 720D 音シャク漢呉 訓かがや-く・とろ-かす・とろ-ける

意味 ❶光りかがやくようす。❷金属をとかす。同鑠シャク。

火15 【爆】 19画 3990 7206 常用 音バク慣 ハク漢呉 訓は-ぜる

筆順 火 炉 炉 焊 焊 爆 爆 爆 爆

なりたち 爆 [形声]「火(=ひ)」と、音「暴(ボク→バク)」とから成る。火が飛んでやける。

意味 火力で勢いよくはじけ、破れる。火がはじけて飛び散る。はぜる。例 爆発(バクハツ)。空爆(クウバク)。原爆(ゲンバク)。

【爆音】(バクオン) ①(飛行機や自動車などの)エンジンの出す大きな音。②爆発の音。爆発音。

【爆撃】(バクゲキ) (名・する) 飛行機から爆弾を投下して攻撃すること。例 ―機。無差別―。

【爆死】(バクシ) (名・する) 爆発や爆撃によって死ぬこと。

【爆笑】(バクショウ) (名・する) 大きな声ではじけるように笑うこと。また、おおぜいの人がどっと笑うこと。例 ―のうずに包まれる。

【爆心】(バクシン) 爆発の中心地点。空中で爆発したとき、その直下の地点。例 ―地。

【爆弾】(バクダン) ①爆発による力で、相手に損害をあたえるための武器。例 ―投下。②大きな影響や危険を生じるもののたとえ。例 ―発言。―をかかえる(=いつ再発するかわからない病気や故障などをもっている)。

【爆竹】(バクチク) 竹や紙の筒に火薬をつめて火をつけ、たてつづけに爆発させるもの。祝賀用に鳴らす。例 ―を鳴らす。

【爆破】(バクハ) (名・する) 爆薬を使って破壊すること。

【爆発】(バクハツ) (名・する) ①化学反応や急激な膨張などによって、多量の光・熱・音・ガスなどが一瞬のうちに発生すること。例 ―音。②たまっていたものが一気にふき出すこと。例 火山が―する。怒りが―する。

【爆風】(バクフウ) 爆発によって起きる強烈な風。例 ―で建物の窓ガラスが飛び散った。

【爆薬】(バクヤク) 反応が瞬時に全体におよんで爆発する火薬。

【爆裂】(バクレツ) (名・する) 大きな音とともに破裂すること。

●原爆(ゲンバク)・水爆(スイバク)・被爆(ヒバク)

火16 【爐】 20画 ⇨【炉】(629ページ)

火17 【爛】 21画 6405 721B 音 ラン 漢 呉 訓 ただ-れる

意味 ❶やわらかくくずれるほどよく煮る。くずれる。ただれる。例 爛柯(ランカ)。爛熟(ランジュク)。腐爛(フラン)。❷かがやく。はなやか。例 爛漫(ランマン)。絢爛(ケンラン)。

【爛▼柯】(ランカ) [斧の柄がくさる意] 碁に夢中になって、時のたつのを忘れることのたとえ。

【爛熟】(ランジュク) (名・する) ①くだものなどがじゅうぶんに熟すこと。②ものごとが極度に成熟・発達すること。

【爛漫】(ランマン) (形動タル) ①花がさきみだれるようす。例 春―。②人の性格などが、ありのままで無邪気なようす。

【爛爛】(ランラン) (形動タル) ①きらきらと光りかがやくようす。②眼光がするどく光るようす。例 ―と光るライオンの目。

火25 【爨】 29画 6406 7228 音 サン 漢 訓 かし-ぐ・かまど

意味 飯をたく。かしぐ。また、かまど。例 炊爨(スイサン)。

【爨煙】(サンエン) かまどのけむり。炊煙(スイエン)。

【爨炊】(サンスイ) (名・する) 飯をたく。炊事(スイジ)。

87 4画 爪 つめ そうにょう (爫・⺥ つめかんむり) 部

手をおおいかぶせるようにして物をつかむ形をあらわす。「爪」が上につくときは「爫・⺥(つめかんむり)」となる(常用漢字では「⺥」の形)。「爪」をもとにしてできている漢字と、「爫・⺥」の字形を目じるしにして引く漢字とを集めた。

0 爪 4 采 爬 争 5 爰 8 爲 13 爵 14 爵

この部首に所属しない漢字

瓜⇨瓜 898 妥⇨女 272 受⇨又 178 奚⇨大 268 愛⇨心 403 舜⇨舛 836

爪0 【爪】 4画 3662 722A 常用 音 ソウ 漢 呉 訓 つめ・つま

筆順 ノ 厂 爪 爪

なりたち 爪 [象形] 指先でつまむ形。

意味 ❶動物の手足のつめ。例 爪牙(ソウガ)。❷琴(こと)などをひくときに指先にはめるもの。例 琴爪(ことづめ)。

【▽爪▼哇】(ジャワ) [ジャワの音訳] インドネシア共和国の中心をなす島。首都のジャカルタがある。

【▽爪印】(ソウイン) 一 つめのあと。つめあと。二 (つめイン) 指先に墨または朱肉をつけて、印のかわりにおすこと。また、その印。つめがた。つめばん。類 拇印(ボイン)。

【▽爪牙】(ソウガ) ①つめと、きば。例 するどい―をむき出す。②人に害を加えるもの。魔手(マシュ)。類 毒牙(ドクガ)。例 ―にかかる(=えじきになる)。③国を守り、君主をたすける家来のたとえ。

【▽爪痕】(ソウコン・つめあと) ①つめでひっかいたあと。また、つめをおしつけてできるあと。②被害(ヒガイ)のあとのたとえ。

爪4 【采】 8画 2651 91C7 常用 音 サイ 漢 呉 訓 と-る

筆順 ノ ⺈ ⺈ ⺥ 平 乎 采 采

采1 【采】 8画

なりたち 采 [会意]「木(=き)」と「爫(=手でつかむ)」とから成る。木の実をつかみとる。

意味 ❶手で(えらんで)つかみとる。とる。同 採(サイ)。❷いろどり。同 彩(サイ)。例 采衣(サイイ)。❸すがた。かたち。例 風采(フウサイ)。❹領地。知行地(チギョウチ)。例 采邑(サイユウ)。

人名 あや・うね・こと

【▽采女】(うねめ) 古代、各地の豪族(ゴウゾク)から選ばれて後宮(コウキュウ)につかえた女官(ニョカン)。

【采衣】(サイイ) いろどりの美しい服。表記「彩衣・▼綵衣」とも書く。

【采配】(サイハイ) ①武家の時代、大将が兵を指揮するときに使った道具。厚紙を細長く切ってたばね、柄(え)の先につけたもの。例 ―をふる。②指揮。さしず。例 たくみな―で勝つ。

【采▼邑】(サイユウ) ①卿大夫(ケイタイフ)の領地。②臣下に分けあたえて治めさせる領地。

爪4 【爬】 8画 6408 722C 音 ハ 漢 訓 か-く

意味 ❶つめでひっかく。かく。例 搔爬(ソウハ)。❷地面を、はうようにして進む。ものにつかまってのぼる。はう。例 爬行(ハコウ)。爬虫類(ハチュウルイ)。

【爬行】(ハコウ) (名・する) つめをひっかけて、はって行くこと。

【爬虫類】ハチュウルイ 脊椎セキツイ動物のなかで、カメ・ヘビ・ワニ・トカゲなどをまとめて呼ぶことば。たまごからかえり、からだは、うろこにおおわれている。

【爬羅▼剔▼抉】ハラテッケツ（名・する）〔かき集めてえぐり出す意〕①世に知られていないすぐれた人物をさがし出すこと。②他人の欠点をさぐり出して、あばくこと。例権力者の暗黒面を―する。

爫4 【争】8画 ⇩【争】ソウ（38ページ）

爫5 【爰】9画 6409 7230 音エン漢 訓ここ―に

意味 ❶ここにおいて。そこで。ここ。例爰許ここもと（＝ここ。ここに。また、わたくし）。❷とりかえる。例爰居エンキョ（＝住居をかえる）。❸「爰爰エンエン」は、ゆるやかな。ゆったりとしたようす。

爫8 【爲】12画 ⇩【為】イ（630ページ）

爫13 【爵】17画 2863 7235 常用 音シャク漢 訓さかずき

筆順 … 爵 爵

なりたち 〔象形〕スズメの形をしたさかずきを手に持つ形。

意味 ❶祭礼用の三本足の酒器。さかずき。❷諸侯ショコウや貴族の位。公コウ・侯コウ・伯ハク・子シ・男ダンの五等級を指す。例爵位シャクイ。❸スズメ。同雀シャク。

〔爵❶〕

人名 くら・たか・たかし

【爵位】シャクイ ①貴族としての身分と、役人としての地位。②貴族の身分をあらわす階級。公爵コウシャク・侯爵コウシャク・伯爵ハクシャク・子爵シシャク・男爵ダンシャクの五等級。〔日本では、明治時代から新憲法が施行シコウされた一九四七（昭和二十二）年まであった〕

【爵▼禄】シャクロク 爵位と俸禄ホウロク。禄爵。

●公爵コウシャク・侯爵コウシャク・子爵シシャク・男爵ダンシャク・伯爵ハクシャク

爫14 【爵】18画 ⇩【爵】シャク（645ページ）

88 4画 父 ちち部

手で杖（つえ・むち）をふりあげた形で、ちちおやの意をあらわす。「父」と、「父」をもとにしてできている「爺」とを集めた。

0 父 9 爺

この部首に所属しない漢字

斧⇩斤 472 釜⇩金 1005

父0 【父】4画 4167 7236 教育2 音ホ慣 フ漢 ブ呉 訓ちち 付表 叔父おじ・伯父おじ・父さんとうさん

筆順 ノ ハ ク 父

なりたち 〔象形〕手で杖つえをふりあげる形。一族を先導し教化する家長。

意味 ❶男親。ちち。対母ボ。例父母フボ。岳父ガクフ。尊父ソンプ。❷親族の中で年長の男性。例叔父シュクフ/おじ。祖父ソフ。伯父ハクフ/おじ。❸年長の男性をうやまっていうことば。例父老フロウ。尼父ジホ（＝孔子コウシ）。❹（仕事に従事している）おとこ。例漁父ギョホ。田父デンプ。

人名 ち・のり

【父御】ちちゴ 他人の父親をうやまっていうことば。〔やや古い言い方。また「ててゴ」とも〕類尊父ソンプ。対母御ははゴ。

【父君】フクン/ちちぎみ ①自分の父親をうやまっていうことば。父上ちちうえ。②他人の父親をうやまっていうことば。

【父兄】フケイ ①児童や生徒の保護者。類父母。②父と兄。例―の教えに従う。

【父系】フケイ ①父親のほうの血筋。②父親のほうの血筋をもとにして、男の子が家や財産などをつぐこと。▽対母系。

【父権】フケン ①父親がもつ、家族をまとめ支配する力。また、代々それが受けつがれること。家父権。②子供に対する父親としての力や重み。また、父親の親権。▽対母権。

【父子】フシ 父と子。対母子。例―家庭。

【父師】フシ 父と先生。また、ものごとを教えてくれる人。師父。

【父性】フセイ 父親がもつ、子や家族を愛し守ろうとする性質。

【父祖】フソ ①父と祖父。②おもに、父親のほうの先祖。

【父母】フボ/ちちはは 父と母。両親。二親ふたおや。例―会フボカイ。

【父老】フロウ ①老人をうやまっていうことば。②村人たちの中心となるような年寄り。類長老。

●岳父ガクフ・厳父ゲンプ・実父ジップ・慈父ジフ・神父シンプ・尊父ソンプ・老父ロウフ

父9 【爺】13画 4476 723A 音ヤ漢 訓じい・じじい・おやじ

意味 ❶俗ゾクに、父を呼ぶことば。例爺嬢ヤジョウ（＝父母）。阿爺アヤ（＝父を親しんでいう）。❷年長、または身分の高い男性をうやまっていうことば。だんなさま。例老爺ロウヤ。

日本語での用法 《ヤ・じい・じじい》年とった男性。「好好爺コウコウヤ・お爺じいさん・花咲爺はなさかじじい」

89 4画 爻（㐅）こう部

物を交差させた形を二つ合わせた形で、「交わる」の意をあらわす。「爻」と、「爻」を二つあわせた「㸚」をもとにしてできている漢字を集めた。

0 爻 5 爼 7 爽 10 爾

爻0 【爻】4画 6411 723B 音コウ漢

意味 ❶まじわる。❷易エキの卦カを組み立てる符号フゴウ。━（＝陽ヨウ）と╍（＝陰イン）とを組み合わせる。例爻辞コウジ。

【爻辞】コウジ 易エキのそれぞれの符号フゴウを説明したことば。

㐅5 【爼】9画 ⇩【俎】ソ（79ページ）

㐅7 【爽】11画 3354 723D 常用 音ソウ漢 訓さわ―やか

筆順 一 ｱ ㄨ 㸚 爽 爽

なりたち 【会意】「㸚(=すきまが広く明るい)」と「大(=おおいに)」とから成る。明るい。

意味 ❶夜あけの明るさ。あきらか。例 爽旦ソウタン(=朝早く)。❷すがすがしい。さわやか。例 爽快ソウカイ。颯爽サッソウ。

人名 あき・あきら・さ・さや・さわ・たけし

【爽快】ソウカイ (名・形動ダ)さわやかで、気持ちのよいこと。すがすがしいこと。例 高原の朝は実に―だ。

【爽秋】ソウシュウ さわやかな秋。例 ―の候(手紙などで使う)。

【爽涼】ソウリョウ (名・形動ダ)さわやかで、すずしいこと。例 初秋の―をはだで感じる。

爻 10

【爾】

14画 2804 723E 人名 音 ジ漢 ニ呉 訓 なんじ・そ-の・しか-り・のみ

小 2 【尒】 5画 5385 5C13 俗字

なりたち 【形声】「冂(=おおう)」と「㸚(=すきまが広く明るい)」と、音「尒ジ」とから成る。はなやか。借りて「なんじ」の意。

意味 ❶相手を指していうことば。なんじ。❷㋐「その」と読み、ことがらや時を指し示す。例 爾後ジゴ(「そののち」と訓読する)。㋑「しかり」と読み、あるようすを指し示す。そうである。例 何能爾なんぞよくしかる(=どうしてそうすることができるのか)。❸〔助字〕㋐「のみ」と読み、…だけだ、…にほかならない、の意。限定・強調をあらわす。例 此為レ恨爾これをうらみとなすのみ(=これだけが心残りだ)。㋑語の下にそえて状態をあらわす。例 莞爾カンジ(=にっこりと)。卒爾ソツジ(=にわかに)。

日本語での用法 《に》「に」の音をあらわす万葉がな。「手爾波てには・太爾たに(=谷)」

難読 爾乃しかのみならず・手爾乎波てにをは

人名 あき・あきら・ちか・ちかし・み・みつる

【爾雅】ジガ 中国最古の辞書。意味によってことばを分け記してある。漢のころの成立か。

【爾後】ジゴ (副)このののち。そののち。以後。例 ―よく注意するように。

【爾今】ジコン (副)いまからのち。このののち。今後。例 ―以後。―、言動にはつつしんでもらう。表記「自今」とも書く。

【爾余】ジヨ このほか。これ以外。そのほか。それ以外。例 ―の件については次回にまわす。

【爾来】ジライ (副)それからのち。それ以後。そのとき以来。例 ―何ごともなく年月が過ぎた。表記「自余」とも書く。

90 4画 爿 しょうへん部

「木」の字を二つに分けた左半分の形。「爿」の字形を目じるしにして引く漢字を集めた。

0 爿 4 牀 13 牆

爿 0

【爿】

4画 6413 723F 音 ショウ漢

意味 丸太を割った木ぎれ。たきぎ。まき。

爿 4

【牀】

8画 6414 7240 訓 とこ・ゆか 音 ソウ漢 ショウ呉

意味 ❶細長い寝台シンダイやこしかけ。とこ。同 床ショウ。例 牀几ショウギ。❷ものを置く台。例 銃牀ジュウショウ。

【牀▼几】 一 ショウキ 寝台シンダイとひじかけ。二 ショウギ ①折りたたみのできるいす。②横に長い、ベンチのようなこしかけ。表記 二は「床▼几・将▼几」とも書く。

【牀頭】ショウトウ 〔「頭」は、場所を示す語〕寝台シンダイのそば。また、ねどこのかたわら。例 ―の目ざまし時計。

爿 13

【牆】

17画 6415 7246 音 ショウ漢呉 訓 かき

土 13 【墻】 16画 5254 58BB 別体字

意味 土や石で築いた塀へイ。かきね。かき。例 牆壁ショウヘキ。

【牆かきに▼鬩せめぐ】〔「鬩ぐ」は、言い争う意〕同じかきねの中で争う。仲たがいする。例 兄弟ケイテイ―。

【牆▽垣】ショウエン 〔「牆」は高いかきね、「垣」は低いかきねの意〕かきね。かき。かこい。垣牆。例 ―をめぐらす。

【牆壁】ショウヘキ ①土・石・れんがなどで造った塀へイ。②あいだをさえぎるもの。例 ―を築く。表記 ▽現 障壁

【牆面】ショウメン (名・する)①かべに向かって立つこと。②〔かべに向かって立つと向こう側が見えないことから〕勉強をしないので、ものを知らないことのたとえ。

91 4画 片 かた かたへん部

「木」の字を二つに分けた右半分の形。「片」をもとにしてできている漢字を集めた。

0 片 4 版 8 牌 牋 9 牒 牓 15 牘

片 0

【片】

4画 4250 7247 教育6 音 ヘン漢呉 訓 かた・きれ・ペンス

筆順 ノ ノ' 片 片

なりたち 【指事】一本の「木」の右半分。半分に分けた木。

意味 ❶二つでひと組みの一方。かたわれ。かた。例 片手かたて。片方かたホウ。❷平たくてうすいもの。小さいかけら。また、それを数えることば。きれ。例 片雲ヘンウン。断片ダンペン。一片ひとひらの花弁カベン。❸わずか。すこし。例 片影ヘンエイ。片時ヘンジ。片言隻句ヘンゲンセキク。❹イギリスの貨幣カヘイの単位 pence の音訳字。ペンス。

日本語での用法 《かた》不全な、かたくなな、中心からはずれた、一方的な、などの意をあらわす。「片言かたこと・片意地かたイジ・片仮名かたかな・片田舎かたいなか・片恋かたこい」

【片意地】かたイジ (名・形動ダ)がんこに自分の好みややり方をおし通すこと。また、その性質。強情ゴウジョウ。意地っぱり。例 ―を張って注意を聞かない。

【片田舎】かたいなか 都会から遠くはなれた、不便なところ。へんぴな土地。例 ―で静かに暮らす。

【片腕】かたうで ①一方の腕。②最もたのみとする人。

【片仮名】かたかな 日本語の音節文字の一つ。万葉がなの一部分を省略して作られた文字。平仮名ひらがなの「い」「ろ」「は」などに対して「イ」「ロ」「ハ」などの文字。対 平仮名。表記「片仮▽字」とも書く。

【片恋】かたこい どちらか一方だけの恋。片思い。例 だれにも言えない―になやむ。

【片隅】かたすみ 中央部分からはなれた、一方のすみ。目立たないところ。すみっこ。例 都会の―。荷物を部屋の―へ寄せる。

【片手】かたて ①一方の手。②片方の手の指の数から、金額な

どで「五」の数をあらわす。例—なら引き受けてもいい。

【片刃】(かたば) 片面または片側だけに刃(は)のついている刃物。対両刃(リョウば)。

【片肺】(かたハイ) ①一方の肺。例—を切除する。②エンジンが二つある飛行機で、一方のエンジンしか動かない状態のたとえ。また、そのエンジン。例—飛行。

【片方】(かたホウ) 二つあるものの一方。対両方。

【片棒】(かたボウ) かごなどをかつぐ二人のうちの、一方の者。例—をかつぐ(=いっしょに仕事をする。特に、悪事の共犯者となる)。

【片身】(かたみ) ①衣服の身ごろの片方。片身ごろ。②からだの半分。とくに、魚を背骨にそっておろした、一方の身。半身(ハンみ)。

【片道】(かたみち) 行きか帰りか、どちらか一方。対往復。

【片面】(かたメン) 物の一方の面。ことがらの、一部分。対両面。例レコードの—。ものごとの—しか見えていない。

【片雲】(ヘンウン) ちぎれ雲。ひときれの小さな雲。例—の風。

【片影】(ヘンエイ) わずかのかげ。ちらっと見えた姿。例雲間(くもま)に旅客機(リョカクキ)の—を見た。

【片言】(ヘンゲン) 一 ①ちょっとしたことば。わずかなことば。たったひとこと。例—隻語(セキゴ)。②片方の言い分。二 (かたこと) 不完全なものの言い方。〔外国人や幼児などのことばづかいにいう〕

【片言隻句】(ヘンゲンセキク) ちょっとしたことば。わずかなことば。片言隻語(ヘンゲンセキゴ)。例—でも意味は深い。

【片時】(ヘンジ・かたとき) 〔古くは「ヘンシ」とも〕ほんのちょっとの時間。少しのあいだ。一時(イットき)。例—もそばからはなさない。

【片片】(ヘンペン) (形動タル) ①切れ切れであるようす。例—たる知識。②うすっぺらで、とるにたりないようす。例—たる小冊子。③いくつものうすくて小さいものが、風にふかれて軽く舞っているようす。例—と散るサクラの花。

【片▼鱗】(ヘンリン) 〔一枚のうろこの意〕ものごと全体の、ほんの一部分。〔その一部分から全体の大きさや偉大(イダイ)さが想像できるときにいう〕例大器(タイキ)の—をうかがわせる。

●一片(イッペン)・紙片(シヘン)・断片(ダンペン)・木片(モクヘン)

片4 【版】 8画 4039 7248 教育5 音ハン漢 ヘン呉 訓いた・ふだ

筆順 ノ 丿 ド 片 片 扩 版 版

なりたち [形声]「片(=木ぎれ)」と、音「反(ハン)」とから成る。木のいた。参考「板(ハン)」の本字。

意味 ❶文字を書く木のふだ。いた。戸籍(コセキ)や土地の帳簿(チョウボ)。例版籍(ハンセキ)。版図(ハント)。❷文字や図をほりつける印刷用の板。はんぎ。例版画(ハンガ)。版本(ハンポン)。活版(カッパン)。❸書物を印刷して世に出すこと。例版権(ハンケン)。再版(サイハン)。出版(シュッパン)。

【版画】(ハンガ) 木・石・銅などの板に絵や文字を刻みつけて版を作り、墨(すみ)などをぬって紙に絵や文字をうつしとるもの。また、その技法。例—展。

【版木】(ハンギ) 印刷するために文字や絵をほりこんだ板。例浮世絵(うきよエ)の—。表記「板木」とも書く。

【版権】(ハンケン) ①本などの著作物を出版し、それによる利益を得る権利。出版権。②「著作権」の古い言い方。

【版行】(ハンコウ) (名・する) 出版物を印刷し、世の中へ出すこと。類刊行。表記「板行」とも書く。

【版式】(ハンシキ) 印刷版の様式。凸版(トッパン)・凹版(オウハン)・平版(ヘイハン)など。

【版下】(ハンした) ①版木をほるときに板にはりつける、清書した下書き。②凸版(トッパン)や平版(ヘイハン)などで、製版する文字や図・絵などの原稿(ゲンコウ)。

【版籍】(ハンセキ) ①支配する領地とそこに住む人民。②土地台帳と戸籍簿(コセキボ)。

【版籍奉還】(ハンセキホウカン) 一八六九(明治二)年六月、大名がその「版籍①」を朝廷(チョウテイ)に返したこと。

【版図】(ハント) 〔「版」は戸籍(コセキ)、「図」は地図の意〕支配している領土。類国土。例—を広げる。

【版本】(ハンポン) 木版(モクハン)で印刷した本。木版本(モクハンボン)。対写本。例宋代(ソウダイ)の—。表記「板本」とも書く。

【版面】(ハンメン・ハンづら) 印刷版の表面。例—のよごれを落とす。

●活版(カッパン)・再版(サイハン)・重版(ジュウハン)・出版(シュッパン)・初版(ショハン)・新版(シンパン)・図版(ズハン)・絶版(ゼッパン)・平版(ヘイハン)・木版(モクハン)

片8 【牌】 12画 3955 724C 音ハイ漢 訓ふだ

片9 [牌] 13画 俗字

意味 ❶文字や目じるしを書いてかけておくふだ。かんばん。ふだ。例位牌(イハイ)。❷カルタなど、遊びに用いるふだ。例骨牌(コッパイ)。マージャンの牌(ハイ)(=パイ)。❸功績などをしるしたふだ。メダル。例金牌(キンパイ)。銀牌(ギンパイ)。優勝牌(ユウショウハイ)。

【牌子】(ハイシ) ①看板。マーク。②ふだ。鑑札(カンサツ)。

●位牌(イハイ)・金牌(キンパイ)・銀牌(ギンパイ)・賞牌(ショウハイ)・銅牌(ドウハイ)

片8 [牋] 12画 ⇒【箋】(セン)(755ページ)

片9 【牒】 13画 3613 7252 人名 音チョウ漢 ジョウ呉 訓ふだ

意味 ❶文書を書き記す木や竹のふだ。かきつけ。例符牒(フチョウ)。❷役所などで関係方面にまわす公文書。まわしぶみ。例通牒(ツウチョウ)。❸うったえぶみ。訴状(ソジョウ)。

片9 [牌] 13画 ⇒【牌】(ハイ)(647ページ)

片15 【牘】 19画 6417 7258 音トク漢 訓ふだ

意味 文章を書きつけた木のふだ。また、手紙。例牘書(トクショ)(=文書。また、手紙)。尺牘(セキトク)。

92 4画 牙(牙) きば きばへん 部

上下の歯がたがいにかみあう形をあらわす。「牙」の字だけをここに入れた。俗字の「牙」および、「邪」「雅」など常用漢字の構成部分となるときは「牙(五画)」の形になる。

0 牙 牙

牙0 【牙】 4画 1871 7259 常用 音ガ漢 ゲ呉 訓きば・は

筆順 一 二 于 牙

牙0 [牙] 5画 俗字

なりたち [象形] きばの形。

意味 ❶歯。とくに、前歯のとなりにあり、とがっていて交互(コウゴ)にかみあう歯。きば。例歯牙(シガ)。象牙(ゾウゲ)。毒牙(ドクガ)。❷ぞうげのかざりをつけた、天子や将軍の旗。また、それを立てた本陣(ホンジン)。例牙営(ガエイ)。牙城(ガジョウ)。❸売買の間にはいって手数料をとる(人)。仲買(なかがい)。例牙人(ガジン)(=仲買人)。

難読 牙婆・牙籤

【牙営】〔「牙旗」の立っている陣営の意〕大将のいる陣営。本営。本陣。

【牙旗】軍隊で、天子や大将のはた。〔さおの先に象牙または猛獣の牙のかざりがついているからという〕

【牙城】〔「牙旗」を立ててある城の意〕①大将のいる城。②本拠地。例ゲリラ組織の―にせまる。

【牙銭】手数料。口銭。コミッション。例―を取る。

牙 0 【牙】5画 ⇩【牙】(647ページ)

93 4画 牛 うし（牛 うしへん）部

角のあるウシの形をあらわす。偏（＝漢字の左がわの部分）になるときは「牛（うしへん）」となる。「牛」をもとにしてできている漢字を集めた。

0 牛 2 牝 牟 3 牡 牢 4 牧 物 5 牲 牴 6 特 7 牽 牾 犁 8 犀 犇 犂 10 犒 犖 13 犠 15 犢 16 犧

牛 0 **【牛】** 4画 2177 725B 教育2 音 ギュウ漢 ゴ呉 訓 うし

筆順 ノ 𠂉 ⺧ 牛

なりたち ［象形］頭に二本の角があり、盛り上がった背と垂れ下がった尾のあるウシの形。

意味 ❶家畜の一つ。ウシ。例牛馬。汗牛充棟。闘牛。❷㋐二十八宿の一つ。いなみぼし。例牛宿。㋑牽牛星。ひこぼし。例牛女（＝牽牛星と織女星）。

難読 牽牛花・牛膝

人名 とし

【牛飲馬食】（名・する）〔ウシのように飲み、ウマのように食う意〕多量に飲み食いすること。類鯨飲馬食。

【牛角】一（名）ウシの、つの。二（名・形動ダ）〔ウシの二本のつのは大きさも長さもほぼ同じことから〕実力に差がないこと。五分五分。表記 二は「互角」とも書く。

【牛後】〔ウシの、しりの意〕力の強い者に従う者のたとえ。牛尾。→【鶏口となるとも牛後となるなかれ】(1102ページ)

【牛脂】ウシのあぶらを精製した、白い脂肪のかたまり。

【牛車】一ウシが引く荷ぐるま。二平安時代の貴族が用いた、ウシに引かせた屋形つきの車。

【牛舎】ウシを飼う建物。牛小屋。

【牛耳を執る】同盟・党派・団体などのリーダーとなって主導権をにぎる。牛耳る。〔春秋時代、諸侯が同盟を結ぶとき、ウシの耳を切り取り、その血をすすって約束をちかったが、最初に血をすするのは、盟主だったことから〕

【牛刀】ウシなどの大きな家畜の肉を切りさくのに用いる、大きな包丁。例―をもって鶏を割く（＝ウシを料理する刀でニワトリを料理する。大げさな手段を用いるたとえ）。

【牛鍋】牛肉を野菜・とうふなどといっしょに、なべで煮ながら食べる料理。すき焼き。また、そのなべ。

【牛肉】食用とするウシの肉。ぎゅう。

【牛乳】ウシのちち。飲用のほか、チーズ・バター・ヨーグルトなどの加工品の原料にする。ミルク。

【牛馬】ウシとウマ。例―のようにこき使われる。

【牛皮】①ウシのかわ。②むした白玉粉に砂糖・水あめを加えて作る生菓子。求肥。

【牛歩】ウシのあゆみのように、ものごとの進みぐあいがのろいこと。例―戦術。

【牛酪】牛乳の脂肪をかためたもの。バター。

【▽牛頭】〔仏〕地獄で門番をしているという、頭がウシでからだは人間の姿をした鬼。例―馬頭。

【▽牛▼蒡】キク科の二年草。細長い根を食用とする。

●役牛・水牛・闘牛・肉牛・野牛

牛 2 **【牝】** 6画 4438 725D 音 ヒン漢 訓 めす・め・めん

意味 けものや鳥のめす。対牡。例牝馬。牝牡。

【牝鶏】めすのニワトリ。めんどり。

【牝鶏の▼晨】〔「晨」は、ニワトリが時を告げて鳴く意〕朝、時を告げるのはおんどりだが、めんどりが時を告げるのは秩序が失われ、家や国家がほろびることにたとえられた。女性の能力をさげすんでいったことば。牝鶏晨す。〔書経〕

【牝馬】めすのウマ。めうま。対牡馬。

【牝▼牡】動物のめすとおす。雌雄。牡牝。

牛 2 **【牟】** 6画 4422 725F 人名 音 ボウ漢 ム呉

意味 ❶ウシの鳴き声。❷うばいとる。欲ばって食べる。例牟食（＝むさぼりくらう）。❸ひとみ。同眸。例牟子（＝ひとみ）。❹オオムギ。例牟麦（＝むぎ。オオムギ）。❺梵語の音訳。例釈迦牟尼。

日本語での用法 《む》「む」の音をあらわす万葉がな。「牟礼（＝地名）・牟田（＝地名・姓）」

人名 すすむ・ます・もと

【牟尼】〔梵語の音訳。聖者・賢者の意〕釈迦をうやまっていうことば。例釈迦―。

牛 3 **【牡】** 7画 1820 7261 人名 音 ボ漢 訓 おす・お・おん

意味 けものや鳥のおす。対牝。例牡鹿。牡馬。

難読 牡鹿・牡丹餅

【牡丹】①ボタン科の落葉低木。晩春から初夏にかけて、赤むらさき・白・うすくれない・黄などの大きな花がさく。中国で花の王とされる。②イノシシの肉。例―なべ。

【牡丹雪】〔ボタンの花びらのような〕うすくて大きいかたまりで降る雪。ぼたゆき。

【牡▼蠣】一貝のカキの漢名。また、カキのからを焼いてくだいた粉。薬や小鳥のえさにする。二イタボガキ科の海産の二枚貝。食用にするほか、からは飼料や肥料とする。

牛 3 **【牢】** 7画 4720 7262 音 ロウ漢呉 訓 ひとや

意味 ❶おりに入れて飼育した、祭り用のいけにえ。例太牢（＝ウシ・ヒツジ・ブタのいけにえ）。少牢（＝ヒツジ・ブタのいけにえ）。❷罪人を閉じこめておくところ。ひとや。例牢獄。牢死。入牢。❸がっしりとしてじょうぶである。かたい。例牢記。牢固。堅牢。

【牢記】（名・する）しっかり覚えておくこと。銘記。

【牢▼乎】（形動タル）しっかりとしていて動かないようす。

【牢固】（形動タル）しっかりしているようす。また、かたいようす。類堅固。例―たる守りの城。

【牢獄】ロウゴク 罪人を入れておく場所。獄舎。牢屋。牢。
【牢死】ロウシ（名・する）牢獄の中で死ぬこと。獄死。
【牢番】ロウバン 牢獄の見張りをする役目。また、その人。
【牢屋】ロウや 牢獄。牢。
【牢破り】ロウやぶり（名・する）罪人が牢からにげ出すこと。また、その罪人。破獄。脱獄。

牛 4

【牧】

8画 4350 7267 教育4 音 ボク漢 モク呉 訓 まき

筆順 ノ ⺈ 牛 牜 牧 牧

なりたち 【会意】「攵（＝むちうつ）」と「牛（＝うし）」とから成る。ウシを飼い、やしなう人。

意味 ❶家畜を放し飼いにする。また、その場所。まき。例 牧場。牧畜。放牧。❷（人を）やしなう。教えみちびく。治める。例 牧師。牧民。

人名 おさむ・つかさ

【牧牛】ボクギュウ ウシを放し飼いにすること。また、そのウシ。
【牧師】ボクシ キリスト教のプロテスタントで、神につかえ、信者を教え導く人。〔カトリック教会や東方正教会では「神父」という〕
【牧場】ボクジョウ／まきば 家畜を放し飼いにするところ。
【牧神】ボクシン 神話で、森林や牧畜の神。上半身は人間で、下半身はヤギの姿をしている。ギリシャ神話ではパン、ローマ神話ではファウヌス。牧羊神。
【牧人】ボクジン 牧場で家畜を飼育する人。牧者。
【牧草】ボクソウ 家畜のえさとするための草。例 ―地。
【牧畜】ボクチク 牧場で、家畜を飼うこと。また、その産業。
【牧童】ボクドウ ①家畜の世話をする少年。②牧場で家畜を飼う仕事にたずさわる男。カウボーイ。
【牧民】ボクミン 人民を治めること。〔牧人が家畜を養うことにたとえたことば〕例 ―官（＝地方長官）。
【牧野】ボクヤ ①家畜を放し飼いにする野原。②中国の地名。周の武王が殷の紂王をうちほろぼした地。
【牧羊】ボクヨウ ヒツジを飼うこと。また、放し飼いにしてあるヒツジ。
【牧羊神】ボクヨウシン 「牧神」に同じ。
【牧養】ボクヨウ（名・する）①牧場で家畜を飼うこと。②人民をやしない治めること。牧民。
【牧歌】ボッカ 自然にとけこんだのどかな農村の生活をあつかった詩や歌。例 ―的（＝自然にとけこんだのどかなようす）。
●放牧・遊牧

牛 4

【物】

8画 4210 7269 教育3 音 ブツ漢 モチ・モツ呉 訓 もの 付表 果物

筆順 ノ ⺈ 牛 牛 牜 物 物 物

なりたち 【形声】「牛（＝うし）」と、音「勿」とから成る。いろいろなもの。

意味 ❶自然界のすべて形あるもの。もの。例 物体。生物。万物。❷ことがら。ものごと。例 事物。文物。❸ひと。世間。例 物議。人物。俗物。

日本語での用法 《もの》形容詞・形容動詞の上につけて「なんとなく」の意をあらわす。「物悲しい・物狂おしい・物寂しい・物すごい・物憂い・物静か」

難読 物怪・物怪

人名 たね

【物化】ブッカ ①ものが変化すること。②人が死ぬこと。類 物故。
【物価】ブッカ ものの値段。例 ―の上昇が激しい。
【物我】ブツガ 自分以外のものと自分。また、客観と主観。
【物議】ブツギ 世間であれこれと話題にすること。例 ―をかもす（＝いろいろと論議をひきおこす）。
【物件】ブッケン 品物・土地・建物など。例 証拠―。よい―をえらぶ。
【物故】ブッコ（名・する）人が死ぬこと。類 死去・死亡。例 ―者。―した会員。
【物産】ブッサン その土地で生産される、農産物・工芸品などの産物。例 ―展。土地の―を調べる。
【物資】ブッシ 生活するのに必要なもの。食料・衣料・医薬品など。例 救援―。―の調達。
【物質】ブッシツ ①見たり、手でさわったりして、確かめられるもの。例 未知の―。②（精神や心とは別に対立して存在し、感覚を刺激したり、所有欲の対象となったりするものの意で）形のあるもの。また、お金や品物。対 精神。例 ―文明。
【物質的】ブッシツテキ（形動ダ）①物質に関するようす。②物質を重んじるようす。対 精神的・肉体的。
【物証】ブッショウ 品物による証拠。物的証拠。例 ―にとぼしくて逮捕の決め手とならない。
【物象】ブッショウ ものの形やありさま。また、自然の風景。
【物情】ブツジョウ ①ものごとの状態。②世間の人々の気持ち。例 ―騒然（＝社会が不安定で、おちつかないようす）。
【物色】ブッショク（名・する）多くのものの中から、求めている人やものをさがすこと。例 適任者を―する。
【物心】㊀ブッシン 物質と精神。例 ―両面から援助する。㊁ものごころ 世の中のしくみや人々の気持ちを理解できる知識や分別。例 ―がついたころには祖母はいなかった。
【物性】ブッセイ 物質のもっている性質。例 ―物理学。
【物騒】ブッソウ（名・形動ダ）〔「ものさわがし」を漢語風にいったことば〕①危害が加えられそうで、あぶない感じのすること。例 暗い夜道は―だ。―なもの（＝凶器など）をふりまわす。②世の中がさわがしいこと。例 ―な時代になってきた。
【物体】ブッタイ ①目に見えるなど、具体的な形をもって存在しているもの。もの。例 未確認飛行―。②知覚や精神のないもの。例 単なる―にすぎない。
【物的】ブッテキ（形動ダ）ものに関するようす。物質的。対 人的・心的。例 ―証拠。―な面では整っている施設。
【物納】ブツノウ（名・する）お金の代わりにもので税金をおさめること。対 金納。例 相続税を―する。
【物品】ブッピン しなもの。もの。例 ―税。―の管理。
【物物交換】ブツブツコウカン（名・する）お金を使わず、ものとものとを直接とりかえて取り引きすること。例 野菜と衣類を―する。
【物欲】ブツヨク お金や品物をほしがる気持ち。表記 旧 物▼慾
【物理】ブツリ ①ものの性質や作用などに関すること。例 ―現象。②「物理学」の略。
【物理学】ブツリガク 自然科学の一部門。物質や物体の構造・運動、熱や電磁気などのエネルギーやその作用について研究する学問。物理。例 地球―。実験―。理論―。
【物理的】ブツリテキ（形動ダ）広さ・重さ・強さ・時間などに関係があるようす。例 ―に不可能だ。
【物理変化】ブツリヘンカ 物質の性質はそのままで、位置・形・大きさなどの状態が変わること。対 化学変化。
【物流】ブツリュウ 「物的流通」の略。生産者から消費者にわたるまでの商品のながれ。品物の包装・運送などの仕事。
【物量】ブツリョウ ものの量。また、量が多いこと。例 ―で圧倒する。
【物療】ブツリョウ 「物理療法」の略。電気・熱・放射線などを用いる治療法。類 理学療法。例 ―内科。

【物忌み】(名・する) 宗教上の目的で、ある期間、飲食・行動をつつしんで心身を清い状態に保つこと。

【物置】ふだん使わない道具などをしまっておく場所。類納屋・小屋。

【物語】①すじのあるまとまった話を語ること。また、その内容。はなし。例母が語ってくれた―。②古くから語り伝えられた話。例この村に伝わる―。③日本の文学で、平安時代から鎌倉・室町時代にかけて作られた散文の作品。『竹取物語』『源氏物語』『平家物語』など。

【物腰】人に接するときのことばづかいや態度。例―のやわらかな人。

【物種】ものごとのもとになるもの。例命あっての―だ。

【物日】祝いごとや祭りごとなどがある、ふつうの日とちがった特別な日。例―のにぎわい。
●異物・器物・見物・現物・好物・穀物・作物・実物・私物・植物・食物・書物・進物・静物・臓物・建物・動物・荷物・廃物・風物・本物・魔物・名物

牛5 **【牲】** 9画 3223 7272 常用 音セイ漢 訓いけにえ

筆順 ノ 𠂉 ⺧ 牛 牜 牪 牲 牲

なりたち [形声]「牛(=うし)」と、音「生セイ」とから成る。からだに傷のない、いけにえのウシ。

意味 神に供える生きた動物。もとは、祭りで神にささげるために清めたウシ。いけにえ。例犠牲。三牲(=ウシ・ヒツジ・ブタのいけにえ)。

牛5 **【牴】** 9画 6418 7274 音テイ漢 訓ふ-れる

意味 (ウシが角と角をつきあわせるように)つきあたる。ふれる。例牴触。

【牴牾】(名・する) くいちがうこと。例証言が―する。

【牴触】(名・する) 法律や規則に違反すること。例法律に―する。表記 現抵触

牛6 **【特】** 10画 3835 7279 教育4 音トク漢 ドク呉

筆順 ノ 𠂉 ⺧ 牛 牜 牪 牯 特 特

なりたち [形声]「牛(=うし)」と、音「寺ジ→トク」とから成る。雄牛。

意味 ❶とくに目立つ、りっぱな雄牛。❷ぬきんでて(すぐれて)いる。とりわけ。ことに。例特殊。特長。特別。❸ただひとつ。それだけにしかない。例特性。特有。独特。

人名 こと・ただ・よし

【特異】(形動) ふつうとちがっているようす。類特殊・特別。例―な体験をもつ人。

【特異体質】[医]薬や食べ物などに異常な反応を示す体質。

【特異日】高い確率で毎年同じ天気となる特定の日。

【特技】とくにすぐれている技能や技術。例何か―を身につけておく。

【特産】その土地で生産され、品質などが他よりすぐれた産物。また、めずらしい産物。例北海道―のジャガイモ。

【特使】特別の役目をもった使者。〔おもに海外への使者をいう〕例首相が―を派遣する。

【特質】他には見られない、そのもののもつ特別な性質。特性。例熱に強いという―。

【特殊】(名・形動) ふつうとちがっていること。類特異・特別。対一般・普通・普遍。例―な事情がある。

【特種】㊀(名・形動) 特別な種類であること。とくに変わっている種類。㊁(名) 新聞・雑誌やテレビ放送などで、その社だけが手に入れた、特別なニュース。スクープ。

【特需】戦争などの事情による特別な需要。例―景気。―産業。

【特集】(名・する) 新聞・雑誌やテレビ放送などで、とくにある一つの問題にしぼって記事や番組をまとめること。また、その記事や番組。表記 旧特輯
【特賞】コンクールや展示会などで、すぐれたものにあたえられる特別な賞。例―にかがやく。

【特色】他のものにくらべて、ちがっている点。また、すぐれている点。例―を示す。

【特性】そのものだけに見られる特別な性質。特質。例東洋文化の―。


【特製】(名・する) 材料や作り方にとくに気をつかって作ること。また、その品物。例当店―の菓子。

【特設】(名・する) ある目的のために、そのときだけ特別に部屋や会場などをつくること。例―のステージ。

【特選】㊀(名・する) 特別にえらび出すこと。㊁(名) 展覧会・コンクールなどで、とくにすぐれているものにあたえられる賞。例書道展で―にえらばれる。

【特待】特別な待遇をすること。例―生(=成績が優秀で、授業料を免除される生徒・学生)。

【特大】とくに大きいこと。例―のサイズ。

【特段】ふつうとちがう。特別。格別。例―の注意をはらう。

【特注】(名・する) 特別に注文すること。例―した家具。表記 旧特註
【特長】とくにすぐれている長所。

【特徴】他とくらべたときに、ちがっている点。とくに目立つところ。例―のある筆跡。

【特定】(名・する) ①種類や範囲が限られていること。例―の地域に生える植物。②人やもので、確かにその人(それ)であると決めること。例犯人を―する。

【特典】限られた人にあたえられる、特別なあつかい。例会員の―。

【特等】等級で、最高であること。ふつう、一等の上の等級。例―席。

【特派】(名・する) (おもに外国へ)特別な仕事をさせるために使者や記者などを送ること。例―員。

【特売】(名・する) ふだんよりとくに安く売ること。

【特発】(名・する) ①電車やバスなどを臨時に出すこと。②[医]原因不明で、発病すること。例―性の疾患。

【特筆】(名・する) とくに取り上げて書くこと。例―大書。―にあたいする発言。―するまでもないこと。

【特別】(形動・副) ふつうとちがうようす。類格別・特殊。対普通。例―な日。―の訓練をする。

【特報】(名・する) 特別に、ものごとを広く知らせること。また、特別なニュース。

【特務】特別にあたえられた仕事。特別な任務。

【特約】(名・する) 特別な条件や利益をともなう契約をすること。また、その契約。例―店。

【特有】(名・形動) そのものだけが特別にもっていること。

例—のにおい。

【特例】(トクレイ) 特別あつかいにするものごと。㊫例外。例—として今回だけ認める。

【特価】(トッカ) とくに安い値段。例—品。

【特記】(トッキ) (名・する) とくに取り上げて書くこと。例報告書に—する。—すべき事項(ジコウ)なし。

【特急】(トッキュウ) ①「特別急行列車」の略。急行よりも速い列車。例—券。②とくにいそぐこと。大いそぎ。例超(チョウ)—で仕事をこなす。

【特級】(トッキュウ) 等級で、一級よりも上のもの。

【特許】(トッキョ) ①特別に許可すること。②「特許権」の略。例—を申請(シンセイ)する。—を取る。

【特許権】(トッキョケン) 発明した人が、それを独占的(ドクセンテキ)に作ったり、売ったりすることのできる権利。パテント。

【特訓】(トックン) (名・する)「特別訓練」の略。ふつう以上に内容を充実(ジュウジツ)させておこなう訓練や練習。

【特権】(トッケン) ある限られた身分や階級・職務の人にのみあたえられる特別の権利。例—階級。

【特攻】(トッコウ) 特攻隊による攻撃(コウゲキ)。また、特攻隊のするような攻撃。例—精神。—作戦。

【特攻隊】(トッコウタイ)「特別攻撃隊(トクベツコウゲキタイ)」の略。第二次世界大戦末期に、飛行機や魚雷(ギョライ)で敵艦(テキカン)などに体当たり攻撃をした日本軍の部隊。また、その隊員。

【特効】(トッコウ) とくにすぐれたききめ。例—薬(ヤク)。

●奇特(キトク)・独特(ドクトク)

牛7 **【牽】** 11画 2403 727D 人名 音ケン漢呉 訓ひ-く

意味 ❶つなをつけてひっぱる。ひく。例牽引(ケンイン)。牽牛(ケンギュウ)。牽強付会(ケンキョウフカイ)。❷ひっぱられて自由をうしなう。とらわれる。例牽制(ケンセイ)。

難読 牽牛花(あさがお)・牽牛星(ひこぼし・いぬかい)

人名 くる・とき・とし・ひき

【牽引】(ケンイン) (名・する) ひっぱること。ひき寄せること。

【牽引車】(ケンインシャ) ①他の車両をつないでひっぱる、馬力の強い車。②おおぜいの先頭に立って行動する人のたとえ。

【牽牛】(ケンギュウ)「牽牛星(セイ)」のこと。例—と織女(ショクジョ)。

【牽牛星】(ケンギュウセイ) わし座の一等星アルタイル。七月七日の七夕の晩に、天(あま)の川で織女星(ショクジョセイ)(=おりひめ)と会うという伝説がある。ひこぼし。

【牽強付会】(ケンキョウフカイ) (名・する) 自分につごうのよいように、こじつけて言うこと。例—の説。

【牽制】(ケンセイ) (名・する) ①相手の注意をひきつけて、相手が自由な行動をしにくいようにすること。例たがいにライバルとして—し合っている。②野球で、走者の動きをおさえようとすること。例—球を投げる。

牛7 **【牾】** 11画 6419 727E 音ゴ漢 訓さから-う

意味 そむく。さからう。例牴牾(テイゴ)。

牛7 **【犁】** 11画 ⇩【犂】リ(651ページ)

牛8 **【犀】** 12画 2652 7280 人名 音セイ漢 サイ呉

意味 ❶サイ科の哺乳(ホニュウ)動物。サイ。陸生の草食獣(ソウショクジュウ)としてはゾウについで大きい。皮はかたく、鼻の上またはひたいに一本または二本の角がある。例犀角(サイカク)。❷かたい。するどい。例犀利(サイリ)。

難読 木犀(モクセイ)

【犀角】(サイカク) サイのつの。また、その粉末。漢方薬として、解熱(ゲネツ)の効きめがあるとされる。

【犀利】(サイリ) (形動ナ)〔武器が、強くてするどい意〕①頭のはたらきがするどいようす。例—な観察。②文章の内容が的確で力強いようす。例—な批評。

牛8 **【犇】** 12画 6422 7287 音ホン漢 訓はし-る・ひし-めく

意味 (ウシの群れがおどろいて)あわてて走る。はしる。同奔(ホン)。例犇走(ホンソウ)(=かけまわる。いろいろと世話をする)。

日本語での用法《ひしめく》たくさんの人が集まって、おしあいへしあいする。「群衆(グンシュウ)が犇(ひし)めく」

難読 犇犇(ひしひし)

牛8 **【犂】** 12画 6420 7282 音リ漢呉 レイ漢 訓からすき・すき

牛7 **【犁】** 11画 6421 7281 俗字

意味 ❶ウシに引かせて土を耕す道具。からすき。すき。また、すきで耕す。たがやす。すく。❷毛色が黄と黒の、まだらウシ。例犂牛(リギュウ)。

牛10 **【犒】** 14画 6423 7292 音コウ漢 訓ねぎら-う

意味 飲食物をおくって兵士をなぐさめる。ねぎらう。例犒労(コウロウ)(=いたわりねぎらう)。

牛10 **【犖】** 14画 6424 7296 音ラク漢 訓すぐ-れる・まだら-し

意味 ❶毛の色がまだらなウシ。まだらうし。❷(目立って)明らかなようす。例犖犖(ラクラク)(=明らかなようす。また、すぐれているようす)。

牛13 **【犠】** 17画 2130 72A0 常用 音ギ慣 キ漢 訓いけにえ

筆順 牛 牪 牂 牂 牂 犠 犠 犠

牛16 **【犧】** 20画 6426 72A7

なりたち [形声]「牛(=うし)」と、音「羲(キ)」とから成る。祖先の祭りに供えるいけにえ。

意味 神にささげる生き動物。いけにえ。例犠牲(ギセイ)。

【犠牲】(ギセイ) ①神をまつるためにささげる生き物。いけにえ。例神前に—をささげる。②ものごとをなしとげるために生命やたいせつなものをなげうつこと。また、そこなうこと。例他人の幸福を—にして栄える悪人。③事故や災害によって死ぬこと。例山くずれで—者が出る。

【犠打】(ギダ) 野球で、走者を進めるために、打者が外野フライやバントをして、アウトになること。犠牲打(ギセイダ)。

牛15 **【犢】** 19画 6425 72A2 音トク漢 訓こうし

意味 ウシの子。子牛。

【犢鼻褌】(トクビコン・ふんどし) 男性の下着。ひざまでの長さのズボン下。また、陰部(インブ)をおおう布。

牛16 **【犧】** 20画 ⇩【犠】ギ(651ページ)

94 4画 犬 いぬ（犭けものへん）部

イヌの形で、イヌやけものの意をあらわす。偏（＝漢字の左がわの部分）になるときは「犭（けものへん）（三画）」となる。「犬」をもとにしてできている漢字を集めた。

0 犬 2 犯 3 状 犲 4 狂 狃 狆 狄 狀 犹 5 狗 狎 狙 狛 狒 6 狠 狭 狐 狡 狩 独 狢 7 狷 倏 狽 狸 狼 狹 8 猗 猊 猜 猖 猝 猪 猋 猫 猛 猟 9 献 猴 猩 猯 猶 猷 猥 猨 猪 猶 10 猿 猾 獅 獏 11 獄 獎 12 獗 獣 13 獪 獲 獨 14 獰 15 獸 獵 16 獺 獻

この部首に所属しない漢字

哭⇩口 204　飆⇩風 1073

犬 0

【犬】

4画 2404 72AC 教育1 音ケン漢呉 訓いぬ

筆順 一 ナ 大 犬

なりたち ［象形］イヌの形。

意味 ❶イヌ科の哺乳動物。イヌ。例狂犬・番犬・猟犬。❷つまらないもののたとえ。例犬羊（＝イヌとヒツジ）。❸自分をへりくだっていう。例犬馬の労。❹他人をいやしめていう。例犬侍。

日本語での用法《いぬ》①スパイ・まわしもの。「敵方の犬」②似ているが、本物ではない。「犬蓼・犬山椒」③品位の低い。おとる。「犬筑波集（＝俳諧連歌集の名）」④むだな。役に立たない。「犬死に」

【犬死に】（名・する）なんの意味もなくむだに死ぬこと。

【犬畜生】①イヌやそのほかのけだもの。②道徳や倫理を知らない者。また、人としての感情や理性のない者。［人をいやしめ、ののしる言い方］

【犬猿の仲】仲の悪いことのたとえ。

【犬歯】哺乳動物の門歯（＝前歯）の両わきにある、上下二本ずつの先のとがった歯。人でいえば、糸切り歯。

【犬馬】①イヌやウマ。②［「犬馬の」の形で］自分のことを主君や目上の人に対してへりくだっていうことば。

【犬馬の養い】イヌやウマを養うように、親をただ養うだけで、うやまう心の欠けている孝養のたとえ。

【犬馬の▽齢】ただ、生きているだけの年齢。馬齢。［自分の年齢をけんそんしていうことば］

【犬馬の労】主君や人に対して、ためになると思ってする努力。［自分の努力をけんそんしていうことば］

●狂犬・番犬・猛犬・野犬・猟犬

犭 2

【犯】

5画 4040 72AF 教育5 音ハン漢ボン呉 訓おか-す

筆順 ノ 犭 犭 犯 犯

なりたち ［形声］「犭（＝いぬ）」と、音「㔾ハン」とから成る。おかす。

意味 ❶境界をこえてはいりこむ。法をやぶる。おかす。例違犯・侵犯。❷罪をおかすこと。つみびと。例犯罪。犯人。殺人犯。

使い分け おかす【犯・侵・冒】⇩1164ページ

【犯意】犯罪になることを知りながらその行為を実行しようとする意思。例―があった。

【犯行】法律を破るおこない。犯罪行為。例―をかくす。―に走る。

【犯罪】罪をおかすこと。また、その罪。

【犯人】罪をおかした人。犯罪者。

●共犯・主犯・侵犯・不犯・防犯

犬 3

【状】

7画 3085 72B6 教育5 音ソウ漢ジョウ呉

筆順 丨 丬 丬 丬 状 状 状

犬 4

【狀】

8画 1-8774 72C0 人名

なりたち ［形声］「犬（＝いぬ）」と、音「爿ショウ→ソウ」とから成る。イヌのすがた。

意味 ❶すがた。かたち。ようす。ありさま。例状態・形状・実状。❷言いあらわす。ようすを述べる。例白状・名状。❸文書。手紙。かきつけ。例賞状・書状・免状。

人名 かた・のり

【状況】その時々のようすやありさま。例国内の―。最悪の―。

【状態】形・性質・調子や、ものごとのありさま。例心理―。

【状箱】①手紙を入れて整理しておく箱。②昔、手紙を届けるときに、使いの者に持たせた箱。例―を届ける。

●異状・賀状・窮状・行状・形状・現状・惨状・実状・賞状・書状・白状・病状・別状・免状・礼状

犭 3

【犲】

6画 ⇩【豺】（931ページ）

犭 4

【狂】

7画 2224 72C2 常用 音キョウ漢オウ呉 訓くる-う・くる-おしい

筆順 ノ 犭 犭 犭 犴 狂 狂

なりたち ［形声］「犭（＝いぬ）」と、音「王ワウ→キョウ」とから成る。やたらにかみつくイヌ。借りて「くるう」の意。

意味 ❶心のはたらきが自分でおさえきれず、ふつうでなくなる。くるう。例狂気・狂人・発狂。❷ふつうのわくをはずれたようす。くるおしい。例狂喜・狂信。❸なみはずれて勢いが強い。あれくるう。例狂風・狂瀾。

【狂歌】くだけた表現でこっけいな内容の短歌。世相を風刺するものも多く、江戸時代中期に流行した。

【狂気】心のはたらきがふつうではない状態。対正気。

【狂喜】（名・する）うれしさのあまり、気がどうかしてしまったかのように大喜びをすること。例合格の知らせに―する。

【狂句】こっけい・皮肉などのおかしみを内容とした、俳句形式の句。

【狂言】①日本の伝統芸能の一つ。能楽の出し物の合間におこなわれる、こっけいさを強調した劇。例―師。②歌舞伎芝居のこと。また、その出し物。例世話―。③ほんとうらしくふるまうこと。うそ。例―強盗。

【狂犬病】おもにイヌがかかる、ウイルスによる感染症。

すぐにかみつくなど気があらくなり、呼吸困難や麻痺を起こして死ぬ。人畜にも感染する。恐水病。

【狂死】キョウシ（名・する）心のはたらきの異常によって死ぬこと。くるいじに。例牢獄で—したという話だ。

【狂詩曲】キョウシキョク 形式にとらわれずに、作曲家の自由な発想で作られた楽曲。ラプソディー。

【狂信】キョウシン（名・する）人の意見も聞かず、ただひたすらに信じこむこと。例—的にあがめる。

【狂人】キョウジン 心のはたらきを自分でおさえきれない人。

【狂▼躁】キョウソウ 異常な感じのする大さわぎ。例カーニバルの—。表記「狂騒」とも書く。

【狂想曲】キョウソウキョク 定まった形式をもたず、自由な変化に富んだ小品の楽曲。綺想曲。カプリッチオ。

【狂態】キョウタイ 狂気のふるまい。異常なふるまい。例—を演じて人をおどろかす。

【狂風】キョウフウ あれくるって、ふきまくる風。

【狂暴】キョウボウ（形動ナ）興奮してあれくるうようす。類凶暴。例—で手がつけられない。

【狂奔】キョウホン（名・する）①追いつめられた状態から、なりふりかまわず走りまわること。例金策に—する。②手がつけられないほどにあれくるって走り出すこと。例—する馬。

【狂乱】キョウラン（名・する）①ひどくとりみだすこと。②予想できない異常な状態のたとえ。例—する物価。

【狂▼瀾】キョウラン ①あれくるう大波。例—怒濤。②ものごとが乱れてまとまりのつかないこと。

【狂▼瀾を既倒に▼廻らす】（「既倒」は、すでにたおれている意。あれくるう、くずれかけた大波を、もとの形におしかえす）おとろえかけたものを、たてなおす。不利な形勢を有利にする。（韓愈・進学解）

●粋狂・酔狂・熱狂・発狂・風狂

犭4 **【狃】** 7画 6429 72C3 音ジュウ漢 訓なら-う・な-れる

意味 ❶よく習いしたしむ。ならう。なれる。例狃習（＝なれる。ならいおぼえる。また、習慣）。❷ほしがる。むさぼる。❸おごり、あなどる。

犭4 **【狆】** 7画 6430 72C6 音チュウ漢 訓ちん

意味 中国南西部、貴州・雲南地方に住む少数民族、布依族の古い呼び名。

日本語での用法《ちん》からだが小さくて毛の長い、ペット用のイヌ。「狆ころ・狆くしゃ（＝狆がくしゃみをしたような顔）」

犭4 **【狄】** 7画 6431 72C4 音テキ漢 訓えびす

意味 中国北方の異民族。また、広く外国人をさげすんでいったことば。えびす。例夷狄・北狄。

犬4 **【状】** 8画 ⇩【状】ジョウ（652ページ）

犭4 **【犹】** 7画 ⇩【猶】ユウ（657ページ）

犭5 **【狗】** 8画 2273 72D7 音コウ漢ク呉 訓いぬ

意味 ❶イヌ科の小動物。イヌ。また、小さいイヌ。例狗肉・喪家の狗（＝喪中の家の飼いイヌ。また、宿なしイヌ）。❷つまらない者、人の言いなりになって働く者のたとえ。例走狗。参考中国では、イヌをあらわすのに、「犬」よりも「狗」を多く用いる。

【狗盗】クトウ イヌのまねをして、しのびこむ泥棒。こそどろ。

【狗肉】クニク イヌの肉。例羊頭をかけて—を売る。

犭5 **【狎】** 8画 6432 72CE 音コウ漢 訓な-れる

意味 なれなれしい。なれる。例狎近（＝なれ親しむ）。

【狎▼昵】コウジツ（「昵」も、なれる意）なれなれしくする。

犭5 **【狙】** 8画 3332 72D9 常用 音ショ漢ソ呉 訓ねら-う・ねら-い

筆順 ノ 犭 犭 犭 犭 犭 狙 狙

なりたち [形声]「犭（＝けもの）」と、音「且ッ」とから成る。サルの一種。

意味 ❶けものの名。テナガザル。サル。例狙公・狙猴（＝サル）。❷ひそかにすきをうかがう。ねらう。例狙撃。

難読 狙公

【狙撃】ソゲキ（名・する）かくれて、ねらいうつこと。例—兵。

【狙公】ソコウ サルを飼う者。また、さるまわし。

犭5 **【狛】** 8画 2593 72DB 音ハク漢 訓こま・こまいぬ

意味 オオカミに似た、ヒツジを監視する犬。

日本語での用法《こま》高麗（＝昔の朝鮮）伝来の意をあらわす。「狛人・狛犬」

【狛犬】こまいぬ（高麗犬の意）神社や寺院の入り口に二頭ひと組みで置かれる、魔よけのための獅子に似た動物の像。

犭5 **【狒】** 8画 6433 72D2 音ヒ漢

意味 「狒狒」は、アフリカ産の大形のサル。

犭6 **【狠】** 9画 6435 72E0 音❶ガン漢❷コン漢 訓うら-む

意味 ❶イヌがほえる声。❷心がねじけている。凶悪なようす。また、うらむ。同佷。例狠戻。

【狠戻】コンレイ 心がねじけて、凶悪なようす。

犭6 **【狭】** 9画 2225 72ED 常用 音コウ漢キョウ呉 訓せま-い・せば-める・せば-まる・さ

犭7 **【狹】** 10画 6437 72F9 人名

阝7 **【陜】** 10画 7993 965C 本字

筆順 ノ 犭 犭 犭 犭 犭 狭 狭

なりたち [形声]「阝（＝おか）」と、音「夾コ」とから成る。せまい。

意味 わきからはさまれてせまい。せばめる。せばまる。対広。例狭小・偏狭。

日本語での用法《さ》名詞などにつけて、語調を整える。「狭霧・狭衣・狭筵」

難読 狭井（＝地名）・狭間・狭山（＝地名）・桶狭間

【狭▼隘】キョウアイ（名・形動ナ）①せまくるしいこと。②心がせまいこと。人物が小さいこと。狭量。例—な人物。

【狭軌】キョウキ 鉄道のレールの間隔が標準軌間（一・四三五メートル）よりせまいもの。対広軌。

【狭義】あることばがもついろいろな意味のうち、範囲のせまいほうのもの。せまい意味。対広義。

【狭小】(名・形動)せまく小さいこと。対広大。

【狭心症】心臓を動かす筋肉に酸素が行きわたらなくなるために起きる発作。息苦しさや胸の痛みがある。

【狭量】(名・形動)心がせまいこと。度量が小さいこと。小量。対広量。例—な人物。

【▽狭霧】〔「さ」は、語調を整えるための接頭語〕霧。

【▽狭間】①せまいすきま。②谷。谷間。③城壁にあけてある、矢や銃をうつための穴。銃眼。表記 ▽「▽迫間」とも書く。

犭6 【狐】 9画 2449 72D0 音コ漢 呉 訓きつね

意味 イヌ科の哺乳動物。キツネ。ずるがしこくて、うたぐり深い性質であるとされる。皮は衣類に用いられる。例 狐疑。狐裘。白狐。

【狐疑】(名・する)不必要に疑いをいだいて、なかなか信じないこと。例—逡巡(=うたぐり深く迷うこと)。

【狐▼裘】〔「裘」は、かわごろも〕キツネの毛皮で作った服。昔の中国で、身分の高い人が用いた。

【狐臭】わきの下が、あせなどでくさくなること。また、そのにおい。

【狐白▼裘】キツネのわきの下の白い毛皮で作った服。狐裘のなかの上等のもので、ひじょうにたっとばれた。

【狐▼狸】①キツネとタヌキ。〔人をだますもののたとえ〕例—妖怪。—の住処。②人をだましたり、こそこそと悪事をはたらいたりして、信用できない者。

【狐▼狼】①キツネとオオカミ。②ずるがしこく、悪だくみをしている者。

犭6 【狡】 9画 6436 72E1 音コウ漢 キョウ呉 訓ずる-い

意味 すばしこい。また、わるがしこい。ずるい。例 狡猾。狡知。狡兎。

難読 狡辛こすい

【狡▼獪】(名・形動)「狡猾」に同じ。

【狡▼猾】(名・形動)わるがしこいこと。ずるいこと。狡獪。例—な手段。

【狡知】わるがしこい知恵。わる知恵。奸知。例—にたける(=わる知恵がすぐれている)。表記 旧狡▼智

【狡▼兎死して走▼狗▼烹らる】〔すばしこいウサギが死ぬと猟犬は不要となり、煮て食われてしまう意〕利用価値のあるあいだは使われるが、無用になると捨てられることのたとえ。〈史記〉

犭6 【狩】 9画 2877 72E9 常用 音シュウ漢 シュ呉 訓か-る・か-り

筆順 ノ 犭 犭 犭 狞 狩 狩

なりたち [形声]「犭(=いぬ)」と、音「守」とから成る。野に火をつけておこなう、冬のかり。

意味 ❶(火を使って)動物をかりたてて、つかまえること。かる。かり。例 狩猟。参考「狩」はとくに冬のかりのことで、春のかりは「蒐」、夏のかりは「苗」、秋のかりは「獮」という。❷諸侯が守り治める領土。同守。例 巡狩。

日本語での用法《かり》花を見たり、果物・野菜・山菜などを採ったりすること。「桜狩・紅葉狩・松茸狩」

人名 もり

【狩▽衣】〔もと、狩りの服だったのでいう〕公家や武家の平服。のちに礼服となる。えりが丸く、そでにくくりがある。

【▽狩▽人】〔「かりびと」の変化〕野生の鳥やけものをとる仕事の人。猟師。猟人。

【狩猟】(名・する)鳥やけものをとること。狩りをすること。狩り。猟。例—が解禁となる。

犭6 【独】 9画 3840 72EC 教育5 音トク漢 ドク呉 訓ひと-り

筆順 ノ 犭 犭 犯 犯 独 独 独

犭13 【獨】 16画 6455 7368

なりたち [形声]「犭(=いぬ)」と、音「蜀ショク→トク」とから成る。イヌどうしが争う。他のイヌと争い、ひとりぼっち。

意味 ❶ひとりだけで。だれの助けも借りないで。ひとり。例 独学。独立。孤独。❷老いて子のない者。❸ひとりでかってに。例 独裁。独占。独断。❹それひとつだけ。例 独眼。独特。❺〔助字〕「ひとり」と読み、「ただ…だけ」の意。限定をあらわす。例 吾独存(=私だけ生き残った)。

日本語での用法《ドク》「独逸」の略。「独語・独文学・日独」

人名 かつ

【▽独▽活】ウコギ科の多年草。春、かおりのある白い若いくきを食用とする。

【▽独▽活の大木】大きいだけで、役に立たない者のたとえ。

【独演】(名・する)落語・講談・浪曲などで、他の出演者なしにひとりで演じきること。例—会。

【独学】(名・する)学校で学んだり他の人から教えてもらったりするのでなく、ひとりでくふうして勉強すること。独習。

【独眼】片ほうの目が、見えなくなっていること。隻眼。

【独眼竜】①独眼だがすぐれた人物。隻眼の英雄。②戦国時代の武将、伊達政宗の呼び名。

【独吟】(名・する)①漢詩や謡曲などを、ふしをつけてひとりでうたうこと。②連歌や連句などを、ひとりで作っていくこと。例—千句。

【独言】(名・する)ひとりごとを言うこと。独語。

【独語】一(名・する)ひとりごとを言うこと。独言。二(名)「独逸語」の略。ドイツ語。

【独座】(名・する)ひとりですわっていること。例 本堂に—する。表記 旧独▼坐

【独裁】(名・する)①ひとりでものごとを決めること。②ひとりの人や特定のグループが決定権をにぎって、その国を支配すること。例—者。—体制。

【独裁的】(形動)一人ですべてのものごとを決めるようす。対民主的。

【独自】(名・形動)①自分ひとり。例—の道をあゆむ。②他には見られない特徴をもっていること。例—の世界をつくりあげる。

【独酌】(名・する)ひとりで酒を飲むこと。

【独習】(名・する)「独学」に同じ。

【独唱】(名・する)ひとりで歌をうたうこと。ソロ。対合唱。

【独身】ドクシン 配偶者ハイグウシャがいないこと。また、その人。例—を守る。

【独占】ドクセン (名・する) ①ひとりじめにすること。例人気ニンキを—する。②〔経〕市場や生産を支配して、利益をひとりじめにすること。例—禁止法。

【独善】ドクゼン 自分だけが正しいと考えること。例—的。

【独▼擅場】ドクセンジョウ その人ひとりだけが思いどおりにふるまえる場ば。ひとり舞台ブタイ。〔誤って「ドクダンジョウ」と読み、現代では用字も「独壇場」がいっぱん的〕

【独走】ドクソウ (名・する) ①ひとりで走ること。②競技で、他をひきはなして首位に立つこと。例優勝に向かって—態勢にはいった。③ひとりで、かってにものごとをおこなうこと。

【独奏】ドクソウ (名・する) ひとりで楽器を演奏すること。対合奏ガッソウ

【独創】ドクソウ (名・する) まったく新しい考え方でものをつくりだすこと。対模倣モホウ。例—的な技術。

【独尊】ドクソン 自分ひとりだけが他よりもすぐれているとすること。例唯我ユイガ—。

【独断】ドクダン (名・する) 自分だけの考えで決めること。ひとりぎめ。例—専行(=自分だけの決断で行動すること)。

【独壇場】ドクダンジョウ 〔「独擅場ドクセンジョウ」の誤読から生まれたことば〕「独擅場」に同じ。

【独特】ドクトク (名・形動ダ) 他には見られない、そのものだけがもっていること。例—な話し方。表記「独得」とも書く。

【独白】ドクハク (名・する) 演劇で、登場人物が心の中で思っていることをひとりごとのような形で、せりふを言うこと。また、そのせりふ。モノローグ。

【独文】ドクブン ①ドイツ語で書かれた文章。②ドイツの文学。③大学の学科としてのドイツ文学科のこと。例—へ進む。

【独房】ドクボウ 刑務所ケイムショなどで、ひとりだけにして入れる部屋。

【独楽】一ドクラク ひとりで楽しむこと。二こま 軸ジクを中心にしてまわるおもちゃ。例—まわし。

【独立】ドクリツ (名・する) ①一つだけはなれていること。例—している峰みね。②他をたよらないで、ひとりでやっていくこと。ひとりだち。例親元から—する。③他からの支配や束縛ソクバクを受けないこと。例—一個の—した人間。

【独立語】ドクリツゴ 文法で、文の成分の一つ。他の文節と直接の関係をもたず、感動・呼びかけ・あいさつなどをあらわすことば。たとえば、「はい、よくわかりました。」の「はい」は独立語。

【独立自尊】ドクリツジソン 自分の力だけでものごとをおこない、自分自身の人間としての誇ほこりをもつこと。

【独立独行】ドクリツドッコウ 他の力にたよらず、自分だけでおこなうこと。独立独歩ドクリツドッポ。

【独力】ドクリョク 自分ひとりだけの力。自力ジリキ。例—でしあげる。

【独和】ドクワ 「独和辞典ジテン」の略。ドイツ語の単語や用法を日本語で説明してある辞典。

【独居】ドッキョ (名・する) ひとりで暮らしていること。ひとりずまい。ひとりぐらし。例—老人。

【▽独▼鈷】トッコ・ドッコ・トコ 密教で用いる仏具。銅・鉄製で両端リョウタンのとがった短い棒。中央部をにぎって用いる。

【独行】ドッコウ (名・する) ①連れがなく、ひとりだけで行くこと。②独力でおこなうこと。例独立—。

【独歩】ドッポ (名・する) ①ひとりで歩くこと。例独立—。②他の力にたよらずに、ものごとをおこなうこと。③比べるものがないくらいにすぐれていること。例古今—の大政治家。

【独り舞台】ひとりブタイ 〔役者がひとりだけ舞台に立って演じる意〕①多くの人の中で、とくにひとりだけすぐれていること。②自分の思うままにふるまうこと。

●孤独コドク・単独タンドク

犭6 【狢】9画 ⇒【貉】カク(931ページ)

犭7 【狷】10画 6438 72F7 音ケン漢

意味 気が短い。また、かたくなで自分の意志を曲げない。例狷介ケンカイ。狂狷キョウケン。

【狷介】ケンカイ (名・形動ダ) 心がせまく他と協調できないこと。例孤高ココウ—な性格。

犬7 【倏】11画 *6439 *500F 音シュク漢呉 訓たちま-ち

意味 すばやく。とつぜんに。たちまち。にわかに。例倏忽シュクコツ。

犭7 【狽】10画 3966 72FD 音バイ慣 ハイ漢

意味 伝説上のけものの名。前足が短いため、狼ロウ(=伝説上のけもの)の背にのらなければ歩くことができず、よろけてしまうという。→【狼狽】ロウバイ(655ページ)

犭7 【狸】10画 3512 72F8 音リ漢呉 訓たぬき

豸7 【貍】14画 7630 8C8D 本字

意味 ❶ネコ科の哺乳ホニュウ動物。ヤマネコ。また、広くネコ類、あるいはイタチの類。例狸狌リセイ(=ヤマネコとイタチ)。狸奴リド(=ネコ)。❷イヌ科の哺乳動物。タヌキ。参考「タヌキ」は中国では「貉」と書くことが多い。

難読 狸穴まみあな・河狸ビーバー・海狸ビーバー

犭7 【狼】10画 4721 72FC 人名 音ロウ漢呉 訓おおかみ

意味 ❶イヌ科の哺乳ホニュウ動物。オオカミ。例狼煙ロウエン。虎狼コロウ。❷伝説上の、けものの名。例狼狽ロウバイ。

難読 狼牙草こまつなぎ

【狼煙】ロウエン・のろし 遠くにいる人に合図をするたき火のけむり。狼火ロウカ。〔オオカミの糞フンを燃やすと、風がふいてもけむりがまっすぐに上がるという〕類烽火ホウカ。例見張り台から—が上がる。表記「狼▼烟」とも書く。

【狼虎】ロウコ オオカミとトラ。情け容赦ヨウシャなく人を害するもののたとえ。虎狼。

【狼▼藉】ロウゼキ (名・形動ダ) 〔「藉」は、敷しく意〕①どうしようもないほど乱れ散らかっていること。〔オオカミが草を敷いてねたあとが一面に散らかっていることからいう〕例杯盤ハイバン—。②無法なふるまい。乱暴。例—者もの。—をはたらく。

【狼▼狽】ロウバイ (名・する) おどろきあわてて、とりみだすこと。〔「狼」「狽」ともに伝説上のけもので、「狼」は前足が長く後ろ足が短く、「狽」は前足が短く後ろ足が長く、たがいに補いあって歩き、はなれるとつまずきたおれることからいう〕例周章シュウショウ—。とつぜんの事件に—する。

犭7 【狹】10画 ⇒【狭】キョウ(653ページ)

犭8 【猗】11画 6440 7317 音イ漢

意味 ❶感嘆カンタンの声。ああ。例猗嗟イサ。❷しなやかで美しいようす。例猗猗イイ(=草木が美しくしげるようす)。

【猊】 犭8 11画 6441 730A 音ゲイ漢 訓しし

意味 ❶「狻猊」は、想像上の猛獣。また、ライオン。しし。❷仏の座席。また、高僧の座席。転じて、高僧をうやまって呼ぶことば。例猊下。

【猊下】(猊座(=高僧の座席)の下、の意)①高僧に対して敬意をあらわすことば。②高僧にあてた手紙のわき付けに用いることば。

【貎】 豸8 15画 7631 8C8E 別体字

【猜】 犭8 11画 6442 731C 音サイ漢呉 訓うたが-う・そね-む

意味 うらやましくて、にくらしいと思う。うらやむ。そねむ。うたがう。例猜疑。

【猜忌】(名・する)他人をねたんで、ひどくきらうこと。

【猜疑】(名・する)他人をねたみうたがうこと。例心に—を生じる。

【猜疑心】他人をねたみうたがう気持ち。

【猖】 犭8 11画 6443 7316 音ショウ漢 訓くる-う

意味 イヌが興奮してあばれまわるように、激しくあばれる。くるう。例猖獗。

【猖▼獗】(名・する)①好ましくないものの勢いが激しくすさまじいこと。例新型ウイルスが—をきわめた。②つまずく。失敗する。

【猝】 犭8 11画 6444 731D 音ソツ漢 訓にわ-か

意味 だしぬけに。にわかに。例猝然。

【猪】 犭8 11画 3586 732A 人名 音チョ漢呉 訓い・いのしし

【猪】 犭9 12画 1-8779 FA16 人名
【豬】 豕9 16画 7623 8C6C 本字

なりたち [形声]「豕(=ぶた)」と、音「者シャ→チョ」とから成る。ブタ。

意味 ❶イノシシ科の哺乳動物。ブタ。例猪八戒。❷野生のブタ。イノシシ。例猪首。猪突。参考「猪」は主に、中国ではブタを、日本ではイノシシを指す。

人名 しし

【猪首】いくび イノシシのように首が太く短いこと。
【猪▽牙船】ちょきぶね 和船の一種。船足が速い。
【猪口】チョコ 酒を入れて飲む小さいうつわ。さかずき。
【猪▽口才】チョコザイ (名・形動ナ)なまいきなこと。〔少し気がきくのをよいことに出しゃばったふるまいをする者を、ののしって言うことば〕例—な口をきくな。
【猪突】(名・する)イノシシのように、わき目もふらずつき進むこと。また、周囲のようすを考えずに事を進めること。
【猪突猛進】(名・する)まっすぐにひたすらつき進むこと。また、周囲のようすを考えずに事を進めること。例—しては先が危険だ。合格をめざして—する。

【猋】 犬8 12画 — 730B 音ヒョウ漢 訓はし-る

意味 (走るイヌのように)はやい。また、つむじかぜ。同飆。例猋風(=つむじ風)。

【猫】 犭8 11画 3913 732B 常用 音ビョウ漢 ミョウ呉 訓ねこ

筆順 ノ 犭 犭 犭 犭 犭 猫 猫 猫

なりたち 貓 [形声]本字は「貓」で、「豸(=けもの)」と、音「苗ビョウ」とから成る。ネコ。

意味 ネコ科の哺乳動物。ネコ。例猫鼠(=ネコとネズミ)。

難読 猫魔ねこまた

【猫板】ねこいた 長火鉢のひきだしの上部にある板。暖かいのでネコが、よくうずくまることからいう。
【猫舌】ねこじた ネコのように、熱い食べ物が苦手なこと。
【猫背】ねこぜ 首が前へ出て、せなかが丸く曲がっている姿勢。
【猫▼撫で声】ねこなでごえ 相手にあまえたり、きげんをとったり、やさしさをよそおったり、下心をかくして近づくようなときの声。
【猫▼糞】ねこばば (名・する)〔「ばば」は、大便。ネコは糞をしたあと土をかけてかくすことから〕拾ったものを自分のものにして、そしらぬふりをしていること。
【猫額】ビョウガク (ネコのひたいの意から)ひじょうにせまいことのたとえ。例—大(=ネコのひたいほどの広さ)の土地。

【猛】 犭8 11画 4452 731B 常用 音モウ漢 ミョウ呉 訓たけ-し 付表猛者もさ

筆順 ノ 犭 犭 狛 猛 猛 猛

なりたち 猛 [形声]「犭(=いぬ)」と、音「孟モ→ウ」とから成る。たけだけしいイヌ。

意味 勇ましくて、あらあらしい。はげしい。たけだけしい。例猛犬。猛烈。勇猛。

難読 猛猛たけだけしい

人名 いさむ・たかし・たけ・たけお・たけき・たける・つよし

【猛悪】(名・形動ナ)乱暴で残酷なことを平気ですること。例—で有名な武将。

【猛威】すさまじい勢いで人をおびやかす力。例インフルエンザ(=流行性感冒)が—をふるう。

【猛雨】まれにみる激しい雨。豪雨。例—にみまわれる。

【猛火】〔「ミョウカ」とも〕すさまじい勢いで燃える火。例大震災の—。地獄の—。

【猛▼禽】ワシやタカ・フクロウ・ミミズクなど、するどい口ばしとつめをもつ、肉食の鳥。猛鳥。

【猛犬】あらい性格で、ほえたりかみついたりするイヌ。

【猛虎】ひときわ力が強くあらあらしいトラ。

【猛攻】(名・する)ものすごい勢いで攻撃すること。例—を加える。

【猛射】(名・する)激しく射撃すること。

【猛獣】トラ・ライオン・ヒョウなど、肉食で性格があらく、強い攻撃力をもつけもの。

【猛暑】夏の激しいあつさ。酷暑。例—が続く。

【猛将】勇ましく強い力をもっているすぐれた武将。

【猛進】(名・する)激しい勢いでつき進むこと。

【猛省】(名・する)深く反省すること。例—をうながす。

【猛然】(形動タル)力強く、勢いが激しいようす。例—と反発する。

【猛打】(名・する)激しく打つこと。また、その打撃。

【猛毒】激しく作用する毒。

【猛爆】モウバク (名・する) 激しく爆撃すること。
【猛勇】モウユウ 勢いが強くいさましいこと。勇猛。
【猛烈】モウレツ (名・形動ダ) 勢いが激しいこと。例—な寒さ。
【猛者】もさ 〔「もさ」は「モウザ」の変化〕他をしのぐ勇気や力をもっている者。例柔道部の—。
●獰猛ドウモウ・勇猛ユウモウ

犭8 【猟】 11画 4636 731F 常用 音リョウ漢呉 訓か-る・あさ-る

筆順 ノ 犭 犭 犭' 犭巛 猟 猟

犭15 【獵】 18画 6458 7375

なりたち [形声]「犭(=いぬ)」と、音「巤リョウ」とから成る。鳥やけものを追いかけてつかまえる。

意味 ❶野生の鳥やけものをつかまえる。かる。かり。例猟師。猟銃。狩猟。❷手に入れようと、あちこちさがしまわる。あさる。例猟官。渉猟。

難読 猟虎らっこ・猟子鳥あとり

【猟官】リョウカン (名・する) 官職につくために、さかんに活動すること。例—運動。
【猟奇】リョウキ 異常なものに興味をもち、さがしまわること。例—趣味。
【猟期】リョウキ ①ある鳥獣がよくとれる、狩猟に適した時期。②法律で狩猟が許可されている期間。狩猟期。
【猟犬】リョウケン 狩猟に使う、訓練されたイヌ。
【猟師】リョウシ 鳥やけものをとる職業の人。狩人かりゅうど。
【猟銃】リョウジュウ 狩猟用の銃。
【猟人】リョウジン 狩かりをする人。かりゅうど。猟師。
【猟場】リョウば 狩猟をするのに適した場所。また、よくえものがとれる場所。
●禁猟キンリョウ・狩猟シュリョウ・渉猟ショウリョウ・大猟タイリョウ・密猟ミツリョウ

犬9 【献】 13画 2405 732E 常用 音ケン漢 コン呉 訓たてまつ-る・ささ-げる

筆順 一 十 冂 冇 南 南 南一 献 献

犬16 【獻】 20画 6459 737B

なりたち [形声]「犬(=いぬ)」と、音「鬳ゲン→ケン」とから成る。宗廟ソウビョウにささげるいけにえのイヌ。派生して「ささげる」の意。

意味 ❶神仏や目上の人に物をさしあげる。たてまつる。例献上。献身。貢献。❷主人が客に酒をすすめる。また、酒をつぐ回数をかぞえることば。例献酬。一献イッコン差し上げたい。九献クコン。❸もの知り。例文献(=書物と賢人のことば)。

日本語での用法《ケン》差し出す。提供する。「献血ケンケツ」

人名 ささぐ・すすむ・たけ・ただす・のぶ

【献詠】ケンエイ (名・する) 宮中・神社などに、自分で作った詩や歌を差し上げること。また、その詩や歌。
【献花】ケンカ (名・する) 霊前・神前などに花を供えること。また、その花。例慰霊碑イレイヒに—する。
【献金】ケンキン (名・する) ある目的を助けるために、進んでお金を出すこと。類寄付。例政治—。教会に—する。
【献血】ケンケツ (名・する) 輸血用に自分の血液を無償ムショウで提供すること。
【献言】ケンゲン (名・する) 上の人に自分の意見を述べること。
【献辞】ケンジ 書物の著者や発行者が、その本を人に贈おくるときにしるすことば。例—をそえて贈る。
【献酬】ケンシュウ (名・する) 〔「酬」は、返杯ヘンパイの意〕杯さかずきのやりとりをすること。酒をくみかわすこと。
【献上】ケンジョウ (名・する) 身分の高い人に品物を差し上げること。献進。例殿様とのさまに—する。
【献身】ケンシン (名・する) 自分を犠牲ギセイにしてまで他の人々のためにつくすこと。例—的活動。
【献体】ケンタイ (名・する) 医学の研究に役立てるために遺体を提供すること。また、その遺体。例—を申し出る。
【献茶】ケンチャ (名・する) 神仏や身分の高い人にお茶を差し上げること。献上茶。
【献呈】ケンテイ (名・する) 品物を差し上げること。進呈。例近著一冊—いたします。
【献灯】ケントウ (名・する) 神社や寺に灯籠トウロウや灯明トウミョウを差し上げること。例参道の灯籠は諸大名の—による。
【献納】ケンノウ (名・する) 国や社寺、身分の高い人に品物やお金を差し上げること。例鳥居を—する。美術品を—する。
【献杯】ケンパイ (名・する) ①相手に酒をつぐことをへりくだっていうことば。②法事のあとの酒席で、「乾杯カンパイ」の発声に用いることば。表記「献▼盃」とも書く。
【献本】ケンポン (名・する) 本を差し上げること。また、その本。
【献立】コンだて 料理の種類やその組み合わせ。メニュー。例—表。
●一献イッコン・貢献コウケン・文献ブンケン

犭9 【猴】 12画 6445 7334 音コウ漢呉 訓さる

意味 ヒト以外の霊長目レイチョウモクの哺乳ホニュウ動物。サル。〔おもにオナガザルの類をいう〕例猿猴エンコウ。狙猴ソコウ。沐猴モッコウ。

犭9 【猩】 12画 6447 7329 音セイ漢 ショウ呉

意味 想像上の動物である「猩猩ショウジョウ」のこと。

【猩紅熱】ショウコウネツ 〔医〕〔「猩紅」は、あざやかな赤い色〕感染症の一つ。子供に多く、高熱を発して全身に赤い発疹ハッシンができる。
【猩猩】ショウジョウ ①想像上の動物。サルに似ているが赤面赤毛で、ことばを理解し、酒を好むという。②大酒飲み。③ボルネオ・スマトラの森にすむ類人猿ルイジンエンの一種。オランウータン。

犭9 【猯】 12画 6446 732F 音タン漢 訓まみ・まみだぬき

意味 イタチ科の哺乳ホニュウ動物。アナグマ。ブタバナアナグマ。

犭9 【猶】 12画 4517 7336 常用 音ユウ漢 ユ呉 訓なお

筆順 ノ 犭 犭 犭' 犭" 猶 猶 猶

犭9 【猶】 12画

犭4 【犹】 7画 6427 72B9 別体字

なりたち [形声]「犭(=けもの)」と、音「酋シュウ→ユ」とから成る。サルの一種。またイヌの子。

意味 ❶サルの一種。〔テナガザルという〕❷(テナガザルの動きのように)のんびりしている。また、ぐずぐずとためらう。例猶疑ユウギ(=ためらう)。猶予ユウヨ。❸依然イゼンとして。それでもまだ。なお。❹〔助字〕「なお…のごとし」と読む再読文字。ちょうど…と同じだ、の意をあらわす。例過猶レ不レ及(=すぎたるはなおおよばざるがごとし)

やりすぎは足らないのと同じだ。〈論語（ロンゴ）〉

難読 猶予（ためらう）・猶太（ユダヤ）

人名 さね・のり・みち・より

【猶子】ユウシ 〔「なお、子のごとし」の意〕①きょうだいの子。おい。めい。②養子（ヨウシ）。

【猶予】ユウヨ（名・する）①ためらうこと。例一刻の―もならない。②決められた日時や期限を先へのばすこと。例一週間の―をもらう。表記▽「猶与」とも書く。

【▽猶▽太】ユダヤ〔あて字〕①ユダヤ人。ユダヤ民族。②紀元前にユダヤ人による王国があったパレスチナの地域。

犬9 【猷】 13画 4518 7337 音ユウ漢 訓はかりごと・みち

意味 ❶あらかじめ考えた計画。はかりごと。例鴻猷（コウユウ）（＝壮大（ソウダイ）な計画）。❷正しい方法。道理。みち。❸功績。てがら。❹なお。同猶（ユ）。

犭9 【猥】 12画 6448 7325 音ワイ漢呉 訓みだ-り・みだ-ら

意味 ❶ごたごたと入り乱れて、たくさん。みだりに。例猥雑（ワイザツ）。❷下品で、いやしい。また、みだら。例猥褻（ワイセツ）。猥談（ワイダン）。卑猥（ヒワイ）。

【猥雑】ワイザツ（名・形動ダ）①ごたごたと入り乱れていること。②下品なこと。例―な話。

【猥▼褻】ワイセツ（名・形動ダ）性に関することを、わざと興味をそそるように刺激（シゲキ）的にあつかうこと。エロチック。例―罪。

【猥談】ワイダン エロチックな内容の話。

【猥本】ワイホン エロチックな絵・写真・話題などをあつかった本。

犭9 【猨】 12画 ⇩【猿】エン（658ページ）

犭9 【猪】 12画 ⇩【猪】チョ（656ページ）

犭9 【猶】 12画 ⇩【猶】ユウ（657ページ）

犭10 【猿】 13画 1778 733F 常用 音エン漢呉 訓さる

筆順 ノ 犭 犭 狂 猜 猿 猿 猿

虫9 【蝯】 15画 876F 本字

犭9 【猨】 12画 1-8778 7328 別体字

4画

【犬（犭）部】9―12画 ● 猷 猥 猨 猪 猶 猿 猾 獅 獏 獄 奬 獗

なりたち【形声】「虫（＝むし）」と、音「爰（エン）」とから成る。木のぼりのうまいサル。

意味 サル。テナガザル。また、オランウータン・ゴリラ・チンパンジーなどの類人猿（ルイジンエン）。ましら。例猿声（エンセイ）。

難読 荒猿（あらまし）・有猿（あらまし）（＝概略（ガイリャク）。おおよそ）・浅猿（あさましい）

【猿▼猴】エンコウ〔「猴」も、サルの意〕サル。

【猿▼猴（エンコウ）月（つき）を取（と）る】〔サルが水に映った月を取ろうとし、ぶらさがった木の枝が折れておぼれ死んだという故事から〕身のほどをわきまえずに事をおこなうと失敗する、というたとえ。猿猴捉月（ソクゲツ）。

【猿人】エンジン 今から四〇〇万年から一五〇万年前にいたとされる化石人類。直立して二本の足で歩き、簡単な石器を用いた。アウストラロピテクスなど。

【猿声】エンセイ サルの鳴き声。哀（かな）しみをさそうものとされる。

【猿▼臂】エンピ〔「臂」は、うでの意〕サルのように長いうで。例―をのばす（＝うでを長くのばす）。

【猿楽】さるガク 平安時代から室町（むろまち）時代にかけておこなわれた、こっけいなものまねや曲芸を中心にした芸能。能楽のもとになった。表記「▽散楽・▽申楽」とも書く。

【猿▼轡】さるぐつわ 声が出せないように口におしこんだり、かませて後ろでしばったりする布など。例―をかませる。

【猿芝居】さるしばい ①訓練したサルに芝居のまねごとをさせる見せ物。②へたな演劇。また、すぐにばれるたくらみ。例―を演じる。

【猿真▽似】さるまね〔サルが人のまねをする意から〕内容や意味を考えずに、うわべだけ他人をまねることをあざけっていうことば。

●意馬心猿（イバシンエン）・犬猿（ケンエン）・野猿（ヤエン）・類人猿（ルイジンエン）

犭10 【猾】 13画 6449 733E 音カツ漢 訓わるがしこ-い

意味 ❶ずるくて、わるがしこい。例狡猾（コウカツ）。❷混乱させる。かきみだす。

犭10 【獅】 13画 2766 7345 人名 音シ漢 訓しし

意味 ネコ科の哺乳（ホニュウ）動物。ライオン。しし。例獅子（シシ）。

【獅子】シシ ①ライオン。②ライオンに似た想像上の動物。

【獅子▼吼】シシク（名・する）〔「獅子②」がほえると他のけものがおそれしたがうように、仏の法は悪魔（アクマ）などをしりぞける意から〕①釈迦（シャカ）の説法（セッポウ）。②雄弁（ユウベン）をふるうこと。

【獅子身中の虫】シシシンチュウのむし〔「獅子②」の体内で養われているが、かえって獅子を死なせてしまう虫の意から〕①釈迦（シャカ）の弟子（デシ）でありながら、その教えに害をなす者。②その組織にとって害となる活動をする者。

【獅子奮迅の勢い】シシフンジンのいきおい ふるい立つ「獅子②」のような激しい勢い。

【獅子舞】シシまい 「獅子②」をかたどった頭（かしら）をかぶってする舞。

犭10 【獏】 13画 ⇩【貘】バク（931ページ）

犭11 【獄】 14画 2586 7344 常用 音ギョク漢ゴク呉 訓ひとや

筆順 ノ 犭 犭 狺 猄 獄 獄 獄

なりたち【会意】「犾（＝二ひきのイヌが守る）」と「言（＝いう）」とから成る。ろうや。また、たがいに言い争う。

意味 ❶罪人をとじこめておくところ。ひとや。例獄死（ゴクシ）。監獄（カンゴク）。牢獄（ロウゴク）。❷裁判（にうったえる）。うったえごと。例疑獄（ギゴク）。

【獄死】ゴクシ（名・する）牢獄（ロウゴク）の中で死ぬこと。

【獄舎】ゴクシャ 囚人（シュウジン）を入れておく建物。牢屋（ロウや）。牢獄。

【獄卒】ゴクソツ ①牢屋（ロウや）で囚人（シュウジン）の取りあつかいなどをした下級の役人。②〔仏〕地獄にいて亡者（モウジャ）を責め苦しめるという鬼（おに）。例罪人をさいなむ―。

【獄中】ゴクチュウ 刑務所（ケイムショ）の中。

【獄門】ゴクモン ①獄舎の門。例―を出る。②昔の重罪人の刑罰（ケイバツ）で、切り落とした首を台にのせてさらしておくもの。さらし首。梟首（キョウシュ）。例打ち首―に処する。

【獄吏】ゴクリ 牢獄（ロウゴク）の役人。

●監獄（カンゴク）・疑獄（ギゴク）・地獄（ジゴク）・脱獄（ダツゴク）・投獄（トウゴク）

犬11 【奬】 15画 ⇩【奨】ショウ（269ページ）

犭12 【獗】 15画 6453 7357 音ケツ漢

意味 「猖獗（ショウケツ）」は、㋐勢いがさかんではげしい、㋑つまずく、失敗する。

犬 12 **【獣】** 16画 2935 7363 常用 音シュウ漢ジュウ呉 訓けもの・けだもの

筆順 丷 䒑 兴 兽 兽 兽 獣 獣

犬15 **【獸】** 19画 6457 7378 人名

なりたち [形声]「犬(=いぬ)」と、音「嘼(キュ→シュウ)(=家畜(カチク))」とから成る。家畜にならず、野山で生活する動物。一説に、四つ足のけもの。

意味 四つ足の動物。けだもの。けもの。例獣類(ジュウルイ)。猛獣(モウジュウ)。野獣(ヤジュウ)。

【獣道】(けものみち) けものが通ってできた山中の細い道。

【獣医】(ジュウイ)「獣医師」の略。家畜(カチク)やペットなどの病気を治療(チリョウ)する医者。

【獣心】(ジュウシン) 人間としてのやさしさなどのない、けだもののような心。例人面(ジンメン)—。

【獣性】(ジュウセイ) ①けものの性質。例人に飼われても—を失わない。②人間の心にひそむ、動物的で残忍(ザンニン)な性質。例—をむきだしにする。

【獣畜】(ジュウチク) 一 野獣と家畜。二 (ジュウキク)(けものをあつかうときのように)かわいがるだけで、うやまう心がないこと。

【獣肉】(ジュウニク) (鳥や魚などでない)けものの肉。

【獣欲】(ジュウヨク) 動物的本能による欲望。とくに、人間の肉欲。性欲。例抑(おさ)えられない—を満たす。表記 旧獸▼慾

【獣類】(ジュウルイ) けもののなかま。哺乳類(ホニュウルイ)。また、けもの。例ときに人間も—であることを知らされる。

●怪獣(カイジュウ)・猛獣(モウジュウ)・野獣(ヤジュウ)

犭13 **【獪】** 16画 6454 736A 音カイ漢 訓わるがしこ-い

意味 (調子がよくて)わるがしこい。例老獪(ロウカイ)。

犭13 **【獲】** 16画 1945 7372 常用 音カク漢 訓え-る

筆順 ノ 犭 犷 犷 犷 猚 獲 獲

なりたち [形声]「犭(=いぬ)」と、音「蒦(カク)」とから成る。えものをとる。

意味 猟(リョウ)をして、つかまえる。手に入れる。える。例獲得(カクトク)。捕獲(ホカク)。

【獲物】(えもの) ①狩(か)りや漁でとった鳥・けもの・魚など。②戦いや勝負ごとなどで手に入れたもの。例—を分配する。

【獲得】(カクトク) (名・する)(物品や権利などを)手に入れること。例王座を—する。

【獲▼麟】(カクリン) (麒麟(キリン)をつかまえる意。孔子(コウシ)の著『春秋(シュンジュウ)』が「…西狩(セイシュ)(=西方に狩(か)りをして)獲麟」で終わっているところから)筆を置くこと。擱筆(カクヒツ)。絶筆(ゼッピツ)。また、ものごとの終わり。

犭13 **【獨】** 16画 ⇩【独】(ドク)(654ページ)

犭14 **【獰】** 17画 6456 7370 音ドウ漢 訓わる-い

意味 性質があらっぽくて、わるい。例獰猛(ドウモウ)。

【獰悪】(ドウアク) (名・形動(ダ)) 性質があらあらしくわるいこと。例—な殺人犯。

【獰猛】(ドウモウ) (名・形動(ダ)) 性質があらあらしくて乱暴なこと。「ネイモウ」と読むのは誤り。例—なワニ。

犬15 **【獸】** 19画 ⇩【獣】(ジュウ)(659ページ)

犭15 **【獵】** 18画 ⇩【猟】(リョウ)(657ページ)

犭16 **【獺】** 19画 6460 737A 音ダツ慣タツ漢 訓うそ・かわうそ

意味 イタチ科の水生哺乳(ホニュウ)動物。ウソ。カワウソ。

【獺祭】(ダッサイ) ①カワウソが、とった魚を並べてから食べるのを、魚を供えて祭りをしていると見立てて表現したもの。②詩や文章を作るとき、多くの参考書物を広げ並べること。参考「獺祭書屋(ショオク)主人」は正岡子規(まさおかシキ)の号。

犬16 **【獻】** 20画 ⇩【献】(ケン)(657ページ)

95 5画 玄 げん部

小さいものがおおわれてかくれる形をあらわす。「玄」と、「玄」の字形を目じるしにして引く「率」とを集めた。

0 玄 6 率 率

この部首に所属しない漢字

畜⇩田678 牽⇩牛651 衒⇩行885

玄 0 **【玄】** 5画 2428 7384 常用 音ケン漢ゲン呉 訓くろ・くろ-い 付表 玄人(くろうと)

筆順 丶 亠 ㄠ 玄 玄

なりたち [象形]小さいものがおおわれてかくれる形。おくふかい。また、赤みを帯びた黒。

意味 ❶おくふかくて、わかりにくい。例玄妙(ゲンミョウ)。幽玄(ユウゲン)。❷赤みを帯びた黒色。くらい色。くろ。例玄黄(ゲンコウ)。玄武(ゲンブ)。

人名 しず・しずか・つね・とお・はじめ・はる・はるか・ひろ・ひろし・ふか・ふかし

【玄人】(くろうと) ①専門家。例—の域に達する。②芸妓(ゲイギ)・遊女などのこと。▽対素人(しろうと)。

【玄奥】(ゲンオウ) (名・形動(ダ)) おくふかいこと。例—な教義。

【玄関】(ゲンカン) (おくふかいところにはいる門の意)家の正面の入り口。例—番。—ばらい。

【玄黄】(ゲンコウ) ①(天の色である黒と、地の色である黄色の意)天地。宇宙。②黒色と黄色。例天地—(=『千字文(センジモン)』の冒頭(ボウトウ)の句)。

【玄▼奘】(ゲンジョウ) 唐(トウ)代の僧(ソウ)。インドに行き、経典(キョウテン)を中国にもたらし、漢文に翻訳(ホンヤク)した。旅行記『大唐西域記(ダイトウサイイキキ)』をあらわした。うやまって玄奘三蔵(ゲンジョウサンゾウ)と呼ばれる。いっぱんに三蔵法師という。(六〇二—六六四)

【玄宗】(ゲンソウ) 唐(トウ)の第六代の皇帝(コウテイ)。唐の隆盛(リュウセイ)期をつくったが、晩年は楊貴妃(ヨウキヒ)を溺愛(デキアイ)して安禄山(アンロクザン)の反乱にあい、成都にのがれたのち退位した。(六八五—七六二)

【玄孫】(ゲンソン) 孫の孫。ひまごの子。やしゃご。

【玄鳥】(ゲンチョウ) ①ツバメの別名。②ツルの別名。

【玄冬】(ゲントウ) 冬。(四季について、青春・朱夏(シュカ)・白秋とならぶことば)

【玄徳】(ゲントク) ①ふつうの者にははかり知れない深い徳。②人知をこえた天地間の道理。

【玄翁】(ゲンノウ) 石をくだくのに使う、鉄製の大きなかなづち。〔鎌倉(かまくら)時代の僧(ソウ)玄翁が、殺生石(セッショウセキ)をくだくのに用いたこと

から 表記「玄能」とも書く。

【玄武】ゲン 漢代のころ、東西南北の四方に配した神の一つ。カメにヘビが巻きついたような形で、北方を守る。〔青竜(=東)・白虎(=西)・朱雀(=南)とならべていう〕

【玄米】マイ 〔「くろごめ」の意〕もみがらを取っただけで精白していない米。

【玄妙】ミョウ (名・形動ナ) ものごとの味わいが深く、たやすくは理解できないこと。例—な境地。

【玄理】リ ①ふつうにはすぐわからない、おくぶかい道理。②老荘(=老子と荘子)の説いた道理。

玄6 【率】 11画 4608 7387 教育5 音 一シュツ漢ソツ呉 二リツ漢 三スイ漢呉 訓ひき-いる

筆順 亠 亠 玄 玄 泫 泫 泫 率

玄6 【率】 11画

なりたち 象形 長い柄がついた網の形。鳥をつかまえる網。借りて「ひきいる」の意。

意味 一ソツ シュツ ❶みちびく。ひきいる。例率先ソッセン。引率インソツ。統率ソツ。❷つきしたがう。(おきて・きまりなどに)したがう。❸にわかに。軽はずみに。同卒ソツ。例率爾ソツジ。軽率ケイソツ。❹ありのまま。あっさりした。例率直チョク。真率シンソツ。❺おおむね。すべて。例率土ソット。 二リツ わりあい。ぶあい。一定の基準。例確率カクリツ。能率ノウリツ。 三スイ かしら。おさ。同帥スイ。例将率ショウスイ。

人名 のり・より

【率▼爾】ソツジ (名・形動ナ) にわかなこと。突然ゼン。類率然。例—ながら、おたずねいたします。

【率先】ソッセン (名・する) 人の先頭に立っておこなうこと。例—垂範スイハン(=人にさきだっておこない、模範ハンを示すこと)。

【率然】ソツゼン (副) ①にわかなようす。②軽はずみなようす。

【率直】ソッチョク (名・形動ナ) ありのままでかざりけがないこと。例—に言う。

【率土】ソット 天下じゅう。国じゅう。例率土の浜ヒン(=国の果て。「浜」は、陸の果ての意)。〈詩経シキョウ〉

●引率イン・確率カク・軽率ケイ・効率コウ・統率トウ・能率ノウ・倍率バイ・百分率ヒャクブン・比率ヒ・利率リ

玄6 【率】 11画 ⇒【率】ソツ(660ジ)

[玄部] 6画 ● 率 率 [玉(王)部] 0画 ● 玉

96 5画 玉 たま(王 たまへん)部

たまを連ねた形をあらわす。「玉」が偏(=漢字の左がわの部分)になるときは「王(たまへん)」(四画)となる。「玉」をもとにしてできている漢字と、「王」の字形を目じるしにして引く漢字とを集めた。

0 玉 王 3 玖 4 玩 玦 玫 玟 5 珂 珈 珊 玳 珍 玻 珀 玲 珎 6 珪 珥 珠 珮 班 珞 珱 7 球 現 珸 琢 理 琉 琅 8 瑛 琴 琥 琶 琵 琲 琺 琳 琢 9 瑗 瑕 琿 瑚 瑟 瑞 瑙 瑁 瑜 瑶 10 瑩 瑰 瑳 瑣 瑪 瑠 瑤 瑯 11 瑾 璋 璃 12 璞 璢 13 環 璧 環 14 瓊 璽 16 瓏 17 瓔

この部首に所属しない漢字

主⇨丶30 全⇨入61 呈⇨口196 弄⇨廾360 皇⇨白696 望⇨月504 斑⇨文470 聖⇨耳811

玉0 【玉】 5画 2244 7389 教育1 音ギョク漢ゴク呉 訓たま

筆順 一 丁 干 王 玉

なりたち 象形 三つのたまをつらぬき連ねた形。石の美しいもの。

意味 ❶美しい石。宝石。たま。例玉石混交ギョクセキコンコウ。宝玉ホウギョク。❷(宝石のように)美しい。りっぱな。例金科玉条キンカギョクジョウ。珠玉シュギョク。❸天子に関するものごとにそえることば。例玉音ギョクオン。玉座ギョクザ。❹相手をたっとんで、そえることば。例玉韻ギョクイン。玉章ギョクショウ。

日本語での用法 一《ギョク》①芸者。「玉代ギョクダイ・半玉ハンギョク」②将棋ショウギの駒こまの一つ。「玉将ギョクショウ」③たまご。「玉ギョクつきの盛もりそば」 二《たま》①丸い形のもの。「玉子たまご・飴玉あめだま・薬玉くすだま」②人をものになぞらえていう。「善玉ゼンだま・悪玉アクだま・いい玉たまだ」

人名 きよ

使い分け たま【玉・球・弾】⇨1172ジ

【玉案】ギョクアン 玉ギョクでかざったりっぱな台、または机。「机」を美しくいうことば。

【玉案下】ギョクアンカ 〔あなたのりっぱなお机のそばの意〕手紙のわき付けに使うことば。

【玉音】ギョク 一イン ①美しい声や音。②他人のことばや手紙をうやまっていうことば。 二オン 〔「ギョクイン」とも〕天子の声やことば。例—放送。

【玉顔】ギョクガン ①美しい顔。②天子のお顔。天顔。

【玉座】ギョクザ 〔玉ギョクでかざった座席の意〕天子や国王のすわる席。また、天子の位。

【玉砕】ギョクサイ (名・する) 〔玉たまとくだける意〕名誉メイヨを重んじて、いさぎよく死ぬこと。〔第二次世界大戦中に、日本の陸海軍が自軍の全滅ゼンメツを美化して用いた〕対瓦全ガゼン。

【玉山】ギョクザン 姿かたちが美しいこと。また、その人。例—の崩くずるるが如ごとし(=美しい人が、だらしなく酒によいつぶれた姿の形容)。

【玉▼璽】ギョクジ 天子の印。御璽ギョジ。

【玉将】ギョクショウ 将棋ショウギの駒こまの一つ。下位の者が王将と同等のものとして使う。前後左右ななめに一ますずつ動ける。玉ギョク。

【玉章】ギョクショウ 〔美しくすぐれた詩文の意〕他人の手紙をうやまっていうことば。玉簡。

【玉条】ギョクジョウ ①美しい枝。②最もたいせつな規則。例師のことばを金科—としてかたく守る。

【玉人】ギョクジン ①玉ギョクをみがき、細工をする職人。玉工。②玉ギョクで作った人形。③美女。

【玉成】ギョクセイ (名・する) 宝玉ホウギョクをみがきあげるように、すぐれたものに仕上げること。

【玉石】ギョクセキ ①たまと、いし。②すぐれたものと、おとったもの。例—を区別する。

【玉石混交】ギョクセキコンコウ すぐれたものと、おとったものとがまじっていること。表記 旧玉石混▼淆

【玉体】ギョクタイ ①天子や貴人のからだ。②美人のからだ。

【玉代】ギョクダイ 芸者などを呼ぶための料金。揚あげ代。玉ギョク。

【玉台】ギョクダイ ①玉ギョクでかざった台。たまのうてな。②天皇の居住するところ。宮殿キュウデン。

【玉▼兎】ギョクト 〔月にウサギがすむという伝説から〕「月」の別名。

【玉▼佩】 装身具の一つ。腰の帯につける宝玉。

【玉杯】 宝玉で作ったさかずき。また、さかずきを美しくいうことば。

【玉▼帛】 玉と絹。古代の中国で、諸侯が天子や貴人に会うときのおくりもの。

【玉盤】 ①玉で作った盛り皿。②「月」の別名。

【玉筆】 他人の筆跡や詩文のうやまった言い方。

【玉歩】 〔昔、中国で、玉佩をつけ、そのひびきに調子を合わせて歩いたことから〕天子・貴人・美人のあゆみ。

【玉門】 ①美しい門。②陰門。

【玉門関】 甘粛省敦煌の西にあった関所。西域と中国の内地とを結ぶ要所。玉関。

【玉容】 美しい姿や顔だち。

【玉葉】 ①天子の一族。皇族。例金枝—。②他人からもらった手紙を美しくいうことば。

【玉露】 ①(葉の上の)美しい露。②最上の煎茶。

【玉楼】 ①りっぱな御殿。玉殿。例金殿—。②道教でいう、両肩の骨。

【玉稿】 相手の原稿をうやまっていうことば。

【玉串】 ①サカキの枝に木綿または紙をつけ、神前にささげるもの。例—奉奠。②「サカキ」の別名。

【玉▼簾】 ①玉でかざったすだれ。②ヒガンバナ科の多年草。高さ約三〇センチメートル。葉は細長く、夏、白い花をつける。

【玉手箱】 〔玉でかざった手箱の意〕①昔話の「浦島太郎」で、太郎が竜宮からみやげにもらってきた箱。②秘密のたいせつなものを入れた箱。

【玉▼葱】 野菜の一つ。地下の球形のくきを食用にする。オニオン。

【玉▼琢かざれば器を成さず】 〔りっぱであるはずの宝玉でも、みがかなければすぐれたうつわに仕上げることはできないの意〕生まれつきすぐれた才能をもっていても、学問・修養を積まなければ、りっぱな人にはなれない。「玉磨かざれば光なし」ともいう。〈礼記〉

【玉▽響】 しばらくのあいだ。しばし。一説に、かすか。〔『万葉集』の「玉響」の字訓を、今は「たまかぎる」と読むが、古訓で「たまゆらに」と読んだことから〕例—の恋。

【▽玉▼蜀▼黍】 イネ科の一年草。食用・飼料として世界各地で広く作られている。唐黍。

●悪玉・親玉・珠玉・善玉・繭玉・水玉

王 0

【王】 4画 1806 738B 教育1 音 オウ 漢呉

筆順 一 丅 干 王

なりたち 王 〔指事〕「三(=天・地・人)」を真ん中でつらぬくようにまとめて治める。天下がなびき従うもの。

意味 ❶徳によって国を治める者。天子。君主。きみ。例王位。王国。帝王。❷ある方面で最も実力をもつ者。かしら。おさ。例王者。百獣の王。❸姓の一つ。例王安石。王維。

日本語での用法 《オウ》①皇族の男性で、親王でない人。「東久邇宮稔彦王」②将棋の駒の一つ。「王将」

難読 親王

人名 きみ・たか・つかさ

【王安石】 北宋の政治家。今の、江西省臨川の人。唐宋八大家のひとり。神宗のとき、「新法」を施行。(一〇二一—一〇八六)

【王位】 王の位。例—継承権。—につく。

【王維】 盛唐の詩人・画家。字は摩詰。今の、山西省太原の人。山水を詠じ、絵では南画の祖といわれる。(六九九—七五九)

【王化】 君主の徳により人民を感化し、善良にすること。

【王学】 明の、王陽明の学説。陽明学。

【王冠】 ①王位を示すかんむり。②栄誉のしるしのかんむり。例—を得る。③びんの口金。

【王▼羲▼之】 東晋の書家。古今第一の書家として、書聖と呼ばれる。「楽毅論(楷書)」「蘭亭序(行書)」「十七帖(草書)」が有名。(三〇三—三六一)

【王宮】 帝王の住む宮殿。

【王家】 〔「オウカ」とも〕①王の血筋。王族。②王の家。

【王権】 帝王のもつ権力。

【王公】 帝王と大臣。

【王侯】 帝王と諸侯。

【王侯将相▽寧んぞ種有らんや】 帝王・諸侯・将軍などになるのは、家がらや血筋によるものではない。実力や運によってだれでもなることができる。〈史記〉

【王国】 ①王を主権者とする国。例オランダ—。②ある特定のものがきわだって栄えている社会のたとえ。

【王座】 ①帝王の座席。王位。例—につく。②競技・勝負ごとの第一位のたとえ。例—決定戦。

【王様】 王をうやまっていうことば。例裸の—。

【王子】 ①帝王のむすこ。②日本の明治以後の旧制度で、皇族で親王宣下のない男子。王。▽対王女。

【王室】 帝王の一家。一族。例イギリス—。

【王者】 ①帝王。君主。②徳によって天下を治める君主。対覇者。③第一人者。例陸の—。

【王女】 ①帝王のむすめ。②日本の明治以後の旧制度で、皇族で内親王宣下のない女子。女王。▽対王子。

【王将】 将棋の駒の一つ。動けなくなるか、取られるかすると負けになる。王。

【王城】 ①帝王の住む城。王宮。②帝王の住む都市。みやこ。

【王昭君】 前漢の元帝の後宮につかえた女官。名は嬙。字は昭君。絵かきにわいろをおくらなかったので、故意にみにくくえがかれ、そのために漢の王女の身代わりとして匈奴の王にとつぎ、望郷の思いをいだきながら異国の地で没したという。薄幸の美女として、多くの文学や絵画の題材とされている。(生没年未詳)

【王▼昌齢】 盛唐の詩人。七言絶句にすぐれる。(六九八—七五五ごろ)

【王制】 ①帝王の定めた制度。②王が主権をもつ政治体制。君主制。

【王政】 ①帝王がおこなう政治。②国の主権が王にある政治体制。君主政体。

【王政復古】 武家政治・共和政治などをやめて、君主政治にもどること。〔日本では、明治維新を指す〕

【王族】 帝王の一族。

【王朝】 ①帝王が政治をおこなう朝廷。②日本の平安時代。例—文学。③同じ王家に属する王の政権の継続期間。例ロマノフ—。ブルボン—。

【王手】 ①将棋で、直接に王将をせめる手。例—飛車取り。②相手の死活にかかわる有効・確実な手段。例優勝へ―をかける。

【王都】帝王の住むみやこ。帝都。

【王土】帝王の領地。

【王統】帝王の血筋。

【王道】①帝王のおこなうべき道。仁徳にもとづいて人民を治める政道。(対)覇道。例―政治。②〔英語 royal road の訳語〕王のための特別の通路。近道。例学問に―なし(=だれでも同じ苦労をしなければならない)。

【王妃】帝王の妻。きさき。

【王法】□一①帝王の定めた決まり。②帝王のおこなうべき道。□二(仏教からみた)帝王の法令。また、政治。

【王命】帝王の命令。

【王▼莽】前漢末の政治家。前漢の平帝を毒殺し、帝位について国号を新として建国。後漢の光武帝(=劉秀)にほろぼされて死んだ。(前四五―後二三)

【王陽明】明の学者・政治家。名は守仁。今の、浙江省余姚の人。知行合一を説き、陽明学の祖となる。著書、『伝習録』。(一四七二―一五二八)

【王立】王または王族の設立によるもの。例―研究所。

【▽王仁】古代の百済の学者。応神天皇の十六年に日本に渡来、『論語』『千字文』を献じて漢文を伝えたといわれる。(生没年未詳)
○勤王・四天王・女王・親王・帝王・仁王・法王・魔王

王3 【玖】 7画 2274 7396 人名 音キュウ漢 ク呉

なりたち ［形声］「王(=たま)」と、音「久キュウ」とから成る。玉ギョクに似た黒い石。

意味 ❶黒色の美しい石。❷「九」の大字ダイジ。商売や契約の文書で、数字を書きかえられないように使う。

人名 き・たま・ひさ・ひさし

王4 【玩】 8画 2065 73A9 常用 音ガン漢呉 訓もてあそ-ぶ

筆順 一 T 干 王 王 王 玩 玩

なりたち ［形声］「王(=たま)」と、音「元ゲン→ガン」とから成る。もてあそぶ。

意味 ❶おもちゃにする。なぐさみものにする。もてあそぶ。例玩弄ガンロウ。❷おもちゃ。例玩具ガング。❸たいせつにして楽しむ。めでる。例愛玩アイガン。賞玩ショウガン。❹じっくり味わう。例玩味ガンミ。

人名 よし

【玩具】遊び道具。例―店。

【玩物】①ものをもてあそぶこと。②もてあそぶもの。おもちゃ。玩具。

【玩物喪志】愛好する事物に気をとられて、本来の理想を見失うこと。(書経)

【玩味】(名・する)①食べ物をよくかんであじわうこと。②内容を理解しあじわうこと。例熟読―。表記▽「▼翫味」とも書く。

【玩弄】(名・する)①もてあそぶこと。例―物(=おもちゃ)。②なぶりものにすること。愚弄グロウ。例他人の誠意を―する。表記▽「▼翫弄」とも書く。

王4 【玦】 8画 1-8787 73A6 音ケツ漢

意味 平たいドーナツ状の宝玉で、輪の一部を欠いた形のもの。装飾品として腰にさげて用いた。〔「ケツ」の音が「決・訣ケツ」に通じることから、決断・訣別ケツベツの意をあらわすものとされ、『史記』にある「鴻門の会」では、范増ハンゾウが項羽コウウに玉玦を三たび提示して劉邦を殺すようにせまった〕

［玦］

王4 【玟】 8画 1-8784 739F 音 □一バイ漢 マイ呉 □二ビン漢 ミン呉

意味 □一バイ マイ 美しい玉。玫瑰バイカイ・マイカイ。同玫。□二ビン ミン 美しい石。

王4 【玫】 8画 1-8788 73AB 音バイ漢 マイ呉

参考 本字は「玟」。

意味 ❶美しい玉。玫瑰バイカイ・マイカイ。❷玉のように美しい。うつくしい。例玫階(=美しいきざはし)。❸美しい石。

【玫▼瑰】①美しい玉。火斉珠カセイジュ。②美しい詩文などのたとえ。③バラ科の落葉低木。美しい赤色あるいは白色の花がさき、かおりもよい。ハマナスの変種。④バラ科の落葉低木。ハマナス。ハマナシ。北海道から本州北部の海岸に群生し、果実はナシに似た味がする。

王5 【珂】 9画 1849 73C2 人名 音カ漢呉

意味 ❶宝石の一種。しろめのう。❷貝の名。白色でウマのくつわをかざるのに用いる。くつわ貝。

王5 【珈】 9画 6461 73C8 人名 音カ漢

意味 婦人の髪かざり。玉ギョクを垂れ下げた、かんざし。

日本語での用法《コー》「コーヒー(coffee)」の音訳。「珈琲コーヒー」〔中国語では「咖啡」〕

王5 【珊】 9画 2725 73CA 人名 音サン漢呉

意味「珊瑚サンゴ」は、サンゴ虫の骨格が積もってできる、枝のような石灰質のかたまり。白・赤・もも色があり装飾品に使う。

人名 さぶ

【珊▼瑚樹】①木の枝の形に見える、サンゴ。②スイカズラ科の常緑小高木。夏、白色の花がさき、秋に赤い実がなる。庭木・生け垣にする。

【珊▼瑚礁】サンゴ虫の骨格が積もってできた石灰質の岩礁。

王5 【玳】 9画 6462 73B3 音タイ漢

意味「玳瑁タイマイ」は、南の海にすむウミガメの一種。甲羅コウラは黄色と黒のまだらがあり、べっこう細工の材料にする。

王5 【珍】 9画 3633 73CD 常用 音チン漢呉 訓めずら-しい

筆順 一 T 干 王 王 玐 玠 珍 珍

王5 【弥】 9画 6463 73CE 俗字

なりたち 珍 [形声]「王(=たま)」と、音「㐱シ→チン」とから成る。たから。

意味 ❶たからもの。❷めったにない。貴重である。めずらしい。例珍貴。珍味。❸たいせつにする。例珍蔵。珍重。袖珍。

日本語での用法《チン》ふつうとちがっていて笑いをさそう。「珍芸・珍妙」

参考 異体字「弥」は「寶(=宝)」の俗字とする説がある。例和同開珎(ワドウカイチン|ワドウカイホウ)。

人名 うず・くに・くる・たか・はる・よし

【珍奇】(名・形動ダ) めずらしく、変わっていること。例―な事件。―な人物。

【珍客】めずらしい客。めったに来ない客。例―到来。

【珍事】①めずらしいできごと。②思いがけないできごと・事件。椿事。例―に巻きこまれる。

【珍獣】めずらしいけもの。

【珍書】めずらしい書物。珍本。例―の保存。

【珍説】①めずらしい話。珍談。②ばかげた意見や説。

【珍蔵】(名・する) めずらしいものとして、たいせつにしまっておくこと。例―する宝物。

【珍談】めずらしくておもしろい話。例奇談―。

【珍重】(名・する) ①めずらしいものとしてたいせつにすること。②手紙文で、相手にからだをたいせつにすることをすすめることば。自重。自愛。③めでたいこと。けっこうであること。例まずは―至極。

【珍鳥】めずらしい鳥。

【珍答】こっけいな答え。対珍問。

【珍品】めずらしい品物。珍物。

【珍本】(数少ないため、また内容が変わっていて)めずらしい本。珍書。例―を求める。

【珍味】めずらしいあじ。また、めったにあじわえない食べ物。例山海の―。

【珍妙】(名・形動ダ) 変わっていて、こっけいなこと。例―な服装。

【珍無類】(名・形動ダ) 他に類がないほどめずらしいこと。例―な話。

【珍問】風変わりな質問。おかしい質問。対珍答。

●七珍・別珍

王5 【玻】 9画 6464 73BB 音ハ漢呉

意味「玻璃」は、水晶。

難読 玻璃(ガラス|ビードロ|ギヤマン)

【玻璃】(梵語の音訳)①水晶。②ガラス。

王5 【珀】 9画 6465 73C0 人名 音ハク漢呉

意味「琥珀」は、宝石の一つ。→【琥珀】(666ページ)

王5 【玲】 9画 4672 73B2 人名 音レイ漢 リョウ呉

なりたち 玲 [形声]「王(=たま)」と、音「令レイ」とから成る。玉の鳴る音。

意味「玲玲」「玲瓏」は、玉がふれ合って鳴る音。

人名 あき・あきら・たま

【玲玲】(形動タル) 金属どうし、また、玉どうしがふれ合って鳴る音の形容。例―として高い石のひびき。

【玲▼瓏】(形動タル) ①すきとおって美しく光りかがやくようす。例―たる富士の山容。②玉などがふれ合って、美しい音で鳴る形容。例―とした声。**表記** ②は「玲▼琅」とも書く。

王5 【弥】 9画 ⇩【珍】チン(662ページ)

王6 【珪】 10画 2330 73EA 音ケイ漢 訓たま

意味 ❶諸侯が身分のあかしとして天子からあたえられた玉。たま。同圭。例珪璧(=たま)。❷非金属元素の一つ。岩石中にふくまれる。同硅。例珪素。

王6 【珥】 10画 6466 73E5 音ジ漢 訓かんざし・さしはさ-む・みみだま

意味 ❶宝玉を用いた耳かざり。みみだま。例珥璫(=耳かざり)。❷さしはさむ。例珥筆(=古代の役人が記録に便利なように常に筆を冠の側面にはさんでいること)。

王6 【珠】 10画 2878 73E0 常用 音ジュ慣 シュ漢呉 訓たま 付表 数珠

筆順 一 丅 干 王 王 玝 玝 珠 珠

なりたち 珠 [形声]「王(=たま)」と、音「朱シュ」とから成る。貝の中にできるたま。火災を防ぐ力があると伝えられる。

意味 ❶貝の中にできる丸い小さなたま。例真珠。❷真珠のように小さくて丸いつぶ。例珠数。数珠。❸美しいものや、りっぱなもののたとえ。例珠玉。

人名 あけ・み

【珠玉】①真珠と宝石。例―をちりばめる。②美しいもの、とうといもの、すぐれたもののたとえ。例―の短編集。―の作品。

【珠算】そろばんを使ってする計算。

【▽珠数】〔仏〕(「ずず」とも) 多数の小さい玉を糸でつないで輪にしたもの。仏を拝むとき、手にかけたりもんだりする。**表記**「数珠」とも書く。

【珠▼簾】玉でかざったすだれ。玉すだれ。

●擬宝珠・真珠・連珠

王6 【珮】 10画 6467 73EE 音ハイ漢 訓おびもの・お-びる

意味 身分の高い人が帯につけて腰にさげるかざり玉。おびだま。同佩。例珮玉。

[珮玉]

王6 【班】 10画 4041 73ED 教育6 音ハン漢呉 訓わ-ける

筆順 一 丅 干 王 王 玎 玔 玔 班 班

なりたち 班 [会意]「玨(=二つの宝玉)」と「刂(=刀)で切り分ける」とから成る。宝玉を分ける。

意味 ❶分けあたえる。分配する。わける。例 班田(=公民に分けあたえる田地)。❷順番をつける。順序。席次。例 班次(=地位の順序)。❸分けられた一つのグループ。例 班長。学習班。❹まだら。同 斑。例 班白。❺姓の一つ。

人名 つら・なか・ひとし

【班固】後漢の歴史家。今の陝西省扶風の人。父、班彪の志をつぎ『漢書』をつくるが、未完で獄死した。(三二—九二)

【班長】一つの班の長。班のリーダー。

【班田収授法】律令制で、国家が公民に一定の規則によって田畑を分けあたえ、死後これを返させた法。中国唐代の制を、日本の律令制度に取り入れた。

【班白】しらがまじりの頭。ごましお頭の老人。

王6 **【珞】** 10画 6468 73DE 音 ラク 漢 呉

意味「瓔珞」は、宝石を多くつらねたかざり。

王6 **【珱】** 10画 ⇩【瓔】(669ページ)

王7 **【球】** 11画 2169 7403 教育3 音 キュウ 漢 グ 呉 訓 たま

筆順 丁 王 王一 玗 玗 玗 球 球 球

なりたち [形声]「王(=たま)」と、音「求(キュ)」とから成る。玉。

意味 ❶たま。美玉。❷まるいたま。立体でまるい形をしたもの。例 球形。気球。地球。❸まり。ボール。また、ボールを使う競技。例 球技。卓球。野球。

日本語での用法《キュウ》「野球」の略語。ベースボール。「球界・球児・球団」

使い分け たま【玉・球・弾】⇩1172ページ

人名 まり

【球威】野球で、投手の投げるたまの力。例 —はおとろえない。

【球界】野球に関係する人々の社会。

【球技】ボールを使ってする競技。野球・テニス・フットボール・バスケットボール・バレーボールなど。例 —大会。

【球形】たまのようにまるいかたち。球状。

【球茎】地下茎が養分をたくわえて球形になったもの。サトイモ・クワイ・コンニャクなど。

【球根】球状または塊状の茎および根。チューリップ・ダリア・クロッカスなど。

【球状】たまのようなまるい形。球形。例 —星団。

【球場】「野球場」の略。例 神宮—。

【球審】野球で、試合中に捕手の後ろにいて、投球や打球の判定などをする審判員。主審。対 線審・塁審。

【球速】野球で、投手が打者に対して投げるたまの速度。

【球団】「野球団」の略。ことにプロ野球のチームを組織する事業団体。

【球面】①球の表面。②〔数〕立体的な空間で、定点から等距離にある点の軌跡。

●眼球・気球・打球・卓球・地球・直球・庭球・電球・投球・野球

王7 **【現】** 11画 2429 73FE 教育5 音 ケン 漢 ゲン 呉 訓 あらわ-れる・あらわ-す・うつつ

筆順 丁 王 玑 玑 玥 玥 現 現

なりたち [形声]「王(=たま)」と、音「見(ケ)」とから成る。あらわになる。かくれていたものがあらわれる。

参考 古くは「見」を、「見る」「あらわれる」の意味で使っていたが、のちに、「王」を加えて「現」の字ができ、「あらわれる」の意味で使うようになった。

意味 ❶かくれていたものが表面に出てくる。あらわれる。あらわす。例 現象。出現。表現。❷実際に見ることができる。いま。例 現金。現在。現代。

日本語での用法《うつつ》めざめていること。正気。本心。また、夢と現実の区別のないこと。「夢か現か・現をぬかす・現になる」

使い分け あらわす・あらわれる【表・現・著】⇩1162

難読 夢現・現し世・現つ神

人名 あき・あきら・あり・み

【▽現人神】人の姿となってあらわれる神。現つ神。〔「天皇」の意で用いたことがある〕

【現役】①現在、ある地位や職務についていること。また、その人。例 —の選手。②現在、軍務に部署・地位をもって活動していること。また、その人。対 退役・予備役。例 —の士官。③卒業以前に、上級の学校、または就職のための試験を受ける状態にあること。対 浪人。例 —の合格率。

【現下】いま。現在。目下。例 —の懸案事項。

【現況】現在のありさま。現状。例 気象—。

【現業】管理や事務などではなく、工場の現場でおこなう肉体労働。例 —員。

【現金】㊀(名)手もとにあるお金。貨幣や紙幣。キャッシュ。㊁(形動ダ)利害によってすぐに態度を変えるようす。例 —な若者。

【現形】現在のかたち。例 —のまま残す。

【現行】①現在、社会でおこなわれていること。例 —の法規。—の国語辞典。②現におこなうこと。例 —犯。

【現行犯】実際におこなっているときに、もしくはその直後に、見つけられた犯罪。逮捕状がなくても逮捕できる。例 放火の—で逮捕する。

【現今】いま。現在。現下。例 —の社会情勢。

【現在】㊀(名)①過去と未来とを結ぶ時間の一点。いま。対 過去・未来。②文法で、現におこなわれている動作・現象をあらわす語法。③〔仏〕三世(=過去・現在・未来)の一つ。現し世。現世。この世。④〔「…現在」の形で〕変動している状態を、ある時点で示すとき、その時点を示す語にそえることば。例 二〇二〇年三月—の人口。㊁(名・する)現に存在すること。現存。例 —する最古の仏像。

【現時】現在の時点。現今。いま。例 —の学校制度。

【現実】実際に存在すること。考えの中だけのことでなく、いま目の前にあること。対 理想。例 理想から遠い—の姿。

【現実主義】①現実的なものを最も重視する主義。リアリズム。②主義・理想にこだわらず、現実の事態に合わせて、合理的に事を処理する主義。▽対 理想主義。

【現収】現在の収入や収穫。

【現住】㊀(名)〔仏〕現在の住職。㊁(名・する)現在そこに住んでいること。また、そのところ。例 —地。

【現出】(名・する)あらわれ出ること。あらわし出すこと。出現。例 異様な姿を—する。

【現象】目で見たり、手でふれたりすることのできる姿や形。とくに、現実に存在する事実やできごと。例自然―。―にとらわれて本質を見ない。

【現状】現在の状態・ありさま。現況。例―維持。

【現場】㊀現在おこなわれている、または実際におこなわれた場所。例―不在証明。犯行―。㊁工事などの作業をしているところ。例―監督。

【現職】現在ついている職。また、現在その職にあること。例―をはなれる。―の警官。

【現身】㊀現世にある身。㊁【▽現し身】〔「うつせみ」とも〕この世に生きている、この身。なまみ。例―の人の命。

【現世】①〔「ゲンセイ」とも〕今の世の中。②〔「ゲンゼ」とも〕〔仏〕三世の一つ。現在の世。この世。対前世・来世・後世。例―利益。

【現前】(名・する)目の前にあらわれること。目の前にあること。例理想郷が―する。

【現像】(名・する)①形をあらわすこと。また、あらわれた形。②写真で、撮影した乾板・フィルム・印画紙などを、薬液にひたして映像をあらわすこと。例―液。

【現存】(名・する)現に存在すること。実際にあること。また、現在生きていること。例―する資料。―の記念物。

【現代】①今の時代。当世。②歴史の時代区分の一つ。日本史では、第二次世界大戦が終わったあとの時代。例―史。

【現代的】(形動ダ)いかにも現代らしい感じがするようす。当世風。モダン。例―な考え方。―な建物。

【現地】①現在いる土地。地元。②現在、あることが実際におこなわれている土地。現場。例―調査。―からの報告。

【現品】現在ある品物。現物。例―限り。

【現物】①現在ある物品。現品。対見本。②〔金銭に対して〕品物。例―支給。③〔経〕取引で、株式・債券や米などの現品。対先物。例―取引。

【現有】(名・する)現在もっていること。例―勢力。
●再現・実現・出現・体現・表現

王7 【琣】 11画 6473 73F8 音ゴ漢

意味 ❶「琨琣」は、山の名。また、そこからとれる美しい石の名。玉に次ぐ美しい石。❷地名に用いられる字。例琣瑤瑁(=北海道の地名)。

王7 【琢】 11画 3486 7422 人名 音タク漢 訓みが-く

王8 【琢】 12画 1-8805 FA4A 人名

なりたち [形声]「王(=たま)」と、音「豕」とから成る。玉を加工する。

意味 玉をみがいて美しくする。転じて、学問やわざを向上させる。みがく。例切磋琢磨。彫琢。うでを琢く。

人名 あや・たか・たくま

【琢磨】(名・する)①玉や石をとぎみがくこと。②道徳・学問・芸術などの向上に努めること。例切磋―。

王7 【理】 11画 4593 7406 教育2 音リ漢呉 訓ことわり・おさ-める

筆順 丅 王 玎 玔 珇 珅 理 理

なりたち [形声]「王(=たま)」と、音「里」とから成る。玉のすじもようにそって加工する。派生して「おさめる」の意。

意味 ❶おさめる。ととのえる。例理髪。整理。料理。❷ものの表面の模様。すじ。すじめ。例肌理。木理。❸ものごとをつらぬくすじみち。ことわり。例理論。道理。論理。❹宇宙の本体。例理学。❺物理学または自然科学。例理科。物理。

難読 料理る・木理

人名 あや・おさ・おさみ・おさむ・さだむ・さと・さとし・さとる・すけ・たか・ただ・ただし・ただす・とし・のり・まさ・まさし・まさる・まろ・みがく・みち・みつ・よし

【理運】天の道理にかなった運。類運命。

【理科】小学校・中学校の教科の一つ。自然のありさまや法則を学ぶ学科。〔高校では化学・生物・地学・物理の分野を指し、大学では文科系以外の部門〕

【理会】(名・する)〔「理解会得」から〕ものごとの道理がよくわかること。類了解・理解。

【理解】(名・する)①ものごとを論理によって判断し、意味・内容を知ること。例―力がある。②人の気持ちや立場がわかること。例子供の気持ちに―のある親。

【理外】ふつうの道理では説明できないこと。例―の理(=常識では説明できない不思議な道理)。

【理学】①自然を対象とする学問。理科。また、とくに、物理学。例大学の―部。②宋代、宇宙を成り立たせている理と気を説いた哲学。性理学。

【理気】①呼吸をととのえること。②宋代の儒学者の説。理は宇宙の本体、気はその現象を指し、万物は理が気を作用させることによって生じるという。

【理屈】①すじみちの通った考え。道理。例―を説いてきかせる。―に合った説明。②論理は通っているが、特別の目的のために、もっともらしくこじつけた説明。例―をこねる。―をつける。表記▽「理窟」とも書く。

【理財】資産を利益が上がるように用いること。例―家。

【理事】①〔法〕法人を代表して、その事務などを監督し、責任を負う機関や職名。例―会。②団体を代表し、その事務を処理する役職。例―長。―国。

【理数】理科と数学。例―系。―科。

【理性】①ものごとをすじみちだてて考え、正しく判断する精神のはたらき。対感情。例―を失う。②〔哲〕概念的に考える能力。

【理性的】(形動ダ)理性に従って判断・行動するようす。対感情的。例―に行動する。

【理想】ものごとについて、望ましいと願い求める最高の状態。対現実。例―家。―が高い。

【理想郷】理想が実現された想像上の社会。ユートピア。例―を求めて旅立つ。

【理想主義】①現実と妥協せず、あくまで理想の実現を求める立場や生き方。例―者。②ありのままでなく、作者の理想を作品に表現しようとする芸術上の立場。▽対現実主義。

【理想的】(形動ダ)理想にかなうようす。対現実的。例―な生活。

【理知】ものごとを論理的に考え、正しく判断する能力。理性と知恵。例―的な顔だち。表記 旧理▼智
【理詰め】りくつや道理だけで考えや議論をおし進めること。例―ではいかない。

【理念】①ものごとについて、どうあるべきかという根本的な

考え。例教育の―。②〔哲〕経験をこえて、理性によって得られる最高の概念。世界・神・自由など。イデー。

【理髪】リハツ かみの毛をかり、形を整えること。類理容・散髪・調髪。例―師。―店。

【理非】リヒ 道理に合うことと、合わないこと。類是非。例―を明らかにする。

【理非曲直】リヒキョクチョク 道理にかなっていることと、はずれていること。道徳的に正しいことと、誤っていること。例―を論じあう。

【理不尽】リフジン（名・形動ダ）道理に合わないこと。むりなこと。例―な要求。

【理法】リホウ ものごとの道理。また、道理にかなった決まりや法則。例天の―。

【理由】リユウ ものごとがそうなったわけや、すじみち。類事由。例それ相当の―がある。

【理容】リヨウ かみの毛をかり、ひげなどをそって美しく整えること。理髪。例―師。

【理路】リロ 話や議論などのすじみち。例―整然と述べる。

【理論】リロン 個々のことがらや経験に法則性・統一性を見いだし、すじみちだててまとめた考え。対実践。例―的。―物理学。相対性―。

●管理・経理・原理・修理・処理・真理・審理・推理・整理・代理・定理・道理・倫理・論理

王7 **【琉】** 11画 4616 7409 人名 音リュウ漢 ル呉

なりたち［形声］「王（＝たま）」と、音「㐬」とから成る。

意味 ❶「琉璃」は、宝石の一つ。瑠璃。❷「琉球」は、沖縄の別の呼び名。

【琉歌】リュウカ 沖縄の歌謡。短歌に似ていて、八・八・八・六の音律をもつ。

【琉球】リュウキュウ 沖縄の別名。中国から呼んだ古い名。例―絣。―王朝。

【琉金】リュウキン キンギョの一品種。色は赤、または白とのまだらが多く、からだは短く、尾やひれはよく発達している。江戸時代、琉球から渡来した。

【琉璃】ルリ ⇩【瑠璃】ルリ（668ジペー）

【琉璃色】るりいろ ⇩【瑠璃色】るりいろ（668ジペー）

王7 **【琅】** 11画 6470 7405 音ロウ漢

王10 **【瑯】** 14画 6471 746F 別体字

意味 ❶真珠に似た美しい石。また、清らかなもののたとえ。例琅玕。❷玉の鳴る音。例琅琅。玲琅。

【琅玕】ロウカン ①真珠に似た美しい石。②美しいもの、美しい文章のたとえ。

【琅邪】ロウヤ 山東省にある山の名。秦の始皇帝がここに台を築き、石碑を建てた。

【琅琅】ロウロウ（形動タル）玉石や金属のふれあって鳴る音。また、清らかな美しい音の形容。例―たる金玉の音。

王8 **【瑛】** 12画 1745 745B 人名 音エイ漢 ヨウ呉

なりたち［形声］「王（＝たま）」と、音「英」とから成る。玉のひかり。

意味 ❶玉の美しいひかり。❷すきとおった宝玉。水晶。例玉瑛（＝水晶）。

人名 あき・あきお・あきら・てる

王8 **【琴】** 12画 2255 7434 常用 音キン漢 ゴン呉 訓こと

筆順 一 丅 千 王 玨 玨 琴 琴

なりたち［象形］弦を張った楽器の形。

意味 ❶弦楽器の一つ。こと。中国では五弦か七弦で、琴柱がない。例琴瑟。琴線。和琴。❷弦楽器。また、鍵盤楽器。例提琴（＝バイオリン）。風琴（＝オルガン）。木琴。手風琴（＝アコーディオン）。洋琴（＝ピアノ）。

【琴曲】キンキョク 琴で演奏する曲。箏曲。

【琴瑟】キンシツ 五弦または七弦の琴と、十五弦または二十五弦などの大型の琴。

【琴瑟相和す】キンシツあいワす〔琴と瑟の音色がよく合う意から〕夫婦やきょうだいの仲がよいことのたとえ。〈詩経〉

【琴線】キンセン ①琴に張った糸。例―をふるわす。②ものごとに感動したり共鳴したりする心のはたらき。例心の―にふれる。

【琴柱】ことじ 琴の胴の上に立てて弦を支え、また、音の高低を調節する道具。こま。例―に膠す（＝ゆうずうがきかないことのたとえ）。

王8 **【琥】** 12画 6472 7425 人名 音コ漢

意味 ❶トラの形をした玉器。西方の神を祭るのに用いた。❷トラの形をした玉の割り符。左右に分け、一致したときに兵を動かした。❸「琥珀」は、宝石の一つ。

【琥珀】コハク 宝石の一つ。地質時代の植物の樹脂が地中で石化したもの。透明または半透明のつやのある黄色で、かざりに用いる。例―色の美酒。―の光（＝酒の色の美しさをいう）。

王8 **【琶】** 12画 3942 7436 人名 音ハ漢呉

意味「琵琶」は、楽器の一つ。

王8 **【琵】** 12画 4092 7435 人名 音ヒ漢 ビ呉

意味「琵琶」は、楽器の一つ。

【琵琶】ビワ 西域から中国を経て奈良時代に伝えられた弦楽器の一種。ビワの実を半分に割った形の胴に四本または五本の弦を張り、ばち、または指で鳴らす。

【琵琶法師】ビワホウシ 鎌倉時代以後、主として『平家物語』を琵琶で弾き語りした、盲目の法師。

［琵琶］

王8 **【琲】** 12画 6474 7432 音ヒ慣 ハイ漢

意味 真珠にひもを通したかざり。例珠琲（＝じゅずのようにつらねてひもを通した真珠）。

日本語での用法《ヒー》「コーヒー（coffee）」の音訳。「珈琲」

王8 【琺】 12画 6475 743A 音ホウ漢

意味「琺瑯」は、ガラス質の物質。

【琺瑯】 金属器や陶磁器の表面のさび止め・装飾のために焼きつけるガラス質のうわぐすり。例—引き。

【琺瑯質】 歯の表面をおおう、かたい物質。エナメル質。

王8 【琳】 12画 4654 7433 人名 音リン漢

なりたち 形声「王(=たま)」と、音「林」とから成る。美しい玉。

意味 美しい玉。例 琳琅。

人名 たま

【琳▼琅】 一(名)①美しい玉。②美しい詩文のたとえ。二(形動タトル)玉などがふれあって鳴る音の形容。

王8 【琢】 12画 ⇨【琢】(665ページ)

王9 【瑗】 13画 1-8818 7457 音エン漢

意味 平たいドーナツ状の宝玉で、穴の直径が輪の部分のはばの二倍のもの。「エン」の音が「援(=ひきよせる)」の意に通じることから、主君が臣下を呼びよせて引見するときの礼物として用いられたという。

[瑗]

王9 【瑕】 13画 6476 7455 音カ漢ゲ呉 訓きず

意味 玉の表面にある、くもりやひび。きず。転じて、あやまち。欠点。例 瑕疵。白璧の微瑕(=玉にきず)。

【瑕▼瑾】 ①美しい玉についたきず。②あやまち。欠点。③恥。不名誉。

【瑕▼疵】 ①きず。欠点。②法律上、なんらかの欠点があること。例 行政上の—を指摘する。

王9 【琿】 13画 6477 743F 音グン慣コン漢

意味 ❶美しい玉の名。❷地名に用いられる字。例 瑷琿(=黒竜江省の地名。ロシアと清とが国境画定条約をむすんだ地。愛輝)。

王9 【瑚】 13画 2474 745A 人名 音コ漢ゴ呉

なりたち 形声「王(=たま)」と、音「胡」とから成る。さんご。

意味 ❶「珊瑚」は、サンゴ虫の骨格が積もってできる石灰質のかたまり。❷祖先をまつるときに、供え物を盛った器。例 瑚璉(=キビ・アワなどを供える祭器)。

王9 【瑟】 13画 6478 745F 音シツ漢 訓おおごと

意味 ❶弦楽器の一つ。琴の大きなもの。二十五弦がふつうだが、二十七弦や五十弦など種々ある。おおごと。例 琴瑟。鼓瑟。❷しずかでさびしいようす。例 瑟瑟。

【瑟瑟】 (形動タトル)風がさびしく、厳しくふく音の形容。

王9 【瑞】 13画 3180 745E 人名 音スイ漢ズイ呉 訓しるし・みず

なりたち 形声「王(=たま)」と、音「耑→スイ」とから成る。しるしの玉。

意味 ❶天子が諸侯や将軍にさずける美しい宝玉。例 圭瑞。❷(天が示す)しるし。きざし。〔多く、めでたいことにいう〕例 瑞雲。瑞兆。祥瑞。

日本語での用法 《みず》若く生き生きとしているようす。「瑞枝・瑞穂の国・瑞瑞しい」

難読 瑞典・瑞西

人名 たま・みずほ・みち・みつる・よし

【瑞雲】 ①異変の起こるしるしとされる雲。②めでたいことが起こるしるしの雲。慶雲。祥雲。例—がたなびく。

【瑞気】 めでたいことの起こるきざし。

【瑞光】 めでたいひかり。

【瑞祥】 めでたいきざし。類 吉兆・瑞兆・瑞相・祥瑞。例—が現れる。

【瑞相】 ①何か異変のあるしるし。例 世の乱るる—。〈方丈記〉②めでたいことのある前兆。類 瑞祥・瑞兆・吉兆。③福々しい人相。例—をしている。

【瑞兆】 めでたいことのある前ぶれ。類 瑞祥・瑞相・吉兆。

【瑞鳥】 めでたいしるしとされる鳥。鳳凰など。

【瑞夢】 めでたいゆめ。よいゆめ。類 吉夢。

【瑞▼枝】 みずみずしく若いえだ。

【瑞垣】 神社などの周りの垣根。玉垣。斎垣。

【瑞穂】 みずみずしいイネの穂。例—の国。

王9 【瑙】 13画 6479 7459 音ドウ漢ノウ呉

石9 【碯】 14画 6685 78AF 別体字

意味「瑪瑙」は、宝石の一つ。

王9 【瑁】 13画 6480 7441 音 一ボウ漢 二バイ漢マイ呉

意味 一 天子が諸侯に会うときに持つ玉。二「玳瑁」は、南の海にすむウミガメの一種。

王9 【瑜】 13画 6481 745C 音ユ漢呉

意味 美しい玉。例 瑾瑜(=美しい玉)。

【瑜▼伽】 〔仏〕〔梵語の音訳〕主観・客観が一つになった、ある絶対的な境地。また、その境地に達するため心身をきたえ、瞑想するなどの修行法。ヨガ。ヨーガ。

王9 【瑶】 13画 6486 7476 人名 音ヨウ漢 訓たま

王10 【瑤】 14画 8404 7464

なりたち 形声「王(=たま)」と、音「䍃」とから成る。美しい玉。たま。

意味 ❶美しい玉。たま。❷玉のように美しいようす。例 瑶顔(=美しい顔)。

【瑶台】 宝玉でかざった美しい御殿。りっぱな、たかどの。

【瑶池】伝説上の崑崙山にある池。西王母が住んでいるといわれる。

王 10
【瑩】
15画 6482 7469 音エイ漢 ヨウ呉 訓あき-らか・みが-く

意味 ❶玉の光る色。❷あざやか。あきらか。

王 10
【瑰】
14画 6483 7470 音カイ漢 訓たま

意味 ❶美しい玉(あるいは石)の名。例瓊瑰。玫瑰。❷すぐれた。めずらしい。例瑰才(=奇才)。瑰宝(=めずらしい宝)。

難読 玫瑰(=浜べに自生するバラ科の植物の名)

王 10
【瑳】
14画 2628 7473 人名 音サ漢 訓みが-く

なりたち [形声]「王(=たま)」と、音「差」とから成る。玉の色が白くあざやか。

意味 ❶白くあざやかなようす。例瑳瑳。❷白い歯をちらっと見せて、愛らしく笑うようす。❸象牙や玉をみがいて美しくする。みがく。同磋。

王 10
【瑣】
14画 6484 7463 音サ漢 訓ちい-さい

意味 玉の鳴る小さな音。また、こまごまと小さい。例瑣瑣。瑣事。

【瑣瑣】(形動タル)①小さくていやしいようす。②こまごまとしてわずらわしいようす。例—たる問題もゆるがせにしない。

【瑣細】(形動ダ)小さくこまかいようす。とるにたりないようす。例—なことにも口をはさむ。表記「▼些細」とも書く。

【瑣事】こまかいこと。とるにたりないつまらないこと。類小事。例—にこだわる。表記「▼些事」とも書く。

【瑣末】(形動ナ)小さな、あまり重要でないようす。例—な雑務。

王 10
【瑪】
14画 6485 746A 音バ漢 メ呉

意味 「瑪瑙」は、宝石の一つ。

5画

[玉(王)部] 10—13画 瑩 瑰 瑳 瑣 瑪 瑠 瑤 瑯 瑾 璋 璃 璞 璢 環

【瑪瑙】宝石の一つ。赤・緑・白などの美しい色のしま模様がある。

王 10
【瑠】
14画 4660 7460 常用 音リュウ漢 ル呉

筆順 一 王 王 玐 玐 瑠 瑠 瑠

王12
【璢】
16画 6469 74A2 別体字

なりたち [形声]本字は「珋」で、「王(=たま)」と、音「丣」とから成る。西域でとれる光る石。

意味 「瑠璃」は、青い宝玉。

【瑠璃】①青色の宝玉。表記▽「▼琉璃」とも書く。②ガラスの古い言い方。例—のさかずき。

【瑠璃色】むらさきがかった紺色。例—の忘れな草。表記「▼琉璃色」とも書く。

【瑠璃鳥】スズメ科の小鳥。オオルリ・コルリ・ルリビタキなどをまとめていう。雄は背が瑠璃色。美しい声で鳴く。

王10【瑤】14画 ⇩【瑶】(667ページ)

王10【瑯】14画 ⇩【琅】(666ページ)

王 11
【瑾】
15画 6487 747E 音キン漢

意味 美しい玉。例瑾瑜(=美しい玉)。瑕瑾(=きずのある玉)。

王 11
【璋】
15画 6488 748B 音ショウ漢 訓たま

意味 圭を半分に割った形の玉器。儀式に用いた。例弄璋(=成長して身分が高くなることを願い、生まれた男子に「璋」をにぎらせることから、男子の誕生をたとえていう)。

王 11
【璃】
15画 4594 7483 常用 音リ漢呉

筆順 一 王 玗 玟 璃 璃 璃 璃

なりたち [形声]「王(=たま)」と、音「离」とから成る。

意味 ふつう単独では使わず、「瑠璃」「玻璃」として用いる。

人名 あき

王 12
【璞】
16画 6489 749E 音ハク漢呉 訓あらたま

意味 まだみがかれていない玉。ほり出したままの、みがいていない玉。あらたま。

【璞玉】ほり出したままの、みがいていない玉。あらたま。

王12【璢】16画 ⇩【瑠】(668ページ)

王 13
【環】
17画 2036 74B0 常用 音カン漢 ゲン呉 訓たまき・めぐ-る

筆順 王 玎 玾 環 環 環 環 環

王13
【環】
17画

なりたち [形声]「王(=たま)」と、音「睘→カン」とから成る。平たいドーナツ状の宝玉で、輪の部分のはばと穴の直径とが等しいもの。

意味 ❶輪の形をした玉。たまき。例玉環。❷輪の形をしたもの。わ。例環礁。金環。❸ぐるりと取り囲む。めぐらす。また、めぐる。例環境。循環。

[環❶]

難読 指環・首環・緒環

人名 たま・わ

【環境】(人間や植物の)周りを取りまく自然・社会の状態。例—の破壊を防ぐ。

【環視】(名・する)周りを取りまいて見ること。例衆人—のもと。

【環礁】太平洋・インド洋の熱帯海域に発達した、輪の形をしたさんご礁。例ビキニ—。

【環状】輪のような形。例—線。—の道路。

【環節】昆虫やミミズなどのからだを成している、輪の形をした一つ一つの部分。体節。例—動物。

●一環・金環・循環

王13 **【璧】** 18画 6490 74A7 常用 音ヘキ漢 訓たま

筆順 コ 尸 启 辟 辟 辟 璧 璧

なりたち ［形声］「玉（＝たま）」と、音「辟ヘキ」とから成る。割り符ふとする円形の玉ギョク。

意味 平たい円形で、中央にまるい穴のあいた玉ギョクで、輪のはばが穴の直径より大きいもの。古代中国で祭りや儀式ギシキのときに用いたり、装身具ソウシングとして帯につり下げたりした。また、玉のように美しいもの。例璧玉ヘキギョク（＝輪の形の玉）。完璧カンペキ。双璧ソウヘキ。

［璧］

王13 **【環】** 17画 ⇨【環】カン（668ページ）

王14 **【瓊】** 18画 6491 74CA 音ケイ漢 訓たま

意味 美しい玉ギョク。また、玉のように美しい。例瓊筵ケイエン。

難読 瓊瓊杵尊ににぎのみこと

【瓊▼筵】ケイエン 玉ギョクをちりばめたような美しいむしろ。

王14 **【璽】** 19画 2805 74BD 常用 音ジ慣シ漢

筆順 一 冂 币 爾 爾 爾 璽 璽 璽

なりたち ［形声］本字は「壐」で、「土（＝領土）」と、音「爾ジ→シ」とから成る。王者の印イン。

意味 玉ギョクに刻んだ印。はんこ。とくに、天子の印。例印璽インジ。御璽ギョジ。

王16 **【瓏】** 20画 6492 74CF 音ロウ漢

意味 ❶竜リュウの模様が刻まれた玉ギョク。雨あまごいに用いられた。❷玉や金属がふれあって鳴る音。例玲瓏レイロウ。

王17 **【瓔】** 21画 6493 74D4 音エイ漢ヨウ呉

王6 **【珱】** 10画 6494 73F1 俗字

意味 ❶玉ギョクに似た美しい石。❷玉をつないだかざり。

【瓔▼珞】ヨウラク ①玉ギョクをつないで作った首かざり。②〔仏〕貴金属・宝石を連ねて、仏像の胸や天蓋テンガイに垂らしたかざり。

97 5画 瓜 うり部 ↓6画（897ページ）

98 5画 瓦 かわら部

粘土ネンドをこねて曲げた形で、焼いた土器の意をあらわす。「瓦」をもとにしてできている漢字を集めた。

0 瓦 2 瓧 3 瓩 4 瓮 瓰 瓲 6 瓷 瓶 瓸 8 甁 9 甄 甃 甅 10 甍 11 甌 甎 12 甑 13 甕 甓

瓦0 **【瓦】** 5画 2004 74E6 常用 音ガ漢呉 訓かわら・グラム

筆順 一 丆 丅 瓦 瓦

なりたち ［象形］土器を焼いたうつわの形。

意味 ❶粘土ネンドで形をつくって焼いたもの。例煉瓦レンガ。❷すやきの糸巻き。例弄瓦ロウガ。❸粘土を平たくかためて焼いた、屋根をふくもの。かわら。例瓦屋ガオク。❹価値のないもの、とるにたりないもののたとえ。例瓦全ガゼン。瓦礫ガレキ。

日本語での用法《グラム》重さの単位。キログラムの千分の一。「一〇〇瓦グラム」

参考 重さの単位をあらわす国字としては、次のような字がある。長さについては【米】イ（760ページ）を、容量については【立】ツリ（743ページ）を参照。

瓧デカグラム 「瓦グラム」と「十（＝十倍）」＝10g
瓸ヘクトグラム 「瓦グラム」と「百（＝百倍）」＝100g
瓩キログラム 「瓦グラム」と「千（＝千倍）」＝1000g
瓲トン 「瓦グラム」と音をあらわす「屯トン」＝1000kg
瓰デシグラム 「瓦グラム」と「分（＝十分の一）」＝0.1g
甅センチグラム 「瓦グラム」と「厘（＝百分の一）」＝0.01g
瓱ミリグラム 「瓦グラム」と「毛（＝千分の一）」＝0.001g

【瓦解】ガカイ（名・する）一部がくずれた勢いでものごとの全体がこわれること。また、かわらがくだけるようにばらばらになること。

【瓦解土崩】ガカイドホウ（名・する）かわらや土がくずれるように次々に崩壊ホウカイすること。土崩瓦解ドホウガカイ。

【瓦▼斯】ガス〔オランダ語 gas の音訳〕①気体。例炭酸―。②石炭ガス・プロパンガス・天然ガスなど燃料用の気体。③毒性のガス。④山や海で発生するこい霧きり。もや。

【瓦全】ガゼン（名・する）〔かわらのようなつまらないものとなって身を保つ意〕何もしないでいたずらに生きのびること。類甎全センゼン。対玉砕ギョクサイ。例―を恥はじる。

【瓦▼礫】ガレキ ①くだけたかわらと小石。②価値のないもの、役に立たないもののたとえ。例地震ジシンで町は―の山と化した。

【瓦版】かわらバン〔粘土ネンド板に文字や絵などをほって、かわらのように焼いた原版を用いたことから〕江戸えど時代、特別な事件の速報を印刷した、新聞のようなもの。

瓦2 **【瓧】** 7画 6503 74E7 国字 訓デカグラム

意味 重さの単位。グラムの十倍。デカグラム。

瓦3 **【瓩】** 8画 6504 74E9 国字 訓キログラム

意味 重さの単位。グラムの千倍。キログラム。

瓦4 **【瓮】** 9画 6505 74EE 音オウ漢 訓つるべ・もたい

意味 水や酒などをいれる腹部の大きな陶器トウキ。かめ。ほとぎ。もたい。同甕オウ。

瓦4 **【瓰】** 9画 6507 74F0 国字 訓デシグラム

意味 重さの単位。グラムの十分の一。デシグラム。

瓦4
【瓩】 9画 6506 74F2 国字 訓トン
意味 重さの単位。千キログラム。トン。同屯(トン)。

瓦4
【瓱】 9画 6508 74F1 国字 訓ミリグラム
意味 重さの単位。千分の一グラム。ミリグラム。

瓦6
【瓷】 11画 6510 74F7 音シ漢ジ呉 訓かめ
意味 ❶きめが細かくかたい陶器(トウキ)。同磁(ジ)。例瓷器(ジキ)(=磁器)。青瓷(セイジ)。白瓷(ハクジ)。❷かめ。とくり。

瓦6
【瓶】 11画 4151 74F6 常用 音ヘイ漢ビョウ呉ビン唐 訓かめ
筆順 丷 䒑 并 并 瓶 瓶 瓶

瓦8 **【甁】** 13画 1-8839 7501
缶8 **【缾】** 14画 本字

なりたち [形声]「缶(=つぼ)」と、音「并(ヘイ)」とから成る。水をくむつぼ。
意味 ❶水をくむのに用いるうつわ。例釣瓶(つるべ)。❷胴(ドウ)が太くて口が小さいつぼ形の容器。びん。かめ。例瓶子(ヘイシ)。花瓶(カビン)。水瓶(スイビョウ)。[現在の「びん」のようなうつわを、昔は「かめ」と呼んでいた]
日本語での用法《ビン》火にかけて使う、やかん形のうつわ。「鉄瓶(テツビン)・土瓶(ドビン)」
難読 釣瓶(つるべ)
【▽瓶子】(ヘイシ|ヘイジ) ①口が小さく下部がふくらんだ、かめ。②日本では、酒を入れるうつわ。とくり。

瓦6
【瓸】 11画 6509 74F8 国字 訓ヘクトグラム
意味 重さの単位。グラムの百倍。ヘクトグラム。

瓦8
【甁】 13画 ⇩【瓶】(ビン)(670ページ)

瓦9
【甄】 14画 *6511 *7504 音ケン漢呉シン漢呉 訓あき-らか・あらわ-す・すえもの
意味 ❶陶器(トウキ)を作る。❷よしあしを見分ける。例甄抜(ケンバツ)。甄別(ケンベツ)(=鑑別(カンベツ)する)。
【甄抜】(ケンバツ)(名・する)人材を選び登用すること。

瓦9
【甃】 14画 6512 7503 音シュウ漢 訓しきがわら・いしだたみ
意味 ❶井戸(いど)の内側に張るかわら。いどがわら。❷地面にしきつめる平たいかわら。しきがわら。❸平たい石をしきつめたところ。いしだたみ。

瓦9
【甅】 14画 6513 7505 国字 訓センチグラム
意味 重さの単位。百分の一グラム。センチグラム。

瓦10
【甍】 15画 6516 750D 音ボウ漢 訓いらか
意味 屋根の棟(むね)。かわら。いらか。例甍宇(ボウウ)(=かわらぶきの屋根)。

瓦11
【甌】 16画 6514 750C 音オウ漢ウ呉 訓かめ・ほとぎ・もたい
意味 ❶陶(トウ)製の小さな盆(ボン)や鉢(ハチ)。かめ。例金甌無欠(キンオウムケツ)。❷飲むためのうつわ。例茶甌(チャオウ)。❸陶製の打楽器。

瓦11 **【甎】** 16画 6515 750E 音セン漢呉 訓かわら
石11 **【磚】** 16画 6702 78DA 別体字
意味 しきがわら。かわら。また、価値のないもののたとえ。例甎全(センゼン)(=むなしく生きながらえる。瓦全(ガゼン))。

瓦12
【甑】 17画 2589 7511 音ショウ漢ソウ呉 訓こしき
意味 釜(かま)の上にのせて湯気(ゆげ)で穀物を蒸(む)すための深い鉢(ハチ)形の器具。こしき。例坐レ甑(ソウにザす)(=こしきの中にすわる。暑さのきびしいことのたとえ)。

瓦13
【甕】 18画 6517 7515 音オウ漢 訓かめ
意味 酒や水などを入れる底の深い容器。かめ。例水甕(みずがめ)。
難読 甕(もたい)(=かめ)

瓦13
【甓】 18画 6518 7513 音ヘキ漢 訓かわら
意味 地面にしきつめる平たいかわら。しきがわら。かわら。例甓甃(ヘキシュウ)(=井戸(いど)や穴の内側に張るかわらの壁(かべ))。

99 5画 甘 あまい部

口で味わってうまい意をあらわす。「甘」をもとにしてできている漢字を集めた。

0 甘 4 甚 6 甜 8 甞

甘0
【甘】 5画 2037 7518 常用 音カン漢呉 訓あま-い・あま-える・あま-やかす・あま-んじる
筆順 一 十 廾 廿 甘
なりたち [指事]「口(=くち)」に「一」を加え、美味なものを味わう意をあらわす。うまい。
意味 ❶味がよい。おいしい。うまい。例甘美(カンビ)。❷あまい。五味(辛(シン)(=からい)・酸(サン)(=すっぱい)・鹹(カン)(=しおからい)・苦(ク)(=にがい)・甘(=あまい))の一つ。例甘苦(カンク)。甘味(カンミ)。❸快く思う。満足する。あまんじる。例甘受(カンジュ)。❹しっかりしていない。ゆるい。❺甘粛(カンシュク)省の別の呼び方。
日本語での用法《あまい》厳しさがない。不足している。にぶく、不徹底(フテッテイ)である。「判断(ハンダン)が甘(あま)い・躾(しつけ)も覚悟(カクゴ)も甘(あま)い」
人名 あま・かい・よし
【甘口】(あまくち)(名・形動ダ) ①酒やみその味の、からみが少ないこと。例―の酒。②甘党。③人にとり入る、口先だけのことば。類甘言(カンゲン)。▽対辛口(からくち)。
【甘酒】(あまざけ) 米のかゆにこうじを加え発酵(ハッコウ)させてつくったあまい飲み物。

【甘塩】(あまじお) 塩けが少ないこと。薄塩(うすじお)。例—のサケ。

【甘党】(あまトウ) 酒よりもあまいもののほうが好きな人。対辛党(からトウ)。

【甘雨】(カンウ) 草木をうるおす、適度な雨。類慈雨(ジウ)。

【甘苦】(カンク) ①あまいことと、にがいこと。②(人生の)楽しみと苦しみ。類苦楽。例—をともにする。

【甘言】(カンゲン) 人の気に入りそうな、口先だけのうまいことば。類巧言(コウゲン)。対苦言。例—にのせられる。

【甘酸】(カンサン) ①あまいことと、すっぱいこと。例—の区別。②(人生の)楽しみと苦しみ。類甘苦・苦楽。例—をなめる。

【甘受】(カンジュ) (名・する)自分につごうの悪いことも、がまんして受け入れること。例不利な条件を—する。運命を—する。

【甘▼蔗】(カンショ) 「「カンシャ」とも」サトウキビ。くきの汁(しる)から砂糖をつくる。

【甘▼藷】(カンショ) サツマイモ。

【甘心】(カンシン) (名・する)満足すること。それでよいと思うこと。

【甘井】(カンセイ) 水質のよい井戸(いど)。

【甘井(カンセイ)▽先(ま)ず▼竭(つ)く】(甘井は利用者が多いためにいちばん先にかれてしまう意から)才能や知能にすぐれている者は人に利用されることが多く、そのためにかえって身をほろぼしやすい、というたとえ。(荘子(ソウジ))

【甘美】(カンビ) (名・形動ナ)①あまくておいしいこと。例—な果物。②うっとりするような、心地(ここち)のよいこと。例—なメロディー。—な夢を見る。

【甘味】一(カンミ) あまいあじ。あまいあじの食べ物。例—料。—喫茶(キッサ)。二(あまみ) あまいあじ。あまさの程度。例—を増す。

【甘藍】(カンラン) キャベツ。

【甘露】(カンロ) ①天下太平のしるしとして天が降らすという、あまいつゆ。②あまくて、おいしいこと。例ああ、—、—。

【甘露煮】(カンロに) 小魚などを、砂糖・酒・しょうゆなどであまからく煮つめた食品。あめに。あめだき。例フナの—。

甘 4
【甚】
9画 3151 751A 常用
音シン漢 ジン呉 ソ唐
訓はなは-だ・はなは-だしい

筆順 一 十 卄 甘 甘 其 其 其 甚

なりたち [会意]「甘(=うまい)」と「匹(=つれあい)」とから成る。夫婦(フウフ)のあまい楽しみ。楽しみが度をこして、はなはだしい。

意味 ❶ひじょうに。はなはだしい。はなはだ。例幸甚(コウジン)。深甚(シンジン)。❷なに。どんな。疑問の意味をあらわす。例甚麼(ジンモ)(=なに。どんな)。

難読 甚(いた)・甚(いた)くよろこぶ

人名 おもし・しげ・たね・とう・ふか・ふかし・やす

【甚句】(ジンク) 民謡(ミンヨウ)の一つ。七・七・七・五の四句からなる。例相撲(すもう)—。秋田—。

【甚雨】(ジンウ) 激しい雨。大雨。

【甚深】(ジンシン) 非常にふかいこと。深甚。例—の謝意。

【甚大】(ジンダイ) (名・形動ナ)ものごとの程度がひどく大きいこと。類多大。例地震(ジシン)の被害(ヒガイ)が—であった。

【甚六】(ジンロク) 人がよくて、おっとりしている長男をからかっていうことば。例総領の—。

甘 6
【甜】
11画 3728 751C
音テン漢
訓うま-い・あま-い

意味 おいしい。うまい。あまい。例甜菜(テンサイ)。

【甜菜】(テンサイ) サトウダイコン。根の汁(しる)から砂糖をつくる。ビート。例—糖。

甘 8
【甞】
13画 ⇩【嘗】(ショウ)(213ページ)

100 5画 生 うまれる部

草木が芽ばえ出る形をあらわす。「生」をもとにしてできている漢字を集めた。

0 生 6 産 產 7 甥 甦

生 0
【生】
5画 3224 751F 教育1
音セイ漢 ショウ呉 サン唐
訓い-きる・い-かす・い-ける・う-まれる・う-む・お-う・は-える・は-やす・き・なま・な-る
付表 芝生(しばふ)・弥生(やよい)

筆順 ノ 𠂉 仁 牛 生

なりたち [象形] 草木が芽ばえて土の上に出る形。

意味 ❶草木が芽や根を出し、のびる。はえる。おう。例生長(セイチョウ)。自生(ジセイ)。❷子供がうまれる。新しいものをうむ。例生産(セイサン)。出生(シュッセイ)。❸新たにあらわれてくる。例生起(セイキ)。生成(セイセイ)。❹いのち。いのちを保つ。暮らしていく。いきる。対死(シ)。例生涯(ショウガイ)。生存(セイゾン)。生命(セイメイ)。❺いきいきとしている。例生気(セイキ)。生彩(セイサイ)。❻未熟な。なま。例生硬(セイコウ)。❼学問に志す人。修業(シュギョウ)中の人。例生徒(セイト)。書生(ショセイ)。❽自分のことをへりくだっていうことば。例愚生(グセイ)。小生(ショウセイ)。

日本語での用法 《き》①まじりけのない。うぶ。「生一本(きイッポン)・生醤油(きジョウユ)・生成(きな)り・生娘(きむすめ)・生(き)っ粋(スイ)・ウイスキーを生(き)で飲(の)む」②人の手が加えられていない。精製していない。「生糸(きいと)・生紙(きがみ)・生絹(きぎぬ)」

使い分け うまれる・うむ【生・産】⇩1163ページ

難読 生姜(ショウガ)・生憎(あいにく)・生憎(あなにく)・生憎(あやにく)・生業(なりわい)

人名 あり・い・いかし・いき・いく・う・うまる・お・おき・すすむ・たか・なり・のう・のり・ふ・ふゆ・み・よ

【▽生憎】(あいにく) 一(形動ナ)つごうの悪いようす。ものごとの進行をさまたげるようす。例—なことに、今、出かけたばかりです。—の天気。二(副)折あしく。例—まったく手持ちがない。

【生き馬】(いきうま) 生きている馬。例—の目を抜(ぬ)く(=すばやく、ぬけめなく立ちまわること、油断できないことのたとえ)。

【生き▽甲▼斐】(いきがい) 生きていることに意味や喜びを感じる心の張り合い。例仕事を—にする。

【生き字引】(いきジびき) (長年、その方面で経験を積み)なんでもよく知っている人。物知り。例—のような老人。

【生き血】(いきち) 生きている動物や人間の血。例—を吸う。

【生き恥】(いきはじ) この世に生きながらえていることによって受ける恥。例—をさらす。

【生き仏】(いきぼとけ) 仏のように情け深い心をもった人。また、生きながらにして仏のように崇拝(スウハイ)される徳の高い僧(ソウ)。

【生け垣】(いけがき) 背の低い木を植えてつくったかきね。まがき。

【生一本】(きイッポン) 一(名)純粋(ジュンスイ)でまじりけがないこと。また、そのもの。とくに、酒についていう。生酒(きざけ)。例灘(なだ)の—。二(名・形動ナ)性格がまっすぐで、ひとつのことに打ちこむこと。例—な人。

【生糸】(きいと) カイコのまゆからとったままの、練らない糸。

【生紙】(きがみ) コウゾ・ミツマタなどの繊維(センイ)を、他のものをまぜないですいた和紙。生漉(きず)き紙(がみ)。

【生絹】(きぎぬ・すずし) 生糸(きいと)で織った張りのある絹の布。

【生酒】(きざけ) まぜもののない酒。生一本(きイッポン)。

【生地】□一 ①生まれつきの性質。自然のままの状態。類地。例—が出る。②織物の布地。例洋服の—。花がらの—。③陶磁器で、うわぐすりをぬる前のもの。□二 生まれた土地。出生地。表記□一は「▽素地」とも書く。

【生▼醬油】①他の調味料や水をまぜていないしょうゆ。②しぼり出したままの、煮たてていないしょうゆ。

【生っ粋】（出身・素性などに）まじりけのないこと。類純粋。例—の江戸っ子。

【生娘】まだ男を知らず、世間ずれしていない娘。

【生害】（名・する）①殺すこと。例敵を—してのち、果てようと思う。②自殺。自害。例何故—なされますか。

【生涯】〔人の生命に限りがあることの意〕①この世に生きているあいだ。類一生・終生。例八十年の—を終える。②一生のうち、あることにたずさわった期間。例公—（＝公人としての期間）。

【生国】生まれた国。出生地。

【生者】〔仏〕生きている人。命あるもの。

【生者必滅】〔仏〕生きているものはかならず死ぬ、ということ。この世のはかなさをいう。例—会者定離。

【生身】□一〔仏〕①この世に生まれた人間の肉体。②仏・菩薩が人間の姿をとってこの世にあらわれたもの。□二 現に生きている人間のからだ。いきみ。例—の人間。

【生滅】（名・する）〔仏〕生まれることと死ぬこと。

【生薬】草の根・木の皮・熊の胆など、動植物の一部を、そのままか、または乾燥させるなど少し手を加えただけの薬品。鉱物を用いることもある。

【生類】生き物。動物。例—憐れみの令。

【生老病死】〔仏〕人として生まれたものがさけることのできない四つの苦しみ。生まれること、年をとること、病気をすること、死ぬこと。四苦。

【生育】（名・する）植物がそだって大きくなること。また、そだてること。〔人や動物の場合は、ふつう「成育」を用いる〕

【生花】①自然の、生きた花。対造花。②いけばな。例—展。

【生家】①生まれた家。例有名な詩人の—。②実の親きょうだいが住む家。さと。実家。例信州に—がある。

【生活】（名・する）①生物が生きて活動していること。例チョウの—記録。②人が世の中で暮らしていくこと。また、暮らし向き。類生計。

［生部］0画 生

【生還】（名・する）①（危険を切りぬけて）生きて帰ること。②野球で、走者が本塁にかえって得点すること。ホームイン。

【生気】生き生きした元気な感じ。類活気・元気。例—があふれる。

【生起】（名・する）事件や問題となることがおこること。類発生。例各地で争乱が—する。

【生魚】□一 生きているさかな。類活魚。□二 煮たり焼いたりしていない、なまのさかな。類鮮魚。

【生業】生活していくための職業。なりわい。例—にはげむ。

【生計】生活していくための方法や手段。暮らし向き。生活。例—を立てる。

【生後】生まれてからのち。例—七か月。

【生硬】（名・形動ダ）（作品・表現などが）練れていないで、不自然なこと。未熟でぎこちないこと。例—な文章。

【生彩】生き生きとして元気なこと。精彩。例—を放つ。—を欠く。

【生殺】□一（名・する）生かすことと殺すこと。類活殺。□二【生殺し】（名）①ほとんど死ぬような状態にして殺さないでおくこと。半殺し。例蛇の—。②はっきり決着をつけないで中途半端にしておくこと。例—同然の状態で先送りする。

【生殺与奪】相手を生かすも殺すも、自分の思うままにできること。例—の権をにぎる。

【生産】（名・する）自然物に人の手を加えて、生活に必要な品物を作り出す行為。対消費。例—者。大量—。

【生死】□一 ①生きていることと死んでいること。また、生きるか死ぬか。類死活。例—の境をさまよう。—不明。②生きることと死ぬこと。例—をともにする。□二〔仏〕人間の生と死。また、人間が生と死をくりかえして永久に苦しむ迷いの世界。

【生色】生き生きとした顔色や元気なようす。例—を失う。—を取りもどす。

【生食】（名・する）なまのまま食べること。対火食。例野菜を—する。

【生殖】（名・する）生物が、自分と同種の個体をつくって種族の保存をはかること。例—器官。

【生殖器】生物が有性生殖をおこなう器官。

【生生】□一（形動タルト）生き生きとしているようす。例—たる青葉。□二（名・する）万物が絶えず生まれ育ち、変化していくこと。例—発展。—流転。□三（名）〔仏〕生まれ変わり死に変わること。例—世世。

【生成】（名・する）生じること。生じさせること。例物質が—する。

【生石灰】石灰石を焼いて白色の粉末にしたもの。酸化カルシウム。石灰。

【生鮮】（名・形動ダ）野菜や魚・肉などの食品が新しくて、生きがいいこと。類新鮮。例—食料品。

【生前】生きている間。また、生きていたとき。対死後・没後。

【生息】（名・する）①生きていること。類生存。②（動物が）すんでいること。例—地。森林に—する小動物。表記②は旧▼棲息・▼栖息

【生存】（名・する）生物が生きながらえること。生きていること。例—者。—競争に勝つ。

【生体】□一 生きているもの。生きている生物のからだ。対死体。例—反応。—実験。□二【生き体】（相撲で）両力士が同時にたおれたとき、足のつま先が下を向いていて相手より有利と判断される状態。対死に体。

【生態】①生物が自然界に生活しているありさま。例サルの—を観察する。②活動しているもののありのままの姿。例日本語の—。

【生誕】（名・する）（人が）生まれること。類誕生。例—百年祭。

【生長】（名・する）①うまれ育つこと。②植物が育つこと。類生育。例イネの—。〔人や動物には、ふつう「成長」を用いる〕

【生徒】学校、とくに、中学校・高等学校で学ぶ人。→【児童】（103ページ）・【学生】（285ページ）

【生動】（名・する）（詩文・絵画などが）生き生きして動き出しそうな感じであること。例気韻—（＝書画などに、気品が生き生きと感じられること）。

【生得】生まれつきもっているもの。類生来・天性。例—の才能。〔「ショウトク」とも〕

【生年】〔「ショウネン」とも〕①生まれた年。対没年。②生まれてからの年月。年齢。例—十七歳。

【生物】セイブツ 一 生きて活動し、繁殖するもの。ふつう、動物と植物に分ける。㊊無生物。例—学。二【生き物】いきもの 生きているもの。おもに動物のこと。三 なまもの 煮たり焼いたり、干したりしていない食品。放置するとくさるもの。なまの魚類や野菜・くだもの・生菓子など。

【生別】セイベツ（名・する）たがいに生きながらはなればなれになること。生き別れ。㊊死別。例四歳のときに母と—した。

【生母】セイボ その人を産んだ母親。生みの母。実母。㊊継母・義母。

【生没】セイボツ 生まれることと死ぬこと。例—年不明。表記 ㊐生▼歿

【生命】セイメイ ①生物の存在と活動をささえる力。いのち。㊓寿命。例—力。—感。②いのちにたとえられる最もたいせつなもの。例みずからの政治—をかける。

【生命線】セイメイセン ①生きるか死ぬかにかかわる重要な交通路や補給路。また、それをふくむ地域。例—を確保する。②（手相で）寿命に関係があるといわれる、手のひらのすじ。

【生面】セイメン ①ものごとの新しい境地や方向性。新生面。例—を開く。②はじめて会うこと。㊓初対面。例—の客。

【生来】セイライ（名・副）①生まれつき。もともと。㊓天性・生得。例—のあわて者。②生まれてからずっと。例—金には縁がない。

【生理】セイリ ①生物の生命活動にともなう生物体のはたらきや原理。例—学。—的にいやで、がまんならない。②月経。メンス。例—休暇。

【生霊】セイレイ 一 人間。人民。また、生命。例戦争で幾百万人の—を殺す。二【生き霊】いきリョウ 生きている人のうらみや、にくしみが、霊となって相手にとりついてわざわいをもたらすもの。㊊死霊。

【生意気】なまイキ（名・形動ダ）身分・年齢・実力にふさわしくない、出すぎた言動をすること。また、それをする人。

【生菓子】なまガシ ①おもにあん類を用いた和菓子。㊊干菓子。②生クリームや果物を用いた洋菓子。

【生木】なまき ①地面にはえている木。②切りたてで、まだかわいていない木。例—を火にくべる。

【生木を裂く】なまきをさく 仲のよい男女をむりに別れさせることのたとえ。

【生傷】なまきず できたばかりの新しいきず。例けんかばかりして—が絶えない。

【生臭】なまぐさ（名・形動ダ）なまの魚や血のにおいのすること。また、世間的な俗っぽさのあること。例—坊主。—もの（=魚や肉）。表記「▼腥」とも書く。

【生唾】なまつば 好きな食べ物や、すっぱいものを見たときなどに、自然に口の中にわき出るつば。例—を飲みこむ（=目の前のものがほしくてたまらないようすのたとえ）。

【生半可】なまハンカ（名・形動ダ）中途半端なこと。不十分なこと。例—な知識。

【生兵法】なまビョウホウ〔習いたてで使いものにならない剣術の意から〕いいかげんな知識や技術のたとえ。例—は大けがのもと（=身についていないことをすると大きな失敗をする）。

【生▼麩】なまフ 焼いたりかわかしたりしていない麩。

【生返事】なまヘンジ（名・する）気のない、いいかげんな返事。例—をしてその場をのがれる。

【生水】なまみず くんだままで、わかしていない水。〔飲料の場合にいう〕

●一生イッショウ・衛生エイセイ・往生オウジョウ・学生ガクセイ・寄生キセイ・群生グンセイ・更生コウセイ・再生サイセイ・自生ジセイ・写生シャセイ・終生シュウセイ・出生シュッショウ・小生ショウセイ・書生ショセイ・先生センセイ・誕生タンジョウ・派生ハセイ・発生ハッセイ・平生ヘイゼイ・密生ミッセイ・養生ヨウジョウ・余生ヨセイ

生 6
【産】
11画 2726 7523 教育4
音 サン㊥
訓 う-む・う-まれる・うぶ
付表 土産みやげ

筆順 亠 亣 立 产 产 产 産 産

生 6
【産】11画 7522

なりたち ［形声］「生（=うむ）」と、音「彦ゲン→サン」の省略体とから成る。生む。

意味 ❶赤んぼうや卵をうむ。うまれる。また、うまれ。例産婦サンプ。出産シュッサン。❷ものをつくりだす。つくりだされたもの。例産出サンシュツ。生産セイサン。青森産サンのリンゴ。❸もとで。資財。例財産ザイサン。資産シサン。

日本語での用法 《うぶ》「生まれたときの」「生まれたばかりの」の意。名詞の上につく。「産衣うぶぎぬ・産毛うぶげ・産声うぶごえ・産土うぶすな・産湯うぶゆ」

使い分け うまれる・うむ【生・産】⇩1163ページ

難読 産霊神むすびのかみ・家土産いえづと

人名 ただ・むすび

【産着】うぶぎ 生まれたばかりの赤んぼうにはじめて着せる着物。また、生後しばらくのあいだ、赤んぼうの着る衣服。うぶぎぬ。表記「産▽衣」とも書く。

【産毛】うぶげ ①生まれたときから赤んぼうに生えている、細くやわらかい毛。②人のほおや、えりくびなどに生えている、細くやわらかい毛。

【産声】うぶごえ 生まれたとき、赤んぼうがはじめて出す泣き声。例元気な—をあげる。

【産▽土】うぶすな ①その人が生まれた土地。例—の神。②「産土神うぶすながみ」の略。例—さま。—参り。

【産▽土神】うぶすながみ その人が生まれた土地を守る神。氏神うじがみ。例—を祭る。

【産湯】うぶゆ 生まれた赤んぼうを、はじめて湯に入れること。また、その湯。例—を使わせる。

【産院】サンイン 妊産婦や新生児をとりあつかう医院。

【産科】サンカ 妊娠・出産・新生児などに関する医学・医術。

【産額】サンガク 生産・産出される量。また、それを金額であらわしたもの。例綿織物の—。

【産業】サンギョウ 人間の生活に必要な品物を生産する事業。例—革命。—廃棄物ハイキブツ。

【産気】サンケ 赤んぼうが生まれそうなこと。例—づく。

【産後】サンゴ 出産のあと。㊊産前。

【産児】サンジ 子を産むこと。また、生まれる子供。例—制限。

【産室】サンシツ 出産をする部屋。また、産婦のいる部屋。うぶや。

【産出】サンシュツ（名・する）ものを生みだすこと。つくりだすこと。産物がとれること。例石油の—量。

【産▼褥】サンジョク 出産のために産婦が使うねどこ。例—につく。

【産前】サンゼン 出産のまえ。㊊産後。

【産地】サンチ ①品物が生産される土地。生産地。例—直送の野菜。②その動物の生まれた土地。例パンダの—。

【産道】サンドウ 出産のとき、胎児が産婦の体外に出るまでに通る経路。

【産婆】サンバ 「助産師」の古い呼び名。出産を助け、産婦・新生児の世話をする職業の女性。

【産婦】サンプ 出産前後の女性。例妊—。

【産婦人科】サンフジンカ 産科と婦人科とを扱う医学の一部門。

【産物】サンブツ ①その土地で産出するもの。②あることの結果として得られたもの。例敗戦の—としての新憲法。

【産卵】サンラン（名・する）たまごをうむこと。例—期。

5画

［生部］6画 ● 産

●安産・遺産・財産・資産・出産・生産・倒産・特産・破産・物産・量産

生 6 **【産】** 11画 ⇩【産】(673ページ)

生 7 **【甥】** 12画 1789 7525 人名 音セイ漢 訓おい

意味 ❶姉や妹の子。例甥姪。❷むすめの子。そとまご。❸むすめの夫。むこ。❹おじ・おばの子、妻の兄や弟、姉や妹の夫など、自分と同じ世代の親族。

日本語での用法《おい》自分の兄弟や姉妹の、むすこ。対姪。

【甥▼姪】兄弟や姉妹に生まれた、男の子と女の子。おいと、めい。〔中国では、古く、男から見て自分の姉妹の子を甥、自分の兄弟の子を姪と呼んだ〕

生 7 **【甦】** 12画 6520 7526 音ソ漢 訓よみがえ-る

意味 一度死んだようになったものが生き返る。よみがえる。同蘇。例甦生。

101 5画 用 もちいる部

実際におこなう意をあらわす。「用」と、「用」をもとにしてできている「甫」、「用」を音とする「甬」とを集めた。

0 用 2 甫 甬

用 0 **【用】** 5画 4549 7528 教育2 音ヨウ漢 ユウ呉 訓もち-いる

筆順 丿 冂 月 月 用

なりたち [会意]「卜(=うらない)」と「中(=あたる)」とから成る。うらないの結果が吉と出たので実際におこなう。

意味 ❶使って、役立てる。もちいる。例採用。使用。❷はたらき。例功用。作用。❸はたらき・仕事のために必要なもの。例用具。費用。

日本語での用法《ヨウ》さしあたって、しなければならないこと。しごと。「用を足す・用を頼む・用をなす」

人名 ちか・もち

【用意】(名・する) ①ものごとに気を配ること。心づかい。例心にくい―がうかがわれる。②準備すること。したく。例―した議事。歓迎の―ができる。

【用意周到】(名・形動ナ) 準備が行きとどいて、手落ちがないこと。例―で万事が順調に進んだ。

【用益】使用と収益。例―権。

【用具】ものごとをするときに必要な器具や道具。例筆記―を持参のこと。

【用件】用事の内容。しなければならない仕事。他の人に伝えるべきことがら。用向き。例―を伝える。

【用言】日本語の文法で、自立語のうち活用があって、単独で述語になることのできる語。動詞・形容詞・形容動詞をまとめていうことば。対体言。

【用語】使用することば。ことばの使い方。例専門―。―を統一する。

【用行舎蔵】「用舎行蔵」に同じ。

【用材】①建築・家具などに使う材木。用木。②ある目的のために材料として使うもの。例学習―。③人材をもちいること。また、その人。

【用紙】何かに使用する紙。例画―。答案―。

【用字】文字の使い方。また、使う文字。文字づかい。例―法。夏目漱石の―。

【用事】しなくてはならないことがら。用。類用件。例急な―。―を思い出す。

【用捨】(名・する) もちいることと、すてること。採用することと、しないこと。用舎。類取捨。例―を決定する。

【用舎行蔵】出処進退の時機を誤らずにふるまうこと。用行舎蔵。〔「之を用うれば則ち行い、之を舎つれば則ち蔵る(=世にもちいられれば役人となって自己の道をおこない、すてられれば去って身をかくす)」による〕〈論語〉

【用心】(名・する) 思いがけない災難にあってもあわてないように、前もって気をつけること。警戒。例火の―。―深い性格。―しながら山道を登る。

【用心棒】①戸じまりに使う棒。しんばり棒。②万一のときに備えて身近にやとっておく護衛の者。

【用水】①灌漑・消火・飲料などに使うため、引いたり、ためたりしておく水。また、そのための施設。例―池。―路。②水を使うこと。また、使うための水。例工業―。

【用船】①あることのために使う船。例―の準備。②船をやとうこと。また、チャーター船。例―契約。―料。表記②は「▼傭船」とも書く。

【用箋】文章や手紙などを書くための紙。例書簡―。

【用足し】一(名・する) ①用事を済ませること。②大小便をすること。二(名)「用達」に同じ。

【用▽達】〔「御用達」の形で〕商人が役所などに出入りして品物を納めること。また、その商人。例宮内庁御―。参考 このことばを「御用達」の場合に「ゴヨウたつ」と読むのは誤り。

【用談】(名・する) 用事について話し合うこと。用向きの話。例取引先と―する。

【用▼簞▼笥】身の回りのものを入れる、小さいたんす。例小さな―を使う。

【用地】あることに使うための土地。例住宅―。

【用途】使いみち。類使途。例―が広い。

【用度】①必要な費用。かかり。例―金。②官庁・会社などで、事務用品の供給。例―係。

【用人】①江戸時代、大名・旗本などの会計や雑事をあつかった人。例側―。②やとわれた人。使用人。表記②は「▼傭人」とも書く。

【用筆】①使うふで。②ふでづかい。ふでつき。類運筆。

【用品】使う品物。必要な品物。例事務―。スポーツ―。

【用兵】兵士や軍隊を使うこと。また、戦場における兵力の動かし方。例―に長じる。

【用便】(名・する) 大小便をすること。

【用法】使い方。使用法。例パソコンの―をおそわる。

【用務】つとめ。用事。また、いろいろの雑用。例―員。

【用命】用事を言いつけること。また、注文や命令。例多少にかかわらずご―に応じます。

【用量】(おもに医薬品について)使用・服用する一定の分量。類使用量。例この薬の一回の―。

【用例】使われている例。使い方を示す実例。例―をさがす。実際の―を多く集めたうえで解釈をする。

○●愛用・引用・運用・応用・活用・急用・兼用・公用・効用・採用・実用・借用・使

用・常用・所用・専用・代用・通用・適用・登用・費用・服用・併用・無用・薬用・流用・利用

用 2 【甫】 7画 4267 752B 人名 音ホ 慣フ 漢 訓はじ-め

なりたち [会意]「用(=もちいる)」と「父(=ちち)」とから成る。父となりうるりっぱな男。

意味 ❶年長の男子をうやまって、その名にそえる語。孔子(=仲尼)を「尼甫」と呼ぶ類。❷はじめたばかり。はじめ。はじめて。例衆甫(=万物のはじめ)。年の甫。❸大きいようす。ひろいようす。

人名 かみ・すけ・とし・なみ・のり・はじむ・まさ・もと・よし

用 2 【甬】 7画 6521 752C 音ヨウ 漢

意味 ❶花のつぼみがふくらんだようす。❷まわりを囲った通路。例甬道(=両側を塀で囲った輸送用の道路。また、高架式のわたりろうか)。

102 5画 田 た たへん 部

はたけの形をあらわす。「田」をもとにしてできている漢字と、「田」の字形を目じるしにして引く漢字とを集めた。

0 田甲申由 2 男町甸甼 3 画 甾 4 畏界畋畑畎畂畍畊 5 畝 畛畜畠畔畚留畞畔 6 異畦畩 畤畢略畧 7 畳番畬畫畴畭畱 8 畸畷畵畺當 10 畿 11 疂 14 疆 疇 17 疊疉

この部首に所属しない漢字

里⇩里 998 果⇩木 516 毘⇩比 568 胃⇩月 818 累⇩糸 777 塁⇩土 236 暢⇩日 495 奮⇩大 269 鴫⇩鳥 1101

田 0 【田】 5画 3736 7530 教育1 音テン 漢 デン 呉 訓た 付表田舎いなか

筆順

なりたち [象形]縦横のあぜ道のある畑の形。穀物を植えるところ。

意味 ❶耕作地。たんぼや畑。例田園。❷田畑のように、ある産物をうみ出すところ。例塩田。炭田。油田。❸狩りをする。例田漁。田猟。

参考 中国では、はたけと田んぼの両方を指すが、日本では、おもに田んぼを指し、はたけは「畑」「畠」などの国字を用いる。

難読 田鼠もぐら

人名 ただ・みち・みつる

【田園】 ①田と畑。②いなか。郊外。また、いなか風・郊外風。例―風景。

【田楽】 ①日本の中世芸能の一つ。もと、田植えの慰労のため、また、豊作をいのっておこなわれた音曲。のち、能楽に取り入れられた。②「田楽豆腐」「田楽焼き」の略。とうふや魚・野菜などをくしにさし、みそをぬって焼いた食べ物。例木の芽―。いも―。

【田舎】 一 田地と家屋。二 いなか ①都会からはなれた、田畑の多い地域。②生まれ故郷。ふるさと。例―に帰る。

【田租】 田地にかける税。

【田地】 〔「デンジ」とも〕田として利用する土地。たんぼ。

【田畑】 田と畑。例―を耕す。田地―。表記「田▼畠」とも書く。

【田▼麩】 白身魚の身を細かくほぐして味をつけた加工食品。例タイの―。

【田夫野人】 〔「田夫」は、いなか者の意〕教養のない粗野な人間。例―の出る幕はない。

【田▼圃】 一 田と畑。たはた。二 たんぼ 田。水田。

【田野】 ①田と畑。野良。②田と野原。③いなか。

●水田・炭田・美田・油田

田 0 【甲】 5画 2535 7532 常用 音カン 慣 コウ 漢 呉 訓よろい・かぶと・きのえ

筆順

なりたち [象形]芽ばえた草木が種のからをかぶっている形。借りて、十干の第一に用いる。

意味 ❶十干の一番目。きのえ。方位では東、五行では木にあてる。例甲乙丙丁。❷ものごとの一番目。また、最もすぐれたもの。❸カメやカニなどのからだをおおっているかたい、から。こうら。例甲殻。亀甲。❹兵士のからだをおおうかたい武具。よろい。例甲冑。甲兵。❺攻撃を防ぐための鋼鉄のおおい。例甲板。装甲。

日本語での用法 一《コウ》①手や足の外がわの面。「手の甲」②旧国名「甲斐(=今の山梨県)」の略。「甲州・甲信越」二《カン》声や音の調子が高い。「甲高い声」三《かぶと》頭にかぶる武具。「甲虫・甲をぬぐ」

参考 本来、「甲」は「よろい」であり、「かぶと」の意に用いるのは、誤解にもとづく慣用。

人名 か・かつ・き・はじむ・はじめ・まさ・まさる

【甲斐】 ①旧国名の一つ。今の山梨県にあたる。甲州。②〔「生きがい」「働きがい」などの場合の「かい」にあてた字〕ききめ。効果。得。例やり―。努力の―があって合格した。

【▽甲子】 ①干支のこと。十干十二支のこと。②十干の甲と、十二支の子の組み合わせにあたる年や月や日。きのえね。参考 兵庫県にある甲子園球場は甲子の年にあたる一九二四(大正十三)年の完成。

【▽甲▼冑】 よろいと、かぶと。武具。例―に身を固める。

【甲板】 船の上部の、板または鉄板をしいた広く平らなゆか。デッキ。例―員。―に出る。

【甲乙】 ①(十干の)第一と第二。②優劣。差別。例―つけがたい。

【甲殻】 エビ・カニのように、皮膚が多量の石灰質をふくんで、かたいからとなったもの。甲。甲羅。例―類。

【甲骨文】 中国の最も古い文字。殷代に、カメの甲や獣骨を焼いてできるさけ目によって、うらなった結果を記録するために刻んだ文字。殷墟文字。甲骨文字。

【甲骨文字】 「甲骨文」に同じ。

【甲状腺】 のどの下にある内分泌器官。からだの発育、新陳代謝に関係するホルモンを分泌する。

【甲虫】 一 コウチュウ カブトムシ・コガネムシなど、かたいはねと外皮をもつ昆虫をまとめていうことば。二 かぶとむし コガネムシ科の昆虫。雄の頭部に先がふたまたに分かれた角がある。

【甲夜】コウヤ 昔の時刻の呼び名で、五夜の一つ。およそ午後八時、およびその前後の二時間。初更。〔日没から日の出までを甲・乙・丙・丁・戊の五つに分けたときの一番目〕

【甲羅】コウラ ①カメやカニなどのからだをおおっている、かたいから。甲。②年功のたとえ。例―を経る。

【甲論乙駁】コウロンオツバク（名・する）甲が論じると乙が反対するというように、意見がまちまちで議論がまとまらないこと。例―するばかりで結論が出ない。

田 0

【申】 5画 3129 7533 教育3 音シン漢呉 訓もう-す・さる

筆順 丨 口 日 日 申

なりたち [象形]「臼(=両手)」で「｜」をひきのばす形。ひきのばす。また、もうしのべる。

意味 ❶まっすぐにする。のばす。同伸。例屈申。❷説明する。意見を言う。もうす。例申告。具申。上申。❸十二支の九番目。方位では西南西、時刻では午後四時、およびその前後の二時間。月では陰暦の七月。動物ではサルにあてる。さる。例庚申塚。壬申の乱。

人名 あきら・しげる・のぶ・もち

【申告】シンコク（名・する）①（上位の人に向かって）もうし出ること。例着任を―する。②〔法〕おおやけの機関その他に対して、一定の事項を明らかにし、事実をもうし出ること。例―納税。

【申請】シンセイ（名・する）許可・認可などを、国や地方公共団体の機関に願い出ること。例パスポートの―。

●具申・上申・答申・内申

田 0

【由】 5画 4519 7531 教育3 音ユイ慣 ユウ漢 ユ呉 訓よし・よ-る

筆順 丨 口 巾 由 由

なりたち [象形]「田(=はたけ)」にはいることができる道がある形。よりしたがう。

意味 ❶もとづく。そこを通る。よる。例由来。経由。自由。❷ものごとの起こるもと。わけ。よし。例理由。

日本語での用法《よし》話の内容。「お元気の由」

人名 ただ・ただし・なお・ゆき・より

【由緒】ユイショ ①ものごとの起こり。縁起。いわれ。例寺の―をたずねる。②りっぱな歴史や来歴。例―ある家がら。

【由縁】ユエン〔「ユウエン」とも〕①ものごとの起こり。いわれ。②ものごとのつながり。ゆかり。例―のある歌。

【由来】ユライ 一（名・する）ものごとの起源から経てきた道筋。来歴。いわれ。例町の名の―を調べる。地名に―する姓が多い。二（副）もともと。元来。例―、景勝地として名高い。

●経由・自由・理由

田 2

【男】 7画 3543 7537 教育1 音ダン漢 ナン呉 訓おとこ

筆順 丨 口 日 田 田 男 男

なりたち [会意]「田(=はたけ)」と「力(=ちから)」とから成る。田ではたらく、おとこ。

意味 ❶おとこ。対女。例男子。男性。善男善女。❷むすこ。対女。例嫡男。長男。❸五等爵(=公・侯・伯・子・男)の第五位。例男爵。

難読 男信・片男波

人名 いさお・いさむ・お・おと

【▽男滝】おだき 二本並んだ滝の、大きいほうの滝。対女滝。表記「雄滝」とも書く。

【男気】おとこギ 男らしい気質。自分を犠牲にしても人助けをするような気性。侠気。いさみはだ。例―のある人。

【男坂】おとこざか（神社や寺などの参道に）坂が二つある場合、勾配の急なほうの坂。対女坂。

【男▼伊▽達】おとこだて 強きをくじき、弱きを助ける、義理人情に厚い人のこと。侠客。

【男手】おとこで ①働き手としての男性。男の力。例―が足りない。②男子の書いた文字。男の筆跡。例―の手紙。③漢字。男文字。▽対女手。

【男前】おとこまえ 容姿がよく、男としての魅力にあふれていること。男ぶり。例なかなかの―だね。

【男冥利】おとこミョウリ 男に生まれた幸せ。例地位と名声にめぐまれ―につきる。

【男系】ダンケイ 父方の系統。父系。対女系。例―の男子を継承者とする。

【男根】ダンコン 男子の生殖器。陰茎。

【男子】ダンシ ①おとこ。男性。②成人のおとこ。例―一生の仕事。③おとこの子。例―校。▽対女子。

【男児】ダンジ ①一人前のおとこ。成年男子。例日本―。②おさないおとこの子。また、むすこ。対女児。例―服。

【男爵】ダンシャク 貴族の階級の一つ。五等爵(=公・侯・伯・子・男)の第五位。また、その位をもつ人。

【男女】ダンジョ・ナンニョ おとことおんな。例―共学。老若―。

【男色】ダンショク〔「ナンショク」とも〕男子の同性愛。

【男声】ダンセイ ①おとこの声。②声楽で、男性の声の受け持つ音域。テノール・バリトン・バスなど。例―合唱。▽対女声。

【男性】ダンセイ おとこ。男子。対女性。例―的。

【男装】ダンソウ（名・する）女性が男性のよそおいをすること。対女装。

【男尊女卑】ダンソンジョヒ 男性をすぐれているとして、上位において重んじ、一方で女性を、たいていは能力がおとり下位にあるものとして、だいじにしない考え方。また、それによっておこなわれる風習。

【男優】ダンユウ おとこの俳優。対女優。例主演―。

●下男・次男・善男・嫡男・長男・年男・美男

田 2

【町】 7画 3614 753A 教育1 音テイ漢 チョウ呉 訓まち

筆順 丨 口 冂 田 田 田一 町

田 2

【甼】 7画 6522 753C 別体字

なりたち [形声]「田(=はたけ)」と、音「丁」とから成る。人が畑仕事をするところ。

意味 田や畑。また、田や畑をくぎる細い道。あぜ。

日本語での用法 一《チョウ》①地方公共団体の一つ。「町議会・町立・市町村」②尺貫法の長さの単位。一町は六十間。「三十六町は一里」→「度量衡表」(1141ページ)③尺貫法の面積の単位。一町は十反。三千坪。約九九・一アール。「町歩」二《まち》人家が集まった地域。市街地。「町奉行・城下町」

[使い分け] まち【町・街】⇩1180ページ「城下町・基地の町」

【町家】(チョウカ・まちや) ①まちなかの家。②江戸時代に、町人の家。とくに、商人・職人の家。

【町会】(チョウカイ) ①「町議会」のもとの言い方。[例]―費。②町内の行事などを相談し、とりおこなう集まり。町内会。

【町制】(チョウセイ) 地方公共団体としての町の構成や権限などに関する制度。[例]―をしく。

【町政】(チョウセイ) 地方公共団体としての町の政治・行政。

【町村】(チョウソン) 町と村。地方公共団体としての町と村。[例]―合併。

【町長】(チョウチョウ) 地方公共団体である町の行政の首長。また、その役にある人。[例]―を選ぶ。

【町内】(チョウナイ) ①市街のなかの小区画である、一つの町のなか。②地方公共団体としての町のなか。[例]―に図書館をおく。

【町人】(チョウニン) 江戸時代、都市に住んで、商工業に従事した人。[例]江戸の―文化。

【町民】(チョウミン) ①まちの住民。[例]―税。②あるまちに住んでいる人。

【町医者】(まちイシャ) 公共の医療機関に属さないで、個人で開業している医者。開業医。

●城下町(ジョウカまち)・港町(みなとまち)・横町(よこチョウ)

田2 【甸】 7画 5020 7538 [音]テン[漢] デン[呉] [訓]か-り

[意味] ❶昔の中国で、都城(＝城郭に囲まれた町)の郊外の地。❷耕作地。また、田畑からの産物。❸狩り。

[難読] 緬甸(メンデン)(＝ビルマ(＝今のミャンマー連邦共和国)のこと)・羅甸(ラテン)

田2 【甼】 7画 ⇩【町】(チョウ)(676ページ)

田3 【画】 8画 1872 753B [教育2] [音]㊀カク[漢] ㊁カイ[漢] ガ[呉] [訓]かぎ-る・はか-る・えが-く

[筆順] 一 丆 帀 而 亜 画 画

田7 【畫】 12画 6533 756B

田8 【畫】 13画 7575 本字

[なりたち] [会意]「聿(＝筆でかく)」と「田(＝はたけ)」の四方をくぎった形。くぎる。

[意味] ㊀❶さかいをつける。くぎる。かぎる。[同]劃(カク)。[例]画然(カクゼン)。区画(クカク)。一線(イッセン)を画(カク)する。❷はかる。はかりごと。[同]劃(カク)。[例]画策(カクサク)。計画(ケイカク)。❸漢字の点や線、また、それを数えることば。[同]劃(カク)。[例]画数(カクスウ)。字画(ジカク)。総画(ソウカク)。㊁❶絵をかく。えがく。[例]画家(ガカ)。画竜点睛(ガリョウテンセイ)。❷え。[例]画商(ガショウ)。絵画(カイガ)。壁画(ヘキガ)。

【画架】(ガカ) 絵を制作するときに画板やカンバスを立てかける台。イーゼル。

【画家】(ガカ) 絵をかくことを職業とする人。絵かき。絵師。

【画学】(ガガク) ①絵をかくための技術や考え方。ドローイング。②絵画を研究する学問。

【画境】(ガキョウ) その絵に表現されている、作者の意図や心境。

【画業】(ガギョウ) ①絵をかく仕事。②画家としての業績。[例]半世紀におよぶ―をたたえる。

【画一】(カクイツ) (名・形動ダ) それぞれの性質や事情を考えず、すべてを同じようにあつかうこと。[例]―的。[表記] ㊐▼劃一

【画策】(カクサク) (名・する) ある計画の実現のために、はかりごとをめぐらすこと。たくらむこと。[例]陰(かげ)で―する。

【画数】(カクスウ) その漢字をかたちづくっている点や線の数。字画数。〔一画(イッカク)、二画(ニカク)、…と数える〕[例]「絵」の―は糸へんの六画と数える。

【画然】(カクゼン) (形動タルト) (刃物(はもの)で線を引いたように)区別やちがいが、はっきりしているようす。[例]―と区別する。―たる差異がみられる。[表記] ㊐▼劃然

【画工】(ガコウ) 絵をかくことを職業とする人。絵かき。画家。

【画才】(ガサイ) 絵をかく才能。

【画材】(ガザイ) ①絵画の題材。絵になる事物。②筆・紙・絵の具・カンバスなど、絵をかくのに必要な材料。[例]―店。

【画賛】(ガサン) 東洋画で、絵の余白に説明として述べる、由来や趣旨(シュシ)などの文章や詩句。[表記] ㊐画▼讃

【画室】(ガシツ) 絵をかくための部屋。アトリエ。

【画趣】(ガシュ) 絵にしたいような、よい景色や事物のようす。

【画集】(ガシュウ) 絵をあつめた本。[例]花の―。

【画商】(ガショウ) 画家のかいた絵を売買する職業。また、その人。

【画仙紙】(ガセンシ) 書や絵に用いる、もと中国産の大判の紙。

【画像】(ガゾウ) ①絵としてかかれた形。②写真・映画・テレビなどにあらわされた形。[例]コンピューターで―を処理する。

【画題】(ガダイ) ①絵の主題や内容。[例]東洋画の―。ミレーは農村の生活を―としてえがいた。②絵の題名。

【画壇】(ガダン) 画家たちの社会。[例]―にデビューする。

【画帳】(ガチョウ) ①絵をかくための帳面。②絵を集め、とじて一冊としたもの。▽[類]画帖(ガジョウ)。

【画期的】(カッキテキ) (形動ダ) 新しい発見や、すばらしくすぐれているものの出現によって、前の時代とはちがう時代が来たと思わせるようす。エポックメーキング。[例]―な研究。―な発明。[表記] ㊐▼劃期的

【画伯】(ガハク) 〔「伯」は、一芸にひいでた人の意〕絵の大家。また、画家をうやまっていうことば。[例]藤田嗣治(ふじたつぐはる)―。

【画板】(ガバン) ①紙に絵をかくときに台とするいた。②絵をかくのにカンバスの代わりに用いるいた。ボード。

【画筆】(ガヒツ) 絵をかくのに用いるふで。えふで。

【画▼鋲】(ガビョウ) 紙などを掲示板(ケイジバン)やかべにとめるための鋲。

【画布】(ガフ) 油絵のためのカンバス。また、東洋画の絵絹(エぎぬ)。

【画譜】(ガフ) 絵を集めて、一定の順序にならべた本。[例]草花の―。

【画風】(ガフウ) 絵のかき方の特色。[例]晩年に―が変わる。

【画幅】(ガフク) 絵をかけじくにしたもの。

【画餅】(ガベイ) 〔「ガヘイ」とも〕(絵にかいた餅(もち)が食べられないように)実際の役には立たないもの。[例]―に帰(キ)す(＝計画や努力がむだになる)。

【画報】(ガホウ) おもに写真や絵を用いて記録・表現した雑誌。[例]『風俗(フウゾク)―』

【画面】(ガメン) ①絵がかいてある面。また、絵の表面。②テレビや映画の映像。また、コンピューターなどの、文字や映像の出る面。[例]―が少し暗い。

【画用紙】(ガヨウシ) 絵をかくのに用いる紙。

【画▽竜点▼睛】(ガリョウテンセイ) 最後にたいせつなところを仕上げて、ものごとを完成させること。

[故事のはなし] 張僧繇(チョウソウヨウ)という絵の名人がいた。金陵(キンリョウ)(＝今の南京(ナンキン))にある安楽寺という寺のかべの四面に四ひきの竜(リュウ)の絵をかいたが、睛(ひとみ)だけはかき入れず、「これに睛を入れたら、竜はすぐに飛んでいってしまうよ」と言っていた。人々はでたらめだと思い、ぜひ睛をかき入れるようにとたのんだ。そこで、張僧繇がそのうちの一ぴきに睛をかき入れると、

しばらくしていなずまがかべを破り、竜は雲に乗って天にのぼってしまった。睛を入れなかった竜はそのまま今も残っているということである。〈歴代名画記〉

【画竜点睛を欠く】最後の仕上げをしていないために、全体に迫力や生命感がない。

【画廊】①絵画などの美術品を展示するところ。ギャラリー。②画商の店。

◉映画・絵画・企画・計画・字画・書画・図画・版画・壁画・名画・洋画・録画

田3 【甾】8画 ⇩【留】(679ページ)

田4 【畏】9画 1658 754F 常用 音イ 漢呉 訓おそ-れる・かしこ-まる・かしこ

筆順 丶 冂 冊 田 甲 畀 畏 畏

なりたち [会意]「田(=鬼の頭)」と「虎(=とら)」の省略体とから成る。鬼の頭でトラのつめをもつ恐ろしいもの。おそれる。

意味 ❶おそろしいものを見て、こわがる。おそれおののく。例 畏怖。❷自分の能力のおよばないものに対して、うやまう気持ちをいだく。おそれうやまう。例 畏敬。後生畏るべし。

日本語での用法 一《かしこまる》①きちんとした態度をとる。「畏まって話を聞く」②緊張して、正座する。「そんなに畏まらず、どうぞお楽に」③つつしんで承知する。「畏まりました」二《おそれる》かたじけなく思う。「畏れ多いお言葉」

使い分け おそれ・おそれる【恐・畏・虞】⇩1165ページ

【畏懼】(名・する)〔「懼」も、おそれる意〕おそれること。はばかりおそれること。類 恐懼。

【畏敬】(名・する)おそれうやまうこと。心からうやまうこと。

【畏縮】(名・する)おそれかしこまって、自由にふるまえなくなること。例 試験官の前で―して実力が出せない。

【畏怖】(名・する)おそれおののくこと。例 ―の念。―する。

【畏友】①尊敬している友人。②友人に対して用いることば。例 ―田中氏に謝する。

田4 【界】9画 1906 754C 教育3 音カイ 漢呉 訓さかい

筆順 丶 冂 冊 田 甲 甼 界 界

田4 【畍】9画 6524 754D 本字

なりたち [形声]「田(=はたけ)」と、音「介カ(=くぎる)」とから成る。くぎり。

意味 ❶くぎられた、さかいめ。しきり。さかい。例 境界・限界・世界。❷しきりのなか。はんい。例 学界・財界。

【界面】二つの物質の接触している、さかいの面。

【界隈】ある地点を中心に見たときの、そのあたり。付近。

◉外界・学界・境界・業界・限界・財界・視界・政界・世界

田4 【畋】9画 5834 754B 音テン 漢 デン 呉 訓か-り・か-りする・たつく-る

意味 ❶田畑をたがやす。同 佃。❷(秋に)狩りをする。同 佃。例 畋猟。

【畋猟】狩り。狩猟。

田4 【畑】9画 4010 7551 教育3 国字 訓はた・はたけ

筆順 丶 丷 火 火 灯 炉 畑 畑 畑

なりたち [会意]「田(=はたけ)」と「火(=ひ)」とから成る。草木を焼いてひらいた、はたけ。

意味 ❶水を入れずに野菜や穀物を作る耕地。はたけ。はた。例 畑作・畑地・田畑。❷専門の分野。例 畑違い(=専門外)。技術畑。

【畑作】はたけに作物をつくること。例 寒冷地の―に適した作物。

【畑地】はたけとして耕作する土地。

田4 【畉】9画 6526 7549 音フ 漢 訓たがや-す

意味 田畑をたがやす。

田4 【畆】9画 ⇩【畝】(678ページ)

田4 【畊】9画 ⇩【耕】(809ページ)

田4 【畍】9画 ⇩【界】(678ページ)

田5 【畝】10画 3206 755D 常用 音ホ 慣 ボ 漢 訓うね・せ

筆順 亠 亠 亩 亩 亩 亩 亩 畝 畝

田4 【畆】9画 6528 7546 俗字 田5 【畞】10画 ― 755E 別体字

なりたち [形声]本字は「畮」で、「田(=はたけ)」と、音「毎イ→ボ」とから成る。百歩の地。

意味 ❶耕作地の面積の単位。百歩を一畝とした。一畝は約一・八アール。❷畑のうね。土を盛って作物を植えるところ。例 畦畝(=うね)。田畝。

日本語での用法《せ》耕作地の面積の単位。一反の十分の一。一畝は三十歩。約一アール。

難読 畝傍(=地名)

田5 【畛】10画 6527 755B 音シン 漢 訓あぜ・うね・ちまた・なわて

意味 ❶耕作地のあいだの通路。あぜ。❷境界。くぎり。例 畛域(=区切り。範囲)。

田5 【畜】10画 3560 755C 常用 音 一チク 慣 キク 漢呉 二キュウ 漢呉 チク 漢呉 訓たくわ-える

筆順 亠 亠 玄 玄 玄 畜 畜 畜 畜

なりたち [会意]「茲(=ふえる)」の省略形である「玄」と「田(=はたけ)」とから成る。農耕につとめて、ふやし、たくわえる。

意味 一 ❶(お金や作物を)たくわえる。同蓄。❷動物を飼う。飼育する。やしなう。例畜養。牧畜。二 食用や仕事のために飼う動物。また、けだもの。例畜類。家畜。人畜。

人名 ます

【畜殺】(名・する)肉や皮をとるために家畜を殺すこと。〔古く「屠殺」といった語にあたる〕例—場。

【畜産】家畜を育てて人間生活に利用すること。また、その産業。例—物。

【畜生】〔もとの読みは「キュウセイ」〕①けもの。動物。②人の道をはずれた、けだもののような人。③おこったときや、くやしいときなどに発する、ののしりや、のろいのことば。ちきしょう。④〔仏〕生前の悪行がたたり、死後生まれ変わったけだものの姿。例—道におちる。

【畜養】〔もとの読みは「キクヨウ」〕家畜を飼い養うこと。

【畜類】①家畜。②けだもの。

●役畜・家畜・人畜・牧畜

田5 **【畠】** 10画 4011 7560 人名 国字 音ハク・バク 訓はた・はたけ

参考 音「ハク」は、「畠」の「白」を読んだ日本の字音。

意味 白くかわいた耕作地。はたけ。例畠打ち(=はたけをたがやすこと)。田畠。段段畠。

田5 **【畔】** 10画 4042 7554 常用 音ハン漢 バン呉 訓あぜ・くろ・ほとり

筆順 丨 冂 冂 田 田 田 畔 畔

田5 **【畔】** 10画

なりたち 畔 [形声]「田(=はたけ)」と、音「半ハ」とから成る。はたけのさかい。

意味 ❶田と田を分ける境界。あぜみち。あぜ。くろ。❷水と岸とを分ける境界。みぎわ。ほとり。例湖畔。❸敵対する。そむく。同叛。例畔逆(=そむく)。

田5 **【畚】** 10画 6529 755A 音ホン漢 訓もっこ・ふご

意味 アサやタケなどで作ったかご状の、土をはこぶ道具。もっこ。ふご。

田5 **【留】** 10画 4617 7559 教育5 音リュウ漢 ル呉 訓と-める・と-まる・とど-まる・とど-める

筆順 ⺈ ⺈ 卯 卯 卯 留 留 留

田7 **【畱】** 12画 2-8131 7571 本字

田3 **【畄】** 8画 6523 7544 俗字

なりたち 畱 [形声]「田(=止まるところ)」と、音「丣リュウ」とから成る。とどまる。

意味 ❶動かずに同じところにいる。とどまる。例留学。駐留。逗留。❷同じところにとめておく。とどめる。とめる。例留意。慰留。保留。

人名 と・とどむ・とめ・ひさ・ひさし

使い分け とまる・とめる【止・留・泊】⇩1174ページ

【留意】(名・する)心にとめて忘れないようにすること。気をつけること。注意。例健康に—する。

【留学】(名・する)外国や国内の大学や研究機関などに属して、教育を受けたり研究活動をしたりすること。

【留▼錫】(名・する)行脚の僧が、行くさきざきの寺にしばらく滞在すること。

【留置】(名・する)①人や物を一定の機関の支配下におくこと。例押収した物を—する。②刑罰としてではなく、警察などで、被疑者を一時とどめておくこと。例—施設。一昼夜—しておく。

【留鳥】一年じゅう、すむ土地を変えない鳥。スズメ・カラスなど。対候鳥。

【留任】(名・する)任期が終わって、さらに同じ職や役目に任じられ、そのまま続けること。例会長の—が決定した。

【留年】(名・する)学生が、卒業や進級をしないで、原級にとどまること。類落第。例二年以上—する。

【留保】(名・する)その場で決定しないで、そのままの状態にとどめておくこと。決定をもちこすこと。保留。例回答を一時—する。

【留守】①家人のいないあいだ、その家をまもること。留守番。例—をあずかる。②外出して家にいないこと。不在。例—宅。家を—にする。③ほかのことに気をとられ、注意がそれること。例仕事が—になる。

●慰留・寄留・在留・残留・滞留・駐留・保留

田5 **【畆】** 10画 ⇩【畝】うね(678ページ)

田5 **【畔】** 10画 ⇩【畔】ハン(679ページ)

田6 **【異】** 11画 1659 7570 教育6 音イ漢呉 訓こと・こと-なる

筆順 丨 冂 冂 田 田 田 畢 異 異

なりたち 異 [会意]「廾(=両手をあげる)」と「畀(=あたえる)」とから成る。分ける。

意味 ❶分けて区別する。ことなる。ほかの。対同。例異国。異性。特異。❷ふつうでない。奇怪な。あやしい。例異状。異変。怪異。❸非凡な。きわだってすぐれた。例異才。異彩。異色。

難読 異情

人名 より

【異域】よその土地。外国。類外国・異国。例—の鬼となる(=外国旅行中に死ぬ)。

【異化】(名・する)①〔生〕生物が自身のからだに取り入れた複雑な成分を簡単な物質に分解すること。異化作用。対同化。②心理学で、ちがいをはっきりきわだたせること。

【異学】①異端の学問。正統でない学問。②江戸時代に正学とされた朱子学の側から、それ以外の儒学、たとえば陽明学などを指したことば。例—の禁。

【異観】めずらしい景色・ながめ。例—を呈する。

【異義】①ちがった意味。別の意味。例同音—語。本義から分かれて—をもつ語。②別の意見。

【異議】①他人とちがう意見。反対意見。異論。異存。例—なし。—を唱える。②〔法〕ある事項についての反対・不服の意思。例—申し立て。

【異教】①自分が信仰する宗教とちがった宗教。例—徒。②キリスト教から他の宗教を指す言い方。

【異郷】自分の郷里でない、よその土地。他郷。外国。対故郷。例—に新天地をひらく。

【異境】外国。よその土地。例—をさまよう。

【異形】(名・形動ナ)ふつうとちがったかたち。異様なかたち。例—の化け物。—の者。

【異曲同工】(190ページ) 似たりよったりであること。→【同工異曲】

【異口同音】イクドウオン おおぜいが口をそろえて同じことを言うこと。例—に答える。
【異見】イケン ほかの人とちがった考え。例—を述べる。
【異国】イコク よその国。外国。異邦。例—の人。
【異国情緒】イコクジョウチョ〔「イコクジョウショ」とも〕外国で味わう独特の気分や感じ。また、国内にありながらそのように感じる気分。異国情調。エキゾチシズム。例—あふれる街。
【異才】イサイ すぐれた才能。また、才能のすぐれた人。偉才。例画壇の—。
【異彩】イサイ ①特別な光や色合い。ひときわ美しい色彩。②人やものがきわだってすぐれていること。ほかにはないすぐれた特色。例—を放つ。
【異質】イシツ（名・形動ダ）成分や性質がちがうこと。対等質・同質。例—の文化。
【異字同訓】イジドウクン いくつかの漢字が、似た意味をもち、同じ訓であるもの。たとえば、「はかる」とよむ「計る」「量る」「測る」「図る」「謀る」など。
【異種】イシュ ちがう種類。別種。例—交配。
【異臭】イシュウ なんのにおいかわからない、異様なにおい。いやなにおい。例—がたちこめる。
【異称】イショウ 通称・本名、あるいは学名・漢名などとちがった呼び名。別称。別名。異名。例ペンペングサはナズナの—だ。
【異状】イジョウ ふつうとちがった状態。変わったようす。別状。例—なし。神経に—がある。
【異常】イジョウ（名・形動ダ）平常どおりでないこと。また、ふつうではないこと。アブノーマル。対正常。例—気象。—を示す。
【異色】イショク ①他とちがう色。例—を配する。②ふつうとちがってすぐれた特性。例—の作品。
【異心】イシン むほんの心。人を裏切ろうとする気持ち。ふたごころ。例—をいだく。
【異人】イジン ①ちがう人。別人。例同名—。②風変わりな人。変人。奇人。③外国の人。異邦人。〔明治以後、西洋人を指すことが多い〕例—館。—屋敷。
【異姓】イセイ みょうじがちがうこと。類他姓・別姓。対同姓。
【異性】イセイ ①男女・雌雄など、性がことなること。また、そのもの。②自分の性とちがう性。〔男性から女性を、女性から男性を指す〕例—との交際。▽対同性。
【異説】イセツ ①ふつうとはちがった学説や考え。対通説・定説。②ある説に対して、それとことなる説。異論。例—を唱える。
【異相】イソウ ふつうとはちがう人相や姿。異形。
【異存】イゾン ①人とちがった意見。②反対の意見。異議。例—はない。
【異体】イタイ ①〔「イテイ」とも〕ふつうと変わった姿。異形。異相。②別々のからだ。別の個体。対同体。例雌雄—。③漢字やかなの、標準字体でない字体。異体字。通用字・俗字・略字などの形。例、「烟」は「煙」の、「ヰ」は「井」の、「ゐ」は「い」の異体。対正体。
【異端】イタン ある時代やある社会で、正しいとされている学説や思想・宗教からはずれていること。例—者。
【異朝】イチョウ ①外国の朝廷。②外国。異国。〔明治以前には、とくに中国を指した〕対本朝。
【異土】イド 外国。異国。異郷。例—に客死する（=旅のとちゅう外国で死ぬ）。
【異同】イドウ ことなる点。ちがい。類相違。例両者の—。
【異動】イドウ（名・する）住所・所属・地位・職務・任地などが変わること。また、変えること。例人事—。
【異能】イノウ ふつうの人にはない、特別のすぐれた才能。
【異父】イフ 母親が同じで父親がちがうこと。例—兄弟。
【異腹】イフク 父親が同じで母親がちがうこと。はらちがい。異母。対同腹。例—の兄。
【異物】イブツ ①（あるはずのない）ちがったもの。別のもの。例米に—が混入する。②〔医〕体内にはいったり、発生したもので、からだの組織になじまないもの。飲みこんだ針、結石など。例—を取り除く。
【異聞】イブン めずらしい話。変わった話。類珍聞・奇聞。
【異分子】イブンシ 一つの集団の中で、他の者と性質・思想・種類などがちがう者。例党内の—を排除する。
【異変】イヘン ①変わったできごと。天災や動乱など、非常の事態。変事。例暖冬—。—の多い年。身に—が起きる。②目に見えて変わること。変化。変異。例子供の—に気づく。
【異母】イボ 父親が同じで母親がちがうこと。異腹。はらちがい。例—兄弟。
【異邦】イホウ よその国。外国。異国。例—人（=他国民）。
【異本】イホン 同一の内容の書物と見えるが、流布や書写を経て、標準になるものとは、文字や内容に多少ちがいのある本。類一本・別本。
【異名】イミョウ・イメイ ①本名以外の名。別名。別称。一名。異称。例師走は十二月の—だ。②特徴をよくあらわす呼び名。あだな。③動植物の名で、学名・漢名などとちがう通り名。例ライラックは、ムラサキハシドイの—だ。
【異様】イヨウ（名・形動ダ）ふつうとちがうこと。変わったようすであること。例—な雰囲気。—に光るものがある。
【異例】イレイ（名・形動ダ）いつもとちがうこと。前例のない特別なこと。例—の昇進。
【異論】イロン 人とちがう議論や意見。反対の意見。異議。異見。例—をさしはさむ余地がない。
●怪異・奇異・驚異・差異・小異・特異・変異

［田部］6画 畦 畭 時 畢

田 6
【畦】
11画 2345 7566 音ケイ漢 訓うね・あぜ

意味 ❶耕地の面積の単位。一畦は五十畝（=周代の一畝は約一・八アール）。❷田畑の中の小さくぎられた部分。小高く土を盛り上げて作物を植えるところ。うね。例畦畝（=うね）。❸（田畑の）くぎり。例畦道。
【畦道】あぜみち 田をくぎっている細長い土盛りを、通路とするところ。例—を通る。曲がりくねった—。

田 6
【畭】
11画 6530 7569 国字 訓けさ

意味 人名・地名に用いられる字。例畭ケ山（=鹿児島県の地名）。

田 6
【時】
11画 6531 7564 音シ漢チ漢ジ呉 訓うね

意味 天地や五帝（=中国古代の伝説上の五人の帝王）をまつった祭壇。例霊時（=祭場）。

田 6
【畢】
11画 4113 7562 人名 音ヒツ漢 訓おわ-る・ことごと-く

意味 ❶狩りに使う長い柄のついたあみ。❷おえる。おわる。例畢竟。❸完全に。ことごとく。例群賢畢至（グンケンことごとくいたる）。❹二十八宿の一つ。あめふりぼし。例畢宿。
【畢▼竟】ヒッキョウ（副・する）つまるところ。つまり。結局。例—、徒労に終わった。—するに、すべて親の心配りのたまものだ。
【畢生】ヒッセイ 死ぬまで。一生。終生。例—の大業（=生涯をかけた大事業)。

田6 **【略】** 11画 4612 7565 教育5 音リャク漢呉 訓はか-る・はかりごと・ほぼ・はぶ-く

筆順 丨 冂 日 田 田 畋 畋 略

田6 **【畧】** 11画 6532 7567 別体字

なりたち [形声]「田(=土地)」と、音「各カク→リャク」とから成る。土地をくぎり、治める。

意味 ❶土地の境界を定めて治める。いとなむ。おさめる。例経略。❷うばいとる。おかす。同掠。例略取。略奪。❸計画。はかりごと。例計略。策略。❹あらまし。だいたい。ほぼ。例略述。概略。大略。❺必要なものを取り、不要なものを除く。はぶく。例略式。簡略。省略。

人名 とる・のり・もと

【略画】 簡略にかいた絵。

【略儀】 正式な手続きを省略した、簡単なやり方。略式。例右、―ながら書面にてお願い申し上げます。

【略言】 一(名・する)内容を簡単に述べること。また、そのことば。例事件を―する。二(名)語が複合するとき、中間の音が省略され、音韻の変化。「うちそと(=内外)」が「うちと」、「かわうち(=河内)」が「かわち」になるなど。略音。

【略語】 語形の一部分を省いて簡略にしたことば。「追試験」を「追試」、「特別急行」を「特急」、「テレビジョン」を「テレビ」というなど。

【略字】 複雑な字形の一部を省いて簡略にした漢字。「應」を「応」、「戀」を「恋」とするなど。対正字・本字。

【略式】 手順・方法などの一部を省いて簡単にしたやり方。略儀。対正式・本式。例―裁判。―命令。

【略取】 (名・する)うばいとること。かすめとること。略奪。例―誘拐。敵地を―する。表記 旧▼掠取

【略述】 (名・する)だいたいのところを、のべること。対詳述。

【略称】 (名・する)正式の名称を簡略にし、略語の形式にした呼び名。また、その名で呼ぶこと。「日本経済団体連合会」を「経団連」、「民間放送」を「民放」、「コンパクトディスク(compact disk)」を「シーディー(=CD)」というなど。

【略図】 簡略にかいた図。例駅までの―をかく。

【略説】 (名・する)(要点を)簡略に説明すること。また、その説明。対詳説。

【略装】 略式の服装。略服。対正装。

【略体】 ①正式の体裁を簡略にした形。②漢字の字画を略した字体。類略字。例―のかな(=たとえば、片かなの「イ」は「伊」の略体)。▽対正体。

【略奪】 (名・する)力ずくでうばい取ること。かすめ取ること。略取。強奪。例―結婚。表記 旧▼掠奪

【略伝】 簡略な伝記。小伝。対詳伝。例作者―。

【略歴】 だいたいの経歴。また、それを書いたもの。

【略解】 (名・する)簡単に、あらましを解釈・解説すること。また、その解釈や解説。対詳解・精解。例万葉集―。

【略記】 (名・する)要点を簡単に書きしるすこと。また、そのもの。例要旨をつかんで―する。

●概略・簡略・計略・攻略・策略・省略・侵略・戦略・謀略

田6 **【畧】** 11画 ⇩【略】リャク(681ページ)

田7 **【畳】** 12画 3086 7573 常用 音チョウ漢ジョウ呉 訓たた-む・たたみ

筆順 冂 冊 田 田 畀 畀 畳 畳

田17 **【疊】** 22画 6540 758A 人名

田17 **【疉】** 22画 6541 7589 別体字

田11 **【曡】** 16画 6542 7582 別体字

なりたち [会意]「晶(=日をかさねる)」と「宜(=よい)」とから成る。かさねる。

意味 積みかさねる。かさなる。たたむ。例重畳。

日本語での用法 一《ジョウ》和風の部屋のたたみの数を数えることば。「三畳・四畳半」二《たたみ》和室のゆかの上にしく、イグサで作った厚いしきもの。「畳を替える・畳を上げる」三《たたむ》店を閉じて、あきないをやめる。「店を畳む」

難読 畳紙

人名 あき

【畳韻】 漢字の熟語で、上下二つの漢字の韻(=語頭の子音を除いた、母音をふくむ部分)を重ねたもの。たとえば、「逍遥」「滅裂」「艱難」など。→【双声】(176ページ)

【畳語】 同じ単語を重ねてできた複合語。日本語では、「われわれ」「ときどき」「だいだい」など。漢語では「年年」「歳歳」「堂堂」「峨峨」など。

【畳字】 ①同じ漢字やかなを重ねるとき、その字の代わりに使う符号。おどり字。「々」「〱」「ゝ」「ゞ」など。②同じ字を重ねて書く熟語。畳語。「歴歴」「重重」など。

【▽畳▽紙】 ①たたんでふところに入れておき、日常用いる紙。懐紙。②渋や漆などをぬった厚紙。折りたたむようにして、和服などを包むのに用いる。

田7 **【番】** 12画 4054 756A 教育2 音バン慣ハン漢 訓つが-い・つが-う

筆順 ノ ㇒ 乊 平 采 采 番 番 番

なりたち [象形]「釆(=けものの、つめ)」と「田(=足のうら)」とから成る。けものの足の形。借りて「かわるがわる」の意。

意味 ❶かわるがわる。例順番。当番。❷順序や回数につけることば。例一番。連番。❸中国の西方に住む異民族。外国人。同蕃。例番語(=外国語)。

日本語での用法 一《バン》①みはり。「番人・門番・夜番」②順序や組み合わせを数えることば。「番地・番付・番組」③日常の。そまつな。「番茶・番傘」二《つがい》めすとおすのひと組み。また、二つでひと組みのもの。「番いの文鳥を飼う・一番い・蝶番」三《つがう》交尾する。「犬が番う」

難読 十八番

人名 つぎ・つぐ・つら・ふさ

【番外】 ①決められた番数・番組・番号・順番・メンバーのほかであること。例―地。―編。―委員。②特別のものやこと。特別な人。例かれは―だ。

【番傘】 厚い油紙を張ったじょうぶなからかさ。

【番組】 ①興行や演奏の、演目や順序、出演者などをしるした一覧表。②ラジオ・テレビなどの、一日分ごとに、時間を割って、種目・演目などを示す放送予定表。

【番犬】バンケン 外部からの侵入者シンニュウシャの用心のために飼うイヌ。〔権威者ケンイシャの忠実な護衛役のたとえにもいう〕

【番号】バンゴウ 順番をあらわす数字。また、数字をふくむ符号フゴウ。例電話—。出席—。—順に並ぶ。

【番所】バンショ ①番人のつめるところ。②江戸えど時代に置かれた町奉行所まちブギョウショ。

【番線】バンセン ①鉄道やバスの駅・停留所で、整理番号のついた乗降場や線路。例三—。②針金の太さの単位。

【番卒】バンソツ 見張りの兵卒。番兵。

【番台】バンダイ 銭湯・芝居しばい小屋などの入り口で、見張りの番人がすわる台。また、その番人。例—にすわって客をさばく。

【番地】バンチ 町や村をさらに区分して、区別するための番号。

【番茶】バンチャ 摘み残りのかたい葉を使った、品質のおとるお茶。

【番長】バンチョウ 非行少年少女のグループの長。

【番付】バンづけ 演芸や相撲すもうなどで、順番や順位などを書いたもの。また、力量などの順位をあらわした一覧表や、それにならって作る順位表。例春場所の—。長者—。歌舞伎かぶきの—。

【番手】バンて ①〔「…番手」の形で〕陣立ジンだてで、隊列の順序をいうのに用いることば。転じて、順番をあらわすことば。例二—。②糸の太さをあらわす単位。

【番頭】バントウ 商店や旅館などで、使用人の、かしら。

【番人】バンニン 見張りをする人。番をする人。

【番兵】バンペイ 見張りの兵士。衛兵エイヘイ。哨兵ショウヘイ。

【番屋】バンや 番人のいる小屋。

●一番バイチ・欠番ケツバン・十八番ジュウハチバン(おはこ)・順番ジュンバン・当番トウバン・非番ヒバン・本番ホンバン・店番みせバン・門番モンバン

田7【畬】12画 2-8129 756C 音ヨ漢 訓あらた

田7【畭】12画 6534 756D 別体字

意味 開墾カイコンして二年あるいは三年めの、はたけ。あらた。

田7【畫】12画 ⇒【画】ガ(677ジペー)

田7【畤】12画 ⇒【疇】チュウ(682ジペー)

田7【畲】12画 ⇒【畬】ヨ(682ジペー)

田7【畱】12画 ⇒【留】リュウ(679ジペー)

田8【畸】13画 6535 7578 音キ漢

意味 ❶井田法セイデンホウでくぎれない、はんぱな耕作地。❷ふつうとはちがった。風変わりな。同奇キ。例畸人キジン。

表記 現代表記では、「奇キ」に書きかえることがある。熟語は「奇」(265ジペー)を参照。

【畸形】キケイ 生物の発育異常の形態。表記 現奇形

【畸人】キジン 行動や性格などが変わっている人。表記 現奇人

田8【畷】13画 3877 7577 音テツ漢 テイ漢 訓なわて

意味 耕地のあいだの道。あぜみち。なわて。

田8【畵】13画 ⇒【画】ガ(677ジペー)

田8【畺】13画 ⇒【疆】キョウ(682ジペー)

田8【當】13画 ⇒【当】トウ(316ジペー)

田10【畿】15画 2106 757F 常用 音キ漢 訓みやこ

筆順 ㄑ 幺 幺幺 畿 畿 畿 畿

なりたち [形声]「田(=場所)」と、音「幾キ」の省略体とから成る。天子に属する千里四方の地。

意味 古代中国で、都から四方へ千里以内の天子の直轄チョッカツ地。日本では、京都を中心とした地域。みやこ。

人名 ちか

【畿内】キナイ ①古代中国で、都を中心とした千里四方の、天子の直轄チョッカツ地。②〔「キダイ」とも〕日本で、京都周辺の、山城やましろ(=京都府南部)・大和やまと(=奈良なら県)・河内かわち(=大阪おおさか府南東部)・和泉いずみ(=大阪府南西部)・摂津せっつ(=大阪府北部および兵庫ひょうご県南東部)の五つの国。五畿。五畿内。

田11【疂】16画 ⇒【畳】ジョウ(681ジペー)

田14【疆】19画 6537 7586 音キョウ漢 訓さかい

田8【畺】13画 2-8132 757A 本字

参考「畺」は、二つの「田(=た)」と「三(=三本の境界線)」とから成る会意文字。

意味 土地の境界。さかい。例疆域キョウイキ(=さかい。国境)。

田14【疇】19画 6538 7587 音チュウ漢 訓うね・たぐい

田7【畤】12画 6539 7574 俗字

意味 ❶たがやされた田畑。とくに、麻あさばたけ。❷田畑のうね。❸なかま。たぐい。同儔チュウ。例範疇ハンチュウ。❹きのう。むかし。さきに。例疇昔チュウセキ(=きのう。さきごろ)。

田17【疊】22画 ⇒【畳】ジョウ(681ジペー)

田17【疉】22画 ⇒【畳】ジョウ(681ジペー)

103 5画 疋 ひき(𤴔 ひきへん)部

あしの形をあらわす。「疋」が偏ヘン(=漢字の左がわの部分)になるときは「𤴔(ひきへん)」となる。「疋」をもとにしてできている漢字と、「疋」の字形を目じるしにして引く漢字とを集めた。

0 疋 7 疎 疏 9 疑

疋0【疋】5画 4105 758B 人名 音■ショ漢 ソ呉 ■ヒキ慣 ヒツ漢 訓あし

意味 ■足。■❶動物を数えることば。同匹ヒツ。❷織物の長さの単位。一疋イッピキは四丈ジョウ(=約九メートル)。同匹ヒツ。例疋帛ヒッパク(=一疋の絹の織物)。

日本語での用法《ヒキ》①一疋イッピキは、反物タンもの二反。「絹きぬ五十疋ゴジッピキ」②一疋イッピキは銭ぜにに十文モン、のちに二十五文。

人名 ただ

疋7【疎】12画 3334 758E 常用 音ショ漢 ソ呉 訓うと-い・うと-む・まば-ら・おろそ-か

筆順 ㇇ 下 正 𤴔 𤴔 疎 疎 疎

疋7【疏】12画 3333 758F 人名 本字

疋7【踈】14画 7683 8E08 別体字

[なりたち] [会意]「㐬(=子供が生まれる)」と「𤴓(=あし)」とから成る。通じさせる。

[意味] ❶切り開いて、通じさせる。とおす。[例]疏通ソツウ。❷切り開かれて、ばらばらにはなれる。まばら。[対]密ミツ。[例]疎密ソミツ。空疎クウソ。❸はなれて遠ざかる。うとい。うとむ。うとんじる。[例]疎遠ソエン。疎外ソガイ。去る者は日日ひびに疎うとし(=死んだ人や別れた人は、しだいに忘れられていくものだ)。❹こまかく分けて説明する。箇条書カジョウがきにする。また、その解説や上奏文。[例]上疏ジョウソ。注疏チュウソ。

[参考]「❹」では「疏」を使うことが多い。

【疎遠】ソエン (名・形動ダ)文通や行き来がなく、親しみがうすいこと。[例]仲が―になる。日ごろ―にして交際しない。

【疎開】ソカイ (名・する)①あいだをあけてまばらにすること。②空襲クウシュウや災害に備えて密集している都市の建物や住民を地方に分散させること。[例]―先。強制―。学童―。

【疎外】ソガイ (名・する)よそよそしくして、のけものにすること。[例]―感。ひとりだけ―される。

【疎隔】ソカク (名・する)よそよそしくなること。[例]感情の―が生じる。

【疎水】ソスイ 農業用水や発電などのため、土地を切り開いて水を通すこと。また、その水路。[例]琵琶湖ビワコからの―。[表記][旧]▼疏水

【疎通】ソツウ (名・する)気持ちや考えがよく通じて理解されること。[例]意思の―をはかる。[表記][旧]▼疏通

【疎放】ソホウ (名・形動ダ)大ざっぱなこと。[例]―農業。―な性質。[表記]「粗放」とも書く。

【疎密】ソミツ あらいことと細かいこと。また、親しくないことと親しいこと。[例]―のある織物。[表記]「粗密」とも書く。

【疎明】ソメイ ①いいわけ。弁明。②[法]裁判官に確からしいという推測をいだかせるために、当事者のおこなう努力。[表記]▽[旧]▼疏明

【疎略】ソリャク (名・形動ダ)ぞんざいにすること。あつかいがおろそかなこと。[例]客を―にあつかう。[表記]「粗略」とも書く。

【疎林】ソリン 木がまばらに生えたはやし。[例]赤松あかまつの―。

【疎漏】ソロウ (名・形動ダ)やり方がぞんざいで手落ちのあること。手ぬかり。[例]準備に―はない。[表記]「粗漏」とも書く。

●過疎カソ・空疎クウソ・親疎シンソ

𤴓 7 【疏】 12画 ⇩【疎】ソ(682ページ)

疋 9 【疑】 14画 2131 7591 [教育6] [音]ギ[漢][呉] [訓]うたが-う・うたが-い・うたが-わしい

[筆順] ノ ヒ ヒ 𠤎 矣 𠤕 𠤕 疑

[なりたち] [形声]「子(=ふえる)」と「𠤕(=決まらない)」の省略体と、音「止シ」とから成る。決めかねてまどう。

[意味] ❶似ていて区別しにくい。判断しにくい。まぎらわしい。うたがわしい。うたがう。うたがい。[例]疑心ギシン。疑問ギモン。疑惑ギワク。❷ためらう。まよう。[例]狐疑コギ。遅疑チギ。

【疑義】ギギ 意味や内容がはっきりしないこと。[例]―をただす。

【疑獄】ギゴク 罪状がはっきりせず、判決が出しにくい刑事ケイジ事件。〔政府高官が関係した、大がかりな贈収賄ゾウシュウワイ事件などにいう〕

【疑似】ギジ ほんものと似ていてまぎらわしいこと。[例]―コレラ。―体験。[表記]「擬似」とも書く。

【疑心】ギシン うたがう心。疑念。[例]―が起こる。

【疑心暗鬼】ギシンアンキ 「疑心暗鬼を生ず」の略。[例]―になる。

【疑心暗鬼アンキを生ショウず】うたがいの心をもっていると、ありもしない化け物の姿が見えるように、何もかも不安に思われ、信じられなくなる。疑心暗鬼。〈列子レッシ〉

【疑点】ギテン うたがわしいところ。疑問点。[例]―を残す。

【疑念】ギネン うたがう気持ち。疑心。[例]―がわく。

【疑問】ギモン ①うたがわしい点を問いただすこと。[例]―をさしはさむ。②うたがわしいことがら。[例]―が生じる。

【疑惑】ギワク 何かおかしいとあやしむこと。疑い。[例]―を晴らす。

●懐疑カイギ・嫌疑ケンギ・質疑シツギ・半信半疑ハンシンハンギ・容疑ヨウギ

104 5画 疒 やまいだれ部

人が、やまいで寝台シンダイにねている形をあらわす。「疒」の字の音は、ダク。「疒」をもとにしてできている漢字を集めた。

[2]疔 [3]疚 疝 [4]疫 疥 疣 [5]痂 疳 疴 痃 疾 疽 症 疹 疸 疼 疲 病 疱 [6]痍 痕 疵 痔 痊 痒 [7]痙 痣 痩 痛 痘 痞 痢 [8]痾 痿 瘀 痼 瘁 痰 痴 痺 痲 痳 痹 [9]瘖 瘧 瘋 瘍 瘉 [10]瘟 瘠 瘡 瘢 瘤 瘦 [11]瘴 瘰 瘻 [12]癇 癌 癈 癘 療 癆 [13]癜 癖 癒 癒 [14]癡 [15]癢 [16]癨 癪 癩 癧 [17]癬 [18]癰 [19]癲

疒 2 【疔】 7画 6543 7594 [音]テイ[漢]チョウ[呉] [訓]かさ

[意味] できものの一種。顔面に生じることが多く、うみが出にくい悪性のはれもの。かさ。[例]面疔メンチョウ。

疒 3 【疚】 8画 6544 759A [音]キュウ[漢] [訓]や-む・やま-しい

[意味] ❶長びく病気。やむ。❷気がとがめる。やましい。[例]内省不疚うちにかえりみてやましからず(=心に反省して、やましいところがない)。〈論語ロンゴ〉

疒 3 【疝】 8画 6545 759D [音]サン[漢]セン[呉]

[意味] 腹や腰こしなどがひきつって痛む病気。[例]疝気センキ(=漢方で、下腹のいたみ)。

疒 4 【疫】 9画 1754 75AB [常用] [音]エキ[漢]ヤク[呉] [訓]えやみ

[筆順] 亠 广 广 疒 疒 疒 疫 疫

[なりたち] [形声]「疒(=やまい)」と、音「役エキ」の省略体とから成る。はやりやまい。

[意味] 伝染病デンセンビョウ。流行病。えやみ。[例]疫痢エキリ。悪疫アクエキ。

【疫学】エキガク 流行病などの原因を広く統計的に調査・研究する学問。[例]―的調査を行う。

【疫病】エキビョウ・ヤクビョウ 悪性の伝染病デンセンビョウ。[例]―よけ。

【疫病神】ヤクビョウがみ ①疫病エキビョウをはやらせるという神。②だれからも忌いみきらわれる人のたとえ。

【疫痢】エキリ 感染症の一つ。赤痢菌セキリキンなどにより幼児が高熱・下痢ゲリ・嘔吐オウトなどの症状ショウジョウを起こす。

【疫▼癘】エキレイ 〔「癘」も、流行病の意〕「疫病」に同じ。

○●悪疫・検疫・防疫・免疫

疒4 【疥】 9画 6546 75A5 音カイ漢 訓はたけ

意味 皮膚に炎症を起こし、ひどいかゆみをともなう病気。ひぜん。はたけ。例疥癬。

【疥▼癬】ヒゼンダニの寄生によって起こる皮膚病。ひどいかゆみをともなう。ひぜん。

疒4 【疣】 9画 6547 75A3 音ユウ漢 訓いぼ

月4 【肬】 8画 7079 80AC 本字

意味 皮膚の一部が変質して小さく盛り上がったもの。いぼ。例疣贅(=いぼとこぶ。よけいなもの)。

難読 懸疣(=たれ下がった、こぶ・いぼの類)

疒5 【痂】 10画 6548 75C2 音カ漢 訓かさ・かさぶた

意味 できものや傷が治りかけたときに、その表面をおおってできる皮。かさぶた。かさ。

疒5 【疳】 10画 6549 75B3 音カン漢

意味 子供の胃腸病の一種。例疳積。

日本語での用法《カン》①神経質な幼児におこる病をいう。「疳の病」②かん。ひきつけ。参考「癇」とも書く。

【疳▽積】栄養不良などによっておこる幼児の貧血症。癇癪とは別。表記「疳▼癪」とも書く。

疒5 【疴】 10画 2-8144 75C0 音ク漢

意味 背骨が曲がる病気。例痀瘻。

【痀▼瘻】⇩【佝僂】(65ページ)

疒5 【痃】 10画 6550 75C3 音ケン漢 ゲン呉 訓めまい

意味 ❶下腹部にしこりのできる病気。例横痃(=よこね)。❷めまい。同眩。例痃癖。痃暈(=めまい)。

疒5 【疾】 10画 2832 75BE 常用 音シツ漢 シチ呉 訓やまい・や-む・にく-む・はや-い・と-し

筆順 亠 广 疒 疒 疒 疾 疾 疾

なりたち [会意]「疒(=やまい)」と「矢(=人をきずつける、や)」とから成る。やまい。やむ。

意味 ❶(急性の)病気。やまい。例疾病。悪疾。❷わずらう。やむ。❸うらむ。にくむ。例疾悪(=にくむ)。❹スピードがはやい。すばやい。例疾駆。疾走。疾視。

人名 はや・し

【疾患】病気。やまい。例胸部―。慢性―。

【疾駆】(名・する)馬や車などで勢いよく走ること。疾走。例大道を―する馬車。

【疾呼】(名・する)あわただしく呼ぶこと。かん高い声でさけぶこと。例大声―。

【疾視】(名・する)にくしみをもって、にらみつけること。

【疾走】(名・する)ひじょうに速く走ること。疾駆。例全力―する車。

【疾風】㊀①強く激しくふく風。例―怒濤(=はやてと大波)。②風速八メートルから一〇メートルくらいの風。(ビューフォート風力階級5に相当する)㊁はやて(「て」は、風の意)急激にふいて進む強い風。突風。例―のごとく去っていく。

【疾風迅雷】すばやく激しいこと。事態の急変や、行動のすばやさについていう。例―の進撃。

【疾風に▼勁草を知る】(強い風に弱い草がたおれて、はじめて強い草が見分けられるの意)困難にあって、はじめてその人の意志の強さがわかることのたとえ。〈後漢書〉

【疾病】病気。やまい。疾患。

○●眼疾・肺疾・廃疾

疒5 【疽】 10画 6552 75BD 音ショ漢 ソ呉 訓かさ

意味 うみをもって根が深く治りにくい悪性のはれもの。かさ。例疽腫(=悪性のはれもの)。壊疽。脱疽。

疒5 【症】 10画 3041 75C7 常用 音セイ漢 ショウ呉

筆順 亠 广 疒 疒 疒 疒 症 症

なりたち [形声]「疒(=やまい)」と、音「正セイ」とから成る。やまいのしるし。

意味 病気の性質やようす。例症状。

【症候群】[医]ある病気の特徴として現れるさまざまな症状。シンドローム。

【症状】病気にかかったときに、からだにあらわれる異常。例自覚―。かぜの―が出ている。

【症例】病気やけがの症状の実例。

○●炎症・軽症・後遺症・重症

疒5 【疹】 10画 3130 75B9 音㊀シン漢呉 ㊁チン漢 訓はしか

意味 ㊀皮膚にふきでものが出る病気。とくに、はしか。例湿疹。発疹。麻疹。㊁熱病(にかかる)。やむ。また、やまい。

疒5 【疸】 10画 6553 75B8 音タン漢

意味 肝臓・胆嚢の故障のために、胆汁が血液中にまじってからだが黄色になる病気。黄疸。

疒5 【疼】 10画 6554 75BC 音トウ漢 訓うず-く・いた-む

意味 ずきずきする。いたみ。いたむ。うずく。例疼痛。

【疼痛】ずきずきいたむこと。いたみ。うずき。例―を覚える。

疒5 【疲】 10画 4072 75B2 常用 音ヒ漢呉 訓つか-れる・つか-らす

筆順 亠 广 疒 疒 疒 疒 疲 疲

なりたち [形声]「疒(=やまい)」と、音「皮ヒ」とから成る。つかれる。

意味 体力がおとろえ気力がなくなってぐったりする。くたびれる。つかれる。つからす。また、つかれ。例疲弊。疲労。

【疲弊】(名・する)①(肉体的・精神的に)つかれて弱ること。②経済的に行きづまり、生活状態が悪くなること。例国民経済が―する。表記▽「罷弊」とも書く。

【疲労】ヒロウ（名・する）くたびれること。つかれ。例—感。—困憊(コンパイ)。

疒5

【病】

10画 4134 75C5 教育3 音ヘイ漢 ビョウ呉 訓や-む・やまい

筆順 亠广疒疒疒病病病

なりたち [形声]「疒(=やまい)」と、音「丙(ヘイ)」とから成る。やまいが重くなる。

意味 ❶不健康になる。やむ。やまい。例病臥(ビョウガ)。病気(ビョウキ)。大病(タイビョウ)。❷きず。欠点。例病弊(ビョウヘイ)。病癖(ビョウヘキ)。

難読 病葉(わくらば)

【病因】ビョウイン 病気の原因。病原。

【病院】ビョウイン 病気にかかった人、けがをした人のぐあいをみて、場合によっては収容して治療(チリョウ)する施設(シセツ)。例総合—。救急—。参考 医療法で、収容能力二十人以上の施設を病院、十九人以下のものを診療所(シンリョウジョ)という。

【病▼臥】ビョウガ（名・する）病気でとこにつくこと。

【病害】ビョウガイ 農作物や家畜(カチク)などの、病気による損害。例作物が—におかされる。

【病患】ビョウカン 病気。やまい。

【病間】ビョウカン ①病気が少しよくなっているとき。例—に作品を仕上げる。②病気にかかっているあいだ。病中。

【病気】ビョウキ ①心身のはたらきに異常が起こり、苦痛や不快を感じること。やまい。疾患(シッカン)。例—になる。②悪いくせのたとえ。例かれの例の—がまた出た。

【病苦】ビョウク 病気による苦しみ。例—とたたかう。

【病▼軀】ビョウク 病気にかかっているからだ。病身。病体。例—をおして出席する。

【病欠】ビョウケツ（名・する）病気のために欠席や欠勤をすること。例—の多い生徒。

【病原】ビョウゲン 病気の起こる原因となるもの。病因。表記「病源」とも書く。

【病原菌】ビョウゲンキン 病気の原因となる細菌。病菌。表記「病源菌」とも書く。

【病原体】ビョウゲンタイ 病気の原因となる生物体。細菌(サイキン)やウイルスや寄生虫など。表記「病源体」とも書く。

【病後】ビョウゴ 病気が治ったばかりで、まだからだが弱っているとき。やみあがり。類予後(ヨゴ)。例—を注意する。

【病根】ビョウコン ①病気のもとになっているもの。病因。病原。②悪習や弊害(ヘイガイ)などの根本原因。例—を絶つ。

【病死】ビョウシ（名・する）病気で死ぬこと。病没(ビョウボツ)。

【病室】ビョウシツ 病院で、病人をねかせておく部屋。

【病者】ビョウシャ 病気をわずらっている人。病人。

【病弱】ビョウジャク（名・形動ダ）からだがよわくて病気がちなこと。

【病床】ビョウショウ やまいのとこ。病褥(ビョウジョク)。例—にふす。表記「病▼牀」とも書く。

【病状】ビョウジョウ 病気のようすや進みぐあい。容体(ヨウダイ)。

【病▼褥】ビョウジョク 病人のねどこ。病床(ビョウショウ)。例—を見舞(みま)う。表記「病▼蓐」とも書く。

【病身】ビョウシン ①病気にかかっているからだ。病軀(ビョウク)。例—をおして働く。②弱くて病気がちなからだ。また、その人。

【病勢】ビョウセイ 病気の進みぐあい。例—が進む。

【病巣】ビョウソウ からだの中で病気におかされているところ。例—を発見する。

【病中】ビョウチュウ 病気にかかっているあいだ。

【病的】ビョウテキ（形動ダ）からだの状態や言行がふつうでないようす。不健康なようす。例—なほどきれい好き。—な美しさ。

【病棟】ビョウトウ 病院で、病室の並んでいる建物。例外科(ゲカ)—。

【病毒】ビョウドク 病気を引き起こす毒。病気のもと。例—を防ぐ。

【病人】ビョウニン 病気にかかっている人。類患者(カンジャ)。

【病弊】ビョウヘイ ものごとの内部にたまった弊害。例—を除く。

【病癖】ビョウヘキ 病的なほどやっかいなくせ。例—を改める。

【病没】ビョウボツ（名・する）病気で死ぬこと。病死。例若くして—する。表記 旧病▼歿

【病魔】ビョウマ 人を病気にかからせるもの、または、病気そのものを、魔物にたとえていうことば。例—におかされる。

【病名】ビョウメイ 病気の名前。例とくに—のつかない病気。

【病理】ビョウリ 病気の原因や経過についての学問的理論。例—学。

【病歴】ビョウレキ 今までにどのような病気にかかったかということ。例—をくわしく調べる。

【病(やま)い▼膏(コウ)▼肓(コウ)に入(い)る】①病気が重くなって、治る見こみがない。②ものごとに深入りしたり、悪いくせがしみついたりして手がつけられなくなる。〔「膏肓」を「コウモウ」と読むのは誤り〕

故事のはなし 中国の春秋時代、晋(シン)の景公(ケイコウ)が重病にかかり、秦(シン)から医者を呼ぶことになった。すると景公の夢の中で、病気が二人の子供（二豎(ニジュ)）の姿になって現れ、こんなことを言った。「今度やってくる医者は名医だ。きっと我々はやられてしまう。どこににげようか」。もう一人の子供が言った。「肓(コウ)の上、膏(コウ)の下にいたら我々をどうすることもできないさ」。やがて医者が来て診察(シンサツ)すると言った。「この病気はもうどうすることもできません。肓の上、膏の下にあってどんな治療(チリョウ)をしても治せません」。これを聞いた景公は、「名医だ」と言って厚く礼をして帰した。（春秋左氏伝(シュンジュウサシデン)）

●看病(カンビョウ)・仮病(ケビョウ)・疾病(シッペイ)・持病(ジビョウ)・伝染病(デンセンビョウ)・闘病(トウビョウ)・難病(ナンビョウ)・熱病(ネツビョウ)・発病(ハツビョウ)・万病(マンビョウ)

疒5

【疱】

10画 6555 75B1 音ホウ漢 訓もがさ

意味 皮膚(ヒフ)にできものができる病気。もがさ。例疱瘡(ホウソウ)（=天然痘(テンネントウ)）。水疱(スイホウ)。

疒6

【痍】

11画 6556 75CD 音イ漢 訓きず

意味 きず。きずつける。例傷痍(ショウイ)。満身創痍(マンシンソウイ)。

疒6

【痕】

11画 2615 75D5 常用 音コン漢 訓あと

筆順 亠广疒疒疒疒痕痕

なりたち [形声]「疒(=やまい)」と、音「艮(コン)」とから成る。きずあと。

意味 ❶きずあと。あとかた。あと。例傷痕(ショウコン)。瘢痕(ハンコン)。❷何かがあったことを示すしるし。あとかた。あと。例痕跡(コンセキ)。血痕(ケッコン)。

使い分け あと【後・跡・痕】⇩1161ページ

【痕跡】コンセキ 過去に何かがあったことを示すあと。形跡。

疒6
【疵】
11画 6551 75B5 音シ漢呉 訓きず

意味 ❶小さなけが。また、過失や欠点。きず。例疵瑕。瑕疵。❷過失や欠点を責める。そしる。例疵毀(=そしる)。

難読 疵(あざ)

【疵▼瑕】(「瑕」は、宝玉についている、きずの意)きず。欠点。過失。瑕疵。

疒6
【痔】
11画 2806 75D4 音チ漢ジ呉

意味 肛門にできる、痛みや出血をともなう病気。例痔疾(=痔のやまい)。

疒6
【痊】
11画 6557 75CA 音セン漢呉 訓い-える

意味 病気が治る。いえる。例痊愈(=病気が治る)。

疒6
【痒】
11画 6558 75D2 音ヨウ漢 訓かゆ-い・かさ

意味 ❶できもの。かさ。同瘍。❷かゆい。同癢。例痛痒。隔靴搔痒。

疒7
【痙】
12画 6559 75D9 音ケイ漢 訓ひきつ-る

意味 筋肉が不自然にちぢむ。ひきつる。例痙攣。書痙(=文字を書こうとすると、手がふるえる病気)。

【痙▼攣】(名・する)筋肉が急にひきつること。例—をおこす。

疒7
【痣】
12画 6560 75E3 音シ漢 訓あざ・ほくろ

意味 皮膚の一部が赤やむらさきに変色したもの。あざ。また、皮膚にできる黒い斑点。ほくろ。

疒7
【痩】
12画 3373 75E9 常用 音ソウ慣シュウ漢 訓や-せる

筆順 亠 广 疒 疒 疒 疸 痩 痩

[疒部] 6—7画 疵痔痊痒痙痣痩痛痘痞痢

疒10
【瘦】
15画 1-9493 7626 人名

なりたち [形声]「疒(=やまい)」と、音「叟ソウ→シュ」とから成る。やせる。

意味 ❶からだが細くなる。やせる。例瘦軀。瘦身。❷土地の生産力が落ちる。やせる。❸文字が細い。

【瘦▼軀】やせ細ったからだ。瘦身。例長身—。

【瘦身】やせたからだ。瘦軀。

疒7
【痛】
12画 3643 75DB 教育6 音トウ漢ツ・ツウ呉 訓いた-い・いた-む・いた-める

筆順 亠 广 疒 疒 疒 疗 痟 痛 痛

なりたち [形声]「疒(=やまい)」と、音「甬ヨウ→トウ」とから成る。ひどく、やむ。

意味 ❶傷などがいたむ。いたみ。例苦痛。頭痛。❷心をいためる。例心痛。沈痛。悲痛。❸心にいたみを感じるほど、はなはだしく。いたく。例痛快。痛切。

日本語での用法《いたい・いたむ》損害が大きい。影響が大きい。「痛い失策・痛手」

使い分け いたむ・いためる【痛・傷・悼】⇩1162ページ

【痛手】①(刀や矢などで受けた)重い傷。深手。②大きなショックや損害。例—をこうむる。

【痛飲】(名・する)大いに酒を飲むこと。

【痛快】(名・形動ダ)ひじょうに愉快なこと。胸がすっとするように気持ちがよいこと。

【痛感】(名・する)身にしみていたいほどに感じること。

【痛苦】いたみ苦しむこと。また、ひどい苦しみ。苦痛。

【痛撃】(名・する)激しく攻撃すること。また、それによるひどい打撃。例敵に—を加える。

【痛言】(名・する)きびしく言うこと。また、そのことば。

【痛▼哭】(名・する)激しく泣くこと。ひどくなげき悲しむこと。例父の死に—する。

【痛恨】(名・する)ひじょうにくやしく思うこと。例—事。—のきわみ。

【痛心】(名・する)心をいためること。心配すること。心痛。

【痛惜】(名・する)ひじょうにおしいと思うこと。

【痛切】(名・形動ダ)よろこび・かなしみ・あわれさを、身にしみて深く心に感じること。切実。例人の情けを—に感じる。

【痛打】(名・する)①強く打つこと。また、その打撃。例顔面を—する。②野球で、相手の守りに痛手となる強烈な打球。例—を浴びせる。

【痛嘆】(名・する)ひじょうになげくこと。

【痛点】皮膚・粘膜上にある、いたみを感じる感覚点。

【痛罵】(名・する)ひどく、ののしること。例—される。

【痛風】〔医〕関節やその周囲に尿酸がたまって炎症を起こし、激しくいたむ病気。

【痛憤】(名・する)ひどく腹をたてること。

【痛棒】①〔仏〕座禅のときに、心の定まらない者を打つための棒。②ひどくしかりつけること。例—を食らわす。

【痛▼痒】①いたみとかゆみ。②自分の身に受ける影響や利害。さしさわり。例なんら—を感じない。

【痛烈】(名・形動ダ)ひじょうに勢いがはげしいこと。手厳しいこと。例—な批判。

●苦痛・劇痛・激痛・心痛・頭痛・鎮痛・沈痛・鈍痛・悲痛・腹痛・腰痛

疒7
【痘】
12画 3787 75D8 常用 音トウ漢 訓もがさ

筆順 亠 广 疒 疒 疒 疘 痘 痘 痘

なりたち [形声]「疒(=やまい)」と、音「豆トウ」とから成る。もがさ。

意味 高い熱を出し、皮膚に豆つぶ状のできものができて、あとを残す伝染病。疱瘡。もがさ。例種痘。天然痘。

【痘痕】天然痘のあと。あばた。

【痘▼瘡】天然痘。疱瘡。感染症の一つ。

疒7
【痞】
12画 6561 75DE 音ヒ漢 訓つか-え

意味 胸がつかえて痛む病気。また、胸・心がふさがってゆううつになること。つかえ。例胸の痞えが取れる。

疒7
【痢】
12画 4601 75E2 常用 音リ漢

筆順 亠 广 疒 疒 疒 疔 痢

5画

くだり。

なりたち [形声]「疒(=やまい)」と、音「利」とから成る。はらくだり。

意味 はらくだり。また、ひどいはらくだりをともなう細菌性の伝染病。例 疫痢・下痢・赤痢。

疒8 【痾】13画 6562 75FE 音 ア漢 訓 やまい

意味 こじれた病気。やまい。例 宿痾(=持病)。

疒8 【痿】13画 6563 75FF 音 イ漢 ワイ漢 訓 あしなえ・な-える

意味 ❶身体の一部がなえたり、機能を失う病気。例 痿痺。陰痿(=男性の性的不能)。❷なえる。おとろえる。例 痿弱(=虚弱)。

【痿▼痺】手足がしびれる病気。

疒8 【瘀】13画 1-8848 7600 音 ヨ漢 オ呉

意味 血行が悪いために起こる病気。例 瘀血。

【瘀血】①からだのある部分の血のめぐりが悪くなること。また、その血。②黒みを帯びて質の悪くなった血。病毒のまじった血。表記 ②は「悪血」とも書く。

疒8 【痼】13画 6564 75FC 音 コ漢

意味 長いあいだ治らない病気。ながわずらい。例 痼疾。

【痼疾】長引いて治らない病気。持病。また、直りにくい、がんこなくせ。例 ―に苦しむ。

疒8 【瘁】13画 6565 7601 音 スイ漢 訓 うれ-える・つか-れる・やつ-れる・やぶ-れる

意味 ❶力を出しきってへとへとになる。つかれる。例 尽瘁(=いやがらずに力を出しつくす)。❷うれえる。同 悴。❸病気で、やせおとろえる。やつれる。同 悴。

疒8 【痰】13画 6566 75F0 音 タン漢

意味 せきとともに気管から出る、ねばりけのある液体。たん。例 喀痰(=たんをはく)。血痰。

疒8 【痴】13画 3552 75F4 常用 音 チ漢呉 訓 おろ-か

筆順 亠 广 疒 疒 疒 疾 痴 痴

疒14 【癡】19画 6587 7661

なりたち [形声]「疒(=やまい)」と、音「疑ギ→チ」とから成る。かしこくない。

意味 ❶知恵がはたらかない。にぶい。おろか。例 痴漢・痴呆・白痴。❷あることに熱中して、ほかに目が向かない。例 情痴・書痴。❸[仏] 三毒(=貪(=むさぼり)・瞋(=いかり)・痴(=まよい))の一つ。心がまよい、ものごとの真理を理解できないこと。例 愚痴。

日本語での用法 《チ》理性を失った。常識的な判断のない。「痴漢・痴話げんか」

【痴漢】(「漢」は、男の意) ①ばかげたことをする男。おろかな男。ばかもの。②(「①」の意味を限定して、日本で) 女性に性的ないたずらをする男。

【痴愚】おろかなこと。ばか。

【痴情】理性を失い、男女間の愛欲におぼれる感情。例 ―から出たおろかなおこない。

【痴人】おろかもの。ばかもの。たわけ。例 ―の前に夢を説く(=むだで、ばかげたことのたとえ)。

【痴態】ばかげたふるまい。おろかなようす。例 人前で―を演じる。

【痴鈍】(名・形動ダ) おろかで、頭のはたらきがにぶいこと。

【痴▼呆】①おろかなこと。また、おろかな人。②⇨【認知症】(916ページ)

【痴話】愛し合う男女のたわむれのことば。むつごと。例 ―げんか。

●音痴・愚痴・書痴

疒8 【痺】13画 6567 75FA 音 ヒ漢 訓 しび-れる・しび-れ

疒8 【痹】13画 2-8155 75F9 本字

意味 ❶からだの感覚がなくなる。しびれる。しびれ。例 麻痺。❷風邪・湿気・寒さからくる手足のいたみやしびれ。

疒8 【痲】13画 6568 75F2 音 バ漢 マ呉 訓 しび-れる

意味 ❶神経がおかされてからだの感覚がなくなる。しびれる。しびれ。例 痲酔(=麻酔)。❷「痲疹」は、子供に多い発熱と発疹をともなう急性の伝染病。はしか。

【痲▼痺】(名・する) ⇨【麻痺】(1108ページ)

【痲薬】⇨【麻薬】(1108ページ)

疒8 【痳】13画 6569 75F3 音 リン漢 訓 しぶ-る

意味 ❶腹や腰がひきつって痛む病気。疝気。❷性病の一種。同 淋。例 痳病。

疒8 【痹】13画 ⇨【痺】(687ページ)

疒9 【瘖】14画 1-8852 7616 音 イン漢 オン呉

意味 ことばを発することが困難な病気。また、その人。

【瘖▼唖】ことばを発することが困難な病気。また、その病気の人。

疒9 【瘧】14画 6574 7627 音 ギャク漢 訓 おこり

意味 一定の時間をおいて高い熱を出す病気。マラリア。おこり。例 瘧疾(=おこり)。

疒9 【瘋】14画 6570 760B 音 フウ漢

意味 精神に異常をきたしている。例 瘋癲。

【瘋▼癲】①精神状態が異常であること。②決まった仕事をもたず、気ままにぶらぶらしている人。

疒9 【瘍】14画 6571 760D 常用 音 ヨウ漢 訓 かさ

筆順 亠 广 疒 疒 疒 疸 瘍 瘍

なりたち [形声]「疒(=やまい)」と、音「昜ヨウ」とから成る。頭部のはれもの。

意味 ❶はれもの。できもの。かさ。例潰瘍。腫瘍。❷からだのきず。例瘍痍(=きず)。

疒9【瘉】14画 ⇩【癒】ユ(689ジ)

疒10【瘟】15画 6573 761F 音オン漢 訓えやみ
意味 高熱を発する急性伝染病。えやみ。

疒10【瘠】15画 6575 7620 音セキ漢 訓や-せる
意味 ❶からだが細くなる。やせる。例瘠軀(=やせたからだ)。❷土地に生産力のない、やせ地。例瘠地。瘠土。
【瘠地】セキチ 土質が悪く、作物が育ちにくい土地。やせ地。

疒10【瘡】15画 6576 7621 音ソウ漢ショウ呉 訓かさ・きず
意味 ❶切りきず。きず。同創。例刀瘡。❷皮膚にできる、できもの・はれもの。かさ。例瘡瘍(=できもの)。疱瘡(=天然痘)。
【瘡蓋】かさぶた 傷口が治りかけたときにできるかわいた皮。
【瘡痕】ソウコン きずあと。創痕。

疒10【瘢】15画 6577 7622 音ハン漢 訓きずあと
意味 ❶きずあと。例瘢痕。❷皮膚にできる斑点。そばかす。しみ。例雀瘢。❸過失。しくじり。
【瘢痕】ハンコン 傷やできもののあと。

疒10【瘤】15画 6578 7624 音リュウ漢 訓こぶ
意味 ❶皮膚の肉が盛り上がってかたまりになったもの。こぶ。しこり。❷木など、ものの表面が盛り上がってかたまりになったもの。例根瘤。木瘤。
日本語での用法《こぶ》不要のもの、じゃまもののたとえ。「目の上の瘤が取れる」

疒10【瘦】15画 ⇩【痩】ソウ(686ジ)

5画

【疒部】9—12画 瘉瘟瘠瘡瘢瘤瘦瘴瘰瘻癇癌癈癘療癆

疒11【瘴】16画 6579 7634 音ショウ漢
意味 熱帯・亜熱帯の山川から生ずる毒気にあたって起こる熱病。マラリアの類。例瘴気(=熱病を起こすという山川の毒気)。瘴癘(=マラリアの類)。

疒11【瘰】16画 6580 7630 音ルイ慣ラ漢
意味「瘰癧」は、首のリンパ節がはれてしこりとなる、結核性の病気。

疒11【瘻】16画 6581 763B 音一ロウ漢 二ル漢呉
意味 一ロ ❶首にできる、はれもの。例瘻癘(=首にできるはれものやハンセン病)。❷治りにくいできもの。例痔瘻。二ル 背骨が曲がって、前かがみになる病気。例痀瘻。

疒12【癇】17画 6582 7647 音カン漢呉
意味 ❶子供に多い、発作的に全身の筋肉がひきつる病気。ひきつけ。❷「癲癇」は、とつぜん、けいれんを起こして意識を失う病気。
日本語での用法《カン》刺激に反応してすぐひきつける、たち。「癇にさわる・癇の強い子」
【癇▼癪】カンシャク すぐにかっとなって、いかりをぶつけること。おこりっぽい性質。癇癖。例—を起こす。—持ち。
【癇性】カンショウ (名・形動) ①神経質でおこりっぽい性質。例—な子。②異常なほど潔癖であること。表記 ▽「▼疳性」とも書く。
【癇癖】カンペキ おこりっぽい性質。癇癪。例—が強い。

疒12【癌】17画 2066 764C 音ガン
意味 内臓や筋肉・皮膚にできる、悪性のはれもの。例胃癌。乳癌。肺癌。
参考 日本の近世に、病名「乳癌」の「ガン」に「岩・嵒・嵓」などを用いた例がある。
日本語での用法《ガン》根強く、組織全体にとってさまたげとなっているもののたとえ。「政界の癌」

疒12【癈】17画 6583 7648 音ハイ漢
意味 治せない病気。例癈疾。癈人。
【癈疾】ハイシツ ①治すことのできない病気。②病気などのため身体が不自由になること。表記 ▽「廃疾」とも書く。
【癈人】ハイジン 精神的・肉体的障害のために、通常の社会生活がまったくできない人。例麻薬を常用して—になる。表記「廃人」とも書く。

疒12【癘】17画 6586 7658 音ライ漢呉 レイ漢 訓えやみ
意味 ❶ハンセン病。同癩。❷流行病。えやみ。例癘疫(=疫病)。

疒12【療】17画 4637 7642 常用 音リョウ漢呉 訓いや-す
筆順 亠 广 疒 疢 疢 瘆 瘆 療
なりたち 【形声】「疒(=やまい)」と、音「尞リョウ」とから成る。やまいをなおす。
意味 ❶病気を治す。いやす。例療法。治療。❷苦痛を取り除く。例療渇(=のどのかわきをいやす)。
【療育】リョウイク [医] 治療しながら教育すること。
【療治】リョウジ (名・する) 病気やけがをなおすこと。治療。例荒—。揉み—。毎日—をおこたらない。
【療病】リョウビョウ [医] 病気を治療すること。
【療法】リョウホウ 病気やけがの治し方。治療法。例民間—。食餌—。対症—。
【療養】リョウヨウ (名・する) 病気やけがを治すため、からだを休めて手当てを受けること。例—中。—所。転地して—する。
○●医療・加療・診療・施療・治療・物療

疒12【癆】17画 6584 7646 音ロウ漢
意味 胸のやまい。肺結核。例癆痎。
【癆▼痎】ロウガイ 「肺結核」の古い呼び名。肺病。例—を病やむ。【表記】「労▼咳」とも書く。

疒13 【癜】 18画 6585 765C 音デン漢 テン慣 訓なまず・なまずはだ

意味 細菌が寄生してうす茶色や白のまだらができる皮膚病。なまず。例癜風（＝なまずのできる病）。

疒13 【癖】 18画 4242 7656 常用 音ヘキ漢 ヒャク呉 訓くせ

筆順 亠 广 疒 … 癖

なりたち [形声]「疒（＝やまい）」と、音「辟ヘキ」とから成る。腹の病気。

意味 ❶胃腸の病気。消化不良。❷人それぞれがもつ（かたよった）好みや性質・習性。くせ。例悪癖・潔癖。

● 悪癖・潔癖・習癖・性癖・盗癖・難癖

疒13 【癒】 18画 4494 7652 常用 音ユ漢呉 訓い-える・い-やす

筆順 亠 广 疒 … 癒

疒13 【癒】 18画

疒9 【瘉】 14画 6572 7609 本字

なりたち [形声]「疒（＝やまい）」と、音「兪ユ」とから成る。やまいがなおる。

意味 からだの中の病気がぬけ出て治る。いえる。いやす。例快癒・治癒。

【癒合】ユゴウ（名・する）〔医〕傷が治って、傷口がふさがること。

【癒着】ユチャク（名・する）①〔医〕膜や皮膚が、手術や炎症などのためにくっついてしまうこと。例手術後、腸に―が生じた。②組織などが利益を求めて、不正に深く結びつくこと。例一流企業や有力銀行と総会屋との―。

疒13 【癒】 18画 ⇩【癒】ユ（689ページ）

疒14 【癡】 19画 ⇩【痴】チ（687ページ）

疒15 【癢】 20画 6588 7662 音ヨウ漢 訓かゆ-い

意味 ❶皮膚がむずむずする。かゆい。同痒。例痛癢。❷思うようにならないで、じれったい。はがゆい。例伎癢（＝腕前を示したくてむずむずする）。

疒16 【癨】 21画 6589 7668 音カク漢

意味「癨乱」は、暑さにあたって吐いたり下したりする病気。コレラ・疫痢など。霍乱。

疒16 【癪】 21画 6591 766A 音シャク

意味 ❶胸や腹などが急に痛んでけいれんを起こす病気。さしこみ。しゃく。❷激しいいかりの感情。はらだち。しゃく。例癇癪。癪の種。

疒16 【癩】 21画 6590 7669 音ライ漢呉

意味 ハンセン病。同癘。

疒16 【癧】 21画 6592 7667 音レキ漢

意味「瘰癧」は、首のリンパ節にできる結核性のはれもの。

疒17 【癬】 22画 6593 766C 音セン漢呉 訓たむし

意味 ひどいかゆみをともなう伝染性の皮膚病。たむし。例疥癬。皮癬。

疒18 【癰】 23画 6594 7670 音ヨウ漢 訓はれもの

意味 中にうみをふくんだ悪性のはれもの。例癰疽（＝悪性のできもの）。

疒19 【癲】 24画 6601 7672 音テン漢

意味 ❶精神に異常をきたす病気。例瘋癲（＝異常な言動をする人）。❷「癲癇」は、けいれん性の病気。

【癲狂】テンキョウ 精神疾患。

105 5画 癶 はつがしら部

左右の足を、ちぐはぐに開いた形をあらわす。「癶」をもとにしてできている漢字と、「癶」の字形を目じるしにして引く漢字とを集めた。

0 癶 4 癸 発 7 登 發

癶0 【癶】 5画 6602 7676 音ハツ漢 訓ゆ-く

意味（足をちぐはぐに出して）あるいて行く。

癶4 【癸】 9画 6603 7678 音キ漢呉 訓みずのと

意味 十干の十番目。みずのと。方位では北、五行では水にあてる。例癸亥。

癶4 【発】 9画 4015 767A 教育3 音ハツ漢 ホツ呉 訓た-つ

筆順 フ ヌ … 癶 … 発

癶7 【發】 12画 6604 767C

なりたち [形声]「弓（＝ゆみ）」と、音「癹ハ」とから成る。矢を射る。

意味 ❶矢をはなつ。鉄砲などをうつ。例発射。百発百中。連発。❷外に出る。外へ出す。例発芽・発光・発声。❸出かける。動き出す。たつ。例発車。始発。出発。❹新しくはじまる。はじめる。生じる。おこす。おこる。例発刊・発起・発端。❺のびる。さかんになる。成長する。例発育・発達・発展。❻かくれているものを外に出す。あきらかにする。ひらく。あばく。あらわれる。例発掘・発明・告発。❼弾丸などをかぞえることば。例一発。

難読 発条（ぜんまい）

人名 あき・あきら・おき・すすむ・ちか・なり・のぶ・のり・はじめ・ひらく

【発案】ハツアン（名・する）①新しく考え出すこと。また、その考え。案出。例—者。②議案を提出すること。提案。例—権。

【発意】（名・する）㊀ハツイ（意見や計画などを）思いつくこと。考え出すこと。発案。㊁ホツイ〔仏〕「発心①」に同じ。

【発育】ハツイク（名・する）成長して大きくなること。例—がいい。

【発駅】ハツエキ ①列車が出発した駅。例—はどの駅だったのか。②始発駅。例—で乗車する。▽対着駅。

【発煙】ハツエン（名・する）けむりを出すこと。例—筒。

【発音】ハツオン（名・する）音声を出すこと。また、その出し方やひびき。例—記号。ドイツ語のLとRの—のちがい。

【発音記号】ハツオンキゴウ 言語音をあらわす記号。音声記号。たとえば、英語でAを[ei]であらわす、など。

【発火】ハッカ（名・する）火を出すこと。燃えだすこと。例—装置。

【発火点】ハッカテン 空気中で、物質を点火せずに加熱していった場合に、燃え始める最低の温度。

【発芽】ハツガ（名・する）種が芽を出すこと。めばえ。出芽。

【発会】ハッカイ（名・する）①会ができて初めて会合を開くこと。また、その会。例—式。②〔経〕取引所で、月の初めの立ち会い日。対納会。例大—（=新年最初の立ち会い）。

【発覚】ハッカク（名・する）かくしていたことや悪いことが明るみに出ること。例不正が—する。

【発刊】ハッカン（名・する）①新聞・雑誌などの定期刊行物を新しく出版すること。②書物を出版すること。

【発汗】ハッカン（名・する）あせをかくこと。あせが出ること。

【発揮】ハッキ（名・する）（能力や素質などを）じゅうぶんに外にあらわすこと。例本領—。実力を—する。

【発議】ハツギ（名・する）①意見を出すこと。また、その意見。②会議に議案を出すこと。発案。例—権。

【発給】ハッキュウ（名・する）証明書などを出してあたえること。例認定証を—する。

【発狂】ハッキョウ（名・する）気がくるうこと。

【発禁】ハッキン「発売禁止」の略。書籍・雑誌などの発行や発売を禁止すること。例—処分。—本。

【発句】㊀ハック 漢詩の律詩（=八句からなる詩型）の第一・二句。起句。首聯。㊁ホック ①一巻きの連歌・連句の、いちばんはじめの五・七・五の句。対挙句。②「①」が独立してよまれるようになったもの。俳句。

【発掘】ハックツ（名・する）①地中にうもれているものをほり出すこと。例遺跡の—調査。②世間に知られていない（すぐれた）ものを見つけ出すこと。例優秀な人材を—する。

【発見】ハッケン（名・する）知られていなかったものを、はじめて見つけ出すこと。例新しいすい星を—する。

【発券】ハッケン（名・する）①銀行券（=紙幣）などを発行すること。②乗車券・航空券などを発行すること。例—した駅の窓口ではらいもどしをする。

【発言】ハツゲン（名・する）（会議などで）意見を述べること。また、その意見。例—権。—を求める。

【発現】ハツゲン（名・する）外にあらわれ出ること。出現。また、あらわし出すこと。例神の—。

【発語】ハツゴ・ホツゴ ㊀（名・する）ものを言いはじめること。発言。㊁（名）①話や文章のはじめに置くことば。「さて」「そもそも」「では」など。②歌語などで、語のはじめにそえる接頭語。「さ霧」「さ小鹿」「さ苗」などの「さ」の類。

【発光】ハッコウ（名・する）光を出すこと。例—体。

【発行】ハッコウ（名・する）①印刷した書籍・雑誌・新聞などを世に出すこと。発刊。例—所。②特定の機関が紙幣・証明書・入場券などを作って通用させること。例再—。

【発効】ハッコウ（名・する）ききめがあらわれること。とくに、法律や条約などが実際に効力をもつようになること。対失効。例国内での手続きを終わってはじめて—する。

【発酵】ハッコウ（名・する）酵母菌などの微生物のはたらきによって有機化合物が分解し、アルコール類・有機酸類・二酸化炭素などを生じること。みそ・しょうゆ・酒・パン・チーズなどは、このはたらきを応用してつくる。表記 旧▼醱酵
【発散】ハッサン（名・する）（内にこもっていた光・熱・におい・力などが）外に飛びちること。また、外へ勢いよく出すこと。例ストレス—。ありあまる精力を—する。

【発車】ハッシャ（名・する）汽車・電車・バスなどが走りだすこと。例—時刻。

【発射】ハッシャ（名・する）弾丸・ロケットなどをうち出すこと。例—した弾の軌跡。

【発症】ハッショウ（名・する）病気の症状があらわれること。例病気をもっていても—するとは限らない。

【発祥】ハッショウ（名・する）①天命によって、天子となるめでたいきざしがあらわれること。②ものごとがはじまること。起源。例文明—の地。

【発情】ハツジョウ（名・する）①情欲が起こること。②動物が本能的に交尾の可能な状態になること。例—期。

【発色】ハッショク（名・する）染め物やカラー写真で、色が出ること。また、その色の出ぐあい。例—剤。—の美しいパステル。

【発信】ハッシン（名・する）電信や電波、郵便などを出すこと。例—人。

【発▼疹】ハッシン・ホッシン（名・する）〔医〕皮膚に小さなふきでものができること。その、ふきでもの。例—チフス。突発性—。

【発進】ハッシン（名・する）①飛行機や自動車などが動きだすこと。例急に—して衝突した。②（基地から）出発させること。例緊急—。

【発生】ハッセイ（名・する）①（春になって、生物が）生まれ出ること。例毛虫の異常—。②ものごとが起こること。例火災—。事件の—現場。

【発声】ハッセイ（名・する）①こえを出すこと。例—練習。②おおぜいで一つのことばを言うとき、最初にこえを出して音頭をとること。例会長の—で万歳を三唱する。

【発赤】ハッセキ・ホッセキ（名・する）〔医〕皮膚や粘膜が熱をおびて赤くなること。例—の大小を見て診断する。

【発走】ハッソウ（名・する）（競走・競馬・競輪で）走りだすこと。

【発送】ハッソウ（名・する）（荷物・郵便物などを）おくり出すこと。

【発想】ハッソウ（名・する）①感情や思想を文章や詩歌などに言いあらわすこと。②思いつくこと。思いつき。アイディア。例どこから—した表現であろうか。例自由な—。③音楽で、楽曲のもつ気分を、緩急・強弱などに変化をつけて表現すること。例—記号。

【発足】ハッソク・ホッソク（名・する）①旅に出発すること。門出。②団体・会社などの組織がつくられて活動を始めること。例自治会が—する。

【発▼兌】ハッダ（名・する）書籍などを発行すること。

【発達】ハッタツ（名・する）①（生物が）成長して、より完全なものになること。例心身の—。②ものごとが大きくなったり、進歩して高度なものになっていくこと。例科学の—。—した台風。

【発着】ハッチャク（名・する）（列車やバス・航空機・船など乗り物の）出発と到着。例電車の—時刻。

【発注】ハッチュウ（名・する）注文を出すこと。対受注。例不足の物はすぐ—しておく。表記 旧発▼註
【発展】ハッテン（名・する）①勢いがさかんになり、大きく広がって、より高度な段階に進むこと。例—途上国。②広い範

囲で活躍すること。例ご―をいのります。

【発電】ハツデン (名・する) 電気を起こすこと。例水力―所。

【発動】ハツドウ (名・する) ①行動を起こすこと。また、行動を起こさせること。②動力を起こすこと。例―機。③〔法〕ある法的な権力を行使すること。例法務大臣が指揮権を―する。

【発熱】ハツネツ (名・する) ①熱を放出すること。例―量。②病気のために、体温がふつうよりも高くなること。

【発売】ハツバイ (名・する) 売り出すこと。例―禁止。近日―。

【発病】ハツビョウ (名・する) 病気になること。病気の症状が出ること。例感染して三日後に―した。

【発表】ハッピョウ (名・する) ある事実や考え、作品や技能を世の中に広く知らせ明らかにすること。例合格―。音楽―会。

【発布】ハップ (名・する) 法律などを世間に広く告げ知らせること。類公布。例憲法―。

【発憤】ハップン (名・する) ①気持ちをふるいたたせること。②激しくいかること。表記▽「発奮」とも書く。

【発泡】ハッポウ (名・する) あわが出ること。例―スチロール。―酒。

【発砲】ハッポウ (名・する) 銃や大砲をうつこと。

【発明】ハツメイ 一(名・する) 新しいことを考え出したり、今までなかったものをつくり出したりすること。例―家。二(名・形動ナ) かしこいこと。利発。聡明。例―な子。

【発問】ハツモン (名・する) 質問すること。

【発揚】ハツヨウ (名・する) ①(人々の心を)ふるい立たせること。例士気を―する。②高くかかげ、明らかにすること。例国威を―する。

【発令】ハツレイ (名・する) 法令・辞令・警報などを出すこと。例津波警報を―する。

【発露】ハツロ (名・する) (気持ちや感情が)表面にあらわれ出ること。例愛情の―。

【発話】ハツワ (名・する) 目の前にいる相手に、実際にことばを発する行為。また、そこで話されたことば。

【発願】ホツガン (名・する) ①神仏に願をかけること。例遺族の―で地蔵尊を建立供養している。②何かを始めようとねがいをもつこと。例先師の作品を集めようと―する。

【発起】ホッキ (名・する) ①ものごとが新しくおこること。また、新しくものごとを始めること。例―人。②〔仏〕仏門にはいること。信仰心を起こすこと。発心。例一念―して修行につとめる。

【発作】ホッサ 病気の激しい痛みや症状が急に起こること。例心臓―を起こす。―的(=なんの前ぶれもなくとつぜん何かがおこなわれるようす)。

【発心】ホッシン (名・する) ①〔仏〕仏を信じる心を起こすこと。出家すること。例―して山にこもる。②思い立つこと。決意すること。例―して研究に打ちこむ。

【発端】ホッタン ものごとや文章の始まり。いとぐち。例事件の―。

【発頭人】ホットウニン 最初に事をくわだてた人。張本人。

●開発・活発・啓発・告発・再発・出発・続発・摘発・突発・爆発・不発・奮発・暴発・乱発・利発・連発

癶 7

【登】

12画 3748 767B 教育3 音ト慣トウ漢呉 訓のぼ-る

筆順 フ ヲ ヺ 癶 癶 癸 登 登

なりたち 䔲 [会意]「癶(=両足を開く)」と「豆(=足の高いうつわ)」とから成る。車に乗る。派生して「のぼる」の意。

意味 ❶だんだんと高いところへ行く。のぼる。例登高トウコウ。登頂トウチョウ。登山トザン。❷出むく。例登校トウコウ。登城トジョウ。❸高い地位や合格にいたる。人をより高い地位に引き上げる。例登第トウダイ(=試験に及第する)。登用トウヨウ。❹公式の記録にのせる。例登記トウキ。登録トウロク。

使い分け のぼる【上・登・昇】⇩1176ページ

人名 さだむ・すすむ・たか・たかし・ちか・とみ・なり・なる・のり・のる・みのる

【登仮】トウカ 天子の死。天皇・上皇がなくなること。崩御。表記「登▼遐・登▼霞」とも書く。

【登記】トウキ (名・する) 〔法〕法律上の権利や事実を明らかにするために、一定のことがらを役所の公式の帳簿に書いておくこと。また、その手続き。例土地の―。

【登校】トウコウ (名・する) (生徒・児童が授業を受けるために)学校に行くこと。対下校。例集団―。

【登高】トウコウ 一(名・する) 高いところにのぼること。二(名) 昔の中国で、陰暦九月九日の重陽の節句に、丘や山などにのぼり、菊酒を飲んで長寿を祝い、災厄をはらった行事。

【登載】トウサイ (名・する) 新聞や雑誌などに記事をのせること。掲載。例記事を―した号を二部、贈呈する。

【登場】トウジョウ (名・する) ①舞台・小説・映画などの、ある場面に人物や役者があらわれること。対退場。例―人物。②世の中にあらわれること。例新製品が―する。

【登仙】トウセン (名・する) ①仙人になって天にのぼること。例羽化―。②貴人の死を指すことば。

【登壇】トウダン (名・する) 演説や講演などをするために、壇上にのぼること。対降壇。

【登庁】トウチョウ (名・する) 役所に出勤すること。出庁。対退庁。例初―。

【登頂】トウチョウ・トチョウ (名・する) 高山の頂上にのぼりつくこと。例エベレスト―に成功。

【登▼攀】トウハン・トハン 山やがけなど、けわしく高いところによじのぼること。例北壁―にいどむ。

【登板】トウバン (名・する) 野球で、投手が試合に出て投球すること。ピッチャープレートに立つこと。

【登用】トウヨウ (名・する) その人の能力を認めて、ある地位に取り立てること。起用。例人材を―する。表記「登庸」とも書く。

【登竜門】トウリュウモン 立身出世するための関門。例芥川賞は作家の―だ。

故事のはなし 後漢の桓帝の時代、政治は乱れて役人の仕事もいいかげんな状態になっていた。ただ李膺という高官だけは厳格な仕事ぶりで高い評判をとっていた。そこで、李膺に近づくことを許された役人は、「竜門に登った」と言われたという。「竜門」は黄河上流の急流で、大魚でもなかなかさかのぼることができず、この難所をこえることのできた魚は竜になる、と言われていた。(後漢書)

【登楼】トウロウ (名・する) ①高い建物にのぼること。②妓楼(=遊女のいる店)にあがって遊ぶこと。

【登録】(名・する) 公式の帳簿に書きしるすこと。例 住民―。

【登録商標】公式に登録してあって他人が使用できない商標。

【登山】(名・する) 山にのぼること。対下山。例―家。―電車。

【登城】(「トウジョウ」とも)(名・する) 武士が、勤めのため、主君のいる城に参上すること。対下城。

癶7 【發】12画 ⇩【発】(689ペー)

106 5画 **白** しろ しろへん 部

しろい色の意をあらわす。「白」をもとにしてできている漢字と、「白」の字形を目じるしにして引く漢字とを集めた。

0 白 1 百 2 皀 早 皂 3 的 的 4 皆 皇 皈 5 皋 6 皐 皎 7 皖 皓 皓 8 皙 10 皚

この部首に所属しない漢字
皃⇩儿 103 帛⇩巾 338 畠⇩田 679 魄⇩鬼 1092

白 0 【白】 5画 3982 767D 教育1
音 ハク漢 ビャク呉
訓 しろ・しら・しろ-い・もう-す
付表 白髪

筆順 ノ 亻 冂 白 白

なりたち [会意]「冂(=はいる)」と「二(=陰の数)」とから成る。西方の色。しろ。参考 されこうべ・木の実・光る月など、白いものの象形文字とする説がある。

意味 ❶しろい色。しろい。しろ。例 白衣。紅白。❷しろくする。しらげる。例 精白。漂白。❸けがれがない。きよい。例 潔白。❹はっきりしている。あきらか。例 明白。❺あかるい。例 白日。白昼。❻かざりや手を加えていない。何もないそのまま。むなしい。例 白紙。空白。❼つつみかくさず言う。もうす。例 白状。告白。自白。❽姓の一つ。例 白居易。

[癶部] 7画 發 [白部] 0画 白

日本語での用法 一《しろ》無罪。「容疑者は白だった」二《しらける》盛り上がっていた雰囲気がこわれ、気まずくなる。「座が白けた」
難読 科白・白雨・白面・白楊・白地
人名 あき・あきら・きよ・きよし・しろし

【▽白湯】水をわかしただけで何もまぜていない湯。

【白糸】①染めていない白い糸。②生糸の別名。③糸状のもののたとえ。例―の滝。滝の―。

【白川夜船】よくねむっていて、何が起きても気づかないこと。〔京都を見てきたふりをした者が、京都の白川について聞かれ、川の名と思って、夜、船で通ってねむっていたので知らないと答えた話による〕表記「白河夜船」とも書く。

【白木】けずったままで、何もぬっていない木材。

【白地】一 ①紙・布・器物などで、字・模様・絵などをかいたり染めたりしていないもの。②陶磁器で、まだ焼いていないもの。二 紙や布などの地色が白いこと。また、そのもの。

【白州】①川の中の、白い砂が盛り上がって出ているところ。②玄関や庭などで、白い砂や小石のしきつめてあるところ。③江戸時代、奉行所で罪人を調べた場所。例お―。表記 ▽旧白▼洲
【白滝】①白い布をかけたように流れ落ちる滝。②糸のように、細く長くつくったこんにゃく。

【白羽】白い矢羽根。例―の矢が立つ(=多くの人の中からとくに選ばれる。また、犠牲者として選び出される)。

【白拍子】平安末期に、おこった歌舞。また、その舞を舞った遊女。例 静御前はもと―であった。

【白帆】①船に張った白い帆。②白い帆を張った船。例 大海原に―がうかぶ。

【白黒】①白と黒。②ものごとの善悪。また、無罪と有罪。黒白。例―をつける。③写真・映画などで色彩のついていないもの。モノクロ。例―写真。④(「目を白黒させる」の形で)おどろいたり、苦しんだりしたときの目のようす。

【白酒】ひな祭りに、供えたり飲んだりする、あまくてかおりの強い、白くどろどろとした酒。

【白装束】白ずくめの服装。神事やとむらいに関係するときに用いる。例―で立ち合う。

【白▽妙】①カジノキの皮の繊維を織って作った白い布。②白い色。白いもの。表記 ▽「白▼栲」とも書く。


【白星】①相撲で、取組表につける勝ちをあらわす白くてまるいしるし。勝ち星。②成功。てがら。例 営業面で―を重ねる。▽対黒星。

【白身】①たまごの中の白い部分。卵白。②鶏肉の白い部分。また、肉の白い魚。例―の魚。対黄身。

【白無▼垢】婚礼や葬儀に用いる、上着・下着・小物などすべて白色を用いた和服。例―の花嫁衣装。

【白目】①眼球の白い部分。例―が充血する。②冷たい目つき。白い目。白眼。例―で見る。

【白亜】①白いかべ。しらかべ。例―の殿堂。②石灰岩の一種。白色でやわらかい。白墨に用いる。表記 ▽「白▼堊」とも書く。

【白衣】医者・看護師・化学者などが着る白い服。例―の天使(=女性の看護師をほめていうことば)。

【白雨】夏の夕方に、急に降ってくる雨。夕立。

【白雲】白いくも。しらくも。例―がわき立つ。

【白煙】白いけむり。

【白眼】①眼球の白い部分。しろめ。②人を冷たくにらむ目つき。

【白眼視】(名・する) 冷たい目で見ること。冷淡な態度をとること。例 よそものとして―する。

故事のはなし 三国時代の魏に俗世間をさけて竹林にこもり、哲学的な談義にふけるのを好んだ七人の賢者がいた。これを「竹林の七賢」という。その一人、阮籍は白眼(=しろめ)と青眼(=くろめ)とを使い分けることができ、礼儀作法にこだわる人には白眼で応対した。あるとき、嵆喜という人が来ると白眼で応対したので、嵆喜は不愉快になって帰ってしまった。嵆喜の弟の嵆康がこれを聞いて、酒と琴とをたずさえてやってくると、阮籍は大いに喜んで今度は青眼で応対した。こののち、礼儀を重んずる人は阮籍を仇の

ようにくんだという。〈晋書〉

【白魚】ハクギョ 一 ①白いさかな。②シミ(＝衣類や紙を食う害虫)の別名。二 しらうお シラウオ科の近海魚。体長約一〇センチメートル。女性の白く細い指にたとえられる。例―のような美しい指。三 しろうお ハゼ科の、さかな。体長約五センチメートル。表記 三は「▽素魚」とも書く。

【白居易】ハクキョイ 中唐の詩人。字は楽天。号は香山居士。「長恨歌」「琵琶行」などの詩が有名。日本では、平安時代の文学に大きな影響をあたえた。(七七二―八四六)→【白氏文集】

【白玉楼】ハクギョクロウ 詩人や小説家など、文人が死後に行くというところ。〔唐の詩人の李賀が死の直前に、天帝から白玉楼という宮殿ができたので、その記事を書くように依頼された夢を見たという故事による〕〈唐詩紀事〉

【白玉楼中の人となる】詩人や小説家など、文人が死ぬことのたとえ。

【白銀】ハクギン ①銀。しろがね。②〔白くかがやくようすから〕積もっている雪。

【白菜】ハクサイ アブラナ科の一、二年草。中国北部の原産。日本へは明治初期に渡来した。つけものや、なべ料理などに用いる。

【白紙】ハクシ ①文字や絵など何も書いていない紙。また、書くべきものが書かれていない紙。しらかみ。例―の答案。②先入観をもっていないこと。例―で会議に臨む。③何もなかった、もとの状態。例―にもどして考え直す。

【白磁】ハクジ 白い色の磁器。例―の皿。

【白日】ハクジツ ①照りかがやく太陽。例―の下にさらす(＝かくしごとを明るみに出す)。②真昼。ひるま。③無罪や潔白が証明されたことのたとえ。例青天―の身となる。

【白日夢】ハクジツム 真昼に見るゆめ。また、ゆめのような、非現実的な空想。白昼夢。

【白氏文集】ハクシブンシュウ・ハクシモンジュウ 白居易の詩文集。元稹が編集した前集五十巻と、白居易自身が選んだ後集・続後集二十五巻(現存二十一巻)とから成る。日本では、平安時代の文学に大きな影響をあたえた。略して『文集』とも呼ばれる。→【白居易】

【白砂青松】ハクシャセイショウ 〔「ハクサセイショウ」とも〕白いすなはまに青々とした松の木の並ぶ、海岸の美しい景色。

【白寿】ハクジュ 〔「百」の字から一をとると「白」になることから、日本で〕九十九歳。また、その祝い。

【白秋】ハクシュウ 秋。〔四季について、青春・朱夏・玄冬と並べていう〕

【白書】ハクショ 〔イギリス政府が報告書の表紙に白い紙を使ったことから〕政府などが公式に発表する報告書。現状を分析し、将来の方針を述べる。例経済―。防衛―。

【白状】ハクジョウ (名・する) 自分の罪やかくしていることを申し述べること。自白。

【白人】ハクジン 人種を皮膚の色で大きく三つに分けたときの一つ。皮膚の色の白いヨーロッパ人など。白色人種。

【白刃】ハクジン・しらは 鞘からぬいた刀。ぬき身。例―をふりかざす。

【白▼皙】ハクセキ 肌の色が白いこと。例―の青年。

【白雪】ハクセツ・しらゆき 真っ白な雪。

【白扇】ハクセン 字や絵をかいていない、白地のおうぎ。

【白戦】ハクセン ①武器を持たず素手でたたかうこと。②漢詩で、出された題に縁のある語を使わずに詩を作って文才をきそうこと。

【白線】ハクセン ①白い線。例―を引く。②白い線状の紙・布・テープ。

【白▼癬】ハクセン 白癬菌(＝カビの一種)によって起こる皮膚病。しらくも・たむし・水虫など。

【白▼髯】ハクゼン 白いほおひげ。白いひげ。

【白濁】ハクダク (名・する) 白くにごること。例水道水が―する。

【白炭】一 ハクタン・しろずみ かたく焼いた炭で、表面に灰がついて白く見えるもの。かたずみ。二 しろずみ 茶の湯で用いる炭。石灰や胡粉で表面を白くしたもの。

【白痴】ハクチ もと、精神遅滞のうち、障害が最も重い状態をいったことば。

【白地図】ハクチズ・しろチズ 地名や記号などを書き入れず、陸地・島・川・国などの輪郭だけをあらわした地図。地理の学習や分布図作成などに用いる。

【白昼】ハクチュウ 真昼。ひる。白日。

【白昼夢】ハクチュウム 「白日夢」に同じ。

【白鳥】一 ハクチョウ ガンカモ科の大形の水鳥であるオオハクチョウ・コハクチョウ・コブハクチョウなどをまとめていうことば。全身白色で、首が長い。冬鳥としてシベリアなどから渡来する。スワン。二 しらとり 羽の白い鳥。

【白帝城】ハクテイジョウ 四川省奉節県の東にある古城。三国時代、蜀の劉備が病死した地。李白の「早に白帝城を発す」の詩でも有名。

【白頭】ハクトウ しらがあたま。例―翁(＝しらがの老人)。また、鳥・草の名。

【白銅】ハクドウ ①銅とニッケルの合金。②「白銅貨」の略。白銅でつくった貨幣。

【白内障】ハクナイショウ・しろそこひ 眼球の水晶体が白くにごり、視力が弱くなる病気。

【白熱】ハクネツ (名・する) ①〔物〕物体が熱せられて、白い光を放つほどの高温になること。例―電球。②議論や試合などが、極度に激しくなること。例―した試合になる。

【白波】ハクハ・しらなみ ①白く立つ波。白浪。②盗賊。白浪。〔後漢時代に、黄巾の賊の残党が、白波谷にたてこもって、ぬすみをはたらいたことから〕

【白馬】ハクバ・しろうま 白い毛色のウマ。例―の騎士。

【白白】一 ハクハク (形動タル) ①真っ白い状態。②明らかで疑いようのないようす。例明明―。二 しらじら・しらじらと (副) 夜がだんだん明けていくようす。例―明け(＝夜が明けていくころ)。

【白髪】ハクハツ・しらが 白くなったかみの毛。

【白髪三千丈】ハクハツサンゼンジョウ 長年の心配によって白髪がひじょうに長くのびていること。

故事のはなし 李白は、きまった職にもつかず一生を放浪のうちに気ままに遊びくらしたが、その詩は、なにものにもとらわれない、自由な表現に特徴がある。「白髪三千丈、愁いによりてかくのごとく長し(＝三千丈にも伸びた私の白髪、心の愁いによってこんなに長くなってしまったのだ)」は、李白の詩の一節。三千丈とは誇張表現で、「ひじょうに長い」ということを言いたいだけである。また、その裏には、心の愁いがめんめんとしてつきない、という意味もこめられている。〈李白・秋浦歌〉

【白眉】ハクビ ①白いまゆ毛。②同類の中で最もすぐれていること。また、その人やもの。例今回の展示作品中の―。

故事のはなし 秀才(シュウサイ)

三国時代、蜀(ショク)の馬(バ)氏の五人の息子(むすこ)は、みな秀才だったが、中でも馬良がとくにすぐれていた。そこで村の人々はこう言い合った。「馬氏の五常(ゴジョウ)、白眉(ハクビ)最も良し(=馬(バ)さんの家の五人の常(ジョウ)さん(みな字(あざな)に「常」の字がついていた)の中で、眉(まゆ)に白い毛がまじっている馬良がいちばんすぐれている)」と。〈三国志(サンゴクシ)〉

【白票】(ハクヒョウ) ①国会の記名投票で賛成をあらわす白いふだ。対青票(セイヒョウ)。②白紙のままで投票された投票用紙。

【白描】(ハクビョウ) 東洋画で、墨(すみ)の線だけでかいた絵や、あわい色をつけただけの絵。素(す)がき。例―画。

【白布】(ハクフ) 白いぬの。

【白粉】(ハクフン｜おしろい) 白いこな。とくに、化粧(ケショウ)用の白いこな。

【白文】(ハクブン) 句読点(クトウテン)・返り点・送りがなをつけていない漢文。例―に返り点をつける。

【白兵】(ハクヘイ) 〔「兵」は、武器の意〕①ぬき身の刀。白刃(ハクジン)。②接近戦に用いる、刀や銃剣(ジュウケン)などの武器。

【白兵戦】(ハクヘイセン) 敵・味方が入り乱れて、刀や銃剣(ジュウケン)などで戦うこと。対火兵戦(カヘイセン)。

【白壁】(ハクヘキ｜しらかべ) 一しっくいなどでぬった白いかべ。二(しらかべ)豆腐(トウフ)の別名。

【白璧】(ハクヘキ) 白い色の宝玉(ホウギョク)。例―の微瑕(ビカ)(=白い宝玉にある、わずかなきず。りっぱなものに少しだけ欠点があること)。

【白墨】(ハクボク) 石膏(セッコウ)や白い土を棒状に固めた、黒板用の筆記用具。チョーク。〔赤・黄・緑などの顔料を加えたものもある〕

【白米】(ハクマイ) 玄米(ゲンマイ)をついてぬかを除き、白くした米。精白米。

【白面】(ハクメン) ①素顔(すがお)。②色の白い顔。③若くて経験不足なこと。例―の書生。

【白▼楊】(ハクヨウ) ヤナギ科の落葉高木。ハコヤナギ。

【白露】(ハクロ) 一二十四節気の一つ。太陽暦(タイヨウレキ)で九月八日ごろ。二(しらつゆ)草木などにつき、白く光って見えるつゆの玉。

【白▼蠟】(ハクロウ｜ビャクロウ) 真っ白な、ろう。

【白話】(ハクワ) 中国語の口語。中国語の中の日常語。また、口語文。例近世によく読まれた―文学。

【白旗】(ハッキ｜しらはた) ①白い旗。②源平(ゲンペイ)の争乱で、平家のほうの赤旗に対して、源氏の旗をいう。③降伏(コウフク)のしるしに用いる白い旗。例―(しろはた)をかかげて武器をすてる。

【白球】(ハッキュウ) 野球やゴルフなどの白いボール。例―を追う。

【白金】(ハッキン) 〔化〕金属元素の一つ。化学的にきわめて安定しており、理化学実験用具や装飾(ソウショク)として用いられる。プラチナ。記号 Pt 原子番号78

【白▽駒】(ハック) ①白い毛のウマ。②月日(つきひ)。光陰(コウイン)。

【白▽駒(ハック)隙(ゲキ)を過(す)ぐ】もののすきまから、白馬が通り過ぎるのを見る。時がたつのが早いことのたとえ。

【白血球】(ハッケッキュウ) 血液の成分の一つ。骨髄(コツズイ)・脾臓(ヒゾウ)・リンパ節で作られる。細菌(サイキン)や異物を取りこんで殺すものと、免疫(メンエキ)に関与(カンヨ)するものとがある。対赤血球。

【白光】(ハッコウ) ①白くかがやく光。②皆既(カイキ)日食のとき、太陽の周囲に見える白い光。コロナ。

【白▽虹(ハッコウ)日(ひ)を貫(つらぬ)く】〔白い虹(にじ)が太陽をつらぬく光景から、「白虹」を兵、「日」を君主と解釈(カイシャク)して〕国家に兵乱が起こるきざしをいう。〈戦国策(センゴクサク)〉

【白骨】(ハッコツ) 風雨にさらされて白くなったほね。野ざらし。

【白▼毫】(ビャクゴウ) 〔仏〕仏の眉間(ミケン)にあって、光を放つという白い巻き毛。仏像では、ひたいに宝石をはめて、これをあらわす。

【白▼檀】(ビャクダン) ビャクダン科の常緑高木。材には強い香気(コウキ)があり、香料・薬・数珠(じゅず)などに用いられる。せんだん。

【白夜】(ビャクヤ｜ハクヤ) 北極・南極に近い地方の夏に、真夜中でも太陽がしずまないか、しずんでもその光の反映でうす明るい状態になること。

【白虎】(ビャッコ) ①白い毛色のトラ。②漢代のころ、東西南北の四方に配した神の一つ。西方を守る。〔青竜(セイリュウ)(=東)・朱雀(スザク)(=南)・玄武(ゲンブ)(=北)とならべていう〕

【白▼狐】(ビャッコ) 年老いて毛色の白くなったというキツネ。神通力(ジンズウリキ)をもつといわれる。

【▽白▽耳▽義】(ベルギー) ベルギー王国。ヨーロッパ北西部にある立憲君主国。

●裏白(うらじろ)・関白(カンパク)・空白(クウハク)・潔白(ケッパク)・紅白(コウハク)・告白(コクハク)・黒白(コクビャク)・自白(ジハク)・淡白(タンパク)・独白(ドクハク)・明白(メイハク)・余白(ヨハク)

〔白部〕1画 ● 百

白 1

【百】

6画 4120 767E 教育1

音 ハク漢 ヒャク呉　訓 もも　付表 八百長(やおちょう)・八百屋(やおや)

筆順 一 ｜ ア 丙 百 百

なりたち 〔会意〕「一(=数のはじめ)」と「白(=いう)」とから成る。大きな数のはじめとして口にする数。十を十倍した数。

意味 ❶数の名。十の十倍。ひゃく。もも。例百歳(ヒャクサイ)。百回(ヒャッカイ)。百分率(ヒャクブンリツ)。❷数が多いこと。たくさん。いろいろ。あらゆる。例百姓(ヒャクセイ)。百鬼夜行(ヒャッキヤコウ)。諸子百家(ショシヒャッカ)。

難読 百千鳥(ももちどり)・百足(むかで｜げじげじ)・百合(ゆり)・百済(くだら)・百々(どど)(=姓)・百目鬼(どうめき)(=姓・地名)・百日紅(さるすべり)・百舌(もず)

人名 はげむ・も

【百害】(ヒャクガイ) 多くの害。例―あって一利なし(=悪いところばかりで、一つも良いところがないこと)。

【百済】(ヒャクサイ｜くだら) 〔「ペクチェ」とも〕四世紀初めごろ、朝鮮(チョウセン)半島の南西部に建国。新羅(シラギ｜シンラ)・高句麗(コウクリ)とともに古代朝鮮の三国の一つ。六六〇年、唐(トウ)と新羅の連合軍にほろぼされた。例―観音(カンノン)。

【百日紅】(ヒャクジツコウ｜さるすべり) ミソハギ科の落葉高木。木の皮はなめらかでつやがあり、夏に紅色または白色の花をつける。〔「さるすべり」の名は、サルでもすべって登れないということから〕

【百尺▼竿頭】(ヒャクシャクカントウ｜ヒャクセキカントウ) 百尺あるさおの先。最後にたどりつくべき点。例―一歩を進める(=すでにたどりつくべき点に達しているけれども、さらに一歩を進める)。

【百獣】(ヒャクジュウ) あらゆる種類のけもの。例―の王(=ライオン)。

【百出】(ヒャクシュツ) (名・する)(意見などが)次々に多く出ること。例議論―。

【百姓】(ヒャクショウ) 一農業を仕事とする人。農民。二(ヒャクセイ) ①いろいろのみょうじ。②人民。国民。庶民(ショミン)。

【百姓読み】(ヒャクショウよみ) 漢字が本来もっている読み方や習慣としてある読み方以外の、誤った読み方。多くの場合、旁(つくり)などの影響(エイキョウ)による。「娘(ジョウ)」を「ロウ」と読み、「遂行(スイコウ)」を「ツイコウ」と読むなど。

【百折】(ヒャクセツ) いくども折れること。また、なん回も挫折(ザセツ)すること。例―不撓(フトウ)(=なん度失敗してもくじけないこと)。

【百千】(ヒャクセン｜ももち) 数の多いこと。例―(ヒャクセン)苦難をしのぐ。

【百戦】(ヒャクセン) 数多くの戦い。例―百勝。

【百戦錬磨】ヒャクセンレンマ 多くの戦いを経験して、きたえあげられていること。例—のつわもの。

【百選】ヒャクセン すぐれたものを百えらび出すこと。例名水—。

【百態】ヒャクタイ いろいろな姿やようす。例富岳—。

【百代】ヒャクダイ〔「ハクタイ」とも〕きわめて長い年代。類百世。例—の過客(=永遠の旅人)。

【百度】ヒャクド 「百度参り」の略。神仏に願をかけて、寺社境内の一定の距離を百回往復し、一回ごとに礼拝すること。例お—をふむ。

【百人一首】ヒャクニンイッシュ 百人の歌人の和歌をひとり一首ずつ選んだもの。藤原定家が選んだという「小倉百人一首」がとくに有名。また、その歌ガルタをいう。

【百人力】ヒャクニンリキ ①百人分の力をもっていること。②助けを得てひじょうに心強いこと。例かれが加われば—だ。

【百年】ヒャクネン 一年の百倍。百年間。また、多くの年。例—の計(=長い将来にわたっての計画)。

【百年河清を▼俟つ】ヒャクネンカセイをまつ〔常ににごっている黄河の水が澄むのを百年間も待つ意〕あてのない望みをいつまでもいだくことのたとえ。〈春秋左氏伝〉

【百年目】ヒャクネンめ ①ちょうど百年にあたる年。②追いつめられてどうにもならないときなどに言うことば。おしまい。運のつき。例ここで会ったが—。

【百八煩悩】ヒャクハチボンノウ〔仏〕人間のもっている数々のなやみや欲望。〔六根(=感覚や意識を生じさせる六つの器官)にそれぞれ六つ、計三十六の煩悩があり、これがさらに過去・現在・未来の三つにわたるので百八となる〕

【百聞は一見に▽如かず】ヒャクブンはイッケンにしかず 人からなん度も聞くよりも、一度実際に自分の目で確かめてみたほうがよくわかる。千聞は一見に如かず。〈漢書〉

【百分率】ヒャクブンリツ 全体を百としたとき、その中のいくらにあたるかをあらわしたもの。百分比。単位はパーセント。記号%

【百万】ヒャクマン ①一万の百倍。②ひじょうに数の多いこと。例—長者。—言をついやしても説明しきれない。

【百薬】ヒャクヤク 多くのくすり。例—の長(=最良のくすりの意で、酒をほめていうことば)。

【百葉箱】ヒャクヨウばこ〔「ヒャクヨウソウ」とも〕気象観測のために、温度計や湿度計などを入れて、屋外の地上約一・五メートルのところに設ける、よろい戸のついた白い木箱。

【百雷】ヒャクライ 数多くのかみなり。例—が一時に落ちたよう(=激しい音のたとえ)。

【百里を行く者は九十里を半ばとす】ヒャクリをゆくものはクジュウリをなかばとす〔百里の道を行こうとする者は、九十里に達したとき、やっと半分まで来たと考えるべきだの意〕何かに取り組むとき、最後まで気をぬいてはならないことのたとえ。〈戦国策〉

【百花】ヒャッカ いろいろな種類の花。多くの花。例—の王(=ボタンの花)。

【百花斉放】ヒャッカセイホウ〔いろいろな花がいっせいにさく意から〕芸術や学問などの文化活動が活発におこなわれること。

【百花▼繚乱】ヒャッカリョウラン ①いろいろな花が美しくさき乱れるようす。例—の春をむかえる。②すぐれたものや美しいものが数多く集まることのたとえ。表記▽「百花▼撩乱」とも書く。

【百家】ヒャッカ 多くの学者や作者。例諸子—。

【百家争鳴】ヒャッカソウメイ 学者などがいろいろな立場から自由に意見を出し合い論争すること。

【百科事典】ヒャッカジテン 学術・技芸・社会その他多方面の分野のことがらについて説明し、辞書の形に分類・配列した書物。エンサイクロペディア。

【百貨店】ヒャッカテン 多くの種類の商品をとりあつかう大規模な総合小売店。デパート。

【百官】ヒャッカン 数多くの役人。例文武—。

【百鬼夜行】ヒャッキヤコウ〔「ヒャッキヤギョウ」とも〕①いろいろな化け物が夜中に連なって歩きまわること。②多くの悪人がのさばりはびこること。例—の世の中。

【百計】ヒャッケイ いろいろなはかりごと。例—をめぐらす。

【百行】ヒャッコウ すべてのおこない。例孝は—の本。

【百発百中】ヒャッパツヒャクチュウ (名・する)①矢や弾丸などが、百度発射して百度すべて的に当たること。〈史記〉②予想や計画が、すべて当たること。例かれの予想は—だ。

【百般】ヒャッパン いろいろな方面や分野。例武芸—。

【▽百▽足】むかで 節足動物の一つ。からだは細長く、体節ごとに一対の足をもつ。

【▽百▽合】ゆり ユリ科の多年草。夏に、白・黄・赤などのらっぱ形の花をつける。地下茎はゆり根と呼ばれて食用にする。例白—。山—。

白 2 **【皀】** 7画 6605 7680 音 ■一 キュウ漢 ■二 ヒョク漢

意味 ■一 穀物のよいかおり。例穀皀。■二 穀物のつぶ。例豆皀。

難読 皀莢・皀角子

白 2 **【皁】** 7画 1-8864 7681 音 ソウ漢 訓 くろ・さいかち

白 2 [皂] 7画 7682 俗字

意味 ❶ナラ・クヌギなどの実。どんぐり。黒い染料になる。同梍。例皁斗(=どんぐり)。❷マメ科の落葉高木。サイカチ。薬用、また、せっけんのように使う。同梍。例皁角子。皁莢。❸黒色。くろ。例皁衣(=黒い衣服)。皁巾(=黒いずきん)。❹(黒い衣を着た)しもべ。例皁隷(=めしつかい。また、身分の低い役人)。❺馬小屋。例皁桟(=馬小屋)。皁櫪(=うまや)。

白 2 [皂] 7画 ⇩【皁】(695ページ)

白 3 **【的】** 8画 3710 7684 教育4 音 テキ漢 チャク呉 訓 まと

筆順 ′ 亻 白 白 白 的 的 的

白 3 【旳】 8画

なりたち [形声]本字は「旳」で、「日(=ひ)」と、音「勺シャク→テキ」とから成る。あきらか。

意味 ❶はっきりと目立つ。あきらか。たしかに。例的然。❷目あて。まと。例的中。射的。目的。

日本語での用法《テキ》「…的」の形で)…のような、…に関する、などの意をあらわす。「科学的・劇的な出会い・知的な人」

人名 あきら・ただし・まこと・まさ

【的確】テキカク〔「テッカク」とも〕(形動)まとをはずれず、たしかなようす。ぴたりと合っていてまちがいのないようす。例—な判断を下す。表記「適確」とも書く。

【的然】テキゼン (形動タル)明白なようす。あきらか。たしか。

【的中】テキチュウ (名・する)①まとに当たること。命中。例—率。②予想や判断などが、結果とぴったり合うこと。例予想が—した。表記②は「適中」とも書く。

【的屋】縁日・盛り場などで露店を出し、ものを売る人。香具師。

【的▼皪】(形動タル) 光などを受けて、白くあざやかに見えるようす。例―と湖が光る。

●意志的・意図的・外的・規則的・義務的・公的・客観的・具体的・形式的・劇的・後天的・国際的・史的・私的・詩的・事務的・主観的・心的・性的・静的・端的・知的・抽象的・動的・内的・病的・目的・楽天的・理性的

白3 【的】8画 ⇩【的】(695ページ)

白4 【皆】9画 1907 7686 常用 音カイ漢呉 訓みな

筆順

なりたち [会意]「比(=ならぶ)」と「白(=いう)」とから成る。ともに。

意味 ❶いくつかのものがいっしょに。ともに。同偕。❷みんなそろって。すべて。のこらず。みな。例皆既食・皆無。

人名 とも・み

【皆既月食】太陽・地球・月がこの順に同一直線上に並び、月が地球のかげの中に完全にはいって、見えなくなる現象。表記 旧皆既月▼蝕 →【月食】(501ページ)

【皆既食】(「既」は、つきる意) 皆既日食・皆既月食のこと。表記 旧皆既▼蝕

【皆既日食】太陽・月・地球がこの順に同一直線上に並び、太陽が全部月にかくれる現象。太陽のまわりのコロナが見える。表記 旧皆既日▼蝕 →【日食】(480ページ)

【皆勤】(名・する) ある期間、一日も(または一回も)休まずに出席・出勤すること。無欠席。例―賞。

【皆済】(名・する) 借金の返済、金品の納入などを残らずすますこと。完済。

【皆伝】(名・する) 芸ごと・武術などで、師から奥義を残らずつたえられること。例免許―を得る。

【皆伐】(名・する) (林業で)森林などの木をすべて伐採すること。

【皆兵】すべての人が兵役に服するものとすること。例国民―(=国民がすべて兵役につく、という理念や制度)。

【皆無】(名・形動ダ) まったくないこと。類絶無。例そんな例は―と言ってよい。

【皆目】(副)〔多く、下に打ち消しのことばをともなって〕まったく。全然。少しも。例―見当がつかない。

白4 【皇】9画 2536 7687 教育6 音コウ漢オウ呉 訓かみ・きみ・すめらぎ・すめら

筆順

なりたち [会意]「白(=始め)」と「王(=おう)」とから成る。始めの偉大な王。

意味 ❶偉大な王。天子。君主。きみ。例皇位・皇室・皇帝。❷大きな。例皇天(=大いなる天)。❸なくなった父母・祖先をうやまっていうことば。例皇考・皇妣(=なくなった母)。

日本語での用法《コウ・オウ》「天皇の」「日本国の」の意。「皇紀・皇国・勤皇」

難読 皇尊

人名 すべ・ただ・ただし・ひろ・ひろし

【皇子】天子のむすこ。親王。みこ。対皇女。

【皇女】天子のむすめ。内親王。対皇子。

【皇位】天子のくらい。例―継承。

【皇学】(皇国の学の意) 日本を天皇中心の特別な国と考え、その言語・文学・歴史・制度・文化などを研究すること。国学。

【皇漢】(「皇」は、大きいの意) 中国のこと。例―医学(=漢方のこと)。(「皇国と漢土」すなわち「日本と中国」と解するのは根拠不明)

【皇紀】日本の紀元。『日本書紀』にもとづき、神武天皇即位の年を元年とする。皇紀元年は西暦紀元より六六〇年古い。(今は使われない)

【皇居】天子の住まい。宮城。皇宮。

【皇宮】皇居。宮城。例―警察。

【皇軍】(天皇の軍隊の意) もとの日本の陸軍・海軍について、軍自身や報道機関などが用いたことば。

【皇考】①中国で、死んだ父をまつるときのうやまった言い方。②日本で、天皇の、なき父をいうことば。

【皇后】天子の正妃。皇帝の正妻。きさき。皇妃。

【皇国】(天皇の治める国の意) 昔、日本がみずからをほめて呼んだ言い方。すめらみくに。

【皇嗣】天子の世つぎ。皇太子。皇継。皇儲。

【皇室】天子を中心とする、その一族。皇家。

【皇祖】天子の先祖。『古事記』『日本書紀』の神代の記事に見える、天照大神から神武天皇までの代々の神を指す。あるいは天照大神、または、神武天皇。(「皇祖」以外の先祖を「皇宗」という)

【皇▼祚】天子の位。皇位。

【皇宗】歴代の天子にとっての先祖。例皇祖―。

【皇族】天子の一族。

【皇孫】天子のまご。また、天皇の子孫。

【皇太后】先代の天子のきさき。天皇の母。

【皇太子】次の帝王となる皇子。東宮。春宮。

【皇▼儲】天子の世つぎ。皇嗣。皇継。

【皇帝】帝政の国の君主。みかど。例ナポレオン―。

【皇統】天子の血筋。血統。

●教皇・三皇・上皇・先皇・尊皇・天皇・法皇

白4 【皈】9画 ⇩【帰】(339ページ)

白5 【皋】10画 ⇩【皐】(696ページ)

白6 【皐】11画 2709 7690 人名 音コウ漢呉 訓さつき

白5 【皋】10画 6608 768B 本字

なりたち [会意]「白(=しろ)」と「夲(=進む)」とから成る。白い気が立ちのぼって進む。

意味 ❶水べの土地。さわ。例皐沢(=沼地)。❷陰暦の五月。さつき。例皐月。

人名 すすむ・たか・たかし

【皐月】一 陰暦で五月のこと。二 ツツジ科の常緑低木。初夏に紅・白などの花をつける。

白6 【皎】11画 6609 768E 音コウ慣キョウ漢呉 訓しろ-い・きよ-い

意味 ❶(満月のように)白く明るい。しろい。例皎月(=明るい月)。❷白く清らか。きよい。例皎潔(=白く清らか)。

【皎皎】 難読 月影(つきかげ)皎(さや)か

【皎皎】(キョウキョウ／コウコウ)（形動(タルト)）白く光りかがやくようす。例―たる月光。白雲―としてそびえる空。

【皎鏡】(キョウキョウ／コウキョウ) よく映るかがみ。清らかな月をたとえていう。

白 7 **【皖】** 12画 6610 7696 音カン漢 訓あかぼし・あき-らか

意味 安徽(アンキ)省の別の呼び方。〔春秋時代の国名による〕

白 7 **【皓】** 12画 6611 7693 人名 音コウ漢 ゴウ呉 訓ひか-る・しろ-い

白 7 **【皓】** 12画 ―

日 7 **【晧】** 11画 5878 6667 本字

なりたち 晧 [形声]「日（＝ひ）」と、音「告(コ)」とから成る。日が出てかがやく。

意味 白くかがやく。色が白い。ひかる。例皓歯(コウシ)。

人名 あき・あきら・きよ・きよし・しろし・つく・てる・ひかる・ひろ・ひろし

【皓月】(コウゲツ) 明るく照る月。明月。皎月(コウゲツ)。例―千里（＝明月が遠くのほうまでかがやきわたっている）。

【皓皓】(コウコウ)（形動(タルト)）白く光りかがやくようす。例月が―と照る。

【皓歯】(コウシ) 白く美しい歯。例明眸(メイボウ)―（＝明るいひとみと白い歯。美貌(ビボウ)の形容）。

白 7 **【皓】** 12画 ⇩【皓】(コウ)（697ページ）

白 8 **【晳】** 13画 6612 7699 音セキ漢 訓しろ-い

意味 人の皮膚(ヒフ)の色が白い。しろい。例白晳(ハクセキ)。

参考 「晢(セ)」は別の字。

白 10 **【皚】** 15画 6613 769A 音ガイ漢 訓しろ-い

意味 雪のように白い。しろい。例皚皚(ガイガイ)。

【皚皚】(ガイガイ)（形動(タルト)）霜(しも)や雪の白いようす。例白(ハク)―。積雪―たり。

107 5画 皮 けがわ ひのかわ 部

はぎとった毛がわの意をあらわす。「皮」をもとにしてできている漢字を集めた。

0 皮 5 皰 7 皴 9 皸 皹 皷 10 皺

皮 0 **【皮】** 5画 4073 76AE 教育3 音ヒ漢呉 訓かわ

筆順 丿 厂 广 皮 皮

なりたち [形声]「又（＝手ではぎとる）」と、音「爲(イ)→ヒ」の省略体とから成る。はぎとった、けもののかわ。

参考 一説に、動物のかわを手ではぎとる形の象形文字という。

意味 ❶動物のからだの表面をおおっている毛がわ。かわ。例皮革(ヒカク)。牛皮(ギュウヒ)。羊皮(ヨウヒ)。❷人や植物などのからだの表面をおおっているもの。例皮膚(ヒフ)。樹皮(ジュヒ)。脱皮(ダッピ)。❸ものごとの表面。うわべ。例皮相(ヒソウ)。

日本語での用法《かわ》「つづみ。「大皮(おおかわ)」

使い分け かわ【皮・革】⇩1167ページ

【皮算用】(かわザンヨウ) 手にはいる前から、あてにしてあれこれ計算すること。例取らぬ狸(たぬき)の―。

【皮下】(ヒカ) 皮膚(ヒフ)の下。例―注射。―脂肪(シボウ)。

【皮革】(ヒカク) ①毛皮と、なめしがわ。②動物の皮を加工したもの。例―製品。合成―。

【皮▼裘】(ヒキュウ) 毛皮でつくった衣服。かわごろも。

【皮脂】(ヒシ) 皮脂腺(シセン)（＝哺乳(ホニュウ)類の皮膚(ヒフ)にある分泌(ブンピツ)器官）から出るあぶら状の物質。

【皮質】(ヒシツ) ①副腎(フクジン)・腎臓などの器官の表層部。例副腎―ホルモン。②脳の表層部。例大脳―。

【皮相】(ヒソウ) 一（名）うわべ。うわっつら。二（形動(ダ)）判断が表面的で、本質をとらえていないようす。例―な見解。

【皮肉】(ヒニク) 一（名）皮と肉。転じて、からだ。例―が破れる。二（名・形動(ナ)）①遠回しに意地悪く非難すること。嫌味(いやみ)。あてこすり。例―を言う。②あいにくなこと。例―な雨。運命の―。

【皮膚】(ヒフ) 動物のからだの表面をおおっている皮。はだ。

【皮膜】(ヒマク) ①皮膚(ヒフ)と粘膜(ネンマク)。②皮のようにうすい膜。例―でおおう。―が張る。③区別しにくい微妙(ビミョウ)なちがい。例芸術は虚実(キョジツ)―の間(カン)にあり。

●渋皮(しぶかわ)・樹皮(ジュヒ)・脱皮(ダッピ)・表皮(ヒョウヒ)・面皮(メンピ)

皮 5 **【皰】** 10画 6614 76B0 音ホウ漢 訓にきび

意味 皮膚(ヒフ)にできる、ふきでもの。にきび。例面皰(メンポウ)。

難読 皰瘡(もがさ)

皮 7 **【皴】** 12画 6615 76B4 音シュン漢 訓しわ

意味 ❶ひび。あかぎれ。例皴裂(シュンレツ)（＝ひび。あかぎれ）。❷ひだ。しわ。例石皴(セキシュン)（＝石のひだ）。

皮 9 **【皸】** 14画 6616 76B8 音クン漢 訓ひび・あかぎれ

皮 9 **【皹】** 14画 6617 76B9 別体字

意味 寒さのために手足の皮膚(ヒフ)があれてできる細かいさけめ。ひび。あかぎれ。例皸裂(クンレツ)（＝ひびわれ）。

皮 9 **【皹】** 14画 ⇩【皸】(クン)（697ページ）

皮 9 **【皷】** 14画 ⇩【鼓】(コ)（1112ページ）

皮 10 **【皺】** 15画 6618 76BA 音シュウ漢 シュ呉 訓しわ

意味 ❶皮膚(ヒフ)や布などがたるみ縮んで、細かいすじとなったもの。しわ。例皺曲(シュウキョク)。❷しわを寄せる。例皺眉(シュウビ)（＝眉(まゆ)をひそめる）。

【皺曲】(シュウキョク) ⇩【褶曲】(シュウキョク)（894ページ）

【皺腹】(しわばら) しわの寄った腹。老人の腹のこと。例―をかっ切っておわびいたします。

108 5画 皿 さら 部

物を入れるうつわの形をあらわす。「皿」をもとにしてできている漢字を集めた。

この部首に所属しない漢字

血⇩血 882 孟⇩子 286 蠱⇩虫 882 鹽⇩鹵 1106

皿 0
【皿】
5画 2714 76BF 教育3 音 ベイ漢 ミョウ呉 訓 さら

筆順 丨 冂 冂 皿 皿

なりたち [象形]下方に足のついた入れ物の形。食べ物を入れるうつわ。

意味 食物を盛る、うつわ。さら。例 器皿ベイ(=食器)。火皿ひざら。

皿 3
【盂】
8画 6619 76C2 音 ウ漢 訓 はち

意味 ❶飲食物を盛る丸くて底の深いうつわ。はち。わん。例 飯盂ハンウ。❷梵語ボンゴの音訳。例 盂蘭盆ウラボン。

【盂▼蘭盆】ウラボン (梵語ボンゴの音訳)七月十五日を中心に祖先の霊を供養クヨウする行事。霊たままつり。盆。盂蘭盆会エ。精霊会ショウリョウエ。〔陰暦インレキでおこなうところも多い〕

【盂▼蘭盆会】ウラボンエ 「盂蘭盆」におこなう法会ホウエ。

皿 4
【盈】
9画 1746 76C8 音 エイ漢 訓 み-ちる

意味 いっぱいになる。みちあふれる。満月になる。みちる。例 盈満エイマン。盈虧エイキ。

【盈▼虧】エイキ (名・する)月が満ち欠けすること。盈虚エイキョ。

【盈虚】エイキョ (名・する)①月が満ち欠けすること。盈虧エイキ。②栄えることと落ちぶれること。類 栄枯エイコ。

【盈満】エイマン (名・形動ダ)いっぱいになること。満ち足りること。例 ―の咎とがめ(=満ち足りているときは、かえってわざわいをまねきやすい、ということ)。

皿 4
【盆】
9画 4363 76C6 常用 音 ホン漢 ボン呉 訓 はち・ほとき・ほとぎ

筆順 ノ 八 分 分 分 盆 盆 盆 盆

なりたち [形声]「皿(=うつわ)」と、音「分フン→ホン」とから成る。はち。

意味 水や酒などを入れるうつわ。大皿のように平らなものや鉢ハチのように深いものなどがある。例 覆水フクスイ盆ボンに返かえらず(=一度こぼれた水は二度と鉢にはもどせない)。

日本語での用法 《ボン》①食器・茶器などをのせて運ぶ平らな道具。「茶盆チャボン・塗ぬり盆ボン」②「盂蘭盆ウラボン」の略。「盆踊ボンおどり・新盆にいボン」

難読 覆盆子いちご

【盆景】ボンケイ 盆の上あるいは盆栽ボンサイに石などを配して、山水の景色を模した置物。

【盆栽】ボンサイ 鉢ハチに小さい木を植えて観賞用に育てたもの。

【盆地】ボンチ 四方を台地または山地に囲まれた平地。例 奈良なら―は夏暑く、冬寒い。

○旧盆キュウボン・茶盆チャボン・新盆にいボン・和三盆ワサンボン

皿 4
【盃】
9画 ⇩杯ハイ(519ページ)

皿 5
【益】
10画 1755 76CA 教育5 音 エキ漢 ヤク呉 訓 ま-す・ますます

筆順 丷 丷 䒑 兰 关 夲 谷 益 益 益

皿 5
【益】
10画 FA17

なりたち [会意]「水(=みず)」と「皿(=うつわ)」とから成る。うつわからあふれる。

意味 ❶いっぱいにする。ます。例 増益ゾウエキ。❷役に立つ。ためになる。例 益友エキユウ。有益ユウエキ。社会シャカイに益エキする。❸もうけ。例 収益シュウエキ。損益ソンエキ。利益リエキ。❹ますます。いよいよ。例 時下ジカ益ますます御清祥セイショウの段。

人名 あり・すすむ・まさ・まさる・まし・みつ・みつる・やす・ゆたか

難読 益子焼ましこやき

【益金】エキキン もうけたお金。利益金。対 損金。

【益虫】エキチュウ 人間の役に立つ虫。絹を作るカイコ、害虫を食うテントウムシ、花粉を運ぶミツバチなど。対 害虫。

【益鳥】エキチョウ 人間の役に立つ鳥。農作物や森林、人や家畜などに有害な虫を食う鳥。ツバメ・ヒバリなど。対 害鳥。

【益友】エキユウ 交際して自分のためになる友達。参考『論語ロンゴ』では、まっすぐな性格の人、誠実な人、知識のある人をいう。対 損友。

【▽益▽荒▽男】ますらお 強く勇ましい男。ますらたけお。対 手弱女たおやめ。例 ―ぶり。表記 もと「▽丈▽夫」とも書いた。

【益体】ヤクタイ 「役に立つこと」の古い言い方。例 ―もない(=くだらない)。

○権益ケンエキ・公益コウエキ・差益サエキ・私益シエキ・収益シュウエキ・純益ジュンエキ・損益ソンエキ・無益ムエキ・ムヤク・有益ユウエキ・利益リエキ・リヤク

皿 5
【盍】
10画 6620 76CD 音 コウ漢

意味 ❶おおう。ふたをする。❷[助字]「なんぞ…ざる」と再読し、どうして…しない、の意。反語をあらわす。例 盍レ反二其本一矣なんぞそのもとにかえらざる(=どうして根本に立ちかえらないのか)。

皿 5
【益】
10画 ⇩益エキ(698ページ)

皿 6
【盒】
11画 6622 76D2 音 コウ漢 ゴウ呉 訓 ふたもの

意味 ふたつきの容器。ふたもの。例 香盒コウゴウ。飯盒ハンゴウ。

皿 6
【盛】
11画 3225 76DB 教育6 音 セイ漢 ジョウ呉 訓 も-る・さか-る・さか-ん・も-り

筆順 ノ 厂 万 成 成 成 盛 盛 盛

皿 7
【盛】
12画

なりたち [形声]「皿(=うつわ)」と、音「成セイ(=みたす)」とから成る。祖先をまつるために、うつわを穀物でみたす。

意味 ❶供え物。神に供えるもの。❷うつわに(こんもりと)入れる。もる。❸力や勢いがある。さかん。さかり。例 盛唐セイトウ。隆盛リュウセイ。

日本語での用法 一《さかり・さかる》動物の発情。「盛さかりのついたネコ・鳥とりが盛さかる」二《もり・もる》①薬を調合する。「毒ドクを盛もる」②はかりの目を刻む。「目盛めもり」③「もりそば」の略。「盛もり一枚イチマイ」

人名 さかい・さかえ・さかり・しげ・しげる・たか・たかし・たけ・た

けし・まさ・まさる・ます・まもる・みち・みつ・みつる

【盛者必衰】「ショウジャヒッスイ」とも〕〔仏〕勢いのさかんな者もいつかはきっとおとろえる、ということ。例—の理をあらわす。〈平家物語〉

【盛運】栄える運命。対衰運。例—に向かう。

【盛夏】夏のいちばん暑い時期。真夏。

【盛会】多くの人々が出席した盛大な会合。

【盛観】りっぱですばらしいながめ。例開会式は—だった。

【盛儀】盛大な儀式。りっぱな式典。盛典。

【盛況】（名・形動ナ）にぎやかでさかんなこと。類活況。例連日—の大売り出し。

【盛行】（名・する）さかんにおこなわれること。例養蚕の—。

【盛衰】さかんになることと、おとろえること。例栄枯—の激しい世の中。

【盛事】盛大な事業。盛大な行事。例世をおどろかす—。

【盛時】①若くて元気のよいとき。血気さかんなとき。壮時。例生涯の—。②国運などのさかんなとき。

【盛装】（名・する）美しくはなやかに着かざること。また、その服装。例—してパーティーに出る。

【盛大】（名・形動ダ）さかんなこと。また、もよおしものなどが大規模におこなわれること。例—な開会式。

【盛代】国の勢いがさかんな時代。

【盛典】盛大な儀式。盛儀。例二十世紀最後の—。

【盛唐】唐代の詩の流れを四期（＝初唐・盛唐・中唐・晩唐）に分けた第二期。七一三（開元一）年からの約五十年間で、孟浩然・李白・杜甫・王維らの詩人が出た。

【盛徳】りっぱな徳。すぐれた徳。例—の士。

【盛年】若くて元気いっぱいの年ごろ。壮年。

【盛年重ねて来たらず】若くて元気なときは、二度とはやってこない。〈陶潜・雑詩〉

【盛名】りっぱだという評判。例—をはせる。

●全盛・繁盛・隆盛

皿6 【盗】 11画 3780 76D7 常用 音トウ漢呉 訓ぬす-む・ぬす-み

筆順 冫 冫 次 次 咨 咨 盗 盗

皿7 【盜】 12画 6125 76DC 人名

たなり 〔会意〕「次（＝ほしがる）」と「皿（＝うつわ）」とから成る。皿をほしがってぬすむ。

意味 ❶人のものを（こっそり）取る。ぬすむ。例盗難。盗品。❷どろぼう。ぬすびと。例盗賊。怪盗。

日本語での用法 《ぬすむ・ぬすみ》①こっそりおこなう。「人目を盗む・盗み聞き」②（時間を）やりくりする。「暇を盗む」

【盗汗】病気や悪夢にうなされたときなど、ねむっているあいだに出るあせ。

【盗掘】（名・する）無断で鉱物や埋蔵物などをほり出して、自分のものにすること。例—されていた古墳。

【盗作】（名・する）他人の論文や芸術作品などの、全部または一部を自分のものとして発表すること。また、そのもの。類剽窃。例デザインを—される。

【盗心】なにかをぬすもうとする心。ぬすみごころ。

【盗人】どろぼう。類盗賊。

【盗泉】山東省泗水県にあるいずみの名。不義・不正のたとえとして用いられる。〔孔子はその名をきらって、その水を飲まなかったという〕→【渇しても盗泉の水を飲のまず】（600ページ）

【盗賊】どろぼう。類盗人。例アリババと四十人の—。

【盗聴】（名・する）他人の話をぬすみ聞きすること。例—器。電話を—される。

【盗難】金品をぬすまれる災難。例—届。—にあう。

【盗伐】（名・する）他人の所有する樹木を無断で切り、自分のものにすること。

【盗品】ぬすんだしなもの。

【盗癖】ぬすみをするくせ。ぬすみぐせ。

【盗用】（名・する）他人の考えや思いつきなどを、その人に無断で使うこと。例計画がひそかに—されていた。

【盗塁】（名・する）野球で、走者が守備のすきをうかがって、すばやく次の塁へ進むこと。スチール。

●怪盗・強盗・窃盗・夜盗

皿7 【盜】 12画 ⇩【盗】（699ページ）

皿6 【盖】 11画 ⇩【蓋】（860ページ）

皿7 【盛】 12画 ⇩【盛】（698ページ）

皿8 【盞】 13画 6623 76DE 音サン漢セン呉 訓さかずき

意味 浅く小さなさかずき。例酒盞。

皿8 【盟】 13画 4433 76DF 教育6 音メイ漢 訓ちか-う・ちか-い

筆順 丨 冂 日 明 明 明 盟 盟 盟

たなり 〔会意〕「明（＝あきらかにする）」と、「皿（＝血を入れるうつわ）」とから成る。諸侯が集まって牛の耳を切り取り、その血をすって、あかしをたてる。

意味 いけにえの血をすりあい、神にちかいをたてる。かたい約束をかわす。ちかう。ちかい。例血盟。同盟。

【▽盟▽神▽探▽湯】ものごとの正邪を決めるため、神前で熱湯に手を入れさせて、やけどの有無で判決を下した方法。日本の古代のうらないの一つ。

【盟主】同盟の中心となる人や国。例—とあおぐ。

【盟邦】同盟を結んでいる国。

【盟約】（名・する）ちかい合うこと。かたく約束すること。また、その、ちかいや約束。例—を結ぶ。

【盟友】かたくちかい合った友人。類同志。

●加盟・同盟・連盟

皿9 【盡】 14画 ⇩【尽】（319ページ）

皿10 【監】 15画 2038 76E3 常用 音カン漢 訓み-る

筆順 丨 𠃊 臣 臣 臣 臣 監 監 監

たなり 〔形声〕「臥（＝ふせる）」と、音「䍃」の省略体とから成る。見おろす。

意味 ❶上から下の者を見おろす。みはる。みる。例監査。監視。監督。❷ろうや。例監獄。❸目付役。見張り役。おさ。例学監。総監。❹役所の名。例国子監（＝隋代の大学）。❺宦官。例太監。

日本語での用法 □一《ケン》律令制で、ものの出納を監理した官職。「内記の監物」□二《ゲン》大宰府の四等官で、大宰府の第三位。判官。「大宰

―の監」

人名 あき・あきら・てる・み

【監禁】カンキン （名・する）人を一定の場所に閉じこめて、行動の自由をうばうこと。例人質を地下室に―する。

【監護】カンゴ （名・する）監督と保護。とりしまり守ること。例未成年者を―する。

【監獄】カンゴク 囚人を入れておく施設。〔「刑務所」「拘置所」の古い呼び名〕

【監査】カンサ （名・する）監督し調べること。また、その人。例―役。会計―。

【監察】カンサツ （名・する）調べて、とりしまること。例―官。

【監視】カンシ （名・する）注意して見張ること。

【監守】カンシュ （名・する）ものごとをとりしまること。また、その人。例火元を―する。

【監修】カンシュウ （名・する）書物などの編集を監督すること。また、その人。例辞書を―する。

【監督】カントク （名・する）上に立って、責任をもってとりしまったり全体をまとめたりすること。また、その役目や人・機関。例映画―。財務省が銀行を―する。

【監房】カンボウ 刑務所で囚人を入れておく部屋。〔今は「居室」という〕

●舎監・収監・総監

皿 10

【盤】

15画 4055 76E4 常用 音ハン漢 バン呉 訓おおざら

筆順 ﾉ 月 舟 舟 舟几 般 般 盤 盤 盤

なりたち ［形声］「皿（＝うつわ）」と、音「般ハ」とから成る。手を洗うとき、かけた水を下で受けるうつわ。

意味 ❶手や顔を洗ったり、沐浴に使ったりするうつわ。たらい。同槃。例水盤。❷大きくて浅い、食物をもる容器。おおざら。はち。例杯盤狼藉。❸平らな台や器具。例円盤。碁盤。旋盤。❹大きな岩。同磐。例盤石。岩盤。❺曲がりくねる。入り組んでいる。同蟠。例盤踞。❻囲碁などの勝負のなりゆき。局面。例序盤。中盤。

［盤❷］

人名 いわお・まる・やす

難読 常盤

【盤▽踞】バンキョ （名・する）①根を張ったように動かないこと。例心の中に―する疑いの念。②広い土地を支配して勢力をふるうこと。例小田原に―する北条氏。表記 ▽「▼蟠踞」とも書く。

【盤曲】バンキョク （名・する）まがりくねること。類盤折・盤屈。

【▽盤古】バンコ 中国で、天地がひらけたとき、初めて世に出たという伝説上の天子の名。

【盤根錯節】バンコンサクセツ ①曲がりくねった根と入り組んだ木のふし。②複雑に入り組んで解決の困難なことがら。例―に出会う。―を断って進む。

【盤石】バンジャク ①大きくて重い岩。例―の重み。②ひじょうにかたく、しっかりしてゆるがないこと。例―の備え。表記 ▽「▼磐石」とも書く。

【盤上】バンジョウ ①盤の上。②囲碁など、盤を使う遊び。

【▽盤▼陀】ハンダ 金属をつなぎ合わせるのに用いる、すずと鉛の合金。例―づけ。表記「半田」とも書く。

【盤台】バンダイ 〔「ハンダイ」とも〕魚屋が魚を運ぶのに使う、浅くて広い長円形のたらい。

【盤面】バンメン ①碁盤・将棋盤・レコード盤など、盤と呼ばれるものの表面。②囲碁・将棋の勝負の形勢。局面。

●円盤・岩盤・基盤・骨盤・碁盤・地盤・終盤・旋盤・算盤・落盤・羅針盤

皿 11

【盥】

16画 6625 76E5 音カン漢 訓そそ-ぐ・たらい

意味 ❶手に水をかけて洗う。あらう。そそぐ。例盥洗。❷手を洗うのに使う容器。たらい。

【盥洗】カンセン （名・する）手や杯を洗い清めること。

【盥▼漱】カンソウ （名・する）手を洗い、口をすすぐこと。

皿 11

【盧】

16画 6626 76E7 音ロ漢 ル呉

意味 ❶タケやヤナギを編んだ、飯を入れる容器。めしびつ。❷火入れ。火を入れる容器。すびつ。同炉。❸酒を売る場所。例酒盧。❹黒い色。黒色。例盧犬（＝黒い犬）。❺梵語の音訳。例盧遮那仏。

【盧遮那仏】ルシャナブツ 〔仏〕「毘盧遮那仏」の略。全宇宙をあまねく照らす光を放つといわれる仏。〔密教でいう大日如来〕表記「▼盧遮那仏」とも書く。

【盧生の夢】ロセイのゆめ ⇩【黄粱一炊の夢】コウリョウイッスイのゆめ（1109ページ）

皿 12

【盪】

17画 6627 76EA 音トウ漢 訓あら-う・うご-かす・すす-ぐ・とら-かす

意味 ❶水をためたうつわをゆり動かして洗う。あらう。例盪滌。❷ゆり動かす。うごかす。例盪舟（＝陸上で、舟をおして動かす）。

【盪▼夷】トウイ （名・する）賊をうち平らげること。

【盪尽】トウジン （名・する）すっかりなくなってしまうこと。

【盪▼滌】トウデキ （名・する）①あらいおとすこと。②弊害を除去すること。

109 5画 目 め めへん（罒 よこめ）部

目の形をあらわす。「目」をもとにしてできている漢字と、「罒（横目 よこめ）」の字形を目じるしにして引く「睾」とを集めた。

0 目 3 直 盲 4 看 盻 県 盾 相 省 眈 眉 眇 眄 冒 5 眩 眤 真 眛 眠 眞 6 眼 眷 背 眺 眸 眦 7 睇 8 睚 睨 睫 睡 睛 督 睥 睦 9 睾 睹 睿 10 瞎 瞋 瞑 11 瞠 瞞 12 瞰 瞶 瞳 瞥 瞭 瞬 13 瞹 瞿 瞼 瞽 瞬 瞻 矇 15 矍 19 矗 21 矚

この部首に所属しない漢字

自⇩自 830 見⇩見 898 貝⇩貝 932 具⇩八 112 着⇩羊 801 鼎⇩鼎 1112

目 0

【目】

5画 4460 76EE 教育1 音ボク漢 モク呉 訓め・ま 付表 真面目

筆順 丨 冂 冃 月 目

なりたち 目 ［象形］人のめの形。

意味 ❶動物の、ものを見る器官。まなこ。め。例目前(モクゼン)。耳目(ジモク)。❷めくばせする。まなざし。めつき。例目礼(モクレイ)。❸見て品定めする。注視する。みなす。例目算(モクサン)。目測(モクソク)。次期社長(ジキシャチョウ)と目(モク)される。❹要点。かなめ。例眼目(ガンモク)。要目(ヨウモク)。❺箇条(カジョウ)。小わけ。例科目(カモク)。項目(コウモク)。細目(サイモク)。❻標題。なまえ。例目録(モクロク)。題目(ダイモク)。❼人の上に立つ者。かしら。例頭目(トウモク)。

日本語での用法 ㊀《モク》囲碁(ゴ)で、碁盤(ゴバン)の目や石の数を数えることば。「五目半(ゴモクハン)」㊁《め》「目(め)」の転じた意味に用いる」①順序や段階、状態や性質などをあらわすことば。「一番目(イチバンめ)・折(お)り目(め)・憂(う)き目(め)にあう」②眼力(ガンリキ)。見きわめる力。「目(め)が高い・目(め)が肥(こ)えている」㊂《サカン》律令制(リツリョウセイ)の四等官(シトウカン)で、国司の第四位。「諸国(ショコク)の目(サカン)」

人名 み・より

【目深】まぶか (形動ナ)頭巾(ズキン)や帽子(ボウシ)などを目がかくれるほど深くかぶるようす。例帽子を—にかぶる。

【目上】めうえ 自分より地位・身分・年齢(ネンレイ)などが高いこと。また、そのような人。対目下(めした)。例—の人。

【目顔】めがお 目つき。また、表情。顔つき。例—で知らせる。

【目頭】めがしら 目の、鼻に近いほうの部分。めもと。対目尻(めじり)。例—を熱くする。

【目方】めかた ものの重さ。重量。例—をはかる。—が足りない。

【目先】めさき ①目のまえ。眼前。例—にちらつく。②さしあたり。当座。例—のことしか考えない。③近い将来の見通し。例—がきく。④見た目の形やようす。外見。例—を変える。

【目地】めジ 石やれんがを積むとき、またタイルを張るときの、つぎ目。例タイルの—のよごれを取る。

【目尻】めじり 目の、耳に近いほうのはし。対目頭(めがしら)。

【目線】めセン ものを見る目の方向。視線。〔もと、演劇での目くばりをいう〕例—をはずす。

【目▽処】めど 目ざすところ。めあて。目標。例資金の—がつく。

【目端】めはし 場面や時期を見はからう機転。例—がきく。

【目八分】めハチブ〔めハチブン〕①物を自分の目の高さより少し低い位置にささげ持って、ていねいにふるまうこと。例賞状を—に持つ。②うつわの限度ぎりぎりでなく、八分目(ハチブンめ)であること。例ご飯を—に盛る。

【目鼻】めはな ①目と鼻。②顔だち。例—だち。③ものごとの、だいたいの見通しやようす。例—がつく。—をつける。

【目分量】めブンリョウ 目で見てはかっただいたいの分量。目づもり。例調味料を—で入れる。

【目星】めぼし ①見当。見こみ。ねらい。例犯人の—がつく。②目の玉にできる白い点。

【目安】めやす 基準。標準。例昨年の実績を—にする。

【目撃】モクゲキ (名・する)その場に居合わせてはっきりと見ること。例—者。事故を—する。

【目算】モクサン ①大まかに見当をつけること。見積もり。例—ちがい。②もくろみ。計画。例—がはずれる。

【目次】モクジ ①項目(コウモク)などの順序。例—を決める。②書物の内容を示す章・題目・小見出しなどを、書かれている順に並べたもの。

【目▼睫】モクショウ 〔目とまつげの意から〕きわめて近い場所・時間。まぢか。類眼前・目前。例—の間(カン)にせまる。

【目前】モクゼン ①位置関係で、きわめて近いこと。目のまえ。まのあたり。類眼前。例—で起きた事故。②時間的に、きわめて近いこと。まぢか。例試合を—にひかえて練習にはげむ。

【目測】モクソク (名・する)長さ・高さ・広さなどを、目分量ではかること。対実測。例—を誤る。

【目的】モクテキ 実現しようとして目ざすところ。例—地。

【目的語】モクテキゴ 文法で、動詞の動作の対象をあらわすことば。「魚をとる」「水を飲む」の「魚を」「水を」など。客語。

【目途】モクト 目標。例今年度中の達成を—とする。

【目標】モクヒョウ ①めじるし。例高い塔(トウ)を—に進む。②実現や到達(トウタツ)をめざすところ。めあて。目的。例—を定める。

【目礼】モクレイ (名・する)目で軽くあいさつをすること。

【目録】モクロク ①文書や書物の内容の題目などを、書かれている順にまとめたもの。類目次。例蔵書—。②所蔵品や展示品をひとまとめに書き並べたもの。③おくりものの品名を書いたもの。例結納(ゆいのう)の—。④武道や芸道で、技術がある水準に達したことを示すために、師が弟子(デシ)にあたえる文書。

【目▽論見】もくろみ くわだて。計画。例—がはずれる。

【目下】㊀モッカ (名・副)ただいま。いまのところ。現在。目今(モッコン)。例—建設中。㊁めした (名)自分より地位・身分・年齢(ネンレイ)などが低いこと。また、そのような人。対目上。

【目耕】モッコウ 〔目で紙の田をたがやす意〕読書すること。また、学問すること。

【目今】モッコン さしあたり。いま。目下(モッカ)。例—の政治情勢。

●一目(イチモク)・皆目(カイモク)・種目(シュモク)・着目(チャクモク)・注目(チュウモク)・反目(ハンモク)・品目(ヒンモク)・名目(メイモク)・面目(メンボク)

目3

【直】

8画 3630 76F4 教育2

音 ㊀チョク漢 ジキ呉 ㊁チ漢

訓 ただ-ちに・なお-す・なお-る・ね・あたい

筆順 一 十 十 冇 冇 育 直 直

なりたち 直 ［会意］「十(=とお)」と「目(=め)」と「乚(=かくれる)」とから成る。にげかくれする者を十の目で見て、正す。

意味 ㊀チョク・ジキ ❶正しい。公平無私の。例実直(ジッチョク)。正直(ショウジキ)。❷まっすぐ。曲がっていない。対曲(キョク)。例直線(チョクセン)。直立(チョクリツ)。❸人や物を介(カイ)さずに。じかに。例直訴(ジキソ)。直接(チョクセツ)。❹ありのままに。思うままに。例直言(チョクゲン)。直情(チョクジョウ)。❺すぐに。ただちに。じきに。例直後(チョクゴ)。直感(チョッカン)。❻番にあたる。とのい。例宿直(シュクチョク)。当直(トウチョク)。❼〔助字〕「ただ…(のみ)」と読み、ただ…(だけ)、の意。限定・強調をあらわす。例直戯耳(ただたわむれるのみ)(=ちょっとたわむれただけだ)。㊁チ ねうち。ねあたい。同値(チ)。例春宵一刻直千金(シュンショウイッコクあたいセンキン)(=春の夜のひとときはまさに千金のねうちがある)。〈蘇軾(ソショク)・春夜(シュンヤ)〉

日本語での用法 《なおる・なおす》①もとの状態にもどる。もどす。そのあとを継(つ)ぐ。その地位を占(し)める。「居直(いなお)る・故障(コショウ)を直(なお)す・妹(いもうと)が姉(あね)の跡(あと)に直(なお)る」②置き換える。「仮名(かな)を漢字(カンジ)に直(なお)す」

使い分け なおす・なおる【直・治】⇩1175ページ

難読 直垂(ひたたれ)・直会(なおらい)

人名 すぐ・すなお・ただ・ただし・ただす・ちか・なお・なおき・なおし・なが・のぶる・ま・まさ

【▽直談判】ジカダンパン (名・する)他人を仲立ちとしないで、直接相手とかけあうこと。直談(ジキダン)。

【▽直火】じかび 直接に火に当てること。その火。例—で焼く。

【直直】ジキジキ (副)直接に。じかに。例大臣が—に説明をする。

【直書】ジキショ (名・する)本人が直接に書くこと。また、その書いたもの。自筆。直筆。例本人の―にまちがいない。

【直訴】ジキソ (名・する) 決められた手続きをとらずに将軍や、主君・上役などに直接うったえること。例社長に―する。

【直談】ジキダン (名・する)「直談判」に同じ。

【直弟子】ジキデシ 師から直接に教えを受けた弟子。直門。

【直伝】ジキデン 師から、その道の奥義や秘伝などを、直接にさずかること。例老師―の書法。

【直披】ジキヒ チョクヒ〔あて名の人自身が直接開封してください、という意〕封書のわき付けの一つ。親展。

【直筆】㊀ジキヒツ (名) 自分で書くこと。また、その書いた手紙・文書・原稿など。類自筆・直書。例夏目漱石の―原稿。㊁チョクヒツ (名・する) ①ふでをまっすぐにおろして、字を書くこと。例懸腕―。②事実をありのままに書くこと。対曲筆。例思うところを―する。

【直門】ジキモン 師の教えを直接に受けること。また、直接に教えを受けた人。直弟子。

【直営】チョクエイ (名・する) 工場や会社などが、他の業者にまかせたりせず、直接に経営すること。例農場の―店。

【直往】チョクオウ (名・する) まっすぐに進んで行くこと。例―邁進。

【直音】チョクオン 日本語の発音で、拗音・促音・撥音以外の、かな一字であらわされる音。「あ」「か」など。

【直撃】チョクゲキ (名・する) 爆弾などが、じかに当たること。〔台風などの天災が、ある土地をまともにおそうことにも用いられる〕例ミサイルの―を受ける。台風が九州を―する。

【直言】チョクゲン (名・する) 思うことをえんりょなくありのままに言うこと。例首相に―する。

【直後】チョクゴ ①すぐあと。例家を出た―に事故にあう。②すぐうしろ。例車の直前・―の横断は危険だ。▽対直前。

【直裁】チョクサイ (名・する) ①間をおかないですぐに決めること。②本人が直接に決めること。

【直視】チョクシ (名・する) まっすぐに見つめること。また、状況を正確に認識すること。例現実を―せよ。

【直写】チョクシャ (名・する) じかにうつすこと。ありのままをうつすこと。例その時代を―する記録文学。

【直射】チョクシャ (名・する) ①まっすぐに射ること。例的を―する。②(太陽などが)じかに照りつけること。例―日光。

【直叙】チョクジョ (名・する) ありのままに、かざることなく述べること。例そのときの気持ちを―する。

［目(罒)部］3画 直

【直上】チョクジョウ ㊀(名) あるものや場所の、まうえ。すぐうえ。例―の目標。㊁(名・する) まっすぐ上にのぼること。例大平原を北に―する。▽対直下。

【直情】チョクジョウ いつわりのない感情。感じたままの気持ち。

【直情径行】チョクジョウケイコウ (名・形動ダ) 事情を考えずに、自分の思うとおりに、言ったり行動したりすること。

【直進】チョクシン (名・する) ①まっすぐにすすむこと。例光の―する性質。②ためらわずにすすむこと。例自分の道を―する。

【直接】チョクセツ (名・副) あいだに他のものがはいらずに、じかに接すること。対間接。例―税。―に手わたす。

【直▼截】チョクセツ (名・形動ダ)〔「チョクサイ」は慣用読み〕①まよわず、すぐに決めるようす。②まわりくどくなく、はっきりと言うようす。例相手の―なことばにおどろく。

【直線】チョクセン ①まっすぐな線。例―的。②〔数〕二点間を結ぶ最も短い線。例―距離。

【直前】チョクゼン ①すぐまえ。目のまえ。②事の起こるすぐまえ。類寸前。例入試―。―になってキャンセルする。▽対直後。

【直送】チョクソウ (名・する) 相手へ直接おくること。例産地―。

【直属】チョクゾク (名・する) 直接に属していること。また、直接に指揮や監督を受けること。例―の上司。

【直腸】チョクチョウ 大腸の終わりの部分で、肛門に続くところ。

【直通】チョクツウ (名・する) 乗りかえや中継なしに、目的地や相手に通じること。例―列車。―電話。

【直答】チョクトウ (名・する) ①その場ですぐにこたえること。即答。例―をさける。②〔「ジキトウ」とも〕人づてではなく、本人が直接こたえること。

【直読】チョクドク (名・する) 漢文を、返り点によらないで、書かれているままの順に読みくだすこと。例漢詩を―する。

【直入】チョクニュウ まっすぐにはいること。例単刀―に説明する。

【直配】チョクハイ (名・する) 生産者から消費者に直接配達すること。例全国の消費者に―する。

【直売】チョクバイ (名・する) 生産者が消費者に直接売ること。直販。例農家が野菜を―する。

【直販】チョクハン (名・する)「直売」に同じ。

【直方体】チョクホウタイ 六つの面がすべて長方形で、相対する面が平行な六面体。

【直面】㊀チョクメン (名・する) ものごとにじかに接すること。面と向かうこと。例困難な事態に―する。㊁ひたメン〔「ひたおもて」とも〕(名) 能楽で、演者が面をつけないで演じること。

【直訳】チョクヤク (名・する) 原文にそって、一語一語をそのまま忠実に翻訳すること。また、その訳。類逐語訳。対意訳。例英文の解説を―する。

【直喩】チョクユ 「まるで…」「…のようだ」「…のごとく」などのことばを使って、たとえる方法。たとえば、「まるで砂漠だ」「山のような波」「砂をかむごとくあじけない」など。対暗喩・隠喩。

【直輸入】チョクユニュウ (名・する) 外国の生産物を、その国の商社などが、別の業者を通さず、直接、輸入すること。

【直立】チョクリツ (名・する) 人や物がまっすぐに立つこと。例―不動。―している像。

【直流】チョクリュウ ㊀(名・する) (川などが)まっすぐにながれること。また、そのながれ。対曲流。㊁(名) つねに一定の方向にながれる電流。対交流。

【直列】チョクレツ ①まっすぐ一列に並ぶこと。また、その列。例―縦隊。②〔物〕いくつかの電池や抵抗器などを一列につなぐこと。対並列。例―接続。―連結。

【直下】チョッカ ㊀(名) ある物や場所の、ました。例赤道―の熱帯地方。㊁(名・する) まっすぐにくだること。まっすぐに落ちること。例急転―。▽対直上。

【直角】チョッカク 〔数〕二つの直線が垂直に交わってできる角。九〇度。例―三角形。

【直覚】チョッカク (名・する) 推理によらず、ものごとの本質をとらえること。直観的にわかること。

【直轄】チョッカツ (名・する) 直接に管理すること。直接に支配すること。例―領。―の部隊。

【直滑降】チョッカッコウ (名・する) スキーのすべり方で、斜面をまっすぐにすべりおりること。

【直感】チョッカン (名・する) 理屈ぬきで、感覚的にものごとの真相を感じとること。例―的。―にたよる。

【直▼諫】チョッカン (名・する) 相手の身分や地位などにかまわず、率直にいさめること。例主君に―する。

【直観】チョッカン (名・する) 経験や推理などによらず、ものごとの本質を直接につかむこと。例真理を―する。

【直球】チョッキュウ 野球で、投手が打者に投げる、まっすぐで変化しないボール。ストレート。対変化球。

【直系】チョッケイ ①祖先から子孫へと、血筋が親子の関係によって続く系統。例―の子孫。②その系統を直接に受けつぐ

5画

こと。また、その人。例—の弟子。▽対傍系。

【直径】〔数〕円または球の中心を通って、円周または、球面上に両はしをもつ直線。さしわたし。

【直結】(名・する) あいだにものや人を入れないで、直接につながること。また、直接につなげること。例生産者と消費者を—する。

【直交】(名・する)〔数〕二つの直線または平面が直角に交わること。例—座標。

【直行】㊀(名・する) ①とちゅう、どこにも立ち寄らないでいくこと。例出張帰りに会社へ—する。②ものごとを自分の思ったとおりにおこなうこと。例直言—をモットーとする。㊁(名) 潔白な正しいおこない。例—の士。

【直航】(名・する) 船や飛行機が、どこにも立ち寄らず、まっすぐ目的地に行くこと。例ニューヨークの—便。

【直▽会】祭りの儀式のあと(神に供えた食べ物や酒を)参列者が飲食する宴会。例祭事を終わって—になる。

【▽直▽衣】平安時代以後の貴族のふだん着。烏帽子をかぶり、指貫をはく。

【▽直垂】もとは庶民の服で、鎌倉時代以後には武士の礼服となった。

●安直・実直・宿直・正直・垂直・素直・当直・日直

目3

盲

8画 4453 76F2 常用 音モウ漢呉

筆順 亠 亡 亡 盲 盲 盲 盲 盲

目3 【盲】 8画

なりたち [形声]「目(=め)」と、音「亡ボ」とから成る。目にひとみがない。

意味 ❶目が見えない。目に見えない。例盲人。盲点。盲目。❷道理がわからない。知識がない。くらい。例盲従。盲信。盲味(=無知)。文盲。❸管の一方のはしがふさがっている。例盲腸。盲管銃創。

【盲▼唖】目の見えないことと、口のきけないこと。

【盲愛】(名・する) むやみにかわいがること。盲目的な愛情。溺愛。例わが子を—する。

【盲学校】視力障害者に教育をほどこす学校。

【盲管銃創】うたれた銃弾が、つきぬけずに体内にとどまっている傷。対貫通銃創。

【盲亀の浮木】仏の教えに出会うことが容易でないこと、また、それがごくまれなことのたとえ。〔目の見えない亀が百年に一度海上に頭を出し、たまたまそこにただよっている流木の穴に頭を入れたという話から〕(涅槃経)

【盲従】(名・する) 自分でよしあしを判断せず、言われるとおりにすること。例上司の命令に—する。

【盲信】(名・する) 理屈ぬきで信じこむこと。盲目的に信じること。類妄信。例教祖を—する信徒。

【盲人】目の見えない人。盲者。

【盲腸】①小腸から大腸へ続く部分。虫垂という細い突起がある。②盲腸炎(=虫垂炎)のこと。虫垂に起こる急性の炎症。

【盲点】①眼球の、網膜の一部。この部分は光の刺激を感じない。②うっかり見落としていることがら。注意のとどかないところ。例警備の—をつかれる。

【盲導犬】視力障害者が歩くときなどに、その人を助けるように訓練されたイヌ。

【盲目】目が見えないこと。例—的(=理性を失って分別がなくなるようす)。

目3 【盲】 8画 ⇩【盲】モウ(703ページ)

目4

看

9画 2039 770B 教育6 音カン漢呉 訓み-る

筆順 一 二 三 手 手 看 看 看 看

なりたち [会意]「目(=め)」と「手(=て)」とから成る。目の上に手をかざして遠くを見る。

意味 ❶手をかざしてながめる。目の前にあるものをしっかりとみる。例看花(=花を見る)。看取。看破。❷書物をよむ。例看経。❸みまもる。みはる。例看護。看守。看病。

人名 あきら・み・みつ

【看過】(名・する) 見すごすこと。見たままほうっておくこと。例—できないあやまち。不正を—する。

【看客】見物人。観客。

【看▽経】(名・する)〔「キン」は唐音〕①経文を黙読すること。対読経。②経文を読むこと。

【看護】(名・する) 病人やけが人の手当てや世話をすること。看病。例献身的な—。

【看護師】資格をもっていて、医師の診察と治療の助けや、病人の看護を仕事にする人。看護婦と看護士とを改めた呼び名。

【看守】㊀(名) 刑務所などで、囚人の監視や警備などにたずさわる職員。刑務官。㊁(名・する) 見張りをすること。

【看取】(名・する) 事情を見てとること。見ぬくこと。例相手の真意を—した。表記「観取」とも書く。

【看破】(名・する) 本質を見やぶること。真相を知ること。例悪だくみを—する。

【看板】①品物や店名・屋号などを、人目につくように書き出した板。また、看板がわりになるような人。例—娘。立て—。②他人の注目を引くようなことばや外見。例努力家を—とする。③〔看板をしまう意から〕飲食店などの閉店時刻。例—は十時。④外見。みえ。例—だおれ。

【看病】(名・する) 病人の世話をすること。看護。

目4

盻

9画 6629 76FB 音ケイ漢 訓にら-む

意味 うらんで、にらみつける。にらむ。

目4

県

9画 2409 770C 教育3 音ケン漢 訓あがた

筆順 丨 冂 冃 目 且 県 県 県 県

糸10 【縣】 16画 6949 7E23 人名

なりたち [会意]「県(=さかさの首)」と「系(=かける)」とから成る。首をさかさにかける。

意味 ❶ぶらさげる。かかる。かける。同懸。❷中央政府と郷村との中間に位置する行政区画。昔の中国では、郡または道・府の下にあり、現在の中国では、省または市の下にある。例県令。郡県制度。

日本語での用法 ㊀《ケン》都・道・府とならぶ、地方公共団体の一つ。「県庁・県立」㊁《あがた》①古代、皇室の御料地。「六つの県」②中世、地方官の任国。また、いなか。「県主」

人名 さと・とう・むら

【県営】県が経営し、管理すること。例―住宅。

【県下】県の行政区域内。県内。例―随一の名所。

【県議】「県議会議員」の略。県民によって選出される議員。

【県議会】県議会議員で組織する県の議決機関。例県立美術館の設立が―で可決された。

【県人】その県に住んでいる人。また、その県の出身者。例―会。

【県勢】県の人口・産業・財政・文化などの情勢。例―要覧。

【県庁】県の行政事務をあつかう役所。例―所在地。

【県道】県の費用で建設し、維持と管理をする道路。

【県立】県の費用で設立し、維持と管理をすること。また、そのもの。例―高校。

【県令】①中国の、県の長官。②今の県知事。〔廃藩置県以後、一八八六（明治十九）年までの言い方〕

目4 **【盾】** 9画 2966 76FE 常用 音シュン漢 ジュン呉 訓たて

筆順 一 厂 厂 戶 斤 斤 盾 盾 盾

なりたち 盾 [会意]「目（＝め）」と「𠂆（＝たての形）」とから成る。目の前にかざした、たて。

意味 目の前にかざして身を守るための武具。たて。同楯。例矛盾。

目4 **【相】** 9画 3374 76F8 教育3 音ショウ漢 ソウ呉 訓あい 付表 相撲

筆順 一 十 才 木 木 机 相 相 相

なりたち 相 [会意]「目（＝め）」と「木（＝き）」とから成る。目で木をよくみる。

意味 ❶よく見る。よく見てうらなう。例相術（＝人相を見る技術）。❷顔かたち。すがた。ありさま。例真相。人相。❸たすける。君主を助ける役。大臣。例相国。首相。❹たがいに。かわるがわる。ともに。あい。例相打ち。相関。相互。❺次々に。代々。例相承。相伝。

日本語での用法 一《あい》①ことばの前につけて、「たがいに、ともに」の意をそえたり、重々しさをあらわすのに使う。「相すみません・相つとめる・相かわらず」②いっしょのなかま。「相手・相部屋・相棒」二《ソウ》旧国名「相模（＝今の神奈川県）」の略。「相州」

難読 相良（＝地名・姓）・相楽・相模（＝地名）

人名 あう・あきら・おさむ・すけ・たすく・とも・はる・まさ・み・みる

【相合い傘】一本のかさを、仲のよい男女でさすこと。あいがさ。例―で行く。

【相打ち】（武芸の試合などで）二人が同時に相手を打つこと。勝ち負けなし。引き分け。表記「相討ち」とも書く。

【相縁】⇩【合縁】（188ページ）

【相生い】一つの根元から二つの幹が、分かれて出ていること。例―の松（＝同じ根から雄松と雌松が生えているもの。夫婦がともに長生きすることのたとえ）。

【相方】相手。相棒。例漫才の―。

【相客】①宿屋で、同室にとまり合わせる客。②同席の客。相席の客。

【相性】（男女や友人などの）たがいの性質や趣味などの合いぐあい。例―がいい。表記「合い性」とも書く。

【相席】（飲食店などで）他の客と同じテーブルになること。例―でお願いします。

【相▼槌】〔鍛冶で、向き合って交互に打つ、つちの意〕相手の話に調子を合わせてうなずいたり、ことばを発したりすること。例―を打つ。表記「相▼鎚」とも書く。

【相手】①いっしょにものごとをする人。なかま。例遊び―。②ものごとをするときの対象となる人。例結婚―。③争いなどで、相対する人。例―にとって不足はない。

【相棒】〔いっしょに駕籠をかつぐ相手の意〕いっしょにものごとをするなかま。パートナー。相方。

【相身互い】おたがいに同情して助け合うこと。例困ったときは―。

【相模】旧国名の一つ。今の神奈川県にあたる。相州。

【相国】①中国で、宰相のこと。②日本で、太政大臣・左大臣・右大臣の中国風の呼び方。例入道―平清盛。

【相伴】（名・する）①連れ歩くこと。連れられて歩くこと。②客の相手をして、いっしょにもてなしを受けること。また、他人のおかげで、利益を受けること。例お―にあずかる。

【相撲】土俵の中で二人の力士が勝負を争う競技。例―をとる。表記「▽角▽力」とも書く。

【相愛】（名・する）たがいに愛し合うこと。例相思―。

【相違】（名・する）たがいにちがっていること。ちがい。例―点。見解の―。

【相応】（名・する・形動ナダ）つりあうこと。ふさわしいこと。例身分―のことをする。

【相▼姦】（名・する）ゆるされない肉体的関係をもつこと。例近親―。

【相関】（名・する）二つ以上のものが、たがいに関係し合うこと。例―関係（＝一方が変化すると、他方もそれにつれて変化するという関係）。

【相互】①おたがい。例―乗り入れ。―の利益。②かわるがわる。例―におこなう。

【相好】顔つき。表情。例―をくずす（＝にこにこする）。

【相克】（名・する）たがいに、かたきとして争うこと。例主従が―する。表記 旧相▼剋

【相殺】（名・する）一 たがいに差し引いて、損得なしにすること。帳消しにすること。二 たがいに殺し合うこと。

【相思】たがいに恋しく思い合うこと。例―相愛の仲。

【相似】（名・する）①形や性質などが、よく似かよっていること。②〔生〕生物の器官で、発生上では無関係でも、機能が同じために形が似ていること。鳥のつばさと昆虫の羽など。③〔数〕二つの図形で、一方を拡大または縮小したとき、他方に完全に重なること。例―形。

【相識】たがいに知り合いであること。また、その人。

【相承】〔「ソウジョウ」とも〕（名・する）次から次へと受けつぐこと。例師資―。父子―の技。

【相称】つりあいがとれていること。対称。シンメトリー。例左右―。

【相乗】（名・する）二つ以上の数をかけ合わせること。また、二つ以上のことがらが、たがいに効果を強め合うこと。例―平均。―効果を期待する。

【相即】一つにとけ合っていて区別のできないこと。例この二つのものは―不離の関係にある。

【相続】（名・する）①先代に代わって、あとを受けつぐこと。

例名跡を—する。②人の死後、財産上の権利や義務を受けつぐこと。例—税。遺産の—。

【相対】一 (名・する) ①向き合っていること。相対している。②たがいに関係し合って成立し、存在すること。対絶対。例—評価(=他とくらべてつけた成績評価)。二【あいたい】(名) ①他人を交えず、当事者だけで事をおこなうこと。例—で交渉する。②どちらも納得すること。合意。例—ずく。③対等で事をおこなうこと。例—の関係。

【相対的】(形動だ) 他との関係や比較の上で成り立つようす。対絶対的。例—に考える。

【相談】(名・する) 自分だけで判断しかねるとき、他の人に意見を聞いたり、話し合ったりすること。例—に乗る。

【相伝】(名・する) 代々受け伝えること。例一子—。

【相当】一 (名・する) ちょうどあてはまること。相応。例千円—の品。二 (副・形動だ) かなり。だいぶ。例—寒い。

【相場】①品物などの、その時々の値段。時価。市価。例野菜の—が上がる。②世間いっぱんでの評価。例夏は暑いと—が決まっている。③(経) 現物をやりとりせず、価格の変動を予想して売買する投機的取引。例—を張る。

【相貌】顔かたち。顔だち。容貌。

【相聞】〔もと、『万葉集』の部立ての一つ〕親愛の情を述べ合った歌。例—歌。

●形相・宰相・世相・粗相・貧相・滅相・様相

目 4 【省】 9画 3042 7701 教育4 音セイ漢 ショウ呉 訓かえり-みる・はぶ-く

筆順 省省省省省省省省省

なりたち [会意]「眉(=まゆ)」の省略体と「小(=こまかい)」とから成る。こまかく見る。

意味 ❶注意して見る。自分自身のことをよく考える。かえりみる。例内省。反省。❷安否を問う。みまう。例帰省(=故郷に帰って父母の安否を問う)。❸へらす。はぶく。例省略。省力。冠省(=前略)。❹役所。官庁。例文部科学省。❺中国の地方行政区画の名。例河北省。

使い分け かえりみる【顧・省】⇩1166ページ

人名 あき・あきら・かみ・さとし・さとる・み・みる・よし

【省画】(名・する) 漢字の字画を省略すること。例—文字。

【省議】内閣の各省でおこなわれる会議。また、その議決。

【省庁】省と呼ばれる官庁(=文部科学省など)と庁と呼ばれる官庁(=文化庁など)をまとめた言い方。

【省略】(名・する) 重要でない部分をはぶくこと。一部を減らして簡単にすること。例前置きは—する。

【省力】(名・する) 機械化などによって労力をはぶくこと。例—化をはかる。

【省令】内閣の各省の大臣が、その担当する事務について出す行政上の命令。例文部科学—。

【省察】(「ショウサツ」とも) (名・する) ①自分の行動や生活などをふり返って考えること。②くわしく調べること。

【省思】(名・する) 自分のおこないをかえりみて考えること。

【省文】①点画を一部はぶいた漢字。略字。「捨」を「舎」、「鏡」を「竟」、「避」を「辟」と書くなど。省筆。②文中の字句を一部はぶいて、簡略にした文章。省筆。

●帰省・人事不省・内省・反省

目 4 【眈】 9画 6630 7708 音タン漢 訓にら-む・ふか-い

意味 ❶じっと見つめる。❷トラがにらむ。例虎視眈眈。

【眈眈】(形動タル) 見つめるようす。ねらいながら見ているようす。例虎視—たり(=トラが獲物をねらって見つめている)。〈易経〉

目 4 【眉】 9画 4093 7709 常用 音ビ漢 ミ呉 訓まゆ

筆順 眉眉眉眉眉眉眉眉眉

なりたち [象形] 目の上の毛とひたいのすじの形。

意味 ❶まゆげ。まゆ。例眉目。白眉。❷ものの上のはし。ふち。例書眉(=書物の上のはし)。❸長生きしてまゆげが長くのびた人。老人。

【眉宇】まゆ。まゆのあたり。〔「宇」は家の軒。顔を家に見たてて、眉をその軒にたとえた〕例—に決意をみなぎらせる。

【眉月】まゆのように細い月。三日月。新月。

【眉目】①まゆと目。②顔かたち。みめ。例—のすずしげな好青年。③ほまれ。面目。名誉。

【眉目秀麗】(名・形動だ) (男性の)顔かたちがととのっていて、とくに美しいこと。

【眉墨】まゆをかくための墨。例—を引く。表記「▼黛」とも書く。

【眉唾】〔まゆにつばをつければキツネにだまされないという俗信から〕だまされないように用心をすること。例—もの。

【眉間】まゆとまゆとのあいだ。ひたいの真ん中。例—にしわを寄せる。

目 4 【眇】 9画 6631 7707 音ビョウ漢 ミョウ呉 訓すがめ

意味 ❶目が小さい。また、片目が見えない。目を細めて見る。すがめる。すがめ。例眇目。❷こまかい。ちいさい。例眇小。❸はるか遠い。同渺。例杳眇。

【眇▼軀】小さいからだ。

【眇然】(形動タル) ①小さいようす。こまかいようす。②遠くはるかなようす。

【眇目】斜視。独眼。

目 4 【眄】 9画 6632 7704 音ベン漢 メン呉 訓かえり-みる・にら-む・み-る・よこめ

意味 ななめに見る。また、流し目で見る。みる。例眄視。右顧左眄(=左右を見まわして人のようすをうかがい、まようこと)。

【眄視】(名・する) 横目で見ること。流し目で見ること。

目 4 【冒】 9画 4333 5192 常用 音ボウ漢 訓おか-す

筆順 冒冒冒冒冒冒冒冒冒

冂 7 【冐】 9画 —— ——

月 4 【冐】 8画 7078 5190 俗字

なりたち [会意]「冃(=かぶりもの。おおう)」と「目(=め)」とから成る。目をおおわれて見えなくても前進する。おしきって、あえて進む。

意味 ❶危険なことや困難なことをむりにする。おかす。例冒険ボウケン。❷かぶせる。おおう。例冒頭ボウトウ。❸むさぼる。

使い分け おかす【犯・侵・冒】⇩1164ページ

【冒険】ボウケン（名・する）危険や失敗をおそれずにおこなうこと。

【冒頭】ボウトウ ①文章や話の初めの部分。書き出し。話し始め。例作品を―から読み直す。②ものごとの初めの部分。例会議は―から混乱した。

【冒▼瀆】ボウトク（名・する）神聖なものや権威あるものをけがすこと。例神を―する行為。

目5

【眩】 10画 6633 7729

音ゲン漢 ゲン呉 訓くら-む・まど-う・まばゆ-い・まぶ-しい

意味 ❶目がまわる。目がくらむ。めまいがする。めまい。まどう。また、まどわす。例眩暈ゲンウン。眩惑ゲンワク。❷まぶしい。まばゆい。例眩耀ゲンヨウ。

【眩▼暈】ゲンウン 目がくらむこと。めまい。

【眩▼耀】ゲンヨウ（名・する）まぶしいほどに光りかがやくこと。例―目をうばう。表記「眩▼燿」とも書く。

【眩惑】ゲンワク（名・する）目がくらんで、まどうこと。また、まどわすこと。類幻惑ゲンワク。例あやしい魅力に―される。

目5

【眤】 10画 6634 7724

音ジツ漢

意味 なれしたしむ。ちかづく。同昵ジツ。

目5

【真】 10画 3131 771F 教育3

音シン漢呉 訓ま・まこと・まこと-に 付表 真面目まじめ・真まっ赤か・真まっ青さお

目5

【眞】 10画 6635 771E 人名

筆順 一 十 𠂇 冇 𥃭 直 真

なりたち ［会意］「匕（＝変わる）」と「目（＝め）」と、「乚（＝かくす）」と「八（＝のりもの）」とから成る。仙人がその姿かたちを変えて天にのぼる。派生して「まこと」の意。

意味 ❶うそいつわりのない。まことの。例真価シンカ。真実シンジツ。❷自然のままの。生まれたままの。例真性シンセイ。天真テンシン（＝かざりけのない）。❸書体の一つ。楷書カイショ。例真字シンジ。

難読 真鶴まなづる・真田さなだ

人名 さだ・さな・さね・ただ・ただし・ちか・なお・まき・まさ・まさし・ます・また・まな・み

【真意】シンイ ほんとうの意味。ほんとうの気持ち。本心。例―を示す。―をはかりかねる。

【真因】シンイン ほんとうの原因。例事件の―を究明する。

【真打ち】シンうち ①落語・講談・浪曲などの寄席で、最後に演じる、最も芸のすぐれた人。また、落語家の最高の階級。対前座ゼンザ。②とっておきの最後の出演者。例―登場。

【真影】シンエイ ①ほんとうの姿。②実物どおりの肖像。とくに、写真。例両陛下の御―。

【真価】シンカ ほんとうの値うち。真の価値。例―が問われる。

【真▼贋】シンガン ほんものと、にせもの。真偽シンギ。例―を見ぬく。

【真偽】シンギ ほんとうと、うそ。正しいか誤りかということ。例―のほどを確かめる。

【真義】シンギ ほんとうの意義。本義。例民主主義の―。

【真行草】シンギョウソウ ①漢字の三つの書体、真書（＝楷書）・行書・草書のこと。②絵画・生け花・礼法などの形式。真は正格、草はくずした風雅の形、行はその中間。

【真紅】シンク こい紅色。まっか。例―の優勝旗。表記「深紅」とも書く。

【真空】シンクウ ①空気などの物質がまったく存在しない空間。例―パック。―の状態。②作用や影響などが、まったくおよんでいない状態・空間。例軍事的―地帯。

【真剣】シンケン 一（名）ほんものの刀。例―で勝負する。二（形動ダ）まじめで熱心なようす。本気。例―に取り組む。

【真骨頂】シンコッチョウ 本来もっている、ありのままの姿。まことの姿。例かれの―を示す作品。

【真言】シンゴン ①〔仏〕仏や菩薩の誓いや教えを示した秘密のことば。呪文。②「真言宗」の略。

【真言宗】シンゴンシュウ 〔仏〕平安時代、唐から帰った空海（＝弘法大師）が、京都の東寺、高野山の金剛峰寺を開いて広めた仏教。

【真作】シンサク ほんものの作品。例―と見まがうような、たくみなにせもの。

【真▼摯】シンシ（名・形動ダ）まじめでひたむきなこと。真剣にものごとに取り組むこと。例―な態度。

【真字】シンジ ①楷書。②漢字。真名まな。対仮名かな。

【真実】シンジツ 一（名・形動ダ）ほんとうのこと。うそやいつわりがないこと。対虚偽キョギ。例―一路。―を話す。二（副）ほんとうに。心から。例―申しわけないと思っています。

【真珠】シンジュ 貝類、とくにアコヤガイの中に、自然にまたは人工的にできる美しい玉。装身具用。パール。

【真珠貝】シンジュガイ ウグイスガイ科の海産の二枚貝。真珠を生じるので、多く養殖される。アコヤガイ。タマガイ。

【真宗】シンシュウ 〔仏〕「浄土真宗」の略。鎌倉時代に親鸞が開いた仏教の宗派。阿弥陀仏を信じていれば成仏できるという、他力本願を宗旨とする。一向宗。門徒宗。

【真情】シンジョウ ①ほんとうの心。まごころ。例―を吐露する。②ほんとうのありさま。実情。例事件の―をえがく。

【真人】シンジン ①〔仏〕真理をきわめて仏道をさとった人。仏や羅漢など。②道教で、道の奥義に到達した人。

【真髄】シンズイ 〔精神と骨髄の意〕ものごとの本質。その道の奥義。根本。例―にふれる。表記「神髄」とも書く。

【真正】シンセイ（名・形動ダ）正しいこと。まこと。ほんもの。例―のダイヤ。

【真性】シンセイ ①ありのままの性質。天性。②〔医〕疑う余地のない、ほんものの病気。例―コレラ。

【真跡】シンセキ その人がほんとうに書いた筆跡。真筆シンピツ。例紀貫之の―。表記 旧真▼蹟

【真説】シンセツ 正しい学説。ほんとうの説。

【真善美】シンゼンビ 学問・道徳・芸術の追求目標とする、三つの大きな価値観念。人間が最高の理想とするもの。

【真相】シンソウ 事件などのほんとうの事情・ありさま。例―の究明に乗り出す。

【真率】シンソツ（名・形動ダ）まじめでかざりけのないこと。ひたむき。例―な態度。

【真▽諦】シンタイ ①〔仏〕仏教の絶対の真理。真如シンニョ。対俗諦ゾクタイ。②ものごとの根本にある真理。まことの道。

【真▼鍮】シンチュウ 銅と亜鉛の合金。黄金色で、さびにくく細工がしやすい。黄銅オウドウ。

【真如】シンニョ 〔仏〕宇宙万物の本体で、絶対不変の真理。真諦シンタイ。例―の月（＝真理が人の迷いを取り去ることを、月がやみを照らすのにたとえたことば）。

【真皮】シンピ 〔生〕脊椎動物の表皮の下にある、皮膚を形成する内層部。

【真筆】シンピツ その人がほんとうに書いた筆跡。真跡。直筆ジキヒツ。

対偽筆ギ。例芭蕉バショウの―という短冊タンザク。

【真分数】シンブンスウ 〔数〕分子が分母よりも小さい分数。対仮分数カブンスウ・帯分数。

【真面目】シンメンボク・シンメンモク ㊀(名)本来の姿。ありのままの姿。真価。例―を発揮する。㊁まじめ(名・形動ダ)①真剣シンケンなこと。本気であること。例―に勉強する。―な顔。②まごころがあること。誠実なこと。例―な人。

【真理】シンリ ①筋の通った道理。まことの道理。例不変の―。②どんな場合にもあてはまる永遠不変の知識・認識ニンシキ・価値。例―の探求。

【真一文字】まイチモンジ (名・形動ダ) 一直線。まっすぐ。例口を―に結ぶ。―につき進む。

【真顔】まがお まじめな顔つき。例―で冗談ジョウダンを言う。

【真心】まごころ まことの心。いつわりのない、ありのままの心。

【真▼菰】まこも イネ科の多年草。葉はむしろの材料となる。

【真▽砂】まさご 〔「ま」は、下につく語をうつくしくいうことば〕こまかい、きれいな砂。例浜はまの―。

【真正面】まショウメン ちょうど正面。真向かい。まっしょうめん。

【真名】まな 漢字。対仮名かな。例『古今集コキンシュウ』の―序。表記「真▽字」とも書く。

【真人間】まニンゲン まじめな人間。まともな人間。例心を入れかえて―になる。

【真▽似】まね (名・する) ①他のものに似せること。模倣モホウ。例物ものの―。②行動。おこない。例ばかな―をするな。

【真帆】まほ 船の帆を全開して風を受けること。また、その帆。

【真綿】まわた くず繭まゆを引きのばして作った綿。やわらかく軽い。例―で首をしめる(=じわじわといためつけることのたとえ)。

●写真シャシン・純真ジュンシン・正真ショウシン・天真テンシン・迫真ハクシン

目5

【眛】

10画 6638 771B

音 バイ漢・マイ呉 訓 くら-い・くら-ます

意味 はっきりと見えない。くらい。同昧マイ。

参考「眜バツ(=危険をおかす)・ベツ(=春秋時代の地名)」とは別の字。

目5

【眠】

10画 4418 7720 常用

音 ベン漢・ミン・メン呉 訓 ねむ-る・ねむ-い・ねむ-り

筆順 丨 冂 … 眠

なりたち [形声]「目(=め)」と、音「民ビン→ベン」とから成る。ねむる。参考 一説に、「瞑メイ」の俗字。

意味 ❶目をとじてねむる。ねる。また、ねむり。例安眠アンミン。睡眠スイミン。❷動物がある期間、食事や活動をしないで、やすむこと。例冬眠トウミン。

【眠気】ねむケ ねむりたい気分。例―ざまし。―をもよおす。表記「▽睡気」とも書く。

●永眠エイミン・仮眠カミン・春眠シュンミン・惰眠ダミン・不眠フミン

目5

【眞】

10画 ⇩【真】シン(706ページ)

目6

【眼】

11画 2067 773C 教育5

音 ガン漢・ゲン呉 訓 まなこ・め 付表 眼鏡めがね

筆順 丨 冂 … 眼

なりたち [形声]「目(=め)」と、音「艮コン→ガン」とから成る。め。

意味 ❶めだま。まなこ。め。また、まなざし。めつき。例眼下ガンカ。眼前ガンゼン。開眼カイガン。❷ものごとの本質を見通す力。例眼識ガンシキ。眼力ガンリキ。心眼シンガン。❸あな。例銃眼ジュウガン。❹ものごとのだいじな点。かなめ。ポイント。例眼目ガンモク。主眼シュガン。

人名 まくわし

【眼下】ガンカ (高所から見おろす)目の下のあたり。目のまえ。例―に広がる海。

【眼科】ガンカ 目の病気を取りあつかう医学の一分野。

【眼▼窩】ガンカ 眼球のはいっている顔の骨のくぼみ。

【眼界】ガンカイ ①目に見える範囲ハンイ。視界。例―がひらける。②考えのおよぶ範囲。例―がせまい。

【眼球】ガンキュウ 脊椎セキツイ動物の視覚器の主要部分である球形の器官。目の玉。目玉。例―が飛び出す。

【眼鏡】ガンキョウ・めがね 目を保護したり、視力を調節するためのレンズを入れた器具。例色いろ―。―をかける。

【眼▼瞼】ガンケン まぶた。

【眼孔】ガンコウ ①眼球のはいっている穴。眼窩ガンカ。②ものごとを見分ける力。見識。例―がせまい。

【眼光】ガンコウ ①目のひかり。目のかがやき。例―炯炯ケイケイ。②ものごとの真相を見ぬく力。洞察力ドウサツリョク。例するどい―。

【眼光紙背ガンコウシハイに徹テッす】〔目のひかりが紙の裏までとおるという意〕書物を読んで、表面には文字で述べられていない真意まで読みとる。読解力がすぐれていることのたとえ。眼力ガンリキ。識見。

【眼識】ガンシキ ものごとのよしあしを見分ける力。例―を買われて美術品の整理に当たる。

【眼疾】ガンシツ 目の病気。眼病。

【眼▼睛】ガンセイ 〔「睛」は、ひとみの意〕ひとみ。黒目。目玉。

【眼精】ガンセイ 目の力。視力。例―疲労ヒロウ。

【眼前】ガンゼン 目のまえ。まのあたり。目前。例―に広がる草原。

【眼帯】ガンタイ 眼病などのとき、目の部分をおおうもの。

【眼中】ガンチュウ ①目のなか。②自分の関心や意識のおよぶ範囲ハンイ。例―にない(=まったく問題にしない)。

【眼中ガンチュウに人ひと無なし】人を人とも思わないふるまいをする。

【眼底】ガンテイ 眼球内部の後面、網膜モウマクなどのある部分。目の奥おく。例―出血。―に焼きつけておく(=しっかりと見とどけて記憶キオクする)。

【眼病】ガンビョウ 目の病気。眼疾ガンシツ。

【眼福】ガンプク 美しいもの、貴重なものを見ることのできる幸福。目の保養。例―にあずかる。

【眼目】ガンモク ①目。まなこ。②いちばんたいせつなところ。要点。主眼。例この論文の―。

【眼力】ガンリキ・ガンリョク ①視力。②ものごとのよしあしや真相を見ぬく力。眼識。例するどい―。―のある鑑定家カンテイカ。

●近眼キンガン・検眼ケンガン・千里眼センリガン・単眼タンガン・着眼チャクガン・肉眼ニクガン・複眼フクガン・両眼リョウガン・老眼ロウガン

目6

【眷】

11画 6639 7737

音 ケン漢呉 訓 かえり-みる

意味 ❶ふり返って見る。目をかける。いつくしむ。かえりみる。例眷顧ケンコ。❷心がひかれる。恋こいしたう。例眷恋ケンレン(=恋いこがれる)。❸身うち。親族。例眷属ケンゾク。

【眷眷】ケンケン (形動タル) ①いつも心にとめるようす。②思いしたうようす。例―として去ることあたわず。

【眷顧】ケンコ (名・する) ①ふり返ってみること。②とくに目をかけること。ひいきにすること。

【眷属】ケンゾク ①身うち。一族。親族。親類。例一家イッカ―を集める。②家来。従者。配下。表記▽「眷族」とも書く。

目6

【眥】

11画 6636 7725

音 ㊀シ漢・セイ漢 ㊁サイ漢 訓 まなじり

目6 【眦】 11画 6637 7726 別体字

意味 ㈠めじり。まなじり。例決眥(=目を見開いて決心した顔つきをする)。㈡「睚眥」は、じろりとにらむ意。

目6 【眺】 11画 3615 773A 常用 音チョウ漢 訓なが-める・なが-め

筆順 眺

なりたち 「形声」「目(=め)」と、音「兆」とから成る。まじろぐ。借りて「ながめる」の意。

意味 遠くを見わたす。ながめる。また、見晴らし。ながめ。同覜。例眺望。遠眺。

【眺望】(名・する)景色を見わたすこと。また、ながめ。見晴らし。展望。例—がきく。すばらしい—。

目6 【眸】 11画 6640 7738 人名 音ボウ漢 ム呉 訓ひとみ

なりたち 「形声」「目(=め)」と、音「牟」とから成る。ひとみ。

意味 めだまの黒い部分。ひとみ。また、目。例双眸。明眸皓歯。

【眸子】ひとみ。瞳子。

目6 【眦】 11画 ⇩【眥】(707ページ)

目7 【睇】 12画 6641 7747 音テイ漢 訓おか-す・み-る

意味 ❶ちらりと横目で見る。流し目する。例睇視。睇眄(=ぬすみ見る)。❷ながめる。❸はっきり見る。

難読 流睇・睇視

【睇視】(名・する)横目で見ること。ぬすみ見ること。

目8 【睚】 13画 6642 775A 音ガイ漢 訓まなじり

意味 ❶目のふち。めじり。まなじり。❷「睚眥」は、じろりとにらむ意。

【睚眥】にくらしそうに、にらむこと。例—の怨み(=ちょっと人ににらまれた程度のわずかなうらみ)。

目8 【睨】 13画 6643 7768 音ゲイ漢 訓にら-む

意味 横目で見る。また、ようすをうかがい見る。にらむ。例睥睨。

目8 【睫】 13画 6644 776B 音ショウ漢呉 訓まつげ

意味 ❶まつげ。例目睫。❷目をぱちぱちさせる。まばたく。またたく。

目8 【睡】 13画 3171 7761 常用 音スイ漢呉 訓ねむ-る・ねむ-り

筆順 睡

なりたち 「会意」「目(=め)」と「垂(=たれる)」とから成る。まぶたがたれてねむる。

意味 いねむりをする。ねる。ねむる。また、ねむり。例睡眠。仮睡。熟睡。

難読 睡蓮

【睡魔】ねむけ。ねむけをもよおさせるもの。〔ねむけを魔物にたとえていう〕例—におそわれる。

【睡眠】①ねむること。ねむり。例—時間。—不足。②活動を一時やめていること。休眠。例—状態の演劇部。

【睡余】ねむりからさめたあと。ねざめ。

【睡▼蓮】スイレン科の多年草。ヒツジグサ。

○●一睡・仮睡・午睡・昏睡・熟睡・爆睡・半睡

目8 【睛】 13画 6645 775B 音セイ漢 ショウ呉 訓ひとみ

意味 目の中心の黒い部分。黒目。ひとみ。例眼睛(=ひとみ)。画竜点睛。

目8 【督】 13画 3836 7763 常用 音トク漢 訓うなが-す・ひき-いる

筆順 督

なりたち 「形声」「目(=め)」と、音「叔(シュク→トク)」とから成る。しらべるようによくみる。

意味 ❶よくみる。よくみて正す。とりしまる。例督学(=学事を指導する)。監督。❷とがめる。せめる。うながす。例督促。❸ひきいる。例督軍(=軍をひきいる)。

日本語での用法《かみ》律令制の四等官で、衛府・衛門府の最上位。長官。「右衛門督・右兵衛督」

難読 基督・小督

人名 おさむ・すけ・すすむ・ただ・ただし・ただす・まさ・よし

【督戦】(名・する)(前線の)軍を監督し、部下をはげまして戦わせること。例—隊。

【督促】(名・する)約束どおり実行するようにうながすこと。催促。例—状。貸した金の返済を—する。

【督励】(名・する)監督し、激励すること。

○●家督・監督・総督・提督

目8 【睥】 13画 6646 7765 音ヘイ漢

意味 横目で見る。にらむ。例睥睨。

【睥▼睨】(名・する)①横目でにらむこと。②あたりをにらみつけて勢いを示すこと。例天下を—する。

目8 【睦】 13画 4351 7766 常用 音ボク漢 モク呉 訓むつ-まじい・むつ-ぶ

筆順 睦

なりたち 「形声」「目(=め)」と、音「坴(リク→ボク)」とから成る。相手をうやまって仲よくする。

意味 親しい。仲がよい。むつまじい。また、親しくする。仲よくする。むつぶ。例睦言。親睦。和睦(=仲直り)。

人名 あつし・ちか・ちかし・のぶ・まこと・むつ・むつみ・むつむ

【睦親】①仲よくすること。親睦。②親しい身うち。

▽【睦月】もと、陰暦で一月のこと。太陽暦でもいう。

罒9 【睾】 14画 6648 777E 音コウ漢呉

意味 きんたま。例睾丸。

【睾丸】哺乳動物の精巣。精子をつくり、雄性ホルモンを分泌する。きんたま。

目 9 【睹】 14画 6649 7779 音 ト漢呉 訓 み-る

見 9 【覩】 16画 7515 89A9 古字

意味 じっと見る。よく見る。みる。例 目睹。

目 9 【睿】 14画 ⇨【叡】(179ページ)

目 10 【瞎】 15画 6650 778E 音 カツ漢 訓 かため・しいる

意味 ❶片目あるいは両目の視力がない。❷ものを見る目がない。道理にくらい。例 瞎漢(=わからずや)。❸やみくもに。でたらめな。例 瞎説(=でたらめを言う)。

目 10 【瞋】 15画 6651 778B 音 シン漢呉 訓 いか-らす・いか-る

意味 目を見ひらく。いからす。目をむいておこる。いかる。例 瞋恚。

【瞋▼恚】シンイ いかること。おこること。例 ―の炎(=激しいいかり)をもやす。

目 10 【瞑】 15画 6652 7791 音 メイ漢 ミョウ呉 訓 くら-い

意味 ❶目をとじる。目をつぶる。例 瞑想。瞑目。❷はっきり見えない。くらい。例 瞑矇(=暗いようす)。

【瞑座】メイザ (名・する) 目をとじてすわること。例 静かに―する。

表記 旧瞑▼坐

【瞑想】メイソウ (名・する) 目をとじて、静かに考えること。類 黙想

【瞑目】メイモク (名・する) ①目をとじること。例 ―して考える。②安らかに死ぬこと。例 安んじて―したであろう。

目 11 【瞠】 16画 6653 77A0 音 ドウ慣 トウ漢 訓 みは-る

意味 目を大きくひらいて見る。おどろいて見る。目をみはる。例 瞠目。

【瞠若】ドウジャク (名・形動タル) おどろいて目をみはること。瞠然。

例 多くの先輩や同輩を―たらしめる。

【瞠目】ドウモク (名・する) おどろいたり感心したりして、目をみはること。例 ―すべき成果。―に値する。

目 11 【瞞】 16画 6654 779E 音 バン漢 マン呉 訓 あざむ-く

意味 人の目をごまかして、実情をかくす。ごまかす。例 瞞着。欺瞞。

【瞞着】マンチャク (名・する) あざむくこと。だますこと。例 世間を―する。

目 12 【瞰】 17画 6655 77B0 音 カン漢 訓 み-る

意味 みる。高所から見下ろす。例 鳥瞰。俯瞰。

【瞰臨】カンリン (名・する) 高いところから見下ろすこと。

目 12 【瞶】 17画 6656 77B6 音 キ漢

意味 目が見えない。例 瞶瞶(=目が見えないようす。また、道理にくらい)。

目 12 【瞳】 17画 3823 77B3 常用 音 トウ漢 ドウ呉 訓 ひとみ

筆順 目 旷 暗 暗 暗 暲 瞳

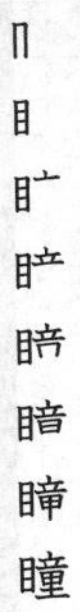

なりたち [形声]「目(=め)」と、音「童トウ」とから成る。ひとみ。

意味 ❶目の中央にある黒目の部分。ひとみ。例 瞳孔。瞳子(=ひとみ)。❷無心に見るようす。また、ものごとを知らないようす。例 瞳矇(=もの知らず)。

人名 あきら

【瞳孔】ドウコウ 眼球の虹彩の中心にある円形の部分。ひとみ。

目 12 【瞥】 17画 4245 77A5 人名 音 ベツ慣 ヘツ漢

意味 ちらっと見る。見る。例 一瞥。

【瞥見】ベッケン (名・する) ちらっと見ること。

目 12 【瞭】 17画 4638 77AD 常用 音 リョウ漢 訓 あき-らか

筆順 目 旷 盷 盷 瞭 瞭

なりたち [形声]「目(=め)」と、音「尞リョウ」とから成る。ひとみが明るい。

意味 ❶目のかがやくようす。あきらか。❷ものごとのはっきりしているようす。あきらか。例 瞭然。明瞭。

人名 あきら

【瞭然】リョウゼン (形動タル) はっきりしていて、明らかなようす。歴然。例 一目―。―たるところである。

目 12 【瞬】 17画 ⇨【瞬】シュン(709ページ)

目 13 【瞹】 18画 6657 77B9 音 アイ漢 訓 かく-れる

意味 かくれていて、はっきり見えないようす。例 瞹瞹。

目 13 【瞿】 18画 6658 77BF 音 ク漢呉 訓 おそ-れる

意味 タカやハヤブサが、するどい目つきで見る。また、おどろいて見る。おどろきおそれる。おそれる。例 瞿然。

難読 瞿麦(なでしこ・とこなつ・せきちく)

【瞿然】クゼン (形動タル) おどろき、あやしむようす。

目 13 【瞼】 18画 6659 77BC 音 ケン漢 訓 まぶた

意味 目の上をおおう皮膚。まぶた。例 眼瞼(=まぶた)。

目 13 【瞽】 18画 6660 77BD 音 コ漢呉

意味 ❶目が見えない人。例 瞽者(=目の見えない人)。❷是非善悪の区別がつけられない人。分別がない。でたらめな。例 瞽言(=でたらめのことば)。❸〔古代では、「瞽者」が音楽師であったことから〕音楽を仕事とする人。楽人。例 瞽史(=楽人と史官)。瞽師(=盲目の音楽師)。

【瞽▽女】ゴゼ 三味線をひき、歌をうたいながら門付けをする盲目の女性の旅芸人。

目 13 【瞬】 18画 2954 77AC 常用 音 シュン漢呉 訓 またた-く・まじろ-ぐ・またた-き・まばた-く

目12【瞬】17画

筆順 目 目 目 目 目 瞬 瞬 瞬

なりたち [形声] 本字は「瞚」で、「目(=め)」と、音「寅イン→シュン」とから成る。まばたく。

意味 ❶まばたきをする。目をぱちぱちさせる。まばたき。例瞬間シュンカン。❷まばたきするほどの短い時間。例一瞬イッシュン。

【瞬間】シュンカン またたくま。きわめて短い時間。瞬時。一瞬。

【瞬時】シュンジ 「瞬間」に同じ。例―に燃えつきる。

【瞬息】シュンソク 〔一度まばたきをし、一度息をするあいだの意から〕わずかのあいだ。ごく短い時間。瞬間。

目13【瞻】18画 6661 77BB 音セン漢呉 訓みーる

意味 見上げる。見やる。あおぎ見る。例瞻仰センギョウ(=見上げる)。

目13【矇】18画 6662 77C7 音モウ漢 訓くらーい

意味 目がおおわれて、よく見えない。くらい。例矇昧モウマイ。矇矇モウモウ(=くらくてはっきりしない)。

【矇昧】モウマイ (名・形動ナ)〔目が見えない意〕知識がなく、ものごとの道理にくらいこと。愚昧グマイ。例無知―。表記「▼蒙昧」とも書く。

目15【矍】20画 6663 77CD 音キャク漢 カク呉

意味 ❶おどろいてきょろきょろ見まわす。おどろきあわてるようす。❷「矍鑠カクシャク」は、年老いて元気なようす。

【矍▼鑠】カクシャク (形動タル) 年をとってもなお元気で健康なようす。例―たる老人。百歳イサイでなお―とした人。

目19【矗】24画 6664 77D7 音チク漢 訓いよやか・なおーい

意味 ❶まっすぐに高くそびえるようす。そびえる。例矗立チクリツ。❷まっすぐな。正直な。なおい。

参考 「白瀬矗しらせのぶ」は、一九一二(明治四十五)年南極大陸に上陸した陸軍軍人。

【矗立】チクリツ (名・する) まっすぐにそびえ立つこと。

目21【矚】26画 6665 77DA 音ショク漢 訓みーる

意味 注目する。目をつける。例矚望ショクボウ。矚目ショクモク。

【矚望】ショクボウ (名・する) 前途ゼントに望みをかけて期待すること。例前途を―されている。表記「嘱望・▽属望」とも書く。

【矚目】ショクモク (名・する) ①気をつけて見ること。目をつけること。注目。例将来を―される。②自然に目にふれること。見たまま。例―の一句。表記 ▽「嘱目・▽属目」とも書く。

110 5画 矛 ほこ ほこへん 部

長いほこの形をあらわす。「矛」と、「矛」をもとにしてできている「矜」とを集めた。

0 矛 4 矜

この部首に所属しない漢字

柔⇩木522 務⇩力150

矛0【矛】5画 4423 77DB 常用 音ボウ漢 ム呉 訓ほこ

筆順 フ マ ヱ 予 矛

なりたち [象形] まっすぐな柄えに刃はと飾かざりがついたほこの形。

意味 さきのとがったもろ刃はのきっさきを、長い柄えにつけた武器。ほこ。例矛盾ムジュン。天あめの瓊矛ぬぼこ(=玉クでかざったりっぱなほこ)。

人名 たけ

【▽矛▼戈】ボウカ 〔「戈」は、柄えと直角に刃のついたほこ〕ほこ。

【▽矛▼戟】ボウゲキ 〔「戟」は、枝刃えだはがあるほこ〕ほこ。兵器。

[戟] [戈] [矛]

【矛先】ほこさき ①ほこの先端センタン。②攻撃コウゲキの方向。例―を向ける。―をかわす。表記 ▽「▼鋒先」とも書く。

【矛盾】ムジュン (名・する) ①ほこと、たて。②つじつまが合わないこと。例―だらけの論理。表記 ▽「矛▼楯」とも書く。

故事のはなし 楚ソの国に、攻撃ゲキするための矛ほこと、攻撃から身を守るための盾たての両方を売っている人がいた。その人が盾を自慢ジマンして、「この盾のかたさといったら、どんなものでもつき通すことはできない」と言い、矛を自慢して、「この矛のするどさといったら、どんなものでもつき通せないものはない」と言った。これを聞いたある人が、「では、その矛で、その盾をついたら、どうなるのかね」と言うと、その人は答えることができなかった。〈韓非子カンピシ〉

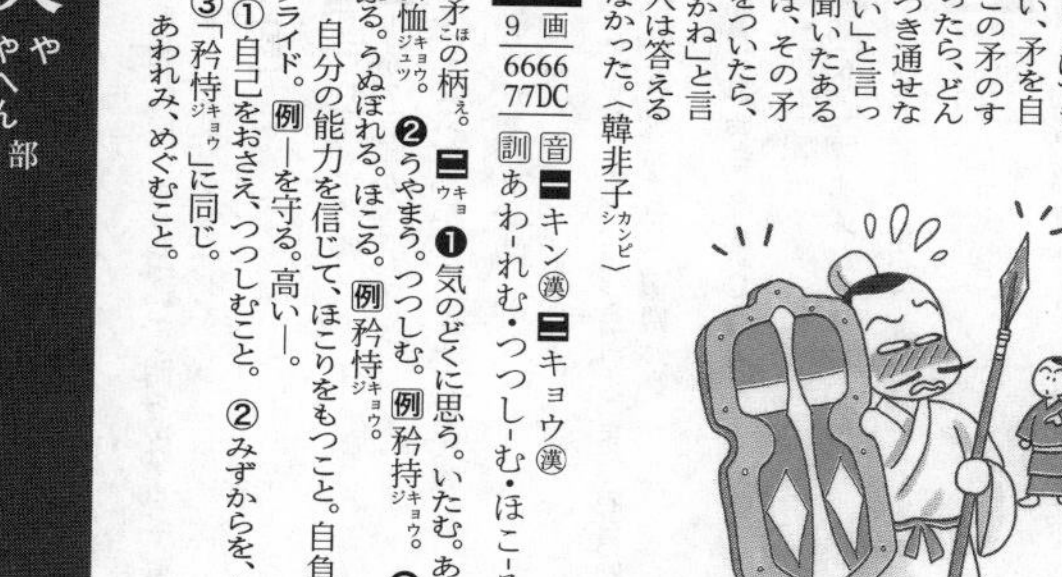

矛4【矜】9画 6666 77DC 音■キン漢 ■キョウ漢 訓あわーれむ・つつしーむ・ほこーる

意味 ■キン 矛ほこの柄え。■キョウ ❶気のどくに思う。いたむ。あわれむ。例矜恤キョウジュツ。❷うやまう。つつしむ。例矜持キョウジ。❸おごりたかぶる。うぬぼれる。ほこる。例矜持キョウジ。

【矜▼恃】キョウジ 自分の能力を信じて、ほこりをもつこと。自負。気ぐらい。プライド。例―を守る。高い―。

【矜持】キョウジ ①自己をおさえ、つつしむこと。②みずからを、かざること。③「矜恃キョウジ」に同じ。

【矜▼恤】キョウジュツ あわれみ、めぐむこと。

111 5画 矢 や やへん 部

やの形をあらわす。「矢」をもとにしてできている漢字を集めた。

矢 0

【矢】

5画 4480 77E2 教育2 音シ漢呉 訓や

筆順 ノ 𠂉 𠃋 午 矢

なりたち [象形] やの形。

意味 ❶弓につがえて飛ばす、や。例嚆矢(=ものごとのはじめ)。流れ矢。❷まっすぐ。正しい。正しくする。また、ちかう。例矢言。

難読 矢作

人名 ただ・ただし・ちかう・なお

【矢言】①ちかいのことば。ちかい。②正しいことば。

【矢▼鏃】矢の先のとがった部分。やじり。

【矢面】①矢の飛んでくる正面。②質問や非難などが集中する立場。例—に立つ。

【矢車】軸のまわりに矢の形をした羽根を放射状につけた風車。こいのぼりのさおにつける。

【矢尻】矢の先端。また、その部分につける鉄などのとがったもの。矢の根。表記「▼鏃」とも書く。

【矢立て】①矢を入れる容器。やなぐいなど。②携帯用の筆記具。墨つぼと筆を入れる筒とが一体になっているもの。

【矢種】射るために手もとに用意した矢。例—がつきる。

【矢▼筈】①矢の頭の、弦にかける部分。はず。②細い棒の先が二つに分かれた、かけ軸をかけるのに使う道具。

【矢文】矢に結びつけて飛ばす手紙。例—を送る。

【矢来】竹や木をあらく組んだ囲い。例竹—。

●鏑矢・嚆矢・毒矢・破魔矢・弓矢

矢 2

【矣】

7画 6667 77E3 音イ漢呉

意味 〔助字〕文末に置いて、断定の気持ちや動作の完了などをあらわす。漢文訓読では読まない。例国必無レ憂矣(=国にはきっと心配事がありません)。〈史記〉

矢 3

【知】

8画 3546 77E5 教育2 音チ漢呉 訓し-る

筆順 ノ 𠂉 𠃋 午 矢 矢 知 知

なりたち [会意]「口(=くち)」と「矢(=や)」とから成る。矢のようにはやく口から出すことば。派生して「しる」の意。

意味 ❶みとめる。感じとる。理解する。見分ける。おぼえる。しる。例知覚。感知。無知。❷しらせる。しらせ。例告知。通知。報知。❸しりあい。また、よく理解してもてなす。例知音。知己。知遇。❹おさめる。つかさどる。例知県(=明・清代の県の長官)。知事。知行。❺ものごとの本質を見ぬく力。ちえ。また、かしこい。同智。例知恵。英知。才知。

難読 不知・不知哉川

人名 あき・あきら・おき・かず・さと・さとし・さとり・さとる・ちか・つかさ・つぐ・とし・とも・のり・はる

【知る者は言わず】深く理解し、真理をさとっている人は、軽々しく言ったりはしない。類能ある鷹は爪を隠す。例—、言う者は知らず(=理解しないでいる人は、かえってよくしゃべる)。〈老子〉

【知育】知識を広め知能を高めるための教育。対体育・徳育。例—偏重の教育。表記 旧▼智育

【知音】①心の底までわかりあった友。親友。〔春秋時代、琴の名人の伯牙のひく音を友人の鍾子期がよく理解し、その音色からその心を読みとった。鍾子期が死ぬと伯牙は琴の弦を切り、深くその死をなげいたという故事による〕〈列子〉②知り合い。知人。

【知恵】①ものごとの道理をよく知り、是非を考え、判断する頭のはたらき。例—をしぼる。生活の—。②〔仏〕仏教の真理をさとり、正しくものごとを認識して煩悩を消滅させることができる力。表記▽旧▼智▼慧

【知覚】(名・する)①知ること。②感覚器官を通して、外界の事物を知り、見分けること。例—神経。

【知己】①自分の心や真価をよく知ってくれている人。親友。②知人。知り合い。例十年の—。

【知行】㊀ 武士にあたえられた土地。封土。また、給料としてあたえられた米。扶持。俸禄。例一万石の—。㊁ 知ることと、おこなうこと。知識と行為。

【知行合一】明代の王陽明が唱えた説。真に知ることは必ず実行をともなうことで、知識と行為とは表裏一体であると説く。

【知遇】才能や人がらなどを認められて手厚くもてなされること。値遇。例—を得る。

【知見】①実際に見て知ること。また、見聞して得た知識。見識。例—を広める。②〔仏〕知恵によって得たさとり。表記▽旧▼智見

【知事】①都道府県の長。例東京都—。②〔仏〕禅宗の寺で、いろいろな仕事をする役僧。

【知識】①ある事物についてよく知ること。また、知っていることがら。例—欲。—をひけらかす。②〔仏〕知と識を備えた僧。さとりをひらいた、りっぱな僧。善知識。例名僧—。表記▽旧▼智識

【知識人】知性や教養のある人。インテリ。例—の意見を聞く。表記 旧▼智識人

【知▼悉】(名・する)知りつくすこと。くわしく知ること。例事情を—している。

【知者】①知恵のすぐれた人。かしこい人。②ものの道理をよくわきまえた人。学識のある人。③知識の高い僧。善知識。表記▽旧▼智者

【知者の一失愚者の一得】知者でも時には誤りをする、おろか者でも一つぐらいのよい考えをする。

【知者は惑わず】ものの道理に明るい人は、事にあたり、迷ったり判断に苦しむことはない。〔「仁者は憂えず。勇者は懼れず」の句が後に続く〕〈論語〉

【知者は水を楽しむ】知者は、水が一か所にとどまることなく流れるように、事をとどこおりなく処理し、さながら水に親しみ、楽しむごとく、才知を治世に用いる。〔「仁者は山を楽しむ」の句が後に続く〕〈論語〉

【知将】知恵があり、はかりごとのじょうずな大将。表記 旧▼智将

【知情意】知性と感情と意志。人間の精神のはたらきを三つに分けたもの。

【知人】知り合い。友人。知友。例—を訪ねる。

【知性】ものごとを知って、考えたり判断したりする能力。例—と教養。

【知足】〔足ることを知る意から〕身のほどをわきまえて欲ば

らないこと。例―安分(アン)。

【知的】(テキ)（形動ナ）①知性に富み、知識がゆたかであるようす。例―な会話。―な顔。②知識に関係があるようす。例―労働。―な好奇心(コウキシン)を満足させる。

【知日】(ニチ) 外国人で、日本についての理解が深いこと。例―家(カ)。―派。

【知能】(ノウ) ものごとを判断したり理解したり記憶(キオク)したりする能力。頭のはたらき。知恵(チエ)と才能。例すぐれた―。―のはたらき。表記 旧▼智能

【知能指数】(チノウシスウ) 知能の発達程度を示す指数。IQ(アイキュー)

【知能犯】(チノウハン) 暴力などを使わずに、頭をはたらかせておこなう犯罪。また、その犯人。詐欺(サギ)・横領・偽造(ギゾウ)・背任など。対 強力犯(ゴウリキハン)

【知▼嚢】(チノウ) 知恵(チエ)ぶくろ。また、知恵に富んだ人。表記 旧▼智▼嚢

【知謀】(チボウ) 知恵(チエ)をはたらかせた、たくみなはかりごと。うまい計略。知略。例―をめぐらす。表記 旧▼智謀

【知名】(チメイ) 名前が世間に知られていること。有名。著名。例―度が低い。―の士。

【知命】(チメイ) 五十歳(サイ)の別の言い方。〔「五十而知二天命一(ゴジュウにしてテンメイをしる)」から〕〈論語(ゴロン)〉

【知友】(チユウ) たがいによく知っている友達。知己(チキ)。

【知勇】(チユウ) 知恵(チエ)と勇気。例―ともにすぐれた人物。表記 旧▼智勇

【知略】(チリャク) 知恵(チエ)をしぼったはかりごと。知謀(チボウ)。例―をめぐらす。表記 旧▼智略

【知慮】(チリョ) ものごとの先まで見通す能力。かしこい考え。思慮。例―に富む。―が浅い。表記 旧▼智慮

【知力】(チリョク) 頭のはたらき。知恵(チエ)のはたらき。例―と体力。表記 旧▼智力

●機知(キチ)・旧知(キュウチ)・察知(サッチ)・衆知(シュウチ)・熟知(ジュクチ)・承知(ショウチ)・探知(タンチ)・未知(ミチ)

矢4 【矧】 9画 3974 77E7 音 シン漢 訓 はぎ・は-ぐ

意味 〔助字〕「いわんや…(をや)」と読み、まして…(はなおさらだ)、の意をあらわす。

日本語での用法《はぎ・はぐ》タケに羽根をつけて矢を作る。「矢(や)を矧(は)ぐ・矢矧川(やはぎがわ)」

矢5 【矩】 10画 2275 77E9 人名 音 ク漢呉 訓 さしがね・かねざし・のり

矢5 【矩】 10画

なりたち 〔会意〕「巨(=ものさしを持つ)」と、「木(=き)」と「矢(=ただしい)」とから成る。正しいものさし。

意味 ❶直角や四角形をえがく定規。さしがね。かねざし。例規矩(キク)。❷四角形。例矩形(クケイ)。❸手本。きまり。のり。例不レ踰レ矩(のりをこえず)〈論語(ゴロン)〉

日本語での用法《のり》寸法。「内矩(うちのり)・外矩(そとのり)」

人名 かど・かね・ただし・ただす・つね

【矩形】(クケイ) すべての角が直角の四辺形。長方形。

【矩墨】(クボク) ①さしがねと墨(すみ)なわ。矩縄(クジョウ)。②ものごとの基準になるもの。法則。

【矩(のり)を▼踰(こ)えず】道徳が身についていて、自由にふるまっても、人の道からはずれない。〈論語(ゴロン)〉

矢5 【矩】 10画 ⇩【矩】(ク)(712ページ)

矢7 【短】 12画 3527 77ED 教育3 音 タン漢呉 訓 みじか-い

筆順 ノ ⺈ 矢 矢 矢 矢 知 短 短 短

なりたち 〔会意〕「矢(=まっすぐな、や)」と「豆(トウ→タン)(=柄(え)がまっすぐな、たかつき)」とから成る。長くない。

意味 ❶長さや時間などが、みじかい。対長(チョウ)。例短刀(タントウ)。短命(タンメイ)。❷足りない。とぼしい。おとっている。また、欠点。あやまち。例短見(タンケン)。短所(タンショ)。

【短音】(タンオン) 長音に対して、短くひびく音。「アー」に対する「ア」など。対長音。

【短音階】(タンオンカイ) 西洋音楽で、ラを主音としてラシドレミファソラであらわされる音階。重々しくさびしい感じがする。対長音階。

【短歌】(タンカ) 和歌の形式の一つ。五・七・五・七・七の三十一音からなる歌。みそひともじ。〔ふつう、和歌といえば短歌を指す〕対長歌。

【短気】(タンキ)（名・形動ナ）気が短いこと。気みじか。せっかち。おこりっぽいこと。例―を起こす。―は損気。

【短期】(タンキ) 短い期間。対長期。例―決戦。

【短▼軀】(タンク) 背たけが低いこと。短身。対長軀・長身。

【短靴】(タンぐつ) 足首までの浅い靴(くつ)。対長靴。

【短径】(タンケイ) だ円形の、短いほうの径。短軸(タンジク)。対長径。

【短計】(タンケイ) あさはかな考え。まずい計略。拙策(セッサク)。

【短見】(タンケン) あさはかな考え。目先だけの意見。浅見。

【短剣】(タンケン) 短いつるぎ。短刀。対長剣。

【短才】(タンサイ) ①才能のとぼしいこと。また、その人。非才。鈍才(ドンサイ)。②自分の才能をへりくだっていうことば。例浅学(センガク)―。

【短冊】(タンザク) ①和歌や俳句などを書くための細長い厚紙。②字を書いたり、ものに結びつけたりするための細長い紙。例五色(ゴシキ)の―。③細長い形。短冊形。例―に切る。表記 ▽「短▽尺」とも書く。

【短時日】(タンジジツ) わずかの日数。短い期間。例―ですませる。

【短日】(タンジツ) ①昼の時間の短い冬の日。②わずかな日数。短時日。▽対長日。

【短日月】(タンジツゲツ) わずかな月日。短い期間。

【短銃】(タンジュウ) ピストル。拳銃(ケンジュウ)。

【短縮】(タンシュク)（名・する）時間・距離(キョリ)・規模(キボ)などが短く縮まること。また、短く縮めること。対延長。例―授業。

【短所】(タンショ) おとっているところ。欠点。対長所。

【短小】(タンショウ)（名・形動ナ）①短くて小さいこと。②背たけが低く、小さいこと。例―だが精悍(セイカン)な男性。▽対長大。

【短身】(タンシン) 背たけが低いこと。短軀(タンク)。対長身。

【短針】(タンシン) 時計で、短いほうの針。時針(ジシン)。対長針。

【短長】(タンチョウ) ①短いことと長いこと。長短。②短所と長所。③短命と長命。

【短調】(タンチョウ) 短音階で作られた曲。また、その調子。対長調。例イ―。

【短刀】(タントウ) 短い刀。あいくち。短剣(タンケン)。懐剣(カイケン)。対長刀。

【短波】(タンパ) 慣用的な電波区分の一つ。波長が一〇―一〇〇メートル、周波数で三―三〇メガヘルツの電波。遠距離(エンキョリ)通信・海外放送などに用いる。対長波。例―放送。

【短評】(タンピョウ) 短い批評。寸評。例―を寄せる。

【短文】(タンブン) 短い文。また、短い文章。対長文。例―を作る。

【短兵急】(タンペイキュウ)（形動ナ）〔「兵」は、武器の意。刀剣(トウケン)などの

短い武器をふるって、いきなり敵にせまることから」急なようす。だしぬけ。にわかに事をおこなうようす。例—にせめたてる。

【短編】タンペン 随筆・評論・詩歌・小説・映画などで短いもの。対中編・長編。例珠玉の—集。表記旧短▼篇

【短命】タンメイ（名・形動ナ）①寿命が短いこと。若いうちに死ぬこと。若死に。例—に終わる。②組織や人気などが、長続きしないこと。例—内閣。▽対長命。

【短夜】タンヤ（夏の）短い夜。みじかよ。対長夜。

【短絡】タンラク（名・する）①電気回線などの、ショート。例回路が—する。②すじみちをよく考えず、ものごとを簡単に関連づけること。例とちゅうのだいじなところで—した論。

【短慮】タンリョ（名・形動ナ）①気が短いこと。短気。例—一徹。②考えのあさはかなこと。浅慮。例—な計画。

●一長一短・最短・長短

矢 8

【矮】

13画 6668 77EE 音ワイ慣アイ漢 訓ひく-い

意味 背たけがひくい。高くない。ひくい。例矮軀。矮小

【矮▼軀】ワイク 背の低いからだ。短身。短軀。

【矮小】ワイショウ（名・形動ナ）背たけが低くて、小さいこと。

【矮性】ワイセイ 植物などが、大きく育たない性質。例—のチューリップの球根。

矢 12

【矯】

17画 2226 77EF 常用 音キョウ漢呉 訓た-める・いつわ-る

筆順 矢 … 矯 矯

なりたち ［形声］「矢(=や)」と、音「喬キョウ」とから成る。矢をまっすぐにする。

意味 ❶まがったものをまっすぐにする。悪いものをただす。ためる。例矯正。矯風。❷うわべをかざる。いつわる。❸つよい。いさましい。はげしい。例奇矯(=奇抜)。

人名 いさみ・いさむ・たかし・たけし・ただ・ただし・つよし

【矯激】キョウゲキ 思想や言動が、並はずれてはげしいこと。例—に走る。

【矯正】キョウセイ（名・する）（悪習や欠点を）改め正すこと。是正。例—視力。歯列を—する。

【矯風】キョウフウ 悪い風俗を改めなおすこと。

112 5画 石 いし いしへん 部

がけ下のいしの形をあらわす。「石」をもとにしてできている漢字を集めた。

0 石 3 矼 4 研 砂 砕 砌 砒 5 砥 砠 砧 破 砲 砿 砲 砺 6 硅 砦 硏 7 硴 硯 硬 硝 硲 硫 硝 8 碍 碕 碁 碓 碇 碆 碚 硼 碌 碗 碎 碑 9 碣 磁 碩 碑 碧 磁 碵 碪 磁 10 磑 確 磆 磋 磔 碾 磐 磅 碼 磊 11 磬 磧 磨 磚 磨 12 磯 磽 礁 磴 磺 13 礇 礒 礎 礑 14 礪 礙 15 礬 礫 礦

石 0

【石】

5画 3248 77F3 教育1 音コク・シャク慣セキ漢ジャク呉 訓いし

筆順 一 丆 𠂆 石 石

なりたち ［象形］「厂(=がけ)」の下にある「口(=いし)」の形。

意味 ❶岩の小さなかけら。いしころ。いし。例石仏。石塊。石器。❷文字を刻んだ、いし。いしぶみ。例石碑。刻石。❸石製の打楽器。例石磬。❹治療に使ういしばり。例薬石。❺鉱物。また、それを加工したもの。例鉱石。宝石。❻人体の特定の部位にできる小粒のかたく固まった物質。いし。例結石。胆石。❼価値のないもののたとえ。例瓦石。玉石混交。❽大きい。同碩。❾容量の単位。一石は十斗。

日本語での用法 一《コク》①容量の単位。十斗(=約一八〇リットル)。「米一石」②大名の知行高や、武士の俸禄高をいう単位。「加賀百万石」「禄高百石」③和船の積載量の単位。十立方尺(=約〇・二七八立方メートル)。「千石船」 二《セキ》①旧国名「石見(=今の島根県西部)」の略。「石州」②囲碁に用いる、いし。ごいし。 三《いし》①じゃんけんで、手の五指を全部まげて、にぎった形のもの。ぐう。「石を出す」②かたいもののたとえ。「石頭・石仏・石部金吉」

難読 石清水・石蘭・石竹・石決明・石首魚

人名 あつ・あつし・いそ・いわ・かた・かたし・し

【石頭】いしあたま ①石のようにかたい頭。②ゆうずうがきかず、ものわかりの悪いこと。また、その人。

【石に▼漱ぎ流れに枕す】川の石で口をすすぎ、流れを枕にしてねる。こじつけの説をかざした、負けおしみの強いことのたとえ。漱石枕流。枕流漱石。〔夏目漱石の号は、ここからとったもので、みずからを頑固者だとする自負や自嘲がこめられている〕

故事のはなし 西晋の孫楚という人が、世をのがれて山野にかくれ住もうとし、「石に枕し(=石を枕としてねる)、流れに漱ぐ(=川の流れで口をすすぐ)生活をしようと思う」と言うべきところを、まちがえて「石で漱ぎ、流れに枕する」と言ってしまった。誤りを指摘されると、「石で漱ぐのは歯をみがくため、流れに枕するのは俗世間のけがらわしいことを聞いた耳を洗うため」とこじつけて誤りを認めようとしなかった。〈晋書〉

【石に立つ矢】何ごとも必死の気持ちで心をこめておこなえば、りっぱになしとげられることのたとえ。石にあたりてやじりを没す。〔前漢の李広将軍が狩りをしたとき、草の中の石をトラと見誤って弓で射たら、矢じりが全部石につきささったという故事による〕〈史記〉

【石見】いわみ 旧国名の一つ。今の島根県西部。石州。

【石高】コクだか ①穀物の生産量。②江戸時代、武士が給料としてもらった米の量。

【石南▽花】シャクナゲ ツツジ科の常緑低木。葉は革質で光沢が

あり、初夏にうすべに色の花がさく。表記「石▼楠▽花」とも書く。

【石英】セキエイ 珪素と酸素の化合物で、ガラスや陶磁器の原料とする。

【石画】セキカク（「石」は大きい、「画」は策略の意）大きなはかりごと・計画。例—の臣（＝危機からのがれるための、巧妙な策を練る家来）。

【石材】セキザイ 建築や土木、また、彫刻などの材料とする石。

【石室】セキシツ ①石で造った部屋。いしむろ。いわや。②古墳の内部にある、棺や副葬品などを入れた石の部屋。

【石女】セキジョ 子ができない体質の女性。石婦。

【石▼鏃】セキゾク 石で作った矢じり。

【石炭】セキタン 地質時代の植物が、地圧や地熱によって炭化してできた、可燃性の岩石。燃料や化学工業の原料とする。

【石柱】セキチュウ 石で造った柱。

【石塔】セキトウ ①石で造った塔。②墓石。

【石版】セキバン「石版印刷」の略。平版印刷の一種で、板状の石灰石の表面に文字や絵などをかいて印刷するもの。また、その板状の石。例—画。—刷り。

【石盤】セキバン ①昔の学用品の一つ。黒色の粘板岩をうすい板にして、石筆で絵や文字をかき、布で消して、なんども使えた。②スレート。

【石碑】セキヒ ①記念のことばなどを刻んで建てた石。いしぶみ。②墓石。石塔。

【石▼斧】セキフ おのの形をした石器。武器・工具・農具などに用いられた。

【石仏】セキブツ ①石で造った仏像。②岩壁などにほりつけた仏像。類磨崖仏。

【石綿】セキメン 蛇紋岩などがわたのように繊維状に変化したもの。アスベスト。

【石油】セキユ ①地下からわき出る炭化水素の混合物。黒くどろどろしたあぶらで、燃料や石油化学工業の原料とする。原油。②「①」を精製して得られる重油・軽油・灯油・ガソリンなどをまとめていうことば。③灯油。例—ストーブ。

【石火】セッカ ①火打ち石を打つときに出る火。②一瞬のごく短い時間や、すばやい動作のたとえ。例電光—。

【石灰】セッカイ 生石灰（＝酸化カルシウム）や消石灰（＝水酸化カルシウム）をまとめていうことば。例—水。—石。

【石塊】セッカイ 石のかたまり。いしころ。

【石棺】セッカン 石で造った棺桶。日本では古墳時代に用いられた。例舟形—。

【石器】セッキ 先史時代に作られた道具。石鏃・石斧など。例—時代。打製—。

【石窟】セックツ 岩山をほってつくったほらあな。いわあな。いわや。例—寺院。

【石▼磬】セッケイ「へ」の字の形の石をつりさげて打ち鳴らす楽器。一つだけのものと、大小いくつかをつらねたものとがある。→【磬】ケイ（720ページ）

[石磬]

【石▼鹸】セッケン よごれを落とすのに使う洗浄剤。ソープ。シャボン。例粉—。化粧—。洗顔—。

【石工】セッコウ 石を切り出したり、細工や加工をしたりする人。

【石▼膏】セッコウ 天然に産する硫酸カルシウムの結晶。セメントに混入したり、建築材料としたりするほか、熱して焼き石膏として塑像などにも用いる。

【石刻】セッコク ①石に文字や絵などを彫刻すること。また、その彫刻。②石版などによる印刷。

●化石・岩石・玉石・碁石・試金石・磁石・歯石・投石・墓石・木石・落石

石3 【矼】 8画 6669 77FC 音コウ漢 訓いしばし

意味 ❶川の瀬をわたるために、水面上に出して歩けるように置かれた、ふみ石。とびいし。また、石でつくった橋。いしばし。例石矼（＝川に置かれたふみ石。また、いしばし）。❷誠実なようす。気まじめなようす。

石4 【研】 9画 2406 7814 教育3 音ケン慣ゲン漢 訓と-ぐ・みが-く

石6 【硏】 11画 1-8903 784F

筆順 一 ア 不 石 石 石二 石开 研

なりたち [形声]「石（＝いし）」と、音「幵ケン→ゲン」とから成る。石でものをとぐ。

意味 ❶石でこする。とぐ。みがく。例研磨。❷深く調べる。きわめる。例研究。研鑽。❸すずり。同硯。例研北。

人名 あき・あきら・きし・きよ・みがき・よし

【研学】ケンガク（名・する）学問をますます深めること。

【研究】ケンキュウ（名・する）深く考え調べて、真理を明らかにすること。例—発表。—所。

【研削】ケンサク（名・する）砥石などで工作物の表面をけずってなめらかにすること。例—盤。—仕上げ。

【研▼鑽】ケンサン（名・する）学問などを深く研究し、ものごとの道理を調べきわめること。例—を積む。

【研修】ケンシュウ（名・する）学問や芸術・技術などで、必要な技能や知識を身につけるために、特別な学習や訓練をすること。例—期間。海外—。

【研北】ケンボク ⇩【硯北】ケンボク（717ページ）

【研磨】ケンマ（名・する）①金属などをとぎみがくこと。例—機。宝石を—する。②学問や技術をみがいて、深めること。

表記 ▽「研摩」とも書く。

石4 【砂】 9画 2629 7802 教育6 音サ漢シャ呉 訓すな・いさご 付表砂利

筆順 一 ア 不 石 石 石) 砂 砂

なりたち [形声]「石（＝いし）」と、音「沙サ」の省略体とから成る。ごく細かいつぶ状の石の集まり。

意味 石の細かいつぶ。すな。同沙。例砂金。砂漠。土砂。

難読 真砂まさご・高砂たかさご

【砂岩】サガン 石英や長石などのつぶが、水中にしずんで固まってできた岩石。建築用材などに用いる。

【砂丘】サキュウ 風にふきよせられた砂がつくった小山。海岸や河口、砂漠などに生じる。例鳥取の—。

【砂金】サキン 河床や海岸の砂や小石の中にまじって産出する、細かい金のつぶ。

【砂▼嘴】サシ 潮流や風に運ばれた土砂が入り江や湾口に堆積して、鳥のくちばしのように海に細長くつき出たところ。三保の松原や天橋立など。

【砂上の楼閣】〔砂の上に建てられた高い建物の意から〕基礎が不安定で、くずれやすいことやもののたとえ。

【砂▼塵】すなぼこり。すなけむり。例—をまき上げる。

【砂州】砂嘴がのびて入り江の対岸に達し、中に潟をつくるもの。表記 旧 砂▼洲

【砂石】①すなと、いし。すなや小石。②すな。まさご。

【砂鉄】河床や海底などにたまった、砂状になって産する磁鉄鉱のつぶ。

【砂糖】サトウキビやサトウダイコンなどからとる炭水化物の結晶。甘味調味料として使う。

【砂糖▼黍】イネ科の常緑多年草。熱帯・亜熱帯地方で栽培され、くきをしぼって砂糖を作る。甘蔗。

【砂▼嚢】①砂をつめたふくろ。防弾や防水などに用いる。②鳥類の胃の一部。飲みこんだ砂などがはいっていて、食べたものをすりくだくはたらきをする。すなぎも。すなぶくろ。

【砂漠】雨量が少なくて植物のほとんど育たない、砂や岩ばかりの広大な土地。例ゴビ—。表記「沙漠」とも書く。

【砂防】山や海岸・河岸などの土砂が、くずれたり移動したり流出したりするのを、ふせぐこと。例—工事。—ダム。

【砂▼礫】〔「礫」は、小石・つぶての意〕すなと小石。

【砂利】①岩石の細かくくだけたもの。小石。②子供。〔劇場などで、見物客のうちの子供を指す隠語から〕

【砂嵐】砂をふくんだ、はげしいあらし。

【砂絵】①大道の見せ物の一種。手ににぎった砂を少しずつこぼして、（地上に）字や絵をかく芸。砂書き。②色のついた砂を使って、のりのついた紙などにかいた字や絵。

【砂子】金や銀の粉を、まき絵や色紙・ふすま紙などにふきつけたもの。また、その粉。例金—。

【砂時計】中央部のくびれたガラスのうつわの中に一定量の砂を入れて、細い部分から少しずつ下部に落とし、その分量によって時間をはかる装置。

【砂場】砂を入れた、子供の遊び場。

【砂山】砂でできた小高い山。砂丘。

●金剛砂・土砂

石4 【砕】9画 2653 7815 常用 音サイ漢呉 訓くだ-く・くだ-ける

筆順 一 厂 不 石 矿 砂 砕 砕

石8 【碎】13画 6676 788E 人名

なりたち [形声]「石（=いし）」と、音「卒ソツ→サイ」とから成る。こなごなにくだく。

意味 ❶こなごなにする。くだく。くだける。例砕氷。玉砕。粉砕。❷敵をうちやぶる。くじく。❸こまごまとしてわずらわしい。例煩砕。

【砕鉱】（名・する）鉱石をくだいて、必要な鉱物の成分の多いつぶを分離すること。例—機。

【砕身】（名・する）（身をくだいて粉にするほど）一心に働くこと。力の限り努力すること。例粉骨—する。

【砕石】（名・する）岩石をくだくこと。また、くだいた岩石。

【砕破】（名・する）①くだき、やぶること。破砕。②こわれること。表記 ▽「▼摧破」とも書く。

【砕氷】（名・する）氷をくだくこと。例—船。

【砕片】くだけたかけら。破片。

●玉砕・破砕・粉砕

石4 【砌】9画 6670 780C 音セイ漢 サイ呉 訓みぎり

意味 階段や軒下の、石をしきつめたところ。石だたみ。例苔砌（=こけむした石だたみ）。

日本語での用法《みぎり》…の折。…のころ。「暑さの砌・幼少の砌」

石4 【砒】9画 6671 7812 音ヒ漢 ヘイ漢

意味 元素の一つ。砒素。また、それをふくむ鉱物。有毒。

石5 【砥】10画 3754 7825 人名 音シ漢 テイ漢 訓と・といし・と-ぐ

厂5 【厎】7画 538E 本字

意味 ❶刃物をとぐ、なめらかな石。と。といし。例砥石。❷とぐ。みがく。また、みがき、きたえる。例砥礪。

【砥▼礪】〔「礪」は、きめのあらいといしの意〕一（名）といし。二（名・する）①とぎ、みがくこと。②つとめはげむこと。学問を高め修養をつむこと。表記 ▽「砥▼厲」とも書く。

【砥石】刃物や石材などの面をとぐ石。

●青砥・荒砥

石5 【砠】10画 6673 7820 音ショ漢 訓いしやま

意味 土におおわれた石山。いしやま。また、岩をいただく土山。

同 岨

石5 【砧】10画 2146 7827 人名 音チン漢 訓きぬた

石9 【碪】14画 6684 78AA 別体字

意味 ❶木づちで布を打って、つやを出したり、やわらかくしたりするのに使う石の台。きぬた。例砧声（=きぬたを打つ音）。❷わらや鉄などをのせて打つ台。例鉄砧。

人名 おと・きぬ

石5 【破】10画 3943 7834 教育5 音ハ漢呉 訓やぶ-る・やぶ-れる

筆順 一 厂 石 石 矿 砂 破 破

なりたち [形声]「石（=いし）」と、音「皮ヒ→ハ」とから成る。石がくだける。

意味 ❶こわす。やぶる。こわれる。やぶれる。例破壊。破棄。❷そこなう。だめにする。だめになる。例破局。破産。❸敵を負かす。うちやぶる。例打破。撃破。❹わくをこえる。はみ出す。例破格。破廉恥。❺やりとげる。しつくす。例踏破。読破。❻舞楽や能楽などで、楽曲の調子や演出の構成要素の一つ。変化の多い展開部。例序破急。

使い分け やぶれる【破・敗】⇩1181ページ

難読 破れ・破子・破籠

【▽破▽落▽戸】盛り場などをうろついて悪事をする、ならず者。世の中のあぶれ者。無頼漢。

【破屋】あれ果てた家。こわれた家。あばらや。類廃屋。

【破▼瓜】〔「瓜」の字を縦に二つに分けると八が二つになるところから〕①（八の二倍で）女子の十六歳のこと。例—期（=女子の思春期）。②（八の八倍で）男子の六十四歳のこと。③処女膜のやぶれること。

【破戒】〔仏〕宗教上の戒律をやぶること。対持戒。例—

僧。

【破壊】ハカイ（名・する）こわすこと。こわれること。㊟建設。例—力。建物を—する。

【破格】ハカク（名・形動ダ）①社会がふつうに認める格式や決まりにはずれること。特別。格別。例—の待遇を受ける。②詩や文章で、ふつうの決まりにはずれること。例—の表現。

【破顔】ハガン（名・する）緊張をゆるめ、顔の表情をやわらげて笑うこと。にっこりとほほえむこと。例—一笑。

【破棄】ハキ（名・する）①やぶりすてること。②取り消すこと。例原判決を—する。婚約を—する。表記▽「破毀」とも書く。

【破毀】ハキ「破棄」に同じ。

【破却】ハキャク（名・する）やぶりすてること。

【破鏡】ハキョウ ①こわれた鏡。②夫婦の別れ。離婚。〔昔、中国で、はなれて暮らす夫婦が鏡を二つに割ってそれを分け、再会のときの証明としたが、妻が不義をはたらいたために鏡の一方がカササギとなって夫のもとへ飛んで行き、離縁になったという故事による〕（神異経）例—の嘆。—再び照らさず。③欠けて円くない月。片割れ月。

【破局】ハキョク 行きづまって事がやぶれること。悲劇的な結末。終局の悲劇。例—をむかえる。

【破獄】ハゴク（名・する）囚人が牢獄から脱走すること。牢やぶり。脱獄。破牢。

【破婚】ハコン（名・する）①婚約を破棄すること。離婚。例—のうき目を見る。②結婚生活に失敗すること。

【破砕】ハサイ（名・する）やぶれ、くだけること。やぶり、くだくこと。砕破。例鉱石を—する。表記㊞破▼摧

【破擦音】ハサツオン 音声学で、破裂音と摩擦音の両方の性質をもつ音。[ts(ツ)][tʃ(チ)]など。

【破産】ハサン（名・する）①財産をすべて失うこと。例家が—する。②〔法〕債務者が負債をはらうことができない状態になったとき、すべての財産を債権者に対して公平に弁済させるようにする、裁判上の手続き。例—宣告。

【破算】ハサン〔「ご破算」の形で使い、「ゴワサン」とも〕①そろばんで、たまをはらってゼロにもどし、新しい計算の姿勢をとること。例ご—で願いましては。②予定の計画を白紙にもどすこと。例ご—にする。

【破邪顕正】ハジャケンショウ〔仏〕邪道や邪説を打ちやぶって、正道を広めること。例—を主張する論説。

［石部］5画 砲

【破傷風】ハショウフウ きず口から体内にはいる破傷風菌のために起こる伝染病。高熱をともない、からだの硬直やけいれんを起こす。

【破色】ハショク 原色に、白または灰色を少量くわえた色。

【破水】ハスイ（名・する）出産のとき、またはその前に、羊膜がやぶれて羊水が出ること。また、その羊水。

【破船】ハセン 暴風雨などのために船がこわれること。また、こわれた船。難破船。

【破線】ハセン 等しい間隔に切れ目を入れた線。あらい点線。㊟実線。

【破損】ハソン（名・する）ものがこわれること。また、ものをこわすこと。例窓ガラスを—する。

【破綻】ハタン（名・する）①（着物が）やぶれほころびること。②事がうまく運ばなくなること。失敗すること。例—をきたす。

【破談】ハダン 決まっていた相談や縁談を取り消すこと。例縁組みが—になる。

【破竹の勢い】ハチクのいきおい〔タケは最初の節を割ると、あとは簡単に割れることから〕勢いの激しいこと。「刃を迎えて解く」とも。（晋書）例—で進撃する。

【破調】ハチョウ ①調子が乱れること。②音楽や詩で、リズムや音数の決まりを、とちゅうでやぶること。

【破天荒】ハテンコウ（名・形動ダ）今までにだれも成しえなかったことをすること。未曽有。〔唐代、荊州からは進士の合格者が出ないため「天荒（=文明未開の荒地）」といわれていたが、劉蛻が初めて合格し、天荒を破ったと言われたことから〕（北夢瑣言）例—の大事業。

【破風】ハフ 日本建築で、切り妻屋根の両側につけた山形のかざり板。表記「▼搏風」とも書く。

【破片】ハヘン こわれたもののかけら。例ガラスの—。

【破帽】ハボウ やぶれた帽子。例弊衣—（=旧制高校の学生を象徴する粗野な服装）。

【破魔】ハマ ①〔仏〕悪魔や煩悩を打ちやぶること。②わら縄を輪に組んだ、破魔弓の的。

【破魔矢】ハマや 破魔弓の矢。

【破魔弓】ハマゆみ ①昔、正月に悪魔を射るといって男の子が遊んだ弓。②棟上げ式のとき屋根にかざって、魔よけとする弓。

【破目】ハめ 行きづまって困った場合や事態。例とんだ—になる。表記「羽目」とも書く。

【破滅】ハメツ（名・する）やぶれ、ほろびること。例身の—。

【破門】ハモン（名・する）①門人としての取りあつかいをやめること。一門から除名すること。例—になる。②信者を宗門から除名すること。例異端として—された。

【破約】ハヤク（名・する）約束をやぶること。契約を取り消すこと。

【破倫】ハリン 人としての道をふみはずすこと。

【破裂】ハレツ（名・する）①やぶれさけること。例水道管が—した。②相談がまとまらないこと。決裂。例談判が—する。

【破裂音】ハレツオン 音声学で、くちびるを閉じたり舌を口蓋につけたりして、呼気を止めたのち急に発する音声。[b][d][g]の有声音と、[p][t][k]の無声音がある。

【破廉恥】ハレンチ（名・形動ダ）はじをはじとも思わないこと。はじ知らず。厚顔無恥。例—罪。—な言動。

【破▼牢】ハロウ（名・する）牢をやぶってにげること。牢やぶり。脱獄。破獄。

●看破・走破・突破・難破・爆破・発破

石5 【砲】10画 4304 7832 常用 音ホウ漢 訓つつ・おおづつ

筆順 一 ア 石 矿 矽 矽 砲 砲

石5 【砲】10画

なりたち［形声］「石（=いし）」と、音「包」とから成る。石を発射する武器。

意味 ❶石をはじき飛ばす古代の武器。いしゆみ。❷火薬を用いて弾丸を遠くに飛ばす兵器。つつ。おおづつ。例砲火。大砲。鉄砲。

【砲火】ホウカ 大砲をうつときに出る火。例—を交える（=交戦する）。

【砲煙】ホウエン 火砲を発射するときに出るけむり。例—をあげる。

【砲煙弾雨】ホウエンダンウ 火砲のけむりがあたり一面にたちこめ、弾丸が雨のように降ること。激しい戦場のようす。

【砲架】ホウカ 大砲の砲身をのせた台。

【砲艦】ホウカン 主として海岸や河川を警備する、小型の軍艦。

【砲丸】ホウガン ①大砲のたま。砲弾。②陸上競技の砲丸投げに使う金属のたま。

【砲撃】ホウゲキ（名・する）大砲をうって敵をせめること。

【砲口】ホウコウ 「砲門」に同じ。
【砲座】ホウザ 大砲をすえつける台。また、すえつける場所。
【砲車】ホウシャ 大砲をのせた車両。
【砲術】ホウジュツ 大砲を使う技術。
【砲身】ホウシン 大砲の、弾丸ガンをつめて発射する、つつ状の部分。
【砲声】ホウセイ 大砲をうつ音。例—が鳴りやまない。
【砲台】ホウダイ 大砲や兵士を敵の攻撃コウゲキから守り、敵に向かっては大砲をうちやすいように築いた陣地ジンチ。
【砲弾】ホウダン 大砲の弾丸。砲丸。
【砲塔】ホウトウ 要塞ヨウサイや軍艦グンカンなどで、大砲や兵士を守るために、そのまわりを厚い鋼鉄で囲んだ設備。
【砲兵】ホウヘイ 大砲を使用して戦闘セントウする兵隊。
【砲門】ホウモン ①砲弾を発射する大砲のつつ先。砲口。例—を開く(=砲撃ホウゲキを始める)。②軍艦カンや要塞サイの障壁ショウヘキなどに設けた射撃シャゲキ用の穴。砲眼。
【砲列】ホウレツ 大砲を、うつ態勢に横の一線に並べた隊形。放列。例—をしく。
●火砲カホウ・号砲ゴウホウ・銃砲ジュウホウ・祝砲シュクホウ・弔砲チョウホウ・発砲ハッポウ・礼砲レイホウ

石5【砿】10画 ⇩【鉱】コウ(1007ページ)

石5【砲】10画 ⇩【砲】ホウ(716ページ)

石5【砺】10画 ⇩【礪】レイ(721ページ)

石6【硅】11画 6675 7845 音ケイ慣 カク漢
意味 ❶やぶる。❷非金属元素の一つ。硅素ケイソ。

石6【砦】11画 2654 7826 人名 音サイ漢 訓とりで
意味 敵の侵入シンニュウを防ぐために、さくをめぐらして作ったとりで。例城砦ジョウサイ。要砦ヨウサイ。

石6【研】11画 ⇩【研】ケン(714ページ)

石7【硴】12画 6677 7874 国字 訓かき
参考 海産の二枚貝「カキ」にあてた熟字「石花」を、一字に合わせた字。
意味 人名・地名に用いられる字。例硴江かきのえ(=熊本くまもと県の地名)。

石7【硯】12画 2407 786F 人名 音ケン慣 ゲン漢 訓すずり
意味 墨すみをする道具。すずり。例硯北ケンポク。筆硯ヒッケン。
【硯材】ケンザイ すずりを作る材料となる石。
【硯池】ケンチ すずりの、水をためておくくぼみ。すずりの海。硯海ケンカイ。墨池ボクチ。
【硯滴】ケンテキ ①すずりに垂らす水。すずりの水。②すずりに水を差す小さなうつわ。水差し。水滴。
【硯田】ケンデン 小説・随筆ズイヒツ・評論を書くなど、文筆ブンピツで生活すること。
【硯北】ケンポク (書斎ショサイで机を南向きに置き、すずりをのせると、あるじはその北側にすわることから)手紙のあて名のわき付けとし、相手に敬意をあらわすことば。表記「研北」とも書く。

石7【硬】12画 2537 786C 常用 音コウ慣 ゴウ漢 訓かた-い
筆順 一 ア 石 石一 石ヲ 石百 硬 硬
なりたち [形声]「石(=いし)」と、音「更コウ→ゴウ」とから成る。かたい。
意味 ❶かたい。例硬度コウド。硬軟コウナン。❷(意志が)つよい。例硬骨漢コウコツカン。強硬キョウコウ。❸(文章などが)かたくるしくて練れていない。例生硬セイコウ(=未熟ミジュクで、かたいこと)。
使い分け かたい【堅・固・硬】⇩1167ページ
人名 かた・かたし
【硬化】コウカ (名・する)①ものがかたくなること。例動脈—。②意見や態度がかたくなになること。例相手の態度がますます—する。▽対軟化ナンカ。
【硬貨】コウカ ①金属で鋳造チュウゾウした貨幣カヘイ。金貨・銀貨など。対紙幣。②金と直接に交換コウカンできる通貨。③各国の通貨と交換できる通貨。交換可能通貨。
【硬球】コウキュウ 野球・テニス・卓球タッキュウで使う、重くてかたいボール。対軟球ナンキュウ。
【硬口蓋】コウコウガイ 口腔コウコウのなかの、口蓋の前半部。骨質で、厚い粘膜ネンマクにおおわれている。
【硬骨】コウコツ 一(名)かたいほね。対軟骨ナンコツ。二(名・形動ナダ)意志が強く、自分の主義主張を曲げない気質。気骨キコツがあること。例—の士。表記▽旧▼鯁骨
【硬骨漢】コウコツカン 〔「漢」は、男の意〕気骨キコツのある男子。意志が強く、主義主張を曲げない人。表記旧▼鯁骨漢
【硬式】コウシキ 野球・テニス・卓球タッキュウなどで、重くてかたいボールを使う方式。対軟式ナンシキ。
【硬質】コウシツ 質のかたいこと。かたい性質。対軟質ナンシツ。例—陶器トウキ。—ガラス。
【硬水】コウスイ カルシウム塩やマグネシウム塩を多くふくむ水。対軟水ナンスイ。→【硬度】コウド
【硬性】コウセイ かたい性質。対軟性ナンセイ。例—憲法(=改正に、ふつうの法改正の場合より厳重な手続きを必要とする憲法)。
【硬直】コウチョク (名・する)からだなどが、こわばって自由に曲がらなくなること。強直。例緊張キンチョウのあまり手足が—する。
【硬度】コウド ①物質のかたさの度合い。とくに、金属や鉱物についていう。②水のなかにふくまれるカルシウム塩とマグネシウム塩の量をあらわした値あたい。比較ヒカク的それらが多い水を硬水、比較的少ない水を軟水ナンスイという。
【硬軟】コウナン ①かたいこととやわらかいこと。強硬と軟弱。例—自在。②硬派と軟派。
【硬派】コウハ ①強硬な意見や思想をもつ党派。強硬派。②青少年で、異性との交遊にとくに関心をもたない者のなかま。また、格闘技カクトウギなどに興味をもち、実践ジッセンする者のなかま。例—を気取る。③新聞の政治・経済・社会制度関係の記事を担当する記者。▽対軟派ナンパ。
【硬筆】コウヒツ えんぴつ・ペン・ボールペンなど、先のかたい筆記具。対毛筆。例—習字。
【硬変】コウヘン (名・する)かたく変化すること。例肝カン—。

石7【硝】12画 3043 785D 常用 音ショウ漢
筆順 一 ア 石 石' 石ｿ 石\' 硝 硝
なりたち [形声]「石(=いし)」と、音「肖ショウ」とから成る。火薬に用いられる鉱石。
意味 鉱石の名。火薬・肥料・ガラスの原料となる無色のガラス状の結晶ケッショウ。例硝煙ショウエン。硝石ショウセキ。

【硝煙】ショウエン 火薬の爆発や銃砲の発射によって出るけむり。例―弾雨(=火薬のけむりが立ちこめ、弾丸が雨のように飛ぶこと)。

【硝酸】ショウサン 窒素化合物で、無色でにおいのはげしい液体。湿度の高い空気中でけむりを出す。セルロイド・爆薬・肥料などの原料となる。

【硝子】ショウシ・ガラス 珪砂・炭酸ソーダ・石灰石などをまぜて、高温でとかし、冷やしたもの。

【硝石】ショウセキ 硝酸カリウムのこと。無色または白色の結晶。火薬や肥料などの原料になる。

【硝薬】ショウヤク 火薬。

石7 **【硲】** 12画 4003 7872 音ヨク漢 訓はざま

意味 石のごろごろしている谷間。たにあい。はざま。

石7 **【硫】** 12画 4618 786B 常用 音リュウ漢 ル呉 付表 硫黄いおう

筆順 一 丆 不 石 石' 砬 砬 硫 硫

なりたち [形声]「石(=いし)」と、音「流リュウ」の省略体とから成る。いおう。

意味 火山地帯に産する黄色の鉱物。火薬やマッチなどの原料となる。いおう。例硫黄いおう。硫酸リュウサン。

【硫黄】いおう [「ゆおう」とも] 黄色い結晶の元素。青白いほのおを出して燃える。火薬・マッチ・医薬品の原料など、用途が広い。元素記号S

【硫安】リュウアン 「硫酸アンモニウム」の略。水にとけやすい、無色透明の結晶。肥料に用いる。

【硫化】リュウカ (名・する) 硫黄と化合すること。例―水素。

【硫酸】リュウサン 無色無臭で、ねばりけのある、強い酸性の液体。酸化力が大きく、化学工業で広く用いられる。

石7 **【硝】** 12画 ⇩【硝】ショウ (717ページ)

石8 **【碍】** 13画 1923 788D 音ガイ漢 ゲ呉 訓さまた-げる

石14 **【礙】** 19画 6708 7919 本字

意味 さえぎる。さまたげる。例碍子ガイシ。障碍ショウガイ(=障害)。融通無碍ユウズウムゲ(=なにものにもとらわれず、自由である)。

参考「碍」と「礙」とは、ほとんど同じように用いられるが、慣用で「碍子」は「礙子」とは書かない。

【碍子】ガイシ 電線を架設するとき、絶縁用に使う陶磁器やプラスチックなどの器具。

石8 **【碕】** 13画 2676 7895 音キ漢 訓さき

意味 岸のつき出たところ。まがった岸。さき。例碕岸キガン(=曲折する岸)。

石8 **【碁】** 13画 2475 7881 常用 音キ漢 ゴ呉

筆順 一 廾 廿 甘 其 其 其 其 碁

なりたち [形声]「石(=いし)」と、音「其キ」とから成る。ごいし。参考 本字は「棊」。「棋」は別体字。

意味 白と黒の石を交互に置いて相手の石や陣地を取る遊び。ご。例碁石ごいし。碁盤ゴバン。囲碁イゴ。

【碁石】ごいし 碁を打つときに使う、平たい円形の小石。白百八十個、黒百八十一個でひと組み。

【碁敵】ごがたき 碁を打って遊ぶ相手。例―としてつきあう仲。

【碁▼笥】ごけ 白と黒の碁石を別々に入れておく、二つひと組みのいれもの。円形で、ふたがある。碁器。

【碁盤】ゴバン 碁を打つのに使う方形の盤。縦横それぞれ十九本の線が引いてある。例―縞じま。―の目。

石8 **【碓】** 13画 1716 7893 人名 音タイ漢呉 訓うす・からうす

意味 足や水力できねを動かし、穀物をつく道具。からうす。うす。例碓声タイセイ(=からうすの音)。

難読 碓氷峠うすいとうげ

石8 **【碇】** 13画 3686 7887 音テイ漢 訓いかり

意味 船のいかり。また、いかりをおろす。例碇宿テイシュク(=いかりをおろして船がとまる)。碇泊テイハク。

【碇泊】テイハク (名・する) いかりをおろして船がとまること。碇宿。例―中の客船。表記 現停泊

石8 **【碆】** 13画 6678 7886 音ハ漢 訓やさき

意味 いぐるみ(=糸つきの矢)に、石のやじりをつける。また、その石のやじり。

石8 **【碚】** 13画 6680 789A 音ハイ漢

意味 ❶「碚磊ハイライ」は、積み重なった岩。❷「碚礧ハイライ」は、花のつぼみ。❸中国の地名に用いられる字。例北碚ホクハイ(=今の重慶ジュウケイ市にある地名)。

石8 **【硼】** 13画 *6679 *787C 音ホウ漢

意味 化学元素の名。また、その化合物の名。例硼酸ホウサン。

【硼酸】ホウサン 白くてつやのある、うろこのような形の結晶。医薬品などに使う。例―軟膏ナンコウ。

石8 **【碌】** 13画 6681 788C 音ロク漢

意味 ❶「碌碌ロクロク」は、石のごろごろしたようす。❷「碌青ロクショウ」は、鉱物の一種、孔雀石クジャクセキ。また、緑青ロクショウ(=銅に生じる、みどり色のさび)のこと。

【碌碌】ロクロク 一(形動タル)①小石のごろごろしているようす。②平凡ヘイボンで無能なようす。例―として老いてしまう。二(副)[下に打ち消しのことばをともなって] 満足に。よく。じゅうぶんに。ろくに。例―ねむっていない。

石8 **【碗】** 13画 4750 7897 人名 音ワン漢

意味 飲食物を盛る、まるいいれもの。こばち。わん。例茶碗チャワン。

石8 **【碎】** 13画 ⇩【砕】サイ (715ページ)

石8 **【碑】** 13画 ⇩【碑】ヒ (719ページ)

石9 **【碣】** 14画 6682 78A3 音ケツ漢 訓いしぶみ・かみ・たていし

意味 頭頂部が円い形の石碑セキヒ。いしぶみ。例碣石ケッセキ(=いしぶみ。たていし)。

石9 【磁】14画 2807 78C1 教育6 音シ漢 ジ呉

筆順 一 丆 石 矿 矿 矿 磁 磁

石9 【磁】14画 ―― 25535

なりたち [形声]「石(=いし)」と、音「茲(シ)」とから成る。鉄を引きつける鉱石。

意味 ❶鉄を引きつけ、南北を指し示す性質をもつ鉱物。例磁気(ジキ)。磁石(ジシャク)。❷せともの。焼き物。例磁器(ジキ)。青磁(セイジ)。白磁(ハクジ)。

難読 磁石(はりすい)

【磁化】ジカ (名・する)物質が磁気をおびるようになること。

【磁界】ジカイ 磁力が作用している範囲(ハンイ)。磁場(ジバ)。

【磁気】ジキ 南北を指したり、鉄などを引きつけたりする磁石(ジシャク)の性質。また、磁石どうしや、磁石と電流とのあいだの作用。例―嵐(あらし)。―を帯びる。

【磁器】ジキ 高温で焼き上げた、質がかたく吸水性のない、半透明(ハントウメイ)の焼き物。類陶器(トウキ)。

【磁極】ジキョク ①磁石(ジシャク)の両はしで、鉄を引きつける力の最も強いところ。N極(=正極)とS極(=負極)がある。②地球上で磁力の最も強い場所。例北(ホッ)―。

【磁石】ジシャク ①鉄を引きつける性質をもつ物質。マグネット。②南北の方角を知るための器具。磁石盤(ジシャクバン)。コンパス。

【磁針】ジシン 中央部をささえて、水平に回転できるようにした小形の磁石(ジシャク)。両はしが南北を示す。磁石盤(ジシャクバン)のはり。例―をたよりに山道を進む。

【磁性】ジセイ 磁気を帯びた物体が示す性質。例―を帯びる。

【磁鉄鉱】ジテッコウ 酸化鉄の一つ。黒色の結晶(ケッショウ)で、磁性の強い鉱石。赤鉄鉱とともに重要な製鉄原料。

【磁場】ジバ 「「ジジョウ」とも」「磁界」に同じ。

【磁力】ジリョク 磁気のはたらく力。磁気力。例―がはたらく。

●青磁(セイジ)・電磁(デンジ)・白磁(ハクジ)

石9 【碩】14画 3257 78A9 人名 音セキ漢 訓おお-きい

石9 [碩] 14画 6683 78B5 俗字

なりたち [形声]「頁(=あたま)」と、音「石(セキ)」とから成る。頭が大きい。

意味 (頭が)大きい。人がらもよく学問にすぐれた。りっぱな。例碩学(セキガク)。碩士(セキシ)。

人名 おお・ひろ・ひろし・みち・みつ・みつる・ゆたか

【碩学】セキガク 学問が広く深いこと。また、学問を広く深く修めた人。大学者。例一代の―。

【碩士】セキシ えらい人。りっぱな人格の人。

【碩儒】セキジュ 碩学。大学者。

【碩人】セキジン りっぱな人。すぐれた徳のある人。偉人(イジン)。碩士。

【碩鼠】セキソ 大きなネズミ。

【碩徳】セキトク 徳の高い人。とくに、徳の高い僧(ソウ)。

【碩老】セキロウ 徳の高い、博学な老人。

石9 【碑】14画 4074 7891 常用 音ヒ漢 訓いしぶみ

筆順 一 丆 石 矿 矿 砷 砷 碑 碑

石8 【碑】13画 1-8907 FA4B 人名

なりたち [形声]「石(=いし)」と、音「卑(ヒ)」とから成る。立てた石。石柱。

意味 文章をほりこんで記念として立てた石。また、その文章。いしぶみ。例碑文(ヒブン)。歌碑(カヒ)。墓碑(ボヒ)。

【碑文】ヒブン ①石碑にほりこまれた文章。類碑誌。②漢文の文体の一つ。死者の業績(ギョウセキ)をたたえたもの。

【碑銘】ヒメイ 石碑にほりこまれたことば。とくに韻文(インブン)のもの。

●歌碑(カヒ)・句碑(クヒ)・墓碑(ボヒ)

石9 【碧】14画 4243 78A7 人名 音ヘキ漢 訓みどり・あお・あお-い

なりたち [形声]「王(=たま)」と「石(=いし)」と、音「白(ハク→ヘキ)(=青白色)」とから成る。青みがかった美しい石。

意味 ❶青みがかった美しい石。例碧玉(ヘキギョク)。❷緑がかった青色。こい青色。あお。みどり。例碧眼(ヘキガン)。紺碧(コンペキ)。

人名 きよし・たま

【碧雲】ヘキウン 青みがかった雲。蒼雲(ソウウン)。

【碧海】ヘキカイ 青い海。青海原(あおうなばら)。

【碧眼】ヘキガン ①青色の目。②西洋人。例紅毛(コウモウ)―。

【碧玉】ヘキギョク ①青緑色の玉。②石英の一種。質が細かく不透明(フトウメイ)で、黄・赤・茶・暗緑・暗青色などがあり、装飾(ソウショク)用に使われる。

【碧空】ヘキクウ 青く晴れわたった空。あおぞら。碧天。例一点の雲もない―。

【碧山】ヘキザン 樹木の青々としげった山。

【碧水】ヘキスイ 濃(こ)い青色にすんだ水。深く青い水をたたえた川。

【碧落】ヘキラク ①果てしなく遠いところ。(世界の)果て。例上(うえ)は―を極(きわ)め下(した)は黄泉(コウセン)(=天上は、はるか遠くまでのぼりつめ、下界は地中深くまで楊貴妃(ヨウキヒ)の姿をさがし求めた)。〈白居易(ハクキョイ)・長恨歌(チョウゴンカ)〉②あおぞら。碧空。例―一洗(=空がからりと晴れること)。

【碧緑】ヘキリョク 深いみどり色。

【碧瑠璃】ヘキルリ ①青色の宝石。②青々とすんだ水や青空のたとえ。例山深い湖の―の水面。

石9 [碪] 14画 ⇩[砧]チン(715ページ)

石9 [磁] 14画 ⇩[磁]ジ(719ページ)

石9 [碩] 14画 ⇩[碩]セキ(719ページ)

石9 [碯] 14画 ⇩[瑙]ノウ(667ページ)

石10 【磑】15画 6686 78D1 音ガイ漢 訓あらと・いしうす・すりうす・ちやうす

意味 ❶石うす。❷石うすでひく。例磑磨(ガイマ)。❸「磑磑(ガイガイ)」は、㋐高いようす、㋑積み重なったようす、㋒堅固(ケンゴ)なようす、㋓白くひかるようす。

【磑磨】ガイマ 石うすでひくこと。迷信(メイシン)で、死後の世界での刑罰(ケイバツ)の一つ。

石10 【確】15画 1946 78BA 教育5 音カク漢 訓たし-か・たし-かめる

筆順 丆 石 矿 矿 砕 碎 確 確

なりたち [形声]本字は「碻」で、「石(=いし)」と、音「角(カク)」とから成る。かたい。

意味 ❶かたい。しっかりしている。例確固(カッコ)。確信(カクシン)。❷はっきりして、まちがいがない。ほんとうの。たしか。例確実(カクジツ)。正確(セイカク)。

日本語での用法《たしかめる》まちがいがないかどうか、はっきりさせる。「事実(ジジツ)を確(たし)かめる・相手(あいて)の意思(イシ)を確(たし)

「かめる」

人名 あき・あきら・かた・かたし
【確言】(カクゲン) (名・する) はっきり言いきること。また、そのことば。例将来について━する。

【確執】(カクシツ) (名・する) ①自分の説をかたくなに主張してゆずらないこと。固執。例あくまで自説に━する。②争い。不和。例二人のあいだに━が生じる。

【確実】(カクジツ) (名・形動(ナ)) たしかでまちがいないこと。例━な情報。━に実行する。

【確守】(カクシュ) (名・する) しっかりとかたく守ること。例命令を━して任務にあたる。

【確証】(カクショウ) たしかな証拠(ショウコ)。はっきりした証拠。例━がない。━をつかむ。

【確信】(カクシン) (名・する) かたく信じて疑わないこと。例成功を━する。

【確信犯】(カクシンハン) ①〔法〕政治的・宗教的・思想的な信念にもとづく犯罪。政治犯・思想犯・国事犯など。②悪いとわかっていながら、おこなうこと。また、その人。

【確然】(カクゼン) (形動(タル)) たしかで、しっかりと定まっているようす。例━たる態度。

【確定】(カクテイ) (名・する) はっきりと決まること。たしかに決めること。例━申告(シンコク)。順位が━する。

【確度】(カクド) たしかさの度合い。例━の高い情報。

【確答】(カクトウ) (名・する) はっきりした返事。例━を避(さ)ける。

【確認】(カクニン) (名・する) はっきりたしかめること。たしかにそうだと、みとめること。例身元の━。日程を━する。

【確保】(カクホ) (名・する) しっかり手に持っていること。また、確実に自分のものにすること。例食糧(ショクリョウ)を━する。

【確報】(カクホウ) たしかな知らせ。例━がはいる。

【確約】(カクヤク) (名・する) はっきりと約束すること。たしかな約束。例━を取る。実行を━する。

【確立】(カクリツ) (名・する) しっかりと打ち立てること。確固とした動かないものにすること。例自分の文体を━する。

【確率】(カクリツ) ある現象の起こりうる度合い。また、過去に起こった割合。公算。たしからしさ。例実験が成功する━は五分五分(ゴブゴブ)だ。

【確固】(カッコ) (形動(タル)) しっかりして動かないようす。たしかなようす。例━不動。━たる信念。表記「確▼乎」とも書く。
●正確(セイカク)・精確(セイカク)・的確(テキカク)・明確(メイカク)

［石部］10―11画 ● 硧 磋 磔 碾 磐 磅 碼 磊 磬 磧 磨

5画

石 10 【硧】 15画 6687 78C6 音カツ漢 訓なめらかなるいし
意味 鉱物の名。滑石(カッセキ)。やわらかく、滑材(カツザイ)や薬品などに利用される。

石 10 【磋】 15画 6688 78CB 音サ漢呉 訓みが-く
意味 象牙(ゾウゲ)や角(つの)などをみがいて、細工をする。また、はげむ。努力する。みがく。例切磋琢磨(セッサタクマ)。

石 10 【磔】 15画 *6689 *78D4 音タク漢 訓はりつけ
意味 罪人のからだを引きさいて殺す、古代の刑罰(ケイバツ)。車ざきの刑。例磔刑(タクケイ)。車磔(シャタク)。
日本語での用法《タク・はりつけ》罪人を柱にしばりつけて槍(やり)でつき殺す、昔の刑罰(バツ)。「磔刑(タクケイ)・磔柱(はりつけばしら)」
【磔刑】(タッケイ・タクケイ) ①からだを引きさく刑罰(ケイバツ)。②はりつけの刑。例━に処す。

石 10 【碾】 15画 6690 78BE 音テン慣デン漢 訓うす・ひ-く
意味 穀物や茶をひいて、細かくする道具。ひきうす。石うす。また、石うすでひいて、細かくする。ひく。例碾茶(テンチャ)。碾(ひ)き臼(うす)。碾(ひ)き割(わ)り麦(むぎ)。
【碾茶】(テンチャ・ひきチャ) 石うすでひいた茶の葉。また、それでたてた茶。

石 10 【磐】 15画 4056 78D0 人名 音ハン漢バン呉 訓いわ
意味 ❶大きくてどっしりとした岩。いわお。いわ。例磐石(バンジャク)。❷わだかまる。とどこおって動かない。
日本語での用法《バン・いわ》旧国名「磐城(いわき)」の略。「磐越(バンエツ)・磐州(バンシュウ)・常磐(ジョウバン)・磐代(いわしろ)」
人名 いわお
【磐城】(いわき) 旧国名の一つ。今の福島県東部と宮城(みやぎ)県南部にあたる。磐州(バンシュウ)。
【磐石】(バンジャク) ①大きないし。いわお。②ひじょうにかたく、しかも、安定していて動かないこと。例━の備え。表記▽「盤石」とも書く。

石 10 【磅】 15画 6692 78C5 音ホウ漢 訓ポンド
意味 ❶石の落ちる音の形容。❷英語 pound の音訳。パウンド。ポンド。〔日本では「封」の字をあてる〕㋐イギリスの重さの単位。一ポンドは約〇・四五キログラム。㋑イギリスの貨幣(カヘイ)の単位。一ポンドは一〇〇ペンス。

石 10 【碼】 15画 6691 78BC 音マ慣バ漢メ呉 訓ヤード
意味 ❶「碼碯(メノウ)」(=瑪瑙)は、緑・くれない・白などの、しま模様のある宝石。❷英語 yard の音訳。ヤール。一ヤードは約九一センチメートル。❸「号碼(ゴウマ)」は、数であらわした記号。例四角号碼(シカクゴウマ)(=中国で考案された漢字の検索(ケンサク)法で、漢字の四すみの形によって漢字を四桁(けた)の番号であらわしたもの)。

石 10 【磊】 15画 6693 78CA 音ライ漢
意味 たくさんの石が重なりあっているようす。また、大きいようす。例磊磊(ライライ)(=石が多いようす。また、おおらかなようす)。
【磊落】(ライラク) (名・形動(ナ)) 心が広く、細かいことにこだわらないこと。例豪放(ゴウホウ)━。

石 11 【磬】 16画 6694 78EC 音ケイ漢
意味 石や玉(ギョク)でつくられた「へ」の字形の打楽器。つりさげて、ばちで打ちならす。→【石磬】(セッケイ)(714ページ)

石 11 【磧】 16画 6701 78E7 音セキ漢シャク呉 訓かわら
意味 小石や砂の重なっているところ。かわら。すなはら。例磧礫(セキレキ)。
【磧中】(セキチュウ) 砂漠(サバク)のなか。
【磧▼礫】(セキレキ) ①河原の小石。②水が浅くて、砂や小石が見えること。

石 11 【磨】 16画 4365 78E8 常用 音バ漢マ呉 訓みが-く・うす・と-ぐ

筆順 亠 广 庁 床 麻 麽 麽 磨

石11【磨】16画

なりたち [形声]本字は「礳」で、「石(＝いし)」と、音「靡ビ→バ」とから成る。いしうす。

意味 ❶うす。いしうす。例石磨。茶磨。❷する。すりへる。また、すりへらす。例磨滅。磨耗。❸こすりみがく。(刃物を)とぐ。例研磨。❹努めはげむ。きたえる。例錬磨。切磋琢磨。❺外国語の「マ」の音にあてる字。例達磨。羯磨(＝作法)。

日本語での用法《ま》「ま」の音にあてる万葉がな。「球磨川・須磨(＝地名)」

人名 おさむ・きよ

【磨崖】岩壁にほりこむこと。例—仏。

【磨損】(名・する)機械などが摩擦によってすりへること。磨滅。表記「摩損」とも書く。

【磨滅】(名・する)すりへること。すりへらすこと。例—した活字。神経が—する。表記「摩滅」とも書く。

【磨耗】(名・する)「「モウ」は慣用読み」すりへること。例部品が—する。表記「摩耗」とも書く。

【磨励】(名・する)①みがき、はげむこと。②学問や技芸などに努めはげむこと。表記▽「磨▼礪」とも書く。

●研磨・達磨・練磨・錬磨

石11【磚】16画 ⇨【甎】セン(670ページ)

石11【磨】16画 ⇨【磨】マ(720ページ)

石12【磯】17画 1675 78EF 人名 音キ漢 訓いそ

なりたち [形声]「石(＝いし)」と、音「幾キ」とから成る。大きな岩に水がぶつかる。

意味 ❶水の流れが岩に激しくぶつかる。❷水中につき出た大きな岩。

日本語での用法《いそ》海や湖の岩石の多い波うちぎわ。「磯千鳥・磯釣り・磯辺」

難読 磯馴松

人名 し

【磯浜】岩や小石でおおわれている浜べ。

【磯辺】①いそのあたり。②のり(海苔)。例—揚げ。

石12【磽】17画 6703 78FD 音コウ漢 訓かた-い・こわ-い

意味 ❶かたい石。かたい。❷土地がかたくて、やせている。例磽确(＝石の多いやせた土地)。

石12【礁】17画 3044 7901 常用 音ショウ漢

筆順 一 丆 石 矿 矿 砟 碓 礁

なりたち [形声]「石(＝いし)」と、音「焦ショ」とから成る。水中にかくれたり、水面にあらわれ出たりする岩。

意味 水中にあって、水面に見えかくれする岩。かくれいわ。例環礁。座礁。珊瑚礁。

●暗礁・環礁・岩礁・座礁

石12【磴】17画 6704 78F4 音トウ漢 訓いしばし

意味 ❶山道の石段。例磴道。❷石の橋。いしばし。例懸磴。

【磴桟】山の岩の上に板をかけて作った道。

【磴道】山の斜面に石をしいて作った道。石段。石坂。

石12【磺】17画 ⇨【鉱】コウ(1007ページ)

石13【礇】18画 6705 7907 音イク漢

意味 玉のような美しい石。

石13【礒】18画 6706 7912 音ギ漢 訓いそ・かど

意味 「碕礒」は、石がごつごつして平らでないようす。

日本語での用法《いそ》「いそ」の意では「磯」と同じに用いられる。

石13【礎】18画 3335 790E 常用 音ショ漢 ソ呉 訓いしずえ

筆順 石 石 矿 矿 砵 碰 礎 礎

なりたち [形声]「石(＝いし)」と、音「楚ソ」とから成る。柱の下にすえおく石。いしずえ。

意味 ❶建物の柱の下にすえる石。いしずえ。例礎石。定礎。❷ものごとのもとになる部分。もとい。例基礎。

人名 き・もと・もとい

【礎材】土台の材料。

【礎石】①建物の柱の下にすえる石。土台石。いしずえ。例寺院の—だけが今も残っている。②ものごとの基礎。例近代化の—となる。

●基礎・定礎

石13【礑】18画 6707 7911 音トウ漢 訓はた-と

意味 もののいちばん下の部分。そこ。

日本語での用法《はたと・はったと》擬声・擬態語のハタ・バタ・バタン・ハッタ・パッタなどをあらわす。「石を握って額を礑と打つ・礑とひざを打つ」

石14【礪】19画 6674 792A 音レイ漢 訓と・あらと・と-ぐ・みが-く

意味 ❶きめのあらい、といし。と。あらと。例礪砥。❷刃物をとぐ。また、学問や技術をみがく。つとめはげむ。例礪行。

石5【砺】10画 3755 783A 俗字

参考 地名では、とくに「砺」を用いることがある。例砺波。砺波平野。

【礪行】(名・する)おこないをよくし、つとめること。表記「励行」とも書く。

【礪▼砥】「「砥」は、きめの細かい、といしの意」①といし。②とぎみがくこと。砥礪。

石14【礙】19画 ⇨【碍】ガイ(718ページ)

石15【礬】20画 6709 792C 音バン慣 ハン漢

意味 硫酸アルミニウムをふくんだ鉱物の一種。色のそめあげをはじめ、多くの用途がある。例明礬。

難読 礬沙・緑礬

石15 【礫】 20画 6710 792B 音レキ漢リャク呉 訓つぶて・こいし

意味 石ころ。こいし。つぶて。例瓦礫。砂礫。

石15 【礦】 20画 ⇩【鉱】(1007ページ)

113 5画 示 しめす（ネ しめすへん）部

天の神の意をあらわす。「示」が偏(=漢字の左がわの部分)になるときは「ネ(しめすへん)(四画)」となる。「示」をもとにしてできている漢字と、「示」の字形を目じるしにして引く漢字とを集めた。

0 示 1 礼 3 祁 祀 社 社 4 祈 祈 祇 祉 祉 5 祠 祗 祝 祝 神 神 祟 祖 祖 祚 祓 祐 祐 祢 祕 6 祭 祥 票 7 祷 8 祺 禁 禄 禀 禄 9 禍 禍 禊 禅 禎 禎 福 福 10 禝 12 禧 禦 禪 禮 14 禱 禰 17 禳

この部首に所属しない漢字

奈⇩大266 視⇩見899 頴⇩頁1067 齋⇩齊1114

示0 【示】 5画 2808 793A 教育5 音シ漢ジ呉 訓しめ-す

筆順 一 二 亍 亍 示

なりたち [会意]「二(=上)」と「小(=日・月・星)」とから成る。天の神が、日・月・星の変化によって、人に吉凶をしめす。

意味 人に見せる。知らせる。おしえる。しめす。例示威。示唆。展示。

人名 しめ・つぐ・とき・み

【示威】(名・する) 威力や勢力をしめすこと。例—行動。

【示教】(「ジキョウ」とも)(名・する) 具体的に教えしめすこと。類教示。例—をこう。

【示現】(名・する) ①(仏)仏や菩薩が人々を救うために、姿を変えてこの世にあらわれること。②神仏が不思議な力をしめすこと。

【示唆】(「ジサ」とも)(名・する) ①それとなく教えること。類暗示。例—に富んだ話。②そそのかすこと。

【示談】争いごとを裁判にかけずに、おたがいの話し合いで解決すること。例—が成立する。

●暗示・訓示・掲示・公示・告示・指示・図示・呈示・提示・表示・例示

ネ1 【礼】 5画 4673 793C 教育3 音レイ漢ライ呉

示13 【禮】 18画 6725 79AE 人名

筆順 、 ラ ネ ネ 礼

なりたち [会意]「示(=かみ)」と「豊(=かみをまつるためのうつわ)」とから成る。神につかえて福をもたらすための儀式。

意味 ❶神をうやまい、まつる儀式。例礼拝。❷作法や儀式。例礼儀。礼節。婚礼。❸人が守るべき社会や国家の決まり。例礼楽。仁・義・礼・智・信。❹うやまいをあらわす動作。おじぎ。例敬礼。目礼。❺感謝の気持ちをあらわすこと。また、そのおくりもの。例礼状。謝礼。返礼。

人名 あき・あきら・あや・うや・なり・のり・ひろ・ひろし・まさ・まさし・みち・ゆき・よし

【礼賛】(名・する) ①心からほめたたえること。例偉業を—する。②(仏)仏の功徳をあがめ、たたえること。表記 ▽「礼▼讃」とも書く。

【礼紙】昔、書状や目録などの上に巻いた白い紙。〔現在は、手紙が便箋一枚で終わる場合に、別にそえる一枚の白紙の意にも用いる〕

【礼拝】(名・する) 一 うやまい、つつしむ心で仏をおがむこと。二 キリスト教で、神にいのりをささげること。例—堂。

【礼楽】礼儀と音楽。古代中国では、礼は社会の秩序を保ち、楽は人の心をやわらげるものとして重視された。

【礼義】礼と義。人の守るべき正しい道。

【礼儀】うやまいの気持ちを正しくあらわす、行動の作法。人として守るべき礼節と、そのしかた。例—作法。

【礼教】①礼についての教え。②儒教による道徳。

【礼金】①お礼としてはらうお金。②家や部屋を借りるときに、家主にはらう一時金。

【礼遇】(名・する) 礼儀をつくして、心からもてなすこと。特別の待遇。類厚遇・優遇。

【礼式】礼儀をあらわす法式。類礼法。

【礼状】お礼の手紙。例—を出す。

【礼譲】礼儀をつくして、へりくだった態度をとること。

【礼節】礼儀と節度。きちんとした礼儀作法。例衣食足りて—を知る(=生活にゆとりができてこそ節度をわきまえるようになる)。

【礼奏】演奏会で、アンコールにこたえておこなう演奏。

【礼装】(名・する) 儀式などのために、正式な服を着ること。また、その服装。対略装。

【礼典】①礼儀に関する決まり。礼制。②礼法をしるした書物。③礼法にもとづいた儀式。

【礼服】儀式に着る衣服。対平服。

【礼物】一 礼式のために用いるもの。二 お礼の品物。

【礼法】儀式における作法の決まり。

【礼砲】軍隊などが、儀礼としてうつ空砲。

●一礼・虚礼・儀礼・失礼・巡礼・洗礼・朝礼・答礼・無礼・黙礼

示3 【祁】 8画 2323 7941 人名 音キ漢ギ呉

意味 地名に用いられる字。例祁山。

【祁山】三国時代、蜀の諸葛孔明が魏と戦ったところ。甘粛省礼県にある。

示3 【祀】 8画 6711 7940 音シ漢ジ呉 訓まつ-る・まつ-り・とし

意味 ❶(神として)まつる。また、まつり。例合祀。祭祀。❷とし。〔殷の時代に「年」を「祀」といった〕例載祀(=「載」も、としの意)。

ネ3 【社】 7画 2850 793E 教育2 音シャ漢ジャ呉 訓やしろ

示3 【社】 8画 1-8919 FA4C 人名

筆順 、ラネネ ネ+ 社 社

たちなり ［会意］「示(=かみ)」と「土(=つち)」とから成る。土地の神。

意味 ❶土地の神。くにつかみ。例社稷シャショク。❷土地の神をまつるところ。やしろ。例社殿シャデン。神社ジンジャ。❸人々の集まり。ある目的で集まった団体。例社会シャカイ。結社ケッシャ。

日本語での用法《シャ》会社。また、会社の社屋。「社長・入社ニュウシャ・本社ホンシャ・社ャに寄よってから帰かえる」

難読 社こそ・村社むらこそ

人名 こそ・たか・たかし

【社印】シャイン その会社が公的に用いる印判。

【社員】シャイン ①会社に勤めている人。②社団法人の構成員。例日本赤十字社の—。

【社運】シャウン 会社の運命。例—をかける。

【社屋】シャオク 会社の建物。例—を移転する。

【社会】シャカイ ①共同体を構成する人々の集まり。家族や国家など、大小さまざまな社会がある。例地域—。②世の中。世間。例—に出る。③同じ職業など、同類の人々のなかま。例上流—。④「社会科」の略。

【社会科】シャカイカ 小学校・中学校の教科の一つ。社会人として生活するのに必要な地理・歴史・公民などを学ぶ学科。

【社会科学】シャカイカガク 人間の社会的営みを研究の対象とする学問。経済学・法学など。対人文科学・自然科学。

【社会学】シャカイガク 社会の構造や移り変わり、さまざまな現象などを研究する学問。

【社会主義】シャカイシュギ 生産と配分を社会全体のものとし、貧富ヒンプの差のない平等な世の中をつくろうとする考え。対共産主義キョウサンシュギ・資本主義シホンシュギ。

【社会性】シャカイセイ ①社会いっぱんに広く通用する性質。例—のある問題。②集団生活にうまく適応する性質。類社交性。例—を養う。

【社会通念】シャカイツウネン 社会でふつうに通用している考え方。

【社会面】シャカイメン 新聞で、事故や犯罪など社会のできごとをのせた紙面。ふつう、「三面」と呼ばれる。

【社格】シャカク 神社の格式。

【社業】シャギョウ 会社の事業。例—が順調にのびる。

【社交】シャコウ 社会生活を営むうえで必要な、人とのつきあい。世間とのつきあい。例—上のたしなみ。

【社交辞令】シャコウジレイ 人とのつきあいをなめらかにするために用いる、決まり文句。例—だからそのつもりで聞いておく。

【社告】シャコク 会社が世の中に公表する知らせ。

【社寺】シャジ 神社とお寺。寺社。

【社主】シャシュ 会社や結社の持ち主。

【社▼稷】シャショク ①土地の神と五穀の神。中国の古代国家で最も重要な守り神。②国家。例—の臣(=国家の重臣)。

【社説】シャセツ 新聞社などが、発行する紙面にその社の主張として発表する論説。

【社▼鼠】シャソ 〔社やしろに巣くうネズミで、いぶし出そうとすると、社を焼いてしまうおそれがあることから〕君主に仕える悪臣のたとえ。例城狐ジョウコ—。

【社葬】シャソウ 会社が施主セシュとなっておこなう葬儀ソウギ。

【社則】シャソク 会社の規則。

【社宅】シャタク 会社が自社の社員のために建設・管理する住宅。

【社団】シャダン 共通の目的をもった人々の集合体。

【社団法人】シャダンホウジン 法律上の権利と義務の主体であることを認められた団体組織。

【社中】シャチュウ ①社内。例—にひろく知らせる。②(邦楽ホウガクなどの)同門のなかま。例—をあげて出演する。③結社のなかま。類同人。例—を結成する。

【社長】シャチョウ 会社の長。その会社の、経営の最高責任者。

【社殿】シャデン 神社の、神体をまつっておく建物。

【社日】シャニチ 〔「シャジツ」とも〕春分または秋分に最も近い、その前後の戊つちのえの日。春は「春社シュンシャ」、秋は「秋社シュウシャ」と呼び、土の神をまつり、豊作をいのり、収穫シュウカクを感謝する。

【社費】シャヒ 会社や神社などの費用。

【社風】シャフウ その会社の特色とする気風。例—を一新する。

【社務】シャム ①神社の事務。例—所。②会社の事務。

【社名】シャメイ 神社や会社、また結社の名前。

【社命】シャメイ 会社の命令。

【社友】シャユウ ①同じ会社や結社のなかま。②社員以外で、その会社と関係が深く、特定の待遇タイグウを受けている人。例退職後—になる。

【社用】シャヨウ 会社の用務や用事。例—と私用とを区別せよ。

【社歴】シャレキ ①会社に入社してからの経歴。例—三十年になる。②会社の歴史。

●御社おんシャ・会社カイシャ・貴社キシャ・帰社キシャ・結社ケッシャ・支社シシャ・寺社ジシャ・自社ジシャ・出社シュッシャ・小社ショウシャ・商社ショウシャ・神社ジンジャ・退社タイシャ・本社ホンシャ・末社マッシャ・来社ライシャ

ネ4 【祈】 8画 2107 7948 常用 音キ漢呉 訓いの-る・いの-り

示4 【祈】 9画 1-8923 FA4E 人名

筆順 、ラネネ ネ 祈 祈

たちなり ［形声］「示(=かみ)」と、音「斤キン→キ」とから成る。神に福を求める。

意味 天や神仏に幸いをねがいもとめる。いのる。いのり。例祈願キガン。祈禱キトウ。祈念キネン。

難読 祈年祭としごいのまつり

人名 もとむ

【祈願】キガン (名・する) あることの成功を願って、神や仏にいのること。例合格—。病気の全快を—する。

【祈誓】キセイ (名・する) 神や仏にいのって、心にちかいを立てること。願立て。

【祈請】キセイ (名・する) 神や仏にいのって、加護を願うこと。

【祈▼禱】キトウ (名・する) 神や仏にいのって、加護やめぐみを求めること。例—師。病魔ビョウマ退散を—する。

【祈念】キネン (名・する) 神や仏にいのって、目的がとげられるように願うこと。心をこめていのること。例勝利を—する。

示4 【祇】 9画 2132 7947 人名 音キ漢ギ呉 訓くにつかみ・ただ・まさ-に

意味 地の神。くにつかみ。例神祇ジンギ。地祇チギ。

難読 祇園ギオン・天神地祇あまつかみくにつかみ

人名 けさ・つみ・のり・まさ・もと・やす・やすし

【祇▽園】ギオン ①「祇園精舎ギオンショウジャ」の略。②京都市東山区の祇園社(=八坂やさか神社)のあるあたりの地名。

【祇▽園精舎】ギオンショウジャ 〔仏〕古代インドの寺院。須達シュダツ長者が釈迦シャカとその弟子デシに寄進した。例—の鐘かねの声、諸行ショギョウ無常の響ひびきあり。〈平家物語ヘイケものがたり〉

ネ4 【祉】 8画 2767 7949 常用 音シ・チ漢 訓さいわい

筆順 、ラネネ礻礻礻祉

示4 【祉】 9画 1-8920 FA4D 人名

なりたち 祉 [形声]「示(=かみ)」と、音「止シ」とから成る。神からの福。

意味 神からさずかる幸福。めぐみ。さいわい。例福祉。

人名 とみ・よし

示5 【祠】 10画 6712 7960 音シ漢 訓ほこら・まつ-る

意味 ❶神をまつる。また、春のまつり。願いがかなえられたお礼のまつり。例祠祀(=神をまつる)。❷神や祖先の霊をまつってあるところ。やしろ。みたまや。ほこら。例祠官。祠堂。

【祠官】神をまつる職。類神官・神職。

【祠堂】①祖先の霊をまつったところ。みたまや。例—金(=先祖の供養のための金銭)。②神仏をまつった小さなお堂。ほこら。

示5 【祇】 10画 6713 7957 音シ漢 訓つつし-む

意味 ❶うやまう。つつしむ。例祇候。❷〔助字〕「ただ…(のみ)」と読み、ただ…(だけ)、の意。限定・強調をあらわす。例祇自滅耳(=ただ自分から身をほろぼすだけだ)。

【祇候】(名・する)①身分の高い人のそば近くに仕えること。②ごきげんうかがいに上がること。例社長の邸に—する。表記▽「伺候」とも書く。

ネ5 【祝】 9画 2943 795D 教育4 音シュウ慣 シク漢 シュク呉 訓いわ-う・いわ-い 付表 祝詞

筆順 、ラネネ礻礻祀祝

示5 【祝】 10画 1-8927 FA51 人名

なりたち 祝 [会意]「示(=かみ)」と「儿(=ひと)」と「口(=くち)」とから成る。神のことばをつげる人。

意味 ❶神に仕える人。神官。かんなぎ。例巫祝(=神事をつかさどる人)。❷神に幸いをいのる。また、そのいのりのことば。例祝詞。❸よろこぶ。ことほぐ。いわう。例祝儀。祝賀。慶祝(=よろこび、いわう)。

難読 祝部・祝言・祝子

人名 とき・のり・はじめ・ほう・ほぎ・よし

【祝儀】①おいわいの儀式。とくに、結婚式。②おいわいの気持ちをこめたおくりものやお金。例—袋。③謝礼。心づけ。チップ。例—をはずむ。

【祝言】結婚式。例—をあげる。

【祝意】喜びいわう気持ち。例—をあらわす。

【祝宴】いわいの宴会。例—を開く。

【祝歌】いわいのうた。

【祝賀】(名・する)いわい喜ぶこと。例還暦—会。

【祝祭】①あることをいわうためのまつり。②いわいとまつり。例—日(=祝日と祭日)。

【祝詞】[一]シュクシ いわいのことば。祝辞。[二]のりと 神道で、神主が神前で唱えることば。例—をあげる。

【祝辞】(儀式などのときに述べる)いわいのことば。例来賓の—。

【祝日】いわいの日。とくに、国の定めた憲法記念日(=五月三日)や文化の日(=十一月三日)など。また、地方公共団体の定めた都民の日、市民の日など。例国民の—。

【祝勝】いくさや試合の勝利をいわうこと。例—会。表記「祝▼捷」とも書く。

【祝典】いわいの儀式。いわいの式典。例—をあげる。

【祝電】いわいの電報。例—を打つ。結婚式に多くの—が寄せられる。

【祝杯】いわいのさかずき。いわいの酒。例—をあげる。表記「祝▼盃」とも書く。

【祝福】(名・する)①(他人の)幸福をいのり、いわうこと。例結婚を—する。前途を—する。②キリスト教で、神からさずけられる幸福。例—をあたえられる。

【祝砲】国家的行事などのとき、軍隊が祝意をあらわしてうつ空砲。例—が鳴りひびく。

【祝融】①中国古代の伝説上の人物。名は重黎。火の神、夏の神、南方の神とされる。②火災。火事。例—のわざわいにあう(=火事にあうことのたとえ)。

●慶祝・巫祝・奉祝

ネ5 【神】 9画 3132 795E 教育3 音シン漢 ジン呉 訓かみ・かん・こう 付表 お神酒・神楽

筆順 、ラネネ礻礻神神

示5 【神】 10画 1-8928 FA19 人名

なりたち 神 [形声]「示(=かみ)」と、音「申シ」とから成る。天の神。

意味 ❶天の神。天地万物をつくり、支配する者。かみ。例神霊。海神。天神地祇(=天の神、地の神)。❷人知でははかり知れない不思議な力。例神秘。神妙。❸たましい。こころ。例神髄。精神。❹きわめてすぐれているようす。例神童。神品。

県名 神奈川

難読 神子・大神神社

人名 か・かむ・きよ・しの・たる・みわ

【神風】①神の力によってふくという風。②〔太平洋戦争末期の神風特攻隊から〕ものすごいスピードで乱暴に車を走らせること。例—タクシー。

【神様】①神を尊敬して呼ぶことば。②ある分野ですぐれた能力・技術などをもつ人。

【神業】①ふつうの人間の力ではできないような、すばらしいわざ。例—のような身のこなし。②神のしわざ。神のする仕事。

【神無月】〔「かみなづき」とも〕もと、陰暦で十月のこと。太陽暦でもいう。〔出雲に神々が集まり、よそは神が不在になるからという〕

【神▼嘗祭】〔「シンジョウサイ」とも〕天皇が、毎年十月十七日に、その年にとれた新米を、伊勢神宮に奉納するまつり。

【神主】〔「シンシュ」とも〕神社にいて、神に仕える人。神官。神職。

【神意】神の意思。神の心。

【神域】神社の境内。

【神韻】①人の心の、すぐれてりっぱであること。②詩文や書画などが、おもむき深く美しいこと。例—を帯びる。

【神▼苑】神社の境内。また、そこにある庭園。

【神化】(名・する)①神になること。また、神としてあつかうこと。例菅原道真の―した天神さま。②神の徳で人を導くこと。

【神火】シンカ ①不思議な火。②神域などでたく清浄な火。③神体としての火山の噴火。御神火。

【神格】シンカク ①神としての資格。例―化。②神の格式。神の階級。

【神学】シンガク ある宗教の教えや信仰を研究する学問。とくにキリスト教についていう。

【神楽】□一シンガク ①霊妙な音楽。②神をまつる音楽。□二かぐら 神前でおこなわれる舞楽。例―を奉納する。

【神学校】シンガッコウ キリスト教の神学を研究し、伝道者を養成する学校。

【神機】シンキ 霊妙なはたらき。人間わざとは思えないほどすぐれた機略。

【神官】シンカン 「神主」に同じ。

【神器】□一シンキ 神をまつるときに用いる器具。□二ジンギ 皇位のしるしとされた神聖な宝器。例三種の―。

【神技】シンギ 神でなければできないような、すばらしいわざ。

【神▼祇】ジンギ 天神と地祇。天の神と地の神。

【神橋】シンキョウ 神社の境内や神殿などにかけてある橋。

【神宮】ジングウ ①格式のとくに高い神社。例明治―。鹿島―。②神をまつるみや。やしろ。

【神君】シンクン ①道家の神。②賢明な地方長官を、ほめていうことば。③徳川家康を、うやまった言い方。

【神経】シンケイ ①脳とからだの各部をつなぎ、脳からの指令をからだの各部に伝え、各部からの刺激を脳に伝える糸状の器官。②ものごとを感じとったり、反応したりする心のはたらき。例―が太い(=何ごとにもおどろかない)。―をつかう。

【神経過敏】シンケイカビン (名・形動ダ) わずかな刺激に対しても、過度に感じる精神の不安定な状態。

【神経質】シンケイシツ (名・形動ダ) ものごとに敏感に反応し、感情が不安定で気分が変わりやすい性質。また、わずかなことにもこだわる性質。

【神経衰弱】シンケイスイジャク ①疲労や心労のため精神が不安定になり、刺激に対し過敏になる症状。神経症のこと。ノイローゼ。②トランプ遊びの一つ。

【神経病】シンケイビョウ 神経症や精神病など、神経系の病気をまとめていうことば。

【神剣】シンケン ①神に供える剣。また、神からさずかった剣。②日本で、天皇の位の象徴である三種の神器の一つ。草薙の剣(=天叢雲剣)のこと。

【神権】シンケン ①神の権威。②神からさずかった権力。例帝王―説。

【神国】シンコク 神がつくり、守護するという国。〔日本を美しくいうことばとしても用いた〕類神州。

【神算】シンサン 人知のおよばない、すぐれた計略。例―鬼謀。

【神事】シンジ 神をまつる行事。

【神式】シンシキ 神道の決まりによっておこなわれる儀式。例結婚式を―でおこなう。

【神社】ジンジャ 神をまつってあるところ。また、その建物。お宮。やしろ。

【神酒】シンシュ 〔「みき」とも〕神に供える酒。お神酒。御酒。

【神出鬼没】シンシュツキボツ (名・形動ダ)〔鬼神が出没する意〕鬼神ではないかと思われるほどに、自由自在にあらわれたり、かくれたりすること。

【神助】シンジョ 神のたすけ。例天佑―。

【神将】シンショウ ①神のようにすぐれた将軍。②天・地・陰・陽・日・月・四時・兵の、それぞれの主である八神。③〔「ジンショウ」とも〕仏教の行者を守護する神。例十二―。

【神職】シンショク 「神主」に同じ。

【神人】シンジン ①神と人。②神のようにすぐれた人。③キリスト教で、イエス=キリスト。

【神髄】シンズイ 〔精神と骨髄の意〕ものごとの本質。そのものの中心となる、最もたいせつなこと。例―をきわめる。表記「真髄」とも書く。

【神通力】ジンズウリキ 〔「ジンツウリキ」とも〕何ごとも思いのままにできる、超人的な、不思議な能力。例―を発揮する。

【神性】シンセイ ①心。精神。②神としての性質。

【神聖】シンセイ (名・形動ダ) 清らかでけがれがなく、おかしがたいこと。例―な場所。

【神仙】シンセン 神通力をもった仙人。例―譚。―思想。

【神泉】シンセン ①霊験な力をもつといわれるいずみ。②神社の境内にあるいずみ。

【神前】シンゼン 神のまえ。例―結婚。

【神体】シンタイ 神社などで、神の霊が宿るものとしてまつるもの。ご神体。みたましろ。御正体。

【神代】ジンダイ かみよ 日本で、神々が国を治めていたという、神武天皇即位までの神話の時代。

【神託】シンタク 神のお告げ。ご託宣。例―をうける。

【神典】シンテン ①神のことを書いた書物。②神道の聖典。

【神殿】シンデン 神をまつってある建物。

【神道】シントウ 日本固有の民族信仰。天照大神をはじめとする神々をまつり、祖先をとうとぶことを重んずる。

【神童】シンドウ なみはずれてすぐれた才能をもった子供。例十で―、十五で才子、二十過ぎればただの人。

【神女】シンニョ 女の神。めがみ。類天女。

【神農】シンノウ 中国古代の伝説上の皇帝。三皇五帝の一つ。火の徳があったので炎帝ともいい、はじめて人民に農業を教え、薬をつくったといわれる。

【神拝】シンパイ (名・する) 神をおがむこと。神社に参拝すること。

【神罰】シンバツ 神から受ける罰。例―がくだる。

【神秘】シンピ (名・形動ダ) 人知でははかり知ることができないような、不思議なこと。例自然の―。

【神品】シンピン 人間のつくったものとは思えないほどの、芸術作品などの品位。また、その作品。

【神父】シンプ カトリック教会や東方正教会で、司祭をうやまっていうことば。

【神仏】シンブツ ①神とほとけ。例―に祈念する。②神道と仏教。

【神仏混▼淆】シンブツコンコウ 日本古来の神道と外来の仏教とを結びつけた信仰。仏や菩薩が衆生を救うために、日本では、神道の神々に姿を変えていると説く。神仏習合。表記「神仏混交」とも書く。

【神木】シンボク 神社の境内にあって、神霊が宿るとされる(古い大きな)樹木。

【神米】シンマイ 神に供える、洗い清めた米。

【神妙】シンミョウ (名・形動ダ) ①人知をこえた不思議なはたらき。②殊勝なこと。けなげなこと。③すなおで、感心なこと。例―な顔つき。

【神▽馬】シンメ 〔「ジンメ」「シンバ」とも〕神の乗用のためのものとして神社に奉納されているウマ。

【神明】シンメイ 神。例天地―にちかう。

【神▼佑】シンユウ 神の助け。類天佑。表記「神▼祐」とも書く。

【神▼輿】シンヨ みこし 祭礼のときに神体を安置して、おおぜいでかつぐ輿。類御輿。例―を上げる(=立ち上がる。事にとりかかる)。―を据える(=腰をおちつけて動かない。ゆったりと構える)。

【神力】シンリキ 〔「ジンリキ」とも〕①不思議な力。②神の偉大な力。

【神霊】シンレイ ①神の(みたま)。例―の加護。②たましい。霊魂。例―が感応しあう。③霊妙な徳。

【神話】シンワ ①その民族の神を中心とした、天地の創造、民族の起源と歴史などを伝える伝説や物語。例出雲―・ギリシャ―。②〔実際にはなんの根拠もないのに〕いっぱんに絶対的なものと信じられている考え方やことがら。

●氏神・祭神・七福神・失神・守護神・主神・精神・天神

示5 【祟】 10画 6714 795F 音スイ漢 訓たた-る・たた-り

意味 鬼神(=天地万物の霊魂)が人にわざわいをくだすこと。また、そのわざわい。たたる。たたり。例禍祟カスイ(=わざわい。たたり)。

ネ5 【祖】 9画 3336 7956 教育5 音ソ漢呉

筆順 、ラネネ礻初祖祖

示5 【祖】 10画 1-8925 FA50 人名

なりたち [形声]「示(=かみ)」と、音「且シ→ソ」とから成る。始祖の霊をまつる廟。

意味 ❶祖先をまつるみたまや。例祖廟ソビョウ。❷父親の父母。例祖父ソフ。祖母ソボ。❸一族や国を開いた人。また、家系を受けついだ人々。例祖先ソセン。高祖コウソ(=遠い先祖)。❹事業や宗教の一派をはじめた人。また、ものごとのはじめ。もと。もとにする。受けつぐ。例祖述ソジュツ。元祖ガンソ。教祖キョウソ。始祖シソ。❺旅の道中の安全をいのる神。例道祖神ドウソジン。

難読 道祖神さえのかみ

人名 おや・さき・のり・はじめ・ひろ・もと

【祖業】ソギョウ 祖先が始めてから、代々受けついでいる事業や仕事。例―をうけて、さらに発展させた。

【祖語】ソゴ 〔言〕同じ系統の二つ以上の言語の、もととなる言語。母語。たとえば、ラテン語はフランス語・イタリア語・スペイン語などの祖語である。

【祖考】ソコウ 〔「考」は、亡父の意〕死んだ祖父。また、死んだ父。対祖妣ソヒ。

【祖国】ソコク (先祖から代々住んできて)自分の生まれた国。類母国。

【祖師】ソシ ①一派の学問を始めた師。②〔仏〕一宗一派を開いた僧。開祖。

【祖述】ソジュツ (名・する)師や先人の学説を受けつぎ、補い発展させながら学説をのべること。例師説の―に終始し、独自の説がない。

【祖神】ソシン 祖先である神。神としてまつった祖先。

【祖先】ソセン ①一族や一家の初代にあたる人。類始祖。②初代から先代までの人々。類先祖。対子孫。②生物が進化してきた、そのもとのもの。例人類の―。

【祖宗】ソソウ ①建国の祖と中興の祖。②初代から先代までの代々の君主。

【祖妣】ソヒ 〔「妣」は、亡母の意〕死んだ祖母。また、死んだ母。対祖考。

【祖▼廟】ソビョウ 祖先をまつるみたまや。

【祖父】ソフ 父母の父。おじいさん。

【祖父母】ソフボ 父母の父と母。おじいさんとおばあさん。

【祖母】ソボ 父母の母。おばあさん。

●開祖・元祖・教祖・始祖・先祖・父祖

示5 【祚】 10画 6715 795A 音ソ漢呉 訓さいわ-い

意味 ❶神のくださるしあわせ。さいわい。例天祚テンソ。❷天子の位。同阼ソ。例践祚センソ(=皇位をつぐ)。重祚チョウソ(=再び即位する)。

示5 【祓】 10画 6717 7953 音フツ漢 訓はら-う・はら-い・はら-え

意味 ❶神仏にいのって、わざわいや心身のけがれをのぞくこと。はらう。はらい。例夏越なごしの祓はらえ(=六月末におこなう、はらえ。六月祓みなづきばらえ)。❷のぞきさる。あらいきよめる。

ネ5 【祐】 9画 4520 7950 人名 音ユウ漢 訓たす-け・たす-ける

示5 【祐】 10画 1-8924 FA4F 人名

なりたち [形声]「示(=かみ)」と、音「右ユウ」とから成る。たすける。

意味 天や神仏が助ける。たすけ。たすける。例祐助ユウジョ。天祐テンユウ。

日本語での用法《ジョウ》律令制リツリョウセイの四等官シトウカンで、神祇官ジンギカンの第三位。判官ジョウ。「神祇ジンギの祐ジョウ」

人名 さち・じょう・すけ・たすく・ひろ・ひろし・まさ・ます・むら・よし

【祐助】ユウジョ 天のたすけ。類天祐・神助。

【祐筆】ユウヒツ ①貴人のそばに仕えた書記。記録係。②武家で、文書や記録をつかさどる役。表記 ▽「右筆」とも書く。

ネ5 【祢】 9画 ⇩【禰】ネ(729ページ)

示5 【祕】 10画 ⇩【秘】ヒ(733ページ)

示6 【祭】 11画 2655 796D 教育3 音セイ漢 サイ呉 訓まつ-る・まつ-り

筆順 ノクタタ𡗗𥘅祭祭

なりたち [会意]「示(=かみ)」と「又(=手)」と「月(=にく)」とから成る。手に肉を持って神に供える。まつる。

意味 神や祖先の霊をまつる。また、その儀式。例祭祀サイシ。祭礼サイレイ。冠婚葬祭カンコンソウサイ。

日本語での用法《サイ・まつり》毎年定例の、また記念の日などにおこなう、にぎやかなもよおし。「前夜祭ゼンヤサイ・文化祭ブンカサイ・時代祭ジダイまつり」

【祭器】サイキ 宗教上のまつりに用いる器具。類祭具。例―として用いた土器。

【祭儀】サイギ まつりの儀式。類祭礼。

【祭司】サイシ 宗教上の行事をつかさどる人。

【祭▼祀】サイシ 神や祖先などをまつること。類祭典。例―をとりおこなう。

【祭事】サイジ まつり。神事。例宵祭よいまつりの―。

【祭日】サイジツ ①神社で、まつりをおこなう日。②日本で、明治時代から敗戦前まで、皇室や国がおおやけの祭事をおこなった日。③一九四八(昭和二十三)年制定の「国民の祝日」のこと。

【祭主】サイシュ ①主シュになってまつりを進めおこなう人。②伊勢神宮イセジングウの神官の長。例―の宮みや。

【祭場】サイジョウ 神や祖先などをまつる儀式をおこなうところ。祭祀場サイシジョウ。→【斎場】(1114ページ)

【祭神】サイジン〔「サイシン」とも〕まつってある神。例春日神社の―。

【祭政一致】サイセイイッチ 祭(＝神をまつること)と政(＝政治)とは同一のものであるとする、古代社会の考え方。

【祭壇】サイダン 宗教の儀式をおこなうために設ける、小高い場所。また、その設備。

【祭典】サイテン ①まつり。また、その儀式。②まつりになぞらえておこなう、はなやかなもよおし。例民族の―。

【祭殿】サイデン まつりをおこなうための建物。

【祭服】サイフク 神官やキリスト教の司祭などが、儀式のときに着る衣服。

【祭文】一サイブン ①中国で、まつりのとき神前で読み上げる文。②死者をとむらい、まつる文。二サイモン ①〔「サイブン」とも〕日本で、神に告げる漢文風の文。②俗謡の一つ。三味線の伴奏で歌う。歌祭文うたザイモン。

【祭礼】サイレイ まつり。宗教上の儀式。

●司祭・葬祭・大祭・例祭

ネ6 【祥】10画 3045 7965 常用 音ショウ漢 訓さいわい

筆順 、ラ ネ ネ' ネ'' 祥 祥

示6 【祥】11画 1-8929 FA1A 人名

なりたち 祥 [形声]「示(＝かみ)」と、音「羊ヨウ→ショウ」とから成る。さいわい。

意味 ❶めでたいこと。よいこと。さいわい。例吉祥。❷(吉凶の)前ぶれ。きざし。例嘉祥(＝めでたいしるし)。瑞祥(＝めでたい前ぶれ)。❸喪もが明けたときの祭り。例小祥(＝一年祭)。大祥(＝三年祭)。

人名 あき・あきら・きざし・さか・さき・さち・さむ・ただ・なか・なが・ひろ・ひろし・やす・やすし・よし・よしみ

【祥雲】ショウウン めでたいことが起こるきざしの雲。類瑞雲。

【祥気】ショウキ めでたいことが起こりそうな気配。

【祥▼瑞】ショウズイ めでたいことの起こる前ぶれ。類瑞祥・吉兆

【祥月】ショウつき 一周忌後の、その人の亡くなった月にあたる月。

【祥月命日】ショウつきメイニチ 人の死後毎年めぐってくる、その人の亡くなった月日と同じ月日。

●吉祥・清祥・発祥・不祥

示6 【票】11画 4128 7968 教育4 音ヒョウ漢 訓ふだ

筆順 一 冂 覀 覀 覀 票 票 票

なりたち [会意] 本字は「㶾」で、「火(＝ひ)」と「䙴(＝高くのぼる)」の省略体とから成る。火が飛ぶ。

意味 ❶火の粉が飛び散るようす。また、軽くまい上がるようす。❷切手。てがた。ふだ。例証票。伝票。❸選挙や採決に用いる用紙。また、それを数えることば。例一票。投票。

【票決】ヒョウケツ (名・する)投票で決めること。例―を求める。

【票田】ヒョウデン 選挙で、その候補者にとって得票の多い地域。

●開票・伝票・投票・得票・満票

ネ7 【祷】11画 ⇩【禱】トウ(729ページ)

ネ8 【祺】13画 6718 797A 音キ漢 訓さいわ-い・よ-し

意味 めでたい。さいわい。例祺祥(＝さいわい。めでたいこと)。

示8 【禁】13画 2256 7981 教育5 音キン漢 コン呉 訓とど-める

筆順 一 十 オ 木 林 林 埜 禁 禁

なりたち 禁 [形声]「示(＝かみ)」と、音「林リン→キン」とから成る。いみさける。

意味 ❶不吉なことをさける。いむ。例禁忌。❷してはいけないこととして、やらせない。とどめる。きんじる。例禁止。解禁。❸とじこめる。例禁固。監禁。❹いっぱんの人がはいれない神聖なところ。天子のすまい。例禁中。

【禁圧】キンアツ (名・する)力でおさえつけ、禁止すること。例自由な行動を―する。

【禁煙】キンエン 一(名)①禁中のけむり。宮中から立ちのぼるけむり。②火を用いることをやめて、冷たい食事をとること。二(名・する)タバコを吸うことを禁止すること。また、タバコを吸う習慣をやめること。例―して養生する。

【禁戒】キンカイ 禁じいましめること。例―をおかす。

【禁忌】キンキ ①忌いみはばかって、禁止されていること。タブー。②さしさわるとして、特定の薬や治療をさけること。

【禁句】キンク ①言ってはならないことば。また、使うことをさけることば。②和歌や俳句などで使ってはならない語句。止め句。

【禁固】キンコ ①仕官の道をふさぎとめること。②一室に閉じこめて外に出さないこと。③〔法〕刑務所に入れておくだけで、強制労働をさせない刑罰。対懲役。例―刑。

表記 ▽「禁錮」とも書く。

【禁獄】キンゴク (名・する)牢獄に閉じこめておくこと。

【禁札】キンサツ 禁止することをしるした立てふだ。たとえば、「花の枝を折るな」「立ち入り禁止」など。

【禁止】キンシ (名・する)差しとめること。命令や規則などによって発言や行為などを許さないこと。対許可。例遊泳―。入室を―する。

【禁酒】キンシュ (名・する)飲酒を禁止すること。また、飲酒の習慣をやめること。

【禁書】キンショ 法律や命令で、特定の書物の出版や販売、あるいは閲覧を禁止すること。また、その書物。例カトリック教会の―。

【禁制】キンセイ (名・する)〔古くは「キンゼイ」とも〕とり決めや規則によってある行為を禁じること。例女人―。

【禁足】キンソク (名・する)外出を禁止すること。足止め。

【禁帯出】キンタイシュツ 外への持ち出しを禁止すること。例―の貴重な本。

【禁断】キンダン してはいけないと禁じること。類禁止・禁制。例殺生―の地。

【禁断症状】キンダンショウジョウ タバコ・アルコール飲料・麻薬などの長い慣用から依存症になり、急にやめると起こる、異常な症状。例―に苦しむ。

【禁断の木の実】キンダンのこのみ 『旧約聖書』にある、神から食べることを禁じられていた、エデンの園の知恵の木の実。また、禁じられている快楽。

【禁治産】(「キンジサン」とも) 心神に欠陥がある者を保護するために、後見人をつけて財産の管理をさせること。また、その制度。現在では成年後見制度が導入されている。

【禁中】天子の住居。㊩宮中・禁裏。

【禁鳥】法律によって、捕獲することが禁じられている鳥。保護鳥。

【禁転載】出版物の文章や写真などを、他のものに掲載することを禁止すること。

【禁物】してはいけないこと。さけるべきこと。例油断―。

【禁輸】輸出入を禁止すること。例武器―をゆるめる。

【禁欲】(名・する) 欲望、とくに性欲を禁じおさえること。例―生活。表記 ㊍禁▼慾
【禁裏】天子の住居。㊩宮中・禁中。表記「禁▼裡」とも書く。

【禁猟】鳥やけものなどの捕獲を法律で禁止すること。例―区。

【禁漁】(「キンギョ」とも) 魚介類や海藻などの水産物をとることを、条例や規約によって禁じること。例―水域。

【禁令】ある行為を禁止する法律や命令。㊩禁制・法度。例―を破る。―にそむく。
●解禁・監禁・厳禁・国禁・失禁・軟禁・発禁

ネ8 【禄】12画 4729 7984 人名 音ロク漢呉 訓ふち・さいわい

示8 【祿】13画 6719 797F 人名

なりたち [形声]「示(=かみ)」と、音「彔ロク」とから成る。さいわい。

意味 ❶天からあたえられた幸さち。さいわい。例美禄(=酒をさしていう)。福禄(=さいわい)。❷役人の俸給。ふち。例禄米。俸禄。

人名 さち・とし・とみ・よし

【禄位】俸給と官位。官職につくこと。

【禄仕】(名・する) 俸給を受け、仕官すること。

【禄爵】(「爵」は、公・侯・伯・子・男の身分をあらわす位の意) 俸給と爵位。

【禄高】俸給としてもらう扶持米の量。


【禄米】俸給としてもらう米。扶持米。
●家禄・貫禄・高禄・微禄・俸禄・無禄

示8 【稟】13画 ⇩【稟】ヒン(736ページ)

示8 【祿】13画 ⇩【禄】ロク(728ページ)

ネ9 【禍】13画 1850 798D 常用 音カ漢 訓わざわい

筆順 ネ ネ ネ ネ 祸 禍 禍 禍

示9 【禍】14画 1-8931 FA52 人名

なりたち [形声]「示(=かみ)」と、音「咼カ」とから成る。神のくだすわざわい。

意味 ❶神のとがめ。悪いできごと。わざわい。㊊福。例禍福。惨禍。❷わざわいをあたえる。わざわいする。

難読 禍まが つ日ひ

人名 まが

【禍害】わざわい。㊩災難。

【禍根】わざわいのもと。例―を残す。今こそ―を断たねばならない。

【禍福】わざわいとしあわせ。災難と幸福。

【禍福はあざなえる縄のごとし】禍福は、より合わせた縄のようにからみ合って、かわるがわるやってくるものだ。→【塞翁が馬】(238ページ)
▽【禍は口より生ず】災難は、不用意なことばを言うのがもとで生じる。口には注意せよといういましめ。
▽【禍を転じて福となす】わざわいをうまく処理して、逆に成功や幸福のきっかけとする。
●奇禍・災禍・惨禍・水禍・舌禍・戦禍・筆禍・輪禍

示9 【禊】14画 6720 798A 音ケイ漢 訓みそぎ・はら-う

意味 水浴びをして身のけがれや罪をはらいきよめる祭り。みそぎ。また、みそぎをする。きよめる。はらう。例禊宴(=みそぎの日の宴会)。

ネ9 【禅】13画 3321 7985 常用 音セン漢ゼン呉 訓ゆず-る

筆順 ネ ネ ネ ネ 禅 禅 禅 禅

示12 【禪】17画 6724 79AA 人名

なりたち [形声]「示(=かみ)」と、音「單タン→セン」とから成る。天地をまつる。

意味 ❶天子がおこなう天地をまつる儀式。例封禅。❷天子の位を有徳者にゆずる。ゆずる。例禅譲。❸心を静かにして真理をさとるための修行。例座禅。参禅。❹「禅宗」の略。例禅僧。禅門。

人名 さと・さとる・しず・しずか・よし

【禅院】禅宗の寺。

【禅家】(「ゼンカ」とも) 禅宗。また、禅宗の寺。

【禅語】禅宗で用いることば。

【禅刹】禅宗の寺。

【禅師】(「ゼンシ」とも) ①禅の道をきわめた、徳の高い僧。例白隠―。②中国および日本で、朝廷から高徳の僧におくられた尊号。③僧。法師。

【禅室】①座禅をする部屋。②禅僧の部屋。③禅宗で、住職や寺の主。

【禅宗】座禅によってさとりを開こうとする仏教の一宗派。文字によらず、理論を語らず、以心伝心(=ことばを使わなくても心の中が通じあえること)を重んじる。日本には臨済宗・曹洞宗・黄檗宗の三派がある。

【禅▼杖】①座禅のとき、ねむる者をいましめるために打つ、つえ。警策。②禅僧が持つ、つえ。

【禅定】座禅で、精神を統一して無我の境地にはいること。無念無想の状態になること。例―に入る。

【禅譲】(名・する) 天子が在世中に、天子となるにふさわしい人を得て、その位をゆずりわたすこと。理想的な政権交代とされた。㊊放伐。

【禅僧】禅宗の僧。また、座禅をおこなう僧。

【禅寺】禅宗の寺。禅林。

【禅堂】禅宗の寺の建物。また、座禅をするところ。

【禅尼】仏門にはいった女性。また、禅を修行する女性。㊊禅門。

【禅味】①座禅のときの静かですんだおもむき。②俗気をはなれた、さっぱりとしたおもむき。例―を解する。例老境にはいって―を加える。

【禅門】(ゼンモン) ①禅宗。②仏門にはいった男性。また、禅を修行する男性。対禅尼(ゼンニ)。

【禅問答】(ゼンモンドウ) ①禅宗の僧(ソウ)が道を求めさとりを開くためにおこなう問答。②論理をこえていて、わかりにくいことばのやりとり。

【禅林】(ゼンリン) 禅宗の寺。禅寺(ぜんでら)。

【禅話】(ゼンワ) 禅宗の講話。
●座禅(ザゼン)・参禅(サンゼン)・友禅(ユウゼン)

示9 ネ9 【禎】13画 3687 798E 人名 音テイ漢 訓さいわ-い

なりたち 禎 [形声]「示(=かみ)」と、音「貞(テイ)」とから成る。さいわい。

意味 めでたいしるし。めでたい。また、さいわい。例 禎祥(テイショウ)(=めでたいしるし)。

人名 さだ・さだむ・さち・ただ・ただし・ただす・つぐ・とも・よし

ネ9 【福】13画 4201 798F 教育3 音フク漢呉 訓さいわ-い

示9 【福】14画 1-8933 FA1B 人名

筆順 ラ ネ ネ 礻 礻 福 福 福 福

なりたち 福 [形声]「示(=かみ)」と、音「畐(フク)」とから成る。すべてがうまくいく。

意味 ❶しあわせ。さいわい。対禍(カ)。例 幸福(コウフク)。至福(シフク)。❷さいわいをあたえる。例 祝福(シュクフク)。

人名 おさ・おさむ・さき・さち・たる・とし・とみ・とむ・ね・むら・めぐみ・めぐむ・やす・やすし・ゆたか・よし

【福音】(フクイン) ①喜ばしい知らせ。例 病人にとっての━。②神がキリストによって伝えた、人類救済の教え。例 ━書。

【福運】(フクウン) 幸福になる運命。幸福と幸運。例 ━にめぐまれる。

【福祉】(フクシ) ①さいわい。幸福。②老人・児童・病人・障害者などの、日常生活の安定と向上をはかること。例 ━国家。━事業。

【福寿】(フクジュ) 幸福で長生きすること。例 ━の相。

【福寿草】(フクジュソウ) 多年草の草花の一つ。早春に黄色の花をつける。めでたい花として正月のかざりに使われる。

【福神】(フクジン) 福の神。幸福をさずける神。例 七━。

【福助】(フクすけ) ①ちょんまげを結(ゆ)い、かみしもを着て、正座している人形。頭が大きく顔がふっくらとしていて、福を招くという。②頭が大きく顔がふっくらとした人。

【福相】(フクソウ) 幸運にめぐまれる人相。ふくぶくしい顔のようす。対貧相(ヒンソウ)。

【福地】(フクチ) ①幸運をもたらす土地。また、肥沃(ヒヨク)な土地。②極楽(ゴクラク)。また、神仙(シンセン)の住むところ。

【福茶】(フクチャ) クロマメやコンブ、うめぼしなどをまぜた、せん茶。正月に長寿(チョウジュ)を祝って飲む。

【福徳】(フクトク) 幸福と利益。よいおこないをして、幸運や財産にめぐまれていること。例 ━をさずかる。

【福引き】(フクびき) くじ引きで景品をあてさせること。また、そのくじ。

【福袋】(フクぶくろ) いろいろな品物を入れて封(フウ)をし、各人に選び取らせる、安く売り出すふくろ。正月の商店などで見られる。

【福豆】(フクまめ) 節分にまく、いったマメ。

【福耳】(フクみみ) 耳たぶの大きい耳。幸福になる相といわれる。

【福利】(フクリ) 幸福と利益。例 ━厚生(コウセイ)。

【福▼禄】(フクロク) 幸福。しあわせ。

【福▼禄寿】(フクロクジュ) ①幸福と長寿。②七福神のひとり。背が低くて頭が長く、長いひげをたくわえ、経巻(キョウカン)を結びつけたつえを持ち、ふつう、ツルを従えている。福禄人。福禄神。

【福笑い】(フクわらい) 正月の遊びの一つ。顔の輪郭(リンカク)を書いた紙の上に、眉(まゆ)・目・鼻・口の紙片を置き、できあがりを楽しむもの。
●禍福(カフク)・眼福(ガンプク)・口福(コウフク)・幸福(コウフク)・至福(シフク)・祝福(シュクフク)・招福(ショウフク)・冥福(メイフク)・裕福(ユウフク)

示10 【禝】15画 ⇩【稷】(ショク)(737ページ)

示12 【禧】17画 6722 79A7 音キ漢 訓さいわ-い

意味 よろこばしく、めでたい。さいわい。例 新禧(シンキ)(=新年のよろこび)。

示12 【禦】17画 2190 79A6 音ギョ漢ゴ呉 訓ふせ-ぐ

意味 くいとめる。ふせぐ。同御(ギョ)。例 制禦(セイギョ)。防禦(ボウギョ)。

示12 【禪】17画 ⇩【禅】(ゼン)(728ページ)

示13 【禮】18画 ⇩【礼】(レイ)(722ページ)

示14 【禱】19画 1-8935 79B1 人名 音トウ漢呉 訓いの-る・いの-り

ネ7 【祷】11画 3788 7977 人名 俗字

意味 神に告げて幸福をもとめる。いのる。いのり。例 祈禱(キトウ)。黙禱(モクトウ)。

示14 【禰】19画 3909 79B0 人名 音ネ慣 デイ漢

ネ5 【祢】9画 3910 7962 人名 俗字

意味 父の霊(レイ)をまつるところ。父の廟(ビョウ)。例 禰祖(デイソ)(=父や祖先をまつる、みたまや)。

日本語での用法 《ね》「ね」の音をあらわす万葉がな。「禰宜(ねぎ)・美禰子(みねこ)(=人名)」

【禰宜】(ねぎ) 神社に奉職(ホウショク)する神職の階級で、宮司(グウジ)または神主(かんぬし)に次ぐ。

示17 【禳】22画 6726 79B3 音ジョウ漢 訓はら-う・まつ-り

意味 神にいのって、わざわいをのぞき去る。はらう。例 禳災(ジョウサイ)(=わざわいをはらう)。

【禳▼禱】(ジョウトウ) (名・する) 神をまつってわざわいをはらい、幸いをいのること。

114 5画 禸 じゅうのあし ぐうのあし 部

けものの足あとの形をあらわす。「禸」の字の音は、ジュウ。「禺(グウ)」の字にある脚(あし)(=漢字の下がわの部分)であることから「ぐうのあし」ともいう。「禸」をもとにしてできている漢字を集めた。

4 禹 禺 8 禽

この部首に所属しない漢字

離⇩隹1047 黐⇩黍1110

[示(ネ)部] 9―17画 ● 禎 禎 福 福 禝 禧 禦 禪 禮 禱 禰 禳

[禸部]

5画

内 4 **【禹】** 9画 6727 79B9 音ウ漢

意味 中国古代の伝説上の聖王。夏カ王朝の開祖とされる。例夏禹カウ。

【禹域】ウイキ 「中国」の別名。中国古代の夏カの禹王が洪水コウズイを治め、中国の国境を正したという伝説にもとづく。

【禹行▼舜▼趨】ウコウシュンスウ 〔聖天子とされる、禹の歩き方と舜シュンの走り方〕聖人の表面的な動作を見習うだけで内容がともなわないこと。

内 4 **【禺】** 9画 6728 79BA 音グウ慣グ漢 訓さる

意味 けものの名。オナガザル。

内 8 **【禽】** 13画 2257 79BD 人名 音キン漢 訓とり

意味 ❶鳥類のこと。とり。例禽獣キンジュウ。家禽カキン(=食用などのため家で飼う鳥)。猛禽モウキン。〔古くは、鳥やけものをまとめていうことば。五禽ゴキンは、トラ・シカ・クマ・サル・鳥〕❷とりこ(にする)。同擒キン。例禽獲キンカク(=とりこにする)。

【禽獣】キンジュウ 鳥やけもの。例―に等しい行為コウイ。

【禽鳥】キンチョウ とり。鳥類。

115 5画 禾 のぎ のぎへん 部

穂先ほさきのたれた穀物の形をあらわす。片仮名かたかなの「ノ」と漢字の「木き」を合わせた形に似ているので「のぎ・のぎへん」という。「禾」をもとにしてできている漢字と、「禾」の字形を目じるしにして引く漢字とを集めた。

0 禾 2 私 秀 禿 3 秇 秉 4 科 秋 秕 秒 秌 5 秧 秬 称 秤 秦 租 秩 秡 秘 秣 6 移 7 稈 稀 税 稍 程 稅 程 8 稘 稚 稠 稙 稔 稗 稟 稜 9 穀 種 稲 稱 10 稼 稽 稿 稷 穂 穃 稾 穀 稺 稲 11 穎 穏 積 穆 稽 穐 12 穂 穉 13 穢 穫 穠 穡 14 穩 16 龝 17 穰

この部首に所属しない漢字

利⇩刂 134 和⇩口 200 委⇩女 273 季⇩子 285 香⇩香 1079 黍⇩黍 1109 黎⇩黍 1109 黐⇩黍 1110

禾 0 **【禾】** 5画 1851 79BE 人名 音カ漢呉 訓いね・のぎ

意味 穀物。アワ、また、イネを指す。例禾穂カスイ(=イネの穂ほ)。禾本科カホンカ。

日本語での用法 《のぎ》イネやムギなどの穂ほの先にある、細い針のような毛。

人名 いな・つとむ・ひいず・ひで

【禾本科】カホンカ 植物の分類上の名。「イネ科」のもとの言い方。イネ・ムギ・トウモロコシ・ススキ・タケ・ササなど。

禾 2 **【私】** 7画 2768 79C1 教育6 音シ漢呉 訓わたくし・わたし・ひそ-か

筆順 ノ 二 千 禾 禾 私 私

なりたち [形声]「禾(=いね)」と、音「厶シ」とから成る。イネ。借りて「わたくし」の意。

意味 ❶〔公おおやけに対して〕個人的な。自分の。わたくし。対公コウ。例私財シザイ。公私コウシ。❷自分かってな。わたくしする。かたよった。例私心シシン。私利私欲シリシヨク。❸こっそりと。秘密の。ひそか。例私語シゴ。私淑シシュク。私通シツウ。

日本語での用法 《わたくし・わたし》自分を指すことば。「私わたくしの希望キボウを申もうします・私わたしの家族カゾク」

難読 私語ささめごと・私市きさいち(=地名・姓セイ)

人名 とみ

【私案】シアン 個人的な、自分だけの考え。例改革のための―。

【私意】シイ 自分の個人的な考えや意見。自分かってな心。例―をさしはさむ。―によって改める。

【私営】シエイ 個人の経営。対公営・官営・国営。

【私益】シエキ 個人の利益。私利。対公益。

【私怨】シエン 個人的なうらみ。例いつまでも―を捨てない。

【私家】シカ ①自分(所有)の家。私宅。②個人。例―集。

【私学】シガク 私立の学校。対官学。

【私記】シキ 個人的な記録。例方丈記ホウジョウキ―。

【私議】シギ 一(名)自分ひとりの意見。二(名・する)かげで批判すること。ひそかにそしること。

【私刑】シケイ 法律によらないで、またはおおやけに認められる手続きをとらないで、個人や群衆が、かってにおこなう制裁。リンチ。

【私見】シケン 自分の個人的な意見。例―を発表する。

【私権】シケン 私法上認められる権利。身分権・財産権・人格権など。対公権。例―を制限する。

【私語】シゴ(名・する)ひそかに話すこと。また、その話。ひそひそ話。例会議中に―する。―を禁止する。

【私行】シコウ ①一個人としての、私生活上の行為コウイ。②自分かってな行為。

【私財】シザイ 個人の財産。例―を寄付する。―を投じる。

【私史】シシ 個人の書いた歴史書。野史。対正史。

【私事】シジ ①個人的なことがら。わたくしごと。対公事。例―にわたってくわしく述べる。②私生活上の秘密。例他人の―をあばく。

【私室】シシツ 自分の部屋。個人の使用する部屋。

【私淑】シシュク(名・する)直接に教えを受けないが、ひそかにその人を尊敬し、手本として学ぶこと。例その作品を通じて―していた作家。

【私塾】シジュク 個人で経営する小さな学校。家塾。

【私書】シショ 個人的な手紙。私信。

【私書箱】シショばこ 「郵便私書箱」の略。郵便局内に備えてあり、個人専用に有料で貸す、郵便受け取り箱。

【私傷】シショウ 公務中でないときに受けたきず。対公傷。

【私情】シジョウ ①自分の個人的な感情。例―を述べる。②自分の利益を考える心。例―をさしはさむ。

【私小説】シショウセツ ①作者自身の生活を題材とし、その心境を告白していく小説。わたくし小説。②一人称イチニンショウで書かれた小説。イッヒロマン。

【私心】シシン ①自分の個人的な考え。②自分の利益やつごうだけをはかる心。例―をもたない人。

【私信】シシン 個人的な手紙。

【私人】シジン 公的な地位や立場をはなれた個人。対公人。例―としての発言。

【私製】シセイ 個人や民間で作ること。また、作ったもの。対官製。例―はがき。

【私生活】シセイカツ おおやけの立場を別にした、日常における個人としての生活。
【私生児】シセイジ 〔もと、法律では「私生子シ」といった〕「嫡出チャクシュツでない子」の、もとのいっぱん的な言い方。法律上夫婦フウフでない男女のあいだに生まれた子供。
【私設】シセツ（名・する）個人・民間で設立すること。また、そのもの。対公設・官設。例―の研究所。
【私▼撰】シセン 勅命チョクメイや官命によらず個人が作品をえらんで編集すること。また、そうしてできた本・作品集。対勅撰・官撰。例―の歌集。
【私選】シセン（名・する）個人がえらぶこと。対国選・公選・官選。例―弁護人。
【私蔵】シゾウ（名・する）個人が所蔵し、しまっておくこと。また、そのもの。例―の書物。
【私通】シツウ（名・する）夫婦フウフでない男女が、ひそかに夫婦同様の親しい関係を結ぶこと。密通。
【私邸】シテイ 個人の家屋敷やしき。私宅。対官邸・公邸。
【私的】シテキ（形動ダ）おおやけの立場ではなく、個人として関係するようす。個人的。プライベート。対公的。例―な話。
【私闘】シトウ（名・する）個人的な理由で争うこと。
【私道】シドウ 私有地内につくった道路。対公道。
【私版】シハン ①民間で出版すること。また、その出版物。対官版。②自費で出版すること。また、その出版物。私家版。
【私費】シヒ 個人で支出する費用。対公費・官費。例―留学。―を投じる。
【私服】シフク ①制服ではない、個人の服。対制服。②仕事の必要上、「①」を着て任務につく刑事ケイジや巡査ジュンサ。
【私腹】シフク 自分個人の利益や財産。自分のふところ。例―を肥やす。
【私物】シブツ 個人の所有物。例―化する。―を持ちこむ。
【私憤】シフン 個人的ないかり。対公憤。例―を晴らす。
【私文書】シブンショ ①個人の立場でつくった文書。②公文書でない文書。例―を偽造ギゾウする。▽対公文書。
【私兵】シヘイ 個人が養成し、維持イジしている兵・軍隊。
【私法】シホウ〔法〕個人の権利や義務を規定した法律。民法・商法など。
【私有】シユウ（名・する）個人のものとして持っていること。対公有・国有。例―地。
【私用】シヨウ 一（名・する）おおやけの用ではなく、自分だけのために使うこと。例官費で買ったものを―する。二（名）個人的な用事。例勤務中に―で外出する。▽対公用。
【私欲】シヨク 自分だけの利益をのぞむ気持ち。例私利―。
表記 旧私▼慾
【私利】シリ 自分だけの利益。例―私欲。
【私立】シリツ 国や地方公共団体ではなく、個人または法人が設立し運営すること。また、そのもの。わたくしりつ。対公立・国立・官立。例―学校。
【私論】シロン 自分だけの個人的な意見。例―を述べる。
【私話】シワ ひそひそ話。私語。

禾2 **【秀】** 7画 2908 79C0 常用 音シュウ漢 訓ひい-でる

筆順 ノ 二 千 千 禾 禾 秀

なりたち [会意]「禾(=いね)」と「乃(=もみの中の実)」とから成る。イネがのびて実がなる。

意味 イネの穂ほが高くのびる。転じて、すぐれている。ひいでる。例秀才シュウサイ。俊秀シュンシュウ。優秀ユウシュウ。

難読 秀倉くら

人名 さかえ・しげ・しげる・すえ・すぐる・すぐれ・ひいず・ひで・ひでし・ほ・ほず・みつ・みのる・よし

【秀逸】シュウイツ（名・形動ダ）とびぬけてすぐれていること。また、そのもの。例―な作品。文章も理念も―である。
【秀歌】シュウカ すぐれた和歌。例『古今集コキンシュウ』中の―を集める。
【秀吟】シュウギン すぐれた詩歌シイカ。例いっぱんから―を募つのる。
【秀句】シュウク ①すぐれた詩歌シイカ・俳諧ハイカイ。類秀吟シュウギン。②たくみな言いかけの表現。じょうずなしゃれ。
【秀才】シュウサイ ①すぐれた才能があって、学問のよくできる人。英才。例―のほまれ高い好青年。②漢代、州の長官から官吏カンリとして推薦スイセンされた人。③科挙(=役人の採用試験)の試験科目の名。また、科挙の合格者。
【秀作】シュウサク すぐれた作品。対凡作ボンサク・愚作グサク・駄作ダサク。
【秀抜】シュウバツ（名・形動ダ）他よりぬきんでて、すぐれていること。例成績の―な学生。
【秀峰】シュウホウ 高くそびえ立っているみね。例―津軽富士つがるふじ。
【秀麗】シュウレイ（名・形動ダ）すぐれて美しいこと。例眉目ビモク―な青年。

禾2 **【禿】** 7画 3837 79BF 音トク漢 訓はげ・は-げる・かむろ

意味 ❶頭の毛がぬけてなくなる。はげる。はげ。例禿翁トクオウ(=頭のはげた老人)。禿頭トクトウ。❷山に草木のないこと。例禿山トクザン(=はげ山)。❸(筆の)先の部分がすりきれること。例禿筆トクヒツ。

日本語での用法《かぶろ・かむろ》頭髪トウハツをおかっぱに切ること。また、その姿の女の子。「髪かみを禿かぶろに切きる・禿かむろや下女ゲジョ」

難読 禿筆ちびふで

【禿頭】トクトウ かみの毛がぬけてなくなったあたま。また、その人。はげあたま。光頭。例―病。
【禿髪】トクハツ 頭がはげること。また、はげ頭。
【禿筆】トクヒツ ①先がすり切れたふで。ちびふで。②自分の書や文章をけんそんしていうことば。例―を呵カして拙書セッショをたてまつる(=ちびた筆で、つめたくこごえた指先に息を吹きかけつつ書いた下手へたな手紙をさしあげます、の意)。

禾3 **【秇】** 8画 2-8280 79C7 音一ゲイ漢呉 二シュウ漢呉

意味 一ゲイ ❶草木を植え育てる。同芸ゲイ。❷わざ。同芸。二シュウ とらえる。とる。同執シュ。

禾3 **【秉】** 8画 6729 79C9 音ヘイ漢 訓と-る

意味 手ににぎって持つ。とる。例秉燭ヘイショク。

【秉▼燭】ヘイショク ①ともしびをかざすこと。②〔「燭(=あかり)を秉とる」意から〕火をともす時刻。火ともしごろ。夕刻のたとえ。

禾4 **【科】** 9画 1842 79D1 教育2 音カ漢呉 訓とが・しな

筆順 ノ 二 千 千 禾 禾 禾 科 科

なりたち [会意]「禾(=いね)」と「斗(=はかる)」とから成る。作物の品定めをする。

意味 ❶ものごとを程度や種類によって分けたもの。等級。しな。例科目カモク。学科ガッカ。❷法律の箇条カジョウ。法律。例科条。❸法によって罪や税を定める。また、罪。とが。例科料・罪科・前科。❹役者の動作。しぐさ。例科白。

【科役】カエキ・カヤク 租税と夫役(=義務で公共の工事に労力を提供すること)。表記「課役」とも書く。

【科学】カガク ①一定の目的・方法・原理によって、事物や現象について研究し、その結果を体系的に整理し、まとめあげる学問。自然科学・社会科学・人文科学など。サイエンス。例—技術。②とくに、自然科学。サイエンス。例—博物館。

【科挙】カキョ〔科目によって人材を挙用する意〕中国で、清代までおこなわれていた、役人の採用試験。

【科条】カジョウ ①法律や規則の条文。②法律や規則。

【科第】カダイ ①試験によって優劣の順序を決めること。②「科挙」に同じ。

【科斗】カト オタマジャクシ。表記「▼蝌▼蚪」とも書く。

【科斗文字】カトモジ 中国古代の文字。その文字の形がオタマジャクシに似ている。表記「▼蝌▼蚪文字」とも書く。

【科白】㊀カハク 役者のしぐさと、せりふ。㊁せりふ ①役者が劇中人物として言うことば。台詞。例絶妙の—まわし。②ものの言い方。言いぐさ。例それが年長者に向かって言う—か。③きまり文句。例よく聞く—だ。

【科目】カモク ①いくつかに区分したときの一つ一つの項目。②学問上または教育上、取りあつかう範囲を分類するときの区分。表記②は「課目」とも書く。

【科料】カリョウ 刑罰の一つ。財産刑で、軽い犯罪に対してはらわせる少額(=千円以上一万円未満)のお金。〔ふつう、「過料」と区別して「とがリョウ」という〕

●医科・学科・家庭科・教科・外科・工科・罪科・歯科・社会科・生活科・前科・内科・百科・分科・法科・薬科・理科

禾4 **【秋】** 9画 2909 79CB 教育2 音シュウ漢 訓あき・とき

筆順 ノ 二 千 千 禾 禾 秒 秋

禾4 【秌】 9画 2-8281 79CC 本字

禾11 【穐】 16画 1612 7A50 別体字

禾16 【龝】 21画 6752 9F9D 古字

【禾部】4画●秋 秕 秒 秌

なりたち 秌 〔形声〕「禾(=いね)」と、音「龜ショウ→シュウ」の省略体とから成る。イネがみのる。

意味 ❶四季の第三。立秋から立冬までのあいだ。ほぼ九月・十月・十一月。陰暦では七月・八月・九月。穀物のみのるころ。あき。対春。例秋分・仲秋。❷としつき。歳月。例春秋・一日千秋。❸たいせつな時期。とき。例危急存亡之秋。

参考 異体字「穐」「龝」は「千穐楽」「千龝楽」として用いることがある。〔めでたい言葉を書く場合に、「秋」の字に含まれる「火」の字を避けた表記〕

人名 あきら・おさむ・とし・みのり・みのる

【▽秋▽刀▽魚】さんま サンマ科の魚。体長は約四〇センチメートル。背は青黒く、腹は銀白色。体は細長く、吻はとがる。秋に美味となる。

【秋雨】シュウウ・あきさめ 秋に降る冷たい雨。秋の雨。例—にけむる山。

【秋海▼棠】シュウカイドウ シュウカイドウ科の多年草。九月ごろ、あわいうすべに色の花がさく。

【秋気】シュウキ 秋のけはい。例爽涼の—。

【秋季】シュウキ 秋の季節。例—運動会。

【秋期】シュウキ 秋の期間。例—の景気の動き。

【秋月】シュウゲツ ①秋の夜の月。例—天に高し。②秋の季節。

【秋▼毫】シュウゴウ ①秋になって生え変わったばかりの、けものの細い毛。②わずか。少し。細いもの。例—の末(=きわめて細かなもののたとえ)までも見落とさない。

【秋思】シュウシ 秋のころのものおもい。秋の悲しみ。例—の歌。

【秋日】シュウジツ 秋の日。

【秋色】シュウショク 秋の景色。秋の気配。例—蕭蕭。

【秋水】シュウスイ ①秋のすみわたった水。②清らかなもののたとえ。③鏡や刀剣など、とぎすましたもののたとえ。例三尺の—(=とぎすました刀のたとえ)。

【秋成】シュウセイ 秋の実り。農作物などが秋に実ること。

【秋声】シュウセイ 秋のこえ。秋風のものさびしい音や木の葉の散る音などをいう。例階前の梧葉すでに—。

【秋扇】シュウセン ①秋になって使わなくなったおうぎ。②男の愛情を失い、かえりみられない女性のたとえ。

【秋霜】シュウソウ ①秋のしも。②〔秋のしもが草木を枯らすことから〕激しい威力や強固な意志、厳しい刑罰のたとえ。③白髪のたとえ。

【秋霜烈日】シュウソウレツジツ 〔秋の冷たく厳しい霜と、夏の強く激しい日差しの意から〕刑罰や権威の厳しさのたとえ。例非を憎むこと—の如し。

【秋天】シュウテン ①秋の空。例—一碧。②秋の季節。

【秋波】シュウハ ①秋のすみきった水の波。②美人のすずしい目もと。③異性の気を引くためにする色っぽい目つき。ながし目。いろ目。例—を送る。

【秋風】㊀シュウフウ 秋の風。例—が立つ。㊁あきかぜ〔「秋」を「飽き」にかけて〕相手に対する愛情がさめること。

【秋分】シュウブン 二十四節気の一つ。九月二十三日ごろ。秋の彼岸の中日にあたる。対春分。例—の日。

【秋夜】シュウヤ 秋の夜。例—歳のごとし(=秋の長い一夜は、まるで一年ほどにも感じられる)。

【秋冷】シュウレイ 秋のひややかな空気・気配。〔多く、「秋冷の候」の形で手紙文に使う〕対春暖。

●初秋・千秋・中秋・仲秋・麦秋・晩秋・立秋

禾4 **【秕】** 9画 6730 79D5 音ヒ漢 訓しいな

意味 ❶皮だけで実のない、もみ。しいな。例秕糠(=しいなと、ぬか。役に立たないもの)。❷けがれた。わるい。例秕政(=悪い政治)。

禾4 **【秒】** 9画 4135 79D2 教育3 音ビョウ漢

筆順 ノ 二 千 千 禾 利 秒 秒

なりたち 〔形声〕「禾(=いね)」と、音「少ショウ→ビョウ」とから成る。イネのほさき。

意味 ❶イネやムギなどの穂の先にある細い針のような毛。のぎ。❷かすかな。わずかな。すこし。❸時間・角度・経緯度の単位。一分の六十分の一。例秒針・秒速。

【秒針】ビョウシン 時計の、秒を示すはり。対分針・時針。

【秒速】ビョウソク 一秒間にどれだけ進むかであらわした速さ。対分速・時速。

【秒読み】びょうよみ 秒単位で時間をかぞえること。例—の段階に入る。

禾4 【秌】 9画 ⇩【秋】シュウ(732ジペー)

禾5 **【秧】** 10画 6731 79E7 音ヨウ漢 オウ呉 訓う-える・なえ

意味 ❶イネの苗。なえ。例秧稲。挿秧(=田植え)。❷植物の苗。例瓜秧(=ウリの苗)。❸幼魚や幼獣。例魚秧。

【秧鶏】オウケイ・くいな 鳥の名。クイナ。

【秧歌】オウカ・ヤンコ 〔「ヤンコ」は、現代中国音〕①田植え歌。②中国の農村の田植え歌。

【秧稲】オウトウ ①イネのなえ。②イネのなえを植えること。

禾5 **【秬】** 10画 6732 79EC 音キョ漢 訓きび・くろきび

意味 黒いキビ。クロキビ。例秬酒(=クロキビでつくった酒)。

禾5 **【称】** 10画 3046 79F0 常用 音ショウ漢呉 訓とな-える・たた-える・ほ-める

筆順 ニ 千 千 禾 禾 称 称 称 称

禾9 **【稱】** 14画 *6742 *7A31

なりたち [形声]「禾(=いね)」と、音「爯ショウ」とから成る。重さをはかる。

意味 ❶ものの重さをはかる。また、その道具。はかり。例称量(=はかりやますで、はかる)。❷つりあう。かなう。例相称。対称。❸呼ぶ。名づける。となえる。呼び名。例称号。愛称。名称。❹ほめたたえる。たたえる。ほめる。例称賛。称揚。→【秤】ビン 参考(733ページ)

人名 あぐ・かみ・な・のり・みつ・よし

【称呼】ショウコ 一(名・する)となえること。二(名)となえ。呼び名。呼称。

【称号】ショウゴウ ①呼び名。例名誉教授の―。②中国では、皇帝や王などの呼び名。

【称賛】ショウサン (名・する)ほめたたえること。表記 旧称▼讃。また、「賞賛」とも書く。

【称名】ショウミョウ 仏の名をとなえること。例―念仏。表記「唱名」とも書く。

【称揚】ショウヨウ (名・する)ほめること。ほめあげること。称賛。表記「賞揚」とも書く。

◐敬称・公称・自称・総称・通称・略称

禾5 **【秤】** 10画 3973 79E4 人名 音ビン慣 ショウ漢呉 訓はかり

参考「稱」の俗字として、「秤」と「称」とがある。いま、「はかり」の意味には「秤」を用い、「ほめる」の意味としてはもっぱら「称」を用いる。

意味 ❶重さをはかる道具。はかり。例天秤。❷はかりではかる。計量する。はかる。例秤量。

【秤量】ショウリョウ (名・する)〔「ヒョウリョウ」は、慣用的な読み方〕はかりにかけて重さをはかること。称量。

禾5 **【秦】** 10画 3133 79E6 人名 音シン漢呉 訓はた

なりたち [会意]「禾(=いね)」と「舂(=うすでつく)」の省略体とから成る。国の名。

意味 ❶周代の諸侯国で、のちに戦国七雄の一つとなり、始皇帝のとき他の国々を征服して、前二二一年、中国全土を統一した王朝。三代十五年で漢にほろぼされる。(?―前二〇六) ❷「中国」の古い呼び名。しん。しな。❸陝西省の別の呼び名。

日本語での用法《はた》応神天皇のとき、機織りを伝えた漢人の子孫にあたえられた姓。「秦氏」

人名 ゆたか

禾5 **【租】** 10画 3337 79DF 常用 音ソ漢 訓みつぎ

筆順 ニ 千 禾 禾 禾 和 和 租 租

なりたち [形声]「禾(=いね)」と、音「且シ→ソ」とから成る。田にわりあてられた年貢。

意味 ❶税として取り立てられる田畑の収穫の一部。年貢。みつぎ。例租税。田租。❷契約して借りる。例租界。租借。

人名 つみ・みつぐ・もと

【租界】ソカイ 清の末期から第二次世界大戦終結時まで中国にあった、外国人居留地。

【租借】ソシャク (名・する)①かりること。②ある国が条約によって他国の領土の一部をかりて、一定期間、行政権をもつこと。例英国は九十九年間の期限付きで香港を―した。

【租税】ソゼイ 国や地方公共団体が、必要な経費をまかなうために、国民や住民から法律に従って取り立てるお金。税金。例―を課す。

【租庸調】ソヨウチョウ 中国唐代の税法。租(=土地の税として穀物を取り立てる)・庸(=人民を一定期間の労役につかせる)・調(=家内生産の布などをおさめさせる)の三種。日本でも大化の改新(六四五年)以後、この税制を導入した。

禾5 **【秩】** 10画 3565 79E9 常用 音チツ漢

筆順 ニ 千 禾 禾 禾 秆 秩 秩

なりたち [形声]「禾(=いね)」と、音「失シ→チ」とから成る。イネを順序よくつみあげる。派生して「順序」の意。

意味 ❶順序。次第。ついで。例秩序。❷官職。くらい。例官秩(=官位)。❸位の順序に従って主君から受ける俸給。ふち。例秩禄(=官職に応じた、官吏の俸給)。

人名 きよ・きよし・さとし・ちち・つね

【秩序】チツジョ ものごとの正しい順序と決まり。例社会―。―を乱す。

禾5 **【秡】** 10画 6733 79E1 音ハツ漢 訓ぬさ・はら-い・はら-え

意味 イネがいたむ。

日本語での用法《はらい・はらえ》神にいのって、けがれやわざわいをのぞき去ること。「御秡おはらえ・おはらい・大秡おおはらえ・六月秡みなづきばらえ」

禾5 **【秘】** 10画 4075 79D8 教育6 音ヒ漢呉 訓ひ-める

示5 **【祕】** 10画 6716 7955 人名

筆順 ニ 千 禾 禾 利 秘 秘 秘

なりたち 祕 [形声]「示(=かみ)」と、音「必ヒツ→ヒ」とから成る。神。

意味 ❶人間の知恵エチではかり知ることができない。おくぶかい。例 秘境ヒキョウ。神秘シンピ。❷人にかくして知らせない。ひめる。例 秘伝ヒデン。秘密ヒミツ。❸通じがわるい。とじる。例 秘結ヒケツ(=便秘)。便秘ベンピ。

人名 なし・なみ・み・やす

【秘奥】ヒオウ ①おくぶかいこと。例 人生の―に貫徹カンテツする力。②秘密。例 結社の―をさぐる。

【秘境】ヒキョウ 外部から人々がはいったことがなく、よく知られていないおくぶかいところ。例 アマゾン上流の―。

【秘曲】ヒキョク 秘密にしていて特別な人にしか伝えない音楽。秘伝の曲。

【秘計】ヒケイ ①秘密の計画。②不思議なはかりごと。例―をめぐらす。

【秘▼訣】ヒケツ あることをうまくやるための、人に知られていないよい方法。例 成功の―。

【秘策】ヒサク 秘密のはかりごと。例―を練る。

【秘史】ヒシ 人の知らない歴史。かくされた歴史。例『元朝ゲンチョウ秘史』〔モンゴルの史書の名〕

【秘事】ヒジ 秘密のことがら。ひめごと。例―は睫まつげ(=秘事というものは案外身近にある、ということわざ)。

【秘術】ヒジュツ 人に知らせないわざ。おくの手。類 秘法。

【秘書】ヒショ ①秘密の書物。秘蔵の書。②要職にある人に直属して、日常の用務を補助し、事務をとる人。例 社長―。

【秘図】ヒズ ①人に知られていない特別な絵や地図。②公開することができない絵や図。例―として世に出ない画エ。

【秘蔵】ヒゾウ (名・する) たいせつにしまっておくこと。また、そのもの。例―の名刀を展示する。

【秘中の秘】ヒチュウのヒ 秘密のなかでも、とくに秘密のもの。最も秘密にしておくこと。

【秘▼帖】ヒチョウ 秘密のことがらを書きしるしたノート。

【秘伝】ヒデン とくに秘密にしておいて、特別な人以外には伝えない技術・方法など。例―の巻物。―の味つけ。

【秘匿】ヒトク (名・する) 秘密にしてかくすこと。例 経歴を―する。―された物資。

【秘仏】ヒブツ たいせつにしていて、公開しない仏像。

【秘宝】ヒホウ 人に見せずに、たいせつにしまっておくたからもの。例 ロマノフ家旧蔵の―。

【秘法】ヒホウ ①秘密の方法。例―を伝える。②〔仏〕真言宗シンゴンシュウでおこなう、秘密のいのり。

【秘本】ヒホン 人に見せずに、たいせつにしまっておく本。例『―玉くしげ』〔本居宣長もとおりのりながが紀州侯キシュウコウにたてまつった、門外不出の書の名〕

【秘密】ヒミツ 一(名・形動ダ) ①人にかくして知らせないこと。例―がもれる。②人に知られないようにして、おこなうこと。二(名)〔仏〕密教の教理。ことに真言ゴン宗の教え。

【秘薬】ヒヤク ①作り方を人に知らせない秘密のくすり。②すばらしくよく効くくすり。例 ガンに特効のある―。

【秘▼鑰】ヒヤク 秘密のくらをあけるかぎ。秘密を明らかにする手段。例 暗号解読の―となる覚え書き。

【秘録】ヒロク いっぱんに公開されない記録。例 日米外交の―。

【秘話】ヒワ 世間に知られていない話。

●極秘ゴクヒ・守秘シュヒ・神秘シンピ・便秘ベンピ・黙秘モクヒ

禾 5 【秣】 10画 6734 79E3 音 バツ漢 マツ呉 訓 まぐさ

意味 ウシやウマの飼料。かいば。まぐさ。例 糧秣リョウマツ。

禾 6 【移】 11画 1660 79FB 教育5 音 イ漢呉 訓 うつ-る・うつ-す

筆順 ニ 千 禾 禾 秒 秒 移

なりたち 移 [形声]「禾(=いね)」と、音「多タ→イ」とから成る。イネが風になびき、ゆれる。

意味 ❶位置や時間がしだいにずれる。うごかす。うつる。うつす。例 移転イテン。移動イドウ。推移スイイ。❷文書をつぎつぎに回す。まわしぶみ。

日本語での用法《うつる》変化する。「山川やまかわの移うつることなし・花はなの色いろは移うつりにけりな…」

人名 のぶ・ゆき・より・わたる

【移管】イカン (名・する) 管理を他にうつすこと。例 寺の宝物として伝えられた文化財を国に―する。

【移行】イコウ (名・する) 他の場所、または別の状態に、うつること。例 新しい制度に―する。

【移項】イコウ (名・する)〔数〕等式や不等式で、一方の辺にある項を、記号を変えて他の辺にうつすこと。

【移住】イジュウ (名・する) 他の土地や場所に、うつり住むこと。例 ブラジルに―する。

【移出】イシュツ (名・する) ①他へうつし出すこと。②一国内で、ある地方から他の地方へ物資を送ること。▽対 移入。

【移植】イショク (名・する) うつしうえること。例 臓器の―。皮膚フの―手術。庭に―したリンゴの木。

【移籍】イセキ (名・する) ①戸籍を他にうつすこと。例 養子縁組エングみをして―する。②所属を変えること。例 他の球団へ―する。

【移送】イソウ (名・する) ①うつし送ること。②〔法〕ある事件の取りあつかいを、ある機関から他の機関にうつし変えること。例 別の裁判所に―する。

【移転】イテン (名・する) 場所が変わること。また、うつし変えること。例 新社屋に―する。

【移動】イドウ (名・する) 他の場所へうつりうごくこと。位置が変わること。例 集結地へ―する。

【移入】イニュウ (名・する) ①他からうつし入れること。②一国内で、ある地方から他の地方へ物資をうつし入れること。▽対 移出。

【移付】イフ (名・する) 官公庁で、権限や物件を他の官公庁の管轄カンカツ下にうつすこと。

【移封】イホウ (名・する) 大名の領地をうつしかえること。くにがえ。例 会津あいづに―される。

【移民】イミン (名・する) ①他の土地にうつり住むこと。また、その人。②働くために外国にうつり住むこと。また、その人。例 ブラジルへ―した人人。

【移用】イヨウ (名・する) 国の予算などの経費を他の部局や他の費用にうつして、たがいにゆうずうしあうこと。予算の流用。

禾 7 【稈】 12画 6735 7A08 音 カン漢 訓 わら

意味 イネやムギなどのくき。わら。例 麦稈バッカン(=むぎわら)。

禾 7 【稀】 12画 2109 7A00 人名 音 キ漢 ケ呉 訓 まれ・まば-ら

なりたち 稀 [形声]「禾(=いね)」と、音「希キ」とから成る。まばら。

意味 ❶まばらで少ない。また、めったにない。まれ。同 希キ。例 稀少キショウ。稀有ケウ。古稀コキ(=七十歳イサイのこと)。❷うすい。うすめる。同 希。例 稀釈キシャク(=成分をうすめる)。稀薄キハク。稀硫酸リュウサン。

表記 現代表記では、「希キ」に書きかえることがある。熟語は「希」(338ページ)を参照。

【稀▼覯】キコウ まれに見ること。さがしてもなかなか見られないこと。例—本ボン。—の書に属する。表記 現希▼覯

【稀少】キショウ (名・形動ナ) 少ないこと。めったにないこと。表記 現希少

【稀少価値】キショウカチ きわめて少ないことから生じる、特別な価値。表記 現希少価値

【稀代】キタイ・キダイ (名・形動ダ) めったになくてめずらしいこと。例—の名作。—キタイな話。表記 現希代

【稀薄】キハク (名・形動ダ) きわめてうすいこと。例空気が—になる。熱意が—だ。表記 現希薄

【稀有】ケウ (名・形動ナ) まれにしかないこと。めずらしいこと。例現代では—なプラトニックな愛。表記「▽希有」とも書く。

禾7 【税】 12画 3239 7A0E 教育5 音ゼイ慣 セイ漢

筆順 ノ 二 千 禾 和 秒 税

禾7 【稅】 12画 7A05

なりたち [形声]「禾(=いね)」と、音「兌タツ→イセ」とから成る。年貢ネングとしておさめる、イネ。

意味 国家や政府が、そこに住む人からとりたてる産物やお金。年貢。みつぎ。例税金ゼイキン。租税ソゼイ。納税ノウゼイ。

難読 主税ちから

人名 おさむ・ちか・ちから・みつ・みつぎ・みつぐ

【税額】ゼイガク 税金の額。

【税関】ゼイカン 港や空港、または国境で、国に出入りする船・車両・航空機・貨物などをとりしまったり、また、輸出品や輸入品、旅行者の持ち物などを検査して、税金を徴収チョウシュウしたりする役所。財務省に属する。

【税金】ゼイキン 国や地方公共団体に、その運営のための経費として、国民や住民が義務として納めるお金。

【税収】ゼイシュウ 税金としてはいる収入。例—を予測する。

【税制】ゼイセイ 税金のかけ方や取り方などについての制度。例—改革。

【税法】ゼイホウ 税金の割り当てや徴収チョウシュウに関する法律。例—に明るい人。

【税務】ゼイム 税金の割り当てや徴収チョウシュウに関する行政事務。例—署。

【税吏】ゼイリ 税務をおこなう役人。収税官吏。

【税理士】ゼイリシ 法律で定められた資格をもち、税務に関する相談を受けたり、納税手続きの代行をしたりする人。

【税率】ゼイリツ 収入や課税対象に対して税金をかける割合。

●印税インゼイ・課税カゼイ・減税ゲンゼイ・重税ジュウゼイ・増税ゾウゼイ・脱税ダツゼイ・免税メンゼイ

禾7 【稍】 12画 6736 7A0D 音ソウ漢 ショウ呉 訓ようや-く・やや

意味 ❶少しばかり。やや。また、少しずつ。だんだんと。ようやく。例稍稍ショウショウ(=だんだん。少しずつ)。❷小さい。ささいな。わずかな。例稍事ショウジ(=ささいなこと)。

禾7 【程】 12画 3688 7A0B 教育5 音テイ漢 訓ほど

筆順 ノ 二 千 禾 和 和 程 程

禾7 【程】 12画

なりたち [形声]「禾(=いね)」と、音「呈テイ」とから成る。ものをはかる基準。

意味 ❶一定の分量。標準。めど。例課程カテイ。日程ニッテイ。❷一定の長さ。みちのり。例行程コウテイ。射程シャテイ。❸一定のきまり。さだめ。例規程キテイ。❹ものごとの度合い。ほど。例程度テイド。

日本語での用法《ほど》①限度。「冗談ジョウダンにも程ほどがある」②およその数量や範囲ハン。ひと区切りの時間。「程ほどとおい・のち程ほど」③ようす。「真偽シンギの程ほど・年としの程ほど」

人名 しな・たけ・のり・みな

【程度】テイド ①大小・強弱・優劣ユウレツ・善悪など、ものごとの度合い。また、適当だと思われる度合い。例ものには—というものがある。②ものの状態。例—の悪い被服ヒフク。

【程度問題】テイドモンダイ 程度の大小が問題であること。例いくら甘い物が好きだといっても—だ。

●音程オンテイ・過程カテイ・課程カテイ・規程キテイ・工程コウテイ・行程コウテイ・航程コウテイ・視程シテイ・射程シャテイ・道程ドウテイ・旅程リョテイ

禾7 【稅】 12画 ⇩【税】ゼイ(735ページ)

禾7 【程】 12画 ⇩【程】テイ(735ページ)

禾8 【稘】 13画 6737 7A18 音キ漢

意味 ひとめぐりの時間。同期キ。例稘月キゲツ(=ひと月)。稘歳キサイ(=一周年)。

禾8 【稚】 13画 3553 7A1A 常用 音チ漢呉 訓おさな-い・いとけな-い 付表稚児ちご

筆順 二 千 禾 利 秆 秆 稚 稚

禾10 【稺】 15画 7A3A 本字 禾12 【穉】 17画 6748 7A49 別体字

なりたち [形声]「禾(=いね)」と、音「屖セイ→チ」とから成る。成長していない、イネ。派生して「おさない」の意。

意味 ❶年齢ネンレイが低い。子供っぽい。いとけない。おさない。わかい。例稚気チキ。稚拙チセツ。幼稚ヨウチ。❷おそい時期に植える穀物。対稙チョク。

人名 ただ・ただし・のり・わか

【稚気】チキ 子供っぽい態度や気持ち。例愛すべき—の持ち主。いつまでも—のぬけない人。

【稚魚】チギョ たまごからかえって間もないさかな。対成魚。

【稚蚕】チサン たまごからかえったカイコで、第三齢サンレイまでのもの。

【稚児】一 ジチ あかご。こども。二 ちご ①武家や寺院などで、給仕に使った少年。②祭りや法会ホウエなどの行列に、美しく着かざって出る子供。

【稚児輪】ちごわ 昔の少年や少女の髪型かみがたの一つ。頭上に高く輪を左右につくってゆい上げたもの。ちごまげ。

【稚拙】チセツ (名・形動ダ) 幼稚で、へたなこと。例—きわまりない文章。

禾8 【稠】 13画 6739 7A20 音チュウ漢呉 訓しげ-る

意味 ❶イネがすきまなく生えしげる。しげる。❷まんべんなくびっしりつまっている。例稠密チュウミツ。

【稠密】チュウミツ (名・形動ナ) 一か所に多く集まること。こみあうこと。例—な人口。

禾8 **【稙】** 13画 6738 7A19 音チョク・ショク漢 訓う-える・わせのたね

意味 早い時期に植える穀物。わせ。対稚。例稙禾。

禾8 **【稔】** 13画 4413 7A14 人名 音ネン慣ジン漢 訓みの-り・みの-る

なりたち [形声]「禾(=いね)」と、音「念デン→ジン」とから成る。みのる。

意味 ❶穀物が熟す。実がなる。みのる。例稔歳(=豊年)。❷穀物が一回成熟する期間。一年。とし。

人名 とし・なり・なる・ゆたか

禾8 **【稗】** 13画 4103 7A17 音ハイ漢呉 訓ひえ

意味 ❶イネよりも背が低くつぶの小さい穀物。イヌビエ。ヒエ。❷ヒエのように小さいもの。こまかい。小さい。また、とるにたらぬ。例稗官・稗史。

【稗官】ハイカン 古代中国の官名。民間の物語や評判などを集めることを任務とした。

【稗史】ハイシ 民間のこまごまとした話を記録した小説風の歴史。野史。対正史。

禾8 **【稟】** 13画 6740 7A1F 人名 音一ヒン漢 二リン漢 訓う-ける

示8 **【禀】** 13画 6741 7980 俗字

意味 一ヒ ❶俸給としてもらう穀物。❷あたえられる。生まれつきの。うける。例稟性。天稟(=天分)。❸(目上に)申し上げる。例稟議(「リンギ」は、慣用読み)。二リ 米ぐら。同廩。例倉稟(=穀物をたくわえておく倉)。

人名 うくる

【稟質】ヒンシツ 生まれつきの性質。天性。例―が他にすぐれる。

【稟性】ヒンセイ 生まれつきの性質。天性。例―に美質を認める。

【稟賦】ヒンプ 生まれつきの体質。また、生まれつきの性質。

【稟議】ヒンギ (名・する) 一リンギ(「ヒンギ」の慣用読み) 官庁や会社などで、会議を開かないで、係が案を作って関係者に回して承認を求めること。例―書。二ヒンギ 天子や上司に、申し上げること。

【稟請】リンセイ (名・する) (「ヒンセイ」の慣用読み) 上役に申し出て、請求すること。申請。

禾8 **【稜】** 13画 4639 7A1C 人名 音リョウ慣ロウ漢 訓かど

なりたち [形声] 本字は「棱」で、「木(=き)」と、音「夌リョウ→ロウ」とから成る。かどのある木。

意味 ❶とがったかど。すみ。かど。例稜線。❷かどばって、いかめしい。例稜威。

人名 いつ・すみ・たか・たる

【稜威】リョウイ 天子の威光。〔日本で、天皇の威光を「おおみいつ」といい、「大御稜威」の熟字をあてた〕

【稜線】リョウセン 峰から峰へ続く山の背。尾根。例―をたどって次の峰へ移る。

禾9 **【穀】** 14画 2582 7A40 教育6 音コク漢呉 訓こめ

禾10 **【穀】** 15画 1-8945 FA54 人名

筆順 十 士 声 壴 幸 菒 穀 穀

なりたち [形声]「禾(=いね)」と、音「㱿カク→コク(=もみがら)」とから成る。穀類をいう。

意味 人間が主食とする、コメ・ムギ・キビ・アワ・ヒエなどの作物。例穀物。穀類。

人名 たけ・たけし・よし・より

【穀雨】コクウ (穀物を育てる雨の意)二十四節気の一つ。太陽暦で、四月二十日ごろ。

【穀倉】コクソウ ①穀物を入れておく、くら。こめぐら。②穀物が多くとれる地方。例―地帯。

【穀象虫】コクゾウむし オサゾウムシ科の昆虫。コメやムギを食いあらす害虫。頭部がゾウの鼻に似ている。米食い虫。

【穀物】コクモツ コメ・ムギ・マメなど、主食とする作物。穀類。

【穀類】コクルイ 穀物の類。

●五穀・雑穀・脱穀・米穀

禾9 **【種】** 14画 2879 7A2E 教育4 音ショウ漢シュ呉 訓たね

筆順 二 千 禾 秆 稍 稍 種 種

なりたち [形声]「禾(=いね)」と、音「重チョウ→ショウ」とから成る。早く植えてもおくれて成熟するイネ。派生して「うえる」の意。

意味 ❶たねをまく。うえる。例播種。❷植物の芽のもと。たね。例種子・種苗。❸動物の血すじを伝えるもの。こだね。例種牛・種馬。❹同じもとから生まれたなかま。また、同じなかまの集まり。たぐい。例種族・種類。品種。

日本語での用法 一《たね》①材料。もとになるもの。「話の種・すしの種・命あっての物種」②手品などのしかけ。「種あかし」二《くさ》ことがら。材料。たね。「言種・思い種」

難読 種種・千種

人名 かず・くさ・しげ・ふさ・み・みのる

【種子】シュシ ①(植物の)たね。②ものごとのもと。原因。

【種子植物】シュシショクブツ 「顕花植物」の新しい呼び方。花を開き、実をつけ、たねを生じる植物。

【種種】シュジュ (名・形動ダ) いろいろ。さまざま。

【種種雑多】シュジュザッタ (名・形動ダ) いろいろな種類のものが入り交じっている状態。例―な資料。―にわたる話題。

【種族】シュゾク ①同じ祖先から出て、言語や文化などを共通にする人々の集団。民族。②同じ種類のもの。たぐい。

【種畜】シュチク 品種改良のためや、繁殖させるための家畜。種牛・種馬など。

【種痘】シュトウ 天然痘の予防のために、ウシの疱瘡からつくったワクチンを、人体に接種して免疫を得る方法。

【種皮】シュヒ 植物のたねの周囲をおおっている膜。

【種苗】シュビョウ ①草や木の、たねとなえ。②養殖漁業で、魚のたまごや、かえったばかりの小さな魚や貝。

【種別】シュベツ (名・する) いくつかの種類に区別すること。また、その種類。例昆虫を―に分類する。

【種目】シュモク 種類によって分類した項目。例競泳の―。

【種類】シュルイ 共通の性質をもつものを、他のものと区別して一つにまとめたもの。例―を問わず貝の標本を集める。

【種本】たねホン 著作や講義・講演などの、もとになっている本。

●一種・機種・業種・雑種・新種・人種・接種・別種・変種

禾 9 【稲】 14画 1680 7A32 常用 音 トウ漢 訓 いね・いな

筆順

禾10 【稻】 15画 6743 7A3B 人名

なりたち [形声]「禾(=いね)」と、音「舀ウ→ウト」とから成る。もみがらのついたままのイネ。

意味 イネ。例 水稲。陸稲。

難読 稲熱病・稲架・早稲・晩稲・中稲

人名 ね・み・みのる

【稲田】いなだ イネを栽培する田。イネの実った田。例―をわたる風。

【稲▽荷】いなり ①五穀をつかさどる神をまつった神社。〔キツネは、その神の使いという〕例正一位―大明神。②〔キツネの好物とされることから〕あぶらあげ。③「稲荷鮨」の略。

【稲▽荷▼鮨】いなりずし あまく煮たあぶらあげの中にすし飯をつめたもの。しのだずし。きつねずし。

●水稲・晩稲・陸稲

禾 9 【稱】 14画 ⇩【称】ショウ (733ページ)

禾 10 【稼】 15画 1852 7A3C 常用 音 カ漢 ケ呉 訓 かせ-ぐ・かせ-ぎ

筆順

なりたち [形声]「禾(=いね)」と、音「家カ」とから成る。よく実った、イネ。派生して「イネを実らせる」の意。

意味 穀物の種をまき、苗を植える。例 稼穡。

日本語での用法 《カ》かせぐ。働く。「稼業・稼働」《かせぎ・かせぐ》①働いて収入を得る。「荒稼ぎ・出稼ぎ・金を稼ぐ」②自分の得になるようなことをする。「点数を稼ぐ」③時間をひきのばしてチャンスをうかがう。「時を稼ぐ」

人名 たか・たね

【稼業】カギョウ 生活をささえる仕事。職業。

5画

【稼▼穡】カショク 作物の植えつけと取り入れ。農業。

【稼働】カドウ (名・する) ①かせぐために、はたらくこと。②機械などが動いていること。例―時間。

禾 10 【稽】 15画 2346 7A3D 常用 音 ケイ漢 訓 とど-める・かんが-える

筆順

禾11 【稽】 16画 ― 25874 俗字

なりたち [形声]「禾(=頭部の曲がった木)」と「尤(=すぐれたもの)」と、音「旨シ→ケイ」とから成る。とどめる。

意味 ❶よく考える。かんがえる。例 稽古。❷一定のところまで届いてとまる。とどめる。例 稽止。稽留。

人名 とき・のり・よし

【稽古】ケイコ (名・する) ①昔のことを考え、学ぶこと。②学習すること。練習すること。③芸ごとや武術などを練習すること。例 寒―。

【稽査】ケイサ (名・する) 考え調査すること。

【稽首】ケイシュ (名・する) 頭を地面につけて礼をすること。ぬかずくこと。最高の敬礼の一つ。

【稽留】ケイリュウ (名・する) 長くとどまること。とどこおること。

●荒唐無稽・滑稽

禾 10 【稿】 15画 2538 7A3F 常用 音 コウ漢 訓 わら

筆順

禾10 【稾】 15画 6744 7A3E 本字

なりたち [形声]「禾(=いね)」と、音「高コウ」とから成る。イネのくき。

意味 ❶イネやムギなどのくき。わら。❷詩や文章の下書き。例 稿本。稿料。原稿。

人名 たか・たかし

【稿本】コウホン 書物の下書き。類 草稿。例―で伝わる。

【稿料】コウリョウ 原稿料。例 少ない―をもらう。

●寄稿・原稿・草稿・脱稿・投稿

[禾部] 9―11画 ● 稲稱稼稽稿稷穂穃稾穀稺稻穎

禾 10 【稷】 15画 6745 7A37 音 ショク漢 訓 きび

示10 【禝】 15画 6721 799D 俗字

意味 ❶キビ。ウルチキビ。例 稷黍(=ウルチキビとモチキビ)。❷穀物をつかさどる神。また、それをまつるやしろ。例 社稷。

禾 10 【穂】 15画 4270 7A42 常用 音 スイ漢呉 訓 ほ

筆順

禾12 【穗】 17画 6747 7A57 人名

なりたち [形声]「禾(=いね)」と、音「惠ケイ→スイ」とから成る。イネのほ。

意味 ❶イネやムギ、ススキなどのくきの先。ほ。❷筆の先やろうそくのともしびなど、穂のような形をしたもの。

難読 十寸穂の薄・空穂

人名 お・ひで・ひな・みず・みずほ・みのる

禾 10 【穃】 15画 6746 7A43 国字 音 ヨウ

意味 地名に用いられる字。例 穃原(沖縄県の地名)。本来の用字は、「榕原」とされる。

禾10 【稾】 15画 ⇩【稿】コウ (737ページ)

禾10 【穀】 15画 ⇩【穀】コク (736ページ)

禾10 【稺】 15画 ⇩【稚】チ (735ページ)

禾10 【稻】 15画 ⇩【稲】トウ (737ページ)

禾 11 【穎】 16画 1747 7A4E 音 エイ漢 訓 ほさき

頁 7 【頴】 16画 1748 9834 俗字

意味 ❶イネやムギなどの穂の先。ほさき。例 禾穎(=イネの穂。穀類の穂)。❷ものの先のするどくとがったところ。筆や錐などの先。例 穎脱。❸知恵が人よりすぐれている。さとい。例 秀穎(=才能のすぐれた人)。

難読 穎せる・穎縫い

【穎悟】(エイゴ)（名・形動ナ）才知がすぐれてかしこいこと。

【穎才】(エイサイ) すぐれた才能。また、その人。例―雲のごとく輩出(ハイシュツ)する。表記 現英才

【穎脱】(エイダツ)（名・する）ふくろの中の錐の先が外につき出ること。才知がおのずから外にあらわれることのたとえ。例嚢中(ノウチュウ)より―する。

禾11 **【穏】** 16画 1826 7A4F 常用 音オン漢呉 訓おだ-やか

筆順 ニ 禾 禾' 秤 秤 稃 穏 穏

禾14 **【穩】** 19画 6751 7A69

なりたち ［会意］「禾(=いね)」と「㥯(=おおいかくす)」の省略体とから成る。やすらか。

意味 しっかり安定して、おちついている。また、たしかで、ゆるぎない。例穏健(オンケン)。穏当(オントウ)。安穏(アンノン)。

人名 しず・とし・やす・やすき・やすし

【穏健】(オンケン)（名・形動ナ）思想や性質などがおだやかで、しっかりしていること。対過激。例思想の―な人。

【穏当】(オントウ)（名・形動ナ）おだやかで道理にかなっていること。例―な結論を出す。

【穏便】(オンビン)（名・形動ナ）対応や処理などが、おだやかなこと。事をあらだてないこと。例事を―に済ませる。ひとつ、ここは―に願いたい。

●安穏・静穏・不穏・平穏

禾11 **【積】** 16画 3249 7A4D 教育4 音セキ漢 シャク呉 シ漢呉 訓つ-む・つ-もる

筆順 ニ 禾 禾一 禾+ 秸 精 積 積

なりたち ［形声］「禾(=いね)」と、音「責サク→セキ」とから成る。あつめる。

意味 ❶あつめて、かさねておく。あつめる。つむ。つもる。例積善(セキゼン)。集積(シュウセキ)。❷だいじにためておく。たくわえる。例委積(イシ)(=たくわえる。みたす)。蓄積(チクセキ)。対商(ショウ)。❸［数］二つ以上の数をかけあわせて得られる数。例相乗積(ソウジョウセキ)。❹平面の広さや立体の大きさ。例体積(タイセキ)。面積(メンセキ)。容積(ヨウセキ)。

日本語での用法《つもり》心がまえ・予定・将来についての考え。「心積(こころづ)もり・見積(みつ)もり・必(かなら)ずする積(つ)もり」

難読 安積(あさか)・積雨(ながあめ)

人名 あつ・あつむ・かず・かつ・さね・つみ・もち・もり

【積悪】(セキアク) つみ重ねてきた悪事。対積善。例―のむくい。

【積悪の家には必ず余殃あり】悪事をつみ重ねてきた家には、必ず子孫にまでわざわいがおよぶものだ。積悪の余殃。〈易経(エキキョウ)〉対積善の家には必ず余慶あり。

【積雲】(セキウン) ①重なり合った雲。②夏の晴れた午後などに、むくむくと発達する、下部が平らで上部がドーム状の白い雲。

【積怨】(セキエン) 長いあいだにたまったうらみ。例―の果ての復讐(フクシュウ)。

【積載】(セキサイ)（名・する）車や船などに荷物をつむこと。例―重量。

【積財】(セキザイ) 財産をたくわえること。また、その財産。蓄財(チクザイ)。

【積雪】(セキセツ) 降りつもった雪。例―量。

【積善】(セキゼン) 善行をつむこと。つみ重ねた善行。対積悪。

【積善の家には必ず余慶あり】善行をつみ重ねた家では、必ずそのおかげを得て福が子孫にまでおよぶ。積善の余慶。〈易経(エキキョウ)〉対積悪の家には必ず余殃あり。

【積年】(セキネン) 多くの年月。長い年月。例―の努力がみのる。

【積分】(セキブン)（名・する）［数］あたえられた関数を、微分して得られる関数から求めること。対微分。

【積弊】(セキヘイ) 長い間につみ重なった弊害。

【積乱雲】(セキランウン) 夏に多く発生する、上空に向かって発達する塔(トウ)形の雲。下部が広がって雨雲(あまぐも)となる。入道雲。

【積極的】(セッキョクテキ)（形動ナ）ものごとに対して、進んではたらきかけるようす。対消極的。例―に学ぶ。―な行動に出る。

●山積・実積・集積・体積・蓄積・面積・容積・累積

禾11 **【穆】** 16画 4352 7A46 音ボク漢 モク呉 訓やわ-らぐ

意味 ❶静かなようす。おだやか。やわらぐ。例穆然(ボクゼン)(=しずか。また、やわらぎつつしむようす)。❷むつまじくする。むつむ。同睦(ボク)。❸中国古代の、祖先をまつるみたまやの順序をあらわすことばで、一世を「昭(ショウ)」というのに対して、二世のことをいう。

禾11 **【稽】** 16画 ⇩【稽】(ケイ)(737ページ)

禾11 **【穐】** 16画 ⇩【秋】(シュウ)(732ページ)

禾12 **【穗】** 17画 ⇩【穂】(スイ)(737ページ)

禾12 **【穉】** 17画 ⇩【稚】(チ)(735ページ)

禾13 **【穢】** 18画 6750 7A62 音アイ慣 ワイ漢 エ呉 訓けが-れる・けが-れ・けが-らわしい

意味 ❶田畑に雑草がはびこって、あれる。❷よごれる。きたない。よごれ。けがれ。けがらわしい。例穢土(エド)。汚穢(オアイ/オワイ)。

【穢行】(アイコウ/ワイコウ) けがれたおこない。みにくいおこない。

【穢濁】(アイダク/ワイダク) けがれにごること。例―の世。

【穢土】(エド)［仏］けがれた世界。この世。現世。濁世(ジョクセ)。対浄土(ジョウド)。例厭離(エンリ)―(=けがれたこの世)。

禾13 **【穫】** 18画 1947 7A6B 常用 音カク漢 訓か-る・と-る

筆順 千 禾 禾' 秨 秨 穫 穫 穫

なりたち ［形声］「禾(=いね)」と、音「蒦ワク→カク」とから成る。穀物をかりとる。

意味 穀物をかりとる。とりいれる。かる。例収穫(シュウカク)。

禾13 **【穣】** 18画 3087 7A63 人名 音ジョウ漢 訓ゆた-か・わら

人名 え・おさむ・みのる

禾17 **【穰】** 22画 6753 7A70 人名

なりたち ［形声］「禾(=いね)」と、音「襄ショウ→ジョウ」とから成る。穀物のくきの表皮をとったもの。借りて「ゆたかに実る」の意。

意味 ❶穀物がゆたかに実る。ゆたか。例豊穣(ホウジョウ)。❷人が多く、さかんなようす。

人名 おさむ・しげ・しげる・みのり・みのる

【穣歳】(ジョウサイ) 実りのよい年。類豊年。例今年も―にて、いとめでたし。

禾13 **【穡】** 18画 6749 7A61 音ショク漢

意味 農作物をとりいれる。例 穡事(=農事)。穡夫(=農夫)。

禾14【穩】19画 ⇩【穏】(738ページ)

禾16【龝】21画 ⇩【秋】(732ページ)

禾17【穰】22画 ⇩【穣】(738ページ)

116 5画 穴 あな あなかんむり 部

あなの意をあらわす。「穴」をもとにしてできている漢字を集めた。

0 穴 2 究 3 穹 空 突 4 穽 窃 穿 突 5 窄 窈 6 窓 窒 窕 窑 7 窘 窖 窗 8 窟 9 窩 窪 10 窮 窯 窰 11 窺 窶 12 窿 竃 13 竅 竄 14 竈 15 竇 16 竊 竈 18 竊

穴0【穴】5画 2374 7A74 教育6 音ケツ漢 訓あな

筆順 丶 丷 宀 穴

なりたち [形声]「宀(=上をおおう)」と、音「八ハツ→ケツ」とから成る。あなぐら式の住まい。

意味 ❶くぼんだところ。あな。例 穴居。虎穴。洞穴。❷鍼や灸で治療するときの、からだのつぼ。例 経穴(=鍼を打ち、灸をすえるべきつぼ)。

日本語での用法《あな》①金銭上の損失。「家計の穴をうめる」②必要な人員が欠けたための空白。「舞台に穴をあける」③番くるわせ。「大穴が出る」④あまり知られていない場所やことがら。「穴場」

難読 穴賢(=ああ、ありがたい)

人名 これ・な

【穴蔵】あなぐら ものをたくわえたり、かくれ住んだりするために、地面にほったあな。例―に野菜を貯蔵する。

【穴居】ケッキョ (名・する) ほらあなに住むこと。例―生活。

●偕老同穴・風穴・毛穴・洞穴・節穴・墓穴

穴2【究】7画 2170 7A76 教育3 音キュウ漢 ク呉 訓きわ-める

筆順 丶 丷 宀 穴 究 究

なりたち [形声]「穴(=あな)」と、音「九」とから成る。きわめる。

意味 ❶ものごとを深くさぐる。本質をつきつめて明らかにする。きわめる。例 究明。研究。❷行きつくところまで行く。きわまる。きわまり。例 究極。究竟。

使い分け きわまる・きわめる【窮・極・究】⇩1168ページ

人名 きわみ・きわむ・きわめ・さだ・み

【究▼竟】(名・形動ダ) 一キュウキョウ つまるところ。結局。究極。例―の目的。二クッキョウ ①きわめて強いこと。すぐれていること。屈強。例―の弓の名手。②たいへんつごうがよいこと。あつらえむき。例―な獲物があった。

【究極】キュウキョク ものごとをつきつめていって、最後に行き着くところ。類 極限。例―の目的。表記「窮極」とも書く。

【究明】キュウメイ (名・する) 道理や原因などをきわめ、あきらかにすること。例 異常気象の原因を―する。

【究問】キュウモン (名・する) 疑いのある者を問いただすこと。問いつめること。例 失敗の理由をきびしく―する。

【究理】キュウリ ものごとの道理や法則をつきつめて知ること。例―学(=物理学)。表記「窮理」とも書く。

●学究・研究・考究・探究・追究・討究・論究

穴3【穹】8画 6754 7A79 人名 音キュウ漢 訓そら

意味 ❶弓形に盛り上がった形。ドーム状。例 穹窿。❷おおぞら。天。そら。例 蒼穹。❸おくふかい。きわまる。同 窮。

難読 穹あおぞら

【穹▼蒼】キュウソウ 「「蒼」は、青い意」おおぞら。あおぞら。蒼天。蒼穹。

【穹天】キュウテン おおぞら。

【穹▼窿】キュウリュウ ①弓なりになっている空。②半球状の天井。アーチ形。ドーム。

【穹▼廬】キュウロ 弓なりに張った天幕の住居。中国の、北方遊牧民の住居。例 天は―に似て野は茫茫。

穴3【空】8画 2285 7A7A 教育1 音コウ漢 クウ・ク呉 訓そら・あ-く・あ-ける・から・あ-き・うつ-ろ・むな-しい

筆順 丶 丷 宀 穴 空 空

なりたち [形声]「穴(=あな)」と、音「工(=工具)」とから成る。(工具であける)あな。

意味 ❶中身がない。からっぽである。から。あき。例 空席。空白。空腹。❷むだな。役に立たない。むなしい。例 空転。空費。❸根拠がない。事実でない。そらごと。例 空言。空想。❹地上はるか上方にひろがったところ。そら。例 空気。上空。天空。❺〔仏〕万物はすべて因縁によって生ずる仮の姿で、実体はないという考え。例 色即是空。

日本語での用法《そら》①気持ち。状態。境遇。「上の空・旅の空・生きた空もなかった」②何という理由もあげがたいような。なんとなしの。関係のない。「空恐ろしい・空頼み・他人の空似」

使い分け あく・あける【明・空・開】⇩1160ページ

難読 空車

人名 たか・ひろ・ひろし

【空き地】あきチ あいている土地。利用されていない土地。

【空手形】からてがた ①(経)商取引がないのに、一時的に資金をゆうずうするためにふり出す手形。②実行されない約束。例 再会の約束は―に終わった。

【空位】クウイ ①その地位にだれもついていないこと。例 会長は―のまま。②実権のない地位。

【空域】クウイキ 航空機の安全飛行のために設定される、空の一定の範囲。例 国防―。

【空間】クウカン ①ものがなくて、あいているところ。類 空白。例 生活―。②上下・左右・前後すべての方向への、無限の広がり。対 時間。参考 平面だけの二次元空間、立体である三次元空間、それに時間を加えた四次元空間がある。

【空気】クウキ ①地球をとりまく無色透明で、無味無臭の気体。おもに酸素と窒素から成る。例―まくら。②その場のようす。雰囲気。例 沈滞した―が流れる。

【空虚】クウキョ（名・形動ダ）①からっぽ。中に何もないこと。うつろ。②形だけで、内容や価値がないこと。むなしいこと。例—なことばを並べたてる。▽対充実。
【空軍】クウグン 航空機による空の攻防を受け持つ軍隊。
【空▼閨】クウケイ ひとりねの、さびしい寝室。例ひとり—を守る。
【空隙】クウゲキ すきま。間隙。
【空拳】クウケン 素手。（戦うのに）何も持たない、こぶしだけの手。例徒手—。
【空言】クウゲン|そらごと ①根拠のないうわさ。うそ。②実行のともなわない口先だけのことば。例—を吐く。
【空港】クウコウ 航空機が出発したり到着したりするところ。旅行客の乗り降り、貨物の積みおろし、機体の整備、管制などをおこなう設備をもつ。飛行場。エアポート。
【空谷】クウコク 人けのないさびしい谷。
【空谷の跫音】クウコクのキョウオン ［「跫音」は、足音の意］人けのない谷に聞こえる人の足音。さびしく暮らしているときに、思いがけなく人が訪ねてきたり、うれしい便りをもらったりすることのたとえ。〈荘子〉
【空際】クウサイ 空のはるかかなた。天と地が接するあたり。天際。
【空撮】クウサツ 空中からの撮影。例ヘリコプターによる—。
【空山】クウザン だれもいない山。人けのない山。例—人を見ず。
【空車】クウシャ ①客や貨物をのせていない営業用の車。タクシーについていうことが多い。対実車。②駐車場にあきがあること。対満車。
【空手】クウシュ|から て 一手に何も持っていないこと。徒手。からて。てぶら。例—で帰る。二武道の一つ。沖縄で発達した武術。つき・けり・受けを基本に、素手や素足でたたかう。表記二は「唐手」とも書く。
【空襲】クウシュウ（名・する）航空機によって空から攻撃を加えること。例—警報発令。
【空所】クウショ 何もなくて、あいている場所。
【空席】クウセキ 人がいない席。また、あいている地位。例—が目だつ。—の役員を選任する。
【空説】クウセツ 根拠のないうわさや説。
【空前絶後】クウゼンゼツゴ 今までにも例がなく、これからもないだろうと思われるほどのこと。ひじょうにまれでめずらしいこと。例—の売れ行きを記録する。
【空疎】クウソ（名・形動ダ）内容がなくからっぽなこと。例—な議論が延延と続く。

［穴部］3画 空

【空想】クウソウ（名・する）現実からかけはなれたことを想像すること。例—にふける。
【空談】クウダン むだ話。無用の談議。例—に時を過ごす。
【空中】クウチュウ 大空のなか。例—から攻撃する。
【空中分解】クウチュウブンカイ（名・する）①飛行中の航空機が空中でばらばらにこわれること。②計画などがとちゅうでくずれてしまうこと。例資金不足で建設計画が—した。
【空中楼閣】クウチュウロウカク ①（空中に築いた高い建物の意から）根拠のないこと、ありえないことのたとえ。例今回の事件はまったくの—だ。②蜃気楼のこと。
【空腸】クウチョウ 回腸と十二指腸のあいだの、小腸の一部。
【空調】クウチョウ 「空気調整」の略。室内の温度や湿度を空気で調整すること。例—設備。
【空▼挺】クウテイ 「空中挺進」の略。航空機で軍隊を敵地に送りこむこと。例—部隊。
【空転】クウテン（名・する）からまわりすること。なんの成果もないまま、先へ進まないこと。例国会の審議が—する。
【空洞】クウドウ ①あながあいて、中がからっぽになっていること。実質がなくなっていること。うつろ。例行政改革の—化。②〔医〕病気のために体内に生じた、あな。例片方の肺に—がある。
【空白】クウハク ①紙面などで、何も書いていない部分。②内容がないこと。からっぽ。例—ができる。類余白。
【空漠】クウバク（形動タリ）①果てしなく広く大きいようす。例—たる平原。②つかみどころのないようす。例—たる議論。
【空爆】クウバク（名・する）「空中爆撃」の略。航空機による空からの爆撃。
【空発】クウハツ（名・する）①ねらいを定めないうちに発射されること。目的もなく発射すること。②目標としたものを爆破できない、むだな爆発。例—におわる。
【空費】クウヒ（名・する）むだに消費すること。むだづかい。例いたずらに時間を—する。
【空腹】クウフク（名・形動ダ）おなかがすくこと。すきばら。対満腹。例—を満たす。
【空文】クウブン 現実とかけはなれた役に立たない文章。とくに、実行されない法律や規則についていう。例—化した法律。
【空母】クウボ 「航空母艦」の略。戦闘用の航空機を甲板から発着させる軍艦。
【空包】クウホウ （儀礼または演習用に）実弾の代わりに使用する、発射音だけがする弾薬。対実弾。
【空砲】クウホウ 空包を用いて発射する銃や大砲。例歓迎の—をうつ。
【空名】クウメイ 実質以上の高い評判・名声。類虚名。例—におどらされる。
【空輸】クウユ（名・する）「空中輸送」の略。航空機で人や貨物を運ぶこと。例援助物資を緊急に—する。
【空欄】クウラン （書きこむことになっているが）何も書き入れていない欄。例細枠の欄は—のまま提出せよ。
【空理】クウリ 実際の役に立たない理論。例—空論をもてあそぶ。
【空冷】クウレイ 空気による冷却。対水冷。例—式エンジン。
【空路】クウロ ①飛行機の飛ぶコース。②飛行機を交通手段として使うこと。例—札幌にはいる。
【空論】クウロン 現実ばなれしていて、内容のない議論や理論。例机上の—。空理—をもてあそぶ。
【空似】そらに 血のつながりがないのに、顔かたちがひじょうに似ていること。例他人の—。
【空寝】そらね（名・する）寝たふりをすること。たぬき寝いり。
【空念仏】そらネンブツ（名・する）信仰心をもたず、口先だけで念仏を唱えること。から念仏。
【空返事】そらヘンジ（名・する）相手の言うことを注意して聞かず、いいかげんな返事をすること。なま返事。から返事。
【空模様】そらモヨウ ①空のようす。天気の状態。例—を見る。②事のなりゆき。例険悪な—になってきた。
●青空・架空・航空・真空・低空・防空・領空

穴3 【突】8画 3845 7A81 常用 音トツ漢 訓つ-く・つき

筆順 丶 宀 宀 穴 空 穸 突

穴4 【突】9画 1-8949 FA55 人名

なりたち ［会意］「犬（＝いぬ）」が「穴（＝あな）」の中からにわかに出る。

意味 ❶つきだす。つきでる。例突起。突進。❷いきおいよくぶつかる。つきあたる。例突撃。突破。激突。❸だしぬけに。思いがけず急に。例突然。突発。

日本語での用法《つき》刀や槍でつくこと。剣道のわざ。相撲のわざ。「胴と突きとで相討ちとなる・速い突きの一手」

【突角】トッカク つき出たかど。

【突貫】トッカン (名・する)休まないで一気に完成させること。例—工事。

【突起】トッキ (名・する)(表面から)ある部分がつき出ること。また、その部分。例—する岩角。

【突撃】トツゲキ (名・する)(敵に向かって)まっしぐらに進んでせめていくこと。例敵陣に—する。

【突▼厥】トッケツ (「トックツ」とも)六—八世紀ごろ、トルコの遊牧民がつくった国。モンゴル・中央アジアを支配し、突厥文字を使用した。

【突▼兀】トッコツ (形動タル)山や岩などが、険しくそびえ立っているようす。例—たる岩壁が前をふさぐ。

【突出】トッシュツ (名・する)①つき出ること。例—した部分。②とくに目立っていること。例先月の利益が—している。③急にふきだすこと。例坑道にガスが—する。

【突如】トツジョ (副)急に何かが起こるようす。不意に。突然。例—雷鳴がとどろく。

【突進】トッシン (名・する)目標に向かって一気につき進むこと。例ゴールめがけて—する。

【突然】トツゼン (副)思いがけないことが急に起こるようす。だしぬけに。例昔の友人が—訪ねてきた。

【突然変異】トツゼンヘンイ (生)遺伝子や染色体が急に変化し、親になかった形や性質が子にあらわれること。

【突端】㊀トッタン 長くつき出たものの、先のほう。例岬の—。㊁トッぱな ものごとの最初。冒頭。例会議の—からもめる。

【突堤】トッテイ 波や砂を防ぐために、岸から海や川につき出した堤防。例港の—。

【突入】トツニュウ (名・する)勢いよくつき進んではいりこむこと。例敵陣に—する。

【突破】トッパ (名・する)①障害や困難をつきやぶって進むこと。例—口。難関を—する。②ある一定の数量をこえること。例応募者が定員を—する。

【突発】トッパツ (名・する)急に起こること。例—事故。

【突飛】トッピ (形動ダ)ふつうでは考えられないほど、ひどく変わっているようす。例—な行動をする。

【突拍子】トッピョウシ (「突拍子もない」の形で)①調子はずれの。例—もない声をあげる。②常識では考えられない。とんでもない。例—もない計画。

【突風】トップウ 急にふき起こる強い風。例—にあおられる。

●煙突・激突・衝突・追突・唐突

穴4 【穽】 9画 6755 7A7D 音セイ漢 訓おとしあな

意味 けものを生けどりにするための穴。わな。また、人をおとしいれるたくらみ。例陥穽。

穴4 【窃】 9画 3264 7A83 常用 音セツ漢 訓ぬす-む・ひそ-かに

筆順 丶 丶 宀 穴 穵 窃 窃

穴18 【竊】 23画 6770 7ACA

なりたち [形声]本字は「竊」で、「穴(=あな)」と「米(=こめ)」と、音「禼セ」と「廿ジ」とから成る。穴の中にしまった米をぬすみ出す。

意味 ❶気づかれないように、こっそり取る。ぬすむ。例窃盗。剽窃。❷人に知られないように、こっそりおこなうようす。ひそかに。例窃視。❸自分の考えを述べるときに、へりくだっていうことば。ひそかに。

【窃視】セッシ (名・する)そっとのぞき見ること。

【窃取】セッシュ (名・する)こっそりぬすみ取ること。例他人の財物を—する。

【窃盗】セットウ (名・する)他人のものを、こっそりぬすむこと。また、その人。どろぼう。例—罪。

【窃▼鈇の疑い】セップのうたがい (「鈇」は、斧の意)人を疑いの心で見ると、そのことばや態度などがすべて疑わしく見えることのたとえ。あらぬ疑いをかけることについていう。類疑心暗鬼を生ず。〔斧をなくした人が、実際には無実であった隣人を疑いの目で見はじめたら、万事が盗人らしく見えたという話から〕〈列子〉

穴4 【穿】 9画 3292 7A7F 人名 音セン漢呉 訓うが-つ・は-く

意味 ❶穴をあける。ほる。うがつ。例穿孔。❷こまかい点まできわめつくす。例穿鑿。❸衣服を着る。身につける。例靴を穿つ。

【穿孔】センコウ (名・する)穴をあけること。穴があくこと。また、その穴。例カード—機。胃—。

難読 穿山甲

【穿▼鑿】センサク (名・する)〔「鑿」も、穴をあける意〕①あれこれ調べて、細かいことまで知ろうとすること。例原因を—する。②小さなことまで、とやかく言いたてること。例何やかやとうるさく—する。

穴4 【突】 9画 ⇨【突】トツ(740ページ)

穴5 【窄】 10画 2685 7A84 人名 音サク漢 訓すぼ-む・すぼ-める・せま-い

意味 せばめる。すぼめる。せまい。対寛。例狭窄。

難読 身窄らしい・見窄らしい

穴5 【窈】 10画 6756 7A88 音ヨウ漢呉

意味 おくふかくて、うすぐらい。かすかにしか見えないようす。また、(女性が)おくゆかしく上品であるようす。例窈窕。

難読 窈窕

【窈▼窕】ヨウチョウ (形動タル)①上品で美しいようす。しとやかでおくゆかしいようす。例—たる淑女。②山水などのおくふかいようす。

穴6 【窓】 11画 3375 7A93 教育6 音ソウ漢呉 訓まど

筆順 丶 宀 穴 空 空 窓 窓

穴7 【窗】 12画 6757 7A97 本字

なりたち [形声]「穴(=あな)」と、音「囱ソ」とから成る。部屋のまど。

意味 ❶光をとりいれたり、風を通したりするための穴。まど。例窓外。車窓。船窓。❷まどのある部屋。例学窓。同窓。深窓。

【窓外】ソウガイ まどのそと。例—の風景。

【窓際】まどぎわ まどのそば。例—族。—の席。

[穴部] 4—6画 ● 穽 窃 穿 突 窄 窈 窓

5画

【窓口】①（役所・銀行・駅・病院などで）書類の受け付けやお金の出し入れなどをするところ。また、その係。例支払い―。②直接、連絡をつけたり交渉をしたりするところ。また、その役。例会社側の―に申し入れる。

【窓辺】窓のそば。窓の近く。例―の花。

●学窓・車窓・深窓・出窓・天窓・同窓

穴6 【窒】 11画 3566 7A92 常用 音チツ漢 訓ふさ-がる・ふさ-ぐ

筆順 丶 宀 穴 空 窒 窒 窒

なりたち [形声]「穴（=あな）」と、音「至シ→ツチ」とから成る。ふさぐ。

意味 あいている部分がつまる。すきまがなくなる。ふさがる。ふさぐ。例窒息。窒塞（=ふさがる）。

日本語での用法《チツ》「窒素」の略。元素の一つ。「窒化物」

難読 窒扶斯

【窒素】色・味・においのない気体元素。空気の七八パーセントをしめる。肥料や火薬などの原料となる。元素記号N 例―化合物。

【窒息】（名・する）息がつまったり、酸素が足りなくなったりして、呼吸ができなくなること。

穴6 【窕】 11画 6758 7A95 音チョウ漢 訓うつく-しい

意味 ❶おくぶかく、ひろい。例窕窕（=おくふかく、底しれないこと）。❷おくゆかしく、しとやかなようす。うつくしい。例窈窕（=うつくしく、しとやか）。

難読 窕ろぐ

穴6 【窑】 11画 ⇩【窯】（743ページ）

穴7 【窘】 12画 6759 7A98 音キン漢 訓くる-しむ・たしな-める

意味 ❶行きづまる。追いつめられる。せっぱつまる。例窘困（=行きづまって苦しむ）。❷あわただしい。例窘歩（=急いで歩く）。

日本語での用法《たしなめる》悪い点について注意をあたえる。「友人の言動を窘める」

穴7 【窖】 12画 6760 7A96 音コウ漢 訓あなぐら

意味 穀物をしまっておく穴。あなぐら。例窖廩（=あなぐらと倉庫）。

難読 窖

穴7 【窗】 12画 ⇩【窓】（741ページ）

穴8 【窟】 13画 2302 7A9F 常用 音コツ漢 クツ呉 訓いわや

筆順 宀 穴 穵 屈 窟 窟 窟

なりたち [形声]「穴（=あな）」と、音「屈ク」とから成る。鳥や獣がひそむ穴。

意味 ❶ほらあな。天然の岩にできたあなぐら。いわや。例岩窟。石窟。洞窟。❷同類のものの集まり住むところ。なかまのすみか。例阿片窟。巣窟。魔窟。

穴9 【窩】 14画 6761 7AA9 音カ慣 ワ漢 訓あな

意味 ❶鳥・けもの・昆虫などがすむ穴。例蜂窩（=ハチの巣）。❷人が身をかくすところ。すみか。例賊窩。❸くぼんだところ。例眼窩（=眼球がおさまっている顔の骨のくぼみ）。酒窩。❹かくす。かくまう。例窩蔵。

【窩蔵】（名・する）かくまうこと。かくすこと。

穴9 【窪】 14画 2306 7AAA 人名 音ワ漢呉 訓くぼ・くぼ-む

意味 まわりにくらべて低くへこんだところ。穴状に低くなっているところ。くぼみ。くぼ。くぼむ。例窪地。

【窪地】地面の一部が落ちこんで、低くなっている土地。

【窪目】深く落ちくぼんだ目。奥目。

穴10 【窮】 15画 2171 7AAE 常用 音キュウ漢 グ・グウ呉 訓きわ-める・きわ-まる

筆順 宀 穴 穷 穹 窮 窮 窮 窮

穴14 【竆】 19画 7AC6 本字

なりたち [形声]「穴（=あな）」と、音「躳キュ」とから成る。きわまる。

意味 ❶この上ないところまで行きつく。おわる。きわまる。例窮極。無窮。❷行きづまって苦しむ。こまりはてる。例困窮。貧窮。❸（学問や芸術など）深いところまでつきつめる。きわめる。例窮理。

使い分け きわまる・きわめる【窮・極・究】⇩1168ページ

難読 窮鬼

人名 きわみ・み

【窮境】困り果てた立場。ひじょうに苦しい境遇。

【窮極】つきつめて最後に行きつくところ。例―の目的。表記「究極」とも書く。

【窮屈】（名・形動）①自由に動けないほど、せまく小さいこと。例この服は―だ。②考え方や雰囲気などが、かたくるしくて気づまりなこと。例―な家庭に育つ。③お金などが不十分で、やりくりが苦しいこと。例―な予算。

【窮困】（名・する）こまり苦しむこと。貧乏で苦しむこと。類困窮。

【窮策】苦しまぎれに考え出した方法。窮余の策。

【窮死】（名・する）貧乏や病気などで、苦しみぬいて死ぬこと。例―した作家。

【窮状】ひどく困って苦しんでいるようす。

【窮すれば通ず】困ってどうにもならなくなると、かえって進むべき道が開けてくる。〈易経〉

【窮▼鼠】追いつめられて、にげる場所のなくなったネズミ。

【窮▼鼠猫を▼嚙む】追いつめられて必死になると、弱い者でも強い者を負かすことがあるということのたとえ。

【窮措大】（「措大」は、学者や学生の意）貧しい学者や学生。貧乏書生。例一介の―にすぎない。

【窮達】（困窮と栄達の意）貧しく生活に困ることと、金持ちで身分も高いこと。おちぶれることと、出世すること。例―にかかわりなく、自適の生活をおくる。

【窮地】追いつめられて、どうすることもできない苦しい立場。例―に立たされる。

【窮鳥】追いつめられて、にげ場を失った鳥。

【窮鳥▼懐に入る】にげ場を失った鳥が人間のふところに飛びこむ。追いつめられて救いを求めることのたとえ。

〈顔氏家訓ガンシカクン〉

【窮追】キュウツイ（名・する）にげ場がなくなるまで追いつめること。また、問いつめること。例敵兵を―する。

【窮迫】キュウハク（名・する）お金や物が不足するなどして、追いつめられ、どうにもならないこと。例生活が―する。

【窮乏】キュウボウ（名・する）お金や物が足りなくて、ひどく困ること。生活に苦しむこと。貧乏ビンボウ。例―生活にたえる。

【窮民】キュウミン 生活に困っている人々。貧民ヒンミン。

【窮余】キュウヨ どうしようもなくなって困ったあげく。苦しまぎれ。例―の一策サク(=苦しまぎれの思いつき)。

【窮理】キュウリ ものごとの道理や法則を深く追究すること。表記「究理」とも書く。

●困窮コンキュウ・貧窮ヒンキュウ・無窮ムキュウ

穴10 【窯】15画 4550 7AAF 常用 音ヨウ漢 訓かま

筆順 宀 穴 穴 空 窐 窯 窯

穴6【窑】11画 7A91 俗字 穴10【窰】15画 6763 7AB0 別体字

なりたち［形声］「穴(=あな)」と、音「羔ヨウ→ウヨ」とから成る。かわらを焼くかまど。

意味 ❶かわらや陶器トウキを入れて焼く装置。かまど。かま。また、そこで焼いたもの。陶器。例窯業ヨウギョウ。窯変ヨウヘン。陶窯トウヨウ。❷かまや産地の名の下につけて、そこで焼いた陶器であることを示すことば。例景徳鎮窯ケイトクチンヨウ。民窯ミンヨウ。

使い分け かま【釜・窯】⇩1167ジ

【窯業】ヨウギョウ 窯かまを用いて、れんが・ガラス・陶磁器トウジキなどを製造する工業。

【窯変】ヨウヘン（名・する）陶磁器トウジキを窯かまで焼いたとき、炎ほのおや釉薬ユウヤクによって偶然グウゼンにできる、色や文様モンヨウの変化。

穴10【窰】15画 ⇩【窯】ヨウ(743ジ)

穴11【窺】16画 1714 7ABA 人名 音キ漢呉 訓うかが-う

意味 すきまからこっそりとようすを見る。機会をねらう。うかがう。例窺見キケン(=うかがい見る)。管窺カンキ(=くだの穴から見る。見識のせまいこと)。

【窺伺】キシ（名・する）そっとのぞいて、ようすをうかがうこと。うかがいさぐること。

【窺知】キチ（名・する）そっとようすを知ること。例敵の行動を―する。

穴11【窶】16画 6764 7AB6 音ク漢 訓いや-しい・まず-しい・やつ-す・やつ-れる

意味 礼にかなったしたくができないほど財力がない。まずしい。例窶困クコン。窶乏クボウ。窶貧クヒン。

日本語での用法 ㊀《やつす》身のやせるほどになやむ。やつれるほどものごとに熱中する。「憂うき身みを窶やつす・外出時ガイシュツジの化粧ケショウに二時間ニジカンもかけて窶やつす」㊁《やつれる》貧しい姿をしている。やせおとろえる。「窶やつれても上品ジョウヒンな趣おもむきがある・窶やつれた身みを恥はじる」

穴12【窿】17画 6767 7ABF 音リュウ漢 訓たか-い

意味 ❶中央が高く盛り上がったようす。例穹窿キュウリュウ(=弓なりになっている空。また、アーチ形)。❷鉱山の坑道コウドウ。

穴12【竃】17画 ⇩【竈】ソウ(743ジ)

穴13【竅】18画 6765 7AC5 音キョウ漢呉 訓あな・ひま

意味 ❶くぼんだところ。あな。❷人体にある穴。あな。目・耳・鼻・口など。例七竅シチキョウ(=耳・目・鼻それぞれ二つの穴と口と)。九竅キュウキョウ(=七竅と、大小便の出る穴二つと)。❸あなをあける。

穴13【竄】18画 6766 7AC4 音ザン慣 サン漢呉 訓かく-す・かく-れる

意味 穴の中にもぐりこむ。かくれる。また、かくす。もぐりこませる。例竄入ザンニュウ。改竄カイザン(=つごうのいいように書き直す)。

【竄入】ザンニュウ（名・する）①にげこむこと。②原文の中に、のちの人が書いた語句や文、注などが誤ってまぎれこむこと。

穴14【竆】19画 ⇩【窮】キュウ(742ジ)

穴15【竇】20画 6769 7AC7 音トウ漢 訓あな・さぐ-る・むな-しい

意味 ❶あなぐら。あな。例竇窖トウコウ。❷水路。みぞ。❸姓セイの一つ。

【竇窖】トウコウ（「竇トウ」は楕円ダエン形のあな、「窖コウ」は方形のあなの意）あなぐら。

穴16【竈】21画 6762 7AC8 音ソウ漢 訓かまど・かま・へっつい

火3【灶】7画 2-7958 7076 俗字 穴12【竃】17画 1986 7AC3 俗字

意味 ❶土・石・れんがなどで築き、鍋なべや釜かまをかけ、下から火をたいて煮にたきをする設備。かまど。へっつい。例竈煙ソウエン(=生活のしるし)。❷かまどの神。例竈神ソウシン。

日本語での用法《かまど・かま》生計。「竈かまどを起おこす(=一家の主人となる)・竈かまを破やぶる(=破産する)」

穴18【竊】23画 ⇩【窃】セツ(741ジ)

117 5画 立 たつ たつへん 部

地上にたつ人の形をあらわす。「立」をもとにしてできている漢字と、「立」の字形を目じるしにして引く漢字とを集めた。

0 立 2 竍 3 竏 4 竕 竓 竒 5 站 竚 竝 6 竟 章 竡 7 竢 竣 竦 童 9 竭 竪 竰 端 15 競 17 競

この部首に所属しない漢字

辛⇩辛959 妾⇩女274 音⇩音1061 竜⇩竜1116
意⇩心404 靖⇩青1056 颯⇩風1072 龍⇩龍1116

立0【立】5画 4609 7ACB 教育1 音リツ慣 リュウ漢呉 訓た-つ・た-てる・リットル

付表 立たち退のく

筆順 丶 亠 亣 立 立

なりたち［会意］「大(=ひと)」が「一(=地)」の上にいる。たつ。

意味 ❶両足を地につけてたつ。たつ。例立像。起立。直立。❷さだまる。例確立。成立。❸安定させてたてる。つくる。おこす。例立案。建立。設立。❹位につかせる。位につく。例立太子。擁立。❺季節の気配がたちおこる。例立夏。立春。❻すぐ。ただちに。たちどころに。

日本語での用法《リットル》〔フランス語 litre の音訳「立突」の略〕メートル法の容量の単位。一リットルは一〇〇〇立方センチメートル。「一立あたり」

参考 容量の単位をあらわす国字としては次のような字がある。重さについては【瓦】ガ(669ジ)を、長さについては【米】ベイ(760ジ)を参照。

竍デカリットル 「立」と「十(=十倍)」=10L
竡ヘクトリットル 「立」と「百(=百倍)」=100L
竏キロリットル 「立」と「千(=千倍)」=1000L
竕デシリットル 「立」と「分(=十分の一)」=0.1L
竰センチリットル 「立」と「厘(=百分の一)」=0.01L
竓ミリリットル 「立」と「毛(=千分の一)」=0.001L

使い分け たつ・たてる【立・建】⇩1172ジ

人名 たか・たかし・たつる・たて・はる

【立場】たちば ①立っている場所。②その人の置かれている地位や境遇。例苦しい━。③考え方のよりどころ。観点。例科学者の━。━をはっきりさせよ。

【立案】リツアン(名・する)①計画をたてること。例記念行事の━にあたる。②文章の下書きを作ること。例━者。

【立花】リッカ ①花や木を花びんにさしてかざること。たてばな。②生け花の形式の一つ。中心になる枝をまっすぐに立てた型を基本とする。表記▽「立華」とも書く。

【立夏】リッカ 二十四節気の一つ。暦の上で夏が始まる日。太陽暦で五月六日ごろ。

【立願】リツガン/リュウガン(名・する)願いごとがかなうように神仏にいのること。願かけ。例病気回復を━する。

【立脚】リッキャク(名・する)考えなどの立場を決め、それをよりどころとすること。例現実に━した考え。

【立件】リッケン(名・する)裁判を起こす条件や証拠がととのうこと。例詐欺事件として━する。

【立憲】リッケン 憲法を定めること。例━君主制。

【立憲政体】リッケンセイタイ 憲法を定め、立法・行政・司法それぞれの機関を置いて、議会を通して国民が政治に参加する、政治の形態。

【立言】リツゲン(名・する)あるものごとについて、自分の考えをはっきり述べること。例外交問題について━する。

【立后】リッコウ 皇后を正式に定めること。皇后冊立。

【立候補】リッコウホ(名・する)選挙で、ある地位を得るために名のり出ること。候補者や候補地などとして、立つこと。例知事選に━する。大会開催地として━する。

【立国】リッコク ①新しく国をつくること。建国。例━の精神。②産業などによって国を繁栄させること。例工業━。

【立志】リッシ 目標を定め、それをなんとしてもやりとげようと決心すること。例━伝(=志を実現させた人の伝記)。

【立秋】リッシュウ 二十四節気の一つ。暦の上で秋が始まる日。太陽暦で、八月八日ごろ。

【立春】リッシュン 二十四節気の一つ。暦の上で春が始まる日。太陽暦で、二月四日ごろ。節分の翌日。

【立証】リッショウ(名・する)証拠をあげて、あることがらをはっきりさせること。例無実を━する。

【立食】リッショク(名・する)立ったままで食べること。とくに、洋式の宴会などで、飲食物を客が自由に取って食べるようにした形式のもの。例━パーティー。

【立身】リッシン(名・する)高い地位について世間に認められること。出世。例努力を重ねて━した人物。

【立身出世】リッシンシュッセ(名・する)社会的に高い地位について有名になること。例━を夢見る。

【立▼錐の余地もない】リッスイのヨチもない 錐の先を立てるほどの空間もない。ほんのせまい場所もない。(荘子)例会場は━ほどだ(=ひどい混雑ぶりである)。

【立像】リツゾウ〔「リュウゾウ」とも〕立っている姿の像。対座像・胸像。例観音菩薩の━。

【立体】リッタイ ①三次元の広がりのあるもの。長さ・幅・厚さのあるもの。例━図形。②厚みや深みなどが感じられること。例━感。━放送。

【立体交差】リッタイコウサ(名・する)道路と道路、鉄道と道路などが交差するとき、一方が他方をまたいだり、くぐったりする形式にしてあるもの。表記「立体交▼叉」とも書く。

【立体的】リッタイテキ(形動ダ)①高さや奥行などがあって立体の感じをあたえるようす。例━な作品。②ものごとを多方面から全体的にとらえるようす。例━に見る。対平面的。

【立体派】リッタイハ 二十世紀初め、フランスでピカソやブラックなどが中心となって起こした絵画の一派。対象をさまざまな角度からとらえて、それを一つの画面にいっしょにえがこうとするもの。キュービズム。

【立太子】リッタイシ 公式に皇太子と定めること。例━の礼。

【立地】リッチ(名・する)工業や商業などを営むとき、地形・交通・人口などを考えて土地を決めること。例駅前の━を計画する。━条件。

【立冬】リットウ 二十四節気の一つ。暦の上で冬が始まる日。太陽暦で、十一月八日ごろ。

【立党】リットウ(名・する)政党や党派を新しくつくること。建党。例━の精神。

【立年】リツネン〔「而立」の年の意から〕三十歳。

【立派】リッパ(形動ダ)申し分のないほど完全なようす。すぐれているようす。堂々としてみごとだ。完全だ。例━な成績。

【立腹】リップク(名・する)腹をたてること。おこること。例いたずらをされて━する。部下の無能に━する。

【立方】リッポウ ①同じ数を三回かけあわせること。三乗。②体積の単位を作ることば。例八━メートル。③立方体の体積をあらわすことば。例一〇センチ━(=一辺一〇センチの、立方体の体積)。

【立方体】リッポウタイ 六つの正方形の面で囲まれた立体。正六面体。

【立法】リッポウ(名・する)法律を定めること。対司法・行政。例━機関。

【立命】一リツメイ 天命をまっとうすること。二リュウメイ 運を天にまかせ、心静かにしていること。例安心━。

【立面図】リツメンズ 物体の正面を水平に見た図。側面図。

【立礼】一リツレイ 立ち上がって礼をすること。対座礼。二リュウレイ 茶道で、道具を台の上に置き、いすにこしかけて茶をたてる方法。

【立論】リツロン(名・する)すじみちを立てて議論を組み立てること。また、その議論。例事実にもとづいて━する。しっかりした━の根拠。

●確立カクリツ・起立キリツ・区立クリツ・県立ケンリツ・公立コウリツ・国立コクリツ・木立こだち・孤立コリツ・献立コンだて・建立コンリュウ・出立シュッタツ・樹立ジュリツ・市立シリツ/いちリツ・私立シリツ/わたくしリツ・而立ジリツ・自立ジリツ・成立セイリツ・設立セツリツ・創立ソウリツ・存立ソンリツ・対立タイリツ・中立チュウリツ・町立チョウリツ・直立チョクリツ・倒立トウリツ・独立ドクリツ・都立トリツ・府立フリツ・並立ヘイリツ・夕立ゆうだち・擁立ヨウリツ・乱立ランリツ・両立リョウリツ・林立リンリツ・連立レンリツ

立 2 【竍】 7画 6771 7ACD 国字 訓デカリットル
意味 容量の単位。リットルの十倍。デカリットル。

立 3 【竏】 8画 6772 7ACF 国字 訓キロリットル
意味 容量の単位。リットルの千倍。キロリットル。

立 4 【竕】 9画 6773 7AD5 国字 訓デシリットル
意味 容量の単位。リットルの十分の一。デシリットル。

立 4 【竓】 9画 6774 7AD3 国字 訓ミリリットル
意味 容量の単位。リットルの千分の一。ミリリットル。

立 4 [竒] 9画 ⇩【奇】(265ページ)

立 5 【站】 10画 6775 7AD9 音タン漢
意味 ❶立つ。立ちどまる。❷交通の要地で、宿泊設備やウマなどの用意をしたところ。宿駅。例駅站（＝宿場）。❸ある業務をおこなうためにつくられた機構。例兵站（＝戦場の後方で、補給や連絡をおこなう機関）。

立 5 [竚] 10画 ⇩【佇】(67ページ)

立 5 【竝】 10画 ⇩【並】(25ページ)

立 6 【竟】 11画 8079 7ADF 音ケイ漢キョウ呉 訓つい-に・お-わる
意味 ❶おしまいまで行きつく。つきる。おわる。例終竟。❷おわりまで。…じゅう。例竟日（＝一日じゅう）。竟夕（＝ひと晩じゅう）。❸つまるところ。結局。ついに。例畢竟（＝つまり）。

立 6 【章】 11画 3047 7AE0 教育3 音ショウ漢呉 訓あや・あき-らか
筆順 亠 亣 立 产 咅 音 音 章

なりたち [会意]「音（＝おと）」と「十（＝数の終わり）」とから成る。楽曲のひとまとまり。
意味 ❶音楽や詩文のひと区切り。一段落。例章句。楽章。序章。❷ひとまとまりの文や詩。文書。ふみ。例憲章。文章。❸模様。しるし。あや。例記章。紋章。❹はんこ。例印章。❺あきらかにする。あきらか。同彰。例表章（＝表彰）。
難読 周章（あわてる・あわてふためく）・玉章（たまずさ）
人名 あき・あきら・き・たか・たかし・とし・のり・ふさ・ふみ・ゆき

【章句】ショウク 文章の大きな区切り（＝章）と小さな区切り（＝句）。また、その中のことば。文句。

【章節】ショウセツ 論文や長い文章の、章や節のひと区切り。例―ごとに訳す。

【章立て】ショウだて 論文や長い文章の、章の立て方やならべ方。

【章程】ショウテイ きまり。規則。例租税の―。

【▽章▽魚】たこ 海にすむ軟体動物。足が八本で吸盤がある。表記「▼蛸・▼鮹」とも書く。

●印章・楽章・記章・徽章・勲章・校章・終章・序章・断章・文章・褒章・喪章・紋章・腕章

立 6 【竡】 11画 6778 7AE1 国字 訓ヘクトリットル
意味 容量の単位。リットルの百倍。ヘクトリットル。

立 7 【竢】 12画 6779 7AE2 音シ漢 訓ま-つ
意味 じっと立って待ちうける。まつ。同俟。

立 7 【竣】 12画 2955 7AE3 人名 音シュン漢 訓お-わる
なりたち [形声]「立（＝たつ）」と、音「夋」とから成る。うずくまる。派生して「おわる」意。
意味 建物がたつ。工事が終わる。例竣工。竣成。

【竣工】シュンコウ（名・する）工事が終わること。建物などができあがること。類竣成・落成。対起工・着工。例新校舎の―を祝う。表記「竣功」とも書く。

【竣成】シュンセイ（名・する）工事が終わり、建物などが完成すること。類竣工。例大講堂が―する。

立 7 【竦】 12画 6780 7AE6 音ショウ漢 訓すく-む
意味 ❶恐怖や緊張のため棒立ちになって動けなくなる。ぞっとする。すくむ。例竦然（＝おそれ、すくんでぞっとするようす）。❷身をひきしめてかしこまる。つつしむ。例竦心（＝つつしみ深くする）。❸高くそびえる。同聳。

立 7 【童】 12画 3824 7AE5 教育3 音トウ漢ドウ呉 訓わらべ・わらわ
筆順 亠 亣 立 咅 音 音 音 童

なりたち [形声]「辛（＝法をおかす）」と、音「重」の省略体とから成る。罪をおかした男。
意味 ❶男の奴隷。めしつかい。しもべ。例童僕。❷幼い子供。わらわ。わらべ。例童顔。学童。児童。
難読 童（わっぱ）
人名 わか

【童画】ドウガ ①（童話のさし絵など）子供向きにかいた絵。例―展。②子供がかいた絵。児童画。

【童顔】ドウガン ①子供の顔。②あどけない子供のような顔つき。例―の青年。

【童形】ドウギョウ 子供の姿。とくに、まだ元服していない少年の姿。また、その少年。

【童子】ドウジ ①幼い子。子供。例三歳の―。②死んだ男の子の戒名につけることば。

【童女】ドウジョ・ドウニョ ①幼い女の子。幼女。例―のようなあどけない笑顔。②死んだ女の子の戒名につけることば。

【童心】ドウシン ①子供の心。例―に返る。②子供のような無邪気な心。例―を傷つける。

【童体】ドウタイ 子供の姿。童形。例―の聖徳太子像。

【童貞】ドウテイ ①女性と性的な関係をもっていないこと。また、そういう人。対処女。②カトリック教会の修道女。シスター。例―さま。

【童僕】ドウボク（「僕」は、しもべの意）めしつかい。表記「▼僮僕」とも書く。

【童▼蒙】ドウモウ 幼くて、ものごとの道理をよく知らないこと。また、子供。例―を教えさとす。表記「▼僮▼蒙」とも書く。

【童幼】おさない子供。幼児。例—のために配慮する。
【童謡】①昔から子供たちに歌われてきた歌。わらべ歌。②子供のためにつくられた歌。「夕焼け小焼け」「鳩(ハトポッポ)」など。例—歌手。
【童話】子供のためにつくられた物語。例—作家。大人のための—。
●悪童・怪童・学童・奇童・児童・神童・牧童

立9 【竭】 14画 6781 7AED 音ケツ漢 訓つ-きる・つ-くす
意味 あるものをすべて出す。つくす。

立9 【竪】 14画 3508 7AEA 人名 音シュ漢ジュ呉 訓たて・た-つ
なりたち 豎 [形声] 本字は「豎」で、「臤(=かたい)」と音「豆ト→シュ」とから成る。しっかりと立つ。
意味 ❶しっかりと立つ。たてる。たつ。例竪立(=まっすぐに立つ)。❷まっすぐに立ったもの。また、縦になったもの。たて。例竪穴住居。

立9 【竰】 14画 6782 7AF0 国字 訓センチリットル
意味 容量の単位。リットルの百分の一。センチリットル。

立9 【端】 14画 3528 7AEF 常用 音タン漢呉 訓はし・は・はた・はな
筆順 ユ ウ 立 立' 屶 屶 竏 端 端
なりたち [形声]「立(=たつ)」と、音「耑タ」とから成る。まっすぐである。
意味 ❶きちんと整って、ただしい。例端正。端然。端麗。❷ものごとのはじめ。きっかけ。いとぐち。例端緒。発端。❸ものの中央から最も遠い部分。ものごとの一部。はし。はた。例極端。先端。末端。❹織物の長さの単位。周代の一端は二丈(=約四・五メートル)。
日本語での用法 一《タン》織物の長さの単位。約一〇メートル。同反。「羽二重一端」 二《は》①はんぱ。はした。「端切れ・端数・端物」②へり。ふち。「山の端」

難読 端折る
人名 さき・ただ・ただし・ただす・なお・はじめ・まさ・もと
【端渓】タンケイ ①広東省にある、硯石の産地。また、そこで産出する硯石や、それで作った硯。
【端▼倪】タンゲイ 一(名)ものごとのはじめと終わり。二(名・する)おしはかること。推測。例—すべからざる人物(=ちょっと想像できないほど奥行きのある人物)。
【端月】タンゲツ 正月の別名。
【端厳】タンゲン (形動ナ) 乱れたところがなく、おごそかなようす。威厳のあるようす。例—な姿。
【端午】タンゴ 〔「端」は、初め。「午」は、五。五月の初めの五日の意〕五節句の一つ。五月五日の節句。日本では、とくに男の子の成長をいのる。
【端座】タンザ (名・する) 姿勢を正してきちんとすわること。正座。例仏前に—する。表記 旧端▼坐
【端子】タンシ 電気器具などの、電流の出入り口につけてある金具。ターミナル。
【端緒】タンショ・タンチョ ものごとのはじめ。いとぐち。手がかり。例—をにぎる。事件解決の—が開かれる。
【端正】タンセイ (名・形動ダ) 姿やおこないなどが、きちんとしていること。乱れたところがなく整っていること。例容姿—。—なふるまい。表記「端整」とも書く。
【端然】タンゼン (形動タル) 姿勢などが正しく、きちんとしているようす。例—とすわる。
【端直】タンチョク (名・形動ダ) 心やおこないが、正しくまっすぐなこと。正直。
【端艇】タンテイ ボート。こぶね。表記「短艇」とも書く。
【端的】タンテキ (形動ダ) ①はっきりしているようす。例この事実が—に物語る。②表現などがてっとりばやいようす。例—にいえば。
【端末】タンマツ ①はし。すえ。例フィルムの—。②「端末装置」の略。例—につなぐ。
【端末装置】タンマツソウチ コンピューターとデータのやりとりをする装置。端末機。端末。
【端麗】タンレイ (名・形動ダ) 姿や形が整っていて美しいこと。例容姿—。
【端唄】はうた 三味線に合わせて歌う、短い俗謡。
【端境期】はざかいき 新しい収穫物の出まわる直前の時期。とくに、古米と新米の入れかわる時期。
【端居】はしい (名・する) 縁側など、家のはしに近いところにいること。例庭先近く—する。
【端近】はしぢか (名・形動ダ) 縁側や出入り口など、家や部屋のはしに近いこと。また、その場所。例—に席をとる。
【端数】はスウ はんぱなかず。切りのいい単位で切ったときの、余りのかず。例—を切り捨てる。
【端本】はホン 全集などで、一部分が欠けていて全部そろっていない本。零本。
【端武者】はムシャ 身分の低い武士。雑兵。また、とるにたりない者。例—では相手にとって不足だ。表記「葉武者」とも書く。
【端役】はヤク 演劇などで、重要でない、ちょっとした役。ちょい役。対主役。例—で顔を出す。
●異端・一端・極端・先端・多端・途端・突端・軒端・半端・両端

立15 【競】 20画 2205 7AF6 教育4 音ケイ漢キョウ呉 訓きそ-う・せ-る・くら-べる
筆順 ユ ウ 立 产 音 音 竞 競
立17 【競】 22画 4931 7AF8 別体字
なりたち [会意]「誩(=言いあらそう)」と「儿儿(=二人)」とから成る。二人が言いあらそう。
意味 勝つために、はりあう。きそう。せる。例競技。競争。競馬。
難読 競馬(くらべうま)・(きそいうま)
人名 きそお・つよし
【競泳】キョウエイ (名・する) 水泳で、一定の距離を泳いで、その速さをきそいあうこと。また、その競技。例—種目。
【競演】キョウエン (名・する) 同じ役を別の俳優が演じたり、同種の作品を別の劇団が公演したりして、優劣や人気をあらそうめぐりあわせになること。例ハムレットを—する。
【競技】キョウギ (名・する) ①わざの優劣をきそったり、勝ち負けを争ったりすること。例珠算の—会。②運動競技のこと。スポーツ。例—場。スキーの回転—。
【競合】キョウゴウ (名・する) ①たがいに激しくきそいあうこと。せりあい。例—商品。利権をめぐって—する。②いろいろな要素が

からみあうこと。例いくつかの原因が―した脱線ダッセン。

【競作】キョウサク（名・する）作品などを、なん人かがきそいあってつくること。例同一テーマで三人が―する。

【競争】キョウソウ（名・する）勝ち負けや優劣ユウレツなどをあらそうこと。例生存―。

【競走】キョウソウ（名・する）一定の距離キョリを走って、その速さを争うこと。かけっこ。レース。例―馬バ。障害物―。

【競▼漕】キョウソウ（名・する）ボートなどで、一定の距離キョリをこいで速さをきそうこと。また、その競技。ボートレース。レガッタ。

【競艇】キョウテイ モーターボートで速さをきそうこと。モーターボートレース。また、その勝負を予想するかけごと。例―場。

【競売】キョウバイ・ケイバイ（名・する）多くの買い手に競争で値段をつけさせて、いちばん高くつけた人に売ること。せり。オークション。〔法律では「ケイバイ」という〕例美術品を―にかける。

【競歩】キョウホ 陸上競技の種目の一つ。どちらかのかかとが常に地面からはなれないようにして、歩く速さをきそうもの。

【競落】キョウラク・ケイラク（名・する）競売でいちばん高い値をつけて手に入れること。せりおとすこと。〔法律では「ケイラク」という〕例一億円で―された絵。

【競馬】ケイバ 騎手キシュがウマに乗って一定の距離キョリをいっせいに走り、その速さを争うこと。また、その勝負を予想するかけごと。例草くさ―で大穴をねらう。

【競輪】ケイリン 一定の距離キョリを自転車に乗って同時に一斉イッセイに走り、その速さを争う競走。また、その勝負を予想するかけごと。例―選手。

立17 【競】22画 ⇨【競】キョウ（746ジ）

118 6画 竹 たけ たけかんむり 部

タケが並び生えている形をあらわす。「竹」をもとにしてできている漢字を集めた。

0 竹 2 竺 3 竽 笂 竿 笈 4 笈 笏 笑 笊 笆 笋 5 笳 笹 笥 笶 笙 笘 第 笞 笛 符 笨 笠 笵 6 筈 筐 筋 筓 策 筍 筌 筅 筑 答 等 筒 筏 筆 筝 7 筵 筥 筴 筧 筰 筬 筮 節 筺 筱 8 箇 管 箝 箕 箘 箍 箜 算 箋 箏 箔 箙 箟 箒 箚 箸 箆 9 篋 篁 篌 箴 箭 篆 箱 箸 範 篇 篏 節 箪 10 篝 篡 篩 築 篤 篦 篥 簑 篭 11 篶 簀 簓 篠 簇 篳 篷 簗 簍 簔 簒 12 簡 簣 簧 簪 簞 簟 簡 13 簷 簫 簽 籀 簸 簿 簾 簿 簾 14 籍 籌 籏 籍 15 籔 籐 籃 籤 籀 16 籟 籠 籐 17 籤 籥 籢 19 籬

この部首に所属しない漢字

纂⇨糸 795

竹0

【竹】

6画 3561 7AF9 教育1 音 チク漢呉 シツ唐 訓 たけ 付表 竹刀しない

筆順 ノ 𠂉 ケ ケ 竹 竹

なりたち［象形］タケが並んで生えている形。

意味 ❶イネ科の多年生植物。タケ。例竹馬チクバ。竹林チクリン（＝タケの林）。破竹ハチクの勢いきおい。❷竹製の管楽器。ふえ。例糸竹シチク（＝管弦カンゲン。音楽）。❸紙のない時代に文字を書いたタケのふだ。また、書物。例竹帛チクハク。竹簡チクカン。

難読 竹篦しっぺい・弱竹なよたけ

人名 たか

【竹細工】たけザイク タケを使って、かごやざるなどを作ること。また、その作品。

【竹▼竿】たけざお 物干しざおや、つりざおなど、タケで作ったさお。

【竹園】チクエン ①タケを植えた庭園。竹やぶ。②皇帝コウテイの一族。皇族。竹の園その。竹の園生そのう。〔前漢の時代、梁リョウの孝王が庭園に多くのタケを植えた故事による〕〈史記シキ〉

【竹簡】チクカン 紙が発明される以前、文字を書きしるすのに用いた細長いタケのふだ。なめし革がわのひもなどでつなげて書物にした。類木簡モッカン。

【竹紙】チクシ ①タケの繊維センイで作った紙。おもに中国産で、書画などに用いる。唐紙トウシ。②タケの幹の内側のうすい皮。

【竹刀】㊀チクトウ 演劇用の、竹製の刀。四つ割りにしたタケを合わせて作る。竹光たけみつ。㊁しない 剣道ケンドウで使う、タケの刀。

【竹馬】チクバ・たけうま ①二本の竹ざおの適当な高さのところにそれぞれ足をのせる台をつけ、それに乗って歩くようにした子供の遊び道具。②一本の竹ざおの上部をウマの首に見立てて、それにまたがって走りまわる子供の遊び道具。

【竹馬の友】チクバのとも〔子供のころ竹馬たけうまに乗って遊んだ友の意〕おさな友達。おさななじみ。

【竹▼帛】チクハク〔中国で、紙が発明されるまで文字を竹簡チクカンや帛ハク（＝絹）に書いたことから〕書物。記録。とくに、歴史書。転じて、歴史。例名を―に垂たる（＝歴史に名を残す）。

【竹夫人】チクフジン 夏、寝ねるときに涼すずしくするために抱だいたり足を乗せたりする細長いタケのかご。

【竹林の七賢】チクリンのシチケン 魏ギ・晋シンの時代、俗世間ゾクセケンをのがれて竹林にこもり、清談を楽しんだという七人の知識人。阮籍ゲンセキ・嵆康ケイコウ・山濤サントウ・向秀ショウシュウ・阮咸ゲンカン・劉伶リュウレイ・王戎オウジュウ。→【清談】セイダン（603ジ）・【白眼視】ハクガンシ（692ジ）

【竹輪】チクわ すりつぶした魚肉をタケや金属の細い棒のまわりにぬりつけて、筒つつのような形にし、焼いたりむしたりして作った食品。

●青竹あおだけ・竿竹さおだけ・笹竹ささだけ・筮竹ゼイチク・爆竹バクチク・破竹ハチク・群竹むらたけ・若竹わかたけ

竹2

【竺】

8画 2819 7AFA 人名 音 ㊀トク漢 ㊁チク漢 ジク呉

意味 ㊀トク ゆきとどいている。あつい。同篤トク。㊁チク・ジク ❶（太い）タケ。❷「天竺テンジク」は、インドの古い言い方。

人名 あつし・たけ

竹3

【竽】

9画 1-8957 7AFD 音 ウ漢

意味 長短三十六本の、タケのくだをならべたと伝えられるふえ。

参考 竽ウがふけないのに、合奏団にまぎれこんでいた者が独奏させられることになり、困ってにげ出したという故事がある。→【濫吹】ランスイ（625ジ）

［竽］

竹 3 【笂】9画 6783 7B02 国字 訓うつぼ

意味 地名に用いられる字。例 笂井（うつぼい）（＝群馬（ぐんま）県の地名）。

竹 3 【竿】9画 2040 7AFF 人名 音カン漢呉 訓さお

意味 まっすぐなタケの幹。たけざお。さお。例 竿頭（カントウ）。竹竿（たけざお）。釣り竿（つりざお）。

【竿頭】カントウ さおの先。例 百尺―一歩を進める（＝長いさおの先のようなところに達したうえに、さらに一歩進める）。

【竿竹】さおだけ 枝や葉をはらって一本のさおにしたタケ。たけざお。

●竹竿（たけざお）・旗竿（はたざお）

竹 3 【笈】9画 ⇩笈（キュウ）（748ジ）

竹 4 【笈】10画 2172 7B08 人名 音キュウ漢 訓おい

竹 3 【笈】9画 俗字

意味 書物などを入れて背負うタケで編んだ箱。おいばこ。おい。例 負笈（フキュウ）。

【笈（キュウ）を負（お）う】（書物を箱に入れて背負って行く、の意）学問をするために、故郷をはなれて他の土地へ行くこと。（史記（シキ））

竹 4 【笏】10画 6784 7B0F 音コツ漢 訓しゃく

意味 官位のある者が正装したとき、帯のあいだにはさんで君主の命令などを書きつけた、細長い板状のもの。タケや象牙（ゾウゲ）などで作られた。しゃく。［日本では、「骨（コツ）」と同音になるのをきらい、「笏」の長さがほぼ一尺であることから、「尺」の音を借りて「シャク」といった］

竹 4 【笑】10画 3048 7B11 教育4 音ショウ漢呉 訓わら-う・え-む・わら-い 付表 笑顔（えがお）

筆順 ノ ⺈ ⺮ 竹 竺 竺 笑 笑

なりたち ［会意］本字は「笑」で、「竹（＝たけ）」と「犬（＝いぬ）」とから成る。わらう。

参考 唐（トウ）代までは「笑」と書かれ、宋（ソウ）代から「笑」と書かれるようになった。なお、「竹」と「犬」（あるいは「夭」）とで、なぜ「わらう」意になるのか、確かな説がない。

意味 ❶わらう。㋐喜んでわらう。例 笑声（ショウセイ）。大笑（タイショウ）。微笑（ビショウ）。㋑ばかにしてわらう。あざわらう。例 嘲笑（チョウショウ）。❷花がさく。例 笑花（ショウカ）（＝さき乱れた花）。❸相手に受け取ってもらったり、読んでほしかったりするとき、へりくだって言うあいさつのことば。例 笑納（ショウノウ）。笑覧（ショウラン）。

日本語での用法 《えむ》果実などが熟（ジュク）して、自然にさけ目が入る。「栗（くり）の実（み）が笑（え）み割（わ）れてきた」

難読 笑窪（えくぼ）・笑壺（えつぼ）に入（い）る・可笑（おか）しい

人名 え・えみ・ふ

【笑顔】えがお にっこりと笑った顔。

【笑劇】ショウゲキ 喜劇の一種。冗談（ジョウダン）やしゃれ、また卑俗（ヒゾク）なことなどを言って、観客を笑わせる劇。ファース。ファルス。

【笑語】ショウゴ 一（名・する）笑いながら話すこと。また、その話や声。談笑。例 なごやかに―する。二（名）笑いばなし。笑話。

【笑殺】ショウサツ（名・する）（「殺」は、強めの意をそえる語）①大いに笑うこと。②笑ってばかにし、問題にしないこと。

【笑止】ショウシ（名・形動ダ）笑いをこらえきれないほど、おかしいこと。ばかばかしいこと。例 ―の至（いた）り。―千万（センバン）な話。

【笑声】ショウセイ 笑いごえ。

【笑談】ショウダン 一（名・する）笑いながら話すこと。談笑。二（名）笑いばなし。

【笑納】ショウノウ（名・する）（笑っておおさめください、の意）他人に物を贈（おく）るときに使う、へりくだった言い方。例 ご―ください。

【笑覧】ショウラン（名・する）（笑ってごらんください、の意）他人に文章や絵画などを見てもらうときに使う、へりくだった言い方。例 拙著（セッチョ）を進呈（シンテイ）します、どうぞご―ください。

【笑話】ショウワ おもしろくておかしい話。笑いばなし。

●一笑（イッショウ）・失笑（シッショウ）・談笑（ダンショウ）・嘲笑（チョウショウ）・爆笑（バクショウ）・微笑（ビショウ）・冷笑（レイショウ）

竹 4 【笊】10画 6785 7B0A 音ソウ漢 訓ざる

意味 ❶細く割ったタケで編んだかご。ざる。例 笊蕎麦（ざるそば）。❷鳥のすむ穴。

日本語での用法 《ざる》へたなこと。また、仕事が粗雑（ソザツ）なこと。「笊碁（ざるゴ）・何（なに）をやっても笊（ざる）だ」

竹 4 【笆】10画 6786 7B06 音ハ漢 訓まがき・ませ

意味 ❶とげのあるタケ。刺竹（シチク）。❷竹ひごやヤナギの枝を編んで作った容器。また、タケやシバなどで作ったかきね。ませ。まがき。例 笆籬（ハリ）（＝まがき）。

竹 4 【笋】10画 ⇩筍（ジュン）（750ジ）

竹 5 【笳】11画 6787 7B33 音カ漢 訓あしぶえ・ふえ

意味 中国古代の北方民族の管楽器。アシの葉を笛にしてふくもの。あしぶえ。「胡笳（コカ）」ともいう。

竹 5 【笹】11画 2691 7B39 人名 国字 訓ささ

なりたち ［会意］「竹（＝たけ）」と「葉（＝は）」の省略体とから成る。ささ。

意味 タケのうちで、背の低い小形のものをいう。葉は食品を包むのに利用する。ささ。例 笹鮨（ささずし）。笹団子（ささダンゴ）。笹笛（ささぶえ）。笹舟（ささぶね）。

竹 5 【笥】11画 3158 7B25 音シ漢ス唐 訓はこ

意味 タケで編んだ四角いはこ。飯あるいは衣類を入れておく。け。はこ。例 簞笥（タンス）。

難読 麻笥（おけ）・麻小笥（おごけ）・碁笥（ゴけ）・玉櫛笥（たまくしげ）・文笥（ふばこ）

竹 5 【笶】11画 6793 7B36 音シ漢 訓たけ・や

意味 タケの矢。同 矢（シ）。

竹 5 【笙】11画 6789 7B19 人名 音セイ漢ショウ呉 訓ふえ

なりたち ［会意］「竹（＝たけ）」と「生（セイ）（＝万物（バンブツ）が生まれる正月の音）」とから成る。ふえ。

意味 長短十九本または十三本のタケのくだを立て並べたふえ。しょうのふえ。例 笙鼓(ショウコ)。

【笙歌】ショウカ 笙の笛と歌。また、笙の笛に合わせて歌うこと。

【笙鼓】コショウ 笙の笛と、つづみ。

［笙］

竹5 【笘】 11画 6788 7B18 音セン漢 訓とま

意味 ❶タケを折って作ったむち。❷子供の習字に用いたタケのふだ。

日本語での用法《とま》カヤ・スゲなどを編み、上におおいとしてかけてある、の意。「苫」の字と同じに用いた。「笘屋(とまや)・笘舟(とまぶね)」

竹5 【第】 11画 3472 7B2C 教育3 音テイ漢 ダイ呉 訓ついで・やしき

筆順 ノ ⺊ ⺮ 竺 笃 笃 第 第

なりたち ［会意］「竹(=たけ)」と「弟(=順序)」とから成る。タケのふだの順序。

意味 ❶ものごとの順序。ついで。例 次第(シダイ)。❷順序を決めること。品定めをする。❸数字の上にそえて順番をあらわすことば。例 第三者(ダイサンシャ)。第六感(ダイロッカン)。❹やかた。やしき。同 邸(テイ)。例 門第(モンテイ)(=やしき)。❺(官吏登用(カンリトウヨウ))試験。また、広く、試験に合格すること。例 及第(キュウダイ)。落第(ラクダイ)。

人名 くに・つぎ

【第一】ダイイチ 一(名)①いちばんはじめ。最初。例 ―走者。―段階。②最もすぐれていること。③最もたいせつなこと。例 健康を―に考える。二(副)何よりも、まず。例 ―みんなが賛成するはずがない。

【第一印象】ダイイチインショウ 人やものごとに接して、いちばんはじめに受ける感じ。例 ―がよくない。

【第一義】ダイイチギ いちばんたいせつなことがら。根本(コンポン)的な意義。対 第二義。例 平和を―とする考え方。

【第一人者】ダイイチニンシャ ある分野や社会の中で、最もすぐれた人。例 地震(ジシン)研究の―。

【第一線】ダイイッセン ①戦場で、敵と向かい合っているいちばん前の場所。最前線。例 ―に兵士を送る。②ある社会で、最も働きがいのある、はなやかな立場。例 ―で活躍(カツヤク)する。

【第三国】ダイサンゴク 問題となっていることがらに関係していない国。対 当事国。例 ―の調停を必要とする。

【第三者】ダイサンシャ そのことに関係のない人。対 当事者。例 ―を入れて監査(カンサ)にあずからせる。

【第二義】ダイニギ それほど重要でないこと。根本的でないこと。対 第一義。例 ―的な問題。

【第六感】ダイロッカン 目・耳・鼻・口・皮膚(ヒフ)で感じる五感以外にあると思われる感覚。ものごとをすばやく感じとる心のはたらき。直感。勘(カン)。例 ―がはたらく。

▽【第宅】テイタク やしき。邸宅(テイタク)。

●及第(キュウダイ)・次第(シダイ)・落第(ラクダイ)

竹5 【笞】 11画 6790 7B1E 音チ漢 訓むち・むちう-つ

意味 ❶罪人などを打つタケでつくった細長い棒。むち。❷五刑(ゴケイ)(=笞・杖(ジョウ)・徒(ズ)・流(ル)・死(シ))の一つ。むち打ちの刑。むちうつ。

難読 笞(しもと)

【笞撃】チゲキ (名・する) むちで打つこと。

【笞刑】チケイ 罪人をむちで打つ刑。

【笞▼杖】チジョウ むちで打つ刑(ケイ)と、つえで打つ刑。

竹5 【笛】 11画 3711 7B1B 教育3 音テキ漢 ジャク呉 訓ふえ

筆順 ノ ⺊ ⺮ 竺 竹 笜 笛 笛

なりたち ［形声］「竹(=たけ)」と、音「由ユ→テキ」とから成る。七つの穴のある竹ぶえ。

意味 タケのくだに穴をあけてふき鳴らす管楽器。ふえ。例 横笛(オウテキ)。汽笛(キテキ)。警笛(ケイテキ)。

難読 横笛(よこぶえ)〔「オウテキ」が「王敵」に通じるのをきらって変えた読みという〕

●汽笛(キテキ)・警笛(ケイテキ)・鼓笛(コテキ)・角笛(つのぶえ)・霧笛(ムテキ)

竹5 【符】 11画 4168 7B26 常用 音フ漢 訓わりふ

筆順 ノ ⺊ ⺮ 竺 竹 符 符 符

なりたち ［形声］「竹(=たけ)」と、音「付フ」とから成る。タケの割り符(フ)。

意味 ❶タケや木のふだに、文字を書きしるし、二つに割って両者が片方ずつを所有し、他日、二つ合わせて証拠(ショウコ)としたしるし。わりふ。例 符合(フゴウ)。符節(フセツ)。❷約束ごとをしるしたふだ。例 切符(きっぷ)。免罪符(メンザイフ)。❸神仏のまもりふだ。護符(ゴフ)。神符(シンプ)。❹未来のことを予言して書いたもの。きざし。例 符命(フメイ)。❺記号。しるし。例 符号(フゴウ)。音符(オンプ)。

【符号】フゴウ あることがらをあらわす、しるし。記号。例 モールス―。プラスとマイナスの―。

【符合】フゴウ (名・する) 割り符(フ)を合わせたようにぴったり合うこと。例 両者の話が―する。

【符節】フセツ 木のふだなどに文字を書き、中央に印をおして二つに割ったもの。後で合わせてみて、正しいものであることの証拠(ショウコ)とする。割り符。

【符節を合(ガッ)するがごとし】割り符(フ)を合わせるように、ぴったり一致(イッチ)する。〔孟子(モウシ)〕

【符丁】フチョウ ①商品の値段や等級などを示すのに用いる、ことばやしるし。②なかまにだけ通じる、ことばや記号。表記 ▽旧 符▼牒

●音符(オンプ)・感嘆符(カンタンフ)・切符(きっぷ)・疑問符(ギモンフ)・護符(ゴフ)・終止符(シュウシフ)・免罪符(メンザイフ)

竹5 【笨】 11画 6792 7B28 音ホン漢 訓たけのうら

意味 ❶タケの内側の白いうす皮。❷そまつな。粗雑(ソザツ)な。例 粗笨(ソホン)。❸おろかな。例 笨人(ホンジン)。

【笨車】ホンシャ そまつなくるま。

【笨拙】ホンセツ ①あらいようす。つたないようす。②おろかなようす。

竹5 【笠】 11画 1962 7B20 人名 音リュウ漢 訓かさ

意味 頭にかぶって、雨や日光をさけるかさ。かぶりがさ。かさ。例 蓑笠(サリュウ)(=みのと、かさ)。

【笠木】かさぎ 鳥居(とりい)・門・板塀(いたべい)などの上部に横にわたした木。

竹5 【笵】 11画 ⇩【範】ハ(756ページ)

竹 6 【筈】 12画 4006 7B48 人名 音カツ漢 訓はず・やはず

意味 弦にあてるための、矢の末端にある切れこみの部分。やはず。

日本語での用法 《はず》①弓の両はしの、弦をかけるところ。「弓筈」②期待や予想に合う、わけ。「わかる筈がない・そんな筈ではなかった」

竹 6 【筐】 12画 6794 7B50 音キョウ漢 訓かご・はこ

竹 7 【筺】 13画 6801 7B7A 俗字

意味 食料・衣服・書物などを入れておく、タケ製の四角いかご。かご。はこ。

難読 筐(=目の細かいかご)

【筐底】 箱の底。箱の中。篋底。例 ―深く秘しておいた記録。

竹 6 【筋】 12画 2258 7B4B 教育6 音キン漢 コン呉 訓すじ

筆順 ⺈ ⺮ 笁 竻 笳 筋 筋

なりたち [会意]「月(=にく)」と「力(=ちから)」と「竹(=竹のすじ)」とから成る。力のもとになる肉の中のすじ。

意味 ❶肉の中を通っている、すじ。例 筋肉。筋力。❷線状の骨組み。例 鉄筋。

日本語での用法 《すじ》①血統。素質。「筋目・学者の筋・筋がいい」②一貫して全体をつらぬくもの。「筋書・筋立て」③情報の流れ出た方面。「関係筋・消息筋・その筋の話では」④細長く続くものを数えることば。「一筋の涙」⑤要点。要件。「御来社の筋は何ですか」

難読 筋斗・転筋・取次筋斗

【筋骨】 一 (筋肉と骨の意)からだの肉づきと骨格。からだつき。例 ―隆隆。―たくましい男性。 二 弾力性のある、やわらかい骨。軟骨。

【筋斗】 とんぼがえり。宙がえり。

【筋肉】 動物がのびちぢみなどの運動をおこなうための、肉質の器官。例 ―質(=筋肉が発達し、ひきしまって見える体質)。―労働(=肉体労働)。

【筋無力症】 筋肉が異常におとろえ、軽い運動でもすぐにつかれて、力がはいらなくなってしまう病気。

【筋力】 筋肉の力。

【筋書き】 ①事実のだいたいのすじみちを書いたもの。例 ―を書いて検討する。②演劇や小説などの、だいたいの内容を書いたもの。例 ―を読む。③あらかじめ立てた計画。もくろみ。例 ―どおりに進む。

【筋金】 ①弱い部分を補強するためにはめこんだ、細長い金属。②その人の考えなどをしっかりとささえているもの。例 ―入り(=しっかりした信念をもっていること・人)。

【筋子】 サケやマスのたまごを、かたまりのまま塩づけにしたもの。すずこ。

【筋道】 ①ものごとの道理。例 ―の通らない意見。②順序。例 ―を立てて話す。

【筋論】 道理にかなった論。また、理屈では正しいが、現実には無理な論。例 それは―にすぎない。

●川筋・背筋・鉄筋・腹筋・本筋

竹 6 【笄】 12画 *6802 7B53 音ケイ漢 訓こうがい・かんざし

意味 たばねたかみの毛を留めるためにさすもの。男女とも用いた。また、男子が、かんむりを安定させるためにさすもの。かんざし。こうがい。例 笄年(=女子の成年に達したこと。結婚してよい年齢)。

竹 6 【策】 12画 2686 7B56 教育6 音サク漢 訓はかりごと

筆順 ⺈ ⺮ 笁 笞 笧 策 策

なりたち [形声]「竹(=たけ)」と、音「朿シ→サク」とから成る。ウマをたたくむち。

意味 ❶ウマを打つタケのむち。むち。例 策馭(=むちを使ってウマを御する)。❷むちのような形のつえ。つえ。また、つえをつく。つえつく。例 散策。❸昔、紙のなかったころ、文字を書き記したタケのふだをつづり合わせたもの。ふだ。同冊。例 策命(=天子の下す辞令)。書策(=本)。❹[タケのふだに書いたところから] 官吏登用試験の問題。また、答案。例 策問(=天子の試問)。対策。❺事をおこなうための手段や方法を考え出すこと。計略。たくらみ。はかりごと。例 策略。方策。

人名 かず・つか・はかる・もり

【策応】 (名・する) ひそかに連絡をとり合って、共同で行動すること。しめし合わせること。例 ―して敵をはさみうちにする。

【策士】 ①はかりごとがうまい人。②かけひきに長じた人。例 ―策におぼれる(=策略のうまい人は、自分の策略をたよりにしすぎて、かえって失敗する)。

【策試】 天子の出題によって試問して役人をえらぶこと。策問。

【策定】 (名・する) 計画や政策などを、あれこれ考えて決めること。例 新年度の基本方針を―する。

【策動】 (名・する) ひそかに計画を立て、動きまわること。例 かげで―する。

【策謀】 (名・する) ひそかに悪事をたくらむこと。また、そのたくらみ。策略。例 会社の乗っ取りを―する。

【策略】 はかりごと。計略。例 ―をめぐらす。

●画策・政策・対策・得策・万策・方策

竹 6 【筍】 12画 6803 7B4D 音ジュン慣 シュン漢 訓たけのこ

竹 4 【笋】 10画 6804 7B0B 別体字

意味 ❶タケの地下茎から出る若芽。たけのこ。例 筍羹(=たけのこを用いた煮物)。❷中国古代の打楽器の鐘や磬などをつるしてかける横木。

竹 6 【筌】 12画 6805 7B4C 音セン漢呉 訓うえ

意味 細いタケをつつ状に編んで作り、水中にしずめて魚をとらえる道具。ふせご。うえ。例 筌蹄。得レ魚而忘レ筌(=魚をとってしまえば、用のなくなった魚とりの道具を忘れてしまう。目的が達せられると、手段は忘れられることのたとえ)。(荘子)

【筌▼蹄】 [「蹄」は、ウサギをとらえるわな] ①目的達成のための手段。方便。②手引き。案内。 表記「▼荃▼蹄」とも書く。参考『訳文筌蹄』は、荻生徂徠の著作の一つの名。漢文に用いる字の同訓異義・異訓同義についての手引き書。

竹6 **【筅】** 12画 6806 7B45 音セン漢 訓ささら

意味 先端を細かく割ったタケをたばねたもの。鍋や釜を洗うときに用いる。ささら。例茶筅(=抹茶をあわだてる道具)。

竹6 **【筑】** 12画 3562 7B51 人名 音チク漢

意味 琴に似た弦楽器。竹で打ち鳴らす。五弦・十三弦・二十一弦の三種がある。

日本語での用法《チク・つく》古く、地名の「チク」「つく」にあてた字。「筑豊(=筑前と豊前)・筑摩(=長野県西部の旧郡名。また、旧県名)・筑紫・筑波」

難読 筑波嶺・都筑(=地名・姓)

【筑後】旧国名の一つ。今の福岡県南部。

【筑前】旧国名の一つ。今の福岡県北部・西部。

【筑紫】九州の古い呼び名。九州の北半分、または九州全土を指した。

【筑波】大化の改新(六四五年)以前の国名で、今の茨城県筑波地方を指す。

竹6 **【答】** 12画 3790 7B54 教育2 音トウ漢呉 訓こた-える・こた-え

筆順 ⺈ 𠂉 ⺮ 竺 笒 笒 答 答

なりたち [形声]「竹(=たけ)」と、音「合コウ→トウ(=あう・こたえる)」とから成る。こたえる。

意味 ❶返事をする。むくいる。こたえる。例答礼。返答。❷質問に対する返事。こたえ。例答案。解答。

使い分け こたえる【答・応】⇩1169ページ

難読 加答児(カタル)

人名 さと・とし・とみ・とも・のり

【答案】試験問題などの答え。例—用紙。

【答辞】式などで、送ることばやお祝いのことばなどに対して、答えることば。対送辞。例卒業式で—を読む。

【答申】(名・する)官庁や上役からの諮問に対して、考えや意見を述べること。例委員会の結論を文部科学大臣に—する。

【答弁】(名・する)質問に答えて説明すること。例国会で大臣が—する。表記 旧答▼辯

【答礼】(名・する)相手の礼に対し、こちらから礼を返すこと。また、その礼。返礼。例—の使節を送る。

●回答・誤答・正答・贈答・名答

竹6 **【等】** 12画 3789 7B49 教育3 音トウ漢呉 訓ひと-しい・など・ら

筆順 ⺈ 𠂉 ⺮ 竺 笁 筀 等 等

なりたち [会意]「竹(=たけ)」と「寺(=ひとしい)」とから成る。文字を書いたタケのふだをひとしくそろえる。

意味 ❶同じようにそろっている。差がない。ひとしい。例等分。対等。平等。❷段階や順序。ランク。くらい。例等級。優等。劣等。❸ほかにも同じものがあることをあらわすことば。…ら。…など。例等等(=など)。「等ト」を重ねて強調する言い方。我等。❹同じ集合のなかま。ともがら。たぐい。例等輩(=上位でも下位でもない、同じくらいのなかま)。郎等。

難読 等閑・等等力(=地名・姓)

人名 しな・たか・とし・とも・ひとし

【等圧線】天気図で、気圧の等しいところを結んだ線。

【等位】①順位などをあらわすくらい。等級。例五—に分ける。②等しいくらい。同位。例AとBとは—にある。

【等温】等しい温度。例—線(=天気図などで、温度の等しいところを結んだ線)。

【等価】価値や価格が等しいこと。例—で交換する。

【等外】決まった等級や順位にはいらないこと。例—に落ちる。

【等閑】軽く考えて、いいかげんにしておくこと。なおざり。例—に付する(=ほうっておく)。

【等閑視】(名・する)ものごとを軽く見て、いいかげんにあつかうこと。例問題を—する。

【等級】順位や品質などの上下をあらわす区分。くらい。段階。例生産物に—をつける。

【等号】[数]二つの数や式などのあいだにはさんで、両方が等しいことを示す記号。イコール。「=」対不等号。例—で結ぶことができる。

【等高線】地図で、標準海面から同じ高さの地点を結んだ線。

【等差】①等級のちがい。格差。②[数]差が等しいこと。例—数列。

【等式】[数]二つの式や数を等号で結びつけて、両方が等しいことをあらわす式。対不等式。

【等質】①成分や性質が同じであること。同質。対異質。例同形—の物体。②成分や性質にむらのないこと。均質。例—の溶液。

【等身】人の身長と同じ高さ。例—大。—像。

【等親】親族間のつながりの遠い近いをあらわす慣用的な言い方。親等。例親子は一—(=一親等)。

【等比】[数]二つ以上の比が等しいこと。例—数列。

【等分】一(名)同じ分量・程度。例みんなの顔を—に見わたす。二(名・する)等しく分けること。例—に分ける。

【等辺】[数]多角形で、辺の長さが等しいこと。例二—三角形。—の八角形。

【等量】等しい分量。同量。例砂糖と—の塩。

●下等・均等・高等・上等・初等・親等・対等・同等・平等・優等・劣等

竹6 **【筒】** 12画 3791 7B52 常用 音トウ漢 訓つつ

筆順 ⺈ 𠂉 ⺮ 竺 笥 筒 筒 筒

なりたち [形声]「竹(=たけ)」と、音「同ト」とから成る。タケのふしをくりぬいたふえ。

意味 円柱状で、中がからになっているもの。くだ。つつ。例円筒。煙筒。水筒。

難読 喞筒(ポンプ)・小作筒・筆筒

人名 まる

●円筒・気筒・水筒・封筒

竹6 **【筏】** 12画 4021 7B4F 音バツ慣 ハツ漢 訓いかだ

意味 タケや木を並べて組み、水上にうかべるもの。いかだ。例

筏師いかだシ。筏乗いかだのり。

竹 6 【筆】 12画 4114 7B46 教育3 音ヒツ漢 訓ふで

筆順 ノ ⺮ 竺 筀 筆 筆

なりたち 𦘒 [会意]「聿(=書きつける道具)」と「竹(=たけ)」とから成る。ふで。

意味 ❶文字や絵をかく道具。ふで。例鉛筆エンピツ。毛筆モウヒツ。❷文字や絵をかく。かきしるす。例筆記ヒッキ。筆削ヒッサク。❸ふでで かいた文字や絵。例筆禍ヒッカ。名筆メイヒツ。

難読 筆頭菜つくし(つくづくし)・土筆つくし・禿筆ちび

【筆意】ヒツイ ①文字を書くときのふでの運び具合。ふでづかい。例—に注意する。②書画や詩文などからにじみ出た作者の気持ち。おもむき。心組み。例—をくみ取る。

【筆架】ヒッカ 使ったふでを横にして置く台。ふでかけ。

【筆禍】ヒッカ 発表した文章のために、うったえられたり非難を受けたりして、災難にあうこと。また、その災難。例—をこうむる。

【筆画】ヒッカク 文字の画数。字画。例—の多い漢字。

【筆記】ヒッキ (名・する) ①書きしるすこと。とくに話や文章などを書きとめること。また、そのもの。例—試験。講演を—する。②六朝リクチョウ時代以来の短編小説。例—小説。

【筆▼硯】ヒッケン ①ふでと、すずり。②文字や文章を書くこと。例—の業。表記▽「筆研」とも書く。

【筆耕】ヒッコウ お金をもらって、文章や文字を書き写すこと。また、その人。例—料。

【筆削】ヒッサク (名・する) 文章で、書き加えたりけずったりすること。添削テンサク。例師の—を受ける。

【筆算】ヒッサン (名・する) 暗算などに対して、紙などに書いて計算すること。また、その計算。例—で答えを確かめる。

【筆紙】ヒッシ ①ふでと、かみ。②文章を書くこと。例—につくしがたい(=文章ではあらわすことができない)悲しみ。

【筆写】ヒッシャ (名・する) 書き写すこと。書写。例珍本チンポンを—しておく。

【筆者】ヒッシャ 文章・書画をかいた人。例—不明の大作。

【筆順】ヒツジュン 文字を書くときの、ふでの運びの順序。書き順。例この字の—は二通りある。

【筆陣】ヒツジン ①「戦陣」にたとえて)文章で議論を戦わせる構え。例—を張る。②筆者の顔ぶれ。執筆者シッピツシャ陣。例豪華ゴウカな—。

【筆勢】ヒッセイ ①書画にあらわれた、ふでづかいの勢い。筆力。例—のたくましさ。②文章の勢い。例さかんな—。

【筆跡】ヒッセキ 書き残された文字。また、その書きぶり。例—鑑定カンテイ。表記 旧筆▼蹟

【筆舌】ヒツゼツ 〔筆ふでと舌したの意から〕書くことと話すこと。文章とことば。例—につくしがたい(=とても表現できない)。

【筆洗】ヒッセン 使ったふでの穂ほを洗うためのうつわ。ふであらい。例—の水。

【筆端】ヒッタン ①ふでの先。②書画や文章の書きよう。ふではこび。例—がにぶる。

【筆談】ヒツダン (名・する) 口で話すかわりに、文字を書いて意思を伝え合うこと。例病人と—する。

【筆致】ヒッチ 書画や文章のふでづかい。書きぶり。タッチ。例軽妙ケイミョウな—。

【筆▼誅】ヒッチュウ (名・する) 他人のあやまちを書きたてて、厳しく責めること。例—を加える。

【筆答】ヒットウ (名・する) 文字で書いて答えること。対口答。例—試験。

【筆頭】ヒットウ ①名前などを書き並べたときの一番目。また、その人。例前頭まえがしら—。②ふでの先。転じて、文章。

【筆法】ヒッポウ ①書画をかくときのふでの動かし方。運筆ウンピツ。②文章のあらわし方。言い回し。例春秋シュンジュウ(=歴史書『春秋』)の—。③ものごとのやり方。例またいつもの—だ。

【筆▼鋒】ヒッポウ ①ふでの先。②文字や文章の勢い。例するどい—をもって論じる。

【筆墨】ヒツボク ふでと、すみ。また、それで書いたもの。例—に親しむ。

【筆名】ヒツメイ 文章を発表するときに使う、本名とは別の名前。ペンネーム。

【筆力】ヒツリョク ①書や文章から感じとれる、勢い。筆勢。例おとろえない—。②文章を書く能力。例すぐれた—の持ち主。

【筆録】ヒツロク (名・する) 書きとどめること。また、そのもの。筆記。例話を—する。

【筆不精】ふでブショウ (名・形動ナ) 手紙や文章を書くのをめんどうがること。また、その人。対筆まめ。表記「筆無精」とも書く。

【筆ふでを▼擱おく】書くのをやめる。書き終わる。擱筆カクヒツする。

【筆ふでを投トウずる】〔筆を投げ捨てる意から〕書くことを(とちゅうで)やめる。文筆活動をやめる。筆を投げる。投筆する。

【筆ふでを曲まげる】事実を曲げて書く。曲筆する。

○●悪筆アクヒツ・一筆イッピツ・運筆ウンピツ・絵筆えふで・鉛筆エンピツ・加筆カヒツ・起筆キヒツ・直筆ジキヒツ・執筆シッピツ・自筆ジヒツ・随筆ズイヒツ・絶筆ゼッピツ・代筆ダイヒツ・達筆タッピツ・特筆トクヒツ・肉筆ニクヒツ・文筆ブンピツ・乱筆ランピツ

竹 6 ［箏］ 12画 ⇩【筝】ソウ (755ページ)

竹 7 【筵】 13画 6807 7B75 音エン漢呉 訓むしろ

意味 タケで編んだしきもの。また、しきものをまとめていう。むしろ。ござ。座席。例筵席エンセキ。講筵コウエン(=講義をする席)。

【筵席】エンセキ 〔「席」は、筵むしろの上に敷しくしきもの〕①しきもの。座席。②宴会エンカイの席。例—に列する。

竹 7 【筥】 13画 6808 7B65 音キョ漢 訓はこ

意味 米などを入れておく、タケで編んだつつ状のはこ。はこ。例筥筐キョキョウ(=つつ状のはこと、四角いはこ)。

難読 柳筥やないばこ・筥狭子はこせこ

【筥▽迫】はこせこ 女性が着物のふところに入れて持つ箱形の紙入れ。現在では、婚礼コンレイや七五三などで使われる。

竹 7 【筴】 13画 6809 7B74 音㊀キョウ漢呉 ㊁サク漢 訓めどぎ

意味 ㊀キョウ ものをはさむ。また、箸はし。㊁サク ❶うらないに使うタケでできた細い棒。めどぎ。❷文字を記すタケのふだ。同策サク。

竹 7 【筧】 13画 6810 7B67 音ケン漢 訓かけひ・かけい

意味 タケのつつを地上にかけわたして、水を通しみちびくもの。樋とい。かけひ。

竹 7 【筰】 13画 6811 7B70 音サク漢 ザク呉

意味 ❶川をわたるときに用いるタケのなわ。❷中国古代、西南地方にいた異民族。

竹7 【筬】13画 *6813 *7B6C 音セイ漢 訓おさ

意味 ❶タケの名。❷機織はたおりの道具。たて糸をささえる、よこ糸を通しておくもの。おさ。例筬虫おさむし。

竹7 【筮】13画 6814 7B6E 音セイ漢 ゼイ呉 訓うらな-う・めどぎ

意味 メドハギのくきで作った、うらないに使う棒。めどぎ。また、それを用いてうらなう。予言する。例筮竹ゼイチク。卜筮ボクゼイ。

【筮竹】ゼイチク 易エキのうらないに使う、五十本の細長いタケの棒。めどぎ。例―をもむ。

【筮▼卜】ゼイボク ①筮竹でうらなうことと、カメの甲コウを焼いてうらなうこと。うらない。卜筮。②筮竹を使ってうらなうこと。

竹7 【節】13画 3265 7BC0 教育4 音セツ漢 セチ呉 訓ふし・よ・ノット

筆順 ノ ⺈ ⺮ 竺 笞 節 節 節

竹9 【節】15画 1-8968 FA56 人名

なりたち 【形声】「竹(=たけ)」と、音「即ショク→セツ」とから成る。タケのふし。

意味 ❶タケなどのくきのつぎ目。ふくらんだ部分。また、動物の骨と骨との結合部分。ふし。よ。例関節カンセツ。枝葉末節ショウマッセツ。一節切ひとよぎり(=ふしが一つの尺八)。❷音楽のふしまわし。例音節オンセツ。曲節キョクセツ。❸詩歌シイカや文章のひとくぎり。例章節ショウセツ。文節ブンセツ。❹けじめをつける。ひかえめにする。例節食セッショク。節電セツデン。節度セツド。❺志を守って変えない。みさお。例節操セッソウ。礼節レイセツ。❻季節の変わり目。ときおり。例節会セチエ。節句セック。節分セツブン。❼だいじな祝祭日。例国慶節コッケイセツ。天長節テンチョウセツ。❽二つに割ったタケのふだを両者が持ち、他日合わせて証拠ショウコとするもの。てがた。わりふ。例符節フセツ(=割り符)。❾外国に使いする者が、君主からさずけられる、その資格を示す旗など。例使節シセツ。

日本語での用法《ノット》英語 knot の原義を直訳した字。昔、航行する船から縄なわに結び目をつくって流し、速度を知る手がかりとした。船の速度の単位。一ノットは、一時間に一海里カイリ(=一八五二メートル)進む速さ。「時速ジソク三五節ノットの船ふね」

難読 節季候せきぞろ・曲節ふし

人名 さだ・さだむ・たか・たかし・たけ・ただ・ただし・ただす・とき・とも・のり・ほど・まこと・みさ・みさお・よし

【節会】セチエ 昔、朝廷チョウテイで公式の行事のときにおこなわれた宴会エンカイ。例白馬あおうまの―。

【節煙】セツエン (名・する) タバコを吸う量をひかえめにすること。例―禁煙のすすめ。

【節介】セッカイ ㊀(名) 自分の考えや立場をかたく守って、世間に流されないようにすること。㊁(名・形動ナ) 〔「お節介」の形で〕よけいな世話をやくこと。例いらぬお―をやくな。

【節気】セッキ 陰暦インレキで、季節の区分。また、その変わり目を示す日。立春・春分など二十四に分ける。→【二十四節気】ニジュウシセッキ(40ページ)

【節季】セッキ ①季節の終わり。②年の暮れ。年末。例―大売り出し。③もと、商店などの決算の時期。多く、盆ボンと暮れ。例―じまい。

【節義】セツギ 志を変えず、人としての正しい道をおこなうこと。節操と道義。みさお。例―をつらぬく。

【節句】セック 季節の変わり目におこなわれる祝いの日。一月七日(=人日ジンジツ)・三月三日(=上巳ジョウシ)・五月五日(=端午タンゴ)・七月七日(=七夕シチセキ(たなばた))・九月九日(=重陽チョウヨウ)の五節句。今日では、ふつう三月三日(=桃ももの節句)と五月五日(=端午の節句)をいう。表記「節供」とも書く。

【節句働き】セックばたらき 他の人が休んでいるときに、ことさらいそがしそうに働くこと。例なまけ者の―。

【節倹】セッケン (名・する) むだづかいをやめて、つつましく暮らすこと。節約と倹約。例―につとめる。

【節減】セツゲン (名・する) 切りつめて、むだを減らすこと。例経費を―する。

【節士】セッシ 節義を守る人。おこないの正しい人。

【節酒】セッシュ (名・する) 飲む酒の量をひかえめにすること。例―禁煙のすすめ。

【節食】セッショク (名・する) 食べる量をほどよく減らすこと。

【節水】セッスイ (名・する) 水のむだづかいをやめて、使用量を減らすこと。

【節制】セッセイ (名・する) 度をこさないようにひかえめにすること。欲をおさえて、つつしむこと。例―に努める。

【節税】セツゼイ (名・する) 納める税金の額をくふうして減らすこと。例―対策。

【節操】セッソウ 自分の考えや意見などをかたく守って変えないこと。みさお。例―がない(=意見がころころ変わる)。

【節足動物】セッソクドウブツ 外皮がかたく、からだと足に多くの節ふしをもつ動物。からだは小さく、成長のとちゅうで脱皮ダッピする。昆虫コンチュウのほか、クモ・エビ・カニ・ムカデなど。

【節電】セツデン (名・する) 使う電気の量を減らすこと。

【節度】セツド ①ちょうどよい程度。いきすぎのない程度。適度。例―をわきまえた態度。②きまり。法則。例―を守る。

【節度使】セツドシ ①唐トウ代に置かれた、軍政をつかさどる長官。②奈良なら時代に置かれた地方長官。軍事を担当し、外敵に備えた。

【節婦】セップ みさおをかたく守る女性。道徳的に手本となるような女性。貞節テイセツな婦人。

【節分】セツブン ①季節の移り変わる分かれ目。立春・立夏・立秋・立冬の前日。②とくに、立春の前日。二月三日ごろ。豆まきをして悪鬼アッキをはらう習慣がある。

【節目】㊀セツモク ①木の節ふしと木目もくめ。②規則などの、小さく区分された項目コウモク。細目。㊁ふしめ ①竹や木材などの、節のあるところ。②ものごとのさかいめ。かわりめ。区切り。例人生の―にあたる年。

【節約】セツヤク (名・する) むだづかいをやめること。切りつめること。例水を―する。時間の―。

【節用】セツヨウ (名・する) ①費用を節約すること。むだを省くこと。②『節用集』の略。日常使われることばを集め、その漢字を示した辞書。室町むろまち時代に成立し、江戸えど時代に広く使われた。

【節理】セツリ ①ものごとの道理。すじみち。②表面にあらわれた模様。きめ。③岩石にできる規則正しい割れ目。柱状チュウジョウ節理・板状バンジョウ節理など。

【節穴】ふしあな ①木の板などの節がとれてできた、あな。②ものごとを見ぬくことができない目のたとえ。例おまえの目は―か。

●音節オンセツ・関節カンセツ・季節キセツ・時節ジセツ・小節ショウセツ・忠節チュウセツ・調節チョウセツ・晩節バンセツ・末節マッセツ

竹7 【筐】13画 ⇨【筺】キョウ(750ページ)

竹7 【筱】13画 ⇨【篠】ショウ(757ページ)

竹8 【箇】14画 1853 7B87 常用 音カ漢 コ唐

筆順 ⺈ ⺮ 竹 竺 笛 箇 箇 箇

なりたち 箇 [形声]「竹(=たけ)」と、音「固コ→カ」とから成る。タケを数えることば。

意味 ❶ものを数えることば。か。こ。同個コ。例一箇月イッカゲツ。箇条カジョウ。❷ものや場所を示すことば。それ。これ。その。この。同個コ。例箇小児ショウジ(=その子)。

人名 かず・とも

【箇所】カショ その場所。ある区切られたところ。また、場所や部分を数えることば。例付箋フセンのついている—に注意。

【箇条】カジョウ いくつかに分けて書き並べた、一つ一つのことがら。また、それを数えることば。例—書きにする。

竹 8 【管】14画 2041 7BA1 教育4 音カン漢呉 訓くだ・ふえ

筆順 ⺮ ⺮ 竺 竺 笁 管 管 管

なりたち 管 [形声]「竹(=たけ)」と、音「官カン」とから成る。六つの穴のある竹ぶえ。

意味 ❶タケ製のふえ。また、ふえの類。例管楽器カンガッキ。金管キンカン。木管モッカン。❷筆のじく。例筆管ヒッカン。❸細長いつつ状のもの。くだ。例管見カンケン。気管キカン。血管ケッカン。❹一定の範囲内のことがらをとりしまる。支配する。つかさどる。例管理カンリ。移管イカン。保管ホカン。

難読 管子くだ・火管ひふき・只管ひたすら・煙管キセル

人名 うち・すげ

【管下】カンカ 管轄カンカツしている地域や範囲ハンイ。管内。支配下。例—に発生した事件。当局の—にある。

【管轄】カンカツ (名・する) 官公庁などが、その権限によってとりしまること。また、その力のおよぶ範囲ハンイ。例—区域。

【管楽】カンガク 管楽器で演奏する音楽。吹奏楽スイソウガク。

【管楽器】カンガッキ くだに息をふきこんで音を出す楽器。横笛・フルートなどの木管楽器と、トランペット・ホルンなどの金管楽器がある。対弦ゲン楽器・打楽器。

【管▼窺】カンキ くだの穴からのぞくような、せまい見識。管見。例恐縮ながら—の私見を披露ヒロウしたい。

【管見】カンケン [くだの穴から見る意] ものの見方がせまいこと。せまい見識。自分の意見などを、けんそんしていうことば。例—によれば。

6画

〔竹部〕8画 ● 管箝箕箘箍箜算

【管弦】カンゲン ①横笛などの管楽器と、琴ことや琵琶ビワなどの弦楽器。例詩歌シイカ—。②音楽を演奏すること。とくに、雅楽ガガクの演奏をいう。例—の遊び。表記 ▽旧管▼絃

【管弦楽】カンゲンガク 管楽器・弦楽器・打楽器を組み合わせた洋楽の大合奏。また、その楽曲。オーケストラ。表記 旧管▼絃楽

【管財】カンザイ 財産の管理や財務の仕事をすること。例—課。

【管財人】カンザイニン 破産した人などの財産を管理する人。

【管掌】カンショウ (名・する) 仕事としてとりあつかうこと。例—事務。政府が—する保険。

【管制】カンセイ (名・する) ①非常時などに、国家が活動や使用を禁止したり制限したりすること。例報道—を敷しく。②空港で、航空機の離着陸リチャクリクなどをコントロールすること。例—官。—塔トウ。

【管足】カンソク ウニやヒトデなど棘皮キョクヒ動物の、体表からつき出ている細いくだ。呼吸や運動などのはたらきをする。

【管仲】カンチュウ 春秋時代、斉セイの宰相サイショウ。名は夷吾イゴ。親友の鮑叔牙ホウシュクガに推おされて桓公カンコウに仕え、富国強兵策をすすめた。(?—前六四五)→【管鮑の交わり】カンポウのまじわり

【管長】カンチョウ 神道シントウや仏教で、一つの宗派をとりしきる長。

【管▼鮑の交わり】カンポウのまじわり 友人同士の、一生のあいだ変わることのない友情。〔春秋時代、斉セイの管仲カンチュウと鮑叔牙ホウシュクガとの厚い友情についての故事による〕

【管理】カンリ (名・する) そのもののはたらきがじゅうぶん保てるように気を配ること。責任をもってとりしきること。例品質—。マンションの—人。

【管理職】カンリショク 会社・官庁・学校などで、仕事をとりしきったり監督カントクしたりする職。また、その人。

【管領】一カンリョウ (名・する) おさめとりしまること。支配すること。例四海を—する。二カンレイ (名) 室町むろまち時代、将軍を助ける要職。また、その人。例関東—。

●移管イカン・気管キカン・血管ケッカン・所管ショカン・真空管シンクウカン・手管てくだ・土管ドカン・配管ハイカン・保管ホカン

竹 8 【箝】14画 6815 7B9D 音カン慣 ケン漢 訓はさ-む・くびかせ

意味 ❶はめて動きをおさえるわく。くびかせ。❷はさみこんで動かなくする。はめる。はさむ。❸口をとざす。つぐむ。

【箝口】カンコウ 〔本来は「ケンコウ」と読む〕①口をふさいでものを言わない。②ものを言わせないこと。口どめ。

【箝口令】カンコウレイ 他に発表することを禁じる命令。口どめの命令。例—がしかれる。表記「▼緘口令」とも書く。

竹 8 【箕】14画 4407 7B95 人名 音キ漢 訓み

意味 ❶穀物のからやちりをふるい分ける、タケで編んだ道具。み。❷二十八宿の一つ。みぼし。例箕宿キシュク(=箕キという星座)。❸両足を投げ出して座る。例箕踞キキョ(=両足を前に出した、無作法なすわり方)。

難読 箕面みのお(=地名)・箕輪みのわ・箕ちりとり

人名 み

【箕▼裘】キキュウ 先祖の仕事を受けつぐこと。〔弓作りの子は、まず、やわらかいヤナギの枝を曲げて箕みを作ることを学び、かじ屋の子は修繕シュウゼンのしかたを学ぶために動物の皮をつぎあわせて裘(=皮で作った着物)を作ることを学ぶ〕〈礼記ライキ〉

竹 8 【箘】14画 6816 7B98 音キン漢 訓の・のだけ

竹 8 【箟】14画 6817 7B9F 別体字

意味 ❶タケの名。細長くて節が少なく、矢がらにする。シノダケ。箘簬キンロ。❷たけのこ。

竹 8 【箍】14画 6818 7B8D 音コ漢 訓たが

意味 おけやたるなどをしめつける、タケで編んだ輪。たが。また、たがをかける。例緊箍呪キンコジュ(=孫悟空ソンゴクウの頭の輪をちぢめる呪文ジュモン)。箍がゆるむ。箍屋たがや(=おけ屋)。

竹 8 【箜】14画 6819 7B9C 音コウ漢 ク呉

意味 「箜篌コウゴ」は、ハープに似た弦楽器ゲンガッキ。

【箜▼篌】コウゴ 古代、中国・朝鮮チョウセン・日本などで使われた弦楽器ガッキ。ハープに似たものや、琴ことに似たものがある。くだらごと。〔日本には百済ヒャクサイ(くだら)から伝来した〕

竹 8 【算】14画 2727 7B97 教育2 音サン漢呉 訓かぞ-える

筆順

なりたち 算 [会意]「竹(=たけ)」と「具(=数える)」とから成る。タケの棒をつかって数える。

意味 ❶数を数える。かぞえる。例算出。算数。計算。❷数えたり、うらなうときに使う、細いタケや木の棒。さんぎ。また、そろばん。例算を置く。算を乱す。珠算。❸損得をはかり考える。見つもる。例算段。成算。

人名 かず・とも・はかる

【算木】サンぎ ①易で、うらないに使う、六本の小さな角棒。②和算に用いる角棒。

【算式】サンシキ ＋・－・×・÷などの記号を使って、計算をあらわす式。計算式。

【算出】サンシュツ（名・する）計算して値をだすこと。

【算術】サンジュツ ①計算のしかた。計算すること。②初等教育で教える、やさしい数学。現在の算数。

【算数】サンスウ ①計算すること。②小学校の教科の一つで、初歩の数学。算術。

【算段】サンダン（名・する）あれこれ方法を考えてくふうすること。とくに、金銭のつごうをつけること。くめん。例借金の—がつく。

【算定】サンテイ（名・する）計算して決めること。例—する。

【算入】サンニュウ（名・する）全体の計算の中に入れること。

【算法】サンポウ ①計算の方法。算術。②江戸時代の数学の呼び名。

【算用】サンヨウ（名・する）数や量を計算すること。見つもること。勘定。例支払い額を—する。—合って銭足らず。

【算用数字】サンヨウスウジ 0・1・2・3・4・5・6・7・8・9の、数字。アラビア数字。洋数字。

【算を置く】算木で計算する、また、うらなう。

【算を乱す】算木を乱したように、ちりぢりばらばらになる。例算を乱してにげていく。

【▽算盤】そろばん ①日本や中国などで使われている、計算の道具。長方形のわくの中に、軸に通した珠が並ぶ。②損得の計算。表記 ▽「▽十露盤」とも書く。例—をはじく。

●暗算・概算・加算・換算・逆算・誤算・採算・勝算・精算・打算・通算

竹 8 【箋】14画 6821 7B8B 常用 音 セン漢 訓 ふだ

筆順

片 8 【牋】12画 6416 724B 別体字

なりたち 箋 [形声]「竹(=たけ)」と、音「戔」とから成る。識別を表す書きつけ。

意味 ❶古典の注釈。例箋注。❷手紙や詩を書く美しい用紙。例詩箋。便箋。用箋。❸気づいたことや注意すべきことを書きつける紙きれ。例処方箋。付箋。❹漢文の文体の一つ。公文書(=天子にたてまつる文書)。例箋疏。

【箋注】センチュウ むずかしい語句に説明を加え、本文をわかりやすくすること。注釈。例『—和名類聚抄』〔狩谷棭斎の著作の名〕表記 旧箋▼註

竹 8 【箏】14画 6823 7B8F 音 ソウ漢 ショウ呉 訓 こと

竹 6 【筝】12画 6824 7B5D 俗字

意味 琴の一種でタケ製(のちに木製)の弦楽器。古くは五弦や十二弦、唐以後は十三弦。しょうのこと。〔「琴」を「きんのこと」という〕

【箏曲】ソウキョク 箏で演奏する音楽。

竹 8 【箔】14画 3983 7B94 人名 音 ハク漢

意味 ❶日よけや部屋の仕切りとして使う、タケ製の道具。すだれ。❷金属をうすくたたきのばしたもの。例金箔。箔がつく。❸養蚕に用いるうすいすのこ。まぶし。

竹 8 【箙】14画 *6825 *7B99 音 フク漢 訓 えびら

意味 矢を入れて背負う武具。やなぐい。えびら。

竹 8 【箟】14画 ⇩【箘】キン（754ページ）

竹 8 【箒】14画 ⇩【帚】ソウ（338ページ）

竹 8 【箚】14画 ⇩【劄】トウ（143ページ）

竹 8 【箸】14画 ⇩【箸】はし（756ページ）

竹 8 【箆】14画 ⇩【篦】ヘイ（757ページ）

竹 9 【篋】15画 6826 7BCB 音 キョウ漢呉 訓 はこ

意味 書物や衣類をしまうタケ製のはこ。はこ。例篋笥。

難読 玉篋

【篋▼笥】キョウシ 書物や衣服などを入れる、タケで編んだはこ。

【篋底】キョウテイ はこの底。はこの中。筐底。例—に納める。

竹 9 【篁】15画 6827 7BC1 音 コウ漢 訓 たかむら

意味 たけやぶ。たかむら。例幽篁(=静かなたけやぶ)。

竹 9 【篌】15画 6828 7BCC 音 コウ漢 ゴ呉

意味 ❶⇩【箜篌】ゴク（754ページ） ❷タケの名。篌竹。

竹 9 【箴】15画 6830 7BB4 音 シン漢 訓 はり・いまし-める

意味 ❶裁縫や漢方の治療に用いる、はり。同針・鍼。例箴石(=石ばりの材料。また、石ばり)。❷人のあやまちを正し、教えさとす。いましめる。例箴言。

【箴言】シンゲン 人生の教訓となるようないましめのことば。格言。

竹 9 【箭】15画 3293 7BAD 音 セン漢呉 訓 や

意味 ❶矢の材料になる、かたくまっすぐなタケ。しのだけ。やだけ。❷弓で射る武器。や。例弓箭(=弓と矢。武器)。

竹 9 【篆】15画 6831 7BC6 音 テン漢

意味 漢字の書体の一つ。周の史籀が作ったとされる大篆と、秦の李斯が作ったとされる小篆とがある。現在、碑文の題字や印章などに用いられる。例篆刻。篆書。篆文。

【篆額】テンガク 石碑の上部に篆書でほった題字。

【篆刻】テンコク（名・する）木や石などに文字をほりつけること。篆書体が多く用いられたことから、こう呼ぶ。

【篆字】テンジ 篆書の文字。

【篆書】テンショ 漢字の古書体の一つ。大篆と小篆とがあり、隷

書ショのもとになった。現在、印章などに用いる。→【隷書】レイショ(1042ページ)・【楷書】カイショ(537ページ)・【行書】ギョウショ(884ページ)・【草書】ソウショ(850ページ)

【篆文】テンブン　篆書体の文字。

【篆隷】テンレイ　篆書と隷書。

【篆隷万象名義】テンレイバンショウメイギ　見出しを篆書と隷書で示した、現存する日本最古の漢字字書。空海の著。

竹 9
【箱】
15画　4002　7BB1　教育3　音 ショウ(漢)　ソウ(呉)　訓 はこ

筆順 ノ ケ ケ ケ 竹 竹 笳 箱 箱

なりたち [形声]「竹(=たけ)」と、音「相ショウ」とから成る。荷をのせるために車につけるはこ。

意味 ❶車の、人やものをのせるところ。例 車箱シャソウ。❷ものを入れる四角いうつわ。はこ。例 重箱ジュウばこ。本箱ホンばこ。

【箱庭】はこにわ　浅い箱の中に山や川、庭などをかたちづくったもの。

【箱枕】はこまくら　箱形の木の台の上にくくりつけた、まくら。

●私書箱シショばこ・巣箱すばこ・玉手箱たまてばこ・百葉箱ヒャクヨウばこ・ヒャクヨウソウ・筆箱ふでばこ

竹 9
【箸】
15画　4004　7BB8　常用　音 チョ(漢)　訓 はし

竹 8　【箸】14画　――　俗字

筆順 ケ ケ 竺 竺 笋 笋 箸 箸

なりたち [形声]「竹(=たけ)」と、音「者シャ→チョ」とから成る。飯用のはし。

意味 タケや木でできた、ものをはさんで取る細長い二本の棒。はし。例 匕箸ヒチョ(=さじと、はし)。菜箸さいばし。火箸ひばし。

竹 9
【範】
15画　4047　7BC4　常用　音 ハン(漢)　訓 のり

竹 5　【笵】11画　6791　7B35　本字

筆順 ケ ケ 竺 竺 笆 範 範 範

なりたち [形声]「竹(=竹簡チクカンに書かれた刑法ケイホウの書)」と、音「氾ハン」とから成る。竹簡に書かれた法律。のり。

意味 ❶手本とすべき型。きまり。のり。例 範例ハンレイ。規範キハン。垂範スイハン。❷いがた。また、ある枠わくのなか。例 範囲ハンイ。範疇ハンチュウ。

人名 あき・あきら・つく・かた・すすむ・つね・のる・ひろ・ひろし

【範囲】ハンイ　ある広がりのなかの限られた広さ。例 試験に出題する―。勢力―。

【範▼疇】ハンチュウ　ものごとをいくつかに分けたとき、同じ性質のものが属する区分。カテゴリー。例 別の―に属する。

【範例】ハンレイ　見ならうべき例。手本。

【範ハンを垂たれる】手本を示す。→【垂範】スイハン(229ページ)

●軌範キハン・規範キハン・広範コウハン・師範シハン・垂範スイハン・典範テンパン・模範モハン

竹 9
【篇】
15画　4251　7BC7　人名　音 ヘン(漢)

意味 ❶文字を書いたタケのふだを、意味のまとまりごとにひもでつづりあわせたもの。一つにまとまった詩歌シイカや文章。書物。例 短篇タンペン。長篇チョウヘン。❷書物の全体をいくつかに分けた部分。例 後篇コウヘン。前篇ゼンペン。❸詩歌シイカや文章を数えることば。例 詩三百篇サンビャッペン。

表記 現代表記では、「編ヘン」に書きかえることがある。熟語は「編」(790ページ)を参照。

人名 あむ・かく

竹 9　【篏】15画 ⇩【嵌】カン(330ページ)

竹 9　【箪】15画 ⇩【簞】タン(758ページ)

竹 9　【節】15画 ⇩【節】セツ(753ページ)

竹 10
【篝】
16画　6832　7BDD　音 コウ(漢)　訓 かがり

意味 ❶火の上にかぶせ、衣服をかわかしたり、中に香炉コウロをおいて香をたきしめたりするかご。ふせご。例 衣篝イコウ(=衣服に香をたきしめるためのかご)。❷ものを入れて背負うかご。❸照明のために火を燃やす鉄製のかご。かがりび。かがり。例 篝火かがりび。

【篝火】かがりび　照明や警備などのためにたく火。

竹 10
【篡】
16画　――　7BE1　音 サン(漢)　セン(呉)　訓 うば-う

竹 11　【簒】17画　5053　7C12　俗字

意味 よこどりする。うばいとる。うばう。とくに、臣下が君主の位をうばいとる。例 簒奪サンダツ。

【簒奪】サンダツ(名・する)臣下が君主の地位をうばいとること。例 王位を―する。

【簒立】サンリツ(名・する)臣下が君主の地位をうばって、自分が君主になること。

竹 10
【篩】
16画　6833　7BE9　音 シ(漢)(呉)　訓 ふるい

意味 網目あみめを通して、細かいつぶとあらいつぶとをより分ける道具。ふるい。

竹 10
【築】
16画　3559　7BC9　教育5　音 チク(漢)　訓 きず-く・つ-く　付表 築山つきやま

筆順 ケ ケ 竺 笋 筑 筑 筑 築

なりたち [形声]「木(=き)」と、音「筑チク」とから成る。土をつきかためるきね。

意味 ❶土をつく道具。きね。❷土をついてかためる。土台をつくる。つく。例 築地ついじ。版築ハンチク。❸建物・城・庭園などをつくる。きずく。例 築城チクジョウ。改築カイチク。建築ケンチク。

難読 杵築きつき(=地名)・都築つづき(=姓)

【築城】チクジョウ(名・する)城や陣地ジンチをつくること。

【築造】チクゾウ(名・する)城・石垣いしがき・堤防テイボウ・ダムなどをつくること。

【築庭】チクテイ(名・する)庭園をつくること。類 造園。

【築堤】チクテイ(名・する)堤防をきずくこと。また、その堤防。例 ―工事。

【築港】チッコウ(名・する)港をつくること。また、その港。

▽【築地】一ついじ　柱を立て、板をしんにして泥どろでかため、かわら屋根をつけた塀ヘイ。二つきじ　海や沼ぬまなどをうめてきずいた土地。

【築山】つきやま　庭園などで、土や石を盛って山をかたどったもの。例 ―のくずれから中を垣間見かいまみる。

●移築・改築・建築・構築・修築・新築・増築

竹10 【篤】16画 3838 7BE4 常用 音トク漢 訓あつ-い

筆順 ⺮ 𥫗 竺 笃 笃 筜 篤 篤

なりたち [形声]「馬(=うま)」と、音「竹チク→トク」とから成る。ウマがゆっくりおだやかに歩く。派生して「あつい」の意。

意味 ❶人情があつい。真心がこもっている。あつい。例篤志。篤実。懇篤(=親切、ていねい)。❷ものごとに熱心である。いちずに。ひたすら。例篤学。篤信。❸病気が重い。例危篤。

人名 あつ・あつし・あつみ・あつむ・しげ・すみ・たか・たかし

【篤学】トクガク(名・形動ダ)学問に熱心なこと。例—の士。

【篤志】トクシ 社会のために熱心に協力しようとする気持ち。例—家の寄付。

【篤実】トクジツ(名・形動ダ)人に対して思いやりがあって、誠実なこと。例温厚—な人物。

【篤信】トクシン 神仏を深く信仰すること。例—家。—の人。

【篤農】トクノウ 農業に熱心で、研究心に富んでいる農民。例—家。

【篤行】トッコウ 誠実で真心のこもったおこない。例—をたたえる。

【篤厚】トッコウ(名・形動ダ)思いやりがあって正直なこと。例—の士。

●危篤・重篤

竹10 【篦】16画 6836 7BE6 音ヘイ漢 訓へら

竹8 【箆】14画 4247 7B86 俗字

意味 髪をすく歯の細かい、くし。すきぐし。

日本語での用法《へら》タケなどを細長く平たくけずって作った、小刀形の道具。「靴篦・竹篦」

竹10 【篥】16画 6837 7BE5 音リキ慣リツ漢リチ呉

意味「篳篥」は、古代西域の異民族が使ったタケ製の縦笛。かん高い強い音を出す。

竹10 【簑】16画 ⇩【蓑】サ(861ページ)

竹10 【篭】16画 ⇩【籠】ロウ(759ページ)

竹11 【篶】17画 6846 7BF6 音エン漢 訓すず

意味 黒いタケ。スズタケ。スズ。篶竹。例美篶・水篶・三篶(=いずれもスズタケの別の呼び名)。

竹11 【簀】17画 6839 7C00 音サク漢 訓す・すのこ

意味 タケやアシを編んだ、寝台にしくしきもの。す。すのこ。例易簀。

【簀を▽易う】⇩【易簀】エキサク(484ページ)

竹11 【簓】17画 6841 7C13 国字 訓ささら

意味 タケの先を細かく割って、たばねたもの。田楽の伴奏楽器。また、鍋などを洗う道具とする。例簓踊り。簓子(=ささらをこするために、きざみ目を入れた細長いタケ)。

竹11 【篠】17画 2836 7BE0 人名 音ショウ漢 訓しの

竹7 【筱】13画 6812 7B71 本字

意味 山野に群生する細いタケで、矢を作るのに用いられる。しのだけ。しの。

難読 篠懸・篠蟹(=クモの別名)

【篠笛】しのぶえ シノダケで作った、穴が七つある横笛。民俗芸能などに用いる。

【篠懸】すずかけ ①街路樹などにする落葉高木。葉は手のひら形で大きい。秋、鈴のような実がなる。プラタナス。②山伏が衣服の上にまとう麻のころも。

竹11 【簇】17画 6840 7C07 音ゾク慣ソウ・ソク漢 訓むら-がる

意味 タケがむらがって生える。むらがる。例簇生。簇簇(=むらがりあつまるようす)。

日本語での用法《しんし》布の洗い張りや染めたときに、布をのばして張っておくタケのくし。伸子。「簇張り」

【簇生】ソウセイ(名・する)[「ゾクセイ」は慣用読み]草木などがむらがってたくさんはえること。叢生。 表記 現族生

竹11 【篳】17画 6842 7BF3 音ヒツ漢ヒチ呉

意味 ❶タケで作った(そまつな)かきね。まがき。例篳門(=タケでつくったそまつな門)。❷「篳篥」は、楽器の名。

【篳▼篥】ヒチリキ[「ヒツリツ」とも]タケ製の管楽器。九つの穴があり、ふくと大きなするどい音が出る。雅楽に用いる。觱篥

竹11 【篷】17画 6843 7BF7 音ホウ漢 訓とま・ふなやかた

意味 ❶小屋や舟の上におおいとしてタケや布を張って、日光や風雨をさえぎるようにしたもの。とま。例篷窓。❷とまで屋根をふいた小船。例篷底(=ふなぐら)。

【篷窓】ホウソウ とまをかけた船のまど。

竹11 【簗】17画 6844 7C17 国字 訓やな

意味 川の流れにしかけをして魚の通り道をせばめ、そこに簀を張って、魚をとらえるしかけ。例簗簀。崩れ簗。簗を打つ(=やなをしかける)。

竹11 【簍】17画 6845 7C0D 音ロウ漢ル呉

意味 タケで編んだかご。目のあらいかご。例魚簍。

難読『藤簍冊子』[上田秋成の歌文集の名]

竹11 【簔】17画 ⇩【蓑】サ(861ページ)

竹11 【篡】17画 ⇩【簒】サン(756ページ)

竹12 【簡】18画 2042 7C21 教育6 音カン漢ケン呉 訓ふだ・えら-ぶ

筆順 𥫗 笁 竻 節 節 節 簡 簡

竹12 【𥳑】18画 25CD1

なりたち 簡 ［形声］「竹（＝たけ）」と、音「閒カン」とから成る。文字を書きつけるタケのふだ。

意味 ❶紙の発明以前、文字を書きしるしたタケのふだ。転じて、手紙や書物。例書簡。竹簡。❷おおまか。てがるな。例簡素。簡便。❸えらぶ。えり分ける。例簡閲。簡抜。❹おこたる。おろそかにする。また、おごる。

人名 あきら・ひろ・ふみ・やすし

【簡易】（名・形動ナ）手軽なこと。たやすいこと。例—保険。—な方法。

【簡易裁判所】簡単な事件をあつかう、いちばん下級の裁判所。

【簡閲】（名・する）数を数え、状態を調べること。選び調べること。

【簡潔】（名・形動ナ）簡単で要点をついていること。対冗漫。例—な表現。

【簡▼勁】（名・形動ダ）簡潔で力強いこと。例筆勢が—で見るべき価値がある。

【簡出】（名・する）えらびだす。選出。

【簡▼捷】（形動ナ）手軽ですばやいようす。例事務の—化。手続きを—にする。

【簡素】（名・形動ナ）むだをはぶき、よけいなかざりのないこと。対煩雑。例—な挙式。—な手続き。

【簡体字】中国で制定され使用されている、字体を簡略化した漢字。「開」を「开」、「長」を「长」とするなど。「簡化字」の日本での呼び方。

【簡単】（名・形動ナ）①こみいっていなくて、やさしいこと。対複雑。例—明瞭。—な問題。②手軽なこと。手間のかからないこと。例—な食事。

【簡抜】（名・する）（人などを）選んで用いること。選抜。抜擢。例適材を—する。

【簡便】（名・形動ナ）楽にできて便利なこと。軽便。例—な方法。

【簡明】（名・形動ダ）手短でわかりやすいこと。簡単明瞭。例—直截。—な説明。

【簡約】（名・する・形動ナ）要点をつかんで、短くまとめること。要約。例—の英和辞典。

【簡要】（形動ナ）簡単で要領を得ているようす。

【簡略】（名・形動ナ）簡単で手軽なこと。てみじか。例—化した開会式。—なあいさつ。

●貴簡・手簡・書簡・竹簡・繁簡・木簡・了簡・料簡

6画

［竹部］12—13画 簣 簧 簪 簞 簟 簡 簷 簫 簽 籀 簸

竹 12
【簣】18画 6847 7C23 音キ漢 訓もっこ

意味 土を運ぶのに用いるタケのかご。あじか。もっこ。

竹 12
【簧】18画 6848 7C27 音コウ漢 訓した

意味 ❶笛にとりつけて、息をふきこむときに振動させて音を出す、タケや金属の薄片。リード。舌。❷笙の笛。

【簧鼓】笛の舌をゆり動かして音をひびかせること。転じて民衆をまどわすことのたとえ。

竹 12
【簪】18画 *6849 *7C2A 音シン漢 訓かんざし

意味 冠をとめるために髪にさすもの。のちに、女性の髪かざり。こうがい。かんざし。また、かんざしをさす。例不レ勝レ簪（＝頭髪がうすくてかんざしがさせない）。〈杜甫・春望〉

竹 12
【簞】18画 1-8973 7C1E 人名 音タン漢

竹 9
［箪］15画 3529 7BAA 俗字

意味 タケでできた丸いうつわ。わりご。例簞食。簞瓢。

【簞▽食】わりご（＝タケで編んだ丸い飯びつ）に入れた飯。弁当。

【簞▽食▼壺▼漿】飯をわりご（＝タケの丸いうつわ）に盛り、飲み物をつぼに入れる。人民が自分たちを救ってくれる軍隊を歓迎し、もてなすことの形容。〈孟子〉

【簞▽食▼瓢飲】わりご（＝タケの丸いうつわ）に入れた飯とひょうたんに入れた飲み物。「一簞の食、一瓢の飲」とも。〔質素な生活。孔子の弟子の顔回が貧しい生活の中で学問にはげんだ故事から〕〈論語〉

【簞▼笥】㊀飯を入れる、タケでできた箱。わりご。〔丸いのが簞、四角いのが笥〕㊁〔「ス」は、唐音〕衣服などを入れる家具。例和—。用—。

【簞▼瓢】飯を盛るうつわと、飲み物を入れるうつわ。

竹 12
【簟】18画 6850 7C1F 音テン漢 訓あじろ・たかむしろ

意味 ❶すわったり寝たりするための、タケで編んだしきもの。たかむしろ。例簟席（＝たかむしろ）。❷タケの名。簟竹。

竹12
【簡】18画 ⇩【簡】カン（757ページ）

竹 13
【簷】19画 6851 7C37 音エン漢 訓のき

意味 ❶屋根のはしの、かべより外側に張り出した部分。のき。ひさし。同檐。例簷宇（＝のき。ひさし）。飛簷（＝高い軒。また、反りをうってそびえる、たるき）。❷ひさしのようにつき出た部分。ひさし。同檐。例帽簷（＝帽子のつば）。

竹 13
【簫】19画 6852 7C2B 音ショウ漢呉 訓ふえ

意味 細い竹管を横に並べて作ったふえ。例簫鼓（＝ふえとたいこ）。

竹 13
【簽】19画 6853 7C3D 音セン漢

意味 ❶文書に署名したり、表題を書く。例簽書。❷かんたんな文で意見を示す。例簽注。❸表題や書名などを書く紙片やふだ。例題簽。

【簽書】①署名する。②宋代の官名。

竹 13
【籀】19画 6858 7C40 音チュウ漢

竹15
［籒］21画 — 7C52 本字

意味 ❶よむ。❷漢字の書体の一つ。周の史籀が作ったとされ、大篆ともいう。例籀文（＝籀の文字。大篆）。

竹 13
【簸】19画 4086 7C38 音ハ漢呉 訓ひ-る

意味 ❶箕をふるって、穀物にまじっているぬかやちりを取り除く。あおる。ひる。例簸揚(=あおってもみがらを取り除く)。❷人をあおりたてる。おだてる。

難読 簸屑(ひくず)

竹13 【簿】 19画 4277 7C3F 常用 音 一ホ漢 ボ呉 二ハク漢

筆順 簿

竹13 【簿】 19画

なりたち 「形声」本字は「篰」で、「竹(=たけ)」と、音「部ホ→ホ」とから成る。ことがらを記載するための竹のふだ。

意味 一ホボ 書き物をするために紙をとじたもの。帳面。例簿記。帳簿。名簿。二ハ カイコが育ってまゆを作るときに入れてやる、わらたばで作った巣のようなもの。まぶし。

【簿記】ボキ 企業のお金の出し入れや財産の増減などを一定の形式で整理し、帳簿に記入する方法。例複式―。

●原簿・帳簿・名簿

竹13 【簾】 19画 4692 7C3E 人名 音レン漢 訓すだれ・す

竹13 【簾】 19画 俗字

意味 タケやアシを編んで作った、日よけや部屋の仕切りにつるすもの。すだれ。す。例簾中。暖簾。

難読 翠簾・御簾・珠簾

人名 みす

【簾中】レンチュウ ①すだれで仕切った内側。②〔いつもすだれをたらした部屋の中にいるので〕貴婦人。転じて、公卿や諸侯などの正妻を、うやまっていうことば。

竹13 【簿】 19画 ⇩【簿】ボ(759ページ)

竹13 【簾】 19画 ⇩【簾】レ(759ページ)

竹14 【籍】 20画 3250 7C4D 常用 音セキ漢 ジャク呉 訓ふみ

筆順 籍

竹14 【籍】 20画

なりたち 「形声」「竹(=たけ)」と、音「耤セキ」とから成る。竹のふだに文字を書きつけたもの。

意味 ❶文書。書物。ふみ。例漢籍。書籍。❷台帳として作る帳簿。家族の名や人数、住所、割り当てられる税などをしるす。また、ある集団や組織に属していることを示す。例移籍。戸籍。在籍。

人名 より

【籍甚】セキジン (名・する)評判が高いこと。類嘖嘖サク。

【籍籍】セキセキ (形動タル)①口やかましく言うようす。②あちこちに、乱れ散らばるようす。

●移籍・学籍・鬼籍・国籍・除籍・入籍・本籍

竹14 【籌】 20画 6854 7C4C 音チュウ漢 訓かずとり・はかりごと

意味 数を数えるためのタケの棒。転じて「はかりごと」の意。例籌策。算籌(=算木)。

【籌策】チュウサク はかりごと。はかりごとをめぐらすこと。

竹14 【籏】 20画 6857 7C4F 国字 音キ 訓はた

意味 ❶「旗」と同じに用いる別体字。例籏雲(=はたのようにたなびいた雲)。❷人名・地名に用いられる字。例降籏(=姓)。籏居(=埼玉県の地名)。

難読 酒籏

竹14 【籍】 20画 ⇩【籍】セキ(759ページ)

竹15 【籔】 21画 6856 7C54 音 一ソウ漢 二ス漢 訓ざる

意味 一ソ タケで作ったざる。二ス 容量の単位。一籔は十六斗。

日本語での用法 《やぶ》「藪」と混同したもので、誤用。「竹籔」

竹15 【籘】 21画 *6859 *7C50 音トウ漢

竹16 【籐】 22画 *6860 *7C58 別体字

意味 ヤシ科のつる性の植物。くきは弾力があり、いすやかごなどを作る。例籐椅子。籐細工。

【籐椅子】トウイス トウのくきで作った、いす。参考 日本語では短く「ト」ともいう。

竹15 【籃】 21画 6855 7C43 音ラン漢呉 訓かご

意味 ❶手にさげて持つタケのかご。例魚籃。❷タケで編んだ大きなかご。例籃輿(=タケで編んだ乗り物)。揺籃(=ゆりかご)。

竹15 【籤】 21画 ⇩【籤】セン(760ページ)

竹15 【籀】 21画 ⇩【籀】チュウ(758ページ)

竹16 【籟】 22画 6861 7C5F 音ライ漢 訓ふえ

意味 ❶三つの穴のある笛。ふえ。また、簫の別名。❷穴から発する音。また、風がふいて鳴る自然界の音や、ひびき。例松籟(=松風の音)。天籟(=風の音)。風籟。

竹16 【籠】 22画 6838 7C60 常用 音ロウ漢 訓かご・こ・こもる・こめる

筆順 籠

竹10 【篭】 16画 4722 7BED 俗字

なりたち 「形声」「竹(=たけ)」と、音「龍リョウ→ロ」とから成る。土を運ぶ用具。

意味 ❶土を盛って運ぶ道具。❷タケで作った、ものを入れたり、鳥や動物をとじこめたりする、かご。例籠鶯(=かごの中のウグイス。かごのとり)。灯籠。薬籠。❸つつみこむ。とりこむ。例籠絡。

日本語での用法 《ロウ・こもる》とじこもる。外へ出ない。また、こもって神仏に祈願する。「籠城・参籠・山荘に籠もる・お籠もり」

難読 駕籠・葛籠・旅籠・籠手・弓籠手

【▽籠手】こて ①よろいの付属品の一つ。肩先からうでをおおう布製の防具で、くさりや金具などがつけてある。②剣道の防具で、ひじから手首までをおおうもの。③「②」をねらって攻撃する技。④弓を射るとき、左の手首からひじのあたりにつける革製のおおい。ゆごて。

【籠球】「バスケットボール」の訳語。例―部。

【籠居】（名・する）家の中にとじこもっていること。

【籠城】（名・する）①城に立てこもって、敵を防ぐこと。例―作戦。②引きこもって外出しないこと。

【籠絡】（名・する）人をうまくまるめこんで、自分の思いどおりにあやつること。例あまいことばで―する。

●印籠・参籠・灯籠・鳥籠・虫籠・薬籠

竹16 【籐】22画 ⇩【籐】（759ジ）

竹17 【籤】23画 6862 7C64 音セン漢 訓くじ・ひご

竹15 【籖】21画 6863 7C56 俗字

意味 ❶（吉凶をうらなう）おみくじ。また、くじ引きのくじ。例竹籤・抽籤・当籤。❷しるし。（書物の）標題。例籤題（＝書物の表紙にしるす題）。

日本語での用法《ひご》タケを細く割ってけずったもの。ちょうちんや、かごなどを作るのに用いる。「竹籤」

【籤札】くじとして用いるふだ。

竹17 【籥】23画 6864 7C65 音ヤク漢呉 訓ふえ・かぎ

意味 ❶習字に用いたタケのふだ。❷尺八に似た、穴が三つ、あるいは六つの短い竹笛。同龠。❸錠前。かぎ。同鑰。

竹17 【籢】23画 ⇩【匳】（157ジ）

竹19 【籬】25画 6865 7C6C 音リ漢 訓まがき・かき

意味 タケやシバをあらく編んで作った、かきね。まがき。かき。例籬垣（＝かきね）。採二菊東籬下一（＝東がわのかきねのあたりに咲いているキクの花をとる）。（陶淵明・飲酒）

【籬下】かきねの、そば。

6画

119 6画 米 こめ こめへん 部

四方に散らばった「こめ」や「きび」の実の形で、穀物の意をあらわす。「米」をもとにしてできている漢字を集めた。

0 米 2 料 3 粁 粂 籾 4 粋 粔 粃
粉 粍 5 粗 粘 粕 粒 6 粫 粤 粢 粥
粧 粭 粟 粡 粨 7 粳 糀 粲 粱 粮 8
精 粽 粹 精 9 糊 糅 糂 糎 10 糘 糖
糒 糢 糖 11 糠 糝 糟 糜 糞 12 糧 14
糯 糲 16 糴 19 糶

この部首に所属しない漢字

料⇩斗 471 鬻⇩鬲 1091

米0 【米】6画 4238 7C73 教育2 音ベイ漢 マイ呉 訓こめ・よね・メートル

筆順 丶 丷 丷 半 米 米

なりたち ［象形］四方に散らばったイネやキビの実の形。

意味 ❶穀物の皮を取り除いたもの。とくにイネの実。こめ。よね。例米穀。白米。❷フランス語 mètre の音訳「米突」の略。メートル法の長さの基本単位。

日本語での用法《ベイ》「アメリカ」の音訳「亜米利加」の略。「米国・渡米・日米」

参考 長さの単位をあらわす国字としては次のような字がある。重さについては【瓦】（669ジ）を、容量については【立】（743ジ）を参照。

籵 「米」と「十（＝十倍）」＝10m
粨 「米」と「百（＝百倍）」＝100m
粁 「米」と「千（＝千倍）」＝1000m
粉 「米」と「分（＝十分の一）」＝0.1m
糎 「米」と「厘（＝百分の一）」＝0.01m
粍 「米」と「毛（＝千分の一）」＝0.001m

人名 みつ

【米粒】米のひとつぶ、ひとつぶ。ひじょうに小さいもののたとえ。例―のような細字。

【米▼糠】玄米を精白するときに取れる皮や胚の粉末。たんぱく質やビタミンB_1に富む。こぬか。ぬか。

【米▼櫃】①米を入れておく箱。②生活費の出どころ。また、生活費をかせぐ人。

【米塩】米と、しお。生活していくうえで欠くことのできないもの。例―の資（＝生活費）。

【米国】アメリカ合衆国。〔「米」は、「亜米利加」の略〕

【米穀】こめ。また、穀物。例―年度（＝十一月から翌年十月末まで）。

【米作】①イネを植え育て、米を収穫すること。米づくり。稲作。例―農家。―地帯。②米のとれぐあい。例今年も―は良好。

【米寿】八十八歳。また、八十八歳の祝い。よねの祝い。〔「米」の字を分解すると八十八になるので〕

【米食】米を主食とすること。

【米人】アメリカ合衆国の国籍をもつ人。アメリカ人。

【米飯】米のめし。ごはん。

【米粉】㊀米のこな。しんこ。㊁うるち米のこなを原料とする麺。

●欧米・玄米・古米・新米・精米・日米

米2 【籵】8画 6866 7C75 国字 訓デカメートル

意味 長さの単位。一メートルの十倍。デカメートル。

米3 【粁】9画 2246 7C81 国字 訓キロメートル

意味 長さの単位。一メートルの千倍。キロメートル。

米3 【粂】9画 2309 7C82 国字 訓くめ

意味 万葉がな一字一音の、「久」と「米」とを合わせて「くめ」と読み、地名や人名などに用いられる字。

米3 【籾】9画 4466 7C7E 人名 国字 訓もみ

意味 からのついたままの米。また、穀物の実のかたい皮。もみ。例 籾殻(もみがら)。籾摺(もみす)り。籾糠(もみぬか)。

【籾殻】(もみがら) 米の外皮。また、もみ米をついて米をとったあとのから。

米 4 【粋】 10画 3172 7C8B 常用 音 スイ(漢) 訓 いき

筆順 丷 半 米 米' 米九 米卒 粋

米 8 【粹】 14画 6879 7CB9 人名

なりたち 粹 【形声】「米(=こめ)」と、音「卒ツ→スイ」とから成る。まじりけがない米。派生して「まじりけがない」の意。

意味 ❶まじりけのないこと。例 粋白(スイハク)(=まじりけなし)。粋美(スイビ)(=まじりけなく美しい)。純粋(ジュンスイ)。❷最もすぐれているところ。質のよいところ。例 国粋(コクスイ)。精粋(セイスイ)。抜粋(バッスイ)。

日本語での用法《スイ・いき》あかぬけしていて、野暮(やぼ)なところがない。花柳界(カリュウカイ)に通じている。「粋人(スイジン)・無粋(ブスイ)・粋筋(いきすじ)・粋(いき)なゆかた」

人名 きよ・きよし・ただ・ただし

【粋狂】(スイキョウ)(名・形動ナ) ①ものずき。風変わりなことをすること。例 —な人。だてや—でやってるわけじゃない。②酒に酔(よ)ってうかれること。表記 ▽「酔狂」とも書く。また、①は「酔興」とも書く。

【粋人】(スイジン) ①風流な人。いきな人。類 通人。②世間や人情に通じて、ものわかりのいい人。さばけた人。類 通人(ツウジン)。③花柳界(カリュウカイ)や芸能界にくわしい人。

●生粋(きっスイ)・国粋(コクスイ)・純粋(ジュンスイ)・抜粋(バッスイ)・無粋(ブスイ)

米 4 【粐】 10画 6868 7C90 国字 訓 ぬか

意味 地名に用いられる字。例 粐蒔沢(ぬかまきざわ)(=秋田県の地名)。

米 4 【粃】 10画 6867 7C83 音 ヒ(漢) 訓 しいな・ぬか

意味 ❶皮ばかりで実のはいっていない、穀物などのもみ。しいな。例 粃糠(ヒコウ)。❷名ばかりで内容がない。わるい。例 粃政(ヒセイ)(=悪い政治)。

【粃糠】(ヒコウ) しいなと、ぬか。役に立たないもののたとえ。表記「▼秕▼糠」とも書く。

米 4 【粉】 10画 4220 7C89 教育5 音 フン(漢)(呉) 訓 こ・こな

筆順 丷 半 米 米 米' 米八 粉 粉

なりたち 粉 【形声】「米(=こめ)」と、音「分フ(ン)」とから成る。米をくだいたこな。おしろい。

意味 ❶穀物などを細かくくだいたもの。また、その状態のもの。おしろい・花粉など。パウダー。こ。こな。例 粉末(フンマツ)。花粉(カフン)。受粉(ジュフン)。❷細かくくだく。こなごなにする。また、くだける。例 粉骨砕身(フンコツサイシン)。粉砕(フンサイ)。身(み)を粉(こ)にする。

日本語での用法《デシメートル》長さの単位。一メートルの十分の一。

難読 白粉(おしろい)

【粉粉】(こなごな)(形動ナ) 細かくくだけたようす。こなみじん。例 ガラスが—に割れた。

【粉▽微▼塵】(こなミジン)(名・形動ナ) もとの形がわからなくなるほど細かくくだけること。こなごなになること。こっぱみじん。例 爆発(バクハツ)で岩が—になる。

【粉雪】(こなゆき)〔「こゆき」とも〕こなのように細かく、しめりけの少ない、さらさらの雪。

【粉骨砕身】(フンコツサイシン)(名・する) ほねをこにし、身をくだくようにして、力の限り努力すること。身を粉にする。例 国のために—する。

【粉砕】(フンサイ)(名・する) ①細かくくだくこと。こなごなにすること。例 —機。②相手を完全に打ち負かすこと。例 敵を—する。

【粉剤】(フンザイ) こなにした薬剤。こなぐすり。こぐすり。

【粉状】(フンジョウ) こなのような状態。

【粉食】(フンショク) 穀物をこなにして、食用とすること。対 粒食(リュウショク)。

【粉飾】(フンショク)(名・する) ①紅やおしろいでけしょうすること。②うわべをかざりつくろうこと。例 —決算(=利益がないのに、あるようにごまかした決算)。表記 ▽「▼扮飾」とも書く。

【粉▼塵】(フンジン) こなのように細かい、ちり。岩やコンクリートなどをくだいたときに出る、細かいごみ。例 —公害。

【粉▼黛】(フンタイ)〔おしろいとまゆずみの意〕けしょう。また、けしょうをした美人。例 後宮(コウキュウ)の—。

【粉炭】(フンタン) 小さく、また、こなのようにくだいた石炭。こなずみ。

【粉乳】(フンニュウ) 牛乳を乾燥(カンソウ)して、こなにしたもの。こなミルク。ドライミルク。例 脱脂(ダッシ)—。

【粉本】(フンポン) ①東洋画で、絵の下書き。〔昔、胡粉(ゴフン)で下書きをしたことから〕②絵や文章の手本。

【粉末】(フンマツ) 食品や薬品などを、こな状にしたもの。こな。例 —ジュース。微(ビ)—。

【粉▼瘤】(フンリュウ)〔「瘤」は、こぶの意〕皮膚(ヒフ)の毛穴や皮脂腺(ヒシセン)にできる良性のはれもの。アテローム。

●金粉(キンプン)・銀粉(ギンプン)・骨粉(コップン)・受粉(ジュフン)・汁粉(しるこ)

米 4 【粍】 10画 4416 7C8D 国字 訓 ミリメートル

意味 長さの単位。千分の一メートル。ミリメートル。

米 5 【粗】 11画 3338 7C97 常用 音 ソ(漢) 訓 あら-い・ほぼ

筆順 丷 半 米 米 粐 粗 粗 粗

なりたち 粗 【形声】「米(=こめ)」と、音「且シ→ソ」とから成る。精白していない米。

意味 ❶精白されていない、あらづきの米。例 粗米(ソマイ)(=精米しない米)。❷細かくない。ざつな。質がわるい。あらい。対 精(セイ)。例 粗衣粗食(ソイソショク)。粗雑(ソザツ)。粗製(ソセイ)。粗暴(ソボウ)。粗野(ソヤ)。❸あらあらしい。❹おおよそ。だいたい。あらまし。ほぼ。例 粗描(ソビョウ)。粗方(あらかた)。❺他人に、ものをすすめるときにけんそんの気持ちをあらわすことば。例 粗酒(ソシュ)。

使い分け あらい【荒・粗】⇩1161ページ

【粗悪】(ソアク)(名・形動ナ) 質がわるく、そまつなこと。例 —品。

【粗衣】(ソイ) そまつな衣服。例 —粗食にあまんじる。

【粗衣粗食】(ソイソショク) 粗衣と粗食。質素な生活。

【粗菓】(ソカ) そまつな菓子。また、人に菓子をすすめるときに、へりくだっていうことば。

【粗▼肴】(ソコウ) そまつな酒のさかな。また、客に料理をすすめるときに、へりくだっていうことば。例 粗酒—。

【粗▼忽】(ソコツ)(名・形動ナ) ①そそっかしいこと。軽はずみ。不注意。類 軽率(ケイソツ)。例 —者(もの)。—をわびる。②礼儀(レイギ)にそむいて、ぶしつけなこと。類 粗相。例 —な言動。

【粗雑】ソザツ（名・形動ダ）大ざっぱで、いいかげんなこと。ぞんざい。例—な作品。

【粗▼餐】ソサン そまつな食事。また、人に食事をすすめるときに、へりくだっていうことば。類粗飯。例—を差し上げます。

【粗酒】ソシュ そまつな酒。また、人に酒をすすめるときに、へりくだっていうことば。例—粗肴ソコウ。

【粗食】ソショク（名・する）そまつな食事をすること。また、その食事。対美食。例粗衣—。—にあまんじる。

【粗製】ソセイ 材料がそまつで、作り方が精巧セイコウでないこと。対精製。例—品。

【粗製乱造】ソセイランゾウ（名・する）できの悪い製品をむやみに作り出すこと。表記「粗製濫造」とも書く。

【粗相】ソソウ（名・する）①不注意のために、あやまちをおかすこと。また、その失敗。しくじり。例—のないようにもてなす。②大小便をもらすこと。

【粗▼朶】ソダ〔「朶」は、枝の意〕たきぎなどにする、切り取った木の枝。しば。

【粗大】ソダイ（名・形動ダ）①あらっぽくて大きいこと。例—ごみ。②大まかなこと。例ふるまいが—で気がきかない。

【粗茶】ソチャ そまつな茶。また、人に茶をすすめるときに、へりくだっていうことば。例—ですが一服どうぞ。

【粗糖】ソトウ 精製していない砂糖。対精糖。

【粗飯】ソハン そまつな食事。また、人に食事をすすめるときに、へりくだっていうことば。類粗餐ソサン。

【粗描】ソビョウ（名・する）情景やものの配置、色合いなどを大まかにえがくこと。あらがき。

【粗品】㊀ソヒン 粗悪な品もの。㊁ソしな〔「ソヒン」とも〕人にものを贈おくるときに、けんそんしていうことば。例—進呈シンテイ。

【粗放】ソホウ（名・形動ダ）大ざっぱで、しまりがないこと。おおまか。対集約。例管理が—で、おさまりがつかない。表記「疎放」とも書く。

【粗暴】ソボウ（名・形動ダ）性質や態度があらあらしく、乱暴なこと。例—な性格。—にふるまう。

【粗朴】ソボク（名・形動ダ）そまつでかざりけのないこと。例—で実用を旨むねとする。表記「粗▼樸」とも書く。

【粗末】ソマツ（名・形動ダ）①品質がおとっていること。上等でないこと。例—な食事。②たいせつにしないで、あつかいが乱雑なこと。ぞんざい。例食べ物を—にする。

【粗密】ソミツ まばらなことと、ぎっしりつまっていること。例仕事の出来上がりに—の差が多い。表記「疎密」とも書く。

【粗野】ソヤ（名・形動ダ）ことばや動作などがあらあらしく、品がないこと。がさつ。対優雅ユウガ。例—なふるまいが多い。—な人物。

【粗略】ソリャク（名・形動ダ）人や、ものごとのあつかいがぞんざいでいいかげんなこと。粗雑。例客を—にあつかう。表記「疎略」とも書く。

【粗漏】ソロウ（名・形動ダ）ものごとのあつかいが、いいかげんで、手落ちのあること。手ぬかり。例—のないように点検する。表記「疎漏」とも書く。

●精粗セイ

米5 【粘】 11画 3920 7C98 常用 音デン漢 ネン呉 訓ねば-る

筆順 丶 丷 半 米 米 粘 粘 粘

黍5 【黏】 17画 8354 9ECF 本字

なりたち〔形声〕「黍(=きび)」と、音「占セン→デン」とから成る。ねばりつく。

意味 ねばりけがある。ねばる。例粘液ネンエキ。粘着ネンチャク。

難読 粘土へな・へなつち

【▽粘▽葉装】デッチョウソウ 和本のとじ方で、二つ折りにした紙の外側にのりをつけて、貼はり合わせたもの。胡蝶装コチョウソウ。

【粘液】ネンエキ ねばりけのある液体。

【粘液質】ネンエキシツ 人間の気質を分類したものの一つ。刺激シゲキに対する反応がにぶく、活気にとぼしいが、意志が強くて忍耐力ニンタイリョクがある気質。→【多血質】タケツシツ（250ペ）

【粘菌】ネンキン 菌類と原虫類の性質をもつ下等菌類。ムラサキホコリカビやカワホコリカビなど。変形菌。

【粘性】ネンセイ 物質の、ねばる性質。ねばりけ。例—を強くする。

【粘体】ネンタイ 固体と液体との中間の性質をもつ物体。飴あめや糊のりなど。

【粘着】ネンチャク（名・する）ねばりつくこと。例—力。—テープ。天然ゴムを使って—する。

【粘着質】ネンチャクシツ「粘液質ネンエキシツ」に同じ。

【粘着性】ネンチャクセイ ねばりつく性質。例—の強いテープ。

【粘▼稠】ネンチュウ（名・形動ダ）ねばりけがあって濃こいこと。例—剤ザイ(=液体にねばりけを加えるためにまぜる物質)。

【粘土】ネンド 岩石や鉱物が風化し、ごく細かくなった土。かべ材やかわら、陶磁器トウジキなどの原料。例—細工ザイク。原型を—でつくる。

【粘度】ネンド ねばりけの強さの度合い。

【粘膜】ネンマク 鼻や口、内臓などの内側をおおっている、やわらかい組織。

米5 【粕】 11画 3984 7C95 音ハク漢 訓かす

意味 酒をしぼって、こしたあとに残るもの。しぼりかす。かす。また、残り物。例油粕あぶらかす。酒粕さけかす。糟粕ソウハク(=さけかす。また、よいところをとり去ったあとに残る、かす)。

米5 【粒】 11画 4619 7C92 常用 音リュウ漢 訓つぶ

筆順 丶 丷 半 米 米 粁 粒 粒

なりたち〔形声〕「米(=こめ)」と、音「立リュウ」とから成る。こめつぶ。

意味 ❶穀物のつぶ。例粒食リュウショク。粒粒辛苦リュウリュウシンク。穀粒コクリュウ。❷米つぶのようにまるくて小さなもの。例粒子リュウシ。顆粒カリュウ。微粒子ビリュウシ。❸つぶ状のものを数えることば。例一粒イチリュウ。

【粒▼餡】つぶアン アズキのつぶが残るように作ったあん。

【粒▼揃い】つぶぞろい どれもみな同じようにすぐれていること。

【粒子】リュウシ ①物質を形づくる細かいつぶ。砂つぶのようなものから、原子や分子などのごく小さなものまである。例微ビ—。②写真などの画面のきめの細かさ。例—があらい。

【粒状】リュウジョウ〔「つぶジョウ」とも〕つぶのような状態。

【粒食】リュウショク（名・する）穀物を粉末にしないで、つぶのまま食べること。多く、米を食べることをいう。対粉食。

【粒粒辛苦】リュウリュウシンク（名・する）〔米のひとつぶひとつぶが、作った人の苦労の結晶ケッショウであることから〕長いあいだ苦労してこつこつと努力をすること。例—の末、今日コンニチの大事業を成す。

●大粒おおつぶ・小粒こつぶ

米6 【粫】 12画 6872 7CAB 国字 訓うるち

意味 地名に用いられる字。例 糯田(=福島県の地名。「糯田」であるともいう)。

米6 【粤】12画 6869 7CA4 音 エツ漢 訓 ここ-に

意味 ❶〔助字〕「ここに」と読み、慎重に語り始める語気をあらわす。❷古代に百粤といった地の名から、広東省の別の呼び方。例 両粤(=広東・広西(今の広西チワン族自治区))。

【粤犬雪に▼吠ゆ】見識のせまい者がすぐれた人物の言行を疑いあやしんで非難することのたとえ。〔粤の国は南方に位置するため、たまたま雪が降るとイヌがあやしんでほえたてるということから〕類 蜀犬日に吠ゆ。

米6 【粢】12画 6871 7CA2 音 シ漢 訓 しとぎ

意味 ❶穀物の名。キビ。例 粢糲。❷穀物をまとめていう呼び名。例 六粢(=黍・稷・稲・粱・麦・苽(こも))。❸祭祀に用いる穀物。しとぎ。例 粢盛

【粢盛】シセイ 祭祀のときの供物となる、うつわに盛られた穀物。

【粢▼糲】シレイ キビや精白していない穀物の飯。また、そまつな食物。糲粢。

米6 【粥】12画 2001 7CA5 人名 音 一シュク漢呉 二イク漢 訓 かゆ・ひさ-ぐ

鬲12 【鬻】22画 6888 9B3B 本字

意味 一 水を多くして米をやわらかくたいたもの。かゆ。例 豆粥・白粥。二 売る。ひさぐ。〔「鬻」を用いる〕

難読 稀粥

【粥腹】かゆばら おかゆで満たした腹。力のはいらないおなか。例 ―も一時。

米6 【粧】12画 3049 7CA7 常用 音 ショウ漢 ソウ呉 訓 よそお-う・よそお-い

筆順 丷 半 米 米 粁 粁 粧 粧

6画

女4 【妝】7画 5303 599D 本字

なりたち 〔形声〕「女(=おんな)」と、音「爿ショウ」とから成る。かざる。

意味 おしろいをつけて顔を美しくする。また、美しく着かざる。よそおう。よそおい。例 化粧。

難読 仮粧

米6 【粭】12画 6870 7CAD 国字 訓 すくも

意味 地名に用いられる字。例 粭島(=山口県の地名)。

米6 【粟】12画 1632 7C9F 人名 音 ショク漢 ゾク呉 訓 あわ・もみ

意味 ❶コメ・キビ・アワなどの穀物をまとめていうことば。例 粟麦。❷穀物の一つ。アワ。実は小つぶで黄色。また、アワのような小さいつぶ。こあわ。〔大つぶのを「粱」という〕例 粟粒。❸穀物(とくに米)の外皮のついた実。もみ。❹主君からあたえられる食糧。俸禄。例 不レ食二周粟一(=周からの俸禄は受けない)。〈史記〉

【粟散】ゾクサン アワつぶをまいたように細かく散らばること。

【粟粒】ゾクリュウ アワの実のつぶ。また、そのようにひじょうに小さいもの。

米6 【粡】12画 6873 7CA1 音 トウ漢 訓 あらごめ

意味 ❶ちまき。❷あらごめ。

米6 【粨】12画 6874 7CA8 国字 訓 ヘクトメートル

意味 長さの単位。一メートルの百倍。ヘクトメートル。

米7 【粳】13画 6875 7CB3 音 コウ漢 キョウ呉 訓 うるしね・うるち

意味 ねばりけの少ない、ふつうの米。うるち。例 粳米(=もち米に対していう、ふつうの米)。

参考 訓「うるしね」は、「うるち」の古語。

【粳稲】コウトウ うるち米のイネ。

米7 【糀】13画 6881 7CC0 国字 訓 こうじ

意味 コメ・ムギ・ダイズなどをむして、コウジカビを繁殖させたもの。酒・しょうゆ・みそなどの醸造に用いる。こうじ。同 麹。

米7 【粲】13画 6876 7CB2 音 サン漢 訓 かが-やく

意味 ❶よくついて白くした米。❷明るく清らか。きらきらかがやく。あきらか。かがやく。同 燦。例 粲粲・粲然(=あきらか。あざやか)。

【粲粲】サンサン (形動タル) 色美しく、あざやかなようす。

米7 【粱】13画 6877 7CB1 音 リョウ漢呉 訓 あわ・おおあわ

意味 良質の穀物。つぶの大きな良質のアワ。おおあわ。〔「粟」は、こあわ〕例 粱米(=うまい米)。

難読 高粱

米7 【粮】13画 ⇒【糧】リョウ(766ページ)

米8 【精】14画 3226 7CBE 教育5 音 セイ漢 ショウ呉 訓 くわ-しい

筆順 丷 半 米 米 粁 粁 精 精

米8 【精】14画 FA1D

なりたち 〔形声〕「米(=こめ)」と、音「青セイ」とから成る。選びぬいた米。

意味 ❶米をついて白くする。また、白くした米。しらげた米。例 精白・精米。❷よごれやまじりけのないもの。えりすぐったもの。例 精鋭・精華・精兵。❸こまかく行きとどいている。くわしい。対 粗。例 精通・精読・精密。❹一心にうちこむ。まごころ。例 精進・精勤・精励。❺生命の根源。生命力。例 精気・精力。❻人間のこころ。たましい。例 精魂・精神。❼自然界にすむあやしく不思議なもの。もののけ。例 精霊・妖精。

人名 あき・あきら・きよ・きよし・くわし・しげ・すぐる・ただ・ただし・つとむ・ひとし・ひとみ・まこと・まさ・まさし・もり・やす・やすし・よし

【精舎】ショウジャ 〔仏〕寺。寺院。例祇園—。竹林—。

【精進】ショウジン (名・する)①〔仏〕ひたすら仏道修行にはげむこと。例勇猛—の心。②身を清め、おこないをつつしむこと。斎戒。③肉食せず、菜食すること。例—揚げ(=野菜の揚げもの)。④あることにいっしょうけんめいに努力すること。例学業に—する。

【精進潔斎】ショウジンケッサイ (名・する)肉や魚、また酒を口にせず、おこないをつつしんで心身を清浄にすること。物忌み。

【精進料理】ショウジンリョウリ 肉類を使わず、野菜やとうふなどで作った料理。〔殺生を禁ずる仏教から生まれたもので、仏事のときなどに用いる〕

【精霊】□一 ショウリョウ 〔仏〕死者のたましい。みたま。例—棚。—流し。□二 セイレイ ①原始宗教において、動植物など自然界のすべてのものに宿るという、たましい。例木の—。②宇宙のすべてのものの根源を成すという不思議な気。精気。表記□二は「聖霊」とも書く。

【精霊会】ショウリョウエ 〔仏〕盂蘭盆会。(陰暦)七月十五日に祖先の霊をまつる行事。お盆。

【精一杯】セイイッパイ (名・副)力の限り。最大限。例—努力する。これで—だ。

【精鋭】セイエイ (名・形動ナ)勢いがよく、するどいこと。また、その人。とくに、えりぬきの兵士。例—部隊。少数—主義。

【精液】セイエキ おすの生殖器から分泌し精子をふくむ液。

【精華】セイカ ①すぐれて美しいこと。②真価を示しているところ。なかでも最もすぐれたもの。例王朝文化の—。

【精解】セイカイ (名・する)くわしく解釈すること。また、その解釈。類詳解。対略解。

【精確】セイカク (名・形動ナ)くわしくて、たしかなこと。例—な資料。—に調べる。

【精▼悍】セイカン (名・形動ナ)動作や顔つきが気力にあふれ、たくましくするどいこと。例—な顔つき。

【精気】セイキ ①天地万物のもととなる気。例天地の—。②精神と気力。精力。活動のもとになる力。例—がみなぎる。③すがすがしい空気。霊気。例深山の—。④純粋の気。エキス。

6画

【米部】8画 ●精

【精義】セイギ くわしい意味。くわしい説明や解釈。例いろいろの古典の—を著述した。

【精強】セイキョウ (名・形動ナ)すぐれて強いこと。また、その人。例—をもって聞こえる部隊。

【精勤】セイキン (名・する)休まずに勤務や学業に出て、はげむこと。例三年間—する。

【精巧】セイコウ (名・形動ナ)細かいところまで、よくできていること。精緻。精密。例—な機械。—をきわめる。

【精鋼】セイコウ 鋼鉄を精錬すること。また、精錬した鋼鉄。

【精根】セイコン 精力と根気。ものごとをやりとおす心身の力。気根。例—がつきる。

【精魂】セイコン ものごとにうちこむ気持ち。精神。例—こめる。

【精査】セイサ (名・する)細かく検査すること。例もう一度—する。

【精彩】セイサイ ①美しくあざやかないろどり。例—をほどこす。②目立ってすぐれていること。例ひときわ—を放つ。

【精細】セイサイ (名・形動ナ)くわしくこまかいこと。類精密・詳細。例—をきわめる。—な調査。

【精察】セイサツ (名・する)くわしく視察や観察をすること。例—を加える。

【精算】セイサン (名・する)くわしく計算すること。金銭などを細かく計算して結果を出すこと。対概算。例運賃—所。

【精子】セイシ おすの生殖細胞。卵子と結合して個体を形成する。精虫。対卵子。

【精思】セイシ (名・する)じゅうぶんに考えること。

【精神】セイシン ①考えたり感じたりする、人間の心。たましい。対肉体・物質。例—力。—労働。②ものごとの根本となる意義や目的。神髄。例憲法の—。③根気。気力。精魂。④心がけ。考え方。意識。例変革の—に燃える。

【精神一到何事か成らざらん】セイシンイットウなにごとかならざらん 精神を集中して事にあたれば、どんなむずかしいことでも成しとげられないことはない。(朱子語類)

【精神衛生】セイシンエイセイ 精神の健康を促進する活動・研究。また、精神の健康。メンタルヘルス。

【精神科】セイシンカ 〔医〕精神疾患をあつかう医学・医療の一部門。例—医。

【精神鑑定】セイシンカンテイ (名・する)〔法〕裁判官が、被告人に責任能力があるかないかを判断するために、精神科医に被告人の精神状態を診察させ、参考資料を作成・報告させること。

【精神疾患】セイシンシッカン 精神のはたらきの異常によって生じる疾患。

【精神障害】セイシンショウガイ 〔医〕精神のはたらきが正常でなくなる病気をまとめていうことば。

【精神的】セイシンテキ (形動ナ)精神に関するようす。対物質的・肉体的。

【精神年齢】セイシンネンレイ ①心理学で、知能検査によって示される年齢。知能年齢。対暦年齢。②精神の成熟の度合い。例—が若い。

【精神病】セイシンビョウ 〔医〕精神障害の一つ。統合失調症・躁鬱病など。

【精神分析】セイシンブンセキ 夢や空想などを分析して、人の心のおく深くにある意識を明らかにしようとする研究。神経症の治療のために、フロイトによって始められた。

【精粋】セイスイ まじりけのない、いちばんよいところ。えりぬき。例近代思想の—。

【精髄】セイズイ ものごとの最もすぐれていて、たいせつなところ。類神髄・本質。例フランス文学の—。

【精製】セイセイ (名・する)①心をこめて、ていねいに作ること。念入りに作ること。対粗製。例当店にて—した品。②まざりものを除いて純粋な品質のものを作る。例石油の—。

【精精】セイセイ (副)①力のおよぶかぎり。できるだけ。せいいっぱい。いっしょうけんめい。例—勉強させていただきます。②多く見積もっても。たかだか。多くても。最大限。例—二百円のもうけに過ぎない。

【精選】セイセン (名・する)とくにすぐれたものだけをえらぶこと。えりぬき。よりぬき。例作品を—して出展する。

【精粗】セイソ ①細かいこととあらいこと。例粉末の—を選別する。②くわしいことと大まかなこと。例描写のしかたに—の差が目立つ。

【精巣】セイソウ おすの生殖腺。精子をつくり、男性ホルモンを分泌するもの。睾丸。対卵巣。

【精緻】セイチ (名・形動ナ)たいへん細かく綿密なこと。精密。緻密。精巧。例—な技巧。—な研究。

【精通】セイツウ (名・する)くわしくよく知っていること。通暁。例中国の絵画に—している。

【精度】セイド 精密さの度合い。例—の高い計測。—を高める。

—が落ちる。

【精糖】(セイトウ) (名・する) 粗糖を精製すること。また、精製した白砂糖。対粗糖。例—工場。

【精読】(セイドク) (名・する) 細かいところまでよく読むこと。熟読。例論文を—する。

【精肉】(セイニク) よく選んだ上等な食肉。例—店。

【精白】(セイハク) (名・する) 米やムギをついてうす皮を取り、白くすること。例—米。玄米を—する。

【精麦】(セイバク) (名・する) ムギを精白すること。また、精白したムギ。

【精美】(セイビ) (名・形動ナ) 精巧で美しいこと。まじりけがなく美しいこと。例—な芸術作品。

【精微】(セイビ) (名・形動ナ) 細かいところまでくわしいこと。例—な設計図。

【精分】(セイブン) ①精神や気力のもと。スタミナ。また、滋養分。例—を補う。②まじりけのない成分。エッセンス。例—を抽出する。

【精兵】(セイヘイ) 一(「セイビョウ」とも) 多くの中からよりすぐった兵士。強兵。例—をすぐる。二(セイビョウ) 弓をひく力の強いこと。また、その人。対小兵。

【精米】(セイマイ) (名・する) 玄米をついてぬかを取り去り、白米にすること。また、その米。精白米。白米。例—機。—所。

【精密】(セイミツ) (名・形動ナ) ①細かい点まで行き届いて、くわしいこと。緻密。精細。例—検査。②誤差のひじょうに少ないこと。精巧。精緻。例—な計器。

【精密機械】(セイミツキカイ) 製作するのに、とくに高い精度が必要とされる機械。たとえば、顕微鏡・カメラ・時計・計量器・測定器など。精機。

【精妙】(セイミョウ) (名・形動ナ) 細かいところまで、よくできていること。例—な技術。

【精明】(セイメイ) (名・形動ナ) くわしく明らかなこと。

【精油】(セイユ) 一(名・する) 石油を精製すること。また、精製した上等の石油。対原油。例—所。二(名) 植物の花や葉などから精製した、芳香油や揮発油。

【精良】(セイリョウ) (名・形動ナ) すぐれてよいこと。例—な磁器。

【精力】(セイリョク) ものごとを成しとげる心身の力。心身の原動力。根気。例—絶倫。—的に活躍する。

【精励】(セイレイ) (名・する) 職務や学業などに努めはげむこと。力をつくして努めること。例—恪勤。学業に—する。

【精練】(セイレン) (名・する) ①動植物の繊維からまじりものを取り除くこと。精錬。②じゅうぶんにきたえあげること。よくねりあげること。精錬。例じゅうぶんに—した文体。

【精錬】(セイレン) (名・する) ①鉱石などから取り出した金属を精製して、純度の高いものにすること。例金銀を—する。②じゅうぶんにねりあげること。よく訓練すること。精練。

●酒精・受精・授精・丹精・不精・無精・妖精

米8 【粽】 14画 6880 7CBD 音ソウ漢 訓ちまき

意味 〔日本で、茅の葉でまくので「ちまき」という〕もち米をササの葉やアシの葉などに包んでむしたもの。ちまき。五月五日の端午の節句につくる。〔悲憤のうちに入水した、楚の政治家で詩人の屈原の霊をなぐさめるために、人々が水中に投げたことに始まるという〕

米8 【粹】 14画 ⇒【粋】(761ページ)

米8 【精】 14画 ⇒【精】(763ページ)

米9 【糊】 15画 2450 7CCA 人名 音コ漢ゴ呉 訓のり

意味 ❶米の粉や小麦粉を煮てつくった、接着剤。のり。また、のりではる。❷かゆ。また、かゆをすすることから、暮らしを立てる。例糊口。❸ぼんやりしたようす。例糊塗。模糊。

【糊口】(ココウ) 〔「口を糊する」と訓読する。かゆをすする意〕なんとか生活すること。やっとのことで暮らしを立てること。くちすぎ。例—をしのぐ(=なんとか生活する)。—の道を絶たれる。表記「▼餬口」とも書く。

【糊塗】(コト) (名・する) あいまいにすること。うわべだけをとりつくろってごまかすこと。一時しのぎ。例失敗を—する。表面を—する。

【糊代】(のりしろ) 紙をはり合わせるときの、のりをつける部分。例一センチ幅の—をとる。

米9 【糅】 15画 6882 7CC5 音ジュウ漢 訓か-てる・まじ-わる

意味 いろいろなものをまぜ合わせる。まじえる。まじる。かてる。例雑糅。糅飯(=分量をふやすために、米に雑穀やダイコンやイモなどをまぜて、たいためし)。

米9 【糂】 15画 6883 7CC2 音ジン慣サン漢 訓こなかき

意味 ❶米の粉をまぜて作るスープのような食品。こなかけ。こなかき。❷米のつぶ。めしつぶ。例糂粒。

日本語での用法 《ジン》ぬかみそ。「糂太・糂汰・糂粏」

参考 「粏」は、「糂」の米偏にそろえて「太」に米偏をそえて作った国字か。未詳。

米9 【粴】 15画 3324 7CCE 国字 訓センチメートル

意味 長さの単位。百分の一メートル。センチメートル。

米10 【糘】 16画 6884 7CD8 国字 訓すくも

意味 地名に用いられる字。例糘地(=広島県の地名)。

米10 【糖】 16画 3792 7CD6 教育6 音トウ漢 訓さとう・あめ

筆順 丷 米 … 糖

米10 【糖】 16画 FA03

なりたち  [形声]「米(=こめ)」と、音「唐(トウ)」とから成る。あめ。

意味 コメ・ムギ・サトウキビなどから製する、水にとけてあまい味のする炭水化物。さとう。また、あまい食品。あめ。例糖分。果糖。砂糖。

難読 浮石糖(カルメラ)

人名 あら

【糖衣】(トウイ) 飲みやすくするために、薬などの外側を包んだ砂糖のころも。例—錠。

【糖化】(トウカ) (名・する) 炭水化物が、酵素や酸などのはたらきでぶどう糖や果糖などに変化すること。

【糖質】(トウシツ) 糖分をふくむ物質。〔「でんぷん質」を改めた呼び名〕

【糖度】(トウド) (食品などにふくまれる)あまさの度合い。

【糖尿病】(トウニョウビョウ) 糖を多くふくんだ尿が継続して出る病

気。

【糖分】トウブン あるものにふくまれている糖類の成分。あまみ。例—をひかえる。

【糖類】トウルイ ①あまみのある炭水化物。ぶどう糖・果糖・乳糖など。②炭水化物をまとめていうことば。

●砂糖サトウ・麦芽糖バクガトウ

米10 【糒】16画 6885 7CD2 音ヒ漢ビ呉 訓ほしいい

意味 飯を干した保存食。かれい。かれいい。ほしいい。

米10 【糢】16画 6887 7CE2 音ボ漢モ呉

意味 ❶「糢糊モコ」は、はっきりしないようす。模糊モコ。❷古代の重量の単位。ごくわずかな重さをあらわす。

米10 【糖】16画 ⇩【糖】トウ(765ページ)

米11 【糠】17画 2539 7CE0 音コウ漢呉 訓ぬか

意味 米やムギなどを精白するときに出る外皮の粉。例糠粃コウヒ(=ぬかと、しいな。つまらぬもの)。糠漬ぬかづけ。小糠こぬか。

難読 海糠魚あみ

【糠雨】ぬかあめ ごく細かい雨。霧雨きりさめ。こぬかあめ。

【糠袋】ぬかぶくろ ぬかを入れた布製のふくろ。入浴のとき、肌はだを洗うのに用いる。また、ゆかなどのつや出しに使う。

【糠味▼噌】ぬかミソ ぬかに塩などをまぜたもの。野菜を漬つけるのに使う。また、それで漬けたもの。例—くさい(=生活の雑事に追われている)。

米11 【糝】17画 1-8988 7CDD 音シン・ジン慣サン漢 訓こなかき・とーく

参考 【糂】ジン(765ページ)の古字。

意味 「糝粉シンコ」は、白米を干して石臼いしうすなどでひいて粉にしたもの。例糝粉餅シンコもち。上糝粉ジョウシンコ(=精白米をひいた細かい粉)。

米11 【糟】17画 3376 7CDF 音ソウ漢呉 訓かす

意味 ❶酒をこしたあとに残るもの。酒かす。かす。例糟糠ソウコウ。糟粕ソウハク。❷こしていない、にごり酒。もろみ。❸酒や酒かすにつけた食品。例糟漬かすづけ。

【糟▼糠】ソウコウ ①酒のかすと米のぬか。②そまつな食事。また、貧しい暮らし。

【糟▼糠の妻】ソウコウのつま 貧苦ヒンクをともにしてきた妻。例—は堂より下くださず(=貧苦をともにしてきた妻は、出世してからもたいせつにする)。〈後漢書ゴカンジョ〉

【糟▼粕】ソウハク ①酒のかす。②よいところを取った残りかす。例古人の—をなめる(=昔の人のつくったものを、その精神は学ばず、形だけまねる)。表記 ▽「糟▼魄」とも書く。

米11 【糜】17画 6886 7CDC 音ビ漢ミ呉 訓かゆ・ただーれる

意味 ❶濃こいかゆ。❷くずれる。あれはてる。ただれる。例糜爛ビラン。

【糜▼爛】ビラン (名・する) ただれること。ただれ。

米11 【糞】17画 4221 7CDE 音フン漢呉 訓くそ

意味 ❶大便。くそ。また、きたないもの。例糞土フンド。糞尿フンニョウ。馬糞バフン。❷肥料。こやし。例糞壌フンジョウ。

日本語での用法《くそ》人をののしったり、意味を強めたりするときのことば。「くそ、とんでもない奴やつだ」

【糞石】フンセキ ①腸内に形成された結石。腸石。②地質時代の動物のふんが化石となったもの。石糞セキフン。

【糞土】フンド ①くさってきたない土。例—の牆ショウは杇ぬるべからず(=くさってぼろぼろになった土塀ドベイには上塗うわぬりができない。くさりきったなまけ者は、教え導くことができないことのたとえ)。〈論語ロンゴ〉②きたなくけがらわしいもの。

【糞尿】フンニョウ 大便と小便。

【糞便】フンベン くそ。大便。

米12 【糧】18画 4640 7CE7 常用 音ロウ慣リョウ漢呉 訓かて

筆順 丷 米 粐 粐 粡 糧 糧 糧 糧

米7 【粮】13画 6878 7CAE 別体字

なりたち [形声]「米(=こめ)」と、音「量リョウ」とから成る。食用の穀物。

意味 ❶食用の穀類。とくに、旅行や行軍のときに持っていく食べ物。かて。例糧食リョウショク。食糧ショクリョウ。兵糧ヒョウロウ。❷租税ソゼイとして取りたてる穀物。ねんぐ。

【糧食】リョウショク 食物。食糧。とくに、ある目的のために貯蔵したり持参したりする食料。例非常用の—。

【糧道】リョウドウ (軍隊の)食糧を補給する通路。例—を確保する。—を断たつ。

【糧米】リョウマイ 食糧としての米。例—を配る。

【糧▼秣】リョウマツ 兵士の食糧と軍馬のえさ(=まぐさ)。例—の補給に完璧カンペキを期す。

米14 【糯】20画 6889 7CEF 音ダ漢ナ呉 訓もち・もちごめ

意味 餅もちや赤飯をつくるねばりけの多い米。もちごめ。例糯米もちごめ。

【糯米】もちごめ 餅もちを作るのに適している、ねばりけの多い米。表記「餅米」とも書く。

米14 【糲】20画 6890 7CF2 音レイ漢 訓あらーい・くろごめ

意味 もみがらを取り去っただけで精白していない米。玄米ゲンマイ。くろごめ。例糲粢レイシ。

【糲▼粢】レイシ 精白していない穀物やキビの飯。また、そまつな食物。粢糲シレイ。

米16 【糴】22画 6891 7CF4 音テキ漢 訓かいよね

意味 穀物、とくに米を買い入れる。また、その穀物。かいよね。いりよね。対糶チョウ。例糴穀テキコク(=穀物を買い入れる)。

米19 【糶】25画 6892 7CF6 音チョウ漢 訓うりよね・せり・せーる

意味 穀物、とくに米を売りに出す。また、その穀物。うりよね。対糴テキ。例糶米チョウベイ(=米を売る)。

日本語での用法《せり》①競売キョウバイ。「糶せり売うり・糶せりに出だす・糶せりにかける」②荷物を持って売り歩くこと。「糶商人せりショウニン」

120 6画 糸 いと いとへん 部

きぬいとをより合わせた形をあらわす。「糸」をもとにしてできている漢字を集めた。

0 糸 1 系 糺 2 糾 3 紆 紀 級 糾
紅 紂 約 約 4 紜 紘 紗 索 紙 純 素
紐 納 紕 紊 紛 紡 紋 級 納 5 経 絅
絃 紺 細 紮 終 紹 紳 紲 組 給 紬 紵
絆 累 紘 終 6 絵 給 結 絢 絞 絳 絖
絎 紫 絨 絮 絶 統 絣 絡 絲 絏 絶 絫
7 綛 継 絹 絛 綏 続 綈 絽 經 綉 8
維 綺 緊 綣 綱 綵 緇 綽 綬 総 綜 綻
綢 緒 綴 綯 緋 綿 網 綾 緑 綸 綟 練
綰 綪 綫 絣 網 緑 9 縁 緘 緩 緘 緊
緝 縄 線 緞 締 緲 緡 編 緬 緯 縁 緩
緤 緒 編 緜 練 10 緯 縊 縕 縞 縡 縒
縦 縟 縉 緻 縋 縢 縛 繁 縫 縣 縛 11
繈 縮 績 繊 縻 繆 縹 繃 縵 縷 縲 縺
繋 繍 縦 總 繁 縫 12 繧 繝 繭 繖 繞
織 繕 繙 繚 繦 13 繹 繫 繡 繰 繪 繩
14 纂 繽 繻 繽 辮 繼 15 纈 纐 纊 纏
纉 纖 續 繿 纍 16 纒 17 纓 纔 纖 18
纛 19 纘 22 纜

糸0

【糸】

6画 2769 7CF8 教育1 音シ漢呉 訓いと

筆順 く 幺 幺 糸 糸 糸

糸6

【絲】

12画 6915 7D72

なりたち [会意] 二つの「糸(＝いと)」から成る。カイコがはきだす、きいと。

参考 本来、「絲」は「シ」と読み「きいと」の意、「糸」は「ベキ」と読んで「きぬいと(＝ねりいと)」の意。のちに、「きいと」と「きぬいと」との区別なく、「絲」の字がもっぱら使われた。いまの「糸」は「絲」を半分省略した形。

意味 ❶カイコのまゆから取った、いと。きいと。きぬいと。いと。例絹糸。製糸。❷いとのように細くて長いもの。例菌糸。柳糸(＝ヤナギの枝)。❸いとを張った楽器。弦楽器。例糸竹。糸管(＝弦楽器と管楽器。いとたけ)。❹割合をあらわすことば。一の一万分の一。また、ごくわずかの数量。

人名 たえ・つら・より

【糸口】①糸のはし。例毛糸の―をさがす。②ものごとのはじまり。発端。例事件の―。―がほどける。③手がかり。例話の―。出世の―になる。

【糸車】まゆや綿花から糸を引き出して、つむぐための車。いとくり車。

【糸尻】「糸底」に同じ。

【糸底】陶磁器の底の部分。器物を、ろくろから糸で切りはなすところからいう。糸切り。糸尻。

【糸目】①細い糸。糸すじ。例―を引くような雨。②(器物などに文様としてつけた)線。③凧の表面につけて、つりあいをとるための数本の糸。例―の切れた凧。

【糸目を付けない】〔「金に糸目を付けない」の形で〕おしみなくお金を使うこと。

【糸遊】㊀晩秋あるいは早春に、空中にうかんでいるクモの糸。あるかないかの、かすかなものにたとえる。㊁春や夏の日差しの強い日に、空気が地面からたちのぼり、ゆらゆらと動いて見える現象。遊糸。野馬。表記㊁は「▽陽▽炎」とも書く。

【糸竹】〔「糸」は弦楽器、「竹」は管楽器の意〕①管弦。また、音楽をまとめていうことば。②邦楽のこと。例―の道を志す。

【糸▼帛】絹の糸と、絹の布。

【▽糸▼瓜】①ウリ科の一年生つる草。果実は干してあかすりなどに、くきの液は化粧水などに用いる。例―水。②役に立たない、つまらないもののたとえ。へちまの皮。例このさい、親も―もない。―の皮とも思っていない。

○●絹糸・製糸・抜糸・綿糸

糸1

【系】

7画 2347 7CFB 教育6 音ケイ漢 訓か-ける・すじ・つ-ぐ・つな-ぐ

筆順 ノ 幺 幺 糸 系 系

なりたち [形声]「糸(＝いと)」と、音「ノ(エイ→イケ)(＝引く)」とから成る。かける。

意味 ❶ひもでつなぎとめる。かける。つぐ。同係。❷つながり。すじ。例系統。直系。文科系。

人名 いと・つぎ・とし

【系図】①先祖から代々の家系をしるしたもの。類系譜。例徳川家の―。②あることが過去から現在まで経てきた道筋。由来。来歴。例国学者たちの―をたどる。

【系統】①順序正しくつながっている、ものごとの道筋。すじみち。例―だてて説明する。インドヨーロッパ語の―。②一族の血統。血筋。例平家の―。③一定の原理や主義などに属しているもの。例神道の―に属する新興宗教。

【系統樹】生物の進化の系統を、一本の木にたとえて図式化したもの。

【系譜】①系図。②血縁や師弟関係などの、つながり。系統。例密教の―。③学問や芸術、また宗教などの系統関係を順序よく書きしるしたもの。例和歌文学の―。

【系列】つながりのあるものごとの順序や配列。例―会社。

○●家系・山系・水系・大系・体系・同系・日系・父系・傍系・母系

糸1 【糺】7画 ⇩【糾】(768ページ)

糸2 【糾】8画 ⇩【糾】(768ページ)

糸3

【紆】

9画 6894 7D06 音ウ漢 訓ま-がる・めぐ-る

意味 ゆるやかにまがる。また、まがりくねる。例紆回。紆曲。紆余曲折。

【紆回】(名・する) まわり道をすること。例―路。表記「▼迂回」とも書く。

【紆曲】(名・する) うねりまがること。例このあたりは、とくに川が―している。表記「▼迂曲」とも書く。

【紆余】(名・する) ①川筋や山道が、折れまがって長く続くこと。②才能がじゅうぶんあって、ゆったりしていること。③

露骨(ロコツ)にあらわさないで、遠まわしにうまく表現すること。

【紆余曲折】(ウヨキョクセツ)(名・する) ①(川や道が)まがりくねること。例―の多い山道。②事情がこみいっていて、いろいろと変わること。例―を経て決定した。

糸3 【紀】 9画 2110 7D00 教育5 音キ(漢)(呉) 訓おさ-める・き・のり・しる-す

筆順 く 幺 幺 糸 糸 糸 紀 紀 紀

なりたち [形声]「糸(=いと)」と、音「己(キ)」とから成る。多数の糸の端(はし)を一本ずつわけて、からまないようにする。派生して「すじだててととのえる」の意。

意味 ❶ものごとを順序よく整理する。おさめる。また、そのためのすじみち。きまり。のり。例紀綱(キコウ)。紀律(キリツ)。風紀(フウキ)。❷順を追って書きあらわす。しるす。例紀行(キコウ)。紀要(キヨウ)。❸帝王(テイオウ)の事績の年代記。例紀伝体(キデンタイ)。本紀(ホンギ)(=帝王の伝記)。❹年代。とし。例紀元(キゲン)。世紀(セイキ)。芳紀(ホウキ)(=妙齢(ミョウレイ))。

日本語での用法 《キ》①『日本書紀(ニホンショキ)』の略。「記紀(キキ)(=『古事記(コジキ)』と『日本書紀(ニホンショキ)』)・記紀歌謡(キキカヨウ)・記紀神話(キキシンワ)」②紀国(きのくに)(=木の国の意。紀伊(きい)の古い呼び名)および旧国名「紀伊(きい)」の略。「紀州(キシュウ)・南紀(ナンキ)・紀淡海峡(キタンカイキョウ)」

人名 あき・あきら・いと・おさ・おさむ・かず・かなめ・こと・しるし・すみ・ただ・ただし・つぐ・つな・とし・はじめ・みち・もと・もとい・もとえ・よし

【紀伊】(きい) 旧国名の一つ。今の和歌山県と三重(みえ)県の一部にあたる。「紀国(きのくに)」は、「紀伊(きい)」の古い呼び名。

【紀元】(キゲン) ①国家ができた最初の年。建国の年。②キリスト生誕の年を元年とする年の数え方。西暦(セイレキ)。③神武(ジンム)天皇の即位(ソク)の年を元年とする年の数え方。皇紀。〔西暦に六六〇年を加えた年で、旧制度でおこなわれた〕④(新しい)時代。エポック。例新―を画(カク)する。

【紀行】(キコウ) 旅の見聞や感想を書きしるしたもの。旅行記。道中記。『土左日記(ときにっき)』『おくのほそ道』など。例―文。ヨーロッパ―。イタリア―。

【紀綱】(キコウ) 〔「綱」は、人の守るべき決まりの意〕国家をおさめる制度や決まり。綱紀。

【紀伝体】(キデンタイ) 歴史を記述する方法の一つ。『史記(シキ)』などのように、天子に関する「本紀(ホンギ)」と、その他の人に関する「列伝」などに分けて記す。→【編年体】(ヘンネンタイ)(790ページ)

【紀年】(キネン) ①紀元から数えた年数。例西暦(セイレキ)―。②年齢。年紀。

【紀要】(キヨウ) ①ことがらの要点を記したもの。②大学や研究所などで発行する、研究論文などをのせた定期刊行物。

【紀律】(キリツ) ①行動のよりどころとなる決まり。おきて。例―を守る。②決められた筋道どおりに、きちんとおこなわれること。順序。秩序(チツジョ)。例―正しい生活態度。表記▽「規律」とも書く。

●記紀(キキ)・軍紀(グンキ)・皇紀(コウキ)・綱紀(コウキ)・世紀(セイキ)・西紀(セイキ)・風紀(フウキ)・芳紀(ホウキ)

糸3 【級】 9画 2173 7D1A 教育3 音キュウ(漢)(呉) 訓しな・しるし

筆順 く 幺 幺 糸 糸 糸 紉 級 級

糸4 【級】 10画

なりたち [形声]「糸(=いと)」と、音「及(キュウ)」とから成る。つぎつぎとくり出される糸の順序。

意味 ❶順序。段階。ランク。しな。例階級(カイキュウ)。高級(コウキュウ)。等級(トウキュウ)。❷階段。きざはし。また、階段の段数を数えることば。❸戦場でうち取った敵のくび。しるし。〔秦(シン)で、敵の首を一つ取るごとに爵(シャク)一級を加えたことから〕例首級(シュキュウ)。

日本語での用法 《キュウ》学校で、進度の同じものの集まり。組。クラス。「級友(キュウユウ)・学級(ガッキュウ)・同級生(ドウキュウセイ)」

【級数】(キュウスウ) ①〔数〕数列の項(コウ)を和の記号で結んだもの。古くは数列も指した。例等比―。②印刷で、写真植字用の文字の大きさをあらわす単位。級。例文字の―を上げて見やすくする。

●下級(カキュウ)・学級(ガッキュウ)・上級(ジョウキュウ)・進級(シンキュウ)・中級(チュウキュウ)・低級(テイキュウ)・同級(ドウキュウ)

糸3 【糾】 9画 2174 7CFE 常用 音キュウ(漢)(呉) 訓あざな-う・ただ-す

筆順 く 幺 幺 糸 糸 糸 糸 糾 糾

糸2 【糾】 8画

糸1 【糺】 7画 6893 7CFA 俗字

なりたち [会意]「糸(=なわ)」と「丩(キュウ)(=くりあわせる)」とから成る。よりあわせたなわ。

意味 ❶糸をよりあわせる。あざなう。例糾纏(キュウテン)(=よりあわせたなわ)。❷よせあつめる。あわせる。例糾合(キュウゴウ)。❸からみあう。もつれみだれる。例糾糾(キュウキュウ)。紛糾(フンキュウ)。❹(悪事を)とり調べて正しくする。ただす。例糾弾(キュウダン)。糾明(キュウメイ)。

参考 人名や地名では、とくに「糺」を用いることがある。例糺(ただす)の神(かみ)。糺(ただす)の森(もり)。

人名 ただ・ただし

【糾糾】(キュウキュウ)(形動タル) ①もつれあうようす。②ばらばらに乱れるようす。

【糾合】(キュウゴウ)(名・する) 寄せ集めて一つにまとめること。例同志を―する。表記「▼鳩合・▼翕合」とも書く。

【糾弾】(キュウダン)(名・する) 罪や責任などを問いただして、責めとがめること。類弾劾(ダンガイ)。例役所の責任を―する。表記(旧)▼糺弾

【糾明】(キュウメイ)(名・する) 罪や悪事などを追及(ツイキュウ)して、はっきりさせること。類糾問。例罪状を―する。表記(旧)▼糺明

【糾問】(キュウモン)(名・する) 罪や悪事などを問いただすこと。類糾明。例犯人を―する。表記(旧)▼糺問

糸3 【紅】 9画 2540 7D05 教育6 音ク(慣)コウ(漢)グ(呉) 訓べに・くれない・あか-い 付表紅葉(もみじ)

筆順 く 幺 幺 糸 糸 糸 紅 紅 紅

なりたち [形声]「糸(=きぬ)」と、音「工(コウ)」とから成る。白みのある赤色の絹。

意味 ❶うすい赤色。また、あざやかな赤色。くれない。例紅衣(コウイ)。紅潮(コウチョウ)。紅白(コウハク)。❷ベニバナからとった赤い顔料。べに。例紅脂(コウシ)(=女性の化粧(ケショウ))。紅粉(コウフン)(=べにと、おしろい)。❸女性を指していう。例紅一点(コウイッテン)。紅涙(コウルイ)。

難読 紅裏(もみうら)

人名 あか・あかし・いろ・くれ・もみ

【▽紅▼蓮】(グレン) 〔仏教語以外では「コウレン」とも〕①赤いハスの花。紅荷(コウカ)。②激しく燃え上がるほのおの色の形容。猛

火のたとえ。例―のほのお。③〔仏〕「紅蓮地獄」の略。八寒地獄の一つ。ここに落ちた罪人はひどい寒さで皮膚が破れ、血で真っ赤になるという。

【紅一点】①異彩を放つもののたとえ。〔「万緑叢中紅一点（＝一面の緑の葉の中に赤い花がただ一輪さいている）」による〕〔『記纂淵海』に、王安石が石榴を見て作った、という記述がある〕②多くの男性の中に、ただひとりの女性がまじることのたとえ。〔日本での俗用〕

【紅雨】①春、花にふりそそぐ雨。②赤い花が乱れ散ることのたとえ。

【紅雲】月光に、赤く照らされた雲。

【紅炎】真っ赤なほのお。例―万丈長し（＝光りかがやくほのおは、一万丈の長さにもおよんでいる。詩文などがすぐれていて後世に長く伝わることのたとえ）。〈韓愈・調二張籍一〉 表記 ⑪紅▼焰

【紅顔】若々しく血色のよい顔。例―翠黛（＝美しい顔に緑のまゆずみ）。―の美少年。

【紅玉】赤い色の宝石。ルビー。

【紅▼綬褒章】人命を救助した人に、国からあたえられる赤いリボンのついた褒章。

【紅▼塵】①日に当たって赤く見える土ぼこり。とくに、にぎやかな町のほこり。繁華街の雑踏の形容。例―の巷に身をしずめる。②この世のわずらわしいことがら。俗塵。例―に交わる。―の外に遊ぶ。

【紅色】赤い色。

【紅唇】べにをつけたくちびる。美しいくちびる。美人のたとえ。朱唇。絳唇。

【紅▼鬚】①赤いひげ。②西洋人のひげ。また、西洋人。

【紅藻】根・くき・葉の区別がはっきりしない、やわらかい藻類。アサクサノリやテングサなど。

【紅茶】茶の若葉を発酵させて干したもの。また、それに湯をさした、かおりのよい紅色の飲み物。ティー。対緑茶。

【紅潮】（名・する）①顔に赤みがさすこと。例―したほお。②朝日や夕日に照らされて赤く見える海の波。

【紅土】熱帯や亜熱帯にある赤色の土。ラテライト。

【紅灯】①赤いともしび。例―の巷（＝花柳界）。②ほおずきぢょうちん。赤いちょうちん。

【紅梅】①べに色または濃いもも色の花のさくウメ。対白梅。②むらさきがかった赤色。例―色。

【紅白】赤と白。例―試合。―の餅。

【紅斑】①赤色のまだら模様。②皮膚の血管の充血によってできた局部的な赤い斑紋。

【紅毛】①赤いかみの毛。②「紅毛人」の略。

【紅毛人】①〔ポルトガル人やスペイン人を南蛮人といったのと区別して〕江戸時代、オランダ人を指していったことば。②西洋人。

【紅毛▼碧眼】〔赤いかみの毛と青い目の意〕①オランダ人。②西洋人。

【紅葉】㊀（名・する）秋になって、木の葉が赤く色づくこと。また、その葉。例山の木木が―する。㊁（名）赤くなったカエデの木の葉。例―狩り。―のような手。

【紅涙】①悲しいときや、いきどおったときに出るなみだのたとえ。類血涙。②女性のなみだのたとえ。例―をしぼる。

【紅楼】①朱塗りのりっぱな家。②金持ちの家。

【紅楼夢】清代の長編小説。別名、石頭記。全百二十回。曹雪芹の作。賈宝玉と林黛玉の悲恋をえがく。

【紅殻】〔オランダ語 Bengala の音訳〕酸化第二鉄を主成分とする赤色顔料。例―ぬりの格子戸。

●深紅・真紅・百日紅

糸3 【紂】9画 6901 7D02 音チュウ漢

意味 ❶ウマやウシのしりにかけて、くらを引きしめるひも。しりがい。❷殷王朝最後の王。夏の桀王とともに暴君の代表とされる。

糸3 【約】9画 4483 7D04 教育4 音ヤク漢呉 訓つづ-める・つづ-まる・つづま-やか

筆順 く 幺 幺 糸 糸 糸 約 約 約

糸3 【約】9画

なりたち ［形声］「糸（＝いと）」と、音「勺」とから成る。まとめてたばねる。

意味 ❶たばねる。しばる。例約束（＝たばねる）。❷とりきめる。ちかう。例約束（＝きまり。とりきめ）。条約。誓約。❸小さく短くまとめる。しめくくる。ちぢめる。例約言。要約。❹きりつめる。ひかえめにする。例倹約。節約。❺ほぼ。だいたい。例大約。

人名 なり

【約音】文法で、連続する二つ以上の音節が母音の脱落などで一音節になること。「にあり」が「なり」、「とあり」が「たり」になるなど。約言。約。

【約言】㊀（名・する）①要点だけをまとめて言うこと。また、そのことば。要約。例今の話を―すると次のようになる。②約束のことば。㊁（名）「約音」に同じ。

【約定】（名・する）約束して取り決めること。また、その取り決め。契約。例―書。―済み。

【約数】〔数〕ある整数または整式を、割り切ることのできる整数または整式。対倍数。例五は十の―。

【約束】〔「束」も、しばる意〕㊀（名・する）①つなやなわでしばる。たばねる。②たがいに（将来のことなどを）取り決め、それを守るようにちかうこと。また、その内容。例―を破る。㊁（名）①ある集団で、守ることを求められる決まり。類規定。例会の―ごと。②前から決まっている運命。因縁。宿命。例前世からの―。

【約分】（名・する）〔数〕分数の分母と分子とを同じ公約数で割って簡単にすること。通約。たとえば、6/8を3/4にすること。

【約款】法令や条約、また契約などの取り決めを箇条書きにしたもの。例―を守る。

●違約・解約・確約・契約・公約・婚約・集約・制約・特約・盟約

糸3 【約】9画 ⇩【約】（769ページ）

糸4 【紜】10画 6902 7D1C 音ウン漢呉 訓まが-う・まど-う・みだ-れる

意味 「紜紜」「紛紜」は、多くのものが入りまじって、区別できないようす。

糸4 【紘】10画 2541 7D18 人名 音コウ漢 訓おおづな・つな

なりたち ［形声］「糸（＝ひも）」と、音「厷」とから成る。かんむりのひも。

意味 ❶ひも。つな。❷つなぐ。つつみこむ。❸世界の果て。境界。例八紘(=八方の果て。全世界)。❹大きい。広い。
人名 つぐ・つなぐ・ひろ・ひろし・ひろみ・ひろむ

糸4 【紗】 10画 2851 7D17 人名 音サ漢シャ呉 訓うすぎぬ

なりたち [会意]「糸(=きぬ)」と「少(=こまかい)」とから成る。うすいきぬ。
意味 うすい地の絹織物。うすぎぬ。例金紗キンシャ。
人名 すず・たえ

糸4 【索】 10画 2687 7D22 常用 音サク漢呉 訓なわ・もと-める

筆順 一 十 𠂉 𡗗 𡘙 索 索

なりたち [会意]「𡗗(=草木がさかんにしげる)」と「糸(=なわ)」とから成る。草木のくきや葉をよりあわせた、なわ。
意味 ❶なわ。つな。例羂索(=狩りに用いるわなと、なわ)。❷なわをたぐり寄せるように、もとめる。さがす。例索引。思索。捜索。❸ちりぢりになる。ものさびしい。例索索(=さびしいようす。また、さらさらという音)。索漠。
難読 索麺・索子(=穴あき銭に通すひも)
人名 もと・もとむ

【索引】サクイン ①さがして引き出すこと。②書物の中の語句や事項を一定の順序に並べ、そのページを示した表。インデックス。例総―。音訓―。用語―。
【索隠】サクイン ①かくれた事実をさがし求めること。②「索引①」に同じ。
【索条】サクジョウ なん本かの針金をより合わせたもの数本を、さらにはがねなどのロープに巻きつけて作った、つな。ワイヤロープ。鋼索。例―鉄道(=ケーブルカー)。
【索然】サクゼン (形動タル)①興味がつきて、おもしろくなくなるようす。興ざめ。例興味―たる小説。②散らばるようす。散らばってなくなるようす。③なみだがはらはらとこぼれるようす。
【索敵】サクテキ (名・する)敵軍のいるところをさがし、敵の行動範囲や兵力と配置をさぐること。例―機。
【索道】サクドウ 空中に鋼鉄のロープを張り、人やものをのせる箱をつるして運ぶ装置。架空索道。ロープウエー。
【索漠】サクバク (形動タル)①あれはてて、ものさびしいようす。例―たる風景。②心が満たされず気がめいっているようす。例―とした気持ち。表記 ▽「索▼莫・索▼寞」とも書く。
●検索・思索・捜索・探索・模索

糸4 【紙】 10画 2770 7D19 教育2 音シ漢 訓かみ

筆順 𠃋 幺 糸 糸 紅 紅 紙 紙

巾4 【帋】 7画 5467 5E0B 俗字

なりたち [形声]「糸(=まわた)」と、音「氏シ」とから成る。古いまわたなどをすいて、平らにのばしたもの。かみ。
意味 植物の繊維をすいて、平らにのばしたもの。もとは、生糸の繊維を原料にした。かみ。例紙筆。紙幣。用紙。
日本語での用法《シ》「新聞紙」の略。「紙上・紙面・日刊紙・機関紙」
難読 紙鳶(いかのぼり・いか・たこ)・紙縒(こより)

【紙▼礫】かみつぶて 紙をかたく丸めて、投げつけるもの。例―を打つ。
【紙一重】かみひとえ うすい紙一枚の厚さほどの、わずかなちがいしかないこと。例―の差。実力は―なので勝敗は時の運だろう。
【紙吹雪】かみふぶき 祝賀や歓迎などの気持ちをあらわすために、色紙を細かく切って、まき散らすもの。
【紙型】シケイ 印刷用の鉛版を作るために、活字を組んだ版に特別に加工した紙をおしつけて取った型。
【紙質】シシツ 〔「かみシツ」とも〕紙の性質や品質。
【紙上】シジョウ ①紙の上。また、そこに書いたもの。例心情が―にあふれる。②新聞や雑誌で、記事が書かれてある面。例―をにぎわす。
【紙▼燭】シソク 〔「シショク」とも〕昔、宮中などで用いた小型の照明具の一つ。棒状のマツの枝の先に油をぬって火をつけ、もう一方は手で持つように紙を巻いた。また、こよりや布に油をしみこませて用いたものもある。表記「脂▼燭」とも書く。
【紙背】シハイ ①紙の裏。対紙面。②文章の裏にふくまれる、言外の意味。例眼光―に徹す(=読解力がするどい)。
【紙筆】シヒツ 紙とふで。文章のこと。
【紙幅】シフク ①紙のはば。②本や記事にするのに定められた原稿の分量。例―がつきる。
【紙幣】シヘイ 紙でつくられたお金。さつ。対硬貨。例百ドル―。
【紙片】シヘン かみきれ。例―にメモする。
【▽紙▽魚】しみ 本や衣類ののりを食いあらす害虫。細長くて魚に似ている。表記「▽衣▽魚」とも書く。
【紙面】シメン ①紙の表面。対紙背。②新聞や雑誌で、記事の書いてある部分。紙上。例多くの―をさく。―をかざる。③手紙。書面。例ご―拝見しました。
●印紙・型紙・原紙・製紙・白紙・半紙・表紙・方眼紙・巻紙・和紙

糸4 【純】 10画 2967 7D14 教育6 音シュン漢ジュン呉 訓もっぱ-ら

筆順 𠃋 幺 糸 糸 紅 紅 純 純

なりたち [形声]「糸(=いと)」と、音「屯チュン→シュン」とから成る。カイコがはきだしたきいと。
意味 ❶生糸。また、一色の糸で織った織物。❷まじりけやかざりけがない。いつわりや、けがれがない。例純粋。純朴。単純。
人名 あつ・あつし・あや・いたる・いと・きよし・すなお・すみ・ただ・ただし・ただす・つな・とう・まこと・やす・やすし・よし

【純愛】ジュンアイ 清らかでひたむきな愛情。例―物語の主人公。
【純一】ジュンイツ (名・形動ダ)①まじりけがないこと。また、一つのことに打ちこむようす。例―無雑。②かざりけやうそのないこと。例―な心。
【純益】ジュンエキ 総利益からかかった費用を差し引いた正味の利益。純利。例―金。―を上げる。
【純化】ジュンカ (名・する)①まじりけを取って、純粋にすること。醇化。②心をこめて正しいほうに導くこと。淳化。醇化。③複雑なものを単純にすること。単純化。
【純金】ジュンキン まじりけのない金。金むく。二十四金。例―のかたまり。
【純銀】ジュンギン まじりけのない銀。銀むく。例―のスプーン。
【純血】ジュンケツ 別の種類の動物の血がまじらない、純粋な血統。対混血。例―種。

【純潔】ジュンケツ（名・形動ダ）①心身にけがれがなく、清らかなこと。いつわりがないこと。例―な精神。②異性との肉体的交わりをもたないこと。例―を保つ。

【純情】ジュンジョウ（名・形動ダ）心が清らかでいつわりがなく、すなおなこと。また、その心。うぶ。例―可憐な少年の物語。

【純真】ジュンシン（名・形動ダ）心が清らかで、けがれやいつわりのないこと。自然のままなこと。類純朴。対不純。例―無垢。―な子供。

【純粋】ジュンスイ（名・形動ダ）①まじりけがないこと。例―培養。②邪心や打算がなく、いちずでひたむきなこと。例―な青年。▽対不純。

【純正】ジュンセイ（名・形動ダ）①まじりけがなく正しいこと。類醇正。例―部品。②学問で、理論を中心とし、応用面や実用面にはふれないこと。類純粋。例―経済学。

【純然】ジュンゼン（形動タルト）①まじりけのないようす。類純粋。例―たる芸術作品。②まさにそれ以外の何ものでもないようす。例―たるまちがい。

【純度】ジュンド 品質の純粋さの度合い。例―の高い金。

【純白】ジュンパク（名・形動ダ）①まじりけやよごれのない、まっしろ。例―のウエディングドレス。②けがれがなく清らかなこと。例―乙女のような―な心。

【純文学】ジュンブンガク ①純粋な芸術性をめざす文芸作品。とくに、小説。対大衆文学・通俗文学。②歴史や哲学をふくむ広い意味での文学に対して、美的感動にうったえる文学。詩歌や小説・戯曲など。

【純朴】ジュンボク（名・形動ダ）すなおでかざりけがないようす。素朴でいつわりがないようす。類質朴。例―な青年。表記「▼淳朴・▼醇朴」とも書く。

【純綿】ジュンメン 他の種類の繊維がまじっていない木綿糸。また、それで織った織物。例―の肌着。

【純毛】ジュンモウ 他の種類の繊維がまじっていない毛糸。また、それで織った織物。例―のセーター。

【純利】ジュンリ「純益」に同じ。

【純良】ジュンリョウ（名・形動ダ）①まじりけがなく、品質がよいこと。例―の牛乳。―なはちみつ。②性質が、いつわりがなく善良なこと。例―な人がら。

【純量】ジュンリョウ 総量から入れ物や袋などを除いた、正味の重量。
●至純・清純・単純・不純・芳純

6画

糸 4

【素】

10画 3339 7D20 教育5 音ソ漢ス呉 訓もと・しろ 付表素人

筆順 一 十 主 丰 妻 妻 妻 素

なりたち [会意]「糸(=きぬ)」と「𠂹(=光沢があり なめらか)」とから成る。白くてきめ細かいきぬ。

意味 ❶染める前の白いきぬ。転じて、白色。例素絹。素手。❷ものごとのもととなるもの。例素材。要素。元素。❸ありのままで、かざりけがない。例素朴。質素。❹ふだんの。前々からの。もとより。例素行。素養。平素。❺実質はあるが、名目がともなわない。例素餐。素封。

日本語での用法 一《しろ・しら》白。きじのまま。「素人・素面」二《さ》まじりけがない。「素湯」

参考 常用漢字表では「ス」「ソ」を字音とするので、そのあつかいとするが、日本語の接頭語「す」にこの字をあてることがあって、音・訓は区別しにくい。

難読 素面・素見

人名 しろし・す・な・すなお・はじめ・ひろ・ひろし・もとい・もとし

【素人】しろうと（「しろと」とも）①ものごとについて、経験や知識の浅い人。例―くさい。②専門家でない人。職業でなく趣味としている人。アマチュア。例―のど自慢。③（芸者や遊女でなく）ふつうの女の人。▽対玄人。
【素足】スあし ①はきものをはいていない足。はだし。例―のままにげ出す。②たびやくつ下をはいていない足。
【素▼襖】スオウ 直垂の一種で、アサの布地に家紋をつけたもの。室町時代に始まった武士の平服で、江戸時代には礼服となった。表記「素▼袍」とも書く。
【素顔】スがお ①けしょうをしていない顔。類地顔。②ありのままの姿や状態。ほんとうの姿。例―の日本。
【素見】スケン（「ソケン」とも）「素見物」の略。店などをただ見て通るだけで、買わないこと。ひやかし。
【素性】スジョウ ①血筋や家がら。また、生まれや育ちと現在までの経歴。例―を明かす。②ものごとが伝えられてきたいわれ。由緒。例―正しい名器。③生まれつきの性質。すじ。例―のいいうでまえ。表記▽「素姓・▽種姓」とも書く。
【素敵】すてき［あて字］（形動ダ）すばらしくて心ひかれるようす。例―な出会い。―に好い話。
【素直】すなお（形動ダ）①ひねくれたところがなく、また、人の言うことに逆らわず、受け入れるようす。例―な子供。―に忠告を聞く。②くせのないようす。のびのびしたようす。例―な字。
【素肌】スはだ ①けしょうをしていない、はだ。②衣服や下着、また、よろいをつけていない、はだ。表記▽「素▽膚」とも書く。
【素浪人】スロウニン ただの浪人。浪人をいやしめていうことば。
【素案】ソアン もとになる案。会議などに前もって提出される大まかな案。原案。
【素衣】ソイ 模様のない白い着物。白衣。
【素意】ソイ 以前からもっていた考え。素志。
【素因】ソイン ①もともとの原因。ものごとの起こるもと。例地球温暖化の―。②[医]ある病気にかかりやすい素質。
【素因数】ソインスウ［数］ある数を素数ばかりをかけあわせた形にしたときの、それぞれの素数。たとえば、84の素因数は2・3・7。例―分解。
【素懐】ソカイ ふだんから心にいだいている願い。素志。例大石良雄が―をとげた史実。
【素絹】ソケン ①白いきぬ。②練らないきぬ。生絹。③「②」でつくった白い僧衣。
【素行】ソコウ 道徳的な見地からみたふだんのおこない。類操行。例―調査。―が悪い。
【素材】ソザイ ①（手を加える前の）もとになる材料。類原料。例―のよさを生かす。②芸術作品の題材となるもの。例史実を―にする。③製材する前の丸太などの木材。
【素▼餐】ソサン 功績や才能がないのに高い地位にあり、むなしく禄を受けること。類徒食。例尸位―(=徳も才もないのに地位を得て俸給をもらうこと)。
【素子】ソシ［物］電気回路の中で、全体の機能に対して独立したはたらきをする構成要素。真空管やトランジスターなどの能動素子とコイルやコンデンサーなどの受動素子とがある。
【素志】ソシ もともと、また、ふだんからもっている願いやこころざし。素懐。例―をつらぬく。―をひるがえす。
【素地】一ソジ もとからあって、何かをするときのもとになるもの。下地。類素質・素養。例音楽の―がある。二きじ ①生まれつきの性質。地。例―が出る。②織物の布地。例花柄の―。③陶磁器で、うわぐすりをかける前のもの。表記二は「生地」とも書く。
【素質】ソシツ（あるものごとに適した）生まれつきの性質。例絵の

—がある。

【素手】㊀シュ 白い手。白く美しい女性の手。㊁す ①手に何も持たず、何もつけていないこと。空手。徒手。例—で戦う。②お金やものを持たないこと。手ぶら。例—で家に帰る。

【素数】ソスウ〔数〕1より大きくて1とその数以外では割り切れない正の整数。2・3・5・7・11・13など。

【素読】ソドク（名・する）意味内容はわからないまま、文章を声に出して読み、ならい覚えること。そよみ。例『論語』の—。

【素描】ソビョウ（名・する）木炭やえんぴつなどの単色で下絵をかくこと。また、その絵。デッサン。例石膏セッコウ像の—。

【素封】ソホウ〔「封」は、領地の意〕官位や領地はないが、多くの財産をもっていること。資産家。例—家。

【素朴】ソボク（名・形動ダ）①かざりけがなく、ありのままなこと。手が加わっていないこと。質朴。例—な青年。②考え方などが単純なこと。例—な疑問。表記▽「素▼樸」とも書く。

【素面】㊀ソメン ①けしょうをしていない顔。素顔すがお。②白い顔。㊁スメン ①能楽や剣道ケンドウで、面をつけないこと。②酒によっていないときの顔。しらふ。

【素養】ソヨウ ふだんから身につけた教養や学問、また、技術の基礎キソ。たしなみ。例茶道の—。

【素粒子】ソリュウシ〔物〕物質または電磁場を構成する基本的な最も細かい粒子。陽子・電子・中性子・中間子など。

●簡素カンソ・酸素サンソ・色素シキソ・水素スイソ・炭素タンソ・毒素ドクソ・平素ヘイソ

糸4 **【紐】** 10画 4119 7D10 人名 音チュウ慣 ジュウ漢 ニュウ呉 訓ひも

意味 ❶糸で編んだひも。例紐帯チュウタイ。❷ひもや帯をむすぶ。また、むすび目。例解紐カイチュウ（＝むすんだひもをとく）。

人名 くみ

【紐帯】チュウタイ〔「ジュウタイ」とも〕結びつけるたいせつなもの。つなぎ。例地域社会の—。

【紐▽育】ニューヨーク〔New York の音訳〕ニューヨーク州にある、アメリカ合衆国最大の都市。

【紐革】ひもかわ ①かわで作ったひも。②「ひもかわうどん」の略。かわひものように平たく作ったうどん。きしめん。

糸4 **【納】** 10画 3928 7D0D 教育6 音ナ・ナン・ナッ・トウ慣 ドウ漢 ノウ呉 訓おさ-める・おさ-まる

筆順 く 幺 糸 糸 糸 糿 納 納

なりたち 〔形声〕「糸（＝いと）」と、音「内ダイ→ドウ」とから成る。糸がしめっているようす。借りて「いれる」の意。

意味 ❶なかにいれてしまう。例納経ノウキョウ。収納シュウノウ。出納スイトウ。❷とりいれる。うけいれる。例納得ナットク。❸役所などに差し出す。さしあげる。例納税ノウゼイ。奉納ホウノウ。

日本語での用法《ノウ》終わりにする。おさめる。「納会ノウカイ」

使い分け おさまる・おさめる【収・納・治・修】⇩1165ページ

人名 おさむ・おさめ・のり

【納所】ナッショ ①古代から中世に、年貢ネングをおさめたところ。②禅宗ゼンシュウの寺で金銭や食糧ショクリョウなどを取りあつかう事務所。③「納所坊主ボウズ」の略。寺の会計や雑務をとりおこなう下級の僧ソウ。

【納豆】ナットウ ①ダイズをむして発酵ハッコウさせた食品。ねばって糸を引く。②ダイズをむして塩水などにつけて発酵させ、干した食品。浜はま納豆や塩辛しおから納豆など。

【納得】ナットク（名・する）他人の言行をなるほどとよく理解し、もっともだと認めること。得心。例—がいく（＝納得できる）。—ずく（＝おたがいに納得する）。

【納屋】なや ①物置小屋。とくに農家で農具や作物をしまっておく建物。②海産物をしまうために港に設けた倉庫。

【納戸】ナンど 衣類や道具などをしまっておく部屋。例—色いろ（＝ねずみ色がかった藍あい色）。

【納会】ノウカイ ①一年の最後またはある行事の終わりに、しめくくりとしてもよおす会。おさめ会。例俳句の—。②〔経〕取引所で、各月の最後の株の取引をおこなう日。対発会ハッカイ。

【納棺】ノウカン（名・する）遺体をひつぎに入れること。

【納期】ノウキ お金や品物をおさめる期限。例税金の—。—に間に合わせる。

【納経】ノウキョウ（名・する）〔仏〕現世の利益リヤクや来世の幸福を願って、または死者の冥福メイフクを祈願キガンする意味で、経文キョウモンを書き写して神社や寺院におさめること。また、その経文。〔実際には、米や銭ぜにを奉納ホウノウ供養クヨウにかえることをもいう〕例厳島いつくしま神社の平家—。

【納金】ノウキン（名・する）金銭をおさめること。また、そのお金。

【納言】㊀ノウゲン 古代中国で、天子のことばを下の者に伝え、下の者のことばを天子に奏する官。㊁ナゴン 太政官ダイジョウカンの官職で、大納言・中納言・少納言をいう。ものもうすつかさ。

【納骨】ノウコツ（名・する）火葬カソウにした遺骨を骨壺コツつぼにおさめること。また、それを墓などにおさめること。例—式。—堂。

【納采】ノウサイ 婚約コンヤクした男子が、女子の家にお礼の品物をおくること。結納ゆいのう。例—の儀ギ。

【納札】ノウサツ（名・する）神社や寺にお参りして、祈願キガンのためにおふだをおさめること。また、そのおふだ。おさめふだ。

【納車】ノウシャ 自動車を買い主ぬしにおさめること。

【納税】ノウゼイ（名・する）税金をおさめること。対徴税チョウゼイ。例—の義務。

【納入】ノウニュウ（名・する）物品や金銭をおさめること。納付。例注文の品を—する。

【納品】ノウヒン（名・する）品物を注文主ぬしに届けること。また、その品物。例—書。

【納付】ノウフ（名・する）（役所などに）物品や金銭をおさめること。納入。例—金。税金の—。

【納本】ノウホン（名・する）できあがった出版物を注文先におさめること。

【納涼】ノウリョウ 暑い季節に、川べりなどの風通しのよいところで、すずしさを味わうこと。例—船。—花火大会。

●完納カンノウ・帰納キノウ・笑納ショウノウ・怠納タイノウ・滞納タイノウ・返納ヘンノウ・未納ミノウ・結納ゆいのう

糸4 **【紕】** 10画 6903 7D15 音ヒ漢 訓あやま-る・くみ-する・く-む

意味 ❶ふちかざり。へりかざり。❷毛織物の一つ。❸織物などがほつれる。❹もつれて、乱れる。あやまる。あやまり。例紕繆ヒビュウ（＝あやまり。錯誤サクゴ）。

糸4 **【紊】** 10画 6904 7D0A 音ビン慣 ブン漢 訓みだ-れる

意味 糸がもつれるように、入り組んでみだれる。みだす。例紊乱ビンラン。

【紊乱】ビンラン・ブンラン（名・する）〔「ビンラン」は慣用読み〕（世の中の道徳や規則などが）みだれること。また、みだすこと。例風紀—。

糸4 【紛】 10画 4222 7D1B 常用 音フン漢呉 訓まぎ-れる・まぎ-らす・まぎ-らわす・まぎ-らわしい・まが-う

筆順 ㄑ 幺 幺 糸 糸 糸 紒 紛 紛

なりたち [形声]「糸(=ぬの)」と、音「分」とから成る。ウマの尾をたばねて包むぬのぶくろ。派生して「みだれる」の意。

意味 ❶ものごとがまとまらず、入り乱れる。ごたごたともめる。例紛糾。紛紛。内紛。❷入りまじって区別がつかなくなる。まぎれる。まがう。まぎらわしい。例紛失。紛然。❸多い。また、さかんではなやかなようす。例紛華(=はなやかで美しい)。

人名 お・もろ

【紛議】フンギ 議論がもつれて、まとまらないこと。また、その議論。

【紛糾】フンキュウ (名・する) ものごとがもつれて、すんなりと運ばないこと。例会議は―した。

【紛失】フンシツ (名・する) ものがどこかにまぎれて、なくなること。また、なくすこと。例―届。

【紛擾】フンジョウ (名・する) 乱れ、もめること。ごたごたすること。類紛争。例ちょっとした―を起こす。

【紛塵】フンジン わずらわしい俗世間のことがら。例―をよそに自ら楽しむ。

【紛然】フンゼン (形動タル) ものごとが入り交じって、ごたごたしているようす。例―としてどう決着するか分からない。

【紛争】フンソウ (名・する) ものごとがもつれて、あらそいになること。もめごと。例国際―。

【紛紛】フンプン (形動タル) ①ものごとが入り交じって、まとまりのないようす。例諸説―。②乱れて散るようす。例落花―。

【紛乱】フンラン (名・する) ものごとがひどく乱れること。類混乱・紛糾。例話し合いが―する。

糸4 【紡】 10画 4334 7D21 常用 音ボウ慣 ホウ漢 訓つむ-ぐ

筆順 ㄑ 幺 幺 糸 糸 糸 紆 紡 紡

なりたち [形声]「糸(=いと)」と、音「方」とから成る。細い糸をよりあわせる。

意味 ❶生糸・麻・綿などの繊維をよりあわせて糸にする。つむぐ。例紡織。紡績。混紡。❷つむいだ糸。例紡毛。綿紡。

人名 つむ

【紡車】ボウシャ 手で車を回して、糸をつむぐ機械。いとぐるま。つむぎぐるま。

【紡織】ボウショク 糸をつむぐことと、布を織ること。紡績。例―工場。

【紡錘】ボウスイ 原料から糸を引き出して、つむぎながら巻き取る道具。中央が太く先が細くなった棒。つむ。

【紡錘形】ボウスイケイ 紡錘に似た形。同じ二つの円錐の底面を合わせたような形。レモン形。

【紡績】ボウセキ ①糸をつむぐこと。②織物をつくること。例―産業。

【紡績糸】ボウセキシ 綿花・羊毛・カイコのまゆなどの繊維を加工してつくった糸。ふつう、機械でつむいだ糸をいう。

【紡毛】ボウモウ 動物の短い毛をつむいで糸にすること。また、そのようにしてつくった毛羽のある糸。例―糸。

糸4 【紋】 10画 4470 7D0B 常用 音ブン漢 モン呉 訓あや

筆順 ㄑ 幺 幺 糸 糸 糸 紋 紋 紋

なりたち [会意]「糸(=きぬ)」と「文(=もよう)」とから成る。絹織物のあやもよう。

意味 ❶織物のもよう。ずがら。あや。例紋様。❷しわ。すじ。例指紋。波紋。

日本語での用法《モン》家・団体のしるしとして定まっている図がら。「紋章・紋付き・紋所・定紋」

人名 あき

【紋章】モンショウ 家または団体に属することをあらわす図がらやしるし。例菊の御―。ウィンザー家の―。

【紋付き】モンつき 背やそでに家紋のついた礼装用の和服。紋服。例―の羽織。―に袴。

【紋所】モンどころ 家によって決まっている紋章。家系をあらわすしるし。定紋。例葵の―。

【紋服】モンプク 家紋のついた礼装用の和服。紋付き。

【紋様】モンヨウ ①紋の模様。②(一定の形の模様が連続的にえがかれた)かざり模様。あや。例唐草―。表記②は「文様」とも書く。

●家紋・地紋・声紋・波紋・風紋

糸4 【級】 10画 ⇩【級】キュウ(768ページ)

糸4 【納】 10画 ⇩【納】ノウ(772ページ)

糸5 【経】 11画 2348 7D4C 教育5 音ケイ漢 キョウ呉 キン唐 訓へ-る・た-つ・たていと・たて 付表 読経

筆順 幺 糸 糸 紀 経 経 経 経

糸7 【經】 13画 6920 7D93

なりたち [形声]「糸(=いと)」と、音「巠」とから成る。織物を織るときのたて糸。

意味 ❶織物のたて糸。対緯。例経緯。❷地球の両極をとおって赤道と直角にまじわる南北の線。対緯。例経度。東経。❸いつも。つねに変わらない。例経常。経費。月経。❹つねに変わらないものごとの道理。法則。また、儒教・仏教でそれを説いた書物。例経書。経典。写経。❺道理にしたがっておさめる。ととのえる。例経営。経世。経理。❻とおりすぎる。時間がたつ。へる。例経過。経由。経歴。❼人体のすじ。脈。例経絡。神経。❽首をくくる。くびれる。例自経。

難読 経緯(たてよこ・たてぬき)

人名 おさむ・つね・のぶ・のり・はかる・ふ・ふる・みち・よし

【経巻】一キョウカン (仏) 経文をしるした巻き物。また、仏教の書物。二ケイカン「経書」に同じ。

【経木】キョウぎ スギやヒノキなどの木材を、紙のようにうすくけずったもの。食べ物などを包むのに使う。へぎ。〔もと、経文を書くのに用いたうすい板〕

【経師】一キョウジ ①(仏) 経文をよく読み、深く通じている僧。②経文や書画を巻き物やかけじくに仕立てたり、ふすまやびょうぶなどをはる職人。表具師。例―屋。二ケイシ 経書を教える先生。

【経蔵】キョウゾウ ①釈迦の教えを集めたもの。律蔵・論蔵とともに仏典の三蔵の一つ。②寺で、経文をしまっておく蔵。

【経机】キョウづくえ 経を読むとき、経の本や巻き物をのせる横長の低い机。経卓。

【経典】㊀キョウテン ①仏教の教えを説いた書物。経文。お経。②一宗教上の教えや決まりを示した書物。[類]聖典。例イスラム教の―。㊁ケイテン ①聖人や賢人の言行や教えを書きしるした、儒教の基本的な書物。経書。②宗教や学問の根本になる書物。
【経堂】キョウドウ 経文をおさめておく堂。
【経文】㊀キョウモン 経典の文章。仏の教えを説いた文章。経典。お経。例―を唱える。㊁ケイブン 四書・五経など、儒教の教えを説いた書物の文章。経書の文章。
【経論】キョウロン 仏典の三蔵のうちの、経蔵と論蔵。
【経緯】ケイイ ①布のたて糸と、よこ糸。たてと、よこ。②経線と緯線。南北と東西。③事のなりゆき。ものごとのくわしい事情。例事の―を説明する。
【経営】ケイエイ（名・する）〔もと、土地を測って建物を建てること〕①組織を整え、基本的な目的を定めて事業をいとなむこと。また、その組織。例―者。多角―。②方針を決め、計画を立ててものごとをおこなうこと。例学級―。
【経過】ケイカ（名・する）①（時が）すぎていくこと。例五分―。②ものごとのなりゆき。移り変わる状態。例―は良好だ。途中―を報告する。
【経学】ケイガク 経書について研究する学問。儒学。
【経穴】ケイケツ 鍼を打ち、灸をすえるときに、効果のある場所。つぼ。
【経験】ケイケン（名・する）自分で実際に見たり聞いたりやってみたりすること。また、そこで得た知識や技術。例―を生かす。
【経口】ケイコウ 薬を口から飲むこと。また、細菌などが口から体内にはいること。例―感染。
【経国】ケイコク 国家を治め、経営すること。
【経済】ケイザイ 〔「経世済民」から〕㊀（名）〔英語 economy の訳語〕人間の生活に必要な物資の、生産から消費にいたる活動。例―学。国民―。㊁（名・形動）費用や手間がかからないこと。節約。例不―なやり方。
【経済学】ケイザイガク 経済現象や経済活動の原理・法則を研究する学問。例―部。―を専攻する。
【経史】ケイシ 経書と歴史書。また、経学（＝経書を研究する学問）と史学。
【経史子集】ケイシシシュウ 中国の書物の分類のしかた。経書・歴史書（＝『史記』や『漢書』など）・諸子（＝『荀子』や『荘子』など）・詩文集（＝『文選』や『白氏文集』など）の四部に分ける。
【経書】ケイショ 中国で、聖人や賢人の言行や教えを書きしるした、儒教の基本的な書物。四書・五経など。経典。経巻。
【経常】ケイジョウ いつもの、決まったやり方。ふだん。つね日ごろ。[対]臨時。例―費（＝毎年決まって支出する費用）。
【経世】ケイセイ 世の中を治めること。政治。例―家（＝世の中のために、具体的な政策を示す政治家）。
【経世済民】ケイセイサイミン ①よい政治をおこない、人々を生活の苦しみから救うこと。儒学の理想とされた。②「経済㊀」に同じ。
【経籍】ケイセキ 聖人や賢人の教えを書いた書籍。経書。
【経線】ケイセン 地球の表面の、北極と南極を結ぶ仮想の線。地球上の位置を示すのに使う。子午線。[対]緯線。
【経伝】ケイデン ①経書とその解釈書。②聖人の著（＝経）と賢人の著（＝伝）。
【経度】ケイド 経線によって地球上の位置を示すもので、ある地点の経線とイギリスの旧グリニッジ天文台を通る本初子午線とが地球の中心に対してなす角度であらわす。東西を一八〇に分ける。[対]緯度。
【経費】ケイヒ いつも決まってかかる費用。また、あることをおこなうのに必要な費用。例必要―。―を削減する。
【経文緯武】ケイブンイブ 〔「文」をたて糸、「武」をよこ糸に見立て、その両者で織りなす意〕文（＝学問）と武（＝武芸）のどちらもかねそなえること。文武両道。
【経由】ケイユ（名・する）①通過すること。ある地点を通って目的地へ行くこと。例大阪―で広島へ行く。②あることをおこなうのに、中間の機関を通すこと。例―手続き。
【経絡】ケイラク ①ものごとの筋道。脈絡。②漢方で、人体の血管のこと。動脈（＝経）と静脈（＝絡）。〔十二経脈・十五絡脈があるという〕
【経理】ケイリ ㊀（名・する）筋道だてて治め整えること。㊁（名）会社や団体で、会計や給与に関する事務の管理や処理。例―課。―に明るい。
【経略】ケイリャク（名・する）四方の敵を平定して、天下を治めること。
【経▼綸】ケイリン 国家を治め、整えること。また、そのための手だて。
【経歴】ケイレキ（名・する）①年月が過ぎること。②これまでに経験した学業・職業・賞罰などのことがら。履歴。例華麗な―。
【経路】ケイロ 通り過ぎてきた道筋。また、筋道。事のしだい。例入手―を明らかにした。伝染―を調べる。
【▽経糸】たていと ⇨【縦糸】たていと（791ページ）
●四書五経・写経・神経・西経

［糸部］5画 絅 絃 紺

糸5 【絅】 11画 6905 7D45 音ケイ漢 訓ひとえ

意味 ひとえの着物。ひとえ。例尚絅（＝にしきを着たとき、その上にひとえの着物をはおり、はなやかさがあらわれないようにする）。

糸5 【絃】 11画 2430 7D43 人名 音ケン漢 ゲン呉 訓いと

なりたち ［形声］「糸（＝いと）」と、音「玄ケ」とから成る。弦楽器の糸。

意味 弦楽器に張る糸。つる。いと。また、弦楽器（をひく）。例絃歌。管絃。

表記 現代表記では、「弦」に書きかえることがある。熟語は「弦」（364ページ）を参照。

人名 お・つる

【絃歌】ゲンカ 琴や三味線などをひきながらうたう歌。表記 [現]弦歌

糸5 【紺】 11画 2616 7D3A 常用 音カン漢 コン呉

筆順 幺 糸 糸 糸 紺 紺 紺 紺

なりたち ［形声］「糸（＝きぬ）」と、音「甘カ」とから成る。赤みがかった青色のきぬ。

意味 赤みがかった深い青色。また、こい青色。例紺青。紺碧。濃紺。

難読 紺搔

【紺屋】コウヤ・コンヤ 染め物屋。例―の白袴（＝他人のことでいそがしくて、自分のことをするひまのないことのたとえ）。―のあさって（＝約束の期限のあてにならないことのたとえ）。
【紺地】コンジ 紺色の織り地。紺色の染め地。例―の着物。
【紺青】コンジョウ あざやかな藍色。例―の空と海。
【紺▼碧】コンペキ 黒みがかったこい青色。例―の空の色。

○●紫紺シコン・濃紺ノウコン

糸5

【細】

11画 2657 7D30 教育2

音セイ漢 サイ呉 訓ほそ-い・ほそ-る・こま-か・こま-かい

筆順 く 幺 糸 糸 糸 細 細 細

なりたち [形声]「糸(=いと)」と、音「田シ→セイ」とから成る。かぼそい。

意味 ❶はばや太さがない。また、力がなくよわよわしい。ほそい。例細声サイセイ(=小さなこえ)。細流サイリュウ。❷小さい。こまかい。例細雨サイウ。細目サイモク。微細ビサイ。❸行きとどいている。くわしい。例細心サイシン。詳細ショウサイ。明細メイサイ。❹ごくわずか。とるにたりない。例細説サイセツ。些細ササイ。零細レイサイ。❺こまごまとしてわずらわしい。例煩細ハンサイ。繁細ハンサイ。

難読 細雪ささめゆき・細石さざれいし

人名 くわし・ほそ

【細雨】サイウ こまかい雨。霧雨きりさめ。ぬかあめ。例―まじりの風。

【細▼瑕】サイカ ①小さいきず。②わずかな欠点。例―を気にしない。

【細管】サイカン ①細いくだ。②細いふえ。

【細菌】サイキン 肉眼では見えないひじょうに小さい単細胞タンサイボウの生物。発酵ハッコウや腐敗フハイを起こすもの、病気の原因になるものなどがある。バクテリア。

【細▼瑾】サイキン [「瑾」は、美しい玉ギョクの意。「細謹サイキン」の誤記・誤解からできたことば] ①こまかいきず。②少しの欠点や過失。

【細謹】サイキン こまかいところまで気をくばること。例大行タイコウは―を顧かえりみず(=大事業をなすには、こまかな点の気づかいにこだわらず断行すべきだ)。〈史記シキ〉

【細工】サイク (名・する) ①手先を使ってこまかいものをつくること。また、そうしてつくったもの。例寄せ木ぎ―ザイク。②こまかいところに工夫クフウすること。とくに、人をあざむくようなたくらみ。策略。例小こ―ザイク。へたな―をするな。

【細君】サイクン ①自分の妻を、へりくだっていうことば。②同輩ドウハイ以下の人の妻。

【細見】サイケン (名・する) ①くわしく見ること。くわしく示すこと。②くわしくつくった地図や案内書。例東海道―。

【細字】サイジ こまかい文字。また、ほそ字。例―用の筆。

【細事】サイジ こまかいこと。つまらないこと。例―にこだわる。

【細書】サイショ (名・する) ①字をこまかく書くこと。また、その字。②くわしく書くこと。また、その文。

【細心】サイシン (名・形動ダ) ①こまやかな心づかいをすること。対放胆ホウタン。例―の注意をはらう。②気が小さいこと。小心。

【細雪】サイセツ|ささめゆき こまかに降る雪。また、まばらに降る雪。

【細説】サイセツ (名・する) ①くわしく説明すること。また、その説明。詳説ショウセツ。②とるに足りないつまらない説。

【細則】サイソク 総則や通則などにもとづき、具体的なこまかい点について決めた規則。対総則。

【細大】サイダイ 小さいことと大きいこと。小さいことも大きいこともすべて。一部始終イチブシジュウ。例―もらさず報告する。

【細緻】サイチ (名・形動ダ) こまかく念入りなこと。細密。類緻密。例―な描写ビョウシャ。

【細注】サイチュウ ①こまかに説いた注釈チュウシャク。②こまかい字で書いた注釈。表記 ▽旧細▼註

【細微】サイビ (名・形動ダ) ごくこまかいこと。微細。例指摘シテキは―にわたった。

【細筆】サイヒツ 一(名) 穂ほの細い筆。ほそふで。二(名・する) ①字をこまかく書くこと。細書。②こまごまと書くこと。くわしく書くこと。

【細部】サイブ こまかい部分。例―にわたり記述する。

【細分】サイブン (名・する) こまかく分けること。例学問の―化。

【細別】サイベツ (名・する) こまかく区別すること。対大別タイベツ。例資料を―する。

【細胞】サイボウ [「サイホウ」とも] ①生物体を構成する最小単位。核カクをふくむ原形質のかたまり。例―分裂ブンレツ。②組織や団体を構成する基礎的テキな単位。例共産党の―。

【細末】サイマツ ①こまかいものごと。わずかなこと。②こまかい粉。類粉末・細粉。

【細密】サイミツ (名・形動ダ) ごくこまかく、くわしいこと。細緻サイチ。類綿密・精密。例―画。―な描写ビョウシャ。

【細民】サイミン 社会の下層の人々。貧しい人民。類貧民ヒンミン。

【細目】一サイモク (名) こまかい点に関して述べてある項目コウモク。二ほそめ (名) ①少しだけあけた目。例―をあけて見る。②細く編んだ目。三ほそめ (形動ダ) どちらかというと細いようす。

【細腰】サイヨウ ①(女性の)ほっそりとしてしなやかな、こし。やなぎごし。②こしのほっそりとした美人。

【細流】サイリュウ [「セイリュウ」とも] ほそい川の流れ。小川。例河海カカイは―を択えらばず。

【細論】サイロン (名・する) こまかにくわしく論じること。詳論ショウロン。

【細腕】ほそうで ①やせて細いうで。②かよわい力。力のとぼしいことのたとえ。例女の―で財をなす。

【細面】ほそおもて ほっそりとした顔だち。例―の美人。

【細細】(副) 一ほそぼそ ①たいそう細いようす。②どうにか続いているようす。例―と暮らす。二こまごま ①こまかいようす。例―と話す。②くわしく、ていねいなようす。例―とした部品。

【細身】ほそみ ①はばのせまいこと。例―のズボン。②はばのせまい刀。例―の造つくり。

○●委細イサイ・子細シサイ・詳細ショウサイ・繊細センサイ・肉細にくぼそ・微細ビサイ・明細メイサイ・零細レイサイ

糸5

【紮】

11画 6907 7D2E

音サツ漢 訓から-げる

意味 ❶しばって、ひとまとめにする。からげる。例結紮ケッサツ(=血管などをしばる)。❷駐留チュウリュウする。とどまる。例駐紮チュウサツ(=官吏カンリが任地に滞在タイザイする)。

糸5

【終】

11画 2910 7D42 教育3

音シュウ漢 シュ呉 訓お-わる・お-える・お-わり・つい-に

筆順 く 幺 糸 糸 糸 終 終 終

なりたち [形声]「糸(=いと)」と、音「冬トウ→シュウ(=四季のおわり)」とから成る。おわる。

意味 ❶ものごとがしあがる。おわる。おわり。例終結シュウケツ。終了シュウリョウ。有終ユウシュウ。❷命がつきる。死ぬ。死。例終焉シュウエン。臨終リンジュウ。❸はじめからおわりまでずっと。例終日シュウジツ。終身シュウシン。❹ついに。とうとう。

難読 終日ひねもす|ひもすがら・終夜よもすがら|よすがら・終ついの栖すみか

人名 おさむ・すえ・つき・つぎ・のち

【終▼焉】シュウエン ①息を引き取るまぎわ。死にぎわ。すべての終わり。類臨終リンジュウ・最期サイゴ。例冷戦の―を迎むかえた。②晩年を送ること。老後の生活を送ること。例―の地。

【終演】シュウエン (名・する) 芝居しばいや演奏会などの、その日の上演が終わること。対開演。例―時間。

【終期】シュウキ ものごとの終わりの時期。期限の終わり。末期。

対始期。

【終▼竟】シュウキョウ (名・する) 終わること。終わり。

【終業】シュウギョウ (名・する) ①一日の仕事や業務を終えること。例 ―時刻。②学校で、学年または学期が終わること。例 ―式。▽対始業。

【終局】シュウキョク ①囲碁や将棋の打ち終わり。②事件の終わり。ものごとの終末。結末。例 ―をむかえる。

【終極】シュウキョク 最後に行きつくところ。果て。終わり。例 ―の目的。

【終結】シュウケツ (名・する) ものごとが終わること。また、終わらせること。類終了。例 戦争が―する。抗争が―する。

【終止】シュウシ (名・する) 終わること。終わり。終了。例 攻撃が―した。

【終止形】シュウシケイ 文法で、活用語(=動詞・形容詞・形容動詞・助動詞)の活用形の一つ。文を言い切る場合に用いる。その語の基本の形。

【終止符】シュウシフ ①欧文などで、文の終わりにつけるしるし。ピリオド。②ものごとの結末。しまい。終わり。例 浪人生活に―を打つ。

【終始】シュウシ 一(名・する) 始めから終わりまで同じ状態が続くこと。例 裏方に―する。攻勢に―した。二(副) 始めから終わりまで。いつも。ずっと。例 ―笑顔で接する。

【終始一貫】シュウシイッカン (名・する) 始めから終わりまで態度や方法を変えないこと。例 ―まじめに取り組んだ。

【終日】シュウジツ・ひねもす 朝から晩まで。一日じゅう。例 ―好天にめぐまれる。春の海―のたりのたりかな。(与謝蕪村)

【終車】シュウシャ その日の最後の電車やバスなど。例 ―に間に合う。

【終章】シュウショウ 小説や論文などの、最後の章。エピローグ。対序章。

【終助詞】シュウジョシ 文法で、文や句の終わりについて、疑問・禁止・感嘆・命令・願望などの意味をあらわす助詞。「か」「な」「よ」など。

【終身】シュウシン 一生涯。命の終わるまで。終生。例 ―刑。―雇用制。

【終審】シュウシン ①最後の取り調べ。②〔法〕最終の裁判所(=最高裁判所)の審理。

【終生】シュウセイ 生きているあいだ。死ぬまで。一生。終身。例 ―忘れられないできごと。表記「終世」とも書く。

［糸部］5画 ●紹 紳 紲 組

【終戦】シュウセン 戦争が終わること。とくに、日本では太平洋戦争の敗戦をいう。対開戦。例 ―記念日。

【終息】シュウソク (名・する) 終わりになること。やむこと。終わり。例 混乱が―する。表記 旧終▼熄

【終着】シュウチャク ①最後に到着すること。例 ―列車。②交通路の終点であること。例 ―駅。

【終点】シュウテン ①いちばん終わりのところ。②電車やバスなどの最終到着地。例 ―で車庫に入る。▽対起点。

【終電】シュウデン 「終電車」の略。その日の最後の電車。終車。

【終南山】シュウナンザン 陝西省西安市にある山の名。史跡や名勝が多い。南山。秦嶺。秦山。

【終発】シュウハツ その日の最後に発車すること。また、その列車・電車・バスなど。対始発。例 間もなく―が出てしまう。

【終盤】シュウバン ①囲碁や将棋で、勝負が終わりに近づいたところ。②ものごとの終わりに近い時期。対序盤。例 ―戦。―をむかえる。

【終幕】シュウマク ①芝居などの最後の一幕または場面。対序幕。②芝居が終わること。対開幕。③事件の最後。おおづめ。例 意外な―をむかえる。

【終末】シュウマツ ものごとの終わり。しまい。結末。例 ―の段階。―医療。―をむかえる。

【終夜】シュウヤ 夜どおし。ひと晩じゅう。例 ―運転。―営業。

【終了】シュウリョウ (名・する) ものごとが終わること。また、終えること。終止。類終結。対開始。例 試合―。無事―する。

●最終サイシュウ・始終シジュウ・臨終リンジュウ

糸5 【紹】 11画 3050 7D39 常用 音ショウ漢 訓つ-ぐ

筆順 く 幺 糸 糸 糸 紹 紹 紹 紹

なりたち [形声]「糸(=いと)」と、音「召ショ」とから成る。つなぐ。

意味 ❶受けつぐ。引きつぐ。例 紹述ショウジュツ(=受けつぎ発展させる)。❷あいだに立ってひきあわせる。例 紹介ショウカイ。

人名 あき・あきら・たすく・つぎ

【紹介】ショウカイ (名・する) ①知らない人どうしのあいだに立って引き合わせること。なかだち。例 ―状。自己―。②知られていないものについて、広く世間に知らせること。例 新刊―。

【紹興】ショウコウ 浙江省の都市。紹興酒と茶の名産地。

糸5 【紳】 11画 3134 7D33 常用 音シン漢

筆順 く 幺 糸 糸 糸 紀 紀 紳 紳

なりたち [形声]「糸(=きぬ)」と、音「申シ」とから成る。絹糸で織った大帯。

意味 高位の人が礼装に用いた、はばの広い帯。おおおび。転じて、地位や教養のあるりっぱな人。例 紳士シンシ。紳商シンショウ。

人名 おな・おび

【紳士】シンシ ①教養があり、上品で礼儀正しい男性。また、上流社会の男性。ジェントルマン。対淑女。②男性をほめていうことば。例 ―服。

【紳士協定】シンシキョウテイ ①国際間の非公式な協定。②たがいに相手を信用して結ぶ、取り決め。

【紳士的】シンシテキ (形動ダ) 紳士らしく上品で、礼儀正しいようす。例 ―な態度。

【紳士録】シンシロク 社会で重要な地位にある人々の、住所・氏名・職業・経歴・家系・家族などをしるした名簿。

【紳商】シンショウ 教養や品格があって、信義を守るりっぱな商人。

糸5 【紲】 11画 6908 7D32 音セツ漢 訓きずな

糸6 【絏】 12画 6918 7D4F 別体字

糸9 【緤】 15画 6942 7DE4 別体字

意味 動物や罪人をつなぐ、なわ。きずな。また、つなぐ。例 紲食セツショク(=動物などをとらえてつなぎ養うこと)。縲紲ルイセツ(=罪人をしばる、なわ)。

糸5 【組】 11画 3340 7D44 教育2 音ソ漢 訓く-む・くみ

筆順 く 幺 糸 糸 糸 紀 組 組 組

なりたち [形声]「糸(=いと)」と、音「且ショ→ソ」とから成る。糸をよって作ったくみひも。

意味 ❶かんむりや印章につけるひも。くみひも。❷一つのまとまった形にする。くみたてる。くむ。例 組織ソシキ。組成ソセイ。

日本語での用法 《くみ・くむ》①仲間となる。「手てを組くんで仕事ごとをする・プロジェクトチームを組くむ・組合くみあい・仲かな

よし三人組（サンニンぐみ）」②からませたり、交差させたりする。「うでを組む・かたを組む」③現金を手形・小切手などにかえる。「為替（かわせ）を組む」

【組合】くみあい ①利害や目的を同じくする人々が集まって、出資し助け合う社会的な団体。信用組合や生活協同組合など。例青果物商の―。②労働組合のこと。

【組頭】くみがしら ①組の長。②江戸（えど）時代、名主（なぬし）を助けて村の事務をあつかった役。また、その人。

【組曲】クミキョク いくつかの曲を組み合わせて一曲にまとめた、多楽章の器楽曲。例ムソルグスキーのピアノ―「展覧会の絵」。

【組子】くみこ 昔の鉄砲組（テッポウぐみ）や徒組（かちぐみ）などの組頭（くみがしら）の配下の者。組下（くみした）。組衆（くみシュウ）。

【組長】くみチョウ 集団の長。組の代表者。組がしら。例工場の―。

【組閣】ソカク （名・する）総理大臣が中心になって、内閣を組織すること。例多数党だけで―する。

【組織】ソシキ 一（名・する）①組み立てること。構成。例実行委員会を―する。②ある目的のために人やものが集まって、それぞれが役割をにない、統一したはたらきをするしくみ。また、その団体やもの。例―票（ヒョウ）。―を運営する。―の一員となる。二（名）〔生〕同じ形やはたらきをする細胞（サイボウ）の集まり。例神経―。

【組成】ソセイ （名・する）いくつかの成分や要素を合わせて組み立てること。また、その組み立て。構成。例排気（ハイキ）ガスの―を調べる。

糸5 【紿】 11画 6909 7D3F 音タイ漢呉 訓あざむ-く・うたが-う

意味 ❶使い古しの糸。❷あざむく。いつわる。同詒（タイ）。

糸5 【紬】 11画 3661 7D2C 人名 音チュウ漢 訓つむぎ・つむ-ぐ

なりたち 〔形声〕「糸（＝いと）」と、音「由ユ…→チュウ」とから成る。つむぎおり。

意味 ❶太めの糸であらく織った絹織物。つむぎ。例絹紬（ケンチュウ）。❷カイコのまゆや真綿から繊維（センイ）をひきだして糸にする。つむぐ。❸ものごとのいとぐちをたぐりだす。ひきだす。同抽（チュウ）。例紬繹（チュウエキ）（＝ひきだす）。

糸5 【紵】 11画 6910 7D35 音チョ漢 訓あさぬの

意味 ❶アサの一種のカラムシを織った布。あさぬの。例紵衣（チョイ）（＝アサの衣（きぬ））。❷カラムシのこと。同苧（チョ）。

糸5 【絆】 11画 6911 7D46 人名 音バン漢 ハン呉 訓きずな・ほだし

意味 ❶ウマの足をつなぐ、なわ。❷つなぎとめる。きずな。また、人の行動を束縛（ソクバク）する。例絆拘（ハンコウ）（＝つなぎとめる）。

【絆創▼膏】バンソウコウ 傷口を保護したり包帯を固定するのに用いる、粘着剤（ネンチャクザイ）をぬった紙や布。

糸5 【累】 11画 4663 7D2F 常用 音ルイ漢呉 訓かさ-ねる・しき-りに・わずら-わせる

筆順 冂 曰 田 甲 罒 罗 罘 累

糸6 【絫】 12画 7D6B 本字

なりたち 〔会意〕「厽ルイ（＝土を積み重ねる）」と「糸（＝いと）」とから成る。糸を重ねて織物にする。

意味 ❶かさねて、ふやす。かさねる。例累加（ルイカ）。累積（ルイセキ）。❷かさねて、つぎつぎと。例累進（ルイシン）。❸つぎつぎとつながる。つなぐ。同纍（ルイ）。例係累（ケイルイ）（＝つなぎとめる）。❹わずらわせる。例煩累（ハンルイ）（＝わずらわしいこと）。累（ルイ）を及（およ）ぼす。

人名 たか

【累加】ルイカ （名・する）つぎつぎに重ねくわえること。また、重なりくわわること。例悪条件が―する。

【累計】ルイケイ （名・する）部分ごとに出した小計を、加え合わせること。また、そうして出た数。総合計。累算。例―赤字。

【累月】ルイゲツ 月を重ねること。なんか月も。例―にわたる山林火災。

【累座】ルイザ （名・する）他人の犯罪にかかわって罰（バツ）せられること。まきぞえ。連座。例不正事件に―して失脚（シッキャク）する。

表記 旧累▼坐

【累次】ルイジ たび重なること。たびたび。しばしば。例―の災害。

【累日】ルイジツ 日を重ねること。いくにちも。連日。例―の会議。

【累乗】ルイジョウ （名・する）〔数〕同じ数をなん回も掛（か）け合わせること。二乗・三乗など。

【累進】ルイシン （名・する）①つぎつぎに上位にのぼること。例局長に―する。②数や量がふえるにしたがって、それに対する比率がふえること。例―税率。

【累進税】ルイシンゼイ 所得などがふえるにつれて、かかる割合が高くなる税金。

【累世】ルイセイ 「累代」に同じ。例―の家臣。

【累積】ルイセキ （名・する）だんだん積み重ねること。つぎつぎにつもり重なること。例―する赤字。―債務（サイム）。

【累増】ルイゾウ （名・する）しだいにふえること。しだいにふやすこと。対累減。例人口が―する。

【累代】ルイダイ なん代も続くこと。累世（ルイセイ）。代々。歴代。例先祖―の墓。

【累朝】ルイチョウ 歴代の朝廷（チョウテイ）。代々の天子。歴朝。

【累年】ルイネン 年を重ねること。年々。毎年。累歳（ルイサイ）。例―の実績。

【累犯】ルイハン ①犯罪を重ねること。②〔法〕懲役（チョウエキ）に処せられた者が、刑期（ケイキ）を終えてから五年以内にまた罪をおかすこと。例―加重。

【累卵】ルイラン 〔たまごを積み重ねる意から〕ひじょうに不安定で危険なことのたとえ。例危（あや）うきこと―のごとし。〈史記（シキ）〉

【累累】ルイルイ （形動タル）①ものがたくさん重なり合うようす。例―たる死体。②つぎつぎとつながっているようす。

糸5 【紘】 11画 ⇩【纊】コウ（795ページ）

糸5 【終】 11画 ⇩【終】シュウ（775ページ）

糸6 【絵】 12画 1908 7D75 教育2 音カイ漢 エ呉

筆順 ㇛ 幺 糸 糸 紒 絵 絵 絵

糸13 【繪】 19画 6973 7E6A

なりたち 〔形声〕「糸（＝いと）」と、音「會カイ（＝あわせる）」とから成る。五色の糸をあわせたしゅう。

意味 ものの形やありさまを、いろどりえがいたもの。え。また、えがく。例絵画（カイガ）。図絵（ズエ）。

【絵柄】えがら 工芸品などの絵の模様や構図。がら。例―の美しい着物。

【絵心】えごころ ①絵をかいたり鑑賞（カンショウ）したりする才能。例―

6画

［糸部］5―6画 紿 紬 紵 絆 累 紘 終 絵

がある。②絵をかきたい気持ち。例—を動かす。

【絵師】エシ ①絵かき。画工。例町—。②昔、朝廷や幕府に絵かきとして仕えた人。また、絵画のことをつかさどった職。例狩野派の—。表記▽「画師」とも書く。

【絵図】エズ ①絵。絵画。②建物・庭園・土地などの平面図。絵図面。例城の—。

【絵姿】エすがた 絵にかいた、人の姿。類肖像。

【絵図面】エズメン 「絵図②」に同じ。

【絵面】エづら ①絵や写真などの、見た感じ。②その場のようす。

【絵像】エゾウ ①絵にかいた姿。画像。例聖母子の—。②絵にかいた仏像。例吉祥天女の—。

【絵草紙】エゾウシ ①江戸時代の通俗的な読み物。さし絵入りの草双紙。②江戸時代、事件などを絵入りで印刷した、一、二枚の読み物。かわらばん。表記▽「絵双紙」とも書く。

【絵空事】エそらごと ①画家が想像にまかせてかいた、現実ばなれしたこと。②現実には、ありもしないこと。実現のむずかしいこと。例—を並べたてる。すべての話は—だった。

【絵羽】エば 「絵羽模様」の略。和服で、全体が一つの模様となってつながっている絵がら。

【絵葉書】エはがき 絵や写真が刷ってある郵便はがき。

【絵日傘】エひがさ 美しい絵がえがかれている、女性用の日傘。

【絵筆】エふで 絵をかくのに使う筆。画筆。例—をとる。

【絵本】エホン ①子供向けの、絵を主にした本。②江戸時代の通俗的絵入りの読み物。絵草紙。

【絵馬】エマ 願いごとをするときや、その願いがかなえられたとき、神社や寺に奉納する額。ウマを奉納する代わりに、ウマの絵をかいたからという。例合格祈願の—を奉納する。

【絵巻】エまき 「絵巻物」の略。物語を絵であらわして、そのいくつかの絵に説明をそえた巻物。例源氏物語—。

【絵文字】エモジ ものの形を簡単な絵であらわして、文字のはたらきをさせたもの。ピクトグラム。

【絵物語】エものがたり 絵入りの物語。例釈迦一代の—。

【絵模様】エモヨウ 模様のような絵。例風に舞う花びらの—。

【絵画】カイガ 色彩や線で、ものの形やイメージをえがき出したもの。え。例—的表現。—展。

●油絵・影絵・口絵・下絵・墨絵・水絵

糸 6 【給】 12画 2175 7D66 教育4

音 キュウ 漢 呉　訓 たま-う

筆順 く 幺 糸 糸 糸 紒 紒 給 給

たなり ［形声］「糸(=いと)」と、音「合コウ→キュウ(=あわせる)」とから成る。足りないところに足す。

意味 ❶足りないものを足してじゅうぶんにする。また、じゅうぶんにある。例供給。補給。❷上の者から下の者へあたえる。たまう。例給付。支給。❸世話をする。仕える。例給侍(=そばに仕えて世話をする)。

日本語での用法《たまわる・たまう》自分や他人の動作にそえて、尊敬やけんそんの意をあらわすことば。「おほめのことばを給わる・もうやめ給え」

人名 たり・はる

【給金】キュウキン 給料としてもらうお金。例—直し(=力士が勝ちこして、給金が上がること)。

【給仕】キュウジ 一(名・する) 食事のとき、そばにいて世話をすること。また、その人。例—人。二(名) 昔、会社・役所・学校などで雑用係として働いた若者。

【給食】キュウショク 学校で、生徒にあたえる食事。例—当番。学校—。

【給水】キュウスイ (名・する) 水を供給すること。また、その水。対排水。例—制限。—塔。

【給湯】キュウトウ (名・する) (その建物の中で)お湯を供給すること。例—設備。全部の部屋に—する。

【給費】キュウヒ (名・する) (官公庁・会社・個人などが)費用や学費をあたえること。例—生。

【給付】キュウフ (名・する) お金や品物などを支給したり、交付したりすること。例保険金の—を受ける。

【給油】キュウユ (名・する) ①自動車や飛行機などに燃料を補給すること。例—する地点。②機械類にあぶらをさすこと。

【給与】キュウヨ 一(名・する) 食料・衣服・こづかい銭・日用品などをあてがい、あたえること。二(名) 勤め人の給料・俸給・手当などをまとめた言い方。例—の明細を知らせる。

【給料】キュウリョウ 労働に対して、やとう側がしはらう一定額の金銭。俸給。給与。サラリー。例—日。

●恩給・月給・自給・需給・日給・配給・俸給・無給・有給

糸 6 【結】 12画 2375 7D50 教育4

音 ケツ 漢 ケチ 呉　訓 むす-ぶ・ゆ-う・ゆ-わえる・むす-び

筆順 幺 糸 糸 紅 紅 結 結 結

たなり ［形声］「糸(=いと)」と、音「吉キツ→ケツ」とから成る。糸をつなぎあわせる。

意味 ❶糸やひもをつなぐ。むすぶ。ゆう。例結束。結髪。直結。❷ばらばらのものが一つにまとまる。まとめる。例結社。結集。凝結。❸しめくくる。おわる。例結着。結末。終結。

難読 結城・結果

人名 かた・ひとし・ゆい

【▽結縁】ケチエン・ケツエン (仏) 仏道に縁をむすぶこと。未来に成仏する縁を得るために、写経したり法会を営んだりすること。

【▽結願】ケチガン・ケツガン (名・する)(仏) 法会を営む日数や、願をかけた日数が終わること。満願。例—の日。

【結果】ケッカ 一(名) ある行為や原因から生じた結末の状態。対原因。例試験の—。予想外の—。二(名・する) 植物が実をむすぶこと。結実。例サクランボが—する。

【結果論】ケッカロン 結果が出たあとで「こうすればよかった」「あのようにすべきだった」と論じられる意見。例役に立たない—。

【結界】ケッカイ (仏) ①仏道修行のさい、僧の衣食住について、戒律を破ったことにはならないとする一定の範囲。②仏道修行のさまたげとなるものがはいるのを許さないこと。また、その場所。例女人—。③寺の中で、内陣と外陣を区切って、僧と俗を区別するのに設けた柵。

【結核】ケッカク 結核菌の感染によって起こる、慢性の疾患。例肺—。

【結▼跏▼趺坐】ケッカフザ (名・する) (「跏」はあぐらをかく、「趺」は足の甲)(仏) 仏のすわり方の一種。左右の足を反対側のももの上にのせ、足の裏を上に向けてすわる形。座禅を組むときの正しいすわり方とされる。結跏。→【半跏趺坐】(161ページ)

【結球】ケッキュウ (名・する) ハクサイやキャベツなどのように、葉が重なりあって球状に生長すること。例みごとに—した野菜。

【結局】ケッキョク 一(副) とどのつまり。とうとう。ついに。例—もの別れになる。二(名) ①囲碁や将棋などの勝負が終わること。②最後に落ちつくところ。結末。例—を見る。—は元どおりになった。

【結句】ケック 一(名) 漢詩の絶句で、第四句目。一首の結びとなる最後の句。→【起承転結】(943ページ) 三(副)つまるところ。結局。

【結語】文章の最後に書く、むすびのことば。

【結構】一(名)ものの構造や組み立て。例—のきいた小説。室町時代の—を残す寺院。二(形動ナ)①ひじょうによいようす。例—なお茶。②同意するときのことば。例それで—です。③ていねいにことわるときのことば。例いえ、—です。三(副)かなり。相当に。例—喜んでいた。類相当。

【結婚】(名・する)夫婦になること。婚姻。対離婚。例恋愛—。見合い—。

【結▼紮】(名・する)〔医〕止血や避妊などの目的で血管や卵管などをしばること。

【結実】(名・する)①植物が実をむすぶこと。例—期の天候のぐあい。②よい結果が出ること。例努力が—する。

【結社】共通の目的のためになん人かの人が集まって結成する団体。例政治—。—の自由。

【結集】(名・する)力などを一つに集めること。また、まとまり集まること。集結。例総力を—する。

【結晶】(名・する)①規則正しい平面にかこまれ、その内部の原子配列が一定な物質。また、そのような状態になること。例雪の—。②努力・苦心・愛情などが積みあげられてできあがったもの。また、それができること。成果。例愛の—。

【結縄】文字のない社会で、なわのむすび方によって数をあらわしたり、意思を通じたりしたこと。

【結審】(名・する)裁判で事件の取り調べが終わること。

【結成】(名・する)会や党などの組織をつくりあげること。例新党を—する。

【結石】内臓のなかで分泌液の成分が、石のように固まったもの。例腎臓—。

【結節】①ひもをむすんだときにできる節(のようなもの)。②皮膚や内臓にできる、豆つぶほどの大きさのかたまり。

【結束】(名・する)①目的に向かって心を同じくする人々が、力を合わせること。団結。例—を固くする。②たばねること。例たきぎを—する。

【結滞】(名・する)〔医〕脈が乱れたり、少しの間打たなかったりする状態。例脈が—する。

【結託】(名・する)(悪事をたくらんで)力を合わせること。ぐるになること。例業者と—して不正をはたらく。

【結団】(名・する)ある目的をもって団体をつくること。対解団。例選手団の—式。

【結着】(名・する)いろいろなことがあったあとで、ものごとにきまりがつくこと。例—がつく。—をつける。表記ふつう「決着」と書く。

【結腸】大腸のなかで、盲腸・直腸以外の部分。大腸の大部分をしめる。

【結党】(名・する)①仲間をつくること。徒党を組むこと。例同志と共に—する。②政党や党派を組織すること。対解党。

【結髪】(名・する)日本髪やちょんまげなど、かみをゆうこと。

【結氷】(名・する)こおりが張ること。また、そのこおり。例湖面が—した。

【結膜】まぶたの裏や眼球の表面をおおう、うすい粘膜。例—炎。

【結末】最終的な結果。終わり。しめくくり。例話の—。意外な—。

【結盟】(名・する)同盟をむすぶこと。ちかいをむすぶこと。例三国—。—の同志に告ぐ。

【結露】(名・する)空気中の水蒸気が冷たいものの表面にふれて水滴ができること。また、その水滴。例窓ガラスの—。管の表面が—する。

【結論】(名・する)①議論した結果、得られた判断や意見。また、それを述べること。②三段論法で、二つの前提からみちびかれる判断。たとえば、「サクラは植物である」「植物は生物である」「ゆえにサクラは生物である」の最後の部分。

【結納】婚約成立のしるしとして、両家が金銭や品物をとりかわすこと。また、その金品。例—金。—の日どり。

●完結・起承転結・集結・妥結・団結・締結・凍結・連結

糸 6

【絢】

12画 1628 7D62 人名 音ケン漢呉 訓あや

なりたち [形声]「糸(=いと)」と、音「旬シュン→ケン」とから成る。織物の美しいようす。

意味 織物の美しい模様。あや。例絢爛ケンラン。

人名 しゅん・じゅん

【絢▼爛】(形動タル)美しくきらびやかなようす。例豪華—。—たる文章。

糸 6

【絞】

12画 2542 7D5E 常用 音コウ漢 キョウ呉 訓しぼ-る・し-める・し-まる・くび-る・しぼり

筆順

なりたち [会意]「交コウ(=まじえる)」と「糸(=ひも)」とから成る。ひもをからませてしぼる。

意味 ❶ひもなどでしめつける。とくに、首をしめる。くびる。例絞殺コウサツ。絞首コウシュ。❷なわなどをなう。よる。

日本語での用法《しぼり・しぼる》①水分を除く。「水を絞る・てぬぐいを絞る」②責める。「呼び出して油を絞る」③範囲をせばめる。「候補者を二人に絞る・的を絞る」④布地の一部分を糸でくくって模様を染め出す。「絞り染め・豆絞り」⑤光や音などの量を小さく調節する。「レンズを絞る・ボリュームを絞る」⑥無理に出す。「知恵を絞る」

使い分け しぼる【絞・搾】⇩1170ページ
使い分け しまる・しめる【締・絞・閉】⇩1170ページ

【絞殺】(名・する)首をしめて殺すこと。例—死体。

【絞首】(名・する)(死刑の執行で)首をしめて死に至らしめること。例—刑。

【絞り染め】模様をつける部分の布地を糸でしぼって、染料にひたす染め方。糸の部分は染料がしみこまないため模様として残る。例—にする。

糸 6

【絳】

12画 6912 7D73 音コウ漢 訓あか-い

意味 濃い赤色の。あかい。例絳唇コウシン。

【絳河】天の川。銀河。

【絳▼裙】赤いもすそ。また、転じて、女性のこと。

【絳▼闕】①朱色にぬられた城門。とくに、宮城の門。また、転じて、朝廷のこと。②寺院や道観(=道教の寺院)の朱ぬりの門。

【絳▼幘】あかいずきん。漢代、宮中に宿衛する者がかぶり、ニワトリの鳴き声を聞いて朝を知らせたという。あかいのは、ニワトリのとさかをまねたものともいわれる。

【絳▼紗】赤いうすぎぬ。

【絳唇】あかく美しいくちびる。美人のたとえ。

【絳帳】①あかい垂れ幕。②先生の講席。〔後漢ゴカンの

著名な学者馬融が、講義の際、つねに高堂にすわってあかい垂れ幕を張ったという故事による)〈後漢書〉

糸6 **【絖】** 12画 6913 7D56 音 コウ漢 訓 わた・ぬめ

意味 くず繭からつくった、きめのこまかいわた。きぬわた。

日本語での用法 《コウ・ぬめ》やわらかで光沢のある絹織物。絵絹や造花に用いる。「絖本(=ぬめのある絵ぎぬ。また、それにかいた絵)・絖紗綾・絖地・絖張り・絖綸子」

糸6 **【絎】** 12画 6914 7D4E 音 コウ漢 ギョウ呉 訓 くーける

意味 刺し縫いをする。ぬう。

日本語での用法 《くける》ぬい目が、おもてに出ないようにぬう。布の端をしまつするときのぬい方。「袖口を絎ける・絎台・絎針」

糸6 **【紫】** 12画 2771 7D2B 常用 音 シ漢呉 訓 むらさき

筆順 紫

なりたち [形声]「糸(=きぬ)」と、音「此シ」とから成る。青と赤をまぜた色の絹。

意味 ❶青と赤をまぜあわせた色。むらさき。例紫煙。紫外線。紫紺。❷王宮や天子に関する事物に使われる高貴な色。例紫衣。紫禁城。紫宸殿。

日本語での用法 《むらさき》①ムラサキ科の多年草。紫色の染料や漢方薬に用いる。②「しょうゆ」の別の言い方。

人名 むら

【紫雲】シウン むらさき色のめでたい雲。仏がこの雲に乗ってあらわれるという。例―がたなびく。

【紫雲英】シウンエイ マメ科の二年草。春にあかむらさきの花をつける。

【紫▽衣】シエ〔「シイ」とも〕僧の着るむらさき色のころも。天子の許しによって高徳の僧が身につけた。

【紫煙】シエン ①むらさき色のけむり・もや。②タバコのけむり。例―をくゆらす。

【紫▼苑】シオン キク科の多年草。秋、茎の先にうすむらさき色の小花をたくさんつける。

【紫外線】シガイセン 日光がプリズムを通過したときにできる七色の帯で、むらさき色の外側にあって目に見えない光。日焼けの原因となり、また、医療や殺菌に利用される。化学線。菫外線。

【紫禁城】シキンジョウ 明・清時代の天子の住まい。明の永楽帝が造営。北京にあり、現在は故宮博物院となっている。

【紫紺】シコン むらさき色をおびた紺色。例―の優勝旗。

【紫宸殿】シシンデン〔「シシイデン」とも〕①唐代の天子の御殿。②内裏の正殿。政務や儀式がおこなわれた。

【紫▼翠】シスイ ①宝石の名。紫翠玉。②むらさきや、みどり。山の色合い。

【紫▼蘇】シソ シソ科の一年草。葉は緑色とむらさき色の二種あり、葉と実を香味料などとして用いる。

【紫▼檀】シタン 熱帯産の常緑高木。材は黒みがかったむらさき色で質はかたく、美しい木目があり、高級家具などを作る。例―の机。

【紫竹】シチク ①中国・台湾原産のタケの一種。幹はしだいに黒色に変わる。細工物用。②ハチクの一品種。幹がやや細く、黒い。観賞用や器具用として使う。クロチク。

【紫斑】シハン 内出血などのために皮膚にあらわれる、むらさき色の斑点。例―病。

【紫▼瘢】シハン むらさき色になって皮膚に残った傷のあと。

【紫陽花】シヨウカ アジサイ科の落葉低木。六月ごろ、青むらさき色・白色などの小さな花が集まって球状にさく。

【紫▼蘭】シラン ラン科の多年草。五、六月ごろ、紅紫色また、白色の花をつける。鱗茎は薬用。ベニラン。

糸6 **【絨】** 12画 6916 7D68 音 ジュウ漢

意味 厚地のやわらかい毛織物。例絨緞。

難読 天鵞絨

【絨▼緞】ジュウタン 床の敷物として使われる、毛や絹の厚地の織物。カーペット。表記「絨▼毯」とも書く。

【絨▼緞爆撃】ジュウタンバクゲキ 一定の地域をすみずみまで徹底的に爆撃すること。

【絨毛】ジュウモウ〔生〕小腸や十二指腸などにある、細かい毛のような粘膜の突起。養分を吸収する。

糸6 **【絮】** 12画 6917 7D6E 音 ショ漢 ジョ呉 訓 わた

意味 ❶まゆからつくった、粗いわた。また、生糸からつくったふるわた。❷ヤナギの種子についている白いわた毛。例柳絮。❸くどい。例絮説(=くどくどと説明する)。

糸6 **【絶】** 12画 3268 7D76 教育5 音 セツ漢 ゼツ呉 訓 たーえる・たーやす・たーつ

筆順 絶

糸6 **【絶】** 12画 ― 7D55

なりたち [形声]「刀(=かたな)」と「糸(=いと)」と、音「巴セ」とから成る。刃物で糸をたちきる。

意味 ❶たちきる。たつ。例絶縁。絶交。断絶。❷とぎれる。なくなる。また、なくす。例絶望。絶滅。気絶。❸こばむ。ことわる。例拒絶。謝絶。❹遠くはなれている。へだたる。例絶海。隔絶。❺かけはなれてすぐれている。例絶景。絶世。絶妙。❻この上なく。まったく。はなはだ。例絶賛。絶大。

使い分け たつ【断・絶・裁】⇩1172ページ

人名 たえ・とう

【絶縁】ゼツエン (名・する) ①(親子・兄弟・夫婦・友人などの)縁を切ること。縁切り。例―状。②〔物〕電流や熱が伝わらないようにすること。例―材料。―がよくない。

【絶縁体】ゼツエンタイ〔物〕電気や熱を伝えない物体。エボナイト・ゴム・ガラス・陶磁器など。絶縁物。不導体。対導体。

【絶佳】ゼッカ (名・形動) 景色や味などがきわめてよいこと。すばらしいこと。絶美。例風景―。風味―。

【絶海】ゼッカイ 陸地から遠くはなれた海。例―の孤島。

【絶叫】ゼッキョウ (名・する) 出せるかぎりの大声でさけぶこと。また、そのさけび声。

【絶句】ゼック 一 (名・する) ①話のとちゅうでことばにつまり、続けて言えなくなること。②大きな悲しみのために声がつまること。例相手の意外なことばに思わず―した。―して涙をこらえる。二 (名) 漢詩の形式の一つ。起・承・転・結の四句から成り、各句の字数により、五言絶句と七言絶句がある。例杜甫の━。

【絶家】(「ぜっか」とも)(名・する)あとをつぐ人がいないために、家系がたえてしまうこと。また、その家。例孫の代まででであとは━した。

【絶景】ひじょうに美しい景色。例日本三大━の一つ。

【絶弦】親友の死をいたむこと。表記㊐絶▼絃 ↓【伯牙】(70ページ)・【知音】(711ページ)

【絶後】①たいへんなできごとで、将来二度と起こらないと思われること。例空前━。②息がたえたあと。死後。

【絶交】(名・する)つきあいをまったくやめること。絶縁。

【絶好】(名・形動)この上なくよいこと。例━の機会。

【絶賛】(名・する)これ以上のほめ方はないほどほめること。例━を博する。表記㊐絶▼讃

【絶唱】一(名)すべての人が感動するような、すぐれた詩歌。例古今の━。二(名・する)感情をこめて、歌うこと。また、その歌。

【絶勝】この上なく景色のよい地。絶景。

【絶色】この上なくすぐれた美人。絶世の美女。

【絶食】(名・する)食事をしないこと。食をたつこと。断食。例━療法。

【絶▼塵】①俗世間と交際しないこと。②ちりをたてないこと。ひじょうに速く走ることのたとえ。

【絶世】この世にくらべるものがないほど、すぐれていること。例━の美女。

【絶息】(名・する)息がたえること。死ぬこと。絶命。

【絶対】一(名)①他からかけはなれて、くらべるものや対立するものがないこと。㊀相対。例━の真理。②他によって制限されないこと。無条件。㊀相対。例禁煙を━とする意見。二(副)①けっして。まったく。〔下に打ち消しのことばをともなう〕例そんなことは━にない。②かならず。まちがいなく。例━来る。

【絶対者】どんな制約・制限も受けず、何ものにも依存せず、それ自身で独立し、一切の根本として存在するもの。神など。例━として君臨する。

【絶対主義】①十七、八世紀のヨーロッパでとられた政治形態。国王は神聖であり、国王がすべての権力をもって人民を支配した。②〔哲〕客観的な、何ものにもおかされない規準の存在を認める立場。

【絶対多数】議決などで、圧倒的に多数であること。全体のうちほとんど全部。大多数。例━の人が賛成。

【絶対値】〔数〕プラスやマイナスの符号をとりさった数字の数。例-5の━は5。0の━は0。

【絶大】(名・形動)この上なく大きいこと。例━な援助を得る。

【絶体絶命】(名・形動)追いつめられてどうにもならない状態。進退きわまった状態。例━の窮地に立たされる。

【絶頂】①山の頂上。いただき。例━を極める。②調子や勢いの最もさかんなとき。ピーク。最盛期。例今、かれは人気の━にある。

【絶倒】(名・する)①感情がたかぶって、たおれること。②笑いくずれること。例抱腹━する。

【絶版】(名・する)出版した書物の発行をやめること。

【絶筆】生前の最後に書いた筆跡や作品。例『明暗』は漱石の━である。

【絶品】めったに見られないほどよい品物や作品。逸品。

【絶壁】けわしいがけ。切り立ったがけ。例断崖━。

【絶望】(名・する)のぞみがまったくなくなること。例━感。━的。人生に━する。

【絶妙】(名・形動)ひじょうにすぐれていること。また、他にとって代わるものがないほど、ぴったりしていること。例━の演技。━のタイミング。

【絶無】(名・形動)似たようなことがらやものが、まったくないこと。皆無。例そんな例は━といってよい。

【絶命】(名・する)いのちがたえること。死ぬこと。

【絶滅】(名・する)たえ、ほろびること。また、ほろぼし、たやすこと。例森林の伐採で貴重な生物が━した。

【絶倫】(名・形動)同類がないほど、とびぬけてすぐれていること。抜群。例精力━。勇気━の快男児。

●気絶・拒絶・根絶・謝絶・壮絶・卓絶・断絶・中絶・途絶・廃絶

糸6 【統】 12画 3793 7D71 教育5 音トウ漢 ツウ呉 訓す-べる

筆順 く 幺 糸 糸 糸 紅 紅 統

なりたち 〔形声〕「糸(=いと)」と、音「充(シュウ→トウ)」とから成る。糸のはし。いとぐち。

意味 ❶はじめ。もと。いとぐち。例統紀(=いとぐち。はじめ)。❷ひと続きのつながり。すじ。例系統。血統。❸一つにまとめる。おさめる。すべる。例統一。統合。

人名 おさ・おさむ・かね・すえ・すみ・すめる・つぎ・つぐ・つづき・つな・のり・はじめ・まとむ・むね・もと

【統一】(名・する)ある規準をもった、まとまりのあるものにしあげること。㊀分裂。例天下━の野望。全体の━をはかる。規格を━する。

【統括】(名・する)いくつかに分かれているものを、一つにまとめること。例全体を━する部門。

【統轄】(名・する)多くの人や組織を、中心の一か所でとりしまること。例支店全体を━する。

【統監】(名・する)政治や軍事などの全体をとりまとめて監督すること。また、その人。例軍事演習を━する。

【統御】(名・する)組織などの全体をまとめ動かすこと。例部下を━する能力や識見。

【統計】(名・する)多くのものや人のうちから、同じ性質や状態のもの、また、賛成や反対の意見などを集め分類して、その数や割合を数字やグラフであらわすこと。また、そのもの。

【統合】(名・する)二つ以上のものを一つにまとめ合わせること。例市内の二つの学校を━する。

【統合失調症】〔医〕精神障害の一つ。多くは青年期に発病。感情の鈍麻・自閉症状・意志の減退・奇妙な行動・幻覚・妄想などを示す。

【統帥】(名・する)軍隊を指揮し、まとめること。また、その人。例━権(=軍隊の最高指揮権)。

【統制】(名・する)①ばらばらな動きや行動などを、まとめること。例━がとれる。②権力によって、思想・言論・経済活動などを指導し、制限すること。例言論━。

【統率】(名・する)一つの集団全体を、まとめひきいること。例━力。部下を━する。

【統治】(「トウジ」とも)(名・する)国土や人民をおさめること。例国を━する。

【統領】古代ローマ共和制で、政治や軍事を支配する最高の官職。執政官。コンスル。

●系統・血統・正統・総統・伝統

糸6 【絣】 12画 6919 7D63 音ホウ漢 訓かすり

[糸部] 6画 統 絣

6画

糸8 【絣】14画 —— 2F96C 本字

意味 色の異なる糸を並べて織った布。

日本語での用法《かすり》かすったような模様のある織物。「久留米絣(くるめがすり)・紺絣(コンがすり)・白絣(しろがすり)」

糸6 【絡】12画 4577 7D61 常用 音ラク漢呉 訓から-む・から-まる・から-める

筆順 く 幺 糸 糸 紁 終 絡

なりたち [形声]「糸(=いと)」と、音「各(カク→ラク)」とから成る。糸がからまりあったわた。

意味 ❶まとわりつく。からむ。からまる。例纏絡(テンラク)(=まつわりからむ)。❷あみのようにとりまく。からめる。例籠絡(ロウラク)(=人をうまくまるめこむ)。❸つながる。つづく。例絡繹(ラクエキ)。連絡(レンラク)。❹すじみち。すじ。脈絡(ミャクラク)。

難読 絡繰(からくり)

人名 つら・なり

【絡繹】ラクエキ(形動タル)人馬が行き来して、往来が絶えないようす。表記「駱駅」とも書く。

●短絡(タンラク)・脈絡(ミャクラク)・連絡(レンラク)

糸6【絲】12画 ⇩【糸】シ(767ページ)

糸6【絏】12画 ⇩【紲】セツ(776ページ)

糸6【絶】12画 ⇩【絶】ゼツ(780ページ)

糸6【絫】12画 ⇩【累】ルイ(777ページ)

糸7【綛】13画 *6925 *7D9B 国字 訓かせ

意味 ❶つむいだ糸を巻き取るH字型の道具。かせ。また、その巻き取った糸束。かせ糸。❷かせ糸を数えることば。

糸7【継】13画 2349 7D99 常用 音ケイ漢呉 訓つ-ぐ・まま

筆順 く 幺 糸 糸 糸 絆 継

糸14【繼】20画 6975 7E7C

なりたち [会意]本字は「繼」で、「糸(=いと)」と「㡭(=断絶した糸)」とから成る。切れた糸をつなぐ。

意味 ❶とぎれずにつづく。あとをうけつぐ。つぐ。例継承(ケイショウ)。継続(ケイゾク)。継父(ケイフ)(まま ちち)。後継者(コウケイシャ)。❷つぎ足す。

使い分け つぐ【次・継・接】⇩1173ページ

人名 つぎ・つぐる・つづく・つね・ひで

【継起】ケイキ(名・する)続いておこること。例似たような事件が—する。

【継子】ケイシ(まま こ) 親子ではあるが、血のつながっていない子。㊀実子(ジッシ)。

【継妻】ケイサイ(まま) 二度目のつま。のちぞい。後妻。継室。

【継嗣】ケイシ あととり。あとつぎ。例—を得たよろこび。

【継室】ケイシツ 「継妻」に同じ。

【継承】ケイショウ(名・する)先代や前任者の地位・身分・財産・仕事・技能などをうけつぐこと。例王位の—。伝統の—。

【継走】ケイソウ(名・する)リレー競走。例一六〇〇メートルを四人で—する。

【継続】ケイゾク(名・する)前からの状態や活動が、ひきつづきおこなわれること。例—審議(シンギ)。

【継父】ケイフ(まま ちち) 血のつながりのない父。㊀実父(ジップ)。

【継父母】ケイフボ 継父と継母。血のつながりのない父と母。

【継母】ケイボ(まま はは) 血のつながりのない母。㊀実母・生母。

●後継(コウケイ)・中継(チュウケイ)

糸7【絹】13画 2408 7D79 教育6 音ケン漢 訓きぬ

筆順 く 幺 糸 糸 糸 絹 絹

なりたち [形声]「糸(=きぬ)」と、音「肙(エン→ケン)」とから成る。ムギのくきのような色のきれ。きぎぬ。

意味 カイコのまゆからとった糸。また、その糸で織った布。きぬ。例絹糸(ケンシ)。絹布(ケンプ)。絹本(ケンポン)。

難読 生絹(すずし)

人名 まさ

【絹糸】ケンシ(いと) カイコのまゆからとった糸。

【絹素】ケンソ 書画をかくのに用いる白いきぬ。

【絹紬】ケンチュウ きぬ織物の一つ。つむぎ。

【絹帛】ケンパク きぬ織物。例引き出物に—を贈(おく)る。

【絹布】ケンプ きぬ糸で織ったぬの。きぬ織物。

【絹本】ケンポン 書画をかくのに使うきぬ地。また、それにかいた書画。例—の掛(か)け軸(ジク)。

糸7【絛】13画 6922 7D5B 音ジョウ慣トウ漢 訓さなだ

意味 平たく編んだ組みひも。さなだ。例絛虫(ジョウチュウ)(=サナダムシ)。馬絛(バトウ)(=ウマの腹帯(はらおび))。

糸7【綏】13画 6923 7D8F 音スイ漢 訓やす-い

意味 ❶車に乗るとき、つかまるひも。たれひも。❷ゆったりして、おちついている。やすらか。また、やすんじる。例綏靖(スイセイ)(=やすんじる。また、「スイゼイ」と読み、記紀の伝える日本の第二代天皇のおくり名)。綏撫(スイブ)(=やすんじ、いたわる)。

糸7【続】13画 3419 7D9A 教育4 音ショク漢ゾク呉 訓つづ-く・つづ-ける

筆順 幺 糸 糸 糸 紅 続 続

糸15【續】21画 6984 7E8C

なりたち [形声]「糸(=いと)」と、音「賣(イク→ショク)」とから成る。つらなる。

意味 ❶とぎれないようにつながる。つづく。例続出(ゾクシュツ)。接続(セツゾク)。連続(レンゾク)。❷あとをつぐ。うけつぐ。つづける。例継続(ケイゾク)。相続(ソウゾク)。

人名 つぎ・つぐ・ひで

【続映】ゾクエイ(名・する)映画の上映を予定期間より延長すること。例好評—中。

【続演】ゾクエン(名・する)演劇などを予定期間より延長して上演すること。例好評につき十日間の—。

【続出】ゾクシュツ(名・する)つぎつぎとあらわれること。また、起こること。例病人が—する。

【続伸】ゾクシン(名・する)相場がひき続いて高くなること。

【続投】ゾクトウ(名・する)①野球で、投手がつづけて投げること。②俗に、仕事をつづけること。例首相(シュショウ)は次期も—するらしい。

【続騰】ゾクトウ(名・する)物価や相場が、ひきつづいて値上がりすること。続伸(ゾクシン)。㊀続落。例株価の—。

【続発】ゾクハツ(名・する)事件や事故などが、つづいて起こること。

㊟散発。例凶悪事件が―する。

【続編】ゾクヘン 論文・書物・映画などで、前の編につづくもの。㊟本編。例『金色夜叉』の―。表記㊐続▼篇

【続報】ゾクホウ（名・する）つづいて知らせること。また、その知らせ。例事件の―がはいる。

【続落】ゾクラク（名・する）物価や相場が、ひきつづいて下落すること。㊟続騰・続伸。例株価が―する。

【続刊】ゾッカン（名・する）ひきつづいて刊行すること。また、その刊行物。

【続行】ゾッコウ（名・する）とちゅうでやめず、つづけておこなうこと。例雨のなか、試合を―する。

【続稿】ゾッコウ 以前に書いたもののつづきや、内容上の補いなどのために、原稿をつづけて書くこと。また、その原稿。例―を掲載する予定。

【続柄】つづきがら「「ゾクがら」とも」親子や親族の関係。例世帯主との―。

●永続・後続・持続・相続・存続・断続・陸続・連続

糸7 【綈】13画 2-8431 7D88 音テイ漢

意味 厚い絹織物。例綈袍（=厚い絹で作ったどてら）。

【綈▼袍恋恋】テイホウレンレン「「恋恋」は、なつかしがる意」昔受けた恩をなつかしく思い起こすこと。友情の厚いことのたとえ。〔戦国時代、秦の宰相范雎は、魏から使者として来た須賈に対し、身分を偽って破れごろもをまとった自分に絹の綿入れをくれたことに感じて、死罪としなかった故事から〕〈史記〉

糸7 【絽】13画 6924 7D7D 音リョ漢 ロ呉

意味 しま模様の織物。しまおり。

日本語での用法《ロ》糸目をすかして織った、夏用のうすい絹織物。「絽織・絽縮緬・絽の羽織」

糸7 【經】13画 ⇩【経】ケイ（773ページ）

糸7 【綉】13画 ⇩【繡】シュウ（795ページ）

6画

糸8 【維】14画 1661 7DAD 常用 音イ漢 ユイ呉 訓つな・つなーぐ・これ

筆順 幺 糸 糸 糸' 紓 紣 維 維

なりたち [形声]「糸（=ひも）」と、音「隹スイ→イ」とから成る。車のかさをつなぎとめるひも。

意味 ❶四すみをおさえるつな。また、大地をつりさげていると考えられた四本のおおづな。つな。例地維チイ。❷道徳のもとになるもの。国家・社会をささえるもとになるもの。すじみち。例四維シイ（=礼・義・廉・恥）。❸ささえる。つなぐ。例維持イジ。❹〔助字〕「これ」と読み、意味を強め、また、ことばの調子をととのえる。同惟イ。例維新これあらたなり（=新しい）。

人名 しげ・すけ・すみ・ただ・ただし・たもつ・ふさ・まさ・ゆき

【維管束】イカンソク〔生〕シダ類と種子植物の根・くき・葉の中を通っている組織。養分の通る師部と水分の通る木部とから成る。

【維綱】イコウ おおづな。法律や法度のたとえ。

【維持】イジ（名・する）ある状態のままで、もちこたえること。例―費。現状―。

【維新】イシン ①政治体制が改まり、すべてが新しくなること。②明治維新のこと。「御一新ゴイッシン」とも。

【▽維摩】ユイマ〔仏〕「維摩詰ユイマキツ」の略。古代インド毘舎離城の富豪で、釈迦の弟子となり、在家のまま仏道を修行し、大乗仏教の奥義をきわめた。維摩経は、その説を述べたもの。

糸8 【綺】14画 6926 7DBA 人名 音キ漢呉 訓あや

なりたち [形声]「糸（=きぬ）」と、音「奇キ」とから成る。あや織りの絹。

意味 ❶美しい模様を織り出した絹。あやぎぬ。また、あや。例綺羅キラ。❷美しい。はなやかな。たくみな。例綺語キゴ。綺麗キレイ。

【綺語】キギョ「「キゴ」とも」①詩文などで用いる美しいことば。②〔仏〕十悪の一つ。いつわり飾ったことば。例狂言―。

【綺羅】キラ ①あや織りの絹とうすい絹。②美しい衣服。例―、星のごとく並ぶ。参考「綺羅、星のごとく…」を、つづけて「綺羅星のごとく…」ということがある。③ぜいたくではなやかなこと。例―を尽くす。―を競う。

【綺麗】キレイ（形動ダ）①美しいようす。例―な花。②形がととのっているようす。例―な走り方。③清潔なようす。例手を―に洗う。④いさぎよいようす。例―な試合。⑤あとかたなく。さっぱり。例―に忘れる。表記▽「奇麗」とも書く。

糸8 【綮】14画 *6927 *7DAE 音ケイ漢

意味 筋肉と骨とがつながるところ。例肯綮コウケイ（=ウシなどの肉が骨についている部分。そこに刃をあてると、肉が切りほどけやすい。ものごとの急所のたとえ）。肯綮に中る（=急所をつく）。

糸8 【綣】14画 6928 7DA3 音ケン漢 訓ちぢーむ・はばき・へそ

意味 ❶まといついてはなれない。心がはなれないようす。例綣繾ケンケン。❷権力や勢力にまけて、相手にしたがうこと。

日本語での用法《へそ》「綜麻へそ（=引きのばして、織り糸の状態にした麻糸）」の意で、織機にかけるために、糸を巻いたもの。

【綣▼繾】ケンケン（形動タリ）つきまとって、はなれがたいようす。

糸8 【綱】14画 2543 7DB1 常用 音コウ漢呉 訓つな

筆順 幺 糸 糸 糸' 紀 網 網 綱

なりたち [形声]「糸（=つな）」と、音「岡コウ」とから成る。網につけられた、つな。

意味 ❶（網の目をしめくくる）太くてじょうぶな、つな。あみづな。おおづな。例綱維コウイ（=おおづな）。❷ものごとのかなめとなるたいせつなもの。おおもと。例大綱タイコウ。要綱ヨウコウ。❸人の守るべき決まり。例綱紀コウキ。三綱サンコウ（=君臣・父子・夫婦の秩序）。❹分類上の大きな区分。例綱目コウモク。

人名 つね・つよし

【綱紀】コウキ 国を治める根本の法律や秩序。例―をただす。

【綱紀粛正】コウキシュクセイ 国の規律を厳正におこなうように、政治家や役人の態度をただすこと。例いっそうの―をうながす。

【綱目】コウモク ものごとの大きな区分けと小さな区分け。大綱と細目。

【綱要】ものごとの要点。基本的でたいせつな部分。

【綱領】①要点を簡潔にまとめたもの。例論理学―。②団体の根本方針・主義・立場などをまとめたもの。例政党の―。わが社の―。
●大綱・手綱・横綱

糸8
【綵】
14画 6929 7DB5 音サイ漢呉 訓いろど-る

意味 ❶美しいいろどりのある絹織物。あやぎぬ。例綵衣。❷彩色の美しい。同彩。例綵雲。綵籠(=美しくいろどったかご)。

【綵衣】いろどりの美しい衣服。表記「彩衣」とも書く。

【綵雲】いろどりの美しい雲。五色の雲。彩雲。

【綵勝】彩色した絹布で作られた女性の髪かざり。立春に、新春を祝うものとして用いられた。

糸8
【緇】
14画 6930 7DC7 音シ漢 訓くろ

意味 ❶黒色の絹。また、黒色の衣服。くろ。例緇衣。緇素(=黒と白。僧と俗)。緇布。❷僧が着る墨染めのころも。転じて、僧侶。例緇衣。
参考「緇」の色は「玄」よりも黒い、とされる。
【緇衣】一 黒い衣服。二〔「シイ」とも〕〔仏〕僧の着る黒衣。転じて、僧。

糸8
【綽】
14画 6931 7DBD 音シャク漢呉 訓ゆる-やか・しな-やか

意味 ❶ゆったりとしているようす。ゆるやか。例綽綽。❷姿やようすが、やわらかく美しい。たおやか。しなやか。例綽約(=しなやかなようす)。

【綽名】その人の特徴をとってつけた呼び名。表記「▼渾名・▼諢名」とも書く。

【綽綽】(形動タル)あせらず、ゆっくりとおちついているようす。例余裕―。

糸8
【綬】
14画 2890 7DAC 音シュウ漢ジュ呉 訓くみいと・ひも

意味 ❶佩玉や役所の印鑑を帯びたり、垂れ幕や天幕をゆわえたりするときに用いた、くみひも。ひも。例綬を釈く(=官職を辞す)。❷昔、礼服に結びたらした帯。また、勲章や褒章などを身に帯びるときに用いる、ひも。例紫綬褒章(=むらさき色のひものついた記章)。

糸8
【総】
14画 3377 7DCF 教育5 音ソウ漢呉 訓ふさ・す-べる・す-べて

糸11
【總】
17画 6933 7E3D

筆順 く 幺 糸 糸 糸 糸 総 総 総 総

なりたち ［形声］「糸(=いと)」と、音「悤ソウ(=ちらばる)」とから成る。ちらばったものを糸でしばってたばねる。

意味 ❶あわせて一つにまとめる。すべる。例総括。総合。総督。総論。総理。❷まとめてひきいる。すべおさめる。例総裁。総勢。❸全部。すべて。例総会。総額。❹糸を束ねて垂らしたもの。ふさ。

日本語での用法《ソウ》旧国名の「上総(=房総半島中央部)」と「下総(=茨城県南部と千葉県北部)」との両国の地の略。〔奈良時代以前は、上総・下総・安房(=千葉県南部)をふくむ地域を「総国」といった〕「総州・南総・房総半島・総武」

人名 あつむ・おさ・おさむ・さと・さとし・さとる・すぶ・すぶる・のぶ・みち

【▽総▽角】〔「ソウカク」とも〕昔の、子供の髪のゆい方。頭の両側に二本の角のように束ねて結ぶ。

【総意】全員の意志。例会員の―をたずねる。

【総員】ある集団のメンバーすべて。例―集合。―百名。

【総会】①ある団体に所属する会員の、全員が集まって開かれる会合。例生徒―。株主―。②部会ではなく、関係者全員の会合。例役員―。

【総画】その漢字を書くとき、その字を構成するすべての点や線の画数の合計。例―索引。

【総額】全体の額。合計額。類全額。例予算の―。

【総括】(名・する)①全体を一つにまとめること。まとめてとりあつかうこと。例各部の予算を―する。②個々ではなく全体に関係すること。例―質問。③組合運動、また広く、ある行動が終わったあと、その成果や方針などについて、みんなで評価し、反省すること。例今期営業活動の―。

【総轄】(名・する)全体をまとめて、とりしまること。例全国の支店を―する部門。

【総柄】布地などの全体が一つの絵柄で染めあげられていること。また、そのもの。総模様。例―の着物。

【総監】警察や軍隊など、大きな組織の全体を監督すること。また、その職。例警視―。

【総記】①その書物の内容全体を、まとめて述べた部分。②図書の十進分類項目の一つ。百科事典・新聞・雑誌など、全分野にまたがる内容の図書や、どの分野にも属さない図書を集める。分類記号は「0」。

【総▼桐】全体が桐材でつくられていること。また、そのもの。例―のたんす。

【総軍】すべての軍勢。全軍。

【総計】(名・する)すべての数や量を合わせて計算すること。また、その数量。対小計。例費用の―。

【総決算】(名・する)①ある期間内の収入や支出のすべてを計算すること。②これまで続けてきたことのしめくくりをつけること。例長年の研究の―。

【総見】(名・する)芝居・相撲などを、後援会などの団体の会員が全員で見ること。例初日の舞台を―する。

【総合】(名・する)別々のものを一つにまとめあげること。対分析。例―得点。情報を―する。表記旧▼綜合
【総攻撃】(名・する)全軍がいっせいに攻撃をかけること。例―が失敗におわった。

【総裁】ある組織や団体の全体をとりまとめ、つかさどる人。例自民党―。日銀の―。

【総菜】おかず。例お―を作る。表記旧▼惣菜
【総称】(名・する)別個のものを一つの類として、まとめていう言い方。たとえば、イワシはマイワシ・ウルメイワシ・カタクチイワシなどを、まとめていう言い方。

【総状】ふさのような形。例―花序(=長いくきに柄のある花を多数つける花のつき方)。

【総身】からだじゅう。全身。例―の力をふりしぼる。大男―に知恵がまわりかね。

【総帥】全軍をひきいる人。総大将。例三軍の―。

【総数】全部のかず。全数。例生徒の―は千人をこえる。

【総勢】軍勢や一団の全部の人数。例―十人で戦う。

【総説】(名・する)論文などで、全体の要旨を述べるこ

と。また、その部分。例著述内容の―。

【総則】全体に共通している基本的な規則。対細則。例民法―。

【総体】一(名) ひとまとめにして考えた全体。全部。すべて。二(副) おしなべて。もともと。全体。例―むりな話だ。

【総代】なかまや関係者全員を代表する人。例卒業生―。氏子―。

【総高】すべてを合計した金額。総額。例売上の―。

【総長】①仕事全体をまとめて管理する役の人。例検事―。事務―。②一部の総合大学の長をいう。類学長。

【総出】全員そろって、とりかかること。例一家―の稲刈り。

【総統】①全体を一つにまとめて治める人。また、その役。②中華民国の国家元首。③昔の、ナチス-ドイツの最高指導者。例ヒトラー―。

【総督】植民地の政治や軍事などをつかさどる役。また、その人。例―府。

【総髪】男のかみのゆい方の一つ。かみ全体をのばし、後ろで束ねて垂らす。医師や山伏などがゆった。

【総花】①料理屋や花柳界などで、客が使用人全員にくばる祝儀。②関係者の全員に、まんべんなく利益が行きわたるようなやり方。〔広く浅いだけで、重点的ではないという意味で使われることもある〕例―式の予算。

【総評】(名・する) 全体についての批評。例―は選者代表がおこなう。

【総譜】指揮者用の楽譜。合奏するすべての楽器の楽譜が、同時に見られるように書かれている。スコア。

【総別】(副) 総じて。おおよそ。だいたい。

【総本家】多くの分家が分かれ出た、そのいちばんのもとになっている本家。

【総本山】〔仏〕一宗派の各本山をまとめる寺。

【総務】会社などで、組織の運営や人事などにかかわる仕事を分担するところ。例―部。

【総目】書物全体の目録。総目録。

【総門】①屋敷のいちばん外側にある大門。②禅宗の寺の表門。

【総覧】一(名・する) 全体を見ること。例関係法令の―。二(名) あることがらに関係のあるものを、見やすく一つにまとめた本や表。表記 ▽「▼綜覧」とも書く。

【総理】「内閣総理大臣」の略。

【総理大臣】「内閣総理大臣」の略。内閣を組織し、その長として閣議を主宰し、行政部門を統轄する国務大臣。国会の議決で国会議員の中から指名され、天皇が任命する。首相。宰相。

【総量】重量や質量などの全体の量。例排気ガスの―規制。

【総領】①家のあとをつぐ者。あととり。例―息子。②長男または長女。例―の甚六(=長男や長女はその弟妹にくらべて、おっとりしているということ)。表記 ▽旧▼惣領

【総領事】〔英語 consul general の訳〕駐在する国との商取引、自国民の保護、他の領事の監督などを仕事とする、最も階級が上の領事。

【総力】(ある組織や団体などが)もっている力のすべて。

【総論】全体にわたる議論や説。大筋。対各論。例―賛成、各論反対。

【総和】すべてを加えた数。総計。例全員の力の―。

糸8 【綜】 14画 3378 7D9C 人名 音ソウ漢 訓す-べる

なりたち [形声]「糸(=いと)」と、音「宗」とから成る。はた織りの道具。

意味 ❶はた織りで、たて糸を上下させて、よこ糸の杼の通る道をつくる道具。へ。❷あつめて一つにまとめる。また、まとめおさめる。ととのえる。同総。例綜合。綜覧。

人名 おさ・おさむ

【綜合】⇨【総合】(784ページ)

【綜覧】⇨【総覧】(785ページ)

糸8 【綻】 14画 3530 7DBB 常用 音タン漢 訓ほころ-びる

筆順 幺 糸 糸 紵 紵 綻 綻 綻

なりたち [形声]「糸(=いと)」と、音「定テイ→タン」とから成る。ほころびる。

意味 ❶ぬい目がほどける。花のつぼみがひらく。例綻花(=さいた花)。❷まとまった状態がやぶれる。成り立たない。例破綻。

糸8 【綢】 14画 6934 7DA2 音チュウ漢 訓まと-う

意味 ❶細かくまきつける。まとう。例綢繆(=まつわりつくこと)。❷細かくこみいっている。同稠。例綢密。

【綢密】(形動ナ)〔「チョウミツ」は慣用読み〕人や人家などが多く集まって、こみあっているようす。例人口―。表記「▼稠密」とも書く。

糸8 【緒】 14画 2979 7DD2 常用 音チョ慣 ショ漢 訓お・いとぐち

筆順 糸 糸 紂 紂 紗 紗 緒 緒

糸9 【緒】 15画 1-9012 7DD6 人名

なりたち [形声]「糸(=いと)」と、音「者シャ→ショ」とから成る。糸の先端。

意味 ❶糸のはし。転じて、ものごとのはじまり。いとぐち。例緒戦。端緒。❷糸のように長くつながるもの。また、心の思い。例情緒。由緒。❸のこり。あまり。例緒余(=のこり。重大とされないもの)。

日本語での用法《お》細いひも。また、長くつづくもの。「鼻緒・玉の緒」

人名 つぐ・はじめ

【緒言】〔「チョゲン」は慣用読み〕書物の前書き。序文。

【緒戦】〔「チョセン」は慣用読み〕たたかいや試合の初め。序盤戦。また、最初のたたかい。例―をかざる。

【緒論】〔「チョロン」は慣用読み〕本論の前置き。序論。

●一緒・情緒・端緒・内緒・鼻緒・由緒

糸8 【綴】 14画 3654 7DB4 人名 音テツ慣 テイ漢 トツ唐 訓つづ-り・つづ-る・と-じる・と-じ

参考 「綴」の音は、本来「テイ」だけで、「テツ」と読むのは、「輟」の類推によるもの。

意味 ❶ぬいあわせる。つくろう。とじる。例補綴。❷つづりあわせる。例綴集(=まとめてつづる)。❸つらなる。つらねる。❹ことばをつらねて文章などを書く。つづる。つづり。例綴字。綴り方。

難読 直綴ジキトツ(=僧のころも)・綴喜つづき(=地名・姓)

【綴字】ティテツ ジテツ 表音文字を使って、ことばを書きあらわすこと。例—法。

糸8 【綯】 14画 6935 7DAF 音トウ漢 訓なう

意味 糸をよる。なわをなう。また、なわ。例索なわを綯なう。

糸8 【緋】 14画 4076 7DCB 人名 音ヒ漢 訓あか

なりたち ［形声］「糸(=きぬ)」と、音「非ヒ」とから成る。赤い色のきぬぎれ。

意味 あか色のきぬ。また、火のようにあざやかな、あか。あけ。例緋色(=深紅色)。緋鯉。

人名 あけ

【緋縅】ひおどし 赤い色でつづり合わせた、鎧のおどし。

【緋鯉】ひごい ふつうの黒っぽい真鯉に対して、赤を基調とする体色のコイ。観賞用。

糸8 【綿】 14画 4442 7DBF 教育5 音ベン漢 メン呉 訓わた 付表木綿もめん

筆順 幺 糸 糸 約 綿 綿 綿 綿

糸9 【緜】 15画 6936 7DDC 本字

なりたち ［会意］「系(=つらねる)」と「帛(=きぬ)」とから成る。かぼそいものをつらねる。また、細い糸をつらねた、きぬわた。

参考 本来、「緜」は「きぬわた・まわた」、「棉」は「きわた・もめん」で、中国では使い分けるが、日本では区別せず、「もめん」にも「綿」の字を使う。

意味 ❶たえることなく長くつらねる。つらなる。例綿綿。連綿。❷かぼそく小さい。こまかい。例綿密。❸きめのこまかい繊維のかたまり。わた。同棉。例綿花。木綿。

難読 木綿ゆう・木綿付鳥ゆうつけどり

人名 つら・まさ・ます・やす

【綿花】メンカ ワタのたねを包んでいる白い繊維。綿糸の原料。表記 旧▼棉花

【綿糸】メンシ もめんいと。綿花の繊維からつくった糸。

【綿実油】メンジツユ ワタのたねからしぼったあぶら。

【綿布】メンプ 綿糸で織ったぬの。綿織物。

【綿棒】メンボウ 先にわたをまきつけた細い棒。耳や鼻などに薬をぬったりするために用いる。

【綿密】メンミツ (名・形動ダ) 細かいところまで行きとどいてくわしいこと。やり方が細かく手ぬかりのないこと。緻密。例—な調査。—に観察する。

【綿綿】メンメン (形動タルト) (家系・伝統・気持ちなどが)絶えることなくいつまでも続くようす。連綿。例—の恨みを述べた手紙。

【綿羊】メンヨウ ウシ科の家畜。からだをおおう灰色のやわらかいちぢれ毛は、毛糸や毛織物の原料となる。ヒツジ。表記 もと「▼緬羊」と書いた。

【綿毛】わたげ わたのようなやわらかい毛。うぶげ。例タンポポの—。

【綿津見】わたつみ ①海の神。②海。大海原。例—の沖つ白波。表記 ▽「▽海▽神」とも書く。

【綿雪】わたゆき わたをちぎったような大きな雪。例雨が—に変わる。

●海綿カイメン・浜木綿はまゆう・連綿レンメン

糸8 【網】 14画 4454 7DB2 常用 音ボウ漢 モウ呉 訓あみ 付表投網とあみ

筆順 幺 糸 糸 網 網 網 網 網

糸8 【網】 14画

なりたち ［形声］「糸(=なわ)」と、音「罔ボウ」とから成る。なわを結んでつくった、魚などをとらえるあみ。

参考 「网・罔」は「網」の別体字。「綱コウ」は別の字。

意味 ❶魚・鳥・けものをとらえる、あみ。例網羅モウラ。漁網ギョモウ。❷あみのように張りめぐらされたもの。例網膜モウマク。交通網コウツウモウ。❸あみをはって残らずあつめる。とらえる。あみする。例網羅モウラ。網絡モウラク(=まとめる)。

難読 網引あびき・網代あじろ

【網▼襦▼袢】あみジュバン ①レースなどで網の目につくった夏向きの下着。②芝居で、武士や盗賊の扮装に用いる、鎖帷子に似せた衣装。

【網▼杓子】あみジャクシ 水をきるために、すくいとる部分を網状に作った杓子。網しゃもじ。

【網棚】あみだな 電車やバスなどで、手荷物を置くために座席の上方に(網を張って)作った棚。

【網版】あみハン 写真の製版法の一つ。画面が網の目のような細かい点からできており、点の大きさで原画の濃淡をあらわす。

【網目】あみめ 網の糸と糸との間のすきま。例—模様。—からもれる。

【網元】あみもと 漁船や漁網を持ち、多くの漁師をやとって漁業を営む人。漁師の親方。網主あみぬし。

【網膜】モウマク ［生］眼球の最もおくの内側にあって、視神経がつながっている膜。外からの光がここで像を結び、脳に伝わる。

【網羅】モウラ (名・する) 〔「網」は魚を、「羅」は鳥をとるあみ〕そのことに関係する方面のものを残らず集めること。例各界の代表者を—する委員会。

●漁網ギョモウ・鉄条網テツジョウモウ・法網ホウモウ

糸8 【綾】 14画 1629 7DBE 人名 音リョウ漢 リン唐 訓あや

なりたち ［形声］「糸(=きぬ)」と、音「夌リョウ」とから成る。目の細かい絹織物。

意味 美しい模様がうき出るように織られた、うすい絹織物。あや。例綾羅リョウラ。

難読 綾子リンズ

日本語での用法 《あや》いきさつ。入り組んだ仕組み。「事件ジケンの綾あや・文章ブンショウの綾あや・綾取あやとり」

【綾錦】あやにしき 綾と錦。着物や紅葉などが、色とりどりで美しいようすにもいう。例山のすそ野は—。

【綾羅】リョウラ ①あやぎぬとうすぎぬ。②美しいぜいたくな着物。例—錦繡キンシュウのよそおい。—を身にまとう。

糸8 【緑】 14画 4648 7DD1 教育3 音リョク漢 ロク呉 訓みどり

筆順 幺 糸 糸 紀 紀 紀 緑 緑

糸8 【綠】 14画 1-9008 7DA0 人名

なりたち ［形声］「糸(=きぬ)」と、音「彔ロク→リョク」とから成る。青みがかった黄色のきぬ。

意味 ❶若葉や草のような色。青と黄の中間色。みどり。例 緑茶（リョクチャ）。❷青々と葉のしげった草や木。例 緑地（リョクチ）。新緑（シンリョク）。

難読 緑豆（ぶんどう）・緑毛亀（みのがめ）・緑礬（ロウハ）

人名 つか・つな・のり

【緑陰】リョクイン 青葉のしげったすずしい木のかげ。こかげ。例 ―で憩（いこ）う。―の昼寝（ひるね）。表記「緑▼蔭」とも書く。

【緑雨】リョクウ 新緑のころに降る雨。

【緑煙】リョクエン ①夕方のもや。②春先の、若葉にかかる霧（きり）。

【緑眼】リョクガン みどり色のまなこ。中国の西方に住む異民族を指していう。

【緑玉】リョクギョク ①みどり色の宝玉（ホウギョク）。②エメラルド。

【緑酒】リョクシュ みどり色にすんだ酒。上等な酒。例 ―の杯（ハイ）。

【緑樹】リョクジュ 青葉がしげった木。例 ―の多い市街。

【緑色】リョクショク・みどりいろ 草や木の葉の色。青と黄の中間の色。例 ―野菜（リョクショクヤサイ）。

【緑草】リョクソウ みどり色の草。青草（あおくさ）。

【緑藻植物】リョクソウショクブツ 葉緑素をもち、みどり色に見える藻（も）。クロレラ・アオサ・アオノリなど。緑藻類。

【緑▼苔】リョクタイ みどり色のこけ。あおごけ。青苔（セイタイ）。

【緑地】リョクチ 草木のしげっている土地。例 ―帯。

【緑茶】リョクチャ 茶の若葉を蒸（む）し、もみながら火を通してつくった、みどり色のお茶。玉露（ギョクロ）・煎茶（センチャ）など。対 紅茶。

【緑土】リョクド 草木のしげった土地・国土。例 豊かな―。

【緑内障】リョクナイショウ 眼球内の圧力が高くなり、視力がおとろえる病気。ひとみが青く見えるので、この名がある。あおそこひ。

【緑肥】リョクヒ レンゲやウマゴヤシなどの青い草を、そのまま土中にすきこんでくさらせた肥料。草ごえ。

【緑風】リョクフウ 青葉をふきわたる、さわやかな初夏の風。例 ―かおる候。

【緑野】リョクヤ 草木のしげっている野原。

【緑葉】リョクヨウ みどり色の葉。あおば。例 ―の深い陰（かげ）に憩（いこ）う。

【緑林】リョクリン 青葉のしげった林。

【緑化】リョクカ （名・する）草木を植えて、みどりの多い土地にすること。例 ―運動。

【緑青】ロクショウ ①銅や銅合金の表面にできる、青みどり色のさび。有毒。例 ―がふく。②酢酸（サクサン）と銅との化合物。みどり色の顔料に利用する。

●深緑（シンリョク）・新緑（シンリョク）・濃緑（ノウリョク）・万緑（バンリョク）

6画

糸 8 【綸】 14画 6937 7DB8 人名 音 リン 漢 呉 カン 漢 訓 いと

なりたち [形声]「糸（=ひも）」と、音「侖（リン）」とから成る。青糸をよりあわせたひも。

意味 ❶つり糸や弦楽器（ゲンガッキ）の糸。❷天子のことば。例 綸言（リンゲン）。綸旨（リンジ）。❸つかさどる。おさめる。例 経綸（ケイリン）。

人名 お

【綸巾】カンキン 青糸で作った、ずきん。諸葛孔明（ショカツコウメイ）が用いたことから諸葛巾ともいう。

【綸言】リンゲン 天子のことば。みことのり。綸旨（リンジ）。

【綸言汗（あせ）の▽如（ごと）し】天子が一度発したことばは、一度出た汗が元へもどらないように、取り消すことができない。〈漢書（カンジョ）〉

【綸旨】リンジ 「「リンシ」とも」天子のことば。みことのり。綸言（リンゲン）。

【綸子】リンズ しゅす織りの地に、地紋（ジモン）を織り出した絹織物。織り上げたのち、精練する。

糸 8 【綟】 14画 *6938 *7D9F 音 レイ・レツ 漢 訓 もじ

意味 黄色がかった緑色。もえぎ色。目のあらい麻（あさ）の織物。

日本語での用法《もじ・もじる》有名な句や歌をよりどころとして言いかえること。「捩（レツ）」と通用する。「百人一首（ヒャクニンイッシュ）の名歌（メイカ）を綟（もじ）った川柳（センリュウ）」

糸 8 【練】 14画 4693 7DF4 教育3 音 レン 漢 呉 訓 ね-る

筆順 幺 糹 糸 紅 絅 絅 紳 練

糸 9 【練】 15画 1-9014 FA57 人名

なりたち [形声]「糸（=きぬ）」と、音「柬（カン→レン）」とから成る。ねってやわらかくしたきぬ。また、ねる。

意味 ❶生糸（きいと）を煮（に）て白くやわらかくする。ねる。❷くりかえしおこなって、よくできるようにする。きたえる。また、手をかけてよいものにする。ねる。例 練習（レンシュウ）。訓練（クンレン）。精練（セイレン）。❸経験を積んでなれている。例 熟練（ジュクレン）。老練（ロウレン）。

人名 いさ・いさむ・ねり・よし

【練習】レンシュウ （名・する）学問・技芸・運動などが上達するよう、くりかえしおこなうこと。例 ―問題。スポーツの―。

【練熟】レンジュク （名・する）練習や経験を積んで、じゅうぶんに上達すること。熟練。例 ―を要する仕事。

【練達】レンタツ （名・する・形動ダ）練習や経験を積んだ結果、その技術がたいへん高いレベルに達していること。熟達。例 ―の士。

【練炭】レンタン 木炭や石炭の粉をねり固めた燃料。円柱形で、たてに多くの丸い穴を通してある。表記 旧▼煉炭

【練乳】レンニュウ 牛乳の水分を蒸発させて、こくしたもの。砂糖を加えたコンデンスミルクと、砂糖を加えないエバミルクとがある。表記 旧▼煉乳

【練▼嚢】レンノウ ねりぎぬで作ったふくろ。

【練兵】レンペイ 兵士を訓練すること。例 ―場（ジョウ）。

【練磨】レンマ （名・する）⇩【錬磨】レンマ（1014ページ）

●訓練（クンレン）・修練（シュウレン）・熟練（ジュクレン）・手練（シュレン・てれん）・試練（シレン）・水練（スイレン）・精練（セイレン）・洗練（センレン）・鍛練（タンレン）・未練（ミレン）・老練（ロウレン）

糸 8 【綰】 14画 6939 7DB0 音 ワン 漢 訓 わが-ねる

意味 ❶つなぐ。むすぶ。かみの毛をむすんで、また、輪にしてゆいあげる。わがねる。例 綰髪（ワンパツ）（=髪（かみ）をゆう）。❷一つにまとめておさめる。すべる。

糸 8 【緕】 14画 ⇩【䋤】シ（795ページ）

糸 8 【綫】 14画 ⇩【線】セン（789ページ）

糸 8 【絣】 14画 ⇩【絣】ホウ（781ページ）

糸 8 【網】 14画 ⇩【網】モウ（786ページ）

糸 8 【綠】 14画 ⇩【緑】リョク（786ページ）

糸 9 【縁】 15画 1779 7E01 常用 音 エン 漢 呉 訓 ふち・へり・えにし・ゆかり・よすが

筆順 糸 糸 紀 紀 緑 縁 縁 縁

糸 9 【緣】 15画 1-9013 7DE3 人名

なりたち [形声]「糸（=ころも）」と、音「彖（タン→エン）」とから成る。ころものふちかざり。

意味 ❶もののまわりの部分。ふち。へり。例 縁辺（エンペン）（=まわり）。外縁（ガイエン）。❷たよりにする。手がかりにする。よる。よすが。

[糸部] 8—9画 綸 綟 練 綰 緕 綫 絣 網 綠 縁

例縁由。由縁。❸かかわりあいがあるもの。関係。ゆかり。例縁故。血縁。離縁。❹〔仏〕ある原因からある結果を生じさせるはたらき。めぐり合わせ。例縁起。因縁。

日本語での用法《エン》（庭に面した）座敷の外側についている板じきの部分。「縁側・縁先・縁の下・濡れ縁」

人名 まさ・むね・やす・ゆか・よし・より

【縁家】結婚などの縁組みによって親類になっている家。例妻のほうの—にやっかいになる。

【縁側】日本の建築で、部屋の外側にあって庭などに面した板じきの部分。縁。例—で日なたぼっこ。

【縁起】①これから、何かいいことが、または悪いことが起こることを予測させるようなちょっとしたできごと。前ぶれ。前兆。例—がよい。—をかつぐ。②ものごとの起こり。とくに、神社や寺の起源や歴史、宝物の由来など。また、それをしるした文書。例信貴山—。

【縁組み】（名・する）夫婦や養子などの関係を結ぶこと。例養子—がととのった。

【縁故】①人と人との（特別な）つながり。つて。ゆかり。よしみ。例—採用。—をたどって上京する。②血のつながりや婚姻でできた関係。縁続き。例ひとりの—もない土地。

【縁語】和歌などで、意味・発音の上からつながりのあることばを詠みこんで、表現の効果を上げる技法。また、そのことば。たとえば、「あおやぎの糸よりかくる春しもぞみだれて花のほころびにける」（紀貫之）で、「より（＝縒り）」「かくる（＝掛かる）」「みだれ（＝乱れ）」「ほころび（＝綻び）」が、ともに「糸」の縁語となる。

【縁先】縁側のはし。例—の立ち話。

【縁者】自分と血のつながりのある人や結婚した相手の親族などをまとめていう。親類。親戚。例親類—が集まって祝う。

【縁戚】結婚や養子縁組みなどによって生じる親類。身内のもの。縁家。親戚。親類。例—にあたる。

【縁台】板や竹などで作った細長いこしかけ。屋外で夕すずみのときなどに使う。例—将棋。—で夕すずみ。

【縁談】結婚（や養子縁組み）をすすめる話。例—をもちこむ。

【縁日】神社や寺で、ある特定の神や仏の供養や祭りをおこなう日。参詣人目あての露店や屋台店などが出てにぎわう。例—で買った花火。—の金魚売り。

【縁辺】①まわり。周辺。例—諸国。②縁つづき。親類。例—を結ぶ（＝結婚する）。

【縁由】〔「エンユ」とも〕①つながりや関係があること。②ものごとがそうなった理由。わけ。由来。

●因縁・額縁・機縁・金縁・絶縁・地縁・内縁・復縁・無縁・良縁

糸 9
【縅】
15画 6947 7E05 国字 訓おど-し・おど-す

意味〔「おどす」は「緒を通す」の意〕鎧の札（＝鉄や革の細長い板）を糸や革ひもでつづり合わせる。また、それによってできる色合い。例黒糸縅。緋縅。

糸 9
【緩】
15画 2043 7DE9 常用 音カン漢呉 訓ゆる-い・ゆる-やか・ゆる-む・ゆる-める

筆順

糸 9 【緩】15画

なりたち［形声］「糸（＝いと）」と、音「爰エン→カン」とから成る。ゆるやか。

意味❶きつくしめつけずに、ゆとりがある。ゆるい。ゆるやか。ゆるむ。例緩慢。弛緩（＝ゆるむ）。❷やわらげる。ゆるめる。例緩衝。緩和。

人名 のぶ・ひろ・ふさ・やす

【緩解】（名・する）⇩【寛解】（305ページ）

【緩急】①ゆるやかなことと、きついこと。例—よろしきを得る。②おそいことと、速いこと。例—自在に調節する。③〔「緩」の意味がなくなって〕危急のとき。さしせまっているとき。例一旦—あれば。

【緩下剤】急激でなく、ゆるやかにきく下剤。

【緩行】（名・する）①ゆっくり進むこと。②電車が各駅に止まりながら進むこと。例—電車。

【緩衝】（名・する）二つの対立するものの間に起こる、衝突や衝撃をやわらげること。また、そのもの。例—地帯。—器（＝バンパー）。

【緩慢】（名・形動）①ゆっくりしていること。例—な動作。②手ぬるいこと。例—な処置。

【緩和】（名・する）きびしさ・はげしさをやわらげること。また、やわらぐこと。例規制—。痛みを—する。

糸 9
【緘】
15画 6940 7DD8 音カン漢 訓と-じる

意味❶箱にかけてしばる、ひも。とじなわ。❷封をする。とじる。また、手紙などの封。例封緘。❸口をつぐんで何も言わない。とじる。例緘口。緘黙。

【緘口】（名・する）口を閉じてものを言わないこと。例—して語らない。→【箝口】（754ページ）

【緘黙】（名・する）口を閉じてものを言わないこと。おしだまること。例—症。石のように—したままであった。

糸 9
【緊】
15画 2259 7DCA 常用 音キン漢呉 訓きび-しい・し-める

筆順

なりたち［会意］「臤（＝かたい）」と「糸（＝いと）」とから成る。糸をきつくまきつける。

意味❶きつくひきしめる。しめる。ゆるみがない。例緊縮。緊張。緊縛。❷さしせまる。例緊急。緊迫。

人名 かたし・しまる

【緊急】（名・形動）事が重大で、至急その対策をたてなければならないこと。例—事態。—な用件。

【緊▼褌】ふんどしをしっかりしめること。例—一番（＝決意を新たに気持ちをひきしめて事にあたること）。

【緊縮】（名・する）①ひきしめること。例—政策。②支出をきりつめること。節約すること。例—財政。

【緊張】（名・する）①不安や期待などで気持ちをはりつめ、身をかたくすること。㊀弛緩。例—感。②両者の関係が悪くなり、ちょっとしたきっかけで争いが起こりそうな状態になること。例両国間の—が高まる。

【緊縛】（名・する）（ゆるまないように）かたくしばること。例不思議な力に—されたかのように動けなかった。

【緊迫】（名・する）ひどくさしせまっていること。例—感がただよう。対立がはげしく情勢が—する。

【緊密】（名・形動）おたがいの関係が密接なこと。結びつきがしっかりしていること。密接。例—な関係。

【緊要】(キンヨウ)（名・形動(ダ)）さしせまって重要なこと。肝要(カンヨウ)。例—な課題。

糸 9
【緝】
15画 6941 7DDD 音シュウ漢 訓あつ-める・う-む・つむ-ぐ

意味 ❶アサをよりあわせて糸にする。つむぐ。うむ。❷つかまえる。とらえる。例緝捕(シュウホ)。❸光りかがやく。例緝熙(シュウキ)。❹やわらぐ。やわらげる。❺よせあつめて、まとめる。同輯(シュウ)。例緝合(シュウゴウ)（＝あつめあわせる。つづりあわせる）。

【緝▼熙】(シュウキ) 光。光明。また、徳が光りかがやくこと。〈詩経〉

【緝捕】(シュウホ) 罪人をさがし出してとらえること。また、その任に当たる役人。

【緝▼穆】(シュウボク)（名・する）仲よくすること。むつまじくすること。また、仲よくさせること。

糸 9
【縄】
15画 3876 7E04 教育4 音ジョウ漢ジョウ呉 訓なわ

筆順 幺 糸 糸 紀 紀 絹 絹 縄

糸13
【繩】
19画 6974 7E69

なりたち [形声]「糸（＝ひも）」と、音「蠅(ヨウ→ショウ)」の省略体とから成る。なわ。

意味 ❶わらやアサなどをより合わせてつくった、太いひも。なわ。例縄文(ジョウモン)。結縄(ケツジョウ)。❷直線を引くのに用いる道具。すみなわ。転じて、規準。のり。例縄墨(ジョウボク)。

人名 ただ・つぐ・つな・つね・なお・のり・まさ

【縄索】(ジョウサク) なわ。つな。例—をわたして谷をこえる。

【縄墨】(ジョウボク) ①墨(すみ)つぼにつけた糸。すみなわ。大工や石工などが直線を引くのに使う。②規則。また、ものごとの標準。例—に従う。

【縄文】(ジョウモン) 日本古代の土器の表面につけられた、なわの編み目のような模様。例—土器。—時代。

【縄▽暖▼簾】(なわノレン) いく本ものなわをたらして作ったのれん。〔店先になわのれんを下げたことから、居酒屋(いざかや)などをもいう〕例—で飲む。

【縄▼梯子】(なわばしご) なわで作ったはしご。縄梯(ジョウテイ)。

【縄目】(なわめ) ①なわの結び目。②罪人としてなわをかけられること。例—の恥(はじ)を受ける。

●荒縄(あらなわ)・結縄(ケツジョウ)・七五三縄(しめなわ)・注連縄(しめなわ)・準縄(ジュンジョウ)・泥縄(どろなわ)・火縄(ひなわ)

糸 9
【線】
15画 3294 7DDA 教育2 音セン漢 訓すじ 付表 三味線(しゃみせん)

筆順 幺 糸 糸 約 約 紵 綿 線

糸 8
【綫】
14画 6932 7DAB 本字

なりたち [形声]「糸（＝いと）」と、音「戔(セン)」とから成る。長いいと。

意味 ❶糸のように細長いもの。すじ。例線香(センコウ)。電線(デンセン)。❷細い道。みちすじ。鉄道などの交通路。例線路(センロ)。幹線(カンセン)。国際線(コクサイセン)。❸さかいめ。境界。例水平線(スイヘイセン)。生命線(セイメイセン)。戦線(センセン)。❹〔数〕連続的にうごく点のえがく図形。例曲線(キョクセン)。垂線(スイセン)。直線(チョクセン)。

【線区】(センク) 鉄道の全線を区間によって分けたもの。

【線形】(センケイ) ①線のように細長いかたち。線状。②植物の葉のかたちの一つ。はばがせまく、両側のへりの線が平行しているかたち。リュウノヒゲ・シュンランの葉など。

【線香】(センコウ) 沈香(ジンコウ)や丁字(チョウジ)などの香料に、松やにやのりなどをまぜて、細長くねりかためたもの。火をつけて仏前に供える。また、蚊取(かと)り線香などもある。例—立て。—をあげる。

【線上】(センジョウ) ①線の上。例白い—に並ぶ。②境目の状態にあること。例当落—にある候補者。

【線条】(センジョウ) すじ。線。例表面にこまかい—が見える。

【線番】(センバン) 針金・電線などの太さをあらわす番号。番号が大きいほど細くなる。

【線描】(センビョウ) ものの形を線だけでえがくこと。また、その絵。線がき。例—画。

【線路】(センロ) 電車などが通る道。軌道(キドウ)。レール。例—工事。

●沿線(エンセン)・幹線(カンセン)・曲線(キョクセン)・琴線(キンセン)・光線(コウセン)・混線(コンセン)・支線(シセン)・視線(シセン)・斜線(シャセン)・前線(ゼンセン)・対角線(タイカクセン)・脱線(ダッセン)・単線(タンセン)・地平線(チヘイセン)・点線(テンセン)・導火線(ドウカセン)・導線(ドウセン)・内線(ナイセン)・配線(ハイセン)・複線(フクセン)・本線(ホンセン)・無線(ムセン)・有線(ユウセン)・路線(ロセン)

糸 9
【緞】
15画 6943 7DDE 音タン漢ダン呉ドン唐

意味 厚地でつやのある上等の絹織物。例緞子(ドンス)。絨緞(ジュウタン)。

【緞子】(ドンス) 繻子地(シュスジ)で厚く、つやのある絹織物。例金襴(キンラン)—。

【緞帳】(ドンチョウ) ①劇場の舞台(ブタイ)正面で、上下に開閉する、ししゅうや織り模様のはいった厚地の幕。②下級の芝居(しばい)で用いる、そまつな垂(た)れ幕。例—芝居。—役者。

糸 9
【締】
15画 3689 7DE0 常用 音テイ漢 訓し-まる・し-める

筆順 糸 糸 紅 紵 紵 絆 締 締

なりたち [形声]「糸（＝いと）」と、音「帝(テイ)」とから成る。ほどけないように結ぶ。

意味 かたく結んでとけない。約束を結ぶ。例締結(テイケツ)。締盟(テイメイ)。

日本語での用法《しまる・しめ》①監督(カントク)する。「一斉(イッセイ)取(と)り締(し)まり・取締役(とりしまりヤク)」②合計する。「締(し)め高(だか)・帳簿(チョウボ)を締(し)める」③とざす。「戸締(とじ)まり」④おしまいにする。「締切(しめきり)」⑤たるんでいない。「気持(きも)ちをひき締(し)める・ひき締(し)まった顔(かお)つき」⑥倹約(ケンヤク)する。「家計(カケイ)を締(し)める・締(し)まり屋(や)」

使い分け しまる・しめる【締・絞・閉】⇩1170ページ

【締結】(テイケツ)（名・する）条約・協定・契約などをむすぶこと。例条約を—する。

【締盟】(テイメイ)（名・する）同盟や条約をむすぶこと。例—国。

【締約】(テイヤク)（名・する）条約をむすぶこと。例攻守同盟(コウシュドウメイ)を—する。

糸 9
【緲】
15画 6945 7DF2 音ビョウ漢ミョウ呉

意味 かすかでよく見えない。例縹緲(ヒョウビョウ)（＝遠くかすんで、ぼんやりとしたようす）。

糸 9
【緡】
15画 6946 7DE1 音ビン漢ミン呉 訓つりいと・ぜにさし

意味 ❶つりいと。❷穴あき銭の穴にさし通して、たくさんのぜにをたばねる、なわ。ぜにさし。また、ぜにさしで通したぜにのたば。一千枚を一緡(ひとさし)とした。例緡銭(ビンセン)（＝穴に差し通してたばねたぜに)。

糸9 【編】 15画 4252 7DE8 教育5 音ヘン漢 訓あ-む

筆順 糸 紀 紀 紀 絹 絹 絹 編

糸9 【編】 15画

なりたち [形声]「糸(=いと)」と、音「扁ヘン」とから成る。竹のふだをならべて糸でとじる。

意味 ❶ばらばらのものを、順序だててまとめる。あむ。例編次ヘンジ。編年体ヘンネンタイ。❷文章や詩歌シイカなどをあつめて書物にする。あむ。例編纂ヘンサン。編集ヘンシュウ。❸書物をとじる糸。例韋編イヘン(=なめし革がわのほそひも。竹簡チクカンなどをつなげて書物にした)。韋編三絶イヘンサンゼツ(=何度もくりかえし書物を読むこと)。❹書物。また、書物の、あるひとまとまりになった部分。同篇ヘン。例前編ゼンペン。短編タンペン。長編チョウヘン。❺書物・詩・文章を数えることば。同篇ヘン。例一編イッペンの書ショ。詩シ三百編サンビャッペン(=『詩経シキョウ』を指すこともある)。

難読 編木びんささら・編木ささら

人名 あみ・つら・よし

【編曲】ヘンキョク(名・する)ある楽曲を、他の演奏形態に合うようにつくりかえること。アレンジ。例クラシックの曲をコマーシャルソングに—する。

【編▼纂】ヘンサン(名・する)多くの材料を集め、一定の方針によって手を加え、書物にまとめること。多くの資料と時間を要する、大がかりなものについていう。類編集。例史料の—。

【編次】ヘンジ ①集めて順序をととのえ(並べ)ること。②書物の中の、各部分の順序。表記▽旧▼篇次

【編者】ヘンシャ・ヘンジャ 辞典など大がかりな書物をつくるさい、編集の方針をたて、その方針にもとづいて原稿をととのえ、できあがった内容に責任をもつ人。〔出版社内で編集に従う編集者と区別する〕

【編首】ヘンシュ 一編の詩や文章の初めの部分。表記旧▼篇首

【編修】ヘンシュウ(名・する)資料を集め、精選し、検討を加えて書物をつくりあげること。辞典や歴史の本などについていうことが多い。類編集・編纂ヘンサン。例国史を—する企画キカク。

【編集】ヘンシュウ(名・する)書籍ショセキ・新聞・雑誌などの原稿ゲンコウを、一定の方針のもとに整理し構成すること。〔映画のフィルム

やコンピューターのデータの手直しなどについてもいう〕類編修・編纂ヘンサン。例—者。—担当。表記旧編▼輯

【編述】ヘンジュツ(名・する)材料を集めてそれに手を加え、書物として述べあらわすこと。例創立百年史を—する。

【編成】ヘンセイ(名・する)それぞれのものを集めて一つの組織にまとめあげること。例予算—。クラス—。八両—の列車。番組を—する。

【編制】ヘンセイ(名・する)団体や軍隊などの、個々の集団を組織すること。例師団の—。平時の—と戦時の—とでは大きな差がある。

【編隊】ヘンタイ 数機の飛行機が隊形をととのえて飛ぶこと。例—飛行。—を組む。

【編著】ヘンチョ 編集し、かつ著述すること。また、そのもの。例—者。

【編入】ヘンニュウ(名・する)すでにある組織の中に、あとから組み入れること。例—試験。第三学年に—する。

【編年史】ヘンネンシ 年代順に事件やことがらを記した歴史。編年体の歴史。

【編年体】ヘンネンタイ 歴史書を記述するさい、事件やことがらの起きた順に年月を追って記す方法。中国の場合、『春秋シュンジュウ』『資治通鑑シジツガン』などがこれにあたる。→【紀伝体】キデンタイ(768ページ)

【編訳】ヘンヤク(名・する)翻訳ホンヤクし、編集すること。例イプセンの戯曲ギキョクを—する。

●改編カイヘン・後編コウヘン・詩編シヘン・全編ゼンペン・短編タンペン・断編ダンペン・中編チュウヘン・長編チョウヘン

糸9 【緬】 15画 4443 7DEC 音ベン漢 メン呉

意味 ❶細い糸。❷はるか遠い。また、はるかに思う。はるか。例緬思メンシ(=はるかに思う)。緬然メンゼン(=はるかなようす)。❸「緬甸メンデン」の略。「緬甸」は、ビルマ(=現在のミャンマー)の音訳。例泰緬鉄道タイメンテツドウ(=タイ・ビルマ間に建設された鉄道)。

【緬羊】メンヨウ ヒツジ。毛を織物などの材料にする。表記「綿羊」とも書く。

糸9 【緯】 15画 ⇩【緯】イ(790ページ)

糸9 【縁】 15画 ⇩【縁】エン(787ページ)

糸9 【緩】 15画 ⇩【緩】カン(788ページ)

糸9 【緤】 15画 ⇩【紲】セツ(776ページ)

糸9 【緒】 15画 ⇩【緒】ショ(785ページ)

糸9 【編】 15画 ⇩【編】ヘン(790ページ)

糸9 【緜】 15画 ⇩【綿】メン(786ページ)

糸9 【練】 15画 ⇩【練】レン(787ページ)

糸10 【緯】 16画 1662 7DEF 常用 音イ漢 訓よこいと・ぬき

筆順 糸 糸 糸 紀 綽 緯 緯 緯

糸9 【緯】 15画

なりたち [形声]「糸(=いと)」と、音「韋イ」とから成る。はたおりのよこいと。

意味 ❶織物のよこ糸。ぬき。対経ケイ。例経緯ケイイ(=たて糸とよこ糸)。❷地球の赤道に平行して地球を一周し、赤道から南北への距離キョリの度合いを示す線。対経。例緯線イセン。緯度イド。南緯ナンイ。❸未来のことを予言した書物。未来記。例緯書イショ。

難読 経緯たてよこ・いきさつ

人名 つかね

【緯書】イショ 漢代に、経書ケイショに対してつくられた書物。占うらないや予言を記したもので、現在は、他書に引用された部分だけが残っている。

【緯線】イセン 地球上のある地点の位置を示すため、地表の上にかりにもうけた横の線。赤道と平行で、経線と直角にまじわる。

【緯度】イド 地球上のある地点の位置を示すための座標の一つ。緯線により、赤道から北または南へどの程度はなれているかを示す。赤道より北を「北緯」、南を「南緯」という。

▽【緯糸】よこいと ⇩【横糸】よこいと(544ページ)

●経緯ケイイ・いきさつ・南緯ナンイ・北緯ホクイ

糸10 【縊】 16画 6948 7E0A 音イ・エイ漢 訓くび-る・くび-れる

意味 ❶首をしめて殺す。くびる。例縊殺イサツ。縊死イシ。❷自分で首をくくって死ぬ。くびれる。

糸10 【縕】 16画 1-9018 7E15 音ウン漢

意味 ❶もつれた麻糸。転じて、綿入れなどに用いる綿。例 縕袍。❷おくぶかい。例 縕奥。

【縕奥】(ウンオウ・ウンノウ) ⇩【蘊奥】(870ページ)

【縕▼袍】(ウンポウ・オンポウ・どてら) 防寒用の、綿入れの衣服。

糸10 【縞】 16画 2842 7E1E 人名 音 コウ漢 訓 しま

意味 ❶白い絹。染めたり練ったりする前の絹。しろぎぬ。きぎぬ。例 縞衣。❷白色。しろい。しろ。例 縞羽(=白い羽)。

日本語での用法《しま》二色以上の糸を縦や横に織り出した模様。また、そのような柄の模様。「縞馬・縞織・縞柄・縦縞」

【縞織物】(しまおりもの) しま模様を織り出した織物。しまおり。

【縞柄】(しまがら) しま模様。例 ―のふだん着。

【縞物】(しまもの) しま模様の織物。

●格子縞・縞縞・縦縞・横縞

糸10 【綷】 16画 6950 7E21 音 ㊀サイ漢呉 ㊁ソウ漢呉 訓 こと

意味 ㊀こと。ことがら。㊁絹織物をまとめていうことば。きぬ。

日本語での用法《こと》名詞「こと」の転じた意味に用いられる。「綷切れる(=事が切れる。命が終わる。息たえる)」

糸10 【縒】 16画 6951 7E12 音 シ漢 訓 よ-る・よ-り

意味 「参縒」は、糸が長短ふぞろいなようす。また、みだれるようす。

日本語での用法《よる・より》糸やひもなどを、ねじりあわせる。「縒り糸・紙縒り・縒りをかける・糸を縒る・こよりを縒る」

糸10 【縦】 16画 2936 7E26 教育6 音 ショウ漢 ジュウ呉 訓 たて・ほしいまま

糸11 【縱】 17画 6952 7E31 人名

筆順 糸 糸 糾 紒 紒 紒 縦

6画

なりたち [形声]「糸(=いと)」と、音「従」とから成る。ゆるめる。

意味 ❶ゆるめる。また、ゆるす。例 縦容。❷気のむくまま。わがままにする。ほしいまま。例 縦覧。放縦(=わがまま)。❸南北の方向。また、垂直の方向。たて。例 縦横。縦走。縦断。❹〔助字〕「たとい(…とも)」と読み、かりに…としても、の意。仮定をあらわす。例 縦王我(=かりに私を王にしたとしても)。

人名 なお

【縦横】(ジュウオウ) ㊀(名) たてとよこ。また、東西と南北。例 道路が―に通っている。㊁(名・形動ダ) 思うまま。自由自在。例 ―に活躍する。

【縦横家】(ジュウオウカ) ①諸子百家の一つ。戦国時代、合従策を主張した蘇秦や、連衡策を主張した張儀など、外交政策を説いてまわった人々の一派。→【合従連衡】(188ページ) ②はかりごとをめぐらす人。

【縦横無尽】(ジュウオウムジン) (名・形動ダ) はたらきなどが自由自在であること。思う存分。例 ―の活躍。

【縦貫】(ジュウカン) (名・する) たてにつらぬくこと。南北につらぬくこと。対 横断。例 ―道路。南北を―する鉄道。

【縦線】(ジュウセン) たてに引いた線。たてせん。対 横線。

【縦走】(ジュウソウ) (名・する) ①たてに地形をつらぬくように、山脈などが連なっていること。②尾根づたいに多くの山のいただきを通って行くこと。例 南アルプスを―する。

【縦隊】(ジュウタイ) たてに並んでいる隊形。対 横隊。例 二列―。

【縦断】(ジュウダン) (名・する) ①たての方向に切ること。例 ―面。②たてまたは南北の方向に広がるところを通ること。例 日本列島を―する。▽対 横断。

【縦覧】(ジュウラン・ショウラン) (名・する) (文書などを、見たい人が)自由に見ること。例 ―を許可する。選挙人名簿の―期間。

【▽縦放】(ショウホウ) ①思いどおりに、かってにふるまうこと。また、かってにさせること。放縦。例 ―な生活。②自由自在。

【▽縦容】(ショウヨウ) (形動タル) あせらず、ゆうゆうとしているようす。表記「従容」とも書く。

【縦糸】(たていと) 織物で、たての方向に長く通っている糸。対 横糸。表記「▽経糸」とも書く。

【縦軸】(たてジク) 〔数〕グラフの原点で直角に交わる直線(=座標軸)のうち、たてにのびているほう。対 横軸。

【縦笛】(たてぶえ) たてにしてふく笛。ひちりき・尺八・クラリネット・リコーダーなど。対 横笛。表記「▼竪笛」とも書く。

【▽縦▽令】(たとい・たとえ) (副) よしんば。かりに…しても。例 ―負けても、くじけない。表記「▽縦▽仮▽令」とも書く。

●操縦・放縦

糸10 【縟】 16画 6953 7E1F 音 ジョク漢 訓 わずら-わしい

意味 ❶手のこんだ、はなやかないろどりのかざり。例 縟麗(=かざりたてて美しい)。❷数が多く、こみいってめんどうなようす。わずらわしい。例 縟礼。繁文―。

【縟礼】(ジョクレイ) わずらわしい礼儀作法。

糸10 【縉】 16画 6954 7E09 音 シン漢 訓 おび・さしはさ-む・ぬいめ

意味 ❶赤い絹織物。❷帯にさしこむ。さしはさむ。同 搢。例 縉紳。

【縉紳】(シンシン) 「紳」は、上級官吏が礼装のときにつける大帯。上級官吏が礼装で笏を大帯にさしはさむこと。転じて、身分の高い人。上流階級の人。士大夫。

糸10 【緻】 16画 6944 7DFB 常用 音 チ漢呉 訓 こま-かい

筆順 糸 糸 糸 紆 紆 緻 緻

なりたち [形声]「糸(=いと)」と、音「致」とから成る。密である。

意味 こまかいところまで行きとどく。きめこまかい。くわしい。例 緻密。精緻。

【緻密】(チミツ) (名・形動ダ) ①細工がこまかく、たくみなこと。例 ―な彫刻。②こまかいところまで行きとどいていること。

糸10 【縋】 16画 6955 7E0B 音 ツイ漢 訓 すが-る

意味 ぶらさがっている縄によって下りたり、上がったりする。また、下ろしたり、ひき上げたりする。例 縋城(=たらした縄によって城壁を下りる)。

日本語での用法《すがる》たよりにして、取りつく。「藁にも縋りたい思い・袂に縋って止めようとする・人の情ジョウに縋がる」

糸 10
【縢】
16画 *6956 *7E22
音 トウ漢 訓 から-げる・なわ・まと-う

意味 ❶ひもなどでしばって、たばにする。しばる。からげる。例 金縢(=金のひもでしばった箱。『書経』の編名)。❷ひも。なわ。例 縢履(=なわであんだくつ)。❸足首からひざの下にまく布。例 行縢(=旅行や狩りなどのときに腰から下、または足をおおった布や革)。

糸 10
【縛】
16画 3991 7E1B 常用
音 ハク漢 バク呉 訓 しば-る

筆順 糸 糸 縛 縛 縛 縛 縛

糸10【縛】16画

なりたち [形声]「糸(=ひも)」と、音「専フ→ハク」とから成る。ひもで束ねる。

意味 なわやひもで束ねる。しばる。例 束縛。捕縛。

糸 10
【繁】
16画 4043 7E41 常用
音 ハン漢 訓 しげ-る

筆順 𠂉 𠂉 毎 毎 毎 敏 繁 繁

糸11
【繁】
17画 1-9019 FA59 人名

なりたち [会意] 本字は「緐」で、「糸(=ひも)」と「毎(=草がさかんにふえる)」とから成る。ウマのたてがみにつける、ふさふさしたかざり。派生して「ふえて多くなる」の意。

意味 ❶草木がさかんにそだち、ふえる。しげる。例 繁殖。繁茂。❷さかんになる。さかえる。例 繁栄。繁華。❸くりかえしが多い。わずらわしい。ごたごたしている。いそがしい。例 繁雑。頻繁。

難読 繁繁・繁栲(=寝床にしく布)

人名 えだ・さかえ・しげし・しげみ・しげり・とし

【繁栄】(名・する)さかえ発展すること。対 衰退。

【繁華】(名・形動ダ)人が多く集まって、にぎやかなこと。

【繁閑】繁忙と閑暇。いそがしいことと、ひまなこと。

【繁簡】繁雑と簡略。こみいっていることと、あっさりしていること。例 ―よろしきを得る。

【繁劇】(名・形動ダ)きわめていそがしいこと。類 繁忙・多忙。例 ―な事務。

【繁雑】(名・形動ダ)ものごとが多くて、ごたごたしていること。類 煩雑。対 簡素・簡略。例 ―な規約。―をきらう。

【繁盛】(名・する)町や商店が人の出入りが多くて、にぎわい栄えること。例 商売―。表記「繁▼昌」とも書く。

【繁殖】(名・する)動物や植物が、新しく生まれ出て、ふえていくこと。例 生物の―する力。表記 旧▼蕃殖
【繁多】(名・形動ダ)用事が多くて、いそがしいこと。例 職務―。

【繁文▼縟礼】(「文」は、かざり、「縟」は、わずらわしい意)規則や礼儀作法などが細かすぎて、わずらわしいこと。繁縟。例 ―を簡素に改める。

【繁忙】(名・形動ダ)仕事が多くて、いそがしいこと。煩忙。多忙。例 公私ともに―な時期。

【繁茂】(名・する)草木がおいしげること。例 つる草が―する。表記「▼蕃茂」とも書く。

【繁用】用事が多くて、いそがしいこと。多忙。例 ご―でございましょう。諸事―な毎日の生活。
●農繁・頻繁

糸 10
【縫】
16画 4305 7E2B 常用
音 ホウ漢 ブ呉 訓 ぬ-う

筆順 糸 糸 糸 糸 糸 絆 縫 縫 縫

糸11【縫】17画

なりたち [形声]「糸(=いと)」と、音「逢ホ」とから成る。糸をつけたはりで、ころもをぬう。

意味 ❶糸でぬいあわせる。ぬう。例 縫製。裁縫。❷さけ目をぬいあわせる。つくろう。例 弥縫(=とりつくろう)。

人名 ぬい

【縫合】(名・する)傷口や手術の切り口を、ぬいあわせること。例 ―糸。患部を―する。

【縫製】(名・する)ミシンなどでぬって、つくること。また、そのつくり方。例 ―工場。
●裁縫・天衣無縫

糸10
【縣】
16画 ⇩【県】(703ページ)

糸10
【縛】
16画 ⇩【縛】(792ページ)

糸 11
【繦】
17画 ― 7E48
音 キョウ漢 訓 ぜにさし・むつき

糸12
【繈】
18画 6958 7E66 別体字

意味 ❶ふしのある糸。ふしいと。❷ぜにの穴を通して束ねるひも。ぜにさし。また、なわ。つな。例 繦属(=なわのように続く)。❸赤んぼうを背負う帯。同 襁。例 繦褓。
【繦▼褓】①幼児を背負う帯と、むつき。転じて、幼児のこと。②おしめ。むつき。例 ―の中につつまれる(=幼児としてくらす)。表記 ▽「▼襁▼褓」とも書く。

糸 11
【縮】
17画 2944 7E2E 教育6
音 シク漢 シュク呉 訓 ちぢ-む・ちぢ-まる・ちぢ-める・ちぢ-れる・ちぢ-らす・ちぢ-み

筆順 幺 糸 糸 紵 紵 縮 縮 縮

なりたち [形声]「糸(=いと)」と、音「宿シュク」とから成る。ちぢむ。

意味 ❶小さくなる。短くなる。ひきしまる。ちぢまる。例 縮小。縮図。収縮。❷おそれかしこまる。ちぢこまる。例 萎縮。恐縮。

日本語での用法《ちぢみ》布全体にこまかいしわを出した織物。「縮織り・麻縮・綿縮」

難読 縮羅・縮緬

人名 おさむ・なお

【縮減】(名・する)規模を小さくしたり、へらしたりすること。例 計画を―する。

【縮刷】(名・する)書物などの、もとの大きさを縮小して印刷すること。また、その印刷物や書物。例 新聞の―版。

【縮尺】(名・する)地図や設計図などを、実物よりちぢめて書くこと。また、その比率。例 五万分の一の―地図。

【縮小】(名・する)ちぢめて小さくすること。小規模のものにすること。対 拡大・拡張。例 軍備を―する。

【縮図】①もとの大きさをちぢめて書いた図。例 五分の一の―。②現実の複雑なことがらが、小さなところにまとまってあらわれたもの。例 人生の―。

【▽縮▼緬】ちりめん 表面に細かいしわを出した絹織物。例—皺じわ。—の着物。
●圧縮・恐縮・凝縮・緊縮・軍縮・収縮・伸縮・短縮・濃縮

糸11
【績】
17画 3251 7E3E 教育5
音セキ漢 訓う-む・つむ-ぐ

筆順

なりたち 形声「糸(=いと)」と、音「責サク→セキ」とから成る。糸をつむぐ。

意味 ❶まゆ・わた・アサの繊維を引き出し、よりあわせて糸をつくる。つむぐ。うむ。例紡績。❷しごと。わざ。また、仕事をつみかさねた、りっぱな結果。てがら。いさお。例績功(=てがら)。業績。功績。

人名 いさ・いさお・いさむ・つぐ・なり・のり

●業績・功績・事績・実績・成績・戦績・紡績・名績

糸11
【繊】
17画 3301 7E4A 常用
音セン漢呉 訓かよわ-い・こまか-い・しな-やか

筆順

糸17 【纖】 23画 6989 7E96 人名
糸15 【纎】 21画 6990 7E8E 俗字

なりたち 形声「糸(=いと)」と、音「韱セン」とから成る。ほそい。

意味 ❶(糸や毛が)ほそい。また、小さい。こまかい。わずか。例繊維。繊細。❷(女性が)ほっそりして美しい。しなやか。例繊手。繊腰(=ほっそりした美人のこし)。

難読 繊蘿蔔(=千切り、いわゆる千六本。「蘿蔔」は、ダイコンの意)

【繊維】センイ ①動物や植物のからだをかたちづくっている、細い糸のような物質。②「①」からとった、紙や織物の材料となるもの。例—製品。天然—。合成—。

【繊細】センサイ(名・形動ナ) ①かぼそく優美なこと。ほっそりして品のよいこと。例—な指。②(感情が)こまやかで、感じやすいこと。デリケート。例—な神経。

【繊弱】センジャク(名・形動ナ)よわよわしいこと。かぼそくてきゃしゃ。例—な体質。

【繊手】センシュ 女性の、かぼそくしなやかな手。例蠟のように白い—。

【繊毛】センモウ ①ひじょうに細く短い毛。②〔生〕細胞の表面につき出している、細い毛のような突起。

●化繊・巻繊・合繊

糸11
【縻】
17画 6959 7E3B
音ビ漢ミ呉 訓つな-ぐ・はづな・まと-う

意味 ❶ウシのたづな。つなぐ。❷(たづなを引きしめるように)束縛する。

糸11
【繆】
17画 6957 7E46
音㊀ビュウ漢 ㊁ボク漢 訓まと-う・あや-まる

意味 ㊀ビュウ 道理に反する。あやまる。もとる。いつわる。同謬。例繆言(=事実とちがう内容のことば)。誤繆(=誤謬)。㊁ボク つつしむ。やわらぐ。同穆。例繆繆(=やわらぎ美しいようす)。

糸11
【縹】
17画 6961 7E39
音ヒョウ漢呉 訓はなだ

意味 ❶うすい藍色(の絹)。そらいろ。はなだいろ。例縹絹(=はなだ色の絹)。❷遠くぼんやりとかすかに見えるようす。例縹渺。❸軽くひるがえるようす。同飄。例縹縹(=かるく風にひるがえる。また、舞い上がるようす)。

【縹▼渺】ヒョウビョウ(形動タル) ①かすかで、はっきりしないようす。例神韻—(=詩文などがすぐれていて、おもむき深いようす)。②広く果てしないようす。例—たる原野。表記▽「縹▼緲・縹▼眇」とも書く。

糸11
【繃】
17画 *6962 *7E43
音ホウ漢ヒョウ呉 訓つか-ねる・ま-く

意味 ❶たばねる。つかねる。また、巻いてつつむ。まく。例繃帯。❷赤んぼうをくるんで背負う帯。

【繃帯】ホウタイ 傷口や、はれものなどを保護するために巻く、ガーゼや綿布などの細長い布。例—で傷口を巻く。表記現包帯

糸11
【縵】
17画 6960 7E35
音バン漢マン呉 訓いとくず・ぬめ

意味 ❶模様のない絹織物。例縵帛(=無地の絹地)。❷模様やかざりのない。例縵胡(=粗くて模様のない冠のひも。武官用)。❸ゆったりとしたようす。ゆるやか。

難読 縵面(=銭の裏がわ。文字のないなめらかな部分)

【縵縵】マンマン(形動タル) ①雲などがたなびくようす。②教化が広くゆきとどくようす。③生死を超越しているようす。一説に、元気のないようす。④長くのびるようす。

糸11
【縷】
17画 6963 7E37
音ル・ロウ漢呉 訓いと

意味 ❶いとすじ。いと。また、糸のように細長いもののたとえ。例一縷(=ひとすじの。かすかな)。❷くわしい。こまかい。例縷説。縷縷。❸ぼろ。やぶれごろも。同褸。例襤縷(=ぼろの衣服)。

【縷言】ルゲン(名・する) こまかい点までくわしく述べること。詳述。縷述。縷陳。縷説。例事情を—する。

【縷述】ルジュツ(名・する)「縷言」に同じ。

【縷説】ルセツ(名・する)「縷言」に同じ。例事のなりゆきを—する。

【縷陳】ルチン(名・する)「縷言」に同じ。

【縷縷】ルル(副・形動タル) ①こまごまと話すようす。例—事情を説明する。②糸のように細く長くつづくようす。例—として立ちのぼるけむり。

糸11
【縲】
17画 6964 7E32
音ルイ漢

糸15 【纍】 21画 1-9024 7E8D 本字

参考 「累」は別の字だが、通じて用いられる。

意味 罪人をしばるなわ。例縲紲。

難読 縲紲の恥(=罪人としてなわをうたれるはずかしめ)

【縲▼紲】ルイセツ 罪人をしばるなわ。また、牢に入れられること。例—のはずかしめを受ける。表記「縲▼絏」とも書く。

糸11
【縺】
17画 6965 7E3A
音レン漢 訓もつ-れる・もつ-れ

意味 糸がからまって、ほどけなくなる。もつれる。
日本語での用法《もつれる》からまった状態になる。混乱する。もめる。「足が縺れる・縺れた関係」

糸11 ［繋］17画 ⇩【繫】(794ページ)

糸11 ［繡］17画 ⇩【繡】(795ページ)

糸11 【縱】17画 ⇩【縦】(791ページ)

糸11 【總】17画 ⇩【総】(784ページ)

糸11 【繁】17画 ⇩【繁】(792ページ)

糸11 【縫】17画 ⇩【縫】(792ページ)

糸12 **【繧】** 18画 6966 7E67 国字 音ウン

意味 色調を段階的に変える。例 繧繝。
【繧▼繝】同系統の色をしだいに濃く、あるいはあわく、段階的に帯状に彩色すること。表記「▼暈▼繝」とも書く。

糸12 **【繝】** 18画 6967 7E5D 音カン漢ケン呉 訓あや・にしき・ひだ

意味 にしきの模様。あや。にしき。例 繧繝。

糸12 **【繭】** 18画 4390 7E6D 常用 音ケン漢 訓まゆ

筆順 一 艹 芇 芇 繭 繭 繭 繭

なりたち [会意]「糸(=いと)」と「虫(=かいこ)」と「芇(=からだをおおう)」とから成る。カイコが糸でからだをおおってつくる、まゆ。

意味 カイコがさなぎになるとき、その中にこもるために、白い糸を吐いてつくる、たわら形の殻。生糸の原料となる。まゆ。例 繭糸。
【繭糸】まゆからとった糸。
【繭玉】もちや米の粉で作っただんごをまゆの形に丸めて、ヤナギやタケなどの枝にたくさんつけたもの。新年のかざりものとする。まゆだんご。餅花。
●生繭

糸12 **【繖】** 18画 6968 7E56 音サン漢 訓きぬがさ

意味 日光や雨などを防ぐ用具。かさ。きぬがさ。同傘。例 繖蓋(=かさ)。

糸12 **【繞】** 18画 6969 7E5E 音ジョウ漢ニョウ呉 訓まと-う・めぐ-る

意味 ❶まとわりつく。まとう。❷ぐるりとまわる。とりかこむ。めぐる。例 囲繞。

糸12 **【織】** 18画 3105 7E54 教育5 音ショク漢シキ呉 訓お-る・お-り

筆順 糸 紅 紅 紺 結 織 織 織 織

なりたち [形声]「糸(=いと)」と、音「戠」とから成る。布をつくる。

意味 ❶機で布をおる。はたおり。例 織布。紡織。❷くみたてる。例 組織。

人名 り

【織女】①機をおる女性。②星の名。織女星のこと。
【織女星】琴座の一等星ベガのこと。七月七日の七夕の晩に、天の川で牽牛星(=ひこ星)と会うという伝説がある。たなばたつめ。おりひめ。
【織布】織って作ったぬの。
【織機】布をおる機械。はたおり機。はた。
【織工】織物を製造する工員。
●組織・羽織・紡織

糸12 **【繕】** 18画 3322 7E55 常用 音セン漢ゼン呉 訓つくろ-う

筆順 糸 糸 糸 糸 糸 繕 繕 繕

なりたち [形声]「糸(=いと)」と、音「善(=よくする)」とから成る。

意味 これたものや、やぶれたものをなおす。よくなるようにおぎなう。つくろう。例 繕完(=完全になおす)。修繕。

人名 おさむ・つよし・よし

●営繕・修繕

糸12 **【繙】** 18画 6970 7E59 音ハン漢ホン呉 訓ひもと-く

意味 ❶糸がみだれる。❷書物をひらいて読む。ひもとく。例 繙読(=書物をひもとく)。❸他の国のことばになおす。訳す。同翻。例 繙訳(=翻訳)。

糸12 **【繚】** 18画 6971 7E5A 音リョウ漢 訓めぐ-る・まと-う

意味 ❶まつわりつく。もつれる。からみついて自由をうばう。まとう。例 繚乱。❷ぐるりとまわりをとりかこむ。めぐる。例 繚繞(=ぐるりとまわりをかこむ)。
【繚乱】(形動タル)①いりみだれるようす。②花がさきみだれるようす。例 百花―。表記 ▽「▼撩乱」とも書く。

糸12 ［繦］18画 ⇩【繈】(792ページ)

糸13 **【繹】** 19画 6972 7E79 音エキ漢ヤク呉 訓ぬ-く・たず-ねる

意味 ❶(まゆの糸口から)糸をひき出す。ぬく。また、ものごとの糸口を引き出し、もとをたどり、明らかにする。たずねる。例 演繹。❷絶えずにつづく。つらなる。例 繹繹(=つながりつづく)。絡繹(=人馬の往来が絶えない)。

糸13 **【繫】** 19画 1-9494 7E6B 人名 音ケイ漢ケ呉 訓つな-ぐ・つな-がる

糸11 ［繋］17画 2350 7E4B 俗字

意味 むすびつける。つなぎとめる。つなぐ。つながる。例 繫囚・繫縛。繫累。

難読 有繫・繫爪

【繫辞】①古代の聖人、周の文王と周公旦が占いの結果について、その吉凶を解説したことば。〈易経〉②言語学で、主語と述語を結合させる動詞のこと。
【繫囚】とらえられて牢に入れられた罪人。
【繫船】船をつなぎとめること。表記 現係船
【繫属】(名・する)〔法〕訴訟が起こされ、判決の手続きがおこなわれていること。例 ―中の事件。表記 現係属
【繫縛】(名・する)〔古く「ケバク」とも〕つないだりしばったりして自由を束縛すること。例 俗事に―される。
【繫▼纜】船のともづなをつなぐこと。船を岸につなぐこと。

【繋留】ケイリュウ（名・する）つなどで（船を）つなぎとめること。例 小舟こぶねを―しておく。表記 現係留
【繋累】ケイルイ ①つなぎ止めること。②心身を束縛ソクバクするもの。③自分がめんどうをみてやらなければならない家族。また、親戚シンセキ。例 ―が多い。表記 ▽「係累」とも書く。

糸13【繡】19画 1-9022 7E61 人名 音シュウ漢 訓ぬいとり
糸7【綉】13画 6921 7D89 別体字
糸11【繍】17画 2911 7E4D 俗字
意味 布の上に色糸で模様をぬいあらわしたもの。ぬいとり。また、ぬいとりをする。例 繡衣シュウイ。刺繡シシュウ。
【繡衣】シュウイ ぬいとり模様のある美しい着物。
【繡を▽衣きて夜よる行ゆく】富や名声を得ても故郷に帰らないのは、ぬいとり模様のある美しい衣服を着て夜歩くようなもので、意味のないことである。〈史記シキ〉「錦にしきを衣きて夜行く」とも。
●錦繡キンシュウ・刺繡シシュウ

糸13【繰】19画 2311 7E70 常用 音ソウ漢 訓く-る・く-り
筆順 幺 糹 糸 糸 紀 繰 繰 繰
なりたち 「形声」「糸(=いと)」と、音「喿ソウ」とから成る。濃紺ノウコンの絹。借りて、「たぐる」。
意味 まゆから糸をひき出す。くる。例 繰糸ソウシ（=まゆから糸をくる）。繰車ソウシャ（=糸くり車）。
日本語での用法《くる》長く続くものを順に動かす。「ページを繰くる・雨戸あまどを繰くる・日ひを繰くる」
【繰越金】くりこしキン 次の会計年度に組み入れられる会計の勘定ジョウ。例 前年度の―。

糸13【繪】19画 ⇒【絵】カイ（777ジベー）
糸13【繩】19画 ⇒【縄】ジョウ（789ジベー）

糸14【纂】20画 2728 7E82 人名 音サン漢 訓あつ-める
意味 ❶赤い組みひも。例 纂組サンソ（=印や玉ギョクなどをとめる赤い色の組みひも）。❷文書や詩文をあつめて整理し、書物にまとめる。例 編纂ヘンサン。❸うけつぐ。例 纂業サンギョウ（=遺業をうけつぐ）。
人名 あつ・あつむ
【纂修】サンシュウ（名・する）①資料を集めて書物を編集すること。②受けついで修めること。
【纂述】サンジュツ（名・する）文章や書物をあらわすこと。
【纂承】サンショウ（名・する）事業などを受けつぐ。

糸14【纃】20画 6977 7E83 音シ漢 訓かすり
糸8【緕】14画 6978 7DD5 俗字
意味 衣服のすそ。もすそ。同 斉シ。例 纃縗シサイ（=喪服モフクの一つ。斉衰シサイ）。
日本語での用法《かすり》かすったような模様のある織物。また、染め物。

糸14【繻】20画 6976 7E7B 音シュ・ジュ漢
意味 目が細かく、やわらかな絹織物。うすぎぬ。例 繻子シュス。繻珍シュチン。
【繻子】シュス 布の表面に、たて糸かよこ糸がうき出るように織った織物。絹きぬ・毛け・綿メンがあるが、絹はつやがありなめらか。
【繻珍】シュチン（「シッチン」とも）繻子シュスの地に色糸で模様を織り出した布。帯地などに用いる。表記「朱珍」とも書く。

糸14【繽】20画 6979 7E7D 音ヒン漢呉
意味 多くさかんなようす。また、みだれるようす。例 繽紛ヒンプン。
【繽紛】ヒンプン（形動タル）雪や花びらなどが風にまい、乱れ散るようす。例 落花―。

糸14【辮】20画 6980 8FAE 音ヘン漢 ベン呉 訓あ-む
意味 ❶糸などをたがいちがいに組む。あむ。同 編ヘン。例 辮線ベンセン（=くみいと）。❷髪かみをあむ。また、あんでたらした髪。例 辮髪ベンパツ。
【辮髪】ベンパツ 頭髪トウハツを後ろ中央部を残してまるくそり、残った部分の髪かみを編んで長くたらした髪型かみがた。〈もと、中国北方民族の風習が、清朝シンチョウのころ、中国全土に広くおこなわれた〉表記「弁髪」とも書く。

糸14【繼】20画 ⇒【継】ケイ（782ジベー）

糸15【纈】21画 6982 7E88 音ケツ漢 ケチ呉 訓しぼり
意味 しぼりぞめ（にする）。しぼり。例 纐纈コウケチ・コウケツ（=しぼりぞめ）。

糸15【纐】21画 6986 7E90 国字 音コウ
難読 纐帯いわたおび・ゆはだおび
参考「夾纈キョウケチ」の「夾」を「交」とし、それを下の字「纈」に調和するようにした字。例 纐纈コウケチ・コウケツ（=しぼりぞめ）。

糸15【纊】21画 1-9023 7E8A 音コウ漢呉 訓わた
糸5【紘】11画 6906 7D4B 俗字
意味 まわた。わた。例 纊衣コウイ（=わた入れの衣服）。

糸15【纏】21画 3727 7E8F 人名 音テン漢 デン呉 訓まと-う・まと-い・まつわ-る・まと-める
糸16【纒】22画 6985 7E92 俗字
意味 まとう。めぐらす。まつわる。また、たばねる。くくる。例 纏足テンソク。纏綿テンメン。
日本語での用法《まとい》町火消しのしるし。もと、大将の陣屋ジンやに立てたしるし。「纏奉行まといブギョウ・纏持まといもち・め組ぐみの纏まとい」
人名 まき・まとむ
【纏足】テンソク 昔の中国で、女の子の第一指を除く足指を布でかたくしばり、大きくしないようにした風習。清シン代に禁止されたが清代末期までおこなわれた。
【纏頭】テントウ・はな 芸人にあたえる祝儀シュウギ。チップ。例 ―代はなダイ。
【纏綿】テンメン 一（名・する）まつわりつくこと。二（形動タル）①いつまでも心にまつわりついてはなれないようす。②情愛がこまやかなようす。例 情緒ジョウチョ―。

糸15【纘】21画 ⇩【纉】サン(796ページ)

糸15【續】21画 ⇩【続】ゾク(782ページ)

糸15【纍】21画 ⇩【累】ルイ(793ページ)

糸15【纖】21画 ⇩【繊】セン(793ページ)

糸15【繿】21画 ⇩【襤】ラン(895ページ)

糸16【纏】22画 ⇩【纏】テン(795ページ)

糸17【纓】23画 6987 7E93 音エイ漢 ヨウ呉 訓くみ・ふさ

意味 ❶かんむりのひも。例冠纓カンエイ。❷ウマのむねの前につけるかざり。むながい。例馬纓バエイ。

日本語での用法《エイ》かんむりの後頭部から、後ろに垂れるかざりひも。「巻纓ケンエイ・垂纓スイエイ・立纓リュウエイ」

【纓絡】ヨウラク 〔「エイラク」とも〕宝石や貴金属などをつないでつくったインドの首かざり。表記「▼瓔▼珞」とも書く。

糸17【纔】23画 6988 7E94 音サイ漢呉 訓わずーか

意味 やっと。ようやく…したばかり。わずかに。例纔通レ人わずかにひとをツウずるのみ（＝やっと人が通れるほどだ）。

糸17【纖】23画 ⇩【繊】セン(793ページ)

糸18【纛】24画 6991 7E9B 音トウ漢 訓おおがしら・おにがしら・はた・はたほこ

意味 ❶羽毛ウモウで作ったきぬがさのような、舞まいの道具。❷ヤクの尾おやキジの羽などでかざった旗。例左纛サトウ（＝天子の車の左側に立てられた旗）。❸軍隊で用いた大きな旗。

糸19【纘】25画 2-8463 7E98 音サン漢 訓つーぐ

糸15【纉】21画 6983 7E89 俗字

意味 ❶うけつぐ。つぐ。❷あつめる。同纂サン。

糸22【纜】28画 6992 7E9C 音ラン漢呉 訓ともづな

意味 船をつなぎとめておくつな。ともづな。例解纜カイラン（＝ともづなを解といて船出ふなでする）。収纜シュウラン（＝ともづなを解く。解纜）。電纜デンラン（＝ケーブル）。

［糸部］15—22画● 纘 纖 續 繿 纍 纏 纓 纔 纖 纛 纘 纜

［缶部］0—17画● 缶 缸 缺 缾 罅 罌 罍 罎 罐

［网（罒・円・⺳）部］

6画

121 6画 缶 ほとぎ ほとぎへん 部

水などを入れる、腹部のふくれた土器の形をあらわす。「缶」をもとにしてできている漢字を集めた。

0 缶 3 缸 4 缺 8 缾 11 罅 14 罌 15 罍 16 罎 17 罐

缶0【缶】6画 2044 7F36 常用 音Aカン慣 フウ漢 フ呉 Bカン漢呉 訓ほとぎ・かま

筆順 ノ 𠂉 𠂉 午 缶 缶

A 缶0【缶】6画 2044 7F36　B 缶17【罐】23画 7005 7F50

なりたち A[缶] [象形] 腹部のふくれた土器の形。 B[罐] [形声]「缶（＝かめ）」と、音「雚カン」とから成る。水などをくむ、うつわ。

参考「缶フ」と「罐カン」とは本来別字であるが、日本では「罐」の略字として「缶」を用いる。

意味 A[缶] ❶酒や酢すを入れる土器。ほとぎ。❷容量の単位。一缶フは十六斗ト、一説に三十二斗。

日本語での用法《カン》アルミニウム・スチール・ブリキなどでつくった容器。「缶カンジュース・空あき缶カン・ドラム缶カン」

B[罐] 陶製トウセイまたは金属製の、水をくんだり煮にたきに用いたりする、円形の容器。

日本語での用法《カン・かま》汽船のかまやふろがまなどの、湯をわかす装置や道具。「罐焚かまたき・汽罐キカン・薬罐ヤカン」

【缶詰】カンづめ ①加工した食品を缶につめて加熱殺菌サッキンし、長く保存できるようにしたもの。②俗ゾクに、ある場所に詰めて仕事をしてもらうこと。例著者をホテルに―にする。

●汽缶キカン

缶3【缸】9画 6993 7F38 音コウ漢 訓かめ

意味 首の長い大きなかめ。例酒缸シュコウ。

缶4【缺】10画 ⇩【欠】ケツ(552ページ)

缶8【缾】14画 ⇩【瓶】ビン(670ページ)

缶11【罅】17画 7001 7F45 音カ漢 ケ呉 訓ひび・すき

意味 土器にさけめがはいる。われる。また、ひび。すきま。

缶14【罌】20画 7002 7F4C 音オウ漢 訓もたい

意味 腹部がふくらみ、口のつぼんだ、かめ。もたい。

【罌▼粟】オウゾク ケシ科の二年草。五月ごろ、赤・むらさき・白などの花をつける。種はパンや和菓子ワガシなどのかざりに利用される。参考「芥子ケシ」とも書くが、本来「芥子」はナタネ・カラシナのタネの意。

缶15【罍】21画 7003 7F4D 音ライ漢 訓さかずき・たる・もたい

意味 ❶雲雷紋ウンライモンのある青銅製あるいは陶製トウセイの酒を盛る容器。さかだる。同櫑ライ。例罍尊ライソン。❷手を洗うための水を入れる、うつわ。

【罍尊】ライソン 雲雷紋ウンライモンの文様モンヨウがあり、黄金で装飾ソウショクされた酒だる。のち、広く、酒だるのこと。罍樽ライソン。

【罍恥】ライチ 職責を果たせないことの恥はじをいう。〔小さな酒器の酒がなくなっても、酒だるから新たに補給できないことは、酒だるの恥であることから〕〈詩経シキョウ〉

缶16【罎】22画 ⇩【壜】タン(242ページ)

缶17【罐】23画 ⇩【缶】カン(796ページ)

122 6画 网（罒・円・⺳） あみがしら あみめ 部

鳥獣チョウジュウや魚をとらえるためのあみの形をあらわす。楷書カイショでは「网（六画）」「罒（五画）」「円（五画）」「⺳（四画）」などと書く。「网（罒・円・⺳）」をもとにしてできている漢字を集めた。

0 网 3 罕 罔 4 罘 5 罟 罠 8 罨 罫 罪 署 罧 置 罩 9 罰 署 10 罵 罷

罸 11 罹 13 羂 羃 14 羆 羅 17 羇 19 羈

この部首に所属しない漢字

詈⇩言 911 買⇩貝 935 蜀⇩虫 877

0 **【网】** 6画 7006 7F51 音ボウ漢 モウ呉 訓あみ

意味 魚や鳥をとる、あみ。あみ。同網。

3 **【罕】** 7画 7007 7F55 音カン漢呉 訓あみ・はた・まれ

意味 ❶柄のついたあみ。あみ。例罕罔。❷ほとんどない。まれ。例子罕言二利与レ命与一レ仁（＝先生は利益や運命や仁徳について語ることはまれであった）。〈論語・子罕〉

【罕▼儔】（「儔」は、たぐい・なかまの意）たぐいまれなこと。めずらしいこと。

【罕▼罔】鳥などをとる、あみ。

3 **【罔】** 8画 7008 7F54 音ボウ漢 モウ呉 訓あみ・な-い

意味 ❶鳥やけものをとる、あみ。同網。❷罪人をとらえる法のあみ。同網。例法罔。❸無い。例罔極（＝限りがないこと）。❹道理にくらい。例学而不レ思則罔（＝学んだだけで自分で考えてみないと、ものごとはぼんやりしてはっきりしない）。〈論語〉

4 **【罘】** 9画 7009 7F58 音フ漢 フウ漢 訓あみ・うさぎあみ

意味 ❶ウサギをとる、あみ。うさぎあみ。また、狩りに用いるあみ。あみ。例罘網（＝鳥やけものをとるため車の上に張ったあみ）。❷「芝罘」は、山東省煙台市北部の地名。また、山の名。古くは「之罘」といった。

5 **【罟】** 10画 7010 7F5F 音コ漢 訓あみ・さであみ

意味 ❶あみをまとめていうことば。あみ。例罟網（＝魚をとるあみ）。❷法のあみ。例罪罟（＝法のあみ）。❸あみで漁をする。例罟師（＝網で漁をする人。漁師）。

5 **【罠】** 10画 7011 7F60 音ビン漢 ミン呉 訓わな

意味 けものをとらえるためのあみ。わな。

日本語での用法《わな》人をだます、はかりごと。「罠にはまる」

8 **【罨】** 13画 7012 7F68 音アン慣 エン漢 訓あみ

意味 ❶おおいかぶせて、魚や鳥をとらえる、あみ。❷おおう。かぶせる。例罨法。

【罨法】炎症や充血をやわらげるため、水・湯・薬などをつけた布で患部を冷やしたり、あたためたりする治療法。例冷—。温—。

8 **【罫】** 13画 2351 7F6B 音ケイ慣 カイ漢

意味 碁盤の四角います目。方眼。

日本語での用法《ケイ》文字をまっすぐ書くための線。「罫線・罫を引く」

【罫紙】罫線の引いてある紙。

【罫線】紙に縦または横に、一定の間隔で引いた線。罫。

8 **【罪】** 13画 2665 7F6A 教育5 音サイ漢 ザイ呉 訓つみ

筆順

なりたち [形声]「罒（＝あみ）」と、音「非ヒ→イサ」とから成る。魚をとらえるあみ。秦以後に「つみする」の意となる。

意味 ❶魚をとるあみ。❷法律や道徳に反したおこない。とがめ。とが。つみ。例罪悪。犯罪。❸つみにあてる。つみする。刑罰。例死罪。断罪。❹ふつごうなこと。あやまち。例功罪。謝罪。❺わざわい。

【罪悪】道徳や宗教の教えなどにそむくおこない。つみ。とが。例—感がうすい。

【罪科】①法律や道徳などにそむいたおこない。つみ。とが。②犯罪に対する罰。しおき。刑罰。

【罪過】つみ。あやまち。例犯した—を悔い改める。

【罪業】〔仏〕悪いおこない。また、そのむくい。例—をつぐなう。

【罪証】犯罪を犯したという証拠。

【罪障】〔仏〕さとりをひらいたり、極楽往生したりするのにさまたげとなる、つみぶかいおこない。

【罪状】犯罪の内容や実情。例—認否（＝起訴状にある公訴事実を被告が認めるかどうかについての答弁）。

【罪人】つみをおかした人。つみびと。例—を罰する。

【罪名】犯罪の種類をあらわす名称。偽証罪・窃盗罪・殺人罪など。

●功罪・死罪・謝罪・重罪・同罪・犯罪・無罪・有罪

8 **【署】** 13画 2980 7F72 教育6 音ショ漢 訓しる-す

筆順

9 **【署】** 14画 1-9026 FA5A 人名

なりたち [形声]「罒（＝あみ）」と、音「者シャ→ショ（＝ことがらをわけることば）」とから成る。仕事をわりあてて配置する。

意味 ❶人に役をわりあてる。例部署（＝役目をきめて配置する）。❷役人がきめられた仕事をするところ。役所。例官署。税務署。❸きめられたところに書きしるす。例署名。

人名 つかさ

【署長】税務署や警察署、また消防署など「署」のつく役所の最高責任者。

【署名】（名・する）書類や文書などに自分の姓名を書くこと。サイン。例—運動。合意文書に—する。

●自署・部署

8 **【罧】** 13画 7014 7F67 音シン漢 訓あと・ふしづけ

意味 水中に枝を積んでおき、そこに入りこむ魚をとるしかけ。ふしづけ。

罒8 **【置】** 13画 3554 7F6E 教育4 音チ漢呉 訓おーく

筆順

なりたち ［会意］「罒（=つみするためのあみ）」と「直→チ（=正しく見る）」とから成る。ゆるす。罰せずそのままにしておく。

意味 ❶すえる。おく。例位置。安置。❷もうける。そなえつける。例設置。装置。❸とりはからう。始末する。例処置。措置。❹すてる。やめる。例放置。

人名 おき・き・やす

【置換】チカン（名・する）①あるものを他のものにおきかえること。例遺伝子の―。②〔化〕化合物のある原子または原子団を、別の原子または原子団にかえること。

【置酒】チシュ（名・する）酒宴をひらくこと。さかもり。また、その用意をすること。例―高会（=盛大な酒宴）。

【置▼錐の地】チスイのチ 錐を立てるほどのわずかな地。ほんの少しの余地。〈荘子〉例―もない。→【立錐の余地もない】（744ページ）

●安置・位置・拘置・処置・設置・装置・措置・対置・倒置・配置・放置

罒8 **【罩】** 13画 7013 7F69 音トウ漢 訓あみ・こーめる

意味 ❶魚をとるための竹かご。例罩籠。❷かごで魚をとる。❸かごをかぶせるように、おおう。例籠罩（=つつみこむ）。❹おおいかぶせるもの。うわっぱり。例罩衣。

日本語での用法《こめる》いっぱいに広がって、おおう。「香のにおいが立ち罩める」

罒9 **【罰】** 14画 4019 7F70 常用 音ハツ漢 バツ・バチ呉

筆順

罒10 **【罸】** 15画 7015 7F78 俗字

なりたち ［会意］「刂（=かたな）」と「詈（=しかる）」とから成る。刀を持ってしかるだけの小さな罪。

意味 罪に対するこらしめ。とがめ。しおき。しおきする。例罰則。刑罰。処罰。

日本語での用法《バチ》神仏のこらしめ。悪事のむくい。「罰当たり」

【罰金】バッキン 罰として出させる金銭。

【罰則】バッソク 法律や規則を破った者を罰する規定。例―を規定する。―を設ける。

【罰点】バッテン 否定やまちがいであることを示す「×」のしるし。ばつ。例―をつける。

【罰杯】バッパイ 詩会で詩ができない人、また、勝負ごとで負けた人、会合に遅刻した人などに、罰としてむりに酒を飲ませること。また、その酒。

●刑罰・厳罰・賞罰・処罰・信賞必罰・体罰・懲罰・天罰

罒9 **【署】** 14画 ⇨【署】ショ（797ページ）

罒10 **【罵】** 15画 3945 7F75 常用 音バ漢 メ呉 訓ののしーる

筆順

なりたち ［形声］「罒（=あみ）」と、音「馬バ」とから成る。ののしる。

意味 悪口を言う。ののしる。また、ののしり。例罵声。罵倒。痛罵（=ひどくののしる）。

【罵言】バゲン ののしること。また、そのことば。例―を発する。

【罵声】バセイ（相手を）ののしる声。例―を浴びせる。

【罵倒】バトウ（名・する）口ぎたなくののしること。

【罵▼詈】バリ（名・する）ひどい悪口。口ぎたない、ののしり。

【罵▼詈雑言】バリゾウゴン ひどい、ののしりのことば。悪口雑言。

罒10 **【罷】** 15画 4077 7F77 常用 音一ヒ慣 ハイ漢 二ヒ漢 訓やーめる・まかーる

筆順

なりたち ［会意］「罒（=つみするためのあみ）」と「能（=すぐれた能力）」とから成る。すぐれた能力のある者は、特別にその罪をゆるす。罰することをやめる。

意味 一ハイ ❶仕事を中止する。やめる。例罷業。❷役目をやめさせる。しりぞける。例罷免。二ヒ 体力や気力がなくなってだらりとする。つかれる。例罷弊（=つかれ、弱る）。同疲。

日本語での用法《まかる》①参上する。「人前に罷り出る」②退出する。「御前から罷る」③他のことばの上にそえて、語調を強める。「罷り通る・罷り間違うと・罷り成らぬ」

【罷業】ヒギョウ ①仕事をしないこと。②「同盟罷業」の略。ストライキ。

【罷弊】ヒヘイ（名・する）①からだがつかれ、弱ること。②国力や経済状態などが弱って活動がにぶること。表記▽「疲弊」とも書く。

【罷免】ヒメン（名・する）役職を解くこと。免職。対任命。

罒10 **【罸】** 15画 ⇨【罰】バツ（798ページ）

罒11 **【罹】** 16画 5677 7F79 音リ漢 訓かかーる

意味 （あみにかかるように）病気になったり、災難にあう。かかる。例罹患。罹災。

【罹患】リカン（名・する）病気にかかること。罹病。例―率。

【罹災】リサイ（名・する）地震・火災・水害などの災害にあうこと。被災。例―者。―地。

【罹病】リビョウ（名・する）病気にかかること。罹患。

罒13 **【羂】** 18画 7016 7F82 音ケン漢 訓あみ・かーける・わな

意味 鳥やけものをおびきよせて生けどりにする、あみ。わな。例羂索。

【羂索】ケンサク・ケンジャク ①〔仏〕不動明王が持つ仏具で、鳥獣をとる、わな。仏や菩薩が衆生をとらえて救うことを象徴する。②ブランコ。また、ブランコの綱。

罒13 **【羃】** 18画 ⇨【冪】ベキ（119ページ）

罒14 **【羆】** 19画 7017 7F86 音ヒ漢 訓ひぐま

意味 クマの一種。アカグマ。ヒグマ。性質のあらい、大形のクマ。例 羆虎（＝勇猛な者のたとえ）。

罒14 【羅】 19画 4569 7F85 常用 音 ラ 漢 呉 訓 うすもの・あみ・つら-ねる・うすぎぬ

筆順 冂 罒 罒 罗 罗 罗 羅

なりたち [会意]「罒（＝あみ）」と「維（＝つなぐ）」とから成る。あみで鳥をとらえる。

意味 ❶あみをかけてとらえる。例 網羅。❷鳥をとる、あみ。例 雀羅（＝とりあみ）。❸あみの目のようにぎっしりと並ぶ。つらねる。例 羅列。❹うすい絹織物。うすもの。例 羅衣。綺羅（＝あやぎぬと、うすぎぬ）。❺外国語の「ラ」「ロ」の音訳字。例 羅馬。阿修羅。曼陀羅。

人名 つら

【羅宇】ラウ キセルの雁首と吸い口をつなぐ竹の管。ラオ。〔ラオス産の節の長い竹を使ったところからこの名があるという〕

【羅漢】ラカン〔仏〕〔梵語を音訳した「阿羅漢」の略〕完全にさとりをひらき、功徳のそなわった修行者。

【羅▼紗】ラシャ〔ポルトガル語の音訳〕毛織物の一つ。織り上げたあと収縮させて地を厚く密にし、表面をけばだてたもの。

【羅針儀】ラシンギ「羅針盤」に同じ。

【羅針盤】ラシンバン 磁石が南北をさす性質を利用して、船や航空機の位置・方向を知る器機。コンパス。羅針儀。羅盤。

【羅刹】ラセツ〔仏〕〔梵語の音訳〕足が速く怪力で、空中を飛行し、人を食い、地獄で罪人を責め苦しめるという悪鬼。例 悪鬼—。

【羅▼甸語】ラテンゴ〔「羅甸」は、Latin の音訳〕古代ローマで使われた言語。フランス語・スペイン語・イタリア語などのもととなった言語。現在は学術用語として使われる。表記「拉▽丁語」とも書く。

【羅列】ラレツ（名・する）次から次へならべて、あげること。列挙。例 単なる文字の—にすぎない（＝内容のない文章である）。

【▽羅馬】ローマ〔Roma の音訳〕①イタリア半島中部に建設された都市国家。古代ローマ帝国。②現在のイタリア共和国の首都。市内にカトリック教会の中心バチカン市国がある。例 —は一日にして成らず。すべての道は—に通ず。

●一張羅・甲羅・修羅・網羅

罒17 【羇】 22画 7020 7F87 音 キ 漢 訓 たび・よ-せる

西17 【覉】 23画 2-8838 8989 別体字

意味 故郷をはなれてよその地に身を寄せる。たびをする。たび。同 羈。例 羇旅。

【羇留】キリュウ（名・する）旅さきで泊まること。また、遠いところにとどまること。表記「▼羈留」とも書く。

【羇旅】キリョ ①たび。旅行。②たびびと。他国に身を寄せている人。③和歌・俳句の部立ての一つ。たびの気持ちをよんだ作品をまとめている。表記 ▽「▼羈旅」とも書く。

罒19 【羈】 24画 7019 7F88 音 キ 漢 訓 おもがい・きずな・たづな・つな-ぐ・たび

西19 【覊】 25画 7511 898A 別体字

意味 ❶馬をつなぎとめるために、頭部にかけた組みひも。おもがい。また、たづな。❷束縛する。つなぎとめる。例 羈絆。不羈。❸故郷をはなれてよその地に身を寄せる。たびをする。たび。同 羇。例 羈旅。

【羈恨】キコン 旅のうれい。旅愁。

【羈束】キソク（名・する）つなぎとめること。束縛して自由にさせないこと。

【羈鳥旧林を恋う】キチョウキュウリンをこう かごの中の鳥は生まれ育った林を恋しがるものだ。官吏をやめて田園に帰りたいという思いにたとえた。〈陶潜・帰二園田居一〉

【羈▼絆】キハン〔「羈」も「絆」も、馬をつなぎとめるもの〕自由な行動をさまたげるもの。束縛。ほだし。きずな。

【羈留】キリュウ（名・する）①つなぎとめること。②旅さきで泊まること。表記 ②は「▼羇留」とも書く。

【羈旅】キリョ ⇩【羇旅】キリョ（799ページ）

123 6画 羊（⺶）ひつじ ひつじへん 部

角のあるヒツジの形をあらわす。「羊」をもとにしてできている漢字を集めた。

0 羊 2 羌 3 美 4 羔 5 羞 羝 羚 6 着 7 義 群 羨 羣 9 羯 羮 10 羲 13 羹 羶 羸

この部首に所属しない漢字

差⇩工 334 善⇩口 210 翔⇩羽 805 養⇩食 1076

羊0 【羊】 6画 4551 7F8A 教育3 音 ヨウ 漢 呉 訓 ひつじ

筆順 丶 丷 䒑 兰 羊

なりたち [象形] 角と四本の足と尾のあるヒツジの形。

意味 家畜の一つ。ヒツジ。毛を織物に、肉を食用にする。例 羊毛。綿羊。

難読 羊蹄花・羊麻草

人名 よし

【▽羊▽歯】しだ シダ類に属する多年生植物。ワラビ・ゼンマイ・ウラジロなど。また、とくにウラジロ。表記「歯▼朶」とも書く。

【羊▼羹】ヨウカン 一 あんに砂糖・寒天を加え、練ったりむしたりして固めた和菓子。例 練り—。水—。二 コウ ヒツジの肉のスープ。

【羊水】ヨウスイ 子宮の中で、胎児を包むうすい膜の内部を満たし、胎児を保護する液。

【羊腸】ヨウチョウ 一（名）ヒツジの腸。ガット。二（名・形動タル）山道などがヒツジの腸のようにまがりくねっていること。例 —たる小径。

【羊頭狗肉】ヨウトウクニク 看板にはヒツジのあたまを出しておきながら、じっさいにはイヌの肉を売ってごまかすこと。見せかけだけりっぱで、実質のともなわないことのたとえ。

故事のはなし 斉の霊公が側近の女に男の服を着せるのを好んだため、斉の国の人民もみなそのまねをしはじめた。そこで霊公は役人に命じて男装禁止令を出したが、いっこうにききめがない。宰相の晏子に意見を求めると、晏子は言った。「宮廷内で女に男装させておきながら、人民にはそれを禁じています。これはちょうど看板に牛の頭をかけておいて、店の中では馬の肉を売っているようなものです。宮廷内で男装を禁じれば、人民もそんなことはしなくなるでしょう」。霊公はもっともだと思ってそのとおりにすると、やがて男装する女はいなくなった。〔もともと「牛首馬肉」であったが、時代がくだると「羊頭狗肉」というようになり、現在ではこちらのほうが定着している〕〈晏子春秋〉

【羊肉】(ヨウニク) ヒツジの肉。マトン。

【羊皮紙】(ヨウヒシ) ヒツジやヤギの皮をなめして、文字などを書きつけるのに用いたもの。西洋で紙が広く使われるようになる中世の末ごろまで使われた。パーチメント。

【羊膜】(ヨウマク) 哺乳類・鳥類・爬虫類の、胚を包む膜。

【羊毛】(ヨウモウ) 綿羊の毛。ウール。

◐亡羊(ボウヨウ)・綿羊(メンヨウ)

⺷ 2

【羌】

8画 7021 7F8C 音 キョウ㊥漢 訓 えびす

意味 ❶(中国の西方に住んでいた)異民族。えびす。例 羌笛(キョウテキ)(=西方の異民族のふくふえ)。❷中国の少数民族の名。例 羌族(キョウゾク)。

⺷ 3

【美】

9画 4094 7F8E 教育3 音 ビ㊥漢 ミ㊥呉 訓 うつく-しい

筆順 丶 丷 ⺷ 𦍌 ⺶ 羊 美 美

なりたち [会意]「羊(=ひつじ)」と「大(=おおきい)」とから成る。あまい。うまい。よい。

意味 ❶おいしい。味がよい。例 美酒(ビシュ)。甘美(カンビ)。❷姿かたちがよい。うつくしい。例 美醜(ビシュウ)。美貌(ビボウ)。優美(ユウビ)(=上品で美しい)。❸すぐれている。りっぱ。例 美徳(ビトク)。美風(ビフウ)。❹ほめる。たたえる。例 賛美(サンビ)。褒美(ホウビ)。

日本語での用法《び・み》「び」「み」の音にあてる万葉がな。「美穂(ほみ)・恵美須(えびす)・渥美(あつみ)・宇佐美(うさみ)」

人名 うま・うまし・きよし・とみ・はし・はる・ふみ・みち・みつ・よし

【美意識】(ビイシキ) 美しいと感じる心。美についての意識。

【美化】(ビカ) (名・する)①清潔できれいな状態にすること。例 駅構内の―運動。②実際よりもすばらしいものだとたたえること。例 死を―した表現。

【美学】(ビガク) ①美の本質や原理を研究する学問。②あるものを美とする基準。また、その基準にもとづいた行為(コウイ)。〔趣味(シュミ)・好みの意をきどっていうことが多い〕例 男の―。

【美感】(ビカン) うつくしいと感じる気持ち。美に対する感覚。例 ―を養う。

【美観】(ビカン) 風景やながめのうつくしさ。例 ―をそこなう。

【美顔】(ビガン) うつくしい顔。また、かおをうつくしくすること。

【美▽姫】(ビキ) うつくしい女性。美人。

【美▼妓】(ビギ) 美しい芸者・舞妓(まいこ)。

【美技】(ビギ) みごとなわざ。すばらしい演技。妙技(ミョウギ)。

【美挙】(ビキョ) りっぱなおこない。例 歴史上の―。社会的―。

【美形】(ビケイ) ①うつくしいかたち。とくに容貌(ヨウボウ)のうつくしいこと。②うつくしい人。美人。

【美辞】(ビジ) りっぱなことば。うつくしくかざったことば。例 ―麗句(レイク)―を弄(ロウ)する。

【美酒】(ビシュ) うまい酒。うまざけ。例 勝利の―に酔(よ)う。

【美醜】(ビシュウ) うつくしいこととみにくいこと。例 容貌(ヨウボウ)の―を言わない。

【美術】(ビジュツ) 絵画・写真・彫刻(チョウコク)・建築など、色や形で美を表現する芸術。

【美術館】(ビジュツカン) 美術品を集めて陳列(チンレツ)し、多くの人に見せる施設(シセツ)。

【美女】(ビジョ) 顔かたちのきれいな、姿のよい女性。美人。㊀対 醜女(シュウジョ)。

【美称】(ビショウ) ほめていうことば。

【美粧】(ビショウ) うつくしい化粧(ケショウ)。また、うつくしくよそおうこと。㊀類 美容。例 ―院。

【美少年】(ビショウネン) 顔かたちや姿のうつくしい少年。例 紅顔の―。

【美食】(ビショク) (名・する)うまいもの、また、ぜいたくなものばかり食べること。㊀対 粗食(ソショク)。例 ―家(カ)。

【美神】(ビシン) 美をつかさどる神。たとえば、ローマ神話のビーナス。

【美人】(ビジン) 容姿のうつくしい女性。美女。

【美声】(ビセイ) 耳にこころよくひびく、よい声。㊀対 悪声。

【美▼髯】(ビゼン) りっぱなほおひげ。例 ―をたくわえる。

【美装】(ビソウ) うつくしくよそおうこと。例 ―本(ボン)。

【美俗】(ビゾク) 好ましい風俗。よい風習。美風。例 淳風(ジュンプウ)―。

【美談】(ビダン) 聞く人を感動させる話。うつくしくりっぱな話。

【美男子】(ビダンシ|ビナンシ) 顔かたちがよく、姿のりっぱな男性。美男(ビナン)。

【美的】(ビテキ) (形動(ダ))美が感じられるようす。美に関係があるようす。例 ―な表現。―感覚がすぐれている。

【美点】(ビテン) すぐれている点。よいところ。長所。㊀対 欠点。

【美田】(ビデン) 作物のよくそだつ肥えた田地。例 児孫(ジソン)のために―を買わず(=子孫に土地や財産を残してやらない)。

【美徳】(ビトク) ①人の道にかなったすばらしい品性。②うつくしいおこない。㊀対 悪徳。例 謙譲(ケンジョウ)の―。

【美男】(ビナン) 顔かたちがよく、姿のりっぱな男性。美男子。

【美風】(ビフウ) よい風習。よいならわし。美俗(ビゾク)。㊀対 悪風。例 この土地の―。

【美文】(ビブン) うつくしくかざった調子のいい文章。とくに、明治二十年から三十年に流行した文体。例 ―調。

【美貌】(ビボウ) うつくしい顔かたち。

【美味】(ビミ) (名・形動(ダ))うまい食べ物や飲み物。例 ―を味わう。

【美名】(ビメイ) ①よい評判。名声。例 ―を残す。②体裁(テイサイ)のいい名目。例 平和の―にかくれた侵略行為(シンリャクコウイ)。

【美容】(ビヨウ) ①うつくしい顔かたち。②顔・髪型(かみがた)、また、うで・足・つめなどをうつくしく見せるようにすること。また、その技術。例 ―体操。―師。

【美麗】(ビレイ) (名・形動(ダ))(容姿などが)ととのっていて、優雅(ユウガ)で気品があること。例 ―な装飾(ソウショク)。

【美濃】(みの) 旧国名の一つ。今の岐阜(ぎふ)県の中部・南部にあたる。濃州(ノウシュウ)。

【美作】(みまさか) 旧国名の一つ。今の岡山(おかやま)県の北東部にあたる。作州(サクシュウ)。

◐甘美(カンビ)・賛美(サンビ)・賞美(ショウビ)・褒美(ホウビ)・優美(ユウビ)

⺷ 4

【羔】

10画 7022 7F94 音 コウ㊥漢 訓 こひつじ

意味 ヒツジの子。例 羔裘(コウキュウ)(=子ヒツジの皮でこしらえた衣服)。

羊5
【羞】
11画 7023 7F9E 常用 音シュウ漢 訓は-じる

筆順 丷 䒑 兰 羊 羊 差 差 羞 羞

なりたち [会意]「羊(=ひつじ)」と「丑(=手で進める)」とから成る。進めて献上する。

意味 ❶ごちそうをそなえる。すすめる。ごちそう。例羞膳(=ごちそう)。珍羞。❷はずかしく思う。はじらう。また、はずかしめる。はじ。例羞悪・羞恥・含羞。

【羞悪】シュウオ 自分の不道徳な点をはじ、また他人の悪をにくむこと。例—の心。

【羞恥】シュウチ はずかしく思うこと。はじらい。例—心が強い。—の念。

羊5
【羝】
11画 7024 7F9D 音テイ漢 訓おひつじ

意味 おすのヒツジ。例羝羊(=おひつじ)。

羊5
【羚】
11画 7025 7F9A 人名 音レイ漢 リョウ呉 訓かもしか

意味 カモシカ。おす・めすともに角があり、高山や深山にすむ。例羚羊(=カモシカ。また、ウシ科のシカに似た動物、アンテロープ)。

羊6
【着】
12画 3569 7740 教育3 音チャク漢 ジャク呉 訓き-る・き-せる・つ-く・つ-ける

筆順 丷 䒑 兰 羊 羊 芏 着 着 着

なりたち 「著」の「艹」を「⺷」と書くことからできた字。

意味 ❶ぴったりついてはなれない。つく。例執着・土着・密着。❷身につける。きる。例着衣・着用。❸くっつける。つける。例着眼・着手。❹(あるところに)いたる。例着任・先着。❺ものごとがおさまる。おちつく。例決着・落着。

日本語での用法 一《チャク》衣服をかぞえることば。「洋服一着」 二《きる》身に受ける。身に負わせる。「恩に着る・罪を着せる」 三《つく》きまりがつく。触れる。「話が着く・足が地に着く」

6画

使い分け つく・つける【付・着・就】⇩1172ページ

【着尺】きジャク おとな用の着物一枚に必要なだけの反物。対羽尺。例—地。

【着付け】きつけ ①衣服(とくに、和服)をきちんと着せつけること。例—教室。花嫁に—をする。②着たぐあい。着こなし。例—がいい。

【着道楽】きドウラク 衣服にお金をかけて楽しむこと。また、その人。

【着流し】きながし 和服で、はかまをはかない、ふだんの姿。

【着物】きもの ①からだに着るもの。衣服。例—を着る。②洋服に対して、和服のこと。例—姿。

【着類】きルイ 身にまとうもの。着物。衣服。

【着衣】チャクイ ①衣服を着ていること。対脱衣。例—のままで泳ぐ。②着ている衣服。例—に乱れはない。

【着意】チャクイ (名・する) ①気をつけること。注意すること。留意。②思いつくこと。着想。例—のよい新案。

【着駅】チャクエキ 到着駅。対発駅。例—ばらいの運賃。

【着岸】チャクガン (名・する) 岸や岸壁につくこと。例大型客船が—する波止場。

【着眼】チャクガン (名・する) (研究・創作などで)目をつけること。目のつけ方。着目。例—点。—がいい。

【着座】チャクザ (名・する) 座席につくこと。席にすわること。着席。例定められた席に—しなさい。

【着実】チャクジツ (名・形動ダ) 落ちついて確実にものごとをおこなうこと。あぶなげがないこと。手がたいこと。例—に点を取る。

【着手】チャクシュ (名・する) (仕事などに)とりかかること。手をつけること。開始。例編集に—する。

【着順】チャクジュン 到着した順番。席などについた順序。例—を判定する。—に並ぶ。

【着床】チャクショウ (名・する) 〔生〕受精卵が子宮壁に定着すること。

【着色】チャクショク (名・する) 色をつけること。色づけ。例絵の具で—する。

【着信】チャクシン (名・する) 通信が到着すること。また、到着した通信。対発信。

【着水】チャクスイ (名・する) 鳥や航空機などが、降りて水面につくこと。対離水。例不時—。飛行艇が—する。

【着生】チャクセイ (名・する) 他のものに付着して生育すること。例—植物。ヤドリギが—している木。

【着席】チャクセキ (名・する) 座席にすわること。着座。例ご—ください。

【着船】チャクセン (名・する) 船が港につくこと。また、その船。

【着装】チャクソウ (名・する) ①身につけること。装着。例シートベルトの—。②(器具・部品などを)取りつけること。

【着想】チャクソウ (名・する) ①思いつくこと。思いつき。アイデア。例奇抜な—。②文芸・芸術を創作するとき、その内容を頭の中で考えること。構想。例—を練る。

【着帯】チャクタイ (名・する) 妊娠五か月めに腹帯(=岩田帯)をしめること。また、その祝いの式。例—を祝う。

【着脱】チャクダツ (名・する) 着ることと、ぬぐこと。また、物をつけたりはずしたりすること。例—自在。—式。

【着弾】チャクダン (名・する) 発射された弾丸が目的物に達すること。また、その弾丸。例—地。正確に—する。

【着地】チャクチ (名・する) ①着陸すること。例落下傘で—する。②スキーのジャンプや体操などの競技で、雪面や床面におり立つこと。例—成功。③到着する場所。例代金—ばらい。

【着着】チャクチャク (副) ものごとが順序よくはかどるようす。例—と準備を進める。

【着任】チャクニン (名・する) 新しい任地・任務につくこと。類赴任。対離任。例—した早早から。

【着発】チャクハツ ①到着と出発。発着。例—便。②弾丸などが物に当たった瞬間に爆発すること。例—信管。

【着服】チャクフク (名・する) ①着物を着ること。②金品を不正な手段で自分のものにすること。類横領。例公金を—する。

【着帽】チャクボウ (名・する) 帽子をかぶること。対脱帽。例ヘルメット—で工場内にはいる。

【着目】チャクモク (名・する) 注意して見ること。着眼。注目。例世論の変化に—する。

【着用】チャクヨウ (名・する) 衣類やその付属品、装身具などを身につけること。例制服を—する。

【着陸】チャクリク (名・する) (航空機が)空から陸上に降りること。対離陸。例—地点。

【着荷】チャッカ・チャクに 荷物がつくこと。また、ついた荷物。例代金は—後のしはらいになる。

【着工】チャッコウ (名・する) 工事にとりかかること。起工。対竣工。例—の期日を早める。

●横着・決着・終着・先着・沈着・定着

着(テイチャク)・到着(トウチャク)・土着(ドチャク)・必着(ヒッチャク)・漂着(ヒョウチャク)・付着(フチャク)・密着(ミッチャク)・癒着(ユチャク)

⺷ 7 【義】 13画 2133 7FA9 教育5 音 ギ 漢 呉 訓 よ-い

筆順 丷 ⺷ 兰 羊 羊 羊 義 義 義

なりたち 義 [会意]「我(=自分)」と「羊(=よい)」とから成る。自分からする、よいおこない。

意味 ❶人としておこなうべき正しい道。社会道徳にかなった正しさ。例 義務(ギム)。義勇(ギユウ)。正義(セイギ)。仁(ジン)・義(ギ)・礼(レイ)・智(チ)・信(シン)。❷血のつながりのないものが恩や縁組(エングみ)によって結ぶ親族関係。例 義兄弟(ギキョウダイ)。義父(ギフ)。義母(ギボ)。❸かりの。実物の代わりの。例 義歯(ギシ)。義足(ギソク)。❹意味。わけ。例 意義(イギ)。疑義(ギギ)。

人名 あき・いさ・しげ・ただ・ただし・ちか・つとむ・とも・のり・みち・よし・より

【義▼捐】ギエン 〔「捐」は、手ばなす意〕世の中のために役に立ち、意義があると感じてお金や品物を差し出すこと。例 ―金。
表記「義援」とも書く。

【義解】ギカイ|ギゲ 文字やことば、また文章などの意味をときあかすこと。〔書名に用いられた〕例『憲法―(ケンポウギゲ)』〔伊藤博文(イトウひろぶみ)の著作〕『令―(リョウのギゲ)』〔平安時代の書名〕

【義眼】ギガン 病気や事故などで目を失った人が、代わりに入れる、形だけそっくりの目。入れ目。例 ―を入れる。

【義挙】ギキョ 道理を立て、すじを通すために、あえて起こす行動。また、そのくわだて。〔他から批評し、ほめていうことば〕例 赤穂(あこう)四十七士の―をたたえる。

【義▼俠】ギキョウ 不当に弱い者いじめをする者を、こらしめる勇気を示すこと。おとこぎ。おとこだて。例 ―心。

【義兄弟】ギキョウダイ ①おたがいを兄弟としてつきあい、助け合おうとちかった仲間。例 ―の契(ちぎ)りを結ぶ。②妻または夫の兄弟、あるいは姉や妹の夫、異父母の兄弟など。

【義兄】ギケイ ①義理の兄。妻または夫の兄、あるいは姉の夫など。対 実兄。②おたがいを兄弟であるとちかい合ったどうしの、兄のほう。対 義弟。

【義士】ギシ ①正しいと信ずる道理を立てて、行動によってその精神を示す人。類 義人・義民。②「赤穂(あこう)義士」の略。元禄(ゲンロク)十五年十二月十四日(新暦では一七〇三年一月三十日)、主君の仇(あだ)をうった、もと赤穂藩(ハン)の浪士(ロウシ)。

【義子】ギシ 直接の血のつながりのない子。義理の子。養子または継子(ケイシ)、あるいは息子(むすこ)や娘(むすめ)の妻または夫など。対 実子(ジッシ)。

【義姉】ギシ 義理の姉。妻または夫の姉、あるいは兄の妻など。対 実姉(ジッシ)。

【義肢】ギシ 〔「肢」は、手や足の意〕失われた手や足の部分を補う、義手や義足。例 ―装具士。

【義歯】ギシ 入れ歯。例 ―を入れる。

【義手】ギシュ 失った手の代わりにつける人工の手。

【義人】ギジン 正しいと信ずる道理を立てて、行動によってその精神を示す人。類 義士・義民。例 ―大塩平八郎(おおしおヘイハチロウ)。

【義絶】ギゼツ (名・する)親子や兄弟(キョウダイ)などの間で、親族としての関係を断(た)つこと。また、師弟、君臣、友人としての交わりを断つこと。例 兄弟と―する。

【義戦】ギセン 正しい道理を守るため、また正義を通すためにおこなうたたかい。

【義足】ギソク 失った足の代わりにつける人工の足。

【義賊】ギゾク 自分なりの正義にもとづき、金持ちや権力者からぬすんだ金品を、貧しい者に分けあたえるどろぼう。例 鼠小僧(ねずみこぞう)のような―。

【義太夫】ギダユウ 「義太夫節(ぶし)」の略。江戸(えど)時代の中期に、竹本義太夫が始めた浄瑠璃(ジョウルリ)の一派。

【義弟】ギテイ ①義理の弟。妻または夫の弟、あるいは妹の夫。対 実弟。②おたがいを兄弟であるとちかい合ったどうしの、弟のほう。対 義兄。

【義父】ギフ 義理の父。妻または夫の父、あるいは継父(ケイフ)や養父など。対 実父(ジップ)。

【義憤】ギフン 道理を立て筋をとおす気持ちから起こる、悪や不正をにくむいかり。例 ―を感じる。

【義兵】ギヘイ 正しい道理を立てるために行動する兵。また、たたかい。例 ―を挙(あ)げる。

【義母】ギボ 義理の母。妻または夫の母、あるいは継母(ケイボ)や養母など。対 実母・生母。

【義僕】ギボク 主人との関係で、道理を立てて行動するしもべ。類 忠僕。

【義妹】ギマイ 義理の妹。妻または夫の妹、あるいは弟の妻など。対 実妹。

【義民】ギミン 世のため人のために行動する人。たとえば、村全体の苦しみを救うために命をかけた農民など。類 義人・義士。

【義務】ギム ①当然のつとめとしてしなければならないこと。例 ―を果たす。②とくに、憲法その他の法律・条例・規定で定められた、なすべきつとめ。対 権利。例 ―教育。国民の―。

【義勇】ギユウ 正しい道理を立てるため、自分の意志で進んで戦いに加わる勇気。例 ―兵。―軍。

【義理】ギリ ①人との関係や世の中の習慣に従っていると、いやだと思ってもしなければならないようなこと。恩義に対するお返しとしてのつとめ。例 ―がたい。―を欠く。②夫婦(フウフ)になることや養子縁組(ヨウシエングみ)などで生じる、血縁(ケツエン)関係に準じるあいだがら。例 ―の親子。③ものごとのすじみち。ものの道理。例 ―を明らかにする。

【義烈】ギレツ 正しい道理を守り、強い意志で行動すること。

【義を見て▽為(せ)ざるは勇(ユウ)なきなり】当然すべきことと知っていながらしないのは、勇気がないのである。〈論語(ロンゴ)〉

●意義(イギ)・奥義(オウギ|おくギ)・恩義(オンギ)・狭義(キョウギ)・広義(コウギ)・講義(コウギ)・主義(シュギ)・信義(シンギ)・仁義(ジンギ)・正義(セイギ)・忠義(チュウギ)・定義(テイギ)・律義(リチギ)

羊 7 【群】 13画 2318 7FA4 教育4 音 クン 漢 グン 呉 訓 む-れる・む-れ・むら

筆順 フ ヨ ヨ 尹 君 君 君' 群

羊 7 【羣】 13画 7026 7FA3 本字

なりたち 羣 [形声]「羊(=ひつじ)」と、音「君(クン)」とから成る。ヒツジのむれ。

意味 ❶多くのものが集まる。むれる。むらがる。例 群居(グンキョ)。群集(グンシュウ)。群生(グンセイ)。❷集まったなかま。あつまり。むれ。例 群衆(グンシュウ)。大群(タイグン)。抜群(バツグン)。❸たくさんの。もろもろの。例 群臣(グンシン)(=多くの臣下)。群雄(グンユウ)。

難読 群雀(むらすずめ)・群鳥(むらがらす)・平群(へぐり)(=地名)

人名 あつむ・とも・もと

【群議】グンギ (名・する)多くの人々が集まって相談すること。類 衆議。

【群居】グンキョ (名・する)むれをなして集まり住むこと。

【群衆】グンシュウ 〔一定の秩序(チツジョ)や組織がなく〕一か所に集まった

おおぜいの人々。

【群集】グンシュウ（名・する）おおぜいの人が一か所に集まること。また、その人々。例―がおし寄せる。

【群集心理】グンシュウシンリ 個人が群集のなかにはいったときに生じる特殊な心理。周囲にやたらに同調して興奮し、さわぎたてる心の状態。例―をたくみについた演説。

【群書】グンショ さまざまな多くの書籍。例――覧。

【群小】グンショウ 多くの、小さくて力の弱いもの。例―国家。

【群青】グンジョウ 藍に近いあざやかな青色。群青色。

【群生】グンセイ（名・する）同じ種類の植物が、一か所にむらがってはえること。例サクラソウの―地。

【群▼棲】グンセイ（名・する）同じ種類の動物が、一か所にむれをつくってすむこと。例シマウマが―する広野。

【群像】グンゾウ 多くの人物をいきいきとえがいた作品。例青春の―。―劇。

【群体】グンタイ〔生〕出芽・分裂などで生じた多くの同種の個体が、組織的につらなり合って生活する生物の集まり。たとえば、植物では珪藻、動物ではサンゴなど。

【群島】グントウ 一定の海域にある島々。

【群発】グンパツ ある期間、同じ地域に集中的に起こること。例―地震。

【群舞】グンブ（名・する）おおぜいの踊り手がむらがって踊ること。また、その踊り。例無数のチョウが―している野原。

【群盲】グンモウ ①多くの盲人。例―象を評す。②多くのおろかな人々。

【群盲象を▼撫す】グンモウゾウをなず 凡人は大事業や大人物の全体を理解することはできないことのたとえ。群盲象を評す。群盲象を模す。〔盲人たちがゾウをなでて、自分のさわったゾウのからだの一部分から、ゾウとはこのようなものだと言い合ったという仏典の説話で、人々が、仏の教えの真理を正しく理解することは難しいことをいったもの〕

【群雄】グンユウ 多くの英雄。

【群雄割拠】グンユウカッキョ 多くの英雄たちが、各地に勢力をもって立てこもり、きそって天下を取ろうとすること。

【群落】グンラク ①多くの村落。②一つの地域内に、かたまって生育する植物のむれ。類群生。例カタクリの―。

【群雲】むらくも 集まりむらがっている雲。例月に―、花に風。

●一群・岩群・魚群・鶏群・症候群・大群・抜群・流星群

6画

羊7 【羨】13画 3302 7FA8 常用 音セン漢 ゼン呉 訓うらや-む・うらや-ましい

筆順

なりたち［会意］「次(=よだれ)」と、「羑(=文王が捕らえられた地である羑里)」の省略体とから成る。むさぼり欲する。

意味 ❶うらやましく思う。ほしがる。したう。例羨望。❷あふれる。あまる。例羨余(=あまり)。

人名 のぶ・ゆたか・よし

【羨望】センボウ（名・する）うらやましいこと。例―の的。

羊7 【羣】13画 ⇨【群】グン(802ジペー)

羊9 【羯】15画 7027 7FAF 音カツ慣 ケツ漢

意味 ❶去勢したヒツジ。例羯羊。❷西方の異民族、匈奴の一種族。例羯鼓。

【羯鼓】カッコ つづみの一種。二本のばちで両面を打って使う。〔羯の人々が用いた〕

羊9 【羮】15画 ⇨【羹】コウ(803ジペー)

羊10 【羲】16画 7028 7FB2 音ギ慣 キ漢

意味 姓名に用いられる字。例伏羲(=中国古代の伝説上の帝王)。王羲之(=東晋の書家)。

羊13 【羹】19画 7029 7FB9 音コウ漢 カン唐 訓あつもの

羊9 【羮】15画 7030 7FAE 俗字

(=あつもの)

意味 肉と野菜をあわせて煮たスープ。あつもの。例羹湯。

【羹に懲りて▼膾を吹く】あつものにこりてなますをふく〔「膾」は、細かく切った、なま肉。原文は「韲」の字〕熱いスープをすすって口をやけどしたのにこりて、冷たいなますに息を吹きかけてさまそうとする。一度の失敗にこりて、用心しすぎることのたとえ。

故事のはなし 中国の戦国時代、楚の国に屈原という人がいた。祖国の楚の国運が思わしくなかったので、その回復のため王をいさめたが、逆に人々の讒言にあい、王にきらわれて追放されてしまう。そのときの悲しみや、祖国に対する変わらぬ気持ちをうたった、物語風の詩の一節にあるのがこの文句で、厲神(=悪神)が屈原に「お前は主君にも疎んぜられ、孤立している。他人の悪口のおそろしさをよく考えなさい。羹に懲りて韲を吹くということばもある。そのように用心しなければならないのに、なんだっていつまでも気持ちを変えようとしないのだ」と述べているところ。屈原は総理大臣にあたる職にもついた楚の王族で、詩人としても有名。最後は祖国の運命をなげきつつ、汨羅という淵に身を投げて死んだという。（楚辞）

●軽羹・水羊羹・羊羹→【粽】ソウ(765ジペー)

羊13 【羶】19画 7031 7FB6 音セン漢 訓なまぐさ-い

意味 ヒツジの肉のにおい。また、草木のにおい。なまぐさい。例羶血。

【羶血】センケツ なまぐさい血。転じて肉食をする人のこと。

【羶▼腥】センセイ なまぐさい。

羊13 【羸】19画 7032 7FB8 音ルイ漢呉 訓つか-れる・や-せる・や-む・よわ-い・よわ-る

意味 ❶つかれる。例羸師。❷やせて、よわよわしい。よわい。例羸弱。

【羸師】ルイシ よわい軍隊。疲弊した軍隊。

【羸弱】ルイジャク ①つかれ、よわること。やせおとろえること。②よわい人。転じて、人民。庶民。

【羸卒】ルイソツ つかれてよわった兵士。

【羸▼餒】ルイダイ（名・する）飢えてやせおとろえること。

124 6画 羽(羽) はね部

とりの両翼の形をあらわす。常用漢字では「羽」「ヨ」となる。「羽」をもとにしてできている漢字を集めた。

0 羽 羽 4 翁 翅 翁 翠 5 習 翌 翊 習 翌 6 翕 翔 翔 8 翠 翡 翠 9 翫 翦 翩 10 翰 11 翳 翼 翼 12 翹 翻 翻 14 耀 耀

羽0 【羽】6画 1709 7FBD 教育2 音ウ漢呉 訓は・はね

筆順

羽0 【羽】6画 FA1E

なりたち [象形]二つならんだ鳥のつばさの形。

意味 ❶鳥や虫のはね。つばさ。例羽化。羽毛。❷鳥類のこと。例羽鱗(=鳥類と魚類)。❸補佐する。たすけ。例羽翼。❹東洋音楽の五音(=宮・商・角・徴・羽)の一つ。

日本語での用法 一《わ・ば・ぱ》鳥などを数えることば。「ウサギ一羽・カラス三羽・小鳥六羽」二《ウ》旧国名「出羽(=今の山形県と秋田県)」の略。「羽前・羽後・羽州・奥羽・陸羽」

難読 羽衣

【羽衣】鳥のはねで作った衣服。天人や仙女が空を飛ぶときに着るという。

【羽化】(名・する)昆虫の幼虫またはさなぎが変態して成虫となること。例セミの―。

【羽化登仙】中国の神仙術で、からだに羽が生えて天にのぼり、仙人になること。また、酒に酔ってよい気分になることもいう。

【羽▼觴】スズメがはねを広げた形に似せて作った杯。例―を飛ばす(=宴席でさかんに杯をやりとりする)。

【羽毛】①鳥のふわふわしたやわらかいはね。例―のように軽いもの。②鳥のはねと、獣の毛。例―を用いた暖かい衣服。

【羽翼】①鳥のはねとつばさ。また、鳥のつばさ。②鳥の羽のように、左右から助けること。補佐すること。また、補佐する人。例主君の―となってつとめる。

【羽織】和服で、着物の上に着る、丈が短く、えりの折れた衣服。

【羽子板】羽根をつく、柄のついた長方形の板。

【羽尺】おとなの羽織一枚分の反物。約八・四メートルから九・四メートル。対着尺。表記「端尺」とも書く。

【羽根】①黒い小さな玉に鳥の羽をつけたもの。羽子板でついて遊ぶ。例―つき。②バドミントンのシャトル。③器具や機械にとりつける、鳥の羽のような形のうすい板。例換気扇の―。

【羽二重】上質の絹糸で織った純白の絹織物。やわらかくて上品な光沢がある。

●尾羽・合羽・切羽

羽0 【羽】6画 ⇨【羽】(804ページ)

羽4 【翁】10画 1807 7FC1 常用 音オウ漢 訓おきな

筆順

羽4 【翁】10画

なりたち [形声]「羽(=つばさ)」と、音「公コウ→オウ」とから成る。鳥のくびの毛。借りて「おじいさん」の意。

意味 ❶男性の年配者をうやまっていうことば。㋐男性の老人。おきな。対媼。例翁媼。老翁。塞翁が馬。㋑男性の姓や名につける。蕉翁(=松尾芭蕉)。奈翁(=ナポレオン)。沙翁(=シェークスピア)。白翁(=白居易)。❷父親。

日本語での用法 《おきな》能楽で用いる老人の面。「翁の面」

人名 おい・おき・とし・ひと

【翁▼媼】おきなと、おうな。年老いた男と年老いた女。

●玄翁・老翁

羽4 【翅】10画 7034 7FC5 音シ漢 訓つばさ・はね

意味 ❶鳥や虫のはね。例翅羽(=はね。つばさ)。展翅(=標本にするために虫の羽を広げること)。❷魚のひれ。例魚翅。

羽4 【翁】10画 ⇨【翁】(804ページ)

羽4 【翠】10画 ⇨【翠】(805ページ)

羽5 【習】11画 2912 7FD2 教育3 音シュウ漢 ジュウ呉 訓なら-う・なら-い・なら-わし

筆順

羽5 【習】11画

なりたち [形声]「羽(=つばさ)」と、音「白ハク→シュウ」とから成る。くりかえして、はばたく。

意味 ❶くりかえしまねて、身につける。まなぶ。例習得。学習。練習。❷くりかえされたやり方。しきたり。ならわし。例習慣。因習。風習。

使い分け ならう【習・倣】⇨1176ページ

人名 しげ・まなぶ

【習慣】①古くからのならわしや、やり方。風習。慣習。しきたり。例正月に餅を食べるのは日本の―だ。②毎日の生活のなかでくりかえしている、その人のやり方。例毎朝の散歩はわたしの―だ。

【習作】(名・する)音楽・文学・絵画・彫刻・映像などで、練習としてつくった作品。エチュード。

【習字】文字を正しく美しく書くための学習。手習い。書き方。類書写・書道。例ペン―。―の先生。―の手本。

【習熟】(名・する)あるものごとを、じゅうぶんに経験または練習してうまくなること。熟練。熟達。例算盤に―して特技とする。

【習性】①動物それぞれにみられる、生まれつきの性質や行動の型。例ネコは動くものに反応する―をもつ。②くりかえすことによって身についた性質やくせ。例早起きの―。

【習俗】むかしからのならわしとなった世の中の生活様式。習慣や風俗。類風習。例田植え行事の—を調べる。
【習得】（名・する）学問や技術など、ならったことをよくおぼえて身につけること。例英会話を—する。
【習風】ならわし。風習。
【習癖】習慣となっている（悪い）くせ。習性。性癖。
【習練】（名・する）くりかえしよくならうこと。練習。
●因習・演習・学習・慣習・講習・実習・常習・風習・補習・練習

羽5 【翌】11画 4566 7FCC 教育6 音ヨク漢

筆順 翌（筆順図）

羽5 【翌】11画

なりたち [形声]「羽（=つばさ）」と、音「立リュウ→ヨク」とから成る。飛ぶようす。借りて「明ける」の意。

意味 （夜やある期間が）明けたのち。次の。同翊。例翌日（=あくる日）。翌年（=次の年）。

人名 あきら

【翌週】次の週。

羽5 【翊】11画 7036 7FCA 音ヨク漢 訓たす-ける・と-ぶ

意味 ❶鳥が飛ぶようす。例翊翊。❷明くる。同翌。例翊日（=あくる日）。❸補佐する。たすける。同翼。例翊佐（=補佐）。翊賛（=たすける）。

羽5 【習】11画 ⇩【習】（804ページ）

羽5 【翌】11画 ⇩【翌】（805ページ）

羽6 【翕】12画 7037 7FD5 音キュウ漢

意味 ❶鳥がいっせいに飛び立つ。すみやかに始まる。❷一つに集まる。例翕合。

【翕合】（名・する）集めてまとめること。また、集まること。例チンギス=ハンはモンゴルの諸部族を—した。表記「糾合・▼鳩合」とも書く。

【翕然】（形動タル）多くのものや人が一つに集まるようす。

6画

羽6 【翔】12画 7038 7FD4 人名 音ショウ漢 訓かけ-る・と-ぶ

羽6 【翔】12画

なりたち [形声]「羽（=つばさ）」と、音「羊ヨウ→ショウ」とから成る。まわるように飛ぶ。

意味 鳥がつばさを広げて飛びめぐる。例翔集（=飛んで来て集まる）。飛翔。

難読 翔ふる

羽6 【翔】12画 ⇩【翔】（805ページ）

羽8 【翠】14画 3173 7FE0 人名 音スイ漢呉 訓かわせみ・みどり

羽8 【翠】14画

羽4 【翆】10画 7035 7FC6 俗字

なりたち [形声]「羽（=つばさ）」と、音「卒ソツ→スイ」とから成る。青い羽の鳥。

意味 ❶水べにすむ鳥の名。めすのカワセミ。〔おすは「翡ヒ」という〕例翠華（=カワセミの羽でつくった、天子の旗）。翡翠（=カワセミ。また、宝石）。❷あおみどり色。みどり。例翠玉。翠嵐。

人名 あきら

【翠雨】①青葉に降りかかる雨。緑雨。②つややかな黒髪にかかる水滴。
【翠雲】①みどりの雲。青い雲。碧雲。②黒髪のたとえ。
【翠玉】みどり色の宝石で、エメラルド、または、翡翠。
【翠色】みどり色。緑色。蒼色。碧色。
【翠▼黛】①みどり色のまゆずみ。美人のまゆ。また、美人のこと。例—紅顔の色。②みどり色で、遠くにかすんで見える山の形容。例—の山。
【翠▽嵐】①青々とした木々のようす。②みどりにつつまれた山のけはい。例—をはらむ山路。
【翠柳】みどりのヤナギ。青々としげったヤナギ。類青柳・翠楊。

[羽（羽）部] 5—10画 ● 翌 翊 習 翌 翕 翔 翔 翠 翡 翠 翫 翦 翩 翰

【翠緑】みどり色。例—玉（=エメラルド）。

羽8 【翡】14画 7039 7FE1 音ヒ漢呉 訓かわせみ

意味 水べにすむ鳥の名。おすのカワセミ。〔めすは「翠スイ」という〕例翡翠。

【翡▼翠】①カワセミの別名。水べにすむ青い羽の鳥。〔「翡」は、おす、「翠」は、めす〕②宝石の名。③青い羽。

羽8 【翠】14画 ⇩【翠】（805ページ）

羽9 【翫】15画 2069 7FEB 音ガン漢呉 訓もてあそ-ぶ

意味 おもちゃにする。もてあそぶ。また、深く味わいたのしむ。同玩。例翫弄。賞翫。

【翫味】（名・する）①食物をよくかんであじわうこと。②意味・内容を深く考え、よく理解してあじわうこと。詩や文章についていう。例熟読—。表記 ▽「玩味・含味」とも書く。
【翫弄】（名・する）もてあそぶ。おもちゃにする。例—物。表記「玩弄」とも書く。

羽9 【翦】15画 7040 7FE6 音セン漢 訓き-る

意味 ❶きりそろえる。同剪。例翦定。❷ほろぼす。

【翦定】（名・する）①討伐し平定すること。②樹木の枝をかりこむこと。表記 ②はふつう「▼剪定」と書く。

羽9 【翩】15画 *7041 *7FE9 音ヘン漢 訓ひるがえ-る

意味 羽をひるがえして、速く飛ぶ。また、ひらひらする。例翩翻（=ひらひらする）。

羽10 【翰】16画 2045 7FF0 音カン漢 訓はね・ふで・ふみ

意味 ❶鳥の羽。とくに長くてかたいものをいう。❷高く飛ぶ。例翰音（=空高くひびくおと）。翰飛（=高く飛ぶ）。❸ふで。〔古くは鳥の羽で筆をつくった〕例翰墨。❹てがみ。ふみ。例貴翰（=相手のてがみをうやまっていうことば）。書翰。❺文書をつかさどる官。例翰林。

【翰墨】カンボク ①ふでとすみ。②書画や詩文をかくこと。また、そのもの。筆跡ヒッセキ。③文筆に関すること。文学。例—全書。

【翰林】カンリン ①学者や文人の集まり。類文壇ブンダン。②「翰林院」の略。唐代から清代まで置かれた役所。学者を集めて詔勅ショウチョクの文章や官撰カンセン史書などをつくった。③「翰林学士」の略。㋐翰林院に所属して詔勅の起草などをした官。㋑日本の文章博士モンジョウはかせの中国風の呼び名。例—博士ハクシ。④「アカデミー」の訳語」「学士院」の雅名ガメイ。例—主人シュジン。

羽11 【翳】 17画 7042 7FF3 音エイ漢呉 訓きぬがさ・かざ-す・かげ-る・かげ・くもり

意味 ❶頭上に差すかさの形のおおい。絹でつくり、羽でかざる。きぬがさ。❷さえぎりおおう。かざす。例掩翳エンエイ(=おおいかくす)。❸くらい。また、くもり。かげ。例陰翳インエイ。

羽11 【翼】 17画 4567 7FFC 常用 音ヨク漢 訓つばさ

筆順 ㇆ ㇆ 羽 羽 習 翌 翼 翼 翼

羽11 【翼】 17画 なりたち [形声]「羽(=つばさ)」と、音「異イ→ヨク」とから成る。つばさ。

意味 ❶鳥や虫のはね。つばさ。例翼状ヨクジョウ。比翼ヒヨク。❷つばさに似て左右に広がったもの。魚のひれ。飛行機のはね。例銀翼ギンヨク。尾翼ビヨク。❸補佐ホサする。たすける。また、たすけ。例翼佐ヨクサ。翼賛ヨクサン。❹二十八宿の一つ。たすきぼし。例翼宿ヨクシュク。

人名 しげ・しげし・しげる・すけ・すすむ・たすく・よし

【翼賛】ヨクサン (名・する) 補佐ホサすること。とくに天子の政治に力をそえること。例大政タイセイを—する。

【翼状】ヨクジョウ 鳥がつばさを広げた形。また、その形をしたもの。例—に布陣フジンする。

【翼翼】ヨクヨク (形動タル) ①つつしみぶかいようす。用心ぶかいようす。例小心—。②行列や、礼儀レイギなどが整ってりっぱに見えるようす。

●一翼イチヨク・右翼ウヨク・左翼サヨク・主翼シュヨク・比翼ヒヨク・尾翼ビヨク・両翼リョウヨク

羽11 【翼】 17画 ⇩【翼】ヨク(806ページ)

羽12 【翹】 18画 7043 7FF9 音キョウ漢ギョウ呉 訓あ-がる・あ-げる・くわだ-てる・つまだ-てる

意味 ❶鳥の尾おの長い羽毛ウモウ。鳥の尾。例翠翹スイギョウ(=カワセミの羽。また、それをかたどった髪かみかざり)。❷もち上げる。あげる。例翹首ギョウシュ。❸つまさき立つ。つまだつ。例翹企ギョウキ。❹ずばぬけてすぐれる。例翹材ギョウザイ(=優秀ユウシュウな人材)。

【翹企】ギョウキ (名・する) つまさき立つこと。転じて待ち望む。熱望すること。

【翹翹】ギョウギョウ (形動タル) ①群をぬいているようす。ぬきんでているようす。②あやういようす。また、おそれるようす。③高く上がっているようす。④多いようす。⑤待ち望むようす。

【翹首】ギョウシュ (名・する) 首をのばして遠くを見ること。また、待ち望むこと。

【翹然】ギョウゼン (形動タル) ①群をぬいているようす。ぬきんでているようす。②待ち望むようす。③まっすぐなようす。

【翹望】ギョウボウ (名・する) 首をのばして待ち望むこと。

羽12 【翻】 18画 4361 7FFB 常用 音ハン漢ホン呉 訓ひるがえ-る・ひるがえ-す

筆順 立 平 釆 番 番 翻 翻 翻

羽12 【翻】 18画 飛12 【飜】 21画 7044 98DC 人名 別体字

なりたち [形声]「羽(=つばさ)」と、音「番ハン」とから成る。鳥が飛ぶ。

意味 ❶ひるがえる。ひらひらする。例翩翻ヘンポン。❷ひっくりかえす。うらがえしにする。例翻意ホンイ。翻弄ホンロウ。❸別の言語になおす。内容を変えず、書きあらためる。例翻案ホンアン。翻字ホンジ。翻訳ホンヤク。

【翻案】ホンアン (名・する) 古典・小説・戯曲ギキョクなどの原作の内容を借り、細部を作りかえること。例「七人シチニンの侍さむらい」を—した映画。

【翻意】ホンイ (名・する) 考えを改めること。例—をうながす。

【翻刻】ホンコク (名・する) ①すでにある写本や刊本の内容を、そのまま刊行すること。例『土左とさ日記』の—。②外国の刊本を再製すること。

【翻字】ホンジ (名・する) ある文字で書かれた文章を、他の種類の文字によって書き改めること。例ローマ字文を漢字かな交じり文に—する。

【翻心】ホンシン (名・する) 決心をひるがえすこと。

【翻身】ホンシン (名・する) 身をひるがえすこと。

【翻然】ホンゼン (形動タル) ①ものが風にひるがえるようす。例—とはためく旗。②急に心を改めるようす。例—と改心する。

【翻訳】ホンヤク (名・する) ある言語で書かれた文章を、他のちがった言語に言いかえる、または書きかえること。例—家。

【翻流】ホンリュウ ⇩【奔流】ホンリュウ(267ページ)

【翻弄】ホンロウ (名・する) 思うままにもてあそぶこと。てだまにとること。例人の心を—する。

羽12 【翻】 18画 ⇩【翻】ホン(806ページ)

羽14 【耀】 20画 4552 8000 人名 音ヨウ漢呉 訓かがや-く

羽14 【耀】 20画 なりたち [形声]「光(=ひかり)」と、音「翟テキ→ヨウ」とから成る。かがやく。

参考 本字は「燿ヨウ」。

意味 光りかがやく。ひかり。例栄耀エイヨウ。光耀コウヨウ。

人名 あき・あきら・てる

羽14 【耀】 20画 ⇩【耀】ヨウ(806ページ)

125 6画 老(耂) おいかんむり おいがしら 部

長い白髪ハクハツをのばしたとしよりの意をあらわす。「耂(四画)」は省略した形。「老」をもとにしてできている漢字と、「耂」の字形を目じるしにして引く漢字とを集めた。

0 老 2 考 4 耆 者 耄 5 耇 6 耋

この部首に所属しない漢字　孝⇩子 284　煮⇩灬 632

老 0

【老】

6画　4723 8001　教育4

音 ロウ 漢 呉　訓 お-いる・ふ-ける・お-い　付表 老舗しにせ

筆順 一 十 土 耂 耂 老

なりたち [会意]「耂(=長くのびた毛)」と「匕(=かわる)」とから成る。ひげや髪が白く変わった、としより。七十歳をいう。

意味 ❶(七十歳の)としより。例老夫婦。敬老。❷年をとったり古くなったりして、おとろえる。例老化。老朽。❸経験ゆたかな(人)。例老練。長老。❹古くからある。例老舗。❺年長者をうやまっていうことば。例山田老。❻「老子」の略。例老荘思想(=老子と荘子の思想)。

使い分け ふける【更・老】⇩1179ページ

難読 老海鼠ほや・海老えび・野老ところ

人名 おみ・おゆ・とし

【老▼嫗】ロウウ 年とった女性。おうな。老女。老婆。〔「ロウオウ」と読むことが多いが、「オウ」は慣用音〕

【老翁】ロウオウ 年とった男性。おきな。老爺。

【老▼鶯】ロウオウ ①春が過ぎても鳴いているウグイス。残鶯。晩鶯。②鳴き方のうまいウグイス。

【老化】ロウカ (名・する)年をとって肉体のはたらきがおとろえること。

【老▼獪】ロウカイ (名・形動ダ)経験を積んでものごとに動じることがなく、ずるがしこいこと。例―に立ちまわる。

【老学】ロウガク 年とってから学ぶこと。また、年おいた学者。例―では及びがたいことが多い。

【老眼】ロウガン 老化のために近くのものが見えにくくなった目。

【老眼鏡】ロウガンキョウ ①老眼を調節するための凸レンズの眼鏡。②豊かな経験から、ものの真相や本質を見ぬく力。

【老▼妓】ロウギ 年をとった芸妓。

【老朽】ロウキュウ (名・する)人が年をとったり物が古くなったりして、役に立たなくなること。また、その人や物。例―化した建物。―社屋。

【老境】ロウキョウ 老人の境地・心境。老年。晩年。例―にはいったがまだ元気だ。

【老▼軀】ロウク 年とっておとろえたからだ。老身。老体。例―にむち打つようにして仕事を続ける。

【老後】ロウゴ 年とってからの日々。年をとったあとのこと。例―の楽しみ。

【老公】ロウコウ 年おいた貴人をうやまっていうことば。例水戸の ご―(=水戸黄門)。

【老巧】ロウコウ (名・形動ダ)長年の経験や試練によって、ものごとに熟練していること。老熟。老練。例―な名人。

【老骨】ロウコツ 年をとっておとろえたからだ。老体。老軀。例―にむち打つ。

【老妻】ロウサイ 年をとった(自分の)つま。

【老残】ロウザン 年おいてなお生きながらえていること。例―の身の上を悲しまない。

【老子】ロウシ 春秋戦国時代の思想家。姓は李、名は耳。聃は字といわれる。無為・自然(=あるがままの姿)を尊び、人為的な学問や道徳を否定した。道家の祖といわれる。生没年未詳。

【老死】ロウシ (名・する)病気や事故でなく、年をとって自然に死ぬこと。

【老師】ロウシ 年とった僧または年とった師匠・先生。敬意をもって呼ぶことば。

【老実】ロウジツ (名・形動ダ)ものごとによく慣れて、誠実なこと。

【老者】ロウシャ 老人。

【老弱】ロウジャク|ロウニャク 一(名)老人と子供。老幼。老若。例―を先に助ける。二(名・形動ダ)年をとって、からだがよわること。例―な身をいたわる。

【老酒】ロウシュ ①しこんでから長い年月のたった酒。古酒。②中国産の醸造酒をまとめていうことば。〔「ラオチュー」と読むのは、現代中国語にもとづく日本なまり〕

【老儒】ロウジュ ①年をとった学者。老成した儒者。②儒者が自分をへりくだっていうことば。

【老樹】ロウジュ 年数のたった木。老木。古木。

【老熟】ロウジュク (名・する)経験をつんで、ものごとに慣れてじょうずなこと。老巧。老練。例―した筆づかい。

【老女】ロウジョ ①年をとった女性。老婆。②武家の侍女の長。

【老少】ロウショウ 老人と若者。老若。例―不定(=年をとっていようと、年が若かろうと、死は年齢にかかわりなく来る)。

【老松】ロウショウ マツの老木。古松。おいまつ。

【老▼嬢】ロウジョウ 未婚のまま年をとった女性。ハイミス。オールドミス。表記「老▽娘」とも書く。

【老身】ロウシン 年おいたからだ。老体。老軀。

【老臣】ロウシン ①年をとった家来。②身分の高い家来。重臣。

【老親】ロウシン 年おいたおや。

【老人】ロウジン 年をとった人。年寄り。例―病(=老化がすすむにつれてあらわれ、進行していく病気)。

【老衰】ロウスイ (名・する)年をとって体力や気力がおとろえること。例―した身。

【老生】ロウセイ ①年寄り。老人。②若い人に対して、年をとった男性が自分をさして、へりくだっていうことば。例―の言うところも耳にとめておかれよ。

【老成】ロウセイ (名・する)①ことば・しぐさ・性格などが年齢わりにおとなびていること。例若いのに―した話し方をする。②長い経験によってものごとに慣れていること。老熟。老練。例―した人物。

【老先生】ロウセンセイ ①経験ゆたかですぐれた、年とった先生。老師。②親子、おじ・おいなど二代の先生がいる場合、年長のほうの先生をうやまって呼ぶことば。

【老壮】ロウソウ 老人と若者。

【老荘】ロウソウ 老子と荘子。例―思想。

【老僧】ロウソウ ①年とった僧。老師。例眉雪の(=まゆ毛の白い)―。②年とった僧が自分をさしていうことば。愚僧。

【老措大】ロウソダイ 〔「措大」は、書生の意〕年をとった書生。

【老体】ロウタイ ①年とっておとろえたからだ。老軀。例夏の暑さが―にはこたえる。②老人をうやまっていうことば。例ご―。

【老大家】ロウタイカ 深く経験を積み、その道にすぐれ、尊敬される人で、今は年をとった人。

【老大国】ロウタイコク 今はおとろえて、さかんなときの国力を失っているが、外見だけは大きさを保っているかつての大国。

【老尼】ロウニ 年をとった尼僧。

【老若】ロウニャク 〔「ロウジャク」とも〕老人と若者。老弱。老少。例―男女。

【老年】ロウネン 年をとって、心身のおとろえが目立ってくる年ごろ。老齢。

【老農】ロウノウ ①年をとった農夫。②経験を積んだ農夫。

【老婆】ロウバ 年をとった女性。おうな。老嫗。

【老婆心】ロウバシン ていねいすぎる親切心。老婆心切。例—ながら申し上げます。

【老梅】ロウバイ ウメの老木。

【老馬の▼智】ロウバのチ 〔老馬を放してそのあとについて行き、道に迷わずにすんだという故事から〕経験を積んでものごとに慣れ、よく知っていること。ものにはそれぞれの特長があることのたとえ。類老馬道を知る・老馬道を弁ず。〈韓非子〉

【老▼婢】ロウヒ 年をとった女のめしつかい。

【老夫】ロウフ ①年をとった男性。また、老人が自分をへりくだっていうことば。②年をとった(自分の)夫。

【老父】ロウフ 年おいた父。対老母。

【老婦】ロウフ 年をとった女性。

【老兵】ロウヘイ ①年をとった兵士。②経験の長い老練な兵士。

【老舗】ロウホ・しにせ 古くからある店。昔から何代も続いている店。表記「老▼鋪」とも書く。

【老母】ロウボ 年おいた母。対老父。

【老木】ロウボク 年数のたった木。古木。老樹。例境内に樟の—が立っている。

【老僕】ロウボク 年をとった男のめしつかい。例忠実な—。

【老▼耄】ロウモウ 〔「老」は七十歳、「耄」は八、九十歳の老人の意〕年をとって体力・気力がおとろえること。また、おとろえた老人。

【老▼爺】ロウヤ 年をとった男性。おきな。老翁。

【老幼】ロウヨウ 老人と年少者。老弱。例—の男女。

【老齢】ロウレイ 年をとっていること。高齢。例—を迎える。

【老練】ロウレン (名・形動ダ) 長い年月にわたって経験を積み、ものごとに慣れてじょうずなこと。老巧。老熟。例—なパイロットの操縦。

●海老・家老・敬老・元老・古老・故老・初老・早老・大老・長老

耂2 【考】6画 2545 8003 教育2 音コウ漢 訓かんがーえる・かんがーえ

筆順 一 十 土 耂 考

なりたち [形声]「老(=としより)」の省略体と、音「丂コウ」とから成る。老いた人。借りて「かんがえる」の意。

意味 ❶としより。老人。また、なくなった父。例考妣。先考(=亡父)。❷思いめぐらす。かんがえる。例考慮。思考。熟考。❸しらべ明らかにする。例考査。考察。

難読 定考(=平安時代の儀式の一つ。「上皇」の読みと同じになるのを避けて、読みくせで字の順の逆に読む)

人名 たか・たかし・ただ・ちか・とし・なか・なり・なる・のり・はかる・やす・よし

【考案】コウアン (名・する) くふうして作りだすこと。類工夫・案出。例新しい機種を—する。

【考異】コウイ 同じ書物で本文がいくつもあるとき、その諸本のあいだで文字や語句の異同を調べ、解釈などを考えること。また、その結果。例法華経—。

【考課】コウカ 公務員・会社員の仕事ぶりや学生の成績を調べて優劣をつけること。例人事—。

【考究】コウキュウ (名・する) 深く考え研究すること。類攻究。例歴史学を—する。

【考古学】コウコガク 主として、文献のない古い時代の遺跡や遺物によって歴史を解明しようとする学問。〔歴史学は、主として、文字で書かれた史料によって研究する〕

【考査】コウサ (名・する) ①考え調べること。考課。例人物—。②テストをして生徒の学力を調べること。例期末—。

【考察】コウサツ (名・する) 考えたり調べたりして、ものごとを明らかにしたり見きわめたりすること。例水害の要因を—する。

【考試】コウシ ①志願者の学力・資格を調べる試験。例—に応じる。②役人を採用するための試験。

【考証】コウショウ (名・する) 昔のことについて、当時の文書から証拠をさがして説明すること。例時代—。

【考証学】コウショウガク 古い書物からよりどころを得て経書を研究する学問。儒学のなかで、文字を重視する学。

【考▼妣】コウヒ なくなった父と、なくなった母。

【考慮】コウリョ (名・する) あることについて、よく心にとめて深く考えること。例経験や能力を—して待遇する。

【考量】コウリョウ (名・する) ものごとをいろいろ考えあわせて判断すること。例前後の事情を—して判断する。

●一考・愚考・再考・参考・思考・熟考・先考・選考・長考・備考・黙考

耂4 【耆】10画 7045 8006 音 一キ漢 ギ呉 二シ漢 訓おーいる

意味 一 (六十歳の)としより。また、経験ゆたかで徳の高い人。おいる。例耆宿。耆老(=徳の高い老人)。二 このむ。ほしがる。同嗜。例耆欲(=好み)。

【耆宿】キシュク 経験ゆたかで学識があり、人々に尊敬されている老人。宿老。例学界の—。

耂4 【者】8画 2852 8005 教育3 音シャ漢呉 訓もの 付表猛者

筆順 一 十 土 耂 耂 者 者 者

耂5 【者】9画 1-9036 FA5B 人名

なりたち [形声]「白(=いう)」と、音「耂シ」とから成る。ことがらを分けることば。

意味 ❶人やものごとを指すことば。例学者。前者。二者。❷〔助字〕㋐「は」「もの」「こと」と読み、主語・主題をはっきり示すはたらきをする。例仁者人也(=仁とは人のことである)。〈中庸〉滅国者五十(=国を滅ぼすことが五十たびにもなる)。㋑「…ば」と読み、場合や条件を示す。例不者(=そうでなければ)。㋒時をあらわすことばの下につく。例今者。昔者。

難読 諜者

人名 ひさ・ひと

●医者・縁者・王者・学者・患者・記者・御者・後者・作者・識者・死者・使者・従者・勝者・信者・聖者・拙者・選者・前者・走者・打者・達者・長者・著者・読者・忍者・敗者・筆者・編者・武者・勇者・両者・悪者

耂4 【耄】10画 7046 8004 音ボウ漢 モウ呉 訓おいぼーれる・おいぼーれ

意味 (八、九十歳の)としより。年をとって体力や気力がおとろえる。おいぼれ。例耄碌。衰耄(=年老いて、おとろえること)。

【耄▼碌】モウロク (名・する) 年をとって心身のはたらきがおとろえること。また、その人。例—して人の名前を忘れる。

耂5 【者】9画 ⇩【者】シャ(808ページ)

老 6
【耋】
12画 7047 800B 音テツ漢

意味 八十歳の老人。としより。〔七十歳あるいは六十歳とする説もある〕例耋老テツロウ(=老いる。また、老人)。

126 6画 而 しこうして部

あごひげの形をあらわす。「而」と、「而」をもとにしてできている「耐」とを集めた。

0 而 3 耐

而 0
【而】
6画 2809 800C 人名 音ジ漢ニ呉 訓しか-して・しこう-して・しか-も

意味 ❶相手を指すことば。なんじ。例知而無罪(=おまえに罪のないことがわかった)。❷〔助字〕㋐「しかして」「しこうして」「…(し)て」と読み、そうして・それで、の意。順接をあらわす。例学而時習之(=学んでときどきおさらいをする)。〈論語ロンゴ〉 ㋑「しかも」「しかるに」「しかれども」と読み、けれども、の意。逆接をあらわす。例而今安在哉(=けれども今はいったいどこにいるのか)。

人名 しか・なお・ゆき

難読 而已のみ・別而べっして・斯而かくて

【而後】ジゴ これからのち。その後。以後。而来。例而今ジコン―(=今より以後)。―故郷へ帰ることはなかった。

【而来】ジライ 「而後ジゴ」に同じ。

【而立】ジリツ 〔「三十而立サンジュウにしてたつ」から〕三十歳サイの別名。〈論語ロンゴ〉

而 3
【耐】
9画 3449 8010 常用 音タイ漢ダイ呉 訓た-える

筆順 一 ア 丆 丙 而 而 耐 耐 耐

なりたち 【会意】「寸(=法律)」と「而ジ(=ひげ)」とから成る。ひげをそりおとす刑ケイ。借りて「たえる」の意。

意味 もちこたえる。がまんする。こらえる。例耐久タイキュウ。耐熱タイネツ。忍耐ニンタイ。

使い分け たえる【耐・堪】⇩1171ページ

人名 しのぶ・たゆる・つよし・とう・とおる

【耐火】タイカ 高温の火や熱にたえ、焼けたりとけたりしないこと。例―建築。

【耐寒】タイカン 寒さにたえること。例―訓練。

【耐久】タイキュウ (名・する)長い間の使用にたえること。長もちすること。例―消費財。

【耐久消費財】タイキュウショウヒザイ テレビ・エアコンなどの電気製品や自動車など、長いあいだ使用できる商品。

【耐震】タイシン 強度の地震にも、簡単にはくずれたり、こわれたりしないこと。例―建築。

【耐水】タイスイ 水にぬれても、水分がしみとおったり、ぬれたものが変質したりしないこと。例―性。

【耐性】タイセイ 病原菌ビョウゲンキンなどの生物が、薬などに抵抗テイコウして生きのびる性質。例―が生じる。―をもった菌キン。

【耐熱】タイネツ 高熱に対しても変質しないこと。例―ガラス。

【耐乏】タイボウ (名・する)物質のとぼしさをたえしのぶこと。例―生活。

【耐用】タイヨウ 使用にたえること。例―年数(=施設シセツや機器などの資産が、使用にたえうる期間)。

127 6画 耒(耒) らいすき すきへん部

田畑をたがやす「すき」の意をあらわす。「耒」をもとにしてできている漢字を集めた。

0 耒 4 耘 耕 耙 耗 耕 耗 5 耜 7 耡 9 耦 10 耨

耒 0
【耒】
6画 7048 8012 音ライ漢 訓すき

意味 土をほりおこして、田畑をたがやす道具。すき。また、すきの柄え。

耒 4
【耘】
10画 7049 8018 音ウン漢 訓くさぎ-る

意味 田畑の雑草をとりのぞく。また、悪いものをとりさる。例耘艾ウンガイ。耕耘コウウン。

【耘▼艾】ウンガイ (名・する)雑草をとりのぞくこと。

耒 4
【耕】
10画 2544 8015 教育5 音コウ漢 訓たがや-す

筆順 一 三 丰 耒 耒 耔 耕

耒 4 【耕】10画

田 4 【畊】9画 6525 754A 別体字

なりたち 【会意】「耒(=すき)」と、「井セイ→コウ」とから成る。すきで田畑をたがやす。

意味 ❶土をほりおこして田畑をととのえる。農業をおこなう。たがやす。例耕作コウサク。農耕ノウコウ。❷働いて食を求める。ある仕事で生計を立てる。例舌耕ゼッコウ。筆耕ヒッコウ。

人名 おさむ・すく・たか・たかし・つとむ・ひろ・ひろし・やす

【耕▼耘】コウウン (名・する)田畑をたがやしたり雑草を取ったりすること。例―機。

【耕具】コウグ 田畑をたがやす道具。

【耕作】コウサク (名・する)土地をたがやして作物をつくること。例農地を―する。

【耕種】コウシュ 田畑をたがやし、種をまいたり苗なえを植えたりすること。

【耕人】コウジン 農夫。

【耕地】コウチ 農作物をつくるためにたがやした土地。例―整理。

【耕田】コウデン 田をたがやすこと。また、たがやされた田。例せまい―をたがやす。

【耕土】コウド ①田畑の表層の土。作物の根がのびひろがる部分。②農業に適した土地。例―地帯を背後にもつ都市。

●休耕キュウコウ・農耕ノウコウ・筆耕ヒッコウ

耒 4
【耙】
10画 7050 8019 音ハ漢 訓こまざらい・まぐわ

意味 ❶土のかたまりをくだく農具。まぐわ。❷まぐわで土のかたまりをくだく。❸穀物をかき集めたり土地を平らにならす道具。こまざらい。❹こまざらいでかき集めたり平らにならしたりする。

耒 4
【耗】
10画 4455 8017 常用 音 モウ慣 コウ漢 訓 へ-る

筆順 一 三 丰 耒 耒 耔 耗

耒 4
【耗】10画

なりたち [形声]「禾(=いね)」と、音「毛(ボウ→コウ)」とから成る。イネのなかま。借りて「減ってなくなる」の意。参考 のちに「禾」が「耒」に変形した。

意味 ❶使いはたす。すりへらす。また、なくなる。つきる。例 消耗。磨耗。❷たより。音信。

【耗損】(コウソン)(名・する) 使って減らすこと。使いつぶすこと。消耗・損耗。

◯●消耗・損耗・磨耗

耒 4 【耕】10画 ⇩【耕】(コウ)(809ページ)

耒 4 【耗】10画 ⇩【耗】(モウ)(810ページ)

耒 5
【耜】
11画 7051 801C 音 シ漢 訓 すき

意味 土をほりおこす農具。すき。

耒 7
【耡】
13画 7052 8021 音 ジョ慣 ショ漢 訓 すき・す-く

意味 ❶殷の時代におこなわれたとされる税法。❷田畑をたがやす農具。すき。また、たがやす。すく。同 鋤。

耒 9
【耦】
15画 1-9038 8026 音 ゴウ漢 グウ呉 訓 なら-ぶ

意味 ❶ふたり並んでたがやす。例 耦耕(=並んで耕作する)。❷ふたりがいっしょに…する。同 偶。例 耦語。匹耦(=つれあい。ともだち)。

【耦語】(グウゴ)(名・する) ふたりが向かいあって、ひそかに語りあうこと。表記「偶語」とも書く。

耒 10
【耨】
16画 7053 8028 音 ドウ漢 訓 くさぎ-る・すき・す-く

意味 ❶雑草をすきとる農具。くわ。すき。❷くわで除草する。くさぎる。例 耕耨(=田畑の草を取り、たがやす)。

128 6画 耳 みみ みみへん 部

みみの形をあらわす。「耳」をもとにしてできている漢字を集めた。

0 耳 3 耶 4 耿 耽 耻 5 聊 聆 6 聒 7 聖 聘 聖 8 聢 聚 聡 聞 聟 9 聨 11 聳 聴 聯 聲 聰 12 聶 職 14 聹 16 聾 聽

この部首に所属しない漢字

取 ⇩ 又 177　恥 ⇩ 心 395　爺 ⇩ 父 645　叢 ⇩ 又 179

耳 0
【耳】
6画 2810 8033 教育1 音 ジ漢 ニ呉 訓 みみ・のみ

筆順 一 丅 下 FF 耳 耳

なりたち [象形] みみの形。

意味 ❶音声を聞きとり、からだの平衡をたもつ器官。みみ。例 耳朶。耳目。牛耳。❷器物の側面についている耳のような形をした、つまみ。例 耳杯(=二つのつまみのあるさかずき)。❸〔助字〕「のみ」と読み、…だけ、の意。限定・強調をあらわす。例 法三章耳(=法令は三条だけとする)。〈史記〉

日本語での用法《みみ》①聞くこと。聞きとり方。「耳学問・地獄耳」②食パンやお札など平たいものの、はしの部分。「パンの耳・耳をそろえて返す」

難読 耳語

【耳殻】(ジカク) 外耳の一部で貝がらの形をした部分。みみ。

【耳下腺】(ジカセン) 耳の下にある唾液腺。例 —炎。

【耳語】(ジゴ)(名・する) 耳もとでひそひそと話すこと。耳うち。

【耳順】(ジジュン)〔「六十而耳順」から〕六十歳の別名。何を聞いてもすなおに理解できる年齢、ということによる。〈論語〉

【耳朶】(ジダ) みみたぶ。みみ。例 —にふれる(=耳にはいる。聞こえる)。—を打つ(=よく耳にきこえる)。

【耳鼻】(ジビ) みみと、はな。例 —咽喉科。

【耳目】(ジモク) ①みみと、め。例 —にふれる。②聞くことと、見ること。例 —の欲(=聞きたい、見たいという欲望)。③人々の注意や関心。例 —をおどろかす。—をひく。—を集める。④見聞きしたことを知らせる者。手下。例 —となって働く。

【耳漏】(ジロウ) みみだれ。

【耳に逆らう】(みみにさからう) 忠告や親切で言ってくれることばを、すなおに聞けない。例 忠言—。—の言(=忠告)。

【耳▽環】(みみわ) 耳たぶにつけるかざりの輪。イヤリング。表記「耳輪」とも書く。

【耳を▼掩いて鐘を盗む】(みみをおおいてかねをぬすむ) おろか者が自らをあざむくこと。他人に知られないようにしたと思っていても、実は知れ渡っている。(本来は、君主たる者は苦言に耳を傾けるべきであるということ)〔おろか者が鐘を手に入れ、大きすぎて運べないので小さくしようと、つちでたたいたら大きな音がした。その音をだれかが聞きつけて奪われることを恐れ、自分の耳をふさいだという故事から〕〈呂氏春秋〉

◯●外耳・牛耳・小耳・地獄耳・中耳・内耳・寝耳・初耳・福耳

耳 3
【耶】
9画 4477 8036 人名 音 ヤ漢呉 訓 や・か

なりたち「邪」の「牙」が「耳」のように変形してできた字。

意味 ❶父親のこと。同 爺。例 耶嬢(=父と母)。❷梵語の音訳。例 摩耶夫人。❸〔助字〕「や」「か」と読み、疑問・反語・詠嘆をあらわす。例 雲耶山耶(=雲だろうか、山だろうか)。

難読 耶蘇

【耶▼蘇】(ヤソ)〔ラテン語 Jesus の音訳〕①イエス=キリスト。例 —の生誕。②キリスト教。例 —教。③キリスト教信者。

【耶馬台国】(ヤマタイコク) ⇩【邪馬台国】(ヤマタイコク)(988ページ)

耳 4
【耿】
10画 7054 803F 音 コウ漢 訓 あき-らか

意味 ❶あかるい。ひかりかがやく。例 耿光(=あかるい光)。耿耿。❷こころざしがしっかりしている。おこないが正しい。例 耿介(=かたく節操を守ること)。

【耿耿】(コウコウ)(形動タル) ①明るく光りかがやくようす。②かたく心に思うことがあってうれえるようす。心が安らかでないようす。例—たる反逆精神。

耳4 【耽】 10画 3531 803D 人名 音タン漢呉 訓ふけ-る

意味 ❶耳が大きくたれ下がっている。❷度をこえて楽しむ。熱中する。ふける。例耽溺。耽美。

【耽溺】(名・する) 不健全なことに夢中になり、ぬけ出せなくなること。例酒色に—する。

【耽読】(名・する) 本に夢中になって読みふけること。例推理小説を—する。

【耽美】美を追い求め、美しさにのめりこむこと。例—的。—派。

【耽楽】(名・する) 酒色などの楽しみにふけること。

耳4 【耻】 10画 ⇩【恥】(395ページ)

耳5 【聊】 11画 7056 804A 音リョウ漢 訓いささ-か

意味 ❶耳鳴りがする。例聊啾(=耳鳴り)。❷たよりにする。❸たのしむ。心なぐさめる。例無聊。❹かりそめ。わずかの。例聊爾。❺いささか。ちょっと。ひとまず。例聊か驚いた。

【聊斎志異】清代の短編小説集。蒲松齢の著。神仙や動物などにまつわる怪奇な話を収める。

【聊▼爾】(名・形動ナ) ①よく考えずにすること。かりそめ。②礼儀知らずなこと。ぶしつけ。失礼。例—ながら。—を申した。

耳5 【聆】 11画 7057 8046 音レイ漢 訓き-く

意味 ❶耳をかたむけてきく。例側聆(=耳をそばだててきく)。❷あきらかになる。理解する。例聆聆(=はっきりさとるようす)。

耳6 【聒】 12画 7058 8052 音カツ漢 訓かまびす-しい

意味 鳥や虫や馬などの声がやかましい。かまびすしい。例聒聒(=さわがしいようす)。

6画

耳7 【聖】 13画 3227 8056 教育6 音セイ漢 ショウ呉 訓ひじり

筆順 一 厂 F 耳 耳 耳 耳口 耳口 耳口 聖 聖

耳7 【聖】 13画

なりたち [形声]「耳(=みみ)」と、音「呈(テイ→セイ)」とから成る。ものごとに精通する。

意味 ❶最高の知性・徳性をそなえた人。ひじり。例聖人。❷学問や技芸の道をきわめた人。例楽聖。詩聖。❸天子に関することの上にそえることば。例聖代。聖聴。❹英語 saint の音訳語。例聖路嘉。聖伯鐸羅。❺キリスト教にかかわることがらにつけることば。例聖書。聖母。聖なる泉。❻けがれなく清らかな。

人名 あき・あきら・きみ・きよ・きよし・さと・さとし・さとる・たか・たかし・たから・ただ・ただし・とし・ひと・ひとし・ひろ・ひろし・まさ・まさし・まさる

【▽聖者】㊀〔仏〕さとりをひらいた人。㊁その宗教で修行を積んだ、りっぱな信者。キリスト教では、偉大な信者や殉教者をうやまっていう。聖人。

【▽聖像】㊀仏像。㊁天子の肖像。また、聖人の肖像。孔子・キリストなど、その学派や宗教でたっとばれる人の像。

【▽聖人】㊀①すぐれた僧をうやまっていうことば。類上人。例親鸞—。日蓮—。②知恵と人徳があり慈悲ぶかい人。㊁①知識や人格がすぐれた理想的な人。例—君子。②「聖者㊁」に同じ。

【▽聖霊】㊀死者のたましい。例—会。㊁キリスト教で、父なる神、子なるキリストとともに三位一体をなし、人に宿って心の活動をおこさせるもの。例父と子と—の御名において。表記㊀は「精霊」とも書く。

【聖意】①聖人の考え。②天子の考え。聖慮。

【聖王】知恵や人格のすぐれた王。また、天子をうやまっていうことば。聖帝。

【聖恩】天子によるめぐみ。

【聖火】①神にささげる神聖な火。②オリンピック大会の開催中、大会のしるしとして燃やし続ける神聖な火。例—リレー。—台。

【聖歌】①神聖な歌。神をたたえる歌。②キリスト教で、典礼に用いられる歌。賛美歌。例—隊。

【聖家族】幼児イエス・聖母マリア・養父ヨセフの三人。神聖家族。

【聖教】①聖人の教え。とくに儒教での教え。②神聖な教え。とくにキリスト教での教え。

【聖句】①神聖なことば。②聖書のなかの文句。

【聖賢】聖人と賢人。例—の教え。

【聖祭】カトリックの典礼。ミサ。

【聖▼餐】キリストの最後の晩餐を記念する儀式。例—式。

【聖寿】天子の年齢。また、寿命。

【聖獣】麒麟のこと。聖人が世に出る前ぶれとされた想像上の動物。

【聖書】①キリスト教で聖典とする本。バイブル。例旧約—。新約—。②聖人の書いた書物。聖典。

【聖女】①知恵や人格のすぐれた理想的な女性。②宗教的事業に生涯をささげた神聖な女性。

【聖上】天子をうやまっていうことば。主上。例—陛下。

【聖職】①神聖な職業や役目。とうとい仕事。例教職は—といわれる。②神や仏に仕える仕事。例—者。

【聖心】①純粋でとうとい心。聖人の心。②天子の心。聖意。

【聖跡】①天子に関係のある遺跡や史跡。②神聖な遺跡や史跡。表記▽⑪聖▼蹟

【聖戦】神聖な目的のための戦争。

【聖俗】①聖人と俗人。②宗教的なことと世俗的なこと。

【聖体】①天子のからだ。玉体。②カトリックで、パンとぶどう酒であらわしたキリストのからだと血のこと。例—拝領。

【聖代】すぐれた天子が治めた平和な世の中。また、その治世。聖世。例—の慶事。

【聖断】天子による裁断・決定。聖裁。例—を仰ぐ。—がくだる。

【聖壇】〔「壇」は、土を高く盛り固めた、まつりの場所の意〕神をまつるための壇。例—に供物をささげる。

【聖▼譚曲】おもに聖書から題材をとった物語風の音

楽劇。オラトリオ。

【聖地】宗教に結びついて神聖化された土地。神聖な土地。例—巡礼。イスラムの—メッカ。

【聖聴】(名・する) 天子の耳に入ることや、天子が聞くことをうやまっていうことば。例—に達する。

【聖帝】人格のりっぱな天子。また、天子をとうとんだことば。聖王。聖天子。

【聖哲】聖人と哲人。また、知恵・人格ともにすぐれ、道理をわきまえたりっぱな人。例ギリシャ・ローマの—のことば。

【聖典】①聖人の書いた本。また、聖人の言行録。②その宗教のもとになる書物。キリスト教の聖書、イスラム教のコーランなど。

【聖天子】徳の高い天子。聖王。聖帝。

【聖徒】①キリスト教で、教会に所属する信者。②キリスト教の殉教者。

【聖堂】①孔子をまつった建物。聖廟。例湯島の—。②キリスト教の教会堂。カテドラル。

【聖徳】①ひじょうにすぐれた人徳。高徳。②天子の徳。例「—記念絵画館」

【聖▼廟】聖人、とくに孔子をまつった廟。例曲阜の—。

【聖母】①聖人の生母。②イエスの母。例—マリア。

【聖油】カトリックで、洗礼などの儀式に使う香油。

【聖林】①孔子の墓所の林。山東省曲阜市にある。孔林。②「ハリウッド(=米国カリフォルニア州の映画都市)」の訳語。

◯●楽聖・歌聖・詩聖・神聖

耳7 【聘】13画 7059 8058 音ヘイ漢 訓と-う・め-す

意味 ❶贈り物を持って訪問する。おとずれる。とう。例聘物(=訪問するときに持って行く贈り物)。聘問。❷礼をつくしてすぐれた人物をまねく。召す。例聘用(=召し用いる)。招聘。❸結納の金品をおさめ、妻としてむかえる。例聘金(=結納金)。
【聘問】(名・する) 礼物を持って人を訪ねること。例旧師の宅を—する。

耳7 【聖】13画 ⇩【聖】(811ページ)

［耳部］7—11画 聘聖聢聚聡聞聟聯聳聴

6画

耳8 【聢】14画 7062 8062 国字 訓しか-と

意味 まちがいなく。しっかりと。例聢と心得た。聢とは見えず。

耳8 【聚】14画 7060 805A 音シュウ漢 ジュ呉 訓あつ-まる・あつ-める

意味 ❶人や物をあつめる。たくわえる。また、あつまった人や物。例聚散。聚楽。類聚。❷人のあつまったところ。むらざと。例聚落。
【聚散】(名・する) 集まったり、散ったりすること。また、集めることと、散らすこと。表記「集散」とも書く。
【聚落】人家が集まっているところ。村落。表記現集落
【聚▼斂】(名・する) ①集め収めること。②重い税をきびしく取り立てること。例—の臣あらんよりむしろ盗臣あれ(=人民を苦しめる家来より主家の財を盗む家来のほうが支配者にとってましである)。〈大学〉
【聚楽】〔楽しみを聚める意〕「聚楽第」の略。豊臣秀吉が京都に造った豪華な邸宅の名。

耳8 【聡】14画 3379 8061 人名 音ソウ漢呉 訓さと-い

耳11 【聰】17画 7066 8070

なりたち [形声]「耳(=みみ)」と、音「悤」とから成る。耳ざとい。
意味 耳がよくきこえる。ものごとをよく理解する。かしこい。例聡敏。聡明。
人名 あき・あきら・さと・さとし・さとる・ただし・とき・とし・とみ
【聡敏】(名・形動ダ) 頭がよくてさとりが早いこと。例生まれつき—な人。
【聡明】(名・形動ダ) ものごとがよく理解でき、正しい判断ができること。賢明。例—な君主。

耳8 【聞】14画 4225 805E 教育2 音ブン漢 モン呉 訓き-く・き-こえる・き-こえ

筆順

なりたち [形声]「耳(=みみ)」と、音「門ボン→ブン」とから成る。耳にはいった音をききわける。
意味 ❶音声を耳でとらえる。きく。例見聞。聴聞。伝聞。❷きいて知ったことがら。知識。評判。うわさ。きこえ。例聞達。風聞。❸においをかぎわける。例聞香。
使い分け きく【聞・聴】⇩1168ページ
難読 聞食
人名 か・ひろ
【聞▽道】「聞説」に同じ。
【聞▽説】(副) 聞くところによれば。人の話によると。
【聞香】香をかいでその種類を当てること。また、香をたいて楽しむこと。例—道。
【聞達】世間に名が知れ、官位が上がること。例—を求めず。
◯●外聞・寡聞・旧聞・見聞・新聞・前代未聞・相聞・側聞・他聞・伝聞・百聞・風聞・令聞

耳8 【聟】14画 ⇩【婿】(279ページ)

耳9 【聯】15画 ⇩【聯】(813ページ)

耳11 【聳】17画 7064 8073 音ショウ漢 訓そび-える

意味 ❶高くそびえる。そそり立つ。同竦。例聳然。聳立。❷おそれおののく。同悚。例聳動。❸はげましすすめる。同慫。

【聳然】(形動タリ) ①高くそびえるようす。例—たるアルプスの威容。②おそれつつしむようす。例監督の訓示を—として聞く。

【聳動】(名・する) おどろいて動くこと。また、おどろかして動揺させること。例世の中を—させる重大ニュース。

【聳立】(名・する) そび立つこと。例—する富士山。

耳11 【聴】17画 3616 8074 常用 音テイ漢 チョウ呉 訓き-く

筆順

耳16 【聽】22画 7069 807D 人名

なりたち 聽 [形声]「耳(=みみ)」と「悳(=得る)」と、音「王(テイ)」とから成る。耳できき取る。

意味 ❶注意してきく。例 聴講(チョウコウ)。傾聴(ケイチョウ)。❷ききいれる。きき従う。例 聴許(チョウキョ)。❸きいて正しくさばく。例 聴診(チョウシン)。

使い分け きく【聞・聴】⇩1168ページ

人名 あき・あきら・さとし・さとる・とし・より

【聴音】(チョウオン) 音を聞き分けること。例 —機。

【聴覚】(チョウカク) 音を感じ取る感覚。例 —器。—が麻痺(マヒ)する。

【聴許】(チョウキョ)(名・する) 聞きとどけて許すこと。聞き入れること。例 請願(セイガン)を—する。

【聴講】(チョウコウ)(名・する) 講義を聞くこと。例 —生。

【聴罪】(チョウザイ)(名・する) カトリック教会で、司祭が信者の罪の告白をきき、指導や助言をすること。

【聴視】(チョウシ)(名・する) 聞くことと見ること。聞いたり見たりすること。視聴。例 —者。—率。

【聴取】(チョウシュ)(名・する) 知りたいことを聞き取ること。例 事情を—する。

【聴衆】㊀(チョウシュウ) 演説・講演・演奏などを聞く人々。㊁(チョウジュ)「チョウシュ」とも〔仏〕説法・講説などを聞く人々。

【聴診】(チョウシン)(名・する) 体内で生じる音(呼吸音・心音など)を聞き取って診察すること。例 —器。

【聴聞】(チョウモン)(名・する) ①行政機関が、国民の権利や利益にかかわる行為(コウイ)をおこなうとき、利害にかかわる人々の意見を聞くこと。例 —会。②説教や演説などを聞くこと。例 —者。表記 ①は「聴問」とも書く。

【聴力】(チョウリョク) 音を聞き取る能力。例 —障害。—を失う。

◐謹聴(キンチョウ)・敬聴(ケイチョウ)・傾聴(ケイチョウ)・幻聴(ゲンチョウ)・視聴(シチョウ)・清聴(セイチョウ)・静聴(セイチョウ)・天聴(テンチョウ)・難聴(ナンチョウ)・拝聴(ハイチョウ)・吹聴(フイチョウ)・傍聴(ボウチョウ)

耳11 【聯】 17画 4694 806F 音 レン漢 訓 つら-ねる・つら-なる

耳9 【聨】 15画 7063 8068 俗字

意味 ❶つながる。つづく。ならぶ。同 連(レ)。例 聯珠(レンジュ)(=珠(たま)をならべる。五目(ゴモク)ならべ)。❷律詩の、対(ツイ)になる二句。また、左右に一句ずつ掛(か)けるための対句(ツイク)。例 起聯(キレン)(=律詩の第一、二句)。柱聯(チュウレン)(=柱に一句ずつ掛けた対句)。

表記 現代表記では、「連(レ)」に書きかえることがある。熟語は「連」(972ページ)を参照。

【聯句】(レンク) 漢詩で、なん人かの人が一句ずつ作ってまとめた一編の詩。表記 現 連句

耳11 【聲】 17画 ⇩【声】(セイ)(244ページ)

耳11 【聰】 17画 ⇩【聡】(ソウ)(812ページ)

耳12 【聶】 18画 7067 8076 音 ショウ慣 ジョウ漢 訓 かた-る・ささや-く

意味 ❶耳もとでささやく。同 囁(ジョウ)。❷姓(セイ)の一つ。例 聶政(ジョウセイ)(=戦国時代の韓(カン)の刺客(シカク))。

耳12 【職】 18画 3106 8077 教育5 音 ショク漢 シキ呉 訓 つと-め

筆順 一 F E 耳 耶 聕 職 職 職

身12 【軄】 19画 8EC4 別体字

なりたち 職 [形声]「耳(=みみ)」と、音「戠(ショ)」とから成る。耳で聞いて、おぼえている役目。

意味 ❶ある仕事の全体に責任をもつ。つかさどる。また、仕事上の役目。つかさ。例 職掌(ショクショウ)。官職(カンショク)。❷生活するための仕事。つとめ。例 職業(ショクギョウ)。就職(シュウショク)。

日本語での用法《シキ》①律令制(リツリョウセイ)で省に属する役所。「中宮職(チュウグウシキ)・東宮職(トウグウシキ)」②荘園制(ショウエンセイ)で荘官の仕事にともなう権益。「領家職(リョウケシキ)・守護職(シュゴシキ)」

人名 つね・もと・よし・より

【職域】(ショクイキ) ①仕事の役割の範囲(ハンイ)。例 他の—をおかす。②仕事の場所の範囲。職場。例 —ごとのサークル。

【職印】(ショクイン) 仕事の上で使う、職名をしるした印。校長印・社長印など。例 —のないものは無効。

【職員】(ショクイン) 学校・官公庁・会社などに勤めている人。例 —室。—会議。—録。

【職業】(ショクギョウ) 生活のためにする仕事。例 —に貴賤(キセン)はない。

【職業病】(ショクギョウビョウ) その職業に特有の環境(カンキョウ)やからだの使い方などによって、かかりやすい病気。

【職種】(ショクシュ) 職業の種類。例 自分に適した—を選ぶ。

【職掌】(ショクショウ) 自分が受け持っている仕事の役目。職務。例 —がら毎日がいそがしい。

【職制】(ショクセイ) ①仕事の分担や職場での地位についてのとりきめ。例 —を変更(ヘンコウ)する。②職場での管理職。

【職責】(ショクセキ) 担当している仕事に関する責任。例 —を果たす。—を尽(つ)くす。

【職人】(ショクニン) 手先の技術で生活に必要ないろいろのものを作る仕事の人。大工・左官・経師(キョウジ)・指物師(さしものし)・建具師(たてぐし)など。例 —気質(かたぎ)。

【職能】(ショクノウ) ①仕事をする能力。例 —給。②それぞれがもつ独自のはたらき。例 —別組合。—代表。議会の—。文における—によって語を分類する。

【職分】(ショクブン) その職についている者としてしなければならないつとめ。例 —を全(まっと)うする。

【職務】(ショクム) 仕事上、受け持っている役目。例 —にはげむ。—権限。

【職務質問】(ショクムシツモン) 警察官が、犯罪防止や犯罪摘発(テキハツ)などのためにおこなう、職務上の質問。職質。

【職名】(ショクメイ) 職務や職業の名前。

【職歴】(ショクレキ) 今までにしてきた職業の経歴。例 学歴と—。

【職階】(ショッカイ) 職務の種類と、責任の重さによって決められる階級。官庁・会社の部長・課長・係長など。

【職権】(ショッケン) 公務員などがもつ職務上の権限。命令や処分ができる権限。例 —濫用(ランヨウ)。議長の—によって議題としてとりあげる。

◐汚職(オショク)・官職(カンショク)・閑職(カンショク)・休職(キュウショク)・現職(ゲンショク)・公職(コウショク)・在職(ザイショク)・辞職(ジショク)・失職(シッショク)・就職(シュウショク)・住職(ジュウショク)・殉職(ジュンショク)・退職(タイショク)・定職(テイショク)・天職(テンショク)・転職(テンショク)・内職(ナイショク)・奉職(ホウショク)・本職(ホンショク)・無職(ムショク)・免職(メンショク)・有職(ユウソク)

耳14 【聹】 20画 7068 8079 音 ネイ漢 訓 みみくそ・みみのあか

意味「耵聹(テイネイ)」は、耳あか。耳くそ。

耳16 【聾】 22画 4724 807E 音 ロウ漢

意味 ❶耳がきこえない。また、そういう人。例 聾啞(ロウア)。聾者(ロウシャ)。❷暗い。ものごとにくらい。例 聾昧(ロウマイ)(=無知)。

【聾▼啞】(ロウア) 耳の聞こえないことと、口のきけないこと。また、その人。例 —者。—学校。

【聾者】(ロウシャ) 耳の聞こえない人。

【聾盲】ロウモウ 耳が聞こえないことと、目が見えないこと。また、その人々。

耳16【聽】22画 ⇩【聴】チョウ（812ページ）

129 6画 聿 ふでづくり部

ふでを手に持つ形をあらわす。「聿」をもとにしてできている漢字と、「聿」の字形を目じるしにして引く漢字とを集めた。

0 聿 7 肄 肆 肅 8 肇 肈

この部首に所属しない漢字

書⇩曰499 粛⇩彐368 晝⇩日491 畫⇩田682

聿 0 【聿】6画 7070 807F 音 イツ漢 イチ呉 訓 かざ-る・こ-れ・ここ-に・した-が-う・つい-に・ふで・よ-り

意味 ❶筆。ふで。例 舌聿ゼツイツ（＝したと、ふで。ことばと、文字）。❷〔助字〕「これ」「ここに」と読み、文のリズムをととのえる。

聿 7 【肄】13画 7071 8084 音 イ漢 訓 なら-う

意味 学習する。訓練する。ならう。例 肄業イギョウ（＝ならう）。

【肄習】イシュウ（名・する）ならうこと。練習すること。

聿 7 【肆】13画 7072 8086 音 シ漢呉 訓 いちぐら・つら-ねる・みせ・ほしいまま

意味 ❶列をなすようにならべる。つらねる。例 肆列シレツ（＝ならぶ。ならべる）。❷品物をならべて見せる、みせ。例 書肆ショシ。❸思うとおりにふるまう。気まま。ほしいまま。同 恣シ。例 肆意シイ。放肆ホウシ。❹「四」の大字ダイジ。商売や契約ケイヤクの文書で、数字を書きかえられないように使う。

【肆意】シイ 自分の気持ちのままに行動すること。わがまま。自分かって。表記「恣意」とも書く。

【肆行】シコウ 勝手気ままなふるまい。

【肆店】シテン みせ。店舗テンポ。

聿 7 【肅】13画 ⇩【粛】シュク（368ページ）

聿 8 【肇】14画 4005 8087 人名 音 チョウ漢 訓 はじ-め・はじ-める

聿 8 【肇】14画

なりたち ［会意］「戸（＝と）」と「聿（＝はじめ）」とから成る。戸をはじめてひらく。

意味 はじめてひらく。はじめ。例 肇国チョウコク。

人名 こと・ただ・ただし・ただす・とし・なが・はじむ・はつ

【肇国】チョウコク（名・する）はじめて国を建てること。新しく国をおこすこと。建国。例 ―の大事業をなしとげる。

聿 8 【肈】14画 ⇩【肇】チョウ（814ページ）

130 6画 肉 にく（月 にくづき）部

すじのあるひと切れのにくの形をあらわす。「肉」が偏へん（＝漢字の左がわの部分）になったり、下につくときは「月（にくづき）」（四画）となる。（「月つきへん・月づき」とは本来別であるが、常用漢字体ではすべて「月」の字形となった）。「肉」をもとにしてできている漢字を集めた。

0 肉 2 肌 肋 肎 3 肝 肛 肓 肖 肚 肘 肖 4 育 肩 股 肯 肱 肴 肢 肭 肥 肪 肩 肺 冐 肬 5 胃 胤 胡 胛 胥 胙 胎 胆 胝 冑 背 肺 胚 胖 胞 胞 脉 6 胸 脅 胯 胱 脂 脆 脊 胴 能 脈 脇 脈 7 脚 脛 脩 脱 脳 脯 脣 脱 8 腋 腔 脹 腆 脾 腓 腐 腑 腁 腕 9 腱 腫 腎 腥 腺 腸 腹 腴 腰 腳 腮 腟 腦 10 膃 膈 膏 腿 膊 膀 膜 膂 11 膕 膠 膵 膣 膝 膚 膺 膓 12 膩 膳 膰 膨 臈 臈 13 臆 膾 臀 膿 臂 膺 臉 髄 膽 14 臍 臑 15 臓 臘 16 臙 臚 18 臟 19 臠

この部首に所属しない漢字

明⇩日485 青⇩青1054 冑⇩冂117 前⇩刂137 骨⇩骨1086 豚⇩豕930 勝⇩力150 滕⇩氺615 謄⇩言924 鵬⇩鳥1103 騰⇩馬1084

肉 0 【肉】6画 3889 8089 教育2 音 ジク漢 ニク呉 訓 しし

筆順 丨 冂 内 内 肉 肉

なりたち ［象形］すじのある切り肉。鳥獣チョウジュウの肉。

意味 ❶鳥やけものの（食用の）にく。しし。例 肉食ニクショク。獣肉ジュウニク。❷人間のからだ。生身なまみのからだ。例 肉体ニクタイ。肉欲ニクヨク。筋肉キンニク。❸（機械や道具を使わず）人間に備わっているままの。なまの。例 肉眼ニクガン。肉声ニクセイ。❹血のつながりがある。例 肉親ニクシン。骨肉コツニク。❺くだものや野菜の食べられる部分。例 果肉カニク。

日本語での用法《ニク》①じかの。そのままの。「肉筆ニクヒツ」②にくに似たやわらかいもの。また、ものの厚み。「朱肉シュニク・肉池ニクチ（＝朱肉を入れる容器）・肉にくづけをする」

難読 肉ししむら・肉醤ひしお・肉刺まめ・肉豆蔻ニクズク

【肉芽】ニクガ ①ユリ・ヤマノイモなどの葉の付け根にできる丸い芽。地面に落ち、発芽する。②〔医〕傷が治るときに盛り上がってくる新しい肉。肉芽組織。

【肉塊】ニクカイ 肉のかたまり。例 一片イッペンの―。

【肉感】ニッカン 肉体によって起こる性的な感覚。例 ―的。

【肉眼】ニクガン 眼鏡などを使わない人間自身の視力。また、目そのもの。裸眼ラガン。例 ―で見えない微生物ビセイブツ。

【肉牛】ニクギュウ 食肉用に飼育しているウシ。対 乳牛・役牛エキギュウ。

【肉交】ニッコウ 肉体のまじわり。性交。

【肉▼叉】ニクサ フォークのこと。肉刺し。

【肉山▼脯林】ニクザンホリン〔肉の山と干し肉の林の意から〕ぜいたくな宴会エンカイのたとえ。

【肉質】ニクシツ ①肉の多い性質。例 マグロは―の魚だ。②肉の品質。例食用に適する―。③肉でできている組織。

【肉腫】ニクシュ〔医〕上皮以外の組織にできる悪性の腫瘍。

【肉汁】ニクジュウ ①肉を煮に出してとる、しる。また、焼いたときに出る、しる。スープ。②なまの牛肉などからしぼり取った、しる。また、料理の間に出る、しる。肉漿。

【肉食】ニクショク（名・する）①（「ニクジキ」とも）人間が、鳥・けもの・魚の肉を食べること。対菜食。例戒律で―妻帯を禁じる。②動物が、他の動物をえさとすること。対草食。例―動物。

漢字に親しむ⑰ 「肉」は音読み？ 訓読み？

「山」の訓読みは「やま」で、音読みは「サン」「セン」――こんなふうに漢字には訓読みと音読みとがあり、訓読みは日本語として昔からあった言い方、音読みのほうは、中国から伝わった漢字の音をあらわしたものであることは、みなさんも知っているでしょう。では「肉」を「にく」と読むのは訓読みでしょうか、音読みでしょうか。正解は音読みです。

古くは、「しし」ということばで、人体の肉づき、または、けものの「にく」を意味していましたが、現代語では「太り肉」の「しし」や「ししむら」が使われるくらいで、もっぱら音読みの「ニク」が使われています。

このように今日の私たちの生活に完全にとけこんで音読みだけが通用している漢字には、「茶」「毒」「菊」「蘭」などがあります。ちょっと意外なところでは、「梅」「馬」を「うめ」「うま」と読むのも、もとはずっと古い時代に日本に伝わった音「メ」「マ」にもとづくもので、つまり外来のものだったのです。

【肉親】ニクシン 親子・きょうだいなど、血のつながりの近い者のあいだがら。また、その人。例たったひとりの―。

【肉声】ニクセイ 機械を通さない、なまの人のこえ。例―を聞く。

【肉体】ニクタイ なま身の人間のからだ。対精神。例―労働。―の美しさ。

【肉体的】ニクタイテキ（形動ナ）体や健康に関するようす。対精神的・物質的。

【肉▼袒】ニクタン（名・する）〔「袒」は、むち打ちの刑を受けるために着物をぬいで肩をあらわす意〕罰を受ける気持ちを相手に示すこと。例―して荊を負う。

【肉弾】ニクダン 弾丸の代わりに人間のからだごと敵にぶつかっていくこと。捨て身の攻撃。例―戦。

【肉薄】ニクハク（名・する）〔「薄」は、せまる意〕すぐそばまで近づくこと。例敵陣に―する。表記「肉迫」とも書く。

【肉筆】ニクヒツ 版画・活字などの印刷や写真によるものではなく、人が直接かいた書画。直筆。例―の浮世絵。

【肉太】ニクぶと（名・形動ナ）書いた文字の、線や点が太いもの。対肉細。例大きく―に書く。

【肉細】ニクぼそ（名・形動ナ）書いた文字の、線や点が細いもの。対肉太。例―のペン。

【肉欲】ニクヨク（精神・霊性とは別に起こる）肉体上の欲望。性欲。表記旧肉▼慾

【肉▼桂】ニッケイ（「ニクケイ」とも）クスノキ科の常緑高木。皮や根を薬や香料にする。香料としてはシナモンという。

●印肉・果肉・牛肉・魚肉・筋肉・苦肉・血肉・骨肉・桜肉・朱肉・食肉・精肉・鳥肉・鶏肉・皮肉・豚肉

月2 【肌】 6画 4009 808C 常用 音キ漢 訓はだ

筆順 丿 刀 月 月 肌 肌

なりたち ［形声］「月（＝にく）」と、音「几キ」とから成る。人の肉。

意味 からだの肉。また、人のからだの表面。ひふ。例肌膚。玉肌（＝美しいはだ）。

日本語での用法《はだ》①ものの表面。「山肌・木肌」②気質。「学者肌・職人肌」

【肌膚】キフ はだ。皮膚。

【▽肌▽理】きめ ①皮膚やものの表面にあらわれる網の目のような細かい線。また、その手ざわり。例―の細かい肌。―の粗い布。②ものごとをおこなうときや人とつきあうときの心づかい。例―の細かい調査。―細かな配慮。

【肌合い】はだあい ①はだや表面の感じ。はだざわり。例なめらかな―。②その人の全体的な感じ。気風。例―が合わない。

【肌▼襦▼袢】はだジバン・はだジュバン はだに直接着る和装の下着。

【肌脱ぎ】はだぬぎ（名・する）衣服のそでからうでをぬいて、上半身をあらわすこと。

【肌身】はだみ はだ。からだ。例たいせつに―はなさず持っている。

●素肌・山肌

月2 【肋】 6画 4730 808B 人名 音ロク漢 訓あばら

意味 内臓をまもるように胸をかこんでいる左右十二対の骨。例肋膜。肋骨。

【肋木】ロクボク 体操用具の一つ。なん本かの柱の間にたくさんの横木をわたしたもの。

【肋膜】ロクマク ①肋骨の内側にあって肺をおおう膜。胸膜。②「肋膜炎」の略。肋膜の炎症。おもに結核菌によって起こり、発熱をともない胸や背が痛む。

【肋間】ロッカン 肋骨と肋骨のあいだ。あばらぼねのあいだ。

【肋骨】ロッコツ ①胸をおおうように背ぼねから出た左右十二対のほね。あばらぼね。②船の外側をささえるための、あばらぼねのようなほね組み。

月2 【肎】 6画 ⇨【肯】コウ（817ページ）

月3 【肝】 7画 2046 809D 常用 音カン漢 訓きも

筆順 丿 刀 月 月 肝 肝 肝

なりたち ［形声］「月（＝からだ）」と、音「干カ」とから成る。内臓の一つ。

意味 ❶内臓の一つ。肝臓。きも。例肝炎。❷こころのなか。まごころ。例肝胆。心肝。❸ものごとの中心となるたいせつなところ。例肝心。肝要。

【肝炎】ウイルスや薬物によって起こる、肝臓の炎症性疾患。例B型―。

【肝心】(形動ナ)たいせつで欠くことのできないもの。肝要。例毎日続けることが―だ。表記「肝腎」とも書く。

【肝腎】(形動ナ)〔肝臓と腎臓の意〕「肝心」に同じ。

【肝臓】内臓の一つ。脂肪分の消化をたすける胆汁をつくるとともに、栄養分の貯蔵や解毒作用などの重要なはたらきをする。きも。

【肝胆】①肝臓と胆嚢。②心の中。心の底。

【肝胆相照らす】たがいに心の底まで深く理解しあって親しく交わる。

【肝脳地に▽塗る】〔肝臓や脳が地面でどろまみれになる意〕戦場などで、むごたらしく殺される。〈史記〉

【肝銘】(名・する)しっかりと心に刻んで覚えておくこと。表記「感銘」とも書く。

【肝油】魚などの肝臓からとった脂肪油。ビタミンA・Dを多くふくむ。

【肝要】(名・形動ナ)ひじょうにたいせつであること。

●荒肝・心肝・肺肝

月3 【肛】7画 7074 809B 音コウ漢

意味 直腸の末端。しりのあな。例肛門。

【肛門】動物の消化器官の最末端で、大便を体外に出す部分。しりのあな。

月3 【肓】7画 7075 8093 音コウ漢

意味 むなもと。横隔膜の上のおくふかい部分で、治療しにくいとされたところ。例膏肓。

月3 【肖】7画 3051 8096 常用 音ショウ漢 訓に-る・かたど-る・あやか-る

筆順 丨 ⺌ ⺌ 肖 肖 肖

月3 【肖】7画

なりたち [形声]「月(=からだ)」と、音「小ショウ」とから成る。からだつきが似る。

意味 形や性質が同じようである。かたどる。にる。あやかる。例肖像。不肖。師に肖る。肖り者(=しあわせもの。果報者)。

人名 あえ・あゆ・あれ・すえ・たか・のり・ゆき

【肖像】人の顔や姿をうつしとった絵や彫刻や写真。

月3 【肚】7画 7076 809A 音ト漢 訓はら

意味 ❶おなか。はら。転じて、心。例肚裏。❷いぶくろ。胃。

【肚裏】はらのうち。心のなか。表記「肚▼裡」とも書く。

月3 【肘】7画 4110 8098 常用 音チュウ漢 訓ひじ

筆順 丿 刀 月 月 肝 肘 肘

なりたち [会意]「月(=にく)」と「寸(=手の脈うつところ)」とから成る。腕の関節。

意味 うでの関節の部分。ひじ。例掣肘(=ひじを押さえて自由に動かせなくすること)。

【肘鉄】「肘鉄砲」の略。①ひじで強くつきのけること。②さそいや要求などを、はっきりと強い調子でことわること。例―をくらわせる。

月3 【肖】7画 ⇩【肖】(816ページ)

月4 【育】8画 1673 80B2 教育3 音イク漢呉 訓そだ-つ・そだ-てる・はぐく-む

筆順 丶 亠 𠫓 𠫓 育 育

母9 【毓】14画 6158 6BD3 別体字

なりたち [形声]「𠫓(=さかさの子)」と、音「月ク→イク」とから成る。よい子にそだてる。

意味 ❶子供をやしないそだてる。教えみちびく。そだてる。例育成。教育。発育。❷大きくなる。成長する。そだつ。例生育。成育。

日本語での用法《そだち》家庭の状況や、そこでの教育・しつけ。「育ちがいい」

人名 すけ・なり・なる・はぐみ・はぐむ・やす・やすし・ゆき・ゆく

【育英】才能のある青少年を教育すること。例―資金。

【育児】(名・する)乳幼児をそだてること。

【育▼雛】(名・する)ひなをそだてて成鳥とすること。

【育成】(名・する)そだてあげること。例青少年の―。

●教育・飼育・生育・体育・知育・徳育・発育・保育・養育

月4 【肩】8画 2410 80A9 常用 音ケン漢呉 訓かた

筆順 一 ⺕ ⺕ 戸 戸 肩 肩 肩

月4 【肩】8画

なりたち [象形]かたの形。

意味 うでの付け根。かた。例肩甲骨。双肩。

難読 肩衝(=茶入れの形で、かたの角張ったもの)

【肩入れ】(名・する)①特別に応援すること。例大学の後輩に―する。②衣服のかたの部分に別の布を入れてぬうこと。

【肩書き】①名刺などで、名前の右上に役職名や身分などを書いたもの。②人の所属・身分などをあらわすことば。

【肩幅】①人の左右の肩のはしからはしまで。例―が広い体格。②和服の背すじから肩のそで付けまでのはば。

【肩身】①肩と身。からだ。②世間に対してのめんぼく。

【肩甲骨】脊椎動物で、両肩の後ろにあって、うでと胴体とをつなぐ三角形のほね。かいがらぼね。表記「肩▼胛骨」とも書く。

【肩章】階級や身分を示すために、制服の肩につけるしるし。例軍服の―。

【肩摩】(名・する)肩と肩がすれあうこと。混雑すること。

【肩▼輿】ふたりで肩にかつぐかご。

●強肩・双肩・比肩・路肩

月4 【股】8画 2452 80A1 常用 音コ漢 訓また・もも

筆順 丿 刀 月 月 肌 股 股

なりたち [形声]「月(=からだ)」と、音「殳シ→コ」とから成る。もも。

意味 ❶足のひざから上の部分。もも。また。例股間コ。股肱コ。❷ふたまたになっているもの。例釵股サイ。❸[数]直角三角形の直角をはさむ辺のうち長いほう。例勾股コウ。

【股間】コカン またぐら。またのあいだ。例ボールが―をぬける。

【股関節】コカンセツ またの付け根のところにある関節で、骨盤と大腿骨ダイタイコツをつなぐもの。例―脱臼ダッキュウ。

【股▼肱】ココウ ももと、ひじ。転じて、信頼できる家来ケ。例臣は朕チンが―耳目ジモクたり(=なんじらは、わしの手足や耳目となってはたらいてくれる者たちだ)。〈書経ショキョウ〉

【股上】またがみ ズボンなどの、またの分かれ目から上の部分(の長さ)。対股下またした。

【股下】またした ズボンなどの、またの分かれ目からすそまでの長さ。対股上またがみ。例―が長い。

【股旅】またたび 江戸えど時代、ばくち打ちなどが所を定めず足の向くままに旅をして歩くこと。例―物もの。

【股眼鏡】まためがね 両足をひらいてからだを前に曲げ、またの間から後ろのほうを見ること。例天橋立あまのはしだてを―でながめる。

月4
【肯】
8画 2546 80AF 常用 音コウ漢呉 訓うべな-う・がえ-んじる・あえ-て

筆順 丨 ト 止 止 止 肯 肯 肯

月2 【肎】 6画 808E 本字

なりたち [会意]「月(=にく)」と「冂(=肉をそぎおとされた骨)」とから成る。骨の間に密着しているようす。派生して、ききいれる。

意味 ❶骨にくっついた肉。例肯綮コウケイ。❷うなずき、聞き入れて、よしとする。うべなう。例肯定コウテイ。❸[助字]「あえて」または「がえんず」と読み、…しようとする、の意をあらわす。「不二肯…一」の形をとることが多く、「あえて…ず」「…をがえんぜず」と読む。例不二肯立一あえてたたず(=位につこうとしない)。

人名 さき・むね

【肯▼綮】コウケイ (「綮ケイ」は、筋肉と骨との接するところ)ものごとの急所。たいせつなところ。

【肯▼綮ケイに▽中あたる】急所をつく。重要な点をおさえる。〈荘子ソウジ〉例肯綮に中った意見。

【肯定】コウテイ (名・する) そのとおりであると認めること。対否定。例かれの言動を―する。―も否定もしない。

●首肯シュコウ

月4
【肱】
8画 2547 80B1 音コウ漢 訓ひじ

意味 かたからうでの関節までの部分。ひじ。例股肱ココウ(=もも と、うで。また、手足となる家来ケライ)。枕肱チンコウ(=ひじまくら)。

月4
【肴】
8画 2672 80B4 人名 音コウ漢 訓さかな

意味 火にかけて調理した魚や肉。おかず。ごちそう。例肴核コウカク。酒肴シュコウ。

日本語での用法《さかな》酒を飲むときにいっしょに食べるもの。また、話のたねや舞まいなど。「酒さけの肴さかな・人ひとのうわさを肴さかなにする・肴さかなをいたせ」

【肴核】コウカク (「核」は、果物のたねの意)酒のさかなとくだもの。

月4
【肢】
8画 2772 80A2 常用 音シ漢

筆順 丿 几 月 月 月十 肪 肢 肢

なりたち [形声]「月(=からだ)」と、音「支シ」とから成る。からだにある四本の手足。

意味 ❶人間や動物の手足。例肢体シタイ。四肢シシ。❷分かれ出た部分。えだ。同枝シ。例分肢ブンシ。選択肢センタクシ。

【肢骨】シコツ 両手両足をかたちづくっているほね。

【肢体】シタイ 手足。また、手足と胴体ドウタイ。例―の自由がきかない。

●下肢カシ・後肢コウシ・上肢ジョウシ・前肢ゼンシ

月4
【肭】
8画 7077 80AD 音トツ慣ドツ漢

意味 ❶「膃肭オットツ」は、ふとってやわらかい。❷「膃肭臍オットセイ」は、北の海にすむ哺乳ホニュウ動物。

月4
【肥】
8画 4078 80A5 教育5 音ヒ漢ビ呉 訓こ-える・こえ・こ-やす・こ-やし

筆順 丿 几 月 月 月ᄀ 月巴 肥

なりたち [会意]「月(=にく)」と「巴(=節度のある)」とから成る。肉がほどよく多い。

意味 ❶からだに肉がつく。こえる。例肥大ヒダイ。肥満ヒマン。❷土地に栄養がある。また、土地をゆたかにする。こえる。こやす。例肥沃ヒヨク。❸こえ。こやし。例肥料ヒリョウ。堆肥タイヒ。

日本語での用法《ヒ・ひ》旧国名「肥前ヒゼン(=今の佐賀さが・長崎ながさきの両県)・肥後ヒゴ(=今の熊本くまもと県)」の略。「薩長土肥サッチョウドヒ・肥州ヒシュウ」

難読 飫肥おび(=地名)・土肥といどい(=姓・地名)

人名 うま・とし・とみ・とも・ふとる・みつ・ゆたか

【肥▼桶】こえおけ・こえたご こやしにする糞尿フンニョウを運ぶおけ。

【肥▼溜め】こえだめ こやしにする糞尿フンニョウをためておくところ。

【肥育】ヒイク (名・する) 食用にする動物に、えさを多くあたえてふとるように育てること。例肉牛の―にとりくむ。

【肥後】ヒゴ 旧国名の一つ。今の熊本くまもと県にあたる。

【肥厚】ヒコウ (名・する) 皮膚ヒフや粘膜ネンマクなどがはれて厚あつくなること。例―性鼻炎ビエン。

【肥▼瘠】ヒセキ (からだや耕作地が)こえていることと、やせていること。

【肥前】ヒゼン 旧国名の一つ。今の佐賀さが県と、壱岐いき・対馬つしまをのぞく長崎ながさき県とにあたる。

【肥▼痩】ヒソウ ふとっていることとやせていること。

【肥大】ヒダイ (名・する・形動ナ) ①ふとって大きくなること。例心臓が―する。②会社などの組織が異常に大きくなること。例行政組織の―化を防ぐ。

【肥立ち】ひだち (「日立つ」の意で)病気や出産のあとの経過。ひいて、しだいに体調が回復していくこと。例産後の―がわるい。

【肥肉】ヒニク よくこえたブタなどの肉。

【肥培】ヒバイ (名・する) 肥料をやって作物を育てること。

【肥満】ヒマン (名・する) まるまるとふとること。例―児。―体。―体質。

【肥沃】ヒヨク (名・形動ダ) 土地がこえていて作物がよくできること。対不毛。例―な土地。

【肥料】ヒリョウ 植物がよく育つように土に加える栄養分。例―をあたえる。―の足りない土地。

●寒肥かんごえ・下肥しもごえ・施肥セヒ・堆肥タイヒ・追肥ツイヒ・緑肥リョクヒ

月4 【肪】 8画 4335 80AA 常用 音ホウ漢 ボウ呉 訓あぶら

筆順 丿 刀 月 月 月' 肀 肪 肪

なりたち [形声]「月(=にく)」と、音「方(ホウ)」とから成る。肉のあぶら。

意味 動物の体内の固まったあぶら。例脂肪(シボウ)。

月4 【肩】 8画 ⇩【肩】ケン(816ページ)

月4 【肺】 8画 ⇩【肺】ハイ(820ページ)

月4 【冑】 8画 ⇩【冒】ボウ(705ページ)

月4 【肬】 8画 ⇩【疣】ユウ(684ページ)

月5 【胃】 9画 1663 80C3 教育6 音イ漢呉

筆順 丨 冂 П 田 田 甲 胃 胃 胃

なりたち [象形]「月(=からだ)」と「田(=穀物のつまった内臓のかたち)」とから成る。穀物のつまった内臓。

意味 ❶内臓の一つ。いぶくろ。例胃液(イエキ)。胃腸(イチョウ)。❷二十八宿の一つ。こきえぼし。例胃宿(イシュク)。

【胃液】イエキ 胃から出る酸性の消化液。たんぱく質などを分解する。例—が出すぎる。

【胃炎】イエン 胃の粘膜(ネンマク)に起きる炎症(エンショウ)。胃カタル。

【胃潰瘍】イカイヨウ 胃の粘膜(ネンマク)が傷つき、胃のかべがただれたり、くずれたりする病気。

【胃下垂】イカスイ 胃が正常な位置よりも下へたれさがる状態。

【胃▼癌】イガン 胃にできる癌。

【胃酸】イサン 胃液の中にふくまれる酸。例—過多。

【胃腸】イチョウ 胃と腸。例—薬。

【胃痛】イツウ 胃のいたみ。

【胃病】イビョウ 胃の病気。

【胃袋】イぶくろ 胃のこと。

【胃壁】イヘキ 胃をかたちづくるかべ。

●健胃(ケンイ)

月5 【胤】 9画 1693 80E4 人名 音イン漢 訓たね・つ-ぐ

なりたち [会意]「月(=からだ)」と、「八(=分かれる)」と「幺(=かさなる)」とから成る。あとつぎとなる子孫。

意味 子孫が父祖の血統をうけつぐ。また、血統をうけついだ子孫。たね。例胤子(インシ)(=子孫)。後胤(コウイン)(=子孫)。落胤(ラクイン)。

人名 かず・つぎ・つづき・み

月5 【胡】 9画 2453 80E1 人名 音コ漢 ゴ呉 ウ唐 訓えびす・なん-ぞ

なりたち [形声]「月(=にく)」と、音「古(コ)」とから成る。ウシのあごの下の肉。派生して「えびす」の意。

意味 ❶古代中国で、北方や西方に住む異民族。えびす。例胡人(コジン)(=北方や西域の異民族)。五胡(ゴコ)(=匈奴(キョウド)など五つの異民族)。❷胡人の土地の産物であることをあらわすことば。例胡琴(コキン)。胡椒(コショウ)。❸ぼやけてあいまいである。いいかげんな。例胡散(ウサン)。胡乱(ウロン)。❹〔助字〕「なんぞ」と読み、どうして、の意。疑問・反語をあらわす。例胡不レ帰(なんぞかえらざる)(=どうして帰らないのか)。

難読 胡坐(あぐら)・胡床(あぐら)・胡頽子(ぐみ)・胡簶(やなぐい)・胡蘿蔔(ニンジン)

人名 ひさ

【胡散】ウサン (形動ダ) うたがわしいようす。あやしいようす。不審(フシン)なようす。例—くさい人物。

【胡乱】ウロン (形動ダ) ①うたがわしいようす。不審(フシン)なようす。例—な人物。②あやふやで確実ではない。例なんの証拠(ショウコ)もない。

【胡▼瓜】きゅうり ウリ科の一年生つる性植物。また、その実。なま、または、つけものなどとして食用にする。

【胡▽桃】くるみ クルミ科の落葉高木。種の内部を食用にする。

【胡弓】コキュウ 東洋の弦楽器(ガッキ)の一つ。三味線(しゃみせん)に似た形で、弓でこすってひく。弦は三本または四本。表記「鼓弓」とも書く。

【胡琴】コキン 東洋の弦楽器(ゲンガッキ)の一つ。琵琶(ビワ)に似た形で、二本の弦を弓でこすってひく。

【胡▼坐】コザ・あぐら (名・する) こしをおろし、両ひざをこしのすぐ前に組み合わせるようにしてすわること。例—(あぐ)らをかく。

【胡▼椒】コショウ コショウ科の常緑つる性低木。また、その実からとれた香辛料(コウシンリョウ)。ペッパー。

【胡▼蝶】コチョウ チョウのこと。表記「▼蝴▼蝶」とも書く。

【胡▼蝶の夢】コチョウのゆめ 夢と現実とを区別しがたいこと、また、自他が一体となった境地のたとえ。蝴蝶(コチョウ)の夢。〈荘子(ソウジ)〉→【荘周の夢】ソウシュウのゆめ(851ページ)

【胡▼狄】コテキ 〔「狄」は、北方の異民族〕辺境の異民族。

【胡馬】コバ 中国、北方のえびすの国のウマ。北方産のウマ。例—北風(ホクフウ)に依(よ)る(=北方生まれのウマは、北風がふくと故郷を恋(こい)しがってその風に身をよせる意で、故郷をなつかしむ気持ちの強いことのたとえ)。

【胡粉】ゴフン 貝がらを焼いてつくった白い粉末。絵の具・塗料(トリョウ)に用いる。例—を塗(ぬ)る。

【胡麻】ゴマ ゴマ科の一年草。また、その種。種は食用で、また、油をとる。

【胡虜】コリョ 中国の北方の、異民族。また、その異民族をののしっていうことば。

月5 【胛】 9画 7080 80DB 音コウ漢 訓かいがね・かいがらぼね

意味 両肩(リョウかた)の後ろのあたり。例肩胛骨(ケンコウコツ)(=肩の背面にある左右おのおの一個の逆三角形の平らな骨)。

参考 訓「かいがらぼね」は「かいがねぼね」のなまり。

月5 【胥】 9画 7081 80E5 音ショ漢

意味 下級の役人。例胥吏(ショリ)(=小役人(こヤクニン))。

月5 【胙】 9画 7082 80D9 音ソ漢 訓ひもろぎ

意味 神にそなえる肉。ひもろぎ。例胙肉(ソニク)(=ひもろぎ)。

参考 訓「ひもろぎ」は、もと、「神をまつる場所、また、そこにととのえる臨時の祭壇(サイダン)」の意。さらに、そこにそなえる肉をさすようになった。

月5 【胎】 9画 3459 80CE 常用 音タイ漢呉

筆順 丿 刀 月 月 月ム 肸 胎 胎 胎

なりたち [形声]「月(=からだ)」と、音「台(イ→イタ)」とから成る。婦人がみごもって三か月のこと。

意味 ❶子を体内にやどす。みごもる。また、腹の中の子。例胎児タイジ・懐胎カイタイ。❷子のやどるところ。子宮シキュウ。例胎内タイナイ・母胎ボタイ。

人名 はら・み・もと

【胎衣】タイイ 胎児をつつんでいる膜マクや胎盤タイバン。胞衣えな。

【胎教】タイキョウ 胎児によい影響エイキョウをあたえるように、妊婦ニンプが精神の修養につとめること。例—のためによい音楽を聞く。

【胎児】タイジ 母体内で育っている子。

【胎生】タイセイ 子が母体内で、ある程度大きくなってから生まれること。対卵生ランセイ。例—の魚。

【胎蔵界】タイゾウカイ 〔仏〕大日如来ダイニチニョライの慈悲ジヒに包まれた理の世界。対金剛界コンゴウカイ。

【胎中】タイチュウ 腹のなか。胎内。

【胎動】タイドウ (名・する) ①母胎内で胎児が動くこと。例—を感じる。②内部の動きが少しずつ外にあらわれてくること。きざし。めばえ。

【胎内】タイナイ ①(子をやどした)母親の腹の中。②仏像の腹の中。例—潜くぐり。

【胎盤】タイバン 母体と胎児とをつなぐ部分。栄養の供給や呼吸などをおこなう。

【胎便】タイベン 胎内にたまった胎児の便。生後二、三日以内に排泄ハイセツされる。かにばば。かにくそ。

●懐胎カイタイ・換骨奪胎カンコツダッタイ・受胎ジュタイ・堕胎ダタイ・母胎ボタイ

月5 【胆】 9画 3532 80C6 常用 音タン漢 ダン呉 訓きも・い

筆順 丿 刀 月 月 肌 肌 胆 胆 胆

月13 【膽】 17画 7128 81BD

なりたち [形声]「月(=からだ)」と、音「詹セン→タン」とから成る。肝カンに連なる内臓。

意味 ❶内臓の一つ。胆嚢タンノウ。例肝胆カンタン。❷気力。度胸や決断力。きもだま。きもったま。例胆力タンリョク・大胆ダイタン。❸本心。心の底。例肝胆カンタン。魂胆コンタン。

難読 熊胆くまのい・竜胆りんどう

【胆汁】タンジュウ 肝臓カンゾウから出る消化液。脂肪シボウの消化を助ける。

【胆汁質】タンジュウシツ 人間の気質を分類したものの一つ。刺激シゲキに対する反応がはやくて強く、感情的になりやすい性質。→【多血質】タケツシツ(250ページ)

【胆石】タンセキ 胆汁タンジュウの成分が胆嚢タンノウの中などでかたまり、石のようになったもの。

【胆大心小】タンダイシンショウ 大胆であるとともに、細心の注意をはらうこと。〈旧唐書クトウジョ〉

【胆タン斗トの▽如ごとし】〔「斗」は、一斗を量るいれものの意〕きもったまが大きいこと。〈三国志サンゴクシ〉

【胆▼嚢】タンノウ 肝臓カンゾウの下にあって、胆汁タンジュウを一時たくわえておくふくろ状の器官。

【胆勇】タンユウ 大胆で勇気があること。例—の士。

【胆略】タンリャク 大胆で知略があること。例すぐれた—をもつ。

【胆力】タンリョク 物事におどろかない気力。度胸。例—に欠ける。

●剛胆ゴウタン・豪胆ゴウタン・魂胆コンタン・心胆シンタン・大胆ダイタン・落胆ラクタン

月5 【胝】 9画 7083 80DD 音チ漢呉 訓たこ

意味 手足の皮膚ヒフが、おされたりこすれたりして厚く、かたくなったもの。まめ。たこ。例胼胝ヘンチ(=たこ)。

月5 【胄】 9画 7084 80C4 音チュウ漢 訓よつぎ・ちすじ

参考「冑チュウ(=かぶと)」は別の字。→【冑】チュウ(117ページ)

意味 ❶あとつぎ。あととり。よつぎ。例胄子チュウシ(=よつぎ)。❷子孫。ちすじ。例胄裔チュウエイ(=子孫)。

月5 【背】 9画 3956 80CC 教育6 音ハイ漢 訓せ・せい・そむ-く・そむ-ける

筆順 一 コ ヨ ヨ 北 北 背 背 背

なりたち [形声]「月(=からだ)」と、音「北ホク→ハイ」とから成る。せなか。

意味 ❶せなか。せ。例背筋ハイキン(=せなかの筋肉)。❷うしろ。うら。例背景ハイケイ。紙背シハイ。❸せなかをむける。うらぎる。例背信ハイシン・違背イハイ。

日本語での用法《せ・せい》①立っているものの、高さ。身長。「背丈せたけ・背くらべ」②古語で、女性が兄や夫、また、恋人こいびとをいうことば。「背せの君・妹背いもせ」

人名 しろ・のり

【背格好】せカッコウ 〔「せいカッコウ」とも〕せいの高さとからだつき。表記「背▼恰好」とも書く。

【背革】せがわ 洋装本の表紙の背に用いるかわ。例—の古ぼけた書物。表記「背皮」とも書く。

【背丈】せたけ 身長。せい。例—がのびる。

【背戸】せど ①家の裏門・裏口。②家の後ろのほう。例—の竹やぶ。

【背番号】せバンゴウ 選手がユニホームの背中につけた番号。例—3をつける。

【背広】せびろ 〔あて字〕男性が着る通常の洋服。正式には上着・チョッキ・ズボンから成る。例—の三つぞろい。

【背▽美鯨】せみくじら ヒゲクジラの一種。大きな頭とあごをもつ。動物性プランクトンを主食とし、亜熱帯ネッタイから亜寒帯の海に広く分布する。体長は約一二―一五メートルに達する。

【背泳】ハイエイ あおむけになって進む泳ぎ方。せおよぎ。バック(ストローク)。

【背逆】ハイギャク (名・する) そむくこと。そむきさからうこと。

【背教】ハイキョウ (おもにキリスト教で)信者が宗教のおしえにそむくこと。

【背筋】㊀ハイキン せなかの筋肉。例—力。—をきたえる。㊁せすじ ①㊀に同じ。例—をのばす。—が寒くなる(=おそろしくてぞっとする)。②衣服のせなかの中央にあるぬい目。

【背景】ハイケイ ①絵画や写真などで、中心となるものの後ろの光景。例富士山を—に記念写真をとる。②舞台ブタイの後ろにえがかれた景色。書割かきわり。例—は大都会のまちかど。③事件やものごとの背後にある事情。例事件の—をさぐる。

【背後】ハイゴ ①うしろ。例—から近づく。②目に見えないかくれた部分。例—関係を調査中。

【背向】ハイコウ そむくことと従うこと。向背。例離合リゴウ—は世の常つね。

【背信】ハイシン (名・する) 信頼シンライ・信用・信義にそむくこと。例—行為コウイ。

【背進】ハイシン (名・する) しりぞくこと。後退。例—して本隊に合流する。

【背水の陣】ハイスイのジン 川など、水を後ろにして退くことのできない形で、決死の覚悟カクゴで戦いにのぞむこと。例—をしく。

故事のはなし 秦シンはほろんだものの天下の形勢はまだ定まらず、楚ソの項羽コウウと漢の劉邦リュウホウが戦いをくりひろげていたころの話。漢の韓信カンシンという名将が趙チョウの国を攻撃コウゲキ

肉(月)部 5―6画 肺胚胖胞胞脉胸

6画

したとき、川を背にして陣ジンをしいた。そんな戦法があるものかと趙の軍では大笑いし、陣地を出て韓信軍を攻撃すると、韓信は負けたふりをしてにげだし、趙の全軍をおびきよせた。そして退路のない韓信軍が川を背に必死の防戦をしている間に、別のところにひそんでいた漢の伏兵フクヘイが趙の陣地をさっと占領し、漢の赤旗をかかげた。趙軍はこれを見て大混乱におちいり、戦いは韓信の大勝利に終わったのである。〈史記シキ〉

【背走】ハイソウ (名・する)(野球などで)前を向いたまま後ろへ走ること。例打球を追って―する。

【背▼馳】ハイチ (名・する) ①せなかを向けて走り去ること。②そむくこと。反対になること。例方針に―する。

【背徳】ハイトク 道徳にそむくこと。例―行為コウイ。表記 旧▼悖徳

【背任】ハイニン (名・する) 任務にそむくこと。例―行為コウイ。

【背▼嚢】ハイノウ 兵士がせおう、革かわやズック製の四角いかばん。

【背反】ハイハン (名・する) ①規則などにそむくこと。違反イハン。例命令に―する。②たがいに相あいいれないこと。例二律―(=あちらを立てればこちらが立たぬこと)。表記 ▽「▼悖反」とも書く。

【背部】ハイブ せなか。また、後ろのほう。例―に痛みを感じる。

【背面】ハイメン ①うしろ。後ろのほう。例―攻撃コウゲキ。②後ろ向き。例―とび。

【背理】ハイリ (名・する) 道理にそむくこと。理屈リクツにあわないこと。例―を証明する。表記「▼悖理」とも書く。

【背離】ハイリ (名・する) そむきはなれること。例感情が―する。

【背戻】ハイレイ (名・する) 道理にそむくこと。表記「▼悖戻」とも書く。

●妹背いもせ・光背コウハイ・猫背ねこぜ・腹背フクハイ

月5 【肺】 9画 3957 80BA 教育6 音ハイ漢

筆順 丿 月 月 月 月 月 肺 肺

月4 【肺】 8画

なりたち [形声]「月(=からだ)」と、音「市ハツ→ハイ」とから成る。五臓の一つ。

意味 ❶内臓の一つで、左右一対イッツイの呼吸器。外界から酸素を取り入れ、二酸化炭素を排出ハイシュツする。はい。例肺臓ハイゾウ。❷心の底。まごころ。例肺懐ハイカイ(=まごころ)。

難読 肺ふくし(=古語の「肺はい」)

【肺炎】ハイエン 細菌サイキンなどによって起こる肺の炎症エンショウ。高い熱やせきがでる。

【肺活量】ハイカツリョウ できるかぎり深く息をすいこんだあと、思いきりはき出すことのできる空気の量。

【肺肝】ハイカン ①肺臓と肝臓。②こころ。心の中。例―をくだく(=ひじょうに苦心する)。

【肺患】ハイカン 肺の病気。肺病。例―を病やむ。

【肺▼癌】ハイガン 肺にできる癌。

【肺結核】ハイケッカク 結核菌キンによって起こる肺の感染症カンセンショウ。結核。肺疾ハイシツ。肺病。

【肺疾】ハイシツ 肺の病気。肺病。とくに、肺結核ハイケッカク。例長い間―になやむ。

【肺▼尖】ハイセン 肺の上部のとがった部分。例―カタル。

【肺病】ハイビョウ 肺の病気。とくに、肺結核ハイケッカク。

【肺▼腑】ハイフ ①肺臓。②心のおくそこ。例―をえぐられるような苦しみ。―をつく。

【肺胞】ハイホウ 肺の内側にあって、血液と空気とのあいだでガスの交換コウカンをおこなう、小さなふくろ状の器官。

【肺門】ハイモン 肺臓の内側で、気管支などがはいりこんでいる部分。例―リンパ節。

【肺葉】ハイヨウ 肺を形づくっている部分の呼び名。例―の一部を切る。

月5 【胚】 9画 7085 80DA 音ハイ漢 訓はら-む

意味 体内に子をやどす。みごもる。はらむ。例胚胎ハイタイ。胚孕ハイヨウ(=はらむ)。

【胚芽】ハイガ 植物の種子の中にあって、芽となって生長する部分。胚。例―米マイ。

【胚子】ハイシ 生物で、孵化フカ・出産以前の段階のもの。胚。

【胚珠】ハイシュ 植物の花の中にあって、受精後に種子となるもの。

【胚胎】ハイタイ (名・する) ①みごもること。はらむこと。②ものごとの起こる原因が生じること。ものごとのはじまり。例かれの性格は少年時代に―していた。

【胚▼嚢】ハイノウ 種子植物の胚珠ハイシュの中にあって、受精後に胚となるもの。

【胚葉】ハイヨウ 動物の個体が発生する初期の段階にあらわれる細胞サイボウの層。のちに種々の器官となるもの。

月5 【胖】 9画 7086 80D6 音ハン漢 訓ゆた-か

意味 ❶半分に切った、いけにえの肉。❷(肉体が)のびやかで大きい。ゆたか。例心広体胖こころひろくたいゆたかなり〈大学ダイガク〉。

月5 【胞】 9画 4306 80DE 常用 音ホウ漢 訓えな

筆順 丿 几 月 月 肑 肑 胞 胞 胞

月5 【胞】 9画

なりたち [会意]「月(=からだ)」と、「包ホウ(=みごもる)」とから成る。母親の腹の中で胎児タイジをつつむ、ころものようなもの。

意味 ❶胎児をつつんでいる膜マク。えな。例胞衣ホウイ。❷母の胎内。はら。例同胞ドウホウ。❸生物体をつくりあげている基本の単位。原形質。例細胞サイボウ。

難読 同胞はらから

【胞衣】ホウイ・えな 母のからだの中にあるとき、胎児タイジをつつむ膜マクや胎盤バン。胎衣タイイ。

【胞子】ホウシ コケ・シダ・キノコ・海藻カイソウなどが繁殖ハンショクするための粉のような細胞サイボウ。単独で芽を出して新しい個体になる。

月5 【胞】 9画 ⇩【胞】ホウ(820ページ)

月5 【脉】 9画 ⇩【脈】ミャク(822ページ)

月6 【胸】 10画 2227 80F8 教育6 音キョウ漢 訓むね・むな

筆順 丿 几 月 肑 肑 胸 胸 胸

なりたち [篆文] 「形声」「勹(=つつむ)」と、音「凶キョウ」とから成る。むね。参考 のちに「月(=にく)」を加えて「胸」となった。

意味 ❶首の下、腹の上の部分。例胸囲。度胸。❷こころ。むねのうち。例胸襟。

【胸囲】キョウイ むねまわり。バスト。

【胸奥】キョウオウ むねのおく。心のうち。例―に秘めた思い。

【胸臆】キョウオク 「「臆」も、心の意」心の中。心の中の思い。むねのうち。例―を吐露する。

【胸懐】キョウカイ むねのうち。心のうち。心にいだく思い。

【胸郭】キョウカク むねを形づくる骨組み。表記 ⑪胸▼廓

【胸襟】キョウキン 「「襟」も、むねのうち、心の意」むねのうち。心のうち。おもい。例―を開いてすべてを語る(=心のうちのすべてを打ち明ける)。

【胸骨】キョウコツ むねの前側中央にあって肋骨をつなぎあわせているほね。

【胸像】キョウゾウ ある人物のむねから上の部分をかたどった像。例創業者の―。

【胸中】キョウチュウ むねのうち。心のうち。例―を察する。―を吐露する。

【胸椎】キョウツイ 脊椎で、頸椎と腰椎の間にある部分。

【胸痛】キョウツウ 病気やけがによる、むねの部分のいたみ。例激しい―におそわれる。

【胸底】キョウテイ むねのおくそこ。心のそこ。例―に秘して語らず。

【胸部】キョウブ むねの部分。むねのあたり。また、呼吸器をいう。

【胸壁】キョウヘキ ①むねの外側の肋骨・肋膜・皮膚などでできている部分。②胸の高さに土石などを積み、敵の射撃から身を守るもの。

【胸膜】キョウマク 胸壁の内面と肺の表面をおおっている膜。例―炎。

【胸裏】キョウリ むねのうち。心のうち。例いかりが―にこみあげる。表記「胸▼裡」とも書く。

【胸板】むないた ①むねの平たい部分。例―の厚い男。②よろいのむねの部分。例―を射ぬく。

【胸▼糞】むなくそ 「「糞」は、不快感を強くあらわす」気持ち。例―が悪い(=不快で気持ちがすっきりしない)。

【胸倉】むなぐら むねの前の、着物のえりが合わさるあたり。例―をつかむ。表記「胸▽座」とも書く。

【胸毛】むなげ むねのあたりに生える毛。例―が生える。

【胸算用】むなザンヨウ・むねザンヨウ (名・する) 心の中で見積もりをたてること。心づもり。

【胸突き八丁】むなつきハッチョウ ①富士登山などで、頂上に近い、険しくて急な上り道。例―にさしかかる。②目的を達成する直前の最も苦しい時期。正念場。例この事業もちょうど―を通りこしたところだ。

【胸当て】むねあて ①むねのところにあてる布。むねかけ。②むねのところにあてるよろい。

月 6 【脅】 10画 2228 8105 常用 音キョウ漢呉 訓おびや-かす・おど-す・おど-かす

筆順 フ カ カ カカ 劦 脅 脅

なりたち [篆文] 「形声」「月(=からだ)」と、音「劦キョウ」とから成る。両わきばら。

意味 ❶わきばら。わき。あばら。同脇。❷力ずくでおどす。こわがらせる。例脅威。脅迫。

【脅威】キョウイ 相手をおびえさせるような力。また、おびえさせること。例―をあたえる。―を感じる。

【脅迫】キョウハク (名・する) 相手になにかをさせる目的で、相手の生命や名誉などを害するとおどすこと。例―電話。身に覚えのないことで―され続けた。

月 6 【胯】 10画 7088 80EF 音コ漢 訓また

意味 両もものあいだ。うちもも。またぐら。例胯下(=またの下)。胯間(=またぐら)。参考「股」は、太ももの意。

月 6 【胱】 10画 7089 80F1 音コウ漢

意味 「膀胱」は、尿をためる臓器。ゆばりぶくろ。

月 6 【脂】 10画 2773 8102 常用 音シ漢 訓あぶら・やに

筆順 丿 刀 月 月 月' 月ヒ 脂 脂 脂

なりたち [篆文] 「形声」「月(=にく)」と、音「旨シ」とから成る。つのをもつ動物のあぶら。

意味 ❶肉のあぶら。動植物性のあぶら。例脂肪。油脂。❷樹木から出るねばねばした液。やに。例樹脂。❸あぶらをふくんだ化粧品。例脂粉。

使い分け あぶら【油・脂】⇩1161ページ

難読 雲脂ふけ

【脂質】シシツ 脂肪分の新しい呼び名。たんぱく質・炭水化物とともに、生物のからだを構成する重要な物質。

【脂▼燭】シソク 「「シショク」とも」⇩【紙燭】(770ページ)

【脂粉】シフン ①べにとおしろい。②化粧。例―の香。

【脂肪】シボウ 動植物の中にふくまれるあぶら。常温では固体。例―分。

○●樹脂・脱脂・油脂

月 6 【脆】 10画 3240 8106 音セイ漢 ゼイ呉 訓もろ-い

意味 ❶よわよわしい。よわい。もろい。例脆弱。❷やわらかい。例脆味。甘脆(=うまくてやわらかい食べ物)。

【脆弱】ゼイジャク (名・形動ナ) もろくてよわいようす。例―な構造。―なからだ。

【脆味】ゼイミ やわらかで、あじのよい食べ物。例―に飽く。

月 6 【脊】 10画 3252 810A 常用 音セキ漢 訓せ

筆順 ノ 人 入 㐅 夫 夫 脊 脊

なりたち [篆文] 「会意」「𠦬(=背骨)」と「月(=からだ)」とから成る。背骨。

意味 せぼね。せ。例脊椎。脊梁。参考「脊」は「背」の一部をいう。「背」はからだの後ろ側。

【脊髄】セキズイ 〔生〕背骨の中を通る、長い円柱のような器官。上は延髄に続き、下は腰椎にいたる。脳とともに中枢神経系を形づくる。

【脊椎】セキツイ ①背骨。脊柱。②背骨を形づくっている多くの骨。椎骨。

【脊▼梁】セキリョウ 背骨。せすじ。例―山脈。

月 6 【胴】 10画 3825 80F4 常用 音トウ漢 ドウ呉

筆順 丿 刀 月 月 肌 肌 胴 胴

なりたち [形声]「月(=からだ)」と、音「同ドウ」とから成る。大腸。

意味 大腸。

日本語での用法 《ドウ》①からだの頭と手足を除いた部分。「胴体ドウタイ・胴長どうなが・救命胴衣キュウメイドウイ」②本体・中央の部分。「胴ドの間ま(=和船の中央にあって、人がすわるへや)・飛行機ヒコウキの胴ドウ」③中がからっぽで、共鳴する部分。「三味線しゃみせんや太鼓タイコの胴ドウ」

【胴上げ】ドウあげ (名・する)優勝・合格などを祝って、おおぜいで、その人を空中にほうり上げること。例監督カントクを一する。

【胴衣】ドウイ「胴着ドウぎ」に同じ。

【胴裏】ドウうら 綿入れなどの裏地で、胴の部分に用いる布。

【胴着】ドウぎ ①寒さを防ぐために上着うわぎの下に着るそでなしの下着。②身を守るために着るそでなしの衣服。例救命一(=ライフジャケット)。表記 ▽「胴▽衣」とも書く。

【胴体】ドウタイ からだや物体の胴の部分。例一着陸。

【胴巻き】ドウまき たいせつなお金や書き付けを入れ、腹に巻きつける細長い(布製の)ふくろ。

【胴元】ドウもと ①ばくちの場所を貸して、そこで動いた金額に応じてもうけを得る人。胴親ドウおや。②元締もとじめ。

【胴欲】ドウヨク (名・形動ダ)欲が深くて、わがままかってなこと。例一な男。表記 旧胴▼慾

【胴乱】ドウラン ①植物採集に用いる、トタン製の円筒エントウ状の入れもの。②こしにさげる、革かわ製のふくろ。タバコ・薬・印形インギョウなどを入れて持ち歩く。

月6 【能】 10画 3929 80FD 教育5 音ドウ漢ノウ呉 訓あた-う・よ-く

筆順 ム 厶 台 肖 育 能 能 能

なりたち [形声]「匕(=あし)」と「月(=からだ)」と、音「厶イ→ウ」とから成る。クマの一種。派生して「よくできる」の意。

意味 ❶じょうずにできる。よくする。例能書ノウショ。能吏ノウリ。可能カノウ。❷ものごとをなしとげる力。うでまえ。はたらき。例能力ノウリョク。才能サイノウ。❸はたらきかける。例能動ノウドウ。❹〔助字〕「よく」と読み、…できる、の意。可能をあらわす。例能好レ人よくひとをこのむ(=人を好むことができる)。〔「不能」は「あたわず」と読み、不可能の意をあらわす。例不レ能レ知也しるあたわざるなり(=知ることができなかった)〕

日本語での用法 ㊀《ノウ》①日本の舞台ブタイ芸術の一つ。謡曲ヨウキョクとともに舞まう。「能楽ノウガク・薪能たきぎノウ」②旧国名「能登のと(=石川県の北部、半島の部分)」の略。「加越能カエツノウ(=加賀カガ・越中エッチュウ・能登の略)・能州ノウシュウ」㊁《の》「の」の音をあらわす万葉がな。「能勢のせ・能登のと」

人名 たか・ちから・とう・のり・ひさ・むね・やす・よき・よし

【能楽】ノウガク 日本の古典芸能の一つ。囃子はやしに合わせ、謡うたいをうたい、仮面をつけて舞う。能。

【能狂言】ノウキョウゲン ①能楽と狂言。②歌舞伎かぶき狂言に対して、能楽の狂言。狂言。

【能事】ノウジ 成すべきこと。例一終われり(=やるべきことはすべてやった)。

【能書】ノウショ ㊀ノウショ 字を書くのがじょうずなこと。また、そのような人。能筆。例一家。㊁【能書き】ノウがき ①薬の効きめを書きしるしたもの。効能書き。②宣伝の文句。例一を言う。一を並べる。一をたれる。

【能動】ノウドウ 自分から他にはたらきかけること。対受動。

【能動態】ノウドウタイ 文法で、動作の主体の動きが、他におよぶことを示す動詞の様相。対受動態。

【能動的】ノウドウテキ (形動ダ)自分から他に積極的にはたらきかけるようす。類積極的。対受動的。

【能否】ノウヒ ①できるか、できないか。例実験の一をためす。②才能があるか、ないか。例一を判断して仕事を選ぶ。

【能筆】ノウヒツ「能書ノウショ㊀」に同じ。例一で世に聞こえた人。

【能文】ノウブン 文章がじょうずなこと。例一家。

【能弁】ノウベン (名・形動ダ)話すのがじょうずなこと。雄弁ユウベン。対訥弁トツベン。例一家。表記 旧能▼辯

【能面】ノウメン 能楽に用いる面。例一を打つ(=能面を作る)。一のよう(=一つの表情のまま、感情によって顔つきを変えないたとえ)。

【能役者】ノウヤクシャ 能楽を演じることを職業としている人。

【能吏】ノウリ 事務を手ぎわよく処理する役人。対俗吏ゾクリ。

【能率】ノウリツ 一定の時間にできる仕事の量。例一を上げる。

【能力】ノウリョク ものごとを成しとげられる力。例一をのばす。

【能登】のと 旧国名の一つ。今の石川県の北部、半島の部分にあたる。能州ノウシュウ。

●可能カノウ・堪能カンノウ/タンノウ・機能キノウ・技能ギノウ・芸能ゲイノウ・功能コウノウ・効能コウノウ・才能サイノウ・性能セイノウ・知能チノウ・万能バンノウ・不能フノウ・放射能ホウシャノウ・本能ホンノウ・無能ムノウ・有能ユウノウ

月6 【脈】 10画 4414 8108 教育5 音バク漢ミャク呉 訓すじ

筆順 丿 刀 月 月 肵 脈 脈 脈 脈

月6 【脈】 10画 ―

月5 【脉】 9画 7087 8109 俗字

なりたち [会意]「𠂢(=わかれて流れる)」と「月(=ち)」とから成る。体中を流れる血管。

意味 ❶血管。血のすじ。例血脈ケツミャク。動脈ドウミャク。❷血管で感じられる心臓の鼓動コドウ。例脈拍ミャクハク。脈ミャクを取る。❸長いすじとなって続くもの。例山脈サンミャク。水脈スイミャク。❹すじみち。つながりぐあい。例脈絡ミャクラク。文脈ブンミャク。乱脈ランミャク。

日本語での用法 《ミャク》ものごとについての、みこみ。「まだ脈ミャクがある」

難読 水脈みお

【脈動】ミャクドウ (名・する)①脈打つこと。②地震ジシン以外の原因で自然に地殻チカクが周期的にかすかに動くこと。

【脈所】ミャクどころ ①手首など、おさえて脈拍ミャクハクを知ることのできるところ。②ものごとの急所。例一をおさえる。

【脈拍】ミャクハク 心臓から血液がおし出されるたびに動脈がふくれること。また、その回数。例一をはかる。一が速い。表記「脈▼搏」とも書く。

【脈脈】ミャクミャク (形動タル)絶えることなく続くようす。例一と受けつがれてきた伝統。一と連なる山のみね。

【脈絡】ミャクラク つながっている筋道。一貫イッカンした筋。例前後の一がない説明。

●鉱脈コウミャク・山脈サンミャク・静脈ジョウミャク・人脈ジンミャク・水脈スイミャク・動脈ドウミャク・文脈ブンミャク・命脈メイミャク・葉脈ヨウミャク・乱脈ランミャク

月6 【脇】 10画 4738 8107 常用 音キョウ漢 訓わき

筆順 丿 刀 月 月 肋 肋 脇 脇

なりたち [形声]「月(=からだ)」と、音「劦キョウ」とから成る。両わきばら。

参考「脇」は「脅」の別体字で、もとの意味にちがいはなく、中国では「脇」と「脅」とを区別しない。しかし、日本では「脇」はもっぱら「わき」の意味に使われ、「脅」は多く「おどす」の意味に使われている。

意味 ❶左右のうでの付け根からむねの両側にかけての部分。わき。❷かたわら。そば。

日本語での用法《わき》能や狂言で、シテ（＝主役）の相手役。ふつう、「ワキ」と書く。「脇座・脇師」

【▽脇侍】本尊の左右に立つ像。たとえば、釈迦如来のわきに立つ文殊菩薩と普賢菩薩、阿弥陀如来のわきに立つ観世音菩薩と勢至菩薩など。脇立。表記「脇士・▼夾侍・挟侍」とも書く。

【▽脇息】すわったとき、ひじをかけて、からだをもたせかけるもの。ひじかけ。例ーに身をよせる。

【脇句】連歌・俳諧の付句の一種で、とくに、発句の次に続ける七・七の句をさす。わき。

【脇毛】わきの下に生える毛。表記「▼腋毛」とも書く。

【脇腹】①腹の横の部分。よこばら。例走っていてーが痛む。②本妻以外の女の人から生まれること。妾腹。

【脇見】（名・する）前を見ないでわきを見ること。よそみ。

【脇目】①わきみ。よそみ。例ーもふらずに（＝一心不乱に）。②はたから見ること。よそめ。はため。

【脇役】主役を助ける役。対主役。例ーとして出演する。ーにあまんじる。表記「▽傍役」とも書く。

月6【脈】10画 ⇩【脈】（822ページ）

月7【脚】11画 2151 811A 常用 音キャク漢 カク呉 キャ唐 訓あし

筆順 丿 月 月 肚 肚 胠 脚 脚

月9【腳】13画 8173 本字

なりたち [形声]「月（＝からだ）」と、音「卻」とから成る。すね。

意味 ❶ひざの下、くるぶしの上の部分。はぎ。すね。例脚絆。❷あし全体。例脚力。行脚。❸ものの下にあってささえるもの。例橋脚。三脚。❹ものの下部。例脚注。山脚。❺動きをあしにたとえたもの。あゆみ。例雲脚（＝雲の動き）。❻身の置きどころ。立場。あしば。例失脚。立脚。

日本語での用法《キャク》あしのついた器物を数えることば。「机一脚・いす五脚」

使い分け あし【足・脚】⇩1160ページ

難読 脚気・鴨脚

【▽脚気】ビタミンB_1の不足で起こる病気。足がしびれたり、むくんだり、心臓の肥大を起こしたりする。

【脚韻】詩や文で、行や語句の終わりに、同じ、または似たひびきをもつ韻を置いて形式を整えること。対頭韻。例ーをふんでいる詩。

【脚疾】「脚気」に同じ。

【脚色】（名・する）①物語や事件、小説などを映画や演劇に作り直すこと。②事実を伝えるだけでなく、誇張や強調のための虚構をまじえること。例少しーして話をおもしろくする。

【脚注】書物で、本文のある部分に応じて、その下の欄に示してある注釈。対頭注。表記旧脚▼註

【脚部】あし。あしの部分。例テーブルのー。

【脚本】映画や演劇などで、せりふやしぐさ、舞台装置などを書いた本。シナリオ。台本。本。例小説をーに書き直す。

【脚力】歩いたり走ったりする足の力。例ーがおとろえる。

【脚立】ふみ台の一種。はしごを左右から合わせて上に台をのせ、たおれないようにしたもの。

【脚下】足もと。足のした。例ーを照顧す（＝自分の足もとに心をとどめる）。

【脚光】舞台の、客席に近い縁への足もとから役者を照らし出す光。フットライト。例ーを浴びる（＝世間の注目を集める）。

【脚▼絆】歩きやすいように、また、作業のとき足を保護するために、すねに当てる布。例巻きー（＝ゲートル）。手甲ーで旅に出る。表記「脚半」とも書く。

●行脚・雲脚・健脚・三脚・失脚・船脚・馬脚・飛脚・立脚

月7【脛】11画 7090 811B 音ケイ漢 訓すね・はぎ

意味 ひざから下、くるぶしより上の部分。すね。はぎ。

【脛骨】すねの内側の細長いほね。

【脛▽巾】「脚絆」の古い言い方。

月7【脩】11画 7091 8129 人名 音シュウ漢 訓おさ-める・ほじし

なりたち [形声]「月（＝にく）」と、音「攸ユ→シュ」とから成る。ほし肉。

意味 ❶ほした肉。ほじし。例束脩。❷身をおさめる。同修。❸ながい。例脩竹（＝長い竹）。

難読 脩竹

人名 おさ・おさみ・おさむ・さね・すけ・なお・なが・ながし・のぶ・はる・ひさ・ひさし・もろ・よし

月7【脱】11画 3506 8131 常用 音タツ漢 ダツ呉 訓ぬ-ぐ・ぬ-げる・ぬ-ける

筆順 丿 月 月 肸 肸 脟 脟 脱

月7【脫】11画 812B

なりたち [形声]「月（＝にく）」と、音「兌タ→ツ」とから成る。肉がおちてやせる。派生して「ぬぐ」「ぬげる」の意。

意味 ❶身につけているものをとり去る。例脱衣。脱帽。❷しばられた状態からのがれる。ぬける。例脱出。離脱。❸ぬけおちる。例脱字。脱線。❹とりさる。例脱穀。❺はずれる。例逸脱。

難読 脱殻 脱臭

【脱衣】（名・する）衣服をぬぐこと。対着衣。例ー場。

【脱化】（名・する）①昆虫などが殻をぬいで形を変えること。②古い状態から新しい状態に変わること。例旧式からのー。

【脱会】（名・する）会をぬけること。退会。対入会。

【脱却】（名・する）のがれること。ぬけ出すこと。例窮地をーする。

【脱臼】（名・する）関節の骨がはずれること。例うでをーする。

【脱▼肛】（名・する）[医]直腸の粘膜が肛門の外に出ること。

【脱稿】（名・する）原稿を書き上げること。対起稿。例長

い論文をやっと―する。

【脱穀】ダッコク (名・する) ①穀物の実ったつぶを穂ほから取りはずすこと。例―機。②穀物のつぶの外皮を取り去ること。もみがらを取ること。

【脱獄】ダツゴク (名・する) 監獄カンゴクからにげだすこと。例―囚シュウ。

【脱脂】ダッシ (名・する) 脂肪分シボウブンを取り去ること。例―乳。―綿。

【脱字】ダツジ 原稿ゲンコウ・印刷面などの、文章の中で、ぬけ落ちている字。誤ってぬけ落ちた文字。例誤字―に注意する。

【脱臭】ダッシュウ (名・する) においを取り除くこと。例―剤ザイ。

【脱出】ダッシュツ (名・する) にげだすこと。ぬけでること。例国外に―する。危険から―する。

【脱色】ダッショク (名・する) 染まった色、本来の色などの、色を取り去ること。例―剤ザイ。―して染め直す。

【脱水】ダッスイ (名・する) ①水分を取り除くこと。例―機。②体内の水分がひじょうに少なくなること。例―症ショウ。

【脱水症状】ダッスイショウジョウ 〔医〕体内の水分が欠乏ケツボウして起こる、けいれんなどの病的な状態。脱水症。

【脱税】ダツゼイ (名・する) 納めなければならない税を納めないで、のがれること。

【脱線】ダッセン (名・する) ①汽車や電車などの車輪が線路からはずれること。例―事故。②話が横道にそれること。また、行動がふつうの状態からはずれたりすること。例話が―する。

【脱▼疽】ダッソ 〔医〕からだの組織の一部がくさって死滅シメツすること。壊疽エソ。

【脱走】ダッソウ (名・する) 軍隊・刑務所ケイムショ・収容所・合宿所などの、決められた地域・組織の中からにげだすこと。例―兵。

【脱俗】ダツゾク (名・する) 世の中の人がふつうに認めている名誉メイヨ・権力・利益などを求めようとする気持ちをもたないこと。超俗チョウゾク。例若いうちから―の風フウがあった。

【脱退】ダッタイ (名・する) 団体や組織からぬけ出ること。対加入・加盟。例クラブを―する。連盟を―する。

【脱腸】ダッチョウ 腸その他の内臓の一部が、腹壁フクヘキのさけたすきまからぬけ出て、外にはみ出すこと。鼠蹊ソケイヘルニア。

【脱▼兎】ダット にげ走るウサギ。にげていくウサギ。ひじょうにすばやいもののたとえ。例―のごとく逃にげ去る。―の勢い。

【脱皮】ダッピ (名・する) ①昆虫コンチュウやヘビなどが、成長のとちゅうで古い表皮をぬぐこと。②古い考えや習慣からぬけ出ること。例古い体制から―して新しい組織になる。

6画

【肉(月)部】7―8画 ●脳 脯 脣 脱 腋

【脱帽】ダツボウ (名・する) ①帽子をぬぐこと。対着帽。②相手のりっぱさに敬意を表すること。例かれの努力に対しては―するのみ。

【脱毛】ダツモウ (名・する) ①毛がぬけ落ちること。②いらない毛をぬくこと。例―処理。

【脱落】ダツラク (名・する) ①なければならないものがぬけおちること。例一行分イチギョウブン―している。②いっしょに行動することができなくなること。落伍ラクゴ。例マラソンのとちゅうで―した。

【脱力】ダツリョク からだの力がぬけること。例―感。

【脱漏】ダツロウ (名・する) あるべき文字や語句がぬけ落ちていること。不十分でぬけ落ちがあること。例ところどころに―がある。

●逸脱イツダツ・円転滑脱エンテンカツダツ・虚脱キョダツ・解脱ゲダツ・洒脱シャダツ・着脱チャクダツ・離脱リダツ

月7 【脳】 11画 3930 8133 教育6 音ドウ漢 ノウ呉

筆順 月 月 月 月 月 月 脳 脳

月9 【腦】 13画 7110 8166

なりたち [会意]本字は「腦」で、「匕(=ぴったりとならぶ)」と「巛(=かみの毛)」と「囟(=あたま)」とから成る。頭蓋骨ズガイコツの中にぴったりとつまった、のうみそ。参考のちに「匕」が「月(=にく)」となった。

意味 ❶のうみそ。のう。例脳髄ノウズイ。大脳ダイノウ。❷ものごとを考えたり感じたりするはたらき。例脳裏ノウリ。頭脳ズノウ。❸中心となるたいせつなもの。例首脳シュノウ。

【脳▼溢血】ノウイッケツ 「脳出血シュッケツ」に同じ。

【脳炎】ノウエン 脳の炎症エンショウ。

【脳梗塞】ノウコウソク 脳の血管がつまって意識がなくなったり、からだの自由がきかなくなる病気。

【脳死】ノウシ 脳のすべてのはたらきが停止して、もとにもどることがなくなった状態。

【脳出血】ノウシュッケツ 脳の血管が破れて出血すること。脳溢血ノウイッケツ。

【脳腫瘍】ノウシュヨウ 脳にできる、できもの。

【脳神経】ノウシンケイ 脳から出ておもに頭部・顔面につづく神経。運動・感覚を受け持つ。

【脳震▼盪】ノウシントウ 頭を強く打って、一時的に気を失う状態。表記「脳振▼盪」とも書く。

【脳髄】ノウズイ 脳。

【脳性麻▼痺】ノウセイマヒ 胎児タイジのときや生まれるとき、また、新生児の時期に、脳の運動中枢チュウスウに異常が生じ、からだの自由がきかなくなること。

【脳脊髄】ノウセキズイ 脳と脊髄。

【脳卒中】ノウソッチュウ 脳の血管が破れたり、つまったりして意識がなくなったり、からだの自由がきかなくなったりする病気。脳出血と脳梗塞コウソクをまとめた言い方。

【脳天】ノウテン 頭のてっぺん。例―を打つ。―にひびく。

【脳波】ノウハ 脳の活動にともなって脳から出る電位の変動。また、それを記録した図にあらわれる波の形。

【脳貧血】ノウヒンケツ 脳の血液量が一時的に減って起こる病気。めまいを起こし、たおれることもある。

【脳膜】ノウマク 脳をおおっている膜。例―炎エン。

【脳味▼噌】ノウミソ 脳。〔昔からの、日常の言い方〕例―が足りない(=頭のはたらきがにぶい)。

【脳裏】ノウリ 頭の中。心の中。例―に刻む(=しっかりと記憶キオクする)。不安が―をかすめる。表記「脳▼裡」とも書く。

●右脳ウノウ・間脳カンノウ・左脳サノウ・首脳シュノウ・小脳ショウノウ・頭脳ズノウ・洗脳センノウ・大脳ダイノウ・中脳チュウノウ・電脳デンノウ

月7 【脯】 11画 7093 812F 音ホ慣 フ漢呉 訓ほじし

意味 ❶うすくさいてほした肉。ほじし。例脯林ホリン(=たくさんのほし肉)。❷ほしたくだもの。

月7 【脣】 11画 ⇩【唇】シ(205ページ)

月7 【脫】 11画 ⇩【脱】ダツ(823ページ)

月8 【腋】 12画 7094 814B 音エキ漢 訓わき

意味 わきのした。わき。例腋下エキカ。腋汗エキカン(=わきの下から出る、ひやあせ)。

日本語での用法《わき》衣服のそでから下の側面の部分。「腋詰わきづめ・腋開わきあけ」

難読 欠腋ケッテキ・闕腋ケッテキの袍ホウ

【腋下】エキカ わきのした。

【腋▼窩】エキカ わきの下のくぼんだところ。

【腋臭】エキシュウ・わきが わきの下から出る汗あせが発する(いやな)にお

い。類狐臭。

【腋毛】わきの下に生える毛。表記「脇毛」とも書く。

月 8 【腔】 12画 2548 8154 人名 音クウ慣 コウ漢呉

意味 ❶体内で、中がからっぽになっているところ。例口腔。鼻腔。満腔(=胸いっぱい)。❷歌のふしまわし。曲調。

【腔腸動物】クラゲ・イソギンチャクなど、口から体内まで大きな空所になっている下等動物。今は「刺胞動物」という。

月 8 【脹】 12画 3617 8139 人名 音チョウ漢呉 訓ふく-れる・ふく-らむ

なりたち [形声]「月(=からだ)」と、音「長」とから成る。腹がふくれて、はる。

意味 ❶腹がはる。ふくれる。例脹満(=ガスや液体がたまって腹がふくれる病気)。❷ものがふくれて大きくなる。例膨脹。❸はれる。例腫脹。

難読 脹雀

人名 はる

【脹ら▼脛】すねの後ろの、ふくれた肉の部分。こむら。

月 8 【腆】 12画 7102 8146 音テン漢 訓あつ-い・おお-い

意味 ❶(料理などが)たっぷりとある。てあつい。あつい。例腆厚。不腆(=人に対して、手厚いもてなしをしないこと。自分の贈り物をけんそんしていう)。❷厚くする。あつかましい。例腆顔(=あつかましい。はじないようす)。

月 8 【脾】 12画 7103 813E 音ヒ漢

意味 ❶内臓の一つ。脾臓。❷もも。同髀。例脾肉(=ももの肉)。

【脾臓】内臓の一つ。胃の左下にあって白血球をつくり、古くなった赤血球をこわすなどのはたらきをする。

月 8 【腓】 12画 7104 8153 音ヒ漢 訓こむら

意味 足のすねの後ろの、筋肉がふくらんだ部分。ふくらはぎ。こむら。例腓骨(=すねの外側の細長い骨)。腓返り(=ふくらはぎの筋肉の一時的けいれん)。

肉 8 【腐】 14画 4169 8150 常用 音フ漢呉 訓くさ-る・くさ-れる・くさ-らす

筆順 亠 广 府 府 府 腐 腐

なりたち [形声]「肉(=にく)」と、音「府」とから成る。肉がただれてくさる。

意味 ❶肉がくずれ、ただれる。いたむ。例腐敗。腐乱。❷古くさくて役に立たない。例腐儒。陳腐。❸昔の中国で、男子を去勢する刑罰。宮刑。例腐刑(=去勢の刑)。❹やわらかい肉のような加工食品。例豆腐

日本語での用法《フ》苦心する。「腐心」

難読 卯の花腐し(=陰暦四月ころに降る長雨)

【腐朽】(名・する)木や金属・コンクリートが古くなって、もろく形がくずれ、役に立たなくなること。例—が進行して危険になった橋。

【腐儒】役に立たない学者。軽蔑または、けんそんのことばとして用いる。

【腐臭】くさったもののにおい。例魚の—がただよう。

【腐熟】(名・する)発酵し、じゅうぶんに分解して有用になること。例—堆肥。

【腐食】(名・する)金属などが古くなってくさること。また、薬品などで変化させること。表記 旧腐▼蝕

【腐植】植物が土の中でくさってできた物質。例—土。

【腐心】(名・する)いろいろ考え、心を痛めること。苦心。例問題の解決に—する。

【腐▼鼠】[くさったネズミの意から] とるにたりない、つまらないもののたとえ。

【腐肉】くさった肉。例—にハゲタカがむらがる。

【腐敗】(名・する) ①食品や有機物が菌によって分解し有毒な物質に変化すること。例夏は食物が—しやすい。②表面上変わりがなく見えながら、組織・団体やその成員の精神・道義が堕落して、不正・悪事をおこなうことがふつうになってしまうこと。例—した政治家。官僚の—。

【腐葉土】落ち葉がくさってできた土。栄養や保水力に富み、園芸用に適している。

【腐乱】(名・する)生き物のからだがくさり、形がくずれること。例—死体。表記 旧腐▼爛

●陳腐・豆腐・防腐

月 8 【腑】 12画 7105 8151 音フ漢 訓はらわた

意味 ❶胃・たんのう・ぼうこう・腸などの臓器をまとめていうことば。はらわた。例腑分け(=解剖)。臓腑。五臓六腑。❷心のなか。こころ。例肺腑。

月 8 【胼】 12画 *7106 *80FC 音ヘン漢 訓たこ・あかぎれ

意味 手足の皮が厚くかたくなったもの。まめ。たこ。また、ひびやあかぎれ。例胼胝。

【胼▼胝】[「ベンチ」とも] 絶えず刺激したり、その部分だけをおさえつけたりするために、皮膚の表面が厚くかたくなった部分。例ペン—。耳に—ができる。

月 8 【腕】 12画 4751 8155 常用 音ワン漢呉 訓うで・かいな

筆順 月 月 肸 肸 肸 腕 腕

なりたち [形声]「月(=からだ)」と、音「宛」とから成る。手首。

意味 ❶手首。例腕時計。❷肩から手首までの部分。うで。例腕力。❸うでまえ。手なみ。例手腕。敏腕。

【腕木】ものをささえるために、柱などから水平、または水平に近い方向につき出すような形に取り付けた木。

【腕相撲】向かい合ったふたりが同じ平面にひじをついて手をにぎりあい、ひじを支点にして相手のうでをたおす力くらべ。アームレスリング。

【腕▽貫】①うでにはめるかざり。うでわ。②うでをおおい包む布。うでぶくろ。

【腕前】ものごとをたくみにこなす能力や技術。例料理の—。—を上げる。

【腕輪】うでにはめる装飾用の輪。ブレスレット。

【腕章】うでに巻きつける目じるし。例当番の—。

【腕白】(名・形動ダ)〔あて字〕元気で活発な子供がいたずらをすること。また、そういう子。例—坊主。

【腕力】①うでの力。例—が強い。②力ずく。暴力。例—にうったえる。—沙汰。

◐右腕・剛腕・豪腕・才腕・左腕・手腕・凄腕・鉄腕・敏腕・細腕・辣腕

月9 【腱】 13画 7107 8171 音ケン漢
意味 筋肉があつまって骨にむすびつけるはたらきをする部分。例アキレス腱。
【腱鞘】腱の外がわを包む組織を入れるさや。例—炎。

月9 【腫】 13画 2880 816B 常用 音ショウ漢シュ呉 訓は-れる・は-らす・は-れ
筆順 丿 月 月 肝 脂 腫 腫
なりたち〔形声〕「月(=からだ)」と、音「重チョウ→ショウ」とから成る。はれもの。
意味 ❶はれもの。できもの。例腫瘍。❷皮膚やからだのある部分がふくれる。むくむ。例腫脹。水腫。
【腫▼脹】(名・する)からだの一部がはれてふくれること。
【腫物】はれもの。できもの。おでき。
【腫瘍】からだの中で細胞が異常にふえたもの。例悪性—。

月9 【腎】 13画 3153 814E 常用 音シン漢ジン呉
筆順 一 厂 臣 臤 臤 腎 腎
なりたち〔形声〕「月(=にく)」と、音「臤シ」とから成る。(五行において)水にあたる臓器。
意味 ❶内臓の一つ。腎臓。❷たいせつなところ。かなめ。例肝腎。
【腎臓】内臓の一つ。左右一対あり、血液をきれいにし、体内の老廃物を尿として体外に排泄する。じん。

月9 【腥】 13画 7109 8165 音セイ漢ショウ呉 訓なまぐさ-い
意味 ❶なまの肉や魚。また、血のにおいがする。なまぐさい。例腥血。❷みにくい。きたない。けがらわしい。例腥聞(=みにくいうわさ)。
【腥血】なまぐさい血。いきち。

〔肉(月)部〕 9画 腱腫腎腥腺腸腹

月9 【腺】 13画 3303 817A 常用 国字 音セン
筆順 丿 月 月 肝 胪 腺 腺
なりたち〔形声〕「月(=からだ)」と、音「泉セ」とから成る。体液を分泌する器官。
参考 国字であるが、中国でも使う。
意味 動物の体内で液体を分泌する器官。例汗腺。乳腺。扁桃腺。
【腺腫】胃腸・子宮の粘膜などの腺組織の上皮に発生する腫瘍。
【腺病質】よわよわしいからだつきで、病気にかかりやすい子供の体質。また、虚弱な体質。

月9 【腸】 13画 3618 8178 教育6 音チョウ漢 訓はらわた・わた
月11 【膓】 15画 7122 8193 俗字
筆順 丿 月 月 肝 腭 腸 腸
なりたち〔形声〕「月(=からだ)」と、音「昜ヨウ→チョウ」とから成る。大腸と小腸。

意味 ❶内臓の一つ。胃から肛門につながる細長い消化器官(=はらわた)。❷こころ。おもい。ものおもい。

【腸液】腸に分泌される消化液。

【腸炎】腸の粘膜の炎症。食べすぎ・食中毒・細菌感染などで起こり、腹痛・下痢などをともなう。

【腸管】①食べ物を吸収・消化する器官をまとめていうことば。動物の口から肛門まで。消化管。②腸。

【腸断】〔はらわたがちぎれる意〕ひじょうに強い悲しみのたとえ。断腸。

【腸詰め】ソーセージ。

◐胃腸・十二指腸・大腸・脱腸・断腸・直腸・盲腸・羊腸

月9 【腹】 13画 4202 8179 教育6 音フク漢呉 訓はら
筆順 丿 月 月 肝 胙 腹 腹
なりたち〔形声〕「月(=からだ)」と、音「复フク」とから成る。からだの中央で、厚く張り出したところ。

意味 ❶おなか。はら。例腹痛。空腹。❷心の中の思い。かんがえ。例腹案。腹心。❸度量。きもったま。❹ものの中央部。例山腹。中腹。❺ものの前面。例腹背。

【腹当て】①はらまき。はらがけ。②はらをおおうだけの簡単なよろい。もっぱら雑兵用。

【腹▽癒せ】いかりやうらみでいらだつ心を、他のことをしてまぎらすこと。例—にドアをける。

【腹芸】①俳優が、せりふや、めだった動作を使わずに気持ちを表現する演技。②りくつや決まったやり方ではなく、度胸や経験などでものごとを解決すること。例—で決着する。

【腹子】魚類の腹中にあるたまご。また、それを塩づけなどにした食品。はらご。表記「腹▼仔」とも書く。

【腹鼓】はらを太鼓に見立てたことば。

【腹時計】おなかのへりぐあいを時計に見立てていうことば。

【腹巻き】①おなかを冷やさないように腹部に巻きつける布や編み物。はらおび。例毛糸の—を編む。②腹部に巻き背中で引き合わせる、よろい。

【腹案】あらかじめ考えておいて心の中にしまってある思いつきや文章・計画など。例—を示す。—を練る。

【腹▼腔】脊椎動物で横隔膜より下の内臓がはいっているところ。例—鏡。

【腹式呼吸】はらに力を入れたりゆるめたりして深く息をすったりはいたりする呼吸のやり方。

【腹心】①心から信頼できる人。〔ふつう目下の人をいう〕例—の部下。②心のおくそこ。例—を開く。

【腹蔵】心の中にしまっておいて外に出さないこと。

【腹中】①はらのなか。②心のなか。例—をさぐる。

【腹痛】はらがいたむこと。

【腹背】①はらと、せなか。②前と後ろ。例―に敵をうける。③心の中で逆らうこと。例面従―。

【腹壁】腹腔の内側のかべ。とくに前方。

【腹膜】①はらの内側にあって内臓を包んでいるうすい膜。②腹膜炎のこと。腹膜が炎症を起こす病気。

【腹話術】人形をつかいながら、くちびるを動かさずに声を出して、人形が話すように見せる芸。

【腹筋】腹壁をつくっている筋肉。腹部の筋肉。

【腹稿】前もって心の中で文章を考えておくこと。また、その文案。類腹案。

◐空腹・業腹・私腹・船腹・中腹・満腹・水腹・立腹

月9【腴】13画 7111 8174 音ユ漢呉 訓こ-える

意味 ❶腹がふとる。こえる。❷土地がゆたかにこえている。

月9【腰】13画 2588 8170 常用 音ヨウ漢呉 訓こし

筆順 月 月 肝 肝 腰 腰 腰

なりたち [会意]「月(=からだ)」と「要(=こし)」とから成る。こし。

意味 ❶背ぼねと骨盤をつなぐ部分。こし。例腰痛。❷ものの中央から下の、こしにあたる部分。例山腰(=ふもと)。❸重要な部分のたとえ。かなめ。同要。

日本語での用法《こし》全体の中ほど。(乗りかけた)勢い。調子。人に接する態度。「腰折れ・腰を折る・腰砕け・腰が低い・腰が強い」

【腰板】①かべ・障子・垣根の下の部分に張った板。②はかまのこしに当てる板。おもに松の板を布で包んで使う。

【腰巾着】①こしにさげる巾着。②勢力のある人のそばにいつもいて、その人に従う者。軽蔑の気持ちをこめていう。例社長の―。

【腰車】柔道のわざの一つ。相手のからだを自分のこしに引き付けることで宙にうかせてふりたおす。

【腰縄】①必要なときにすぐ使えるように、こしにさげているなわ。②罪人のこしになわをかけること。また、そのなわ。例―を打つ。

【腰骨】①こしのほね。②がまん強くものごとをやりとおす力。例―が強い。

【腰巻き】①室町時代以後、武家の女房の夏の礼装、下級女官の夏の正装。うちかけをこしに巻きつけたもの。②和服で、こしから足にかけてまとう、はだ着。

【腰元】①こしのあたり。②昔、身分の高い人に仕えてその人の身の回りの世話をした侍女。

【腰湯】こしから下だけ湯につかること。また、その湯。座浴。例―を使う。

【腰弱】(名・形動ダ)①こしの力の弱いこと。また、その人。②がまんする力、おしとおす力の弱いこと。また、その人。例―な交渉。

【腰間】こしのあたり。こし。例―の秋水(=こしにさした、とぎすました刀)。

【腰椎】こしの部分をささえる椎骨。五個の骨から成る。

【腰痛】こしのいたみ。

【腰部】こしの部分。例連山の―。

◐中腰・強腰・本腰・物腰・柳腰・弱腰

月9【腳】13画 ⇩【脚】(823ページ)

月9【腟】13画 ⇩【膣】(828ページ)

月9【腮】13画 ⇩【顋】(1068ページ)

月9【腦】13画 ⇩【脳】(824ページ)

月10【膃】14画 7112 8183 音オツ漢

意味 ❶ふとってやわらかい。例膃肭(=肥えてやわらか)。❷「膃肭臍」は、北の海にすむ哺乳動物。

月10【膈】14画 7113 8188 音カク漢 訓むね

意味 哺乳動物の胸と腹のあいだにある膜状の筋肉。横膈膜。例膈膜。

月10【膏】14画 2549 818F 人名 音コウ漢 訓あぶら

意味 ❶あぶら肉。あぶら。例膏味(=味のよいこと。また、美味のもの)。❷ともしびや化粧品・薬などになるあぶら。例膏薬。硬膏(=常温では固形のぬり薬)。軟膏(=やわらかい、ぬり薬)。❸肥えて、うるおいがある。例膏沢(=めぐみ。うるおい)。❹むなもと。心臓の下の部分。例膏肓。

【膏血】①人のあぶらと血。②努力したり苦労したりして手に入れた利益や財産。例民の―をしぼる。

【膏▼肓】「膏」は心臓の下、「肓」は横隔膜の上といわれる。薬もはりも届かないおくふかいところ。そこの病気は治しにくいといわれる。→【病膏肓に入る】(685ページ)

【膏薬】からだの外部に使用する、あぶらで練り合わせたくすり。あぶらぐすり。

月10【腿】14画 3460 817F 音タイ漢 訓もも

意味 ももとすねをまとめていうことば。もものつけねから、くるぶしまで。例下腿(=ひざから足首まで)。大腿(=ふともも)。上腿。

月10【膊】14画 7114 818A 音ハク漢 訓かいな・かたぼね・ひじ

意味 ❶たたきのばして干した肉。ほしじし。ほじし。例膊魚(=魚の干物)。❷肢体を裂いてさらしものにする。❸肉の切り身。❹肩から手首までの部分。かいな。うで。例下膊(=ひじから手首まで)。上膊(=ひじから肩まで)。

月10【膀】14画 7115 8180 音ホウ漢 ボウ呉

意味 ❶わきばら。❷「膀胱」は、尿をたくわえておくふくろ状の器官。

月10【膜】14画 4376 819C 常用 音バク漢 マク呉

筆順 月 月 月 肝 腊 膜 膜

なりたち [形声]「月(=にく)」と、音「莫バ」とから成る。肉のあいだにある、まく。

意味 ❶生物の体内の臓器をおおっているうすい皮。まく。例粘膜。❷ものの表面をおおっている膜状のもの。例被膜。

◐横隔膜・角膜・骨膜・鼓膜・粘膜・皮膜

・弁膜・網膜

月10【膂】 14画 7116 8182 音リョ漢 ロ呉

意味 ❶せぼね。同呂。❷ちから。例膂力。

【膂力】(リョリョク) ものを持ったりかついだり、受けとめたりする肉体の力。例—のすぐれた、たくましい男たち。

月11【膕】 15画 7118 8195 音カク漢 訓ひかがみ・よほろ

意味 ひざの後ろのくぼんでいるところ。ひかがみ。よほろ。よほろくぼ。

月11【膠】 15画 7117 81A0 音コウ漢 訓にかわ

意味 ❶動物の皮や骨からつくった接着剤。にかわ。例膠着。❷ねばりつく。固くついて動かない。例膠漆。

【膠原病】(コウゲンビョウ) 皮膚と筋肉、細胞と血管などをつなぐ結合組織に炎症と変性を起こす病気。

【膠漆】(コウシツ) ①にかわと、うるし。②ひじょうに親交が深くてはなれにくいこと。例—の交わり。

【膠質】(コウシツ) ある物質が微細な粒子として液体中に分散している状態。コロイド。にかわ・寒天・卵白など。

【膠状】(コウジョウ) にかわのようにねばる状態。

【膠着】(コウチャク)(名・する) ①ぴったりくっつき固まってはなれなくなること。②ある状態が続いていて少しも変わらないこと。

月11【膵】 15画 7125 81B5 国字 音スイ

意味 内臓の一つ。膵臓。

【膵臓】(スイゾウ) 内臓の一つ。胃の下にあり、消化のためのすい液とインシュリンを出す。

月11【膣】 15画 7120 81A3 音チツ漢

月9【腟】 13画 7121 815F 俗字

意味 子宮から体外へ通じる管状の器官。交接や産道の機能をもつ。

月11【膝】 15画 4108 819D 常用 音シツ漢 訓ひざ

筆順 刀 月 肝 胩 胨 膝 膝

なりたち [形声]本字は「厀」で、「卩(=ふし)」と、音「桼シ」とから成る。ひざ。

意味 ももとすねをつなぐ関節の部分。ひざがしら。ひざ。例膝下。膝行。

▽【膝下】(シッカ) ①「膝元」に同じ。②父母などへ出す手紙のわき付け。

▽【膝行】(シッコウ)(名・する) 神前や貴人の前で、ひざをついたまま進んだり、しりぞいたりすること。例たたみの上を—する。

【膝掛け】(ひざかけ) 冷えないようにひざにかける毛布など。

【膝頭】(ひざがしら) ひざの関節の前側の部分。ひざこぞう。

【膝枕】(ひざまくら) 他人のひざをまくらにしてねること。

【膝元】(ひざもと) ①ひざのそば。②身近。影響力がおよぶ範囲。例親の—をはなれる。表記▽「膝下」とも書く。

月11【膚】 15画 4170 819A 常用 音フ漢呉 訓はだ

筆順 丶 卜 广 卢 虍 庿 膚 膚

なりたち [形声]「月(=からだ)」と、音「盧ロ→フ」の省略体とから成る。からだの表皮。

意味 ❶からだの表皮。はだえ。例皮膚。❷うわべだけの。浅はかな。例膚浅。

【膚学】(フガク) あさい、うわべだけの学問。例—の者。

【膚受】(フジュ) ①皮膚を切りつけられるように身にこたえること。例—の訴え(=さしせまった訴え)。②うわべだけの理解。

【膚浅】(フセン)(名・形動) あさはか。浅薄。

【膚理】(フリ) 皮膚のきめ。

●完膚・皮膚・山膚

月11【膤】 15画 7119 81A4 国字 訓ゆき

意味 地名に用いられる字。例膤割(=熊本県の地名)。

月11【膓】 15画 ⇩【腸】(826ページ)

月12【膩】 16画 7123 81A9 音ジ漢 ニ呉 訓あぶら・あか・こ-える

意味 ❶脂がのってよく肥えている。こえる。例肥膩。❷つやつやとなめらか。例膩理。❸(脂ぎって)きたならしい。また、よごれ。あか。例垢膩(=あか)。

【膩理】(ジリ) すべすべして、きめの細かい肌。

月12【膳】 16画 3323 81B3 常用 音セン漢 ゼン呉

筆順 刀 月 月¨ 胖 胖 膳 膳

なりたち [形声]「月(=にく)」と、音「善セン」とから成る。食物をそなえる。

意味 ❶食べ物をそなえならべる。また、食べ物をすすめる。❷料理。とくにりっぱなごちそう。例膳部。供膳。

日本語での用法《ゼン》①(一人前の)食器や食べ物をのせる台。「食膳・配膳・懐石膳」②食器に盛った飯を数えることば。「一膳飯」③箸一対を数えることば。「箸一膳」

難読 膳所(=地名)・膳部(かしわで)

人名 かしわで・よし

【膳立て】(ゼンだて)(名・する) ①おぜんの上をそろえて食事の用意をすること。例夕ご飯の—。②(「お膳立て」の形で)準備すること。

【膳部】(ゼンブ) ①おぜんにのせて出す料理。例五人前の—をととのえる。②食べ物を調理する人。料理人。

月12【膰】 16画 7124 81B0 音ハン漢 訓ひもろぎ

意味 祭祀のために焼いた肉。ひもろぎ。例膰俎(=祭祀用の肉をのせる台。また、その肉)。膰肉。

月12【膨】 16画 4336 81A8 常用 音ホウ漢 ボウ呉 訓ふく-らむ・ふく-れる

筆順 刀 月 月⁺ 胩 胩 膨 膨

なりたち【形声】「月(=からだ)」と、音「彭」とから成る。ふくらむ。

意味 外側に大きく張りだす。ふくらむ。ふくれる。例 膨張

【膨大】ボウダイ 一(名・する) ふくれ上がり大きくなること。二(形動ナ) 量や規模がひじょうに大きいこと。例 ―な資料。表記 ▽⑪▼厖大

【膨張】ボウチョウ(名・する) ①ふくれること。例 気体の―。②大きくなること。量が増えること。例 予算が―する。都市の―。③〔物〕物体が、熱などによって体積や長さを増やすこと。例 熱―率の大きい物質。▽対 収縮。

月12 **【臈】** 16画 1-9126 FA1F 音 ロウ漢

意味 年齢。年功。また、年功による身分や地位をあらわす。例 臈長けた(=上品で洗練された)美女。上臈ジョウロウ。中臈チュウロウ。下臈ゲロウ。

参考 もと「臘」と同じ字だが、慣用で使い分けられている。

月12 **【臘】** 16画 ⇒【臘】ロウ(830ページ)

月13 **【臆】** 17画 1818 81C6 常用 音 ヨク漢 オク呉 訓 むね

筆順 月 月 肝 肸 胎 腤 臆 臆

なりたち【形声】「月(=にく)」と、音「意イ→ヨク」とから成る。胸部の骨。

意味 ❶むね。こころ。また、こころの思い。かんがえ。例 胸臆。❷おしはかる。同 憶。例 臆説オクセツ。臆測オクソク。

日本語での用法《オク》気おくれする。おどおどする。「気が臆して声も出ない・人の前で臆したようすがない」

【臆説】オクセツ 根拠をもたぬ想像だけで考え出した意見。例 それは―にすぎない。表記「憶説」とも書く。

【臆測】オクソク(名・する) 確実な根拠もなく、自分の考えでこうではないかと思うこと。当て推量。例 ―でものを言う。単なる―にすぎない。表記「憶測」とも書く。

【臆度】オクタク(名・する) 自分の考えで推しはかる。憶測オクソク。

【臆断】オクダン(名・する) 根拠もなく、きっとこういうことなのだろうと自分で決めつけること。例 ―を許さない。

【臆病】オクビョウ(名・形動ナ) こわがらなくてもいいことをこわがること。また、そのような性質。小心。表記「憶病」とも書く。

【臆面】オクメン 気おくれした顔つきやようす。例 ―もなく。

月13 **【膾】** 17画 7126 81BE 音 カイ漢 訓 なます

意味 細かく切ったなま肉。なます。同 鱠カイ。例 膾炙カイシャ。羹あつものに懲こりて膾なますを吹ふく。

日本語での用法《なます》細かく切った野菜や魚肉などを酢すであえた日本料理。「膾なますあえ」

【膾炙】カイシャ(名・する)〔「膾なます」と「炙(=あぶり肉)」とは、美味で人々に好んで食べられることから〕広く世間の評判になること。例 人口ジンコウに―する。

月13 **【臀】** 17画 7129 81C0 音 デン慣 トン漢 訓 しり

意味 ❶しり。例 臀部デンブ(=しり。しりのあたり)。❷ものの底の部分。例 器臀キデン(=うつわの底)。

月13 **【膿】** 17画 3931 81BF 音 ドウ漢 ノウ呉 訓 うみ・う-む

意味 ❶はれものや傷口から出る黄色い液。うみ。例 膿汁ノウジュウ。❷うみがたまる。うむ。例 化膿カノウ。

【膿血】ノウケツ 血のまじった膿汁ノウジュウ。うみち。

【膿腫】ノウシュ うみをもったはれもの。

【膿汁】ノウジュウ うみしる。うみ。

【膿瘍】ノウヨウ からだの組織の内部に、うみがたまった状態。

月13 **【臂】** 17画 7130 81C2 音 ヒ漢呉 訓 ひじ

意味 ❶肩から手首までの、うで全体。例 三面六臂サンメンロッピ。猿臂エンピ。❷動物の前足。

日本語での用法《ひじ》うでの関節の部分。肘ひじ。肱ひじ。「臂ひじを曲まげる」

月13 **【膺】** 17画 7131 81BA 音 ヨウ漢 訓 う-ける・う-つ・むね

意味 ❶胸。胸のうち。むね。例 服膺フクヨウ(=心にとどめて忘れない)。❷受けつぐ。受ける。例 膺受ヨウジュ(=受ける。引き受ける)。❸攻撃コウゲキする。打つ。例 膺懲ヨウチョウ(=打ちこらす)。

月13 **【臉】** 17画 7132 81C9 音 一レン漢 二ケン漢 訓 ほお・まぶた

意味 一 ほお。かお。例 臉面レンメン(=顔。また、名誉メイヨ・体面タイメン)。紅臉コウレン。二 まぶた。同 瞼ケン。例 睡臉スイケン(=ねむそうなまぶた)。

月13 **【膸】** 17画 ⇒【髄】ズイ(1087ページ)

月13 **【膽】** 17画 ⇒【胆】タン(819ページ)

月14 **【臍】** 18画 7133 81CD 音 セイ漢 サイ呉 訓 ほぞ・へそ

意味 腹部の中央にある、へその緒おのとれたあと。胎児タイジのとき母親のからだとつながって栄養をとっていたところ。また、ものの中央にあるへそのようなもの。例 噬臍ゼイセイ(=ほぞをかむ。後悔コウカイする)。

【臍下】セイカ へそのした。

【臍下丹田】セイカタンデン へそのした五センチほどのあたり。東洋医学で、心身の活力のみなもととなり、気の集まるところとされる。例 ―に力を入れる。

月14 **【臑】** 18画 7134 81D1 音 一ドウ漢 二ジ・ジュ漢 訓 すね

意味 一 ブタやヒツジの前足。また、人では、肩からひじまでの部分。二のうで。例 臑骨ドウコツ(=うでの骨)。二 肉をやわらかく煮る。例 臑羔ジコウ(=やわらかく煮た子ヒツジの肉)。

日本語での用法《すね》ひざから足首までのあいだ。脛すね。「臑すねに疵きずもつ身・親おやの臑すねをかじる・向むこう臑ずね」

月15 **【臓】** 19画 3401 81D3 教育6 音 ソウ漢 ゾウ呉 訓 はらわた

月18 **【臟】** 22画 7139 81DF 人名

筆順 月 肝 肝 臓 臓 臓 臓

なりたち【形声】「月(=からだ)」と、音「藏ゾウ(=しまう)」とから成る。からだの中にしまってある器官。

意味 体内にあるいろいろな器官。はらわた。例 臓器ゾウキ。

【臓器】ゾウキ 内臓の器官。胃・腸・肝臓カンゾウ・腎臓ジンゾウ・心臓など。

例―移植。

【臟▼腑】ゾウフ 五臓六腑ゴゾウロップ。はらわた。心シン・肝カン・肺ハイ・腎ジン・脾ヒの五臓と、胃・胆タン・大腸・小腸・膀胱ボウコウ・三焦サンショウ(=漢方で、消化・排泄ハイセツをつかさどるとされる器官)の六腑。

【臟物】ゾウモツ はらわた。とくに、食用にする魚・鳥・ウシ・ブタなどの内臓。もつ。

●肝臓カンゾウ・強心臓キョウシンゾウ・五臓ゴゾウ・心臓シンゾウ・腎臓ジンゾウ・膵臓スイゾウ・内臓ナイゾウ・肺臓ハイゾウ・脾臓ヒゾウ

月15 【臘】19画 7136 81D8 音ロウ漢

月12 【臈】16画 7137 81C8 俗字

意味 ❶冬至トウジのあと、第三の戌いぬの日におこなう、先祖や、神々をまつる祭り。例臘祭ロウサイ(=十二月の、神々のまつり)。❷年末。年の暮れ。陰暦インレキ十二月の別名。例臘月ロウゲツ。旧臘キュウロウ。❸〔仏〕僧ソウが受戒ジュカイしてから修行シュギョウをつんだ年数。年功。年齢ネンレイ。

【臘虎】ラッコ 〔アイヌ語に、あてた字〕北の海にすむイタチ科の哺乳ホニュウ動物。表記「▽猟虎・▽海▼獺」とも書く。

【臘月】ロウゲツ もと、陰暦レキで、十二月のこと。太陽暦でもいう。

【臘梅】ロウバイ ロウバイ科の落葉低木。冬から早春のあいだに、葉にさきがけて黄色の花がさく。表記「▼蠟梅」とも書く。

【臘八】ロウハチ 〔仏〕臘月八日。陰暦レキの十二月八日のこと。釈迦シャカがさとりをひらいた日とされ、法会ホウエが営まれる。例―会エ(=成道会ジョウドウエ)。―粥がゆ。

月16 【臙】20画 7135 81D9 音エン漢呉

意味 ❶紅色の顔料。べに。例臙脂エンジ。❷のど。

【臙脂】エンジ ①紅色の顔料。化粧ケショウに用いた。べに。②「臙脂色いろ」の略。黒みをおびた赤色。表記 ▽「▼燕脂」とも書く。

月16 【臚】20画 7138 81DA 音リョ漢ロ呉

意味 ❶皮膚フ。はだ。かわ。❷つらねる。ならべる。例臚列ロレツ(=ならべる。ならぶ)。❸伝える。告げる。のべる。例臚言ロゲン(=世間に広く伝えられていることば)。

月18 【臟】22画 ⇩【臓】ゾウ(829ペー)

肉19 【臠】25画 7140 81E0 音レン漢 訓きりし・しし・なます

意味 ❶小さく切った肉。きりみ。例臠肉レンニク(=ひと切れの肉)。❷切りきざむ。例臠殺レンサツ(=体を切りきざんで殺す)。

131 6画 臣 しん部 ↓7画(1001ページ)

「臣」は、もと六画であるが、教育漢字では七画に数えるので七画に移動した。

132 6画 自 みずから部

鼻の形をあらわす。「自」と、「自」をもとにしてできている「臭」とを集めた。

0 自 3 臭 4 臭

この部首に所属しない漢字

首⇩首1078 息⇩心395 鼻⇩鼻1113

自0 【自】6画 2811 81EA 教育2 音シ漢ジ呉 訓みずか-ら・おのずか-ら・よ-り

筆順 ノ 亻 ⺅ 白 自 自

なりたち [象形]鼻の形。鼻。派生して「おのれ」「おのずから」の意。

意味 ❶じぶん。おのれ。本人。例自己ジコ。自身ジシン。❷じぶんから。じぶんでじぶんを。みずから。例自給自足ジキュウジソク。自信ジシン。❸しぜんに。ひとりでに。おのずから。例自然シゼン。自動ジドウ。自明ジメイ。❹〔助字〕「より」と読み、…から、の意。起点をあらわす。例自二遠方一来リキタル(=遠くから来る)。

人名 おの・これ・さだ

【▽自▼惚れ】うぬぼれ (実力以上に)自分をすぐれていると思いこむこと。例―が強い。表記「▽己▼惚れ」とも書く。

【自愛】ジアイ (名・する) ①自分の健康を考え、からだをたいせつにすること。手紙文で、相手の健康を気づかって「どうぞご自愛ください」と使う。②自分の利益だけを考えること。利己。例人は皆みな―の心がある。

【自慰】ジイ (名・する) ①自分で自分をなぐさめること。②自分で自分を刺激して性的快感を得ること。オナニー。

【自意識】ジイシキ 自分自身について、自分でもつ意識。例―過剰カジョウ。

【自営】ジエイ (名・する) 独立して自分で生産や事業に従事すること。例―業。

【自衛】ジエイ (名・する) 自分で自分を守ること。例―の方策を立てる。

【自衛隊】ジエイタイ 日本の平和と独立を守り、国の安全をたもつことをおもな任務とする組織。航空・陸上・海上の自衛隊がある。例被災者ヒサイシャの救出に―が出動する。

【自火】ジカ 自分の家から出した火事。

【自家】ジカ ①自分の家。対他家タケ。例―製。―用車。②自分自身。また、自分のところ。例花の―受精。―発電。

【自家中毒】ジカチュウドク ①自分の体内で生じた毒にあたること。②自律神経の不安定な小児ショウニが、とくに原因がないのに急に元気がなくなって吐はく病気。

【自家▼撞着】ジカドウチャク (名・する) 同じ人の言動が前と後でくいちがって、つじつまが合わないこと。自己矛盾ジコムジュン。例―におちいる。その理屈リクツはすぐ―する。

【自我】ジガ ①われ。自分。自己。②〔哲〕他のすべてのものとはっきり区別した自分。エゴ。例―に目覚める。―を主張する。

【自戒】ジカイ (名・する) 自分のことばやおこないが、規則をはずれ道徳をふみはずさないように、自分で自分をいましめること。

【自害】ジガイ (名・する) 〔自分で自分を傷つけることから〕自殺すること。自決。自刃ジジン。

【自覚】ジカク (名・する) ①自分で自分の状態・立場・能力・責任などをよく承知していること。例―症状ショウジョウ。統率者トウソツシャとしての―が足りない。②〔仏〕自分で迷いを断たってさとりをひらくこと。

【自画自賛】ジガジサン (名・する) ①自分のかいた絵に自分で賛(=その絵についての詩文)を書きそえること。②自分で自分のしたことをほめること。例―するのはあまりよくない。表記 ▽旧自画自▼讚

【自画像】ジガゾウ 自分で、自分の顔や姿をかいた絵。

【自活】ジカツ（名・する）他人の力を借りないで自分の生活をしていくこと。自立。例親にたよらずに―する。

【自記】ジキ（名・する）①自分で書きしるすこと。また、そのもの。手記。②機械などが自動的に書きしるすこと。例―温度計。

【自棄】ジキ 自分で自分を見捨てること。すてばち。やけ。例自暴―のふるまい。

【自虐】ジギャク（名・する）自分で自分を苦しめたり厳しくあつかうこと。例―的な性格。

【自給】ジキュウ（名・する）自分に必要なものを自分自身でまかなうこと。例食糧ショクリョウを国内で―することはできない。

【自給自足】ジキュウジソク（名・する）必要なものを自分の力でつくり出して生活に間に合わせること。例―の生活。―の経済。

【自供】ジキョウ（名・する）取り調べなどに対して、自分のしたことを自分で述べること。類自白。例容疑者が―する。

【自軍】ジグン 味方の軍勢・チーム。

【自警】ジケイ（名・する）①自分をいましめること。類自戒ジカイ。例―のことば。②警察などをたよらず自分たちの力で身のまわりを守ること。例―団。災害のときの―組織。

【自決】ジケツ（名・する）①自分のことを自分で決め、他からの指示や支配を受けないこと。例民族―。②自殺すること。類自裁・自害。

【自己】ジコ おのれ。自分自身。対他者。例―紹介ショウカイ。

【自己嫌悪】ジコケンオ 自分で自分がいやになること。例―におちいる。

【自己批判】ジコヒハン（名・する）自分の思想・行動がまちがっていたとして、みずから批判すること。例―を強制される。

【自己流】ジコリュウ 人に教わった伝統的なやり方ではなく、自分で考え出した自分だけのやり方。類我流ガリュウ。例―の草書体では他の人には読めない。

【自後】ジゴ そののち。こののち。以後。表記「▼爾後」とも書く。

【自業自得】ジゴウジトク 自分のしたおこないによって自分自身がそれに相当するむくいを受けること。〔仏教で、自分の行為コウイのむくいは自分が受けねばならないという意〕例―だからあきらめるがいい。

【自国】ジコク 自分の国。対他国。例―の文化に誇ほこりをもつ。

【自今】ジコン（副）いまよりのち。今後。以後。例―お見知りおきください。表記「▼爾今」とも書く。

【自裁】ジサイ（名・する）みずから命を絶つこと。類自殺・自決。例かれも―した作家のひとりである。

【自在】ジザイ 一（名・形動ダ）思いどおりにすること。また、思いのまま。例自由―。―に英語を話す。二（名）自在鉤かぎ。

【自在画】ジザイガ 定規やコンパスなどを使わず、手で自由にえがく絵画。

【自在▼鉤】ジザイかぎ 囲炉裏イロリの上につるして、なべ・鉄びんなどをかけ、上下に動かすことができるようにしたかぎ。自在。

【自作】ジサク 一（名・する）自分でつくること。また、つくったもの。例昔は、たいていおもちゃを―したものだ。二（名）「自作農」の略。自分の土地を耕作する人。対小作こサク。

【自殺】ジサツ（名・する）自分で自分の命を絶つこと。類自決・自害。対他殺。例―行為コウイ。―するほどなやんでいた。

【自賛】ジサン（名・する）自分のかいた絵にそえて自分でそれに関連する詩文を書くこと。また、自分で自分をほめること。例自画ガ―。表記 旧自▼讃
【自失】ジシツ（名・する）思いがけないできごとに出あって、ショックを受けわれを忘れること。例家が焼けて茫然ボウゼン―した。

【自室】ジシツ 自分の部屋。例―にとじこもる。

【自社】ジシャ 自分（たち）の会社。対他社。例―の製品に誇ほこりをもつ。

【自若】ジジャク（形動タル）〔「若」は、状態をあらわす助字〕落ちついていてあわてないようす。例泰然タイゼン―。危機にあっても―としている。

【自主】ジシュ 他から保護・干渉カンショウ・指示などを受けないで、自分で決めたり行動したりすること。例―独立。―性。

【自首】ジシュ（名・する）〔「首」は、申す意〕犯人が、警察につかまる前に、自分から名乗り出ること。類自訴ジソ。

【自習】ジシュウ（名・する）①自分で練習する。自分で学習する。例自学―をすすめる。②先生が教室に出ないで、生徒が自分たちだけで学習すること。例国語の時間は―だった。

【自重】一ジジュウ（名）それ自身の重さ。例―一トンの自動車。二ジチョウ（名・する）①軽率ケイソツな言動をひかえたり、むりなことをしないよう自分で気をつけること。自戒カイ。例―して冬山での強行軍をさける。②自分をたいせつにすること。自愛。例好漢、―せよ。

【自粛】ジシュク（名・する）他からの強制やすすめによらないで、自分からすすんで行動や態度をひかえめにおさえること。例華美カビなもよおしを―する。

【自書】ジショ（名・する）自分で書くこと。また、書いたもの。自筆。例―の履歴書リレキショ。住所を―する。

【自署】ジショ（名・する）自分の姓名セイメイや花押カオウを自分で書くこと。また、そのもの。対代署。例証書に―を必要とする。

【自助】ジジョ 人にたすけてもらうのではなく、自分で自分の進歩・向上に努めること。例―努力。

【自序】ジジョ 書物の著者が自分で書いた、その書物の序文。

【自称】ジショウ 一（名・する）①自分だけで、自分の身分・職業・能力などを認めて、そのように名乗ること。例―芸術家。②自分をほめること。二（名）文法で、「ぼく」「わたし」など、話し手自身を指すことば。第一人称。対他称・対称。

【自照】ジショウ（名・する）自分自身の内面をかえりみて考えること。例―文学（＝日記・随筆ズイヒツなど、自分の反省・批判を主題にする作品）。

【自乗】ジジョウ（名・する）〔数〕一つの数または式に、それと同じものをかけ合わせること。平方。例3の―は9です。表記「二乗」とも書く。〔この場合は「ニジョウ」とも〕

【自浄】ジジョウ みずから不純なものをとり除き、きれいにすること。また、そのはたらき。例自然界の―能力には限度がある。

【自縄自縛】ジジョウジバク 自分の信念や言動のために、その後の自由な思考・行動ができなくなること。例―におちいる。

【自叙伝】ジジョデン 自分で書いた自分の伝記。自伝。例フランクリンの―。

【自身】ジシン ①自分。例―の経験にたよりすぎる。②そのものみずから。自体。〔意味を強めた用語〕例当人―の自覚の問題だ。自分―の考えをもつ。

【自信】ジシン 自分の価値・能力・正しさなどを信じる心。例―満満。―がつく。―を失う。

【自刃】ジジン（名・する）刀で自殺すること。自害。

【自尽】ジジン（名・する）自殺。自決。

【自陣】ジジン 自分の陣地。味方の陣地。

【自炊】ジスイ（名・する）自分で自分のための食事を作ること。例―生活。

【自生】ジセイ（名・する）植物が自然にはえること。例カタクリの―地。

【自制】ジセイ（名・する）自分で自分の感情や欲望をおさえること。例―心。いかりを―する。

【自省】ジセイ（名・する）自分の言動や心がけなどをみずからふり

かえり、よかったかどうか考えること。例—する気持ちが強い。

【自製】ジセイ（名・する）ものを自分で、また、自分のところで作ること。また、そのもの。手づくり。類手製・自家製。例—の洋菓子。家具を—する。

【自責】ジセキ（名・する）自分のあやまちや失敗をみずから責めること。例—の念にかられる。—のあまり職を辞した。

【自説】ジセツ 自分の考え・主張・意見。例けっして—を曲げない。—にこだわる。

【自然】シゼン ㊀（名）①宇宙に存在するすべてのものごと。例—科学。②〔古くは「ジネン」とも〕人間や人工的につくられたもの以外のすべてのものごと。類天然。例—の猛威。—をたっとぶ。㊁（名・形動ダ）人の手が加わらない、そのものが本来もっている性質や状態。また、ありのままのようす。類天然。対人為・人工。例—なふるまい。㊂（副）〔古くは「ジネン」とも〕ひとりでに。例—に細る声。

【自然科学】シゼンカガク 自然界の現象を研究する学問。天文学・物理学・化学・地学・生物学など。対人文科学・社会科学。

【自然主義】シゼンシュギ ①自然のままに生活することを最も重くみる考え方。②現実をありのままにえがこうとする文芸上の主義。例十九世紀のフランス—。日本の—。

【自然人】シゼンジン ①〔法〕生まれてから死ぬまで、その権利・能力を認められた人間。法人に対する個人。②生まれついての本能で生活し、社会や文化の影響をまだ受けていない人間。自然児。

【自然数】シゼンスウ〔数〕一から順に一つずつ加えて得られる、それぞれの数。正の整数。一・二・三・四・五……。

【自然▼淘汰】シゼントウタ ①〔生〕ダーウィンの説で、生活環境に適応する生物は生き残り、適応しない生物はほろびるという考え。自然選択。②周囲の状況や社会の変化に適さない人やものがひとりでにふるい落とされること。例むりをしないで、—を待つ。

【自然▼薯】ジネンジョ 山野に自然に生えているヤマノイモ。自然生。

【自▼撰】ジセン（名・する）自分の作品の中から自分でよいものをえらび出し、書物にまとめること。例—歌集。表記「自選」とも書く。

【自選】ジセン（名・する）①選挙などで自分で自分に投票すること。②「自撰」に同じ。

【自薦】ジセン（名・する）自分で自分を推薦すること。対他薦。例応募は—他薦を問わない。

【自足】ジソク（名・する）①必要なものを自分で間に合わせること。例自給—。②自分の状態に自分で満足すること。例—感。

【自存】ジソン ㊀（名）自分がそこに存在していること。㊁（名・する）他の力にたよらず自力で生きること。例独立—の精神。

【自尊】ジソン ①自分の人格・名誉・品位をたいせつにすること。例独立—。②自分をりっぱだと思い、うぬぼれること。

【自尊心】ジソンシン 自分にほこりをもち、品位を保ちつづけようとする気持ち。プライド。例—を傷つけられる。—ばかりが強くて、他を認めようとしない。

【自他】ジタ ①自分と他人。例—ともに許す（＝自分も他人も、同じように存在・価値・効用などを認める）。②〔仏〕自力と他力。③自動詞と他動詞。

【自体】ジタイ ㊀（名）①それそのもの。自身。例計画—はよい。②自分のからだ。㊁（副）もともと。そもそも。元来。例—いいかげんな構想である。

【自大】ジダイ 自分をえらいと思って、おごりたかぶること。尊大。例夜郎—（＝自分の真の力を知らないままに、同じなかまの中でいばること）。〈史記〉

【自宅】ジタク 自分の家。自分の家族とともに住む家。

【自堕落】ジダラク（形動ダ）生活に規律がないようす。例—な毎日を送る。

【自治】ジチ ①自分のことを自分で決めておこなうこと。例—会。生徒の—活動。②都道府県・市町村などの団体が、その地域内の政治を自主的におこなうこと。例地方—体（＝地方公共団体）。

【自注】ジチュウ 自分の小説・詩歌・俳句などの作品または論文・著書に、自分で注釈を加えること。また、その注釈。表記旧自▼註

【自▼嘲】ジチョウ（名・する）自分で自分をあざけり軽蔑すること。例失恋した気持ちを—して作った詩。

【自沈】ジチン（名・する）乗組員みずからの手で自分たちの艦船をしずめること。

【自邸】ジテイ 自分のやしき。類私邸。例官邸を使わずに—に住む。

【自適】ジテキ（名・する）思いのままにのびのびと楽しく暮らすこと。例月を友とし、花を賞でて—の毎日を送る。

【自転】ジテン（名・する）①自分で回転すること。②地球などの天体が、その天体の中心をつらぬく直線を軸として回転すること。対公転。

【自伝】ジデン 自分で書いた自分の伝記。自叙伝。

【自動】ジドウ 機械などで、人間が操作しなくてもひとりで動くこと。対手動。例—操縦。—ドア。

【自動詞】ジドウシ 文法で、そのことばのあらわす動作・作用が直接に影響をおよぼす目的語をもたない動詞。たとえば、「花が咲く」「星が光る」「虫が鳴く」の「咲く」「光る」「鳴く」。対他動詞。

【自得】ジトク（名・する）①方法・技術・理論や、その成果を自分で手に入れること。自分でさとること。②自分だけで得意になること。例—の色をみせる。③自分自身にむくいを受けること。例自業—。

【自▼瀆】ジトク（名・する）「自慰②」に同じ。

【自任】ジニン（名・する）ある仕事・役割を自分にふさわしいと考えること。例リーダーをもって—する。天才を—する。

【自認】ジニン（名・する）たしかにそうだと自分でみとめること。〔良否・善悪など、どちらにもいう〕例失敗をいさぎよく—する。自分の貢献を—してはばからない。

【自白】ジハク（名・する）①自分から白状すること。例そのときの事実を—する。②〔法〕自分の罪や責任を認める供述。類自供。例脅迫による—は信用できない。

【自縛】ジバク（名・する）自分をしばること。自分の主張したことにしばられること。例自縄—。

【自発】ジハツ ①自分からすすんでおこなうこと。例子供の—性を育てる。②意志に関係なく、自然にその状態になること。例—の助動詞（たとえば、「昔がしのばれる」の「れる」、「行く先の案じられる子」の「られる」など）。

【自腹】ジばら〔自分の腹の意〕自分のお金。自分のさいふ。例—を切る（＝他人のふところをあてにせず、自分でお金をしはらう）。

【自費】ジヒ 自分で費用を出すこと。また、その費用。例—出版。—で負担する。

【自筆】ジヒツ 自分で書くこと。また、本人が書いたもの。対代筆。例芭蕉—の『おくのほそ道』。

【自負】ジフ（名・する）自分の才能や仕事などに自信をもち、ほこりに思うこと。例—心。よい仕上がりだと—する作品。

【自▼刎】ジフン（名・する）自分で首を切って死ぬこと。例―して終わる。

【自噴】ジフン（名・する）地下から、石油・温泉などが自然にふき出ること。例―井。

【自分】ジブン ①その人自身。自己。例だれでも―のことは―で始末するのがあたりまえだ。②わたくし。例―は、この責任が―にあると思っています。

【自閉】ジヘイ 他と関係なしに、自分の世界にとじこもること。

【自閉症】ジヘイショウ（医）子どものときに発症する神経発達症の一つ。人への反応がとぼしく、ことばの発達がおくれるなどの症状がある。正式には「自閉スペクトラム症（ASD）」という。

【自弁】ジベン（名・する）自分で費用を出すこと。自己負担。㊫自費。例交通費は―のこと。表記 ㊐自▼辨
【自暴自棄】ジボウジキ（名・形動）思いどおりにならなくて、投げやりになること。すてばち。やけ。やぶれかぶれ。例失恋して―になる。

【自前】じまえ ①費用や必要な分を自分の負担とすること。例この衣装は―だ。②独立の営業。例―で店をもつ。

【自慢】ジマン（名・する）自分で自分に関することを語って得意になること。例のど―。うで―。

【自明】ジメイ（名・形動）わざわざ説明しなくてもわかりきっていること。例―の理。―のことを難しく説明する。

【自滅】ジメツ（名・する）①とくに何もしないでおいて、自然にほろびること。例あとは敵の―を待つばかりだ。②自分のしていることがもとで、自分がほろびること。

【自問自答】ジモンジトウ（名・する）心の中で自分に問いかけ、自分でそれに答えること。例毎日の日記で―をする習慣。

【自由】ジユウ（名・形動）①自分の思いどおりであること。すきなだけ。例―な筆づかい。ご―にお取りください。②他からの支配や束縛などを受けないで、自分の責任で事をすること。例言論の―。―とわがままのちがいを知る。

【自由自在】ジユウジザイ（形動）思うとおりにする。また、そのようにできるようす。例―な空想を楽しむ。

【自由主義】ジユウシュギ 個人の意思や行動の自由を尊重しようという近代社会の基本の考え方。リベラリズム。

【自由放任】ジユウホウニン 思いのままにさせて口出しをしないこと。例保護管理とは正反対の―。

【自余】ジヨ そのほか。それ以外。例これらはまだしも、―はまったく問題外である。表記「▼爾余」とも書く。

【自力】ジリキ ①自分の力。独力。例―で得た勝利。②（仏）自分の力で修行し、さとりをひらこうとすること。例―本願。▽㊥他力。

【自立】ジリツ（名・する）自分の力だけでものごとをやっていくこと。例親からの―。

【自律】ジリツ（名・する）自分で規律をつくり、それに従って行動すること。㊥他律。例―神経（＝意志とは無関係にはたらく神経）。

【自立語】ジリツゴ 日本語の文法で、それだけで文節をつくることができる単語。助詞・助動詞以外の品詞に属することば。㊥付属語。

【自流】ジリュウ ①自分の属する流派・流儀。②自己流。我流。
●各自・出自・独自・刀自

自3
【臭】
9画 2913 81ED 常用
音 ■キュウ㊥ ■シュウ㊥
訓 くさ-い・にお-う・か-ぐ・にお-い

筆順 丶 ′ 冂 白 自 自 臭 臭 臭

自4
【臭】
10画 1-9056 FA5C 人名

たなり ［会意］「犬（＝いぬ）」と「自（＝鼻）」とから成る。犬が鼻を使って獣のあとを追う。

意味 ■キュウ においをかぐ。同嗅。■シュウ ❶いやなにおいがする。くさい。におい。例臭気・悪臭・体臭。❷みにくい。悪いうわさ。

使い分け におい・におう【匂・臭】⇩1176ページ

難読 臭橘からたち・臭橙だいだい・臭水くそうず（＝石油をさす古語）

人名 か

【臭覚】シュウカク においを感じる感覚。嗅覚。〔「嗅キュウ」がかつての当用漢字表になく、「臭」にキュウの音を認めないために生じた言いかえ〕
【臭気】シュウキ くさいにおい。くさみ。悪臭。例―がただよう。
【臭素】シュウソ（化）液体元素の一つ。常温で赤茶色の重い液体。強いにおいがあり、揮発しやすく有毒。写真の感光材料・医薬品・染料などに使う。元素記号 Br
【臭味】シュウミ ①いやなにおい。②ある種の人・ものに共通する感じ。くさみ。〔よくない、不快な、または、いかにもそれらしいやみを意味することが多い〕
【臭名】シュウメイ よくない評判。醜名シュウメイ。汚名オメイ。例―を後世に残すはめになる。
●悪臭・口臭・俗臭・銅臭・無臭

自4
【臭】10画 ⇩【臭】シュ（833ページ）

133 6画 至 いたる いたるへん 部

鳥が高いところから地面に飛び下りる形をあらわす。「至」をもとにしてできている漢字を集めた。

0 至 3 致 4 致 8 臺 10 臻

この部首に所属しない漢字

到⇩刂136 屋⇩尸321 鵄⇩鳥1101

至0
【至】
6画 2774 81F3 教育6
音 シ㊥㊥
訓 いた-る・いた-り

筆順 一 ㄗ 工 云 至 至

たなり ［象形］鳥が高いところから下へ向かって飛び、地面にとどく形。

意味 ❶あるところまで行きつく。とどく。いたる。例必至ヒッシ。❷果てまで行きつく。これ以上ない。いたって。きわめて。例至急シキュウ。至言シゲン。至高シコウ。❸太陽が南北それぞれの極点にまで達する。例夏至ゲシ。冬至トウジ。

人名 たか・たかし・ちか・のり・まこと・みち・むね・ゆき・よし

【至楽】■シガク 最高の音楽。■シラク 最高のたのしみ。例人生の―。親子・夫婦の円満こそ地上の―であろう。
【至急】シキュウ（名・副）おおいそぎ。特別にいそぐこと。火急。緊急。例大―。―帰宅せよ。―の用事。
【至近】シキン ひじょうに近いこと。例―距離。
【至芸】シゲイ 最高にすぐれた芸。例―をきわめる。
【至言】シゲン ものの道理や事情を、最も適切に言いあらわしたことば。名言。例孔子は多くの―を残した。
【至公】シコウ（名・形動）きわめて公平なこと。例―至平。
【至公至平】シコウシヘイ（名・形動）この上なく公平であること。

例—をもって信頼された人。

【至行】①この上なくりっぱなおこない。例—を実践したといわれる人。②人としておこなうべきこと。

【至幸】（名・形動ナ）この上ないしあわせ。例—の生活を送る。

【至高】（名・形動ダ）この上なく高いこと。最高。例—至善。—の目標。—の技術を用いる。

【至極】㊀（副）きわめて。ひじょうに。例—もっともな意見だ。㊁（名・形動ダ）「…至極」の形で）この上なく…である、まったく…だ、などの意をあらわす。例めいわく—だ。残念—なことです。

【至純】（名・形動ダ）この上なく純粋なこと。まったくまじりけがないこと。例—の心から出た子供の詩。表記「至▼醇」とも書く。

【至上】いちばん上であること。また、この上なくすぐれていること。最上。例—の愛。

【至上命令】どうしても従うべき絶対の命令。例新製品の開発が—である。

【至情】①まごころ。例—を述べて説得する。②ごく自然な人情。例人間の—に従う。

【至心】きわめて誠実な心。まごころ。至情。例—をもって親に仕える。

【至人】最高の道をきわめた人。聖人。

【至仁】（名・形動ナ）ひじょうに情けぶかいこと。また、その心やその人。例—の天子。

【至正】この上なく正しいこと。

【至聖】この上なく徳のすぐれていること。また、その人。

【至誠】この上もないまごころ。例—天に通ず。

【至善】「シゼン」とも）道徳上の最高の理想である、この上ない善。例至高—の徳。

【至尊】①きわめてたっといこと。②天子をうやまっていうことば。

【至大】（名・形動ダ）限りなく大きいこと。例—至剛の気（＝ひじょうに大きく、また、つよい気性）。

【至当】（名・形動ナ）①ごくあたりまえなこと。例—な言い分。②最も適切であること。例—なあつかい。

【至道】この上ない善のみち。まことのみち。

【至徳】この上なくりっぱな徳。

【至難】（名・形動ダ）きわめてむずかしいこと。例—のわざ。—の事業にいどむ。

【至福】この上ない幸せ。例山頂に達して、しばし—の時を味わう。

【至宝】この上なくたいせつなもの、または、人。例かれは柔道界の—である。

【至要】（形動ナ）この上なくたいせつなこと。きわめて重要なこと。

【至理】きわめてもっともな道理。

●夏至・冬至・必至

至3【致】9画 ⇩【致】（834ページ）

至4【致】10画 3555 81F4 常用 音チ漢呉 訓いた-す

筆順 一 ㄙ 云 至 至 到 致

至3【致】9画 26936

なりたち [会意]「夊（＝歩いて送る）」と「至（＝とどく）」とから成る。人を送りとどける。

意味 ❶送りとどける。いたす。例致意（＝意志を伝える）。❷まねきよせる。こさせる。いたす。例招致。誘致。❸あるところまで行きつかせる。また、きわめつくす。いたす。いたる。いたり。例致死。致知（＝知識を極限まで広げる）。極致。❹ゆだねる。あたえる。ささげる。いたす。例致命。❺もとにかえす。いたす。例致仕。❻おもむき。ようす。あじわい。例雅致。筆致。風致。

日本語での用法《いたす》「する」の改まった言い方。「感謝致します・ご案内致します」

人名 いたる・おき・かず・きわむ・とも・のり・むね・ゆき・よし

【致士】（名・する）すぐれた人物をまねきよせること。

【致仕】㊀（名・する）官職をやめること。退官。㊁（名）七十歳のこと。（昔、中国の役人が七十歳で退官したことから）

【致死】死にいたらせること。例過失—。傷害—。

【致死量】（薬物などで）人間や動物が死ぬ最少の量。

【致知格物】⇩【格物致知】（525ページ）

【致命】①いのちを投げ出して努力すること。例—のときの至るを知る。②いのちにかかわること。例—的。

【致命傷】①いのちを落とす原因となったけが。例胸のさしきずが—となった。②取り返しのつかない重大な失敗や損害など。例不動産投資が会社の—となった。

●一致・合致・極致・招致・筆致・風致・誘致

至8【臺】14画 ⇩【台】（185ページ）

至10【臻】16画 7143 81FB 音シン漢 訓いた-る

意味 到達する。やって来る。いたる。およぶ。

134 6画 臼 うす（臼 きょく）部

木や石などをえぐった「うす」の形をあらわす。「臼」をもとにしてできている漢字と、「臼」と字形のよく似た「臼（＝向きあわせた両手）」（七画）」をもとにしてできている漢字とを集めた。

0 臼 2 臾 3 舁 5 舂 6 與 7 舅 9 興 舉 11 舊

この部首に所属しない漢字

兒⇩儿104 鼠⇩鼠1113 輿⇩車958

臼0【臼】6画 1717 81FC 常用 音キュウ漢 訓うす

筆順 ノ ｲ ｲ' 臼 臼 臼

なりたち [象形] 中に米粒のある、うすの形。

意味 ❶木や石でできた、米などをつく道具。うす。また、うすでつく。うすづく。例臼杵（＝うすと、きね）。茶臼。❷うすの形をしたもの。例臼歯。

【臼歯】口のおくにある、食べ物をすりつぶすはたらきをする歯。うすば。おくば。

【臼砲】砲身の短い大砲。弾道が湾曲して、近距離で遮蔽物のかげにあるものを攻撃する。

臼 2 **【臾】** 9画 7144 81FE 音 ユ漢呉 訓 しばら-く

意味 しばらく。例 須臾(=しばし。しばらく)。

臼 3 **【舁】** 10画 *7145 *8201 音 ヨ漢呉 訓 か-く・かつ-ぐ

意味 二人が両手でかつぎあげる。かつぐ。かく。また、かご。例 舁夫(=駕籠かご舁き)。

難読 舁夫かご

臼 5 **【舂】** 11画 7146 8202 音 ショウ漢 訓 うすづ-く・つ-く

意味 うすで穀物をつく。うすづく。つく。例 舂炊(=食事の用意をする)。

臼 6 **【與】** 13画 ⇩【与】(17ページ)

臼 7 **【舅】** 13画 7147 8205 音 キュウ漢 訓 しゅうと

意味 ❶夫の父。しゅうと。〔今は妻の父にも用いる〕 対 姑 例 舅姑。❷母の兄弟。おじ。❸妻の兄弟。

難読 外舅(=妻の父)

【舅▼姑】しゅうとと、しゅうとめ。夫または妻の、父と母。

臼 9 **【興】** 16画 2229 8208 教育5 音 キョウ漢 コウ呉 訓 おこ-る・おこ-す

筆順 (興の筆順)

なりたち 【会意】「舁(=両手であげる)」と「同(=力をあわせる)」とから成る。おこす。

意味 ❶いきおいがさかんになる。おこる。例 興亡。興隆。❷新しくはじめる。さかんにする。おこす。例 興業。振興。❸おもしろいと感じる。たのしむ。たのしみ。例 興味。余興。❹『詩経』の六義の一つ。自然界の事物にたとえて、自分の感興を述べる。

使い分け おこす・おこる【起・興】⇩1164ページ

人名 おき・おこし・おさ・おさむ・き・さかえ・さかる・さかん・さき・たか・たかし・とも・はじむ・はじめ・ひろ・ひろし・ふか・ふさ・よし

【興趣】おもしろみ。あじわい。また、おもしろく感じること。興味。感興。例 —がわく。

【興味】① おもしろみ。興趣。例 —が多い。—を感じる。② あるものごとに対して特別に注意をはらったり、おもしろくて心ひかれること。関心。例 —津津。

【興味本位】(名・形動) おもしろ半分で、本気で取り組んでいないこと。例 なんでも—で聞くのは感心しない。

【興行】(名・する) ① 入場料を取って、見せ物・映画・スポーツなどを見せること。例 —師(=興行を主催する職業)。② 儀式や会合をもよおすこと。

【興業】(名・する) 事業を始めること。産業をさかんにすること。例 殖産—。

【興国】国の勢いをさかんにすること。例 —のための事業。

【興廃】(名・する) さかんになることと、おとろえほろびること。盛衰。例 国も家も—をまぬかれない。

【興奮】(名・する) 気持ち・感情・神経が高ぶり、元気づいたり精神が不安定になったりすること。例 —しないで他人の話を聞く。表記 旧▼昂奮・▼亢奮

【興亡】勢いがさかんになることと、ほろびること。興廃。

【興隆】(名・する) あるものごとがおこり栄えること。また、さかんにおこること。例 独自の文化が—した。

●一興・再興・座興・振興・新興・即興・中興・不興・復興・余興

臼 9 **【擧】** 16画 ⇩【挙】(437ページ)

臼 11 **【舊】** 17画 ⇩【旧】(481ページ)

135 6画 舌 した したへん 部

「した」の意をあらわす。「舌」をもとにしてできている漢字と、「舌」および「舌」の字形を目じるしにして引く漢字とを集めた。

0 舌 舌 2 舍 4 舐 6 舒 9 舗 10 舘

この部首に所属しない漢字

乱⇩乚35 甜⇩甘671 辞⇩辛959

舌 0 **【舌】** 6画 3269 820C 教育6 音 セツ漢 ゼツ呉 訓 した

筆順 一 二 千 千 舌 舌

舌 0 **【舌】** 6画 本字

なりたち 【会意】「干(カン→セツ)(=おかす・つく)」と「口(=くち)」とから成る。口をついて出ることばをあやつり、口にはいる食べ物を味わう器官。

意味 ❶口の中にあって味覚を感じたり、動かしたりして消化や発声をたすけたりする器官。した。例 舌根。舌頭。❷鐘などの内部に垂れている、したのような形をしたもの。❸ことば。ものを言うこと。例 舌禍。饒舌。

【舌禍】① 自分が言ったことで自分が受けるわざわい。対 筆禍。例 —をまねく。② 他人の悪口や中傷を受けて、めいわくを受けること。

【舌耕】講義・講演・演説・講談など、弁舌によって生計を立てること。例 —をもって世間をわたる。

【舌根】① したのつけね。したのね。② 〔仏〕六根(=感覚・認識・迷いのもとになる六つのもの)の一つ。舌。

【舌▼尖】① したの先。舌端。② 話しぶり。弁舌。舌端。例 —するどく論破する。

【舌戦】文章ではなく、ことばに出して議論すること。論戦。例 —をくりひろげる。

【舌▼苔】したの表面にできるコケのようなもの。消化器系の病気や熱病のときにできる。

【舌代】口頭によるあいさつのかわりに書いた、簡単な文章。口上書き。例 名産の説明をした—。

【舌端】① したの先。舌尖。② 話しぶり。弁舌。舌尖。例 —火をはく(=するどく論じたてる)。

【舌頭】① した。② 語り方。話しぶり。例 —のわざで人を説きふせる。

【舌▼鋒】(ほこさきのように)するどい言い方。例 —するどく問いつめる。

●冗舌・長広舌・毒舌・猫舌・筆舌・弁舌・百舌

舌0 【舌】6画 ⇩【舌】ゼツ(835ページ)

舌2 【舎】8画 ⇩【舎】シャ(74ページ)

舌4 【舐】10画 7151 8210 音シ漢ジ呉 訓な-める

意味 したでなめる。なめまわす。ねぶる。なめる。例舐犢シトク。

【舐▼犢の愛】シトクのアイ 親牛が子牛をなめてかわいがるように、親がその子供をかわいがること。盲愛モウアイ。〈後漢書ゴカンジョ〉

舌6 【舒】12画 4816 8212 音ショ漢ジョ呉 訓の-べる

意味 ❶ゆったりとのばす。のんびりとゆるやか。おもむろ。例寛舒カンジョ(=心がひろい)。展舒テンジョ(=のべひろげる)。❷述べあらわす。のべる。例舒懐ジョカイ(=心の思いを述べる)。舒情ジョジョウ。

【舒情】ジョジョウ 自分の気持ちを述べあらわすこと。叙情ジョジョウ。

舌9 【舗】15画 ⇩【舗】ホ(96ページ)

舌10 【舘】16画 ⇩【館】カン(1077ページ)

136 6画 舛(舛) ます まいあし 部

左右反対に向いた足の形をあらわす。「ます」は日本での読みで、漢字本来の意味ではない。「舞ブ」の字にある脚あし(=漢字の下がわの部分)であることから「まいあし」ともいう。常用漢字・人名用漢字では「舛(七画)」となる。「舛」をもとにしてできている漢字を集めた。

0 舛 6 舜 舜 8 舞 舞

舛0 【舛】6画 3304 821B 音セン漢 訓そむ-く・たが-える

参考 日本では「升・升(=ます)」と同じように用いて「ます」と読む。

意味 くい違う。そむく。たがえる。例舛錯センサク(=いりまじる)。

難読 舛添ますぞえ(=姓セイ)

舛6 【舜】13画 2956 821C 人名 音シュン漢 訓むくげ

舛6 【舜】12画

なりたち  [会意]「[illegible](=花をつけたつる草)」と「舛セン(=そむく)」とから成る。借りて「俊シュン(=すぐれる)」の意から、伝説上の五帝ゴテイのひとり。

意味 ❶中国古代の伝説上の聖天子。姓セイは有虞ユウグ氏。徳があるとして尭ギョウから帝位テイイをゆずられた。❷アオイ科の落葉低木。夏から秋にむらさきや白の花をひらき、一日でしぼむ。ムクゲ。

人名 きよ・きよし・とし・ひとし・みつ・よし

【舜▼禹】シュンウ 中国古代の伝説上の聖天子である、舜帝シュンテイと禹帝ウテイ。手本とすべきりっぱな皇帝とされる。

舛6 【舜】12画 ⇩【舜】シュン(836ページ)

舛8 【舞】15画 4181 821E 常用 音ブ漢ム呉 訓ま-う・まい

舛8 【舞】14画

筆順 𠂉 無 無 舞 舞 舞 舞 舞

なりたち  [形声]「舛(=そむきあう足)」と、音「無ブ」とから成る。音楽にあわせておどる。

意味 ❶音楽などにあわせて手足を動かす。おどる。まう。例舞台ブタイ。歌舞カブ。❷ふるいたたせる。はげます。例鼓舞コブ。❸かって気ままにつかう。例舞文ブブン。

【舞楽】ブガク ①まいをともなう音楽。②奈良なら時代に外国から習い伝えた、まいをともなう音楽。唐楽トウガク・高麗楽コマガクと、それにならって日本で制作したもの、の三種。

【舞▽姫】ブキ・まいひめ ①まいをまう女性。例五節ゴセチの——まいひめ。②ダンスを職業とする女性。おどり子。例はかない——まいひめの身の上。

【舞▼妓】ブギ・まいこ まいをまって酒席の客をもてなす職業。また、その少女。まいひめ。

【舞曲】ブキョク ①まいと音楽。②まいに使われる音楽。また、そのリズムや形式をもつ曲。

【舞台】ブタイ ①まいや芝居しばいなどをするところ。また、演技する場所。例りっぱに——をつとめる。——に上がる。②演技そのもの。例あすの——の練習をする。③活躍カツヤクの場。例晴れの——。独ひとり——。

【舞台裏】ブタイうら ①舞台の裏側の、役者などが準備したり道具を用意したりする場所。②あるものごとに必ず存在し、しかも人々の目には見えない実情。例政治の——。

【舞台劇】ブタイゲキ [放送劇や映画に対して] 舞台で演じて、その場で同時に観客に見せる劇。

【舞踏】ブトウ(名・する) おどること。とくにダンス・バレエなど。

【舞文】ブブン(名・する) ①(役人などが)法律をかってに解釈カイシャクして乱用すること。例——弄法ロウホウ。②ことばをもてあそんで、かってな文章を書くこと。舞筆。例——曲筆をもてあそぶ。

【舞踊】ブヨウ からだの動作で感情などを表現する芸術。おどり。ダンス。例——劇。日本——。民族——。

【舞扇】まいおうぎ 日本舞踊ブヨウや能楽に用いるおうぎ。[ふつうの扇子センスよりやや大形のもの]

●円舞エンブ・歌舞カブ・群舞グンブ・仕舞しまい・乱舞ランブ・輪舞リンブ

舛8 【舞】14画 ⇩【舞】ブ(836ページ)

137 6画 舟 ふね ふねへん 部

木をくりぬいたふねの形をあらわす。「舟」をもとにしてできている漢字を集めた。

0 舟 4 航 般 舫 舩 舮 5 舸 舷 船 舵 舳 舶 7 艇 艀 10 艙 艘 11 艚 艝 12 艟 13 艤 艨 艢 15 艦 艪 16 艫

舟0 【舟】6画 2914 821F 常用 音シュウ漢 訓ふね・ふな

筆順 ノ 丿 凢 丹 舟 舟

なりたち  [象形] 木をくりぬいてつくったふねの形。

意味 水上を行き来して人や荷物をはこぶ乗り物。ふね。こぶね。例舟行シュウコウ。孤舟コシュウ。

日本語での用法 《ふね》水・湯など液体をたたえて入れておく容器。「湯舟ゆぶね」

使い分け ふね【船・舟】⇩1179ページ
人名 のり
【舟行】①ふねで水上を進むこと。②ふなあそび。
【舟子】ふねに乗るのを仕事とする人。類船方・船頭。
【舟艇】小型のふね。ボートなど。例上陸用―。
【舟歌】ふねをこぐ調子を取るのにうたう歌。例ベニスの―。表記「舟唄・船歌」とも書く。
【舟に刻して剣を求む】時勢の移り変わりがわからず、古いしきたりをがんこに守ることのたとえ。刻舟。〔昔、楚の国の人が、動いているふねから剣を落としたとき、ふなべりにしるしをつけて、あとで水底の剣をさがそうとした故事による〕〈呂氏春秋〉
●呉越同舟・孤舟・方舟

舟4 【航】 10画 2550 822A 教育5 音コウ漢 訓わた-る

筆順 丿 ⺆ 力 月 舟 舟 舟 舟 航 航

なりたち 形声「方(=二そう並べたふね)」と、音「亢コウ」とから成る。二そうのふねを並べてわたる。参考 のちに「方」が「舟」となった。

意味 船で水上をわたる。また、飛行機で空中をとぶ。例航海・航空・渡航。

人名 かず・つら
【航海】(名・する)船で海上をわたること。類渡航・渡海・航行。例―日誌。

【航空】航空機で大気中や宇宙を飛ぶこと。類飛行。

【航空機】人が乗って空中を飛ぶもの。飛行機・飛行船・グライダー・ヘリコプター・気球など。

【航空券】旅客機を利用するときの切符。

【航空便】①「航空郵便」の略。飛行機で運ぶ郵便。エアメール。②飛行機でおこなう輸送。飛行便。

【航行】(名・する)船で水上をわたること。また、航空機で空を行くこと。例安全な―を保つ。

【航跡】船が通ったあとに水面に残る波の筋。

【航程】船や航空機の行く距離。また、その所要時間。例飛行機で東京から二時間の―だ。上海経由の―。

【航路】船や航空機の通る道筋。例―標識。定期―。

●運航・寄航・欠航・周航・就航・出航・渡航・難航・密航

舟4 【般】 10画 4044 822C 常用 音ハン漢 バン呉

筆順 丿 ⺆ 力 月 舟 舟 舟 舟 般 般

なりたち 会意「舟(=ふね)」と「殳(=ふねをめぐらせる)」とから成る。ふねがめぐる。
意味 ❶まわる。めぐる。めぐらす。❷ものごとの種類。ひとまとまりのことがら。例一般・先般・全般。
人名 かず・つら
【般▽若】〔梵語の音訳〕①〔仏〕すべての迷いを去ってさとりをひらく知恵。②いかりや悲しみなどをあらわした、鬼女の能面。
【般▽若湯】酒のこと。〔僧の隠語〕
●一般・諸般・先般・全般

舟4 【舫】 10画 7154 822B 音ホウ漢呉 訓もや-う
意味 二そうならべて、つなぎあわせたふね。もやいぶね。また、つなぎあわせる。もやう。例舫舟(=もやってある舟)。

舟4 【舩】 10画 ⇩【船】セ(837ページ)

舟4 【舮】 10画 ⇩【艫】ロ(839ページ)

舟5 【舸】 11画 7155 8238 音カ漢 訓おおぶね・はやぶね・ふね
意味 大きな船。ふね。例舸艦(=大きな軍艦)。船舸。走舸(=速い軍船)。

舟5 【舷】 11画 2431 8237 常用 音ケン漢 ゲン呉 訓ふなばた

筆順 丿 ⺆ 力 月 舟 舟 舟 舟 舷 舷

なりたち 形声「舟(=ふね)」と、音「玄ゲ」とから成る。舟の両側。

意味 ふねの両わきの面。ふなべり。ふなばた。例舷側。舷灯。右舷。

【舷舷相摩す】〔ふなべりとふなべりとが、たがいにすれ合う意〕海戦で、敵と味方とがたがいに接近して激しく戦う。

【舷窓】船の側面にある小さなまど。類船窓。

【舷側】船の側面。ふなばた。ふなべり。類船側。

【舷▼梯】ふなばたに設けた乗り降り用のはしご。ふなばしご。タラップ。

【舷灯】夜間に航行中の船の、両舷の外側にかかげる灯火。右舷は緑色、左舷は赤色を用いる。

舟5 【船】 11画 3305 8239 教育2 音セン漢呉 訓ふね・ふな 付表 伝馬船

筆順 丿 ⺆ 力 月 舟 舟 舟 舟 船 船

舟4 【舩】 10画 7153 8229 俗字

なりたち 形声「舟(=ふね)」と、音「㕣エン→セン」とから成る。ふね。

意味 水上を行き来して人や荷物を運ぶ乗り物。ふね。例船長・船舶・汽船。

使い分け ふね【船・舟】⇩1179ページ
難読 船魂
【船医】船に乗り組み、航海中の医務をおこなう医師。

【船員】船の乗組員。ふなのり。類海員。例―手帳。

【船艦】民間の船と軍艦。

【船客】船に乗っている旅客。

【船橋】①多くの船を並べて上に板をわたして作ったはし。ふなはし。②船の上甲板にあって、船長が指揮をとるところ。ブリッジ。

【船室】船の、旅客が使う部屋。キャビン。ケビン。

【船主】①船の持ちぬし。ふなぬし。②船長。ふなおさ。

【船首】船のいちばん前の部分。へさき。対船尾。

【船籍】船の所属地を示した籍。例―不明の貨物船。

【船倉】船の甲板の下の、貨物を積みこむところ。ふなぐら。例貨物を―いっぱいに積む。表記 旧船▼艙
【船側】①船のへり。ふなばた。類舷側。②船のすぐそば。例―に寄る。

【船体】船の積み荷や付属物を除いた、船そのものの部分。例あらしのため―がきしむ。

【船隊】同じ目的のために、数隻の船でつくるグループ。

例輸送―。―を組んで漁場へ向かう。

【船長】センチョウ ①船の乗組員の長で、航行の指揮、船員の監督、積み荷などの責任をとる人。②船の長さ。

【船底】㊀センテイ・ふなぞこ 船のそこの部分。㊁ふなぞこ 船のそこのようにそり返ったもの。例―天井。

【船頭】センドウ ①船長。例―多くして船山に上る(=指図する人が多いと、ものごとが目的でない方向に進む)。②船をこぐ人。ふなかた。例わたし船の―。

【船舶】センパク 〔「舶」は、大きな船の意〕ふね。例―信号。

【船尾】センビ 船のいちばん後ろの部分。とも。対船首。

【船幅】センプク 船の胴体で、最大の部分のはば。

【船腹】センプク ①船の胴の部分。②船の内部の、貨物を積みこむ空間。また、その積載量。

【船足】ふなあし ①船体の水につかっている部分。類喫水。例―が深い。②船の速さ。例―が速い。表記▽「船脚」とも書く。

【船路】ふなじ ①船の通るコース。航路。海路。②船を利用した旅。ふなたび。例地中海一周の―を楽しむ。

【船大工】ふなダイク 木造船をつくる大工。船工。

【船霊】ふなだま 船内に祭ってある、船の守り神。たとえば、金毘羅・住吉・水天宮など。例―様を祭る。表記「船玉・船▽魂」とも書く。

【船荷】ふなに 船に積む荷物。例―証券(=船に荷物を積んだことを証明する書類)。

【船便】ふなビン 〔「センビン」とも〕①船による交通の連絡。船の便。②船でものを送ること。例大きいものは―で送る。

【船宿】ふなやど 舟遊びや魚つりなどの船を貸し出したり、世話をしたりすることを職業とする家。表記「舟宿」とも書く。

●汽船・客船・漁船・下船・商船・乗船・造船・宝船・停船・難船・帆船・風船・母船

舟5 【舵】 11画 3441 8235 人名 音タ漢 ダ呉 訓かじ

木5 【柁】 9画 3440 67C1 別体字

意味 ふねのうしろに取り付けて、その進む方向を定める装置。かじ。例舵手。操舵。

【舵手】ダシュ 船のかじをとる人。かじとり。

6画

［舟部］5―13画 ●舵 舳 舶 艇 艀 艙 艘 艚 艝 艟 艤 艨

舟5 【舳】 11画 7156 8233 音チク漢 ジク呉 訓とも・へ・へさき

意味 船のうしろのほう。とも。また、船の前のほう。へさき。例舳艫。

【舳▼艫】ジクロ 船のへさきと、とも。船首と船尾。

【舳▼艫相▼銜む】ジクロあいふくむ 〔前を行く船のともと、後ろの船のへさきがかみ合う意〕多くの船が前後して連なって進むようす。

舟5 【舶】 11画 3985 8236 常用 音ハク漢 訓おおぶね・ふね

筆順 丿 ⺆ 介 介 舟 舟 舟 舶 舶 舶

なりたち [形声]「舟(=ふね)」と、音「白ハ」とから成る。大きなふね。

意味 海をわたる大きなふね。おおぶね。例舶載。船舶。

【舶載】ハクサイ (名・する) ①船にのせて運ぶこと。②外国から船で運んでくること。また、そのもの。類舶来。例奈良時代に大陸から―した仏典や漢籍。

【舶来】ハクライ (名・する) 外国から船で運んでくること。また、そのもの。類舶載。例―品(=輸入品)。

舟7 【艇】 13画 3690 8247 常用 音テイ漢 訓ふね

筆順 丿 ⺆ 介 舟 舟 舟 舟 舟 艇 艇 艇

なりたち [形声]「舟(=ふね)」と、音「廷テ」とから成る。こぶね。

意味 細長いこぶね。ボート。例艇身。舟艇。

【艇庫】テイコ ボートをしまう倉庫。

【艇身】テイシン ①ボートの船体。例―の手入れをする。②(とくにボート競技で)ボート一艇分の長さ。例半―リード。

●艦艇・競艇・舟艇

舟7 【艀】 13画 7157 8240 音フウ漢 フ呉 訓はしけ

意味 短くて底の深いふね。こぶね。

日本語での用法 《はしけ》沖の本船と岸の間を行き来して人や荷物を運ぶ、こぶね。「艀船・艀渡し」

舟10 【艙】 16画 7158 8259 音ソウ漢呉 訓ふなぐら

意味 船などの内部をしきった部屋。また、貨物を積むところ。ふなぐら。例艙底(=船倉)。

舟10 【艘】 16画 7159 8258 音ソウ漢 訓ふね

意味 ❶ふねをまとめていうことば。❷ふねを数えることば。例一艘。

舟11 【艚】 17画 7161 825A 音ソウ漢 訓うまふね・ふね

意味 運送用の船。ふね。

舟11 【艝】 17画 7160 825D 国字 訓そり

意味 雪の上を進む乗り物。そり。

舟12 【艟】 18画 7162 825F 音ドウ慣 トウ漢 ショウ漢 訓いくさぶね

意味 「艨艟」は、敵の船にぶつかって相手をつきやぶる細長い軍船。いくさぶね。また、軍艦・艦隊の意味に用いる。

舟13 【艤】 19画 7163 8264 音ギ漢呉 訓ふなよそおい

意味 船が出航できるように、船具などの準備をととのえて船を岸につけること。例艤装。

【艤装】ギソウ (名・する) 進水した船の本体に必要な設備や装置を取りつけること。貨物船にクレーンを、軍艦に大砲をすえるなど。

舟13 【艨】 19画 7165 8268 音モウ漢 訓いくさぶね

意味 「艨衝」「艨艟」は、敵の船にぶつかって、相手をつきやぶる細長い軍船。いくさぶね。また、軍艦・艦隊の意味に用いる。

舟13 【艢】19画 ⇩【檣】ショウ (550ページ)

舟15 **【艦】** 21画 2047 8266 常用 音カン漢 訓いくさぶね

筆順 丿 舟 舟 舟 舟 舟 舟 艦 艦

なりたち [形声]「舟(=ふね)」と、音「監カン」とから成る。大型のいくさぶね。

意味 戦争につかう大型の船。いくさぶね。例 艦隊カンタイ。軍艦グンカン。戦艦センカン。

【艦橋】カンキョウ 軍艦で、全体の指揮をとるところ。ブリッジ。
【艦載】カンサイ（名・する）軍艦にのせること。例―機。
【艦首】カンシュ 軍艦のへさき。対艦尾カンビ。
【艦上】カンジョウ 軍艦の上。例―機。
【艦隊】カンタイ 二隻セキ以上の軍艦から成る部隊。例無敵―。
【艦艇】カンテイ 大型・小型の、各種の軍用艦船。
【艦尾】カンビ 軍艦の後ろの部分。艦のとも。対艦首。
【艦砲】カンポウ 軍艦に備え付けた火砲カホウ。例―射撃シャゲキ。
●旗艦キカン・軍艦グンカン・戦艦センカン

舟15 **【艪】** 21画 7166 826A 音ロ漢

意味 船をこいで、進めるのにつかう道具。同櫓ロ。

舟16 **【艫】** 22画 7167 826B 音ロ漢 訓とも

舟4 【舮】10画 7168 822E 俗字

意味 ❶船の前のほう。船首。へさき。みよし。例 舳艫ジクロ(=とも、へさき)。❷船の後ろのほう。船尾センビ。とも。例 艫綱ともづな(=船尾から出して、船をつなぐためのつな)。

138 6画 艮 うしとら こんづくり 部

「目をいからせてにらみあう。さからう」意をあらわす。「艮」をもとにしてできている漢字と、「艮」の字形を目じるしにして引く漢字とを集めた。

0 艮 1 良 11 艱

艮0 **【艮】** 6画 2617 826E 音ゴン慣 コン漢呉 訓うしとら

意味 ❶そむく。さからう。❷易エキの卦カ。八卦ハッカの一つ。山をかたどり、止まって進まないようすをあらわす。❸方位の名。北東にあたる。うしとら。❹時刻の名。午前二時から午前四時のあいだ。うしとら。

艮1 **【良】** 7画 4641 826F 教育4 音リョウ漢呉 訓よ-い 付表野良のら

筆順 丶 ㇇ ㇋ ㇋ 良 良 良

なりたち [形声]「白(=満ちる)」と、音「亡ボウ→リョウ」とから成る。よい。

意味 ❶質がよい。すぐれている。よい。例 良好リョウコウ。善良ゼンリョウ。優良ユウリョウ。❷しばらく。やや。例 良久リョウキュウ(=しばらくたって)。❸ほんとうに。まことに。たしかに。例 良有レ以也まことにゆえあるなり。

使い分け よい【良・善】⇩1181ページ

県名 奈良なら

難読 良人おっと・あいつれ

人名 あき・あきら・お・かず・かた・さだむ・さね・すけ・すなお・たか・たかし・ただ・ただし・つか・つかさ・つぎ・なおし・なか・なが・ながし・はじめ・はる・ひさ・ひさし・ふかし・ふみ・まこと・まさ・まさる・み・よし・ら・ろ・ろう

【良案】リョウアン よい思いつき・考え。類名案。例―を思いつく。
【良医】リョウイ すぐれた医者。名医。例―にめぐりあう。
【良縁】リョウエン よい縁談。似合いの縁組み。例―にめぐまれて結婚する。
【良貨】リョウカ ①質のよい貨幣カヘイ。実際の値打ちと、表示された値打ちがつりあっているもの。対悪貨。例悪貨は―を駆逐クチクする。②よい品物。よい宝物。
【良器】リョウキ ①よいうつわ。礼器・楽器・道具などのよいもの。②よい器量。すぐれた才能。例部下に―を得る。
【良▼狗】リョウク〔よい飼い犬の意から〕はかりごとがうまく、主人に忠実な家臣のたとえ。
【良家】リョウケ〔「リョウカ」とも〕生活程度や社会的地位の低くない、教養のある家庭。例―の子女。
【良月】リョウゲツ ①よい月。②陰暦インレキ十月の別名。〔十は満ちてよい数であるということから〕
【良好】リョウコウ（名・形動ダ）すぐれてよいこと。例感度―。視界は―。
【良工】リョウコウ 技術のすぐれたよい職人。類良匠リョウショウ。例―は材を選ばず(=良工は材料のよしあしを問題にしない)。
【良港】リョウコウ あらしでも波が立たず、適当な広さで、航路沿いにあって利用しやすい、よいみなと。例天然の―。
【良▼賈は深かく蔵ゾして▽虚むなしきがごとし】〔「賈」は商人の意〕よい商人は商品をおくにしまっておき、店頭をかざることをしない。かしこい者は、自分の能力をかくして表に出さないことのたとえ。〈史記シキ〉
【良才】リョウサイ すぐれた才能。また、それをもつ人。類良材。例天下に―を求める。
【良妻】リョウサイ 夫にとって、よいつま。類賢妻ケンサイ。対悪妻。
【良妻賢母】リョウサイケンボ おっとに対してよいつまであると同時に、子供に対してかしこい母であること。
【良材】リョウザイ ①よい材木。質のよい材料。②すぐれた才能。また、それをもつ人。類良才。
【良剤】リョウザイ よく効く薬。類良薬。例―を求める。
【良策】リョウサク よい計画やはかりごと。また、よい方法。類良計・上策。例―を講じる。
【良識】リョウシキ 自分自身の意見をもち、ものごとのよしあしを公正に判断する力。例―にうったえる。
【良質】リョウシツ（名・形動ダ）品質や材質がよいこと。類上質。対悪質。例―の紙。
【良日】リョウジツ ①よい日がら。類吉日キチジツ。②陰暦インレキ七月七日の別名。
【良主】リョウシュ よい主人。よい君主。
【良書】リョウショ 内容のすぐれた本。有益な本。対悪書。
【良相】リョウショウ すぐれた大臣。類賢相ケンショウ・良宰リョウサイ。
【良将】リョウショウ りっぱな大将。すぐれた将軍。
【良心】リョウシン 自分のおこないについて善悪を判断する心のはたらき。また、人がもともともっている善の心。例―がとがめる。―の呵責カシャクにたえない(=良心をせめ苦しめられることにたえきれない)。
【良心的】リョウシンテキ（形動ダ）良心に従って考えたりおこなったりするようす。誠実におこなうようす。例―な店。

【良▼辰】〔「辰」は、日の意〕めでたい日。類吉日。

【良臣】よい臣下。

【良性】ものごとの性質や傾向がよいこと。対悪性。例—腫瘍。

【良俗】よい風俗。よい習わし。例公序—を守る。

【良知】人間が生まれつきもっている知恵。例—良能。

【良田】米がよくとれる田地。類美田。

【良二千石】〔「二千石」は、漢代の郡の太守(=長官)の年俸〕すぐれた善良な地方長官。

【良能】人間が生まれつきもっている能力。

【良馬】すぐれた馬。類駿馬。

【良否】よいかよくないか。よしあし。例結果の—にかかわらず通知する。

【良品】見かけや形式にかかわりなく、実質のよい品物。例—を売る。形は悪いが—だ。

【良風】よい風習。対悪風。例—美俗。

【良兵】①すぐれた兵器。②すぐれた兵士。類精兵。例良民は—にならない。

【良木】姿や実の付き方などがよい木。また、質のよい材木やよく燃えるたきぎ。

【良民】①善良な人々。②いっぱんの人々。例—の生活をあやうくする政策。

【良夜】①(月の)美しいよる。②よふけ。深夜。

【良薬】たいへんによく効くくすり。類良剤。

【良薬は口に苦し】よく効くくすりは苦い。ためになる忠告は聞き入れにくいことのたとえ。〔「良薬は口に苦けれども病に利あり。忠言は耳に逆らえども行いに利あり」による〕〈孔子家語〉
●温良・改良・最良・純良・選良・善良・不良・優良

艮 11

【艱】

17画 7169 8271 音カン漢ケン呉 訓なや-む・かた-い

意味 ❶困難なことにあって、なやみ苦しむ。なやむ。例艱苦。艱難。❷むずかしい。かたい。また、けわしい。

【艱苦】つらく苦しいこと。例—にたえる。

【艱難】むずかしいことに出あって、なやんだり苦しんだりすること。類難儀。

【艱難辛苦】困難に直面して苦労すること。例同志たちは—の果てに本懐をとげた。

【艱難▼汝を玉にす】多くのなやみや苦しみを経験してこそりっぱな人物になれる、という教え。

139 6画 色 いろ いろづくり 部

かおいろの意をあらわす。「色」と、「色」をもとにしてできている「艶」とを集めた。

0 色 13 艶 18 艶

色 0

【色】

6画 3107 8272 教育2 音ショク漢シキ呉 訓いろ 付表景色

筆順 ノ ク ⺈ 刍 刍 色

なりたち [会意]「人(=ひと)」と「巴(=わりふ)」とから成る。感情がわりふを合わせたように顔に出たもの。

意味 ❶顔の表情や顔かたち。かおいろ。とくに、美しい顔。例顔色。容色。才色兼備。❷外がわにあらわれたようす。おもむき。例景色。古色。秋色。❸いろあい。いろどり。いろ。例色彩。染色。❹男女間の情欲。例色欲。好色。❺種類。たぐい。例色目。❻〔仏〕感覚でとらえられる形のあるものすべて。例色界。色即是空。

日本語での用法《いろ》おもしろみ・おもむき・活気・あでやかさ・なまめかしさ・美しさなどについていう。「色よい返事・すこし色をつける・色男・色事師・色物」

人名 くさ・しこ・しな

【色絵】①色をぬった絵。彩色画。②うわぐすりをつけて焼いた陶磁器に絵をかいて焼き上げること。

【色香】①色とかおり。例花の—。②女性のあでやかな美しさ。例—に迷う。

【色気】①色合い。例赤みがかった—。②性的な魅力。また、性的な関心。例—づく。③異性の存在がかもし出す、はなやかな雰囲気。例—ぬきの仕事場。④おもしろみ。あいそ。例—のない返事。—をそえる。⑤興味。関心。積極性。例商売に—を示す。

【色恋】恋愛や情事。例—ぬきのつきあい。

【色事】①恋愛に関すること。類情事。例—にうとい人。②芝居で、なまめかしいしぐさ。ぬれごと。例—師。

【色眼鏡】①色つきのレンズを使った眼鏡。サングラス。②ものごとのほんとうのすがたを見るのではなく、一方的に決めつけた見方。偏見。先入観。例—で人を見てはいけない。

【色模様】①布などを色で染めた模様。また、美しい模様。②芝居で、情事の場面。ラブシーン。

【色界】〔仏〕三界(=欲界・色界・無色界)の一つで、色(=いろや形のあるもの)にとらわれた世界。

【色覚】色を識別する感覚。例動物は種類によって—が異なる。

【色感】①色(のよしあし)を判断する、感覚的能力。②色から受ける感じ。例暖かい—。

【色彩】①いろどり。いろあい。例—感覚がいい。②それらしい特色・ようす。類傾向。例貴族的—をもった武将。

【色紙】□シキ 和歌や俳句、またサインなどを書く四角い厚紙。□いろがみ 折り紙や紙細工に使う、さまざまな色の紙。

【色弱】色覚のうち、ある系統の色覚が他の色覚に比べて弱い状態。

【色情】性的な欲情。類色欲。例—狂。

【色素】ものの色のもとになっている成分。例メラニン—。

【色相】①〔仏〕肉眼で見える、ものの姿や形。②色の三要素(=色相・彩度・明度)の一つで、赤や青など一つ一つの色のこと。③色合い。類色調。

【色即是空】〔仏〕この世のあらゆるもの(=色)は、実体として存在するのではない(=空)ということ。〈般若心経〉例—、空即是色。

【色沢】①いろつや。光沢。②人の徳をたとえていうことば。

【色調】色の濃淡や明暗などの調子。色合い。

【色魔】多くの女性をだまして、もてあそぶ男。女たらし。

【色盲】色覚のうち、ある系統の色覚が欠けている状態。色覚特性。→【色弱】

【色目】□シキモク ①〔「ショクモク」とも〕種類ごとの名目。種目。②元代、西方系の諸民族の人々のこと。目の色のちがいからいう。色目人。□いろめ ①衣服などのいろあい。②色っぽい目つき。例—を使う。

【色欲】シキヨク ①性的な欲情。色情。例―よりも食欲の年ごろ。②性的欲情と利欲。表記▽旧色▼慾

●異色・音色・褐色・寒色・顔色・喜色・気色・脚色・血色・原色・金色・彩色・地色・十人十色・出色・声色・染色・暖色・着色・特色・難色・配色・敗色・旗色・物色・変色・無色・有色・容色

色13 【艶】 19画 1780 8276 常用 音エン漢 訓つや・なまめ-かしい

筆順 口 曲 曲 豊 豊 豔 豔 艶

色18 【艷】 24画 7170 8277

豆21 【豔】 28画 2-8894 8C54 本字

なりたち 【形声】「豊(=ゆたかに大きい)」と、音「盍コウ→エン」とから成る。立派で美しい。

意味 ❶あでやかで美しい。なまめかしい。例艶姿エンシ。妖艶ヨウエン。❷はなやかさ。光彩。いろ。つや。例艶陽エンヨウ(=はなやかな晩春)。艶蕾エンライ(=美しいつぼみ)。

日本語での用法《エン・つや》男女の情事に関する意味をあらわす。「艶書エンショ・艶福エンプク・艶聞エンブン・艶事つやごと・艶話つやばなし・艶物つやものの芝居しばい」

人名 よし

【艶歌】エンカ ①なまめかしい歌。②明治・大正時代の流行歌。③歌謡曲の一つで、もの悲しい調子の歌。愛や恋の情感を主題とする、はやりうた。演歌。例―調。

【艶姿】エンシ なまめかしい美しさのあるすがた。あですがた。艶容。

【艶書】エンショ 恋慕の気持ちをつづった手紙。恋文。ラブレター。例―を送る。

【艶笑】エンショウ 一(名)色けとおかしみのある文学や演芸。例―文学。二(名・する)あでやかにわらうこと。

【艶美】エンビ (名・形動ダ) なまめかしく美しいこと。類艶麗エンレイ。例―な女性。

【艶福】エンプク 多くの異性にもてること。例―家。

【艶聞】エンブン 恋愛関係についてのうわさ。例―の多い人。

【艶冶】エンヤ (名・形動ダ)「冶」も、なまめかしい意 なまめかしく美しいこと。類妖冶ヨウヤ。例年たけてもなお―な姿。

【艶容】エンヨウ なまめかしく美しい容姿。艶姿。

【艶麗】エンレイ (名・形動ダ) あでやかに美しいこと。類艶美。例―なしぐさ。

●色艶いろつや・清艶セイエン・幽艶ユウエン・優艶ユウエン・妖艶ヨウエン

色18 【艷】 24画 ⇩【艶】エン(841ページ)

140 6画 艸 くさ(艹 くさかんむり そうこう)部

草が横に並んで生えている形をあらわす。「艸」が文字の一部になるときは「艹(四画)」となるが、常用漢字では「艹(三画)」となるので、この辞典ではすべて「艹(三画)」に統一した。「艸」をもとにしてできている漢字と、「艹」の字形を目じるしに引く漢字とを集めた。

⓪艸②艾③芋芝芍芒④花芥
芹芸芫芟芯芻芭芙芬芳芽苅
芦⑤苡英苑苛茄芽苣苦茎苟
若苴苫苒苔苧苳苺范苹苗苻
苞茅茆苜茉茂苙苓⑥茨茵茴
茖荊荒荇茲茱荀茹茸荏茜荐
荃草荘茶荅茯茫茗茘荒莽⑦
莛荷華莪莞莟莢莫莎莇莚荻
荼荳莫莠莉莅莨莖莊莵莓莱
⑧萎菓菅萓菊菌菫菎菜菘菽
菖萃萋菁著萇菟萄菠菲萍菩
萌莽萢萊菱菻菴華葛栄蒂萠
⑨葭葯萼葛蒄葵葷萱菰葫葹
萩葺葬葱葭董葩葡葆葯萸葉
落葎萵葦蓋蒂著菟萬⑩葦蓊
蓋蒹蒿蒟蓑蓙蒜蒔蓍蒻蒐蓨
蒸蓴蓁蓆蒼蓄蓖蒲蒡蒙蓉蓮
蒋蒻⑪蔭蔚蔡蓿蓴蔗蒋蓼蔟
蔕蔦蔔蔑蔀蓬蔓蔘蓧蔆蓮⑫
蕎蕀蕨蕣蔬蕉蕘蕈蕁蕊蔵蕩
蕃蕪蔽蕕蕚蕋⑬薤薑薫薊薨
蕭薔薪薛薦薙薄薇薜薬蕷蕾
蕗薐薈薀薗薮薄薇⑭藁薩藉
薯薺薹藐薫⑮藕藪藤藩藍藜
藝藏藤藥⑯藹蘊藷蘇藻蘋藾
蘭藺蘆蘢蘂蘓⑰蘰蘖蘚蘯蘗
蘭⑲蘿

この部首に所属しない漢字

募⇩力151　惹⇩心400　墓⇩土238　夢⇩夕253
幕⇩巾343　慕⇩小409　暮⇩日495　甍⇩瓦670
蟇⇩虫879　繭⇩糸794　驀⇩馬1084

艸0 【艸】 6画 7171 8278 音ソウ漢呉 訓くさ

参考「草ソウ」の本字。

意味 ならんで生えている、くさ。

艹2 【艾】 5画 7172 827E 音ガイ漢 訓よもぎ・もぐさ・か-る・おさ-める

意味 ❶キク科の多年草。ヨモギ。若葉は草もち・草だんごに、葉の裏のわた毛は「もぐさ」として灸キュウに用いる。例艾草ガイソウ(=ヨモギ)。❷(ヨモギのわた毛のように髪かみが白い)年寄り。とくに、五十歳イサイ(の人)。例艾年ガイネン(=五十歳)。❸かりとる。かる。同刈ガイ。❹悪い部分をかりとり、全体を整える。おさめる。例艾安ガイアン。

【艾安】ガイアン 世の中が治まっていて、やすらかである。

【艾老】ガイロウ 五十歳を過ぎた老人。

艹3 【芋】 6画 1682 828B 常用 音ウ漢呉 訓いも

筆順 一 十 艹 艹 芊 芋

なりたち 「形声」「艹(=くさ)」と、音「于ウ(=大きい)」とから成る。根が実をつけたように大きくふくれる植物。

意味 イモ類をまとめていうことば。とくに、サトイモのこと。いも。例 芋菽(=イモとマメ)。子芋。里芋。

難読 芋魁

人名 しげる

【芋頭】いもがしら サトイモの根のかたまり。また、その中でいちばん大きいかたまり。親芋。

【芋▼粥】いもがゆ サツマイモ・ヤマノイモなどをたきこんだかゆ。

【芋▼蔓式】いもづるシキ 一つのことが明らかになると、それに関連のある人やものが次々と明らかになること。例 —に共犯者がつかまる。

【芋名月】いもメイゲツ 中秋の名月(=陰暦八月十五日の月)の別名。新しくとれたサトイモを供えるところからいう。→【栗名月】(530ページ)・【豆名月】(929ページ)

【▽芋▽茎】ずいき サトイモの葉柄。食用にする。いもがら。

艹3 【芝】 6画 2839 829D 常用 音シ漢 訓しば 付表 芝生

筆順 一 十 艹 艹 芝 芝

なりたち 「形声」「艹(=くさ)」と、音「之シ」とから成る。めでたいしるしとされる植物。

意味 ❶きのこの一種。マンネンタケ。古くから、めでたいしるしとされる。例 霊芝。❷香草の名。ヨロイグサ。例 芝蘭。

日本語での用法 《しば》イネ科の多年草。庭やグラウンドなどに植える。「芝草・芝生」

難読 地芝

人名 しく・しげ・しげる・ふさ

【▽芝草】一シソウ きのこの名。マンネンタケの漢名。霊芝。二しばくさ イネ科の多年草。シバのこと。

【芝居】しばい 〔昔、猿楽の興行で、庶民の見物席には芝生が設けられていたことから〕①演劇。とくに歌舞伎のこと。例 —小屋。—がかかる。②演劇の中での演技。例 —がかったせりふをはく。—のうでをあげる。③他人をだますためにする動作や行動。例 ここはひとつ—を打つことにしよう。

【芝生】しばふ シバが一面に生えているところ。また、一面に植えてあるところ。例 —の手入れ。

【▽芝▼蘭】シラン ①ヨロイグサと蘭。かおりのよい草。②人格者や徳の高い人のこと。例 —の室(=かおり高い草のある部屋。すぐれた人のたとえ)。〈孔子家語〉

【▽芝▼蘭の化】シランのカ すぐれた人と交わることは、かおり高い草のある部屋にはいったようなもので、自分も自然と同化される。〈孔子家語〉→【鮑魚の肆】(1095ページ)

艹3 【芍】 6画 *7173 *828D 音シャク漢

意味 「芍薬シャクヤク」は、ボタン科の多年草。

難読 芍薬(かおよぐさ)

【芍薬】シャクヤク ボタン科の多年草。初夏、赤や白のボタンに似た花がさく。根は薬用にする。

艹3 【芒】 6画 7174 8292 音ボウ漢 訓のぎ・すすき

意味 ❶イネやムギなどの穂先にあるかたいとげのような毛。のぎ。のげ。例 芒種。麦芒。❷「のぎ」のように先のとがったもの。きっさき。例 光芒(=かがやき)。❸ひろびろとして果てしないようす。また、ぼんやりして、はっきりしないようす。

同 茫

日本語での用法 《すすき》イネ科の大形多年草。秋に、うす茶色の大きな穂を出す。秋の七草の一つ。おばな。

【芒種】ボウシュ ①イネ・ムギなど、穂先にとげのあるもの。②〔イネを植える時期の意〕二十四節気の一つ。太陽暦で六月五日ごろ。田植えどき。

【芒芒】ボウボウ (形動タル)①ぼんやりするようす。②広々として果てしないようす。表記 ▽「▼茫▼茫」とも書く。

【芒洋】ボウヨウ (形動タル)①果てしなく広がっているようす。例 —たる海原。②とりとめがないようす。つかみどころがないようす。例 —とした風貌。表記 ▽「▼茫洋」とも書く。

艹4 【花】 7画 1854 82B1 教育1 音カ漢ケ呉 訓はな

筆順 一 十 艹 艹 芢 芲 花

なりたち 「形声」「艹(=くさ)」と、音「化カ」とから成る。草木のはな。

意味 ❶植物のくきや枝の先にあって、あざやかな色や、よいかおりをもつ部分。はな。例 花弁。開花。❷中国ではとくにボタンの花。日本ではとくにウメの花、平安時代以後はサクラの花。はな。〔奈良時代はウメの花、平安時代以後はサクラの花を指した〕例 花見。探花(=花の名所をたずねる)。❸はなのような形の。はなのように美しい。例 花押。火花。

日本語での用法 《はな》①華道。生け花。「お花の師匠」②とくにめだって人気のあるもの。「職場の花・花形役者」③幸福な状態・時期。「知らないうちが花だ」④花札。「花を引く」⑤祝儀。揚げ代。「花代」

使い分け はな【花・華】⇩1178ページ

難読 花押・花車・花籠・花鶏・花櫚・紫陽花・女郎花・山茶花・沈丁花・浪花

人名 はる・みち・もと

【花▼筵】カエン・はなむしろ 〔「筵」は、敷物の意〕色とりどりの模様を織り出したむしろ。花蓆。はなござ。

【花王】カオウ ボタンの花のこと。

【花押】カオウ 署名の代わりに、または署名の下にしるす、その人特有の記号として用いる図案。書き判。

【花▼魁】一カカイ ①〔「魁」は、一番目、さきがけの意。他の花より先にさくことから〕ウメの花。②ランの花。③ハスの花。④遊女。二おいらん 最も位の高い遊女。太夫。また、遊女。

【花客】カカク ①花を見物する人。花見客。②商売での、おとくいさま。顧客。

【花冠】カカン ①美しいかんむり。②一つの花の花びらの全体。〔花びらのひとつひとつは花弁という〕

【花▼卉】カキ 〔「卉」は、草の意〕花のさく草。また、くさばな。

【花期】カキ 花のさく時期。また、その花の見ごろ。例 —は初夏。

【花器】カキ 花を生けるうつわ。陶磁器・ガラス器や竹のかごなど。花入れ。花生け。花瓶。

【花▼筐】カキョウ・はながたみ 花や若菜などをつんで、入れておくかご。はなかご。

【花茎】カケイ スイセンやタンポポなどのように根から直接のびて葉をつけず、花だけさかせるくき。

【花月】カゲツ ①花と月。また、月に照らされた花。②花や月を楽しむ風流。③陰暦二月の別名。

【花梗】カコウ 枝から分かれ出て花をつけるくき。花柄。

【花▼崗岩】カコウガン 石英や雲母などを主成分とする岩石。建造物、特に石碑や墓石などに用いる。御影石。

【花軸】カジク イネ・ススキなど、穂の形の花をつける植物で、その中心になる太いくき。

【花実】㊀カジツ ①花と実。②見かけと内容。㊁はなみ〔花と実の意から〕栄達や安楽のたとえ。例死んで━がさくものか(=死んでしまってはなんにもならない)。

【花序】カジョ くきについている、花の形や花の構造。例有限━。

【花心】カシン 一つの花の、おしべとめしべ。表記「花芯」とも書く。

【花信】カシン (季節ごとの)花がさいた知らせ。花だより。例━風(=花だよりをもたらす風)。

【花唇】カシン ①花びら。②女性の口もとやくちびるのたとえ。

【花壇】カダン ①いろいろな草花でかざる植えこみ。②別荘・寮・旅館など。また、その名につけることば。例吉野の桜━。

【花柱】カチュウ めしべで、柱頭と子房の間にある円柱状の部分。受精するとき、この中を花粉管がのびる。

【花鳥▼諷詠】カチョウフウエイ 詩歌の中に、四季の移り変わりによる自然のさまざまな姿をよみこむこと。

【花鳥風月】カチョウフウゲツ 花・鳥・風・月などに代表される、日本古来の自然の美。また、そのような自然美を楽しむ風流。例━を詠ずる和歌。

【花道】㊀カドウ 生け花。→【華道】カドウ(853ページ) ㊁はなみち ①劇場で、正面の舞台へ通じる細長い通路。客席の中を通し、登場人物の出入りの演技に使う。②相撲で、力士が控え室を出て、土俵まで行く通路。③はなばなしく、多くの人に見られる場面。

【花瓶】カビン|はながめ 「「カヘイ」とも」花を生ける陶磁器やガラス製のうつわなど。

【花譜】カフ 多くの花について、図を用いながら分類や解説をした書物。花の図鑑。

【花粉】カフン 種子植物のおしべの中にあるこな。めしべに付いて、実を結ばせる。

【花弁】カベン|はなびら 花びらのひとつひとつ。表記㊐花▼瓣

【花木】カボク ①花と木。②観賞用の美しい花のさく木。

【花容】カヨウ 花のように美しい姿かたち。顔ばかりでなく全身についていう。花態。表記「華容」とも書く。

【花▼洛】カラク 〔「洛」は、中国の古い都「洛陽」の略〕①はなのみやこ。首都。②京都のこと。

【花柳】カリュウ ①花と柳。②「花街柳巷」の略。芸者や遊女。また、遊郭。例━界。

【花▽梨】カリン ①マメ科の落葉高木。赤みをおびた木材を家具などにする。②バラ科の落葉高木。春に紅色の花がさく。実は果実酒やせき止めの薬などにする。

【花林糖】カリントウ 小麦粉に卵・砂糖を加えてまぜ、適当な大きさの棒の形にして油であげ、黒砂糖などをつけた菓子。

【花籠】はなかご 花をつんだり、かざったりするときに用いる、かご。

【花形】はながた ①花のかたち。とくにサクラの花のかたち。例ニンジンを━に切る。②人気があってもてはやされること。また、その人やもの。例オリンピックの━種目。

【花加留多】はなガルタ 「花札」に同じ。表記「花▽骨▼牌」とも書く。

【花言葉】はなことば 花に、それにふさわしい意味をもたせていうことば。たとえば、ポピーの花言葉は「幸福」、キンセンカは「勤勉」など。

【花暦】はなごよみ 花の名を、さく季節あるいは月の順にあげ、その名の由来や、花が美しくさく場所などをしるした案内書。

【花園】はなぞの 花のたくさんさいている庭園。また、花のさき乱れている場所。

【花束】はなたば いろいろな花を一つにたばねたもの。例━を贈呈する。

【花電車】はなデンシャ 祝賀や記念の行事の一つとして、はなやかに美しくかざって、市中を運行する路面電車。

【花火】はなび 火薬にいろいろのくふうをして紙や筒に包み、火をつけると美しい火花が出るようにしたもの。例━大会。線香━。しかけ━。

【花房】はなぶさ ①花がふさ状にさいているもの。例フジの━が垂れ下がる。②花の萼。

【花札】はなふだ マツ・ウメ・サクラなど十二か月をあらわす植物をかいた四十八枚のふだ。また、それを使ってする遊び。花合わせ。花ガルタ。はな。

【花吹雪】はなふぶき 花びらが、吹雪のように散ること。とくにサクラについていう。例吉野の山の━。

【花婿】はなむこ 自分の結婚式や披露宴に、新しい夫としてのぞむ男性。新郎。対花嫁。

【花▼蓆】はなむしろ 「花筵」に同じ。

【花文字】はなモジ ①大文字のローマ字などで、線や点にかざりをつけて書いた文字。かざり文字。②花の色や形などでくふうして、文字をあらわした図形。例━で表紙をかざる。

【花嫁】はなよめ 自分の結婚式や披露宴に、新しい妻としてのぞむ女性。新婦。対花婿。

●桜花・尾花・雄花・開花・草花・生花・造花・彼岸花・火花・百花・風媒花・雌花・綿花・六花

艹4 【芥】 7画 1909 82A5 人名 音カイ漢 ケ呉 訓からし・あくた

意味 ❶アブラナ科の二年草。カラシナ。くきや葉を漬け物とし、実を粉にして香辛料とする。例芥子。❷ごく小さなもの。例繊芥(=細かい)。❸小さなごみ。とるにたりないもの。ちり。あくた。例塵芥。土芥(=土と、ごみ)。

難読 芥川

人名 しな

【芥子】㊀カイシ カラシナのたね。薬用・香辛料などにする。㊁ケシ ①ケシ科の一年草。ヨーロッパ原産。初夏、白・赤・むらさき色などの四弁の花をつける。たねは小さく多数あり、未熟の果実から阿片がとれる。②〔名詞の上につけて〕きわめて小さいの意をあらわす。例━粒。━人形。㊂からし カラシナのたねからつくった香辛料。例━あえ。表記㊁①は「▼罌▼粟」、㊂は「辛子」とも書く。

【芥子粒】ケシつぶ ケシのたね。ひじょうに小さいもののたとえ。例高いビルの上からは、地上の人が━ほどにしか見えない。

艹4 【芹】 7画 2260 82B9 人名 音キン漢 訓せり

なりたち [形声]「艹(=くさ)」と、音「斤」とから成る。セリ。

意味 ❶湿地や水べに生えるセリ科の多年草。セリ。かおりがよく、食用になる。春の七草の一つ。❷人へのおくりものをへりくだっていうことば。例献芹。

艹4 【芸】 7画 2361 82B8 教育4 音Aゲイ漢呉 Bウン漢 訓くさぎーる

筆順 一 十 艹 艹 芏 芸 芸

[艸(艹)部] 4画 ●芥 芹 芸

6画

A ⺾15 【藝】 18画 7326 85DD 人名

B ⺾4 【芸】 7画 2361 82B8

なりたち A[藝] [会意]「丸(=持つ)」と「坴(=土くれ)」とから成る。手で持って植える。

B[芸] [形声]「艹(=くさ)」と、音「云ウン」とから成る。草の名。

参考「芸ゲイ」は、古くは「埶」のように書き、のちに「艹」や「云」が書き加えられて「藝」となった。常用漢字の「芸」は「藝」の「埶」の部分を省略したもの。

意味 A[藝] ❶種をまいたり草木を植えて育てる。例園芸。農芸。❷学んで身につけた知識や技術。わざ。例芸術。芸能。文芸。

B[芸] ❶ミカン科の多年草。ヘンルーダ。書物の虫よけなどに使う。〔書籍や書斎に関する語にも用いられる〕例芸香。芸草。芸亭。❷草をかりとる。くさぎる。

人名 き・すけ・たくみ・のり・まさ・よし

【▽芸香】ウンコウ かおりのよい草、とくにヘンルーダ。また、そのかおり。

【▽芸亭】ウンテイ 奈良時代に石上宅嗣が自宅にひらいた日本最古の図書館。

【芸界】ゲイカイ 芸能人の社会。芸能界。

【芸事】ゲイごと 音楽・おどりなど、芸能や趣味に関することがら。例—を習う。

【芸者】ゲイシャ 宴席で芸を見せて客をもてなすことを職業とする女性。芸妓。例—をあげる。—をよぶ。

【芸術】ゲイジュツ ①文学・音楽・絵画・演劇など、それぞれの様式で美を表現する活動。②技芸。習練しておぼえるべき技術。例—は長く人生は短し〔ヒポクラテスのことば〕。

【芸談】ゲイダン 芸術・芸道についての体験談。例—を聞く。

【芸当】ゲイトウ ①演芸で、特別の技術習得が必要な芸。②はなれわざ。危険な仕事。例そんな—はできない。

【芸道】ゲイドウ 技芸や芸能のみち。例—ひと筋五十年。

【芸人】ゲイニン ①芸を演じて見せることを職業としている人。例大道の—。②多芸な人。例かれはなかなかの—だ。

【芸能】ゲイノウ 演劇・音楽・舞踊など、人々を楽しませる演芸や技芸。例—人。伝統—。

【芸風】ゲイフウ その人に独特な芸のやり方、持ち味。

【芸文】ゲイブン ①学問と芸術。②芸術と文学。

【芸名】ゲイメイ (本名ではなく)芸能人が仕事上で使う名前。

【芸林】ゲイリン 芸術家のなかま、社会。芸苑。

●園芸・演芸・学芸・曲芸・工芸・手芸・腹芸・武芸・文芸・民芸

⺾4 【芫】 7画 7175 82AB 音ゲン漢

意味 ジンチョウゲ科の落葉低木。フジモドキ。サツマフジ。有毒で、つぼみを芫華といい、薬用にする。

⺾4 【芟】 7画 7176 829F 音サン漢 訓か-る・き-る・くさか-る

意味 ❶草を根元から切りとる。かる。例芟正。❷とりのぞく。例芟除。

【芟除】サンジョ (名・する) ①草木を刈って取りのぞくこと。②賊をうちほろぼすこと。

【芟正】サンセイ 悪い点をのぞき、正しくすること。

⺾4 【芯】 7画 3136 82AF 常用 音シン漢

筆順 一 十 艹 艹 芯 芯 芯

なりたち [形声]「艹(=くさ)」と、音「心シ」とから成る。イグサの一種。

意味 ❶ともしびのしんに使う草。灯心草。❷ものの中央にある部分。中心。例鉛筆の芯。

艸4 【芻】 10画 7177 82BB 音スウ慣 ス漢 訓かりくさ・くさかり・まぐさ・わら

⺾10 【蒭】 13画 7258 84AD 別体字

意味 ❶草を刈る。また、草を刈る人。例芻蕘。芻議。❷家畜のえさとする草。まぐさ。例芻秣。反芻。❸草食性の家畜。ウシやヒツジなど。例芻豢。

【芻▼豢】スウカン ウシ・ヒツジなど草を食う家畜と、イヌ・ブタなど穀物を食う家畜。祭祀用の動物のこと。

【芻議】スウギ ①草刈り人の議論。②自分の意見をけんそんしていうことば。

【芻▼蕘】スウジョウ ①草を刈る人と、きこり。身分のひくい者。②未熟な考え。自分の意見をけんそんしていうことば。

【芻▼秣】スウマツ まぐさ。牛馬の飼料。

⺾4 【芭】 7画 3946 82AD 人名 音ハ漢 バ呉

意味 「芭蕉」は、バショウ科の多年草。

【芭▼蕉】バショウ バショウ科の多年草。中国南方の原産。高さ四、五メートルで二メートルほどの長円形の葉をつける。くきの繊維を布や紙に利用する。例—布(=バショウの繊維で織った布。日本では沖縄の名産)。

⺾4 【芙】 7画 4171 8299 人名 音フ漢 訓はす

なりたち [形声]「艹(=くさ)」と、音「夫フ」とから成る。ハス。

意味 「芙蓉」は、ハスの花。→【蓮】レ 参考(863ページ)

【芙▼蓉】フヨウ ①アオイ科の落葉低木。夏から秋にかけ、うすべに色の大きな五弁の花をひらく。花は一日でしぼむ。②ハスの花の別名。例—のかんばせ(=ハスの花のように美しい顔)。

【芙▼蓉峰】フヨウホウ 富士山をたたえていうことば。

⺾4 【芬】 7画 7178 82AC 音フン漢呉 訓かお-る・かお-り

意味 ❶草が生え出て、かおりを発する。かおる。また、そのかおり。例芬芬(=かぐわしいようす)。❷よい評判。名声。

⺾4 【芳】 7画 4307 82B3 常用 音ホウ漢呉 訓かんば-しい・かお-り

筆順 一 十 艹 艹 芏 芳 芳

なりたち [形声]「艹(=くさ)」と、音「方ホ」とから成る。よいかおりのするくさ。

意味 ❶花や草のよいかおり。かんばしい。また、かおりのよい草花。例芳香。芳草(=かおりのよい草)。❷(女性の)美しいようす。例芳紀。❸徳があり、すぐれた名声のあるようす。例芳声(=よい評判)。❹わかい。青春。例芳年。❺他人をうやまっていうときにつけることば。例芳志。芳書。芳名。

難読 芳宜の花・芳野

人名 か・かおる・かんばし・はな・ふさ・みち・もと・よし

【芳意】「芳志」に同じ。

【芳▼翰】「芳書」に同じ。

【芳紀】年若い女性の年齢。妙齢。例—まさに十八歳。

【芳香】よいにおい。よいかおり。例—がただよう。

【芳志】相手の温かい心づかいや親切をうやまっていうことば。おこころざし。芳情。芳意。芳心。例ご—かたじけない。

【芳▼醇】(名・形動)酒が、かおり高く美味なこと。例—な酒。—な香り。

【芳書】相手の手紙をうやまっていうことば。貴簡。芳翰。芳信。例ご—を拝見いたしました。

【芳情】「芳志」に同じ。

【芳心】「芳志」に同じ。

【芳信】①花がさいたことを知らせる便り。花信。花だより。②「芳書」に同じ。

【芳声】よい評判。名声。

【芳年】①若い年ごろ。青春時代。②春の時節。

【芳墨】①相手の手紙や筆跡をうやまっていうことば。例—を拝読いたしました。②かおりのよいすみ。

【芳名】①人の名前をうやまっていうことば。例—録。②ほまれ。名誉。

【芳烈】(名・形動)かおりが、つよくただようこと。

艹4 【芽】7画 ⇨【芽】(846ページ)

艹4 【苅】7画 ⇨【刈】(127ページ)

艹4 【芦】7画 ⇨【蘆】(870ページ)

艹5 【苡】8画 7179 82E1 音イ漢

意味 ❶「芣苡」は、オオバコ科の多年草。オオバコ。葉と種は利尿やせき止めの薬となる。車前草。❷「薏苡」は、イネ科の一年草。ハトムギ。じゅずだまのような種は薬用に、葉は茶に用いる。例薏苡仁(=ハトムギの種)。

艹5 【英】8画 1749 82F1 教育4 音エイ漢 訓ひい-でる・はなぶさ・はな

筆順 一 十 艹 艹 芇 苎 英 英

なりたち [形声]「艹(=くさ)」と、音「央オウ→エイ」とから成る。花がさいても実のならないくさ。

意味 ❶草木のはな。はなぶさ。例落英(=散る花)。英雄花。❷美しく、すぐれている。ひいでる。例英才。英雄。育英。❸「英吉利イギリス」の略。例英国。渡英。

難読 英吉里

人名 あき・あきら・あや・しげ・しげる・すぐる・すぐれ・たか・たかし・たけ・たけし・つね・てる・とし・ひいず・ひで・ひでる・ひら・ひろ・ひろし・ふさ・まさ・まさる

【英華】①ものごとのすぐれた美しさ。②すぐれた詩や文章。③美しい花。④名誉。

【英学】英語によって学ぶ学芸・技術、および、イギリスに関する学問。

【英気】①ものごとに積極的に立ち向かっていく気力。やる気。元気。例あすの仕事のために—を養う。②すぐれた気性。才気。例—に満ちた人物。

【英傑】大事業を成しとげる才知と行動力をもった人物。英雄豪傑。例維新の—。

【英語】イギリスやアメリカなどで話されている言語。現在は両国が支配した地域をはじめ、広く世界で用いられている。

【英国】イギリス。

【英才】ひじょうにすぐれた才能。また、その持ち主。俊才。秀才。例—教育。多くの—を輩出する。

表記 旧▼穎才
【英作文】英語で文章を書くこと。また、その英文。

【英詩】英語で書かれた詩。

【英字】①英語を書きあらわすための文字。ローマ字。②英語。例—新聞。

【英書】英語で書かれた書物。例—を講読する。

【英断】思いきりよくものごとを決めること。また、そのすぐれた決断。例大—をたたえる。

【英知】すぐれた知恵。例人人の—を集めた新技術。

表記 旧▼叡智。また、「英▼智・▼叡知」とも書く。

【英風】①すぐれた徳の感化力。②すぐれた風姿。

【英文】英語で書かれた文章。例—和訳。

【英文学】①イギリスの文学。例—の研究をしている。②英語で書かれた文学。③イギリスの言語・文学の研究。例—者。—科。

【英▼邁】(名・形動)才知がひじょうにすぐれていること。類英明。例—な君主。

【英名】ひじょうにすぐれた評判。名声。

【英明】(名・形動)知恵がひじょうにすぐれていること。例—果断。—な君主。

【英訳】(名・する)英語に訳すこと。また、その訳。例和文—。『万葉集』を—する。

【英雄】知恵や行動力にすぐれた大人物。ふつうの人にはできない大事業を成しとげた人。ヒーロー。例—豪傑。

【英誉】栄えあるかがやかしいほまれ。名誉。栄誉。例—をたたえる。

【英霊】①すぐれた人物の霊魂。例先師の—に対して恥じない仕事。②日本で、戦死した人の霊魂をうやまっていうことば。例—をまつる。

【英和】①英語と日本語。②イギリスと日本。日英。③「英和辞典」の略。英語の意味や用法を日本語で説明した辞典。
●育英・俊英・和英

艹5 【苑】8画 1781 82D1 人名 音エン漢 オン呉 訓その

なりたち [形声]「艹(=くさ)」と、音「夗エン」とから成る。禽獣を飼うところ。

意味 ❶囲いをつくって家畜を放し飼いにするところ。まきば。例鹿苑(=シカを飼う園)。❷草木や花を植えるところ。にわ。その。例苑池。御苑。❸学者や文学者などの集まるところ。例学苑。文苑。

人名 しげる

【苑池】庭園とそこにある、いけ。表記「園池」とも書く。

艹5 【苛】8画 1855 82DB 常用 音カ漢 訓さいな-む・むご-い・いら-だつ

筆順 一 十 艹 艹 苎 苛 苛 苛

なりたち [形声]「艹(=くさ)」と、音「可カ」とから成る。小さな草。

意味 ❶細かく、きびしくとがめたてるようす。むごい。わずらわしい。例苛酷。苛政。❷皮膚などの組織をただれさせる。ひりひりする。例苛性。

日本語での用法 [一]《いらだつ》いらいらする。「神経が苛だつ」㊁《いじめる》故意に苦しめる。「弱い者苛め・苛めっ子・苛めつける」

【苛酷】(名・形動ダ) 無慈悲でむごいこと。例―な労働を強いられる。―な扱いに苦しむ。

【苛性】皮膚に激しく作用してただれさせる性質。

【苛政】税や刑罰などのきびしい政治。

【苛政は虎よりも▽猛し】無慈悲できびしい政治は、トラよりも激しく害が大きい。（礼記）

【苛烈】(形動ダ) きびしく激しいようす。例―な戦い。

【苛▼斂】年貢や税金のきびしい取り立て。

【苛▼斂▼誅求】年貢や税金を一方的にきびしく取り立てること。

艹5 **【茄】** 8画 1856 8304 人名 音カ漢 訓なす

なりたち [形声]「艹(=くさ)」と、音「加カ」とから成る。ハスのくき。

意味 ❶ハスのくき。→【蓮】(レ) 参考(863ジベー) ❷ナス科の一年草。ナス。なすび。例茄子。

【茄子】(なす・なすび) ナス科の一年草。食用に栽培。たまご形や球形をした暗紫色の実をつける。表記「茄」とも書く。

艹5 **【芽】** 8画 1874 82BD 教育4 音ガ漢ゲ呉 訓め・きざ-す

筆順 一 十 艹 艹 芐 芐 芽 芽

艹4 **【芽】** 7画 ― 2F995

なりたち [形声]「艹(=くさ)」と、音「牙ガ」とから成る。草木のめ。

意味 ❶草木が生えでるはじめの状態。め。例新芽。発芽。❷ものごとがはじまるきざし。めばえ。例萌芽。

人名 めい・めぐむ

●出芽・新芽・麦芽・発芽

艹5 **【苣】** 8画 *7180 *82E3 音キョ漢

意味 ❶草や木をたばねて火をつけたもの。たいまつ。例束苣。❷「萵苣」は、レタスの一種。チシャ。チサ。

艹5 **【苦】** 8画 2276 82E6 教育3 音コ漢ク呉 訓くる-しい・くる-しむ・くる-しめる・にが-い・にが-る

筆順 一 十 艹 艹 芊 芊 苦 苦

なりたち [形声]「艹(=くさ)」と、音「古コ」とから成る。にがい草の名。

意味 ❶にがい。また、こころよくないようす。にがにがしい。例苦言。苦汁。❷つらい。くるしい。くるしむ。例苦痛。苦難。困苦。❸ものごとをなしとげるため骨を折ってはげむ。例苦学。苦心。刻苦。

難読 苦汁(にがり)・苦竹(かわたけ・まだけ)・苦参(くらら)・苦塩(にがり)・苦酒(クシュ・からさけ)・苦(ねんごろ)

【▽苦▽力】(クーリー) 〔「クーリー」は、中国語音〕一九世紀、アジア・アフリカ・インドの植民地で肉体労働に従事した、下層階級の中国人やインド人労働者。

【苦役】①苦しい肉体労働。例―にかり出される。強制労働の―に服する。②刑罰として科される労役。

【苦海】〔仏〕苦しみやなやみがつきないこの世を、深く果てしない海にたとえたことば。苦界。

【苦界】①〔仏〕苦しみやなやみが多く、救いのない世界。人間世界。苦海。②遊女のつらい境遇。例―に身をしずめる。

【苦学】(名・する) 働いて学費をかせぎながら学校に通って学ぶこと。例―生。

【苦学力行】苦学しながら努力すること。

【苦髪楽爪】「苦爪楽髪」に同じ。

【苦寒】①ひどい寒さ。また、寒さに苦しむこと。②貧困に苦しむこと。

【苦▼艱】苦しみとなやみ。苦難。難儀。

【苦境】苦しくつらい境遇。不幸な立場。例―に立たされる。―を乗りこえる。

【苦行】(名・する) ①〔仏〕さとりをひらくために、つらく苦しい修行をすること。また、その修行。例難行―を重ねる。②つらく苦しい仕事。

【苦吟】(名・する) 苦心して詩歌を作ること。また、その詩歌。

【苦言】ためにはなるが耳に痛い忠告。対甘言。例―を呈する。

【苦▽患】〔仏〕苦しみ。なやみ。苦悩。例―を受ける。

【苦汁】㊀(クジュウ) にがいしる。例―をなめる(=つらい経験をする)。㊁(にがり) 海水から塩をつくるときに残る、にがみのあるしる。とうふを固めるのに使う。にがしお。

【苦渋】(名・する) ものごとが順調にはかどらず、苦しくつらい思いをすること。例顔に―の色がうかぶ。

【苦笑】(名・する) にがわらい。例―を禁じ得ない。

【苦情】他から受ける害や自分にとってふつごうなことに対する不平や不満。例―を処理する。

【苦心】(名・する) あることを成しとげるために考えたりくふうしたりして心をつかうこと。ほねおり。例―のあとがみえる。

【苦心惨▼憺】(名・する) ひじょうに苦心すること。例―して、やっと手に入れる。

【苦節】苦しみや困難に負けず自分の考えや態度を守りとおすこと。例―十年初志をつらぬく。

【苦戦】(名・する) (相手が強かったり不利な状況にあったりして)苦しみながらたたかうこと。また、そのたたかい。苦闘。例―を強いられる。―しながらも最後に勝った。

【苦衷】苦しい胸のうち。例―をうったえる。

【苦痛】からだのいたみや心のなやみ。例―がやわらぐ。

【苦爪楽髪】苦労しているときはつめののびが早く、楽をしているときはかみの毛ののびが早い、という言いならわし。苦髪楽爪。

【苦闘】(名・する) 困難な状況で必死にたたかうこと。たいへんな努力をすること。苦戦。例悪戦―する。

【苦難】苦しみや難儀。例―の連続。

【苦肉】敵をだますために自分の身を苦しめること。例―の策。

【苦悩】(名・する) なやみ苦しむこと。例―の色がこい。

【苦杯】〔にがいしるを入れたさかずきの意〕にがい経験。つらく苦しい経験。例―を喫する。―をなめる。

【苦▼悶】(名・する) 痛みやなやみのために苦しみもだえること。苦悩。

【苦楽】苦しみと楽しみ。例―をともにする。

【苦▽参】(くらら) マメ科の多年草。クサエンジュ。根はにがく、健胃薬や駆虫薬にする。

【苦慮】(名・する) 苦心してあれこれ考えなやむこと。例意見の調整に―する。

【苦労】(名・する・形動ダ) 心やからだを苦しめ、つかれさせること。ほねおり。例 取りこし━。━をかける。
【苦労性】(名・形動ダ) ささいなことまで気にかけてなやむ性質。心配性。
【苦労人】いろいろな苦労を重ねて、世の中のことや他人の気持ちがよくわかる人。
【苦手】(名・形動ダ) ①(あつかいにくくて)いやなようす。例 あの人はどうも━だ。②不得意なようす。例 ━な科目。
●刻苦・困苦・四苦八苦・辛苦・忍苦・病苦・貧苦・労苦

艹5 **【茎】** 8画 2352 830E 常用 音ケイ慣 コウ漢 訓くき

筆順 一 十 廾 廾 艾 芝 茎 茎 茎

艹7 **【莖】** 10画 7219 8396

なりたち [形声]「艹(=くさ)」と、音「巠ケイ→コウ」とから成る。草木の幹。

意味 ❶草の、地上にのびて水分や養分の通路となる部分。くき。例 地下茎。❷ものの柄えや取っ手の形をしていて、太さがあって少し長いもの。例 陰茎。玉茎(=陰茎)。❸細長いものを数えることば。例 数茎の白髪。
●球茎・根茎・地下茎

艹5 **【苟】** 8画 7181 82DF 音コウ漢 ク呉 訓いやしくーも

意味 ❶ほんのしばらくの間。ちょっと。例 苟且(=一時のまにあわせ)。❷[助字]「いやしくも」「まことに」と読み、もしほんとうに・かりにも、の意。仮定をあらわす。例 苟有レ過(いやしくもあやまちあらば)(=もしほんとうに過失があったならば)。
難読 苟且(なおざり・かりそめ)
【苟安】(名・する) 一時しのぎの安楽をむさぼること。

艹5 **【若】** 8画 2867 82E5 教育6 音ジャク漢 ニャク・ニャ呉 訓わかーい・もーしくは・もーし・ごとーし・しーく 付表 若人(わこうど)

筆順 一 十 廾 艹 芏 芊 若 若

なりたち [会意]「艹(=くさ)」と「右(=みぎて)」とから成る。くさをえらびとる。借りて、「しく」「ごとし」「もし」「なんじ」の意。

意味 ❶…におよぶ。おいつく。しく。例 不レ若二嵐山之景一(ランザンのケイにしかず)(=嵐山の風光にはおよばない)。❷二人称の代名詞。なんじ。❸[助字] ㋐「もし」と読み、かりに…だとすれば、もし…したら、の意。仮定をあらわす。例 若反二晋国一(もしシンコクにかえらば)(=もし晋の国に帰ったならば)。(春秋左氏伝) ㋑「ごとし」「しく」と読み、このようである、の意をあらわす。例 浮生若レ夢(フセイはゆめのごとし)(=人生は夢のようである)。心不レ若レ人(こころひとにしかず)(=心が人におよばない)。㋒「何若」は「いかん」と読み、どのようか、どうであるか、の意。疑問をあらわし、状態や程度を問う。例 賢何若(ケンはいかん)(=えらさはどのくらいか)。㋓「若何」は「いかん(せん)」と読み、どうするか、どうしたらよいか、の意。疑問・反語をあらわし、処置や方法を問う。㋔状態を示すときにそえることば。例 自若(=おちついて、あわてないようす)。

日本語での用法 《ジャク・わかい・わか》年がすくない。おさない。できてから時がたっていない。中国でも「弱」と同音なので「わかい」の意に用いたことがあるという。「若年・若年寄・常若・若い衆」

人名 なお・まさ・よし・より・わか・わかし・わく
難読 若干(そこばく・そくばく)

【▽若▽何】(副) どのように。いかにして。どうして。例 ━ともしがたい事態。
【若年】年が若いこと。また、その人。例 ━労働者。表記「弱年」とも書く。
【若輩】年が若く未熟な者。青二才。(自分についていうときはへりくだった言い方) 表記「弱輩」とも書く。
【若木】㊀ 中国から、日本をさしていうことば。(中国の伝説で、太陽の出るところにあったという木) ㊁ 生えて、まもない木。
【若齢】年の若いこと。若年。表記「弱齢」とも書く。
【若干】(名・副) (数をはっきり言えないが)少量。わずか。少し。いくらか。例 ━名募集する。━気になる。
【若狭】旧国名の一つ。今の福井県西部。若州。
【若▽布】褐藻類コンブ目の海藻。近海の海底に生え、しるの実などにして食べる。表記「▽和▽布」とも書く。
●自若・般若・老若

艹5 **【苴】** 8画 7183 82F4 音ショ漢 訓あさ・あらまき・くさづと・つと

意味 ❶くつの中じきにする草。❷アサの雌株。アサの実。あさ。例 苴布(=アサで織ったそまつな布)。❸わらなどで魚などの食品を包んだもの。つと。例 苞苴(=おくりもの)。❹そまつな。

艹5 **【苫】** 8画 3849 82EB 音セン漢呉 訓とま

意味 茅を編んで屋根をおおう、むしろ。とま。例 苫屋。
【苫屋】とまで屋根をふいた、そまつな家。

艹5 **【苒】** 8画 *7182 *82D2 音ゼン漢 訓しげーる・すすーむ・めぐーる・やわーらか

意味 ❶草がしげるようす。例 苒苒(=草がさかんにしげる)。❷「荏苒」は、時がいたずらに過ぎるようす。月日がたって、のびのびになるようす。

艹5 **【苔】** 8画 3461 82D4 人名 音タイ漢 訓こけ

意味 湿地や古い木、また岩の表面をおおうように生える植物。こけ。例 蘚苔(=こけ)。舌苔(=舌の表面にできるこけのようなもの)。
難読 海苔・布苔・青苔
【苔桃】ツツジ科の常緑小低木。フレップ。高山に生え、小さな赤い実をつける。実は果実酒などにする。
【苔衣】㊀ 植物の、コケ。㊁ 僧などの着るそまつな衣服。こけのころも。
【苔髪】長くのびたこけを、かみにたとえたもの。

艹5 **【苧】** 8画 3587 82E7 音チョ漢 訓からむし・お

意味 イラクサ科の多年草。カラムシ。アサの一種で、織物やロープの材料になる。例 苧麻(=カラムシ)。
日本語での用法 《お》つむいだ麻糸。「苧環」

艹5 **【苳】** 8画 7184 82F3 音トウ漢 訓ふき

意味「苣苳キョトウ」は、冬に生える草の一種。
日本語での用法《ふき》キク科の多年草。山野に生え、食用に栽培サイバイもされる。蕗ふき。「苳ふきの煮物にもの」

艹5 【苺】 8画 7185 82FA 人名 音バイ漢 マイ呉 訓いちご

艹7 【莓】 10画 7186 8393 別体字

意味 バラ科の多年草。イチゴ。白い花をつけ、実は赤くてあまずっぱい。

艹5 【范】 8画 7187 8303 音ハン漢

意味 ❶草の名。❷鋳型いがた。また、法則。同範ハン。❸姓セイの一つ。例范蠡ハンレイ。
【范▼蠡】ハンレイ 春秋時代の越エツの政治家。越王句践コウセンを助け、呉ゴをほろぼす。別名、陶朱公トウシュコウ。

艹5 【苹】 8画 7189 82F9 音ヒョウ慣 ヘイ漢 訓うきくさ

意味 ❶水草の一種。ウキクサ。❷シダ植物の一種。❸キク科の多年草。ヨモギ。❹「苹果ヘイカ」は、リンゴの実。

艹5 【苗】 8画 4136 82D7 常用 音ビョウ漢 ミョウ呉 訓なえ・なわ 付表早苗さなえ

筆順 一 十 廾 艹 芇 芇 苗 苗

なりたち [会意]「艹(=くさ)」と「田(=はたけ)」とから成る。田に生える草。
意味 ❶芽を出したばかりの植物。なえ。例苗木なえぎ。苗床なえどこ。苗代なわしろ。❷子孫。例苗裔ビョウエイ(=遠い子孫)。❸中国南西部に住む民族の名。例苗族ミャオゾク。❹春または夏の狩かり。
人名 え・たね・なり・みつ
【苗木】なえぎ 樹木の幼い株。木のなえ。
【苗床】なえどこ 草花・野菜・樹木などのなえを育てるところ。
【苗物】なえもの 草花・野菜・樹木などのなえ。
【苗代】なわしろ (水田に植えるまでの間)イネのたねをまいて、ある程度の大きさになるまでなえを育てるところ。苗代田。

艸(艹)部 5画 苺范苹苗苻苞茅茆苜茉茂苙

6画

【苗▼胤】ビョウイン 遠い子孫。末胤。苗裔ビョウエイ。
【苗族】一 ビョウゾク 遠い血縁ケツエンの子孫。一族。二 ミャオゾク 中国南西部に住む少数民族。苗ミャオ。苗民ビョウミン。
【苗▼圃】ビョウホ 苗木を育てる畑。苗床。
【苗字】ミョウジ その家の名。姓セイ。表記「名字」とも書く。
【▽苗字帯刀】ミョウジタイトウ ⇒【名字帯刀】ミョウジタイトウ(192ページ)
●種苗シュビョウ・痘苗トウビョウ

艹5 【苻】 8画 7188 82FB 音フ漢

意味 ❶ナス科の多年草。山野に生え、実をヒヨドリが好むという。有毒で薬に利用する。❷アシの茎くきの中にある白いうすかわ。あまかわ。❸姓セイの一つ。例苻健フケン(=五胡ゴコ十六国の前秦ゼンシンの王)。

艹5 【苞】 8画 7190 82DE 音ホウ漢 訓つと

意味 ぞうりにしたり、ものをつつむために用いる草やわら。また、つつんだもの。つと。例苞苴ホウショ(=おくりもの)。
日本語での用法《ホウ》草木の芽やつぼみをおおって保護する葉。「茗荷ミョウガの苞ホウを食たべる」
難読 苞あらまき・苞はかま(=ツクシの茎くきをつつんでいる葉のようなもの。どんぐりの実のわん状のから)
【苞▼苴】ホウショ〔つつみ草と、しき草の意〕①おくりもの。②賄賂ワイロ。

艹5 【茅】 8画 1993 8305 人名 音ボウ漢呉 訓かや・ち・ちがや

なりたち [形声]「艹(=くさ)」と、音「矛ボ」とから成る。かや。ちがや。
意味 ❶屋根をふいたり、なわを作ったりするのに用いる草をまとめていうことば。かや。チガヤ。同茆ボウ。例茅茨ボウシ。❷かやでふいた屋根。かやぶき。例茅屋ボウオク。茅舎ボウシャ(=かやぶきの家)。
難読 茅萱ちがや・茅蜩ひぐらし・茅台酒マオタイ・茅渟鯛ちぬだい
【茅屋】ボウオク かやぶきの家。あばら家や。〔自分の家をけんそんしていうことば〕例―ですがお立ち寄りください。
【茅▽茨】ボウシ チガヤと、いばら。また、それらで屋根をふいた、そまつなあばら家。

艹5 【茆】 8画 7191 8306 音ボウ漢 訓かや・こうほね・さか-ん・しげ-る・ぬなわ

意味 ❶ジュンサイ科(旧スイレン科)の多年生水草。ジュンサイ。ヌナワ。ぬめりがあり、若い芽や葉は食用。❷かや。同茅ボウ。

艹5 【苜】 8画 7192 82DC 音ボク漢 モク呉

意味「苜蓿モクシュク」は、マメ科の二年草。ウマゴヤシ。くきは地をはうものが多く、葉は小さい。むらさきまたは黄色の小さな花をつけ、古くは食用にもされた。

艹5 【茉】 8画 7193 8309 人名 音マツ慣 バツ漢

なりたち [形声]「艹(=くさ)」と音「末バ」とから成る。木の名。
意味「茉莉マツリ」は木の名。常緑低木で、白い花はかおりが高く、ジャスミン茶に用いる。
人名 ま

艹5 【茂】 8画 4448 8302 常用 音ボ・ボウ漢 モ呉 訓しげ-る

筆順 一 十 廾 艹 芢 茂 茂 茂

なりたち [形声]「艹(=くさ)」と、音「戊ボ」とから成る。草木がさかんにのびる。しげる。
意味 ❶草木がさかんにしげる。例茂盛モセイ。❷さかんで豊かなさま。例繁茂ハンモ。❸美しい。すぐれている。例茂材モサイ(=すぐれた人材)。
人名 あり・しく・しげ・しげみ・たか・つとむ・とお・とも・とよ・もち・もと・ゆた・ゆたか
【茂盛】モセイ ものごとがたいへんさかんなこと。
●繁茂ハンモ

艹5 【苙】 8画 7194 82D9 音リュウ漢 訓おり・よろいぐさ

参考 日本では「笠リュウ」の俗字ゾクジとして用いる。
意味 ❶家畜カチクを入れる囲い。おり。❷セリ科の多年草。ヨロイグサ。ハナウド。若葉は食べられる。根は薬用。

艹5 【苓】8画 4674 82D3 音レイ漢 リョウ呉

意味 ❶薬草の名。苓耳。ミミナグサ。❷マメ科の多年草。カンゾウ。根があまく、薬として用いられる。❸香草の名。❹おちる。おちぶれる。同零。例苓落(=草木がしぼむ。また、おちぶれる)。

艹6 【茨】9画 1681 8328 教育4 音シ漢 訓いばら

筆順 一 十 艹 艹 茓 茓 茓 茨 茨

なりたち [形声]「艹(=くさ)」と、音「次」とから成る。カヤで屋根をふくこと。かやぶき。

意味 ❶茅で屋根をふくこと。例茅茨(=かやで屋根をふくこと)。❷とげのある低木をまとめていうことば。いばら。

県名 茨城

艹6 【茵】9画 7201 8335 音イン漢呉 訓しとね

意味 車中で、すわったり横になったりするときの敷物。また、しとね。例茵席(=しとね)。

難読 茵蔯蒿

艹6 【茴】9画 7202 8334 音カイ漢 ウイ唐 訓くれのおも

意味 「茴香」は、セリ科の多年草。特有の芳香があり、食用・薬用とされる。クレノオモ。

難読 茴麻

艹6 【茖】9画 7203 8316 音カク漢

意味 ヒガンバナ科(旧ユリ科)の多年草。ギョウジャニンニク。深山に生え、若芽や根茎は食べられる。茖葱。

艹6 【荊】9画 2353 834A 音ケイ漢 訓いばら

意味 ❶バラやカラタチなど、とげのある低木をまとめていうことば。いばら。また、罪人を打つむちに使われた木。また、そのむち。例荊冠。荊棘。❷春秋戦国時代の楚の国の別の呼び方。❸姓の一つ。例荊軻(=戦国時代末の刺客。秦の始皇帝を殺そうとして失敗した)。

難読 荊棘・荊梨

【荊冠】ケイカン [キリストが十字架にかけられたときにかぶせられたかんむりから] いばらのかんむり。受難をたとえていう。

【荊▼棘】ケイキョク ①とげのある木。いばら。②いばらなどのしげるあれた土地。③困難なこと。障害となるもの。例—の道を歩む。

【荊妻】ケイサイ 自分のつまをへりくだっていうことば。愚妻。〔後漢の梁鴻の妻が、そまつないばらのかんざしをさした故事から〕

艹6 【荒】9画 2551 8352 常用 音コウ漢呉 訓あら-い・あ-れる・あ-らす・すさ-む

筆順 一 十 艹 艹 芒 芒 芹 荒 荒

艹6 【荒】9画

なりたち [形声]「艹(=くさ)」と、音「巟」とから成る。雑草が一面に生えてあれはてる。

意味 ❶土地が草ぼうぼうでひらかれていないようす。あれる。例荒地(=あれ地)。荒野。❷天災のため穀物が実らないようす。例荒歳。凶荒(=飢饉)。❸ものごとが乱れ、だめになる。あれる。すさむ。例荒廃。荒涼。❹あらあらしい。乱暴な。あらい。例荒天。荒療治。❺でたらめで、とりとめのないようす。例荒誕。荒唐(=でたらめ)。❻地の果て。辺境。例荒遠(=はるか遠いところ)。八荒(=八方の地の果て)。

使い分け あらい【荒・粗】⇩1161ページ

難読 荒猿(=概略・予定・心算)・荒和布

人名 あら・ら

【荒▼磯】あらいそ あら波が打ち寄せる、岩の多い海岸。例—の松。

【荒馬】あらうま 気性のあらい馬。あばれ馬。悍馬。

【荒海】あらうみ 波のあらい海。困難や障害の多い環境にもたとえる。例—に乗り出してゆく。

【荒肝】あらぎも ものごとに動じない強い心。度胸。きもったま。例—をひしぐ(=ひどくおどろかす)。

【荒行】あらギョウ 修行僧・修験者などが修行の一つとしておこなう激しく苦しい行。例山伏の—。

【荒事】あらごと 歌舞伎で、勇士・鬼神などを主役とする勇壮な演目。また、その所作。対和事。

【荒▼砥】あらと きめのあらい、といし。刃物をざっととぐために使う。表記「粗▼砥」とも書く。

【荒縄】あらなわ わらをなった太いなわ。例—でしばる。

【荒物】あらもの ほうき・ざる・おけなどの台所用品。日用雑貨。

【荒療治】あらリョウジ (名・する) ①(外科手術などの)手あらい治療をすること。②思い切った方法をとって変革すること。

【荒歳】コウサイ 穀物のできが悪い年。不作の年。

【荒神】コウジン 「三宝荒神」の略。民俗信仰の神の一つ。かまどの神。例台所に—さまをまつる。

【荒誕】コウタン (名・形動ダ) でたらめで大げさなこと。荒唐。

【荒天】コウテン 風雨が強くあれている天候。悪天候。例—をついて出発する。

【荒土】コウド あれはてた土地。荒地。

【荒唐無稽】コウトウムケイ (名・形動ダ) 根拠がなく、でたらめなこと。例—な話。

【荒廃】コウハイ (名・する) あれてすたれること。あれはてること。

【荒漠】コウバク (形動タル) あれはててさびしいようす。例—たる原野。

【荒▼蕪】コウブ (名・する) 土地があれて雑草がおいしげること。

【荒亡】コウボウ (名・する) 遊びや酒におぼれて家庭や国をほろぼすこと。例流連—(=家も仕事も忘れて遊びにふけること)。

【荒野】コウヤ あれはてた野原。あれの。

【荒涼】コウリョウ (形動タル) あれはてて、ものさびしいようす。例—たる景色が広がる。表記「荒▼寥」とも書く。

●手荒・破天荒

艹6 【荇】9画 1-9082 8347 音コウ漢 訓あさざ

意味 ミツガシワ科の多年生水草。アサザ。ハナジュンサイ。若葉は食用になる。例荇菜(=アサザ)。

艹6 【茲】9画 7204 8332 音ジ慣 シ漢呉 訓ここ

艹 6
【茱】 9画 7205 8331
音 シュ漢

意味 ❶草木がさかんにしげる。同滋。❷これ。ここ。同此。例茲者(＝ここに)。❸とし。例今茲(＝ことし)。

意味 「茱萸」は、ミカン科の落葉小高木。カワハジカミ。中国では陰暦九月九日の重陽の節句に、この実を身に帯び、菊花酒を飲んで邪気をはらう習慣があった。

日本語での用法 《ぐみ》グミ科の低木。山野に生え、赤い実をつける。実は食用になる。「茱萸」

艹 6
【荀】 9画 7206 8340
音 ジュン慣 シュン漢呉

意味 ❶赤い実をつける草の名。例荀草(＝草の名)。❷姓の一つ。例荀況(＝荀子)。

【荀子】 戦国時代末の儒学者。名は況。礼を重んじ、孟子の性善説に対して性悪説をとなえた。

艹 6
【茹】 9画 7207 8339
音 ジョ漢
訓 ゆだ-る・ゆ-でる・うだ-る・う-でる・く-う

意味 草や野菜を食べる。また、むさぼるように食う。例茹草(＝草を食べる)。茹素(＝野菜を食べる)。

日本語での用法 《ゆでる》熱湯で煮る。「茹で小豆・茹で蛸・塩茹で」

艹 6
【茸】 9画 3491 8338 人名
音 ジョウ漢
訓 きのこ・たけ

意味 ❶生えはじめたばかりの草のように、細くてやわらかいようす。やわらかい毛。❷新しく生えたばかりの鹿のつの。例鹿茸。

日本語での用法 《きのこ・たけ》きのこ。多くはかさと柄からなる生物。「椎茸・松茸・毒茸」

艹 6
【荏】 9画 1733 834F
音 ジン漢 ニン呉
訓 え

意味 ❶シソの一種で、かおりがよく、実から油がとれる。荏胡麻。例荏油(＝荏胡麻の油)。❷「荏菽」は、ソラマメ、また、ダイズ。❸やわらかい。❹「荏苒」は、時が過ぎていくようす。

［艸(艹)部］6画 茱荀茹茸荏茜荐荃草

難読 荏柄天神(＝鎌倉にある神社の名)・荏桐

【荏▼苒】(形動タル) 年月がいたずらに過ぎていくようす。例—として今日に至った。

艹 6
【茜】 9画 1611 831C 人名
音 セン漢
訓 あかね

なりたち [形声]「艹(＝くさ)」と、音「西(セイ→セン)」とから成る。草の名。

意味 ❶アカネ科の多年生つる草。アカネ。くきにとげがあり、根は赤色の染料や薬用に用いる。例茜草(＝あかねぐさ)。❷黒みがかったこい赤色。あかね色。例茜空。

艹 6
【荐】 9画 7208 8350
音 セン漢
訓 かさ-なる・しき-りに・しばしば・むしろ

意味 ❶草の敷物。むしろ。同薦。❷牧草。くさ。同薦。❸さらに。重ねて。たびたび。しきりに。例荐食(＝しきりに食べる。つぎつぎに侵略する)。

艹 6
【荃】 9画 1-9081 8343
音 セン漢
訓 うえ

意味 ❶香草の一種。例荃蕙(＝かおりのよい草の名)。❷柴などを水中にしずめて、魚をとるしかけ。うえ。同筌。例荃蹄。

【荃▼蹄】⇩【筌蹄】(750ページ)

艹 6
【草】 9画 3380 8349 教育1
音 ソウ漢呉
訓 くさ
付表 草履

筆順 一 十 艹 艹 芇 苩 荁 草

なりたち [会意] 本字は「艸」で、「屮(＝めばえた、くさ)」がならぶ。いろいろな、くさ。

意味 ❶くきのやわらかい植物をまとめていうことば。くさ。例草本。雑草。❷こまかいところにこだわらない。おおまか。例草草。草卒。❸おおまかな下書き(を作る)。例草稿。起草。❹漢字の書体の一つ。隷書の筆画を簡略にして速く書けるようにしたもの。例草書。草体。❺はじまり。はじめ。例草創。

人名 かや・さ・しげ

【草相撲】素人のする相撲。

【草丈】草あるいはイネやムギなどの、のびた高さ。

【草葉】草の葉。例—の陰(＝墓の下、あの世)から見守る。庭の—におく露。

【草花】花のさく草。草にさいている花。例—を育てる。

【草枕】(草をたばねてまくらとする意) 野宿。旅寝。たびまくら。例—の数を重ねてはや三年。

【草▼鞋】□ソウアイ わらぐつ。□わらじ わらで編んだはきもの。ぞうりに似るが、緒で足に結びつけてはく。例—をはく(＝旅に出る)。二足の—をはく(＝ひとりの人が二つの職業につく)。

【草案】文書・計画などの文案。下書き。草稿。対成案。

【草▼庵】草ぶきの、そまつで小さな家。類草屋・草堂。例—を結ぶ。

【草屋】①草ぶきのそまつな家。②自分の家のへりくだった言い方。例—に客を迎える。

【草原】草の生えている広い平地。

【草稿】下書きの原稿。草案。

【草根木皮】「ソウコンボクヒ」とも) 漢方薬として用いる植物の根や皮。

【草紙】(「冊子」の変化) ①とじた形式の本。②かな書きの物語・日記・随筆などをまとめた言い方。③江戸時代の、さし絵を主体とした大衆的な読み物。絵草紙や草双紙など。表記▽「草子・双紙」とも書く。

【草書】漢字の書体の一つ。筆画を最も簡略にしたもの。→【篆書】(755ページ)・【隷書】(1042ページ)・【楷書】(537ページ)・【行書】(884ページ)

【草食】(名・する) 動物が草をおもな食物とすること。例ゾウは—動物である。対肉食。

【草草】□(形動タル) あわただしいようす。□(名) 手紙文の末尾に書くことば。ぞんざいな走り書きで失礼いたしますという意味。「前略」に対して用いられることが多い。類不一。

【草創】(名・する) ①ものごとをはじめること。事業を起こすこと。草分け。例—期に活躍した人人。②寺や神社などをはじめて建てること。類創建。

【草卒】(名・形動ダ) いそがしくあわただしいこと。例—の間に事業を拡大する。表記「倉卒・▼蒼卒・▼匆卒・▼怱卒」とも書く。

【草体】草書の書体。草書体。

【草▼茅】（ソウボウ）（くさと、チガヤの意）①雑草。転じて、田舎いなか。②公職につかず民間にいること。

【草本】（ソウホン）木本モクホンに対して、草などの植物をいう。くきは、やわらかい。対木本。例一年生—。

【草▼莽】（ソウモウ）（「莽」も、草の意）①草むら。②公職につかず民間にいること。例—の臣（＝民間の人）。

【草木】（ソウモク）草と木。植物。例山川—サンセンソウモク。—くさきも眠ねむる（＝夜がふけてあたりが静まり返る）丑うし三みつ時どき。

【草履】（ゾウリ）鼻緒はなおのついた平底のはきもの。例わら—。

【草▼廬】（ソウロ）①草ぶきの、そまつで小さな家。②自分の家をへりくだっていうことば。

漢字に親しむ ⑱ 草書は速く書けない

「草聖」とたたえられた後漢ゴカンの張芝チョウシは草書の第一人者です。目にもとまらぬ速さで、さらさらさらと書ける人であったように想像されます。しかし、どうもそうではなかったようです。ある人にあてた手紙に「あわただしいので草書で書くひまがありません」というおわびのことばを書いています。草書で書くことは簡単ではなかったのです。

本来、草書は、筆画を省略して速く書けるようにした便利な書体だったはずですが、より美しく見せようと字の形や墨すみつぎなど、入念にくふうされるようになり、かえってむずかしいものになってしまいました。それで、「臨池リンチ」（→「漢字に親しむ」⑭（579ページ））の努力が必要なのです。

【草▼廬三顧】（ソウロサンコ）⇩【三顧の礼】サンコのレイ（12ページ）
○煙草エンソウ・タバコ・海草カイソウ・起草キソウ・雑草ザッソウ・質草シチぐさ・除草ジョソウ・水草スイソウ・みずくさ・牧草ボクソウ・薬草ヤクソウ・野草ヤソウ

【荘】
艹6　9画　3381 8358　常用　音ソウ漢　ショウ呉　訓おごそ-か

筆順 一 艹 艹 艹 荘 荘 荘

艹7 【莊】 10画　7223 838A　人名

なりたち 形声　「艹（＝くさ）」と、音「壯ソウ（＝大きい）」とから成る。草がさかんにしげる。

意味 ❶草がさかんにしげるようす。❷重々しくいかめしいようす。おごそか。例荘厳ソウゴン。荘重ソウチョウ。❸むらざと。いなか。同庄ショウ。例荘家ショウカ（＝いなかや。農家）。❹しもやしき。別宅ベッタク。例山荘サンソウ。別荘ベッソウ。❺皇室や貴族、また寺社などの私有地。例荘園ショウエン。❻店。例衣荘イソウ。茶荘サソウ。旅荘リョソウ。❼「荘子ソウジ」の略。例老荘思想ロウソウシソウ（＝老子と荘子の思想）。

人名 これ・さかえ・さかり・さかん・しげ・しげる・たか・たかし・たけ・たけし・ただし・まさ・むら

【▽荘園】（ショウエン）①奈良なら時代におこり平安時代を最盛サイセイ期として室町むろまち時代まで続いた、貴族や社寺の広大な私有地。荘ショウ。②中国では唐トウ代から、ヨーロッパでは八世紀ごろから始まる、王室や貴族・領主の所有地。表記▽「▼庄園」とも書く。

【荘厳】一ソウゴン（名・形動ダ）おごそかで威厳イゲンのあること。例—な音楽。二ショウゴン（名・する）仏堂や仏像を、美しくおごそかにかざること。例壇ダンを設けて—する。

【荘子】（ソウシ・ソウジ）①戦国時代の思想家。名は周シュウ。老子の思想を受けついで人為ジンイを否定し、自然と一体となることを主張し、孔子コウシの思想を批判ヒハンした。②荘子の著とされる書。三十三編。道教では「南華真経ナンカシンギョウ」という。

【荘周の夢】（ソウシュウのゆめ）夢か現実かはっきりしないこと、また、自他が一体となった境地のたとえ。胡蝶コチョウの夢。〔荘子はチョウがのびやかに花の上で遊んでいる夢を見た。夢から覚めた荘子は、はて自分がチョウになった夢を見たのか、それともチョウが自分になった夢を見ていたのかを疑ったという話から〕（荘子ジ）

【荘重】（ソウチョウ）（名・形動ダ）おごそかで、おもおもしいこと。例—な儀式ギシキ。
○山荘サンソウ・別荘ベッソウ

【茶】
艹6　9画　3567 8336　教育2　音チャ慣　タ漢　サ唐

筆順 一 艹 艾 艾 芩 茶 茶

なりたち 形声　本字は「荼」で、「艹（＝くさ）」と、音「余ヨ→タ」とから成る。にがな。のちに「チャ」の意。

意味 ツバキ科の常緑低木。葉を加工し、湯を注いで飲み物とする。また、その飲み物。例茶畑ちゃばたけ。喫茶キッサ。緑茶リョクチャ。

日本語での用法《サ・チャ》①黒みをおびた赤黄色。枯かれ葉色。「茶色ちゃいろ・赤茶色あかチャいろ」②客を招いて茶をたてて、もてなす作法。「茶道サドウ・チャドウ」③おどけや、いいかげんなこと。「茶番バン・お茶チャをにごす」


【茶菓】（サカ・チャカ）茶と菓子。例来客に—を供する。

【茶会】（チャカイ・サカイ）客を招きお茶をたててもてなす会。茶の湯の会。

【茶道】（サドウ・チャドウ）茶の湯の作法。また、その作法を習得する過程で、精神修養をはかることを目的とする、けいこごと。例—の心得こころえがある。

【茶飯】（サハン）毎日の食事やお茶。ごくありふれていること。例日常—のこと。

【茶飯事】（サハンジ）茶を飲み飯を食べること。ごくありふれたことがら。例日常—。

【茶房】（サボウ・チャボウ）飲み物を飲ませることを商売とする店。茶みせ。喫茶店キッサテン。

【茶話】（サワ・チャワ）茶を飲みながらする気楽な話。茶飲み話。例—会。

【茶臼】（チャうす）茶の葉をひいて抹茶マッチャにするための石うす。

【茶園】（チャエン・サエン）①茶を栽培サイバイしている農園。茶畑ちゃばたけ。②製茶を売る店。茶舗チャホ。

【茶菓子】（チャガシ）茶を出すときにそえて出す菓子。茶うけ。

【茶釜】（チャがま）抹茶マッチャをたてるための、湯をわかす鉄製のかま。上部がすぼまって、口が小さい。

【茶殻】（チャがら）茶をいれたあとの茶の葉。

【茶器】（チャキ）①薄茶うすちゃを入れるうつわ。薄茶器。②茶道に用いる道具のまとめた言い方。茶道具。

【茶巾】チャキン 茶道で、茶碗をぬぐい清めるための布。例—絞り。—ずし。

【茶▼匙】チャさじ 紅茶・コーヒーなどを飲むときに使う小さいさじ。ティースプーン。

【茶事】チャジ 客を招いておこなう正式な茶会。例口切りの—。

【茶室】チャシツ 茶道のための部屋・建物。数寄屋。茶席。例—の作法。

【茶▼杓】チャシャク ①茶道で、抹茶をすくう細長いさじ。ちゃさじ。②「茶柄杓」のこと。茶道で、湯を茶釜からくみ出す竹製の柄杓。

【茶人】チャジン ［「サジン」とも］①茶道に通じた人。茶道を趣味とする人。②風流な人。

【茶席】チャセキ ①茶道をおこなう席。茶室。②茶会。

【茶▼筅】チャセン 抹茶をたてるときに使う、あわを立てたり練ったりするための竹製の道具。

【茶代】チャダイ 旅館や料理屋などで出す心づけ。チップ。

【茶▼托】チャタク 湯飲み茶わんをのせる台。

【茶羽織】チャばおり ［茶人が着たのでいう］腰までのたけの短い羽織。

【茶柱】チャばしら 番茶などを湯飲み茶わんについだとき、縦向きにうかんだ茶のくき。俗に吉兆とされる。例—が立つ。

【茶腹】チャばら 茶をたくさん飲んで満腹になった腹。

【茶腹も一時】チャばらもイットキ 空腹時に茶を飲むと、しばらくは空腹感がしのげること。本質的な解決にはならないが、間に合わせのものでも急場をしのぐことはできる意。

【茶番】チャバン ［もと、茶の接待をする人の意。その茶番が楽屋で手近な物を用いてこっけいな寸劇などを演じたことから］みえすいたばかばかしいふるまい。茶番劇。例とんだ—であきれた。

【茶盆】チャボン 茶器をのせる盆。

【茶店】チャみせ ①客に茶や菓子を出して休憩させる店。茶屋。②製茶を売る店。茶屋。

【茶目】チャめ （名・形動ダ）あいきょうがあって、いたずら好きなこと。また、その人。例お—な人。—っ気。

【茶屋】チャや ①製茶を売る店。②客に茶や菓子などを出し休憩させる店。掛け茶屋。例峠の—。③客に酒や食べ物を出す店。例—遊び。

【茶▼碗】チャワン 飯を盛ったり茶をついだりする陶磁器。例—蒸し。湯飲み—。表記「茶▼椀」とも書く。

●喫茶キッサ・紅茶コウチャ・新茶シンチャ・番茶バンチャ・抹茶マッチャ・緑茶リョクチャ

艹6 【荅】 9画 7209 8345 音トウ漢 訓あずき・こた-える

意味 ❶マメ科の一年草。アズキ。❷こたえる。同答トウ。

艹6 【茯】 9画 7210 832F 音フク漢ブク呉 訓まつほど

意味「茯苓ブクリョウ」は、マツの根に寄生する担子菌タンシキン類タマチョレイタケ目のきのこ、ブクリョウタケの菌糸キンのかたまり。薬用とする。マツホド。

艹6 【茫】 9画 7211 832B 音ボウ漢

意味 ❶広々として果てしないようす。例茫茫ボウボウ。茫洋ボウヨウ。❷ぼんやりして、はっきりしないようす。例茫然ボウゼン。

難読 茫然ぼんやり

【茫然】ボウゼン （形動タル）気ぬけしたりあきれたりして、ものも言えず、ぼんやりしてしまうようす。例焼け跡に—と立ちつくす。表記「▼呆然」とも書く。

【茫然自失】ボウゼンジシツ （名・する）急でまったく予期しないことにおどろいたり悲しんだりして、我を忘れること。例とつぜんの訃報ホウに—する。表記「▼呆然自失」とも書く。

【茫漠】ボウバク （形動タル）広々として、とりとめのないようす。例—たる砂漠。

【茫茫】ボウボウ （形動タル）①広々として果てしないようす。例—たる原野。②ぼんやりとして、はっきりしないようす。例—として記憶のかなたにある過去。③草やかみの毛がのびほうだいになっているようす。例草—の庭。表記①②は「▼芒▼芒」とも書く。

【茫洋】ボウヨウ （形動タル）①果てしなく広がっているようす。例—たる大海原。②つかみどころがないようす。例—とした風貌ボウ。表記▽「▼芒洋」とも書く。

艹6 【茗】 9画 7212 8317 音メイ漢

意味 ❶茶の芽。また、おそくつんだ茶。❷茶の別名。例茗園メイエン。茗器メイキ（＝茶の道具）。

【茗荷】ミョウガ ショウガ科の多年草。独特のかおりがあり、開花前の苞ホウを薬味などにして食べる。

【茗園】メイエン 茶畑ちゃばたけ。茶園。

【茗渓】メイケイ 東京都千代田区と文京区の間を流れる神田川（お茶の水）の谷のみやびな言い方。

艹6 【茘】 9画 7213 8318 音レイ漢

意味「茘枝レイシ」は、果樹の名。中国南方に産し、果実はあまくて美味。ライチー。

艹6 【荒】 9画 ⇨【荒】コウ（849ページ）

艹6 【莽】 9画 ⇨【莽】ボウ（856ページ）

艹7 【莚】 10画 7215 839A 音エン漢 訓むしろ

意味 草がのびる。はびこる。例蔓莚マンエン（＝つる草などが、しげりはびこる）。

日本語での用法《むしろ》わらやいぐさなどを編んでつくった敷物しきもの。「莚織むしろおり・莚旗むしろばた」

艹7 【荷】 10画 1857 8377 教育3 音カ漢呉 訓に・にな-う・はす・はちす

筆順 一 艹 … 荷

なりたち ［形声］「艹（＝くさ）」と、音「何カ」とから成る。大きな葉。ハスの葉。

意味 ❶ハス科（旧スイレン科）の多年生水草。ハス。とくにハスの葉をいう。↓【蓮】レン（参考863ページ） 例荷風カフウ（＝ハスの上をわたる風）。荷露カロ（＝ハスの葉におくつゆ）。❷肩にかつぐ。になう。例荷担カタン。負荷フカ。

日本語での用法《カ・に》にもつ。「集荷シュウカ・出荷シュッカ・入荷ニュウカ・肩かたの荷にがおりる」

人名 もち

【荷重】カジュウ 構造物が外部から受ける力。また、構造物がたえうる限界の重量。例制限—をこえる。

【荷担】カタン （名・する）［荷にを肩かたにかつぐ意］陰謀インボウやたくらみに加わること。例悪に—する。表記「加担」とも書く。

【荷電】カデン （名・する）物体が電気を帯びること。帯電。また、物体が帯びている電気。

【荷車】にぐるま 人あるいは牛や馬が引く、荷物を運ぶ車。

【荷物】にモツ ①持ち運んだり、送ったりするためにまとめた品物。

例―を作る。―を出す。②じゃまになるもの。負担になるやっかいなもの。例仲間のお―になる。

【荷役】(名・する) 船荷を積み下ろしすること。また、その人。例―作業。

●重荷・出荷・電荷・入荷・初荷・負荷・船荷

艹7 【華】 10画 1858 83EF 常用 音カ漢・ケ・ゲ呉 訓はな・はな-やか

筆順 一 艹 艹 芏 芏 苹 莖 華

艹8 【華】 11画

なりたち [会意]「艹(=くさ)」と「𠌶カ(=草木のはな)」とから成る。はな。

意味 ❶草木のはな。同花。例華道・散華。❷目立って、うつくしい。はなやか。例華美・華麗・豪華。❸さかえる。例栄華・繁華。❹かみの毛の白いようす。例華髪(=白髪)。❺中国が自国を呼ぶことば。(はなやかな文化をもつ国の意) 例華僑・中華。❻外国語の「ワ」の音訳。例華盛頓(ワシントン)・華沙(ワルシャワ)。

使い分け はな【花・華】⇩1178ページ

難読 華厳・華足・華瓶・華鬘・華表・華客・華奢・優曇華・法華

人名 てる・は・はる・みやこ

【華客】カカク/カキャク ①花見の人。②とくい客。ひいき。

【華▼僑】カキョウ 長い期間外国に住み、おもに商売をして、外国に生活の基盤をおいている中国人。

【華甲】カコウ 数え年で六十一歳(=満六十歳)に、生まれた年の干支を再びむかえること。日本でいう還暦。〔「華」の旧字体「華」を分けると「十」が六つと「一」になることから。「甲」は干支を代表させたもの〕

【華山】カザン 陝西省華陰県にある名山。西岳ともいう。五岳の一つ。

【華氏】カシ 温度計で、水の氷点を三二度、沸点を二一二度としたもの。華氏の三二度は摂氏の〇度にあたる。カ氏。記号 F 〔華氏の「華」は、発明者の Fahrenheit(ファーレンハイト)を音訳した「華倫海」による〕→【摂氏】(451ページ)

6画

【華▼燭】カショク ①美しいあかり。はなやかなともしび。②結婚、また、結婚式のこと。例―の典をあげる。

【華▼胥の夢】カショのゆめ 昼寝。〔昔、黄帝が昼寝の夢の中で、華胥という自由な理想境に遊んだことによる〕(列子)

【華清宮】カセイキュウ 唐の玄宗皇帝が楊貴妃のために建てた離宮。陝西省驪山のふもとにある。

【華族】カゾク ①貴族。②明治時代に定めた家がらの格の一つ。公・侯・伯・子・男のうちの一つの爵位をもつ。一九四七(昭和二十二)年に廃止された。

【華道】カドウ 花を生ける技術や作法。生け花。表記「花道」とも書く。

【華美】カビ (名・形動ダ) はなやかで美しいこと。対質素。例―な服装。―な建築。

【華麗】カレイ (名・形動ダ) はなばなしく美しいこと。例氷上の―な演技。―なる一族。

【▽華▼奢】キャシャ (形動ダ) 人の体格や品物の構造などについて、美しく上品であるようす。また、かぼそくて弱い感じのするようす。例―なからだつき。―風流の人。表記「▽華車・▽花車」とも書く。

【華厳】ゲゴン 〔仏〕修行を積み功徳を得ること。

【華足】ケソク 〔仏〕①机や台の脚で、かざりに花や雲をかたどったもの。②仏前の供え物を盛るうつわ。また、その供えるもの。表記▽「華束・華▽飾」とも書く。

●栄華・豪華・香華・散華・昇華・精華・中華・繁華

艹7 【莪】 10画 7216 83AA 音ガ漢 訓よもぎ

意味 キク科の二年草。キツネアザミ。〔異説もある〕

艹7 【莞】 10画 2048 839E 人名 音カン漢 訓い

なりたち [形声]「艹(=くさ)」と、音「完カ」とから成る。むしろにする草。

意味 ❶水べに生えるイグサ科の多年草。くきはむしろを編むのに用いられる。イ。イグサ。例莞席(=イグサで織ったむしろ)。❷にっこりほほえむようす。例莞爾。

【莞▼爾】カンジ (形動タル) にっこりと笑うようす。例―としてほほえむ。

[艸(艹)部] 7画 ● 華 莪 莞 莟 莢 莫 莎 莇 荵 荻

艹7 【莟】 10画 7217 839F 音ガン慣カン漢 訓つぼみ

意味 ハスの花。

日本語での用法 《つぼみ》花がこれからさくという状態にあるもの。「莟がふくらむ」

艹7 【莢】 10画 7218 83A2 音キョウ漢 訓さや

意味 マメ科の植物の実。また、豆を包んでいる皮。さや。例莢豌豆。

艹7 【莫】 10画 7220 8323 音ゴ漢

意味 草の名。参考「莫蓙(=イグサのくきなどで作った敷物)」は「御座」のあて字かという。

艹7 【莎】 10画 7221 838E 音サ漢呉 訓かやつり・はたおり・はますげ

意味 ❶カヤツリグサ科の多年草。ハマスゲ。❷「莎鶏」は、クツワムシ。あるいは、キリギリス、スズムシ、クダマキなど諸説がある。

艹7 【莇】 10画 7222 8387 音ショ漢ジョ呉 訓あざみ

意味 ❶殷の時代におこなわれたとされる税法。同助。❷ナス科の落葉低木。クコ。

日本語での用法 《あざみ》「薊」の別体字。

艹7 【荵】 10画 *7227 *8375 音ジン漢ニン呉 訓しのぶ

意味 スイカズラ科のつる性植物。スイカズラ。葉・くき・根は薬用とされる。荵冬草。

日本語での用法 《しのぶ》シダ植物の一種。夏、軒下につるして緑の葉を楽しむ。しのぶぐさ。「釣り荵」

艹7 【荻】 10画 1814 837B 人名 音テキ漢 訓おぎ

意味 イネ科の多年草。オギ。水べや湿地に生える。葉は細くて長く、秋にススキに似た花穂をつける。

艹7【荼】10画 7224 837C 音 一ト漢呉 二タ漢ダ呉 訓にがな

意味 一ト ❶キク科の多年草。ニガナ。また、雑草。例荼蓼(=ニガナとタデ。苦い草。また、苦しみ)。❷苦しみ。例荼毒(=苦しみ)。二タ 梵語の音訳。例荼毘。曼荼羅。

【荼▼毘】ダビ (梵語の音訳)火葬。例—に付す(=火葬にする)。

艹7【荳】10画 7226 8373 音トウ漢 訓まめ

意味 ❶「荳蔻」は、ショウガ科の多年草。薬用とされる。❷まめ。同豆。

艹7【莫】10画 3992 83AB 人名 音 一ボ漢モ呉 二バク漢マク呉 訓くれ・な-し・なか-れ

参考「暮」のもとの字。「莫」が、「日ぐれ」から「なかれ」などの意味に使われるようになり、新たに「日」を書き加えて「暮」の字が作られた。

意味 一ボ 日ぐれ。くれ。同暮。例莫夜(=よる)。二バク ❶むなしい。ひっそりしてさびしい。例索莫。寂莫。❷はてしなく広い。大きい。同漠。例広莫。❸(助字)㋐「なし」と読み、ない、の意。否定をあらわす。例莫二我知一(=私の理解者がいない)。㋑「なかれ」と読み、…してはいけない、の意。禁止をあらわす。例君莫レ笑(=君よ、笑うな)。

難読 莫大小(メリヤス)

人名 さだ・さだむ・つとむ・とう・とし・なか・ひろ・ひろし

【莫逆】バクギャク (さからうことがない意)ひじょうに親しいあいだがら。例—の友。

【莫大】バクダイ (形動ダ)(これより大きなものがない意)数量や程度がひじょうに大きいようす。類多大。例—な遺産。—な費用。—な損失。

艹7【莠】10画 7228 83A0 音ユウ漢 訓あし-い・はぐさ

意味 ❶イネ科の一年草。エノコログサ。はぐさ。❷(エノコログサのように)害をなす。わるい。例莠言。稂莠(=イヌアワとエノコログサ。ともに雑草で穀物に害をあたえることから、害毒を流す人のたとえ)。

【莠言】ユウゲン よくないことば。

【莠民】ユウミン 悪事をはたらく人。

艹7【莉】10画 7229 8389 人名 音リ慣レイ漢

なりたち [形声]「艹(=くさ)」と、音「利リ→レイ」とから成る。木の名。

意味「茉莉」は、常緑低木で、かおりのよい白い花がさき、ジャスミン茶に用いる。

難読 莉廬(おもと)

艹7【莅】10画 7214 8385 音リ漢 訓のぞ-む

意味 現場に行って、治める。のぞむ。例莅政(=政治をおこなう)。莅臨(=臨席する)。

艹7【莨】10画 7230 83A8 音ロウ漢 訓たばこ

意味 牛馬の飼料となる草の名。チカラグサ。

日本語での用法《たばこ》タバコのあて字。

艹7【莖】10画 ⇩【茎】(847ジペー)

艹7【莊】10画 ⇩【荘】(851ジペー)

艹7【莵】10画 ⇩【菟】(856ジペー)

艹7【莓】10画 ⇩【苺】(848ジペー)

艹7【莱】10画 ⇩【萊】(857ジペー)

艹8【萎】11画 1664 840E 常用 音イ漢呉 訓な-える・しお-れる・しぼ-む

筆順 一 艹 芓 茉 茇 萎 萎

なりたち [形声]「艹(=くさ)」と、音「委イ」とから成る。牛を飼育する。

意味 ❶草木がかれる。なえる。しおれる。❷おとろえる。活力がなくなる。例萎縮。萎靡。

【萎縮】イシュク (名・する)①ちぢこまって小さくなること。例気持ちが—する。②小さくしぼむこと。

【萎▼靡】イビ (名・する)なえて、しおれること。気力や力がなくなること。例勢力が—する。

艹8【菓】11画 1859 83D3 常用 音カ漢呉 訓きのみ・くだもの・このみ

筆順 一 艹 芇 苜 莒 草 菓 菓

なりたち [形声]「艹(=くさ)」と、音「果カ」とから成る。くだもの。

意味 くだもの。木の実。同果。

日本語での用法《カ》間食用のあまい食物。「茶菓サカ・銘菓メイカ・和菓子ワガシ」

難読 香菓(かくのこのみ)

【菓子】カシ おやつとして、また、お茶にそえて客に出したりする食べもの。あまいものが多い。例和—。洋—。お茶—。

艹8【菅】11画 3191 83C5 人名 音カン漢 訓すげ・すが

意味 カヤツリグサ科の草。スゲ。スガ。笠・蓑・縄などをつくるのに用いる。例菅笠。菅畳(=スゲで編んだ畳)。

【菅▼笠】すげがさ スゲの葉で編んだかさ。

艹8【萓】11画 7232 8413 音ギ漢 訓かや・わすれぐさ

意味 ❶ススキノキ科(旧ユリ科)の多年草。ワスレグサ。「萱」に同じ。❷よろしい。〔俗語で用いられる〕同宜。

艹8【菊】11画 2138 83CA 常用 音キク漢呉

筆順 一 艹 芍 芶 芶 菊 菊 菊

なりたち [形声]「艹(=くさ)」と、音「𥸯キク」の省略体とから成る。日の精で、秋にさく花。

参考「菊」は、もと「ナデシコ」で、のちに「キク」の意に用いられるようになった。

意味 キク科の多年草。キク。秋に花をつけ古くから親しまれ、ウメ・タケ・ランとともに、四君子の一つに数えられる。また、黄色や白色の花は薬用や食用にもなる。例野菊のぎく。

人名 あき・ひ

【菊花酒】 菊の花をひたした酒。「重陽の節句(=菊の節句)」に飲む。菊酒。

【菊月】 陰暦九月の別名。

【菊人形】 たくさんの菊の花を衣装にかたどってかざりつけた人形。物語の主人公や英雄などを題材としたものが多い。

【菊判】 ①紙の寸法の一つ。縦九三九ミリメートル、横六三六ミリメートル。菊全判。②書物の判型の一つ。縦横とも菊全判の四分の一の大きさ。A5判よりやや大きい。

●観菊・春菊

艹8 **【菌】** 11画 2261 83CC 常用 音キン(漢) 訓きのこ・たけ

筆順 一 艹 艹 芇 芮 南 菌 菌

なりたち 「形声」「艹(=くさ)」と、音「囷」とから成る。きのこ。

意味 ❶湿地や日かげの、岩や木の上に生える、かさとくきからなる生物。キノコ。タケ。例菌糸。菌類。❷害をもたらす、きん。ばいきん。例細菌。

【菌糸】 かびやきのこのからだを構成している糸状の細胞の列。

【菌類】 からだが菌糸でできている、かび・きのこ・酵母などの生物の類。

●細菌・殺菌・雑菌・病原菌

艹8 **【菫】** 11画 7233 83EB 人名 音キン(漢) 訓すみれ

なりたち 「形声」本字は「堇」で、「艹(=くさ)」と、音「堇」とから成る。草の名。

意味 ❶スミレ科の多年草。スミレ。山野に生え、春、うすいむらさき色の花をつける。例菫色。❷毒草の名。トリカブト。例菫茶(=トリカブトとニガナ)。

艹8 **【菎】** 11画 7234 83CE 音コン(漢) 訓かおりぐさ

意味 ❶香草の名。菎蕗。菎麻。❷美しい玉。

日本語での用法 《コン》「蒟蒻(=食品、またその原料のサトイモ科の多年草)」の「蒟」の代用。「菎蒻」

艹8 **【菜】** 11画 2658 83DC 教育4 音サイ(漢)(呉) 訓な

筆順 一 艹 艹 芯 苹 莁 菜 菜

なりたち 「形声」「艹(=くさ)」と、音「采(=つみとる)」とから成る。草の食べられるもの。

意味 ❶葉・くき・根を食用にする植物をまとめていうことば。あおもの。例菜園。野菜。❷野菜や肉・魚でつくったおかず。例総菜。一汁一菜。

日本語での用法 《な》アブラナ・カラシナ・カブラナなどをまとめていう。また、地方特産の菜につけることば。「菜の花・菜種・青菜・野沢菜・広島菜」

【菜園】 野菜を育てる小さな畑。野菜畑。例家庭―。

【菜根】 ①野菜の根。②粗食。

【菜食】(名・する) 副食物としておもに野菜類を食べること。対肉食。例―主義。

【菜箸】 おかずを取り分けるときや料理を作るときに使う長いはし。

【菜種】 ①アブラナの種子。しぼって菜種油をとる。②アブラナの別名。菜の花。

【菜畑】 まだ花のさいていない菜の花の畑。また、菜っ葉類を植えた畑。

【菜飯】 きざんだ青菜をたきこんだ飯。

●一汁一菜・山菜・前菜・総菜・野菜

艹8 **【菘】** 11画 7237 83D8 音シュウ・スウ(漢) 訓すずな

意味 野菜の名。つけものにする。

日本語での用法 《すずな》春の七草の一つ。カブ。

艹8 **【菽】** 11画 7235 83FD 音シュク(漢)(呉) 訓まめ

意味 ❶マメ類をまとめていうことば。例菽粟(=豆とアワ)。菽麦。❷大豆。例菽乳(=とうふ)。

【菽麦】 豆と麦。例―を弁ぜず(=豆と麦との区別すらつかない。きわめておろかなこと)。〈春秋左氏伝〉

艹8 **【菖】** 11画 3052 83D6 人名 音ショウ(漢) 訓あやめ

なりたち 「形声」「艹(=くさ)」と、音「昌」とから成る。草の名。

意味 「菖蒲」は、水べに生える香草。葉が細く剣のようにとがっている。例菖蒲湯。

日本語での用法 《あやめ》水べに生え、初夏にハナショウブに似た白や青むらさき色の花をつける。「菖蒲刀・菖蒲の髪」

艹8 **【萃】** 11画 7236 8403 音スイ(漢) 訓あつ-まる・あつ-める

意味 ❶草がむらがって生えているようす。❷たくさん集まる。集める。例萃聚(=集まる)。❸たくさん集まった人やもの。むれ。例抜萃(=群をぬいてすぐれている。抜粋)。

艹8 **【萋】** 11画 7238 840B 音セイ(漢) 訓さか-り・しげ-る

意味 草がさかんにしげっているようす。例萋萋。

【萋萋】(形動タル) ①草木がしげるようす。②雲がたちこめているようす。

艹8 **【菁】** 11画 7239 83C1 音セイ(漢) 訓な・かぶ

意味 ❶ニラの花。❷カブ。カブラ。例蕪菁(=カブラ)。❸草のしげるようす。例菁菁(=草木がさかんに育つ)。〈詩経〉

【菁莪】 ①人材を育成すること。②多くの人材。

艹8 **【著】** 11画 3588 8457 教育6 音一チョ(漢)(呉) 二チャク(漢) 訓あらわ-す・いちじる-しい・き-る・つ-く・つ-ける

筆順 一 艹 艹 芏 茡 著 著

艹9 **【著】** 12画 1-9107 FA5F 人名

なりたち 「形声」「艹(=くさ)」と、音「者→チ」とから成る。あらわす。つく。

意味 一 ❶書きしるす。あらわす。例著作。著述。名著。❷目立って世に知られる。あらわれる。例著聞。顕著。著名。❸あきらかである。いちじるしい。例著明。二 身につける。くっつく。きる。同着。例著衣(=着るもの)。

使い分け あらわす・あらわれる【表・現・著】⇩1162ページ

人名 あき・あきら・つぎ・つぐ

【著作】(名・する)書物などを書きあらわすこと。また、その書物。著述。例—者。

【著作権】著作者が自分の著作物の複製・翻訳・興行・放送などを独占的に利用し利益を受ける権利。例—使用料。—侵害。

【著作物】著作によって作り出されたもの。思想や感情を文章や、学術・美術・音楽・建築などにあらわしたもの。

【著者】その書物を書きあらわした人。著作者。筆者。例—自筆の原稿。

【著述】(名・する)文章・書物などに書いて述べること。また、書きあらわした書物。著作。例—業。

【著書】書きあらわした書物。著作。

【著聞】(名・する)世間によく知られること。

【著名】(名・形動)世間によく知られていること。有名。例—な画家。—な場所。

【著明】(名・形動)はっきりしていて明らかなこと。例—な事実。

●共著・顕著・原著・主著・拙著・編著・名著

⺾8 【萇】11画 7241 8407 音チョウ漢 訓いらくさ・いららぐさ・ずわえぐさ

意味「萇楚」は、マタタビ科の落葉つる性植物、サルナシの一種。シナサルナシ。

⺾8 【菟】11画 音ト漢 訓うさぎ

⺾7 [莵] 10画 7225 83B5 俗字

⺾9 [菟] 12画 3749 83DF 俗字

意味 ❶「菟糸」は、つる草の一種。ハマネナシカズラ。❷ウサギ。同兎。例玉菟(=天体の月の別名)。木菟(=ミミズク)。❸「於菟」は、トラの別名。

難読 菟葵・『菟玖波集(連歌撰集の名)』

⺾8 【萄】11画 3826 8404 人名 音トウ漢ドウ呉

意味「葡萄」は、つる性の果樹の名。

難読 葡萄(=ブドウの古い名)・葡萄茶

⺾8 【菠】11画 7242 83E0 音ハ漢ホウ唐 訓からな

意味「菠菜」「菠薐」は、ヒユ科(旧アカザ科)の一、二年草。ホウレンソウ。

難読 菠薐草

⺾8 【菲】11画 7243 83F2 音ヒ漢 訓うす-い

意味 ❶野菜の名。カブやダイコンの類。転じて、そまつな食物。例菲食。❷少ししかない。うすい。例菲才。

【菲才】①才能のないこと。②取るに足らぬ才能。自分の才能をへりくだっていうことば。例浅学—をかえりみず大役を引き受ける。表記▽「非才」とも書く。

【菲食】そまつな食事。

【菲徳】徳がうすいこと。

【菲薄】(名・形動)①うすいこと。②ものが少ないこと。貧しいこと。

⺾8 【萍】11画 7244 840D 音ヘイ漢 訓うきくさ

意味 池や沼の水面にういて生える水草。うきくさ。例浮萍(=うきくさ)。

難読 萍蓬草

【萍泊】(名・する)うきくさのように、あちらこちら流れさすらうこと。

⺾8 【菩】11画 4278 83E9 人名 音ホ漢ボ呉

意味 梵語の「ボ」の音訳。例菩薩。菩提。

【菩▼薩】(仏)「菩提薩埵」の略。さとりを求める者の意。①仏になろうと発心して修行する修行者。例観世音—。地蔵—。②徳の高い僧をたっとんでいうことば。例行基—。③仏になぞらえて、日本の神をたっとんでいうことば。例八幡大—。

【菩▽提】(仏)〔梵語の音訳〕①煩悩をたちきって修行して得られるさとり。②極楽往生すること。

【菩▽提寺】(仏)先祖代々の位牌や墓があり、葬式や法事をする寺。檀那寺。菩提所。

【菩▽提樹】①シナノキ科の落葉高木。中国原産。夏、うす黄色の小花をふさ状につける。リンデンバウムはこの一種。②クワ科の常緑高木。インド原産。釈迦がこの木の下でさとりをひらいたといわれる。インドボダイジュ。

【菩▽提心】仏道にはいり、さとりを求める心。

⺾8 【萌】11画 4308 840C 人名 音ホウ漢ボウ慣 訓きざ-す・も-える

⺾8 [萠] 11画 7246 8420 人名 別体字

なりたち [形声]「⺾(=くさ)」と、音「明ベイ→ボウ」とから成る。草木の芽。

意味 ❶植物の芽。また、植物が芽を出す。もえる。転じて、ものごとが起こる。きざす。きざし。例萌芽。❷民。農民。例萌隷(=庶民)。

難読 萌黄・萌葱

人名 きざし・たみ・はじめ・め・めぐみ・めぐむ・めみ・もえ・もゆ

【萌芽】(名・する)①芽が出ること。また、その芽。めばえ。②ものごとがきざすこと。きざし。例悪の—を断つ。

【萌▼蘖】①草木の新芽と、切り株から出たひこばえ。②ものごとの発端のたとえ。

⺾8 【莽】11画 音ボウ漢モウ呉 訓くさむら

⺾6 [莽] 9画 7247 83BD 俗字

意味 ❶草ぶかいところ。くさむら。また、在野。民間。例草莽。莽莽。❷そそっかしくて、がさつ。

【莽莽】(形動タリ)①草ぶかいようす。例草木—たり。②野原が広大なようす。

艹8 【范】 11画 7245 8422 国字 訓やち

意味 ❶沼地(ぬま)。湿地帯(シッチタイ)。やち。〔谷地(やち)の意。低地・湿地をさす〕 ❷人名・地名に用いられる字。例前范(まえやち)。

艹8 【萊】 11画 1-9106 840A 人名 音ライ漢呉 訓あかざ

艹7 【莱】 10画 4573 83B1 俗字

意味 ❶ヒユ科(旧アカザ科)の一年草。アカザ。あれ地などに自生し、葉は食用となる。 ❷雑草のおいしげるあれ地。

艹8 【菱】 11画 4109 83F1 人名 音リョウ漢 訓ひし

艹11 【蔆】 14画 7249 8506 本字

意味 ミソハギ科(旧ヒシ科)の一年草。ヒシ。池や沼(ぬま)に自生し、夏に白い小さな花をつけ四角い実を結ぶ。実は食用になる。例菱形(リョウケイ)。菱餅(ひしもち)。武田菱(たけだびし)。

難読 菱花台(リンカのダイ)(=茶托(チャタク))

【菱餅】(ひしもち) ヒシの粉で作った餅(もち)。また、三月の節句に用いる、三色で菱形の餅。

【菱形】(リョウケイ・ひしがた) 〔水草のヒシの実の形の意〕四辺の長さが等しく、四つの角が直角でない四角形。正方形をつぶした形。

艹8 【菻】 11画 7250 83FB 音リン漢

意味 キク科の二年草。キツネアザミ。

艹8 【菴】 11画 ⇩【庵】(アン)(355ページ)

艹8 【華】 11画 ⇩【華】(カ)(853ページ)

艹8 【葛】 11画 ⇩【葛】(カツ)(857ページ)

艹8 【菜】 11画 ⇩【菜】(サイ)(855ページ)

艹8 【菷】 11画 ⇩【帚】(ソウ)(338ページ)

艹8 【萠】 11画 ⇩【萌】(ホウ)(856ページ)

艹9 【葭】 12画 7251 846D 音カ漢 訓あし・はまおぎ・よし

意味 ❶(生えはじめたばかりの)アシ。ヨシ。例葭葦(カイ)(=アシ)。葭牆(カショウ)(=アシで作ったかきね)。 ❷あしぶえ。同笳(カ)。例胡葭(コカ)(=あしぶえ)。

難読 葭原雀(よしわらすずめ)

6画

艹9 【萪】 12画 7252 842A 音カ漢

意味 ❶マメ科のつる性落葉木本。フジの一種。 ❷草の名というが未詳(ミショウ)。

艹9 【萼】 12画 7253 843C 音ガク漢 訓うてな

艹12 【蕚】 15画 7254 855A 俗字

意味 花の外側にあって、つぼみを包んで守り、開いた花をささえる部分。うてな。はなぶさ。例萼片(ガクヘン)(=萼を形づくる一枚一枚のひらひら)。

艹9 【葛】 12画 1975 845B 常用 音カツ漢 訓くず・かずら・つづら

筆順 一 艹 芇 苩 葛 葛 葛 葛

艹8 【葛】 11画 俗字

なりたち 〔形声〕「艹(=くさ)」と、音「曷(カツ)」とから成る。クズの布をつくる草。

参考 伝統的には「葛」と書くことが多い。

意味 ❶マメ科のつる性多年草。クズ。くきの繊維(セン)で布を織る。根は薬用になるほか、くず粉がとれる。例葛巾(カッキン)。葛根湯(カッコントウ)。葛餅(くずもち)。 ❷つる。かずら。ものごとがからみあい、もつれるようす。例葛藤(カットウ)。

日本語での用法《つづら》山野に生えるつる草の一種。ツヅラフジ。つるで籠(かご)などを編む。「葛籠(つづら)・葛笠(つづらがさ)」

参考 奈良県葛城(かつらぎ)市は「葛」と書く。

難読 葛城(かずらき・かつらぎ)・葛飾(かつしか)・葛野(かどの)・葛西(カサイ)

人名 かず・かつら・かど・さち・つた・ふじ

【葛▼裘】(カッキュウ) ①夏に着る、クズの布で作ったかたびらと、冬に着る、皮ごろも。 ②夏と冬。また、一年間。

【葛巾】(カッキン) クズの布で作った頭巾(ズキン)。

【葛根湯】(カッコントウ) 漢方薬の一つ。クズの根のせんじ汁(じる)を主成分とする。発汗作用(ハッカンサヨウ)があるので、かぜ薬として用いる。

【葛藤】(カットウ) (名・する) 〔クズやフジなどのつる草は、からまりあって解けにくいことから〕①もつれあって解決しにくいこと。紛争(フンソウ)。例派閥(ハバツ)間の―に巻きこまれる。 ②心の迷い。例内面の―に苦しむ。 ③〔仏〕煩悩(ボンノウ)。また、禅宗(ゼンシュウ)で、言語・文字・句。

【葛▼餡】(くずアン) 葛粉(くずこ)を加えてとろみをつけた汁(しる)。料理にかける。くずだまり。

【葛粉】(くずこ) クズの根からとったでんぷん。

【葛布】(くずフ) クズのくきの繊維(センイ)を織って作った目のあらい、じょうぶな布。

【葛湯】(くずゆ) 葛粉(くずこ)に砂糖を加え、熱湯を注いでかきまわした飲み物。

【▽葛▽籠】(つづら) ツヅラフジのつるを編んで作った、衣服を入れるふたつきのかご。

艹9 【蒄】 12画 7255 8484 音カン漢

意味 草の名というが未詳(ミショウ)。

艹9 【葵】 12画 1610 8475 人名 音キ漢 訓あおい

なりたち 〔形声〕「艹(=くさ)」と、音「癸(キ)」とから成る。野菜の名。

意味 ❶野菜の名。例冬葵(トウキ)(=フユアオイ)。 ❷タチアオイ・ハナアオイなど、アオイ科の草または低木。 ❸ヒマワリ。例向日葵(コウジツキ)(=ヒマワリ)。

日本語での用法《あおい》①賀茂(かも)神社の紋(モン)。「葵鬘(あおいかずら)・葵祭(あおいまつり)」 ②紋所(モンどころ)の一つ。徳川家の家紋でもあった。「葵巴(あおいどもえ)・双葉葵(ふたばあおい)・丸(まる)に立葵(たちあおい)」

人名 はかる・まもる

艹9 【葷】 12画 7256 8477 音クン漢

意味 ネギ・ニンニク・タマネギなど辛味(からみ)と臭味(くさみ)のある野菜。また、なまぐさい食物。肉食。例葷菜(クンサイ)(=においの強い野菜)。葷酒(クンシュ)。

【葷酒】(クンシュ) ニラやネギなどの、においの強い野菜と、酒。仏教では忌(い)むべきものとされる。例―山門に入(い)るを許さず(=修行のさまたげになる、においの強い野菜や酒は、寺門の内にはいることを許さない）。

艹9 【萱】 12画 1994 8431 人名 音ケン漢 カン呉 訓かや・すげ・わすれぐさ

意味 ススキノキ科（旧ユリ科）の多年草。ヤブカンゾウ。葉は細長くとがり、夏にだいだい色の花をつける。花や若芽は食用になり、食べると心配ごとが忘れられるという。忘れ草。例萱草（＝忘れ草）。

日本語での用法《かや》屋根をふくのに用いるススキやスゲなど。「萱野・萱席・刈萱」

【萱堂】ケンドウ 母親のこと。〔昔、中国で母親は北の部屋におり、その庭に、食べると憂いを忘れるという萱草を植えたことから〕

艹9 【菰】 12画 2454 83F0 音コ漢 訓こも・まこも

意味 イネ科の多年草。マコモ。沼や沢に自生し、葉はアシに似て、秋に米に似た実を結ぶ。こも。例菰米（＝マコモの実）。

艹9 【葫】 12画 7257 846B 音コ漢 訓おおひる・ひさご・ふくべ

意味 ❶ヒガンバナ科（旧ユリ科）の多年草。ニンニク。❷「葫蘆」は、ウリ科の一年草。ヒョウタン。ひさご。ふくべ。

艹9 【葹】 12画 7265 8479 音シ漢 訓おなもみ

意味 キク科の一年草。オナモミ。

艹9 【萩】 12画 3975 8429 人名 音シュウ漢 訓はぎ

なりたち ［形声］「艹（＝くさ）」と、音「秋シュ」とから成る。ヨモギ。

意味 ❶キク科の多年草。河原に生えるヨモギの一種。❷トウダイグサ科の落葉高木。アカメガシワ。ヒサギ。

日本語での用法《はぎ》マメ科の、山野に生える落葉低木。秋に赤むらさきや白の花をつける。秋の七草の一つ。「萩の違い棚」

6画

［艸（艹）部］9画 萱菰葫葹萩葺葬葱葮董葩葡葆葯

艹9 【葺】 12画 4188 847A 人名 音シュウ漢 訓ふ-く

意味 ❶カヤなどの草を用いて屋根を作る。ふく。例葺屋（＝草ぶきの家）。❷つくろう。修理する。

人名 ふき

艹9 【葬】 12画 3382 846C 常用 音ソウ漢 訓ほうむ-る

筆順 艹 艹 芀 芀 芀 苑 苑 葬

なりたち ［会意］「死（＝死者）」と「一（＝敷物）」と「茻ボウ→ソウ（＝くさむら）」とから成る。死んだ人を敷物にのせて、くさむらにかくす。

意味 儀式をおこなって、死体を墓などにおさめる。ほうむる。例葬儀。埋葬。

【葬儀】ソウギ 死者をほうむる儀式。葬式。葬礼。

【葬具】ソウグ 葬儀に使う道具。

【葬祭】ソウサイ 葬式と先祖のまつり。例冠婚—。

【葬式】ソウシキ 死者をほうむる儀式。葬儀。葬礼。

【葬場】ソウジョウ 葬儀をおこなう式場。葬儀場。斎場。

【葬送】ソウソウ（名・する）死者が長い旅に出るのを見送ること。野辺の送り。送葬。例—の列。

【葬礼】ソウレイ 死者をほうむる儀式。葬儀。葬式。例—の鐘が鳴る。

【葬列】ソウレツ 葬式・葬送の行列。例—が進む。

●会葬・火葬・家族葬・国葬・自然葬・水葬・生前葬・送葬・鳥葬・土葬・風葬・本葬・埋葬・密葬

艹9 【葱】 12画 3912 8471 音ソウ漢 訓き・ねぎ

意味 ❶ヒガンバナ科（旧ユリ科）の多年草。ネギ。太さや大きさにより種類が多く、においが強い。例玉葱・分葱。❷草木が青々としげるようす。例葱翠（＝青々としたようす。緑色）。

難読 胡葱・葱花（＝擬宝珠）

【葱花輦】ソウカレン 天皇が神事または行幸のときに乗る輿。屋根の頂にネギの花をかたどった金色のかざりがついている。なぎの花の御輿。

艹9 【葮】 12画 7259 846E 音タン漢 ダン呉

意味 アオイ科の落葉低木。ムクゲ。同椴。

艹9 【董】 12画 3801 8463 人名 音トウ漢 訓ただ-す

意味 ❶全体をまとめおさめる。ただす。例董正（＝ただす）。❷「骨董」は、珍蔵する古い道具類。

人名 しげ・しげる・ただ・ただし・なお・のぶ・まこと・まさ・よし

艹9 【葩】 12画 7261 8469 音ハ漢 訓はな・はなびら

意味 ❶草木の花。はな。例葩卉（＝くさばな）。❷はなびら。❸はなやかで美しいようす。はなやか。例葩華（＝はなやかなようす）。葩藻（＝華美、華麗な）。

難読 葩餅・四葩（＝アジサイの別の呼び名）

艹9 【葡】 12画 4182 8461 人名 音ホ漢 ブ呉

意味 ❶「葡萄」は、果樹の名。❷「葡萄牙ポルトガル」の略。例日葡辞書。

難読 葡萄染・葡萄茶

【葡萄】ブドウ ブドウ科のつる性果樹。西アジア原産。秋に黒・赤むらさき・黄緑色などの、ふさ状の実がなり、ワイン・ジュース・ジャムなどにする。例—酒。

艹9 【葆】 12画 7262 8446 音ホウ漢 ホ呉 訓おお-い・くさむら・しげ-る・つつ-む・むつき

意味 ❶草がしげるようす。❷おおいかくす。つつむ。例葆光。❸保護する。まもる。たもつ。同保。例葆真。❹うぶぎ。むつき。同褓。

【葆光】ホウコウ 光をおおいかくすこと。知恵や才能を外にあらわさないことのたとえ。

【葆真】ホウシン 純真な本性をたもつこと。

艹9 【葯】 12画 *7264 *846F 音ヤク漢 訓よろいぐさ

意味 ❶セリ科の多年草。ヨロイグサ。根を白芷といい、解熱剤や鎮痛剤とする。❷おしべの先端にあって、花粉を出す部分。やく。

艹9 **【萸】** 12画 7248 8438 音 ユ漢 訓 ぐみ

意味 「茱萸」は、グミ科の植物。

難読 茱萸・芋萸

艹9 **【葉】** 12画 4553 8449 教育3 音 一ヨウ漢呉 二ショウ漢呉 訓 は 付表 紅葉

筆順 艹 艹 艹 苹 苹 莗 葉

なりたち [形声]「艹(=くさ)」と、音「枼」とから成る。草木の、は。

意味 一 ❶植物が呼吸したり、光をうけて栄養分をつくり出したりする部分。は。例葉脈。紅葉。落葉。❷葉の形に似て、うすくて平たいもの。例肺葉。前頭葉。❸書物のページや紙など、うすいものを数えることば。例数葉の写真。❹時代。世。例五世紀中葉。万葉。❺分かれたもの。すえ。子孫。例末葉。枝葉。 二 人名に用いられる字。例葉公(=春秋時代の楚の人)。迦葉(=釈迦の十大弟子の一人)。

日本語での用法 《は》とるに足らぬ。「葉武者・葉者」

人名 くに・すえ・のぶ・ば・ぶ・よ・わ

【葉書】「郵便葉書」の略。定められた規格の通信用紙。例絵—。年賀—。往復—。表記「端書」とも書く。

【葉鶏頭】ヒユ科の一年草。観賞用で、葉の形はケイトウに似る。雁来紅。かまつか。

【葉桜】花が散って若葉の出たサクラ。

【葉▽煙▽草】葉の形のまま乾燥させ、切りきざんでいないタバコ。

【葉月】もと、陰暦で八月のこと。太陽暦でもいう。

【葉巻】「葉巻タバコ」の略。かわかしたタバコの葉を棒状にかたく巻いたもの。シガー。

【葉▼腋】植物の葉がくきについている部分で、新芽が出るところ。

【葉柄】植物の葉の軸の部分。葉をささえ、くきに付着する。

【葉脈】植物の葉の面に平行または網状に走っているすじ。例イチョウの—は平行脈である。

【葉緑素】植物の葉緑体にふくまれる緑色の色素。クロロフィル。

【葉緑体】緑色植物の細胞にある緑色の色素。クロロフィル(=葉緑素)とカロチノイドをふくめていう。光合成などをおこなう。

○● 一葉・枝葉・紅葉・言葉・単葉・中葉・複葉・落葉

艹9 **【落】** 12画 4578 843D 教育3 音 ラク漢呉 訓 お-ちる・お-とす

筆順 一 艹 艹 芦 莎 茨 落 落

なりたち [形声]「艹(=くさ)」と、音「洛」とから成る。木の葉がおちる。

意味 ❶木の葉がかれておちる。おちる。例落葉。❷上から下へおちる。さがる。例落下。墜落。❸ぬけおちる。例脱落。❹おくれる。例落伍。❺おちぶれて、あれはてる。例没落。零落。❻できあがる。おちつく。例落成。落着。落慶。❼思いがけなく得る。例落手。落想(=思いつくこと)。❽人の集まり住むところ。むらざと。例集落。村落。

日本語での用法 《ラク・おち・おとす》①失う。うばわれる。「落城・落命」②おとしいれる。はめる。「罪に落とす」「汚れを落とす」③ついていたものをとりのぞく。「汚れを落とす」④手ぬかり。もれ。「手落ち」⑤結末。「話の落ち」

難読 落人・落葉松・落霜紅・落魄れる

人名 おち・むら

【落▼胤】身分の高い男性が正妻以外の女性に、ひそかに生ませた子。落とし胤。例将軍の—。

【落英】散り落ちる花びら。落花。例—繽紛たり(=花がさかんに散り乱れている)。

【落▼雁】①空から舞いおりる雁。②干菓子の名。麦こがし・きな粉などに砂糖や水あめを混ぜ、型に入れて固めたもの。

【落▼伍】(名・する)仲間についていけなくなること。他の者におくれること。例隊列から—する。表記「落後」と書くことがある。

【落語】演芸の一つ。こっけいな話をたくみに語り、話の終わりに「おち」をつけて結ぶもの。おとしばなし。例—家。

【落差】①水面の高さの差。②高低の差。例実力の—が激しい。

【落札】(名・する)競争入札で権利や目的の品物を手に入れること。例ゴッホの絵を—した。

【落日】しずみかけている太陽。入り日。落陽。例雲間に—が燃えている。

【落手】(名・する)①手紙などを受け取ること。落掌。例貴簡—いたしました。②囲碁や将棋で、見落とした手。悪い指し手。

【落首】昔、作者名をかくして、政治や社会のできごとをするどく批判した狂歌や狂句。

【落書】(名・する)①政治や社会・人などを批判・風刺した匿名の文書。道に落としたり塀にはったりした。おとしぶみ。②いたずら書きをすること。また、その絵や字。落書き。例机に—をする。—を消す。

【落掌】(名・する)受け取ること。落手。例ご書状たしかに—いたしました。

【落城】(名・する)①敵に城をせめ落とされること。②くどかれて承知すること。例長期にわたる説得によってついに—した。

【落水】(名・する)①船から水に落ちること。例—事故。②(滝などの)落ちてくる水。例岩を打つ—。

【落成】(名・する)工事が完成すること。竣工。例—式。新社屋が—する。

【落石】(名・する)山やがけの上から石が落ちてくること。また、その石。例—に注意せよ。

【落籍】(名・する)①戸籍簿に記載もれがあること。②名簿から取りのぞいて資格をなくすること。③お金をはらって、芸者・遊女などをやめさせること。ひかすこと。身請け。

【落雪】(名・する)(屋根などに)積もった雪がすべり落ちてくること。また、その雪。

【落選】(名・する)①選挙に落ちること。(対)当選。②選考や審査にもれて落ちること。(対)入選。

【落第】(名・する)①試験に合格しないこと。不合格。(対)及第・合格。例—点。②成績が悪くて進級できないこと。留年。㊐及第。

【落胆】(名・する) がっかりして気を落とすこと。気落ち。失望。例入試に失敗して―する。

【落着】(名・する) ものごとの決まりがつくこと。決着。例一件―。お家騒動も―した。

【落丁】書物の紙がなん枚かぬけ落ちて、ページが続かないこと。例―本。―や乱丁。

【落馬】(名・する) 乗っている馬から落ちること。例―してけがをする。

【落剝】(名・する) ペンキなどがはげ落ちること。剝落。

【落▼魄】(「ラクタク」とも)(名・する) おちぶれること。零落。例―の身となる。

【落盤】(名・する) 坑内やトンネル内で、天井や側面の岩石がくずれ落ちること。例炭坑の―事故。表記 ⑪落▼磐

【落筆】(名・する) 筆をとって書や絵をかきはじめること。

【落命】(名・する)(事故などによって)命を落とすこと。死ぬこと。例遭難現場で―した。

【落葉】(名・する) 植物の葉が枝から落ちること。また、その葉。落ち葉。例竹は春に―する。

【落葉樹】秋の終わりに葉を落とし、次の年に新しい葉を出す樹木。サクラやカエデなど。㊐常緑樹。

【落葉松】高冷地に多い、マツ科の落葉高木。

【落雷】(名・する) かみなりが落ちること。例高圧線の鉄塔に―する。

【落落】(名・形動タル) ①気持ちが大きいようす。例―として小事にこだわらない。②そびえ立つようす。③まばらでものさびしいようす。④人とうまくつきあえないようす。

【落涙】(名・する) なみだを流すこと。泣くこと。また、そのなみだ。例苦労話を聞いて思わず―した。

【落下】(名・する) 上から、また、高いところから落ちること。例―物。―する速度。

【落下傘】航空機から人が落下したり、物資を投下するときに使う、傘の形のもの。パラシュート。例―部隊。―をつけておりる。

【落花】花が散ること。また、散り落ちた花。例―繽紛。―流水。

【落花生】マメ科の一年草。地中にできた実の種を、いって食べる。南京豆。ピーナッツ。

6画

[艸(艹)部] 9―10画 葎 萵 葦 蓋 蒂 著 菟 萬 葦 蓊 蓋 蒹 蒿 蒟

【落花▼狼▼藉】①花が散り乱れていること。また、ものが散乱していること。例桜散り、―たるありさまである。②乱暴のあとのたとえ。

【落款】(名・する) 書画が完成したとき、作者が署名したり印をおしたりすること。また、その署名や印。例絵に―を入れて完成する。

【落慶】神社や寺院の建物の完成を祝うこと。例本堂の―式。―法要。

●陥落・群落・下落・集落・村落・脱落・堕落・段落・墜落・転落・当落・部落・暴落・没落

艹9 【葎】12画 4610 844E 音リツ漢 訓むぐら

意味 アサ科(旧クワ科)の一年草。カナムグラ。くきと葉にとげがあるつる草。むぐら。例葎生(=むぐらのしげるところ)。

艹9 【萵】12画 7266 8435 音ワ漢 訓ちさ

意味 「萵苣」は、キク科の一、二年草。チシャ。チサ。レタスやサラダ菜。

艹9 【葦】12画 ⇩【葦】(860ページ)

艹9 【蓋】12画 ⇩【蓋】(860ページ)

艹9 【蒂】12画 ⇩【蔕】(863ページ)

艹9 【著】12画 ⇩【著】(855ページ)

艹9 【菟】12画 ⇩【菟】(856ページ)

艹9 【萬】12画 ⇩【万】(16ページ)

艹10 【葦】13画 1617 8466 人名 音イ漢呉 訓あし・よし

艹9 【葦】12画

意味 水べに生えるイネ科の多年草。アシ。ヨシ。くきはすだれなどを作るのに用いる。例葦原。

難読 葦雀

【葦毛】馬の毛色。全体が白い毛に黒や茶色の差し毛のあるもの。例連銭―。

【葦原】アシがおいしげっている原。例―の中つ国。

【葦笛】①アシの葉を巻いて作った、ふえ。②アシのくきで作った、たてぶえ。

艹10 【蓊】13画 7267 84CA 音オウ漢 訓さか-ゆる・しげ-る

意味 草木がさかんにしげるようす。例蓊鬱(=草木がしげる)。

艹10 【蓋】13画 1924 84CB 常用 音カイ漢ガイ呉 訓ふた・けだ-し・おお-う

筆順 一 艹 …

艹9 【葢】12画 7268 8462 本字　皿6 【盖】11画 6621 76D6 俗字

なりたち [形声]「艹(=くさ)」と、音「盍コウ→カイ」とから成る。カヤのおおい。

意味 ❶うつわのふた。おおい。かさ。例天蓋。頭蓋骨。❷おおいかくす。かぶせる。例蓋世。❸思うに。けだし。例蓋然性。

【蓋世】世をおおいつくすほど気力などがすぐれていること。

【蓋然性】ものごとの起こりうる度合い。公算。

艹10 【蒹】13画 7269 84B9 音ケン漢 訓あし・おぎ・ほそあし

意味 たけの低いアシ。また、オギ。例蒹葦。蒹葭。

艹10 【蒿】13画 7270 84BF 音コウ漢 訓みそはぎ・よもぎ

意味 ❶キク科ヨモギ属の多年草をまとめていう。ヨモギ。また特に青蒿(=カワラニンジン)を指す。例蒿艾(=ヨモギ)。❷穀類のくき。例蒿矢。

【蒿矢】イネのくきで作った矢。邪気をはらうとされた。

【蒿里】①山東省の泰山の南にあった山の名。死者をほうむる場所とされていた。②墓地。③ひつぎを引くときにうたう歌。挽歌。貴人のときには、「薤露」をうたう。

艹10 【蒟】13画 7271 849F 音コン慣ク漢

意味 「蒟蒻」は、サトイモ科の多年草。球茎をコンニャク玉という。

艹10 **【蓑】** 13画 4412 84D1 人名 音サ漢 訓みの

竹10 **【簑】** 16画 6834 7C11 別体字　竹11 **【簔】** 17画 6835 7C14 別体字

意味 カヤやスゲなどで編んだ雨具。例 蓑笠サリュウ。腰蓑こしみの。

【蓑▼笠】サリュウ・みのかさ みのとかさ。みのを着てかさをかぶったいでたち。例 ―の翁おきな。―を着ける。

【蓑亀】みのがめ 甲羅コウラに藻もなどがついて、みのをつけたように見えるカメ。めでたいものとされる。

【蓑虫】みのむし ミノガ科のガの幼虫。木の葉などで、ふくろ状の巣を作って中にすむ。巣は枝からぶら下がる。

艹10 **【蓙】** 13画 7272 84D9 国字 音ザ 訓ござ

意味 畳表たたみおもてにへりをつけた敷物しきもの。ござ。例 莫蓙ゴザ。

艹10 **【蒜】** 13画 4139 849C 音サン漢 訓ひる・のびる・にんにく

意味 ヒガンバナ科(旧ユリ科)の多年草で、ネギ類特有のにおいをもつ。ヒル。ノビル。例 野蒜のびる。大蒜タイサン(=ニンニク)。

艹10 **【蒔】** 13画 2812 8494 人名 音シ漢ジ呉 訓ま-く

なりたち [形声]「艹(=くさ)」と「時シ」とから成る。あらためて別にうえる。

意味 苗なえをうえる。うえかえる。例 蒔植ジショク(=うえかえる)。

日本語での用法《まき・まく》①植物の種を土にうめる。また、地面に散らす。「種たねを蒔まく」②金銀の粉を散らし、いろいろの顔料を用いて装飾ソウショクする。「蒔絵まきエ」

人名 まき

【蒔絵】まきエ 漆うるしで模様をえがき、その上に金粉キン・銀粉ギンなどをつけてみがいたもの。例 ―のすずり箱。

艹10 **【蓍】** 13画 7273 84CD 音シ漢 訓めどぎ

意味 ❶あれ地などに低木状に生えるマメ科の多年草。メドハギ。❷メドハギのくきで作った、占うらないに用いる細い棒。のちに竹の棒を用いた。筮竹ゼイチク。めどぎ。

艹10 **【蒻】** 13画 7274 84BB 音ジャク漢ニャク呉 訓おにいも・かま・こんにゃく

意味 ❶若くてやわらかなガマ(古くはカマ・カバ)。〔敷物しきものとする〕例 蒻席ジャクセキ(=ガマで作った敷物)。❷「蒻頭ジャクトウ」は、蒟蒻コンニャクの別の呼び名。

艹10 **【蒐】** 13画 2915 8490 人名 音シュウ漢 訓あかね・あつ-める・か-り

意味 ❶アカネ科の多年草。アカネ。赤色の染料センリョウがとれ、薬用にもなる。❷あつめる。例 蒐集シュウシュウ。❸狩かり。春の狩り。

【蒐集】シュウシュウ (名・する) 研究や趣味シュミのために、ものを集めること。コレクション。例 切手の―家。表記 現収集

艹10 **【蓚】** 13画 7275 84DA 音シュウ漢チョウ漢

艹11 **【蓨】** 14画 ― 84E8 本字

意味 ❶タデ科の多年草。スイバ。ギシギシ。❷「蓚酸シュウサン」は、有機酸の一種。

艹10 **【蒸】** 13画 3088 84B8 教育6 音ジョウ慣ショウ漢呉 セイ唐 訓む-す・む-れる・む-らす・ふか-す・ふ-ける・もろもろ

筆順 一 艹 芓 芧 茏 荵 蒸 蒸

なりたち [形声]「艹(=くさ)」と、音「烝ショウ」とから成る。皮をはいだ麻あさのくき。おがら。

意味 ❶(立ちのぼる)熱気。例 蒸気ジョウキ。蒸発ジョウハツ。❷湯気ゆげを通して食物を煮にる。ふかす。むす。例 蒸籠ジョウロウ(=せいろう)。❸むしあつい。あつい。むす。例 蒸暑ジョウショ(=むしあつさ)。❹人がおおぜいいるようす。もろもろ。例 蒸民ジョウミン。

人名 すすむ・つぐ・つまき

【蒸気】ジョウキ ①液体が蒸発してできる気体。また、固体が直接に気体となるときの、その気体。②(とくに)水が蒸発してできる気体。水蒸気。湯気ゆげ。スチーム。例 ―機関。―機関車。③小型の蒸気船。

【蒸発】ジョウハツ (名・する) ①〔物〕液体、または固体がその表面から気化すること。〔固体の場合、とくに昇華ショウカということが多い〕例 皿の水が―する。→【気化】カキ(571ページ)・【昇華】ショウカ(485ページ) ②人がなんの手がかりも残さないで行方ゆくえをくらますこと。類 失踪シッソウ。

【蒸民】ジョウミン 多くの人民。

【蒸留】ジョウリュウ (名・する) 液体を熱して蒸発させ、発生した蒸気を冷やして液体にもどすこと。〔混じり合っているものを取り除くためなどにおこなう〕表記 旧 蒸▼溜

【蒸留酒】ジョウリュウシュ 果実や穀類を発酵ハッコウさせてつくった酒を蒸留して、アルコール度を高くしたもの。ウイスキー・ブランデー・焼酎ショウチュウなど。

【蒸留水】ジョウリュウスイ 蒸留して、不純物を取り除いた純粋ジュンスイな水。〔物理や化学の実験などに用いられる〕

【▽蒸籠】セイロウ・セイロ 木製のわくの底に、すのこをしいて上に食品を置き、釜かまの上にかけ、湯気ゆげを通してむす道具。

艹10 **【蓐】** 13画 7276 84D0 音ジョク漢ニク呉 訓こも・しとね

意味 ❶敷物しきものになる草。例 草蓐ソウジョク(=草で作った敷物)。❷すわったりねたりするための敷物。しとね。例 蓐食ジョクショク。蓐母ジョクボ(=とりあげばば)。

【蓐食】ジョクショク (名・する) ねどこで食事をすること。また、朝食の時刻が早いこと。

艹10 **【蓁】** 13画 7277 84C1 音シン漢 訓しげ-る

意味 草木や葉がさかんにしげるようす。例 蓁蓁シンシン(=草木がさかんにしげるようす)。

艹10 **【蓆】** 13画 7278 84C6 音セキ漢 訓おお-い・くさ・むしろ

意味 ❶広く大きい。ひろい。❷アシやタケなどを編んだ敷物しきもの。むしろ。例 蓆薦セキセン(=敷物)。

艹10 **【蒼】** 13画 3383 84BC 人名 音ソウ漢 訓あお・あお-い

なりたち [形声]「艹(=くさ)」と、音「倉ソウ」とから成る。草のあおい色。

意味 ❶草の色。黒みがかった深い青色。あお。あおい。例蒼海ソウカイ。蒼天ソウテン。❷草木がさかんにしげるようす。例鬱蒼ウッソウ。❸白髪しらがのまじっているようす。例蒼華ソウカ(=ごましお頭)。❹あわただしいようす。同倉ソウ。例蒼惶ソウコウ。蒼卒ソウソツ。

難読 蒼朮おけら

人名 しげ・しげる・たみ

【蒼海】ソウカイ 青い海。あおうなばら。また、大海タイカイ。表記「▼滄海」とも書く。

【蒼▼穹】ソウキュウ 〔「穹」は、空の弓なりの形の意〕青空。類蒼天。例—を仰あおぐ。

【蒼▼頡】ソウケツ 中国の伝説上の人物で、黄帝コウテイの史官。目が四つあり、鳥の足あとを見て漢字を発明したという。表記「倉頡」とも書く。

【蒼古】ソウコ (名・形動タル) 古びておもむきがあること。例—たる杉林すぎばやしの参道。表記「蒼枯」とも書く。

【蒼▼惶】ソウコウ (形動タル) あわてるようす。うろたえるようす。また、あわただしいようす。例—と出発の準備をする。表記 現倉皇

【蒼生】ソウセイ 多くのたみ。人民。〔草が青々としげるようすにたとえたことば〕類蒼氓ソウボウ。

【蒼然】ソウゼン (形動タル) ①青いようす。例—として死者のような顔色。②日暮れどきのうす暗いようす。例暮色—。③古びたようす。例古色—とした建物。

【蒼蒼】ソウソウ (形動タル) ①青々としたようす。例—たる大空。②草木が青々としげっているようす。

【蒼卒】ソウソツ (名・形動ダ) あわただしいこと。また、いそがしいこと。例—の間カン。表記「草卒・倉卒・▼匆卒・▼怱卒」とも書く。

【蒼天】ソウテン ①青空。大空。類蒼穹キュウ。②春の空。

【蒼白】ソウハク (名・形動ダ) 顔色が青白いこと。血のけがないこと。例顔面—になる。

【蒼▼柏】ソウハク 青々としげるコノテガシワ。

【蒼▼氓】ソウボウ 〔「氓」は、民たみ(とくに他の国から移ってきた民)の意〕たみ。人民。類蒼生。

【蒼▼茫】ソウボウ (形動タル) 青々と、果てしなく広がっているようす。例—たる大海。

【蒼▼莽】ソウモウ 〔「ソウボウ」とも〕①青々と広がって果てしないこと。②草木が青々としげっていること。草むら。③いなか。民間。在野。例—の志士。—の臣。

6画

【蒼▼蠅】ソウヨウ ①青黒い大形のハエ。あおばえ。②主君のそばにいて、人をおとしいれようと告げ口をする者。例—の声。

艹 10

【蓄】

13画 3563 84C4 常用 音キク漢呉 チク漢呉 訓たくわ-える・たくわ-え

筆順 一 艹 芏 茎 蓄 蓄 蓄 蓄

なりたち 〔形声〕「艹(=くさ)」と、音「畜チク」とから成る。積む。

意味 ためておく。たくわえる。たくわえ。例蓄財チクザイ。蓄積チクセキ。貯蓄チョチク。

人名 おき

【蓄音機】チクオンキ レコードを回転させて音を再生する装置。レコードプレーヤー。例電気—。表記「蓄音器」とも書く。

【蓄財】チクザイ (名・する) お金をためること。財産をたくわえること。また、その財産。例—の才がある。

【蓄積】チクセキ (名・する) ためて、だんだんに増やすこと。また、そのもの。たまってだんだんに増えること。また、そのもの。例資本を—する。疲労ヒロウが—する。

【蓄電】チクデン (名・する) 電気をためること。例—器。—池。

【蓄電器】チクデンキ 向かい合わせた二つの金属板のあいだに誘電体ユウデンタイをはさんで、電気をたくわえる装置。コンデンサー。

【蓄電池】チクデンチ 充電ジュウデンしてなん度でもくりかえし使える電池。バッテリー。

●含蓄ガンチク・貯蓄チョチク・備蓄ビチク

艹 10

【蓖】

13画 7279 84D6 音ヒ慣 ヘイ漢

意味 「蓖麻ヒマ」は、トウゴマ。その種から蓖麻子油ヒマシユをとり、下剤ゲザイなどの薬用にする。

艹 10

【蒲】

13画 1987 84B2 人名 音ホ漢 ブ呉 フ唐 訓かま・がま

意味 ❶水べに生えるガマ科の多年草。ガマ。葉は細長く、むしろやせんすなどを編み、また、円柱形の花穂カスイはふとん綿に用いた。古くは、カマ。例蒲衣ホイ(=そまつな衣服)。蒲団フトン。❷ショウブ。また、アヤメ。例蒲月ホゲツ。❸ヤナギの一種。カワヤナギ。例蒲柳ホリュウ。

難読 蒲公英たんぽぽ|つづみぐさ・蒲焼かばやき・蒲萄染えびぞめ・蒲萄酒ブドウシュ・蒲まがの穂綿ほわた

【蒲▽魚】かまとと だれもが知っている、わかりきったことをたずねること。また、知っているのに知らないふりをすること。また、そのような人。〔蒲鉾かまぼこはとと(=魚)からできているのかと聞いたことからといわれ、おもに女性の言動についていう〕

【蒲▼鉾】かまぼこ ①白身の魚肉をすりつぶして味をつけ、板の上に半月形に盛り上げるなどして蒸むした食品。〔古く、現在のちくわのような形で、植物のガマの穂ほに似ていたことから〕②宝石をはめこんでない中高なかだかの指輪。

【蒲団】フトン 〔「トン」は、唐音トウオン〕①綿わたや羽毛ウモウなどを布でくるんで平らにした寝具シング。例掛かけ—ブトン。敷しき—ブトン。②座ぶとん。〔もと、植物のガマの穂ほを入れた座禅ザゼン用の円座〕表記 ▽「布団」とも書く。

【蒲月】ホゲツ もと、陰暦インレキで五月のこと。〔菖蒲ショウブで邪気ジャキをはらうところから〕

【蒲公英】ホコウエイ|たんぽぽ キク科の多年草。春、黄色の花をひらく。種には白い毛があり、風に乗って飛ぶ。〔「ホコウエイ」はタンポポの漢名。また、タンポポの葉を乾燥カンソウさせた漢方薬〕

【蒲柳】ホリュウ ヤナギ科の落葉低木。カワヤナギ。春、葉を出す前に白い毛が細かくついた花穂カスイをつける。

【蒲柳の質】ホリュウのシツ からだが弱く病気がちの体質。〔蒲柳(=カワヤナギ)は秋になると、すぐに葉が散ることから〕

艹 10

【蒡】

13画 7280 84A1 音ボウ慣 ホウ漢呉

意味 「牛蒡ゴボウ」は、キク科の二年草。根は長くまっすぐにのび、食用に、また、種子は解熱ゲネツなどの薬用になる。

艹 10

【蒙】

13画 4456 8499 人名 音モウ漢 訓こうむ-る・くら-い

意味 ❶おおいかくす。かぶさる。こうむる。例蒙塵モウジン(=土ぼこりをかぶる)。❷おおわれてくらい。道理がわからない。ものごとがわからない(子供)。例蒙昧モウマイ。啓蒙ケイモウ。童蒙ドウモウ。❸「蒙古モウコ」の略。例外蒙ガイモウ。内蒙ナイモウ。

【蒙▽求】モウギュウ 中国の、古人の逸話イツワ集。唐トウの李瀚リカンの著。子供が記憶キオクしやすいように四字の標題を各話にかかげてある。

【蒙古】モウコ 中国の北方、モンゴル高原を中心とした地域。モンゴル国と、中国の内ウモンゴル自治区がある。

【蒙古斑】モウコハン おもに黄色オウショク人種の乳幼児のしりなどにある青いあざ。

【蒙▼塵】モウジン（名・する）〔塵ちりをかぶる意〕天子が変事に際して、難をさけるために宮殿キュウデンの外にのがれること。

【蒙昧】モウマイ（名・形動ダ）〔「昧」は、まだ明るくない意〕おおわれてくらい。また、ものごとの道理がわからないこと。例無知―。表記「▼曚昧」とも書く。

艹10 **【蓉】** 13画 4554 84C9 人名 音ヨウ漢 訓はす

なりたち [形声]「艹(=くさ)」と、音「容ヨウ」とから成る。ハスの花。

意味 ❶「芙蓉フヨウ」は、ハスの花の別名。→【蓮】レン 参考(863ページ) ❷「木芙蓉モクフヨウ」は、アオイ科の落葉低木。夏から秋に、枝の上部に淡紅色タンコウショクの花をつける。

艹10 **【蓮】** 13画 4701 84EE 人名 音レン漢呉 訓はす・はちす

艹11 **【蓮】** 14画 ― F999

なりたち [形声]「艹(=くさ)」と、音「連レン」とから成る。ハスの実。

意味 ハス科(旧スイレン科)の多年生水草。ハス。ハチス。池や沼ぬまなどに生え、夏、紅色や白色の大きな花をひらく。根と種を食用にする。例蓮華レンゲ。蓮根レンコン。白蓮ビャクレン。

参考 ハスの実は「蓮レン」。くきは「茄カ」、葉は「荷カ」、根は「藕グウ」、花は「芙蓉フヨウ」という。

【蓮華】レンゲ ①ハスの花。②ハスの花びらに似ているところから、中華チュウカ料理で使う陶器トウキのさじ。散り蓮華。③ゲンゲの別名。マメ科の二年草。春、赤むらさき色の花がさく。レンゲソウ。

【蓮根】レンコン 食用にするハスの地下茎チカケイ。はすね。はすのね。

【蓮座】レンザ「蓮台」に同じ。

【蓮台】レンダイ 仏像をのせるハスの花の形の台座。蓮華座レンゲザ。蓮座。はすのうてな。

【蓮歩】レンポ ⇩【金蓮歩】キンレンポ(1004ページ)

【蓮葉】レンヨウ・はすは ハスの葉。

艹10 **【蒋】** 13画 ⇩【蔣】ショウ(863ページ)

艹10 **【蒭】** 13画 ⇩【芻】スウ(844ページ)

6画

艹11 **【蔭】** 14画 1694 852D 人名 音イン漢オン呉 訓かげ

意味 ❶草木のかげ。こかげ。かげ。同陰イン。例樹蔭ジュイン。緑蔭リョクイン。❷他から受けた助けや親切の結果。おかげ。例庇蔭ヒイン(=助け守る。おかげ)。❸おおう。かくす。例蔭蔽インペイ(=おおいかくす)。

艹11 **【蔚】** 14画 1722 851A 音ウツ慣イ漢呉 訓おとこよもぎ

意味 ❶キク科の多年草。オトコヨモギ。山野に生え、ヨモギに似ているが、やや大形。種子がひじょうに小さい。牡蒿ボコウ。❷草木がさかんにしげるようす。例蔚然ウツゼン。

【蔚然】ウツゼン（形動タル）①草木のしげっているようす。例―として茂しげった森林。②さかんなようす。表記 ▽「鬱然」とも書く。

艹11 **【蔡】** 14画 7281 8521 音サイ漢

意味 ❶草が乱れて生えているようす。❷姓セイの一つ。例蔡倫サイリン。

【蔡倫】サイリン 後漢ゴカン中期の宦官カンガン。初めて紙を発明した人。その紙は蔡侯紙サイコウシと呼ばれた。(?―一〇七)

艹11 **【蓿】** 14画 7282 84FF 音シュク漢

意味「苜蓿モクシュク」は、ウマゴヤシ。ヨーロッパ原産のマメ科の二年草。ウシやウマの飼料にする。

艹11 **【蓴】** 14画 *7283 *84F4 音一タン漢 二シュン漢ジュン呉 訓がまのほ・ぬなわ

意味 一タン ガマのくさむら。また、ガマの穂ほ。二ジュン ジュンサイ科(旧スイレン科)の多年生水草。ジュンサイ。ヌナワ。池や沼ぬまに自生し、若いくきや葉が粘質物ネンシツブツでおおわれ、食用となる。蓴菜ジュンサイ。例蓴羹ジュンコウ(=ジュンサイの吸い物)。

難読 石蓴わかめ

艹11 **【蔗】** 14画 7284 8517 音ショ慣シャ漢呉 訓さとうきび

意味 イネ科の多年草。サトウキビ。砂糖の原料作物として世界各地で栽培サイバイされる。例蔗糖ショトウ。甘蔗カンショ。

難読 甘蔗あまずら・あまかずら・サトウきび・カンシャ

【蔗糖】ショトウ サトウキビからつくった砂糖。甘蔗糖カンショトウ。

艹11 **【蔣】** 14画 1-9122 8523 人名 音ショウ漢 訓こも

艹10 **【蒋】** 13画 3053 848B 俗字

意味 水べに生えるイネ科の多年草。コモの一種。マコモ。例蔣席ショウセキ(=マコモで作ったむしろ)。

難読 蔣草こも

艹11 **【蔘】** 14画 7285 8518 音シン漢

意味 ウコギ科の多年草。チョウセンニンジン。朝鮮原産で、根を薬用にする。

艹11 **【蔟】** 14画 7287 851F 音一ゾク慣ソク漢 二ソウ漢 訓あつ-める・あつ-まる・えびら

意味 一ソク ❶糸をはきはじめたカイコにまゆを作らせる場所。まぶし。参考 日本では、まぶしの意に「簇」の字を用いた例がある。例蚕蔟サンゾク(=まぶし)。上蔟ジョウゾク(=カイコを、まぶしに入れる)。❷鳥の巣。❸むれ集まる。あつまる。例蔟蔟ゾクゾク。二ソウ 十二律ジュウニリツ(=古楽の十二の音律)の第三。大蔟タイソウ。

艹11 **【蔕】** 14画 7288 8515 音テイ漢タイ呉 訓へた

艹9 **【蒂】** 12画 7260 8482 別体字

意味 果実を枝やくきに結びつけて、ささえる部分。へた。例茄子なすの蔕へた。

艹11 **【蔦】** 14画 3653 8526 人名 音チョウ漢 訓つた

なりたち [形声]「艹(=くさ)」と、音「鳥チョウ」とから成る。寄生する草。

意味 ブドウ科のつる性落葉木本。ツタ。巻きひげでからみつき、はい上がる。紅葉が美しいので、石垣や家屋の外壁にはわせて観賞する。

【蔦葛】つる草をまとめて呼ぶことば。例—が生いしげる。

艹11 **【蔔】** 14画 7289 8514 音フク・ホク漢

意味 アブラナ科の一年草または二年草。ダイコン。白い大きな根を食用にする。おおね。例蘿蔔（＝ダイコン）。

艹11 **【蔑】** 14画 4246 8511 常用 音ベツ漢 訓さげす-む・ないがし-ろ

筆順 艹 芇 芦 芦 芦 苠 蔑 蔑

なりたち ［会意］「苜（＝目が正常でない）」と「戍（＝辺境を守る）」とから成る。疲労して、視力がない。

意味 見くだして、かろんじる。ないがしろにする。さげすむ。例蔑視。軽蔑。侮蔑。

【蔑視】（名・する）さげすんだ目で見ること。類軽視。

【蔑称】さげすんだ呼び方。

艹11 **【蔀】** 14画 2835 8500 音ホウ漢 訓しとみ

意味 日光や風雨をさえぎるための、すだれやむしろ。しとみ。例蔀屋（＝しとみで囲った貧しい家）。

艹11 **【蓬】** 14画 4309 84EC 人名 音ホウ漢 訓よもぎ

意味 ❶キク科の多年草。ムカシヨモギ。ヤナギヨモギ。葉はヤナギに似ていてぎざぎざがあり、小さな白い花がさく。❷アカザ科の植物。秋に枯れると風にふかれてころがる。アザミの類ともいう。例孤蓬。転蓬。❸ヨモギでつくった、そまつな。例蓬屋（＝自宅をけんそんしていうことば）。蓬戸。❹ヨモギのように乱れた。例蓬頭。蓬髪。❺仙人が住むという「蓬萊」のこと。例蓬山（＝蓬萊の山）。

日本語での用法《よもぎ》キク科の多年草。若葉を草もちにする。もちぐさ。また、葉を乾燥して、灸のもぐさとする。「蓬餅」

難読 蓬萊洲（＝蓬萊山。また、日本国）

【蓬戸】（ヨモギを編んでつくった戸の意）①貧しい家。②自分の家をけんそんしていうことば。

【蓬髪】ヨモギのようにのびて乱れたかみの毛。

【蓬蓬】（形動タル）①草や木が勢いよくしげっているようす。②かみの毛やひげなどがのびて、手入れされずに乱れているようす。③風の強くふくようす。

【蓬萊】①中国の伝説上の山。東方の渤海にあり、仙人が住んだという。蓬萊山。②松竹梅や鶴亀などで蓬萊山をかたどった、祝い用のかざりもの。

【蓬麻中に生ずれば▽扶けずして直し】曲がって生えやすいヨモギも、まっすぐにのびるアサの中では自然にまっすぐに生える。善人と交わるとよい影響を受けて、自然に心のすなおな人間になることのたとえ。〈荀子〉

艹11 **【蔓】** 14画 4402 8513 人名 音マン漢呉 訓つる・はびこ-る

意味 ❶くきが細く、地をはったり他のものにからまったりして生長するつる草。つる。例蔓草。❷（よくないことが）つるのようにのび広がる。はびこる。例蔓延。

【蔓延】（名・する）ほうぼうに広がること。

【蔓草】くきが細くのびて、ものにからまる性質の草。

艹11 **【蓼】** 14画 7290 84FC 音リョウ漢呉 訓たで

意味 タデ科の一年草。タデ。水べや湿地に生え、独特の辛みがあり、さしみのつまや蓼酢などにする。例蓼食う虫も好き好き（＝人の好みはさまざまである）。

難読 木天蓼

【蓼酢】タデの葉をすってまぜた酢。アユの塩焼きにつける。

艹11 **【蓨】** 14画 ⇩【蓚】シュウ（861ページ）

艹11 **【蔆】** 14画 ⇩【菱】リョウ（857ページ）

艹11 **【蓮】** 14画 ⇩【蓮】レン（863ページ）

艹12 **【蕎】** 15画 2230 854E 人名 音キョウ漢 訓そば

意味「蕎麦」は、ソバ。

【蕎麦】①中央アジア原産のタデ科の一年草。ソバ。初秋に白色の花がさく。種子をひいてそば粉とする。②そば粉をこねて細長く切り、ゆでて食べるもの。例盛り—。

艹12 **【蕀】** 15画 7291 8540 音キョク漢

意味 ❶「蕀蒬」は、ヒメハギ科の多年草。イトヒメハギ。根は薬用とする。❷「顛蕀」は、キジカクシ科（旧ユリ科）のつる性多年草。クサスギカズラ。

艹12 **【蕨】** 15画 4747 8568 人名 音ケツ漢 訓わらび

意味 山地に自生するシダ植物の一種。ワラビ。人のこぶしのように巻いた新芽を食べ、根からでんぷんをとる。例蕨手（＝ワラビの若芽）。

艹12 **【蕣】** 15画 7292 8563 音シュン漢呉 訓あさがお・むくげ

意味 アオイ科の落葉低木。ムクゲ。夏から秋に、うす紅色または白色の美しい花をつける。花は朝ひらき夕方にはしぼむ。木槿。例蕣英（＝ムクゲの花）。

日本語での用法《あさがお》朝ひらく花の意から、古くはムクゲの別名とされた。

艹12 **【蔬】** 15画 7286 852C 音ショ漢 ソ呉 訓くさびら

意味 食用とする草や野菜をまとめていうことば。また、野菜。あおもの。例蔬菜。

【蔬菜】野菜。あおもの。

艹12 **【蕉】** 15画 3054 8549 人名 音ショウ漢呉

なりたち ［形声］「艹（＝くさ）」と、音「焦ショウ」とから成る。加工していない麻。

意味 ❶「芭蕉」は、バショウ科の多年草。くきから繊維をとり、布や紙をつくるのに用いる。例蕉布（＝バショウの繊維でつくる布）。蕉葉（＝バショウの葉）。❷バナナのこと。

日本語での用法《ショウ》江戸時代の俳人「松尾芭蕉」の略。「蕉風・蕉門」

【蕉風】ショウフウ 松尾芭蕉の俳風。幽玄や閑寂を重んじ、さび・しおり・細み・軽みをとうとぶ。正風。

【蕘】 ⺾12 15画 7293 8558
音 ジョウ㊥ 訓 きこ-る・くさかり・たきぎ

意味 ❶雑木の小枝やかれ草。たきぎ。しば。❷しばを刈る。しば刈り。きこり。例芻蕘(=草刈りや、きこり)。

【蕈】 ⺾12 15画 7294 8548
音 シン㊥ 訓 くさびら・たけ

意味 キノコ。例菌蕈(=キノコ類をまとめていうことば)。

【蕁】 ⺾12 15画 7301 8541
音 一タン㊥ 二シン㊥ジン㊇

意味 一 キジカクシ科(旧ユリ科)の多年草。ハナスゲ。薬用や観賞用に栽培される。二「蕁麻」は、イラクサ。イラクサ科の多年草。くきにとげがあり、ふれると痛く、水疱ができる。

【蕁麻▼疹】ジンマシン 急にかゆくなって皮膚がはれる病気。

【蕊】 ⺾12 15画 2841 854A
音 ズイ㊥ 訓 しべ

【蕋】 ⺾12 15画 7303 854B 俗字 【蘂】 ⺾16 19画 7302 8602 別体字

意味 花の中心部にあって実をつくる器官。しべ。例雌蕊(=めしべ)。雄蕊(=おしべ)。

【蔵】 ⺾12 15画 3402 8535 教育6
音 ソウ㊥ゾウ㊇ 訓 くら・おさ-める・かく-す

筆順 艹 芦 芦 芦 蔵 蔵 蔵 蔵

【藏】 ⺾15 18画 7322 85CF 人名

なりたち [形声]「艹(=くさ)」と、音「臧ソウ(=かくす)」とから成る。かくす。

意味 ❶見えないところにしまっておく。おさめる。かくす。例所蔵。貯蔵。❷しまっておくところ。くら。例土蔵。宝蔵。蔵出し(=倉庫から出したばかりの酒・ワイン・ウイスキーなど)。❸仏教や道教の経典。例三蔵。大蔵(=仏教経典の全集)。道蔵(=道教経典の全集)。❹西蔵チベットの別名。

人名 おさむ・ただ・とし・まさ・よし

【蔵元】くらもと 酒やしょうゆなどの醸造元。

【蔵書】ゾウショ (個人や図書館などの)所蔵の書物。例―印。

【蔵版】ゾウハン 版木や紙型を所蔵していること。類蔵板。

●愛蔵・死蔵・地蔵・所蔵・貯蔵・土蔵・秘蔵・埋蔵・無尽蔵・冷蔵

【蕩】 ⺾12 15画 3802 8569
音 トウ㊥ 訓 とろ-ける・とろ-かす

【盪】 ⺾17 20画 6628 862F 別体字

意味 ❶(水が)ゆれうごく。ゆったりしているようす。例蕩蕩。駘蕩。❷ひろびろと、ゆったりしているようす。❸しまりがなくなる。だらしないようす。とろける。とろかす。例放蕩。遊蕩。❹あらいながす。すっかりなくしてしまう。例蕩尽。掃蕩。

【蕩児】トウジ 酒や女遊びにふけり、身持ちの悪い者。放蕩者。

【蕩尽】トウジン (名・する) 使い果たして、すっかりなくすこと。

【蕩蕩】トウトウ (形動タル) ①広く大きいようす。例天地―として馬走る。②心がゆったりしているようす。

【蕃】 ⺾12 15画 4057 8543 人名
音 バン㊥ハン㊥ 訓 かき・しげ-る

意味 ❶草がさかんに生える。ふえひろがる。しげる。同繁。例蕃茂。❷竹・柴などをあらく編んで作ったかきね。例蕃屏(=かきねとへい。転じて、中のものを守るもの)。❸異民族。外国。えびす。例蕃語。蕃人。

難読 蕃椒とうがらし

人名 しく・しげ・しげし・しげみ・ふさ・みつ・もり

【蕃語】バンゴ 未開の異民族のことば。表記「蛮語」とも書く。

【蕃殖】ハンショク (名・する) 動植物が、生まれたり新しく生えたりして増えること。表記 現繁殖

【蕃人】バンジン 文化がまだ開けていない土地の住民。未開人。表記「蛮人」とも書く。

【蕃俗】バンゾク 蕃人の風俗。未開の異民族の風俗。

【蕃族】バンゾク 未開の異民族。野蛮な部族。表記 現蛮族

【蕃地】バンチ 文化がまだ開けていない地方。蕃人の住む土地。表記「蛮地」とも書く。

【蕃茂】ハンモ (名・する) 草や木がさかんにしげること。表記「繁茂」とも書く。

【蕪】 ⺾12 15画 4183 856A 人名
音 ブ㊥ム㊇ 訓 かぶら・かぶ

意味 ❶雑草がしげってあれる。あれはてたようす。例荒蕪。❷みだれているようす。すさむ。例蕪雑。蕪辞。❸「蕪菁」は、アブラナ科の二年草。カブ。カブラ。根は球形で白色、または、赤むらさき色。野菜として栽培される。

【蕪雑】ブザツ (名・形動ダ) ①雑草が生いしげること。②ものごとが入り乱れて、整理されていないこと。例―な文章。

【蕪辞】ブジ ①乱雑で整っていないことば。よくわからないことば。②自分のことばをけんそんした言い方。類蕪言。

【蔽】 ⺾12 15画 4235 853D 常用
音 ヘイ㊥ 訓 おお-う・おお-い

筆順 一 艹 艹 芇 芇 蔽 蔽

なりたち [形声]「艹(=くさ)」と、音「敝ヘイ」とから成る。「蔽蔽」は、小さな草。

意味 ❶上からかぶせて、かくす。おおう。おおい。例隠蔽。遮蔽。❷(目をおおいかくされて見えず)ものごとに通じていない。ものの道理にくらい。例蔽晦(=道理にくらい)。

人名 さだむ

【蕕】 ⺾12 15画 7304 8555
音 ユウ㊥ 訓 くさ-い・くさな

意味 水べに生え、いやなにおいのする草。(悪人のたとえとされる) 例蕕薫。

【蕕薫】ユウクン 悪臭がする草と、かおりのよい草。悪と善とのたとえ。

【蕚】 ⺾12 15画 ⇨【萼】ガク(857ページ)

【蕋】 ⺾12 15画 ⇨【蕊】ズイ(865ページ)

【薤】 ⺾13 16画 7306 85A4
音 カイ㊥ 訓 おおにら

意味 ヒガンバナ科(旧ユリ科)の多年草。ラッキョウ。ネギ類に属し、においが強い。地中に育ったまご形の鱗茎は漬けて食用にする。おおにら。おおみら。例薤露。

難読 薤(らっきょう)

【薤露】(カイロ) 漢代におこなわれた、葬式(ソウシキ)の歌。人の命のはかないことは、ニラの上の露(つゆ)のようだと歌う。→【蒿里】(コウリ)(860ページ)

艹13 【薑】 16画 7308 8591 音キョウ漢 訓はじかみ・しょうが

意味 ショウガ科の多年草。ハジカミ。ショウガ。根はうす茶色のかたまりで、食用や薬用にする。ジンジャー。例薑桂(キョウケイ)(=ショウガと肉桂(ニッケイ)。気性(キショウ)が強く激しいことのたとえ)。生薑(ショウキョウ・ショウガ)。

艹13 【薫】 16画 2316 85AB 常用 音クン漢呉 訓かお-る

筆順 一 艹 艹 芢 萻 蓳 董 薫

艹14 【薰】 17画 1-9132 85B0 人名

なりたち [形声]「艹(=くさ)」と、音「熏(クン)」とから成る。香草(コウソウ)。

意味 ❶かおりのよい草。❷よいにおいがする。かおる。かおり。❸けむりでいぶす。くすべる。例薫製。❹かおりをしみこませるように、よい感化をあたえる。例薫育(クンイク)。薫陶(クントウ)。

使い分け かおり・かおる【香・薫】⇩1166ページ

人名 かお・くる・しく・しげ・しげる・たき・ただ・ただし・ただす・つとむ・にお・のぶ・ひで・ふさ・まさ・ゆき

【薫育】(クンイク)(名・する)徳によって人を感化し、教育すること。類薫陶(クントウ)。例青年を—する。

【薫煙】(クンエン) よいかおりの香(コウ)のけむり。

【薫化】(クンカ)(名・する)徳によって人を感化し、よいほうに導くこと。例先生に—されて研究の道に進む。

【薫香】(クンコウ) ①よいかおり。芳香(ホウコウ)。②火にくべて用いる香料。たきもの。例—をたしなむ。

【薫製】(クンセイ) 肉や魚などを、けむりでいぶして、かわかしたもの。表記 旧▼燻製

【薫陶】(クントウ)(名・する)徳によって人を感化し、教育すること。〔香(コウ)をたいて、ものにかおりを移し、また、土をこねて陶器を作る意から〕類薫育。例先生の—を受ける。

【薫風】(クンプウ) 青葉のかおりをただよわせてふく風。さわやかな初夏の風をいう。例—に酔(よ)う。

艹13 【薊】 16画 7309 858A 音ケイ漢 訓あざみ

意味 ❶キク科の多年草。アザミ。葉のふちやくきにとげがあり、春から秋にうす紅色・赤むらさき色の花をつける。❷北京(ペキン)郊外(コウガイ)にある、戦国時代の燕(エン)の都。薊丘(ケイキュウ)。

艹13 【薨】 16画 7310 85A8 音コウ漢 訓し-ぬ・おわ-る

意味 身分の高い人が死ぬ。例薨去(コウキョ)。薨(コウ)ずる。

【薨去】(コウキョ)(名・する)日本で、皇族や三位(サンミ)以上の人が死ぬことをうやまっていったことば。

艹13 【蕭】 16画 7311 856D 音ショウ漢 訓よもぎ・さび-しい

意味 ❶キク科の多年草。カワラヨモギ。海岸の砂地に生える。燃やすと芳香(ホウコウ)を発し、祭祀(サイシ)に用いられた。また、薬用にする。例蕭艾(ショウガイ)(=雑草。小人物)。❷ひっそりとしてさびしいようす。例蕭蕭(ショウショウ)。蕭条(ショウジョウ)。

【蕭殺】(ショウサツ)(形動タル)〔「殺」は、意味を強めるためにそえる字〕秋風が草木をからすように、たいへんさびしいようす。

【蕭蕭】(ショウショウ)(形動タル)風雨や落ち葉などの音の、ものさびしいようす。例風は—として易水(エキスイ)(=河北(カホク)省にある小川)寒し。〈史記(シキ)〉

【蕭条】(ショウジョウ)(形動タル)風景などがひっそりとして、ものさびしいようす。例満目—たる枯(か)れ野。

【蕭然】(ショウゼン)(形動タル)ひっそりして、ものさびしいようす。例—たる四囲。

艹13 【薔】 16画 7312 8594 音 一ショク漢 二ソウ慣 ショウ漢 訓みずたで

意味 一 水べに生えるタデ科の一年草。ミズタデ。カワタデ。二「薔薇(ソウビ・ショウビ)」は、バラ。バラ科の低木で、幹や枝にとげがある。観賞用に栽培(サイバイ)され、多くの園芸品種がある。

艹13 【薪】 16画 3137 85AA 常用 音シン漢呉 訓たきぎ・まき

筆順 艹 芏 芏 莘 莘 薪 薪 薪

なりたち [形声]「艹(=くさ)」と、音「新(シン)(=たきぎ)」とから成る。たきぎ。

意味 燃料にする細い枝や割った木。たきぎ。まき。例薪水(シンスイ)。薪炭(シンタン)。

【薪水】(シンスイ) ①たきぎと、くみ水。②たきぎを拾い、水をくむこと。炊事(スイジ)をすること。

【薪水の労】(シンスイのロウ)〔炊事(スイジ)のために、たきぎを拾い水をくむ意から〕人に仕えて骨身をおしまず働くこと。例—をとる。

【薪炭】(シンタン) たきぎとすみ。燃料。例—商。

【薪能】(たきぎノウ) 夜間の野外で、かがり火をたいておこなう能。

艹13 【薛】 16画 7313 859B 音セツ漢 訓よもぎ

意味 ❶キク科の多年草。ヨモギの一種。カワラヨモギ。❷山東省滕州(トウシュウ)市にあった周代の国。

艹13 【薦】 16画 3306 85A6 常用 音セン漢呉 訓すす-める・こも

筆順 艹 艹 芦 芦 萧 薦 薦 薦

なりたち [会意]「廌(=一角のけもの)」と「艹(=くさ)」とから成る。けものが食う草。派生して「すすめる」の意。

意味 ❶けものが食べる草。❷マコモやわらで編んだむしろ。こも。例薦席(センセキ)(=むしろ。しきもの)。❸よいと思う人やものが、えらばれるようにする。すすめる。例自薦(ジセン)。推薦(スイセン)。他薦(タセン)。

使い分け すすめる【進・勧・薦】⇩1170ページ

人名 しく・しげ・すすむ・のぶ

艹13 【薙】 16画 3869 8599 人名 音テイ漢 チ漢 訓な-ぐ

意味 ❶草をかる。刃物(はもの)で横から勢いよく切りたおす。なぐ。例薙刀(なぎなた)。❷かみの毛をそる。同剃(テイ)。例薙髪(テイハツ)。

【薙髪】(テイハツ)(名・する)かみの毛をそること。剃髪(テイハツ)。

【薙▽刀】(なぎなた) 長い柄(え)に、はばが広くてそり返っている長い刀身をつけた武器。表記「▽長▽刀」とも書く。

艹13 **【薄】** 16画 3986 8584 常用

音 ハク漢
訓 うす-い・うす-める・うす-まる・うす-らぐ・うす-れる・すすき

筆順 艹 艹 芦 莲 蒲 蒲 薄 薄

艹13 **【薄】** 16画

なりたち [形声]「艹(=くさ)」と、音「溥→ハク」とから成る。草木がすきまなく生えていて、はいりこめないようなせまいところ。派生して「うすい」の意。

意味 ❶厚みがすくない。うすい。例薄様。薄氷。❷濃度がひくい。あわい。うすい。例薄味(=あっさりした味付け)。淡薄。❸程度がすくない。とぼしい。例薄情。軽薄。浅薄。❹情愛や考えがたりない。あさはか。例薄幸。❺近づく。せまる。同迫。例薄暮。肉薄。

日本語での用法《すすき》イネ科の多年草。山野に群生する。秋の七草の一つ。おばな。「薄の穂・枯れ薄・花薄」

人名 いたる

【薄刃】うすば 刃物で、刃のうすいこと。例—包丁。
【薄様】うすヨウ ①うすくすいた、鳥の子紙や雁皮紙など。薄葉紙。②染め物で、上から下にしだいにうすくぼかしていく染め方。
【薄志弱行】ハクシジャッコウ 意志がよわくて、ものごとを実行する気力がないこと。
【薄謝】ハクシャ ①わずかな謝礼。②人にあげる謝礼を、けんそんしていうことば。
【薄弱】ハクジャク (名・形動ダ) ①意志や体力などがよわよわしいこと。例意志—。②しっかりしていないこと。たしかでないこと。例根拠が—だ。
【薄暑】ハクショ 初夏のころの、まだしのぎやすい暑さ。例—の候。
【薄情】ハクジョウ (名・形動ダ) 人情や愛情がうすいこと。思いやりがなく、冷たいこと。例—者。—な男。
【薄氷】㊀ハクヒョウ うすく張ったこおり。例—をふむ思い(=ひじょうな危険をおかす思い)。㊁うすごおり うすいこおり。例—が張る。
【薄片】ハクヘン うすいかけらや切れはし。例金属の—。
【薄暮】ハクボ 夕暮れ。日暮れ。
【薄命】ハクメイ 運命にめぐまれないこと。ふしあわせ。とくに、短命なこと。例美人—。
【薄明】ハクメイ 日の出前や日の入り後の、空のほの明るい現象。例—のおぼつかない光。
【薄利】ハクリ わずかの利益。例—多売。
【薄荷】ハッカ ①シソ科の多年草。くきや葉から薄荷油をとり、薬用や食用にする。ミント。ペパーミント。②植物のハッカからとった、さわやかなかおりの香料。
【薄給】ハッキュウ 少ない給料。例—にあまんじる。
【薄幸】ハッコウ (名・形動ダ) しあわせにめぐまれないこと。ふしあわせ。例—な一生を終えた。表記 旧薄▼倖

○希薄・軽薄・酷薄・品薄・浅薄・肉薄

艹13 **【薇】** 16画 7315 8587 別体字

音 ビ漢
訓 ぜんまい

艹13 **【薇】** 16画

意味 ❶マメ科の二年草。スズメノエンドウ。山野に自生し、緑肥や牧草とする。一説に、カラスノエンドウ。〔ゼンマイとするのは誤りという〕❷「薔薇」は、バラ。❸「紫薇」は、サルスベリ。ミソハギ科の落葉高木。樹皮がひじょうになめらかなところからいう。百日紅。

艹13 **【薜】** 16画 7316 859C

音 ㊀ヘイ漢 ㊁ハク漢
訓 こけ・まさきのかずら

意味 ㊀「薜荔」は、クワ科の常緑つる性植物。オオイタビ。薬用とされる。例薜蘿(=かずら。つる性植物をまとめていうことば)。㊁セリ科の多年草。

艹13 **【薬】** 16画 4484 85AC 教育3

音 ヤク漢呉
訓 くすり

筆順 一 艹 甘 甘 蒲 蒁 薬 薬

艹15 **【藥】** 18画 7327 85E5 人名

なりたち [形声]「艹(=くさ)」と、音「樂→ヤク」とから成る。病を治す草。

意味 ❶病気やけがを治したり、健康を保つのにききめのあるもの。くすり。例薬草。薬品。医薬。❷化学作用をする物質。例火薬。農薬。爆薬。

難読 薬袋(=姓)

人名 くす・くすし

【薬玉】くすだま ①造花などで玉の形に作り、かざり糸を垂らしたもの。開店祝いなどに使う。例—を割る。②香料を玉にしてふくろに入れ、糸や造花で美しくかざったもの。端午の節句などに柱やかべにかけ、長寿を願ったり邪気をはらったりした。
【薬九層倍】くすりクソウバイ ①くすりを売った利益は、原価にくらべてたいへん大きいということ。②転じて、暴利を得ること。
【薬指】くすりゆび 〔こなぐすりをまぜるのに使うことから〕親指から四番めの指。無名指。紅さし指。
【▽薬▼罐】ヤカン 〔「ヤクカン」の変化〕①湯をわかすための、銅やアルミなどでできた容器。もと、くすりを煮つめるのに用いた。湯わかし。②「薬罐頭」の略。はげあたま。
【薬液】ヤクエキ くすりをとかした液体。液体のくすり。例—にひたす。
【薬害】ヤクガイ 医薬品や農薬が、本来の目的以外に起こす有害な作用。例—訴訟。殺虫剤の—で葉が落ちる。
【薬学】ヤクガク 医薬品の開発や製造、また、管理などのために必要なことがらを研究する学問。例—部。
【薬剤】ヤクザイ 医薬として、症状に合わせて調合したくすり。例—師。
【薬殺】ヤクサツ (名・する) くすりを使って生き物を殺すこと。
【薬師】㊀ヤクシ 〔仏〕「薬師如来」の略。人々の病気や災難を救うという仏。左手にくすりのつぼを持っている像が多い。㊁くすし 医者。〔古いことば〕
【薬餌】ヤクジ くすりと食べ物。例—療法。—に親しむ(=病気がちである)。
【薬酒】ヤクシュ 生薬などを加え、健康増進に効果のある酒。
【薬種】ヤクシュ くすりの材料。とくに、漢方薬の材料。例—店。—問屋。
【薬▼疹】ヤクシン 内服薬や注射、また、吸入などによって引き起こされる発疹。
【薬石】ヤクセキ 〔「石」は、治療用の石針の意〕くすりと治療。病気の治療。
【薬石効無し】ヤクセキコウなし 治療のききめがないこと。人の死を知らせるときに使われる。例薬石効無く永眠いたしました。

【薬草】くすりとして使う植物。ゲンノショウコやセンブリなど。例―を栽培する。

【薬湯】①くすりや薬草を入れたふろ。くすりゆ。②せんじぐすり。

【薬毒】くすりにふくまれている有害な成分。

【薬品】①くすり。医薬品。②化学変化を起こさせるためにつくった物質。例化学―。

【薬物】①くすり。例―療法。②からだになんらかの変化を起こす化学的な物質。例―中毒。

【薬舗】くすりを売る店。くすりや。類薬店・薬局。表記「薬▼鋪」とも書く。

【薬方】くすりの処方。くすりの調合。

【薬味】食べ物にそえて、風味を出すための食品や香辛料。ワサビやきざみネギなど。例―を入れる。

【薬用】くすりとして使うこと。例―植物。―せっけん。

【薬理】薬品によって起こる生理的な変化。例―作用。

【薬料】①くすりの代金。②くすりの材料。

【薬礼】医師にはらう謝礼。くすり代。例―を持って行く。

【薬籠】昔の携帯用のくすり入れ。

【薬籠中の物】〔薬籠のなかのくすりのように、いつでも使えるものの意から〕自分の思うとおりに使える物や人。例自家―とする。
▽【薬研】おもに漢方で、くすりの材料をくだくための、金属製で舟の形をした器具。例―で粉にする。
【薬価】くすりの値段。

【薬科】くすりに関する学科。薬学部。例―大学。

【薬禍】くすりの誤用や副作用などで起こる障害などの災難。薬害。

【薬▼莢】銃砲で、弾丸を発射させるため火薬をつめた金属製のつつ。

【薬局】①病院などで、くすりを調合するところ。②薬剤師がいて調剤もおこなう、くすりや。類薬店・薬舗
【薬効】くすりのききめ。
●医薬・火薬・劇薬・生薬・弾薬・毒薬・農薬・売薬・爆薬・麻薬・妙薬

艹13
【蕷】
16画 7317 8577 音ヨ漢 訓いも

意味「薯蕷」は、ナガイモ。ヤマノイモ科のつる性多年草。食用として畑で栽培される。

艹13
【蕾】
16画 7318 857E 人名 音ライ漢 訓つぼみ

意味 花のひらく前のすがた。つぼみ。例花蕾。蓓蕾(=つぼみ)。

艹13
【蕗】
16画 4189 8557 人名 音ロ漢呉 訓ふき

なりたち [形声]「艹(=くさ)」と、音「路」とから成る。カンゾウ。
意味 ❶マメ科の多年草。カンゾウ。根を薬用にする。❷ツルムラサキ科のつる性一年草。ツルムラサキ。若芽や葉は食用や薬用となる。また、鉢植えなどにして観賞される。
日本語での用法《ふき》キク科の多年草。くきと葉は食用や薬用となる。「蕗の薹」

艹13
【蕿】
16画 7319 8590 音ロウ漢 レン唐

意味「菠蕿」は、ホウレンソウ。

艹13
【薈】
16画 7307 8588 音ワイ漢 訓あしのほ・しげ-る

意味 ❶草木がたくさんしげるようす。例薈蔚(=草木がしげるようす。また、雲や霧がたちこめるようす)。❷たくさん集まる。あつめる。例薈萃(=群れ集まる)。

艹13 【薀】16画 ⇩【蘊】(869ページ)
艹13 【薗】16画 ⇩【園】(224ページ)
艹13 【薮】16画 ⇩【藪】(869ページ)
艹13 【薄】16画 ⇩【薄】(867ページ)
艹13 【薇】16画 ⇩【薇】(867ページ)

艹14
【藁】
17画 4746 85C1 人名 音コウ漢呉 訓わら

意味 ❶かれる。同槁。例枯藁。❷イネやムギなどのくきを干したもの。わら。例藁人形。❸下書き。同稿。例草藁(=草稿)。

艹14
【薩】
17画 2707 85A9 人名 音サツ漢 サチ・サツ呉

意味 梵語の音訳。救う、助けるの意という。例薩埵。菩薩。
日本語での用法《サツ》「薩摩(=今の鹿児島県西部)」の略。「薩州・薩長」
【薩▼埵】〔仏〕〔梵語の音訳〕①命のあるものすべてをまとめて呼ぶことば。衆生。②「菩提薩埵」の略。菩薩のこと。
【薩摩】旧国名の一つ。鹿児島県の西部。薩州。

艹14
【藉】
17画 7320 85C9 音一シャ漢 二セキ漢 ジャク呉 訓しーく・かーりる・ふーむ

意味 一 ❶草を編んだ敷物。❷敷物にする。しく。例藉草。枕藉(=重なり合ってねむる)。❸たよりとする。かりる。同借。例藉口。❹貸す。あたえる。❺なぐさめる。例慰藉。二 ふみにじる。ふむ。例狼藉。

【藉口】(名・する)言いわけの材料にすること。口実にすること。例交通渋滞に―して遅刻する。

【藉草】草を、しきものとすること。

艹14
【薯】
17画 2982 85AF 音ショ漢 ジョ呉 訓いも

意味 広くイモ類をいう。イモ。例甘薯(=サツマイモ)。自然薯(=ヤマノイモ)。馬鈴薯(=ジャガイモ)。
難読 薯蕷(=山のいも)

艹14
【薺】
17画 7321 85BA 音一シ・セイ漢 二セイ漢 訓なずな

意味 一 海岸の砂地に生える、つる草。ハマビシ。果実にヒシの実のようなとげがある。根と種子は薬用。二 アブラナ科の二年草。ナズナ。畑や道ばたに自生。若菜を食べる。果実の形が三味線のばちに似ているので、ペンペングサともいう。春の七草の一つ。

艹14
【薹】
17画 7323 85B9 音タイ漢 ダイ呉 訓とう

意味 ❶カヤツリグサ科の多年草。カサスゲ。かさや、みのなど

を作るのに用いる。❷アブラナ科の二年草。ナタネナ。アブラナ。花は菜の花と呼ばれ、食用となり、種子からは菜種油をとる。❸アブラナやフキなどの、花をつけるくきがのびたもの。例 蕗の薹。薹が立つ(=さかりの時期を過ぎる)。

艹14 **【藐】** 17画 7324 85D0 音 一 バク漢 ミャク呉 二 ビョウ漢 ミョウ呉 訓 はる-か・おろそ-か・すこ-し・とお-い・かろんじる

意味 一 (バク・ミャク) ムラサキ科の多年草。ムラサキ。根から、むらさき色の染料をとる。また、薬用とする。二 (ビョウ・ミョウ) ❶小さい。例 藐小(=か弱く小さい)。❷かろんじる。例 藐視(=軽視する)。

参考「三藐三菩提」の「藐」は、梵語の音訳字。

【藐▼姑▼射▼之山】はこやのやま ① 不老不死の仙人が住むという想像上の山。〈荘子〉 ② 日本で上皇の御所をうやまっていうことば。仙洞。

艹14 **【薫】** 17画 ⇩【薫】(866ページ)

艹15 **【藕】** 18画 7325 85D5 音 グウ慣 ゴウ漢 訓 はすのね

意味 ハスの地下茎。ハスの根。蓮根。食用にする。→【蓮】参考(863ページ)

【藕花】グウカ ハスの花。蓮花。

【藕糸】グウシ ハスの葉や茎にふくまれる繊維。ハスのいと。

艹15 **【藪】** 18画 7314 85EA 音 ソウ漢呉 訓 やぶ

艹13 **【薮】** 16画 4489 85AE 俗字

意味 ❶草木のむらがって、しげるところ。草木がしげって鳥やけもののすむ湿地。さわ。やぶ。例 藪沢(=さわ)。❷ものごとの集まるところ。例 淵藪。

日本語での用法《やぶ》① 野巫(=いなか医者)のもじり。「藪医者・藪井竹庵」② 昔、奉公人が、盆や正月に実家に帰ることをいった。「藪入り」

【藪沢】ソウタク [やぶと沢の意] 草木がたくさん生いしげっているところ。また、人が大ぜい集まるところ。

【藪医者】やぶイシャ 診断や治療がへたで、たよりにならない医者。藪医。やぶ。

【藪蛇】やぶへび [「やぶをつついてヘビを出す」という諺の略] よけいなことをして、思わぬわざわいを受けること。

艹15 **【藤】** 18画 3803 85E4 常用 音 トウ漢 ドウ呉 訓 ふじ

筆順 一 艹 … 藤

なりたち [形声]「艹(=くさ)」と、音「滕ト」とから成る。つるくさ。

意味 ❶つる性植物をまとめていうことば。つるくさ。かずら。例 藤蘿(=ふじかずら)。❷マメ科の落葉つる草。フジ。四月から六月ごろ、うすむらさき色の花がふさ状に垂れてさく。例 藤花(=フジの花)。

日本語での用法《トウ》四姓の一つ「藤原氏」の略。「源平藤橘・藤氏の四家」

人名 かつら・ひさ

艹15 **【藩】** 18画 4045 85E9 常用 音 ハン漢 訓 まがき

筆順 一 艹 … 藩

なりたち [形声]「艹(=くさ)」と、音「潘ハ」とから成る。かきね。

意味 ❶まわりをとりかこんで守る、かきね。へい。まがき。❷地方を治めて、王室を守る諸侯の国。例 藩屏。

日本語での用法《ハン》江戸時代の大名の領地・領民・組織など。「藩校・藩士・廃藩置県」

人名 かき・まもる

【藩学】ハンガク 江戸時代に藩が藩士の子弟の教育のためにつくった学校。薩摩藩の造士館など。藩校。

【藩侯】ハンコウ「藩主」に同じ。

【藩校】ハンコウ「藩学」に同じ。

【藩士】ハンシ 江戸時代、それぞれの藩に仕えた武士。

【藩主】ハンシュ 藩の領主。大名。藩侯。

【藩邸】ハンテイ 江戸時代、江戸にあった各藩の藩主の屋敷。

【藩閥】ハンバツ 明治維新で中心的な役割をした藩の指導層が、その後も政府や軍部で出身藩ごとにつくった派閥。

【藩▼屏】ハンペイ [「屏」は、ついたての意] ① かきね。② 王室の守りとなる諸侯。例 皇室の—。

●親藩シンパン・雄藩ユウハン・列藩レッパン

艹15 **【藍】** 18画 4585 85CD 常用 音 ラン漢呉 訓 あい

筆順 艹 … 藍

なりたち [形声]「艹(=くさ)」と、音「監カ→ラ」とから成る。青く染める草。

意味 タデ科の一年草。タデアイ。アイ。葉から青色の染料をとる。また、その染料の色。例 藍碧。出藍。

【藍玉】あいだま アイの葉を加工して固めた染料。

【藍田】ランデン 陝西省南部の県名。美しい玉を産出した。

【藍▼碧】ランペキ 青みがかった緑色。あおみどり。

艹15 **【藜】** 18画 7328 85DC 音 レイ漢 訓 あかざ

意味 ヒユ科(旧アカザ科)の一年草。アカザ。道ばたや畑地に生える。赤むらさき色の若葉は食用。例 藜藿(=アカザやマメの葉。粗食のたとえ)。藜杖(=アカザのくきで作ったつえ)。

艹15 **【藝】** 18画 ⇩【芸】(843ページ)

艹15 **【藏】** 18画 ⇩【蔵】(865ページ)

艹15 **【藤】** 18画 ⇩【藤】(869ページ)

艹15 **【藥】** 18画 ⇩【薬】(867ページ)

艹16 **【藹】** 19画 7329 85F9 音 アイ漢

意味 草木や雲がこんもりと集まったようす。また、おだやかなようす。例 藹藹。藹然(=雲の集まるようす。また、草木のさかんにしげるようす)。

【藹藹】アイアイ (形動タル) ① 草木がさかんにしげっているようす。② おだやかなようす。例 和気—。

艹16 **【蘊】** 19画 7330 860A 音 ウン漢 訓 つ-む

艹13 【蘊】16画 7305 8580 本字

意味 ❶つみたくわえる。つむ。例蘊蔵ウンゾウ（＝たくわえ、しまっておく）。蘊蓄ウンチク。❷おくぶかい。例蘊奥ウンノウ。

【蘊蓄】ウンチク よく研究して学びたくわえた深い知識。例―をかたむける。

【蘊奥】ウンノウ 〔「ウンオウ」の変化〕学問や芸術、技術などの最もおく深いところ。類奥義オウギ。例―をきわめる。

艹16 【藷】19画 2983 85F7 音ショ漢 ジョ呉 訓いも

意味 ❶「藷蔗ショシャ」は、サトウキビ。❷広くイモ類をいう。イモ。同薯ショ。例甘藷カンショ（＝サツマイモ）。

艹16 【蘇】19画 3341 8607 人名 音ソ漢 ス呉 訓よみがえ-る

艹16 【蘓】19画 7331 8613 別体字

意味 ❶「紫蘇シソ」は、シソ科の一年草。葉と実はかおりがよく、食用にされる。❷生きかえる。失われていた活力をとりもどす。よみがえる。例蘇生ソセイ。❸江蘇コウソ省の別の呼び方。❹姓セイの一つ。例蘇秦ソシン（＝戦国時代の政客）。❺外国語の「ス」「ソ」の音訳。例蘇格蘭スコットランド。

人名 いき・はる

【蘇▽芳】スオウ ①マメ科の落葉小高木。春、黄色の小さな花がさく。心材やさやの実は赤色染料センリョウにする。②むらさきがかった赤色。表記 ▽「蘇▼枋・蘇▽方」とも書く。

【蘇▼軾】ソショク 北宋ホクソウの人。号は東坡トウバ。すぐれた詩人・文章家として、弟の蘇轍ソテツ、父の蘇洵ソジュンとあわせて三蘇サンソと呼ばれ、唐宋八大家ハチダイカの一人に数えられた。（一〇三六―一一〇一）

【蘇生】ソセイ（名・する）生き返ること。よみがえること。類復活・回生。例―術。ふろをあびると―した思いがする。

【蘇鉄】ソテツ ソテツ科の常緑低木。暖かい地方に多い。幹は太く、頂上から羽のような形の大きな葉が四方に生える。雌雄異株シユウイシュ。

艹16 【藻】19画 3384 85FB 常用 音ソウ漢 訓も

筆順

なりたち [形声]「艹（＝くさ）」と、音「澡ソウ」とから成る。みずくさ。

意味 ❶水中に生える植物や「も」などをまとめていうことば。も。例藻類ソウルイ。海藻カイソウ。❷美しい模様。かざり。詩歌シイカや文章の美しくかざった表現。例詞藻シソウ。文藻ブンソウ。

【藻類】ソウルイ 海藻や淡水タンスイ中の藻もをまとめていうことば。

【藻▼屑】もくず ①藻の切れはし。②水の中のごみ。例海の―と消える（＝海中にしずむ）。

【藻塩】もしお 海水をそそいだ海藻カイソウを焼いて、水にとかし、うわずみを煮出にだして作った塩。

【藻場】もば 海中で海藻のしげったところ。

艹16 【蘋】19画 7332 860B 音ヒン漢 訓うきくさ

意味 ❶大きなうきくさ。うきくさ。例蘋藻ヒンソウ（＝水草をまとめていうことば）。❷池や沼ぬまに自生する四つ葉の水草。デンジソウ（田字草）。カタバミモ。

艹16 【藾】19画 7333 85FE 音ライ漢 訓かげ・よもぎ・よ-る

意味 ❶ヨモギの一種。❷かげに入る。かくれる。

艹16 【蘭】19画 4586 862D 人名 音ラン漢呉 訓ふじばかま・あららぎ

艹17 【蘭】20画 F91F

なりたち [形声]「艹（＝くさ）」と、音「闌ラン」とから成る。香草コウソウの名。

意味 ❶キク科の多年草。フジバカマ。秋、うすむらさき色のかおりのよい花をつける。秋の七草の一つ。❷ラン科植物をまとめていう。❸美しいもの、よいもののたとえ。例蘭芷ランシ（＝かおりのよいランとヨロイグサ。賢人ケンジンと佳人カジンとのたとえ）。❹「木蘭モクラン」は、モクレン科の落葉低木。モクレン。春に葉よりも先に、白またはむらさき色の大きな花をつける。

日本語での用法 一《ラン》「和蘭（和蘭陀オランダ）」の略。「蘭医ランイ・蘭学ランガク」二《あららぎ》①植物のイチイの別名。②植物のノビルの古名。

艹16 【藺】19画 7334 85FA 人名 音リン漢 訓い

意味 ❶イグサ科の多年草。イグサ。イ。くきは一メートルにもなり、むしろや畳表たたみおもての材料になる。灯心草トウシンソウ。❷姓セイの一つ。例藺相如リンショウジョ。

【藺相如】リンショウジョ 戦国時代の趙チョウの人。秦シンへの使者として和氏カシの璧ヘキを守り、また将軍廉頗レンパとの深い友情で知られる。生没年セイボツネン未詳ミショウ。→【完璧】カンペキ（290ジペー）・【刎頸の交わり】フンケイのまじわり（130ジペー）

艹16 【蘆】19画 7335 8606 音ロ漢 訓あし

艹4 【芦】7画 1618 82A6 人名 俗字

意味 ❶水べに生えるイネ科の多年草。アシ。むしろを編んだり紙を作ったりするのに用いられる。一説に「葦イ」のまだ穂ほを出さないものを「蘆」という。例蘆花ロカ（＝アシの花）。❷「蘆菔ロフク」は、ダイコンの別名。

【蘆辺】あしべ アシの生えている水辺。

【蘆▼荻】ロテキ アシとオギ。

【蘆笛】ロテキ・あしぶえ ①アシの葉を巻いた草笛くさぶえ。②アシのくきでつくった縦笛たてぶえ。

艹16 【蘢】19画 7336 8622 音リョウ・ロウ漢 訓あつ-まる・いぬたで

意味 ❶「蘢古リョウコ・ロウコ」は、タデ科の一年草。オオケタデ。❷「蘢葛リョウカツ」は、ブドウ科のつる性植物。ヤブガラシ。❸草木が多くしげるようす。

艹16 【蘂】19画 ⇩【蕊】ズイ（865ジペー）

艹16 【蘓】19画 ⇩【蘇】ソ（870ジペー）

艹17 【蘰】20画 7338 8630 国字 訓かずら・かずら-く

参考「縵」の字に「艹」を加えたもの。

意味 ❶少女の髪かみかざり。はねかずら。はなかつら。かずら（鬘）。❷つる性植物をまとめていうことば。かずら（蔓）。❸髪かざりをつける。髪をかざる。かずらく。

艹17 【蘖】 20画 6117 8616 音ゲツ漢 訓ひこばえ

意味 切り株から出る芽。ひこばえ。例 萌蘖(=新芽と、ひこばえ)。

艹17 【蘚】 20画 7337 861A 音セン漢 訓こけ

意味 湿地などに生える緑色の植物。こけ。例 蘚苔。

【蘚▼苔】こけ。例 ―類。

艹17 【蘯】 20画 ⇩【蕩】(865ページ)

艹17 【蘗】 20画 ⇩【檗】(550ページ)

艹17 【蘭】 20画 ⇩【蘭】(870ページ)

艹19 【蘿】 22画 7339 863F 音ラ漢 訓つた

意味 ❶広く、つる性植物をまとめていうことば。つたかずら。ツタ。例 蘿蔓(=つたかずら)。❷「蘿衣・女蘿」は、深山の針葉樹の幹や枝に着生するコケ類の一種。サルオガセ。❸「蘿蔔」は、ダイコンの別名。

難読 蘿蔔・蘿蔦・蘿衣

141 6画 虍 とらかんむり とらがしら 部

トラの皮の模様の形をあらわす。「虍」をもとにしてできている漢字を集めた。

0 虍 2 虎 3 虐 虐 4 虔 5 虚 處 6 虛 虜 7 虞 虜 虡 號 11 虧

この部首に所属しない漢字

彪⇩彡370 慮⇩心412 膚⇩月828 盧⇩皿700

虍0 【虍】 6画 7340 864D 音コ漢呉

意味 トラの皮の模様。

虍2 【虎】 8画 2455 864E 常用 音コ漢呉 訓とら

筆順 丨 ト ⺊ 广 卢 卢 虍 虎 虎

なりたち 【会意】「虍(=トラの皮の模様)」と「儿(=トラのあし)」とから成る。山野にすむけものの王であるトラ。

意味 アジア産のネコ科の猛獣。トラ。〔強くておそろしいものや危険なものにもたとえる〕例 虎口。猛虎。

日本語での用法 《とら》よっぱらい。「虎になる」

難読 虎魚・虎列刺・虎杖・虎落・虎落笛・虎耳草・魚虎・水虎・壁虎

人名 たけ・たけし

【虎威】トラの威勢。また、勇将の強い勢い。例 ―をくじく。→【虎らの威を仮る】

【虎渓】江西省の廬山にある谷川。晋の慧遠は、近くの寺にこもって修行に集中するため、この谷をわたるまいと、ちかいを立てていた。→【虎渓三笑】

【虎渓三笑】何もかも忘れて話に熱中することのたとえ。晋の慧遠が訪問客の陶潜と陸修静の帰りを送る道すがら、ついつい話に夢中になり、トラの鳴き声を聞いてはじめて、ちかいを破って虎渓まで来ていたことを知り、三人で大笑いをしたという故事。古来、画題として好まれてきた。→【虎渓】

【虎穴】①トラのすむ、ほらあな。②危険な場所のたとえ。

【虎穴に入らずんば虎子を得ず】トラのすみかに入らなければ、トラの子を生けどりにすることはできない。危険をおかさなければ大きな成功は望めないことのたとえ。

故事のはなし 中国の歴代王朝にとって、まわりの異民族とどううまくやっていくかということは、常に重要な問題だった。後漢のとき、班超という人が、中国の西方の鄯善(楼蘭ともいう)という国に外交使節としてつかわされた。鄯善王ははじめは班超を手厚くもてなしていたが、中国北方の異民族、匈奴からも使者がやってきて、鄯善に圧力をかけてくると、鄯善は匈奴を恐れて、班超一行への待遇が急に悪くなった。そこで班超は部下を集めて「トラの穴に入らなければトラの子をつかまえることはできない」と言い、夜、匈奴の使者の陣営をおそって使者や兵士の首三十あまりを切った。鄯善は国中がふるえあがって漢に服従するようになった。(後漢書)

【虎口】①トラのくち。②ひじょうに危険な場合や場所のたとえ。類 危地。例 命からがら―を脱した。―の難をのがれる。

【虎子】□一 トラの子。参考 日本では、「とらの子をはたく」「とらの子のはいった財布」などと使って、たいせつにしているもの、とくにお金をたとえていう。□二 〔その形が伏せたトラの形に似ていることから。「子」は接尾語〕持ち運びのできる便器。

【虎視▼眈▼眈】(形動タル)〔「眈眈」は、するどい目つきでねらっているようすの意〕①トラが獲物をじっと見張っているようす。②よい機会を油断なくうかがっているようす。例 役員のポストを―とねらう。

【虎斑】□一 トラの背のような、まだら模様。また、その毛色。□二 名馬。また、まれに見るすぐれた人物。

【虎▼豹】①トラとヒョウ。②強いもの、また、強暴なもののたとえ。例 ―はその爪を外にせず(=強者はその実力を見せびらかさずに敵を破る)。〈淮南子〉

【虎尾を▽履む】トラの尾を踏む。大きな危険をおかすことのたとえ。例 ―思いで切りぬけた。

【虎変】(名・する)①トラの皮の模様がはっきりと変化していること。②学問の修得が日に日に進むこと。③文化などが日に見えて進歩すること。④文章が変化に富んで味わい深いこと。

【虎▼狼】①トラやオオカミ。②残忍で欲張りなもののたとえ。例 ―の秦(=戦国時代の秦国の暴威をいう)。―の心(=残忍な気持ち)。

【虎の威を▽仮る】〔「仮」は、借りる意〕自分には力がないのに強いものの権威をたのみにして、からいばりすることのたとえ。虎威。

[故事のはなし] トラがいろいろなけものをつかまえて食べていた。あるときキツネをつかまえたが、キツネはトラにこう言った。「あなたはわたしを食べたりしてはいけない。わたしは天の神からあらゆるけものの王に任命されたのです。わたしを食べるのは、天の神の命令にそむくことです。わたしの言うことが信用できないのなら、わたしの後について来てごらんなさい。わたしを見てにげないけものがいるものかどうか」。トラはそうかと思ってキツネの後についていくと、けものたちはみなにげだした。トラは、けものたちが自分を見てこわがってにげたのだということがわからず、キツネをこわがったのだと思ってしまった。〈戦国策〉

【虎は死して皮を▽留む】トラは死んでも美しい毛皮を残すように、人は死後に名声や功績を残すべきである。[類]豹は死して皮を留む。

【虎を野に放つ】①すぐれた人物を、才能が自由に発揮できる状態におくこと。②危険な者に自由をあたえ、わざわいをまねくこと。

虍3
【虐】9画 2152 8650 [常用] [音]ギャク[漢] [訓]しいた-げる

[筆順] 丨 ト ⺊ 广 卢 卢 虍 虐 虐

虍3
【虐】9画

[なりたち] [会意]「虍(=トラ)」と「⺕(=つめ)」と「人(=ひと)」とから成る。トラがつめで人をきずつける。

[意味] むごいあつかいをする。いじめる。しいたげる。また、むごい。[例]虐待。残虐。暴虐。

「虍部」3—5画 虐虐虔虚

【虐殺】ギャクサツ(名・する)むごたらしい方法で殺すこと。残虐な殺し方をすること。

【虐政】ギャクセイ 人民を苦しめる政治。[例]—に抵抗する。

【虐待】ギャクタイ(名・する)(弱いものに対して)ひどいあつかいをして苦しめること。いじめること。[例]動物—。政治犯を—する。

●残虐・自虐・暴虐

虍3
【虐】9画 ⇩【虐】(872ページ)

虍4
【虔】10画 7342 8654 [音]ケン[漢] [訓]つつし-む・つつま-しい

[意味] ❶うやうやしくかしこまる。つつしむ。[例]恭虔。敬虔。❷ころす。また、うばう。[例]虔劉(=ころす)。

虍5
【虚】11画 2185 865A [常用] [音]キョ[漢]・コ[呉] [訓]むな-しい

[筆順] 丨 ト ⺊ 广 卢 卢 虍 虍 虚 虚 虚

虍6
【虛】12画 1-9146 865B [人名]

[なりたち] [形声]「丘(=おか)」と、音「虍コ→キョ」とから成る。大きな丘。派生して「むなしい」の意。

[意味] ❶何もない。からっぽ。うつろ。むなしい。[例]虚無。虚空。空虚。❷うわべだけで実がない。うそ。[例]虚栄。虚偽。虚構。❸欲がない。すなお。[例]虚心。謙虚。❹備えがない。すき。弱点。[例]虚に乗ず(=弱みにつけこむ)。❺からだがよわい。[例]虚弱。虚脱。虚労(=からだが、つかれておとろえる)。❻二十八宿の一つ。とみてぼし。[例]虚宿。

[難読] 虚舟・空虚・虚満・虚空

【虚栄】キョエイ ①実質以上に大きい栄誉。②むりに、実際よりよく見せようとすること。みえを張ること。[例]—心。

【虚偽】キョギ 真実でないことを、真実のように見せかけること。うそ。いつわり。[対]真実。[例]—の申告。

【虚虚実実】キョキョジツジツ〔「虚」は、備えのない弱い点、「実」は、備えのある強い点の意〕たがいに相手のすきをねらい、強いところはさけ、あらゆる計略を使って戦うこと。[例]—のかけひき。

【虚言】キョゲン〔古くは「キョゴン」とも〕真実でないことば。うそ。[例]—癖。

【虚構】キョコウ ㊀(名・する)事実でないことを、事実であるようにつくりあげること。つくりごと。㊁(名)芸術作品の技法の一つ。作者の想像力によって、事実らしく組み立て、つくること。フィクション。[例]—性の強い作品。

【虚字】キョジ 漢文で、文章中の漢字(単語)を文法的なはたらきから実字・虚字に二分するとき、否定詞・接続詞・感動詞・前置詞・句末のことばなどにあたる文字。実質的な意味をあらわさない字。助字ともいう。[対]実字。

【虚辞】キョジ ①真実でないことば。うそ。②「虚字」に同じ。

【虚実】キョジツ ①うそとまこと。あることとないこと。[例]—とりまぜた話。②備えのないことと備えのあること。[例]—をうかがわせる。③いろいろの策略やかけひき。[例]—をつくして戦う。

【虚弱】キョジャク(名・形動ダ)①たくましさがなく、肉体がよわいこと。ひよわなこと。[対]強健・強壮。[例]—体質。②権力や勢力がよわいこと。[例]勢力の—な新党。

【虚飾】キョショク 実質のない、うわべだけのかざり。[例]—に満ちた生活。

【虚心】キョシン(名・形動ダ)先入観や、かたよった考えをもたないで、公平に受け入れること。[例]—に耳をかたむける。

【虚心▼坦懐】キョシンタンカイ(名・形動ダ)こだわりがなく、さっぱりとしたすなおな心持ち。[例]—に言う。

【虚数】キョスウ〔数〕二乗して負になる数。負数の平方根。[対]実数。

【虚勢】キョセイ 実力のともなわない、うわべだけの威勢。からいばりをすること。から元気。[例]—を張る。

【虚説】キョセツ 根拠のないうわさ。作り話。虚談。[対]実説。[例]—のまじった歴史物語。

【虚像】キョゾウ ①〔物〕凹レンズや鏡によってできる像。実際にはないのにあるように見え、そこにスクリーンを置いても像を結ばない。②実際とはかけはなれた、つくられた姿。見かけだけのもの。[例]マスコミによってつくられた—。▽[対]実像。

【虚脱】キョダツ(名・する)体力や気力をなくして、何かをしようという意欲が出なくなること。[例]—状態になる。

【虚報】キョホウ うその知らせ。根も葉もないうその情報。

【虚無】キョム ①何もないこと。[類]空虚。②価値のあるものが存在せず、むなしいと考えること。[例]—感。③老子の思想の根本をなす、無為自然の境地。人の手を加えない、あるがままの状態。

【虚名】実力のともなわない、うわべだけの名声。例―におどらされる。

【虚妄】事実でないこと。うそ。いつわり。

【虚礼】まごころのない形式だけの礼儀。例―を廃止する運動。

【虚空】①何もない空間。例―をつかんでたおれる。②おおぞら。例飛行機が―はるかに消え去る。

【虚空蔵】「虚空蔵菩薩」の略。大空のように広いところを倉庫として、人々を救うための知恵や功徳を無限にたくわえた菩薩。

【虚無僧】臨済宗の一派であった普化宗の僧。ふかあみがさをかぶり、尺八をふいて諸国を修行してまわった。こもそう。ぼろんじ。

虍5 【處】11画 ⇩【処】(123ペ)

虍6 【虚】12画 ⇩【虚】(872ペ)

虍6 【虜】12画 ⇩【虜】(873ペ)

虍7 【虞】13画 2283 865E 常用 音グ漢 訓おそれ・うれ-える・おもんぱか-る

筆順 丶 ト 卢 虍 虐 虞 虞

虍7 【虞】13画

なりたち [形声]「虍(＝トラの皮の模様)」と、音「呉ゴ→グ」とから成る。伝説上の動物。白いトラで黒い模様があり、尾はからだより長いという。借りて「おもんぱかる」の意。

意味 ❶先のことを考える。心配する。おそれる。うれえる。おもんぱかる。例不虞(＝思いがけない)。憂虞(＝心配してこまごま考える)。❷古代中国で、舜が帝位にあった王朝。例虞舜。有虞氏。

使い分け おそれ・おそれる【恐・畏・虞】⇩1165ペ

人名 すけ・もち・やす

【虞犯少年】将来、犯罪をおかす虞れのある未成年の男女。

【虞美人】楚の項羽に愛された女性。垓下の戦いで敵の劉邦の軍に囲まれたとき、項羽のうたう詩にあわせて舞い、みずから命を絶った。→【力は山を抜き気は世を蓋う】(144ペ)

【虞美人草】ヒナゲシの別名。虞美人の墓の上に生えたという。

虍7 【虜】13画 4626 865C 常用 音リョ慣ロ漢 訓とりこ

筆順 丶 ト 卢 虍 虍 虜 虜

虍6 【虜】12画 1-9147 F936 人名

なりたち [形声]「毌(＝つらぬきとめる)」と「力(＝ちから)」と、音「虍コ→ロ」とから成る。力まかせにとらえる。

意味 ❶いけどりにする。また、いけどりにした人。とりこ。例虜囚。俘虜。捕虜。❷めしつかい。どれい。例僕虜(＝めしつかい)。❸敵や異民族をののしっていうことば。例虜醜(＝敵のやつども)。胡虜。

【虜囚】敵にとらえられた人。捕虜。とりこ。例―の身となる。

虍7 【虞】13画 ⇩【虞】(873ペ)

虍7 【號】13画 ⇩【号】(183ペ)

虍11 【虧】17画 7344 8667 音キ漢呉 訓か-ける

意味 ものの一部がうしなわれる。そこなわれる。かける。例虧欠(＝不足する。一部がかける)。盈虧(＝みちかけ)。

【虧盈】①月の欠けることと満ちること。みちかけ。また、三日月と満月。②事のじゅうぶんなことと不足していること。

【虧損】そこなう。欠ける。

142 6画 虫 むし むしへん 部

尾を曲げて横たわるマムシの形をあらわす。「虫」をもとにしてできている漢字を集めた。

0 虫 2 虱 3 虹 虻 4 蚓 蚊 蚕 蚩 蚣 蚋 蚤 蚪 蚌 5 蚶 蚯 蛍 蛄 蛇 蛆 蛋 蚰 蛉 蚫 蛎 6 蛙 蛯 蛔 蛞 蛩 蛬 蛤 蛟 蛭 蛛 蛮 7 蜓 蛾 蜆 蜈 蜍 蛸 蜀 蜃 蛻 蜑 蜉 蜂 蛹 蜊 蜹 蜋 8 蜴 蜿 蜺 蜷 蜻 蜥 蜘 蜩 蜚 蜜 蜮 9 蝟 蝸 蝌 蝦 蝎 蝴 蝗 蝕 蝶 蝪 蝠 蝮 蝙 蝓 蝣 蝯 蝨 蝉 蟒 蝿 10 蟇 螟 融 螂 螢 蟆 11 螯 蟋 螽 螓 螫 蟄 螳 蟒 螬 螺 螻 蟒 12 蟯 蟬 蟠 蟲 13 蟹 蠖 蠍 蟻 蟾 蠝 蟷 蠅 蠏 14 蠑 蠕 蠣 15 蠢 蠡 蠟 16 蠧 17 蠱 18 蠹 蠶 19 蠻

この部首に所属しない漢字

風⇩風1070 触⇩角903

虫0 【虫】6画 3578 866B 教育1 音 A チュウ漢呉 B 一 キ漢呉 二 チュウ漢 訓むし

筆順 丨 口 口 中 虫 虫

A 虫12 【蟲】18画 7421 87F2

B 虫0 【虫】6画 3578 866B

なりたち A[蟲] [会意]「虫キ(＝むし)」が三びき。足のあるむしをまとめていうことば。

B[虫] [象形]マムシが伏した形。

意味 A[蟲] ❶昆虫類をまとめていうことば。例虫媒花。益虫。幼虫。❷動物をまとめていうことば。例羽虫(＝鳥)。毛虫(＝獣)。裸虫(＝人間)。鱗虫(＝魚)。

B[虫] 一キ マムシ。二チュウ むし。

日本語での用法《むし》①その傾向をもった人を軽蔑して呼ぶときのことば。また、そのことに熱中する人。「泣き虫・弱虫・芸の虫」②人の体内にいて、さまざまな感情に影響すると考えられるもの。「虫がいい・虫の知らせ・腹の虫がおさまらない・疳の虫」

【虫害】農作物や山林、また建造物などが、虫のために受ける被害。

【虫垂】チュウスイ 盲腸の下部に出ている細い管状の突起。虫様突起。例—炎。

【虫媒花】チュウバイカ 昆虫によって花粉が運ばれて受粉する花。

●益虫・回虫・害虫・甲虫・昆虫・条虫・鈴虫・水虫・幼虫・弱虫

虫2 **【虱】** 8画 7345 8671 音シツ漢 訓しらみ

虫9 **【蝨】** 15画 7392 8768 本字

意味 人や動物に寄生して血を吸う小さな昆虫。シラミ。例虱官(=シラミのような官吏。あくどい官吏)。

虫3 **【虹】** 9画 3890 8679 常用 音コウ漢 訓にじ

筆順 ﾛ ロ 中 虫 虫 虫ー 虹 虹

なりたち [形声]「虫(=ヘビ)」と、音「工コ」とから成る。にじ。

意味 雨上がりなどに空にかかる、七色で、アーチ形の帯状のもの。にじ。とくに、二本現れたにじのうち、色の濃い方を虹(=おすのにじ。主虹)、色の淡い方を蜺・霓(=めすのにじ。副虹)とした。例虹橋(=にじ。また、にじの形をした橋)。虹蜺。彩虹。

【▽虹▼蜺】コウゲイ にじ。→【虹】意味

【▽虹彩】コウサイ (生)瞳孔のまわりにあって、光の量を調節するうすい膜。色素をもち、その色によって、目の色が決まる。

【虹▼鱒】にじます サケ目の淡水魚。からだの側面にうすい紅色の線がある。

虫3 **【虻】** 9画 1626 867B 音ボウ漢 訓あぶ

意味 アブ科の昆虫。アブ。ハエに似ているがやや大きく、めすは人や牛馬の血を吸う。種類が多い。例蚊虻。

虫4 **【蚓】** 10画 7346 8693 音イン漢 訓みみず

意味 「蚯蚓」は、ミミズ。うす赤く、細長いからだの環形動物で、土中にすむ。

虫4 **【蚊】** 10画 1867 868A 常用 音ブン漢 訓か 付表蚊帳

筆順 ﾛ ロ 中 虫 虫 虫 虫 蚊

なりたち [形声]「虫(=むし)」と、音「文ブ」とから成る。人をかむ、飛ぶ虫。

意味 カ科の昆虫。カ。幼虫はボウフラ。成虫のめすは、人や家畜の血を吸う。種類が多い。例蚊睫。

【蚊柱】かばしら 夏の夕方など、カの飛びから群れが柱のように見えるもの。例—が立つ。

【蚊帳】かや カを防ぐため、ねどこをおおう用具。あらい編み目の織物で作る。例—をつる。表記「蚊屋」とも書く。

【▽蚊▼虻】ブンボウ カとアブ。小さなこと、つまらないもののたとえ。

虫4 **【蚕】** 10画 2729 8695 教育6 音サン漢 訓かいこ

筆順 二 チ 天 吞 吞 蚕 蚕

虫18 **【蠶】** 24画 *7436 *8836

なりたち [形声]「䖵(=むし)」と、音「朁サ」とから成る。きいとをつくり出す虫。

意味 まゆから絹糸をとるカイコガの幼虫の名。カイコ。クワの葉を食べ、白いまゆをつくる。例蚕蛾(=カイコの成虫)。天蚕(=ヤママユの別名)。養蚕。

【蚕業】サンギョウ 養蚕と、それにともなう製糸の産業。

【蚕糸】サンシ ①カイコのまゆからとった糸。生糸。絹糸。②養蚕と製糸。例—業。

【蚕室】サンシツ ①カイコを飼う部屋。②宮刑に処せられた者が入る部屋。

【蚕食】サンショク (名・する)(カイコがクワの葉を食べるように)片はしから、ほかの領域を侵略すること。例領土を—される。

虫4 **【蚩】** 10画 7348 86A9 音シ漢呉 訓あざむ-く・おろ-か・みにく-い・わら-う

意味 ❶虫の名。❷海獣の名。❸みにくい。例妍蚩(=美醜)。❹おろかな。おろか。❺あざわらう。わらう。同嗤。例蚩笑(=あざけり笑う)。

虫4 **【蚣】** 10画 7347 86A3 音一ショウ漢 二コウ漢ク・クウ呉 訓むかで

意味 一「蚣蝑」は、キリギリス科の昆虫。キリギリス。二「蜈蚣」は、ムカデ。

虫4 **【蚋】** 10画 7350 868B 音ゼイ漢 訓ぶよ・ぶゆ・ぶと

虫7 **【蜹】** 13画 8739 本字

意味 ブユ科の昆虫。ブユ。黒くてハエに似て、人や家畜の血を吸う。ブヨ。ブト。

虫4 **【蚤】** 10画 3934 86A4 音ソウ漢 訓のみ・はや-い・つと-に

意味 ❶ノミ目の昆虫。ノミ。人や動物のからだについて血を吸い、伝染病の菌などを運ぶこともある。❷はやい。朝はやい。つとに。同早。例蚤起(=朝早く起きる)。蚤没(=わか死に)。❸つめ。同爪。例蚤甲(=つめの表面の固いところ)。

虫4 **【蚪】** 10画 7349 86AA 音ト慣トウ漢

意味 「蝌蚪」は、オタマジャクシ。カエルの子。

虫4 **【蚌】** 10画 7351 868C 音ホウ漢ボウ呉 訓どぶがい

意味 湖沼のどろの中などにすむ二枚貝。ドブガイ。カラスガイ。例鷸蚌の争い。

虫5 **【蚶】** 11画 7352 86B6 音カン漢 訓あかがい・うむき・はまぐり

意味 フネガイ科の二枚貝。アカガイ・ハイガイ・サルボウガイなど。参考 訓の「うむき」は、ハマグリの類をいう古語。

虫5 **【蚯】** 11画 7353 86AF 音キュウ漢 訓みみず

【意味】「蚯蚓」は、ミミズ。細長いからだをした環形動物。

虫 5
【蛍】
11画 2354 86CD 常用 音ケイ漢 訓ほたる

筆順 、 ⺍ 𭕄 ⺌ 营 営 営 蛍

虫10
【螢】
16画 7405 87A2

なりたち【形声】「虫（=むし）」と、音「熒ケイ（=あかり）」の省略体とから成る。腹に光をともして飛ぶ虫。

意味 ホタル科の昆虫。ホタル。清流や川べの草むらにすみ、腹部のはしから青白い光を放つ。例蛍雪。

【蛍光】①ホタルの光。②〔物〕ある物質が、光や電磁波、また放射線などを受けて発光する現象。また、その光。例─塗料。

【蛍雪】貧しいなか苦労して勉強にはげむこと。蛍窓。

【蛍雪の功】貧しいなかで、苦労して勉強にはげんだ成果。

故事のはなし 晋の孫康は、家が貧しくて、ともし火の油が買えなかったので、冬はいつも雪に反射した光で書物を読んでいた。また、晋の車胤も同じく家が貧しくて油に不自由していたので、夏にはうすい絹で作ったふくろにホタルをたくさん入れて書物を照らし、勉強した。そのかいあって、のちにふたりとも出世して一国の大臣になることができた。〈晋書〉〈蒙求〉

【蛍火】ホタルの出す、わずかな光。

【蛍狩り】ホタルを追って、つかまえる遊び。

漢字に親しむ⑲ 虹の正体は？

虹はなぜ虫へんなのでしょうか。実は、古く中国では「虹」の正体は動物の一種、それも竜やヘビのような、ちょっと気持ちの悪い長い虫のようなものだと思われていたんですね。厳密にいうと「虹」はこの虫のおすで、めすのほうは「蜺」と呼ばれ、あわせて「虹蜺」といいます。中国では、陰陽の二つをものごとの基本とするので、動物は雌雄を分けて考えます。クジラの「鯨鯢」、オシドリの「鴛鴦」は、それぞれ上がおす、下がめすをあらわします。想像上の動物ですが、「鳳凰」「麒麟」なども同様です。

虫 5
【蛄】
11画 7354 86C4 音コ漢 訓けら

意味「螻蛄」は、ケラ。→【螻】ロウ（881ページ）

虫 5
【蛇】
11画 2856 86C7 常用 音 一シャ・タ漢 ジャ・ダ呉 二イ漢 訓へび・くちなわ

筆順 口 口 中 虫 虫 虫' 虫宀 虫宀 蛇

なりたち【形声】「虫（=むし）」と、音「它タ（=へび）」とから成る。ヘビ。

意味 一 爬虫類の一種。ヘビ。手足がなくて、うろこでおおわれた細長いからだを、くねらせて動く。くちなわ。二「逶蛇イイ」は、うねうねと曲がりくねったようす。

【蛇口】水道管などの先に取りつけた水を出すための口。

【蛇身】ヘビのからだ。ヘビの姿。

【蛇腹】①布や皮などで作られた、中が空洞でのびちぢみが自由にできるもの。写真機の側面やアコーディオンの胴など。②衣服のふちかざりやぼうしの装飾に用いる、波形のテープ。③かべをめぐって水平に取り付ける、装飾のための突出部。

【蛇▼蝎】ヘビとサソリ。人にひどくおそれられ、きらわれるもののたとえ。例─のごとくきらう。表記「蛇▼蠍」とも書く。

【蛇行】（名・する）ヘビのようにS字形に曲がりくねっていくこと。例川の流れが─する。ボートが─する。

【蛇足】本体を台なしにするような、よけいなつけ足し。例─を加える。─ではありますが…。

故事のはなし 楚の国の、ある神官のしもべたちが、主人から酒をふるまわれた。酒はみんなで飲むには足りないが、一人で飲むならじゅうぶんの量だった。そこでしもべたちは相談した。「地面にヘビの絵をかいて、いちばん先にかきあげたものが、こいつを飲むことにしようじゃないか」。すると中の一人がまっさきにかきあげ、酒を手もとにひきよせて左手にさかずきを持ち、「おれはこいつに足だってつけられるぞ」と、ヘビの絵に足をつけ加えた。その足がかきあがらないうちに、別の一人が絵を完成させると、男からさかずきをうばい取り「ヘビにはもともと足がない。お前はなんだって足なんかつけるんだ」と言ってその酒を飲みほしてしまった。結局、ヘビに足をつけようとした男は、酒を飲みそこなってしまったのである。〈戦国策〉

○大蛇・長蛇・毒蛇

虫 5
【蛆】
11画 7355 86C6 音ショ漢 訓うじ

意味 ❶ハエなどの幼虫。うじむし。うじ。例蛆虫（=うじむし）。❷「蝍蛆」は、ムカデ。多足類の節足動物で、からだにたくさんの節があり、口から毒を出す。

虫 5 **【蛋】** 11画 3533 86CB 音 タン漢 訓 たまご

意味 ❶中国南部に住む水上生活者。蜑。今は「水上居民」と呼ばれる。❷鳥のたまご。例 蛋白。皮蛋（＝アヒルの卵を殻ごと石灰や塩につけたもの）。

【蛋白】①たまごの白身。②「蛋白質」の略。

【蛋白質】栄養素の一つ。窒素をふくむ化合物で、生物体の主要な構成成分。

虫 5 **【蚰】** 11画 7356 86B0 音 ユウ漢

意味 「蚰蜒」は、ゲジ。ゲジ目の節足動物で、ムカデに似ていて、左右に十五対の長い足がある。ゲジゲジ。

虫 5 **【蛉】** 11画 7357 86C9 音 レイ漢

意味 ❶「蜻蛉」は、㋐トンボ。トンボ目の昆虫。㋑カゲロウ。カゲロウ目の昆虫。トンボに似ているが、小さくてよわよわしい。→【蜻蛉】（878ページ） ❷「螟蛉」は、チョウやガの幼虫。青虫。

虫 5 **【蚫】** 11画 ⇩【鮑】（1094ページ）

虫 5 **【蛎】** 11画 ⇩【蠣】（882ページ）

虫 6 **【蛙】** 12画 1931 86D9 音 ア慣 ワ漢呉 訓 かえる・かわず

意味 ❶両生類の一種。カエル。オタマジャクシから成長して四本の足を生やすが、後足が発達してよくはねる。かわず。例 井蛙。❷やかましい。みだらな。例 蛙声（＝カエルの鳴く声。また、みだらな音楽）。

【蛙鳴▼蟬▼噪】（カエルやセミが鳴きさわぐ意）①うるさいしゃべり声。②へたな文章やくだらない議論のたとえ。

【蛙の面に水】（カエルの面に水をかけても平気でいることから）どんな仕打ちを受けても、いっこうに平気でいること。鹿の角を蜂が刺す。

虫 6 **【蛯】** 12画 7366 86EF 国字 訓 えび

意味 甲殻類の一種。エビ。からだはからにつつまれ、十本の足と二対の長いひげがある。

虫 6 **【蛔】** 12画 7360 86D4 音 カイ漢

意味 人や動物の消化器官にすむ寄生虫。はらのむし。例 蛔虫。

虫 6 **【蛞】** 12画 7361 86DE 音 カツ漢 訓 なめくじ

意味 ❶カエルの幼生。オタマジャクシ。❷「蛞蝓」は、ナメクジ。カタツムリに似るが、からのない、小さな軟体動物。

虫 6 **【蛩】** 12画 7362 86E9 音 キョウ漢 訓 こおろぎ

意味 ❶コオロギ科の昆虫。コオロギ。黒茶色で長い触角をもち、秋に美しい声で鳴く。例 蛩声（＝コオロギの鳴く声）。秋蛩（＝コオロギ）。❷バッタ科の昆虫。イナゴ。イネの害虫となる。❸セミのぬけがら。

難読 蛩（＝コオロギの古名）

虫 6 **【蛬】** 12画 7363 86EC 音 キョウ漢 訓 きりぎりす

意味 コオロギ科の昆虫。コオロギ。〔近世以前、日本ではキリギリスと呼んでいた〕同 蛩。

虫 6 **【蛤】** 12画 4026 86E4 音 コウ漢 訓 はまぐり

意味 ❶浅い海の砂の中にすむ二枚貝。ハマグリ。❷カエルの一種。カジカ。清流にすみ、おすは美しい声で鳴く。

難読 蛤仔・文蛤・花蛤

虫 6 **【蛟】** 12画 7364 86DF 音 コウ漢 キョウ呉 訓 みずち

意味 竜に似た想像上の動物。大水を起こすという。みずち。例 蛟竜。

【蛟▽竜】〔「コウリュウ」とも〕①みずちと竜。一説に、うろこのある竜。〔つばさのあるものを応竜というのに対していう〕②まだ時を得ない英雄や豪傑のたとえ。

虫 6 **【蛭】** 12画 4140 86ED 音 シツ漢 テツ漢 訓 ひる

意味 ヒル類の環形動物。ヒル。池の中などにすんで人や家畜の血を吸う。例 蛭蚓（＝ヒルとミミズ。小人物のたとえ）。

虫 6 **【蛛】** 12画 7365 86DB 音 チュ・シュ慣 チュウ漢 訓 くも

意味 節足動物の一種。クモ。四対の足があり、大きな腹の先から糸を出して、あみを張る。蜘蛛。例 蛛糸（＝クモの糸）。

虫 6 **【蛮】** 12画 4058 86EE 常用 音 バン漢 訓 えびす

筆順 亠 亣 亦 峦 峦 蛮 蛮

虫19 **【蠻】** 25画 7439 883B

なりたち ［形声］「虫（＝むし）」と、音「䜌（レン→バン）」とから成る。南方の人。

意味 ❶文明のひらけていない地に住む異民族。とくに南方の種族。また、外国人を見くだしていうことば。例 蛮夷。蛮語。南蛮。❷文明がひらけていない。あらあらしい。乱暴な。例 蛮行。蛮勇。野蛮。

【蛮▼夷】未開の異民族。表記「▼蕃▼夷」とも書く。

【蛮語】①未開の異民族のことば。②外国のことば。表記▽「▼蕃語」とも書く。

【蛮行】野蛮なおこない。非人道的な行動。

【蛮習】野蛮な風習。

【蛮人】野蛮人。

【蛮声】下品で大きなこえ。例 —を張り上げる。

【蛮族】未開の異民族。野蛮な部族。表記 旧▼蕃族

【蛮風】粗野であらっぽい習慣。

【蛮民】野蛮人。未開人。表記「▼蕃民」とも書く。

【蛮勇】前後のことを考えないでする行為。例 —をふるう。また、思い切った暴力的行動。荒療治。

【蛮力】①腕力。②法や秩序を無視した、乱暴な行動。

虫7 【蜒】13画 7367 8712 音エン漢呉 訓なめくじ

意味 ❶「蜒蚰」は、ナメクジ。❷「蜒蚰螺」は、カタツムリ。❸うねうねと長いようす。例蜿蜒。

虫7 【蛾】13画 1875 86FE 音一ガ漢 二ギ漢

意味 一 ガ ❶ケムシ・イモムシの成虫。チョウに似た、夜行性の昆虫。ガ。❷美人のまゆげ。例蛾眉。二 ギ アリ科の小さい昆虫。アリ。土の中に巣をつくる。同蟻。例蛾術（=アリの子が親のやり方をまねて大きなアリ塚をつくることから、聖賢に学び大成すること）。

【蛾眉】ガビ ①ガの触角のように細長く美しいまゆ毛。美人のまゆ。②美人。表記 ▽「▼娥眉」とも書く。

虫7 【蜆】13画 7368 8706 音ケン漢ゲン呉 訓しじみ

意味 シジミ科の小さな二枚貝。シジミ。川などにすむ。

難読 蜆

虫7 【蜈】13画 7369 8708 音ゴ漢呉 訓むかで

意味 「蜈蚣」は、ムカデ。

虫7 【蜍】13画 7375 870D 音ショ漢ジョ呉 訓ひきがえる

意味 「蟾蜍」は、ヒキガエル科の両生類の名。ヒキガエル。また、月にヒキガエルがすむという伝説から、月をいう。

虫7 【蛸】13画 3493 86F8 音ショウ漢呉 訓たこ

意味 ❶「螵蛸」は、カマキリが木などに産み付けた、たまごのかたまり。❷海にすむ八本足の軟体動物。タコ。やわらかいからだで、足にたくさんの吸盤がある。

難読 蠨蛸

虫7 【蜀】13画 7370 8700 音ショク漢ゾク呉 訓いもむし

意味 ❶ヤママユガ科のガ。ヤママユ。クヌギなどの葉を食べ、緑色のまゆをつくる。また、毛のない、チョウやガの幼虫。あおむし。いもむし。同蠋。❷四川省の別の呼び方。❸三国時代、四川省を中心に劉備が建てた国。蜀漢。（二二一―二六三）

難読 蜀葵・蜀黍・蜀漆・蜀魂

【蜀犬吠日】ショッケンひにほゆ 見識のせまい者が、すぐれた人物の言行を疑いあやしんで、非難するたとえ。〔蜀の地方は四方の山が高く霧が多くて、太陽を見ることが少ない。たまに太陽が出るとイヌがあやしんでほえたてるということから〕類 粤犬吠雪。

【蜀江の錦】ショッコウのにしき 蜀を流れる川で糸をさらして織ったにしき。蜀錦。例―、呉郡の綾。

【蜀魂】ショッコン ホトトギスの別名。蜀の国王のたましいが、この鳥に化したという伝説による。〔昔、蜀の国に望帝という国王がいて、名を杜宇といった。ひどい水害があったとき、宰相の開明が水をうまく処理したので、帝は位を宰相にゆずり山中に隠棲した。ちょうどホトトギスの来る季節で、人々はその鳴き声を聞くたびに帝をしのび、この鳥を帝の化身のように感じたという〕（華陽国志）

【蜀▼黍】もろこし ①イネ科の一年草。夏から秋にかけて円錐状の小花を穂のようにつける。種子は粉にして食用にする。たかきび。とうきび。②トウモロコシ。表記 ▽「▽唐▼黍」とも書く。

虫7 【蜃】13画 7371 8703 音シン漢ジン呉

意味 ❶大きな貝。おおはまぐり。❷竜に似た想像上の動物。みずち。息をはくと蜃気楼を起こすと考えられた。例蜃気楼。

【蜃気楼】シンキロウ 海上や砂漠で、熱や冷気のために光線が異常屈折をして、見えないはずの遠くの風景などが、すぐ近くにあるように、空中にうかんで見える現象。海市。蜃楼。

【蜃楼】シンロウ 「蜃気楼」に同じ。

虫7 【蛻】13画 7372 86FB 音ゼイ慣セイ漢タイ漢 訓ぬ-ぐ・ぬけがら・もぬ-ける

意味 ❶ヘビやセミなどの脱皮したあとの殻。ぬけがら。例蟬蛻（=セミのぬけがら）。❷古い皮をぬぐ。新しいものに変わる。もぬける。例蛻化。

虫7 【蜑】13画 7373 8711 音タン漢 訓あま

意味 中国南部の少数民族。→【蜑】タン 意味❶（876ページ）

日本語での用法 《あま》漁師。また、女の漁師。「蜑の釣舟・蜑人」

虫7 【蜉】13画 7374 8709 音フ漢

意味 ❶「蜉蝣」は、カゲロウ。トンボに似た昆虫。小さくてよわよわしく、短命な虫。はかないもののたとえとされる。❷「蚍蜉」は、大きなアリ。

虫7 【蜂】13画 4310 8702 常用 音ホウ漢 訓はち

筆順 ロ 口 中 虫 … 蜂

なりたち 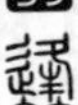 [形声]本字は「蠭」で、「䖵（=むし）」と、音「逢ホウ」とから成る。飛ぶ虫で人を刺すもの。

意味 ❶四枚の羽をもつ昆虫。ハチ。めすには、しりの先に針がある。例蜂腰（=女性のしなやかな細い腰のたとえ）。❷ハチのようにむらがる。例蜂起。

【蜂蜜】はちミツ ミツバチが花から集めて巣にたくわえたみつ。蜂蜜。

【蜂▼窩】ホウカ 〔「窩」は、あなの意〕ハチの巣。

【蜂起】ホウキ（名・する）巣をつつかれたハチがいっせいに飛び立つように、おおぜいの人々が集まって、権力者をたおす行動を同時に起こすこと。例武装―。農民が―する。

●虻蜂・女王蜂・蜜蜂・養蜂

虫7 【蛹】13画 7376 86F9 音ヨウ漢 訓さなぎ

意味 昆虫の幼虫が成虫になるまでの発育段階の一つ。さなぎ。例蛹化（=さなぎになる）。蛹虫（=さなぎ）。

虫7 【蜊】13画 7377 870A 音リ漢 訓あさり

意味 浅い海の砂地にすむ二枚貝。アサリ。

難読 浅蜊

虫7【蛃】13画 ⇩【蚋】(874ページ)

虫7【蜋】13画 ⇩【螂】(880ページ)

虫8【蜴】14画 7378 8734 音エキ漢

意味 トカゲ亜目の細長く小さなからだの爬虫類。トカゲ。四本の足は短い。同易。例蜥蜴(=トカゲ)。

虫8【蜿】14画 7379 873F 音エン漢 ワン漢 オン呉 訓みみず・わだかま-る

意味 ヘビなどが身をくねらせる。曲がりくねったようす。例蜿蜒(=くねくね曲がっているようす)。蜿転。

虫8【蜺】14画 2-8758 873A 音ゲイ漢呉 訓にじ

意味 ❶セミの一種。ヒグラシ、またはツクツクボウシ。❷にじ。「虹(=おすのにじ)」に対して、「めすのにじ」とされる。副虹。例虹蜺(=にじ)。→【虹蜺】(874ページ)

虫8【蜷】14画 7380 8737 音ケン漢 訓にな

意味 虫がからだを屈曲させて動くようす。例蜷局(=からだが曲がって進まないようす)。

日本語での用法《にな》淡水にすむタニシに似た巻き貝。古くは「みな」。「川蜷」

虫8【蜻】14画 7381 873B 音セイ漢

意味 ❶四枚の羽をもつ昆虫。トンボ。からだは細く、軽々と飛ぶ。例蜻蜓。蜻蛉。❷「蜻蛚」は、コオロギ。コオロギ科の昆虫。触角が長い。秋におすは、きれいな声で鳴く。

【蜻蜓】トンボ。

【蜻蛉】①トンボ。トンボ目の昆虫をまとめていうことば。からだは細長く、四枚の羽をもち、目は複眼。幼虫は水中にすむヤゴ。あきつ。②カゲロウ。カゲロウ目の昆虫をまとめていうことば。トンボに似た、小さなよわよわしく短命な昆虫。

【蜻▼蛉▼洲】あきつしま 大和国および日本国の古名。表記「秋津島」とも書く。

虫8【蜥】14画 7382 8725 音セキ漢 訓とかげ

意味「蜥蜴」は、トカゲ亜目の爬虫類。トカゲ。

虫8【蜘】14画 3556 8718 音チ漢 訓くも

意味「蜘蛛」は、クモ。四対の足で、腹の大きな節足動物。腹の先から糸を出して、あみを張る。

虫8【蜩】14画 7383 8729 音チョウ漢 訓ひぐらし

意味 ❶セミ科の昆虫。セミ。おすは夏に木などに止まって大きな声で鳴く。蜩蟬。例蜩甲(=セミのぬけがら)。❷セミの一種。ヒグラシ。明け方と夕方に、カナカナとすんだ声で鳴く。かなかなぜみ。

難読 蜩蟬

虫8【蜚】14画 7384 871A 音ヒ漢 訓と-ぶ

意味 ❶イネを食う害虫。イナムシ。❷「蜚蠊」は、ゴキブリ目の昆虫。ゴキブリ。からだは平たくて、黒茶色でつやがある。アブラムシ。❸とぶ。同飛。例蜚語。蜚鳥(=飛ぶ鳥)。

【蜚語】根拠のないうわさ。デマ。例流言―。表記 現飛語

虫8【蜜】14画 4410 871C 常用 音ビツ漢 ミツ呉

筆順 宀 宀 宓 宓 宓 宻 蜜

なりたち [形声]「虫(=むし)」と、音「宓」とから成る。ハチの甘いみつ。

意味 ❶ハチが花から集めて巣にたくわえたあまい液。はちみつ。みつ。例蜜蜂。❷みつのようにあまい。例蜜柑。蜜語。❸梵語の音訳。例六波羅蜜(=仏教で、菩薩がおさめる六つの行)。

【▽蜜▼柑】ミカン科の常緑小高木。初夏にかおりのよい白い花がさき、秋に黄色い果実をつける。果実は食用になる。ウンシュウミカン。

【蜜月】〔英語 honeymoon の訳語〕①結婚後の一か月。また、結婚してまもない期間。ハネムーン。例―旅行(=新婚旅行。ハネムーン)。②ごく親しい関係の続く期間。

【蜜語】仲のよい男女のあまいことば。むつごと。

【蜜蜂】ミツバチ科のハチの一種。一ぴきの女王蜂、数百ぴきのおす蜂、多数の働き蜂で、社会生活を営む。

【蜜▼蠟】ミツバチの巣を加熱し、圧搾してとった、ろう。ろうそくや化粧品、また、つや出しなどに利用する。

○●餡蜜・黒蜜・糖蜜・蜂蜜

虫8【蝋】14画 ⇩【蠟】(882ページ)

虫9【蝟】15画 7386 875F 音イ漢 訓はりねずみ

意味 ❶ハリネズミ科の、小さいけもの。ハリネズミ。背中は針のような毛でおおわれている。❷ハリネズミの毛のように、むらがり集まる。例蝟集。蝟毛。

【蝟集】(名・する)ハリネズミの毛のように、多数のものがむらがりあつまること。

虫9【蝸】15画 7387 8778 音カ漢 訓かたつむり

意味 陸にすむ巻き貝。カタツムリ。うずまき状のからを背負い、頭に二対の触角がある。マイマイ。デンデンムシ。例蝸角(=カタツムリの触角。小さなもののたとえ)。蝸牛。

【蝸牛】マイマイ科の軟体動物。貝類でも陸上にすむ。マイマイ。マイマイツブロ。デンデンムシ。

【蝸牛角上の争い】カタツムリの触角の上でおこなわれる戦い。とるにたらぬつまらない争いのたとえ。白居易の詩「酒に対す」の句「蝸牛角上何事をか争う」にもとづく。

故事のはなし 戦国時代、魏の国の王が斉の国を攻撃しようとしたとき、魏の宰相の恵施が戴晋人という人物を魏王に目通りさせた。戴晋人は次のように述べた。「カタツムリの左の角に蛮氏という者の国があり、右の角には触氏という者の国がありました。あるとき、両者は領土を争って戦い、死者数万、にげる敵を追うこと十五日にして引き返したということです。ところで王様、魏も斉も、

宇宙の広大さにくらべれば、とるにたりないちっぽけな存在です。いま王様がしようとしていることも、ちょうどこのカタツムリの角の上での戦いのようにつまらない争いではないでしょうか」。こうして魏王は説得された。〈荘子〉

虫9 【蝌】 15画 7388 874C 音カ漢

意味「蝌蚪」は、オタマジャクシ。たまごからかえった、カエルの子。

虫9 【蝦】 15画 1860 8766 人名 音カ漢ガ呉 訓えび

意味 ❶甲殻類の一種。エビ。からだはからに包まれ、十本の足と二対の長いひげがある。例魚蝦。❷「蝦蟇」は、ヒキガエル。ヒキガエル科の大形のカエル。足は短く、とぶ力が弱くて動きがにぶい。

難読 蝦蛄・蝦錠

【蝦▾夷】①古代に、北関東や東北地方に住み、朝廷の支配に抵抗した人々。えみし。②北海道の古名。例 ―地。―松。

【蝦錠】門のかんぬきなどに差す、エビのように半円形に曲がった錠。表記「▽海▽老錠」とも書く。

【蝦▾蟇口】大きくひらく口金のついた、ふくろ形の小銭入れ。あけた形がガマの口に似ている。

虫9 【蝎】 15画 7389 874E 音■一カツ漢■二カツ慣ケツ漢 訓さそり

意味 ■一木を食いあらす昆虫。キクイムシ。■二節足動物の一種。サソリ。尾の先に激しい毒の針がある。例蛇蝎(＝ヘビとサソリ。きらわれもののたとえ)。

虫9 【蝴】 15画 7390 8774 音コ漢

意味「蝴蝶」は、昆虫の名。花の蜜を吸う。チョウ。胡蝶。

虫9 【蝗】 15画 7391 8757 音コウ漢 訓いなご

意味 群れをなしてイネを食う害虫。イナゴ。例蝗災(＝イナゴの大発生による害)。蝗虫(＝イナゴ)。

虫9 【蝕】 15画 3110 8755 音ショク漢 訓むしば-む

意味 ❶虫がものを食って、いためる。むしばむ。❷害する。おかす。例侵蝕。腐蝕。❸太陽や月が欠ける。例蝕既(＝日食や月食で、太陽や月がすっかり欠ける)。月蝕。日蝕。

【蝕害】(名・する)害虫や鳥やけものなどが農作物や植物を食いあらすこと。また、その害。表記「食害」とも書く。

【蝕甚】日食または月食で、太陽または月の欠けが最大限になった状態。表記 現食尽

虫9 【蝶】 15画 3619 8776 人名 音チョウ漢

なりたち [形声]本字は「蜨」で、「虫(＝むし)」と、音「疌チョウ→ウ」とから成る。チョウ。

意味 四枚のきれいな羽をもつ昆虫。チョウ。例蝶舞(＝チョウが飛ぶようす)。胡蝶。

難読 鳳蝶

【蝶蝶】チョウ。ちょうちょ。

【蝶▽番】①ひらき戸やふたなどを開閉するために取り付ける金具。ちょうばん。②関節。例あごの―がはずれる。

虫9 【蝪】 15画 7403 876A 音トウ漢 訓つちぐも

意味「蛈蝪」は、ジグモ科のクモ。ジグモ。ツチグモ。

虫9 【蝠】 15画 7385 8760 音フク漢 訓かわほり・こうもり

意味「蝙蝠」は、コウモリ。からだがネズミに似ていて、鳥のように飛べる小さなけもの。

参考 訓「かわほり」は、「こうもり」の古語。

虫9 【蝮】 15画 7393 876E 音フク漢呉 訓まむし

意味 湿地にすみ、三角の頭をした毒ヘビ。マムシ。蝮虺(＝マムシとサソリ。おそれられ、きらわれるもののたとえ)。例蝮蠍

虫9 【蝙】 15画 *7394 *8759 音ヘン漢 訓かわほり・こうもり

意味「蝙蝠」は、コウモリ。からだがネズミに似ていて、鳥のように飛べる小さなけもの。

参考 訓「かわほり」は、「こうもり」の古語。

虫9 【蝓】 15画 7401 8753 音ユ漢呉 訓かたつむり・なめくじ

意味 ❶カタツムリ。❷「蛞蝓」は、ナメクジ科およびコウラナメクジ科の陸生巻き貝の名。ナメクジ。

虫9 【蝣】 15画 7402 8763 音ユウ漢

意味「蜉蝣」は、カゲロウ。カゲロウ目の昆虫をまとめていうことば。トンボに似た、小さくてよわよわしく、短命な虫。

虫9 【蝯】 15画 ⇩【猿】(658ページ)

虫9 【蝨】 15画 ⇩【虱】(874ページ)

虫9 【蝉】 15画 ⇩【蟬】(881ページ)

虫9 【蟒】 15画 ⇩【蟒】(880ページ)

虫9 【蝿】 15画 ⇩【蠅】(882ページ)

虫10 【蟇】 16画 7417 87C7 音バ漢マ呉 訓ひき・ひきがえる

虫10 【蟆】 16画 7418 87C6 本字

意味 ヒキガエル科の大形のカエル。ヒキガエル。からだにいぼをもつ。足は短く、とぶ力は弱い。蝦蟇。ヒキ。

6画

虫 10
【螟】 16画 7406 879F 音メイ漢ミョウ呉 訓ずいむし
意味 イネのくきを食う害虫。ズイムシ。螟虫。例螟蛉(=あおむし)。

虫 10
【融】 16画 4527 878D 常用 音ユウ漢 訓と-おる・と-ける・と-かす
筆順 ⺊ 鬲 鬲 鬲 鬲 鬲 鬲 融 融
なりたち [形声]「鬲(=かなえ)」と、音「蟲(チュウ→ユウ)」の省略体とから成る。かなえから蒸気がのぼり出る。派生して「とける」の意。
意味 ❶固体が液状になる。とける。とかす。例融解。融合。溶融。❷通じる。流通する。とおる。例融資。金融。❸調和する。やわらぐ。例融然。融和。
人名 あき・あきら・あきらか・とお・ながし・みち・よし
【融化】(名・する) とけて変化すること。ほかのものととけ合うこと。例―しがたい個性。
【融解】(名・する) ①とけること。とかすこと。例氷が―する。②〔物〕固体が熱や圧力によって液体になる現象。類溶解。例―点(=固体がとける温度)。▽対凝固。
【融合】(名・する) 一つにとけあうこと。対分裂。例核―。
【融資】(名・する) 金融機関が資金を融通して貸すこと。例公庫の―を受ける。
【融通】(名・する)〔古くは「ユズウ」とも〕①お金や品物などをやりくりして貸したり、借りたりすること。例資金を―する。②その場に応じてうまく処理すること。例―をきかせる。―のきかない性格。③とどこおることなく通じること。
【融通無▼碍】(名・形動) 考え方や行動が自由で、のびのびしていること。例―にふるまう。表記「融通無▼礙」とも書く。
【融雪】①雪がとけること。また、その雪。雪どけ。例―期。②雪をとかすこと。例―設備。
【融然】(形動タル) 気分がのびやかで、やわらぐようす。例さかずきを手に―とした態度で話しかける。
【融点】固体がとけ始める温度。融解点。対凝固点。例―の低い金属。
【融和】(名・する) 気持ちが通じ合うこと。うちとけて仲よくなること。例隣国との―をはかる。

虫 10
【螂】 16画 7407 8782 音ロウ漢呉 訓いぼじり・かまきり

虫 7
［蜋］ 13画 1-9157 870B 本字
意味 「螳螂」は、カマキリ。カマキリ科の昆虫。頭は三角形で、えものをとらえる前足は鎌のような形をしている。

虫10 **【螢】** 16画 ⇩【蛍】(875ページ)

虫10 **［螟］** 16画 ⇩【蟇】(879ページ)

虫 11
【螯】 17画 7408 87AF 音ゴウ漢 訓はさみ
意味 カニ・エビ・サソリなどの、ものをはさむ大きな前足。はさみ。例蟹螯(=カニのはさみ)。

虫 11
【蟋】 17画 7409 87CB 音シツ漢
意味 「蟋蟀」は、コオロギ。コオロギ科の昆虫。長い触角をもつ。秋におすは美しい声で鳴く。

虫 11
【螽】 17画 *7410 *87BD 音シュウ漢 訓いなご
意味 バッタ科の昆虫。イナゴ。イネの害虫となる。

虫 11
【蟀】 17画 7411 87C0 音シュツ漢
意味 「蟋蟀」は、コオロギ。コオロギ科の昆虫。長い触角をもつ。秋におすは美しい声で鳴く。

虫 11
【螫】 17画 7414 87AB 音セキ漢 訓さ-す
意味 毒虫がさす。さす。例螫刺(=毒でさす)。螫毒(=毒虫の毒)。

虫 11
【蟄】 17画 7415 87C4 音チツ慣チュウ漢 訓かく-れる
意味 虫が冬眠のために土の中にかくれる。すごもる。とじこもる。例蟄虫(=土中にこもっている虫)。啓蟄。
難読 蟄石
【蟄居】(名・する)〔虫が地中にこもっている意〕①家にとじこもって外出しないこと。②江戸時代、武士の罪科の一つ。一室にこもって外に出ることを禁じること。例―を申し付ける。

虫 11
【螳】 17画 7416 87B3 音トウ漢 訓いぼじり・かまきり
意味 「螳螂」は、カマキリ。カマキリ科の昆虫。頭は三角形で、えものをとらえる前足は鎌のような形をしている。螳螂。
参考 カマキリの別名である「いぼじり」は、いぼむしり→いぼうじり→いぼじり、と変化したもの。
【螳▼螂の▼斧】カマキリが前足をおののようにふり上げて、自分よりはるかに大きな車に向かっていくように、自分の力を考えないで、自分よりはるかに力の強いものに立ち向かうことのたとえ。〈韓詩外伝〉

虫 11
【蟒】 17画 ― ― 音ボウ漢モウ呉 訓うわばみ・おろち

虫 9
［蟒］ 15画 7429 87D2 俗字

虫11
［蠎］ 17画 7428 880E 別体字
意味 大蛇。おろち。うわばみ。

虫 11
【蟐】 17画 7412 87D0 国字 訓もみ・もむ
意味 アカガエル。もみ。もむ(=アカガエルをさす古語)。

虫 11
【螺】 17画 4570 87BA 人名 音ラ漢呉 訓にな・にし
意味 ❶うずまき状の巻き貝。ニナ。ニシ。例螺鈿。法螺貝(=仏のかみの形)。❷巻き貝のような形をしたもの。例螺旋。螺髪。
難読 田螺・海螺・栄螺
【螺旋】巻き貝のからのように、うずまき形になっているもの。例―階段。
【螺▼鈿】漆器などの表面に、真珠光を放つ貝がらの薄片をはめこんで、かざりとするもの。

虫11 **【螻】** 17画 7419 87BB 音ロウ漢 ル呉 訓けら

意味「螻蛄」は、ケラ。ケラ科の昆虫。地中にすみ、土をほるために前足が大きい。オケラ。

虫11 **【蟒】** 17画 ⇩【蟒】(880ページ)

虫12 **【蟯】** 18画 7420 87EF 音ギョウ漢

意味 人の腸に寄生する、白く小さい虫。蟯虫。

漢字に親しむ 20 ハエの頭のような

豆粒・米粒・粟粒・芥子粒・毛穴・針穴・針の目・鯨の目・象の目・蚊のまつげ・蚊の涙・蚤の心臓・蟻の穴・箱庭・盆栽・兎小屋・星くず。実際の大きさはそれぞれずいぶんちがいますが、みな小さなもののたとえに使われることばです。鯨や象は、その巨体と比べるため、目がかわいらしく見えるということでしょうし、星くずなどは遠くはなれてながめればこそ、くずのようにも見えるわけです。

ところで、小さな字のことはなんと表現するのでしょうか。胡麻粒などにもたとえられますが、なぜか中国では蝿の頭に見えたようです。小さく、しかもきちんと書かれた字を「蝿頭の小楷」「蝿頭の細字」などといいます。

虫12 **【蟬】** 18画 1-9166 87EC 人名 音セン漢 ゼン呉 訓せみ

虫9 **【蝉】** 15画 3270 8749 俗字

意味 セミ科の昆虫。セミ。おすは、夏に木の幹などにとまって、鳴く。例 蟬脱(=セミが殻から出るように、旧習を脱する)。蟬翼(=セミの羽。うすいもののたとえ)。

【蟬時雨】多くのセミがいっせいに鳴いている音を、しぐれの降る音にたとえたことば。例 激しい―の音。

【蟬▼噪】セミが鳴くように、多くの人が口やかましくものを言うこと。例 蛙鳴―。表記「蟬騒」とも書く。

虫12 **【蟠】** 18画 7422 87E0 音ハン漢 バン呉 訓わだかまる

意味 とぐろを巻いてうずくまる。わだかまる。例 蟠踞。蟠竜(=うずくまっていて、天にのぼらない竜)。

【蟠▼踞】(名・する) ①とぐろを巻いていて動かないこと。②ある地方に勢力をもって、立てこもっていること。例 軍閥が―する。表記 ▽「盤▼踞」とも書く。

虫12 **【蟲】** 18画 ⇩【虫】(873ページ)

虫13 **【蟹】** 19画 1910 87F9 人名 音カイ漢 訓かに

虫13 **【蠏】** 19画 7423 880F 本字

意味 節足動物の一種。カニ。四対の足と一対のはさみがあり、横に歩く。海や川にすむものなど、種類が多い。例 蟹甲(=カニの甲羅)。蟹行。

【蟹行】(名・する) カニのように横に歩くこと。例 ―文字(=横文字。欧米の文字のこと)。

【蟹工船】カニを漁獲し、すぐにそれを缶詰にする設備のある船。

【蟹座】三月下旬の宵に南中する星座。ふたご座としし座のあいだにあり、中央にプレセペ星団がある。黄道十二宮の一つ。キャンサー。

【蟹玉】カニの身と野菜を卵でとじた料理。

【蟹股】両足のつま先が外側にひらき、股がO字形に曲がっていること。

虫13 **【蠖】** 19画 7431 8816 音カク慣 ワク漢 訓しゃくとりむし・つえつきむし

意味「尺蠖」は、シャクガ科のガの幼虫。シャクトリムシ。

【蠖屈】シャクトリムシがからだをちぢめること。将来を期してじっと待つことのたとえ。

虫13 **【蠍】** 19画 7424 880D 音カツ慣 ケツ漢 訓さそり

意味 節足動物の一種。サソリ。尾の先の針には、激しい毒がある。同 蝎。例 蛇蠍(=ヘビとサソリ。おそれきらわれるもののたとえ)。

虫13 **【蟻】** 19画 2134 87FB 音ギ漢 訓あり

意味 アリ科の小さい昆虫。アリ。土の中などに巣を作る。例 蟻酸。蟻集(=アリがむらがるように集まる)。

【蟻塚】アリやシロアリが巣を作るために地上に運び出した土が、山形に盛り上がったもの。蟻の塔。

【蟻酸】アリやハチの体内にある、しげき性の強い無色の酸。皮膚にふれると痛みや、はれの原因となる。

虫13 **【蟾】** 19画 7425 87FE 音セン漢 訓ひきがえる

意味 ❶ヒキガエル科の両生類の名。ヒキガエル。例 蟾蜍。❷(月にヒキガエルがすむという伝説から)月。月光。例 蟾影(=つきかげ。月光)。

【蟾▼蜍】①ヒキガエル。②(月の中にヒキガエルがいるという伝説から)月のこと。

虫13 **【蟶】** 19画 7426 87F6 音テイ漢 訓まて

意味 マテガイ科の二枚貝。マテガイ。浅い海の砂に垂直にもぐってすむ。食用とされる。蟶貝。マテ。

難読 真蟶・竹蟶

虫13 **【蟷】** 19画 7427 87F7 音トウ漢 訓いぼじり・かまきり

意味「蟷螂(トウロウ)」は、カマキリ科の昆虫(コンチュウ)。カマキリ。蟷螂(トウロウ)→【蟷】(トウ)(880ページ)
参考 カマキリの別名である「いぼじり」は、いぼむしり→いぼうじり→いぼじり、と変化したもの。

虫13 【蠅】 19画 7404 8805 音ヨウ漢 訓はえ
虫9 【蝿】 15画 3972 877F 俗字
意味 小形の昆虫(コンチュウ)。食べ物にたかって伝染病(デンセンビョウ)を広める害虫。ハエ。例 蠅頭(ヨウトウ)(=小さなもののたとえ)。蒼蠅(ソウヨウ)(=アオバエ。小人(ショウジン)のたとえ)。

虫13 【蠏】 19画 ⇩【蟹】(カイ)(881ページ)

虫14 【蠑】 20画 7430 8811 音エイ漢 訓いもり・とかげ
意味「蠑螈(エイゲン)」は、イモリ科の両生類。イモリ。

虫14 【蠕】 20画 7432 8815 音ジュ漢 ゼン漢 ネン呉 訓うご-く・うごめ-く
意味 虫がうごめくように動くようす。うごめく。例 蠕動(ゼンドウ)。
【蠕動】(ゼンドウ)(名・する) 虫がうごめくこと。また、消化にともなって胃腸が運動すること。

虫14 【蠣】 20画 7358 8823 音レイ漢 訓かき
虫5 【蛎】 11画 1934 86CE 俗字
意味 浅い海の岩などにつく二枚貝。カキ。牡蠣(ボレイ)。例 蠣殻(レイカク)(=カキの貝がら)。

虫15 【蠢】 21画 7433 8822 音シュン漢呉 訓うごめ-く
意味 ❶虫がもぞもぞと動く。うごめく。例 蠢動(シュンドウ)。❷無知でにぶい。おろか。
【蠢動】(シュンドウ)(名・する) ①虫がうごめくこと。例 かたまって―する幼虫。②とるにたりないものが、かげでたくらみをしたり、さわいだりすること。例 不平分子が―する。

虫15 【蠡】 21画 7434 8821 音一レイ漢 二リ漢 訓はまぐり・ひさご
意味 一虫が木をかじる。また、器物がすりへってこわれる。二ヒョウタン。ひさご。例 蠡測(レイソク)。
【蠡測】(レイソク・リソク) ひさごで海水の量をはかること。おろかさのたとえ。

虫15 【蠟】 21画 1-9171 881F 人名 音ロウ漢
虫8 【蝋】 14画 4725 874B 俗字
意味 動物や植物からとる、脂肪(シボウ)のかたまり。ろう。ワックス。例 蠟燭(ロウソク)。蜜蠟(ミツロウ)。
【蠟紙】(ロウがみ) ろうをしみこませた紙。
【蠟細工】(ロウザイク) ろうを材料に人形や模型などを作ること。また、作ったもの。例 ―の料理見本。
【蠟石】(ロウセキ) 印材や石筆などに用いる、ろうのような感じのやわらかい鉱物。
【蠟▼燭】(ロウソク) 糸やこよりをしんにして、まわりをろうで包んだ灯火用品。キャンドル。
【蠟梅】(ロウバイ) ロウバイ科の落葉低木。早春、かおりのよい黄色い花がさく。中国原産。からうめ。なんきんうめ。表記「▼臘梅」とも書く。

虫16 【蠧】 22画 ⇩【蠹】(ト)(882ページ)

虫17 【蠱】 23画 7435 8831 音コ漢
意味 ❶人をのろうためのまじないに用いる毒虫。また、人をのろうまじない。例 巫蠱(フコ)(=まじないをして人をのろい殺す)。❷まどわす。みだす。例 蠱惑(コワク)。
【蠱惑】(コワク)(名・する) なまめかしい魅力(ミリョク)で人を引きつけ、心をまどわすこと。例 ―的なまなざし。

虫18 【蠹】 24画 7437 8839 音ト漢 訓しみ・むし・むしば-む
虫16 【蠧】 22画 7438 8827 俗字
意味 ❶キクイムシ科の昆虫(コンチュウ)。キクイムシ。❷シミ科の昆虫。衣服や書物を食う虫。シミ。例 蠹魚(トギョ・しみ)。❸害悪をなす人やことがら。例 蠹賊(トゾク)(=人々を害すること)。❹損害をおよぼす。そこなう。むしばむ。例 蠹蝕(トショク)(=むしばむ)。蠹冊(トサツ)(=むしくいのある書物)。
【蠹魚】(トギョ・しみ) ①衣服や書物を食う虫。②本ばかり読む人を指していうことば。

虫18 【蠶】 24画 ⇩【蚕】(サン)(874ページ)

虫19 【蠻】 25画 ⇩【蛮】(バン)(876ページ)

143 6画 血 ち部

「ち」を皿に入れた形をあらわす。「血」をもとにしてできている漢字と、「血」の字形を目じるしにして引く漢字とを集めた。

0 血 3 衂 4 衄 6 衆

血0 【血】 6画 2376 8840 教育3 音ケツ漢 ケチ呉 訓ち
筆順 ノ ｲ 白 血 血 血
なりたち [象形]「皿(=うつわ)」の中にはいった血の形。神にささげる、いけにえの血。
意味 ❶ちしお。ち。例 血液(ケツエキ)。血管(ケッカン)。流血(リュウケツ)。❷ちのつながり。ちすじ。例 血縁(ケツエン)。血統(ケットウ)。血脈(ケツミャク)。❸ちが出るほど激しいようす。いきいきしたようす。例 血気(ケッキ)。血戦(ケッセン)。熱血(ネッケツ)。
難読 瘀血(ふるち・オケツ)・悪血(オケツ)・泣血(しのびね)
【血圧】(ケツアツ) 血液が流れるとき血管のかべを内側からおしている圧力。心臓が収縮したときが最高血圧、拡張したときが最低血圧。例 ―が上がる。―を下げる。
【血液】(ケツエキ) 動物の体内をめぐっている液体。栄養分を運んだり、細菌(サイキン)を殺したりする。血(ち)。
【血縁】(ケツエン) 親子やきょうだいなど血筋のつながっている関係。また、その関係にある人。類 血族・血脈。→【地縁】(チエン)(227ページ)
【血管】(ケッカン) からだの中をめぐり、血液が流れているくだ。
【血気】(ケッキ) 燃えさかるような活力。さかんな意気。例 ―の勇。

—にはやる。—さかんな年ごろ。

【血球】血液中の細胞成分。赤血球・白血球・血小板がある。

【血行】血液がからだの中をめぐること。血の循環。例—が悪い。

【血痕】血のついたあと。例—を残す。

【血腫】体内の出血が、組織の中や、組織と組織のあいだにたまって、かたまりになったもの。

【血書】(名・する)決意や誠意を示すため、自分の血で文字を書くこと。また、書いたもの。

【血▼漿】血液成分から血球を除いた液体成分。

【血小板】血球成分の一つ。血球中最も小さい。血液凝固作用をもつ。

【血色】①血の色。②健康状態を反映している顔のいろつや。例—がいい。

【血清】血漿の中から血液を凝固する物質を除いた成分。黄色のすきとおった液体で、病気の診断や治療に利用される。

【血税】①血の出るような思いで納める税金。過酷な税。②兵役の義務。〔身血を税とする意。一八七二(明治五)年の徴兵告諭中のことば〕

【血栓】血管中にできて血液の流れをさまたげる血のかたまり。血管内皮の損傷や血流の変化などによって生じる。例脳—。

【血戦】(名・する)血みどろになって激しく戦うこと。

【血相】かおいろ。例—を変える。

【血族】血のつながりのある一族。親子やきょうだいなど。類血縁。例—結婚。

【血▼痰】たんの中に血がまじったもの。

【血沈】「赤血球沈降速度」の略。赤血球が、決まった時間に細いガラス管を沈降する速度。種々の病気の判定に利用する。

【血統】代々続く血のつながり。血筋。例—が絶える。

【血糖】血液にふくまれるぶどう糖。例—値。

【血肉】①血と肉。例学業を自分の—化する。②親子やきょうだい。肉親。骨肉。例—の争い。

【血尿】血がまじった尿。

【血判】(名・する)誓約や決意のかたさを示すため、自分の指先を切り、その血で、署名の下に判としておすこと。また、その判。例誓約書に—する。

【血便】血がまじった大便。

【血脈】㊀①血管。②血のつながり。類血縁。例—をたどる。㊁〔仏〕師から弟子へと仏法を相続していくこと。また、その相続のされ方をしるした系図。

【血盟】(名・する)血判をおすなどして、同志のちかいをすること。

【血涙】深い悲しみやひどい苦しみのために流すなみだ。血のなみだ。例—をしぼる。—をこらえる。

【血路】①敵の包囲を破って、血まみれになってつくったにげ道。例—をひらく。②困難を切りぬける方法。例—を求めて苦心する。

【血煙】切られたときなどに飛び散る血を、けむりに見立てたことば。例—をあげてたおれる。

【血祭り】〔昔、中国で出陣のとき、いけにえを殺して軍神を祭ったことから〕出陣にさいして気勢を上げるため、敵方のスパイや捕虜などを殺すこと。例—に上げる。
●献血・混血・採血・止血・充血・出血・純血・貧血・輸血・流血・冷血

血3 【衂】9画 ⇩【衄】(883ページ)

血4 【衄】10画 7440 8844 音ジク漢 訓はなぢ

血3 【衂】9画 7441 8842 俗字

意味 ❶鼻から血が出る。はなぢ。例衄血(=はなぢ)。❷挫折する。くじける。くじく。例衄挫(=くじく)。敗衄(=負けてしまう)。

血6 【衆】12画 2916 8846 教育6 音シュウ漢 シュ呉

筆順 衆

なりたち [会意]「乑(=多くのひと)」と「血(=目)」とから成る。多い。

意味 人が多い。数が多い。多くの。また、ふつうの、世間いっぱんの人々。例衆人。衆生。衆目。群衆。民衆。

難読 一切衆生
人名 あつむ・とも・ひろ・もり・もろ
【衆寡】人数の多いことと少ないこと。多人数と少人数。例—敵せず(=多勢に無勢では勝負にならない。人数の少ないほうに勝ちめがない)。

【衆議】(名・する)多くの人が相談や論議をすること。また、その相談や論議。例—一決する。

【衆議院】日本の国会の二院制度で、参議院とともに国会を構成する議院。予算案の先議権や決議権、条約の承認など、参議院に優先する権限をもち、解散の制度がある。衆院。対参議院。

【衆愚】多くのおろかもの。例大衆を、とかく—と見る政治家。

【衆口】集まった人々がくちぐちにものを言うこと。例—調えがたし。

【衆口金を▼鑠かす】多くの人のことばは、金をもとかすほどに強い力をもつ。かげぐちや中傷が、おそるべき力をもつことのたとえ。〈国語〉

【衆庶】(権力者から見た)いっぱんの人々。庶民。

【衆人】多くの人々。おおぜいの人。例—環視の中。—の尊敬を受ける。

【衆知】多くの人々の知恵。例—を集める。表記旧衆▼智
【衆望】多くの人々の期待。例—をになう。

【衆目】多くの人々の見方。例—の認めるところ。—の一致するところ。

【衆生】〔仏〕すべての生存するもの。とくに人間。例一切—を救う。

【衆生済度】〔仏〕仏や菩薩が衆生を救済して彼岸にわたすこと。人々を迷いから救い、さとりを得させること。
●観衆・群衆・公衆・大衆・聴衆・民衆

144 6画 行 ぎょうがまえ ゆきがまえ 部

人が歩く意をあらわす。「行」をもとにしてできている漢字を集めた。

0 行 3 衍 5 衒 術 6 街 7 衙 9 衝 10 衛 衡 衞 18 衢

この部首に所属しない漢字
鵆⇩鳥 1101

行 0 【行】 6画 2552 884C 教育2

音 コウ漢 ギョウ呉 アン唐
訓 い-く・ゆ-く・おこな-う
付表 行方ゆくえ

筆順 ノ ク 彳 彳 行 行

なりたち [会意]「彳(=小またで歩く)」と、「亍(=歩みを止める)」とから成る。人が歩く。

参考 一説に、十字路の形。

意味 ❶すすむ。ある方向に向かっていく。うつる。うごく。ゆく。いく。例行進。行程。運行。❷うごかす。ゆかせる。やる。例行軍。行舟(=舟を前進させる)。❸あることをする。おこなう。おこない。例行為。遂行。品行。❹心身をきたえるおこない。例行者。修行。難行苦行。❺たび。旅じたく。例行客(=たびびと)。行脚。行在所。紀行。❻ならんでいるもの。人や文字などのならび。例行列。行間。改行。❼問屋。同業組合。大きな商店。例銀行。行員。❽漢字の書体の一つ。例行書。❾漢詩の形式の一つ。例琵琶行。

使い分け いく・ゆく【行・逝】⇩1162ページ

難読 行くだり・行方なめかた(=地名・姓)・行器ほかい

人名 あき・あきら・すすむ・たか・つら・ひら・みち・やす・ゆき

【行火】アンカ 炭火を入れて手足をあたためる小型の暖房具。

【行脚】アンギャ (名・する)〔「ギャ」も唐音〕①〔仏〕僧が仏道修行のために諸国をめぐり歩くこと。例—の僧。②歩いてあちこち旅をすること。例全国を—する。

【行宮】アングウ 天子が旅のとちゅうで泊まるときの、かりの御所。行在所。

【行在所】アンザイショ 旅先での天子の仮の御所。行宮。

【行▽灯】アンドン〔「ドン」も唐音〕①昔の照明具。木や竹などのわくに紙をはり、中に油皿を置いて火をともす道具。例昼—(=ぼんやりとして気のきかない人)。②手に持っていけるようにした照明具。手燭。

【行間】ギョウカン 文章の行と行とのあいだ。例—を読む(=文章の字句には書かれていない筆者の真意や意図を感じとること)。

〔行部〕0画●行

【行儀】ギョウギ (礼儀にかなった)立ち居ふるまいの作法。例—よくふるまう。

【行啓】ギョウケイ (名・する) 皇太后や皇后、皇太子などが外出すること。

【行幸】ギョウコウ (名・する) 天子が外出すること。みゆき。

【行司】ギョウジ 相撲で、取組を進行させたり、勝負を判定したりする人。例—の差しちがえ。

【行事】ギョウジ もよおしごと。とくに、定期的におこなわれるもよおし。例学校—。

【行者】ギョウジャ 一〔仏〕仏道や修験道などの修行をする人。二 コウシャ 道を行く人。行人。

【行住▼坐▼臥】ギョウジュウザガ 一(名)〔仏〕(ゆく、とどまる、すわる、横になるの四つの行動から) 日常のふるまい。起居動作。二(副) ふだん。日常。例—教育問題に心をくだく。

【行書】ギョウショ 漢字の書体の一つ。隷書を少しくずした書体で、楷書よりも先に発生したもの。→【篆書】(755ページ)・【隷書】(1042ページ)・【楷書】(537ページ)・【草書】(850ページ)

【行商】ギョウショウ (名・する) 商品を持ち歩いて商売すること。例—人。朝早く豆腐を—する。

【行状】ギョウジョウ ①おこない。ふるまい。身持ち。例—が悪い。②文体の一つ。人の一生の経歴や言動などをしるした文章。

【行水】ギョウズイ 一(名・する)①湯や水を入れたたらいにはいって、あせを流すこと。②神事などの前に、水をあびて身を清めること。例—をつかう。カラスの—(=入浴時間がたいへん短いこと)。二 コウスイ(名) 流れゆく水。流水。

【行政】ギョウセイ 国を治める三権(=行政・立法・司法)の一つ。法律や政令に従って国や地方公共団体の政治をおこなうこと。例—官庁。

【行政機関】ギョウセイキカン 内閣の各省や地方公共団体などの、政治をおこなう官庁。

【行跡】ギョウセキ 日々のおこない。例—をさぐる。

【行草】ギョウソウ 漢字の書体で、行書と草書。

【行年】ギョウネン この世に生きた年数。また、死んだときの年齢。類享年。例—八十四。

【行列】ギョウレツ (名・する) 順々に列をつくって並ぶこと。また、その列。例大名—。

【行為】コウイ 目的意識をもったおこない。しわざ。例裏切り—。

【行員】コウイン 「銀行員」の略。銀行の職員。

【行雲流水】コウウンリュウスイ 空を行く雲と流れる水のように、自然のなすがままに行動すること。ものごとにこだわらない態度をいう。

【行軍】コウグン (名・する) 軍隊が隊列を組んで行進したり、移動したりすること。例雪中—。

【行使】コウシ (名・する) 権利や権力などを実際に使うこと。例実力を—する。

【行▼尸走肉】コウシソウニク〔「行尸」は歩く死体、「走肉」は走る肉の意〕生きていても価値のないもののたとえ。

【行賞】コウショウ ほうびをあたえること。例論功—(=てがらに応じて賞をあたえること)。

【行進】コウシン (名・する) おおぜいの人が列をつくってきちんと進んでいくこと。例入場—。街頭を—する。

【行進曲】コウシンキョク 隊列の行進に合うように作られた曲。マーチ。例英雄—。葬送—。

【行人】コウジン 一①旅人。道を行く人。②出征兵士。二 ギョウニン〔仏〕仏道修行者。行者。

【行蔵】コウゾウ 人の出処進退の時機を誤らずにふるまうことをいう。→【用舎行蔵】(674ページ)

【行程】コウテイ 進むみちのり。道程。また、旅の日程。例三時間の—。

【行程表】コウテイヒョウ 目標とその過程を示した計画案。ロードマップ。

【行動】コウドウ (名・する) 意志をもって事をおこなうこと。ふるまい。例責任をもって—する。

【行▼嚢】コウノウ〔旅行用のふくろの意〕「郵袋」のもとの言い方。郵便物を入れて輸送したふくろ。

【行文】コウブン 文章を作ること。また、その作り方。語句の使い方。言いまわし。例たくみな—。

【行楽】コウラク ①遊び楽しむこと。②外出や旅行をして遊ぶこと。例夏の—地。

【行▼李】コウリ ①衣類などを入れる、ヤナギやタケなどで編んだ箱形のいれもの。こり。②旅行用の荷物。表記▽「▼梱」とも書く。

【行旅】コウリョ 一(名・する) 旅行すること。たび。二(名) 旅行者。行人。

【行旅病者】コウリョビョウシャ 道路上でたおれた身元不明の病人。ゆきだおれ。行路病者。

【行路】コウロ ①みち。通路。②道を行く人。③旅路。世わたり。例波風のたえない人生—。

【行路難】コウロナン ①道路が険しく困難なこと。②世わたりの苦しみ。また、別離の苦しみ。

【行路病者】「行旅病者」に同じ。

【行き方】「行方」の少し古い言い方。例―知れず。

【行き倒れ】飢えや寒さ、病気などのため道ばたでたおれること。また、そのような人。行旅病者。行路病者。

【行平】「行平鍋」の略。取っ手やつぎ口があり、ふたのついた、平たいなべ。

【行方】①進んでいく方向。行った先の所在。例―不明。②これから先。将来。行く末。例少年の―を見守ろう。

【行く末】これから先。将来。行方。例来し方―。―を案じる。

【行くに▽径に▽由らず】道を行くのに小道を通らず、大道を堂々と歩く。おこないが公明正大であることをいう。〈論語〉

●移行・横行・刊行・逆行・強行・挙行・決行・言行・現行・興行・航行・執行・実行・修行・徐行・進行・随行・善行・素行・続行・代行・直行・通行・発行・犯行・非行・尾行・平行・暴行・歩行・夜行・流行・旅行・連行

行3

【衍】 9画 6207 884D 音エン漢 訓はびこ-る・し-く・あま-り

意味 ❶水があふれる。満ちひろがる。はびこる。例衍漫(=広がりはびこる)。❷ことばの意味をおし広げて、明らかにする。ひろげる。しく。例衍義。❸よけいなもの。あまり。例衍字。

【衍義】意味をおし広めて説くこと。また、そのようにして説いたもの。例大学―。

【衍字】文章や語句の中に誤ってはいりこんだ、よけいな文字。対脱字。

【衍文】文章中に誤ってはいりこんだ、よけいな文句。対脱文。

行5

【衒】 11画 7442 8852 音ケン漢 ゲン呉 訓てら-う

意味 実際以上によく見せようとする。自分の才能や知識をひけらかす。てらう。例衒学。衒気(=よく見せようとする気持ち)。衒売(=価値以上に売りこむ)。

【衒学】学問や知識、また才能などを、それとなく見せびらかすこと。てらうこと。ペダントリー。例―的態度。

【衒才】自分の才能を見せびらかすこと。

行5

【術】 11画 2949 8853 教育5 音ジュツ慣 シュツ漢 訓すべ・わざ

筆順 ノ 彳 彳 什 休 休 休 術 術

なりたち [形声]「行(=いく)」と、音「朮シュ」とから成る。村の中の道。派生して「わざ」の意。

意味 ❶長年かかって身につけた学問や技芸。わざ。例学術。芸術。技術。❷ふしぎなわざ。例術を使う。秘術。魔術。妖術。❸方法。手だて。すべ。例話術。処世術。❹はかりごと。たくらみ。例術策。術数。

難読 術(てだて)

人名 のり・みち・やす・やすし

【術後】手術したあとの状態。例―の経過。

【術語】学問や技術の分野で、とくに意味を限定されて使われる語。専門用語。テクニカルターム。

【術策】はかりごと。たくらみ。例―をめぐらす。

【術数】〔「数」は、手段や方法〕①はかりごと。策略。例権謀―。②うらないや天文で、吉凶を予測する術。

【術中】相手がしかけたわなのなか。例敵の―にはまる。

●奇術・技術・芸術・仁術・戦術・忍術・馬術・美術・武術・魔術

行6

【街】 12画 1925 8857 教育4 音ガイ慣 カイ漢 訓まち

筆順 ノ 彳 彳 彳 往 往 街 街 街

なりたち [形声]「行(=いく)」と、音「圭ケイ→カイ」とから成る。四方に通じるみち。

意味 ❶まちの広い通り。大通り。例街道。街灯。❷まちなか。ちまた。まち。例街頭。繁華街。

使い分け まち【町・街】⇩1180ページ

難読 街(ちまた)

【街区】住宅地の、道路で囲まれた区画。ブロック。例整然と区割りされた―。

【街▼衢】〔「衢」は、四つつじの意〕まち。まちなみ。

【街▼巷】〔「巷」は、曲がったせまい道〕まち。ちまた。

【街上】人々が行き来するまちの中。街頭。道ばた。例―を明るく照らす。

【街談▼巷語】世間のうわさ。まちかどや路地で語られるうわさ話。街談巷説。

【街道】①昔から、まちとまちをつないでいた大きな道路。奥州街道・甲州街道・日光街道など。②大通り。まちの広い通り。

【街灯】道路を明るくするために道のわきに設置した電灯。街路灯。例―がともるころ。

【街頭】人や車が通るまちなか。道ばた。路上。例―演説。―録音。

【街路】市街地の道路。まちなかの通り。

【街路樹】市街地の道路に沿って植えておく樹木。

【街角】①まちの通りの曲がり角。②まちの中。街頭。表記▽「町角」とも書く。

行7

【衙】 13画 7443 8859 音ガ漢

意味 ❶天子のいる宮殿。例衙内(=宮殿のかこいの中)。衙兵(=宮殿を守る兵)。❷役所。つかさ。例官衙。国衙(=国司の役所)。

行9

【衝】 15画 3055 885D 常用 音ショウ漢 訓つ-く

筆順 彳 彳 彳 徍 徍 徝 徝 衝 衝

なりたち [形声]本字は「衝」で、「行(=いく)」と、音「童トウ→ショウ」とから成る。通りみち。

意味 ❶大通り。また、交通上たいせつなところ。例要衝。❷勢いよくぶつかる。つきあたる。つく。例衝撃。衝突。衝動。

難読 衝立(ついたて)・衝重(ついがさね)

人名 つぎ・みち

【衝撃】一(名・する)激しくつきあたって、はね返る強い力。ショック。例衝突の―で投げ出される。二(名)物体や精神に急に加えられる激しい力。ショック。例―的な告白。―をあたえる。

【衝天】ショウテン （名・する）天をつくほど勢いのさかんなこと。例 意気—（=元気がさかんで天をもつくほどである）。

【衝動】ショウドウ ①強く心をつき動かすこと。例 世に—をあたえた事件。②とつぜん何かをしたくなって理性ではどうにもおさえられない心の動き。例 —買い。—にかられる。

【衝突】ショウトツ （名・する）①動いているものがぶつかること。例 正面—をする。②立場や意見の異なる者が対立したり、争ったりすること。例 意見の—（=くいちがい）はしかたがない。

●緩衝カンショウ・折衝セッショウ

行10 【衛】 16画 1750 885B 教育5 音 エイ漢 エ呉 訓 まも-る・まも-り

筆順 彳 彳 徫 徫 徫 徫 衛

行10 【衞】 16画 7444 885E 人名

なりたち ［会意］「韋イ→エ（=守る）」と「帀（=めぐりゆく）」と「行（=ならぶ）」とから成る。列を組んで巡回しながらまもる。

意味 ❶外をとりまいて内側をまもる。まもり。例 衛士エイシ。護衛ゴエイ。防衛ボウエイ。❷外側をまわる。例 衛星エイセイ。❸周代、武王の弟、康叔コウシュクが封ホウぜられた国。（?—前二〇九）

人名 ひろ・まさ・まさる・もり・よし

【衛士】エイシ／エジ 宮城を護衛する兵士。

【衛視】エイシ 国会内で警護や監視に当たる職員。

【衛▼戍】エイジュ 軍隊が一定の広い区域にとどまって警備すること。例 —病院。

【衛生】エイセイ 健康に注意し、病気の予防をはかること。清潔で健康な生活を維持するように心がけること。例 —学。

【衛星】エイセイ 地球の周囲をまわる月のように、惑星の周囲をまわる星。（地球は太陽の周囲をまわる惑星）例 人工—。

【衛兵】エイヘイ 警備や監視のための兵士。番兵。

●後衛コウエイ・護衛ゴエイ・近衛このえ・自衛ジエイ・守衛シュエイ・親衛シンエイ・前衛ゼンエイ・直衛チョクエイ・防衛ボウエイ

行10 【衡】 16画 2553 8861 常用 音 コウ漢 訓 はかり・はか-る

筆順 彳 彳 衎 衎 衝 衡 衡 衡

なりたち ［形声］「角（=つの）」と「大（=おおきい）」と、音「行コ」とから成る。ウシが角で人を傷つけないように、横にわたす大木。

意味 ❶ウシの角に結びつけた横木。❷はかりのさお。また、はかり。例 度量衡ドリョウコウ。権衡ケンコウ（=はかりのおもりとさお）。❸重さをはかる。はかり。❹つりあいがとれていること。例 均衡キンコウ。平衡ヘイコウ。❺よこ。同 横。例 連衡レンコウ。

人名 たいら・ちか・ひで・ひとし・ひら・ひろ・まもる

【衡器】コウキ 重さをはかる器具。秤はかり。

【衡権】コウケン さおばかりの、さおとおもり。

【衡度】コウド はかりと、ものさし。

【衡平】コウヘイ つりあうこと。平均すること。平衡。

行10 【衞】 16画 ⇩衛エイ（886ページ）

行18 【衢】 24画 7445 8862 音 ク漢呉 訓 ちまた

意味 四方に通じる大通り。四つつじ。例 衢巷クコウ（=ちまた）。街衢ガイク。

145 6画 衣 ころも（ネ ころもへん）部

上半身をおおうころもの意をあらわす。「衣」が偏へん（=漢字の左がわの部分）になるときは「ネ（ころもへん）」（五画）となる。「衣」をもとにしてできている漢字を集めた。

0 衣 2 表 3 衫 衷 4 袁 衿 衾 衵
衽 衰 衲 袂 衮 衷 5 袈 袞 袖 袗 袋
袒 袙 袢 被 袍 袤 袰 袮 6 袾 袿 袴
袷 裁 装 袱 裄 裂 袵 7 裔 裘 裙 裟
補 裕 裏 裝 裡 8 裹 褂 褐 裳 裾 製
裼 褄 裴 裨 裸 裲 9 褌 複 褊 褓 褒
褐 褝 10 褞 褥 褪 褫 11 襁 褶 襄 褻
褸 褱 12 襌 襆 13 襖 襟 襠 襞 14 襦
襪 15 襭 襤 16 襲 襯 17 襷 襴

［衣（ネ）部］0画 衣

この部首に所属しない漢字 初⇩刀131 哀⇩口201

衣0 【衣】 6画 1665 8863 教育4 音 イ漢 エ呉 訓 ころも・きぬ 付表 浴衣ゆかた

筆順 丶 亠 ナ 衣 衣 衣

なりたち ［象形］二人をおおう形。上半身をおおうころも。

参考 一説に、着物のえりもとの形。

意味 ❶身にまとう着物。ころも。きぬ。とくに、腰から上の着物。対 裳ショウ。例 衣装イショウ。衣服イフク。❷身につける。きる。きせる。例 衣錦イキンの栄エイ（=錦を着て故郷に帰る名誉）。

難読 衣通姫そとおりひめ・母衣ほろ

人名 そ・みそ

【衣冠】イカン ①衣服とかんむり。②平安時代中期以後、朝廷で着用された略式の礼装。正式の束帯を簡略化したもの。③「②」を着用した人。官吏。また、貴人。

【衣魚】イギョ／しみ シミ科の昆虫。シミ。体長一センチメートルほどの銀色の虫で、和紙や衣料を食いあらす。表記「紙魚」とも書く。

【衣▽桁】イコウ 細い木をわくのように組んだ、着物をかけておく家具。衣紋エモンかけ。衣架イカ。例 —にかけた着物。

【衣装】イショウ ①衣服。とくに晴れ着。例 —持ち。花嫁—。②劇に出演する人が着る扮装用の衣服。例 —合わせ。表記 ▽旧 衣▼裳

【衣食】イショク ①着るものと食べるもの。衣類と食料。②生活。暮らし。例 —足りて礼節を知る。

【衣帯】イタイ ①おび。例 一—水イチイタイスイ。②衣服とおび。

【衣鉢】イハツ 〔「エハツ」「エハチ」とも〕①〔仏〕修行者のつねにたずさえるべき三衣サンエ（=三種の袈裟）と一鉢イッパツ（=食器）。②〔仏〕師の僧が仏法を伝えた弟子にあたえる袈裟と鉢。例 —をつぐ。③師が後継者に伝える奥義。

【衣服】イフク 身にまとい、着るもの。きもの。衣料。衣類。

【衣料】イリョウ ①着るもの。衣服。衣類。例 —品。②着物をつくる材料。

【衣糧】衣服と食糧。例被災地に―を送る。

【衣類】洋服や和服、シャツなど、着るものをまとめていうことば。衣服。衣料。例防虫剤で―を虫から守る。

【▽衣紋】①着物のえりの合わさるあたり。また、えりくびのあたり。えりもと。例―をつくろう。②衣服。例―かけ。③絵画や彫刻で、人物像の着衣の線。
●産衣・直衣・白衣・単衣・法衣

衣2
【表】
8画 4129 8868 教育3 音ヒョウ漢呉 訓おもて・あらわ-す・あらわ-れる

筆順 一 十 キ 主 手 耒 表 表

なりたち [会意]「衣(=ころも)」と「毛(ボウ→ヒョウ)(=け)」とから成る。皮ごろもの毛のある面。

意味 ❶ものごとの外側にあらわれた部分。おもて。対裏。例表紙・表面・地表。❷明らかにする。はっきりさせる。あらわす。あらわれる。例表現・表明・公表。❸あらわし示したもの。めじるし。例表札。❹手本。のり。例師表。❺ことがらをわかりやすく整理して書きあらわしたもの。例図表・統計表・年表。❻主君や上の者へ申しあげる文章。上奏文。例上表文・出師の表。

日本語での用法《おもて》①おおやけ。公式の。正式の。「表街道・表座敷・表沙汰」②たたみの外側。「畳表・備後表」③ある地点から見て、はなれたところの、おおやけの場所や地方。「江戸表・国表」④家の外。「表で遊ぶ」

使い分け あらわす・あらわれる【表・現・著】⇩1162ページ
使い分け おもて【表・面】⇩1165ページ

人名 あき・あきら・うわ・お・おも・きぬ・こずえ・すず・よし

【表沙汰】①事が表面に出て広く知れわたること。例いつのまにか―になってしまう。②是非や善悪などを、おおやけの場であつかう事件。例―にして黒白をつける。

【表意文字】一つ一つがそれぞれ単独でも、一定の意味をあらわしている文字。たとえば、漢字やヒエログリフ(=最古のエジプト文字)など。対表音文字。

【表音文字】一つ一つが単独では、ふつう一定の音をあらわすだけの文字。ことばや意味をあらわすには、ふつう、二つもしくはそれ以上をつづり合わせて用いる。たとえば、ローマ字やかな文字、ハングル文字など。対表意文字。

【表記】(名・する)①ことばを文字や記号で書きあらわすこと。例―法。②ものの表面に書くこと。例―の住所。

【表具】「表装」に同じ。例―師。―屋。

【表敬】(名・する)敬意をあらわすこと。例―訪問。

【表決】(名・する)議案に対する賛否の意思を明らかにして、決定すること。

【表現】(名・する)内面的・主観的な思想や感情を、表情・身ぶりやことば・音楽・絵画などの外面的・客観的な形のあるものとしてあらわすこと。また、そのあらわれた形。例造形的―。言語―。「―の自由」という武器。

【表号】㊀(名)めじるし。㊁(名・する)はっきり言うこと。例―する意志。表記▽「標号」とも書く。

【表札】住んでいる人の名前を書いて、門や入り口にかかげておくふだ。表記「標札」とも書く。

【表紙】本など、紙をとじたもののいちばん外側につけた紙や布や革などのおおい。

【表示】(名・する)①あらわし示すこと。例意思―。②表の形で示すこと。例予算の推移を―する。

【表出】(名・する)考えや気持ちを、ことばや表情・身ぶりなどで外にあらわすこと。例おりおりの感情を―した歌。

【表象】㊀(名・する)形にあらわすこと。また、その形。㊁(名)①象徴。シンボル。②〔哲〕知覚や想像、また記憶によって、意識の中にあらわれる外界の像。感覚的で具体的なものであり、概念や観念とはちがう。

【表彰】(名・する)よいおこないやすぐれたはたらき、りっぱな成績などをほめたたえること。例―状。―台。

【表情】①感情が顔つきや身ぶり・姿勢にあらわれたもの。とくに顔つき。例―にとぼしい人。②表面にあらわれる姿。例春の都会の―。

【表装】(名・する)紙や布にかかれた書画を、保存と鑑賞のためにかけじく・額・びょうぶ・ふすまなどに仕立てること。表具。

【表層】層がいくつにも重なっているとき、いちばん表面の層。対深層。例―なだれ。―の心理。

【表題】①表紙に書いてある書物の題。例―音楽。②講演や、演劇・作品などの題。表記▽「標題」とも書く。

【表徴】①外にあらわれたしるし。②象徴。シンボル。

【表土】層を成している土壌の表面の土。

【表白】㊀(名・する)考えや感情をことばや文章にあらわして述べること。㊁(名)〔仏〕法会のときに、その法会の趣旨をしるした文を講師が読み上げて、仏前に申すこと。また、その文。

【表皮】動植物のからだの表面をおおっているかわ。

【表明】(名・する)意見などを人にはっきりと示すこと。例所信―。

【表面】①ものの、おもての面。例月の―。②外から見える部分。外見。例―ではおちついて見える。▽対裏面。

【表面積】立体の表面の面積。

【表裏】㊀(名)おもてと、うら。表面と裏面。例―一体。㊁(名・する)おもてとうらが逆になること。人に見せる面と実情がまったくちがっていること。例言動に―のある人。
●意表・辞表・代表・発表・別表

ネ3
【衫】
8画 7446 886B 音サン漢

意味 ❶(そで・すその短い)ひとえの着物。ころも。例青衫(=青い色のひとえの着物。転じて、わかもの。学生)。❷「汗衫」は、あせとり用の下着。ジバン。

衣3
【衷】
9画 3579 8877 常用 音チュウ漢 訓うち

筆順 一 冖 亩 亩 吏 衷 衷 衷

衣4
【衷】
10画

なりたち [形声]「衣(=ころも)」と、音「中チュウ」とから成る。内側に着るはだぎ。派生して「なかほど」の意。

意味 ❶なか。なかほど。かたよらずにちょうどよい。同中。例折衷。❷心のなか。まごころ。例衷情・衷心・苦衷。

人名 あつ・ただ・ただし・まこと・よし

【衷情】心のおくそこにもっている、いつわりのない思い。衷心。例―を披瀝する。

【衷心】心のおくそこ。まごころ。衷情。例―よりお礼申し上げます。

●苦衷(クチュウ)・折衷(セッチュウ)・微衷(ビチュウ)

衣4 **【袁】** 10画 7447 8881 音 エン漢

意味 ❶ころもが長いようす。❷姓(セイ)の一つ。例 袁世凱(エンセイガイ)(=清(シン)末の軍人・政治家)。

衤4 **【衿】** 9画 2262 887F 人名 音 キン漢 訓 えり

なりたち [形声] 本字は「裣」で、「衤(=ころも)」と、音「金(キン)」とから成る。えり。

意味 (着物の)えり。同 襟(キン)。例 開衿(カイキン)。青衿(セイキン)(=青いえり。転じて、わかもの。学生)。

【衿芯】(えりシン) 衣服のえりの形を保つため、えりの中に入れるかたい布地。襟芯(えりシン)。

衣4 **【衾】** 10画 7448 887E 音 キン漢 訓 ふすま

意味 ねるときにからだにかける夜具。かけぶとん。ふすま。例 同衾(ドウキン)(=同じねどこで、ともにねること)。鴛鴦(エンオウ)の衾(ふすま)(=仲むつまじい夫婦(フウフ)の寝所(シンジョ))。

衤4 **【衵】** 9画 7450 8875 音 ジツ漢 訓 あこめ

意味 したぎ。はだぎ。例 衵服(ジップク)(=婦人用のはだぎ)。

日本語での用法 《あこめ》「衵」は、俗字(ゾクジ)。①昔、男子が正装したとき、下着の上に重ねて着た衣服。②昔、婦人や童女が用いた、はだぎ。

衤4 **【衽】** 9画 7451 887D 音 ジン漢 ニン呉 訓 おくみ・えり

衤6 [袵] 11画 7452 88B5 別体字

意味 ❶着物の前えりからすそまでにつける、はばのせまい布。おくみ。また、えり。例 左衽(サジン)。❷しきもの。ねどこ。例 衽席(ジンセキ)(=しきもの。また、ねどこ)。

衣4 **【衰】** 10画 3174 8870 常用 音 一スイ漢呉 二サイ漢 訓 おとろ-える

筆順 衰

なりたち [象形] 草で作った雨具(あまぐ)の形。派生して「おとろえる」の意。

意味 一 勢いや力が弱くなる。おとろえる。年をとる。例 衰弱(スイジャク)。盛衰(セイスイ)。老衰(ロウスイ)。二 喪服(もフク)。例 斬衰(ザンサイ)(=裁(た)ったままで、ふちをぬわない喪服)。

【衰運】(スイウン) おとろえていくなりゆき。くだり坂の運命。対 盛運(セイウン)。例 ―に向かう。

【衰残】(スイザン) おちぶれてすっかり弱ってしまうこと。例 ―の姿。

【衰弱】(スイジャク) (名・する) おとろえよわること。

【衰世】(スイセイ) おとろえた時代。対 盛世(セイセイ)。

【衰勢】(スイセイ) おとろえていく自然のなりゆき。衰運。

【衰退】(スイタイ) (名・する) おとろえて活気がなくなること。例 国力が―した。表記 旧 衰▼頽

【衰年】(スイネン) 老いて、体力や知力のおとろえた年齢(ネンレイ)。老年。

【衰微】(スイビ) (名・する) 勢力がおとろえて弱くなること。

【衰亡】(スイボウ) (名・する) おとろえてほろびること。例 幕府の―。

【衰滅】(スイメツ) (名・する) おとろえて絶滅すること。衰亡。

【衰老】(スイロウ) (名・する) 年をとって、からだが弱ること。また、からだの弱った老人。老衰。

衤4 **【衲】** 9画 7453 8872 音 ドウ漢 ノウ呉 訓 おぎな-う・ころも・つづ-る・つづれ

意味 ❶衣服をつぎあわせる。❷僧衣(ソウイ)。〔端切(はぎ)れをつぎあわせて作ったことから〕例 衲衣(ノウエ)(=僧衣)。❸僧侶(ソウリョ)のこと。例 衲子(ノウス)(=僧)。衲僧(ノウソウ)(=僧)。

衤4 **【袂】** 9画 7454 8882 音 ベイ漢 訓 たもと

意味 そで。たもと。例 袂別(ベイベツ)(=たもとを分かつ。わかれる)。

衣4 [衮] 10画 ⇩【袞】(コン)(888ジ-)

衣4 【衷】 10画 ⇩【衷】(チュウ)(887ジ-)

衣5 **【袈】** 11画 2322 8888 人名 音 カ漢 ケ呉

なりたち [形声]「衣(=ころも)」と、音「加(カ)」とから成る。

意味 「袈裟(ケサ)」は、僧侶(ソウリョ)の衣服の上にかける布。

人名 けさ

【袈▼裟】(ケサ) 〔仏〕〔梵語(ボンゴ)の音訳〕僧(ソウ)が衣(ころも)の上に、左のかたから右のわきにかけてまとう長方形の布。

衣5 **【袞】** 11画 7449 889E 音 コン漢 訓 もすそ

衣4 [衮] 10画 886E 別体字

意味 天子が着る、竜(リュウ)の刺繍(シシュウ)をほどこした礼服。例 袞衣(コンイ)。袞冕(コンベン)。

【袞衣】(コンイ) 天子の礼服。

【袞▼冕】(コンベン) 天子の礼服と礼装用の冠(かんむり)。

衤5 **【袖】** 10画 3421 8896 常用 音 シュウ漢 訓 そで

筆順 袖

なりたち [形声]「衤(=ころも)」と、音「由(ユウ→シュウ)」とから成る。そで。

意味 ❶衣服の、かたからうでの部分。そで。例 鎧袖一触(ガイシュウイッショク)。袖手(シュウシュ)。袖珍本(シュウチンボン)。❷そでの中にものを入れる。

【袖手】(シュウシュ) (名・する) 手をそでに入れて、何もしないでいること。ふところで。類 拱手(キョウシュ)。

【袖手傍観】(シュウシュボウカン) (名・する) 何もしないで、そばで見ていること。なりゆきにまかせていること。類 拱手(キョウシュ)傍観。

【袖珍】(シュウチン) 「袖珍本」の略。そでやポケットにはいるほど小型の、便利な書物。

【袖垣】(そでがき) 門や建物の出入り口などの左右につくったかき。

●小袖(こそで)・筒袖(つつそで)・長袖(ながそで)・半袖(ハンそで)・領袖(リョウシュウ)

衤5 **【袗】** 10画 7455 8897 音 シン漢 訓 ひとえ・みどり

衤5 [袮] 10画 7457 88AE 別体字

意味 ❶ひとえの着物。❷ぬいとりをする。また、ぬいとりをした衣服。例 袗衣(シンイ)(=ぬいとりをしてかざった衣服)。

参考 異体字「袮」は、「祢(ネ)」の誤字ともされる。〔示(ネ)偏(しめすヘン)の「祢」とすべきところを、衣(ネ)偏(ころもヘン)にしたもの〕

衣 5

【袋】

11画 3462 888B 常用 音 テイ㊞タイ㊥ 訓 ふくろ 付表 足袋

筆順 亻 亻 代 代 代 岱 垈 袋 袋

なりたち 𧙈 [形声] 本字は「帒」で、「巾（＝ぬの）」と、音「代」とから成る。ぬのぶくろ。

意味 布・皮・紙などでできたいれもの。ふくろ。例 香袋。郵袋。

日本語での用法 《ふくろ》片側だけあいていて、出口のない状態。「袋小路」

難読 薬袋

【袋▽小路】ふくろこうじ ①行き止まりになっている小路。②ものごとが行きづまること。例 ━にはいって進退に苦しむ。

●紙袋・堪忍袋・知恵袋・手袋・天袋・寝袋・熨斗袋・風袋・福袋・布袋

ネ 5

【袒】

10画 7456 8892 音 ㊀タン㊥ ㊁タン㊥ダン㊦ 訓 あらわ-す・かたぬ-ぐ・はだぬ-ぐ

意味 ㊀ ころもがほころびる。㊐綻。㊁ ❶衣服をぬいで上半身はだかになる。はだぬぐ。例 袒露（＝はだぬぎして、はだをあらわにする）。❷片方だけ、はだぬぎになる。かたぬぐ。例 右袒（＝右の片はだをぬぐ）。左袒（＝左の片はだをぬぐ。同意すること）。

ネ 5

【袙】

10画 7458 8899 音 ハ・バツ㊥ 訓 あこめ

意味 ❶室内をしきるたれ布。とばり。❷はちまき。また、武人がつけた頭巾。

日本語での用法 《あこめ》「衵」の俗字として使う。

ネ 5

【袢】

10画 7459 88A2 音 ハン㊥

意味 夏に着る白い下着。はだぎ。あせとり。例 襦袢。

ネ 5

【被】

10画 4079 88AB 常用 音 ヒ㊥㊦ 訓 こうむ-る・おお-う・かぶ-る・かぶ-せる

筆順 ラ ネ ネ ネ 初 衪 被

なりたち 𧙔 [形声]「衤（＝ころも）」と、音「皮」とから成る。ねるときにからだにかけるころも。

意味 ❶ねまき。また、かけぶとん。❷おおいかぶせる。おおう。かぶる。また、身につける。例 被服。❸うける。こうむる。例 被災。被弾。被爆。❹かみの毛をゆわないで、ばらばらのままにする。例 被髪。❺［助字］「る」「らる」と読み、…されるの意。受け身をあらわす。例 頼朝被レ執（＝頼朝はつかまった）。

人名 かず・けさ・ます

【被害】ヒガイ ①自然災害によって害を受けること。例 台風による━。②他人にけがをさせられたり、損をさせられたりすること。

【被害者】ヒガイシャ ①災害によって害を受けた人。②他人から危害や損害を受けた人。㊊加害者。

【被告】ヒコク 民事訴訟・行政事件訴訟などで裁判所にうったえられた側。㊊原告。

【被告人】ヒコクニン 刑事訴訟で裁判にかけられている人。

【被災】ヒサイ（名・する）災害にあうこと。地震・台風・火事・戦争などのため損害を受けること。例 地震の━者。

【被子植物】ヒシショクブツ 種子植物のうち、胚珠が子房に包まれているもの。㊊裸子植物。

【被写体】ヒシャタイ 写真にうつされる対象となるもの。

【被弾】ヒダン（名・する）銃砲のたまを受けること。例 機体に━する。

【被▼曝】ヒバク（名・する）放射線や有害な化学物質にさらされること。例 原子力研究所の━事故。

【被爆】ヒバク（名・する）爆撃を受けること。とくに、原子爆弾の害を受けること。例 ━者。広島で━した人人。

【被髪】ヒハツ ばらばらに乱れた髪。ざんばら髪。野蛮な風俗をいう。例 ━左衽（＝野蛮な風俗）。

【被風】ヒフ 和風のコート。前身ごろの左右の打ち合わせが深く、えりもとを四角にあけ、ひもでとめる。もと茶人や僧などが用いた。表記「被布」とも書く。

【被服】ヒフク 衣類。衣服。例 ━費がかかる。

【被覆】ヒフク（「ヒフウ」とも）（名・する）おおいかぶせてあって、ものの表面が露出しないようにすること。例 ━線。

【被膜】ヒマク 表面をおおっている膜。例 フロントガラスに━ができる。

●光被・法被

ネ 5

【袍】

10画 7460 888D 音 ホウ㊥ボウ㊦ 訓 わたいれ

意味 ❶中に綿のはいった、すその長い衣服。わたいれ。❷古くは、下着。❸うわぎ。例 袍衣（＝うわぎ）。竜袍（＝天子の着るうわぎ）。闕腋の袍（＝平安時代の男子が正装したときの、両わきをぬいつけてない、うわぎ）。

衣 5

【袤】

11画 7461 88A4 音 ボウ㊥ 訓 なが-い・ひろ-い

意味 南北の距離。長さ。㊊広。例 袤広（＝南北の長さと東西の長さ）。延袤（＝延長）。広袤（＝土地のひろさ）。

衣 5

【褁】

11画 7462 88B0 国字 訓 ほろ

意味 よろいの上にかけて矢を防いだ布製の大きなふくろ。

ネ 5

【祢】

10画 ⇩【袮】（888ページ）

ネ 6

【裃】

11画 7465 88C3 国字 訓 かみしも

意味 江戸時代の武士の礼服で、肩衣と袴がひとそろいになったもの。

ネ 6

【袿】

11画 7463 88BF 音 ケイ㊥ 訓 うちかけ・うちぎ

意味 婦人が礼服の上から着たうわぎ。

日本語での用法 《うちぎ》（「うちき」とも）平安時代の男子の狩衣や直衣の下に着た衣服。また、女性は唐衣の下に着た。「袿袴」

ネ 6

【袴】

11画 2451 88B4 人名 音 コ㊥ 訓 はかま

意味 ❶ゆったりとしたズボン。❷また。㊐股。例 出我袴下（＝おれの、またをくぐってみろ）。〈史記〉

日本語での用法 《はかま》①着物の上にはいて、下半身をおおう、ひだのあるゆるい和服。「羽織袴の正装」②植物のくきのつぎ目をおおう皮。「ツクシの袴」③筒状

［衣（衤）部］5―6画 袋袒袙袢被袍袤褁袮裃袿袴

のものの下半部を入れて安定させるうつわ。「徳利の袴・ビール瓶の袴」

衤 6 【袷】 11画 1633 88B7 音 一コウ漢呉 二キョウ漢 訓あわせ

意味 一 裏地のついた着物。あわせ。例 袷衣コウイ(=裏地をつけた着物)。 二 着物の胸で合わせる、えり。衣紋。

衣 6 【裁】 12画 2659 88C1 教育6 音サイ漢 ザイ呉 訓た-つ・さば-く

筆順 土 圭 圭 专 表 裁 裁 裁

なりたち [形声]「衣(=ころも)」と、音「𢦏サイ」とから成る。布をたちきって衣を仕立てる。

意味 ❶衣服を作るために布を切る。たつ。例 裁衣サイイ(=布をたち衣服をつくる)。裁断。裁縫。 ❷よしあしを決める。処置する。さばく。さばき。例 裁決。裁判。制裁。 ❸切りととのえた、かたち。ようす。例 体裁。

難読 裁尺ものさし

使い分け たつ【断・絶・裁】⇩1172ページ

【裁可】サイカ (名・する) 君主が臣下の提出する案を判断して許可すること。

【裁決】サイケツ (名・する) ①いいか悪いかを判断してきめること。例 ―流るるごとし。②行政機関が審査請求に対して判断をくだすこと。

【裁断】サイダン (名・する) ①型紙に合わせて布を切ること。カッティング。②ことがらの理非や善悪を決めること。

【裁定】サイテイ (名・する) 当否を判断して決めること。例 仲裁―。

【裁判】サイバン (名・する) ①ものごとの是非や善悪などを判定すること。例 課長に―してもらおう。②司法機関が、訴訟について法律にもとづき判断し、意思を示すこと。例 ―で争う。―沙汰にしなくてもよいのに。―員。

【裁判官】サイバンカン 裁判所で、裁判事務を担当する国家公務員。すべての権力から独立し、憲法・法律のみに拘束され、良心に従い職権を行使する。

【裁判所】サイバンショ ①裁判をおこなう国家機関。最高裁判所・高等裁判所・地方裁判所・家庭裁判所・簡易裁判所をいう。②裁判をおこなう場所。

【裁縫】サイホウ (名・する) 布をたち、ぬい合わせて衣服や寝具を仕立てること。

【裁量】サイリョウ (名・する) ものごとを判断し処理すること。

●決裁・制裁・総裁・断裁・仲裁・体裁・独裁・洋裁・和裁

衣 6 【装】 12画 3385 88C5 教育6 音ソウ漢 ショウ呉 訓よそお-う

筆順 丨 丬 壮 壮 壮 装 装 装

衣 7 【裝】 13画 7470 88DD 人名

なりたち [形声]「衣(=ころも)」と、音「壯ソウ」とから成る。衣服でからだをつつむ。

意味 ❶身じたくをする。かざる。よそおう。よそおい。例 装束。衣装。服装。新装。 ❷とりつける。ととのえる。例 装置。

【装束】ショウゾク 〔古くは「ソウゾク」とも〕 一 (名・する) 衣服をととのえて着ること。 二 (名) 儀式や、もよおし物のための特別の服装。例 白―。能―。

【装画】ソウガ 書物などの装丁用の絵。

【装具】ソウグ ①武装や作業のために身につける道具。例 登山の―。②装飾に用いる道具。例 室内―。

【装甲】ソウコウ (名・する) ①よろいを着て身をかためること。②防弾のため、車体や船体に鋼鉄板を張ること。例 ―車が出動する。

【装飾】ソウショク (名・する) 美しくかざること。例 ―品。

【装弾】ソウダン (名・する) 銃砲に弾丸をこめること。

【装置】ソウチ (名・する) ある目的のための設備を取り付けること。また、その設備。例 安全―。舞台―。

【装着】ソウチャク (名・する) ①身につけること。例 防護マスクを―する。②付属品などを取り付けること。例 タイヤにチェーンを―する。

【装丁】ソウテイ (名・する) ①本に表紙をつけること。②本の表紙やケースなどのデザインを考えること。また、そのデザイン。表記 ▽旧装▼釘・装▼幀 参考「装▼幀」は、本来、布地に絵をはりつけること。

【装▼幀】ソウテイ 「装丁」に同じ。

【装塡】ソウテン (名・する) ①弾丸を銃砲にこめること。②カートリッジやフィルムを器械に入れること。

【装備】ソウビ (名・する) ①兵器を取り付けること。また、兵器を身につけて持つこと。例 一六インチ砲を―した戦艦。②登山などで、必要な衣服や用具を身につけること。例 重―で出かける。

●衣装・改装・仮装・軍装・正装・塗装・服装・武装・変装・包装・舗装・洋装・礼装・和装

衤 6 【袱】 11画 7464 88B1 音フク漢 訓ふくさ

意味 ものを包んだりおおったりする布。ふくさ。例 袱紗フクサ。

【袱▼紗】フクサ ①小形の絹やちりめんのふろしき。例 ―で包む。②茶の湯で、道具をぬぐったり、茶器の下に敷いたりする絹の小さい布。例 ―さばき。表記 ▽「▼帛▼紗・服▼紗」とも書く。

衤 6 【裄】 11画 7466 88C4 国字 訓ゆき

意味 和服の背の中心のぬい目から袖口までの長さ。例 裄丈ゆきたけ(=和服のゆきと、たけ。また、ゆきの長さ)。

衣 6 【裂】 12画 4686 88C2 常用 音レツ漢 訓さ-く・さ-ける・きれ

筆順 ア 歹 列 列 裂 裂 裂

なりたち [形声]「衣(=ころも)」と、音「列レツ」とから成る。きぬおりものの切れはし。

意味 ❶布の切れはし。また、布地を引きさく。さく。 ❷やぶれる。ばらばらになる。さける。また、さけめ。例 裂帛。亀裂。支離滅裂。

使い分け さく【裂・割】⇩1169ページ

【裂果】レッカ 熟すると果皮がはじけて種子を散らす果実。たとえば、ダイズ・エンドウ・アサガオなど。裂開果。

【裂傷】レッショウ 皮膚がさけてできる、きず。

【裂▼帛】レッパク (帛きぬをさく意) するどく高いさけび声や女性の悲鳴の形容。例 ―の気合。―のさけび声。

●亀裂・決裂・炸裂・四分五裂・支離滅裂・断裂・爆裂・破裂・分裂

衤6 【祗】11画 ⇩【衽】(888ページ)

衣7 【裔】13画 7467 88D4 音エイ漢呉 訓すそ・すえ

意味 ❶衣服の下のへりの部分。すそ。❷あとつぎ。子孫。すえ。例裔孫(=末の子孫)。後裔。末裔。❸中央から遠いところ。はて。辺境。

衣7 【裘】13画 7468 88D8 音キュウ漢 訓かわごろも

意味 けものの皮で作った衣服。かわごろも。例裘葛(=冬服のかわごろもと、夏服のかたびら。夏と冬。転じて、一年間)。狐裘。

【裘褐】けものの毛皮で作る服と、あらい毛織りの衣服。防寒用の衣服。また、そまつな衣服。

衤7 【裙】12画 7469 88D9 音クン漢 訓すそ・つま・はかま・も・もすそ

意味 ❶えりあて。えり。❷下半身をおおう衣服。下裳。もすそ。も。例裙帯。紅裙(=あかい色のもすそ。美女)。

【裙帯】もすその帯ひも。また、もすそと帯ひも。

衣7 【裟】13画 2632 88DF 人名 音サ漢シャ呉

なりたち [形声]「衣(=ころも)」と、音「沙サ」とから成る。

意味 梵語の音訳。「袈裟」は、僧侶が衣服の上にかける布。

衤7 【補】12画 4268 88DC 教育6 音ホ漢フ呉 訓おぎな-う

筆順 ラ ネ ネ 衤 衎 衵 補 補

なりたち [形声]「衤(=ころも)」と、音「甫フ→ホ」とから成る。衣服をつくろう。

意味 ❶足りない部分をうめる。つくろう。直す。おぎなう。例補完。補欠。補修。❷たすける。たすけ。例補佐。補助。❸官職をさずける。例補任。

人名 さだ・すけ・たすく

【▽補陀落】〔梵語の音訳〕〔仏〕南インドの海岸にあって観世音菩薩の住むところと信じられた霊山。(日本では那智の山や日光の二荒山、また足摺岬などと考えられた) 表記「普▼陀落」とも書く。

【補遺】書きもらしたことがらを、あとからおぎなうこと。また、おぎなったもの。例辞典に—を付ける。

【補角】〔数〕ある角に加えると一八〇度になる角。たとえば、四〇度の補角は一四〇度。

【補完】(名・する) 不十分なところをおぎなって完全にすること。

【補記】(名・する) あとからおぎなって書くこと。また、その文章。例—を加えて完結した。

【補給】(名・する) 消費して不足するものを供給すること。例生活物資を—する。

【補強】(名・する) 弱い部分や足りない部分をおぎなって強化すること。例堤防を—する。

【補欠】欠員をおぎなうこと。また、欠員をおぎなう予定で選ばれた人。例—選挙。—入学。

【補語】〔英語 complement の訳語〕英文法などで、動詞の叙述をおぎなうはたらきをすることば。

【補講】(名・する) 正規の時間以外に、おぎなってする講義。例休講の分を—する。

【補佐】(名・する) ある人の仕事の手助けをすること。また、その役の人。例課長—。学長を—する。表記 旧▼輔佐

【補作】(名・する) 完成したものに、さらに別の手でおぎなって、よりよいものをつくること。例台座の部分を—する。

【補修】(名・する) こわれたところや不十分なところに、手入れして直すこと。例—工事。少し—した跡がある。

【補習】(名・する) 学校で学習の不足をおぎなうため、正規の授業以外に特別に授業すること。また、その授業。

【補充】(名・する) 足りなくなった分をおぎなってみたすこと。例欠員を—する。

【補助】(名・する) 足りない分をおぎないたすけること。例—金。—席。表記 旧▼輔助

【補償】(名・する) あたえた損害のうめあわせをすること。例損害を—する。

【補色】二つの色をまぜたとき、光では白色光、絵の具では灰色となる関係にある色。また、その二色の関係。赤に対する青・緑など。

【補正】(名・する) 不足をおぎなって、ふつごうな部分は直すこと。例—予算。

【補整】(名・する) 足りないところをおぎなって整備すること。例画面のきずを—する。

【補説】(名・する) 説明をつけ加えること。また、その説明。例前の著書を—する。

【補繕】(名・する) 足りない部分をおぎない、こわれた部分を直すこと。例長い航海を終わって船体を—する。

【補足】(名・する) 足りない部分をおぎなうこと。例説明を—する。

【補注】説明不足のところや、簡略に述べたことをおぎなって、つける注釈。表記 旧補▼註

【補聴器】聴覚に障害を生じた人が、音を大きくして聞くために使う器具。

【補訂】(名・する) 著作物を部分的におぎなったり、訂正したりすること。例師の遺著を—する。

【補塡】(名・する) 不足分をおぎない、うめること。例赤字を—する。

【補導】(名・する) 正しい方向に向かうようにみちびくこと。例盛り場で深夜まで遊ぶ少年を—する。表記 旧▼輔導

【補任】(「ブニン」とも) 官職をさずけること。

【補▼弼】(名・する) ①君主を補佐すること。②明治憲法で、天皇の権限行使について国務大臣が助けること。表記 ▽旧▼輔▼弼

【補筆】(名・する) 足りないところをおぎなって、あとから書き加えること。例子の作文を親が—する。

●候補・増補・追補

衤7 【裕】12画 4521 88D5 常用 音ユウ漢 訓ゆた-か

筆順 ラ ネ ネ 衤 衤 衿 裕 裕

なりたち [形声]「衤(=ころも)」と、音「谷コ→ユ」とから成る。衣服がゆたかにある。

意味 ❶ものがじゅうぶんにある。ゆとりがある。ゆたか。例裕福。富裕。❷ゆったりとしている。心がひろい。例寛裕(=心がひろい)。

人名 すけ・たか・たかし・ひろ・ひろし・まさ・みち・やす・やすし

【裕福】(名・形動ナ) 豊かで幸福そうであること。例—に

暮らす。

衣7
【裏】
13画 4602 88CF 教育6 音リ漢呉 訓うら・うち

筆順 亠 亣 亩 亩 审 重 重 裏 裏

衤7
【裡】
12画 4603 88E1 人名 別体字

なりたち ［形声］「衣(=ころも)」と、音「里リ」とから成る。ころもの内側。

意味 ❶外にあらわれない、かくれたほうのがわ。うら。対表。例裏側(うらがわ)・裏面(リメン)・表裏(ヒョウリ)。❷なか。心のうち。うち。例胸裏(キョウリ)・脳裏(ノウリ)。❸ある状態のうちに。例暗暗裏(アンアンリ)・秘密裏(ヒミツリ)。

日本語での用法《うら》①一定の回数をきめて必ず攻守が交代する方式の試合で、あとのほう。「九回(キュウカイ)の裏(うら)の攻撃(コウゲキ)」②うらづけ。「申(もう)し立(た)ての裏(うら)を取(と)る」③反対。さかさま。「裏表(うらおもて)になる」

【裏方】うらかた ①演劇で、舞台(ブタイ)うらで働く人。道具方や衣装方(イショウかた)など。②表面に出ない協力者。例選挙戦の―を務める。③貴人の妻。とくに本願寺法主(ホッス)の夫人。

【裏金】うらがね 商取引で、正規のしはらい以外に、内密に受けわたしするお金。例―が動く。

【裏側】うらがわ うらのほう。かくれている面。裏面(リメン)。

【裏声】うらごえ 自然には出ない高音部を、特別な発声法で出す声。スイスのヨーデルなどの歌い方。ファルセット。

【裏作】うらサク 主となる作物の収穫(シュウカク)のあと、次の作付けまでその耕地につくるほかの作物。例―に野菜をつくる。

【裏白】うらじろ ①ウラジロ科のシダ植物。葉のうらが白く、正月のかざりに使う。②うらや底の白いこと。例紙の―。

【裏面】リメン ①もののうらがわ。例―に印刷する。②外部にあらわれない、ものごとのかげの部分。例―工作。▽対表面。

●禁裏(キンリ)・庫裏(クリ)・内裏(ダイリ)・表裏(ヒョウリ)・舞台裏(ブタイうら)

衣7 【装】13画 ⇩【装】ソウ(890ジペー)

衤7 【裡】12画 ⇩【裏】リ(892ジペー)

衣8
【裹】
14画 7471 88F9 音カ漢 訓つつ-む

意味 すっぽりおおってくるむ。つつむ。例裹頭(カトウ)(=あたまを布でつつむ)。

難読 家裏(いえづと)

衤8
【褂】
13画 7472 8902 音カイ漢ケ呉 訓うちかけ

意味 衣服の上にはおる上着(うわぎ)。清(シン)代の礼服の一つ。

衤8
【褐】
13画 1976 8910 常用 音カツ漢 訓ぬのこ

筆順 衤 衤 衤 衤 衵 衵 褐 褐 褐

衤9
【褐】
14画 1-9179 FA60

なりたち ［形声］「衤(=ころも)」と、音「曷カツ」とから成る。アサを編んで作った、たび。また、目のあらい布で作ったそまつな衣服。

意味 ❶あらい毛や、あらい繊維(セイン)で織った、そまつな衣服。ぬのこ。また、それを着るような身分の低い人。貧しい人。例短褐(タンカツ)。❷黒ずんだ黄色。こげ茶色。例褐色(カッショク)。

日本語での用法《かち》濃(こ)い藍(あい)色。かちいろ。「褐(かち)の直垂(ひたたれ)」

【褐色】カッショク やや黒みをおびた茶色。例―の肌(はだ)。

【褐藻】カッソウ 褐色をおびた海藻。コンブ・ワカメ・ヒジキなど。

衣8
【裳】
14画 3056 88F3 人名 音ショウ漢 訓も・もすそ

意味 ❶こしから下につける衣服。も。もすそ。対衣(イ)。例衣裳(イショウ)。❷「裳裳(ショウショウ)」は、りっぱでさかんなようす。美しいようす。

難読 裳着(もぎ)・御裳濯川(みもすそがわ)・裳階(もこし)・裳層(もこし)

【裳裾】もすそ 裳(=下半身につける衣服)のすそ。また、着物のすそ。例―をぬらす。

衤8
【裾】
13画 3194 88FE 常用 音キョ漢 訓すそ

筆順 衤 衤 衤 衤 衤 衤 衤 裾 裾

なりたち ［形声］「衤(=ころも)」と、音「居(キョ)」とから成る。衣服の前襟。

意味 ❶衣服の前えり。また、後ろえり。❷衣服の下の部分。すそ。例裾模様(すそモヨウ)。

日本語での用法《すそ》ものの、下のほうの部分。「裾刈(すそが)り・裾野(すその)・山裾(やますそ)」

【裾▽濃】すそご 上の方をあわく、下にいくにつれて濃(こ)くした染め方。

【裾野】すその 大きな山のふもとの、ゆるやかに傾斜(ケイシャ)して遠くまでのびている野原。例富士の―。

【裾模様】すそモヨウ 婦人用の和服のすそにつけた模様。また、その和服。礼服や訪問着などに用いる。例友禅(ユウゼン)の―。

【裾綿】すそわた 和服のすその部分に綿を入れること。

衣8
【製】
14画 3229 88FD 教育5 音セイ漢呉 訓つく-る

筆順 𠂉 𠂉 告 制 制 製 製 製 製

なりたち ［形声］「衣(=ころも)」と、音「制(セイ)」とから成る。布を切って衣服をつくる。

意味 ❶衣服をしたてる。❷ものをつくる。こしらえる。例製紙(セイシ)・製鉄(セイテツ)・製本(セイホン)・官製(カンセイ)・土製(ドセイ)。❸文章をかく。詩歌(シイカ)をつくる。例御製(ギョセイ)。

人名 のり

【製材】セイザイ (名・する)原木を切って板や角材にすること。

【製剤】セイザイ (名・する)薬剤を製造すること。また、製品とした薬品。製薬。

【製作】セイサク (名・する)①道具や機械を使って品物をつくること。例―所。②書物や劇などをつくること。→【制作】セイサク(136ジペー)

【製糸】セイシ ①糸をつくること。②まゆから生糸(きいと)をとること。

【製紙】セイシ 紙をつくること。例―工場。

【製造】セイゾウ (名・する)物をつくること。とくに、原料を加工して多くの品物をつくること。例―過程。

【製鉄】セイテツ 鉄鉱石(テッコウセキ)をとかして、銑鉄(センテツ)をつくること。

【製版】セイハン (名・する)活字を組んで版にすること。また、印刷用の版をつくること。

【製粉】セイフン (名・する)穀物をひいてこなにすること。とくに、小麦粉をつくること。例小麦を―する。

【製法】セイホウ 製造する方法。つくり方。例―に工夫(クフウ)がある。

【製本】セイホン (名・する)印刷物や紙などをとじて表紙をつけ、本の形にすること。

【製錬】セイレン（名・する）鉱石から金属を取り出して、まじりけのないものにすること。例鋼鉄を—する。表記「製▼煉」とも書く。

●官製・既製・作製・上製・精製・粗製・調製・手製・特製・複製・縫製

衤8 【裼】13画 7473 88FC 音 一セキ漢 二テイ漢 訓 かたぬ-ぐ・むつき

意味 一 ❶衣服をぬいで上半身はだかになる。かたぬぐ。例袒裼（＝上着をぬぐ）。❷礼法で、上着を開いて内側のころもを露出する。二 赤んぼうに着せる着物。うぶぎ。

衤8 【褄】13画 7477 8904 国字 訓 つま

意味 〔「端っ」の意〕着物のすその左右のはしの部分。また、えり先から下の部分。例褄先。辻褄を合わせる。

衣8 【裵】14画 7474 88F4 音 ハイ漢

意味 ❶ころものすそを長く引くようす。すそが長い衣服。❷ぶらぶらあてもなく歩き回る。同徘。❸姓の一つ。例裵松之（＝南北朝の学者）。裵迪（＝盛唐の詩人）。

衤8 【裨】14画 7475 88E8 音 ヒ漢 訓 おぎな-う・たす-ける

意味 つぎたす。おぎなう。例裨益。

【裨益】ヒエキ（名・する）役立って利益をあたえること。例社会に—する。

【裨補】ヒホ（名・する）助けおぎなうこと。例脱落した文章を—する。

衤8 【裸】13画 4571 88F8 常用 音 ラ漢呉 訓 はだか

筆順 ネ ネ 礻 初 袒 袒 裡 裡 裸

なりたち [形声]「衤（＝ころも）」と、音「果カ→ラ」とから成る。衣服を身につけていない。

意味 何も身につけていない、むきだしの状態。はだか。また、はだかになる。例裸体。赤裸。全裸。

【裸一貫】はだかイッカン 自分のからだ以外には、商売のもとでになるものは何もないこと。例—から大企業をつくりあげた。

【▽裸▽足】はだし ①はきものをはかない足。また、それで歩くこと。例—でにげる。②（「…はだし」の形で。…がはだしでにげ出す意から）…以上にじょうずだ。顔まけ。例くろうと—。表記▽「▼跣」とも書く。

【裸眼】ラガン めがねをかけないで、ものを見ること。また、その目。肉眼。〔視力についていうときのことば〕

【裸子植物】ラシショクブツ 種子植物の一種。胚珠が子房で包まれずに、むき出しになっている植物。マツ・イチョウなど。対被子植物。

【裸像】ラゾウ 人体のはだかの彫像。

【裸体】ラタイ はだか。裸身。例—画。—の美人。

●赤裸・赤裸裸・全裸・半裸

衤8 【裲】13画 7476 88F2 音 リョウ漢 訓 うちかけ

意味 「裲襠リョウトウ」は、胸と背をおおう、そでのない上着。うちかけ。

衤9 【褌】14画 7478 890C 音 コン漢 訓 ふんどし

意味 男子の陰部をおおいかくす、細長い布。ふんどし。例犢鼻褌（＝ふんどし）。緊褌一番。褌をしめる（＝ふんどしをする。また、じゅうぶん用意してとりかかる）。

衤9 【複】14画 4203 8907 教育5 音 フク漢 訓 ふた-たび

筆順 ネ ネ ネ 衤 袝 袧 複 複 複

なりたち [形声]「衤（＝ころも）」と、音「复フク」とから成る。布を重ねた衣服。あわせ。

意味 ❶裏地のついた衣服。あわせ。例複衣（＝あわせ）。❷かさねる。二重にする。また、かさなる。例複数。重複。❸こみいっている。例複雑。

【複眼】フクガン ①昆虫や甲殻類で、小さな目が多数集まっている目。対単眼。②ものごとを単純な視点からでなく、多方面から観察すること。例—的な考察。

【複合】フクゴウ（名・する）二つ以上のものが合わさって一つになること。例—汚染。—競技。原因が—している事故。

【複合語】フクゴウゴ 二つ以上の単語が合わさって一つの単語となったことば。「坂」と「道」で「坂道」、「取る」と「扱う」で「取り扱う」など。

【複雑】フクザツ（名・形動）ものごとがこみいっていること。対単純。例—骨折。—な気持ち。

【複式】フクシキ 二つ以上から成る形式。対単式。例—火山。—学級。

【複写】フクシャ（名・する）①一度うつしたものを、さらにうつすこと。②紙を二枚以上重ねて、一度に同じ文書のうつしをつくること。例銀行の—伝票。③機械を使って、書類や図面などを複製すること。コピー。例—機。

【複数】フクスウ ①二つ以上の数。例—の保証人を立てる。②（英・独・仏語などの文法で）ものが二つ以上あることを示す語形と、それに応じた文法形式。例一人称—の代名詞。▽対単数。

【複姓】フクセイ 中国で、二字以上の姓。たとえば、欧陽詢の「欧陽」、諸葛孔明の「諸葛」、司馬遷の「司馬」など。

【複製】フクセイ（名・する）図書や美術品の原作と同じものをつくること。また、そのつくられたもの。例不許—。かってに—することはできない。

【複線】フクセン 上り専用と下り専用が並行してしいてある鉄道線路。対単線。

【複道】フクドウ 上下二段につくられた道路や廊下。

【複複線】フクフクセン ふた組みの複線を並行してしいた線路。例—化の工事が進められている。

【複文】フクブン 主語・述語の関係が成り立っている文で、さらにその構成部分にも主語・述語の関係が認められる文。対単文・重文。

【複本】フクホン 原本の写し。副本。例—を作っておく。

【複葉】フクヨウ ①一枚の葉が外見上では、二枚以上の小さな葉の集まりのように見える葉。例羽状—。②飛行機の主翼が上下二枚になっていること。例—機。▽対単葉。

【複利】フクリ 一定期間ごとに利息を元金にくり入れ、その合計額を次の期間の元金として利息を計算する方法。対単利。例半年ごとの—の貯金。

【複刻】（名・する）①木活字本や整版本を原本どおりに別の版木に彫り直して作ること。また、その本。かぶせぼり。例―本。②書籍を原物どおりに作りなおして出版すること。例古典を―する。表記▽「復刻」とも書く。また、①は正しくは「覆刻」。

衤9
【褊】
14画 *7479 *890A
音ヘン漢 訓せま-い・たちま-ち
意味 広がりが少ない。せまい。例褊急（＝度量がせまく、せっかち）。褊狭（＝心や見識がせまい）。

衤9
【褓】
14画 7480 8913
音ホ慣 ホウ漢呉 訓むつき
意味 幼児に着せる衣服。うぶぎ。おくるみ。例褓襁。
【褓▼襁】①うぶぎと、幼児を背負うおび。転じて、幼児のこと。②おむつ。おしめ。襁褓。縕褓。

衣9
【褒】
15画 4311 8912 常用
音ホウ漢 訓ほ-める
筆順 亠 广 市 存 保 㮛 褒 褒

衣11
【褎】
17画 7481 8943
なりたち ［形声］「衣（＝ころも）」と、音「保」とから成る。ふところの大きい衣服。派生して「ほめる」の意。
意味 りっぱなおこないをほめる。ほめたたえる。ほめる。例褒美。過褒。毀誉褒貶。
難読 能褒野（＝地名）
人名 あつむ・よし
【褒賜】（名・する）ほめて、ものをあたえること。
【褒章】社会にとって有益な、りっぱなおこないや学問・文化・産業などで貢献した人に、政府が栄典としてあたえる記章。紅綬・緑綬・黄綬・紫綬・藍綬・紺綬の六種がある。
【褒奨】（名・する）ほめて奨励すること。
【褒賞】（名・する）ほめたたえること。また、ほめてあたえる金品。例―金。
【褒美】①ほめること。②よいおこないをほめて、あたえるお金や品物。例ご―。
【褒▼貶】（名・する）ほめることとけなすこと。例毀誉―のさまざまな人物。

衤9
【褐】14画 ⇩【褐】（892ページ）

衤9
【禅】14画 ⇩【襌】（894ページ）

衤10
【褞】
15画 7482 891E
音ウン漢 オン漢 訓ぬのこ
意味 そまつな着物。綿入れ。ぬのこ。また、身分の低いもの。例褞袍。褞褐（＝ぬのこ。
【褞▼袍】防寒のため綿を入れた着物。丹前。

衤10
【褥】
15画 7483 8925
音ジョク漢 訓しとね
意味 しきもの。しきぶとん。しとね。例褥席（＝寝床）。産褥（＝産婦が使う寝床）。褥瘡（＝とこずれ）。

衤10
【褪】
15画 7484 892A
音タイ慣 トン漢呉 訓あ-せる
意味 色がおちてうすくなる。あせる。例褪紅色（＝ときいろ。うすべに色）。褪色。
【褪色】（名・する）色がさめること。表記 現 退色

衤10
【褫】
15画 7485 892B
音チ漢 ジ呉 訓うば-う・ぬ-ぐ・は-ぐ
意味 ❶衣服をうばいとる。衣服をぬぐ。❷力ずくでとりのぞく。うばう。例褫奪（＝官職などをうばう）。

衤11
【襁】
16画 7486 8941
音キョウ漢 訓むつき
意味 幼児を背負うおびも。また、おぶったまま背にかけるもの。例襁褓。
【襁▼褓】①幼児を背負う、おびとうぶぎ。転じて、幼児のこと。②おむつ。おしめ。表記▽「▼繦▼緥」とも書く。

衤11
【褶】
16画 7489 8936
音シュウ漢 チョウ漢 訓ひだ
意味 衣服についた折り目。ひだ。また、そのような形状の地層。例褶曲。褶襞（＝衣服のひだ）。
【褶曲】（名・する）水平に堆積した地層が、地殻変動による外力を受けて、波状に曲げられること。また、曲げられた状態。例―山脈。表記「▼皺曲」とも書く。

衣11
【襄】
17画 7487 8944
音ジョウ慣 ショウ漢 訓のぼ-る・たす-ける
意味 ❶はらいのける。とりのぞく。同攘。❷高くあがる。あげる。高い。

衣11
【褻】
17画 7488 893B
音セツ漢 訓け・な-れる・けが-れる
意味 ❶はだぎ。ふだんぎ。ふだんの。日常の。け。例褻衣（＝ふだんぎ）。褻にも晴れにも（＝ふだんの日でも特別の日でも）。❷なれなれしい。❸きたない。きたなくなる。けがれる。けがらわしい。例褻器（＝便器）。猥褻。

衤11
【褸】
16画 7490 8938
音ル漢 訓つづれ・ぼろ
意味 衣服がやぶれる。やぶれたころも。つづれ。ぼろ。例襤褸（＝ぼろ）。

衣11
【褒】17画 ⇩【褒】（894ページ）

衤12
【襌】
17画 7491 894C
音タン漢 訓ひとえ・ひとえぎぬ

衤9
【禅】
14画 7492 891D 俗字
意味 裏地をつけない衣服。ひとえ。例襌衣（＝ひとえの衣服）。

衤12
【襍】17画 ⇩【雑】（1044ページ）

衤13
【襖】
18画 1808 8956 人名
音オウ漢 訓ふすま
意味 うわぎ。また、わたいれ。例襖衣（＝うわぎ）。襖子（＝わたいれの胴着）。
日本語での用法 □一《あお》両わきのあいた衣服。「あお」と「狩襖・素襖」□二《ふすま》からかみ。「襖障子」
は、字音「アウ（現代の字音は『オウ』）」の転じたもの。

ネ13 【襟】 18画 2263 895F 常用 音キン漢 訓えり

筆順 ネ ネ ネ 衤 衤 衤 衤 衤 襟

なりたち [形声]「ネ(=ころも)」と、音「禁キン」とから成る。えり。参考 本字は「衿」。

意味 ❶衣服の首のまわりや、前面の合わせる部分。えり。同 衿キン。例 衣襟イキン。開襟カイキン。❷むね。心のうち。ものおもい。例 襟懐キンカイ。胸襟キョウキン。

人名 ひも

【襟足】えりあし 首の後ろの、かみの毛のはえぎわのあたり。例 ―のきれいな女性。白い―。表記 ▽「領脚」とも書く。

【襟髪】えりがみ 首すじにはえているかみの毛。また、えりくびのあたり。例 ―をつかむ。

【襟首】えりくび 首の後ろの部分。うなじ。首すじ。例 ―をおさえる。

【襟章】えりショウ 制服の襟につけて、階級や学科などを示す記章。

【襟懐】キンカイ 心の中。胸のうち。例 ―を開く。

【襟度】キンド 広く受け入れる度量。心の広さ。例 ―を示す。

ネ13 【襠】 18画 7493 8960 音トウ漢 訓まち・うちかけ

意味 ❶はだに、じかにつける下着。下ばかま。その、股またの部分。ふんどし。❷「裲襠リョウトウ」は、そでなしのころも。頭からかぶって背と胸に当てて着る。うちかけ。

日本語での用法《まち》衣服や袋物ふくろもので、はばや厚みを出すために補った布や紙。「袴はかまの襠まち・襠まちを入いれる・襠まちのある封筒フウトウ」

衣13 【襞】 19画 7494 895E 音ヘキ漢 訓ひだ

意味 ❶衣服や紙などを折りたたむ。❷折りたたんでつけた折り目。ひだ。例 襞褶ヘキシュウ(=ひだ)。

ネ14 【襦】 19画 7501 8966 音ジュ漢 訓はだぎ

意味 ❶短いころも。また、あせとりの下着。はだぎ。例 襦袴ジュコ(=はだぎと、ももひき)。❷赤んぼうのよだれかけ。

日本語での用法《ジ・ジュ》ポルトガル語「ジバン」にあてた字。「襦袢ジバン・ジュバン・長襦袢ながジバン・ながジュバン・肌襦袢はだジバン・はだジュバン」

【襦袢】ジバン|ジュバン 〔ポルトガル語の音訳〕上半身に着る和服用の肌着はだぎ。例 長―。肌―。

6画

ネ14 【襪】 19画 7504 896A 音ベツ慣バツ漢

意味 くつした。同 韈ベツ。

ネ15 【襭】 20画 7503 896D 音ケツ漢

意味 ころもの褄つまを帯にはさんで、その中にものをつめる。

ネ15 【襤】 20画 7502 8964 音ラン漢 訓ぼろ

糸15 【繿】 21画 6981 7E7F 別体字

意味 布のふちをぬいとめてないころも。転じて、やぶれたつぎはぎだらけのころも。つづれ。ぼろ。例 襤褸ランル(=ぼろ)。

衣16 【襲】 22画 2917 8972 常用 音シュウ漢ジュウ呉 訓おそ-う・かさ-ねる・かさね・つ-ぐ

筆順 立 音 音 龍 龍 龍 龍 襲 襲

なりたち [形声]「衣(=ころも)」と、音「龖トウ→シュウ」の省略体とから成る。死者に着せる、えりを左前にかさねた衣服。派生して「かさねる」の意。

意味 ❶かさねて着る。かさねぎ。例 襲衣シュウイ(=かさねぎ)。❷衣服のひとそろい。かさね。例 一襲イッシュウ。❸不意打ちをくわせる。おそいかかる。おそう。例 襲撃シュウゲキ。襲来シュウライ。奇襲キシュウ。❹前のとおりにする。うけつぐ。おそう。例 襲名シュウメイ。因襲インシュウ。踏襲トウシュウ。

日本語での用法《かさね》昔、重ねて着た着物の、色の組み合わせ。「菊襲きくがさね・桜襲さくらがさね」

難読 熊襲くまそ

人名 より

【襲撃】シュウゲキ(名・する)計画して敵を激しく攻撃コウゲキすること。例 夜間に―する。

【襲爵】シュウシャク(名・する)爵位を受けつぐこと。例 父の死後―した。

【襲名】シュウメイ(名・する)家長や店主、工芸家や芸能人などの、先代の名前を受けつぐこと。例 ―披露ヒロウ。十五代目を―する。

【襲来】シュウライ(名・する)おそってくること。例 寒波が―する。

●逆襲ギャクシュウ・急襲キュウシュウ・強襲キョウシュウ・世襲セシュウ・夜襲ヤシュウ

ネ16 【襯】 21画 7505 896F 音シン漢 訓はだぎ

意味 ❶からだにじかにつける下着。はだぎ。例 襯衣シンイ。❷親しむ。つく。ちかづく。例 襯染シンセン(=そば近くにいて影響エイキョウを受ける)。

【襯衣】シンイ 肌着はだぎ。シャツ。

ネ17 【襷】 22画 7507 8977 国字 訓たすき

意味 ❶和服のそでをからげるために、両肩かたから両わきに背中でなめ十文字にしてくくる、ひも。例 襷掛たすきがけ。❷神をまつるとき、そでがふれないよう、一方の肩から、ななめにかける細長い布。

ネ17 【襴】 22画 7506 8974 音ラン漢 訓かたびら・したがさね・すそ・はかま

意味 上の衣イと下の裳ショウとがつながった形の服。例 襴袍ランボウ(=官吏カンリの制服)。

146 6画 襾 おおいかんむり (覀かなめのかしら・西にし)部

上からおおいかぶせる意をあらわす。常用漢字では「覀」となる。「要かなめ」の字にある頭かしら(=漢字の上がわの部分)であることから「かなめのかしら」ともいう。「西」をもとにしてできている漢字と、「覀」の字形を目じるしにして引く漢字とを集めた。

0 襾 西 3 要 6 覃 12 覆 覆 13 覈 覇 覇 17 覉 19 覊

この部首に所属しない漢字

栗⇩木530 票⇩示727 粟⇩米763 賈⇩貝936

襾 0【襾】 6画 7508 897E 音 ア㊥・カ㊥ 訓 おお-う

意味 かぶさる。おおう。

西 0【西】 6画 3230 897F 教育2 音 セイ㊥・サイ㊬ 訓 にし

筆順 一 丅 冂 丙 襾 西

なりたち ［象形］鳥が巣の上にいる形。太陽が西にかたむくと鳥は巣で休むことから、方角の「にし」の意。

意味 ❶太陽のしずむ方角。にし。例 西域。西洋。東西。❷「西洋」の略。例 西紀。西暦。❸外国語の「シ」「ス」などの音をあらわす字。例 西班牙。墨西哥。

難読 東風西風・東西

人名 あき・し

【西域】（サイイキ・セイイキ） 昔の中国で、甘粛省の玉門関や陽関から西の地域の呼び名。今の新疆ウイグル自治区地方にあたるが、さらに中央アジアや西アジアなどをふくむ場合もある。

【西下】（サイカ） （名・する）都から西の地方へ行くこと。㊖東上。例 陸路を―する。

【西海】（サイカイ・セイカイ） ①西のほうの海。②「西海道」の略。

【西海道】（サイカイドウ） 五畿七道の一つ。今の九州地方。

【西国】（サイゴク） 〔「サイコク」とも〕①西のほうの国。西洋。例『―立志編』②日本国内の関西より西の部分。とくに、九州地方。③西国三十三所。例 ―巡礼。

【西方】（サイホウ・セイホウ） ①西のほう。㊖東方。②〔仏〕「西方浄土」の略。

【西方浄土】（サイホウジョウド） 〔仏〕阿弥陀仏のいる極楽浄土。

【西遊】（サイユウ・セイユウ） （名・する）西の方向、とくに西洋に旅行すること。例『―記』

【▽西▼瓜】（スイカ） ウリ科のつる性一年草。実は大きな球形で水分が多く、あまい。

【▽西▽班▽牙】（スペイン） 〔スペイン語 España の音訳〕ヨーロッパ南西部の王国。イスパニア。

【西欧】（セイオウ） ①欧州の西部。ヨーロッパの西部。②西洋。欧州。例 ―文化。

【西王母】（セイオウボ） 中国の崑崙山に住む仙女。漢の武帝に、三千年に一度花がさき実がなる、長寿のためのモモを献じたという。

【西岳】（セイガク） 五岳の一つ。陝西省にある華山のこと。

【西紀】（セイキ） 西洋紀元。→【西暦】

【西経】（セイケイ） 西半球の経度。英国の旧グリニッジ天文台を通る子午線を〇度として西へ測った経度。一八〇度まである。㊖東経。

【西郊】（セイコウ） 西方の郊外。例 東京の―、八王子市。

【西高東低】（セイコウトウテイ） 日本付近の典型的な冬の気圧配置。西の大陸方面に高気圧があり、東方の太平洋上に低気圧がある気象状態。㊖東高西低。

【西山】（セイザン） 首陽山の別名。周代の伯夷・叔斉がかくれ住んだ山。

【西施】（セイシ） 春秋時代の越の人。越王句践が呉王夫差のもとに送った美女で、夫差はその容色におぼれて政治をおこたり、国をほろぼす原因をつくった。→【顰みに効う】（1070ページ）

【西▼戎】（セイジュウ） 西の蛮人。古代中国で、西方の異民族をいやしんで呼んだことば。〔東夷・南蛮・北狄とならべていう〕

【西進】（セイシン） （名・する）西方へ進むこと。㊖東進。

【西漸】（セイゼン） （名・する）しだいに西のほうへ移っていくこと。㊖東漸。

【西土】（セイド） ①西方の国。②日本からみて、中国やインド、西洋諸国のこと。③〔「サイド」とも〕西方浄土。

【西南】（セイナン） 西と南の中間の方角。南西。

【西部】（セイブ） ①ある地域の中の西の部分。②アメリカ合衆国の西寄りの地域。例 ―劇。

【西風】（セイフウ・にしかぜ） ①にしからふいてくる、かぜ。②秋風。

【西北】（セイホク） 西と北との中間の方角。北西。

【西北西】（セイホクセイ） 西と北西の中間の方角。

【西南西】（セイナンセイ） 西と南西の中間の方角。

【西洋】（セイヨウ） 日本や中国から、ヨーロッパとアメリカを指していうことば。㊖東洋。

【西暦】（セイレキ） イエス=キリストが誕生したとされる年（実際は生後四年目ごろ）を元年として数えるこよみ。西紀。

●関西・泰西・東西

襾 3【要】 9画 4555 8981 教育4 音 ヨウ㊥㊬ 訓 かなめ・い-る

筆順 一 冂 襾 覀 要 要

なりたち ［象形］人がこしに両手をあてた形。人の、こし。

意味 ❶こし。㊐腰。❷もとめる。いる。例 要求。需要。必要。❸待ちうける。㊐邀。例 要撃。❹ものごとをしめくくるたいせつな部分。かなめ。例 要点。肝要。重要。❺たいせつな点をかいつまんでまとめる。しめくくる。ようするに。例 要約。

使い分け いる【入・要】⇩1162ページ

人名 とし・もとむ・もとめ

【要因】（ヨウイン） おもな原因。ものごとが成立するために重要な因子。例 何が失敗の―となったのか。

【要員】（ヨウイン） ある仕事に必要な人員。例 保安―。

【要害】（ヨウガイ） 地勢が険しく敵の攻撃を防ぐのに適したところ。例 天然―の地。

【要求】（ヨウキュウ） （名・する）必要なものをえんりょなく、強くもとめること。例 賃上げを―する。

【要撃】（ヨウゲキ） （名・する）敵を待ちぶせして攻撃すること。

【要件】（ヨウケン） ①重要な用事や案件。例 ―を先にする。②必要な条件。例 ―を満たす。

【要港】（ヨウコウ） ①交通や産業上で重要な、みなと。②もと、海軍が軍港に次ぐ重要な基地として警備した、みなと。

【要項】（ヨウコウ） たいせつなことがら。また、それを書いたもの。例 募集―。

【要綱】（ヨウコウ） ものごとの根本となるだいじなことがら。大綱。

【要塞】（ヨウサイ） ①要害の地に設けたとりで。②国防上重要な地点に築いた、砲台などを中心とする軍事施設。

【要旨】（ヨウシ） 言いあらわそうとしている内容の中心的なことがらを短くまとめたもの。主要な趣旨。例 ―を述べる。

【要衝】（ヨウショウ） 重要な地位をしめる地点。例 交通の―。

【要人】（ヨウジン） 重要な地位にいる人。例 政府の―。

【要図】（ヨウズ） 必要なことがらだけを書いた、図面や地図。

【要請】（ヨウセイ） （名・する）希望を受け入れるようにたのむこと。例 協力を―する。

【要説】（ヨウセツ） （名・する）重要な部分を取り出して説明すること。例書名などに用いる。例心理学―。

【要素】ものごとの成立に必要とされる基本的なもの。例気に入らない―は捨てる。

【要談】（名・する）重要な話し合い。たいせつな相談。例社長は今、取引先と―中です。

【要諦】（「ヨウタイ」とも）ものごとの肝心なところ。だいじな点。例社会的成功の―。

【要点】ものごとのたいせつなところ。例―を述べる。

【要望】（名・する）何かをしてほしいと、のぞむこと。例―にこたえる。

【要約】（名・する）文章などの要点を短くまとめること。例交渉の経緯を―して報告する。

【要用】だいじな用件。さしせまって必要な用事。例まずは取り急ぎ―のみ（＝手紙文のまとめとして書くことば）。

【要覧】内容を要約して見やすい形にまとめた印刷物。例会社―。

【要略】（名・する）必要な部分をとり、不要な部分を省略すること。

【要領】①ものごとのだいじなところ。類要点。例―を得ない話。②ものごとの処理のしかた。例―が悪い。―がよい。

【要路】①重要な道路。例交通の―。②職務上の重要な地位。例政府の―にある人。

●肝要・紀要・強要・主要・所要・枢要・大要・摘要・必要・不要・法要

覀6 【覃】 12画 *7509 *8983 音タン漢 訓およ-ぶ・なが-い・ふか-い

意味❶おく深い。深く追究する。例覃思（＝深く考える）。❷長くのびる。およぶ。例覃及。❸広くおよぼす。

覀12 【覆】 18画 4204 8986 常用 音㊀フク漢呉 ㊁フク慣 フウ漢 訓おお-う・くつがえ-す・くつがえ-る

筆順 一 襾 覀 覀 覄 覆 覆

西12 【覆】 18画

なりたち [形声]「襾（＝おおう）」と、音「復フク（＝かえす）」とから成る。上下をひっくりかえす。またおおう。

意味㊀フク❶くつがえる。くつがえす。例覆水。❷ほろびる。ほろぼす。例覆滅（＝ほろびる）。❸かえる。もとにもどる。くりかえす。ふたたび。同復。例反覆。㊁フウ かぶせる。おおう。おおい。例覆面。被覆。

【覆車】ひっくりかえった車。また、車をくつがえすこと。

【覆車の戒め】前の人の失敗を見て、あとに続く人が気をつけること。

【覆水】いれものがひっくりかえってこぼれた水。

【覆水盆に返らず】①離婚した夫婦の仲はもとにはもどせない。②一度してしまった失敗は取り返しがつかない。〔漢の朱買臣が出世すると、かつてびんぼうだったころ、あいそをつかして去った妻が復縁を求めてきた。買臣は、盆の水を地に流し、こぼした水は再びもとにもどせないことを示したという故事による〕（漢書）〔同様のことが『拾遺記』に太公望の故事として出ている〕

【覆▼轍】ひっくりかえった車輪のあと。例―を踏む（＝前の人と同じ失敗をする）。

【覆面】㊀（名・する）だれだかわからないように、目だけ出して顔を布などでおおいかくすこと。また、そのための布。例―頭巾。㊁（名）本名や正体を明らかにしないこと。例―批評。

【覆輪】①馬具や陶磁器などのふちに金や銀などをかぶせた装飾。例金―の鞍。②女性の着物のそで口やすそを他の布で細くふちどったかざり。

●転覆・反覆・被覆

西12 【覆】 18画 ⇩【覆】フク（897ページ）

西13 【覈】 19画 7510 8988 音カク漢 訓あき-らか・かんが-える・しら-べる

意味確かな証拠にもとづいて考察する。しらべる。例覈考（＝きびしくとりしらべる）。覆覈（＝しらべなおす）。

覀13 【覇】 19画 3938 8987 常用 音ハ漢呉

筆順 一 襾 覀 覀 覀 覀 覇 覇

西13 【覇】 19画 本字 雨13 【霸】 21画 5917 9738

なりたち [形声]「月（＝つき）」と、音「䨣ハク→ハ」とから成る。陰暦で月初めに新月が白く光るようす。借りて「はたがしら」の意。

意味封建時代、諸国を武力で従えた者。はたがしら。転じて、競技などの優勝者。同伯。例覇者。制覇。

難読 覇王樹（サボテン）

人名 はる

【覇王】①諸侯を武力で従えて天下を治める者。②覇者と王者。

【覇気】①困難なことを打破して事を進めようとする意気。例―がない。―にとぼしい。②他を制して支配的地位に立とうとする意気。例―満満。

【覇業】武力で天下を統一する業績。例―をとげる。

【覇権】①覇者としての権力。支配権。例―をにぎる。②競技などで優勝して得る栄誉。例―をかける。

【覇者】①武力で諸侯の上に立ち、天下を取った人。覇道をもって天下を治める者。対王者。②競技などの優勝者。例リーグ戦の―となる。

【覇道】武力や謀略などによって天下を支配するやり方。対王道。

●制覇・連覇

西13 【覇】 19画 ⇩【覇】ハ（897ページ）

西17 【覉】 23画 ⇩【羈】キ（799ページ）

西19 【覊】 25画 ⇩【羈】キ（799ページ）

（97）6画

瓜 うり部

つるにぶらさがるウリの実の形をあらわす。画数は字形に合わせて六画とした。『康熙字典』が五画としたため、「瓜」のようにすることもある。なお、伝統的には「瓜」の字は「瓜」のように四画で書く。「瓜」をもとにしてできている漢字を集めた。

⓪瓜⑥瓠⑪瓢⑭瓣

孤⇩子286 弧⇩弓364 狐⇩犭654 觚⇩角903

この部首に所属しない漢字

瓜 0

【瓜】

6画 1727 74DC 人名 音カ漢 訓うり

意味 ウリ科のキュウリ・マクワウリ・ヒョウタン・カボチャなどをまとめていう。とくに、シロウリ・マクワウリなど。ウリ。例瓜田に履くを納れず。

難読 越瓜・匏瓜・胡瓜・甜瓜・王瓜・冬瓜・糸瓜・南瓜・木瓜・庵に木瓜(=家紋の一つ)

【瓜▽実顔】うりざねがお ウリの種の形に似て、色が白く鼻すじが通って、やや細長い顔。例—の美人。

【瓜田に▽履を▽納れず】ウリ畑では、ウリをぬすむのかと疑われないように、くつがぬげてもはきなおさない。人から疑われるようなおこないをするな、という教え。〔「李下に冠を正さず」へと続く対の句〕〈楽府詩集〉→【李下に冠を正さず】(516ページ)

瓜 6

【瓠】

12画 6501 74E0 音コ漢 訓ひさご

意味 ❶ウリ科の一年草。ユウガオ。白い花が夕方に開く。果実は食用。また、容器として利用される。瓠瓜。❷ヒョウタン。ひさご。例瓠瓢(=ひさご)。

【瓠尊】コソン ひさごの形をした酒つぼ。

瓜 11

【瓢】

17画 4127 74E2 人名 音ヒョウ漢 訓ふくべ・ひさご

意味 ヒョウタン。ふくべ。ひさご。また、ヒョウタンの実の中身をくりぬいて作った、いれもの。あるいは、二つに割って作ったひしゃく。例瓢飲。瓢簞。

【瓢飲】ヒョウイン ひさごに入れた飲み物。つましい生活のたとえ。

【瓢▼簞】ヒョウタン ①ウリ科の一年生つる植物。夏、白い花がさき、中央がくびれた形の実をつける。②ヒョウタンの実の中をくりぬいて乾燥させた、酒や水のいれもの。ひさご。ふくべ。

【瓢▼簞から駒が出る】〔「駒」は、馬の意〕じょうだんで言ったことが、ほんとうになる。

瓜14

【瓣】

20画 ⇩【弁】ベン(359ページ)

147 7画

見 みる部

人の目にみえる意をあらわす。「見」をもとにしてできている漢字を集めた。

⓪見④規視覓⑤覚覗覘視⑦覡⑨親覦覩⑩覬覯覧⑪観覲⑬覺⑮覿覽⑰觀

見 0

【見】

7画 2411 898B 教育1 音ケン漢呉・ゲン呉 訓み-る・み-える・み-せる・まみ-える

筆順 丨 冂 冃 月 目 貝 見

なりたち  [会意]「目(=め)」と「儿(=ひと)」とから成る。人が目をはたらかせる。

意味 ❶目でみる。ながめる。また、目にはいる。みえる。例見学。見聞。拝見。❷もののみかた。かんがえ。例見解。見識。❸人に会う。まみえる。例見参。謁見。会見。❹あらわれる。同現。例隠見。露見。❺〔助字〕「る」「らる」と読み、…される、の意。受け身をあらわす。例是以見放(=こういうわけで追放された)。

日本語での用法《みる》世話する。「面倒を見る・親の老後を見る」

使い分け みる【見・診】⇩1180ページ

人名 あき・あきら・ちか・まみゆ・み

【見解】ケンカイ あるものごとに対する見方や考え方。例—の相違。政府の—をただす。

【見学】ケンガク(名・する) 実際の状態を見て、学習したり知識を得たりすること。例工場—。

【▽見参】ゲンザン〔「ゲザン」「ケンザン」などとも〕(名・する) 目上の人にお目にかかること。例初めて—に入る。

【見識】ケンシキ ものごとの本質を見きわめる力。また、ものごとについての、すぐれた判断力。例—がある。—を疑う。

【見所】 一 ケンジョ〔「ケンショ」とも〕能狂言の舞台を見る観客席。 二 みどころ ①見る価値のあるところ。例競技会の—。②将来が期待される能力が、見受けられること。例—のある若者。

【見台】ケンダイ 書物を立てかけてのせる読書用の台。書見台。

【見地】ケンチ ものごとを観察したり、判断したりするときのよりどころ。類観点・視点。例人道的な—から見直す。

【見当】ケントウ ①たぶんこうであろうと考えること。見こみ。類予想。例—はずれ。②だいたいの方向。例駅はこの—になる。③〔数をあらわすことばにつけて〕…ぐらい。…程度。例千円—の品物。

【見物】 一 ケンブツ(名・する) 名所やもよおしものなどを見て楽しむこと。また、その人。例芝居—。—人。—席。 二 みもの(名)(よいにせよ悪いにせよ)見る価値のあるもの。例この対決は—だ。

【見聞】ケンブン〔「ケンモン」とも〕(名・する) 見たり聞いたりすること。また、それによって得た経験や知識。例—を広める。外国で—した風物。→「漢字に親しむ」㉑(899ページ)

【見幕】ケンマク 激しいいかりをあらわした顔つきや態度。例ものすごい—でまくしたてる。表記「剣幕・権幕」とも書く。

【見境】みさかい もののよしあしを判断すること。見分け。例前後の—がなくなる。

【見世物】みせもの ①料金を取ってめずらしいものや曲芸などを人に見せること。また、そのもの。例—小屋。②多くの人から興味本位で見られること。また、そのもの。例—あつかいされる。

【見場】みば 外から見たようす。類外見・外観。例—がよい。—は悪いが、とてもおいしい。

【見本】みホン ①どんなものであるかをわからせるためのサンプル。例実物—。②よい手本。適当な例。例生活態度の—となる。

【見目形】みめかたち 顔だちとからだつき。姿かたち。容姿。例—のうるわしい女性。

【見様】みヨウ 見る方法。見方。例—によってはすばらしい。物は—によってちがう。

【見様見真▽似】みヨウみまね 人の動作ややり方を見てまねること。例—でおどりを習う。

●意見・一見・会見・外見・形見・識見・私見・下見・所見・政見・月見・発見・雪見・了見・

見 4

【規】

11画 2112 898F 教育5 音 キ 漢 呉 訓 のり・ただ-す・ぶんまわし

筆順 ニ キ 夫 知 規 規 規 規

なりたち [会意]「夫(=りっぱな男)」と「見(=見識)」とから成る。りっぱな男の見識には正しい基準のあることから、円をえがく基準となるコンパスの意。

意味 ❶円をえがく道具。コンパス。ぶんまわし。例規矩(キク)。定規(ジョウギ)。❷ものごとのもととなる決まり。のり。例規則(キソク)。規律(キリツ)。法規(ホウキ)。❸正しく直す。ただす。例規正(キセイ)。

漢字に親しむ ㉑ 見聞(ケンブン)と視聴(シチョウ)

「見」と「視」とはどちらも「みる」、「聞」と「聴」とはどちらも「きく」と読みますが、意味はそれぞれ異なります。「見」は「(映像が)目に入ってくる」という受動的な意味なのに対して、「視」は「注意してこちらからみる」という能動的な意味なのです。同じように「聞」は「(音声が)耳に入ってくる。きこえる」という受動的な意味なのに対して、「聴」は「注意してこちらからきく」という能動的な意味です。テレビなどはふつう、こちらから注意してみたりきいたりしているのですから、テレビを見る人を「見聞者」とはいわず、「視聴者」というのは、まさに理にかなった言い方だといってよいでしょう。

難読 子規(ほととぎす)・外規(そとのり)・内規(うちのり)

人名 いさむ・さだむ・さだめ・ただ・ただし・ちか・なり・はかる・もと・み・よし

【規格】(キカク) 工業製品などの品質や形、また、寸法などについて、決められた標準。例—品。日本産業—。

【規格化】(キカクカ) (名・する) 規格に合わせて統一すること。例封筒(フウトウ)の大きさを—する。

【規▼矩】(キク) ①コンパスとさしがね(=L字形のものさし)。②ものごとの規準となるもの。

【規▼矩準縄】(キクジュンジョウ) ①「準」は水平をはかる計器、「縄」は線を引く墨縄(すみなわ)」ものを作り出すときの、規準となる計器。②人のおこないの標準。模範(モハン)。例—に従う。

【規準】(キジュン) 判断や行動のよりどころ。例判断—。

【規正】(キセイ) (名・する) 決まりにそって正しく直すこと。例政治資金—法。

【規制】(キセイ) 一(名・する) 規則によって制限すること。例交通—をする。—緩和(カンワ)。二(名) 決まり。おきて。規定。例—を設ける。

【規則】(キソク) 人のおこないや組織の運営に、一定の秩序(チツジョ)が保たれるように定められた決まり。例交通—を守る。

【規則的】(キソクテキ) (形動ダ) 一定の決まりに従っているようす。一定の状態が乱れることなく続いているようす。例歯車は—な運動をする。

【規定】(キテイ) 一(名・する) ものごとを決まった形に定めること。また、その定め。例考え方を—する。二(名) 法令の条文として定めること。また、その条文。例前項(ゼンコウ)の—により処理する。

【規程】(キテイ) (役所などの)組織や事務、手続きなどに関する規則。例服務—。図書貸し出し—。

【規範】(キハン) 行為(コウイ)や判断の手本となる規準。類模範。例社会—。表記「軌範」とも書く。

【規模】(キボ) 仕組みや構造などの大きさや広がり。例—が小さい。全国—。

【規律】(キリツ) (個人や団体の)生活や行動の正しいよりどころ。例集団行動の—。表記「紀律」とも書く。

●定規(ジョウギ)・新規(シンキ)・正規(セイキ)・内規(ナイキ)・法規(ホウキ)

見 4

【視】

11画 2775 8996 教育6 音 シ 漢 ジ 呉 訓 み-る

見 5

【視】

12画 1-9189 FA61 人名

筆順 ラ ネ ネ ネ 礻 礻 視 視

なりたち [形声]「見(=みる)」と、音「示(シ)」とから成る。目を向ける。

意味 ❶目を向ける。注意してよくみる。みる。例視察(シサツ)。注視(チュウシ)。直視(チョクシ)。❷…としてあつかう。みなす。例軽視(ケイシ)。重視(ジュウシ)。敵視(テキシ)。❸生きる。例長生久視(チョウセイキュウシ)(=長生きする)。

人名 あき・のぞむ・のり・み・よし

【視界】(シカイ) ①目に見える範囲(ハンイ)。例—良好。—が開ける。②考えのおよぶ範囲。例—のせまい人。▽類視野。

【視角】(シカク) ①見ている物体の両はしと目とを結ぶ、二つの直線がつくる角度。②ものごとについて、見たり考えたりする角度。類視点・観点。例—を変える。

【視覚】(シカク) ①五感の一つ。目で物を見るとき起こる感覚。色や形などの知覚。例—がおとろえる。②目で見たときの感じ。例—的にとらえる。

【視覚言語】(シカクゲンゴ) 視覚で情報を伝える言語。文字言語や書きことば。また、広く手話や標識、映像などもふくむ。

【視差】(シサ) ①同じ物を異なる場所から見たときの、見え方のちがい。②カメラのファインダーで見る範囲(ハンイ)と、実際にフィルムに写る範囲とのちがい。パララックス。

【視座】(ザシ) ものの見方のもとになる立場や姿勢。類視点・観点。例—を定める。

【視察】(シサツ) (名・する) ①目で見て、推察する。②その場所へ実際に行き、目で見て状況(ジョウキョウ)を調べること。例海外—。

【視線】(シセン) 目と、見ている対象とを結ぶ線。目が見ている方向。例—をそらす。人の—を感じる。

【視聴】(シチョウ) 一(名・する) ①見ることと聞くこと。②テレビを見ること。例—率。二(名) 人々の注意。例世間の—を集める。→「漢字に親しむ」㉑(899ページ)

【視聴覚】(シチョウカク) 視覚と聴覚。オーディオ-ビジュアル。例—教育。

【視点】(シテン) ものごとを見る位置や立場。類観点・視座。例—を変える。子供と同じ—で見る。

【視野】(シヤ) ①目に見える範囲(ハンイ)。例—が開ける。②カメラや望遠鏡、また顕微鏡(ケンビキョウ)などで見える範囲。例レーダーの—

から機影が消えた。③考え方や知識などのおよぶ範囲。例—の広い人。▽類視界。

【視力】目の、ものを見る能力。例—が落ちる。
●遠視・監視・凝視・近視・巡視・正視・注視・直視・無視・黙視・乱視

見4 **【覓】** 11画 7512 8993 音ベキ漢ミャク呉 訓もと-める
意味 ❶さがし求める。もとめる。例覓索(=さがし求める)。❷横目で見る。

見5 **【覚】** 12画 1948 899A 教育4 音カク漢呉コウ漢 訓おぼ-える・さ-ます・さ-める・さと-る
筆順 、 丷 ⺍ 𭕄 党 覚 覚 覚

見13 **【覺】** 20画 7520 89BA
なりたち [形声]「見(=みえる)」と、音「學ク」の省略体とから成る。はっきりみえる。さとる。
意味 ❶感じる。おぼえる。例感覚・錯覚・味覚。❷はっと気づいて理解する。わかる。さとる。また、さとった人。さとり。例覚悟・自覚・先覚。❸あらわれる。あらわす。例発覚。❹迷いがさめる。目をさます。例覚醒。
日本語での用法《おぼえ・おぼえる》①記憶にとどめる。「覚え書き・覚え帳」②信任。寵愛。「上役の覚えがめでたい」
使い分け さます・さめる【覚・冷】⇩1169ページ
人名 あき・あきら・さだ・さとし・さむ・さめ・ただ・ただし・ひろ・ひろし・よし
【覚書】確認のためにとりかわす文書。
【覚悟】(名・する) ①(現実を正しくとらえて)心を決めること。類観念。例決死の—。②困難でも必ず実行しようと決心すること。例なんとしても合格する—です。
【覚者】さとりを開き、人を導く人。
【覚醒】(名・する) ①目がさめること。目をさますこと。②迷いからさめること。迷いをさますこと。例修行の末にようやく—することができた。
●感覚・才覚・錯覚・視覚・触覚・先覚・知覚・聴覚・発覚・不覚・味覚

見5 **【覗】** 12画 3933 8997 音シ漢呉 訓うかが-う・のぞ-く
意味 すきまからのぞくようにして、うかがい見る。うかがう。のぞく。同伺。例覗き見。

見5 **【覘】** 12画 7513 8998 音テン漢 訓うかが-う・うかがい-みる
意味 すきまからのぞくようにして見る。偵察する。うかがう。うかがいみる。例覘察。
【覘察】(名・する) ひそかにうかがい見る。

見5 **【視】** 12画 ⇩【視】(899ページ)

見7 **【覡】** 14画 7514 89A1 音ゲキ慣ケキ漢 訓おのこかんなぎ・かんなぎ・みこ
意味 神がかりになり、神にいのることを職業とする人。かんなぎ。(女の巫に対して、男を覡という) 例巫覡(=男女のかんなぎ。めかんなぎと、おかんなぎ)。

見9 **【親】** 16画 3138 89AA 教育2 音シン漢呉 訓おや・した-しい・した-しむ・した-しみ
筆順 亠 立 立 辛 亲 新 新 親
なりたち  [形声]「見(=みえる)」と、音「亲シ」とから成る。まごころがとどく、みうち。
意味 ❶身近なみうち。とくに、父母のこと。おや。例親子・親戚・両親。❷身近な。ちかい。したしい。したしむ。例親交・親疎・親友。❸自分でじかに。みずから。したしく。例親告・親書。
日本語での用法《おや》中心になるもの。もとになるもの。大きいもの。「親芋・親指・始めに親を決めてゲームをする」
人名 いたる・ちか・ちかし・なる・ひと・ひとし・み・みる・むつ・もと・よしみ・より
【親方】①親代わりとなる人。②職人などのかしら。リーダー。③相撲の年寄。例引退して—になる。
【親株】①草木を株分けするとき、もとになる株。②増資によって発行される新株に対し、それ以前の株式。

【親子】親とその子供。

【親御】人の親をうやまっていうことば。〔やや古風な言い方〕例—さんはどんなに心配していることか。

【親孝行】(名・する・形動) 親をたいせつにすること。また、その人。孝行。対親不孝。

【親玉】なかまを統率している人物。類頭目。例盗人の—。

【親時計】駅などの施設内の電気時計で、すべてが同じ時刻を示すように設計された、もとになる時計。

【親不孝】(名・する・形動) 親をたいせつにしなかったり、心配させたりすること。また、その人。不孝。対親孝行。

【親分】侠客や博徒などのかしら。対子分。

【親文字】①ローマ字の大文字。頭文字。②漢字字典の見出しになっている漢字。親字。

【親▽許】親のいる所。例—をはなれて暮らしはじめる。

表記「親元」とも書く。

【親愛】(名・形動) 親しみ愛すること。好意をもつこと。例—の情を示す。

【親衛隊】①帝王や元首などの身辺を守る部隊。②権力者や芸能人などに付き従って行動する人々。

【親近】㊀(名・する) 親しみ近づくこと。ごく親しくなること。例—感をもつ。㊁(名) ①身近に仕える臣下。類側近。②身寄り。類近親。

【親権】(法) 親が未成年の子に対してもつ、養育や監督などのための権利と義務。

【親交】親しく交際すること。例—を結ぶ。

【親告】(名・する) (法) 被害者本人が告訴すること。例—罪(=被害者が告訴しなければ公訴を提起することができない犯罪)。

【親▼炙】(名・する) 尊敬する人に親しく接して、その感化を受けること。例老師に—して教えを請う。

【親書】①自分で書いた手紙。②元首や首相が書いた、外交上の公式の手紙。

【親署】(名・する) 身分の高い人が自分で署名すること。また、その署名。例天皇の—をいただく。

【親政】(名・する) 天子や君主がみずから政治をおこなうこと。また、その政治。例天皇—が幕を閉じた。

【親戚】〔「戚」は、みうちの意〕親類。親族。みうち。

【親切】(名・形動) 〔「切」は、ねんごろの意〕①相手に対して、思いやりをもち、心をこめて接すること。例—心。②思いがいちずで深いこと。例憂国の情が—であった。表記▽「深切」とも書く。

【親善】シンゼン 国や団体などが、たがいに親しんで仲よくすること。例—使節。両国の—を深める。

【親疎】シンソ 親密と疎遠。関係が近いことと遠いこと。例—の別なく歓迎する。

【親族】シンゾク 親類。近親者。みうち。

【親展】シンテン 〔「展」は、開く意〕封書のわき付けの一つ。あて名の人に、自身で開封することをもとめることば。類直披・親披。

【親等】シントウ 〔法〕親族の血縁関係で、自分からみて近さや遠さを示す等級。父母と子は一親等、祖父母と孫、また、きょうだいは二親等、など。

【親日】シンニチ 日本に友好的であること。また、日本と親しくつきあうこと。対排日・反日・抗日。例—家。

【親任】シンニン （名・する）日本の古い制度で、天皇がみずから署名して、直接、高官を任命すること。例—官。

【親王】シンノウ ①天子の兄弟や子。②天皇の、男の子供と男の孫。対内親王。

【親藩】シンパン 江戸時代、将軍家と親類の関係にあった藩。いわゆる御三家など。対譜代・外様。

【親筆】シンピツ （身分の高い人が）自分で書いた筆跡。例尊円法親王—の書幅。

【親父】シンプ 一 父親。多く他人の父にいう。例御—様。二 ①自分の父親を、親しみをこめていうことば。②〔「さん」をつけて〕他人の父親をいうことば。③店の主人などを、親しみをこめていうことば。④中年以上の男性を、親しみ、あるいはからかいをこめていうことば。表記 二は「親▽仁・親▼爺」とも書く。

【親米】シンベイ 米国(=アメリカ合衆国)と友好的であること。対反米。例—派。

【親兵】シンペイ 君主などを護衛する兵。

【親睦】シンボク （名・する）たがいに親しみ、仲よくすること。類親和。例—会。—を深める。

【親身】シンみ 一（名）きわめて近い親族。類肉親。例—もおよばぬ看病。二（形動ナ）肉親に対するような心づかいで接するようす。例—になって世話をする。

【親密】シンミツ （名・形動ナ）人と人との関係が親しく密接なこと。対疎遠。例—な間がら。

【親友】シンユウ 親しい友人。たがいに心を許し合えるような友人。例無二の—。

【親類】シンルイ 血縁や婚姻により、つながりのある人。家族はふくまない。親戚。親族。例—縁者。—づきあい。

【親和】シンワ （名・する）①親しみ仲よくすること。類親睦。例社員の—会。②物質が、ほかの物質とよくなじむこと。

●近親・懇親・肉親・両親・里親

見9 【覦】 16画 7516 89A6 音ユ漢 訓うかが-う・おも-う・ねが-う・ほっ-する

意味 なんとか手に入れたいと、分に過ぎたことをのぞみねがう。欲する。例覬覦(=分不相応な希望)。

見9 【覩】 16画 ⇩【睹】(709ページ)

見10 【覬】 17画 7517 89AC 音キ漢 訓のぞ-む

意味 分に過ぎたことをのぞみねがう。のぞむ。例覬望(=のぞむ。また、のぞみ)。

見10 【覯】 17画 *7518 *89AF 音コウ漢 訓あ-う・み-る

意味 ❶思いがけなく出あう。でくわす。あう。例稀覯(=ふつうには見られないこと。まれに出あうの意)。奇覯(=思いがけない出あい。奇遇)。稀覯本(=めずらしい本。数が少ない本)。❷見る。

見10 【覧】 17画 4587 89A7 教育6 音ラン漢呉 訓み-る

筆順 丨 𠂆 臣 臣𠂉 臨 覧

見15 【覽】 22画 7521 89BD 人名

なりたち [会意]「見(=みる)」と「監カン→ラン(=みおろす)」とから成る。全体に目をとおす。みる。

意味 ❶みわたす。全体に目をとおす。みる。例閲覧。博覧。便覧。要覧。❷全体に目をとおせるようにまとめたもの。例一覧。

人名 かた・ただ・み

【覧箱】ランばこ 高貴の人に見てもらう書類を入れてさし出すはこ。

●一覧・回覧・観覧・御覧・便覧・遊覧

見11 【観】 18画 2049 89B3 教育4 音カン漢呉 訓み-る

筆順 ⺊ 午 年 隹 䧹 観 観

見17 【觀】 24画 7523 89C0

なりたち [形声]「見(=みえる)」と、音「雚カン」とから成る。くわしくみる。

意味 ❶広い範囲をぐるりとながめる。みわたす。みる。例観光。観覧。❷注意して、よくみる。みきわめる。例観察。観照。❸みせる。示す。例観兵。展観(=ものを並べて、人に見せる)。❹ながめ。けしき。例奇観。壮観。❺ものの見方や考え方。例観点。楽観。歴史観。❻道教の寺院。例道観(=道教の寺)。

人名 あき・あきら・しめす・すすむ・み

【観閲】カンエツ （名・する）調べ見ること。とくに、軍隊の士気や装備の状況などを、指揮官が検閲すること。例—式。

【観桜】カンオウ サクラの花を見て楽しむこと。花見。例—会。

【観艦式】カンカンシキ 元首が自国の艦隊を観閲する儀式。

【観菊】カンギク キクの花を見て楽しむこと。例—会。

【観客】カンキャク 演劇や映画などを見物する人。見物客。例—席。

【観劇】カンゲキ （名・する）演劇を見ること。芝居見物。

【観光】カンコウ （名・する）旅に出て、風景や史跡、また風土、人情などを見聞すること。例—客。—名所。

【観察】カンサツ （名・する）①注意して、くわしく見ること。例時勢を—する。②ある目的に従って、ものごとや現象を客観的にくわしく見ること。例野鳥の生態を—する。

【観取】カンシュ （名・する）見て、それと知ること。類察知。例相手の意向を—する。表記「看取」とも書く。

【観衆】カンシュウ 見ている人々。見物人。例—三万。—からおどろきの声があがる。

【観照】カンショウ （名・する）①先入観を交えずに冷静に見つめ、その真の意味を知ろうとすること。例人生を—する。②美学で、作品の美を直観的に認識すること。

【観賞】カンショウ（名・する）見て楽しむこと。例熱帯魚を―する。

【観世音】カンゼオン「観世音菩薩」の略。

【観世音▼菩▼薩】カンゼオンボサツ〔仏〕大きな慈悲の心をもって、人々をただちに救済する菩薩。観音。観世音。観自在菩薩。

【観戦】カンセン（名・する）①戦争の状態を、実際に行ってよく見ること。②スポーツや碁・将棋、その他のゲームの試合を見物すること。例―記。名人戦を―する。

【観相】カンソウ 人相や手相、骨相などを見て、その人の性格や運命などを判断すること。

【観測】カンソク（名・する）①（天体や気象など）自然現象の推移を観察したり、測定したりすること。例―気球。②状況をよく見て、今後を予測すること。例希望的―。

【観点】カンテン ものごとを見たり判断したりするときの、その人の立場。類見地。例第三者の―から論評する。

【観入】カンニュウ（名・する）心眼をもって対象を正しく把握すること。例実相―。

【観念】カンネン 一（名）あるものごとについての意識を、頭の中でまとめた内容。類表象・概念。例美の―。二（名・する）あきらめること。類覚悟。例もはやこれまでと―した。

【観念的】カンネンテキ（形動ナ）現実からはなれて、頭の中だけで考えるようす。類抽象的。例―なとらえ方。

【観音】カンノン「観世音菩薩」の略。

【観梅】カンバイ ウメの花を見て楽しむこと。

【観兵】カンペイ 元首が軍隊を観閲すること。例―式。

【観望】カンボウ（名・する）①景色をながめわたすこと。②なりゆきなどをながめること。例形勢を―する。

【観覧】カンラン（名・する）〔まのあたりに見る意〕演劇やスポーツ、また、風景などを見ること。類見物。例―席。―車。
●外観・概観・客観・参観・主観・人生観・静観・直観・悲観・傍観・楽観

見11
【覲】
18画 7519 89B2 音キン漢 ゴン呉 訓あ-う・まみ-える・み-る

意味 ❶天子や君主にお目にかかる。まみえる。例覲見キンケン。参覲交替サンキンコウタイ。❷会見する。あう。
【覲見】キンケン（名・する）天子にお目にかかること。

見13【覺】20画 ⇩【覚】カク（900ジペー）

見15
【覿】
22画 7522 89BF 音テキ漢 訓あ-う

意味 面会する。まみえる。あう。例覿見テキケン（＝まみえる）。覿面テキメン。
【覿面】テキメン（名・形動ナ）〔まのあたりに見る、の意〕①面とむかうこと。あうこと。②効果や結果がただちにあらわれること。例天罰―。―に効く。

見15【覽】22画 ⇩【覧】ラン（901ジペー）
見17【觀】24画 ⇩【観】カン（901ジペー）

148 7画 角 つの つのへん 部

けものの「つの」の形をあらわす。「角」をもとにしてできている漢字を集めた。

0 角 5 觝 6 解 觚 觜 触 觧 9 觱 11 觴 13 觸

角0
【角】
7画 1949 89D2 教育2 音カク漢呉 訓かど・つの・すみ

筆順 ノ ク ク 角 角 角 角

なりたち ［象形］けものの、つのの形。

意味 ❶動物の頭部からつき出た、つの。また、そのような形をしたもの。例頭角トウカク。触角ショッカク。総角あげまき。❷とがったところ。ものの周辺の一部。かど。すみ。例角材カクザイ。稜角リョウカク（＝とがった角）。❸〔数〕二つの直線や面が交わってできる図形。例角度カクド。直角チョッカク。❹二十八宿の一つ。すぼし。例角宿カクシュク。❺勝負をきそう。あらそう。くらべる。例角逐カクチク。角力カクリョク。❻東洋音楽の五音ゴイン（＝宮キュウ・商ショウ・角カク・徴チ・羽ウ）の一つ。例角声カクセイ（＝音階で、角にあたるもの）。

日本語での用法《カク》①「角力すもう」の意。「角界カクカイ・カッカイ・好角家コウカクカ」②将棋ショウギの駒こまの一つ。「角行カクギョウ・カッコウ・飛車角ヒシャカク」

難読 角髪みずら
人名 ふさ

【角帯】カクおび 帯地をほぼ約八センチメートルに二つ折りして、芯シンを入れて仕立てた男性用の帯。
【角界】カクカイ・カッカイ 相撲すもうの社会。例―に名を残す。
【角行】カクギョウ・カッコウ 将棋ショウギの駒こまの一つ。ますのななめに動ける。角カク。
【角材】カクザイ 切り口の四角な材木。
【角砂糖】カクザトウ 小さな立方体に固めた砂糖。
【角質】カクシツ 動物のつめ・ひづめ・つの・毛・羽毛・表皮などの主成分である硬コウたんぱく質の一種。ケラチン。
【角▼錐】カクスイ 底面が多角形で、その各辺を底辺とした三角形が、みな共通の頂点をもつ立体。
【角袖】カクそで ①和服のたもとの先が四角いそで。また、四角いそでの外套ガイトウ。②洋服に対して、和服。③明治時代、私服刑事ケイジのこと。〔私服は、ふつう和服であったところから〕
【角逐】カクチク（名・する）たがいに競争すること。例石油資源をめぐって両国が激しく―する。
【角柱】カクチュウ ①切り口が正方形のはしら。②両はしの面がたがいに平行で同一の多角形であるような、はしら状の立体。
【角度】カクド ①線や面などが交わってできる角の大きさ。②ものごとを見る立場。類視点。例ちがう―から見る。
【角帽】カクボウ 上部が四角い帽子。大学生用の制帽など。
【角膜】カクマク 眼球前面の、黒目をおおう透明トウメイな円形の膜。
【角力】一カクリョク 力をくらべること。力くらべ。二すもう 日本の国技とされる競技。土俵内でふたりが取り組み、相手を土俵の外に出すか、相手をたおすことで勝負を争う。表記 二は「相撲」とも書く。
【角▼樽】つのだる 二つの長い柄えをつののようにつけた、朱塗シュぬりや黒塗りのたる。祝儀シュウギとして用いる。
【角笛】つのぶえ 動物のつのでつくった笛。猟師リョウシなどが用いた。
【角を矯めて牛を殺す】つのをためてうしをころす〔「矯」は、曲げたりのばしたりして形を直す意〕欠点をむりに直そうとして、全体をだめにしてしまうことのたとえ。
●鋭角エイカク・外角ガイカク・互角ゴカク・三角サンカク・死角シカク・折角セッカク・多角タカク・頭角トウカク・鈍角ドンカク・内角ナイカク・方角ホウガク・街角まちかど

角5
【觝】
12画 7526 89DD 音テイ漢 訓ふ-れる

意味 つのがあたる。さわる。ふれる。同抵テイ。例觝触テイショク（＝さしさわる。牴触テイショク・抵触テイショク）。

角 6

【解】

13画 1882 89E3 教育5

音 カイ漢 ゲ呉 訓 と-く・と-かす・と-ける・ほど-く・わか-る

筆順 ⺈ 角 角 角 解 解 解 解

角 6

【觧】

13画 7527 89E7 俗字

なりたち ［会意］「刀（＝かたな）」で「牛（＝ウシ）」の「角（＝つの）」を切り分ける。わける。

意味 ❶ばらばらになる。分ける。ほどく。とく。とける。例解散。分解。溶解。❷ゆるめる。ときはなす。例解禁。解除。解放。❸ときほぐしてわかる。ときあかす。例解説。解明。理解。❹意見。考え。例見解。❺仲よくする。例和解。❻やめさせる。免じる。例解雇。解任。❼とりのぞく。なおす。例解毒。解熱。

日本語での用法 《ゲ》昔、下の者から上の者に差し出した文書。「解状・解文」

使い分け とかす・とく・とける【解・溶】 ⇩1173ページ

人名 さとる・とき・ひろ

【解禁】（名・する）法令で禁止していたことを解除すること。例アユ漁の━。

【解決】（名・する）事件や問題をうまく処理し、決着がつくこと。また、決着をつけること。例おたがいの努力で━した。

【解雇】（名・する）やとっていた人をやめさせること。雇用契約を解除すること。類免職。対雇用。例不当━。懲戒━。

【解語の花】美人。とくに、楊貴妃のこと。〔唐の玄宗がビャクレンを見ていたとき、楊貴妃を指して「ここにいることばのわかる花よりも美しい花はあるまい」と言った故事による〕

【解散】（名・する）①集会などが終わって、参加者が別々に去っていくこと。対集合。例現地で━する。②会社や団体などが活動をやめ、組織をとくこと。例合唱団を━する。③議会で、議員の任期満了前に、全員の資格をなくすこと。例衆議院の━。

【解字】漢字の字形を分析して、意味の成り立ちを説明すること。

【解釈】（名・する）①文章やことばの意味や内容を理解し、説明すること。また、その説明。例英文━。②他人の言動の意図を判断し、理解すること。例善意に━する。

【解除】（名・する）①それまでに出された禁止や制約をやめること。とりのぞくこと。例大雨注意報━。②〔法〕契約を一方が取りやめ、契約前の状態にもどすこと。

【解消】（名・する）①それまでの関係や状態がすっかりなくなること。また、なくすこと。例契約━。不満が━する。②組織や団体を解散すること。例発展的━。

【解錠】（名・する）しまっているかぎをあけること。開錠。対施錠。

【解職】（名・する）職をやめさせること。類免職。例━を求める。

【解職請求】地方公共団体の首長や助役、また議員などを、任期満了前に住民の意思でやめさせる制度。リコール。

【解析】㊀（名・する）ものごとを要素ごとに分け、理論的に研究すること。㊁（名）〔数〕「解析学」の略。代数学や幾何学と並ぶ数学の一部門。

【解説】（名・する）ものごとの内容やその影響などを、わかりやすく説明すること。また、その説明。例ニュース━。

【解像】（名・する）レンズが、ものの形のこまかい部分まで、はっきりと写し出すこと。例━力。

【解体】（名・する）①組み立ててあるものを、こわしてばらばらにすること。例ビルの━工事。②組織をこわして、ばらばらにすること。例財閥━。③解剖。例『━新書』〔江戸時代後期の翻訳書〕

【解題】（名・する）①書物の筆者や内容、成立の由来などを解説すること。また、その解説。例図書━。漢籍━。②問題をとくこと。

【解脱】（名・する）㊀カイダツ ときはなすこと。㊁ゲダツ〔仏〕迷いや欲望から解放されて、さとりの境地にはいること。例━して法悦をおぼえる。

【解党】（名・する）政党や党派を解散すること。対結党。

【解凍】（名・する）冷凍食品などの、こおったものをとかすこと。対冷凍。例夕食用に魚を━する。

【解答】（名・する）問題をといてこたえを出すこと。また、そのこたえ。例模範━。

【解読】（名・する）暗号や、読めない文字または文章などを読みとくこと。例古代文字を━する。

【解任】（名・する）任務をとくこと。類免職。例議事運営をめぐり議長を━する。

【解放】（名・する）外からの力で、からだや精神の束縛などをなくして、自由にすること。例奴隷━。

【解剖】（名・する）①内部のしくみや状態などを調べるため、生物のからだを切り開くこと。類解体。例━学。司法━。②分析して研究すること。例事故を━する。

【解明】（名・する）わからない点をはっきりさせること。例原因を━する。

【解約】（名・する）契約を取り消すこと。例定期預金を━する。

【解▼纜】（名・する）〔「纜」は、ともづなの意〕船が出航すること。例横浜港を━して三日たつ。

【解毒】（名・する）体内にはいった毒物の毒性を消すこと。例━剤。━作用のある植物。

【解熱】（名・する）病気で高くなった体温を下げること。例━剤。

●見解・誤解・図解・正解・読解・難解・不可解・分解・弁解・溶解・理解・例解・和解

角 6

【觚】

13画 7524 89DA

音 コ漢 訓 さかずき

意味 ❶昔、儀式に用いた大きなさかずき。四角・八角など、かどがあったという。さかずき。❷とがったところ。かど。❸文字を記すのに用いた木の札。とくに六角柱や八角柱のもの。ふだ。例觚牘（＝書物）。操觚（＝文章を作ること）。

角 6

【觜】

13画 7525 89DC

音 シ漢呉 訓 くちばし

意味 ❶ミミズクの頭の上にある、つののような毛。けづの。❷二十八宿の一つ。とろきぼし。例觜宿。❸くちばし。はし。同嘴。

角 6

【触】

13画 3108 89E6 常用

音 ショク漢 ソク呉 訓 ふ-れる・さわ-る

筆順 ⺈ 角 角 角 角 触 触 触

角13

【觸】

20画 7529 89F8

なりたち [形声]「角(=つの)」と、音「蜀ショク」とから成る。つのでふれる。

意味 ❶つきあたる。ふれる。例抵触テイショク(=さしさわる)。❷ふれて感じる。さわる。ふれる。例触発ショクハツ。感触カンショク。接触セッショク。❸罪をおかす。ふれる。例触犯ショクハン(=禁をおかす)。

日本語での用法《ふれ》役所からの達し。知らせ。通報。「触れ状ふれジョウ・触れ文ふれぶみ・御触書おふれがき」

使い分け さわる【触・障】⇒1170ジペー

人名 ふる

【触手】ショクシュ 下等動物のからだの先端センや口の近くにある、ひものような器官。触覚ショッカクや嗅覚キュウカク、また捕食ホショクなどのはたらきをし、自在にのびちぢみする。例—をのばす(=下心があって、はたらきかける)。

【触媒】ショクバイ〔化〕化学反応がおこるとき、それ自身は変化をしないが、他の物質の化学変化の速度を速めたり、おくらせたりする物質。

【触発】ショクハツ(名・する)①ものがふれるとすぐ爆発バクハツすること。例—水雷スイライ。②あることがきっかけになって、他のことが起きること。例体験談に—されて、留学を決意する。

【触角】ショッカク 昆虫コンチュウなどの頭にある、一対イッツイまたは二対の細長いひげのような器官。触覚や嗅覚キュウカクの役目をする。

【触覚】ショッカク 五感の一つ。手足や皮膚ヒフがものにふれたときに起こる感覚。類触感。

【触感】ショッカン さわった感じ。手ざわりやはだざわりなど。類触覚。例—のちがう布地ぬの。

●感触カンショク・接触セッショク・抵触テイショク

角6 【觧】13画 ⇒【解】イカ(903ジペー)

角9 【觱】16画 2-8847 89F1 音ヒツ漢 ヒチ呉

意味 西域セイイキの異民族がふく角笛つのぶえ。中国のウマをおどろかすという。のちに、タケの管くだとアシの舌した(=リード)をつけて楽器とした。

【觱篥】ヒチリキ 雅楽ガガクに用いる管楽器。→【篳篥】ヒチリキ(757ジペー)

角11 【觴】18画 7528 89F4 音ショウ漢呉 訓さかずき

意味 さかずき。また、酒をすすめる。例濫觴ランショウ(=さかずきを浮かべるほどの細い流れの意から、ものごとのはじめのたとえ)。

角13 【觸】20画 ⇒【触】ショク(903ジペー)

149 7画 言 げん ごんべん 部

口でものをいう意をあらわす。「言」をもとにしてできている漢字を集めた。

0 言 2 計 訂 訃 3 記 訖 訓 訐 訌
訊 託 討 4 訛 許 訣 訝 訟 設 訥 訪
訳 5 詠 訶 詘 詁 詐 詞 証 詔 診 訴
詛 詑 詒 註 詆 評 詈 評 6 詠 該 詭
詰 詣 誇 詬 詩 試 詢 詳 誠 詮 詫 誅
誂 誉 誅 話 7 誨 誡 誑 語 誤 誥 誌
誚 誦 誓 説 読 認 誣 誘 誤 誠 説 誕
認 8 謁 課 誼 諏 諄 諸 諚 請 諍 諾
誰 誕 談 調 諂 誹 諒 論 諫 請 調 9
諳 謂 諧 諤 諫 諱 諕 諠 諺 諢 諮 謚
諜 諦 諷 諞 謀 諭 諛 謡 謁 諺 諮 諸
謎 諭 10 譁 謹 謙 謇 講 謝 謖 謄 謎
謐 謨 謗 謌 諱 謙 講 謚 謄 謠 11 謳
謦 謫 謾 謬 謹 12 譏 警 譎 識 譜 譚
譛 譌 證 譛 13 議 護 譲 譫 譟 譬 譱
譯 譽 14 譴 15 讃 讀 16 讌 讐 讎 變
17 讙 讒 讖 讓 19 讚

言0 【言】7画 2432 8A00 教育2 音ゲン漢 ゴン呉 訓い-う・こと

筆順 、 亠 亠 言 言 言 言

なりたち [形声]「口(=くち)」と、音「辛シン→ゲン」とから成る。口でものをいう。

意味 ❶ことばに出していう。語る。話す。告げる。述べる。例言行ゲンコウ。言論ゲンロン。断言ダンゲン。❷ことば。こと。例言語ゲンゴ。格言カクゲン。金言キンゲン。

難読 言種ことぐさ(いぐさ)・言伝ことづて

人名 あき・あや・とき・のぶ・のり・ゆう・ゆき

【言下】ゲンカ(「ゴンカ」とも)相手がものを言い終わったすぐあと。一言のもと。例—に否定する。

【言外】ゲンガイ ことばでは直接に言いあらわしていない部分。

【言語】ゲンゴ(「ゴンゴ」とも)音声または文字によって、考えていることや感情などを伝える行為コウイ。また、それに用いる音声や文字など。ことば。例—道断ゴンゴドウダン。—に絶する。

【言語道断】ゴンゴドウダン 一(形動ダ)(ことばでは言いあらわせないほど)ひどいようす。とんでもないようす。例規則を守らないとは—だ。二(名)〔仏〕教えのおくぶかさが、ことばでは表現しきれないほどすばらしいこと。

【言行】ゲンコウ 言うこととおこなうこと。例—一致イッチ。

【言行録】ゲンコウロク ある人の言行を記録した書物。

【言志】ゲンシ ①心に思うことを述べること。②漢詩のこと。

【言次】ゲンジ ことばのついで。話のついで。

【言辞】ゲンジ ことば。ことばづかい。例—を弄ロウする(=誠意のない、かってなことを言う)。

【言責】ゲンセキ 言ったことばについての責任。例—を負う。

【言説】ゲンセツ ことばで述べたてる意見。例—に注意する。

【言質】ゲンチ(「ゲンシツ」とも)あとで証拠ショウコとなることば。ことばじち。例—をとる。—をあたえる。

【言動】ゲンドウ 言うこととおこなうこと。ことばと行動。類言行。

【言文】ゲンブン 話しことばと書きことば。口頭語と文章語。

【言文一致】ゲンブンイッチ 文章をできるだけ口語に近い文体で書くこと。また、そのような主張。例明治初期の—運動。

【言明】ゲンメイ(名・する)公式の発言として、はっきりと言うこと。明言。例—をさける。

【言容】ゲンヨウ ①ことばと、人の姿やようす。類言貌ゲンボウ。②ことばつき。

【言論】ゲンロン 意見や思想をことばや文章で発表し、論議すること。また、その意見や思想。例—の自由。

【言霊】ことだま 古代に、ことばがもっていると信じられていた不思議な力。例大和やまとは—の幸さきわう国(=日本の国は言霊によって幸せがもたらされている国)。

【言葉】ことば ①人が、自分の考えや感情を伝えようとするときに発する音声や、書く文字など。言語。例日本の―。②単語や語句。また、ひとまとまりの文章。例―を豊かにする。③実際に言われたこと。ことばづかい。口ぶり。例―をかける。

【言上】(名・する) 申し上げること。身分の高い人に申し述べること。例かしこまって―する。

●過言・甘言・換言・狂言・苦言・小言・失言・証言・助言・進言・宣言・前言・体言・他言・伝言・発言・方言・暴言・無言・名言・遺言・用言・流言

言 2

【計】

9画 2355 8A08 教育2

音ケイ漢 ケ呉

訓はか-る・はか-らう

付表 時計

筆順 、 亠 ⺕ 言 言 言 言 計 計

なりたち [会意]「言(=いう)」と「十(=数)」とから成る。声に出して数をかぞえる。

意味 ❶数をかぞえる。はかる。例計算。合計。❷数量をはかる器具。はかり。例温度計。晴雨計。❸くわだてる。はかる。はかりごと。例計画。計略。早計。❹金銭の出入り。経営。例家計。生計。

日本語での用法《ばかり》ぐらい。ほど。程度をあらわす。「五百円計り・計り足りない」

使い分け はかる【図・計・測・量・謀・諮】⇩1177ページ

難読 不入計(=地名)・主計の頭

人名 かず・かずい・かずえ・かずお・かずし

【計画】(名・する) ものごとをおこなうやり方を、前もって考えること。また、その考え。くわだて。プラン。例―を立てる。

【計器】重量や速度、距離など、数量をはかるための器械。メーター。

【計算】(名・する) ①足し算・引き算・かけ算・割り算などによって、求める数を出すこと。例―器。面積を―する。②あらかじめ見積もっておくこと。予想。例相手の出方を―に入れる。③損得を数えること。例―高い。―ずく。

【計上】(名・する) 必要な費用として、計算の中に入れておくこと。例資料費を予算に―する。

【計数】①(統計や経理などの)数字を計算すること。例―に明るい。②数をかぞえること。例―器。

【計測】(名・する) ものさしや器械を使って、長さや速さ、また、分量などをはかること。類計量・測量・測定。

【計理】会計と経理。例―士。

【計略】はかりごと。類策略。例―にかける。―を練る。

【計量】(名・する) 重量や分量をはかること。類計測・測量・測定。例―カップ。表記「計料」とも書く。

●一計・会計・家計・合計・推計・生計・設計・早計・総計・統計・余計・累計

言 2

【訂】

9画 3691 8A02 常用

音テイ漢 チョウ呉

訓ただ-す

筆順 、 亠 ⺕ 言 言 言 言 訂

なりたち [形声]「言(=ことば)」と、音「丁(テイ)」とから成る。評議する。

意味 ❶話し合ってきめる。はかる。また、約束する。例訂盟(=同盟などを結ぶ)。❷文字や文章の誤りをあらためる。ただす。例訂正。改訂。

人名 ただ・ただし・ひとし

【訂正】(名・する) 文字やことば、また、文章の誤りを正しく直すこと。例前号の記事を―する。

●改訂・校訂

言 2

【訃】

9画 7530 8A03 常用

音フ漢呉

訓つ-げる

筆順 、 亠 ⺕ 言 言 言 言 訃

なりたち [形声]「言(=いう)」と、音「卜(ホク→フ)」とから成る。死を知らせる。

意味 人の死を知らせる。死亡の知らせ。つげる。例訃音。訃報。

【訃音】(「フオン」とも) 死亡を知らせる手紙。訃報。

【訃報】死亡の知らせ。訃音。例―に接する。

言 3

【記】

10画 2113 8A18 教育2

音キ漢呉

訓しる-す・しるし

筆順 、 亠 ⺕ 言 言 言 言 記 記

なりたち [形声]「言(=ことば)」と、音「己(キ)」とから成る。整理してしるす。

意味 ❶書きとめる。しるす。例記述。記録。❷書きとめたもの。かきもの。文書。例手記。伝記。日記。❸しるし。例記号。記章。❹おぼえる。心にとどめる。例記憶。記念。

人名 なり・のり・ふさ・ふみ・よし

【記憶】(名・する) 経験したことや学んだことを、忘れないように覚えておくこと。例―力。

【記紀】『古事記』と『日本書紀』。例―の歌謡。

【記号】一定の内容を伝えるものとして通用する、しるし。文字や符号などをふくむ。例発音―。

【記載】(名・する) 本や書類に書いてのせること。例名簿に氏名を―する。

【記事】できごとをありのままに書いた文章。例新聞―。

【記者】①文章を書く人。筆者。②新聞や雑誌・放送などの、記事を書くことを職業とする人。例―会見。新聞―。

【記述】(名・する) 文章に書くこと。とくにものごとを秩序だてて書くこと。例簡潔に―する。

【記章】①記念のために関係者に授与する、しるし。メダル。例大会参加の―。②資格や身分・職業などを示した、衣服につけるしるし。バッジ。表記 ▽旧▾徽章

【記帳】(名・する) ①帳簿や通帳に記入すること。②そこに来たしるしに、備えてある帳面に署名すること。

【記入】(名・する) 書き入れること。書きこむこと。例答案用紙に氏名を―する。

【記念】(名・する) ①思い出になるように残しておくこと。また、残すもの。例卒業―の植樹。②過去のできごとについての記憶を新たにすること。例創立―日。

【記名】(名・する) 書類や用紙などに自分の氏名を書き入れること。対無記名。例―投票。

【記録】(名・する) ①事実を書きとめておくこと。また、そのもの。例噴火の―。②競技などの成績・結果。とくに、それまででいちばんよい成績。レコード。例新―。

●暗記・手記・書記・速記・追記・転記・伝記・特記・日記・筆記・表記・風土記・併記・簿記・銘記・列記・連記

言 3

【訖】

10画 7531 8A16

音キツ漢 コチ・コツ呉

訓いた-る・おわ-る・つい-に

意味 ❶完結する。終了する。やめる。おわる。❷結局。とうとう。ついに。同迄。❸行きつく。いたる。およぶ。同迄

例 今に訖る。末に訖る。

言3 **【訓】** 10画 2317 8A13 教育4 音 キン漢 クン呉 訓 おし-える・おし-え・よ-む・よ-み

筆順 訓

なりたち [形声]「言(=ことば)」と、音「川(セン→クン)」とから成る。ことばで教えさとす。

意味 ❶おしえさとす。みちびく。いましめる。おしえる。いましめ。おしえ。例 訓育。訓戒。教訓。❷字句の意味を明らかにする。よむ。また、よみ方。例 訓詁。訓釈。訓読。

日本語での用法 《クン》漢字にあてた日本語の読み方。対 音。「訓読・音訓・常用漢字の訓」

人名 くに・さとし・さとす・さとる・しる・とき・のり・みち

【訓育】(名・する) ①教え育てること。②児童や生徒の品性などを、よい方向へのばすように養い育てること。

【訓戒】(名・する) 事の善悪について教えさとし、これからはあやまちをおかさないよう注意をあたえること。類 教訓。例 —を垂れる。表記 旧 訓▼誡

【訓義】漢字の読み方と意味。

【訓▼詁】字句の解釈。文字や語句の意味の説明。例 —注釈。表記「訓故」とも書く。

【訓告】(名・する) ①いましめさとすこと。②いましめ告げること。落ち度をいましめること。

【訓示】(名・する) 上の人が下の人に対して、仕事上の心得などを教え示すこと。また、そのことば。例 現場責任者の—。

【訓辞】上の人が下の人にあたえる、教えさとすことば。類 訓話。例 校長の—。

【訓釈】(名・する) 漢文の字句の読み方と意味の解釈をすること。類 訓詁。

【訓点】漢文を訓読するために漢字のまわりに書き加える、返り点やヲコト点の符号や送りがなをまとめていうことば。例 —を付して読む。

【訓導】一(名・する) 教えみちびくこと。二(名) 小学校の教諭の古い言い方。

【訓読】(名・する) ①漢字を、その字の意味にあたる日本語で読むこと。「山」を「やま」、「川」を「かわ」と読むこと、など。対 音読。②漢文を日本語として読むこと。語の順序を直し、助詞や助動詞などをおぎなって読む。例 —の漢文。

【訓▼蒙】〔古くは「キンモウ」とも〕子供や初学者に教えること。また、そのための本。

【訓令】(名・する) ①訓示し命令すること。また、その命令。②内閣や各省が、下級の官庁に職務上の命令を出すこと。また、その命令。

【訓練】(名・する) 教えたことがうまくできるように、くりかえし練習すること。例 避難—。

【訓話】(名・する) 心構えや生き方などについて、教えさとすこと。また、その話。類 訓辞。例 社長の—。

●音訓・家訓・字訓・特訓・難訓・和訓

言3 **【訐】** 10画 7532 8A10 音 ケイ漢呉 ケツ漢 訓 あば-く・ひら-く

意味 相手の誤ちや欠点などを明らかにしてせめる。あばく。例 訐告(=告発する)。

言3 **【訌】** 10画 7533 8A0C 音 コウ漢 訓 つい-える・みだ-れる・やぶ-る

意味 ❶失敗して、すっかりだめになる。ついえる。例 訌潰(=ついえる)。❷混乱して、あらそいになる。もめる。おとしいれる。例 内訌(=うちわもめ)。

言3 **【訊】** 10画 3154 8A0A 人名 音 シン漢 ジン呉 訓 たず-ねる・き-く

意味 ❶罪などを問いただす。とりしらべる。たずねる。とう。例 訊問。❷おとずれる。みまう。訪問する。例 問訊(=安否をたずねる)。❸たより。てがみ。例 音訊(=手紙)。

【訊問】(名・する) ①強い調子で質問し、調べること。例 不審—。②〔法〕裁判所などが、証人や鑑定人などに質問し、答えさせること。例 反対—。表記 ▽現 尋問

言3 **【託】** 10画 3487 8A17 常用 音 タク漢 訓 かこ-つ・かこつ-ける

筆順 託

なりたち [形声]「言(=いう)」と、音「乇(タク)」とから成る。ことづけて、たよる。

意味 ❶たよる。身を寄せる。あずける。まかせる。例 託児。委託。嘱託。❷あることにたとえて言う。かこつける。ことよせる。例 託言(=かこつけていうこと。また、ことづて)。仮託。

日本語での用法 《かこつ》不平を言う。「身の不遇を託つ」

人名 よし・より

【託児】(名・する) 幼児を預け、保育をたのむこと。例 —所。

【託生】⇩【托生】(427ページ)

【託宣】一(名・する) 神が人にのりうつってお告げをすること。また、そのお告げ。類 神託。二(名)〔多く「ご託宣」の形で〕目上の人の意見や命令を、からかっていうことば。例 社長のご—がくだった。

【託送】(名・する) 人にたのんで、物を送ること。

●委託・寄託・結託・受託・神託・付託

言3 **【討】** 10画 3804 8A0E 教育6 音 トウ漢呉 訓 う-つ

筆順 討

なりたち [会意]「言(=ことば)」と「寸(=きまり)」とから成る。ことばときまりとでただす。

意味 ❶ものごとをくわしく調べ、ただす。たずねもとめる。例 討究。討論。検討。❷罪を言いとがめる。武力でせめる。うつ。例 討伐。追討。征討。

使い分け うつ【打・討・撃】⇩1163ページ

【討議】(名・する) ある問題について、意見を出し合って議論すること。ディスカッション。例 対策を—する。

【討究】(名・する) ①つきつめて研究すること。例 長年の—の末、ついに結論が出た。②議論し合って研究すること。

【討尋】(名・する) 深くたずね調べること。

【討幕】(名・する) 幕府をうつこと。例 ひそかに—のはかりごとが進められた。

【討伐】(名・する) 軍隊を出して、反抗する者をせめうつこと。例 すぐさま反乱を—した。

【討論】(名・する) ①事の是非を論じること。②意見をたたかわせて議論すること。例 —会。

●検討・掃討・追討

言 4 【訛】 11画 7534 8A1B 音ガ㊇カ㊉ 訓なま-り・なま-る・あやま-り・あやま-る

言12 【譌】 19画 7587 8B4C 本字

意味 ❶でたらめを言う。うそを言う。いつわる。いつわり。例訛偽(=いつわり)。訛言。❷文字やことばをまちがえる。あやまる。あやまり。例訛字(=まちがった文字)。❸ことばがなまる。なまり。例訛音。訛語。

難読 訛よこなまる・訛声だみごえ

【訛音】カオン（「カイン」とも）なまった発音。なまり。

【訛言】カゲン ①なまったことば。②根拠のないうそ。類流言。

【訛語】カゴ なまったことば。

【訛伝】カデン あやまって伝わること。まちがった言い伝え。

言 4 【許】 11画 2186 8A31 教育5 音キョ㊇コ㊉ 訓ゆる-す・ばか-り・もと

筆順 二 三 訁 言 言 言 訁 訐 許

なりたち ［形声］「言(=いう)」と、音「午ゴ→キョ」とから成る。相手のいうことをききいれる。

意味 ❶ききいれる。みとめる。ゆるす。ゆるし。例許可。許容。免許。❷だいたいの数をあらわす。ぐらい。ほど。ばかり。例許多。幾許。❸ところ。もと。例何許。親許。❹姓の一つ。例許慎。

難読 若許そこばく・許斐このみ(=姓)・如何許いかばかり

人名 すすむ・ゆく

【許可】キョカ （名・する）願いを聞き届けること。してもよいとゆるすこと。対禁止。例参加を―する。

【許嫁】キョカ ㊀結婚を許可すること。㊁いいなずけ 婚約した相手の人。表記 ㊁は「▽許▽婚」とも書く。

【許婚】キョコン ㊀結婚を許可すること。㊁いいなずけ 婚約した相手の人。婚約者。フィアンセ。表記 ㊁は「▽許▽嫁」とも書く。

【許慎】キョシン 後漢の学者。六書の原理によって漢字を分類し、字形の構造を分析し、漢字の字書『説文解字』を著した。（三〇―？）

【許多】キョタ （名・形動ナ）数の多いこと。多数。あまた。例―の富。表記「巨多」とも書く。

【許諾】キョダク （名・する）許可し承諾すること。たのみを聞き入れること。例―願い。

【許否】キョヒ ゆるすことゆるさないこと。例―を確かめる。

【許容】キョヨウ （名・する）基準には合わないが、ゆるして受け入れること。大目に見ること。例―範囲。

●特許・身許・免許

言 4 【訣】 11画 2377 8A23 人名 音ケツ㊇ 訓わか-れる・わか-れ

意味 ❶いとまごいをする。（死者に）わかれをつげる。わかれる。わかれ。例訣別。永訣。❷とっておきの方法。おくの手。例秘訣。要訣(=必要な方法)。

日本語での用法《わけ》①理由。いわれ。「この語の訣・失敗した訣」 参考 現代は、「訳」の字を用いるが、もとは「訣」を使用した。

人名 さとし・さとる

【訣別】ケツベツ （名・する）わかれを告げること。きっぱりとわかれること。例―の辞。悪友たちと―する。表記 現決別

言 4 【訝】 11画 7535 8A1D 音ゲン㊖ガ㊇ゲ㊉ 訓いぶか-る

意味 ❶出むかえる。むかえる。❷うたがいあやしむ。いぶかる。例怪訝。

言 4 【訟】 11画 3057 8A1F 常用 音ショウ㊇ 訓あらそ-う・うった-える・うった-え

筆順 二 三 訁 言 言 言 訁 訟 訟

なりたち ［形声］「言(=いう)」と、音「公コウ→ショウ(=おおやけにする)」とから成る。公式の場で言いあらそう。

意味 裁判であらそう。うったえる。うったえ。例訟訴。訴訟。

【訟訴】ショウソ うったえること。訴訟。

言 4 【設】 11画 3263 8A2D 教育5 音セツ㊇ 訓もう-ける・しつら-える・もう-け

筆順 二 三 訁 言 言 言 訁 設 設

なりたち ［会意］「言(=ことば)」と「殳(=人を使う)」とから成る。ことばで人を使って、ならべる。

意味 こしらえる。立てる。並べる。もうける。しつらえる。例設計。設備。開設。

難読 設楽したら・設楽しだら(=地名・姓)・設使たとい・設如たとい

人名 おき・のぶ

【設営】セツエイ （名・する）①ある仕事のために、前もって施設をつくること。例テントを―する。②会合などの準備をすること。例祝賀会を―する。

【設計】セッケイ （名・する）①建築や土木工事、また、機械の製作などについての計画を、くわしく図面などで示すこと。例―図。②計画を立てること。例生活―。

【設題】セツダイ （名・する）問題をつくること。また、その問題。

【設置】セッチ （名・する）①設備などをそなえつけること。例火災報知器を―する。②機関などを新たにもうけること。例大学―基準。

【設定】セッテイ （名・する）ある目的のために、新たにもうけ定めること。例状況―。記者会見を―する。

【設備】セツビ （名・する）目的に応じて必要なものを、そなえつけること。また、そのそなえつけられたもの。例―投資。―のよいホテル。

【設問】セツモン （名・する）問題をつくって出すこと。また、その問題。例―に答える。

【設立】セツリツ （名・する）組織や施設などを新たにつくること。例新党―の会合。会社を―する。

●移設・開設・仮設・架設・既設・建設・公設・私設・施設・常設・新設・創設・増設・特設・併設

言 4 【訥】 11画 7536 8A25 音トツ㊖ドツ㊇ 訓ども-る

意味 ことばがなめらかに出ない。どもる。また、口が重い。口べた。例訥訥。訥弁。朴訥。

【訥言】トツゲン ①なめらかでないことば。例―敏行(=口べたであっても、実行は早い)。〈論語〉②どもることば。

【訥訥】トツトツ （形動タル）つかえながら話すようす。口べたなようす。例―と話す。

【訥弁】トツベン つかえがちで、口べたな話しぶり。例―なのが、かえって奥ゆかしい。表記 ㊐訥▼辯 対能弁・雄弁

言4 **【訪】** 11画 4312 8A2A 教育6 音ホウ漢呉 訓おとず-れる・たず-ねる・おとず-れ・と-う

筆順 訪 訪

なりたち 訪 [形声]「言(=ことば)」と、音「方ホ」とから成る。いろいろとたずね問う。

意味 ❶意見をもとめる。たずね問う。聞く。たずねる。例訪議(=相談する)。❷人のところに行く。人をたずねる。おとずれる。おとずれ。例訪問。来訪。歴訪。❸さがし求める。たずねる。例訪求(=さがしもとめる)。探訪。

使い分け たずねる【尋・訪】⇩117ページ

難読 諏訪(=地名・姓)

人名 こと

【訪欧】(名・する)欧州(=ヨーロッパ)をおとずれること。欧州へ行くこと。例—の旅に出る。

【訪日】(名・する)日本をおとずれること。外国人が日本に来ること。例アメリカ大統領の—。

【訪問】(名・する)人の家やよその国などをたずねていくこと。例—客。

●再訪・探訪・来訪・歴訪

言4 **【訳】** 11画 4485 8A33 教育6 音エキ漢ヤク呉 訓わけ・と-く

筆順 訳 訳

言13 **【譯】** 20画 7603 8B6F

なりたち 譯 [形声]「言(=ことば)」と、音「睪エ」とから成る。異民族のことばを自分たちのことばに直して伝える。

意味 ❶ある(国の)ことばを、別の(国の)ことばにかえて意味を伝える。やくする。例通訳。翻訳。英文和訳。❷意味を解釈する。

日本語での用法《わけ》①ものごとの道理や常識。「訳の わかった人」②いわれ。理由。「にげた訳をきく・訳もわからずに」③めんどうなこと。こみ入った事情。「訳ありの仲・そんなこと訳はない」 参考 現代は、「訳」を用いるが、もとは「訣」の字を使用した。

人名 つぐ・のぶ

【訳語】ある言語を、別の言語に翻訳したことば。例辞書で—をさがす。

【訳詞】外国の歌を翻訳すること。また、その歌詞。例賛美歌の—。

【訳詩】外国の詩を翻訳すること。また、その詩。例上田敏の—集。

【訳者】翻訳する人。翻訳した人。翻訳者。

【訳出】(名・する)ある言語を他の言語に訳すこと。例数年がかりでダンテの『神曲』を—した。

【訳述】(名・する)①翻訳して、その内容を述べること。②翻訳して文章にすること。

【訳書】翻訳した書物。類訳本。対原書。

【訳注】①翻訳と注釈。②翻訳者がつけた注釈。対原注。表記▽旧訳▼註

【訳読】(名・する)外国語を翻訳して読むこと。

【訳文】翻訳した文章。例—のまちがいをただす。

【訳本】翻訳した本。類訳書。例—にたよって作品を読む。

【訳名】翻訳してつけた名前。

●意訳・内訳・英訳・誤訳・抄訳・新訳・全訳・直訳・通訳・点訳・名訳

言5 **【詠】** 12画 1751 8A60 常用 音エイ漢ヨウ呉 訓よ-む・うた-う・なが-める・なが-め

筆順 詠 詠

口5 **【咏】** 8画 5073 548F 別体字

なりたち 詠 [形声]「言(=ことば)」と、音「永エ」とから成る。ことばを長く引いて歌う。

意味 ❶声を長くのばして詩や歌をうたう。例吟詠。朗詠。❷詩や歌をつくる。よむ。例詠歌。詠懐。題詠。

使い分け よむ【読・詠】⇩1182ページ

人名 え・かぬ・かね

【詠歌】①詩歌をよむこと。詩歌をつくること。また、その歌。②「御詠歌」の略。修行のために寺をめぐる人が、仏をたたえてうたう歌。

【詠懐】心の中の思いをよんだ詩歌。

【詠吟】(名・する)詩や和歌を、節をつけてうたうこと。類吟詠。

【詠史】「詠物」に同じ。

【詠出】(名・する)詩や和歌をつくりだすこと。例悲痛な胸のうちをみごとに—している。

【詠唱】(名・する)①オペラなどで、感情をこめて独唱する部分。アリア。また、それを歌うこと。②おおぜいで節をつけて歌うこと。例賛美歌を—する。

【詠▼誦】(名・する)詩や和歌を、節をつけて読みあげること。

【詠進】(名・する)和歌をよんで天皇や貴人、また、神仏にたてまつること。例—歌。

【詠草】和歌の下書き。類歌稿。例和歌—。日頃の—の中から選ぶ。

【詠嘆】(名・する)①感動して声やことばに出すこと。例—の声をあげる。②感動の気持ちを声にあらわしてうたうこと。例—調の文章。表記▽旧詠▼歎

【詠物】(自然などの)事物に託して思いをよんだ詩歌。詠史。

●御詠・吟詠・雑詠・題詠・朗詠

言5 **【訶】** 12画 7537 8A36 音カ漢呉 訓しか-る

意味 ❶大声でとがめる。どなりつける。しかる。例訶責(=しかりせめる)。❷梵語の音訳。例摩訶(=大である。すぐれている)。訶梨帝母(=鬼子母神)。

言5 **【詘】** 12画 2-8860 8A58 音クツ漢

意味 ❶ことばがつまる。❷つまって、まがる。同屈。例詘指(=ゆびを折ってかぞえる)。詘伸。

【詘伸】(名・する)のびちぢみすること。かがむこととのびること。類屈伸。

言5 **【詁】** 12画 7538 8A41 音コ漢 訓よ-み

意味 古いことばを、現代語でわかりやすく説明する。とく。よむ。よみ。例訓詁。

言5 **【詐】** 12画 2630 8A50 常用 音 サ 漢呉 訓 いつわ-る・いつわ-り

筆順 言 言 詐 詐 詐 詐

なりたち [形声]「言(=ことば)」と、音「乍」とから成る。あざむく。

意味 うそを言う。あざむく。いつわる。いつわり。例 詐欺。詐取。巧詐(=たくみにいつわる)。

【詐偽】うそ。いつわり。例 ―の方法。

【詐欺】人をたくみにだまして、お金やものを取ること。ペテン。例 ―師にひっかかる。

【詐取】(名・する)人のお金やものをだまし取ること。

【詐術】人をだますやり方。例 たくみな―にひっかかる。

【詐称】(名・する)人をだますために、氏名・住所・職業・学歴などについて、うそを言うこと。例 弁護士を―する。

言5 **【詞】** 12画 2776 8A5E 教育6 音 シ 漢 ジ 呉 訓 ことば 付表 祝詞

筆順 言 言 言 訂 詞 詞 詞

なりたち [会意]「司(=支配する)」と「言(=ことば)」とから成る。心を支配する気持ちが、ことばとなってあらわれる。

意味 ❶いくつかのことばのつながり。言語。文章。詩文。ことば。例 詞章。詞藻。歌詞。❷漢詩の形式の一つ。例 涼州詞。❸宋代にさかんになった韻文の一様式。❹文法上のことばの分類をあらわすことば。例 動詞。品詞。

人名 こと・つぐ・なり・のり・ふみ

▽【詞書】①和歌の前書きとしての(短い)説明文。②絵巻物の説明文。例 源氏物語絵巻の―。

【詞華】美しく表現されたことば。すぐれた詩や文章。類 詩藻。例 ―集。表記「詞花」とも書く。

【詞章】①詩歌や文章。②謡曲や語り物、また、歌謡曲などの文句。例 よく知られている―。

【詞藻】①詩や文章の中の、美しくかざられたことば。また、すぐれた詩や文章。類 詞華。②詩文をつくる才能。例 ―豊かな才女。

【詞林】①詩文を集めた書物。②詩人や文士のなかま。③辞書。

○●歌詞・形容詞・作詞・祝詞・数詞・台詞・動詞・品詞・副詞・名詞

言5 **【証】** 12画 3058 8A3C 教育5 音 Aショウ 漢呉 Bセイ 漢 ショウ 呉 訓 あかし

筆順 言 言 言 訂 訐 証 証

A 言12 **【證】** 19画 7590 8B49　B 言5 **【証】** 12画 3058 8A3C

なりたち A[證] [形声]「言(=ことば)」と、音「登」とから成る。告げる。
B[証] [形声]「言(=ことば)」と、音「正」とから成る。いさめる。

意味 A[證] ❶事実を告げて、明らかにする。うらづける。あかしをたてる。例 証言。証明。実証。❷うらづけとなるしるし。あかし。例 確証。保証。学生証。
B[証] いさめる。

人名 あき・あきら・いさむ・さとり・さとる・つぐ・み

【証印】(名・する)証明のためにおす印。また、それをおすこと。

【証券】金額が表示されていて、財産として価値のある証書。株券・手形・小切手など。例 ―会社。有価―。

【証言】(名・する)あることがらが事実であることを、ことばで証明すること。また、そのことば。例 目撃者の―。

【証拠】事実を裏付けて明らかにする根拠。証左。例 のがれられぬ―をつきつける。

【証左】証拠。あかし。例 事実の―が得られる。―となる。

【証紙】代金がしはらわれたことや、商品の質や量などを証明するためにはる、(切手のような)小さな紙。

【証書】一定の形式によって事実を証明する文書。例 借用―。卒業―。

【証人】①事実を証明する人。例 歴史の生き―。②裁判所や国会などから、事実を証言するよう、特別に命じられた人。例 ―尋問。

【証票】証明のためのふだ。

【証明】(名・する)①あることがらが事実であることや、論理的に正しいことを、根拠を示して明らかにすること。例 身分を―する。②〔数〕仮説から結論を論理的に導き出すこと。例 ピタゴラスの定理の―。

【証文】証拠となる文書。とくに、金銭を借りた証拠の書きつけ。例 ―を取る。

○●確証・検証・査証・実証・心証・認証・反証・保証・立証・論証

言5 **【詔】** 12画 3059 8A54 常用 音 ショウ 漢呉 訓 みことのり

筆順 言 言 言 訒 詔 詔 詔

なりたち [会意]「言(=ことば)」と、音「召(=よぶ)」とから成る。呼んでつげる。

意味 天子の命令。天子のことば。みことのり。例 詔書。詔勅。大詔。

人名 あき・あきら・つぎ・つぐ・つぐる・つとむ・のぶ・のり・みこと・みち・よし

【詔旨】みことのりの内容。類 勅旨。

【詔書】天子のことばを書いた文書。日本の現制度では、国会の召集や衆議院の解散のときなどに出される。類 勅書。

【詔勅】①天子のことばを書いた文書。例 戦争終結を告げる―。②詔書と勅語。

【詔令】みことのり。類 勅令。

言5 **【診】** 12画 3139 8A3A 常用 音 シン 漢 訓 み-る

筆順 言 言 言 訡 診 診 診

なりたち [形声]「言(=ことば)」と、音「㐱」とから成る。ことばでたずねて、みきわめる。

意味 病気のぐあいをしらべる。みる。例 診察。診断。検診。

使い分け みる【見・診】⇩1180ページ

人名 み

【診察】(名・する)医者が病気の状態を判断するために、からだを調べたり質問したりすること。例 ―室。

【診断】(名・する)①医師が患者を診察して、病状について判断すること。例健康―。②ものごとのよしあしや問題点などを調べて、対策を決めること。例企業―。

【診療】（名・する）患者を診察し、治療すること。例―所。

●往診・回診・休診・検診・誤診・再診・受診・触診・初診・代診・打診・聴診・問診・来診

言5 【訴】12画 3342 8A34 常用 音ソ漢呉 訓うった-える・うった-え

筆順 亠 言 言 訂 訢 訴 訴

なりたち [形声]「言(=いう)」と、音「斥セ→ソ」とから成る。告げる。

意味 ❶上の者に申し出てさばきを求める。うったえる。うったえ。例訴訟。起訴。告訴。❷不満や苦しみを言いたてる。例哀訴。愁訴。❸他人を悪く言う。つげぐちをする。例讒訴。

日本語での用法《うったえる》①効果的な手段によって解決しようとする。「腕力に訴える・武力に訴える」②人の心情を動かす。「大衆に訴える」

【訴因】検察官が被告人を起訴する原因として、起訴状に記入する犯罪の事実。

【訴願】（名・する）うったえ出て願うこと。例当局に―する。

【訴求】（名・する）広告などによって、購買意欲をかき立てること。例消費者に―するキャンペーン。

【訴訟】（名・する）①うったえること。②裁判所にうったえて、法律にもとづく判断を求めること。また、それに続く一連の審理や判決。例民事―。―を起こす。

【訴状】裁判所にうったえを起こすとき提出する書類。例―を準備する。

【訴追】（名・する）①検察官が裁判所に、被告人が有罪であるという判決を求めて、手続きをとること。類起訴。②裁判官をやめさせるための、裁判を求めること。

【訴人】（名・する）奉行所などにうったえ出た人。また、うったえ出ること。例町奉行に―におよぶ。

●哀訴・起訴・公訴・控訴・告訴・直訴・勝訴・上訴・提訴・敗訴

言5 【詛】12画 7539 8A5B 音ソ漢 ショ呉 訓のろ-う

意味 ❶他人にわざわいがくだるようにと神にいのる。のろう。のろい。例怨詛。呪詛。❷ちかう。例詛盟(=ちかい)。

言5 【詑】12画 3434 8A51 音一タ漢 二イ漢

意味 一 あざむく。二 うぬぼれる。自己満足する。

言5 【詒】12画 7540 8A52 音一タイ漢 二イ漢 訓あざむ-く・いつわ-る・おく-る・のこ-す

意味 一 あざむく。いつわる。同紿。例欺詒(=あざむく)。二 ❶のこして、つたえる。のこす。同貽。❷あたえる。おくる。同貽。

言5 【註】12画 *3580 *8A3B 人名 音チュウ漢呉

意味 字句の意味を明らかにする。本文のことばに説明を加える。同注。例註解。註釈。脚註。

表記 現代表記では「注」に書きかえることがある。熟語は「注」(585ページ)を参照。

【註解】（名・する）字句に注を加えてその意味を明らかにし、全文を解釈すること。また、その文。表記 現注解

【註釈】（名・する）字句に注を加えて、本文を解釈すること。また、その注や解釈。表記 現注釈

【註▼疏】「「疏」は、註をさらにくわしく説明したものの意」註と疏。本文中の注意すべき字句についてのくわしい説明。例論語―。表記「注▼疏」とも書く。

【註文】⇩【注文】(586ページ)

言5 【詆】12画 7541 8A46 音テイ漢 訓そし-る

意味 人の悪口を言う。とがめる。そしる。例詆訶(=そしりとがめる)。面詆(=面と向かってそしる)。

言5 【評】12画 4130 8A55 教育5 音ヒョウ慣 ヘイ漢 訓あげつら-う

筆順 亠 言 言 訂 訂 評 評

なりたち [形声]「言(=ことば)」と、音「平ヘ」とから成る。公平に決める。

意味 ものごとのよしあしを話し合って決める。しなさだめする。あげつらう。例評価。評論。品評。

人名 さだむ・ただ・はかる

【評価】（名・する）①ものごとや人物の価値を決めること。また、その価値。例―が高い。業績を―する。②価値を認めてほめること。また、その内容。例努力を―する。③ものの値段を決めること。また、その値段。例―額。

【評家】批評家。

【評議】（名・する）意見を出し合って相談すること。例―員。―一決。

【評決】（名・する）集まって議論し、決定すること。例―が下る。

【評言】批評のことば。評語。

【評者】批評する人。批評家。また、その批評をした人。

【評釈】（名・する）文章や詩歌を解釈し、批評を加えること。また、その解釈・批評。例『古今集』の―。

【評定】（名・する）一 ジョウ 多くの人が集まり、意見を出し合って決めること。類審議。例小田原―(=長引いてなかなか決まらない相談。小田原城が豊臣秀吉にせめられたとき、城内で相談がなかなかまとまらなかったことから)。二 テイ 成績や品質の価値などを決めること。例勤務―。

【評説】①うわさ。②批評を加えながら説明すること。評論。

【評点】①成績を示す点数。例―を出す。高い―を与える。②詩文についての批評のことばと、批評してつける記号。

【評伝】批評をまじえて書かれた伝記。例夏目漱石の―。

【評判】（名・する）世間の人々が話題にすること。世評。うわさ。とくに、よい悪いの評価や判定。例大―。―がいい。―の新刊書。

【評論】（名・する）学問や芸術、また社会現象などについて、批評して論じること。また、その文章。例―家。

◯合評・講評・時評・書評・世評・定評・批評・品評・不評・論評

言5 【詈】 12画 7542 8A48 音リ漢呉 訓ののし-る

意味 悪態をつく。ののしる。例罵詈雑言。

言5 【評】 12画 ⇩【評】(910ページ)

言6 【詼】 13画 7543 8A7C 音カイ漢 訓たわむれ-る

意味 真意をごまかして、わざとふざけたことを言う。おどける。例詼諧。

【詼▼諧】ふざけておかしいことを言うこと。また、そのことば。類冗談。表記「諧▼謔」とも書く。

言6 【該】 13画 1926 8A72 常用 音カイ漢ガイ呉 訓か-ねる・そ-の

筆順 亠 亖 言 言 言亠 言亡 該 該 該

なりたち [形声]「言(=ことば)」と、音「亥カ」とから成る。軍中でのきまり。派生して「かねる」の意。

意味 ❶広く全体にいきわたる。あまねく、かねる。例該通。該博。❷あたる。あてはまる。その。この。例該案。該当。当該。

人名 かぬ・かね

【該案】今、話題にしている案。この案。例—について賛否を問う。

【該当】(名・する)条件にあてはまること。例—者。

【該博】(形動ナ)学問や知識が広い範囲におよんでいるようす。例古今東西にわたる—な知識。

言6 【詭】 13画 7544 8A6D 音キ漢 訓いつわ-る

意味 ❶だます。あざむく。いつわる。例詭計。詭詐(=いつわり)。詭弁。❷ふつうと変わっている。あやしい。例詭怪(=ふしぎ。あやしい)。

【詭異】(名・形動ナ)あやしく、不思議なこと。奇異。

【詭計】人をあざむき、だます計略。例—にはまる。

【詭策】敵をあざむく策略。例—の名手。まんまと—にはまりこんだ。

【詭辞】いつわりのことば。うそ。例—をもって強弁する。

【詭弁】こじつけの弁論。まったく道理に合わないことを、いろいろな理屈をつけて正当なことのように言いくるめること。例—を弄する。表記旧詭▼辯

言6 【詰】 13画 2145 8A70 常用 音キツ漢 訓つ-める・つ-まる・つ-む・なじ-る

筆順 亠 亖 言 言 言一 計 詁 詰 詰

なりたち [形声]「言(=いう)」と、音「吉ツ」とから成る。問う。

意味 ❶問いつめる。せめとがめる。なじる。例詰問。難詰。❷まがりくねる。例詰屈。

日本語での用法 一《つまる》いっぱいになる。「導管が詰まる・手詰まり・気詰まり」 二《つめる》①いっぱいにする。「箱に詰める」②少なくする。「着丈を詰める・費用を切り詰める」

【詰屈】(名・する・形動ナ)①かがまっていて、のびないこと。②文章がごつごつした感じで、読みにくいこと。例—な文章をもてあそぶ。表記▽「▼佶屈」とも書く。

【詰屈▼聱牙】(名・形動ナ)文章がごつごつしてかたくるしく、理解しにくいこと。例—な表現。表記「▼佶屈▼聱牙」とも書く。

【詰責】(名・する)問いつめて責めること。

【詰問】(名・する)きびしく問いつめて、返答を要求すること。例使途不明金について—する。

◯難詰・面詰・論詰

言6 【詣】 13画 2356 8A63 常用 音ケイ慣ゲイ漢呉 訓もう-でる・まい-る

筆順 亠 亖 言 言 言匕 訁旨 詣 詣

なりたち [形声]「言(=ことば)」と、音「旨シ→ゲイ」とから成る。挨拶するために至る。

意味 ❶ゆく。おとずれる。いたる。❷学問や芸術などが深いところに達する。いきつく。例造詣。

日本語での用法《ケイ・もうでる・まいる》神社・寺院などにおまいりする。「参詣・初詣・墓に詣る」

人名 いたる・ゆき

言6 【誇】 13画 2456 8A87 常用 音コ慣カ漢 訓ほこ-る

筆順 亠 亖 言 言一 訡 誇 誇

なりたち [形声]「言(=いう)」と、音「夸カ」とから成る。大げさに言う。

意味 大げさなことを言う。じまんする。ほこる。ほこり。例誇示。誇大。誇張。

人名 ほこり

【誇示】(名・する)ほこらしげに示すこと。例成果を—する。

【誇大】(形動ナ)実際よりも大げさであるようす。

【誇大妄想】自分の地位や能力などを、実際よりもはるかにすぐれていると信じこむこと。例—の気味がある。

【誇張】(名・する)実際より大げさに表現すること。

言6 【詬】 13画 7545 8A6C 音コウ漢 訓ののし-る・はじ・はじ-る・はずかし-める

意味 ❶はじをかかせる。はずかしめる。ののしる。例詬辱。❷はじ。例詬恥(=はじ)。忍詬。

言6 【詩】 13画 2777 8A69 教育3 音シ漢 訓うた

筆順 亖 言 言一 言十 訁土 詩 詩

なりたち [形声]「言(=ことば)」と、音「寺シ」とから成る。心情がことばにあらわれたもの。

意味 ❶文体の一つ。韻文の一様式。心の感動を一定のリズムにのせて、ことばであらわしたもの。うた。例詩歌。詩情。散文詩。❷五経の一つ。『詩経』のこと。例詩書(=『詩経』と『書経』)。

難読 詩から

人名 たもつ・ゆき

【詩歌】①詩と歌。②漢詩と和歌。例—管弦。

【詩韻】①漢詩の中に使われている韻字。②詩のおもしろ

み。味わい。
【詩家】シカ 詩、とくに漢詩を作る人。詩人。
【詩学】シガク 詩の本質や表現法などについて研究する学問。
【詩経】シキョウ 中国最古の詩集。
【詩境】シキョウ ①詩を作るときの心境。②詩にうたわれた境地。③詩の巧拙の段階。例—とみに進む。
【詩興】シキョウ ①詩を作りたくなる気持ち。例—がわく。②詩のおもしろみ。
【詩吟】シギン 漢詩を訓読し、節をつけてうたうもの。
【詩句】シク 詩の中の文句。詩の一節。
【詩形】シケイ (長短・韻律・定型の有無などによる)詩の形式。表記「詩型」とも書く。
【詩劇】シゲキ 韻文で書かれた劇。たとえば、ギリシャ悲劇。
【詩魂】シコン 詩を作ろうという熱情。例—のあらわれた名作。
【詩才】シサイ 詩を作る才能。例—のある人。
【詩作】シサク (名・する)詩を作ること。また、その作品。作詩。
【詩趣】シシュ ①詩として表現したいおもむき。②詩にうたわれたおもむき。例独自の—に達する。
【詩集】シシュウ 詩を集めた書物。例恋愛—。
【詩情】シジョウ ①詩的な情趣や味わい。例—あふれる映像。②詩を作りたい気持ち。例ふつふつと—がわく。
【詩人】シジン ①詩を作る人。詩家。例宮廷—。②感受性がするどく、詩情豊かな発想をする人。
【詩聖】シセイ ①古今に類のない、すぐれた詩人。ホメロス・ダンテなど。②とくに、杜甫のこと。→【詩仙】
【詩仙】シセン ①世俗を超越した天才的な詩人。②とくに、李白のこと。→【詩聖】
【詩想】シソウ ①詩を生み出す着想。例—がわく。②詩の中にあらわされた思想。例—をくみとる。
【詩的】シテキ (形動ダ)詩にうたわれているような、おもむきがあるようす。対散文的。例—散文。
【詩▼嚢】シノウ (「嚢」は、ふくろの意)①詩の草稿を入れるふくろ。②詩作のもととなる思想や感情。例—を肥やす。
【詩文】シブン ①詩と散文。②文学作品。例—の才がある。
【詩編】シヘン ①詩。②詩の一編。③詩を集めた書物。詩集。表記▽旧詩▼篇
【詩話】シワ 詩についての話や評論。
●漢詩カンシ・劇詩ゲキシ・叙事詩ジョジシ・叙情詩ジョジョウシ・唐詩トウシ・名詩メイシ・訳詩ヤクシ・律詩リッシ

言 6 【試】 13画 2778 8A66 教育4 音シ漢呉 訓こころ-みる・ため-す・こころ-み・ため-し

筆順 言 言 言 訂 訂 試 試

なりたち 【形声】「言(=ことば)」と、音「式ショク→シ」とから成る。ためしに用いる。

意味 ものごとのよしあしをしらべる。ためしにやってみてたしかめる。こころみる。こころみ。ためす。例試験シケン・試行シコウ。考試コウシ。

人名 もち

【試合】しあい (名・する)競技や武術などで、たがいの技能やうでまえをきそうこと。例—にのぞむ。表記「仕合」とも書く。
【試案】シアン 提案したり検討するために、ためしにつくってみる考えや計画。対成案。例A氏の—を検討する。
【試飲】シイン (名・する)(酒などの味のよしあしや、ちがいを知るために)ためしに飲んでみること。例新酒を—する。
【試運転】シウンテン (名・する)(新しく作った乗り物や機械、また、新しく敷設した線路の調子をみるために)ためしに動かしたり、走らせたりすること。例新型車の—。
【試演】シエン (名・する)(劇や音楽などの本格的な上演に先立って)演技や演奏をためしにおこなってみること。
【試技】シギ ①三回まで演技をおこなえる重量挙げの、一回ごとのわざ。②投擲競技や跳躍競技で、一種目に一回おこなえる予備の演技。
【試金石】シキンセキ ①貴金属をこすりつけて純度を調べるための、緻密な黒色石英。②能力や価値を判定する基準となるもの。例新人俳優の—となる役がら。
【試掘】シクツ (名・する)地質の調査や鉱物をほり出すために、ためしにほってみること。例温泉開発のため—を重ねる。
【試験】シケン (名・する)①ものの性質や能力などを調べるために、ためしてみること。例リトマス—紙。②学力や能力の判定に、問題を出して、解答させること。考査。例入社—。
【試行】シコウ (名・する)ためしにおこなうこと。例—期間。
【試行錯誤】シコウサクゴ ためしにおこなってみては、失敗しながらも、うまくいく方法をさがし出そうとすること。例—を重ねる。
【試作】シサク (名・する)(機械などの)本格的な製作にかかる前に、ためしに作ってみること。また、そのもの。例—品。
【試算】シサン (名・する)①だいたいの見こみをつけるために、ためしに計算してみること。例費用を—する。②計算結果を確かめること。類検算。
【試写】シシャ (名・する)映画をいっぱんに公開する前に、一部の人に上映して見せること。例—会。小劇場で—する。
【試乗】シジョウ (名・する)乗り物にためしに乗って、乗りごこちをみること。例新車に—する。
【試食】シショク (名・する)味をみるために、ためしに食べてみること。例新製品を—する。
【試走】シソウ (名・する)①自動車などの性能を調べるため、ためしに走らせること。例—車。②実際の競走の前に、調子をみるため走ること。例マラソンコースを—する。
【試着】シチャク (名・する)服がからだに合うかどうかをみるために、ためしに着ること。例—室。仮縫いを—する。
【試聴】シチョウ 一(名・する)録音したものをためしにきくこと。例—室。二(名)歌手などの登用試験。オーディション。
【試筆】シヒツ (名・する)書きぞめ。例元旦—。表記「始筆」とも書く。
【試問】シモン (名・する)学力や人物などを調べるために、出題して解答させること。例口頭—。
【試薬】シヤク 化学分析で、ある物質を検出するためなどに使う薬品。
【試用】シヨウ (名・する)人やものを、ためしに使ってみること。
【試料】シリョウ 検査や分析などの材料とする物質。また、見本。サンプル。
【試練】シレン 決意や信仰の強さ、力の程度をためすこと。また、その苦難。例厳しい—にたえる。表記旧試▼煉
【試論】シロン こころみに述べた論。
●追試ツイシ・入試ニュウシ・模試モシ

言 6 【詢】 13画 7546 8A62 人名 音ジュン慣シュン漢 訓と-う・はか-る・まこと

なりたち 【形声】「言(=ことば)」と、音「旬シュン」とから成る。たずね、はかる。

意味 ❶意見をきく。相談する。とう。はかる。例諮詢シジュン(=相談する)。❷まことに。

言 6 【詳】 13画 3060 8A73 常用 音ショウ漢呉 訓くわ-しい・つまび-らか

筆順 言 言 言 言 詳 詳

なりたち 詳 [形声]「言(=ことば)」と、音「羊(ヨウ→ショウ)」とから成る。細かく論じあう。

意味 細かいところまで明らかにする。つまびらか。くわしい。例 詳細(ショウサイ)。詳述(ショウジュツ)。未詳(ミショウ)。

人名 あき・あきら・くわし・つま・みつ・よし

【詳解】(ショウカイ)(名・する)くわしく解釈(カイシャク)や解説をすること。また、その解釈や解説。対 略解。例『徒然草(つれづれぐさ)』の―。

【詳細】(ショウサイ)(名・形動ナ)小さなことまで省かず、くわしいこと。類 委細。例 ―がわかりしだい報告する。

【詳察】(ショウサツ)(名・する)くわしく観察すること。くわしく調べること。例 この夏は夕顔の開花を―する。

【詳述】(ショウジュツ)(名・する)くわしく書いたり話したりすること。類 詳説。例 事件の状況(ジョウキョウ)を―した。

【詳説】(ショウセツ)(名・する)くわしく説明すること。また、その説明。類 詳述。対 略説。

【詳伝】(ショウデン)くわしい伝記。対 略伝。

【詳報】(ショウホウ)くわしい知らせ。例 ―を待つ。

【詳録】(ショウロク)(名・する)くわしく記録すること。また、その記録。

【詳論】(ショウロン)(名・する)くわしく論じること。また、その論説。

言 6

【誠】

13画 3231 8AA0 教育6 音 セイ(漢) ジョウ(呉) 訓 まこと・まこと-に

筆順 言 言 訁 訂 訢 試 誠 誠

言 7

【誠】 14画

なりたち 誠 [形声]「言(=ことば)」と、音「成(セイ)」とから成る。いつわりのないことば。

意味 ❶いつわりのない心。まごころ。真実。まこと。例 誠意(セイイ)。誠実(セイジツ)。至誠(シセイ)。❷ほんとうに。まことに。例 誠惶誠恐(セイコウセイキョウ)(=この上なく、おそれかしこまる)。

人名 あき・あきら・さと・さとし・さとる・さね・しげ・すみ・たか・たかし・ただ・ただし・とも・なり・のぶ・のり・まさ・み・もと・よし

【誠意】(セイイ)うそやかざりけがなく、心の底から相手のためにつくそうとする気持ち。まごころ。例 ―を示す。―がない。

【誠実】(セイジツ)(名・形動ナ)まじめで、うそがないこと。心の底から相手のためを思って行動すること。例 ―な人がら。

【誠心】(セイシン)うそもかざりけもない心。まごころ。

●赤誠(セキセイ)・丹誠(タンセイ)・忠誠(チュウセイ)

言 6

【詮】

13画 3307 8A6E 常用 音 セン(漢)

筆順 言 言 訁 訡 診 詮 詮

なりたち 詮 [形声]「言(=ことば)」と、音「全(セン)」とから成る。そなわる。

意味 ものごとの道理をくわしくときあかす。あきらかにする。例 詮議(センギ)。詮釈(センシャク)(=くわしく説明する)。

日本語での用法 《セン》手段。方法。「詮(セン)ない・詮方(せんかた)ない」

人名 あき・あきら・さと・さとし・さとる・とし・とも・のり・はかる・はる

【詮議】(センギ)(名・する)①ものごとをつきつめて、はっきりさせるために、集まって相談すること。例 事件の原因を―する。②罪人を取り調べて裁くこと。例 奉行所(ブギョウショ)での―。

【詮索】(センサク)(名・する)①細かいことまでつきつめて、さぐること。②小さなことまでとやかく言うこと。例 ―好き。

言 6

【詑】

13画 4745 8A6B 人名 音 タ(漢) 訓 わ-び・わ-びる

意味 ❶じまんする。ほこる。例 誇詑(コタ)(=ほこる)。❷おどろきあやしむ。いぶかる。例 詑異(タイ)(=あやしむ)。

日本語での用法 《わびる・わび》あやまる。謝罪する。「罪(つみ)を詑(わ)びる・詑(わ)び言(ごと)」

言 6

【誅】

13画 7547 8A85 音 チュウ(漢) 訓 せ-める・ころ-す・う-つ

意味 ❶きびしく責める。とがめる。責める。例 誅求(チュウキュウ)。筆誅(ヒッチュウ)。❷罪を責めて殺す。例 誅殺(チュウサツ)。❸うつ。うちほろぼす。例 誅伐(チュウバツ)。天誅(テンチュウ)。

【誅求】(チュウキュウ)(名・する)年貢(ネング)や税金などを厳しく取り立てること。例 苛斂(カレン)―(=無慈悲(ムジヒ)な税金の取り立て)。

【誅殺】(チュウサツ)(名・する)罪をとがめたり、敵とみなしたりして殺すこと。

【誅伐】(チュウバツ)(名・する)罪をとがめてせめうつこと。例 反逆者を―する。

【誅滅】(チュウメツ)(名・する)罪のある者をせめほろぼすこと。例 謀反人(ムホンニン)を―する。

言 6

【誂】

13画 7548 8A82 音 チョウ(漢) 訓 あつら-え・あつら-える

意味 ❶さそいかける。いどむ。❷もてあそぶ。からかう。たわむれる。

日本語での用法 《あつらえる・あつらえ》特別に注文してつくらせる。「誂(あつら)え向(む)き・制服(セイフク)を誂(あつら)える・ケーキを誂(あつら)える・特別(トクベツ)誂(あつら)え」

言 6

【誉】

13画 4532 8A89 常用 音 ヨ(漢)(呉) 訓 ほま-れ・ほ-める

筆順 、 ⺍ 兴 誉 誉 誉 誉

言13

【譽】

20画 7605 8B7D

なりたち 譽 [形声]「言(=ことば)」と、音「與(ヨ)」とから成る。ことばで、ほめたたえる。

意味 ❶ほめる。ほめたたえる。例 毀誉(キヨ)(=悪口とほめことば)。❷よい評判。ほまれ。例 栄誉(エイヨ)。名誉(メイヨ)。

難読 誉田(ほんだ)(=地名・姓(セイ))

人名 しげ・しげる・たか・たかし・のり・もと・やす・よし

言 6

【誄】

13画 7549 8A84 音 ルイ(漢)(呉)

意味 ❶故人の生前のおこないや功績をたたえて、その死をいたむ文。しのびごと。例 誄歌(ルイカ)(=死者をいたむ歌)。誄詞(ルイシ)(=弔辞(チョウジ))。❷神にいのってさいわいを求めることば。のりと。

言 6

【話】

13画 4735 8A71 教育2 音 カイ(漢) ワ(呉) 訓 はな-す・はなし

筆順 言 言 言 言 言 訐 話 話

なりたち 話 [形声]「言(=ことば)」と、音「舌(カツ→カイ)」とから成る。よいことばをかわす。

意味 ❶いう。しゃべる。かたる。はなす。例 話術(ワジュツ)。話題(ワダイ)。談話(ダンワ)。❷ものがたり。ことば。はなし。例 神話(シンワ)。説話(セツワ)。童話(ドウワ)。

【話芸】(ワゲイ)講談や落語、漫談(マンダン)などで、話しぶりや話題で楽しませる芸。

【話術】話のしかた。また、じょうずに話す技術。例たくみな―。

【話題】話の題材。話のたねになることがら。例―になる。

【話頭】①話のいとぐち。②話の内容。類話題。例―を転じる。

【話柄】話すことがら。話の材料。話題。例―にこと欠かない。―にとぼしい。

【話法】①話し方。話す方法。②文法で、他人のことばを引用するときの表現法。表現そのままを引用する直接話法と、その趣旨を筆者や話者のことばに移して表現する間接話法とがある。

●逸話・会話・訓話・講話・実話・手話・神話・説話・世話・挿話・対話・通話・電話・民話

言7 **【誨】** 14画 7550 8AA8 音カイ漢 訓おし-える

意味 人に言いきかせる。おしえさとす。おしえる。例教誨。訓誨（＝おしえさとす）。

言7 **【誡】** 14画 7551 8AA1 音カイ漢呉 訓いまし-める・いまし-め

意味 ことばで注意して、さとらせる。いましめる。同戒。例誡告。訓誡（＝事の善悪についておしえさとす。訓戒）。モーゼの十誡。

表記 現代表記では、「戒」に書きかえることがある。熟語は「戒」（418ページ）を参照。

【誡告】（名・する）①過失や非行などをいましめ、注意すること。例―処分にする。②〔法〕公務員に対する懲戒処分の一つ。表記▽現戒告

言7 **【誑】** 14画 7552 8A91 音キョウ漢 訓たぶら-かす・たら-す

意味 でたらめなことを言って人をだます。あざむく。たぶらかす。例誑誕（＝でたらめ）。人を誑しこむ。女誑し。

言7 **【語】** 14画 2476 8A9E 教育2 音ギョ漢ゴ呉 訓かた-る・かた-らう

筆順 言 言 訂 訂 語 語 語 語

なりたち [形声]「言（＝ことば）」と、音「吾ゴ→ギョ」とから成る。論じる。

意味 ❶話す。話し合う。かたる。かたらう。例語気。豪語。私語。❷ことば。かたられたことば。例語録。言語。口語。❸『論語』のこと。例語孟（＝『論語』と『孟子』）。

日本語での用法《かたる》節をつけて朗誦する。「義太夫を語る」

人名 かた・こと・つぐ

【語彙】①個人やある分野などで使われる単語の総量や範囲。ボキャブラリー。例―が豊富な人。漱石の―。②ことばを、種類によって分けたり、順に並べたりして集めたもの。語集。例―分類。③単語。〔誤用で使われている〕例―検索。

【語意】ことばがあらわす意味。類語義。

【語学】①外国語の学習や習得。例―留学。―が達者な人。②ことばを研究する学問。言語学。

【語幹】文法で、動詞・形容詞・形容動詞の活用において、語形に変化の起こらない部分。たとえば、「書く」の「か」、「美しい」の「うつくし」、「静かだ」の「しずか」など。対語尾。

【語感】①個々のことばから受ける感じ。ことばのニュアンス。例美しい―のことば。②ことばに対する感覚。例―がするどい。

【語気】ことばを話すときの勢い。例―を強める。

【語義】語の意義。ことばの意味。類語意。例―解説。

【語句】語と句。単語と単語がつながってできていることばの表現。例―の入れかえ。

【語形】ことばの形。例―変化。

【語源】ある単語のもとになった形と意味。たとえば、「源」の語源は「水み（＝の）もと」、「顧みる」の語源は「返り見る」など。例民間―説。表記「語原」とも書く。

【語根】単語の意味をあらわしている、最も小さく短い部分。たとえば、「ほのか」「ほの暗い」「ほの白い」「ほのぼの」「ほの見える」「ほのめく」に共通する「ほの」など。

【語釈】（名・する）ことばの意味をわかりやすく説明すること。また、その解釈や説明。例―と文法。

【語順】①文の中での、一つ一つの単語の、並ぶ順序。例中国語と英語の―は似ている。②辞典ごとに決まっている、見出し語の順序。例―が「いろは」引きの辞書。

【語数】ことばのかず。単語のかず。語彙数。または文字数。例―調査。

【語調】話をするときのことばの調子。類語気・語勢。例―を強める。―がしずんでいる。

【語頭】単語のいちばんはじめの文字や音。対語尾。例―がラ行の外来語。

【語尾】①単語の終わりの部分。語末。対語頭。例―が上がりになる方言。②文法で、動詞・形容詞・形容動詞の活用において、語形に変化のある部分。たとえば、「書く」は、「書か（ない）・書き（ます）・書く・書け（ば）」のように変化するが、その「か・き・く・け」にあたる部分。活用語尾。対語幹。例―変化。

【語弊】言い方が適切でないために、誤解されること。また、それによって起きる弊害。例―がある。そこまで言っては―を生じる。

【語法】①文法。②ことばの使い方や表現。例俳句独特の―。

【語末】単語のいちばん終わりの部分の文字や音。語尾。例―に「ぞね」のつく方言。

【語例】①ことばの用例。例形容詞の―をあげる。②単語が実際に文脈の中で用いられている例。例―をさがす。

【語呂】ことばを発音したときの音の続きぐあい。例―あわせ。―がよい。表記「語路」とも書く。

【語録】①学者・思想家・指導者などの説いたことばを収録した書物。②僧が俗語で述べた教えの筆録。

●英語・外来語・漢語・季語・敬語・国語・古語・私語・熟語・術語・単語・標語・母国語・物語・用語・落語

言7 **【誤】** 14画 2477 8AA4 教育6 音ゴ漢呉 訓あやま-る・あやま-り

筆順 言 言 言 訂 誤 誤 誤 誤

なりたち [形声]「言（＝ことば）」と、音「呉ゴ」とから成る。（論理がもつれて）あやまる。

意味 くいちがう。まちがえる。あやまる。あやまり。例 誤解ゴカイ。誤認ゴニン。錯誤サクゴ。

使い分け あやまる【誤・謝】⇩1161ページ

【誤解】ゴカイ (名・する)事実や発言などをまちがえ、別の意味に受け取ること。例 —を招く。—を解きたい。

【誤記】ゴキ (名・する)文字や事実などをまちがって書くこと。また、その語句。例 —を改める。

【誤差】ゴサ ①ちがい。くいちがい。例 —が生じる。②実際に測定した数値や計算上の近似値キンジチと、真の数値とのあいだに予想される差。例 —の範囲ハンイと見てよい。

【誤算】ゴサン (名・する)①あやまった計算をすること。②実際が、計算や予想どおりにならないこと。見こみちがい。例 —続きの人生。

【誤字】ゴジ 字形や用法のまちがった字。例 —脱字ダツジに気をつけて書く。

【誤写】ゴシャ (名・する)文字などをまちがえて書きうつすこと。うつしまちがい。

【誤射】ゴシャ (名・する)弓や銃ジュウで、まちがえてうつこと。

【誤植】ゴショク 文字原稿ゲンコウを活字に組むとき、まちがった活字や記号で組んだり、並べそこなったりしたもの。また、それを印刷したもの。ミスプリント。例 誤字—。

【誤診】ゴシン (名・する)医師が診断をまちがえること。また、その診断。例 —訴訟ソショウ。

【誤審】ゴシン (名・する)(スポーツや裁判で)まちがった判定をすること。ミスジャッジ。

【誤脱】ゴダツ 文章中の誤字と脱字。

【誤伝】ゴデン 一(名・する)まちがってつたわること。まちがってつたえること。二(名)真実ではない話やうわさ。

【誤答】ゴトウ (名・する)まちがった答えをすること。また、その答え。対 正答。

【誤読】ゴドク (名・する)文字や文意をまちがって読むこと。例 —しやすい難読のことば。氏名を—する。

【誤認】ゴニン (名・する)まちがえて、別のものをそれとみとめること。例 事実を—する。民間機を軍用機と—する。

【誤爆】ゴバク (名・する)①目標をまちがえて爆撃バクゲキすること。②取りあつかいをまちがえたため、爆発すること。

【誤▼謬】ゴビュウ (「謬」も、あやまりの意)まちがい。例 —を正す。

【誤報】ゴホウ (名・する)あやまった報道をすること。まちがった内容を知らせること。また、その知らせ。例 被害者ヒガイシャの氏名を—する。

【誤訳】ゴヤク (名・する)単語の意味や文章の内容を、まちがって翻訳ホンヤクすること。また、その翻訳。例 —迷訳メイヤク。

【誤用】ゴヨウ (名・する)本来の用法からはずれた、まちがった使い方をすること。例 事故は機械の—による。

●過誤カゴ・正誤セイゴ

言7 【誥】 14画 7553 8AA5 音 コウ漢呉 訓 つ-げる

意味 ❶上位の者が下位の者に告げ知らせる。いましめる。例 誥告コウコク(=つげる)。❷天子が下す布告文。

言7 【誌】 14画 2779 8A8C 教育6 音 シ漢 訓 しる-す

筆順 言 言 言 言 計 計 誌 誌 誌

なりたち 【形声】「言(=ことば)」と、音「志シ」とから成る。しるす。

意味 ❶書きとめる。記録する。しるす。例 誌心シシン(=記憶キオクする)。❷事実を書きとめた文書。記録。例 書誌ショシ。地誌チシ。墓誌ボシ。

日本語での用法《シ》「雑誌」の略。「誌上シジョウ・誌面シメン・機関誌キカンシ・月刊誌ゲッカンシ」

人名 ふみ

【誌上】シジョウ 雑誌の、記事をのせたところ。誌面。例 —広告。

【誌面】シメン 「誌上」に同じ。

●雑誌ザッシ・地誌チシ・日誌ニッシ・本誌ホンシ

言7 【誚】 14画 7555 8A9A 音 ショウ漢 訓 せ-める・そし-る

意味 ❶あざける。例 誚笑ショウショウ(=あざわらう)。❷非難する。しかる。せめる。そしる。例 誚責ショウセキ(=とがめて責める)。

言7 【誦】 14画 7554 8AA6 音 ショウ漢 ジュ・ズ呉 訓 とな-える・よ-む・そら-んじる

意味 ❶声を出してよむ。節ふしをつけてよむ。となえる。例 吟誦ギンショウ。朗誦ロウショウ。❷記憶オクによってよむ。そらんじる。例 誦詩ショウシ(=詩を暗唱する)。暗誦アンショウ。

【誦詠】ショウエイ (名・する)詩歌シイカや文章などを、節ふしをつけて吟ギンじること。

【誦経】(名・する)一ショウキョウ 儒教ジュキョウの経典ケイテンを声を出して読むこと。二ズキョウ(「ジュキョウ」とも)〔仏〕①声を出してお経を読むこと。②供養クヨウのため、僧ソウにお経を読んでもらうこと。類 読経ドキョウ。例 —料。

【誦習】ショウシュウ (名・する)くりかえし読んで学ぶこと。

【誦読】ショウドク (名・する)文章などを大きな声を出して読むこと。また、暗唱すること。例 なんども—して名文に親しむ。

言7 【誓】 14画 3232 8A93 常用 音 セイ漢 ゼイ呉 訓 ちか-う・ちか-い

筆順 扌 扌 扩 折 折 誓 誓 誓 誓

なりたち 【形声】「言(=ことば)」と、音「折セツ→セイ」とから成る。かたく約束する。

意味 きっぱりと約束する。ちかう。ちかい。例 誓願セイガン。誓約セイヤク。宣誓センセイ。弘誓グゼイ(=菩薩ボサツが衆生シュジョウを救おうというちかい)。

難読 誓約うけい(=古代のうらない)

人名 ちか

【誓願】セイガン (名・する)①神仏にちかいを立ててお願いすること。がんかけ。②仏や菩薩ボサツが人々を救済しようと立てた、ちかい。例 弥陀ミダの—。

【誓言】セイゴン (「セイゲン」とも)ちかいのことば。誓詞。

【誓詞】セイシ ちかいのことば。とくに結婚式ケッコンシキで、新郎新婦シンロウシンプが神前や仏前で述べる、夫婦フウフとしてのちかいのことば。誓言。例 —を読む。

【誓紙】セイシ 「誓文セイモン」に同じ。

【誓文】セイモン (「セイブン」とも)ちかったことばを記した書きつけ。起請文キショウモン。誓紙セイシ。例 —を交わす。—払はらい(=年末におこなわれる呉服ゴフク類の安売り)。

【誓約】セイヤク (名・する)ちかって約束すること。必ず守るとかたく約束すること。また、その約束。例 —書。

言7 【説】 14画 3266 8AAC 教育4 音 一エツ漢 二セツ漢呉 三ゼイ慣 セイ漢呉 訓 と-く

筆順 言 言 言 言 訁 訁 訁 説 説 説

[言部] 7画 誥 誌 誚 誦 誓 説

言7 【說】14画 8AAA

なりたち 【会意】「言(=ことば)」と、「兌(→エツ)(=よろこぶ)」とから成る。うちとけて、よろこぶ。

意味 一 よろこぶ。たのしむ。同悦。例不亦説乎(=いかにもうれしいことではないか)。(論語) 二 ❶ことばで考えや意味をときあかす。とく。例説教。説明。解説。論説。❷かんがえ。理論。意見。例異説。学説。❸はなし。ものがたり。うわさ。例説話。伝説。風説。三 人を説得して自分の考えにしたがわせる。例遊説。

人名 かぬ・かね・こと・つぐ・とき・ひさ

【説教】(名・する) ①宗教の教えを、わかりやすく話して聞かせること。例―師。②目下の者に、かたくるしい注意や小言を、くどくどと話して聞かせること。お説教。

【説経】(名・する)〔仏〕僧が経文の内容や意味を、わかりやすく説明して聞かせること。類説法。

【説得】(名・する) 自分の考えをよく説明して、相手にもっともだと納得させること。例反対派を―する。

【説伏】(名・する) 相手を説きふせて、自分の意見に従わせること。類説得。

【説法】(名・する) 仏の教えを説いて聞かせること。例辻―(=道ばたに立って説法すること)。

【説明】(名・する) あることがらの内容や意義や理由などを、よくわかるように述べること。また、その述べたこと。類解説。例―書。提案の趣旨を―する。

【説諭】(名・する) 悪いおこないを悔い改めるように、言って聞かせること。

【説話】昔話や伝説、また、神話など、民間に語りつがれてきた物語を、まとめていうことば。例―文学。

●異説・一説・演説・解説・学説・仮説・自説・社説・小説・新説・俗説・定説・力説

言7 【読】14画 3841 8AAD 教育2

音 一トク漢ドク呉 二トウ漢

訓 よ-む・よ-み

付表 読経

筆順

［言部］7画 ●読 認 誣

言15 【讀】22画 7606 8B80

なりたち 【形声】「言(=ことば)」と、音「賣(イク→クト)」とから成る。本をよむ。

意味 一 文章の一語一句を目で追って理解する。また、声に出してよむ。よむ。例読書。熟読。朗読。二 文章の区切り。例読点。句読。

日本語での用法 《よみ・よむ》人の考えを、おしはかること。先を見通すこと。「読みが深い・読みを誤る・相手の心を―」

使い分け よむ【読・詠】⇩1182ページ

人名 おと・よし

【読点】文中の切れ目に打つ点。「、」対句点。例句―。

【読経】(「ドッキョウ」とも)(名・する) お経を声に出して読むこと。読誦。誦経。対看経。

【読後】本や文章を読んだあと。例―感。

【読者】新聞や雑誌、本などを読む人。読み手。例―層。

【読▼誦】(名・する) 一〔仏〕「読経」に同じ。二 声に出して読むこと。

【読書】(名・する) 本を読むこと。例―感想文。

【読書百遍義自ら見る】難しい本でも、なんべんもくりかえして読めば、自然に意味がわかってくる。

【読心術】表情や動作を見て、その人の心の中を読み取る術。

【読唇術】話し手のくちびるの動きを見て、言っていることばを判断する方法。類読話。

【読破】(名・する) 冊数の多い本や、難しい本を終わりまで読み通すこと。例『平家物語』全巻を―した。

【読譜】楽譜を見て、曲を歌ったり演奏したりできるように理解すること。譜読み。

【読本】一 ①小学校の国語科の教科書。〔古い言い方〕例小学―。②語学の教科書。テキスト。例中国語―。③いっぱんの人を対象とした入門書。例文章―。二 江戸時代後期の小説の一種。長編の読み物が多い。『南総里見八犬伝』など。

【読了】(名・する) すっかり読み終えること。

【読話】相手の口の動きや表情から、言っていることばを読み取り理解すること。類読唇術。

【読解】(名・する) 文章を読んで、その内容を理解すること。例英文―。

●愛読・音読・解読・訓読・精読・多読・通読・必読・味読・黙読・乱読

言7 【認】14画 3907 8A8D 教育6

音 ジン漢ニン呉

訓 みと-める・したた-める・みと-め

筆順

言7 【認】14画

なりたち 【形声】「言(=ことば)」と、音「忍(ジン)」とから成る。はっきり見わける。

意味 ❶見わける。見さだめる。みとめる。例認識。認知。確認。❷よいとみとめる。ゆるす。承知する。例認可。承認。黙認。

日本語での用法 一《したためる》①手紙などを書く。「手記を認める・遺言を認める」②たべる。食事をする。「夕飯を認める」二《みとめ》日常の署名。また、署名の意味でおす印。「認めを押す・認め印」

人名 しのぶ・みとむ・もろ

【認可】(名・する) 国や地方公共団体が、民間からの申し出をみとめて許可すること。例―取り消し。

【認識】(名・する) ものごとをはっきりと見きわめ、判断すること。また、その心のはたらき。例―不足。―を深める。

【認証】(名・する) ある行為や文書が正当なものであるとみとめて、おおやけの機関が証明すること。例―式。

【認知】(名・する) ①あることがらを、はっきりとみとめること。②〔法〕自分の子であることをみとめること。

【認知症】脳の障害のために記憶力や判断力が低下する病気。〔もとは痴呆といった〕

【認定】(名・する) おおやけの機関が資格や事実について審査の上でみとめて、決定すること。例公害と―する。

【認否】みとめることと、みとめないこと。例罪状―。

【認容】(名・する) 受け入れてみとめること。類容認。

●公認・誤認・自認・追認・否認・黙認・容認

言7 【誣】14画 7556 8AA3

音 フ慣ブ漢ム呉

訓 し-いる

意味 ないことをいかにもあるように言って、人をそしる。無実の人を罪におとしいれる。しいる。例誣言(=ないことをあるように言う)。誣告。

【誣告】(「フコク」とも)(名・する)人を罪におとしいれるために、いつわって申し立てること。例―罪。

言7 【誘】 14画 4522 8A98 常用 音ユウ漢 訓さそ-う・いざな-う

筆順 言 言 言 言 訐 訸 誘 誘

なりたち [形声]「言(=ことば)」と、音「秀シュウ→ユウ」とから成る。よびよせる。

意味 ❶自分のがわにひきよせようとすすめる。おしえみちびく。さそう。いざなう。例誘致。誘導。勧誘。❷さそいこむ。おびきよせる。そそのかす。例誘拐。誘蛾灯(=害虫を光でおびきよせて取る灯火)。誘惑。❸ひきおこす。例誘因。誘爆。誘発。

人名 すすむ

【誘引】(名・する)引きつけること。さそいこむこと。例―剤(=昆虫などをさそい集める薬剤)。

【誘因】何かを引き起こす原因。例事故の―。

【誘拐】(名・する)人をだましてさそい出し、連れ去ること。かどわかすこと。

【誘客】(名・する)客を招き寄せること。

【誘致】(名・する)人や会社などを、その地に招き寄せること。例工場―。

【誘導】(名・する)①人やものを目的のところへ、さそいみちびくこと。例客を非常口に―する。②〔物〕電気や磁気が物体におよぼす作用。

【誘導尋問】(名・する)取り調べや証言などで、尋問者が期待する答えを引き出すために、それを暗示しながら尋問すること。表記 ⑯誘導▼訊問

【誘爆】(名・する)ある爆発が原因となって、他の爆発を引き起こすこと。例―を起こす。

【誘発】(名・する)あることが原因となって、他のことをさそい起こすこと。例余病を―する。参考 結果としてあまりよくないことについていうことが多い。

【誘惑】(名・する)人をまどわして、よくないことにさそいこむこと。例―に打ち勝つ。

言7 【誤】 14画 ⇩【誤】ゴ(914ページ)

言7 【誠】 14画 ⇩【誠】セイ(913ページ)

言7 【説】 14画 ⇩【説】セツ(915ページ)

言7 【誕】 14画 ⇩【誕】タン(919ページ)

言7 【認】 14画 ⇩【認】ニン(916ページ)

言8 【謁】 15画 1758 8B01 常用 音エツ漢 訓まみ-える

言9 【謁】 16画 1-9215 FA62 人名

筆順 言 言 言 訁 訂 謁 謁 謁

なりたち [形声]「言(=いう)」と、音「曷カツ→エツ」とから成る。会って申し上げる。

意味 身分の高い人にお目にかかる。まみえる。例謁見。拝謁。

人名 つく・ゆく

【謁見】(名・する)許しを得て、身分の高い人にお目にかかること。例外国大使が天皇に―する。

言8 【課】 15画 1861 8AB2 教育4 音カ漢呉

筆順 言 言 言 訂 訳 誀 課 課

なりたち [形声]「言(=ことば)」と、音「果カ」とから成る。ためす。

意味 ❶割り当てられた仕事の成果を調べる。試験する。こころみる。例考課。❷仕事や税金を義務として割り当てる。また、割り当てられた仕事や学業。例課税。課題。学課。❸組織の事務上の区分。例課長。総務課。

人名 はかる

【課役】①律令制で、税金と労役のこと。②仕事や労働の割り当て。例―を果たす。―に苦しむ。

【課外】①学校で、時間割りで決まっている学科や授業以外のもの。例―活動。②課の外部。よその課。

【課税】(名・する)税金を割り当てること。例被―金額(=課税の対象となる金額)。

【課題】①するように割り当てられたことがらや問題。例―曲。夏休みの―。②解決を求められている任務など。例当面の―。

【課長】官庁や会社などで、一つの課の責任者。例会計―。

【課徴】割り当てて取り立てること。例輸入―金(=輸入品に対して徴収される特別な関税)。

【課程】学校などで、ある一定期間に割り当てられ、修得しなければならない学習や研究の内容。例教職―の科目を受講する。

【課目】学課の種類。修得するように課せられた項目。表記「科目」とも書く。

●日課・賦課

言8 【誼】 15画 2135 8ABC 人名 音ギ漢 訓よ-い・よしみ

なりたち [会意]「言(=いう)」と「宜(=ただしい)」とから成る。人が、よいと認める。

意味 ❶道理にかなっている。ほどよい。よしとする。よい。同義。❷したしみ。よしみ。例交誼。友誼。

人名 こと・みち・よし

言8 【諏】 15画 3159 8ACF 人名 音シュ漢ス呉 訓はか-る

意味 集まって相談する。はかる。例諏謀(=相談する)。

難読 諏訪(=地名・姓)

言8 【諄】 15画 7557 8AC4 人名 音ジュン慣シュン漢呉 訓くど-い・ねんご-ろ

なりたち [形声]「言(=いう)」と、音「享シュ」とから成る。ねんごろに教えさとす。

意味 ていねいで心がこもっている。てあつい。あつい。ねんごろ。例諄諄。

日本語での用法 《くどい》①同じようなことをなんどもくりかえし言うのでわずらわしい。「話が諄い・まわり諄い」②しつこい。「諄い味」

人名 あつ・あつし・いたる・さね・しげ・たすく・とも・のぶ・まこと

【諄諄】(形動タル)相手がじゅうぶんに納得するように、くりかえし、くわしく話すようす。例―と説く。

言8 【諸】 15画 2984 8AF8 教育6 音ショ漢呉 訓もろもろ・もろ

筆順 言 言 言 計 計 諸 諸

言9 【諸】 16画 1-9214 FA22 人名

なりたち [形声]「言(=ことば)」と、音「者シャ→ショ(=ことがらを分ける)」とから成る。ことがらを分けることから「もろもろ」の意。

意味 ❶いろいろな。多くの。もろもろ。例諸子ショシ。諸事ショジ。諸方ショホウ。❷[助字]「これ」と読み、ものごとを指示する。例求諸己これをおのれにもとむ。

人名 つら・もり

【諸家】ショカ 多くの専門家。一家をなしている多くの人。

【諸葛▼亮】ショカツリョウ 三国時代の蜀ショクの軍師。字あざなは孔明コウメイ。劉備リュウビに強くのぞまれて仕え、蜀の建国に力をつくした。(一八一—二三四)→【三顧の礼】サンコのレイ(12ジペ)・【五丈原】ゴジョウゲン(42ジペ)・【出師の表】スイシのヒョウ(126ジペ)・【泣ないて馬謖バショクを斬きる】(583ジペ)

【諸行無常】ショギョウムジョウ [仏]この世のすべてのものは絶えず移り変わり、ひとときも同じ状態にとどまらない、ということ。

【諸君】ショクン (おもに男性が)同輩ドウハイまたは目下めしたの、多くの者に親しみをこめて呼びかけることば。みなさん。きみたち。

【諸兄】ショケイ 多くの男性に、敬意をこめていうことば。みなさん。対諸妹ショマイ・諸姉ショシ。[文語的な言い方]

【諸芸】ショゲイ いろいろな芸道や芸ごと。例—に通じる。

【諸賢】ショケン [多くの賢明な人々の意]人々に敬意をこめていうことば。みなさま。[文語的な言い方]例読者—。

【諸公】ショコウ [身分のある人たちの意]人々をうやまっていうことば。例代議士—。

【諸侯】ショコウ ①古代中国で、天子から封土ホウド(=領土)を受け、そこを支配した君主。②日本で、封建ホウケン時代に領地をもち、領地内の人民を支配していた人。諸大名。

【諸国】ショコク あちこちの国々。例—漫遊マンユウ。西欧セイオウ—。

【諸子】ショシ ①同輩ドウハイ以下の人々に呼びかけるときにいうことば。みなの者。みなさん。例生徒—。卒業生—。②春秋戦国時代に、一派の学説を立てた思想家たち。→【諸子百家】

【諸子百家】ショシヒャッカ 春秋戦国時代にあらわれ、それぞれに一派の学説を立てた多くの思想家たちと、その著書。孔子コウシ・孟子モウシ・老子ロウシ・荘子ソウシ・墨子ボクシ・韓非子カンピシなど。[孔子や孟子などの儒家ジュカを除いていう場合もある]

【諸氏】ショシ 多くの人々を、うやまっていうことば。…のかたがた。類諸公・諸賢ショケン。例先輩センパイ—のご尽力ジンリョクを謝する。

【諸姉】ショシ 多くの女性に、敬意をこめていうことば。みなさん。類諸妹ショマイ。対諸兄。[文語的な言い方]

【諸事】ショジ 多くのことがら。例—万端バンタン。

【諸式】ショシキ ①いろいろな品物。②品物の値段。物価。

【諸種】ショシュ いろいろな種類。類種種シュジュ。例—な問題。

【諸将】ショショウ 多くの武将たち。例戦国時代の—。

【諸説】ショセツ (あるものごとについての)いろいろな学説や意見、また、うわさ。例—紛紛フンプン。

【諸相】ショソウ (あるものごとにあらわれる)いろいろなありさまや現象。類種種相シュジュソウ。例上方かみがた文化の—。

【諸点】ショテン いろいろな点。多くのことがら。例懸案ケンアンの—。

【諸島】ショトウ ①多くの島。類群島。②一定の区域内にかたまってある、多数の島々。例小笠原おがさわら—。

【諸派】ショハ ①いろいろな党派や流派。例党内—。②国会の、議席が少数の政党を、まとめて呼ぶことば。例—連合。

【諸般】ショハン [「般」は、ものごとの種類の意]いろいろ。さまざま。類各種。例—の事情。

【諸方】ショホウ いろいろな方向や場所。あちこち。類方方ホウボウ。

【諸法】ショホウ ①[仏]個体を構成している、もろもろの要素。あらゆるもの。②いろいろな法律。

【諸本】ショホン 写本などで、本文の性質や内容が異なる、いろいろな系統の異本。例『平家物語ヘイケものがたり』の—。

【諸流】ショリュウ いろいろな流派。多くの流派。例—合同茶会。

【▽諸手】もろて 両手。表記「▽双手」とも書く。

【▽諸共】もろとも いっしょに。例死なば—。車—転落する。

言8 【諚】 15画 7560 8ADA 音ジョウ

意味 [一説に、音「ヘン」とするが、義未詳ギミショウ]貴人の命令・ことばの意、「御定ゴジョウ」「勅定チョクジョウ」の「定ジョウ」に言偏ゴンベンを増画した字。例御諚ゴジョウ(=ご命令)有らば。勅諚チョクジョウ(=天子のご意向)まことに忝かたじけなく。優諚ユウジョウ(=天子の、めぐみぶかいおことば)をたまわる。

言8 【請】 15画 3233 8ACB 常用 音セイ漢ショウ呉シン唐 訓こ-う・う-ける

筆順 言 言 言 計 詰 請 請

言8 【請】 15画

なりたち [形声]「言(=いう)」と、音「青セイ」とから成る。お目にかかって申しあげる。

意味 ❶心からねがいもとめる。たのむ。こう。例請願セイガン。懇請コンセイ。❷来てくれるようにたのむ。まねく。例招請ショウセイ。請ショウじる。

日本語での用法 《うける》引き受ける。「請うけ合あう・請うけ負おう・建築請負業ケンチクうけおいギョウ」

使い分け うける【受・請】⇩1162ジペ

使い分け こう【請・乞】⇩1168ジペ

人名 うけ・もとむ

【請負】うけおい ①仕事をひきうけること。例部品生産の—。②土木・建築工事などで、計画通りに仕上げる約束で、仕事をひきうけること。例建売住宅の—仕事をする。

【▽請来】ショウライ (名・する)仏像や経典キョウテンなどを、外国からもらい受けること。類将来。例弘法大師コウボウダイシの—した経典。

【請願】セイガン (名・する)議会や官庁に、希望が実現するよう文書で願い出ること。例—書。

【請求】セイキュウ (名・する)当然するべきものとして、相手に要求すること。例—書。

【請託】セイタク (名・する)職権による特別なとりはからいを、内々にたのむこと。例—を受ける。

○懇請コンセイ・招請ショウセイ・申請シンセイ・普請フシン・要請ヨウセイ

言8 【諍】 15画 7558 8ACD 音ソウ漢ショウ呉 訓あらそ-う・いさか-う・いさ-める

意味 ❶あやまちをことばでただす。いさめる。例諍臣ソウシン(=主君のあやまちをいさめる臣下)。❷いいあらそう。いさかう。うったえる。同争ソウ。例諍訟ソウショウ(=うったえごと)。諍論ソウロン(=いいあらそい)。

言8 【諾】 15画 3490 8AFE 常用 音ダク漢 訓うべな-う

筆順 言 言 訁 訁 訁 訁 諾 諾 諾

たちなり 諾 ［形声］「言(=ことば)」と、音「若ジャク→ダク」とから成る。ことばでこたえる。

意味 ❶「はい」「よろしい」というように、じっくり考えたうえでの返事のことば。［「唯イ」は、すみやかな返事］例唯唯諾諾イイダクダク。❷承知する。ひきうける。うべなう。例諾否ダクヒ。快諾カイダク。承諾ショウダク。

難読 伊奘諾尊いざなぎのみこと

人名 つぐ

【諾諾】ダクダク（形動タル）はいはいと人の言いなりになるようす。例唯唯イイ―。

【諾否】ダクヒ 承諾することとしないこと。承知するかしないか。例―を保留する。

●応諾オウダク・快諾カイダク・許諾キョダク・受諾ジュダク・承諾ショウダク・内諾ナイダク

言8 【誰】 15画 3515 8AB0 常用 音スイ漢呉 訓だれ・たれ

筆順 言 言 訁 訃 許 誰 誰 誰

たちなり 誰 ［形声］「言(=ことば)」と、音「隹イ→スイ」とから成る。だれか、と問う。

意味 ❶だれ。だれか。例誰何スイカ。❷（助字）「たれ」「た」と読み、いったいだれが…か、の意。疑問や反語をあらわす。例功名誰復論コウミョウたれかまたロンぜん（=名声などはいったいだれが問題にしようか）。

難読 誰彼時たそかれどき・彼誰時かはたれどき

【▽誰何】スイカ（名・する）「だれか」「だれだ？」と呼びかけて、名前を問いただすこと。例―すれども答えなし。

言8 【誕】 15画 3534 8A95 教育6 音タン漢 訓いつわ-る

筆順 言 言 訁 訁 訐 訐 誕 誕

言7 【誕】 14画 ＝

たちなり 誕 ［形声］「言(=ことば)」と、音「延エン→タン」とから成る。大げさなことば。

意味 ❶でたらめを言う。むやみに大言をはく。いつわる。例誕言タンゲン(=大げさな話)。妄誕モウタン(=いつわり)。❷うまれる。例誕生タンジョウ。降誕コウタン。生誕セイタン。

人名 のぶ・ひろ・ひろし

【誕生】タンジョウ 一（名・する）①生まれること。類生誕。例―日。②新しい制度や施設ができること。例新政権の―。二（名）生まれて満一年目の日。例―を過ぎる。

【誕▼辰】タンシン ［「辰」は、日の意］人が生まれた日。誕生日。

言8 【談】 15画 3544 8AC7 教育3 音タン漢 ダン呉 訓かた-る

筆順 言 言 言 言 訁 訟 談 談

たちなり 談 ［形声］「言(=ことば)」と、音「炎エン→タン」とから成る。おだやかに話す。かたる。

意味 ❶相手に向かっておだやかにかたる。例談判ダンパン。談話ダンワ。相談ソウダン。❷ものがたり。はなし。例怪談カイダン。美談ビダン。

人名 かた・かたり・かぬ・かね

【談義】ダンギ（名・する）①〔仏〕教義や道理をわかりやすく説明して聞かせること。また、その話。類説法・説教。例下手へたの長―。②話し合うこと。自由な議論をすること。例教育―。表記 ②は「談議」とも書く。

【談合】ダンゴウ（名・する）①相談すること。例政治的―。②入札者どうしが相談して、自由競争をやめて入札価格をあらかじめ決めてしまうこと。違法である。

【談笑】ダンショウ（名・する）笑いをまじえながらうちとけて話し合うこと。例―裏リに交渉コウショウが進められる。

【談判】ダンパン（名・する）①争いや事件の始末をつけるために、おたがいに話し合うこと。また、外交交渉コウショウ。例―を開く。②自分にとってふつごうな点を改めるよう、強く要求すること。例直ジカ―。

【談論】ダンロン（名・する）話をしたり議論をし合ったりすること。例―風発(=話や議論がさかんにおこなわれること)。

【談話】ダンワ（名・する）①うちとけて話をすること。また、その話。例―室。―会。②責任ある地位の人が、あることについて述べる意見。例総理大臣の―。

●縁談エンダン・会談カイダン・歓談カンダン・講談コウダン・懇談コンダン・座談ザダン・雑談ザツダン・示談ジダン・冗談ジョウダン・相談ソウダン・対談タイダン・筆談ヒツダン・漫談マンダン・密談ミツダン・面談メンダン・余談ヨダン

言8 【調】 15画 3620 8ABF 教育3 音チョウ漢 訓しら-べる・ととの-う・ととの-える・しら-べ

筆順 言 言 訂 訂 訂 調 調 調 調

言8 【調】 15画 ＝

たちなり 調 ［形声］「言(=ことば)」と、音「周シュウ→チョウ」とから成る。ととのえる。ととのう。

意味 ❶ちょうどよくする。ととのえる。ととのう。例調整チョウセイ。調節チョウセツ。調和チョウワ。❷動物をならす。訓練する。例調教チョウキョウ。調馬チョウバ。❸ととのいぐあい。おもむき。しらべ。例調子チョウシ。快調カイチョウ。格調カクチョウ。❹あれこれ見くらべてたしかめる。しらべる。例調査チョウサ。調書チョウショ。❺物納による税の一種。みつぎ。例調布チョウフ。租庸調ソヨウチョウ。

日本語での用法 《ととのう・ととのえる》①必要なものがそろう。「家財道具カザイドウグが調ととのう・設備セツビが調ととのっている」②交渉などがまとまる。「協議キョウギが調ととのう」

使い分け ととのう・ととのえる【整・調】 ⇩1174ジ

難読 調所ずしょ(=地名・姓)

人名 しげ・つき・つぎ・つぐ・のり・みつぎ・みつぐ

【調印】チョウイン（名・する）①協議が成立したことを確認カクニンして文書に印をおすこと。②条約などの文書に、その内容を認めたしるしとして、両方の代表者が署名すること。例―式。

【調音】チョウオン（名・する）①のど・口・舌・くちびるなどの発音器官の形を変えて音声を出すこと。②楽器の音色や高さをととのえること。

【調教】チョウキョウ（名・する）ウマやイヌ、猛獣モウジュウなどの動物を訓練して、人の言うことをきかせること。例―師。

【調弦】チョウゲン（名・する）弦楽器の演奏者が、弦の調子をととのえること。また、その方法。表記 旧調▼絃

【調合】チョウゴウ（名・する）薬や調味料などをまぜあわせて、ちょうどよいものにすること。例処方箋ショホウセンの通りに―する。

【調査】チョウサ（名・する）ものごとの実態や実情について、くわしくしらべること。例世論―。学術―団。

【調剤】チョウザイ（名・する）治療チリョウ用の各種の薬をまぜあわせること。薬剤を調合すること。

【調子】チョウシ ①声や音の高低のぐあい。音調。類口調・語調。例高い―で話す。②話し方や表現のぐあい。例強い―

で反論する。③動きやはたらきのぐあいや状態。例からだの―。④ものごとの進みぐあいや状態。例―よくいく。⑤はずみや勢い。例何かの―にうまくいく。―が出る。

【調書】チョウショ ①調査した内容を書いた書類。②犯罪の容疑者を取りしらべた内容を書いた書類。例証言を―にとる。

【調進】チョウシン (名・する)注文の品物を取りそろえたり、作ったりして納めること。例開店記念の品を―する。

【調製】チョウセイ (名・する)注文に応じて作ること。こしらえること。例ふりそでを―する。

【調整】チョウセイ (名・する)①調子の悪いものに手を加えて、正しい状態にすること。例時計のくるいを―する。②うまくいかない部分を操作して、全体としてつりあいのとれた状態にすること。例生産を―する。対立した意見を―する。

【調節】チョウセツ (名・する)ちょうどよい状態になるように、条件を変えて操作し、ととのえること。例温度を―する。

【調達】チョウタツ・チョウダツ (名・する)必要なお金や品物を取りそろえること。例資金を―する。

【調停】チョウテイ (名・する)争っている両者のあいだに立って、争いを解決するようにまとめること。例労使間を―する。

【調度】チョウド 日常生活で使う家具や道具。例―品。

【調馬】チョウバ (名・する)ウマを乗りならすこと。例―師。

【調髪】チョウハツ (名・する)かみの毛を刈って、ととのえること。理髪や整髪。

【調布】チョウフ 古代、調(=税の一つ)として納めた手織りのぬの。

【調伏】チョウブク (名・する)①仏法の力によって悪魔などを降伏させること。例憑いた狐を―する。②人をのろい殺すこと。

【調法】チョウホウ 一(名・形動ダ)便利で役に立つこと。例高い枝を切るのに―なはさみ。二(名・する)便利で役に立つのを喜んでいること。例―している。表記▽「重宝」とも書く。

【調味】チョウミ (名・する)食べ物にいい味をつけること。味つけ。

【調味料】チョウミリョウ 食べ物にいい味をつけるために使うもの。塩・砂糖・しょうゆ・す・香辛料など。

【調理】チョウリ (名・する)料理すること。材料に手を加えて食べ物をつくること。例―師。

【調律】チョウリツ (名・する)正しい音が出るように楽器を調整すること。例ピアノの―師。

【調練】チョウレン (名・する)兵隊を訓練すること。類練兵。

【調和】チョウワ (名・する)二つ以上のものごとが、たがいにつりあいがとれて、全体としてととのっていること。例進歩と―。

●協調・口調・好調・語調・色調・順調・新調・単調・短調・長調・低調・同調・不調・変調・歩調

言 8

【諂】

15画 7559 8AC2 音テン漢呉 訓へつら-う・へつら-い

意味 気に入られようと、おべっかを使う。こびる。へつらう。例諂佞(=へつらって取り入る)。諂諛(=こびへつらう)。

言 8

【誹】

15画 4080 8AB9 音ヒ漢呉 訓そし-る・そし-り

意味 他人の言動のよしあしをとりあげ、非難する。そしる。同非。例誹毀(=人をわるく言う)。誹謗。

日本語での用法《ハイ》「誹諧」は、漢語として正しくは「ヒカイ」であるが、「誹」は「俳」の音に従って用いたもの。現代では「俳諧」とする。「誹諧(=「誹諧連歌」の略)」

【誹▼謗】ヒボウ (名・する)他人を悪く言うこと。人をそしること。例―中傷。

言 8

【諒】

15画 4642 8AD2 人名 音リョウ漢 訓あき-らか・まこと・まこと-に

なりたち [形声]「言(=ことば)」と、音「京ケイ→リョウ」とから成る。まこととする。信じる。

意味 ❶ほんとうのこととして信じる。真実。まこと。例諒を友とす(=正直な人を友人にする)。❷もっともだとして認める。例諒解(=事情を納得して認める)。諒承。❸まことに。実に。

表記 現代表記では、「了」に書きかえることがある。熟語は「了」(37ページ)を参照。

人名 あき・あきら・あさ・さとし・さとる・まさ

【諒▽闇】リョウアン [まことに闇い意]天子が父母の死によって、喪に服する期間。表記「諒▽陰・▼亮▽闇」とも書く。

【諒▼恕】リョウジョ (名・する)相手の事情を思いやって許すこと。例―を乞う。

【諒承】リョウショウ (名・する)事情がよくわかって承知すること。例―が得られる。表記現了承

言 8

【論】

15画 4732 8AD6 教育6 音ロン漢呉 訓あげつら-う

筆順 言 言 言 訡 訡 詥 論 論

なりたち [会意]「言(=いう)」と「侖リン→ロン(=すじが通る)」とから成る。筋道をたてて言う。

意味 ❶筋道を立てて述べる。あげつらう。例論証。議論。弁論。❷罪をさばく。判決を下す。例論告。❸意見。見解。学説。例詩論。反論。❹『論語』の略。例論孟(=『論語』と『孟子』)。

人名 さだむ・さとし・さとる・とき・のり・ゆう

【論外】ロンガイ (名・形動ダ)①さしあたっての議論の対象としないこと。問題外。例理想論はこのさい―とする。②まともに論じる必要もないこと。例約束を破るとは―だ。

【論客】ロンカク・ロンキャク ①議論をするのがうまい人。②議論をするのが好きな人。

【論議】ロンギ (名・する)①めいめいが意見を述べあって、問題点を明らかにすること。例―をつくす。②〔仏〕経文の内容を問答によって説き明かすこと。

【論詰】ロンキツ (名・する)議論して相手をなじること。

【論及】ロンキュウ (名・する)そのことがらに論がおよぶこと。例すでに前著で―した問題。

【論究】ロンキュウ (名・する)問題や理論についてどこまでも論じて、はっきりさせること。

【論拠】ロンキョ 議論が成り立つ根拠。例―にとぼしい。

【論功】ロンコウ 功績について論じ、その程度を定めること。

【論功行賞】ロンコウコウショウ 功績の程度について論じ、それにもとづいて賞やほうびをあたえること。

【論考】ロンコウ (名・する)意見を述べ、考察を加えること。また、その文章や著作。表記「論▼攷」とも書く。

【論告】ロンコク (名・する)刑事裁判の最終段階で、検察官が被告人の犯罪の事実および法律の適用について意見を述べること。例―求刑。

【論賛】ロンサン 一(名・する)人の功績やよいおこないについて論じ、ほめること。二(名)ある人物の伝記のあとに、その事績について著者が付け加えた論評や賛辞。

【論旨】ロンシ 議論に述べられたおもな内容。例―明快。

【論者】(ロンシャ・ロンジャ) ①議論をする人。例—としては反対せざるをえない。②議論をしている本人。例賛成—。

【論集】(ロンシュウ) 論文を集めた書物。論文集。

【論述】(ロンジュツ)(名・する) 筋道を立ててのべること。例—式。

【論証】(ロンショウ)(名・する) ある結論が正しいことを、だれもが納得するような根拠を示して、証明すること。例アリバイが成り立たないことを—する。表記もと「論▼證」とも書く。

【論陣】(ロンジン) (反論に必ず勝つように)自説を綿密に構成し、広く世間に主張していこうとする構え。例—を張る。

【論説】(ロンセツ) 一(名・する) あることがらについて、筋道を立てて意見を述べること。また、その文章。例—文。二(名) 新聞の社説。例—委員。

【論戦】(ロンセン)(名・する) 意見を主張しあい、たたかわせること。例—を交わす。

【論争】(ロンソウ)(名・する) たがいに自説の正しさを主張して、あらそうこと。例激しい—を展開する。

【論▼叢】(ロンソウ) 論文を集めた書物。論文集。論集。

【論題】(ロンダイ) 討論や論文などの題目。例—を決めて争う。

【論断】(ロンダン)(名・する) 議論して判断を下すこと。例あざやかな—。

【論壇】(ロンダン) ①評論家や批評家の社会。言論界。例—をにぎわす。②演説や講演をするための壇。演壇。

【論著】(ロンチョ)(名・する) 考えを論じて、そのことについて著述すること。また、その著述。

【論調】(ロンチョウ) 議論や論説の、内容や進め方の調子または傾向。例政府批判の—が色こい新聞記事。

【論敵】(ロンテキ) 反対意見を発表し、議論のやり取りをする相手。

【論点】(ロンテン) ある論説や論争の中心になる問題点。例—を整理する。—があいまいだ。

【論難】(ロンナン)(名・する) 相手の不正や誤りについて、問題として取り上げて非難すること。例昔の失敗を見つけて—する。

【論破】(ロンパ)(名・する) 議論して相手を言い負かすこと。例反対意見を徹底的に—する。

【論▼駁】(ロンバク)(名・する) 相手からしかけられた議論に対し、激しく反論すること。例実証をあげて—する。

【論評】(ロンピョウ)(名・する) ものごとのよしあしを論じて、批評すること。また、その内容。例—をさける。—を加える。

【論文】(ロンブン) ある問題についての意見や、研究の結果について、まとめた文章。例学位—。


【論法】(ロンポウ) 議論を進める方法。議論のしかた。例三段—。

【論▼鋒】(ロンポウ) ①議論を進める勢い。例—するどくつめよる。②議論のほこさき。議論の攻撃目標。

【論理】(ロンリ) ①議論や思考を正しく進めていく筋道。ことわり。例—学。②ものごとの間の関係や法則。例自然の—。
●異論・激論・結論・言論・口論・持論・推論・正論・討論・評論・理論

言8 【諫】15画 ⇩【諫】(921ページ)

言8 【請】15画 ⇩【請】(918ページ)

言8 【調】15画 ⇩【調】(919ページ)

言9 【諳】16画 7562 8AF3 音アン漢 オン呉 訓そらん-じる

意味 知りつくす。そらでおぼえる。そら読みする。そらんじる。同暗。例諳記。諳誦。

【諳記】(アンキ)(名・する) そらで覚えること。例丸—。表記「暗記」とも書く。

【諳算】(アンザン)(名・する) 頭の中で計算すること。表記「暗算」とも書く。

【諳▼誦】(アンショウ)(名・する) 文章をそらでとなえること。例好きな詩を—する。表記「暗▼誦・暗唱」とも書く。

言9 【謂】16画 1666 8B02 人名 音イ漢呉 訓い-う・いい

意味 ❶人に向かって話しかける。つげる。いう。例子謂二子貢一曰(シシコウにいいていわく)(=先生が子貢に言われた)。〈論語〉 ❷ある人やものごとについて話す。批評する。例子謂二子産一(シシサンをいう)(=先生は子産について言われた)。〈論語〉 ❸名づけていう。となえる。よぶ。例天命之謂レ性(テンのメイずるをこれセイという)(=天が人に命じあたえたものを性という)。〈中庸〉 ❹呼び名。いい。例称謂(=呼び名。名称)。 ❺意味。いわれ。例何謂也(なんのいいぞや)(=どういう意味ですか)。〈論語〉 ❻判断する。思うに。おもうことには。おもえらく。例愚謂(=わたくしが思うには)。
難読 以謂(おもえらく)

言9 【諧】16画 7563 8AE7 常用 音カイ漢

筆順 諧

なりたち [形声]「言(=ことば)」と、音「皆(カイ)」とから成る。調和する。

意味 ❶しっくりと調和する。うちとける。やわらぐ。かなう。例諧調。諧和(=仲がうちとける。また、やわらぐ)。❷こっけい。たわむれ。ユーモア。例諧▼謔。俳諧。
【諧▼謔】(カイギャク) おもしろい、じょうだん。ユーモア。例—性。表記「▼詼▼謔」とも書く。
【諧声】(カイセイ) ①他の声と調和する声。②⇩【形声】(369ページ)
【諧調】(カイチョウ) 音楽のリズムなどがよく調和していること。また、ものごとが調子よく運ぶこと。

言9 【諤】16画 7564 8AE4 音ガク漢

意味 正しいと思うことをはばからずに言う。直言する。例侃侃諤諤(カンカンガクガク)。
【諤諤】(ガクガク)(形動タル) 正しいと信じることを、えんりょしないで述べたてるようす。例侃侃(カンカン)—(=正しいと信じることをえんりょなく言う)。

言9 【諫】16画 7561 8AEB 音カン漢呉 訓いさ-める・いさ-め

言8 【諌】15画 2050 8ACC 俗字

意味 目上の人のあやまちをただすためにずばりと言う。いさめる。例諫言。諫止。

難読 諫早(いさはや)(=地名)

【諫言】(カンゲン)(名・する) 主君や上司の悪い点を指して、直すように言うこと。また、そのことば。例老臣の—を入れる。

【諫止】(カンシ)(名・する) 目上の人に忠告して、思いとどまらせること。いさめてやめさせること。

【諫死】(カンシ)(名・する) ①主君をいさめるために死ぬこと。②死ぬ覚悟でいさめること。

言9 【諱】16画 音キ漢 訓いみな・い-む

言10 【諱】17画 7565 8AF1 別体字

意味 ❶はばかってさける。いみきらう。いむ。例諱忌。諱言(=口に出すのをはばかることば)。❷死者の生前の本名。いみな。〔死んでからは生前の名を諱といってさけて用いず、死後につけた諡で呼ぶ〕例避諱(=いみなをさける)。

【諱忌】(名・する)いみきらうこと。忌諱。

言9 【譃】16画 7566 8B14 音キャク漢 ギャク呉 訓たわむ-れる

意味 おどけて、じょうだんを言う。たわむれる。例譃笑(=ふざけて笑う)。諧譃。

言9 【諠】16画 7567 8AE0 音ケン漢 訓かまびす-しい

意味 やかましい。かまびすしい。同喧。例諠譁。諠譟。

【諠▼譁】(名・する)①やかましくさわぐこと。②たがいに言い争ったり、なぐりあったりすること。いさかい。例—を売る。表記▽「▼喧▼嘩」とも書く。

【諠▼譟】(名・形動)(町や人ごみが)さわがしいこと。例都会の—をはなれて生活する。表記「▼喧▼噪・▼喧騒」とも書く。

言9 【諺】16画 2433 8AFA 人名 音ゲン漢 訓ことわざ

言9 【諺】16画 俗字

意味 昔から言い伝えられてきた、教訓をふくむ短いことば。ことわざ。例諺語。俚諺。

人名 おう・こと・たけし

【諺文】(朝鮮語)ハングルの古い呼び名。

【諺語】①ことわざ。②俗語。

言9 【諢】16画 7568 8AE2 音コン慣 ゴン漢

意味 ことばをあいまいにして、おもしろく言う。冗談。例諢名(=あだな。異名)。

言9 【諮】16画 2780 8AEE 常用 音シ漢呉 訓はか-る・と-う

［言部］9画● 譃諠諺諢諮謚諜諦諷諞謀

筆順 亠 言 言 言 諮 諮 諮

なりたち [形声]「言(=ことば)」と、音「咨シ」とから成る。相談をもちかける。

意味 上位の者が下位の者に意見を求める。はかる。とう。同咨。例諮議(=下の者に相談する)。諮問。

使い分け はかる【図・計・測・量・謀・諮】⇩1177ページ

【諮問】(名・する)①臣下に意見をたずねること。②政策を立てるときの参考として、専門家や経験の深い人の意見を求めること。例—委員会の答申。

言9 【謚】16画 7575 8AE1 音シ漢 訓おくりな

言10 【諡】17画 7574 8B1A 本字

意味 生前のおこないによってつける呼び名。追号。おくりな。例諡号。

【諡号】死者におくる名。多くは生前のおこないを反映させてつける。おくりな。例徳川家康に東照大権現の—をたまわる。

言9 【諜】16画 3621 8ADC 音チョウ漢 訓うかが-う

意味 ❶敵のようすをさぐる(者)。うかがう。まわしもの。例諜者。諜報。間諜。❷口が軽く、ことばかずが多い。しゃべる。同喋。例諜諜(=ことばかずが多い)。

難読 諜者・間諜

【諜者】スパイ。間諜。

【諜報】相手の情勢をさぐって知らせること。スパイ活動をすること。また、その知らせ。例—機関。

言9 【諦】16画 3692 8AE6 常用 音テイ漢 タイ呉 訓あきら-める

筆順 亠 言 言 言 諦 諦 諦

なりたち [形声]「言(=ことば)」と、音「帝テ」とから成る。つまびらかにする。

意味 ❶明らかにする。つまびらかにする。あきらか。例諦視(=じっと見守る)。要諦(=ものごとの重要なところ)。❷〔仏〕真理。さとり。まこと。例諦観。四諦(=仏教で、四つの真理)。また、根本的な教え。真諦(=たいせつな真理)。

日本語での用法 《あきらめる》望みを捨ててしまう。「出世を諦める・計画を諦める」

人名 あき・あきら・さとる

【諦観】(名・する)㊀①くわしく見ること。②〔仏〕本質を見通すこと。達観。㊁あきらめること。

【諦念】①ものの道理を見通す、さとった心。②あきらめの気持ち。

言9 【諷】16画 7569 8AF7 音フウ漢 フ呉

意味 ❶そらで読む。また、声を上げて読む。そらんじる。例諷詠。諷誦。❷遠まわしに言う。それとなく批評したり、いさめたりする。例諷諫(=遠まわしに言って、いさめる)。諷刺。諷喩。

【諷意】それとなくほのめかして言う気持ち。例政道批判の—をこめる。

【諷詠】(名・する)①詩歌をそらで吟じること。②詩歌を作ること。例花鳥—。

【諷刺】(名・する)①遠まわしに非難すること。あてこすり。②社会や人物の欠陥や罪悪などを批判するために、わざとおもしろおかしく表現すること。また、その作品。例—画。社会—。表記▽現風刺

【諷▼誦】(「フウショウ・フジュ」とも)(名・する)詩文、とくに経文などを声をあげて読むこと。

【諷喩】(名・する)遠まわしにそれとなくさとすこと。例—詩。表記「風諭」とも書く。

言9 【諞】16画 *7570 *8ADE 音ヘン漢 訓へつら-う

意味 ❶口先だけでうまく言う。へつらう。例諞言。❷ほらをふく。

言9 【謀】16画 4337 8B00 常用 音ボウ漢 ム呉 訓はか-る・はかりごと

筆順 言 言 言一 言廿 言甘 言甘 諆 謀

なりたち [形声]「言(=ことば)」と、音「某ボウ」とから成る。難しいことについてよく考える。

意味 ❶思いめぐらす。計画をねる。はかる。例遠謀エンボウ。深謀シンボウ。無謀ムボウ。❷人をあざむくようなことを計画する。たくらむ。はかりごと。例謀反ムホン。陰謀インボウ。策謀サクボウ。

使い分け はかる【図・計・測・量・謀・諮】⇩1117ジペー

人名 こと・のぶ

【謀議】ボウギ (名・する) ひそかに集まって、犯罪の計画や手段などを相談すること。例共同—。
【謀計】ボウケイ はかりごと。計略。
【謀策】ボウサク はかりごと。策謀。
【謀殺】ボウサツ (名・する) 計画的に人を殺すこと。
【謀主】ボウシュ はかりごとを立てる中心人物。首謀者。
【謀将】ボウショウ 計略のうまい大将。
【謀臣】ボウシン はかりごとのたくみな臣下。
【謀略】ボウリャク 人をおとしいれるための、はかりごと。策略。
【謀反】ムホン 「「ボウハン」とも」(名・する) 君主にそむいて兵をあげること。反乱を起こすこと。表記「謀▼叛」とも書く。

●陰謀インボウ・遠謀エンボウ・共謀キョウボウ・権謀ケンボウ・策謀サクボウ・参謀サンボウ・主謀シュボウ・首謀シュボウ・深謀シンボウ・知謀チボウ・無謀ムボウ

言9 【諭】 16画 4501 8AED 常用 音ユ漢呉 訓さと-す・さと-し

筆順 言 言 言 言 言 諭 諭 諭

言9 【諭】 16画 2F9D0

なりたち [形声]「言(=いう)」と、音「兪ユ」とから成る。わかりやすく言う。

意味 ❶言いきかせる。教えさとす。さとす。例諭旨ユシ。教諭キョウユ。説諭セツユ。❷たとえる。たとえ。同喩ユ。例比諭ヒユ。

人名 あき・いさむ・さと・さとる・つぐ

【諭告】ユコク (名・する) ①目下めしたの者にさとして聞かせること。②もと、官庁から民間に告げること。また、その文書。
【諭示】ユシ (名・する) 口頭であるいは文書でさとすこと。
【諭旨】ユシ なぜそうするのかという理由を言い聞かせること。例—免職メンショク。

●教諭キョウユ・告諭コクユ・説諭セツユ

言9 【諛】 16画 *7571 *8ADB 音ユ漢呉 訓へつら-う・へつら-い

意味 ことばたくみに、きげんをとる。こびる。へつらう。例諛言ユゲン(=おせじ)。阿諛アユ(=おもねりへつらう)。面諛メンユ(=面と向かってへつらう)。

言9 【謡】 16画 4556 8B21 常用 音ヨウ漢 訓うた-い・うた-う

筆順 言 言 言 訁 訁 謡 謡 謡

言10 【謠】 17画 7579 8B20 人名

なりたち [形声] 本字は「䚻」で、「言(=ことば)」と、音「月」とから成る。伴奏バンソウなしで歌う。

意味 ❶楽器の伴奏なしで歌う。うたう。例謡詠ヨウエイ(=歌をうたう)。謡吟ヨウギン(=歌を口ずさむ。うたう)。❷はやりうた。例歌謡カヨウ。俗謡ゾクヨウ。民謡ミンヨウ。❸うわさ。デマ。例謡言ヨウゲン(=うわさ)。謡伝ヨウデン(=うわさ)。

日本語での用法 ㊀《うたい》謡曲ヨウキョク。能ノウで節ふしをつけてうたうことば。「謡うたいのけいこ・素謡すうたい」㊁《うたう》謡曲ヨウキョクなどをうたう。「結婚披露宴ケッコンヒロウエンで高砂たかさごを謡うたう」

使い分け うたう【歌・謡】⇩1163ジペー

人名 うた

【謡曲】ヨウキョク 能楽ノウガクの文句。また、それをうたうこと。うたい。

●歌謡カヨウ・俗謡ゾクヨウ・童謡ドウヨウ・民謡ミンヨウ

言9 【謁】 16画 ⇩【謁】エツ(917ジペー)
言9 【諺】 16画 ⇩【諺】ゲン(922ジペー)
言9 【諮】 16画 ⇩【諮】シ(922ジペー)
言9 【諸】 16画 ⇩【諸】ショ(918ジペー)
言9 【謎】 16画 ⇩【謎】なぞ(925ジペー)
言9 【諭】 16画 ⇩【諭】ユ(923ジペー)

言10 【譁】 17画 7586 8B4E 音カ漢 訓かまびす-しい

意味 やかましくさわぐ。かまびすしい。同嘩カ。

言10 【謹】 17画 2264 8B39 常用 音キン漢 訓つつし-む

筆順 言 言 言一 言廿 言廿 言昔 謹 謹

言11 【謹】 18画 1-9216 FA63 人名

なりたち [形声]「言(=ことば)」と、音「堇キン」とから成る。つつしむ。

意味 気をひきしめて、ていねいにおこなう。かしこまる。つつしむ。例謹言キンゲン。謹慎キンシン。謹聴キンチョウ。

使い分け つつしむ【慎・謹】⇩1173ジペー

人名 すすむ・ちか・つつむ・なり・のり・ひとし・もり

【謹賀】キンガ つつしんでお祝いすること。例—新年。
【謹啓】キンケイ 〔つつしんで申し上げるの意〕手紙のはじめに書くあいさつのことば。
【謹言】キンゲン 〔つつしんで言うの意〕手紙の終わりに書くあいさつのことば。例恐惶キョウコウ—。
【謹厳】キンゲン (名・形動ダ) 言うことやおこないが、つつしみ深くて厳格であること。例—実直。—な態度。
【謹告】キンコク (名・する) 〔つつしんでお知らせしますの意〕会社や商店などが、広く人々に知らせる文のはじめに使うことば。
【謹書】キンショ (名・する) つつしんで書くこと。
【謹慎】キンシン (名・する) 過失を反省するため、自宅などに閉じこもって、おこないをつつしむこと。例—処分。
【謹製】キンセイ お客のために、とくに念を入れて品物を作る意。また、その品物。
【謹聴】キンチョウ (名・する) ①人の話を敬意をもってきくこと。②(演説会などで)聴衆が、まじめにきいていない人々に「よくきけ」と注意をうながすことば。
【謹直】キンチョク (名・形動ダ) つつしみ深く正直なこと。
【謹呈】キンテイ (名・する) つつしんで差し上げること。人にものをおくるときのへりくだった言い方で、贈おくり物の包み紙などに書く。例拙作セッサクを—します。—著者と書く。

言10 【謙】 17画 2412 8B19 常用 音ケン漢呉 訓へりくだ-る

筆順 言 言 言 言 言 詳 謙 謙

言10

【謙】17画

なりたち 謙 ［形声］「言（＝ことば）」と、音「兼ケン」とから成る。ことばをつつしんで相手をうやまう。

意味 自分のほうを低くあつかう。ひかえめにする。ゆずる。へりくだる。例 謙虚。謙譲。謙遜。

人名 あき・かた・かぬ・かね・しず・のり・ゆずる・よし

【謙虚】ケンキョ（形動ナ）へりくだって我を張らないようす。ひかえめですなおなようす。対 傲慢。例 ―に反省する。

【謙辞】ケンジ けんそんしていうことば。へりくだったことば。

【謙称】ケンショウ 自分に関係することを、相手にへりくだっていう言い方。たとえば、愚息・拙宅・弊社など。

【謙譲】ケンジョウ（名・形動ナ）へりくだって相手にゆずること。例 ―の美徳。―のことばづかい。

【謙譲語】ケンジョウゴ 敬語の一種。話し手が、話している相手や話題になっている人に敬意を表して、自分や自分の側に立つもの・動作などをへりくだって表現する言い方。

【謙遜】ケンソン（名・する）へりくだってひかえめな態度をとること。対 不遜。

言10

【謇】17画 7573 8B07

音 ケン漢 訓 ことども-る・ども-る

意味 ❶ことばがすらすらと出ない。どもる。例 謇訥（＝どもる）。❷ごまかさずに言う。正直な。例 謇諤（＝ありのままに言う）。

言10

【講】17画 2554 8B1B 教育5

音 コウ漢呉

筆順 言 言 言一 言卄 言井 講 講 講

言10

【講】17画

なりたち 講 ［形声］「言（＝ことば）」と、音「冓コウ」とから成る。和解する。

意味 ❶なかなおりする。例 講和。❷わかるようにときあかす。例 講義。講説。❸学習する。訓練する。ならう。例 講習。講武（＝武術をならう）。

日本語での用法 《コウ》①信仰するなかまとして、神仏や霊峰などに参拝する団体。「大師講・富士講」②金融などでたがいに助け合う団体。「頼母子講・無尽講」

人名 つぐ・とく・のり・みち・みな

【講演】コウエン（名・する）聴衆を前に、ある題目について、話をすること。また、その話。例 学術―会。

【講義】コウギ（名・する）①学説や研究方法、書物の内容などについて、専門家が学生に話して教えること。また、その内容。②大学の授業。

【講座】コウザ ①大学で、研究や教育の組織。学部や学科の下にあり、教授を中心に構成される。②何人かが分担して、いっぱんの人向けにおこなわれる講義。例 公開―。③ある分野の体系的知識を学ぶために企画された、講習会や出版物。例 ラジオ―。教養―。

【講師】㊀コウシ ①大学の職名の一つ。准教授の下に位する教員。専任講師。②大学や高等学校などからたのまれて、講義を分担する人。非常勤講師。③講演をする人。㊁コウジ 歌会で歌を読み上げる役。

【講釈】コウシャク ㊀（名・する）文章や字句の意味を説明して聞かせること。㊁（名）「講談」に同じ。例 ―師。

【講習】コウシュウ（名・する）一定の期間、指導を受けて勉強したり、技術を覚えること。例 ―会。夏期―。

【講中】コウジュウ 講（＝神仏に参詣するための団体）にはいっている人々。

【講説】コウセツ（名・する）講義し説明すること。また、その講義。

【講談】コウダン 大衆演芸の一つ。軍記・武勇伝・政談などを、調子をつけて語る話芸。〔江戸時代は講釈と言い、明治以後、講談となった〕

【講壇】コウダン 講義や講演をする壇。演壇。

【講堂】コウドウ ①学校などで、式典や講演などをする、大きな部屋、または建物。②仏教寺院で、講義や説経をおこなう建物。

【講読】コウドク（名・する）書物を読み、意味内容がわかるように教えること。例『古事記』の―。

【講評】コウヒョウ（名・する）理由を説明しながら批評をすること。例 審査員の―を聞く。

【講和】コウワ（名・する）戦争をやめ平和を回復すること。例 ―条約。表記 旧▼媾和

【講話】コウワ（名・する）あることがらについて、聴衆にわかりやすく説明して聞かせること。また、その話。例 校長の―。

●開講・休講・聴講・補講

言10

【謝】17画 2853 8B1D 教育5

音 シャ漢 訓 あやま-る

筆順 言 言 言 訂 詢 謝 謝 謝

なりたち 謝 ［形声］「言（＝ことば）」と、音「射シャ」とから成る。ことわる。

意味 ❶いいわけをして、ことわる。辞退する。例 謝絶。辞謝。❷わびを入れる。あやまる。例 謝罪。陳謝。❸お礼をする。お礼。例 謝礼。感謝。薄謝。❹おとろえる。しぼむ。また、新しいものに代わる。例 代謝。

難読 与謝蕪村

使い分け あやまる【誤・謝】⇩1161ページ

【謝意】シャイ 感謝の気持ち。また、おわびの気持ち。

【謝恩】シャオン（名・する）受けた恩に感謝すること。

【謝金】シャキン 謝礼として出すお金。礼金。

【謝罪】シャザイ（名・する）あやまちやめいわくをかけたことを、あやまってつぐなうこと。例 ―広告。

【謝辞】シャジ 感謝のことば。お礼のことば。例 ―をのべる。

【謝状】シャジョウ ①お礼の手紙。②おわびの手紙。

【謝絶】シャゼツ（名・する）人の申し出などを、辞退すること。

【謝礼】シャレイ（名・する）感謝をこめて、お礼のことばや金品をおくること。また、そのもの。

●感謝・月謝・深謝・代謝・陳謝・薄謝

言10

【謖】17画 7576 8B16

音 ショク慣 シュク漢 訓 た-つ

意味 まっすぐに立つ。立ちあがる。たつ。例 謖謖（＝高くぬきんでているようす）。

言10

【謄】17画 3805 8B04 常用

音 トウ漢 訓 うつ-す

筆順 刀 月 月 月 月关 月关 謄 謄

言10

【謄】17画

なりたち 謄 ［形声］「言（＝ことば）」と、音「朕チン→トウ」とから成る。ことばや文字をかきうつす。

意味 原本をそのまま書きうつす。うつす。また、うつし。例 謄写。謄本。

【謄写】(名・する) 原文どおりにうつしとること。例 ―版。

【謄本】原本の内容をそのまま書きうつした文書。例 戸籍―。対 抄本

言10 【謎】17画 3870 8B0E 常用 音 ベイ漢 メイ呉 訓 なぞ
言9 【謎】16画 許容
筆順 言 言 言 訁 訁 謎 謎 謎 謎
参考 「しんにょう」は、手書きでは普通三画で書く。
なりたち [形声]「言(=ことば)」と、音「迷(メ)」とから成る。隠語。
意味 かくされた意味をもつことば。なぞ。例 謎語(=人を迷わすことば。なぞ)。
日本語での用法《なぞ》①遠まわしにそれとなく言うこと。「謎をかける」②正体不明なこと。「宇宙の謎・謎につつまれる」

言10 【謐】17画 7577 8B10 音 ヒツ慣 ビツ漢 訓 しず-か
意味 しずかで平穏なようす。しずか。例 謐寧(=やすらかなようす)。静謐。

言10 【謨】17画 7585 8B28 音 ボ漢 モ呉 訓 はか-る
意味 大規模な計画をくわだてる。大きなはかりごと。はかる。例 謨訓(=手本となるような計画)。宏謨(=大計画)。

言10 【謗】17画 7578 8B17 音 ホウ漢 ボウ呉 訓 そし-る
意味 事実にもとづいて悪事を責める。また、悪口を言う。そしる。例 誹謗。讒謗。

言10 【謌】17画 ⇩【歌】(555ページ)
言10 【諱】17画 ⇩【諱】(921ページ)
言10 【謙】17画 ⇩【謙】(923ページ)
言10 【講】17画 ⇩【講】(924ページ)

言10 【謚】17画 ⇩【諡】(922ページ)
言10 【謄】17画 ⇩【謄】(924ページ)
言10 【謠】17画 ⇩【謡】(923ページ)

言11 【謳】18画 7580 8B33 音 オウ漢 ウ呉 訓 うた-う
意味 声をそろえてうたう。うたってほめたたえる。例 謳歌。謳頌(=徳をたたえるうた)。
日本語での用法《うたう》強調する。「条文に経済援助を謳う」
難読 謳い
【謳歌】(名・する) ①いっせいにほめたたえること。②声をそろえて歌うこと。③よい思いを存分に味わい、それを喜ぶこと。例 青春を―する。

言11 【謦】18画 7582 8B26 音 ケイ漢 訓 しわぶき
意味 話すときの軽いせき。せきばらい。しわぶき。例 謦咳。
【謦咳】①せきばらい。②ものを言ったり笑ったりすること。例 ―に接する(=かねて尊敬している人にお目にかかる)。

言11 【謫】18画 7583 8B2B 音 タク漢 チャク呉 訓 せ-める
意味 ❶罪をとがめる。せめる。例 謫咎(=とがめ)。❷官位を下げて遠方へ流す。例 謫居。流謫。
【謫所】罪によって流された土地。配所。
【謫居】(名・する) 罪によって追放された土地で暮らすこと。また、その住まい。

言11 【謾】18画 7584 8B3E 音 バン漢 マン呉 訓 あざむ-く・あなど-る
意味 ❶でたらめを言って、うそをほんとうと思わせる。あざむく。例 謾誕(=いつわり)。欺謾(=だます)。❷ばかにする。あなどる。例 謾易(=あなどる)。謾侮(=あなどる)。

言11 【謬】18画 4121 8B2C 音 ビュウ漢 訓 あやま-る
意味 事実とくいちがった、でたらめなこと。まちがい。あやまる。あやまり。例 謬見。誤謬。

【謬見】まちがった考え。まちがった意見。例 ―を改める。

【謬誤】まちがい。あやまり。誤謬。

【謬説】まちがった説。

【謬論】まちがった議論。

言11 【謹】18画 ⇩【謹】(923ページ)

言12 【譏】19画 7588 8B4F 音 キ漢呉 訓 そし-る
意味 遠まわしにするどいことばでとがめる。風刺する。そしる。例 譏笑(=そしり笑う)。譏諷(=遠まわしにそしる)。譏謗(=非難する)。

言12 【警】19画 2357 8B66 教育6 音 ケイ漢 キョウ呉 訓 いまし-める・いまし-め
筆順 一 艹 芍 苟 苟 敬 敬 警 警
なりたち [会意]「言(=ことば)」と「敬(=つつしむ)」とから成る。ことばでいましめる。

意味 ❶(ことばで)注意をよびおこす。いましめる。いましめ。例 警戒。警告。警世。警句。❷人をはっとさせる。感覚がするどい。例 警抜(=人の意表をついてすぐれている)。奇警。

人名 さとし・ただし
【警衛】(名・する) 用心して守ること。

【警戒】(名・する) (起こる可能性がある犯罪や災害に対して)用心して、注意をおこたらないこと。例 ―警報。

【警官】①「警察官」の略。例 ―隊。②巡査。

【警句】人生の真理をたくみに表現した短い語句。アフォリズム。例 ―をはく。愚問に―をもって答える。

【警固】(名・する) 注意して守りをかためること。また、その役目の人や設備。例 ―の武士。城門を―する。

【警護】(名・する) 注意して守ること。また、その人。例 要人の身辺を―する。―の人員を増やす。

【警告】(名・する) 好ましくない、危険な目にあわないように、あらかじめ注意をあたえること。また、その注意。

【警策】①ウマを走らせるために打つむち。例 ―を入れる。②文章の中で、印象をきわだたせる語句。文章中の要所。

③（「キョウサク」とも）座禅をしている人のねむけをはらったり、精神を集中させるために、肩を打つ細長い板。

【警察】ケイサツ ①国民の生命や財産を守り、社会の混乱を防ぎ、安心して生活できるように、犯罪をとりしまるための組織。②「警察署」「警察官」の略。例―にとどける。―が来た。

【警察官】ケイサツカン 警察の仕事をする公務員。警視総監から巡査まで九つの階級がある。警官。

【警察署】ケイサツショ 一定の地域の中の警察の仕事をする役所。

【警視】ケイシ 警察官の階級の一つ。警部の上、警視正の下。

【警手】ケイシュ 鉄道で、事故防止に当たる職員。例踏切―。

【警鐘】ケイショウ ①火事や出水のときに、危険を知らせるために鳴らすかね。②警告を発すること。例―を鳴らす。

【警世】ケイセイ（名・する）世の人に注意をあたえること。世間に対して警告すること。例―の書。

【警笛】ケイテキ 電車や自動車が人々に注意をうながすために鳴らす、ふえやラッパ、クラクション。また、その音。例―を鳴らす。

【警備】ケイビ（名・する）非常の場合にそなえて、注意して守ること。例国境―隊。沿岸を―する。

【警部】ケイブ 警察官の階級の一つ。警部補の上、警視の下。

【警報】ケイホウ 災害が起こりそうなとき、警戒するように出す知らせ。例暴風―。

【警棒】ケイボウ 警察官が勤務するときに持つ木の棒。

【警務】ケイム ①警察の職務。②建物などの警備に当たる仕事。例―員。

【警邏】ケイラ（名・する）（「邏」は、見まわる意）警戒のために見まわること。パトロール。また、その人。

●奇警・婦警・夜警

言12 【譎】19画 7589 8B4E 音ケツ漢 訓いつわ-り・いつわ-る

意味 あざむく。いつわる。例譎詐。譎略。

【譎詐】ケッサ いつわること。だますこと。

【譎略】ケツリャク 人をあざむくはかりごと。

言12 【識】19画 2817 8B58 教育5 音一シキ慣シ漢呉 二ショク漢シキ呉 訓し-る・しる-す

筆順 言 言 訁 詝 諳 諳 識 識 識

[言部] 12―13画 ●譎識譖譚譜譌證譛議

なりたち 【形声】「言（=ことば）」と、音「戠」とから成る。心に知る。また、しるす。

意味 一 ❶書きつける。しるす。例識語（=写本などにその本の由来や書写の年月日などをしるしたもの）。❷目じるし。例標識。❸銅器や印章に浮き彫りにした文字。例識文（=銅器などに刻まれた文字）。二 ❶区別して知る。見分ける。しる。例識別。鑑識。認識。❷知っている内容。見解。例識見。知識。博識。❸知り合う。知り合い。例旧識（=昔からの知り合い）。相識。面識。

人名 さと・さとし・さとる・つね・のり

【識見】シキケン（「シッケン」とも）ものごとに対する正しい知識と判断力。見識。例高い―をもつ人。

【識字】シキジ 文字の読み書きができること。例―率。

【識者】シキシャ 知識が豊富で、正しい判断力のある人。有識者。例―の意見をきく。

【識別】シキベツ（名・する）ちがいをはっきりと見分けること。例霧が深くて標識の―が困難だ。

●意識・学識・見識・常識・知識

言12 【譖】19画 7591 8B56 音シン漢 訓そし-る

言12 【譛】19画 7592 8B5B 俗字

意味 うそのうったえをして、中傷する。そしる。例譖毀（=そしる）。譖言（=罪をなすりつけて、うったえる）。

言12 【譚】19画 7593 8B5A 音タン漢ダン呉 訓はなし

意味 ものがたる。ものがたり。はなし。同談。例譚海（=いろいろな物語を集めたもの）。譚論（=語り、論ずる）。奇譚。

言12 【譜】19画 4172 8B5C 常用 音ホ漢フ呉

筆順 言 言 訁 詳 詳 譜 譜 譜

なりたち 【形声】「言（=ことば）」と、音「普」とから成る。系統的にならべて書いた記録。

意味 ❶系統だてて記録した文書や系図。例系譜。年譜。❷音楽の曲節を符号で書きしるしたもの。例音譜。楽譜。

人名 つぐ

【譜代】フダイ ①代々その主家に仕えること。また、その家臣。例伊達家―の家がら。②江戸時代、関ヶ原の合戦前から徳川の家臣であった大名。対親藩・外様。例―大名。表記 ▽「譜第」とも書く。

【譜表】フヒョウ 音符などを記入する、五線のある用紙。

【譜面】フメン ①楽譜。また、楽譜が書かれた大きめの紙面。例―台。②囲碁や将棋で、勝負の進行を示した図。

●暗譜・音譜・楽譜・棋譜・系譜・年譜

言12 【譌】19画 ⇨【訛】カ（907ページ）

言12 【證】19画 ⇨【証】ショウ（909ページ）

言12 【譛】19画 ⇨【譖】シン（926ページ）

言13 【議】20画 2136 8B70 教育4 音ギ漢呉 訓はか-る

筆順 言 言 訁 詳 詳 議 議 議

なりたち 【形声】「言（=ことば）」と、音「義」とから成る。合意を得られるまで、語りあう。

意味 ❶意見を出しあい、すじの通った相談をする。はかる。例議論。会議。審議。❷意見。主張。例建議。動議。❸批評する。批判的な意見を言う。例抗議。

人名 かた・さだむ・のり

【議案】ギアン 討議のための原案。例―を審議する。

【議員】ギイン 議会を構成し、議決権をもつ人。例―立法。

【議院】ギイン ①法律を制定し、国政を審議する機関。衆議院と参議院。例―内閣制。②国会議事堂。

【議会】ギカイ 選挙でえらばれた議員で構成される、立法や議決の機関。国会や県議会など。例―民主制。

【議決】ギケツ（名・する）討議して決定すること。また、その決定。例―機関。―権。

【議事】ギジ 会議で討議すること。また、そのことがら。例―録。

【議定】ギジョウ・ギテイ（名・する）会議をして決めること。例―書

【議場】会議がおこなわれる場所。例―を閉鎖する。

【議席】①議場内の議員の座席。例―に着く。②議員としての資格。例―を失う。―を増やす。

【議題】会議にかけて審議することがら。

【議長】会議で、議事の進行や採決などをおこなう人。例―選出。

【議了】(名・する)審議し終えること。

【議論】(名・する)(ある問題について)たがいに自分の説を述べ、他人の説に対して同意したり批判したりして、話しあうこと。また、その内容。例先輩に―をふっかける。
◎会議・閣議・決議・抗議・衆議・討議・動議・評議・不思議・物議・論議

言13 **【護】** 20画 2478 8B77 教育5 音コ漢ゴ呉 訓まも-る

筆順 言 言 計 詳 詳 詳 誰 護

なりたち [形声]「言(=ことば)」と、音「蒦カク→コ」とから成る。注意深くみまもる。

意味 傷つけないようにかばいまもる。まもる。例護衛。愛護。看護。

人名 さね・まもる・もり

【護衛】(名・する)付きそって危険から守ること。例―兵。―艦。

【護岸】水害が起こらないように、川岸・海岸・堤防などを石やコンクリートで補強すること。例―工事。

【護憲】憲法を尊重し、その精神が完全に実現されるように努めること。例―運動。

【護国】国家を守ること。国家の守護。例―神社。

【護持】(名・する)たいせつにして守りとおすこと。例仏法を―する。

【護身】危害からからだを守ること。例―術。

【護送】(名・する)①付きそって、危険から守りながらおくり届けること。例―船団。②犯人などをにがさないようにおくり届けること。

【護符】神仏の力によって、災難から身を守ってくれると信じられているおふだ。お守り。例虫ふうじの―。表記「御符」とも書く。

【護法】[仏]①仏法を守護すること。例―童子。②魔物や病気に打ち勝つ法力。

【護摩】[仏][梵語の音訳]密教で、炉の中に火をたいて、不動明王や愛染明王に、わざわいを除き幸福をもたらすことをいのる儀式。例―をたく。

【護▼謨】[オランダ語 gom の音訳]ゴムの木の樹液から作った弾性のある物質。
◎愛護・援護・加護・看護・救護・警護・守護・弁護・防護・保護・養護・擁護

言13 **【譲】** 20画 3089 8B72 常用 音ジョウ漢呉 訓ゆず-る

筆順 言 訁 訁 詳 詳 譲 譲 譲

言17 **【讓】** 24画 7610 8B93 人名

なりたち [形声]「言(=ことば)」と、音「襄ジョウ」とから成る。責める。借りて「ゆずる」の意。

意味 ❶りくつで相手をせめる。例責譲(=せめる)。❷自分のものを人にあたえる。ゆずる。例譲渡。割譲。分譲。❸人を先にし自分をあとにする。へりくだる。例謙譲。辞譲。礼譲。

人名 うや・せむ・のり・まさ・ゆずり・よし

【譲位】(名・する)帝王がくらいをゆずること。例皇太子に―する。

【譲渡】(名・する)財産や権利をゆずりわたすこと。例―所得。土地を―する。

【譲歩】(名・する)交渉をまとめるために、自分の主張をゆずること。例―を重ねる。―すべきいわれがない。

【譲与】(名・する)ものや権利を他に無償でゆずりあたえること。
◎委譲・割譲・謙譲・禅譲・分譲

言13 **【譫】** 20画 7594 8B6B 音セン漢 訓たわごと

意味 とりとめのないおしゃべり。うわごと。たわごと。例譫言(=うわごと)。

言13 **【譟】** 20画 7601 8B5F 音ソウ漢 訓さわ-ぐ

意味 やかましくする。さわぐ。同噪。例譟音(=さわがしい音)。喧譟。

[言部]13―15画 ● 護 譲 譫 譟 譬 譱 譯 譽 譴 讃

言13 **【譬】** 20画 7602 8B6C 音ヒ漢呉 訓たと-える・たと-え

意味 例をあげて説明する。たとえる。たとえ。例譬喩。

【譬喩】わかりやすく説明するため、類似のものを使って表現すること。たとえ。表記「比喩」とも書く。

言13 **【譱】** 20画 ⇩【善】ゼン(210ページ)

言13 **【譯】** 20画 ⇩【訳】ヤク(908ページ)

言13 **【譽】** 20画 ⇩【誉】ヨ(913ページ)

言14 **【譴】** 21画 7604 8B74 音ケン漢呉 訓せ-める

意味 ことばでとがめる。せめる。また、つみ。とが。例譴譲(=せめる。とがめる)。譴責。天譴(=天罰)。

【譴責】(名・する)①せめ、とがめること。②公務員が、仕事上、法にそむくようなことをしたときに、それをいましめる申しわたし。例―処分を受ける。

言15 **【讃】** 22画 2730 8B83 人名 音サン漢呉 訓ほ-める・たた-える

言19 **【讚】** 26画 7613 8B9A 本字

意味 ❶ほめたたえる。ほめる。同賛。例讃美。賞讃。称讃。礼讃。❷文体の一つ。人をほめたたえる文章。また、絵画に書きそえる詩文。同賛。例画讃。❸[仏]仏の徳をほめたたえる歌のことば。例梵讃(=仏の徳をたたえる歌)。

日本語での用法《サン》旧国名「讃岐(=今の香川県)」の略。「讃州・土讃・予讃」

表記 現代表記では、「賛」に書きかえることがある。熟語は「賛」(937ページ)を参照。

人名 あき・さき・たたえ

【讃岐】旧国名の一つ。今の香川県全域。讃州。
【讃歌】ほめたたえてうたう歌。表記 現賛歌
【讃辞】ほめたたえることば。表記 現賛辞
【讃▼歎】㊀(名・する)深く感心してほめること。㊁

(名)〔仏〕仏の徳をたたえること。また、その歌謡(カヨウ)。 表記 旧は 現 賛嘆

【讚美】(サンビ)(名・する) ほめたたえること。 表記 現 賛美

【讚美歌】(サンビカ) キリスト教で、神やキリストをたたえ、神を信じる気持ちをうたう歌。聖歌。 表記 現 賛美歌

言15 【讀】22画 ⇩【読】(ドク)(916ページ)

言16 【讌】23画 7607 8B8C 音 エン 漢 訓 さかもり・の-む

意味 ❶集まって語らう。 例 讌語(エンゴ)(=くつろいで語る)。 ❷集まって酒を飲む。さかもり。宴会。 同 宴(エン)。 例 讌会(エンカイ)(=さかもり)。

言16 【讐】23画 2918 8B90 音 シュウ 漢 訓 むく-いる・あだ

言16 【讎】23画 7608 8B8E 本字

意味 ❶うけこたえをする。また、しかえしをする。むくいる。 例 復讐(フクシュウ) ❷対等にうけこたえをする相手。また、しかえしをしたい相手。かたき。あだ。 例 讐敵(シュウテキ)(=かたき)。仇讐(キュウシュウ)(=かたき)。 ❸相(あい)対して書物を読みくらべる。

言16 【讎】23画 ⇩【讐】(シュウ)(928ページ) 言16 【變】23画 ⇩【変】(ヘン)(245ページ)

言17 【讙】24画 7612 8B99 音 カン 漢 呉 ケン 漢 訓 かまびす-しい・よろこ-ぶ

意味 ❶やかましく言う。かまびすしい。 ❷楽しみ、よろこぶ。 同 歓(カン)。

言17 【讒】24画 7609 8B92 音 サン 漢 ザン 呉 訓 そし-る

意味 人をおとしいれるために告げ口をする。密告して中傷する。そしる。 例 讒言(ザンゲン)。讒謗(ザンボウ)。

【讒言】(ザンゲン)(名・する)(おとしいれるために)事実を曲げたり、ありもしないことを言って、悪く言うこと。中傷。告げ口。 例 ―して人をおとしいれる。

【讒訴】(ザンソ)(名・する)(おとしいれるために)悪口やありもしない悪いうわさを人に言いつけること。

【讒佞】(ザンネイ) 目上の人に告げ口をしたり、へつらったりすること。また、その人。 例 ―の徒(ト)。

【讒謗】(ザンボウ)(名・する) 告げ口をしたり悪口を言ったりすること。 例 罵詈(バリ)―してはずかしめる。

言17 【讖】24画 7611 8B96 音 シン 漢

意味 未来の吉凶(キッキョウ)や禍福(カフク)をあらかじめしらせることば。予言。また、未来記。 例 讖語(シンゴ)(=予言)。讖記(シンキ)(=未来記)。図讖(トシン)(=予言書)。

言17 【讓】24画 ⇩【譲】(ジョウ)(927ページ) 言19 【讚】26画 ⇩【讃】(サン)(927ページ)

150 7画 谷 たに たにへん 部

穴から流れ出した泉が川にそそいでつくる「たに」の意をあらわす。「谷」をもとにしてできている漢字を集めた。

0 谷 4 谺 10 豁 谿

この部首に所属しない漢字

欲⇩欠 554

谷0 【谷】7画 3511 8C37 教育2 音 コク 漢 呉 訓 たに・や・きわ-まる

筆順 ノ 八 ク 父 仌 谷 谷

なりたち [会意]「口(=地面のあな)」から「水(=みず)」が流れ出ようとしている形。泉が流れ出て川にそそいでつくる「たに」の意。

意味 ❶山と山とのあいだの低いくぼみ。たに。 例 峡谷(キョウコク)。渓谷(ケイコク)。幽谷(ユウコク)。 ❷進むこともしりぞくこともできなくなる。きわまる。 例 進退(シンタイ)維(こ)れ谷(きわ)まる。

人名 ひろ

【谷風】(たにかぜ) 昼間、谷のほうから山の頂上に向かってふきあげる風。 対 山風(やまかぜ)。

【谷川】(たにがわ) 谷の中を流れる川。

【谷間】(たにま) ①山と山にはさまれた、せまくて低い地帯。たにあい。 ②まわりにくらべて極端(キョクタン)に低いところや、取り残されたところ。 例 ビルの―。好景気の―。

谷4 【谺】11画 *7614 8C3A 音 カ 漢 訓 こだま

意味 谷が広く深いようす。

日本語での用法 《こだま》やまびこ。「谺(こだま)がかえる」

谷10 【豁】17画 *7615 *8C41 音 カツ 漢 訓 ひら-ける・ひろ-い

意味 ❶さまたげるものがなくなり、からっとひらけた状態となる。ひらける。 例 豁然(カツゼン)。開豁(カイカツ)。 ❷心がひろい。度量が大きい。ひろい。 例 豁達(カッタツ)。

難読 豁(ほが)らか

【豁然】(カツゼン)(形動タル) ①迷いが去って、とつぜん、さとりをひらいたようす。 例 ―とさとる。 ②目の前が急に広々と開けるようす。 例 視界が―と開ける。

【豁達】(カッタツ)(形動ナ) 心が広く、ものにこだわらないようす。 例 ―大度(タイド)。―な性格。自由―。明朗―。 表記 「▼闊達」とも書く。

谷10 【谿】17画 ⇩【渓】(ケイ)(600ページ)

151 7画 豆 まめ まめへん 部

足の長いうつわ「たかつき」の形をあらわす。のち「マメ」の意をあらわすようになった。「豆」をもとにしてできている漢字と、「豆」の字形を目じるしにして引く漢字とを集めた。

0 豆 3 豈 6 豊 8 豌 9 豎 11 豐 21 豔

豆0 【豆】7画 3806 8C46 教育3 音 トウ 漢 ズ 呉 訓 まめ 付表 小豆(あずき)

筆順 一 丆 戸 戸 戸 豆 豆

[なりたち] 一豆 [象形] 足の長いうつわの形。肉を盛るうつわ。借りて「マメ」の意。

[豆❷]

[意味] ❶穀物の一種。マメ。同荅トウ。㋐マメ科の植物の種子をまとめていうことば。例大豆ダイズ。小豆あずき。㋑とくに、ダイズのこと。例豆腐トウフ。納豆ナットウ。❷昔、食物や神への供え物をのせたうつわ。土製・青銅製・陶トウ製など。たかつき。例俎豆ソトウ。

[日本語での用法] 一《ず》「ず」の音をあらわす万葉がな。「宇豆うずの幣帛みてぐら（＝尊い神にたてまつるささげ物）」 二《ズ・トウ》旧国名「伊豆いず（＝今の伊豆半島と伊豆七島）」の略。「駿豆スンズ・豆州ズシュウ（トウシュウ）」 三《まめ》①こすれたりして手足にできる小さなふくらみ。「血豆ちまめ」②小型の。「豆電球まめデンキュウ・豆本まめホン」

[難読] 小豆島ショウドしま・刀豆なたまめ・大角豆ささげ・蚕豆そらまめ

【豆乳】トウニュウ すりつぶしたダイズに水を加えて煮にて、牛乳のように飲むもの。

【豆腐】トウフ ダイズをすりつぶして煮にた液をこして、にがり（＝凝固剤ギョウコザイ）で固めた食品。

【豆板】まめいた ①砂糖をとかしたものに、いったマメをまぜて板状にした菓子カシ。②江戸えど時代のまめつぶ状の銀貨。豆板銀。

【豆殻】まめがら マメの実を取り去ったあとの、くきや、さや。[表記]「豆▽幹」とも書く。

【豆本】まめホン 趣味的シュミテキに作られる、ごく小型の本。

【豆名月】まめメイゲツ 陰暦インレキ九月十三夜の月。栗くり名月。〔枝豆えだまめを供えることから〕→【芋名月】いもメイゲツ（842ページ）

●大豆ダイズ・納豆ナットウ・南京豆ナンキンまめ

豆3 **【豈】** 10画 7617 8C48 [音]一ガイ[慣] カイ[漢] 二キ[漢][呉] [訓]あに

[意味] 一ガイ たのしむ。やわらぐ。例豈弟ガイテイ（＝やわらぎ楽しむ）。二キ〔助字〕「あに…（や）」と読んで、どうして…であろうか・なんと…ではないか、の意。反語や詠嘆エイタンをあらわす。例豈能佩二六国相印一乎あにヨくリッコクのショウインをおびんや（＝どうして六国の宰相サイショウを兼務ケンムすることができたであろうか）。

豆6 **【豊】** 13画 4313 8C4A [教育5] [音]ホウ[漢] ブ・フウ[呉] [訓]ゆた-か・とよ

[筆順] 冂 巾 曲 曲 曲 曹 曹 豊

豆11 **【豐】** 18画 7620 8C50

[なりたち] 豐 [象形] 大きな「豆（＝たかつき）」が満たされている形。

[意味] ❶たっぷりある。量が多い。ゆたか。例豊潤ホウジュン。豊富ホウフ。豊漁ホウリョウ。❷肉づきがよい。ふっくらしている。例豊満ホウマン。❸穀物の実りがよい。対凶キョウ。例豊作ホウサク。豊年ホウネン。

[日本語での用法]《ブ・ブン》「豊国とよのくに（＝九州地方北東部、今の福岡ふくおか県と大分おおいた県にあたる地域の古い呼び方）」の意。「豊前ブゼン・豊後ブンゴ」

[人名] あつ・あつし・かた・しげ・しげる・たか・たかし・て・と・のぼる・ひろ・ひろし・みつる・みのり・みのる・もり・ゆた・よし

【豊前】ブゼン 旧国名の一つ。今の福岡ふくおか県東部と大分おおいた県北部。

【豊後】ブンゴ 旧国名の一つ。今の大分おおいた県中部と南部。

【豊凶】ホウキョウ ①豊作と凶作キョウサク。豊年と凶年。例―をうらなう。②豊漁と凶漁。

【豊▽頰】ホウキョウ 美しくふっくらとしたほお。おもぶくら。

【豊作】ホウサク 農作物がよくできること。とくに、穀物がよく実ること。対凶作キョウサク・不作。例三年ぶりの―にめぐまれる。

【豊熟】ホウジュク（名・する）穀物がゆたかに実ること。例作物サクモツの―を待つ。

【豊潤】ホウジュン（名・形動ダ）①あまい液などがたっぷりふくまれていること。例―な果物。②ゆたかで、うるおいのあること。例―な地。

【豊▼穣】ホウジョウ（名・形動ダ）穀物のゆたかな実り。豊作。例五穀―。

【豊▼饒】ホウジョウ（名・形動ダ）①土地が肥えて、農作物がよくできること。例―な土地。②ゆたかで多いこと。

【豊年】ホウネン 農作物の実りのよい年。豊作の年。対凶年キョウネン。例―満作。

【豊富】ホウフ（名・形動ダ）たっぷりあること。たくさんあって、ゆたかなこと。例―な学識。家産―。

【豊満】ホウマン（名・形動ダ）①女性の肉づきがたいへんよいこと。例―な肉体。②ゆたかでじゅうぶんなこと。

【豊沃】ホウヨク（名・形動ダ）土地が肥え、作物がよくできること。肥沃ヒヨク。例―な平野。

【豊隆】ホウリュウ 雲の神。また、雷神ライジン。なるかみ。

【豊猟】ホウリョウ 狩猟シュリョウで、えものがたくさんとれること。

【豊漁】ホウリョウ 魚がたくさんとれること。大漁。

【豊麗】ホウレイ（名・形動ダ）ゆたかで、うるわしいこと。

豆8 **【豌】** 15画 7618 8C4C [音]エン[慣] ワン[漢][呉]

[意味]「豌豆エンドウ」は、マメ科の二年草。また、その実。エンドウマメ。

豆9 **【豎】** 16画 7619 8C4E [音]シュ[漢] ジュ[呉] [訓]たて・た-つ

[意味] ❶しっかりと立つ。たてる。たつ。例豎立ジュリツ（＝まっすぐに立つ）。❷まっすぐに立ったもの。また、縦たてになったもの。たて。❸小役人。こもの。例豎臣ジュシン（＝身分の低い役人）。❹子供。また、人をいやしめていうことば。小僧こゾウ。例豎子ジュシ・豎儒ジュジュ（＝くだらない学者）。二豎ニジュ（＝病気のたとえ）。

【豎子】ジュシ ①子供。②未熟な人間や年少者を、いやしめて呼ぶことば。青二才。小僧こゾウ。

豆11 **【豐】** 18画 ⇩【豊】ホウ（929ページ）

豆21 **【豔】** 28画 ⇩【艶】エン（841ページ）

152 7画 豕 いのこ いのこへん 部

ブタやイノシシの形をあらわす。「豕」をもとにしてできている漢字と、「豕」の字形を目じるしにして引く漢字とを集めた。

0 豕 4 豚 5 象 6 豢 7 豪 9 豬 豫

豕0 **【豕】** 7画 7621 8C55 [音]シ[漢] [訓]いのこ・ぶた

[意味] ブタやイノシシの類。いのこ。例豕心シシン（＝ブタのように欲張りで、はじ知らずの心）。豕牢シロウ（＝便所）。

難読 山豕(やまあらし)・豕餅(いのこもち)

豕 4 **【豚】** 11画 3858 8C5A 常用 音トン漢 訓ぶた

筆順

なりたち 【会意】「月(=にく)」と「豕(=ぶた)」とから成る。こぶた。

意味 イノシシを改良した家畜。ブタ。例豚犬(=おろか者。また、自分の子をけんそんしていう)。豚児。養豚。

難読 海豚(いるか)・河豚(ふぐ)

【豚児】トンジ 自分の息子をけんそんしていうことば。愚息。

【豚舎】トンシャ ブタを飼う小屋。ぶたごや。

豕 5 **【象】** 12画 3061 8C61 教育5 音ショウ漢ゾウ呉 訓かたち・かたど-る

筆順

なりたち 【象形】長い鼻と大きな耳、四本の足と尾のあるゾウの形。

意味 ❶熱帯地方にすむ草食の哺乳動物。大きな耳と長い鼻をもつ。ゾウ。例象牙。象皮病。❷かたち。ありさま。ようす。例印象。気象。抽象。❸かたちを似せる。かたどる。例象形。象徴。

人名 かた・きさ・たか・のり

【象形】ショウケイ ①ものの形をかたどること。ものの形に似せて形をつくること。②漢字の六書の一つ。ものの形をかたどって漢字をつくること。「日・月・山・川・木・女・子・母・魚・象」など。例—文字。

【象徴】ショウチョウ (名・する) 抽象的なことを、直観的に理解できるような具体的な形であらわすこと。また、そのもの。シンボル。例ハトは平和を—する。天皇は、日本国の—であり日本国民統合の—である。

【象眼】ゾウガン (名・する) 金属や陶磁器や木材などの表面を刻んで金や銀などをはめこみ、文様などをうきたたせる工芸の技法。例金で—した刀のつば。表記 旧象▼嵌

【象牙】ゾウゲ ゾウのきば。各種の細工物や印材として珍重されてきた。例—細工。

【象皮病】ゾウヒビョウ 寄生虫が原因で、リンパ液の流れがとどこおるため、一部の皮膚が厚くなってゾウの皮のようになる病気。熱帯地方に多い。

●具象・形象・現象・捨象・心象・対象・表象

豕 6 **【豢】** 13画 7622 8C62 音カン漢 訓やしな-う

意味 ❶家畜を飼う。やしなう。例豢畜(=家畜を飼う)。❷(穀物をえさとする)家畜。例芻豢(=ウシやヒツジなどの草を食う家畜とイヌやブタなどの穀物を食う家畜)。

豕 7 **【豪】** 14画 2575 8C6A 常用 音コウ漢ゴウ呉

筆順

なりたち 【形声】「豕(=ぶた)」と、音「高ゥ」の省略体とから成る。強い毛のある、ヤマアラシ。派生して「つよい」の意。

意味 ❶能力がすぐれている。ひいでる。つよい。例豪傑。文豪。豪の者。❷なみはずれている。ものすごい。例豪雨。豪華。豪放。❸財産や勢力がある。例豪勢。豪族。富豪。

日本語での用法《ゴウ》「濠太剌利(オーストラリア)」の「濠」の字の現代表記。「豪州」

難読 豪(えら)い人

人名 おさ・かた・かつ・すぐる・たか・たかし・たけ・たけき・たけし・たける・つよ・つよし・とし・ひで

【豪雨】ゴウウ 激しく多量に降りそそぐ雨。大あめ。例集中—。

【豪華】ゴウカ (名・形動ダ) ぜいたくで、はなやかなこと。例—版。—絢爛。

【豪快】ゴウカイ (形動ダ) 見ていて気持ちがいいほど力があふれているようす。例—に笑う。

【豪気】ゴウキ 一(名・形動ダ) 大胆な気性。人に屈しない強い性質。例そいつは—だ。二(形動ダ) 程度がはなはだしいようす。また、はでで、ぜいたくなようす。例世界一周の船旅とは—なものだ。表記 一は「剛気」、二は「強気・強儀・豪儀」とも書く。

【豪▼毅】ゴウキ (名・形動ダ) 気性が強くて、意志がかたいこと。例性質は—でこだわらない。表記「剛▼毅」とも書く。

【豪傑】ゴウケツ ①力が強く武勇にすぐれ、きものすわった人。例英雄—。②いっぷう変わっていて、思い切ったことをする人。

【豪語】ゴウゴ (名・する) えらそうなことを自信たっぷりに言うこと。大口をたたくこと。大言壮語。例一年で成果をあげると—する。

【豪▼奢】ゴウシャ (名・形動ダ) ひじょうにはでで、ぜいたくなこと。例—な生活。

【豪商】ゴウショウ とびぬけて財力があり、手広く商売をしている商人。大商人。

【豪勢】ゴウセイ (名・形動ダ) ①おどろくほど、ぜいたくなこと。例—な料理。②程度が、はなはだしいこと。例雪が—に降った。

【豪雪】ゴウセツ 激しく大量に降り積もる雪。なみはずれた大雪。例—地帯。

【豪壮】ゴウソウ (形動ダ) (建物などが)堂々としてりっぱなようす。例—華麗。—な大邸宅。

【豪族】ゴウゾク ある地方で大きな勢力をもっている一族。例古代の地方—。

【豪胆】ゴウタン (名・形動ダ) なみはずれた度胸があること。きもったまが大きいこと。表記「剛胆」とも書く。

【豪邸】ゴウテイ 大きくてりっぱな家。豪壮な邸宅。例—が建ち並ぶ一画。

【豪農】ゴウノウ 広大な農地や山林をもち、ずばぬけて勢力のある農家。大百姓。例近在で一番の—。

【豪放】ゴウホウ (名・形動ダ) 気持ちが大きく、小さなことにこだわらないこと。例—磊落。

【豪▼邁】ゴウマイ (名・形動ダ) 気持ちが大きく、人よりすぐれまさっていること。例気性の—な人。

【豪毛】ゴウモウ ①けものの、秋に生える細い毛。②きわめてわずかなこと。例—も疑わない。

【豪勇】ゴウユウ (名・形動ダ) 強くていさましいこと。例—無双。表記「剛勇」とも書く。

【豪遊】ゴウユウ (名・する) (料亭などで)大金を使ってぜいたくに遊ぶこと。例店を貸し切りにして—する。

【豪力】ゴウリキ 力が強いこと。

●剣豪・古豪

豕 9 **【豬】** 16画 ⇩【猪】チョ (656ページ)

豕 9 **【豫】** 16画 ⇩【予】ヨ (37ページ)

153 7画

豸 むじなへん部

けものがえものをねらって身がまえている形をあらわす。「貉(むじな)」の字にある偏(へん)(=漢字の左がわにある部分)であることから「むじなへん」という。「豸」をもとにしてできている漢字を集めた。

0 豸 3 豺 豹 4 豼 5 貂 6 貉 貊 貅 7 貌 貍 8 貎 10 貘 貔

豸0 【豸】7画 7624 8C78 音 チ漢 タイ漢 訓 あしなしむし

意味 ❶猛獣(モウジュウ)の一種。❷足のない虫。ミミズなどの這(は)う虫。あしなしむし。

豸3 【豺】10画 7625 8C7A 音 サイ漢 訓 やまいぬ

犭3 [犲] 6画 6428 72B2 別体字

意味 野生のイヌ。オオカミの類。ヤマイヌ。また、むごい人のたとえ。例 豺虎(サイコ)(=ヤマイヌやトラ。むごい人のたとえ)。

【豺▼狼】サイロウ ①ヤマイヌやオオカミ。②残酷(ザンコク)で欲が深い人。例 ―の群れ。―路(みち)に当たる(=欲の深い悪人が政治の重要な地位にいて、勢力をほしいままにする)。

豸3 【豹】10画 4131 8C79 人名 音 ホウ漢 ヒョウ呉

意味 トラに似るが、少し小さい猛獣(モウジュウ)。ヒョウ。例 豹変

人名 はだら

【豹(ヒョウ)は死(シ)して皮(かわ)を▽留(とど)め人(ひと)は死(シ)して名(な)を▽留(とど)む】ヒョウは死んでも美しい毛皮を残すように、人も死後に美名を残すように心がけるべきである。類 虎(とら)は死して皮を留む。(五代史(ゴダイシ))

【豹変】ヒョウヘン (名・する)(態度が)とつぜんがらりと変わること。例 君子は―す。参考 ヒョウの毛が秋にぬけ変わると、模様がきわだって美しくなることから、もとは良く変わることが本義であったが、現在では悪いほうに変わることにいうことが多い。

豸4 [豼] 11画 ⇩【貔】ヒ(931ページ)

豸5 【貂】12画 7626 8C82 音 チョウ漢 訓 てん

意味 イタチに似た、すばしこいけもの。毛皮は珍重(チンチョウ)され、尾(お)はかんむりのかざりに用いられた。テン。例 貂裘(チョウキュウ)(=テンのかわごろも)。貂蟬(チョウセン)(=かざりのついたかんむりをかぶることから、高官のこと)。

豸6 【貉】13画 7627 8C89 音 一バク漢 二カク漢 訓 えびす・むじな

犭6 [狢] 9画 6434 72E2 別体字

意味 一(バク) 昔、北方の異民族を呼んだ名。えびす。例 蛮貉(バンパク)(=南と北の異民族)。二(カク) けものの名。タヌキの類。ムジナ。例 狐貉(コカク)(=キツネやムジナの皮で作った上等な衣服)。

豸6 【貊】13画 7629 8C8A 音 バク漢 訓 えびす

意味 ❶バク科の草食動物。❷昔、北方の異民族を呼んだ名。えびす。

豸6 【貅】13画 7628 8C85 音 キュウ漢

意味 猛獣(モウジュウ)の一種。貔(ヒ)のめすとされる。例 貔貅(ヒキュウ)(=猛獣の名)。

豸7 【貌】14画 4338 8C8C 常用 音 ボウ漢 訓 かたち・かたど-る

筆順 ノ ㇒ 乎 豸 豹 貃 貌

儿5 [皃] 7画 6606 7683 本字

なりたち [会意]「儿(=ひと)」と「白(=かお)」とから成る。かおの様子。籀文(チュウブン)は「貌」。

意味 人のかお。すがた。外見。かたち。また、ようす。ありさま。例 風貌(フウボウ)。容貌(ヨウボウ)。

難読 貌鳥(かおどり)

人名 かた・すがた・とお

豸7 [貍] 14画 ⇩【狸】リ(655ページ)

豸8 [貎] 15画 ⇩【猊】ゲイ(656ページ)

豸10 【貘】17画 7634 8C98 音 バク漢 ミャク呉

犭10 [獏] 13画 6451 734F 別体字

意味 ❶想像上の動物。歯が強く、銅や鉄やタケを食べ、また、鼻はゾウに、目はサイに、尾(お)はウシに、足はトラに似ている。日本では人の悪夢を食うとされる。例 貘枕(バクチン)。❷マレーや南アメリカなどにすむバク科の草食動物。

豸10 【貔】17画 7632 8C94 音 ヒ漢

豸4 [豼] 11画 7633 8C7C 別体字

意味 ❶トラに似た猛獣(モウジュウ)。例 貔貅(ヒキュウ)(=「貅」も猛獣の名。貔のめすという)。❷勇猛な兵士のたとえ。例 貔武(ヒブ)。

154 7画

貝 かい かいへん部

貨幣(カヘイ)の役目をはたした「かい」の形をあらわす。「貝」をもとにしてできている漢字を集めた。

0 貝 2 貞 負 貟 3 貢 財 4 貨 貫 責 貪 販 貧 貶 貭 貮 5 貽 賀 貴 貰 貸 貯 貼 買 費 賁 貿 貳 6 賈 資 貲 賊 賃 賂 賄 賫 賎 賍 7 賑 賓 賔 8 賛 賜 質 賞 賤 賠 賓 賦 賚 賭 賣 9 賢 賭 賴 10 購 賽 賺 賻 購 11 贄 贅 贈 12 贇 贋 贊 贍 13 贏 贍 14 贐 贔 15 贖 贓

この部首に所属しない漢字

則⇩刂138 頁⇩頁1063 員⇩口204 敗⇩攵463 鵙⇩鳥1102

貝 0

【貝】7画 1913 8C9D 教育1 音ハイ漢 バイ呉 訓かい

筆順 丨 冂 冃 月 目 目 貝

なりたち [象形]貨幣の役目をはたした海にすむ、かいの形。

意味 ❶水中にすみ、かたい殻をもつ軟体動物。アサリ・ハマグリ・サザエなど。かい。例二枚貝。巻き貝。❷かいがら。例貝塚。❸古代に使われたお金。たから。例貝貨(=貝の貨幣)。貝玉(=たから)。

【貝殻】貝の外側をおおっている、かたいもの。例―細工。

【貝塚】古代人が食べて捨てた貝がらなどが積み重なり、うずもれた遺跡。

【貝柱】①二枚貝の貝がらを閉じるはたらきをする、柱状の筋肉。②ホタテガイなどの貝柱を干した食品。

【▽貝▽母】ユリ科の多年草、アミガサユリの漢名。鱗茎はせきどめになる。ははくり。

貝 2

【貞】9画 3671 8C9E 常用 音テイ漢 ジョウ呉 訓ただ-しい

筆順 丨 ⺊ ⺊ 卢 卢 貞 貞 貞 貞

なりたち [会意]「卜(=うらなう)」と「貝(=そなえもの)」とから成る。そなえものをして問いただす。

意味 ❶うらなう。例貞人(=カメの甲羅などを用いてうらないをした人)。❷節操がかたい。誠実で正しい。例貞潔。貞操。不貞。

人名 さだ・さだむ・ただ・ただし・ただす・つら・まさ・みさお

【貞潔】(名・形動)(女性が)ひとりの男性を誠実に愛して、他の男性に対して潔癖であること。

【貞淑】(名・形動)(女性が)ひとりの男性を誠実に愛し、しとやかであること。例―な妻。

【貞女】夫への誠実な愛をつらぬく女性。例―の鑑。

【貞節】(名・形動)(女性が)ひとりの男性を誠実に愛し、折り目正しくふるまうこと。対不貞。例―をつらぬく。

【貞操】①(女性が)ひとりの男性を誠実に愛し、みだりに他に心を移さないこと。みさお。例―を守る。②夫婦がおたがいだけを愛して、浮気しないこと。例―義務。

【貞婦】「貞女」に同じ。

【貞烈】(名・形動)(女性が)ひとりの男性に対して、ひたすらに誠実な愛をささげようとすること。

貝 2

【負】9画 4173 8CA0 教育3 音フ漢 ブ呉 訓ま-ける・ま-かす・お-う・ま-け

筆順 ノ ク 个 仢 角 角 角 負 負

なりたち [会意]「人(=ひと)」が「貝(=財力)」をたのみとする。たのむ。

意味 ❶たのみとする。たのむ。例負託。自負。❷荷物や人を背にのせる。また、身にひきうける。せおう。おう。例負債。負傷。負担。❸そむく。したがわない。うらぎる。例負心(=心にそむく。また、不本意)。欺負(=あざむく)。❹たたかいにやぶれる。まける。まけ。例勝負。❺マイナス。㋐数学で、ゼロより小さい数。対正。例負号。負数。㋑物理学で、電位の低いほう。対正。

人名 え・おい・ひ・ます

【負荷】(名・する)①せおうこと。になうこと。②祖先の仕事を引きつぐこと。③任務をおわされること。例―の大任。

【負極】①電気で、陰極。マイナスの極。②磁石で、南を指す極。▽対正極。

【負号】負数をあらわす記号。マイナス。「−」。対正号。

【負債】借り入れて、返さなければならない金銭や品物。借金。例多額の―をかかえて倒産する。

【負傷】(名・する)けがをすること。例―者多数を出す。

【負数】〔数〕0より小さい数。マイナスの数。対正数。

【負託】(名・する)他人にたのんで、まかせること。例国民の―にこたえる。

【負担】一(名・する)仕事や責任などを引き受けること。また、その仕事や責任。例費用を―する。―が重すぎる。二(名)仕事や責任が重すぎること。例―に感じる。

●自負・勝負・先負・抱負

貝 2

【貟】9画 ⇩【員】イ(204ページ)

貝 3

【貢】10画 2555 8CA2 常用 音コウ漢 ク呉 訓みつ-ぐ・みつ-ぎ

筆順 一 丅 工 干 舌 青 青 貢 貢

なりたち [形声]「貝(=たから)」と、音「工コウ」とから成る。たからをさしあげる。

意味 ❶臣下や属国が朝廷に土地の産物をさしあげる。また、その産物。みつぐ。みつぎ。例貢献。朝貢。❷(地方から中央政府に)すぐれた人材を推薦する。すすめる。例貢士。

人名 すすむ・つぐ・みつ

【貢献】(名・する)何かのために力をつくし、役に立つこと。例優勝に―する。

【貢士】①昔の中国で、官吏にふさわしいとして、地方から推薦された、優秀な人物。②⇩【進士】シン②(975ページ)

●朝貢・入貢・年貢

貝 3

【財】10画 2666 8CA1 教育5 音サイ漢 ザイ呉 訓たから

戈 7 【戝】11画 7635 621D 俗字

筆順 丨 冂 月 目 目 貝 貝 財 財

なりたち [形声]「貝(=たから)」と、音「才サイ」とから成る。人がたからとするもの。

意味 ❶金銀や珠玉など。また、金銭。たから。例財貨。財宝。財利(=財物と利益)。❷ねうちのある物品。資産。例財産。文化財。❸才知。才能。

人名 かね

【財貨】金銭や価値のある品物。例多大の―をたくわえる。

【財界】大会社の経営者の集まり。経済界。例―の大立て者。

【財形】「勤労者財産形成制度」の略。勤め人の積み立てる貯金を、税金の面で有利になるよう特別に計らう制度。例―貯蓄。―年金。

【財源】あることに必要な金銭の出どころ。例特別定額給付金の―。

【財産】ザイサン ①個人や団体の所有する、金銭・有価証券・物品・土地・建物など。資産。身代。例―家。国有―。②その人にとって値打ちのあるもの。例健康がわたしの―だ。

【財政】ザイセイ ①国や地方公共団体が仕事をするためにおこなう、資金の調達などの経済活動。例―投融資。②個人や家庭の経済状態。金回り。例今年のわが家の―は苦しい。

【財団】ザイダン 「財団法人」の略。ある目的のために提供された財産をもとに設立され、管理・運営される法人組織。

【財▼嚢】ザイノウ ①お金を入れるふくろ。財布。②持ち金。例―をはたく。

【財閥】ザイバツ ①一族で大資本をもち、多くの分野の産業を支配する勢力。コンツェルン。例香港の―。②金持ち。

【財布】サイフ 革や布で作ったお金を入れるいれもの。金入れ。〔もともと布製の財宝入れの意。ひもを巻きつけてふところにしまった〕例―のひもがかたい(=お金をつかわない)。

【財物】ザイブツ ①〔「ザイモツ」とも〕お金と品物。②財産権の目的となり、刑法上では、窃盗や詐欺や横領などの対象となるもの。

【財宝】ザイホウ 財産とたからもの。例金銀―。

【財務】ザイム お金の出し入れや運用に関する事務。例―管理。

【財務省】ザイムショウ 国の財政・金融などの事務をつかさどる中央官庁。もとの大蔵省。

【財力】ザイリョク ①財産があることから生じる力。経済力。金力。例―にものを言わせる。②費用を出せる能力。

◎家財・散財・私財・蓄財・文化財

貝4

【貨】

11画 1863 8CA8 教育4 音カ漢ケ呉 訓たから

筆順 イ 亻 化 化 化 貨 貨 貨 貨

なりたち 【形声】「貝(=たから)」と、音「化カ(=かわる)」とから成る。別のものにとりかえられるたから。

意味 ❶ねうちのある物品。たから。例貨宝(=たからもの)。奇貨。財貨。❷しなもの。商品。例貨物。雑貨。百貨店。❸金銭。おかね。例貨幣。金貨。通貨。

人名 たか

【貨財】カザイ 貨幣と財物。財貨。たから。

【貨車】カシャ 貨物を運ぶための鉄道車両。対客車。

【貨殖】カショク (名・する)財産を増やすこと。利殖。例―の道を軽んじない。

【貨幣】カヘイ 硬貨や紙幣。お金。通貨。例―価値が下がる。

【貨物】カモツ ①〔「カブツ」とも〕価値のある財貨。例高価な―を輸入する。②貨車やトラックや船などで運ぶ荷物。例―列車。

◎悪貨・外貨・金貨・銀貨・硬貨・雑貨・正貨・滞貨・通貨・銅貨・邦貨・良貨

貝4

【貫】

11画 2051 8CAB 常用 音カン漢呉 訓つらぬ-く

筆順 ㇄ ロ 毌 毌 貫 貫 貫 貫

なりたち 【会意】「毌(=つらぬき通す)」と「貝(=銭)」とから成る。銭の穴にひもを通して、ひとまとめにしたもの。

意味 ❶穴のあいたお金をつなぐ、なわ。さし。ぜにさし。❷つきとおす。やりとおす。つらぬく。例貫通。貫徹。貫流。❸ものごとの筋道や道理。例一貫。条貫(=すじみち)。❹本籍。戸籍。例郷貫(=本籍)。本貫(=本籍)。

日本語での用法《カン》①尺貫法の重さの単位。一貫は、千匁。「体重十八貫」→「度量衡表」(1141ページ) ②武家の知行高の単位。米十石。「三万貫の荘園」

難読 指貫

人名 つら・とおる・ぬき・ぬく・ひろ・みち・みつ・やす・よし

【貫首】カンジュ 〔「カンシュ」とも〕①長となる人。統領。②〔仏〕天台宗の最高の僧職。天台座主。③〔仏〕各宗総本山や諸大寺の住職の呼び名。表記▽「貫主」とも書く。

【貫長】カンチョウ 〔仏〕各宗派の本山や諸大寺の管主の呼び名。貫首。表記「貫頂」とも書く。

【貫通】カンツウ (名・する)①つきぬけること。例ピストルのたまが足を―する。②(トンネルなどが)つらぬきとおること。

【貫通銃創】カンツウジュウソウ 銃弾がからだを完全につきぬけた傷。対盲管銃創。

【貫徹】カンテツ (名・する)志や要求などを、つらぬきとおすこと。例要求を―する。初志を―する。

【貫目】カンめ ①目方。重さ。②貫の単位で量った目方。

【貫流】カンリュウ (名・する)川が、ある地域をつきぬけて流れること。例仙台市内を―する広瀬川。

【貫▼禄】カンロク 身にそなわった人間としての重み。威厳。例―が出る。―を示す。

◎一貫・縦貫・突貫・指貫

貝4

【責】

11画 3253 8CAC 教育5 音サク・セキ漢シャク呉 訓せ-める・せ-め

筆順 一 十 キ 主 青 青 責 責

なりたち 【形声】「貝(=たから)」と、音「朿シ→サク」とから成る。求める。

意味 ❶果たすべきことを求める。罪をとがめる。せめる。例呵責。自責。叱責。❷果たすべき仕事や役目。せめ。また、おいめ。例責任。重責。免責。

使い分け せめる【攻・責】⇩1171ページ

【責任】セキニン ①引き受けて、しなければならないこと。責務。例―を果たす。②組織全体のするべきことを、代表して引き受けること。例―者。③自分のした失敗や、そのための損失を引き受けて、つぐなうこと。例―を取る。④違法行為をした者に科せられる法律的制裁。例民事―。

【責務】セキム 責任をもって成すべきつとめ。例―を果たす。

【責問】セキモン (名・する)①厳しく問いただすこと。詰問。②〔苦痛をあたえて問いただす意〕江戸時代の拷問のこと。

【責了】セキリョウ 「責任校了」の略。校正による訂正箇所を、印刷所に責任をもたせて直させ、校了にすること。

◎引責・自責・重責・職責・文責

貝4

【貪】

11画 7637 8CAA 常用 音タン漢トン・ドン呉 訓むさぼ-る

筆順 ノ 人 今 今 含 貪 貪 貪

【貝部】4画 ●貨貫責貪

なりたち 「形声」「貝(=たから)」と、音「今キン→タン」とから成る。物を欲しがる。

意味 よくばって、ほしがる。むさぼる。例 貪欲。貪婪。

【▽貪汚】タンオ 欲が深くて、心がきたないこと。

【貪食】ドンショク 「タンショク」とも」(名・する) むさぼり食うこと。がつがつと食べること。例 ―の魚。

【貪欲】ドンヨク 「タンヨク・トンヨク」とも」(名・形動ダ) ほしいものに強くこだわり、欲が深いこと。例 ―に知識を吸収する。 表記 旧貪▼慾

【貪▼婪】ドンラン 「タンラン・トンラン」とも」(名・形動ダ) ひじょうに欲の深いこと。よくばり。例 ―な好奇心。

【貪吏】ドンリ 「タンリ」とも」欲が深く、利益をむさぼる役人。

貝4 【販】 11画 4046 8CA9 常用 音ハン漢 ホン呉 訓ひさ-ぐ

筆順 丨 冂 目 目 貝 貝 貝' 貶 販 販

なりたち [形声]「貝(=たから)」と、音「反ハン(=行ってかえる)」とから成る。安く買って高く売る。

意味 ものを仕入れて売る。あきなう。ひさぐ。例 販売。販路。市販。

人名 ひさ

【販売】ハンバイ (名・する) 品物を売りさばくこと。例 訪問―。

【販路】ハンロ 品物の売り先。売れ口。例 ―を広げる。

○再販・市販・直販

貝4 【貧】 11画 4147 8CA7 教育5 音ヒン漢 ビン呉 訓まず-しい

筆順 八 八 分 分 分 谷 貧 貧 貧

なりたち [会意]「貝(=たから)」と「分フン→ヒン(=わける)」とから成る。たからが分散して少なくなる。

意味 ❶お金や品物が少ない。生活が苦しい。まずしい。対富。例 貧困。貧富。貧乏。❷たりない。とぼしい。例 貧血。貧弱。❸自分のことをへりくだっていうことば。例 貧僧(=僧が自分をへりくだっていうことば)。

【貧家】ヒンカ まずしい家。びんぼうな家。対富家。

【貧寒】ヒンカン (形動タル) いかにもまずしいようす。

【貧窮】ヒンキュウ (名・する) まずしくて生活に困っていること。

【貧苦】ヒンク (名・する) ①まずしくて苦しいこと。②びんぼうの苦しみ。

【貧血】ヒンケツ (名・する) ①血液中の赤血球が正常よりも少なくなること。例 ―症。②ある臓器への血液の流れが少なくなった状態。例 脳―。

【貧困】ヒンコン (名・形動ダ) ①びんぼうで生活にこまっていること。例 ―にあえぐ。②必要なものが、不十分なこと。

【貧者】ヒンジャ まずしい人。対富者。

【貧者の一灯】ヒンジャのイットウ 金持ちが神仏に供えるたくさんのともしびよりも、まずしい人がとぼしい中から供える一つのともしびのほうが、とうといということ。類貧女の一灯。例 長者の万灯より―。

【貧弱】ヒンジャク (名・形動ダ) ①よわよわしくて見おとりがすること。例 ―なからだ。②まずしく、みすぼらしいこと。例 ―な家。③しっかりしたところがないこと。不十分。例 ―な思想。

【貧▼賤】ヒンセン (名・形動ダ) まずしくて身分も低いこと。対富貴。例 ―より身を起こす。

【貧相】ヒンソウ (名・形動ダ) みすぼらしいこと。びんぼうそうな顔つきや身なり。対福相。例 見るからに―な顔だち。

【貧村】ヒンソン まずしいむら。寒村。

【貧打】ヒンダ 野球で、打撃がふるわないこと。例 ―戦。

【貧土】ヒンド 土に養分が少なく、生産物がとぼしい土地。

【貧農】ヒンノウ まずしい農家や農民。対富農。例 ―の出身。

【貧富】ヒンプ まずしいことと、ゆたかであること。例 ―の差。

【貧乏】ビンボウ (名・する・形動ダ) 収入も財産も少なくて、生活が苦しいこと。例 ―ひまなし。器用―。

【貧民】ヒンミン まずしくて、生活に困っている人々。例 ―街。

○極貧・清貧・赤貧

貝4 【貶】 11画 7642 8CB6 音ヘン漢 訓おと-す・おとし-める・けな-す

意味 ❶へらす。例 貶損(=へらす。また、おとしめる)。❷官位を下げる。(値打ちを)おとす。例 貶黜(=官位を下げる)。貶斥(=官位を下げ、役をかえる)。❸悪くいう。おとしめる。けなす。そしる。例 貶称(=そしる)。毀誉褒貶(=ほまれやそしり)。

貝4 【貭】 11画 ⇨【質】シ(938ジ)

貝4 【貮】 11画 ⇨【弐】ニ(361ジ)

貝5 【貽】 12画 7638 8CBD 音イ漢呉 訓おく-る・のこ-す

意味 人にものをあたえる。おくる。のこす。例 貽訓。

【貽訓】イクン 先祖から子孫への教訓。

貝5 【賀】 12画 1876 8CC0 教育4 音カ漢 ガ呉 訓よろこ-ぶ

筆順 フ カ 加 加 加 智 智 賀 賀

なりたち [形声]「貝(=たから)」と、音「加カ」とから成る。おくりものをさしあげて祝う。

意味 (ことばや金品をおくって)めでたいことであると祝う。よろこぶ。例 賀状。慶賀。祝賀。

日本語での用法 《ガ》旧国名「伊賀(=今の三重県西部)」の略。「賀州」

難読 賀来(=地名・姓)

人名 いわう・しげ・のり・まさ・ます・よし・より

【賀意】ガイ お祝いの気持ち。祝意。例 いささかの―を示す。

【賀宴】ガエン お祝いのさかもり。祝宴。例 新春の―。

【賀詞】ガシ お祝いのことば。とくに、新年の祝賀のことば。例 ―交換会。

【賀辞】ガジ お祝いのことば。賀詞。例 ―を述べる。

【賀寿】ガジュ 長寿を祝うこと。寿賀。例 ―の催し。

【賀春】ガシュン 新春を祝うこと。賀正。年賀状に用いることば。

【賀正】ガショウ 「ガセイ」とも」正月を祝うこと。年賀状に用いることば。

【賀状】ガジョウ 祝賀の書状。とくに年賀状。

○恭賀・謹賀・慶賀・祝賀・年賀

貝5 【貴】 12画 2114 8CB4 教育6 音キ漢呉 訓たっと-い・とうと-い・たっと-ぶ・とうと-ぶ

筆順 丨 口 中 中 虫 冉 貴 貴 貴

なりたち [形声]「貝(=たから)」と、音「臾キ」とから成る。ねだんが、やすくない。

意味 ❶ねだんが高い。ねうちがある。例 貴金属。貴重品。❷地位・身分が高い。たっとい。とうとい。あて。例 貴人。貴賤。高貴。❸うやまう。重んじる。たっとぶ。とうとぶ。例 貴尚(=たっとぶ)。❹相手に関することに

つけて敬意をあらわすことば。例貴意(キイ)。貴国(キコク)。貴書(キショ)。

使い分け たっとい・たっとぶ・とうとい・とうとぶ【尊・貴】⇩1172ページ

難読 貴(あて)やか・貴女(あなた)・貴方(あなた)

人名 あつ・あて・たか・たかし・たけ・むち・もとむ・よし

【貴意】キイ 相手の意志や意見をうやまっていうことばで、多く手紙文で用いる。例―を得たい(=どういうお考えか、うけたまわりたい)。

【貴下】キカ 相手をうやまっていうことば。男性がおもに手紙などで用いる。あなた。貴殿(キデン)。

【貴家】キカ 相手の家をうやまっていうことば。おもに手紙などで用いる。おたく。尊家。例―のご繁栄(ハンエイ)をいのります。

【貴翰】キカン 相手の手紙をうやまっていうことば。表記「貴簡」とも書く。

【貴金属】キキンゾク さびたり、薬品におかされることが少なく、産出量も少ない金属。金・銀・プラチナなど。対卑(ヒ)金属。

【貴君】キクン 男性が、同輩(ドウハイ)以下の男性をうやまっていうことば。あなた。手紙などで用いる。例―のご活躍(カツヤク)を期待します。

【貴兄】キケイ 男性が、親しい先輩(センパイ)や同輩(ドウハイ)の男性をうやまっていうことば。手紙などで用いる。

【貴顕】キケン 身分が高く、名声のある人。身分も地位も高い人。例―紳士(シンシ)。

【貴公】キコウ 男性が、同等または同等以下の相手を呼ぶことば。おまえ。貴様(キさま)。〔武士などが多く用いた〕

【貴公子】キコウシ 貴族などの家の若い男子。例銀幕の―。

【貴国】キコク 相手の国をうやまっていうことば。

【貴様】キさま 男性が同等または同等以下の、ごく親しい相手を呼ぶことば。また、相手をののしるときに呼ぶことば。貴公。〔もとは相手をうやまっていう言い方〕例―とは同期だ。

【貴紙】キシ 相手の新聞や手紙をうやまっていうことば。

【貴所】キショ ①相手の住んでいる土地をうやまっていうことば。②相手をうやまっていうことば。あなたさま。おもに男性が手紙で用いる。

【貴書】キショ 相手の手紙や著書をうやまっていうことば。例―をいただき恐縮(キョウシュク)いたしました。

【貴女】一キジョ 身分の高い女性。貴婦人。二あなた 相手の女性をていねいに呼ぶことば。あなた。

【貴人】キジン・キニン 身分の高い人。とうとい家がらの人。

【貴賤】キセン 身分のとうといことと、いやしいこと。また、身分のとうとい人と、いやしい人。例職業に―はない。

【貴族】キゾク ①社会の上流にあって、代々受けつがれる特権をもつ家がらの人々。②経済的にめぐまれた生活をしている人のたとえ。例独身―。労働―。

【貴台】キダイ 男性が、相手をうやまっていうことば。貴下。貴殿(キデン)。改まった手紙文などで用いる。

【貴重】キチョウ (名・形動ナ) ひじょうにたいせつなこと。きわめて価値のあること。例―品。―な得点。

【貴殿】キデン 相手の男性をうやまっていうことば。貴下。男性がとくに改まった手紙文などで用いる。

【貴妃】キヒ 唐代の女官(ニョカン)で、皇后に次ぐ地位。例楊(ヨウ)―。

【貴賓】キヒン 身分の高い客。例―席。―室。

【貴婦人】キフジン 身分の高い女の人。上流婦人。

【貴方】一キホウ 相手のいる場所などをうやまっていうことば。二あなた 相手をうやまっていうことば。貴君。貴女。

●兄貴(あにキ)・高貴(コウキ)・騰貴(トウキ)・富貴(フウキ)

貝5

【貰】

12画 4467 8CB0 人名 音シャ・セイ漢 訓もら-い・もら-う

意味 かけ買いする。つけで買う。かりる。例貰酒(セイシュ)(=つけで酒を買う)。

日本語での用法《もらい・もらう》①人がくれるものを受け取る。「金(かね)を貰(もら)ってする仕事(しごと)・物貰(ものもら)い」②自分側のものとして引き受ける。手中におさめる。「貰(もら)い子(ご)・貰(もら)い泣(な)き・このけんかはおれが貰(もら)った・この試合(シあい)は貰(もら)った」

貝5

【貸】

12画 3463 8CB8 教育5 音タイ漢 訓か-す・か-し

筆順 ノ イ 亻 代 代 贷 贷 貸

なりたち [形声]「貝(=たから)」と、音「代(タイ)」とから成る。人にほどこす。

意味 金品を一時的にかす。かしたもの。かす。かし。対借(シャク)。例貸借(タイシャク)。貸与(タイヨ)。

【貸家】かしや 家賃をとって人にかす家。対借家(シャクや)。

【貸借】タイシャク (名・する) かすことと、かりること。かしかり。

【貸与】タイヨ (名・する) かすこと。かしあたえること。

[貝部] 5画 貰貸貯貼買

貝5

【貯】

12画 3589 8CAF 教育5 音チョ漢呉 訓たくわ-える

筆順 丨 冂 月 目 貝 貝 貯 貯

なりたち [形声]「貝(=たから)」と、音「宁(チョ)(=つむ)」とから成る。たからを積む。

意味 しまっておく。ためる。たくわえる。また、たくわえ。例貯金(チョキン)。貯蔵(チョゾウ)。貯蓄(チョチク)。

人名 おさむ・たまる・もる

【貯金】チョキン (名・する) ①お金をためること。また、ためたお金。例―箱。②郵便局・協同組合・銀行などにお金を預けること。また、その預けたお金。例―通帳。

【貯水】チョスイ (名・する) (飲料・農業用・工業用・発電用などのために)水をたくわえること。例―量。

【貯水池】チョスイチ 水道や発電や灌漑(カンガイ)などのために、水をたくわえておく、いけ。

【貯蔵】チョゾウ (名・する) お金や物資をたくわえておくこと。例―庫。―施設(シセツ)。

【貯蓄】チョチク (名・する) お金をたくわえること。お金をためること。また、そのお金。例―にはげむ。

貝5

【貼】

12画 3729 8CBC 常用 音テン慣 チョウ漢呉 訓は-る

筆順 丨 冂 目 貝 貝 貝卜 貝卜 貼

なりたち [形声]「貝(=たから)」と、音「占(チョウ)」とから成る。質入れする。

意味 ❶借金のかたにおく。例貼銭(チョウセン)(=借金のかた)。❷はりつける。はる。例貼付(チョウフ)。貼用(チョウヨウ)(=はりつけて使う)。❸膏薬(コウヤク)などを数える単位。例一貼薬(イッチョウヤク)。

使い分け はる【張・貼】⇩1178ページ

【貼付】チョウフ (名・する) 〔「テンプ」は慣用読み〕はりつけること。例願書に写真を―する。

貝5

【買】

12画 3967 8CB7 教育2 音バイ漢 マイ呉 訓か-う

筆順 丶 冖 冖 罒 罒 買 買 買

なりたち 「会意」「罒(=あみでとる)」と「貝(=たから)」とから成る。品物をかう。

意味 ❶代金をはらってものを求める。かう。例購買。売買。不買。❷さまざまな手段を使って求める。あさる。例買名(=名誉を求める)。

日本語での用法《かう》①価値があるとする。「腕を買う」②身に受ける。まねく。「恨みを買う・不評を買う・顰蹙を買う」

【買価】品物を買うときの値段。買値。対売価。

【買収】(名・する)①(不動産などを)買い取ること。例用地—をする。②ひそかに人に金品をあたえて、自分につごうのよいようなことをさせること。例有権者を—する。

●購買・故買・売買・不買

貝 5

【費】

12画 4081 8CBB 教育5 音ヒ漢呉 訓つい-やす・つい-える

筆順 一 ＝ 弓 弗 弗 弗 費 費

なりたち 「形声」「貝(=金銭)」と、音「弗(フ→ヒ)」とから成る。金銭をばらまくように使う。

意味 ❶使って減らす。ついえる。ついやす。例空費。消費。浪費。❷使われる金銭。ものいり。ついえ。例費用。経費。旅費。

人名 もち

【費消】(名・する)(お金や品物を)使いへらすこと。使ってしまうこと。例公金—。

【費途】お金の使いみち。使途。例—を明示する。

【費目】支出する費用の、目的による分類の名目。人件費や通信費など。経費の名目。

【費用】ものを買ったり、何かをしたりするためにかかる、お金。例旅行の—。

●会費・学費・空費・経費・公費・国費・歳費・雑費・実費・私費・自費・出費・消費・冗費・食費・乱費・旅費・浪費

貝 5

【賁】

12画 7644 8CC1 音❶ヒ漢 ❷フン漢 ❸ホン漢

意味 ❶ヒ 模様がはなやかで美しい。あざやか。かざる。例賁然(=はなやかで美しいようす)。❷フン おおきい。例賁鼓(=おおきなつづみ)。❸ホン いきおいよくはしる。同奔。例虎賁(=トラが奔走してえものを追うことから、転じて、勇士)。

貝 5

【貿】

12画 4339 8CBF 教育5 音ボウ漢

筆順 ノ ㇗ ㇗ 𠃓 𠃓 𠃓 貿 貿

なりたち 「形声」「貝(=たから)」と、音「卯(ボウ)」とから成る。たからをとりかえる。

意味 金銭と品物、品物と品物をとりかえる。売り買いする。あきなう。例貿易。貿財(=金銭にかえる)。

【貿易】(名・する)外国とのあいだで品物の売り買いをすること。例—商。—の自由化。

貝 5

【貳】

12画 ⇩【弐】(361ページ)

貝 6

【賈】

13画 7643 8CC8 音❶コ漢 ❷カ漢 訓あきな-う・あきな-い・う-る・か-う

意味 ❶コ 売り買いする。店をかまえて商売をする(商人)。あきなう。あきない。例賈人(=商人)。商賈(=あきんど)。商は行商人の意)。❷カ ねだん。あたい。同価。

貝 6

【資】

13画 2781 8CC7 教育5 音シ漢呉

筆順 冫 冫 次 次 咨 咨 資 資

貝 6

【資】

13画

なりたち 「形声」「貝(=たから)」と、音「次(シ)」とから成る。たくわえたたから。

意味 ❶事業や商売をするのに必要なお金や原料や材料。もとで。例資本。学資。物資。❷もとで・金品をあたえて、たすける。例産業の発展に資する。❸生まれつき。たち。天からあたえられた性質。例資質。資性。天資。

人名 かね・すけ・たか・たかし・たから・たすく・たすけ・ただ・ただし・つぎ・つぐ・とし・はかる・もと・やす・よし・より

【資益】(名・する)たすけ、ためになるようにする。

【資格】①あることをする場合の、地位や立場。例会社代表の—で出席する。②ある仕事をするために必要な条件。例—試験。教員の—。

【資金】①事業をおこなうための、もとになるお金。もとで。資本。例運転—。②決まった目的のために使うことにしてあるお金。例結婚—。

【資源】①製品やエネルギーの原料となる、鉱物・水産物・水・山林などの天然の物資。例地下—。②ある仕事をするために必要な人やもの。例人的—。

【資材】ものをつくる材料。例建築—。

【資財】財産。資産。例大きな—。

【資産】①個人または法人がもっている金銭・証券・土地・建物などの財産。例固定—。②資本となる財産。

【資質】生まれつきもっている性質や才能。天性。例音楽的—にめぐまれる。

【資性】生まれつきもっている性質や才能。天性。資質。例すぐれた—の持ち主。

【資本】何かをするために必要な、もとになるお金。もとで。資金。例—金。—主義。

【資本金】事業を運営する基礎となるお金。

【資本主義】資本を持っている人が、利益を求めて労働者をやとって生産をおこなう経済組織。また、そのような考え。対共産主義・社会主義。

【資料】調査や研究などの、基礎となる材料。データ。例会議の—をととのえる。

【資力】お金を出すことのできる能力。資金力。財力。例—にものを言わせて株を買い集める。

●外資・学資・出資・増資・投資・物資・融資

貝 6

【貲】

13画 7639 8CB2 音シ漢 訓あがな-う・たから

意味 ❶お金で罪のうめあわせをする。あがなう。❷財産。たから。同資。例貲財(=財産)。貲産(=財産)。

貝 6

【賊】

13画 3417 8CCA 常用 音ソク漢 ゾク呉 訓そこな-う

筆順 冂 目 貝 貝 貝 貝 賊 賊

なりたち [会意]「戈(=武器)」と「則(=きまり)」とから成る。武器を使って、きまりをやぶる。

意味 ❶きずつける。害する。そこなう。例賊害(=きずつける)。❷ぬすびと。どろぼう。例海賊・盗賊。❸ころす。例賊殺(=ころす)。❹むほんする。乱を起こす。例賊心。賊臣。逆賊。

難読 烏賊(いか)・木賊(とくさ)

【賊軍】ゾクグン 天子にはむかう軍勢。反乱軍。対官軍。

【賊子】ゾクシ ①親を害するような不孝な子。例乱臣―。②謀反人(ムホンニン)。

【賊心】ゾクシン ①謀反(ムホン)を起こそうと思う心。②人に害をあたえようと思う心。

【賊臣】ゾクシン 主君にはむかう臣下。例―に討(う)たれる。

【賊徒】ゾクト 反逆者のなかま。謀反人(ムホンニン)たち。例―の首領。

【賊兵】ゾクヘイ 賊軍の兵士。

●海賊・山賊・盗賊・木賊(とくさ)

貝6 【賃】 13画 3634 8CC3 教育6 音チン慣 ジン漢 ニン呉 訓やと-う

筆順 亻 仁 仟 任 凭 凭 賃 賃

なりたち [形声]「貝(=金銭)」と、音「任ジン」とから成る。金銭をはらって、人を使う。

意味 ❶お金とひきかえに働く。やとわれる。やとう。例賃傭(チンヨウ)(=やとわれて働く)。❷働いた見返りにしはらわれるお金。例賃金。工賃。運賃。❸お金を出して借りる、また、お金を取って貸す。例賃借。賃貸。

日本語での用法《チン》使用料や損料。「賃(チン)を取(と)る・無賃(ムチン)」

人名 かぬ・とお

【賃金】チンギン 働いたことに対してしはらわれる報酬。労賃。例労働―。最低―。表記「賃銀」とも書く。

【賃借】チンシャク (名・する)お金をはらって借りること。賃借り。対賃貸。例―料。―人。

【賃銭】チンセン 働いたことに対してしはらわれるお金。賃金。

【賃貸】チンタイ (名・する)お金を取って貸すこと。賃貸し。対賃借。例―マンション。―契約。

【賃労働】チンロウドウ お金を得るために働くこと。賃金労働。

●運賃・工賃・駄賃・船賃(ふなチン)・無賃・家賃(やチン)・宿賃(やどチン)・労賃

貝6 【賂】 13画 4708 8CC2 常用 音ロ漢 訓まいない

筆順 冂 目 貝 貝 貝' 貝ク 貝夂 賂

なりたち [形声]「貝(=たから)」と、音「各カク→ロ」とから成る。贈り物。

意味 金品をおくる。また、金品をおくって、つごうのよいようにとりはからってもらう。わいろ。まいない。例貨賂(カロ)(=わいろ)。賄賂(ワイロ)。

貝6 【賄】 13画 4737 8CC4 常用 音ワイ慣 カイ漢呉 訓まかな-う・まいない・まかな-い

筆順 冂 月 目 貝 貝 貝ナ 貝有 賄

なりたち [形声]「貝(=たから)」と、音「有ウ→イカ」とから成る。たから。

意味 ❶たから。財貨。例賄貨(ワイカ)(=財貨。また、わいろ)。❷金品をおくる。金品をおくってつごうのよいようにとりはからってもらう。わいろ。まいない。例賄賂(ワイロ)。収賄(シュウワイ)。

日本語での用法 一《まかなう》限られた人数やお金などで、やりくりする。「万事(バンジ)をひとりの手で賄(まかな)う・月(つき)十二万円(ジュウニマンエン)で賄(まかな)う」二《まかない》食事を用意して食べさせる。「病院(ビョウイン)の賄(まかな)い・賄(まかな)い付(つ)き」

【賄賂】ワイロ 特別に利益をはからってもらうためにおくる、不正な金品。そでの下。例―をおくる。

●収賄・贈収賄・贈賄

貝6 【資】 13画 ⇩【資】シ(936ページ)

貝6 【賎】 13画 ⇩【賤】セン(938ページ)

貝6 【賍】 13画 ⇩【贓】ゾウ(941ページ)

貝7 【賑】 14画 3888 8CD1 人名 音シン漢呉 訓にぎ-わい・にぎ-わう・にぎ-わす・にぎ-やか

意味 ❶人やものが多く豊かである。栄える。にぎやか。にぎわう。にぎわい。例殷賑(インシン)。❷金品をほどこして救う。めぐむ。にぎわす。例賑恤(シンジュツ)(=貧困(ヒンコン)の者にめぐむ)。

日本語での用法《にぎやか》さわがしい。陽気な。「賑(にぎ)やかな人(ひと)」

人名 とみ・とも

貝7 【賓】 14画 ⇩【賓】ヒン(939ページ)

貝7 【賔】 14画 ⇩【賓】ヒン(939ページ)

貝8 【賛】 15画 2731 8CDB 教育5 音サン漢呉 訓たた-える

筆順 二 ≠ 夫 㚘 替 賛 賛

貝12 【贊】 19画 7653 8D0A

なりたち [会意]「貝(=たから)」と「兟(=進み出る)」とから成る。君主の前に進み出るときに、手みやげとするたから。派生して「たすける」の意。

意味 ❶わきから力をそえる。たすける。同讃。例賛助(サンジョ)。賛成(サンセイ)。協賛(キョウサン)。❷たたえる。ほめる。同讃。例賛辞(サンジ)。賞賛(ショウサン)。礼賛(ライサン)。❸文体の一つ。人をほめたたえる文章。また、絵などに書きそえる詩文。同讃。例画賛(ガサン)。論賛(ロンサン)。

人名 あきら・すけ・すすむ・たすく・よし

【賛意】サンイ 賛成の意志。賛成の気持ち。例―を表する。

【賛歌】サンカ 神仏や人・ものごとをほめたたえる歌。例仏教―。雪山(ゆきやま)―。表記旧▼讃歌

【賛辞】サンジ ほめことば。例―を呈(テイ)する。表記旧▼讃辞

【賛助】サンジョ (名・する)力をかすこと。例―出演。

【賛成】サンセイ (名・する)①たすけて、ものごとを完成させること。②人の意見や提案などに、同意すること。賛同。対反対。例―の声がもれる。

【賛嘆】サンタン (名・する)深く感心してほめること。表記旧▼讃▼歎

【賛同】サンドウ (名・する)賛成し同意すること。賛成。

【賛美】サンビ (名・する)ほめたたえること。例―歌(=キリスト教で、神やキリストの徳をたたえる歌)。自然を―する。表記旧▼讃美

【賛否】サンピ 賛成と不賛成(=反対)と。賛成か不賛成か。例―両論がある。―を問う。

●協賛・自画自賛・称賛・絶賛・翼賛・礼賛

貝8 【賜】 15画 2782 8CDC 常用 音シ漢呉 訓たまわ-る・たま-う・たまもの

筆順 冂 目 貝 貝冂 貝日 貝旦 賜 賜

なりたち 「形声」「貝(=たから)」と、音「易(エキ→シ)」とから成る。あたえる。

意味 ❶目上の人からものをあたえられる。たまわる。たまう。例賜与(=上の者から、くださる)。賞賜。❷いただいたもの。めぐみ。たまもの。例賜物。厚賜(=手厚いおくりもの)。

難読 置賜(おいたま)(=地名)

人名 たま・ます・めぐむ

【賜暇】官吏などが休みをもらうこと。

【賜杯】競技などの優勝者に、天皇や皇族が下賜する意味であたえる、優勝カップ。

【賜物】①たまわったもの。いただいたもの。例自然の—。②手に入れることができた、いい結果。例努力の—。

貝8 【質】15画 2833 8CEA 教育5 音 ■シチ慣 チ漢呉 ■シツ漢 シチ呉 訓ただ-す

筆順 厂 斤 斦 所 所 質 質 質

貝4 【貭】11画 7636 8CAD 俗字

なりたち 「形声」「貝(=たから)」と、音「斦(ギン→シツ)」とから成る。物を抵当にする。

意味 ■(チ・シチ) 借金や約束の保証として、相手にあずけるもの。抵当。人質。例質子(=ひとじち)。言質(=あとで証拠となることば)。■(シツ) ❶ものの本来の内容。もとになるもの。実体。例実質。本質。❷生まれつき。たち。例気質。性質。体質。❸ありのまま。かざりけのない。例質実。質素。質朴。❹問いただす。たずねる。例質疑。質問。

難読 質実(み)

人名 かた・さだ・さだむ・すなお・ただ・ただし・まこと・み・もと

【質▽種】質屋からお金を借りるとき、担保として預ける品物。質物。例—を流す。表記「質草」とも書く。

【質物】質に入れる品物。しちぐさ。例—をうけ出す。—が流れる。

【質屋】品物を質(=担保)として預かり、お金を貸す職業。また、その店。

【質感】材質から受ける感じ。例やわらかい—の手ぶくろ。

【質疑】(名・する)疑問に思うことを問いただすこと。質問。例—応答。

【質実】(名・形動ナ)服装や行動にかざりけがなく、まじめなこと。例—剛健。—な生活を守る。

【質素】(名・形動ナ)①かざりけがないこと。対華美。例—な服装。②ぜいたくをしないこと。倹約。例—に暮らす。—をむねとする。

【質的】(形動ダ)ものごとを内容や性質の面からみたようす。対量的。例—なちがいを見分ける。

【質朴】(名・形動ナ)かざりけがなく、まじめなこと。例—な性格。表記「質▼樸」とも書く。

【質問】(名・する)わからない点をたずね、問いただすこと。例予算委員会の代表—。先生に—する。

【質量】①〔物〕物体がもっている物質固有の量。〔地球上での重量は、各物体の質量に比例する。また、質量は場所によって変わらない〕②質と量。内容の性質と分量。例—ともに満足できる料理。

●悪質・異質・気質・言質・材質・資質・上質・素質・同質・特質・物質・変質・本質・良質

貝8 【賞】15画 3062 8CDE 教育5 音ショウ漢呉 訓ほ-める

筆順 丶 丷 ⺌ 尚 尚 當 賞 賞

なりたち 「形声」「貝(=たから)」と、音「尚(ショウ)」とから成る。功績に対してほうびをあたえる。

意味 ❶功労に対してあたえられる金品。ほうび。例賞金。恩賞。懸賞。❷功績や美点をほめたたえる。ほめる。例賞賛。賞罰。激賞。❸いつくしんでたのしむ。深く味わう。めでる。例賞味。鑑賞。

人名 あき・あきら・すすむ・たか・たかし・ほむ・よし

【賞▼翫】(名・する)①もののめずらしさ、美しさ、よさをほめ、楽しみながらだいじにすること。例花ふぶきを—する。②食べ物の味のよさをほめて味わうこと。賞味。例山海の珍味を—する。表記▽「賞玩」とも書く。

【賞金】ほうびとしてあたえるお金。〔懸賞や抽選についてもいう〕

【賞勲】国や社会に対して勲功のあった人を賞すること。

【賞賛】(名・する)(人のすぐれた行動や業績などを)ほめたたえること。表記旧賞▼讃。また、「称賛」とも書く。

【賞詞】功績などをほめることば。賞辞。

【賞賜】ほめて、ものをあたえること。また、そのもの。

【賞状】すぐれた業績や行為をたたえることばを書いた文書。例—授与式。

【賞嘆】(名・する)感心してほめること。嘆賞。表記旧賞▼歎。また、「称嘆」とも書く。

【賞杯】優勝者などに賞としてあたえるさかずき。カップ。表記「賞▼盃」とも書く。

【賞▼牌】優勝者などに賞としてあたえる記章。メダル。

【賞罰】賞と罰。ほめることと罰すること。

【賞美】(名・する)ほめたたえること。称美。賞賛。

【賞品】賞としてあたえる品物。

【賞味】(名・する)味がおいしいとほめながら食べること。例—期間。

【賞与】①(業績をあげた人などに)ほうびをあたえること。また、その金品。②毎月の給与のほかに、六月や十二月などに勤務者に支給される金銭。ボーナス。一時金。

【賞揚】(名・する)ほめあげること。賞賛。例功績を—することばを述べる。表記「称揚」とも書く。

●観賞・鑑賞・金賞・銀賞・激賞・懸賞・受賞・授賞・推賞・前後賞・銅賞・特賞・入賞・副賞・褒賞・大賞

貝8 【賤】15画 7645 8CE4 音セン漢呉 訓いや-しい・しず

貝6 【賎】13画 3308 8CCE 俗字

意味 ❶ねだんが安い。例賤価(=やすね)。❷地位・身分が低い。いやしい。しず。例貴賤。下賤。❸見さげる。さげすむ。いやしむ。例賤称(=さげすんだ言い方)。

難読 賤男(しずお)・賤女(しずめ)・山賤(やまがつ)

【賤業】いやしい職業。いやしめられる職業。

【賤民】昔の身分制社会において、不当に差別されて、最下層とされた人々。

【賤劣】(名・形動ナ)いやしくおとっていること。例—な手段をとる。

貝 8 **【賠】** 15画 3969 8CE0 常用 音 ハイ(漢) バイ(呉) 訓 つぐな-う

筆順 冂 目 貝 貝' 貝ᅮ 貝立 賠 賠 賠

なりたち [形声]「貝(=たから)」と、音「咅ホウ→ハイ」とから成る。つぐなう。

意味 他人にあたえた損害を金品でうめあわせる。つぐなう。例 賠償バイショウ。

【賠償】バイショウ (名・する) 相手にあたえた損害を金銭などでつぐなうこと。例 損害―。国家―。

貝 8 **【賓】** 15画 4148 8CD3 常用 音 ヒン(漢)(呉) 訓 まろうど

筆順 宀 宀 宀 宀 宀 宀 賓 賓 賓

貝 7 **【賓】** 14画 1-9224 FA64 人名

貝 7 **【賔】** 14画 8CD4 俗字

なりたち [形声]「貝(=たいせつなもの)」と、音「𡧍ベン→ヒン」とから成る。うやまうべき人。

意味 ❶手あつくもてなすたいせつな客。まろうど。例 賓客ヒンキャク。貴賓キヒン。来賓ライヒン。❷主に対して従う位置にあるもの。例 賓格ヒンカク(=文法上の、目的格)。❸梵語ボンゴの音訳。例 賓頭盧ビンズル。

難読 賓客まろうど

人名 つぐ・つら

【賓客】ヒンキャク 〔「ヒンカク」とも〕たいせつな客。客人。例 ―をもてなす。―として招く。

【▽賓頭▼盧】ビンズル 〔仏〕釈迦シャカの弟子デシで、十六羅漢ラカンの第一。頭髪トウハツが白く、まゆが長い。俗ゾクに、その像をなでると、その部位の病気が治るとされる。おびんずるさま。なでぼとけ。

●貴賓キヒン・国賓コクヒン・主賓シュヒン・来賓ライヒン

貝 8 **【賦】** 15画 4174 8CE6 常用 音 フ(漢) 訓 みつぎ

筆順 貝 貝' 貝亠 貝丅 貝𠃊 賦 賦

なりたち [形声]「貝(=たから)」と、音「武ブ→フ」とから成る。たからをとりたてる。

意味 ❶人民に金品や労役ロウエキを割り当てて納めさせる。また、その割り当て。租税ソゼイ。みつぎもの。みつぎ。例 賦役フエキ。賦課フカ。貢賦コウフ(=みつぎものと、租税)。❷さずかる。天からあたえられたもの。生まれつきの。例 賦性フセイ。賦与フヨ。天賦テンプ。❸詩をつくる。よむ。例 賦詠フエイ(=詩歌シイカをつくる)。❹『詩経シキョウ』の六義リクギの一つ。心に感じたことをありのままにうたう。❺漢文の文体の一つ。押韻オウインして対句ツイクを多用した修辞的な文章。→【辞賦】ジフ(960ページ) 例 子虚賦シキョのフ。赤壁賦セキヘキのフ。

人名 おさむ・たけ・たけし・ます・みつぐ

【賦役】フエキ ①租税ソゼイ(=税金)と労役ロウエキ(=強制労働)。②古代に起源し、中世以後、耕作、運搬ウンパン、築城などのために、人民に課した強制労働。夫役ブヤク。例 ―に出る。―に苦しむ。

【賦課】フカ (名・する) 租税ソゼイなどの負担を割り当てて、納めさせること。例 ―金。―課税。厳しい税を―する。

【賦性】フセイ 天賦テンプの性質。うまれつき。天性。例 ―のなせるわざ。

【賦与】フヨ (名・する) ①くばりあたえること。②生まれつきあたえられていること。例 天の―した才能。

貝 8 **【賚】** 15画 7647 8CDA 音 ライ(漢)(呉) 訓 あた-える・たま-う・たまもの

意味 ほうびとしてあたえる。たまう。たまもの。例 賚賜ライシ(=たまう)。恩賚オンライ(=神や天子などから受ける、めぐみ。加護カゴ。恩頼オンライ)。

貝 8 **【賭】** 15画 ⇩【賭】ト(940ページ)

貝 8 **【賣】** 15画 ⇩【売】バイ(103ページ)

貝 9 **【賢】** 16画 2413 8CE2 常用 音 ケン(漢) ゲン(呉) 訓 かしこ-い・まさ-る

筆順 丨 厂 臣 臤 賢 賢 賢

なりたち [形声]「貝(=たから)」と、音「臤ケン」とから成る。たからが多い。派生して「かしこい」の意。

意味 ❶才知がすぐれている。りこうな。かしこい(人)。対 愚グ。例 賢才ケンサイ。賢人ケンジン。聖賢セイケン。❷相手に関することにつけて敬意をあらわすことば。例 賢兄ケンケイ。賢台ケンダイ(=あなた。同輩ドウハイより上の人をうやまっていうことば)。賢慮ケンリョ。

難読 賢木さかき

人名 かた・かたし・かつ・さか・さかし・さと・さとし・さとる・すぐる・たか・たかし・ただ・ただし・とし・まさ・まさし・ます・やす・よし・より

【賢愚】ケング かしこいことと、おろかなこと。例 ―のわかれ目。

【賢君】ケンクン 賢明な君主。賢主。類 名君・明君。

【賢兄】ケンケイ ①かしこい、あに。②(手紙などで)相手のあにや年長者・同輩ドウハイの男性をうやまっていうことば。

【賢才】ケンサイ すぐれた才知や才能。また、それをもった人。

【賢妻】ケンサイ かしこくてしっかりした、つま。対 愚妻グサイ。例 外交官夫人として―ぶりを発揮する。

【賢察】ケンサツ (名・する) 相手が推察することを、うやまっていうことば。お察し。高察。例 この点はご―を請こう。

【賢士】ケンシ かしこい人物。賢人。

【賢者】ケンジャ かしこい人。賢人。対 愚者グシャ。例 ―の石(=錬金術師がさがし求めた石。ものを金に化し万病を治すという)。

【賢主】ケンシュ 「賢君」に同じ。類 名君・明君。

【賢臣】ケンシン 主君をもりたて、よき臣下として仕える家来ケライ。

【賢人】ケンジン ①「賢者」に同じ。対 愚人グジン。②聖人に次ぐ徳のある人。③〔清酒を聖人というのに対して〕にごり酒のこと。

【賢弟】ケンテイ ①かしこいおとうと。例 愚兄グケイ―。②(手紙などで)他人のおとうとや年下の男性をうやまっていうことば。

【賢哲】ケンテツ ①賢人と哲人。例 ―のことば。②賢明で、ものの道理によく通じていること。また、その人。

【賢婦】ケンプ ①「賢妻」に同じ。②女性としての人格やおこないのすぐれた人。

【賢夫人】ケンフジン かしこくて、しっかりした夫人。

【賢母】ケンボ かしこい、はは。例 良妻―。

【賢明】ケンメイ (名・形動ダ) かしこくて道理に明るいこと。常識にかなっていて、正しい判断であること。対 愚昧グマイ・暗愚。例 ―な判断。

【賢慮】ケンリョ ①かしこい考え。②他人の考えをうやまっていうことば。お考え。例 ご―をわずらわす。

【賢良】ケンリョウ かしこくて善良なこと。また、その人。

●諸賢ショケン・先賢センケン・普賢フゲン

貝 9 **【賭】** 16画 3750 8CED 常用 音 ト漢 訓 か-ける・か-け

筆順 冂 目 貝 貝⁺ 貝土 貝耂 賭 賭

貝 8 **【賭】** 15画 俗字

なりたち 【形声】「貝(=たから)」と、音「者シャ→ト」とから成る。かけごとをする。

意味 金品を出しあって勝負をきそう。かける。かけ。例 賭場ト。賭博トバク。

使い分け かかる・かける【掛・懸・架・係・賭】⇩1166ページ

【賭場】トば 賭博をする場所。賭博場トバクジョウ。鉄火場テッカば。

【賭博】トバク お金や品物をかけて、勝負を争うこと。かけごと。ばくち。博奕バクエキ。

貝 9 **【頼】** 16画 ⇩【頼】イラ(1067ページ)

貝 10 **【購】** 17画 2556 8CFC 常用 音 コウ漢 訓 あがな-う

筆順 月 貝 貝一 貝卄 貝冓 購 購 購

貝 10 **【購】** 17画

なりたち 【形声】「貝(=金銭)」と、音「冓コウ」とから成る。金銭でほしいものを手に入れる。

意味 代金をはらって買い求める。また、賞金をかけて求める。あがなう。例 購求コウキュウ(=買い求める)。購入コウニュウ。購買コウバイ。

【購読】コウドク(名・する)新聞や雑誌などを買って読むこと。

【購入】コウニュウ(名・する)お金をはらって物品を買い入れること。例 ―予定の品。

【購買】コウバイ(名・する)「購入」に同じ。例 ―力。―部。

貝 10 **【賽】** 17画 7648 8CFD 音 サイ漢

意味 神仏にお礼参りをする。感謝のおまつりをする。例 賽社サイシャ(=秋の収穫シュウカクを終わって、神に感謝するまつり)。賽銭サイセン。

日本語での用法 《サイ》さいころ(=すごろくやばくちに用いる道具)。「賽サイの目め・賽サイの六ロクが出でる」

【賽銭】サイセン 社寺にお参りした人が、奉納ホウノウする金銭。〔もと、願いがかなえられたお礼に奉納した金銭〕例 ―を上げる。

【賽の河原】サイのかわら 〔「賽」は、賽する(=神仏にお礼参りをする)意〕①〔仏〕死んだ子供が行くという三途サンズの川の河原。この河原の石を積んで父母の供養クヨウに塔トウをつくろうとすると、鬼おにがたちまちそれをくずしてしまい、無限の修行シュギョウをしいるという。②きりのない、むだな努力。

貝 10 **【賺】** 17画 7649 8CFA 音 タン漢 訓 う-る・すか-す

意味 利益を手に入れる。もうける。また、だましとる。例 賺銭タンセン(=金もうけをする)。

日本語での用法 《すかす》きげんをとる、なだめるの意。「子こをなだめ賺すかす・脅おどしたり賺すかしたりして勉強ベンキョウさせる」

貝 10 **【賻】** 17画 7650 8CFB 音 フ漢 訓 おく-る・たす-ける

意味 金品をおくって葬儀ソウギを助ける。また、その金品。例 賻贈フゾウ(=死者の家におくるもの)。

貝 10 **【購】** 17画 ⇩【購】コウ(940ページ)

貝 11 **【贄】** 18画 7651 8D04 音 シ漢 訓 にえ

意味 君主や先生にはじめて会うときにたずさえるおくりもの。手みやげ。例 贄敬シケイ(=手みやげ。また、入門料)。

日本語での用法 《にえ》①神に供える、ささげもの。「生いけ贄にえ」②調理するための魚や鳥。また、保存用の食料。「贄殿にえどの・モズの速贄はやにえ」

難読 歳贄としだま

貝 11 **【贅】** 18画 7652 8D05 音 ゼイ慣 セイ漢 訓 むこ・むだ

意味 ❶質シチに入れる。例 贅子ゼイシ(=人質として預ける子)。❷いぼ。こぶ。例 贅疣ゼイユウ。❸よけいな。むだなもの。むだ。例 贅言ゼイゲン。贅語ゼイゴ。贅肉ゼイニク。❹むこ。入りむこ。例 贅婿ゼイセイ(=結婚ケッコンして女の家にはいったむこ)。

難読 贅肉ぜい

【贅言】ゼイゲン(名・する)言わないでもよいことばを言うこと。また、そのことば。贅語。例 ―を要しない。

【贅語】ゼイゴ 「贅言」に同じ。

【贅沢】ゼイタク(名・する・形動ダ)①必要以上に金品が使えて、ゆとりがあること。例 ―品。―な暮らし。②必要の程度をこえて、不相応なおごりをすること。奢侈シャシ。例 ―三昧ザンマイ。

【贅肉】ゼイニク からだについた余分な脂肪シボウ。例 ―を落とす。

【贅物】ゼイブツ ①よけいなもの。むだなもの。②ぜいたく品。例 ―を始末シマツする。

【贅▼疣】ゼイユウ ①こぶや、いぼなどの無用の肉。②無用のもの。表記 ▽「贅▼肬」とも書く。

貝 11 **【贈】** 18画 3403 8D08 常用 音 ソウ漢 ゾウ呉 訓 おく-る

筆順 冂 目 貝 貝⺌ 貝䒑 貝曾 贈 贈

貝 12 **【贈】** 19画 1-9229 FA65 人名

なりたち 【形声】「貝(=たから)」と、音「曾ソウ」とから成る。めずらしい品物を人におくる。

意味 ❶金品や詩文をおくりあたえる。おくる。例 贈詩ゾウシ(=詩をおくる)。贈与ゾウヨ。寄贈キゾウ。❷死後、官位・称号をおくる。例 贈位ゾウイ。追贈ツイゾウ。❸おくりもの。プレゼント。

使い分け おくる【送・贈】⇩1164ページ

人名 たま・ます

【贈位】ゾウイ(名・する)生前の功績により、故人に位階をおくること。また、その位階。

【贈号】ゾウゴウ(名・する)死後に称号ショウゴウをおくること。また、その称号。おくりな。

【贈収賄】ゾウシュウワイ 賄賂ワイロをおくることと、うけとること。類 収賄シュウワイ・贈賄ゾウワイ。

【贈呈】ゾウテイ(名・する)人にものをおくること。進呈。例 記念品を―する。

【贈答】ゾウトウ(名・する)(和歌や手紙、おくりものなどを)人におくったりそのお返しをしたり、やりとりすること。例 ―品。

【贈与】ゾウヨ(名・する)人に金品をおくること。また、その金品。例 ―税。生前に―しておく。

【贈賄】ゾウワイ(名・する)賄賂ワイロをおくること。対 収賄。

貝 12
【贇】19画 7654 8D07 音イン漢 訓うるわ-しい・よ-い
意味 上品で美しい。

貝 12
【贋】19画 2070 8D0B 音ガン漢 訓にせ
意味 ほんものそっくりにつくること。また、そのもの。にせもの。にせ。例贋作。真贋。
【贋作】(名・する)(絵画や小説などの)にせものをつくること。また、そのにせもの。偽作。例名画の―騒動。
【贋札】ほんものに似せてつくったお札。にせさつ。
【贋造】(名・する)にせものをつくること。また、そのにせもの。贋作。偽造。例―紙幣。
【贋物】にせもの。まがいもの。

貝12【贊】19画 ⇩【賛】(937ページ)

貝12【贈】19画 ⇩【贈】(940ページ)

貝 13
【贏】20画 7655 8D0F 音エイ漢 訓あま-す・あま-る・か-つ・さか-ん・ま-さる
意味 ❶利益を得る。もうける。例贏財。❷余分に手に入れる。ありあまる。あまる。あます。例贏財。贏余。❸勝負に勝つ。かつ。対輸。例輸贏(=勝ち負け)。
【贏財】ありあまる財産。余分な物資。
【贏余】ありあまること。あまり。
【贏利】もうけ。利益。

貝 13
【贍】20画 7656 8D0D 音セン漢ゼン呉 訓た-す・たす-ける・た-りる・ゆた-か
意味 ❶金品を供給して救済する。すくう。たす。例贍救(=救済する)。贍富(=満ち足りる)。❷じゅうぶんにみたす。たりる。例贍足。
【贍▼恤】(名・する)金品をあたえて助けること。
【贍足】(名・する)充足させること。じゅうぶんにすること。

貝 14
【贐】21画 7657 8D10 音シン漢ジン呉 訓おく-る・はなむけ
意味 旅立つ人へのおくりもの。はなむけ。例贐儀(=はなむけとしておくるもの)。贐銭(=はなむけの金銭)。

貝 14
【贔】21画 7661 8D14 音ヒ漢呉
意味 大きい。力づよい。例贔屓。贔風(=はげしい風)。贔然(=はげしいようす)。
難読 贔屓
【贔▼屓】[「ヒキ」とも](名・する)①伝説上のカメの一種。重い物を背負う力があるとされ、石碑の台座に彫られる。②気に入っている人に特別に目をかけて援助したり、後援したりすること。また、そうする人。例依怙―。―の引きたおし(=ひいきすることが、かえって本人に不利益になること)。表記「贔▼屭」とも書く。

貝 15
【贖】22画 7662 8D16 音ショク漢 訓あがな-う
意味 お金や品物を出して、刑罰をまぬがれる。あがなう。例贖罪。
【贖罪】(名・する)①金品を出すことで、罪を許してもらい、刑罰をまぬがれること。②よいおこないをすることで、罪のつぐないをすること。罪ほろぼし。例―のための寄付。③キリスト教で、キリストが人類の罪をあがなうために、十字架にかかったこと。

貝 15
【贓】22画 7659 8D13 音ゾウ慣ソウ漢呉

貝 6
【賍】13画 7660 8CCD 別体字
意味 不正な手段で手に入れた財貨。例贓品。贓物。
【贓品】「贓物」に同じ。
【贓物】ぬすんだり、だまし取ったりして得た物品。贓品。盗品。

155 7画 赤 あか あかへん 部

あかい色の意をあらわす。「赤」をもとにしてできている漢字を集めた。

0 赤 4 赦 5 赧 7 赫 9 赭

赤 0
【赤】7画 3254 8D64 教育1 音セキ漢シャク呉 訓あか・あか-い・あか-らむ・あか-らめる 付表 真っ赤
筆順 一 十 土 … 赤
なりたち [会意]「大(=大いに明らか)」と「火(=ひ)」とから成る。あか。
意味 ❶色の名。あか。あかくなる。あからめる。例赤色。赤面。発赤。❷なにもない。むきだしの。例赤貧。赤裸裸。❸まこと。まごころ。例赤心。赤誠。
日本語での用法 一《セキ》[ロシア革命の革命政府の旗の色から]共産主義。左翼。「赤軍」 二《あか》①共産主義(者)の俗称。②まったく。「赤の他人」
使い分け あからむ【赤・明】⇩1160ページ
難読 赤魚・赤目魚・赤棟蛇・赤豆・赤熊
【赤絵】陶磁器の上絵付けで、赤が主調となっているもの。また、その陶磁器。例―の鉢。万暦―。
【赤子】一[「セキシ」とも]生まれて間もない子。あかんぼう。二 天子を親に見立てて、その子である、国民。人民。臣民。
【赤字】①[不足額の数字を帳簿に赤色で書くところから]収入より支出が多いこと。欠損。対黒字。例―を出す。②[赤色で書くところから]印刷物などの訂正の書き入れ。校正の文字など。例―を入れる。
【赤土】鉄分が多く赤茶色でねばりけのある土。ローム。
【赤▼螺】アクキガイ科の食用の巻き貝。卵嚢はナギナタホオズキといい、口で鳴らすおもちゃにする。
【赤恥】かくしようのない恥。ひどい恥。あかっぱじ。
【赤旗】①赤い旗。②平氏の旗。対白旗。③革命派の旗。労働者の旗。共産党の旗。
【赤肌】①表面をおおう羽や毛、うすい皮などがむけて、赤くなった皮膚。②肌がむきだしの、まるはだか。あかはだか。表記 ▽「赤▼膚」とも書く。
【赤帽】①赤い帽子。②駅で客の手荷物を運ぶ職業の人。ポーター。[赤い帽子をかぶっていたところから]
【赤本】①草双紙の一つ。江戸時代、昔話を題材にした絵入りの赤い表紙の本。②俗悪で低級な本。

【赤味】(あかミ) 赤いこと。赤さが感じられる程度。例—がさす。

【赤銅】(シャクドウ) ①銅に微量の金や銀を加えた、日本古来の合金。美術工芸品に用いる。②「赤銅色いろ」の略。赤みをおびた褐色。日焼けした肌のたとえ。

【赤口】(シャック・シャッコウ) 「赤口日シャッコウニチ」の略。陰陽道でいう六曜の一つ。正午以外は何をするにも凶とされる日。

【赤外線】(セキガイセン) 〔物〕目には見えない光の一種。ものをあたためる作用や大気を通す力があり、医療や写真の撮影などに使われる。熱線。

【赤軍】(セキグン) 旧ソビエト社会主義共和国連邦での正規軍。

【赤十字】(セキジュウジ) 戦時には傷病者の手当てをし、平時にはいっぱんの人の災害救護・治療・予防などを行う国際組織。

【赤縄】(セキジョウ) 夫婦の縁。〔夫婦となるべき男女の足を結ぶ、あかい縄を持つ老人の故事から〕〈続幽怪録〉

【赤色】(セキショク) ①あかい色。例—リトマス試験紙。②革命や、共産主義を象徴する色。例—革命。

【赤心】(セキシン) いつわりのない心。真心。赤誠。

【赤誠】(セキセイ) いつわりのない心。真心。赤心。丹誠。例—をあらわす。

【赤道】(セキドウ) 地球の南北両極からひとしい距離にある地点を結び、地球を東西に一周する線。緯度〇度の線。

【赤熱】(セキネツ) 〔「シャクネツ」とも〕(名・する) 物体が真っ赤になるまで熱すること。例—の色の鉄。

【赤飯】(セキハン) アズキを煮たしるで赤く染めたもち米を、アズキとともにむしたごはん。祝い用にする。おこわ。

【赤貧】(セキヒン) ひどい貧乏。例—洗うがごとし(=極端な貧乏で、すべてを洗い流してしまったように何もない)。

【赤面】(セキメン) (名・する) ①興奮したり、酒によったりして顔をあかくすること。②はずかしいこと。はずかしくて顔を赤くすること。例—恐怖症。—の至り。

【赤裸】(セキラ) (名・形動ダ) 何も身につけていないこと。まるはだか。あかはだか。赤裸裸。

【赤裸裸】(セキララ) 一(名・形動ダ)「赤裸」に同じ。二(形動ダ) まったく包みかくさず、いつわりのないようす。あからさま。例—な告白。

【赤痢】(セキリ) 感染症の一つ。赤痢菌で大腸がおかされる。おもな症状は発熱と血便。

【赤血球】(セッケッキュウ) ヘモグロビンによって赤色をしている、血球の成分の一つ。おもに酸素をはこぶ。対白血球。

●日赤・発赤

赤部 4—9画 赦赧赫赭

赤4 【赦】 11画 2847 8D66 常用 音シャ漢呉 訓ゆる-す

筆順 一 十 土 方 赤 赤 赦 赦 赦

なりたち [形声]「攵(=打つ)」と、音「赤セキ→シャ」とから成る。置く。ほうっておく。

意味 罪やあやまちをとがめないでおく。ゆるす。ゆるし。例赦免。恩赦。容赦。

【赦罪】(シャザイ) (名・する) 罪をゆるすこと。

【赦免】(シャメン) (名・する) 罪やあやまちをゆるすこと。赦罪。例—状。

●恩赦・大赦・特赦・容赦

赤5 【赧】 12画 7663 8D67 音タン慣 ダン漢 訓あか-らめる

意味 恥じて顔を赤くする。あからめる。例赧愧(=顔を赤くして、恥じる)。

赤7 【赫】 14画 1950 8D6B 音カク漢呉 訓あか-い・かがや-く

意味 ❶火があかくもえるようす。あかい。かがやく。いきおいがさかん。また、はっきりしたようす。例赫奕(=ひかりかがやくようす)。赫赫。❷激しくいかるようす。同嚇。例赫怒

【赫怒】(カクド) (名・する) (顔を赤くして)激しくいかること。激怒。表記「嚇怒」とも書く。

【赫赫】(カクカク) (形動タル) ①あかあかとかがやいているようす。強い日照りや激しい熱気。②だれの目にも明らかで、いちじるしいようす。例—たる戦果をあげる。

赤9 【赭】 16画 7664 8D6D 音シャ漢 訓あかつち・あか

意味 あかい色の土。あかつち。また、あかい。例代赭(=赤色の顔料)。

【赭顔】(シャガン) 赤みをおびた顔色。あからがお。赭面。

【赭土】(シャド) あかつち。

走部 0画 走

156 7画 走 はしる そうにょう 部

はしる意をあらわす。「走」をもとにしてできている漢字を集めた。

0 走 赱 2 赴 赳 3 起 赸 起 5 越 超 趁 7 趙 8 趣 10 趨

走0 【走】 7画 3386 8D70 教育2 音ソウ漢呉 訓はし-る 付表師走

筆順 一 十 土 キ 丰 未 走

走0 【赱】 6画 7665 8D71 俗字

なりたち [会意]「夭(=まげる)」と「止(=あし)」とから成る。ひざをまげて、こばしりで行く。

意味 ❶はや足で行く。かける。はしる。例走破。競走。暴走。❷にげる。例脱走。逃走。敗走。❸はしりつかい。てさき。例走狗。

【走狗】(ソウク) ①主人のために走り回る猟犬。→【狡兎死して走狗烹らる】(654ページ) ②人の手先になって使われる人を、さげすんでいうことば。例資本家の—となる。

【走行】(ソウコウ) (名・する) (自動車などが)走って動くこと。例—距離。—車線。

【走査】(ソウサ) (名・する) (テレビやファクシミリで)画像を点に分解し、それぞれの点の明暗を電流の強弱に変え、順に電気信号に変える操作。スキャン。スキャニング。例テレビの—線。

【走者】(ソウシャ) ①陸上競技などで、走る人。ランナー。例リレーの第一—。②野球で、塁に出ているランナー。

【走破】(ソウハ) (名・する) 最後まで走りぬくこと。完走。例一万メートルを—する。

【走法】(ソウホウ) 陸上競技などの走り方。例ストライド—。

【走馬灯】(ソウマトウ) ①外わくの紙や布に、内わくの影絵を映す見せ物。回り灯籠。例思い出が—のようにめぐる。②ものごとや月日の移ろいの早いことのたとえ。

【走力】(ソウリョク) 走る力。走る能力。例抜群の—。

【走塁】(名・する) 野球で、走者が次の塁へ走ること。

【走路】①競走用のコース。例—妨害。②にげ道。血路。例—を断つ。

●快走・滑走・疾走・縦走・独走

走0 【辵】6画 ⇩【辶】(942ページ)

走2 【赴】9画 4175 8D74 常用 音フ漢呉 訓おもむ-く

筆順 一 + 土 キ キ 走 走 赴

なりたち [形声]「走(=はしる)」と、音「卜→フ」とから成る。こばしりで行く。行きつく。おもむく。

意味 ❶目的地に急いで行く。例赴任。❷人の死を知らせる。同訃。例赴告(=人の死や災難を知らせる)。

人名 たけ・たけし・はや・ゆき・ゆく

【赴任】(名・する) 公務員や会社員が勤務地へおもむくこと。例単身—。

走2 【赳】9画 ⇩【赳】(943ページ)

走3 【起】10画 2115 8D77 教育3 音キ漢呉 訓お-きる・お-こる・お-こす・た-つ

筆順 一 + 土 キ キ 走 起 起

走3 【起】10画

なりたち [形声]「走(=はしる)」と、音「巳→キ」とから成る。立ち上がる。

意味 ❶おきあがる。たつ。おきる。例起床。起立。隆起。❷さかんにする。おこす。例起死回生。喚起。奮起。❸ものごとをはじめる。おこす。例起工。提起。発起。❹ものごとがはじまる。はじまり。おこる。おこり。例起源。縁起。生起。

使い分け おこす・おこる【起・興】⇩1164ページ

難読 起居

人名 おき・かず・ゆき

【起案】(名・する) 文書や計画などの原案をつくること。例—者。

【起因】(名・する) ものごとの起こること。また、その原因となること。例何に—する事故か。表記「基因」とも書く。

【起居】(名・する) ①立ったりすわったりすること。たちい。挙動。②日常の生活。例—をともにする。—を問う手紙。

【起句】漢詩の絶句で、第一句目。最初の句。↓【起承転結】

【起結】①はじめと終わり。②漢詩や漢文の起句と結句。

【起源】ものごとのおこり。例生命の—をさぐる。表記「起原」とも書く。

【起工】(名・する) 工事を始めること。着工。対竣工。例—式。

【起稿】(名・する) 原稿を書き始めること。類起草。対脱稿。

【起死回生】①死にかかっている人を生きかえらせること。②崩壊寸前の状態から立ち直らせること。例—の一打をはなつ。

【起床】(名・する) ねどこから起き出ること。対就寝。例毎朝六時に—する。

【起請】(名・する) 約束を守ることを神仏にちかい、請願すること。また、その文書。

【起請文】起請の内容を記した文書。誓紙。誓文。

【起承転結】①漢詩で、絶句の並べ方。起句で一首の感興をうたい始め、承句でこれを受け、転句で別のことに転換し、結句で全体をまとめる。②文章やものごとの構成の順序。

【起訴】(名・する) 検察官が被告人の処罰を求めて裁判所に公訴(=審理の申し立て)をすること。対不起訴。例—猶予。

【起草】(名・する) 文案や下書きをつくること。草案や草稿を書くこと。例大会宣言を—する。

【起点】ものごとの始まるところ。出発点。対終点。例東海道の—は日本橋だ。

【起動】(名・する) ①行動をおこすこと。例—力。②エンジンや機械が運転を始めること。始動。

【起爆】(名・する) 火薬が爆発をおこすこと。例—装置。

【起爆剤】①起爆薬。②ものごとを起こすきっかけ。

【起筆】(名・する) 文字・文章・著作などを書き始めること。書きおこし。対擱筆。

【起伏】(名・する) ①土地や音などが、高くなったり低くなったりすること。高低。例—に富んだ地形。②さかんだったり、おとろえたりすること。例—の多い人生。

【起毛】織物や編み物の表面に、毛羽をかき立てること。例—素材。

【起用】(名・する) とり立てること。引き上げて使うこと。例若手を—する。

【起立】(名・する) 席から立ち上がること。また、そのための号令。例—してむかえる。—、礼、着席。

●縁起・決起・再起・想起・提起・突起・躍起

走3 【赳】10画 7666 8D73 人名 音キュウ漢

走2 【赳】9画

なりたち [形声]「走(=はしる)」と、音「丩→キュウ」とから成る。すばしこく、力強い。

意味 すばしこくつよい。勇ましい。たけだけしい。

人名 いさ・いさむ・たけ・たけし・つよし

走3 【起】10画 ⇩【起】(943ページ)

走5 【越】12画 1759 8D8A 常用 音エツ漢 オチ呉 訓こ-す・こ-える・こし

筆順 土 キ 走 走 赱 越 越 越

なりたち [形声]「走(=はしる)」と、音「戉」とから成る。むこうがわへ行く。

意味 ❶ある区切り目を乗りこえる。わたる。こえる。こす。例越境。越年。二年越し。箱根越え。❷順序や範囲をこえる。例越権。僭越。❸他にぬきんでる。すぐれる。例卓越。超越。❹春秋戦国時代、今の浙江省あたりにあり、長く呉と争った国。戦国時代中ごろ、楚にほろぼされた。(?—前三三四)例呉越同舟

日本語での用法 一《エツ・エチ》「越の国」の略。「越州

・越中・越後・越前・北越」 二《こし》北陸地方(=福井・石川・富山・新潟の四県)の古い呼び方。「越路・越の白雪・越の国・越の白嶺」

使い分け こえる・こす【越・超】⇩1168ページ

難読 越瓜・越天楽

人名 お・こえ・こゆる・わたる

【越後】旧国名の一つ。佐渡をのぞいた今の新潟県。

【越前】旧国名の一つ。今の福井県北東部。

【越境】(名・する)国境や境界をこえて、他国領や他の境域にはいること。例—入学(=もともと属する学区域以外の公立学校に入学すること)。

【越権】自分の権限以上に、立ち入って事をおこなうこと。例—行為。

【越訴】(名・する)順序をふまず、直接に上官や上司にうったえること。直訴。例—におよぶ。

【越中】旧国名の一つ。今の富山県。

【越冬】(名・する)冬をこすこと。冬ごし。例—資金。

【越南】ベトナム。安南。

【越年】(名・する)年をこし、新年をむかえること。としこし。例—草。平安に—する。

【▽越天楽】雅楽の曲名。舞のない管弦(=器楽)の曲。

●激越・卓越・超越・優越

走5 **【超】** 12画 3622 8D85 常用 音チョウ漢呉 訓こ-える・こ-す

筆順 土 キ 走 起 起 超 超 超

なりたち  [形声]「走(=はしる)」と、音「召ショウ→チョウ」とから成る。とびこえる。

意味 ❶ある限度をこえる。こす。例超過。出超。超越。❷ぬきんでている。はるかにすぐれる。例超越。超人。❸なみはずれている。とびきり。スーパー。シュール。例超現実主義。超満員。

使い分け こえる・こす【越・超】⇩1168ページ

人名 おき・たつ・とおる・まさ・まさる

【超越】(名・する)①ふつうの程度や一定の限度をこえること。例人知を—する。②俗事からぬけ出て、一段高い立場にたつこと。例世俗を—する。

【超音速】音が伝わる速度(=空気中で秒速約三四〇メートル)以上のはやさ。例—旅客機。

【超音波】人の耳には聞こえない、振動数二万ヘルツ以上の音波。魚群探知、機械加工、医療などに用いられる。例—診断。

【超自然】自然の法則では説明できないような、神秘なこと。例—現象。

【超過】(名・する)①数や量が標準や限度をこえること。例予算—。②比較して他をこえること。例輸入—。

【超人】①ふつうの人とはかけはなれた能力をもった人。スーパーマン。②[哲]ニーチェの説く、あらゆる可能性をそなえた理想的人間像。

【超絶】(名・する)他よりはるかに、すぐれていること。超越。例—技巧。

【超然】(形動タル)①世俗的なことにこだわらないようす。例金銭に—としている。②かけはなれているようす。例雲上に—と立つ山頂。

【超俗】世俗のことにはかかわらず、ゆうゆうとしていること。脱俗。

【超短波】周波数が三〇から三〇〇メガヘルツの電波。近距離の無線通信、FM放送、レーダーなどに用いる。

【超▼弩級】①(「弩」は、イギリスの大型戦艦ドレッドノート号の頭音の音訳)ドレッドノート号を上回る大型戦艦。②けたちがいの大きさや勢力。

【超特急】①特急よりもさらに速い列車。例—ひかり号。②非常にはやい状態のたとえ。例会議を—ですませる。

【超能力】人間の能力をこえた不思議な能力。透視やテレパシー、未来予知など。

●出超・入超

走5 **【趁】** 12画 7667 8D81 音チン漢 訓お-う

意味 ❶追いかける。追いもとめる。おう。❷機会を利用する。

走7 **【趙】** 14画 7668 8D99 音チョウ漢

意味 ❶とびこえる。速く行く。例趙行(=ふつうの程度よりはるかに速く進む)。❷春秋時代末期、晋から韓・魏とともに独立した国の一つ。このときから戦国時代が始まる。戦国の七雄の一つにあげられたが、秦にほろぼされた。(前四〇三—前二二二)

走8 **【趣】** 15画 2881 8DA3 常用 音シュ漢呉 訓おもむき・おもむ-く

筆順 土 キ キ 走 赳 趄 趣

なりたち  [形声]「走(=はしる)」と、音「取シ」とから成る。すみやか。派生して「おもむく」の意。

意味 ❶急いで行く。おもむく。例趣走(=はやく走って行く)。❷心のむかうところ。考え。わけ。意味。例趣意。趣旨。情趣。❸あじわい。おもしろみ。おもむき。例趣味。興趣。

人名 とし

【趣意】①あることをする動機や目的。例—書。②文章や話で、あらわそうとしている意味や内容。例たくみに—を表現する。

【趣向】①おもむき。味わい。例せっかくの—がだいなしだ。②おもしろいものにするための、くふうや考え。例—をこらす。

【趣旨】①あることをしようとする目的や理由。例提案の—を了解する。②文章や話で、おもに表現しようとしていることがら。要旨。例—を理解する。—がじゅうぶんに通らない。

【趣味】①専門ではなく楽しみとして、おこなう遊び。例—と実益をかねる。②美しさやおもしろさがわかる力。好み。例—人。—がいい。③おもむきや味わい。風情。

●意趣・雅趣・興趣・情趣・野趣

走10 **【趨】** 17画 3186 8DA8 音スウ慣 シュ漢呉 訓おもむ-く・はし-る

意味 ❶小走りに行く。足早に行く。貴人の前を通るときの礼。例趨走(=はやく走る)。❷ある方向にむかう。おもむく。同趣。例趨向。趨勢。帰趨。

【趨向】ものごとのなりゆき。趨勢。

【趨勢】ものごとの進んでいく方向。動向。例時代の—を見きわめる。

157 7画 **足 あし（⻊ あしへん）部**

あしの意をあらわす。「足」が偏（＝漢字の左がわの部分）になるときは「⻊（あしへん）」となる。「足」をもとにしてできている漢字を集めた。

0 足 4 跂 趾 趺 5 跏 距 跚 跖 跌 跛 跋 距 6 跪 跫 跨 跟 跡 践 跣 跳 路 7 跼 跿 踊 踉 踈 8 踝 踞 踪 踟 踏 踐 9 蹂 踵 蹄 踰 踴 10 蹊 蹇 蹉 蹌 蹐 蹈 蹏 蹋 11 蹙 蹠 蹤 蹕 蹣 蹟 12 蹶 蹴 蹲 蹯 蹼 13 躁 躅 躄 14 躋 躊 躍 躍 15 躓 躑 躔 16 躙 18 躡 19 躪

足 0

【足】 7画 3413 8DB3 教育1

音 ショク漢 ソク呉　訓 あし・た-りる・た-る・た-す　付表 足袋

筆順

なりたち [会意]「口（＝ひとのからだ）」と「止（＝あし）」とから成る。人体の下部にある、あし。とくに、あしくびから先の部分。あし。

意味 ❶人や動物のあし。例 足跡。蛇足。纏足。❷器物の下のささえる部分。あし。例 鼎足。❸あしであるく。あゆみ。例 遠足。❹じゅうぶんにある。たりる。たる。例 不足。満足。❺くわえる。たす。例 補足。

日本語での用法 □一《ソク》一対のはきものを数えることば。「靴三足・靴下二足」□二《あし》人や物の出入り、往来や交通、また通貨。「客足がとだえる・足の便がわるい・お足がかかる」

使い分け あし【足・脚】 ⇩1160ページ

人名 たり・なり・みつ・ゆき

【足▼枷】①罰として足にはめる刑具。例 手かせ―。②自由な動きをさまたげるもののたとえ。足手まとい。

【足軽】最も身分の低い武士。雑兵。

【足癖】①すわるときや歩くときのくせ。例 ―が悪い。②相撲で、外がけや内がけなど、足で相手をたおすわざ。

【足首】足の、くるぶしより上の少し細くなっている部分。

【足▽蹴】足でけること。ひどいあつかいをすることのたとえ。例 ―にする。

【足駄】二枚歯の高いげた。高げた。

【足代】交通費。例 ―がかかる。

【足場】①足をかけるところ。足がかり。また、高いところでする仕事のために、組み立てた台。例 ―をさがす。―を組む。②何かをするための土台となるもの。例 立候補の―を固める。③歩いていくときの足もと。例 ぬかるんで―が悪い。④交通の便。また、立地条件。例 ―がよくない。

【足▽許】「足下□二」に同じ。

【足跡】①歩いたあとに残る足の形。例 恐竜の―。②業績。例 学界に偉大な―を残す。

【足熱】からだの下のほうがあたたかいこと。また、足先をあたためること。例 頭寒―。

【足労】〔多く、「ご足労」の形で〕足を運ばせること。例 ご―をおかけして申しわけありません。

【足下】□一①きみ。貴殿。〔同等、あるいはそれ以下の人に用いた古い言い方〕②手紙で、わき付けの一つ。机下。〔古い言い方〕③足のした。例 ―に広がる緑の平野。□二足のしたの部分。例 ―にもおよばない。表記 □二は「足元・足▽許」とも書く。

【足し算】二つ以上の数または式を加えて和を求める計算。加法。対 引き算。

●遠足・客足・自給自足・土足・補足

足 4

【跂】 11画 7669 8DC2

音 キ漢　訓 あし・つまだ-つ・むつゆび

意味 ❶足に余分に生えた指。むつゆび。❷かかとを上げて立つ。つまだつ。同 企。例 跂踵。跂望。

【跂▼踵】（名・する）つまさき立って望み見ること。

【跂望】（名・する）つまさき立って望むこと。待ち望むこと。

足 4

【趾】 11画 7670 8DBE

音 シ漢　訓 あと

意味 ❶くるぶしから下の部分。あし。❷あしの指。❸あしあと。また、昔の建物などのあと。土台。同 址。例 遺趾。城趾。

難読 交趾（＝漢代以来の地名。今のベトナム北部）

足 4

【趺】 11画 7671 8DBA

音 フ漢呉　訓 あし・あぐら

意味 ❶あしの甲。あし。❷両足を組み、足の甲を片方の足のももにのせてすわる。あぐらをかく。例 趺坐。

【趺▼坐】（名・する）足を組んですわること。例 結跏―（＝あぐらをかき、足の甲を片方の足のももにのせる）。

足 5

【跏】 12画 7672 8DCF

音 カ漢呉

意味 両足を組み、足の甲を片方の足のももにのせてすわる。あぐらをかく。例 結跏（＝あぐらをかき、足の甲を片方の足のももにのせる）。半跏（＝腰を台座にかけ、左足をたらし、右足を左足のももの上にのせる）。

足 5

【距】 12画 2187 8DDD 常用

音 キョ漢　訓 へだ-てる・へだ-たる

筆順

足 5

【距】 12画

なりたち [形声]「足（＝あし）」と、音「巨キ」とから成る。ニワトリのけづめ。

意味 ❶ニワトリなどの足の後ろのつめ。けづめ。❷間をおく。へだてる。へだたる。例 距離。❸ふせぐ。こばむ。同 拒。例 距絶。

【距離】①二つの地点間のへだたりの長さ。例 短―。②気持ちのへだたり。例 ふたりはきょうだいなのに―がある。

足 5

【跚】 12画 7673 8DDA

音 サン漢

意味「蹣跚」は、よろめき歩くようす。

足 5

【跖】 12画 7674 8DD6

音 セキ漢　訓 あしうら

意味 ❶足のうら。あしうら。同 蹠。❷春秋時代の魯の大盗賊の名。「蹠」とも書く。例 盗跖。

難読 鴨跖草(つゆくさ・あおいばな)

【跌】 ⻊5 12画 7675 8DCC
音 テツ漢　訓 つまず-く・あやま-つ

意味 つまずく。足をふみはずす。あやまつ。例 蹉跌(=つまずく。行きづまる)。

【跛】 ⻊5 12画 7676 8DDB
音 ハ漢呉　訓 あしなえ

意味 片足が不自由なこと。例 跛行。

【跛行】(名・する)①片足が不自由で、歩き方がぎくしゃくしていること。②進み方がちがうために、つりあいがとれないこと。不均衡。例 —する景気の回復。

【跋】 ⻊5 12画 7677 8DCB
音 ハツ漢 バツ呉　訓 ふ-む

意味 ❶ふむ。ふみつける。❷かってにふるまう。のさばる。例 跋扈。❸山野を歩きまわる。例 跋渉(=山をあるき、川をわたる)。❹書物の終わりに書く文。あとがき。例 跋文。序跋。

【跋▼扈】(名・する)のさばり、はびこること。わがままかってにふるまうこと。例 妖怪変化が—した昔の話。

【跋文】書物の終わりに書きしるす文。あとがき。対 序文。

【距】 ⻊5 12画
⇩距(945ページ)

【跪】 ⻊6 13画 7678 8DEA
音 キ漢呉　訓 ひざまず-く

意味 ❶両ひざを地につける。ひざまずく。例 跪行(=両ひざを地につけて進む)。跪坐(=両ひざを地につけてすわる)。❷両ひざを地につけてする礼法。例 跪祝(=ひざまずいて、いのる)。

【跪居】(名・する)両ひざをついてつま先を立て、尻をかかとの上に置く姿勢をすること。例 主人の前に—する。

【跪拝】(名・する)ひざまずいて、おがむこと。例 —して命令をうけたまわる。

【跫】 足6 13画 7679 8DEB
音 キョウ漢　訓 あしおと

意味 あしおと。例 跫音。跫然(=足音のするようす)。

【跫音】あしおと。例 空谷に—を聞く(=思いがけないおとずれを聞く。予想しない福音をうけることのたとえ)。

【跨】 ⻊6 13画 2457 8DE8 人名
音 コ慣 カ漢　訓 また-ぐ・また-がる

意味 ❶乗る。またがる。例 跨鶴(=ツルに乗って飛ぶ。仙人になる。また、死去することのたとえ)。❷わたる。こえる。またぐ。例 跨年(=年をこえる。次の年にまたがる)。❸股。またぐら。同 胯。例 跨下。

【跨下】またの下。表記「▼胯下」とも書く。

【跨線橋】線路をまたいで、かかっている橋。渡線橋。

【跟】 ⻊6 13画 7680 8DDF
音 コン漢　訓 きびす・くびす

意味 かかと。きびす。くびす。例 脚跟(=かかと)。

【跡】 ⻊6 13画 3255 8DE1 常用
音 セキ漢 シャク呉　訓 あと

筆順 ロ ⻊ ⻊ 跡 跡 跡

【迹】 ⻌6 10画 7781 8FF9 本字　【蹟】 ⻊11 18画 3256 8E5F 人名 別体字

なりたち [形声]「⻌(=ゆく)」と、音「亦エキ→セキ」とから成る。歩いたあと。

意味 ❶歩いたあと。あしあと。あと。例 人跡。足跡。❷ものごとやおこないのあと。あとかた。例 史跡。筆跡。

参考「跡・迹・蹟」は古くから同じように用いられているが、「迹門」「本地垂迹」などの仏教語では「迹」を使うことが多い。

日本語での用法 一《あと》家督や財産。また、それを相続する人。「跡式・跡継ぎ・跡取り・跡目」 二《と》「と」の音をあらわす万葉がな。「八間跡」

使い分け あと【後・跡・痕】⇩1161ページ

人名 ただ・と・みち

【跡形】前にそこに何かがあったというしるし。痕跡。例 古い建物は地震で—もなくくずれ落ちた。

●遺跡・奇跡・軌跡・旧跡・形跡・航跡・史跡・失跡・定跡・城跡・足跡・追跡・筆跡

【践】 ⻊6 13画 3309 8DF5 常用
音 セン漢呉　訓 ふ-む

筆順 ロ ⻊ ⻊ 践 践 践

【踐】 ⻊8 15画 7688 8E10

なりたち [形声]「足(=あし)」と、音「戔セン」とから成る。くつで地をふむ。

意味 ❶足でものの上にのる。ふんづける。ふみ歩く。ふむ。例 践氷(=氷をふむ。危険のたとえ)。❷実行する。ふみおこなう。例 実践。❸位につく。例 践祚。

人名 ふみ

【践▼祚】(名・する)天子の死後、あとつぎが皇位を受けつぐこと。

【跣】 ⻊6 13画 7681 8DE3
音 セン漢呉　訓 はだし

意味 足に何もはかないこと。すあし。はだし。例 跣足。

難読 徒跣(かちはだし)

【跣足】はだし。すあし。

【跳】 ⻊6 13画 3623 8DF3 常用
音 チョウ漢　訓 は-ねる・と-ぶ・おど-る・は-ね

筆順 ロ ⻊ ⻊ 跳 跳 跳

なりたち [形声]「足(=あし)」と、音「兆チョウ」とから成る。はねあがる。おどりあがる。

意味 ❶とびはねる。はねる。とぶ。例 跳馬。跳躍。❷おどる。まう。例 跳舞(=おどり、舞う)。❸かってにふるまう。横行する。例 跳梁。

日本語での用法《はねる》①とびちる。「泥が跳ねる」②その日の興行が終わる。「芝居が跳ねる」

使い分け とぶ【飛・跳】⇩1174ページ

【跳然】(形動タル)とびあがるようす。

【跳馬】体操競技の種目の一つ。馬のからだに似た道具を、助走して手をつき、とびこえる。また、その用具。

【跳躍】(チョウヤク)（名・する）①地面をけって、とびはねること。例—運動。②陸上競技で、高とびや幅(はば)とびなど。

【跳▼梁】(チョウリョウ)（名・する）わがもの顔にふるまうこと。わがままかってに動きまわること。例ゲリラが—する地域。

⻊6
【路】
13画 4709 8DEF 教育3 音ロ漢呉 訓じ・みち

筆順 ロ ⻊ 足 趵 跤 路 路

なりたち 【形声】「足(=あし)」と、音「各(カク→ロ)」とから成る。みち。

意味 ❶人や車が行き来するところ。通り道。みち。じ。例路上(ロジョウ)。道路(ドウロ)。旅路(たびじ)。❷道を行く。旅行。例路次(ロジ)。路費(ロヒ)(=旅行の費用)。❸すじみち。やり方。例路線(ロセン)。理路(リロ)。❹重要な地位。例当路(トウロ)。要路(ヨウロ)。

人名 のり・ゆき・ゆく

【路肩】(ロかた) 道路のはしの部分。例—注意。
【路銀】(ロギン) 旅行にかかる費用。〔「旅費」の古い言い方〕
【路次】(ロジ) 〔古くは「ロシ」とも〕道中。みちすがら。例—の費用。
【路地】(ロジ) ①家と家の間のせまい道。②茶室に通じる道など、敷地(しきち)内の通路。表記 ②は「露地」とも書く。
【路上】(ロジョウ) 道の上。また、道ばた。例—の放置自転車。
【路線】(ロセン) ①電車やバスが定期的に走る二地点間の道筋。例—バス。②組織や団体などの基本方針。例平和—。
【路程】(ロテイ) 道のり。行程。道程。例まる一日の—。
【路頭】(ロトウ) 道のほとり。道ばた。例—に迷う(=生活に困る)。
【路傍】(ロボウ) 道ばた。例—の草。—の人(=行きずりの他人)。
【路面】(ロメン) 道路の表面。例—電車。雨ですべりやすい—。
【路用】(ロヨウ) 旅にかかる費用。路銀。〔「旅費」の古い言い方〕
●家路(いえじ)・一路(イチロ)・遠路(エンロ)・回路(カイロ)・街路(ガイロ)・帰路(キロ)・空路(クウロ)・小路(こうじ・ショウジ)・航路(コウロ)・順路(ジュンロ)・進路(シンロ)・水路(スイロ)・線路(センロ)・通路(ツウロ)・販路(ハンロ)・末路(マツロ)・迷路(メイロ)・夢路(ゆめじ)・陸路(リクロ)

⻊7
【跼】
14画 7682 8DFC 音キョク漢 訓せぐくま-る

意味 足や背をまげて、かがむ。からだをちぢめる。せぐくまる。例跼天蹐地(キョクテンセキチ)。

【跼天▼蹐地】(キョクテンセキチ) 〔天は高いのに背をかがめ、大地はしっかりしているのにそっとぬき足で歩く意〕おそれて、びくびくすること。肩身(かたみ)のせまい思いで過ごすこと。跼蹐。

⻊7
【跿】
14画 7685 8DFF 音ト漢 訓すあし

意味 はだし。すあし。例跿跔(トク)(=はだし。跳(と)び上がる)。

⻊7
【踊】
14画 4557 8E0A 常用 音ヨウ漢ユ呉 訓おど-る・おど-り

筆順 ロ ⻊ 足 跀 跅 踊 踊

⻊9 【踴】16画 7693 8E34 別体字

なりたち 【形声】「足(=あし)」と、音「甬(ヨウ)」とから成る。足でとびはねる。

意味 ❶とびあがる。はねあがる。また、足をあげてまう。おどる。例踊躍(ヨウヤク)。舞踊(ブヨウ)。❷喪礼(ソウレイ)の一つ。死者を哀悼(アイトウ)して、おどるようにするしぐさ。例哭踊(コクヨウ)(=死者をいたみ、もだえおどって深い悲しみをあらわす礼)。❸ものの値段があがる。例踊貴(ヨウキ)(=物価があがる)。

日本語での用法 《おどる》①リズムに合わせて体を動かす。「音楽(オンガク)に乗(の)って踊(おど)る」②操(あやつ)られる。「人(ひと)に踊(おど)らされる」

使い分け おどる【踊・躍】⇩1165ジペー

【踊り子】(おどりこ) 踊りをおどる人。とくに、踊りを職業としている若い女性。例伊豆(いず)の—。
【踊り場】(おどりば) ①踊りをする場所。②階段のとちゅうにある、やや広くて平らな場所。
【▽踊躍】(ユヤク・ヨウヤク)（名・する）喜びのあまり、おどりあがること。

⻊7
【踉】
14画 7684 8E09 音ロウ漢 訓ためら-う

意味 「蹌踉(ソウロウ)」は、よろめくようす。

⻊7 【踈】14画 ⇩【疎】ソ(682ジペー)

⻊8
【踝】
15画 7686 8E1D 音カ漢 訓くるぶし

意味 足首の関節の左右につき出た部分。くるぶし。

⻊8
【踞】
15画 7687 8E1E 音キョ漢コ呉 訓うずくま-る

意味 ❶ひざを立ててすわる。しゃがむ。うずくまる。例蹲踞(ソンキョ)。❷尊大にかまえる。おごる。同倨(キョ)。例踞傲(キョゴウ)(=おごりたかぶる)。

⻊8
【踪】
15画 7709 8E2A 常用 音ソウ慣ショウ漢 訓あと

筆順 ロ ⻊ 足 跘 跶 踪 踪

なりたち 【会意】本字は「蹤」で、「車(=くるま)」と「従(=したがう)」の省略体とから成る。車の跡。

意味 あしあと。あとかた。また、ゆくえ。例踪跡(ソウセキ)。失踪(シッソウ)。

参考 本来「蹤(ショウ)」の別体字だが、日本語では「ソウ」と読み、使い分けている。

【踪跡】(ソウセキ) 足あと。また、あとかた。ゆくえ。例—をくらます。
●失踪(シッソウ)

⻊8
【踟】
15画 7689 8E1F 音チ漢

意味 数歩あるいて立ちどまる。ためらいとどまる。足ぶみして進まないこと。例踟蹰(チチュウ)(=行くことをためらう)。

難読 踟蹰(たたずむ・たちどまる・たちもとおる・たちやすらう)

⻊8
【踏】
15画 3807 8E0F 常用 音トウ漢呉 訓ふ-む・ふ-まえる

筆順 ロ ⻊ 足 趴 跶 踏 踏

⻊10 【蹋】17画 2-8944 8E4B 本字

なりたち 【形声】「足(=あし)」と、音「𦐇(トウ)」とから成る。ふむ。

意味 ❶足ぶみする。足をふみならす。ふむ。例踏歌(トウカ)。❷ふみすむ。ふみあるく。例踏査(トウサ)。踏青(トウセイ)。踏破(トウハ)。❸ふみおこなう。うけつぐ。例踏襲(トウシュウ)。

日本語での用法 《ふみ・ふむ》①価値や値段について、おおよその見当をつける。「値踏(ねぶ)みをする」②一定のやり方

—をたどる。「手順(ジュン)を踏(ふ)む」

難読 雪踏(セッタ)・踏雪(じろ)(=馬の四本の足先の白いもの)

【踏歌】(トウカ) ①足で地をふみならして、歌をうたい舞(ま)うこと。②平安時代、正月に宮中でおこなわれた、祝い歌をうたい舞う行事。

【踏査】(トウサ)(名・する) 実際にその土地へ行って調査すること。例実地—。

【踏襲】(トウシュウ)(名・する) これまでのやり方をそっくりそのまま受けつぐこと。例前例を—する。表記 ⑪▼蹈襲

【踏青】(トウセイ) 青い草をふむ。春に郊外(コウガイ)に出かける行事。

【踏破】(トウハ)(名・する) 歩きぬくこと。けわしく長い道のりを歩きとおすこと。例北アルプスを—する。

【踏切】(ふみきり) 道路が鉄道線路を横切るところ。

●高踏(コウトウ)・雑踏(ザットウ)・舞踏(ブトウ)・未踏(ミトウ)

⻊8 【践】15画 ⇩【践】(セン)(946ページ)

⻊9 【蹂】16画 7690 8E42 音ジュウ漢 訓ふ-む・ふみにじ-る

意味 ふみにじる。ふみあらす。ふむ。例蹂躙(ジュウリン)。

【蹂▼躙】(ジュウリン)(名・する) ふみにじること。また、暴力や権力によって他をふみつけにすること。例人権を—する。

⻊9 【踵】16画 7691 8E35 音ショウ漢 訓きびす・くびす・かかと

意味 ❶あとを追う。あとをつぐ。つぐ。❷いたる。❸足のかかと。きびす。くびす。かかと。例踵門(ショウモン)(=人の家を訪ねる)。踵接(ショウセツ)(=次から次へと続く)。

【踵(きびす)を接(セッ)す】人や、ものごとが次から次へと続くようす。

⻊9 【蹄】16画 3693 8E44 人名 音テイ漢 訓ひづめ

⻊10 【蹏】17画 8E4F 本字

意味 ❶ウマやウシなどのつめ。ひづめ。例蹄鉄(テイテツ)。馬蹄(バテイ)。❷ウサギをとらえるわな。うさぎわな。例筌蹄(センテイ)。

【蹄形】(テイケイ) 馬のひづめの形。馬蹄形。

【蹄鉄】(テイテツ) 馬のひづめが減るのを防ぐために、ひづめに打ちつけるU字形の鉄。

⻊9 【踰】16画 7692 8E30 音ユ漢呉 訓こ-える・こ-す

意味 ものや境界をのりこえる。時間や期限をこえる。こす。こえる。例踰越(ユエツ)。踰月(ユゲツ)。心(こころ)の欲(ほっ)する所(ところ)に従(したが)えども矩(のり)を踰(こ)えず。→【従心】(ジュウシン)(376ページ)

【踰越】(ユエツ)(名・する) のりこえること。

【踰月】(ユゲツ) その月をこして、翌月となること。

⻊9 【踴】16画 ⇩【踊】(ヨウ)(947ページ)

⻊10 【蹊】17画 7694 8E4A 音ケイ漢 訓みち

意味 細いみち。こみち。みち。例成蹊(セイケイ)。

足10 【蹇】17画 7701 8E47 音ケン漢 訓あしなえ

意味 ❶足がわるくて歩くのに不自由なこと。あしなえ。例蹇跛(ケンパ)(=足が不自由で、ふつうには歩けないこと)。❷すらすらと進まず、動きがわるい。例蹇吃(ケンキツ)(=ことばがすらすらと出ない)。❸苦しみ、思いなやむ。例蹇蹇(ケンケン)。

【蹇蹇】(ケンケン)(形動タル) ①なやみ苦しむようす。難儀(ナンギ)するようす。例『—録(ケンケンロク)』(陸奥宗光(むつむねみつ)の外交苦心録) ②家臣が主君に対して忠誠をつくすようす。

【蹇蹇▼匪▼躬】(ケンケンヒキュウ)〔「匪躬」は、自分の利害を考えない意〕臣下が心身ともに苦労して主君のためにつくす。

⻊10 【蹉】17画 7702 8E49 音サ漢シャ呉 訓つまず-く

意味 つまずく。つまずき。例蹉跌(サテツ)。

難読 蹉跎岬(サダみさき)(あしずりみさき)(=足摺岬(あしずりみさき))

【蹉▼跌】(サテツ)(名・する) つまずくこと。ものごとが思いどおりにいかず失敗すること。例計画が—する。

⻊10 【蹌】17画 7703 8E4C 音ショウ漢ソウ呉 訓よろめ-く

意味 ❶堂々と歩くようす。また、舞(ま)いおどるようす。例蹌蹌(ソウソウ)(=威儀(イギ)を正して進む)。❷「蹌踉(ソウロウ)」は、よろめくようす。

⻊10 【蹐】17画 7704 8E50 音セキ漢 訓ぬきあし-する

意味 音をたてないように、こまたで歩く。ぬきあし、さしあし。例跼蹐(キョクセキ)。跼天蹐地(キョクテンセキチ)(=おそれおののいて、びくびくすること)。

⻊10 【蹈】17画 7705 8E48 音トウ漢 訓ふ-む

意味 ❶足ぶみする。足をふみならす。ふむ。同踏(トウ)。例蹈歌(トウカ)。❷ふみすすむ。ふみあるく。同踏(トウ)。例蹈査(トウサ)。❸ふみおこなう。うけつぐ。同踏(トウ)。例蹈襲(トウシュウ)。

表記 現代表記では、「踏(トウ)」(947ページ)に書きかえることがある。熟語は「踏」を参照。

難読 蹈鞴(たたら)・蹈皮(たび)

⻊10 【蹏】17画 ⇩【蹄】(テイ)(948ページ)

⻊10 【蹋】17画 ⇩【踏】(トウ)(947ページ)

足11 【蹙】18画 7706 8E59 音シュク漢呉セキ漢 訓せま-る・しか-める

意味 ❶さしせまる。ちぢまる。せまる。❷しわをよせる。しかめる。例顰蹙(ヒンシュク)。

⻊11 【蹠】18画 7708 8E60 音ショ慣セキ漢 訓あしうら

意味 ❶足のうら。あしうら。同跖(セキ)。例蹠骨(ショコツ)(=足のうらの土ふまずの骨)。対蹠的(タイセキテキ)。❷春秋時代の魯(ロ)の大盗賊(トウゾク)の名。「跖」とも書く。例盗蹠(トウセキ)。

参考 「蹠(セキ)」は、「とびはねる」が原義とされるが、古くから「跖(セキ)」と同じ意味に使われる。

⻊11 【蹤】18画 7707 8E64 音ショウ漢 訓あと

意味 ❶あしあと。あと。また、行方(ゆくえ)。例蹤跡(ショウセキ)(=あしあと。あと)。先蹤(センショウ)(=先人の通った道。前例)。❷人のあとについて行く。例追蹤(ツイショウ)。

⻊11 【蹕】18画 7711 8E55 音ヒツ漢 訓さきばらい・はら-う

意味 ❶天子が外出するとき、他の通行を禁じて道路を清めること。さきばらいする。はらう。❷天子が外出するときの乗り物。例警蹕ケイヒツ（＝貴人の先ばらい）。

【蹣】 足11 18画 7710 8E63 音マン慣 ハン漢 バン呉 訓よろめ-く
意味 ふらふら、よろよろと歩く。よろめく。例蹣跚マンサン。
難読 蹣跚よろめく・よろよろ・よろける

【蹟】 足11 18画 ⇨【跡】キセ（946ページ）

【蹶】 足12 19画 7712 8E76 音ケツ漢 訓つまず-く・たお-れる
意味 ❶足が石などにひっかかってよろめく。たおれる。つまずく。例蹶躓ケッチ（＝つまずく）。❷勢いよく起きあがる。ふるいたつ。例蹶起ケッキ。蹶然ケツゼン。
【蹶起】ケッキ（名・する）決断して行動をおこすこと。表記 現 決起
【蹶然】ケツゼン（形動タル）勢いよく立ちあがるようす。

【蹴】 足12 19画 2919 8E74 常用 音シュウ慣 シュク漢 訓け-る
筆順 … 蹴
なりたち [形声]「足（＝あし）」と、音「就シュウ→シュク」とから成る。ふむ。
意味 ❶足でけとばす。ける。例蹴鞠シュウキク。蹴球シュウキュウ。一蹴イッシュウ。❷不安で身がちぢまる。つつしむ。例蹴然シュクゼン（＝おそれ、つつしむようす）。
日本語での用法《ける》相手の申し入れや提案などを拒絶キョゼツする。「要求キョウを蹴ける」
人名 け
【蹴▼鞠】シュウキク・けまり 昔の遊びで、数人が輪になって、シカの皮でできたまりを地面に落とさないようにして、け り合うもの。中国から日本に伝わった。
【蹴球】シュウキュウ ①サッカー・ラグビー・アメリカンフットボールなど、足でボールをけって、相手のゴールに入れて得点をきそう競技。フットボール。②とくに、サッカーのこと。
●足蹴あしげ・一蹴イッシュウ

【蹲】 足12 19画 7713 8E72 音ソン漢呉 訓つくば-う・うずくま-る
意味 しゃがみこむ。うずくまる。つくばう。例蹲踞ソンキョ。
日本語での用法《つくばい》低く平らな姿に置いた庭石で、手水鉢ちょうずバチをかねるもの。「蹲ばい・蹲踞ばい」
【蹲▼踞】ソンキョ（名・する）①うずくまること。②相撲すもうや剣道で、競技に入る前に、相手に向かい合って上体を正し、両ひざをじゅうぶんに開いて、つま先立ちで尻しりをかかとにのせた姿勢。

【躇】 足12 19画 7716 8E87 音一チョ漢 二チャク漢
意味 一チョ 二、三歩行ってはとまる。ものごとを決めかねる。ためらう。例躊躇チュウチョ（＝迷ってぐずぐずする）。二チャク とびこえる。こえる。例躇階チャッカイ（＝とちゅうの段をとびこえながら階を上る）。

【蹼】 足12 19画 7714 8E7C 音ボク慣 ホク漢呉 訓みずかき
意味 水鳥などの足の指のあいだについている膜マク状のもの。みずかき。

【躁】 足13 20画 7715 8E81 音ソウ漢呉 訓さわ-ぐ
意味 落ちつきがない。さわがしい。さわぐ。例躁鬱病ソウウツビョウ。狂躁キョウソウ（＝くるったようにさわぐこと）。
【躁鬱病】ソウウツビョウ 精神障害の一つ。興奮コウフンして愉快ユカイにはしゃぐ気分と、憂鬱ユウウツになってふさぎこむ気分とが、かわるがわるあらわれる。
【躁▼擾】ソウジョウ（名・する）さわぎ乱れること。また、さわいで社会の秩序チツジョを乱すこと。
●狂躁キョウソウ・軽躁ケイソウ・焦躁ショウソウ

【躅】 足13 20画 7717 8E85 音一チョク漢 二タク漢
意味 一チョク 立ちどまる。行きなやむ。例躑躅テキチョク。二タク あしあと。また、事跡ジセキ。
難読 躑躅つつじ

【躄】 足13 20画 7718 8E84 音ヘキ漢 訓いざり
意味 両足が不自由で足が立たない。歩けない。例躄歩ヘキホ（＝いざって進む）。

【躋】 足14 21画 7719 8E8B 音セイ漢 サイ呉 訓あ-がる・のぼ-る
意味 高いところに上がる。のぼる。例躋升セイショウ（＝のぼる。昇進ショウシンする）。躋攀セイハン（＝よじのぼる）。

【躊】 足14 21画 7720 8E8A 音チュウ漢 訓ためら-う
意味 まよって、ぐずぐずする。ためらう。例躊躇チュウチョ。
難読 躊躇ためらう
【躊▼躇】チュウチョ（名・する）どうしようかと迷うこと。ためらうこと。例発言を—する。

【躍】 足14 21画 4486 8E8D 常用 音ヤク漢呉 訓おど-る
筆順 … 躍
なりたち [形声]「足（＝あし）」と、音「翟テキ→ヤク」とから成る。（飛び上がるように）はやい。
意味 ❶高くとびあがる。はねあがる。おどる。例跳躍チョウヤク。飛躍ヒヤク。❷勢いがよい。活発な。例躍進ヤクシン。躍動ヤクドウ。活躍カツヤク。
難読 雀躍こおどり
人名 すすむ
使い分け おどる【踊・躍】⇩1165ページ
【躍如】ヤクジョ（形動タル）ありありと目の前に見えるようなようす。
【躍進】ヤクシン（名・する）急激に進歩すること。目立って発展すること。例業界上位に—する。
【躍動】ヤクドウ（名・する）生き生きと勢いよく活動すること。例筋肉が—する。—感あふれる。
【躍起】ヤッキ（名・形動ダ）あせって、けんめいになること。
●暗躍アンヤク・一躍イチヤク・活躍カツヤク・跳躍チョウヤク・飛躍ヒヤク・勇躍ユウヤク

⻊14 【躍】21画 ⇩【躍】クヤ(949ページ)

⻊15 【躓】22画 7721 8E93 音 チ漢 訓 つまず-く
意味 つまさきを何かにぶつけてよろける。つまずく。例 蹶躓(=つまずく)。

⻊15 【躑】22画 7722 8E91 音 テキ漢 訓 たちもとお-る
意味 うろうろとさまよう。足ぶみする。行きつもどりつする。例 躑躅(=たたずむ)。躑躅。
【躑▼躅】㊀ 足ぶみをすること。行きつもどりつすること。躊躇。㊁ ツツジ科の常緑または落葉低木。ツツジ。晩春に、赤・白などの花をつける。

⻊15 【躔】22画 7723 8E94 音 テン漢
意味 日・月・星が軌道をめぐる。へめぐる。めぐる。また、その位置を占める。やどる。やどり。例 躔度(=日・月・星などの動きを示す度数)。

⻊16 【躙】23画 7724 8E99 音 リン漢 訓 にじ-る
意味 ふみつけて、こなごなにする。ふみにじる。ふむ。例 蹂躙。

⻊19 【躪】26画 7725 8EAA 別体字
意味 ふみつけて、こなごなにする。ふみにじる。ふむ。例 蹂躪。
日本語での用法 《にじる》 ①すわったまま、膝をするようにして進む。「側に躙り寄る」 ②茶室で客が身をかがめて出入りする、小さな出入り口。「躙り口」

⻊18 【躡】25画 7726 8EA1 音 ジョウ漢呉 訓 は-く・ふ-む
意味 ❶人の足をふむ。ふむ。例 躡足(=足をふみつける)。❷はきものをはく。例 躡屐(=げたをはく)。❸追跡する。後をつける。
【躡足附耳】他人に知られないよう、そっと足をふんで合図し、耳もとでささやくこと。〈史記〉

⻊19 【躪】26画 ⇩【躙】リン(950ページ)

158 7画 身 みみへん 部

人のからだの意をあらわす。「身」をもとにしてできている漢字を集めた。

0 身 3 躬 4 躯 5 躰 6 躱 7 躳 9 躾 11 軀 12 軅 軄 13 軆 17 軈

この部首に所属しない漢字
射⇩寸 311

身0 【身】7画 3140 8EAB 教育3 音 シン漢呉 訓 み・みずから

筆順 ′ 丨 亣 冂 自 自 身

なりたち [形声]「人(=ひと)」と、音「申シ」の省略体とから成る。人のからだ。

参考 一説に、みごもった人をかたどった象形文字。

意味 ❶人のからだ。肉体。み。例 身体。身長。心身。❷ものの中心部やなかみ。み。例 銃身。刀身。❸自分(の生命)。わがみ。みずから。例 献身。自身。❹世の中における境遇。みのうえ。例 身上。身分。❺妊娠する。みごもる。例 身重。❻「身毒」は、中国でインドの古名。

日本語での用法 《み》 ①魚などの肉。「赤身・白身」 ②心。まごころ。「身を入れる」 ③ふたのある容器で、ものを入れる本体の部分。「身も蓋もない」

人名 これ・ただ・ちか・のぶ・みる・もと・よし

【身幹】からだ。身体。

【身口意】〔仏〕日常生活の根本である、身(=行動)・口(=言語)・意(=精神)のこと。

【身上】㊀ 財産。資産。身代。例 —を使い果たす。㊁ ①その人の経歴や家族、あるいは趣味などの個人的なことがら。みのうえ。例 —書。②とりえ。ねうち。価値。例 素直なのがかれの—だ。

【身体】人のからだ。肉体。例 —検査。

【身体髪膚】かみの毛や皮膚をふくめた、からだ全体。からだのすべて。例 —これを父母に受く。〈孝経〉

【身代】㊀ 財産。資産。身上。例 —をつぶす。—を築く。㊁【身の代】「身の代金」の略。

【身中】からだのなか。例 獅子—の虫(=内部からわざわいを生じさせるもの)。

【身長】背の高さ。身のたけ。せたけ。例 —を測る。

【身毒】中国で、インドの古い呼び名。

【身辺】身のまわり。例 —警護。—を整理する。

【身命】〔「シンミョウ」とも〕からだと、いのち。例 —をなげうつ。—を賭す(=いのちをかける)。

【身重】(名・形動) 妊娠していること。例 —の妻。

【身柄】①その人のからだ。例 —を保護する。②身分の程度。身のほど。例 —をわきまえる。

【身軽】(名・形動) ①動作がすばやいこと。例 —に飛びこえる。②着かざることもなく、持ち物も少ないこと。例 —な服装。③気をつかう対象がなく、自由であること。

【身支度】(名・する) 何かをするために、身なりを整えること。例 —をすませて出発する。

【身銭】自分の持っているお金。例 —を切る(=はらう)。

【身分】①ある社会や団体の中での、地位や立場。例 —証明書。—を明らかにする。②境遇。身の上。例 いいご—だ。

【身元】①名前・住所・育ち・経歴など、その人がどういう人かを示す、すべてのこと。素性。例 —不明。②その人にかかわるすべてのこと。例 —保証人。—を引き受ける。

表記 ▽「身▽許」とも書く。
●肩身・化身・終身・出身・親身・全身・単身・長身・刀身・病身・変身・満身

身3 【躬】10画 7727 8EAC 音 キュウ漢 ク・クウ呉 訓 み

身7 【躳】14画 2-8953 8EB3 本字
意味 ❶からだ。み。例 躬身(=からだ。また、自身)。自分でおこなう。みずから。例 躬行(=みずからおこなう)。❷

身4 【躯】11画 ⇩【軀】ク(951ページ)

身5 【躰】12画 ⇩【体】イタ(67ページ)

身 6 【躱】 13画 7730 8EB1 音タ漢 訓かわ-す

意味 からだを動かして避ける。身をかわす。のがれる。例躱閃(=身をかわしてにげる)。

身 7 【躳】 14画 ⇩【躬】(950ページ)

身 9 【躾】 16画 7731 8EBE 国字 訓しつけ・しつ-ける

意味 身についた礼儀作法。みだしなみ。しつける。しつけ。例躾けがいい。不躾。子供を躾ける。

【躾糸】しつけいと 衣服を仕立てるとき、形を保つために、要所をぬいおさえる糸。

身 11 【軀】 18画 1-9242 8EC0 音ク漢呉 訓からだ・むくろ

身 4 【躯】 11画 2277 8EAF 俗字

意味 ❶頭・手・足など、部分として区別できる、からだ。全体を区分してみとめるときの身体。例軀幹。体軀。❷仏像など、人体の形をしたものを数えることば。例菩薩像一軀。

【軀幹】クカン ①頭や手足をのぞいた、からだの主要な部分。胴体。②からだ。体格。

●巨軀・体軀・病軀・老軀

身 12 【軅】 19画 7732 8EC5 国字 訓たか

意味 地名に用いられる字。たか。

身12 【軄】 19画 ⇩【職】(813ページ)

身13 【軆】 20画 ⇩【体】(67ページ)

身 17 【軈】 24画 7733 8EC8 国字 訓やが-て

意味 ❶まもなく。ほどなく。例軈て来るでしょう。❷かれこれ。だいたい。例軈て一年になる。❸時間が少しずつたった後には。結局。ついに。例日日の努力が軈て実る。

159 7画 車 くるま くるまへん 部

車輪のついた乗り物の形をあらわす。「車」をもとにしてできている漢字を集めた。

0 車 1 軋 2 軌 軍 3 軒 4 軛 転 軟 軣 5 軼 軻 軽 軸 軫 6 較 載 軾 輊 輅 輌 7 輒 輓 輔 輕 8 輝 輜 輟 輩 輛 輪 輦 輙 9 輯 輳 輻 輹 輸 輸 10 轅 轄 轂 輾 輿 轄 11 轌 轆 轉 12 轎 轍 13 轗 14 轟 轜 15 轡 轢 16 轣 轤

この部首に所属しない漢字

斬⇨斤 472

車 0 【車】 7画 2854 8ECA 教育1 音シャ漢呉 訓くるま 付表 山車

筆順 一 厂 戸 戸 亘 亘 車

なりたち 車 [象形] 両輪が車体をはさみ真ん中を車軸が通っている乗り物の形。

意味 ❶車輪の回転によってうごく乗り物。くるま。例車両。汽車。自動車。❷軸を中心にくるくるまわる輪。例車輪。滑車。風車。

日本語での用法 《くるま》①車の輪のようにまるい形。「車海老・車座」②人力車や乗用車をいう。「車引き・車屋・車代・車を転がす」

難読 車前草

人名 くら・のり

【車座】くるまざ 多くの人が円形になってすわること。例—になって、弁当を広げる。

【車▼駕】シャガ ①天子の乗るくるま。例—の行幸をあおぐ。②くるま。乗り物。

【車外】シャガイ 車両のそと。対車内。例—の空気を入れる。

【車庫】シャコ 自動車や電車を入れておく建物など。ガレージ。

【車▼轂】シャコク 車輪の輻(=スポーク)が集まる中央の部分。こしき。

【車軸】シャジク くるまの心棒。

【車軸を流す】(雨のすじが)車軸のように太い雨が降る。雨が激しく降るようすにいう。例—ような豪雨。

【車掌】シャショウ 電車やバスで、発車の合図や乗客との応対にあたる乗務員。

【車上】シャジョウ くるまの上。また、自動車に乗っていること。例—の人となる。

【車線】シャセン 自動車が走る幅を、道路に引いた線。例片側二—。

【車窓】シャソウ 汽車や電車、自動車などのまど。例—の眺め。

【車体】シャタイ 自動車や電車などで、人や荷物をのせる部分。ボディー。

【車台】シャダイ 車体をささえている台。シャーシー。

【車中】シャチュウ 「車内」に同じ。

【車▼轍】シャテツ 車輪の通ったあとにできる土のくぼみ。わだち。

【車道】シャドウ 自動車などが通る道。対歩道。

【車内】シャナイ 列車や自動車などの中。対車外。例—放送。

【車馬】シャバ くるまとウマ。乗り物。

【車幅】シャはば・シャフク 自動車などのはば。例通行車の—規制。

【車夫】シャフ 人力車を引く人。くるまひき。

【車両】シャリョウ ①自動車。くるま。例送迎用の—。②鉄道で、客や貨物の輸送車。例—故障。表記 ▽旧車▼輛

【車輪】シャリン ①くるまのわ。例—の下じきになる。②いっしょうけんめいに事をおこなうこと。大車輪。

●貨車・機関車・牛車・救急車・空車・口車・下車・乗車・水車・戦車・駐車・停車・荷車・拍車・馬車・列車

車 1 【軋】 8画 7734 8ECB 音アツ漢 訓きし-む・きし-る

意味 車輪などが強くすれあって(いやな)音をたてる。きしむ。きしる。例軋轢。

【軋▼轢】アツレキ 〔「轢」も、車輪がきしむ意〕人と人、国と国などのあいだの不和やもめごと。摩擦。例官民のあいだの—。

車 2 【軌】 9画 2116 8ECC 常用 音キ漢呉 訓わだち・みち

筆順 一 ｢ 厂 百 亘 車 車 軌 軌

なりたち [形声]「車(=くるま)」と、音「九キュウ→キ(=空間)」とから成る。車体の下、車輪のあいだにある空間。

意味 ❶車の両輪の間隔。レールのはば。例狭軌。広軌。❷車の通ったあと。車の通るみち。わだち。例軌跡。軌道。❸ふみはずしてはならない、すじみち。一定のわく。みち。例軌範。常軌。

人名 のり

【軌条】キジョウ 電車などの車両を、ささえながらなめらかに走らせるために、地面に敷いた長い鋼材。レール。軌道。

【軌跡】キセキ ①車の通ったあと。わだち。②転じて、人やものごとのたどってきたあと。例心の―をたどる。③〔数〕ある条件を満たす、すべての点がつくる図形。

【軌道】キドウ ①電車などの車両が通るための道。レール。線路。軌条。②天体が動くみちすじ。例人工衛星が―に乗る。③ものごとの進んでいく、うつりかわり。例―を修正する。

【軌範】キハン てほん。模範。例―を求める。―になる。表記「規範」とも書く。

【軌を一にする】①(前の車のわだちを行くように)やり方や考え方などが同じである。②(車の両輪間の軸の長さを同じにすることから)天下が統一される。揆を一にする。

【軌を異にする】〔車の両輪間の軸の長さがちがうことから〕国や時代などによって規則や制度などが異なる。

●狭軌・広軌・常軌

車2 **【軍】** 9画 2319 8ECD 教育4 音クン漢 グン呉 訓いくさ

筆順 ' 冖 冖 冖 冒 冒 冒 軍

なりたち [会意]「勹(=つつむ)」と「車(=くるま)」とから成る。兵車をかこむ多くの兵士。

意味 ❶兵士の集団。例軍隊。従軍。遊軍。❷たたかい。いくさ。戦争。例軍艦。軍事。矢軍。

人名 いく・いさ・いさお・いさむ・かこむ・すすむ・たむろ・むら

【軍医】グンイ 軍隊の医師として、医療を職務とする士官。

【軍営】グンエイ 軍隊が宿泊する場所。陣営。

[車部] 2画 ●軍

【軍役】グンエキ ①軍隊に勤務すること。例―に服する。②戦役。

【軍靴】グンカ 軍隊で兵士のはくくつ。例―でふみにじる(=軍隊が土地の平和な生活をみだす)。

【軍歌】グンカ ①軍隊で士気を高めるためにうたう歌。②戦時に、軍隊生活や戦争を賛美する歌詞をもった流行歌。

【軍拡】グンカク「軍備拡張」の略。対軍縮。

【軍楽隊】グンガクタイ 軍隊で、音楽の演奏を職務とする部隊。

【軍艦】グンカン 水上や水中の戦闘に従事する艦艇。

【軍紀】グンキ 軍隊の風紀。例―が乱れる。

【軍規】グンキ 軍隊の規律。

【軍旗】グンキ ①戦場で、一軍の指揮官の所在を示す旗。②旧日本陸軍で、歩兵や騎兵の連隊ごとに一旒ずつ、天皇が授けた旗。

【軍議】グンギ 軍事に関する会議。例―で決する。

【軍記物語】グンキものがたり 平安時代末期から鎌倉・室町時代に作られ、合戦をおもな題材にした物語。『保元物語』『平治物語』『平家物語』『太平記』など。

【軍鶏】グンケイ シャモ ニワトリの一品種。つよい足と、するどいつめをもち、闘鶏用に、また食用になる。参考「シャモ」は、江戸時代にシャム(=今のタイ国)から渡来し、「シャムケイ」と呼ばれたことによる。

【軍鼓】グンコ 昔、戦場で用いた太鼓。陣太鼓。例―を鳴らす。

【軍功】グンコウ 戦争で立てた功績。いくさのてがら。

【軍港】グンコウ ①軍の使用する港。②艦隊が活動の根拠地として使用するための設備をもつ港。旧海軍で、鎮守府の置かれた横須賀・呉・佐世保・舞鶴の四港。

【軍国】グンコク 軍事を優先して政策を立てる国家。例―主義。

【軍師】グンシ ①大将をたすけて戦略や戦術を考える人。類参謀。②ぬけめのない策略をめぐらす人。類策士。

【軍事】グンジ 軍備や戦争に関することがら。例―機密。

【軍資金】グンシキン ①戦争のために必要なお金。例―を調達する。②何かをおこなうのに必要なお金。

【軍需】グンジュ ①軍事上の需要。例―産業。②軍事に必要な物資。また、その調達。対民需。

【軍縮】グンシュク「軍備縮小」の略。対軍拡。例―会議。

【軍神】グンシン いくさの神。戦争を支配する神。例ローマの―マルス。

【軍人】グンジン 軍隊の組織に所属して軍務をつとめる人。例職業―。

【軍陣】グンジン 軍隊の陣営。軍営。戦陣。例―医学。

【軍政】グンセイ ①軍事に関する政務。②軍人がおこなう統治。③〔軍令に対して〕軍事行政。

【軍勢】グンゼイ 軍隊。また、軍隊の人数。例およそ十万の―。

【軍籍】グンセキ ①軍人としての地位や身分。兵籍。例―に在る。②軍人としての身分を登録する帳簿。兵籍簿。例―に編入される。

【軍船】グンセン 水上で戦うための船。いくさぶね。

【軍曹】グンソウ もと、陸軍の下士官の階級の一つ。曹長の下、伍長の上。

【軍装】グンソウ 軍人の服装。

【軍属】グンゾク ①軍に所属して勤務する文官。陸軍教授や海軍教授など。②正規の軍人以外で軍務に従事する者。報道部の嘱託、軍需工場員、飛行場要員など。

【軍卒】グンソツ 兵卒。兵。

【軍隊】グンタイ 戦争を目的とし、一定の組織編制をもって活動する軍人の集団。

【軍団】グンダン ①陸軍の編制上の単位の一つで、軍と師団の中間。②活動的な集団。

【軍刀】グントウ 軍人が戦闘に用いる刀。〔指揮刀に対していうことがある〕

【軍馬】グンバ 軍隊で使うウマ。

【軍配】グンバイ「軍配団扇」の略。例―を上げる(=勝負で一方を勝ちと判定する)。

【軍配▽団▽扇】グンバイうちわ ①相撲で、行司が持つうちわ。②昔、武将が戦争の指揮に用いたうちわ。軍扇。

【軍閥】グンバツ ①軍部を中心にした政治勢力。②軍人の党派。

【軍備】グンビ 戦争のための兵力・武器・設備などのそなえ。例―縮小。―の拡張。

【軍費】グンピ ①軍事にかかる費用。軍事費。②戦時の軍隊にかかる費用。戦費。

【軍兵】グンピョウ 兵士。兵卒。つわもの。

【軍部】グンブ 〔政府や民間に対して〕軍の組織や勢力。例―独裁。

【軍服】グンプク 軍人の制服。

【軍帽】軍人の制帽。

【軍法】①軍人や軍属、捕虜などに適用する法律。例—会議（＝軍隊の特別裁判所）。②戦争をする方法。兵法。

【軍民】軍部と民間。軍人といっぱん人。

【軍務】軍事に関する事務や職務。例—にはげむ。

【軍門】陣営の門。軍営の入り口。例—に降る（＝降伏する）。

【軍容】軍隊の装備。武装の状態。例—をほこる。

【軍律】軍隊の規律。軍のおきて。軍規。例厳しい—。

【軍略】軍事上の計略。戦略。

【軍旅】①軍隊。例—百万を動かす。②戦争。いくさ。例—に疲弊する人民。

【軍令】①軍事上の法令。②戦場での命令。③（軍政に対して）軍の統帥事務。

●援軍・海軍・官軍・空軍・従軍・将軍・進軍・賊軍・大軍・友軍・遊軍・陸軍

車3 **【軒】** 10画 2414 8ED2 常用 音ケン漢 カン・コン呉 訓のき

筆順 一 冂 百 亘 車 軒 軒 軒

なりたち 軒 [形声]「車（＝くるま）」と、音「干カン→ケン」とから成る。轅が上に曲がり、両わきにおおいのついた車。

意味 ❶轅が高く上がった、貴人の乗る車。例軒轅（＝車のながえ。また、古代中国の伝説上の皇帝である黄帝をさす）。軒車（＝大夫の乗る車）。❷屋根のはしの、そり上がってつき出た部分。ひさし。のき。例軒先。軒灯（＝のきにかかげる灯火）。❸高く上がる。例軒昂。❹雅号などにそえることば。例深井志道軒（＝江戸時代の講釈師）。

日本語での用法《ケン》家の数をかぞえることば。「軒数・一軒家・十軒店・百軒」

人名 たか・たかし

【軒▼昂】（形動タ）気持ちがふるいたって勢いがよいようす。例意気—の態度。表記「軒高」とも書く。

【軒▼輊】上がり下がり。高低。類優劣。

【軒端】のきに近いところ。軒先。例—に遊ぶ子雀。

車4 **【軛】** 11画 7735 8EDB 音アク漢 ヤク呉 訓くびき

意味 車の轅のさきに取り付けて、牛馬の首にかける横木。くびき。転じて、自由な動きや考えをさまたげるもの。

車4 **【転】** 11画 3730 8EE2 教育3 音テン漢呉 訓ころ-がる・ころ-げる・ころ-がす・ころ-ぶ・うた-た・ころ-ばす

筆順 一 冂 百 亘 車 転 転 転

車11 **【轉】** 18画 7759 8F49 人名

なりたち 轉 [形声]「車（＝くるま）」と、音「専セン→テン」とから成る。めぐる。

意味 ❶くるくるまわる。めぐる。例転回。空転。反転。❷たおれる。ひっくりかえる。ころがる。ころぶ。例転倒。転落。横転。❸移す。移る。例転移。転校。移転。❹（方向を）変える。変わる。例転換。転義。❺しだいに。いよいよ。うたた。例転た凄然（＝いよいよ、ものさびしい）。

難読 転筋・転寝

人名 ひろ

【転位】（名・する）位置を変えること。位置が変わること。

【転移】（名・する）①場所がうつること。場所をうつすこと。移転。②［医］がんなどが他の場所にうつって同じものを作ること。例がんが肺に—する。

【転化】（名・する）ある状態から別の状態に変わること。例熱愛が急に憎悪に—する。

【転▼訛】（名・する）ことばの発音がなまって別の形に変わること。例「つごもり（晦日）」が—して「つもごり」の語形になる。

【転嫁】（名・する）自分の責任や罪を、他になすりつけること。例責任を—する。

【転回】（名・する）向きを変えること。向きが変わること。例コペルニクス的—（＝天動説から地動説に移行するような大転換のたとえ）をとげる。

【転換】（名・する）方針や気分などを変えること。また、変わること。例方針を—する。気分—に散歩をする。

【転記】（名・する）書かれたものを他に書き写すこと。例原簿から—する。

【転機】これまでとちがった状態になるきっかけ。変わり目。例重大な—をむかえる。

【転義】もとの意味から変わって生じた、別の意味。対原義・本義。

【転居】（名・する）すまいを変えること。ひっこし。移転。例—通知。

【転業】（名・する）職業・商売を変えること。

【転勤】（名・する）（同じ組織の中で）勤務地が変わること。例九州へ—する。

【転句】漢詩の絶句で、第三句。第一・二句とは趣を一転させる。→【起承転結】（943ページ）

【転向】（名・する）①方向や態度や好みなどを、変えること。例野球からサッカーに—する。②思想や信条や主義などを、変えること。例極左から右翼に—する。

【転校】（名・する）児童や生徒が別の学校に変わること。例—生。

【転載】（名・する）一度刊行物にのった記事や作品などを、別の刊行物にのせること。例無断—を禁ずる。

【転写】（名・する）文章や絵などを別のものに書き写すこと。例—の過程で書き落とした。

【転借】（名・する）人が他から借りているものを借りること。また借り。対転貸。

【転住】（名・する）すまいを変えること。転居。

【転出】（名・する）新しい住居や勤務地に移る。またそのために、住民登録などの手続きをとること。例—届。

【転生】（名・する）①［仏］生まれ変わること。輪廻。②生活態度や環境を変える。例—して新生活を始める。

【転職】（名・する）職業を変えること。例—を希望する。

【転身】（名・する）身分・職業・主義・生き方などを変えること。例体育教師から力士へ—する。

【転進】（名・する）ちがった方面へ向きを変えて進むこと。［第二次世界大戦中、日本軍が「退却」の代わりに使ったことば］

【転成】（名・する）①性質のちがった別のものになること。②ある品詞の語が別の品詞に変わること。動詞「ひかる」の連用形「ひかり」が、名詞「光」になる、など。例—名詞。

【転戦】(名・する) あちこちと場所を変えてたたかうこと。例大陸から南方の島に―した。世界各地を―するプロのテニス選手。

【転送】(名・する) ①受取人がそこにいないなどのために、他の場所へそのまま送ること。例郵便物を―する。②一度受け取ったものや処理したものを他の場所へ送ること。例データを―する。二塁から一塁へ―する。

【転属】(名・する) 所属を変えること。ほかの管轄に移ること。

【転貸】(名・する) 人から借りているものを、ほかの人に貸すこと。またがし。てんがし。対転借。例家主に無断で―する。

【転宅】(名・する) ひっこし。転居。

【転地】(名・する) 住む土地を変えること。例―して療養する。

【転注】 漢字の六書の一つ。漢字を、その本来の意義と似た、別の意義に変えて用いること。「音楽」の「楽ガ」を「楽しい」の意味に用い、それにともない音を「ラク」とするような場合をさすというが、別の説もあり、一定していない。

【転調】(名・する) 音楽の、曲のとちゅうで、ほかの調に変わること。また、変えること。例長調から短調に―する。

【転▼轍機】 線路がなん本かに分かれているところで、列車を目的の方向へ導き入れるための開閉装置。ポイント。

【転倒】(名・する) ①さかさまになること。上と下が入れかわること。例本末―。②ひっくりかえること。ころぶこと。例石につまずいて―する。③うろたえること。動転。例気が―する。表記▽旧▼顛倒
【転入】(名・する) よそから新しくはいってくること。例―生。―届。

【転任】(名・する) 職業上の任務または任地が変わること。

【転売】(名・する) 買ったものを、さらにほかに売ること。例土地を―する。

【転覆】(名・する) ひっくりかえること。ひっくりかえすこと。例列車の―。政府を―する陰謀。表記旧▼顛覆
【転変】(名・する) うつりかわること。例有為―。―のはげしい業界。

【転用】(名・する) 本来とはちがった用途や趣旨のために使うこと。例宅地に―した農地。

【転落】(名・する) ①ころげ落ちること。例がけから―する。②悪い状態に落ちていくこと。例―の道をたどる。
●暗転・運転・栄転・回転・機転・逆転・急転・動転・変転・陽転・流転

[車部] 4―5画 軟 軣 軼 軻 軽

車4 【軟】 11画 3880 8EDF 常用 音ゼン漢 ナン・ネン呉 訓やわ-らか・やわ-らかい

筆順 一 亓 百 亘 車 軟 軟 軟

なりたち [形声] 本字は「輭」で、「車(=くるま)」と、音「耎ゼ」(=やわらかい)」とから成る。やわらかい。

意味 ❶力をくわえると、たやすく形がかわる。しなやか。やわらかい。例軟化。柔軟。❷しっかりしていない。よわい。例軟弱。

使い分け やわらかい・やわらかだ【柔・軟】⇩1181

【軟化】(名・する) ①かたいものがやわらかくなること。②強い態度や主張などがやわらぐこと。例強硬な姿勢を―させる。▽対硬化。
【軟球】 野球やテニス、卓球の軟式に用いる、比較的やわらかいボール。対硬球。
【軟禁】(名・する) 遠出を禁じたり、外部との連絡を制限したりする、比較的ゆるい監禁。例―状態に置かれる。
【軟骨】 弾力性のある骨。人の鼻柱の骨など。対硬骨。例―魚類。関節の―。
【軟式】 野球やテニスで、軟球を使ってするもの。対硬式。例―用のボール。
【軟質】 質がやわらかいこと。対硬質。例―ビニール。
【軟弱】(名・形動) ①やわらかくて、よわいこと。例―な地盤。②考えや態度がしっかりしていないこと。対強硬。例―外交。
【軟水】 カルシウム分やマグネシウム分が少ない水。飲み水に適し、洗濯や染色にもよい。対硬水。→【硬度】(717ページ)
【軟性】 やわらかい性質。対硬性。
【軟体動物】 動物の一門。からだがやわらかい動物。巻き貝・二枚貝やナメクジ・カタツムリ・タコ・イカなど。
【軟着陸】(名・する) 探査機や宇宙船などが逆噴射などを用いて速度を落とし、天体にゆっくりと着陸すること。例探査機が月面に―する。
【軟調】(名) ①やわらかい調子。②写真や絵などで、明暗の対照が強くないこと。対硬調。③相場が下がりぎみであること。対堅調。
【軟派】 ㊀(名) ①おだやかな意見をもつ人々。②軟文学を好む人。③異性との交際やはでな流行ばかりに関心をもつ若者。▽対硬派。㊁(名・する) 俗に、異性をさそうこと。
【軟風】 ゆるくふく風。そよ風。微風。
【軟文学】 もっぱら情緒や感性にうったえる文学。主題に恋愛や情事を多くあつかう。
【軟便】 やわらかい大便。
●硬軟・柔軟

車4 【軣】 11画 ⇩【轟】ゴウ(958ページ)

車5 【軼】 12画 7737 8EFC 音イツ漢 訓す-ぎる

意味 ❶後ろの車が前へぬけでる。❷ぬきんでる。すぐれる。同逸。例軼材。❸ぬけ落ちて、なくなる。見失われて、わからなくなる。同佚・逸。例軼事。

【軼材】 すぐれた才能。また、それをもつ人。表記「逸材」とも書く。
【軼事】 世に知られていないかくれた事実。表記「逸事」とも書く。

車5 【軻】 12画 7738 8EFB 音カ漢呉

意味 ❶車軸が木をつぎ合わせた材でできている車。(走りにくい車)❷人名に用いられる字。例孟軻(=戦国時代の思想家、孟子の名)。荊軻(=始皇帝を暗殺しようとした刺客)。

車5 【軽】 12画 2358 8EFD 教育3 音ケイ漢 キョウ呉 キン唐 訓かる-い・かろ-やか・かろ-んじる

車7 【輕】 14画 7743 8F15

筆順 亓 百 亘 車 車 軽 軽 軽

なりたち 輕 [形声]「車(=くるま)」と、音「巠」とから成る。かるくて速いくるま。

意味 ❶重くない。かるい。例軽重。軽量。❷程度が小さい。かるい。例軽症。軽微。❸すいすいと身がるに動く。すばやい。かるい。例軽快。軽舟。❹手がるな。簡単な。かるい。例軽易。軽食。軽便。❺かるはずみな。かるがるしい。例軽率。軽薄。❻みくびる。あなどる。かろんじる。例軽視。軽侮。軽蔑。

難読 足軽・軽粉・軽衫

人名 かる・とし

【軽業】かるわざ つなわたりや空中ぶらんこ、玉乗りなど、からだを身がるに動かしてする曲芸。また、その見せ物。アクロバット。例—師。

【軽易】ケイイ (名・形動ダ) 簡単で、たやすいようす。例—な仕事。

【軽演劇】ケイエンゲキ 気軽に楽しめる大衆的な演劇。例風刺をきかせた—。

【軽音楽】ケイオンガク ジャズ・シャンソン・流行歌など、かるい気分の大衆的な音楽。

【軽快】ケイカイ 一(形動ダ)①動作がかるく、すばやいようす。例—な足取り。②明るい気分で、うきうきとしているようす。例—なリズム。二(名・する)病気や症状がかるくなること。例やや—に向かう。もう少し—したら散歩もできる。

【軽気球】ケイキキュウ 水素やヘリウムなど、空気よりかるい気体をつめた気球。例—に乗って世界一周する物語。

【軽騎兵】ケイキヘイ 軽装で行動のすばやい、騎馬の兵隊。軽騎。

【軽挙】ケイキョ (名・する) 軽率な行動。例—して失敗する。

【軽挙妄動】ケイキョモウドウ (名・する) かるはずみで向こうみずの行動。例—を戒める。

【軽金属】ケイキンゾク アルミニウムやマグネシウムなど比重のかるい金属。対重金属。

【軽減】ケイゲン (名・する) へらして、かるくすること。また、かるくなること。例税の負担を—する。

【軽工業】ケイコウギョウ 紙や繊維、食品など、日常生活に消費するものを生産する工業。

【軽視】ケイシ (名・する) かるくみること。かろんじること。対重視。例若い者を—するのはよくない。

【軽舟】ケイシュウ かるくて速く進む舟。例—に乗って湖水にうかぶ。

【軽少】ケイショウ (名・形動ダ) わずかであること。ほんの少し。例—な謝礼。被害は—であった。

【軽症】ケイショウ 病気の程度がかるいこと。対重症。例—だから心配しなくてよい。

【軽▼捷】ケイショウ (名・形動ダ) 身がるですばやいこと。例—な動作。

【軽傷】ケイショウ かるいけが。対重傷。例さいわい—ですむ。

【軽食】ケイショク かるい食事。簡単な食事。例—の用意がある。

【軽装】ケイソウ 身がるな服装。例夏山でも—は考えものだ。

【軽卒】ケイソツ 身がるな服装の兵。また、身分の低い兵卒。例—の身で大志をいだく。

【軽率】ケイソツ (形動ダ) よく考えずにものごとをおこなうようす。かるはずみ。対慎重。例—な判断。

【軽重】ケイチョウ 〔古くは「キョウジュウ」とも〕かるいことと、おもいこと。つまらないことと、だいじなこと。けいじゅう。例鼎の—を問う(=能力を疑う)。事の—をわきまえる。

【軽▼佻浮薄】ケイチョウフハク (名・形動ダ) かるはずみで、落ちついたところがないこと。例—な行動。

【軽度】ケイド 程度がかるいこと。対重度。例—のやけど。

【軽輩】ケイハイ 地位や身分の低い人。

【軽薄】ケイハク (名・形動ダ) ①ことばや態度がかるがるしいこと。あさはか。例—な男。②ごきげんとりのことば。へつらい。例—を言っては顔色をうかがう。

【軽微】ケイビ (名・形動ダ) ごくわずかなこと。例—な損傷。

【軽侮】ケイブ (名・する) 人をかるく見てばかにすること。例—の対象となる。

【軽蔑】ケイベツ (名・する) 人を見さげること。ばかにすること。あなどること。例—のまなざし。あまりにも人を—した態度にだまっていられなかった。

【軽便】ケイベン (名・形動ダ) てがるで便利なこと。例—鉄道。—な器具。—に要用をすませる。

【軽妙】ケイミョウ (名・形動ダ) かろやかで、気がきいていること。例—なしゃれ。—なタッチでえがく。

【軽油】ケイユ 原油を蒸留したとき、ガソリンや灯油の次に得られる油。ディーゼルエンジンの燃料などに使う。重油に比べて沸点が低いことから軽油とよばれる。

【軽量】ケイリョウ 目方がかるいこと。対重量。例—鉄骨。

【軽労働】ケイロウドウ 体力をあまり使わないですむ労働。対重労働。例—ならば可能だ。

車 5 【軸】 12画 2820 8EF8 常用 音チク漢 ジク呉 訓まきもの

筆順 一 ｢ 亓 百 亘 車 軒 軸 軸

なりたち 軸 [形声]「車(=くるま)」と、音「由(ユ→チク)」とから成る。車輪をとりつける心棒。

意味 ❶回転するものの中心となる棒。例軸足。車軸。地軸。❷ものごとの中心となる重要な部分。かなめ。例機軸。枢軸。中軸。❸かけじく。まきもの。また、それを数えることば。例軸装(=書画を掛け軸の形に表装する)。巻軸。三万軸。❹数学で、座標や対称図形の基準となる線。例軸線。対称軸。

日本語での用法《ジク》筆の柄や、草のくき、マッチの棒などをいう。「筆軸・ペン軸」

【軸足】ジクあし 運動をするとき、からだを支えるはたらきをするほうの足。例—に体重をかけてバットをふる。

●車軸・新機軸・枢軸・地軸・中軸

車 5 【軫】 12画 7739 8EEB 音シン漢 訓いた-む・よこぎ

意味 ❶車の後部の横木。よこぎ。例車軫。❷車。例還軫(=車で各国をめぐる)。❸心を痛める。かなしむ。例軫恤。❹多く集まるようす。さかんなようす。例殷軫(=数が多い)。❺二十八宿の一つ。みつかけぼし。例軫翼(=みつかけぼしと、たすきぼし)。

【軫▼恤】シンジュツ いたみあわれむこと。

【軫軫】シンシン (形動タル) 万物が、大きくさかんなようす。

車 6 【較】 13画 1951 8F03 常用 音カク慣 コウ漢 キョウ呉 訓くら-べる

筆順 一 ｢ 亓 百 亘 車 軒 軟 較

なりたち 較 [形声] 本字は「較」で、「車(=くるま)」と、音「爻」とから成る。車体の両側の板に曲がってついている横木。派生して「くらべる」の意。

意味 ❶二つ以上のものを照らし合わせる。くらべる。例較差。比較。❷おおよそ。あらまし。例較略(=だいたいのところ。おおよそ。❸はっきりしている。あきらか。例較著(=あきらか)。
難読 大較(おおむね)
人名 あつ・とお
【較差】よいものと悪いもの、最高と最低、最大と最小などの差。

車 6 【載】 13画 2660 8F09 常用 音サイ漢呉 訓の-せる・の-る

筆順 一 十 土 吉 𢦏 載 載 載 載

なりたち [形声]「車(=くるま)」と、音「𢦏(サイ)」とから成る。のせる。
意味 ❶車・船・飛行機などにつみこむ。ものをのせる。例積載・搭載。❷書物や新聞などに文章をのせる。しるす。例載録・記載・掲載。❸とし。一年。例千載一遇。❹すなわち。例春日載陽(しゅんじつすなわちあたたかなり)。
使い分け のせる・のる【乗・載】⇩1176ページ
人名 こと・とし・のり・はじめ
【載籍】書籍。文献。また、書物に書きしるすこと。例典拠を―に求めて得られない句。
【載録】(名・する)書いてのせること。書きとどめること。
●記載・掲載・所載・転載・満載・連載

車 6 【軾】 13画 7740 8EFE 音ショク漢シキ呉
意味 ❶車の前部についている横木。立ったまま車に乗るとき、また、車の上から敬礼するときにつかまる。❷(軾に両手をそえてあいさつする)車上の礼。

車 6 【輊】 13画 7741 8F0A 音チ漢
意味 前部が低くなった車。対 軒。例軒輊(=ものごとの高低や軽重)。

車 6 【輅】 13画 7742 8F05 音ロ漢
意味 大きな車。天子の車。例輅車(=大きな車。天子の車)。

車 6 【輌】 13画 ⇩【輛】(957ページ)

車 7 【輒】 14画 7744 8F12 音チョウ漢呉 訓すなわ-ち
車 8 【輙】 15画 7745 8F19 俗字
意味 ❶車の箱の両側のさきが前方に向かって、そり出ているもの。わきぎ。❷直立して動かないようす。例輒然(=まっすぐ立って動かないようす)。❸[助字]「すなわち」と読み、そのたびごとに、の意をあらわす。例飲少輒酔(のむことすくなくしてすなわちよう)(=少ししか飲まなかったのに、そのつど酔った)。

車 7 【輓】 14画 7746 8F13 音バン漢 訓ひ-く
意味 ❶車や舟をひっぱる。ひく。同挽。❷人をひきたてる。例推輓。❸人の死をいたむ。〔ひつぎの車をひくことから〕同挽。例輓歌。❹時代的におそい。同晩。例輓近(=ちかごろ。現代)。
【輓歌】とむらいのとき、ひつぎをのせた車を引きながらうたう、死者をいたむ歌。表記「挽歌」とも書く。

車 7 【輔】 14画 4269 8F14 人名 音ホ慣フ漢 訓たす-ける・たす-け・すけ
なりたち [形声]「車(=くるま)」と、音「甫(フ)」とから成る。車のそえ木。
意味 ❶車を補強するそえぎ。例輔車。❷力をそえて助ける(人)。たすける。たすけ。同補。例輔佐・輔弼。
日本語での用法《すけ》律令制の四等官で、八省の第二位。大(=上位)と少(=下位)とがある。次官。「大輔(おおいすけ)」
表記 現代表記では、「補」に書きかえることがある。熟語は「補」(891ページ)を参照。
人名 たすく
【輔佐】(名・する)人をたすけて、そのつとめを果たさせること。また、その役職。表記 現補佐
【輔車】車のそえ木と車。一説に、頬骨と下あごの骨。たがいに助け合う関係にあるもの。例両国は唇歯―の関係にある。―相依る(=たがいに助け合う)。

【輔臣】力をそえて助ける家臣。
【輔弼】(名・する)天子を補佐すること。また、その人。とくに宰相。例―の任にあたる。表記「補弼」とも書く。

車 7 【輕】 14画 ⇩【軽】(954ページ)

車 8 【輝】 15画 2117 8F1D 常用 音キ漢 訓かがや-く・かがや-かしい・かがや-き・て-る

筆順 丨 ⺌ 业 光 光 粁 粁 煇 輝

なりたち [形声] 本字は「煇」で、「火(=ひ)」と、音「軍(クン→キ)」とから成る。ひかり。
意味 光りかがやく。てる。かがやかしい。かがやく。かがやき。例光輝。
人名 あきら・ひかり・ひかる・みつ・みつる
【輝度】発光体の表面の明るさの度合い。明度。

車 8 【輜】 15画 7747 8F1C 音シ漢 訓ほろぐるま
意味 ❶ほろでおおった車。ほろぐるま。❷軍用品などの荷物を運ぶ車。例輜重。
難読 輜重(にだ)(=小荷駄)
【輜重】①旅の荷物を運ぶ幌車。馬に負わせる荷物。②軍隊で、糧食・被服・弾薬・武器などの荷物。例―兵。

車 8 【輟】 15画 7748 8F1F 音テツ漢 訓や-める
意味 途中でやめる。やめる。例輟耕(=耕作をやめる)。

車 8 【輩】 15画 3958 8F29 常用 音ハイ漢呉 訓ともがら・やから

筆順 丿 ヲ ヨ 非 非 背 輩 輩

なりたち [形声]「車(=くるま)」と、音「非(ヒ→ハイ)(=両翼)」とから成る。軍隊の両翼をなす百両の車。派生して「同等のなかま」の意。
意味 ❶なかま。同類。やから。ともがら。例弱輩・同輩

❷列をなして並ぶ。ならび続く。例輩出。❸順序。しだい。例輩行(=先輩・後輩の順序。また、排行)。後輩。先輩。

人名 とも

【輩出】(名・する)並んで、次々と出ること。また、出すこと。例有為の人材を―した学校。

●後輩・若輩・弱輩・先輩・同輩・年輩・朋輩

車8 【輛】15画 7749 8F1B 音リョウ漢

車6 【輌】13画 7750 8F0C 俗字

意味 ❶くるま。例車輛。❷くるまを数えることば。例三輛。〔「輛」は、古く「両(兩)」と書いた〕

表記 現代表記では、「両」に書きかえることがある。熟語は「両」(24ページ)を参照。

車8 【輪】15画 4656 8F2A 教育4 音リン漢呉 訓わ

筆順 一 冂 亘 車 軨 輪 輪 輪

なりたち 形声「車(=くるま)」と、音「侖」とから成る。輻(=スポーク)のある車。

意味 ❶わ。㋐車のわ。また、自転車や自動車。例輪禍。車輪。㋑円形のもの。例月輪。光輪。日輪。❷ものの外まわり。外形。例輪郭。❸ぐるぐるまわる。めぐる。かわるがわる。例輪作。輪唱。輪廻。

日本語での用法《リン》①花の大きさ。「大輪のバラ」②花を数えることば。「梅一輪」

難読 釣輪・月輪・輪違・井輪・曲輪

人名 もと

【輪禍】車にひかれる災難。例―に遭う。

【輪郭】①ものの形をあらわす、まわりの線。例顔の―。②ものごとのだいたいのようす。例事件の―をつかむ。表記 ▽⑪輪▼廓

【輪形】わのような丸い形。わがた。例―陣。―動物。

【輪講】(名・する)数人が集まって、一つの書物を順番に講読すること。

【輪作】(名・する)同じ畑に、異なる数種の作物を順番に作り、それをくりかえすこと。対連作。

【輪軸】大きさのちがう円筒を一つの中心軸に固定した装置。てこと同様の原理によって、小さな力で重い物を動かすことができる。

【輪唱】(名・する)複数の各声部が、同じ旋律を等間隔をおいて、順次追いかけるようにうたう歌い方。

【輪状】わのような丸い状態。輪形。例―の光。

【輪生】(名・する)植物で、茎の一つの節から三枚以上の葉が輪の形をなして出ること。対互生・対生。

【輪転】(名・する)わのようにくるくる回ること。

【輪転機】印刷原版をとりつけた筒を回転させて高速度で印刷する印刷機。

【輪読】(名・する)数人が集まり、一つの書物を順番によんで研究すること。会読。

【輪▼廻】(名・する)〔仏〕〔「リンエ」の変化〕一切衆生が、死んでもまた別の世界に生まれ変わって、永久にそれをくりかえしていくこと。例―転生。

【輪番】多くの人が順番を決めてものごとをおこなうこと。まわり番。例―制。

【輪舞】(名・する)多くの人が、わになっておどること。また、そのようなおどり。

●面輪・銀輪・競輪・月輪・車輪・大輪・竹輪・動輪・日輪・年輪・耳輪・指輪・両輪

車8 【輦】15画 7751 8F26 音レン漢呉 訓てぐるま

意味 人が引いて進む車。てぐるま。とくに、天子の乗る車。例輦下。輦轂の下。

【輦下】天子の車のもと。天子のおひざもと。皇居のある場所。

【輦▼轂の下】〔「轂」は、こしきの意〕天子の乗り物のもと。転じて、天子のいる都。輦下。

車8 【輙】15画 ⇩【輒】(956ページ)

車9 【輯】16画 2920 8F2F 人名 音シュウ漢 訓あつ‐める

意味 材料をあつめて整理する。あつめる。編輯。同集。例輯佚(=散らばったものを集める)。

表記 現代表記では、「集」に書きかえることがある。熟語は「集」(1043ページ)を参照。

人名 あつむ・むつ

車9 【輳】16画 7752 8F33 音ソウ漢 訓あつ‐まる

意味 車輪の幅が轂にあつまるように、多くのものが一か所にあつまる。あつまる。例輻輳。

車9 【輻】16画 7753 8F3B 音フク漢呉 訓や

意味 ❶車の中心から外輪に向かって放射状に支えている木。スポーク。車のやや。例車輻(=車輪のスポーク)。❷車のやのように。例輻射。輻輳。

【輻射】(名・する)熱や光が一点からまわりに発散すること。放射。例―熱。

【輻▼輳】(名・する)四方から一か所に集まること。例用件が―して、さばききれない。表記「輻▼湊」とも書く。

車9 【輹】16画 7754 8F39 音フク漢 訓とこしばり

意味 車体の底板と車軸を固定する、ひも。とこしばり。

車9 【輸】16画 4502 8F38 教育5 音ユ慣 シュ漢呉

筆順 冂 亘 車 軡 輸 輸

車9 【輸】16画 ― 2F9DF

なりたち 形声「車(=くるま)」と、音「兪ユ→シュ」とから成る。車でものをはこぶ。

意味 ❶ものをこちらからあちらへ移す。おくる。いたす。例輸出。輸送。運輸。❷勝負にやぶれる。例一籌を輸する(=ややおとる)。

【輸▼贏】〔「シュエイ」とも。「贏」は、勝ちの意〕負けと勝ち。勝負。勝敗。例―を争う。

【輸液】(名・する)水分や栄養分を注射器で体内に入れ

【車部】8―9画● 輌 輪 輦 輙 輯 輳 輻 輹 輸

ること。また、その液体。

【輸血】(名・する) けがや手術などで失血する人に血液をおぎなうため、健康な人の血液を血管内に入れること。

【輸出】(名・する) 外国へ品物・技術・思想・制度などを送り出すこと。とくに産物を売り出すこと。㊟輸入。例自動車の━。━超過。

【輸出入】輸出と輸入。

【輸送】(名・する) 牛馬や車両・船・航空機などを使って、物や人などを運ぶこと。例━船。鉄道━。━しやすい荷。

【輸入】(名・する) 外国から品物・技術・思想・制度などを取り入れること。とくに品物を買い入れること。㊟輸出。例米の━。外国の文化を━する。━超過。

◐運輸・禁輸・空輸・密輸

車9 【輸】16画 ⇩【輸】ユ(957ページ)

車10 【轅】17画 7755 8F45 音エン漢 訓ながえ

意味 馬車や牛車の、車体の両側から前方に差し出た二本のかじ棒。その先に横木をつけ、牛馬にひかせる。ながえ。

車10 【轄】17画 1977 8F44 常用 音カツ漢 訓くさび

筆順 亘 車 軎 軡 轄 轄

車10 【轄】17画

なりたち [形声]「車(=くるま)」と、音「害カ→カツ」とから成る。車軸のくさび。

意味 ❶車輪が車軸からはずれないようにおさえとめる金具。くさび。❷はずれないようにおさえとめる。とりしまる。

例管轄。所轄。直轄。◐管轄・所轄・直轄・統轄

車10 【轂】17画 7756 8F42 音コク漢呉 訓こしき

意味 ❶車輪の中央の、車軸を通し、輻(=スポーク)を集める部分。こしき。例輦轂。❷車のこと。例轂下(=天子の車のもと。おひざもと。帝都)。

[車部] 9—14画 ● 輸轅轄轂輾輿轄轌轆轉轎轍轗轟

【轂撃肩摩】並んで走る車のこしきとこしきが接触し、人々のかたとかたとがふれあうこと。町がにぎわい混雑するようすの形容。肩摩轂撃。例大都会の━の雑踏。

車10 【輾】17画 7757 8F3E 音テン漢

意味 車でおしのばすように、ごろりところがる。とくに、ねがえりをうつ。例輾転。

【輾転】(名・する) ころがること。ねがえりをうつこと。例━反側(=思いなやんで、なんどもねがえりをうつ)。表記「展転」とも書く。

車10 【輿】17画 4533 8F3F 人名 音ヨ漢呉 訓こし

意味 ❶車のはこ。人やものをのせてかついで運ぶ乗り物。こし。例神輿(=みこし)。❷万物をのせる大地。例坤輿(=大地。地球)。❸多くの人。たくさんの。例輿望・輿論。

難読 駕輿丁

【輿望】世間の人気や期待。例同窓の人々の━をになう。

【輿論】世間いっぱんの人々の考えや意見。例━調査。表記「世論」とも書く。

◐御神輿・神輿・御輿

車10 【轄】17画 ⇩【轄】カツ(958ページ)

車11 【轌】18画 7758 8F4C 国字 訓そり

意味 地名に用いられる字。そり。例轌町(=秋田県の地名)。

車11 【轆】18画 7760 8F46 音ロク漢

意味 ぐるぐるまわる滑車。また、車が回転するときのきしる音。例轆轆(=車の走る音)。轣轆(=ごろごろと車のまわる音)。

【轆轤】①(物を上げたり下げたりする)滑車。②円形の陶器をつくるための回転台。ろくろ台。③木工・金工で用いる旋盤。例━でひく。④かさの中骨の集まったところにつける開閉装置。

車11 【轉】18画 ⇩【転】テン(953ページ)

車12 【轎】19画 7761 8F4E 音キョウ漢 訓かご・たごし

意味 山をこえるのに用いた乗り物。また、肩でかつぐ、かご。こし。例轎夫・輿轎(=かご)。

【轎夫】かごをかつぐ人。かごかき。轎丁。

車12 【轍】19画 3718 8F4D 音テツ漢 訓わだち

意味 車の通ったあとに、道に残る車輪のあと。わだち。例車轍。轍を踏む。

【轍跡】①道に残った車輪のあと。わだち。②ものごとのあとかた。表記▽「轍迹」とも書く。

【轍鮒】「「鮒」は、フナ」車のわだちのあとにできた水たまりであえいでいるフナ。困窮している人のたとえ。

【轍鮒の急】今すぐに救わなければ命が危ないほどに緊急であること。〈荘子〉

【轍を踏む】⇩【前車の轍を踏む】(137ページ)

◐前轍・覆轍

車13 【轗】20画 7762 8F57 音カン漢

意味 車が進みにくいようす。「轗軻」は、道が平坦でなく、車が進みにくいようす。また、ものごとが思うようにならないようす。不遇。

車14 【轟】21画 2576 8F5F 人名 音コウ漢ゴウ呉 訓とどろ-き・とどろ-く

車4 【軣】11画 7736 8EE3 俗字

意味 たくさんの車が音を立てる。また、雷鳴や大砲などが鳴りひびく。例轟音。轟轟。轟然。

日本語での用法《とどろく》①ひろく世間に知れわたる。「勇名が天下に轟く・名声が轟く」②心臓が激しく打つ。どきどきする。「胸が轟く」

【轟音】雷鳴や砲撃、機械などから出るすさまじい音。例ジェット機が━をとどろかして飛び去る。

【轟轟】(形動タル) すさまじい音がひびきわたるようす。例━たる爆音。

【轟然】(形動タル) 爆発するような大きな音がひびきわたるようす。例━と走り去る特急列車。

【轟沈】(名・する) 船が爆撃や砲撃などで、一瞬のうちに沈没すること。また、沈没させること。

車14 【轜】21画 7763 8F5C 音ジ漢 訓ひつぎのくるま

意味 ひつぎを運ぶ車。霊柩車。ひつぎぐるま。例轜車(=ひつぎぐるま)。

車15 【轡】22画 2305 8F61 音ヒ漢 訓くつわ・たづな

意味 ウマのくつわにつけて、ウマをあやつる綱。たづな。

日本語での用法《くつわ》ウマの口にかませて、たづなを結ぶ金具。

車15 【轢】22画 7764 8F62 音レキ漢 訓ひ-く・きし-る

意味 ❶車が人などを下じきにして通る。ふみにじる。ひく。例轢殺。轢死。❷車輪がきしむ。また、人間関係がうまくいかなくなる。不和になる。例軋轢。

【轢殺】(名・する) 車輪でひき殺すこと。

【轢死】(名・する) 車輪にひかれて死ぬこと。

【轢断】(名・する) 列車などが車輪でひいて物体を切断すること。

車16 【轣】23画 7765 8F63 音レキ漢

意味 ❶糸くり車。また、ごろごろとまわる車の音。例轣轆(=ごろごろと車のまわる音)。❷車でひく。同轢。

車16 【轤】23画 7766 8F64 音ロ漢

意味 「轆轤」は、回転運動を利用する装置。円形の器物を作ったり丸いあなをあけたりする器械や、滑車など。

160 7画 辛 しん からい 部

つみの意をあらわす。「辛」をもとにしてできている漢字を集めた。

0 辛 5 辜 6 辞 辟 7 辣 9 辦 辨 辧 12 辭 14 辯

この部首に所属しない漢字

辮⇨糸795 瓣⇨瓜898

辛0 【辛】7画 3141 8F9B 常用 音シン漢呉 訓から-い・かのと・かろ-うじて・つら-い

筆順 、 亠 亠 亠 立 产 辛

なりたち [会意]「辛(=つみ)」に「一」を加え、罪人の「痛くてつらい」という気持ちや、「なみだが出るほどからい」の意をあらわす。

意味 ❶身をさされるように心が痛む。苦しい。つらい。例辛苦。辛酸。❷ワサビやトウガラシのように舌を刺激する味。からい。例香辛料。❸十干の八番目。かのと。方位では西、五行では金にあてる。例辛亥。

日本語での用法《シン・からい》①きびしい。「世知辛い・辛口の批評」②やっとのことで。ようやく。「辛くも脱出した・辛うじて助かった・辛勝」

難読 辛菜・辛螺

【辛夷】モクレン科の落葉高木。コブシ。春先、葉の出るより前に大きな白い花をつける。

【辛亥】干支の四十八番目。参考「辛亥革命」は、一九一一年辛亥の年に中国で起こった革命。

【辛気】(名・形動) 心がはればれとしないこと。例━な人。━くさい。

【辛苦】(名・する) つらいことや苦しいこと。また、つらく苦しい思いをすること。例艱難━。

【辛酸】さまざまの苦労。つらさや苦しみ。例━をなめる。

【辛勝】(名・する) 苦労の末、やっと勝つこと。〔「辛くも勝つ」をちぢめていったことば〕対圧勝・楽勝。例延長十回、二対一で━した。

【辛辣】(名・形動) ①味がぴりりとからいこと。②批評やもの言いがきびしく、相手に痛い思いをさせること。痛烈。例━な批評。

辛5 【辜】12画 7767 8F9C 音コ漢 訓つみ

意味 ❶あやまち。とが。つみ。例無辜。❷そむく。さまたげる。例辜負(=そむく)。

【辜月】もと、陰暦で十一月のこと。しもつき。

辛6 【辞】13画 2813 8F9E 教育4 音シ漢ジ呉 訓や-める・ことば

筆順 ニ 千 千 舌 舌 辞 辞

辛12 【辭】19画 7770 8FAD

なりたち [会意]「𤔔(=おさめる)」と「辛(=つみ)」とから成る。いいわけする。

意味 ❶言語。文章。ことば。例辞書。言辞。祝辞。修辞。❷しりぞく。やめる。また、ことわる。例辞職。辞退。固辞。❸別れをつげる。いとまごいをする。例辞去。辞世。❹漢文の文体の一つ。叙情性のある、韻文的な文章。例帰去来辞。→【辞賦】

人名 こと

【辞意】職務をやめたり、その地位をおりたいという気持ち。例━をもらす。

【辞彙】ことばを集めたもの。辞書。辞典。

【辞去】(名・する) あいさつをして立ちさること。例先生宅を━する。

【辞謝】(名・する) 辞退すること。ことわること。例先生の厚意を━する。

【辞書】①ことばを集め一定の順序に並べて、解説したもの。発音や意味・用法・用例・語源などが書かれている。辞典。字引。例国語━。━を引く。━にあたる。→【字書】(283ページ) ②辞意を述べた文書。辞表。

【辞譲】(名・する) 辞退して、ほかの人にゆずること。

【辞職】(名・する) 職をやめること。例━勧告。

【辞世】①世間の交際をことわって隠居すること。②この世に別れをつげること。③死ぬときに残す和歌や俳句。例—の句。

【辞退】(名・する) えんりょしてことわること。例出場を—する。

【辞典】「辞書」に同じ。→【字典】(283ページ)・【事典】(39ページ)

【辞任】(名・する) 役職を自分からやめること。㊥就任・着任。例—に追いこまれる。いさぎよく—する。

【辞表】辞職するときに提出する文書。例—を書く。

【辞賦】漢文の文体の一つ。『楚辞』の流れをくみ、押韻して対句を多用するなど、美文調の文章。

【辞林】①ことばを多く集めて解説した書物。②多くの用語や文章。③文学者の社会。

【辞令】①役所や会社などで、採用・退職・異動、また、職務・身分・給与・契約期限などを、文章に明記して本人にわたす文書。例—書。—がおりる。②応対のことば。型どおりの言い方。例外交—。社交上の—。

●訓辞・式辞・謝辞・修辞・祝辞・世辞・措辞・弔辞・通辞・答辞

辛6 【辟】 13画 7768 8F9F 音ヘキ漢

意味 ❶法律。おきて。また、重い刑罰。つみ。例大辟。❷人々をおさめる人。君主。例辟公(=諸侯)。❸まねいて役職につかせる。例辟除(=人を召し出して、官に任じる)。❹近づかないようにする。横へずれて、さける。「避」に通じる。例辟易・辟世。

【辟易】(名・する) ①相手の勢いにおされて、しりごみすること。②困ること。例父親のがんこさには—する。

【辟遠】都会から遠くはなれていること。また、その土地。

【辟邪】①よこしまなこと。正しくないこと。邪悪。②古代中国の想像上の動物。シカに似た一角獣。

辛7 【辣】 14画 7769 8FA3 常用 音ラツ漢

筆順 亠 立 立 辛 辛 辛 辛 辣

なりたち [形声]「辛(=からい)」と、音「剌」の省略体とから成る。からい。

【辛部】6—14画 辟 辣 辦 辨 辧 辭 辯

意味 ❶味がぴりっとからい。例辣油。辣韮。❷てきびしい。ひどい。また、すごい。例辣腕。悪辣。辛辣。

【辣韮】野菜の一種。地下茎がタマネギを細く小さくしたような形で、食用になる。

【辣腕】(名・形動ナ) ものごとをすみやかに、適切に、支障なく処理するうでまえ。すごうで。例—をふるう。

辛9 【辦】 16画 1-9250 8FA6 音ハン漢 ベン呉

意味 問題や事務を処理する。おさめる。さばく。例辦事。辦理。

【辦事】事務を取りあつかうこと。また、その人。表記「弁事」とも書く。

【辦理】(名・する) ものごとを正確にとらえ、処理すること。処理。表記「弁理」とも書く。

辛9 【辨】 16画 ⇩【弁】(359ページ)

辛9 【辧】 16画 ⇩【弁】(359ページ)

辛12 【辭】 19画 ⇩【辞】(959ページ)

辛14 【辯】 21画 ⇩【弁】(359ページ)

161 7画 辰 たつ しんのたつ 部

農業によい時期の意をあらわす。「辰」をもとにしてできている漢字を集めた。

0 辰 3 辱 6 農

この部首に所属しない漢字

唇⇩口205 晨⇩日491 蜃⇩虫877 震⇩雨1051

辰0 【辰】 7画 3504 8FB0 人名 音シン漢呉 訓たつ

なりたち [形声]「乙(=春に草木が曲がりながら出る)」と「匕(=成長する)」と「二(=うえ)」と、音「厂」とから成り、農業に適した「とき」の意。

参考 一説に、貝が足を出している形、という。

意味 ❶とき。ひ。時節。例佳辰。嘉辰令月(=よい日とよい月)。❷十二支の五番目。方位では東南東、時

【辰部】0—6画 辰 辱 農

刻では午前八時、およびその前後の二時間。月では陰暦の三月。動物では竜にあてる。たつ。例辰巳。戊辰。❸太陽と月と星とをまとめていうことば。例三辰。❹星。星座。また、とくに北極星。北辰(=北極星)。

難読 辰

人名 とき・のぶ・のぶる・よし

【辰極】北極星のこと。

【辰巳】方角に十二支をあてはめたときの、東南。東と南との間。

【辰砂】〔中国の辰州(=今の、湖南省)でとれる砂の意〕水銀と硫黄の化合物。朱紅色で、朱色の顔料としても用いる。丹砂。

【辰宿】〔本来の音は「シンシュウ」〕①北辰(=北極星)と宿星(=そのほかの多くの星)。②星座。星宿。

辰3 【辱】 10画 3111 8FB1 常用 音ジョク漢 ニク呉 訓はずかし-める・かたじけな-い・はずかし-め

筆順 一 厂 尸 尼 辰 辰 辱 辱

なりたち [会意]「寸(=きまり)」が「辰(=農業に適したとき)」の下にある。耕すべき時をのがした者が受けるはずかしめ。

意味 ❶名誉をきずつける。はずかしめる。はずかしめ。例屈辱。雪辱。恥辱。忍辱。❷ありがたい。もったいない。かたじけない。例辱知。辱臨(=ありがたい、ご訪問)。

【辱知】自分を知っていただいている、ということ。〔ある人と知り合いであることを、へりくだっていうことば〕例佐藤先生とは—の間がらです。—各位。

●汚辱・屈辱・国辱・雪辱・恥辱・侮辱・陵辱

辰6 【農】 13画 3932 8FB2 教育3 音ノウ漢呉

筆順 冂 曲 曲 声 農 農 農 農

なりたち [形声]「晨(=早朝)」と、音「囟(ソウ→ノウ)」とから成る。(明るくなると、動き出して)耕す人。

参考 一説に、「農」の「曲」は「田」の変形で、「辰(=大きな貝がら)」を用いて「田(=た)」を耕す意、という。

意味 田畑を耕して作物をつくる。また、その仕事をする人。例農耕。帰農。酪農。

人名 あつ・あつし・たか・たみ・つとむ・とよ・みのり・みのる

【農園】ノウエン 野菜・くだもの・花・樹木などを栽培するところ。例イチゴを栽培する―。

【農科】ノウカ ①農業に関する学科。②大学の農学部。

【農家】ノウカ 生計の中心として農業をいとなむ家。

【農学】ノウガク 農業について研究する学問。

【農閑期】ノウカンキ 農作業のひまな時期。対農繁期。

【農協】ノウキョウ 「農業協同組合」の略。農作物の集荷・出荷・加工・販売のほか、福利厚生・技術指導など広い範囲で農業者の生活向上をめざす協同組合。

【農業】ノウギョウ 土地を利用して米や麦、野菜やくだものなどをつくり、また家畜を飼うなどして、人間生活に直接必要なものをつくりだす産業。

【農具】ノウグ 農業に使う道具。昔からのすき・くわ・かまなどから大規模な農作業用の機械までをさす。農機具。

【農芸】ノウゲイ ①農業と園芸。②農作物をつくる技術。

【農工】ノウコウ ①農業と工業。②農民と工場労働者。

【農耕】ノウコウ 作物をつくるため田畑をたがやすこと。例―民族。

【農作】ノウサク 田畑をたがやし、米や麦、野菜やくだものなどをつくること。例―物。

【農事】ノウジ 農業に関することがら。例―暦。―試験場。

【農場】ノウジョウ 作物をつくるための設備をそなえた広い土地。

【農政】ノウセイ 農業についての行政や政策。例―学。

【農村】ノウソン 農業を職業とする住民の多い村。例―地帯。

【農奴】ノウド 中世ヨーロッパで、領主のもとにあって、自由を制限された農民。例―を解放する。

【農繁期】ノウハンキ 農作業のいそがしい時期。対農閑期。

【農夫】ノウフ ①農業を職業とする男の人。対農婦。②農作業にやとわれる人。

【農婦】ノウフ 農業を職業とする女の人。対農夫。

【農牧】ノウボク 農業と牧畜。例―の国。

【農民】ノウミン 農業で生計をたてる人。

【農薬】ノウヤク 農業や林業で用いる、消毒・殺虫・除草などを目的としたくすり。例―を散布する。

【農林】ノウリン 農業と林業。例―学校。

●営農・帰農・豪農・就農・篤農・半農・貧農・富農・酪農・離農

162 7画 辵(辶・辶) しんにょう しんにゅう 部

あるく意をあらわす。文字の一部になるときは「辶(四画)」、常用漢字では、「遡」「遜」「謎」を除き、「辶(三画)」となる。「辵」の音は、チャク。「辶」が「之」に似ていることから「しにょう」、転じて「しんにょう・しんにゅう」という。「辵」をもとにしてできている漢字を集めた。

1 辷 2 込 込 辻 辺 3 迂 迄 迅 迅
辿 4 近 近 迎 迎 迚 返 返 5 迦 迥
述 迢 迪 迪 迭 迭 迫 迫 迩 述 迸
逆 逆 逅 送 退 退 迺 追 追 逃 逃 6
迷 迴 迹 送 迸 7 逑 逧 這 逡 逍 迷
逝 造 速 速 逐 逐 通 通 逓 逞 逖 途
途 透 透 逗 逋 逢 連 連 逕 逎 造 8
透 逸 逵 週 進 進 逮 逮 迸 逸 週 逹
9 遏 逼 運 運 過 過 遐 遇 遇 遑 遒
遂 達 達 遅 逼 道 道 遁 逼 遍 逾 遊
遊 遥 違 遂 遍 10 違 遠 遠 遣 遣 遘
遡 遜 遡 遜 遞 遙 11 遨 遮 遮 遭 遭
適 適 遯 遷 12 遺 遺 遵 遶 選 遷 邁
遼 遼 遵 選 遲 13 邂 還 還 遽 避 避
邀 邉 14 邇 邃 邈 15 邊 19 邏

この部首に所属しない漢字

巡⇒巛 332 導⇒寸 313

辶1 【辷】 5画 7772 8FB7 国字 訓すべ-る

意味 平らにはやく動く。なめらかに動く。(その位置を保つことができなくなって)動く。滑る。例地辷り。手が辷る。口が辷る。試験に辷る。

辶2 【込】 5画 2594 8FBC 常用 国字 訓こ-む・こ-める・こ-み

筆順 ノ 入 入 込 込

辶2 【込】 6画

なりたち [会意]「辶(=ゆく)」と「入(=はいる)」とから成る。はいりこむ。こめる。

意味 ❶中へつめる。入れる。こめる。例弾を込める。力を込める。❷中にはいる。ぎっしりつまる。例雨が吹き込む。教え込む。❸入り組んで複雑である。例手の込んだ料理。❹中に入れること。ふくんでいること。こみ。例税込み。送料込み。申し込む。

使い分け こむ【混・込】 ⇩1169ページ

辶2 【辻】 6画 3652 8FBB 国字 人名 訓つじ

意味 道が十文字に交わっているところ。十字路。つじ。例辻強盗。辻風。

【辻強盗】つじゴウトウ 昔、四つつじに立ち、通りかかった人のことばによって吉凶を判断したうらない。

【辻占】つじうら 昔、四つつじに立ち、通りかかった人のことばによって吉凶を判断したうらない。

【辻強盗】つじゴウトウ 道ばたで通行人をおそい、金品をうばい取る強盗。おいはぎ。

【辻説法】つじセッポウ 人通りの多い道ばたでおこなう説法。

【辻褄】つじつま はじめと終わり。すじみち。道理。例―が合う。―を合わせる。

【辻堂】つじドウ 道ばたに建てられた小さな仏堂。

辶2 【辺】 5画 4253 8FBA 教育4 音ヘン 漢 呉 訓あた-り・べ・へ・ほとり

筆順 フ 刀 刀 辺 辺

辶15 【邊】 19画 7820 908A

辶13 【邉】 17画 7821 9089 別体字

[辵(辶・辶)部] 1―2画 ●辷 込 込 辻 辺

なりたち [篆文] 「形声」「辶(=ゆく)」と、音「臱ベン→ヘ」とから成る。垂直ながけのへりをゆく。

意味 ❶はし。はて。かぎり。例 辺際ヘンサイ。広大無辺コウダイムヘン。❷中央から遠くはなれたところ。かたいなか。例 辺境ヘンキョウ。辺塞ヘンサイ(=国境のとりで)。辺地ヘンチ。❸そば。近く。あたり。ほとり。例 海辺カイヘン。身辺シンペン。周辺シュウヘン。❹数学で、多角形の外がわの線。例 一辺イッペン。四辺シヘン。底辺テイヘン。

日本語での用法《ヘン》数式で、等号や不等号の左右にある式。「右辺ウヘン・左辺サヘン」

【辺境】ヘンキョウ 国や文化の中心地から遠くはずれた地域。また、国ざかい。例 —の地。表記 ⑪辺▼疆

【辺際】ヘンサイ 果てるところ。はて。かぎり。

【辺地】ヘンチ 都会から遠くはなれた地域。交通の不便な土地。僻地ヘキチ。辺土。

【辺土】ヘンド 人里から遠くはなれたところ。辺地。例 日本は粟散ゾクサン辺土(=せまい国土)なり。

【辺▼鄙】ヘンピ (名・形動ダ) 都会から遠くはなれていること。例 —な雪深い村。

【辺幅】ヘンプク ①織物のへりの部分。②うわべ。外観。身なり。例 —をかざる。

●海辺カイヘン・べうみ・岸辺きし・近辺キンペン・周辺シュウヘン・身辺シンペン・底辺テイヘン・等辺トウヘン・炉辺ロヘン

辶3 【迂】 7画 1710 8FC2 人名 音ウ漢

意味 ❶遠まわりする。まがりくねる。例 迂遠ウエン。迂回ウカイ。迂曲ウキョク。❷(世間の事情に)うとい。にぶい。例 迂闊ウカツ。迂愚ウグ(=世間のことに暗くておろか)。

人名 すすむ・とお・ゆき

【迂遠】ウエン (形動ダ) まわりくどいようす。実際の役に立たないようす。例 —な方法。

【迂回】ウカイ (名・する) 遠回りすること。例 道路工事のために—する。

【迂▼闊】ウカツ (名・形動ダ) 注意が足りなくて、うっかりしていること。例 —にも約束を忘れた。

【迂曲】ウキョク (名・する) まがりくねっていること。例 川が大きく—する。表記「▼紆曲」とも書く。

【迂拙】ウセツ 一(名・形動ダ) 世間の事情にうとく、おろかであること。二(名) 自分をへりくだっていうことば。類 拙者セッシャ・迂生ウセイ。例 —の申す通りになされい。

【迂余曲折】ウヨキョクセツ (名・する) ①まがりくねっていること。②事情がこみいっていて、たどる筋道がいろいろに変化していること。例 —をへる。表記 ▽「▼紆余曲折」とも書く。

【迂路】ウロ まわり道。迂回路。

辶3 【迄】 7画 4388 8FC4 人名 音キツ漢 訓まで・いた-る・およ-ぶ

意味 ❶行きつく。いたる。およぶ。例 今いまに迄いたる。❷ついに。とうとう。

日本語での用法《まで》経過があって行きつく場所、程度、時間などの限度をあらわす。「東京トウキョウから京都キョウト迄までの距離キョリ・来年ライネン迄まで待まつ・それほど迄までしなくても・親友シンユウ迄までもそむく・とりいそぎお知しらせ迄まで」

辶3 【迅】 6画 3155 8FC5 常用 音シン漢 ジン呉 訓はや-い

筆順 ⺄ 乁 卂 卂 讯 迅

辶3 【迅】 7画

なりたち [篆文] 「形声」「辶(=ゆく)」と、音「卂シ」とから成る。はやい。

意味 ❶速度がはやい。すみやか。例 迅速ジンソク。❷勢いが激しい。例 迅雷ジンライ。奮迅フンジン。

人名 とき・とし・はや・はやし

【迅速】ジンソク (名・形動ダ) ものごとの進行や人の行動が、きわめてはやいこと。例 —に避難ヒナンする。

【迅雷】ジンライ 激しいかみなり。急に鳴りだしたかみなり。例 疾風シップウ—の勢いで進む。

辶3 【辿】 7画 3509 8FBF 人名 音テン漢 訓たど-る

意味 ゆっくり歩く。

日本語での用法《たどる》①さがしながら進む。「跡あとを辿たどる・夜道よみちを辿たどる」②ある線にそって進む。一つの方向に進む。「下降線カコウセンを辿たどる・論理ロンリを辿たどる」

辶4 【近】 7画 2265 8FD1 教育2 音キン漢 コン・ゴン呉 訓ちか-い・ちか-づく

辶4 【近】 8画

筆順 ノ 厂 斤 斤 䜣 近

なりたち [篆文] 「形声」「辶(=ゆく)」と、音「斤キ」とから成る。ちかづく。

意味 ❶そばによる。ちかづく。例 近迫キンパク(=近づく)。接近セッキン。❷関係がちかい。例 近縁キンエン。近親キンシン。卑近ヒキン。❸時間や距離キョリのへだたりが小さい。ちかい。例 近況キンキョウ。近郊キンコウ。最近サイキン。

人名 ちか・ちかし・とも・もと

【近江】おうみ 旧国名の一つ。今の滋賀しが県にあたる。江州ゴウシュウ。

【近因】キンイン 直接の原因。対 遠因。

【近影】キンエイ 最近写した写真。

【近縁】キンエン ①血のつながりがこいこと。対 遠縁とおえん。②生物の分類上で、近い関係にあること。例 —種。

【近火】キンカ 近所に起きた火事。例 —お見舞みまい。

【近海】キンカイ 陸地に近い海。対 遠海・遠洋・外海。例 —漁業。

【近懐】キンカイ 最近の心境。このごろの気持ち。例 —を述べた書簡。

【近刊】キンカン (名・する) ①近いうちに出版すること。例 —予告。②近ごろ出版されたこと。また、その本。類 新刊。

【近眼】キンガン 「近視キンシ」に同じ。

【近畿】キンキ (「畿」は、みやこの周辺の地域の意) ①みやこに近い地域。②「近畿地方」の略。京都・大阪おおさか・奈良なら・兵庫ひょうご・和歌山わかやま・滋賀しが・三重みえの二府五県。

【近況】キンキョウ 最近のようす。例 手紙で—を知らせる。

【近近】キンキン・ちかぢか (副) 近い将来に。近いうちに。例 —に工事を始める予定だ。

【近景】キンケイ ①近くに見える景色。②絵画や写真などで、画面の手前に見える景色。例 —をていねいに描えがく。▽対 遠景。

【近県】キンケン 近くの県。

【近古】キンコ ①あまり遠くない昔。②日本史の時代区分で、中古と近世のあいだ。鎌倉かまくら・室町むろまち時代。中世。

【近攻】キンコウ (遠い国と同盟して)近い国をせめること。例 遠交—。

【近郊】キンコウ 都会の周辺部。都市に近い地域。例 —の住宅

地。

【近郷】キンゴウ 都会に近い村ざと。例—近在から人が集まる。

【近在】キンザイ 都会や町に近い村ざと。例近郷—。

【近作】キンサク 最近の作品。例—を発表する個展。

【近視】キンシ 網膜の前方に像を結ぶため、遠くのものがはっきり見えない目。凹レンズで矯正する。ちかめ。近視眼。近眼。対遠視。

【近似】キンジ (名・する) よくにていること。類似。例形が—している。

【近似値】キンジチ 〔数〕ある数の真のあたいにきわめて近く、実用的に使える数値。例—を求める。

【近侍】キンジ (名・する) 主君のそば近くに仕えること。また、その人。近習。

【近時】キンジ 近ごろ。最近。

【近日】キンジツ 近い将来。近いうち。例—発売。

【近習】キンジュ・キンジュウ 主君のそば近くに仕える家来。小姓。近侍。

【近所】キンジョ その場所から近いところ。近くの家。例—づきあい。

【近称】キンショウ 文法で、指示代名詞の一つ。話し手と聞き手に近い物・方向・場所などを指し示すことば。「これ」「ここ」「こちら」など。「こ」で始まるのが特徴。対遠称・中称・不定称。

【近臣】キンシン 主君のそば近くに仕える家来。近侍。近習。

【近親】キンシン 血縁の近い親族。例—者。

【近世】キンセイ ①近ごろの世の中。②歴史の時代区分の一つ。中世と近代のあいだ。日本史では、江戸時代。

【近接】キンセツ (名・する) ①すぐ近くにあること。例空港に—したホテル。②接近すること。

【近体】キンタイ ①近ごろの体裁や様式。②漢詩の形式の一つ。唐代の初期に完成した律詩と絶句とをいう。句数・韻律などに細かい規則がある。今体。近体詩。今体詩。対古詩・古体詩。

【近代】キンダイ ①現代に近い過去の時代。②歴史の時代区分の一つ。日本史では近世に続く時代で、明治維新以後。

【近東】キントウ 〔Near East の訳語〕ヨーロッパから見て、最も近い東洋の地域。エジプト・イラク・シリア・トルコなど。

【近年】キンネン 現在に近い過去の数年。ここ数年。例—の世界情勢。

【近辺】キンペン そこに近いところ。そのあたり。近所。付近。例東京—。

【近傍】キンボウ その近く。そのあたり。近所。近辺。

【近未来】キンミライ 現在に近い未来。〔過去を区分する考え方を未来にもあてはめたもの〕例—の社会をえがいた小説。

【近憂】キンユウ さしせまった心配ごと。身近な心配ごと。→【遠慮】エンリョ(982ジペー)

【近来】キンライ ちかごろ。近時。例—まれにみる大事件。

【近隣】キンリン ①となり近所。近所。例—の住民に聞く。②市町村や国などが境を接して近くにあること。例—諸国。

【▽近▽衛】コノエ ①「近衛府」の略。昔、皇居の警固や行幸の護衛を担当した役所。例—の大将(=近衛府の長官)。②天皇のそば近く仕えて護衛したこと。例—兵。

【近目】ちかめ 「近視」に同じ。

●遠近エンキン・最近サイキン・至近シキン・親近シンキン・接近セッキン・側近ソッキン・直近チョッキン・手近てぢか・卑近ヒキン・付近フキン・間近まぢか・身近みぢか

辶4 【迎】 7画 2362 8FCE 常用 音ゲイ漢・ゴウ呉 訓むか-える

辶4 【迎】 8画

筆順 ′ ⺊ 卬 卬 卬 卬 迎

なりたち 〔形声〕「辶(=ゆく)」と、音「卬ゴウ→ゲイ」とから成る。であう。

意味 ❶来る人やものを待ち受ける。出むかえる。例迎撃ゲイゲキ。迎春ゲイシュン。歓迎カンゲイ。❷相手の意に合わせる。例迎意ゲイイ。迎合ゲイゴウ。

【迎意】ゲイイ 〔人の心をむかえることから〕相手の思うところに合わせていく。

【迎撃】ゲイゲキ (名・する) せめてくる敵をむかえうつこと。邀撃ヨウゲキ。例—ミサイル。敵機を—する。

【迎合】ゲイゴウ (名・する) 他人の気に入るように意見や行動をあわせること。おもねること。例大衆に—する意見。

【迎歳】ゲイサイ 新年をむかえること。迎春。迎年。

【迎春】ゲイシュン 新年をむかえること。〔年賀状などで、あいさつのことばとして用いる〕

【迎接】ゲイセツ (名・する) 客を出むかえ、もてなすこと。

【迎賓】ゲイヒン 客をむかえて接待すること。〔とくに、外国からの重要な客について用いる〕例—館。

●歓迎カンゲイ・送迎ソウゲイ・来迎ライゴウ

辶4 【迚】 8画 7773 8FDA 国字 訓とて-も

意味 ❶〔「迚とても斯かくても」の「とても」〕どんな方法でも。❷〔下に打ち消しのことばをともなって〕どんなにしたところで。例迚とても行いけない。迚とてもかなわない。❸ひじょうに。たいそう。例迚とてもりっぱな作品。❹〔「迚とてものことに」の形で〕いっそのこと。同じことなら。ついでに。

辶4 【返】 7画 4254 8FD4 教育3 音ハン漢・ヘン・ホン呉 訓かえ-す・かえ-る・かえ-し

辶4 【返】 8画

筆順 一 厂 万 反 反 返 返

なりたち 〔会意〕「辶(=ゆく)」と「反ハン(=かえす)」とから成る。かえる。

意味 ❶もとにもどる。かえる。例返照ヘンショウ。往返オウヘン。❷もとにもどす。かえす。例返還ヘンカン。返却ヘンキャク。

使い分け かえす・かえる【返・帰】⇩1166ジペー

人名 のぶ

【▽返魂香】ハンゴンコウ ⇩【反魂香】ハンゴンコウ(176ジペー)

【返歌】ヘンカ おくられた歌に答えて、詠んでかえす歌。かえしうた。

【返還】ヘンカン (名・する) いったん所有したものを、もとの持ち主にかえすこと。例優勝旗—。

【返却】ヘンキャク (名・する) 借りたもの、預かったものなどをかえすこと。例図書館に本を—する。

【返金】ヘンキン (名・する) 借りたおかね、または預かったおかねをかえすこと。また、そのおかね。

【返済】ヘンサイ (名・する) 借りた金品をかえすこと。例借金を—する。

【返事】ヘンジ (名・する) ①相手からの呼びかけや問いかけなどに対して答えること。また、そのことば。返辞。例大きな声で—をする。②手紙や文書で相手に答えること。また、その手紙や文書。返書。返辞。例—を書く。

【返書】ヘンショ 返事の手紙。返信。例—が届く。

【返照】ヘンショウ (名・する) ①光がてりかえすこと。てりかえし。

夕日がさしてくること。また、夕日にてらされて、ものがかがやいて見えること。夕照（セキショウ）。

【返上】ヘンジョウ（名・する）あたえられたものを、おかえしすること。例休日―で働く。汚名（オメイ）を―する。

【返信】ヘンシン 返事の手紙や通信を出すこと。また、その手紙や通信。返書。対往信。例―用の切手を同封（ドウフウ）する。

【返送】ヘンソウ（名・する）おくりかえすこと。例ちがう商品が届いたので―する。

【返電】ヘンデン 返事の電報。例ただちに―を打つ。

【返答】ヘントウ（名・する）聞かれたことに対して答えること。返事。

【返納】ヘンノウ（名・する）借りたものを、もとの場所や持ち主にかえすこと。

【返杯】ヘンパイ（名・する）宴会（エンカイ）などで、ついでもらった酒を飲みほし、そのさかずきを相手にかえして、酒をつぎかえすこと。表記「返▼盃」とも書く。

【返品】ヘンピン（名・する）いったん買った品物をかえすこと。また、その品物。例サイズがちがうので―する。

【返付】ヘンプ（名・する）お金や品物をかえしてわたすこと。

【返報】ヘンポウ（名・する）①うらみを晴らすこと。報復。仕返し。②好意や親切に対して、おかえしをすること。返礼。③手紙や通信に対して返事を出すこと。返信。

【返本】ヘンポン（名・する）小売りの書店が、売れ残った本を取次（とりつぎ）を通して、出版社などにもどすこと。また、その本。例―率の高い雑誌（ザッシ）。

【返礼】ヘンレイ（名・する）他人から受けたあいさつや好意に対して、おかえしのあいさつやおくりものをすること。また、その品物。おかえし。

【返戻】ヘンレイ（名・する）もとの場所や持ち主にかえすこと。返却（ヘンキャク）。例貸し主に―する。

辶5 **【迦】** 9画 1864 8FE6 人名 音カ漢呉

意味 梵語（ボンゴ）の「カ」の音（オン）にあてる字。例迦葉（カショウ）。釈迦（シャカ）。

【迦▽葉】カショウ〔仏〕（梵語（ボンゴ）の音訳）釈迦（シャカ）の十大弟子（デシ）のひとり。釈迦の死後、弟子たちの中心人物となった。摩訶（マカ）迦葉・大迦葉とも呼ばれる。

【迦陵▽頻▼伽】カリョウビンガ〔仏〕（梵語（ボンゴ）の音訳）極楽浄土（ゴクラクジョウド）にいて、美女の顔と美声をもつとされる鳥。迦陵頻。

辶5 **【迴】** 9画 7774 8FE5 音ケイ漢ギョウ呉 訓はる-か

意味 遠くへだたっている。はるか。例迴遠（ケイエン）（＝はるかにはなれている）。

辶5 **【述】** 8画 2950 8FF0 教育5 音シュツ漢ジュツ呉 訓の-べる

筆順 一 十 才 木 朮 朮 述 述

辶5 **【述】** 9画

なりたち［形声］「辶（＝ゆく）」と、音「朮（シュツ）」とから成る。したがう。

意味 ❶筋道にしたがって話したり、書きあらわしたりする。のべる。例述懐（ジュッカイ）。記述（キジュツ）。著述（チョジュツ）。❷（先人の教えなどを）そのまま受けつぎ伝える。例祖述（ソジュツ）。

人名 あきら・とも・のぶ・のぶる・のり

【述懐】ジュッカイ（名・する）心に思うことをのべること。例当時の心境を―する。

【述語】ジュツゴ 文法で、文の成分の一つ。主語を受けて、その動作や状態、性質などを説明することば。たとえば、「鳥が鳴く」「花がさく」の「鳴く」「さく」の部分。対主語。

【述作】ジュッサク（名・する）詩や文を作ったり本を書いたりすること。また、その作品。著作。著述。

【述部】ジュツブ 文法で、文の構成部分の一つ。述語とそれにかかる修飾（シュウショク）語をあわせたもの。たとえば、「風が強くふく。」という文の、「強くふく」の部分。対主部。

●既述（キジュツ）・記述（キジュツ）・供述（キョウジュツ）・口述（コウジュツ）・後述（コウジュツ）・詳述（ショウジュツ）・上述（ジョウジュツ）・叙述（ジョジュツ）・著述（チョジュツ）・陳述（チンジュツ）・論述（ロンジュツ）

辶5 **【迢】** 9画 7775 8FE2 音チョウ漢 訓たか-い・とお-い・はる-か

意味 はるかなようす。例迢空（チョウクウ）。迢迢（チョウチョウ）。迢遞（チョウテイ）。

【迢迢】チョウチョウ（形動タル）①高いようす。②はるか遠いようす。例―たる牽牛星（ケンギュウセイ）（＝はるか遠い空にかがやくのは、ひこぼし）。〈古詩十九首〉③時間上、長くつづいているようす。

【迢遞】チョウテイ（形動タル）①はるか遠いようす。②高くそびえるようす。

辶5 **【迪】** 8画 7776 8FEA 人名 音テキ漢 訓みち

辶5 **【迪】** 9画

⻌5 **【廸】** 8画 5515 5EF8 別体字

なりたち［形声］「辶（＝ゆく）」と、音「由（ユウ→テキ）」とから成る。みち。みちびく。

意味 ❶道理。みち。例迪彝（テキイ）（＝道のおきて。正しい法）。❷教えみちびく。みちびく。例啓迪（ケイテキ）（＝教えみちびく）。❸（道理に）従っておこなう。ふみおこなう。例迪知（テキチ）（＝実践（ジッセン）してみて、さとる）。

人名 いたる・すすむ・ただ・ただし・ただす・ひら・ふみ・ゆう

辶5 **【迭】** 8画 3719 8FED 常用 音テツ漢 訓か-わる

筆順 ノ 𠂉 二 牛 失 失 迭 迭

辶5 **【迭】** 9画

なりたち［形声］「辶（＝ゆく）」と、音「失（シツ→テツ）」とから成る。とりかえる。

意味 入れかわる。かわる。例迭立（テツリツ）（＝かわって立つ）。更迭（コウテツ）。

辶5 **【迫】** 8画 3987 8FEB 常用 音ハク漢呉 訓せま-る

筆順 ノ 亻 白 白 白 白 泊 迫

辶5 **【迫】** 9画

なりたち［形声］「辶（＝ゆく）」と、音「白（ハク）」とから成る。近づく。

意味 ❶近づく。さしせまる。せまる。例迫真（ハクシン）。迫力（ハクリョク）。切迫（セッパク）。❷おいつめて苦しめる。おさえつける。おびやかす。例迫害（ハクガイ）。圧迫（アッパク）。脅迫（キョウハク）。

難読 迫合（せりあい）・迫（さこ）（＝狭（せ）い）・筥迫（はこせこ）

人名 とお

【迫害】(ハクガイ)（名・する）権力や暴力などでおどし、害を加えること。例戦時に自由主義者が―されたことがあった。

【迫撃】(ハクゲキ)（名・する）敵陣に接近してうつこと。例―砲。

【迫真】(ハクシン)真実そのものであるかのように思えること。真にせまること。例―の演技。―の描写力。

【迫力】(ハクリョク)見る者や聞く者の心を圧倒するような力。例―のある演奏。

【▽迫間】(はざま)①物と物との間のせまいすきま。②谷。谷間。③城のかべにあけてある、矢や銃をうつための穴。銃眼。

表記▽「▽狭間」とも書く。
●圧迫・窮迫・脅迫・緊迫・切迫

辶5【迩】8画 ⇨【邇】ジ（987ページ）

辶5【述】9画 ⇨【述】ジュツ（964ページ）

辶5【迯】9画 ⇨【逃】トウ（968ページ）

辶6【逆】9画 2153 9006 教育5
音ゲキ漢 ギャク呉
訓さか・さか-らう・さか-さ・さか-さま

筆順 丷 䒑 屰 屰 屰 逆 逆

辶6【逆】10画

なりたち［形声］「辶（＝ゆく）」と、音「屰ゲ」とから成る。むかえる。

意味 ❶来るものをむかえる。でむかえる。例逆命（＝命令を受ける）。逆旅。❷あらかじめ。まえもって。例逆睹。逆料（＝あらかじめ推察する）。❸そむく。はむかう。さからう。例逆臣。逆賊。反逆。❹方向や順序、また位置などが反対である。さかさま。さかさ。例逆転。逆行。逆効果。

【逆意】(ギャクイ)むほんの心。逆心。

【逆運】(ギャクウン)順調ではない運命。不運。ふしあわせ。

【逆縁】(ギャクエン)〔仏〕①悪事をはたらいたことが、仏道にはいるきっかけとなること。②親が子の、また、年長者が年少者の、供養をすること。▽㊟順縁。

【逆効果】(ギャクコウカ)期待した効果とは反対の結果となること。例肥料のやりすぎは―をまねく。

【逆算】(ギャクサン)（名・する）逆の順序で計算すること。終わりから前へとさかのぼって計算すること。例完成の予定日から―して計画を立てる。

【逆襲】(ギャクシュウ)（名・する）せめられていたほうが、逆にせめ返すこと。㊟反撃。

【逆順】(ギャクジュン)①通常とは反対の順序。②さからうことと、したがうこと。順逆。

【逆上】(ギャクジョウ)（名・する）激しいいかりや悲しみなどのために、興奮してとり乱すこと。頭に血がのぼること。例―して乱暴をはたらく。

【逆臣】(ギャクシン)主君にそむく臣下。

【逆数】(ギャクスウ)〔数〕0以外の数または式に対して、その数で1を割った商。たとえば、5の逆数は$\frac{1}{5}$、$\frac{2}{3}$の逆数は$\frac{3}{2}$など。

【逆接】(ギャクセツ)前の文や句と、あとに続く文や句との意味が逆であること。たとえば、「つかまえようとしたが、にげられた。」「花はさいた。しかし、すぐに散ってしまった。」など。㊟順接。

【逆説】(ギャクセツ)常識や真理にさからうような表現で強調される主張。パラドックス。たとえば、「負けるが勝ち。」「急がばまわれ。」など。

【逆送】(ギャクソウ)（名・する）おくり返すこと。

【逆賊】(ギャクゾク)主君にそむいた者。むほん人。例―の汚名を着せられる。

【逆探知】(ギャクタンチ)（名・する）電波や電話の発信元を、受信側からつきとめること。例無言電話の発信者を―する。

【逆手】(ギャクて)㊀①柔道などで、相手の関節を逆の方向に曲げて痛めつけること。また、そのわざ。②器械体操で、手のひらを手前に向けてにぎる、鉄棒のにぎり方。さかて。㊟順手。例鉄棒の―大車輪。③相手の攻撃や非難などを逆に利用して、反撃すること。さかて。例相手の論法を―に取る。㊁(さかて)①「㊀②」に同じ。②「㊀③」に同じ。③刀など、ふつうの持ち方と逆に、小指のほうが刃に近くなるように柄をにぎること。例短刀を―に持つ。

【逆転】(ギャクテン)（名・する）回転や進行の方向、上下の位置関係、勝敗の形勢などが、それまでと反対になること。例モーターを―させる。力関係が―する。八回の裏に―された。

【逆徒】(ギャクト)むほんを起こした者たち。

【逆▼睹】(ギャクト・ゲキト)（名・する）まえもって見通しをつけること。例形勢は―しがたい。

【逆比】(ギャクヒ)〔数〕比の前項と後項とを入れかえたもの。$a:b$に対する$b:a$など。反比。


【逆比例】(ギャクヒレイ)（名・する）〔数〕二つの数量で、一方が二倍、三倍になるとき、他方が二分の一、三分の一になるという関係にあること。反比例。㊟比例・正比例。

【逆風】(ギャクフウ)①（進むのをさまたげるように）進行方向からふいてくる、かぜ。向かい風。㊟順風。例―をついて走る。②活動や行動のさまたげになるような強い力。例今度の選挙では強い―にあったが善戦した。

【逆用】(ギャクヨウ)（名・する）①本来の目的とは反対のことに利用すること。②相手かたのものを、つごうよく利用する。例相手のおしてくる力を―して勝つ。

【逆流】(ギャクリュウ)（名・する）水などが、本来ながれる方向とは反対の方向にながれること。例満ち潮で川が―する。

【逆浪】(ギャクロウ・ゲキロウ・さかなみ)逆風にあおられ、流れや潮にさからって立つ波。さかまく波。

【逆境】(ギャッキョウ)能力や個性をうまくのばせない境遇。ふしあわせな境遇。㊟順境。例―にめげずに出世する。

【逆光】(ギャッコウ)「逆光線」の略。写真や絵画などで、えがきとろうとするものの後ろからさす光線。また、その状態。例―なのでフラッシュをたいて写真をとる。

【逆行】(ギャッコウ)（名・する）反対の方向に進むこと。あともどり。例時代に―する考え方。

【▽逆旅】(ゲキリョ)旅人をむかえること。宿屋。旅館。また、旅。例天地は万物の―。

【▽逆▼鱗に触れる】(ゲキリンにふれる)天子のいかりをこうむる。また、目上の人のはげしいいかりを買う。

故事のはなし 全身鱗におおわれている竜には、のどの下に一枚だけさかさに生えた一尺ほどの鱗（逆鱗）があって、もしだれかがこれにふれようものなら、竜はおこってたちまちその人を殺してしまうという。天子もこれと同じで、逆鱗、つまりそのことにふれると天子のいかりを買うような急所があるものだ。だから天子に意見を言

う家来たちは、この逆鱗にふれないようによくよく気をつけないといけないのである。〔韓非子〕

【逆毛】①さか立っている毛。②髪型をととのえるために、毛先から根元に向けて、さかさにとかして立たせた髪の毛。

【逆子】赤んぼうが、ふつうとは逆に、足のほうから生まれること。また、その赤んぼう。逆産。表記「逆▽児」とも書く。

【逆夢】夢で見たことは逆の結果になった夢。対正夢

●悪逆・可逆・順逆・反逆

辶6 【逅】10画 7780 9005 音コウ漢 訓あ-う

意味 思いがけなくであう。ぱったり会う。例邂逅。

辶6 【送】9画 3387 9001 教育3 音ソウ漢呉 訓おく-る・おく-り

筆順 丷 丷 兰 关 关 关 送 送

辶6 【送】10画

なりたち ［会意］「辶(=ゆく)」と「倂(=おくる)」の省略体とから成る。人をさしむける。

意味 ❶去って行く人につきそってみおくる。おくる。例送迎・送別・歓送。❷ものをとどける。人をつかわす。おくる。例送金・送電・輸送。

日本語での用法《おくる》①次に移す。「順に席を送る・申し送る」②送り仮名を付ける。「活用語尾は仮名を送る」

使い分け おくる【送・贈】⇩1164ページ

人名 おく

【送還】(名・する)(捕虜や密入国者を、本国へ)おくりかえすこと。例強制―。

【送球】一(名・する)①球技で、ボールを味方の選手に投げわたすこと。パス。②野球で、野手がボールを捕って、走者をアウトにするために投げること。例―がそれる。参考「投球」は、投手が打者に対して投げること。二(名)ハンドボールのこと。

【送金】(名・する)お金をおくること。また、そのお金。例実家に―する。

【送迎】(名・する)去る人をおくることと、来る人をむかえること。おくりむかえ。例―バス。客を―する。

【送検】(名・する)〔法〕犯罪者や容疑者の身がら、あるいはその調査書類を、起訴手続きのために警察から検察庁におくること。例書類―。

【送稿】(名・する)原稿を印刷所などにおくること。

【送受】(名・する)おくり出すこととうけ取ること。送信と受信。例―器。

【送信】(名・する)信号をおくること。対受信。例メールを―する。―設備。

【送水】(名・する)水道管や水路などに水を流すこと。例―管。

【送電】(名・する)電力をおくること。例―線(=発電所から変電所に電力をおくる電線)。

【送付】(名・する)(書類や品物を)おくり届けること。例督促状を―する。

【送風】(名・する)風を起こしておくりこむこと。例―機。

【送別】(名・する)別れて行く人をおくり出すこと。例―会。

【送料】物品を郵送や運送するさいの料金。おくり賃。

【送話器】電話機で、相手に声を伝えるほうの装置。対受話器。

●運送・回送・歓送・護送・転送・電送・配送・発送・返送・放送・郵送

辶6 【退】9画 3464 9000 教育6 音タイ漢呉 訓しりぞ-く・しりぞ-ける・の-く・ひ-く 付表立ち退く

筆順 ㇆ ヨ ヨ 艮 艮 艮 退 退

辶6 【退】10画

なりたち ［会意］「辶(=ゆく)」と「日(=ひ)」と「夊(=ゆっくり足をひいてゆく)」とから成る。日ごとにおくれる。

意味 ❶うしろへひきさがる。あとずさる。しりぞく。例退却・退散・後退。❷ある場所をたちさる。たちのく。のく。例退出・退場・退席。❸やめる。身をひく。例退位・退職・引退。❹おとろえる。勢いがなくなる。例退化・減退・衰退。❺おいはらう。しりぞける。例退治・撃退。

人名 のき

【退位】(名・する)君主・天子がその地位からしりぞくこと。対即位。

【退院】(名・する)患者が病院での療養を終えて自宅に帰ること。対入院。

【退▼嬰】(名・する)〔「嬰」は、赤んぼうのように弱く、争わない意〕新しいことを取り入れる意気ごみがないこと。対進取。例―的。

【退役】(名・する)①軍人が兵役をはなれること。例―将校。②役務からはなれること。例老朽して―した客船。

【退化】(名・する)①生物のある器官や組織が、種の進化や個体の成長のため、小さくなったりはたらかなくなったりすること。②進歩が止まって、以前の状態にあともどりすること。退行。

【退会】(名・する)ある会をやめて、会員でなくなること。対入会。例―届。

【退学】(名・する)学生や生徒が卒業前に学校をやめること。例―処分(=学校側が罰としてやめさせること)。

【退官】(名・する)官職をしりぞくこと。対任官。例国立大学を定年で―する。

【退却】(名・する)戦いや経営が不利な状態になって、ひきさがること。対進出。

【退去】(名・する)ある場所を立ちのくこと。また、立ちのかせること。例―命令。

【退勤】(名・する)一日の勤務を終えて、職場を出ること。対出勤。

【退屈】(名・する・形動ダ)①単調でおもしろみがなく、うんざりすること。例―な仕事。②することもなく、ひまで困ること。例―しのぎ。

【退行】(名・する)①あとにさがること。後退。②心理学で、障害に直面して精神が混乱したときなどに、すでに通過してきたはずの、未発達の状態にもどること。例―現象。

【退校】(名・する)①退学。例―処分を受ける。②学校の一日の授業を終えて、学校の外へ出ること。下校。例児童の―する時間帯。

【退座】(名・する)座席をはなれて、その場を去ること。退

席。例話のとちゅうで—する。
【退散】タイサン (名・する) ①にげるようにいなくなること。例敵が—する。②その場から立ちのくこと。例そろそろ—しよう。
【退治】タイジ (名・する) 害をおよぼすものを、うちほろぼすこと。例鬼—。病気を—する。
【退室】タイシツ (名・する) 部屋から出ること。対入室。
【退社】タイシャ (名・する) ①会社をやめること。退職。②一日の仕事を終えて、会社を出ること。対出社。例—時間。
【退出】タイシュツ (名・する) (役所や目上の人の前などから)引き下がり、帰ること。例宮中を—する。
【退場】タイジョウ (名・する) ①競技場や会場から出ること。対入場。例審判が—を命ずる。②舞台・小説・映画などの、ある場面から人物や役者が引き下がること。対登場。例下手に—する。
【退色】タイショク (名・する) 色があせてうすくなること。例日に当たって—する。表記 旧▼褪色
【退職】タイショク (名・する) それまで勤めていた仕事をやめること。対就職。例定年—。
【退陣】タイジン (名・する) ①軍隊が、構えていた陣を後ろへさげること。②仕事上の地位や立場から身を引くこと。例責任をとって社長が—する。
【退勢】タイセイ 勢いがだんだんおとろえていくこと。衰勢。例—を挽回する。表記 旧▼頽勢
【退席】タイセキ (名・する) 集まりなどの場から立ち去ること。退座。
【退蔵】タイゾウ (名・する) 物品や金銭を使わずに、ひそかにしまっておくこと。例—物資。
【退団】タイダン (名・する) 劇団やチームなどの所属をやめること。対入団。
【退庁】タイチョウ (名・する) その日の仕事をおえて、役所を出ること。対登庁。例五時には—する。
【退朝】タイチョウ (名・する) 朝廷から退出すること。
【退廷】タイテイ (名・する) 裁判の関係者が、法廷から退出すること。対出廷・入廷。例裁判官が—する。
【退転】タイテン (名・する) ①〔仏〕修行をおこたって、以前の悪い状態に落ちること。例不—。②悪いほうへ移り変わること。
【退任】タイニン (名・する) それまでの任務をやめること。対就任。例会長を—する。
【退廃】タイハイ (名・する) ①くずれすたれること。例都会の—していく姿。②人が健全さを失い、乱れた生活を送ること。デカダン。例—的な生活。表記 ▽旧▼頽廃
【退避】タイヒ (名・する) 危険をさけるために、一時的にその場所からはなれること。例—訓練。
【退歩】タイホ (名・する) 発達が止まり、あともどりすること。対進歩。例文化が—する。
【退路】タイロ にげ道。対進路。例—を断つ。
●一進一退・引退・撃退・減退・後退・辞退・進退・衰退・早退・脱退・中退・撤退・敗退・勇退

辶6 【迺】10画 7782 8FFA 音ダイ漢 ナイ呉 訓の・すなわ-ち
廴6 【廼】9画 3922 5EFC 別体字

意味 ①なんじ。同乃。②すなわち。同乃。
日本語での用法《の》「の」の音をあらわす万葉がな。「梅迺花うめのはな・春迺舎朧はるのやおぼろ〔坪内逍遥の別号〕」

辶6 【追】9画 3641 8FFD 教育3 音ツイ漢呉 訓お-う
筆順 ノ 亻 户 户 自 自 追 追
辶6 【追】10画

なりたち [形声]「辶(=ゆく)」と、音「自タイ→ツイ」とから成る。おう。
意味 ①あとをおいかける。おいまわす。おいはらう。おう。例追求・追撃・追跡。②あとについて行く。従う。例追従・追随。③あとから付け加える。例追加・追記・追伸。④過去にさかのぼる。例追憶・追想・追悼。
【追憶】ツイオク (名・する) 過ぎ去った日々やなくなった人を、なつかしく思い出すこと。追懐。追想。例—にふける。
【追加】ツイカ (名・する) あとから付けくわえること。例—予算。注文を—する。
【追懐】ツイカイ (名・する) 過去をなつかしく思い出すこと。追憶。追想。例幼時を—させるできごと。
【追記】ツイキ (名・する) あとから書き加えること。また、その文章。例筆者の経歴を—する。
【追及】ツイキュウ (名・する) ①あとから追いつくこと。例次の走者の—をかわして優勝した。②(責任・原因・理由などを)徹底的に明らかにしようとすること。例責任を—する。
【追求】ツイキュウ (名・する) 目的のものを手に入れるために、どこまでも努力すること。例利益の—。幸福を—する。
【追究】ツイキュウ (名・する) (学問的に)不確かなことや不明なことを、どこまでも明らかにしようとすること。例真理を—する。
【追給】ツイキュウ (名・する) 給与などの不足分や増加分を、あとから追加して支給すること。また、その給与。
【追撃】ツイゲキ (名・する) にげて行く敵を追いかけて攻撃すること。例敵の—をふりはらう。
【追号】ツイゴウ (名・する) 人の死後に生前の功績をたたえておくる名。おくりな。例空海に—して弘法大師という。
【追試】ツイシ 一(名・する) 他人がおこなった実験を、再びそのとおりにやって確かめること。二(名)「追試験」の略。
【追試験】ツイシケン 試験を受けられなかった者やそれに不合格であった者のために、あとで改めておこなう試験。追試。
【追従】(名・する) 一ツイジュウ 人のするまま言うままに行動すること。追随。二ツイショウ おべっかを使ったり、こびへつらったりすること。例お—を言う。
【追熟】ツイジュク (名・する) 果実を未熟なうちに収穫し、その後の貯蔵や輸送の期間中に完熟させること。
【追▼蹤】ツイショウ (名・する) ①あとをつけて行くこと。追跡。②昔のことを思い起こすこと。追懐。
【追伸】ツイシン (名・する) 〔付け加えて申す、の意〕手紙を書き終えたあとに、書き加える文。また、その初めに書くことば。二伸。追而書。表記「追申」とも書く。
【追随】ツイズイ (名・する) 人のあとからついて行き、同じようなことをすること。追従。例他の—を許さない。
【追跡】ツイセキ (名・する) ①にげ去る者のあとを追いかけること。追蹤。②ものごとの移り変わりを、ずっと続けて観察すること。例—調査。
【追善】ツイゼン (名・する) 〔仏〕故人の冥福をいのり、遺族などが法要や寄進、ほどこしなどの善事をおこなうこと。追福。例—供養。—興行。
【追訴】ツイソ (名・する) すでにうったえたことがらに、付け加えてうったえること。
【追走】ツイソウ (名・する) あとを追いかけて走ること。例前の走者

を―する。

【追送】(名・する) ①(出かける人を)見送ること。②あとからもう一度、ものを送ること。

【追想】(名・する) 過去のことやなくなった人を、しみじみと思い出すこと。追憶。追懐。例故人を―する。

【追贈】(名・する) 死後に官位や勲等をおくること。

【追弔】(名・する) 死者の生前をしのんでとむらうこと。例―の会を開く。

【追徴】(名・する) (税金などの)不足額を、あとから取り立てること。例―金。加算税額を―する。

【追討】(名・する) 追いかけて、または軍勢をさしむけて、賊をうちとること。例平家―。

【追悼】(名・する) 死者をしのび、その死をおしみ悲しむこと。例―の辞。

【追突】(名・する) 乗り物などが、後ろから前のものにつきあたること。

【追▼儺】 疫病神や悪鬼を追いはらう行事。おにやらい。〔古く中国から伝わり、宮中や社寺の大晦日の行事だったが、後世は節分の豆まきとなった〕

【追認】(名・する) 過去にさかのぼって、事実をあとからみとめること。例既成事実を―する。

【追納】(名・する) 不足額などをあとからおさめること。例料金を―する。

【追肥】 植物の、生育のとちゅうにあたえる肥料。おいごえ。補肥。対基肥。例―をやる。―をあたえる。

【追尾】(名・する) あとをつけること。追跡。尾行。例敵を―する。

【追▽捕】(名・する) 悪人や犯人を追いかけてとらえること。類逮捕。例―使。

【追福】(名・する) 「追善」に同じ。

【追慕】(名・する) 死者や遠くへ去った人を、思い出してなつかしむこと。例故人を―する。

【追放】(名・する) ①有害となるものを追いはらって遠ざけること。例暴力―のキャンペーン。②不適格とされた人を、一定の地位や職業からしめ出すこと。例一九四五年の教職―。翌年の公職―。

【追録】(名・する) あとから書き加えること。また、書き加えたもの。

●急追・訴追

［辵(⻌・⻍)部］6―7画 ●逃 逃 迷 迷 迴 迹 送 迸 逑 逧

⻌6 【逃】 9画 3808 9003 常用 音トウ漢 訓に-げる・に-がす・のが-す・のが-れる

筆順 丿 ﾘ ｷ 兆 兆 兆 兆 逃

⻌6 【逃】 10画

⻌5 【迯】 9画 7777 8FEF 俗字

なりたち ［形声］「⻌(=ゆく)」と、音「兆チョウ→トウ」とから成る。にげる。

意味 危険な場所からぬけだす。にげる。のがれる。例逃走。逃避。逃亡。

【▽逃散】 □一（チョウサン）〔「チョウ」は、慣用読み〕中世や近世、領主の重税に反抗する農民が集団で逃亡したこと。□二（トウサン）おおぜいが、にげていなくなること。

【逃走】(名・する) 走ってにげること。にげること。例犯人は駅の方へ―した。

【逃避】(名・する) 困難に正面から取り組もうとしないで、さけて通ろうとすること。例現実から―する。

【逃避行】 世間からのがれ、人々の目をさけながら、各地を移り住むこと。

【逃亡】(名・する) にげて行方をくらますこと。例犯人が―する。

⻌6 【迷】 9画 4434 8FF7 教育5 音ベイ漢 メイ呉 訓まよ-う・まよ-い 付表迷子

筆順 丶 丷 丷 半 米 米 迷 迷

⻌6 【迷】 10画

なりたち ［形声］「⻌(=ゆく)」と、音「米ベイ」とから成る。まどう。まよう。

意味 ❶道がわからなくなってさまよう。まよう。例迷宮。迷走。迷路。❷どうしたらいいかわからなくなる。まどう。また、まどわす。まよわす。まよい。例迷信。迷妄。混迷。

日本語での用法 《メイ》「名」のもじり。風刺や笑い、からかいの意をこめる。「迷案・迷探偵・迷文」

【迷子】 「まよいご」の略。親や連れにはぐれた子。

【迷宮】 はいりこむと出口がわからなくなるように、複雑につくられた宮殿。例―入り(=犯罪事件などの、解決の見こみが立たないこと)。

【迷彩】 敵の目をあざむくために、兵器や戦闘服などに、まわりと区別しにくいようなまぎらわしい色をぬること。カムフラージュ。例―をほどこす。

【迷信】 科学や理性が正しいと認めない、言い伝えやうらないなどを信じること。例―家。―を気にかけない。

【迷走】(名・する) 目的地への道や、コースを見失って進むこと。

【迷鳥】 台風の影響を受けたり、渡りのとちゅうで群れからはぐれたりして、ふつうには見られない土地にいる鳥。

【迷夢】 ゆめのように現実ばなれした考え。とりとめのない、心のまよい。例―からさめる。

【迷霧】 ①方角を見失うほどの深く濃いきり。②心のまよいを深いきりにたとえていう。

【迷妄】 道理にくらく、正しくものを考えたり見たりできないこと。心のまよい。例―を破る。―から脱出する。

【迷路】 はいりこむと出口や方角もわからなくなるように、複雑につくられた道。まよいみち。メイズ。例―に立ち入る。希望のない―を歩く。

【迷惑】(名・する・形動) 他人のために、不愉快な思いやわずらわしい仕事をさせられること。例―をこうむる。―をかける。

●頑迷・混迷・低迷

⻌6 【迴】 10画 ⇨【廻】(358ページ)

⻌6 【迹】 10画 ⇨【跡】(946ページ)

⻌6 【送】 10画 ⇨【送】(966ページ)

⻌6 【迸】 10画 ⇨【迸】(976ページ)

⻌7 【逑】 11画 7783 9011 音キュウ漢 訓つれあい

意味 ❶あつまる。あつめる。❷夫婦の一方。つれあい。同仇。例好逑(=似合いの相手。よい配偶者)。

⻌7 【逧】 11画 7790 9027 国字 訓さこ・せこ

意味 山あいの小さな谷。さこ。せこ。おもに、人名・地名に用いられる字。例杉[辶谷](=岡山県の地名)。

辶7 【這】 11画 3971 9019 人名 音シャ漢 訓は-い・は-う

意味 近くの事物や時間、また場所を指すことば。これ。この。例這箇(=これ。この)。這裏(=ここ)。

日本語での用法《はい・はう》地面やかべによりそってすすむ。「ヘビが這う・ツタが這う・横這い」

難読 這入る・這般・這這の体

人名 これ・ちか

【這般】①これら。こういう。例―の事情。②このたび。

辶7 【逡】 11画 7785 9021 音シュン漢 訓しりぞ-く

意味 ❶しりごみする。しりぞく。例逡巡。❷すばやい。同駿。例逡速(=すばやい)。

【逡巡】(名・する)ためらうこと。しりごみすること。例しばらく―したあと、口を開いた。表記「逡▼遁」とも書く。

辶7 【逍】 11画 7786 900D 音ショウ漢呉

意味「逍遥」は、ぶらぶらと歩くこと。また、のびのびと気ままなようす。

【逍▼遥】(名・する)①気ままにぶらぶら歩くこと。類散策・散歩。例舟―(=ふなあそび)。川沿いに―する。②ものごとにこだわらず、気ままに暮らすこと。例―自適。

辶7 【逝】 10画 3234 901D 常用 音セイ漢呉 訓ゆ-く・い-く

筆順 一 才 扌 扩 折 折 逝 逝

辶7 【逝】 11画

なりたち [形声]「辶(=ゆく)」と、音「折セツ→セイ」とから成る。ゆく。

意味 行ったままかえらない。(この世を)去る。ゆく。例逝去。急逝。夭逝。

使い分け いく・ゆく【行・逝】⇩1162ページ

人名 ゆき

【逝去】(名・する)死ぬこと。〔他人の死をうやまっていう〕例ご―の報に接し…。

●急逝・長逝

辶7 【造】 10画 3404 9020 教育5 音㊀ソウ漢 ゾウ呉 ㊁ゾウ慣 ソウ漢 訓つく-る・つく-り

筆順 ノ 𠂉 牛 牛 告 告 告 浩 造

辶7 【造】 11画

なりたち [形声]「辶(=ゆく)」と、音「告コウ→ソウ」とから成る。行きつく。

意味 ㊀ ❶ある地点や段階まで行く。いたる。例造詣。深造(=おくぶかい意義をきわめる)。❷あわただしい。にわか。例造次顛沛。㊁ こしらえる。たてる。つくる。例造園。建造。製造。

日本語での用法《みやつこ》上代の姓の一つ。「国造・伴造」

使い分け つくる【作・造・創】⇩1173ページ

難読 造酒・造酒司・造次・造渠

人名 いたる・なり・なる・はじめ

【造営】(名・する)寺社や宮殿、邸宅などを建てること。例新しく社殿を―する。

【造影剤】エックス線写真をはっきり写すために、飲ませたり注射したりする薬品。硫酸バリウムなど。

【造園】(名・する)(石を置いたり草木を植えたり、また築山や流れをつくったりして)庭園や公園などをつくること。例―家。―業。

【造化】①宇宙・天地・万物をつくりだすこと。また、つくりだした神。造物主。例―のたわむれとでも言うべき風景や奇妙な動物。②宇宙。天地。自然。例―の妙。

【造花】紙やプラスチックなどでつくった花。

【造形】(名・する)芸術作品としての形をつくりあげること。例―美術。表記「造型」とも書く。

【造詣】勉強や研究によって、その分野に関する深い知識やすぐれた考えをもっていること。例教育に―が深い。

【造語】(名・する)新しく単語をつくりだすこと。また、その単語。例―力。―成分。

【造作】㊀(名)手間。手数。めんどう。骨折り。例―をかける。㊁(名・する)①家を建てること。②家の中に、建具や装飾を作り付けること。また、その建具や装飾。例―のりっぱな家。③俗に、顔のつくりとしての目鼻立ち。顔つき。表記㊁は「雑作」とも書く。

【造次▼顛▼沛】〔急なとき(=造次)や危ないとき(=顛沛)の意〕わずかな時間。〈論語〉例―も忘れない。

【造成】(名・する)原野や農地に手を加えて、新たに利用できるようにすること。例宅地を―する。

【造船】(名・する)船舶を設計し、建造すること。例―所。

【造物】①天地にあるすべての物。万物。自然。②「造物主」の略。

【造物主】宇宙・天地・万物をつくりだした神。造物者。

【造幣】貨幣を鋳造すること。例―局。

【造本】印刷や製本や装丁など、本づくりに関すること。また、その作業。

●改造・偽造・急造・建造・構造・醸造・新造・人造・製造・創造・築造・鋳造・密造・木造・模造・乱造

辶7 【速】 10画 3414 901F 教育3 音ソク漢呉 訓はや-い・はや-める・はや-まる・すみ-やか

筆順 一 ㇀ 𠂆 中 束 束 速 速 速

辶7 【速】 11画

なりたち [形声]「辶(=ゆく)」と、音「束ソク」とから成る。はやい。

意味 ❶はやい。すみやか。対遅。例速成。急速。迅速。❷はやさ。例速度。時速。風速。

使い分け はやい・はやまる・はやめる【早・速】⇩1178ページ

難読 速水(=地名・姓)

人名 すすむ・ちか・ちかし・つぎ・とし・はや・はやし・はやみ・はやむ

【速写】(名・する)すばやく写真をうつすこと。

【速射】(名・する)すばやく続けざまに発射すること。例―砲。

【速成】(名・する) 短期間で完成させること。例英会話―法。

【速戦即決】(名・する) 戦争で、すぐさま勝敗を決めてしまうこと。転じて、すばやく決着をつけてしまうこと。

【速達】「速達郵便」の略。ふつうの郵便物より優先してはやく届ける郵便。

【速断】(名・する) ①すばやく決断すること。また、その決断。例―をお願いする。②はやまって判断すること。例―は禁物だ。

【速度】①移動や回転など、ものの動くはやさ。速力。スピード。例仕事の―がおそい。②〔物〕単位時間内に、ある方向に移動する距離。

【速答】(名・する) すばやく答えること。例―をさける。

【速読】(名・する) ふつうよりもはやく本をよむこと。例―術を練習する。

【速筆】文章を書き上げるのがはやいこと。

【速歩】ふつうよりもはやく歩くこと。また、その歩き方。

【速報】(名・する) いちはやく知らせること。また、その知らせ。例開票―。

【速力】はやさ。スピード。

【速記】(名・する) ①すばやく書きしるすこと。②符号を用いて話などを書き取ること。また、その技術。速記法。例―者。―録。

【速球】(野球で投手が投げる)特別にはやいたま。スピードボール。

【速決】(名・する) すみやかにきめること。例―して後悔しない。

【速攻】(名・する) すばやく攻撃すること。例―で得点をあげる。

【速効】ききめがはやくあらわれること。例―性の肥料。
●音速・快速・加速・急速・減速・高速・早速・時速・迅速・敏速・風速

辶7 【逐】 10画 3564 9010 常用 音チク漢 ジク呉 訓お-う

辶7 【逐】 11画 筆順 一 丆 丂 豕 豕 豖 逐 逐

[辵(辶・辶)部] 7画 ●逐 逐 通 通

なりたち [形声]「辶(=ゆく)」と、音「豕」の省略体とから成る。追う。

意味 ❶おいかける。おいはらう。おう。例逐斥(=おいはらう)。駆逐。放逐。❷順をおう。順にしたがう。例逐一。逐語。❸あらそう。きそう。例角逐。

【逐一】(名・副) ①一つ一つ順を追って。例―説明する。②くわしく。例―調査する。

【逐語】原文の一語一語を忠実にたどること。例―訳。

【逐次】(副) 順々に。しだいに。順次。例―報告する。

【逐字】原文の一字一字をたどること。逐語。例―解釈。

【逐条】箇条の順に従うこと。箇条の順をたどること。例―審議。

【逐電】(名・する)〔「テン」は漢音。電を逐う意〕すばやくにげ出して、行方をくらますこと。出奔。例公金を持ち出して―する。

【逐年】(副) 年を追って。年々。例―進学率がのびる。

【逐鹿】〔「鹿」は、天子など権力のある地位のたとえ〕①帝位をかけて争うこと。→【中原に鹿を逐う】(26ページ) ②議員選挙などで、候補者が地位を得るために争うこと。例―戦(=選挙戦)。
●角逐・駆逐・放逐

辶7 【通】 10画 3644 901A 教育2 音トウ漢 ツ・ツウ呉 訓とお-る・とお-す・かよ-う・かよ-い・とお-り

辶7 【通】 11画 筆順 フ マ 乃 月 甬 甬 诵 通

なりたち [形声]「辶(=ゆく)」と、音「甬ヨウ→トウ」とから成る。行きついて、とどく。

意味 ❶つきぬける。とどく。とおる。とおす。例通過。開通。不通。❷行き来する。やりとりする。かよう。例通学。通商。文通。❸男女がひそかに行き来する。例私通。密通。❹つたえる。しらせる。とりつぐ。例通告。通信。通訳。❺広くゆきわたる。例通貨。通称。共通。❻はじめから終わりまで。すべてにわたって。例通算。通史。通読。❼あることについてよく知っている人。人情やものの道理がよくわかっている人。例通暁。通人。精通。❽書類や文書を数えることば。例一通。

難読 通草・木通

人名 いたる・とお・とし・とる・なお・のぶ・ひらく・みち・みつ・やす・ゆき

【通院】(名・する) 病院などに治療を受けるために、かようこと。例かぜで―する。

【通運】荷物をはこぶこと。運送。運搬。例―業。

【通貨】国内での通用を法律で決めている貨幣。例―の安定をはかる。

【通過】(名・する) ①ある場所を、止まらずにとおりすぎること。例―駅。②試験や検査に合格すること。例税関を―する。③議案などが承認され、可決されること。例法案が衆議院を―する。

【通過儀礼】成人式や結婚式など、社会的な立場が次のステップにはいるときの儀礼。イニシエーション。

【通解】(名・する) 全体にわたって解釈すること。また、解釈したもの。通釈。例古典の―をこころみる。

【通学】(名・する) 児童・生徒・学生として、学校へかようこと。例―路。―区域。

【通巻】雑誌や叢書などを、第一巻からとおして数えたときの番号。例―で二百号をこえる。

【通気】空気をかよわせること。空気が出入りすること。例―孔。―の悪い部屋。

【通義】世間でふつうに通用する道理。

【通暁】(名・する) ①ねむらずに朝をむかえること。徹夜。②ある分野やことがらについて、きわめてくわしい知識をもっていること。例東北地方の民謡に―している。

【通勤】(名・する) つとめ先へかようこと。例電車―。―電車。

【通計】(名・する) 全体をとおして計算すること。通算。総計。

【通言】①世間いっぱんで使われていることば。通語。②通人の使う、いきなことば。

【通語】①「通言①」に同じ。②その社会や職業の人たちだけで通用することば。専門語。

【通行】(名・する) ①人がとおること。行ったり来たりすること。例―人。―禁止。②世間いっぱんにおこなわれること。例江戸時代に―していた説。

【通航】ツウコウ (名・する) 船舶が通行すること。航行。例 領海を—する。
【通告】ツウコク (名・する) 相手に公式に伝えること。通知。例 最後—。
【通算】ツウサン (名・する) 全体をひとまとめにして計算すること。また、計算したもの。通計。総計。例 ここ十年間を—する。
【通史】ツウシ 全時代、または全地域にわたって記述された歴史。
【通事】ツウジ 江戸時代、外国人とのあいだに立って通訳をした人。通訳。通弁。表記「通▽詞・通辞」とも書く。
【通釈】ツウシャク (名・する) 全体にわたって解釈すること。また、解釈したもの。通解。
【通式】ツウシキ 世間いっぱんにおこなわれている方式。
【通称】ツウショウ ①正式な名前以外に、日常用いる呼び名。②いっぱんに通用する名前。通り名。俗称。
【通商】ツウショウ (名・する) 外国とのあいだで売買取引をすること。類 交易・貿易。例 —条約。
【通常】ツウジョウ (名・副) ふつうであること。通例。並み。例 —の手続き。—そのようには考えない。
【通信】ツウシン (名・する) 郵便や電子的な方法で、情報を伝えること。例 —教育。—販売。情報—。
【通人】ツウジン ①世間のことがらや人情の機微をよく知っている人。②花柳界の遊びになれていて、事情をよく知っている人。粋人。
【通水】ツウスイ (名・する) 水を水路や水道管などに流し送ること。例 工事が終了したので試験的に—する。
【通性】ツウセイ 同類のものに共通する性質。通有性。
【通説】ツウセツ 世間いっぱんに認められている説。対 異説。例 —に従う。
【通船】ツウセン 一 (名・する) 船が通過するのを認めること。例 —料。二 (名) 船着き場と沖の船とのあいだで人や荷物を運ぶ小型の船。はしけ。
【通則】ツウソク ①いっぱんに通用する規則。②法令や規定の中で、全体にわたって適用される規則。例 —の精神によって細則を解釈する。
【通俗】ツウゾク (名・形動ダ) 世間いっぱんのだれにもわかりやすいこと。受け入れられやすいこと。例 —的。—小説。
【通達】ツウタツ (名・する) ①告げ知らせること。通知。例 本社からの—を待つ。②官庁がその管轄する役所や職員に対して指示を出すこと。また、その文書。③あることがらについて深く、くわしく知っていること。例 西洋美術史に—する。
【通知】ツウチ (名・する) 告げ知らせること。通告。例 合格—。
【通帳】ツウチョウ 預貯金や掛け売り・掛け買いなどの金額・数量・日付などを記録する帳面。例 預金—。
【通▼牒】ツウチョウ (名・する) ①文書で知らせること。また、その文書。②官庁がその管轄する役所に対して文書で通知すること。また、その文書。通達。③相手国に対して、一方的に意思を通告すること。また、その文書。例 最後—。
【通電】ツウデン (名・する) 電流をとおすこと。例 —試験。
【通読】ツウドク (名・する) はじめから終わりまで読みとおすこと。また、ひととおり目をとおすこと。例 報告書を—する。
【通年】ツウネン 一年をとおしてすること。一年間をとおして数えること。例 —営業。—で四単位がもらえる。
【通念】ツウネン ある時代や社会で、大多数の人々が共通してもっている考え。例 社会—。現代の—に反する作法。
【通風】ツウフウ (名・する) 風をとおすこと。かぜとおし。例 窓をあけて—する。
【通分】ツウブン (名・する)〔数〕分母の異なる二つ以上の分数について、それぞれの値を変えないで分母を同じ数にすること。
【通弊】ツウヘイ 全般に共通して見られる、よくない点。例 省益優先は官僚社会の—だ。
【通謀】ツウボウ (名・する) たがいに示し合わせて悪事をたくらむこと。類 共謀。例 敵と—する。
【通夜】ツヤ 一 ツウヤ 夜どおし。ひと晩じゅう。夜もすがら。二 ツヤ〔「ツウヤ」とも〕①寺社にこもって夜どおし祈願すること。②葬式の前に近親者が夜どおしお棺を守って過ごすこと。夜伽。おつや。例 —の席。—に来た客。
【通約】ツウヤク (名・する)〔数〕約分すること。
【通訳】ツウヤク (名・する) 言語がちがうために話の通じない人のあいだに立って、それぞれの言語を翻訳して伝えること。また、その人。例 同時—。現地のガイドが—する。
【通用】ツウヨウ (名・する) ①世間いっぱんに広く認められ、用いられること。例 そのやり方はここでは—しない。②一定の期間、効力をもつこと。例 —期間。③別々のものにも用いることができること。例 遊園地のどの乗り物にも—するチケット。④正式・正面のものでなく、日常の出入りに使用すること。例 —口。—門。
【通覧】ツウラン (名・する) はじめから終わりまで目をとおすこと。
【通力】ツウリキ なんでも自由自在におこなうことのできる不思議な力。神通力。
【通例】ツウレイ 一 (名) 世間のしきたり。いっぱんのならわし。例 祭りの日には仕事を休むのがこのあたりの—だ。二 (副) いっぱんに。ふつう。例 —総務部があつかう仕事。
【通路】ツウロ とおりみち。例 —をふさぐ放置自転車。
【通論】ツウロン ①世間いっぱんに通用する論。②ある分野全般にわたって論じること。類 概論。例 経済学—。
【通話】ツウワ 一 (名・する) 電話で話をすること。また、その話。例 —料金。二 (名) 電話を利用するときの時間の単位。例 一—三分以内。
●開通・貫通・共通・交通・精通・直通・不通・普通・文通・便通・融通

辶 7
【逓】 10画 3694 9013 常用 音 テイ漢 訓 たが-いに・か-わる
筆順 厂 戶 斤 乕 乕 逓 逓

辶10
【遞】 14画 7810 905E
なりたち [形声]「辶(=ゆく)」と、音「虒シ→テイ」とから成る。いれかわる。
意味 ❶かわるがわる(する)。たがいに。例 逓代(=次々にかわる)。❷次から次へとつたえ送る。例 逓信。逓送。駅逓(=宿場から宿場へと次々に送り届けること)。❸だんだんと。しだいに。例 逓減。逓次(=順に)。

【逓減】テイゲン (名・する) だんだんに減らすこと。また、減ること。対 逓増。例 給付金を—する。
【逓信】テイシン 郵便物や通信を順々に伝え送ること。例 —事業。
【逓送】テイソウ (名・する) 郵便物や荷物などを、順送りに伝え送ること。例 航空便で—する。
【逓増】テイゾウ (名・する) だんだんに増やすこと。また、増えること。対 逓減。例 —する援助額。

辶 7
【逞】 11画 7787 901E 人名 音 テイ漢 訓 たくま-しい
意味 ❶とおる。とどく。❷こころよい。思いのまま。ほしいままにする。例 逞意(=思いのままにふるまう)。逞志(=思いどおりにする)。不逞。❸勢いがさかん。たくましい。例 逞兵(テイ)(=たくましい兵)。
人名 たく・たくま・たくみ・とし・ゆき・ゆた・よし

辶7 **【逖】** 11画 7788 9016 音テキ漢 訓とお-い・はる-か
意味 はるかに遠い。とおい。はるか。例逖遠(テキエン)(=はるかに遠い)。

辶7 **【途】** 10画 3751 9014 常用 音ト漢ズ呉 訓みち
筆順 ノ 𠆢 亼 今 全 余 余 途 途 途

辶7 **【途】** 11画
なりたち [形声]「辶(=みち)」と、音「余ヨ→ト」とから成る。みち。
意味 みちすじ。みちのり。みち。例途中(トチュウ)。一途(イチズ)。帰途(キト)。
人名 とお

【途次】(トジ) どこかへ行く道のとちゅう(で)。道すがら。例帰国の—、ハワイに立ち寄る。

【途上】(トジョウ) ①目的地に向かうとちゅう。例イギリス訪問の—、パリをおとずれる。②ものごとの発展しつつある段階や状態。例発展の—にある国。

【途絶】(トゼツ) (名・する) 続いてきたものがたち切れること。例音信が—する。山くずれで道路が—する。表記 ⑪▼杜絶
【途端】(トタン) [多く「途端に」の形で] ちょうどそのとき。例スイッチを入れた—にショートした。

【途中】(トチュウ) ①目的地へ向かって、行き着くまでの間。例—下車。②ものごとのまだ終わらないうち。例試合の—で雨が降り出す。勉強を—で投げ出す。

【途▼轍】(トテツ) すじみち。道理。例—もない(=常識はずれの)大きさ。

【途方】(トホウ) ①ものごとのやり方。方法。例—に暮れる(=どうしたらよいかわからなくなる)。②すじみち。道理。例—もない(=常識では考えられない)計画。
●一途(イチズ・イット)・官途(カント)・帰途(キト)・使途(シト)・先途(センド)・前途(ゼント)・壮途(ソウト)・中途(チュウト)・長途(チョウト)・別途(ベット)・方途(ホウト)・目途(モクト)・雄途(ユウト)・用途(ヨウト)

辶7 **【透】** 10画 3809 900F 常用 音トウ漢 訓す-く・す-かす・す-ける・す-かし・とお-す・とお-る
筆順 ニ チ 千 禾 禾 秀 秀 透 透

辶7 **【透】** 11画
なりたち  [形声]「辶(=ゆく)」と、音「秀シュウ→トウ」とから成る。通りぬける。
意味 ❶とおりぬける。つきぬける。とおる。とおす。例透過(トウカ)。透水(トウスイ)(=水をとおす)。❷あるものをとおしてはっきり見える。すきとおる。すかす。すける。例透視(トウシ)。透写(トウシャ)。
日本語での用法 《すき・すく》つまっているものの一部に間ができる。「透(す)きをうかがう・透(す)き間(ま)風(かぜ)」
難読 透垣(すいがい・すいがき)・透頂香(トウチンコウ)(=小田原(おだわら)の外郎(ウイロウ)薬)
人名 すき・ゆき

【透過】(トウカ) (名・する) ①すきとおること。②光や放射能などが物体の内部を通りぬけること。

【透視】(トウシ) (名・する) ①ものをすかして見ること。例—画法。②ふつうには見ることのできない物体の内部や背後にあるものを、特殊(トクシュ)な能力によって感知すること。例—力(リョク)。意中を—される。③[医] エックス線を使って、からだの内部の状態を写して見ること。

【透写】(トウシャ) (名・する) 図面や書画などの上にうすい半透明の紙を置き、すかして写し取ること。トレース。

【透析】(トウセキ) (名・する) ①半透膜(ハントウマク)を利用して、分子やイオンを分離(ブンリ)すること。②「人工透析」の略。半透膜を利用して、血液中の有害物質をとりのぞくこと。

【透徹】(トウテツ) (名・する) ①にごりがなく、すきとおっていること。例—した秋の空。②あいまいなところがなく、筋が通っていること。例—した理論。

【透明】(トウメイ) (名・形動ダ) すきとおっていること。例—度。

辶7 **【逗】** 11画 3164 9017 人名 音トウ漢ズ呉 訓とど-まる
意味 たちどまる。しばらく宿にとまる。とどまる。とどめる。例逗留(トウリュウ)。
【逗留】(トウリュウ) (名・する) 同じところにしばらくのあいだ、宿泊(シュクハク)すること。類滞在(タイザイ)・滞留。例山のホテルに—する。

辶7 **【逋】** 11画 7789 900B 音ホ漢 訓に-げる・のが-れる
意味 ❶逃亡(トウボウ)する。にげる。のがれる。例逋逃(ホトウ)(=罪をおかして逃亡する)。❷滞納(タイノウ)する。例逋欠(ホケン)。逋租(ホソ)。

【逋客】(ホカク) ①逃亡者(トウボウシャ)。②世をのがれた人。隠者(インジャ)。③流れ者。さすらい人。

【逋▽欠】(ホケン) 租税(ソゼイ)や負債(フサイ)を滞納(タイノウ)すること。

【逋租】(ホソ) 租税を滞納すること。また、滞納している租税。

辶7 **【逢】** 11画 1609 9022 人名 音ホウ漢ブ呉 訓あ-い・あ-う
意味 ❶思いがけなく出あう。あう。例逢着(ホウチャク)。遭逢(ソウホウ)(=であう)。❷相手の気持ちに自分をあわせる。意をむかえる。例逢迎(ホウゲイ)(=人のきげんをとる)。
難読 逢瀬(おうせ)
【逢着】(ホウチャク) (名・する) 思いがけず出あうこと。出くわすこと。例研究を進めるうち、新たな問題点に—した。

辶7 **【連】** 10画 4702 9023 教育4 音レン漢呉 訓つら-なる・つら-ねる・つ-れる・つ-れ
筆順 一 丆 冖 百 亘 車 連 連

辶7 **【連】** 11画 F99A
なりたち  [会意]「辶(=ゆく)」と「車(=くるま)」とから成る。人が引く車。派生して「つらなる」の意。
意味 ❶一列につづく。つらなる。つらねる。例連続(レンゾク)。連峰(レンポウ)。❷くっつける。あわせる。あわさる。例連結(レンケツ)。連邦(レンポウ)。❸ひきつづいて。しきりに。例連呼(レンコ)。連戦連勝(レンセンレンショウ)。❹かかわりあいになる。まきぞえ。例連座(レンザ)。❺つれる。ひきつれる。例連行(レンコウ)。❻なかま。つれ。例連中(レンジュウ)。常連(ジョウレン)。
日本語での用法 一《レン》①つらなったものを数えることば。「数珠(ジュズ)一連(イチレン)・ほしがき一連(イチレン)」②連歌(レンガ)。「連衆(レンジュウ)(=連歌をよむなかま)・連俳(レンパイ)」③欧米語(オウベイゴ)の「レ」「レン」にあてる字。「伴天連(バテレン)(=ポルトガル語で父の意をあらわすパードレ《padre》の、なまり)・紙(かみ)一連(イチレン)(=リー

ム(ream)から。洋紙全紙千枚の単位)」㊁《むらじ》上代の姓の一つ。「大連」

難読 注連・注連縄・連銭草・連翹

人名 つぎ・つぐ・つづき・つづく・つら・つらね・まさ・むらじ・やす

【連歌】レンガ 詩歌の形式の一つ。ふたり以上の人が五・七・五の長句と、七・七の短句を、かわるがわるに続けて詠んでいくもの。和歌の用語・素材をうけついで、中世にさかんにおこなわれた。

【連関】レンカン (名・する) かかわりがあること。つながり。関連。例気候と収穫高は―している。表記㊐▼聯関

【連環】レンカン (名・する) 輪を二つ以上つなぐこと。また、そのもの。くさり。

【連記】レンキ (名・する) 名前を二つ以上ならべて書くこと。例三名―。全員の名を―する。対単記。

【連木】レンギ 〔西日本の方言〕すりこぎ。例―で腹を切る(=できるはずがないことのたとえ)。

【連休】レンキュウ 休みの日が続くこと。また、連続した休日。例三―。

【連句】レンク 詩歌の形式の一つ。連歌と同じ形式だが、表現や題材が俳諧風で、日常的なことばを用いる。表記「▼聯句」とも書く。

【連係】レンケイ (名・する) ものごとや人と人とを結びつけること。また、そのつながり。例―プレー。―をたもつ。表記㊐連▼繋

【連携】レンケイ (名・する) 〔「連絡提携」の意〕連絡を取り合って一つの目的のために協力すること。例―を密にする。

【連結】レンケツ (名・する) つないでひと続きのものにすること。例―器。

【連呼】レンコ (名・する) 同じ名前や文句を、なんどもくりかえして呼んだりさけんだりすること。例公職選挙法にある―行為の禁止。

【連語】レンゴ 二つ以上の単語が結びついて、ひとまとまりの語となったもの。「ほかならない」「人知れず」など。

【連行】レンコウ (名・する) ①強制的に連れて行くこと。例犯人を署へ―する。②つらなって歩く。〔「連れ行く」の音読〕

【連衡】レンコウ (名・する) 〔「衡」は、横(東西)の意〕戦国時代、秦の張儀が主張した外交政策。東方の韓・魏・趙・楚・燕・斉の六か国のそれぞれと同盟を結び、結果的に秦に仕えさせようとしたもの。対合従。→【合従連衡】ガッショウレンコウ(188ページ)

【連合】レンゴウ (名・する) 二つ以上の組織や軍隊、また国などが、共通の目的のために力を合わせること。例―軍。労働組合が―してたたかう。表記㊐▼聯合

【連鎖】レンサ ㊀(名) つながっているくさり。㊁(名・する) くさりのように次々とつらなること。例―反応(=一つの反応や事件がきっかけとなって、同じような反応や事件が次々に起こること)。食物―。

【連座】レンザ (名・する) ①同じ場所にいっしょにいること。②犯罪者とかかわりのある人が連帯責任を問われて、ともに罰せられること。例―制。表記▽㊐連▼坐

【連載】レンサイ (名・する) 新聞や雑誌などに、記事や読み物などを、続き物としてのせること。例―小説。

【連作】レンサク (名・する) ①前の年と同じ作物を、同じ田畑に栽培すること。対輪作。例―障害。②ひとりの人が同じ主題や素材で、いくつもの作品を作ること。また、その一群の作品。③なん人かの人が受け持ちの部分を書きついで、一編の小説などを作ること。また、その作品。

【連山】レンザン ひとつづきになって並んで見える山々。例雪をいただいた―をのぞむ。

【連枝】レンシ ①つらなっている枝。②身分の高い人の兄弟や姉妹。例本願寺法主の―。

【連子】レンジ 窓や欄間などに、細長い角材や竹を縦または横に、一定の間隔で並べた格子。例―窓。表記「▼櫺子」とも書く。

【連日】レンジツ なん日も続くこと。来る日も来る日も。毎日。例―連夜。―の暑さで体調をくずす。

【連珠】レンジュ 〔珠をつなぎ並べる意〕①五目並べ。②(対句や比喩でかざった)美しい詩文の形容にいうことば。表記▽㊐▼聯珠

【連中】レンジュウ・レンチュウ ①仕事や遊びなどをするなかま。つれ。例職場の―。②音曲や演芸などの一座。例おはやし―。

【連勝】レンショウ (名・する) 続けて勝つこと。対連敗。例連戦―。

【連声】レンジョウ 漢字音の末尾の子音m・n・tに、ア・ヤ・ワ行の音が続くとき、マ・ナ・タ行の音に変化する現象。「因縁」「天皇」「陰陽」「観音」「雪隠」など。

【連城の璧】レンジョウのヘキ 〔「璧」は、輪の形をした平らな玉〕天下の名玉の名。また、貴重な宝。〔戦国時代、趙の恵文王が持っていた「和氏の璧(=もとは、楚の卞和が荊山で得た璧)」を、秦の昭王が十五の城市(=都市)と交換しようとした故事による〕→【完璧】カンペキ(290ページ)・【和氏の璧】カシのヘキ(200ページ)

【連接】レンセツ (名・する) つながっていること。また、つなぐこと。例―都市。―式の台車。

【連戦】レンセン (名・する) 続けて戦うこと。例―連勝。一週間に六―。

【連銭▼葦毛】レンゼンあしげ・レンセンあしげ 馬の毛色の名。葦毛に灰色の銭形の斑点がまじっているもの。

【連想】レンソウ (名・する) あるものごとをきっかけとして、それとなんらかの点で関連する他のものごとを思いうかべること。例―をはたらかせる。表記㊐▼聯想

【連続】レンゾク (名・する) 同じようなものごとが続くこと。例失敗の―。―した五つの○印。

【連打】レンダ (名・する) 続けざまにうつこと。続けざまにうち鳴らすこと。例太鼓を―する。強力打線に―される。

【連体】レンタイ 文法で、体言に続くこと。例―修飾語。

【連体形】レンタイケイ 文法で、活用語(=動詞・形容詞・形容動詞・助動詞)の活用形の一つ。体言(=名詞・代名詞)に続くときの形。たとえば、「飛ぶ鳥」の「飛ぶ」、「赤い花」の「赤い」など。

【連体詞】レンタイシ 品詞の一つ。自立語で活用はしない。体言(=名詞・代名詞)だけを修飾する。「この・その・あの・どの」「あらゆる」「我が」「大きな・小さな」など。

【連帯】レンタイ (名・する) ①ふたり以上の者が、共同の責任を負うこと。例―保証人。②人と人、集団と集団とが、共同して何かをすること。例―感。労働者の―を強める。

【連濁】レンダク (名・する) 二語が複合するとき、あとの語の最初の清音が濁音になること。「会社」が「株式会社」では「ガイシャ」、「月」が「三日月」では「づき」となるなど。

【連覇】レンパ (名・する) 同一名の競技会で、前回に引き続き優勝すること。また、複数の別々の競技会で次々と優勝すること。例五―をとげる。県大会を―する。

【連敗】レンパイ (名・する) 続けて負けること。対連勝。例―からぬけ出す。

【連発】レンパツ (名・する) ①同類のものごとが立て続けに発生すること。例―する犯罪。②銃や花火などを、続けざまに発射したり打ち上げたりすること。対単発。例―銃。③

質問やお世辞などを意図的に続けて言うこと。例「変だ、変だ」を―する。

【連判】レンパン（「レンバン」とも）（名・する）一つの文書に、ふたり以上の人が名前をつらねて、印をおすこと。例―状。

【連邦】レンポウ 法律や制度などの自主制定権をもつ二つ以上の国や州などが、共通の理念や目的のために結びついて構成する統一国家。アメリカ合衆国やスイス連邦・アラブ首長国連邦など。例―政府。表記 ⓘ▼聯邦

【連峰】レンポウ つらなり続くみね。つらなり続く山々。例北アルプスの―を縦走する。

【連名】レンメイ ふたり以上の者が氏名を並べて書くこと。例―で申し入れる。

【連盟】レンメイ（名・する）多数の団体や国家が、同一の目的のために協力すること。また、その組織体。例国際―。表記 ⓘ▼聯盟

【連綿】レンメン（形動タル）長く続いてとぎれないようす。例―と続く家がら。

【連夜】レンヤ いく晩も続くこと。毎夜。例連日―。―の残業。

【連用】レンヨウ 一（名・する）同じものを引き続き、またはくりかえして使うこと。例薬物の―をさける。二（名）文法で、おもに用言に続くこと。例―修飾語。

【連用形】レンヨウケイ 文法で、活用語（＝動詞・形容詞・形容動詞・助動詞）の活用形の一つ。用言（＝動詞・形容詞・形容動詞）に続くときの形。たとえば、「飛ぶ」の「飛び」、「居並ぶ」の「居」、「大きくなる」の「大きく」、「きれいに咲く」の「きれいに」など。

【連絡】レンラク（名・する）①つながりをつけること。また、つながりがあること。例地下鉄に―している駅。②意思や情報を知らせること。例―をとる。表記 ▽ⓘ▼聯絡

【連理】レンリ ①（「理」は、木目の意）二本の別々の木の枝がくっついて、木目もつながること。②仲むつまじい夫婦や、深く愛し合っている男女のたとえ。例比翼―。

【連理の枝】レンリのえだ 仲むつまじい夫婦や、深く愛し合っている男女のたとえ。類比翼の鳥。例地にありては願わくは―とならん。（白居易・長恨歌）

【連立】レンリツ（名・する）性質のちがういくつかのものが、いっしょに成り立っていること。例―政権。―方程式。表記 ⓘ▼聯立

【連累】レンルイ 他人の犯罪にかかわること。また、いっしょに罰せられること。まきぞえ。連座。

●一連・関連・注連・常連

「辵（辶・辶）部」7―8画 逕 逎 造 逶 逸 逵 週

辶7【逕】11画 ⇩【径】ケイ（372ページ）

辶7【逎】11画 ⇩【遒】シュウ（977ページ）

辶7【造】11画 ⇩【造】ゾウ（969ページ）

辶8【逶】12画 7791 9036 音イ漢呉

意味 まがりくねってつづくようす。例逶蛇イイ。逶迤イイ。

【逶▽蛇】イイ（形動タル）うねうねと曲がって長く続くようす。例逶蛇録（＝森鷗外の晩年の日記の名）。

辶8【逸】11画 1679 9038 常用 音イツ漢 イチ呉 訓そ-れる・そ-らす・はや-る

筆順 ノ ク 名 名 名 免 逸 逸

辶8【逸】12画 1-9257 FA67 人名

なりたち［会意］「辶（＝ゆく）」と「兔（＝ウサギ）」とから成る。ウサギがにげていなくなる。

意味 ❶すりぬける。にげさる。はしる。また、にがす。例奔逸ホンイツ（＝走ってにげる）。❷世間からかくれる。なくなる。うしなう。例逸文イツブン。隠逸インイツ。散逸サンイツ。❸はずれる。それる。例逸脱イツダツ。❹気ままに楽しむ。例逸楽イツラク。安逸アンイツ。❺わがまま。ほしいまま。例放逸ホウイツ。❻ひときわすぐれる。ぬきんでる。例逸材イツザイ。逸品イッピン。秀逸シュウイツ。

難読 逸見へんみ（＝地名・姓）・都都逸どどいつ

人名 いつし・すぐる・とし・はつ・はや・はやし・まさ・まさる・やす・やすし

【逸興】イッキョウ 特別におもしろいこと。ことさらおもむきが深いこと。例月見に酒もまた―。

【逸才】イッサイ すぐれた才能。また、それをもつ人。逸材。例多くの―を世に送り出す。

【逸材】イツザイ すぐれた才能。また、それをもつ人。逸才。例かくれた―。表記「▼軼材」とも書く。

【逸散】イッサン ①ちるようににげること。②（「逸散に」の形で）わき目もふらず。一目散。例―に走りだす。表記 ②は「一散」とも書く。

【逸史】イッシ 正史に取り上げられることのなかった史実。また、それを記録した歴史書。

【逸事】イツジ 世間に知られていない事実やことがら。逸話。例戦争中の―を発掘する。表記「▼軼事」とも書く。

【逸書】イッショ 書名だけが伝わり、内容のほとんどが失われてしまった書物。散逸書。例―として名のみ伝わる。表記「▼佚書」とも書く。

【逸走】イッソウ（名・する）①わきへそれて走ること。例脱輪して―したトロッコ。②にげ走ること。例列外に―する。

【逸足】イッソク ①走るのがはやいこと。また、そういう馬や人。駿足。例良駿―。②すぐれた人材。逸材。例門下の―。

【逸脱】イツダツ（名・する）決まりや筋道から、ずれること。例ルールを―した行動。職務の範囲を―している。

【逸品】イッピン すぐれた品物。絶品。例まれにみる―。

【逸物】イツブツ｜イチモツ 群をぬいてすぐれているもの。〔もとは牛馬やイヌ・タカなどについていったが、のちに刀剣や人物などにも使った〕

【逸文】イツブン ①すぐれた文章。名文。②ばらばらになって、大部分が失われた文章。例古本玉篇の―。③世間いっぱんに知られていない文章。書物の引用から―を集める。表記 ▽「▼佚文」とも書く。

【逸聞】イツブン 世間いっぱんに知られていない話。逸話。例―を書きとめてまとめる。

【逸民】イツミン ①気ままに暮らす人。例泰平の―。②俗世間をのがれ、かくれて暮らす人。表記 ▽「▼佚民」とも書く。

【逸遊】イツユウ（名・する）気ままにあそぶこと。例―に時をすごす。

【逸楽】イツラク（名・する）気ままに遊びたのしむこと。例―にふける。―の日々。表記「▼佚楽」とも書く。

【逸話】イツワ 世間にはあまり知られていない、ちょっとした話。おもしろい話。エピソード。例人がらをしのばせる―。

辶8【逵】12画 7792 9035 音キ漢 訓おおじ・ちまた・みち

意味 九方に通じる道。同馗キ。例逵路キロ（＝四方八方に通じる大きな道路）。

辶8【週】11画 2921 9031 教育2 音シュウ漢 訓めぐ-る

辶8 **【週】** 12画

筆順 冂 円 円 用 周 周 凋 凋 週 週

なりたち ［形声］「辶(=ゆく)」と、音「周(シュウ)(=めぐる)」とから成る。めぐる。

意味 ❶ひとまわりする。めぐる。同周(シュウ)。例週期(シュウキ)。❷ひとまわりする時間の単位。同周(シュウ)。例週甲(シュウコウ)(=満六十年)。週年(シュウネン)(=満一年)。

日本語での用法《シュウ》日曜から土曜までの七日間をひとまわりとした時間の単位。「週間(シュウカン)・今週(コンシュウ)・毎週(マイシュウ)・週刊(シュウカン)」

【週刊】(シュウカン)〔日刊・月刊などに対して〕新聞や雑誌を毎週一回ずつ発行すること。また、その刊行物。例—誌。

【週間】(シュウカン) ①連続した七日間。一週間。例—天気予報。②特別の行事をする七日間。例読書—。交通安全—。

【週休】(シュウキュウ) 一週間のうちに定期的な休日があること。また、その休日。例—二日制。

【週給】(シュウキュウ)〔日給・月給などに対して〕一週間ごとの給料。

【週日】(シュウジツ) 一週間のうち、土曜・日曜以外の日。平日。ウイークデー。〔土曜をふくめる場合もある〕

【週番】(シュウバン) 一週間ごとに交替(コウタイ)して仕事をすること。また、その人。

【週報】(シュウホウ) 一週間ごとに発行する報告・案内など。

【週末】(シュウマツ) 一週間の終わり。ウイークエンド。〔金曜と土曜、または土曜から日曜にかけていう〕

●隔週(カクシュウ)・今週(コンシュウ)・来週(ライシュウ)

辶8 **【進】** 11画 3142 9032 教育3 音シン漢呉 訓すす-む・すす-める

筆順 亻 亻' 仁 什 隹 隹 隹 進 進

辶8 **【進】** 12画

なりたち ［形声］「辶(=ゆく)」と、音「閵(リン→シン)」の省略体とから成る。すすむ。

意味 ❶前へ出る。先へ行く。すすむ。例進行(シンコウ)。進退(シンタイ)。前進(ゼンシン)。❷程度や技術が高くなる。例進化(シンカ)。進歩(シンポ)。❸階級や地位があがる。例進学(シンガク)。進級(シンキュウ)。昇進(ショウシン)。❹さしあげる。たてまつる。すすめる。例進呈(シンテイ)。進物(シンモツ)。寄進(キシン)。

日本語での用法《ジョウ》律令制(リツリョウセイ)で四等官(シトウカン)のうち、「職(シキ)」とよぶ官庁の第三位の官。「中宮(チュウグウ)の進(ジョウ)」

使い分け すすめる【進・勧・薦】⇩1170ページ

人名 すす・すすみ・つとむ・のぶ・のぼる・みち・ゆき

【進化】(シンカ)（名・する）①生物が、長い年月をかけて変化しながら、より環境(カンキョウ)に適した状態になること。例環境に適応して—した。②ものごとがよりよいほうへ変わっていくこと。例世の中はどんどん—している。

【進化論】(シンカロン) 生物はすべて原始的なものから現在のものへと進化してきたとする、イギリスの生物学者ダーウィンの唱えた学説。ダーウィニズム。

【進学】(シンガク)（名・する）上級の学校にすすむこと。例医学部に—した。—を断念する。

【進級】(シンキュウ)（名・する）学年や等級が上へすすむこと。例—試験。

【進境】(シンキョウ) 進歩した程度やようす。例—いちじるしい。

【進軍】(シングン)（名・する）軍隊がすすむこと。軍隊をすすめること。例国境へ向けて—する。

【進撃】(シンゲキ)（名・する）敵陣(テキジン)へとすすみ、攻撃(コウゲキ)すること。例反乱軍が首都へ向かって—する。

【進言】(シンゲン)（名・する）目上の人に自分の意見を申し述べること。例改革の必要性を—する。

【進行】(シンコウ)（名・する）①目的地に向かってすすんで行くこと。②ものごとがはかどること。例計画は着着(チャクチャク)と—している。

【進攻】(シンコウ)（名・する）軍をすすめて、せめこむこと。例—作戦。国境をこえて—する。

【進士】(シンシ・シンジ) ①中国で、科挙(カキョ)(=官吏(カンリ)登用試験)の科目。また、その合格者。②日本の律令制(リツリョウセイ)で、式部省がおこなった官吏登用試験の科目。また、その合格者。貢士。

【進取】(シンシュ) すすんでものごとに取り組むこと。対退嬰(タイエイ)。例—の気性に富む(=性格が意欲的である)。

【進出】(シンシュツ)（名・する）新しい分野や地域にすすみ出ていくこと。対後退・退却(タイキャク)。例海外に—する。全国大会に—した。

【進水】(シンスイ)（名・する）新しくつくった船を、はじめて水上にうかべること。例—式。

【進退】(シンタイ)（名・する）①すすむことと、しりぞくこと。例—きわまる(=窮地(キュウチ)におちいる)。②日常的な動作。立ち居ふるまい。③その職にとどまるか、やめるか。身のふり方。去就。例—伺(うかが)い(=職務上に過失があったとき、責任の取り方を上司にたずねること)。

【進駐】(シンチュウ)（名・する）軍隊が他国の領土内に進入し、そこにとどまること。例—軍。

【進捗】(シンチョク)（名・する）仕事が進みはかどること。

【進呈】(シンテイ)（名・する）さしあげること。進上。例著書を—する。

【進展】(シンテン)（名・する）進歩発展すること。新しい境地や段階にすすむこと。例事態の—を見守る。

【進度】(シンド) ものごとのすすみぐあい。進行の度合い。例学科の—表。—がおくれている。

【進入】(シンニュウ)（名・する）ある区域や地域の中にはいること。例工事に関係する車両以外の—を禁ずる。

【進歩】(シンポ)（名・する）ものごとがよい方向へとすすんでいくこと。対退歩。例うでまえが格段に—する。

【進歩的】(シンポテキ)（形動ダ）社会を改革し、よりよくしようとするようす。対保守的。例—な考え方。

【進物】(シンモツ) さしあげる品物。おくりもの。

【進路】(シンロ) ①すすんでいく方向。ゆくて。対退路。例台風の—。②人が将来に向けてすすんでいく方面。例—指導。

●行進(コウシン)・後進(コウシン)・新進(シンシン)・増進(ゾウシン)・促進(ソクシン)・直進(チョクシン)・突進(トッシン)・発進(ハッシン)・躍進(ヤクシン)

辶8 **【逮】** 11画 3465 902E 常用 音タイ漢呉 訓いた-る・およ-ぶ

筆順 ㇕ ヨ ヨ 申 隶 隶 隶 逮 逮

辶8 **【逮】** 12画

なりたち ［形声］「辶(=ゆく)」と、音「隶(イ→タイ)(=およぶ)」とから成る。およぶ。

意味 ❶おいつく。とどく。およぶ。例逮及(タイキュウ)(=およぶ)。❷つかまえる。おいかけてとらえる。例逮捕(タイホ)。

【逮捕】(タイホ)（名・する）警察が犯人や容疑者をとらえること。対釈放(シャクホウ)。例—状。

【逮夜】(タイヤ)〔仏〕葬儀(ソウギ)の前の日の夜。また、命日(メイニチ)の前夜。

辶8 【迸】12画 902C 音ホウ漢 ヒョウ呉 訓はし-る・ほとばし-る・しりぞ-ける

辶6 【迸】10画 7794 8FF8 俗字

意味 ❶ちりぢりになって逃げる。はしる。例迸散。迸走(=走って逃げる)。❷飛び散るようにふき出す。ほとばしる。❸おしのける。しりぞける。

【迸散】ホウサン (名・する) ちりぢりになって逃げること。四方にとびちること。

辶8 【逸】12画 ⇩【逸】(974ページ)

辶8 【週】12画 ⇩【週】(974ページ)

辶8 【逹】12画 ⇩【達】(978ページ)

辶9 【遏】13画 7801 904F 音アツ漢 訓とど-める・さえぎ-る

意味 (徹底的に)おしとどめる。さえぎる。例遏悪(=悪をとどめる)。遏雲。

【遏雲】アツウン 〔無心の行く雲も聞きほれてとどまる意〕すぐれた音楽をほめることば。〈列子〉例―の曲。

辶9 【遖】13画 7808 9056 国字 訓あっぱれ

意味 あっぱれ。あっぱれな。ほめたり、おどろいたりしたときのことば。でかした。天晴。よくぞやった。例遖な勝ちっぷり。

辶9 【運】12画 1731 904B 教育3 音ウン漢呉 訓はこ-ぶ・めぐ-る

筆順 冖 冖 冐 冒 軍 渾 運

辶9 【運】13画

なりたち [形声]「辶(=ゆく)」と、音「軍クン→ウン」とから成る。めぐり、うつる。

意味 ❶うごく。めぐりゆく。まわる。めぐる。例運行。運転。運用。運動。❷うごかす。はたらかせる。例運営。運転。運用。❸ものをほかのところに持っていく。はこぶ。例運送。運輸。海運。❹めぐりあわせ。例運命。幸運。不運。

難読 運否天賦(=運にまかせること)

人名 かず・やす・ゆき

【運営】(名・する) 組織や機構をはたらかせて、仕事がうまく進むようにすること。例新事業の―委員。

【運河】船を通したり、水を利用したりするために、陸地をほって人工的につくった水路。例スエズ―。

【運気】自然界の現象にあらわれるという、人間の運勢。

【運休】(名・する)「運転休止」「運航休止」の略。バスや電車が運転を、船や飛行機が運航を休むこと。

【運行】(名・する) 天体や交通機関が決まったコースを周期的にめぐって行くこと。例天体の―。バスの―時刻表。

【運航】(名・する) 船や飛行機が所定の航路を進むこと。

【運算】(名・する) 数式の示すとおりに計算し、答えを出すこと。類計算・演算。

【運上】一(名・する) 室町時代の末、年貢を京都にはこび、朝廷に納めたこと。二(名) 江戸時代、商工業や運送業などに課した営業税。例―金。

【運針】和裁で、ぬいばりのはこび方。とくに、基本のぐしぬい(=ぬい目をそろえてぬう、ふつうのぬい方)についていう。

【運勢】これからの運の向きぐあい。幸・不幸のめぐりあわせ。例―を見る。

【運送】(名・する) 荷物を目的地へはこぶこと。例―業。―屋。

【運賃】乗客や貨物をはこぶ料金。例―の値上げ。

【運転】(名・する) ①自動車・電車や機械などを動かすこと。例―手。休日―。②組織や団体、また資金などをうまく動かし活用すること。類運用・回転。例―資金。

【運動】(名・する) ①〔物〕物体が時間の経過とともに位置を変えること。例振り子の―。②(健康や鍛錬のために)からだを動かすこと。例―不足。③(社会的な目的を達成するために)人々にはたらきかけること。例選挙―。公害防止―。

【運動会】学校や職場などで、多くの人が集まって運動競技や遊戯をする会。

【運搬】(名・する) 物をはこぶこと。例車で―できる荷物。

【運筆】文字を書くときの、ふでのうごかし方。ふでづかい。ふではこび。例自由でのびのびとした―。

【運命】人の意志や努力とかかわりなくめぐってくる生と死、運と不運、幸と不幸など。また、それをあたえる、人間をこえた力。類命運・宿命。例―のいたずら。―に従う。

【運輸】陸路や水路や空路によって、旅客や貨物を送りはこぶこと。

【運用】(名・する) 資金や規則などを実際の場面に合わせてうまく使いこなすこと。例―の面で工夫がいる。

●悪運・海運・開運・家運・気運・強運・幸運・国運・水運・悲運・不運・武運・命運・陸運

辶9 【過】12画 1865 904E 教育5 音カ漢呉 訓す-ぎる・す-ごす・あやま-つ・あやま-ち・とが・よ-ぎる

筆順 冂 冂 冎 冎 咼 咼 渦 過

辶9 【過】13画

なりたち [形声]「辶(=ゆく)」と、音「咼カ」とから成る。とおりすぎる。

意味 ❶とおる。とおりすぎる。わたる。すぎる。よぎる。例過客。一過。通過。❷時がたつ。すぎる。例過去。過日。経過。❸度をこえる。ゆきすぎる。例過大。過度。過不足。❹まちがえる。あやまつ。また、あやまち。例過失。過怠。罪過。

【過客】とおりすぎて行く人。旅人。例月日は百代の―にして…。〈芭蕉・奥の細道〉

【過激】(名・形動だ) 考え方や行動がはげしいこと。また、程度がはなはだしいこと。対穏健。例―派。―な思想。

【過現未】〔仏〕過去・現在・未来。前世と現世と来世。三世。

【過去】①すぎさった時。むかし。以前。対現在・未来。例―の人。②前歴。経歴。例暗い―がある。

【過去帳】(寺で、檀家の)死者の法名・俗名・死亡年月日などを記録しておく帳面。点鬼簿。

【過誤】あやまち。あやまり。類過失。例―をおかす。論理の筋道に―がある。

【過酷】(名・形動だ) きびしすぎること。類苛酷。例―な訓練。

【過言】カゴン 〔「カゲン」とも〕言いそこない。大げさな言い方。言いすぎ。例―をつつしむ。…と言っても―ではない。

【過失】カシツ 不注意や見通しのあまさから生じる失敗。あやまち。しくじり。対故意。例―をおかす。―を許す。

【過日】カジツ 先日。このあいだ。例―はお世話になりました。

【過重】カジュウ （名・形動ナ）おもさや負担が大きすぎること。例―な労働。責任が―になる。

【過小】カショウ （名・形動ダ）評価や見積もりなどが、実際よりも小さすぎること。対過大。例―評価。―に見積もる。

【過少】カショウ （名・形動ナ）数量が実際よりも少なすぎること。対過多。例―な資金。費用を―に見積もる。

【過剰】カジョウ （名・形動ダ）①（数量が）多すぎて、あまっていること。例生産―。②必要以上であること。例自信―。

【過食】カショク （名・する）食べすぎること。例好物なのでつい―する。

【過信】カシン （名・する）実際以上に評価し、それにたよりすぎること。例自分の力を―する。

【過疎】カソ 人口や住宅などがまばらであること。対過密。例―地帯。―化。

【過多】カタ （名・形動ダ）必要以上に多いこと。対過少。例胃酸―症。栄養―。

【過怠】カタイ ①あやまち。てぬかり。②あやまちをつぐなうための金品。例―金。

【過大】カダイ （名・形動ダ）評価や期待などが、実際よりも大きすぎること。対過小。例―評価。―な期待。―視。

【過程】カテイ ものごとの進行・変化・発展の道すじ。プロセス。類経過。例生産―。結論もたいせつだが、その―が問題だ。

【過度】カド （名・形動ダ）度がすぎること。ふつうの程度をこえること。対適度。例―の緊張。

【過当】カトウ （名・形動ダ）ほどよい程度をこえていること。例―競争（=度をこえたはげしい競争）。

【過渡期】カトキ ものごとが、ある状態から次の状態へと移り変わる不安定な時期。

【過熱】カネツ （名・する）①温度が限度をこえて上がること。オーバーヒート。例エンジンの―。②〔物〕液体を沸騰させないで、沸点以上に熱すること。例―蒸気。③競争や人気などが、異常にはげしくなること。例景気が―する。

【過半】カハン 半分以上。半数以上。例―を占める。

【過半数】カハンスウ 全体の半分をこえる数。マジョリティー。例―に達する。

【過般】カハン さきごろ。せんだって。先般。例―通知したとおりに実施する。

【過敏】カビン （名・形動ダ）ひじょうに感じやすいこと。しげきに対する反応が並はずれて強いこと。例―な神経。

【過不及】カフキュウ 多すぎることと足りないこと。類過不足。例―なし（=適度である）。

【過不足】カフソク 多すぎることと足りないこと。類過不及。例―のない解説。

【過分】カブン （名・形動ダ）身分などにふさわしい程度をこえていること。対応分。例―のお祝いをいただく。

【過褒】カホウ ほめすぎ。過賞。例―のことばをいただいて恐縮する。

【過飽和】カホウワ 〔化〕飽和状態以上に、溶液中の溶質あるいは空気中の蒸気が、ふくまれている状態。

【過保護】カホゴ （名・形動ダ）子供を育てるとき、必要以上にだいじにし、子供の自主性や自立性をそこなうこと。例―なあつかい。

【過密】カミツ （名・形動ダ）集中し、こみすぎていること。対過疎。例―ダイヤ。―なスケジュール。

【過料】カリョウ 行政処分の一種で、軽い禁令に違反した者に、はらわせるお金。〔刑罰の一種の「科料」（「とがリョウ」ともいう）と区別して「あやまちリョウ」ということがある〕

【過労】カロウ 働きすぎて心身がひどくつかれること。例―で倒れる。―死。

【過ぎたるは猶及ばざるがごとし】 ゆきすぎているのは、達していないのと同じようなものだ（どちらも、ちょうどよいとはいえない）。〈論語〉

○●一過・看過・経過・大過・超過・通過・黙過

辶9 【遐】 13画 7802 9050 訓とお-い・はる-か 音カ漢

意味 ❶はるかに遠い。とおい。はるか。対邇。例遐行（=遠方へゆく）。遐邇（=遠いところと近いところ）。❷期間が長い。ひさしい。例遐年。遐齢（=長寿）。

【遐観】カカン （名・する）遠くをながめること。見わたすこと。

【遐想】カソウ （名・する）遠くはなれた人やものに思いをはせること。

【遐登】カトウ （名・する）天上にのぼって仙人になること。また、死ぬことの婉曲表現。

【遐年】カネン ①長生き。長寿。高齢。②長い年月。

【遐福】カフク 大きな幸福。〔世界を、広くながくおおうような幸福という意〕

辶9 【遇】 12画 2288 9047 常用 音グウ慣 グ漢呉 訓あ-う・もてな-す・たまたま

筆順 口 日 日 禺 禺 禺 遇 遇

辶9 【遇】 13画

なりたち 〔形声〕「辶（=ゆく）」と、音「禺」とから成る。出くわす。

意味 ❶思いがけなく出あう。出あい。あう。例奇遇。遭遇。千載一遇。❷よい機会にめぐりあう。世に認められ用いられる。例知遇。不遇。❸接待する。もてなす。もてなし。例待遇。優遇。冷遇。❹思いがけず。たまたま。同偶。

人名 はる

○●奇遇・境遇・厚遇・千載一遇・遭遇・待遇・知遇・不遇・優遇・礼遇・冷遇

辶9 【遑】 13画 7803 9051 訓いとま・ひま 音コウ漢

意味 ❶あわただしい。いそがしい。例遑遑（=おちつきがなくうろうろする）。❷することがなくのんびりしたようす。ひま。いとま。

難読 不遑

辶9 【遒】 13画 7804 9052 訓かた-い・せま-る・たちま-ち・つ-くす 音シュウ漢

辶7 【逎】 11画 7805 900E 本字

意味 ❶さしせまる。せまる。例遒迫（=さしせまる）。❷力強く、すぐれている。つよい。例遒勁。

参考 字音を「ユウ」とし、「遒勁」「遒美」などと読むのは誤り。

【遒勁】シュウケイ 文章や書画などが力強くすぐれていること。

「辵（辶・辶）部」9画 遐 遇 遇 遑 遒

辶9 【遂】12画 3175 9042 常用 音スイ漢 ズイ呉 訓と-げる・つい-に

筆順 丷 䒑 亠 㒸 㒸 遂 遂

辶9 【遂】13画

なりたち 【形声】「辶(=ゆく)」と、音「㒸イ」とから成る。いきおいのままに進む。

意味 ❶なしとげる。やりおえる。例遂行スイコウ。完遂カンスイ。❷最終的にそのような結果になる。例進歩シンポを遂とげる。❸順調に成長する。例六畜遂、五穀殖リクチクとげゴコクふゆ(=家畜カチクは成長し、穀物はふえる)。〈韓非子カンピシ〉❹【助字】「ついに」と読む。㋐その勢いでそのまま、の意をあらわす。例衛士仆レ地、噲遂入エイシチにたおれカイついにいる(=番兵がたおれたので、樊噲ハンカイはその勢いで中にはいった)。〈史記シキ〉㋑その結果こうして、の意をあらわす。例随レ馬遂得レ道うまにしたがいついにみちをえたり(=馬についていって、その結果、道が見つかった)。

日本語での用法《ついに》[下に打ち消しのことばをともなって]いまだにない。ついぞ…ない。「遂ついに見みたこともない巨大キョダイな熊くま」

人名 かつ・すすむ・つぐ・とおる・なり・なる・みち・もろ・やす・ゆき・より

【遂古】スイコ おおむかし。〔文語風の言い方〕

【遂行】スイコウ(名・する)(任務や計画を)なしとげること。〔「ツイコウ」と読むのは誤り〕例任務を―する。

【遂事】スイジ すでにやり始めていることがら。遂行中のことがら。例―は諫いさめず(=やり始めたことについては忠告しない)。〈論語ロンゴ〉

●完遂カンスイ・未遂ミスイ

辶9 【達】12画 3503 9054 教育4 音タツ漢 ダチ呉 訓たち 付表友達ともだち

筆順 一 十 土 圭 幸 達 達

辶9 【達】13画

辶8 【逹】12画 7793 9039 俗字

辵(辶・辶)部 9画 ● 遂 達 達 遅

なりたち 【形声】「辶(=ゆく)」と、音「幸タツ」とから成る。何にもぶつからずに行きつく。

意味 ❶道が通じている。とおる。例四通八達シツウハッタツ。❷とどく。ゆきつく。なしとげる。例達成タッセイ。到達トウタツ。発達ハッタツ。❸ものごとや道理に深く通じている。すぐれている。例達見タッケン。達人タツジン。熟達ジュクタツ。❹伝える。とどける。例通達ツウタツ。伝達デンタツ。配達ハイタツ。

日本語での用法《たち》複数または多数をあらわす。ひいて、仲間や同類を示す。「公達きんだち・子供達こどもたち・友達ともだち」

難読 伊達だて・手達てだれ

人名 いたる・かつ・さだむ・さと・さとし・さとる・すすむ・ただ・ただし・たつし・たて・とお・とおる・のぶ・ひろ・みち・みつ・よし

【達意】タツイ 自分の考えや気持ちが相手によくわかるように、述べること。例―の文章。

【達観】タッカン(名・する)①広く全体を見通すこと。②細かいことがらにこだわらず、ものごとの道理を見通すこと。また、超越チョウエツすること。例人生を―する。

【達見】タッケン ものごとの道理を見ぬいた、すぐれた意見。達識。例あの時の反対論は今にして思えば―であった。

【達士】タッシ 道理に通じている人。また、あることがらにとくに通じている人。例世に―というべき人はとぼしい。

【達識】タッシキ ものごとの道理を見ぬいた、すぐれた意見。達見。

【達者】タッシャ 一(名)ある分野に深く通じている人。すぐれている人。達人。二(名・形動ナ)①手なれていて、たくみであること。すぐれていること。例芸―。口が―。英語を―に話す。②からだがじょうぶであること。健康であること。例―で暮らす。

【達人】タツジン 学問や技芸などに深く通じた人。名人。例剣ケンの―。児童教育の―。

【達成】タッセイ(名・する)ものごとを完全にやり終えること。なしとげること。類成就ジョウジュ。例目標を―する。

【達筆】タッピツ(名・形動ナ)字がのびのびとして勢いがあり、じょうずなこと。また、その字。類能筆。対悪筆。例―でしたためる。

【達文】タツブン 筋道がよく通っていて、わかりやすい文章。また、たくみな表現を用いている文章。

【達弁】タツベン(名・形動ナ)話し方が、よどみがなくみごとであること。類能弁。例―だが、内容が平凡ヘイボンだ。表記 旧達▼辯

【▽達磨】ダルマ [梵語ボンゴの音訳]①五世紀の末にインドで生まれ、中国にわたって禅宗ゼンシュウの始祖となった高僧コウソウ。壁かべに向かって九年間の座禅をし、さとりを開いたという。達磨大師ダイシ。②達磨大師の座禅姿をまねて作った張り子の人形。開運・出世・商売繁盛ハンジョウの縁起物エンギものとされる。例―に目を入れる。

●上意下達ジョウイカタツ・速達ソクタツ・調達チョウタツ・発達ハッタツ

辶9 【遅】12画 3557 9045 常用 音チ漢 訓おく-れる・おく-らす・おそ-い

筆順 ㇆ 尸 尸 尸 屖 遅 遅

辶12 【遲】16画 7815 9072

なりたち 【形声】「辶(=ゆく)」と、音「犀イセ→チ」とから成る。ゆっくり行く。

意味 ❶ゆっくりしている。のろい。おそい。例遅速チソク。遅鈍チドン。巧遅コウチ。❷決まった時刻に間に合わない。おくれる。例遅刻チコク。遅参チサン。

使い分け おくれる【遅・後】⇩1164ページ

難読 遅遅うらうら・遅稲なかて

人名 まつ

【遅延】チエン(名・する)定刻や期日におくれ、後にのびること。例―証明書。列車の―。しはらいが―する。

【遅疑】チギ(名・する)ぐずぐずといつまでもうたがい迷い、決断しないこと。例―逡巡シュンジュン(=ためらってしりごみすること)。

【遅刻】チコク(名・する)決められた時刻や、約束した時刻におくれること。例会合に―してしまう。

【遅参】チサン(名・する)定められた時刻におくれて来ること。遅刻。

【遅日】チジツ 昼が長く、日の暮れるのがおそい春の日。

【遅進児】チシンジ「学業遅進児」の略。学習の進歩が標準よりもおくれている児童。学業不振児ガクギョウフシンジ。

【遅速】チソク おそいか、はやいか。例作業の―で評価する。

【遅滞】チタイ(名・する)期日におくれて、はかどらないこと。のびのびになること。例作業が―する。―なく実施ジッシする。

【遅遅】チチ(形動タル)①じれったいほど、進行がおそいようす。例作業は―として進まない。②日の暮れるのがおそく、のどかなようす。例春日シュンジツ―。

【遅鈍】チドン(名・形動ナ)頭のはたらきや動作がのろくてにぶいこと。また、その人。例意識がぼんやりして、頭のはたらきが―に

なった。

【遅配】ハイ (名・する) 配達や支給などが予定よりもおくれること。例 業績不振フシンで給料が―になる。

【遅筆】ヒツ 文章を書く速度がおそいこと。文章を書き上げるのに時間がかかること。例 ―で編集者泣かせの作家。

⻌9 【逞】 13画 7806 9049 音テイ漢 訓うかが-う・さすが

意味 ひそかにさぐる。うかがう。同偵テイ。

日本語での用法《さすが》それはそうだが、の意。または、いかにもふさわしく、の意。「逞さすがにあまり無理ムリを言いえなかった・逞さすがは名人業メイジンわざだ」

⻌9 【道】 12画 3827 9053 教育2 音トウ漢ドウ呉 訓みち・い-う

筆順 丶 䒑 䒑 首 首 首 道 道 道

⻌9 【道】 13画

なりたち [会意]「⻌(=ゆく)」と「首シュ→トウ(=ゆきつくところ)」とから成る。人の行くみち。

意味 ❶人が行き来する地面。みち。例 道路ドウロ・街道カイドウ・鉄道テツドウ。❷人として守りおこなうべき決まり。ことわり。例 道義ドウギ・道徳ドウトク。❸学問や技芸のわざ。やりかた。例 華道カドウ・芸道ゲイドウ・書道ショドウ。❹老子ロウシや荘子ソウシを祖とする教え。また、その学派。例 道家ドウカ。❺釈迦シャカの教え。仏教。仏道。❻述べる。となえる。いう。例 道破ドウハ・唱道ショウドウ・報道ホウドウ。❼教えみちびく。みちびく。同導ドウ。例 道レ之以レ徳これをみちびくにトクをもってす(=道徳で教えみちびく)。〈論語ロンゴ〉

日本語での用法《ドウ》①昔の地域区分の名。「五畿七道ゴキシチドウ・四道将軍シドウショウグン・東海道トウカイドウ・北海道ホッカイドウ」②地方行政機関の一つとしての「北海道」の略。「道庁ドウチョウ・道民ドウミン・道立ドウリツ」

難読 道祖神さえのかみ

人名 おさむ・おさめ・じ・ただし・つね・なお・なおし・のり・まさ・ゆう・ゆき・より・わたる

【道化】一ドウカ (名・する) 道徳によって人々を感化すること。二ドウケ (名) ①滑稽コッケイな言語や動作をして、人を笑わせること。また、その人。おどけ。例 ―芝居しばい。②歌舞伎かぶきの役柄がらの一つ。道化方がた。道化役。例 ―役者ヤクシャ。

【道家】ドウカ 中国古代の思想家である老子ロウシと荘子ソウシや、その説を受けついだ人々。無為ムイ自然の道をたっとび、人為的な文化を否定する学派。例 ―の説。

【道学】ドウガク ①道徳について考え、人々を教え導こうとする学問。②儒学ジュガク。とくに、中国の宋ソウ代のもの。③道家の学問。④心学シンガク。例 江戸えど時代末期の―者。

【道学先生】ドウガクセンセイ 道徳や学問を研究し実践ジッセンしようとしていながら、現実の社会生活には適応できない人。学者をあざけっていうことば。

【道義】ドウギ 人として守りおこなうべき、正しいすじみち。例 ―的。―をふみはずす。―にそむく。

【道教】ドウキョウ 中国の固有の宗教。道家の思想と不老長生を求める古来の神仙信仰シンセンシンコウとが結びつき、仏教の影響エイキョウなども受けて成長、発展したもの。

【道具】ドウグ ①物を作ったり、仕事をしたりするときに使う器具。また、日常生活で使う家具や日用品。例 大工―。嫁入よめいり―。②演劇で用いる大道具や小道具。例 ―方かた(=舞台ブタイの大道具をあつかう職人)。③他の目的のために利用されるもの。手段。例 出世の―に利用する。

【道産】ドウサン ①北海道の産物。例 ―のジャガイモ。②(「ドサン」とも)北海道生まれ。例 ―子ドサンこ。

【道士】ドウシ ①道義を身につけた人。②仏道を修行シュギョウする人。僧侶ソウリョ。③道教を修行する人。④仙人センニン。例 あやしい術をつかう―。

【道術】ドウジュツ ①道徳と学術。②道教でおこなう術。また、仙人センニンのおこなう術。

【道場】ドウジョウ ①仏道を修行シュギョウするところ。②武芸を伝授したり練習したりするところ。例 空手からての―に通う。

【道心】ドウシン (仏)①仏道を信じ、さとりを求める心。例 ―を起こす。②仏道に志し、十三歳サイ(または十五歳)以上で仏門にはいった人。例 青あお―(=未熟な僧ソウ)。

【道人】ドウジン ①道教を修行シュギョウする人。道士。②神仙シンセンの術を修めた人。方士。③仏道にはいった人。僧ソウ。④俗世間ゾクセケンを超越チョウエツしようとする人。

【道俗】ドウゾク 僧ソウと俗人。出家シュッケと在家ザイケ。

【道祖神】ドウソジン/ドウソウジン 悪霊アクリョウから旅行中の人を守ってくれる神。村境や峠とうげや橋のたもとなどに、石像として祭られることが多い。さいのかみ。さえのかみ。例 ―の招きにあひて。〈芭蕉バショウ・奥の細道おくのほそみち〉

【道断】ドウダン 言うことばがないこと。もってのほか。例 言語ゴンゴ―。

【道中】ドウチュウ 旅行。また、旅行のとちゅう。例 ―記(=旅日記や紀行文キコウブン)。―の無事をいのる。

【道聴塗説】ドウチョウトセツ (「塗」は「途ト」と同じく、道の意)道で聞きかじったことを、すぐその道で他人に話すこと。受け売りの話をすること。塗説。〈論語ロンゴ〉

【道程】ドウテイ ①目的地までの距離キョリ。道のり。行程。例 全―を歩き通す。②過程。道のり。例 結論に達した―を聞きたい。

【道徳】ドウトク 人が守らなければならない社会的な決まり。例 ―心。交通―。―観念のうすい人。

【道念】ドウネン ①道徳を実践ジッセンしようとする心。道義心。例 ―をかたく心にもつ。②道理を求めようとする心。正しい道を求めようとする心。③仏道を求める心。

【道破】ドウハ (名・する) はっきりと言い切ること。断言すること。例 考えの未熟なことを―する。

【道標】ドウヒョウ/みちしるべ 道の方向・距離キョリ・地名などを示すために分岐ブンキ点などの要所に立てた板や柱。

【道楽】ドウラク (名・する)〔道を理解し、みずから楽しむ意から〕①本業以外のことで楽しむこと。趣味シュミ。例 釣つりがただ一つの―だ。②酒色やかけごとなどの悪い遊びにふけること。

【道理】ドウリ ①ものごとが当然そうなる、すじみち。正しいすじみち。ことわり。例 ―にかなう。②人として守らなければならない、すじみち。例 ―に外れたおこない。

【道路】ドウロ 人や車の通行のために用意された道。往来。例 ―標識。高速―。

【道端】みちばた 道路のはしのほうの部分。路傍ロボウ。例 ―に寄る。

【道火】みちび 火薬を糸でまいてひも状にしたもの。火なわ。導火線。

●沿道エンドウ・軌道キドウ・旧道キュウドウ・剣道ケンドウ・国道コクドウ・参道サンドウ・邪道ジャドウ・神道シントウ・人道ジンドウ・水道スイドウ・筋道すじみち・赤道セキドウ・伝道デンドウ・武道ブドウ・報道ホウドウ・歩道ホドウ・夜道よみち

⻌9 【遁】 13画 3859 9041 人名 音一トン漢 二シュン漢 訓のが-れる

意味 一トン にげて、かくれる。のがれる。例 遁走トンソウ・遁逃トントウ。二シュン しりごみする。ためらう。同逡シュン。例 遁巡シュンジュン(=しりごみする)。

【遁辞】トンジ 言いのがれ。にげ口上。例いまさら―は無用だ。

【遁世】トンセイ（名・する）①俗世間との関係を絶って生きること。隠遁。例山中に―する。②出家し仏門にはいること。例出家―する。表記▽「▼遯世」とも書く。

【遁走】トンソウ（名・する）にげ走ること。類逃走。

【遁逃】トントウ（名・する）にげること。類逃走・遁走。

辶9 **【逼】** 13画 4115 903C 音ヒョク漢 ヒツ呉 訓せま-る

意味 ひたひたと、さしせまる。せまる。例逼迫。

【逼塞】ヒッソク（名・する）①追いつめられ、打開策がなくなること。例―して手も足も出ない。②落ちぶれて、世間からかくれて生きること。③江戸時代の武士や僧侶に対する刑罰の一つで、門を閉め昼間の外出を禁じるもの。

【逼迫】ヒッパク（名・する）①さしせまること。例事態が一段と―する。②経済的に行きづまること。例家計が―する。

辶9 **【遍】** 12画 4255 904D 常用 音ヘン漢呉 訓あまね-し・たび

辶9 **【遍】** 13画

なりたち［形声］「辶（=ゆく）」と、音「扁ヘン」とから成る。ゆきわたる。

意味 ❶ひろくゆきわたる。まんべんなく。あまねし。あまねく。例遍在。遍歴。普遍。❷回数を数えることば。例三遍。百万遍。

人名 とお

【遍在】ヘンザイ（名・する）広くゆきわたり、どこにでもあること。例県内の各地に―する。

【遍照】ヘンジョウ（「ヘンショウ」とも）［仏］仏の光明が世界をすみずみまでてらすこと。例―金剛（=大日如来）。

【遍満】ヘンマン（名・する）至るところに、広くいきわたること。

【遍歴】ヘンレキ（名・する）①諸国をめぐり歩くこと。周遊。例諸国―の旅に出る。②いろいろな経験をすること。例人生―。

【遍路】ヘンロ［仏］弘法大師（=空海）の修行の遺跡といわれる四国の八十八か所の霊場を巡礼すること。また、その人。例お―さん。

辶9 **【逾】** 13画 7807 903E 音ユ漢呉 訓いよいよ・こ-える・す-ぐれる・すす-める

意味 ❶ものや境界をのりこえる。時間や期限をこえる。こす。こえる。同踰。例逾月。❷さらに。ますます。いよいよ。同愈。例江碧鳥逾白（=川の水は深い緑色をたたえ、水面を飛ぶ鳥は白さがいっそう目にしみる）。〈杜甫・絶句〉

【逾月】ユゲツ 月をこえること。翌月になること。

【逾▼邁】ユマイ（名・する）①月日が過ぎ去っていくこと。②のりこえて進んでいくこと。

辶9 **【遊】** 12画 4523 904A 教育3 音ユウ漢 ユ呉 訓あそ-ぶ・あそ-ばす・あそ-び

辶9 **【遊】** 13画

なりたち［形声］本字は「游」で、「㫃（=旗がなびくようす）」と、音「汓シュ→ユウ」とから成る。旗につけるふき流し。派生して「ただよう」の意。

意味 ❶水上や空中にうかびただよう。およぐ。例遊泳。浮遊。❷（根拠地をはなれて）出かける。旅行する。動きまわる。例遊学。遊子。遊牧。❸つきあう。まじわる。例交遊。❹気の向くままにたのしむ。あそぶ。例遊戯。❺仕事につかない。職がない。例遊民。

難読 筆の遊び・口遊む・遊牝む・遊侠

人名 なが・ゆき

【遊泳】ユウエイ（名・する）①水泳。例―禁止。―するのに適した海岸。②泳ぐように動くこと。例宇宙―。③あたえられた境遇の中で生きていくこと。世渡り。表記▽「▼游泳」とも書く。

【遊宴】ユウエン 酒盛りをしてあそぶこと。宴会。酒宴。

【遊園】ユウエン あそび場として設けられた施設。遊園地。

【遊客】ユウカク・ユウキャク ①仕事をしないで、あそび暮らす人。②名所などを遊覧している人。③遊郭で、遊女とあそぶ人。

【遊郭】ユウカク かつて遊女が集まっていた一定の区域。表記「遊▼廓」とも書く。

【遊学】ユウガク（名・する）他の土地や外国へ出かけていって、学問をすること。例江戸に―する。―先はパリだった。

【遊技】ユウギ 娯楽としておこなうあそび。例―場。

【遊戯】ユウギ（名・する）①あそびたわむれること。②幼稚園などで、娯楽と運動をかねておこなうあそびやおどり。

【遊休】ユウキュウ 施設や資金などが、活用されずに放置されていること。例―施設を活用する。

【遊▼侠】ユウキョウ 仁義を重んじることを男の生きがいとすること。また、その人。侠客。おとこだて。例―伝。

【遊興】ユウキョウ（名・する）あそび楽しむこと。とくに、料理屋などで飲食しながらあそぶこと。例―に明け暮れる。

【遊吟】ユウギン（名・する）あちこち歩きまわりながら、短歌や俳句などを作ること。

【遊具】ユウグ（子供の）あそびに用いる道具。おもちゃの類や、公園のぶらんこ、すべり台など。

【遊軍】ユウグン 待機していて、必要に応じて、出動する軍隊。遊撃隊。［軍隊以外の組織でも、比喩的に使う］例―の到来を待つ。

【遊芸】ユウゲイ 趣味やあそびとしての芸能。謡曲・茶の湯・生け花・舞踊・琴・三味線など。

【遊撃】ユウゲキ ①待機していて、必要に応じて、攻撃に出かけること。また、その部隊。②野球で、二塁と三塁の間を守る内野手。遊撃手。ショート。→「漢字に親しむ」㉒（981ページ）

【遊子】ユウシ 故郷をはなれて、他郷にいる人。旅人。旅客。例浮雲―の意。〈李白・送友人〉雲白く―悲しむ。〈島崎藤村・小諸なる古城のほとり〉

【遊糸】ユウシ 春や夏の晴れた日に、ほのおのようにゆらゆらと地面からたちのぼるもの。かげろう。陽炎。糸遊。

【遊女】ユウジョ・あそびめ ①昔、宿場で歌やおどりで客を楽しませ、また売春を職業とした女性。うかれめ。②売春婦。

【遊人】ユウジン ①定職につかないで、あそび暮らしている人。あそびにん。②物見遊山に出かける人。

【遊星】ユウセイ ⇩【惑星】ワクセイ（403ページ）

【遊説】ユウゼイ（名・する）おもに政治家などが、各地へ出向いて、自分の意見を説くこと。例関西地方の各地で―する。

【遊仙窟】ユウセンクツ 唐代の小説。作者は張鷟。仙人の世界にまよいこみ、仙女と楽しくすごした一夜をえがく。奈良時代に日本に伝わる。

【遊惰】ユウダ（名・形動ナ）仕事や勉強をしないで、ぶらぶらと暮らすこと。怠惰。例夏休み中も—に過ごしてはならない。

【遊底】銃で、発射のときの爆風を受けとめ、薬莢を出し、次の銃弾をこめる部分。

【遊▼蕩】(名・する) 仕事をおろそかにして、酒や女におぼれること。例—に身をもちくずす。

【遊歩】(名・する) 一か所に定住せず、ぶらぶらと歩きまわること。散歩。例—道。

【遊牧】(名・する) 水や牧草を求めて、移動しながら家畜を飼うこと。例—民。

【遊民】とくに決まった職業をもたないで暮らしている人。例高等—(=高等教育を受けていながら就職しない人)。

漢字に親しむ ㉒ 遊撃手は遊んでる？

野球で、ピッチャーを投手、キャッチャーを捕手というように、ショートを遊撃手といいますが、ではこの遊撃とはどういう意味なのでしょうか。ショートには一塁手・二塁手のように守るべき自分のベースがありません。遊撃とか遊軍の「遊」は、「出かける、一か所に固定しないで自由に動きまわる」という意味です。遊撃手とはベースにこだわらず、そのときどきに相手に応じてたたかう選手のことなのです。「遊学」ということばも、学問のために他の国に行くという意味で、遊ぶために留学するということではありません。全国各地を演説してまわることを「遊説」、旅人のことを「遊子」というのも同じ意味です。「遊牧民」とは一か所に定住せず、牧草を求めて移動する民のことなのです。

【遊冶郎】酒や女あそびにおぼれ、身をもちくずした男。道楽者。放蕩児。

【遊▼弋】(名・する) 艦船などが海上を行きつもどりつして、警戒または待機すること。

【遊覧】(名・する) あちこちを見物してまわること。例—バス。船で湖を—する。

【遊里】遊郭。いろざと。例—に身をしずめる。

【遊離】(名・する) ①他と関係しないで、かけはなれていること。例政治が国民から—する。②〔化〕物質が他の物質と化合しないで、単体としてあること。また、化合物から単体を取り出すこと。

【遊歴】(名・する) 各地をめぐり歩くこと。例東欧を—する。諸国を—して師を求める。

【遊行】(名・する) 僧が各地をめぐり歩いて、修行や教化をすること。行脚。例山中で—の僧に会う。

【遊山】①野山に出かけてあそぶこと。②あそびに出かけること。行楽。例物見—。

●回遊・交遊・周遊・清遊・浮遊・漫遊

辶9 【遥】 12画 4558 9065 人名

音ヨウ漢呉　訓はるーか

辶10 【遙】 14画 8403 9059 人名

たなち 「形声」「辶(=ゆく)」と、音「䍃」とから成る。さまよう。

意味 ❶ぶらぶらする。さまよう。例逍遥。❷距離や時間が遠くはなれている。はるか。例遥遠。遥拝。❸長く続く。長い。例遥夜(=長い夜)。

難読 遥遥

人名 すみ・とお・のぶ・のり・はる・みち

【遥遠】(形動ナ) はるかで、遠いようす。例—の地。

【遥拝】(名・する) はるか遠くから神仏などをおがむこと。例皇居を—する。

【遥遥】(名・形動タル) ①時間も空間もはるかに遠いこと。②心の落ちつかないこと。

辶9 【違】 13画 ⇩【違】(981ページ)

辶9 【遂】 13画 ⇩【遂】(978ページ)

辶9 【遍】 13画 ⇩【遍】(980ページ)

辶10 【違】 13画 1667 9055 常用

音イ漢呉　訓ちがーう・ちがーえる・たがーう・たがーえる

筆順

辶9 【違】 13画

たなち 「形声」「辶(=ゆく)」と、音「韋」とから成る。はなれる。

意味 ❶同じでない。ちがう。まちがえる。たがう。例違算。差違。相違。❷したがわない。さからう。そむく。また、道理にそむいたこと。よこしま。例違反。違法。非違。

【違憲】憲法に違反すること。対合憲。例—訴訟。

【違算】①計算ちがい。②見こみちがい。誤算。

【違背】(名・する) 規則や命令、約束などにそむくこと。例父の遺言に—する。

【違反】(名・する) 法令や約束などに従わないこと。例選挙—。ルール—。

【違犯】(名・する) 法令にそむき、罪をおかすこと。

【違法】(名・形動ナ) 法令にそむくこと。例—行為。

【違約】(名・する) 約束や契約にそむくこと。

【違例】①いつもとちがうこと。前例に反すること。②〔いつものようすとちがうことから〕病気。不例。

【違和】①心身の調和が失われ、不快感があること。病気。例からだに—をうったえる。②周囲のふんいきや人間関係になじめないこと。

【違和感】①周りが自分としっくりしない感じ。例着かざった人人の間にいると—を覚える。②体調がおかしく感じられること。例胃のあたりに—がある。

●相違・非違

辶10 【遠】 13画 1783 9060 教育2

音エン漢オン呉　訓とおーい・おち・とおーざかる・とおーざける

筆順

辶10 【遠】 14画

たなち 「形声」「辶(=ゆく)」と、音「袁」とから成る。はるかにはなれている。

意味 ❶距離や時間のへだたりが大きい。とおい。例遠近・永遠・久遠。❷はるかかなたに広がっている。スケールが大きい。おくぶかい。例遠大・高遠・深遠。❸親しくない。うとい。例疎遠・敬遠。❹ひきはなす。とおざける。とおざかる。例遠心力

日本語での用法《エン》旧国名「遠江(=今の静岡県西部)」の略。「遠州」

難読 遠近・遠方・遠志(=漢方薬の一つ)

人名 とお・とおし・とおる・はるか・ひろ

【遠因】間接的な原因。(対)近因。例事件の一。

【遠泳】(名・する)(多く、海で)長い距離を泳ぐこと。

【遠海】陸地から遠くはなれた海。遠洋。(対)近海。

【遠隔】遠くはなれていること。例一地。一操作。

【遠忌】(仏)死者に対する十三年忌・三十三年忌・五十年忌などの、年月を経てからの法要。また、宗祖などの遺徳をたたえ、五十年おきにいとなむ大規模な法要。

【遠近】遠いところと近いところ。遠いことと近いこと。例一法(=絵画で距離や奥行きの感じを表現する技法)。

【遠計】遠い将来に対する計画。

【遠景】①遠くに見える景色。②絵画や写真などで、画面の遠くに見える景色。▽(対)近景。

【遠見】(名・する)①遠くに見えること。また、遠くをながめること。例公園から富士を一する。②遠い将来を見通すこと。例世の動きを一して事にあたる。

【遠交近攻】遠い国と仲よくし、近くの国をせめる策。〔戦国時代、范雎が説いた外交政策で、秦はこれによって他の六か国をほろぼした〕

【遠国】①遠くはなれた国。②都から遠くはなれた地方。

【遠山】遠くにある山。例一の眉(=遠くに見える山の稜線のように、なだらかに引いた、美しい眉)。

【遠視】①遠くを見ること。②網膜より後方に像を結ぶため、近くのものがはっきりと見えない目。凸レンズによって矯正する。とおめ。遠視眼。遠眼。(対)近視。

【遠称】文法で、指示代名詞の一つ。話し手と聞き手の両方から遠くはなれた物・方向・場所などを指し示すことば。「あれ」「あそこ」「あの」「あちら」など。「あ」で始まるのが特徴。(対)近称・中称・不定称。

【遠心力】回転する物体が、回転軸から遠ざかってゆく力。

【遠水近火】遠方にある水では近所の火事を消すことができない。遠くにあるものは急ぎの役には立たないことのたとえ。〔「遠水は近火を救わず」による〕〈韓非子〉

【遠征】(名・する)征伐や探検、試合などのために、遠くまで出かけて行くこと。例新しいチームで大阪へ一する。

【遠足】一(名・する)遠い道のりを歩くこと。二(名)学校で児童・生徒の運動や見学などのために、教師が引率して遠くへ出かける日帰りの校外活動。

【遠大】(形動)計画の規模がたいへん大きく、遠い将来まで見通しているようす。例一な計画。

【遠島】①陸地から遠くはなれた島。②江戸時代、罪人を遠くはなれた島に送った刑罰。島流し。

【遠望】一(名・する)はるか遠くをながめること。例階上から海を一する。二(名)はるか遠くへと広がる景色。

【遠謀】遠い将来までを見通した計略や計画。

【遠方】遠くのほう。遠いところ。例朋(=友)有り一より来たる。〈論語〉

【遠洋】陸地から遠くはなれた海。遠海。(対)近海。

【遠来】遠くから来ること。例一の客。

【遠雷】遠くで鳴っているかみなり。

【遠慮】(名・する)①遠い将来を見通して深く考えること。例深謀一。人一無ければ必ず近憂有り(=遠い将来のことを考えておかないと、必ず身近にさしせまった心配ごとが起こる)。〈論語〉②ことばや行動をひかえること。③辞退し、断ること。例御一なさらずに、おあがりください。

【遠路】遠い道のり。例一ご苦労でした。

【遠流】律令制の刑罰の一つで、罪人を都から遠い佐渡・隠岐・土佐などの離島や辺地に流すこと。

【遠縁】遠い血縁。(対)近縁。

【遠江】旧国名の一つ。今の静岡県の西部。

【遠目】①遠くから見ること。例一に見ても姿のよい人。→【夜目】(253ページ) ②遠視。

●以遠・永遠・久遠・敬遠・高遠・深遠

辶10 【遣】 13画 2415 9063 常用 音ケン漢県 訓つか-う・つか-わす・つか-い・や-る

筆順 口 中 中 中 中 書 遣 遣

辶10 【遣】 14画

なりたち [形声]「辶(=ゆく)」と、音「𠳋(ケン)」とから成る。ときはなつ。

意味 ❶命令して行かせる。つかわす。やる。例遣唐使・派遣。❷追いはらう。うさなどを晴らす。はらい除く。例遣懐(=心のうちを思う存分に述べる)。❸〔助字〕「(…をして)…(せ)しむ」と読み、…に…させる、の意。使役をあらわす。例遣二使至一趙(=使者を趙の国に行かせる)。

日本語での用法 一《つかう》技・心・方法などをじゅうぶんにはたらかせる。使用する。「心を遣う・気を遣う・安否を気遣う・仮名遣い・金遣い・小遣い」二《つかわす》上位の者が下位の者にしてやる。「ほめて遣わす」

使い分け つかう【使・遣】⇩1172ページ

難読 遣水・遣戸

【遣欧】(名・する)欧州(=ヨーロッパ)へ派遣すること。

【遣▼隋使】日本の朝廷から隋につかわされた使節。隋の滅亡後、遣唐使として継承された。〔六〇七年、小野妹子が最初の派遣〕

【遣唐使】遣隋使のあとをうけ、日本の朝廷から唐につかわされた使節。〔六三〇年、犬上御田鍬が最初の派遣〕

●先遣・派遣・分遣

辶10 【遘】 14画 *7809 *9058 音コウ漢県 訓あ-う・かま-える・まみ-える

意味 ❶思いがけず出あう。めぐりあう。まみえる。あう。同覯。例遘禍(=わざわいにあう)。遘会(=出あう)。❷かたちづくる。かまえる。同構。

辶10 【遡】 14画 3344 9061 常用 音ソ漢 訓さかのぼ-る

辶10 [遡] 13画 許容

筆順 ⺌ 㐅 屰 朔 朔 朔 遡 遡

参考「しんにょう」は、手書きでは普通三画で書く。

氵10 **【溯】** 13画 6274 6EAF 別体字

なりたち [形声]「辶(=ゆく)」と、音「朔サク→ソ」とから成る。さかのぼる。

意味 流れにさかのぼってすすむ。さかのぼる。例 遡行ソコウ。

人名 のぼる

【遡及】ソキュウ (名・する) さかのぼって、ある時点あるいはある地点にいたること。

【遡源】ソゲン (名・する)〔「サクゲン」は慣用読み〕川の源にさかのぼること。また、根本にさかのぼって明らかにすること。

【遡行】ソコウ (名・する) 川の流れをさかのぼって行くこと。遡上。例 利根とねの流れを―する。

【遡江】ソコウ (名・する) 大きな川、とくに長江をさかのぼること。

【遡航】ソコウ (名・する) 船で川をさかのぼって行くこと。

【遡上】ソジョウ (名・する) 川の流れをさかのぼって行くこと。遡行。

辶10 **【遜】** 14画 3429 905C 常用 音ソン漢呉 訓ゆずーる・へりくだーる

辶10 **【遜】** 13画 許容

筆順 了 孑 孫 孫 孫 遜 遜

なりたち [形声]「辶(=ゆく)」と、音「孫ソ」とから成る。にげる。

参考「しんにょう」は、手書きでは普通三画で書く。

意味 ❶自分をさしおいて、人を先にする。ゆずる。例 遜位ソンイ。遜譲ソンジョウ。❷自分を低くする。へりくだる。例 謙遜ケンソン。不遜フソン。❸およばない。おとる。例 遜色ソンショク。

人名 やす

【遜辞】ソンジ へりくだったことば。へりくだったものの言い方。

【遜譲】ソンジョウ (名・する) 人にゆずること。例 ―の気持ち。

【遜色】ソンショク 他にひけをとるようす。見おとりすること。

●謙遜ケンソン・不遜フソン

辶10【遡】13画 ⇩【遡】ソ(982ページ)

辶10【遜】13画 ⇩【遜】ソン(983ページ)

辶10【遞】14画 ⇩【逓】テイ(971ページ)

辶10【遙】14画 ⇩【遥】ヨウ(981ページ)

辶11 **【遨】** 15画 7811 9068 音ゴウ漢 訓あそーぶ

意味 あちこち歩きまわる。あそぶ。例 遨遊ゴウユウ。

【遨▼嬉】ゴウキ (名・する) あそびたのしむこと。

【遨遊】ゴウユウ (名・する) ①あそぶこと。また、気のむくままにあちらこちらをまわること。②行ったり来たりして世話をやくこと。

辶11 **【遮】** 14画 2855 906E 常用 音シャ漢呉 訓さえぎーる

筆順 亠 广 庐 庒 庶 庶 遮 遮

辶11 **【遮】** 15画

なりたち [形声]「辶(=ゆく)」と、音「庶ショ→シャ」とから成る。行くことをさまたげる。

意味 ❶とちゅうでじゃまして行く手をふさぐ。さえぎる。また、おおいかくす。例 遮光シャコウ。遮断シャダン。遮蔽シャヘイ。❷梵語ボンゴの音訳。例 遮那王シャナオウ(=源九郎義経よしつねの幼名)。毘盧遮那ビルシャナ(=大日如来ダイニチニョライ)。

【▽遮▼莫】さもあらばあれ ①〔不本意ではあるが、そのようにしかならないのならば、そのようにしておこうの意〕どうにでもなれ。ままよ。②それはそうとして。ともかく。

【遮光】シャコウ (名・する) 光をさえぎること。例 ―カーテン。

【遮断】シャダン (名・する) さえぎり止めること。例 ―機(=鉄道の踏切ふみきりなどで、人や車の通行を一時的に止める機械)。―器(=電気回路の開閉を行う装置。ブレーカー)。

【遮二無二】シャニムニ (副) がむしゃらに。むやみに。例 ―働く。

【遮蔽】シャヘイ (名・する) 見られたり光に当たったりしないように、おおいさえぎること。例 窓を―する。

辶11 **【遭】** 14画 3388 906D 常用 音ソウ漢呉 訓あーう

筆順 一 冂 冊 曲 曹 曹 漕 遭

辶11 **【遭】** 15画

なりたち [形声]「辶(=ゆく)」と、音「曹ソウ」とから成る。でくわす。

意味 思いがけず出あう。めぐりあう。あう。例 遭遇ソウグウ。遭難ソウナン。

使い分け あう【会・合・遭】⇩1159ページ

【遭遇】ソウグウ (名・する) 人や事件に出あうこと。例 とちゅうで突発トッパツ事故に―した。

【遭難】ソウナン (名・する) 船・飛行機・登山者が生死にかかわる災難にあうこと。例 冬山登山中に―する。

辶11 **【適】** 14画 3712 9069 教育5 音テキ慣 セキ漢 訓かなーう・たまたま

筆順 亠 䒑 产 产 商 商 適 適

辶11 **【適】** 15画

なりたち [形声]「辶(=ゆく)」と、音「啇シ→セキ」とから成る。(目的へ向かって)ゆく。

意味 ❶向かってゆく。身をよせる。帰属する。例 適帰テキキ(=行って、身をよせる)。❷あてはまる。ぴたりとあう。かなう。例 適応テキオウ。適確テキカク。適材適所テキザイテキショ。❸心にかなう。思いのままになる。例 快適カイテキ。自適ジテキ。❹〔助字〕「たまたま」と読み、ちょうど・折よく、の意をあらわす。例 秦軍適入斉シングンたまたまセイにいる(=秦軍はちょうど斉に侵入シンニュウした)。

人名 あつ・あり・いたる・かのう・まさ・ゆき・ゆく・ゆた・より

【適応】テキオウ (名・する) ①周囲の状況ジョウキョウによくあてはまること。例 新しい時代への―性がない。②〔生〕生物が環境カンキョウにあうように、形態や習性を変化させること。例 砂漠サバクに―したトカゲ。

【適格】テキカク (名・形動ダ) 資格や規格にあてはまること。対 欠格。例 教員として―である。

【適確】テキカク (名・形動ダ) よくあてはまっていて、確実であるようす。類 的確。例 ―な配置。表記「的確」とも書く。

【適宜】テキギ (形動ダ・副) ①状況ジョウキョウにうまくかなっているようす。例 ―な処置だった。②各自がよいと思うようにするようす。例 ―休憩キュウケイをとる。

【適合】テキゴウ (名・する) よくあてはまること。例 時勢に―した商品開発。

【適材】テキザイ その仕事に適した能力をもった人。例 ―を適所に使う。

【適材適所】テキザイテキショ その仕事や地位にふさわしい人を配置

すること。例—を考えて部下を配置する。

【適作】その土地に合った作物。例適地—。

【適者生存】その環境に適している生物だけが生き残ること。

【適所】その人の才能や人柄にみあった地位や仕事。例適材—。

【適職】その人にふさわしい職業や職務。例自分にとって何が—か。

【適正】(名・形動ナ)正しいとされる規準や条件にかなっていること。例—な価格。—に処理する。

【適性】あるものごとに向いている素質や性格。例—検査。—を欠く。

【適切】(形動ナ)その場面やそのことがらなどに、ぴったりあてはまっているようす。例—な助言。

【適地】そのことやものに向いている土地。例—適作。

【適度】(名・形動ナ)ちょうどよい程度であること。例—な運動が必要だ。(対)過度・極度。

【適当】㊀(名・する・形動ナ)ほどよいこと。ちょうどよくあてはまること。例—な明るさ。—することばがうかばない。㊁(名・形動ナ)いいかげんなこと。例—にごまかす。

【適任】①その任務によくかなっていること。例—を探している。②その人の才能や性格にかなった任務。例チームのキャプテンは君に—だと思う。

【適否】適することと適さないこと。適不適。例議論の—は、今は論じない。

【適評】まさにそのとおりだと納得できる批評。適切な批評。例—を下す。

【適不適】適することと適さないこと。適否。

【適役】その役目・役柄によく合っていること。また、その人。例—を得て、仕事がはかどる。

【適訳】原文によくかなっている翻訳。また、原語にぴったりあてはまる訳語。例—を考えつかない。

【適用】(名・する)規則や方法などを、事物にあてはめて使うこと。例今回は法規を—しない。

【適量】ちょうどよい分量。例—の塩を加える。

【適例】ふさわしい例。例—をさがす。

【適齢】そのことにふさわしい年齢。

【適齢期】(結婚するのに)適している年齢の時期。例結婚—。むすめが—をむかえている。

●快適・最適・自適

辶11 【遯】 15画 7812 906F 音トン漢ドン呉 訓のが-れる

意味 にげる。のがれる。例遯世。

【遯世】(名・する)①俗世間とのかかわりをたち切って生活すること。隠遁。②出家して仏門にはいること。表記 ▽「▼遁世」とも書く。

辶11 【遷】 15画 ⇒【遷】(985ページ)

辶12 【遺】 15画 1668 907A 教育6 音イ漢ユイ呉 訓のこ-す・のこ-る

筆順 口 中 虫 冉 冉 書 貴 遺 遺

辶12 【遺】 16画 ㊁

なりたち [形声]「辶(=ゆく)」と、音「貴キ…→イ」とから成る。なくす。

意味 ❶なくす。おとす。おきわすれる。また、おとしたもの。手おち。例遺失。遺漏。補遺。❷すてさる。おきざりにする。例遺棄。❸あとにのこす。のこる。例遺産。遺族。遺言。❹小便などをもらす。例遺尿(=寝小便)。❺ものをおくる。やる。例遺贈(=物をおくる。遺言によって財産を人におくること)。

人名 おく

【遺愛】死んだ人が生前に愛用していたもの。例亡父—の万年筆。

【遺影】葬儀のときなどにかざられる、故人の写真や肖像画。例—に生花を供える。

【遺骸】死体。なきがら。遺体。例—にひざまずく。

【遺家族】一家の中心であった人の死後にのこされた家族。例戦死者の—。

【遺憾】(名・形動ナ)(ものごとのなりゆきや結果に対して)心残りがすること。残念であること。例—なく(=じゅうぶんに)。—の意を表する。

【遺棄】(名・する)置き去りにして、かえりみないこと。例死体—の罪。

【遺業】故人が成しとげて、この世にのこした事業。また、やりかけてこの世にのこしていった事業。例父の—をつぐ。

【遺訓】死んだ人が言いのこした教え。例先君の—をかかげる。

【遺賢】主君に用いられずに民間にうずもれている、すぐれた人材。例野ャに—なし(=すぐれた人物はすべて公務について、民間にうずもれている人はいない)。〈書経〉

【遺言】㊀(名)昔の人がのこしたりっぱなことば。㊁ゴンイ(名・する)〔法律では「イゴン」ということが多い〕自分の死後のことについて、言いのこすこと。また、そのことば。

【遺稿】死後にのこされた原稿。例—集。

【遺骨】死者の骨。例—収拾。

【遺恨】いつまでものこる、うらみ。例—を晴らす。

【遺作】死後にのこされた作品。例—展。

【遺産】①死後にのこされた財産。例—を相続する。②昔の人がのこした業績。例文化—。世界—。人類の—。

【遺子】親に死なれた子供。わすれがたみ。遺児。

【遺志】死んだ人が生前に実現できなかった、願いや望み。例—をつぐ。—を重んじる。

【遺児】①親に死なれた子供。わすれがたみ。遺子。例—をたくされる。②捨て子。

【遺失】(名・する)落としたり忘れたりして、物をなくすこと。例—物(=落とし物。忘れ物)。

【遺書】自分の死後のことについて書きのこした手紙や文書。書きおき。例妻子にあてた—。

【遺臣】①ほろびた王朝や諸侯などに仕えていた家来。例明ミの—朱舜水。②先代からの家来。

【遺跡】古代の建造物のあとや貝塚など、昔の人の生活や歴史的事件などがしのばれる場所。例多くの土器が—から出土する。表記 旧遺▼蹟

【遺族】死んだ人の、あとにのこされた家族。例—年金。

【遺体】死んだ人のからだ。なきがら。遺骸。例—を安置する。

【遺著】著者の死後にのこされた著書。また、著者の死後に刊行された著書。

【遺徳】死後または後世にのこる、すぐれた人格やりっぱなおこない。例—をしのぶ。

【遺髪】死んだ人の形見の、かみの毛。例戦死者の—が遺族の手にわたる例は多くはなかった。

【遺品】死んだ人がのこした品物。例—を整理する。

【遺風】(イフウ) ①のちのちまでのこっている前代の風習。例封建時代(ホウケンジダイ)の—。②先人がのこした教え。例祖父の—。

【遺物】(イブツ) ①死んだ人があとにのこした品物。かたみ。遺品。例父の—を整理する。②(石器や土器など)昔の人がのこしたもの。例前世紀の—。

【遺聞】(イブン) 伝えのこされた話。いっぱんに知られていない、めずらしい話。

【遺墨】(イボク) 死んだ人がのこした書画。例良寛(リョウカン)の—という作品。

【遺留】(イリュウ) (名・する) ①死後にのこすこと。②置き忘れること。例犯人の—品。③〔法〕遺産の一部を、一定の相続人が必ず受け取れるように、法律で確保すること。例—分。

【遺漏】(イロウ) (名・する) 不注意などから生じた見落とし。手落ち。例万(バン)—なきを期する。

●拾遺(シュウイ)・補遺(ホイ)

⻌12 **【遵】** 15画 2969 9075 常用 音ジュン慣 シュン漢呉 訓したが-う

筆順 丷 䒑 酋 酋 尊 尊 遵 遵

⻌12 **【遵】** 16画

なりたち 〔形声〕「⻌(=ゆく)」と、音「尊(ソン→シュン)」とから成る。したがう。

意味 決まりや教えを守り、そのとおりにする。したがう。遵守(ジュンシュ)。例遵行(ジュンコウ)(=決まりどおりに実行する)。同順。

人名 たか・たかし・ちか・のぶ・まもる・ゆき・より

【遵守】(ジュンシュ) (名・する) 規則や命令に従って、それに違反(イハン)しないこと。例服務上の規律を—する。表記「順守」とも書く。

【遵法】(ジュンポウ) 法律や規則に従って行動し、違反(イハン)しないこと。例—闘争(トウソウ)(=労働組合で、かたくなに規則どおりに勤務して、かえって業務をおくらせる戦術)。表記「順法」とも書く。

⻌12 **【遶】** 16画 7813 9076 音ジョウ漢 ニョウ呉 訓めぐ-る

意味 まわりをとりまく。かこむ。めぐる。同繞(ニョウ)。例囲遶(イニョウ)。

⻌12 **【選】** 15画 3310 9078 教育4 音セン漢呉 訓えら-ぶ・え-る

筆順 コ 己 㔾 巳巳 巺 巽 選 選

⻌12 **【選】** 16画

なりたち 〔会意〕「⻌(=ゆく)」と、音「巽(ソン→セ)(=遣(や)る)」とから成る。遣(つか)わす。また、えらぶ。

意味 ❶多くの中からよいものをとり出す。えりぬく。よりわける。えらぶ。例選挙(センキョ)。選択(センタク)。当選(トウセン)。❷よい詩文をえらんで書物を作る。例選集(センシュウ)。『文選(モンゼン)』『唐詩選(トウシセン)』❸えらばれた人やもの。例選手(センシュ)。選良(センリョウ)。

難読 小選(しばらく)

人名 かず・すぐる・のぶ・ひとし・より

【選科】(センカ) 学校が提供した一定の科目の中から、一部を選択(センタク)して学習する、略式の課程。対本科。

【選歌】(センカ) (名・する) 歌をえらぶこと。また、そのえらばれた歌。

【選外】(センガイ) 選にもれて、えらばれないこと。例—の佳作(カサク)。

【選球】(センキュウ) (名・する) 野球で、打者が相手投手の投げるボールがボールかストライクか、直球か変化球かなどを見分けること。例—眼がよい。

【選挙】(センキョ) (名・する) ある地位や任務につく人を、候補者の中から投票などでえらび出すこと。例—権。会長を—する。

【選曲】(センキョク) (名・する) 多くの楽曲の中から、ある条件にかなった曲目をえらぶこと。例—に迷う。

【選句】(センク) (名・する) 俳句・川柳(センリュウ)などをえらぶこと。また、そのえらばれたもの。

【選考】(センコウ) (名・する) じゅうぶんに調べたうえで、適当な人やすぐれた作品などをえらび出すこと。例書類—。代表選手の—委員。表記「▼銓衡・▼銓考」とも書く。

【選鉱】(センコウ) (名・する) ほり出した鉱石を質の良否、用不用によって、より分けること。例—夫。

【選者】(センジャ) 多くの作品の中から、すぐれたものをえらび出す人。

参考「撰者(センジャ)」は、作者・編者の意。

【選手】(センシュ) ①団体や組織からえらばれて、また、すぐれた能力をもち一定の基準に達している者と認められて、競技に出場する人。例—宣誓(センセイ)。②スポーツを職業とする人。例プロ野球の—。

【選集】(センシュウ) ①ある個人の著作の中から、代表的なものをえらんでまとめた書物。②多くの詩文の中で、すぐれたものをえらんで集めること。また、集めたもの。

【選出】(センシュツ) (名・する) えらび出すこと。例学長を—する。

【選書】(センショ) 一(名・する) 多くの書物の中から、一定の基準にかなったものをえらび出すこと。二(名) あるテーマを基準にまとめられた、書物のシリーズ。

【選奨】(センショウ) (名・する) すぐれたものとしてえらび出し、表彰(ヒョウショウ)すること。例芸術祭—作品。

【選択】(センタク) (名・する) (適・不適、要・不要、良否、善悪、当否などを考えて)えらび取ること。例—肢(シ)。取捨—を誤る。

【選定】(センテイ) (名・する) 多くの中からえらんで、適切なものを決めること。例調査の項目(コウモク)を—する。

【選任】(センニン) (名・する) 多くの人の中からえらび出して、ある任務につかせること。例書記に—される。

【選抜】(センバツ) (名・する) 多数の中から、すぐれているものをえらび出すこと。例—試験。—チーム。

【選評】(センピョウ) (名・する) 選者がえらんだものについて、批評すること。また、その批評。例文学賞の—。

【選別】(センベツ) (名・する) 多くのものをある基準でより分けること。例品質によって三つの区分に—する。

【選民意識】(センミンイシキ) 他民族を神に導くように、神によってえらばれた民族だと自任する信念。選民思想。

【選良】(センリョウ) ①人々の中から、とくにえらび出された人物。②「国会議員」をほめていうことば。〔古い言い方〕例—にあるまじき行為(コウイ)。

●改選(カイセン)・官選(カンセン)・厳選(ゲンセン)・公選(コウセン)・互選(ゴセン)・再選(サイセン)・人選(ジンセン)・精選(セイセン)・当選(トウセン)・特選(トクセン)・入選(ニュウセン)・予選(ヨセン)・落選(ラクセン)

⻌12 **【遷】** 15画 3311 9077 常用 音セン漢呉 訓うつ-る・うつ-す

筆順 襾 覀 覀 要 䙴 䙴 遷 遷

⻌11 **【遷】** 15画

なりたち 〔形声〕「⻌(=ゆく)」と、音「䙴(セン)」とから成る。のぼる。派生して「うつる」「移動する」の意。意味 ❶他の場所にうつす。うつる。うつす。例遷都。左遷。孟母三遷の教え。❷うつりかわる。あらためる。例変遷。❸追放する。例遷客(=罪によって流された人)。

人名 のぼる

【遷化】(名・する)㊀うつり変わること。㊁[仏]人が死ぬこと。〔今は、多く高僧が死ぬことをいう〕

【遷宮】(名・する)神社の社殿の改築や移転のために、神体をうつすこと。また、その儀式。例伊勢神宮の二十年ごとの―。

【遷幸】(名・する)天子が宮城を出てよそにうつること。また、天子がみやこをうつすこと。

【遷都】(名・する)みやこを別のところにうつすこと。例東京に―して約百五十年になる。

●左遷・三遷・変遷・奉遷

辶12 【邁】 16画 7818 9081 音 バイ漢 マイ呉 訓 ゆ-く

意味 ❶どんどん進む。(月日が)すぎ去る。ゆく。例邁進。❷すぐれる。まさる。例英邁。高邁。❸年をとる。例老邁(=年をとっておとろえる)。

【邁進】(名・する)さきに進むこと。例勇往―。

辶12 【遼】 15画 4643 907C 人名 音 リョウ漢 訓 はる-か

辶12 【遼】 16画 F9C3

なりたち [形声]「辶(=ゆく)」と、音「尞リョウ」とから成る。遠くはなれる。

意味 ❶距離や年月が遠くはなれている。はるか。例遼遠。遼遼(=はるかにはなれているようす)。❷契丹族が二代皇帝太宗のときに建てた国。(九一六―一一二五)❸遼河。中国、東北地方を流れる川。例遼東。❹「遼寧省」の略。

人名 とお

【遼遠】(名・形動ナ)距離や時間が遠くはなれていること。はるか。例前途―。

【遼東の▼豕】世間知らず、ひとりよがりのたとえ。〔遼東(=今の遼寧省)の人が、めずらしい白頭のブタを献上しようと河東(=今の山西省)へ行ったが、そこでは少しもめずらしくなく、恥じて帰ったという故事による〕(後漢書)

辶12 【遵】16画 ⇩【遵】ジュン(985ページ)

辶12 【遲】16画 ⇩【遅】チ(978ページ)

辶12 【選】16画 ⇩【選】セン(985ページ)

辶13 【邂】 17画 7816 9082 音 カイ漢呉 訓 あ-う

意味 思いがけずめぐりあう。あう。例邂逅(=めぐりあう。期せずして会う)。

難読 邂逅(たまさか・わくらば)

辶13 【還】 16画 2052 9084 常用 音 ㊀カン漢 ゲン呉 ㊁セン漢 訓 かえ-る・かえ-す・めぐ-る

筆順 冖 罒 罒 罒 睘 睘 睘 還

辶13 【還】 17画

なりたち [形声]「辶(=ゆく)」と、音「睘ケイ→カン」とから成る。もとへ返る。

意味 ㊀カン ゲン ❶もとにもどる。かえる。かえす。例還元。還俗。返還。❷また。ふたたび。㊁セン ❶ぐるりと向きを変える。まわる。同旋。例還風(=ぐるぐるまわる風。つむじ風)。❷すぐに。すなわち。例王業還起(=王者の大業がすぐさま起こる)。(荀子)

難読 還城楽

【還御】(名・する)天子が外出先から皇居にもどること。対出御。→【還幸】

【還元】(名・する)①もとにかえること。または、かえすこと。例利益を社会に―する。②[化]酸化された物質から酸素をうばい、もとにもどすこと。対酸化。

【還幸】(名・する)天子が外出先から皇居にもどること。→【還御】

【還送】(名・する)送りかえすこと。送還。

【還付】(名・する)①もとにもどすこと。かえすこと。②税務署や裁判所などが徴収または押収した金品を、事情によって本来の持ち主にかえすこと。例―金。

【還流】㊀(名・する)流れがもとの方向へもどること。㊁(名)大気や海流、または血液の、循環。

【還暦】数え年で六十一歳。本卦がえり。〔六十年たつと、生まれた年の干支が再びめぐってくることから〕例―をむかえる。―を祝う。→【干支】(344ページ)

【▽還俗】(名・する)出家して僧や尼になった者が、もとの俗人にもどること。

●往還・帰還・召還・償還・生還・送還・奪還・返還

辶13 【遽】 17画 7817 907D 音 キョ漢 訓 すみ-やか・にわ-か・あわただ-しい

意味 ❶急に。とつぜん。にわか。あわただしい。すみやか。例急遽。❷あわてる。おそれうろたえる。例遽色(=あわてた顔の表情)。

【遽卒】(名・副・形動ナ)あわただしく行き来すること。不意であること。

辶13 【避】 16画 4082 907F 常用 音 ヒ漢 ビ呉 訓 さ-ける

筆順 コ 尸 尸 居 辟 辟 避 避

辶13 【避】 17画

なりたち [形声]「辶(=ゆく)」と、音「辟ヘキ→ヒ」とから成る。まわり道をする。

意味 わきへよける。のがれる。さける。例避暑。避難。逃避。

【避寒】(名・する)暖かな土地に移って、寒さをさけること。対避暑。例南国の海岸に―する。

【避暑】(名・する)すずしい土地に移って、暑さをさけること。対避寒。

【避難】(名・する)(よその土地に移ったり非常手段をとったりして)災難をさけること。例―訓練。

【避雷針】落雷を地面へみちびいて被害をさけるために、屋根や塔などの高所に設ける金属の棒。

●回避・忌避・退避・逃避・不可避

辶13 【邀】 17画 7819 9080 音ヨウ漢 訓むか-える・もと-める

意味 ❶来るものを待ち受ける。むかえる。例邀撃ヨウゲキ。❷待ち受けて、もとめる。例邀求ヨウキュウ(=もとめる)。

【邀撃】ヨウゲキ (名・する) 待ち受けてうつこと。迎撃ゲイゲキ。要撃。

辶13 【邉】 17画 ⇩【辺】ヘン(961ページ)

辶14 【邇】 18画 7778 9087 音ジ漢ニ呉 訓ちか-い

辶5 【迩】 8画 3886 8FE9 俗字

意味 身近である。ちかいところ。ちかい。対遐カ。例邇来ジライ(=ちかごろ。また、その時以来)。

日本語での用法《に》「に」の音をあらわす万葉がな。「久邇くにの京みやこ・弖邇乎波てにをは」

辶14 【邃】 18画 *6768 *9083 音スイ漢呉 訓おくぶか-い・ふか-い

意味 ❶おくまで続いている。深くとおい。おくぶかい。例邃古スイコ。幽邃ユウスイ(=景色などがおくぶかく静か)。❷学問や道理にくわしい。例邃暁スイギョウ(=よく知ってその方面に明るい)。

【邃古】スイコ 遠い昔。大昔。太古タイコ。

辶14 【邈】 18画 1-9258 9088 音バク漢マク呉 訓はる-か

意味 かすむほど、とおくはるか。はるか。例邈然バクゼン(=はるか)。

【邈志】バクシ 遠大なこころざし。

辶15 【邊】 19画 ⇩【辺】ヘン(961ページ)

辶19 【邏】 23画 7822 908F 音ラ漢呉 訓めぐ-る

意味 見まわる。めぐる。例邏卒ラソツ。警邏ケイラ(=見まわること)。巡邏ジュンラ(=見まわって警備すること)。

【邏卒】ラソツ ①見まわりの兵士。②「巡査ジュンサ」の古い言い方。明治初期に、警察の仕事をした役人。

163 7画 邑 むら（阝（右）おおざと）部

城壁ジョウヘキにかこまれたまちの意をあらわす。「邑」が旁つくり(=漢字の右がわの部分)になるときは「阝(おおざと=大きな村里)(三画)」となる。「邑」をもとにしてできている漢字を集めた。

0 邑 4 那 邦 邪 邨 那 5 邯 邱 邪 邵 邸 6 郁 郊 郎 7 郢 郡 郤 郛 郎 8 郭 郷 都 部 郵 9 鄂 都 10 鄒 鄉 11 鄙 12 鄲 鄭 鄧 鄭 鄰

この部首に所属しない漢字

耶⇩耳810 扈⇩戸422 爺⇩父645

邑0 【邑】 7画 4524 9091 人名 音ユウ漢オウ呉 訓くに・さと・むら

なりたち [会意]「囗(=囲い)」と「巴(=王命をしるしたふだ)」とから成る。王にみとめられた国。

意味 ❶人が集まり、住むところ。みやこ。くに。また、領地。例都邑トユウ(=みやこ)。大邑タイユウ(=大きなみやこ。大きな国)。❷地方の町やむらざと。むら。例邑長ユウチョウ(=村長)。邑里ユウリ。❸心がふさいで楽しくない。うれえる。例邑邑ユウユウ。

人名 さとし・すみ

【邑里】ユウリ むらざと。村落。

阝4 【那】 7画 3865 90A3 常用 音ダ漢ナ呉 訓なん-ぞ・いか-ん

筆順 フ ヲ ヨ 刃 刃 那 那

阝4 【那】 7画

なりたち [形声]「阝(=くに)」と、音「冄ゼン→ダ」とから成る。地名。借りて「どれ」の意。

意味 ❶どれ。どの。どこ。例那辺ナヘン。❷梵語ボンゴの「ナ」の音訳。例那落ナラク。刹那セツナ。

人名 とも・ふゆ・やす

【那辺】ナヘン どのあたり。どのへん。どの点。例真意は―にあるか。表記「奈辺」とも書く。

【那落】ナラク ⇩【奈落】ナラク(266ページ)

阝4 【邦】 7画 4314 90A6 常用 音ホウ漢 訓くに

筆順 一 二 三 丰 丰 邦 邦

なりたち [形声]「阝(=くに)」と、音「丰ホウ」とから成る。大きなくに。

意味 国家。領土。くに。例邦国ホウコク。連邦レンポウ。

日本語での用法《ホウ》日本の国の、わが国の、の意。「邦楽ホウガク・邦人ホウジン・邦文ホウブン・邦訳ホウヤク」

人名 さかえ

【邦域】ホウイキ 国の領地の限界。国境。

【邦家】ホウカ 国家。邦国。例―にとっての慶事ケイジ。

【邦貨】ホウカ 日本の貨幣カヘイ。例―に換算カンザンする。

【邦画】ホウガ ①日本画。②日本で作られる映画。▽対洋画。

【邦楽】ホウガク 日本の伝統的な音楽。雅楽ガガクや三味線しゃみせん音楽など。対洋楽。

【邦国】ホウコク ①国家。邦家。②諸国。

【邦人】ホウジン ①その国の人。②日本人。とくに外国に出ている日本人。

【邦題】ホウダイ [外国の作品に] 日本でつけた題名。

【邦土】ホウド 一国の領土。国土。

【邦文】ホウブン 日本語の文字や文章。和文。

【邦訳】ホウヤク (名・する) 外国語の単語や、外国語で書かれた文章を日本語に翻訳ホンヤクすること。また、翻訳したもの。

●異邦イホウ・万邦バンポウ・本邦ホンポウ・盟邦メイホウ・友邦ユウホウ・隣邦リンポウ・連邦レンポウ

阝4 【邪】 7画 ⇩【邪】ジャ(988ページ)

阝4 【邨】 7画 ⇩【村】ソン(515ページ)

阝4 【那】 7画 ⇩【那】ナ(987ページ)

阝5 【邯】 8画 7824 90AF 音カン漢

意味「邯鄲カンタン」は、❶春秋時代から知られ、戦国時代の趙の都になった地。現在の河北省南部の都市。❷カンタン科の昆虫。ルルル…と美しく鳴く。

【邯▼鄲の歩み】カンタンのあゆみ 本来の姿を見失って、他人のまねばかりしていると、どちらも身につかないということのたとえ。〔趙の都、邯鄲へ都会ふうの歩き方を身につけようとして行った若者が、覚える前に本来の自分の歩き方も忘れてしまい、はって帰国したという故事による〕〈荘子〉

【邯▼鄲の夢】カンタンのゆめ ⇩【黄粱一炊の夢】(1109ページ)

⻏5 【邱】 8画 7825 90B1 音キュウ漢 訓おか

意味 おか。〔清代に、孔子の名である「丘」をさけてこの字が多く用いられた〕同丘。

⻏5 【邪】 8画 2857 90AA 常用 音㊀シャ漢 ジャ呉 ㊁ヤ漢呉 訓よこしま・ななめ 付表 風邪かぜ

筆順 一 ㇗ 于 牙 牙 牙ﾞ 邪 邪

⻏4 【邪】 7画

なりたち [形声]「⻏(=まち)」と、音「牙ガ→ヤ」とから成る。地名。借りて「よこしま」の意。

意味 ㊀ジャ ❶正道からはずれて、ねじまがっている。正しくない。よこしま。例 邪悪ジャアク。邪心ジャシン。邪道ジャドウ。❷害をおよぼすもの。わるもの。例 邪鬼ジャキ(=悪神。また、もののけ)。邪神ジャシン。邪魔ジャマ。㊁ヤ〔助字〕「や」「か」と読み、…かどうか、の意。疑問・反語・詠嘆をあらわす。例 天道是邪非邪テンドウはぜかひか(=天道は正しいものなのか、そうではないのか)。〈史記〉

【邪悪】ジャアク (名・形動ダ)正義をきらい、悪をわるいと思わないこと。例—な心。

【邪淫】ジャイン ①道徳を守らず、性関係が乱れていること。②〔仏〕五悪の一つ。社会的に認められない男女関係。例—

【邪気】ジャキ ①古来、わざわいをもたらすとされる悪い気。例—をはらう。②不正を好む悪い心。悪意。対 正気セイキ。例—のあることば。—をふくんだ表情。

【邪教】ジャキョウ 人の心をまどわし、害悪をあたえる宗教。邪宗。

【邪見】ジャケン ㊀(名)〔仏〕因果の道理を否定するあやまった考え。正しくない見解。㊁(形動ダ)思いやりがなく、意地の悪いしうちをするようす。例—なとりあつかい。→【邪険】

【邪険】ジャケン (形動ダ)意地が悪く、思いやりに欠けるようす。〔「邪見」から派生したことば〕例—にする。表記「邪▼慳」とも書く。

【邪宗】ジャシュウ 「邪教」に同じ。〔江戸時代に、とくにキリスト教を指した〕例—門。

【邪心】ジャシン 正義を好まない、正しくない心。例—を起こす。

【邪臣】ジャシン 主君に忠実でない家臣。二心をもつ家来。姦臣カンシン。例—を切り捨てる。

【邪神】ジャシン 人の心をたぶらかし、わざわいをあたえる神。

【邪推】ジャスイ (名・する)悪意をもって疑うこと。例かぜで欠席したら、仮病だと—された。

【邪説】ジャセツ まちがった主張。正しくない説。例気付かないで—を信じる。

【邪知】ジャチ よくないことをたくらむ知恵。わるぢえ。例—にたけた悪人。表記 旧邪▼智

【邪道】ジャドウ ①人の道からはずれたおこない。対 正道セイドウ。②正当でないやり方や考え方。例—をさける。

【邪念】ジャネン 正しくない考え。不純な思い。類 雑念ザツネン。例—をいだく。—をはらう。—を起こす。

【邪法】ジャホウ ①正しくない方法。邪道。また、正しくない教え。②魔法マホウ。例—を広める。

【邪魔】ジャマ ㊀(名)〔仏〕人をそそのかし、仏道修行をさまたげる悪魔。㊁(名・する・形動ダ)①さまたげること。妨害すること。また、そうするもの。例—者もの。—がはいる。②人の家を訪問すること。例お—します。

【邪欲】ジャヨク 人の道にはずれた欲望。みだらな欲望。表記 旧邪▼慾

【▽邪馬台国】ヤマタイコク 二、三世紀ごろ日本にあった国の一つ。女王卑弥呼ヒミコが支配していたという。その場所については諸説ある。表記「▼耶馬台国」とも書く。

⻏5 【邵】 8画 7826 90B5 音ショウ漢

意味 ❶春秋時代、晋の国の地名。現在の河南省にあった。❷姓の一つ。

⻏5 【邸】 8画 3701 90B8 常用 音テイ漢 訓やしき

筆順 ノ 𠂆 𠂇 氏 氏 氐 氐ﾞ 邸

なりたち [形声]「⻏(=くに)」と、音「氐テイ」とから成る。諸侯が都にのぼったときの宿。

意味 ❶みやこにある諸侯の住まい。例 官邸カンテイ。公邸コウテイ。また、高級官吏の住まい。❷大きくりっぱな家。やしき。例 邸内テイナイ(=やしきの中)。別邸ベッテイ。❸やどや。

人名 いえ

【邸第】テイダイ 大きな家。りっぱな家。邸宅テイタク。

【邸宅】テイタク 大きな家。りっぱな家。やしき。邸第テイダイ。

●官邸カンテイ・公邸コウテイ・豪邸ゴウテイ・御用邸ゴヨウテイ・私邸シテイ・自邸ジテイ・藩邸ハンテイ・別邸ベッテイ・本邸ホンテイ

⻏6 【郁】 9画 1674 90C1 人名 音イク漢呉

なりたち [形声]「⻏(=まち)」と、音「有ウ→イク」とから成る。地名。借りて「かぐわしい」の意。

意味 ❶香気がつよい。かおりたかい。かぐわしい。例 郁郁青青イクイクセイセイ(=花のかおりがあふれ、木々が青くしげるようす)。馥郁フクイク。❷文化のさかんなようす。例 郁郁イクイク。郁文イクブン。

難読 郁芳門イクホウモン・郁子むべ

人名 あきら・あや・か・かおる・たかし・ふみ・よし

【郁郁】イクイク (形動タリ)①文化が栄えているようす。郁文イクブン。②香気があふれるようす。例—たる梅花。③おくが深いようす。

【郁文】イクブン (形動タリ)「郁郁①」に同じ。

⻏6 【郊】 9画 2557 90CA 常用 音コウ漢

筆順 丶 亠 六 交 交 交ﾞ 交ﾟ 郊

なりたち [形声]「⻏(=まち)」と、音「交コウ」とから成る。まちの周辺部。

意味 ❶都の外。町はずれ。例 郊外コウガイ。近郊キンコウ。❷天地をまつる祭礼。例 郊祀コウシ。郊社コウシャ。

人名 おか・さと・ひろ・ひろし

【郊外】コウガイ 都市の外側に隣接した地域。町はずれ。例—の住宅地。

【郊▼祀】コウシ 古代中国で、天子がおこなった祭り。冬至トウジには南の郊外で天を、夏至ゲシには北の郊外で地をまつった。郊祭。

【郊社】コウシャ 「郊祀コウシ」に同じ。

⻏6 **【郎】** 9画 4726 90CE 常用 音ロウ漢

筆順 ' ㇇ ㇋ 自 良 良' 郎' 郎

⻏7 **【郞】** 10画 1-9271 90DE 人名

なりたち [形声]「⻏(=まち)」と、音「良リョウ→ロウ」とから成る。地名。借りて「男子」の意。

意味 ❶若い男子を呼ぶことば。また、妻が夫を呼ぶことば。おとこ。おのこ。例郎君ロウクン。新郎シンロウ。❷秦シン・漢代以後の官名。例郎中ロウチュウ。侍郎ジロウ。

日本語での用法《ロウ》男の子の名につけることば。多く、順序をあらわす数字とともに用いる。「太郎タロウ・次郎ジロウ・三郎サブロウ・金太郎キンタロウ・桃太郎ももタロウ・源九郎ゲンクロウ」

難読 郎子いらつこ・郎女いらつめ

人名 あき・あきら・お

【郎君】ロウクン ①若い男子や身分の高い男子をうやまっていうことば。郎子ロウシ。②妻が夫を親しんで呼ぶことば。あなた。わがきみ。

【郎中】ロウチュウ 中国古代の官名。秦シン・漢代は宮中の宿直。唐代以後は、各役所の高級官僚カンリョウを指す。

【郎等】ロウトウ・ロウドウ 武家の家臣。とくに「家の子」に対して、主君と血縁ケツエン関係にない家来。例一族—。表記「郎党」とも書く。

○外郎ウイロウ・女郎ジョロウ・新郎シンロウ・野郎ヤロウ

⻏7 **【郢】** 10画 7827 90E2 音エイ漢

意味 春秋戦国時代、楚ソの国の都。例郢曲エイキョク(=楚の国の歌。低俗テイゾクな歌)。

【郢書▼燕説】エイショエンセツ こじつけて、もっともらしく説明すること。〔郢の人が燕の宰相サイショウに送った手紙の中で誤って書いた部分を、宰相がこじつけてかってに解釈カイシャクしたために、かえって燕の国によい結果をもたらしたという故事による〕〈韓非子カンピシ〉

⻏7 **【郡】** 10画 2320 90E1 教育4 音クン漢グン呉 訓こおり

筆順 ㇇ ㇋ ヨ 尹 尹 君 君' 郡' 郡

なりたち [形声]「⻏(=まち)」と、音「君クン」とから成る。行政単位の一つ。

意味 行政区画の単位の一つ。周代では県の下、秦シン代以後は県の上の区画。例郡県制度グンケンセイド。郡守グンシュ。

日本語での用法《グン・こおり》昔の地方行政区画の一つ。今は、郡役所その他を置かない、地理上の区画。「郡司グンジ・郡奉行こおりブギョウ・郡代グンダイ・豊多摩郡とよたまグン・静岡県田方郡しずおかけんたがたグン」

人名 くに・とも

【郡下】グンカ ①郡の区画の中にある土地。②郡の行政機関のある場所。参考「郡」は、中国では宋ソウ代まであった行政区画の一つ。

【郡県】グンケン 郡と県。地方行政区画の一つ。郡県制度。

【郡県制度】グンケンセイド 中央集権制度の一環イッカンとして、全国を郡と県とに分け、中央で任命された長官が、その地を統治する制度。秦シンの始皇帝シコウテイによって始められ、郡の長官を郡守、県の長官を県令といった。

【郡守】グンシュ 秦シン代の郡県制度において、郡を統治する長官。〔漢代は太守タイシュといった〕

【郡部】グンブ 日本の近代で、郡に属する地域。転じて、都市化されていない地域。対市部シブ。例—に転出する。—の中学にはいった。

○国郡コクグン

⻏7 **【郤】** 10画 7828 90E4 音ケキ漢ゲキ呉

意味 すきま。あいだ。同隙ゲキ。例郤穴ゲキケツ(=あな)。郤地ゲキチ(=国境の地)。

⻏7 **【郛】** 10画 7830 90DB 音フ漢 訓くるわ・しろ

意味 城壁ジョウヘキの、さらに外がわにもうけた囲い。外城。くるわ。例郛郭フカク。

【郛郭】フカク ①城壁ジョウヘキのまわりを囲む、かこい。くるわ。②防壁のたとえ。

⻏7 **【郞】** 10画 ⇩【郎】ロウ(989ページ)

⻏8 **【郭】** 11画 1952 90ED 常用 音カク漢呉 訓くるわ

筆順 亠 亠 古 亨 享 享' 郭' 郭

なりたち [形声]「⻏(=くに)」と、音「享カク」とから成る。国名。借りて「外囲い」の意。

意味 ❶中国で、都市やとりでのまわりをかこむ、へい。くるわ。同廓カク。例郭外カクガイ。城郭ジョウカク。五稜郭ゴリョウカク(=城壁ジョウヘキが星のように五つの角のある洋式の平城ひらじろ。箱館はこだての奉行所ブギョウショ)。❷ものの外まわり。同廓カク。例外郭ガイカク。輪郭リンカク。❸姓セイの一つ。例郭沫若カクマツジャク(=近代中国の学者・政治家)。

日本語での用法《カク・くるわ》まわりがへいで囲まれていて、遊女屋の集まっているところ。いろまち。いろざと。「遊郭ユウカク・郭くるわ通がよい」

人名 ひろ・ひろし

【郭外】カクガイ ①中国で、城壁ジョウヘキで囲まれた都市などの、外壁。転じて、その外。②遊郭の外。表記▽「▼廓外」とも書く。

【郭門】カクモン 都市などを囲んでいる城郭の出入り口。

【郭公】カッコウ ①カッコウ科のわたり鳥。春、日本にわたって来る。鳴き声が「カッコー」と聞こえるところから、この名がある。自分では巣を作らず、モズやホオジロの巣にたまごを産んで、その鳥に育ててもらう。閑古鳥かんこどり。呼子鳥よぶこどり。②ホトトギスの異名。

○外郭ガイカク・胸郭キョウカク・城郭ジョウカク・遊郭ユウカク・輪郭リンカク

⻏8 **【郷】** 11画 2231 90F7 教育6 音キョウ漢ゴウ呉 訓さと・ふるさと

筆順 く 乡 乡 乡' 组 郷' 郷

⻏10 **【鄉】** 13画 1-9276 9115

なりたち [形声]「郒(=となりあったまち)」と、音「皀キョウ」とから成る。むらざと。

意味 ❶周代の行政区画で、一万二千五百戸ある地。漢代で、県の下の行政単位。さと。また、むらざと。いなか。例郷校。郷党。近郷。❷生まれ育った地。ふるさと。例郷愁。郷里。故郷。❸ところ。場所。例水郷。桃源郷。理想郷。

人名 あき・あきら・のり・むら

【郷学】㊀ 地方に設ける学校。郷校。㊁ 江戸時代、藩校にならって地方に設置された、庶民のための教育機関。たとえば、備前(=今の岡山県の南東部)の閑谷学校など。

【郷関】ふるさと。故郷。〔古い言い方〕例男子志を立てて—を出ず(=ふるさとを出る)。

【郷原】いなかの偽善者。教養がなく文化的でないのに、うわべだけ徳のあるようによそおう者。

【郷校】地方に設ける学校。郷学。

【郷国】生まれ故郷。ふるさと。

【郷愁】①遠くはなれた故郷をなつかしむ気持ち。ノスタルジア。例—をそそる。②過去のものをなつかしむ気持ち。例今も小学校時代の唱歌に—を感じる。

【郷人】①村の人。里人。例幼なじみの—。②いなか者。野人。不風流な人。例—の訪問を好まない。

【郷土】①ふるさと。生まれ故郷。郷里。例—をなつかしむ。②地方。いなか。例—芸能。

【郷党】①中国古代の制度で、村里。②郷里の人々。郷人。例—の期待にこたえる。

【郷里】①村里。また、そこに住む人々。例—を重んじる。②生まれ故郷。ふるさと。例—で余生を送る。

【郷士】江戸時代、農村に住み農業に従事した武士。また、武士として待遇された農人。例—の出で、江戸に遊学した。

【郷に入っては郷に▽随え】〔「郷」は「キョウ」とも読み、「随」は「従」とも書く〕ある村に初めてはいるときは、その土地の風俗や習慣などをまずたずね、わきまえるべきである。〈童子教〉

●異郷・帰郷・他郷・同郷・望郷

阝8 【都】 11画 3752 90FD 教育3 音ト漢 ツ呉 訓みやこ

筆順 一 十 土 耂 者 者 都 都

［邑(阝(右))部］8画 都 部

阝9 【都】 12画 1-9274 FA26 人名

なりたち［形声］「阝(=まち)」と、音「者→ト」とから成る。君主の先祖をまつる建物がある大きなまち。

意味 ❶天子のいる地。国の政府のある地。みやこ。例都人士。首都。遷都。❷大きな町。人口が多くにぎやかな町。例都会。都市。❸みやびやか。上品で美しい。例都雅(=上品でうるわしい)。❹ひとつに集めてまとめる。すべる。例都督。❺合計。すべて。例都合。

日本語での用法《ト》日本の地方公共団体の一つ。「東京都」の略。「都営・都庁・都道府県」

人名 いち・くに・さと・ひろ・よし

【都合】㊀(副)合わせて。全部で。例—百人になる。㊁(名)事情。わけ。例—が悪い。㊂(名・する)お金や時間などをやりくりすること。例金を—する。

【都度】そのたびごと。毎回。例出張の—、土産を買ってくる。

【都下】①都のうち。都の範囲。②「東京都下」の略。東京都の二十三区以外の地域。対都内。例—一円に生じた現象。

【都会】①人が多く集まり、活気があって消費のさかんな土地。都市。例大—。②「東京都議会」の略。

【都議】「東京都議会議員」の略。

【都市】人口が多く、政治・経済・文化などで地域の中心になる土地。都会。例—計画。研究学園—。

【都心】都市または東京都の中心部。例副—。—のにぎわい。

【都人士】都に住む人。都会人。都人。例—の耳目をおどろかす事件。

【都政】東京都の行政。

【都電】東京都が管理し、経営する路面電車。

【都道府県】日本の地方公共団体の最も大きな区分をまとめていうことば。一都一道二府四十三県のこと。

【都督】①指揮し監督すること。また、その任にある者。②中国古代の官職で、地方の軍司令官。③大宰の帥(=大宰府の長官)の中国風の呼び名。

【都内】①「東京都内」の略。二十三区を指す。対都下。②東京都の中。

【都▼鄙】①都会といなか。②風雅と卑俗。

【都府】①みやこ。都会。②唐代の節度使(=辺境警備の軍隊の長官)。

【都民】東京都の住民。

【都立】東京都が設立し、経営管理すること。例—高校。

【都大路】都のにぎやかな大通り。

【都鳥】①ミヤコドリ科のわたり鳥。背は黒、腹は白、くちばしと脚は赤。冬に日本に飛来するが、今は数が少ない。②カモメ科の鳥、ユリカモメの別名。体は白、くちばしと脚は赤。冬に日本に飛来する。例名にし負はばいざ言問はん—わが思ふ人はありやなしやと。〈伊勢物語〉

●学都・楽都・古都・遷都・帝都・南都

阝8 【部】 11画 4184 90E8 教育3 音ホ漢 ブ呉 訓べ 付表部屋

筆順 亠 立 产 音 音 音 部 部

なりたち［形声］「阝(=まち)」と、音「音→ホ」とから成る。地名。借りて「わける」の意。

意味 ❶分ける。また、区分けしたものの一つ。例部品。部分。一部。❷官庁や役所などの区分の一つ。例部局。❸軍隊の編制単位。例部隊。❹一民族の集落。また、生活共同体としての人々の集まり。例部族。部落。❺区分けされたものを数えることば。例第一部。昼の部。

日本語での用法《べ》上代に、ある職務を専門に朝廷や豪族に仕えた氏族。「語部・物部」

人名 きつ・もと

【部位】全体の中での、部分の位置。例がんの発生した—。

【部員】部のつく名の団体や組織に所属する人。例新入—。写真—。

【部下】ある人の下で、命令を受けて行動する者。てした。

【部会】部門を分けておこなう会議。例国語—。

【部外】ある組織や団体などに属していないこと。対部内。

【部曲】㊀ 中国の、軍隊の編制単位。㊁ 日本古代の豪族の私有民。民部。

【部局】官庁や会社などで、事務を分けてあつかう局・部・課などをまとめていうことば。例—ごとの研究チーム。

【部首】ブシュ 漢字の字典で、漢字を分類し、配列するときの基準となる、いくつかの漢字に共通する字形の一部。偏・旁・冠・脚・構など。もと、いくつかの部に分類された漢字群の先頭(=首)にある文字。例―分類の字書。

【部署】ブショ 役割を決め、それぞれに受け持つものを分けておくこと。また、割り当てられたその役。

【部将】ブショウ 軍の一部隊の指揮官。

【部数】ブスウ 雑誌や新聞などの数。とくに一種を一回に発行する総数。例発行―。売り上げの―を増やす。

【部族】ブゾク 特定の地域に住み、人種・言語・文化などを共有する集団。例少数民族だが多くの―から成る。

【部属】ブゾク ①部に分けて、配属すること。例―を替える。②部下。配下。例某将軍の―となった。

【部隊】ブタイ ①軍隊のなかの集団。例歩兵―。②ひとつの目的のもとにまとまった集団。例食糧の買い出し―。まとめ役。

漢字に親しむ ㉓ 部首とは？

「部首」とは、本文の説明にあるように、いくつかの漢字に字形のうえで共通する部分のことです。では、部首の「首」とはなんでしょうか。首には「首席で卒業する」のように、第一、一番という意味があります。つまり、「部首」の文字どおりの意味は、その部のトップということです。たとえば、弓 引 弔 弘 弗 弛 弟 弦 弩 弥 弧 弱 強…と、弓の部の漢字をならべたときのトップの字が「弓」で、これがこの部の全体を代表するものとなって、部首は、「ゆみ」「ゆみへん」といわれるわけです。

【部長】ブチョウ 部のつく名の集団や組織の責任者。例テニス部―。総務―。

【部内】ブナイ ある組織や団体に属し、その一員であること。㊟部外。例―だけの約束。

【部品】ブヒン 機械や道具などの一部分で、交換して使えるもの。部分品。

【部分】ブブン 全体を構成する、小さい一つ一つ。例―を生かす全体。

【部面】ブメン ものごとをいくつかに分けた場合の、一つの部分。一つの側面。

【部門】ブモン 全体を区分した、その一つ一つの部類。例芸術祭の演劇―。

【部落】ブラク 少数の家が集まり、生活共同体として機能しているところ。集落。村落。

【部類】ブルイ 種類によって、別々に分けること。また、分けたもの。例―を分ける。まだましな―に属する。

【部屋】へや ①家の中を区切って、人が居住するための場所。例子供―。②大相撲の年寄が親方となって管理経営する、力士の養成所。すもうべや。例同じ―の者は本場所で対戦しない。

●一部・外部・各部・幹部・局部・後部・細部・支部・上部・全部・大部・頭部・内部・本部

⻏8 **【郵】** 11画 4525 90F5 教育6 音ユウ漢

筆順 （郵の筆順）

なりたち [会意]「⻏(=まち)」と「垂(=へり)」とから成る。まちはずれにある、文書を伝達する施設。

意味 ❶手紙や荷物を運ぶ人馬の中継ぎ場。宿場。例郵亭。❷手紙や荷物などを送る制度。ゆうびん。例郵政。郵送。郵便。

【郵政】ユウセイ 郵便・郵便貯金などの事業に関する行政。

【郵船】ユウセン 郵便物を運ぶ船。郵便船。例―会社。

【郵送】ユウソウ (名・する)郵便で、手紙や品物などを送ること。

【郵袋】ユウタイ 郵便物を運送するためのふくろ。〔古くは「郵便行囊」といった〕

【郵亭】ユウテイ ①宿場。宿駅。郵置。②宿場の旅館。郵館。

【郵便】ユウビン ①はがき・封書・小包などを集配する制度。②郵便物のこと。

【郵便切手】ユウビンきって 配送の料金として郵便物にはる証紙。切手。

【郵便局】ユウビンキョク 郵便・貯金・保険などをあつかう事業所。

【郵便番号】ユウビンバンゴウ 郵便作業を合理化するために、全国を多くの小地域に分けてつけた、七けたの一連の番号。

⻏9 **【鄂】** 12画 7831 9102 音ガク漢 訓ただ-す

意味 ❶湖北省鄂州市にあった県の名。❷湖北省の別の呼び方。❸はばからずに言う。同諤。例鄂鄂。

【鄂鄂】ガクガク (形動タル)①はばからずに発言して議論するようす。②しゃべり続けてさわがしいようす。

⻏9 **【都】** 12画 ⇩【都】ト(990ページ)

⻏10 **【鄒】** 13画 7832 9112 音スウ漢

意味 ❶戦国時代の国の名。山東省鄒県のあたりにあった。孟子の生地。例鄒魯。❷姓の一つ。例鄒衍(=戦国時代の思想家)。

【鄒魯】スウロ 鄒国と魯国。鄒は孟子の生国であり、魯は孔子の生国であることから、転じて、孔子と孟子、あるいはその教えを指す。また、文化や礼儀がさかんな土地を指すこともある。

⻏10 **【鄉】** 13画 ⇩【郷】キョウ(989ページ)

⻏11 **【鄙】** 14画 7833 9119 音ヒ漢呉 訓ひな・いや-しい

意味 ❶都からはなれた土地。いなか。ひな。例都鄙。辺鄙。❷いやしい。同卑。㋐下品な。ぞくっぽい。例鄙俗。鄙猥。㋑つまらない。とるにたりない。自分のことをへりくだっていうことば。例鄙見。鄙人。

【鄙近】ヒキン 品のよくない、日常の身近なこと。鄙浅。
【鄙見】ヒケン とるにたりないつまらない意見。転じて、自分の意見をへりくだっていうことば。表記「卑見」とも書く。
【鄙言】ヒゲン 世俗のことば。いやしいことば。鄙語。
【鄙語】ヒゴ いなかじみたことば。下品なことば。鄙言。表記「卑語」とも書く。
【鄙事】ヒジ とるにたりないこと。下品なこと。
【鄙人】ヒジン いなか者。身分のいやしい人。転じて、自分をへりくだっていうことば。
【鄙▼賤】ヒセン (名・形動)下品なこと。身分が低いこと。例―の身。表記「卑▼賤」とも書く。
【鄙俗】ヒゾク (名・形動)品がなく、いやしいこと。低俗。例―な映画。表記「卑俗」とも書く。
【鄙老】ヒロウ いやしい老人。転じて、老人が自分をへりくだっていうことば。例―の言うことは聞き流して下さい。
【鄙▼陋】ヒロウ (名・形動)いやしいこと。下品なこと。例―な人格。表記「卑▼陋」とも書く。
【鄙▼猥】ヒワイ (名・形動)つつしみがなく下品なこと。例―な表現をつつしむ。表記「卑▼猥」とも書く。
●都鄙トヒ・辺鄙ヘンピ・野鄙ヤヒ

阝12 【鄲】15画 7834 9132 音タン漢
意味「邯鄲カンタン」は、❶戦国時代の趙チョウの都。❷カンタン科の昆虫。→【邯】カン(987ジ)

阝12 【鄭】15画 3702 912D 人名 音テイ漢ジョウ呉
阝12 【鄭】15画 ＝ 俗字
意味 ❶春秋時代、周の宣王が弟の桓公カンコウを封じて建てた国。今の河南省鄭州市テイシュウのあたり。戦国時代、韓にほろぼされた。(前八〇六―前三七五) 例鄭声テイセイ。❷ていねいで、ゆきとどいている。ねんごろ。例鄭重テイチョウ。❸姓の一つ。例鄭成功テイセイコウ(=明末・清初の武将。国姓爺コクセンヤ)。鄭玄ジョウゲン(=後漢の儒学者)。
【鄭声】テイセイ 鄭の国の音楽。みだらで人心を乱す音楽、また、国をほろぼすような音楽の意に用いる。例耳に―を聴くを好まない。
【鄭重】テイチョウ (名・形動)ていねいで心のこもっていること。例―なあいさつ。―にことわる。表記 現丁重

阝12 【鄧】15画 1-9280 9127 音トウ漢
意味 ❶春秋時代の国名。また、地名。❷姓の一つ。

阝12 【鄭】15画 ⇒【鄭】テイ(992ジ)
阝12 【鄰】15画 ⇒【隣】リン(1041ジ)

164 7画 酉 とりへん ひよみのとり さけづくり 部

酒をつくるつぼの形をあらわす。十二支で「とり」にあて、暦こよみに十二支を用いて日をよむ(数える)ことから「ひよみのとり」ともいう。また、「酒さけ」の字にある旁つくり(=漢字の右がわの部分)であることから「さけづくり」ともいう。「酉」をもとにしてできている漢字を集めた。

0 酉 2 酋 酊 3 酌 酒 酎 配 酌 4 酔 酖 酘 5 酣 酢 酥 6 酬 酪 酩 7 酳 酵 酷 酸 酲 酷 8 醋 醇 醂 醉 9 醐 醒 醍 醗 10 醢 醜 醤 11 醬 醪 醫 12 醯 醱 13 醵 醸 醴 14 醺 17 釀 18 釁

酉0 【酉】7画 3851 9149 人名 音ユウ漢 訓とり
なりたち [象形] 酒をつくるときに用いるつぼの形。
意味 十二支の十番目。方位では西。時刻では午後六時、およびその前後の二時間。月では陰暦インレキの八月。動物では鶏にわとりにあてる。とり。例乙酉イツユウ。
日本語での用法《とり》十一月の、とりの日におこなう、鷲おおとり神社の縁日エンニチで、商家の縁起物エンギものとして熊手くまでを売る。「酉とりの市いち・一チの酉とり・お酉とりさま」
人名 あき・なが・みのる

酉2 【酋】9画 2922 914B 音シュウ漢 訓おさ
意味 ❶よく熟した酒。また、酒の醸造ジョウゾウをつかさどる役人。❷なかまや部族のかしら。おさ。例酋長シュウチョウ。酋領シュウリョウ。
【酋長】シュウチョウ (=部族のかしら)。①かしら。頭目。②部族の長。例南の島の部族の―。

酉2 【酊】9画 7836 914A 音テイ漢 訓よ-う
意味「酩酊メイテイ」は、ひどく酒によって、ふらつく。よう。

酉3 【酌】10画 2864 914C 常用 音シャク漢 訓く-む
筆順 一 丆 冂 丙 两 酉 酌 酌

酉3 【酌】10画 ＝
なりたち [形声]「酉(=さけ)」と、音「勺シャク(=ひしゃく)」とから成る。酒をくみかわす。
意味 ❶酒をくむ。また、酒をついで飲む。くむ。例独酌ドクシャク。晩酌バンシャク。❷他人の意見や事情を考えて加減する。気持ちをくみとる。例酌量シャクリョウ。参酌サンシャク。斟酌シンシャク。
【酌婦】シャクフ 下級の宿や料理店で客を接待する女性。
【酌量】シャクリョウ (名・する) ①米や穀物などをはかること。②気持ちや事情をくみとって、同情を示すこと。斟酌シンシャク。例情状を―する。
●対酌タイシャク・独酌ドクシャク・媒酌バイシャク・晩酌バンシャク

酉3 【酒】10画 2882 9152 教育3 音シュウ漢シュ呉 訓さけ・さか 付表お神酒みき
筆順 氵 氵 汀 沂 洒 酒 酒 酒
なりたち [会意]「氵(=みず)」と「酉ユウ→シュウ(=熟す)」とから成る。熟成させた、さけ。
意味 さけ。さけをのむ。さかもり。例酒宴シュエン。酒池肉林シュチニクリン。飲酒インシュ。
難読 酒匂さかわ

人名 み

【酒蔵】酒をたくわえておく、くら。造り酒屋の倉庫。表記「酒倉・酒▽庫」とも書く。

【酒手】①酒の代金。②感謝の気持ちを伝えるための金銭。心づけ。チップ。酒代。例—をはずむ。—をねだる。

【酒は百薬の長】適量の酒は、どんな薬よりもすぐれた効果がある。〈漢書〉

【酒宴】酒の出る宴会。さかもり。酒席。

【酒家】①酒を売る店。酒屋。酒店。酒舗。②酒食を売る店。③酒好きの人。酒飲み。酒客。

【酒客】酒好きの人。酒飲み。

【酒気】①酒のにおい。酒を飲んだあとの酒くさいにおい。例—がただよう。②酒を飲んだようす。例—を帯びる。

【酒旗】酒屋が看板として立てる旗。酒旆。例水村山郭—風〈杜牧・江南春〉

【酒器】酒をつぐときに用いるうつわと、それを受けて飲むうつわ。ちょうしやさかずきなど。例正月用の—をととのえる。

【酒▼肴】酒と、酒を飲むときのごちそう。酒とさかな。例—料(=酒とさかなをふるまう代わりに出すお金)。

【酒豪】大量に酒を飲む人。大酒飲み。

【酒債】酒の代金の借り。酒屋や飲み屋の借金。例—がかさむ。

【酒▼肆】酒を売る店。酒屋。酒舗。例一軒の—もない。

【酒色】酒と女色。飲酒と女遊び。例—にふける。

【酒食】(名・する) 酒と食事。酒を飲んだり、食事をしたりすること。例—の接待を受ける。

【酒精】アルコール。例—飲料を禁じる。

【酒税】酒類にかかる税。

【酒席】さかもりの席。酒宴の場。例—での失敗。

【酒仙】大酒飲み。〔酒を飲むことを楽しみとするようすを、仙人にたとえていうことば〕

【酒造】酒をつくること。例—業。—家。

【酒池肉林】ぜいたくで盛大な宴会のたとえ。〔殷の紂王は、酒をたたえて池をつくり、木の枝に肉をつり下げて林のようにし、ぜいたくな酒宴をはったという故事による〕〈史記〉

【酒毒】酒という毒。また、飲酒による害。例—に中たる。

【酒杯】酒を飲むうつわ。さかずき。例—をかたむける。表記「酒▼盃」とも書く。

【酒癖】酒を飲んだときのくせ。さけぐせ。例—が悪い。

【酒舗】酒を売る店。酒屋。酒店。

【酒母】酒を醸造するときの種となるもの。

【酒乱】酒によって正気を失い暴力的になること。また、その習慣のある人。

【酒量】飲む酒の量。例—を減ずる。

【酒楼】酒を飲ませる飲食店。料理屋。料亭。

●甘酒・禁酒・清酒・美酒・洋酒

酉 3

【酎】

10画 3581 914E 常用 音チュウ漢

筆順 一 冂 丙 两 酉 酉一 酎 酎

なりたち [形声]「酉(=さけ)」と、音「肘」の省略体とから成る。何度もかもした芳醇な酒。

意味 よくかもした濃い酒。例醇酎(=濃厚でうまい酒)。

日本語での用法《チュウ》「焼酎」の略。「酎ハイ(=焼酎と炭酸水で作った飲み物)」

酉 3

【配】

10画 3959 914D 教育3 音ハイ漢呉 訓くば-る

筆順 一 冂 丙 两 酉 酉 酉フ 酉コ 配 配

なりたち [形声]「酉(=さけ)」と、音「妃ヒ→イハ」の省略体とから成る。さけの色。借りて「つれあい・ならぶ・くばる」の意。

意味 ❶つれそわせる。つれあい。例配偶。交配。❷とりあわせる。例配合。配列。配する。❸わりあてる。行きわたるようにする。くばる。例配当。配布。分配。❹島流しにする。例配所。配流。❺てくばりする。とりしまる。例差配。支配。

難読 下配

人名 あつ・とも

【配下】部下。子分。手下。表記「▼輩下」とも書く。

【配管】(名・する) 水道管やガス管などを、建物の内部に設置すること。例—工事。

【配球】(名・する) 野球で、打者に対する投手の投球の組み合わせ。球種やコース、球速などを変えて投げること。

【配給】(名・する) 数量を割り当てて、くばること。例食糧の—制。

【配偶】夫婦の一方。つれあい。また、つれそわせること。

【配合】(名・する) 複数のものを取り合わせること。また、まぜ合わせること。例—肥料。色の—を考える。

【配剤】(名・する) ①薬を調合すること。②うまく組み合わせること。また、調和のとれた配合。例天の—。

【配車】(名・する) 必要な時刻や場所へ車をわりふること。

【配所】流罪の罪人を送る、遠隔の地。

【配色】色の取り合わせ。また、組み合わされた色。

【配水】(名・する) 水を配給すること。例—管。

【配線】(名・する) ①電線や電話線をはりめぐらすこと。例—工事。屋内—。②電気器具や部品などを、コードで接続すること。例—をまちがえる。

【配送】(名・する) 荷物の配達や発送をすること。例—料。野菜を—する。

【配膳】(名・する) 食事の膳を、客の前にくばること。また、食事のために食卓をととのえること。例—台。

【配属】(名・する) 人をそれぞれ適当な部署にふりわけて、所属させること。例新人を地方支店に—する。

【配達】(名・する) 品物をくばって、受け取り先に送り届けること。また、その人。例一軒一軒—する。

【配置】(名・する) 人や物を、必要な場所に割り当てて置くこと。例—転換。案内係を—する。

【配転】(名・する)「配置転換」の略。仕事の持ち場をかえること。

【配電】(名・する) 電力を必要とする場所へくばること。例—盤。

【配当】(名・する) ①割り当てること。配分。例時間—。②銀行・会社などが、益金の中から、出資した株主にお金を分けること。また、分けたお金。例—金。

【配備】(名・する) 人や物を必要な場所にわりふって、用意をととのえること。例警護の人を—する。

【配付】(名・する) 個々の人にくばってわたすこと。例学生証を—する。

【配布】(名・する) 広く行きわたるようにくばること。例ポスターを—する。

【配分】(名・する) 分けてくばること。分配。例公平に—する。

【配本】(名・する) 発行元が、書籍や雑誌などを契約してある書店や客に、発行のつど届けること。また、その本。例 文学全集を定期的に―する。

【配役】映画や演劇などで、俳優を登場人物の役に割り当てること。また、その役。キャスティング。キャスト。

【配慮】(名・する) いろいろと気をくばること。心くばり。例 特別の―をする。

【配流】(名・する) 罪人を流罪に処すること。島流し。例 昔、佐渡に―された人。

【配列】(名・する) 一定の順序で並べること。また、その並べ方。例 五十音順の―。部首およびその―は『康熙字典』による。表記「排列」とも書く。

●気配・軍配・交配・支配・集配・心配・宅配・手配・年配・分配

酉3 【酌】10画 ⇩【酌】(992ページ)

酉4 【酔】11画 3176 9154 常用 音 スイ漢呉 訓 よ-う・よ-い

筆順 一 冂 襾 酉 酉 酉 酉 酔

酉8 【醉】15画 7845 9189 人名

なりたち 「会意」「酉(=さけ)」と「卒ソツ→スイ(=つくす)」とから成る。酒をのみつくして乱れない。

意味 ❶酒を飲んで、よう。よい。例 酔顔・泥酔。❷もののごとに夢中になって、われを忘れる。心をうばわれる。例 心酔・陶酔。❸薬物により感覚を失う。例 麻酔。

日本語での用法 《よう》乗り物に乗って気分が悪くなる。「バスに酔よう・船酔ふなよい」

【酔漢】酒によった男。よっぱらい。例―には近よるな。

【酔眼】酒によったときの、しっかり定まらない目つき。例―朦朧。

【酔顔】酒によってほてった顔。

【酔客】(「スイカク」とも) 酒によった人。よっぱらい。類 酔漢。例―にからまれる。

【酔狂】(名・形動ナ) ①酒によって正気をなくすこと。②ものずき。例 だてや―でできることでない。表記 ②は「粋狂・酔興」とも書く。

【酔郷】酒を飲んで、ようことのできるところ。〔酒によって快い気持ちであることを、別世界にたとえていう〕例―に帰る。―に遊ぶ。

【酔興】(名・形動ナ) ①酒によった楽しい心持ち。②ものずき。酔狂。

【酔吟】(名・する) 酒によって歌をうたうこと。酔歌。

【酔生夢死】一生涯を酒によっているような気持ちでむだにすごすこと。例―というべき生涯。

【酔態】酒にひどくよったときのようす。例―を子供にまでさらす。

【酔夢】酒のよいにまかせてねむりこんで見るゆめ。〔なんの心配もせず気楽にすごす状態のたとえ〕例 ただ―をむさぼって暮らす。

【酔余】酒によったあげく。例―の不始末。

●心酔・泥酔・陶酔・麻酔

酉4 【酖】11画 7837 9156 音 一タン漢 二チン漢 訓 ふけ-る

意味 一 ❶酒を楽しむ。ふける。例 酖酖(=酒をのんで楽しむようす)。❷酒におぼれる。ふける。同 耽。例 酖沈(=酒に心をうばわれて酒びたりになる)。二 鴆(=毒鳥の名)の毒を入れた酒。例 酖殺(=毒酒をのませて殺す)。酖毒。

【酖毒】鴆という毒をもつ鳥の羽を、酒にひたして作る猛毒。表記「▼鴆毒」とも書く。

酉4 【酘】11画 7838 9158 音 トウ漢 訓 さけ

意味 ❶酒を二度かもす。例 酘酒(=かもし直した酒)。❷二日酔いの悪い気分をなくすために酒をのむ。

酉5 【酣】12画 7839 9163 音 カン漢 訓 たけなわ

意味 ❶酒を飲んで楽しむ。たのしむ。例 酣飲(=さかんに酒を飲む)。酣楽(=酒を飲んで楽しむ)。❷酒宴がもっともさかんである。また、ものごとのまっさかり。たけなわ。例 酣宴(=酒盛りの真っ最中)。酣春(=春たけなわ)。

【酣▼觴】(名・する) 〔「觴」は、さかずきの意〕さかずきを重ねること。酒をさかんに飲むこと。例―して詩を賦す。

【酣酔】(名・する) 酒にひどくようこと。

酉5 【酢】12画 3161 9162 常用 音 一サク慣 ソ漢呉 二サク漢 訓 す

筆順 一 冂 襾 酉 酉 酢 酢 酢

なりたち 「形声」「酉(=さけ)」と、音「乍サ→ソ」とから成る。す。

意味 一 すっぱい味のする液体の調味料。す。例 酢酸。木酢。二 主人にさされたさかずきを、客がさしかえす。例 酬酢(=酒のくみかわし)。

参考 本来、一は「酢」、二は「醋」であったが、古くから混用される。

難読 酢酸草かたばみ・酢漿草かたばみ

【酢酸】無色で刺激臭のある酸性の液体。酢の主成分。表記 旧▼醋酸

【酢▼蛸】タコをゆでて酢にひたした食物。

【酢味▼噌】酢や砂糖などを加えて、よくすったみそ。例 うどの―あえ。

●梅酢・三杯酢・食酢・木酢

酉5 【酥】12画 7840 9165 音 ソ漢呉

意味 ❶ウシやヒツジなどの乳からつくった食品。例 酥酪(=乳製品)。❷酒の別名。❸点心の一種。もろくて、くずれやすい食品。❹もろくて、よわい。例 酥軟(=力なくぐったりしたようす)。❺白くてなめらかなようす。例 酥胸(=白くなめらかな胸)。

【酥灯】①酥油(=ウシやヒツジの乳でつくった油)を用いてともすあかり。②仏前の灯火。

酉6 【酬】13画 2923 916C 常用 音 シュウ漢呉 訓 むく-いる・むく-い

筆順 冂 襾 酉 酉 酬 酬 酬

なりたち 「形声」「酉(=さけ)」と、音「州シュウ」とから成る。客の返杯を主人が飲んでから、さらに客に酒をすすめる。

意味 ❶客からさかずきを返された主人が、ふたたび客にさか

ずきをさしだす。すすめる。〔はじめに主人が客に酒をすすめるのが「献」、つぎに客が主人に返杯するのが「酢」、さらに主人が客に返すのが「酬」〕例酬酢（=酒をくみかわす）。献酬。❷返す。お返しする。むくいる。例応酬。報酬。❸手紙の返事。例貴酬（=あなたへのお返事）。

人名 あつ

●応酬・報酬

【酩】 酉6 13画 7841 9169 音メイ漢

意味 酒によって目がくらむ。ひどくよう。例酩酊。

【酩▼酊】メイテイ（名・する）酒にひどくようこと。泥酔すること。例—して前後不覚になる。

【酪】 酉6 13画 4579 916A 常用 音ラク漢

筆順 冂 西 酉 酉 酌 酪 酪 酪

なりたち [形声]「酉（=さけ）」と、音「各カ→ラク」とから成る。乳からつくった飲みもの。

意味 ウシやヒツジなどの乳を発酵させてつくった飲料。また、ミルク・バター・チーズなどの乳製品。例酪農。乾酪（=チーズ）。牛酪（=バター）。

【酪農】ラクノウ ウシやヒツジなどを飼育し、乳をとり、また、チーズ・バターなどの乳製品をつくる農業。

【酳】 酉7 14画 7842 9173 音イン漢 訓くちすす-ぐ

意味 礼儀作法として、食後に酒で口をすすぐ。

【酵】 酉7 14画 2558 9175 常用 音コウ漢呉

筆順 冂 西 酉 酉 酉 酵 酵 酵

なりたち [形声]「酉（=さけ）」と、音「孝コ」とから成る。酒をつくるもと。こうぼ。

意味 ❶酒をつくるときのもとになるもの。こうじかび。例酵素。酵母。❷酒がかもされてあわだつ。例発酵。

【酵素】コウソ 生物のからだの中で作られ、消化・吸収・代謝など体内の化学反応を助けるはたらきをする物質。例消化—。

【酵母】コウボ 菌類の一種。糖分を分解して、アルコールと二酸化炭素にするはたらきがある。パンを作ったりビールや酒の醸造などに用いられる。例—菌。

【酷】 酉7 14画 2583 9177 常用 音コク漢 訓きび-しい・むご-い・ひど-い

筆順 冂 西 酉 酉 酉 酉 酷 酷

なりたち [形声]「酉（=さけ）」と、音「告コ」とから成る。酒の味がこい。

意味 ❶酒の味や、かおりがきつい。あじわいに深みがある。❷情け容赦なくしめつける。むごい。きびしい。例酷使。酷刑（=きびしい刑罰）。残酷。❸程度のひどいこと。はなはだしい。例酷似。酷暑。

人名 あつ

【酷使】コクシ（名・する）限度をこえるほど激しく使うこと。こき使うこと。例肉体を—する。

【酷似】コクジ（名・する）ひじょうによく似ていること。例筆跡が—している。

【酷暑】コクショ 夏の、きびしい暑さ。対酷寒。例—の季節。

【酷熱】コクネツ きびしい熱さ。例—の砂漠。—のガラス工場。

【酷薄】コクハク（形動ナ）冷酷で薄情なようす。例—な復讐。残忍で—な性格。表記「刻薄」とも書く。

【酷評】コクヒョウ（名・する）思いやりのない、手きびしい批評をすること。また、その批評。例まったく否定的な—。

【酷法】コクホウ ひどくきびしい法律。苛法。例—をおこなう。

【酷吏】コクリ 情け容赦のないきびしい役人。例—としておそれられた男。

【酷烈】コクレツ（形動ナ）きびしくてむごいようす。例—な戦争。

【酷寒】コッカン 冬の、きびしい寒さ。厳寒。対酷暑。例—零下三十度。—の季節。

●過酷・残酷・冷酷

【酸】 酉7 14画 2732 9178 教育5 音サン漢呉 訓す-い・す-っぱい

筆順 冂 西 酉 酉 酸 酸 酸 酸

なりたち [形声]「酉（=さけ）」と、音「夋シュン→サン」とから成る。酢す。

意味 ❶すっぱい。すい。辛シン（=からい）・酸サン（=すっぱい）・鹹カン（=塩からい）・苦ク（=にがい）・甘カン（=あまい）という五味ゴミの一つ。例酸味。乳酸。❷鼻をつくようなつらい感じ。つらい。いたましい。例酸鼻。辛酸。❸水にとけたときに水素イオンを生ずる物質。さん。例酸性。塩酸。硫酸。

難読 酸漿ほおずき・酸模すかんぽ・酸漿草かたばみ

日本語での用法《サン》「酸素」の略。「酸化・酸欠（=酸素欠乏）」

【酸化】サンカ（名・する）物質が空気中の酸素と化合すること。対還元。例—物。—炎。

【酸欠】サンケツ（空気中や体内の）酸素が足りなくなること。

【酸性】サンセイ 物質が酸の性質をもっていること。リトマス試験紙の青色を赤色に変える性質。例—雨。—紙。—食品。

【酸素】サンソ 元素の一つ。無色・無臭の気体で、空気の約五分の一をしめる。元素記号O 例—吸入。—不足。

【酸鼻】サンビ むごくいたましいこと。例—の極に達する。

【酸味】サンミ ①すっぱい味。例リンゴの—。—の少ないミカン。②つらさ。苦しさ。例浮き世の—に慣れる。

【▽酸▼漿】ほおずき ナス科の多年草。夏に赤い実をつける。実は、中身を取り出し口にふくんでふき鳴らして遊ぶ。表記「▽鬼灯」とも書く。

●胃酸・塩酸・核酸・硝酸・辛酸・炭酸

【酲】 酉7 14画 7843 9172 音テイ漢 訓さかやまい

意味 悪酔いする。酔う。例酲酔（=泥酔する）。

【酷】 酉7 14画 ⇩【酷】コク（995ページ）

【醋】 酉8 15画 7844 918B 音一サク漢 二サク慣 ソ漢呉 訓す

意味 一 主人にさされたさかずきを、客がさしかえす。同酢。 二 す。強い酸性のにおいのする液体。す。同酢。例醋酸。

酉8 **【醇】** 15画 2970 9187 人名 音シュン漢ジュン呉

なりたち 形声「酉(=さけ)」と、音「享(シュン)」とから成る。できたままの酒。

意味 ❶水でうすめていない、こってりとした味のこい酒。例醇酒。芳醇。❷まじりけがない。同純。例醇化。醇正(=純粋で正しい)。❸あつみを感じさせるよさがある。人情みがある。あつい。同淳。例醇厚。

人名 あつ・あつし

【醇化】ジュンカ(名・する)①まじりけを取って、純粋にすること。純化。例すぐれた詩を読んで心を―する。②心をこめて正しいほうに導くこと。淳化。純化。例外貌の整備より内面についての―を尊ぶ。

【醇▼乎】ジュンコ(形動タル)まじりけのないようす。

【醇厚】ジュンコウ(名・形動ナ)真心があって人情にあついこと。醇篤。例―な人がら。表記「▼淳厚」とも書く。

【醇酒】ジュンシュ まじりけのない、こい酒。

【醇醇】ジュンジュン(形動タル)心をこめて誠実に教えさとすようす。

【醇美】ジュンビ(名・形動ナ)①純粋で美しいこと。純美。例―な少女の気持ち。人情―にして素朴。②味がこくて、おいしいこと。例―な味を楽しむ。

【醇朴】ジュンボク(名・形動ナ)かざることなくすなおで善良なこと。例―な青年。表記「純朴・▼淳朴」とも書く。

【醇良】ジュンリョウ(名・形動ナ)①誠実で善良なこと。例―な官吏。②まじりけがなく品質がよいこと。純良。例―な銘酒。表記①は「▼淳良」とも書く。

●雅醇・至醇・濃醇・芳醇

酉8 **【醂】** 15画 7846 9182 音リン慣ラン漢呉 訓さわ-す

意味(水や酒につけて)柿の実の渋をぬく。さわす。例醂柿(=渋ぬきしたカキ)。

日本語での用法《リン》調理用のあまい酒。「味醂」

酉8 **【醉】** 15画 ⇩【酔】イス(994ページ)

酉9 **【醐】** 16画 2479 9190 人名 音コ漢ゴ呉

意味「醍醐」は、乳製品の一種。→【醍】ダイ(996ページ)

酉9 **【醒】** 16画 3235 9192 常用 音セイ漢ショウ呉 訓さ-める・さ-ます

筆順 冂 两 酉 … 醒

なりたち 形声「酉(=さけ)」と、音「星(セイ)」とから成る。酔いがさめる。

意味 ❶酒のよいからさめ、頭がすっきりする。さめる。例醒酔(=酒によっていないことと、よっていること)。❷夢からさめる。心の迷いがとける。めざめる。例醒悟。覚醒。

人名 さむる・さめ

【醒悟】セイゴ(名・する)迷いからめざめて、さとること。例ある日、卒然として―する。

●覚醒・警醒・半醒

酉9 **【醍】** 16画 3473 918D 人名 音テイ漢ダイ呉

意味 乳製品の一種で、最高においしいとされるもの。例醍醐味。

【醍▼醐】ダイゴ ①ウシまたはヒツジの乳でつくった、ヨーグルトのようなあまい飲みもの。栄養豊富で、貴重なものとされた。②〔仏〕仏の最上の教えのたとえ。

【醍▼醐味】ダイゴミ ①「醍醐①」のこの上もないおいしさ。②仏の最上の教えのありがたさ。転じて、ものごとの真のおもしろさ、深いあじわい。例読書の―を味わう。

酉9 **【醗】** 16画 ⇩【醱】ハツ(997ページ)

酉10 **【醢】** 17画 7847 91A2 音カイ漢 訓ししびしお

意味 ❶肉のしおから。ししびしお。例醢脯。❷殺して、しおからにする処刑法。

【醢▼脯】カイホ 肉のしおからと干し肉。

酉10 **【醜】** 17画 2925 919C 常用 音シュウ漢 訓みにく-い・しこ

筆順 冂 西 酉 … 醜 醜

なりたち 形声「鬼(=死者の霊)」と、音「酉(ユウ→シュウ)」とから成る。にくい。派生して「みにくい」の意。

意味 ❶かおかたちがよくない。みにくい。例醜貌。❷心やおこないが見苦しい。けがらわしい。みにくい。例醜行。醜態。美醜。

人名 むね

【醜悪】シュウアク(名・形動ナ)みにくいこと。見苦しいこと。例―な政権争い。

【醜怪】シュウカイ(名・形動ナ)不気味なほどみにくいこと。例―な容貌。

【醜行】シュウコウ みにくく、はずかしいおこない。不正な行為。例―が次次に露見する。

【醜態】シュウタイ 見苦しい姿、ありさま。例酔って―を演じる。表記「醜体」とも書く。

【醜美】シュウビ みにくいことと美しいこと。美醜。

【醜聞】シュウブン(ある人のおこないなどについての)よくないうわさ、評判。スキャンダル。醜名。例失脚をねらって―を流す。

【醜貌】シュウボウ みにくい顔。

【醜名】㊀シュウメイ はじとなるようなうわさ。醜聞。醜声。例―が伝わる。―が残る。㊁しこな ①あだ名。また、自分の名をへりくだっていうことば。②力士の名乗り。表記㊁②は「四股名」とも書く。

【醜虜】シュウリョ〔「虜」は、野蛮人の意〕①みにくい野蛮人。異民族をいやしんで呼んだことば。②捕虜。〔いやしめていうことば〕

●美醜・老醜

酉10 **【醤】** 17画 ⇩【醬】ショウ(996ページ)

酉11 **【醬】** 18画 1-9289 91AC 人名 音ショウ漢 訓ひしお

酉10 **【醤】** 17画 3063 91A4 俗字

意味 ❶肉を塩やこうじなどにつけて発酵させた食品。しおから。❷コムギやダイズなどを発酵させて塩をまぜた食品。みその類。ひしお。例醤油。

難読 醤蝦(あみ)・魚醤・豆醤(たまり)

【醬油】大豆・小麦・こうじ・塩などを材料にして発酵させてつくる調味料。したじ。

酉11 【醪】18画 7850 91AA 音ロウ漢 訓もろみ・にごりざけ

意味 かすをこさないどろどろした酒。もろみ。にごりざけ。例醪醴(＝にごりざけ)。濁醪(＝にごりざけ)。

酉11 【醫】18画 ⇩【医】(156ページ)

酉12 【醯】19画 7849 91AF 音ケイ漢呉 訓す・すい

意味 ❶かゆと酒とからつくる調味料。す。例醯醬(＝すと味噌)。❷「醯鶏」は、小さな虫の名。

酉12 【醱】19画 1-9290 91B1 音ハツ漢 訓かも-す

酉9 【醗】16画 4016 9197 俗字

意味 酒をもう一度かもす。かもす。例醱酵。

【醱酵】(名・する)酵母菌・細菌などの微生物が有機物を分解し、アルコールや二酸化炭素などを生成すること。表記 現発酵

酉13 【醵】20画 7851 91B5 音キョ漢

意味 ❶金銭を出し合い、集まって酒を飲む。❷ある目的のために、みんなで金銭を出し合う。例醵金。醵出。

【醵金】(名・する)事業や援助、また、飲食などの目的で、お金を出し合うこと。また、そのお金。例—を求める。会員の—で会をもよおす。表記「拠金」とも書く。

【醵出】(名・する)事業や援助などの目的で、お金や品物を出し合うこと。例—の金額が目標に達する。表記「拠出」とも書く。

酉13 【醸】20画 3090 91B8 常用 音ジョウ漢 訓かも-す

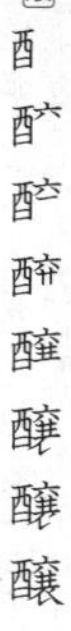

筆順 酉 酉 酉 酔 醉 醸 醸 醸

酉17 【釀】24画 7854 91C0 人名

なりたち [形声]「酉(＝さけ)」と、音「襄ジョウ」とから成る。酒をかもす。

意味 ❶蒸した穀物の中にコウジカビを入れて発酵させ、酒・みそ・しょうゆなどをつくる。かもす。例醸成。醸造。吟醸。❷じわじわと時間をかけてつくりあげる。例醞醸(＝時間をかけてつくりだす)。

【醸成】(名・する)①「醸造①」に同じ。②しだいに、ある雰囲気をかもし出すこと。気運を高めること。醸造。例法を改正する気運を—する。

【醸造】(名・する)①発酵・熟成などによって、酒・みそ・しょうゆなどをつくること。例—酒。日本酒—のさかんな土地。②「醸成②」に同じ。

◐吟醸

酉13 【醴】20画 7852 91B4 音レイ漢ライ呉 訓あまざけ

意味 ❶ひと晩だけ発酵させてつくった、あまい酒。あまざけ。例醴酒(＝あまざけ)。醪醴(＝にごりざけ)。❷うまい水。また、うまい水がわく泉。例醴泉。

難読 醴酒あまざけ・ひとよざけ

【醴泉】あまみのある水がわくという、いずみ。

酉14 【醺】21画 7853 91BA 音クン漢 訓よ-う

意味 ❶酒のにおいがする。❷酒によう。例微醺を帯びる(＝ほろよい気分である)。

酉17 【釀】24画 ⇩【醸】(997ページ)

酉18 【釁】25画 7855 91C1 音キン漢ギン呉 訓ちぬ-る・ちまつり

意味 ❶いけにえの血を(器物のつぎ目などに)ぬって祭る。ちぬる。❷つぎ目。すきま。ひび。例釁隙。❸争いのきっかけ。例釁端。

【釁隙】①すきま。つけいるすき。②両者の間にみぞができること。不和。仲たがい。

【釁端】争いのいとぐち。争いのはじまり。

165 7画 釆 のごめ のごめへん 部

けものの爪がわかれている形で、わける意をあらわす。片仮名の「ノ」と漢字の「米」を合わせた形に似ているので「のごめ・のごめへん」という。「釆」をもとにしてできている漢字を集めた。

0 釆 1 采 4 釈 5 釉 13 釋

この部首に所属しない漢字

采⇩爫644 悉⇩心398 番⇩田681

釆0 【釆】7画 4048 91C6 音ハン漢 訓わか-つ

意味 分ける。[「辨」の古字とされる]

釆1 【采】8画 ⇩【采】(644ページ)

釆4 【釈】11画 2865 91C8 常用 音セキ漢シャク呉 訓と-く

筆順 ノ ⺍ 平 采 釆 釈 釈

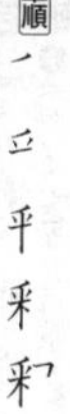

釆13 【釋】20画 7857 91CB

なりたち [形声]「釆(＝わける)」と、音「睪エキ→セキ」とから成る。解きほぐす。

意味 ❶わからないところをときあかす。とく。例釈義。解釈。❷言いわけをする。例釈言。釈明。❸疑いや迷いがとける。理解する。例釈然。❹着ているものをぬぐ。例釈甲(＝よろいをぬぐ)。❺消えてなくなる。とける。例氷釈(＝氷がとける)。❻水でうすめる。とかす。例希釈(＝溶液を水でうすめる)。❼束縛をのぞいて自由にする。ゆるす。ときはなつ。例釈放。保釈。❽供え物を置く。例釈奠。❾「釈迦」のこと。例釈尊。釈教。

人名 さとる・とき

【▽釈▼迦】①インド古代の、王族の名。②「釈迦牟尼(＝牟尼は、聖者の意)」の略。仏教の開祖。姓はガウタ

マ、名はシッダールタ。紀元前五、六世紀ころ王子として生まれたが、城を捨て二十九歳で出家、三十五歳のときさとりをひらき、八十歳で入滅するまで教化の旅を続けた。釈尊。仏陀。→【天上天下唯我独尊】(262ページ)

【釈義】文章や語句の意味を説きあかすこと。また、その内容。

【釈言】(名・する)言いわけをすること。また、そのことば。

【釈然】(形動タル)疑問や不満、うらみなどが消えて、さわやかなようす。〔ふつう、打ち消しの形で用いる〕例気持ちが―としない。疑惑が―と解けたわけではない。

【釈尊】釈迦をうやまっていうことば。例―の教え。

【釈放】(名・する)解きはなつこと。とらえていた者の身がらを自由にすること。例被疑者を―する。

【釈明】(名・する)批判や誤解などに対して、自分の正当性を説明すること。例―を許す。事情を―する。―を求める。

【釈門】仏の道。仏門。また、仏門にはいった人。僧。例―にはいる。

【釈教】①釈迦の教え。仏教のこと。②和歌・連歌・俳諧で、仏教の思想・言語をふくむもの。例―歌。

【▽釈▼奠】〔「シャクテン」とも〕孔子をまつる儀式。ウシやヒツジなどのいけにえを供えてまつる。

●会釈・解釈・講釈・語釈・注釈・評釈・保釈

釆 5

【釉】

12画 7856 91C9 人名 音ユウ漢 訓うわぐすり

意味 陶磁器の表面にぬり、つやをだすくすり。うわぐすり。例釉薬(=うわぐすり)。

釆13 【釋】20画 ⇩【釈】(997ページ)

166 7画

里 さと さとへん 部

人の住むさとの意をあらわす。「里」をもとにしてできている漢字と、「里」の字形を目じるしにして引く漢字とを集めた。

【釆部】5―13画● 釉 釋 【里部】0―2画● 里 重

0 里 2 重 4 野 5 量 11 釐

この部首に所属しない漢字

黒⇩黒1110 童⇩立745 墨⇩土240

里 0

【里】

7画 4604 91CC 教育2 音リ漢呉 訓さと

筆順 丨 冂 冃 日 甲 甲 里

なりたち 【会意】「田(=はたけ)」と「土(=土地)」とから成る。人が住むところ。

意味 ❶むらざと。ふるさと。さと。例郷里。村里。❷民間の。同俚。例里語。里謡。❸長さの単位。隋代までの一里は三〇〇歩。唐以降は三六〇歩。→「度量衡表」(1141ページ) ❹周代の行政区画で、一里は二十五戸。漢・唐代では百戸。

日本語での用法 一《リ》距離の単位。一里は三十六町。「一里」→「度量衡表」(1141ページ) 二《さと》①いなか。「山から里へ」②養育料を出して育ててもらっている家。「里親・里子」

人名 さとし・さとる・のり

難読 万里小路

【里芋】イモの一種。がさがさした皮をかぶり、白くてねばりけのある地下茎と葉柄を食用にする。

【里親】他人の子を親がわりとなって育てる人。育ての親。対里子。例―になる。

【里神楽】各地の神社で行われる民間の神楽。

【里子】他人の家に預けて、育ててもらう子供。対里親。例―に出す。

【里心】故郷や実家、また、もと居た所などを恋しく思う気持ち。例―がつく。

【里山】人里近くにある、人々の生活とかかわりの深い雑木林や低い山。

【里言】①いなか風のひなびたことば。さとことば。里語。②共通語にはない、いかにも方言らしい単語。表記②は「▼俚言」とも書く。

【里▼諺】民間でよく言うことわざ。表記「▼俚▼諺」とも書く。

【里語】「里言①」に同じ。表記「▼俚語」とも書く。

【里▼巷】むらざと。

【里俗】いなかでの風俗・習慣。村のならわし。

【里程】「里」ではかった道のり。また、単に道のり。例―標(=起点からの距離を示した標示)。

【里謡】民間で歌いつがれている歌。民謡。俗謡。表記㊐▼俚謡

●郷里・三里・千里・村里・万里・人里・古里・村里・山里

里 2

【重】

9画 2937 91CD 教育3 音チョウ漢ジュウ呉 訓え・おも-い・かさ-ねる・かさ-なる 付表十重二十重

筆順 一 二 千 台 旨 亩 重 重 重

なりたち 【形声】「壬(=高くつき出る)」と、音「東(トウ→チョウ)」とから成る。厚くおもい。

意味 ❶ぶあつくかさなった量がある。おもい。おもさ。例重荷。重量。体重。❷どっしりと、おもおもしい。例重厚。慎重。❸程度が大きい。はなはだしい。例重傷。重税。重病。❹おもんじる。てあつい。例重視。尊重。丁重。❺かさなる。かさねる。え。例重畳。重複。二重。

日本語での用法 《しげ》目がつんで、すきまがない。「重籐(=弓の作りの一種)・重山・重野」

難読 重波(=次々と打ちよせる波)・重石・重吹く・重籐

人名 あつ・あつし・おもし・かさぬ・かず・かたし・しげ・しげし・しげる・ただ・ただし・のぶ・ふさ

【重荷】おもい荷物。おもい負担。例―を負う。

【重圧】強くおさえつけること。また、その力。例―をはねのける。―を加える。

【重囲】いくえにもとりかこむこと。また、そのかこみ。例―のうちにおちいる。

【重営倉】旧陸軍の刑罰で、営倉にとじこめるもののうち、おもいほうのもの。〔「営倉」は、規律に反した兵を拘束する、牢に似た施設。また、その罰〕

【重恩】深いめぐみ。大恩。

【重科】①おもい罪。重罪。②おもい罰。重罰。

【重加算税】(ジュウカサンゼイ) 脱税の目的で税金の申告をいつわった者に、制裁として課せられる通常より率を引き上げた税金。

【重過失】(ジュウカシツ) 過失の程度がおもいこと。

【重患】(ジュウカン) おもい病気。重病。また、その患者。

【重機】(ジュウキ) ①建設・造船など重工業用の機械。②「重機関銃」の略。数人であつかう、重量のある機関銃。

【重金属】(ジュウキンゾク) 比重が四以上の金属。金・銀・銅・鉛・鉄など。(対)軽金属。

【重苦】(ジュウク) ひどい苦しみ。たえがたい苦しみ。[例]―を味わう。

【重刑】(ジュウケイ) おもい刑罰。重罰。

【重厚】(ジュウコウ) (名・形動ナ) おもおもしく堂々としていて、おちついていること。[例]―な交響曲。

【重婚】(ジュウコン) (名・する) すでに結婚している者が、さらに別の人と結婚すること。法律で禁じられている。

【重罪】(ジュウザイ) おもい罪。重科。(対)微罪。

【重刷】(ジュウサツ) (名・する) 出版物を増し刷りすること。

【重殺】(ジュウサツ) (名・する) 野球で、一度に二つのアウトをとること。ダブルプレー。

【重視】(ジュウシ) (名・する) たいせつなものとしておもくみること。重要視。(対)軽視。[例]内申書を―する。

【重重】(ジュウジュウ) (副) かさねがさね。じゅうぶんに。よくよく。[例]失礼は―承知の上で。

【重出】(ジュウシュツ) (「チョウシュツ」とも) (名・する) 同じものがかさねて出ること。くりかえし出ること。また、出すこと。[例]―を省いて数える。

【重症】(ジュウショウ) ①症状がおもいこと。(対)軽症。[例]―患者。②(趣味などの)程度がはなはだしいこと。

【重唱】(ジュウショウ) (名・する) 音の高さによって一人ずつの分担を決めて合唱すること。[例]三―。

【重傷】(ジュウショウ) おもい傷。ひどいけが。深手。(対)軽傷。[例]―を負う。

【重職】(ジュウショク) 責任のおもい職務。重要な職。[例]―を歴任する。

【重心】(ジュウシン) 物体のおもさのつりあいがとれる中心点。[例]―をとる。

【重臣】(ジュウシン) おもく用いられる臣下。

【重税】(ジュウゼイ) 負担の大きい、おもい税金。苛税。酷税。[例]―にあえぐ。

【重責】(ジュウセキ) おもい責任。[例]―を果たす。

【重奏】(ジュウソウ) (名・する) 二つ以上の独奏楽器によって合奏すること。アンサンブル。[例]四―。

【重曹】(ジュウソウ) 「重炭酸曹達」の略。炭酸水素ナトリウムの別名。白色の粉末で、弱アルカリ性。医薬品・ふくらし粉などに用いる。

【重層】(ジュウソウ) いくつもの層になって、かさなること。[例]―的な文化。

【重体】(ジュウタイ) (名・形動ナ) 病気やけがが、命にかかわるほどおもいこと。[例]やけどで―におちいる。[表記]「重態」とも書く。

【重態】(ジュウタイ) (名・形動ナ) 「重体」に同じ。

【重大】(ジュウダイ) (形動ナ) ただごとでないようす。ひじょうにたいせつなようす。[例]―な発表。

【重鎮】(ジュウチン) 〔兵をひきいて重要な場所をかためている者の意〕ある分野で重要な位置にあり、強い影響力をもつ者。[例]政界の―。

【重訂】(ジュウテイ) (「チョウテイ」とも) (名・する) 書物などの内容をかさねて直すこと。再訂。[例]―版。

【重点】(ジュウテン) ①重要な点。かなめ。[例]―的に調査する。②〔物〕てこで物体を動かすとき、そのおもさのかかる点。

【重度】(ジュウド) 症状・障害の程度のおもいこと。(対)軽度。[例]―障害。

【重篤】(ジュウトク) 病状がかなりおもいこと。[例]―のやけど。

【重任】(ジュウニン) 一(名) 重要な任務。[例]―を帯びて外国へ行く。二(「チョウニン」とも) (名・する) 任期が満了した後、また同じ職務につくこと。再任。

【重箱読み】(ジュウばこよみ) 「重箱」のように上の字を音読み、下の字を訓読みにする二字熟語の読み方。(対)湯桶読み。

【重罰】(ジュウバツ) おもい刑罰。重科。[例]―を科する。

【重犯】(ジュウハン) ①おもい犯罪。重罪。②罪をかさねること。また、その人。[例]―は罰も重い。

【重版】(ジュウハン) (名・する) 一度出版した書物を、かさねて出版すること。また、その書物。(対)初版。

【重病】(ジュウビョウ) 命にかかわるほどの、おもい病気。重患。

【重複】(ジュウフク・チョウフク) (名・する) 同じものが二つ以上かさなること。ダブること。[例]名簿の名前が―する。

【重文】(ジュウブン) ①文法で、主語・述語を構成する部分が二つ以上並列されている文。たとえば、「花が咲き、鳥が鳴く。」など。(対)単文・複文。②「重要文化財」の略。文化財保護法に従って、重要なものとして指定されたもの。

【重弁】(ジュウベン) 花弁がいくえにもかさなったもの。八重。(対)単弁。[表記](旧)重▼瓣
【重宝】一(ジュウホウ) (名) たいせつな宝物。[例]先祖伝来の―。二(チョウホウ) (名・する・形動ナ) 便利なこと。使いやすいこと。[例]―な道具。[表記]二は「調法」とも書く。

【重砲】(ジュウホウ) 口径が大きく砲弾が遠くまでとどく大砲。

【重役】(ジュウヤク) ①おもい役目。②会社の運営を任されるような重要な役職。取締役・監査役のこと。[例]―会。

【重油】(ジュウユ) 原油から灯油・軽油などをとった残りの黒い油。燃料に用いる。

【重用】(ジュウヨウ・チョウヨウ) (名・する) おもく用いること。重要な仕事・役職などを任せること。

【重要】(ジュウヨウ) (名・形動ナ) きわめてたいせつであること。[例]―な書類。―な立場。

【重量】(ジュウリョウ) ①もののおもさ。[例]総―。②ものの目方のおもいこと。(対)軽量。[例]―感。―級。―がかかる。

【重力】(ジュウリョク) 地球上の物体を地球の中心へ引きつける力。

【重労働】(ジュウロウドウ) 力のいる、はげしい仕事。(対)軽労働。

【重畳】(チョウジョウ) 一(名・する・形動タル) いくえにもかさなること。[例]―する山なみ。二(名・形動ナ) この上もなく満足なこと。[例]―に思う。

【重陽】(チョウヨウ) 〔易で陽をあらわす数である九がかさなる意〕五節句の一つ。陰暦九月九日の節句。中国では、茱萸(=カワハジカミ)の実を身に帯び、菊花酒を飲んで厄除けをした。日本では、宮中などで菊花を観賞した。菊の節句。
●貴重・軽重・厳重・自重・慎重・荘重・尊重・体重・珍重・丁重・鈍重・比重・身重

【里部】4画 野

里4 【野】 11画 4478 91CE [教育2] [音]ヤ(漢)(呉) [訓]の [付表]野良

[筆順] 口 日 甲 里 里 野 野 野 野

土8 【埜】 11画 3924 57DC [人名] 古字

[たなちり] [形声]「里(=むらざと)」と、音「予ヨ→ヤ」とから成る。郊外。

意味 ❶広々とした大地。のはら。の。例野外ヤガイ。広野コウヤ。山野サンヤ。平野ヘイヤ。❷はたけ。例田野デンヤ。❸朝廷チョウテイに対して、民間のこと。例野党ヤトウ。在野ザイヤ。朝野チョウヤ。❹いなかびた。下品な。文化がひらけていない。未開の。例野人ヤジン。野蛮ヤバン。粗野ソヤ。❺動植物で、自然のまま。例野生ヤセイ。野鳥ヤチョウ。❻従順でない。あらっぽい。かってな。例野心ヤシン。野望ヤボウ。❼区域。区分したそれぞれの範囲ハンイ。例視野シヤ。分野ブンヤ。

難読 上野こうずけ・下野しもつけ・野干きつね・野宮ののみや・野老ところ・野山瓜あけび・—べむ・野茨菰おもだか

人名 とお・なお・ぬ・ひろ

【野▼晒し】のざらし ①野外に放置されて、風雨にさらされること。また、そのもの。例—にして捨てておく。②されこうべ。しゃれこうべ。どくろ。

【野路】のじ 野原の中をいく小道。野道。例—にさく菊キク。

【野宿】のジュク（名・する）野外でねて夜を明かすこと。野営ヤエイ。例—して星の観察をする。

【野天】のテン 屋根のないところ。露天テン。例—風呂ブロ。

【野原】のはら 草の生えた広々とした平地。

【野辺】のべ ①野原。例—にさく花。②火葬場カソウば。また、墓地。例—の送り。

【野放図】のホウズ（名・形動ダ）①かって気ままにふるまうこと。例—に育つ。②きりがないこと。しまりがないこと。例—な生活。表記▽「野放▽途」とも書く。

【野分き】のわき 秋、二百十日、二百二十日前後にふく強い風。台風。また、秋から初冬にかけてふく強い風。野分け。例—して盥たらいに雨を聞く夜かな。〈芭蕉バショウ〉

【野営】ヤエイ（名・する）①野外で夜を明かすこと。キャンプ。野宿のジュク。②軍隊が野外に陣ジンを張って休んだり泊とまったりすること。露営ロエイ。㊀舎営シャエイ。

【野猿】ヤエン 野生の猿さる。

【野火】ヤカ／のび ①夜、野外にただようあやしげな火。鬼火おにび。②春、野山や土手どてのかれ草を焼きはらう火。野焼きの火。例若草山わかくさやまの—の。

【野外】ヤガイ ①野原。郊外コウガイ。例中学の—活動。②建物の外。屋外オクガイ。例—コンサート。

【野▽鶴】ヤカク ①野にすむ鶴つる。②宮仕えをしないで、俗世間ゾクセケンからはなれて暮らす人のたとえ。例—鶏群ケイグンに在り（=おおぜいの人の中で、ひとりだけぬきんでていることのたとえ）。

【里部】5画 ● 量

【野球】ヤキュウ 球技の一つ。二チームが攻撃コウゲキと守備とに分かれ、守備側の投手の投げるボールを打って得点をきそう。一チームは九人で、一試合はふつう、九回。ベースボール。

【野牛】ヤギュウ 北アメリカやヨーロッパにすむ野生の牛。バイソン。

【野▼禽】ヤキン 野生の鳥。野鳥。㊀家禽。

【野犬】ヤケン 飼い主のいないイヌ。野良犬のらいぬ。

【野合】ヤゴウ（名・する）正式な手続きなしで、夫婦フウフとなること。また、秘密に協定して、党派などが手を結ぶことのたとえ。

【野▼狐禅】ヤコゼン 禅の修行シュギョウをまだじゅうぶんに積んでいないのに、さとりをひらいたといって他をあざむきたぶらかす者を、野生のキツネにたとえてさげすんでいうことば。

【野菜】ヤサイ 食用にするために育てる植物。あおもの。〔本来、食用の野生の草の意〕

【野史】ヤシ 国の命令によらずに、民間の人がまとめた歴史。外史。私史。稗史ハイシ。野乗ヤジョウ。㊀正史。

【野師】ヤシ 縁日エンニチや祭りなどで、芸を見せたり露店ロテンで品物を売ったりするのを仕事とする人。てきや。表記「▽香▽具師」とも書く。

【野次】やじ〔あて字〕①相手の気をそぐように、からかったり非難したりすること。やじること。また、そのことば。②「野次馬やじうま」の略。表記▽「弥次」とも書く。

【野次馬】やじうま 自分にはかかわりのない事件なのに人のあとについて、見物したりさわぎたてたりする人。例火事で多くの—が集まる。

【野趣】ヤシュ 人の手が加わらない自然なおもむき。素朴ソボクなあじわい。例—に富む。

【野獣】ヤジュウ 野生のけもの。例美女と—。

【野心】ヤシン ①謀反ムホンを起こそうとする心。②だいそれた望み。野望。例—家。

【野人】ヤジン ①いなかの人。素朴ソボクで気さくな人。例田夫デンプ—。②民間人。庶民ショミン。③粗野ソヤな人。

【野生】ヤセイ 一（名・する）動植物が山野で自然のままに成長・生育していること。例—動物。—のサル。—のムギ。二（名）自分をへりくだっていうことば。小生ショウセイ。

【野性】ヤセイ 野生動物の、生まれたままの本能むきだしの性質。

【野戦】ヤセン 山野でおこなう戦闘セントウ。例—病院。

【野草】ヤソウ 自然のままに野山に生える草。

【野▼猪】ヤチョ いのしし。

【野鳥】ヤチョウ 野生の鳥。野禽ヤキン。例—を観察する。

【野党】ヤトウ 政党政治で、政権の座にいない政党。㊀与党。

【野ャに遺賢ケン無なし】賢者はことごとく登用されて、民間には残っていない。世の中がよく治まっていることのたとえ。〈書経ショキョウ〉

【野蛮】ヤバン（名・形動ダ）①文化程度の低いこと。未開。例—人。②無作法ブサホウで礼節の感じられないこと。例—なふるまいをたしなめられる。

【野卑】ヤヒ（名・形動ダ）下品なこと。例—で乱暴な悪習。表記「野▼鄙」とも書く。

【野夫】ヤフ いなかもの。田夫デンプ。野人。

【野暮】やぼ（名・形動ダ）〔あて字〕①人の気持ちや人間関係に無神経で気のきかないこと。また、その人。例—なせんさくはやめよう。②いなかくさくて洗練されていないこと。また、その人。

【野望】ヤボウ 他人から見れば身のほど知らずと思われるような、だいそれた望み。野心。例—をいだく。

【野老】ヤロウ ①いなかに住む老人。また、老人が自分をへりくだっていうことば。②植物のトコロの別名。

【野郎】ヤロウ 俗ゾクに、男をいう。また、男性をののしっていうことば。例—歌舞伎かぶき。とんでもない—だ。この—！

●外野ガイヤ・下野ゲヤ／しもつけ・原野ゲンヤ・広野コウヤ・在野ザイヤ・山野サンヤ・視野シヤ・粗野ソヤ・朝野チョウヤ・内野ナイヤ・分野ブンヤ・平野ヘイヤ・林野リンヤ

里5【量】

12画 4644 91CF 教育4 音リョウ漢呉 訓はか-る・かさ

筆順 冂 日 旦 昌 昌 量 量 量

なりたち [形声]「重（=おもい）」の省略体と、音「畺キョウ→リョウ」の省略体とから成る。めかたをはかる。

意味 ❶重さやかさ、また、大きさなどをしらべる。はかる。例量刑リョウケイ。量検リョウケン（=はかりしらべる）。測量ソクリョウ。❷心で想像する。おしはかる。例量知リョウチ（=推定して知る）。思量シリョウ。分量ブンリョウ。❸もののかさや重さ、また、大きさ。例重量ジュウリョウ。容量ヨウリョウ。度量ドリョウ。力量リキリョウ。❹能力の大きさや心の広さ。例雅量ガリョウ。❺限度。例無量ムリョウ。

使い分け はかる【図・計・測・量・謀・諮】⇩1177ページ

人名 かず・とも・はかり・ます

【量感】リョウカン 重さや量などがどっしりと感じられること。また、物の重さや厚み。ボリューム。

【量器】リョウキ ①量をはかる道具。ます。例—を用いて正確にはかる。②人の才能。器量。

【量刑】リョウケイ 裁判所が刑の軽重を決めること。例—について不満のある判決。

【量産】リョウサン（名・する）「大量生産タイリョウセイサン」の略。同じ製品を大量につくること。

【量子】リョウシ〔物〕物質において、それ以上分割ブンカツできない最小の単位。例—力学。

【量的】リョウテキ（形動ダ）量の面からものごとをみるようす。対質的。例—には満足だ。

【量目】リョウめ はかりではかった、ものの重さ。めかた。りょうもく。例—が不足している。

●音量オンリョウ・器量キリョウ・技量ギリョウ・計量ケイリョウ・軽量ケイリョウ・質量シツリョウ・重量ジュウリョウ・小量ショウリョウ・少量ショウリョウ・水量スイリョウ・推量スイリョウ・数量スウリョウ・声量セイリョウ・測量ソクリョウ・大量タイリョウ・多量タリョウ・定量テイリョウ・適量テキリョウ・度量ドリョウ・熱量ネツリョウ・分量ブンリョウ・容量ヨウリョウ・力量リキリョウ

里11 【釐】18画 7858 91D0 音 一キ漢 二リ漢 訓 おさ-める・さいわ-い

意味 一キ 幸福。さいわい。同禧キ。例釐福キフク。二リ ❶整理する。改める。おさめる。例釐改リカイ。釐正リセイ。❷未亡人。やもめ。例釐婦リフ。❸割合の単位。一釐リは十毫ゴウ。同厘リ。❹わずか。ほんの少し。同厘リ。例釐毫リゴウ（=きわめて少ない数量）。

日本語での用法《リ》「リ」の音にあてる字。「毘舎釐ビシャリ国・吠舎釐ビシャリ国・銚釐ちろり（=酒にかんをつけるときに用いる金属製のいれもの）」

難読 哆釐

【釐改】リカイ（名・する）ものごとをただして、あらためること。改正。改革。例制量セイリョウを—す（=法制・度量衡ドリョウコウを改正する）。〈国語コクゴ〉

【釐正】リセイ（名・する）ただすこと。改正すること。

【釐婦】リフ 夫に死別した女性。寡婦カフ。未亡人。対鰥夫カンプ。

【釐▽等具】リテイグ 金銀など貴重なものの重量を精密にはかる秤はかり。

（131）7画 臣 しん部

君主につかえるけらいがひれふす形をあらわす。「臣」をもとにしてできている漢字を集めた。「臣」はもと六画であるが、教育漢字では七画に数えるので、これにしたがった。

0 臣 2 臥 卧 8 臧 11 臨

臣0 【臣】7画 3135 81E3 教育4 音 シン漢 ジン呉 訓 おみ

筆順 一 丆 五 五 五 臣 臣

なりたち ［象形］君主に仕える者がひれふす形。けらい。

意味 ❶主君に仕える人。けらい。おみ。例臣下シンカ。逆臣ギャクシン。忠臣チュウシン。❷けらいとしてのつとめをはたす。例臣事シンジ。臣服シンプク。❸臣下が主君に対してへりくだっていうことば。

日本語での用法《おみ》上代の氏族社会で、八色やくさの姓かばねの一つ。「山上臣憶良やまのうえのおみおくら・大臣おおおみ」

難読 朝臣あそみ・あそん・大臣おとど

人名 う・お・おか・おん・かたし・きみ・きん・しく・しげ・たか・たかし・とみ・み・みる

【臣下】シンカ 君主に仕える者。家来。

【臣事】シンジ（名・する）臣下として仕えること。例忠誠をもって—する。

【臣従】シンジュウ（名・する）臣下となってしたがうこと。例家康いえやすは秀吉ひでよしに—した。

【臣籍】シンセキ 明治憲法下で、皇族以外の臣民としての身分。例—に降下する。

【臣服】シンプク（名・する）臣下となって服従すること。

【臣民】シンミン 君主の臣下である人民。とくに、明治憲法下の日本の国民。例忠良なる—。—の道。

●遺臣イシン・家臣カシン・奸臣カンシン・逆臣ギャクシン・近臣キンシン・君臣クンシン・功臣コウシン・重臣ジュウシン・人臣ジンシン・大臣ダイジン・忠臣チュウシン・寵臣チョウシン・陪臣バイシン

臣2 【臥】9画 1873 81E5 人名 音 ガ漢呉 訓 ふ-す

臣2 ［卧］9画 2-0352 5367 俗字

意味 うつぶせになる。よこたわる。ふせる。例横臥オウガ。

難読 臥待月ふしまちづき（=陰暦インレキ十九日夜の月）・草臥くたびれる

【臥牛】ガギュウ ねそべっている牛。横になってふしている牛。

【臥床】ガショウ 一（名）ねどこ。二（名・する）とこで横になること。例病気のため—中。

【臥薪▼嘗胆】ガシンショウタン（名・する）〔薪たきぎの上に臥ふす（=寝ねる）ことと、にがい胆きもを嘗なめること。ともに、苦労にたえる意〕目的をなしとげるために、つらい苦労をたえしのぶことのたとえ。

故事のはなし 春秋時代、長江チョウコウ下流にあった呉ゴの国と越エツの国とは、たがいに生き残りをかけて激しく争い合った。呉王の闔廬コウリョ（=闔閭コウリョ）は越との戦いに傷ついて死んだが、その子である夫差フサは薪たきぎの上に寝ねて自分の身を苦しめ、父の仇あだをうとうと心をふるいたたせた。そのかいあって、ついに越を会稽山カイケイザンでうちやぶり、越王の句践コウセンを捕虜ホリョにした。一方、やっと一命を助けられた句践は、いつも動物の苦い胆きもを嘗なめては捕虜になった屈辱クツジョクを忘れまいとし、呉をうつはかりごとに専念して、二十年ののち、ついに呉をほろぼしてうらみを晴らした。〈十八史略ジュウハッシリャク〉

【臥病】ガビョウ（名・する）病気のため床とこにつくこと。病臥。

【臥▽竜】ガリョウ ①地に横たわっている竜リュウ。②機会を得ないで民間にかくれ住んでいる英雄エイユウ。類伏竜フクリョウ。

【臥▽所】ふしど ねどこ。寝所シンジョ。臥床ガショウ。

臣2 ［卧］9画 ⇩【臥】ガ（1001ページ）

臣 8

【臧】

15画 7141 81E7

音 一ゾウ慣ソウ漢 二ソウ漢ゾウ呉
訓 あつ-い・おさ-める・かく-す・よ-い

意味 一ゾウ ❶善良な。りっぱな。よい。例臧否。臧貶（＝よしあしを品評する）。❷奴隷。しもべ。（いやしんだ呼び方）例臧獲。❸不正な手段で手に入れた財貨。同贓。例臧罪。臧賄（＝収賄罪）。二ソウ ❶おさめる。かくす。同蔵。例臧匿。❷くら。同蔵。例府臧（＝くら）。❸はらわた。同臓。

【臧獲】ゾウカク めしつかいの男女をいやしんでいうことば。下男と下女。しもべ。めしつかい。

【臧匿】ゾウトク（名・する）かくすこと。かくれること。

【臧否】ゾウヒ 一（名）よしあし。善悪。例小子未いまだ—を知しらず（＝年若き者はまだ事の善悪をわきまえていない）。〈詩経〉 二（名・する）善悪の評価をおこなうこと。

臣 11

【臨】

18画 4655 81E8 教育6

音 リン漢呉
訓 のぞ-む

筆順 一 「 𠂤 臣 臣 臣ト 臣仁 臨 臨

なりたち ［形声］「臥（＝ふす）」と、音「品ヒン→リン」とから成る。見おろす。

意味 ❶高いところから見おろす。❷おさめる。統治する。例君臨。❸身分の高い人が姿をあらわす。貴人がある場所に出向く。例光臨。降臨。❹まのあたりにする。直面する。例臨機応変。臨時。臨終。❺手近において見る。例臨画。

使い分け のぞむ【望・臨】⇩1176ページ

人名 み

【臨画】リンガ（名・する）手本を見ながら絵をかくこと。また、かいた絵。

【臨海】リンカイ 海に面していること。海のすぐそばであること。例—工業地帯。—学校。

【臨界】リンカイ 物理や化学で、物質が、ある状態から別の状態に変化する境界。例—温度。

【臨機応変】リンキオウヘン〔「機に臨のぞみ変に応ず」と訓読する〕時と場合や状況の変化に応じて、適切に対応すること。例—の処置をとる。

【臨御】リンギョ（名・する）会場や式場に天子が出席すること。

【臨月】リンゲツ 出産予定の月。うみづき。

【臨検】リンケン（名・する）管轄する役人などが、その場へ行って調べること。

【臨幸】リンコウ（名・する）天子が行幸してその場に出席すること。

【臨港】リンコウ 港に面していること。例—地帯。—線。

【臨時】リンジ ①決まっているときにではなく、そのときの必要に応じておこなわれること。対定例。例—ニュース。—休業。②長く続くのではなくて、一時的なこと。例—列車。

【臨終】リンジュウ 命が終わるまぎわ。いまわのきわ。最期。

【臨書】リンショ（名・する）書道で、手本を見ながら字を書くこと。また、書いた字。

【臨床】リンショウ ①研究ではなく、実際に病人の診察・治療に従事すること。例—医学。—検査技師。②病床まで出向くこと。例—尋問。

【臨場】リンジョウ（名・する）その場に出ること。その場に居合わせること。例—感。

【臨席】リンセキ（名・する）会合や式に出席すること。例皇太子殿下のご—をたまわる。

【臨戦】リンセン 戦争を始める状態にあること。例—態勢。

【臨地】リンチ 現地に出向くこと。例—調査。

【臨池】リンチ 習字。書道。〔後漢の張芝が池のそばで習字のけいこをし、池の水が真っ黒になったという故事による〕→「漢字に親しむ」⑭（579ページ）

【臨模】リンモ・リンボ（名・する）手本を見てそのとおりに書き写したり、手本を透すき写したりすること。表記 ⑪臨▼摸。また、「臨▼摹」とも書く。

【臨本】リンポン 書画の手本。

167 8画 金 かね かねへん 部

金属の意をあらわす。「金」をもとにしてできている漢字を集めた。

⓪ 金 ② 釜 釛 針 釘 釟 釡 釖 ③ 釦 釵 鉇 釧 釣 釼 釣 ④ 鈎 釿 鈔 鈕 鈍 鈑 鈇 鈎 鈬 鈩 ⑤ 鉞 鉛 鉗 鉅 鉉 鉆 鉱 鉤 鉈 鉦 鉐 鉄 鈿 鉢 鉋 鉚 鈴 ⑥ 銜 銀 銖 銃 銭 銑 銓 銛 銚 銅 鉾 鋩 銘 銕 ⑦ 鋭 鋍 鋏 銹 鋤 銷 鋳 錵 鋲 鋒 鋭 鋪 ⑧ 錏 鋺 鋸 錦 錮 鋼 錯 錙 錫 錠 錘 錐 錆 錚 錣 錨 錻 鍄 錬 録 錢 錄 ⑨ 鍜 鍔 鍵 鍠 鍬 鍾 鍼 鍛 鍖 鍍 鍮 鍋 錬 ⑩ 鎰 鎧 鎹 鎌 鎬 鎖 鎗 鎮 鎚 鎔 鎌 鎖 鎭 ⑪ 鏖 鏡 鏨 鏘 鏃 鏑 鏝 鏐 鏈 鏤 鏥 ⑫ 鏢 鏗 鐘 鐔 鐫 鐓 鐙 鐃 鐇 鐐 鐵 ⑬ 鐶 鐸 鐺 鑁 鐡 ⑭ 鑓 鑄 ⑮ 鑑 鑠 鑢 鑞 鑒 鑛 鑚 ⑯ 鑪 ⑰ 鑵 鑰 ⑱ 鑷 ⑲ 鑽 鑼 鑾 ⑳ 钁 鑿

金 0

【金】

8画 2266 91D1 教育1

音 キン漢コン呉
訓 かね・かな

筆順 ノ 人 𠆢 今 全 全 金 金

なりたち ［形声］「土（＝つち）」と「ソ（＝そこにあるもの）」と、音「今キン」とから成る。土中の金属。

意味 ❶金・銀・銅などの鉱物をまとめていうことば。例金属。合金。白金。❷きん。こがね。例金塊。黄金。❸ぜに。おかね。貨幣。例金銭。資金。❹金属製の楽器や器物。例金鼓（＝鐘かねと太鼓）。金石文。❺こがね色にきらきらとかがやく。例金波。金髪。❻こがねのように美しい。りっぱな。たいせつな。例金言。金科玉条。❼かたい。堅固なもののたとえ。例金城鉄壁。❽五行の一つ。方位では西、季節では秋をあらわす。❾女真族が北宋をほろぼして建てた国。元にほろぼされた。（一一一五—一二三四）

日本語での用法《キン》将棋の駒まの一つ。「金将」

人名 か

【金▼釘】かなくぎ ①金属製のくぎ。②字がたどたどしくて、へたなこと。例—流。—のようで読みにくい。

【金▼鎚】かなづち ①物をたたくための工具で頭部が鉄でできたも

の。とんかち。②まったく泳げないことのたとえ。また、その人。表記 ▽「金▼槌」とも書く。

【金▼壺眼】(かなつぼまなこ) くぼんで丸い目。

【金仏】(かなぶつ・かなぼとけ) ①金属製の仏像。②心の冷たい人。

【金棒】(かなボウ) ①鉄製の棒。例 鬼に—。②頭部に鉄の輪をつけた鉄製の棒。つき鳴らして音を立てる。表記 ▽「▽鉄棒」とも書く。

【▽金▽糸▼雀】(カナリア) スズメ目の小鳥。鳴き声が美しいので愛玩用として飼われる。

【金位】(キンイ) 金製品にふくまれる金の割合。純金(二十四金)に対して、十八金、十四金などとあらわす。

【金一封】(キンイップウ) ひと包みのお金。報奨金・賞金・祝儀などで、金額をはっきりさせない言い方。

【金印】(キンイン) 金でできている印。

【金印紫▼綬】(キンインシジュ) 金でできた印と、むらさきのかざりひも。昔、中国で身分の高いことのあかしであった。転じて、高位高官の意。

【金▼烏】(キンウ) 太陽の別名。金鴉キンア。太陽に三本足の烏がすむという伝説による。

【金運】(キンウン) お金にめぐまれるかめぐまれないか、というめぐりあわせ。例 —がない。—にめぐまれる。

【金▼甌無欠】(キンオウムケツ) ①まったく傷のない金でできたかめ。②ものごとが完全で不備のないことのたとえ。とくに、外からの侵略を受けたことのない確固とした独立国家のたとえ。〈南史〉

【金貨】(キンカ) 金をおもな成分としてつくられた貨幣。

【金塊】(キンカイ) 金のかたまり。

【金科玉条】(キンカギョクジョウ) ①金や玉のようにたいせつな、法律や規則。②きびしく守っていることがら。例 先生の教えを—とする。

【金閣】(キンカク) ①黄金でかざった宮殿。美しいたかどの。②京都の「金閣寺(=鹿苑寺)」を略した呼び名。

【金額】(キンガク) いくらと示されたお金の数量。値段。金高。

【金紙】(キンがみ) ①金粉や金箔をおした紙。②金色に染めた箔をおした紙。③金箔。

【金側】(キンがわ) 金でつくった外側。例 —の腕時計。

【金冠】(キンカン) ①金でできているかんむり。②歯の治療で、金を歯の形にかたどってかぶせるもの。例 —をかぶせる。

【金環】(キンカン) 金でできている輪。指輪・腕輪など。

【金環食】(キンカンショク) 日食の一種で、月が太陽の中央をおおい、太陽の外側だけが輪のようにかがやいて見えるもの。表記「金環▼蝕」とも書く。

【金管楽器】(キンカンガッキ) 金属製の管楽器。俗に、らっぱのなかまの吹奏楽器。ホルン・トランペット・トロンボーン・チューバ・ユーフォニウムなど。対 木管楽器。

【金看板】(キンカンバン) ①金色で文字を書いた看板。また、金色の看板。②周囲に目立たせたい意見や主義主張。例「行政改革」という—。

【金魚】(キンギョ) フナの変種から、観賞用として改良された魚。例 —すくい。

【金玉】一(キンギョク) ①黄金と宝玉。②貴重で手に入れがたいもの。例 —の作品。二(きんたま) 睾丸。

【金銀】(キンギン) ①金と銀。②金貨と銀貨。また、いっぱんに金銭。おかね。

【金欠】(キンケツ) お金が足りないこと。お金がないこと。〔「貧血」のもじり〕例 —病。

【金▼闕】(キンケツ) ①道教で、天の神の住む宮殿。②天子の住む宮殿。皇居。③黄金でかざった門。

【金券】(キンケン) ①漢の高祖(=劉邦)が、諸侯を任ずるときにあたえた黄金のふだ。②一定の地域や一定の商品について、お金の代わりとして使える券。商品券やビール券など。③金貨と交換できる紙幣。

【金権】(キンケン) お金や財産を持つことによって生ずる権力。例 —政治を一掃する。

【金言】(キンゲン) 人の世の真理やいましめを短く的確に言いあらわしたことば。類 箴言。例 —は耳に逆らう(=金言は、人の弱点や欠点をいいあてているので、すなおには聞きにくい)。

【金庫】(キンコ) ①現金や証券などの財産を、火災や盗難などから守るための、がんじょうな箱。例 耐火—。②国や公共団体が現金を出し入れするための機関。また、特定の会員のための金融機関。例 信用—。

【金工】(キンコウ) 金属を細工して作る工芸品。彫金・鍛金・鋳金などがある。また、その職人。

【金坑】(キンコウ) 金をとるために鉱山にほったあな。

【金鉱】(キンコウ) 金をとる鉱石。また、その鉱石を産出する鉱山。金山。例 カリフォルニアの—に人人がおし寄せた。

【金婚式】(キンコンシキ) 結婚後五十年目の祝い。

【金座】(キンザ) 江戸幕府の開設した金貨の鋳造所。江戸のほか駿府(=今の静岡市)・佐渡・京都に設置され、のち江戸だけに残された。

【金策】(キンサク) (名・する) 必要なお金を苦労して用意すること。金の工面。例 —に奔走する。

【金山】(キンザン) 金のとれる鉱山。例 佐渡島の—。

【金糸】(キンシ) ①金色の糸。②金箔をはった紙を細く切ってより合わせた糸。例 —の刺繡の帯。

【金▼鵄】(キンシ) 金色のトビ。日本神話で、神武天皇が東征したとき、天皇の弓の先に止まり、全身から放つ光で敵をこまらせたという。例 —勲章(=明治・大正・昭和の、軍功にすぐれた軍人にあたえられた勲章)。

【金地】(キンジ) 金糸や金箔、また金泥で、金色にかがやく布や紙。

【金枝玉葉】(キンシギョクヨウ) 〔金の枝や宝玉の葉にたとえて〕天子の一族。皇族。王族。

【金字塔】(キンジトウ) ①〔「金」の字に形が似ているところから〕ピラミッド。②後世にながく残る、すぐれた業績。例 —を打ち立てる。

【金砂】(キンシャ) ①金箔を細かくしたもの。日本画や蒔絵に用いる。金砂子。②金粉。③砂金。

【金▼紗】(キンシャ) 〔「紗」は、織り目のあらい、軽くてうすい生糸の織物〕紗の地に金糸で模様を織り出した絹織物。例 —縮緬。表記「錦▼紗」とも書く。

【金将】(キンショウ) 将棋の駒の一つ。なめ後ろ以外の方向へ一ますずつ動ける。金。

【金城】(キンジョウ) ①〔金で造った城の意〕守りのかたい城。転じて、ものごとの堅固なこと。また、城の本丸(=中心部)。②〔天守閣に金の鯱があることから〕名古屋城の別名。

【金城鉄壁】(キンジョウテッペキ) 〔「鉄壁」は、鉄の城壁の意〕守りがかたく、容易に落ちない城。転じて、ひじょうに堅固なことのたとえ。類 金城湯池。

【金城湯池】(キンジョウトウチ) 〔「湯池」は、熱湯の満ちた堀の意〕ひじょうに守りのかたい城(と堀)。転じて、他の勢力が容易には入りこめない地域。類 金城鉄壁。

【金子】(キンス) お金。金銭。例 路用の—(=旅費)。

【金星】一(キンセイ) 太陽に二番目に近い惑星。明けの明星。宵の明星。二(キンぼし) 大相撲で、平幕の力士が横綱に勝つこと。転じて、予想もしない大勝利。おてがら。

［金部］0画 金

【金製】キンセイ 金でできていること。また、金製品。例―の置物。
【金石】キンセキ ①金属と岩石。鉱物。②金属や石でつくられたもの。金属器と石器。③堅固なこと、不変であることのたとえ。④金や石でつくった打楽器。
【金石学】キンセキガク ①「金石文」を研究する学問。②「鉱物学」の古い呼び名。
【金石文】キンセキブン 金属器や石碑などに刻まれた文字。
【金扇】キンセン 地色が金色のおうぎ。金箔を使ったおうぎ。
【金銭】キンセン お金。貨幣。通貨。例―にかえられないだいじなもの。―感覚。
【金▼盞花】キンセンカ キク科の一年草。花の形が金色の盞に似ている。
【金属】キンゾク 金属元素と合金とをまとめていうことば。金・銀・銅・アルミなど。例―探知器。
【金丹】キンタン 昔、道士が金を使ってつくったという不老長寿の薬。
【金▼鍔】キンつば ①金でかざった刀のつば。②「金鍔焼き」の略。あんの周囲に水でこねた小麦粉をうすくつけて、刀のつばの形に焼いた和菓子。
【金的】キンテキ ①金色で小さな円形の弓のまと。②あこがれのまと。例―を射とめる。
【金殿玉楼】キンデンギョクロウ 黄金や宝玉でかざった御殿。豪勢でりっぱな建物。
【金時】キンとき ①坂田金時のこと。説話などでの金太郎の成人後の名前。例―の火事見舞い（＝酒のために顔が真っ赤なこと）。②アズキやササゲ、またサツマイモの品種の一つ。③あまく煮たアズキ、また、それをかき氷にかけたもの。
【金団】キントン やわらかく煮た豆やイモをつぶしてクリなどを入れ、あまく味つけした食べ物。例栗―。
【金納】キンノウ（名・する）税などをお金でおさめること。対物納。
【金波】キンパ 月などの光が映って美しく見える波。例―銀波の打ち寄せる浜辺。
【金杯】キンパイ ①金製または金メッキ製のさかずき。②金色の賞杯。表記▽「金▼盃」とも書く。
【金▼牌】キンパイ 金製または金メッキ製の賞牌。金メダル。
【金▼箔】キンパク 金をたたいて、うすくのばしたもの。転じて、外形をかざるもの。例―をおした障壁画。―がはげる。
【金髪】キンパツ 金色のかみの毛。ブロンド。例―の少女。
【金▼屏風】キンビョウブ 全面に金箔をおいた屏風。また、金色の屏風。例―の前に並ぶ。
【金品】キンピン 金銭と品物。例―の供与。
【金風】キンプウ〔中国の五行思想で、「金」は秋にあたることから〕秋風。
【金覆輪】キンプクリン 鍔・鞍・茶碗などを金でふちどったもの。例―の鞍。
【金縁】キンぶち 眼鏡や額などで、金製、または、金色のふち。例―眼鏡。
【金文】キンブン ①金泥で書かれた文字。金文字。②金属に刻んだ文字。③古代の鐘や器物、また貨幣などの金属器に刻まれた文字や文章。→【金石文】キンセキブン
【金粉】キンプン 金のこな。また、金色のこな。書画などに用いる。金砂子。例―を散らす。
【金▽瓶梅】キンペイバイ 明代の長編口語体小説。作者未詳。十六世紀末の成立とされる。豪商の西門慶とその愛人を中心としたみだらな生活ぶりを通して、当時の腐敗した世相を風刺的にえがいた。
【金▼鳳▽花】キンポウゲ キンポウゲ科の多年草。ウマノアシガタ。晩春から初夏にかけて黄色の花をつける。有毒。表記「▽毛▼茛」とも書く。
【金歩揺】キンホヨウ 歩くとゆれる、黄金のかんざし。
【金本位】キンホンイ 貨幣の価値を、一定の量の金をもとにして決め、金を一国の通貨の基準とする貨幣制度。対銀本位。
【金満家】キンマンカ 金持ち。類富豪・資産家。
【金脈】キンミャク ①金の鉱脈。例地下の―を発見する。②利害関係で結びついていて、資金を提供してくれる人。かねづる。類金主。例政治家の―をもっている。
【金無▽垢】キンムク まじりけのない、純粋の黄金。純金。例―の茶釜。
【金木▼犀】キンモクセイ モクセイ科の常緑小高木。秋、かおりの強い赤黄色の小花をつける。
【金融】キンユウ 金銭を融通すること。また、貸借や仲介など、資金の動き。例―機関。
【金曜】キンヨウ 日曜からかぞえて、週の六番目の曜日。金曜日。
【金▼蘭】キンラン〔金のようにかたく、蘭のようにかぐわしい意から〕親密な交友。例―の契り。
【金▼襴】キンラン 金糸で模様を織り出した錦の一つ。高級絹織物の代表。例―緞子。
【金利】キンリ 貸したり借りたり、預けたりするときの、お金の利息。また、その割合。利率。例借金の―がかさむ。
【金力】キンリョク（社会的な圧力や権力となるほどの）お金の威力。類財力・経済力。例―にものを言わせる。
【金輪】[一]キンリン ①金でかざった車輪。②満月。[二]コンリン〔仏〕四輪の一つ。世界の地層は上から「金輪・水輪・風輪・空輪」であるとする。[三]かなわ ①鉄製の輪。②三本足の鉄の輪で、なべなどを火にかけるときに用いる。五徳。表記[三]は「▽鉄輪」とも書く。
【金輪際】コンリンザイ [一]（名）〔仏〕金輪（＝大地）の最も深い所。世界の果て。[二]（副）決して。断じて。〔下に打ち消しのことばをともなう〕例―ゆずるつもりはない。
【金▼蓮歩】キンレンポ 美人のあでやかな歩き方のたとえ。蓮歩。〔昔、斉の東昏侯が道に黄金のハスの花をいくつも置いて、お気に入りの潘妃にその上を歩かせ、「歩くたびにハスの花がさく」とおもしろがった故事による〕（南史）
【金剛】コンゴウ〔仏〕ひじょうにかたく、こわれにくいもの。例―力。―石。
【金剛界】コンゴウカイ〔仏〕煩悩を打ち砕く大日如来の智慧の世界。対胎蔵界。
【金剛砂】コンゴウシャ ざくろ石を粉末にしたすな。ダイヤモンドに次いでかたく、水晶や大理石の研磨に用いる。エメリー。あかずな。
【金剛心】コンゴウシン〔仏〕金剛のようにかたく、何ものにも動じない信仰心。また、そのような精神力。
【金剛石】コンゴウセキ ダイヤモンド。
【金剛不▽壊】コンゴウフエ〔仏〕仏のからだなどが金剛石のようにかたく、こわれないこと。例―の志。
【金剛力】コンゴウリキ 金剛力士のようなひじょうに強い力。大力。
【金剛力士】コンゴウリキシ〔仏〕仏法を守護する神。あらあらしい表情をし、金剛杵（＝煩悩を打ちくだく法具）を持つ。多く寺に、左右一対の像がある。金剛神。仁王。二王。
【金色】コンジキ・キンいろ 黄金の色。こがね色。
【金泥】コンデイ〔「キンデイ」とも〕金粉をにかわと水でといたもの。絵や文字をかくのに用いる。例紺地に―の経文。
【金堂】コンドウ 寺の本尊を安置する建物。本堂。
【金銅】コンドウ 銅に金メッキしたもの。例法隆寺の―仏。

【金▼毘羅】コンピラ〔仏〕もとガンジス河のワニを神格化した仏法を守護する神。十二神将の一つ。また、航海の安全を守る神として、信仰が厚い。表記「金比羅」とも書く。

●基金キキン・献金ケンキン・現金ゲンキン・砂金サキン・残金ザンキン・資金シキン・借金シャッキン・集金シュウキン・純金ジュンキン・賞金ショウキン・筋金すじがね・税金ゼイキン・送金ソウキン・大金タイキン・代金ダイキン・貯金チョキン・賃金チンギン・年金ネンキン・罰金バッキン・針金はりがね・募金ボキン・前金まえキン・料金リョウキン

金2 【釜】 10画 1988 91DC 常用 音フ漢 訓かま

筆順 ノ ハ ク 父 爷 斧 斧 釜

金2 【釜】 10画 7861 91E1 俗字

なりたち [形声]「金(=かね)」と、音「父フ」とから成る。かまの類。

意味 ❶かま。火にかけて飲食物を煮たきする金属のなべ。例 釜中魚フチュウの。❷春秋戦国時代、斉セイの国の容量の単位。一釜プは、六十四升ショウ(=約一二リットル)。

日本語での用法《かま》茶道に使う、湯わかしのかま。「芦屋釜あしやがま・茶釜チャがま・初釜はつがま」

使い分け かま【釜・窯】⇩1167ページ

【釜飯】かまめし 一人前ずつ小さな釜で具とともにたきこむご飯。

【▽釜中の魚】フチュウのうお〔かまの中で、今にも煮られようとしている魚の意〕死の危険が目前にせまっていることのたとえ。

金2 【釛】 10画 7862 91DB 音コク漢 訓かね・きがね・こがね

意味 金。こがね。

金2 【針】 10画 3143 91DD 教育6 音シン漢呉 訓はり

筆順 ノ 𠆢 亼 今 全 余 金 金 金一 針

なりたち [形声]本字は「鍼」で、「金(=かね)」と、音「咸カン→シン」とから成る。ぬいばり。

参考「針」と「鍼」は、ともに「はり」の意だが、慣用で、治療用のはりは「鍼」を用い、そのほかは「針」を用いる。

意味 ❶はり。㋐ぬいばり。例 運針ウンシン。㋑漢方で、治療チリョウ用のはり。からだにさして病気を治す。例 針灸シンキュウ。針術シンジュツ。㋒注射のはり。㋓方向を示すはり。針路。例 指針シシン。方針ホウシン。避雷針ヒライシン。❷はりのように先のとがったもの。例 針葉樹シンヨウジュ。

【▽針▽魚】さより ダツ目の硬骨コウコツ魚。細長い体形で、下顎したあごが長くつき出ている。表記「▽細▽魚」とも書く。

【針▼灸】シンキュウ 漢方で、身体各部のつぼに針はりを打ち、灸をすえる治療チリョウ法。例―師。表記「▼鍼▼灸」とも書く。

【針術】シンジュツ 金や銀、また鉄などの針はりを、身体各部のつぼに打つ、中国伝来の医術。はり。表記「▼鍼術」とも書く。

【針小棒大】シンショウボウダイ(名・形動ナダ)〔針はりほどに小さいことを棒のように大きくする意〕ものごとをおおげさに言うことのたとえ。例 うわさが―に伝わる。―に言う。

【針葉樹】シンヨウジュ 針はりのようにかたく細長い葉をもつ樹木。マツやスギなど。対 広葉樹。例―林リン。

【針路】シンロ ①(羅針盤ラシンバンが指示した)船や飛行機の進むべき方角。例 北西に―をとる。②めざす方向。進路。

【針医】はりイ 針術シンジュツの治療チリョウをする人。表記「▼鍼医」とも書く。

【針▼槐】はりえんじゅ マメ科の落葉高木。ニセアカシア。

【針金】はりがね 鉄や銅などの金属を、ひも状に細長くのばしたもの。

【針山】はりやま 裁縫用の針をさしておく道具。針さし。

●運針ウンシン・検針ケンシン・指針シシン・磁針ジシン・短針タンシン・長針チョウシン・秒針ビョウシン・方針ホウシン・棒針ぼうばり・羅針盤ラシンバン

金2 【釘】 10画 3703 91D8 人名 音テイ漢 チョウ呉 訓くぎ

意味 ❶黄金ののべ板。のべがね。❷(鉄でできた)くぎ。また、くぎをうつ。くぎうつ。例 釘鞋テイアイ(=底にくぎを打った靴くつ)。釘子テイシ(=くぎ)。釘頭テイトウ(=くぎのあたま)。

金2 【釟】 10画 7860 91DF 音ハツ漢 訓きた-える

意味 金属を加工する。

金2 【釡】 10画 ⇩【釜】かま(1005ページ)

金2 【釖】 10画 ⇩【刀】トウ(127ページ)

金3 【釦】 11画 4353 91E6 音コウ漢 ク呉

意味 ❶金銀などをちりばめて、うつわの口やへりをかざる。例 釦器コウキ(=口やへりをかざったうつわもの)。❷衣服の合わせ目をとめるもの。ボタン。例 紐釦チュウコウ(=ボタン)。

金3 【釵】 11画 7864 91F5 音サ漢 サイ漢 訓かんざし

意味 髪かみにさすかざり。金属でできた、ふたまたのもの。かんざし。例 釵釧サイセン(=かんざしと、うでわ)。金釵キンサイ(=黄金のかんざし)。

金3 【釶】 11画 7865 91F6 音シ漢 訓ほこ

意味 短い矛ほこ。ほこ。同 鉇シ。

金3 【釧】 11画 2292 91E7 人名 音セン漢 訓くしろ・うでわ

意味 古代の装飾品ソウショクヒン。うでわ。くしろ(=「うでわ」の古語)。例 玉釧ギョクセン(=玉のうでわ)。腕釧ワンセン(=うでわ)。

人名 たまき

金3 【釣】 11画 3664 91E3 常用 音チョウ漢 訓つ-る・つ-り

筆順 ノ 𠆢 亼 全 余 金 金 釣 釣 釣

なりたち [形声]「金(=かね)」と、音「勺シャク→チョウ」とから成る。はりで魚をとる。

意味 ❶魚をはりで引っかけてとる。つる。つり。例 釣果チョウカ。釣魚チョウギョ。❷たくみにさそい出して、利益を手に入れる。求める。例 釣名釣利チョウメイチョウリ(=名誉メイヨや利益をあさる)。

日本語での用法 一《つる》つりさげる。つるす。「釣瓶つるべ・棚たなを釣つる・釣つり鐘がね・釣つり行灯アンドン」 二《つり》差額の金銭。おつり。「釣つり銭セン・釣つりがない」

【釣果】チョウカ 魚つりで、どれだけつれたかという成果。

【釣魚】チョウギョ 魚をつること。また、つった魚。さかなつり。うおつり。

【釣人】チョウジン つりをする人。つりびと。釣客チョウカク。

金3 【釼】11画 ⇩【剣】(139ページ)

金3 【釣】11画 ⇩【釣】(1005ページ)

金4 【鈞】12画 7866 921E 音キン漢 訓ひと-しい

意味 ❶重さの単位。一鈞は三十斤。→「度量衡表」(1141ページ) ❷まるい陶器をつくるときの回転台。ろくろ。例鈞陶(=ろくろをまわして陶器をつくる。すぐれた人物をつくりだすこと)。❸つりあいがとれている。ひとしい。同均。例鈞衡(=公平を保つ)。

金4 【釿】12画 7867 91FF 音キン漢 訓おの・ちょうな

意味 おの。同斤。

金4 【鈔】12画 7868 9214 音ソウ漢 ショウ呉 訓かす-める

意味 ❶金属の道具をさしこんで、取る。指でつまんで取る。かすめる。同抄。例鈔掠(=かすめとる)。❷文字をうつし取る。うつす。同抄。例鈔写(=書物をうつし取る)。鈔本。❸紙に印刷したお金。紙幣。例交鈔(=金・元代の紙幣)。

【鈔本】ショウホン ①原本の書類から必要な部分を写した文書。対謄本。例戸籍—。②ぬき書きした書物。写本。表記 ▽「抄本」とも書く。

金4 【鈕】12画 7870 9215 音チュウ慣 ジュウ漢 訓つまみ・とって

意味 ❶印章のつまみ。つまんだり、ひもをかけたりする部分。つまみ。例印鈕(=印章のつまみ)。❷衣服のボタン。同紐。例鈕釦(=ボタン)。

金4 【鈍】12画 3863 920D 常用 音トン漢 ドン呉 訓にぶ-い・にぶ-る

筆順 ノ 𠆢 亼 今 全 金 釒 鈍

なりたち [形声]「金(=かね)」と、音「屯チュン→トン」とから成る。にぶい。

意味 ❶刃物の切れあじが悪い。なまくら。にぶい。例鈍器。鈍刀。利鈍(=するどいことと、にぶいこと)。❷動作や理解力がおそい。のろい。にぶい。おろか。例鈍感。鈍才。愚鈍。❸するどくない。とがっていない。例鈍角。❹にぶらせる。にぶる。例鈍化。鈍磨。

日本語での用法 《にび》こい灰色。「鈍色にびいろ・青鈍あおにび・薄鈍うすにび」

【鈍化】ドンカ (名・する)にぶくなること。するどさがなくなったり、勢いが弱まったりすること。例物価の上昇率が—する。

【鈍角】ドンカク〔数〕九〇度より大きく一八〇度より小さい角。対鋭角。

【鈍感】ドンカン (名・形動ダ)感じ方がにぶいこと。感受性にとぼしいこと。〔古くは「鈍漢」〕対敏感。例味覚が—になる。

【鈍器】ドンキ ①よく切れない刃物。対利器。②刃がなく、かたくて重い、人を殺傷できるほどのもの。対利器。例—のようなもので打たれた。

【鈍行】ドンコウ 各駅に停車する列車を、俗にいうことば。対急行・快速。

【鈍才】ドンサイ 才知がにぶく能力にとぼしいこと。また、その人。対才物。

【鈍重】ドンジュウ (形動ダ)反応がにぶくて、のろいようす。例—だが細心。

【鈍痛】ドンツウ にぶく重苦しいいたみ。対激痛。例発熱後で頭部にまだ—が残る。

【鈍刀】ドントウ 切れあじの悪いかたな。なまくら。

【鈍物】ドンブツ 鈍感な人。反応がにぶい人。対才物。

【鈍麻】ドンマ (名・する)〔医〕感覚がにぶくなること。例神経が—する。

【鈍磨】ドンマ (名・する)刃などがすりへって鋭利でなくなること。例刃物が—していて、仕事がはかどらない。

●愚鈍・遅鈍・利鈍

金4 【鈑】12画 7871 9211 音バン慣 ハン漢 訓いたがね

意味 うすくのばした金属の板。いたがね。例鈑金(=いたがね。また、金属をうすく板の形にのばす)。

金4 【鈇】12画 1-9304 9207 音フ漢 訓おの

意味 腰斬(=こしの部分でからだを切断する刑罰)に用いる斧。おの。同斧。例鈇鉞。

【鈇▼鉞】フエツ ①おのと、まさかり。②〔おのやまさかりは刑罰の道具であることから〕重い刑罰。③文章に手を入れること。添削。例—を加える(=添削する)。表記 ▽「▼斧▼鉞」とも書く。

金4 【鈎】12画 ⇩【鉤】(1007ページ)

金4 【鈩】12画 ⇩【鑪】(1019ページ)

金4 【鈬】12画 ⇩【鐸】(1018ページ)

金5 【鉞】13画 7872 925E 音エツ漢 訓まさかり

意味 大きなおの。まさかり。例斧鉞。

金5 【鉛】13画 1784 925B 常用 音エン漢呉 訓なまり

筆順 ノ 𠆢 亼 今 全 金 釟 鉛 鉛

なりたち [形声]「金(=かね)」と、音「㕣エン」とから成る。青みをおびた金属。

意味 ❶金属の一つ。なまり。例鉛管。鉛毒。❷なまりからとった白い顔料。おしろい。例鉛黛(=おしろいと、まゆずみ。化粧)。

【鉛華】エンカ 〔原料になまりを使ったことから〕おしろい。鉛粉。鉛白。

【鉛管】エンカン なまりでできた管。水道などの給水管として用いた。例古い—を取り替える。

【鉛直】エンチョク (名・形動ダ)水平面に直角であること。また、その方向。類垂直。例—線。

【鉛刀】エントウ 切れあじの悪い、なまくら刀。

【鉛刀一割】エントウイッカツ ①〔なまくらな鉛刀でも一度は切れる意から〕自分の力がそれほどでもないことを、へりくだっていうことば。②一度きりで二度と使えないことのたとえ。

【鉛毒】エンドク なまりにふくまれている毒。また、なまりによる中毒。精錬所などの排煙や、おしろいによる中毒など。

【鉛白】エンパク なまりからつくられる白色の粉末顔料。塗料に用いる。有毒だがかつては、おしろいにも使われた。

【鉛筆】エンピツ 黒鉛と粘土をまぜて焼いたしんを、細い木の軸に入れた筆記用具。例—けずり。色—。
〇黒鉛(コクエン)・水鉛(スイエン)

金 5 【鉗】 13画 7873 9257 音カン(慣)ケン(漢) 訓かなばさみ・くびかせ・はさ-む

意味 ❶首をはさんで、自由に動けなくする刑具(ケイグ)。くびかせ。❷首かせをはめる。自由をうばう。例鉗制(ケンセイ)。❸とじる。ふさぐ。例鉗口(カンコウ・ケンコウ)。❹かなばさみ。また、かなばさみではさむ。例鉗子(カンシ・ケンシ)。鉗鎚(ケンツイ)(=かなばさみと、かなづち。鉄をきたえる道具)。

【鉗口】カンコウ・ケンコウ (名・する) 口を閉じてものを言わないこと。

【鉗子】一 ケンシ ①首かせをはめられた罪人。②くぎぬき。毛ぬき。二 カンシ はさみのような形をした医療器具で、外科(ゲカ)医療(イリョウ)の際に人体の部位をはさむのに用いるもの。

【鉗制】ケンセイ (名・する) おさえつけて自由をうばうこと。弾圧(ダンアツ)。

金 5 【鉅】 13画 7874 9245 音キョ(漢)

意味 ❶かたい金属。はがね。❷大きい。多い。同巨(キョ)。例鉅費(キョヒ)(=多額の費用)。鉅万(キョマン)(=きわめて多い数)。

金 5 【鉉】 13画 7875 9249 音ケン(漢)ゲン(呉) 訓つる

意味 ❶銅の鉤(かぎ)で、鼎(かなえ)の耳にかけて鼎を持ち上げる器具。❷三公などの重臣のたとえ。例鉉席(ゲンセキ)。鉉台(ゲンタイ)(=三公の地位。三公)。

【鉉席】ゲンセキ 三公の地位。

金 5 【鈷】 13画 2458 9237 音コ(漢)

意味 ❶ひしゃくの形をした、昔のアイロン。ひのし。例鈷鉧(コボ)(=ひのし)。❷仏教で、金剛杵(コンゴウショ)(=煩悩(ボンノウ)を打ちくだく法具)の先端。もと、古代インドの武器。例五鈷(ゴコ)(=杵(ショ)の末端(マッタン)が五つの爪(つめ)のもの)。三鈷(サンコ)。独鈷(トッコ)。

金 5 【鉱】 13画 2559 9271 教育5 音コウ(漢)(呉) 訓あらがね

筆順 ノ 𠆢 亼 今 全 金 金 鉱 鉱 鉱

金15 【鑛】 23画 7942 945B

石12 【磺】 17画 2-8256 78FA 本字

石15 【礦】 20画 6672 7926 別体字

石 5 【砿】 10画 2560 783F 俗字

なりたち 【形声】「石(=いし)」と、音「黄(コウ)」とから成る。銅や鉄などをふくむ、ほり出したままの石。

意味 役に立つ金属などをふくんだ天然の石。あらがね。例鉱山(コウザン)。鉱石(コウセキ)。炭鉱(タンコウ)。

人名 かね・ひろ・ひろし

【鉱業】コウギョウ 鉱物をほり出して、製錬(セイレン)する産業。表記 旧▼礦業

【鉱▼滓】コウサイ 〔「コウシ」の慣用的な読み方〕鉱石を精錬(セイレン)するときに出るかす。れんがやセメントの原料とする。スラグ。

【鉱山】コウザン 鉱物をほり出す山。また、その設備。

【鉱床】コウショウ (ほり出そうとする)鉱物が多くふくまれた岩石の集まっている場所。

【鉱水】コウスイ ①鉱物質を多くふくむ水。ミネラルウオーター(=鉱泉水)。②鉱山から出る、鉱毒をふくむ水。

【鉱石】コウセキ 精錬(セイレン)して金属をとるための、鉱物をふくんだ岩石。表記 旧▼礦石

【鉱泉】コウセン 鉱物成分などを多くふくんだいずみ。浴用や飲用にする。〔日本では、ふつう、セ氏二五度未満を冷泉、それ以上を温泉とする〕

【鉱毒】コウドク 鉱物の採掘(サイクツ)や精錬(セイレン)のときに、けむりや汚水(オスイ)となって出る有毒物質。例—訴訟(ソショウ)。

【鉱物】コウブツ 地中や岩石中で天然自然にある無機物。表記 旧▼礦物

【鉱脈】コウミャク 岩石のすきまに鉱物が帯や板のように集まってできた場所(=鉱床(コウショウ)の広がり)。例—を発見する。

【鉱油】コウユ 石油などの鉱物性の油。

〇炭鉱(タンコウ)・鉄鉱(テッコウ)

金 5 【鉤】 13画 7876 9264 音コウ(漢)ク(呉) 訓かぎ・はり

金 4 【鈎】 12画 1935 920E 俗字

意味 ❶ものをひっかけるための、先がおれ曲がった金具(かなぐ)。つりばり・とめがねなど。はり。かぎ。例鉤餌(コウジ)(=つり針につけたえさ)。❷直角におれ曲がるかどの形。例鉤形(かぎがた)。鉤(かぎ)の手(て)(=直角に曲がった形)。❸ひっかけて、とり出す。さぐる。例鉤索(コウサク)(=かくれたものを探し出す)。

【鉤縄】かぎなわ 先のほうにかぎ金具(かなぐ)をつけたなわ。

【鉤鼻】かぎばな ①かぎのように曲がった鼻の形。わしばな。②平安時代の画法で、鼻をくの字形のかぎ形に描写(ビョウシャ)したもの。例引き目—。

【鉤針】かぎばり 先がかぎ形に曲がった編み針。

〇擬餌鉤(ギジばり)・毛鉤(けばり)・自在鉤(ジザイかぎ)・手鉤(てかぎ)

金 5 【鉈】 13画 7877 9248 音シ(漢) 訓なた

意味 短い矛(ほこ)。ほこ。同鉇(シ)。

日本語での用法 《なた》まき割りや、樹木の枝打ちなどに使う刃物(はもの)。「予算編成(ヨサンヘンセイ)に大鉈(おおなた)を振(ふ)るう(=ある部分を思い切ってけずることのたとえ)・鉈豆(なたまめ)」

金 5 【鉦】 13画 3064 9266 音セイ(漢)ショウ(呉) 訓かね

意味 ❶軍隊で、停止(テイシ)の合図などに打ち鳴らした楽器。かね。例鉦鼓(ショウコ)。❷ふせておいてたたき鳴らす仏具。ふせがね。たたきがね。

【鉦鼓】ショウコ 〔「ショウゴ」とも〕①「鉦」は、停止や退却(タイキャク)の合図に鳴らすかね。「鼓」は、出陣(シュツジン)のときに打つ太鼓(タイコ)。軍事。いくさに関すること。②青銅製の皿をつるして、ばちでたたく打楽器。雅楽(ガガク)や寺院で用いる。

金 5 【鉐】 13画 7881 9250 音セキ(漢)ジャク(呉)

意味 「鍮鉐(チュウセキ)」は、真鍮(シンチュウ)のこと。鍮石(チュウセキ)。

金 5 【鉄】 13画 3720 9244 教育3 音テツ(漢) 訓くろがね

筆順 ノ 𠆢 亼 今 全 金 金 鉄 鉄

金13 【鐵】 21画 7936 9435

[金部] 5画 ● 鉗 鉅 鉉 鈷 鉱 鉤 鉈 鉦 鉐 鉄

金6【銕】14画 7878 9295 古字　金12【鐵】20画 7937 9421 俗字

なりたち 鐵 [形声]「金(=かね)」と、音「𢧜テツ→テ」とから成る。黒みをおびた金属。

意味 ❶金属の一つ。かね。くろがね。例鉄器。鉄橋。製鉄。❷かたい。つよい。かわらない。例鉄拳。鉄則。鉄壁。❸はもの。武器。例寸鉄。

難読 鉄槌・鉄鎚・鉄梃・鉄棒・鉄漿

人名 かね・とし・まがね

【鉄亜鈴】テツアレイ 両端に鉄球のついた、片手で持って筋肉をきたえる体操道具。ダンベル。

【鉄火】テッカ 一(名)①熱して真っ赤になった鉄。焼きがね。②刀剣と鉄砲。また、銃撃で、弾丸とともに銃身の先から出る火。③生のマグロの赤身。とくに「鉄火巻き」「鉄火丼」の略。④「鉄火打ち」の略。ばくち。また、ばくち打ち。例—場。二(名・形動)気性がはげしく、また、義侠心に富むこと。例—肌。歯切れのいい—な啖呵を切る。

【鉄管】テッカン (ガスや水道用の)鉄製のくだ。

【鉄器】テッキ 鉄製の器具。例—時代。

【鉄騎】テッキ 鉄のよろいとかぶとで身をかためた騎兵。また、強く勇ましい騎兵。

【鉄脚】テッキャク ①塔や橋の、鉄でできた脚。②じょうぶで強い足。類健脚。

【鉄橋】テッキョウ 鉄でつくった橋。とくに、鉄道用の橋。

【鉄琴】テッキン 打楽器の一つ。長さの異なる鉄の板を音階順に並べたもの。丸い玉のついたばちで打ち鳴らす。グロッケンシュピール。

【鉄筋】テッキン ①補強のために、コンクリートの骨組みとして入れる鉄の棒。②「鉄筋コンクリート造り」の略。例—五階建てのビル。また、その建物。

【鉄血】テッケツ 武器と、兵士の流す血。武力・軍備のたとえ。例—宰相(=プロイセン首相ビスマルクの別名)。

【鉄拳】テッケン 鉄のように、かたくにぎったこぶし。げんこつ。例—制裁。—を振るう。

【鉄工】テッコウ 鉄を主材料にして、さまざまな機器をつくる工作。例—所。

【鉄鉱】テッコウ 鉄の原料にする鉱石。鉄鉱石。

【鉄鋼】テッコウ 鉄とはがね。銑鉄・鋳鉄・鋼鉄など、鉄材をまとめていうことば。

【鉄格子】テツゴウシ 鉄の格子。刑務所・牢屋の窓のたとえ。例犯人は—の中だ。

【鉄骨】テッコツ 建造物の鉄で作った骨組み。

【鉄鎖】テッサ 鉄で作ったくさり。例—のような束縛。

【鉄材】テツザイ 鉄で作った製品材料。建築・土木や工業などに使う鉄の材料。

【鉄剤】テツザイ 鉄を主成分とする薬。おもに増血のために用いる。

【鉄柵】テッサク 鉄で作った垣根や柵。

【鉄索】テッサク 太い針金をより合わせて作ったつな。鋼索。ケーブル。

【鉄▼漿】一テッショウ 鉄を水にひたして作る黒色の液体。染め物の染料や御歯黒に用いる。二かね 御歯黒の液。例紅—(=化粧)。

【鉄条網】テツジョウモウ とげのある針金(=有刺鉄線)を張りめぐらした障害物のさく。例—を張って防ぐ。

【鉄心】テッシン ①鉄製のしん。例コイルの—。②鉄のようにかたく強い意志。

【鉄心石腸】テッシンセキチョウ 心が鉄や石のようにかたく強いこと。意志堅固なこと。鉄腸石心。鉄石心腸。

【鉄人】テツジン 鉄のようにがんじょうな人。不死身。例—レース(=トライアスロン)。

【鉄製】テッセイ 鉄でできていること。例—のとびら。

【鉄石】テッセキ [鉄と石の意から] かたいこと。堅固なものや心のたとえ。例—の忠臣。

【鉄扇】テッセン (昔、武士が戦場で用いた)骨を鉄で作ったおうぎ。

【鉄線】テッセン ①鉄製の針金。②キンポウゲ科のつる性の多年草。クレマチス。初夏、白やむらさき色の花をつける。鉄線花。

【鉄則】テッソク 変えることのできない根本規則。必ず守るべき厳しい規則。例民主主義の—を守る。

【鉄腸】テッチョウ かたい決心。例—石心。

【鉄▼槌】テッツイ 頭部を鉄で作ったつち。かなづち。ハンマー。例—をくだす(=厳しく懲罰などの処分をする)。表記「鉄▼鎚」とも書く。

【鉄▼蹄】テッテイ ①馬のひづめの下に打ちつける金具。蹄鉄。②名馬のひづめ。また、その名馬。

【鉄塔】テットウ 鉄で作った塔。例高圧送電線の—。

【鉄道】テツドウ レールの上に車両を走らせ、旅客や貨物を輸送する交通機関。例—唱歌。—マニア。—網。

【鉄鉢】テッパツ [「テッパチ」とも] 托鉢の僧が、ほどこしの食物を受ける鉄製の鉢。

【鉄板】テッパン 鉄の板。例—焼き。—で囲む。

【鉄筆】テッピツ ①印を彫るのに用いる小刀。印刀。②謄写版の原紙に字を書くのに用いる、鉄のしんをつけたペン。

【鉄瓶】テツビン 鋳鉄でできた湯わかし。例南部(=今の岩手県)の—。

【鉄分】テツブン 物にふくまれる鉄の成分。例—の多い水。—を補給する。

【鉄粉】テップン 鉄のこな。

【鉄壁】テッペキ ①鉄の城壁。②ひじょうに守りのかたいこと。例金城—。

【鉄棒】一テツボウ ①鉄製の棒。②器械体操の器具。また、それを使う体操種目。二かなぼう ⇩【金棒】かなぼう(1003ページ)

【鉄砲】テッポウ ①火薬の爆発力で弾丸を発射する兵器。とくに、小銃。例—玉(=小銃の弾丸。また一度行ったら帰ってこないことのたとえ)。②ふろの火をたく金属製の筒。例—風呂。③相撲で、両手でつっぱること。もろてづき。また、同じ側の手足を同時につき出すけいこ。④[あたると死ぬことから]ふぐ。⑤かんぴょうをしんにした、細巻きののり巻き。

【鉄砲水】テッポウみず 山間部の豪雨で、土砂とともに大量に流れ出る水。

【鉄面皮】テツメンピ (名・形動)[つらの皮が鉄のように強い意]はじ知らずなこと。あつかましいこと。類厚顔無恥。例—なやつ。

【鉄路】テツロ 鉄道の線路。鉄道。

【鉄腕】テツワン 鉄のようにじょうぶで、強いうで。例—投手。

●鋼鉄・砂鉄・私鉄・寸鉄・鍛鉄・鋳鉄

金5【鈿】13画 7879 923F 音テン漢 デン呉 訓かんざし

意味 ❶黄金を平らにのばして作ったかざり。かんざし。例花鈿(=花の形をしたかんざし)。❷青貝細工。例螺鈿(=うすく切った貝がらをはめこんだ細工)。

金5【鉢】13画 4013 9262 常用 音ハツ漢 ハチ呉

筆順 𠆢 午 牟 金 釒 針 鉢 鉢

なりたち [形声]「金(=かね)」と、音「本ホン→ハツ」とから成る。僧侶が食べ物を入れるうつわ。
意味 僧侶の用いる食器。修行のため家々をめぐって喜捨を受けるときにも用いる。はち。例 衣鉢。托鉢。
日本語での用法 《ハチ》①皿より深く瓶より浅いうつわ。「鉢肴・皿鉢料理・擂り鉢・丼鉢・火鉢・鉢植え・植木鉢」②かぶとの頭部をおおう部分。「鉢金・兜鉢」③人の頭(のまわり)。「鉢合わせ・鉢巻き」
人名 ほ
●衣鉢・鉄鉢

金5 【鉋】 13画 7880 924B 音ホウ漢 訓かんな
意味 木の表面を平らにけずる大工道具。かんな。例 鉋花(=かんなくず)。

金5 【鉚】 13画 7886 925A 音リュウ漢 訓うるわしきかね
意味 美しい金。

金5 【鈴】 13画 4675 9234 常用 音レイ漢 リョウ呉 リン唐 訓すず
筆順 𠆢 午 牟 金 釒 鈴 鈴
なりたち [形声]「金(=かね)」と、音「令レイ」とから成る。すず。
意味 ふって鳴らす小さな鐘。内部にたれ下がった金属が当たって音を出すものや、球形で中に球を入れてふり鳴らすものがある。すず。例 鈴鐸。風鈴。
【鈴虫】すずむし コオロギ科の昆虫。秋に、おすが鈴を鳴らすように鳴く。古語では「松虫」をさすことがある。
【鈴▼蘭】すずらん キジカクシ科の多年草。初夏、かおりの強い白い小さな釣り鐘のような花をつける。
【鈴▼鐸】レイタク 〔「鐸」は、大きいすずの意〕宮殿や楼閣などの軒下の四方にさげる、すず。風鐸。
●亜鈴・電鈴・風鈴

金6 【銜】 14画 7882 929C 音ガン慣 カン漢 訓くつわ・ふく-む・くわ-える
口9 【啣】 12画 5118 5563 別体字
意味 ❶ウマに手綱をつけるため口にくわえさせる金具。くつわ。例 銜轡(=くつわと、たづな)。❷口にくわえる。ふくむ。くわえる。例 銜枚。❸(感情を)心の中におさめる。ふくむ。例 銜怨(=うらみをいだく)。
【銜▽枚】カンバイ 〔枚を銜むの意〕夜討ちや奇襲のときに、兵士やウマの口に木片をかませて、声を立てないようにしたこと。

金6 【銀】 14画 2268 9280 教育3 音ギン漢 ゴン呉 訓しろがね
筆順 𠆢 午 牟 金 釒 鈤 鉏 銀 銀
なりたち [形声]「金(=かね)」と、音「艮コン→ギン」とから成る。白みをおびた金属。
意味 ❶白色でつやのある貴金属。しろがね。例 銀器。銀山。金銀。❷しろがねのような、白くてつやのある色。例 銀河。銀世界。銀髪。❸お金。貨幣。例 銀行。賃銀。
日本語での用法 《ギン》将棋の駒の一つ。「銀将」
人名 かね
【▽銀▼杏】 一 イチョウ イチョウ科の落葉高木。葉はおうぎ形で、秋に黄色に色づく。実はギンナンと呼ぶ。二 ギンナン 〔「ギンアン」の変化〕イチョウの実。食用にする。表記 一は「▽公▽孫▽樹・▼鴨▽脚▽樹」とも書く。
【銀貨】ギンカ 銀をおもな成分としてつくられた貨幣。
【銀河】ギンガ ①天の川。銀漢。天漢。②太陽系をふくむ銀河系やそれと同じくらい大規模な星の集団。小宇宙。島宇宙。例 アンドロメダ―。
【銀器】ギンキ 銀でできたうつわ。
【銀行】ギンコウ ①金融機関の一つ。預金・貸付などをおこなう。例 普通―。②血液・眼球・人材などを必要に応じて確保・調達する機関。例 血液―。
【銀鉱】ギンコウ 銀をふくむ鉱石。また、それを産出する鉱山や鉱脈。銀山。
【銀婚式】ギンコンシキ 結婚後二十五年目の祝い。

【銀座】ギンザ ①江戸幕府の開設した、銀貨の鋳造所。②現在の東京都中央区の町名。繁華街として知られる。〔かつて①がおかれたことから〕③〔②から〕各地の地域名・町名の下につけて繁華街の意に用いることば。
【銀山】ギンザン 銀を産出する鉱山。例 石見―。
【銀将】ギンショウ 将棋の駒の一つ。左右と真後ろ以外の方向に一ますずつ動ける。銀。
【銀子】ギンス ①銀貨。②お金。貨幣。金銭。
【銀製】ギンセイ 銀でできていること。また、銀製品。例 ―の食器。
【銀世界】ギンセカイ 雪が降り積もって白一色になったようすをいうことば。例 一面の―。
【銀扇】ギンセン 銀色のおうぎ。銀箔をはったおうぎ。
【銀▼鍔】ギンつば ①銀でかざった刀のつば。②「銀鍔焼き」の略。米の粉を練ってあんを包み焼いた和菓子。
【銀泥】ギンデイ 銀粉をにかわと水でといたもの。絵や文字をかくのに用いる。白泥。例 紺地―の経文。
【銀波】ギンパ 月などの光が映って美しく見える波。例 金波―。
【銀杯】ギンパイ 銀製のさかずき。表記「銀▼盃」とも書く。
【銀▼牌】ギンパイ 銀製の賞牌。銀メダル。
【銀▼箔】ギンパク 銀をたたいて、紙のようにうすくのばしたもの。
【銀髪】ギンパツ 銀色のかみの毛。しらが。白髪。
【銀盤】ギンバン ①月。②銀でできた皿や盆。③雪や氷の原野。また、スケートリンクのたとえ。例 ―の女王。
【銀粉】ギンプン 銀のこな。また、銀色のこな。
【銀本位】ギンホンイ 貨幣の価値を、一定の量の銀をもとにして決め、銀を一国の通貨の基準とする貨幣制度。対 金本位。
【銀幕】ギンマク ①映画の映写用の幕。スクリーン。②映画。映画界。例 ―の女王(=人気映画女優)。
【銀翼】ギンヨク 銀色にかがやく、飛行機のつばさ。例 ―を連ねて飛ぶ。
【銀輪】ギンリン ①銀で作った輪。銀色に光る輪。②自転車の車輪。また、自転車。
【銀▼鱗】ギンリン 銀色に光る魚のうろこ。転じて、魚。例 流れに―が光る。
【銀鈴】ギンレイ 銀のすず。また、すんだ美しい声の形容。
【銀▼嶺】ギンレイ 雪で、銀色にかがやく山。
●金銀・水銀・日銀・白銀・路銀

金6 【銖】 14画 7883 9296 音シュ漢呉 訓にぶ-い・わず-か

意味 ❶重さの単位。一両の二十四分の一。約〇・六七グラム。→「度量衡表」(1141ページ) ❷わずかなもののたとえ。例銖分シュブン・銖両シュリョウ。

【銖分】(シュブン) 一(名)一銖と一分。また、わずかなことのたとえ。二(名・する)細かく識別すること。

【銖両】(シュリョウ) 一銖と一両。わずかな分量。また、わずかなことのたとえ。

金6 【銃】 14画 2938 9283 常用 音シュウ漢ジュウ呉 訓つつ

筆順 亼 午 余 金 釒 鈂 鈂 銃

なりたち [形声]「金(=かね)」と、音「充ジュウ」とから成る。柄えをとりつけるために斧おのにあけた穴。

意味 ❶斧おのの、柄えをさしこむ穴。❷たまをつめてうつ小型の火器。てっぽう。つつ。例銃撃ジュウゲキ・銃声ジュウセイ・猟銃リョウジュウ。

人名 かね

【銃火】(ジュウカ) 銃をうったとき、銃口から出る火。また、その弾丸ダンガンや射撃シャゲキ。例—を浴びせる。

【銃眼】(ジュウガン) 敵を見張り、あるいは銃撃ジュウゲキするために、防壁ボウヘキにあける穴。

【銃器】(ジュウキ) 拳銃ケンジュウ・小銃・機関銃などをまとめていうことば。

【銃撃】(ジュウゲキ) (名・する)銃でねらいうって攻撃すること。例—戦。

【銃剣】(ジュウケン) ①銃と剣。②小銃の先につける短い剣。また、その銃。例—術。

【銃後】(ジュウゴ) 直接戦闘セントウには加わらない、いっぱんの国民。また、戦場になっていない国内。例—の守り。

【銃口】(ジュウコウ) 銃で、弾丸ダンガンの飛び出す筒先つつさき。例敵に—を向ける。

【銃座】(ジュウザ) 射撃シャゲキのときに銃を安定させる台。

【銃殺】(ジュウサツ) (名・する)銃で射殺すること。また、その刑罰ケイバツ。例—刑。—に処する。

【銃床】(ジュウショウ) 銃で、銃身をささえる部分。

【銃身】(ジュウシン) 銃で、弾丸ダンガンの飛び出す筒つつの部分。

【銃声】(ジュウセイ) 銃をうつときの音。

【銃創】(ジュウソウ) 銃弾ジュウダンにうたれて受けるきず。例貫通カンツウ—。

【銃弾】(ジュウダン) 銃の弾丸。例—を受ける。—のあと。

【銃把】(ジュウハ) 銃の、引き金を引くときにぎる部分。

【銃砲】(ジュウホウ) ①小銃と大砲。②銃器。例—店。

●機関銃キカンジュウ・機銃キジュウ・空気銃クウキジュウ・拳銃ケンジュウ・小銃ショウジュウ・短銃タンジュウ・火縄銃ひなわジュウ・猟銃リョウジュウ

金6 【銭】 14画 3312 92AD 教育6 音セン漢ゼン呉 訓ぜに

筆順 亼 午 余 金 釒 鉃 銭 銭

金8 【錢】 16画 7902 9322

なりたち [形声]「金(=かね)」と、音「戔セ」とから成る。農具のすき。また、ぜに。

意味 おかね。貨幣カヘイ。ぜに。「ぜに」は、呉音ゴオン「ゼン」の変化したものという。例銭貨センカ(=ぜに。お金)。金銭キンセン。賽銭サイセン。

日本語での用法 《セン》通貨の単位。円の百分の一。「日歩ひぶ三銭サンセン」

【銭形】(ぜにがた) ①銭のかたち。②紙を銭のかたちに切りぬいたもの。神前に供える。紙銭ぜにかみ。

【銭金】(ぜにかね) お金。金銭キンセン。

【銭刀】(セントウ) 〔「刀」は、古代中国で、なたの形をした貨幣カヘイ〕ぜに。お金。貨幣。銭貨。

【銭湯】(セントウ) 料金をはらって入浴する湯。公衆浴場。風呂屋ふろや。湯屋ゆや。表記「洗湯」とも書く。

【銭▼帛】(センパク) ぜにと絹織物。

●悪銭アクセン・泡銭あぶくぜに・木戸銭きどセン・金銭キンセン・小銭こぜに・古銭コセン・賽銭サイセン・日銭ひぜに・身銭みぜに・無銭ムセン

金6 【銑】 14画 3313 9291 人名 音セン漢 訓ずく

なりたち [形声]「金(=かね)」と、音「先セ」とから成る。つやのある金属。

意味 精錬セイレンされて、つやのある金属。

日本語での用法 《セン》鋳物いものや鋼はがねの原料となる鉄。ずく。「銑鉄センテツ」

参考 鉄は炭素の含有量ガンユウによって性質が異なり、炭素を約二パーセント以上ふくむ「銑」と、それ以下の「鋼」とに分けられる。

人名 さね・てつ

【銑鉄】(センテツ) 鉄鉱石を溶鉱炉ヨウコウロなどでとかして作った、不純物をふくんだままの鉄。製鋼セイコウの材料とする。ずくてつ。

金6 【銓】 14画 7884 9293 音セン漢 訓はかり・はか-る

意味 ❶はかりの分銅フンドウ。はかり。❷くらべて選ぶ。はかる。例銓考センコウ(=選考)。銓衡センコウ。

【銓衡】(センコウ) 〔「衡」は、はかりのさおの意〕一(名)はかり。二(名・する)内容をよく吟味ギンミし、すぐれたもの、あるいはすばらしい人材をよりすぐること。審査シンサ。表記 二は 現 選考。また、「銓考」とも書く。

金6 【銛】 14画 7885 929B 音セン漢 訓すき・もり

意味 ❶土をほりおこす農具。すき。❷投げつけて魚をさす道具。もり。❸するどい。例銛鋭センエイ(=刀の切れ味がよい)。銛鍔センガク(=よく切れるやいば)。

金6 【銚】 14画 3624 929A 音チョウ漢ヨウ呉

意味 ❶土をたがやす農具。すき。例銚耨チョウドウ(=すきと、くわ)。❷とってのついたなべの類。飲食物を温めるうつわ。例銅銚ドウチョウ。

日本語での用法 《チョウ》柄えの長い、酒をつぐ容器。また、酒を入れてあたためる容器。「銚子チョウシ」

難読 銚釐ちろり(=酒をあたためる道具)

【銚子】(チョウシ) ①酒を入れるうつわ。細長く口がすぼんでいる。徳利トクリ。例お—一本をつける。②昔、酒をさかずきにつぐための、長い柄えをつけたうつわ。現代では神前結婚式シンゼンケッコンシキの三三九度サンサンクドで見られる。

金6 【銅】 14画 3828 9285 教育5 音トウ漢ドウ呉 訓あかがね・あか

筆順 亼 午 余 金 釒 釦 銅 銅

なりたち 「形声」「金(=かね)」と、音「同ドウ」とから成る。赤みをおびた金属。

意味 ❶やわらかく、熱や電気をよく伝える金属。あかがね。あか。例銅器ドウキ。銅像ドウゾウ。❷お金。貨幣カヘイ。例銅臭ドウシュウ。

難読 青銅からかね

人名 かね

【銅貨】ドウカ 銅で作った貨幣。銅銭。

【銅器】ドウキ 銅や青銅などで作ったうつわや道具。例—時代。

【銅鏡】ドウキョウ 青銅で作ったかがみ。例古墳から—が出土した。

【銅剣】ドウケン 青銅で作った剣。

【銅▼壺】ドウコ ①銅で作った水時計。漏刻ロウコク。②長火鉢ながひばちやかまどなどの灰にうめて湯をわかす、銅や鉄で作ったつぼ。

【銅山】ドウザン 銅のとれる山。例足尾あしお—。

【銅臭】ドウシュウ 〔銅銭のいやなにおいの意〕金かねにものをいわせて出世した人、財産をほこる人や、金銭にかかわることがらをさげすんでいうことば。例—のある俗人ゾクジン。

【銅像】ドウゾウ 銅や青銅で作った像。

【銅▼鐸】ドウタク 弥生やよい時代に作られたつりがね形の青銅器。祭りに用いられたといわれる。

【銅▼牌】ドウハイ 〔賞としてあたえる〕銅製のメダル。銅製の賞牌ショウハイ。例第三位の—。

【銅板】ドウバン 板にのばした銅。銅の板。

【銅版】ドウバン 銅を使った印刷用の原版。銅板に直接ほりこんだり、薬品で腐食フショクさせたりして作る。例—画。

【銅盤】ドウバン 銅で作った、たらい。

【▽銅▼鑼】ドラ 青銅で作った円盤状エンバンジョウの打楽器。つるしてばちで打つ。法会ホウエや出帆シュッパンの合図に打ち鳴らす。例—焼き(=銅鑼の形の二枚の皮であんをはさんだ和菓子ワガシ)。

●赤銅シャクドウ・青銅セイドウ・分銅フンドウ

金6 【鉾】14画 4340 927E 音ボウ漢 ム呉 訓ほこ

意味 刀のきっさき。ほこさき。

日本語での用法《ほこ》柄えの先に両刃もろはの剣ケンをつけた武器。ほこ。矛ボウ。「鉾ほこを収おさめる(=たたかいをやめる)・山鉾やまぼこ(=祭礼の山車だし)」

金6 【鋩】14画 7890 92E9 音ボウ漢 訓きっさき

意味 刃物はものなどのさき。きっさき。例鋒鋩ホウボウ。

金6 【銘】14画 4435 9298 常用 音メイ漢 ミョウ呉 訓しる-す

筆順 ⺈ 今 牟 金 釒 釒 釒 銘

なりたち 「形声」「金(=かね)」と、音「名メイ」とから成る。金属に刻んでしるす。

意味 ❶器物や刀剣トウケンに刻まれた作者名や製作のいわれなどの記述。例刀銘トウメイ。無銘ムメイ。❷漢文の文体の一つ。人の功徳コウトクをしるした韻文インブンで、石板セキバンや石碑セキヒなどに刻んで死者をたたえる。例墓誌銘ボシメイ。墓碑銘ボヒメイ。❸深く心にとどめて忘れない。心に刻む。例銘記メイキ。肝銘カンメイ。感銘カンメイ。❹いましめのことば。例座右ザユウの銘メイ。

日本語での用法《メイ》上質で有名な品物。「銘菓メイカ・銘柄メイがら・銘酒メイシュ・銘茶メイチャ」

人名 あき・かた・な

【銘菓】メイカ 名の知れわたった上等の菓子。類名菓。例京—。

【銘柄】メイがら ①他と区別するために、商品につける名前。商標。ブランド。また、品質のよい商品。例—品。米の—。②〔経〕市場で取り引きされる商品や株式などの名前。例—売買。

【銘記】メイキ(名・する)①石碑セキヒや金属器に刻みつけた文字。また、ことばや文章。類銘文。例造像ゾウゾウ—。②深く心に刻みつけ、決して忘れないこと。類感銘・肝銘カンメイ・銘肝。例心に—する。

【銘酒】メイシュ 名の知れわたった上等の酒。類名酒。

【銘仙】メイセン 絹織物の一つ。ふだん着・布団地フトンジなどに用いる。

【銘茶】メイチャ 名の知れわたった上等の茶。

【銘刀】メイトウ 作者の名(=銘)を刻みつけてある刀。

【銘板】メイバン 文字を刻みつけた金属や石の板。

【銘文】メイブン|メイモン 石碑セキヒや金属器に刻みつけた文章。

【銘木】メイボク 質が高い、あるいは、色や形、模様などがめずらしい上等の材木。床とこの間まの柱などに用いる。

【銘銘】メイメイ おのおの。ひとりひとり。各自。例—皿。

●肝銘カンメイ・感銘カンメイ・正真正銘ショウシンショウメイ

金6 【銕】14画 ⇩【鉄】テツ(1007ページ)

金7 【鋭】15画 1752 92ED 常用 音エイ漢呉 訓するど-い

筆順 ⺈ 今 牟 金 釒 釒 釒 鋭

金7 【銳】15画 — 92B3

なりたち 「形声」「金(=かね)」と、音「兌タイ→エイ」とから成る。草の葉のとがった先。

意味 ❶先が細くとがっている。また、刃物はものがよく切れる。するどい。例鋭角エイカク。鋭利エイリ。先鋭センエイ。❷動きがすばやい。勢いがよい。はやい。かしこい。例鋭敏エイビン。気鋭キエイ。新鋭シンエイ。❸強い兵士・軍隊。例鋭兵エイヘイ。精鋭セイエイ。

人名 さとき・さとし・すすむ・とき・とし・はや・はやし

【鋭意】エイイ(副)熱心に。懸命ケンメイに。例—努力します。

【鋭角】エイカク 直角より小さい角。対鈍角ドンカク。例—三角形。

【鋭気】エイキ ①するどい気性キショウ。②元気な勢い。例相手の—をくじく。

【鋭敏】エイビン(名・形動ダ)①頭の回転がはやく、かしこいこと。類鋭利。②感覚・感受性のするどいこと。類敏感。例—な感覚をもつ。

【鋭兵】エイヘイ ①勇敢ユウカンで強い兵士。②するどい武器。

【鋭▼鋒】エイホウ ①攻撃コウゲキなどのするどいほこ先。きびしい攻撃。②言論などによりきびしくせめたて、批判すること。例—をかわす。

【鋭利】エイリ(名・形動ダ)①刃物はものの切れあじがよく、するどいこと。例—な刃物。②思考力や判断力などがするどいこと。類鋭敏エイビン。例—な判断力。

●気鋭キエイ・新鋭シンエイ・精鋭セイエイ・先鋭センエイ

金7 【錺】15画 7905 933A 国字 訓かざ-り

意味 かんざしなどの装身具や家具などの、金属製のかざり細工。例錺師かざりシ。錺職かざりショク。錺屋かざりや。

金7 【鋏】15画 7887 92CF 音キョウ漢呉 訓はさみ

意味 ❶(かじ屋が)熱した金属をはさむ工具。かなばさみ。かなばし。❷つるぎ。刀。また、刀のつか。例剣鋏ケンキョウ(=刀のつか)。長鋏(=長い剣)。
日本語での用法《はさみ》紙や布など、ものをはさんで切る各種の道具。「糸切り鋏・紙鋏・裁ち鋏・爪切り鋏・握り鋏・花鋏」

金7【銹】15画 7888 92B9 音シュウ漢 訓さび
意味 鉄の表面が酸化してできるもの。さび。さびる。例鉄銹(=鉄さび)。

金11【鏥】19画 7921 93E5 別体字

金7【鋤】15画 2991 92E4 音ショ漢ジョ呉 訓すーく・すき
意味 ❶田畑をたがやす農具。また、たがやすこと。すき。すく。例鋤穀(=田をたがやして穀物をつくる)。鋤耨(=すき)。鋤理(=たがやす)。❷除き去る。ねだやしにする。例鋤除(=悪いものを除く)。

金7【銷】15画 7889 92B7 音ショウ漢 訓きーえる・けーす・とーける
意味 ❶金属をとかす。とかす。とける。例銷金(=かねをとかす)。銷鑠(=とける)。❷つきる。つくす。きえる。けす。同消。例銷失(=きえうせる)。銷暑。
表記 現代表記では、「消」に書きかえることがある。熟語は「消」(595ページ)を参照。
【銷夏】ショウカ 暑さをしのぐこと。暑さよけ。銷暑。表記 現消夏
【銷暑】ショウショ 暑さをしのぐこと。銷夏。表記 現消暑

金7【鋳】15画 3582 92F3 常用 音チュウ慣シュ漢呉 訓いーる
筆順 亼 牟 金 釒 鋳 鋳 鋳

金14【鑄】22画 7941 9444 人名
なりたち [形声]「金(=かね)」と、音「壽ウシュ→シュ」とから成る。金属をとかす。
意味 ❶金属をとかして型に流しこみ、器物をつくる。いる。例鋳型。鋳造。鋳鉄。❷人材を養成する。例鋳人(=人材を養成する)。
人名 い
【鋳型】いがた ①とかした金属を流しこんで鋳物をつくるための型。②ものごとをはめこむ、一定の型。例—にはめる画一的な教育。
【鋳物】いもの 高熱でとかした金属を鋳型に流しこんでつくる道具や、うつわ。対打ち物。例—師。
【鋳金】チュウキン 高熱でとかした金属を鋳型に流しこんで器物をつくること。類鋳造。例—家。
【鋳銭】チュウセン 貨幣を鋳造すること。また、その貨幣。鋳貨。
【鋳造】チュウゾウ (名・する)高熱でとかした金属を鋳型に流しこんでものをつくること。例—貨幣。活字を—する。
【鋳鉄】チュウテツ 鋳造の材料にする、炭素を約二パーセント以上ふくむ鉄。
●改鋳・新鋳

金7【錵】15画 7906 9335 国字 訓にえ
意味 日本刀の焼きを入れたときに、刀身にあらわれる、細かい銀砂子のような模様。沸(=「煮え」の意)。におい。

金7【鋲】15画 4138 92F2 国字 音ビョウ
意味 頭部が丸くて大きい金属製の留め具。リベット。例鋲釘。画鋲。

金7【鋒】15画 4315 92D2 人名 音ホウ漢 訓ほこさき・ほこ
意味 ❶刃物の先のとがった部分。きっさき。ほこさき。また、ほこ。例鋒鋩。❷もののするどくとがった先。勢いのするどいもののたとえ。例鋒起。舌鋒。筆鋒。❸軍隊の先頭。さきて。例先鋒。
難読 鋒矢・先鋒
人名 さき
【鋒起】ホウキ (名・する)ほこの先のように、するどく勢いよく起こること。類鋒出。例—する。表記「蜂起」とも書く。
【鋒▼鋩】ホウボウ ①刀や槍の先。きっさき。ほこさき。②議論・話しぶりや、気性・気迫のするどいこと。▽類鋭鋒

金7【鋭】15画 ⇩【鋭】エイ(1011ページ)

金7【鋪】15画 ⇩【舗】ホ(96ページ)

金8【錏】16画 7891 930F 音ア漢 訓しころ
意味 かぶとの左右や後方に垂らした、首すじをおおう防具。しころ。同鐚。例錏鍜(=しころ)。

金8【鋺】16画 7892 92FA 音一エン漢 二ワン漢 訓かなまり
意味 一 はかりの皿。二 金属製のまるい食器。かなまり。例金鋺。銀鋺。仏鋺。

金8【鋸】16画 2188 92F8 人名 音キョ漢コ呉 訓のこぎり・のこ
意味 ❶木をひき切る道具。のこ。のこぎり。例鋸牙(=のこぎりの歯。きば)。鋸歯。❷のこぎりでひき切る。ひく。❸昔の刑罰の道具で、足をひき切るのこぎり。また、その刑罰。
難読 大鋸・大鋸屑・大鋸挽
【鋸歯】キョシ ①のこぎりの歯。②植物の葉のふちなどで、ぎざぎざしているもの。
【鋸▼屑】キョセツ ①のこぎりで木を切るときに出るくず。おがくず。②ことばや文章がすらすらと出るたとえ。

金8【錦】16画 2251 9326 常用 音キン漢 訓にしき
筆順 亼 牟 金 釒 鈅 鉑 錦 錦
なりたち [形声]「帛(=きぬおりもの)」と、音「金キ→ン」とから成る。美しい織物。
意味 ❶さまざまな色の糸を織りこんだ美しい模様の絹織物。にしき。例錦衣。錦旗。錦繡。❷にしきのように美しい。例錦雲(=美しいいろどりの雲)。錦地。
人名 あや・かね
【錦衣】キンイ にしきの着物。りっぱな生活。
【錦衣玉食】キンイギョクショク ①美しい衣服と上等の食事。②ぜいたくな生活。例—を好む。
【錦旗】キンキ ①にしきで作った旗。②赤地のにしきに金銀で日

月あるいは菊の花をかたどった旗。天皇の旗、また、官軍のしるしとして用いられた。にしきのみはた。

【錦▼繡】①にしきと刺繡をした織物。また、豪華で美しい織物や着物。例綾羅―をまとう。②美しい花・紅葉・詩文などのたとえ。

【錦上に花を添う】美しいにしきの上に、さらに美しい花をおく。美しくりっぱなものに、さらにみがきをかけること。〈王安石・即事詩〉

【錦心▼繡口】すばらしい考えと美しいことば。詩や文章の才能をたたえていうことば。

【錦地】〔美しい土地の意〕相手の住む土地をうやまっていうことば。類貴地。

【錦絵】多色刷りの木版による浮世絵。

【錦▼鯉】美しく色あざやかなコイの観賞用改良品種。

【錦を▽衣て郷に▽還る】出世し金持ちになって、晴れやかに故郷へ帰る。故郷に錦をかざる。

【錦を▽衣て夜行くが▽如し】〔りっぱな錦を着ても、夜歩いたのでは目立たない意〕せっかく立身出世して富貴になっても、故郷に帰らなければ人に認められない。〈漢書〉

金 8 【錮】 16画 7894 932E 常用 音コ漢 訓ふさ-ぐ

筆順

なりたち [形声]「金(=かね)」と、音「固コ」とから成る。金属を溶かして補修する。

意味 ❶とかした金属を流しこんで、すきまをふさぐ。鋳掛けをする。ふさぐ。❷とじこめる。例禁錮。

金 8 【鋼】 16画 2561 92FC 教育6 音コウ漢 訓はがね

筆順

なりたち [形声]「金(=かね)」と、音「岡コウ」とから成る。焼きを入れて、きたえた鉄。

意味 かたくきたえた鉄。はがね。スチール。例鋼材。鋼鉄。製鋼。

人名 かた・たけ・たけし

【鋼玉】酸化アルミニウムから成る鉱物。赤いものをルビー、青いものをサファイアという。コランダム。

【鋼材】工業・建築・機械などの材料としての鋼鉄。

【鋼索】はりがね状のはがねをより合わせて作った、つな。ワイヤロープ。例―鉄道(=ケーブルカー)。

【鋼鉄】①炭素を二パーセント以下におさえ、強くかたくした鉄。はがね。スチール。鋼。②強く、かたいもののたとえ。例―のような精神。

【鋼板】鋼鉄の板。

○●精鋼・鋳鋼・鉄鋼

金 8 【錯】 16画 2688 932F 常用 音一サク漢シャク呉 二ソ漢 訓あやま-る・ま-じる

筆順

なりたち [形声]「金(=かね)」と、音「昔セキ→サク」とから成る。めっきする。借りて「まじる、おく」の意。

意味 一❶ふぞろいにかさなる。入り乱れる。まざる。まじる。例錯雑。錯乱。交錯。❷くいちがう。まちがえる。あやまる。例錯覚。二考えて配置する。おく。同措。例錯置(=うまく処置する)。

【錯誤】①あやまり。まちがい。例試行―の末に完成した。重大な―をおかす。②一致しないこと。くいちがい。

【錯雑】(名・する・形動タル)いりまじって複雑なこと。類錯綜。例―した世の中。―な事実関係。

【錯視】目の錯覚。ある図形の大きさ・長さ・方向などを、実際とは異なるものに見まちがうこと。

【錯節】①入りくんだ木の節。②こみいっていて解決のむずかしいこと。例盤根―。

【錯▼綜】(名・する)複雑に入りまじり混乱すること。類錯雑。例指示が―する。

【錯乱】(名・する)入りまじって混乱すること。とくに、心のバランスについていう。例精神―の状態。

【錯角】〔数〕一本の直線が他の二本の直線と交わるとき、二直線の間にできる内側の四つの角のうち、はすむかいに位置する二つの角。

【錯覚】(名・する)①実際とはちがうように見えたり聞こえたりすること。②思いちがい。勘ちがい。例―を起こす。

【錯簡】①書物の紙が順番どおりでないこと。乱丁。②文字や文章が前後して、意味の通らないこと。例製本のときの―。例―を直す。

○●介錯・交錯・失錯・倒錯

金 8 【錙】 16画 7901 9319 音シ漢

意味 重さの単位。六銖。ただし、異説がある。転じて、ごくわずかな。例錙銖(=わずか)。

金 8 【錫】 16画 2866 932B 人名 音セキ漢シャク呉 訓すず

意味 ❶銀白色でつやのある金属。やわらかでさびにくい。ブリキ・はんだ・すず箔などに用いる。すず。❷僧侶や道士が手に持つつえ。例錫杖。巡錫(=僧侶が各地をまわって布教すること)。

難読 錫蘭(=国名。今のスリランカ)

人名 あたう・たまう・ます・やす

【錫▼杖】僧侶や修験者の持つつえ。頭部にいくつかの小環をつけたもの。ふって音を出す。

金 8 【錠】 16画 3091 9320 常用 音テイ漢ジョウ呉

筆順

なりたち [形声]「金(=かね)」と、音「定テイ」とから成る。たかつき。

意味 ❶神前に供える足のある祭器。たかつき。❷銀貨の一つ。銀銭。また、それを数えることば。例銀錠。銀一錠。❸薬などを小さく固めたもの。例錠剤(=小さく固めた薬)。

日本語での用法《ジョウ》①とびら・戸・かばんなどに取り付ける金具。「錠前・施錠・手錠・南京錠・錠をおろす」②錠剤を数えることば。「食後に二錠」

○●海老錠・手錠・南京錠

金 8 【錘】 16画 3178 9318 人名 音スイ慣ツイ漢 訓つむ・おもり

なりたち 錘 [形声]「金(=かね)」と、音「垂(スイ→ツイ)(=たれさがる)」とから成る。つるして重さをはかるための金属のおもり。

意味 はかりにつりさげるおもり。分銅。おもり。例 鉛錘(=なまりのおもり)。

日本語での用法《つむ》綿やまゆから繊維を引き出し、より合わせて糸にして巻き取る道具。先端がやや細い鉄製の丸棒。錘。紡錘。

金 8 【錐】16画 3177 9310 人名 音スイ漢 訓きり

意味 ❶板などに小さな穴をあける、先のとがった工具。きり。例 錐指。錐刀(=とがった小さな刀。また、わずか)。❷数学で、「錐体」の略。先がとがった形。例 円錐。角錐。

【錐の▼嚢中に▽処るが▽如し】(錐がふくろの中にあれば必ず先が外につき出るように)すぐれた人物は、かくれていても必ず頭角をあらわすことのたとえ。嚢中の錐。〈史記〉

【錐指】〔「錐を用いて地を指す」から〕せまい視野で大きいことを観察しようとすること。見識がせまいことのたとえ。〈荘子〉

金 8 【錆】16画 2712 9306 人名 音セイ漢・ショウ慣 訓さび・さ-びる

意味 くわしい。同精。

日本語での用法《さび・さびる》金属の表面が酸化して生じるもの。「錆色・錆止め・赤錆」 参考 日本では多く「錆」を使い、中国ではほとんど「銹」を使う。

金 8 【錚】16画 7903 931A 音ソウ漢

意味 金属が当たる音。例 錚錚。

【錚錚】(形動タル) ①金属や玉のたてる音。また、楽器の音のさえているようす。②多くの人の中でもとくにすぐれた人のようす。例 ―たる顔ぶれ。

金 8 【錣】16画 7904 9323 音テイ漢呉・テツ漢 訓しころ

意味 ウマやウシを打つ、むちの先についている鉄の針。

日本語での用法《しころ》かぶとやずきんの、左右や後方に垂らして首すじをおおう防具。「錣板・錣頭巾・錣葺き」

金 8 【錨】16画 4137 9328 音ビョウ漢 訓いかり

意味 船をとめておくために水底におろす、鉄のおもり。いかり。例 投錨。抜錨。

金 8 【錻】16画 7907 933B 国字 音ブ

意味 オランダ語「ブリク(=錫めっきをしたうすい鉄板)」から生じた外来語「ブリキ」を表記するのに用いる字。例 錻力。

金 8 【鍄】16画 7893 9344 音リョウ漢

意味 打楽器の一種。

日本語での用法《かすがい》地名に用いられる字。 参考「鎹」がくずれて生じた字、とされる。

金 8 【錬】16画 4703 932C 常用 音レン漢 訓ね-る

筆順 亼 全 金 釒 釒 錬 錬

金 9 【鍊】17画 1-9327 934A 人名

なりたち 鍊 [形声]「金(=かね)」と、音「柬(カン→レン)(=えらぶ)」とから成る。

意味 ❶金属を火にとかして不純物をよりわけ、良質にする。ねる。同煉。例 錬金。精錬。❷くすりなどをねり合わせること。ねる。同煉。例 錬丹(=道士が不老不死の薬を作ること)。❸きたえて純粋なよいものにする。心身・技術をみがきあげる。ねる。同練。例 錬成。修錬。

人名 きたえ

【錬金術】①黄金や不老不死の薬を作り出そうとした技術。近代化学以前の化学技術。②たくみに必要な資金をひねり出すこと。例 ―にすぐれた政治家。

【錬成】(名・する) ねり上げてりっぱに仕上げること。心身や人格をきたえる意にも用いる。例 ―道場。―会。

【錬磨】(名・する) 肉体・精神・技術などをきたえ、みがきあげること。類 鍛錬。例 百戦―。からだを―する。 表記「練磨」とも書く。

●修錬・精錬・製錬・鍛錬

金 8 【録】16画 4731 9332 教育4 音リョク漢・ロク呉 訓しる-す

筆順 亼 全 金 釒 釒 録 録

金 8 【錄】16画 1-9321 9304 人名

なりたち 錄 [形声]「金(=かね)」と、音「彔(ロク→リョク)」とから成る。金の色。借りて「しるす」の意。

意味 ❶文字を書きしるして残す。また、書きしるしたもの。しるす。例 記録。登録。目録。❷うつしとる。収めておく。例 録音。録画。収録。

人名 とし・ふみ

【録音】(名・する) ディスク・テープなどの記憶媒体に音や声を記録すること。また、記録した音や声。例 ―をとる。―機。

【録画】(名・する) 映像を磁気的・光学的に記録すること。また、記録した映像。例 ―を再生する。ビデオに―した映像を再生する。

【録録】(形動タル) 主体的でなく、役に立たないようす。例 ―として従う。

●記録・言行録・語録・採録・収録・図録・登録・備忘録・付録・目録

金 8 【錢】16画 ⇒【銭】(1010ページ)

金 8 【錄】16画 ⇒【録】(1014ページ)

金 9 【鍜】17画 7908 935C 音カ漢 訓かぶと

意味「錏鍜」は、首すじを守る防具。しころ。

金 9 【鍔】17画 3655 9354 音ガク漢 訓つば

意味 刀の刃。また、きっさき。やいば。例 銛鍔。

日本語での用法《つば》①刀の柄と刀身の間にはさむ、平たい鉄の板。「刀の鍔・鍔師・鍔迫り合い・鍔元」②帽子や釜のまわりに、ひさしのようにさし出た部分。「帽子の鍔・鍔釜・鍔広帽子」

金 9

【鍵】 17画 2416 9375 常用 音ケン漢 ゲン呉 訓かぎ

筆順 … 鍵

なりたち [形声]「金(=かね)」と、音「建」とから成る。鼎を持ち上げる器具。

意味 ❶かんぬきなどのとめ金。くさび。❷錠前の内部のぬきさしされる部分。ばね。〔錠前の管の部分が「閉」、「閉」にはめこまれる部分が「鍵」、「鍵」をおし出してあける道具が「鑰」〕例鍵鑰。❸錠前。また、重要な手がかり。かぎ。例関鍵。事件の鍵。❹ピアノやオルガン、タイプライターやパソコンなどの、指先でおしたりたたいたりする部分。キー。例鍵盤。黒鍵。白鍵。

日本語での用法《かぎ》錠前をあけたりしめたりするための道具。鑰。「合い鍵」

【鍵盤】 楽器やタイプライターなどで、多数の鍵が並んでいる部分。キーボード。例—楽器。

金 9

【鍠】 17画 7909 9360 音コウ漢 訓かねのこえ・まさかり

意味 ❶鐘の音。例鍠鍠。❷武器の名。儀仗に用いられた。まさかり。

金 9

【鍬】 17画 2313 936C 人名 音シュウ慣 ショウ漢呉 訓くわ・すき

意味 土をほりおこしたり、すくいとったりするシャベル・スコップのような道具。

日本語での用法《くわ》地をほりおこし、土をくだきならす農具。「鋤と鍬・黒鍬」

金 9

【鍾】 17画 3065 937E 音ショウ漢 訓あつ-める

意味 ❶金属製のさかつぼ。また、さかずき。❷容量の単位。一鍾は、約一三〇リットル。例万鍾(=一万鍾。多くの穀物・俸禄)。❸あつまる。あつめる。例鍾愛。鍾乳石。❹かね。つりがね(状の)。同鐘。

【鍾愛】(名・する)特定の人をこの上なく愛すること。

【鍾馗】 疫病を追いはらう鬼神。唐の玄宗皇帝の夢にあらわれて、病気を治したとされる。大きな目と濃いあごひげに黒装束で剣を持ち、日本では五月人形に作ったり護符などとした。

【鍾乳石】 鍾乳洞の天井から氷柱のように垂れた石灰石。

【鍾乳洞】 雨水や地下水が石灰岩をとかし、長い年月の間にできた地下の空洞。石灰洞。

金 9

【鍼】 17画 7910 937C 音シン漢呉 訓はり

意味 漢方医術の治療用のはり。また、衣服をぬうはり。〔いま、治療用以外のはりには「針」の字を用いる〕例鍼灸。鍼薬。

【鍼▼灸】 漢方で治療に使うためのはりと、きゅう。例—院。—術。表記「針▼灸」とも書く。

【鍼薬】 ①はりによる治療と、くすり。②病気の治療。

金 9

【鍛】 17画 3535 935B 常用 音タン漢呉 訓きた-える 付表 鍛冶

筆順 … 鍛

なりたち [会意]「金(=かね)」と「段(=ものをうつ)」とから成る。金属を打ってきたえる。

意味 金属を熱して打ちたたき質をよくする。きたえる。例鍛鉄。鍛冶(=かじ)。鍛錬。

人名 かじ・きたう・きたえ

【鍛冶】(名・する)熱した金属を打ちきたえて、さまざまな形を作ること。また、それを仕事とする人。鍛冶屋。

【鍛工】 金属を熱して打ちきたえること。また、その作業をする人。鍛冶。例—場。

【鍛造】(名・する)金属を熱し、打ちのばして加工すること。例—品。—工程。

【鍛鉄】 ①鉄をたたいて、よくきたえること。②よくきたえた鉄。類錬鉄。

【鍛錬】(名・する)①金属をきたえること。②一心にはげんで、学問や技術をみがくこと。また、からだや意志をきたえること。③詩や文章を推敲すること。例文章の—。

金 9

【鍖】 17画 7912 9356 音チン漢

意味 ❶「鍖鉦」は、ゆるやかなようす。❷不満なようす。❸きぬたを打つときのたき台。同椹・砧。

金 9

【鍍】 17画 3753 934D 音ト漢

意味 金・銀・クロームなどのうすい層を金属の表面に付着させる。めっきをする。例鍍金。

【鍍金】(名・する)①金属の表面を別の金属のうすい皮膜でおおうこと。また、そのうすい膜。例—工場。金—。②見せかけをかざってよく見せようとすること。

金 9

【鍮】 17画 7911 936E 音トウ漢 チュウ呉

意味 ❶「鍮石」は、真鍮のこと。鍮鉐。❷「真鍮」は、銅と亜鉛との合金。黄銅。

金 9

【鍋】 17画 3873 934B 常用 音カ漢呉 訓なべ

筆順 … 鍋

なりたち [形声]「金(=かね)」と、音「咼」とから成る。まる底のなべ。

意味 食物を煮たきする、まるくて底の浅い(金属製の)うつわ。なべ。例鍋台(=かまど)。

金 9

【鍊】 17画 ⇩【錬】(1014ページ)

金 10

【鎰】 18画 7913 93B0 音イツ漢 訓かぎ

意味 重さの単位。二十両あるいは二十四両。同溢。例万鎰の玉。

日本語での用法《ヤク・かぎ》「鑰」の代用に、略字として「金偏」に「益」を合わせて、かぎの意に用いるもの。「秘鎰(=秘密をとくかぎ)」

金10 【鎧】 18画 1927 93A7 人名 音カイ漢 ガイ呉 訓よろい

意味 からだをおおいまもる、金属製の武具。よろい。例鎧甲（=よろい）。

【鎧袖一触】（名・する）〔よろいの袖が少し触れる意〕敵を簡単に打ち負かすこと。

【鎧▼冑】よろいと、かぶと。

【鎧戸】①細長い板を少しななめにし、すきまをあけて水平に並べた戸。通風や日よけ、外からの視線をさえぎる。②細長い鉄板をなん枚も組みつないだ戸。シャッター。例表の―を下ろす。

金10 【鎹】 18画 7917 93B9 国字 訓かすがい

意味 二つの材木をつなぎとめるコの字形の大きなくぎ。かすがい。例子は鎹（=夫婦仲をつなぎとめるもの）。豆腐に鎹（=まるで手ごたえがなく、ききめがないこと）。

金10 【鎌】 18画 1989 938C 常用 音レン漢 訓かま

筆順 𠆢 牟 金 釒 鉡 鉾 鎌 鎌

金10 【鎌】 18画

なりたち [形声]「金（=かね）」と、音「兼ケン→レン」とから成る。草をかる、かま。

意味 草をかりとる農具。三日月形の内側に刃があり、木の柄をつけたもの。かま。例利鎌。

人名 かね

【鎌▼鼬】とつぜん皮膚に切り傷ができる現象。つむじ風などで空気中にできる小さな真空の部分によるものとされる。かつてはイタチのしわざとされた。

【鎌首】鎌のように曲がった首。例ヘビが―をもたげる。

金10 【鎬】 18画 7914 93AC 音コウ漢 訓しのぎ

意味 ❶食物を煮たきするなべ。❷「鎬京」は、周の武王の都。陝西省西安市南西の地。

日本語での用法《しのぎ》刀身の両面の、峰にそって高く盛り上がった部分。「鎬を削る（=たがいにはげしく争う）」

［金部］10画 鎧鎹鎌鎬鎖鎗鎮

金10 【鎖】 18画 2631 9396 常用 音サ漢呉 訓くさり・とざーす・さーす

筆順 𠆢 牟 金 釒 釗 鎖 鎖 鎖

金10 【鎖】 18画

なりたち [形声]「金（=かね）」と、音「𧴪サ」とから成る。門をとざす鉄のくさり。

意味 ❶金属の小さい輪をつなぎ合わせて、綱のようにしたもの。くさり。例鉄鎖。連鎖。❷しめる。とじる。さす。とざす。例鎖国。封鎖。閉鎖。❸錠前。かぎ。例鎖鑰（=錠前とかぎ）。

難読 鎖帷子

【鎖港】（名・する）港を閉鎖し船の出入りを禁じること。とくに、外国船との交易を禁じること。

【鎖国】（名・する）外国との貿易や交通を禁じること。とくに、江戸時代に、幕府が中国・朝鮮・オランダ以外の国との交易を認めず、日本人の海外渡航を禁じたこと。対開国。例―政策。―令。

【鎖骨】胸の上部から肩の前へとつながる左右一対の骨。

●鉄鎖・封鎖・閉鎖・連鎖

金10 【鎗】 18画 3389 9397 音ショウ漢 ソウ呉 訓やり

意味 ❶金属のふれあう音。例鎗鎗。❷長い柄の先に細長い刃物をつけて、つきさす武器。やり。同槍。例長鎗（=長いやり）。

金10 【鎮】 18画 3635 93AE 常用 音チン漢 訓しずーめる・しずーまる

筆順 𠆢 牟 金 釒 鉆 鎮 鎮 鎮

金10 【鎭】 18画 7915 93AD 人名

なりたち [形声]「金（=かね）」と、音「眞シン→チン」とから成る。博（=すごろく）の親。派生して「おさえ」の意。

意味 ❶おさえ。例重鎮。文鎮。❷しずめる。しずまる。㋐やすらかにする。おちつかせる。例鎮魂。鎮静。鎮痛。㋑おさえつける。例鎮圧。鎮定。❸一地方の中心となる町。例景徳鎮（=江西省にある陶磁器の生産地）。

使い分け しずまる・しずめる【静・鎮・沈】⇩1170ページ

人名 おさむ・しげ・しげる・しず・しずか・しずむ・しずめ・たね・つね・まこと・まさ・まもる・やす・やすし

【鎮圧】（名・する）反乱や暴動を力ずくでしずめること。おさえつけること。例警官隊がデモを―した。

【鎮火】（名・する）火事で、火の勢いが弱まって消えること。また、火事を消すこと。対出火。

【鎮▼咳剤】せきをしずめる薬。せきどめ。鎮咳薬。

【鎮▼痙剤】痙攣をしずめる薬。鎮痙薬。

【鎮護】（名・する）外敵や天災などをしずめて国を守ること。例―国家。

【鎮魂】（名・する）死者のたましいをしずめなぐさめること。たましずめ。例―歌。―ミサ曲。―の意味をこめた作品。

【鎮座】（名・する）①神霊が、一定の場所にとどまっていること。例神が―する宮。②俗に、人や物がある場所に長くおちついていること。例床の間に置物が―する。

【鎮子】敷物や掛け軸などが風にあおられないようにおさえ、または下げる、おもし。文鎮・風鎮など。

【鎮守】①軍隊を置いてその地域の治安を守ること。②その地域の守り神。また、それをまつった社。例村の―さま。―の森。

【鎮守府】①古代日本で、東北地方を鎮圧するため陸奥国に置かれた役所。②旧海軍で、主要軍港に置かれ、担当区の警備や監督をした役所。例呉―司令長官。横須賀―。

【鎮静】（名・する）しずまりおちつくこと。また、しずかにおちつかせること。例―剤。暴動が―化した。

【鎮台】①その地方を治める軍隊。また、その長官。②明治初期、各地方に置かれた軍隊の単位。のちに「師団」に改められた。例熊本―。

【鎮痛】いたみをしずめおさえること。例解熱―剤。

【鎮定】チンテイ (名・する) 反乱や暴動などをしずめ、治安を回復すること。また、しずまりおちつくこと。類平定。例反乱を―する。

【鎮討】チントウ (名・する) 反乱や暴動などをしずめ、武力でおさえしずめること。

【鎮▼撫】チンブ (名・する) 反乱や暴動などをしずめて、人々をおちつかせること。例農民の不満を―する方策。

●重鎮ジュウチン・風鎮フウチン・文鎮ブンチン

金10 **【鎚】** 18画 3642 939A 音ツイ漢 訓つち

意味 ものを打ちつけたり、たたいたりする道具。かなづち。つち。例鉄鎚テッツイ(=かなづち)。

金10 **【鎔】** 18画 7916 9394 音ヨウ漢 訓いがた・と-かす・と-ける

意味 ❶鋳物いものをつくるための型。いがた。例鎔範ヨウハン(=鋳型いがた)。❷金属を熱して液状にする。とかす。とける。例鎔解ヨウカイ。鎔鋳ヨウチュウ(=金属をとかして、いる)。同熔ヨウ。表記 現代表記では、「溶ヨウ」(616ジペー)に書きかえることがある。

【鎔解】ヨウカイ (名・する) 金属が加熱によって液体状にとけること。また、金属をとかすこと。表記 現溶解

【鎔鉱炉】ヨウコウロ 高熱で金属の鉱石をとかし、鉄や銅などをとりだす炉。表記 現溶鉱炉

金10 【鎌】 18画 ⇩【鎌】かま(1016ジペー)

金10 【鎖】 18画 ⇩【鎖】サ(1016ジペー)

金10 【鎮】 18画 ⇩【鎮】チン(1016ジペー)

金11 **【鏖】** 19画 7918 93D6 音オウ漢 訓ころ-す・みなごろし

意味 みなごろしにするほど、激しく戦う。ころす。みなごろし。例鏖戦オウセン(=全滅ゼンメツさせるほどの激戦)。

【鏖殺】オウサツ (名・する) みなごろしにすること。

金11 **【鏡】** 19画 2232 93E1 教育4 音ケイ漢キョウ呉 訓かがみ 付表 眼鏡めがね

筆順 亼 仐 金 鉝 鉝 錇 錇 鏡

なりたち [形声]「金(=かね)」と、音「竟ケイ」とから成る。光を反射し、映す金属。

意味 ❶姿かたちを映して見る道具。かがみ。昔は青銅を用いた。例鏡影キョウエイ(=鏡に映るかげ・すがた)。銅鏡ドウキョウ。明鏡メイキョウ。❷てほん(とする)。かんがみる。例鏡戒キョウカイ(=いましめ)。❸レンズ。めがね。例眼鏡ガンキョウ・めがね。顕微鏡ケンビキョウ。望遠鏡ボウエンキョウ。

人名 あき・あきら・かね・てる・とし・み

【鏡文字】かがみモジ 鏡に映したような、左右が逆に書かれた文字。鏡映文字。

【鏡餅】かがみもち 円く平らにつくったもち。正月や祭り、祝いのときに、大小二つを重ねて神に供える。おそなえ。おかがみ。

【鏡花水月】キョウカスイゲツ ①鏡に映った花と水面に映った月のように、見ることはできても手にすることのできないもののたとえ。②表現できないほどの深い情趣ジョウシュ。例―の趣おもむき。

【鏡像】キョウゾウ 鏡に映したような、左右が逆になった像。

【鏡台】キョウダイ ①鏡を立ててかける台。また、鏡をとりつけた台。②鏡と、化粧品ケショウヒンや小物入れの引き出しを組み合わせた家具。ドレッサー。

●拡大鏡カクダイキョウ・眼鏡ガンキョウ・めがね・顕微鏡ケンビキョウ・三面鏡サンメンキョウ・潜望鏡センボウキョウ・双眼鏡ソウガンキョウ・天眼鏡テンガンキョウ・万華鏡マンゲキョウ・明鏡メイキョウ

金11 **【鏨】** 19画 7920 93E8 音サン漢ザン呉 訓きざ-む・のみ・たがね

意味 金属や岩石をきざむために用いる、はがねでできたのみ。たがね。

金11 **【鏘】** 19画 7922 93D8 音ショウ漢ソウ呉

意味 金属や玉石などが当たる音。美しくすんだ音。例鏘然ソウゼン。

【鏘然】ソウゼン (形動タル) 金属や玉ギョクがふれあって音が出るようす。

金11 **【鏃】** 19画 7923 93C3 音ソク漢ゾク呉 訓やじり

意味 矢の先につけた、とがったもの。矢の根。やじり。例石鏃セキゾク(=石のやじり)。

金11 **【鏑】** 19画 3713 93D1 音テキ漢 訓かぶらや

意味 ❶矢の先のとがった部分。やじり。❷矢の先につけるもの。カブ(=かぶら)の形をした中空のものにいくつかの穴をあけ、射ると風を切って高い音を立てる。なりや。かぶらや。例鳴鏑メイテキ(=かぶら矢)。

金11 **【鏝】** 19画 7924 93DD 音バン漢マン呉 訓こて

意味 左官などが、かべをぬる道具。こて。

金11 **【鏐】** 19画 7925 93D0 音リュウ漢 訓こがね

意味 純度が高く美しい黄金。

金11 **【鏈】** 19画 7926 93C8 音レン漢 訓くさり

意味 ❶銅の一種。❷金属の輪をつらねたもの。くさり。❸海上の距離キョリをあらわす単位。十分の一海里カイリ。一八五・二メートル。

金11 **【鏤】** 19画 7927 93E4 音ロウ漢ル呉 訓え-る・きざ-む・ちりば-める

意味 金属にほりつける。える。きざむ。ちりばめる。〔金属にほりつけるのが「鏤」、木にほりつけるのが「刻」〕例鏤刻ルコク。鏤骨ルコツ。

【鏤刻】ルコク・ロウコク (名・する) ①文字や絵をきざみつけること。②詩や文章の語句に手を入れて直すこと。例―して完成した序文。

【鏤骨】ルコツ・ロウコツ (名・する) ①骨にきざみこむこと。心に忘れないたとえ。②文章を書くときなどに、ひじょうに苦心すること。例彫心チョウシン―(=苦労してつくりあげる)。

金11 【鏥】 19画 ⇩【銹】シュウ(1012ジペー)

金12 **【鐚】** 20画 7928 941A 音ア漢 訓びた

意味 かぶとの左右や後方に垂らして首すじをおおう防具。し

ころ。同鋞。

日本語での用法《びた》「鐚銭」の略。質のわるいぜに。「鐚一文出そうとしない」

金 12
【鏗】 20画 7919 93D7 音コウ漢 訓う-つ・かた-い

意味 金属などのかたいものが当たる音。例鏗鏗。鏗爾。

【鏗鏗】(形動タル) ①金属や石などをたたいたときに音が出るようす。②声がよく通ってひびくようす。

【鏗▼爾】(形動タル)〔「爾」は、「然」の意〕金属や石・玉・木などをたたいたときに音が出るようす。

金 12
【鐘】 20画 3066 9418 常用 音ショウ漢シュ呉 訓かね

筆順 𠆢 仐 金 鉝 鍗 鐘 鐘 鐘

なりたち 〔形声〕「金(=かね)」と、音「童トウ→ショウ」とから成る。金属の楽器。

意味 ❶青銅製の楽器。また、時を知らせるかね。つりがね。かね。例鐘鼓。警鐘。晩鐘。❷時計。例自鳴鐘(=とけい)。

人名 あつ・あつむ

【鐘鼓】①(合図や音楽のための)かねと、つづみや太鼓。②楽器。音楽。

【鐘声】つりがねの鳴る音。かねの音。例夜半の―を聞く。

【鐘▼鼎文】殷や周の時代の鐘や鼎(=三本足の底の深い金属器)に刻みつけられた銘文の文字。

【鐘▼鳴▼鼎食】楽器を鳴らし、鼎(=三本足の底の深い金属器)を並べて豪華な食事をとること。ぜいたくで豊かな生活のたとえ。例―の家。

【鐘楼】「シュロウ」とも〕つりがねをつった建物。かねつき堂。

●警鐘・時鐘・自鳴鐘・早鐘・半鐘・晩鐘

金 12
【鐔】 20画 7929 9414 音シン・タン漢 訓つば

意味 刀の柄と刀身の間にはめこんで、手をまもる平たい鉄の板。刀のつば。

金 12
【鐫】 20画 7935 942B 音セン漢 訓のみ・え-る・き-る・ほ-る

意味 ❶木に穴をあける工具。のみ。❷彫刻する。える。きる。ほる。例鐫刻(=金属や石に刻みしるす)。

金 12
【鐓】 20画 7930 9413 音タイ漢 訓いしづき・ほこ

意味 矛の柄の端につける金具。いしづき。

金 12
【鐙】 20画 3810 9419 音トウ漢 訓あぶみ

意味 ❶供え物をのせる祭器。たかつき。❷火をともす皿。また、燭台。ひともしざら。転じて、ともしび。例華鐙(=美しい模様のある燭台)。❸鞍の両わきにさげ、乗馬のとき足をかける馬具。あぶみ。例馬鐙(=あぶみ)。

金 12
【鐃】 20画 7931 9403 音ドウ漢ニョウ呉 訓どら

意味 ❶軍隊で使う小さな鐘。じんがね。どら。例鐃歌(=軍楽。軍歌)。❷銅製の鉢形の打楽器。二枚を打ち合わせて鳴らす。例鐃鈸。

【鐃▼鈸】仏教寺院で、儀式のときに用いるシンバルに似た打楽器。

金 12
【鐇】 20画 7932 9407 音ハン漢

意味 ❶おの。かんな。❷けずりとる。きりとる。

金 12
【鐐】 20画 7933 9410 音リョウ漢 訓しろかね

意味 美しい銀。例鐐金(=銀。しろがね)。

金 12
【鐡】 20画 ⇩【鉄】(1007ページ)

金 13
【鐶】 21画 7934 9436 音カン漢 訓わ

意味 ドーナツ形の金属製の、輪。かなわ。わ。例指鐶(=ゆびわ)。耳鐶(=みみわ)。簞笥の鐶(=引き出しの取っ手)。蚊帳の釣手の鐶。

金 13
【鐸】 21画 3488 9438 音タク漢ダク呉 訓すず・おおすず

意味 ❶昔、政令を発布するときにふり鳴らした大きなすず。文事には木舌、武事には金舌のものを用いた。おおすず。例金鐸(=金舌のおおすず)。木鐸(=木舌のおおすず)。❷のきにつるす、すず。風鈴。例鐸鈴。風鐸。

【鐸鈴】〔「鈴」も、すずの意〕大小のすず。

金 4
【釈】 12画 7869 922C 俗字

金 13
【鐺】 21画 7938 943A 音一トウ漢二ソウ漢ショウ呉 訓こじり

意味 一「銀鐺」は、囚人をつなぐくさり。二三本足の、なべや、かまの類。例鼎鐺(=かなえと、なべ)。

日本語での用法《こじり》刀のさやの末端。また、そこにつける、かざりの金具。「刀の鐺・鐺とがめ(=武士が往来で、こじりが触れ合うのを無礼だとしてとがめること)」

金 13
【鑁】 21画 7939 9441 音バン漢

意味 梵語バン vaṃ (=ことばでとらえられないものの意)の音訳。密教の種子(=仏・菩薩などを一字で象徴的に標示したもの)の一つで、金剛界の大日如来をあらわす。

参考「覚鑁」は、平安時代末期の僧。新義真言宗の宗祖。興教大師。

金 13
【鐵】 21画 ⇩【鉄】(1007ページ)

金 14
【鑓】 22画 4490 9453 国字 訓やり

意味 長い柄の先に細長い刃をつけた武器。やり。例手鑓。鑓ヶ岳(=山の名。白馬鑓とも)。

金 14
【鑄】 22画 ⇩【鋳】(1012ページ)

金15 **【鑑】** 23画 2053 9451 常用 音カン漢 ガン呉 訓かんが-みる・かがみ

筆順 ⺈ 金 金 釒 鉅 鉅 鑑 鑑 鑑

金15 **【鑒】** 23画 7940 9452 別体字

なりたち 形声。「金(=かね)」と、音「監」とから成る。金属製の大きな口のはち。

意味 ❶大きな盆。水を入れるうつわで、水かがみとしても用いられた。❷青銅のかがみ。〔おもに化粧用や魔よけにした〕❸模範や手本となるもの。かがみ。例殷鑑。亀鑑。人の鑑となる。❹よくよく見る。かんがみる。例鑑査。鑑賞。鑑別。❺資料を集めた書物。例図鑑。年鑑。名鑑。

人名 あき・あきら・かた・かね・てる・のり・み・みる

【鑑査】カンサ (名・する) 展覧会などで、作品の優劣や価値などをよく調べること。例出品作品を─する。

【鑑札】カンサツ 営業・採集・狩猟などについて、国や地方公共団体などが発行する許可証。例イヌの─。─を受ける。

【鑑識】カンシキ (名・する) ①もののよしあしや真偽などを見きわめること。また、その力。目きき。例─眼。②犯罪捜査で、薬品・血液・指紋など証拠の鑑定をすること。例─班。─を要する。

【鑑賞】カンショウ (名・する) 芸術作品のよさを味わい楽しむこと。例映画─。─批評。

【鑑定】カンテイ (名・する) もののよしあしやほんものかどうか、などを調べて見きわめること。目きき。例刀剣を─する。─書。DNA─。

【鑑別】カンベツ (名・する) ものの種類や善悪、真偽などの性質を観察して見分けること。

●印鑑・図鑑・年鑑・名鑑

金15 **【鑠】** 23画 7943 9460 音シャク漢 訓け-す・と-かす

意味 ❶金属をとかす。とかす。例鑠金。❷勢力をおとろえさせる。よわる。❸光りかがやく。同爍。❹「矍鑠」は、年老いてなお元気なようす。

【鑠金】シャッキン ①金属をとかすこと。②熱せられてとけた金属。③人の讒言がはげしいことのたとえ。例衆口金を鑠かす(=多くの人々の言いつのることばは、金属をとかすほどはげしい)。〈国語〉

金15 **【鑢】** 23画 7944 9462 音リョ漢 ロ呉 訓やすり

意味 金属などをこすり、みがく道具。やすり。

金15 **【鑞】** 23画 7945 945E 音ロウ漢呉 訓すず・なまり

意味 錫と鉛との合金で、金属の接合に用いるもの。はんだ。

金15 **【鑒】** 23画 ⇨【鑑】カン(1019ページ)

金15 **【鑚】** 23画 ⇨【鑽】サン(1019ページ)

金15 **【鑛】** 23画 ⇨【鉱】コウ(1007ページ)

金16 **【鑪】** 24画 7946 946A 音ロ漢 訓いろり

金4 **【鈩】** 12画 7947 9229 俗字

意味 火を入れて手をあたためたりするもの。ひばち。ひどこ。いろり。同炉。例火鑪(=ひばちや、いろり)。香鑪(=香をたくためのうつわ)。

金17 **【鑵】** 25画 7949 9475 音カン漢呉

意味 水をくむうつわ。つるべ。同罐。

金17 **【鑰】** 25画 7948 9470 音ヤク漢 訓かぎ

意味 ❶錠前をあける道具。かぎ。例鑰匙(=かぎ)。❷出入り口のしまり。かけがね。じょう。例関鑰(=かんぬきと錠前)。❸ものごとの重要なところ。例秘鑰(=秘密を解くかぎ)。▽同籥。

金18 **【鑷】** 26画 7950 9477 音ジョウ漢 訓けぬき

意味 ❶毛などをぬきとる道具。けぬき。❷毛ぬきでぬきとる。ぬく。例鑷白(=しらがをぬく)。

金19 **【鑽】** 27画 7951 947D 音サン漢呉 訓きり・き-る

金15 **【鑚】** 23画 7952 945A 俗字

意味 ❶小さい穴をあける先のとがった道具。きり。また、きりで穴をあける。きりもみする。きる。例鑽孔。❷深くきわめる。研究する。例鑽仰。研鑽。

【鑽仰】サンギョウ・サンゴウ (名・する) 学問や人徳の高さをほめ、うやまうこと。〔顔淵が師の孔子をたたえたことば、「これを仰げばいよいよ高く、これを鑽ればいよいよ堅し」から〕〈論語〉

【鑽孔】サンコウ 表記「穿孔」とも書く。(名・する)〔「孔」は、あなの意〕①(きりで)あなをあけること。例─機。②カードや紙テープにあなをあけて、データを記録すること。穿孔。パンチ。例─テープ。

金19 **【鑼】** 27画 7953 947C 音ラ漢 訓どら

意味 銅製の盆のような形の楽器。ばちでたたいて鳴らす。どら。例銅鑼。

金19 **【鑾】** 27画 7954 947E 音ラン漢 訓すず

意味 ❶天子の車をひくウマのくつわにつける鈴。❷天子の馬車。例鑾駕。鑾輿。

【鑾▼駕】ランガ 天子の乗る馬車。鑾輿。

金20 **【钁】** 28画 7955 9481 音カク漢 訓おおすき・くわ

意味 ❶農具の名。大きな鋤。くわ。❷くわを使う。くわで土を起こす。

金20 **【鑿】** 28画 7956 947F 音サク漢 訓のみ・うが-つ

意味 ❶木に穴をあける工具。のみ。例斧鑿。❷穴をあける。うがつ。例鑿井。穿鑿。❸ひらく。きりひらく。例開鑿。

【鑿岩機】サクガンキ 土木工事や鉱山で、岩に穴をあけ、くだく機械。表記「削岩機」とも書く。

【鑿鑿】(形動タル) あざやかなようす。また、論旨が明らかなようす。

【鑿井】(名・する) 地下水や石油などをとるために、井戸をほること。ボーリング。

168 8画 長 ながい部

ながい意をあらわす。「長」の字だけをここに入れた。

0 長

長 0

【長】 8画 3625 9577 教育2

音 チョウ漢 ジョウ呉

訓 なが-い・おさ・た-ける

付表 八百長

筆順 丨 ｢ F F E 镸 長 長

なりたち 【形声】「兀(=高く遠い)」と「匕(=変わる)」と、音「亡(ボウ→チョウ)」とから成る。大きく変わってしまうほど、久しくながい。参考 一説に、髪の長い人の形。

意味 ❶へだたりが大きい。ながい。遠い。対短。㋐空間的にながい。例長身。長蛇。長途。㋑時間的にながい。ひさしい。例長期。長久。長寿。❷ながさ。例身長。全長。体長。❸すぐれる。まさる。たける。例長所。特長。一日の長。❹むだな。よけいな。例長物。❺いちばん上の地位にある人。かしら。おさ。例会長。校長。❻いちばんとしうえ。例長子。長女。❼としうえ。めうえ。例長幼。長老。年長。❽のびる。そだつ。例生長。成長。

日本語での用法 《チョウ》旧国名「長門(=今の山口県の西部・北部)」の略。「長州・薩長・防長」

使い分け ながい【長・永】⇩1175ページ

難読 長柄(=地名)・長谷川・長谷・長田・長曽我部・長押

人名 すすむ・たか・たかし・たけ・たけし・つかさ・つね・とこし・とこしえ・なが・ながし・のぶ・ひさ・ひさし・まさ・まさる・ます・みち

[長部] 0画 長

【長安】 陝西省西安市の古い呼び名。前漢・隋・唐の都があった。

【長円】 よこまたはたてに長い円。小判形。楕円。

【長煙】 ①長くたなびくけむり。②長くたなびくもや。例一一空(=もやがからりと晴れわたる。また、長いもやが空にたなびく)。

【長音】 長く引きのばして発音する音。「ア」に対する「アー」など。対短音。例一符号。

【長音階】 西洋音楽で、ドを主音としてドレミファソラシドであらわされる音階。明るい感じがする。対短音階。

【長靴】 ひざのあたりまである長めのくつ。雨や雪のときや作業時、乗馬の際などにはく。対短靴。

【長歌】 和歌の形式の一つ。五音七音の句をくりかえして、五・七・七で終わりにするのが基本的な形。対短歌。

【長官】 ①官庁を統率する長。特に、「庁」と名のつく官庁で最上位の官職。また、その地位にある人。例文化庁一。②軍隊の最高指揮官。また、役人などの最高責任者。例司令一。地方一。大宰府の一。

【長期】 長い期間。対短期。例天候の一予報。一にわたる。

【長久】 長く続くこと。長く栄えること。例武運一をいのる。

【長▼鋏】 刀身の長い剣。また、長い剣の柄。例一よ帰らんか、食らうに魚無し(=待遇に対する不平不満をあらわすことば)。〈史記〉

【長吟】 (名・する) 声を長く引いて吟じること。また、続けて吟じること。

【長句】 字数の多い句。とくに、連歌や連句などで、七・七の句に対して五・七・五の句。

【長駆】 (名・する) ①長い距離を(ウマに乗って)走ること。例山野を一する。②遠くまで敵を追いかけること。例一して敵都に至る。

【長▼軀】 背たけが高いこと。また、その人。長身。対短軀。例痩身(=やせたからだ)一。

【長兄】 ①いちばん上の兄。対末弟。②年上の人を、うやまっていうことば。大兄。

【長径】 長円の長いほうの径。長軸。対短径。

【長▼頸▼烏▼喙】 首が長く口がとがっている人相。鋭敏で忍耐強いが、残忍でうたぐりぶかい性格のあらわれ。苦労はともにできても安楽をともにはできない越王勾践の性質を、范蠡が言ったことば。〈史記〉

【長欠】 (名・する)「長期欠席」「長期欠勤」の略。例一児童。病気で一している。

【長剣】 長い剣。対短剣。

【長江】 ①長い大きな川。②中国で最長の大河。揚子江。江。大江。例一下り。

【長考】 (名・する) 長い時間をかけて考えること。例一一番。一ののち決断した。

【長講】 長時間にわたる講演や講談。例一一席。

【長広舌】 ①ながながとしゃべること。また、その話。例一をふるう。②すぐれた弁舌。雄弁。〔仏の舌が顔をおおい、髪の生えぎわにとどくほどだという「広長舌」から生じたことば〕

【長恨】 長く忘れることのできない、うらみやなげき。終生のうらみ。

【長恨歌】 〔「チョウコンカ」とも〕 唐の白居易の長編叙事詩。玄宗皇帝と楊貴妃との恋愛を題材とする。

【長座】 (名・する) 人の家を訪ねて長時間いること。長居。表記 旧長▼坐

【長子】 ①(男女を問わず)最初に生まれた子。総領。第一子。対末子。②長男。例一相続。

【長姉】 いちばん上の姉。

【長日】 ①昼の時間の長い、夏の日。例一植物(=日照時間が長くなると花をつける植物)。②長い時日。多くの日数をついやすこと。▽対短日。

【長者】 〔「チョウシャ」とも〕 ①大金持ち。富豪。例億万一。一の万灯より貧者の一灯(=貧しい人の心がこもった寄進は、金持ちの寄進よりもとうとい)。②氏の統率者。例藤原氏の氏の一。③年上の人。年長者。例一をうやまう習慣。④徳のあるすぐれた人。位が高くて名声のある人。例一の教えを守る。

【長寿】 ①寿命が長いこと。長生き。長命。例不老一。一を保つ。②俗に、長持ちすること。長く続くこと。例一番組。▽対短命。

【長袖】 ①長いそで(の衣類)。また、そでの長い着物を着ている人。舞妓など。②公家・僧・神官・学者などを、武士があざけっていうことば。例一者流。

【長所】チョウショ よいところ。すぐれているところ。(対)欠点・短所。例—を生かす。

【長女】チョウジョ いちばん上のむすめ。最初に生まれた女の子。

【長▼殤】チョウショウ (名・する)(十六歳から十九歳で)若死にすること。例—を悼む。

【長▼嘯】チョウショウ (名・する) ①声を長く引いて詩歌を吟じること。②(口笛のように)口をすぼめて、息を長くはいて音を出すこと。

【長上】チョウジョウ ①年上。年長者。②目上。人の上に立つ人。例—の言に従う。

【長城】チョウジョウ ①長く続く城壁。②万里の長城のこと。

【長身】チョウシン [一] 背たけが高いこと。また、その人。長軀。(対)短身。例—痩軀。[二] 刀や槍などの長い刃。

【長針】チョウシン 時計で、分を示す長いほうの針。分針。(対)短針。

【長生】チョウセイ (名・する) 長生きすること。長命。

【長生殿】チョウセイデン 唐の玄宗皇帝が建てた、華清宮の中にある宮殿。

【長征】チョウセイ (名・する) ①遠方に軍隊を進め動かすこと。とくに、一九三四年から三六年にかけて、中国共産党軍が江西省から陝西省・甘粛省まで一万二千キロ余を戦いながら行軍したこと。②遠方にスポーツの試合に行くこと。遠征。

【長逝】チョウセイ (名・する)〔遠くへ行って永久に帰らない意〕死を遠まわしにいう言い方。

【長舌】チョウゼツ ①舌の長いこと。長い舌。②おしゃべり。多弁。饒舌。長広舌。

【長足】チョウソク ①速く歩くこと。はやあし。②ものごとの進み方の早いこと。例—の進歩をとげる。

【長息】チョウソク (名・する) ため息をつくこと。長大息。

【長打】チョウダ (名・する) 物を打って遠くまで飛ばすこと。野球で、ロングヒット。ゴルフで、ロングショット。

【長蛇】チョウダ 大きく長いヘビ。また、それに似た形のたとえ。例—の列。—を逸する(=おしいところで大物をのがす)。

【長大】チョウダイ (名・形動ダ) ①長くて大きいこと。例—な計画。②背が高くて大きいこと。また、その人。▽(対)短小。

【長大息】チョウタイソク (名・する) 大きなため息。また、それをつくこと。長息。例天をあおいで—する。

【長短】チョウタン ①長いこと(もの)と短いこと(もの)。例—さまざま。—の詩。②長いか短いか。長さ。例—を測る。③長所と短所。例—相半ばする。—両面から考える。④余ることと足りないこと。例—相補う。

【長嘆】チョウタン (名・する) 長いため息をついて、なげくこと。長嘆息。例友の訃報に—する。表記(旧)長▼歎

【長調】チョウチョウ 長音階でつくられた曲。また、その調子。(対)短調。例ハ—。ニ—。

【長▼汀】チョウテイ 長く続くみぎわ。長い水ぎわ。

【長▼汀曲▽浦】チョウテイキョクホ 〔長く続くみぎわと陸地に入り組んだ海岸〕曲がりくねって長く続く(景色のよい)浜辺。

【長弟】チョウテイ 弟の中でいちばん年上の者。自分のすぐ下の弟。

【長堤】チョウテイ 長い堤。長い土手。

【長途】チョウト 遠い道のり。長い旅。例—の旅行。

【長刀】[一]チョウトウ 長い刀。(対)短刀。[二]なぎなた はばが広くて先がそり返った長い刃を、長い柄につけた武器。表記[二]は「▼薙▽刀」とも書く。

【長男】チョウナン 最初に生まれた男の子。いちばん上の息子。

【長年】チョウネン ①〔「ながネン」とも〕長い年月。多年。永年。例—にわたって奉仕活動をする。②長生きすること。長寿。③年上。年寄り。

【長波】チョウハ 慣用的電波区分の一つ。波長が一—一〇キロメートル、周波数が三〇—三〇〇キロヘルツの電波。航空通信などに用いる。(対)短波。

【長髪】チョウハツ 長くのばした髪。例—を校則で禁止する学校がある。

【長物】チョウブツ 長いもの。また、長すぎて役に立たないもの。例無用の—。

【長文】チョウブン 長い文。また、長い文章。(対)短文。例—読解。

【長辺】チョウヘン 長方形の長いほうの辺。

【長編】チョウヘン 詩歌や小説、映画などで、長いもの。(対)短編。例—時代小説。表記(旧)長▼篇

【長方形】チョウホウケイ 四つの角がみな直角の四角形。数学では、正方形をふくむ。長四角。矩形。

【長命】チョウメイ (名・形動ダ) ①長生き。長寿。(対)短命。例—の家系。—の人。②俗に、長もち・長つづきすること。例—な器械。

【長目飛耳】チョウモクヒジ 広く情報を集め、観察力にすぐれていること。また、書物のこと。飛耳長目。〔昔のことや遠方のできごとを、居ながらにして見聞きする目や耳〕〈管子〉

【長夜】チョウヤ／ジョウヤ ①(冬の)長い夜。夜長。(対)短夜。②夜どおし。ひと晩じゅう。例—の飲(=夜が明けても戸をあけずに酒盛りを続けること。夜どおし酒を飲むこと)。③死んで埋葬されること。いつまでも夜が明けないことをたとえる。例—の室(=墓)。④煩悩に迷って、さとりが開けないこと。例無明—。—の眠り(=一生を夢のように暮らすこと。また、煩悩のために生死の苦境を脱することができないこと)。

【長幼】チョウヨウ 年上と年下。大人と子供。

【長幼序有り】チョウヨウジョあり 年長者と年少者のあいだにある秩序。年上の者をうやまい、先に立てよという儒教の教え。

【長吏】チョウリ 中国で、地位の高い役人。県の役所の長官。

【長流】チョウリュウ 川の長い流れ。

【長老】チョウロウ ①年をとった人。とくに、ある分野で経験を積み、学識も豊かで人々に尊敬される、指導的立場の人。先輩。例財界の—。②学識が高く徳もすぐれた僧。

【長を▽以て短を補う】チョウをもってタンをおぎなう 他人の長所を見ならって、自分の短所を改める。

【長雨】ながあめ いく日も降り続く雨。霖雨。例秋の—。

【長居】ながい (名・する) 訪問先に長時間いること。長いあいだ同じ所にいること。長座。例—は無用。思わぬ—をした。

【長唄】ながうた 邦楽の一つ。江戸時代に歌舞伎舞踊の伴奏として発展した音楽。三味線に合わせて長い歌曲をうたう。

【長柄】ながえ 柄が長いこと。また、柄の長い道具や武器。例—の傘。—の槍。

【長▼襦▼袢】ながジュバン 着物と同じ長さの襦袢。

【長旅】ながたび 長い旅行。長い旅。例—のつかれが出る。

【長談義】ながダンギ いやになるほど長い話。とりとめのない長話。例へたの—。

【長丁場】ながチョウば ①宿場と宿場との距離が長いこと。②時間がかかる場面。仕事や交渉などが長く続くこと。例—を乗りきる。—にかかる。

【長月】ながつき 〔古く「ながづき」とも〕もと、陰暦で九月のこと。太陽暦でもいう。菊月。

【長門】ながと 旧国名の一つ。今の山口県の西部と北部にあたる。長州。

【長屋】ながや 細長い一棟の建物をいくつかに区切って、いく

世帯も住めるようにした建物。棟割り長屋。例—住まい。表記「長家」とも書く。

【長湯】ながゆ（名・する）長い時間入浴すること。

【▽長▽押】なげし　日本建築で、かもいの上などにとりつける横木。

【▽長▽閑】のどか（形動ダ）①おだやかで、ゆったりしているようす。のんびりしているようす。例—な生活。—な風景。②天気がよく、風も気温もおだやかなようす。例—な春の午後。

●駅長エキチョウ・延長エンチョウ・気長きなが・最長サイチョウ・市長シチョウ・助長ジョチョウ・深長シンチョウ・船長センチョウ・増長ゾウチョウ・悠長ユウチョウ・夜長よなが

169 8画 門 もん もんがまえ 部

二つのとびらが左右にある入り口の形をあらわす。「門」をもとにしてできている漢字と、「門」の字形を目じるしにして引く漢字とを集めた。

0 門 1 閂 2 閃 3 問 閉 閇 4 開 間 閑 閏 閒 閔 5 閘 閙 閟 6 閣 関 閨 閤 閧 閥 7 閲 閭 閬 8 閼 閻 閹 閾 9 闊 闃 闍 闇 闌 10 闕 闔 闖 闘 11 關 12 闡 13 闥 闢

この部首に所属しない漢字

問⇨口208　悶⇨心402　聞⇨耳812

門0 【門】8画 4471 9580 教育2 音モン漢呉 訓かど

筆順 丨 ｢ ｣ 戸 門 門 門 門

なりたち［象形］二つの「戸（＝とびら）」が左右にある入り口の形。

意味 ❶建物の出入り口。かど。例門限モンゲン。門前モンゼン。正門セイモン。登竜門トウリュウモン。❷ものの出入りや経由するところ。例関門カンモン。肛門コウモン。❸みうち。家がら。例一門イチモン。名門メイモン。破門ハモン。❹同じ先生に教えを受けた、なかま。例門下生モンカセイ。❺学問や宗教などの系統。例専門センモン。仏門ブツモン。❻分類上の区別。例部門ブモン。脊椎動物門セキツイドウブツモン。❼大砲を数えることば。例砲一門ホウイチモン。

難読 水門みと・由良門ゆらのと

人名 かな・と・ひろ・まもる・ゆき

【門口】かどぐち　家の出入り口。門。例—まで見送る。

【門出】かどで（名・する）①旅や戦いに出かけるために、家を後にすること。旅立ち。②新しい世界や生活・仕事にはいること。例人生の—。表記▽「首▽途」とも書く。

【門松】かどまつ　新年に歳神としがみをむかえるために、家の門口に立てる松かざり。

【門衛】モンエイ　門や建物の出入り口にいて、門を守る人。門番。

【門下】モンカ　特定の専門的なことで、その先生について教えを受けること。また、その人。門人。門弟モンテイ。例—生セイ。芭蕉バショウ—の俳人たち。

【門外】モンガイ　①門の外。対門内。②専門でないこと。専門外。

【門外漢】モンガイカン〔「漢」は、男の意〕①専門家でない人。しろうと。例—でよくわからない。②直接には関係のない人。第三者。局外者。例—が口を出すな。

【門外不出】モンガイフシュツ　だれにも家の外に持ち出しを許さないほどたいせつにすること。例—の宝。

【門鑑】モンカン　門を出入りするときに見せる許可証。

【門限】モンゲン　夜、門を閉める時刻。帰宅しなければならない刻限。例—におくれる。

【門戸】モンコ　①門と戸。家の出入り口。また、外部と交流するための口。例—を開く。②一家。家。例—を構える。③自分の流儀リュウギ。一派。例—を成なす。

【門戸開放】モンコカイホウ　①出入り口をあけはなつこと。②性別や人種などの制限を取り除くこと。③諸外国に、貿易や経済活動を自由にさせること。例—をせまられる。

【門札】モンサツ　家の門にかける名札なふだ。門標モンピョウ。表札。

【門歯】モンシ　口の前面中央に生えている上下四本ずつの歯。前歯まえば。

【門主】モンシュ　①門跡モンゼキ寺院の住職。②教団・教派の長。

【門人】モンジン　その先生の教えを受ける人。門下の人。門下生。門弟モンテイ。弟子デシ。

【門生】モンセイ　門人。門下生。弟子デシ。

【門跡】モンゼキ　①一門の仏法を受けついでいる寺または僧ソウ。②皇族や上流貴族の子が出家して住まう、特定の格式のある寺院。また、その住職。③本願寺の管長。

【門前】モンゼン　門の前。家の前。例—町まち（＝寺院などを中心にして発達した町）。

【門前モンゼン市いちを成なす】〔市が立ったように門前に人がたくさん集まる意〕訪問客の絶たえ間まがないこと。また、人がおおぜい集まってくること。〈漢書カンジョ〉

【門前モンゼン▼雀羅ジャクラを張はる】〔門前にスズメをつかまえるための網あみが張れる意〕おとずれる人はだれもなく、さびしいことのたとえ。門外雀羅を設くべし。

【門前モンゼンの小僧ソウ習ならわぬ経キョウを読よむ】正式に教えてもらわなくとも、常に見聞きしていれば知らず知らずのうちに身につけてしまう。

【門前払い】モンゼンばらい〔江戸えど時代、奉行所ブギョウショの門前から追放するという刑ケイ〕①訪ねてきた人に会わずに、追い返すこと。②実質的な検討をせずに、受け付けをこばむこと。

【門地】モンチ　家がら。家格。例—にこだわる。

【門柱】モンチュウ　門のはしら。

【門弟】モンテイ　師の教えを受ける人。門下。門人。弟子デシ。

【門徒】モント　①門人たち。例—三千人。②宗門の信徒。とくに、浄土真宗ジョウドシンシュウの信徒。

【門灯】モントウ　門にとりつけた明かり。

【門内】モンナイ　門の内。対門外。例—立ち入り禁止。

【門閥】モンバツ　①家がら。門地。例—を問わない。②いい家がら。名門。例—の出で。

【門番】モンバン　門の番人。門衛。

【門扉】モンピ　門のとびら。例—をとざす。

【門流】モンリュウ　一門の（中の）流派。

●開門カイモン・関門カンモン・山門サンモン・水門スイモン・入門ニュウモン・仏門ブツモン

門1 【閂】9画 7957 9582 音サン漢 訓かんぬき

意味 門を閉めるための横棒。かんぬき。例閂かんぬきをかける。

門2 【閃】10画 3314 9583 人名 音セン漢 訓ひらめ-く

意味 ❶ちらっと見える。ひらめく。例閃影センエイ（＝ちらりと見えた姿）。❷ぴかっと光る。ひらめく。例閃光センコウ。

【閃光】センコウ　一瞬イッシュン光って消える光。例—電球（＝フラッシュ）。強烈キョウレツな—の後に爆音バクオンと爆風がおそってきた。

【閃閃】センセン（形動タル）①きらきらと光りかがやくようす。例—

と雷電が光る。②ひらめき動くようす。

門 3
【閊】11画 7959 958A [国字] [訓]つか-える
[意味] ひっかかって、うまく通らない。つかえる。[例]天井に閊えそうだ。道路が閊えている。

門 3
【閉】11画 4236 9589 [教育6] [音]ヘイ㊥㊤ [訓]と-じる・と-ざす・し-める・し-まる・た-てる
[筆順] 丨 𠃌 尸 門 門 閂 閉 閉

門 3
【閇】11画 7958 9587 俗字
[なりたち] 閉 [会意]「門(=もん)」と「才(=とめ木)」とから成る。入り口をとざす。

[意味] ❶入り口をふさぐ。戸をたてる。とじる。とざす。しめる。しまる。[対]開。[例]閉鎖。閉塞。開閉。❷おわりにする。しまう。[対]開。[例]閉会。閉業。

[使い分け] しまる・しめる【締・絞・閉】⇩1170ページ
【閉院】(名・する) ①病院など「院」と呼ばれるところが、一日の仕事を終えること。[例]—時刻。本日は—しました。②「院」と呼ばれるところが、業務をやめて閉鎖すること。[例]今月末で—する。▽[対]開院。

【閉園】(名・する) ①遊園地や動物園など「園」と名のつくところが、その日の営業を終えること。②「園」と名のつくところが、活動をやめて閉鎖すること。▽[対]開園。

【閉架】図書館で、利用者が読みたい本を書庫から取り出してもらう方法。[対]開架。[例]—式図書館。

【閉会】(名・する) ①会議や集会などが終わること。[例]—の辞。②国会の会期を終えること。▽[対]開会。

【閉館】(名・する) ①図書館など「館」と名のつくところが、その日の業務を終えること。②「館」と名のつくところが、業務をやめて閉鎖すること。▽[対]開館。

【閉居】(名・する) 家にとじこもること。また、その家。[類]蟄居・籠居。[表記]「▼屛居」とも書く。

【閉業】(名・する) 今まで続けてきた営業をやめること。[対]開業。[例]当店は本日をもって—いたします。

【閉経】女性が年をとって月経がなくなること。[例]—期。

【閉口】(名・する) こまり果てること。自分の力ではどうにもならず、まいること。[例]今年の暑さには—した。

【閉校】(名・する) 学校の経営をやめて閉鎖すること。廃校。[対]開校。[例]児童数が減少して小学校が—した。

【閉講】(名・する) 講義や講習会を終えること。[対]開講。

【閉鎖】(名・する) ①入り口をしめて出入りできないようにすること。とざすこと。とじること。[例]門はすべて—した。—的(=心をとざし他人を受け入れない)な性格。②それまでの活動を停止すること。[例]学級—。倒産で工場も—された。

【閉山】(名・する) ①登山期間を終わりにすること。②鉱山や炭鉱で、採掘事業をやめること。▽[対]開山。

【閉止】(名・する) はたらきが止まること。また、止めること。[例]機能が—する。

【閉場】(名・する) ①行事や催しで、会場をとじて人を入れないようにすること。[例]六時に—の予定だ。②劇場など「場」と名のつくところが営業をやめること。▽[対]開場。

【閉塞】(名・する) 開いているところを、とじてふさぐこと。また、とじふさがれること。[例]腸—。時代—の現状。

【閉廷】(名・する) 法廷をとじること。[対]開廷。

【閉店】(名・する) ①店をしめて商売をしないこと。[例]本日は—しました。②それまで続けていた商売をやめること。店じまい。[例]—のため在庫一掃セール。▽[対]開店。

【閉幕】(名・する) ①劇などで、幕がおりて演目が終わること。②ものごとが終わること。[例]—試合。▽[対]開幕。

【閉門】㊀(名・する) 門をとじること。[対]開門。[例]日没—。㊁(名) 江戸時代の武士や僧などに対する刑罰の一つ。門をしめて出入りを禁じ、謹慎させたもの。
●開閉・自閉・密閉・幽閉

門 3
【閇】11画 ⇩【閉】(1023ページ)

門 4
【開】12画 1911 958B [教育3] [音]カイ㊥㊤ [訓]ひら-く・ひら-ける・あ-く・あ-ける・ひら-き
[筆順] 丨 𠃌 尸 門 門 閂 閉 開
[なりたち] 開 [形声]「門(=もん)」と、音「幵ケン→イカ」とから成る。門をひらく。

[意味] ❶とじているものをひらく。ひらく。あける。あく。[対]閉。[例]開口。開閉。開門。❷きりひらく。ひらける。[例]開墾。開拓。開発。❸ひらいてはじめる。もよおす。ひらく。[対]閉。[例]開会。開催。開始。❹数学で、平方根・立方根を求める。[例]開平。

[日本語での用法]《ひらき》①へだたり。ちがい。「実力の開きがある」②魚を切りさいて干したもの。「アジの開き」③「閉会」の言いかえ。「お開きにする」

[使い分け] あく・あける【明・空・開】⇩1160ページ
[人名] あき・あけ・さく・さとる・とおる・のぶ・はじめ・はる・ひら
【開院】(名・する) ①病院・美容院など「院」と名のつくところが、その日の仕事を始めること。[例]—時刻。②「院」と名のつくところが新しくできること。▽[対]閉院。

【開運】運がひらけること。運がよいほうに向かうこと。[例]—祈願。—のお守り。

【開園】(名・する) ①遊園地・動物園・幼稚園など「園」と名のつくところが、その日の仕事を始めること。客を入場させること。[例]—前から行列ができる。②「園」と名のつくところが新しくできること。[例]—式。▽[対]閉園。

【開演】(名・する) 演劇・演奏会・講演などが始まること。また、始めること。[対]終演。[例]—のブザーが鳴る。

【開化】(名・する) 人の知恵が発達して思想・文化・風俗が進歩すること。文化がひらけること。[例]文明—。

【開花】(名・する) ①花がさくこと。[例]サクラの—予想。②成長したり努力したりしたことが、よい結果となってあらわれること。[例]才能が—する。③ものごとがさかんになること。[例]町人文化が—した。

【開架】図書館で、本や雑誌を利用者が棚から自由に取り出して利用できること。[対]閉架。[例]—式図書館。

【開会】(名・する) ①会議や競技会などが始まること。[例]—宣言。②国会の会期が始まること。▽[対]閉会。

【開学】(名・する) 大学を新しくつくること。大学を創設すること。[例]—記念日。—以来百年。

【開▼豁】(形動ナ) ①心が広くおおらかなようす。豁達。[例]—な気性。—に笑う。②前が広くひらけていて、見晴らしがいいようす。[例]—の地。

【開巻】①書物をひらくこと。ひらいて読むこと。②書物の初めの部分。書きだし。巻頭。[例]—第一ページ。

【開館】(名・する) ①図書館など「館」と名のつくところが、その日の業務を始めること。②「館」と名のつくところが新しくできること。▽[対]閉館。

【開眼】(名・する) ㊀①目をひらく。②見識をひろめ

[門部] 3—4画 閊 閉 閇 開

る。③ものごとの本質をさとること。学芸や技能で、こつを会得するこ と。例彫金の技術に―する。㊁カイゲン（仏）仏像や仏画が完成したとき、仏の霊をむかえるためにおこなう式。入眼。例大仏―。

【開基】カイキ（名・する）①事業を始め、基礎をつくること。また、その人。例当家の先祖が―した店。②寺を新しくつくること。また、つくった僧。開山。例室町時代―の寺。

【開業】カイギョウ（名・する）①鉄道・会社・商店などが新しく事業・商売を始めること。開店。店開き。㊉閉業・廃業。②医者が医院をひらいて、仕事をしていること。例―医。

【開局】カイキョク（名・する）郵便局や放送局など「局」と名のつくものをつくって、仕事を始めること。

【開襟】カイキン ㊀（名・する）襟をひらくこと。また、ひらいた襟。㊁（名）①「開襟シャツ」の略。襟のひらいた形のシャツ。②心をひらくこと。表記▽「開▼衿」とも書く。

【開元】カイゲン 基礎を築くこと。とくに、国の基をつくること。

【開口】カイコウ（名・する）①口をひらくこと。ものを言うこと。話しはじめ。例―一番（＝口をひらいて最初に発したこと）。②外に向かって口があいていること。例部屋の―部。

【開校】カイコウ（名・する）学校を新しくつくって運営を始めること。㊉閉校・廃校。例―記念日。

【開港】カイコウ（名・する）①港や空港をつくって、仕事を始めること。例―場。②貿易のために、港に外国船が出入りするのを認めること。

【開講】カイコウ（名・する）講義や講習会などが始まること。㊉閉講。例―式。四月に―する。

【開国】カイコク（名・する）①外国と行き来したり通商を始めること。㊉鎖国。例―して貿易をする。②一つの国として独立すること。新しく国を建てること。例―の祖。

【開墾】カイコン（名・する）山や野などを切りひらいて田畑とすること。例―地。

【開催】カイサイ（名・する）集会や催し物などをひらくこと。例バザーを―する。

【開削】カイサク（名・する）土木工事をして道路・トンネル・運河などをつくること。例地下鉄の―工事。表記㊐開▼鑿

【開山】カイサン ㊀（名）①仏教で、山をひらいて寺院を新しくつくること。また、つくった僧。開基。②その宗派を新しくつくった人。開祖。宗祖。③技術・芸能・武道などで、第一人者。㊁カイザン（名・する）①山びらき。夏に登山ができるようになること。㊉閉山。②鉱山や炭鉱で、採掘事業を始めること。また、始まること。

【開始】カイシ（名・する）ものごとを始めること。また、始まること。㊉終了。例試合―。操業を―する。

【開所】カイショ（名・する）研究所など「所」と名のつくところを新しくつくり、仕事を始めること。㊉閉所。例―記念。

【開城】カイジョウ（名・する）降伏して城を敵にあけわたすこと。例江戸城の無血―。

【開場】カイジョウ（名・する）①会場をひらいて人を入れること。例―は開演の三十分前。②劇場など「場」と名のつくところを新しくつくって、活動を始めること。▽㊉閉場。

【開成】カイセイ「開物成務」の略。占いによって吉を知り、事業を成功に導くこと。また、人知を開発して、なすべきことを完成させること。〈易経〉

【開設】カイセツ（名・する）施設や設備などを新しくつくったり整えたりすること。新設。㊉閉鎖。例支店を―する。

【開戦】カイセン（名・する）戦争を始めること。㊉終戦。

【開祖】カイソ ①仏教で、新しく宗派をひらいた僧。宗祖。②芸道や学問などで一派をひらいた人。

【開題】カイダイ ①お経の解説。題の意味や内容の大意を書くこと。また、書いたもの。②書物の題・作者・書いた年・内容などについて解説したもの。解題。

【開拓】カイタク（名・する）①山林や原野などを田畑や居住用の土地にすること。例未開地を―する。②新しい分野や、運命などを切りひらくこと。例―精神。市場の―をはかる。

【開帳】カイチョウ（名・する）①寺院で、ふだんは公開しない仏像などを、一定期間だけ信者やいっぱんの人に拝ませること。例七年に一度の本尊ご―。②ふだんは見せないものを見せること。③とばくの座をひらくこと。開張。

【開張】カイチョウ ㊀（名・する）①いっぱいにひらくこと。②とばくの座をひらくこと。開帳。㊁（名）チョウ・ガ・トンボなどが羽をひらいたとき、はしからはしまでの長さ。

【開陳】カイチン（名・する）自分の意見を公式の場で述べること。例所信を―する。

【開通】カイツウ（名・する）鉄道・道路・電話・トンネルなどが完成して、利用され始めること。

【開廷】カイテイ（名・する）法廷で裁判を始めること。裁判をおこなうために法廷をひらくこと。㊉閉廷。

【開店】カイテン（名・する）①店をあけて一日の商売を始めること。例―休業（＝店をあけていても客がこないので、休みと変わらない状態）。②初めて店をひらいて商売を始めること。開業。店びらき。オープン。例―祝い。新規―。▽㊉閉店。

【開発】カイハツ（名・する）①山林や原野などを切りひらいて、資源や土地を人間が利用すること。例都市―。②人間の、かくれた才能などを引き出すこと。例能力―。③新しいものを考え、作り出し、実際に役立つものにすること。例新製品を―する。

【開▼闢】カイビャク（「闢」も、ひらく意）天地のはじまり。世界のはじめ。また、ものごとのはじまり。例天地―（＝世界のはじまり）。―以来のできごと。

【開票】カイヒョウ（名・する）投票箱をひらいて投票の結果を調べること。例即日―。―の結果を速報する。

【開封】カイフウ（名・する）①封や封印をひらくこと。例手紙を―する。②封筒の一部分をあけた郵便物。ひらきふう。

【開腹】カイフク（名・する）手術のために腹を切りひらくこと。例―手術。

【開平】カイヘイ（名・する）平方根を求めること。また、平方根を求める計算方法。例―法。十六を―すると四になる。

【開閉】カイヘイ（名・する）あけたりしめたりすること。あけたて。例―機（＝踏切の遮断機）。戸の―は静かに。

【開放】カイホウ（名・する）①あけはなすこと。例―厳禁。窓を―する。②制限をなくして自由に利用できるようにすること。例施設―。日曜日に校庭を―する。

【開幕】カイマク（名・する）①幕があいて演劇などが始まること。例―時間。②ものごとが始まること。例プロ野球―。▽㊉閉幕・終幕。

【開明】カイメイ（名・する）①文明がひらけてくること。例―途上の国。②時代の大勢は古くておくれているのに、先見の明があって自由に発想すること。例―的な英主（＝すぐれた君主）。

【開門】カイモン（名・する）門をひらくこと。㊉閉門。

●公開・再開・散開・切開・全開・疎開・打開・展開・半開・満開・未開

門 4

【間】

12画 2054 9593 教育2

音カン漢 ケン呉 訓あいだ・ま・あい

筆順 丨 ｢ 門 門 門 門 間 間

門 4

【間】 12画 9592

なりたち 閒 [会意]「門(=もん)」と「月(=つき)」とから成る。月の光が見える、門のすきま。

意味 ❶すきま。へだたり。あいだ。あい。例間隔。間隙。❷すきまをあける。へだてる。例間接。間断。離間。❸すきをうかがう。スパイ。例間者。間諜。❹まぜる。まじる。例間色。❺うちがわ。なか。ま。例空間。時間。間、髪を容れず。❻へやを数えることば。❼ひまがある。ひま。同閑。例間暇。

日本語での用法 一《ケン》長さの単位。一間は、曲尺で六尺(=約一・八メートル)。「一間・三十三間堂」 二《ま》①へや。室。「間数・貸間・茶の間・床の間」②その場のようす。ぐあい。また、邦楽で、テンポやリズム。「間に合う・間がわるい・間がぬける・間のとりかたがうまい・間をはずす」

人名 ちか・はし

【▽間着】①上着と下着とのあいだに着る衣服。合い着。②「間服」に同じ。

【▽間狂言】一曲の能の中で、狂言方が受け持つ部分。

【間柄】①人と人とがどんなつながりをもっているか、の関係。例お二人は? いとこの―です。②つきあいや仲のよさの程度。交際関係。例親密な―。

【▽間服】(寒暑のきびしくない)春や秋に着る洋服。間着。合い着。合い服。

【間一髪】〔かみの毛一本を入れるほどのすきまの意〕時間・距離・ことがらについて、事態がさしせまっていること。例―で間に合った。―の差。

【間暇】ひま。いとま。閑暇。例―を得る。

【間隔】二つのもののあいだのへだたり。例三分―。

【間関】(形動タル)①鳥がなごやかにさえずるようす。②道がけわしくて行きなやむようす。例―たるウグイスの声。②人生に困難や苦労の多いことのたとえ。

【間居】(名・する)することもなくひまなこと。また、のんびりと、したいことをして暮らすこと。例―を楽しむ。表記「閑居」とも書く。→【小人間居して不善を為す】(315ページ)

【間隙】あいだ。すきま。例―をぬって進む。―が生じる。

【間欠】一定の時間をおいて、起こったりやんだりすること。例―泉(=ふき出したりやんだりする温泉)。表記旧間▼歇

【間歳】一年おき。隔年。

【間作】(名・する)①作物をつくっている畑の、畝と畝のあいだに他の作物もつくること。また、その作物。②ある作物を収穫した田畑に、次に同じ作物をつくるまでのあいだに別の作物をつくること。また、その作物。

【間事】むだなこと。不必要なこと。

【間日】①一日おいた次の日。②ひまな日。閑日。

【間者】しのびの者。スパイ。間諜。

【間色】原色と原色をまぜあわせてできる色。また、原色と原色の中間の、やわらかい感じの色。中間色。

【間食】(名・する)食事と食事とのあいだに何かを食べること。また、その食べ物。あいだぐい。

【間接】あいだに物や人をおいておこなうこと。じかにかかわりをもたないこと。対直接。例―照明(=光をいったんかべや天井に当て、その反射光を明かりとする照明)。

【間然】(名・する)欠点を指摘して非難すること。例―するところがない。

【間奏曲】オペラや劇の幕間などに演奏する曲。また、大曲の間にはさむ器楽曲。インテルメッツォ。

【間断】とぎれること。切れ目。絶え間。例―なく降り続く雨。

【間▼諜】ひそかに敵の中にはいって、ようすや情報をさぐる者。スパイ。間者。

【間道】わきみち。ぬけみち。近みち。対本道。例―をぬける。町に通じる―。

【間投詞】感動・応答・呼びかけなどをあらわす自立語。感動詞。

【間投助詞】助詞の一つ。文節の切れ目について語調をととのえ、感動・余情・念おし・強調などをあらわす。口語では、「ね」「さ」「な」など。

【間脳】脳の一部で、大脳と中脳とのあいだにあり、感覚神経や自律神経にかかわる中枢がある。

【間八】アジ科の海魚。ブリに似ており、体長一メートル前後。さしみなどにする。

【間伐】(名・する)林業で、木がこんでいる状態をさけるために余分の木を切ること。すかしぎり。例―材。

【間、髪を▽容れず】間をおくことなく、ただちに。ほとんど同時に。例―立ち上がる。

【間話】むだばなし。閑話。例―休題(=さて)。

【間合い】①ちょうどよい間隔。例―をとる。―をつめる。②ちょうどよいタイミング。ころあい。例―を見はからう。

【間数】部屋の数。例―の多い家。

【間際】事が起こる、あるいは、事がおこなわれる、すぐ前。寸前。直前。例発車―にかけこむ。表記「真際」とも書く。

【間口】①家屋や土地などを正面から見たときの、横はばの長さ。対奥行。例―が広い。②知識や、事業・仕事などの範囲。例―の広い人だ。あの会社は―を広げすぎた。

【間尺】①建築物の寸法。②損得の計算。割。例―に合わない(=割が悪い。損である)。

【間遠】(形動ダ)時間や間隔がへだたっているようす。例バスは―にしか来ない。音がだんだん―になる。

●合間・居間・期間・客間・区間・週間・瞬間・世間・谷間・中間・幕間・民間・夜間・洋間・欄間

門 4

【閑】 12画 2055 9591

常用 音カン漢 ゲン呉 訓しず-か・ひま

筆順 丨 冂 門 門 門 門 閑 閑

なりたち 閑 [会意]「門(=もん)」の中に「木(=き)」がある。しきり。派生して「ふせぐ」の意。

意味 ❶出入りをさまたげる。ふせぐ。例閑邪(=邪悪をふせぐ)。❷することがない。ひま。例閑暇。閑職。❸ひっそりとして、おちついている。しずか。例閑静。安閑。森閑。❹たいせつでない。なおざり。例閑却。等閑。

難読 等閑・長閑

人名 しず・のり・まもる・もり・やす・より

【閑雲野▽鶴】(静かにうかぶ雲と野原に遊ぶツルの意)なんの拘束も受けずに悠々と暮らしていること。

【閑暇】(名・形動ナ)静かでひまなこと。ひま。間暇。例―を得る。

【閑雅】(名・形動ナ)①もの静かでしとやかなこと。おくゆかしく、みやびやかなこと。例風姿―。―なふるまい。②土地や景色が静かで、おもむきのあること。例―な別荘地。

【閑閑】(形動タル)静かにおちついているようす。のんびりして

いるようす。例悠悠ユウユウ―としている。

【閑却】カンキャク（名・する）捨てておく。なおざりにする。ほうっておく。例今や―を許さない事態。

【閑居】カンキョ 一（名）閑静な住居。例山中の―。二（名・する）①することもなく、ひまなこと。例小人ショウジン―して不善を為なす（=つまらない人間は、ひまだとよくないことをする）。②のんびり過ごすこと。例―を楽しむ。表記▽「間居」とも書く。

【閑吟】カンギン（名・する）静かに詩歌シイカを口ずさむこと。

【閑古鳥】カンコどり カッコウ（=郭公コウカク）の別名。例―が鳴く（=商売などが、はやらないこと。さびれて、ひまなこと）。

【閑散】カンサン（名・形動タル）①人けがなくて、ひっそりしていること。例―とした町。②ひまなこと。売買や取り引きの少ないこと。例商売―。

【閑日】カンジツ ひまな日。用のない日。間日。例―を送る。

【閑日月】カンジツゲツ ①ひまな月日。例―を楽しむ。②心にゆとりのあること。ゆったりしていること。例英雄エイユウ―あり。

【閑寂】カンジャク（名・形動ダ）ひっそりと静かなこと。例―の境キョウ。

【閑職】カンショク 重要でない職。仕事のひまな職。例―にまわされる。

【閑人】カンジン／ひまジン ひまな人。用のない人。例―の寝言ねごと。無欲ムヨクの―。表記「ひまジン」は「暇人」とも書く。

【閑静】カンセイ（形動ダ）ひっそりしているようす。もの静かなようす。例―な住宅街。―な住まい。

【閑談】カンダン（名・する）①静かに話をすること。閑話。②のんびりと話をすること。むだばなし。例友人と一夜―する。

【閑中】カンチュウ ひまなとき。用事のないあいだ。

【閑話】カンワ（名・する）①静かに話をすること。閑談。②むだばなしをすること。雑談。間話。例無用の―に時を移す。

【閑話休題】カンワキュウダイ〔むだばなしはそれくらいにしての意〕本題とはちがう話をしていたのを、もとの本題にもどすときに使うことば。それはさておき。さて。

●深閑シンカン・清閑セイカン・等閑トウカン・長閑のどか・有閑ユウカン

門4 **【閏】** 12画 1728 958F 人名 音ジュン漢 訓うるう

門5 **【閠】** 13画 7964 95A0 俗字

意味 ❶暦こよみのうえで、一年の日数がふつうの年よりも多いこと。うるう。例閏月ジュンゲツ（=うるうづき）。閏年ジュンネン（=うるうどし）。❷正統からはずれた。対正セイ。例正閏セイジュン。

人名 うる

門4 **【閖】** 12画 7961 9596 訓ゆり

意味〔一説に、音「ロウ」とするが、義未詳ミショウ〕地名に用いられる字。例閖上ゆりあげ（=宮城みやぎ県名取なとり市の地名）。

門4 **【閒】** 12画 ⇩【間】カン（1024ページ）

門4 **【閔】** 12画 ⇩【憫】ビン（413ページ）

門5 **【閘】** 13画 7962 9598 音一オウ漢 二コウ漢

意味 一ウオ 門をあけたりしめたりする。二コウ 川などの水の流れを調節するための門。水門。例閘門コウモン。

【閘門】コウモン 水面の高さや水量を調節する、河川カセンの水門。

門5 **【閠】** 13画 ⇩【閏】ジュン（1026ページ）

門5 **【閙】** 13画 ⇩【鬧】トウ（1090ページ）

門6 **【閣】** 14画 1953 95A3 教育6 音カク漢呉 訓たかどの

筆順 門 閣

なりたち〔形声〕「門（=もん）」と、音「各カク」とから成る。とびらを止めるくい。

意味 ❶門のとびらを止めるもの。❷やめる。おく。同擱カク。例閣筆カクヒツ。❸ものを置く、たな。例高閣コウカク。❹高い建物。たかどの。例仏閣ブッカク。楼閣ロウカク。❺役所。行政の最高機関。例閣議カクギ。閣僚カクリョウ。内閣ナイカク。

人名 はる

【閣員】カクイン「閣僚カクリョウ」に同じ。

【閣外】カクガイ 内閣の外部。対閣内。例―から協力する。

【閣議】カクギ 内閣の会議。内閣総理大臣がそれぞれの国務大臣を集めて開く会議。例―にはかる。

【閣道】カクドウ ①二階づくりの廊下カ。②険しい谷の道につくったかけ橋。桟道サンドウ。

【閣内】カクナイ 内閣の内部。対閣外。例―不一致フイッチ。

【閣筆】カクヒツ（名・する）筆をおいて書くことをやめること。文章を書き終えること。擱筆カクヒツ。対起筆。

【閣僚】カクリョウ 内閣を構成するそれぞれの国務大臣。閣員。例―会議。

【閣下】カッカ〔たかどのの下の意〕役人や軍人などの、身分の高い人をうやまっていう呼び方。例大統領―。

●組閣ソカク・天守閣テンシュカク・倒閣トウカク・入閣ニュウカク

門6 **【関】** 14画 2056 95A2 教育4 音カン漢 ケン呉 訓せき・かか-わる

筆順 門 関

門11 **【關】** 19画 7980 95DC

なりたち〔形声〕「門（=もん）」と、音「𢇇カン」とから成る。かんぬき。

意味 ❶門の戸をとざす横木。かんぬき。例関鍵カンケン。❷交通の要所や国境に設けて、人などの出入りをしらべるところ。せきしょ。せき。例関東カントウ。函谷関カンコクカン。難関ナンカン。❸ものを動かすしかけ。からくり。例機関キカン。❹つながる。あずかる。かかわる。例関係カンケイ。関与カンヨ。関連カンレン。

日本語での用法《せき》十両以上の力士。また、しこ名にそえてうやまうことば。「関取せきとり・大関おおぜき・双葉山ふたばやま関ぜき」

難読 機関からくり

人名 とおる・み・もり

【関関】カンカン（形動タル）鳥がのどかに鳴くようす。例―たる雎鳩ショキュウ（=水鳥のミサゴ）。〈詩経シキョウ〉→【関雎】カンショ

【関係】カンケイ 一（名・する）①二つ以上のものごとが、つながっていること。かかわりあうこと。例―者。―が深い。②性的交渉コウショウをもつこと。例―をもつ。二（名）〔名詞の後につけて、少しぼかしていう〕その方面。例営業―の仕事。

【関鍵】カンケン ①門のかんぬきと扉とびらのかぎ。②戸じまり。③ものごとの重要なところ。

【関西】一カンサイ ①京阪神ケイハンシン地方。上方かみがた。例―弁。②箱根はこねより西の地方。③昔、鈴鹿すずか・不破フワ・愛発あらちの各関所より西。また逢坂おうさかの関より西の諸国。▽対関東。二カンセイ 中国で、函谷関カンコクカンより西の地。

【関塞】カンサイ〔「塞」は、とりでの意〕①関所とりで。②国境のとりで。

【関▼雎】カンショ 仲のよい夫婦フウフ。〔関関たる雎鳩ショキュウ（=のどかに

鳴き交わす雌雄のミサゴ)から)〈詩経〉

【関心】カンシン 心をひかれること。気にとめること。例—を示す。

【関数】カンスウ〔数〕二つの変数 x と y があるときそのあいだに、x が変わるとそれにつれて y も変わるという対応関係にある数。例三角—。二次—。表記「▼函数」とも書く。

【関税】カンゼイ 品物の輸出入のときに課せられる税。〔現在、日本には輸入税しかない〕

【関節】カンセツ ひじや手首・足首のように、骨と骨とが、動くようにつないでいる部分。例—炎。—がはずれる。

【関知】カンチ（名・する）かかわりがあって、事情をよく知っていること。〔下に打ち消しのことばをともなって用いることが多い〕例この件については、いっさい—しない。当局は—しておりません。

【関東】カントウ ①関東地方。東京・神奈川・千葉・埼玉・群馬・栃木・茨城の一都六県。対関西。②箱根より東の関東平野を中心とする諸国。坂東。対関西。③昔、鈴鹿・不破・愛発の各関所より東。また、逢坂の関より東の諸国。④中国で、函谷関より東の地。また、山海関より東の地。

【関白】カンパク ①重臣に意見を言う。②通知する。報告する。③平安時代以後、天皇を補佐して政治をとりしきった職。例—藤原基経。④実権をにぎっている人。例亭主—。

【関八州】カンハッシュウ 関東八州。昔の、相模・武蔵・安房・上総・下総・常陸・上野・下野の八か国。

【関門】カンモン ①関所。また、関所の門。②通過するのが難しく、そこをこえないと先へ進めない、だいじなところ。例第一の—を突破する。③下関と門司。例—トンネル。

【関与】カンヨ（名・する）あるものごとにかかわりがあること。また、かかわりをもつこと。例国政に—する。

【関連】カンレン（名・する）かかわりあい。つながり。連関。例—性。—産業。表記 旧関▼聯

【関所】セキショ ①国境やおもな道路の要所に設けて、通行者や荷物を調べたところ。せき。例—破り。箱根の—。②通りにくいところ。難関。関門。

【関取】せきとり ①相撲で、十両以上の力士。②「①」を呼ぶときに敬意をもっていうことば。

【関▽脇】せきわけ 相撲の番付で、大関の下、小結の上。また、その力士。

●機関・玄関・税関・相関・通関・難関・連関

門 6 【閨】 14画 7965 95A8 音ケイ漢 ケ呉 訓ねや

意味 ❶宮中の小門。❷婦人のへや、寝室。ねや。例閨房。❸婦人。女性。例閨秀。

【閨怨】ケイエン 夫とはなれている女性の、ひとりねのうらみ。また、そのさびしい気持ち。例—詩。

【閨室】ケイシツ ①寝室。ねや。閨房。②妻。奥方。内室。

【閨秀】ケイシュウ 学問や芸術方面にすぐれた女性。才媛。例—作家。—画家。

【閨中】ケイチュウ 寝室のなか。ねどこのなか。

【閨閥】ケイバツ 妻の親類で勢力のある家。例—政治。

【閨房】ケイボウ ①寝室。とくに、夫婦の寝室。②婦人の居間。

門 6 【閤】 14画 2562 95A4 人名 音コウ漢

意味 ❶大門のかたわらにある小門。くぐりど。❷ごてん。宮殿。

門 6 【閧】 14画 7966 95A7 音コウ漢 訓とき・かちどき・たたか-う

意味 ❶村の中の小道。同巷。❷たたかう。また、戦いのときにあげるさけび声。とき。例勝閧。

参考 ❷は「鬨」が正しいが、「閧」と書かれることが多い。

門 6 【閥】 14画 4022 95A5 常用 音ハツ漢 バツ呉

筆順 丨 ｢ 門 門 閥 閥

なりたち [形声]「門(=もん)」と、音「伐ハツ」とから成る。功績を書いた門の柱。

意味 ❶功績。てがら。❷家格。いえがら。例閥族。門閥。

日本語での用法《バツ》出身や利害を同じくする者の、排他的な集まり。「学閥・軍閥・派閥・藩閥・閥を作る」

人名 いさお

【閥族】バツゾク ①身分の高い家がら。名門。例—の出ではない高官。②閥をつくっている一族。

●学閥・軍閥・財閥・派閥・門閥

門 7 【閲】 15画 1760 95B2 常用 音エツ漢 訓けみ-する

筆順 丨 ｢ 門 門 閲 閲

門 7 【閱】 15画 — 95B1

なりたち [形声]「門(=もん)」と、音「兌タ→ツエ」とから成る。門のところで数える。

意味 ❶一つ一つよく見てしらべる。例検閲。校閲。❷しらべ見る。よむ。例閲読。閲覧。❸年月がたつ。経過する。例閲歴。

人名 かど・み

【閲歳】エッサイ 一年経過すること。一年以上にわたること。

【閲読】エツドク（名・する）内容に注意しながら、書物や書類を読むこと。例卒業論文を—する。

【閲兵】エッペイ（名・する）元首や司令官などが、整列した軍隊を巡視し、検閲すること。例—式。

【閲覧】エツラン（名・する）書物や新聞・雑誌などを調べたり見たりすること。例—室。

【閲歴】エツレキ 一（名）経歴。履歴。二（名・する）年月が経過すること。過ぎ去ること。

●検閲・校閲・内閲

門 7 【閭】 15画 7967 95AD 音リョ漢 ロ呉

意味 むらざと(の門)。例閭巷。閭門(=むらざとの入り口の門)。

【閭▼巷】リョコウ 村里。町の中。また、民間。例—無名の人。

【閭里】リョリ 村里。また、郷里。

門 7 【閱】 15画 ⇩【閲】エツ(1027ページ)

門 8 【閼】 16画 7968 95BC 音ア慣 アツ漢 訓ふさ-ぐ・とど-める

意味 ❶入り口をとじる。とどめる。ふさぐ。例閼塞（＝ふさがる）。❷梵語の音訳。例閼伽。

【閼▼伽】〔梵語の音訳。水の意〕仏や墓に供える水。また、その水を入れるうつわ。例―桶。

【閼▼伽棚】仏に供える水や花などを置く棚。

門8 【閻】 16画 7969 95BB 音エン漢呉

意味 ❶むらざとの中の門。❷美しい。同艶。例閻妻（＝美しい妻）。❸梵語の音訳。例閻浮。閻魔。

【閻王】「閻魔」に同じ。

【閻浮▽提】〔梵語の音訳。閻浮樹（＝想像上の大木）の繁る島（陸地）の意〕人間がすむ世界。この世。仏教の宇宙観で、世界の中心には須弥山がそびえ、そのまわりに四大洲（＝東西南北四つの島）がある。そのうちの南にある島で、南贍部洲ともいう。

【閻浮▼檀金】閻浮樹の林のなかを流れる川からとれる砂金。最も良質の黄金。

【閻魔】〔梵語の音訳〕①死者の霊魂を支配して死者の生前のおこないを裁く地獄の王。閻魔大王。閻王。閻羅。②大形のくぎぬきのこと。〔うそをつくと閻魔に舌をぬかれるという俗信による〕

【閻魔帳】地獄の閻魔王が死者の生前の罪を書きしるすという帳面。

門8 【閹】 16画 7970 95B9 音エン漢 訓かどもり

意味 ❶宮殿の門を守る（去勢された）役人。門番。宦官。例閹官。❷去勢する。例閹割（＝生殖器を切りとる）。

【閹▼尹】宦官を管理する長。

【閹官】宦官。

【閹然】（形動タル）自己の意思・信念をまげて、こびへつらうようす。

門8 【閾】 16画 7971 95BE 音ヨク漢 イキ呉 訓しきい・しきみ

意味 ❶門の内部と外部とをわける、境の横木。しきみ。しきい。例行不レ履レ閾（＝通るときに、しきいをふまない）。〈論語〉❷しきり。くぎり。境界。

門9 【闊】 17画 7972 95CA 音カツ漢 訓ひろ-い

氵14 【濶】 17画 7973 6FF6 別体字

意味 ❶ひろびろとしている。ひろい。例闊然（＝からりとひらけて、広々としている）。闊達。❷まわり遠い。世の中のことにうとい。例迂闊。❸あいだが遠い。久しく会わない。例久闊。

【闊達】（形動ダ）心が広くて小さなことにこだわらないようす。例自由―な性格。表記「▼豁達」とも書く。

【闊歩】（名・する）①ゆったりと歩くこと。大またに歩くこと。例大通りを―する。②いばって歩くこと。堂々と周囲に気がねしないで行動すること。

【闊葉樹】「広葉樹」のもとの言い方。

●迂闊・寛闊・久闊・広闊

門9 【闃】 17画 7974 95C3 音ゲキ慣 ケキ漢 訓さび-しい・しず-か

意味 空虚なようす。また、静かなようす。しずか。例闃寂（＝ひっそりと静まりかえっているようす）。幽闃（＝さびしい）。闃として声なし（＝静まりかえって、人の声もなんの物音も聞こえない）。

門9 【闍】 17画 7975 95CD 音一ト漢呉 二シャ漢 ジャ呉

意味 一ト ❶城門の上の物見台。❷城の外ぐるわの内側にある町。外城の町。二シャ 梵語の音訳。例阿闍梨。

門9 【闇】 17画 1639 95C7 常用 音アン漢 オン呉 訓やみ・くら-い・くらがり

筆順 丨 ｢ 𠃜 門 門 閂 閶 闇

なりたち [形声]「門（＝もん）」と、音「音イン」とから成る。門を閉じる。

意味 ❶門をとじる。❷暗くて見えない。道理がわからない。くらい。やみ。同暗。例闇愚。闇夜。

日本語での用法《やみ》不正な。「闇取引・闇市」

表記 現代表記では、「暗」（493ページ）に書きかえることがある。

【▽闇黒】（名・形動ダ）真っ暗。暗やみ。くらがり。表記 現暗黒

【闇雲】（形動ダ）見通しもなく、理由もなくするようす。

【闇夜】真っ暗な夜。暗夜。

門9 【闌】 17画 7976 95CC 音ラン漢呉 訓た-ける・たけなわ

意味 ❶門のさく。❷てすり。おばしま。同欄。例闌干。❸かってに。みだりに。例闌入。❹終わりに近づく。たける。たけなわ。〔「まっさかり」の意の「たけなわ」は「酣」〕例闌暑（＝暑さも終わりに近づくころ）。

【闌干】一（形動タル）①縦横に散り乱れるようす。②なみだがたくさん出るようす。例なみだ―として流る。③星の光がきらめくようす。例星斗―たり。二（名）てすり。表記▽「欄干」とも書く。

【闌入】（名・する）許可を得ないまま、はいりこむこと。

門10 【闕】 18画 7977 95D5 音ケツ漢 訓か-ける

意味 ❶宮殿の門。また、天子のいる宮城。例闕掖。禁闕（＝宮城）。❷あるべきものが足りない。かける。同欠。例闕画。闕如。闕漏。

【闕▼掖】〔「掖」は、正門の左右の小門〕宮中。御所。禁掖。

【闕画】①文字の線や点を省くこと。②皇帝や身分の高い人の名と同じ字を書くとき、はばかってその字の最後の一画を書かずにおくこと。「玄」を「玄」とするなど。闕筆。表記▽「欠画」とも書く。

【闕字】①文章の中の脱字。欠け字。②文章の中で、皇帝や身分の高い人の名や称号の上を一字分あけて書き、敬意をあらわすこと。表記▽「欠字」とも書く。

【闕如】（名・する）必要なものが欠けていること。足りないこと。例公共心の―。表記「欠如」とも書く。

【闕▼腋】〔「ケツエキ」の転じた読み〕①衣服の両わきの下をぬい合わせないで、あけておくこと。②「闕腋の袍」のこと。平安時代、武官が節会や行幸の儀式のときに着た礼服。わきあけのころも。

【闕漏】ケツロウ（名・する）欠けてもれる。また、もれたもの。もれ。おち。例重要な部分が―している。表記「欠漏」とも書く。

門10【闔】18画 7978 95D4 音コウ漢 訓とびら・と-じる

意味 ❶門のとびら。とびら。❷とざす。とじる。例闔門コウモン（=門をとじる）。❸残らず、すべて。例闔国コウコク（=くにをあげて、みな）。

難読 開闔あけたて

門10【闖】18画 7979 95D6 音チン漢

意味 急にあらわれる。とつぜんはいってくる。例闖入チンニュウ。

【闖入】チンニュウ（名・する）許しも得ずに、とつぜんはいりこむこと。乱入。例―者。

門10【闘】18画 3814 95D8 常用 音トウ漢呉 訓たたか-う・たたか-い

筆順 丨 冂 門 門 閂 閗 闘 闘

門10【鬪】20画 8212 9B2A

門14【鬭】24画 1-9431 9B2D 本字

なりたち ［形声］「鬥（=たたかう）」と、音「斲ト」とから成る。出あって、たたかう。

意味 ❶切りあい・なぐりあいをする。たがいに争う。きそう。たたかう。たたかい。例闘争トウソウ。決闘ケットウ。戦闘セントウ。❷争わせる。たたかわせる。例闘牛トウギュウ。闘鶏トウケイ。

使い分け たたかう【戦・闘】⇩1171ページ

難読 闘鶏モシャ

【闘技】トウギ 力やわざをくらべ合い、優劣ユウレツをきそうこと。例―場。

【闘牛】トウギュウ ①ウシとウシとをたたかわせること。牛合わせ。また、そのウシ。例宇和島うわじまの―。②人間とウシとがたたかう競技。また、そのウシ。スペインの国技。例―場。―士。

【闘魚】トウギョ キノボリウオ科の熱帯性淡水魚タンスイギョ。おすは他のおすに出会うと闘争する習性がある。観賞用に飼う。

【闘鶏】トウケイ ニワトリをたたかわせて、勝負を争う遊び。鶏とり合わせ。また、そのニワトリ。

【闘犬】トウケン イヌをたたかわせて、勝負を争う遊び。犬合わせ。また、そのイヌ。

【闘魂】トウコン たたかいぬこうとする激しい意気ごみ。闘志。例不屈フクツの―。―をみなぎらせる。

【闘士】トウシ ①戦争やたたかいをする人。戦士。②主義や主張のために活発に行動する人。例労働運動の―。

【闘志】トウシ たたかおうとする意志。闘魂トウコン。例―満満。―がわく。

【闘将】トウショウ ①力が強く闘争心のさかんな武将。また、スポーツで主将や主力選手。②政治運動などで、人の先頭に立ち積極的、精力的に活動する人。

【闘争】トウソウ（名・する）①相手に勝とうとして、たたかいあらそうこと。あらそい。例―本能。―心。②使用者と労働者などが、たがいの利益のためにあらそうこと。例―資金。

【闘病】トウビョウ（名・する）病気を治そうという意志をもって、療養リョウヨウすること。例―生活。―記。

●悪戦苦闘アクセンクトウ・暗闘アントウ・格闘カクトウ・共闘キョウトウ・苦闘クトウ・激闘ゲキトウ・決闘ケットウ・健闘ケントウ・死闘シトウ・戦闘セントウ・熱闘ネットウ・奮闘フントウ・乱闘ラントウ

門11【闗】19画 ⇩【関】カン（1026ページ）

門12【闡】20画 7981 95E1 音セン漢呉 訓ひら-く

意味 ❶あける。ひらく。❷ひらいて明らかにする。例闡明センメイ。

【闡明】センメイ（名・する）今まではっきりしなかった道理や意義を明らかにすること。例本義を―する。

【闡揚】センヨウ（名・する）はっきりとあらわすこと。

門13【闥】21画 7982 95E5 音タツ漢ダツ呉

意味 宮中の小門。くぐり門。

難読 柴しばの闥とぼそ

門13【闢】21画 7983 95E2 音ヘキ漢ビャク呉 訓ひら-く

意味 ❶あける。ひらく。例闢闔ヘキコウ（=ひらくことと、とじること）。開闢カイビャク。❷しりぞける。同辟ヘキ。例闢邪ヘキジャ（=悪いものをしりぞける）。

●開闢カイビャク・天地開闢テンチカイビャク

170 8画 阜 おか（阝（左）こざとへん）部

なん層にも重なった高い土地の形をあらわす。「阜」が偏へん（=漢字の左がわの部分）になるときは「阝（こざとへん）（三画）」となる。「こざと」の名は「阝」が旁つくり（=漢字の右がわの部分）にある「阝（おおざと）」と区別していう。「阜」をもとにしてできている漢字を集めた。

0 阜 3 阡 4 阨 阮 阪 防 阬 阯
阿 阻 陀 陂 附 6 限 陏 陌 陋 降 7
院 陥 降 除 陞 陣 陜 陟 陛 陝 陦 8
陰 険 陲 陬 陳 陶 陪 陸 隆 陵 陷 9
階 隅 隍 随 隋 隊 陽 隈 隊 隆 10 隘
隕 隗 隔 隙 隖 11 隠 際 障 隙 12 隣
13 隧 隣 險 隨 14 隰 隯 隱 隲 16 隴

阜0【阜】8画 4176 961C 教育4 音フウ漢フ呉 訓おか

筆順 丶 丨 户 户 自 自 𠂤 阜

なりたち ［象形］高く大きくて石のない陸地の形。

意味 ❶高くもりあがった土地。おか。例阜陵フリョウ（=大きなおか）。❷おおきい。おおい。ゆたかな。例阜財フザイ。❸「曲阜キョクフ」は、孔子コウシの生誕地。現在の山東省曲阜市。

県名 岐阜ぎふ

人名 あつ・あつし・たか・たかし・とおる・ゆたか

阝3【阡】6画 7984 9621 音セン漢呉 訓みち

意味 南北に通るあぜみち。例阡陌センパク。

【阡▼陌】センパク あぜ道。耕地と耕地とのあいだの道。〔陌は東西に通るあぜみち〕表記「▼仟▼佰・▼仟伯」とも書く。

8画

［門部］10―13画 闔闖闘闕闡闥闢

［阜（阝（左））部］0―3画 阜阡

阝4 **【阨】** 7画 7985 9628 音 一アク漢 ヤク呉 二アイ漢 訓けわ-しい・せま-い・ふさ-がる・ふさ-ぐ

意味 一 ❶ふさぐ。ふさがる。例咽喉部を阨する(=要地・要点を支配する)。❷苦しめられる。なやむ。例阨窮。 二 ❶せまい。同隘。❷地勢のけわしい場所。同隘。例阨塞。

【阨塞】(アイサイ) けわしい土地。要害の地。

【阨▼僻】(アイヘキ) せまくてかたよっていること。せまくて小さいこと。

【阨窮】(ヤクキュウ) (名・する) 行きづまること。苦しむこと。

阝4 **【阮】** 7画 7986 962E 音ゲン漢

意味 ❶中国古代の諸侯国の名。❷弦楽器の一種。「阮咸②」のこと。❸姓の一つ。例阮咸。

【阮▼咸】(ゲンカン) ①人名。字は仲容。西晋の文人で、竹林の七賢の一人。阮籍のおいで、琵琶の名手であった。(生没年未詳) ②楽器名。琵琶の一種。四弦で十二柱。「阮」ともいう。〔阮咸が製作し、演奏も上手だったことからつけられた名といわれる〕

【阮籍】(ゲンセキ) 三国時代の魏の文人。字は嗣宗。竹林の七賢の一人。老荘思想を好み、酒と琴を愛し、清談をおこなった。形式的な礼法、世俗的な慣習をきらい、同好の士には青眼で、礼教の士(=形式的な礼法にこだわる人)には白眼でむかえたという。(二一〇—二六三) →【白眼視】(692ページ)

阝4 **【阪】** 7画 2669 962A 教育4 音バン慣 ハン漢 訓さか

筆順 ⁊ 了 阝 阝' 阝厂 阡 阪

なりたち [形声]「阝(=おか)」と、音「反ハ」とから成る。傾斜した土地。

意味 傾斜した土地や道。さか。同坂。

日本語での用法 《ハン》「大阪」の略。「阪神・京阪」

府名 大阪(おおさか)

【阪神】(ハンシン) 大阪と神戸。また、大阪と神戸を中心とする地方。例—工業地帯。

阝4 **【防】** 7画 4341 9632 教育5 音ホウ漢 ボウ呉 訓ふせ-ぐ

筆順 ⁊ 了 阝 阝' 阝ﾆ 阞 防

なりたち [形声]「阝(=おか)」と、音「方ホ」とから成る。水があふれ出るのをふせぐ堤。

意味 ❶つつみ。どて。土をもりあげて、水があふれるのをふせぐもの。例堤防。❷災害や敵から守る。ふせぐ。そなえる。例防衛・防火・予防。

日本語での用法 《ボウ》旧国名「周防(=今の山口県東部)」の略。「防長・防州」

難読 防人

人名 ふせ・まもる・もり

【防▽人】(さきもり) 〔崎守の意〕古代、東国などから派遣されて北九州の防備にあたった兵士。

【防▼遏】(ボウアツ) (名・する) ふせぎとめること。防止。

【防衛】(ボウエイ) (名・する) 攻撃から、あるいは、うばわれないようにふせぎ守ること。例正当—。国境を—する。

【防疫】(ボウエキ) (名・する) 感染症をふせぐこと。

【防炎】(ボウエン) 火災などで、もえ広がるのをふせぐこと。

【防音】(ボウオン) (名・する) 外部の音が部屋の中にはいらないようにすること。また、部屋の中の音が外部に出ないようにすること。例—装置。—壁。

【防火】(ボウカ) 火災が発生するのをふせぐこと。また、燃え広がるのをふせぐこと。例—設備。—シャッター。

【防寒】(ボウカン) 寒さをふせぐこと。例—具。—対策。

【防御】(ボウギョ) (名・する) 敵の攻撃をくいとめること。ふせぎ守ること。例—体制。攻撃は最大の—。表記 旧防▼禦

【防具】(ボウグ) 剣道・フェンシング・アメリカンフットボールなどの武道やスポーツで、身に着けて、からだを守る道具。

【防空】(ボウクウ) ミサイルなどによる、空からの攻撃をふせぐこと。

【防護】(ボウゴ) (名・する) 災害を受けないように準備し、ふせぎ守ること。例—壁。—服。—装置。

【防災】(ボウサイ) 災害をふせぐこと。被害をくいとめる対策を講じること。例—訓練。—センター。

【防止】(ボウシ) (名・する) ふせぎとめること。起きてほしくないことが起こる可能性のある場合に、それが起こらないようにすること。例危険—。事故を—する。

【防湿】(ボウシツ) (名・する) 湿気をふせぐこと。例—剤。

【防臭】(ボウシュウ) (名・する) いやなにおいをふせぎ消すこと。

【防縮】(ボウシュク) (名・する) 布などが縮むのをふせぐこと。

【防暑】(ボウショ) 暑さをふせぐこと。例—服。

【防除】(ボウジョ) (名・する) 予防して害を受けないようにすること。被害の原因となるものを、取り去っておくこと。例虫害—。イネの病害を—する。

【防▼塵】(ボウジン) ちりやほこりのはいるのをふせぐこと。例—マスク。

【防水】(ボウスイ) (名・する) ①水が流入しないようにすること。例—壁。②水がしみこまないようにすること。例—加工。

【防雪】(ボウセツ) 雪による被害をふせぐこと。例—林。

【防戦】(ボウセン) (名・する) 敵の攻撃をふせぎたたかうこと。また、そのたたかい。例—に徹する。ただ—につとめるだけの戦い。

【防弾】(ボウダン) 銃弾が通らないようにすること。例—チョッキ。

【防虫】(ボウチュウ) 衣服や書物などに虫がつくのをふせぐこと。また、家の中に虫がとびこむのをふせぐこと。例—剤。—網。

【防潮】(ボウチョウ) 高潮や津波などの被害をふせぐこと。例—堤。

【防▼諜】(ボウチョウ) スパイ(=間諜)の活動によって情報がもれるのをふせぐこと。

【防毒】(ボウドク) 毒ガスをふせぐこと。例—マスク。—衣。

【防熱】(ボウネツ) 熱が伝わらないようにすること。外からの熱をふせぐこと。例—材。—服。

【防犯】(ボウハン) 犯罪をふせぐこと。例—ベル。—灯。犯罪が起こらないように、ふだんから気をつけること。

【防備】(ボウビ) (名・する) 敵や災害などをふせぎ守ること。また、そのためのそなえ。例—をかためる。

【防腐】(ボウフ) ものがくさらないようにすること。例—剤。

【防風】(ボウフウ) ①風による害を防ぐこと。風をふせぐこと。例—林。②セリ科の多年草。シベリア・中国・朝鮮半島にかけて分布する。根を、風邪や関節痛などの治療に用いる。③ハマボウフウの別名。

【防壁】(ボウヘキ) 敵の侵入や風雨・火事などをふせぎとめるためのかべ。例—を設ける。

【防塁】(ボウルイ) とりで。例—を築く。

●海防・国防・砂防・消防・堤防・備防・予防

阝4 **【阬】** 7画 ⇩【坑】(228ページ)

阝4 **【阯】** 7画 ⇩【址】(229ページ)

阝5 【阿】 8画 1604 963F 人名 音ア漢呉 訓くま・おもね-る

なりたち [形声]「阝(=おか)」と、音「可カ→ア」とから成る。おれまがって入りくんだおか。

意味 ❶川や道などが、おれまがって、入りこんだところ。すみ。くま。❷人のごきげんをとる。おもねる。へつらう。例阿世。阿諛。❸家の、のき。ひさし。例四阿(=家の四周にめぐらした、ろうか)。❹語の上につけて、親しみをあらわすことば。阿母。『阿Q正伝』(魯迅の小説)❺梵語の音訳。例阿修羅。阿鼻。

日本語での用法 一《ア》旧国名「阿波(=今の徳島県)」の略。「阿州」 二《お》女性や子供の名前の上につけて親しみをあらわすことば。「阿国・阿千」

人名 お

【阿吽】アウン ①(密教で)万物の始めと終わり。②吐く息と吸う息。例—の呼吸(=二人以上で何かをして、気持ちが一致するときの、微妙な一瞬を見はからうこと)。

【阿▽含】アゴン (梵語の音訳)釈迦の教えを後世に伝えたもの。例—経。

【阿▼闍▽梨】アジャリ (「アザリ」とも)〔仏〕(梵語の音訳)①弟子を教え導く、徳の高い師の僧。軌範師。②天台宗や真言宗で、修行を積んだ僧を、うやまっていうことば。

【阿修羅】アシュラ (梵語の音訳)戦いを好むというインドの鬼神。修羅。例—のごとき形相。

【阿従】アジュウ (名・する)へつらい従うこと。阿付。

【阿世】アセイ 世間にこびへつらうこと。例曲学—(=正しくない学問をもって世間にこびる)。

【阿▼堵】アト 「阿堵物」の略。銭。

【阿▼堵物】アトブツ 銭。お金。〔晋の王衍が「銭」という語をきらって、「このもの(=阿堵物)」と言った故事による〕(晋書)

【阿▼媚】アビ こびへつらうこと。人の気にいるようなことを言って、きげんをとること。

【阿鼻】アビ (梵語の音訳。無間と訳され、苦しみが絶え間なくおそう意)阿鼻地獄。

【阿鼻叫喚】アビキョウカン ①阿鼻地獄と叫喚地獄。〔このほか六つの地獄とともに八大地獄・八熱地獄という〕②地獄の苦しみにさいなまれ、にげまどい泣きさけぶむごたらしい状態。例事故現場は—の巷と化した。

【阿鼻地獄】アビジゴク 〔仏〕八大地獄の一つ。大罪をおかした人が落ちるところ。火に焼かれたり剣の山などで絶え間なく苦しみを受ける、最も苦しい地獄。無間地獄。阿鼻叫喚地獄。阿鼻。

【阿付】アフ (名・する)人の言うことをそのまま、まねすること。阿従。例—迎合。

【阿片】アヘン 〔英語 opium の音訳〕ケシの未熟な実の液汁を乾燥して作った物質。鎮痛・麻酔の作用がある。例—窟(=阿片を吸わせる秘密の場所)。—戦争(=一八四〇—四二年、清の阿片輸入禁止に対して、イギリスが起こした戦争)。

【阿▼呆】アホウ おろかなこと。また、その人。例—くさい。—なことを言うな。表記「阿▽房」とも書く。

【阿▼呆▼陀羅経】アホダラキョウ 江戸時代中期、お経の文句をまねして作った、社会風刺のこっけいな俗謡。

【阿▽弥▼陀】アミダ (梵語の音訳。無量寿あるいは無量光と訳す)①西方極楽浄土の主とされる仏。浄土教(=日本では浄土宗や浄土真宗など)の本尊。衆生もその名をとなえると極楽浄土に往生できると説いた。阿弥陀仏。阿弥陀如来。弥陀。②「阿弥陀被り」の略。帽子を後ろにかたむけて、額が見えるかぶり方。例—にかぶる。③「阿弥陀くじ」の略。数本のたて線のあいだに、よこ線を段ちがいに書き入れ、上から線をたどって当たりはずれを決める、くじ。例—を引く。

【阿▽弥▼陀仏】アミダブツ 「阿弥陀①」に同じ。例南無—。

【阿▼諛】アユ (名・する)人のきげんをとること。おべっかを使うこと。例—追従。上司に—する。

【阿羅漢】アラカン (梵語の音訳)修行の最高の段階に達し、さとりを得た人。羅漢。

【阿波】あわ 旧国名の一つ。今の徳島県にあたる。阿州。

阝5 【阻】 8画 3343 963B 常用 音ショ漢ソ呉 訓はば-む・けわ-しい

筆順 ７ ３ 阝 阝丨 阝冂 阝冃 阝冃 阻

阜(阝(左))部 5画 ● 阿 阻 陀 陂 附

なりたち [形声]「阝(=おか)」と、音「且」とから成る。けわしい。

意味 ❶山や道路が、けわしい。例険阻。❷じゃまする。へだてる。はばむ。例阻害。阻止。

難読 阻し(=情勢がさしせまっている)

人名 たか

【阻害】ソガイ (名・する)さまたげること。じゃますること。類妨害。例発育を—する有害物質。表記「阻▼碍・阻▼礙」とも書く。

【阻隔】ソカク (名・する)へだてること。じゃまをして引きはなすこと。また、へだたること。例感情の—をきたす。

【阻却】ソキャク (名・する)さまたげること。しりぞけること。

【阻止】ソシ (名・する)はばみとめること。これからおこなわれようとすることを、力ずくでやめさせること。例実力で—する。表記 旧▼沮止

【阻喪】ソソウ (名・する)元気がすっかりなくなること。気落ちすること。例意気—する。勇気が—する。表記 旧▼沮喪

阝5 【陀】 8画 3443 9640 人名 音タ漢ダ呉

意味 ❶(土地が)傾斜して、平らでないようす。❷梵語の音訳。例阿弥陀。仏陀。

【陀羅尼】ダラニ 〔仏〕(梵語の音訳)教えの最もたいせつなところをふくんでいることば。梵語のままで経文をとなえる。

阝5 【陂】 8画 7988 9642 音一ヒ漢呉 二ハ漢 訓いけ・かたむ-く・つつみ

意味 一ヒ ❶山の斜面。さか。❷堤防。つつみ。❸池や湖沼。いけ。例陂池(=ため池)。❹かたむく。❺かたよっていて、正しくない。 二ハ「陂陀」は、ななめになっているようす。また、けわしいようす。

阝5 【附】 8画 4177 9644 常用 音フ漢ブ呉

筆順 ７ ３ 阝 阝丿 阝亻 阝仁 阝付 附

なりたち [形声]「阝(=おか)」と、音「付」とから成る。小さなおか。借りて「つく」の意。

意味 ❶つく。くっつく。つける。例附言。附属。寄附。

8画

❷したしむ。つきしたがう。例 親附シンプ(＝したしみ、なつく)。❸ことづける。例 附レ書ショを(＝手紙をたくす)。

人名 ちか・ます・より・よる

【附会】フカイ (名・する) ①自分につごうのいいように、こじつけること。②つなぎ合わせること。表記 ▽「付会」とも書く。

【附記】フキ (名・する) つけ足して書くこと。また、そのことば。例 末尾ビマツに―する。表記「付記」とも書く。

【附近】フキン ある場所の近く。表記「付近」とも書く。

【附言】フゲン (名・する) つけ加えて言うこと。また、そのことば。表記「付言」とも書く。

【附合】フゴウ 一 所有者を異ことにするものが結合して分離ブンリ不能の状態になること。二 つけあい 連歌レンガなどで、次の句を内容がつながるように、詠よみ連ねていくこと。三【▽附き合い】つきあい 人とつきあうこと。四【▽附け合わせ】つけあわせ 他のものにつけ足すこと。とくに、主となる料理にそえる料理。表記 ▽「付合」とも書く。

【附載】フサイ (名・する) 本文のつけ足しとしてのせること。表記「付載」とも書く。

【附図】フズ 付属する地図や図表。表記「付図」とも書く。

【附随】フズイ (名・する) つき従うこと。表記「付随」とも書く。

【附設】フセツ (名・する) おもなものにつき従って設置すること。表記「付設」とも書く。

【附説】フセツ (名・する) つけ加えて説明すること。また、その説明。表記「付説」とも書く。

【附箋】フセン 用件や疑問点などを書いたり、目じるしのためにはりつけたりする、小さな紙きれ。表記「付箋」とも書く。

【附属】フゾク 一 (名・する) 主となるものについていること。二 (名)「附属学校」の略。大学などにつけて設けた学校。表記 ▽「付属」とも書く。

【附帯】フタイ (名・する) おもなものごとにともなって、あること。表記「付帯」とも書く。

【附置】フチ (名・する) 付属して設置すること。例 大学に図書館を―する。表記「付置」とも書く。

【附着】フチャク (名・する) くっついて、はなれないこと。表記「付着」とも書く。

【附▼註】フチュウ 注をつけること。また、その注。表記「付注」とも書く。

【附表】フヒョウ 本体にあわせてつけられている表。表記「付表」とも書く。

【附与】フヨ (名・する) さずけあたえること。任せること。例 権限を―する。表記「付与」とも書く。

【附録】フロク 本体につけ加えてあるもの。例 巻末―。別冊ベッサツ―。表記「付録」とも書く。

【附和雷同】フワライドウ (名・する) しっかりとした考えもなしに、他人の言動にむやみに同調すること。表記「付和雷同」とも書く。

●還附カンプ・寄附キフ・交附コウフ・送附ソウフ・添附テンプ

阝6 **【限】** 9画 2434 9650 教育5 音 カン漢 ゲン呉 訓 かぎ-る

筆順

なりたち [形声]「阝(＝おか)」と、音「艮コン→カン」とから成る。さえぎる。派生して「かぎる」の意。

意味 ❶くぎりをつける。さかいをもうける。しきりをする。かぎる。例 限界ゲンカイ。限定ゲンテイ。❷くぎり。しきり。範囲ハンイ。例 期限キゲン。際限サイゲン。

日本語での用法《かぎり・かぎる》「…だけ」「…がいちばん」の意味をあらわす。「その場ば限かぎり・今年ことし限かぎり・夏なつは海うみに限かぎる」

【限界】ゲンカイ この先はない、これ以上はできないという、ぎりぎりのところ。例 ―をこえる。体力の―。

【限定】ゲンテイ (名・する) 数量や範囲ハンイなどを、ある条件でくぎること。限り定めること。例 ―版バン。―販売ハンバイ。

【限度】ゲンド それ以上はできない、こえることは認められないという程度。類 限界。例 予算の―内でまかなう。

●極限キョクゲン・権限ケンゲン・刻限コクゲン・時限ジゲン・制限セイゲン・日限ニチゲン・年限ネンゲン・無限ムゲン・門限モンゲン・有限ユウゲン

阝6 **【陏】** 9画 7990 964F 音 一 タ漢 ダ呉 二 ズイ漢

意味 一 タダ ❶ウリ科の植物の果実。❷おちる。同 堕ダ。二 ズイ 周代の国の名。→【随】ズイ(1038ページ)・【隋】ズイ(1038ページ)

阝6 **【陌】** 9画 7989 964C 音 バク漢 ハク呉 訓 あぜみち・ちまた

意味 東西に通るあぜみち。例 阡陌センパク(＝あぜみち)。

【陌▼阡】ハクセン 縦横に通じる田畑のあぜ道。南北に通じる道を阡、東西に通じる道を陌といったり、またその逆の場合もある。阡陌センパク。

阝6 **【陋】** 9画 7991 964B 音 ロウ漢 訓 いや-しい

意味 ❶場所がせまい。例 陋屋ロウオク。陋巷ロウコウ。❷心がせまい。見識がひくい。例 陋見ロウケン(＝せまい考え。自分の意見をけんそんしていうことば)。固陋コロウ。❸品性がいやしい。身分がひくい。例 陋劣ロウレツ。

【陋屋】ロウオク せまくてむさ苦しい家。また、自分の家をけんそんしていうことば。陋居。陋宅。

【陋▼巷】ロウコウ ①裏通りの、せまくてきたない町。裏町。②せまい小路こうじ。例 ―に朽くち果てる(＝才能を認められないまま死んでしまう)。

【陋習】ロウシュウ 悪い習慣。いやしい風習。因習。例 旧来の―をうち破る。

【陋宅】ロウタク せまくてきたない住まい。また、自分の家をけんそんしていうことば。陋屋ロウオク。

【陋劣】ロウレツ (名・形動ナ) 心がいやしくて見苦しいこと。下劣ゲレツ。卑劣ヒレツ。例 ―な手段。―きわまりない。

阝6 **【降】** 9画 ⇩【降】コウ(1033ページ)

阝7 **【院】** 10画 1701 9662 教育3 音 イン慣 エン漢呉

筆順

なりたち [形声]「宀(＝いえ)」と、音「完カン→エン」とから成る。かきねをめぐらした建物。

意味 ❶かきね。へい。また、かきねをめぐらした建物。❷役所の名。例 翰林院カンリンイン。❸人が集まるところ。また、その施設シセツなど。例 寺院ジイン。書院ショイン。病院ビョウイン。

日本語での用法《イン》上皇ジョウコウ・法皇ホウオウ・女院ニョウインを、うやまっていうことば。また、その住まい。「院インの庁チョウ・院政インセイ・後鳥羽院ごとばイン」

難読 院本まるほん(＝浄瑠璃ジョウルリの台本)

【院画】インガ 宋ソウ代、朝廷チョウテイの翰林図画院カンリントガインでかかせた絵。十四、五世紀、日本にも影響エイキョウをあたえた。

【院外】インガイ (病院・衆議院・参議院など)「院」と名のつくとこ

ろの外部。例―処方箋。

【院号】①上皇や皇太后などの、「院」の字のつく尊号。たとえば、後白河院など。②法名や戒名で「院」の字のついたもの。

【院主】寺院のあるじである僧。住持。住職。

【院生】①大学院の学生。②少年院など「院」と名のつくところに属している少年や学生。

【院政】①天皇が退位後、上皇や法皇となって御所(=院)で政治をおこなうこと。一〇八六年に白河上皇が始めた。②引退した政界や財界の実力者、また、先代の社長などが、引き続き実権をにぎっていることのたとえ。

【院宣】上皇や法皇が命令して出させる公式文書。院の宣旨。

【院長】学士院・芸術院・病院・修道院・少年院など「院」と名のつくところの最高責任者。

【院内】「院」と名のつくところの内部。例―感染(=病院の中で病原体に感染すること)。

【院本】①浄瑠璃の台本。丸本。②中国の金代の芝居の一つ。また、その脚本。

●医院・下院・学院・議院・参議院・寺院・衆議院・書院・上院・退院・入院・病院・両院

阝7【陥】10画 2057 9665 常用 音カン漢呉 訓おちい-る・おとしい-れる

筆順 ７ 阝 阝' 阶 陥 陥

阝8【陷】11画 7992 9677 人名

なりたち [形声]「阝(=おか)」と、音「臽カン」とから成る。おちいる。

意味 ❶くぼみに落ちこむ。おちいる。また、せめおとされる。例陥入。陥没。陥落。❷だます。計略にかける。おとしいれる。例陥穽。❸あやまち。また、不足する。例欠陥。❹突きとおす。つらぬく。とおす。

【陥▼穽】①落とし穴。けものなどをとらえるために、ほった穴。②人をだますための、はかりごと。わな。計略。例相手の―にはまる。敵が―を設けて待つ。

【陥入】(名・する)落ちこむこと。はまりこむこと。

【陥没】(名・する)落ちこむこと。表面がくぼんだ状態になること。例地面が―する。

【陥落】(名・する)①地面などが落ちこむこと。陥没。例道路が―する。②城や都市などがせめおとされること。例ベルリンの―。③熱心に説得されて、承知すること。くどきおとされること。④下の位に落ちること。例王座―。

阝7【降】10画 2563 964D 教育6 音一コウ漢 二コウ漢ゴウ呉 訓お-りる・お-ろす・ふ-る・くだ-る・くだ-す

筆順 ７ 阝 阝' 阝夂 陉 降 降

阝6【降】9画 二

なりたち [形声]「阝(=おか)」と、音「夅コウ(=おりる)」とから成る。くだる。

意味 一❶上から下へ動く。くだる。おりる。例降下。降誕。昇降。❷おちる。ふる。例降雨。降水。霜降。❸過去から現在に向かう。…からのち。…からあと。例以降。二❶負けて敵に従う。くだる。また、負かす。くだす。例降参。降伏。投降。❷[仏]法力によって悪魔をおさえこむ。例降伏。降魔。

日本語での用法《おりる・おろす》辞める。辞めさせる。「主役から降ろされる」

使い分け おりる・おろす【降・下・卸】⇩1165ページ

【降雨】雨がふること。また、その雨。例異常気象による記録的な―。

【降下】(名・する)①高いところからより低いところへおりること。また、おろすこと。例急―。②地位の高い人から命令などをもらうこと。例大命―。

【降嫁】(名・する)皇女や王女が臣下と結婚すること。例臣籍に―する。

【降海型】産卵・繁殖を川や湖でおこない、海へ下って成長する魚。陸封型に比べて大きく、産卵数も多い。サケ・チョウザメなど。→【陸封】(1037ページ)

【降格】(名・する)格式や階級・資格・地位などを下げること。また、下がること。格下げ。対昇格。例―人事。

【降参】(名・する)①戦争や議論など、争いごとに負けて相手に従うこと。降伏。②こまった事態などに対して、負けて閉口すること。お手上げ。まいる。例この暑さには―だ。

【降車】(名・する)電車や自動車などからおりること。対乗車。例―口。―専用ホーム。

【降職】(名・する)職員を、それまでより下の位の役職にうつすこと。降任。

【降水】空から地上へふってくる水。雨・雪・雹・霰などをまとめていう。例―確率(=天気予報で、一ミリメートル以上の降水がある可能性を、百分率で示す方法)。

【降水量】雨がどれだけふったかを示す量。一定時間内にふった雨水をミリメートルの単位であらわす。

【降雪】雪がふること。また、その雪。例―量。

【降誕】(名・する)神仏・聖人・高僧・帝王・貴人などが生まれること。例キリスト―。―祭。

【降壇】(名・する)壇から降りること。対登壇。

【降伏】(名・する)一戦いに負けて敵に従うこと。降参。例無条件―。全面―。二神仏や仏法などの力によって仏敵、悪魔などをおさえ鎮めること。調伏。例―法。表記 一は「降服」とも書く。

【降服】(名・する)「降伏一」に同じ。

【降▼冪】(数)多項式で、次数の高い項から低い項へと並べること。

【▽降魔】[仏]悪魔や煩悩を降伏させること。例―の剣(=悪魔を降伏させる剣。不動明王が持つ剣)。

【降臨】(名・する)神仏が天から降りてきて、この世に姿をあらわすこと。例天孫―。

●下降・滑降・乗降・投降

阝7【除】10画 2992 9664 教育6 音ジ慣 チョ漢 ジョ呉 訓のぞ-く・の-ける・よ-ける

筆順 ７ 了 阝 阝' 阶 阾 除 除

なりたち [形声]「阝(=おか)」と、音「余ヨ→チョ」とから成る。(いつも清らかな)宮殿のきざはし。派生して「清める」の意。

意味 ❶清める。はらう。例掃除。❷とり去る。とりのぞく。例除外。排除。❸古いものをとり去って新しくする。例除夜。❹新しい官職につける。例除官(=官吏に任命する)。除目。❺割り算。例除法。加減乗除。

[阜(阝(左))部] 7画 陥 降 除

8画

人名 きよ・さる・のき

【除目】ジモク 平安時代、大臣以外の官職を任命した儀式ギシキ。例県召あがためしの―。

【除外】ジョガイ（名・する）取りのけてあつかうこと。例―例。適用を―する。

【除去】ジョキョ（名・する）取りのぞくこと。例障害を―する。

【除湿】ジョシツ（名・する）湿気を取りのぞくこと。例―器。

【除数】ジョスウ 割り算で、割るほうの数。たとえば、$a \div b$ の b。

【除籍】ジョセキ（名・する）名簿メイボや戸籍コセキなどにのっている名前を消して、その人の身分をなくすこと。例―処分。

【除雪】ジョセツ（名・する）積もった雪を取りのぞくこと。雪かき。例―作業。―車。

【除染】ジョセン（名・する）①汚染オセンを取りのぞくこと。②放射性物質を取りのぞくこと。例―作業。

【除草】ジョソウ（名・する）雑草を取りのぞくこと。草取り。例―剤ザイ。

【除霜】ジョソウ（名・する）①農作物が霜しもに当たってかれるのを防ぐため、何かで囲うこと。②冷蔵庫の霜取り。

【除隊】ジョタイ（名・する）兵としての服役フクエキを解除されて、軍隊から帰ること。対入隊・入営。

【除法】ジョホウ 割り算。対乗法。

【除幕】ジョマク（名・する）銅像や記念碑キネンヒなどの完成時に、おおいの幕を取り去り、正式に公開すること。例―式。

【除名】ジョメイ（名・する）団体や会などから脱退ダッタイさせること。仲間からはずすこと。例―処分。

【除夜】ジョヤ おおみそかの夜。例―の鐘かね。

●解除カイジョ・駆除クジョ・削除サクジョ・切除セツジョ・免除メンジョ

阝7 【陞】10画 7994 965E 音ショウ漢呉 訓のぼ-る

意味 高いところへあがる。のぼる。同升ショウ・昇ショウ。例陞降ショウコウ（＝のぼることと、くだること）。

【陞任】ショウニン（名・する）上の地位や上級の役職にのぼること。また、のぼらせること。例理事長に―する。表記 現昇任

阝7 【陣】10画 3156 9663 常用 音チン漢ジン呉

筆順 了 阝 阝 阝一 阿 陌 陌 陣

阜（阝(左)）部 7—8画 ● 陞陣陝陟陛陜陦陰

たちなり [形声]「攵（＝うつ）」と、音「陳チン」とから成る。つらねる。派生して「戦いのための隊列」の意。

意味 ❶軍隊の隊列の配置。戦うときの構え。じんだて。例陣営ジンエイ・陣中ジンチュウ・布陣フジン。❷戦場センジョウ。いくさ。たたかい。例大坂おおさか夏なつの陣ジン。❸みじかい時間。ひとしきり。例陣痛ジンツウ。一陣イチジンの風かぜ（＝ひとしきり強くふく風）。

人名 つら

【陣営】ジンエイ ①軍隊が陣どっているところ。陣屋ジンや。陣所ジンショ。②階級や党派などの、組織や勢力をいうことば。例保守―。

【陣▼笠】ジンがさ ①足軽あしがるや雑兵ゾウヒョウなどが、戦場でかぶとの代わりにかぶった笠かさ。②俗ゾクに、政党などで、幹部でない人、役についていない代議士。したっぱ。

【陣形】ジンケイ 戦闘セントウするときの隊形。囲碁イゴや将棋ショウギなどの石や駒こまの構えについてもいう。例―を整える。

【陣太鼓】ジンダイコ 陣中や戦場で、合図に打ち鳴らす太鼓。

【陣地】ジンチ 戦いのために軍隊を配置してあるところ。陣を構えた場所。例―を構築する。

【陣中】ジンチュウ 陣地の中。また、戦場。例―日誌。

【陣中見舞い】ジンチュウみまい 仕事にはげむ人などを慰問イモンすることや慰問品。

【陣痛】ジンツウ ①出産のときに、くり返して起こる腹部の痛み。②ものごとができあがるまでの、ひとしきりの困難や苦労。

【陣頭】ジントウ 部隊の先頭。また、活動や行動する集団の第一線。最前線。例―指揮。―に立つ。

【陣羽織】ジンばおり 陣中で鎧よろいや具足の上に着る、そでなしの羽織。具足羽織。

【陣風】ジンプウ 急に強くふく風。疾風はやて。

【陣没】ジンボツ（名・する）戦地で死ぬこと。戦死や戦病死。表記「陣▼歿」とも書く。

【陣門】ジンモン 陣屋の出入り口。軍門。例敵の―にくだる。

【陣屋】ジンや ①軍隊の陣営。②代官などの役人の詰め所ショ。

【陣容】ジンヨウ ①陣の構え方。部隊の配置。陣立て。例―を整えて決戦に臨のぞむ。②会社や団体など組織を構成する人とその配置。顔ぶれ。例―を一新する。新内閣の―。

【陣列】ジンレツ 軍勢の配置の列。陣立て。例―を組む。

●初陣ういジン・円陣エンジン・殺陣サツジン・出陣シュツジン・先陣センジン・敵陣テキジン・布陣フジン・本陣ホンジン

阝7 【陝】10画 8001 965D 音セン漢

意味 ❶中国古代の地名。❷「陝西セン省」の略。例陝甘センカン（＝陝西省と甘粛カンシュク省）。

阝7 【陟】10画 8002 965F 音チョク漢 訓すす-む・たか-い・のぼ-る

意味 高いところへ歩いていく。のぼる。対降コウ。例陟降チョッコウ。陟升チョクショウ（＝高いところにのぼる）。

難読 陟釐あおのり

【陟罰】チョクバツ（名・する）官位を昇進ショウシンさせて賞することと、官位を落として罰すること。

阝7 【陛】10画 4237 965B 教育6 音ヘイ漢呉 訓きざはし

筆順 了 阝 阝 阝比 阝比 陛 陛

たちなり [形声]「阝（＝おか）」と、音「坒ヘイ」とから成る。きざはし。

意味 天子の宮殿キュウデンの階段。きざはし。転じて、天子に関することがらについていう。例陛衛ヘイエイ（＝天子の側近を警備する兵）。陛下ヘイカ。

人名 のぼる・のり・より

【陛下】ヘイカ ①天子をうやまって呼ぶことば。②天皇・皇后・皇太后・太皇太后タイコウタイゴウや、皇帝コウテイ・国王を、うやまって呼ぶことば。例女王―。

阝7 【陜】10画 ⇩【狭】キョウ（653ページ）

阝7 【陦】10画 ⇩【隯】トウ（1041ページ）

阝8 【陰】11画 1702 9670 常用 音イン漢オン呉 訓かげ・かげ-る・かく-す・くも-る

筆順 了 阝 阝 阝へ 阝今 陰 陰 陰

たちなり [形声]「阝（＝おか）」と、音「侌イン」とから成る。かげ。

意味 ❶日の当たらないところ。何かにおおわれているところ。かげ。例陰影インエイ。緑陰リョクイン。❷山の北側。川の南側。例山陰サンイン。淮陰ワイイン。❸表面に出ない。かくれた。ひそかな。例

陰徳。陰謀。❹くらく重い。例陰鬱。陰気。陰湿。❺易エキで、陽に対して、消極的・受動的なものをあらわす。地・女・月・柔など。対陽。例陰陽。❻〔移り行く日影から〕時間。例光陰。❼男女の生殖器。例陰部。

使い分け かげ【陰・影】⇩1167ページ

難読 陰きた

【陰陰】インイン(形動タル)①うす暗く、さびしいようす。例―たる廃墟。②陰気なようす。例―滅滅(=陰気で気のめいるようす)。

【陰鬱】インウツ(形動ナ)気持ちがはればれしないようす。暗くてうっとうしい感じ。例―な顔。

【陰雨】インウ 降り続く陰気な雨。例―の季節。

【陰雲】インウン 暗く空をおおう雲。暗雲。例空をおおう―。

【陰影】インエイ ①うす暗いかげ。かげり。くもり。②ふくみのある微妙な、あじわい。例―に富む文章。表記 ▽旧陰▼翳

【陰火】インカ 幽霊や妖怪などがあらわれるときに燃えるという火。鬼火。きつね火。

【陰画】インガ 写真のフィルムを現像したときできる画像。明暗や色相が被写体とは逆になる。ネガ。対陽画。

【陰気】インキ 一(形動ナ)気持ち・雰囲気・天候などが暗くしずんでいて、はればれしないようす。例―くさい。二(名)万物が消滅しようとする陰の気。▽対陽気。

【陰鬼】インキ ①死者の霊。亡霊。幽霊。②化け物。もののけ。

【陰極】インキョク 電位の低いほうの電極。マイナスの極。対陽極。例―線。

【陰茎】インケイ 男性の外部生殖器。男根。ペニス。

【陰険】インケン(形動ナ)見かけはものやわらかだが、内心はねじけていて悪意をもっているようす。かげではひどいことをしているようす。例やり方が―だ。

【陰刻】インコク 印をおしたとき文字などが白くなるように、その部分をへこませて彫ること。対陽刻。

【陰惨】インサン(形動ナ)むごたらしさで、気がめいっているようす。例―な事件。

【陰事】インジ 秘密のこと。かくしごと。密事。秘事。例他人の―をあばく。表記「隠事」とも書く。

【陰湿】インシツ(形動ナ)①暗くてしめっているようす。日が当たらず、じめじめしているようす。例―なくぼ地。②性質や行動などが陰険で、しつこいようす。例―ないじめ。

【陰性】インセイ 一(名・形動ナ)陰気で消極的な性質。暗くて内にこもりがちな性質。例―の人。二(名)検査をした結果、反応があらわれないこと。例―反応。▽対陽性。

【陰電気】インデンキ 絹の布でガラス棒をこすったとき、布に生じる電気。また、これと同じ性質の電気。マイナスの電気。負電気。対陽電気。

【陰徳】イントク 人に知られない、よいおこない。例―あれば陽報(=よいむくい)あり。―を積む。

【陰▼囊】インノウ 陰茎のつけ根にあって、睾丸を包んでいる皮膚のふくろ。ふぐり。

【陰部】インブ 体外にあらわれている男女の生殖器。恥部。かくしどころ。

【陰謀】インボウ ひそかにくわだてる悪だくみ。謀反の計画。例―をたくらむ。―をめぐらす。表記「隠謀」とも書く。

【陰毛】インモウ 外部生殖器に生える毛。恥毛。ヘア。

【陰陽】インヨウ 一インヨウ／オンミョウ／オンヨウ 中国古代の易でいう、陰と陽の二種の気。万物を形づくる二つの相反するもの。積極的なほうを陽、消極的なほうを陰と呼ぶ。日月・男女・火水など。例―道。二インヨウ 電気・磁極の、陰極と陽極。正負。

【陰陽家】インヨウカ 中国で、戦国時代、陰陽五行説をもとにして、吉凶をうらなうことを説いた学派。また、この派の人。

【陰陽五行説】インヨウゴギョウセツ 中国古代の思想で、万物は陰陽の二気によってでき、万物の現象は木・火・土・金・水の五行の移動や盛衰によって起こるという説。↓

【陰陽道】オンヨウドウ

【▽陰陽師】オンヨウジ〔「オンミョウジ」とも〕陰陽寮に所属して、陰陽道に関する仕事をした職員。

【▽陰陽道】オンヨウドウ〔「オンミョウドウ」とも〕中国古代の陰陽五行説にもとづく、天文・暦・うらないなどについての学問。吉凶を判断してわざわいをさけ、福を求めることを目的とする。日本でも陰陽寮が置かれたが、平安時代には俗信化した。

【陰暦】インレキ 月の満ち欠けをもとにして作った、こよみ。太陰暦。旧暦。対陽暦。

【陰口】かげぐち 当人のいないところで言う、その人の悪口。例―をきく。

【陰膳】かげぜん 家を長くはなれている人の無事をいのって、食事のたびに供えるその人の分の膳。例―をすえる。

【陰日▽向】かげひなた〔日の当たるところと、日の当たらないところの意〕人の見ているところと見ていないところとで、言うことや態度がちがうこと。うらおもて。例―なく働く。

【陰弁慶】かげベンケイ かげでは強がりを言っても表面に出ると弱いこと。自分の家や仲間の前では、いばっているのに、人の前では意気地がないこと。また、そのような人。内弁慶。表記 旧陰▼辨慶

●光陰コウイン・山陰サンイン・夜陰ヤイン・緑陰リョクイン

阝8【険】

11画 2417 967A 教育5 音ケン漢呉 訓けわ-しい

筆順 了 阝 阝 阶 阾 険 険 険

阝13【險】

16画 8010 96AA 人名

なりたち [形声]「阝(=おか)」と、音「僉ケン」とから成る。けわしい。

意味 ❶山がきり立ってけわしい。例険峻ケンシュン。険阻ケンソ。天険テンケン。❷はらぐろい。例陰険インケン。❸あやうい。例危険キケン。冒険ボウケン。

日本語での用法《ケン》表情やことばがとげとげしい。けわしい。「顔に険ケンがある・険ケンのあることば」

人名 たか・たかし・のり

【険悪】ケンアク(形動ダ)①よくないことが起こりそうで、油断できないようす。例―なムードがただよう。情勢が―になる。②顔つきや態度がけわしく、とげとげしいようす。例―な表情。

【険▼峻】ケンシュン(名・形動ナ)山などが高くけわしいこと。また、そのようなところ。例―な岩壁。表記「▼嶮▼峻」とも書く。

【険阻】ケンソ(名・形動ナ)山や道などが、けわしいこと。また、けわしい場所。例―な山岳地帯。表記 旧▼嶮▼岨

【険相】ケンソウ(名・形動ナ)顔つきがけわしく、おそろしいこと。また、その顔つき。例―な顔つき。すごい―でどなりこむ。

【険難】ケンナン 一(名)けわしくて、通るのにあぶないところ。二(名・形動ナ)けわしくて困難なこと。例―を乗り越える。―な世をわたる。表記 ▽「▼嶮難」とも書く。

【険要】ケンヨウ(名・形動ナ)地形がけわしく、敵を防ぐのに適していること。例―の地。

【険路】ケンロ けわしい道。表記「▼嶮路」とも書く。

●陰険・危険・邪険・探険・保険

阝8 【陲】 11画 8004 9672 音スイ漢 訓あや-うい・ほとり

意味 遠い地のはて。ほとり。辺地。例辺陲(=国境のあたり)。

阝8 【陬】 11画 8005 966C 音スウ漢 訓すみ・むつき

意味 ❶へんぴなところ。片いなか。すみ。例僻陬(=片いなか)。❷陰暦正月の別の言い方。むつき。例陬月。❸春秋時代の魯の地名。例陬邑。

【陬月】陰暦正月の別の言い方。むつき。孟陬。

【陬▼邑】①片いなか。へんぴな村里。②春秋時代の魯国の邑。孔子の生地。現在の山東省曲阜市にある。

阝8 【陳】 11画 3636 9673 常用 音チン漢 ジン呉 訓の-べる

筆順 了 阝 阝一 阝厂 阝百 阝亘 陣 陳

なりたち 【形声】「阝(=おか)」と「木」と、音「申→チン」とから成る。地名。借りて「つらねる」の意。

意味 ❶列をなしてならぶ。ならべる。つらねる。例陳列。出陳。❷ことばをならべる。述べる。申し述べる。例陳述。陳情。開陳。❸長い時間がたっている。古い。例陳腐。新陳代謝。対新。

日本語での用法《ひね・ひねる》古い。また、子供らしさがなく、おとなびている。「陳大根・陳た子供」

人名 かた・つら・のぶ・のぶる・のり・ひさ・むね・よし

【陳言】一(名)言いふるされたことば。陳腐なことば。二(名・する)ことばを述べること。

【陳謝】(名・する)公式にあやまること。例失言を一する。

【陳述】(名・する)意見や考えなどを申しのべること。例くわしく一する。

【陳情】(名・する)行政機関や政治家などに実情をうったえて、対策の実現を要望すること。例国会に一する。

【陳皮】ミカンの皮を干したもの。漢方で、せきどめや薬味などとして用いる。

【陳腐】(名・形動ダ)古くさいこと。ありふれていて、新しさがないこと。例一な意見。

【陳弁】(名・する)わけを話して弁解すること。申しひらき。例懸命に一する。表記 旧陳▼辯

【陳列】(名・する)人に見せるために、品物を並べておくこと。例一ケース。作品を一する。

【▽陳▽者】候文の手紙の、本文のはじめに使うことば。申し上げますと。さて。例拝啓、一……。

阝8 【陶】 11画 3811 9676 常用 音一トウ漢 二ヨウ漢 訓すえ・すえもの・よろこ-ぶ

筆順 了 阝 阝勹 阝匀 陶 陶 陶

なりたち 【形声】「阝(=おか)」と、音「匋」とから成る。二重になった丘。派生して「窯(で焼いた器)」の意。

意味 一 ❶やきもの。せともの。すえ。例陶器。陶芸。陶工。❷人を教えみちびく。やしなう。例陶冶。薫陶。❸こころよい。うっとりする。例陶酔。陶然。❹「鬱陶」は、心が晴れないようす。二「皐陶」は、古代中国の聖王とされる舜の臣下の名。

人名 と・よし

【陶▼淵明】「陶潜」に同じ。

【陶画】陶器や陶板(=陶製の板。タイル)にかいた絵。

【陶器】①粘土で形をつくり、うわぐすりをぬって低温で焼きあげたもの。②陶磁器。やきもの。せともの。

【陶芸】陶磁器の工芸。例一家。

【陶工】陶磁器をつくるのを職業とする人。

【陶酔】(名・する)①気持ちよく酒にようこと。②心をうばわれ、うっとりすること。例自然の美しさに一する。

【陶製】陶器でできていること。また、そのもの。例一の皿。

【陶潜】六朝時代、東晋の詩人。字は淵明。五柳先生と自称した。八十余日で役人をやめて帰郷後、自然を愛し自適の生活を送った。田園詩人といわれる。(三六五―四二七)

【陶然】(形動タル)①酒を飲んで、気持ちよく楽しむようす。例一たる気分。②うっとりするようす。例美しい調べに一とする。

【陶▽枕】陶器でできたまくら。

【陶土】陶磁器の原料となる、質のよい、白色の粘土。

【陶冶】(名・する)〔陶器や鋳物をつくる意〕性質や才能をりっぱに育てあげること。例人格を一する。

【陶窯】陶磁器を焼く、かま。

阝8 【陪】 11画 3970 966A 常用 音ハイ漢 バイ呉 訓したが-う

筆順 了 阝 阝亠 阝立 阝咅 陪 陪

なりたち 【形声】「阝(=おか)」と、音「咅→イハ」とから成る。土をかさねる。

意味 ❶かさねて、ふやす。ます。加える。同培・倍。❷お供をする。つき従う。例陪食。陪席。

人名 すけ・とも・ます・みつ

【陪乗】(名・する)高貴な人のお供をして、同じ乗り物に乗ること。

【陪食】(名・する)高貴な人といっしょに食事をすること。相伴。伴食。例一の栄を賜る。

【陪臣】①臣下の臣下。家来の家来。またげらい。②江戸時代、将軍からみて、諸大名の家臣。▽対直参。

【陪審】裁判にいっぱんの人を参加させて、罪の有無を判断する制度。アメリカなどでおこなわれている。例一員。

【陪席】(名・する)身分の高い人と同席すること。

阝8 【陸】 11画 4606 9678 教育4 音リク漢 ロク呉 訓おか・くが・みち

筆順 了 阝 阝一 阝+ 阝圥 陆 陸 陸

なりたち 【形声】「阝(=おか)」と、音「坴(=土が重なる)」とから成る。高く平らな土地。

意味 ❶水面より高く平らな土地。おか。くが。例陸地。水陸。❷「陸続」は、続いて絶えないようす。❸「陸離」は、光などがまばゆいようす。❹「六」の大字。商売や契約の文書で、数字を書きかえられないように使う。

日本語での用法《リク》「陸奥」の略。「陸前・陸中」

難読 陸湯・陸稲

人名 あつ・あつし・たか・たかし・ひとし・む・むつし・むつみ

【陸奥】㊀みちのく ㊁むつ ㊀（「みちのおく」の意）陸前・陸中・陸奥・磐城・岩代の五か国の地の古名。今の福島・宮城・岩手・青森の四県と秋田県の一部にあたる。みちのくに。㊁旧国名の一つ。「㊀」の地域。明治以後、陸前・陸中・陸奥・磐城・岩代に分かれ、陸奥は、今の青森県と岩手県の一部にあたる。みちのく。むつのくに。奥州。

【陸運】リクウン 鉄道や自動車など、陸上の交通機関を使った運送。陸送。例—業。

【陸海】リクカイ ①陸と海。海陸。例—の交通の要衝。②陸軍と海軍。例—軍。

【陸海空】リクカイクウ ①陸と海と空。②陸軍・海軍・空軍。

【陸軍】リクグン 陸上での戦闘を任務とする軍隊。

【陸上】リクジョウ ①陸の上。陸地。㊞海上。②「陸上競技」の略。例—の選手。

【陸上競技】リクジョウキョウギ トラックやフィールド、道路などでおこなう、歩く・走る・とぶ・投げるの運動競技。

【陸生】リクセイ （名・する）陸地にすむこと。また、陸地に生じること。㊞水生。例—動物。表記「陸▼棲」とも書く。

【陸戦】リクセン 陸上での戦い。

【陸前】リクゼン 旧国名の一つ。明治以後の制度で、今の宮城県北部と岩手県の南東部。

【陸送】リクソウ （名・する）陸上の輸送。陸運。例—業。

【陸続】リクゾク （形動タル）ひっきりなしに、つづくようす。続々。例観客が—とつめかける。

【陸棚】リクだな・リクホウ 海岸から深さ二〇〇メートルくらいまでの、傾斜がゆるやかになっている海底。大陸棚。

【陸地】リクチ 陸である土地。地球の表面で、水におおわれていないところ。りく。

【陸中】リクチュウ 旧国名の一つ。明治以後の制度で、今の岩手県と秋田県の一部。

【陸稲】リクトウ （「おかぼ」とも）畑でつくるイネ。㊞水稲。

【陸封】リクフウ （名・する）産卵のため川をさかのぼる習性の魚が、なんらかの原因で淡水中に閉じこめられ、そこで繁殖するようになること。たとえば、ヤマメはサクラマスの陸封型。→【降海型】（1033ページ）

【陸風】リクフウ・リクかぜ 海岸地方で、夜間、陸地から海へ向かってふく風。陸軟風。㊞海風。

【陸離】リクリ （形動タル）光や色が美しくかがやくようす。例光彩—たるものがある。

【陸路】リクロ 陸上のみち。また、陸上の交通手段を使って旅をすること。例—京都に向かう。

【陸橋】リッキョウ 道路や鉄道線路の上をまたいでかけられた橋。

【陸行】リッコウ （名・する）陸上のみちをいくこと。

●海陸カイリク・空陸クウリク・上陸ジョウリク・水陸スイリク・大陸タイリク・着陸チャクリク・内陸ナイリク・揚陸ヨウリク・離陸リリク

阝8 【隆】11画 4620 9686 常用 音リュウ漢 訓たか-い・なかだか

筆順 ㇇ 阝 阝 阝夂 降 降 隆

阝9 【隆】12画 1-9361 F9DC

なりたち [形声]「生（=うまれる）」と、音「降コウ→リュウ」とから成る。大きく、ゆたか。

意味 ❶さかん。盛大セイダイ。例隆盛リュウセイ。興隆コウリュウ。❷中央がもりあがって、高い。例隆起リュウキ。隆鼻リュウビ。❸身分や位が高い。

人名 おき・さかえ・さかり・たか・たかし・とき・なが・みち・もり・ゆたか

【隆運】リュウウン 勢いがさかんになっていく運命。栄えていく機運。盛運セイウン。例—に向かう。

【隆起】リュウキ （名・する）土地などが高く盛り上がること。例海底が—する。

【隆盛】リュウセイ （名・形動ダ）勢いのさかんなこと。隆昌リュウショウ。例味方が—に向かう。

【隆▼昌】リュウショウ 勢いのさかんなこと。大いに栄えること。隆盛セイ。例国運の—。

【隆然】リュウゼン （形動タル）高く盛り上がるようす。

【隆替】リュウタイ （名・する）さかんになったり、おとろえたりすること。盛衰セイスイ。例一国の—。

【隆隆】リュウリュウ （形動タル）①勢いがさかんなようす。例—たる勢い。②筋肉などがたくましく盛り上がっているようす。例筋骨—とした、すぐれた体格。

阝8 【陵】11画 4645 9675 常用 音リョウ漢呉 訓みささぎ・しの-ぐ・おか

筆順 ㇇ 阝 阝 阝十 阝土 阝夫 陵 陵

なりたち [形声]「阝（=おか）」と、音「夌リョウ」とから成る。大きなおか。

意味 ❶大きなおか。例丘陵キュウリョウ。❷天子の墓。みささぎ。例陵園リョウエン（=天子の墓）。陵墓リョウボ。御陵ゴリョウ。宮内庁書陵部ショリョウブ。❸他を圧倒アットウする。しのぐ。同凌リョウ。例陵雲リョウウン。陵駕リョウガ。❹おかす。あなどる。同凌。例陵辱

人名 たか・たかし

【陵雲】リョウウン ①雲を高くこえて、そびえること。②俗世間ゾクセケンを超越チョウエツすることのたとえ。表記▽「▼凌雲」とも書く。

【陵雲の志】リョウウンのこころざし ①俗世間ゾクセケンを超越チョウエツした、高いこころざし。②高い地位にのぼろうとする大きな望み。表記▽「▼凌雲の志」とも書く。

【陵▼駕】リョウガ （名・する）他をこえて、上に立つこと。例弟子シが師を—する力をもつ。表記「▼凌▼駕」とも書く。

【陵辱】リョウジョク （名・する）①人にはじをかかせること。侮辱ブジョク。例人前で—を受ける。②女性を暴力でおかすこと。表記▽「▼凌辱」とも書く。

【陵墓】リョウボ ①天子や諸侯ショコウの、はか。②天皇や皇后など皇族のはか。みささぎ。山陵。〔「陵」は天皇・皇后・皇太后のはか、「墓」はその他の皇族のはか〕

阝8 【陷】11画 ⇩【陥】カン（1033ページ）

阝9 【階】12画 1912 968E 教育3 音カイ漢呉 訓きざはし・はしご・しな

筆順 ㇇ 阝 阝 阝比 阝比 階 階

なりたち [形声]「阝（=おか）」と、音「皆カイ」とから成る。きざはし。

意味 ❶のぼりおりするための、だんだん。きざはし。例階段カイダン。階梯カイテイ。❷官位や身分の上下の等級。例階級カイキュウ。位階イカイ。❸いとぐち。手引き。例階梯カイテイ。

日本語での用法《カイ》建物の床ゆかの重なり。それぞれの層。また、それをかぞえることば。「二階ニカイ・五階ゴカイ建だてのビル」

難読 階子はしご

人名 すすむ・とも・のぼる・はし・より

【階位】カイイ 官位の等級。くらい。位階。類階級。

【階下】カイカ ①二階以上の建物で、したの階。例—で物音が

する。②階段のした。▽対階上。

【階級】①地位や身分などの順序づけ。くらい。等級。例—制度。—が上がる。②社会で、地位や財産などがほぼ同じ程度とされる集団。例上流—。—闘争。

【階上】①二階以上の建物で、うえの階。例受付は—にあります。②階段のうえ。▽対階下。

【階乗】〔数〕1からある自然数nまでの、連続するすべての自然数の積。$n!$であらわす。たとえば、5の階乗は$1\times2\times3\times4\times5=120$

【階前】階段のまえ。例—の梧葉すでに秋声。〈朱熹の作といわれる詩「偶成」〉

【階層】①社会を構成している人々を、財産・地位・職業・年齢などによって分けたもの。類階級。②建物の上下の階のかさなり。

【階段】①高さの異なる場所をつなぐ、段々になった上り下り用の通路。②地位などの、順をおって進む階級。例出世の—をのぼる。

【階▼梯】①階段。はしご段。②学問や芸能などの手引き。入門書。例茶道—。『蘭学—』〈大槻玄沢の著書。オランダ語の入門書〉

【階名】音楽で、音階の一つ一つの音を呼ぶ名前。ド・レ・ミ・ファ・ソ・ラ・シ。対音名。

●位階・音階・現段階・上階・職階・全階・段階・地階

阝9 【隅】

12画 2289 9685 常用 音グウ慣 グ漢呉 訓すみ

筆順 隅

なりたち 【形声】「阝(=おか)」と、音「禺」とから成る。かどのところ。すみ。

意味 かたすみ。はし。はずれ。すみ。例隅奥(=おくまったへや)。一隅。

日本語での用法 《グウ》旧国名「大隅(=今の鹿児島県東部)」の略。「隅州」

人名 ふさ

【隅隅】あちらこちらのすみ。また、すべての方面。例—まで掃除してある。

●一隅・片隅・四隅

阜(阝(左))部 9画 ●隅隍随隋隊

阝9 【隍】

12画 8006 968D 音コウ漢 訓ほり・みぞ

意味 城壁を囲む水のない、ほり。からぼり。例城隍。

阝9 【随】

12画 3179 968F 常用 音スイ漢 ズイ呉 訓したが-う

筆順 随

阝13 【隨】 16画 7814 96A8

なりたち 【形声】「辶(=いく)」と、音「隋」とから成る。したがう。

意味 ❶ついていく。つきしたがう。例随行。追随。夫唱婦随。❷さからわない。なりゆきにまかせる。…のままに。例随意。随時。随筆。❸周代の国の名。→【隋】(1038ページ)

難読 随神

人名 あや・みち・ゆき・より

【随意】(名・形動ナ)制限がなく、思いのままであること。心のまま。例どうぞご—に。

【随意筋】意識的に動かすことのできる筋肉。手足や顔の筋肉など。

【随一】多くのなかで、いちばんであること。また、そのもの。例県内—の観光地。

【随員】地位や身分の高い人に、つきしたがって行く人。お供。例使節団の—として加わる。

【随感】感じるまま。また、その感想。随想。例—録。

【随喜】(名・する)①〔仏〕他人の善行を見て、よろこぶこと。②心からありがたく思うこと。例—のなみだを流す。

【随行】(名・する)身分や地位の高い人につきしたがって行くこと。随伴。例—員。首相に—する。

【随時】(名・副)①(必要に応じて)いつでも。例—受け付ける。②(適当なときに)ときどき。例検査を—おこなう。

【随従】(名・する)①身分の高い人につきしたがうこと。また、その人。お供。②人の言いなりになること。

【随順】(名・する)したがって逆らわないこと。例命令に—する。

【随所】あちこち。どこでも。いたるところ。例日本各地で—に見られる植物。表記「随処」とも書く。

【随身】一ズイシン(名・する)人につきしたがって行くこと。また、その人。二ズイジン(名)平安時代、貴人の外出に護衛としてつきしたがった近衛府の武官。

【随想】折にふれて心にうかんでくる感想。また、それを書きしるした文章。随感。例—録。

【随伴】(名・する)①人につきしたがって行くこと。随行。例社長に—する。②あるものごとにともなって生じること。例—する諸問題。

【随筆】体験や感想など、心にうかぶままに自由に書いた文章。随想。エッセー。

【随分】一(副)①思ったよりずっと。かなり。例—(と)大きくなったね。②できるだけ。じゅうぶん。〔古い言い方〕例—おたいせつに。二(形動ナ)人に対する態度があまりにひどいようす。〔「ずいぶんひどい」の意〕例一時間もおくれて来るなんて—だ。

●追随・夫唱婦随・不随・付随

阝9 【隋】

12画 7101 968B 音スイ漢 ズイ呉

意味 ❶周代の国の名。隋。随。❷北周の楊堅(文帝)が天下を統一して建てた国。三代で唐にほろぼされた。(五八一—六一八)例『隋書』(隋のことを書いた歴史書)。遣隋使。

阝9 【隊】

12画 3466 968A 教育4 音一ツイ漢 二タイ漢

筆順 隊

阝9 【隊】 12画

なりたち 【形声】「阝(=おか)」と、音「㒸」とから成る。高いところから、おちる。

意味 一ツイ おちる。同墜。二タイ ❶兵士の集団。また、その単位。例隊伍。軍隊。兵隊。❷列をなす人々のむれ。まとまった集団。例隊商。楽隊。縦隊。

【隊員】隊を構成する人。隊のメンバー。例探検隊の—。

【隊形】軍隊などが目的に応じて並んだかたち。横隊・縦隊など。例—を整える。

【隊▼伍】タイゴ 隊を組んできちんと並んだ兵士の列。隊列。例—を組む。
【隊商】タイショウ ウマ・ラクダ・馬車・自動車などに荷を積み、隊を組んで遠い地方との間を行き来する商人。キャラバン。例砂漠を行く—。
【隊長】タイチョウ 隊をひきいる、かしら。
【隊列】タイレツ 人が集まって、きちんと並んだ列。隊を組んだ列。例—を乱す。—をはなれる。
●横隊・楽隊・艦隊・帰隊・軍隊・鼓笛隊・縦隊・除隊・入隊・部隊・兵隊・編隊・連隊

阝9 【陽】 12画 4559 967D 教育3 音ヨウ漢呉 訓ひ

筆順 了 阝 阝' 阝日 阝旦 阝早 阝昜 陽 陽

なりたち [形声]「阝(=おか)」と、音「昜」とから成る。高く明らか。

意味 ❶日のあたる側。山の南側。川の北側。㊟陰。例山陽。洛陽。❷日。日の光。例陽光。夕陽。太陽。❸うわべ。表面に出た。例陽報(=目に見えるむくい)。陰に陽に。❹明るくあたたかい。例陽気。陽春。陽和。❺易で、陰に対して、男性的・積極的・能動的なものをあらわす。天・男・日・剛など。㊟陰。例陰陽。❻いつわる。だます。ふりをする。例陽言。陽動。

難読 陽木・陽

人名 あき・あきら・おき・きよ・きよし・たか・たかし・なか・のぼる・はる・ひかる・や

【陽炎】ヨウエン・かげろう 春や夏の好天下で、野原などの地表近くに見られる、透明なほのおのようなゆらめき。暖められた地表の空気の密度が不均一になり、そこを通る光が不規則に屈折するために起こる。例—が立つ。
【陽画】ヨウガ 写真で、明暗や色彩が実物と同じに見えるもの。とくに、ネガを感光紙に焼き付けたもの。ポジ。㊟陰画。
【陽関】ヨウカン 甘粛省敦煌県の西南にあった関所。西域との交通の要所として、玉門関とともに有名。例西の方—を出いずれば故人(=ふるくからの友人)無からん。(王維・元二の安西に使いするを送る)
【陽気】ヨウキ 一(名)①気候。時候。例いい—になる。②万物を活動させる気。陽の気。㊟陰気。二(形動ダ)ほがらかで明るいようす。にぎやかなようす。㊟陰気。例—な性格。
【陽狂】ヨウキョウ 狂人のふりをすること。また、その人。表記「▼佯狂」とも書く。
【陽極】ヨウキョク 電池などで、電位が高いほうの電極。正の電極。プラス。㊟陰極。
【陽光】ヨウコウ 太陽の光。日光。例—を浴びる。
【陽刻】ヨウコク 印判や版などを、文字や絵の部分が高く、地が低くなるように彫ること。うきぼりにすること。㊟陰刻。
【陽子】ヨウシ 正の電気をおびた素粒子の一つ。中性子とともに原子核をつくる。プロトン。
【陽春】ヨウシュン ①暖かく生気あふれる春。例—の候。②陰暦正月の別の言い方。
【陽性】ヨウセイ 一(名・形動ダ)ほがらかで明るいこと。陽気な性質。例かれはどちらかというと—だ。二(名)検査で、反応がはっきりあらわれること。例—反応。▽㊟陰性。
【陽転】ヨウテン (名・する)〔医〕ツベルクリン反応で、陰性から陽性に変わること。
【陽電気】ヨウデンキ 絹の布でガラス棒をこすったときに、ガラス棒に生じる電気。また、これと同じ性質の電気。プラスの電気。正電気。㊟陰電気。
【陽動作戦】ヨウドウサクセン 真の作戦意図をかくすために、別の行動をして、敵の注意をそらす作戦。
【陽徳】ヨウトク ①万物を活動させる気。陽気。②太陽。また、太陽の光。陽光。
【陽物】ヨウブツ 陰と陽のうち、陽に属するもの。
【陽暦】ヨウレキ 地球が太陽のまわりを一周する時間を一年(=約三百六十五日)とする、こよみ。太陽暦。新暦。㊟陰暦。
●陰陽・山陽・斜陽・太陽・重陽

阝9 【隈】 12画 2308 9688 人名 音ワイ漢 エ呉 訓くま

意味 山や川、また道が曲がって、はいりこんだところ。おくまったところ。かくれたところ。すみ。くま。例隈曲(=山や川が湾曲しているところ)。界隈(=さかい)。

日本語での用法《くま》色やかげが濃く、黒ずんだ部分。「隈取り・目に隈ができる」

人名 たかし

阝9 【隊】 12画 ⇩【隊】タイ(1038ページ)

阝9 【隆】 12画 ⇩【隆】リュウ(1037ページ)

阝10 【隘】 13画 8007 9698 音アイ漢呉 訓せまーい

意味 地形がせまくけわしい。せまい。同阨。例隘巷。隘路。

【隘▼巷】アイコウ せまくて、きたない町。例—にかくれ住む。
【隘路】アイロ ①せまい道。せまくて通りにくい道。②ものごとをなしとげるのに、さまたげとなるもの。支障。例生産上の—。

阝10 【隕】 13画 8008 9695 音イン漢呉 訓おーちる・おーとす

意味 ❶高いところからおちる。おとす。おちる。例隕石。❷うしなう。(命を)おとす。死ぬ。例隕命(=命をおとす)。

【隕星】インセイ「隕石」に同じ。
【隕石】インセキ 燃えつきないで、地上に落ちてきた流星の破片。隕星。

阝10 【隗】 13画 8009 9697 音カイ慣 ガイ漢 訓たかーい

意味 ❶高くけわしいようす。❷くずれ落ちるように、たおれる。❸姓の一つ。また、人名。例郭隗。

【隗より始めよ】大きなものごとを成しとげるには、まず身近なことから始めよ。先ず隗より始めよ。〔戦国時代、燕の昭王に郭隗が言ったことば。もし燕王が賢者を得たいならば、まず最初にわたくし郭隗を優遇しなさい。そうすれば、「郭隗程度の人物でさえあれだけ重く用いられるのだから、自分ならもっと優遇されるにちがいない」と考えて、すぐれた人物が集まってきますよ、という進言〕(戦国策)

阝10 【隔】 13画 1954 9694 常用 音カク漢 キャク呉 訓へだーてる・へだーたる・へだーたり

筆順 了 阝 阝 阝 阝 隔 隔 隔 隔

なりたち [形声]「阝(=おか)」と、音「鬲レキ→カク」とから成る。ふさぎ、へだてる。

意味 ❶さえぎる。遠ざける。へだてる。また、あいだがはなれてい

8画
[阜(阝(左))部] 9—10画 ●陽隈隊隆隘隕隗隔

る。へだたる。例隔世(カクセイ)。隔絶(カクゼツ)。遠隔(エンカク)。❷しきり。また、はなれている程度。へだたり。例間隔(カンカク)。❸一つおきの。例隔月(カクゲツ)。隔日(カクジツ)。隔週(カクシュウ)。

【隔意】カクイ（えんりょや警戒(ケイカイ)などのため）心がうちとけないこと。隔心。例—なく話し合う。

【隔月】カクゲツ 一か月おき。例—刊行。

【隔日】カクジツ 一日おき。例—勤務。

【隔週】カクシュウ 一週間おき。例—土曜休日。

【隔心】カクシン・キャクシン うちとけない心。隔意。

【隔世】カクセイ ❶時代をへだてること。時代が大きく異なること。例—の感がある。❷世代を一つ、またはそれ以上へだてること。例—遺伝。

【隔絶】カクゼツ（名・する）遠くはなれて、他との関係がたたれること。例世間から—した世界。

【隔年】カクネン 一年おき。例調査を—におこなう。

【隔壁】カクヘキ 仕切りとなるかべ。例防火—。

【隔膜】カクマク 生物体の内部を仕切る膜状のもの。横隔膜など。

【隔離】カクリ（名・する）❶他からへだて、はなすこと。へだたりはなれること。例世間から—する。❷〔医〕感染症(カンセンショウ)の患者を、他からはなして、一定の場所におくこと。

【隔靴搔痒】カッカソウヨウ（はいているくつの上から、中のかゆいところをかく意）いらいらすること。じれったいこと。

●遠隔(エンカク)・間隔(カンカク)

阝10 【隙】 13画 2368 9699 常用 音ケキ漢ゲキ呉 訓すき・ひま

筆順 ⻖ 阝 阝' 阝'' 阝''' 阝⺌ 隙 隙

阝11 【隙】 14画 28EF6 俗字

なりたち [形声]「阝(=おか)」と、音「𡭴(ケキ)(=壁の接する部分の上下が見えるさま)」とから成る。すきま。

意味 ❶物と物とのあいだの小さなすきま。例間隙(カンゲキ)。❷あいた時間。ひま。❸仲たがい。いざこざ。

人名 ま

【隙▽駒】ゲキク 戸のすきまから、走りすぎるウマの姿をちらりと見ること。またたくまに、月日が過ぎ去ることのたとえ。駒隙(クゲキ)。

【隙間】すきま ❶物と物とのあいだの、あいている部分。あき。すき。例—風(かぜ)。❷あいた時間。ひま。例—もなく客が来る。表記「透き間」とも書く。

●間隙(カンゲキ)・空隙(クウゲキ)・手隙(てすき)

阝10 【隝】 13画 ⇩【塢】オ（237ページ）

阝11 【隠】 14画 1703 96A0 常用 音イン漢オン呉 訓かく-す・かく-れる

筆順 ⻖ 阝 阝' 阝⺕ 阝爫 隠 隠 隠

阝14 【隱】 17画 8012 96B1

なりたち [形声]「阝(=おか)」と、音「㥯(イ)」とから成る。おおい、かくす。

意味 ❶外から見えない。かくれる。例隠顕(インケン)。隠然(インゼン)。隠蔽(インペイ)。隠密(オンミツ)。❷おおって見えないようにする。かくす。例隠匿(イントク)。隠微(インビ)。❸世の中とのかかわりをたつ。身をかくす。例隠者(インジャ)。隠棲(インセイ)。❹あわれむ。親身になって心配する。例隠恤(インジュツ)(=いたみあわれむ)。惻隠(ソクイン)。

日本語での用法《イン》旧国名「隠岐(おき)(=今の島根県隠岐郡)」の略。「隠州(インシュウ)」

難読 雪隠(セッチン)

人名 やす

【隠逸】インイツ わずらわしい世間をのがれ、かくれること。また、その人。例—を好み世に出ない。

【隠花植物】インカショクブツ「胞子(ホウシ)植物」の古い呼び名。花も種子もつけないで、胞子や分裂(ブンレツ)などによってふえる植物。菌(キン)類・コケ類・シダ類など。対顕花(ケンカ)植物。

【隠居】インキョ 一(名・する) 社会的な活動から身を引き、世間をはなれて静かに暮らすこと。気楽に暮らすこと。また、そのような人。例楽(ラク)—。二(名) 老人のこと。例ご—さん。

【隠見】インケン（名・する）かくれたり、見えたりすること。見えかくれ。例湖面が—する長い山道。表記「隠顕」とも書く。

【隠語】インゴ 特定の仲間だけに通じることば。

【隠士】インシ 世間からのがれて静かに暮らす人。隠者(インジャ)。

【隠者】インジャ わずらわしい世間をさけ、ひっそりとかくれ住む人。隠士。例長明(チョウメイ)や兼好(ケンコウ)ら—の文学。

【隠▼棲】インセイ（名・する）世間をはなれて静かに住むこと。例山里に—する。表記「隠▼栖」とも書く。

【隠然】インゼン（形動タル）表面にあらわれないが、かげで強い力をもっているようす。例—たる勢力をもつ。

【隠退】インタイ（名・する）社会的な活動や世間の雑事から身を引いて静かに暮らすこと。例故郷に—する。

【隠退蔵】インタイゾウ（名・する）「隠匿(トク)退蔵」の略。かくして、役立てないでしまっておくこと。例—物資。

【隠宅】インタク ❶かくれて住む家。かくれが。❷隠居した人の住む家。隠居所。

【隠匿】イントク（名・する）人や品物などをかくすこと。秘密にすること。（ふつう、かくしてはいけない人や品物についていう）例—物資。犯人を—した罪。

【隠▼遁】イントン（名・する）世間をのがれて、静かにかくれ住むこと。例山おくに—する。

【隠忍】インニン（名・する）苦痛や不満を表面に出さず、じっとがまんをすること。例—するにも限度がある。

【隠忍自重】インニンジチョウ（名・する）軽はずみな行動をとらず、苦しみやいかりを、たえしのぶこと。例助言に従って—する。

【隠微】インビ（名・形動ダ）表にはっきりあらわれず、かすかでわかりにくいこと。例人間心理の—な面。

【隠蔽】インペイ（名・する）見えないように、おおいかくすこと。

【隠謀】インボウ かげで、よくないことをたくらむこと。また、その計画。わるだくみ。例—をくわだてる。表記「陰謀」とも書く。

【隠滅】インメツ（名・する）❶かくれて見えなくなること。❷あとかたもなく消すこと。例証拠(ショウコ)を—する。表記❷は「▼湮滅・▼堙滅」とも書く。

【隠約】インヤク ❶ことばは簡単であるが、意味はおくふかいこと。❷はっきりしないこと。かすかなこと。

【隠喩】インユ「…のようだ」などのことばを使わないで、たとえを表現する方法。「真珠(シンジュ)の涙(なみだ)」「人生は旅だ」など。暗喩。対直喩。

【隠岐】おき 旧国名の一つ。今の島根県の隠岐郡にあたる。隠州(インシュウ)。

【▽隠密】オンミツ 一(「インミツ」とも)(名・形動ダ) 他に知られないように、ものごとをかくれてすること。例—に事を進める。二(名) 江戸(えど)時代、幕府や諸大名が使ったスパイ。しのびのもの。かくし目付(めつけ)。例幕府方の—。

阝11 【際】 14画 2661 969B 教育5 音セイ漢サイ呉 訓きわ

筆順 阝 阝 阝 阝 阝 阝 際

なりたち [形声]「阝(=おか)」と、音「祭ｻｲ」とから成る。かべとかべとのさかいめ。

意味 ❶二つのものが接するさかいめ。ほとり。きわ。例天際。瀬戸際。辺際。❷ものごとのかぎり。はて。例際限。❸(何かが起ころうとしている)とき。機会。場合。例今際。間際。❹(ある機会に)であう。いきあう。例際会。際遇(=であう)。❺まじわる。まじわり。例学際的。交際。国際。

日本語での用法《きわ》①身のほど。身分。「やんごとなき際きわ」②才能や実力の程度。「手際てぎわ」

【際物】きわもの ①ある時期に集中して売れる品物。ひな人形・こいのぼりなど。②流行や社会的事件など、人々の一時的な関心をあてこんで作った商品や作品。例―の小説。

【際会】サイカイ (名・する)事件や時機にたまたま出くわすこと。例好運に―する。

【際涯】サイガイ 広い土地などのはて。かぎり。例―のない大草原。

【際限】サイゲン ものごとが終わるところ。かぎり。はて。例―がない。

●往生際・学際・業際・交際・国際・金輪際・実際・瀬戸際・手際・土俵際・不手際・分際・間際・窓際・山際

阝11 【障】 14画 3067 969C 教育6 音ショウ漢呉 訓さわ-る・さわ-り

筆順 阝 阝 阝 阝 阝 障 障

なりたち [形声]「阝(=おか)」と、音「章ｼｮｳ」とから成る。へだて、さえぎる。

意味 ❶あいだにじゃまなものをおいて通れないようにする。さえぎる。さわる。じゃま。さわり。例障害。故障。支障。❷へだて。しきり。さかい。例障子。障蔽。障壁。❸ふせぐ(もの)。まもり。とりで。例障塞(=とりで)。保障。

使い分け さわる【触・障】⇩1170ページ

難読 気障きざ

【障害】ショウガイ ①何かをするときに、じゃまになるものごと。さまたげ。例多くの―をのりこえる。②身体の器官がなんらかの原因でじゅうぶんに機能を果たさないこと。例胃腸―。表記 ▽旧障▼碍

【障子】ショウジ 和室を仕切る建具の一つ。格子に組んだ木のわくに和紙をはったもの。明かり障子。〔古くは、ふすまやついたてなど、室内の仕切りをするものすべてをいった〕

【障蔽】ショウヘイ ①さえぎり、おおうこと。②仕切り。へだて。類障屏。

【障壁】ショウヘキ ①仕切りのかべ。また、仕切りにするもの。②じゃまになるもの。さまたげ。障害。例両国友好の―を取り除く。表記 旧▼牆壁

【障壁画】ショウヘキガ ふすま・ついたて・びょうぶなどや、壁にえがかれた絵画。

●故障・支障・白内障・万障・保障・緑内障

阝11 【隙】 14画 ⇩【隙】ゲキ(1040ページ)

阝12 【隣】 15画 ⇩【隣】リン(1041ページ)

阝13 【隧】 16画 8011 96A7 音スイ漢ズイ呉

意味 ❶ななめにほりさげた、墓への通路。例隧道。墓隧(=地中の柩を納めてあるへやに通じる道)。❷地下をほってつくった通路。トンネル。例隧道。

【隧道】スイドウ ①〔鉄道関係では「ズイドウ」とも〕トンネル。②平地からななめに墓室に通じる通路。

阝13 【隣】 16画 4657 96A3 常用 音リン漢呉 訓とな-る・となり

筆順 阝 阝 阝 阝 隣 隣 隣

阝12 【隣】 15画

阝12 【鄰】 15画 7835 9130 本字

なりたち [形声]「阝(=むら)」と、音「粦ﾘﾝ」とから成る。となりあった五つの家。

意味 ❶最も近くに接している家、土地、国など。となり。例隣家。隣国。近隣。❷となりあう。となる。例隣接。

人名 さと・ただ・ちか・ちかし・なが

【隣家】リンカ となりの家。

【隣交】リンコウ となりとのまじわり。隣人や隣国とのつきあい。

【隣好】リンコウ となり近所と親しくすること。隣家や隣国との親しいつきあい。例―を尊重する外交方針。

【隣国】リンゴク となりの国。隣邦。例―との国境地帯。

【隣人】リンジン となりの人。となり近所の人。例―愛。―とうまくつきあう。

【隣席】リンセキ となりの席。例―の客。

【隣接】リンセツ (名・する)となりあっていること。すぐとなりに続いていること。例公園に―する住宅地。

【隣村】リンソン となりのむら。となりむら。

【隣邦】リンポウ となりの国。隣国。

●近隣・四隣・善隣

阝13 【險】 16画 ⇩【険】ケン(1035ページ)

阝13 【隨】 16画 ⇩【随】ズイ(1038ページ)

阝14 【隰】 17画 8014 96B0 音シツ慣シュウ漢 訓さわ

意味 低くてしっけの多い土地。さわ。例隰皐(=さわ)。

阝14 【隯】 17画 2-9176 96AF 音トウ漢 訓しま

阝7 【陦】 10画 8003 9666 俗字

意味 まわりを海や湖にかこまれた陸地。なかす。しま。同島。

阝14 【隱】 17画 ⇩【隠】イン(1040ページ)

阝14 【隲】 17画 ⇩【騭】シツ(1084ページ)

阝16 【隴】 19画 8015 96B4 音ロウ慣リュウ漢 訓おか

意味 ❶甘粛省の別名。例得レ隴望レ蜀。❷おか。同壟。例隴断(=おかの高くきり立ったところ)。❸うね。同壟。例隴畝(=はたけ)。

【隴を得て蜀を望む】隴の地を平定したうえ、さらに蜀の地を取ろうと望む。一つのものに満足しないで、さらにそれ以上のものを求めること。人の欲の限りないことのたとえ。望蜀。〔後漢の光武帝が隴の国を得て、さらに蜀の国を望んだ故事から〕(後漢書)

171 8画 隶 たい れいづくり 部

追いついてつかまえる意をあらわす。「隷」の字にある旁(=漢字の右がわの部分)であることから「れいづくり」ともいう。「隶」と、「隶」をもとにしてできている「隷」とを集めた。

0 隶 8 隷 9 隸

隶 0 【隶】8画 8016 96B6 音 タイ漢 訓 およ-ぶ

意味 おいつく。およぶ。つかまえる。同 逮。

隶 8 【隷】16画 4676 96B7 常用 音 レイ漢 訓 しもべ

筆順 … 隷

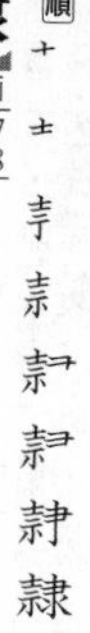

隶 9 【隸】17画 8017 96B8

なりたち [形声]「隶(=おいつく)」と、音「柰ダイ→レイ」とから成る。つく。

意味 ❶つき従う。付属する。つく。例 隷従。隷属。❷身分の低いめしつかい。下僕。しもべ。例 隷僕(=しもべ。下男)。奴隷。❸漢字の書体の一つ。例 隷書。篆隷。

【隷下】その人に従属すること。配下。例 ―の部隊。

【隷従】(名・する)手下となってしたがうこと。また、その人。隷属。従属。例 英雄に―する騎士たち。

【隷書】漢字の書体の一つ。篆書の字画を略して、直線的にしたもの。→【篆書】(755ページ)・【楷書】(537ページ)・【行書】(884ページ)・【草書】(850ページ)

【隷人】①めしつかい。しもべ。また、奴隷。②罪人。

【隷属】(名・する)①他の支配を受けて言いなりになること。隷従。従属。例 大国に―する。②手下として従うこと。部下。

隶 9 【隸】17画 ⇩【隷】(1042ページ)

172 8画 隹 ふるとり 部

尾の短い鳥の形をあらわす。部首名の「ふるとり」は、「旧(=ふるい)」の旧字体「舊」の字の中の「とり」の意という。「隹」をもとにしてできている漢字を集めた。

0 隹 2 隼 隻 3 雀 隺 4 雁 雇 集 雋 雄 雅 雇 5 雅 雎 雉 雍 6 雑 雌 8 雕 9 雖 10 雛 難 雞 雜 雙 11 離 難 20 雧

この部首に所属しない漢字

焦⇩灬 633 霍⇩雨 1052 讎⇩言 928

隹 0 【隹】8画 8018 96B9 音 スイ漢 訓 とり・ふるとり

意味 尾の短い鳥。とり。

隹 2 【隼】10画 4027 96BC 人名 音 シュン漢 ジュン呉 訓 はやぶさ

なりたち [会意]「隹(=とり)」と「一(=ひとつ)」とから成る。鳥の名。

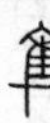

意味 ハヤブサ科の鳥。空中を高速で飛び、たか狩りに使う。ハヤブサ。例 隼鷹(=ハヤブサ)。

難読 隼人(はやと・はいと)(=古代の薩摩地方に住んだ、勇敢な人々)・小隼(さしば)

人名 たか・たかし・とし・はや・はやし・はやと

隹 2 【隻】10画 3241 96BB 常用 音 セキ漢 訓 ひと-つ

筆順 … 隻

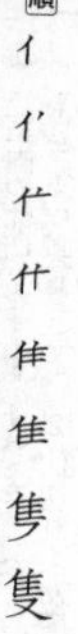

なりたち  [会意]「又(=て)」で「隹(=一羽のとり)」をもつ。鳥一羽。

意味 ❶ただ一つ。ただひとり。例 隻影。隻身(=自分ひとり)。❷二つひと組みのものの一方。かたほう。例 隻眼。隻手。❸わずかな。ほんの少し。例 隻語。片言隻句。❹船などを数えることば。

人名 うく・かた

【隻影】ただ一つのものの姿。片影。例 ―もない。

【隻眼】①かため。独眼。②(「一隻眼」の形で)一つの見方の意。その人独特の、すぐれた見識。例 ―を有する。

【隻語】①ちょっとしたことば。わずかなことば。隻句。例 片言―。②子供のかたこと。

【隻手】片方の手。かたて。対 双手。

【隻句】一つの文句。ちょっとしたことば。例 片言―。

隹 3 【雀】11画 3193 96C0 人名 音 ジャク慣 シャク漢 サク呉 訓 すずめ

意味 ハタオリドリ科の鳥。スズメ。また、小さな存在のたとえ。例 燕雀。欣喜雀躍。

難読 雀部(ささべ)(=姓)・四十雀(しじゅうから)・雀子斑(そばかす)・雀麦(からすむぎ)・孔雀

【雀斑】(ジャクハン・そばかす) 顔などにできる、茶色のこまかい斑点。

【雀躍】(名・する)(スズメがとびはねるように)こおどりして喜ぶこと。例 欣喜―(=喜びの気持ちをおさえることができず、こおどりして喜ぶ)。

【雀羅】スズメをとらえるあみ。例 門前―を張る(=門前にスズメをとらえるあみが張れるほど、おとずれる人がない)。

隹 3 【隺】11画 ⇩【鶴】(1104ページ)

隹 4 【雁】12画 2071 96C1 人名 音 ガン漢 訓 かり・かりがね

鳥 2 【鳫】13画 8279 9CEB 別体字 鳥 4 【鴈】15画 8278 9D08 別体字

意味 カモ科の水鳥。ガン。秋、北方からきて、春、北に帰る代表的なわたり鳥。隊列をつくって飛ぶ。かりがね。カリ。例 過雁。雁行。帰雁。

難読 雁来紅(かまつか・はげいとう)

【雁首】①キセルの頭部。②人の首。例 ―をそろえる。

【雁行】一(名)空を飛ぶガンの列。二(名・する)(ガンが飛んでいくように)ななめに並んでいくこと。また、優劣なく同じように並んでいること。例 両者は―している。

【雁書】手紙。たより。〔前漢の蘇武が匈奴にとらえら

れたとき、ガンの足に手紙を結びつけて、故郷に送ったという故事による)〈漢書カンジョ〉

【雁皮】ガンピ ①ジンチョウゲ科の落葉低木。夏、黄色の花をつける。②ガンピの樹皮からつくった良質の和紙。雁皮紙。

【雁来紅】ガンライコウ ハゲイトウの別名。〔秋、ガンがわたってくるころ、紅色になるところから〕

隹4 **【雇】** 12画 2459 96C7 常用 音コ漢呉 訓やと-う・やと-い

筆順 一 ヨ 戸 戸 戸 屏 屏 雇 雇

隹4 **【雇】** 12画

なりたち 形声「隹(=とり)」と、音「戸コ」とから成る。鳥の名。借りて「やとう」の意。

意味 賃金をはらって、人を働かせる。やとう。例雇用ヨウ。解雇カイ。

【雇用】コヨウ (名・する) 人をやとうこと。対解雇。例終身—制度。—の拡大をはかる。表記 旧雇▼傭

隹4 **【集】** 12画 2924 96C6 教育3 音シュウ漢 ジュウ呉 訓あつ-まる・あつ-める・つど-う・あつ-まり

筆順 イ 亻 什 佯 隹 隹 隼 隼 集

隹20 **【雧】** 28画 96E7 本字

なりたち 会意「雥(=鳥のむれ)」と「木(=き)」とから成る。たくさんの鳥が木にむらがる。

意味 ❶多くのものが寄りあう。あつまる。つどう。例集合ゴウ。雲集ウン。群集グン。❷よせあわせる。あつめる。同輯シュウ。例集録ロク。収集シュウ。編集ヘン。❸詩文などをあつめた書物。例歌集カ。詩集シ。全集ゼン。

難読 物集もず・物集女もずめ

人名 あい・あつむ・ため・ち・ちか・つどい・やす・やすし

【集印】シュウイン (名・する) 寺や神社の御朱印ゴシュイン や観光地のスタンプを、記念にあつめること。例—帳。

【集荷】シュウカ (名・する) 荷物にモツを各地から一か所にあつめること。また、その荷物。例農産物の—場。表記 旧▼蒐荷

【集貨】シュウカ (名・する) 貨物や商品をあつめること。また、あつまること。また、その貨物や商品。

【集会】シュウカイ (名・する) 多くの人がある目的であつまること。また、そのあつまり。例—場。憲法を考える—を開く。

【集解】シュウカイ・シッカイ 多くの解釈カイシャクを一つにあつめて、注釈書を作ること。また、その書物。例何晏カアン(=魏ギの学者の名)の『論語—ロンゴシッカイ』。

【集義】シュウギ よいおこないを積みかさねること。また、積みかさねた善行。積善。

【集議】シュウギ (名・する) あつまって相談すること。

【集魚灯】シュウギョトウ 夜、海上を照らして、魚をさそいあつめてとるための、明かり。

【集金】シュウキン (名・する) 代金や会費などをあつめること。また、あつめたお金。例—係。—人ニン。

【集計】シュウケイ (名・する) いくつかの数を寄せあつめて計算すること。合計。例売り上げを—する。

【集結】シュウケツ (名・する) 散らばっていたものを、一か所にあつめること。また、あつまること。結集。例艦隊カンタイが—する。

【集権】シュウケン (名・する) 権力を一か所にあつめること。対分権。例中央—。

【集合】シュウゴウ 一(名・する) 一か所にあつまること。また、あつめること。また、そのあつまり。対解散。例三時に正面玄関ゲンカンに—すること。二(名)〔数〕ある条件や範囲ハンイにあてはまるものを、ひとまとまりとして考えたもの。例三の倍数の—。

【集散】シュウサン (名・する) ①あつまることと、ちらばること。あつめることと、ちらすこと。例離合ゴウ—をくり返す。②産地からあつめた生産物を、各地へ送り出すこと。例—地。表記 ▽「聚散」とも書く。

【集成】シュウセイ (名・する) 同種のものを多くあつめ、一つにまとめあげること。また、そのもの。集大成。例判例を—した書物。

【集積】シュウセキ (名・する) 多くのものがあつまって、つみかさなること。あつめてつみかさねること。例—回路。木材を—する。

【集大成】シュウタイセイ (名・する) 多くのものをあつめて、一つのものにまとめあげること。また、そのもの。集成。例物語研究の—。

【集団】シュウダン 多くの人やものなどのあつまり。例—生活。

【集中】シュウチュウ (名・する) 一か所にあつめること。また、あつまること。例—豪雨ゴウウ。権力を—する。

【集注】シュウチュウ (名・する) ①(「シッチュウ」とも) 多くの注釈チュウシャクをあつめた書物。とくに、朱子の四書集注を指す。例『論語—ロンゴシッチュウ』②すべてを、ただ一点にあつめること。類集中。例心を—する。表記 ①は「集▼註」とも書く。

【集配】シュウハイ (名・する) 郵便物や貨物などをあつめたり、くばったりすること。例—局。

【集約】シュウヤク (名・する) 寄せあつめて一つにまとめること。例全員の意見を—する。

【集落】シュウラク ①人家のあつまっているところ。例山間に—が散在する。②バクテリアなどが培養基バイヨウキの上に作った集団。コロニー。表記 ▽旧▼聚落

【集録】シュウロク (名・する) いくつかの文章をあつめて記録すること。また、そのもの。

●画集ガシュウ・結集ケッシュウ・採集サイシュウ・参集サンシュウ・召集ショウシュウ・招集ショウシュウ・選集センシュウ・文集ブンシュウ・募集ボシュウ・密集ミッシュウ

隹4 **【雋】** 12画 8020 96CB 音 一セン漢 二シュン慣 シン漢 訓こ-える・すぐ-れる

意味 一セン ❶鳥の肉が肥えている。❷文章などが味わい深い。二シュン・シン 才知がぬきんでてすぐれている(人)。すぐれる。同俊シュン。例雋才サイ。雋秀シュウ。

隹4 **【雄】** 12画 4526 96C4 常用 音ユウ漢 オウ呉 訓お・おす

筆順 一 ナ 厷 厷 厷 肱 雄 雄 雄

なりたち 形声「隹(=とり)」と、音「厷コウ→ユウ」とから成る。鳥のおす。

意味 ❶動植物のおす。お。おん。対雌シ。例雄鶏ユウケイ(=おんどり。おすのニワトリ)。雄蕊ズイ。雌雄シユウ。❷はたがしら。武力や知力にすぐれた者。例英雄エイ。群雄グン。❸力強い。おおしい。例雄大ダイ。雄叫たけび(=勇ましい、さけび声)。

人名 いさみ・いさむ・かず・かた・かつ・すぐる・たか・たかし・たけ・たけお・たけし・たける・つよし・のり・まさ・まさる・よし

【雄滝】おだき 滝が一対ツイあるとき、大きくて水流の激しいほうの滝。対雌滝めだき。表記「▽男滝」とも書く。

【雄花】おばな おしべだけあって、めしべがないか、あるいは退化した花。カボチャ・キュウリなど。対雌花。

【雄▼勁】ユウケイ (名・形動ダ) 張りがあって、力づよいこと。例—な筆法。漢文調の—な文章。

【雄傑】ユウケツ 才知や武勇がすぐれている人。英傑。例—の士。

【雄▼渾】ユウコン (名・形動ダ) 文字や文章などが、力づよくて勢い

がよいこと。例—な筆致(ヒッチ)。また、それをもつ人。雄材(ユウサイ)。

【雄才】(ユウサイ) すぐれた才能。また、それをもつ人。雄材(ユウサイ)。

【雄志】(ユウシ) 大いに何かをやりとげようとする気持ち。例—をいだく。

【雄姿】(ユウシ) 堂々としたすがた。例—をあおぐ。

【雄俊】(ユウシュン) すぐれた才能をもつこと。また、その人。英俊。例天下の—が集まる。

【雄将】(ユウショウ) 強く勇ましい大将や将軍。類勇将。例戦国の—。

【雄心】(ユウシン) 何か大きいことをしようとする気持ち。例—勃勃(ボツボツ)として(=さかんに)起こる。

【雄▼蕊】(ユウズイ・おしべ) 花の器官の一つ。花粉をつくるところ。対雌蕊(シズイ)。

【雄壮】(ユウソウ) (名・形動ダ) おおしく意気さかんなこと。勇壮。

【雄大】(ユウダイ) (名・形動ダ) 堂々として、規模(キボ)が大きいこと。例山頂からの—ながめ。

【雄図】(ユウト) 規模(キボ)の大きい計画。壮図(ソウト)。例—むなしく中途(チュウト)で挫折(ザセツ)する。

【雄途】(ユウト) (大きな計画を果たすための)力づよい出発。壮途(ソウト)。例—につく。

【雄藩】(ユウハン) 勢力の強大な藩。例西国(サイゴク)の—島津(しまづ)。

【雄飛】(ユウヒ) (名・する) 意気さかんに活躍(カツヤク)すること。対雌伏(シフク)。例海外に—する。

【雄編】(ユウヘン) 構想が大きく、堂々とした著作。例—大作。 表記 ⑪雄▼篇

【雄弁】(ユウベン) (名・形動ナ) ①力づよく、よどみなく話すこと。能弁。対訥弁(トツベン)。例—をふるう。②(「雄弁にものがたる」の形で)ある内容をはっきりとあらわしている。例はずんだ声が喜びを—にものがたっている。 表記 ▽⑪雄▼辯

【雄▼邁】(ユウマイ) (名・形動ダ) 性質がおおしくすぐれていること。

【雄略】(ユウリャク) 大きくりっぱな、はかりごと。雄大な計略。

【雄烈】(ユウレツ) (名・形動ナ) いさましく、はげしいこと。例—な戦功(センコウ)をたてる。

●英雄(エイユウ)・群雄(グンユウ)・雌雄(シユウ)・両雄(リョウユウ)

隹4【雅】12画 ⇩【雅】ガ(1044ページ)

隹4【雇】12画 ⇩【雇】コ(1043ページ)

隹5【雅】13画 1877 96C5 常用 音ガ漢ゲ呉 訓みやび-やか

筆順 一 厂 于 牙 牙 邪 邪 雅

隹4【雅】12画

なりたち [形声]「隹(=とり)」と、音「牙(ガ)」とから成る。鳥の名。借りて「ただしい」の意。

意味 ❶正しく品のある。規範(キハン)的な。例雅楽(ガガク)。雅言(ガゲン)。❷上品で味わいがある。洗練されている。みやび。みやびやか。例雅趣(ガシュ)。優雅(ユウガ)。対俗(ゾク)。❸『詩経(シキョウ)』の六義(リクギ)の一つ。宮中の儀式(ギシキ)のための詩。小雅(ショウガ)と大雅(タイガ)に分かれる。❹他人に関することを、うやまっていうことば。例雅兄(ガケイ)。❺つねづね。平素。例雅意(ガイ)。

人名 ただ・ただし・つね・なり・のり・ひとし・まさ・まさし・まさる・みやび・もと

【雅意】(ガイ) ①上品で優美なおもむき。②平素の心。

【雅懐】(ガカイ) みやびやかな心。風流な思い。

【雅楽】(ガガク) ①伝統的で上品な音楽。②奈良(なら)・平安時代に宮中でおこなわれた音楽と、それにともなう舞(まい)。現在でも、宮中や社寺などでおこなわれる。

【雅兄】(ガケイ) 男の友人を、うやまっていう呼び方。男性が手紙文などで用いる。

【雅言】(ガゲン) ①みやこの正しい発音。②優雅なことば。雅語。③平安時代の和歌などに用いられた、みやびやかなことば。▽対俗言(ゾクゲン)・俚言(リゲン)。

【雅語】(ガゴ) みやびやかなことば。雅言。

【雅号】(ガゴウ) 書家や画家、文人などが、本名以外にもつ、風流な名前。ペンネーム。号。筆名。雅名。

【雅趣】(ガシュ) 上品で風流なおもむき。みやびやかなおもむき。例—に富む庭園。

【雅称】(ガショウ) (詩や歌などで用いる)風流な呼び方。日本を「瑞穂(みずほ)の国」、富士山を「芙蓉峰(フヨウホウ)」というなど。

【雅俗】(ガゾク) ①優雅なことと、俗っぽいこと。上品と下品。②雅語と俗語。

【雅致】(ガチ) みやびやかなおもむき。風流で上品な味わい。例—のある作品。

【雅文】(ガブン) 上品でみやびやかな文章。とくに、江戸(えど)時代にいわれた平安時代のかな文や、それをまねた文章。例—体。

【雅味】(ガミ) 風流で上品なおもむき。例—豊かな文章。

【雅名】(ガメイ) ①風流な呼び名。②雅号。

【雅量】(ガリョウ) 人を受け入れる、広くゆったりとした心。例—にとぼしい人間。

●温雅(オンガ)・高雅(コウガ)・典雅(テンガ)・風雅(フウガ)・優雅(ユウガ)

隹5【雎】13画 8019 96CE 音ショ漢 訓みさご

意味 「雎鳩(ショキュウ)」は、ミサゴ。トビに似た大きな鳥。

隹5【雉】13画 8021 96C9 音チ漢ジ呉 訓きじ

意味 ❶キジ科の鳥。キジ。きぎす。例雉子(きじ)。❷城壁(ジョウヘキ)の大きさを示す単位。一雉(イッチ)は、高さ一丈(ジョウ)(=一・二五メートル)、長さ三丈。例雉門(チモン)(=五つの天子の宮門のうち、南の第二門)。百雉(ヒャクチ)。

難読 雉子(きぎす)・山雉(やまどり)

隹5【雍】13画 8022 96CD 音ヨウ漢 訓むつ-まじい・やわ-らぐ

意味 ❶鳥の名。❷おだやかに、なごむようす。例雍睦(ヨウボク)。雍容(ヨウヨウ)。❸だきかかえる。だく。同擁(ヨウ)。

【雍樹】(ヨウジュ) (「雍」は「擁」に同じで、だきかかえる意)小児をだきかかえること。おとなの首にしがみついている小児の姿が、木にしがみついているように見えることからいう。

【雍睦】(ヨウボク) なごやかでむつまじいこと。親しみあうこと。

【雍容】(ヨウヨウ) (形動タル) おだやかなようす。ゆったりと落ちついているようす。

隹6【雑】14画 2708 96D1 教育5 音ザツ慣ソウ漢ゾウ呉 訓ま-じる・ま-ざる 付表雑魚(ざこ)

筆順 ノ 九 卆 杂 杂 斜 斜 雑

隹10【雜】18画 8024 96DC 人名

衤12【襍】17画 8023 894D 別体字

なりたち [形声]「衣(=ころも)」と、音「集(シュ)→(ソウ)」とから成る。青・黄・赤・白・黒の色をまぜて作ったころも。

意味 ❶いろいろなものがいっしょになる。入り交じる。例雑

居（ザッキョ）。混雑（コンザツ）。乱雑（ランザツ）。❷純一（ジュンイツ）でない。どの分類にもはいらない。例雑家（ザッカ）。雑費（ザッピ）。雑収入（ザッシュウニュウ）。❸ていねいでない。いいかげんな。例粗雑（ソザツ）。雑（ザツ）にあつかう。

人名 かず・とも

難読 雑賀（サイガ）（＝地名・姓（セイ））・雑魚寝（ざこね）・雑煮（ゾウに）

【雑魚】（ざこ）①いろいろな小ざかな。②小者（こもの）。したっぱ。

【雑詠】（ザツエイ）和歌や俳句で、題を決めずに自由によむこと。また、その和歌や俳句。㊌題詠。

【雑役】（ザツエキ）こまごました雑多な肉体労働。例—に従事する。

【雑音】（ザツオン）①不快に感じる、さわがしいおと。㊩騒音（ソウオン）。例この音楽は—にしか聞こえない。②ラジオや電話などで、通信のさまたげとなる、おと。ノイズ。例—がはいる。③直接に関係がない人の、無責任な意見。例世間の—が多過ぎる。

【雑家】（ザッカ）漢代の九学派の一つ。儒家（ジュカ）・道家（ドウカ）・法家（ホウカ）などの諸説を取り入れて、一つの説を立てた。

【雑貨】（ザッカ）毎日の生活に使う、こまごまとした品物。なべ・洗面器・ほうきなど。例日用—を売る店。

【雑学】（ザツガク）系統だっていない、多方面にわたる知識。

【雑感】（ザッカン）まとまりのない感想。例世相についての—を記す。

【雑記】（ザッキ）いろいろ書きしるすこと。また、その書いたもの。

【雑技】（ザツギ）①いろいろな芸。とくに、手品や曲芸など。例中国の—団。②つまらない芸。表記▽「雑▽伎」とも書く。

【雑居】（ザッキョ）（名・する）①同じ場所に、いろいろな人がまじって住むこと。例さまざまな外国人が—する地区。②一つの建物に種類のちがう店や会社がはいっていること。例—ビル。

【雑菌】（ザッキン）いろいろな細菌。とくに、ある細菌を培養（バイヨウ）するときに、外部からはいる別の種類のよけいな細菌。

【雑件】（ザッケン）あまり重要でない、こまごました事件や用件。例—をかたづける。

【雑言】□一（ザツゲン）とりとめのない話。雑談。□二（ゾウゴン）［「ゾウゲン」とも］いろいろな、ひどいことば。わるくち。例悪口（アッコウ）—（ゾウゴン）。

【雑婚】（ザッコン）原始社会で、男女が特定の相手を決めずに夫婦の関係を結ぶこと。乱婚。

【雑穀】（ザッコク）コメとムギ以外の、さまざまな穀類。アワ・ヒエ・マメ・キビ・ソバなど。

【雑誌】（ザッシ）①雑多なことがらについて、しるした本。②毎号同じ書名で定期的に出す本。例婦人—。

【雑事】（ザツジ）本来の仕事以外の、こまごまとした用事。㊩雑務・雑用。例—に追われる。

【雑種】（ザッシュ）①いろいろな種類。②種の異なるめすとおすとの間に生まれた動物や植物。例—のイヌ。

【雑▼糅】（ザツジュウ）（名・する）いろいろなものが入り交じること。

【雑収入】（ザツシュウニュウ）おもな収入以外の、いろいろなこまかい収入。例給料以外の—がある。

【雑色】□一（ザッショク）いろいろな色。また、たくさんの色がまじりあった色。□二（ゾウシキ）昔、宮中や武家などで、雑役（ザツエキ）をつとめた、身分の低い役人。

【雑食】（ザッショク）（名・する）（動物が）動物性と植物性の食物を、両方食べること。なんでも食べること。

【雑然】（ザツゼン）（形動タル）まとまりなく入り交じるようす。ごちゃごちゃしているようす。㊌整然。例—と並べた品物。

【雑草】（ザッソウ）農作物以外の、自然に生えた、いろいろな草。また、生命力の強いもののたとえ。例—のように生きる。

【雑則】（ザッソク）（法令などで）主要な規則以外の規則。

【雑多】（ザッタ）（形動ダ）いろいろ入り交じっているようす。例種種—な品物。

【雑談】（ザツダン）（名・する）とくに目的もなく、いろいろな話を気楽に話すこと。また、そのとりとめのない話。世間話。

【雑踏】（ザットウ）（名・する）多くの人でこみあうこと。また、こみあっている場所。人ごみ。例—にまぎれる。表記㊐雑▼沓

【雑肉】（ザツニク）①すね肉など、上等でない部分の肉。ひき肉などに用いる。②牛肉・ぶた肉・とり肉以外の肉。

【雑念】（ザツネン）精神を集中するのに、じゃまになる考え。気を散らすよけいな考え。例—をはらう。

【雑▼囊】（ザツノウ）いろいろなものを入れて持ち歩く、ふくろ。

【雑▼駁】（ザッパク）（名・形動ダ）いろいろな考えなどが入り交じっていて、まとまりのないこと。例—な知識。

【雑費】（ザッピ）こまごまとしたことにあてる費用。例日用の—。

【雑物】（ザツブツ）いろいろな、こまごまとしたもの。つまらないもの。

【雑文】（ザツブン）軽い内容の文章。論文や小説などとちがって、気楽に書き流した文章。

【雑木】（ザツボク・ゾウき）いろいろな種類の木。また、材木としては役に立たない木。例—林（ゾウキばやし）。

【雑務】（ザツム）おもな業務以外の、こまごまとした仕事。㊩雑事・雑用。例—に追われる。

【雑用】（ザツヨウ）いろいろなこまかい用事。つまらない用事。㊩雑事・雑務。例—が多い。

【雑録】（ザツロク）いろいろなことを、とりとめなく書きとめること。また、その記録。例身辺—。

【雑話】（ザツワ）まとまりのない、いろいろなはなし。雑談。例—集。

【雑巾】（ゾウキン）ゆかや家具などをふく布きれ。例—がけ。

【雑作】（ゾウサ）①手間のかかること。例—もない仕事。②もてなし。例ご—にあずかる。表記▽「造作」とも書く。

【雑炊】（ゾウスイ）野菜などの具を入れて、しょうゆなどで味つけをしたおかゆ。おじや。

【雑煮】（ゾウに）野菜や肉などとともに、餅（もち）を入れて煮（に）た汁（しる）料理。新年を祝う正月料理の一つ。

【雑兵】（ゾウヒョウ）①身分の低い兵卒。②地位が低く、責任のない人。例—相手では交渉（コウショウ）にならない。

●交雑（コウザツ）・混雑（コンザツ）・粗雑（ソザツ）・煩雑（ハンザツ）・繁雑（ハンザツ）・複雑（フクザツ）

隹 6

【雌】

14画 2783 96CC 常用 音シ㊅㊇ 訓め・めす

筆順 丨 ト 止 此 雌

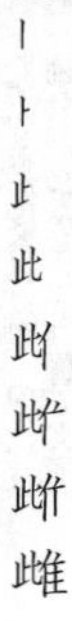

なりたち  ［形声］「隹（＝とり）」と、音「此（シ）」とから成る。鳥のめす。

意味 ❶動植物の、めす。め。めん。㊌雄（ユウ）。例雌蕊（シズイ）。雌雄（シユウ）。❷よわよわしい。ひかえめな。力のない。例雌声（シセイ）（＝力の弱い声）。雌伏（シフク）。

【雌▼蕊】（シズイ・めしべ）花の器官の一つ。花の中央にあり、おしべから花粉を受けて、実を結ぶもの。㊌雄蕊（ユウズイ）。

【雌伏】（シフク）（名・する）〔めす鳥がおす鳥に服従する意〕人の下に従い、がまんをして実力を養いながら、機会がくるのを待つこと。㊌雄飛（ユウヒ）。例十年—して、やっと世に出た。

【雌雄】（シユウ）①めすとおす。例—の区別。②勝ち負け。優劣（ユウレツ）。例—を決する。

【雌竹】（めだけ）タケの一種。幹が細く、節（ふし）と節のあいだが長い。つりざおやキセルなどに用いる。なよたけ。表記「女竹」とも書く。

【雌花】（めばな）めしべだけあって、おしべがないか、あるいは退化した花。キュウリ・カボチャなど。㊌雄花。

隹 8

【雕】

16画 8026 96D5 音チョウ㊅㊇ 訓わし・きざ-む

鳥 8

【鵰】

19画 1-9462 9D70 別体字

意味 ❶大形のタカ。ワシ。例 雕悍(＝ワシのようにたけだけしい)。❷きざむ。ほる。同 彫。例 雕琢。❸しぼむ。おとろえる。同 凋。

【雕▼琢】(名・する) ①宝石などを刻んでみがくこと。②文章や詩を、なんども直してよくすること。例 —をきわめた文章。表記 ▽「彫▼琢」とも書く。

【雕虫▼篆刻】虫の形や篆刻をこまかくほるように、こまかい技巧で文章の字句をかざりたてること。雕虫小技。表記「彫虫▼篆刻」とも書く。

隹 9 **【雖】** 17画 7413 96D6 音 スイ 漢 呉 訓 いえど-も

意味〔助字〕「(…と)いえども」と読む。譲歩をあらわす。❶…であっても。…ではあるが、の意。例 雖レ有甚稀(＝あるにはあるが、ひじょうにまれだ)。❷かりに…だとしても。たとえ…であっても、の意。仮定の譲歩をあらわす。例 雖レ不レ中不レ遠矣(＝たとえ、ぴったり当たっていないにしても、そう大きな見当ちがいはない)。〈大学〉

隹 10 **【雛】** 18画 3187 96DB 人名 音 スウ 漢 訓 ひな・ひよこ

なりたち［形声］「隹(＝とり)」と、音「芻ス→ウ」とから成る。ニワトリの子。

意味 ❶鳥の子。ひよこ。ひな。例 雛禽(＝ひなどり)。❷幼い子。一人前でないもの。例 雛僧(＝小坊主)。

日本語での用法《ひな》①ひな人形。「雛飾り・雛祭り」②小さなもの。小形の。「雛菊・雛罌粟」

【雛▼鳳】将来性のある、すぐれた素質をもった少年。

【雛形】①ほんものを小さくかたどったもの。模型。例 百分の一の—。②書き方などの見本。書式。例 書類の—。

【雛壇】①ひな祭りで、ひな人形をかざる壇。②議場や舞台などで、一段ずつ高く作った席。例 国会の—。舞台正面の長唄の—。

【雛鳥】①鳥のひな。ひよこ。②ニワトリのひな。

隹 10 **【難】** 18画 3881 96E3 教育6 音 ダン 漢 ナン 呉 訓 かた-い・むずか-しい

筆順 一 廿 苎 莫 歎 歎 歎 難

隹 11 **【難】** 19画 1-9367 FA68 人名

なりたち［形声］「隹(＝とり)」と、音「堇キン→ダン」とから成る。鳥の名。借りて「むずかしい」の意。

意味 ❶なしとげるのがたやすくない。かたい。むずかしい。むつかしい。対 易イ。例 難解。難儀。難関。困難。❷つらく苦しいこと。わざわい。例 難儀。苦難。難を避ける。❸欠点・あやまち(を責める)。そしる。とがめる。例 難詰。非難。難を言えば。

難読 難波・難寝・難面(＝思いやりがない)

【難易】むずかしいことと、やさしいこと。また、その程度。例 —度。事の—がよくわからない。

【難解】(名・形動ダ) むずかしく、わかりにくいこと。例 —な文章。

【難関】〔たやすくこえられない関所の意〕通るのが、また切りぬけるのが、むずかしいところ。例 —を突破する。

【難儀】(名・する・形動ダ) ①苦しむこと。困ること。例 雪道に—する。②むずかしく、めんどうなこと。困難。迷惑。例 —な仕事をかかえる。親に—をかける。

【難詰】(名・する) きびしく非難すること。欠点を取り上げて、問いつめること。例 責任者を—する。

【難行】たいそうつらい修行。〔本来は仏教で用いられたことば〕例 —苦行。

【難曲】歌いにくい、また、演奏しにくい、むずかしい曲。例 —をこなす。

【難局】むずかしい事態や局面。例 —を切りぬける。

【難句】むずかしい文句。(俳句などで)わかりにくい句。

【難癖】悪いところ。欠点。例 —をつける(＝何かと欠点を見つけて責める)。

【難訓】漢字で書かれた、読み方のむずかしいことば。「飛鳥」「土産」など。例 —索引。

【難件】かたづけるのにむずかしい事件やことがら。例 —をかかえる。やっと—を一つ解決した。

【難語】むずかしく、わかりにくいことば。例 —集。

【難航】(名・する) ①悪天候などのために、船や飛行機がたやすく進まないこと。例 濃い霧のため—した。②ものごとがうまく進まないこと。例 交渉が—する。

【難攻不落】①城などがせめにくくて、なかなか落ちないこと。②こちらの思いどおりにならないことのたとえ。例 —の交渉相手。

【難産】(名・する) ①通常より困難な出産。対 安産。②ものごとがなかなか成立しないこと。例 —の末の組閣。

【難事】解決や処理が困難な事件。難件。例 —に直面する。

【難治】①病気がなおりにくいこと。例 —の病。②国などをおさめにくいこと。

【難渋】(名・する) ①ものごとがすんなり進まないこと。例 審議が—する。②苦しむこと。なやむこと。難儀。例 山道に—する。

【難所】通りぬけるのに危険な場所。例 —にさしかかる。

【難色】賛成できない顔つきやようす。例 —を示す。

【難船】(名・する) 船がこわれたり、ひっくりかえったりすること。また、その船。難破。例 暴風で—する。

【難題】①解くのにむずかしい問題。難問。例 —に取り組む。②相手を困らせるような注文。言いがかり。例 —をふっかける。③詩歌や文章の、作りにくい題。

【難聴】①耳がよく聞こえないこと。②放送などの音が、聞きとりにくいこと。例 —地域。

【難敵】てごわい敵や相手。例 —をたおす。

【難点】①むずかしいところ。困難な点。例 —を克服する。②よくないところ。欠点。例 運びにくいのが—だ。

【難度】むずかしさの度合い。例 —の高い技術。

【難読】読むのがむずかしいこと。例 —文字。

【難破】(名・する) 暴風雨などで、船がこわれたり、しずんだりすること。難船。例 —船。

【難病】治りにくい病気。原因も治療法も、まだよくわかっていない病気。例 —とたたかう。

【難物】とりあつかいにくい物や人。例 相手は—だ。

【難民】生活に困っている人。とくに、天災・戦争・政治上の圧迫などにあって、安全なところににげてきた人々。避難民。例 —を救済する。

【難問】むずかしい問題や質問。難題。例 —をかかえる。

【難役】むずかしい役割や仕事。例 —を引き受ける。

【難路】けわしい道や危険な道など、通るのにむずかしい道。例 山中の—を行く。

●一難・海難・火難・救難・苦難・剣難・国難・困難・至難・受難・水難・遭難・多難・盗難・非難・避難・無難・論難

隹10【雞】18画 ⇩【鶏】ケイ(1102ページ)

隹10【雙】18画 ⇩【双】ソウ(175ページ)

隹10【雜】18画 ⇩【雑】ザツ(1044ページ)

隹11【離】19画 4605 96E2 常用 音リ漢呉 訓はな-れる・はな-す

筆順 亠 亠 离 离 离 離 離

なりたち【形声】「隹(=とり)」と、音「离リ」とから成る。鳥の名。借りて「はなれる」の意。

意味 ❶わける。あいだをあける。遠ざかる。はなす。はなれる。例離散。分離。別離。❷ならぶ。つらなる。❸かかる。とりつかれる。同罹。例離憂(=心配ごとに出あう)。❹易の卦。八卦の一つ。自然では火、方位では南をあらわす。

使い分け はなす・はなれる【離・放】⇩1078ページ

人名 あきら・つら

【離縁】(名・する)夫婦または養子の関係を取り消すこと。

【離間】(名・する)たがいの仲をひきさくようにすること。例―策。

【離宮】皇居や王宮のほかに建てられた別邸。

【離京】(名・する)都をはなれること。とくに、東京または京都をはなれること。例今月末に―の予定。

【離郷】(名・する)ふるさとをはなれること。出郷。対帰郷。例―して十年になる。

【離合】(名・する)はなれたり合わさったりすること。例政党が―集散をくりかえす。

【離婚】(名・する)夫婦の関係を取り消して、他人になること。離縁。対結婚。

【離散】(名・する)ちりぢりになること。はなればなれになること。例一家が―する。

【離愁】別れの悲しみ。別離のさびしさ。例―にたえる。

【離床】(名・する)目がさめたり、病気が治ったりして、寝床をはなれること。例全快して―する。

【離職】(名・する)①職務をはなれること。②つとめをやめ職場をはなれること。類退職・失業。対就職。例―者。

【離水】(名・する)水上飛行機などが、水面をはなれて飛び立つこと。対着水。

【離籍】(名・する)属している家庭や団体などから、正式にはなれること。例夫の死後―する。協会を―する。

【離船】(名・する)乗組員や乗客などが、乗っている船をはなれること。例座礁したので全員―する。

【離俗】(名・する)世間のわずらわしいことから、はなれること。脱俗。

【離村】(名・する)住んでいた村をはなれて、他の土地に移ること。例―する一家。

【離脱】(名・する)自分が属しているところから、ぬけ出すこと。はなれて行くこと。例戦線を―する。

【離着陸】(名・する)飛行機などの離陸と着陸。例―の多い空港。

【離党】(名・する)属していた政党や党派をはなれること。対入党。例―して無所属となる。

【離島】一(名)陸から遠くはなれた島。はなれ島。例―の小学校に赴任する。二(名・する)住んでいた島をはなれること。例近いうちに―する。

【離日】(名・する)滞在していた外国人が、日本をはなれ去ること。対来日。例大統領は明日―する予定。

【離乳】(名・する)赤んぼうが母乳やミルク以外の食べ物をとりはじめること。ちばなれ。例―食。―がおそい。

【離任】(名・する)官職などの任務をはなれること。また、任地をはなれること。対着任・就任。例―式をおこなう。

【離農】(名・する)農業をやめて、ほかの職業につくこと。例不作続きで―する。

【離反】(名・する)今までついていたものからはなれ、そむくこと。例人心が―する。表記旧離▼叛

【離別】(名・する)①人とわかれること。別離。例―の悲しみ。②夫婦の関係を解消して、わかれること。離婚。

【離弁花】花びらが一つ一つはなれている花。ウメ・サクラ・スミレなど。表記旧離▼瓣花

【離陸】(名・する)飛行機などが、地をはなれて飛び立つこと。対着陸。例―まで時間がある。―する準備。

【離▼婁】昔、中国にいたといわれる、視力のたいへんすぐれた人。百歩はなれたところからでも、毛の先が見えたという。例―の明(=視力のすぐれていること)。

●乖離・隔離・距離・電離・別離・遊離・流離

隹11【難】19画 ⇩【難】ナン(1046ページ)

隹20【雧】28画 ⇩【集】シュウ(1043ページ)

173 8画 雨 あめ あめかんむり 部

空から水滴の落ちる形で、あめの意をあらわす。「雨」をもとにしてできている漢字を集めた。

0 雨 3 雪 雫 雪 4 雲 雰 5 電 雹 雷 零 6 需 7 霄 震 霆 霈 霊 8 霙 霍 霓 霎 霑 霏 霖 9 霞 霜 10 霤 11 霪 霧 霨 12 霰 13 霹 露 霸 14 霽 霾 16 靄 靆 靂 靈 17 靉

雨0【雨】8画 1711 96E8 教育1 音ウ漢呉 訓あめ・あま 付表五月雨・時雨・梅雨

筆順 一 丅 冂 帀 雨 雨 雨 雨

なりたち【象形】「一(=天)」と「冂(=雲)」と、水のつぶが落ちてくる形。

意味 ❶あめ。あめふり。例雨天。雨量。降雨。❷あめのようにふる。ふらす。例雪を雨らす(=雪をふらせる)。❸あめがすべてをうるおすことから、めぐみや恩沢のたとえ。例雨露。❹ふるもの。または、雨のふるようなもののたとえ。例弾雨。

難読 雨雪・白雨・急雨・黴雨・暴雨

人名 ふる

【雨傘】雨をよけるためにさすかさ。

【雨合羽】衣服の上に着て雨にぬれるのを防ぐ、マント風のコート。

【雨靴】雨や雪のときにはく、くつ。レインシューズ。

【雨雲】雨を降らせる雲。雨を降らせそうな感じの雲。例―が広がる。

【雨戸】風雨や寒気、盗難などを防ぐため、ガラス戸などの外側にとりつける戸。例―をあけたてする。

【雨▼霰】(雨やあられのように)弾丸などが激しく飛ん

8画 【隹部】10―20画 ●雞 雜 雙 離 難 雧 【雨部】0画 ●雨

でくるようすのたとえ。例—のような敵の砲弾。

【雨風】雨と風。雨まじりの風。例—をしのぐ。

【雨下】(名・する)①雨が降ること。②弾丸などが激しく落ちてくることのたとえ。例砲弾が—する。

【雨季】熱帯地方などで、一年のうちで雨のとくに多く降る季節。対乾季。

【雨期】一年のうちで雨が多く降る時期。日本では梅雨の時期をいうことが多い。例—にはいる。

【雨奇晴好】雨のときも晴れたときも、景色がすばらしいこと。晴好雨奇。

【雨脚】①降りそそぐ雨が、白い線のように見えること。例—が激しい。②雨が降り過ぎていくこと。雨の移動の速さ。例—が速い。

【雨月】①雨のために中秋の名月が見られないこと。雨名月。②陰暦五月の別名。

【雨後】雨の降ったあと。雨あがり。例—の筍(=雨の降ったあとのタケノコのように、次々と出てくることのたとえ)。

【雨水】㊀雨が降って、たまった水。㊁二十四節気の一つ。太陽暦で、二月十八、九日ごろ。

【雨雪】①雨と雪。②雪が降ること。また、降る雪。

【雨足】「雨脚」に同じ。

【雨中】雨の降るなか。例—の熱戦。

【雨滴】雨のしずく。あまだれ。例—の音をきく。

【雨天】雨が降る天気。雨の日。例—順延。

【雨飛】(名・する)弾丸などが雨のように激しく飛んでくること。例砲弾—の中。

【雨氷】〇度以下になった雨のつぶが、地面や木などにふれた瞬間に氷となったもの。

【雨量】地表に降った雨や雪などの量。降雨量。降水量。雨量計にたまった水の高さを、ミリメートルであらわす。

【雨露】①雨とつゆ。あめつゆ。例—をしのぐ。②〔雨やつゆが万物をうるおすことから〕大きなめぐみ。例—の恩を受ける。

●大雨・霧雨・降雨・豪雨・小雨・時雨・慈雨・晴雨・長雨・梅雨・氷雨・風雨・村雨・雷雨

雨3 【雪】 11画 3267 96EA 教育2 音セツ漢 セチ呉 訓ゆき・すす-ぐ・そそ-ぐ 付表雪崩・吹雪

〔雨部〕3—4画 雪雫雪雲

筆順 一 丆 币 币 雨 雪 雪

雨3【雪】11画

雨11【霻】19画 4A2E 本字

なりたち 霻 [形声]「雨(=あめ)」と、音「彗セイ→ツセ」とから成る。こおった雨。

意味 ❶ゆきがふる。ゆき。例雪原。新雪。積雪。❷ゆきのように白い。また、清い。例雪肌(=白いはだ)。❸洗い清めるように、汚名をのぞき去る。そそぐ。すすぐ。例雪辱。

難読 雪踏・雪花菜・丸雪・沫雪・細雪

人名 きよ・きよし・きよみ・きよむ・すすむ

【雪案】〔「案」は、机の意〕雪の明かりで、苦労して勉強することのたとえ。→【蛍雪の功】(875ページ)

【雪花】①雪を花にたとえていうことば。ゆきのはな。②雪のように白い花。表記▽「雪華」とも書く。

【雪害】雪のために、交通機関や農作物などが受ける被害。例大雪による—。

【雪渓】高山の谷あいなどに、夏でも雪がとけずに残っているところ。例—を登る。

【雪景】雪の降り積もったけしき。ゆきげしき。例—をえがいた水墨画。

【雪月花】雪と月と花。日本の季節の代表的な自然美をいう。つきゆきはな。例—の世界に遊ぶ。

【雪原】①雪が一面に積もった平地。例—が広がる。②高山や極地などで、一年じゅう雪におおわれている広い平地。

【雪山】㊀①雪の積もっている山。②一年じゅう雪におおわれている山。㊁ヒマラヤ山脈の別名。

【雪上車】雪や氷の上を走れるようにした自動車。はばの広いキャタピラーを装備している。

【雪辱】(名・する)以前に受けたはじをそそぐこと。失った名誉をとりもどすこと。例—を果たす。

【雪▽駄】竹の皮のぞうりの裏に革を張り、かかとの部分に鉄片をうちつけた、はきもの。表記「雪▽踏」とも書く。

【雪中】雪の降る中。雪の積もった中。例—行軍。

【雪▽隠】〔「セツイン」とも〕便所。かわや。〔古い言い方〕

【雪洞】㊀雪をほって作った穴。雪山での露営などに使う。㊁茶の湯で、風炉の上のおおいに用いるもの。木や竹のわくに紙をはり、小さな窓をあけてある。㊂ぼんぼり 木のわくに白い紙をはった照明器具。小型のあんどん。

【雪白】(名・形動ナ)①雪のように白いこと。まっしろ。純白。潔白。②うしろぐらいところがなく、気持ちやおこないがけがれていないこと。

【雪▼庇】山の尾根などの片側に、積もった雪がひさしのようにつき出たもの。例—がくずれ落ちる。

【雪片】降ってくる雪のひとひら。例—が舞う。

【雪▼嶺】雪の積もっている山。雪をかぶった山頂。

【雪崩】積もっていた雪が、山の斜面を急速度でくずれ落ちること。例—注意報。敵陣に—を打ってせめ入る。

【雪▼沓】雪の中を歩くときにはく、わらで編んだくつ。

【雪国】雪がたくさん降る地方。

【雪雲】雪を降らす雲。雪の降りそうな雲。例灰色の—。

【雪景色】雪が降っている、また、降り積もった景色。

【雪化粧】(名・する)雪が降り積もって、化粧したように白く美しく見えること。例—した街路樹。

【雪煙】雪が風などで煙のようにまい上がったもの。例—を上げてすべる。

【雪見】雪の積もった景色をながめること。また、その宴会。例—灯籠(=笠の平らな三本足の低い石灯籠)。

●淡雪・豪雪・残雪・除雪・根雪・氷雪

雨3【雫】11画 2822 96EB 人名 音ダ・ダン漢 訓しずく

意味 字義未詳。

日本語での用法《しずく》したたる水のつぶ。「雫が垂れる・朝露の雫」

雨3【雪】11画 ⇩【雪】セツ(1048ページ)

雨4【雲】12画 1732 96F2 教育2 音ウン漢呉 訓くも

筆順 一 丆 币 币 雨 雲 雲 雲

なりたち 雲 [会意]「雨(=あめ)」と「云(=うずまく、くも)」とから成る。山や川の気。くも。

意味 ❶空にうかぶ、くも。例雲雨。暗雲。❷くものように、集まり、散り、ただよい、定まらないこと。例雲散。雲集。「行雲流水」。❸そら。天。例雲漢。青雲。❹高いことをたとえる。例雲桟(=高いところにかけた桟道)。❺品性や心境が高いことをたとえる。日本では、朝廷・宮中を指すことがある。例雲客(=仙人・隠者。また日本で、殿上人)。雲上。

日本語での用法《ウン》旧国名「出雲(=今の島根県の東部)」の略。「雲州」

難読 東雲・雲呑・雲脂

人名 も・ゆく

【雲▽丹】うに ウニ(=海胆)の卵巣を食用にするために加工したもの。例粒—。→【海胆】うに(589ページ)

【雲雨】ウンウ ①雲と雨。②(雲のように広くおおい、雨のように降りそそぐ意から)めぐみ。恩恵。③(竜が雲や雨に乗って天に昇ると考えられたことから)大事をなす、ちょうどよい機会。④男女のちぎり。例—の情。→【巫山の夢】フザンのゆめ(334ページ)

【雲影】ウンエイ 雲のすがた。雲のかたち。例一片の—もない。

【雲煙】ウンエン ①雲とけむり。また、雲とかすみ。②書や山水画の、あざやかな墨の色。転じて、みごとな書や山水画。表記 ▽「雲▼烟」とも書く。

【雲煙過眼】ウンエンカガン 雲やけむりが目の前を過ぎ去るように、ものごとを深く心にとめないこと。また、執着しないこと。例もはや何事も—、遠くに感じる。表記「雲▼烟過眼」とも書く。

【雲▼霞】ウンカ ①雲とかすみ。②人などがたくさん集まることのたとえ。例—のごとき大軍。

【雲海】ウンカイ 高い山や飛行機から見おろすと、海のように見える雲の群れ。例—が広がる。

【雲漢】ウンカン ①天の川。銀河。天漢。銀漢。②はてしなく広がる大空。

【雲▼翰】ウンカン 美しい手紙。他人の手紙を、うやまっていうことば。雲箋。

【雲脚】ウンキャク・くもあし ①雨雲など、低く広がった雲。②雲の動いていく速さ。

【雲級】ウンキュウ 形や高さによる雲の分類。層雲・積雲など。

【雲形】ウンケイ・くもがた ①雲のかたち。例—による分類。②雲のたなびいたかたちの、模様や彫刻。例—定規。

【雲▼霓】ウンゲイ 雲と虹。また、虹。例大旱(=ひどい日照り)の—(=心から待ち望むことのたとえ)。表記「雲▼蜺」とも書く。

【雲斎】ウンサイ 「雲斎織」の略。太いもめん糸で、地をあらく目をななめに織った、厚い布。足袋の底などに用いる。

【雲際】ウンサイ 雲のはて。はるか空のかなた。

【雲散】ウンサン (名・する)雲がちりぢりになって消えるように、消えてなくなること。対雲集。例疑惑が—する。

【雲散霧消】ウンサンムショウ (名・する)雲が散り霧が消えるように、あとかたもなく消えうせること。雲消霧散。例疑いが—する。

【雲集】ウンシュウ (名・する)雲のようにたくさん集まること。対雲散。例やじ馬が—する。

【雲上】ウンジョウ ①雲の上。(雲がかかっている)高空。例ロケットは—に消えた。②宮中。皇居。

【雲壌】ウンジョウ ①雲と土。天と地。②二つのもののちがいが、はなはだしいことのたとえ。雲泥。天地。例—の差。

【雲水】ウンスイ ①雲や水の景色。②行く雲や流れる水のように諸国をめぐり歩いて修行する僧。類行脚僧。

【雲▼梯】ウンテイ (雲にとどくはしごの意)①昔、中国で、城をせめるときに用いた高いはしご。②運動用具の一つ。金属製のはしご状のものを横たえて、両はしを支柱でささえたもの。ぶらさがって移動したりする。

【雲泥】ウンデイ ①雲と、どろ。②二つのもののちがいが、はなはだしいことのたとえ。雲壌。天地。例—の差。

【雲表】ウンピョウ 雲の上。雲の外。例—にそびえる山山。

【雲▼鬢】ウンビン (「鬢」は、耳ぎわのかみの毛の意)①雲のようにふさふさして、美しいかみ。②美しい女性。

【雲母】ウンモ・きらら 珪酸塩鉱物。六角板状の結晶で、うすくはがれる性質がある。熱や電気を通しにくいので、絶縁体などに用いる。

【雲霧】ウンム 雲ときり。例—がたちこめる。

【雲居】くもい ①雲のあるところ。空。例—を鳴きわたる雁のむれ。②はるかに高いところ。遠くはなれたところ。例—のかなた。③宮中。皇居。例—の庭。

【雲路】くもじ (鳥や月などが通る)空中のみち。雲居路。例—はるかに飛び去る。

【▽雲▼雀】ひばり ヒバリ科の小鳥。スズメぐらいの大きさで、畑や河原などにすみ、空高く舞い上がって、よくさえずる。

●雨雲・暗雲・星雲・積乱雲・白雲・風雲・浮雲・雪雲・雷雲・乱層雲

雨 4

【雰】 12画 4223 96F0 常用 音フン漢

筆順 一 冖 币 币 雨 雰 雰 雰

なりたち [形声]「雨(=あめ)」と、音「分」とから成る。もやもやとたちこめる気。

意味 ❶霧のようにたちこめる香りや空気。きり。❷「雰雰」は、雪が乱れとぶように降るようす。❸けはい。その場の空気。例雰囲気。

【雰囲気】フンイキ ①その場やそこにいる人々が、自然に作り出す気分。その場の独特の感じ。ムード。例楽しい—。②地球をとりまく空気。大気。アトモスフィア。

雨 5

【電】 13画 3737 96FB 教育2 音テン漢デン呉 訓いなずま

筆順 一 冖 币 币 雨 雷 電 電

なりたち [会意]「雨(=あめ)」と「申シン→テ(=のびる)」とから成る。いなずま。

意味 ❶いなずま。いなびかり。また、いなずまのようにはやい。例電影。電撃。電光石火。❷明るく照らす意から、その人が見ることを、うやまっていうことば。例電覧(=高覧。また、天子が見ること)。

日本語での用法《デン》「電気」「電信」「電報」の略。「電力・祝電・打電」

人名 あきら・ひかり

【電圧】デンアツ 二点間を電気が流れるときの、両方の電気の強さの差。単位はボルト。記号V 例—計。

【電位】デンイ 二点間を電気が流れるのに必要なエネルギー。電流は電位の高いほうから低いほうへ流れる。

【電影】デンエイ ①いなずま。電光。②現代中国語で、映画のこと。

【電化】デンカ (名・する)熱や光、動力などに、電力を利用すること。とくに、家庭生活や鉄道についていう。例—製品。

【電荷】デンカ ある物体が帯びている電気(量)。正と負の二種類があり、同種のものは反発し、異種のものは引き合う。

【電解】デンカイ (名・する)「電気分解」の略。

【電気】デンキ ①絹の布でこすったガラス棒が、軽いものをひきつける現象の、もとになっている力。光や熱、動力などのエネルギーとして用いる。例—回路。静—。②電灯。例—をつける。

【電気分解】(名・する) 電流を通すことによって、物質を分解すること。電解。例食塩水を—する。

【電機】電力を用いて動かす機械。電気機械。例—工業。

【電器】電力を用いて動かす器具。電気器具。例—店。

【電球】電気によって発光する光源体を、ガラスでおおったもの。電灯のたま。例—が切れる。

【電極】電池や発電機などで、電流が出入りするところ。出るほうを陽極(=プラス)、はいるほうを陰極(=マイナス)という。例—をつなぐ。

【電撃】①いなずまのように、すばやく激しく敵をうつこと。例—作戦。②からだに強い電流が流れたときの衝撃。例—を感じる。

【電源】①発電機など、電気を供給するもと。また、動力源となる電気。例—を入れる。②発電所など、大量の電気を作り出すところ。例—開発。

【電工】①電気工事の仕事をする人。②「電気工業」の略。会社名などにつける。

【電光】①いなびかり。いなずま。例—がきらめく。②電気による光。電灯の光。例—掲示板。

【電光石火】〔いなびかりと、火打ち石を打ち合わせたときの火の意〕ひじょうに短い時間のたとえ。また、たいへんすばやく行動すること。例—の早わざ。

【電光朝露】〔いなずまと、朝おりているつゆの意〕すぐ消えてしまうことから、人生のはかないことのたとえ。

【電子】原子をつくっている素粒子の一つで負の電気を帯びた最も小さいつぶ。電気の本体。エレクトロン。例—工学。

【電子計算機】電子回路を使って、複雑な計算やデータ処理などを、自動的に高速でおこなう機械。電算機。コンピューター。

【電磁気】①電気と磁気。②電流によって起こる磁気。

【電磁石】鉄のしんにコイルを巻いたもの。コイルに電流を流すと磁石になる。

【電視台】現代中国語で、テレビ局のこと。

【電磁波】電場と磁場の周期的な振動によって起こる波動。電波・光・エックス線・ガンマ線など。

［雨部］5画● 雹 雷

【電車】客や貨物を運ぶための、電力でモーターを動かしてレールの上を走る車両。例—賃。路面—。

【電飾】たくさんの電灯をともして建物や樹木などをかざった照明。イルミネーション。電灯装飾。

【電信】文字や映像などを電気信号に変え、電線や電波を利用して送る通信。例—機。

【電線】電流を通すための金属線。例高圧—。

【電送】(名・する) 電流や電波を用いて、文字や写真などを遠くはなれたところに送ること。例—写真。

【電卓】「電子式卓上計算機」の略。電子計算機の技術を応用して作られた、小型の計算機。

【電池】化学反応などによって、電流を起こさせる装置。乾電池・蓄電池・太陽電池など。

【電蓄】「電気蓄音機」の略。電気を用いて、レコードの音を再生させる装置。

【電柱】電線を支えるために立てたはしら。電信柱。

【電鉄】「電気鉄道」の略。電車を走らせる鉄道。会社名などに使われる。

【電灯】電気を用いてともす明かり。例—をつける。

【電動】機械などを電気で動かすこと。例—工具。

【電熱】電気抵抗のあるところを電流が流れるときに生じる熱。例—器。

【電場】電気の力が作用している場所。

【電波】①電磁波のうち、周波数が三〇〇〇ギガヘルツ以下、波長が〇・一ミリメートル以上のもの。例—を発する。②ラジオやテレビの放送のこと。例歌声を—にのせる。

【電文】電報の文句。例祝電の—を考える。

【電報】電信によって送る知らせ。また、その文書。例—を打つ。

【電離層】大気圏の上層部にある、電波を反射する領域。これによって無線通信が可能となる。電離圏。

【電流】二点間を流れる電気。単位はアンペア。記号A

【電力】①一定の時間に、電流がする仕事の量。電流と電圧の積であらわす。単位はワット。記号W ②電気の力。エネルギーとしての電気。例—の需要。

【電鈴】電磁石を用いて鳴らすようにしたベル。

【電話】(名・する) 音声を電気信号に変えて、はなれたところと話をすること。また、その装置。例公衆—。携帯—。

○外電・感電・終電・充電・節電・送電・帯電・弔電・停電・発電・放電・無電・漏電

雨 5 【雹】13画 8027 96F9 音ハク漢 訓ひょう

意味 雨のつぶがこおって地上に降るもの。ひょう。例雹霰(=ひょうと、あられ)。

雨 5 【雷】13画 4575 96F7 常用 音ライ漢呉 訓かみなり・いかずち

筆順 一 二 千 币 雨 雨 霄 雷

なりたち 靁 [会意] 本字は「靁」で、「雨(=あめ)」と「畾(=回転する)」とから成る。かみなり。

意味 ❶空中の電気の放電によって生じる音。かみなり。いかずち。例雷雨。雷鳴。❷爆薬をつめこんだ兵器。例魚雷。地雷。❸名声などが知れわたることのたとえ。例雷名。

難読 雷丘(=地名)・雷公・雷神・雷鳴の壺

【雷雨】かみなりや、いなずまをともなって激しく降る雨。

【雷雲】かみなりを起こし、雨を降らす雲。多く、積乱雲をいう。

【雷火】①いなびかり。②落雷による火災。例—が発生する。

【雷管】金属製の点火薬をつめた、火薬や爆薬に点火する装置。例導火線の先に—をつけて爆薬にうめこむ。

【雷魚】淡水魚のカムルチーやタイワンドジョウのこと。

【雷撃】(名・する) ①かみなりにうたれること。例—を受ける。②魚雷で敵の艦船を攻撃すること。例—されて沈没する。

【雷公】かみなりのこと。かみなりさま。

【雷獣】想像上の怪物。落雷とともに地上にあらわれ、樹木をさき、人や家畜に害をあたえるという。

【雷神】かみなりを起こすと考えられた神。なるかみ。

【雷鳥】ライチョウ科の鳥。ハトぐらいの大きさで、羽毛が夏は茶、冬は白になる。国の特別天然記念物。

【雷霆】〔「霆」も、かみなりの意〕激しいかみなり。例たちまちに—を聞く。

【雷電】かみなりと、いなずま。雷鳴と電光。

【雷同】（名・する）自分の考えをはっきりともたないで、すぐ他人の意見に同調すること。〔かみなりが鳴ると万物が応じてひびくことから〕例付和—（＝考えもなく他人の言動にしたがう）。なんの見識もなく—するだけの人。

【雷名】①世間に広く知れわたっている名声や評判。例—をとどろかす。②相手の名前を、うやまっていうことば。例ご—はうけたまわっております。

【雷鳴】かみなりの鳴りひびく音。また、それに似た大きな音の形容。例—がとどろく。

【雷文】いなずまのような折れ曲がった線でえがいた模様。表記「雷紋」とも書く。

●遠雷・春雷・迅雷・万雷・落雷

雨5【零】13画 4677 96F6 常用 音レイ漢リョウ呉 訓ゼロ・お-ちる・こぼ-れる・こぼ-す

筆順 一 二 干 币 雨 雫 零 零

なりたち［形声］「雨（＝あめ）」と、音「令レ」とから成る。静かに降る雨。

意味 ❶雨が静かに降る。例零雨（＝小雨。こぬか雨）。❷おちぶれる。おちる。例零落。❸規模の小さい。わずか。はんぱ。例零細。零本。

日本語での用法 一《レイ》ゼロ。何もないこと。「零時・零点」二《こぼす・こぼれる》外に出す。すてる。また、あふれ出る。「水を零す・涙が零れる・零れ幸い（＝思いがけない幸運）」

【零下】温度や気温がセ氏〇度以下のこと。氷点下。

【零細】（名・形動）規模がひじょうに小さいこと。ごくわずかなこと。例—企業の保護。—な土地。

【零歳】年齢の数え方で、生まれて一年未満をさす。ゼロ歳。例—児保育。

【零時】午前十二時、または午後十二時。

【零点】①点数がないこと。②セ氏温度計の、氷点。

【零度】度数をはかるときに、もとになる点。例経度—。

【零敗】（名・する）俗にスポーツで、得点がなくて、勝負に負けること。ゼロ敗。例—を喫する。

【零墨】書の切れはし。筆跡の断片。例断簡—（＝切れはしだけの文書）。

【零本】全巻そろっていない、書物のひと組み。端本。例一冊欠けた—。

【零余】わずかばかりの残り。はした。例—の残金。

【零落】（名・する）〔草木がかれて葉が落ちる意〕おちぶれること。例商売にしくじり—する。

雨6【需】14画 2891 9700 常用 音ジュ慣シュ漢 訓もと-める

筆順 一 二 干 币 雨 雫 需 需

なりたち［会意］「雨（＝あめ）」と「而（＝待つ）」とから成る。雨やどり。派生して「もとめる」の意。

意味 必要とする。欠くことのできないものとして、もとめる。また、もとめ。例需給。需要。必需。

人名 まち・みつ・もと・もとむ・もとめ

【需給】需要と供給。例—のバランスがくずれる。

【需用】電気やガスなどを消費すること。例電力—。

【需要】①物を必要とすること。例—を満たす。②〔経〕商品を買いたいという要求。対供給。

●軍需・特需・内需・必需・民需

雨7【霄】15画 8028 9704 音ショウ漢 訓そら

意味 ❶雨まじりの雪。みぞれ。❷高く遠いそら。例霄壌。❸夜。同宵。例霄明（＝よあけ）。

難読 凌霄花（のうぜんかずら）

【霄壌】天と地。雲泥。例—の差。

雨7【震】15画 3144 9707 常用 音シン漢呉 訓ふる-う・ふる-える

筆順 一 二 干 币 雨 雫 霞 震 震

なりたち［形声］「雨（＝あめ）」と、音「辰シ」とから成る。とどろくかみなり。

意味 ❶激しくゆれる。ふるう。ふるえる。例震天動地。震動（＝ふるえ動く）。激震。❷身ぶるいさせる。ふるえおののく。ふるえる。例震駭。震怖（＝ふるえおののく）。❸易の卦。八卦の一つ。自然では雷、方位では東をあらわす。

使い分け ふるう【振・震・奮】⇩1179ページ

人名 おと・なり・なる・のぶ

【震域】地震のとき、ゆれを感じる区域。例—が広い。

【震央】地震で、震源の真上の地点。

【震▼駭】（名・する）おそれおどろいて、ふるえること。類震撼。例全世界を—させた事件。

【震▼撼】（名・する）①ふるえ動くこと。ふるわして動かすこと。例大地を—させる。②おどろかせて、ふるえあがらせること。例世間を—させた事件。世を—する。

【震恐】（名・する）ふるえ、おそれること。類震駭。

【震驚】（名・する）ふるえおどろくこと。また、ふるえあがらせること。

【震▼懼】（名・する）ふるえおそれること。

【震源】地下の、地震が発生した場所。例—地。

【震災】地震による災害。例—復興。

【震旦】〔古くは「シンダン」とも〕中国のこと。

【震天動地】（天地をゆり動かすほど）世間がおどろきさわぐこと。驚天動地。例—の大事件。

【震度】地震のときに感じられる、ゆれの程度。

【震幅】地震計にあらわれた、震動のはば。ゆれはば。例—の変化。

●地震・耐震・余震

雨7【霆】15画 8029 9706 音テイ漢 訓いかずち

意味 激しいかみなり。いかずち。例震霆（＝激しく鳴るかみなり）。

難読 霆（はたたく）

雨7【霈】15画 8030 9708 音ハイ漢 訓おおあめ

意味 ❶雨や雪がはげしく降るようす。同沛。例霈然。❷ふりそそぐ雨。また、恩沢（＝天子のめぐみ）のたとえ。例霈沢。

【霈然】（形動タル）雨や雪がさかんに降るようす。

雨7【霊】15画 4678 970A 常用 音レイ漢リョウ呉 訓たま

筆順 一 二 干 币 雨 雫 霊 霊

雨16 【霊】 靈 24画 8045 9748

なりたち [形声]「巫(=みこ)」と、音「霝レ」とから成る。(雨ごいする)みこ。

意味 ❶神。精気。例神霊シンレイ。精霊セイレイ。❷死者のたましい。たま。例霊界レイカイ。幽霊ユウレイ。怨霊オンリョウ。❸神秘。不思議なはたらき。例霊異レイイ。霊感レイカン。霊妙レイミョウ。

人名 よし

【霊安室】レイアンシツ (病院などの)遺体を一時置いておく部屋。
【霊威】レイイ (神仏の)不思議な力。例神の―。
【霊異】レイイ 人間にははかれない、不思議なこと。例神の―にふれる。
【霊域】レイイキ (社寺の敷地など)神聖なところ。類霊場・霊地。例―をけがす。
【霊園】レイエン 墓地。とくに、計画的に設計した共同墓地の名につける。霊苑エン。例染井―。
【霊界】レイカイ ①現世とは別にあるという、霊魂の世界。死者の魂の住む世界。あの世。②精神の世界。
【霊感】レイカン ①神仏が、人間のいのりに応じて示す、不思議なはたらき。神仏のお告げ。例―を受ける。②急にものをさとったり、気づいたりする、頭のはたらき。ひらめき。例―を得る。
【霊気】レイキ 神秘的なものにつつまれたような気分。
【霊亀】レイキ 不思議な霊力をもったカメ。長寿の縁起をもつカメ。
【霊▼柩】レイキュウ 死者のからだを納めた棺。ひつぎ。例―車。
【霊剣】レイケン 不思議な力をもっている剣。
【霊験】レイゲン (「レイケン」とも)神仏が、人間の祈願に対して示す、不思議なはたらき。例―あらたかな観音様。
表記「霊現・霊顕」とも書く。
【霊魂】レイコン 人間のからだに宿り、精神の活動をつかさどると考えられているもの。肉体がほろんでも存在しつづけるとされる。たましい。例―の不滅。
【霊▼犀】レイサイ 人の心が通じ合うことのたとえ。例心に―の一点通ずる有り(=私の心は、霊が宿ったサイの角に根もとから先まで走っている筋があるように、あなたに通じている)。〈李商隠・無題〉
【霊山】レイザン 神や仏をまつった神聖な山。
【霊▽芝】レイシ 担子菌類タマチョレイタケ目のキノコの一種。かさはかたくて、つやがある。マンネンタケ。
【霊室】レイシツ 神仏などをまつってある部屋。
【霊獣】レイジュウ 神聖で、めでたいけもの。麒麟や竜など。
【霊場】レイジョウ 神仏の霊験あらたかなところ。社寺のある神聖なところ。類霊地・霊域。例―めぐり。
【霊神】レイジン 不思議な力をもつ神。
【霊水】レイスイ 病気やけがが治るなど、不思議なききめのある水。
【霊性】レイセイ ひじょうにすぐれた性質。
【霊泉】レイセン 病気やけがなどに不思議なききめのある泉。
【霊前】レイゼン 死者のみたまをまつってあるところの前。例御―(=霊前に供える供物や香典などに書くことば)。
【霊台】レイダイ ①たましいのあるところ。②天体や気象を観測して、うらなう物見台。
【霊地】レイチ 神仏がまつってある神聖な土地。類霊場・霊域。
【霊知】レイチ はかりしれないほど不思議で、すばらしい知恵。
表記 旧霊▼智
【霊長】レイチョウ はかりしれないほどのすばらしい能力をもった、最もすぐれたもの。例人間は万物の―である。
【霊長類】レイチョウルイ 大脳が最も発達した哺乳動物をまとめていうことば。人間や類人猿など。
【霊鳥】レイチョウ 神聖でめでたい鳥。鳳凰など。例―があらわれたので改元した。
【霊的】レイテキ (形動ダ) たましいや精神に関するようす。例―世界。―な体験。
【霊殿】レイデン 先祖などの霊をまつった建物。霊廟。
【霊徳】レイトク すぐれてたっとい徳。
【霊肉】レイニク たましいと肉体。例―一致。
【霊能】レイノウ 不思議で、すぐれた能力。例―者。―をもつ人。
【霊▼牌】レイハイ 先祖の位牌。
【霊媒】レイバイ 死者のたましいや神仏と人間との意思の仲立ちができるといわれている人。口寄せ。巫女。
【霊▼廟】レイビョウ 祖先の霊をまつった建物。みたまや。霊殿。
【霊宝】レイホウ たっとい宝物。神社や寺の宝物。例―館。
【霊峰】レイホウ 神聖でおごそかな山。神仏のまつってある山。例―富士の山。
【霊木】レイボク 神の霊が宿っている、神聖な木。神木。
【霊妙】レイミョウ (名・形動ダ) 人間の知恵ではかれないほど、すぐれていること。たっとく神秘的なこと。例―な仏像。
【霊夢】レイム 神仏がお告げをする、不思議なゆめ。
【霊薬】レイヤク 治りにくい病気やけがを治す、不思議なききめのある薬。妙薬。例―と称する水。
【霊力】レイリョク 人間の知恵ではかれない、不思議な力。神秘的な力。例―を得た不思議な体験。
●慰霊イレイ・言霊ことだま・心霊シンレイ・亡霊ボウレイ

雨8 【霙】 16画 8036 9719 音エイ漢 ヨウ呉 訓みぞれ

意味 ❶雨まじりの雪。みぞれ。❷花の散るように降る雪。

雨8 【霍】 16画 8025 970D 音カク漢 訓にわ-か

意味 ❶はやい。すみやか。にわか。例霍然カクゼン(=たちまち)。霍乱カクラン。❷姓の一つ。例霍去病カクキョヘイ(=前漢の将軍)。霍光カクコウ(=前漢の政治家)。
【霍乱】カクラン 長時間炎天にいたため、頭痛や下痢、はきけなどを起こす病気。日射病。暑気あたり。例鬼の―。

雨8 【霓】 16画 8031 9713 音ゲイ漢呉 訓にじ

意味 にじ。めすのにじ。虹コウ(=おすのにじ)に対して用いられるときは、主虹の外側の色のうすいにじをいう。同蜺ゲイ。例霓裳羽衣ゲイショウウイ(=天女などのまとう、美しい衣。また、舞曲の名)。虹霓コウゲイ(=にじ)。

雨8 【霎】 16画 8032 970E 音ソウ漢 ショウ漢 訓こさめ

意味 ❶さっとふるわずかな雨。こさめ。❷一瞬の。例霎時ショウジ(=しばし。少時)。

雨8 【霑】 16画 8033 9711 音テン漢呉 訓うるお-う・うるお-い

意味 ❶水分をふくんで、しめる。うるおす。うるおう。❷恩恵を受ける。また、ほどこす。例均霑キンテン(=平均にほどこす)。

雨8 【霏】 16画 8034 970F 音ヒ漢 訓もや

意味 雨や雪の降るようす。例霏霏ヒヒ。
【霏霏】ヒヒ (形動タル) 雪や雨などがさかんに降るようす。例―として降りしきる細雨。白雪―として降る。

8画

雨 8
【霖】
16画 8035 9716 音リン漢 訓ながあめ

意味 降り続く雨。ながあめ。例秋霖(=秋の長雨)。

【霖雨】なん日も降り続く雨。長雨。例―川をなす。

【霖▼瀝】長雨が降ること。例いつやむともなき―。

雨 9
【霞】
17画 1866 971E 人名 音カ漢呉 訓かすみ・かす-む

なりたち [形声]「雨(=あめ)」と、音「叚」とから成る。赤い雲気。

意味 ❶日の出や日暮れどきに、東や西の空が赤く染まって見える現象。あさやけ。ゆうやけ。例霞光。夕霞(=ゆうやけ)。朝霞(=あさやけ)。❷はるか。とおく。おくふかいところ。例霞洞(=仙人のすみか。また、上皇の御所)。

日本語での用法《かすみ・かすむ》春、野や、山のすそに、うす雲がかかったように帯状にたなびいて見えるもの。また、そのように、ぼんやりして見えること。「霞が深い・月が霞んだ夜景・目が霞む」

【霞光】朝焼けや夕焼けの、美しいかがやき。

【霞網】小鳥をとらえるために林や山の中に張る、ひじょうに細い糸で作ったあみ。

雨 9
【霜】
17画 3390 971C 常用 音ソウ漢呉 訓しも

筆順

なりたち [形声]「雨(=あめ)」と、音「相」とから成る。露がこおって固まったもの。

意味 ❶空気中の水蒸気が冷やされて、こまかい氷となったもの。しも。例霜露。❷しものように、白い。また、冷たく、厳しいもののたとえ。例霜鬢。秋霜烈日。❸冬の季節のたとえ。としつき。とし。例星霜(=としつき)。

【霜柱】地中の水分がこおって、細い氷の柱が集まったようになり、表面の土を持ち上げるもの。例―が立つ。

【霜降り】①霜がおりること。②白い点を織りこんだ布地。③脂肪が白い点のようにまじっている牛肉。

【霜を▽履みて堅氷至る】霜をふんで歩く季節になると、やがて堅い氷の張る真冬がやってくる。ものごとは、まず小さなきざしから始まってだんだんと大きくなるので、用心せよ、ということのたとえ。〈易経〉

【霜害】しもによって農作物が受ける害。例―の注意報。

【霜月】一 ①しものおりる寒い冬の夜の月。②中国で、陰暦七月の別の呼び名。二 日本で、陰暦十一月のこと。太陽暦でもいう。

【霜降】二十四節気の一つ。太陽暦で十月二十三、四日ごろ。

【霜雪】①しもと雪。例―にたえて花をさかせる(=苦労が実を結ぶ)。②心が清く正しいことのたとえ。例―の志。

【霜天】しものおりた寒い冬の日の空。

【霜▼鬢】①しものように白い鬢の毛。②白髪。霜髪。

【霜烈】(名・形動ナ) しもがおりるころのような、厳しい寒さ。例―のようなきびしい修練。

●秋霜・星霜・晩霜

雨 10
【霤】
18画 8037 9724 音リュウ漢 訓あまだれ

意味 ❶軒から流れ落ちる雨水。あまだれ。例霤、石を穿つ。❷あまだれを受ける、うつわ。

雨 11
【霪】
19画 8038 972A 音イン漢 訓ながあめ

意味 ながく降りつづく雨。ながあめ。例霪雨。

【霪雨】ながあめ。例禹―に沐浴す(=禹は長雨で髪とからだを洗った)。〈淮南子〉

雨 11
【霧】
19画 4424 9727 常用 音ブ漢ム呉 訓きり

筆順

なりたち [形声]「雨(=あめ)」と、音「敄」とから成る。地から発生した気で、天が応じないために雨とならないもの。

意味 ❶大気中の水蒸気が、地表近くで細かい水滴となって、ただよっているもの。きり。例五里霧中。濃霧。❷きりのように細かい。また、きりのように集まり、消える。例霧雨(=細かい雨)。霧散。霧集。

【霧海】一面にきりのかかった海。

【霧散】(名・する) ①きりがはれること。②きりがはれるように、あとかたもなく消えさること。霧消。例嫌疑が―する。

【霧集】(名・する) きりのように多く集まること。

【霧消】(名・する) きりがはれるように、あとかたもなく消えてしまうこと。霧散。例雲散―(=あとかたもなく消える)。

【霧鐘】きりが深くて見通しの悪いとき、船舶の事故を防ぐために灯台や船などで鳴らす鐘。例―を鳴らす。

【霧中】①きりのなか。例―の音響信号。②きりのなかにいるように、前後の事情がまったくつかめず、見通しが立たないで、どうしようか迷うこと。→【五里霧中】(42ページ)

【霧笛】きりが深くて見通しの悪いとき、船舶の事故を防ぐために灯台や船などで鳴らす汽笛。例―信号。

【霧氷】氷点下のきりが、木の枝などにこおりついたもの。

●煙霧・狭霧・濃霧

雨11 【䨮】19画 ⇩【雪】(1048ページ)

雨 12
【霰】
20画 8039 9730 音サン慣セン漢呉 訓あられ

意味 秋や冬に、大気中の水分が氷結して降ってくるもの。あられ。例霰雪(=あられ交じりの雪)。

日本語での用法《あられ》あられのような、小さな角だった球形。「霰小紋・霰に刻む・雛霰」

雨 13
【霹】
21画 8040 9739 音ヘキ漢ヒャク呉 訓いかずち

意味 急に激しく鳴りわたるかみなり。いかずち。例霹靂。

【霹▼靂】激しく鳴り出すかみなり。雷鳴。また、大きな音。例青天の―(=とつぜん起こった思いがけないできごと)。

雨 13
【露】
21画 4710 9732 常用 音ロウ慣ロ漢呉 訓つゆ・あらわ-れる・あらわ

筆順

なりたち [形声]「雨(=あめ)」と、音「路」とから成る。万物をうるおすもの。

意味 ❶空気が冷えて、草の上などにできる、しずく。つゆ。例雨露。甘露。❷(朝には消えるつゆのように)はかないもののたとえ。例露命。朝露。❸むきだし。屋根などのおおいがない。さらす。例露座ザロ。露台ロダイ。露店ロテン。❹あらわになる。むきだしにする。あらわ。例露見ロケン。露骨ロコツ。暴露バクロ。

日本語での用法 ㊀《ロ》「露西亜ロシア」の略。「日露ニチロ・米露」 ㊁《つゆ》少しも。まったく。「そうとは露つゆ知しらず…」

人名 あきら

【露草】つゆくさ ツユクサ科の一年草。夏、あい色の小さな花がさく。ホタルグサ。

【露霜】つゆじも ①つゆと、しも。②晩秋につゆがこおって、しものようになったもの。水霜みずじも。例―にすがれゆく残菊ザンギク。

【露悪】ロアク 自分の欠点などを、わざとさらけ出すこと。例―趣味シュミ。―で自分の存在を示す。

【露営】ロエイ (名・する) 軍隊などが野外に陣ジンを張って、休養や宿泊シュクハクをすること。野営ヤエイ。対舎営。例―の夢。

【露見】ロケン (名・する) かくしていた秘密や悪事がばれること。例裏工作が―する。表記「露顕」とも書く。

【露語】ロゴ 「露西亜ロシア語」の略。

【露光】ロコウ ㊀(名) つゆの光。㊁(名・する) 「露出③」に同じ。例―が不足する。

【露骨】ロコツ (名・形動ダ) 感情やかくすべきものごとなどを、かくそうとしないで、ありのままにあらわすこと。例―な表現。

【露座】ロザ (名・する) 屋根のないところにすわること。とくに、仏像などが野外に置かれることについていう。例鎌倉かまくらの―の大仏。表記旧露▼坐

【露地】ロジ ①屋根におおわれていない土地。例トマトの―栽培サイバイ。②茶室に付属した庭。茶庭。表記②は「路地」とも書く。

【露宿】ロシュク (名・する) 屋根のないところにねて、夜をすごすこと。野宿のジュク。例山の中で―する。

【露出】ロシュツ (名・する) ①内部にあるものが外にあらわれること。②ふつうなら人に見せないでかくしているものを、むき出しにすること。例はだを―する服。③写真をとるとき、カメラのシャッターを開いてフィルムに光をあてること。露光。例―計。―オーバーになる。

【露台】ロダイ 建物の外側にはり出した、手すりのついた屋根のない台。バルコニー。例月の夜の―に歌う。

【露呈】ロテイ (名・する) かくしていたことをさらけ出すこと。また、それがおもてにあらわれ出ること。例未熟さを―する。

【露天】ロテン 屋根のないところ。野天のテン。野外ヤガイ。例―ぶろ。

【露店】ロテン 道ばたで商品を売る、屋台のみせ。例―商。

【露頭】ロトウ (名・する) ①あたまに何もかぶらず、むき出しにすること。②地表にあらわれている、岩石や鉱脈コウミャクの一部。例鉱脈の―。

【露盤】ロバン 五重の塔トウなどの屋根の上にある四角い台。仏塔の最上部にある相輪ソウリンの基部を受ける。

【露仏】ロブツ 野外に置かれ、雨ざらしになっている仏像。ぬれぼとけ。例野道の―。

【露文】ロブン (「露」は「露西亜ロシア」の略) ①ロシア語の文章。②「露西亜文学(科)」の略。

【露命】ロメイ つゆのようにはかないいのち。例―をつなぐ(=なんとか生活している)。

●玉露ギョクロ・結露ケツロ・松露ショウロ・吐露トロ・発露ハツロ・披露ヒロウ

[雨部] 13―17画 ● 霸 霽 霾 靄 靆 靂 靈 靉

雨13

【霸】 21画 ⇩【覇】ハ(897ジペー)

雨 14

【霽】 22画 8041 973D 音セイ漢 サイ呉 訓は-れる

意味 ❶雨や雪がやむ。きりなどが消え去る。はれる。例霽日セイジツ(=晴天)。❷いかりがおさまり、気がはれる。きげんを直す。例霽威セイイ(=いかりがとけ、きげんが直る)。

【霽月】セイゲツ ①雨があがったあとに出る、すみきった月。②はればれとした、さわやかな心境のたとえ。例光風―のような心境。

雨 14

【霾】 22画 8042 973E 音バイ漢 マイ呉 訓うず-む・かく-す・つちふ-る

意味 風で土ぼこりがおこり、雨のようにふる。また、空が土ぼこりにおおわれて暗くなる。つちふる。

雨 16

【靄】 24画 8043 9744 音アイ漢 訓もや

意味 ❶低く立ちこめた気。深いきり。もや。例山靄サンアイ(=山のもや)。暮靄ボアイ(=夕暮れのもや)。❷雲やかすみがたなびくようす。例靄靄アイアイ。

【靄靄】アイアイ (形動タルト) ①雲がさかんに集まるようす。②ややかすみがかかっているようす。③なごやかなようす。藹藹アイアイ。例和気―として歓談カンダンする。

雨 16

【靆】 24画 8044 9746 音タイ漢呉

意味 「靉靆アイタイ」は、雲のたなびくようす。

雨 16

【靂】 24画 8046 9742 音レキ漢

意味 「霹靂ヘキレキ」は、急に激しく鳴りわたるかみなり。

雨16

【靈】 24画 ⇩【霊】レイ(1051ジペー)

雨 17

【靉】 25画 8047 9749 音アイ漢呉

意味 「靉靆アイタイ」は、雲のたなびくようす。

【靉靉】アイアイ (形動タルト) ①雲がさかんにわき起こるようす。②樹木がしげっているようす。

【靉▼靆】アイタイ (名・形動タルト) ①雲がさかんにたなびくようす。②暗いようす。例なんとなく―として青雲―としてたなびく。③眼鏡めがねの古い言い方。

[靑(青)部] 0画 ● 青

174 8画

靑(青) あお部

あおい色の意をあらわす。新字体では「青」となる。「青」をもとにしてできている漢字を集めた。

0 青 靑 5 靖 靖 6 静 8 靜

青 0

【青】 8画 3236 9752 教育1 音セイ漢 ショウ呉 チン唐 訓あお・あお-い 付表 真まっ青さお

筆順 一 十 ± 主 丰 青 青 青

青 0

【靑】 8画 ― 9751

なりたち 【会意】「生(=うむ)」と「丹(=赤い石)」とから成る。あお。 参考 五行ゴギョウ思想で「木(=青)」は「火(=赤)」を生むことによる。

意味 ❶あお。あおい。また、藍あい・緑・水色などの系統の色。例青磁セイジ。群青グンジョウ。緑青ロクショウ。❷草木がしげる。草木の

色。例青山・青松。青嵐。❸五行説で、東方・春・年少などをあらわす。例青春。青年。青竜。

日本語での用法《あお》①青みがかった黒毛のウマ。また、いっぱんにウマのことをいう。「青毛の馬」②未熟の意。「青侍・青二才・青臭い議論」

難読 万年青・青魚・青面金剛・冬青樹

人名 きよ・しげ・しげる・はる

【青息吐息】苦しいときや困りはてたときにつく、ため息。また、困りはてて、苦しんでいる状態。

【青▼黴】青緑色をしたかび。もちやパンなどに多く生える。抗生物質のペニシリンは、このかびの一種から作られる。

【青▼桐】アオイ科(旧アオギリ科)の落葉高木。幹は緑色で葉は大きく、初夏にうす黄色の小さい花をつける。梧桐。

【青侍】①まだ若くて身分の低いさむらい。②公卿に仕えた六位のさむらい。〔青い衣を着たことから〕

【青写真】①複写に用いる写真の一種。青地に白で図面や文字が写し出され、おもに設計図などに用いられる。②将来の計画や予定のたとえ。例人生の―をえがく。

【青筋】①青色のすじ。②皮膚をとおして、すけて見える静脈。例―を立てる(=はげしくおこる)。

【青空】①よく晴れた青い空。碧空。蒼空。②屋外。野外。例―駐車。―市場。

【青田】イネが実る前の、まだ青々としている田。例―買い(=青田のうちに、米を買う約束をすること)。

【青大将】ヘビの一種。体長は二メートル近くになり、くすんだ緑色をしている。毒はない。

【青畳】新しくて、青々とした畳。

【青天井】①青空。例―のように晴れた空。②株価などが、どこまでも高く上がること。

【青道心】修行が、まだじゅうぶんでない、若い僧。

【青菜】緑色の葉の野菜。例―に塩(=青菜に塩をかけるとしおれるように、元気がなくなるたとえ)。

【青二才】若くて経験などが未熟な男。例私がまだ―のころ。

【青葉】(初夏のころの)若々しい緑色の木の葉。若葉。例目には―山ほととぎす初鰹。

【青は藍より▽出でて藍より青し】青色の染料は、アイという草からとるが、それで染めた色はアイよりも青い。

故事のはなし 古代中国に、人間の生まれながらの性質はいったい善なのか悪なのか、という議論があった。その中で「人間の本性は悪だ」ということを主張したのが荀子という人で、その人の書いた本の冒頭が、この「青は藍より出でて…」である。人間は努力すればするほど向上するものだ。人間は、ほうっておくとだめになってしまうもので、学問は中断してはいけない、というのが荀子の性悪説の趣旨である。現在、いっぱんには「出藍の誉れ」という形で、弟子(=青)が先生(=藍)をこえること(=誉れ)の意味に用いられる。〈荀子〉

【青▼瓢▼簞】①まだ青くて、じゅうぶんに熟していないヒョウタン。②やせて顔色の青白い人に対する悪口。例うらなりの―。

【青虫】チョウやガなどの幼虫で、緑色をしているもの。とくに、モンシロチョウの幼虫を指すことが多い。

【青物】①緑色をしている野菜。②野菜類のこと。例―市場。③皮の青い魚。イワシやサバなど。

【青▽柳】①青々としたヤナギ。例―の糸(=アオヤギの枝)。②バカガイのむき身。

【青▼蛙】背が緑色で、腹が白いカエル。あおがえる。

【青雲】①よく晴れた、高く青い空。②高い地位。すぐれた人格。

【青雲の志】立身出世を願う気持ち。例―をいだいて国を出る。

【青雲の士】①人格や学問のすぐれている人。②立身出世した人。③俗世間からぬけだしている人。

【青果】野菜とくだもの。例―市場。

【青▼娥】〔「娥」は、美人の意〕若く美しい女性。

【青▼蛾】①まゆずみでかいた、青くて美しいまゆ。②若くて美しい女性。美人。

【青海】①青々とした海。②中国西部にある省の名。

【青海波】①舞楽の曲名。また、その曲に合わせて二人でまう舞の名。②「①」の舞に着る衣装の、波形の模様。

【青眼】①好きな人や親しい人をむかえるときの目つき。〔晋の阮籍は、気に入らない客は白眼でむかえ、好きな客は青眼でむかえたという故事から〕〈晋書〉→【白眼視】(692ペ) ②⇒【正眼】②(557ペ)

【青宮】①皇太子の御殿。②皇太子をうやまっていうことば。東宮。

【青玉】鋼玉の一種。透明で青いもの。

【青襟】①青いえりの衣服。②学生。〔昔、中国で、学生が青いえりの服を着ていたことから〕表記▽「青▼衿」とも書く。

【青玄】大空。青空。

【青酸】シアン化水素の水溶液。無色で酸性の、猛毒の液体。例―カリ。

【青山】①草木が青々としげっている山。②死んで骨をうずめる地。墓地。例人間到る処―あり(=世間にはどこで死んでも骨をうずめるところはあるのだから、志を大きくもって、故郷を出て大いに活躍すべきだ)。

【青山一髪】遠くにかすむ青い山が、地平線のかなたに一本のかみの毛のように細く横たわって見える景色のたとえ。

【青山骨を▽埋むべし】男子はどこにでも骨をうずめることができる。必ずしも故郷で死ぬことには、こだわらない。

【青史】記録。また、歴史書。〔昔、紙のない時代に、青竹を火であぶってあぶらけをぬき、その竹簡に記したことから〕例―に名をとどめる。

【青磁】うわぐすりをかけて、青緑色に焼いた磁器。

【青春】①春。〔四季について、朱夏・白秋・玄冬とならべていう〕②若い時代。例―時代。

【青松】青々としたマツ。例白砂―。

【青壮年】青年と壮年。十代後半から四十歳代くらいまでの年齢。また、その年齢の人。

【青▼苔】青い色のコケ。

【青▼黛】セイタイ ①青い色のまゆずみ。また、それでかいた美しいまゆ。②こい青色。

【青天】セイテン よく晴れた青空。

【青天の▼霹▼靂】セイテンのヘキレキ 〔青空にとつぜん鳴りひびくかみなりの意〕急に起こる、思いがけない大事件や異変。

【青天白日】セイテンハクジツ ①よく晴れた青空と、かがやく太陽。②心にやましいところがないこと。例—のごとき心境。③無罪が明らかになること。例—の身となる。

【青▼鞜】セイトウ 女流文学者のこと。また、婦人解放を主張した女性たち。〔十八世紀、ロンドンのあるサロンの常客に青いくつ下(=ブルーストッキング)をはいて出席する男性がいて、そこに女性の文学者や解放運動家がつどったことから〕→【鞜】トウ 日本語での用法(1060ページ)

【青銅】セイドウ 銅とすずの合金。ブロンズ。例—器。

【青年】セイネン 若者。十代後半から二十代の人。対幼年・少年・壮年・老年。

【青▼旆】セイハイ 酒屋さかやの目じるしの青い旗。

【青白眼】セイハクガン 好きな人をむかえるときの目つき(=青眼)と、気に入らない人をむかえるときの目つき(=白眼)。→【青眼】セイガン(1055ページ)・【白眼視】ハクガンシ(692ページ)

【青票】セイヒョウ 国会などで採決のとき、反対の意思を示すのに用いる青色の票。対白票。

【青▼蕪】セイブ ①青くしげった草むら。②草が青々としげった土地。

【青▼蠅】セイヨウ ①からだが青みをおびたハエ。あおばえ。②(君子の)悪口を言う、にくむべき小人のたとえ。

【青▽嵐】一セイラン 青葉をふく風。また、青々とした山の気。二あおあらし 新緑のころ、青葉をわたる風。

【青竜】セイリュウ・セイリョウ ①青色の竜リュウ。②漢代のころ、東西南北の四方に配した神の一つ。東方を守る。〔白虎ビャッコ(=西)・朱雀スザク(=南)・玄武ゲンブ(=北)とならべていう〕

【青竜刀】セイリュウトウ 「青竜偃月刀エンゲツトウ」の略。刀のはばが広く、なぎなたのようにそっている中国の刀。柄つかに青い竜のかざりがある。

【青楼】セイロウ ①美人が住む、青くぬった美しい高殿たかどの。②花柳界カリュウカイの建物。遊女屋。妓楼ギロウ。

●群青グンジョウ・紺青コンジョウ・刺青シセイ・緑青ロクショウ

青 0 【靑】8画 ⇩【青】セイ(1054ページ)

青(青)部 0—8画 ● 青靖靖静靜

青 5 【靖】13画 4487 9756 人名 音セイ漢 ジョウ呉 訓やす-い・やす-んじる

青 5 【靖】13画 FA1C

なりたち [形声]「立(=たつ)」と、音「青セイ」とから成る。立つ姿がやすらか。

意味 やすらかにする。やすらか。やすんじる。例靖国セイコク。

人名 おさむ・きよし・しず・しずか・のぶ・はかる・やすし

【靖国】セイコク・やすくに 国をやすらかに治めること。例—神社(=国難におもむいて死んだ人をまつる社)。

青 5 【靖】13画 ⇩【靖】セイ(1056ページ)

青 6 【静】14画 3237 9759 教育4 音セイ漢 ジョウ呉 訓しず・しず-か・しず-まる・しず-める

筆順 一 十 青 青 青 静 静 静

青 8 【靜】16画 8048 975C 人名

なりたち [形声]本字は「竫」で、「立(=たつ)」と、音「争ソウ→セイ」とから成る。安定している。

意味 ❶動かない。じっとしている。しずまる。対動ドウ。例静止セイシ。静物セイブツ。安静アンセイ。❷音がしない。ひっそりとしている。しずか。例静寂セイジャク。静座セイザ。静粛セイシュク。鎮静チンセイ。閑静カンセイ。冷静レイセイ。❸心を落ちつける。しずめる。

使い分け しずまる・しずめる【静・鎮・沈】⇩1170ページ

人名 きよ・きよし・ちか・やす・やすし・よし

【静脈】ジョウミャク からだの各部分から、よごれた血を心臓にはこぶ血管。対動脈。例—注射。

【静穏】セイオン (名・形動ダ) しずかでおだやかなこと。世の中が平和で落ちついていること。平穏。例—な毎日。—な社会。

【静閑】セイカン (名・形動ダ) ものしずかなこと。閑静。例—な田園地帯。

【静観】セイカン (名・する) 事のなりゆきをしずかに見守ること。例事態を—する。

【静座】セイザ (名・する) 心を落ちつけて、しずかにすわること。例—して一日をかえりみる。表記 旧静▼坐

【静止】セイシ (名・する) じっとしていて動かないこと。対運動。例—画像。—して目をつぶる。

【静思】セイシ (名・する) 心を落ちつけて、しずかに考えること。例—黙考モッコウ。

【静寂】セイジャク (名・形動ダ) しんとしてしずかなこと。例—を破る物音。—な夜の森。

【静粛】セイシュク (名・形動ダ) 物音や声を出さず、しずかにしてつつしんでいること。例ご—に願います。—にして待つ。

【静態】セイタイ 物がしずかに止まっている状態。また、つりあいを保って動かない状態。対動態。

【静聴】セイチョウ (名・する) しずかにきくこと。例講演を—する。

【静的】セイテキ (形動ダ) しずかで動かないようす。対動的。例—な描写ビョウシャ。

【静電気】セイデンキ 化学繊維センイなどをこすり合わせたときに発生し、表面または内部にとどまっている電気。例—の放電。

【静▼謐】セイヒツ (名・形動ダ) (世の中などが)しずかで、おだやかなこと。例—を保つ。

【静物】セイブツ 静止したまま動かないもの。とくに、絵の題材としての花やくだものなど。例—画。—を写生する。

【静養】セイヨウ (名・する) からだや心をしずかに休めて、病気やつかれをなおすこと。例病後の—。学校を休んで—する。

●安静アンセイ・閑静カンセイ・沈静チンセイ・鎮静チンセイ・動静ドウセイ・平静ヘイセイ・冷静レイセイ

青 8 【靜】16画 ⇩【静】セイ(1056ページ)

非部 0画 ● 非

175 8画 非 あらず部

鳥のそむきあったつばさの形で、そむく意をあらわす。「非」をもとにしてできている漢字を集めた。

0 非 7 靠 11 靡

この部首に所属しない漢字

韭⇩韭1061 悲⇩心402 斐⇩文470 罪⇩罒797
翡⇩羽805 蜚⇩虫878 裴⇩衣893 輩⇩車956

非 0 【非】8画 4083 975E 教育5 音ヒ漢呉 訓あら-ず

筆順 非

なりたち ［象形］鳥のつばさが垂れて、そむきあっている形。そむく。

意味 ❶道理に合わない。道にそむく。あやまち。対是(ゼ)。例非行(ヒコウ)。非道(ヒドウ)。❷せめる。そしる。同誹(ヒ)。例非議(ヒギ)。非難(ヒナン)。❸〔助字〕「あらず」と読み、…でない・…とちがう、の意。否定をあらわす。例非レ人也(ひとにあらざるなり)(＝人間ではない)。非常(ヒジョウ)〔「つねにあらず」と訓読する〕。

難読 似非(えせ)

【非意】(イヒ) 思いもよらないこと。だしぬけ。不意。

【非違】(イヒ) 法にそむき道徳にはずれていること。また、その行為(コウイ)。

【非運】(ヒウン) 運が悪いこと。不運。例身の―をなげく。

【非核】(ヒカク) 核兵器を持たないこと。例―三原則(＝核兵器を作らない、持たない、持ちこませない、という日本の政策)。

【非議】(ヒギ)（名・する）議論して非難すること。悪口を言うこと。表記「▼誹議」とも書く。

【非業】(ヒギョウ) 一(ヒギョウ) 自分がすべきでないこと。しなくてもよいこと。二(ヒゴウ)〔仏〕前世の報(むく)いによるのではなく、現世の思いがけない災難によってそうなること。例―の死をとげる。

【非金属】(ヒキンゾク) 金属としての性質をもたない元素。非金属元素。

【非行】(ヒコウ) 青少年の、社会的にみてよくないおこない。例―に走る。―少年を補導する。

【非公式】(ヒコウシキ)（名・形動ダ）正式でないこと。表向きでないこと。例―発表。―に折衝(セッショウ)をくりかえす。

【非公認】(ヒコウニン) 正式にみとめられていないこと。例―記録。

【非合法】(ヒゴウホウ)（名・形動ダ）法律や規則に合っていないこと。例―組織。―な活動。

【非合理】(ヒゴウリ)（名・形動ダ）考え方が論理や道理に合っていないこと。論理的でないこと。例―主義。―な推論。

【非国民】(ヒコクミン) 国民として果たさねばならないつとめを、果たしていない者。国家を裏切るような行為(コウイ)をする者。

【非才】(ヒサイ) 才能がないこと。例浅学―(＝学問や知識が浅く、才能がない)。〔自分の才能をへりくだっていうことば〕表記「▼菲才」とも書く。

【非次】(ヒジ) 順序どおりでないこと。不次。

【非常】(ヒジョウ) 一(名) 危険などがさしせまっている状態。例―階段。二(形動ダ) 程度がふつうでないようす。はなはだしいようす。例―に大きい。―な熱意。

【非常時】(ヒジョウジ) 戦争や災害などの、危険や困難のともなう状態に直面している時。対平時(ヘイジ)。

【非常手段】(ヒジョウシュダン) さしせまった状態に追いつめられて、やむなくとる手段。〔暴力行為(コウイ)など、ふつうはあまり使わない手段を使う場合に用いられる〕例―にうったえる。

【非情】(ヒジョウ)（名・形動ダ）①喜び・悲しみ・やさしさなどの、人間らしい感情がなく、心が冷たいこと。例―なしうち。②〔仏〕木や石などのように、心をもたないこと。

【非常勤】(ヒジョウキン) 正式にやとわれたのではなく、限られた日数や時間だけ勤務すること。また、その人。例―講師。

【非常識】(ヒジョウシキ)（名・形動ダ）世間いっぱんの常識とかけはなれていること。例―な人間。

【非条理】(ヒジョウリ) ものの道理にかなっていないこと。筋道がとおっていないこと。例―を許さない。

【非職】(ヒショク) 公務員などが、その地位はありながら、実際に受け持つ任務がないこと。また、その人。

【非戦闘員】(ヒセントウイン) ①戦争のとき、実際の戦闘に加わらない者。民間人。②戦場で、戦闘以外の任務につく者。軍医・看護人・従軍記者など。

【非戦論】(ヒセンロン) 戦争に反対する主張。例―をとなえる。

【非俗】(ヒゾク) 俗人(ゾクジン)でないこと。出家した僧(ソウ)など。

【非道】(ヒドウ)（名・形動ダ）人として守るべき道理や人情にはずれていること。例極悪(ゴクアク)―な犯人。

【非難】(ヒナン)（名・する）他の人のおこないのあやまりや欠点などを強く責めて、とがめること。例―をあびせる。―の的になる。表記「批難」とも書く。

【非人】(ヒニン)〔仏〕人間でないもの。夜叉(ヤシャ)・竜神(リュウジン)・悪鬼(アッキ)など。

【非人情】(ヒニンジョウ)（名・形動ダ）①人に対する思いやりや、やさしさがないこと。不人情。例―なしうち。②義理や人情を超越(チョウエツ)して、それらにわずらわされないこと。〔夏目漱石(なつめソウセキ)が『草枕(くさまくら)』の中で説いた〕

【非番】(ヒバン) 交代ですることになっている仕事で、当番にあたっていないこと。また、その人。対当番。

【非法】(ヒホウ) 法にはずれること。不法。非合法。

【非凡】(ヒボン)（名・形動ダ）平凡ではなく、とくにすぐれていること。対平凡。例―な才能。

【非命】(ヒメイ) 天命を全(まっと)うしないこと。思いがけない災難で死ぬこと。対正命(セイメイ)。

【非役】(ヒヤク) 現職でないこと。名義だけで実務についていないこと。例―になって、あとは退職の日が来るだけ。

【非理】(ヒリ) 道理にはずれたこと。非道。

【非力】(ヒリキ)〔「ヒリョク」とも〕（名・形動ダ）力が弱いこと。実力がないこと。例―な自分を責める。

【非礼】(ヒレイ)（名・形動ダ）礼儀(レイギ)にはずれること。また、そのおこない。無礼(ブレイ)。例―をわびる。

●是非(ゼヒ)・先非(センピ)・前非(ゼンピ)・理非(リヒ)

非 7 【靠】 15画 8049 9760 音コウ漢 訓よりか-かる・よ-る

意味 信用して、よりどころとする。たよる。よる。

非 11 【靡】 19画 8351 9761 音ビ漢ミ呉 訓なび-く

意味 ❶したがう。一面に広がる。なびく。例風靡(フウビ)。❷ぜいたくをする。例奢靡(シャビ)(＝ぜいたく)。❸ほろびる。くずれる。例萎靡(イビ)。淫靡(インビ)。❹ただれる。例靡爛(ビラン)。

【靡然】(ビゼン)（名・形動タリ）(草木が風になびくように)勢いになびき従うこと。例―として大勢(タイセイ)のおもむくところに従う。

【靡▼爛】(ビラン)（名・する）ただれること。例―した皮膚(ヒフ)。表記「▼糜▼爛」とも書く。

176 9画 面 めん おもて 部

人の顔の形をあらわす。「面」をもとにしてできている漢字を集めた。

0 面 5 靤 7 靦 14 靨

面 0 【面】 9画 4444 9762 教育3 音ベン漢メン呉 訓おも・おもて・つら・も 付表真面目(まじめ)

筆順 面

なりたち ［象形］「百(＝あたま)」と人の顔の輪郭(リンカク)の形。正面を向いた人の顔。

意味 ❶かお。つら。おもて。例面識。面相。顔面。❷顔につけるかぶりもの。マスク。例仮面。能面。鬼の面。❸物のおもてがわ。うわべ。例面積。断面。表面。❹ものごとの一方の側。向き。方向。例側面。方面。あらゆる面ですぐれている。❺顔を向ける。向く。例面壁。直面。海に面した丘。❻あう。向かいあう。例面会。面談。❼平らな広がり。また、平らなものを数えることば。例三面鏡。図面。帳面。

使い分け おもて【表・面】⇩1165ページ

難読 面皰・難面

【面▼繋】 ウマの頭の上から轡にかける、かざりひも。

【面影】 ①目の前にうかんでくる人の顔かたち。おもざし。例亡き母の―。②昔のことを思い出させるものごとのようす。例昔の―をとどめた街並み。表記▽「▼俤」とも書く。

【面▼舵】 ①船首を右へ向けるときの、かじのとり方。②船の、船首に向かって右側の部分。右舷。例―いっぱい。

【面長】（名・形動ナ）顔が少し長めであること。

【面輪】 顔の輪郭。顔。

【面魂】 強い心や激しい性質が、顔にあらわれていること。また、その顔つき。例不敵な―。

【面会】（名・する）訪ねてきた人と会うこと。また、訪ねていって人と会うこと。例―謝絶。―時間を制限する。

【面詰】（名・する）面と向かって、相手の悪いところなどを責めとがめること。面責。例責任者を厳しく―する。

【面▼晤】（名・する）〔「晤」も、会う意〕面会すること。

【面語】（名・する）会って話すこと。面談。

【面識】 会ったことがあって、たがいに顔を見知っていること。顔見知り。例一―もない。―がある。

【面従腹背】（名・する）表面では服従しているように見せかけながら、実は内心では反抗していること。例―の奸悪者。

【面色】 顔いろ。例―を失う。

【面責】（名・する）面と向かってせめること。面詰。例部下を厳しく―する。

【面積】 平面や曲面の広さ。例ゆかの―をはかる。

【面接】（名・する）（その人の能力や人がらなどを知るために）直接会うこと。例―試験。―を受ける。

【面前】 人の見ている前。目の前。例公衆の―で大声でさけぶ。

［面部］5―14画 靤 靦 靨 ［革部］0画 革

【面相】 顔のようす。顔つき。〔多く、ふつうでない顔つきの場合にいう〕類面体。例百―。―が変わる。

【面談】（名・する）会って話をすること。例委細―。

【面▼疔】 顔にできる、急性で悪性のはれもの。

【面▽子】〔中国語音〕体面。例―がつぶれる。

【面体】（いかにもあやしいふんいきをもった）顔つき。類面相。例異様な―の男。

【面倒】（名・形動ナ）①手数がかかって、わずらわしいこと。例―な仕事。―をおこす。②世話をすること。例―をみる。

【面に唾す】 相手の顔につばをはきかける。相手を侮辱する。

【面罵】（名・する）面と向かって、ひどくののしること。例衆人の前で―する。

【面皮】 つらの皮。例―を剝ぐ（＝顔色も変えず平然としている者の、真の姿をあばき出す）。鉄―。

【面部】 顔の部分。顔面。

【面壁】 かべに向かって座禅をくむこと。例―九年（＝達磨大師が九年間かべに向かって座禅を続けたこと）。

【面目】㊀ 世間に対する体裁。世間に合わせる顔。例―ない。―を一新する。㊁ 世間の人から受ける、すぐれた評価。世間の人に対する名誉。例―をほどこす。

【面目躍如】（「メンボクヤクジョ」とも）（形動タルト）その人らしい姿が生き生きとよくあらわれているようす。例作者の―とした作品。

【面面】 おのおの。めいめい。多くの人々の中のひとりひとり。例同志の―。一座の―。

【面妖】（形動ナ）あやしいようす。不思議なようす。ぶきみなようす。〔古い言い方〕例―な事件。はて―な。

【面容】 顔つき。顔のようす。例こっけいな―。

●一面・画面・局面・地面・正面・赤面・洗面・体面・直面・内面・背面・反面・文面・壁面・満面・路面

面5

【靤】

14画 8050 9764

音 ホウ 漢

訓 にきび・もがさ

意味 顔面にできるふきでもの。もがさ。同皰・疱。

面7

【靦】

16画 8051 9766

音 テン 漢

訓 は-じる

意味 ❶面と向かって平気で人を見る、あつかましいようす。例靦然（＝平気で人の顔を見つめるようす）。❷はずかしく思う。面目ないと、はじるようす。例靦顔（＝はじる顔つき）。

面14

【靨】

23画 8052 9768

音 ヨウ 漢

訓 えくぼ

意味 笑うと、ほおにできる小さいくぼみ。えくぼ。例靨笑（＝えくぼをつくって笑う）。片靨（＝片方のほおにだけできるえくぼ）。

177 9画

革 つくりがわ かわへん 部

毛を取り去ってひろげた皮の形をあらわす。皮で作った物をさすことから「つくりがわ」という。「革」をもとにしてできている漢字と、「革」の字形を目じるしにして引く漢字とを集めた。

0 革 3 靫 靭 靮 靱 4 靴 靹 5 靺 靼 鞀 鞅 鞄 6 鞋 鞍 鞏 鞐 7 鞘 8 鞠 鞨 鞜 9 鞫 鞦 鞣 鞳 鞭 10 鞴 13 韃 14 韈 15 韆

この部首に所属しない漢字

勒⇩力150

革0

【革】

9画 1955 9769 教育6

音 ㊀カク 漢 呉 ㊁キョク 漢

訓 かわ・あらた-まる・あらた-める

筆順 一 十十 廿 廿 芇 芇 苩 莒 革

なりたち ［象形］毛をとりさった、けものの皮をひろげた形。

意味 ㊀ ❶獣皮の皮を取りのぞいたもの。かわ。例牛革。皮革。❷かわでつくった武具や楽器。例革木（＝かわを張った楽器と、木の楽器）。金革（＝刀やよろい）。❸古いものを新しくかえる。あらためる。あらたまる。例革新。革命。改革。㊁ 病気がひじょうに重い。危篤になる。例病革まる。

使い分け かわ【皮・革】⇩1167ページ

【革質】カクシツ 植物の表面の皮などに見られる、革かわのような固さをもつ性質。例—層ソウ。

【革新】カクシン（名・する）古い制度や組織や方法などを改めて、新しいものにすること。対保守ホシュ。例—政党。技術—。

【革命】カクメイ ①王朝が代わること。〔昔、中国で、天命を受けて、新たな天子が位につく（＝命メイを革あらためる）と考えられていたところから〕→【易姓革命】エキセイカクメイ（484ページ）②支配されている人々が、力によって権力をうばいとって、国家や社会の組織を変えること。例社会主義—。—を起こす。③急激で根本的な変革。例産業—。

【革緒】かわお 太刀たちなどにつける、革のひも。

【革帯】かわおび 革で作った帯。ベルト。バンド。

【革細工】かわザイク 革で作った製品。

●沿革エンカク・帯革かわ・改革カイカク・行革ギョウカク・皮革ヒカク・変革ヘンカク・保革ホカク

革3 【靫】12画 8054 976B 音サ・サイ漢 訓うつぼ・ゆぎ

意味 矢を入れる道具。うつぼ。ゆぎ。

【靫負】ゆげい 平安時代、靫ゆぎを背負って皇居の警護にあたった、衛門府エモンフの武官。

革3 【靭】12画 ―― 音ジン漢 訓しな-やか・うつぼ

革3 【靭】12画 3157 976D 俗字

革3 【靱】12画 8055 9771 俗字

意味 しなやかでつよい。やわらかでつよい。しなやか。例靭帯ジンタイ。靭皮ジンピ。強靭キョウジン。

日本語での用法《うつぼ》「靫うつぼ」の誤用。「靭猿うつぼざる（＝狂言キョウゲンの曲の一つ）・靭蔓うつぼかずら」

【靭帯】ジンタイ 関節の骨をつなぐ、弾力ダンリョク性のある繊維質センイシツの筋。関節の動きが、なめらかで自由になるように調節する。

【靭皮】ジンピ 植物の外皮の下の、やわらかい繊維質センイシツの皮。

革3 【靭】12画 ⇩【靭】ジン（1059ページ）

革3 【靱】12画 ⇩【靭】ジン（1059ページ）

革4 【靴】13画 2304 9774 常用 音カ漢 訓くつ

筆順 一 廿 廿 芦 革 革 靪 靪 靴

なりたち【形声】本字は「鞾」で、「革（＝かわ）」と、音「華カ」とから成る。かわぐつ。

意味 かわ製のはきもの。かわぐつ。くつ。例軍靴グンカ。

●雨靴あまぐつ・軍靴グンカ・短靴タンぐつ・長靴チョウカ

革4 【靹】13画 8056 9779 音ドウ漢

意味 やわらかな土壌ドジョウ。

革5 【鞅】14画 8057 9785 音オウ漢呉 訓むながい

意味 ❶ウマの首にめぐらしてかける、かわひも。むながい。例羈鞅キオウ（＝おもがいと、むながい）。❷不平や不満がある。楽しくない。同怏オウ。例鞅鞅オウオウ。❸名前に用いられる字。例商鞅ショウオウ（＝戦国時代、秦シンの政治家）。

【鞅鞅】オウオウ（形動タル）心に不平や不満があって、楽しくないようす。心がはればれしないようす。例—として楽しまない。

表記「怏怏」とも書く。

革5 【靼】14画 8058 977C 音タツ漢タン漢 訓なめしがわ

意味 ❶毛を取りのぞいて、やわらかくしたかわ。なめしがわ。❷「韃靼ダッタン」は、蒙古モウコにいた部族。

革5 【鞆】14画 8061 9786 国字 訓とも

意味 弓を射るとき、弦つるにふれるのを防ぐため左の手首につける、丸いかわ製の道具。例鞆絵ともエ（＝もと、鞆ともの形にかいた絵。水のうず巻きの形の模様）。

革5 【靺】14画 8060 977A 音バツ漢マツ呉 訓えびす

意味「靺鞨マッカツ」は、中国古代の少数民族の名。

革5 【鞁】14画 8059 9781 音ヒ漢 訓くらお-く

意味 ❶馬具をまとめていうことば。❷馬具をつける。

【革部】3—6画 ● 靫 靭 靭 靱 靴 靹 鞅 靼 鞆 靺 鞁 鞄 鞋 鞍 鞏 鞐

革5 【鞄】14画 1983 9784 人名 音ホウ漢 訓かばん

意味 かわをやわらかくする職人。また、なめしがわ。

日本語での用法《かばん》ものを入れて持ち運ぶための、かわやズックで作った用具。〔日本の用法が中国でも俗用ゾクヨウとして使われる〕「旅行鞄リョコウかばん・手提さげ鞄かばん・鞄持かばんもち」

革6 【鞋】15画 8062 978B 音アイ慣カイ漢 訓わらじ・くつ

意味 かわでつくった、はきもの。くつ。例鞋底アイテイ（＝くつのそこ）。

難読 草鞋わらぐつ・わろうず・わらじ・糸鞋シガイ

革6 【鞍】15画 1640 978D 人名 音アン漢呉 訓くら

意味 人が乗ったり物をのせたりするために、ウマの背に置く道具。くら。例鞍馬アンバ。

【鞍上】アンジョウ ウマにつけたくらの上。例—の人となる。—人無く鞍下アンカ馬無し（＝たくみにウマを乗りこなしていることのたとえ）。

【鞍馬】アンバ ①くらをつけたウマ。②体操競技の用具の一つ。ウマの背の形をした台の上に、二つの取っ手をつけたもの。また、それを使っておこなう男子の体操競技。

【鞍部】アンブ 山の尾根おねの中ほどが低くくぼんでいるところ。〔中央部がやや低くなって、くらの形に似ているところから〕コル。

【鞍替え】くらがえ 職業や場所を取り替えること。

革6 【鞏】15画 8063 978F 音キョウ漢 訓かた-い

意味 かわでしばって、かたくする。かたい。例鞏固キョウコ。

【鞏固】キョウコ（形動ナ）かたくしっかりしているようす。例—な意志。表記 現強固

革6 【鞐】15画 8064 9790 国字 訓こはぜ

意味 足袋たびや脚絆キャハン、また、書物を包む帙チツなどの合わせ目を留める、つめ。金属や象牙ゾウゲなどでできている。

革 7
【鞘】 16画 3068 9798 人名 音 一ショウ漢 ショウ呉 二ソウ漢 訓 さや

意味 一 刀身を入れる、細長いつつ状のもの。さや。例 刀鞘(トウショウ)(=刀のさや)。二(ソウ) むち。また、むちの先。

難読 素鞘(しらさや)・海鞘(ほや)

●逆鞘(ぎゃくざや)・値鞘(ねざや)・利鞘(りざや)

革 8
【鞠】 17画 2139 97A0 人名 音 キク漢 訓 まり

なりたち [形声]「革(=かわ)」と、音「匊(キク)」とから成る。けまり。

意味 ❶なめしがわでつくった、けまり。まり。例 蹴鞠(シュウキク)。❷そだてる。やしなう。例 鞠育(キクイク)。❸年がわかい。おさない。例 鞠子(キクシ)(=おさなご)。❹からだを折り曲げる。かがむ。かがめる。例 鞠躬(キッキュウ)。❺きわめる。とりしらべる。ただす。例 鞠訊(キクジン)(=罪をたずね、取り調べる)。

人名 つぐ・みつ

【鞠育】(キクイク)(名・する) 養い育てること。養育。

【鞠▼躬】(キッキュウ) ①おそれつつしむこと。②腰(こし)を曲げてする礼。

【鞠▼躬如】(キッキュウジョ)(形動タル) からだをかがめて、おそれつつしむようす。例 ―として仕える役人。

●蹴鞠(けまり)・手鞠(てまり)

革 8
【鞜】 17画 8065 979C 音 トウ漢 訓 くつ

意味 かわ製のはきもの。かわぐつ。例 革鞜(カクトウ)(=かわのくつ)。

日本語での用法《トウ》「鞜」を、足袋(たび)やくつ下と考えたところから出た、ブルーストッキングの誤訳。「青鞜(セイトウ)」→【青鞜】(1056ページ)

革 9
【鞨】 18画 8066 97A8 音 カツ漢 訓 えびす

意味「靺鞨(マッカツ)」は、中国古代の少数民族の名。

革 9
【鞫】 18画 7581 97AB 音 キク漢 訓 きびーしい・きわーまる・きわーめる・つーくす

意味 ❶きびしく問いただす。きわめる。例 鞫獄(キクゴク)(=裁判する)。鞫訊(キクジン)(=尋問(ジンモン)する)。❷困窮(コンキュウ)したようす。きわまる。

革 9
【鞦】 18画 8067 97A6 音 シュウ漢 訓 しりがい

意味 ❶ウマのしりにかける、かわひも。しりがい。❷「鞦韆(シュウセン)」は、ぶらんこ。

革 9
【鞣】 18画 8068 97A3 音 ジュウ漢 訓 なめしがわ・なめーす

意味 動物の毛皮から、毛や脂肪(シボウ)をとりのぞいて、やわらかくした皮。なめしがわ。

革 9
【鞳】 18画 8069 97B3 音 トウ漢

意味 鐘(かね)や太鼓(タイコ)の音。例 鏜鞳(トウトウ)(=ドンドンという太鼓の音)。

革 9
【鞭】 18画 4260 97AD 人名 音 ヘン漢 ベン呉 訓 むち・むちうーつ

意味 人やウマなどを打つための、かわでつくったむち。ものをさし示すのにも用いる。また、むちで打つ。むちうつ。例 鞭撻(ベンタツ)。鞭笞(ベンチ)。教鞭(キョウベン)。

【鞭声】(ベンセイ) ウマをむちうつ音。例 ―粛粛(シュクシュク)(=静かなようす)夜(よる)河(かわ)を過(わた)る。

【鞭▼撻】(ベンタツ)(名・する) ①むちうって、こらしめること。②(なまけたりしないように)はげますこと。例 自らを―して働く。

【鞭▼笞】(ベンチ) ①革のむちと、竹のむち。②むちで打つこと。

【鞭(むち)の長(なが)きといえども馬腹(バフク)に及(およ)ばず】 たとえ勢力があり余っていたとしても、なお力のおよばないところがあることのたとえ。〔長すぎたり大きすぎたりして、かえって役に立たないことのたとえともいう〕

●教鞭(キョウベン)・先鞭(センベン)

革 10
【鞴】 19画 8070 97B4 音 ヒ漢 ビ呉 訓 ふいご

意味 ❶鞍(くら)や手綱(たづな)などをウマにつける。例 鞴馬(ヒバ)(=馬具をつけたウマ)。❷火をおこすために風を送るかわ製の道具。ふいご。ふいごう。

難読 踏鞴(たたら)・手鞴(てふいご)

革 13
【韃】 22画 8071 97C3 音 ダツ慣 タツ漢 訓 むち

意味 ❶むちで打つ。むちうつ。同 撻(タツ)。❷「韃靼(ダッタン)」は、蒙古(モウコ)にいた部族。

革 14
【韈】 23画 ⇨【韤】(ベツ)(1061ページ)

革 15
【韆】 24画 8072 97C6 音 セン漢

意味「鞦韆(シュウセン)」は、ぶらんこ。ふらここ。

178 9画 韋(韋) なめしがわ部

やわらかくなめした皮の意をあらわす。「偉・違・緯」など常用漢字の構成部分となるときは「韋(十画)」の形になる。「韋」をもとにしてできている漢字を集めた。

0 韋 1 韋 8 韓 韓 10 韜 14 韤

韋 0
【韋】 9画 *97CB 音 イ漢呉 訓 なめしがわ

韋 1
【韋】 10画 8074 97CB 別体字

意味 ❶加工してやわらかくした皮。なめしがわ。例 韋編三絶(イヘンサンゼツ)。❷姓(セイ)の一つ。例 韋応物(イオウブツ)(=中唐(チュウトウ)の詩人)。

【韋弦の▼佩】(イゲンのハイ)〔「佩」は、身につける意〕やわらかいなめしがわ(=韋)を身につけて自分のきつい性格をやさしく改め、ぴんと張ったゆみづる(=弦)を身につけておっとりとした性格を厳しいものに改めること。気質を改めることのたとえ。

【韋駄天】(イダテン) ①〔仏〕仏法を守護する神。ひじょうに足が速いといわれる。②駆(か)けるのがひじょうに速い人のたとえ。

【韋編三絶】(イヘンサンゼツ) なん度もくりかえして熱心に書物を読むことのたとえ。〔孔子(コウシ)が『易経(エキキョウ)』を精読し、なん度もひもといたので、竹簡(チクカン)をとじていたなめしがわが三度も切れたという故事による〕〈史記(シキ)〉

韋1 【韋】10画 ⇩【韋】(1060ページ)

韋8 【韓】18画 2058 97D3 常用 音カン漢 訓から

筆順 十 𠦝 卓 卓 𩏑 韓 韓 韓 韓

韋8 【韓】17画

なりたち 「形声」「韋(=なめしがわ)」と、音「倝」とから成る。井げた。

意味 ❶戦国の七雄の一つ。春秋時代、晋から独立した三晋(=魏・趙・韓)の一国。秦にほろぼされた。(前四〇三—前二三〇) ❷古代、朝鮮半島南部(=今の大韓民国)にあった馬韓・辰韓・弁韓の三つの国。三韓。❸「大韓民国」の略。例日韓会談。❹姓の一つ。例韓信(=前漢の名将)。韓非子。韓愈(=中唐の詩人・文章家)。

難読 韓衣(からころも)・韓紅(からくれない)・韓櫃(からびつ)

【韓非子】カンピシ 韓非をたっとんだ言い方。戦国時代の思想家。法家思想を集大成した。『韓非子』二十巻を著す。(?—前二三三)

韋8 【韓】17画 ⇩【韓】カン(1061ページ)

韋10 【韜】19画 *8075 97DC 音トウ漢 訓ふくろ・かく-す

意味 ❶剣や弓を入れる、かわのふくろ。例弓韜。❷(ふくろの中に入れるように)つつみかくす。例韜晦。

【韜▼晦】トウカイ (名・する) ①自分の身分や才能などをかくすこと。②行方をくらますこと。例―戦術。

【韜略】トウリャク ①兵法書の『六韜』と『三略』。②兵法。

韋14 【韤】23画 ― 97E4 音ベツ慣バツ漢 訓したぐつ・たび

韋14 【韈】23画 8073 97C8 別体字

意味 くつした。たび。

参考 訓「したぐつ」は、靴の下に用いる布製のはきもの。

179 9画 韭 にら部

地上に生えたニラの形をあらわす。「韭」と、「韭」をもとにしてできている漢字を集めた。

0 韭 3 韮 10 韲

この部首に所属しない漢字

齏⇩齊1114

韭0 【韭】9画 ⇩【韭】キュウ(1061ページ)

韭3 【韮】12画 3903 97EE 音キュウ漢ク呉 訓にら

韭0 【韭】9画 8076 97ED 本字

意味 ヒガンバナ科(旧ユリ科)の多年草。ニラ。葉を食用とする。

難読 韮(みら・かみら・ふたもじ)(=ニラの古名)

韭10 【韲】19画 8078 97F2 音セイ漢サイ呉 訓なます・あえもの

齊9 【齏】23画 8077 9F4F 別体字

意味 野菜を細かくきざみ、調味料や香辛料であえた料理。あえもの。なます。例韲塩(=野菜の料理。そまつな食事のたとえ)。

参考 「韲」は本来、あえもの。のちに、「なます(膾・鱠)」と混同されるようになった。

180 9画 音 おと おとへん 部

節をつけて言う意をあらわす。「音」をもとにしてできている漢字を集めた。

0 音 4 韵 5 韶 10 韻 11 響 13 響

この部首に所属しない漢字

章⇩立745 意⇩心404 黯⇩黒1111

音0 【音】9画 1827 97F3 教育1 音イン漢オン呉 訓おと・ね

筆順 丶 亠 亠 立 产 音 音

なりたち 「指事」「言(=いう)」に「一(=ふし)」を加えた形。心に生じた声が節度をもって外にあらわれたもの。

意味 ❶空気などの振動が聴覚に伝わり、聞こえるもの。こえ。おと。例音声。音波。雑音。❷調子のついた、おと。ふし。うた。ね。例音楽。音色。❸文字の発音。例音韻。音義。❹たより。通信。しらせ。おとずれ。例音信。無音。福音。

日本語での用法 《オン》中国語としての発音にもとづいた、日本での漢字の読み方。対訓。「音訓・字音」

人名 お・と・なり

【音沙汰】おとサタ たより。知らせ。例まったく―がない。

【音域】オンイキ 声や楽器の、出すことのできる音の範囲。

【音韻】オンイン ①漢字の字音の声母と韻母。②言語を形成している音声の要素で、ことばの意味の区別をしている音。

【音階】オンカイ 音楽に用いられる音を、一定の基準に従って高さの順に並べたもの。例長―。短―。

【音楽】オンガク 人の声や楽器で表現する、音による芸術。例―家。―会。

【音感】オンカン ①音の高低や音色などを聞きわける能力。例―がするどい。絶対―をもつ。②音から受ける感じ。

【音義】オンギ ①漢字の字音(=発音)と意味。②経典や古典などで用いられている漢字の、音と意味とを説明したもの。

【音響】オンキョウ 音のひびき。ひびいてくる音。例―効果。

【音曲】オンギョク 日本風の楽器の演奏や、うた。とくに、三味線などに合わせてうたう俗曲。例歌舞―。

【音訓】オンクン ①漢字の音(=中国の発音をもとにした漢字の読み方)と訓(=その漢字の意味に対して日本語をあてた読み方)。例―索引。②漢字のもつ音と、そのあらわす意味。

【音源】オンゲン 音を発するもとになる物体や装置。

【音▼叉】オンサ U字形の金属の棒に柄をつけた道具。たたくとつねに一定の振動数の音を出すので、物理の実験や楽器の調音などに用いる。

【音質】オンシツ 音や声の特徴や性質。音のよしあし。

【音色】オンショク｜ねいろ その楽器独特の、音の感じ。例豊かな―。

【音信】オンシン［「インシン」とも］手紙や電話などによる知らせ。たより。通信。消息。例―不通。―がとだえる。

【音数】オンスウ ことばの音や音節の数。例―律（＝音節の数によって組み立てられる、ことばのリズム。たとえば、短歌は五・七・五・七・七）。

【音声】オンセイ ①［「オンジョウ」とも］人の声。例―による伝達。大音声を張り上げる。②ラジオやテレビなどから聞こえてくる声や音。例―と映像。―が消える。

【音声言語】オンセイゲンゴ 話しことば。㊟文字言語。

【音節】オンセツ ことばを発音するときの、音声のいちばん小さい単位。日本語では、ふつう、かな一字。シラブル。例―文字（＝日本のかなのように、一字で一音節をあらわす文字）。

【音速】オンソク 音が伝わる速さ。空気中では、秒速約三四〇メートル。例超―。―を超える。

【音痴】オンチ ①音に対する感覚がにぶくて、音程がはずれてうまく歌えないこと。また、そういう人。②俗に、ある特定の感覚がにぶいこと。また、その人。例方向―（＝方向がわからず道にまようこと。また、その人）。

【音調】オンチョウ ①音の高低。音の調子。②音楽の調子。ふし。③詩や歌のリズム。④話をするときの、アクセントやイントネーション。

【音程】オンテイ 二つの音の高低の差。例―がくるう。

【音吐】オント 詩歌をうたったり、文章を朗読したりするときの、声の出し方。声音。例―朗朗と詩を吟じる。

【音頭】オンド ①多人数で歌うとき、先に歌ったり調子をとったりして、リードすること。例乾杯の―をとる。②あることのリードをすること。③多人数で、はやしに合わせて歌ったりおどったりすること。また、その歌やおどり。例東京―。

【音読】オンドク（名・する）①声を出して文章などを読むこと。㊟黙読。②漢字を字音で読むこと。「草木」を「くさき」ではなく「ソウモク」と読むなど。㊟訓読。

【音波】オンパ 物体の振動によって生じ、空気中や水中を伝わる音の波動。

【音標文字】オンピョウモジ 文字自体が決まった意味をもたず、音だけをあらわす文字。かなやローマ字など。表音文字。

【音便】オンビン 日本語で、単語がつながった場合に発音しやすいように、ある部分の発音が別の音に変化すること。イ音便（＝「泣きて」が「泣いて」など）・ウ音便（＝「美しくございます」が「美しゅうございます」など）・撥音便（＝「呼びて」が「呼んで」など）・促音便（＝「行きて」が「行って」など）の四種類がある。

【音符】オンプ ①楽譜で、音の長短を示す記号。♩♪など。②文字の補助記号。濁音符「゛」、半濁音符「゜」や、反復音符「〳〵」など。③漢字で、形声文字の発音をあらわす部分。「紙」では「氏」の部分。

【音譜】オンプ 一定の記号を用いて、楽曲を書きあらわしたもの。楽譜。例―を読む。

【音訳】オンヤク（名・する）①漢字の音を用いて、外国語の音を書きあらわすこと。「倶楽部」「亜米利加」「伯林」「巴里」など。②目の不自由な人に伝えるため、文字などを音声化すること。例―ボランティア。③ある言語の音を、別の言語の文字で書き写すこと。音写。例梵語を漢字で―する。

【音律】オンリツ 音や音楽の調子。メロディーやリズムなど。

【音量】オンリョウ 音の大きさ。ボリューム。例ステレオの―をしぼって聞く。

●擬音・高音・声音・雑音・清音・騒音・促音・低音・同音・発音・半音・鼻音・防音・録音

［音部］4―13画 韵 韶 韻 響 響

音4 【韵】13画 ⇩【韻】イン（1062ジペー）

音5 【韶】14画 8080 97F6 音ショウ漢

意味 ❶中国の伝説上の聖王、舜が作ったといわれる音楽。❷美しい。明るく、うららかな。

音10 【韻】19画 1704 97FB 常用 音イン漢 ウン漢 訓ひびき

音4 【韵】13画 8081 97F5 別体字

筆順 立 产 音 音 音 韻 韻 韻

なりたち ［形声］「音（＝おと）」と、音「員」とから成る。音が調和する。

意味 ❶こころよいととのった音や、こえ。例松韻（＝松風の音）。余韻。❷漢字の音韻で、一音節中の初めの子音をのぞいた残りの部分。韻母。❸漢詩などで、同一または類似の韻を文中の定まった位置にくりかえして用いること。例韻律。押韻。❹あじわい。おもむき。また、風流。みやびなこと。例神韻。風韻（＝みやびなおもむき）。

人名 おと

【韻脚】インキャク 漢詩などで、調子をととのえるために句の終わりに用いる韻。例―をそろえる。

【韻語】インゴ 漢詩などで、韻をふんでいる語。

【韻字】インジ 漢詩などで、韻をふむために置かれる文字。

【韻文】インブン ①韻をふんだ漢詩や漢文。②特別のリズムや調子をもった文。とくに詩や短歌や俳句など。㊟散文。

【韻母】インボ 漢字の音韻学で、一つの音節のうちの声母をのぞいた部分。㊟声母。

【韻律】インリツ 詩や短歌や俳句の、ことばのリズムや調子。例―のあることば。―を正す。

●押韻・音韻・気韻・脚韻・神韻・頭韻・百韻・風韻

音11 【響】20画 2233 97FF 常用 音キョウ漢 コウ呉 訓ひび-く・ひび-き

筆順 乡 乡 乡ヨ 乡艮 乡郎 郷 郷 響 響

音13 【響】22画 1-9386 FA69 人名

なりたち ［形声］「音（＝おと）」と、音「鄕」とから成る。こだま。

意味 音が何かにぶつかってはねかえる。こだま。また、音がひろがって伝わる。ひびく。ひびき。例響応。反響。

難読 動響（どよむ・どよみ・とどろく）・玉響（たまゆら）

人名 おと・なり

【響応】キョウオウ（名・する）（声に応じてひびきが起こるように）人の言動に応じて、すぐ行動を起こすこと。

●悪影響・影響・音響・好影響・交響・残響・反響・余響

音13 【響】22画 ⇩【響】キョウ（1062ジペー）

181 9画 頁 おおがい いちのかい 部

人のあたまの意をあらわす。「貝(かい・かいへん)」と区別して「大貝(おおがい)」といい、漢字の「一(イチ)」と片仮名の「ノ」と漢字の「貝(かい)」を合わせた形に似ているので「いちのかい」ともいう。「頁」をもとにしてできている漢字を集めた。

0 頁 2 頃 頂 3 項 順 須 4 頑 頏 頌 頓 頒 預 5 頗 領 頚 6 頤 頡 頬 7 頷 頸 頹 頭 頽 頼 頴 頹 頻 8 顆 頻 9 額 顎 顏 顕 顋 題 類 顔 10 願 顚 顛 類 12 顧 顧 13 顫 14 顯 15 顰 16 顱 17 顴 18 顳

この部首に所属しない漢字

煩⇩火 639 潁⇩水 616 穎⇩禾 737 囂⇩口 215

頁 0

【頁】 9画 4239 9801 人名

音 一ケツ㊥ 二ヨウ㊥㊥ 訓 かしら・ページ

意味 一 あたま。かしら。二 書物を開いたときの、左右の紙の面。ページ。〔「葉」の字音「ヨウ」と通じるところから〕

頁 2

【頃】 11画 2602 9803 常用

音 ケイ㊥ キョウ㊥ 訓 ころ

筆順 頃

なりたち [会意]「匕(=ひと)」と「頁(=あたま)」とから成る。頭がまっすぐでないさま。

意味 ❶このごろ。ここのところ。例頃日(ケイジツ)。頃年(ケイネン)(=ここ数年の間)。❷短い時間。しばらくの間。例頃刻(ケイコク)。少頃(ショウケイ)(=しばらく)。❸面積の単位。一頃(イッケイ)は百畝(ホ)。

日本語での用法《ころ》ある一定の条件にかなう時刻や時間。ころあい。「年(とし)の頃(ころ)・食(た)べ頃(ごろ)・頃(ころ)は好(よ)しと決断(ケツダン)する」

難読 頃日(このごろ)・先頃(さいつごろ)

【▽頃刻】(ケイコク) しばらく。ちょっとの間。例—の情勢。

【▽頃日】(ケイジツ) 近ごろ。このごろ。

●少頃(ショウケイ)・日頃(ひごろ)・身頃(みごろ)

頁 2

【頂】 11画 3626 9802 教育6

音 テイ㊥ チョウ㊥ 訓 いただ-く・いただき

筆順 頂

なりたち [形声]「頁(=あたま)」と、音「丁(テイ)」とから成る。頭のいちばん上。

意味 ❶頭の最上部。あたま。例丹頂鶴(タンチョウづる)。❷もののいちばん高いところ。てっぺん。いただき。また、これ以上がないというところ。最高の。例頂上(チョウジョウ)。山頂(サンチョウ)。絶頂(ゼッチョウ)。❸ものを頭の上にのせる。高くさし上げる。例頂戴(チョウダイ)。

日本語での用法《いただく》ありがたく受ける。「賞状(ショウジョウ)を頂(いただ)く・食事(ショクジ)を頂(いただ)く」

人名 かみ

【頂角】(チョウカク)〔数〕三角形の底辺に対する頂点の角。

【頂上】(チョウジョウ) ①山のいちばん高いところ。いただき。てっぺん。また、もののいちばん上。トップ。例—をきわめる。②それより上がないこと。最高。絶頂。例今が人気の—だ。—会談。

【頂戴】(チョウダイ)(名・する)①頭にいただくこと。目上の人から物をもらうことの、へりくだった言い方。②人から物をもらったり、人に何かをしてもらうときの、親しみをこめた言い方。

【頂点】(チョウテン) ①いちばん高いところ。てっぺん。例人気の—。—に立つ。②ものごとの最もさかんな状態。絶頂。ピーク。③〔数〕角をつくる二本の直線が交わる点や、多面体で三つ以上の平面が交わる点。例三角形の—。

【頂門の一針】(チョウモンのイッシン)〔「頂門」は、頭の上の意〕(頭のてっぺんに針をさして病気を治療(チリョウ)するように)痛いところをずばりとついた、厳しいいましめ。例—として受けとめる。

【頂礼】(チョウライ) 頭を相手の足につけて拝むこと。仏や賢者(ケンジャ)・貴人に対する最高の礼拝。例帰命(キミョウ)—。

●山頂(サンチョウ)・真骨頂(シンコッチョウ)・丹頂(タンチョウ)・天頂(テンチョウ)

頁 3

【項】 12画 2564 9805 常用

音 コウ㊥ コウ・キョウ㊥ 訓 うなじ

筆順 項

なりたち [形声]「頁(=あたま)」と、音「工(コウ)」とから成る。頭のうしろ。

意味 ❶くびすじのうしろ。うなじ。例項領(コウリョウ)(=くびすじ。また、要害)。❷ものごとを分類した一つ一つの部分。例項目(コウモク)。条項(ジョウコウ)。要項(ヨウコウ)。❸数学で、式を組み立てている要素。例多項式(タコウシキ)。❹姓(セイ)の一つ。例項羽(コウウ)(=秦(シン)末の武将。劉邦(リュウホウ)と覇(ハ)を争って敗れた)。

難読 項垂(うなだ)れる

人名 うじ・のぞく

【項目】(コウモク) ①ものごとをある基準に従って区分けした一つ一つの部分。例分類—。②辞書などの見出し。例—数。

●移項(イコウ)・後項(コウコウ)・前項(ゼンコウ)

頁 3

【順】 12画 2971 9806 教育4

音 シュン㊥ ジュン㊥ 訓 したが-う

筆順 順

なりたち [会意]「頁(=頭の上から、かかとまで)」と「川(セン→シュン)(=川の流れ)」とから成る。したがう。

意味 ❶さからわない。すなお。したがう。例順守(ジュンシュ)。順応(ジュンノウ)。従順(ジュウジュン)。❷ものごとが筋道にそっている。思いどおりにすすむ。例順境(ジュンキョウ)。順調(ジュンチョウ)。順風(ジュンプウ)。❸ものごとのあとさきの関係。ことの次第(シダイ)。例順位(ジュンイ)。順次(ジュンジ)。

人名 あや・あり・おさ・おさむ・かず・しげ・すなお・ただ・ただし・つぎ・つぐ・とし・なお・のぶ・のり・はじめ・まさ・まさし・みち・むね・もと・やさし・やす・ゆき・よし・より

【順位】(ジュンイ) ある基準にもとづいて決められた、全体における位置づけ。順序。順番。例優先—。—に従って並べる。

【順延】(ジュンエン)(名・する)予定していた日程を順ぐりに延ばすこと。くり延べ。例雨天—。予定を一日ずつ先に—する。

【順縁】(ジュンエン)〔仏〕①年老いた者から順に死んでいくこと。②よいことをしたことがきっかけとなって、仏道にはいること。▽㊟逆縁。

【順化】(ジュンカ)(名・する)①他の場所に移された生物が、その土地の気候や風土に適するように変化すること。例乾燥(カンソウ)した土地に—する。②野生の動物を、人間に役立てるために飼いならすこと。表記▽「▼馴化」とも書く。

【順逆】(ジュンギャク) ①正しい順序と逆の順序。②道理にかなっていることと、そむいていること。例—の理。—をわきまえる。③従うことと、さからうこと。例—の道を誤る。

【順境】ジュンキョウ ものごとがぐあいよく運ぶ境遇。㊜逆境。

【順行】ジュンコウ (名・する) 順序どおりに進むこと。

【順次】ジュンジ (副) 順をおって次々に。例—報告する。

【順守】ジュンシュ (名・する) 法律や命令などをよく守ること。例法を—する。表記「遵守」とも書く。

【順序】ジュンジョ ①一定のきまりに従った並べ方。順。例—不同。②決まった手順。段取り。例—をふむ。

【順正】ジュンセイ ものの道理に従っていて、正しいこと。

【順接】ジュンセツ (名・する) 前の文や句と後の文や句が、意味の上で予測通りにつながること。「A。だからB」「AなのでB」など。㊜逆接。例—の句をつくる接続助詞。

【順調】ジュンチョウ (名・形動ダ) ものごとが調子よく運ぶこと。例病気が—に回復する。工事が—にはかどる。

【順当】ジュントウ (名・形動ダ) そうなるのがあたりまえであること。

【順応】ジュンノウ 「ジュンオウ」とも (名・する) 環境になれて、その中でうまく生きられるようになること。例—性がある。

【順番】ジュンバン ものごとをおこなうときの順序。順。例—を待つ。

【順風】ジュンプウ (船が)進む方向にふく風。追い風。㊜逆風。

【順風満帆】ジュンプウマンパン 船が帆に順風を受けて快調に進むように、すべてのことがうまく運んでいくこと。

【順奉】ジュンポウ (名・する) 道徳・法律・教えなどを尊重して守ること。例師の教えを—する。表記「遵奉」とも書く。

【順法】ジュンポウ 法律や規則を正しく守ること。例—精神。表記「遵法」とも書く。

【順流】ジュンリュウ (名・する) ①水が水路に従って流れること。②水の流れに従って下ること。

【順良】ジュンリョウ (名・形動ダ) すなおで性質のよいこと。

【順礼】ジュンレイ (名・する) 聖地や寺社などをめぐり歩いて、参拝すること。また、その人。表記「巡礼」とも書く。

【順列】ジュンレツ (数) いくつかのものの中から順番に取り出して、一列に並べる並べ方。また、その並べ方の総数。

【順路】ジュンロ 順序よく進んで行ける道すじ。例見学—。

●温順・帰順・語順・柔順・手順・席順・筆順・不順

頁3

【須】

12画 3160 9808 常用

音シュ漢 ス呉

訓すべから-く…べ-し・もち-いる・ま-つ

筆順

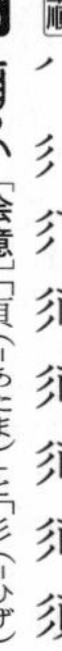

たなり [会意]「頁(=あたま)」と「彡(=ひげ)」とから成る。あごひげ。借りて「もとめる」の意。

意味 ❶必要とする。もとめる。もちいる。同需。例須要。必須。❷(相手が来るのを)まつ。例須待(=まつ)。❸すこしの時間。しばらく。例須臾。❹梵語の音訳。例須弥山。恵比須。❺〔助字〕「すべからく…(す)べし」と読む再読文字。…する必要がある・ぜひとも…すべきである、の意。例君須レ記(=君はぜひとも覚えておく必要がある)。

難読 須臾 しばらく・しばし・たちまち

人名 もち・もとむ

【▽須▽弥▽山】シュミセン 〔梵語の音訳〕仏教の宇宙観で世界の中心にそびえる高い山。香木がしげり、四方に四天王がひかえ、頂上には帝釈天が住むという。

【▽須▽弥▽壇】シュミダン 仏像を安置する台座。須弥山をかたどったものという。

【須▼臾】シュユ ほんのわずかの間。例—にして雷雨やむ。

【▽須要】シュヨウ (名・形動ダ) 必ずなくてはならないこと。ぜひ必要なこと。必須。例—な条件。学問上—とする研究題目。

頁4

【頑】

13画 2072 9811 常用

音ガン漢 ゲン呉

訓かたくな

筆順

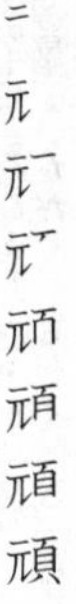

たなり [形声]「頁(=あたま)」と、音「元ゲン→ガン」とから成る。かたくなな頭。

意味 ❶ゆうずうがきかない。かたいじ。かたくな。例頑固。頑迷。❷道理にくらい。才知のはたらきがじゅうぶんでない。おろか。例頑愚(=物の道理がわからない)。❸よくばる。むさぼる。例頑夫(=貪欲なだけで物のわからない男)。❹強い。かたい。例頑健。頑丈。

【頑強】ガンキョウ (形動ダ) ①がんこで、簡単には負けないようす。手ごわいようす。例—に抵抗する。②からだがじょうぶなこと。頑健。

【頑健】ガンケン (形動ダ) からだがきわめてじょうぶなようす。頑強。例—な生まれつき。

【頑固】ガンコ (名・形動ダ) ①他人の言うことに耳を貸さず、かたくなに自分の考えをおし通すこと。例—一徹。②しつこくて、悪い状態がよくならないこと。例—なよごれ。

【頑丈】ガンジョウ (形動ダ) (人や物が)がっしりとしていて、非常にじょうぶなようす。

【頑迷】ガンメイ (名・形動ダ) かたくなで、自分の考えをおし通すこと。頑冥。例—固陋。—に自説に固執する。

【頑▼陋】ガンロウ (名・形動ダ) がんこで、心がいやしいこと。

頁4

【頏】

13画 8082 980F

音コウ漢

訓くび・のど

意味 ❶人のくび。くび。のど。同亢。例頏顙(=のど)。❷鳥が飛び上がる。㊜頡。例頡頏。

頁4

【頌】

13画 8083 980C 人名

音ショウ漢 ジュ呉

訓ほ-める・たた-える

たなり [形声]「頁(=あたま)」と、音「公コウ→ショウ」とから成る。容貌。借りて「ほめたたえる」の意。

意味 ❶人格や功績をほめたたえる。ほめる。たたえる。例頌歌。頌徳。頌美。❷『詩経』の六義の一つ。祖先をまつり、その徳をたたえる詩。

人名 うた・おと・つぐ・のぶ・よむ

【頌歌】ショウカ 神仏の栄光、君主の徳行、英雄の偉業などを、ほめたたえるうた。賛歌。

【頌辞】ショウジ 人徳や偉業などをほめたたえることば。頌詞。賛辞。例—をささげる。

【頌春】ショウシュン 新春をたたえること。〔年賀状に用いることば〕

【頌徳】ショウトク 人徳や功績をほめたたえること。例—碑。

頁4

【頓】

13画 3860 9813 常用

音一トン漢呉 二トツ漢呉

訓とみ-に

筆順

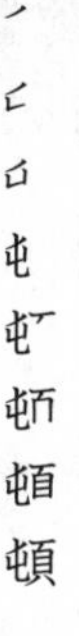

たなり [形声]「頁(=あたま)」と、音「屯トン」とから成る。頭を下げる。

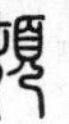

意味 一 ❶頭を地につけて礼をする。ぬかずく。例頓首。❷急に。すぐに。例頓死。頓知。❸とどまる。やどる。同屯。例頓舎(=とどまる。やどる)。❹順調に進まずつかえる。とどこおる。つまずく。例頓挫。❺くるしむ。例困頓(=くるしみつかれる)。❻ととのえる。例整頓。

❼一度。一回。ひとたび。例頓服。 ニ「冒頓」は、秦末から漢初のころの匈奴の王(=単于)の名。

人名 はや

【頓狂】(名・形動ダ) とつぜん調子はずれなことをすること。すっとんきょう。例—な声を出す。

【頓悟】(名・する) (仏) 段階的な修行を積むことなく、にわかにさとりを開くこと。

【頓挫】(名・する) 調子よく運んでいたものごとが、急にうまくいかなくなること。例計画も—をきたす。

【頓才】 時と場合に応じて、すばやく適切にはたらく才知。機転。例—をもって急場をしのぐ。

【頓死】(名・する) 元気だった人が、急にあっけなく死ぬこと。急死。

【頓着】(名・する) 気にかけること。心配すること。例無—。他人の気持ちに—しない。

【頓首】(名・する) ①中国の礼法で、頭を地面につけて、ていねいにおじぎをすること。②手紙の終わりに書いて、相手に敬意をあらわすことば。例—再拝。草草—。

【頓証▼菩▽提】 (仏) 修行をつむことなく、ただちにさとりを開くこと。

【頓知】 時と場合に応じて、とっさに気のきいた対応のできる知恵。機知。ウイット。例—のきく人。表記 ⑪頓▼智

【頓服】 一日になん回と分けて飲むのではなく、一回飲むだけの分量の薬。例痛み止めの—薬。

頁4 **【頒】** 13画 4050 9812 常用 音ハン漢 訓わ-ける・わ-かつ

筆順 ハ 分 分 分 分 頒 頒 頒 頒

なりたち [形声]「頁(=あたま)」と、音「分フン→ハン」とから成る。頭の大きいようす。借りて「わける」の意。

意味 ❶ほうびとして、分けあたえる。たまう。わかつ。わける。例頒賜(=上の者から分けあたえる)。❷広く行きわたらせる。公布する。例頒布。❸まだら。同斑。例頒白。

【頒白】 しらがまじりの髪か。斑白。半白。

【頒布】(名・する) (物品などを)広く行きわたるよう、配ること。例—会。無料で—する。

9画

頁4 **【預】** 13画 4534 9810 教育6 音ヨ漢呉 訓あず-ける・あず-かる・あらかじ-め

筆順 マ ヌ 予 予 予 預 預 預 預

なりたち [形声]「頁(=かお)」と、音「予ヨ」とから成る。安らかにする。借りて「あらかじめ」の意。

意味 ❶前もって準備する。あらかじめ。同予。例預言。❷かかわる。あずかる。同与。例干預(=関与)。参預(=参与)。

日本語での用法《あずける・あずかり》預金する。保管する。まかせる。「銀行にお金を預ける・げたを預ける・一時預かり」

人名 さき・まさ・やす・よし

【預金】(名・する) 銀行にお金をあずけること。また、そのお金。例普通—。定期—。

【預言】(名・する) ①未来のことをあらかじめ言うこと。予言。②神の霊感をうけた者が、神のお告げを人々に伝えること。また、そのことば。例—者。

【預託】(名・する) お金などを一時あずけること。例—金。株券を—する。

頁5 **【頗】** 14画 3192 9817 人名 音ハ漢呉 訓すこぶ-る

意味 ❶正しい位置や向きを失って、かたむく。かたよる。例偏頗(=かたよる)。❷いささか。すこし。

日本語での用法《すこぶる》かなり。ひじょうに。きわめて。「頗るおもしろい・頗る都合のいい話・頗る付きの別嬪さん」

頁5 **【領】** 14画 4646 9818 教育5 音レイ漢リョウ呉 訓うなじ・えり

筆順 ノ 今 令 令 令 領 領 領 領

なりたち [形声]「頁(=あたま)」と、音「令レイ」とから成る。くびまわり。

意味 ❶くび。衣服のえり。例領巾。項領(=くびすじ)。また、要害。❷だいじなところ。かなめ。例綱領。要領。❸ひきいる。おさめる。例首領。統領。❹受ける。受けとる。例領収。受領。❺支配下におく。占有する。しめる。例領域。領土。占領。❻さとる。理解する。例領解(=さとる)。❼衣類や甲冑など、ひとそろい。ひとかさね。例具足一領。

人名 おさ・おさむ・かなめ・さとし・さとる・むね

【領域】 ①国家の主権がおよぶ範囲。領土と領海と領空をあわせたもの。例自国の—。②学問や研究の分野。例化学の—。

【領海】 国家の主権がおよぶ範囲の海洋。対公海。

【領空】 国家の主権がおよぶ範囲の上空。例—をおかす。—に達したところで機内で逮捕した。

【領国】 ①国家が領土として所有している土地。国土。②大名などが所有していた領地。

【領事】 外国に駐在し、自国との貿易の促進や、その国にいる自国民を保護し、監督する仕事の役人。例—館(=領事が職務をおこなう役所)。総—。

【領主】 ①荘園の所有者。②江戸時代、城のない領地を支配していた大名。

【領収】(名・する) お金などを受け取ること。例—書。

【領袖】 ①えりとそで。②人の上に立つ人。集団のリーダー。例党の—。

【領掌】(名・する) 聞き入れること。例命令を—する。

【領地】 大名や貴族、また寺社などが所有し、支配していた土地。

【領土】 国家の主権がおよぶ範囲の土地。

【領分】 ①所有している土地。領地。②勢力のおよぶ範囲。なわばり。例他人の—をおかす。

【領有】(名・する) 土地や物を自分のものとして所有すること。例—権。資源の—を争う。

●横領・大統領・天領・本領

頁5 **【頚】** 14画 ⇒【頸】(1066ページ)

頁6 **【頤】** 15画 8085 9824 音イ漢 訓おとがい

意味 ❶下あご。おとがい。例頤使。❷やしないそだてる。例頤育(=やしなう)。

【頤使】(名・する) 人をあごで使うこと。えらそうに人にさしずすること。表記「頤指」とも書く。

頁6 【頡】15画 8086 9821 音キツ慣ケツ漢

意味 ❶くびをまっすぐにする。人に屈しないようす。例頡頏(キッコウ)。❷鳥がまい下りる。対頏(コウ)。❸人名に用いられる字。例蒼頡(ソウケツ)(=中国の伝説上の、文字の発明者)。

【頡▼頏】キッコウ・ケッコウ 一(名)鳥が飛び上がったり、まい下りたりすること。二(名・する)①たがいに優劣がつかず、張り合うこと。②首筋が強いこと。転じて、気が強くて人に屈しないこと。表記 二①は「▼拮抗」とも書く。

頁6 【頬】15画 ⇩【頰】ほお(1067ページ)

頁7 【頷】16画 8087 9837 音カン漢ガン呉 訓あご・うなず-く

意味 ❶下あご。あご。あぎと。おとがい。例燕頷(エンガン)。❷承知する。うなずく。例頷首(ガンシュ)。

【頷首】ガンシュ (名・する)うなずいて承知すること。

【頷▼聯】ガンレン 漢詩で、律詩の第三・第四の句。

頁7 【頸】16画 8084 9838 音ケイ漢キョウ呉 訓くび

頁5 【頚】14画 2359 981A 俗字

意味 首。のどくび。例頸椎(ケイツイ)。

【頸▼枷】くびかせ ①昔、罪人のくびにはめた刑具。②行動の自由をさまたげるもの。足手まとい。例子は三界の—(=親は、子を思う心のために、一生自分の自由を束縛される)。表記 ▽「首▼枷」とも書く。

【頸木】くびき ①牛車や馬車などの車のながえの先の横木。車を引く牛馬の首に当てる部分。②自由をさまたげるもののたとえ。例旧来の—を脱して思想の自由を得る。表記 ▽「▼軛」とも書く。

【頸骨】ケイコツ くびの骨。例—骨折の重傷。

【頸静脈】ケイジョウミャク くびにある静脈。血液を頭部から心臓に送るはたらきをする。

【頸飾】ケイショク・くびかざり 首にかける、宝石や貴金属などをつないだ装飾品。例真珠の—。大勲位菊花章—。

【頸椎】ケイツイ 脊椎の上部にある七個の骨。

【頸動脈】ケイドウミャク くびの左右にある太い動脈。血液を心臓から頭部に送るはたらきをする。

【頸部】ケイブ くびの部分。

【頸▼聯】ケイレン 漢詩で、律詩の第五・第六の句。

頁7 【頹】16画 ― 9839 音タイ漢呉 訓くず-れる

頁7 【頽】16画 8088 983D 俗字

意味 ❶くずれ落ちる。くずれる。❷おとろえる。例頽勢(タイセイ)。衰頽(スイタイ)(=おとろえる)。

難読 胡頽子(ぐみ)・頽風(のわき)・雪頽(なだれ)

【頽勢】タイセイ おとろえていく傾向。また、衰退するいきおい。例—を挽回する。表記 現退勢

【頽唐】タイトウ くずれおとろえること。デカダン。例—期。

【頽廃】タイハイ (名・する)①くずれて、あれはてること。例—した都市。②健全な気風や道徳がくずれて乱れること。デカダン。例男女間の倫理の—。—した生活。表記 ▽現退廃

頁7 【頭】16画 3812 982D 教育2 音ト慣トウ漢ズ呉チュウ唐 訓あたま・かしら・かみ・こうべ

筆順 一 ロ 豆 豆 頭 頭 頭 頭

なりたち [形声]「頁(=あたま)」と、音「豆(トウ)」とから成る。あたま。

意味 ❶人のからだの最上部や動物のからだの最前部。あたま。かしら。例頭蓋(ズガイ)。頭部(トウブ)。竜頭蛇尾(リュウトウダビ)。❷はじめの部分。例初頭(ショトウ)。先頭(セントウ)。年頭(ネントウ)。❸いちばん上に立つ人。かしら。おさ。例頭目(トウモク)。頭領(トウリョウ)。教頭(キョウトウ)。❹接尾語。そのあたり、その場所、の意味をあらわす。例駅頭(エキトウ)。口頭(コウトウ)。店頭(テントウ)。❺ウシやウマなどを数えることば。例四頭立(シトウだ)ての馬車。

人名 あき・あきら・はじめ

【頭数】あたまかず 人の数。人数。例—をそろえる。

【頭金】あたまキン 契約が成立したときに、代金の一部としてはらう一定額のお金。例ローンの—を用意する。

【頭文字】かしらモジ ①欧文で、文の初めや固有名詞の最初などに用いる大文字。キャピタル。②姓名をローマ字で書くときの、姓および名の最初の大文字。イニシャル。

【頭蓋骨】ズガイコツ・トウガイコツ 頭を形づくり、脳をおおっている骨。

【頭寒足熱】ズカンソクネツ 頭が冷えて足が暖かいこと。また、そういう状態にすること。健康によいとされる。

【頭巾】ズキン 防寒や頭部の保護、また、人目をさけるために、頭や顔をおおう、布でつくったふくろ状のかぶりもの。

【頭▼陀】ズダ (仏)〔梵語の音訳〕僧が欲望を捨てて修行にはげむ。とくに、托鉢して歩くこと。例—の行。

【頭▼陀袋】ズダぶくろ ①托鉢する僧がお経や布施などを入れて、首からさげるふくろ。②だぶだぶの大きな布のふくろ。

【頭痛】ズツウ・トウツウ ①頭がいたむこと。例—、発熱に苦しむ。②気がかりなこと。例子供の素行が—のたねだ。

【頭脳】ズノウ ①(人間の)脳。②頭のはたらき。知力。判断力。例—労働。③頭のはたらきのすぐれた人。例世界的な—。④集団の中心になって働く人。首脳。例会社の—。

【頭韻】トウイン 押韻法の一つ。語句の初めに同じ韻をくりかえして用い、快いリズムを生み出す表現法。対脚韻。

【頭角】トウカク 頭に生えたつの。ものごとの始まるきっかけ。若者の意気ごみ、ばつぐんの才知などにたとえる。例—をあらわす(=すぐれた才能を発揮して目立つようになる)。

【頭首】トウシュ かしら(に立つ人)。頭領。

【頭書】トウショ 文書の初めに書いてあること。例—の成績を収めたので表彰する。

【頭注】トウチュウ 本文の上の欄につける注釈。対脚注。表記 旧頭▼註

【頭頂】トウチョウ (頭の)てっぺん。脳天。例—骨。

【頭童歯▼豁】トウドウシカツ 年老いて、頭がはげ歯がぬけたようす。〈韓愈・進学解〉

【頭取】トウどり 〔もと、音頭を取る人の意〕代表者として、さしずをする人。銀行などのとりしまりの責任者。

【頭髪】トウハツ 頭に生える毛。

【頭髪上指】トウハツジョウシす (激しいいかりのあまり)かみの毛が逆立つ。怒髪天を衝く。〈史記〉

【頭部】トウブ 頭の部分。

【頭目】トウモク ①頭と目。②先頭に立つ指導者。リーダー。〔日本では「悪者のかしら」をいうことが多い〕例山賊の—。

【頭領】トウリョウ (ある集団の)かしら。親分。首領。類統領・棟梁。例一味の—。

●音頭・巨頭・出頭・船頭・台頭・塔頭・

念頭・旗頭・筆頭・冒頭・没頭・毛頭

頁7 【頰】16画 1-9390 9830 常用 音キョウ漢呉 訓ほお・ほほ

筆順 一 ア 双 夾 夾 頰 頰 頰

頁6 【頬】15画 4343 982C 俗字

なりたち [形声]「頁(=あたま)」と、音「夾」とから成る。顔面の両わき。

意味 顔の両横。ほほ。ほお。例 豊頰。

人名 つら・ほ

【▽頰骨】ほおの上部の、少し高く出ている骨。

【頰▼杖】手のひらをほおに当て、ひじをついて頭部をささえること。考えごとなどをするポーズ。例—をつく。

【頰▼髯】ほおに生えるひげ。例—をたくわえる。

漢字に親しむ 24 「頭」は、あたま？

「口頭で述べる」「念頭におく」「店頭で販売する」「怒り心頭に発す」「路頭に迷う」——これらに共通する「頭」は「あたま」とどう関係するのでしょうか。

実はこのような場合の「頭」は、名詞の後について場所をあらわす語をつくる接尾語で、「あたま」の意味ではありません。このほか「駅頭」「街頭」「埠頭」なども同じです。意味を考える場合に、「あたま」にとらわれないようにすることがたいせつです。

頁7 【頼】16画 4574 983C 常用 音ライ漢呉 訓たの-む・たの-もしい・たよ-る・たよ-り

筆順 一 ㅁ 中 束 束 剌 頼 頼 頼

頁9 【賴】16画 1-9226 8CF4 人名

なりたち [形声]「貝(=たから)」と、音「剌」とから成る。もうけ。

意味 ❶利益。もうけ。例 無頼(=なんの利益にもならない)。❷よりかかる。たのみにする。たよる。また、たより。たのみ。例 頼庇(=たよりになるもの)。依頼。信頼。

日本語での用法 □一《たのみ・たのむ》ねがう。請う。「頼みを聞いてやる・家政婦を頼む」□二《たのもしい》たよりになる。たのむに足る。「頼もしい少年」

人名 のり・よし・より

【頼▽母子講】「「母子」は、あて字であろう」かけ金を出し合って、一定期日に、くじや入札によってお金をゆうずうし合う集まり。頼母子。無尽。

●依頼・信頼・無頼

頁7 【頴】16画 ⇩【穎】エイ(737ページ)

頁7 【頹】16画 ⇩【頽】タイ(1066ページ)

頁7 【頻】16画 ⇩【頻】ヒン(1067ページ)

頁8 【顆】17画 8089 9846 音カ漢 訓つぶ

意味 ❶小さくて丸いかたまり。つぶ。例 顆顆(=ひとつぶひとつぶ)。顆粒。❷ミカンなどのくだものや、宝石・真珠など、丸いものを数えることば。

【顆粒】小さいつぶ。つぶ。例—の飲み薬。

頁8 【頻】17画 4149 983B 常用 音ヒン漢 ビン呉 訓しき-りに

筆順 ト 止 牛 步 頻 頻 頻 頻

頁7 【頻】16画 1-9391 FA6A

なりたち [会意]本字は「瀕」で、「頁(=あたま)」と「渉(=わたる)」とから成る。さしせまる。派生して「しきりに」の意。

意味 ❶しばしば。しきりに。例 頻出。頻発。頻繁。❷顔をしかめる。ひそめる。同 顰。例 頻蹙。

参考 「瀕」は、さしせまる、「頻」は、しきりに、の意に使い分けられている。

人名 かず・しげ・つら・はや

【頻▼蹙】⇩【顰蹙】(1070ページ)

【頻出】(名・する) なん度もくりかえし、あらわれること。

【頻度】(あることが)くりかえして起こる度合い。例—数。

【頻発】(名・する) なん度もくりかえし、続けざまに起こること。例 事件が—する。地震の—する地域。

【頻繁】(名・形動ダ) なん度もおこなわれたり、たびたび起こること。例—に訪問する。

【頻頻】(形動タル) なん度もくりかえし起こるようす。

頁9 【額】18画 1959 984D 教育5 音ガク漢 カク呉 訓ひたい・ぬか

筆順 宀 夕 安 客 客 額 額 額

なりたち [形声]本字は「頟」で、「頁(=あたま)」と、音「各」とから成る。ひたい。

意味 ❶まゆ毛から、かみの毛の生えぎわまでの部分。ぬか。ひたい。❷規定の数量。金銭の量。例 金額。総額。定額。❸書画を書いて、門や部屋などにかけておくもの。がく。例 題額(=がくに文字を書く)。扁額。

難読 月額・額田(=地名・姓)

【額装】(名・する) 絵画や書・写真などを表装して額縁に入れること。

【額縁】①絵画などを入れて、かざるためのわく。フレーム。例—をつける。②窓のまわりなどにはめる、かざりのわく。

【額面】①貨幣や証券などに書かれている金額。例—価格。②ものごとの表面上の意味。例—どおり。

●巨額・減額・高額・残額・全額・増額・多額・低額・半額

頁9 【顎】18画 1960 984E 常用 音ガク漢 訓あご

筆順 丶 口 吅 罒 咢 咢 顎 顎

なりたち [形声]「頁(=あたま)」と、音「咢」とから成る。いかめしい顔。

意味 顔つきがいかめしいようす。

日本語での用法《ガク・あご》人や動物の口の上下にある器官。上あごと下あご。「顎骨・下顎・上顎」

頁9 **【顔】** 18画 2073 9854 教育2 音ガン漢 ゲン呉 訓かお 付表 笑顔

筆順 亠 立 产 彦 彦 彦 顔 顔 顔

頁9 **【顏】** 18画 8090 984F

なりたち [形声]「頁(=あたま)」と、音「彦ゲン→ガン」とから成る。まゆの間。

意味 ❶まゆとまゆの間。みけん。例竜顔(=まゆの骨の丸く高い人相。また、天子の顔)。❷かお。かおつき。かおかたち。かおいろ。例顔色。顔貌。童顔。❸いろどり。例顔料。❹姓の一つ。例顔回(=孔子の弟子)。

日本語での用法《かお》信望や権威をもつ人のたとえ。「顔役・顔をきかせる」

難読 花の顔

【顔役】かおヤク 一定の地域やグループの中で勢力のある人。ボス。例町の一。

【顔色】ガンショク・かおいろ ①(体調のよしあしがうかがえるような)かおの色つや。類血色。例一がいい。②(感情の動きがうかがえるような)かおのようす。類気色。例一をうかがう。一なし(=すっかり圧倒されてしまうこと)。

【顔貌】ガンボウ かおかたち。容貌。例柔和な一。

【顔面】ガンメン かお(の表面)。例一蒼白(=恐怖などのために血のけがひいて、顔が青白く見えること)。

【顔容】ガンヨウ かおかたち。容貌。

【顔料】ガンリョウ ①ものに一定の色をつける物質。水や油にとけない着色料で、塗料やインクなどの原料。②絵の具。

●朝顔・汗顔・紅顔・新顔・素顔・尊顔・拝顔・目顔・夕顔

頁9 **【顕】** 18画 2418 9855 常用 音ケン漢呉 訓あき-らか・あらわ-れる

筆順 口 日 旦 显 显 顕 顕 顕

頁14 **【顯】** 23画 8093 986F 人名

なりたち [形声]「頁(=あたま)」と、音「㬎」とから成る。頭の飾り。派生して「あきらか」の意。

意味 ❶はっきりと目立つ。あきらか。例顕著。明顕(=はっきりとあきらか)。❷おもてに出る。あらわれる。例顕現。表顕(=はっきりと公表する)。露顕。❸たかくあげて明らかにする。ほめたたえる。あらわす。例顕彰。顕揚。❹名高い。身分が高い。例顕学(=世に名高い学派)。顕官。貴顕。❺高貴なものや祖先を、うやまっていうことば。例顕考(=すぐれた先祖・亡父をうやまっていうことば)。

人名 あき・あきら・たか・てる

【顕位】ケンイ 高い地位。

【顕花植物】ケンカショクブツ 花がさいて、たねをつける植物。〔「種子植物」のもとの言い方〕対隠花植物。

【顕官】ケンカン 地位の高い官職。また、その職についている人。高官。

【顕教】ケンキョウ・ケンギョウ 〔仏〕(明らかに説かれた教えの意)真言宗や天台宗の一部で、他の、仏教の宗派を指していうことば。究極の教えとしての密教に対し、ことばによって具体的に説かれた、仮の教えをいう。対密教。

【顕顕】ケンケン (形動タル)はっきりと明らかなようす。例一たる令徳。

【顕現】ケンゲン (名・する)姿かたちなどが、はっきりとあらわれること。例神が一する。

【顕在】ケンザイ (名・する)はっきりと目に見える形で存在すること。対潜在。例影響が一化する。

【顕示】ケンジ (名・する)はっきりと目立つように示すこと。例自己一欲。正当性を一する。

【顕彰】ケンショウ (名・する)(人に知られていない)よいことを表彰して、世間に広く知らせること。例一碑。功績を一する。

【顕職】ケンショク 地位の高い重要な官職。例一につくことを願う。

【顕然】ケンゼン (形動タル)はっきりと明らかなようす。例結果が一とする。

【顕達】ケンタツ (名・する)高い地位にのぼること。栄達。例一を望むのは人の常である。

【顕著】ケンチョ (名・形動ダ)はっきりと目立っているようす。例一な功績。

【顕微鏡】ケンビキョウ きわめて小さなものを、レンズなどで拡大して見えるようにする器械。例電子一。一下の手術。

【顕要】ケンヨウ (名・形動ダ)地位が高くて重要なこと。また、その人やようす。

【顕揚】ケンヨウ (名・する)世間に広く知らせて、名声などをほめたたえること。例先祖を一する。

●隠顕・貴顕・露顕

頁9 **【顋】** 18画 8091 984B 音サイ漢 訓あぎと・えら

月9 **【腮】** 13画 7108 816E 別体字

意味 ❶ほお(の下のあたり)。あぎと。あご。例顋が張る。❷魚の呼吸器。えら。例顋呼吸。

難読 顋門(=乳児の頭の前頂部の、やわらかい部分)

頁9 **【題】** 18画 3474 984C 教育3 音テイ漢 ダイ呉

筆順 口 日 旦 早 是 是 題 題 題

なりたち [形声]「頁(=あたま)」と、音「是シ→テイ」とから成る。ひたい。

意味 ❶ひたい(のつき出ているところ)。例彫題(=ひたいに入れずみをする)。❷(内容を短くまとめて)はしのところにあらわしたことば。タイトル。例題名。表題。❸文や話の内容。解決を求められていることがら。テーマ。例課題。議題。主題。❹(詩や文を)書きしるす。例題画。題署(=額などに書きつける)。題壁(=かべに詩文を書きつける)。❺しなさだめをする。例題評(=しなさだめ)。品題(=しなさだめ)。

人名 みつ

【題意】ダイイ 表題や問題の意味。例一をくわしく説く。

【題詠】ダイエイ 決められた題によって詩や歌を作ること。また、その詩や歌。㊒雑詠。

【題画】ダイガ 絵画に詩や文を書きそえること。また、詩や文を書きそえた絵画。
【題言】ダイゲン 「題辞」に同じ。
【題号】ダイゴウ 書物や新聞・雑誌などの題目。タイトル。
【題材】ダイザイ 作品の主題となる材料。例湖を━にした絵。
【題詩】ダイシ 感興をもよおして作った詩句を、その場でかべや書画などに書き付けること。また、その詩。
【題字】ダイジ 記念のために文字を書き付けること。また、そうして書かれた文字。
【題辞】ダイジ ①(編著者以外が)書物の初めに内容や評価を述べ、ほめたたえる文章。例孟子━。②書物のはじめや石碑の上部などに書き記すことば。題詞。題言。
【題▼簽】ダイセン (和本や唐本の)表紙に書名を書いてはる、細長い紙や布。
【題▼跋】ダイバツ ①題辞と跋文(=巻末などに書く批評や感想の文)。②跋文を書くこと。
【題名】ダイメイ 書物・絵画・映画・音楽などの作品につけられた名前。タイトル。
【題目】ダイモク ①書物や講義・講演などの内容を簡潔なことばで示したもの。②研究などのテーマ。③〔仏〕日蓮宗で、表題としての「妙法蓮華経」とその経に帰依する意の「南無妙法蓮華経」のこと。例お━をとなえる。
●演題・宿題・出題・難題・表題・副題・放題・本題・話題

頁9 【類】18画 4664 985E 教育4 音ルイ漢呉 訓たぐ-い

筆順

頁10 【類】19画 1-9404 F9D0 人名

なりたち 形声「犬(=いぬ)」と、音「頪ライ→イル(=わかりにくい)」とから成る。イヌどうしのように、たがいに似ている。

意味 ❶共通する性質をもつもの。なかま。たぐい。例魚類・同類。❷共通点によってものを分ける。例類別。分類。❸共通点がある。例類語。類似。類推。❹ならべくらべる。例比類。無類。

人名 とも・なお・なし・よし

【類縁】ルイエン ①血筋や結婚などによって、つながりのある人々。親類縁者。身うち。例━関係。②形や性質が似ていて、近い関係にあること。例━種。
【類火】ルイカ よそから燃え移った火事。もらい火。類焼。
【類義語】ルイギゴ 意味が似通っている関係にあることば。類語。たとえば、「いえ」と「うち」、「準備」と「支度」と「用意」など。
【類句】ルイク ①意味が似通っている語句。②表現や意味が似ている俳句や川柳。③和歌や俳句を五十音順、いろは順などに並べて、引きやすくした書物。例万葉集━。
【類型】ルイケイ ①似たものの間に共通して認められる型。例━学。━化する。②ありふれて個性のないもの。例━的。
【類語】ルイゴ 「類義語」に同じ。
【類▼纂】ルイサン (名・する)種類ごとに集めて、まとめること。また、そうして編集した書物。
【類字】ルイジ 形の似ている文字。「己」「已」「巳」など。
【類似】ルイジ (名・する)よく似通っていること。まぎらわしいこと。例━品。━の問題。
【類▼聚】ルイジュウ・ルイジュ 同じ種類のものを集めること。また、集めた書物。類集。例芸文━(=中国の「類書②」の一つ)。
【類書】ルイショ ①内容や形式が似ている書物。同じ種類の書物。例━がない。②語句や故事を分類整理して編集した書物。例━を使って出典を調べる。
【類焼】ルイショウ (名・する)ほかからの出火が燃え移って、焼けること。もらい火。類火。例━をまぬがれる。
【類人猿】ルイジンエン サルの中で人類に最も近い種類。オランウータン・チンパンジー・ゴリラ・テナガザルなど。
【類推】ルイスイ (名・する)似ている点をもとにして、ほかのものごとをおしはかること。例━の域を出ない。━して結論を導く参考にする。
【類同】ルイドウ (名・する・形動ナ)似通っていること。同じ種類であること。
【類比】ルイヒ (名・する)①似通ったものをくらべてみること。比較。②「類推」に同じ。
【類別】ルイベツ (名・する)種類ごとに分けること。分類。
【類本】ルイホン 同種類の本。類似した本。類書。
【類例】ルイレイ 似通った例。例━がない。━の多い著作。
●菌類・穀類・種類・書類・親類・人類・藻類・鳥類・部類

頁9 【顔】18画 ⇩【顔】ガン(1068ページ)

頁10 【願】19画 2074 9858 教育4 音ゲン漢ガン呉 訓ねが-う・ねが-い

筆順

なりたち 形声「頁(=あたま)」と、音「原ゲン」とから成る。大きな頭。借りて「ねがう」の意。

意味 ❶のぞむ。ねがう。例願望。祈願。誓願。宿願。❷神仏にいのる。例願主。❸たのむ。こう。例請願。嘆願。

【願意】ガンイ こうなってほしいと願う強い思い。例━を述べる。
【願主】ガンシュ 神仏に願をかけた当人。願人。例━となって仏塔を建てる。
【願書】ガンショ 入学などの許可を得るために出す書類。例━を受け付ける。
【願人】ガンニン 神仏に願をかけた人。願主。
【願望】ガンボウ・ガンモウ 強く思うこと。また、その思い。例━が聞き入れられる。
【願文】ガンモン 神仏への願いごとをしるした文。発願文ホツガンモン。
【願力】ガンリキ ①〔仏〕阿弥陀仏が人々の救済を願う力。②神仏にいのって、願いをとげようとする意気ごみ。
●哀願・依願・懇願・志願・出願・大願・念願・悲願・満願

頁10 【顚】19画 1-9403 985A 人名 音テン漢呉 訓いただき・たお-れる

頁10 【顛】19画 3731 985B 俗字

意味 ❶頭のてっぺん。例顚毛(=頭の毛)。❷山のいただき。例山顚(=山頂)。❸もと。はじめ。例顚末。❹さかさまになる。ひっくりかえる。例顚倒。顚覆。❺落ちる。例顚落(=ころがり落ちる)。❻つまずく。たおれる。例顚沛。❼正常でない。同癲。例顚狂。瘋顚(=精神状態が正常ではない人。また、決まった仕事をもたずぶらぶらしている人)。

人名 かみ

【顚狂】精神疾患。

【顚倒】(名・する) ①順序がさかさまになること。例本末―。②たおれること。例気が―する。表記 ▽現転倒

【顚▼沛】(名・する) ①つまずいてたおれること。危急の時。とっさの時。例造次―(=急な時)。〈論語〉 ②失敗すること。挫折すること。

【顚覆】(名・する) ①ひっくりかえること。例電車が―する。②打ちたおすこと。ほろぼすこと。例幕府の―をはかる。表記 ▽現転覆

【顚末】ものごとのはじめから終わりまで。一部始終。例―書。事故の―。

頁10【顛】19画 ⇩【顚】(1069ページ)

頁10【類】19画 ⇩【類】(1069ページ)

頁12

【顧】

21画 2460 9867 常用 音コ漢呉 訓かえり-みる

筆順 ョ 戸 戸 戸 屏 雇 雇 顧

頁12【顧】21画

なりたち [形声]「頁(=あたま)」と、音「雇コ」とから成る。かえりみる。

意味 ❶ふりかえって見る。見まわす。かえりみる。例顧眄。一顧。❷目をかける。かわいがる。いつくしむ。例愛顧。恩顧。❸おとずれる。たずねる。例顧客。三顧の礼。❹姓の一つ。例顧炎武(=清代の学者)。

使い分け かえりみる【顧・省】⇩1166ページ

人名 み

【顧みて他を言う】横を向いてほかの話をする意。返答に窮するさま。本題をごまかすこと。〈孟子〉

【顧客】「「コカク」とも」ひいきにしてくれる客。おとくい。とくい客。例―名簿。

【顧問】会社や学校、団体などで、相談を受けて指導や助言をする人。例会社の―。部活動―の先生。

【顧慮】(名・する) 気配りすること。心にとめること。例周囲への―が足りない。

●愛顧・恩顧・回顧

頁12【顧】21画 ⇩【顧】(1070ページ)

頁13

【顫】

22画 8092 986B 音セン漢 訓ふる-える

意味 ❶手足が振動する。わななく。❷鼻がよくきく。

【顫動】(名・する) こきざみにふるえ動くこと。例空気の―。

頁14【顯】23画 ⇩【顕】(1068ページ)

頁15

【顰】

24画 8094 9870 音ヒン漢ビン呉 訓しか-める・ひそ-める・ひそ-み

意味 まゆのあたりにしわをよせる。(顔を)しかめる。(まゆを)ひそめる。ひそみ。同頻。例顰蹙。顰みに効う。

【顰みに▽効う】考えもなく人のまねをすること。また、人にならって自分もそうすることをへりくだっていうことば。〔春秋時代、越の国の絶世の美女、西施が胸を病んで顔をしかめていた。ところが、それがたいそう美しく見えたので、あるみにくい女が、さっそくまねをしたが、それを見た人々はみなにげ出したという〕〈荘子〉 表記「顰みに倣う」とも書く。

【顰▼蹙】(名・する) 〔「蹙」も、顔をしかめる意〕不快に感じて顔をしかめること。まゆをひそめること。例―を買う。表記「頻▼蹙」とも書く。

頁16

【顱】

25画 8101 9871 音ロ漢 訓かしらのほね・ひたい

意味 ❶頭蓋骨。顱骨。❷頭。かしら。❸ひたい。ぬか。

【顱頂骨】頭蓋骨の一部で、頭頂部を形成する平たくて四角形の骨。頭頂骨。

頁17

【顴】

26画 8102 9874 音カン慣ケン漢 訓つらぼね

意味 ほおぼね。顴骨。

頁18

【顳】

27画 8103 9873 音ショウ慣ジョウ漢

意味「顳顬」は、こめかみ。

182 9画

風 かぜ部

かぜの意をあらわす。「風」をもとにしてできている漢字を集めた。

0 風 3 凬 5 颯 颱 8 颶 11 飄 飃 12 飆 飈

風0

【風】

9画 4187 98A8 教育2 音フウ漢フ呉 訓かぜ・かざ 付表 風邪

筆順 ノ 几 凡 凧 凨 凬 風 風 風

なりたち [形声]「虫(=むし)」と、音「凡ハン→フウ」とから成る。八方からふく(季節ごとの)かぜ。

参考 かぜによって虫(=生き物)が発生するので、「風」の字形には「虫」がふくまれている。

意味 ❶ゆれ動く大気の流れ。かぜ。例風雨。微風。暴風。❷自然(=かぜの広がる空間)のながめ。例風景。風光。風致。❸しきたり。ならわし。例風習。風俗。気風。❹人がらや様式。ありさま。おもむき。例風格。風采。作風。❺(かぜが草木をなびかせるように)人に影響をあたえる。例風教。風靡。❻(かぜのように)それとなく広がるうわさ。例風説。風評。風聞。❼さかりがつく。例風馬牛。❽びょうき。例風邪。風疹。痛風。❾『詩経』の六義の一つ。地方の歌謡。❿それとなく言う。ほのめかす。同諷。例風刺。風諭。

難読 風巻・風采・風俗・風信子・風聴・風疹・風流し・風聞

人名 のり

【風花】①空は晴れているのに、ちらつく雪。また、風上で積もった雪が、風で舞い上がって降るもの。②発熱による発疹。かざほろし。

【風窓】①風通しをよくするための窓。例―を開ける。②家のゆか下や天井裏などに、通風のためにあけた穴。

【風見】風の方向を調べるための器具。矢やニワトリの形をしているものが多い。例―鶏。

【風圧】(フウアツ) 物体に加わる風の圧力。

【風位】(フウイ) 風のふく方位。かざむき。風向(フウコウ)。例多くの—の称呼(ショウコ)がある。

【風雨】(フウウ) ①風と雨。②風とともに降る雨。例—にさらされる。

【風雲】(フウウン) ①風と雲。②今しも天下が乱れ、異常が起こりそうなようす。例—急を告げる。③竜(リュウ)が風と雲に乗って天にのぼるように、英雄(エイユウ)が機会を得て世に出ることのたとえ。例—の志。—を望む。

【風雲児】(フウウンジ) 世の中が大きく変わろうとするときにあらわれて、活躍(カツヤク)する人。例戦国の—織田信長(おだのぶなが)。

【風化】(フウカ) (名・する) ①地表の岩石が、水や熱や風などでしだいにくずれ、土になること。例—作用。②年月がたつにつれて、なまなましい経験や記憶(キオク)や印象がうすれ、忘れ去られること。例戦争体験の—。③徳や業績の影響(エイキョウ)があって人心が変化すること。例郷土の偉人(イジン)の—による新人の成長。

【風雅】(フウガ) 一(名・形動ナ)俗(ゾク)でなく、上品で優雅(ユウガ)なおもむき。例—を好む。—な茶室。二(名)漢詩や和歌、文章の道。とくに俳諧(ハイカイ)を指す。例—をたしなむ。

【風害】(フウガイ) 強い風による被害(ヒガイ)。例—を受けた森林。

【風格】(フウカク) ①おのずとにじみでる人格や人がら。例横綱(よこづな)の—。②ものの味わいや、おもむき。例—のある書体。

【風紀】(フウキ) 風俗(フウゾク)習慣に関する規律。社会生活上の決まり。とくに、異性との交遊の節度。例—の乱れ。—を正しく守る。

【風儀】(フウギ) ①しきたり。ならわし。類風習。例いなかの—。②行儀作法(ギョウギサホウ)。しつけ。例生徒の—。③ようす。身なり。容姿。

【風狂】(フウキョウ) ①気がくるっていること。また、その人。②度をこして風流に熱中すること。また、その人。例—の人。

【風教】(フウキョウ) 上に立つ者が、人々をよい方向へ教え導くこと。

【風琴】(フウキン) ①オルガン。②「手風琴(てフウキン)」の略。アコーディオン。例—を鳴らす辻(つじ)芸人。

【風景】(フウケイ) ①自然の景色(けしき)。ながめ。類風光。例田園—。②その場の光景。ようす。例年末—。ほほえましい—。

【風穴】 一(フウケツ) 山腹などにあり、夏でも冷たい風をふき出すあな。二(かざあな) 風通しをよくするためのあな。例—をあける。

【風月】(フウゲツ) ①さわやかな風と明るい月。転じて、美しい景観。類風光。例花鳥—。②風流を楽しむこと。詩歌(シイカ)などを作ること。例—を友とする。

【風光】(フウコウ) 自然の景色(けしき)。類風景。例—明媚(メイビ)。

【風向】(フウコウ) 風のふく方角。かざむき。類風位。例—計。

【風骨】(フウコツ) からだつき。ようす。体格や風采(フウサイ)。

【風災】(フウサイ) 強風による災害。風害。

【風采】(フウサイ) 人の顔つきや身なりなど、外見から受ける印象。類風姿・風体(フウテイ)。例りっぱな—の人。—が上がらない。

【風刺】(フウシ) (名・する) 政治や社会的な事件、人物などを、遠まわしに、からかったり、批判したりすること。例—画。社会—。表記 旧▼諷刺

【風姿】(フウシ) すがたかたち。身なり。類風体(フウテイ)・風采(フウサイ)。

【風車】 一(フウシャ) 風で羽根車を回し、動力として利用する装置。例—小屋。—発電。二(かざぐるま) 風で回るおもちゃ。

【風邪】(フウジャ・かぜ) からだをぬれたままにしたり、寒いのにむりをしたりして起こる症状(ショウジョウ)を、まとめていったことば。感冒(カンボウ)。例—(フウジャ)発熱。—(かぜ)をひく。

【風趣】(フウシュ) 上品な味わい。おもむき。例—のある庭園。

【風習】(フウシュウ) その土地に根づいている、生活上のならわしやしきたり。風俗(フウゾク)習慣。例日本古来の—。

【風樹の嘆】(フウジュのタン) 親孝行しようと思うときには、親はすでになくなっていてできない、というなげき。〔「樹(き)静かならんと欲(ほっ)すれど風止(や)まず、子養わんと欲すれども親待たず」による〕〈韓詩外伝(カンシガイデン)〉表記 旧風樹の▼歎

【風食】(フウショク) (名・する) 風にふき飛ばされ、砂が岩石を浸食すること。表記「風▼蝕」とも書く。

【風▼疹】(フウシン) 高熱や発疹(ハッシン)をともなう、はしかに似た感染病。子供に多く、二、三日で治る。みっかばしか。

【風神】(フウジン) ①風の神。類風伯(フウハク)。例—雷神(ライジン)。②人がら。人品(ジンピン)。類風格。例—高邁(コウマイ)。

【風▼塵】(フウジン) ①風に舞(ま)い立つ砂やほこり。②ごく軽いもののたとえ。例命—より軽し。③人の世のこまごまとしたわずらわしさ。また、その俗世間(ゾクセケン)。④戦乱。兵乱。

【風水】(フウスイ) ①風と水。②陰陽(インヨウ)思想をもとに、方位や地形などをみて、建築物や墓などの位置を決める、うらない。例—による、うらない。

【風水害】(フウスイガイ) 強風と洪水(コウズイ)による被害(ヒガイ)。

【風勢】(フウセイ) 風のいきおい。風力や風圧。例—とみに加わる。

【風声▽鶴▼唳】(フウセイカクレイ) 風のふく音とツルの鳴き声。わずかな物音にも、びくびくとこわがることのたとえ。〔昔、前秦(ゼンシン)の軍勢が戦いに敗れてにげるとき、風の音やツルの声にも敵が追いついたかと、こわがったという故事による〕〈晋書(シンジョ)〉

【風雪】(フウセツ) ①風と雪。また、強い風をともなう雪。②苦労のたとえ。例—にたえる。

【風説】(フウセツ) 世間に伝わるうわさ。類風評・風聞。例—に迷わされる。

【風船】(フウセン) 紙やゴムなどで作り、中に空気やヘリウムガスを入れてふくらませ、飛ばしたりして遊ぶもの。風船玉。

【風前の▽灯】(フウゼンのともしび) 〔「風前」は、風にさらされていることの意〕風でいつ消えるかわからない灯。転じて、危険な状態にあって、命があやういこと。また、人の命のはかないことのたとえ。

【風葬】(フウソウ) 死者のほうむり方の一つ。死体を風雨にさらして、自然にまかせる。対火葬・水葬・土葬。

【風霜】(フウソウ) ①風としも。例—にたえてさく梅の花。②世の中の、つらい苦難や試練のたとえ。例—を乗りきる。③年月の移り変わり。類星霜。例短(みじか)からぬ—を経る。

【風速】(フウソク) 風のはやさ。一秒間に進む距離(キョリ)で表示する。例最大—三〇メートル。

【風俗】(フウゾク) ある一定の地域や時代に広まっている、衣・食・住など生活のしきたりやならわし。例—習慣。

【風袋】(フウタイ) ①はかりで重さをはかるときの、品物を包んでいるふくろやうつわなど。また、その重さ。例—とともに重さを量る。②うわべ。みかけ。

【風▼鐸】(フウタク) 寺の堂や塔(トウ)などの軒(のき)の角(かど)ごとにつるす、鐘(かね)形をした風鈴(フウリン)。

【風致】(フウチ) 自然の景色(けしき)などのおもむき。類風趣(フウシュ)。例—地区。

【風潮】(フウチョウ) 時代によって移り変わる、世の中のふんいきや傾向(ケイコウ)。例なげかわしい—。現代の—。

【風調】(フウチョウ) ①おもむき。ようす。②(音楽の)調子。(詩歌(シイカ)などの)しらべ。

【風鎮】(フウチン) 風のためにゆれ動かないように、かけ軸(ジク)の両下端(カタン)につるす、おもり。

【風体】(フウテイ) 〔「フウタイ」とも〕人のようす。身なり。類風采(フウサイ)・風姿(フウシ)。例あやしい—の男がうろついている。

【風土】(フウド) そこに住む人々の慣習や文化に影響(エイキョウ)をあたえる要素である、気候・地質・地形など。例—病(=特定の地域に持続的に発生する病気)。

【風土記】(フドキ) ①日本の上代の地理書。各地の土地の状態・産物・伝説などをまとめてある。例出雲(いずも)—。②地方ごとに風土・産物・文化・伝説などを書いた本。例人物—。

【風洞】(フウドウ) 物体が風によってどんな影響(エイキョウ)を受けるかを調べるための、トンネル形の装置。例—実験。

【風▼濤】(フウトウ) ①風と波。②風によって立つ波。

【風波】(フウハ) ①風と波。また、風によって起こる荒波(あらなみ)。かざなみ。例—が高い。②争いやもめごとなどの、おだやかでないことのたとえ。例会社内に—が立つ。—の絶えない家庭。

【風媒花】(フウバイカ) [「媒」は、媒介(バイカイ)の意] 風によって運ばれた花粉が、めしべの柱頭について受粉する花。マツ・スギなど。対水媒花・虫媒花・鳥媒花。

【風馬牛】(フウバギュウ) さかりのついたウマやウシは、遠く離れていても誘い合うが、それもできないほどに遠くはなれていること。また、まったく無関係なことのたとえ。[「風(フウ)する馬牛も相(あい)及(およ)ばず」による]〈春秋左氏伝(シュンジュウサシデン)〉

【風発】(フウハツ) (名・する) 風がふき起こるように、勢いがさかんなこと。雄弁(ユウベン)なことのたとえ。例談論—。

【風▼靡】(フウビ) (名・する) 多くの人々をなびき従わせること。もてはやされること。流行すること。[風がふいて草木をなびかせることから] 例一世を—する。

【風評】(フウヒョウ) うわさ。評判。類風説・風聞。例あまり—がよくない。

【風物】(フウブツ) ①目にうつる景色(けしき)やながめ。例夕暮れの湖畔(コハン)の—。②その季節のものとして特色づけられているもの。例四季折折の—。

【風物詩】(フウブツシ) ①風景や季節を詠(よ)んだ詩。②俗(ゾク)に、その季節をよく感じさせるもの。例風鈴(フウリン)は夏の—。

【風聞】(フウブン) (名・する) どこからともなく伝わるうわさ。また、あることをとりざたすること。類風説・風評。

【風防】(フウボウ) 風をふせぐこと。かざよけ。例—ガラス。

【風貌】(フウボウ) 身なりや顔かたちのようす。例仙人(センニン)の—。

【風味】(フウミ) その食べ物の味や舌ざわりなど、上品な味わい。例—のいい和菓子(ガシ)。—をそこなう。

【風紋】(フウモン) 風がふいて砂の上にできた模様。例風と共に変わりゆく—。

【風諭】(フウユ) (名・する) たとえなどを引いて、遠回しにそれとなく教えさとすこと。例—詩。表記「▼諷喩」とも書く。

【風来坊】(フウライボウ) 風にふき動かされるようにあらわれ、定まった住まいや決まった仕事をもたず、気ままに生きている人。

〔風部〕3—11画 颪 颯 颱 颶 飄 飃

【風流】(フウリュウ) (名・形動ダ) ①上品でしみじみとしたおもむきのあること。類風雅(フウガ)。例—な庭。②詩歌(シイカ)や、書画・茶道など、俗(ゾク)をはなれた、みやびな世界。例—を解する。

【風流韻事】(フウリュウインジ) 自然を友とし、詩歌(シイカ)を作るなどして楽しむこと。例—をたしなむ。

【風力】(フウリョク) ①風の力。風の強さ。例—発電。—計。②風力階級のこと。風の強さを0から12までの段階に分けたもの。例南南西の風—3。

【風鈴】(フウリン) 軒下(のきした)などにつるし、風がふくとゆれて鳴る鈴(すず)。金属・ガラス・陶器(トウキ)などで作る。例—のすずしげな音。

【風浪】(フウロウ) 風と波。また、風によって起こる波。風波。

【風情】(フゼイ) ①上品なおもむき。みやびで、おもむきのあるようす。類情趣(ジョウシュ)。例—のある庭。②ありさま。ようす。例町の—。③自分をへりくだったり、他人をおとしめたりする意をそえることば。例私—が申しても役に立たない。

【風呂】(フロ) からだをきれいにしたり、中にはいったりする湯。また、その湯を入れた湯ぶね。例—をたてる。

【風呂敷】(フロしき) 物を包んで持ち運ぶための正方形の布。例大(おお)—を広げる(=大言壮語(ソウゴ)する)。

【風炉】(フロ) 茶道で、茶席に置き、釜(かま)をかけて湯をわかすための炉。五月から十月ごろまで使う。

●海風(カイフウ)・家風(カフウ)・寒風(カンプウ)・逆風(ギャクフウ)・古風(コフウ)・順風(ジュンプウ)・新風(シンプウ)・台風(タイフウ)・無風(ムフウ)・和風(ワフウ)

風3 【颪】 12画 8104 98AA 国字 訓おろし

意味 高いところからふきおろす風。おろし。例赤城颪(あかぎおろし)。伊吹颪(いぶきおろし)。

風5 【颯】 14画 8105 98AF 人名 音サツ慣 ソウ漢呉

なりたち [形声]「風(=かぜ)」と、音「立(リュウ→ソウ)」とから成る。風の音。

意味 ❶風がさっとふく音。例颯颯(サッサツ)。❷きびきびしたようす。例颯爽(サッソウ)。

【颯颯】(サッサツ) (形動タル) 風のふくようす。また、風の音を立てるようす。例—とした松風の音がわたってくる。

【颯爽】(サッソウ) (形動タル) 姿や行動がきびきびとして、さわやかなようす。例—と歩く。—たる雄姿(ユウシ)を見せる。

風5 【颱】 14画 8106 98B1 音タイ漢

意味 「颱風」は、台風。また、おおかぜ。[「颶風(グフウ)」よりも強い季節風を指し、英語 typhoon の音(オン)をもとに大風の意で「颱」を用いたという]

風8 【颶】 17画 8107 98B6 音ク漢 グ呉

意味 海上に発生する暴風。台風。つむじかぜ。例颶風(グフウ)。

【颶風】(グフウ) ①大きなつむじ風。②台風やハリケーンなど、熱帯性の暴風雨のこと。

風11 【飄】 20画 8108 98C4 音ヒョウ漢呉 訓つむじかぜ・ひるがえ-る

風11 【飃】 20画 8109 98C3 別体字

意味 ❶旋回(センカイ)する風。つむじかぜ。例飄風(ヒョウフウ)(=つむじかぜ)。❷風にふかれて、まいあがる。ひるがえる。例飄揚(ヒョウヨウ)(=風にふかれて、まいあがる)。❸(風にふかれたように)ふらふらとさすらう。俗(ゾク)世間からはなれた。例飄逸(ヒョウイツ)。飄然(ヒョウゼン)。

難読 飄石(ばい・ずんばい)(=つぶて。つぶてを打つ遊び)

【飄逸】(ヒョウイツ) (形動ナ) 世間ばなれしていて、細かいことにこだわらないようす。例—な表情。

【飄客】(ヒョウカク) 酒色に遊びほうける男。放蕩者(ホウトウもの)。遊冶郎(ユウヤロウ)。表記「▼嫖客」とも書く。

【飄然】(ヒョウゼン) (形動タル) ①ふらりとやって来ては、ふらりと去るようす。例—として去る。②世間のわずらわしさにこだわらないようす。例—たる暮らしぶり。

【飄泊】(ヒョウハク) (名・する) ふるさとをはなれ、他国を流れさすらうこと。漂泊(ヒョウハク)。類放浪・流浪(ルロウ)。

【飄飄】(ヒョウヒョウ) (形動タル) ①風にふかれてひるがえるようす。例落花(ラッカ)—。②行くあてもなくさまようようす。例—とただよう小舟(こぶね)。③(人がらや態度について)小さなことにはこだわらず、大らかで、とらえどころのないようす。例—とした人。—と語る。

風11 【飃】 20画 ⇒【飄】(ヒョウ)(1072ジペー)

風12 【飆】21画 8110 98C6 音ヒョウ漢 訓つむじかぜ

風12 【颷】21画 2-9241 98C7 別体字

意味 下から巻きあげるようにふく強い風。つむじかぜ。例飆塵ヒョウジン(=風のふきあげるちり)。同飄

風12 【飈】21画 ⇩【飆】ヒョウ(1073ページ)

183 9画 飛 とぶ部

とりがつばさをひろげてとぶ形をあらわす。「飛」と、「飛」をもとにしてできている「飜」とを集めた。

0 飛 12 飜

飛 0 【飛】9画 4084 98DB 教育4 音ヒ漢 訓と-ぶ・と-ばす

筆順 乁 乁 飞 飞 飞 飛 飛 飛 飛

なりたち [象形] 鳥が首をのばし羽をひろげてとぶ形。

意味 ❶鳥のように空中を進む。また、高くとびあがる。とぶ。例飛行ヒコウ。飛翔ヒショウ。雄飛ユウヒ。❷とぶように速い。例飛脚ヒキャク。飛流ヒリュウ(=はやい流れ)。❸高くそびえる。たかい。例飛橋ヒキョウ(=高いかけ橋)。飛軒ヒケン(=高くそびえる建物の軒)。❹架空カクウの。根拠コンキョのない。例飛語ヒゴ。

日本語での用法 一《ヒ》①「飛騨だひ(=今の岐阜ぎふ県の北部)」の略。「飛州ヒシュウ」②将棋ショウギの駒こまの一つ。「飛車ヒシャ」 二《とぶ》①広まる。「うわさが飛とぶ」②順序どおりでなく先に進む。「途中トチュウを飛とばして読よむ・飛とび石いし」

使い分け とぶ【飛・跳】⇩1174ページ

難読 飛竜頭ヒリュウズ・ヒリョウズ・飛沫しぶき・飛礫つぶて・飛泉たき

人名 たか

【飛宇】ヒウ 高い軒のき。飛軒ヒケン。

【飛雨】ヒウ 風にあおられて飛ぶように降る雨。

【飛▼燕】ヒエン 空を飛ぶツバメ。例—のような身のこなし。

【飛花】ヒカ 風に飛び散る花びら。例—落葉。

【飛脚】ヒキャク ①急な事件や用事などを、遠方へ知らせるための使者。②昔、手紙や金品などの配達を仕事とした人。

【飛球】ヒキュウ 野球で、高く上がった打球。フライ。

【飛言】ヒゲン 根も葉もないうわさ。デマ。飛語。

【飛語】ヒゴ 根拠コンキョのないうわさ。デマ。飛言。例流言—。 表記 ⑪▼蜚語

【飛行】(名・する) 一ヒコウ 空を飛ぶこと。例—距離キョリ。低空—。 二ヒギョウ〔仏〕空を自由にかけめぐること。例—の術。

【飛行機】ヒコウキ プロペラやジェットエンジンなどの推進力によって空を飛ぶ、翼つばさのある乗り物。類航空機。

【飛行場】ヒコウジョウ 航空機が離着陸リチャクリクする設備のある場所。類空港。

【飛行船】ヒコウセン ヘリウムガスなど、空気より軽い気体を詰めた大きなふくろに、動力をつけて推進する航空機。

【飛行艇】ヒコウテイ 胴体ドウタイが船のような構造で、水面で発着できる大型の水上飛行機。

【飛散】ヒサン (名・する) 飛び散ること。例ガラス片ヘンが—する。

【飛耳長目】ヒジチョウモク ①遠方のことをよく聞き分ける耳と、よく見分ける目。②するどい観察力のたとえ。

【飛車】ヒシャ ①空を飛ぶという車。②将棋ショウギの駒こまの一つ。ますの縦と横に動ける。飛ヒ。例竜王リュウオウに成った—。

【飛章】ヒショウ 急ぎの手紙。例—故郷より来たる。

【飛▼翔】ヒショウ (名・する) 大空を飛ぶこと。類飛行。例—力。—する大ワシ。

【飛信】ヒシン 急ぎの手紙。例—こもごもいたる。

【飛泉】ヒセン ①滝たき。②ほとばしるようにわき出る泉いずみ。

【飛騨】ひだ 旧国名の一つ。今の岐阜ぎふ県の北部。飛州ヒシュウ。

【飛弾】ヒダン 飛んでくる弾丸。

【飛鳥】一ヒチョウ 空を飛ぶ鳥。例—のような早わざ。二あすか 奈良なら盆地ボンチ南部の飛鳥川流域で、飛鳥時代の都の地。

【飛白】ヒハク 一漢字の書風の一つ。かすれたような字にする書き方。例—体。二かすり 白くかすれたように見える模様。また、その織物や染め物。表記 二は「▼絣」とも書く。

【飛報】ヒホウ 急ぎの知らせ。類急報。例突如トツジョとして—至たいる。

【飛▼沫】ヒマツ はね散る液体。しぶき。例—を浴びる。

【飛躍】ヒヤク (名・する) ①高く飛びはねること。②急速に進歩や発展をすること。例大企業ダイキギョウに—する。③順序立った進展でないこと。例論理に—がある。

【飛揚】ヒヨウ (名・する) 空高く舞まい上がること。例白鳥の—する湖。

【飛来】ヒライ (名・する) 飛んで来ること。

【飛竜】ヒリュウ・ヒリョウ ①空飛ぶ竜。②聖人や英雄エイユウのたとえ。

【飛竜ヒリュウ雲くもに乗のる】竜が空を飛び雲に乗る。英雄エイユウが所を得て、活躍カツヤクすることのたとえ。〈韓非子カンピシ〉

【飛竜ヒリュウ天テンに在あり】竜が空を飛び天にのぼる。聖人が天子として国をよく治めることのたとえ。〈易経エキキョウ〉

【飛輪】ヒリン 太陽の別名。

○●雨飛ウヒ・突飛トッピ・雄飛ユウヒ

飛12 【飜】21画 ⇩【翻】ホン(806ページ)

184 9画 食 しょく(飠・𩙿 しょくへん)部

たべものの意をあらわす。「食」が偏ヘン(=漢字の左がわの部分)になるときは「飠(しょくへん)」、常用漢字では「𩙿(八画)」となる。「食」と、「食」をもとにしてできている漢字を集めた。

0 食 食 2 飢 飢 4 飲 飲 飭 飩 飯 飯 飫 5 飴 飼 飼 飾 飾 飽 飽 6 餃 餌 餉 餅 養 餌 餅 養 7 餓 餓 餐 餒 餔 餝 餘 8 館 館 餡 餞 餤 餠 9 餬 餮 10 饂 餽 餼 餾 11 饉 饅 饗 12 饐 饋 饑 饒 饌 13 饗 饕

この部首に所属しない漢字

蝕⇩虫879

食 0 【食】9画 3109 98DF 教育2 音 一ショク漢 ジキ呉 二シ漢呉 訓く-う・く-らう・た-べる・は-む・け・めし

筆順 ノ 人 𠆢 今 今 今 食 食 食

食 0 【食】9画

【風部】12画 飆 颷 【飛部】0—12画 飛 飜 【食(飠・𩙿)部】0画 食 食

9画

なりたち [会意]「亼(=あつめる)」と「皀(=かんばしい穀物)」とから成る。あつめた穀物。

意味 一 ショク・ジキ ❶たべもの。例食餌。食糧。断食。❷たべる。くらう。くう。例食事。食前。飲食。❸給与としてのたべもの。扶持。例食禄(=食い扶持)。❹(たべられたように)日や月が欠ける。同蝕。例月食。日食。❺(たべてしまったようにして)なかったことにする。例食言。二 シ ❶たべさせる。やしなう。同飼。❷めし。例一簞の食(=竹のわりご一ぱいのめし)。

人名 あき・あきら・うけ・くら・みけ

【食育】ショクイク 心身の健康な生活のための、食生活に関するさまざまな教育。

【食塩】ショクエン 食用に精製した、しお。

【食言】ショクゲン (名・する)〔一度言ったことばを食べてしまう意〕うそをつくこと。約束を破ること。例―しても平然としている。

【食後】ショクゴ 食事をしたあと。対食前。例―のデザート。

【食材】ショクザイ 料理の材料となる食品。

【食指】ショクシ ひとさし指。例―が動く(=食欲がわく。ある物がほしくなる)。―を動かす(=求めようと思う)。

【食事】ショクジ (名・する)ごはんを食べること。また、その食べ物。

【食餌】ショクジ (病気を治すものとしての)食べ物。

【食餌療法】ショクジリョウホウ 治療の一つとして食事の内容や食事法を改善すること。表記「食事療法」とも書く。

【食傷】ショクショウ (名・する)①食あたり。食中毒。②同じ食べ物が続いて、あきること。転じて、同じものごとがくりかえされて、うんざりすること。例―ぎみ。

【食性】ショクセイ 食べ物についての動物の習性。肉食・草食など。

【食生活】ショクセイカツ 日常生活のうちの、とくに食事に関する部分。例豊かな―をする。

【食前】ショクゼン 食事をする前。対食後。例―酒。―に飲む薬。

【食膳】ショクゼン 食べ物を並べる食事用の台。例―に供する(=料理して食卓に出す)。

【食前方丈】ショクゼンホウジョウ 席の前に一丈四方も並ぶような豪華なごちそう。はなはだしいぜいたくをいう。〈孟子〉

【食卓】ショクタク 食事をするためのテーブル。例―を囲む。

【食虫植物】ショクチュウショクブツ 小さな虫をつかまえ、それを栄養分として生きる植物。

食(飠・食)部 2―4画 飢 飢 飲 飲

【食中毒】ショクチュウドク 細菌や毒物などのまじった食物による中毒。食あたり。

【食通】ショクツウ 食べ物のこと、とくに材料や味、あるいは店などについてくわしいこと。また、そういう人。グルメ。

【食堂】一 ショクドウ ①食事をするための部屋。②食事を提供する店。例大衆―。学生―。二 ジキドウ 寺院で、僧が食事をする部屋。

【食道】ショクドウ ①消化器官の一つ。のどから胃につながる管。例―癌。②食糧を運ぶ道。糧道。

【食肉】ショクニク ①動物の肉を食べること。肉食。②食用の肉。例―販売業。

【食費】ショクヒ 食事にかかる費用。例―がかさむ。

【食品】ショクヒン 食べ物。食料品。例―添加物。

【食分】ショクブン 日食や月食で、太陽や月の欠ける割合。表記「▼蝕分」とも書く。

【食封】ショクフウ 封建時代、諸侯や家臣にあたえられた領地。知行所。

【食俸】ショクホウ 俸禄。扶持。食禄。

【食味】ショクミ 食べ物の味。例京の―をさぐる。

【食物】ショクモツ 食べ物。食品。例―をあたえる。―を落とす。

【食物連鎖】ショクモツレンサ 自然界で、生物が食う・食われるという関係でできる一つのつながり。たとえば、プランクトンをミジンコが食べ、ミジンコを小魚が食べ、小魚を鳥が食べる、など。

【食用】ショクヨウ 食べ物として適していること。例―がえる。

【食欲】ショクヨク 食べたいという欲求。くいけ。表記旧食▼慾

【食料】ショクリョウ ①食べ物。調理して食べる材料。例―品。非常用―。②食事の費用。食事料。

【食糧】ショクリョウ 食べ物。とくに、主食となるもの。例―不足。

【食貨】ショッカ ①食べ物と貨幣や財産。②経済。

【食客】ショッカク・ショッキャク ①客としてむかえられた人。②厚意で他人の家に養われている人。居候。

【食間】ショッカン 食事と食事とのあいだ。例―に服用する薬。

【食器】ショッキ 食事に用いる器具。うつわ。例―戸棚。

【食▽頃】ショッケイ 食事をとるほどの、わずかな時間。

【食券】ショッケン 食べ物との引きかえ券。例―売り場。

●衣食・会食・外食・間食・給食・試食・主食・少食・常食・侵食・浸食・寝食・草食・粗食・美食・副食・腐食・夜食・立食・和食

飠2 【飢】 10画 2118 98E2 常用 音キ漢 ケ呉 訓う-える・う-え

筆順 ノ 𠆢 今 今 今 食 食 飠 飣 飢

飠2 【飢】 11画

なりたち [形声]「食(=たべもの)」と、音「几キ」とから成る。食べ物がなくて苦しむ。

意味 ❶食べ物がなくて、空腹で苦しむ。うえる。うえ。同饑。例飢餓。❷穀物が実らない。同饑。例飢饉。飢歳(=不作の年)。

【飢餓】キガ 食べ物がなくなり、空腹にたえられなくなること。うえ。例―に苦しむ。表記旧▼饑餓

【飢渇】キカツ 〔「ケカツ」「ケカチ」とも〕食べ物や飲み水がなく、ひどく空腹でのどがかわくこと。表記「▼饑渇」とも書く。

【飢寒】キカン うえと寒さ。また、ひどく空腹で、こごえること。表記「▼饑寒」とも書く。

【飢▼饉】キキン ①天候不順や虫害などで農作物が不作となり、人々がうえに苦しむこと。例天明の大―。②必要とするものが、はなはだしく不足すること。例水―。表記▽「▼饑▼饉」とも書く。

【飢色】キショク 食べ物にうえている顔つきや、ようす。例民に―あり。

【飢凍】キトウ (名・する)飢えこごえること。例道塗に―する。〈中島敦・山月記〉

飠4 【飲】 12画 1691 98F2 教育3 音イン漢 オン呉 訓の-む

筆順 ノ 𠆢 今 今 今 食 食 飠 飲 飲

飠4 【飲】 13画 6127 98EE

なりたち [形声]本字は「㱃」で、「欠(=口をあける)」と、音「酓イ」とから成る。のむ。

意味 ❶酒や水などをのむ。のみもの。例飲酒。飲料。鯨飲。❷さかもり。例宴飲。長夜の飲。❸のみこむ。こらえる。例飲恨(=うらみをのむ)。

【飲酒】インシュ (名・する)酒を飲むこと。例―運転。

【飲食】(名・する) 飲んだり食べたりすること。飲み食い。例—店。無銭—。
【飲用】(名・する) 飲むために用いること。例—水。常に—する薬。
【飲料】㊀飲み物。例清涼—。㊁【飲み料】飲む酒の代金。飲みしろ。
●痛飲・暴飲

飠4 【飭】 13画 5012 98ED 音 チョク漢 訓 いまし-める

意味 しっかりとかため、きちんと、ととのえる。また、きちんとさせる。いましめる。同勅。例飭励(=いましめ、はげます)。戒飭(=謹慎させる)。

飠4 【飩】 13画 8111 98E9 音 トン漢 ドン呉

意味 ❶「餛飩(=ワンタン)」は、小麦粉をこねて作った生地で肉などを包んだ食品。❷「饂飩」は、小麦粉をこねてのばし、細長く切った食品。

飠4 【飯】 12画 4051 98EF 教育4 音 ハン漢 ボン呉 訓 めし・いい

筆順 ノ 𠆢 今 𩙿 飠 飣 飯 飯

飠4 【飯】 13画 FA2A

なりたち [形声]「食(=たべもの)」と、音「反ハ」とから成る。食べる。派生して「めし」の意。

意味 ❶めし。ごはん。例飯米・炊飯・米飯。❷食べさせる。くらわす。くわせる。やしなう。例飯牛(=牛を飼う)。また、牛飼い。

【飯▼盒】 野外で飯をたくための、アルミニウム製の深い容器。例—炊爨。
【飯台】 食事をするための台。食卓。ちゃぶ台。
【飯店】 ①日本で、中国料理店の名につけることば。②中国語で、ホテル。例北京—。
【飯米】 飯にたく米。食用の米。自家用の米。例—農家(=自分の家で食べる量の米を作る農家)。
【飯粒】 ごはんの一つぶ一つぶ。ごはんつぶ。
【飯▼櫃】 ごはんを保存するための容器。おひつ。おはち。
●朝飯・御飯・残飯・炊飯・赤飯・菜飯・麦飯・晩飯

飠4 【飫】 13画 8112 98EB 音 ヨ漢 訓 あ-きる・いと-う

意味 ❶さかもり。宴会。❷じゅうぶんに食べる。あきる。例飫足(=食事に満足する)。

日本語での用法《お》「飫肥(=宮崎県の地名)」地名の場合、「お」の音にあてる万葉がな。

【飫賜】 あきるほどの酒食をたまわること。
【飫聞】(名・する) あきるほど聞くこと。聞きあきること。

飠5 【飴】 14画 1627 98F4 音 イ漢 訓 あめ

意味 でんぷんを糖化した食品。あめ。例飴蜜(=あめと、はちみつ)。

【飴色】 べっこうあめのような、透明な黄色。

飠5 【飼】 13画 2784 98FC 教育5 音 シ漢 ジ呉 訓 か-う

筆順 ノ 𠆢 今 𩙿 飣 飼 飼 飼

飠5 【飼】 14画 FA2B

なりたち [形声]「食(=たべもの)」と、音「司シ」とから成る。食べ物をあたえて、育てる。

意味 食わせて育てる。やしなう。かう。例飼育。

難読 飼面(=そばかす)

【飼育】(名・する) 生き物を飼い育てること。例—係。
【飼養】(名・する) 動物にえさをあたえて育てること。
【飼料】 家畜にやるえさ。例牛や馬の—にする。

飠5 【飾】 13画 3094 98FE 常用 音 ショク漢 シキ呉 訓 かざ-る・かざ-り

筆順 ノ 𠆢 今 𩙿 飠 飾 飾 飾

飠5 【飾】 14画

飠7 【餝】 16画 8119 991D 別体字

なりたち [形声]「巾(=ぬの)」と「人(=ひと)」と、音「食ショ」とから成る。よごれをぬぐい、きれいにする。

意味 ❶人やものの表面に美しさを加える。かざる。また、かざり。例修飾・装飾。落飾(=かざりをおろす。出家)。❷うわべをつくろい、ごまかす。あざむく。例虚飾。粉飾。

難読 飾磨・葛飾(=地名・姓)・華飾

人名 あきら・よし

【飾言】(名・する) ことばをうまくとりつくろうこと。また、かざりたてた、うそのことば。飾辞。飾説。
●虚飾・修飾・装飾・服飾・粉飾・落飾

飠5 【飽】 13画 4316 98FD 常用 音 ホウ漢 ボウ呉 訓 あ-きる・あ-かす・あ-き

筆順 ノ 𠆢 今 𩙿 飠 飽 飽 飽

飠5 【飽】 14画

なりたち [形声]「食(=たべもの)」と、音「包ホ」とから成る。食べあきる。

意味 ❶食べて腹がふくれる。あきる。例飽食・飽満。❷じゅうぶんに満ち足りる。いっぱいになる。例飽和。

難読 飽浦(=地名)・塩飽(=地名)

人名 あき・あきら・あく

【飽食】(名・する) あきるほど、じゅうぶんに食べること。例暖衣—。—して無為の生活。
【飽満】(名・する) あきるほど、腹いっぱい食べること。
【飽和】(名・する) ①ある量をふくむことができる、最大限度になった状態。例—溶液。過—。②これ以上入れられないほど、いっぱいになっていること。例—状態。

飠5 【飽】 14画 ⇩【飽】(1075ページ)

飠6 【餃】 15画 8113 9903 音 ギョウ慣 コウ漢 キョウ呉

意味 ❶ ⇩【餃子ギョウザ】 ❷ 飴あめ。
【餃▽子ギョウザ】〔「チャオズ」は中国語音〕中華チュウカ料理の点心の一つ。小麦粉をこねた皮に、ひき肉・野菜・にんにくなどを包み、焼いたり、煮にたり、むしたりして食べる。

飠6 【餌】15画 1734 990C 常用 音ジ漢 訓えさ・え
飠6 【餌】14画 許容
筆順 ノ 今 食 食一 食丅 食耳 餌 餌
参考「しょくへん」は、手書きでは普通八画で書く。
なりたち [形声]「食(=たべもの)」と、音「耳ジ」とから成る。米の粉をこねて作った食べ物。
意味 ❶粉食の一種。コメ・キビ・アワ・マメなど、ムギ以外の穀物を粉にして加工した食品。団子ダンゴの類。〔これに対し、「餅ヘイ」はムギ粉を原料とする〕 ❷たべもの。とくに、嗜好品シコウヒンや薬になるような食物。例食餌ショクジ。薬餌ヤクジ。 ❸(人を誘惑ユウワクするための)えさ。え。また、えさでつる。〔古くは「えば」とも〕例餌敵ジテキ(=えさで敵をさそいだす)。好餌コウジ。
【餌食】えジキ ①動物のえさになって食われる生き物。例ライオンの―になったシマウマ。②他人の欲望ヨクボウなどのために犠牲ギセイとなるもの。例悪者の―となる。

飠6 【餉】15画 8114 9909 音ショウ漢 訓かれいい
意味 ❶(食べ物などを)おくる。プレゼントする。 ❷(持ち運びに便利なように)ほした飯。兵糧ヒョウロウ。かれいい。かれい。
難読 朝餉あさがれい

飠6 【餅】15画 4463 9905 常用 音ヘイ漢ピン唐 訓もち
飠6 【餅】14画 許容
筆順 ノ 今 食 食' 食ソ 餅 餅
参考「しょくへん」は、手書きでは普通八画で書く。
飠8 【餠】17画 8122 9920

[食(飠・𩙿)部] 6—7画 ● 餌餉餅養養餌餅餓餓

なりたち [形声]「食(=たべもの)」と、音「幷ヘイ」とから成る。小麦粉をこねて作った食べ物。
意味 ❶小麦粉をこねて焼いたり、むしたり、にたり、油であげたりした食品。例餅餌ヘイジ(=麦もちと、米もち)。画餅ガベイ。焼餅ショウヘイ。 ❷(もちのような)まるくて平たい形のもの。例餅金ヘイキン(=丸く平たい金のかたまり)。
日本語での用法《もち》もち米をむしてついた食品。「鏡餅かがみもち・草餅くさもち」
【餅肌】もちはだ つきたてのもちのように、なめらかな白い肌。

食6 【養】15画 4560 990A 教育4 音ヨウ漢呉 訓やしな-う・やしな-い
筆順 ソ 羊 美 羔 养 養 養
食6 【養】15画
なりたち [形声]「食(=たべもの)」と、音「羊ヨウ」とから成る。食べ物をあたえる。
意味 ❶そだてる。成長させる。やしなう。やしない。例養育ヨウイク。養子ヨウシ。養父ヨウフ。養分ヨウブン。栄養エイヨウ。 ❷動物をかい、そだてる。例養蚕ヨウサン。涵養カンヨウ。養殖ヨウショク。飼養シヨウ。 ❸おしえる。心をゆたかにする。例教養キョウヨウ。修養シュウヨウ。 ❹生活のめんどうをみる。例養老ヨウロウ。扶養フヨウ。 ❺病気をなおす。からだをだいじにする。例静養セイヨウ。療養リョウヨウ。 ❻炊事スイジをする。まかなう。まかない。また、目上の者につかえる。例厮養シヨウ。
難読 犬養かいぬ(=姓セイ)
人名 おさ・かい・きよ・のぶ・まもる・やす・よし
【養育】ヨウイク(名・する)めんどうをよくみて、そだてること。
【養家】ヨウカ 養子としてむかえてくれた家。養子先の家。
【養魚】ヨウギョ 魚を飼い育てて、繁殖ハンショクさせること。例―場。
【養鶏】ヨウケイ たまごや肉を利用するために、ニワトリを飼い育てること。例―場。
【養護】ヨウゴ(名・する)①特別な保護を加え、助けること。例―施設シセツ。②子供を保護し、健全な成長を助けること。例児童―施設。
【養蚕】ヨウサン まゆから絹糸をつむぐために、カイコを飼い育てること。例―業。
【養子】ヨウシ 血縁ケツエン関係はないが、法律上の手続きにより、子としてむかえた者。対実子。例―縁組エングみ。婿むこ―。
【養嗣子】ヨウシシ 家をつぐ者として認められた養子。
【養女】ヨウジョ 法的な手続きにより、子としてむかえられた女子。
【養生】ヨウジョウ(名・する)①健康に気をくばること。摂生セッセイ。例ふだんの―がだいじ。②病気などが早く回復するようにつとめること。例温泉で―する。
【養殖】ヨウショク(名・する)魚や貝などを、人工的に増やすために飼い育てること。例―真珠シンジュ。ハマチの―。
【養親】ヨウシン 養子縁組エングみをして親となった者。養父母。
【養成】ヨウセイ(名・する)めんどうをみて、一人前に育てあげること。例俳優の―所。後継者コウケイシャを―する。
【養▼鱒】ヨウソン マスを養殖ヨウショクすること。例―場。
【養豚】ヨウトン 肉などを利用するために、ブタを飼い育てること。
【養父】ヨウフ 養子をむかえた家の父。義理の父。対実父。
【養父母】ヨウフボ 養子をむかえた家の父と母。養い親。養親。
【養分】ヨウブン 生物体の成長に必要な成分。栄養分。例―をとる。
【養母】ヨウボ 養子をむかえた家の母。義理の母。対実母。
【養蜂】ヨウホウ 蜜ミツをとるために、ミツバチを飼い育てること。
【養▼鯉】ヨウリ 食用や観賞カンショウ用とするために、コイを飼い育てること。コイの養殖ヨウショク。
【養老】ヨウロウ 老人をいたわり世話すること。また、老後を平穏ヘイオンに過ごすこと。例―施設シセツ。―年金。
●休養キュウヨウ・教養キョウヨウ・孝養コウヨウ・滋養ジヨウ・素養ソヨウ・保養ホヨウ

飠6 【餌】14画 ⇩【餌】ジ(1076ページ)

飠6 【餅】14画 ⇩【餅】ヘイ(1076ページ)

飠7 【餓】15画 1878 9913 常用 音ガ漢呉 訓う-える
飠7 【餓】16画
筆順 ノ 今 食 食' 飣 餀 餓 餓
なりたち [形声]「食(=たべもの)」と、音「我ガ」とから成る。食べ物がなくて苦しむ。
意味 食べ物がなく、腹がへって苦しむ。ひどくひもじい。うえる。うえ。例餓死ガシ。飢餓キガ。凍餓トウガ(=こごえ、うえる)。
【餓鬼】ガキ ①〔仏〕生前の悪業アクゴウのむくいで、餓鬼道に落ちた亡者モウジャ。いつもうえとかわきに苦しむという。例―大将ダイショウ。②子供。例―のようにやせた男。③かわいげのないものとして子供をいやしめていうことば。例悪わ―。

【餓鬼道】ガキドウ 〔仏〕人が死後に行くとされる世界の一つ。飲食が自由にならず、うえに苦しむという。例―に落ちる。

【餓死】ガシ（名・する）食べるものがなくなり、うえて死ぬこと。

【餓狼】ガロウ うえたオオカミ。転じて、強欲な人のたとえ。

食7 【餐】16画 2733 9910 音サン漢呉

意味 ❶たべる。飲食する。例餐食（＝食う。また、食事）。❷ごちそう。たべもの。食事。例加餐・晩餐。

飠7 【餒】16画 8115 9912 音タイ慣ダイ漢 訓う-える・くさ-る

意味 ❶食べ物がなくて、空腹で苦しむ。うえる。うえ。例餒飢（＝うえる）。凍餒（＝こごえて、うえること）。❷魚などがくさる。例餒敗（＝くさる）。

【餒▼饉】ダイキン うえ死にすること。

飠7 【餔】16画 8116 9914 音ホ漢 訓く-う・く-らわす

意味 ❶申のとき（＝午後四時ごろ）の食事。夕食。❷夕方。例餔時。❸食べる。くう。例餔食。❹人に食べさせる。くらわす。

【餔時】ホジ 夕暮れどき。申のとき。午後四時ごろをいう。

【餔▼啜】ホセツ（名・する）ものを食べ、すすること。飲食すること。

飠7 【餝】16画 ⇩【飾】ショク（1075ページ）

飠7 【餘】16画 ⇩【余】ヨ（70ページ）

飠8 【館】16画 2059 9928 教育3 音カン漢 訓やかた・たて・たち

筆順 𠆢 今 食 飠 飣 飵 館 館

飠8 【館】17画 FA2C

舌10 【舘】16画 2060 8218 俗字

なりたち [形声]「食（＝たべもの）」と、音「官カ」とから成る。客のための宿舎。

意味 ❶使者や賓客などをとめる建物。やど。例迎賓館・大使館。❷公共の建物。例館長。図書館・博物館。❸大きな邸宅。やかた。例洋館。❹飲食を提供するみせ。例菜館（＝料理店）。

人名 いえ

【館長】カンチョウ 図書館・博物館・美術館など「館」という名をもつ機関の、いちばん上の人。

●会館・旧館・新館・別館・本館

飠8 【餡】17画 8118 9921 音カン漢アン唐

意味 まんじゅうやギョーザなどの中に入れる、肉や野菜などの中身。あん。あんこ。

日本語での用法《アン》①くず粉やかたくり粉で作り、料理にかけるとろみのある食べ物。「餡アかけ料理・葛餡」②アズキやインゲンマメなどをあまく煮につめ、練った食品。あんこ。「餡アころ餅・餡アパン・漉こし餡」

飠8 【餞】17画 8120 991E 音セン漢ゼン呉 訓はなむけ

意味 ❶酒や食べ物を用意して旅立つ人を送る。また、別れて行く人への贈りもの。うまのはなむけ。はなむけ。例餞筵（＝送別の宴席）。餞別。❷おくる。また、贈り物をおくる。例餞春（＝行く春をおしむ宴会）。

【餞別】センベツ 旅立つ人や引っこしなどで別れていく人に贈る、お金や品物。はなむけ。

飠8 【餤】17画 8121 9924 音タン漢

意味 ❶くう。くらう。同啖。❷くわせる。食事をすすめる。同啗。❸小麦粉を練って作った食べ物。うすいもちで、中に肉を巻いて切って食べる。❹進む。増す。

飠8 【餠】17画 ⇩【餅】ヘイ（1076ページ）

飠9 【餬】18画 8123 992C 音コ漢 訓かゆ・のり・もら-う

意味 ❶人にたよって生活する。わずかなかゆで満足する。のりす。同糊。例餬口（＝くちをのりす（＝どうにか食物にありつく））。❷濃いかゆ。また、のり。同糊。

食9 【饕】18画 8124 992E 音テツ漢呉 訓むさぼ-る

意味 むさぼり食う。むさぼる。例饕餮（＝むさぼる）。

飠10 【饂】19画 8127 9942 国字 音ウン・ウ

意味 「饂飩ウドン」は、小麦粉をこね、のばして細長く切った食品。

飠10 【餽】19画 8125 993D 音キ漢 訓おく-る・まつ-る

意味 ❶死者の霊を祭る。まつる。❷食料などを贈る。おくる。同饋。例餽運（＝食料を運送する）。

飠10 【餼】19画 2-9267 993C 音キ漢ケ呉 訓おく-る

意味 ❶食物を贈る。❷いけにえ。例餼羊。

【餼羊】キヨウ 神にささげる、いけにえの羊。

飠10 【餾】19画 8126 993E 音リュウ漢

意味 食品を蒸しなおす。

飠11 【饉】20画 8128 9949 音キン漢呉 訓う-える

意味 ❶農作物がとれない。例饑饉（＝一説に、穀物がとれないことを「饑」というのに対して、野菜がとれないことを「饉」という）。❷食物がない。うえる。例餓饉（＝うえる）。飢饉。

飠11 【饅】20画 8129 9945 音バン漢マン呉

意味 ❶「饅頭マントウ」は、中国の食品で、一種のむしパン。❷「饅頭マンジュウ」は、和菓子の一つ。

【饅頭】□一 マントウ〔「マントウ」は中国語音〕小麦粉などを練って丸い形にし、むした食べ物。中に餡アは入れず、主食となる。□二 マンジュウ 小麦粉などをこねた皮で、餡などを包んでむした菓子。例栗―。そば―。

食11 【饗】20画 ⇩【饗】(1078ペ)

飠12 【饐】21画 8130 9950 音 一イ漢 二エツ漢 訓す-える・むせ-ぶ

意味 一 食べ物がくさる。すえる。例 食饐(=飯がくさる)。饐えた飯。二 食物がのどにつまる。むせぶ。同 噎。

飠12 【饋】21画 8131 994B 音キ漢 訓おく-る

意味 ❶食料などを贈る。おくる。同 餽。例 饋遺。❷調理する。

【饋遺】(名・する) おくりものをすること。

【饋歳】年末におくりものをすること。歳暮。

飠12 【饑】21画 8132 9951 音キ漢 訓う-える

意味 ❶農作物(とくに穀物)がとれない。同 飢。例 饑饉。❷食物がない。うえる。同 飢。例 饑餓・饑渇。

【饑餓】食べ物がなくなり、空腹にたえきれなくなること。うえ。表記 現 飢餓

【饑渇】うえと、のどのかわき。表記「飢渇」とも書く。

【饑▼饉】①凶作で人々がうえ苦しむこと。②必要なものが極度に不足すること。例 水—。表記 ▽「飢▼饉」とも書く。→【饉】(1077ペ)

飠12 【饒】21画 8133 9952 音ジョウ漢 ニョウ呉 訓ゆた-か

意味 ❶たっぷりとあまるほど、たくさんある。多い。ゆたか。例 饒舌。豊饒。❷心を広くしてゆるす。例 寛饒(=寛大に許す)。

【饒舌】(名・形動ナ) 口かずが多いこと。よくしゃべること。おしゃべり。例 —な人。表記「冗舌」とも書く。

飠12 【饌】21画 8134 994C 音セン漢 ゼン呉 訓そな-える

意味 ごちそうをととのえて、さしあげる。ごちそう。そなえもの。例 佳饌(=よいごちそう)。盛饌(=たくさんのごちそう)。

日本語での用法《セン》神へのお供え。「神饌」

難読 撤饌(おさがり)

食13 【饗】22画 2234 9957 人名 音キョウ漢 訓もてな-す・あえ

食11 【饗】20画 俗字

意味 ❶酒や食べ物を用意してごちそうする。もてなす。例 饗宴。饗応。❷神に飲食物をそなえる。神がそなえ物を受ける。例 饗福(=幸福をうける)。饗告(=神にそなえ物をして告げる)。❸うける。

難読 饗庭(あいば)・饗(あえ)(=姓)・早苗饗(さなぶり)

【饗宴】人をもてなす盛大な宴会。例 —を開く。

【饗応】(名・する) ごちそうや酒で、人をもてなすこと。例 —を受ける。表記 現 供応

食13 【饕】22画 8135 9955 音トウ漢呉 訓むさぼ-る

意味 ❶ひじょうに欲深く、食物や財貨を求める。むさぼる。例 貪饕(=むさぼる)。❷猛烈なことのたとえ。

【饕▼餮】①伝説上の悪獣の名。古代の青銅器の模様によく用いられた。②ひどく貪欲なこと。また、貪欲な者。③尭・舜の時代の蛮族の名。

185 9画 首 くび部

かみの毛の生えたあたまの形をあらわす。「首」をもとにしてできている漢字を集めた。

0 首 2 馗 8 馘

首0 【首】9画 2883 9996 教育2 音シュウ漢 シュ呉 訓くび・こうべ・かしら

筆順 丶 丷 䒑 䒑 产 首 首 首 首

なりたち [象形] かみの毛の生えているあたまの形。

意味 ❶あたま。かしら。こうべ。くび。例 首級。首尾。頓首。❷いちばん上の地位にある人。かしら。おさ。例 首長。首領。元首。❸いちばん上の。例 首位。首席。❹いちばんはじめ(に)。例 首唱。巻首。部首。❺罪を申し出る。例 自首。❻詩歌を数えることば。例 唐詩三百首。

日本語での用法《くび》①頭と胴の間の、細くなった部分。「首かざり・首をしめる」②解雇。免職。「首にする・首がつながる」

人名 おびと・かみ・さき・はじめ

難読 首環(くびたま)

【首実検】(名・する) ①昔、討ち取った敵の首を、ほんものかどうか調べたこと。②実際に見て、本人かどうかをたしかめること。例 容疑者の—をする。

【首位】第一位。例 —の座を守る。—に立つ。

【首巻】一 なん巻にもわたる著作の第一巻。二【首巻き】首に巻く防寒具。えりまき。

【首級】討ち取った敵の首。〔古代中国で、敵の首を一つとれば位が一級上がる決まりがあったことによる〕例 —をあげる。

【首肯】(名・する) うなずくこと。同意すること。例 その件は—しがたい。

【首相】〔いちばん上位の大臣の意〕内閣総理大臣。総理。

【首唱】(名・する) 考えや意見などを、まっさきに主張すること。例 —者。新政策を—する。

【首席】成績や地位などが第一位であること。また、その人。対 次席。例 —全権大使。—で卒業する。

【首足】①首と足。②首から足まで。からだ全体。

【首足▽処を異にす】首と足とが別々になる。死刑になる。〈史記〉

【首▼鼠両端】どちらかに態度を決めかねていること。〔ネズミが巣の穴から首を出して、あたりのようすをうかがうことから〕〈史記〉例 —の態度。—を持す。

【首題】文書の最初にある題目。例 —の件。

【首長】①組織を統率する人。かしら。リーダー。首領。②地方自治体の長。例 —選挙。全国—会議。

【首途】旅立つこと。かどいで。門出。

【首都】国の中央政府の所在地。首府。

【首脳】組織などをまとめる最高責任者。例 —部。

【首班】①第一位の席次や地位。首席。②内閣総理大

臣。例—に指名する。

【首尾】ビシュ ①〔頭としっぽの意〕初めから終わりまで。例—の整わない文章。②ものごとのなりゆき。例—は上上ジョウジョウ。

【首尾一貫】シュビイッカン（名・する）初めから終わりまで一つの態度や方針でおこなうこと。例矛盾ムジュンが多くて論旨ロンシが—していない。

【首府】シュフ 「首都シュト」に同じ。

【首部】シュブ あたまの部分。はじめの部分。

【首謀】シュボウ 中心になって、事変を計画したり、実行したりすること。また、その人。例事件の—者。表記「主謀」とも書く。

【首領】シュリョウ 集団を統率トウソツする長。親分。ボス。ドン。

●襟首えりくび・元首ゲンシュ・絞首コウシュ・船首センシュ・党首トウシュ・部首ブシュ

首2

【馗】

11画 8136 9997 音キ漢

意味 ❶みち。九方に通じるみち。❷「鍾馗ショウキ」は、疫病ヤクビョウをはらうという鬼神キシンの名。大きな眼めと濃こいあごひげに黒装束くろショウゾクで剣つるぎを持ち、日本では五月人形としてかざられる。

首8

【馘】

17画 8137 9998 音カク漢 訓くびき-る

意味 ❶耳を切りとる。また、切りとった耳。例馘耳カクジ（=耳を切る）。❷首を切る。くびきる。例馘首カクシュ。

【馘首】カクシュ（名・する）①首を切ること。②俗ゾクに、従業員をやめさせること。くびきり。解雇カイコ。

186 9画 香 かおり部

よいかおりの意をあらわす。「香」をもとにしてできている漢字を集めた。

0 香 9 馥 11 馨

香0

【香】

9画 2565 9999 教育4 音キョウ漢 コウ呉 訓か・かお-り・かお-る・こう-ばしい

筆順 一 二 千 禾 禾 禾 香 香

なりたち 〔会意〕「黍(=きび)」と「甘(=うまい)」とから成る。キビがうまそうにかおる。

意味 ❶よいにおい(がする)。かおり。かおる。か。こうばしい。例香気コウキ。芳香ホウコウ。❷よいかおりがする(ように作った)もの。こう。例香炉コウロ。焼香ショウコウ。線香センコウ。

日本語での用法 《キョウ》将棋ショウギの駒こまの一つ。「香車キョウシャ」

使い分け かおり・かおる【香・薫】⇨1166ページ

難読 香魚あゆ・香港ホンコン

人名 かぐ・たか・よし

【香雲】コウウン ①むらがってさく花が、雲のように見えること。花がすみ。②たいた香のけむりが、雲のようになびくこと。

【香気】コウキ よいにおい。かおり。例—の強い花。

【香魚】コウギョ アユの別名。

【香具師】一コウグシ 香料や香道に用いる道具を作る人。また、売る人。二やし 祭りや縁日エンニチなどで、見せ物をしたり露店ロテンで品物を売ったりする人。てきや。表記 二は「野師」とも書く。

【香華】コウゲ 仏前に供える香と花。例—を手向たむける。表記「香▽花」とも書く。

【香香】コウコウ（「コウコ」とも）キュウリ・ナス・ハクサイなどを塩やぬかみそにつけこんだ食品。こうのもの。つけもの。おこうこ。

【香合】コウゴウ 香を入れる箱。表記「香▼盒」とも書く。

【香車】一コウシャ 香木で作った、ぜいたくな車。美しい車。二キョウシャ 将棋ショウギの駒こまの一つ。まっすぐ前に進める。香キョウ。香子キョウス。やり。

【香辛料】コウシンリョウ 胡椒コショウ・生姜ショウガ・山椒サンショウ・芥子からしなど、料理にかおりやからみをつける調味料。スパイス。

【香水】一コウスイ 香料をアルコールにとかした、けしょう品。からだや衣服につける。二コウズイ〔仏〕仏前に供える水。いろいろな香を入れて作る。閼伽アカ。

【香典】コウデン 香の代わりとして、死者の霊前レイゼンに供えるお金や品物。香料。例—返し。表記「香▼奠」とも書く。

【香道】コウドウ 香をたいてその香の名をあてたり、かおりを味わったりする芸道。香合わせ。

【香箱】コウばこ 香を入れておく容器。香合コウゴウ。例—を作る(=ネコが背をまるめて、うずくまる)。

【香木】コウボク よいかおりのする木。沈香ジンコウや白檀ビャクダンなど。

【香味】コウミ かおりと味わい。例—料。

【香油】コウユ よいかおりのする油。からだやかみの毛につける。

【香料】コウリョウ ①たき物の材料。香具。②香典コウデン。③食品やけしょう品などに、かおりをつけるための物質。

【香炉】コウロ 香をたくための、うつわ。例青磁セイジの—。

【香炉峰】コウロホウ 江西コウセイ省廬山ロザンの北方の、景勝として名高い山。形が香炉に似ている。

●色香いろか・焼香ショウコウ・線香センコウ・芳香ホウコウ・抹香マッコウ

香9

【馥】

18画 8138 99A5 音フク漢呉 訓かお-る・かお-り

意味 ふくよかなよいにおい。かおり。かおる。例馥郁フクイク。馥気フッキ(=よいかおり)。芳馥ホウフク。

【馥▼郁】フクイク（形動タル）よいかおりのするようす。例—とした梅のかおり。

香11

【馨】

20画 1930 99A8 人名 音ケイ漢 キョウ呉 訓かお-り・かお-る・か

なりたち 〔形声〕「香(=かおる)」と、音「殸ケイ」とから成る。遠くまでかおる。

意味 ❶よいにおいが遠くまでとどく。かおる。かおり。か。例馨香ケイコウ(=よいかおり)。❷よい感化や名声が遠くまでおよぶ。例馨徳ケイトク(=すぐれた徳。りっぱな人格)。

人名 きよ・よし

187 10画 馬 うま うまへん部

たてがみと尾おと四本足のある馬の形をあらわす。「馬」をもとにしてできている漢字を集めた。

0 馬 2 馭 馮 3 馴 馳 馱 4 駅 駆 駄 駁 駇 5 駕 駒 駟 駛 駝 駘 駐 駑 駈 6 駭 駲 駮 駱 駢 7 駻 駸 駿 騁 8 騎 騏 験 騅 騒 騈 9 騙 騨 10 騫 騭 騰 驀 騷 騰 11 驂 驃 騾 驅 12 驚 驕 驍 驒 驎 13 驛 驗 14 驟 16 驥 驢 17 驩 驤 19 驪 20 驫

この部首に所属しない漢字

罵⇩罒798　隲⇩阝1041

馬 0

【馬】

10画 3947 99AC 教育2

音 バ漢 メ呉 マ唐
訓 うま・ま
付表 伝馬船

筆順 丨 厂 Ｆ Ｆ Ｆ 馬 馬 馬 馬 馬

なりたち [象形] たてがみ、尾、四本の足のあるウマの形。

意味 ❶ウマ科の哺乳動物。ウマ。例 軍馬。乗馬。牝馬。❷(いたずらに)大きい。多い。例 馬食。馬齢。馬路(=大通り)。❸勝負ごとで数取りに使う道具。例 籌馬(=数をかぞえる道具)。❹姓の一つ。例 馬謖(=三国時代の蜀の武将)。

日本語での用法 《うま》①競馬のこと。「馬で一山当てる」②将棋の桂馬や竜馬の略。

難読 馬勃(おにふすべ)

人名 かず・たけし

【馬方】(うまかた) ウマに人や荷物を乗せて運ぶのを職業とした人。馬子。

【馬鹿】(バカ) (名・形動ナ) ①おろかなこと。また、その人。②不合理なこと。無益なこと。例 —をみる。③はたらきが悪くなること。例 ねじが—になる。④度をこしていること。例 —でかい。—正直。表記 ▽「▼莫▼迦」とも書く。古くは「馬嫁」「破家」とも書いた。

【馬脚】(バキャク) ウマのあし。例 —をあらわす(=包みかくしていた本性や真相があらわれる。化けの皮がはがれる)。

【馬具】(バグ) ウマを使うとき、ウマにつける用具。鞍・鐙・轡・手綱など。

【馬▼喰】(バクロウ) ウシやウマの売買や仲介をする人。例 —家業。表記「▽博労・▽伯▽楽」とも書く。

【馬耳東風】(バジトウフウ) 人の意見や忠告をまったく気にしないこと。馬の耳に念仏。

【馬車】(バシャ) ウマに引かせて、人や荷物を運ぶ車。例 荷—。

【馬術】(バジュツ) ウマをうまく乗りこなす技術。例 —競技。

【馬上】(バジョウ) ①ウマの背の上。例 —の人となる(=ウマに乗る)。②ウマに乗っていること。乗馬。例 —豊かな勇姿。

【馬食】(バショク) (名・する) ウマのようにたくさん食べること。例 牛飲—。

【馬▼謖】 ⇩【泣いて馬謖を斬る】(583ページ)

【馬身】(バシン) 〔ウマ一頭分の長さの意〕競馬で、ウマとウマの距離をあらわすことば。例 一—の差で勝つ。

【馬酔木】(バスイボク・あしび・あせび) ツツジ科の常緑低木。春、スズランに似た白い花をふさ状につける。葉は有毒。〔ウマが食べると酔ったような状態になるというので「馬酔木」と書く〕

【馬前】(バゼン) ウマの前。ウマに乗っている人の前。例 殿の—。

【馬賊】(バゾク) 清朝末期、中国東北部を騎馬であらし回った盗賊集団。例 満州—。

【馬丁】(バテイ) ①ウマをあつかったり、乗馬の世話をすることを仕事とする人。〔厩務員のもとの言い方〕②ウマの口を取って引く人。

【馬▼蹄】(バテイ) ウマのひづめ。例 —のひびき。

【馬▼蹄形】(バテイケイ) ウマのひづめの形。U字形。例 —磁石。

【馬頭観音】(バトウカンノン) 「馬頭観世音菩薩」の略。頭上にウマの頭をいただいた観音。ウマの守護神ともなった。

【馬肉】(バニク) ウマの肉。さくら肉。

【馬場】(ばば) 乗馬の練習や、競馬をするところ。例 —先。

【馬匹】(バヒツ) ウマ。例 —の改良。

【馬腹】(バフク) ウマの腹の部分。

【馬▼糞】(バフン・まぐそ) ウマのくそ。

【馬勃】(バボツ) ウマのくそ。価値のないもの。例 牛溲—(=価値のないもののたとえ)。

【馬力】(バリキ) ①〔英語 horsepower の訳語〕〔物〕仕事率の単位。国によって定義が異なる。②精力的な力。活力。体力。例 —をかける。③荷馬車。

【馬料】(バリョウ) ウマの飼料。ウマのえさ。表記「馬糧」とも書く。

【馬齢】(バレイ) ①ウマの年齢。例 —四歳。②自分の年齢をへりくだっていうことば。犬馬の齢。例 —を重ねる。

【馬鈴▼薯】(バレイショ) ジャガイモの別名。

【馬▼櫪】(バレキ) ウマの飼い葉おけ。また、うまや。

【馬▼楝】(バレン) 版画を刷るとき、版木に当てた紙の上をこする道具。表記「馬連」とも書く。

【馬▼簾】(バレン) 纏の下部に垂れ下げる、細長いかざり。

【馬子】(まご) 「馬方」に同じ。

【▽馬手】(めて) ウマの手綱を持つ手。みぎて。また、右の方角。対 弓手。表記「▽右手」とも書く。

● 絵馬・河馬・騎馬・出馬・竹馬・跳馬・天馬・早馬・木馬・落馬

馬 2

【馭】

12画 8139 99AD

音 ギョ漢

意味 ❶ウマをうまくあやつる。のりこなす。同 御。例 馭者。駕馭。騎馭。❷人をうまくあやつる。おさめる。同 御。例 馭民(=民をおさめる)。制馭(=相手を思いどおりにあやつる。また、操作する)。統馭(=統御)。

表記 現代表記では、「御」に書きかえることがある。熟語は「御」(377ページ)を参照。

【馭者】(ギョシャ) ウマをあやつって馬車を動かす人。表記 現 御者

馬 2

【馮】

12画 8140 99AE

音 一 ヒョウ漢 二 フウ漢
訓 よ-る・たの-む

意味 一 ❶ウマが速く走る。❷よりかかる。よる。同 凭。例 馮几(=脇息)。❸たよりにする。たのむ。同 憑。例 馮依(=たよりにする)。❹舟を使わずに、歩いて川をわたる。かちわたりする。例 馮河。二 姓の一つ。例 馮諼(=戦国時代の斉の人)。馮道(=唐代の末から五代の政治家)。

【馮河】(ヒョウガ) 〔「ヒョウカ」とも〕黄河を歩いてわたること。向こう見ずで命知らずの行動のたとえ。例 暴虎—。

馬 3

【馴】

13画 3875 99B4 人名

音 シュン漢 ジュン呉
訓 な-れる・な-らす

意味 ❶(ウマが)すなおにしたがう。(動物が人に)なれる。ならす。例 馴致。馴養(=動物を飼いならす)。❷すなお。よい。例 馴良(=すなお)。

難読 水馴棹(みなれざお)

人名 すなお・よし

【馴致】(ジュンチ) (名・する) ある状態になるように、少しずつ慣れさせること。例 民心を—する。

【馴▽鹿】(ジュンロク・トナカイ) 寒帯にすむシカ科の哺乳動物。

馬 3

【馳】

13画 3558 99B3 人名

音 チ漢呉
訓 は-せる

意味 ❶馬車をはやく走らせる。はせる。例 馳駆。馳走。奔馳(=ウマに乗って勢いよくかける)。❷つたえる。ひろめる。例 馳名。

【人名】とし・はやし

【馳駆】(名・する) ①ウマを走らせること。例戦場を―する。②走り回って力をつくすこと。奔走。例―の労。

【馳走】(名・する) ①ウマを走らせること。②食事などのもてなしをすること。また、おいしい料理や酒。ごちそう。〔用意のためにかけまわることから〕類奔走。例ご―にあずかる。

【馳名】名声が遠くまで広まること。

馬3 【䭾】13画 ⇩【駄】(1081ページ)

馬4 【駅】14画 1756 99C5 教育3 音エキ漢 ヤク呉 訓うまや

筆順 丨 厂 𠂆 馬 馬 馬 駅 駅

馬13 【驛】23画 8167 9A5B

なりたち 驛 [形声]「馬(=うま)」と、音「睪エキ」とから成る。乗りつぐための馬を置いてあるところ。

意味 ❶公用の文書を伝達する人が、とちゅうで休んだり、ウマや車などをとりかえたりしたところ。うまや。例駅站(=宿場)。宿駅。❷乗りつぐためのウマや車。つぎうま。はやうま。例駅伝。駅馬(=宿駅で用意するウマ)。

日本語での用法 《エキ》電車や列車が発着するところ。「駅弁・東京駅」

【駅員】駅の仕事をする係の人。

【駅舎】駅の建物。例―を改築する。

【駅長】①古代の、宿駅の長。②駅の仕事を運営し、指揮する最高責任者。例東京駅―。

【駅亭】①宿場。宿駅。②宿場の建物。宿駅の旅館。

【駅逓】宿場から宿場へ荷物などを送ること。

【駅程】宿駅と宿駅の間の道のり。

【駅伝】①古代、各宿駅にウマを用意して宿駅間をつなぎ、役人や文書などを運んだ制度。例―の御者。②「駅伝競走」の略。道路でおこなわれる長距離のリレー競走。例箱根―。

【駅頭】駅。駅の近く。例新宿駅の―で演説する。

【駅馬車】昔の欧米で、都市間の交通に使われた乗合馬車。アメリカの西部開拓時代のものなど。

【駅弁】「駅売り弁当」の略。駅や列車内で売る弁当。

表記 旧駅▼辨

【駅前】駅を出たすぐのあたり。例―広場。

【駅鈴】律令制で、朝廷が宿駅のウマの使用を許可したしるしとしてあたえた、すず。これを鳴らして、人やウマを徴発した。

【駅路】宿駅のある道路。街道。例―の鈴の音。

●宿駅・着駅・発駅

馬4 【駆】14画 2278 99C6 常用 音ク漢呉 訓か-ける・か-る

筆順 丨 厂 𠂆 馬 馬 馬 駆 駆

馬11 【驅】21画 8160 9A45 人名

馬5 【駈】15画 2279 99C8 俗字

なりたち 驅 [形声]「馬(=うま)」と、音「區ク」とから成る。ウマを走らせる。

意味 ❶ウマにむち打ち、はやく走らせる。かる。はやく走る。例駆馬(=ウマを走らせる)。疾駆。馳駆。❷追う。追いはらう。例駆除。駆逐。

【駆使】(名・する) ①追い立てて使うこと。例馬車馬を―する。②自在に使いこなすこと。例伝統のわざを―して仕上げる。

【駆除】(名・する)(虫やネズミなどの小動物を)追いはらったり殺したりして、とりのぞくこと。例害虫を―する。

【駆逐】(名・する) 追いはらうこと。例鬼神を―する。

【駆逐艦】魚雷やミサイルなどを装備して高速で進み、敵艦を攻撃する小型の軍艦。

【駆虫】(名・する) 寄生虫や害虫を、薬などを使ってとりのぞくこと。例―剤。

【駆動】(名・する) 機械や装置の回転部分に動力を伝えて、うごかすこと。例前輪―。四輪―。

●疾駆・先駆・前駆

馬4 【駄】14画 3444 99C4 常用 音タ漢 ダ呉

筆順 丨 厂 𠂆 馬 馬 馬 駄 駄

馬3 【䭾】13画 99B1 本字

なりたち 䭾 [形声]「馬(=うま)」と、音「大イ→タ」とから成る。ウマに物を負わせる。

意味 ❶ウマに荷を負わせる。のせる。例駄載。❷荷物を運送するウマ。例駄馬。❸ウマ一頭に負わせる荷物の量。また、それを数えることば。例一駄。千駄。

日本語での用法 □一《ダ》つまらない。くだらない。「駄菓子・駄作・駄洒落」□二《タ》はきもの。「下駄・雪駄」

【駄菓子】雑穀や黒砂糖などで作った、安くて大衆的な菓子。例―屋。

【駄句】へたで、つまらない俳句。

【駄犬】雑種の、たいしたことのないイヌ。雑犬。

【駄作】取るに足らない、つまらない作品。愚作。凡作。対秀作・傑作。

【駄▼洒▽落】つまらないしゃれ。例―を飛ばす。

【駄駄】子供などが、すねたりあまえたりして、わがままを言うこと。また、人の言うことを聞かないこと。例―をこねる。

【駄賃】〔荷を運ぶ駄馬の運賃の意〕使い走りや子供の手伝いなどに対してあたえる、ささやかなお金や物。

【駄馬】①荷物を運ぶウマ。②〔荷物を運ぶだけで、競走に使えないウマの意〕役に立たないウマ。例―にもおとる。

【駄文】①へたで、つまらない文章。②自分の書いた文章をへりくだっていうことば。例書き飛ばした―。

【駄弁】くだらないおしゃべり。むだぐち。例愚にもつかぬ―を弄する。

●下駄・雪駄・無駄 表記 旧駄▼辯

馬4 【駁】14画 3993 99C1 音バク慣 ハク漢 訓まだら・ま-じる

意味 ❶ウマの毛の色が入り交じっているようす。ぶち。まだら。例駁馬(=ぶちのウマ)。❷純正でない。入り交じっている。まじる。例駁錯(=入り交じって純正でない)。雑駁。❸相手の説に反論する。例駁論。反駁。弁駁。

【駁撃】(名・する) 他人の言論を攻撃すること。

【駁説】(名・する) 他人の意見を非難し、攻撃すること。

また、その説。駁論。

【駁論】（バクロン）（名・する）「駁説」に同じ。

馬 4 【馼】 14画 8141 99BC 音ブン漢

意味 ❶赤いたてがみでからだは白く目は黄金のようなウマ。❷毛に美しいもようのあるウマ。

馬 5 【駕】 15画 1879 99D5 人名 音ガ慣 カ漢呉 訓の-る・しの-ぐ

意味 ❶車に牛馬をつけてあやつる。馬車などに乗る。例駕御（＝ウマを自由にのりこなす）。❷乗り物。とくに天子の乗り物。例駕幸（＝天子の外出。行幸）。車駕。駕を枉げる（＝貴人の来訪をうやまっていうことば）。❸…にまさる。こえる。しのぐ。例凌駕。

人名 のり

【駕▽籠】（かご）江戸時代に普及した乗り物。人の乗る部分の上に棒をわたして、前後をかついで運ぶ。例—かき。

馬 5 【駒】 15画 2280 99D2 常用 音ク漢 訓こま

筆順 丨 ㇕ ㇇ 馬 馬 駒 駒 駒

なりたち ［形声］「馬（＝うま）」と、音「句ク」とから成る。二歳のウマ。

意味 元気さかんな若いウマ。二歳馬。また、元気な若者や子供にたとえる。例白駒（＝白毛のウマ）。駒の、いななき。

日本語での用法 《こま》小さなもの。盤上で動かしたり、楽器の弦を支えたりするもの。「将棋の駒・バイオリンの駒」

【▽駒隙】（クゲキ）月日が早く過ぎることのたとえ。隙駒。〔「白駒の隙を過ぐるがごとし」による〕〈荘子〉

【駒下▽駄】（こまゲタ）台と歯がつながった形で、材木をくりぬいて作ったはきもの。

馬 5 【駟】 15画 8142 99DF 音シ漢呉

意味 四頭立ての馬車。はやいもののたとえ。例駟不レ及レ舌（シもしたにおよばず）。

【駟馬】（シバ）四頭立ての馬車。また、その四頭のウマ。

【駟も舌に及ばず】一度口に出したことばは、たちまちに伝わって、四頭立ての馬車で追っても追いつくことができない。ことばはつつしむべきであることのたとえ。〈論語〉

馬 5 【駛】 15画 8143 99DB 音シ漢 訓は-せる・はや-い

意味 ❶（ウマが）はやく走る。はせる。例駛走（＝はやく走る）。❷（はげしく）はやい。例駛雨（＝にわか雨）。

馬 5 【駝】 15画 8144 99DD 音タ漢 ダ呉

意味 ❶大形の哺乳動物。ラクダ。例駝馬（＝ラクダ）。橐駝。駱駝。❷南国産の大形の鳥。例駝鳥。

【駝鳥】（ダチョウ）ダチョウ科の鳥。アフリカのサバンナなどに生息する。鳥類の中では最も大きい。速く走れるが、飛べない。

馬 5 【駘】 15画 8145 99D8 音タイ漢

意味 ❶ウマのくつわをはずす。例駘銜（＝くつわをはずす）。❷のろのろした、にぶいウマ。例駑駘（＝のろいウマ）。❸のびのびとしたようす。例駘蕩。

【駘▼蕩】（タイトウ）（形動タル）①大きくのびのびとしているようす。②春ののどかなようす。例春風—。

馬 5 【駐】 15画 3583 99D0 常用 音チュウ漢呉 訓とど-まる・とど-める

筆順 丨 ㇕ ㇇ 馬 馬 馬 馬 駐 駐

なりたち ［形声］「馬（＝うま）」と、音「主シュ→チュ」とから成る。ウマをとどめる。

意味 ❶車馬がとまる。とめておく。とどまる。とどめる。例駐駕（＝乗り物をとめる）。駐車。駐屯。駐留。進駐。❷（軍隊などが）一定の地にとどまる。

人名 とどむ

【駐在】（チュウザイ）㊀（名・する）任務のために派遣された土地に、とどまっていること。例米国ワシントン—の日本大使。㊁（名）「駐在所」「駐在巡査」の略。例拾った財布を—に届ける。

【駐在所】（チュウザイショ）巡査がとまりこみで、受け持ち区域内の警察事務を処理するところ。

【駐車】（チュウシャ）（名・する）自動車を一定時間以上とめておくこと。例—違反。

【駐屯】（チュウトン）（名・する）軍隊がある地域にとどまっていること。例—地。満州に—した陸軍。

【駐日】（チュウニチ）外国から派遣されて、仕事のため日本に滞在すること。例—イギリス大使。

【駐留】（チュウリュウ）（名・する）軍隊がある期間、一定の地域にとどまること。例—軍。

●常駐・進駐

馬 5 【駑】 15画 8146 99D1 音ド漢

意味 ❶のろくてにぶいウマ。例駑馬。❷能力がおとっている。おろか。例駑材（＝おとっている才能）。駑鈍。

難読 駑馬（おそうま）

【駑鈍】（ドドン）（名・形動ナ）才能がとぼしく、動作がにぶいこと。愚鈍。

【駑馬】（ドバ）①速く走れない、のろまなウマ。対駿馬。②才能のおとっている者のたとえ。例—にむち打つ（＝能力のない者に能力以上のことをさせる。自分の努力をへりくだっていう）。

【駑馬十▼駕】（ドバジュウガ）駑馬が十日間馬車を引くこと。才能のない者も努力を重ねれば、才能のある者に追いつける、ということのたとえ。〈荀子〉

馬 5 【駈】 15画 ⇨【駆】ク（1081ページ）

馬 6 【駭】 16画 8147 99ED 音カイ漢 ガイ呉 訓おどろ-く

意味 びっくりする。おどろく。おどろかす。例駭世（＝世の中をびっくりさせる）。駭目（＝見ておどろく）。震駭。

馬 6 【駲】 16画 8150 99F2 国字 音シュウ

意味 字義未詳。〔一説に、「州」の俗字。また、「馴」の俗字という〕

馬6 **【駮】** 16画 8148 99EE 音 ハク 漢 訓 ぶちうま・まだら

意味 ❶伝説上の猛獣の名。ウマに似て、トラやヒョウを食らう。❷ウマの毛の色が入り交じっているようす。まだら。同駁。❸純正でない。入り交じっている。まじる。同駁。例 駮雑（=入り交じっている）。❹相手の説に反論する。同駁。例 駮議。

【駮議】①漢代、皇帝に対しておこなう上書の一つ。群臣の討議による決定に対して、異議をとなえる者がある場合におこなった。②異議をとなえること。

馬6 **【駱】** 16画 8149 99F1 音 ラク 漢 呉

意味 ❶黒いたてがみのある白馬。例 駱馬（=黒いたてがみの白馬）。❷「駱駝」は、背中にこぶのある動物。

【駱駅】（形動タル）人馬の往来が絶えないようす。例 行人駱駅たる街道。表記「絡繹」とも書く。

【駱▼駝】①北アフリカや西アジアにすむ、ラクダ科の哺乳動物。背中に一つまたは二つのこぶがある。例 ―に乗ったキャラバン。②ラクダの毛で織った布。例 ―のシャツ。

馬6 **【骿】** 16画 ⇩【駢】ベン（1084ページ）

馬7 **【駻】** 17画 8151 99FB 音 カン 漢 訓 はねうま

意味 気性のあらいウマ。はねうま。例 駻馬。

【駻馬】気性があらくて御しにくいウマ。あらうま。例 ―をたくみに御する。表記「▼悍馬」とも書く。

馬7 **【駸】** 17画 8152 99F8 音 シン 漢 訓 か-ける

意味 ウマが速く走るようす。例 駸駸。

馬7 **【駿】** 17画 2957 99FF 人名 音 スン 慣 シュン 漢 呉

なりたち [形声]「馬（=うま）」と、音「夋」とから成る。すぐれたウマ。

意味 ❶足の速い、すぐれたウマ。例 駿足。駿馬。❷すぐれている。また、才能のある人。同俊。例 駿逸。駿才。

日本語での用法 《スン》旧国名「駿河（=今の静岡県東部・中部）」の略。「駿州・駿豆（=駿河と伊豆）・駿府」

人名 すぐる・たかし・とし・はや・はやお・はやし

【駿逸】①（ウマの）足がきわめて速いこと。②才能がすぐれていること。また、その持ち主。俊逸。

【駿才】すぐれた才能。また、その持ち主。例 幼少のころは―をもって鳴らした。表記 現 俊才

【駿足】①すぐれたウマ。②走るのが速いこと。俊足。例 ―をほこる。③すぐれた才能。また、その持ち主。

【駿▽馬】［「シュンバ」とも］すぐれたウマ。対 駑馬。

【駿河】旧国名の一つ。今の静岡県東部・中部にあたる。駿州。

●優駿

馬7 **【騁】** 17画 8153 9A01 音 テイ 漢 チョウ 呉 訓 は-せる

意味 ❶（ウマを）走らせる。はせる。例 馳騁（=ウマを走らせる）。❷（力・才能などを）思う存分に発揮する。ほしいままにする。例 騁懐。

参考 しばしば「ヘイ」と誤読される。「馳騁（=ウマを走らせる。また、奔走する）」は、正しくは「チテイ」。

【騁懐】胸のうちを思うままに述べること。

【騁望】（名・する）①はるか遠くをながめること。見わたすこと。②ウマで出かけて見物してまわること。

馬8 **【騎】** 18画 2119 9A0E 常用 音 キ 漢 ギ 呉 訓 の-る

筆順 丨 Γ 馬 馬 馬 騎 騎 騎

なりたち [形声]「馬（=うま）」と、音「奇」とから成る。ウマにまたがる。

意味 ❶ウマに乗る。のる。またがる。例 騎射（=ウマに乗りながら弓を射る）。騎乗。❷くらを置き、たづなをつけたウマ。また、それに乗った兵士。例 騎士。騎兵。

人名 のり

【騎虎の勢い】トラに乗って走り出したら降りられないように、いったん始めたことがとちゅうでやめられなくなること。

【騎士】①ウマに乗った兵士。②中世ヨーロッパの武人。ナイト。例 円卓の―の物語。

【騎士道】中世ヨーロッパの騎士階級（=ナイト）が守るべき道徳。敬神・忠誠・武勇・名誉・婦人への奉仕などを重んじた。例 ―精神。

【騎手】競馬や競技のときのウマの乗り手。ジョッキー。

【騎乗】（名・する）ウマに乗ること。例 ―で遠出する。

【騎馬】①ウマに乗ること。例 ―武者。②人が乗るウマ。例 ―の列が通る。

【騎馬戦】①騎兵どうしのたたかい。②ひと組み二、三人でウマの形を作って、一人が騎手となってその上に乗り、相手方の騎手を落としたり、帽子またははち巻きを取ったりしたほうを勝ちとする遊戯。例 運動会の―。

【騎兵】ウマに乗って戦う兵士。例 ―隊。

●軽騎・単騎・鉄騎

馬8 **【騏】** 18画 8154 9A0F 音 キ 漢

意味 ❶青黒い色のウマ。❷足の速い、すぐれたウマ。例 騏驥。騏驎。

【騏▼驥】足の速いすぐれたウマ。

【騏▼驎】一日に千里を走るという、すぐれたウマ。例 ―も老いては駑馬におとる（=どんなにすぐれた人でも年をとればおとろえて、凡人にもおよばなくなる）。〈戦国策〉

馬8 **【験】** 18画 2419 9A13 教育4 音 ケン 慣 ゲン 漢 呉 訓 しるし・あかし・ため-す・ため-し

筆順 丨 Γ 馬 馬 馬 駘 騎 験

馬13 **【驗】** 23画 8168 9A57 人名

なりたち [形声]「馬（=うま）」と、音「僉（セン→ゲン）」とから成る。ウマの名。借りて「ためす」の意。

意味 ❶ためす。しらべる。例 験算。試験。体験。❷証拠となるもの。しるし。また、効果。ききめ。例 修験。霊験。

日本語での用法 《ゲン》えんぎ。前兆。「験をかつぐ・験が悪い」

【人名】とし

【験▽者】ゲンザ 〔「ゲンジャ」とも〕修験道の行者。いのりによって霊験(=神仏の利益)をあらわす僧。

【験算】ケンザン (名・する) 計算の数値が、正しいかどうか確かめるためにする計算。ためし算。表記「検算」とも書く。

◯●経験・試験・実験・受験・体験・治験・霊験

馬8 【騅】18画 8155 9A05 音スイ漢 訓あしげ

意味 青白色の毛のまじるウマ。葦毛。楚の項羽の愛馬の名。例時不レ利兮騅不レ逝(=時の運は悪く、騅も進まない)。〈史記〉

馬8 【騒】18画 3391 9A12 常用 音ソウ漢 訓さわ-ぐ・さわ-がしい

筆順 丨 冂 馬 馬 馭 騒 騒 騒

馬10 【騷】20画 8159 9A37 人名

なりたち 「形声」「馬(=うま)」と、音「蚤ソウ」とから成る。馬を掻く。派生して「さわぐ」の意。

意味 ❶秩序なくあばれる。さわぐ。さわがしい。例騒音・騒然・喧騒。❷漢文の文体の一つ。戦国時代、楚の屈原の「離騒」にはじまる韻文風の文章。転じて、詩歌や文芸の趣味をいう。例騒客(=詩人。文人)。

難読 潮騒しおさい

【騒音】ソウオン 耳ざわりなおと。雑音。例―になやまされる。

【騒▼擾】ソウジョウ (名・する) 多数の者が集団でさわぎを起こし、社会の秩序を乱すこと。例―罪。

【騒然】ソウゼン (形動タル) ざわざわとさわがしいようす。また、不穏なようす。例物情―たる世の中。

【騒動】ソウドウ ①統制がとれず、多くの人がさわぐようなもめごと。例米こめ―。②うちわでのもめごと。あらそい。例お家―。

【騒乱】ソウラン 事件が起こって社会の秩序がみだれること。また、そのさわぎ。例―をしずめる。

◯●風騒・物騒

馬8 【駢】18画 ― 9A08 音ヘン漢 ベン呉 訓なら-ぶ・なら-べる

馬6 【駢】16画 8156 99E2 俗字

意味 二つのものを対にする。ならべる。ならぶ。例駢偶ベングウ(=詩句を対にすること)。駢儷ベンレイ。

【駢死】ヘンシ (名・する) 首を並べて死ぬこと。例槽櫪ソウレキの間に―す(=馬小屋の中で、ほかの平凡な馬と首をならべて死ぬ)。〈韓愈・雑説〉

【駢▼儷体】ベンレイタイ (「駢儷」は、二つ並べて対にする意) 漢文の文体の一つ。四字と六字とから成る対句を多用し、故事をふまえ、音調を整えた装飾的な文体。六朝リクチョウ時代に流行した。四六駢儷体。駢儷文。駢文。

馬9 【騙】19画 8157 9A19 音ヘン漢 訓かた-る・だま-す

意味 だます。かたる。例騙取ヘンシュ(=だまし取る)。欺騙。

馬9 【騨】19画 ⇩【驒】タ(1085ページ)

馬10 【騫】20画 8158 9A2B 音ケン漢呉

意味 ❶高く上がる。とぶ。例騫騰ケントウ(=とびあがる)。❷かかげる。あげる。❸欠ける。

馬10 【騭】20画 1-9415 9A2D 音シツ漢

阝14 【隲】17画 8013 96B2 別体字

意味 ❶おすのウマ。❷安定させる。さだめる。例陰騭インシツ(=天が人に知られることなく世の中を安定させる。また、陰徳)。

馬10 【騰】20画 3813 9A30 常用 音トウ漢呉 訓あ-がる・のぼ-る

馬10 【騰】20画

筆順 丿 月 月' 月关 月关 胖 騰 騰

なりたち 「形声」「馬(=うま)」と、音「朕チン→トウ」とから成る。(ウマを走らせて)つたえる。派生して「はねあがる」の意。

意味 ❶ウマが高くはねあがる。例騰馬トウバ(=あばれウマ)。❷物価などが高くなる。のぼる。あがる。例騰貴トウキ。高騰コウトウ。沸騰フットウ。

難読 行騰むかばき

人名 たか・たかし

【騰貴】トウキ (名・する) ものの値段や値打ちがはね上がること。対下落ゲラク。例地価が―する。

【騰勢】トウセイ 物価が上がるいきおい。

【騰落】トウラク ものの値段の上がり下がり。

◯●急騰・高騰・沸騰・暴騰・奔騰

馬10 【驀】20画 8162 9A40 音バク漢

意味 たちまち。にわかに。また、まっしぐら。例驀進バクシン。驀然バクゼン(=にわかに。不意に)。驀地バクチ。

【驀進】バクシン (名・する) まっしぐらに進むこと。例―する列車。

【驀地】バクチ (形動ダ) 目標に向かって、激しい勢いで進むようす。例馬車が―に走る。

馬10 【騷】20画 ⇩【騒】ソウ(1084ページ)

馬10 【騰】20画 ⇩【騰】トウ(1084ページ)

馬11 【驂】21画 8161 9A42 音サン漢 訓そえうま・なら-ぶ

意味 ❶三頭のウマを一台の車につなぐ。例載驂載駟すなわちサンすなわちシ(=あるいは三頭、あるいは四頭のウマをつける)。〈詩経〉❷四頭立ての馬車の外側の二頭のウマ。そえうま。❸馬車を御する。乗る。例驂御サンギョ。驂乗サンジョウ。

【驂御】サンギョ そえのり。驂乗。表記 旧驂▼馭

【驂乗】サンジョウ (名・する) 護衛として貴人の馬車に同乗すること。また、その者。そえのり。貴人は左がわに、御者は中央に、護衛は右がわに乗る。

【驂を脱す】サンをダッす 手厚い香典をおくることのたとえ。〔孔子が衛の国へ行った際、以前にとまったことのある宿屋の主人が亡くなった。孔子は弔問に行って声を上げて泣き、帰ってから馬車のそえ馬をはずさせて香典としておくったという故事による〕〈礼記〉

馬 11
【驃】21画 8163 9A43 音ヒョウ漢 訓すみ-やか

意味 ❶白いまだらのある栗毛のウマ。❷ウマが速く走るようす。❸勇猛な。いさましい。例驃悍。

【驃▼悍】(名・形動ナ) あらあらしく、すばしこいようす。

馬 11
【騾】21画 8164 9A3E 音ラ漢

意味 動物のラバ。

【騾馬】めすのウマと、おすのロバとをかけ合わせた動物。ロバより大きく、力も強く、性質はおとなしい。

馬11
【驅】21画 ⇩【駆】(1081ページ)

馬 12
【驚】22画 2235 9A5A 常用 音ケイ漢 キョウ呉 訓おどろ-く・おどろ-かす

筆順

なりたち [形声]「馬(=うま)」と、音「敬ケイ」とから成る。ウマがおどろく。

意味 ❶意外なことに出合ってびっくりする。あわて、おそれる。おどろく。おどろき。例驚愕。驚喜。❷はっとさせる。おそれさせる。例驚天動地。❸激しく速いようす。例驚湍(=流れの急な川の瀬)。驚風。

難読 驚破すわ・すや・そよ

人名 とし

【驚異】①はっとして不思議に思うこと。②びっくりするほどすばらしいこと。例—的な記録を達成する。

【驚▼愕】(名・する) ひじょうにおどろくこと。例訃報に—する。

【驚喜】(名・する) 思いがけない、よいことにおどろき、喜ぶこと。例とつぜんの再会に—する。

【驚嘆】(名・する) すばらしさにおどろき、感心すること。例成果は—に値する。表記 旧驚▼歎

【驚天動地】(天地をゆりうごかすほど)世間をおどろかせ、おそれさせること。例—の大事件。

【驚倒】(名・する) おどろいて、たおれそうになること。びっくりぎょうてん。例太平の世を—させる大事件。

【驚怖】(名・する) 身に危険がありそうで、ひじょうに不安なこと。例—すべき事件が起こる。

【驚風】①激しい風。②小児病の一つ。脳膜炎。

馬 12
【驕】22画 8165 9A55 音キョウ漢 訓おご-る

意味 いい気になる。ほしいままにする。おごりたかぶる。おごる。例驕傲。驕肆。驕慢。

【驕傲】(名・形動ナ) えらそうにふるまうこと。例—な態度。

【驕▼肆】(名・形動ナ) おごりたかぶって、わがままなこと。表記「驕恣」とも書く。

【驕児】わがままな子供。だだっ子。また、勝手で、うぬぼれの強い人。

【驕▼奢】(名・形動ナ) ひじょうにおごって、ぜいたくなこと。奢侈。例—をきわめた生活。

【驕暴】えらそうにしていて、乱暴であること。

【驕慢】(名・形動ナ) おごりたかぶって、かって気ままにふるまうこと。例—な態度。

馬 12
【驍】22画 8166 9A4D 人名 音ギョウ慣 キョウ漢呉

意味 ❶すぐれたウマ。例驍騰(=良馬。また、勇ましく強い)。❷すぐれて、強い。例驍名。驍勇(=強くていさましい)。

人名 いさ・いさむ・すぐる・たかし・たけ・たけし

【驍名】勇ましくて強いという評判。例—をはせる。

馬 12
【驒】22画 1-9420 9A52 音タ・タン漢 ダ呉

馬 9
「騨」19画 3445 9A28 俗字

意味 ❶白い銭形の模様のある黒馬。連銭葦毛。❷「驒驒」は、つかれあえぐようす。

難読 飛驒(=旧国名)

馬 12
【驎】22画 1-9419 9A4E 音リン漢

馬13
【驛】23画 ⇩【駅】(1081ページ)

馬13
【驗】23画 ⇩【験】(1083ページ)

意味 ❶まだらうま。❷くちびるの黒い白馬。❸「騏驎」は、一日に千里を走るという、すぐれたウマ。

馬 14
【驟】24画 8169 9A5F 音シュウ漢 訓は-せる・にわ-か

意味 ❶ウマが速く走る。はせる。❷はやい。とつぜん。にわか。例驟雨。

【驟雨】急に強く降りだして、すぐにやむ雨。にわかあめ。例—沛然としていたる。

馬 16
【驥】26画 8171 9A65 音キ漢呉

意味 ❶一日に千里を走る名馬。すぐれたウマ。例騏驥(=一日千里を行く良馬)。❷すぐれた才能(の人)。例驥足。驥尾。

【驥足】(一日に千里を走る名馬の足の意) すぐれた才能。例—を展ばす(=ゆたかな才能を発揮する)。

【驥尾】(足の速いすぐれたウマの尾の意) すぐれた人の後ろ。例—に付す(=すぐれた人に従って、自分一人ではできないことを成しとげる)。

【驥▼櫪】すぐれた人は年老いても高い志を失わないことのたとえ。〔「老驥伏レ櫪志在二千里一(=驥は年老いても、千里をかけようと志す)」による語〕〈曹操〉

馬 16
【驢】26画 8170 9A62 音リョ漢 ロ呉

意味 ロバ。ウマより小さく、耳が長い。ウサギウマともいう。例驢鳴犬吠。

【驢馬】ウマ科の哺乳動物。ウマより小さく、耳は長い。古くから家畜として飼われる。ウサギウマ。

【驢鳴犬▼吠】(ロバやイヌの鳴き声のような)つまらない文章のこと。

馬 17
【驩】27画 8173 9A69 音カン漢 訓よろこ-ぶ・よろこ-び

意味 ❶ウマの名。❷よろこぶ。よろこび。同歓。例驩喜(=よろこぶ)。

馬 17
【驤】 27画 8172 9A64 音 ジョウ漢 ショウ漢 訓 あ-がる・はし-る

意味 ❶ウマなどが首をもち上げる。❷上にあがる。高くあがる。❸(ウマが首を上げて)全力を発揮する。はしる。

馬 19
【驪】 29画 8175 9A6A 音 リ漢呉 レイ漢 訓 くろうま・なら-ぶ

意味 ❶黒いウマ。純黒色の毛色のウマ。また、黒い。例驪駒(=黒いウマ)。❷ウマを並べる。また、ウマを並べてつないだ(二頭立ての)馬車。例駢驪。❸驪山のこと。

【驪山】リザン 陝西省西安にある山。ふもとに唐の玄宗皇帝が楊貴妃のために建てた華清宮がある。

馬 20
【驫】 30画 8174 9A6B 音 ヒョウ漢 訓 はし-る

意味 多くのウマが走るようす。例驫驫。

188 10画 骨 ほね ほねへん 部

肉の中にあるほねの意をあらわす。「骨」をもとにしてできている漢字を集めた。

0 骨 3 骭 4 骰 6 骸 骼 8 髀 9 髄 11 髏 13 髑 髓 體

骨 0
【骨】 10画 2592 9AA8 教育6 音 コツ漢 訓 ほね

筆順 丨 冂 冂 冎 冎 冎 骨 骨

なりたち 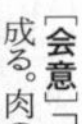 [会意]「冎(=ほね)」と「月(=にく)」とから成る。肉のついた、ほね。

意味 ❶人や動物のほね。例骨格。遺骨。獣骨。鉄骨。❷ものごとを組み立てる中心となるもの。例骨子。❸からだ。例心骨(=精神と肉体)。老骨。❹人がら。気質。精神。風格。例気骨。仙骨。反骨。

日本語での用法《ほね》努力や、力をつくすことにたとえる。「骨の折れる仕事・なかなか骨だ」

【骨格】コッカク 難読 骨牌カルタ ①動物のからだのほねぐみ。また、からだつき。例がっちりした―の人。②ものごとを支えて、形づくっている部分。例事業の―が決まる。表記 ▽⑪骨▼骼

【骨柄】コツがら ①からだつき。骨格。②からだつきから感じられる人がら。例人品ジンピン―いやしからず。

【骨幹】コッカン ①からだの主要なほねぐみ。②全体の基本となる重要な部分。例政党の―となる人物。

【骨材】コツザイ モルタルやコンクリートをつくるときに、セメントにまぜる砂や砂利。

【骨子】コッシ 考えや計画の中心となる、ほねぐみ。要点。

【骨髄】コツズイ ①ほねの中心部にある、やわらかい組織。赤血球・白血球・血小板をつくる。例―移植。②心のおくふかいところ。例うらみ―に徹す。

【骨折】コッセツ (名・する)外の力が加わったり、ほね自体がもろくなったりして、ほねが折れること。例ころんで足を―する。

【骨相】コッソウ 骨格の形にあらわれた、その人の性格や運命。

【骨頂】コッチョウ (名・形動ナ)この上ない状態にあること。程度が最もはなはだしいこと。例真シン―(=本領。本来のすがた)。愚の―。表記「骨張」とも書く。

【骨▼董】コットウ ①古くて価値があり、収集や鑑賞の対象となる道具や器物。例―品。―屋。②古いばかりで、役に立たないもののたとえ。例―的人物。

【骨肉】コツニク 親子や兄弟など、血縁関係にある者。

【骨▼牌】コッパイ ①カルタ。②けもののほねで作ったマージャンのパイ。

【骨盤】コツバン 腰部を形づくっているほね。

【骨粉】コップン ウシやウマのほねをくだいて乾燥させ、粉末にした肥料や飼料。

【骨法】コッポウ ①からだのほねぐみ。骨格。②芸術や芸道などの活動で、最もたいせつな要領。こつ。例舞いの―をのみこむ。

【骨膜】コツマク ほねの表面をおおっている膜。ほねの成長や保護、再生などにかかわる。例―炎。

【骨立】コツリツ (名・する)やせて、ほねが目立つほどになること。

【骨組】ほねぐみ ①からだの骨の構造。②根本の構造。例建物の―。文章の―。

【骨身】ほねみ ①ほねと肉。②からだ全体。からだ。例北風が―にしみる。③心とからだ。心身。例やさしさが―にしみる。

●遺骨・気骨・筋骨・鎖骨・人骨・接骨・軟骨・納骨・白骨・武骨・埋骨

骨 3
【骭】 13画 8176 9AAD 音 カン漢 訓 はぎ

意味 ❶すねの骨。❷すね。例骭毛(=すね毛)。

骨 4
【骰】 14画 8177 9AB0 音 トウ漢 訓 さい

意味 すごろくやばくちなどに用いる、小さい立方体。各面に数などが示される。さいころ。さい。例骰子(=さいころ)。

難読 骰子の目・骰子

骨 6
【骸】 16画 1928 9AB8 常用 音 カイ漢 ガイ呉 訓 かばね・むくろ

筆順 冂 冎 骨 骨 骨 骸 骸

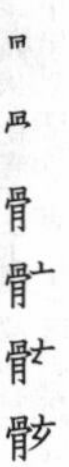

なりたち  [形声]「骨(=ほね)」と、音「亥カイ」とから成る。すねの骨。

意味 ❶人の骨。例骸筋(=骨と、すじ。からだ)。骸骨。❷死者のからだ。なきがら。むくろ。例遺骸。死骸。

難読 骸炭コークス

【骸▼軀】ガイク からだ。身体。

【骸骨】ガイコツ ①からだの骨組み。骨格。例―の標本。②骨だけになった死体。例―と化す。③からだ。身体。

【骸骨を乞う】官職を辞する。辞職を願い出る。〔仕官のとき君主に差し上げた自分のからだを、今は返してほしいと願い出る意から〕(史記)

●遺骸・形骸・残骸・死骸

骨 6
【骼】 16画 8178 9ABC 音 カク漢 訓 ほね

意味 ほねぐみ。ほね。例骨骼。

骨 8
【髀】 18画 8179 9AC0 音 ヒ漢 訓 もも

意味 足の、ひざより上の部分。もも。また、ももの骨。例髀骨(=ももの骨)。髀肉。

【髀肉の嘆】ヒニクのタン 実力を発揮して活躍する機会がないのをなげくこと。〔三国時代、蜀の劉備が、長いあいだウマ

に乗って戦うことがなかったため、内ももにむだな肉がついてしまったのをなげいたという故事による)〈三国志サンゴクシ〉 表記 旧髀肉の▼歎

骨9 【髄】 19画 3181 9AC4 常用 音スイ漢ズイ呉

筆順 冂 冎 冎 骨 骨 骨 骨 髄 髄

骨13 【髓】 23画 8182 9AD3

月13 【膸】 17画 7127 81B8 別体字

なりたち [形声]「骨(=ほね)」と、音「隋キ→イズ」とから成る。骨の中の脂あぶら。

意味 ❶骨のしんにある、あぶらのようなもの。例骨髄コツズイ。脊髄セキズイ。❷ものごとの中心となる要点。欠くことのできない主要部分。例神髄シンズイ。精髄セイズイ。

人名 あや・すね・ゆき・より

【髄脳】ズイノウ ①脳。脳髄。②ものごとの最もたいせつなところ。奥義オウギや秘説。また、それを書いた書物。例和歌の―。

【髄膜】ズイマク 脳と脊髄セキズイをおおっている膜。硬膜コウマク・くも膜マク・軟膜ナンマクの三層から成る。例―炎エン。

●延髄エンズイ・骨髄コツズイ・神髄シンズイ・真髄シンズイ・精髄セイズイ・脊髄セキズイ・脳髄ノウズイ

骨11 【髏】 21画 8180 9ACF 音ロウ漢ロ呉

意味 風雨にさらされた頭の骨。されこうべ。しゃれこうべ。例髑髏ドクロ。

骨13 【髑】 23画 8181 9AD1 音トク漢ドク呉

意味 風雨にさらされて肉がとれ、白くなった頭の骨。されこうべ。しゃれこうべ。のざらし。例髑髏ドクロ。

難読 髑髏されこうべ・しゃれこうべ・こうべ・ひとがしら

【髑▼髏】ドクロ 風雨にさらされた頭蓋骨ズガイコツ。されこうべ。しゃれこうべ。しゃりこうべ。ひとがしら。のざらし。

骨13 【髓】 23画 ⇩【髄】ズイ(1087ジペー)

骨13 【體】 23画 ⇩【体】タイ(67ジペー)

189 10画 高 たかい部

ものみやぐらの形をあらわす。「高」と、「高」をもとにしてできている「髞」とを集めた。

0 高 1 髙 13 髞

この部首に所属しない漢字

蒿⇩山330 敲⇩攴466 稾⇩禾737

高0 【高】 10画 2566 9AD8 教育2 音コウ漢呉 訓たか-い・たか・たか-まる・たか-める

筆順 亠 亠 亣 古 亨 亯 高 高 高

高1 【髙】 11画 ― 9AD9 俗字

なりたち [象形] ものみやぐらの形。たかくそびえる。

意味 ❶人の背たけや、ものの位置がたかい。対低テイ。例高山コウザン。高所コウショ。高度コウド。❷数値や程度が大きい。等級が上だ。対低。例高音コウオン。高価コウカ。高級コウキュウ。❸格調がたかい。けだかい。すぐれた。例高潔コウケツ。高尚コウショウ。崇高スウコウ。❹相手の行為コウイや言説をうやまっていうことば。例高配コウハイ。高評コウヒョウ。高覧コウラン。❺思いあがる。おごる。たかぶる。例高言コウゲン。高慢コウマン。

日本語での用法 《たか》数量や程度をあらわす。「今日きょうの水揚みずあげ高だか・高たかの知しれた奴やつ」

難読 高天原たかまがはら・高市たけち・高砂たかさご・高麗鼠こまねずみ・高麗人こまびと・高麗芝こうらいしば・高粱コーリャン

人名 あきら・うえ・すけ・たかし・たけ・ほど・まさ・まさる

【高圧】コウアツ ①気圧・水圧・電圧などが強い、または、高いこと。対低圧。例―線(=高電圧の送電線)。②上からおさえつけること。おおいかぶさること。例―的な態度を見せる。

【高位】コウイ 高い地位。また、高い地位の人。対低位。例―高官。―にのぼる。

【高遠】コウエン (名・形動ダ) 志や思想がけだかく、すぐれてりっぱなこと。例―な理想を述べる。

【高音】コウオン ①高い音や声。②音楽で、ソプラノ。例―部。―がよくひびく。▽対低音。

【高恩】コウオン ひじょうに深い恩。相手から受けた恩をうやまっていうことば。例ご―にむくいるよう努力します。

【高温】コウオン 高い温度。対低温。例―多湿タシツの風土。

【高価】コウカ (名・形動ダ) 値段や価値が高いこと。また、高い価格。対安価・廉価レンカ。例―な宝石。

【高架】コウカ 高くかけわたされていること。また、そうなっている橋・線路・電線など。例―線の下。駅が―になっている。

【高歌】コウカ (名・する) 大きな声で歌うこと。例―放吟ホウギン。

【高▼臥】コウガ (名・する) ①まくらを高くしてねること。平穏ヘイオンな生活のたとえ。②俗世間ゾクセケンのわずらわしさをさけて、かくれ住むこと。

【高雅】コウガ (名・形動ダ) けだかく、みやびやかなこと。例―なふるまい。

【高閣】コウカク ①高い建物。高楼コウロウ。たかどの。②高い棚たな。例―に束つかねる(=書物をたばねて高い棚にのせたまま読まない)。

【高額】コウガク 大きい金額。多額。大きな額面。対低額・小額。例―所得者。―紙幣シヘイ。

【高官】コウカン 地位の高い官職。また、その職の人。例高位―。

【高貴】コウキ (名・形動ダ) ①身分が高く、とうといこと。また、そのような人。対下賤ゲセン・卑賤ヒセン。例―な家の出。②価値があること。値段が高いこと。例―な品物を贈おくる。

【高▼誼】コウギ 親しい交わり。なみなみならぬよしみ。〔多く手紙文で、相手から受けた好意に感謝していう〕例ご―をたまわる。

【高議】コウギ 一(名) すぐれた議論。また、相手の議論をうやまっていうことば。二(名・する) さかんに議論すること。

【高気圧】コウキアツ 大気中で、まわりよりも気圧の高いところ。中心区域は天気がよい。対低気圧。例移動性―。

【高級】コウキュウ (名・形動ダ) 等級や品質・性能・程度などが高いこと。対低級。例―官僚カンリョウ。―車を乗り回す。

【高給】コウキュウ 高い給料。例―取り。

【高吟】コウギン (名・する) 声高らかに詩などを吟ずること。例放歌―する。

【高空】コウクウ 空の高いところ。対低空。例―を飛行する。

【高句▽麗】コウクリ 〔「コグリョ」とも〕古代、中国東北部から朝鮮チョウセン半島北部にかけてあった国。紀元前後に建国され、唐と新羅シラギにほろぼされた。狛こま。高麗コマ。(?―六六八)

表記「高▽勾▽麗」とも書く。

【高下】一（名）（身分や価格の）高いことと低いこと。高低。二（名・する）（価格などが）上がり下がりすること。上下。例相場の乱―。―の動きがはげしい。

【高潔】（名・形動）心がけだかく清らかなこと。例―の士。

【高見】すぐれた意見。また、相手の意見を、うやまっていうことば。例ご―をうかがいたい。先生が―を披露された。

【高血圧】血圧が標準より高いこと。対低血圧。

【高言】（名・する）えらそうに、大きなことを言うこと。また、そのことば。大言。壮語。例自分が第一人者だと―する。

【高原】高地にある平原。例―野菜。

【高校】「高等学校」の略。

【高座】①寄席などで、演芸をおこなうために、一段高く設けられた席。例―に上がる。②高い位置の座席。上席。

【高裁】「高等裁判所」の略。

【高札】①昔、布告や命令などを書いて、人通りの多い場所に高くかかげたふだ。制札。例―場。辻に―が立つ。②相手の手紙をうやまっていうことば。例ご―拝見。

【高山】高い山。例―植物。

【高山病】高い山に登ったとき、気圧の低下や酸素不足で起こる、頭痛やはき気などの症状をいうことば。

【高士】人格のすぐれた人。また、官に仕えない脱俗の人。例市井に―あり。

【高志】①けだかいこころざし。りっぱな心。②相手のこころざしを、うやまっていうことば。例ご―をありがたくお受けします。

【高次】①程度が高いこと。例―の技術。②〔数〕式の次数が三次以上であること。例―方程式。

【高直】（名・形動）〔「直」は、値段の意〕①値段の高いこと。たかね。高価。例諸式―な時節。②値打ちのあること。

【高姿勢】（名・形動）相手に対して威圧的な態度をとること。高飛車。対低姿勢。例―に出る。

【高周波】周波数（＝音波や電波などの振動数）の高い波。対低周波。

【高所】①高いところ。対低所。例―恐怖症。②高い見地。例大所―から論じる。

【高尚】（名・形動）品がよく、程度が高いこと。対低俗。例―な趣味。

［高部］0画 高

【高唱】（名・する）大きな声で歌ったり、となえたりすること。例寮歌を―する。お題目を―して歩く。

【高説】①すぐれた意見。卓説。例卓論―。②相手の意見をうやまっていうことば。例ご―拝聴しました。

【高専】「高等専門学校」の略。中学校教育の基礎の上に、専門の学芸と職業に必要な能力を育成するための教育機関。

【高祖】①遠い先祖。②四代前の先祖。曽祖父の両親。③古代中国で、王朝の初代皇帝。例漢の―劉邦。④〔仏〕宗派や宗義を始めた高僧。

【高僧】①知徳のすぐれた僧。②地位の高い僧。

【高層】①空の高いところ。空の上層。高空。例―の気流。②層がいくつも重なっていること。建物などで階数の多いこと。例―建築。

【高足】一①弟子の中で、とくにすぐれた者。高弟。例一門の―。②足の速いウマ。駿馬。二①（膳などの）脚の高いもの。例―のお膳。②竹馬。

【高速】①速度がひじょうにはやいこと。高速度。対低速。例―回転。②「高速道路」の略。例名神―。

【高祖父】祖父母の祖父。三代前の人の父。

【高祖母】祖父母の祖母。三代前の人の母。

【高大】（名・形動）高く大きいこと。また、ひじょうにすぐれていること。例―な理想。

【高台】一①高い建物。たかどの。②茶碗などの外側の底にある、輪状の台。いとぞこ。いときり。③相手をうやまっていうことば。あなたさま。貴台。二周囲の土地よりも高い台地。例―の住宅地。

【高段】武道・囲碁・将棋などで、段位が高いこと。ふつう五段以上をいう。例―者。

【高地】①まわりにくらべて高い土地。対低地。②標高の高い土地。例―に生きる動物。

【高著】相手の著書を、うやまっていうことば。

【高潮】一（名・する）ものごとの程度や調子が最もさかんになること。また、その状態。絶頂。ピーク。例議論が―する。最―に達する。二（名）満潮や台風などで、海面が最も高くなった状態。例―にさらわれる。

【高低】①高いことと低いこと。例気圧の―。②上がることと下がること。上がり下がり。例気温の―。

【高弟】弟子の中でとくにすぐれた者。高足。

【高度】一（名）①地面や海面からの高さ。例―一万メートルを飛行する。②地平面から天体までの角距離。例地平から―を増していく月。二（名・形動）程度が高いこと。例―な技術。

【高等】（名・形動）程度や等級が高いこと。対下等・初等。例―教育。―植物。―な内容の本。

【高等学校】中学校教育のあとに、高等普通教育または専門教育をおこなう学校。

【高等裁判所】最高裁判所の下位に置かれ、地方裁判所（＝地裁）・家庭裁判所（＝家裁）・簡易裁判所（＝簡裁）の上にある裁判所。高裁。

【高等動物】進化の程度が進んで、複雑な器官を備えた動物をまとめて呼ぶことば。脊椎動物など。

【高踏】俗世の欲を超越して、自分を高く保つこと。例―的な生活。

【高騰】（名・する）ものの値段が上がること。騰貴。例地価が―する。表記旧▼昂騰

【高徳】徳が高いこと。また、徳の高い人。例―の僧。

【高熱】①温度が高いこと。高温。②体温が平常にくらべて高いこと。例風邪で―が出る。

【高年】年齢が高いこと。高齢。例―での再就職は難しい。

【高配】①相手の心くばりをうやまっていうことば。例ご―を感謝いたします。②「高配当」の略。配当率の高いこと。

【高▼庇】①相手があたえてくれる庇護を、うやまっていうことば。おかげ。例ご―をいただく。②高い木や建物のかげ。

【高批】相手の批評をうやまっていうことば。高評。例ご―をたまわりたい。

【高評】①相手の批評をうやまっていうことば。高批。例ご―乞う。②評判が高いこと。例―を受けている品。

【高峰】高くそびえているみね。高い山。高嶺。

【高木】①たけの高い木。②一本の太い幹が高くのびる木。スギやヒノキの類。〔高さが三メートル以上になるもの。もと喬木といった〕対低木。

【高▼邁】（名・形動）人格や見識がひじょうにすぐれていること。例―な精神を秘めた作品。

【高慢】（名・形動）自分だけがえらいと思い上がって、他人を見くだすこと。驕慢。例―な態度。

【高名】コウメイ 一〔「コウミョウ」とも〕(名・形動ナ) 評判の高いこと。有名なこと。例—な小説家。二(名) ①他人の名前を、うやまっていうことば。例ご—はうかがっております。②〔「コウミョウ」とも〕いくさでてがらを立てること。功名。例関ケ原の合戦で—を上げた。

【高明】コウメイ 一(名) 高くて明るい場所。天や高殿をいう。二(名・形動ナ) ①地位が高く、富んでいること。また、その人。②徳が高く賢明であること。

【高野豆腐】コウヤドウフ 豆腐をこおらせて乾燥した食品。もと、高野山で僧が作っていた。こおり豆腐。しみ豆腐。

【高揚】コウヨウ (名・する) 精神や気分などが、高まること。また、高めること。例士気が—する。表記 ⑪▼昂揚

【高▽麗】コウライ 一〔「コリョ」とも〕①王建が建てた朝鮮の王朝。朝鮮半島を統一して栄えたが、李朝をおこした李成桂にほろぼされた。(九一八—一三九二) ②朝鮮半島のこと。二コマ ①「高句麗」に同じ。②「一①」に同じ。

【高覧】コウラン 他人が見ることを、うやまっていうことば。例ご—に供する。

【高欄】コウラン 建物の縁(=周り)や、階段・橋などに設けた、伝統模様をもつ欄干。表記「勾欄」とも書く。

【高利】コウリ ①利率(=利息のつく割合)が高いこと。対低利。例—貸し。②大きな利益。巨利。例—を手に入れる。

【高率】コウリツ (名・形動ナ) 割合が高いこと。対低率。例—の利息。

【高▼粱】コウリョウ〔「コーリャン」は中国語音〕中国で栽培されるモロコシの一種。食料や飼料とする。

【高齢】コウレイ 年齢が高いこと。高年。例—化社会。

【高炉】コウロ 鉄鉱石から銑鉄をつくる、大きな高い炉。溶鉱炉。

【高楼】コウロウ 高く重ねてつくった建物。高殿。例—の宴。

【高▼禄】コウロク 多額の俸禄。例—を食む。

【高論】コウロン ①すぐれた論。卓論。例—卓説。②相手の論をうやまっていうことば。例ご—をうかがう。

【高話】コウワ 他人の話を、うやまっていうことば。例ご—を拝聴したい。

【高瀬】たかせ 川の瀬の浅いところ。浅瀬。例—をわたる。

【高瀬舟】たかせぶね 浅瀬を通るために舟底を浅く平らにした、川舟。

【高▼坏】たかつき 食物を盛るのに用いた、長い足のついた台。例—に神饌をのせて神前に供える。

【高手小手】たかてこて 両手を後ろにまわし、首から手首や二の腕までになわをかけて、厳重にしばり上げること。

【高飛車】たかビシャ (名・形動ナ) 相手をおさえつけるようにすること。高圧的なこと。〔将棋で、前面に出た飛車が相手をおさえつけるはたらきをすることから〕例—な発言。

●孤高・最高・座高・残高・至高・標高・禄高・割高

高 1

【髙】11画 ⇨【高】コウ(1087ページ)

高 13

【髞】23画 8184 9ADE 音ソウ漢 訓たか-い

意味「髝髞」は、高いようす。また、せっかちなようす。

190 10画 髟 かみがしら かみかんむり 部

かみの毛が長くたれている意をあらわす。「髟」をもとにしてできている漢字を集めた。

0 髟 3 髢 4 髪 髣 髦 5 髥 髫 髴 髭 6 髷 髻 髯 8 鬆 11 鬘 12 鬚 13 鬟 14 鬢 15 鬣

髟 0

【髟】10画 8185 9ADF 音ヒョウ漢 訓ながきかみ

意味 かみの毛が長くたれているようす。

髟 3

【髢】13画 8186 9AE2 音テイ漢 訓かもじ

意味 少ないかみの毛に、加えて入れるかみ。そえがみ。入れがみ。かもじ。

髟 4

【髪】14画 4017 9AEA 常用 音ハツ漢 ホツ呉 訓かみ 付表 白髪

筆順 丨 ｢ 镸 長 髟 髟 髟 髪

髟 5

【髮】15画 8191 9AEE 人名

なりたち [形声]「髟(=かみ)」と、音「犮ハ」とから成る。頭の上の毛。

意味 ❶頭部に生える毛。かみの毛。かみ。例整髪セイハツ・頭髪トウハツ・白髪ハクハツ。❷〔地上の毛の意で〕草木。例窮髪キュウハツ(=草木の生えないこと。不毛)。

難読 髪文字かもじ・御髪おぐし・髪搔こうがい・髪際こうぎわ・はえぎわ

【髪型】かみがた ゆい上げたり整えたりした髪のかっこう。ヘアスタイル。表記「髪形」とも書く。

【髪結い】かみゆい (日本髪や丁髷などの)髪をゆうこと。また、それを職業にした人。

【髪膚】ハップ 〔かみの毛と、はだの意〕からだ。例身体—これを父母に受く。〈孝経コウキョウ〉

●間一髪カンイッパツ・間髪カンパツ・危機一髪キキイッパツ・散髪サンパツ・長髪チョウハツ・前髪まえがみ・毛髪モウハツ・螺髪ラホツ・理髪リハツ

髟 4

【髣】14画 8187 9AE3 音ホウ漢 訓ほの-か

意味「髣髴ホウフツ」は、よく似ていること。ぼうっとしていること。

【髣▼髴】ホウフツ (名・する・形動タルト) ①姿や形がよく似ていること。また、ありありと心にうかぶこと。例息子は亡夫を—させる。当時の記憶が—としてよみがえる。②ぼんやりと見えること。例遠くに島影が—とうかぶ。表記 ▽「▼彷▼彿」とも書く。

髟 4

【髦】14画 8188 9AE6 音ボウ漢 訓たてがみ

意味 ❶長いかみの毛。❷ウマのたてがみ。❸子供の、眉まで垂れたかみの毛。❹すぐれた人物。例髦秀ボウシュウ(=才知のすぐれた人)。

髟 5

【髥】15画 *8189 *9AEF 音ゼン漢 訓ひげ

意味 ほおに生えるひげ。ほおひげ。例鬚髥シュゼン(=あごひげと、ほおひげ)。美髥ビゼン。

髟 5

【髫】15画 8190 9AEB 音チョウ漢 訓うない

〔高部〕1—13画 髙 髞 〔髟部〕0—5画 髟 髢 髪 髣 髦 髥 髫

意味 子供の(うなじのあたりまで)たれた髪型。うない。また、子供。幼児。例髫齔。

【髫▼齔】たれがみをしていて、歯のぬけかわるころの七、八歳の子供。また、幼いころ。齠齔。

髟5 【髴】15画 8192 9AF4 音フツ漢

意味 「髣髴」は、似かよって区別がつかないようす。

髟5 【髱】15画 8193 9AF1 音ホウ漢 訓たぼ

意味 ひげがこい。ひげが多い。

日本語での用法《たぼ》日本髪で、ゆい髪の後方に張り出した部分。たぼがみ。また、若い女性のこと。「髱をふっくらと出す」

髟5 【髮】15画 ⇩【髪】ハツ(1089ページ)

髟6 【髷】16画 8194 9AF7 音キョク漢 訓まげ・わげ

意味 「髷髷」は、かみの毛がちぢれているようす。

日本語での用法《まげ》昔の髪型で、折り返したり、曲げたりして整えた、かみの毛の束。なまって「わげ」ともいう。「髷を結う・丁髷・丸髷」

髟6 【髻】16画 8201 9AFB 音ケイ漢呉 訓もとどり・たぶさ・みずら

意味 かみの毛を頭の上で束ねる。また、その束ねた部分。たぶさ。もとどり。例椎髻(=後ろにたれた髪を一束ねにしたまげ。さいづちまげ)。

日本語での用法《みずら》古代の男子の髪型。かみの毛を頭のいただきから左右に分け、それぞれ耳のあたりで輪の形に結んだもの。

難読 髻華(=かんむりや髪にさした飾り。かざし)

髟6 【髭】16画 4106 9AED 音シ漢 訓ひげ

意味 口の上方に生えるひげ。くちひげ。例髭鬚。

【髭▼鬚】くちひげと、あごひげ。また、ひげ。

【髟部】5―15画 ● 髴髱髮髷髻髭鬆鬘鬚鬟鬢鬣

【髭面】ひげが生えた顔。例むさくるしい―。

髟8 【鬆】18画 8202 9B06 音ショウ・ソウ漢 訓す

意味 ❶かみの毛が乱れているようす。❷まばらである。あらい。例骨粗鬆症(=骨がもろくなった症状)。大根に鬆があく。鬆のはいった豆腐。

髟11 【鬘】21画 8203 9B18 音バン漢マン呉 訓かつら・かずら

意味 花やつる草などをかみのかざりにしたもの。花かんざし。かみかざり。かずら。例華鬘(=花をひもに通して首などにかけるかざり。転じて、仏殿の内陣をかざる仏具)。

日本語での用法《かつら・かずら》演劇の扮装や、おしゃれなどのためにかぶる、頭髪をうえたもの。「鬘をつける・鬘師・鬘髭」

髟12 【鬚】22画 8204 9B1A 音シュ漢ス呉 訓ひげ

意味 ❶あごに生えるひげ。あごひげ。例鬚髯。❷動物のひげや、植物のひげ状になった部分をいう。例虎鬚(=トラのひげ)。

【鬚▼髯】あごひげと、ほおひげ。例―をたくわえた紳士。

髟13 【鬟】23画 8205 9B1F 音カン漢 訓わげ・みずら

意味 かみの毛を束ねて丸く輪にしたもの。わげ。みずら。例翠鬟(=つやのあるまげ・美人の髪)。

髟14 【鬢】24画 8206 9B22 音ヒン漢ビン呉

意味 耳ぎわのかみの毛。びん。びんずら。例鬢糸・鬢髪(=頭の左右両側の毛)。

【鬢糸】白くなって、ばらばらに乱れたびんの毛。

【鬢糸茶▼烟の感】年老いて静かな生活の中で、青春の日々をしのぶ感慨。(杜牧・酔後題二僧院一)

【鬢霜】びんの毛の白くなったようす。年老いたようす。類鬢雪。

髟15 【鬣】25画 8207 9B23 音リョウ漢 訓たてがみ

意味 ❶動物の首すじの毛。たてがみ。例馬鬣(=ウマのたてがみ)。❷ひげ。

難読 鬣(うながみ・たつがみ・たちがみ)

【鬥部】0―8画 ● 鬥鬧鬨鬩

191 10画 鬥 たたかいがまえ とうがまえ 部

武器を持った二人がたたかう形をあらわす。「鬥」をもとにしてできている漢字を集めた。

0 鬥 5 鬧 6 鬨 8 鬩 10 鬪 14 鬭 16 鬮

鬥0 【鬥】10画 8208 9B25 音トウ漢ツ呉 訓たたか-う

意味 あらそう。たたかう。同闘。

鬥5 【鬧】15画 8209 9B27 音トウ慣ドウ漢 訓さわ-ぐ・さわ-がしい

門5 【閙】13画 7963 9599 俗字

意味 ❶にぎやかなようす。さわがしい。例鬧熱。❷さわがしくする。さわぐ。

【鬧熱】(「トウネツ」とも)こみあって、さわがしいこと。にぎやかで活気のあること。

鬥6 【鬨】16画 8210 9B28 音コウ漢 訓とき・かちどき・たたか-う

意味 ❶いくさをする。たたかう。例鄒与レ魯鬨。❷戦うときに発する声。ときのこえ。例鬨声(=戦いのとき、志気を鼓舞するために出すかけ声)。鬨の声。勝鬨。❸集まり、さわぐ。さわがしい。例喧鬨(=がやがやとさわぐ)。

鬥8 【鬩】18画 8211 9B29 音ゲキ慣ケキ漢 訓せめ-ぐ・たたか-う

意味 仲たがいする。いいあらそう。せめぐ。仲たがい。例 鬩牆

【鬩▼牆】ゲキショウ(かきにせめぐ) 同じ垣(かき)の中で争うこと。きょうだいげんかをすること。また、内輪もめ。→【兄弟(ケイテイ)牆(かき)に鬩(せめ)げども外(と)その務(あなど)りを禦(ふせ)ぐ】(99ページ)

門10【鬪】20画 ⇩【闘】ト(1029ページ)

門14【鬭】24画 ⇩【闘】ト(1029ページ)

門16【鬮】26画 8213 9B2E 音 キュウ漢 訓 くじ

意味 くじを引く。くじ。

漢字に親しむ ㉕ ひげの話

『三国志(サンゴク)シ』に出てくる蜀(ショク)の武将関羽(カンウ)のことを美髯公(ビゼンコウ)ともいいますが、これは関羽が、りっぱなひげをたくわえていたからです。「髯(ゼン)」とはひげのことですが、実は漢字でひげをあらわす字には、このほかにも「髭(シ)」と「鬚(シュ)」とがあり、それぞれ「髯」はほおひげ、「髭」は口ひげ、「鬚」はあごひげを指します。

おもしろいのは英語にもそれぞれに対応する単語があって、「髯」は whiskers、「髭」は mustache、「鬚」は beard といいます。「ひげ」の一語をもとに「ほおひげ」「口ひげ」「あごひげ」などと複合語で表現し、別の単語を作らなかった日本人にとっては、「ひげ」は興味の対象ではなかったのでしょうか?

192 10画 鬯 ちょう においざけ 部

祭りで神を呼び降ろすのに用いる香りの強い酒の意をあらわす「鬯」と、「鬯」をもとにしてできている「鬱」とを集めた。

0 鬯 19 鬱

鬯0【鬯】10画 8214 9B2F 音 チョウ漢 訓 かおりぐさ・の-びる・ゆぶくろ

意味 ❶祭祀(サイシ)に用いられた、かおりのよい酒。例 鬱鬯(ウッチョウ)(=香草(コウソウ)を用いてつくった、かおりのよい酒)。❷香草の名。鬱金(ウコン)。例 鬯草(チョウソウ)(=うこん草)。❸のびのびとする。さかんなようす。同 暢(チョウ)。例 鬯浹(チョウショウ)。鬯茂(チョウモ)(=繁茂(ハンモ))。❹弓を入れるふくろ。ゆぶくろ。

【鬯▼浹】チョウショウ(名・する) のびやかに広く行きわたること。

鬯19【鬱】29画 6121 9B31 常用 音 ウツ漢 訓 ふさ-ぐ

筆順

木21【欝】25画 1721 6B1D 俗字

なりたち [形声]「林(=はやし)」と、音「鬱(ウツ)」の省略体とから成る。木が群がり生える。

意味 ❶樹木がこんもりとしげる。しげる。例 鬱蒼(ウッソウ)。❷とどこおって通じない。気がふさがる。ふさぐ。例 鬱屈(ウックツ)。鬱積(ウッセキ)。憂鬱(ユウウツ)。❸バラ科の落葉低木。果実は小球形で食べられる。郁李(イクリ)。❹「鬱金(ウコン)」は、ショウガ科の多年草。

【▽鬱金】ウコン ショウガ科の多年草。根やくきを健胃薬(ケンイヤク)や黄色の染料(センリョウ)とする。また、その染料や色。

【▽鬱金香】ウコンコウ チューリップの別名。

【鬱鬱】ウツウツ(形動タル) ①気分がふさぐようす。例 ―として楽しまない。②樹木がこんもりとしげっているようす。鬱蒼(ウッソウ)。

【鬱気】ウッキ 気分がはればれしないこと。気鬱。

【鬱屈】ウックツ(名・する) ①気分がはればれせず、ふさぎこむこと。鬱結。②地勢などが曲がりくねっていること。

【鬱血】ウッケツ(名・する) 静脈(ジョウミャク)の血液の流れがさまたげられて、からだの一部に異常なほど集まること。

【鬱結】ウッケツ(名・する) 気がふさぐこと。とどこおり、ふさがること。鬱屈(ウックツ)。

【鬱積】ウッセキ(名・する) ①ものがどこにたまること。例 不平が―する。②不満やいかりが心にたまること。

【鬱然】ウツゼン(形動タル) ①草木がこんもりとしげっているようす。例 昼なお暗い―たる森にはいる。②ものごとが勢いよくさかんなようす。例 賛成の気運が―として起こる。③気分がふさぎこむようす。例 被災(ヒサイ)後―とした日日を送る。

【鬱▼蒼】ウッソウ(形動タル) 樹木がこんもりしげって、うす暗いようす。例 ―とした森。

【鬱陶】ウットウ 気分が重くて、はればれしないこと。例 ―を晴らす。

【鬱病】ウツビョウ 精神障害の一つ。気分の抑鬱(ヨクウツ)、意欲や生命感の低下など鬱(ウツ)状態を特徴とする。

【鬱憤】ウップン 心にたまっているいかりや不満。腹立ち。

【鬱勃】ウツボツ(形動タル) 意気がさかんにわき起ころうとするようす。例 ―たる闘志(トウシ)。―として怒(いか)りが燃えあがる。

193 10画 鬲 れき れきのかなえ 部

腹部に模様のある三本足のかなえの形をあらわす。「鬲」と、「鬲」をもとにしてできている「鬻」とを集めた。

0 鬲 12 鬻

鬲0【鬲】10画 8215 9B32 音 レキ漢 訓 あしがなえ・かなえ・もたい

意味 中国古代の炊事(スイジ)に用いられた、うつわ。鼎(かなえ)の一種で、三本の足が空洞(クウドウ)になっているもの。かなえ。もたい。

鬲12【鬻】22画 ⇩【粥】シュク(763ページ)

194 10画 鬼 おに きにょう 部

死者のたましいの意をあらわす。「鬼」をもとにしてできている漢字を集めた。

0 鬼 4 魁 魂 5 魄 魃 魅 8 魏 魍
魎 11 魑 魔 魔 14 魘

鬼 0

【鬼】

10画 2120 9B3C 常用 音キ漢 訓おに

筆順 ノ 亻 白 白 由 由 鬼 鬼

なりたち [象形]「由(=鬼の頭)」と「儿(=ひと)」と「ム(=陰の気)」とから成る。人が死ぬと鬼となる。

意味 ❶死者のたましい。霊魂。とくに、祖先のたましいをいう。例鬼神。鬼籍。幽鬼。❷草や木、鳥やけものなど、いろいろなものが変化した妖怪。例悪鬼。百鬼夜行。❸人間わざとは思えない、すぐれたしわざのたとえ。例鬼才。鬼謀。❹二十八宿の一つ。たまおのぼし。例鬼宿。

日本語での用法《おに》①想像上の生き物。人の形をして、頭に角、口には、きばがあり、人を食うという。「青鬼・赤鬼・鬼に金棒」②無慈悲な者の形容。「鬼検事・鬼婆」③すぐれて勇猛な者の形容。「鬼将軍・鬼武者」④ふつうよりとくに大きいものの形容。「鬼海星・鬼百合」

難読 鬼首(=地名)・鬼灯・鬼虎魚

人名 さとし

【鬼瓦】おにがわら 屋根の棟のはしに置く、大きなかざりのかわら。魔除けのため、おにやけものの顔にする。

【鬼子】おにご 「おにっこ」とも ①親に似ていない子。例親に似ぬ子は—。②歯が生えて生まれた子。

【鬼火】キカ・おにび 夜、墓地や、しめった土地でゆれ動く、青白い火。きつね火。例墓地に—が飛ぶ。

【鬼気】キキ 身の毛がよだつような、ひじょうにおそろしい気配。例—せまる熱演。

【鬼▼哭】キコク 霊魂が泣くこと。亡霊の泣き声。

【鬼▼哭▼啾▼啾】キコクシュウシュウ (形動タル)霊魂がしのび泣くようす。おそろしい気配がただようようす。例—たる闇。

【鬼才】キサイ 人間のものとは思われない、すぐれた才能。また、その持ち主。例映画界の—。

【鬼子▽母神】キシモジン 「キシボジン」とも〔仏〕安産と保育の女神。もと、人の子を食う悪女であったが、仏に自分の末子をかくされ、親のなげきを知って仏教に帰依した。

【鬼手】キシュ (囲碁・将棋で)大胆できびしい打ち方。

【鬼手仏心】キシュブッシン 鬼のような恐ろしい手と、仏のような心。外科医が手術するときなどのたとえ。

【鬼女】キジョ ①女の姿をしたおに。②おにのように冷酷な女。

【鬼神】キシン 「キジン」とも ①死者の霊魂と天地の神霊。天地万物の霊魂。②あらあらしく、おそろしい力をもつ神。おにがみ。例断じておこなえば—もこれを避く。

【鬼籍】キセキ 死んだ人の名前、戒名、命日などを記入しておく帳面。過去帳。点鬼簿。例—に入る(=死ぬ)。

【鬼畜】キチク おにや畜生。人間らしい感情をもたず、むごいことをする人をいう。例—のしわざ。敵国を—とののしる。

【鬼謀】キボウ 人が思いつかないような、すぐれたはかりごと。例神算—(=ひじょうにたくみなはかりごと)。

【鬼面】キメン おにの顔。おにの仮面。例—人をおどす(=見せかけの威勢のよさで人をこわがらせる)。

【鬼門】キモン ①陰陽道で、悪鬼が出入りするとされる艮(=東北)の方角。②その人にとって、にが手な人物やことがら、場所など。例数学は—だ。

●餓鬼・疑心暗鬼

鬼 4

【魁】

14画 1901 9B41 人名 音カイ漢 ケ呉 訓かしら・さきがけ

なりたち [形声]「斗(=ひしゃく)」と、音「鬼キ→カイ」とから成る。スープをくむ大きなひしゃく。

意味 ❶北斗七星のひしゃくの頭部にあたる四つの星。とくに、その第一星をいう。❷首領。首長。おさ。かしら。例巨魁(=かしら)。首魁(=かしら)。❸まっさき。第一。さきがけ。例花魁。❹堂々としている。大きくすぐれている。例魁偉。魁傑。

難読 花魁

人名 いさお・いさむ・おさ・さき・つとむ・はじめ・やす・やすし

【魁偉】カイイ (形動ダ)顔やからだが並はずれて大きく、りっぱなようす。例—な紳士。容貌—な人物。

【魁傑】カイケツ ①からだつきがすぐれて、大きくりっぱなこと。②すぐれた人物。

【魁首】カイシュ 集団のかしら。類頭目・首魁。

【魁然】カイゼン (形動タル)大きくて堂々としているようす。

鬼 4

【魂】

14画 2618 9B42 常用 音コン漢 ゴン呉 訓たましい・たま

筆順 ニ 云 云 云白 云由 魂 魂

なりたち [形声]「鬼(=たましい)」と、音「云ウン→コン」とから成る。陽の気。たましい。

意味 ❶(人間の)心のはたらきをつかさどり、死ぬと肉体をはなれて天に帰ると考えられているもの。たましい。たま。例魂魄。鎮魂。人魂。❷こころ。おもい。精神。例魂胆。商魂。闘魂。

難読 魂消げる

人名 もと

【魂胆】コンタン ①たましいと、きも。心のこと。②たくらみ。計画。〔好ましくない意味で使う〕例見えすいた—だ。

【魂▼魄】コンパク 死者のたましい。類霊魂。〔「魂」は心に、「魄」は肉体に宿るたましいで、「魂」は死ぬと天にのぼり、「魄」は骨となって地に帰るという。また「魂」は雄たましい、「魄」は雌たましい、という〕

●詩魂・招魂・霊魂

鬼 5

【魄】

15画 8216 9B44 音一ハク漢呉 二タク・ハク漢呉 訓たましい

意味 一ハ ❶人の肉体に宿り、その人が死ぬと地に帰るとされるもの。精神。たましい。例気魄。魂魄。❷月の細いときのかげの部分。例死魄(=陰暦のついたち)。二タクハク「落魄」は、こころざしを得ず落ちぶれたようす。〔ふつう「ラクハク」と読む〕

難読 落魄れる

鬼 5

【魃】

15画 8217 9B43 音ハツ漢 バツ呉 訓ひでり

意味 ❶日照りをおこす神。❷干害。ひでり。例旱魃。

鬼 5

【魅】

15画 4405 9B45 常用 音ビ漢 ミ呉

筆順 白 白 由 鬼 鬼 鬽 魅

なりたち 【形声】「鬼（＝たましい）」と、音「未ビ」とから成る。年老いたものの精。

意味 ❶もののけ。ばけもの。すだま。例鬼魅キミ（＝ばけもの）。魑魅チミ。❷人の心をひきつける。まどわす。みいる。例魅了ミリョウ。魅力ミリョク。魅惑ミワク。

【魅了】ミリョウ（名・する）人の心をひきつけ夢中にさせること。例演奏は聴衆チョウシュウを―した。

【魅力】ミリョク 人の心をよくひきつける力。例えくぼが―だ。音楽の―。

【魅力的】ミリョクテキ（形動ダ）魅力のあるようす。

【魅惑】ミワク（名・する）人の心をひきつけ迷わすこと。例霧きりが流れる―の宵よい。

鬼 8
【魏】
18画 8218 9B4F 音ギ漢呉 訓たか-い

意味 ❶高く大きい。たかい。例魏魏ギギ（＝高く大きい）。❷戦国の七雄シチユウの一つ。春秋時代、晋シンから独立した三晋（＝魏・趙チョウ・韓カン）の一国。秦シンの始皇帝シコウテイにほろぼされた。（前四〇三―前二二五）❸三国時代、三国（＝魏・呉ゴ・蜀ショク）の一つ。曹操ソウソウの子の曹丕ソウヒが建てた。（二二〇―二六五）。❹姓セイの一つ。例魏徴ギチョウ（＝唐トウの名臣）。

【魏▼闕】ギケツ〔高大な門の意〕宮城の正門。また、朝廷チョウテイ。

鬼 8
【魍】
18画 8219 9B4D 音ボウ漢 モウ呉

意味 山川サンセン木石の精。もののけ。すだま。例魍魎モウリョウ（＝すだま）。

鬼 8
【魎】
18画 8220 9B4E 音リョウ漢呉

意味 山川サンセン木石の精。もののけ。すだま。例魍魎モウリョウ。

鬼 11
【魑】
21画 8221 9B51 音チ漢呉 訓すだま

意味 山林にいるといわれる化け物。もののけ。すだま。例魑魅チミ。魑魅魍魎チミモウリョウ。

【魑魅▼魍▼魎】チミモウリョウ〔「魑魅」は山林の、「魍魎」は山川サンセン木石の精気から生じるという妖怪ヨウカイ〕いろいろな化け物。さまざまな妖怪変化ヨウカイヘンゲ。

鬼 11
【魔】
21画 4366 9B54 常用 音バ漢 マ呉

筆順 一 广 广 庥 麻 麽 磨 魔

なりたち 【形声】「鬼（＝たましい）」と、音「麻バ」とから成る。まもの。

意味 ❶人の心を乱し、仏道修行シュギョウをさまたげる者。例魔界マカイ。魔障マショウ。魔道マドウ。❷人をまどわし、害をあたえるもの。転じて、そのような力をもつもの。例魔性マショウ。魔神マジン。悪魔アクマ。

【魔王】マオウ ①悪魔の王。②〔仏〕天魔の王。衆生シュジョウが仏道にはいるのをさまたげる悪鬼アッキ。

【魔界】マカイ 悪魔がいる世界。心を迷わすところ。

【魔境】マキョウ ①悪魔がいる世界。魔界。②何がいるかわからないような、神秘シン的なところ。例アマゾンの―。

【魔窟】マクツ 悪魔がいるところ。魔界。また、悪人などが集まっていて、人を堕落ダラクさせるようなところ。例大都市によくある―。

【魔手】マシュ 悪魔の手。人に危害を加える者や、悪の道に引きこむ者のたとえ。例誘惑ユウワクの―がのびる。―にかかる。

【魔術】マジュツ ①人の心を迷わす不思議な術。類魔法。②大がかりな手品。例―師。

【魔女】マジョ 魔術を使って人を迷わす女性。例―狩がり。

【魔性】マショウ 悪魔の性質。人を迷わす力があること。例―をあらわす。

【魔障】マショウ〔仏〕悪魔の障害。仏道修行シュギョウのさまたげとなるもの。

【魔神】マジン わざわいを起こす魔の神。

【魔道】マドウ ①〔仏〕悪魔のすむ世界。②不正な道。堕落ダラクの道。類邪道ジャドウ。

【魔法】マホウ 人間がすることとは思えない、不思議なことをおこなう術。類魔術・妖術ヨウジュツ。例―使い。―にかかる。

【魔法瓶】マホウビン 中に入れた湯などがさめないように、まわりに真空の層をつくった容器。ポット。

【魔物】マもの ①化け物。妖怪ヨウカイ。例―のすむ森。②人を迷わせ堕落ダラクさせるもの。例お金は―だ。

【魔羅】マラ ①〔仏〕心を迷わし、修行シュギョウのさまたげとなるもの。②俗ゾクに、男性の性器。

【魔力】マリョク〔「マリキ」とも〕魔法の力。また、魔法をかけたように人を迷わせる不思議な力。例かけごとの―に負ける。

●邪魔ジャマ・断末魔ダンマツマ・病魔ビョウマ・夢魔ムマ

鬼11
【魔】
21画 ⇩【魔】マ（1093ページ）

鬼 14
【魘】
24画 8222 9B58 音エン漢 訓うな-される

意味 おそろしい夢を見ておびえる。うなされる。悪夢。例夢魘ムエン（＝夢にうなされる）。

195 11画
魚 うお うおへん 部

さかなの形をあらわす。「魚」をもとにしてできている漢字を集めた。

魚 0
【魚】
11画 2191 9B5A 教育2 音ギョ漢 ゴ呉 訓うお・さかな 付表雑魚ざこ

筆順 ノ ク 𠂊 𠂊 角 角 角 魚

なりたち 【象形】さかなの形。

意味 ❶海や川をおよぐ、うろこやひれのある動物をまとめていうことば。うお。さかな。例魚介ギョカイ。魚腹ギョフク。鮮魚センギョ。❷魚のかたちをしたもの。例魚雷ギョライ。木魚モクギョ。

難読 魚・魚子・魚狗・魚虎・雑魚

人名 お・な

【魚河岸】①魚市場のある港や川の岸。例 仕入れには自分で—に行く。②江戸時代、江戸の日本橋にあった魚市場。また、東京の築地にあった中央卸売市場をいう。

【魚影】水中を泳ぐさかなの姿。〔つりなかまのことば〕例 —が濃い(=魚がたくさんいる)。まだ—はうすい。

【魚介】〔「介」は、こうらや貝がらの意〕魚類やエビ・カニ・貝類などの海産動物をまとめていうことば。表記「魚貝」とも書く。

【魚眼】①さかなの目。②「魚眼レンズ」の略。一八〇度以上の写角をもつ特殊なレンズ。〔さかなのように広い視界があるところから〕

【魚群】水中のさかなの群れ。例 —探知機。

【魚信】さかながえさをつついている感じが、竿を持つ手に伝えられること。当たり。〔つりなかまのことば〕例 —がある。

【魚水】さかなと水のように、人どうしが切っても切れない関係にあること。例 —の契りをかわす。→【水魚の交わり】(573ページ)

【魚拓】つったさかなに墨をぬって紙をあて、その形を写し取ったもの。例 鯛の—を取る。

【魚田】「魚田楽」の略。さかなの田楽(=みそをつけて焼いた料理)。

【魚灯】夜間、漁をするときに舟にともす明かり。いさり火。集魚灯。表記「漁灯」とも書く。

【魚肉】さかなの肉。例 —のソーセージ。

【魚板】さかなの形にほった木の板。禅寺などで、時刻を知らせるのにたたく。

【魚腹】さかなのはら。例 —に葬られる(=水死する)。

【魚粉】さかなの頭や骨を干して粉にしたもの。飼料や肥料などにする。

【魚▼鼈】〔さかなとスッポンの意〕魚類。また、水産動物をまとめていうことば。

【魚網】漁のときに用いる網。表記「漁網」とも書く。

【魚目】①さかなの目。魚眼。②まがいもの。にせもの。〔さかなの目が珠玉に似ているところから〕

【魚目▼燕石】にせもの。〔さかなの目も燕山の石も、ともに玉に似ているが、ほんものではないところから〕

【魚紋】①さかなの模様。また、うろこの模様。②さかなが泳ぐとき、水面にできる波の模様。例 池のコイが—をえがく。

【魚油】魚類からとった油。せっけんなどに利用する。

【魚雷】「魚形水雷」の略。水中を走り艦船に当たって爆発する兵器。例 —艇(=魚雷などを装備した小型高速艇)。

【魚▼籃】つった魚を入れておくかご。魚籠。

【魚▼鱗】①さかなのうろこ。例 水面に—が光る。②昔の兵法で、中央がつき出た陣形をとること。→【鶴翼】②(1104ページ)

●秋刀魚・紙魚・大魚・稚魚・釣魚・人魚・木魚・養魚

[魚部] 4—5画 魴魯鮖鮗鮓鮎鮒鮃鮑

魚 4

【魴】 15画 8223 9B74 音 ホウ 漢

意味 ❶淡水魚。からだは平たく青白色。魴魚。❷「魴鮄」は、海にすむ魚。

【魴魚▼頳尾】〔「頳」は、赤色の意〕魴魚の尾は白いが、疲労で赤くなる。人民がつかれ苦しんでいることのたとえ。〈詩経〉

魚 4

【魯】 15画 4705 9B6F 人名 音 ロ 漢 呉 訓 おろ-か

意味 ❶おろか。にぶい。例 魯鈍。❷周代、山東省曲阜を都とした国。武王の弟、周公旦を始祖とする。孔子の出身地。春秋時代末期、楚にほろぼされた。(前一〇五五?—前二四九) ❸姓の一つ。例 魯粛(=三国時代、呉の将軍)。

【魯魚の誤り】〔「魯」と「魚」の字が似ているところから〕文字の誤り。魯魚。類 焉馬の誤り。亥豕の誤り。

【魯鈍】(名・形動ナ) おろかで頭のはたらきがにぶいこと。類 愚鈍。例 —の性。

【魯迅】現代中国を代表する文学者。本名、周樹人。日本に留学し、帰国後に『狂人日記』『阿Q正伝』などを書いた。(一八八一—一九三六)

魚 5

【鮖】 16画 8227 9B96 国字 訓 かじか

意味 魚の名。カジカ。同 鰍。〔おもに地名に用いられる字〕例 鮖谷(=新潟県の地名)。

魚 5

【鮗】 16画 *8228 *9B97 国字 訓 このしろ

意味 ニシン目の近海魚。コノシロ。背は青く黒い斑点があり、腹は銀白色。体長二—三〇センチメートルで、小形のものはコハダと呼ぶ。

魚 5

【鮓】 16画 8224 9B93 音 サ 漢 訓 すし

意味 塩とこうじや酢などにつけこんだ、食品用の魚。

日本語での用法 《すし》寿司。同 鮨。「鮓種・鮎鮓・鮓屋」

魚 5

【鮎】 16画 1630 9B8E 人名 音 デン 漢 ネン 呉 訓 あゆ

なりたち [形声]「魚(=うお)」と、音「占セン→デン」とから成る。ナマズ。

意味 ナマズ目の淡水魚。ナマズ。からだは長く、頭が平たくて、口が大きく口ひげがある。鯰。

日本語での用法 《あゆ》川魚の一種で、姿やかおりを賞する。「鮎釣り・鮎の姿鮓・落ち鮎・若鮎」

魚 5

【鮒】 16画 4211 9B92 音 フ 漢 ブ 呉 訓 ふな

意味 コイに似た小形の淡水魚。フナ。例 轍鮒の急(=さしせまった危機)。紅葉鮒(=琵琶湖産の、ひれの紅くなったフナ)。

難読 池鯉鮒(=東海道の宿駅。今の愛知県知立市)

魚 5

【鮃】 16画 8225 9B83 音 ヘイ 漢 訓 ひらめ

意味 海にすむ魚。ヒラメ。ふつうは平たいからだの左側に両眼があり、左側は灰色、右側は白い。比目魚。

魚 5

【鮑】 16画 8226 9B91 音 ホウ 漢 訓 あわび

虫 5

[蚫] 11画 7359 86AB 別体字

意味 ❶魚を開いて塩づけにしたもの。ひもの。例 鮑魚。❷磯の岩にはりついている大形の巻き貝。アワビ。例 のし鮑。❸姓の一つ。例 鮑叔牙(=春秋時代の斉の人)。

【鮑魚】①身を開いて塩づけにした魚。また、干し魚。においが強い。②アワビ。

【鮑魚の肆】(「ホウギョのいちぐら」とも)①「鮑魚①」を売る店。②悪人や小人などの集まる場所のたとえ。例 ―に入るがごとし(=鮑魚を売る店の強いにおいも、慣れると感じなくなるように、悪人とつきあっていると気づかぬうちにかれらに染まってしまう)。〈孔子家語〉→【芝蘭の化】(842ジ)

魚6 **【鮟】** 17画 8229 9B9F 音 アン(漢)

意味「鮟鱇」は、海底にすむ魚で、頭が大きくて平たく、口がひじょうに大きい。からだは琵琶に似た形をしている。

参考 本来は「華臍魚」というもの。アンコウは、もともと漢語か和語か不明。また日本で、アンコ、アンゴウというのは、川にすむ山椒魚を指したので、拡大して転用されたものか。

魚6 **【鮠】** 17画 8230 9BA0 音 ガイ(漢) 訓 はや

意味 ナマズに似て、白くうろこのない魚。

日本語での用法《はや》小形の淡水魚。ウグイ、オイカワの別名。

魚6 **【鮨】** 17画 8231 9BA8 音 一キ(漢) 二ゲイ(漢) 訓 すし

意味 一 塩づけにした魚。うおびしお。二 古代の伝説上の魚。鯢(=サンショウウオ)に似るという。

日本語での用法《すし》酢で味つけした飯に、魚や貝のさしみ・たまご焼きなどをそえた食べ物。寿司。「押し鮨・握り鮨・散らし鮨」

魚6 **【鮭】** 17画 2690 9BAD 音 一ケイ(漢) 二カイ(漢) 訓 さけ・しゃけ

意味 一 海にすむ魚。フグ。丸い体形で口が小さく、しげきをうけると腹をふくらませる。河豚。二 魚の料理。例 鮭菜(=料理した、酒のさかな)。

日本語での用法《さけ・しゃけ》北の海にすむ魚。全長一メートルほどで、川にうまれ海で成長し、秋に産卵のため川にもどってくる。「荒巻き鮭・塩鮭・紅鮭」

魚6 **【鮫】** 17画 2713 9BAB 音 コウ(漢) 訓 さめ

意味 ❶海にすむ魚。サメ。からだは円錐形で長く、尾びれが大きい。性格はあらく、するどい歯をもつ。❷竜に似た伝説中の怪物。みずち。同 蛟。

難読 鮫函(=サメの皮でかざった、刀のさや)

【鮫人】中国で、人魚のこと。南海にすみ、水中で機を織り、真珠のなみだをこぼすという。

【鮫肌】サメのはだのように、ざらざらした皮膚。

魚6 **【鮴】** 17画 8232 9BB4 国字 訓 ごり・めばる

意味 魚の名。㋐ゴリ。人名にも用いられる字。例 鮴谷(=姓)。㋑メバル。地名にも用いられる字。例 鮴崎(=広島県の地名)。

魚6 **【鮮】** 17画 3315 9BAE 常用 音 セン(漢)(呉) 訓 あざ-やか・すくな-い

筆順 ⺈ 𠂊 各 角 魚 魚 鮮 鮮

なりたち [形声]「魚(=うお)」と、音「羴セン」の省略体とから成る。魚の名。借りて「新しい、すくない」の意。

意味 ❶なまのさかな。なまぐさ。例 小鮮(=こざかな)。❷とりたての食料。あたらしいもの。例 鮮魚。鮮度。新鮮。❸色がはっきりしていて美しい。あざやか。例 鮮紅色。鮮明。❹まれである。すくない。例 鮮少。巧言令色鮮矣仁(=口ではうるさいことを言い、うわべだけとりつくろうようでは仁の心はなくなるものだ)。〈論語〉

人名 あき・あきら・あらた・き・まれ・よし

【鮮鋭】(形動)あざやかで、するどいようす。ハイコントラスト。例 ―な写真。

【鮮魚】食用にする新鮮なさかな。類 生魚。例 ―がうりもので繁盛している店。

【鮮血】からだから流れ出たばかりの、真っ赤な血液。生き血。例 ―がほとばしる。

【鮮紅】あざやかな赤色。例 ―色。

【鮮少】(名・形動)ひじょうに少ないこと。例 利に敏く、徳義心は―。

【鮮度】魚介類・肉類・野菜類などの新鮮さの度合い。例 ―のいい魚。

【鮮明】(名・形動)あざやかで、はっきりしていること。例 旗幟―。記憶が―によみがえる。

【鮮烈】(名・形動)印象が強烈で、はっきりしていること。例 ―な印象をあたえる作品。

●新鮮・生鮮

魚6 **【鮪】** 17画 4378 9BAA 音 ユウ(漢) イ(漢)(呉) 訓 まぐろ・しび

意味 寒帯の海にすむ魚。チョウザメ。体長一・五メートルぐらい。背と腹にひし形のかたいうろこが並ぶ。たまごの塩づけをキャビアと呼ぶ。

日本語での用法《まぐろ・しび》海にすむ体長三メートルにおよぶ大形の魚。さしみなどにして食べる。「黄肌鮪・鮪節」

魚7 **【鯏】** 18画 8237 9BCF 音 リ 訓 あさり・うぐい

意味 魚の名。

日本語での用法 一《あさり》浅い海の砂地にすむ二枚貝。二《うぐい》コイ目の淡水魚。

魚7 **【鯑】** 18画 8238 9BD1 国字 訓 かずのこ

意味 ニシンのたまごを乾燥したり、塩づけにしたりした食べ物。かずのこ。

魚7 **【鯁】** 18画 1-9442 9BC1 音 コウ(漢)

意味 ❶魚の骨。❷骨がのどにつかえる。❸正しい。まっすぐ。例 鯁骨。

【鯁骨】コウコツ 信念や意志がかたく、正義感の強いこと。また、その人。表記 現硬骨

魚7 **【鯒】** 18画 8239 9BD2 国字 訓こち

意味 近海にすむ魚。コチ。ハゼに似て頭が大きくて平たい。

魚7 **【鯀】** 18画 8233 9BC0 音コン漢 訓おおうお

意味 ❶大魚の名。❷伝説上の人物。夏カの禹王ウオウの父。尭帝ギョウテイの命を受け、治水工事に尽力ジンリョクした。

魚7 **【鯊】** 18画 8234 9BCA 音サ漢シャ呉 訓はぜ

意味 ❶沿岸や河口の水底にすむ小魚。ハゼ。〔分字して「沙魚」とも〕❷サメ。鮫コウ。

魚7 **【鮹】** 18画 8235 9BB9 音ショウ漢 訓たこ

意味 海底にすむ魚で、からだは管のように細長い。

日本語での用法《たこ》海底の岩の間などにすむ軟体ナンタイ動物。蛸たこ。「鮹壺たこつぼ・鮹坊主たこボウズ」

魚7 **【鯆】** 18画 8236 9BC6 音ホ漢フ呉 訓いるか

意味 海にすむ哺乳ホニュウ動物。イルカ。体長は一メートルから四メートル。先のとがった口をもつ。例 鯆魣フホ(=イルカ)。

魚7 **【鯉】** 18画 2481 9BC9 人名 音リ漢 訓こい

なりたち [形声]「魚(=うお)」と、音「里リ」とから成る。コイ。

意味 ❶コイ科の淡水魚タンスイギョ。コイ。黒色のほか、赤や白などの交じった観賞用のものもある。例 鯉魚リギョ(=コイ)。緋鯉ひごい。❷手紙。例 鯉素リソ(=手紙。鯉の腹から素(=白いきぬ)に書かれた手紙が出てきた故事による)。

【鯉口】こいぐち 刀のさやの口。〔形がコイの口に似ているところから〕例 ―を切る(=刀がすぐぬけるように鯉口をゆるめておく)。

【鯉▼幟】こいのぼり 布や紙でコイの形をつくり、青や赤に彩色サイショクしたのぼり。端午タンゴの節句に立てる。鯉の吹ふき流し。

【鯉庭】リテイ 子が父の教えを受けるところ。家庭教育の場。〔孔子コウシが自分の子の鯉リ(=字あざなは伯魚ハクギョ)を庭で諭さとした故事による〕〈論語ロンゴ〉→【庭訓】テイキン(354ページ)

魚8 **【鯣】** 19画 8240 9BE3 音エキ漢 訓するめ

意味 ウナギ。→【鰻】マン(1098ページ)

日本語での用法《するめ》イカを開き、内臓を取って干した食品。「鯣烏賊するめいか」

魚8 **【鯨】** 19画 2363 9BE8 常用 音ゲイ慣ケイ漢 訓くじら

筆順 ク 各 鱼 备 魚 魚 魚亠 魚亨 鯨

なりたち [形声]「魚(=うお)」と、音「京ケイ」とから成る。海の大きな魚。

意味 ❶海にすむ大形の哺乳ホニュウ動物。クジラ。大きなものは全長三〇メートルにもなる。また、大きなもののたとえ。例 鯨波ゲイハ。捕鯨ホゲイ。❷とくに、おすのクジラを指す。対鯢ゲイ。例 鯨鯢ゲイゲイ。❸つりがねの音。例 鯨音ゲイイン(=つりがねのひびき)。

難読 鯨取いさなとり・鯨波ときのこえ

【鯨幕】くじらマク 黒と白の布を交互コウゴにぬい合わせた幕。葬式ソウシキなどの不祝儀ブシュウギに用いる。

【鯨飲】ゲイイン (名・する) クジラが海水を飲みこむ。酒などを一度にたくさん飲むことのたとえ。類牛飲。

【鯨飲馬食】ゲイインバショク (名・する) 大量に飲み食いすること。類牛飲馬食。

【鯨▼鯢】ゲイゲイ 〔古くは「ケイゲイ」〕①おすのクジラとめすのクジラ。小さな魚を食いつくす大魚のたとえ。②悪党の首領。

【鯨▼呑】ゲイドン (名・する) ①大きな口で一気に飲みこむこと。②強いものが弱いものを併合ヘイゴウすること。

【鯨波】ゲイハ ①大波。②津波つなみ。③戦場であげる、鬨ときの声。鯢波ゲイハ。

●白鯨ハクゲイ・捕鯨ホゲイ・山鯨やまくじら(=イノシシの肉のこと)

魚8 **【鯢】** 19画 8241 9BE2 音ゲイ漢 訓くじら

意味 ❶山中の谷川にすむ、イモリに似た両生類。サンショウウオ。例 鯢魚ゲイギョ(=サンショウウオ)。❷めすのクジラ。対鯨。例 鯨鯢ゲイゲイ。❸小魚。例 鯢鮒ゲイフ(=小さな魚類)。

難読 鯢波ときのこえ(=鯨波ゲイハ)

魚8 **【鯱】** 19画 8247 9BF1 国字 音コ 訓しゃち・しゃちほこ

意味 ❶海にすむ哺乳ホニュウ動物で、イルカのなかま。シャチ。体長九メートルほどで、するどい歯をもち、群れをなしてクジラなどをおそう。❷想像上の魚。シャチホコ。城などの屋根の両はしにかざる。例 鯱立しゃちほこだち。金キンの鯱しゃちほこ。金鯱キンコ(=金色のシャチホコ)。

魚8 **【鯤】** 19画 8242 9BE4 音コン漢

意味 ❶魚のたまご。❷北の海にいるという伝説上の巨大キョダイな魚の名。例 北冥有レ魚、其名為レ鯤(ホクメイにうおあり、そのなをコンとなす)。〈荘子ソウジ〉

魚8 **【鯔】** 19画 8243 9BD4 音シ漢 訓ぼら・いな

意味 ボラ目の魚。ボラ。河口や浅い海にすみ、淡水タンスイと海水を行き来する。たまごの塩づけを、からすみと呼ぶ。日本では、幼魚から成長するにつれて、オボコ、スバシリ、イナ、ボラ、トドと名が変わる、出世魚シュッセうおの一つ。

魚8 **【鯖】** 19画 2710 9BD6 音セイ漢ショウ呉 訓さば

意味 ❶鳥などの肉と魚とをあわせて煮にた料理。例 五侯鯖ゴコウセイ(=多くの珍味チンミを集めた料理。また、珍味)。❷コイ科の淡水魚タンスイギョ。青魚。

日本語での用法《さば》サバ科の海魚。体長三〇―五〇センチメートル。背は青緑色で、まだらがある。「鯖雲さばぐも・鯖鮨さばずし・秋鯖あきさば・しめ鯖」

魚8 **【鯛】** 19画 3468 9BDB 人名 音チョウ漢 訓たい

魚8 **【鯛】** 19画 —

なりたち 【形声】「魚（＝うお）」と、音「周（シュウ→チョウ）」とから成る。魚の名。

意味 近海にすむタイ科の魚。タイ。だ円形のからだで、頭は大きく、姿が美しい。例 黒鯛（くろだい）。桜鯛（さくらだい）。真鯛（まだい）。

魚8 【鯲】 19画 8246 9BF2 国字 訓 どじょう

意味 ドジョウ科の淡水魚（タンスイギョ）。ドジョウ。川や沼（ぬま）のどろの中にすみ、体長一五センチメートルほどで、細長い。

魚8 【鯰】 19画 8248 9BF0 国字 音 ネン 訓 なまず

意味 ナマズ目の淡水魚（タンスイギョ）。ナマズ。

魚8 【鯡】 19画 8244 9BE1 音 ヒ漢 訓 にしん

意味 ❶魚のたまご。❷海魚。ニシン。体長は三〇―四〇センチメートル。たまごは、かずのこ。鰊（にしん）。

魚8 【鯵】 19画 ⇩【鰺】ソウ（1098ページ）

魚8 【鯛】 19画 ⇩【鯛】チョウ（1096ページ）

魚9 【鰄】 20画 8258 9C04 音 イ漢 訓 かいらぎ

意味 魚の名。

日本語での用法《かいらぎ》刀の鞘（さや）・柄（つか）の装飾（ソウショク）に用いる魚の皮。東南アジアに産する、エイに似た魚の皮の、梅花形の粒々（つぶつぶ）したかたい突起（トッキ）を用いる。また、茶道で、茶碗（チャワン）の釉薬（ユウヤク）が十分にとけきらず、ちぢれたようすをいう。「鰄作（かいらぎづくり）・鰄柄（かいらぎづか）の太刀（たち）」

魚9 【鰕】 20画 8249 9C15 音 カ漢 訓 えび

意味 ❶池や大河にすむ節足動物。エビ。からにおおわれ、長い触角（ショッカク）と十本の足がある。同 蝦（カ）。❷サンショウウオ。鯢（ゲイ）。

魚9 【鰐】 20画 4744 9C10 音 ガク漢 訓 わに

意味 熱帯の水中にすむ爬虫（ハチュウ）類の動物。ワニ。トカゲを大きくしたような形で、体長二メートルから一〇メートルにもなり、全身かたいうろこにおおわれている。するどい歯をもち、水辺にいる動物をとらえて食う。例 鰐魚（ガクギョ）（＝ワニ）。鰐口（わにぐち）。鰐皮（わにがわ）。

【鰐口】（わにぐち） ①神社の正面の軒（のき）下に、縄（なわ）とともにつりさげてある円形で中空のもの。参詣人（サンケイニン）が縄をあてて打ち鳴らす。②がま口。

魚9 【鰔】 20画 8250 9C14 音 カン漢 訓 かわはぎ・きりきり・さより

意味 魚の名。カレイの一種。

魚9 【鰉】 20画 8251 9C09 音 コウ漢 訓 ひがい

意味 魚の名。チョウザメ科の一種。

日本語での用法《ひがい》コイ科の淡水魚（タンスイギョ）。〔明治天皇が琵琶湖（ビワコ）産の、この魚を好んだことから、魚偏（うおへん）に「皇」の、この字をあてたという〕

魚9 【鰓】 20画 8252 9C13 音 一サイ漢 二シ漢 訓 えら

意味 一 魚類の呼吸器官。えら。例 鰓裂（サイレツ）（＝えらあな）。二「鰓鰓（シシ）」は、おそれるようす。

魚9 【鰍】 20画 1966 9C0D 音 シュウ漢 訓 かじか

意味 どろの中にすむ淡水魚（タンスイギョ）。ドジョウ。同 鰌（シュウ）。

日本語での用法《かじか》カジカ科の淡水魚。「川鰍（かわかじか）・鰍沢（かじかざわ）（＝地名）」

魚9 【鰌】 20画 8253 9C0C 音 シュウ漢 訓 どじょう

意味 池や水田などのどろの中にすむ淡水魚（タンスイギョ）。ドジョウ。例 泥鰌（デイシュウ）。

魚9 【鰆】 20画 8254 9C06 音 シュン漢 訓 さわら

意味 サメの一種。

日本語での用法《さわら》スズキ目の近海魚。体長一メートルに達し、背は青緑色。

魚9 【鰈】 20画 8255 9C08 音 チョウ漢 訓 かれい

意味 海にすむ魚。カレイ。ふつうは平たいからだの右側に両眼があり、左側は白い。比目魚（ヒモクギョ）。

魚9 【鰒】 20画 8256 9C12 音 フク漢 訓 あわび・ふぐ

意味 磯（いそ）の岩にはりついている巻き貝。アワビ。石決明（セッケツメイ）。鮑（あわび）。

日本語での用法《ふぐ》フグ科の海魚。河豚（ふぐ）。「鰒毒（ふぐドク）」

魚9 【鰊】 20画 8257 9C0A 音 レン漢 訓 にしん

意味 ❶小魚。❷北太平洋や北大西洋に産する海魚。ニシン。体長は三〇―四〇センチメートル。たまごは、かずのこ。

魚9 【鰛】 20画 ⇩【鰮】オン（1097ページ）

魚10 【鰯】 21画 1683 9C2F 国字 人名 訓 いわし

意味 海にすむ魚。イワシ。からだは銀白色。体長一五―三〇センチメートル。群れをなして泳ぐ。食用のほか、飼料や肥料にもする。鰮（いわし）。

参考 国字だが、『倭玉篇（ワゴクヘン）』〔室町（むろまち）時代初期に成立したといわれる字書〕には「ジャク」の音を示す。広く用いられたらしく、現在は中国でも使われる。

魚10 【鰮】 21画 8259 9C2E 音 オン漢 訓 いわし

魚9 【鰛】 20画 8260 9C1B 俗字

意味 ニシン目の海水魚。イワシ。

魚10 【鰥】 21画 8261 9C25 音 カン漢 訓 おとこやもめ・やもお

意味 ❶大きな魚の名。❷年をとって妻のない男子。やもお。例 鰥寡孤独（カンカコドク）。鰥居（カンキョ）。

【鰥鰥】寝ようとしても眠れないようす。〔魚が水中でいつも目を開いていることにたとえたもの〕

【鰥寡孤独】〔妻のない男と、夫のいない女と、みなし子と、子供のない人〕身寄りのない人のこと。

【鰥居】年老いて妻のない、ひとり暮らし。また、その人。

【鰥夫】妻のいない男。男やもめ。やもお。㊥嫠婦。

魚10 **【鰭】** 21画 4141 9C2D 音キ漢 訓ひれ・はた

意味 魚の背や胸、腹や尾にあって、泳いだりバランスをとったりするための運動器官。ひれ。古語で、はた。

難読 鰭板

魚10 **【鰤】** 21画 8262 9C24 音シ漢 訓ぶり

意味 ❶毒のある魚、また、老魚ともいう。❷近海にすむブリ科の魚。ブリ。体長約一メートル。背は濃い青色、腹は銀白色。日本では代表的な出世魚とされ、イナダ、ワラサ、ブリと、呼び名が変わる。例 塩鰤。巻き鰤。

魚10 **【鰰】** 21画 8264 9C30 国字 訓はたはた

意味 海にすむ魚。ハタハタ。体長約二〇センチメートル。冬に、青森・秋田・山形県などの沿岸でとれる。カミナリウオ。鱩。〔「はたはた」は雷鳴の音。雷が鳴る時期にとれることから〕

魚10 **【鰡】** 21画 8263 9C21 音リュウ漢 訓ぼら

意味 ❶ハゼの一種。❷サメの一種。

日本語での用法《ぼら》ボラ目の海にすむ魚。いわゆる出世魚の一つで、大きくなるにつれてオボコ・スバシリ・イナ・ボラ・トドなどの順に名がかわる。

魚11 **【鱇】** 22画 8265 9C47 国字 音コウ

意味 「鮟鱇」は、海底にすむ魚。→【鮟】(1095ページ)

参考 もと魚の「アンコウ」を示すのに「鮟鱇」とした国字だが、現在は中国でも使われる。

魚11 **【鱆】** 22画 8267 9C46 音ショウ漢 訓たこ

意味 海中にすむ軟体動物。タコ。章魚。〔日本では「鮹」「蛸」「章魚」と書く〕

魚11 **【鱈】** 22画 *3513 *9C48 国字 音セツ 訓たら

意味 北洋の深海にすむ魚。タラ。体長約七〇センチメートル。肝臓から油がとれる。例 干鱈。棒鱈。

参考 もと国字だが、現在は中国でも使われる。

魚11 **【鰺】** 22画 8245 9C3A 音ソウ漢 訓あじ

魚8 **【鯵】** 19画 1619 9BF5 俗字

意味 ❶なまぐさい。❷熱帯の海にすむ大形の魚。

日本語での用法《あじ》アジ科の近海魚で、体長二〇—三〇センチメートル。干物などにもする。「鯵の塩焼き・鯵のたたき」

魚11 **【鰻】** 22画 1723 9C3B 音バン漢 マン呉 訓うなぎ

意味 ウナギ目の淡水魚。ウナギ。深海で産まれ、成魚となってからは川や湖沼にすむ。からだは細長い。

日本語での用法《うな》「うなぎ」の略。「鰻重・鰻丼」

魚11 **【鰾】** 22画 8268 9C3E 音ヒョウ漢 訓ふえ・うきぶくろ

意味 魚の腹中にあって、うきしずみの調節や肺の役割をするふくろ。ふえ。うきぶくろ。例 鰾膠(=魚のうきぶくろを煮つめた、にかわ。にべ)。

魚11 **【鰲】** 22画 ⇨【鼇】(1112ページ)

魚12 **【鱚】** 23画 8269 9C5A 国字 音キ 訓きす

意味 近海にすむ魚。キス。からだは細長く、体長二〇—二五センチメートル。

参考 もと国字だが、現在は中国でも使われる。

魚12 **【鰹】** 23画 1979 9C39 音ケン漢 訓かつお

意味 ❶ウナギの大きいもの。雷魚。❷温帯や熱帯の海にすむサバ科の魚。カツオ。マグロに似ているが、からだに青い線がある。干しても食べる。例 鰹節。

参考 「❷」は、日本での用法だったが、現在は中国でも使われる。

難読 学鰹

魚12 **【鱏】** 23画 1-9450 9C4F 音シン漢 ジン呉 訓えい

意味 長江・黄河に産する淡水魚。シナヘラチョウザメ。

日本語での用法《えい》海にすむ軟骨魚類。ひし形の平たいからだに、長い尾をもつ。

魚12 **【鱒】** 23画 4380 9C52 人名 音ソン漢 訓ます

意味 海にすむサケ科の魚。マス。サケに似ているが、やや小さい。初夏に産卵のため川をさかのぼる。

魚12 **【鱗】** 23画 ⇨【鱗】(1098ページ)

魚13 **【鱠】** 24画 8270 9C60 音カイ漢 訓なます

意味 細く切った魚肉。なます。同 膾。

魚13 **【鱗】** 24画 4658 9C57 人名 音リン漢 訓うろこ

魚12 **【鱗】** 23画

意味 ❶魚類や爬虫類などのからだをおおい、身を保護する、かたい小片状のもの。うろこ。こけら。例 魚鱗。逆鱗。片鱗。❷魚類やうろこのある動物をまとめていうことば。古語で、いろくず。例 鱗介。鱗甲。

【鱗羽】魚類と鳥類。

【鱗雲】うろこ状の雲。

【鱗介】〔「介」は、こうらや貝がらの意〕魚類と甲殻類や貝類。類魚介。

【鱗形】うろこに似たかたち。例―のつぼみ。

【鱗茎】地下茎の一種。短いくきのまわりに養分をたくわえた葉が、球形に密生したもの。ユリ根・タマネギなど。

【鱗甲】①〔うろこと、こうらの意〕魚類と甲殻類。②うろこ状の、かたいこうら。③心の中のわだかまり。④金属や革の小片を魚鱗のように配置してつくった、よろい。また、よろいの小札。

【鱗比】うろこのように連なり並ぶこと。

【鱗布】うろこのようにびっしりしきつめること。

【鱗粉】チョウやガのはねの表面をおおう、うろこ状のこな。

【鱗片】うろこの一片。また、うろこ状をしたもの。

魚 13

【鱧】

24画 8271 9C67 音レイ漢 訓はも

意味 スズキ目の淡水魚。ライギョ。

日本語での用法《はも》ウナギに似た細長い海魚。肉は白身で小骨が多く、骨切りをして吸いものや、かば焼きなどにする。「鱧の骨切り」

魚 15

【鱶】

26画 8272 9C76 音ショウ漢 訓ふか

意味 干した魚。ひもの。

日本語での用法《ふか》大形のサメ。ワニザメ。「鱶鰭の スープ」

魚 16

【鱸】

27画 8273 9C78 音ロ漢 訓すずき

意味 浅海にすむ魚。スズキ。夏に川にのぼる。日本では出世魚の一つで、セイゴ、フッコ、スズキと、呼び名が変わる。例鱸膾(=スズキのなます)。

196 11画 鳥 とり とりへん 部

尾の長いとりの形をあらわす。「鳥」をもとにしてできている漢字を集めた。

0 鳥 2 鳩 鳰 鳧 鳫 3 鳶 鳳 鳴 4 鴉 鴃 鴆 鴇 鴎 鴈 5 鴪 鴛 鴨 鴣 鴟 鴫 鴕 鴦 鴒 鴥 鴬 6 鴻 鵁 鴿 鵆 鵄 鵆 鵈 鵇 7 鵞 鵤 鵑 鵐 鵠 鵝 鵡 鵜 8 鶏 鵲 鶉 鶇 鶊 鵬 鵡 鵪 鵰 鵩 9 鶚 鶤 鶩 鶫 10 鶯 鶲 鶬 鶻 鶸 鶺 鶴 鷆 鶹 鷄 鷂 11 鷗 鷙 鷓 12 鷸 鷲 鷦 鷭 鷯 13 鷽 鷹 鷺 14 鸎 17 鸚 鸛 19 鸞

この部首に所属しない漢字

凫→几123 烏→灬631 嶌→山330 蔦→艹863

鳥 0

【鳥】

11画 3627 9CE5 教育2 音チョウ漢呉 訓とり

筆順 ノ 亻 户 白 鳥 鳥 鳥

なりたち [象形]長い尾と足のあるとりの形。

意味 つばさをもち空をとぶ動物をまとめていうことば。とり。例鳥獣。野鳥。不死鳥。

県名 鳥取

難読 鳥飼・鳥養・鳥屋・鳥羽・鳥居・鳥甲

【鳥喙】とりのくちばし。鳥嘴。

【鳥瞰図】高いところから見下ろした視点でかいた絵図面や地図。俯瞰図。〔英語 bird's-eye view の訳語〕表記「鳥観図」とも書く。

【鳥嘴】とりのくちばし。鳥喙。

【鳥獣】とりやけもの。例―戯画。―保護。

【鳥人】飛行家や、スキーのジャンプなど、飛ぶ競技にすぐれた選手などを、飛ぶ鳥にたとえていうことば。

【鳥声】とりの鳴きごえ。さえずり。

【鳥跡】①とりの足あと。②漢字のこと。〔黄帝の時代に、蒼頡がとりの足あとを見て、文字を作ることを思いついたという伝説による〕表記▽「鳥迹」とも書く。

【鳥葬】遺体を山野に置いて鳥についばませる、ほうむり方。チベットや内陸アジアなどの風習。

【鳥媒花】鳥をなかだちとして、花粉をめしべにつける花。ツバキなど。

【鳥目】一チョウ ①中央に穴のあいた昔のお金。〔中央の穴が鳥の目に似ていることから〕②わずかなお金。例お―を頂いて生活のたしにする。二とり 暗くなると、あたりが見えなくなる病気。ビタミンAの不足で起こる。夜盲症。

【鳥類】脊椎動物の一つ。全身に羽毛があり、かたいくちばし、二つのつばさ、二本の足をもつ。卵生。多くは空を飛ぶ。

【鳥居】神社の入り口に立ててある、二本柱の門。例稲荷社の赤い―。

【鳥貝】海にすむ二枚貝の一種。肉は黒色で、うすい。

【鳥籠】鳥を入れて飼うためのかご。

【鳥竿】小鳥をつかまえるために、鳥もち(=ねばりけのある物質)を先につけたさお。鳥刺し竿。

【鳥の子紙】〔「鳥の子」は、「ニワトリの卵」の意〕雁皮を主原料とした、厚手の上質な和紙。色はうすい黄色。

【鳥膚】(寒さやおそろしさで)鳥の皮膚のように、ぶつぶつになった、はだ。例―が立つ。表記「鳥肌」とも書く。

○●益鳥・海鳥・害鳥・小鳥・千鳥・白鳥・冬鳥・保護鳥・留鳥

鳥 2

【鳩】

13画 4023 9CE9 人名 音キュウ漢 ク呉 訓はと

なりたち [形声]「鳥(=とり)」と、音「九」とから成る。ハト。

意味 ❶ハト科の鳥。ハト。例鳩居。伝書鳩。❷あつまる。あつめる。同糾。例鳩合。鳩首。

難読 斑鳩・鳩尾・鳩める

人名 あつむ・やす

【鳩居】婦人が自分の家をもてず、夫の家にいること。また、かりずまいやそまつな家のたとえ。〔ハトはカササギの巣にすむということから〕〈詩経〉

【鳩合】(名・する)集めること。また、集まること。鳩集。例同志の者を―する。表記「糾合」とも書く。

【鳩舎】伝書バトを飼うための小屋。

【鳩首】(名・する)みんなが集まって相談すること。例―

協議する。

【鳩杖】上部にハトのかざりがついた、つえ。長寿の功臣の慰労のため、天子からあたえられた。〔ハトは飲食のとき、むせないということによる〕

【鳩尾】①胸と腹のあいだの、くぼんでいるところ。みずおち。みぞおち。心窩。②「鳩尾の板」の略。よろいの左の肩かけひもの上をおおう鉄板。ハトの尾の形をしている。

【鳩派】ものごとをおだやかに解決しようとする人々。穏健派。対鷹派。例同じ党の中でも―に属する議員。

【鳩に三枝の礼あり】⇨【三枝の礼】（12ペ）

【鳩笛】ハトの鳴き声に似た音を出す、また、ハトの形をした、素焼きの笛。

【鳩麦】イネ科の一年草。実や種は食用や薬用となる。種子は薏苡仁。

【鳩胸】（ハトの胸のように）前につき出ている胸。

【鳩目】ひもを通す円い穴。また、そこにつけた円い金具。

鳥2 【鳰】13画 8276 9CF0 国字 訓にお

意味 カイツブリ科の水鳥。ニオ。カイツブリの古名。例鳰の海（=琵琶湖の別名）。

鳥2 【鳧】13画 8274 9CE7 音フ漢 訓けり・かも

几7 【凫】9画 8275 9CEC 別体字

意味 カモに似た水鳥。野ガモ。

日本語での用法 《けり》①水辺にすむチドリ科の鳥。『万葉集』や『和名抄』では、カモ。②詠嘆の助動詞「けり」のあて字。また、文末によく用いられるので、ものごとの結末や決着の意をあらわす。「鳧がつく・鳧をつける・鳧鴨（=助動詞「けり」と助詞「かも」が多く使われることから、和歌や歌人をひやかしていうことば）」

鳥2 【鳫】13画 ⇨【雁】（1042ペ）

鳥3 【鳶】14画 3848 9CF6 人名 音エン漢 訓とび・とんび

意味 タカ科の鳥。トビ。くちばしの先端が、とがって下に曲がる。ピーヒョロロと鳴いて輪をえがいて飛ぶ。とんび。例鳶肩（=トビのような、いかった肩）。紙鳶（=凧）。

日本語での用法 《とび》「鳶の者」の略。江戸時代の火消し。また、現在では大がかりな組み立て作業で、高いところで仕事をする人をいう。「鳶職・加賀鳶」

【鳶色】トビの羽の色のような茶褐色。こげ茶色。例―の大きな瞳。

【鳶飛んで魚躍る】君子の徳が天下に行きわたっていることのたとえ。〔鳥や魚がのびのびと満足しているようすから〕（詩経）

鳥3 【鳳】14画 4317 9CF3 人名 音ホウ漢 訓おおとり

なりたち ［形声］「鳥（=とり）」と、音「凡→ホウ」とから成る。おおとり。

意味 ❶昔の中国で、めでたいときにあらわれると考えられた想像上の鳥。おおとり。「鳳」はおす、めすは「凰」。例鳳凰。瑞鳳（=めでたいしるしとしてあらわれた、オオトリ）。❷天子に関する事物につけることば。例鳳輦。

人名 たか

【鳳凰】クジャクに似た、中国の想像上のめでたい鳥。昔、すぐれた天子の世になるとあらわれるといわれた。「鳳」はおす、「凰」はめす、とされる。鳳鳥。

【鳳駕】①（屋根に黄金の鳳凰のかざりがついている）天子の乗り物。②仙人の乗り物。

【鳳雛】①鳳凰のひな。②大人物になる資質をもった子供。例―の教育に尽力する。③まだ世にあらわれていない英雄。臥竜。伏竜。例―の出現を待つ。

【鳳声】①鳳凰の鳴き声。②手紙の用語で、他人にたのむ伝言を、うやまっていうことば。鶴声。例お父上にもご―のほど願い上げます。

【鳳仙花】ツリフネソウ科の一年草。夏に赤・白・むらさきなどの花がさく。実が熟すると種がはじけ出る。

【鳳輦】①行幸のときに天子が乗った輿。屋根の上に黄金の鳳凰のかざりがついている。鳳輿。②天子の乗り物。例―を迎え奉る。③仙人の乗る車。

鳥3 【鳴】14画 4436 9CF4 教育2 音メイ漢 ミョウ呉 訓な-く・な-る・な-らす

筆順 丨 口 叫 叫 咱 咱 鳴 鳴 鳴

なりたち ［会意］「鳥（=とり）」と「口（=くち）」とから成る。鳥の声。また、（鳥が）声を出す。

意味 ❶鳥やけものが声を出す。なく。例鶏鳴。鹿鳴（=賓客をもてなす宴会）。❷音が出る。音を出す。なる。ならす。例鳴弦。共鳴。雷鳴。

【鳴神】かみなり。いかずち。〔古い言い方〕

【鳴子】田畑をあらす鳥を追いはらう道具。なわに下げた板に細い竹を並べてつけ、なわを引くと音が出るしかけ。例―の音におどろくスズメ。

【鳴門】①潮の干満のとき、大きなうずを巻き、音を立てる海峡。②「鳴門巻き」の略。切り口がうず巻き状になっている、かまぼこ。表記▽「鳴戸」とも書く。

【鳴弦】（病気やもののけを追いはらうまじないとして）弓のつるを鳴らすこと。表記「鳴絃」とも書く。

【鳴虫】秋にいい声でなく虫。

【鳴動】（名・する）山々や大地が大きな音を立てて、ゆれ動くこと。例大山―して鼠一匹（=おおさわぎをしたのに、実際はつまらない結果だったこと）。

●共鳴・鶏鳴・悲鳴・百家争鳴・雷鳴・鹿鳴

鳥4 【鴉】15画 8277 9D09 音ア漢 訓からす

意味 ❶カラス科の鳥。カラス。例鴉鷺。❷カラスの羽のように黒い。例鴉鬢（=女性の黒い鬢の毛）。

【鴉鷺】黒いカラスと白いサギ。黒と白。烏鷺。

鳥4 【鴃】15画 8280 9D03 音ゲキ慣 ケキ漢 訓もず

意味 モズ科の鳥。モズ。同鶪。例鴃舌。

【鴃舌】（モズの鳴き声のように）やかましく聞こえてくるが、意味のわからない、異民族のことば。例南蛮―（=うるさいだけで意味の通じない外国語）。

鳥4 【鴆】15画 8281 9D06 音チン漢

意味 毒へびを食う、伝説上の毒鳥。羽を酒にひたして飲むと、たちどころに死ぬという。例鴆毒。①チンの羽にある毒。羽を酒にひたして毒酒にする。②猛毒。表記▽「▼酖毒」とも書く。

鳥4【鴇】15画 3830 9D07 音ホウ漢 訓とき

意味 ❶ガンに似た鳥。❷遊女のこと。例鴇母(=遊女を取りしきる、やりて婆)。

日本語での用法《とき》トキ科の鳥。全身は白く、つばさはうすもも色をおび、くちばしが長く前に曲がっている。特別天然記念物。国際保護鳥。朱鷺。

鳥4【鴎】15画 ⇩【鷗】(1104ページ)

鳥4【鴈】15画 ⇩【雁】(1042ページ)

鳥5【鴪】16画 8282 9D2A 音イツ漢 訓と-ぶ

鳥5【鴥】16画 ― 9D25 別体字

意味 鳥が速く飛ぶようす。

鳥5【鴛】16画 1785 9D1B 音エン漢 オン呉 訓おしどり

意味 カモ科の水鳥。オシドリのおす。例鴛鴦。

【鴛▼鴦】エンオウ/おしどり カモ科の水鳥。雌雄の仲がよい。「鴛」は、おす、「鴦」は、めすのオシドリ。また、おすの冬羽はひじょうに美しいことでも知られる。例―夫婦。

【鴛▼鴦の契り】エンオウのちぎり (オシドリのつがいのように)夫婦仲がよいこと。例―を結ぶ(=夫婦になる)。

鳥5【鴨】16画 1991 9D28 人名 音オウ漢 訓かも

意味 カモ科の水鳥。カモ。アヒルに似ているが、やや小さい。例家鴨(=アヒル)。野鴨(=カモ)。

日本語での用法《かも》古代の和歌の中で、感動の助詞「かも」を示す。「妹に鴨あらむ」

人名 まさ

【鴨脚】オウキャク イチョウの木の別名。〔葉の形がカモのあしに似ていることから〕

【鴨居】かもい ふすまや障子を立てるところの、上の横木。みぞがあり、下の横木(=敷居)と対になる。㊀対敷居。

【鴨南蛮】かもナンバン カモの肉を入れた、うどん・そば。

鳥5【鴣】16画 8285 9D23 音コ漢

意味「鷓鴣」は、キジ科の鳥。→【鷓】(1105ページ)

鳥5【鴟】16画 8286 9D1F 音シ漢呉 訓とび・ふくろう

意味 ❶トビに似た鳥。❷ネコに似た頭をもつ、肉食で夜行性の鳥。ミミズク。フクロウ。例鴟梟(=フクロウ)。

【鴟尾】シビ 城や仏殿などの屋根の両はしに取りつける、魚の尾の形のかざり。しゃちほこなど。とびのお。沓形。

鳥5【鴫】16画 2818 9D2B 国字 訓しぎ

意味 シギ科の水鳥。長いくちばしと長い足をもち、海岸や湿地、たんぼなどに群れをなしてすむ。イソシギ・ハマシギ・タシギなど。例磯鴫。

鳥5【鴕】16画 8288 9D15 音タ漢 ダ呉

意味 熱帯の草原にすむ大きな鳥。ダチョウ。首と足が長く、飛べないが、走るのは速い。

鳥5【鴦】16画 8283 9D26 音ヨウ漢 オウ呉 訓おしどり

意味 カモ科の水鳥。オシドリのめす。例鴛鴦。

鳥5【鴒】16画 8289 9D12 音レイ漢 リョウ呉

意味「鶺鴒」は、スズメに似た小鳥。→【鶺】(1104ページ)

鳥5【鴥】16画 ⇩【鴪】(1101ページ)

鳥5【鴬】16画 ⇩【鶯】(1104ページ)

鳥6【鴻】17画 2567 9D3B 人名 音コウ漢 ゴウ呉 訓おおとり

なりたち [形声]「鳥(=とり)」と、音「江コウ」とから成る。オオハクチョウ。

意味 ❶ガン類の大きな鳥。また、ハクチョウの類。おおとり。例鴻鵠。鴻毛。❷大きい。すぐれた。さかんな。㊀同洪。例鴻業(=大きな事業)。

人名 つよし・とき・ひろ・ひろし

【鴻恩】コウオン 大きなめぐみ。大恩。表記「洪恩」とも書く。

【鴻▼鵠】コウコク ①大きな鳥。②大人物や英雄のこと。

【鴻▼鵠の志】コウコクのこころざし 大人物がいだいている大志。→【燕雀安くんぞ鴻鵠の志を知らんや】(642ページ)

【鴻儒】コウジュ 偉大な儒学者。大儒。

【鴻大】コウダイ (名・形動ナ)ひじょうに大きいこと。巨大。広大。

【鴻図】コウト ①大きな計画。洪図。②広い領土。

【鴻毛】コウモウ おおとりの羽。また、ひじょうに軽いものをたとえていう。例死は或いは泰山より重く或いは―より軽し。〈司馬遷・報任少卿書〉

【鴻門】コウモン 今の陝西省にある地名。前二〇六年、劉邦(=漢の高祖)と楚の項羽が会見した場所。殺されそうになった劉邦が臣下の奇略によって虎口を脱した「鴻門の会」の故事で名高い。〈史記〉

鳥6【鵁】17画 8290 9D41 音コウ漢

意味 サギ科の水鳥。アカガシラサギ。また、ゴイサギ。鵁鶄。

鳥6【鴿】17画 8291 9D3F 音コウ漢 ゴウ呉 訓いえばと・はと・やまばと

意味 ハト科の鳥をまとめていうことば。ハト。

鳥6【鴴】17画 ― 9D34 音コウ漢 訓ちどり

意味 チドリ科の鳥。チドリ。

鳥6【鵄】17画 8287 9D44 音シ漢呉 訓とび

意味 タカ科の鳥。トビ。例金鵄(=日本の建国説話に見える金色のトビ)。

鳥6【鵆】17画 8293 9D46 国字 訓ちどり

意味 チドリ科の鳥。チドリ。

鳥6 【鴭】17画 8294 9D48 国字 訓とび・ひえどり

意味 トビ。ヒエドリ(=ヒヨドリ)。ミサゴ。

鳥6 【鴾】17画 8292 9D3E 音ボウ漢 訓つき・とき

意味「鴾母ボウボ」は、ウズラの一種。中国に夏に来るわたり鳥。

日本語での用法《つき・とき》「鴇とき」に同じ。「鴾毛つきげ」

【鴾毛】つきげ 赤みをおびたウマの毛色。また、そのウマ。月毛。

鳥7 【鵞】18画 8302 9D5E 音ガ漢

鳥7 【鵝】18画 8301 9D5D 別体字

意味 カモ科の水鳥。ガチョウ。例鵞鳥ガチョウ。鵞毛ガモウ。

難読 鵞腸草はこべ・天鵞いぐ・天鵞絨ビロード

【鵞口▼瘡】ガコウソウ 口内炎のように、口の中にたくさんの白い斑点ができる病気。幼児に多い。

【鵞鳥】ガチョウ 野生のガンを飼いならして家畜とした鳥。

【鵞毛】ガモウ ①ガチョウの羽。②雪やヤナギのわたなど、ごく軽いもののたとえ。〔ガチョウの羽が白くて軽いことから〕例身の軽きこと―の如し。

鳥7 【鵤】18画 8303 9D64 音カク漢 訓いかる・いかるが

意味 字義未詳。〔一説に、音「サン」〕

日本語での用法《いかる・いかるが》アトリ科の小鳥。イカル。〔おもに地名や人名に用いられる字〕「鵤いかるが(=兵庫県の地名)・鵤木町いかるぎチョウ(=栃木県の地名)」

鳥7 【鵙】18画 8306 9D59 音ゲキ慣 ケキ漢 訓もず

意味 モズ科の鳥。モズ。スズメに似ているが、尾が長い。性質はあらく、昆虫やカエルなどの小動物をとって食べる。

鳥7 【鵑】18画 8304 9D51 音ケン漢 訓ほととぎす

意味 カッコウ科の鳥。ホトトギス。杜鵑トケン。

鳥7 【鵠】18画 2584 9D60 音コク漢 訓くぐい

意味 ❶湖沼にすむ大形の水鳥。白鳥。くぐい。からだは白く、首は長く、天高く飛ぶ。例鴻鵠コウコク。❷弓を射る的の中心。例正鵠セイコク(=弓を射る的の中心)。

難読 鵠沼くげぬま(=地名)

【鵠志】コクシ 鴻鵠の志。大人物のいだいている志。→【燕雀安んぞ鴻鵠の志を知らんや】(642ページ)

鳥7 【鵜】18画 1713 9D5C 人名 音テイ漢 訓う

意味「鵜鶘テイコ」は、ペリカン。伽藍鳥ガランチョウ。

日本語での用法《う》黒色の水鳥。長いくちばしで魚をとらえ、のどのふくろにたくわえる。「鵜匠うショウ・鵜飼うかい・鵜養うかい・鵜呑うのみ」

【鵜匠】うショウ・うジョウ ウを飼いならして魚をとらせる人。鵜飼い。

【鵜▼呑み】うのみ ①食べ物をかまずに、そのままのみこむこと。丸のみ。例飯を―にしてしゃっくりを直す。②人のことばやものごとを疑ってもみず、そのまま受け入れること。例規則を―にする。〔ウが魚をそのまままのみこむことから〕

【鵜の目▼鷹の目】うのめたかのめ 〔ウやタカが、えものをねらうような目の意〕するどい目つきで何かをさがしたり、機会をとらえたりすること。また、その目つき。例―でさがす。

鳥7 【鵐】18画 8305 9D50 音ブ漢 訓しとど

意味 ホオジロ科の小鳥をまとめていうことば。シトド。

鳥7 【鵝】18画 ⇩【鵞】ガ(1102ページ)

鳥8 【鶏】19画 2360 9D8F 常用 音ケイ漢呉 訓にわとり・とり

筆順 ノ 爫 奚 奚 鶏 鶏 鶏

鳥10 【鷄】21画 8317 9DC4 人名

隹10 【雞】18画 1-9366 96DE 本字

なりたち [形声]「隹(=とり)」と、音「奚ケ」とから成る。ニワトリ。

意味 肉やたまごを食用にするために飼われる鳥。ニワトリ。例鶏卵ケイラン。闘鶏トウケイ。養鶏ヨウケイ。

難読 鶏冠木かえで・軍鶏しゃも・水鶏くいな

【鶏冠】㊀ケイカン ニワトリの頭の上についている、赤いかんむりのような部分。㊁とさか ケイトウの花。鶏頭ケイトウ。

【鶏群の一▽鶴】ケイグンのイッカク おおぜいの平凡な人々の中に、ただひとり非凡な人物がいること。〔晋書〕

【鶏犬相聞こゆ】ケイケンあいきこゆ ニワトリやイヌの鳴き声が聞こえ合う、平和な村里のようす。〔老子〕

【鶏口】ケイコウ ニワトリの口。小さな組織の中の最高位のたとえ。

【鶏口となるとも牛後となるなかれ】小さな組織でもその長となるほうが、大きな組織の中で人々のうしろに従っているよりもよい。寧ろ鶏口となるとも牛後となるなかれ。

故事のはなし 斉・楚・秦・燕・韓・魏・趙の七強国がたがいに争いあう戦国時代、諸国をまわって軍事や外交の政策を進言する遊説家といわれる人々がいた。その一人、蘇秦という人が諸国の王に説いてまわったとき使ったのが、このことわざである。当時最も強大で、おそれられていたのが秦で、蘇秦は秦に対抗する他の六か国に同盟を結ばせようとして、「諸侯の兵を全部あわせれば秦の十倍になります。秦を打ち破ることもできるでしょう。今こそ連合すべきです」と趙の王を説得すると、すぐさま同じように各国を説いてまわった。「鶏口」とは小さくても一国の王、「牛後」とは大国の秦に従属することをいう。〔史記〕

【鶏舎】ケイシャ ニワトリを飼うための小屋。とり小屋。

【鶏頭】ケイトウ ヒユ科の一年草。夏から秋にかけて、ニワトリのとさかに似た、赤や黄色の花がさく。

【鶏▼糞】ケイフン ニワトリのふん。乾燥させて肥料にする。

【鶏鳴】ケイメイ ①ニワトリの鳴き声。②一番どりの鳴き声。③夜明け。鶏晨ケイシン。

【鶏鳴▼狗盗】ケイメイクトウ ①ものをぬすんだり、ものまねをしたり、つまらない特技をもつ者。いやしい者。例―のたぐい。②要領がよく、ちょっとばかり気がきくこと。また、そのような人。

故事のはなし 戦国時代、斉セイの国の王族、孟嘗君モウショウクンが西方の強国、秦シンの王に招かれて、やがて気が変わった秦王にとらえられてしまったときのこと、このままでは殺されてしまうと、秦王お気に入りの女に救いを求めた。女は見返りとして、白狐の毛皮のコートを要求してきた。ところが、それはすでに秦王に献上ケンジョウずみである。困った孟嘗君が食客(=客分としての家来)に相談すると、中の一人にイヌ(=狗)をまねて泥棒する(=盗)のが得意な者がいた。すぐさまこの者にコートをぬすみ出させ女に贈ったので、孟嘗君は首尾シュビよく釈放シャクホウされた。一行は急いでにげ出し、国境の函谷関カンコクカンまで来たが、関所のきまりで一番鶏イチバンどりが鳴かないと門は開かない。孟嘗君は、秦王の追っ手がせまることをおそれて、もう一度食客に相談した。今度はニワトリの鳴きまねのうまい者がいて、その者が鳴いてみせると(=鶏鳴)、あたりのニワトリがあちこちで鳴きだした。関所の門は開けられ、一行は無事に斉に帰りつくことができた。〈史記シキ〉

【鶏卵】ケイラン ニワトリのたまご。

【鶏▼肋】ケイロク ①ニワトリのあばら骨。食べるほどの肉はついていないが、捨ててしまうにはおしいもののこと。②あまり役には立たないが、捨ててしまうにはおしいもの。例昔書いた文章や詩は―として一冊にまとめておく。③からだの骨組みが弱く、やせていること。

【鶏にわとりを割さくに▼焉いずくんぞ牛刀ギュウトウを用もちいん】ニワトリを料理するのには、ウシを切り分けるための大きい刀を必要としない。小さいことをおこなうのに、大人物や大きな手段を用いる必要はないということのたとえ。牛刀をもって鶏にわとりを割さく。〈論語ロンゴ〉

鳥8 **【鵲】** 19画 8307 9D72 音ジャク慣 シャク漢呉 訓かささぎ

意味 カラス科の鳥。カササギ。からだ全体は黒く、肩と腹は白色で、尾の長い鳥。その鳴き声はめでたい知らせを告げると言われ、七夕の夜には天の川に橋をかけるという伝説がある。例鵲語ジャクゴ。烏鵲ウジャク(=カササギ)。

難読 烏鵲かささぎ

【鵲語】ジャクゴ カササギの鳴き声。喜びごとの前兆とされる。

鳥8 **【鶉】** 19画 8308 9D89 音シュン漢 ジュン呉 訓うずら

意味 キジ科の小さくて、ずんぐりした鳥。ウズラ。からだは赤茶色で黒白のまだらがある。例鶉衣ジュンイ。鶉色うずらいろ(=ウズラの羽の色)。

難読 鶉斑うずらふ

【鶉豆】うずらまめ インゲンマメの一種。色はウズラに似て、うすい白地に赤みがかった斑点ハンテンがある。煮豆などにする。

【鶉衣】ジュンイ・うずらごろも 短くてつぎはぎの、みすぼらしい衣服のたとえ。鶉服ジュンプク。〔ウズラの尾が短く切れていることから〕

鳥8 **【鶇】** 19画 8309 9D87 音トウ漢 ツ呉 訓つぐみ

鳥9 **【鶫】** 20画 8310 9DAB 別体字

意味 ❶ツグミ科の鳥。ツグミ。スズメに似た、黒っぽい茶色の鳥で、美しい声で鳴く。冬のわたり鳥。〔日本では「鶫」と書くことが多い〕❷「鶇鶏トウカン」は、鳥の名。美しい姿をしているという。

鳥8 **【鵯】** 19画 8311 9D6F 音ヒ漢 ヒツ漢 訓ひよどり

意味 「鵯鶋ヒッキョ」は、ミヤマガラス。大群をなして飛んで来る冬のわたり鳥。

日本語での用法 《ひよどり》全身が暗い灰色の鳥。おもに山林にすみ、やかましい声で鳴く。ひえどり。「鵯上戸ひよどりジョウゴ(=つる性の多年草。赤く丸い実をヒヨドリが好む)・鵯越ひよどりごえ(=地名)」

鳥8 **【鵬】** 19画 4318 9D6C 人名 音ホウ漢 訓おおとり

鳥8 **【鵬】** 19画

なりたち [形声]「鳥(=とり)」と、音「朋ホ」とから成る。おおとり。参考「鳳」の古字。

意味 想像上の巨大キョダイな鳥。背は数千里にもおよび、つばさは天をおおう雲のようだという。おおとり。転じて、すぐれたもの、大きなもののたとえ。例鵬図ホウト。鵬翼ホウヨク。

人名 とも・ゆき

【鵬雲】ホウウン おおとりのつばさのように大きな雲。

【鵬程】ホウテイ おおとりが飛んでいくほどの、はるかに遠い道のり。例―万里バンリ。

【鵬図】ホウト 大きな計画。大事業。〔おおとりが膨大ボウダイな距離キョリをひと息に飛ぼうとくわだてた話から〕〈荘子ソウジ〉

【鵬翼】ホウヨク ①おおとりのつばさ。②飛行機のつばさ。例―を連ねる。③大きな計画。大事業のくわだて。

鳥8 **【鵡】** 19画 4425 9D61 音ブ漢 ム呉

意味 「鸚鵡オウム」は、オウム科の鳥をまとめていう呼び名。

鳥8 **【鵺】** 19画 8312 9D7A 音ヤ漢 訓ぬえ

意味 「白鵺ハクヤ」は、キジに似た尾の長い鳥。ヌエドリ。トラツグミ。

日本語での用法 《ぬえ》源三位頼政ゲンザンミよりまさが退治した正体不明の怪物カイブツ。頭はサル、からだはタヌキ、手足はトラ、尾はヘビに似る。「頼政よりまさの鵺ぬえ退治タイジ・鵺的ヌエテキ(=正体不明のようす)・鵺式ぬえシキの文章ブンショウ(=首尾シュビ統一のない文)」

鳥8 **【鵰】** 19画 ⇨【雕】チョウ(1045ページ)

鳥8 **【鵬】** 19画 ⇨【鵬】ホ(1103ページ)

鳥9 **【鶚】** 20画 8313 9D9A 音ガク漢 訓みさご

意味 海岸や湖沼コショウにすむ鳥。ミサゴ。頭・首・腹が白く、背は茶色、くちばしはタカのように曲がり、つめはするどく、魚を見つけると急降下して足でつかみ取る。例 鶚鮨（＝ミサゴが岩かげなどにたくわえた魚が、自然に発酵し酢漬けのようになったもの）。

鳥9 【鶤】20画 8314 9DA4 音 コン漢 訓 とうまる・にわとり

意味 ❶（ツルに似た）大きな水鳥。❷「鶤鶏」は、㋐大きな水鳥の一種。㋑鳳凰の別名。㋒大きなニワトリ。トウマル。

鳥9 【鶩】20画 8315 9DA9 音 ブ・ボク漢 ム呉 訓 あひる

意味 ❶カモを飼いならした鳥。アヒル。例 鶩列（＝アヒルのように並ぶこと）。❷はやくはしる。例 鶩馳（＝疾走）。

鳥9 【鶫】20画 ⇩【鶇】（1103ページ）

鳥10 【鶯】21画 8284 9DAF 音 オウ漢 訓 うぐいす

鳥5 【鴬】16画 1809 9D2C 俗字 鳥14 【鸎】25画 ── 9E0E 別体字

意味 ウグイス科の小鳥。コウライウグイス。ウグイス。例 鶯囀。晩鶯（＝春の終わりに鳴くウグイス）。老鶯。

【鶯色】ウグイスの羽の色に似た、緑に茶のまじった色。

【鶯張り】ふむとウグイスの鳴き声に似た音を出すように作った板張りの廊下。

【鶯豆】青エンドウを、あまくやわらかく煮た食べ物。

【鶯▼囀】ウグイスがさえずること。また、その声。

鳥10 【鶲】21画 8316 9DB2 音 オウ漢 訓 ひたき

意味 ヒタキ科の小鳥をまとめていうことば。ヒタキ。

鳥10 【鷁】21画 8318 9DC1 音 ゲキ漢 訓 ふね

意味 ❶サギに似た大形の水鳥の一種。❷船首に鷁をえがいた船。例 鷁舟。

【鷁首】⇩【竜頭鷁首】（1116ページ）

鳥10 【鶻】21画 8319 9DBB 音 コツ漢 訓 はやぶさ

意味 ❶「鶻鵃」は、ハトの一種。❷ハヤブサ科の鳥。ハヤブサ。隼。

【鶻突】（形動タル）はっきりしないようす。ぼんやりしているようす。〔「糊塗」（＝はっきりしない。あいまいにする）に通じる〕

鳥10 【鶸】21画 8320 9DB8 音 ジャク漢 訓 ひわ

意味 ニワトリの一種。トウマル。

日本語での用法《ひわ》アトリ科の小鳥。「鶸色・鶸茶色」

鳥10 【鶺】21画 8321 9DBA 音 セキ漢

意味 「鶺鴒」は、セキレイ科の小鳥。水べにすみ、ほっそりした美しいからだつきをしている。石をたたくように長い尾羽を上下にふり動かす。

難読 鶺鴒（いしたたき・にわたたき・とつぎおしえ・いしくなぎ・にわくなぎ・にわくなぶり）

鳥10 【鶴】21画 3665 9DB4 常用 音 カク漢 訓 つる

隹3 【隺】11画 5369 5BC9 俗字

筆順 冖 ケ 宀 隺 隺 雚 鶴 鶴

なりたち [形声]「鳥（＝とり）」と、音「隺カク」とから成る。ツル。

意味 ツル科の鳥。ツル。足と首が長い。からだは白く、つばさを広げて飛ぶ姿は美しい。長生きをするので、昔からめでたい鳥とされている。例 鶴首。鶴翼。

難読 田鶴

人名 ず・たず

【▽鶴首】（名・する）首を長くして待ち望むこと。〔ツルの首が長いことから〕例 ─して待つ。

【▽鶴髪】しらが。白髪。鵠髪。

【▽鶴望】首を長くのばし、つま先立って、待ちのぞむこと。しきりに待つこと。例 計画の実現を心より─します。

【▽鶴翼】①ツルのつばさ。②ツルがつばさを広げたように、軍隊をV字形に配置する陣形。中央部分に敵を入れ、左右から取り囲む。例 ─の陣。→【魚鱗】②（1094ページ）

【▽鶴林】〔仏〕①沙羅双樹の林のこと。つるのはやし。〔釈迦が入滅したとき、常緑の沙羅双樹がすべてツルの羽のように白く枯れたといわれる〕②釈迦の死。

【鶴九皐に鳴いて声天に聞こゆ】すぐれた君子は、うもれていても名声は世に知れる、ということのたとえ。〔「鶴」は、人格のすぐれた人のたとえ。「九皐」は、山深い沼沢。ツルは山深い沢で鳴いても、その声は天まで聞こえる、の意〕〈詩経〉

鳥10 【鷆】21画 8322 9DC6 音 テン漢 訓 よたか

鳥10 【鷏】21画 8323 9DCF 俗字

意味 ヨタカ科の鳥。ヨタカ。鷆鳥。

鳥10 【鷂】21画 8324 9DC2 音 ヨウ漢 訓 はいたか

意味 ❶タカ科の鳥。ハイタカ。❷キジ科の鳥の一種。鷂雉。

鳥10 【鷄】21画 ⇩【鶏】（1102ページ）

鳥10 【鷏】21画 ⇩【鷆】（1104ページ）

鳥11 【鷗】22画 1-9469 9DD7 人名 音 オウ漢 訓 かもめ

鳥4 【鴎】15画 1810 9D0E 俗字

意味 カモメ科の水鳥。カモメ。からだは灰色または白色で、海や川にすみ、魚や虫をとらえて食べる。例 白鷗（＝白いカモメ）。

鳥11 【鷙】22画 8325 9DD9 音 シ漢

意味 ❶ワシやタカなど、凶暴な鳥。鷙鳥。❷凶暴な。あらあらしい。

【鷙鳥】①どうもうな鳥。ワシやタカなどの猛禽をいう。②ツバメの別名。

【鷙戾】シレイ 凶暴でねじけていること。

鳥 11
【鷓】
22画 8326 9DD3 音シャ漢
意味「鷓鴣」は、キジ科の鳥。ウズラ類よりも大形でキジ類よりも小形の種類をいう。

鳥 12
【鷸】
23画 8327 9DF8 音イツ漢 訓しぎ
意味 ❶水べにすむ鳥。シギ。また、カワセミ。例鷸蚌の争い。❷はやく飛ぶことの形容。

【鷸▼蚌の争い】イツボウのあらそい ⇩【漁父の利】ギョフのリ(617ページ)

鳥 12
【鷲】
23画 4741 9DF2 人名 音シュウ漢ジュ呉 訓わし
意味 タカ科の大形の鳥。ワシ。するどいつめを使って、他の鳥やけものをおそう。例鷹鷲(=タカとワシ)。

【鷲▽山】ジュセン 〔仏〕「霊鷲山」の略。インドの山で、釈迦が説法をしたところ。霊山。鷲嶺。〔山頂の形がワシに似ていることから〕

【鷲▼嶺】ジュレイ 「鷲山」に同じ。

【鷲▼摑み】わしづかみ (ワシが獲物をつかむように)乱暴につかむこと。

【鷲鼻】わしばな ワシのくちばしのように、鼻の先が下向きに曲がっている鼻。かぎ鼻。

鳥 12
【鷦】
23画 8328 9DE6 音ショウ漢 訓みそさざい
意味 ミソサザイ科の小鳥。ミソサザイ。鷦鷯。例鷦枝(=ミソサザイが巣を作る一本の枝。人は、その分に満足すべきであることのたとえ)。

鳥 12
【鷭】
23画 8329 9DED 音ハン漢バン呉 訓もず
意味 クイナ科の水鳥。バン。
日本語での用法《もず》モズ科の小鳥。百舌鳥。

鳥 12
【鷯】
23画 8330 9DEF 音リョウ漢 訓みそさざい
意味 ❶「鷦鷯」は、ミソサザイ。❷ウズラの別名。

鳥 13
【鷽】
24画 8331 9DFD 音カク漢ガク呉 訓うそ
意味 ❶カササギに似た鳥。くちばしと足が赤く、尾は長い。山鵲。❷小鳩。ジュズカケバト。例鷽鳩(=小鳩。また、小人物)。
日本語での用法《うそ》アトリ科の小鳥。スズメに似ているが、少し大きい。ウソドリ。コトヒキドリ。「鷽替・鷽姫」

鳥 13
【鷹】
24画 3475 9DF9 人名 音ヨウ漢オウ呉 訓たか
なりたち [形声]「鳥(=とり)」と、音「應オウ→ヨウ」の省略体とから成る。タカ。
意味 タカ科の鳥。タカ。くちばしとつめがするどく、性格はあらあらしい。例鷹狩り。鷹匠。

【鷹揚】オウヨウ (形動ダ)落ちついて、ゆったりとしているようす。こせこせしないようす。大様。例—にかまえる。

【鷹匠】たかジョウ タカを飼いならし、鷹狩りをする人。

【鷹派】たかハ 相手の主張を受け入れず、自分たちの意見を強硬に主張する人々。〔武力行使による解決をする場合にもいう〕 対鳩派

鳥 13
【鷺】
24画 2677 9DFA 人名 音ロ漢 訓さぎ
意味 サギ科の水鳥。サギ。足・首・くちばしが長く、ツルに似ているがからだは小さく、頭部にかんむり状の毛がある。例烏鷺(=カラスとサギ。白と黒)。白鷺(=しらさぎ)。

鳥 14
【鸎】
25画 ⇩【鶯】ウオ(1104ページ)

鳥 17
【鸚】
28画 8332 9E1A 音オウ漢ヨウ呉イン唐
意味 ❶「鸚鵡」は、オウム目の南方産の鳥。人によく慣れ、ことばをまねることができる。❷「鸚哥」は、小形のオウム目の鳥。

鳥 17
【鸛】
28画 8333 9E1B 音カン漢 訓こうのとり
意味 コウノトリ科の大形のわたり鳥。コウノトリ。ツルに似ているが、頭が赤くない。多くは樹上に巣をつくる。こうづる。例鸛雀(=コウノトリ)。鸛鵲(=コウノトリ)。

鳥 19
【鸞】
30画 8334 9E1E 音ラン漢呉
意味 ❶想像上の霊鳥。鳳凰の一種。太平の世にあらわれるという。例鸞鳳。❷天子の乗る車につける鈴。また、その車。例鸞駕。鸞車(=天子の乗る車)。❸天子が使用する事物の名にそえて、うやまっていうことば。例鸞旗(=鸞のぬいとりのある、天子の旗)。

【鸞▼駕】ランガ 天子の乗り物。鸞輿。鳳駕。

【鸞▼鳳】ランポウ ①想像上の霊鳥。鳳凰の一種で、すぐれた天子の世にあらわれるという。②徳の高い天子やすぐれた人物のたとえ。③仲のいい夫婦のたとえ。

197 11画 鹵 しお・ろ 部

岩塩を産する中国西方の土地の意をあらわす。「鹵」をもとにしてできている漢字を集めた。

0 鹵 8 鹸 9 鹹 13 鹼 14 鹽

鹵 0
【鹵】
11画 8335 9E75 音ロ漢
意味 ❶塩分をふくんだ土地。作物が育たない、やせた土地。しおつち。しおち。例鹵地(=塩を産する土地)。❷(海からとれる塩に対して)海以外からとれる塩。岩塩。しお。例塩鹵(=しお)。❸おろか。にぶい。また、あらく雑なようす。同魯。例鹵鈍(=おろか)。❹矢を防ぐ大きな盾。同櫓。例鹵簿。❺うばいとる。かすめる。うばう。例鹵獲。

【鹵獲】ロカク (名・する)戦闘の結果、敵の兵器・軍用品などをぶんどること。例—兵器。—品を後送する。

【鹵簿】ロボ 天子が外出するときの行列。例自動車—。

鹵 8
【鹸】
19画 ⇩【鹼】ケン(1106ページ)

鹵 9
【鹹】
20画 8336 9E79 音カン漢 訓から-い・しおから-い

意味 しおからい。塩分の多い。例 鹹苦カンク(=塩からく、にがい)。鹹湖カンコ。鹹水カンスイ。

【鹹湖】カンコ 塩分をふくんだ湖。鹹水湖。㊉淡水湖タンスイコ。

【鹹水】カンスイ 塩分をふくんだ水。塩水しおみず。㊉淡水タンスイ。

【鹹味】カンミ 塩からい味。塩け。

鹵13 **【鹼】** 24画 1-9474 9E7C 音カン漢 ケン呉 訓あく

鹵8 **【鹸】** 19画 2420 9E78 俗字

意味 ❶地中にふくまれる塩分やアルカリ分。しおけ。例 鹼化ケンカ。❷アルカリ分からつくった洗剤センザイ。例 石鹼セッケン。

鹵14 **【鹽】** 25画 ⇩【塩】エン(237ジペー)

198 11画 鹿 しか部

シカの形をあらわす。「鹿」をもとにしてできている漢字を集めた。

0 鹿 2 麁 5 麇 麈 6 麋 7 麌 8 麒 麑 麗 麓 麕 10 麝 12 麟 13 麟 22 麤

この部首に所属しない漢字

塵⇩土239

鹿0 **【鹿】** 11画 2815 9E7F 教育4 音ロク漢呉 訓しか・か・しし

筆順 亠 广 户 户 庐 庐 唐 鹿

なりたち [象形]頭に角のある四本足のシカの形。

意味 ❶シカ科の哺乳ホニュウ動物。シカ。おすには角がある。性質はおとなしい。例 鹿角ロッカク。❷王位のたとえ。例 逐鹿チクロク。→【鹿しかを▽逐おう】

【鹿しかを▽逐おう】 政権を手に入れようと争う。→【中原チュウゲンに鹿しかを逐おう】(26ジペー)

【鹿しかを▽逐おう者ものは山やまを見みず】〔シカを追いかけて夢中になっている者は、シカのすむけわしい山全体のことを考えない意〕何かに熱中すると他のことに気が回らず、全体が見えなくなる。また、目先の欲にとらわれている者は、道理を忘れる。鹿を追う猟師リョウシ山を見ず。

【鹿しかを指さして馬うまとなす】〔秦シンの趙高チョウコウが、シカをウマであると言い張り、臣下に同調させた故事から〕権勢によって無理を押し通すこと。また、人をばかにすること。馬うまを鹿しか。鷺さぎを烏からす。

【▽鹿▽苑】 ㊀ロクエン シカを放し飼いにしてある庭園。㊁ロクオン 釈迦シャカが悟りをひらいたのち、初めて説法をしたというところ。

【▽鹿▽砦】ロクサイ 木や竹をシカの角のように組んで、敵の侵入シンニュウを防ぐもの。逆茂木さかもぎ。鹿角ロッカク。例 ―で道路をふさぐ。 表記「▽鹿▽柴」とも書く。

【▽鹿▼茸】ロクジョウ 生えて間もない、まだ皮をかぶっているシカの角。取ってかげ干しにし、漢方薬とする。

【▽鹿鳴】ロクメイ 賓客ヒンキャクをもてなす宴会エンカイ。〔『詩経シキョウ』の詩「鹿鳴」を歌ったことにもとづく〕

【▽鹿鳴館】ロクメイカン 明治時代、東京にあった、れんが造りの洋風建物。舞踏会ブトウカイなどが開かれていた。例 ―時代。

【▽鹿▼盧】ロクロ 物を引っ張ったり、つり上げたりするのに使う滑車カッシャ。轆轤ロクロ。

【▽鹿角】ロッカク ①シカの角。②敵の侵入シンニュウを防ぐため、地上に木・竹を植えて垣かきのようにめぐらすもの。

鹿2 **【麁】** 13画 ⇩【麤】ソ(1107ジペー)

鹿5 **【麇】** 16画 ― 9E87 音㊀キン漢 ㊁クン漢 グン呉 訓くじか・のろ

鹿8 **【麕】** 19画 8343 9E95 別体字

意味 ㊀キン シカ科の哺乳ホニュウ動物。シカより小形で角がなく、きばがある。ノロ。ノロジカ。㊁クン グン 群れをなす。むれる。同 群。

鹿5 **【麈】** 16画 8339 9E88 音シュ漢 ス呉

意味 ❶シカの一種で大きなもの。例 麈尾シュビ。❷シカの尾おで作った払子ホッス(=ちりをはらう道具)。もとはハエやカをはらうもの。僧ソウの身の飾かざり)。

難読 麈尾はい・はらい

鹿6 **【麋】** 17画 8340 9E8B 音ビ漢 訓かもしし

意味 シカ科の哺乳ホニュウ動物。シカの一種。シフゾウ。〔角はシカに、尾おはロバに、ひづめはウシに、首はラクダに似るが、全体はどれにも似ていないことから「四不像シフゾウ」と名づけられたという〕例 麋鹿ビロク。

【麋▽鹿】ビロク ①シフゾウとシカ。②山野や、いなかのたとえ。例 ―の志こころざし(=俗世ゾクセをはなれて山野にかくれ住むという願い)。―の姿すがた(=粗野ソヤな服装)。

鹿7 **【麌】** 18画 8341 9E8C 音グ漢 ゴ漢 訓おくじか・めくじか

意味 ❶シカ科の哺乳ホニュウ動物、ノロの雄おす。一説に、ノロの雌めすとも。❷むらがり集まるようす。

鹿8 **【麒】** 19画 8342 9E92 人名 音キ漢 ギ呉

意味 「麒麟キリン」は、中国古代の想像上の霊獣レイジュウ。

【麒▼麟】キリン ①中国古代の想像上の霊獣レイジュウ。からだはシカ、尾おはウシ、ひづめはウマに似て、頭に一本の角がある。聖人が世に出たときにあらわれる。「麒」がおす、「麟」がめす。騏驎キリン。②聖人や才能のすぐれた人のたとえ。例 ―児ジ(=将来が期待される子供)。③アフリカ産のキリン科の哺乳ホニュウ動物。首と足が長く、あざやかな斑紋ハンモンがある。ジラフ。

鹿8 **【麑】** 19画 8344 9E91 音ゲイ漢 訓かのこ

意味 ❶シカの子。かのこ。例 麑鹿ゲイロク。❷「狻麑サンゲイ」は、想像上の猛獣モウジュウの名。また、獅子シシ。ライオン。同 猊ゲイ。

日本語での用法 《ゲイ》「鹿児島」に「麑」の字の意味をあてて用いたもの。「麑城ゲイジョウ(=鹿児島城かごしまじょう)」

【麑▽鹿】ゲイロク シカの子。こじか。古代、卿大夫ケイタイフがおくりものとして用いた。

鹿8 **【麗】** 19画 4679 9E97 常用 音㊀レイ漢 ライ呉 ㊁リ漢呉 訓うるわ-しい・うら-らか

筆順 (麗の筆順)

なりたち [会意]「鹿(=しか)」と「丽(=ならんで行く)」とから成る。シカがならんで行く。

意味 一 レイ ❶ならぶ。対(ツイ)になる。同儷(レイ)。例麗馬(レイバ)(=対のウマ)。❷連続する。つらなる。例麗沢(レイタク)。❸はなやかで美しい。あでやか。うるわしい。例麗人(レイジン)・華麗(カレイ)・妙麗(ミョウレイ)。❹明るくほがらか。うららか。例麗日(レイジツ)。 二 リ「高句麗(コウクリ)」は、昔の朝鮮(チョウセン)半島北部の国。

日本語での用法《うらら・うららか》晴れて風もなく、おだやかな天気。また、晴れ晴れとした表情や気持ち。「春(はる)は麗(うら)ら・麗(うら)らかな気分(キブン)」

難読 高麗(コウライ・こま)

人名 あき・あきら・うらら・かず・つぐ・つら・よし・より

【麗句】(レイク) 美しい語句。例美辞(ビジ)―。

【麗姿】(レイシ) 美しくあでやかな姿。例―をあらわす。

【麗質】(レイシツ) 生まれつき備わった美しさ。例天然の―。

【麗日】(レイジツ) うららかな日。のどかな日。例陽春の―。

【麗色】(レイショク) ①美しい色。美しい景色(ケシキ)。②美しい顔色。

【麗人】(レイジン) 美しい女の人。美人。例男装の―。

【麗沢】(レイタク・リタク) ①連なる二つの沢(さわ)。②友人どうし、はげまし合って学問に努めること。〔二つの沢が、たがいにうるおし合うことから〕〈易経(エキキョウ)〉

【麗筆】(レイヒツ) ①美しく書かれた字。②美しい詩や文章。例―をふるう。

【麗妙】(レイミョウ) すぐれて、うつくしい。

【麗容】(レイヨウ) 美しい姿。うるわしい姿。例富士山(フジサン)の―。

●華麗(カレイ)・奇麗(キレイ)・秀麗(シュウレイ)・壮麗(ソウレイ)・端麗(タンレイ)・美麗(ビレイ)・豊麗(ホウレイ)・流麗(リュウレイ)

鹿 8

【麓】

19画 4728 9E93 常用 音ロク漢 訓ふもと

筆順 十 木 林 林 … 麓

なりたち [形声]「林(=はやし)」と、音「鹿(ロク)」とから成る。山林を守る役人。

意味 山すそ。ふもと。例山麓(サンロク)。

鹿 8 [麕] 19画 ⇩【麇】キン(1106ページ)

鹿 10

【麝】

21画 8345 9E9D 音シャ漢ジャ呉

意味 小形で、角のないシカ。ジャコウジカ。腹部から香料(コウリョウ)の麝香(ジャコウ)が採れる。

【麝香】(ジャコウ) 麝香鹿(ジャコウじか)から採れる香料。

【麝香鹿】(ジャコウじか) ジャコウジカ科の動物。おすの腹部に香嚢(コウノウ)があり、そこから香料の麝香が採れる。

鹿12 【麟】23画 ⇩【麟】リン(1107ページ)

鹿 13

【麟】

24画 4659 9E9F 人名 音リン漢

鹿12

【麟】

23画

なりたち [形声]「鹿(=シカ)」と、音「粦(リン)」とから成る。大きな、おすのシカ。

意味 ❶「麒麟(キリン)」は、中国古代の想像上の霊獣(レイジュウ)。例獲麟(カクリン)。→【麒麟】(キリン)(1106ページ) ❷「麟麟(リンリン)」は、ひかりかがやくようす。

鹿 22

【麤】

33画 1-9476 9EA4 音ソ漢呉 訓あら-い・おろ-か・ふと-い

鹿 2 [麁] 13画 8338 9E81 俗字

意味 ❶シカがばらばらにはなれる。❷おおまかなようす。あらい。同粗(ソ)。例麤密(ソミツ)(=密度のあらいことと、こまかいこと)。❸あらあらしい。同粗(ソ)。例麤暴(ソボウ)(=あらあらしくて、乱暴なこと)。

---

199 11画 麥(麦) むぎ むぎへん 部

ムギの意をあらわす。常用漢字では、「麦(七画)」となる。「麥」をもとにしてできている漢字を集めた。

0 麦 麥 4 麩 麸 麪 5 麭 8 麴 麹 9 麵 麺

麦 0

【麦】

7画 3994 9EA6 教育2 音バク漢 訓むぎ

筆順 一 十 キ 主 去 麦 麦

麥 0

【麥】

11画 8346 9EA5

なりたち [会意]「來(=穂(ほ)のある穀物)」と「夊(=足でふむ)」とから成る。ムギ。

意味 イネ科の穀物。ムギ。オオムギ・コムギなど。例麦芽(バクガ)。麦秋(バクシュウ)。米麦(ベイバク)(=コメとムギ)。

難読 麦魅(ふすま)・麦麨(むぎこがし)・瞿麦(なでしこ・とこなつ)

【麦芽】(バクガ) ①ムギの芽。②オオムギを発芽させて干したもの。ビールや水あめの原料になる。

【麦芽糖】(バクガトウ) 麦芽の酵素(コウソ)が、でんぷんに作用してできる糖分。水あめの原料になる。

【麦酒】(バクシュ) ムギを原料とした酒。ビール。

【麦秀】(バクシュウ) ムギの穂(ほ)がのびること。

【麦秀の▽詩】(バクシュウのうた) 箕子(キシ)が、廃墟(ハイキョ)となってしまった殷(イン)の都にムギが穂(ほ)を出しているのを見て、故国の滅亡(メツボウ)をなげいて作った詩。麦秀の嘆(タン)。〈史記(シキ)〉

【麦秋】(バクシュウ・むぎあき) ムギが熟するころ。初夏。むぎの秋。

【麦飯】(バクハン・むぎめし) ムギをたいたごはん。また、米にオオムギをまぜてたいたごはん。

【麦▼稈】(バッカン・むぎわら) 「麦藁(むぎわら)」に同じ。例―真田(さなだ)(=麦わらを真田紐(ひも)のように編んだもの)。

【麦▼藁】(むぎわら) ムギの実を取ったあとの、くき。表記「麦▼稈」とも書く。

麥 0 【麥】11画 ⇩【麦】バク(1107ページ)

麥 4

【麩】

15画 8347 9EA9 音フ漢 訓ふすま

麦 4 [麸] 11画 8348 9EB8 俗字

意味 コムギをひいて粉にするときに出る、皮のかす。ふすま。例麩皮(フヒ)(=ふすま)。

日本語での用法《フ》小麦粉のたんぱく質でつくった食品。「焼(や)き麩(フ)・生麩(なまフ)」

麦4 ［麸］11画 ⇩【麩】フ（1107ページ）

麦4 ［麪］15画 ⇩【麺】メン（1108ページ）

麦5 【麭】16画 8350 9EAD 音ホウ漢 訓こなもち

意味 ❶もち。だんご。❷「麺麭」は、パン。

麦8 【麴】19画 1-9479 9EB4 音キク漢 訓こうじ

麦8 ［麹］15画 2577 9EB9 俗字

意味 コメ・ムギ・ダイズなどをむして、こうじ菌を繁殖させたもの。酒・しょうゆ・みそなどの原料。こうじ。例麴塵。

難読 鼠麴草

【麴▼塵】①（「塵」は、ちりの意）ちりのようにこうじに生える、かび。②こうじのかびのような、青みがかった黄色。例―の袍（=天子の着る、うすい黄色に青みがかった色の袍）。

【麴▼黴】かびの一種。でんぷんをぶどう糖に変え、たんぱく質を分解するはたらきがある。酒・しょうゆ・みそなどを作るのに用いる。麴菌。

麦8 ［麹］15画 ⇩【麴】キク（1108ページ）

麦9 【麺】16画 4445 9EBA 常用 音ベン漢 メン呉 訓むぎこ

筆順 十 主 麦 麦 麺 麺 麺

麦9 【麵】20画 1-9480 9EB5

麦4 ［麪］15画 8349 9EAA 本字

なりたち ［形声］「麥（=むぎ）」と、音「丏」とから成る。ムギの粉末。

意味 ❶ムギの粉。むぎこ。また、むぎこを練って、細長く切った食品。例麺類。拉麺。❷「麺麭」は、パン。

【麺棒】粉などをこねた生地を、広げのばすのに使う棒。のべ棒。

【麺類】うどん・そば・そうめん・スパゲッティなどを、まとめていうことば。

麦9 ［麵］20画 ⇩【麺】メン（1108ページ）

200 11画 麻（麻）あさ あさかんむり 部

アサの意をあらわす。常用漢字では「麻」となる。「麻」をもとにしてできている漢字を集めた。

0 麻 麻 3 麼 麽 4 麾 7 麿 麿

この部首に所属しない漢字

摩⇩手453 磨⇩石720 糜⇩米766 靡⇩非1057 魔⇩鬼1093

麻0 【麻】11画 4367 9EBB 常用 音バ漢 マ呉 訓あさ・お

筆順 亠 广 广 府 庥 麻 麻

麻0 【麻】11画

なりたち ［会意］「林（=あさをつむぐ）」と「广（=やね）」とから成る。やねの下でつむぐアサ。

意味 ❶アサ科の一年草。アサ。また、そのくきの皮の繊維から作った糸や布。あさぬの。お。例麻布。❷感覚がなくなる。しびれる。同痲。例麻酔。麻痺。麻薬。

難読 麻生・麻実・麻笥・胡麻・黄麻

人名 ぬさ

【▽麻▽幹】皮をはいだアサのくき。例迎え火に―を焚く。

【▽麻▼雀】〔中国語音〕中国で始まったゲーム。四人で一つの卓を囲み、一三六枚の牌を使って遊ぶ。例―を打つ。

【麻黄】マオウ科の常緑低木。くきは、せき止めや解熱の漢方薬にする。

【麻▼姑】爪が長かったという仙女。例―掻痒（=背中のかゆいところを麻姑にかかせたら気持ちがよいだろうということから、思いのままになること）。―の手（=孫の手）。

【麻紙】アサの繊維から作った紙。古代、貴重品とされ、詔勅や経巻に用いた。

【麻▼疹】子供がかかることが多い感染症。熱が高く、赤い発疹ができる。表記「▼痲▼疹」とも書く。

【麻酔】（名・する）薬で、全身またはからだの一部の知覚を一時的に失わせること。表記「▼痲酔」とも書く。

【麻中の▼蓬】環境によって悪いものも正しい方向に自然に向かうこと。（曲がりやすいヨモギも、まっすぐのびるアサの中に生えれば、まっすぐ育つことから）〈荀子〉

【麻▼痺】（名・する）①しびれること。感覚がなくなること。また、からだのある部分の神経や筋肉の機能が止まること。例心臓―。②正常なはたらきをしなくなること。例交通―する。表記▽「▼痲▼痺」とも書く。

【麻布】アサの繊維で織ったぬの。例―に絵をかく。

【麻薬】麻酔や鎮痛に使うくすり。中毒になりやすい。モルヒネ・アヘン・コカインなど。表記「▼痲薬」とも書く。

麻0 ［痲］11画 ⇩【麻】マ（1108ページ）

麻3 【麼】14画 5487 9EBC 音バ漢 マ呉 モ唐

麻3 ［麽］14画 2-9457 9EBD 俗字

意味 ❶こまかい。かすか。例麼虫（=小さい虫）。❷疑問をあらわす語にそえて、語調をととのえる。いかに。なに。どんな。か。や。例什麼。作麼生（=どうだ。いかに）。恁麼。

麻3 ［麽］14画 ⇩【麼】モ（1108ページ）

麻4 【麾】15画 6164 9EBE 音キ漢呉 訓さしまね-く

意味 さしずするための旗。例麾下。

【麾下】①将軍直属の兵士。旗本。例―の精鋭。②指揮下にある者。部下。例司令長官―の艦隊。

麻7 【麿】18画 4391 9EBF 人名 国字 訓まろ

麻7 【麿】18画

なりたち ［会意］日本語で「まろ」をあらわす二字の万葉がな「麻呂」を一字にした合字。

意味 ❶自分を指していうことば。わたし。例麿が父(=わたしの父)。❷男子の名の下につける字。例柿本人麿(かきのもとのひとまろ)。❸動物名の下につける字。例稲子麿(いなごまろ)。

麻7 【麿】18画 ⇩【麿】(1108ページ)

201 12画 黄(黃) き きいろ 部

きいろの意をあらわす。常用漢字では「黄(十一画)」となる。「黄」と、「黃」の字形を目じるしにして引く「黌」とを集めた。

0 黄 黃 13 黌

黄0 【黄】11画 1811 9EC4 教育2 音コウ漢 オウ呉 訓き・こ 付表 硫黄(いおう)

筆順 一 廿 丑 丑 芇 苗 苗 黄

黄0 【黃】12画 1-9481 9EC3 人名

なりたち [形声]「田(=土地)」と、音「炗(コウ)」とから成る。地の色。

意味 ❶きいろ。き。五方(=東・西・南・北・中央)の中央の色として、たっとばれる。皇帝の色。例黄金(オウゴン)。黄土(コウド)(=大地)。天地玄黄(テンチゲンコウ)。❷きいろになる。きばむ。例黄熟(コウジュク)(=植物の実が黄色に熟(う)れる)。黄葉(コウヨウ)。❸三歳(サイ)以下のおさない子。例黄口(コウコウ)(=口先が黄色い。未熟)。

難読 黄昏(たそがれ)・黄精(あまどころ)・黄牛(あめうし)・黄楊(つげ)・黄鳥(うぐいす)・黄櫨(はじ)・黄蘗(きはだ)・黄鶏(かしわ)・黄蜀葵(とろろあおい)・黄麻(つなそ)

人名 かつみ

【黄金】一オウゴン ①金(キン)。例―のかんむり。②金銭(キンセン)。貨幣。③ひじょうに価値のあるもののたとえ。例―のうで。二こがね ①金。②金貨。

【黄麻】オウマ コウマ シナノキ科の一年草。くきの皮からとれるジュートという繊維(センイ)からは、穀物用のふくろを作る。つなそ。

【黄身】きみ たまごのなかみの黄色い部分。卵黄(ランオウ)。対白身(しろみ)。

【黄口】コウコウ ①ひな鳥の黄色いくちばし。また、ひなどり。②幼い子ども。また、経験の浅い未熟な者。黄吻(コウフン)。対二毛(ニモウ)。

【黄泉】コウセン よみ 死者が行くといわれているところ。よみじ。冥土(メイド)。例―に旅立つ。

【▽黄▽泉路】よみじ ①死者が行くところまでの道。あの世へ行く道。②「黄泉(コウセン)」に同じ。

【黄土】一コウド ①黄色がかった土。中国では北部の土地の表面を厚くおおっている細かい土。おうど。②あの世。よみの世界。黄泉(コウセン)。二オウド 赤土からつくった赤黄色の顔料。オークル。例―色(いろ)。

【黄道】コウドウ (「オウドウ」とも) 地球から見て、一年をかけて太陽が天球上を一周するように見える、そのみちすじ。

【黄▼吻】コウフン 「黄口(コウコウ)②」に同じ。

【黄門】コウモン ①日本の官名「中納言(チュウナゴン)」を、中国の官職制度にあてはめて呼んだもの。②(中納言の官職にあったことから)とくに、水戸藩主(ハンシュ)徳川光圀(みつくに)(=水戸黄門)のこと。例―さま。

【黄葉】コウヨウ もみじ (名・する) 秋に木の葉が黄色になること。また、黄色になった葉。

【黄▼粱】コウリョウ アワの一種。オオアワ。

【黄▼粱一炊の夢】コウリョウイッスイのゆめ 栄枯盛衰(エイコセイスイ)のはかないことのたとえ。一炊の夢。邯鄲(カンタン)の夢。盧生(ロセイ)の夢。

故事のはなし 邯鄲(カンタン)という町の宿屋で、盧生(ロセイ)という青年が呂翁(リョオウ)という道士(ドウシ)(=道教の僧)に出会った。盧生はみずからの貧しい境遇(キョウグウ)をうったえているうち、ねむくなってきた。呂翁はふくろからまくらをとりだして盧生に貸してくれた。夢の中で盧生はとんとん拍子(ビョウシ)に出世して、最後は一国をあたえられる大名にまでのぼりつめ、子孫も繁栄(ハンエイ)し、天寿(テンジュ)をまっとうして死んだ。夢はそこで終わり、あくびを一つして盧生は目をさました。見れば自分は宿屋の店先でねていて、そばには呂翁がいる。盧生がねる前、宿屋の主人が黄粱をたきかけていたが、まだそれもたきあがっていない。呂翁は笑って盧生に言った。「世の中のことはみんなこんなものだよ」。盧生もまったくそのとおりだと思った。そして「わたしの欲心を消そうとして、こんな夢を見せてくださったのでしょう。この夢を忘れないようにします」と礼を言って立ち去ったという。(枕中記(チンチュウキ))

【▽黄▽昏】たそがれ ①夕ぐれどき。夕方。〔「誰(た)そ彼(かれ)(=あの人はだれ?)」と聞く意から〕例―せまる町。②人生の盛りを過ぎたころ。人生の終わりに近いころ。例人生の―。

黄0 【黃】12画 ⇩【黄】(1109ページ)

黄13 【黌】25画 8352 9ECC 音コウ漢 訓まなびや

意味 学校。まなびや。例黌校(コウコウ)(=学校)。昌平黌(ショウヘイコウ)(=江戸(えど)の湯島(ゆしま)にあった、幕府の学校)。

202 12画 黍 きび 部

キビの意をあらわす。「黍」をもとにしてできている漢字を集めた。

0 黍 3 黎 5 黏 11 黐

黍0 【黍】12画 2148 9ECD 音ショ漢 訓きび

意味 イネ科の一年草。キビ。モチキビ。例黍稷(ショショク)(=モチキビと、ウルチキビ)。黍団子(きびダンゴ)(=キビの粉で作っただんご)。

黍3 【黎】15画 8353 9ECE 人名 音レイ漢 ライ呉 訓くろ-い

なりたち [形声]「黍(=きび)」と、音「㓟(リ→レイ)」の省略体とから成る。くつ作りに使う、のり。借りて「くろい、おおい」の意。

意味 ❶うすぐらい。くろい。例黎黒(レイコク)(=色が黒い)。黎明(レイメイ)。❷たくさんの。例黎民(レイミン)(=多くの人民)。

人名 あき・あきら・あけ・たみ

【黎元】レイゲン 多くの人民。民衆。庶民(ショミン)。黎民(レイミン)。

【黎明】レイメイ ①(「ひきあけ」とも)夜明け。例―を告げる鳥の声。②ものごとがさかんに始まろうとするところ。例近代日本の―期。

黍 5 【黏】17画 ⇩【粘】ネン(762ページ)

黍 11 【黐】23画 8355 9ED0 音チ漢 訓もち

意味 モチノキの樹皮から採る、ねばりけの強い物質。鳥をとらえるのに用いる。とりもち。もち。例黐木ボク(=モチノキ)。

203 12画 黒(黑) くろ部

くろい色の意をあらわす。常用漢字では「黒(十一画)」となる。「黑」をもとにしてできている漢字を集めた。

0 黒 黑 4 黔 黙 默 5 黛 黜 黝 黛 點 6 黠 8 黥 黨 9 黯 11 黴 14 黶 15 黷

この部首に所属しない漢字

墨⇩土 240

黒 0 【黒】11画 2585 9ED2 教育2 音コク漢呉 訓くろ・くろ-い

筆順 丨 冂 日 甲 甲 里 里 黒 黒

黒 0 【黑】12画 1-9482 9ED1 人名

なりたち [会意]「炎(=ほのお)」と「囧(=まど)」とから成る。いぶされた窓の色。

意味 ❶色がくろい。くろ。くろい。五方(=東・西・南・北・中央)の、北の色。例黒衣コクイ。漆黒シッコク。❷くらい。やみの。例暗黒アンコク。❸わるい。正しくない。例黒白コクビャク。

日本語での用法《くろい》よごれている。「襟えりが黒くろい」

【黒潮】くろしお 日本列島付近で、太平洋を南から北へ流れる暖流。塩分が多く、流れが速い。日本海流。対親潮。

【黒星】くろぼし ①黒い丸い点。②相撲すもうで、負けたとき取組表につける黒い丸じるし。また、勝負での敗戦。例開幕第一戦は―。③失敗。落ち度。例警察の―。▽対白星。

【黒幕】くろマク ①黒い色の幕。②かげでさしずする実力者。例政界の―。

【黒山】くろやま おおぜいの人が集まっていること。例―の人だかりができる。

【黒枠】くろわく ①黒いわく。②黒いわくのついた、死亡通知や死亡広告など。例―の通知が来た。

【黒衣】コクイ・コクエ ①黒い色の衣服。②黒の僧服ソウフク。墨染すみぞめの衣ころも。

【黒鉛】コクエン 黒い光沢コウタクのある、やわらかい鉱物。炭素でできていて、えんぴつのしんや電極などに使う。石墨セキボク。

【黒子】一 コクシ きわめて小さなもの。せまい土地。例弾丸ダンガン―の地(=ひじょうにせまい土地)。二 ほくろ 皮膚ヒフにできる黒い点状のもの。三 くろこ・くろご ①芝居しばいで、役者の後見役をする人。また、その人が身につける黒い頭巾ズキンと衣服。②かげで人をあやつる者。例―に徹テッして表面には出ない。

【黒死病】コクシビョウ ペストのこと。

【黒色】コクショク 黒いろ。例―火薬。

【黒人】コクジン 皮膚ヒフの色が黒色または黒褐色コッカッショクをしている人々。黒色人種。

【黒炭】コクタン 石炭の一種。黒くて光沢コウタクがあり、やわらかい。瀝青炭レキセイタン。

【黒▼檀】コクタン カキノキ科の常緑高木。材はかたく黒色で光沢コウタクがある。上質の家具や装飾品ソウショクヒンなどに使われる。

【黒鳥】コクチョウ ハクチョウに似たカモ科の水鳥。全体がほぼ黒色で、くちばしが赤い。ブラックスワン。

【黒点】コクテン ①黒い色の点。黒星くろぼし。②太陽の表面の、黒い点のように見える部分。

【黒土】コクド・くろつち 腐敗フハイした植物質を多くふくみ、植物の生育に適した豊かな土。例―地帯。

【黒髪】コクハツ・くろかみ 黒いかみの毛。例みどりの―(=つやがある美しい黒い髪)。

【黒板】コクバン チョークで字や絵を書き示す、黒または深緑色の板。

【黒白】コクビャク ①黒色と白色。②ものごとの善と悪。正と不正。例―を明らかにする。

【黒表】コクヒョウ 〔英語 black list の訳語〕要注意人物や危険人物の一覧表。例―に載のせる。

【黒曜石】コクヨウセキ 火山岩の一種。黒色または灰色で光沢コウタクがある。装飾品ソウショクヒンなどに利用する。

(●暗黒アンコク・漆黒シッコク・大黒ダイコク)

黒 0 【黑】12画 ⇩【黒】コク(1110ページ)

黒 4 【黔】16画 8356 9ED4 音キン・ケン漢 訓くろ-い

意味 ❶(冠カンをつけない、黒い頭の)人民のこと。くろい。例黔愚ケング(=人民)。黔首ケンシュ。❷黄色がかった黒色。くろずむ。あさぐろい。❸貴州省の別名。

【黔首】ケンシュ 人民。民衆。黔庶ケンショ。

黒 4 【黙】15画 4459 9ED9 常用 音ボク漢モク呉 訓だま-る・もだ-す

筆順 冂 日 甲 里 里 黒 黙 黙 黙

黒 4 【默】16画 6452 9ED8 人名

なりたち [形声]「犬(=イヌ)」と、音「黒コク→ボク」とから成る。イヌがひそかに人のあとを追う。借りて「しずかにする、だまる」。

意味 ❶声を出さない。ものを言わない。だまる。例黙読モクドク。黙礼モクレイ。沈黙チンモク。❷しずか。しずまる。

【黙劇】モクゲキ せりふを言わず、からだの動きや表情で演じる劇。無言劇。パントマイム。

【黙座】モクザ(名・する) 何も言わず静かにすわっていること。表記 旧黙▼坐

【黙殺】モクサツ(名・する) 相手の存在や言動を無視すること。何も反応せず相手にしない。例人の話を―して返事もしない。

【黙止】モクシ(名・する) 何も言わず、そのままにさせておくこと。例―して動かない。

【黙示】モクシ・モクジ ①ことばに出さず、それとなく気持ちを知らせること。例―の同意。②キリスト教などで、神が人に真理を知らせること。類啓示ケイジ。例―録。

【黙思】モクシ(名・する) 何も言わず、じっと考えること。類黙考モッコウ・黙想。例来こし方かた行ゆく末すえを―する。

【黙視】モクシ(名・する) 何も言わずに、ただ見ていること。口出ししないこと。例―することはできない。

【黙▼誦】モクショウ（名・する）①暗記して口に出して言うこと。暗誦。②声を出さないで読むこと。㊫黙読。

【黙然】モクゼン・モクネン（形動タル）何も言わず、じっとしているようす。例―とながめている。

【黙想】モクソウ（名・する）何も言わずに、じっと何かを考えこむこと。㊫黙思・黙考モッコウ。例熟思―する。

【黙▼禱】モクトウ（名・する）目を閉じ、声を出さず、心の中でいのること。例―をささげる。

【黙読】モクドク（名・する）声を出さないで読むこと。㊥音読。

【黙認】モクニン（名・する）気づかないふりをして見のがすこと。公式には何も言わないまま許可すること。㊫黙許モッキョ・黙諾モクダク。例この際だから―しよう。

【黙秘】モクヒ（名・する）内容をかくして何も言わないこと。例―権。―して不利な証言をしない。

【黙黙】モクモク（形動タル）①だまって、自分の考えに従って仕事をするようす。例―と働く。②静かで声の聞こえないようす。

【黙約】モクヤク 公的にではないが、おたがいの了解のもとにとりきめた約束。

【黙礼】モクレイ（名・する）何も言わずにおじぎをすること。声を出さずに敬礼すること。例ただ―の頭を下げるのみ。

【黙過】モッカ（名・する）気づかないふりをして、そのままにしておくこと。見のがすこと。例―しがたいできごと。不正を―する。

【黙許】モッキョ（名・する）公然と認めるわけではないが、気づかないふりをして見のがすこと。㊫黙認・黙諾モクダク。例一度部下のおちどを―すると、しめしがつかない。

【黙契】モッケイ たがいに口に出さなくても、気持ちが通じあうこと。考えが一致イッチすること。例あの人との間には―がある。

【黙考】モッコウ（名・する）何も言わず、じっと考えつづけること。㊫黙想・黙思。例沈思チンシ―する。

●暗黙アンモク・寡黙カモク・沈黙チンモク

黑4 【默】16画 ⇒【黙】モク（1110ページ）

黑5 【黛】16画 3467 9EDB 人名 音タイ漢 訓まゆずみ

黑5 【黛】17画 二一二

たなちり [形声]本字は「黱」で、「黑（=くろ）」と、音「朕チン→タイ」とから成る。眉まゆを画かく墨すみ。

意味 ❶眉まゆを画かくために用いる青黒色の墨すみ。まゆずみ。例黛眉タイビ（=まゆずみで画いた眉）。粉黛フンタイ。❷（遠くに見える山や樹木の）青黒い色。例翠黛スイタイ。

【黛色】タイショク まゆずみのような、青みがかった黒い色。遠くに見える山の色をいう。

【黛青】タイセイ まゆずみのような、濃こい青い色。

黑5 【黜】17画 8357 9EDC 音チュツ漢 訓しりぞ-ける

意味 官位を下げる。おとす。しりぞける。例黜免チュツメン。

【黜免】チュツメン（名・する）官職をやめさせること。㊫免職。

【黜斥】チュッセキ（名・する）しりぞけて、用いないこと。

黑5 【黝】17画 8359 9EDD 音ユウ漢 訓あおぐろ-い

意味 ❶青みがかった黒色。あおぐろい。例黝牛ユウギュウ（=あおぐろい色の牛）。❷木がしげって暗い。例黝黝ユウユウ（=木がしげって、うすぐらい）。

黑5 【黛】17画 ⇒【黛】タイ（1111ページ）

黑5 【點】17画 ⇒【点】テン（630ページ）

黑6 【黠】18画 8360 9EE0 音カツ漢 訓かしこ-い・さと-い

意味 ❶ずるがしこい。悪がしこい。例黠猾カッカツ。黠吏カツリ（=悪がしこい役人）。❷かしこい。さとい。例黠児カツジ（=かしこい子）。慧黠ケイカツ（=かしこい）。

【黠▼獪】カッカイ 悪がしこいこと。ずるがしこいこと。

黑8 【黥】20画 8361 9EE5 音ゲイ慣ケイ漢 訓いれずみ

意味 罪人の顔に墨すみをさしいれる、古代の刑罰ケイバツ。いれずみ。例黥罪ゲイザイ。黥首ゲイシュ。

【黥罪】ゲイザイ いれずみの刑ケイになる罪。

【黥首】ゲイシュ 刑罰ケイバツで、顔にいれずみをすること。また、その顔。

黑8 【黨】20画 ⇒【党】トウ（104ページ）

黑9 【黯】21画 8363 9EEF 音アン漢 訓くろ-い・くら-い

意味 （気持ちがしずんで）くらい。また、くろい。例黯然アンゼン。

【黯然】アンゼン（形動タル）①悲しくて気がはれないようす。例―たる毎日を送る。②真っ黒なようす。また、真っ暗なようす。表記 ▽「暗然」とも書く。

黑11 【黴】23画 8364 9EF4 音バイ・ビ漢ミ呉 訓かび・かび-る

意味 ❶飲食物や衣類などの表面に生える菌キン。かび。例黴菌バイキン。❷かびがはえる。黒くよごれる。かびる。

【黴雨】バイウ 六月から七月にかけて降りつづく、かびが生えるような雨。また、その時期。つゆ。表記「梅雨」とも書く。

【黴菌】バイキン 腐敗フハイをおこしたり、病原になったりする微生物ビセイブツの、俗ゾクな言い方。バクテリア。㊫細菌。

【黴毒】バイドク ⇒【梅毒】バイドク（529ページ）

黑14 【黶】26画 8365 9EF6 音エン漢 訓ほくろ

意味 皮膚ヒフの表面にある黒い斑点ハンテン。ほくろ。

黑15 【黷】27画 8366 9EF7 音トク漢ドク呉 訓くろ-い・けが-れる・けが-す・にご-る

意味 ❶清らかなもの、おかしてはならないものをそこなう。けがす。けがれる。同瀆トク。例黷職トクショク。❷乱用する。みだりにする。例黷武トクブ。❸色が黒い。くろい。

【黷職】トクショク（名・する）役人がその地位・権限を利用して不正をおこなうこと。汚職オショク。

【黷武】トクブ みだりに武力を用いて武徳をけがすこと。理由もなくいくさをすること。

204 12画 黹 ち ぬいとり部

ぬいとりをしたきものの意をあらわす。「黹」をもとにしてできている漢字を集めた。

0 黹 5 黻 7 黼

黹0 【黹】12画 8367 9EF9 音チ漢 訓かざ-り・ぬ-う

意味 ししゅうをほどこした衣ころも。ぬいとり。

黹 5 【黻】17画 8368 9EFB 音フツ漢 訓くろあお

意味 中国古代の礼服の模様。黒と青とで「亞」の形を連ねたもの。また、(大夫(タイフ)の)礼服。例黼黻(フフツ)(=礼服の模様)。

黹 7 【黼】19画 8369 9EFC 音フ漢 訓しろくろ

意味 中国古代の礼服の模様。白と黒とで斧(おの)の形を連ねたもの。また、(諸侯(ショコウ)の)礼服。例黼衣(フイ)(=礼服)。黼黻(フフツ)。

【黼▼黻】フフツ 一(名)①天子や貴族の礼服に用いられる美しいししゅうの模様。また、その礼服。②美しい文章のたとえ。二(名・する)天子を補佐(ホサ)すること。

205 13画 黽 べんあし かえる 部

カエルの形をあらわす。「黽」をもとにしてできている漢字を集めた。

0 黽 4 黿 11 鼇 12 鼉 鼈

黽 0 【黽】13画 8370 9EFD 音一ボウ漢 二ビン漢 三ベン漢メン呉 訓かえる・つと-める

意味 一(ボウ)カエルの一種。例黽窟(ボウクツ)(=カエルのすみか)。二(ビン)努力する。つとめる。例黽勉(ビンベン)。三(ベン)地名に用いられる字。例黽池(ベンチ)→【澠池】(ベンチ)(623ページ)

【黽勉】ビンベン(名・する)①つとめはげむこと。例—して心を同じくす(=つとめはげんで心を合わせる)。〈詩経(シキョウ)〉②いやいやながら、むりやりすること。

黽 4 【黿】17画 2-9462 9EFF 音ゲン漢ガン呉 訓おおがめ

意味 大きなカメの一種。あおすっぽん。例黿鼉(ゲンダ)。

【黿▼鼉】ゲンダ 大きなスッポンとワニ。

黽 11 【鼇】24画 8371 9F07 音ゴウ漢 訓おおがめ

魚11 【鰲】22画 8266 9C32 俗字

意味 海の中にすみ、蓬萊(ホウライ)山を背負うといわれる、大きなカメ。おおうみがめ。例鼇頭(ゴウトウ)。

【鼇頭】ゴウトウ ①科挙(=官吏(カンリ)登用試験)で第一位の合格者。②書物の頭注。

黽 12 【鼉】25画 — 9F09 音タ漢ダ呉

意味 ワニの一種。例黿鼉(ゲンダ)(=大きなスッポンとワニ)。

黽 12 【鼈】25画 8372 9F08 音ヘツ漢ベツ呉 訓すっぽん

意味 淡水(タンスイ)にすむカメの一種。スッポン。肉は美味で栄養がある。どろがめ。

【鼈甲】ベッコウ ①カメの、とくにスッポンの甲羅(コウラ)。漢方薬にする。②タイマイ(=ウミガメの一種)の甲羅に熱を加えて加工したもの。黄褐色(オウカッショク)で、装飾品(ソウショクヒン)や櫛(くし)などにする。例—色(いろ)(=黄褐色)。—あめ。—細工(ザイク)のかんざし。

206 13画 鼎 かなえ 部

二つのとってがある三本足のかなえの意をあらわす。「鼎」の字だけをここに入れた。

0 鼎

鼎 0 【鼎】13画 3704 9F0E 人名 音テイ漢 訓かなえ

意味 ❶三本の足と、二つの耳(=とって)のある青銅器。方形で四本足のものもある。かなえ。〔もとは、食物を煮(に)たりするうつわで、のちに君主や権威(ケンイ)のシンボルとされた〕例鼎(かなえ)の軽重(ケイチョウ)を問(と)う。❷三本の足のように、三者がならび立つ。また、三つの高位の官位(=三公)のたとえ。例鼎談(テイダン)。鼎立(テイリツ)。

[鼎❶]

人名 かな・かない・かね

【鼎(かなえ)の軽重(ケイチョウ)を問(と)う】①(為政者(イセイシャ)の)権威(ケンイ)や実力を疑う。②相手をほろぼしてその地位をうばおうとする。〔周の定王のとき、楚(ソ)の荘王(ソウオウ)が周王室の宝となっている鼎の大小軽重をたずねた。これは、荘王が周をかろんじて、その王位をねらおうという野心があったからだ、という故事による〕〈春秋左氏伝(シュンジュウサシデン)〉

【鼎座】テイザ(名・する)三人が、かなえの足のように、向き合ってすわること。例旧友三人と—して歓談(カンダン)した。表記 旧鼎▼坐

【鼎臣】テイシン 王位を支える、三人の大臣。

【鼎足】テイソク ①かなえの三本の足。②三人が三方に分かれて対立すること。③三人が協力して助け合うこと。

【鼎談】テイダン(名・する)三人で話し合うこと。例—会。国際問題について—する。〔かなえの足が三本であることから〕

【鼎沸】テイフツ ①かなえの湯がわき立つように、さわぎが起こること。議論がふっとうすること。②天下が乱れること。

【鼎立】テイリツ(名・する)かなえの三本の足のように、三つに分かれて対立すること。例—する三党。

207 13画 鼓 つづみ 部

つづみの意をあらわす。「鼓」と、「鼓」をもとにしてできている「鼕」とを集めた。

0 鼓 5 鼕

鼓 0 【鼓】13画 2461 9F13 常用 音コ漢ク呉 訓つづみ

皮 9 【皷】14画 8373 76B7 俗字

筆順 一 十 士 吉 壴 壴 鼓 鼓

なりたち [会意]「壴(=楽器をならべたてる)」と「中(=かざり)」と「又(=手でうつ)」とから成る。つづみ。

意味 ❶打楽器の一つ。たいこ。つづみ。例鼓笛。鐘鼓。❷（たいこなどを）うちならす。たたく。例鼓吹。鼓腹。❸ふるいたたせる。例鼓舞。勇を鼓す。

【鼓弓】小形の弦楽器。弦を弓でこすってひく。表記「▼胡弓」とも書く。

【鼓吹】（名・する）①たいこをたたき笛をふくこと。②はげまし勇気づけること。鼓舞。③意見や思想などをさかんに宣伝すること。例民族主義を―する。

【鼓笛】たいこと、ふえ。例―隊（＝打楽器や管楽器を中心とした、行進しながら演奏する音楽隊）。

【鼓動】（名・する）①心臓が脈打つこと。また、そのひびき。例心臓の―がはげしい。②なんらかの活力によって、ものなどがふるえ動くこと。また、そのひびき。例春の―が聞こえる。

【鼓舞】（名・する）①つづみを打って舞いをまうこと。②はげまし勇気づけること。激励。鼓吹。例士気を―する。

【鼓腹】腹つづみを打つこと。満腹してたのしむようす。

【鼓腹撃壌】〔「撃壌」は、地を打つこと。一説に遊びの一種〕帝堯の時、一人の老人が腹つづみを打ち地を打って、歌の拍子をとっていた。平和で満ち足りた生活を楽しむようすをいう。

【鼓膜】耳のおくにある膜。震動して音を伝えるはたらきをする。例―が破れる。

鼓 5

【鼕】 18画 8374 9F15 音トウ漢

意味 太鼓の音。また、そのようす。鼕鼕。

208 13画 鼠 ねずみ ねずみへん 部

ネズミの形をあらわす。「鼠」をもとにしてできている漢字を集めた。

0 鼠 5 鼬 7 鼯

鼠 0

【鼠】 13画 3345 9F20 音ショ漢 ソ呉 訓ねずみ

ツ 5

【鼡】 8画 8375 9F21 俗字

意味 ❶齧歯目の小動物。ネズミ。人家やその周辺にすみ、よく増える。例鼠害（＝ネズミによる害）。窮鼠（＝追いつめられたネズミ）。❷こそこそと悪事をはたらく者や、つまらぬ人物にたとえる。例鼠賊（＝こそどろ）。城狐社鼠（＝奸臣。また、それをとり除きがたいこと）。

難読 栗鼠・田鼠・天鼠

【鼠▼蹊部】ももつけ根の部分。

【鼠盗】〔ネズミのようにこそこそぬすむ意〕こそどろ。

【鼠輩】①ネズミの群れ。②つまらない、たいしたことのない人間。例取るに足りぬ―ども。

【鼠算】ネズミが子を産み増やすように、短期間に急速に数量が増えていくこと。また、その計算。

鼠 5

【鼬】 18画 8376 9F2C 音ユウ漢 ユ呉 訓いたち

意味 イタチ科の哺乳動物。イタチ。赤茶色で太い尾があり、活発に動きまわる。敵に追いつめられると、くさいにおいを放つ。例鼬ごっこ。鼬の最後っ屁。鎌鼬。

鼠 7

【鼯】 20画 2-9468 9F2F 音ゴ漢 訓むささび

意味 リス科の小動物。ムササビ。また、モモンガ。例鼯鼠。

【鼯▼鼠】リス科の、夜行性の小動物。前後の足の間にある皮膜を使い、木から木へと飛び移る。のぶすま。例―五技（＝わざは多いが、役に立つものがないことのたとえ）。

209 14画 鼻（鼻） はな はなへん 部

はなの意をあらわす。常用漢字では「鼻」となる。「鼻」と、「鼻」をもとにしてできている「鼾」とを集めた。

0 鼻 鼻 3 鼾

鼻 0

【鼻】 14画 4101 9F3B 教育3 音ヒ漢 ビ呉 訓はな

筆順 ′ 𦣻 自 㫗 畠 畠 畠 鼻

鼻 0

【鼻】 14画

なりたち [会意]空気を「自（＝みずから）」に「畀（＝あたえる）」。空気を吸う、はな。

意味 ❶はな。呼吸をしたり、においをかいだり、声を出すときの助けをする器官。例鼻音。鼻孔。❷はじまり。はじめ。例鼻祖。❸梵語の音訳。例阿鼻地獄。

【鼻緒】げたやぞうりについている、足の指を入れるための、ひも。例―をすげる。―が切れる。

【鼻風邪】鼻がつまったり、くしゃみや鼻水が出たりする風邪。例―をひく。

【鼻薬】①鼻の病気につける薬。②子供をなだめるためのおかし。例―をほしがる。③賄賂に使う、ちょっとした金品。例―がきく。

【鼻輪】牛の鼻に通す輪。

【鼻炎】鼻の粘膜が炎症を起こし、くしゃみ・鼻水がさかんに出る病気。鼻カタル。

【鼻音】鼻腔に息が共鳴して出る音。日本語ではナ行・マ行と、ガ行の鼻濁音の子音など。

【鼻下長】〔鼻の下がながい意〕男性が女性にあまいこと。また、女好きな男性。

【鼻孔】鼻のあな。

【鼻▼腔】鼻のあなの、おくのほうの空間。

【鼻骨】鼻を形成しているほね。

【鼻祖】あるものごとを最初に始めた人。元祖。始祖。〔動物は胎内で最初に鼻ができると考えられていたことから〕例わが国の西洋医学の―。

【鼻息】①鼻から出す息。例―があらい（＝言動に意欲があふれ威勢がいい）。②他人の意向や機嫌。例―をうかがう。

【鼻濁音】鼻にかけて発音する、やわらかい感じのガ行の子音。共通語では、語中や語尾にあらわれる。「ハガキ」の「ガ」、「サンゴ」のゴなど。ガ行鼻音。

【鼻端】鼻の先。鼻頭。例―火を出す（＝勢いがさかんなことのたとえ）。

【鼻柱】一 鼻の真ん中を通る骨。はなすじ。鼻梁。二 はなっぱしら。負けずぎらいで妥協しない、強い気性。はなっぱし。例―が強い。

【鼻翼】鼻の両側のふくらんだ部分。小鼻。

[鼓部] 5画 鼕 [鼠部] 0—7画 鼠 鼬 鼯 [鼻(鼻)部] 0画 鼻

【鼻▼梁】ビリョウ 鼻の真ん中を通る骨。はなすじ。鼻柱。例端正な—。

●酸鼻・耳鼻科

鼻 0 【鼻】14画 ⇩【鼻】ビ(1113ページ)

鼾 3 【鼾】17画 8377 9F3E 音カン漢 訓いびき

意味 ねいき。いびき。例鼾声。鼾息(=いびき)。

【鼾声】カンセイ いびき。

210 14画 齊(斉) せい部

穀物がはえそろう形をあらわす。常用漢字では「斉(八画)」となる。「斉」と、「齊」の字形を目じるしにして引く漢字とを集めた。

0 斉 齊 3 斎 齋 7 齎 9 齏

斉 0 【斉】8画 3238 6589 常用 音 一セイ漢 ザイ呉 二サイ漢呉 三シ漢 訓ひと-しい・ととの-う

筆順 丶 亠 ナ 文 文 产 斉 斉

齊 0 【齊】14画 8378 9F4A 人名

なりたち [象形] イネやムギが土地の高低に応じて同じように穂を出した形。ひとしく、そろう。

意味 一 ❶きちんとそろえる。ととのう。そろう。例斉家。整斉(=ととのっていること)。❷同じにする。ひとしい。ひとしく。みな。例斉唱。均斉(=つりあいがとれていること)。❸周代、太公望呂尚が、今の山東省に封ぜられた国。桓公のとき、最初の春秋の覇者となる。のち、重臣の田氏にほろぼされる。(?—前三七九)❹戦国の七雄の一つ。春秋時代の斉をうばって田氏がおこした国。戦国時代末、秦にほろぼされる。田斉。(前三八六—前二二一)二 飲食などをつつしみ、心身をきよめる。物忌み。同斎。例斉戒(=斎戒)。三 衣服のすそ。もすそ。例斉衰。

人名 あき・あきら・きよ・きよし・ただ・ただし・とき・とし・なお・なり・のぼる・ひとし・ひろ・ひろし・まさ・むね・よし

【▽斉▽衰】シサイ 喪服の一つ。一年の喪に着るもので、アサのすそがぬいそろえてある。

【斉一】セイイツ (名・形動ダ) ①等しいこと。同一。例—な条件。②一つにそろえること。そろっていること。

【斉家】セイカ 家庭をきちんと、整えおさめること。例修身—治国平天下(=儒教の基本的な実践倫理。自分の行いを正しくし、家庭をととのえ、国家を治め、天下を平らかにする)。〈大学〉

【斉唱】セイショウ (名・する) ①声をそろえて同じメロディーを歌うこと。例校歌—。②いっせいに同じことばをとなえること。

【斉東野人の語】セイトウヤジンのゴ おろかな、いなか者のことばは、信用できないということ。〔斉の国、東方の人々についていった〕〈孟子〉

●一斉・均斉・整斉

齊 0 【齊】14画 ⇩【斉】セイ(1114ページ)

斉 3 【斎】11画 2656 658E 常用 音サイ漢呉 訓ものいみ・とき・いつ-き・い-む

筆順 丶 亠 ナ 文 文 产 斉 斉 斎 斎

齊 3 【齋】17画 6723 9F4B

なりたち [形声]「示(=かみ)」と、音「齊セイ→サイ」の省略体とから成る。物忌みする。

意味 ❶一定の期間、食事や行動を制限して、心身をきよめる。物忌み。例斎戒。潔斎。❷物忌みのための部屋。また、静かに学問などをするための部屋。例山斎(=山中の居室)。書斎。❸〔仏〕仏事のときの食事。とくに、正午の食事。とき。例斎食(=法会のときの食事)。

人名 いつ・いつく・きよ・きよし・ただ・よし

【斎院】サイイン ①祭りの前に、関係者が心身を清めるところ。②京都の賀茂神社で、神に仕えた未婚の皇女。また、その女性がいるところ。いつきのみや。かものいつき。例野の宮にこもる—。

【斎戒】サイカイ (名・する) 神を祭るときなどに、心身を清め飲食や言動をつつしむこと。

【斎戒▼沐浴】サイカイモクヨク (名・する) 神を祭ったり神仏にいのったりするとき、飲食や言動をつつしみ、かみの毛やからだを洗って、心身を清めること。

【斎宮】一 サイキュウ 天子が祖先の霊を祭るとき、物忌みをする建物。二 サイグウ・いつきのみや 伊勢神宮で神に仕えた未婚の皇女。また、その女性のいたところ。〔天皇の即位ごとに選び出された〕例—の忌みことば。

【斎日】サイジツ・サイニチ 心身を清め、物忌みをする日。精進日。

【斎場】サイジョウ ①神や祖先を祭るために清めた場所。祭場。いつきの庭。②葬式をおこなう場所。葬儀場。

齊 3 【齋】17画 ⇩【斎】サイ(1114ページ)

齊 7 【齎】21画 7658 9F4E 音シ漢呉 セイ漢 サイ呉 訓もたら-す

意味 ❶もってくる。もってゆく。あたえる。もたらす。例齎送(=持っていってわたす)。❷もちもの。金品。

齊 9 【齏】23画 ⇩【齏】セイ(1061ページ)

211 15画 齒(歯) は はへん部

はの意をあらわす。常用漢字では「歯(十二画)」となる。「齒」をもとにしてできている漢字を集めた。

0 歯 齒 2 齔 5 齣 齟 齠 齢 齡 6 齦 齧 7 齬 齪 9 齷 齲 齶

歯 0 【歯】12画 2785 6B6F 教育3 音シ漢呉 訓は・よわい

筆順 丨 卜 止 止 齿 齿 齿 歯 歯

歯 0 【齒】15画 8379 9F52

なりたち [形声]「齒(=口のなかの、は)」と、音「止シ」とから成る。は。

意味 ❶口のなかにならび、食物をかみくだく器官。は。例歯牙シ。歯列シレツ。犬歯ケンシ。❷はの形をしたもの。はに似たはたらきをするもの。例歯車はぐるま。鋸歯キョシ。❸とし。年齢ネンレイ。よわい。例尚歯ショウシ。年歯ネンシ。❹一列にならぶ。仲間に加わる。例共に歯シする(=同列にならぶ。なかまに加わる)。

人名 かた・とし

【歯科】シカ 歯の診断や治療をおこなう、医学の一部門。例━医師。

【歯牙】シガ ①歯と、きば。また、歯。②口の端は。口先。ことば。例━にもかけない(=相手にしない。とりあわない)。

【歯▼齦】シギン 歯ぐき。歯肉。例━炎。

【歯▼垢】シコウ 歯の表面につく黄色いかす。歯くそ。

【歯根】シコン 歯ぐきにうもれている、歯の根の部分。

【歯髄】シズイ 歯の真ん中のやわらかい部分。血管や神経が多く集まっている。

【歯石】シセキ 歯の表面についた歯垢シコウが石灰質セッカイシツに変わったもの。歯槽膿漏シソウノウロウや歯周病の原因になる。例━を取り除く。

【歯槽】シソウ 歯の根がはまりこんでいる、上下のあごの骨の穴。

【歯槽▼膿漏】シソウノウロウ 歯ぐきがはれて、うみが出たり歯がぐらついたりする病気をまとめていうことば。

【歯▼朶】シダ [あて字] ①ワラビやゼンマイなど、シダ類の植物。花がさかず胞子ホウシで増える多年生植物。②葉の裏が白いシダ科の植物。ウラジロ。表記▽「▽羊▽歯」とも書く。

【歯肉】シニク 歯の根もとをささえる肉の部分。歯ぐき。歯齦シギン。例━炎。

【歯列】シレツ 歯のならび方。歯ならび。例━を矯正キョウセイする。

【歯▼軋り】はぎしり (名・する) ねむっているときや、くやしいときなど、歯を強くかみ合わせて音を立てること。

【歯車】はぐるま ①周囲に凹凸オウトツ(=歯)をきざみつけて、動力を伝えるようにした装置。ギア。例━がかみ合わない。②全体を構成している一つ一つの部分。例組織の━。

●齲歯ウシ・永久歯エイキュウシ・奥歯おくば・義歯ギシ・臼歯キュウシ・犬歯ケンシ・年歯ネンシ・門歯モンシ

歯0 【歯】15画 ⇨【歯】シ(1114ページ)

歯2 【齔】17画 8380 9F54 音シン漢

意味 ❶乳歯がぬけかわる。例齔歯シシン(=子供の歯が生えかわること。また、ぬけ落ちた乳歯)。❷歯が生えかわるころの子供。例齔童シンドウ(=歯がぬけかわる年ごろの子供)。

歯5 【齣】20画 8381 9F63 音セキ漢呉 訓こま・くぎり

意味 戯曲ギキョクや小説などの場面のひと区切り。また、映画や写真のフィルムの画面のひと区切り。一場面。また、それを数えることば。こま。例映画の一齣ひとこま。

歯5 【齟】20画 8382 9F5F 音ショ漢ソ呉 訓か-む

意味 ❶上下の歯をかみあわせる。かむ。例齟嚼ソシャク。❷歯がかみあわない。くいちがう。例齟齬ソゴ。

【齟▼齬】ソゴ (名・する) ①上下の歯がうまくかみあわないこと。②ものごとが食いちがい、うまくいかないこと。例計画に━をきたす。

【齟▼嚼】ソシャク (名・する) 食べ物をよくかむこと。表記「▼咀▼嚼」とも書く。

歯5 【齠】20画 8383 9F60 音チョウ漢

意味 ❶乳歯がぬけかわる。例齠歯チョウシ(=歯が生えかわること)。❷子供の(うなじのあたりまで)垂れた髪型かみがた。うない。同髫チョウ。❸おさない子供。

【齠▼齔】チョウシン 〔「齔」は、歯が生えかわる意〕垂れがみをしていて、歯が生えかわる年ごろ。七、八歳サイの年ごろ。幼年。また、その年ごろの子供。髫齔チョウシン。

歯5 【齢】17画 4680 9F62 常用 音レイ漢 訓よわい

筆順 丨 ト 止 歨 𣥫 歯 歯 齢

歯5 【齡】20画 8384 9F61

なりたち [形声]「齒(=は)」と、音「令レイ」とから成る。とし。

意味 人の生きてきた年数。とし。よわい。例高齢コウレイ。年齢ネンレイ。妙齢ミョウレイ。

人名 とし・よ

【齢級】レイキュウ 樹木ジュモクの年齢を五年で一単位とする数え方。

●学齢ガクレイ・月齢ゲツレイ・弱齢ジャクレイ・樹齢ジュレイ・適齢テキレイ・馬齢バレイ・老齢ロウレイ

歯5 【齡】20画 ⇨【齢】レイ(1115ページ)

歯6 【齦】21画 8385 9F66 音━ギン漢 ━コン漢 訓はぐき

意味 ━ギン 歯の根を包んでいる肉。歯ぐき。例歯齦シギン。━コン かむ。例齦割コンカツ(=かんで割さく)。

歯6 【齧】21画 8386 9F67 音ゲツ漢 訓かじ-る・か-む

意味 歯でかみ切る。かじる。かむ。例齧歯類ゲッシルイ(=ネズミやウサギなど、哺乳ホニュウ類の一種)。

口21 【囓】24画 5187 56D3 別体字

歯7 【齬】22画 8387 9F6C 音ギョ漢ゴ呉

意味 上下の歯がくいちがって、かみあわない。例齟齬ソゴ(=くいちがう)。

歯7 【齪】22画 8388 9F6A 音セク慣サク漢

意味 ❶歯と歯との間がせまい。❷「齷齪アクセク・アクサク」は、度量がせまく、こせこせしたようす。

歯9 【齷】24画 8389 9F77 音アク漢

意味 「齷齪アクセク・アクサク」は、度量がせまく、こせこせしたようす。

歯9 【齲】24画 8390 9F72 音ウ慣ク漢 訓むしば

意味 むしば。例齲歯ウシ(=むしば)。

歯9 【齶】24画 8391 9F76 音ガク漢 訓あご・はぐき

意味 ❶うわあご。例上齶ジョウガク。❷歯ぐき。

[齒(歯)部] 0―9画 ● 歯 齔 齣 齟 齠 齢 齡 齦 齧 齬 齪 齷 齲 齶

212 16画 龍(竜) りゅう部

リュウの意をあらわす。常用漢字では「竜(十画)」となる。「竜」と、「龍」の字をもとにしてできている「龕」とを集めた。

0 竜 龍 6 龕

この部首に所属しない漢字
壟⇩土242 聾⇩耳813 襲⇩衣895

竜 0 **【竜】** 10画 4621 7ADC 常用 音リョウ漢 リュウ呉 訓たつ

筆順 丶 亠 亣 立 产 音 音 竜

龍 0 **【龍】** 16画 4622 9F8D 人名

なりたち [形声]「月(=にく)」と「𦚏(=飛ぶ)」と、音「童トウ→リョウ」の省略体とから成る。うろこのある生き物の長。りゅう。

意味 ❶想像上の動物。からだは大蛇のようで、四本の足と、角、長いひげがあり、雲をおこし雨をふらせるという。りゅう。たつ。例竜虎。竜頭蛇尾。❷天子に関するものごとについていうことば。例竜顔。竜車。❸英雄や豪傑のたとえ。例臥竜。❹高さ八尺以上のウマ。名馬のたとえ。例竜駿(=すぐれた馬)。竜馬。❺細長くうねる山脈。

難読 竜胆・竜眼木・土竜

人名 かみ・きみ・しげみ・しげる・たか・たかし・とおる・めぐむ

【竜巻】空気の大きなうずまき。水や砂を激しい勢いで巻き上げる。つむじ風。

【竜王】①(「リョウオウ」とも)竜のなかの王。雨や水をつかさどる。竜神。②将棋で、飛車が成った駒。成り飛車。竜。

【竜▼駕】①竜に乗ること。②天子が用いる乗り物。竜車。竜馭。

【竜眼】①(「リョウガン」とも)天子の目をうやまっていうことば。②ムクロジ科の常緑高木。果実は球形であまく、竜眼肉といい、食用や薬用にする。

【竜▼頷】竜のあご。例—を探る(=竜のあごの下にある玉を手に入れる。たいせつなものを得るのに危険をおかすことのたとえ)。

【竜顔】天子のかおを、うやまっていうことば。例—に咫尺する(=ごく近くで天子の顔を拝する)。

【竜旗】天子のはた。上り竜と下り竜がえがかれている。

【竜騎兵】昔のヨーロッパで、よろいを着て銃を持ち騎馬に乗った兵士。

【竜宮】竜王が住んでいるという、海中の宮殿。竜宮城。例—のおとひめ。

【竜虎】①竜とトラ。②天子の気。天子となるしるし。③優劣のつけられない二人の英雄や豪傑など。

【竜虎相▼搏つ】二人のすぐれた強者が勝敗を争う。

【竜骨】①太古の巨大な動物の骨の化石。②船底の中央を背骨のようにわたしてある力材。キール。

【竜車】天子の乗る車。竜駕。竜馭。

【竜女】①竜宮に住む竜王のむすめ。おとひめ。②竜宮にいるという女の仙人。③かしこい女。

【竜▼驤虎視】〔「驤」は、おどりあがる意〕竜のように勢いよく天に登り、トラのようにするどい目で相手をにらみすえること。威勢を示して、意気さかんに天下をねらうようすのたとえ。〈三国志〉

【竜▼攘虎▼搏】〔「攘」は、はらいのける、「搏」は、打つ、の意〕互角の二人の英雄や豪傑が激しく戦うこと。竜虎相搏つ。

【竜神】竜の姿をした水の神。竜王。

【竜▼涎香】マッコウクジラの胆嚢にある物質からつくった香料。麝香に似たかおりがある。

【竜図】①伝説で、黄河から出た竜馬が背負っていた図。うらないの易のもとになったという。河図。②天子が立てた計画。また、すぐれた計画。

【竜灯】①竜の絵がえがかれているともし火。②海上に遠くあらわれ、ちらちら見える光。鬼火。③神社に納める明かり。また、神前にともす火。ご神灯。

【竜頭】[一]①竜のあたま。②グループの中のリーダー。③科挙(=役人の採用試験)に第一位で合格した人。[二]①竜のかざりがある、つり鐘のつり手の部分。②うで時計などの、針を動かしたりするつまみ。

【竜頭▼鷁首】〔「鷁」は、大形の水鳥。水難よけの力があるという〕天子が用いた、船首に竜の頭と鷁の首のかざりのある、二隻でひと組みの船。日本では平安時代の貴族が、庭の池で管弦などの遊びをするときに乗った。例—の船をうかべて遊ぶ。

【竜頭蛇尾】初めは勢いがあるが、終わりに近づくと弱まること。〔頭は竜のようにりっぱだが、しっぽはヘビのようにみすぼらしいことから〕例政治改革も—だ。

【竜脳】熱帯産のフタバガキ科の竜脳樹の樹液から採った香料。樟脳に似たかおりがする。竜脳香。

【竜馬】[一]①すぐれたウマ。駿馬。②健康な老人のたとえ。[二]将棋で、角が成った駒。

【竜文】①竜の模様。②詩文を作る力がすぐれていること。また、勢いのある筆跡。

【竜▼鳳】①竜と鳳凰。②すぐれた人物。

【竜▼鳳の姿】すぐれた顔かたち。また、天子となるべき相。

【竜門】①山西・陝西両省の境にある、黄河の激流の地。ここを無事に登った魚は竜になると伝えられた。→【登竜門】(691ページ) ②河南省洛陽市の南の地。多くの洞窟と仏像で有名な石窟寺院がある。

【▽竜▽胆】リンドウ科の多年草。秋に、むらさき色または白色の、筒形の花をつける。根は薬用になる。

●恐竜・昇竜・青竜・独眼竜・飛竜・臥竜・翼竜

龍 0 **【龍】** 16画 ⇩【竜】(1116ページ)

龍 6 **【龕】** 22画 8392 9F95 音カン漢 ガン呉

意味 神仏の像をおさめる容器。例龕灯。仏龕(=仏像をおさめる厨子)。

【龕灯】①仏壇にともす明かり。灯明。②「龕灯提灯」の略。つりがね形で中にろうそくを立て、前だけを照らす提灯。

213 16画 龜（亀） かめ部

カメの形をあらわす。常用漢字では「亀（十一画）」となる。「龜（龜）」の字だけをここに入れた。

0 亀 龜

亀 0 **【亀】** 11画 2121 4E80 常用 音 一キ漢呉 二キン漢 訓 かめ

筆順

龜 0 **【龜】** 16画 8393 9F9C

なりたち ［象形］ヘビのような頭で、足と甲羅と尾のあるカメの形。

意味 一キ ❶爬虫類の動物。カメ。古代にその甲羅をうらないや貨幣に利用した。例亀甲。❷カメの甲羅。甲羅を焼いてできるひび割れによって、うらないをおこなった。例亀鑑。亀卜。 二キン ひび。あかぎれ。例亀裂。

難読 亀茲（＝古代中国の地名。西域地方）

人名 あや・すすむ・たか・たかし・たから・ながし・ひさ・ひさし

【亀節】かめぶし カメの甲羅に似た、小さいかつおぶし。

【亀鑑】キカン 〔「亀」は、うらないに使うもの、「鑑」は、鏡で、映し出すもの〕行動や判断の基準となるもの。手本。亀鏡。模範。例世人の―となるような人物。

【亀甲】キッコウ ①カメの甲羅。②カメの甲羅に似た六角形。また、六角形がつながっている模様。例―形。

【亀甲獣骨】キッコウジュウコツ 〔カメの甲羅と、けものの骨の意〕殷の時代に、これを焼いてうらないに用い、その結果を文字にきざんだ。例―文字（＝甲骨文字。甲骨文）。

【亀頭】キトウ 陰茎の先端部分。

【亀▼卜】キボク カメの甲羅を焼き、そのひび割れの形によって吉凶を判断する古代のうらない。

【亀裂】一キレツ 割れ目。裂け目。例かべに―がはいる。人間関係に―が生じる。 二キンレツ ひび。あかぎれ。

龜 0 **【龜】** 16画 ⇩**【亀】**キ（1117ページ）

214 17画 龠 やく やくのふえ部

三つの孔のある竹のふえの意をあらわす。「龠」の字だけをここに入れた。

0 龠

龠 0 **【龠】** 17画 8394 9FA0 音 ヤク漢 訓 ふえ

意味 ❶中国古代の竹笛。ふえ。同籥。❷容量の単位。キビ千二百つぶの量で、一合の二分の一、あるいは十分の一とされる。

付録一覧

漢字の基礎知識

一　はじめに

漢字は「漢」の字です。「漢」とは川の名。それから、その川の流れる土地の名、さらにその土地を領土とした者が建てた王朝名となり、その王朝に代表される一つの民族名となりました。つまり、漢字とは、漢民族の文字。漢民族の言語である漢語を表記するために作り出された文字が漢字です。

二　漢字の特徴

漢語を表記するために作り出された漢字は、今日も用いられている表意文字です。表意文字とは、一字がある音をあらわす表音文字に対して、一字がある意味をあらわす文字です。漢字はその形から、その意味がわかる。「魚」「牛」「馬」などがその例である、とされています。

しかし、漢字は表語文字であるとしたほうがよいようです。「日」は、古い字形ではたしかに太陽のように見えないこともありませんが、現在の字形から意味を推測するのは難しいでしょう。「日」は、日本語としては「ひ」という語をあらわしている文字で、この「ひ」という日本語の意味が太陽にあたる、というふうに考えられます。

漢字は一字で一語をあらわします。そうすると、どういうことになるでしょうか。一つの字が一つの語をあらわすということは、一つの語に一つの字、別の語にはまた別の字、ということで、語の数だけ字が必要になります。そうして、字の数がどんどん増えました。五万字ほど作られたとされ、もっと多くの字数を収めた辞典もあり、それでもまだ足りないという意見もあります。

三　漢字の分類

漢字は現在ではどれだけあるのかわからないほどの数になっていますが、そのおおもとをたどって行くと、もっとも初めにできた文字として甲骨文字があります。甲骨文字とは、甲（＝亀の甲羅）や骨（＝獣の骨）に刻まれた文字です。約三千字あるとされ、そのうちの半数ほどが解読されているようです。最近では、より古い文字らしき史料も報告されていますが、文字であるのか、文字とはいえない何かの符号であるのか、解明されるのはまだこれからのようです。

甲骨文字に次ぐ古い文字資料としては、金文があります。金とは金属器、殷周時代の青銅器のことで、青銅器に鋳られた文字が金文です。また、石に刻まれた文字を石文といい、金文とあわせて金石文といいます。

甲骨文字や金石文というのは、文字が記された対象による名称です。

その後、帛（＝絹）・竹簡（＝竹のふだ）・木簡（＝木のふだ）に書かれた時代を経て、紙に書かれるようになりました。

漢の時代に、文字を整理する試みがなされ、そのときにさまざまに書かれてきた漢字をいくつかのグループに分けて整理する原理として、六書というものが考え出されました。

◇六書＝漢字整理の原理

六書とは、どんなものか。わからないところがいろいろありますが、おおよそのところは次のようです。

①指事＝一見して意味がわかるように、ことがらを示したもの。たとえば「上」「下」など。

②象形＝絵を描くような方法で物の形の特徴をとらえてかたどったもの。たとえば「日」「月」など。

③形声＝声を標準にしたもの。ことがらによって区別し、発音を示したもの。たとえば「江」「河」など。

④会意＝いくつかの字形を組み合わせて新しい意味を示したもの。たとえば「信」「武」など。

⑤転注＝ある文字を、それがあらわした語と同じ意味、あるいは意味の上で関係のある他の語をあらわすのに用いたもの。「老」で

「考」の意味をあらわすなど。

⑥仮借＝その字の示した語の音と同じ音、もしくはそれに近い音をもつ他の語に適用したもの。「求」は本来「かわごろも」だが、「もとめる」の意味にするなど。

◇『説文解字』

この六書の原理によって漢字を分類し、字形の構造を分析した初めての辞書が許慎（三〇?―一二四?）の『説文解字』です。

許慎は、誤った字形によるでたらめな解釈がおこなわれているのを見て、それをただすために『説文解字』を作りました。文字は学問や政治の根本となる重要なものであると考えたからです。

それでは、許慎はどのようにして『説文解字』を作ったのでしょうか。許慎が利用したと考えられる書物として、『史籀』十五篇、『蒼頡』一篇、『凡将』一篇、『急就』一篇、『元尚』一篇、『訓纂』一篇などがありました。

現在では大半が無くなってしまいましたが、遺されたものなどから類推して、いずれも文字を覚えるための教科書だったようです。このような書物を材料にしながら、それを六書の原理によって整理総合して、『説文解字』は作られたと考えられます。

その序文によれば、『説文解字』は漢字を五百四十部に分類し、九三五三字、および、その異体字一一六三字を収め、その解説は一三万三四四一字である、ということです。ところが現在に伝わる版本で数えてみると、収録文字は一九四字多く、解説文は一万七四二二字少なくなっているとされています。なにしろ古い書物ですから、そっくり元のままというわけにはいきません。ちなみに、「右」の字は「口」の部と「又」の部とに、「吹」の字は「口」の部と「欠」の部とに重複して収められています。

この『説文解字』の九三五三字は小篆という字体で示されました。そして異体字の一一六三字は籀文あるいは古文や奇字と呼ばれる漢字です。

小篆は、許慎の時代にもっとも整えられた字体です。たとえば「水」は「氵（さんずい）」や「氺（したみず）」になると、今ではずいぶん違った形に書かれてしまいますが、小篆ではある一字が単独のままでも、その字が偏などになったときでも、すべて同じ形のまま一貫しています。小篆はそのように字形が整備された文字です。

この小篆を基本として雑多な文字の分類整理に一貫した法則を立て、その構造の分析を根源までさかのぼっておこなった辞書が『説文解字』です。

◇いろいろな書体

さて、ここで「小篆」「籀文」「古文」「奇字」ということばが出てきましたが、それぞれどんなものでしょうか。実は、あまりよくはわかりません。次に紹介する資料は、唐の張懐瓘の『書断』の一部です。張懐瓘は漢字の形を十種に分類しました。

①古文…黄帝の史官の蒼頡がつくったもの。蒼頡には目が四つあったという。秦が小篆を用いるようになると、古文は廃絶された。

②大篆…周の史籀がつくったもの。文書をつかさどる役人が古文を変えたものともいう。

③籀文…周の史籀がつくったもの。古文・大篆とは少しの違いがある。史籀の名をとって籀文という。また、奇字ともいう。

④小篆…秦の李斯がつくったもの。大篆・籀文を改良してできた。秦篆ともいう。李斯が秦の文字に合わないものをやめるように上奏して制定された。

⑤八分…秦の王次仲がつくったもの。もとは楷書といった。しだいに「八」の字が左右に分かれているような姿になったので八分と名づけたのであろう。

⑥隷書…秦の程邈がつくったもの。秦では隷書をつくったが、役所で

のみ用い、いっぱんには小篆を用いた。

⑦章草…漢の史游がつくったもの。隷書を簡単にしてすばやく書けるようにした。章奏（上奏）に用いられたことから章草という。

⑧行書…後漢の劉徳昇がつくったもの。正書を少しくずして流れるように書いたもの。

⑨飛白…後漢の蔡邕がつくったもの。

⑩草書…後漢の張芝がつくったもの。

漢代には、すでにこのようにさまざまな書体があった、と伝えられています。それぞれにいろいろな伝説があり、混乱もあるようです。八分と隷書との関係、章草と草書との違い、飛白とはどんなものかなど、疑問がのこされています。⑤に見える「楷書」も、明らかに現在の楷書ではありません。「楷書」とは、とくに整えられた書体というほどの意味で、特定の書体を指すことばではありませんでした。「楷隷」「楷篆」ということばもあり、それぞれきちんと整った形の隷書や篆書のことのようです。

字形が複雑な漢字は、実際の用途に応じて書き方が工夫されました。さまざまに工夫された書き方の一定の様式が書体です。

今、漢字の書体というと、楷書・行書・草書の三体、さらに篆書・隷書を加えて五体に分類され、篆書がもっとも古く、篆書から隷書ができ、隷書から草書や行書や楷書ができたというように説明されています。

この五体の分類は比較的新しいものです。楷書は唐の時代に完成したとされていますが、唐の時代にはその書体を「楷書」とは呼ばず「隷書」と呼んでいました。草書は古くからあり、行書をさらにくずしたものではありません。実は楷書がもっとも新しい書体です。

印刷に用いられる活字体としてもっとも普通に使われる明朝体は、楷書をもとにしてデザインされたものです。デザインの字形はよく整えられていますが、それでもよく見ると不統一になっている部分もあります。手で書く文字が人さまざまになるのは当然のことです。

字形の違いについて、「活字の字形と筆写の字形」（1154ページ）に代表的な例が示されています。

◇異体字

漢字はいろいろな書体で、また、いろいろな書きぶりによって書かれます。さらに、発音の同じものを借りたり、意味の類推などによったりして、変形が生じました。さまざまな形の字が複雑な関連をもつようになり、一つの字に対して、それと同じ意味に用いられながら形の異なる字が増えていったわけです。標準的な形以外のさまざまな形の字を異体字といいます。

この辞典では、異体字を旧字体・本字・古字・別体字・俗字の五種に分けて示しました。

漢字が何万字もあるのは、異体字がたくさん増えたためです。この異体字を整理すれば、漢字は実際に使われる字数としては五千字程度であろうと言われています。

◇日本の漢字音

漢字はもともと中国語を表記する文字で、中国語で読まれたはずですが、日本語のなかへ取り入れられる過程で、日本語風の読み方が定着していきました。その過程の違いに応じて、漢音・呉音・唐音の区別があります。

漢音は、奈良時代から平安時代初期にかけて、遣唐使などによって伝えられた音です。隋・唐時代の洛陽や長安などの発音に基づくとされています。平安時代には、それ以前に伝えられていた音に対して、正式な音の意味で正音とも呼ばれました。

呉音は、漢音が渡来する前に朝鮮半島を経由して伝来した音です。中国南方地方の字音に基づくと言われます。漢音を正音と呼ぶのに対して、なまった南の地方の音という意味で、平安中期以降になって、呉音と呼ばれるようになりました。

唐音は、平安時代中期から江戸(えど)時代までに日本に伝来した音の総称です。

この三つのほかに、現在いっぱんに使われている音を、慣用音と呼んでいます。

◇国字

以上の「音」に対して、漢字があらわす意味に相当する日本語を当てた読み方が、「訓」です。そして、この訓と漢字との結びつきを利用して、日本で作り出された漢字が国字であると言えます。「働」「榊(さかき)」「峠(とうげ)」などをはじめとして、数百字が知られています。

四 漢字の現在

現在、漢字は世界中で使われるようになっています。インターネットの普及(フキュウ)によるものです。かつて、漢字は難しい、多すぎる、コンピューターであつかえないとして、なるべく易しく改めよう、使う漢字を減らそう、いっそ漢字は廃止(ハイシ)してローマ字にしようとまで言われました。ところが今では手軽に漢字が使えるようになり、書けない漢字、読めない漢字まで指先だけで操作できるようにもなりました。

日本産業規格（ＪＩＳ）に定められた漢字だけでも一万字以上あり、さらに国際的な規格であるユニコードなどを利用すれば、パソコンやスマートフォンなどの情報機器で使用できる漢字は格段に増えています。

多くの漢字が使用できるようになったということは、どういうことでしょうか。豊富な資源も活用されなければ意味がありません。漢字を正しく使いこなすためには、正確な知識が必要です。まずは、漢字についてよく知ることが大事です。

漢字についてあらためて確認してみましょう。現在の漢字は、情報機器で使用するために、すべて規格化されています。標準の字形が定められ、あらゆる漢字にコードが付けられました。コードは複数あり、この辞典ではＪＩＳの区点コードとユニコードとを示してあります。

たとえば、【一】（1ページ）では、

一 0 【一】 1画 1676 4E00 教育1 音 イツ㋕ イチ㋙ 訓 ひと・ひと-つ・はじめ 付表 一日(ついたち)・一人(ひとり)

筆順 一

弋1 【弌】 4画 4801 5F0C 古字

【一】の見出しの下の［1676］がＪＩＳ区点コード、［4E00］がユニコードです。ユニコードで［4E00］を指定すれば、漢字の「一」を呼び出すことができ、同様にユニコード［5F0C］なら「弌」です。

ユニコードは、世界のあらゆる文字の表現を目指した規格で、平仮名(ひらがな)・片仮名(かたかな)はもちろん、変体仮名(ヘンタイがな)も二八五字が登録されています。十分な知識を身につけて、条件が整えば、今やパソコンで表示できない文字はほとんど無くなりました。使えない文字が無いとはどういうことでしょう。

日本語で使われる基本的な漢字として、常用漢字二一三六字があります。そのうちの一〇二六字が教育漢字として小学校六年間で学習されます。常用漢字以外に八六三字が人名用漢字として定められ、二〇二〇年十月現在、二九九九字の漢字が人名に使える漢字として公認されています。人名として用いることのできる漢字に制限があることについては議論が続き、さらに増える可能性があります。漢字が減ることはなさそうです。

情報機器の性能向上と通信技術の進歩発展によって、新たな考え方や能力が求められるようになりました。しかし、どれほど社会が変化しても、日本語で考えるためには、漢字の知識は欠かせません。

新しい時代の漢字をよりよく活用するための手がかりとして、この辞典が役立つことを願います。

漢文とは

漢文は、もともと中国人が漢字を用いて書いた文語体の文や詩です。

漢文は中国語で書かれたものですから、日本語とは文法も語彙も発音も全く異なるものでした。私たちの祖先は、漢文を中国音に近い**音**で読んだり、日本語の意味にあたる**訓**をつけたりするなどの工夫を重ねて解読しながら、中国の文学・歴史・思想などを受容し、日本の文化を発展させていきました。さらに日本人は、漢文をまねて自らの考えや事件の記録などを書き残すようになりました。日本人が漢字のみを用いて書いた文や詩も広い意味で漢文といいます。

こうして漢文は元来は中国の古典でありながら、日本の古典ともなっていったのです。

◇訓読について

日本人は、漢文を原文の形を残したまま、日本語として翻訳しながら読む方法を考えだしました。これを**訓読**といいます。

例えば次のような文があります。

寧為鶏口無為牛後

このように漢字以外何も書かれていない中国語の原文を**白文**といいます。この文を日本語として「寧ろ鶏口と為るとも、牛後と為る無かれ。」と読むために、「レ」や「一・二」など読む順番を示す符号である**返り点**、片仮名の**送り仮名**、「。」「、」といった**句読点**をつけたものが、次の文です。

寧ロ為ルトモ二鶏口ト一、無カレレ為ル二牛後ト一。

1 4 2 3 8 7 5 6

（1 2 …の順で読んでいきます）

レ点は、すぐ下の一字から返って読むための符号、**一・二点**は、二字以上隔てた文字に返って読むための符号です。

一・二点をつけた句をはさんで、さらに上に返って読むための符号として、**上・中・下点**があり、これで足りないときは**甲・乙・丙点**、**天・地・人点**などがあります。

返り点・送り仮名・句読点をまとめて**訓点**といい、右のような文を**訓点文**と呼ぶことがあります。

また、次のように訓点に従って漢字仮名交じり文に書き改めたものを**書き下し文**といいます。

寧ろ鶏口と為るとも、牛後と為る無かれ。

この辞典では、漢文を引用する際には、送り仮名を省いた訓点文・すべて仮名に直した書き下し文・現代語訳を付してあります。

寧為二鶏口一、無レ為二牛後一 むしろケイコウとなるとも ギュウゴとなるなかれ （＝いっそニワトリの口となっても、ウシの尻となってはならない）。

熟語の構造

熟語とは、二字以上の漢字が結びついてできたことばです。

寧為二鶏口一、無レ為二牛後一。

という文では、「鶏口」と「牛後」が熟語です。漢文中の熟語は音読することが多く、中国語の語順になっています。

いま二字の熟語についてその組み立てを分類すると次の五通りになります。これは漢文の基本的構造になっています。

（以下、二字の熟語の上の漢字をA、下の漢字をBとします。）

一、主述関係（AがBする）

年長（年が長ける）　人造（人が造る）

地震（地が震える）　雷鳴（雷が鳴る）

二、修飾関係（AがBを修飾する）

鶏口（鶏の口）　牛後（牛の後）

老人（老いた人）　善行（善い行い）

激動（激しく動く）　速成（速く成る）

三、並列関係（AとBとが並列している）

左右（左と右）　遠近（遠いと近い）　貧賤（貧しいと賤しい）

動静（動くと静まる）　昇降（昇ると降りる）

四、補足関係（Aだけでは何をそうしたか不明なのでBで補足する）

読書（書を読む）　求人（人を求める）〈対象を示す〉

登山（山に登る）　帰郷（郷に帰る）〈場所を示す〉

有徳（徳が有る）　無実（実が無い）　多才（才が多い）

〈存在の有無や多少を述べる〉

降雨（雨が降る）　立春（春が立つ）〈一部の自然現象を述べる〉

五、認定関係（Aで否定したり判定したりし、Bでその内容を述べる）

不正（正しから不↓正しくない）〈否定を示す〉

非常（常に非ず↓常ではない）〈否定を示す〉

未来（未だ来たらず↓まだ来ない）〈否定を示す〉

当然（当に然るべし↓当然そうすべきだ）〈当然性の認定〉

可動（動く可し↓動ける）〈可能性の認定〉

難聴（聴き難し↓聴きづらい）〈難易の認定〉

＊補足・認定関係（再読文字は除く）は、日本語とは語順が逆になります。

＊再読文字とは、訓読する際、一字で二度読む文字のことです。

前の例では、「未」と「当」が再読文字です。

未（いまだ…ず）↓まだ…ない　未来（未だ来たらず）

当（まさに…べし）↓当然…すべきだ　当然（当に然るべし）

ほかにも、

将（まさに…す）↓いまにも…しそうだ　将来（将に来たらんとす）

などがあります。

〔本稿は、藤堂明保『漢文要説―漢文学習者のために』（秀英出版、昭和四十二年）を参考に作成しました。〕

助字について／助字一覧表

この辞典では、漢文にでてくることばのうち、実質的な事物や具体的な状態をあらわす名詞・動詞・形容詞などを**実字**（ジツジ）とし、実字の前や後に付いて文の意味を規定したり、おぎなったりすることばを**助字**（ジョジ）と呼んでいます。

寧ロ為ルトモ㆓鶏口ト㆒、無カレ㆑為ル㆓牛後ト㆒。

という文では、「為」（動詞）「鶏・口・牛・後」（名詞）が実字で、「寧・無」が助字です。

助字には、文末に置いて断定・疑問・反語・詠嘆（エイタン）・限定などの意味を示す「也・乎・哉・耳」など、文中で助詞的機能を果たす「之・於・者・而」など、受け身・使役などの動詞の態（タイ）を示す「被・見・令・使・教」などのほか、さまざまなものがあります。

この辞典に採用した助字は以下のようなものです。（ここに挙げた助字には、実字用法をもつ字も含まれています）

【助字一覧表】

・助字の上には本文のページ、下には訓読の際の読み方や語法を示しました。

17	与	と、…と…と
22	且	かつ、まさに…(せ)んとす
30	之	これ、この、の
32	乃	すなわち
33	乎	か、や、かな、よ
35	也	なり、や、か
41	于	…に、…を、…より
45	亦	…(も)また
51	仍	よりて、また、なお、すなわち、しばしば、しきりに
53	以	もって、もってす
57	令	(…をして)…(せ)しむ
65	何	なに、なんぞ、いずれ
67	但	ただ…(のみ)
74	使	(…をして)…(せ)しむ
80	便	すなわち
86	俾	(…をして)…(せ)しむ
98	儻	もし
108	兮	〔語調をととのえたり詠嘆の意をあらわす〕
112	其	その、それ
138	則	すなわち
153	勿	…(こと)なかれ、…(こと)なし
157	匪	あらず
169	即	すなわち
172	厥	その、それ
181	可	べし
184	只	ただ…(のみ)
203	哉	かな、や、か
206	唯	ただ…(のみ)
210	啻	「不㆓啻…㆒」ただに…のみならず、「何啻…」なんぞただ(に)…のみならんや
263	夫	それ、かの
266	奈	「奈何」いかん(せん)、いかんぞ
268	奚	なんぞ
271	如	もし、「如何」いかん(せん)、いかんぞ
287	孰	たれ(か)、いずれ(か)
288	安	いずくにか、いずくんぞ
292	宜	よろしく…べし

306 寧 むしろ、なんぞ、いずくんぞ
311 将 まさに…す、はた
316 当 まさに…べし
335 已 のみ
363 弗 ず
376 徒 ただ(…のみ)
377 得 …(を)う
380 復 また、「不復」また…ず
384 必 「不必」かならずしも…ず
385 応 まさに…べし
396 悪 いずくに(か)、いずくんぞ
399 惟 これ、ただ…(のみ)
418 或 あるいは
421 所 …(する)ところ、…(する)ところ(となる)
431 抑 そもそも
459 攸 …(する)ところ
462 教 (…をして)…(せ)しむ
464 敢 「不㆓敢…㆒」あえて…(せ)ず、「敢不㆓…㆒」あえて…(せ)ざらんや

473 斯 この、これ、ここ、すなわち、ここに
475 方 まさに、…にあたる、はじめて
476 於 …(に)おいて、…に、…を、…より
479 既 すでに
488 是 これ
499 曷 なに、なんぞ
511 未 いまだ…ず
515 来 〔語調をととのえる〕
554 欲 ほっす
556 歟 や、か
558 此 これ、ここ、この、かく
566 毋 なかれ、なし
584 況 いわんや(…をや)
630 為 (…の)ために
631 烏 いずくんぞ
632 焉 いずくんぞ、いずくにか、ここ、これ
633 然 しからば、しかれども、しかるに、しかり
633 無 なし、なかれ

646 爾 のみ
654 独 ひとり
657 猶 なお…のごとし
698 盍 なんぞ…ざる
701 直 ただ…(のみ)
711 矣 〔断定の気持ちや動作の完了などをあらわす〕
712 矧 いわんや…(をや)
724 祗 ただ…(のみ)
763 粤 ここに
791 縦 たとい(…とも)
808 者 は、もの、こと、…ば
809 而 しかして、しこうして、…(し)て、しかも、しかるに、しかれども
810 耳 のみ
810 耶 や、か
814 聿 これ、ここに
817 肯 あえて、がえんず、〔「不㆓肯…㆒」あえて…ず、…をがえんぜず〕
818 胡 なんぞ
822 能 よく、〔「不能」あたわず〕

830 自 より
847 苟 いやしくも、まことに
847 若 もし、ごとし、しく、「何若」いかん、いかん、「若何」いかん(せん)
854 莫 なし、なかれ
889 被 る、らる
898 見 る、らる
918 諸 これ
919 誰 たれ、た
929 豈 あに…(や)
956 輒 すなわち
978 遂 ついに
982 遣 (…をして)…(せ)しむ
983 適 たまたま
988 邪 や、か
1046 雖 (…と)いえども
1056 非 あらず
1064 須 すべからく…(す)べし

漢詩について

漢文のうち、韻を踏み、ほぼ一句の字数が定まっているものを漢詩といいます。

中国のもっとも古い詩は、その多くが前七七〇年から始まる東周時代に、黄河流域で生まれたもので、一句が四字からなる素朴で開放的な詩でした。これらは『詩経』という書物にまとめられ、現在まで伝わっています。

一例を挙げれば、

桃夭
桃之夭夭　灼灼其華
之子于帰　宜其室家
桃之夭夭　有蕡其実
之子于帰　宜其家室
桃之夭夭　其葉蓁蓁
之子于帰　宜其家人

桃夭
桃の夭夭たる　灼灼たる其の華
之の子于き帰ぐ　其の室家に宜しからん
桃の夭夭たる　蕡たる其の実有り
之の子于き帰ぐ　其の家室に宜しからん
桃の夭夭たる　其の葉蓁蓁たり
之の子于き帰ぐ　其の家人に宜しからん

〔現代語訳〕
若々しい桃
桃の若々しさよ　美しく咲くその花よ
この娘が嫁ぎ行く　嫁入り先の家にふさわしかろう
桃の若々しさよ　ふっくらと実をつけている
この娘が嫁ぎ行く　嫁入り先の家にふさわしかろう
桃の若々しさよ　葉が盛んに茂っている
この娘が嫁ぎ行く　嫁入り先の人々にふさわしかろう

嫁入りする娘を桃にたとえて、結婚を祝福する詩です。

句末に同じ響きの音（＝韻）をもつ字を用いて、歌うときの響きを美しく調和させる。これを**押韻**あるいは**韻を踏む**といいます。この詩では「華」と「家」、「実」と「室」、「蓁」と「人」がそれぞれ韻を踏んでいます。「室家」と「家室」とは同義ですが、押韻するために順序を逆転させているのです。

唐の時代（六一八年—九〇七年）、詩は空前の活況を呈しました。なかでも李白（七〇一年—七六二年）と杜甫（七一二年—七七〇年）は中国最高の詩人として名高い二人です。

李白
早発白帝城
朝辞白帝彩雲間
千里江陵一日還
両岸猿声啼不住
軽舟已過万重山

早に白帝城を発す
朝に辞す白帝彩雲の間
千里の江陵一日にして還る
両岸の猿声啼いて住まざるに
軽舟已に過ぐ万重の山

〔現代語訳〕
早朝に白帝城を出発する
朝焼けで彩りの美しい雲がたなびく白帝城に別れを告げ
長江の急流に乗って千里も離れた江陵まで一日で帰る
両岸から聞こえる猿の声が啼きやまず続くうち
軽やかな舟は幾重にも重なった山の間を通り過ぎた

杜甫

春望

国破山河在
城春草木深
感時花濺涙
恨別鳥驚心
烽火連三月
家書抵万金
白頭掻更短
渾欲不勝簪

春望

国破れて山河在り
城春にして草木深し
時に感じては花にも涙を濺ぎ
別れを恨んでは鳥にも心を驚かす
烽火三月に連なり
家書万金に抵る
白頭掻けば更に短く
渾て簪に勝えざらんと欲す

〔現代語訳〕

春のながめ
国都の長安は破壊されてしまったが山や河はもとの姿をとどめている
この長安の町にも春がおとずれ草木は青々と茂っている
戦乱の時勢を嘆いて花を見るにつけても涙をこぼし
家族との離別を恨んで鳥の声を聞いてさえ心が不安におののく
敵の来襲を告げるのろしは三か月も続き
家族からの手紙は万金に値するほど得難い
白髪はかけばかくほど短くなり
すっかり冠をとめるピンもさせなくなってしまった

◇唐詩の形式ときまり

前出の李白の詩のように四句からできているものを**絶句**といいます。一句が五字のものを**五言絶句**、一句が七字のものを**七言絶句**といいます。「早に白帝城を発す」と題する詩は七言絶句です。また杜甫の詩のように八句からできているものを**律詩**といいます。一句が五字のものを**五言律詩**、一句が七字のものを**七言律詩**といいます。「春望」と題する詩は五言律詩です。

絶句は、第一句から順に、起句・承句・転句・結句と呼び、おおむね以下のような構成を取ります。

起句（第一句）……情景を歌い起こす。
承句（第二句）……起句を承けて詩想を広げる。
転句（第三句）……詩想を転換して変化をつける。
結句（第四句）……全体の詩想をまとめて結ぶ。

律詩は、二句ずつ組み合わせたものを順に、首聯・頷聯・頸聯・尾聯と呼び、それぞれの聯は、絶句の起・承・転・結と同じ構成になっています。

五言の詩では偶数句の句末に押韻し、七言の詩では第一句も押韻します。「早に白帝城を発す」では「間・還・山」が、「春望」では「深・心・金・簪」がそれぞれ韻を踏んでいます。

また、並んだ二句において、文法的はたらきが同じ語を同じ順序で配列したものを**対句**といいます。律詩では、必ず第三句と第四句（頷聯）、第五句と第六句（頸聯）は文法的はたらきが同じ語を同じ順序で配列しなければなりません。「時に感じては花にも涙を濺ぎ」と「別れを恨んでは鳥にも心を驚かす」、「烽火三月に連なり」と「家書万金に抵る」が対句です。また第一句と第二句（首聯）、第七句と第八句（尾聯）を対句にすることも可能です。「国破れて山河在り」と「城春にして草木深し」も対句になっています。

日中文化史年表

中国

西暦	前一六〇〇	前一一〇〇	前八〇〇	前七〇〇	前六〇〇

時代

- 伝説時代：五帝・三皇、夏
- 殷（前約1600—前約1100）
- 西周（前約1100—前770）
- 春秋時代（前770—前403）
- （前770—前256）

歴史的事項

- ▼黄帝
- ▼尭・舜
- ▼夏の禹王即位
- ▼殷の湯王、夏の桀王を倒して即位
- ▼前一一〇〇年ころ周の武王、殷の紂王を滅ぼして即位
- ▼前七七〇…平王、都を洛邑にうつす(東周)
- ▼春秋の五覇(斉の桓公・晋の文公・秦の穆公・宋の襄公・楚の荘王)
- ▼呉越の争い―呉王夫差・越王句践
- ▼前四七九…孔子没す

文化的事項（文学・思想）

- 蒼頡(文字の発明)
- ◎甲骨文字
- 周の文王・周公旦
- 伯夷・叔斉
- 『詩経』
- 管仲
- 晏嬰
- 子路・子貢・顔回・曽参
- 『春秋』『論語』

日本

時代

縄文時代

歴史的事項

- ▼竪穴住居・環状集落・文様のある大型土器

文化的事項（文学・思想）

前三〇〇	前二〇〇
東周 戦国時代（前403―前221）	秦（前221―前206）　前漢（前202―後8）

▼前四〇三…晋が韓・魏・趙に分裂
▼戦国七雄（秦・楚・斉・燕・韓・魏・趙）の争い
▼合従連衡―蘇秦・張儀
▼前二五六…秦、周を滅ぼす
▼前二二一…秦の始皇帝、天下を統一
▼焚書坑儒・万里の長城
▼前二〇九…陳勝・呉広の乱
▼前二〇六…秦の滅亡
▼楚・漢の争い―項羽・劉邦
▼前二〇二…漢の高祖（＝劉邦）即位
▼前一五四…呉楚七国の乱
▼前一四〇…武帝即位
初めて年号を制定　五経博士を置き、儒教を尊ぶ
▼前一三九…張騫、西域に使いする

◎諸子百家の活躍
墨翟『墨子』
孫武『孫子』
孟軻『孟子』
荘周『荘子』
荀況『荀子』
韓非『韓非子』
『楚辞』（屈原）
『礼記』
劉安『淮南子』
董仲舒
司馬相如

弥　生　時　代

▼北九州に稲作と金属器をともなう文化が成立
▼農耕技術と弥生文化が西日本に波及する
▼弥生文化が関東地方に波及する

年代	前一〇〇	紀元元年	一〇〇	二〇〇	三〇〇

前漢(前202−後8)　新(8−23)　後漢(25−220)　三国時代(220−280) 魏(220−265)蜀(221−263)呉(222−280)　西晋(265−316)

▼蘇武、匈奴に使いする
▼前九九…李陵、匈奴に捕らえられる
▼前三三…王昭君、匈奴に嫁ぐ
▼八…王莽、新を建国
▼二五…光武帝、漢を再建
▼仏教伝来
▼一〇五…蔡倫、紙を発明
▼一六六…党錮の獄
▼一八四…黄巾の乱
▼二〇八…赤壁の戦い
▼二二〇…魏の文帝即位
▼魏(曹操)・呉(孫権)・蜀(劉備)の三国分立
諸葛亮
▼二六五…晋の武帝(=司馬炎)即位
▼二八〇…呉を滅ぼし、天下を統一
▼三〇四…五胡十六国の乱

司馬遷『史記』
劉向『戦国策』
◎陰陽五行説流行
許慎『説文解字』
班固『漢書』
◎建安の文学—曹操・曹丕・曹植・王粲ら
◎清談の流行　竹林の七賢—嵆康・阮籍ら
陳寿『三国志』

弥生時代

▼このころ倭に百余国あり
▼漢の楽浪郡に朝貢
▼五七…倭奴国、使者を後漢に送る
▼一八八…倭国の大乱
▼二三九…邪馬台国の女王卑弥呼、使者を魏に送る

◎王仁、百済から『論語』『千字文』を伝える

四〇〇　五〇〇　六〇〇　七〇〇

東晋(317−420)　北朝(386−581)　南朝(420−589)　隋(581−618)　唐(618−907)

▼三一七…晋、建康(＝南京)に遷都
▼四二〇…武帝(＝劉裕)宋建国
▼南北朝の対立
▼五八一…隋の文帝即位
▼五八九…隋、南朝の陳を滅ぼし天下を統一
▼科挙の制度を創設
▼煬帝大運河建設
▼六一八…隋滅び、唐の高祖(＝李淵)即位
▼太宗(＝李世民)の貞観の治
▼六二九…玄奘インドに向かう
▼六九〇…則天武后、国号を周とする
▼七一三…玄宗即位　開元の治　楊貴妃
▼七五五…安禄山の乱　玄宗、蜀に亡命

王羲之『蘭亭序』
法顕『仏国記』
鳩摩羅什
陶潜・謝霊運
『世説新語』『後漢書』
蕭統『文選』
◎四六駢儷文流行
◎道教成立　◎仏教流行
劉希夷
陳子昂・宋之問
◎唐詩全盛
孟浩然・王之渙
王昌齢・王維
李白・高適
杜甫・岑参

古墳時代　飛鳥時代(592−710)　奈良時代(710−793)

▼三九一…朝鮮を攻め、新羅・百済を破る
▼四七八…倭王武(＝雄略天皇)宋に使者を送る
▼百済から五経博士ら来訪
▼仏教伝来
▼五六二…任那日本府滅亡
▼五九三…聖徳太子、摂政となる
▼六〇三…冠位十二階制定
▼六〇四…十七条憲法制定
▼六〇七…第一回遣隋使
▼六三〇…第一回遣唐使
▼法隆寺建立
▼六四五…大化の改新
▼六六三…白村江の戦い
▼六七二…壬申の乱
▼七〇一…大宝律令制定
▼七一〇…平城京(奈良)遷都
▼七一七…吉備真備・阿倍仲麻呂ら渡唐
▼七五二…東大寺大仏開眼

太安万侶『古事記』
『風土記』
舎人親王『日本書紀』
『懐風藻』
『万葉集』
柿本人麻呂
山上憶良
大伴家持

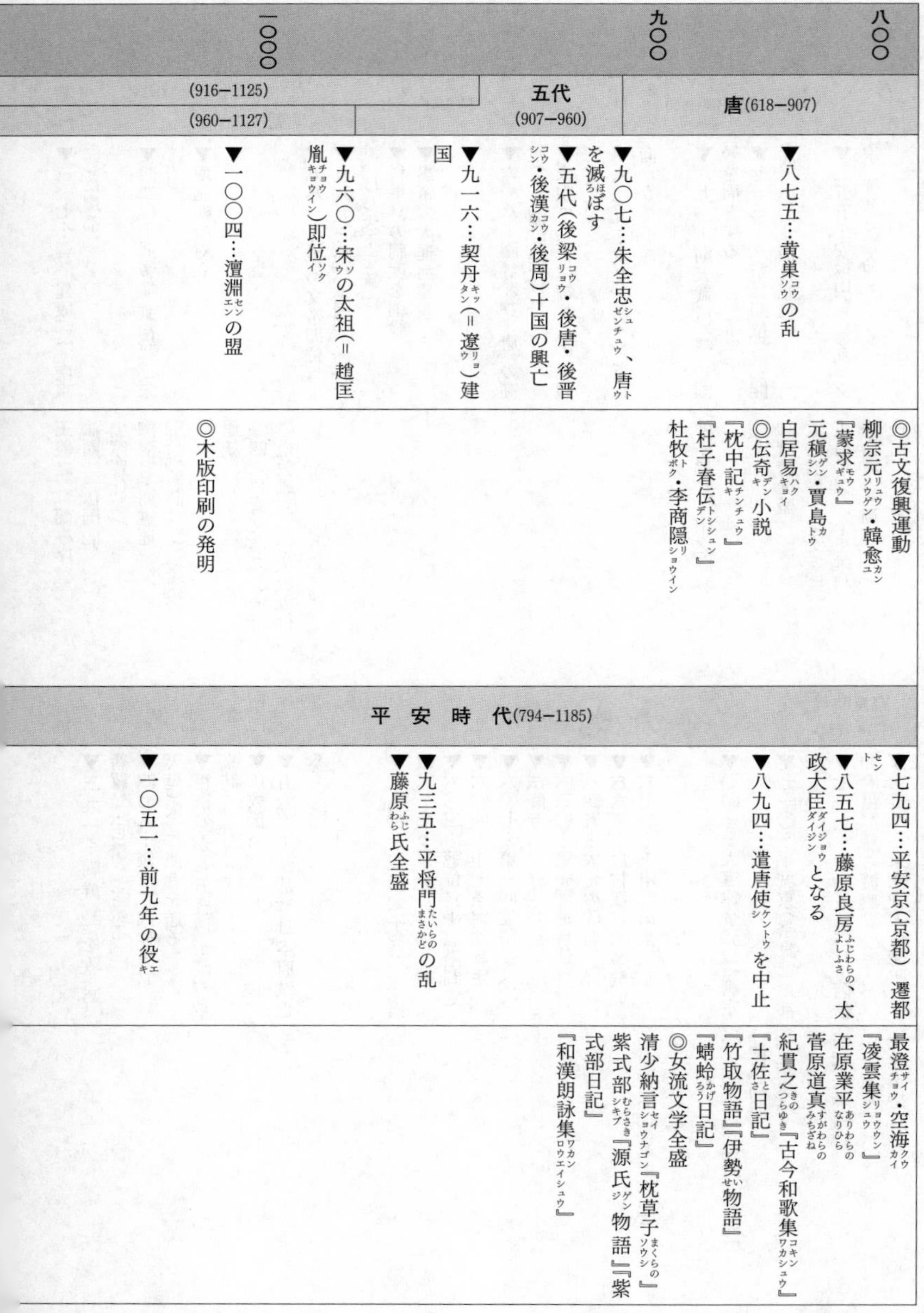

八〇〇　九〇〇　一〇〇〇

唐(618–907)　五代(907–960)　(916–1125)　(960–1127)

▼八七五…黄巣の乱
▼九〇七…朱全忠、唐を滅ぼす
▼五代（後梁・後唐・後晋・後漢・後周）十国の興亡
▼九一六…契丹（＝遼）建国
▼九六〇…宋の太祖（＝趙匡胤）即位
▼一〇〇四…澶淵の盟

◎古文復興運動
柳宗元・韓愈
『蒙求』
元稹・賈島
白居易
◎伝奇小説
『枕中記』
『杜子春伝』
杜牧・李商隠
◎木版印刷の発明

平　安　時　代(794–1185)

▼七九四…平安京（京都）遷都
▼八五七…藤原良房、太政大臣となる
▼八九四…遣唐使を中止
▼九三五…平将門の乱
▼藤原氏全盛
▼一〇五一…前九年の役

最澄・空海
『凌雲集』
在原業平
菅原道真
紀貫之『古今和歌集』
『土佐日記』
『竹取物語』『伊勢物語』
『蜻蛉日記』
◎女流文学全盛
清少納言『枕草子』
紫式部『源氏物語』『紫式部日記』
『和漢朗詠集』

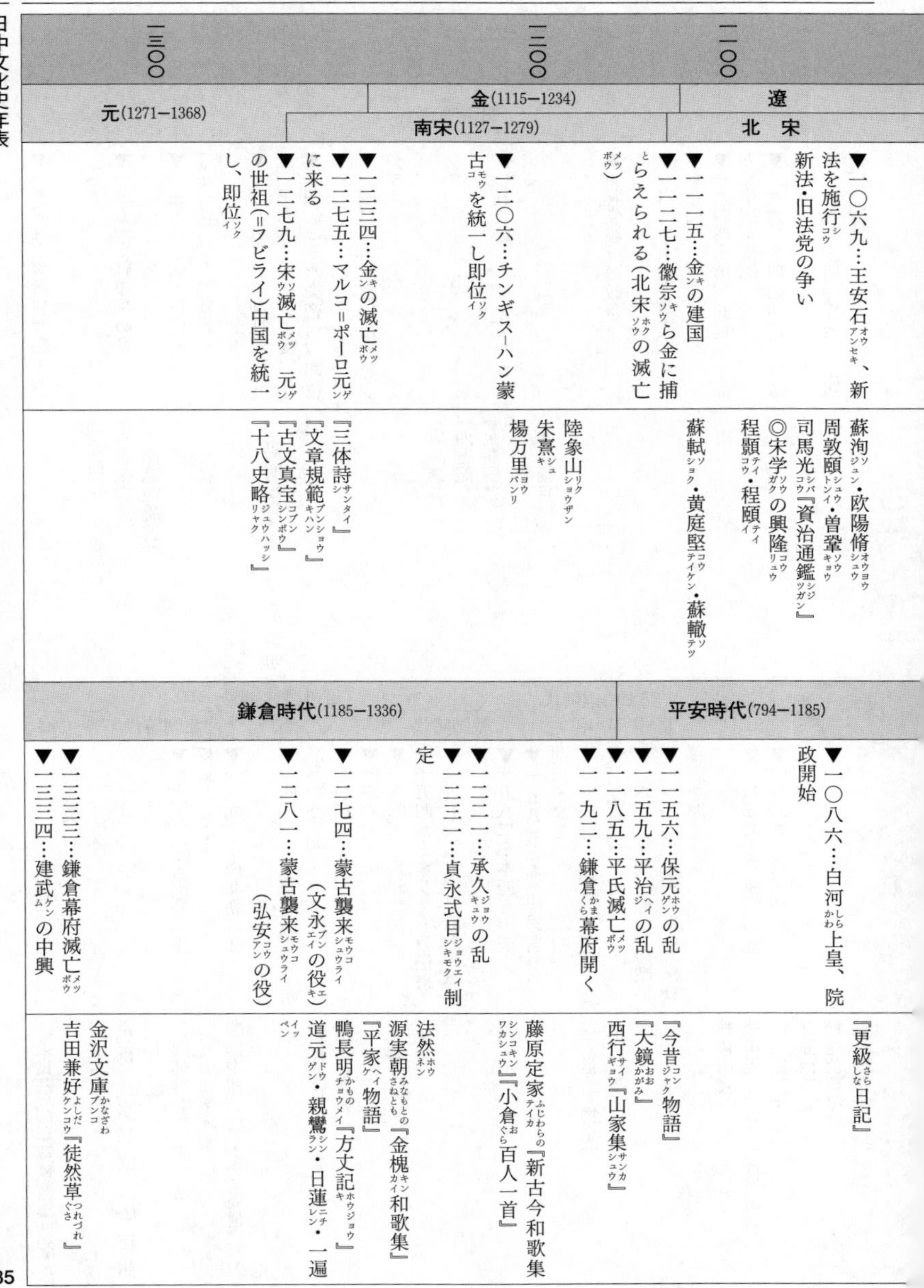

一一〇〇　一二〇〇　一三〇〇

中国

遼／北宋　金（1115–1234）　南宋（1127–1279）　元（1271–1368）

▼一〇六九…王安石、新法を施行し新法・旧法党の争い
▼一一一五…金の建国
▼一一二七…徽宗ら金に捕らえられる（北宋の滅亡）
▼一二〇六…チンギス＝ハン蒙古を統一し即位
▼一二三四…金の滅亡
▼一二七五…マルコ＝ポーロ元に来る
▼一二七九…宋滅亡、元の世祖（＝フビライ）中国を統一し、即位

蘇洵・欧陽脩
周敦頤・曽鞏
司馬光『資治通鑑』
◎宋学の興隆
程顥・程頤
蘇軾・黄庭堅・蘇轍
陸象山
朱熹
楊万里
『三体詩』
『文章規範』
『古文真宝』
『十八史略』

日本

平安時代（794–1185）　鎌倉時代（1185–1336）

▼一〇八六…白河上皇、院政開始
▼一一五六…保元の乱
▼一一五九…平治の乱
▼一一八五…平氏滅亡
▼一一九二…鎌倉幕府開く
▼一二二一…承久の乱
▼一二三二…貞永式目制定
▼一二七四…蒙古襲来（文永の役）
▼一二八一…蒙古襲来（弘安の役）
▼一三三三…鎌倉幕府滅亡
▼一三三四…建武の中興

『更級日記』
『今昔物語』
『大鏡』
西行『山家集』
藤原定家『新古今和歌集』『小倉百人一首』
法然
源実朝『金槐和歌集』
『平家物語』
鴨長明『方丈記』
道元・親鸞・日蓮・一遍
金沢文庫
吉田兼好『徒然草』

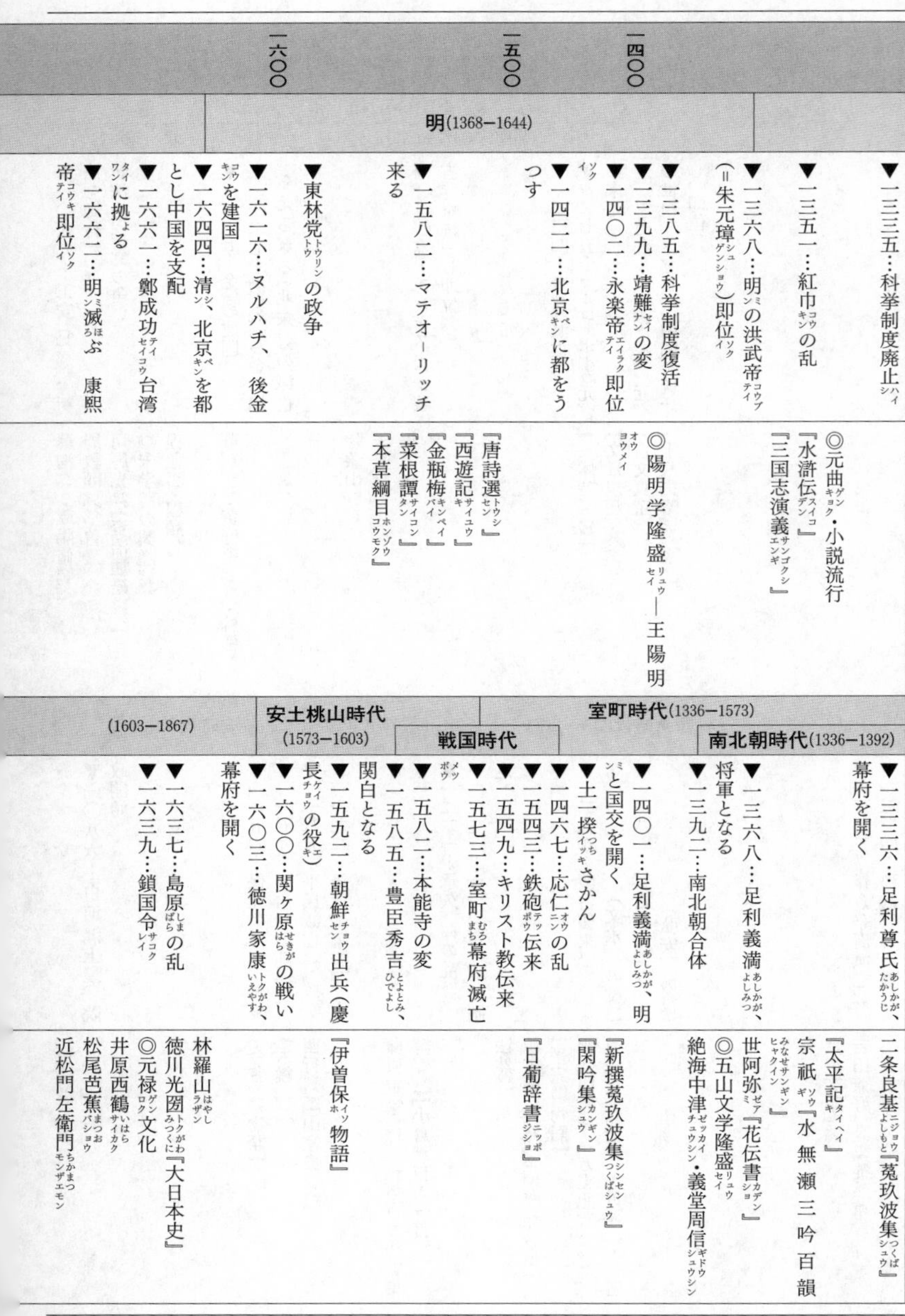

年	中国	文化
一四〇〇	**明**(1368−1644)	
	▼一三三五…科挙制度廃止	◎元曲・小説流行
	▼一三五一…紅巾の乱	『水滸伝』
	▼一三六八…明の洪武帝（＝朱元璋）即位	『三国志演義』
	▼一三八五…科挙制度復活	◎陽明学隆盛—王陽明
	▼一三九九…靖難の変	
	▼一四〇二…永楽帝即位	
	▼一四二一…北京に都をうつす	
一五〇〇	▼一五八二…マテオ＝リッチ来る	『唐詩選』
	▼東林党の政争	『西遊記』
		『金瓶梅』
		『菜根譚』
		『本草綱目』
一六〇〇	▼一六一六…ヌルハチ、後金を建国	
	▼一六四四…清、北京を都とし中国を支配	
	▼一六六一…鄭成功台湾に拠る	
	▼一六六二…明滅ぶ　康熙帝即位	

時代	日本	文化
南北朝時代(1336−1392)／**室町時代**(1336−1573)	▼一三三六…足利尊氏、幕府を開く	二条良基『菟玖波集』
	▼一三六八…足利義満、将軍となる	『太平記』
	▼一三九二…南北朝合体	宗祇『水無瀬三吟百韻』
	▼一四〇一…足利義満、明と国交を開く	世阿弥『花伝書』
	▼土一揆さかん	◎五山文学隆盛
	▼一四六七…応仁の乱	絶海中津・義堂周信
戦国時代	▼一五四三…鉄砲伝来	『新撰菟玖波集』
	▼一五四九…キリスト教伝来	『閑吟集』
	▼一五七三…室町幕府滅亡	『日葡辞書』
安土桃山時代(1573−1603)	▼一五八二…本能寺の変	『伊曽保物語』
	▼一五八五…豊臣秀吉、関白となる	
	▼一五九二…朝鮮出兵（慶長の役）	
	▼一六〇〇…関ヶ原の戦い	
(1603−1867)	▼一六〇三…徳川家康、幕府を開く	林羅山
	▼一六三七…島原の乱	徳川光圀『大日本史』
	▼一六三九…鎖国令	◎元禄文化
		井原西鶴
		松尾芭蕉
		近松門左衛門

中国

一七〇〇	清(1644–1911)
一八〇〇	清(1644–1911)
一九〇〇	中華民国(1912–)
	中華人民共和国(1949–)
	(台湾)

▼一六八九…ロシアとネルチンスク条約を結ぶ
▼一八四〇…阿片(アヘン)戦争
▼一八五〇…太平天国の乱
▼一八六二…洋務運動
▼一八九四…日清(ニッシン)戦争　孫文(ソンブン)の興中会(コウチュウカイ)発足
▼一八九八…戊戌(ボジュツ)の政変
▼一八九九…義和団(ギワダン)の乱
▼一九〇五…科挙制度廃止(ハイシ)
▼一九一一…辛亥(シンガイ)革命
▼一九一二…中華民国成立
▼一九一九…五四運動
▼一九三二…満州国成立
▼一九三七…盧溝橋事件(ロコウキョウジケン)
▼一九四九…中華人民共和国成立

◎白話(ハクワ)小説流行
『聊斎志異(リョウサイシイ)』
『康熙字典(コウキジテン)』
『四庫全書(シコゼンショ)』
『紅楼夢(コウロウム)』
◎考証学隆盛(リュウセイ)
顧炎武(コエンブ)・黄宗羲(コウソウギ)
戴震(タイシン)・段玉裁(ダンギョクサイ)
王念孫(オウネンソン)・王引之(オウインシ)
魯迅(ロジン)『阿Q正伝(アキューセイデン)』
老舎(ロウシャ)
郭沫若(カクマツジャク)

日本

江戸時代
明治(1868–1912)
大正(1912–1926)
昭和(1926–1989)
平成(1989–2019)
令和(2019–)

▼一七一六…享保(キョウホウ)の改革
▼一七八七…寛政(カンセイ)の改革
▼一八三七…大塩平八郎(おおしおへいはちろう)の乱
▼一八四一…天保(テンポウ)の改革
▼一八五三…ペリー来航
▼一八五八…安政の大獄(タイゴク)
▼一八六八…明治維新(イシン)
▼一八七一…廃藩置県(ハイハンチケン)
▼一八九四…日清(ニッシン)戦争
▼一九〇四…日露(ニチロ)戦争
▼一九一〇…韓国併合(カンコクヘイゴウ)
▼一九一四…第一次世界大戦
▼一九二三…関東大震災(ダイシンサイ)
▼一九三一…満州事変
▼一九三七…日中戦争始まる
▼一九三九…第二次世界大戦始まる
▼一九四五…第二次世界大戦終わる

伊藤仁斎(いとうジンサイ)・荻生徂徠(おぎゅうソライ)
貝原益軒(かいばらエキケン)・新井白石(あらいハクセキ)
賀茂真淵(かものまぶち)・本居宣長(もとおりのりなが)
◎化政(カセイ)文化
上田秋成(うえだあきなり)
与謝蕪村(よさブソン)・小林一茶(こばやしイッサ)
滝沢馬琴(たきざわバキン)
塙保己一(はなわホキイチ)『群書類従(グンショルイジュウ)』
頼山陽(ライサンヨウ)
福沢諭吉(ふくざわユキチ)『西洋事情』『学問ノススメ』
中村正直(なかむらまさなお)『西国立志編(サイゴクリッシヘン)』
幸田露伴(コウだロハン)
森鷗外(もりオウガイ)
夏目漱石(なつめソウセキ)
島崎藤村(しまざきトウソン)
芥川龍之介(あくたがわリュウのすけ)

十干十二支／時刻・方位

時刻や方位をとらえるときには、「十干」「十二支」という考え方を利用します。

中国では、自然界の中から、木・火・土・金・水の五つの要素を選んで「五行」と呼び、ものごとの根本にすえました。この「五行」の一つ一つを、陽（また、「兄」にあてる）と陰（また、「弟」にあてる）とに分けて、十に分類して考えるとき、これを「十干」といいます（図1）。このとき、その読み方は、音読みでは、「コウ・オツ・ヘイ・テイ…」となりますが、訓読みでは、「木の兄」つまり「きのえ」、「木の弟」つまり「きのと」というようになります。

図1　五行と十干

五行（ゴギョウ）		十干（ジッカン）	
木（モク・き）	陽（兄）	甲（コウ）	きのえ
	陰（弟）	乙（オツ）	きのと
火（カ・ひ）	陽（兄）	丙（ヘイ）	ひのえ
	陰（弟）	丁（テイ）	ひのと
土（ド・つち）	陽（兄）	戊（ボ）	つちのえ
	陰（弟）	己（キ）	つちのと
金（ゴン・か）	陽（兄）	庚（コウ）	かのえ
	陰（弟）	辛（シン）	かのと
水（スイ・みず）	陽（兄）	壬（ジン）	みずのえ
	陰（弟）	癸（キ）	みずのと

図2　十二支

十二支	音	訓	動物
子	シ	ね	ねずみ
丑	チュウ	うし	うし
寅	イン	とら	とら
卯	ボウ	う	うさぎ
辰	シン	たつ	たつ
巳	シ	み	へび
午	ゴ	うま	うま
未	ビ	ひつじ	ひつじ
申	シン	さる	さる
酉	ユウ	とり	にわとり
戌	ジュツ	いぬ	いぬ
亥	ガイ	い	ぶた（いのしし）

次に「十二支」ですが、これは、子・丑・寅・卯・辰・巳・午・未・申・酉・戌・亥のことです。これは、時刻（図3）や方位（図4）をあらわすものです。この「十二支」が、「ね・うし・とら…」のように、動物の名にあてられるようになりました。

さて、「五行」を基本にすえる「十干」と、この「十二支」とを組み合わせると、「十干」をたとえば「きのえ・きのと」のように二つずつを一組みとして考えるので、五の十二倍で六十通りになります（図5）。つまり、「木」の「きのえ」と「子」の組み合わせからはじまり、十二番目まできたら、次は「火」の「ひのえ」と「子」の組み合わせではじめるようにしていきます。

これを「十干」と「十二支」の「干」と「支」をとって「干支（えと）」と呼びます。この「干支」を用いて年月日や暦をあらわすのです。

図3　時刻

＊日没から夜明けまでを五等分して、初更・二更・三更・四更・五更とする示し方もあります。

図4　方位

＊北東・南東・南西・北西は、となり合う名称を時計まわりにつないで「うしとら」「たつみ」「ひつじさる」「いぬい」と呼びます。

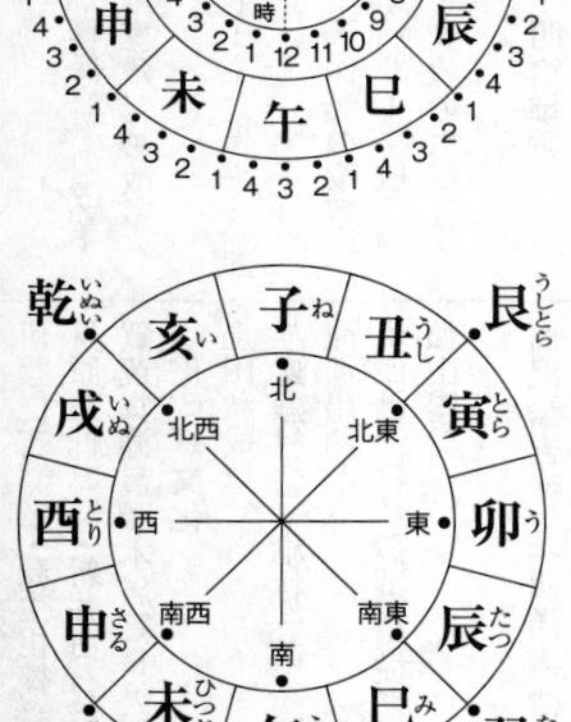

図5　干支表

番号	干支	音読み	訓読み
①	甲子	カッシ／コウシ	きのえね
②	乙丑	イッチュウ／オッチュウ	きのとうし
③	丙寅	ヘイイン	ひのえとら
④	丁卯	テイボウ	ひのとう
⑤	戊辰	ボシン	つちのえたつ
⑥	己巳	キシ	つちのとみ
⑦	庚午	コウゴ	かのえうま
⑧	辛未	シンビ	かのとひつじ
⑨	壬申	ジンシン	みずのえさる
⑩	癸酉	キユウ	みずのととり
⑪	甲戌	コウジュツ	きのえいぬ
⑫	乙亥	イツガイ／オツガイ	きのとい
⑬	丙子	ヘイシ	ひのえね
⑭	丁丑	テイチュウ	ひのとうし
⑮	戊寅	ボイン	つちのえとら
⑯	己卯	キボウ	つちのとう
⑰	庚辰	コウシン	かのえたつ
⑱	辛巳	シンシ	かのとみ
⑲	壬午	ジンゴ	みずのえうま
⑳	癸未	キビ	みずのとひつじ
㉑	甲申	コウシン	きのえさる
㉒	乙酉	イツユウ／オツユウ	きのととり
㉓	丙戌	ヘイジュツ	ひのえいぬ
㉔	丁亥	テイガイ	ひのとい
㉕	戊子	ボシ	つちのえね
㉖	己丑	キチュウ	つちのとうし
㉗	庚寅	コウイン	かのえとら
㉘	辛卯	シンボウ	かのとう
㉙	壬辰	ジンシン	みずのえたつ
㉚	癸巳	キシ	みずのとみ
㉛	甲午	コウゴ	きのえうま
㉜	乙未	イツビ／オツビ	きのとひつじ
㉝	丙申	ヘイシン	ひのえさる
㉞	丁酉	テイユウ	ひのととり
㉟	戊戌	ボジュツ	つちのえいぬ
㊱	己亥	キガイ	つちのとい
㊲	庚子	コウシ	かのえね
㊳	辛丑	シンチュウ	かのとうし
㊴	壬寅	ジンイン	みずのえとら
㊵	癸卯	キボウ	みずのとう
㊶	甲辰	コウシン	きのえたつ
㊷	乙巳	イッシ／オッシ	きのとみ
㊸	丙午	ヘイゴ	ひのえうま
㊹	丁未	テイビ	ひのとひつじ
㊺	戊申	ボシン	つちのえさる
㊻	己酉	キユウ	つちのととり
㊼	庚戌	コウジュツ	かのえいぬ
㊽	辛亥	シンガイ	かのとい
㊾	壬子	ジンシ	みずのえね
㊿	癸丑	キチュウ	みずのとうし
51	甲寅	コウイン	きのえとら
52	乙卯	イツボウ／オツボウ	きのとう
53	丙辰	ヘイシン	ひのえたつ
54	丁巳	テイシ	ひのとみ
55	戊午	ボゴ	つちのえうま
56	己未	キビ	つちのとひつじ
57	庚申	コウシン	かのえさる
58	辛酉	シンユウ	かのととり
59	壬戌	ジンジュツ	みずのえいぬ
60	癸亥	キガイ	みずのとい
①	甲子	カッシ／コウシ	きのえね
②	乙丑	イッチュウ／オッチュウ	きのとうし
③	丙寅	ヘイイン	ひのえとら
……			

＊音読みをするときもありますが、同音のものもあるので、多くの場合、訓読みをします。

＊「十干」は、「五行」にしたがって、甲と乙、丙と丁のように二つずつで一組みとしてとらえるので、はじめの①～⑫は甲（きのえ）からはじまり、⑬～㉔は丙（ひのえ）から組み合わせる、というようになります。

＊六十番目でひとまわりしたことになりますから、六十一番目は、もとへかえって①となり、くりかえすことになります。

二十四節気（二十四気・二十四節）

一年を季節によって二十四等分し、その時期にふさわしい名称をつけたもの。旧暦では、月の前半を節（セツ）、後半を中（チュウ）という。

［春］

立春（リッシュン） 二月四日ごろ。太陽の黄経三一五度。節分の翌日で、この日から春が始まる。旧暦では正月節。

雨水（ウスイ） 二月十八日ごろ。太陽の黄経三三〇度。地上があたたかくなって雪や氷が雨に変わる。旧暦では正月中。

啓蟄（ケイチツ） 三月六日ごろ。太陽の黄経三四五度。地中があたたかくなって虫類がはい出る。旧暦では二月節。

春分（シュンブン） 三月二十一日ごろ。太陽の黄経〇度。昼と夜の時間がほぼ等しくなる。春の彼岸の中日。旧暦では二月中。

清明（セイメイ） 四月五日ごろ。太陽の黄経一五度。草木が芽ぶき万物が明らかになる。旧暦では三月節。

穀雨（コクウ） 四月二十日ごろ。太陽の黄経三〇度。百穀に春雨がそそぎ、農作物が盛んに成長する。旧暦では三月中。

［夏］

立夏（リッカ） 五月六日ごろ。太陽の黄経四五度。日差しや草木の色に夏の気配（ケハイ）があらわれる。旧暦では四月節。

小満（ショウマン） 五月二十一日ごろ。太陽の黄経六〇度。穀物や草木が、盛んな陽気を受けて成長する。旧暦では四月中。

芒種（ボウシュ） 六月五日ごろ。太陽の黄経七五度。穀物の種まき、田植えの時期。旧暦では五月節。

夏至（ゲシ） 六月二十二日ごろ。太陽の黄経九〇度。一年のうちで昼が最も長く、夜が最も短い日。旧暦では五月中。

小暑（ショウショ） 七月七日ごろ。太陽の黄経一〇五度。真夏の前の梅雨あけの前後のころ。暑くなり始める。旧暦では六月節。

大暑（タイショ） 七月二十三日ごろ。太陽の黄経一二〇度。一年中で最も暑さのきびしい時期。旧暦では六月中。

［秋］

立秋（リッシュウ） 八月八日ごろ。太陽の黄経一三五度。吹く風に秋の立つ気配が感じられるが、残暑はまだきびしい。旧暦では七月節。

処暑（ショショ） 八月二十三日ごろ。太陽の黄経一五〇度。暑さがやむ意。朝夕、秋の訪れを感じるころ。旧暦では七月中。

白露（ハクロ） 九月八日ごろ。太陽の黄経一六五度。秋の気配が増し、草や葉に露を結ぶころ。旧暦では八月節。

秋分（シュウブン） 九月二十三日ごろ。太陽の黄経一八〇度。昼と夜の時間がほぼ等しくなる。秋の彼岸の中日。旧暦では八月中。

寒露（カンロ） 十月八日ごろ。太陽の黄経一九五度。冷気が増し、露が霜に変わるころ。旧暦では九月節。

霜降（ソウコウ） 十月二十三日ごろ。太陽の黄経二一〇度。霜が降（お）り、冬の近づくのが感じられるころ。旧暦では九月中。

［冬］

立冬（リットウ） 十一月八日ごろ。太陽の黄経二二五度。まだ冬のきびしさはないが、日差しは日ごとに短くなる。旧暦では十月節。

小雪（ショウセツ） 十一月二十二日ごろ。太陽の黄経二四〇度。寒い土地ではそろそろ里雪が舞い始めるころ。旧暦では十月中。

大雪（タイセツ） 十二月八日ごろ。太陽の黄経二五五度。根雪となる雪が降りつもるころ。旧暦では十一月節。

冬至（トウジ） 十二月二十二日ごろ。太陽の黄経二七〇度。一年のうちで夜が最も長く、昼が最も短い日。旧暦では十一月中。

小寒（ショウカン） 一月六日ごろ。太陽の黄経二八五度。寒の入りにあたる。本格的な寒さが始まるころ。旧暦では十二月節。

大寒（ダイカン） 一月二十日ごろ。太陽の黄経三〇〇度。一年中で最も寒さのきびしい時期。旧暦では十二月中。

度量衡表／数の単位

［中国の度量衡］ 度量衡については不明確な点が多い。出土文物と従来の説とを考え合わせて、およその値を示した。

《歴代度量衡表》

時代	**尺**(cm)	**升**(L)	**斤**(g)
戦国	23.1	0.2	250
秦	23.1	0.2	253
前漢・新	23.1	0.2	248
後漢	23.75	0.2	220
三国・晋	24.2	0.205	220
南北朝	24.5	0.2/0.6	220/660
隋	29.6	0.2/0.6	220/661
唐	30/36	0.2/0.6	661
宋	31.2	0.67	633
元	31.2	0.95	633
明（建築用）	32.0	1.0	590
明（測量用）	32.7		
明（裁縫用）	34.0		
清（建築用）	32.0	1.0	596.8
清（測量用）	34.5		
清（裁縫用）	35.5		

《度量衡単位換算表》

度(ながさ)	量(かさ)	衡(めかた)
		厘・釐（0.001両）0.0000625斤
毫 0.0001尺		分 0.000625斤
厘・釐 0.001尺		銖 0.0026斤
分 0.01尺	勺 0.01升	
	龠 0.05升/0.01升	両（24銖）0.0625斤
寸 0.1尺	合 0.1升	
咫 0.8尺(8寸)		
尺	**升**	**斤**（16両）
歩 6尺(唐以後は5尺)		
仞 7尺/8尺		
尋 8尺		
丈 10尺	斗 10升	
常 16尺		鈞 30斤
引 100尺	斛 100升/50升	
	石 100升	石（4鈞）120斤
里 1800尺	籔 160升	
	缶 160升/320升	

［日本の度量衡］

度(ながさ)		量(かさ)		衡(めかた)	
毛 0.0001尺	(約0.003cm)				
厘 0.001尺	(約0.03cm)			毛 0.001匁	(0.00375g)
分 0.01尺	(約0.3cm)	勺 0.01升	(約0.018L)	厘 0.01匁	(0.0375g)
寸 0.1尺	(約3.03cm)	合 0.1升	(約0.18L)	分 0.1匁	(0.375g)
尺（曲尺）	約30.3cm	**升**	約1.8L	**匁**	3.75g
間 6尺	(約181.8cm)	斗 10升	(約18L)	斤 160匁	(600g)
丈 10尺		石 100升	(約180L)	貫 1000匁	(3750g)
町・丁 360尺(60間)	(約109m)				
里 12960尺(36町)	(約3.9km)				

［数の単位］ ＊吉田光由『塵劫記（ジンコウキ）』寛永11（1634）年版を参考にした。

10^{-23}	浄（ジョウ）	10^{-11}	渺（ビョウ）	10^{1}	十（ジュウ）	10^{40}	正（セイ）
10^{-22}	清（セイ）	10^{-10}	埃（アイ）	10^{2}	百（ヒャク）	10^{44}	載（サイ）
10^{-21}	空（クウ）	10^{-9}	塵（ジン）	10^{3}	千（セン）	10^{48}	極（ゴク）
10^{-20}	虚（キョ）	10^{-8}	沙（シャ）	10^{4}	万（マン）	10^{52}	恒河沙（ゴウガシャ）
10^{-19}	六徳（リットク）	10^{-7}	繊（セン）	10^{8}	億（オク）	10^{56}	阿僧祇（アソウギ）
10^{-18}	刹那（セツナ）	10^{-6}	微（ビ）	10^{12}	兆（チョウ）	10^{60}	那由多（ナユタ）
10^{-17}	弾指（ダンシ）	10^{-5}	忽（コツ）	10^{16}	京（ケイ）	10^{64}	不可思議（フカシギ）
10^{-16}	瞬息（シュンソク）	10^{-4}	糸（シ）	10^{20}	垓（ガイ）	10^{68}	無量大数（ムリョウタイスウ）（無量数）
10^{-15}	須臾（シュユ）	10^{-3}	毛（モウ）	10^{24}	秭（シ）		
10^{-14}	逡巡（シュンジュン）	10^{-2}	厘（リン）	10^{28}	穣（ジョウ）		
10^{-13}	模糊（モコ）	10^{-1}	分（ブ）	10^{32}	溝（コウ）		
10^{-12}	漠（バク）			10^{36}	澗（カン）		

親族関係表

我〔わたし〕から見た親族の関係をあらわします。漢語の名称(メイショウ)を主とし、日本での表記と呼び名は〔 〕に入れました。

表1 父系

高祖父＝高祖母

曽祖父(ソウソフ)＝曽祖母(ソウソボ)

伯祖(ハクソ)〔大伯父・おおおじ〕(＝祖父の兄)＝伯祖母(ハクソボ) — 〔従兄弟違い・従姉妹違い・いとこちがい〕 — 〔再従兄弟・再従姉妹・はとこ・またいとこ〕

祖姑(ソコ)〔大伯母・おおおば〕(＝祖父の姉)

祖父〔じじ〕＝祖母〔ばば〕

叔祖(シュクソ)〔大叔父・おおおじ〕(＝祖父の弟)＝叔祖母(シュクソボ)

祖姑父(ソコフ)＝祖姑(ソコ)〔大叔母・おおおば〕(＝祖父の妹)

伯父(ハクフ)〔おじ〕(＝父の兄)＝伯母(ハクボ)〔おば〕 — 従兄弟・従姉妹〔いとこ〕 — 従姪(ジュウテツ)・堂姪(ドウテツ)〔従兄弟違い・いとこちがい〕〔従兄弟半・いとこはん〕 — 従姪孫(ジュウテツソン)

姑父(コフ)〔伯父・おじ〕＝姑(コ)〔伯母・おば〕(＝父の姉) — 父の妹の子に同じ

父〔ちち〕＝母〔はは〕

叔父(シュクフ)〔おじ〕(＝父の弟)＝叔母(シュクボ)〔おば〕 — 父の兄の子に同じ

姑父(コフ)〔叔父・おじ〕＝姑(コ)〔叔母・おば〕(＝父の妹) — 表兄弟・表姉妹〔従兄弟・従姉妹・いとこ〕

兄〔あに〕＝嫂(ソウ)〔兄嫁・あによめ・義姉〕 — 姪(テツ)〔甥・おい、姪・めい〕 — 姪孫(テッソン)

姐夫(ソフ)〔姉婿・あねむこ・義兄〕＝姐(ソ)〔姉・あね〕 — 妹の子に同じ

我〔わたし〕＝妻

子〔息子・むすこ〕＝婦〔嫁・よめ〕 — 孫

婿(セイ)〔むこ・むすめむこ〕＝女〔娘・むすめ〕 — 外孫

弟〔おとうと〕＝弟婦〔弟嫁・おとうとよめ・義妹〕 — 兄の子に同じ

妹夫(マイフ)・妹婿(マイセイ)〔妹婿・いもうとむこ・義弟〕＝妹〔いもうと〕 — 甥(セイ)・外甥(ガイセイ)〔甥・おい、姪・めい〕 — 甥孫(セイソン)

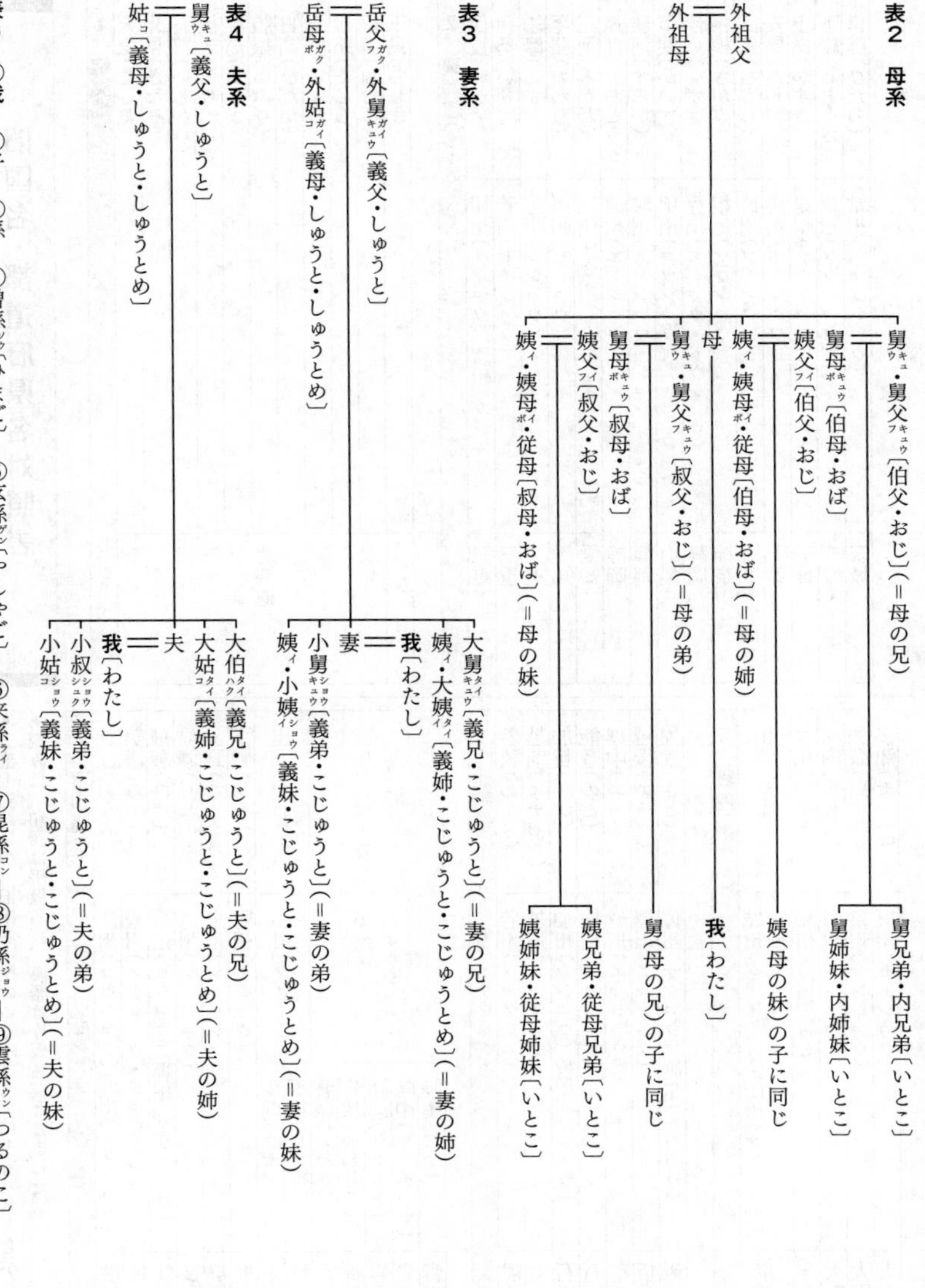
表2　母系
外祖父
外祖母
舅・舅父〔伯父・おじ〕（＝母の兄）
舅母〔伯母・おば〕
姨父〔伯父・おじ〕
姨・姨母・従母〔伯母・おば〕（＝母の姉）
母
舅・舅父〔叔父・おじ〕（＝母の弟）
舅母〔叔母・おば〕
姨父〔叔父・おじ〕
姨・姨母・従母〔叔母・おば〕（＝母の妹）
舅兄弟・内兄弟〔いとこ〕
舅姉妹・内姉妹〔いとこ〕
姨（母の妹）の子に同じ
我〔わたし〕
舅（母の兄）の子に同じ
姨兄弟・従母兄弟〔いとこ〕
姨姉妹・従母姉妹〔いとこ〕
表3　妻系
岳父・外舅〔義父・しゅうと〕
岳母・外姑〔義母・しゅうと・しゅうとめ〕
大舅〔義兄・こじゅうと〕（＝妻の兄）
姨・大姨〔義姉・こじゅうと・こじゅうとめ〕（＝妻の姉）
我〔わたし〕
妻
小舅〔義弟・こじゅうと〕（＝妻の弟）
姨・小姨〔義妹・こじゅうと・こじゅうとめ〕（＝妻の妹）
表4　夫系
舅〔義父・しゅうと〕
姑〔義母・しゅうと・しゅうとめ〕
大伯〔義兄・こじゅうと〕（＝夫の兄）
大姑〔義姉・こじゅうと・こじゅうとめ〕（＝夫の姉）
夫
我〔わたし〕
小叔〔義弟・こじゅうと〕（＝夫の弟）
小姑〔義妹・こじゅうと・こじゅうとめ〕（＝夫の妹）
表5　①我―②子―③孫―④曽孫〔ひまご〕―⑤玄孫〔やしゃご〕―⑥来孫―⑦昆孫―⑧仍孫―⑨雲孫〔つるのこ〕

旧国名・都道府県名対照表

- 五畿七道(ゴキシチドウ)の、旧国名・州のつく呼び名・都道府県名とを示しました。
- 読みは、和語は平仮名(ひらがな)、漢語は片仮名(かたかな)としました。

1 蝦夷地(えぞち)

旧国名	呼び名	都道府県名
天塩(てしお)		北海道
北見(きたみ)		
石狩(いしかり)		
後志(しりべし)		
渡島(おしま)		
胆振(いぶり)		
日高(ひだか)		
十勝(とかち)		
釧路(くしろ)		
根室(ねむろ)		
千島(ちしま)		

2 東海道(トウカイドウ)

旧国名	呼び名	都道府県名
伊賀(いが)	伊州(イシュウ) 賀州(ガシュウ)	三重
伊勢(いせ)	勢州(セイシュウ)	三重
志摩(しま)	志州(シシュウ)	三重
尾張(おわり)	尾州(ビシュウ)	愛知
三河(みかわ)	三州・参州(サンシュウ)	愛知
遠江(とおとうみ)	遠州(エンシュウ)	静岡
駿河(するが)	駿州(スンシュウ・シュンシュウ)	静岡
甲斐(かい)	甲州(コウシュウ)	山梨
伊豆(いず)	豆州(ズシュウ・トウシュウ)	静岡
相模(さがみ)	相州(ソウシュウ)	神奈川
武蔵(むさし)	武州(ブシュウ)	埼玉・東京・神奈川
安房(あわ)	房州(ボウシュウ)	千葉
上総(かずさ)	総州(ソウシュウ)	千葉
下総(しもうさ)	総州(ソウシュウ)	茨城・千葉
常陸(ひたち)	常州(ジョウシュウ)	茨城

3 東山道(トウサンドウ・トウセンドウ)

旧国名	呼び名		都道府県名
近江(おうみ)	江州(ゴウシュウ) 近州(キンシュウ)		滋賀
美濃(みの)	濃州(ノウシュウ・ジョウシュウ)		岐阜
飛騨(ひだ)	飛州(ヒシュウ) 騨州(ダンシュウ)		岐阜
信濃(しなの)	信州(シンシュウ)		長野
上野(こうずけ)	上州(ジョウシュウ)		群馬
下野(しもつけ)	野州(ヤシュウ)		栃木
出羽(でわ)	羽州(ウシュウ)	羽前(うぜん)	山形
		羽後(うご)	秋田・山形
陸奥(むつ・みちのく)	奥州(オウシュウ)	磐城(いわき)	宮城・福島
		岩代(いわしろ)	福島
		陸前(りくぜん)	岩手・宮城
		陸中(りくちゅう)	岩手・秋田
		陸奥(むつ)	青森・岩手

4 北陸道(ホクリクドウ・ホクロクドウ)

旧国名	呼び名	都道府県名
若狭(わかさ)	若州(ジャクシュウ)	福井
越前(えちぜん)	越州(エッシュウ)	福井
加賀(かが)	加州(カシュウ) 賀州(ガシュウ)	石川
能登(のと)	能州(ノウシュウ)	石川
越中(えっちゅう)	越州(エッシュウ)	富山
越後(えちご)	越州(エッシュウ)	新潟
佐渡(さど)	佐州(サシュウ) 渡州(トシュウ)	新潟

5 畿内(キナイ)

旧国名	呼び名	都道府県名
山城(やましろ)	城州(ジョウシュウ) 山州(サンシュウ) 雍州(ヨウシュウ)	京都
大和(やまと)	和州・倭州(ワシュウ)	奈良
河内(かわち)	河州(カシュウ)	大阪
和泉(いずみ)	泉州(センシュウ)	大阪
摂津(せっつ)	摂州(セッシュウ)	大阪・兵庫

6 山陰道（サンインドウ・センオンドウ）

旧国名	別称	都道府県名
丹波（たんば）	丹州（タンシュウ）	京都・兵庫
丹後（タンゴ）	丹州（タンシュウ）	京都
但馬（たじま）	但州（タンシュウ）	兵庫
因幡（いなば）	因州（インシュウ）	鳥取
伯耆（ほうき）	伯州（ハクシュウ）	鳥取
出雲（いずも）	雲州（ウンシュウ）	島根
石見（いわみ）	石州（セキシュウ）	島根
隠岐（おき）	隠州（インシュウ・オンシュウ）	島根

7 山陽道（サンヨウドウ・センヨウドウ）

旧国名	別称	都道府県名
播磨（はりま）	播州（バンシュウ）	兵庫
美作（みまさか）	作州（サクシュウ）	岡山
備前（ビゼン）	備州（ビシュウ）	岡山
備中（ビッチュウ）	備州（ビシュウ）	岡山
備後（ビンゴ）	備州（ビシュウ）	広島
安芸（あき）	芸州（ゲイシュウ）	広島
周防（すおう）	防州（ボウシュウ）周州（シュウシュウ）	山口
長門（ながと）	長州（チョウシュウ）	山口

8 南海道（ナンカイドウ）

旧国名	別称	都道府県名
紀伊（きい）	紀州（キシュウ）	和歌山・三重
淡路（あわじ）	淡州（タンシュウ）	兵庫
阿波（あわ）	阿州（アシュウ）	徳島
讃岐（さぬき）	讃州（サンシュウ）	香川
伊予（いよ）	予州（ヨシュウ）	愛媛
土佐（とさ）	土州（ドシュウ・トシュウ）	高知

9 西海道（サイカイドウ）

旧国名	別称	都道府県名
筑前（チクゼン）	筑州（チクシュウ）	福岡
筑後（チクゴ）	筑州（チクシュウ）	福岡
豊前（ブゼン）	豊州（ホウシュウ）	福岡・大分
豊後（ブンゴ）	豊州（ホウシュウ）	大分
肥前（ひゼン）	肥州（ヒシュウ）	佐賀・長崎
肥後（ひご）	肥州（ヒシュウ）	熊本
日向（ひゅうが）	日州（ニッシュウ）向州（コウシュウ）	宮崎
大隅（おおすみ）	隅州（グウシュウ・グシュウ）	鹿児島
薩摩（さつま）	薩州（サッシュウ）	鹿児島
壱岐（いき）	壱州（イッシュウ・イシュウ）	長崎
対馬（つしま）	対州（タイシュウ）	長崎

旧国名	都道府県名
琉球（リュウキュウ）	沖縄

旧国名（州名）地図

（陸奥）
羽州 ウシュウ
出羽
1868（明治元）年、
羽前と羽後に分割。
（羽後）
（陸中）
（羽前）
（陸前）
佐州 サシュウ・渡州 トシュウ
佐渡
能州 ノウシュウ
能登
越州 エッシュウ
越後
奥州 オウシュウ
陸奥
1868（明治元）年、
岩代・磐城・陸前・
陸中・陸奥に分割。
（岩代）
（磐城）
城州 ジョウシュウ・
山州 サンシュウ・
雍州 ヨウシュウ
山城
加州 カシュウ・
賀州 ガシュウ
加賀
若州 ジャクシュウ
若狭
越州 エッシュウ
越中
丹州 タンシュウ
丹波
越州 エッシュウ
越前
飛州 ヒシュウ・
騨州 ダンシュウ
飛騨
信州 シンシュウ
信濃
上州 ジョウシュウ
上野
野州 ヤシュウ
下野
常州 ジョウシュウ
常陸
濃州 ノウシュウ・ジョウシュウ
美濃
甲州 コウシュウ
甲斐
武州 ブシュウ
武蔵
三州 サンシュウ・
参州 サンシュウ
三河
相州 ソウシュウ
相模
総州 ソウシュウ
上総
総州 ソウシュウ
下総
和州 ワシュウ・
倭州 ワシュウ
大和
勢州 セイシュウ
伊勢
遠州 エンシュウ
遠江
豆州 ズシュウ・トウシュウ
伊豆
房州 ボウシュウ
安房
尾州 ビシュウ
尾張
駿州 スンシュウ・シュンシュウ
駿河
江州 ゴウシュウ・
近州 キンシュウ
近江
志州 シシュウ
志摩
伊州 イシュウ・
賀州 ガシュウ
伊賀
河州 カシュウ
河内
隅州 グウシュウ・グシュウ
大隅
琉球 リュウキュウ
1609（慶長14）年、薩摩藩に服属。
1871（明治4）年に鹿児島県の管轄となったが、
翌年には琉球藩が設置され、
1879（明治12）年に沖縄県となる。

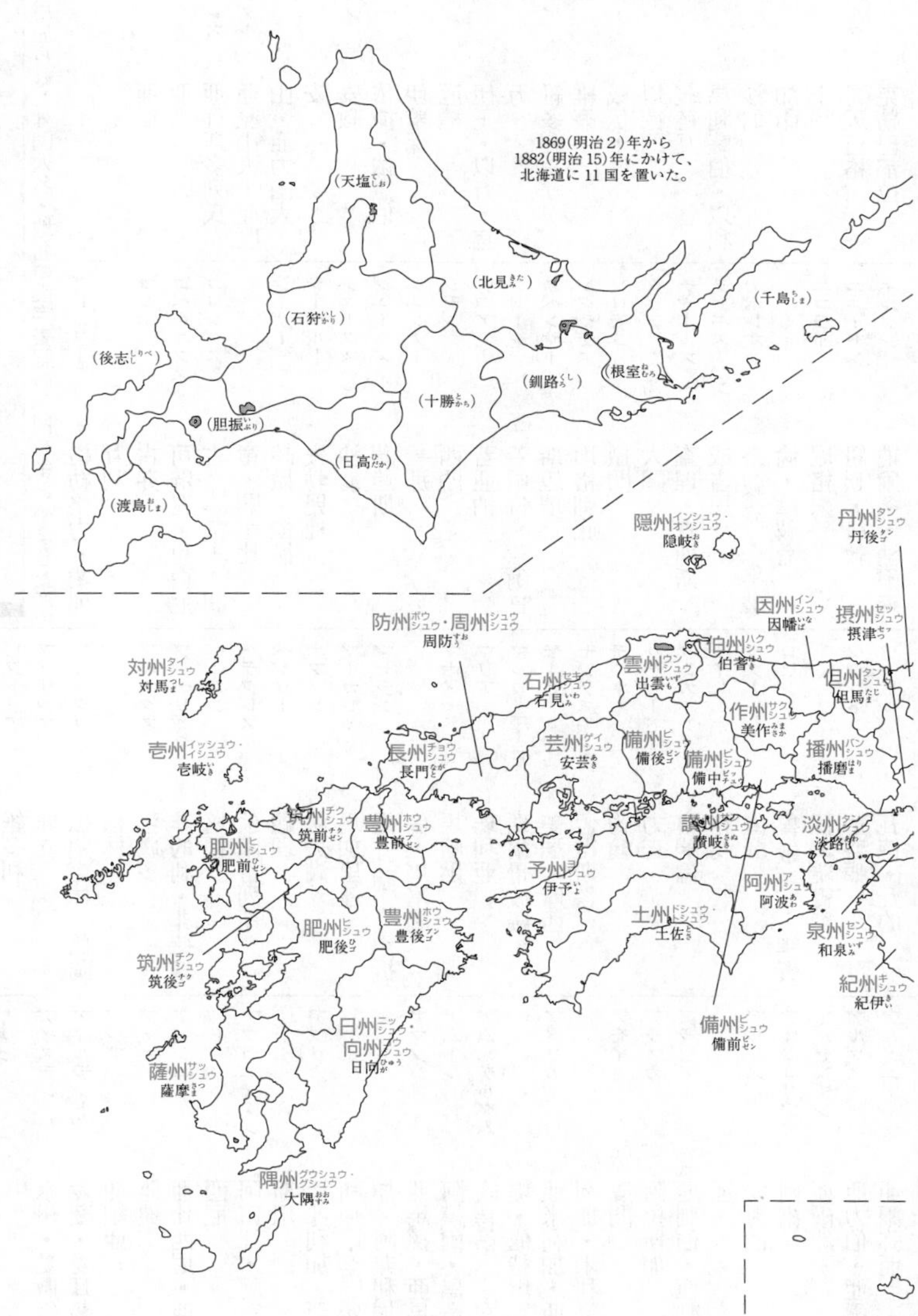
1869(明治2)年から
1882(明治15)年にかけて、
北海道に11国を置いた。
（天塩）
（北見）
（千島）
（石狩）
（後志）
（根室）
（釧路）
（十勝）
（胆振）
（日高）
（渡島）
隠州 隠岐
丹州 丹後
因州 因幡
摂州 摂津
防州・周州 周防
伯州 伯耆
対州 対馬
雲州 出雲
石州 石見
但州 但馬
作州 美作
芸州 安芸
備州 備後
播州 播磨
壱州 壱岐
長州 長門
備州 備中
筑州 筑前
豊州 豊前
讃州 讃岐
淡州 淡路
肥州 肥前
予州 伊予
阿州 阿波
肥州 肥後
豊州 豊後
土州 土佐
泉州 和泉
筑州 筑後
紀州 紀伊
日州・向州 日向
備州 備前
薩州 薩摩
隅州 大隅

主要外国人名・地名の漢字表記

日本で用いられた外国人名・地名の漢字表記の一例をまとめました。

【人名】

アーサー　亜撒
アダム　亜当
アリストテレス　亜理斯多列氏
アレキサンダー　亜歴山大・亜歴山・亜力山大
アン　安
アントニウス　安敦
イサベラ　依撒・依撒伯
イソップ　伊曽保
イブ　厄機
イワン　伊王・以万・宜万
ヴィクトリア　維多利
ウィリアム　維廉
ウェブスター　威仏士児
エドモント　以徳門
エドワード　義徳瓦
エリザベス　易利薩伯・以利沙伯
カイン　加印
カント　干徳
グーテンベルク　哥天百格
クレオパトラ　克勒巴都拉
グレゴリー　格勒格力・業列互利
コッホ　古弗
コペルニクス　可辟児・可白尼
コロンブス　古論武士・閣竜・閣竜比
シーザー　該撒・愷撒
シーボルト　失勃児杜
シェークスピア　沙翁
ジェームズ　惹迷斯
ジェンナー　善那
シモン　西門
ジョアンナ　若亜納
ジョージ　若爾日・惹爾日
スペンサー　斯辺瑣
ソクラテス　瑣格剌底
ソロモン　撒門
ダビデ　大闢
チャールズ　査理・査列斯
チンギス=ハン　成吉思汗
ナポレオン　奈破崙・拿破倫・拿破侖
ニコライ　尼格来
ニュートン　紐頓・紐敦
ネルソン　納爾孫・納爾森
パウロ　保羅
ビクトリア　維多利
フィリップ　非立
フランクリン　仏蘭克林・仏蘭格林
ブルータス　不盧多
フレデリック　非的利・非徳黎
ベーコン　培根
ヘラクレス　歇爾古列斯
ヘンリー　顕理
ホフマン　法夫満
マーガレット　馬加里達
マゼラン　墨瓦蘭・麦折倫・馬基蘭
マホメット　馬哈黙
マリア　瑪利亜
マルコ=ポーロ　瑪爾哥波羅
モーゼ　美瑟・摩西
モンテスキュー　孟得斯咎
ヨハネ　約翰
リチャード　力査
リンカーン　琳閣倫
ルイ　路易
ルソー　盧騒
ロビンソン　魯敏孫・羅賓孫・羅賓森
ワシントン　華盛頓
ワット　瓦徳・瓦的

【地名】

アイスランド　氷州・愛撒倫
アイルランド　愛蘭・愛耳蘭
アジア　亜細亜
アテネ　雅典
アビシニア　亜比西尼・亜皮西尼
アフガニスタン　阿富汗・阿富汗斯坦
アフリカ　亜弗利加・亜非利加・阿弗利加・阿非利加
アマゾン　亜馬孫・亜馬生
アムール　阿模爾・黒竜江
アムステルダム　安特坦・安特堤・俺特坦
アメリカ　亜米利加・亜墨利加・米利堅
アモイ　廈門
アラスカ　阿拉斯加
アラビア　亜刺伯・亜刺比亜
アルザス　安撒西
アルジェリア　阿爾及
アルゼンチン　亜爾然丁
アルプス　亜力伯・亜爾伯
アルメニア　亜爾弥亜

名称	漢字表記
アンデス	安的斯
イギリス	英吉利
イスラエル	以色列
イタリア	伊太利・以太利・意太利
イラン	伊蘭
イングランド	英倫・英蘭
インダス	印度河
インド	印度
ウィーン	維納・維也納
ウェールズ	威爾斯
ウラジオストック	浦塩斯徳
ウラル	烏拉
ウルグアイ	烏拉乖・烏拉怪
エクアドル	厄瓜多
エジプト	埃及
エジンバラ	以丁堡・壱丁堡
エチオピア	越日於比亜
エルサレム	耶路撒冷
オークランド	奥克蘭
オーストラリア	濠太剌利亜・墺太利亜
オーストリア	墺地利
オセアニア	阿西亜尼亜
オックスフォード	阿斯福
オランダ	和蘭・阿蘭陀
カイロ	改羅
カナダ	加那太・加拿佗
カナリア	加内黎・加拿列・加拿利
カムチャツカ	堪察加
カリブ	加里比安
カリフォルニア	加利福尼・加里福尼
カルカッタ	加爾各搭
ガンジス	恒河
カンボジア	柬埔寨
ギニア	幾内亜・畿内亜
キューバ	吉巴・玖馬
ギリシャ	希臘
グアテマラ	瓜地馬拉
グリーンランド	臥児狼徳・哥里蘭
グリニッジ	緑威
ケープタウン	岌朴敦・喜望峰
ケンタッキー	建徳基
ケンブリッジ	剣橋・堪比日
コーカサス	高加索
コペンハーゲン	哥木哈牙・哥卑合給
コロンビア	哥倫比・閣竜比
コンゴ	公果
コンスタンチノープル	君士但丁
サイゴン	柴棍
サハラ	撒哈拉
サンチアゴ	三的牙疴
サンフランシスコ	桑港・桑方西斯哥・桑弗蘭失西哥
シシリー	西西里・細細里
シドニー	悉徳尼・雪特尼
ジブラルタル	日巴拉大
シベリア	西伯利・西比利亜
ジャマイカ	牙買加
シャム	暹羅
ジャワ	爪哇
ジュネーブ	寿府・日内瓦
シリア	叙利亜・西里亜
シンガポール	新嘉坡
スイス	瑞西・瑞士
スウェーデン	瑞典
スーダン	蘇丹
スエズ	蘇士・蘇葉士
スコットランド	蘇格蘭
ストックホルム	士篤恒
スパルタ	斯巴爾達
スペイン	西班牙
スマトラ	蘇門答剌・蘇門答臘
セイロン	錫蘭
セーヌ	塞納
セネガル	塞内加
セントヘレナ	三厄里那
ダブリン	都伯林
ダマスカス	大馬士革
チグリス	底格里・地革利斯
チベット	西蔵
チュニス	突尼斯
チリ	智利
チロル	地羅利・的羅里
テキサス	得撒
テヘラン	徳黒蘭・第希蘭
テムズ	達迷斯・達迷塞
デンマーク	丁抹・嗹馬
ドイツ	独逸・独乙
トスカーナ	多加納
ドナウ	多悩・多脳
トルコ	土耳古・都爾格
ドレスデン	徳勒斯達
ナイアガラ	尼亜吉拉
ナイル	尼羅
ナポリ	那波里・那不勒
ニカラグア	尼加拉瓜
ニュージーランド	新西蘭
ニューヨーク	紐育・紐約克
ノルウェー	那威・諾威
ノルマンディー	諾曼的
ハーグ	海牙
ハイチ	海地

バグダッド	巴古達・巴格達
	都
パタゴニア	巴他峩尼
パナマ	巴那馬・巴拿馬
バビロン	巴比倫
パラグアイ	巴拉圭
パリ	巴里・巴理・巴
	勒・巴黎
パレスチナ	巴勒士底納
ハワイ	布哇・哈維
ハンガリー	匈加利・匈牙利
バンコク	万谷・邦哥・盤
	谷
ハンブルク	旱堡・漢堡
ヒマラヤ	喜馬拉
ビルマ	緬甸
フィリピン	比律賓・非利比
	納
フィレンツェ	仏稜・仏稜斯
フィンランド	芬蘭
ブータン	不丹
ブエノスアイレス	不宜塞利・不塞
	阿利・伯英諾愛
	斯
ブラジル	伯剌西爾・伯西
	爾・巴西
フランクフルト	仏朗仏
フランス	仏蘭西・法蘭西
ブリュッセル	比律悉
ブルガリア	勃牙利・捕拉加
	里亜
プロシア	普魯西・普魯士
フロリダ	仏勒里達
ベーリング	白令
ペテルブルク	彼得堡
ベニス	威内斯・威尼斯
ベネズエラ	委内瑞拉
ペルー	秘露・秘魯
ベルギー	白耳義・比利時
ペルシャ	波斯・比耳西亜
ベルリン	伯林・伯霊
ベンガル	孟加拉・榜葛剌
ポーランド	波羅泥亜・波蘭
ボストン	波士敦
ホノルル	花瑠瑠・合諾魯
	路
ポリネシア	波里尼西亜
ポルトガル	葡萄牙
ボンベイ	孟買
マカオ	澳門・阿媽港
マダガスカル	馬達加斯加
マドリード	馬徳里
マニラ	馬尼剌
マラッカ	満剌加・麻剌
	加・馬剌加
マルセイユ	馬耳塞・馬塞里
マレー	馬来
マレーシア	馬来西亜
ミシガン	米詩干
ミシシッピ	密士失比・密士
	失必
ミラノ	米蘭
メキシコ	墨西哥・墨是哥
メソポタミア	米所波大米・米
	索波大迷
メッカ	黙加・麦加
モザンビーク	莫三鼻給
モスクワ	馬斯高・墨斯
	科・莫斯科
モロッコ	摩洛哥
モンゴル	莫臥児・蒙古
ユーフラテス	幼発拉的
ヨーロッパ	欧羅巴
ライン	来因・莱尼
ラオス	老檛
ラサ	拉薩
リオデジャネイロ	来約熱内盧・里
	痾徳蘭徳
リスボン	里斯本
リビア	利未亜・利比亜
リマ	利馬
ルイジアナ	魯西安納
ルーマニア	羅馬尼亜
ルクセンブルク	盧森堡
ルソン	呂宋
レバノン	黎巴嫩
ローマ	羅馬
ロシア	露西亜・魯西
	亜・俄羅斯・峩
	羅斯
ロッキー	落機
ロレーヌ	羅来内
ロンドン	倫敦・竜動
ワシントン	華盛頓

人名用漢字一覧

子供の名前に用いることのできる文字は、戸籍法と戸籍法施行規則によって定められています。このうち、漢字は、常用漢字と人名用漢字別表(「別表第二」)の漢字に制限されています。

人名用漢字別表の漢字は、常用漢字表の改定(平成二二年一一月三〇日内閣告示)に伴い、常用漢字表に追加された一二九字を削除、常用漢字表から削除された五字を加え、八六一字となりました。その後、平成二七年一月に「巫」、平成二九年九月に「渾」が追加され、常用漢字二一三六字と合わせて、合計二九九九字の漢字を子供の名前に用いることができます。以下、「戸籍法」第五十条、「戸籍法施行規則」第六十条および、「別表第二 漢字の表」を掲げました。

戸籍法 第五十条

①子の名には、常用平易な文字を用いなければならない。
②常用平易な文字の範囲は、法務省令でこれを定める。

戸籍法施行規則 第六十条

戸籍法第五十条第二項の常用平易な文字は、次に掲げるものとする。
一 常用漢字表(平成二十二年内閣告示第二号)に掲げる漢字(括弧書きが添えられているものについては、括弧の外のものに限る。)
二 別表第二に掲げる漢字
三 片仮名又は平仮名(変体仮名を除く。)

別表第二 漢字の表(第六十条関係)

一
丑丞乃之乎也云亘―亙些亦亥亨
亮仔伊伍伽佃佑伶侃侑俄俠俣
俐倭俱倦倖偲傭儲允兎兜其冴
凌凜―凛凧凪凰凱函劉劫勁勺勿
匁匡廿卜卯卿厨厩叉叡叢叶只
吾吞吻哉哨啄哩喬喧喰喋嘩嘉
嘗噌噂圃圭坐尭―堯坦埴堰堺堵
塙壕壬夷奄奎套娃姪姥娩嬉孟
宏宋宕宥寅寓寵尖尤屑峨峻崚
嵯嵩嶺巌―巖巫已巳巴巷巽帖幌
幡庄庇庚庵廟廻弘弛彗彦彪彬
徠忽怜恢恰恕悌惟惚悉惇惹惺
惣慧憐戊或戟托按挺挽掬捲捷
捺捧掠揃摑摺撒撰撞播撫擢孜
敦斐斡斧斯於旭昂昊昏昌昴晏
晃―晄晒晋晟晦晨智暉暢曙曝曳
朋朔杏杖杜李杭杵杷枇柑柴柘
柊柏柾柚桧―檜栞桔桂栖桐栗梧

梓梢梛梯桶梶椛梁棲椋椀楯楚
楕椿楠楓椰楢楊榎樺榊榛槇｜槙
槍槌樫槻樟樋橘樽橙檎檀櫂櫛
櫓欣欽歎此殆毅毘毬汀汝汐汲
沌沓沫洸洲洵洛浩浬淵淳渚｜渚
淀淋渥渾湘湊湛溢滉溜漱漕漣
澪濡瀕灘灸灼烏焰焚煌煤煉熙
燕燎燦燭燿爾牒牟牡牽犀狼猪｜
猪獅玖珂珈珊珀玲琢｜琢琉瑛琥
琶琵琳瑚瑞瑶瑳瓜瓢甥甫畠畢
疋疏皐皓眸瞥矩砦砥砧硯碓碗
碩碧磐磯祇祢｜禰祐｜祐祷｜禱禄｜祿
禎｜禎禽禾秦秤稀稔稟稜穣｜穰穹
穿窄窪窺竣竪竺竿笈笹笙笠筈
筑箕箔篇篠簞簾籾粥粟糊紘紗
紐絃紬絆絢綺綜綴緋綾綸縞徽
繫繡纂纏羚翔翠耀而耶耽聡肇
肋肴胤胡脩腔脹膏臥舜舵芥芹
芭芙芦苑茄苔苺茅茉茸茜莞荻

莫莉菅菫菖萄菩萌｜萠萊菱葦葵
萱葺萩董葡蓑蒔蒐蒼蒲蒙蓉蓮
蔭蔣蔦蓬蔓蕎蕨蕉蕃蕪薙蕾蕗
藁薩蘇蘭蝦蝶螺蟬蟹蠟衿袈袴
裡裟裳襖訊訣註詢詫誼諏諄諒
謂諺讃豹貰賑赳跨蹄蹟輔輯輿
轟辰辻迂迄辿迪迦這逞逗逢遥｜
遙遁遼邑祁郁鄭酉醇醐醍醬釉
釘釧銑鋒鋸錘錐錆錫鍬鎧閃閏
閤阿陀隈隼雀雁雛雫霞靖鞄鞍
鞘鞠鞭頁頌頗顚颯饗馨馴馳駕
駿驍魁魯鮎鯉鯛鰯鱒鱗鳩鳶鳳
鴨鴻鵜鵬鷗鷲鷺鷹麒麟麿黎黛
鼎

注　「｜」は、相互の漢字が同一の字種であることを示したものである。

二
亞(亜) 惡(悪) 爲(為) 逸(逸) 榮(栄) 衞(衛)
謁(謁) 圓(円) 緣(縁) 薗(園) 應(応) 櫻(桜)
奧(奥) 橫(横) 溫(温) 價(価) 禍(禍) 悔(悔)
海(海) 壞(壊) 懷(懐) 樂(楽) 渴(渇) 卷(巻)
陷(陥) 寬(寛) 漢(漢) 氣(気) 祈(祈) 器(器)
僞(偽) 戲(戯) 虛(虚) 峽(峡) 狹(狭) 響(響)
曉(暁) 勤(勤) 謹(謹) 駈(駆) 勳(勲) 薰(薫)
惠(恵) 揭(掲) 鷄(鶏) 藝(芸) 擊(撃) 縣(県)
儉(倹) 劍(剣) 險(険) 圈(圏) 檢(検) 顯(顕)
驗(験) 嚴(厳) 廣(広) 恆(恒) 黃(黄) 國(国)
黑(黒) 穀(穀) 碎(砕) 雜(雑) 祉(祉) 視(視)
兒(児) 濕(湿) 實(実) 社(社) 者(者) 煮(煮)
壽(寿) 收(収) 臭(臭) 從(従) 澁(渋) 獸(獣)
縱(縦) 祝(祝) 暑(暑) 署(署) 緖(緒) 諸(諸)
敍(叙) 將(将) 祥(祥) 涉(渉) 燒(焼) 奬(奨)
條(条) 狀(状) 乘(乗) 淨(浄) 剩(剰) 疊(畳)
孃(嬢) 讓(譲) 釀(醸) 神(神) 眞(真) 寢(寝)
愼(慎) 盡(尽) 粹(粋) 醉(酔) 穗(穂) 瀨(瀬)
齊(斉) 靜(静) 攝(摂) 節(節) 專(専) 戰(戦)
纖(繊) 禪(禅) 祖(祖) 壯(壮) 爭(争) 莊(荘)
搜(捜) 巢(巣) 曾(曽) 裝(装) 僧(僧) 層(層)
瘦(痩) 騷(騒) 增(増) 憎(憎) 藏(蔵) 贈(贈)
臟(臓) 卽(即) 帶(帯) 滯(滞) 瀧(滝) 單(単)
嘆(嘆) 團(団) 彈(弾) 晝(昼) 鑄(鋳) 著(著)
廳(庁) 徵(徴) 聽(聴) 懲(懲) 鎭(鎮) 轉(転)
傳(伝) 都(都) 嶋(島) 燈(灯) 盜(盗) 稻(稲)
德(徳) 突(突) 難(難) 拜(拝) 盃(杯) 賣(売)
梅(梅) 髮(髪) 拔(抜) 繁(繁) 晚(晩) 卑(卑)
祕(秘) 碑(碑) 賓(賓) 敏(敏) 冨(富) 侮(侮)
福(福) 拂(払) 佛(仏) 勉(勉) 步(歩) 峯(峰)
墨(墨) 飜(翻) 每(毎) 萬(万) 默(黙) 埜(野)
彌(弥) 藥(薬) 與(与) 搖(揺) 樣(様) 謠(謡)
來(来) 賴(頼) 覽(覧) 欄(欄) 龍(竜) 虜(虜)
凉(涼) 綠(緑) 淚(涙) 壘(塁) 類(類) 禮(礼)
曆(暦) 歷(歴) 練(練) 鍊(錬) 郞(郎) 朗(朗)
廊(廊) 錄(録)

注　括弧内の漢字は、戸籍法施行規則第六十条第一号に規定する漢字であり、当該括弧外の漢字とのつながりを示すため、参考までに掲げたものである。

活字の字形と筆写の字形

漢字は数が多く、一つの漢字にもさまざまな形があります。ある文字が書き方によって違う字に見えては、ことばとして意味が通じなくなるので、標準となる字形を決める必要が生じます。印刷に用いられる字形の標準は明朝体活字であり、手で書くときの字形の標準は楷書です。活字の形は楷書をもとにしてデザインされたものなので、活字と楷書とはだいたい同じ形です。しかし、よく見ると多少の違いが見つかり、気になることがあります。

常用漢字表の(付)「字体についての解説」の「第2 明朝体と筆写の楷書との関係について」にはつぎのような説明と、例があります。

第2 明朝体と筆写の楷書との関係について

常用漢字表では、個々の漢字の字体(文字の骨組み)を、明朝体のうちの一種を例に用いて示した。このことは、これによって筆写の楷書における書き方の習慣を改めようとするものではない。字体としては同じであっても、1、2に示すように明朝体の字形と筆写の楷書の字形との間には、いろいろな点で違いがある。それらは、印刷文字と手書き文字におけるそれぞれの習慣の相違に基づく表現の差と見るべきものである。

さらに、印刷文字と手書き文字におけるそれぞれの習慣の相違に基づく表現の差は、3に示すように、字体(文字の骨組み)の違いに及ぶ場合もある。

以下に、分類して、それぞれの例を示す。いずれも「明朝体―手書き(筆写の楷書)」という形で、上(原文は左側)に明朝体、下(原文は右側)にそれを手書きした例を示す。

1 明朝体に特徴的な表現の仕方があるもの

(1) 折り方に関する例

衣―衣　去―去　玄―玄

(2) 点画の組合せ方に関する例

人―人　家―家　北―北

(3) 「筆押さえ」等に関する例

芝―芝　史―史

入―入　八―八

(4) 曲直に関する例

子―子　手―手　了―了

(5) その他

辶・辶―辶　竹―竹　心―心

2 筆写の楷書では、いろいろな書き方があるもの

(1) 長短に関する例

雨―雨雨　戸―戸戸戸

無―無無

(2) 方向に関する例

風―風風　比―比比

仰―仰仰

糸―糸糸　ネ―ネネ　ネ―ネネ

主―主主　言―言言

年―年年年

(3) つけるか、はなすかに関する例

又―又又　文―文文

月―月月

条―条条　保―保保

(4) はらうか、とめるかに関する例

奥―奥奥　公―公公

角―角角　骨―骨骨

(5) はねるか、とめるかに関する例

切―切切切　改―改改改

酒―酒酒　陸―陸陸陸

穴―穴穴穴

木―木木　来―来来

糸―糸糸　牛―牛牛

環―環環

(6) その他

令―令令　外―外外外

女―女女　叱―叱叱叱

3　筆写の楷書字形と印刷文字字形の違いが、字体の違いに及ぶもの

以下に示す例で、括弧内は印刷文字である明朝体の字形に倣って書いたものであるが、筆写の楷書ではどちらの字形で書いても差し支えない。なお、括弧内の字形の方が、筆写字形としても一般的な場合がある。

(1) 方向に関する例

淫―淫（淫）　恣―恣（恣）

煎―煎（煎）　嘲―嘲（嘲）

溺―溺（溺）　蔽―蔽（蔽）

(2) 点画の簡略化に関する例

葛―葛(葛)　嗅―嗅(嗅)
僅―僅(僅)　餌―餌(餌)
箋―箋(箋)　塡―塡(塡)
賭―賭(賭)　頰―頰(頰)

(3) その他

惧―惧(惧)　稽―稽(稽)
詮―詮(詮)　捗―捗(捗)
剝―剝(剝)　喩―喩(喩)

「異字同訓」の漢字の使い分け例

●平成二六年二月二一日文化審議会国語分科会が報告し、文化庁から発表されたものです。

●前書き2にあるとおり、昭和四七年に参考資料として配布された「異字同訓」の漢字の用法」と、平成二二年の「常用漢字表」改定により表内で新たに生じた異字同訓を整理した「「異字同訓」の漢字の用法例（追加字種・追加音訓関連）」を一体化するために作成されました。

●これは現代日本における漢字の使い分けであり、必ずしも漢字本来の意味・用法と一致するわけではありません。

前書き

1　この「「異字同訓」の漢字の使い分け例」（以下「使い分け例」という。）は、常用漢字表に掲げられた漢字のうち、同じ訓を持つものについて、その使い分けの大体を簡単な説明と用例で示したものである。

2　この使い分け例は、昭和47年6月に国語審議会が「当用漢字改定音訓表」を答申するに際し、国語審議会総会の参考資料として、同審議会の漢字部会が作成した「「異字同訓」の漢字の用法」と、平成22年6月の文化審議会答申「改定常用漢字表」の「参考」として、文化審議会国語分科会が作成した「「異字同訓」の漢字の用法例（追加字種・追加音訓関連）」を一体化し、現在の表記実態に合わせて一層使いやすく分かりやすいものとなるよう作成したものである。作成に当たっては、簡単な説明を加えるとともに必要な項目の追加及び不要な項目の削除を行い、上記の資料に示された使い分けを基本的に踏襲しつつ、その適切さについても改めて検討した上で必要な修正を加えた。

3　同訓の漢字の使い分けに関しては、明確に使い分けを示すことが難しいところがあることや、使い分けに関わる年代差、個人差に加え、各分野における表記習慣の違い等もあることから、ここに示す使い分け例は、一つの参考として提示するものである。したがって、ここに示した使い分けとは異なる使い分けを否定する趣旨で示すものではない。また、この使い分け例は、必要に応じて、仮名で表記することを妨げるものでもない。

4　常用漢字表に掲げられた複数の同訓字の使い分けの大体を示すものであるから、例えば、常用漢字表にある「預かる」と、常用漢字表にない「与（あずか）る」とのような、同訓の関係にあっても、一方が常用漢字表にない訓である場合は取り上げていない。
　また、例えば、「かたよる」という語の場合に、「偏る」と表記するか、「片寄る」と表記するか、「ひとり」という語の場合に、「独り」と表記するか、「一人」と表記するかなど、常用漢字1字の訓同士でない場合についても取り上げていない。

使い分け例の示し方及び見方

1　この使い分け例は、常用漢字表に掲げる同訓字のうち、133項目について示した。それぞれの項目は五十音順に並べてある。

「異字同訓」の漢字の使い分け例

2 項目に複数の訓が並ぶ場合は、例えば、「あがる・あげる」「うまれる・うむ」のように、五十音順に並べてある。

3 それぞれの項目ごとに、簡単な説明と用例を示すことで、使い分けの大体を示した。簡単な説明には、主として、その語の基本となる語義を挙げてある。また、そこで示した語義と用例とがおおむね対応するように、それぞれの順序を考慮して配列してある。例えば、項目「あてる」のうち、「当てる」は、

【当てる】 触れる。的中する。対応させる。
　胸に手を当てる。ボールを当てる。くじを当てる。
　仮名に漢字を当てる。

と示してある。この例では、「当てる」の語義「触れる」の用例として「胸に手を当てる。」、語義「的中する」の用例として「ボールを当てる。くじを当てる。」、語義「対応させる」の用例として「仮名に漢字を当てる。」がそれぞれ対応している。全ての項目の語義と用例は、このような考え方に基づいて並べてある。

なお、この使い分け例では、同訓字の使い分けの大体を示すことが目的であるので、語義の示し方やその取上げ方についても、当該の目的に資する限りにおいて便宜的に示すものである。したがって、例えば、見出し語の「変える・変わる」の場合、それぞれの語に対応させて、語義を「前と異なる状態にする。前と異なる状態になる」とはせず、2語の共通語義という扱いで、「前と異なる状態になる」だけを示してある。

4 使い分けを示すのに、対義語を挙げることが有効である場合には、

のぼる　**【上る】**（⇕下る）。**【昇る】**（⇕降りる・沈む）。

というように、「⇕」を用いてその対義語を示した。

また、各項目の用例の中には、

小鳥が木の枝に止（留）まる*。　末永（長）く契る*。

というように、括弧を付して示したものがある。これは、例えば、「括弧外の漢字」である「止」に代えて「括弧内の漢字」である「留」を用いることもできるということを示すものである。なお、このことは、括弧の付いていない漢字について、その漢字に代えて別の漢字を用いることを否定しようとする趣旨ではない。

5 必要に応じて使い分けの参考となる補足説明を示した。当該の補足説明が何に対する補足説明であるのかを明示するために、

①**【有る*】**（⇕無い）。備わる。所有する。ありのままである。
②**【足】** 足首から先の部分*。歩く、走る、行くなどの動作に見立てたもの。
③**【会う】** 主に人と人が顔を合わせる。
　客と会う時刻。人に会いに行く。駅でばったり友人と会った*。
　投票に立ち会う。二人が出会った場所**。

というように、対象となる部分（①は「見出し語」、②は「語義」、③は「用例」）に「*」を付した。また、③のように、1項目の中に、補足説明の対象となるものが二つある場合には、「*」と「**」を付して示した。

補足説明には、

＊　「勧める」と「薦める」の使い分けについては、例えば、「読書」といった行為（本を読む）をするように働き掛けたり、促したりする場合に「勧める」を用い、「候補者」や「良書」といった特定の人や物がそれにふさわしい、望ましいとして推薦する場合に「薦める」を用いる。

＊　「校長をはじめ、教職員一同……」などという場合の「はじめ」については、多くの人や物の中で「主たるもの」の意で「始」を当てるが、現在の表記実態としては、仮名で書かれることも多い。

というように、使い分けの要点や、一般的な表記の実態などを必要に応じて示した。上記の「はじめ」の補足説明のように、常用漢字表にある訓であっても、漢字より仮名で書く方が一般的である場合などについても示した。

なお、上記4で述べた用例中に括弧が付いているものについては、その全てに、「括弧外の漢字」と「括弧内の漢字」の使い分けに関わる補足説明を示した。

本表

あう

001

【会う】主に人と人が顔を合わせる。

客と会う時刻。人に会いに行く。駅でばったり友人と会った*。投票に立ち会う。二人が出会った場所**。

【合う】一致する。調和する。互いにする。

意見が合う。答えが合う。計算が合う。目が合う。好みに合う。部屋に合った家具。割に合わない仕事。会議で話し合う。幸運に巡り合う**。

【遭う】思わぬことや好ましくない出来事に出くわす。

思い掛けない反対に遭う。災難に遭う。にわか雨に遭う。

＊　「駅でばったり友人とあった」の「あう」については、「思わぬことに出くわす」という意で「遭」を当てることもあるが、「友人と顔を合わせる」という視点から捉えて、「会」を当てるのが一般的である。

＊＊　「出会う」は、「人と人が顔を合わせる」意だけでなく、「生涯忘れられない作品と出会った」のように、「その人にとって強い印象を受けたもの、価値あるものなどに触れる」意でもよく使われる。また、「事故の現場に出合う」や「二つの道路が出合う地点」のように、「思わぬことや好ましくない出来事に出くわす。合流する」意では「出合う」と表記することが多い。

「巡りあう」の「あう」についても、「互いに出くわす」意で「合」を当てるが、「出くわす」ものが人同士の場合には「人と人が顔を合わせる」という視点から捉えて、「会」を当てることもできる。

あからむ 002

【赤らむ】赤くなる。

顔が赤らむ。夕焼けで西の空が赤らむ。


【明らむ】明るくなる。

日が差して部屋の中が明らむ。次第に東の空が明らんでくる。

あがる・あげる 003

【上がる・上げる】位置・程度などが高い方に動く。与える。声や音を出す。終わる。

二階に上がる。地位が上がる。料金を引き上げる。成果が上がる。腕前を上げる。お祝いの品物を上げる。歓声が上がる。雨が上がる。


【揚がる・揚げる】空中に浮かぶ。場所を移す。油で調理する。

国旗が揚がる。花火が揚(上)がる*。たこ揚げをして遊ぶ。船荷を揚げる。海外から引き揚げる。天ぷらを揚げる。


【挙がる・挙げる】はっきりと示す。結果を残す。執り行う。こぞってする。捕らえる。

例を挙げる。手が挙がる。勝ち星を挙げる。式を挙げる。国を挙げて取り組む。全力を挙げる。犯人を挙げる。

* 「花火があがる」は、「空中に浮かぶ」花火の様子に視点を置いて「揚」を当てるが、「空高く上がっていく(高い方に動く)」花火の様子に視点を置いた場合には「上」を当てることが多い。

あく・あける 004

【明く・明ける】目が見えるようになる。期間が終わる。遮っていたものがなくなる。

子犬の目が明く。夜が明ける。年が明ける。喪が明ける。らちが明かない。


【空く・空ける】からになる。

席が空く。空き箱。家を空ける。時間を空ける。


【開く・開ける】ひらく。

幕が開く。ドアが開かない。店を開ける。窓を開ける。そっと目を開ける。

あし 005

【足】足首から先の部分*。歩く、走る、行くなどの動作に見立てたもの。

足に合わない靴。足の裏。足しげく通う。逃げ足が速い。出足が鋭い。客足が遠のく。足が出る。


【脚】動物の胴から下に伸びた部分。また、それに見立てたもの。

キリンの長い脚。脚の線が美しい。机の脚(足)*。

* 「足」は、「脚」との対比においては「足首から先の部分」を指すが、「足を組む」「足を伸ばす」「手足が長い」など、「胴から下に伸びた部分」を指して用いる場合もある。「机のあし」に「足」を当てることができるのは、このような用い方に基づくものである。

あたい 006

【値】値打ち。文字や式が表す数値。

千金の値がある。称賛に値する。未知数xの値を求める。


【価】値段。価格。

手間に見合った価を付ける。


あたたかい・あたたかだ・あたたまる・あたためる 007

【温かい・温かだ・温まる・温める】冷たくない。愛情や思いやりが感じられる。

温かい料理。スープを温める。温かな家庭。心温まる話。温かい心。温かい人柄。温かいもてなし。

【暖かい・暖かだ・暖まる・暖める】寒くない（主に気象や気温で使う）。

日ごとに暖かくなる。暖かい日差し。暖かな毛布。暖まった空気。室内を暖める。

あつい 008

【熱い】温度がとても高く感じられる。感情が高ぶる。

お茶が熱くて飲めない。熱い湯。熱くなって論じ合う。熱い声援を送る。熱い思い。

【暑い】不快になるくらい気温が高い。

今年の夏は暑い。暑さ寒さも彼岸まで。日中はまだまだ暑い。暑い部屋。暑がり屋。

あてる 009

【当てる】触れる。的中する。対応させる。

胸に手を当てる。ボールを当てる。くじを当てる。仮名に漢字を当てる。

【充てる】ある目的や用途に振り向ける。

建築費に充てる。後任に充てる。地下室を倉庫に充てる。

【宛てる】手紙などの届け先とする。

本社に宛てて送られた書類。手紙の宛先。

あと 010

【後】（⇔先・前）。順序や時間などが遅いこと。次に続くもの。

後の祭り。後から行く。後になり先になり。事故が後を絶たない。社長の後継ぎ。

【跡】通り過ぎた所に残された印。何かが行われたり存在したりした印。家督。

車輪の跡。船の通った跡。苦心の跡が見える。縄文時代の住居の跡。立つ鳥跡を濁さず。父の跡を継ぐ。旧家の跡継ぎ。

【痕】傷のように生々しく残る印。

壁に残る弾丸の痕。手術の痕。台風の爪痕。傷痕が痛む。

あぶら 011

【油】常温で液体状のもの（主に植物性・鉱物性）。

事故で油が流出する。ごま油で揚げる。火に油を注ぐ。水と油。

【脂】常温で固体状のもの（主に動物性）。皮膚から分泌される脂肪。

牛肉の脂。脂の多い切り身。脂ぎった顔。脂汗が出る。脂が乗る年頃。

あやしい 012

【怪しい】疑わしい。普通でない。はっきりしない。

挙動が怪しい。怪しい人影を見る。怪しい声がする。約束が守られるか怪しい。空模様が怪しい。

【妖しい】なまめかしい。神秘的な感じがする。

妖しい魅力。妖しく輝く瞳。宝石が妖しく光る。

あやまる 013

【誤る】間違う。

使い方を誤る。誤りを見付ける。言い誤る。

【謝る】わびる。

謝って済ます。落ち度を謝る。平謝りに謝る。

あらい 014

【荒い】勢いが激しい。乱暴である。

波が荒い。荒海。金遣いが荒い。気が荒い。荒療治。

【粗い】細かくない。雑である。

網の目が粗い。きめが粗い。粗塩。粗びき。仕事が粗い。

あらわす・あらわれる 015

【表す・表れる】思いが外に出る。表現する。表に出る。

喜びを顔に表す。甘えが態度に表れる。言葉に表す。不景気の影響が表れる。

【現す・現れる】隠れていたものが見えるようになる。

姿を現す。本性を現す。馬脚を現す。太陽が現れる。救世主が現れる。

【著す】本などを書いて世に出す。

書物を著す。

ある 016

【有る*】(⇔無い)。備わる。所有する。ありのままである。

有り余る才能。有り合わせの材料で作った料理。有り金。有り体に言えば。

【在る*】存在する。

財宝の在りかを探る。教育の在り方を論じる。在りし日の面影。
* 「財源がある」「教養がある」「会議がある」「子がある」などの「ある」は、漢字で書く場合、「有」を、また、「日本はアジアの東にある」「責任は私にある」などの「ある」は「在」を当てるが、現在の表記実態としては、仮名書きの「ある」が一般的である。

あわせる 017

【合わせる】一つにする。一致させる。合算する。

手を合わせて拝む。力を合わせる。合わせみそ。時計を合わせる。調子を合わせる。二人の所持金を合わせる。

【併せる】別のものを並べて一緒に行う。

両者を併せ考える。交通費を併せて支給する。併せて健康を祈る。清濁併せのむ。

いく・ゆく 018

【行く】移動する。進む。過ぎ去る。

電車で行く。早く行こう。仕事帰りに図書館に行った。仕事がうまく行かない。行く秋を惜しむ。

【逝く】亡くなる。

彼が逝って3年たつ。安らかに逝った。多くの人に惜しまれて逝く。

いたむ・いためる 019

【痛む・痛める】肉体や精神に苦痛を感じる。

足が痛む。腰を痛める。今でも胸が痛む。借金の返済に頭を痛める。

【傷む・傷める】傷が付く。壊れる。質が劣化する。

引っ越しで家具を傷める。家の傷みがひどい。髪が傷む。傷んだ果物。

【悼む】人の死を嘆き悲しむ。

故人を悼む。友人の死を悼む。

いる 020

【入る】中にはいる。ある状態になる。

念入りに仕上げる。仲間入り。気に入る。恐れ入る。悦に入る。

【要る】必要とする。

金が要る。保証人が要る。親の承諾が要る。何も要らない。

うける 021

【受ける】 与えられる。応じる。好まれる。
注文を受ける。命令を受ける。ショックを受ける。保護を受ける。相談を受ける。若者に受ける。

【請ける】 仕事などを行う約束をする。
入札で仕事を請ける。納期を請け合う。改築工事を請け負う。下請けに出す。

うた 022

【歌】 曲の付いた歌詞。和歌。
小学校時代に習った歌。美しい歌声が響く。古今集の歌。

【唄】 邦楽・民謡など。
小唄の師匠。長唄を習う。馬子唄が聞こえる。

うたう 023

【歌う】 節を付けて声を出す。
童謡を歌う。ピアノに合わせて歌う。

【謡う】 謡曲をうたう。
謡曲を謡う。結婚披露宴で「高砂（たかさご）」を謡う。

うつ 024

【打つ】 強く当てる。たたく。あることを行う。
くぎを打つ。転倒して頭を打つ。平手で打つ。電報を打つ。心を打つ話。碁を打つ。芝居を打つ。逃げを打つ。

【討つ】 相手を攻め滅ぼす。
賊を討つ。あだを討つ。闇討ち。義士の討ち入り。相手を討ち取る。

【撃つ】 鉄砲などで射撃する。
拳銃を撃つ。いのししを猟銃で撃つ。鳥を撃ち落とす。敵を迎え撃つ。

うつす・うつる 025

【写す・写る】 そのとおりに書く。画像として残す。透ける。
書類を写す。写真を写す。ビデオに写る*。裏のページが写って読みにくい。

【映す・映る】 画像を再生する。投影する。反映する。印象を与える。
ビデオを映す*。スクリーンに映す。壁に影が映る。時代を映す流行語。鏡に姿が映る。彼の態度は生意気に映った。

* 「ビデオに写る」は、被写体として撮影され、画像として残ることであるが、その画像を再生して映写する場合は「ビデオを映す」と「映」を当てる。「ビデオに映る姿」のように、再生中の画像を指す場合は「映」を当てることもある。また、防犯ビデオや胃カメラなど、撮影と同時に画像を再生する場合も、再生する方に視点を置いて「ビデオに映る」と書くこともできる。

うまれる・うむ 026

【生まれる・生む】 誕生する。新しく作り出す。
京都に生まれる。子供が生まれる*。下町の生まれ。新記録を生む。傑作を生む。

【産まれる・産む】 母の体外に出る。
予定日が来てもなかなか産まれない。卵を産み付ける。来月が産み月になる。

* 「子供がうまれる」については、「母の体外に出る（出産）」という視点から捉えて、「産」を当てることもあるが、現在の表記実態としては、「誕生する」という視点から捉えて、「生」を当てるのが一般的である。

うれい・うれえる 027

【憂い*・憂える】心配すること。心を痛める。

後顧の憂い。災害を招く憂いがある。国の将来を憂える。


【愁い*・愁える】もの悲しい気持ち。嘆き悲しむ。

春の愁い。愁いに沈む。友の死を愁える。

* 「うれい(憂い・愁い)」は、「うれえ(憂え・愁え)」から変化した言い方であるが、現在は、「うれい」が一般的である。

おかす 028

【犯す】法律や倫理などに反する。

法を犯す。過ちを犯す。罪を犯す。ミスを犯す。


【侵す】領土や権利などを侵害する。

国境を侵す。権利を侵す。学問の自由を侵す。


【冒す】あえて行う。神聖なものを汚す。

危険を冒す。激しい雨を冒して行く。尊厳を冒す。

おくる 029

【送る】届ける。見送る。次に移す。過ごす。

荷物を送る。声援を送る。送り状。卒業生を送る。順に席を送る。楽しい日々を送る。


【贈る】金品などを人に与える。

お祝いの品を贈る。感謝状を贈る。名誉博士の称号を贈る。

おくれる 030

【遅れる】時刻や日時に間に合わない。進み方が遅い。

完成が遅れる。会合に遅れる。手遅れになる。開発の遅れた地域。出世が遅れる。


【後れる】後ろになる。取り残される。

先頭から後(遅)れる*。人に後(遅)れを取る*。気後れする。後れ毛。死に後れる。

* 「先頭からおくれる」については、「先頭より後ろの位置になる」という意で「後」を当てるが、「先頭より進み方が遅い」という視点から捉えて、「遅」を当てることもできる。
また、「人におくれを取る」についても、このような考え方で、「後」と「遅」のそれぞれを当てることができる。

おこす・おこる 031

【起こす・起こる】立たせる。新たに始める。発生する。目を覚まさせる。

体を起こす。訴訟を起こす。事業を起こす*。持病が起こる。物事の起こり。やる気を起こす。事件が起こる。朝早く起こす。


【興す・興る】始めて盛んにする。

産業を興す。国が興る。没落した家を興す。

* 「事業をおこす」の「おこす」については、「新たに始める」意で「起」を当てるが、その事業を「(始めて)盛んにする」という視点から捉えて、「興」を当てることもできる。

おさえる 032

【押さえる】力を加えて動かないようにする。確保する。つかむ。手などで覆う。

紙の端を押さえる。証拠を押さえる。差し押さえる。要点を押さえる。耳を押さえる。


【抑える】勢いを止める。こらえる。

物価の上昇を抑える。反撃を抑える。要求を抑える。怒りを抑える。

おさまる・おさめる 033

【収まる・収める】中に入る。収束する。手に入れる。良い結果を得る。

博物館に収まる。目録に収める。争いが収まる。丸く収まる。手中に収める。効果を収める。成功を収める。

【納まる・納める】あるべきところに落ち着く。とどめる。引き渡す。終わりにする。

国庫に納まる。税を納める。社長の椅子に納まる。胸に納める。注文の品を納める。歌い納める。見納め。

【治まる・治める】問題のない状態になる。統治する。

痛みが治まる。せきが治まる。領地を治める。国内がよく治まる。

【修まる・修める】人格や行いを立派にする。身に付ける。

身を修める。学を修める。ラテン語を修める。

おす 034

【押す】上や横などから力を加える。

ベルを押す。印を押す。横車を押す。押し付けがましい。

【推す】推薦する。推測する。推進する。

会長に推す。推して知るべしだ。計画を推し進める。

おそれ・おそれる 035

【恐れ・恐れる】おそろしいと感じる。

死への恐れが強い。報復を恐れて逃亡する。失敗を恐れるな。

【畏れ・畏れる】おそれ敬う。かたじけなく思う。

神仏に対する畏れ。師を畏れ敬う。畏(恐)れ多いお言葉*。

【虞】**心配・懸念。

* 「おそれ多いお言葉」の「おそれ」については、「かたじけなく思う」という意で「畏」を当てるが、「恐れ入る」「恐縮」などの語との関連から、「恐」を当てることも多い。

** 「公の秩序又は善良の風俗を害する虞がある……(「日本国憲法」第82条)」というように、「心配・懸念」の意で用いる「おそれ」に対して「虞」を当てるが、現在の表記実態としては、「恐れ」又は「おそれ」を用いることが一般的である。

おどる 036

【踊る】リズムに合わせて体を動かす。操られる。

音楽に乗って踊る。盆踊り。踊り場。踊らされて動く。甘言に踊らされる。

【躍る】跳び上がる。心が弾む。

吉報に躍り上がって喜ぶ。小躍りする。胸が躍る思い。心躍る出来事。

おもて 037

【表】(⇕裏)。表面や正面など主だった方。公になること。家の外。

表と裏。表玄関。表参道。畳の表替え。表向き。不祥事が表沙汰になる。表で遊ぶ。

【面】顔。物の表面や外面。

面を伏せる。湖の面に映る山影。批判の矢面に立つ。

おりる・おろす 038

【降りる・降ろす】乗り物から出る。高い所から低い所へ移る。辞めさせる。

電車を降りる。病院の前で車から降ろす。高所から飛び降りる。月面に降り立つ。霜が降りる。主役から降ろされる。

【下りる・下ろす】上から下へ動く。切り落とす。引き出す。新しくする。

幕が下りる。肩の荷を下ろす。腰を下ろす。錠が下りる。許可が下りる。

枝を下ろす。貯金を下ろす。下ろし立ての背広。書き下ろしの短編小説。

【卸す】問屋が小売店に売り渡す。

小売りに卸す。定価の6掛けで卸す。卸売物価指数。卸問屋を営む。卸値。

かえす・かえる　039

【返す・返る】元の持ち主や元の状態などに戻る。向きを逆にする。重ねて行う。

持ち主に返す。借金を返す。恩返し。正気に返る。返り咲き。手のひらを返す。言葉を返す。とんぼ返り。読み返す。思い返す。

【帰す・帰る】自分の家や元の場所に戻る。

親元へ帰す。故郷へ帰る。生きて帰る。帰らぬ人となる。帰り道。

かえりみる　040

【顧みる】過ぎ去ったことを思い返す。気にする。

半生を顧みる。家庭を顧みる余裕がない。結果を顧みない。

【省みる】自らを振り返る。反省する。

我が身を省みる。自らを省みて恥じるところがない。

かえる・かわる　041

【変える・変わる】前と異なる状態になる。

形を変える。観点を変える。位置が変わる。顔色を変える。気が変わる。心変わりする。声変わり。

【換える・換わる】物と物を交換する。

物を金に換える。名義を書き換える。電車を乗り換える。現金に換わる。

【替える・替わる】新しく別のものにする。

頭を切り替える。クラス替えをする。振り替え休日。図表を差し替える*。入れ替わる。日替わり定食。替え歌。

【代える・代わる】ある役割を別のものにさせる。

書面をもって挨拶に代える。父に代わって言う。身代わりになる。投手を代える。余人を持って代え難い。親代わり。

＊「差しかえる」「入れかえる」「組みかえる」などの「かえる」については、「新しく別のものにする」意で「替」を当てるが、別のものと「交換する」という視点から捉えて、「換」を当てることもある。

かおり・かおる　042

【香り・香る】鼻で感じられる良い匂い。

茶の香り。香水の香り。菊が香る。梅の花が香る。

【薫り・薫る】主に比喩的あるいは抽象的なかおり。

文化の薫り。初夏の薫り。菊薫る佳日。風薫る五月。

かかる・かける　043

【掛かる・掛ける】他に及ぶ。ぶら下げる。上から下に動く。上に置く。作用する。

迷惑が掛かる。疑いが掛かる。言葉を掛ける。看板を掛ける。壁掛け。お湯を掛ける。布団を掛ける。腰を掛ける。ブレーキを掛ける。保険を掛ける。

【懸かる・懸ける】宙に浮く。託す。

月が中天に懸かる。雲が懸かる。懸(架)け橋*。優勝が懸かった試合。賞金を懸ける。命を懸けて戦う。

【架かる・架ける】一方から他方へ差し渡す。
橋が架かる。ケーブルが架かる。鉄橋を架ける。電線を架ける。

【係る】関係する。
本件に係る訴訟。名誉に係る重要な問題。係り結び。

【賭ける】賭け事をする。
大金を賭ける。賭けに勝つ。危険な賭け。

＊「かけ橋」は、本来、谷をまたいで「宙に浮く」ようにかけ渡した、つり橋のようなもので、「懸」を当てるが、「一方から他方へ差し渡す」という視点から捉えて、「架」を当てることも多い。

かく 044

【書く】文字や文章を記す。
漢字を書く。楷書で氏名を書く。手紙を書く。小説を書く。日記を書く。

【描く】絵や図に表す。
油絵を描く。ノートに地図を描く。漫画を描く。設計図を描く。眉を描く。

かげ 045

【陰】光の当たらない所。目の届かない所。
山の陰。木陰で休む。日陰に入る。陰で支える。陰の声。陰口を利く。

【影】光が遮られてできる黒いもの。光。姿。
障子に影が映る。影も形もない。影が薄い。月影。影を潜める。島影が見える。

かた 046

【形】目に見える形状。フォーム。
ピラミッド形の建物。扇形の土地。跡形もない。柔道の形を習う。水泳の自由形。

【型】決まった形式。タイプ。
型にはまる。型破りな青年。大型の台風。２０１４年型の自動車。血液型。鋳型。

かたい 047

【堅い】中身が詰まっていて強い。確かである。
堅い材木。堅い守り。手堅い商売。合格は堅い。口が堅い。堅苦しい。

【固い】結び付きが強い。揺るがない。
団結が固い。固い友情。固い決意。固く信じる。頭が固い。

【硬い】（⇔軟らかい）。外力に強い。こわばっている。
硬い石。硬い殻を割る。硬い表現。表情が硬い。選手が緊張で硬くなっている。

かま 048

【釜】炊飯などをするための器具。
鍋と釜。釜飯。電気釜。風呂釜。釜揚げうどん。

【窯】焼き物などを作る装置。
炭を焼く窯。窯元に話を聞く。登り窯。

かわ 049

【皮】動植物の表皮。本質を隠すもの。
虎の皮。木の皮。面の皮が厚い。化けの皮が剝がれる。

【革】加工した獣の皮。
革のバンド。革製品を買う。革靴。なめし革。革ジャンパー。革細工。

かわく 050

【乾く】水分がなくなる。

「異字同訓」の漢字の使い分け例

空気が乾く。干し物が乾く。乾いた土。舌の根の乾かぬうちに。

【渇く】 喉に潤いがなくなる。強く求める。

喉が渇く。渇きを覚える。心の渇きを癒やす。親の愛情に渇く。

きく 051

【聞く】 音が耳に入る。受け入れる。問う。嗅ぐ。

話し声を聞く。物音を聞いた。うわさを聞く。聞き流しにする。願いを聞く。親の言うことを聞く。転居した事情を聞く。駅までの道を聞く。香を聞く。

【聴く】 身を入れて耳を傾けて聞く。

音楽を聴く。国民の声を聴く。恩師の最終講義を聴く。

きく 052

【利く】 十分に働く。可能である。

左手が利く。目が利く。機転が利く。無理が利く。小回りが利く。

【効く】 効果・効能が表れる。

薬が効く。宣伝が効く。効き目がある。

きる 053

【切る】 刃物で断ち分ける。つながりを断つ。

野菜を切る。切り傷。期限を切る。電源を切る。縁を切る。電話を切る。

【斬る】 刀で傷つける。鋭く批判する。

武士が敵を斬(切)り捨てる*。世相を斬る。

* 「武士が敵をきり捨てる」の「きり捨てる」については、「刀で傷つける」意で「斬」を当てるが、「刃物で断ち分ける」意で広く一般に使われる「切」を当てることもできる。

きわまる・きわめる 054

【窮まる・窮める】 行き詰まる。突き詰める。

進退窮まる。窮まりなき宇宙。真理を窮(究)める*。

【極まる・極める】 限界・頂点・最上に至る。

栄華を極める。不都合極まる言動。山頂を極める。極めて優秀な成績。見極める。

【究める】 奥深いところに達する。

学を究(窮)める*。

* 「突き詰める」意で用いる「窮」と、「奥深いところに達する」意で用いる「究」については、「突き詰めた結果、達した状態・状況」と「奥深いところに達した状態・状況」とがほぼ同義になることから、この意で用いる「窮」と「究」は、どちらを当てることもできる。

こう 055

【請う】 そうするように相手に求める。

認可を請う。案内を請(乞)う*。紹介を請(乞)う*。

【乞う】 そうするように強く願い求める。

乞うご期待。命乞いをする。雨乞いの儀式。慈悲を乞う。

* 「案内をこう」「紹介をこう」などの「こう」は、「そうするように相手に求める」意で「請」を当てるが、相手に対して「そうするようにお願いする」という意味合いを強く出したい場合には、「乞」を当てることもできる。

こえる・こす 056

【越える・越す】 ある場所・地点・時を過ぎて、その先に進む。

県境を越える。峠を越す。選手としてのピークを越える。年を越す。

度を越す。困難を乗り越える。勝ち越す。

【超える・超す】 ある基準・範囲・程度を上回る。

現代の技術水準を超える建築物。人間の能力を超える。想定を超える大きな災害。10万円を超える額。1億人を超す人口。

こたえる 057

【答える】 解答する。返事をする。

設問に答える。質問に対して的確に答える。名前を呼ばれて答える。

【応える】 応じる。報いる。

時代の要請に応える。期待に応える。声援に応える。恩顧に応える。

こむ 058

【混む】 混雑する。

電車が混(込)む＊。混(込)み合う店内＊。人混(込)みを避ける＊。

【込む】 重なる。入り組む。

負けが込む。日程が込んでいる。仕事が立て込む。手の込んだ細工を施す。

＊「混雑する」意では、元々、多くの人や物が重なるように1か所に集まる様子から「込む」と書かれてきたが、現在は、「混雑」という語との関連から「混む」と書く方が一般的である。

さがす 059

【探す】 欲しいものを尋ね求める。

貸家を探す。仕事を探す。講演の題材を探す。他人の粗を探す。

【捜す】 所在の分からない物や人を尋ね求める。

うちの中を捜す。犯人を捜す。紛失物を捜す。行方不明者を捜す。

さく 060

【裂く】 破る。引き離す。

布を裂く。生木を裂く。二人の仲を裂く。岩の裂け目。切り裂く。

【割く】 一部を分け与える。

時間を割く。事件の報道に紙面を割く。警備のために人手を割く。

さげる 061

【下げる】 低くする。下に垂らす。

値段を下げる。室温を下げる。問題のレベルを下げる。等級を下げる。軒に下げる。

【提げる】 つるすように手に持つ。

大きな荷物を手に提げる。手提げかばんで通学する。手提げ金庫。

さす 062

【差す】 挟み込む。かざす。注ぐ。生じる。

腰に刀を差す。抜き差しならない状況にある。傘を差す。日が差す。目薬を差す。差しつ差されつ。顔に赤みが差す。嫌気が差す。魔が差す。

【指す】 方向・事物などを明らかに示す。

目的地を指して進む。名指しをする。授業中に何度も指された。指し示す。

【刺す】 とがった物を突き入れる。刺激を与える。野球でアウトにする。

針を刺す。蜂に刺される。串刺しにする。鼻を刺す嫌な臭い。本塁で刺される。

【挿す】 細長い物を中に入れる。

花瓶に花を挿す。髪にかんざしを挿す。一輪挿し。

さます・さめる 063

【覚ます・覚める】 睡眠や迷いなどの状態から元に戻る。

太平の眠りを覚ます。迷いを覚ます。目が覚める。寝覚めが悪い。

【冷ます・冷める】 温度を下げる。高ぶった感情などを冷やす。

湯冷まし。湯が冷める。料理が冷める。熱が冷める。興奮が冷める。

さわる 064

【触る】 触れる。関わり合う。

そっと手で触る。展示品に触らない。政治的な問題には触らない。

【障る】 害や妨げになる。不快になる。

激務が体に障る。出世に障る。気に障る言い方をされる。

しずまる・しずめる 065

【静まる・静める】 動きがなくなり落ち着く。

心が静まる。嵐が静まる。騒がしい場内を静める。気を静める。

【鎮まる・鎮める】 押さえ付けて落ち着かせる。鎮座する。

内乱が鎮まる。反乱を鎮める。痛みを鎮める。せきを鎮める薬。神々が鎮まる。

【沈める】 水中などに没するようにする。低くする。

船を沈める。ベッドに身を沈める。身を沈めて銃弾をよける。

しぼる 066

【絞る】 ねじって水分を出す。無理に出す。小さくする。

手拭いを絞る。知恵を絞る。声を振り絞る。範囲を絞る。音量を絞る。

【搾る】 締め付けて液体を取り出す。無理に取り立てる。

乳を搾る。レモンを搾った汁。ゴマの油を搾る。年貢を搾り取られる。

しまる・しめる 067

【締まる・締める】 緩みのないようにする。区切りを付ける。

ひもが締まる。帯を締める。ねじを締める。引き締まった顔。心を引き締める。財布のひもを締める。羽交い締め。売上げを月末で締める。申し込みの締め切り。

【絞まる・絞める】 首の周りを強く圧迫する。

ネクタイで首が絞まって苦しい。柔道の絞め技。自らの首を絞める発言。

【閉まる・閉める】 開いているものを閉じる。

戸が閉まる。カーテンが閉まる。蓋を閉める。店を閉める。扉を閉め切りにする。

すすめる 068

【進める】 前や先に動かす。物事を進行させる。

前へ進める。時計を進める。交渉を進める。議事を進める。

【勧める*】 そうするように働き掛ける。

入会を勧める。転地を勧める。読書を勧める。辞任を勧める。

【薦める*】 推薦する。

候補者として薦める。良書を薦める。お薦めの銘柄を尋ねる。

＊「勧める」と「薦める」の使い分けについては、例えば、「読書といった行為(本を読む)をするように働き掛けたり、促したりする場合に「勧める」を用い、「候補者」や「良書」といった特定の人や物がそれにふさわしい、望ましいとして推薦する場合に「薦める」を用いる。

する 069

【刷る】 印刷する。

名刺を刷る。新聞を刷る。版画を刷る。社名を刷り込む。刷り物。

【擦る】 こする。

転んで膝を擦りむく。マッチを擦る。擦り傷。洋服が擦り切れる。

すわる 070

【座る】腰を下ろす。ある位置や地位に就く。

椅子に座る。上座に座る。社長のポストに座る。

【据わる】安定する。動かない状態になる。

赤ん坊の首が据わる。目が据わる。腹の据わった人物。

せめる 071

【攻める】攻撃する。

敵の陣地を一気に攻める。積極的に攻め込む。兵糧攻めにする。質問攻めにする。

【責める】非難する。苦しめる。

過失を責める。無責任な言動を責める。自らを繰り返し責める。拷問で責められる。

そう 072

【沿う】長く続いているものや決まりなどから離れないようにする。

川沿いの家。線路に沿って歩く。決定された方針に沿(添)って行動する*。希望に沿(添)う*。

【添う】そばに付いている。夫婦になる。

母に寄り添って歩く。病人の付き添い。仲むつまじく添い遂げる。連れ添う。

＊「沿う」は「決まりなどから離れないようにする」、「添う」は「そばに付いている」の意で、どちらも「その近くから離れない」という共通の意を持つため、「方針」や「希望」に「そう」という場合には、「沿」と「添」のどちらも当てることができる。

そなえる 073

【備える】準備する。具備する。

台風に備える。老後の備え。各部屋に消火器を備える。防犯カメラを備えた施設。

【供える】神仏などの前に物をささげる。

お神酒を供える。霊前に花を供える。鏡餅を供える。お供え物。

たえる 074

【耐える】苦しいことや外部の圧力などをこらえる。

重圧に耐える。苦痛に耐える。猛暑に耐える。風雪に耐える。困苦欠乏に耐える。

【堪える】その能力や価値がある。その感情を抑える。

任に堪える。批判に堪える学説。鑑賞に堪えない。見るに堪えない作品。憂慮に堪えない。遺憾に堪えない。

たずねる 075

【尋ねる】問う。捜し求める。調べる。

道を尋ねる。研究者に尋ねる。失踪した友人を尋ねる。尋ね人。由来を尋ねる。

【訪ねる】おとずれる。

知人を訪ねる。史跡を訪ねる。古都を訪ねる旅。教え子が訪ねてくる。

たたかう 076

【戦う】武力や知力などを使って争う。勝ち負けや優劣を競う。

敵と戦う。選挙で戦う。優勝を懸けて戦う。意見を戦わせる。

【闘う】困難や障害などに打ち勝とうとする。闘争する。

病気と闘う。貧苦と闘う。寒さと闘う。自分との闘い。労使の闘い。

たつ 077

【断つ】つながっていたものを切り離す。やめる。

退路を断つ。国交を断（絶）つ＊。関係を断（絶）つ＊。快刀乱麻を断つ。酒を断つ。


【絶つ】続くはずのものを途中で切る。途絶える。

縁を絶つ。命を絶つ。消息を絶つ。最後の望みが絶たれる。交通事故が後を絶たない。


【裁つ】布や紙をある寸法に合わせて切る。

生地を裁つ。着物を裁つ。紙を裁つ。裁ちばさみ。

＊「国交をたつ」や「関係をたつ」の「たつ」については、「つながっていたものを切り離す」意で「断」を当てるが、「続くはずのものを途中で切る」という視点から捉えて、「絶」を当てることもできる。

たつ・たてる 078

【立つ・立てる】直立する。ある状況や立場に身を置く。離れる。成立する。

演壇に立つ。鳥肌が立つ。優位に立つ。岐路に立つ。使者に立つ。席を立つ。見通しが立つ。計画を立てる。手柄を立てる。評判が立つ。相手の顔を立てる。


【建つ・建てる】建物や国などを造る。

家が建つ。ビルを建てる。銅像を建てる。一戸建ての家。国を建てる。都を建てる。


たっとい・たっとぶ・とうとい・とうとぶ 079

【尊い・尊ぶ】尊厳があり敬うべきである。

尊い神。尊い犠牲を払う。神仏を尊ぶ。祖先を尊ぶ。


【貴い・貴ぶ】貴重である。

貴い資料。貴い体験。和をもって貴しとなす。時間を貴ぶ。

たま 080

【玉】宝石。円形や球体のもの。

玉を磨く。玉にきず。運動会の玉入れ。シャボン玉。玉砂利。善玉悪玉。


【球】球技に使うボール。電球。

速い球を投げる。決め球を持っている。ピンポン球。電気の球。


【弾】弾丸。

拳銃の弾。大砲に弾を込める。流れ弾に当たって大けがをする。

つかう 081

【使う】人や物などを用いる。

通勤に車を使う。電力を使う。機械を使って仕事をする。予算を使う。道具を使う。人間関係に神経を使う。頭を使う。人使いが荒い。大金を使う。体力を使う仕事。


【遣う】十分に働かせる。

心を遣（使）う＊。気を遣（使）う＊。安否を気遣う。息遣いが荒い。心遣い。言葉遣い。仮名遣い。筆遣い。人形遣い。上目遣い。無駄遣い。金遣い。小遣い銭。

＊現在の表記実態としては、「使う」が広く用いられる関係で、「遣う」を動詞の形で用いることは少なく、「○○遣い」と名詞の形で用いることがほとんどである。特に、心の働き、技や金銭などに関わる「○○づかい」の場合に「遣」を当てることが多い。

つく・つける 082

【付く・付ける】付着する。加わる。意識などを働かせる。

墨が顔に付く。足跡が付く。知識を身に付(着)ける*。利息が付く。名前を付ける。条件を付ける。味方に付く。付け加える。気を付ける。目に付く。

【着く・着ける】 達する。ある場所を占める。着る。

手紙が着く。東京に着く。船を岸に着ける。車を正面玄関に着ける。席に着く。衣服を身に着ける。

【就く・就ける】 仕事や役職、ある状況などに身を置く。

職に就く。役に就ける。床に就く。緒に就く。帰路に就く。眠りに就く。

＊「知識を身につける」の「つける」は、「付着する」意で「付」を当てるが、「知識」を「着る」という比喩的な視点から捉えて、「着」を当てることもできる。

つぐ 083

【次ぐ】 すぐ後に続く。

事件が相次ぐ。首相に次ぐ実力者。富士山に次いで高い山。次の日。

【継ぐ】 後を受けて続ける。足す。

跡を継ぐ。引き継ぐ。布を継ぐ。言葉を継ぐ。継ぎ目。継ぎを当てる。

【接ぐ】 つなぎ合わせる。

骨を接ぐ。新しいパイプを接ぐ。接ぎ木。

つくる 084

【作る】 こしらえる。

米を作る。規則を作る。新記録を作る。計画を作る。詩を作る。笑顔を作る。会社を作る。機会を作る。組織を作る。

【造る】 大きなものをこしらえる。醸造する。

船を造る。庭園を造る。宅地を造る。道路を造る。数寄屋造りの家。酒を造る。

【創る*】 独創性のあるものを生み出す。

新しい文化を創(作)る。画期的な商品を創(作)り出す。

＊一般的には「創る」の代わりに「作る」と表記しても差し支えないが、事柄の「独創性」を明確に示したい場合には、「創る」を用いる。

つつしむ 085

【慎む】 控え目にする。

身を慎む。酒を慎む。言葉を慎む。

【謹む】 かしこまる。

謹んで承る。謹んで祝意を表する。

つとまる・つとめる 086

【勤まる・勤める】 給料をもらって仕事をする。仏事を行う。

この会社は私には勤まらない。銀行に勤める。永年勤め上げた人。勤め人。本堂でお勤めをする。法事を勤める。

【務まる・務める】 役目や任務を果たす。

彼には主役は務まらない。会長が務まるかどうか不安だ。議長を務める。親の務めを果たす。

【努める】 力を尽くす。努力する。

完成に努める。解決に努める。努めて早起きする。

とかす・とく・とける 087

【解かす・解く・解ける】 固まっていたものが緩む。答えを出す。元の状態に戻る。

結び目を解く。ひもが解ける。雪解け*。相手の警戒心を解かす。問題が解ける。緊張が解ける。誤解が解ける。包囲を解く。会長の任を解く。

【溶かす・溶く・溶ける】液状にする。固形物などを液体に入れて混ぜる。一体となる。

鉄を溶かす。雪や氷が溶(解)ける＊。チョコレートが溶ける。砂糖が水に溶ける。絵の具を溶かす。小麦粉を水で溶く。地域社会に溶け込む。

＊「雪や氷がとける」の「とける」については、「雪や氷が液状になる」意で「溶」を当てるが、「固まっていた雪や氷が緩む」と捉えて「解」を当てることもできる。「雪解け」はこのような捉え方で「解」を用いるものである。

ととのう・ととのえる 088

【整う・整える】乱れがない状態になる。

体制が整う。整った文章。隊列を整える。身辺を整える。呼吸を整える。

【調う・調える】必要なものがそろう。望ましい状態にする。

家財道具が調う。旅行の支度を調える。費用を調える。味を調える。

とぶ 089

【飛ぶ】空中を移動する。速く移動する。広まる。順序どおりでなく先に進む。

鳥が空を飛ぶ。海に飛び込む。アメリカに飛ぶ。家を飛び出す。デマが飛ぶ。うわさが飛ぶ。途中を飛ばして読む。飛び級。飛び石。

【跳ぶ】地面を蹴って高く上がる。

溝を跳ぶ。三段跳び。跳び上がって喜ぶ。跳びはねる＊。うれしくて跳び回る。縄跳びをする。跳び箱。

＊「跳」は、常用漢字表に「とぶ」と「はねる」の二つの訓が採られているので、「跳び跳ねる」と表記することができるが、読みやすさを考えて「跳びはねる」と表記することが多い。

とまる・とめる 090

【止まる・止める】動きがなくなる。

交通が止まる。水道が止まる。小鳥が木の枝に止(留)まる＊。笑いが止まらない。息を止める。車を止める。通行止め。止まり木。

【留まる・留める】固定される。感覚に残る。とどめる。

ピンで留める。ボタンを留める。目に留まる。心に留める。留め置く。局留めで送る。

【泊まる・泊める】宿泊する。停泊する。

宿直室に泊まる。友達を家に泊める。船が港に泊まる。

＊「小鳥が木の枝にとまる」の「とまる」については、小鳥が飛ぶのをやめて「木の枝に静止する(動きがなくなる)」意で「止」を当てるが、「木の枝にとどまっている(固定される)」という視点から捉えて「留」を当てることもできる。

とらえる 091

【捕らえる】取り押さえる。

逃げようとする犯人を捕らえる。獲物の捕らえ方。密漁船を捕らえる。

【捉える】的確につかむ。

文章の要点を捉える。問題の捉え方が難しい。真相を捉える。聴衆の心を捉える。

とる 092

【取る】手で持つ。手に入れる。書き記す。つながる。除く。

本を手に取る。魚を取(捕)る*。資格を取る。新聞を取る。政権を取る。年を取る。メモを取る。連絡を取る。着物の汚れを取る。疲れを取る。痛みを取る。

【採る】採取する。採用する。採決する。

血を採る。きのこを採る。指紋を採る。新入社員を採る。こちらの案を採る。会議で決を採る。

【執る】手に持って使う。役目として事に当たる。

筆を執る。事務を執る。指揮を執る。政務を執る。式を執り行う。

【捕る】つかまえる。

ねずみを捕る。鯨を捕る。外野フライを捕る。生け捕る。捕り物。

【撮る】撮影する。

写真を撮る。映画を撮る。ビデオカメラで撮る。

* 「魚をとる」の「とる」は「手に入れる」という意で「取」を当てるが、「つかまえる」という視点から捉えて、「捕」を当てることもできる。

ない 093

【無い*】(⇔有る・在る)。存在しない。所有していない。

有ること無いこと言い触らす。無くて七癖。無い袖は振れぬ。無い物ねだり。

【亡い】死んでこの世にいない。

今は亡い人。友人が亡くなる。亡き父をしのぶ。

* 「今日は授業がない」「時間がない」「金がない」などの「ない」は、漢字で書く場合、「無」を当てるが、現在の表記実態としては、仮名書きの「ない」が一般的である。

なおす・なおる 094

【直す・直る】正しい状態に戻す。置き換える。

誤りを直す。機械を直す。服装を直す。故障を直す。ゆがみが直る。仮名を漢字に直す。

【治す・治る】病気やけがから回復する。

風邪を治す。けがが治る。傷を治す。治りにくい病気。

なか 095

【中】(⇔外)。ある範囲や状況の内側。中間。

箱の中。家の中。クラスの中で一番足が速い。嵐の中を帰る。両者の中に入る。

【仲】人と人との関係。

仲がいい。仲を取り持つ。仲たがいする。話し合って仲直りする。犬猿の仲。

ながい 096

【長い】(⇔短い)。距離や時間などの間隔が大きい。

長い髪の毛。長い道。長い年月。気が長い。枝が長く伸びる。長続きする。長い目で見る。

【永い】永久・永遠と感じられるくらい続くさま。

永い眠りに就く。永の別れ。永くその名を残す。永のいとまを告げる。末永(長)く契る*。

* 時間の長短に関しては、客観的に計れる「長い」に対して、「永い」は主観的な思いを込めて使われることが多い。「末ながく契る」は、その契りが「永久・永遠と感じられるくらい続く」ようにという意で「永」を当てるが、客観的な時間の長さという視点か

ら捉えて、「長」を当てることもできる。

ならう 097

【習う】 教わる。繰り返して身に付ける。

先生にピアノを習う。英語を習う。習い覚えた技術。習い性となる。見習う。

【倣う】 手本としてまねる。

前例に倣う。西洋に倣った法制度。先人のひそみに倣う。右へ倣え。

におい・におう 098

【匂い・匂う】 主に良いにおい。

梅の花の匂い。香水がほのかに匂う。

【臭い・臭う】 主に不快なにおいや好ましくないにおい。

魚の腐った臭い。生ごみが臭う。ガスが臭う。

のせる・のる 099

【乗せる・乗る】 乗り物に乗る。運ばれる。応じる。だます。勢い付く。

バスに乗る。タクシーに乗せて帰す。電車に乗って行く。電波に乗せる。風に乗って飛ぶ。時流に乗る。相談に乗る。口車に乗せられる。図に乗る。

【載せる・載る】 積む。上に置く。掲載する。

自動車に荷物を載せる。棚に本を載せる。机に載っている本。新聞に載った事件。雑誌に広告を載せる。名簿に載る。

のぞむ 100

【望む】 遠くを眺める。希望する。

山頂から富士を望む。世界の平和を望む。自重を望む。多くは望まない。

【臨む】 面する。参加する。対する。

海に臨む部屋。式典に臨む。試合に臨む。厳罰をもって臨む。難局に臨む。

のばす・のびる・のべる 101

【伸ばす・伸びる・伸べる】 まっすぐする。増す。そのものが長くなる。差し出す。

手足を伸ばす。旅先で羽を伸ばす。伸び伸びと育つ。勢力を伸ばす。輸出が伸びる。学力が伸びる。草が伸びる。身長が伸びる。救いの手を差し伸べる。

【延ばす・延びる・延べる】 遅らす。つながって長くなる。重複も認め合計する。広げる。

出発を延ばす。開会を延ばす。支払いが延び延びになる。地下鉄が郊外まで延びる。寿命が延びる。終了時間が予定より10分延びた。延べ1万人の観客。金の延べ棒。

のぼる 102

【上る】（⇔下る）。上方に向かう。達する。取り上げられる。

階段を上る。坂を上る*。川を上る。出世コースを上る。上り列車。損害が1億円に上る。話題に上る。うわさに上る。食卓に上る。

【登る】 自らの力で高い所へと移動する。

山に登る。木に登る。演壇に登る。崖をよじ登る*。富士山の登り口。

【昇る】（⇔降りる・沈む）。一気に高く上がる。

エレベーターで昇る*。日が昇（上）る*。天に昇（上）る*。高い位に昇る。

* 「坂を上る」「崖をよじ登る」「エレベーターで昇る」の「上る」

「登る」「昇る」は、「上の方向に移動する」という意では共通している。この意で使う「上る」は、広く一般に用いるが、「登る」は急坂や山道などを一歩一歩確実に上がっていく様子、「昇る」は一気に上がっていく様子を表すのに用いることが多い。また、「日がのぼる」「天にのぼる」の「のぼる」に「昇」と「上」のどちらも当てることができるのは、このような捉え方に基づくものである。

なお、ケーブルカーなどで山にのぼる場合にも「登」を当てるのは、「登山」という語との関係やケーブルカーなどを自らの足に代わるものとして捉えた見方による。

はえ・はえる 103

【映え・映える】光を受けて照り輝く。引き立って見える。

夕映え。紅葉が夕日に映える。紺のスーツに赤のネクタイが映える。

【栄え・栄える】立派に感じられる。目立つ。

栄えある勝利。見事な出来栄え。見栄えがする。栄えない役回り。

はかる 104

【図る】あることが実現するように企てる。

合理化を図る。解決を図る。身の安全を図る。再起を図る。局面の打開を図る。便宜を図る。

【計る】時間や数などを数える。考える。

時間を計る。計り知れない恩恵。タイミングを計る。頃合いを計って発言する。

【測る】長さ・高さ・深さ・広さ・程度を調べる。推測する。

距離を測る。標高を測る。身長を測る＊。水深を測る。面積を測る。血圧を測る。温度を測る。運動能力を測る。測定器で測る。真意を測りかねる。

【量る】重さ・容積を調べる。推量する。

重さを量る。体重を量る＊。立体の体積を量る。容量を量る。心中を推し量る。

【謀る】良くない事をたくらむ。

暗殺を謀る。悪事を謀る。会社の乗っ取りを謀る。競争相手の失脚を謀る。

【諮る】ある問題について意見を聞く。

審議会に諮る。議案を委員会に諮る。役員会に諮って決める。

＊「身長と体重をはかる」という場合の「はかる」は、「測定する」と言い換えられることなどから、「量る」よりも「測る」を用いる方が一般的である。

はじまる・はじめ・はじめて・はじめる 105

【初め・初めて】ある期間の早い段階。最初。先の方のもの。

初めはこう思った。秋の初め。年の初め。初めて聞いた話。初めてお目に掛かる。初めての経験。初めからやり直す。初めの曲の方がいい。

【始まる・始め・始める】開始する。始めたばかりの段階。物事の起こり。主たるもの。

懇親会が始まる。仕事を始める。書き始める。手始め。仕事始め。始めと終わり。国の始め。人類の始め。校長を始め、教職員一同……＊。

＊「校長をはじめ、教職員一同……」などという場合の「はじめ」については、多くの人や物の中で「主たるもの」の意で「始」を当

てるが、現在の表記実態としては、仮名で書かれることも多い。

はな 106

【花】植物の花（特に桜の花）。花のように人目を引くもの。
花が咲く。花を生ける。花も実もない。花道を飾る。両手に花。花の都。花形。

【華】きらびやかで美しい様子。本質を成す最も重要な部分。
華やかに着飾る。華やかに笑う。華々しい生涯。国風文化の華。武士道の華。

はなす・はなれる 107

【離す・離れる】距離や間隔が広がる。離脱する。
間を離す。ハンドルから手を離す。切り離す。駅から遠く離れた町。離れ島。離れ離れになる。戦列を離れる。職を離れる。

【放す・放れる】拘束や固定を外す。放棄する。
鳥を放す。魚を川に放す。違法駐車を野放しにする。放し飼い。手放しで褒める。矢が弦を放れる。見放す。

はやい・はやまる・はやめる 108

【早い・早まる・早める】時期や時刻が前である。時間が短い。予定よりも前になる。
時期が早い。早く起きる。気が早い。早変わり。早口。矢継ぎ早。早まった行動。順番が早まる。出発時間が早まる。開会の時刻を早める。

【速い・速まる・速める】スピードがある。速度が上がる。
流れが速い。投手の球が速い。テンポが速い。改革のスピードが速まる。回転を速める。脈拍が速まる。足を速める。

はる 109

【張る】広がる。引き締まる。取り付ける。押し通す。
氷が張る。根が張る。策略を張り巡らす。気が張る。張りのある声。テントを張る。テニスのネットを張る。板張りの床。論陣を張る。強情を張る。片意地を張る。

【貼る】のりなどで表面に付ける。
ポスターを貼る。切手を貼り付ける。貼り紙。貼り薬。壁にタイルを貼（張）る*。

*「タイルをはる」の「はる」については、「タイルをのりなどで表面に付ける」という意で「貼」を当てるが、「板張りの床」などと同様、「タイルを壁や床一面に取り付ける（敷き詰める）」意では、「張」を当てることが多い。

ひく 110

【引く】近くに寄せる。線を描く。参照する。やめる。注意や関心などを向けさせる。
綱を引く。水道を引く。田に水を引く。引き金を引く。風邪を引く。けい線を引く。設計図を引く。辞書を引く。例を引く。身を引く。人目を引く。同情を引く。

【弾く】弦楽器や鍵盤楽器を奏でる。
ピアノを弾く。バイオリンを弾く。ショパンの曲を弾く。ギターの弾き語り。弾き手。

ふえる・ふやす 111

【増える・増やす】（⇔減る・減らす）。数や量が多くなる。
人数が増える。体重が増える。出資が増える。資本金を増やす。仲間を増やす。

【殖える*・殖やす*】財産や動植物が多くなる。

資産が殖える。財産を殖やす。ねずみが殖える。家畜を殖やす。株分けで殖やす。

* 「利殖・繁殖」という語との関係を意識して「殖える・殖やす」と「殖」を当てるが、現在の表記実態としては、「利殖・繁殖」の意で用いる場合も「資産が増える」「家畜を増やす」など、「増」を用いることが多い。

ふく 112

【吹く】空気が流れ動く。息を出す。表面に現れる。

そよ風が吹く。口笛を吹く。鯨が潮を吹(噴)く*。干し柿が粉を吹く。吹き出物。不満が吹(噴)き出す*。汗が吹(噴)き出る*。

【噴く】気体や液体などが内部から外部へ勢いよく出る。

火山が煙を噴く。エンジンが火を噴く。石油が噴き出す。火山灰を噴き上げる。

* 「鯨が潮をふく」は、鯨が呼気とともに海水を体外に出すところに視点を置いた場合は「吹」を、体内から体外に勢いよく出るところに視点を置いた場合は「噴」を当てる。

また、「不満」や「汗」が「表面に現れる」とき、その現れ方の激しさに視点を置いた場合には「噴」を当てることもできる。

ふける 113

【更ける】深まる。

深々と夜が更ける。秋が更ける。夜更かしする。

【老ける】年を取る。

年の割には老けて見える。老け込む。この1、2年で急に老けた。

ふね 114

【船*】比較的大型のもの。

船の甲板。船で帰国する。船旅。親船。船乗り。船賃。船荷。船会社。船出。船酔い。釣り船(舟)**。渡し船(舟)**。

【舟】主に小型で簡単な作りのもの。

舟をこぐ。小舟。ささ舟。丸木舟。助け舟(船)を出す**。

* 「船」は「舟」と比べて、「比較的大型のもの」に対して用いるが、「船旅。船乗り。船賃。船会社。船出」など、「ふね」に関わる様々な語についても広く用いられる。

** 「釣り船」「渡し船」は、動力を使わない小型の「ふね」の場合は、「釣り舟」「渡し舟」と表記することが多い。また、「助けぶね」は救助船の意で使う場合は「助け船」、比喩的に助けとなるものという意で使う場合は「助け舟」と表記することが多い。

ふるう 115

【振るう】盛んになる。勢いよく動かす。

士気が振るう。事業が振るわない。熱弁を振るう。権力を振るう。

【震う】小刻みに揺れ動く。

声を震わせる。決戦を前に武者震いする。思わず身震いする。

【奮う】気力があふれる。

勇気を奮って立ち向かう。奮って御参加ください。奮い立つ。奮い起こす。

ほか 116

【外】ある範囲から出たところ。

思いの外うまく事が運んだ。想像の外の事件が起こる。もっての外。

【他】それとは異なるもの。
他の仕事を探す。この他に用意するものはない。他の人にも尋ねる。

まざる・まじる・まぜる 117

【交ざる・交じる・交ぜる】主に、元の素材が判別できる形で一緒になる。
芝生に雑草が交ざっている。漢字仮名交じり文。交ぜ織り。カードを交ぜる。白髪交じり。子供たちに交ざって遊ぶ。小雨交じりの天気。

【混ざる・混じる・混ぜる】主に、元の素材が判別できない形で一緒になる。
酒に水が混ざる。異物が混じる。雑音が混じる。コーヒーにミルクを混ぜる。セメントに砂を混ぜる。絵の具を混ぜる。

まち 118

【町】行政区画の一つ。人家が多く集まった地域。
町と村。〇〇町。町役場。町ぐるみの歓迎。城下町。下町。町外れ。

【街】商店が並んだにぎやかな通りや地域。
街を吹く風。学生の街。街の明かりが恋しい。街の声。街角に立つ。

まるい 119

【丸い】球形である。角がない。
丸いボール。地球は丸い。背中が丸くなる。角を丸く削る。丸く収める。

【円い】円の形である。円満である。
円(丸)い窓*。円(丸)いテーブル*。円(丸)く輪になる*。円い人柄。

* 窓やテーブル、輪の形状が円形である場合に「円い」と「円」を当てるが、現在の漢字使用においては、球形のものだけでなく、円形のものに対しても、「丸」を当てることが多い。

まわり 120

【回り】回転。身辺。円筒形の周囲。
モーターの回りが悪い。回り舞台。時計回り。身の回り。胴回り。首回り。

【周り】周囲。周辺。
池の周り。周りの人。周りの目が気になる。学校の周りには自然が残っている。

みる 121

【見る】眺める。調べる。世話する。
遠くの景色を見る。エンジンの調子を見る。顔色を見る。面倒を見る。親を見る。

【診る】診察する。
患者を診る。脈を診る。胃カメラで診る。医者に診てもらう。

もと 122

【下】影響力や支配力の及ぶ範囲。…という状態・状況で。物の下の辺り。
法の下に平等。ある条件の下で成立する。一撃の下に倒した。花の下で遊ぶ。真実を白日の下にさらす。灯台下暗し。足下(元)が悪い*。

【元】物事が生じる始まり。以前。近くの場所。もとで。
口は災いの元。過労が元で入院する。火の元。家元。出版元。元の住所。元首相。親元に帰る。手元に置く。お膝元。元が掛かる。

【本】(⇔末)。物事の根幹となる部分。
生活の本を正す。本を絶つ必要がある。本を尋ねる。

【基】基礎・土台・根拠。
資料を基にする。詳細なデータを基に判断する。これまでの経験に基づく。

* 「足もと」の「もと」は、「足が地に着いている辺り」という意で

「下」を当てるが、「足が着いている地面の周辺（近くの場所）」という視点から捉えて、「元」を当てることもできる。

や　123

【屋*】 建物。職業。屋号。ある性質を持つ人。

長屋に住む。小屋。屋敷。酒屋。八百屋。三河屋。音羽屋。頑張り屋。照れ屋。

【家*】 人が生活する住まい。

貸家を探す。狭いながらも楽しい我が家。借家住まいをする。家主。家賃。空き家。

＊「屋」も「家」もどちらも「建物」という意では共通するが、「屋」は、主として、外側から捉えた建物の形状に視点を置いて用い、「家」は、主として、建物を内側から捉えたときの生活空間に視点を置いて用いる。

やさしい　124

【優しい】 思いやりがある。穏やかである。上品で美しい。

優しい言葉を掛ける。誰にも優しく接する。気立ての優しい少年。物腰が優しい。

【易しい】（⇕難しい）。たやすい。分かりやすい。

易しい問題が多い。誰にでもできる易しい仕事。易しく説明する。易しい読み物。

やぶれる　125

【破れる】 引き裂くなどして壊れる。損なわれる。

障子が破れる。破れた靴下。均衡が破れる。静寂が破れる。

【敗れる】 負ける。

大会の初戦で敗れる。勝負に敗れる。人生に敗れる。選挙に敗れる。敗れ去る。

やわらかい・やわらかだ　126

【柔らかい・柔らかだ】 ふんわりしている。しなやかである。穏やかである。

柔らかい毛布。身のこなしが柔らかだ。頭が柔らかい。柔らかな物腰の人物。物柔らかな態度。

【軟らかい・軟らかだ】（⇕硬い）。手応えや歯応えがない。緊張や硬さがない。

軟らかい肉。軟らかな土。地盤が軟らかい。軟らかく煮た大根。軟らかい表現。

よ　127

【世】 その時の世の中。

明治の世*。世の中が騒然とする。この世のものとは思えない美しさ。世渡り。世が世ならば。

【代】 ある人や同じ系統の人が国を治めている期間。

明治の代*。２６０年続いた徳川の代。武家の代。

＊「明治のよ」については、「明治時代の世の中」という意では「明治の世」、「明治天皇の治世下にある」という意では「明治の代」と使い分ける。

よい　128

【良い】 優れている。好ましい。

品質が良い。成績が良い。手際が良い。発音が良い。今のは良い質問だ。感じが良い。気立てが良い。仲間受けが良い。良い習慣を身に付ける。

【善い】 道徳的に望ましい。

善い行い。世の中のために善いことをする。人に親切にするのは善いことである。

よむ 129

【読む】声に出して言う。内容を理解する。推測する。

大きな声で読む。子供に読んで聞かせる。秒読み。この本は小学生が読むには難しい。人の心を読む。手の内を読む。読みが浅い。読みが外れる。

【詠む】詩歌を作る。

和歌や俳句を詠む。一首詠む。歌に詠まれた名所。題に合わせて詠む。

わかれる 130

【分かれる】一つのものが別々の幾つかになる。違いが生じる。

道が二つに分かれる。敵と味方に分かれる。人生の分かれ道。勝敗の分かれ目。意見が分かれる。評価が分かれる。

【別れる】一緒にいた身内や友人などと離れる。

幼い時に両親と別れる。家族と別れて住む。けんか別れになる。物別れに終わる。

わく 131

【沸く】水が熱くなったり沸騰したりする。興奮・熱狂する。

風呂が沸く。湯が沸く。すばらしい演技に場内が沸く。熱戦に観客が沸きに沸いた。

【湧く】地中から噴き出る。感情や考えなどが生じる。次々と起こる。

温泉が湧く。石油が湧き出る。勇気が湧く。疑問が湧く。アイデアが湧く。興味が湧かない。雲が湧く。拍手や歓声が湧く。

わざ 132

【技】技術・技芸。格闘技などで一定の型に従った動作。

技を磨く。技を競う。技に切れがある。柔道の技。技を掛ける。投げ技が決まる。

【業】行いや振る舞い。仕事。

人間業とも思えない。神業。至難の業。軽業。業師。物書きを業とする。

わずらう 133

【煩う】迷い悩む。

卒業後の進路のことで思い煩う。心に煩いがない。

【患う】病気になる。

胸を患う。3年ほど患う。大病を患う。長患いをする。

同音異義語の使い分け

- 音読みが同じで意味が異なるために、使い分けに迷ったり、間違ったりすると思われる語を集めて、五十音順に配列しました。
- 中段に意味や使い分けのヒントを、下段にその用例を示しました。＊印は「常用漢字表」外の漢字です。

哀惜	悲しむ	哀惜の念に堪えない
愛惜	大切にする	愛惜の品々を手放す
異義	異なる意味	同音で異義の言葉
異議	異なる意見	異議はありませんか
偉業	立派な仕事	偉業を成し遂げる
遺業	死者が残した仕事	父の遺業を継ぐ
意思	考え	本人の意思　意思表示
意志	強い気持ち	意志の強い人　意志薄弱
遺志	生前の考え	故人の遺志を生かす
異状	変化・変調	身体には異状がない
異常	アブノーマル	異常な事態　異常気象
一律	一様	一律に扱う　千編一律
一率	同じ率	一率に増額する
移動	一般的	机を移動させる
異動	人事	人事異動　営業部に異動
引退	職や地位から退く	社長を引退する
隠退	俗世から身を引く	郷里に隠退する
運行	一般的	列車の運行　天体の運行
運航	船舶・航空機	連絡船の運航
営利	金もうけ	営利を目的とする
栄利	名誉と利益	栄利をむさぼる
温情	思いやり	温情あるはからい
恩情	いつくしみ	先生の恩情　恩情を謝す
回顧	顧みる	幼時を回顧する　回顧録
懐古	懐しむ	懐古の情　懐古趣味
会席料理	日本式の宴会で出す料理	
懐石料理	茶の湯の席で出す料理	
開帳	寺院	秘仏を開帳する　出開帳
開張	ばくち	とばく場を開張する
改定	改正	運賃を改定する
改訂	訂正	辞書を改訂する
改締	結び直し	条約を改締する
回答	返事	アンケートに回答する
解答	答え	正しい解答　模範解答
外灯	屋外の電灯	外灯をつける
街灯	街路灯	街灯がともる
回復	一般的	元気回復　失地の回復
快復	病気が治る	御快復を祈る
解放	自由にする	奴隷解放　民族解放運動
開放	開け放す	校庭の開放　門戸開放
科学	サイエンス	自然科学　科学技術
化学	ケミストリー	物理と化学　化学反応
夏季	季節・一般的	夏季特別大廉売
夏期	期間	夏期休暇　夏期講習会
家業	家の職業	家業に精出す　家業専従
稼業	仕事	豆腐屋稼業は朝が早い
格差	格付けの差・一般的	格差是正　賃金格差
較差	最高と最低の差	業種間較差　年較差
学習	一般的	語学の学習　学習指導
学修	修得	学修単位　学修した課程
加重	加え重ねる	刑を加重する　加重平均
過重	重すぎる	過重な労働　責任過重
荷重	限界の重量	荷重に耐える
過小	小さすぎる	過小評価　過小な資本
過少	少なすぎる	所得を過少に申告する
寡少	少ない	寡少勢力
仮説	物理学・化学	仮説を立てる
仮設	数学・論理学	命題の仮設
仮設	仮に設ける	仮設の小屋　仮設停留場
架設	敷設	鉄橋の架設　電話架設費
過程	プロセス・一般的	事件の過程　製造過程

課程	教育	中学の課程　教科課程
科料	刑の名	科料または拘留
過料	行政処分	過料に処する
観	見える	別人の観がある
感	感じる	隔世の感がある
監査	監督検査	会計監査　定期監査
鑑査	美術	出品を鑑査する　無鑑査
観察	注意深く見る	生態を観察する　保護観察
監察	監督検査	行政監察
幹事	世話役	旅行の幹事　同窓会幹事
監事	監査役	学会の監事
観賞	見て楽しむ	景色を観賞する
鑑賞	芸術品を味わう	映画を鑑賞する
感心	感服	出来栄えに感心する
関心	興味	なりゆきに関心を持つ
歓心	喜び	上役の歓心を買う
寒心	憂慮	寒心に堪えない非行問題
歓声	喜びの声	記録達成に歓声をあげる
喚声	叫び声	喚声を上げて突進する
感知	知る	計画を相手に感知された
関知	関係する	当社の関知しないことだ
議員	人	議員の特典　市議会議員
議院	国会	議院の意思　議院規則
機械	複雑なしくみ	工作機械　精密機械
器械	道具	測定器械　器械体操
帰還	任務を終えて	本国に帰還する
帰館	自宅や旅館へ	連日深夜の御帰館
寄港	途中で寄る	横浜に寄港する
帰航	帰る	帰航の途につく
帰港	出発港に戻る	任務を終えて帰港する
規制	統制	営業を規制する　交通規制
規正	公正に	政治資金を規正する
既製	製品	既製の洋服　既製品
既成	存在	既成の事実　既成の概念
期成	やり遂げようとする	反対期成同盟
規定	個々の条項	前項の規定による
規程	規則(の題名)	退職金規程　出張規程
起点	始まる点	起点と終点　鉄道の起点
基点	距離の原点	…を基点として五キロ
急迫	差し迫る	事態が急迫する　情勢急迫
窮迫	困る	生活が窮迫する　財政窮迫
究明	明らかにする	原因を究明する　真相究明
糾明	ただす	犯人を糾明する　罪状糾明
狂喜	夢中で喜ぶ	優勝に狂喜乱舞する
驚喜	驚いて喜ぶ	思わぬ出会いに驚喜する
競争	一般的	販売競争　生存競争
競走	レース	駅伝競走　百メートル競走
共同		共同で行う　共同作業
協同		協同して行う　協同組合
脅迫	刑法	暴行脅迫　脅迫状
強迫	心理	強迫観念に悩む
局限	限る	範囲を局限して考える
極限	限界	極限に達する
極言	極端な言い方	…とまで極言する
局地	限られた土地	局地交渉　局地的な大雨
極地	南北両極の地	極地を探検する　極地法
極致	最上	快楽の極致　美の極致
訓示	職務上・書面	幹部に訓示する　訓示伝達
訓辞	教え・口頭	校長の訓辞を聞く
群集	集まる	群集する大衆　群集心理
群衆	人々	数千の群衆　群衆整理
係数	数学・物理	係数を掛ける　微分係数
計数	算用・数字	計数に明るい人　計数管理
決済	精算	現金で決済する　手形決済
決裁	裁定	部長が決裁する　未決裁
原形	元の形	原形をとどめない
原型	元になる型	胸像の原型　原型を作る
現状	現在の状態	現状を打破する　現状維持
現場	行われた場所	殺人の現場に急行する
原状	元の状態	原状に復する　原状回復
好意	友好心	好意を持つ　好意的
厚意	親切心	厚意を謝す　厚意に甘える
向学	学問に志す	向学心に燃える
好学	学問を好む	好学の士が集まる
後学	後輩・将来	後学のために聞く
交換	取り換える	部品の交換　ちり紙交換
交歓	懇親	留学生との交歓　交歓試合
好機	チャンス	好機を逸する　好機到来
好期	よい時期	登山の好期になる
広言	相手構わず	無遠慮に広言する
公言	表立って言う	公言した手前　天下に公言

巧言	うまい口先	巧言に惑う　巧言令色
広告	宣伝	雑誌の広告　求人広告
公告	公示	官報に公告する　競売公告
考察	一般的	原因を考察する
高察	尊敬して	御高察願います
厚情	親切心	御厚情を感謝いたします
交情	交際	今後とも御交情のほどを
厚生	生活を豊かに	福利と厚生　厚生施設
更生	再起・再建	自力で更生　会社更生法
購読	買って読む	雑誌を購読する　購読料
講読	書物の講義	万葉集の講読
広報	PR	広報活動　広報車
公報	官庁からの報告	選挙公報　政府公報
紅葉	赤くなる	カエデが紅葉する
黄葉	黄色くなる	イチョウが黄葉する
勾留	未決	被疑者を勾留する
拘留	刑の名	三十日未満の拘留に処す
五官	器官―目　耳　鼻　皮膚　舌	五官に感じる
五感	感覚―視　聴　嗅　触　味	五感が鋭い
固持	しっかり持つ	信念を固持する
固辞	辞退	固辞して引き受けない
今期	決算期	今期の売上げ
今季	シーズン	今季の首位打者
採決	可否の決定	採決の結果　強行採決
裁決	処分の決定	申請に裁決　裁決に従う
債券	借金の証書	債券の発行
債権	貸し手の権利	債権と債務　債権者
最後	おしまい	最後を飾る　最後の願い
最期	死ぬ	壮烈な最期　最期の地
作為	つくりごと	作為の跡がある　無作為
作意	作品の意図	作意がよくわからない
作成	内容を作る	計画を作成　予算案の作成
作製	具体物を作る	受信機を作製する
試案	一般的	試案を作成する　一試案
私案	自分の案	私案にすぎない
思案	考える	思案に余る　思案顔
死角	届かない所	死角に入る　ライトの死角
視角	見える範囲	視角が広い
時期	一般的	紅葉の時期　時期尚早
時機	チャンス	時機を失する　時機到来
志向	意図	志向するところに従う
指向	向かう	一点に指向する　指向性
指示	示す	指示を与える　指示に従う
支持	支える	支持する政党
時世	時代	ありがたい御時世
時勢	成り行き	時勢に順応する
実体	実物	実体がない
実態	実際の状態	使用の実態　実態調査
辞典	ことばが主	国語辞典　英和辞典
字典	文字が主	常用漢字字典　康煕（こうき）字典
事典	事柄が主	百科事典　音楽事典
試問	試験・質問	口頭試問　試問に答える
諮問	意見を聞く	審議会に諮問する
秋季	季節・一般的	秋季大運動会
秋期	期間	秋期講習会
就業	仕事をする	就業規則　就業時間
修業	身に着ける	修業年限　修業証書
終業	終わる	終業と始業　終業時刻
修正	一般的	原文を修正する　修正案
修整	写真	原板を修整する　修整液
周知	知れ渡る	周知の事実　周知徹底させる
衆知	みんなの知恵	衆知を集める
収容	一般的	負傷者を収容する　収容能力
収用	法律・強制的	土地収用法　収用権
終了	一般的	会期を終了する　試合終了
修了	学業	課程を修了する　修了証書
修業	一般的	住み込みで修業中　花嫁修業
修行	仏教・武芸	仏道を修行する　武者修行
粛正	事態が対象	綱紀を粛正する　粛正選挙
粛清	人物が対象	反対派を粛清する　血の粛清
主催	開催	市の主催　展覧会の主催者
主宰	運営管理	会議を主宰　俳誌の主宰者
主席	最高責任者	政府主席　故毛沢東主席
首席	第一位	首席で卒業　代表団首席
主題	テーマ	小説の主題　主題歌
首題	標題	首題の件について…
需要	要求	需要と供給　潜在需要
需用	入用	電力の需用者　需用者負担
春季	季節・一般的	春季大特売　春季攻勢
春期	期間	春期休暇　春期補講
紹介	引き合わせ	友人を紹介する　自己紹介

語	意味	用例
照会	問い合わせ	残高を照会する　照会中
障害	妨げ	障害の排除　障害物競走
傷害	負傷	傷害致死　傷害事件
少額	額が少ない	多額と少額　少額の貯蓄
小額	額面が小さい	小額紙幣　小額公債
招集	一般的	総会を招集する　休日招集
召集	天皇が	国会を召集する　召集令状
条令	一般的	条令に違反する
条例	法規名	東京都条例　公安条例
初期	初めの時期	初期の症状が表れる
所期	期待	所期の目的を達成する
食料	食べ物	食料品店　生鮮食料品
食糧	主食	食糧不足　食糧の確保
所用	用事	所用のため外出する
所要	入用	所要の金額　所要時間
新規	新しい	新規に始める　新規採用
新奇	珍しい	新奇をてらう　新奇な型
信書	書状	信書の秘密　信書を開く
親書	自筆の書面	親書を携える　親書を頂く
侵食	一般的	隣国が国境を侵食する
浸食	自然が侵す	川の浸食作用
心身	精神と身体	心身鍛錬　心身ともに疲れる
心神	精神	心神耗弱者　心神喪失
人身	からだ	人身事故　人身売買
人心	こころ	人心を惑わす　人心一新
深長	深い	意味深長　深長なニュアンス
慎重	じっくり	慎重に構える　慎重審議
進入	中へ	列車が進入する　進入路
侵入	無理に	敵国に侵入
浸入	水しみる	濁水が浸入
進路	一般的	将来の進路　進路指導
針路	船舶・航空機	船の針路
推奨	勧める	新製品の推奨　推奨銘柄
推賞	ほめる	推賞に値する業績
制圧	一般的	反対派を制圧する
征圧	病菌	ガンを征圧する
成育	一般的	わが子の成育を見守る
生育	植物	稲の生育　苗が生育する
生気	活気	生気にあふれる　生気回復
正気	正しい気風	天地の正気　正気の歌
精気	魂	万物の精気　精気を集中
生業	職業	生業に励む　農を生業とする
正業	正当な職業	正業に就く　正業に戻る
成型	型で作る	合成樹脂の成型　成型加工
成形	形を作る	陶器の成形　プレスで成形
整形	形や機能を整える	整形外科　整形手術
精根	根気	精根が尽きる　精根不足
精魂	精神	精魂を傾ける　不屈の精魂
正座	上座・正しく座る	正座に着く　正座を崩す
静座	修養	仏前に静座する
製作	一般的	家具を製作する　製作費
制作	芸術	制作に没頭　絵画の制作
精算	詳しい差引計算	概算と精算　運賃の精算
清算	結末をつける	借金の清算　過去の清算
正装	正式な服装	正装の軍人　正装して臨席
盛装	晴れ着	盛装で外出　盛装を凝らす
成長	動物・一般的	子供が成長する　経済成長
生長	植物	木が生長する
正当	正しく当然	正当な理由　正当防衛
正統	正しい系統	正統を継ぐ　正統派
成年	二十歳	成年に達する　未成年
青年	若者	青年団　青年学級
勢力	勢い	勢力を伸ばす　勢力範囲
精力	活動力	精力を傾ける　精力絶倫
節制	控えめ	節制を保つ　酒を節制する
摂生	養生	病後の摂生　不摂生
潜行	一般的	地下に潜行する　敵地潜行
潜航	水中に	深海に潜航する　急速潜航
専有	一人で	専有と共有　専有する土地
占有	所持	他人の占有する物　占有権
専用	その人だけ	専用と共用　社長専用車
占用	占拠使用	道路を占用する　占用料
壮図	壮大な計画	壮図を抱く　壮図空しく
壮途	壮図の門出	壮途に就く　壮途に上る
阻害	妨げる	計画を阻害する　阻害行為
疎外	退ける	自己を疎外する　人間疎外
速成	早く仕上げる	速成を期する　速成講座
促成	成長を促す	促成栽培　促成教育
即製	その場で作る	即製のうどん　即製販売
即断	その場で	即断を下す　即断できない
速断	早まって	速断を戒める　速断するな

語	意味	用例
即決	その場で	面談の上即決　速戦即決
速決	早まって	速決を避ける
即効	一般的	特に即効がある　即効薬
速効	すぐ	速効と遅効　速効肥料
大系	シリーズ	世界文学大系　化学大系
体系	システム	学問の体系　体系的知識
体形	フォーム	体形が崩れる
体型	タイプ	体型に合わせる　標準体型
対象	オブジェクト	調査の対象　学生を対象に
対照	コントラスト	色の対照　原文と対照する
対称	シンメトリー	左右対称　対称の位置
体制	システム	資本主義体制　非常体制
態勢	身構え	決戦の態勢　協力態勢
体勢	フォーム	崩れた体勢　不利な体勢
退避	一般的	校庭に退避する　退避訓練
待避	交通	急行列車の待避　待避線
探究	きわめる	原因を探究　真理を探究
探求	求める	平和を探求　犯人の探求
丹精	心を込める	丹精したかいがある
丹誠	真心	丹誠込めて育てる
***坦々**	平たい	坦々とした道路　平々坦々
淡々	あっさり	淡々たる心境　淡々と語る
徴収	取り立てる	会費を徴収する　税の徴収
徴集	集める	物資を徴集する　馬の徴集
調製	作る	靴を調製する　特別調製品
調整	整える	機械の調整　意見の調整
著名	有名	著名な学者　著名な場所
著明	はっきり	著明な事実　著明な意図
沈静	落ち着く	景気が沈静する
鎮静	落ち着かせる	神経を鎮静させる　鎮静剤
沈痛	心を痛める	沈痛な顔
鎮痛	痛みを鎮める	鎮痛剤を飲む
追究	きわめる	真理を追究する
追求	求める	利潤の追求　幸福の追求
追及	追い詰める	犯人を追及する　責任追及
定形	一定の形	定形を保つ　定形郵便物
定型	一定の型	定型どおり　定型詩
適正	正しい	適正な価格　適正に配置
適性	適した性質	適性のない人　適性検査
転化	変わる	糖分がブドウ糖に転化する
転嫁	他に負わせる	責任を転嫁する
伝染	病気	はしかが伝染する　伝染病
伝線	繊維	ほつれの伝線　靴下の伝線
伝道	宗教	キリスト教の伝道　伝道師
伝導	物理	熱の伝導　電気の伝導
伝動	機械	動力の伝動装置
冬季	季節・一般的	冬季オリンピック
冬期	期間	冬期休暇　冬期特別練成会
同形	形が同じ	同形の車両　同形の窓
同型	型が同じ	同型の器具　同型の靴
同系	系統が同じ	同系の会社　同系に属する
同士	仲間	女同士の集まり　同士打ち
同志	同じ考えの人	同志を募る　同志の人々
動静	様子	動静を探る　最近の動静
動勢	動き方	人口の動勢　世界の動勢
内向	性格	内向性の人　内向型
内攻	病気	病気が内攻する　内攻症状
配水	配る	各戸に配水する　配水管
排水	外へ出す	排水をよくする　排水溝
廃水	汚水	廃水を川へ流す　工場廃水
反抗	手向かう	先生に反抗する　反抗期
反攻	攻め返す	反攻に転じる　反攻作戦
半切	半分に切る	カードを半切にする
半折	書画用紙	半折に書き初めを書く
反面	反対の面	安い反面劣悪だ　反面教師
半面	半分	物の半面だけ見る
微小	小さい	微小な生物　微小な傷
微少	少ない	微少な金額　微少な量
必死	全力で	必死の努力　必死に走る
必至	必ず	成功は必至だ　必至の情勢
表記	書き表す・表書き	漢字表記　表記の住所
標記	見出し・しるし	標記の件につき…
表決	議決権の行使	表決に加わる　表決権
票決	投票で決定	票決に入る　票決の結果
表示	一般的・明示	価格表示　添加物の表示
標示	交通機関	標示に従う　道路標示
標題	題目	書類の標題　講演の標題
表題	書名・作品名	本の表題　詩の表題
不純	純粋でない	不純物　不純な動機
不順	順調でない	不順な気候　生理不順
不信	信用しない	不信の念　不信を抱く

不審　疑わしい　不審な行動　不審な点あり
夫人　妻　夫人同伴　賢夫人
婦人　女性　婦人参政権　貴婦人
敷設　一般的　鉄道を敷設する　機雷敷設
布設　水道　水道を布設する
不断　断えざる　不断の努力　不断の香
普段　平素の　普段からの努力　普段着
不用　用いない　不用品　予算の不用額
不要　いらない　不要の買い物　不急不要
並行　並んで　並行して行う　並行路線
平行　交わらない　平行する直線　平行棒
平衡　つりあい　平衡を保つ　平衡感覚
別条　変わったこと　別条のない毎日
別状　変わった様子　命に別状はない
偏在　一部だけにある　西日本に偏在する
遍在　どこにでもある　全国に遍在する
編集　一般的　雑誌を編集する　編集後記
編修　史書・辞書等　古代史の編修　辞典の編修
編成　一般的　番組の編成　五両編成
編制　集め組織する　学級の編制　戦時編制
変体　異なった形　変体仮名
変態　異常・変わる　変態的　昆虫の変態
報償　償う　報償金　役務に対する報償
報奨　奨励　報奨金　売上げ増の報奨
報賞　賞品　功労者の報賞
褒章　栄典制度　紫綬褒章　紺綬褒章
法令　法律・命令　法令で定める　法令の施行

法例　法令の適用例　商法の法例　適用法例
保険　損害補償制度　火災保険　生命保険
保健　健康保持増進　保健衛生　保健所　保健師
補習　学習　放課後の補習　補習授業
補修　修理　屋根を補修する　補修工事
保証　請け合う　身元を保証する　保証人
保障　守る　身分を保障する　社会保障
補償　償う　損害を補償する　補償金
未到　到達しない　前人未到の記録
未踏　足を入れない　人跡未踏の地
民族　人間集団　民族意識　少数民族
民俗　風俗習慣　民俗芸能　民俗語彙
無常　はかない　無常の人生　諸行無常
無情　情け心がない　無情の雨　ああ無情
夢想　種々考える　夢想にふける　夢想家
無想　何も考えない　無念無想　無想の境地
明快　筋道が明らか　明快に答える　論旨明快
明解　解釈が明らか　明解を与える　明解な注釈
名答　優れた答え　御名答　名答でなく迷答
明答　明確な答え　明答が得られない
野生　自然のままに育つ　野生の馬　野生の植物
野性　自然のままの性質　野性に返る　野性的
遊戯　一般的　室内遊戯　幼稚園の遊戯
遊技　営業許可の娯楽　遊技場
優生　素質改善　優生学
優性　遺伝因子　優性と劣性　優性遺伝
優勢　勢力　優勢な相手　優勢を保つ

雄図　計画　雄図空しく引き返す
雄途　雄図の門出　雄途に就く　雄途に上る
用件　用事　用件を話す　山ほどの用件
要件　重要・必要　要件の処理　成功の要件
要項　必要な事項　要項をメモする　募集要項
要綱　要約した大綱　国語学要綱　講演の要綱
幼児　五、六歳の子供　幼児を預かる　幼児教育
幼時　幼年時代　幼時を回想する
用談　用事の話　用談を済ませる
要談　重要な相談　役員室で要談中　要談あり
用地　一般的　用地を買収する　住宅用地
要地　重要な土地　交通の要地　軍事上の要地
用務　仕事　会社の用務　用務員
要務　重要な任務　要務を帯びて出張する
来期　決算期　来期の売上げ目標
来季　シーズン　来季期待の選手
両用　使い道　切削研磨両用　水陸両用
両様　様式・やり方　両様の解釈　和戦両様
劣性　遺伝因子　優性と劣性　劣性遺伝
劣勢　勢力　劣勢を盛り返す
連係　一般的　連係を保つ　連係動作
連携　連絡提携　連携して事に当たる
労使　労働者と使用者　労使の交渉　労使の代表
労資　労働者と資本家　労資の対立　労資協調
路次　途中　出張の路次　都への路次
路地　狭い道　路地で遊ぶ　路地裏
露地　露天　露地栽培

1998年4月10日　初版発行
2002年1月10日　第二版発行
2006年1月10日　第三版発行
2012年1月10日　第四版発行
2016年1月10日　第四版増補新装版発行
2021年2月10日　第五版発行

例解新漢和辞典　第五版

二〇二四年一月一〇日　第四刷発行

編著者　山田俊雄（やまだ・としお）〔編修代表〕
戸川芳郎（とがわ・よしお）
影山輝國（かげやま・てるくに）

発行者　株式会社 三省堂　代表者 瀧本多加志
印刷者　三省堂印刷株式会社
発行所　株式会社 三省堂
〒一〇二-八三七一
東京都千代田区麴町五丁目七番地二
電話 (〇三) 三二三〇-九四一一
https://www.sanseido.co.jp/

〈5版例解新漢和・1,344 pp.〉

落丁本・乱丁本はお取り替えいたします。

ISBN978-4-385-13680-6

本書の内容に関するお問い合わせは、弊社ホームページの「お問い合わせ」フォーム（https://www.sanseido.co.jp/support/）にて承ります。

大興安嶺山脈
黒竜江
松花江
黒竜江
哈爾濱
ロシア連邦
ウラジオストク
ナホトカ
北海道
札幌
吉林
長春
内蒙古自治区
遼河
瀋陽
日本海
仙台
新潟
本州
朝鮮民主主義人民共和国
遼寧
承徳
山海関
北京
平壌
大連
ソウル
さいたま
東京
川崎
相模原
横浜
千葉
恒山
河北
天津
黄河
名古屋
京都
静岡
神戸
大阪
浜松
石家荘
岡山
堺
日本国
趙
山東
大韓民国
済南
泰山
斉
青島
広島
北九州
四国
魯
曲阜
黄海
福岡
安陽
熊本
鄭州
開封
九州
淮河
宋
江蘇
垓下
河南
合肥
南京
呉
無錫
長江
上海
蘇州
太平洋
安徽
武漢
杭州
紹興
寧波
東シナ海
楚
越
会稽山
赤壁
鄱陽湖
景徳鎮
南西諸島
洞庭湖
南昌
浙江
長沙
江西
福州
台北
福建
北回帰線
廈門
台湾
広東
汕頭
高雄
珠江
広州
マカオ
澳門
ホンコン
香港
0
400
800km
〔凡 例〕
国境
直轄市、省、自治区境
首都
直轄市、省都、自治区首都、特別行政区
主要都市
江蘇 省名・島名
魯 歴史的な国名
長城